NomosFormulare

Hartmut Roth [Hrsg.]

Verkehrsrecht

Zivilrecht | Versicherungsrecht | Strafrecht | Ordnungswidrigkeiten | Verwaltungsrecht

4. Auflage

Dr. Patrick Bruns, Rechtsanwalt, Fachanwalt für Arbeitsrecht und Fachanwalt für Miet- und Wohnungseigentumsrecht, Baden-Baden | **Carsten Brunzel,** Rechtsanwalt und Fachanwalt für Strafrecht, Dresden | **Ulrich Hardung,** Rechtsanwalt und Fachanwalt für Versicherungsrecht, Fachanwalt für Bau- und Architektenrecht und Fachanwalt für Miet- und Wohnungseigentumsrecht, Marsberg | **Korbinian Heinzeller,** Richter am Verwaltungsgericht, München | **Hanno Herrmann,** Rechtsanwalt, Fachanwalt für Arbeitsrecht und Fachanwalt für Verwaltungsrecht, Baden-Baden | **Christian Janeczek,** Rechtsanwalt, Fachanwalt für Verkehrsrecht und Fachanwalt für Strafrecht, Dresden | **Klaus Kucklick,** Rechtsanwalt und Fachanwalt für Verkehrsrecht, Dresden | **Peter Roitzheim,** Mag. rer. publ., Vorsitzender Richter am Verwaltungsgericht, Aachen | **Hartmut Roth,** Rechtsanwalt, Dresden | **Dieter Staab,** Rechtsanwalt, Fachanwalt für Verkehrsrecht und Fachanwalt für Versicherungsrecht, Saarbrücken | **Cornelia Süß,** Rechtsanwältin und Fachanwältin für Sozialrecht, Dresden | **Andreas Thom,** Rechtsanwalt, Fachanwalt für Versicherungsrecht und Fachanwalt für Verkehrsrecht, Dresden | **Dr.-Ing. Frank Tischendorf,** Dresden | **Marlene Werner,** Oberregierungsrätin im Bayerischen Staatsministerium des Innern, für Bau und Verkehr, München

Die Formulierungsbeispiele in diesem Buch wurden mit Sorgfalt und nach bestem Wissen erstellt. Sie stellen jedoch lediglich Anregungen für die Lösung typischer Fallgestaltungen dar. Autoren und Verlag übernehmen keine Haftung für die Richtigkeit und Vollständigkeit der in dem Buch und auf der CD-ROM enthaltenen Ausführungen und Formulierungsmuster.

Die Deutsche Nationalbibliothek verzeichnet diese Publikation in der Deutschen Nationalbibliografie; detaillierte bibliografische Daten sind im Internet über http://dnb.d-nb.de abrufbar.

ISBN 978-3-8487-2566-3

4. Auflage 2016
© Nomos Verlagsgesellschaft, Baden-Baden 2016. Printed in Germany. Alle Rechte, auch die des Nachdrucks von Auszügen, der fotomechanischen Wiedergabe und der Übersetzung, vorbehalten.

Vorwort

Als 2007 die 1. Auflage „Verkehrsrecht" in der Reihe der NomosFormulare erschien, war noch unklar, ob der Markt dieses neue Formularbuch akzeptieren würde – doch der Markt schuf schnell Klarheit: 2012, anlässlich der 3. Auflage, konnte bereits festgestellt werden, dass Formularbücher weiterhin Zukunft haben, da einerseits der Anwalt als Generalist ausgedient hat, im Internetzeitalter andererseits der Zeitfaktor bei der Mandatsbearbeitung stetig an Bedeutung zugenommen hat. Langdauernde Individuallösungen sind für Standardprobleme nicht mehr gefragt. Die Problemlösung muss rasch erfolgen – und soll dennoch tiefgründig und kompetent sein.

Wenn 2015 die 4. Auflage erscheint, halte ich es für geboten zu betonen, dass das Formularhandbuch immer noch die richtige Hilfe für den Anwalt ist, der in einer komplexen Gesellschaft viele Fragen beantworten können muss. Aber dieses Hilfsmittel muss ergänzt werden. Technik ist in seinem Umfeld gefragt, die die Kommunikation zwischen Anwalt und Mandant, zwischen Anwalt und weiteren Hilfspersonen des Mandanten, wie der Werkstatt und dem Sachverständigen, zwischen Anwalt und Behörde oder Staatsanwaltschaft und letztlich zwischen Anwalt und dem Versicherer als Vertreter des Schadensstifters beschleunigt.

Diese Sicht wird dadurch bestätigt, dass bereits ab 2016 für Anwälte und die Justiz das elektronische Arbeiten damit beginnt, dass jedem Anwalt ein elektronisches Postfach zugeordnet wird. Ermittlungsakten werden künftig per Mausklick zur Verfügung gestellt, Schriftsätze per Mausklick auf den Weg zum Gericht befördert. Gerechtigkeit wird zeitgemäß erarbeitet – auch der Weg zum Schriftsatz selbst wird durch die CD-ROM mit den Mustern verkürzt.

Dankbar bin ich für alle Anregungen und Kritik an der Vorauflage und denke, dass die neue Ausgabe angemessen auf diese Vorgaben reagiert hat. Auch dem Nomos Verlag mit Frau Petra Buchdunger und Herrn RA Frank Michel, die ruhig, sachlich und kompetent die Erarbeitung der 4. Auflage begleitet haben, sei gedankt und den Autoren, die wiederum zuverlässig und pünktlich die Veränderungen im Verkehrsrecht seit 2012 dargestellt haben.

Dresden im November 2015 *Hartmut Roth*

Autorenverzeichnis

Dr. Patrick Bruns
Rechtsanwalt, Fachanwalt für Arbeitsrecht und Fachanwalt für Miet- und Wohnungseigentumsrecht, Baden-Baden

Carsten Brunzel
Rechtsanwalt und Fachanwalt für Strafrecht, Dresden

Ulrich Hardung
Rechtsanwalt und Fachanwalt für Versicherungsrecht, Fachanwalt für Bau- und Architektenrecht und Fachanwalt für Miet- und Wohnungseigentumsrecht, Marsberg

Korbinian Heinzeller
Richter am Verwaltungsgericht, München

Hanno Herrmann
Rechtsanwalt, Fachanwalt für Arbeitsrecht und Fachanwalt für Verwaltungsrecht, Baden-Baden

Christian Janeczek
Rechtsanwalt, Fachanwalt für Verkehrsrecht und Fachanwalt für Strafrecht, Dresden

Klaus Kucklick
Rechtsanwalt und Fachanwalt für Verkehrsrecht, Dresden

Peter Roitzheim, Mag. rer. publ.
Vorsitzender Richter am Verwaltungsgericht, Aachen

Hartmut Roth
Rechtsanwalt, Dresden

Dieter Staab
Rechtsanwalt, Fachanwalt für Verkehrsrecht und Fachanwalt für Versicherungsrecht, Saarbrücken

Cornelia Süß
Rechtsanwältin und Fachanwältin für Sozialrecht, Dresden

Andreas Thom
Rechtsanwalt, Fachanwalt für Versicherungsrecht und Fachanwalt für Verkehrsrecht, Dresden

Dr.-Ing. Frank Tischendorf
DEKRA Dresden

Marlene Werner
Oberregierungsrätin im Bayerischen Staatministerium des Innern, für Bau und Verkehr, München

Inhaltsübersicht

Vorwort 5
Autorenverzeichnis 7
Musterverzeichnis 25
Abkürzungsverzeichnis 45
Allgemeines Literaturverzeichnis 51

Teil 1: Einführung 53
§ 1 Die praktische Führung des verkehrsrechtlichen Mandats 53
A. Bedeutung des Verkehrsunfallmandats 54
B. Ablauf der Sachbearbeitung und Information 57
    I. Standards bei der Unfallsachbearbeitung 57
    II. Ablauf der Regulierungstätigkeit 58
C. Zum Marketing des Verkehrsanwalts 61
    I. Erfolgsfaktor Corporate Identity 62
    II. Erfolgsfaktor Strategie 63
    III. Erfolgsfaktor Nutzung des Mitarbeiterpotentials 63
    IV. Erfolgsfaktor Kommunikation 64
    V. Erfolgsfaktor Kundenfreundlichkeit 65
D. Muster 66
    I. Vollmachten 66
    II. Zivilrecht 68
    III. Ordnungswidrigkeiten- und Strafrecht 79
E. Anwaltsgebühren in Verkehrsangelegenheiten 82
    I. Die Abrechnung der anwaltlichen Vergütung in der Verkehrsunfallregulierung 82
    II. Die Abrechnung der anwaltlichen Vergütung in Verkehrsstraf-/bußgeldsachen 104
    III. Die Abrechnung der anwaltlichen Vergütung in Verkehrsstrafsachen 107
    IV. Die Abrechnung der anwaltlichen Vergütung in Verkehrsbußgeldsachen 110
    V. Die Abrechnung der anwaltlichen Vergütung im Verwaltungsverfahren 113
F. Verkehrsrechtsschutzversicherung 116
    I. Versicherungsbedingungen 116
    II. Anwendbares Recht 119
    III. Voraussetzungen für den Eintritt des Rechtsschutzfalles 119

IV.	Versicherter Personenkreis	120
V.	Leistungsumfang/Formen des Versicherungsschutzes	121
VI.	Leistungen im Einzelnen	124
VII.	Einwendungen gegen die Leistungspflicht	126
VIII.	Deckungsklage	132
IX.	Stichentscheid	132

Teil 2: Verkehrsunfallregulierung 135

§ 2 Haftungsgründe beim Verkehrsunfall 135

A. Fahrerhaftung 137
- I. Allgemeine Voraussetzungen 137
- II. Verkehrsunfall mit leichtem Sachschaden 159
- III. Unfall mit leichtem Sach- und Personenschaden 168
- IV. Verkehrsunfall mit hohem Sachschaden 182
- V. Verkehrsunfall mit hohem Personenschaden 185
- VI. Mitverschulden 189

B. Halterhaftung 230
- I. Zweites Gesetz zur Änderung schadensersatzrechtlicher Vorschriften vom 19.7.2002 231
- II. Kernprobleme des § 7 Abs. 1 StVG in der Praxis 233
- III. Grenzen der Halterhaftung 240

C. Verkehrssicherungspflichten 242
- I. Winterliche Streupflicht 242
- II. Herabfallende Baumäste 243
- III. Verkehrsberuhigungsmaßnahmen 243
- IV. Verkehrssicherungspflichten im Zusammenhang mit dem Kraftfahrzeug 244
- V. Niveauunterschiede auf Fahrbahnen oder Bürgersteigen 244
- VI. Schlaglochschäden 244
- VII. Dachlawinen 245
- VIII. Zwei typische Fallkonstellationen 246

D. Tierunfälle 265
- I. Unfall mit Pferd 265
- II. Unfall mit Kuh 270
- III. Unfall mit Schaf oder Ziege 271
- IV. Unfall mit Hund 272

	V. Kollision Pkw mit Kleintier	272
	VI. Kollision Fahrrad mit Hund	273
	VII. Unfall mit Katze	275
E.	Kinderunfall	275
	I. Kinder vor Vollendung des siebenten Lebensjahrs	275
	II. Kinder vor Vollendung des zehnten Lebensjahrs	275
	III. Kind beschädigt abgestellten Pkw	277
F.	HWS-Verletzungen	281
	I. Harmlosigkeitsgrenze?	282
	II. Zwei zeitlich aufeinanderfolgende Unfälle	282
	III. Medizinische Gutachten	282
	IV. Medizinische Erstuntersuchung	283
	V. Gesundheitsverletzung	284
	VI. „Vorschadensfrage"	285
	VII. Sitzposition „out of position"	285
	VIII. Beweislast	286
	IX. Schmerzensgeld	286
	X. Das HWS-Trauma im Prozess	287
§ 3	**Anspruchsinhalte bei der Verkehrsunfallhaftung**	**294**
A.	Anwaltskosten für die Verkehrsunfallregulierung	295
	I. Einleitung	295
	II. Gebührenklage	295
B.	Sachverständigenkosten	322
C.	Sachschaden	338
	I. Fiktive Abrechnung	338
	II. Verbringungskosten, Beilackierungskosten und UPE-Aufschläge	346
	III. Wiederbeschaffungswert	346
	IV. Restwert	346
	V. Totalschaden ./. Reparaturfall	348
	VI. Das Quotenvorrecht	353
	VII. Mietwagenkosten	360
	VIII. Nutzungsausfallschaden	371
	IX. Zins- und Finanzierungsschaden	374
	X. Helm/Sicherheitskleidung	375

XI.	Standgeld	375
XII.	Kostenpauschale	375
XIII.	Besonderheiten bei Leasing	375
XIV.	Mehrwertsteuer	376
XV.	Abschleppkosten	378
XVI.	Merkantiler Minderwert	379
XVII.	An-/Abmeldekosten	379
XVIII.	Umbaukosten	380
XIX.	Kraftstoffkosten	380

D. Personenschaden 380

    I. Haushaltsführungsschaden 380

    II. Vermehrte Bedürfnisse 390

    III. Verdienstausfall 404

Teil 3: Versicherungsrecht 437

§ 4 Haftpflichtversicherung – PflVG, HPflG 437

A. Vorbemerkung 438

B. Nachhaftung 438

    I. Vorprozessuale Situation 438

    II. Prozesssituation 444

C. Ausschluss der Haftung des KH-Versicherers bei Vorsatz(§ 103 VVG) 465

    I. Vorprozessuale Situation 465

    II. Prozesssituation 468

D. Verkehrsopferhilfe – Ansprüche nach §§ 12, 12 a PflVG 476

    I. Vorbemerkung 476

    II. Vorprozessuale Situation 477

    III. Prozesssituation 501

    IV. Anhang – derzeitiger Geltungsbereich der Grünen Karte 508

E. Beteiligung von an Bahngleise gebundenen Fahrzeugen (Ansprüche nach HPflG) ... 509

    I. Vorprozessuale Situation 509

    II. Prozesssituation 513

§ 5 Fahrzeugversicherung (Teilkasko-/Vollkaskoversicherung) 518

A. Einführung 519

B. Rechtliche Grundlagen des Fahrzeugversicherungsvertragsrechts ... 522

C. Allgemeines aber auch Besonderes zur Fahrzeugversicherung 525
D. Umfang des Versicherungsschutzes in der Fahrzeugversicherung 527
    I. Allgemeines 527
    II. Versicherte Risiken der Fahrzeugteilversicherung 529
    III. Versicherte Risiken der Fahrzeugvollversicherung 536
    IV. Ausschlüsse bzw Risikobegrenzungen 538
    V. Verhältnis Fahrzeugteil- zur Fahrzeugvollversicherung 538
E. Erste Maßnahmen des durch den Versicherungsnehmer mandatierten
    Rechtsanwalts 539
    I. Mandatskonstellationen 539
    II. Verhalten des Rechtsanwalts bei der Mandatsanbahnung 540
    III. Verjährung 543
    IV. Prüfung der Versicherungsunterlagen 544
    V. Zustandekommen von Versicherungsverträgen nach dem VVG 546
    VI. Erforderliche Prüfungen des Rechtsanwalts 552
    VII. Geltendmachung des Anspruchs auf Versicherungsleistung 553
F. Einwendungen des Versicherers 567
    I. Obliegenheitsverletzungen des Versicherungsnehmers 567
    II. Vorsätzliche oder grob fahrlässige Herbeiführung des Versicherungsfalls ... 577
    III. Prämienrecht und Zahlungsverzug des Versicherungsnehmers 600
    IV. Leistungsfreiheit des Versicherers wegen Gefahrerhöhung 607
G. Fahrzeugdiebstahl 617
    I. Beweisanforderungen 617
    II. Klage auf Leistung aus Teilkaskoversicherung wegen Fahrzeugdiebstahls .. 619
H. Anspruch aus Vollkaskoversicherung 645
I. Anspruch auf Aufwendungsersatz (Rettungskostenersatz) 670
J. Vorläufiger Deckungsschutz 680
K. Das Sachverständigenverfahren gem. § 84 VVG bzw. Ziff. A.2.6 AKB 2015 683
L. Quotenvorrecht des Versicherungsnehmers gem. § 86 Abs. 1 S. 2 VVG und
    Anspruchsübergang auf den Versicherer 687
M. Der Rückforderungsprozess des Versicherers 689
N. Betrug in der Kaskoversicherung 705
    I. Betrugsarten bzw -varianten 705
    II. Beweislast und Beweisführung 707

§ 6	**Sozialversicherung**	716
A.	Ansprüche gegen Sozialversicherungsträger	718
	I. Gesetzliche Krankenversicherung (SGB V)	718
	II. Soziale Pflegeversicherung (SGB XI)	728
	III. Gesetzliche Unfallversicherung (SGB VII)	734
	IV. Gesetzliche Rentenversicherung (SGB VI)	747
	V. Schwerbehindertenrecht (SGB IX)	758
B.	Das Mandat im Sozialverfahren	763
	I. Beratung des Mandanten	763
	II. Widerspruchsverfahren	765
	III. Klageverfahren	769
	IV. Berufung (§§ 143 ff SGG)	782
	V. Revision (§§ 160 ff SGG)	786
	VI. Einstweiliger Rechtsschutz	792
	VII. Beschwerde	794
	VIII. Wiedereinsetzung in den vorigen Stand	796
	IX. Antrag auf Aufhebung eines bestandskräftigen Verwaltungsakts (§ 44 SGB X)	798
	X. Beweisanträge	799
	XI. Forderungsübergang	804
	XII. Kostenrecht	809

Teil 4:	**Arbeitsrecht und Sozialvorschriften**	815
§ 7	**Arbeitsrecht und Sozialvorschriften im Straßenverkehr**	815
A.	Haftung im Arbeitsverhältnis bei Verkehrsunfällen	816
	I. Haftung des Arbeitnehmers	818
	II. Schadenstragung durch den Arbeitgeber	843
	III. Gesamtschuldverhältnis	848
B.	Die Arbeitszeit des Fahrpersonals	848
	I. Arbeitszeitrecht	848
	II. Verstöße gegen das Arbeitszeitrecht	857
	III. Die Bezahlung des Fahrpersonals	858
	IV. Weitere arbeitsrechtliche Regelungen für das Fahrpersonal	874
C.	Kündigungen wegen Vergehen im Straßenverkehr	878
	I. Allgemeines	878

II. Alkoholmissbrauch	879
III. Verstöße im Straßenverkehr (zB Lenkzeitüberschreitungen, Alkohol)	881
IV. Zu Unrecht entzogene Fahrerlaubnis	883
V. Kündigungsschutzklage	883
D. Dienstfahrzeuge im Gewahrsam des Arbeitnehmers	885

Teil 5: Verkehrsstrafrecht 895

§ 8 Verfahren in Verkehrsstrafsachen 895

A. Allgemeines zum Strafmandat in Verkehrssachen	895
I. Voraussetzungen für eine erfolgreiche, mandantengerechte Verteidigung in Verkehrsstrafsachen	895
II. Erstgespräch	897
III. Honorarvereinbarung	898
B. Anträge zum Verfahrensabschluss im Vorverfahren	906
I. Verfahrenseinstellung nach § 170 Abs. 2 StPO	906
II. Verfahrenseinstellung nach § 153 StPO	910
III. Verfahrenseinstellung nach § 153 a StPO	914
IV. Verfahrenseinstellung nach § 154 StPO	916
C. Vorläufiger Fahrerlaubnisentzug	917
D. Strafbefehlsverfahren	924
E. Zwischenverfahren	930
F. Hauptverhandlung	932
G. Nebenklage	933
H. Berufung	935
I. Berufungseinlegung	935
II. Beschleunigungsgebot	936
III. Berufungsbegründung	937
I. Revision	939
J. Bewährungswiderruf und Gnadengesuch	940
K. Wiederaufnahme des Verfahrens	944
L. Führerscheinmaßnahmen nach Rechtskraft des Urteils	948

§ 9 Einzelne Straftatbestände in Verkehrsstrafsachen 956

A. Unerlaubtes Entfernen vom Unfallort (§ 142 StGB)	956
I. Unfall im Straßenverkehr	958

Inhaltsübersicht

- II. Schaden 958
- III. Unfallbeteiligter (§ 142 Abs. 5 StGB) 959
- IV. Sich entfernen vom Unfallort 960
- B. Fahrlässige Tötung (§ 222 StGB) 970
  - I. Sorgfaltspflichtverletzung 971
  - II. Pflichtwidrigkeitszusammenhang 971
  - III. Voraussehbarkeit des tödlichen Erfolgs 971
  - IV. Dunkelheitsfahrten 972
  - V. Trunkenheitsfahrten 973
  - VI. Reaktions- und Gefahrenzeiten 973
- C. Körperverletzung (§§ 223, 229, 230 StGB) 974
- D. Nötigung (§ 240 StGB) 979
  - I. Ausbremsen als Nötigung 979
  - II. Dauerndes Linksfahren auf der Autobahn 980
  - III. Längeres Verhindern des Überholens durch Radfahrer 981
  - IV. Versperren der Fahrbahn mit ausgebreiteten Armen 982
  - V. Zufahren auf einen Fußgänger 983
- E. Gefährlicher Eingriff in den Straßenverkehr (§ 315 b StGB) 986
  - I. Öffentlicher Straßenverkehr 986
  - II. Zumindest bedingter Schädigungsvorsatz 987
  - III. Zweckwidrigkeit des Fahrzeuggebrauchs 987
  - IV. Ähnlicher, ebenso gefährlicher Eingriff 987
- F. Gefährdung des Straßenverkehrs (§ 315 c StGB) 988
  - I. Übermüdung, Sekundenschlaf 988
  - II. „Sieben Todsünden im Straßenverkehr" (§ 315 c Abs. 1 Nr. 2 StGB) 989
  - III. Gefährdung von Menschen oder wertvollen Sachen 990
- G. Trunkenheit im Verkehr (§ 316 StGB) 993
  - I. Fahrzeug im Sinne des § 316 StGB 993
  - II. Öffentlicher Straßenverkehr 993
  - III. Fahrzeug führen 994
  - IV. Fahruntüchtigkeit 994
  - V. Nachweis der alkoholbedingten Fahruntüchtigkeit 995
  - VI. Nachtrunk 997
  - VII. Schuldform 997
- H. Vollrausch (§ 323 a StGB) 1006

I. Fahren ohne Fahrerlaubnis (§ 21 StVG)	1007
I. Strafbarkeit des Fahrers	1008
II. Strafbarkeit des Halters	1012
III. Insbesondere: Fahren mit ausländischer Fahrerlaubnis	1014
IV. Insbesondere: Fahren mit Leichtkraftrad	1022

Teil 6: Ordnungswidrigkeitenrecht 1023

§ 10 Das Mandat im Ordnungswidrigkeitenrecht 1023

A. Einleitung	1023
B. Typische Beratungssituation	1025
C. Mandatsannahme	1026
I. Fragebogen für die Mandatsannahme	1026
II. Vollmacht	1028
III. Fahreignungsregisteranfrage	1030
IV. Korrespondenz mit der Rechtsschutzversicherung	1039
V. Erste Schritte gegenüber der Verwaltungsbehörde oder der Polizei	1050

§ 11 Ordnungswidrigkeiten im gerichtlichen Verfahren 1058

A. Gerichtliches Verfahren der I. Instanz	1059
I. Allgemeines	1059
II. Anträge vor der Hauptverhandlung	1063
III. Anträge in der Hauptverhandlung	1082
B. Rechtsbehelfe	1106
I. Antrag auf gerichtliche Entscheidung	1106
II. Beschwerde	1111
III. Rechtsbeschwerde	1116
C. Gegenvorstellung und Vollstreckung	1145
I. Gegenvorstellung	1145
II. Vollstreckungsfragen	1146

§ 12 Wiedereinsetzungsanträge im Ordnungswidrigkeitenverfahren 1149

A. Wiedereinsetzungsanträge im Vorverfahren der Verwaltungsbehörde	1150
I. Fristversäumung aus Gründen, die nicht mit der Kanzleiorganisation des Verteidigers zusammenhängen	1150
II. Wiedereinsetzungsantrag bei Verschulden des Verteidigers oder seines Büropersonals	1154

Inhaltsübersicht

B. Wiedereinsetzungsanträge nach Versäumung der Hauptverhandlung durch den Betroffenen 1156

    I. Antrag auf Wiedereinsetzung wegen Abwesenheit in der Hauptverhandlung aufgrund einer Erkrankung 1156

    II. Wiedereinsetzungsantrag wegen Abwesenheit des Betroffenen aufgrund einer Fehlinformation des Verteidigers 1159

C. Wiedereinsetzungsantrag wegen Versäumens der Frist zur Erklärung eines Widerspruchs gegen das vom Gericht beabsichtigte Beschlussverfahren gem. § 72 Abs. 1 OWiG 1160

D. Wiedereinsetzungsantrag im Rechtsbeschwerdeverfahren im Zusammenhang mit einer Verfahrensrüge 1163

Teil 7: Autokauf, Autoleasing und Autoreparatur 1167

§ 13 Autokauf 1167

A. Allgemeines 1167

    I. Vertragsanbahnung 1167

    II. Vertragsschluss 1169

    III. Vertragsinhalt 1170

    IV. Sondervorschriften bei Verbraucherbezug 1176

    V. Besonderheiten beim Neuwagenkauf 1176

B. Das Verbrauchergeschäft 1178

C. Das Unternehmergeschäft 1182

D. Der Kfz-Kauf von privat 1184

§ 14 Autoleasing 1187

A. Einführung 1187

B. Rückabwicklung 1191

§ 15 Gewährleistung beim Autokauf 1197

A. Gegenstand der Gewährleistung: der Mangel 1198

B. Gewährleistungsrechte 1201

    I. Nacherfüllung (§ 439 BGB) 1203

    II. Rücktritt 1213

    III. Minderung (§ 441 BGB) 1225

    IV. Schadensersatz gem. §§ 280, 281, 283, 311 a BGB 1229

    V. Ersatz vergeblicher Aufwendungen (§ 284 BGB) 1239

VI.	Zusammenfassende Übersicht zu den Möglichkeiten einer Abkürzung der Verjährung von Mängelansprüchen im Kaufrecht	1241
VII.	Mängel und Schäden bei Leasingfahrzeugen	1241

§ 16 Außervertragliche Ansprüche bei Autokauf und Autoleasing 1243
A. Überblick 1243
B. Anspruchsgrundlagen 1244
    I. Ansprüche wegen vorvertraglicher Pflichtverletzungen 1244
    II. § 812 BGB 1254
    III. § 823 Abs. 1 BGB 1256
    IV. § 823 Abs. 2 BGB iVm § 263 Abs. 1 StGB 1257

§ 17 Autoreparatur 1258
A. Vertragliche Grundlagen 1258
B. Werkmängel 1261
C. Schadensersatzklage 1263

Teil 8: Verwaltungsrecht 1269
§ 18 Fahrerlaubnisrecht 1269
A. Entzug der Fahrerlaubnis (§ 3 Abs. 1 S. 1 StVG) 1270
    I. Verwaltungsverfahren 1271
    II. Entzug der Fahrerlaubnis wegen Ungeeignetheit 1299
    III. Die medizinisch-psychologische Untersuchung (MPU) 1328
    IV. Widerspruchsverfahren 1332
    V. Klageverfahren 1337
    VI. Vorläufiger Rechtsschutz (§ 80 Abs. 5 VwGO) 1350
B. Neuerteilung der Fahrerlaubnis (§ 20 FeV) 1355
    I. Rechtsnatur 1355
    II. Befähigung 1356
    III. Eignung 1356
    IV. Reichweite der neuen Fahrerlaubnis 1359
    V. Rechtsbehelfe 1360
C. Fahreignungs-Bewertungssystem (§ 4 StVG) 1363
    I. Allgemeines 1363
    II. Maßnahmenkatalog (§ 4 Abs. 5 StVG) 1364
    III. Zuwiderhandlungen 1370

Inhaltsübersicht

IV. Neuerteilung nach Entzug	1370
D. Fahrerlaubnis auf Probe (§ 2 a StVG)	1371
I. Dauer der Probezeit	1371
II. Maßnahmen der Fahrerlaubnisbehörde bei Nichtbewährung	1371
E. Ausländische und EU-Fahrerlaubnis	1378
I. Allgemeines	1378
II. Ordentlicher Wohnsitz	1378
III. „Führerscheintourismus"	1380
IV. Erteilung einer deutschen Fahrerlaubnis (Umschreibung)	1389
V. „Entziehung" einer ausländischen Fahrerlaubnis	1391

§ 19 Fahrtenbuchauflage ... 1392

A. Vorbemerkung	1393
B. Materielles Fahrtenbuchrecht	1393
I. Gesetzliche Regelung	1393
II. Richtiger Adressat der Fahrtenbuchanordnung	1394
III. Anordnungsvoraussetzungen	1396
IV. Rechtsfolge: Ermessen	1426
V. Ersatzfahrzeug	1431
C. Verwaltungsverfahren und Prozessuales	1438
I. Verwaltungsverfahren	1438
II. Prozessuale Behandlung von Fahrtenbuchsachen	1440
III. Besonderheit: Gebühren für eine Fahrtenbuchanordnung	1452
D. Sonstige Bestimmungen in § 31 a StVZO	1456

§ 20 Abschleppfälle ... 1458

A. Einleitung	1459
B. Rechtliche Einordnung und Rechtsgrundlagen	1459
I. Bußgeldbescheid	1460
II. Polizeiliche Maßnahme	1461
III. Leistungsbescheid	1471
C. Vorgehen gegen die Abschlepp- bzw Versetzungsmaßnahme	1474
I. Widerspruch und Anfechtungsklage	1474
II. Fortsetzungsfeststellungsklage	1475
III. Allgemeine Leistungsklage und Folgenbeseitigungsanspruch	1475

D. Vorgehen gegen den Leistungsbescheid		1476
	I. Allgemeines	1476
	II. Angreifen des Leistungsbescheids dem Grunde und der Höhe nach	1477
	III. Erhebung des Widerspruchs nach §§ 68 ff VwGO	1479
	IV. Sofortige Vollziehbarkeit des Leistungsbescheids	1481
	V. Anfechtungsklage	1485
E. Rechtsprechung zu den Abschleppfällen		1487
	I. Absolutes Haltverbot	1487
	II. Anwohnerparkplatz	1488
	III. Ausfahrt aus einem Grundstück	1488
	IV. Ausfahrt aus einem Parkplatz	1488
	V. Behindertenparkplatz	1488
	VI. Bordsteinabsenkung	1489
	VII. Bushaltestelle	1489
	VIII. Eingeschränktes Haltverbot	1489
	IX. Einparken	1489
	X. Enge und unübersichtliche Straßenstellen	1490
	XI. Erreichbarkeit des Halters, Mobiltelefone	1490
	XII. Fahrradweg	1491
	XIII. Feuerwehrzufahrt	1491
	XIV. Fußgängerüberweg	1491
	XV. Fußgängerzone	1492
	XVI. Gehweg	1492
	XVII. Kreuzungsbereich	1493
	XVIII. Ladetätigkeit	1493
	XIX. Leerfahrt/Teilleerfahrt/Anschlussauftrag	1493
	XX. Mobiles Haltverbotszeichen	1494
	XXI. Ordnungswidrigkeitenverfahren	1495
	XXII. Parken in zweiter Reihe	1495
	XXIII. Parkuhr/Parkscheinautomat	1495
	XXIV. Polizeiparkplatz	1496
	XXV. Taxenstand	1496
	XXVI. Unverschlossenes Kraftfahrzeug	1496
	XXVII. Verkehrszeichen	1496
	XXVIII. Versetzung	1497

Inhaltsübersicht

XXIX. Zusatzschilder 1497

XXX. Zustandsstörer/Halterhaftung 1497

F. Schadensersatz bei Schäden am Fahrzeug nach einer Abschleppmaßnahme 1498

    I. Anspruchsgegner 1498

    II. Ansprüche gegen den Staat 1499

    III. Ansprüche gegen Abschleppunternehmer bzw Versicherung 1502

G. Abschleppen bei unberechtigtem Parken auf einem Privatgrundstück 1503

Teil 9: Die Rolle des Sachverständigen im Verkehrsrecht – Sachverständigenrecht 1505

§ 21 Grundsätze der technischen Aufklärung von Verkehrsunfällen 1505

A. Anforderungen an das Gutachten und den Sachverständigen 1505

B. Wichtige Anknüpfungstatsachen 1507

    I. Unfallskizze 1507

    II. Fotodokumentation 1509

    III. Sicherstellung von Fahrzeugteilen oder Fahrzeugen 1510

    IV. Elektronische Aufzeichnungen 1510

C. Methoden der Unfallrekonstruktion 1511

    I. Rückwärtsrechnung 1511

    II. Vorwärtsrechnung 1512

    III. Variantenbetrachtungen 1514

    IV. Laboranalysen von Aggregaten und Teileuntersuchungen 1514

    V. Radkontaktspurenberechnung 1516

D. Vermeidbarkeitsbetrachtungen 1516

    I. Räumliche Vermeidbarkeit 1516

    II. Zeitliche Vermeidbarkeit 1517

§ 22 Sachverständigengutachten im Strafrecht 1519

A. Unerlaubtes Entfernen vom Unfallort 1520

    I. Schadenskorrespondenz 1520

    II. Wahrnehmbarkeit 1522

    III. Typische Beispiele 1527

    IV. Typische Probleme bei Gutachten zum unerlaubten Entfernen vom Unfallort 1529

    V. Beweisanträge 1530

B. Fahrlässige Körperverletzung und Tötung 1531

    I. Pkw-Kollision 1531

	II. Fußgänger-Unfälle	1533
	III. Zweirad-Unfälle	1538
	IV. Lkw-Unfälle, Straßenbahn-Unfälle bzw Bus-Unfälle	1544
C.	Lampen- und Reifengutachten	1547
	I. Lampengutachten	1547
	II. Reifengutachten	1549

§ 23 Sachverständigengutachten im Zivilrecht ... 1553

A.	Plausibilitätsprüfung von Ablaufschilderungen	1554
	I. Ausgangssituation	1554
	II. Rekonstruktionsmethoden	1555
	III. Beweisbeschluss	1557
B.	Eingrenzung von Geschwindigkeiten	1558
C.	Vermeidbarkeitsbetrachtungen	1559
D.	Verletzungsursachen und Verletzungsmechanismen	1560
	I. HWS-Verletzungen	1560
	II. Gurtbenutzung und Sitzpositionen	1564
E.	Zur Schadenshöhe	1565
F.	Beweissicherung zu technischen Sachverhalten bei Aggregatmängeln bzw technischen Mängeln am Gesamtfahrzeug	1566

Stichwortverzeichnis 1569

Musterverzeichnis

	Muster-Nr.	Paragraf	Rn
Abbremsender, Begründung der Haftung	49	§ 2	258
Abschleppkosten, Aufschiebende Wirkung, Antrag nach § 80 Abs. 5 VwGO	423	§ 20	67
Abschleppkosten, Klage gegen den Leistungsbescheid	424	§ 20	70
Abschleppkosten, Widerspruch gegen Leistungsbescheid	422	§ 20	63
Abschleppmaßnahme, Schadensersatzanspruch; Anspruchsschreiben	425	§ 20	112
Akteneinsichtsgesuch an die Polizei nach Verkehrsunfällen	297	§ 10	101
Amtspflichtverletzung, abgelaufene Nachhaftungsfrist; Klage	101	§ 4	47
Amtspflichtverletzung, abgelaufene Nachhaftungsfrist; Klageerwiderung	102	§ 4	48
Amtspflichtverletzung, abgelaufene Nachhaftungsfrist; Klageerwiderung	103	§ 4	49
Amtspflichtverletzung, Anspruchsschreiben	85	§ 4	21
Anfechtungs- und Feststellungsklage, kombinierte (SGG)	190	§ 6	253
Anfechtungs- und Leistungsklage, kombinierte (SGG)	188	§ 6	246
Anfechtungs- und Verpflichtungsklage, kombinierte (SGG)	187	§ 6	242
Anfechtungsklage, Antrag bei Umstellung auf Feststellungsklage (SGG)	191	§ 6	255
Anfechtungsklage, isolierte (SGG)	184	§ 6	231
Anhörung eines bestimmten Arztes, Antrag (SGG)	203	§ 6	340
Ansprüche gegenüber dem Schädiger, Bezifferung	21	§ 2	47
Arbeitsmaschine, Einspruch mit Antrag auf Ausnahmegenehmigung (§ 69 a Abs. 2 StGB)	235	§ 8	81
Arbeitszeitnachweise, Klage des Arbeitnehmers	209	§ 7	87
Auffahrunfall, verunfalltes bei Nacht auf der Fahrbahn stehendes Fahrzeug	37	§ 2	186
Aufklärungsanordnung, Antrag nach § 123 Abs. 1 VwGO (Fahrerlaubnisrecht)	375	§ 18	91
Aufklärungsrüge, Verletzung des § 244 Abs. 2 StPO (Bußgeldverfahren)	341	§ 11	189
Aufnahmebogen	3	§ 1	55

Musterverzeichnis

	Muster-Nr.	Paragraf	Rn
Aufschiebende Wirkung des Widerspruchs, Wiederherstellung der (SGG)	197	§ 6	311
Bedürfnisse, vermehrte; Klagevortrag	81	§ 3	177
Berufung (SGG)	194	§ 6	287
Berufung, Antrag auf Zulassung (Fahrerlaubnisrecht)	387	§ 18	315
Berufungsbegründungschrift (fehlende Verwerflichkeit)	264	§ 9	88
Berufungsbegründungsfrist, Antrag auf Verlängerung (Fahrerlaubnisrecht)	388	§ 18	317
Berufungsbegründungsschrift (StPO)	241	§ 8	119
Berufungsschrift (Fahrerlaubnisrecht)	390	§ 18	321
Berufungsschrift (nach Zulassung durch OVG/VGH; Fahrerlaubnisrecht)	389	§ 18	320
Berufungsschrift (StPO)	240	§ 8	111
Berührungsloser Unfall, Klageschrift	40	§ 2	203
Beschlussverfahren, beabsichtigtes; Widerspruch gem. § 72 Abs. 1 OWiG (Bußgeldverfahren)	305	§ 11	10
Beschwerde (SGG)	199	§ 6	314
Bewährungswiderruf, Antrag auf Zurückweisung	243	§ 8	129
Beweisantrag (Fahrerlaubnisrecht)	382	§ 18	288
Beweisantrag mit Nennung des richtigen Fahrers (Bußgeldverfahren)	319	§ 11	79
Blutentnahmeprotokoll, Bestreiten der inhaltlichen Richtigkeit	368	§ 18	31
Bußgeldstelle, Akteneinsicht, erweiterte und Sachverständigeneinbeziehung	300	§ 10	107
Bußgeldstelle, Akteneinsicht, erweiterte wegen Fehlens besonderer Unterlagen in der Ermittlungsakte	301	§ 10	109
Bußgeldstelle, Akteneinsichtsgesuch	293	§ 10	91
Bußgeldstelle, Akteneinsichtsgesuch bei Vorhandensein besonderer Beweismittel	295	§ 10	97
Bußgeldstelle, Akteneinsichtsgesuch nach Erhalt der Anhörung	292	§ 10	89
Bußgeldstelle, Akteneinsichtsgesuch und Einspruchsschreiben	294	§ 10	93
Bußgeldstelle, Akteneinsichtsgesuch, nochmaliges; bezogen auf einzelne Aktenbestandteile	299	§ 10	105

Musterverzeichnis

	Muster-Nr.	Paragraf	Rn
Bußgeldstelle, Einspruchsschreiben kombiniert mit Akteneinsichtsgesuch und Bitte um Überlassung besonderer Beweismittel	296	§ 10	99
Bußgeldstelle, Gesuch mit dem Ziel der Herabsetzung einer Geldbuße bei Ordnungswidrigkeit in Zusammenhang mit Verkehrsunfall	302	§ 10	112
Bußgeldstelle, Rücksendungsschreiben nach Akteneinsicht	298	§ 10	103
Deckungsanfrage an Rechtsschutzversicherung, Mandant nicht Versicherungsnehmer, schriftlicher Schuldvorwurf liegt vor	285	§ 10	61
Deckungsanfrage an Rechtsschutzversicherung, Mandant Versicherungsnehmer, schriftlicher Schuldvorwurf liegt vor	284	§ 10	59
Deckungsanfrage für Prüfung der Erfolgsaussichten eines Rechtsmittelverfahrens	288	§ 10	76
Deckungsanfrage für Rechtsbeschwerde	287	§ 10	74
Deckungsanfrage, Fahrer ist Ehegatte des Halters/Versicherungsnehmers Zeugenfragebogen richtet sich an Halter	286	§ 10	69
Deckungsklage gegen den Einwand der Leistungskürzung des Versicherers wegen Gefahrerhöhung	150	§ 5	447
Deckungsklage gegen den Einwand der Leistungskürzung des Versicherers wegen Gefahrerhöhung; Klageerwiderung	151	§ 5	448
Deckungsklage gegen den Einwand der Leistungskürzung des Versicherers wegen Gefahrerhöhung; Replik	152	§ 5	449
Deckungszusage, Einholung	19	§ 2	42
Dienstfahrzeug, Herausgabe durch den Arbeitnehmer im Wege einstweiligen Rechtsschutzes	211	§ 7	101
Dienstfahrzeug, Schadensersatz wegen Entzugs	212	§ 7	105
Dritthaftung aus c.i.c., Schadensersatzklage	366	§ 16	28
Eidesstattliche Versicherung eines Zeugen (Bußgeldverfahren, Wiedereinsetzung)	350	§ 12	9
Einstellung des Verfahrens nach § 154 StPO, Antrag	229	§ 8	69
Einstweilige Anordnung (SGG)	198	§ 6	312

Musterverzeichnis

	Muster-Nr.	Paragraf	Rn
Einwand der Leistungsfreiheit des Versicherers wegen Nichtzahlung bzw nicht rechtzeitiger Zahlung der Erstprämie; Klage	147	§ 5	402
Einwand der Leistungsfreiheit des Versicherers wegen Nichtzahlung bzw nicht rechtzeitiger Zahlung der Erstprämie; Klageerwiderung	148	§ 5	403
Einwand der Leistungsfreiheit des Versicherers wegen Nichtzahlung bzw nicht rechtzeitiger Zahlung der Erstprämie; Replik	149	§ 5	404
Entbindungsantrag mit ausführlicher Erklärung zur Sache (Bußgeldverfahren)	314	§ 11	48
Entbindungsantrag ohne Einlassung zur Sache (Ausnahme Fahrereigenschaft; Bußgeldverfahren)	313	§ 11	40
Entgeltfortzahlungsschaden, Geltendmachung bei fraglicher gemeinsamer Betriebsstätte	207	§ 7	40
Ermittlungsakte, Anforderung bei Staatsanwaltschaft	218	§ 8	35
Ermittlungsakte, Beiziehung	18	§ 2	40
Erstattungsantrag an VOH als Entschädigungsstelle	122	§ 4	125
Erstattungsantrag an VOH als Entschädigungsstelle (kein Regulierungsbeauftragter bestellt)	123	§ 4	127
Erstattungsantrag an VOH als Entschädigungsstelle (unfallverursachendes Fahrzeug nicht zu ermitteln)	124	§ 4	130
Erstattungsantrag an VOH als Entschädigungsstelle (zuständiger Versicherer nicht ermittelbar)	125	§ 4	132
EU-Führerschein, Antrag auf Aufhebung der Beschlagnahme und Herausgabe	276	§ 9	221
Fahreignungsregister, Falscheintragungen, Berichtigungsantrag	281	§ 10	49
Fahreignungsregister, Falscheintragungen, Deckungsanfrage	282	§ 10	51
Fahreignungsregisteranfrage mit integrierter Vollmacht	279	§ 10	30
Fahreignungsregisterauskunft		§ 10	32
Fahreignungsregisterauszug, Anforderung	12	§ 1	63
Fahrerlaubnis (EU), Aberkennung	406	§ 18	478
Fahrerlaubnis (EU), Schreiben an Mandanten mit Hinweis zur Gültigkeit	405	§ 18	473

	Muster-Nr.	Paragraf	Rn
Fahrerlaubnis, Anfechtungsklage gegen Entziehung aufgrund von 8 Punkten/zur Anwendung des Tattagprinzips im Rahmen des § 4 Abs. 5 StVG	399	§ 18	402
Fahrerlaubnis, Antrag auf Ausnahme bestimmter Fahrzeuge von der Entziehung (§ 69 a Abs. 2 StGB)	249	§ 8	143
Fahrerlaubnis, Antrag nach § 80 Abs. 5 VwGO	394	§ 18	334
Fahrerlaubnis, Antrag nach § 80 Abs. 5 VwGO, Beschwerde gegen Ablehnung	395	§ 18	344
Fahrerlaubnis, Aussetzung der Vollziehung nach § 80 Abs. 4 S. 1 VwGO Antrag bei der Ausgangsbehörde aufgrund neuer Tatsachen	380	§ 18	272
Fahrerlaubnis, Einstweilige Anordnung nach § 123 Abs. 1 VwGO, Antrag auf Erlass	397	§ 18	383
Fahrerlaubnis, Entziehung nach § 2 a Abs. 2 S. 1 Nr. 3 StVG; Antrag nach § 80 Abs. 5 VwGO	402	§ 18	439
Fahrerlaubnis, Entziehung nach § 2 a Abs. 2 S. 1 Nr. 3 StVG; Klage	404	§ 18	441
Fahrerlaubnis, neue; Hinweis auf Reichweite	396	§ 18	375
Fahrerlaubnis, Neuerteilung; Verpflichtungsklage	398	§ 18	385
Fahrerlaubnis, Sofortige Vollziehung, Antrag nach § 80 Abs. 5 VwGO bei unzureichender Begründung der behördlichen Anordnung	376	§ 18	107
Fahrerlaubnis, Verwarnung nach § 2 a Abs. 2 S. 1 Nr. 2 StVG, Klage	401	§ 18	434
Fahrerlaubnis, Verwarnung, Widerspruch	400	§ 18	433
Fahrerlaubnis, Widerspruch gegen Entziehung	381	§ 18	278
Fahrerlaubnis, Widerspruch gegen Entziehung nach § 2 a Abs. 2 S. 1 Nr. 3 StVG	403	§ 18	440
Fahrerlaubnis, Widerspruch mit Hinweis auf Antrag nach § 80 Abs. 5 VwGO	393	§ 18	333
Fahrerlaubnis-Entziehung wegen Nichtbefolgung einer Aufklärungsanordnung, Klageschrift	386	§ 18	306
Fahrradsturz, Duplik	45	§ 2	239
Fahrradsturz, Klageerwiderung	43	§ 2	235
Fahrradsturz, Klageschrift	42	§ 2	233
Fahrradsturz, Replik	44	§ 2	237
Fahrradsturz, typische Entscheidungsgründe des Gerichts	46	§ 2	242

Musterverzeichnis

	Muster-Nr.	Paragraf	Rn
Fahrtenbuch, Akteneinsichtsgesuch, inkl. Klage	419	§ 19	148
Fahrtenbuch, Anfechtungsklage trotz Zeitablaufs der Primärmaßnahme wegen deren Grundlage für eine Vollstreckungsmaßnahme	421	§ 19	159
Fahrtenbuch, Anfechtungsklage, bereits erhobene; Umstellung auf eine Fortsetzungsfeststellungsklage	420	§ 19	158
Fahrtenbuch, Antrag auf Wiederherstellung der aufschiebenden Wirkung, Begründetheit (Auszug)	417	§ 19	135
Fahrtenbuch, Antrag auf Wiederherstellung der aufschiebenden Wirkung, Widerspruch	418	§ 19	145
Fahrtenbuch, Antwort auf Anhörungsschreiben der Behörde im Falle der drohenden Anordnung gegen falschen Adressaten	407	§ 19	9
Fahrtenbuch, Erinnerungsvermögen, fehlendes; Geltendmachung	410	§ 19	38
Fahrtenbuch, Ersatzfahrzeug, Klage gegen die Festsetzung	414	§ 19	121
Fahrtenbuch, Klage gegen die Anordnung für ein oder mehrere Firmenfahrzeug(e)	412	§ 19	62
Fahrtenbuch, Klage gegen die Anordnung für ein oder mehrere Firmenfahrzeug(e), Klageerwiderung	413	§ 19	63
Fahrtenbuch, Klage gegen die Anordnung im Falle der nicht bzw nicht nachweisbar eingehaltenen Zweiwochenfrist	409	§ 19	32
Fahrtenbuch, Klage gegen die Anordnung im Falle nicht ausreichender Ermittlungen	411	§ 19	59
Fahrtenbuch, Verwaltungsvorgänge, Einsichtnahme; Antrag an die Straßenverkehrsbehörde	415	§ 19	125
Fahrtenbuch, Widerspruch gegen die Anordnung der Verpflichtung zum Führen	416	§ 19	133
Fahrtenbuch, Zeugenvernehmung, Antrag	408	§ 19	23
Fahrverbot, Merkblatt	14	§ 1	65
Fahrzeuguntersuchung, technische; Beweisantrag aus Sicht der Verteidigung	428	§ 22	40
Fahrzeugversicherer, Ablehnungsschreiben des	170	§ 5	529
Fahrzeugversicherer, Antwortschreiben an	171	§ 5	530
Fahrzeugversicherer, Aufforderungsschreiben	169	§ 5	528

Musterverzeichnis

	Muster-Nr.	Paragraf	Rn
Fahrzeugversicherer, Rückforderung einer Vorbehaltszahlung, Klageschrift	175	§ 5	556
Fahrzeugversicherer, Rückforderung einer Vorbehaltszahlung, Klageerwiderung	176	§ 5	557
Fahrzeugversicherer, Rückforderung einer Vorbehaltszahlung, Replik	177	§ 5	558
Fahrzeugversicherer, Vorbehaltsvereinbarung mit Versicherungsnehmer	174	§ 5	555
Feststellungsklage, Antrag	88	§ 4	30
Feststellungsklage, isolierte (SGG)	189	§ 6	251
Forderungsschreiben an Versicherung	27	§ 2	86
Fragebogen für Anspruchsteller	6	§ 1	57
Fraunhofer, Werte nach; Argumentation gegen Angemessenheit	77	§ 3	99
Führerschein, Antrag auf Belassung wegen dringender persönlicher Umstände	263	§ 9	59
Führerschein, Herausgabe und deklaratorisches Fahrverbot	234	§ 8	80
Führerschein, Herausgabe wegen unwahrscheinlicher Entziehung, Antrag	230	§ 8	72
Führerscheinsperre, Antrag, bestimmte Fahrzeuge auszunehmen	231	§ 8	77
Führerscheinstelle, Akteneinsicht, Antrag verbunden mit Bestellung zum Bevollmächtigten	370	§ 18	55
Führerscheinstelle, Anschreiben bei (noch) anhängigem Strafverfahren	369	§ 18	37
Führerscheinstelle, Stellungnahme im Rahmen der Anhörung	371	§ 18	56
Fußgänger, Einlassung, der zu späten Wahrnehmung	429	§ 22	50
Gebührenklage gegen Unfallgegner, Berufungserwiderung	61	§ 3	14
Gebührenklage gegen Unfallgegner, Berufungsschrift	60	§ 3	12
Gebührenklage gegen Unfallgegner, Berufungsverfahren; Duplik	63	§ 3	18
Gebührenklage gegen Unfallgegner, Berufungsverfahren; Replik	62	§ 3	16
Gebührenklage gegen Unfallgegner, Duplik	58	§ 3	8

Musterverzeichnis

	Muster-Nr.	Paragraf	Rn
Gebührenklage gegen Unfallgegner, Entscheidung des Berufungsgerichts	64	§ 3	20
Gebührenklage gegen Unfallgegner, Entscheidung des Gerichts	59	§ 3	10
Gebührenklage gegen Unfallgegner, Klageerwiderung	56	§ 3	4
Gebührenklage gegen Unfallgegner, Klageschrift	55	§ 3	2
Gebührenklage gegen Unfallgegner, Replik	57	§ 3	6
Gerichtliche Entscheidung nach § 69 Abs. 1 S. 2 OWiG, Antrag	331	§ 11	143
Gesamtschadensaufstellung	9	§ 1	60
Gnadengesuch	244	§ 8	130
Grobe Fahrlässigkeit, Anspruch auf Versicherungsleistung nach Ablehnung/Leistungskürzung; Mandanteninformation zu Prozessaussichten	143	§ 5	365
Gurtanlegepflicht, Verletzung (Klageerwiderung)	31	§ 2	137
Gurtanlegepflicht, Verletzung (Klageschrift)	30	§ 2	135
Gurtanlegepflicht, Verletzung (Replik)	32	§ 2	139
Gutachten, Antrag auf Übernahme der Kosten (SGG)	204	§ 6	341
Gutachten, Beschwerde gegen die Kostenentscheidung (SGG)	205	§ 6	342
Haftpflichtversicherer, nachhaftender Anschreiben	84	§ 4	20
Haftpflichtversicherung, Anschreiben	16	§ 2	35
Haftungseintritt, Aufforderung	25	§ 2	60
Hauptverfahren, Information des Mandanten über seine Pflichten (Bußgeldverfahren)	312	§ 11	38
Hauptverhandlung, Antrag auf Aussetzung	238	§ 8	103
Hauptverhandlung, Mandanteninformation (Bußgeldverfahren)	303	§ 11	3
Hauptverhandlung, Merkblatt zum Gang	13	§ 1	64
Haushaltsführungsschaden, Ersatzfähigkeit bei haushaltsspezifischer MdE; Klagevortrag	80	§ 3	173
Haushaltsführungsschaden, Fragebogen zur Berechnung	11	§ 1	62
Hochalkoholisierung, Hinweis auf Möglichkeit der Verkennung	267	§ 9	143
Honorarvereinbarung für Fotokopien, Auslagenpauschale, Fahrtkosten	213	§ 8	15

Musterverzeichnis

	Muster-Nr.	Paragraf	Rn
Honorarvereinbarung, Abrechnung auf Stundenbasis	214	§ 8	16
Honorarvereinbarung, Mittelgebühren	216	§ 8	18
Honorarvereinbarung, pauschal nach Verfahrensabschnitten	215	§ 8	17
Hundehalter, Klage gegen	50	§ 2	260
HWS-Verletzung, Beweisbeschluss	433	§ 23	34
HWS-Verletzung, Klageerwiderung	53	§ 2	308
HWS-Verletzung, Klageschrift	52	§ 2	306
HWS-Verletzung, Replik	54	§ 2	310
Kaufvertrag (Kfz)	357	§ 13	38
Kettenauffahrunfall	38	§ 2	187
KH-Versicherer, Anschreiben bei Vertretung des Geschädigten (Vorsatz)	104	§ 4	56
KH-Versicherer, Anschreiben bei Vertretung des Versicherungsnehmers (Vorsatz)	105	§ 4	58
KH-Versicherer, Deckungsklage gegen; Klage des Versicherungsnehmers	106	§ 4	66
KH-Versicherer, Freistellungsklage gegen; Klageantrag	107	§ 4	68
KH-Versicherer, Klage	91	§ 4	36
KH-Versicherer, Klage des Geschädigten	109	§ 4	71
KH-Versicherer, Klageerwiderung	92	§ 4	37
KH-Versicherer, Klageerwiderung bei Klage des Geschädigten	110	§ 4	72
KH-Versicherer, Klageerwiderung bei Nachhaftung ohne wirksamen Versicherungsvertrag	95	§ 4	40
KH-Versicherer, Replik	93	§ 4	38
KH-Versicherer, Replik bei Klage des Geschädigten	111	§ 4	73
KH-Versicherer, Zahlungsklage gegen; Klageantrag	108	§ 4	70
Kind als Schädiger, Klageschrift	51	§ 2	269
Kollision (Pkw mit Kuh), Klagebegründung	48	§ 2	252
Kolonnenlücke, Vortrag bei Klage des Wartepflichtigen	34	§ 2	183
Kostenbescheid der Verwaltungsbehörde, Antrag auf gerichtliche Entscheidung gegen gem § 25 a StVG (Bußgeldverfahren)	330	§ 11	138
Kostenentscheidung, Antrag (SGG)	183	§ 6	225

Musterverzeichnis

	Muster-Nr.	Paragraf	Rn
Kraftfahrt-Bundesamt, Falschauskünfte, Aufforderung zur zukünftigen Unterlassung der Erteilung	283	§ 10	55
Kreuzungsauffahrunfall, Beweisbeschluss	432	§ 23	23
Kreuzungskollision	39	§ 2	188
Kündigungsschutzklage	210	§ 7	99
Lasermessung, problematische (I); Beweisantrag (Bußgeldverfahren)	326	§ 11	120
Lasermessung, problematische (II); Beweisantrag (Bußgeldverfahren)	327	§ 11	122
Leistungs- und Feststellungsklage, Anträge bei Kombination	89	§ 4	32
Leistungsklage, isolierte (SGG)	185	§ 6	235
Mandanteninformation	7	§ 1	58
Mandatsbedingungen	4	§ 1	56
Mandatsbestätigung	20	§ 2	44
Messfoto, Beweisantrag zur Qualität (Bußgeldverfahren)	320	§ 11	87
Messverfahren, Rechtsbeschwerde (Sachrüge) bei mangelhaften Urteilsgründen (Bußgeldverfahren)	338	§ 11	179
Minderungsklage	363	§ 15	62
Mitarbeit, Mandantenanschreiben	219	§ 8	37
MPU, Hinweise; Schreiben an Mandanten	378	§ 18	253
MPU, weitere; Schreiben an Mandanten zur Vorbereitung	273	§ 9	149
MPU-Begutachtung, Antrag auf Fristverlängerung	372	§ 18	66
MPU-Begutachtung, freiwillige (Angebot)	377	§ 18	123
MPU-Begutachtung, nachträgliche; Einverständnis	373	§ 18	71
MPU-Gutachterkosten, Erstattung; Klageschrift	374	§ 18	74
MPU-Vorbereitung, Mandanteninformation	247	§ 8	139
Nacherfüllungsklage	359	§ 15	30
Nacherfüllungsklage, Klageerwiderung	360	§ 15	32
Nachhaftung, Klage trotz Abmeldung und entstempelter Kennzeichen	96	§ 4	42
Nebenklageanschluss	239	§ 8	106
Nettokosten bei Reparatur in lokaler Markenwerkstatt, Entscheidung des Gerichts	75	§ 3	44
Nettokosten bei Reparatur in lokaler Markenwerkstatt, Klageerwiderung	73	§ 3	40

Musterverzeichnis

	Muster-Nr.	Paragraf	Rn
Nettokosten bei Reparatur in lokaler Markenwerkstatt, Klageschrift	72	§ 3	38
Nettokosten bei Reparatur in lokaler Markenwerkstatt, Replik	74	§ 3	42
Nichtwahrnehmbarkeit eines Unfallgeschehens aufgrund von Störgeräuschen	427	§ 22	34
Nichtzulassungsbeschwerde (SGG)	193	§ 6	286
Nichtzulassungsbeschwerde (SGG)	195	§ 6	305
Nutzungsausfallschaden, Mandanten-Formschreiben	79	§ 3	108
Obliegenheitsverletzung Versicherungsnehmer, Prüfungsschema	142	§ 5	315
Personenschaden nach schwerem Verkehrsunfall, Klageschrift	83	§ 3	211
Pferdehalter, Klage gegen	47	§ 2	247
PKH-Antrag, Ablehnung; Beschwerde (SGG)	200	§ 6	319
ProViDa-Messung, Beweisantrag Abstandsveränderung (Bußgeldverfahren)	323	§ 11	109
Prozesskostenhilfeantrag (Fahrerlaubnisrecht)	383	§ 18	300
Prozesskostenhilfeantrag, Ablehnung; Beschwerde (Fahrerlaubnisrecht)	385	§ 18	304
Prozesskostenhilfeantrag, Erinnerung an Entscheidung über (Fahrerlaubnisrecht)	384	§ 18	302
Quotenvorrecht, Klageschrift	76	§ 3	92
Rechtsabbiegeunfall (Lkw); Beweisantrag	431	§ 22	67
Rechtsbeschwerde (Verfahrensrüge) gegen Verwerfungsurteil	339	§ 11	185
Rechtsbeschwerde (Verfahrensrüge) wegen fehlender Urteilsunterzeichnung	340	§ 11	187
Rechtsbeschwerde, Antrag auf Zulassung bei Entscheidung in Abwesenheit des Betroffenen und seines Verteidigers mit Vertretungsvollmacht (Bußgeldverfahren)	343	§ 11	196
Rechtsbeschwerde, Antrag auf Zulassung nach Urteilsverkündung in Anwesenheit des Betroffenen oder seines mit Vertretungsvollmacht ausgestatteten Verteidigers (Bußgeldverfahren)	342	§ 11	194

Musterverzeichnis

	Muster-Nr.	Paragraf	Rn
Rechtsbeschwerdebegründung mit Mindestinhalt bei Verletzung des sachlichen Rechts (Sachrüge; Bußgeldverfahren)	336	§ 11	172
Rechtsbeschwerdegericht, Antrag auf Entscheidung (Bußgeldverfahren)	346	§ 11	206
Rechtsbeschwerdeschriftsatz gegen in Abwesenheit des Betroffenen und seines Verteidigers ergangenes Urteil (Bußgeldverfahren)	335	§ 11	166
Rechtsbeschwerdeschriftsatz nach Urteilsverkündung in Anwesenheit des Betroffenen oder seines mit Vertretungsvollmacht ausgestatteten Verteidigers (Bußgeldverfahren)	334	§ 11	161
Rechtsbeschwerdeverfahren, Gegenvorstellung gegen abschließende Entscheidung des OLG (Bußgeldverfahren)	347	§ 11	209
Rechtsschutz, Antrag auf Feststellung der Gewährung	15	§ 1	267
Rechtsschutzversicherung, , Schreiben an wegen besonderer Umstände des Verfahrens	291	§ 10	85
Rechtsschutzversicherung, Kostenrechnung an	289	§ 10	78
Rechtsschutzversicherung, Mittelgebühren, Schreiben zur Begründung für den Ansatz	290	§ 10	83
Rehabilitationsdienst, Schreiben an Versicherung wegen Einschaltung	28	§ 2	96
Reha-Management, Code of Conduct	29	§ 2	99
Reparatur, mangelhafte; Schadensersatzklage	367	§ 17	15
Replik-Vollkaskoversicherung	180	§ 5	594
Rettungskostenersatz, Klageerhebung	166	§ 5	501
Rettungskostenersatz, Klageerwiderung	167	§ 5	502
Rettungskostenersatz, Replik	168	§ 5	503
Revision (Fahrerlaubnisrecht)	392	§ 18	325
Revision (SGG)	196	§ 6	306
Revision, Beschwerde gegen Nichtzulassung (Fahrerlaubnisrecht)	391	§ 18	324
Revisionseinlegungsschrift (StPO)	242	§ 8	122
Rotlichtverstoß, Beweisantrag (Bußgeldverfahren)	328	§ 11	129
Rückabwicklungsklage	361	§ 15	51
Rückabwicklungsklage, Klageerwiderung	362	§ 15	53

	Muster-Nr.	Paragraf	Rn
Rücknahme eines rechtswidrigen nicht begünstigenden Verwaltungsaktes, Antrag nach § 44 SGB X	202	§ 6	326
Sachrüge mit Begründung bei zweifelhafter Fahreridentität (Bußgeldverfahren)	337	§ 11	176
Sachschaden, Antrag bei Leistungsklage	86	§ 4	27
Sachverständigenbeauftragung	172	§ 5	532
Sachverständigengutachten, Antrag auf Einholung zum Nachweis der fehlenden Bauartzulassung von Bestandteilen des ProViDa-Systems trotz vorliegender Eichung (Bußgeldverfahren)	324	§ 11	112
Sachverständigengutachten, Beweisantrag auf Einholung bei Schrägfahrt durch eine Radarmessstelle (Bußgeldverfahren)	321	§ 11	95
Sachverständigengutachten, Beweisantrag auf Einholung zur Frage der Aufstellung der Lichtschranke/des Einseitensensors (Bußgeldverfahren)	322	§ 11	101
Sachverständigengutachten, Beweisantrag bei ViDistA-Messung (Bußgeldverfahren)	325	§ 11	117
Sachverständigenhonorar-Gutachten, Entscheidung des Gerichts	71	§ 3	35
Sachverständigenhonorar-Gutachten, Erwiderung auf Stellungnahme des Beklagten	70	§ 3	33
Sachverständigenhonorar-Gutachten, gerichtlich angefordertes	67	§ 3	27
Sachverständigenhonorar-Gutachten, Stellungnahme Beklagter	69	§ 3	31
Sachverständigenhonorar-Gutachten, Stellungnahme Klägerin	68	§ 3	29
Sachverständigenkosten, Ersatz, Klageerwiderung	66	§ 3	25
Sachverständigenkosten, Ersatz, Klageschrift	65	§ 3	23
Sachverständigenverfahren, weiteres Schreiben an Fahrzeugversicherer nach Durchführung	173	§ 5	533
Schadenmeldeformular Entschädigungsfonds (Unfälle im Inland), VOH	120	§ 4	118
Schadenmeldeformular Entschädigungsstelle (Unfälle im Ausland), VOH	126	§ 4	135
Schadensersatz und Schmerzensgeld, Klageschrift	26	§ 2	63

Musterverzeichnis

	Muster-Nr.	Paragraf	Rn
Schadensersatz, Klage des Arbeitgebers gegen den Arbeitnehmer	206	§ 7	33 a
Schadensersatzklage nach § 311 a Abs. 2 BGB	364	§ 15	80
Schadensersatzklage nach § 311 a Abs. 2 BGB, Klageerwiderung	365	§ 15	82
Schadensersatzklage wg. Verkehrsunfall, Klageschrift	22	§ 2	50
Schadensersatzklage wg. Verkehrsunfall, Replik auf Klageerwiderung	23	§ 2	53
Schadenskorrespondenz, Beweisantrag zur Überprüfung	426	§ 22	33
Schadensmeldung an VOH (Insolvenz des KH-Versicherers)	119	§ 4	116
Schadensmeldung an VOH (nicht ermitteltes Schädigerfahrzeug)	115	§ 4	106
Schadensmeldung an VOH (pflichtwidrig nicht versichertes Kraftfahrzeug)	116	§ 4	108
Schadensmeldung an VOH (selbstfahrende Arbeitsmaschinen und landwirtschaftliche Anhänger)	117	§ 4	111
Schadensmeldung an VOH bei Vorsatztat	118	§ 4	113
Schiedsstelle, Antrag	121	§ 4	120
Schmerzensgeld, Antrag bei Leistungsklage	87	§ 4	28
Schuld, fehlende; Antrag auf Verfahrenseinstellung	262	§ 9	58
Schuld, geringe; Antrag auf Verfahrenseinstellung (1)	260	§ 9	56
Schuld, geringe; Antrag auf Verfahrenseinstellung (2)	261	§ 9	57
Schuldunfähigkeit, Antrag auf Verfahrenseinstellung (Insulinschock)	265	§ 9	109
Schweigepflicht, Entbindung	10	§ 1	61
Schweigepflicht, Entbindung	24	§ 2	58
Selbständiges Beweisverfahren, Antrag auf Durchführung	358	§ 15	3
Selbstladung des Sachverständigen nach § 220 StPO	220	§ 8	40
Selbstladung, Zustellungsauftrag an den Gerichtsvollzieher	221	§ 8	41
Sofortige Beschwerde gegen Versagung der Wiedereinsetzung und Nachbesserung der Glaubhaftmachung der vorgetragenen Hinderungstatsachen (Bußgeldverfahren)	332	§ 11	149
Sozialversicherungsträger, Klage bei Nachhaftung ohne wirksamen Versicherungsvertrag	94	§ 4	39

	Muster-Nr.	Paragraf	Rn
Sperrfrist nach § 69 a Abs. 7 StGB, Antrag auf Abkürzung	248	§ 8	142
Strafbefehl, Antrag auf Erlass	236	§ 8	91
Strafbefehl, Entscheidung; Anregung an das Gericht	271	§ 9	147
Straßenbahn, Kollision mit Pkw Klageerwiderung	134	§ 4	166
Straßenbahn, Kollision mit Pkw; Klageschrift	133	§ 4	165
Straßenbahn, Kollision mit Pkw; Replik	135	§ 4	167
Straßenbahnunfall, Anspruchsschreiben	132	§ 4	162
Tateinheit, Verbindungsantrag bei mehreren in – zueinander stehenden Ordnungswidrigkeiten (1)	317	§ 11	66
Tateinheit, Verbindungsantrag bei mehreren in – zueinander stehenden Ordnungswidrigkeiten (2)	318	§ 11	67
Teilkaskoversicherung, Anspruch wegen Fahrzeugdiebstahls, Klage	153	§ 5	462
Teilkaskoversicherung, Anspruch wegen Fahrzeugdiebstahls; Klageerwiderung	154	§ 5	464
Teilkaskoversicherung, Anspruch wegen Fahrzeugdiebstahls; Replik	155	§ 5	466
Teilkaskoversicherung, Anspruch wegen Fahrzeugdiebstahls; Replik	158	§ 5	469
Teilkaskoversicherung, Anspruch wegen Fahrzeugteilediebstahls; Klageschrift	156	§ 5	467
Teilkaskoversicherung, Anspruch wegen Fahrzeugteilediebstahls; Klageerwiderung	157	§ 5	468
Teilkaskoversicherung, Feststellungsklage	139	§ 5	238
Teilkaskoversicherung, Feststellungsklage; Klageerwiderung	140	§ 5	239
Teilkaskoversicherung, Feststellungsklage; Replik	141	§ 5	240
Terminverlegungsantrag aus Urlaubsgründen (Bußgeldverfahren)	307	§ 11	21
Terminverlegungsantrag wegen Erkrankung mit stationärem Klinikaufenthalt (Bußgeldverfahren)	309	§ 11	28
Terminverlegungsantrag wegen Fortbildungsmaßnahme (Bußgeldverfahren)	308	§ 11	23
Terminverlegungsantrag wegen kurzfristiger Erkrankung des Betroffenen (Bußgeldverfahren)	310	§ 11	32
Terminverlegungsantrag wegen Terminkollision (Bußgeldverfahren)	306	§ 11	17

Musterverzeichnis

	Muster-Nr.	Paragraf	Rn
Terminverlegungsantrag, Ablehnung; Antrag auf rechtsmittelfähige Entscheidung (Bußgeldverfahren)	311	§ 11	35
Terminverlegungsantrag, Beschwerde gegen Ablehnung (Bußgeldverfahren)	333	§ 11	155
Tschechische Fahrerlaubnis, Antrag auf Zurückweisung des Antrags der StA auf vorläufige Entziehung	277	§ 9	222
Überholer als Kläger, möglicher Rechtsvortrag bei Unfall Linksabbieger/Überholer	35	§ 2	184
Überstundenentgelt, Klage	208	§ 7	81
Unerlaubtes Entfernen vom Unfallort, Antrag auf Verfahrenseinstellung wegen Verlassens des Unfallstelle als Panikreaktion	257	§ 9	30
Unerlaubtes Entfernen vom Unfallort, Antrag, trotz Personenschaden von Entziehung der Fahrerlaubnis abzusehen	232	§ 8	78
Unerlaubtes Entfernen vom Unfallort, Antrag, wegen geringen Schadens von Entziehung der Fahrerlaubnis abzusehen	233	§ 8	79
Unerlaubtes Entfernen vom Unfallort, Beschluss nach § 111 a StPO, Antrag auf Aufhebung	255	§ 9	28
Unerlaubtes Entfernen vom Unfallort, Beschluss nach § 111 a StPO, Beschwerde gegen	256	§ 9	29
Unerlaubtes Entfernen vom Unfallort, Einlassung der fehlenden Unfallbeteiligung	253	§ 9	26
Unerlaubtes Entfernen vom Unfallort, Einlassung des Nichtvorliegens eines Unfalls bei Fehlen von Unfallspuren	259	§ 9	32
Unerlaubtes Entfernen vom Unfallort, Einlassung zu Unfall ohne Fahrzeugberührung	250	§ 9	14
Unerlaubtes Entfernen vom Unfallort, Einlassung, dass Schaden nicht erkennbar war	252	§ 9	25
Unerlaubtes Entfernen vom Unfallort, Einlassung, dass Unfall nicht bemerkt wurde	251	§ 9	24
Unerlaubtes Entfernen vom Unfallort, Einparken, Antrag auf Verfahrenseinstellung mangels Unfalls	258	§ 9	31
Unerlaubtes Entfernen vom Unfallort, Einstellung nach § 153 StPO (Wartezeit fraglich und geringer Schaden), Antrag	254	§ 9	27

Musterverzeichnis

	Muster-Nr.	Paragraf	Rn
Unfallersatztarif, Zahlung der Differenz; Klageerwiderung	78	§ 3	105
Unfallgegner, Anschreiben	17	§ 2	38
Untätigkeitsklage (SGG)	192	§ 6	265
Verdienstausfall eines Selbständigen, Klagevortrag	82	§ 3	209
Verfahrenseinstellung nach § 153 StPO (eigene schwere Unfallfolgen für den Angeschuldigten), Antrag	227	§ 8	53
Verfahrenseinstellung nach § 153 StPO (eigene Verletzung des Angeschuldigten), Antrag	226	§ 8	52
Verfahrenseinstellung nach § 153 StPO, Antrag	225	§ 8	50
Verfahrenseinstellung nach § 153 a StPO, Antrag	228	§ 8	65
Verfahrenseinstellung nach § 154 Abs. 2 StPO (Streitpunkt: öffentlicher Verkehrsraum), Anregung	274	§ 9	150
Verfahrenseinstellung nach § 170 Abs. 2 StPO aus rechtlichen Gründen, Antrag	223	§ 8	46
Verfahrenseinstellung nach § 170 Abs. 2 StPO aus tatsächlichen Gründen, Antrag	222	§ 8	45
Verfahrenseinstellung nach § 170 Abs. 2 StPO mangels öffentlichen Interesses, Antrag	224	§ 8	47
Verfahrenseinstellung nach § 170 Abs. 2 StPO wegen abnormer Alkoholreaktion, Antrag	275	§ 9	155
Verfahrenseinstellung, Antrag (kein Fahrzeugführen)	268	§ 9	144
Verfahrenseinstellung, Antrag (kein rücksichtsloses und grob verkehrswidriges Handeln)	266	§ 9	110
Verfahrenseinstellung, Antrag wegen eingetretener Verfolgungsverjährung (Bußgeldverfahren)	315	§ 11	54
Verfahrenseinstellung, Antrag wegen eingetretener Verjährung (Bußgeldverfahren)	316	§ 11	61
Verfahrenseinstellung, Antrag wegen fehlender Fahruntüchtigkeit (Fahrradfahrer)	272	§ 9	148
Verfahrenseinstellung, Hinweis auf Antrag der StA in Parallelverfahren	270	§ 9	146
Verfahrensverlauf, möglicher; Mandanteninformation (Bußgeldverfahren)	304	§ 11	7
Verkehrsstrafrecht, Mandanteninformationsschreiben	217	§ 8	32
Verkehrszeichen, umgefallenes, Klageschrift	41	§ 2	232
Verpflichtungsklage, isolierte (SGG)	186	§ 6	240

Musterverzeichnis

	Muster-Nr.	Paragraf	Rn
Versicherer, nachhaftender; Regress gegen „mitversicherten" Fahrer	97	§ 4	43
Versicherungsleistung, Geltendmachung des Anspruchs gegenüber dem Fahrzeugversicherer des Mandanten	138	§ 5	224
Versicherungsschutz, bedingungsgemäßer; Klage	112	§ 4	75
Versicherungsschutz, bedingungsgemäßer; Klageerwiderung	113	§ 4	76
Versicherungsschutz, bedingungsgemäßer; Replik	114	§ 4	77
Versicherungsunterlagen, Anforderung ohne und mit Kostenübernahmeangebot	137	§ 5	172
Versicherungsunterlagen, vom Versicherungsnehmer anzufordernde; Checkliste	136	§ 5	152
Verteidigervollmacht im Bußgeldverfahren inklusive Vertretungsberechtigung gem § 234 StPO	278	§ 10	25
VOH als Entschädigungsfonds, Klageerwiderung (Fall 1)	128	§ 4	143
VOH als Entschädigungsfonds, Klageerwiderung (Fall 2)	130	§ 4	145
VOH als Entschädigungsfonds, Klageschrift (Fall 1)	127	§ 4	142
VOH als Entschädigungsfonds, Klageschrift (Fall 2)	129	§ 4	144
VOH als Entschädigungsfonds, Replik (Fall 2)	131	§ 4	146
Vollkaskoversicherung, Anspruch; Klageerwiderung	145	§ 5	369
Vollkaskoversicherung, Anspruch; Klageerwiderung	163	§ 5	476
Vollkaskoversicherung, Anspruch; Klageerwiderung	165	§ 5	478
Vollkaskoversicherung, Anspruch; Klageerwiderung	179	§ 5	593
Vollkaskoversicherung, Anspruch; Klageschrift	144	§ 5	368
Vollkaskoversicherung, Anspruch; Klageschrift	159	§ 5	472
Vollkaskoversicherung, Anspruch; Klageschrift	164	§ 5	477
Vollkaskoversicherung, Anspruch; Klageschrift	178	§ 5	592
Vollkaskoversicherung, Anspruch; Replik	146	§ 5	370
Vollkaskoversicherung, Anspruch; Replik	161	§ 5	474
Vollkaskoversicherung, Anspruch; Klageerwiderung	160	§ 5	473
Vollkaskoversicherung, Anspruch; Klageschrift	162	§ 5	475
Vollmacht, Strafprozess	2	§ 1	54
Vollmacht, Zivilrecht	1	§ 1	53
Vollstreckung, Zulässigkeit; Antrag auf gerichtliche Entscheidung wegen Einwendungen (Bußgeldverfahren)	348	§ 11	215

	Muster-Nr.	Paragraf	Rn
Vorfahrtsberechtigter, Vortrag bei eigenem Verstoß gegen Rechtsfahrgebot	36	§ 2	185
Vorfahrtsberechtigter, Vortrag bei Vorfahrtsverstoß des Linksabbiegers bei eigener Geschwindigkeitsüberschreitung	33	§ 2	182
Vorfahrtsstraße, Einbiegen; Einlassung aus Sicht eines Pkw-Fahrers	430	§ 22	57
Vorverfahren, schriftliches; Antrag auf Erlass eines Versäumnis- oder Anerkenntnisurteils	90	§ 4	35
Widerrufsbelehrung	5	§ 1	56a
Widerspruch, Einlegung mit Begründung bei zuständiger Behörde (Sozialversicherung)	181	§ 6	223
Widerspruch, fristwahrende Einreichung bei anderer Behörde mit Bitte um Akteneinsicht (Sozialversicherung)	182	§ 6	224
Wiederaufnahme des Verfahrens bei einem Strafbefehl, Antrag	246	§ 8	134
Wiederaufnahme des Verfahrens bei Urteil, Antrag	245	§ 8	133
Wiedereinsetzung in den vorigen Stand, Antrag (SGG)	201	§ 6	323
Wiedereinsetzungsantrag an Verwaltungsbehörde wegen der Versäumung der Einspruchsfrist gegen den Bußgeldbescheid	349	§ 12	7
Wiedereinsetzungsantrag bei versäumter Widerspruchsfrist (Fahrerlaubnisrecht)	379	§ 18	269
Wiedereinsetzungsantrag bei verspätetem Einspruchseingang wegen ungewöhnlich langer Postlaufzeit (Bußgeldverfahren)	351	§ 12	12
Wiedereinsetzungsantrag gem. § 72 Abs. 2 S. 2 OWiG, Antrag (Bußgeldverfahren)	355	§ 12	35
Wiedereinsetzungsantrag nach teilweiser Versäumung der Rechtsbeschwerdebegründungsfrist bei Verfahrensrüge (Bußgeldverfahren)	356	§ 12	40
Wiedereinsetzungsantrag wegen Fristversäumnis aufgrund Verteidigerverschuldens (Bußgeldverfahren)	352	§ 12	16
Wiedereinsetzungsantrag wegen Versäumens des Hauptverhandlungstermins aus Krankheitsgründen (Bußgeldverfahren)	353	§ 12	22

Musterverzeichnis

	Muster-Nr.	Paragraf	Rn
Wiedereinsetzungsantrag wegen Versäumens des Hauptverhandlungstermins durch den Betroffenen aufgrund Fehlinformation des Verteidigers (Bußgeldverfahren)	354	§ 12	28
Wiedereinsetzungsantrag, Antrag auf gerichtliche Entscheidung bei Verwerfung (Bußgeldverfahren)	329	§ 11	134
Zentralrufanfrage	8	§ 1	59
Zeugenvernehmung, Antrag	269	§ 9	145
Zulassungsantrag gem § 80 Abs. 1 Nr. 2 OWiG, Begründung (Bußgeldverfahren)	345	§ 11	204
Zulassungsantrag nach § 80 Abs. 1 Nr. 1 Alt. 1 OWiG (Bußgeldverfahren)	344	§ 11	199
Zulassungsstelle, Klage gem Art. 34 GG iVm § 839 BGB	98	§ 4	44
Zulassungsstelle, Klage gem Art. 34 GG iVm § 839 BGB, Replik	100	§ 4	46
Zulassungsstelle, Klageerwiderung	99	§ 4	45
Zwischenverfahren, Antrag	237	§ 8	96

Abkürzungsverzeichnis

A

aA	anderer Ansicht
AAK	Atemalkoholkonzentration
aaO	am angegebenen Ort
abl.	ablehnend
ABl.EG/EU	Amtsblatt der Europäischen Gemeinschaften/Union
Abs.	Absatz
Abschn.	Abschnitt
abw.	abweichend
ADH	Alkoholdehydrogenase
aE	am Ende
AEUV	Vertrag über die Arbeitsweise der Europäischen Union
aF	alte Fassung
AG	Amtsgericht; Aktiengesellschaft
AKB	Allgemeine Bedingungen für die Kraftfahrtversicherung
AktStR	Aktuelles Steuerrecht (Zeitschrift)
allg.	allgemein
allgA	allgemeine Ansicht
allgM	allgemeine Meinung
Alt.	Alternative
aM	anderer Meinung
Anh.	Anhang
Anm.	Anmerkung
ARB	Allgemeine Bedingungen für die Rechtsschutzversicherung
ARGE	Arbeitsgemeinschaft
Art.	Artikel
AU	Arbeitsunfähigkeit
Aufl.	Auflage
ausdr.	ausdrücklich
ausf.	ausführlich
AV	Allgemeine Verwaltungsvorschrift; Ausführungsverordnung
Az	Aktenzeichen

B

B2B	Business to Business
B2C	Business to Customer
BAB	Bundesautobahn
BAK	Blutalkoholkonzentration
BAT-O	Bundesangestelltentarif-Ost
BayKG	Bayerisches Kostengesetz
BayObLG	Bayerisches Oberstes Landesgericht
BayVBl	Bayerische Verwaltungsblätter
BayVerfGH	Sammlung von Entscheidungen des Bayerischen Verwaltungsgerichtshofs mit Entscheidungen des Bayerischen Verfassungsgerichtshofs, des Bayerischen Dienststrafhofs und des Bayerischen Gerichtshofs für Kompetenzkonflikte
BayVGH	Bayerischer Verwaltungsgerichtshof
BayVwZVG	Bayerisches Verwaltungszustellungsgesetz und Vollstreckungsgesetz
BB	Betriebs-Berater (Zeitschrift)
Bd.	Band
Begr.	Begründung
Bek.	Bekanntmachung
ber.	berichtigt
bes.	besonders
Beschl.	Beschluss
bespr.	besprochen
bestr.	bestritten
BetrVG	Betriebsverfassungsgesetz
bzgl.	bezüglich
BfF	Begutachtungsstelle für Fahreignung
BG	Die Berufsgenossenschaft (Zeitschrift)
BGB	Bürgerliches Gesetzbuch
BGBl.	Bundesgesetzblatt
BGH	Bundesgerichtshof
BGHR	BGH-Rechtsprechung, herausgegeben von den Richtern des Bundesgerichtshofs
BGHSt	Entscheidungen des Bundesgerichtshofs in Strafsachen
BGHZ	Entscheidungen des Bundesgerichtshofs in Zivilsachen
BKatV	Bußgeldkatalog-Verordnung
Bl.	Blatt

Abkürzungsverzeichnis

BRAK	Bundesrechtsanwaltskammer		EGZPO	Einführungsgesetz zur Zivilprozessordnung
BR-Drucks.	Bundesrats-Drucksache		Einf.	Einführung
Breith.	Sammlung von Entscheidungen aus dem Sozialrecht (begründet von Breithaupt)		eingetr.	eingetragen
			Einl.	Einleitung
BSG	Bundessozialgericht		einschl.	einschließlich
BSGE	Entscheidungen des Bundessozialgerichts		einschr.	einschränkend
			EMRK	Europäische Konvention zum Schutze der Menschenrechte und Grundfreiheiten
bspw	beispielsweise			
BT-Drucks.	Bundestags-Drucksache			
BtM	Betäubungsmittel		Entsch.	Entscheidung
BVerfGE	Entscheidungen des Bundesverfassungsgerichts		entspr.	entsprechend
			Entw.	Entwurf
BVerwGE	Entscheidungen des Bundesverwaltungsgerichts		Erkl.	Erklärung
			Erl.	Erlass; Erläuterung
BVSK	Bundesverband der Freiberuflichen Sachverständigen des Kraftfahrzeugwesens		EStG	Einkommensteuergesetz
			etc.	et cetera
			EU	Europäische Union
BWVPr	Baden-Württembergische Verwaltungspraxis (Zeitschrift)		EuG	**[Europäisches]** Gericht [erster Instanz]
bzgl	bezüglich		EuGH	Gerichtshof der Europäischen Union
BZR	Bundeszentralregister			
BZRG	Bundeszentralregistergesetz		EuGVVO	Verordnung (EG) Nr. 44/2001 des Rates über die gerichtliche Zuständigkeit und die Anerkennung und Vollstreckung von Entscheidungen in Zivil- und Handelssachen
bzw	beziehungsweise			
C				
c.i.c.	culpa in contrahendo			
C2C	Customer to Customer			
D			EUV	Vertrag über die Europäische Union
ders.	derselbe			
dh	das heißt		evtl	eventuell
dies.	dieselbe		EWiR	Entscheidungen zum Wirtschaftsrecht (Zeitschrift)
Dok.	Dokument			
Drucks.	Drucksache		EWR	Europäischer Wirtschaftsraum
DSB	Datenschutzberater (Zeitschrift)		**F**	
DVBl	Deutsches Verwaltungsblatt (Zeitschrift)		f, ff	folgende, fortfolgende
			FE	Fahrerlaubnis
DVP	Deutsche Verwaltungspraxis		FEKL	Fahrerlaubnisklasse
E			FeV	Fahrerlaubnis-Verordnung
E.	Entwurf		Fn	Fußnote
e.V.	eingetragener Verein		FS	Führerschein
ebd	ebenda		FZV	Fahrzeug-Zulassungsverordnung
EG	Europäische Gemeinschaft		**G**	
EGGVG	Einführungsgesetz zum Gerichtsverfassungsgesetz		GA	Goltdammer's Archiv für Strafrecht
			GdB	Grad der Behinderung

GDV	Gesamtverband der Deutschen Versicherungswirtschaft	IntKfzV	Verordnung über internationalen Kraftfahrzeugverkehr
geänd.	geändert	iS	im Sinne
GebOSt	Gebührenordnung für Maßnahmen im Straßenverkehr	iSd	im Sinne des
		iSv	im Sinne von
GebTSt	Gebührentarif für Maßnahmen im Straßenverkehr	iÜ	im Übrigen
		iVm	in Verbindung mit
gem.	gemäß	iwS	im weiteren Sinne
GG	Grundgesetz	**J**	
ggf	gegebenenfalls	JA	Juristische Arbeitsblätter (Zeitschrift)
GKV	Gesetzliche Krankenversicherung		
		JR	Juristische Rundschau
GKV-WSG	Gesetz zur Stärkung des Wettbewerbs in der Gesetzlichen Krankenversicherung	JuS	Juristische Schulung (Zeitschrift)
		Justiz	Die Justiz. Amtsblatt des Justizministeriums Baden-Württemberg
grds.	grundsätzlich		
GTFCh	Gesellschaft für Toxikologische und Forensische Chemie	JZ	Juristenzeitung
		K	
GVG	Gerichtsverfassungsgesetz	Kap.	Kapitel
H		KBA	Kraftfahrtbundesamt
hA	herrschende Auffassung	Kfz	Kraftfahrzeug
Hdb	Handbuch	KfzPflVV	Kraftfahrzeug-Pflichtversicherungsverordnung
HessVGH	Hessischer Verwaltungsgerichtshof		
		KH	Kraftfahrzeughaftpflicht
hL	herrschende Lehre	krit.	kritisch
hM	herrschende Meinung	KSA	Kommunaler Schadensausgleich
HPflG	Haftpflichtgesetz	KV	Kostenverzeichnis
Hrsg.	Herausgeber	**L**	
hrsg.	herausgegeben	LG	Landgericht
Hs	Halbsatz	lit.	littera (Buchstabe)
I		Lit.	Literatur
iA	im Auftrag	LKW	Lastkraftwagen
IBR	Immobilien- und Baurecht (Zeitschrift)	LS	Leitsatz
		LSA	Land Sachsen-Anhalt
idF	in der Fassung	LSG	Landessozialgericht
idR	in der Regel	LVwZG	Landes-Verwaltungszustellungsgesetz
idS	in diesem Sinne		
iE	im Ergebnis	**M**	
ieS	im engeren Sinne	m.Anm.	mit Anmerkung
iHv	in Höhe von	MdE	Minderung der Erwerbsfähigkeit
inkl.	inklusive	MDK	Medizinischer Dienst der Krankenversicherung
insb.	insbesondere		
insg.	insgesamt	MDMA	3,4-Methylendioxy-methamphetamin („Ecstasy")
InsO	Insolvenzordnung		

Abkürzungsverzeichnis

MDR	Monatsschrift für Deutsches Recht	**O**	
mE	meines Erachtens	o.a.	oben angegeben, angeführt
mind.	mindestens	o.Ä.	oder Ähnliches
Mitt.	Mitteilung(en)	o.g.	oben genannt
mN	mit Nachweisen	OLG	Oberlandesgericht
MPU	Medizinisch-psychologische Untersuchung	OLG-NL	OLG-Rechtsprechung Neue Länder
MRK	siehe EMRK	OLGR	OLG-Report: Zivilrechtsprechung der Oberlandesgerichte
Münch-Komm	Münchener Kommentar	**P**	
MV	Mecklenburg-Vorpommern	PflVG	Pflichtversicherungsgesetz
mwN	mit weiteren Nachweisen	PK	Polizeikommissar
mWv	mit Wirkung von	PKW	Personenkraftwagen
mzN	mit zahlreichen Nachweisen	PolKV	Polizeikostenverordnung
		PTB	Physikalisch-Technische Bundesanstalt
N		PZU	Postzustellungsurkunde
n.r.	nicht rechtskräftig		
n.v.	nicht veröffentlicht	**R**	
Nachw.	Nachweise	r+s	Recht und Schaden (Zeitschrift)
Nds.	Niedersachsen, niedersächsisch	RA	Rechtsanwalt
Nds.Rpfl	Niedersächsische Rechtspflege (Zeitschrift)	RAe	Rechtsanwälte
nF	neue Fassung	RdL	Recht der Landwirtschaft (Zeitschrift)
NJW	Neue Juristische Wochenschrift	resp.	respektive
NJW-RR	Neue Juristische Wochenschrift – Rechtsprechungsreport	RGBl	Reichsgesetzblatt
Nov.	Novelle	RhPf	Rheinland-Pfalz
Nr.	Nummer	RiStBV	Richtlinien für das Strafverfahren und das Bußgeldverfahren
NRW	Nordrhein-Westfalen	Rn	Randnummer
NStZ	Neue Zeitschrift für Strafrecht	Rspr	Rechtsprechung
NStZ-RR	Neue Zeitschrift für Strafrecht – Rechtsprechungsreport	RVG	Rechtsanwaltsvergütungsgesetz
NVwZ	Neue Zeitschrift für Verwaltungsrecht	**S**	
NVwZ-RR	Neue Zeitschrift für Verwaltungsrecht – Rechtsprechungsreport	S.	Satz/Seite
		s.	siehe
		s.a.	siehe auch
NWVBl.	Nordrhein-Westfälische Verwaltungsblätter	s.o.	siehe oben
		s.u.	siehe unten
NZBau	Neue Zeitschrift für Baurecht und Vergaberecht	SG	Sozialgericht
		SGB	Sozialgesetzbuch (I–XII)
NZS	Neue Zeitschrift für Sozialrecht	SGb	Die Sozialgerichtsbarkeit (Zeitschrift)
NZV	Neue Zeitschrift für Verkehrsrecht	SGG	Sozialgerichtsgesetz
		SH	Schleswig-Holstein
		Slg	Sammlung

sog.	sogenannt	VD	Verkehrsdienst (Zeitschrift)
SozR	Sozialrecht – Rechtsprechung und Schrifttum, bearbeitet von den Richtern des Bundessozialgerichts	VerBAV	Veröffentlichungen des Bundesaufsichtsamtes für das Versicherungswesen
		VerkMitt	Verkehrsrechtliche Mitteilungen (Zeitschrift)
SP	Schadenpraxis (Zeitschrift)	VersR	Versicherungsrecht (Zeitschrift)
SRB	Schadenregulierungsbeauftragter	VerwarnVwV	Allgemeine Verwaltungsvorschriften für die Erteilung von Verwarnungen
StA	Staatsanwaltschaft		
str.	streitig/strittig	VGH BW	Verwaltungsgerichtshof Baden-Württemberg
StraFo	Strafverteidiger Forum (Zeitschrift)	vgl	vergleiche
StV	Strafverteidiger (Zeitschrift)	VkBl	Verkehrsblatt – Amtsblatt des Bundesministeriums für Verkehr, Bau- und Stadtentwicklung der Bundesrepublik Deutschland
StVG	Straßenverkehrsgesetz		
StVZO	Straßenverkehrs-Zulassungsordnung		
SVR	Straßenverkehrsrecht (Zeitschrift)	VO	Verordnung
		VO-EF	Verordnung über den Entschädigungsfonds für Schäden aus Kfz-Unfällen v. 14.12.1965
T			
TE	Tateinheit		
Tel.	Telefon	VOH	Verkehrsopferhilfe
THC	Delta-9-Tetrahydrocannabinol	vorl.	vorläufig
THC-COOH	Tetrahydrocannabinol	VR	Verkehrs-Rundschau; Versicherungsrundschau
TS	Tagessatz		
Tz	Textzahl	VRS	Verkehrsrechts-Sammlung (Zeitschrift)
U			
u.a.	unter anderem	VV	Vergütungsverzeichnis
u.a.m.	und anderes mehr	VVG	Versicherungsvertragsgesetz
uä	und ähnlich	VwGO	Verwaltungsgerichtsordnung
uÄ	und Ähnliches	VwKostG	Verwaltungskostengesetz
uE	unseres Erachtens	VwVfG	Verwaltungsverfahrensgesetz
umstr.	umstritten	VwVG	Verwaltungsvollstreckungsgesetz
unstr.	unstreitig	VwZG	Verwaltungszustellungsgesetz
UPE	Unverbindliche Preisempfehlung	VZR	Verkehrszentralregister
Urt.	Urteil	**W**	
usw	und so weiter	WM	Wertpapier-Mitteilungen (Zeitschrift)
uU	unter Umständen		
uVm	und Vieles mehr	wN	weitere Nachweise
V		**Z**	
v.	von/vom	zB	zum Beispiel
VA	Verkehrsrecht aktuell (Zeitschrift)	ZBB	Zeitschrift für Bankrecht und Bankwirtschaft
VAG	Versicherungsaufsichtsgesetz	ZEuP	Zeitschrift für Europäisches Privatrecht
VBlBW	Verwaltungsblätter Baden-Württemberg	zfs	Zeitschrift für Schadensrecht

Abkürzungsverzeichnis

ZGS	Zeitschrift für das gesamte Schuldrecht	zT	zum Teil
Ziff.	Ziffer	zust.	zustimmend
ZIP	Zeitschrift für Wirtschaftsrecht	zutr.	zutreffend
zit.	zitiert	zw.	zweifelhaft
ZPO	Zivilprozessordnung	zzgl	zuzüglich
ZSEG	Gesetz über die Entschädigung von Zeugen und Sachverständigen		

Allgemeines Literaturverzeichnis

Bamberger/Roth, Bürgerliches Gesetzbuch, 3. Auflage 2012

Baumbach/Lauterbach/Albers/Hartmann, Zivilprozessordnung, 73. Auflage 2015 – zitiert: *Baumbach/Lauterbach*, ZPO

Erman, Bürgerliches Gesetzbuch, 14. Auflage 2014

Eyermann, Verwaltungsgerichtsordnung, 14. Auflage 2014

Fehling/Kastner/Störmer, Verwaltungsrecht, VwVfG – VwGO, 3. Auflage 2013

Fleischmann/Hillmann/Schneider, Das verkehrsrechtliche Mandat, 6. Auflage 2012

Gerold/Schmidt/Müller-Rabe, Rechtsanwaltsvergütungsgesetz, 21. Auflage 2013 – zitiert: Gerold/Schmidt/*Bearbeiter*, RVG

Haus/Krumm/Quarch, Gesamtes Verkehrsrecht, 2014

Hentschel/König/Dauer, Straßenverkehrsrecht, 43. Auflage 2015

Jagow/Burmann/Heß, Straßenverkehrsrecht, 23. Auflage 2014

Jauernig, Bürgerliches Gesetzbuch, 16. Auflage 2015

Kopp/Ramsauer, Verwaltungsverfahrensgesetz, 16. Auflage 2015

Kopp/Schenke, Verwaltungsgerichtsordnung, 21. Auflage 2015

Meyer-Goßner, Strafprozessordnung, 58. Auflage 2015

Münchener Kommentar zum Bürgerlichen Gesetzbuch, Schuldrecht Besonderer Teil I–III, 6. Auflage 2012 – zitiert: MünchKommBGB/*Bearbeiter*

Onderka, Anwaltsgebühren in Verkehrssachen, 4. Auflage 2013

Palandt, Bürgerliches Gesetzbuch, 74. Auflage 2014

Schneider/Herget, Streitwert-Kommentar, 14. Auflage 2015

Schönke/Schröder, Strafgesetzbuch, 29. Auflage 2014

Schah Sedi/Schah Sedi, Das verkehrsrechtliche Mandat, Band 5: Personenschäden, 2. Auflage 2014

Sodan/Ziekow, Verwaltungsgerichtsordnung, 4. Auflage 2014

Stelkens/Bonk/Sachs, Verwaltungsverfahrensgesetz, 8. Auflage 2014

Thomas/Putzo, Zivilprozessordnung, 36. Auflage 2015

Tröndle/Fischer, Strafgesetzbuch, 59. Auflage 2012

Zöller, Zivilprozessordnung, 30. Auflage 2014

Teil 1:
Einführung

§ 1 Die praktische Führung des verkehrsrechtlichen Mandats

A. Bedeutung des Verkehrsunfallmandats	1
B. Ablauf der Sachbearbeitung und Information	10
I. Standards bei der Unfallsachbearbeitung	10
II. Ablauf der Regulierungstätigkeit	18
1. Geschädigter stellt Kontakt mit Anwalt her	20
2. Erstgespräch	21
3. Erklärung der Schadenshöhe	22
4. Verletzungen des Geschädigten	23
5. Anfordern der Ermittlungsakte	24
6. Gesamtschadensaufstellung, Bußgeldstelle	25
7. Klagevorbereitung	26
8. Strafverteidigung	27
9. Verwaltungsrecht	28
C. Zum Marketing des Verkehrsanwalts	30
I. Erfolgsfaktor Corporate Identity	32
1. Corporate Design	35
2. Corporate Behaviour	36
3. Corporate Communication	37
II. Erfolgsfaktor Strategie	38
III. Erfolgsfaktor Nutzung des Mitarbeiterpotentials	40
IV. Erfolgsfaktor Kommunikation	43
1. Kommunikation intern	43
2. Kommunikation mit dem Mandanten	46
3. Kommunikation mit dem Markt	49
V. Erfolgsfaktor Kundenfreundlichkeit	52
D. Muster	53
I. Vollmachten	53
1. Zivilrecht	53
2. Strafrecht	54
II. Zivilrecht	55
1. Aufnahmebogen	55
2. Mandatsbedingungen	56
3. Widerrufsbelehrung	56a
4. Fragebogen für Anspruchsteller	57
5. Mandanteninformation	58
6. Zentralrufanfrage	59
7. Gesamtschadensaufstellung als Merkhilfe für den Geschädigten	60
8. Entbindung von der Schweigepflicht	61
9. Haushaltsführungsschaden	62
III. Ordnungswidrigkeiten- und Strafrecht	63
1. Fahreignungsregisterauszug	63
2. Gang der Hauptverhandlung in Straf- und Bußgeldsachen	64
3. Fahrverbot	65
E. Anwaltsgebühren in Verkehrsangelegenheiten	66
I. Die Abrechnung der anwaltlichen Vergütung in der Verkehrsunfallregulierung	66
1. Gegenstandswerte in der Verkehrsunfallregulierung	67
2. Die Entstehung von Gebühren	70
a) Der Auftrag	70
b) Die Beratung	75
3. Das außergerichtliche Verfahren/ mögliche Gebühren bei außergerichtlicher Beendigung	77
a) Die Geschäftsgebühr	77
b) Entscheidungen zur Höhe der Geschäftsgebühr	84
aa) Entscheidungen 1,5 bis 1,8 Geschäftsgebühr	84
bb) Entscheidungen 2,5 Geschäftsgebühr	85
c) Die Einigungsgebühr im außergerichtlichen Verfahren	86
d) Die Terminsgebühr bei außergerichtlicher Beendigung	89
4. Die Vertretung mehrerer Unfallgeschädigter	93
5. Das gerichtliche Verfahren	98
a) Der Prozessauftrag	98
b) Die Anrechnung der Geschäftsgebühr	99
c) Die Geltendmachung der Geschäftsgebühr	102
d) Die Terminsgebühr im gerichtlichen Verfahren	103
e) Die Einigungsgebühr im gerichtlichen Verfahren	106
6. Kostenerstattungsanspruch gegenüber der gegnerischen Haftpflichtversicherung/vorgerichtliche Anwaltskosten bzgl. der Durchsetzung von Schadenersatzansprüchen	107
7. Mehrere Unfallgeschädigte – mehrere Angelegenheiten?	119
8. Klage und Widerklage	121
9. Das Passivverfahren	122
10. Die Regulierung von Haftpflicht- und Kaskoschäden	124
11. Die Kostendeckungsanfrage bei der Rechtsschutzversicherung	127
12. Die Strafanzeige	128
13. Die Erstellung des Aktenauszuges	129
14. Die Hebegebühr	130
II. Die Abrechnung der anwaltlichen Vergütung in Verkehrsstraf-/bußgeldsachen	132
1. § 14 RVG	132
2. Mittelgebühr	133
3. Unbilligkeit	135
4. Verschiedene Angelegenheiten	136
5. Aktenversendungspauschale	139
6. Einlegung von Rechtsmitteln	140
7. Beschwerdeverfahren	141
8. Strafvollstreckung	143
9. Der Gebührenvorschuss	144

10. Gebührenbestimmung/Endabrechnung 145
III. Die Abrechnung der anwaltlichen Vergütung in Verkehrsstrafsachen 146
 1. Die Gebühren 146
 2. Entscheidungen in Verkehrsstrafsachen 155
IV. Die Abrechnung der anwaltlichen Vergütung in Verkehrsbußgeldsachen 155a
 1. Die Gebühren 155a
 2. Entscheidungen in Bußgeldsachen ... 155e
V. Die Abrechnung der anwaltlichen Vergütung im Verwaltungsverfahren 155g
F. Verkehrsrechtsschutzversicherung 156
 I. Versicherungsbedingungen 156
 II. Anwendbares Recht 170
 III. Voraussetzungen für den Eintritt des Rechtsschutzfalles 174
  1. Der Versicherungsfall 174
  2. Wartezeiten 180
  3. Nachmeldefrist und Nachhaftung ... 181
 IV. Versicherter Personenkreis 182
  1. Halter, Eigentümer 182
  2. Fahrer 183
  3. Beifahrer, Insasse 184
  4. Fahrgast, Fußgänger, Radfahrer 185
 V. Leistungsumfang/Formen des Versicherungsschutzes 188
  1. Schadensersatzrechtsschutz § 2 a ARB 188
  2. Rechtsschutz im Vertrags- und Sachenrecht § 2 lit. d ARB 190
  3. Steuerrechtsschutz vor Gerichten § 2 e ARB 193
  4. Verwaltungsrechtsschutz in Verkehrssachen § 2 lit. g ARB 194
  5. Strafrechtsschutz § 2 lit. i ARB 196
  6. Ordnungswidrigkeitenrechtsschutz § 2 j ARB 205
 VI. Leistungen im Einzelnen 208
  1. Rechtsanwaltsgebühren 208
  2. Gerichtskosten 211
  3. Schieds- oder Schlichtungsverfahren 212
  4. Verwaltungsverfahren 214
  5. Private Sachverständige 216
  6. Kosten des Gegners 218
 7. Kaution und Übersetzungskosten 222
VII. Einwendungen gegen die Leistungspflicht 224
 1. Wartezeit 224
 2. Fehlende Erfolgsaussicht, Mutwilligkeit, grobes Missverhältnis 227
 3. Obliegenheitsverletzungen 229
  a) Gesetzliche Obliegenheiten 230
  b) Vertragliche Obliegenheiten 231
   aa) Vor dem Versicherungsfall .. 232
   bb) Nach dem Versicherungsfall 238
    (1) Unverzügliche Anzeige 239
    (2) Unterrichtungsobliegenheit 240
    (3) Einholung der Zustimmung des Versicherers 242
    (4) Unnötige Erhöhung der Kosten 243
    (5) Teilklage 244
    (6) Warteobliegenheit 246
    (7) Verletzungsfolgen 247
    (8) Haftung des Versicherungsnehmers für Dritte (Rechtsanwalt) 248
 4. Prämienverzug 249
 5. Kosten, die der RS-Versicherer nicht trägt 250
  a) Reisekosten 250
  b) Kostenübernahme durch den Versicherungsnehmer 251
  c) Einverständliche Erledigung 252
  d) Selbstbeteiligung 253
  e) Zwangsvollstreckungskosten 254
  f) Strafvollstreckungsverfahren 255
  g) Subsidiaritätsklausel 256
  h) Versicherungssumme 257
  i) Privat- oder Nebenklage 258
  j) Quotenvorrecht 259
  k) Forderungsübergang 263
  l) Folgen der Deckungsablehnung .. 264
VIII. Deckungsklage 266
IX. Stichentscheid 272
 1. Schiedsgutachterverfahren 276
 2. Prüfungsreihenfolge 279

A. Bedeutung des Verkehrsunfallmandats

1 Der Verkehrsunfall ist ein Ereignis, das den Verkehrsteilnehmer nicht nur unvorhergesehen trifft, sondern nach der Statistik auch mehrfach treffen kann. Das statistische Bundesamt stellte in der Fachserie 8, Reihe 7, 2014 fest: 2014 wurden von der Polizei 2,4 Mio. Unfälle (– 0,3 %) erfasst, darunter 2,1 Mio. Sachschadensunfälle (– 0,9 %). Von diesen Sachschadensunfällen waren 70.479 Unfälle mit schwerwiegendem Sachschaden ieS (– 12,8 %), 14.947 sonstige Unfälle unter dem Einfluss berauschender Mittel (– 4,0 %) und 2,0 Mio. übrige Sachschadensunfälle (– 0,4 %). Die Zahl der Unfälle mit Personenschaden ist gegenüber 2013 um 3,9 % auf 302.435 gestiegen. Nach wie vor ereigneten sich die meisten Unfälle mit Personenschaden innerhalb von Ortschaften (69,3 %); jedoch wurden hier nur 29,1 % der Getöteten registriert. Auf den Außerortsstraßen (ohne Autobahnen) passierten 24,4 % der

A. Bedeutung des Verkehrsunfallmandats

Personenschadensunfälle, aber 59,8 % der Verkehrsopfer kamen hier ums Leben. Auf den Autobahnen wurden 6,2 % aller Unfälle mit Personenschaden und 11,1 % aller Getöteten gezählt. An dieser unterschiedlichen Verteilung von Unfällen und Getöteten wird deutlich, dass die Unfälle auf den Außerortsstraßen unter anderem wegen der höheren Fahrgeschwindigkeiten schlimmere Folgen hatten. Zieht man als Maß für die Unfallschwere das Verhältnis der Zahl der Getöteten zu den Unfällen mit Personenschaden heran, so wird dies bestätigt: Während 2014 innerorts 5 Getötete auf 1.000 Unfälle mit Personenschaden kamen, lag der entsprechende Wert für Autobahnen bei 20 und für die Landstraßen sogar bei 27 Todesopfern. Der „Zusammenstoß mit einem anderen Fahrzeug, das einbiegt oder kreuzt" war mit 33,0 % die häufigste Unfallart innerhalb von Ortschaften, dagegen lag das „Abkommen von der Fahrbahn" außerhalb von Ortschaften an erster Stelle. Jeder dritte Unfall außerorts (31,8 %) ging auf diese Unfallart zurück. Bei den Unfalltypen stand innerorts der „Einbiegen/Kreuzen-Unfall" (26,3 %) an erster Stelle. Betrachtet man jedoch die Unfallfolgen, so kamen innerhalb von Ortschaften bei den „Überschreiten-Unfällen" die meisten Menschen (26,8 %) ums Leben. Außerhalb von Ortschaften dominierte der „Unfall im Längsverkehr" mit 33,8 % bei denen 30,4 % aller Getöteten gezählt wurden. Dagegen wurden beim „Fahrunfall" (32,7 %) die meisten Menschen getötet (41,5 %).

Man kann feststellen, dass die Unfallzahlen seit 2007 nur unwesentlich voneinander abweichen. Waren es 2007 2.335.005 Unfälle, so 2008 2.293.663, 2009 2.313.453 und, wie oben festgestellt, 2010 2.411.271 Unfälle. 2014 also wieder 2,4 Mio., Tendenz leicht steigend.

In der Statistik haben sich nur die Zahlen der Getöteten und Schwerverletzten zum Besseren verändert, ziehen aber inzwischen wieder leicht an. Waren es 2007 noch 4.949 Getötete, gingen diese Zahlen zurück auf 3.648 im Jahre 2010. Waren es 2007 75.443 Schwerverletzte, sind es 2010 noch 62.620. 2014 weist insgesamt 392.912 Verletzte auf, davon 67.732 Schwerverletzte und 3.377 Getötete, also ein leichter Anstieg bei der Anzahl der Schwerverletzten und ein leichter Abschwung bei der Anzahl der Getöteten. Ob es der verbesserten Fahrzeugtechnik, der verbesserten Medizin oder verbessertem menschlichen Verhalten geschuldet ist, vermag nicht festzustellen sein. Alle drei Faktoren werden zusammenwirken.

Auch die Jahreszeit erlangt Bedeutung für den Anfall von Verkehrsunfällen. Zurückzuführen ist dies auf die unterschiedlichen Witterungsbedingungen bis Mitte März. Im April und im Mai nahmen zudem vermehrt Radfahrer am Straßenverkehr teil, wo es zu einer höheren Zahl an Unfällen mit Personenschaden kam. Grundsätzlich kann aber ein leichter Rückgang gegenüber den Vorjahren verzeichnet werden. Es ist davon auszugehen, dass dies auf die Qualitätsverbesserung der Fahrzeuge zurückzuführen ist. Der „Unsicherheitsfaktor" Mensch im Straßenverkehr bleibt unverändert. Die Unfallzahlen selbst sind weitgehend gleichgeblieben.

2015	Getötete	Verletzte	Schwerverletzte	Leichtverletzte
Jan	224	25.882	4.148	21.734
Feb	199	22.379	3.485	18.894
Mär	236	27.829	4.555	23.274
Apr	277	31.467	5.466	26.001

Das Straßenverkehrsrecht bleibt eine bedeutende Aufgabe für die Anwaltschaft.

5 Diese Zahlen verdeutlichen auch, dass es sich bei Verkehrsunfällen um ein „Massenphänomen" handelt. Deshalb wird wohl jeder niedergelassene Anwalt mit Verkehrsunfällen konfrontiert. Da fast jede Kanzlei Unfälle annimmt, unabhängig davon ob spezialisierte Rechtsanwälte zur Verfügung stehen, kommt es zu einer Negativwerbung für die Anwaltschaft, da die Regulierungen zu langsam verlaufen. Das Schadensmanagement der Versicherer sorgt zum einen dafür, dass der Kontakt zu dem Geschädigten rasch hergestellt wird und dieser mit einer „Mindestversorgung" abgefunden wird. Das erspart dem Versicherer Personalkosten. Zum anderen wird versucht die Schadensbehebung zu beeinflussen, indem dem Geschädigten günstige Angebote angediehen werden, die selten Qualität beinhalten aber ebenfalls rasch funktionieren. Bei dieser raschen Abwicklung von Unfallschäden „stören" Anwälte und Sachverständige. Nur wenige Anwälte sind darauf eingerichtet, den Unfall auf einer „Zeitschiene" dem Zustand zuzuführen, den der Gesetzgeber in § 249 BGB beschreibt:

§ 249 BGB Art und Umfang des Schadensersatzes

(1) Wer zum Schadensersatz verpflichtet ist, hat den Zustand herzustellen, der bestehen würde, wenn der zum Ersatz verpflichtende Umstand nicht eingetreten wäre.

...

6 Der Anwalt muss anders arbeiten. Er muss berücksichtigen, dass viele an der Schadensbehebung Beteiligte rasch für ihre Leistungen entlohnt sein wollen, da in den seltensten Fällen unfallreparierende Handwerker von ihrem Unternehmenspfandrecht nach § 647 BGB[1] Gebrauch machen, sondern kundenfreundlich das reparierte Fahrzeug sofort zur Verfügung stellen und auf die Leistungen der Versicherer warten.

7 Die rasche, präzise Arbeit des Rechtsanwalts erfolgt nach den unten beschriebenen Regeln. Zu ergänzen ist noch, dass ein Portal im Internet von der Arbeitsgemeinschaft Verkehrsrecht im Deutschen Anwaltverein geschaffen wurde, das es dem Unfallgeschädigten ermöglicht, seinen Unfall zu melden, worauf ihm ein ausgewiesener Spezialist oder Fachanwalt für Verkehrsrecht zur raschen Regulierung nach den dargestellten Standards zugewiesen wird. Hierzu gibt es weitere Informationen unter www.schadenfix.de.

8 Eine verkehrsrechtsgerechte, rasche Arbeitsweise ist aber auch deshalb gefordert, da das neue RDG, das das Rechtsberatungsgesetz von 1935 ersetzt, der Werkstatt zwar nicht die Regulierung des Unfallschadens insgesamt erlaubt, aber die Möglichkeit einräumt, die eigene Forderung gegenüber der Versicherung geltend zu machen. Es bedarf hierzu nicht mehr der Reparaturkostenübernahmeerklärung oder der Abtretung. Der Anwalt kann nur damit werben, dass er die Forderung rascher durchsetzt als der Forderungsinhaber und er es diesem darüber hinaus erspart, eigene Zeit und eigenes Personal einzusetzen.

9 So wird zukünftig nur noch das Autohaus, der Sachverständige, der Karosseriebauer, der Lackierer Anwälte an Unfallgeschädigte weiterempfehlen, die die Interessen der am Unfall Arbeitenden optimal vertreten und nach den nun beschriebenen Standards arbeiten.

---

1 „§ 647 BGB Unternehmerpfandrecht
Der Unternehmer hat für seine Forderungen aus dem Vertrag ein Pfandrecht an den von ihm hergestellten oder ausgebesserten beweglichen Sachen des Bestellers, wenn sie bei der Herstellung oder zum Zwecke der Ausbesserung in seinen Besitz gelangt sind."
Zwar erlaubt inzwischen das Rechtsberatungsgesetz auch dem Autohaus, dem Sachverständigen, kurz: dem Unternehmer seine eigene Rechnung gegenüber dem Versicherer geltend zu machen, ohne dadurch gegen das Rechtsberatungsgesetz zu verstoßen, dennoch werden die Erfahrungen der Unternehmer als frustrierend geschildert, da immer wieder Abzüge vorgenommen werden, die nicht erklärt werden können. Der versierte Anwalt bleibt also gefragt.

B. Ablauf der Sachbearbeitung und Information

I. Standards bei der Unfallsachbearbeitung

Der Verkehrsunfall ist ein Ereignis, das den Verkehrsteilnehmer unvermittelt trifft. Der Verkehrsteilnehmer ist geschockt, und er muss sich plötzlich mit der Frage auseinandersetzen, welches fremde und eigene Fehlverhalten zu dem Unfall führte. **10**

Darüber hinaus befindet er sich in der unangenehmen Situation, dass ihm plötzlich seine „Mobilitätshilfe", das Fahrzeug, nicht mehr zur Verfügung steht. Er ist empört und erwartet, dass der Schädiger sofort alles unternimmt, „den Zustand vor dem Unfall" wiederherzustellen. **11**

Jeder, der ihm verspricht, hierzu Hilfe zu leisten, ist willkommen und wird als Verbündeter angesehen. Dies wird gerne aus Gewinnstreben von entsprechenden Gruppen ausgenutzt, doch dass nicht jeder Helfer uneigennützig denkt, liegt auf der Hand: Das Autohaus hat eigene Interessen und will reparieren oder – noch besser – ein neues Fahrzeug verkaufen. Der Sachverständige will an dem Schaden verdienen, aber auch das Gutachten so gestalten, dass er weiterhin Aufträge der Versicherung erhält. Die Versicherung selbst, soweit es die fremde Haftpflichtversicherung ist, hat Kosteninteressen: Der Unfall soll mit wenig Aufwand erledigt werden und dazu noch kostengünstig – wenn möglich – unter Außerachtlassung von Positionen, die dem Geschädigten zwar zustehen, die er aber nicht kennt. Und Mietwagenunternehmen wollen ihre Fahrzeuge so lange wie möglich zu hohen „Unfallersatztarifen" vermieten. Lediglich der Verkehrsrechtsanwalt ist die objektive Instanz, die alle Schadenspositionen kennt und in der Lage ist, deren Berechtigung zu kommunizieren, sie auch gegebenenfalls durchzusetzen. **12**

Zu Bedenken ist inzwischen, dass es dem Versicherer zunehmend rasch gelingt, den Erstkontakt zu dem Geschädigten zu finden und diesem sofort restriktive Verhaltensregeln auferlegt (Versichererinterpretation: Schadensminderung nach § 254 BGB), indem er Preise vorgibt (Stundenverrechnungssätze, Mietwagenpreise). **13**

Das Schadenslenkungsprogramm vieler Versicherer führt dazu, dass der Geschädigte zur Schadensbehebung in eine Werkstatt geleitet wird, bei der die Versicherungspreise akzeptiert werden, die natürlich weit unter den Preisen einer Fachwerkstatt liegen, welche deshalb teurer sein muss, da sie verpflichtet ist, Spezialwerkzeuge vorzuhalten. **14**

Der aus Anwaltssicht kluge Geschädigte schaltet sofort einen Anwalt ein. Es hat sich herausgestellt, dass die Unfallmeldung des Geschädigten per Web-Akte ein optimales Werkzeug ist, den Regulierungsprozess einzuleiten. Der Geschädigte füllt den virtuellen „Fragebogen für Anspruchsteller" aus und schickt diesen per Mausklick an den Verkehrsrechtsanwalt. Dieser kann sofort damit beginnen, Informationen einzuholen und den Geschädigten zu informieren, indem er in der Regel ebenfalls per Mausklick das Formularschreiben „Unfallinformationen" ebenso wie Fragebögen zurückschickt. **15**

Er muss ihm jedoch erklären, dass die Regulierung nur in den seltensten Fällen schnell bewerkstelligt werden kann, da dafür sowohl Voraussetzung ist, dass der Geschädigte das Verschulden des Unfallgegners beweist, als auch, dass weder ein Mitverschulden in Frage kommt noch eine Mithaftung aus Betriebsgefahr. Zudem ist es oft schwierig, von Anfang an die Schadenspositionen der Höhe nach optimal zu belegen. Erschwerend hinzu kommt oftmals **16** die hämische Feststellung des gegnerischen Versicherers gegenüber dem Geschädigten, die Regulierung könnte schon längst erledigt sein, hätte man nicht einen unbedarften Anwalt eingeschaltet, der die Regulierung verzögert.

17 Soweit es gelingt, dem Mandanten diese Voraussetzungen für eine erfolgreiche Unfallregulierung zu verdeutlichen, ist Wesentliches erreicht. Der Mandant ist nun in der Lage, Verständnis für die Dauer einer guten Regulierung aufzubringen, und er weiß, dass diese selten in wenigen Tagen erledigt sein kann.

II. Ablauf der Regulierungstätigkeit

18 Der Ablauf der Regulierungstätigkeit muss rasch, routiniert und reibungslos erfolgen. Der Ablauf darf nicht vom Zeitvolumen des Rechtsanwalts abhängig sein, sondern erfordert ein eingespieltes Team, das die einzelnen Aufgaben genau kennt und nicht nur reagiert, sondern die Regulierung aktiv vorantreibt. Unfallberatung ist in jedem Fall die ureigenste Angelegenheit des Verkehrsanwalts.

19 Die Zusammenstellung der Schadenspositionen, soweit sie mit Rechnungen belegt sind, ist dagegen sicherlich von gut ausgebildeten und ständig fortgebildeten Rechtsanwaltsfachangestellten zu verlangen, dies gilt auch für das Abrechnen. Grundsätzlich sollte von den Versicherern verlangt werden, an die Gläubiger des Geschädigten zu leisten (Werkstatt, Sachverständiger, Abschlepp- oder Mietwagenunternehmer etc.), da weitere Arbeitsgänge wie Fremdgeldeinbuchung, Geldbeträge auseinanderdividieren, Zahlungen an den, der darauf wartet anweisen, und Fremdgeldausbuchungen Zeit verschlingen. Der Versicherer sollte deshalb darauf hingewiesen werden, dass er nicht auf das Anwaltskonto zu leisten hat, sondern auf das Konto der Rechnungsaussteller, oder an den Geschädigten selbst. Zahlt er gleichwohl auf das Anwaltskonto, ist ihm die Hebegebühr in Rechnung zu stellen. Üblicherweise gestaltet sich der Ablauf der Unfallregulierung durch den Anwalt wie folgt:

20 **1. Geschädigter stellt Kontakt mit Anwalt her.** Der Unfall hat sich ereignet, der Geschädigte ruft in der Anwaltskanzlei an oder meldet sich per E-Mail über www.schadenfix.de oder über die Web-Akte und schildert das ihm widerfahrene Missgeschick: Es ist dafür Sorge zu tragen, dass der Anrufer, der geschädigt ist, unverzüglich einen Besprechungstermin in der Kanzlei erhält, und zwar unverzüglich aus der Sicht des Geschädigten, nicht aus der Sicht des Anwalts, dessen Terminkalender sicherlich voll ist. „Unverzüglich" ist deshalb wichtig, da das Hauptargument auch vieler Multiplikatoren (Autohaus, Sachverständiger, Abschleppunternehmen etc.) gegen die Inanspruchnahme des Anwalts ist, da gerade der Anwalt die Regulierung seinen eigenen Zeitkapazitäten anpasst und dadurch „Ruhe" in den Regulierungsablauf bringt. „Unverzüglich" bedeutet immer, dass das Erstgespräch an dem Tag des Anrufs, sicherlich der Zeitpunkt des größten Leidensdrucks des Geschädigten, stattfinden muss. Auch dann, wenn der Verkehrsrechtsanwalt nicht anwesend ist, ist dem Geschädigten ein Termin anzubieten, anlässlich dessen zumindest alle bekannten Fakten festgehalten werden, damit der Verkehrsrechtsanwalt beim Eintreffen in seiner Kanzlei erste Maßnahmen entscheiden und unverzüglich das Telefongespräch mit dem Geschädigten führen kann, um erste, vorläufige Informationen zu erteilen, damit grobe Fehler wie die übertreuerte Anmietung von Mietwagen oder das Verschrotten eines noch reparaturfähigen Fahrzeugs verhindert werden.

20a Zunehmend werden Mandatseingänge per Web verzeichnet. Der Mandant kennt, wenn sein Anwalt gut ist, die Mailadresse der Kanzlei. Autohäuser, Sachverständige oder Mietwagenunternehmer nutzen die Autohaus-Edition von E-Consult oder anderen Anbietern um den Verlauf der Regulierung verfolgen zu können; so kommt es immer seltener zu einem persönlichen Kontakt zwischen dem Anwalt und dem geschädigten Mandanten dem geholfen werden muss.

So ist dem Geschädigten neben der Vollmacht auch noch eine Widerrufsbelehrung zu übersenden, die er nach dem FernAbsG als Belehrung erhalten muss, da er ein Widerrufsrecht hat, das ihn nach Ausübung leistungsfrei stellt. Diese Widerrufsbelehrung zu unterlassen wäre eine verheerende Fehlleistung des professionell arbeitenden Anwalts, dem der Versicherer nach Übersendung der Kostennote entgegenhalten könnte, dass er nur das leisten muss, was auch der Geschädigte zu leisten hat und dessen Leistungsfreiheit demnach ihm zugutekommt. 20b

2. Erstgespräch. Das Erstgespräch muss ausführlich sein. Es dreht sich einmal um den Grund der Haftung, dann um die Schadenshöhe. Im Zusammenhang mit dem Grund der Haftung ist dem Mandanten zu erläutern, was Verschulden bedeutet, welche Rolle die Betriebsgefahr spielt und welche Möglichkeiten bestehen, gegebenenfalls nicht nur die gegnerische Haftpflichtversicherung in Anspruch zu nehmen, sondern auch die eigene Kaskoversicherung. Eine Regulierung nach Quotenvorrechten muss dem Verkehrsanwalt geläufig sein. Dem Mandanten ist zu erläutern, welche Bedeutung es hat, die gegnerische Haftpflichtversicherung rasch in Verzug zu setzen, gerade wenn möglicherweise im Interesse einer raschen Wiederherstellung des Zustands vor dem Unfall die Kaskoversicherung in Anspruch zu nehmen angedacht ist. Auch ist dem Mandanten zu erklären, dass alle ihm von Dritten gemachten Vorschläge auf den Anwaltsschreibtisch zur Prüfung gehören. Weiter, dass die Ermittlungsakte angefordert werden muss, um gegebenenfalls verteidigen zu können (oftmals werden von der Polizei bis zur Klärung beide Beteiligten beschuldigt). Versicherungseinwendungen wie „Betriebsgefahr" oder „Vermeidbarkeit" sind in geeigneten Fällen zu erklären, um zukünftige Argumente der Gegenseite von Anfang an transparent zu machen. 21

3. Erklärung der Schadenshöhe. Dem Geschädigten ist der Schaden der Höhe nach zu erklären. Er muss wissen, welche Unterschiede sich ergeben, je nachdem, wer das Sachverständigengutachten fertigt. Die unwidersprochene Hinnahme der Beauftragung bestimmter Sachverständiger halte ich für „Mitverschulden", das sich zum Nachteil des Geschädigten auswirkt. Dem Geschädigten muss im geeigneten Fall die Restwertrechtsprechung des BGH erläutert und darauf hingewiesen werden, dass sich nicht alle Sachverständigen an diese Rechtsprechung halten, zum Nachteil des Geschädigten, zum Vorteil der Versicherungswirtschaft. Der Geschädigte muss wissen, dass er reparieren lassen oder fiktiv abrechnen kann, was ein Totalschaden ist, was die 130%-Rechtsprechung bedeutet, welche Probleme bei der Mehrwertsteuer auftreten, wie nach Quotenvorrecht abgerechnet wird und was ihm Vorteile, was Nachteile bringt. Er muss informiert werden über Sachverständigenkosten, Nutzungsausfall, Mietwagenkosten, Pauschalen, Wertminderung und alles, was in diesem Zusammenhang § 249 Abs. 1 BGB zugunsten des Geschädigten bestimmt. 22

4. Verletzungen des Geschädigten. Bei aufgetretenen Verletzungen sind die Positionen Schmerzensgeld, Haushaltsführungsschaden, vermehrte Bedürfnisse und Verdienstausfall zu erläutern, gegebenenfalls ist aufzuklären über Reha-Gesellschaften, die sich solcher Fälle im Interesse einer raschen Genesung bzw optimalen Wiederherstellung des bestmöglichen Gesundheitszustands des verletzten Geschädigten annehmen. 23

23a Einen interessanten Gedanken verfolgen *Schah Sedi/Schah Sedi* mit der Überlegung, dass Mediation vor allem bei schweren Verkehrsunfällen eine Win-Win-Situation herstellen kann, zumal der Instanzenweg stark verkürzt und der Regulierungsaufwand sowohl für den Anwalt als auch für den Versicherer stark begrenzt wird. Das ist richtig. Dem ist nichts hinzuzufügen. Aber das Interesse gerade des Versicherers an einer Verkürzung des Instanzenweges hält sich meines Erachtens in sehr engen Grenzen. Gerade der Versicherer setzt darauf, den Geschädigten, der in der Regel bei schweren Unfällen sehr geschwächt ist und auch den Fall einmal abschließen will, mürbe zu machen. Als Konfliktlösung ist ansonsten Mediation immer der Maßanzug gegenüber der Lösung „von der Stange".[2]

24 **5. Anfordern der Ermittlungsakte.** Ist der Mandant umfassend informiert und eine Strategie festgelegt, soweit dies ohne umfassende Drittinformationen möglich ist, beginnt der „handwerkliche" Teil der Anwaltstätigkeit: die Ermittlungsakte ist anzufordern, der Sachverständige ist zu beauftragen, mit dem Autohaus ist Kontakt aufzunehmen, das Mietwagenunternehmen ist zu informieren (Normaltarif/Unfallersatztarif), die gegnerische Versicherung ist anzuschreiben, die eigene Versicherung ist zu informieren (Obliegenheit), zuletzt ist die Rechtsschutzversicherung zu informieren und Vorschuss zu fordern (in der Regel einmal für die Verteidigung, einmal für die Geltendmachung von Schadensersatzansprüchen). Für die Information der eigenen Versicherung ist zwar zunächst kein Kostenvorschuss zu fordern. Allerdings führt diese rasche Information häufig zur Übertragung von Passivmandaten oder aber zur Anforderung der amtlichen Ermittlungsakte. Diese Erledigungen sind zwar wichtig, müssen aber nicht unbedingt vom Anwalt persönlich diktiert werden. Routineschreiben mit einmal vorgefertigten Texten genügen in der Regel.

25 **6. Gesamtschadensaufstellung, Bußgeldstelle.** Nach Eingang der Informationen sind ohne Verzug eine Gesamtschadensaufstellung an die gegnerische Versicherung und die Einlassung an die Bußgeldstelle zu fertigen. Während das Erstere durch das „Unfallteam" erledigt werden kann, ist die Einlassung mit dem Mandanten gemeinsam zu erarbeiten und in seiner Gegenwart zu diktieren, damit sofort erforderliche Korrekturen vorgenommen werden können und keine Zeit verloren geht.

26 **7. Klagevorbereitung.** Spätestens nach vier Wochen ist der Fall so weit voranzutreiben, dass eine Klage für den Fall, dass der Versicherer nicht bezahlt hat, gefertigt werden kann. In Fällen in denen lediglich Sachschaden zu ersetzen ist, reicht sicherlich für beide Seiten die Frist von mindestens drei Wochen, die das OLG Saarbrücken vorgegeben hat.[3] Bei Personenschäden ist mindestens der Zeitraum abzuwarten, der erforderlich ist um eine „Zukunftsprognose" über die Gesundheit des Geschädigten abzugeben. Der Hinweis von Versicherern, der eigene Versicherungsnehmer habe noch keine Informationen erteilt, sollte nicht „verständnisvoll" zu weiteren Zeitzugeständnissen führen, da eine Obliegenheitspflichtverletzung des Unfallgegners nicht die Situation des Geschädigten verschlechtern darf. Am Klagevorhaben ist festzuhalten. Danach geht es nicht mehr mit „handwerklicher Routine", sondern mit „anwaltlicher Intelligenz" weiter. Auch insoweit gilt aber, dass ohne Verzögerung zu arbeiten ist.

26a Hier ist zu berücksichtigen, dass mit der Klageerhebung auch das Einverständnis des geschädigten Mandanten mit dieser Tätigkeit eingeholt werden muss, da dem Versicherer gegenüber

---

2 *Schah Sedi/Schah Sedi*, Das verkehrsrechtliche Mandat, Band 5: Personenschäden.
3 OLG Saarbrücken zfs 92, 22.

nur das in Rechnung gestellt werden kann, was auch dem Mandanten gebührenmäßig in Rechnung gestellt werden kann. Zunehmend fragen Versicherer danach, welchen Umfang der Mandantenauftrag hat. Deshalb ist die Dokumentation des Klageauftrages für die Abrechnung wichtig.

8. Strafverteidigung. Wurde das Mandat zur Verteidigung erteilt, ist ebenfalls eine ausführliche Belehrung an das Erstgespräch geknüpft. Solange die amtliche Ermittlungsakte nicht vorliegt und detaillierte Informationen noch nicht zugänglich sind, beschränkt sich dieses Gespräch sinnvollerweise auf die grundsätzliche Bearbeitung des Mandats. Ohne Kenntnis der Ermittlungsakte ist die Abgabe einer Einlassung grundsätzlich abzulehnen, da sich hierdurch der Mandant möglicherweise ohne Not belastet. Das Prozedere mit dem Rechtsschutzversicherer, gegebenenfalls die Einschaltung eines außergerichtlich tätigen Sachverständigen, dessen Bezahlung nach § 5 ARB der Rechtsschutzversicherer übernimmt, werden erörtert. Wesentliches wird jedoch erst nach Erlangung aller erforderlichen Informationen besprochen.

Für den verkehrsrechtlich tätigen Anwalt lohnt es sich auch, seine Daten bei dem Portal www.bussgeldfix.de zu hinterlassen. Dieses Portal wurde geschaffen in Zusammenarbeit mit der ARGE Verkehrsrecht im DAV, vergleichbar dem „Schadenfix".

9. Verwaltungsrecht. Das verkehrsrechtliche Mandat im Bereich des Verwaltungsrechts beinhaltet in der Regel Fahrerlaubnisprobleme, Fahrtenbuchauflagen oder Abschleppvorgänge. Dem Mandanten sind die entsprechenden Vorschriften zu erläutern und zu erörtern, ob ein Verwaltungsverfahren erfolgversprechend ist, wobei auf die ausgesprochen lange Verfahrensdauer hinzuweisen ist. Hilfreich ist bei Fahrerlaubnisproblemen die gute Zusammenarbeit mit einem Verkehrspsychologen, der über alle Aufbaumaßnahmen informiert ist.

Auch hier kann empfohlen werden, sich bei www.fuehrerscheinfix.de anzumelden. Einmal suchen Betroffene dort Hilfe und kompetente Anwälte. Darüber hinaus erfährt der Verkehrsrechtler dort Mitteilungen und Neuigkeiten aus dem Bereich der Verwaltung und der Psychologen. Da in Aussicht gestellt wurde, diese Plattform möglicherweise einzustellen, obliegt es dem Verkehrsrechtler mit den Psychologen von Dekra, TÜV und freien Werken Kontakt zu pflegen, um kritische Randfälle kompetent hinterfragen zu können.

Die Beachtung dieser einfachen Regeln verhindert, dass die Anwaltschaft das Regulierungsgeschäft von Sachschäden an dritte Anbieter verliert. Das Rechtsdienstleistungsgesetz erlaubt jetzt zumindest in einfach gelagerten Fällen den Hinweis auf Schadenspositionen und deren Höhe. Ebenso erlaubt das RDG die Geltendmachung der eigenen Leistungen durch die Leistungserbringer. Bisher wurde überwiegend von den Kritikern der Unfallregulierung durch Verkehrsrechtsanwälte bemängelt, dass bei der Regulierung Routine fehle. Dies wird auch so von Versicherern angesprochen, deren Kosten ebenfalls steigen bei einer langatmigen, lange hinausgezogenen Regulierungstätigkeit. Gerade bei sehr schweren Unfällen mit komplizierten Verletzungen wird der unkundige Anwalt abgelehnt, da durch ihn letztlich endgültige, sachlich richtige Abschlüsse im Vergleichsweg verhindert werden.

C. Zum Marketing des Verkehrsanwalts

Die Bundesrechtsanwaltskammer zählte 2010 153.251 zugelassene Rechtsanwälte in Deutschland (Legal Tribune online). Im Jahr 2000 waren es noch 104.067. Und 1990 (gar nicht so lange her) tummelte sich die – aus heutiger Sicht überschaubare – Menge von 56.638

Kolleginnen und Kollegen. Daraus folgt, dass für Verkehrsrechtsanwälte eine Marketingstrategie unerlässlich ist. Eine solche Strategie, die allen erfolgreichen Wirtschaftsunternehmen inzwischen selbstverständlich ist, darf vor Anwaltspraxen nicht haltmachen. Dies ist dem Juristen fremd, erfährt er Näheres darüber doch weder an der Universität im Rahmen des Jurastudiums noch während der Referendarzeit, die – wirklichkeitsfremd – immer noch auf die Ausbildung zum Richter ausgerichtet ist. Folgende Erfolgsfaktoren müssen durchdacht werden, soll eine Kanzlei dauerhaft erfolgreich betrieben werden:

31 Zunächst ist eine Analyse vorzunehmen: Wo stehen wir, wo wollen wir hinkommen?[4] Analyse, Zielsetzung und deren Umsetzung sind die Überlegungen, die am Anfang stehen sollten.

I. Erfolgsfaktor Corporate Identity

32 Dabei handelt es sich um die Philosophie einer Kanzlei, deren Inhaber darüber nachdenken sollte, wodurch sie sich von allen am Markt tätigen Mitbewerbern unterscheiden will. Es ist das Grundgesetz einer Kanzlei, das im Alltag umzusetzen ist. Es garantiert, dass sich die Anwaltskanzlei nach außen von Wettbewerbern unterscheidet und nach innen, bei den in der Kanzlei Tätigen, ein „Wir-Gefühl" entsteht. Erfolgversprechend ist der Grundsatz, dass das Interesse des Mandanten in den Mittelpunkt der Tätigkeit des Anwalts gestellt wird. Daraus folgt, dass alles zu unternehmen ist, was den Mandanten optimal stellt. Erfolgversprechend ist sicher auch der Grundsatz, dass dem ratsuchenden Publikum der optimal ausgebildete und fortgebildete Anwalt geboten werden soll. Diese Philosophie erfordert es, dass bei den Bildungskosten nicht gespart werden darf.

33 Erfolg verspricht auch der Grundsatz, dass mit optimaler Technisierung gearbeitet werden soll. Elektronische Akte, Internetrecherche, digitales Diktieren mit Spracherkennung, Internetakte, bei der der Mandant ständig Zugriff auf seinen Fall hat, um den Fortgang zu kontrollieren, drängen sich dann auf. Auf die Möglichkeit für Verkehrsanwälte durch das Schadensportal www.schadenfix.de, das von der Arbeitsgemeinschaft Verkehrsrecht zur Unterstützung der Verkehrsrechtsanwälte eingerichtet wurde, sei ausdrücklich hingewiesen.

34 Gut ist es, wenn aus der Spezialität der Kanzlei ein Motto entwickelt werden kann, das zur Identifizierung des Anwaltsunternehmens dient. Wer kennt nicht so erfolgreiche Grundsätze wie „Nichts ist unmöglich" und wüsste nicht, welche Marke dahintersteht.

35 **1. Corporate Design.** Genauso bedeutungsvoll ist ein Schriftbild oder Logo, mit dem die Kanzlei eindeutig identifiziert wird. Dagegen erwecken Visitenkarten in grün, Briefkopf in rot und ein goldeloxiertes Türschild nach außen hin ein Bild der Zerrissenheit. Hier kann man von Banken lernen, die sich voneinander schon in der Farbgebung ihrer Logos unterscheiden: *Sparkasse* rot, *Deutsche Bank* blau, *Commerzbank* gelb, *Dresdner Bank* grün. Man könnte diese Beispiele beliebig lang fortsetzen, zeigen sie doch letztlich nur, dass Marken ein „Gesicht" haben. Auch eine erfolgreiche Anwaltskanzlei muss für ihre Klientel identifizierbar sein.

36 **2. Corporate Behaviour.** Darunter versteht man das Verhalten der Mitarbeiter einer Kanzlei sowohl untereinander, als auch gegenüber Mandanten und Dritten. Mitarbeiter sollen im Auftreten den unverwechselbaren Stil der Kanzlei repräsentieren. Unverwechselbar muss sein,

---

[4] Vgl zu diesen Grundüberlegungen die hervorragende Darstellung von *Jungmann*, in: Ferner (Hrsg.), Straßenverkehrsrecht, § 72.

wie man sich am Telefon meldet, Auskunft erteilt, mit Mandanten in der Kanzlei umgeht, welchen Stil man im Umgang mit Kollegen, Gerichten und Gegnern pflegt usw.

3. Corporate Communication. Es handelt sich dabei um die Gesamtheit aller Kommunikationsinstrumente zur Darstellung der Kanzlei und ihrer Leistungen für die Zielgruppen, die im Rahmen der Erstanalyse oder der Strategieüberlegungen ermittelt wurden: Werbung, Public Relation, Verkaufsförderung, Sponsoring.

II. Erfolgsfaktor Strategie

Da kein Anwalt so ausgebildet ist, dass er wirtschaftlich die gesamte Breite des deutschen Rechts anbieten kann, drängt es sich auf, dass er sich auf ein Rechtsgebiet spezialisiert oder zumindest seine Tätigkeit auf wenige Rechtsgebiete beschränkt. Profil gewinnt man nur dann, wenn man sich nicht alles einverleibt.

Gut bewährt hat sich die EKS-Strategie,[5] bei der zunächst festzustellen ist, was man besonders gerne macht und deshalb auch wahrscheinlich besonders gut. Danach ist zu bedenken, welche Zielgruppe diese Dienste optimal nutzen kann. Der Verkehrsrechtsanwalt stellt dabei fest, dass seine Zielgruppe die Unternehmen sind, die rund um Fahrzeug und Verkehr arbeiten oder mit den Folgen von Fehlleistungen im Verkehr befasst sind. Das sind Autohäuser, Mietwagenunternehmen, Abschleppunternehmen und Sachverständige, die rasch ihre Dienstleistung vergütet haben wollen. Aber mit den Folgen des Straßenverkehrs sind auch Unfallärzte, Krankenhäuser, Physiotherapeuten und Rehakliniken beschäftigt, deren Interesse es ist, optimale medizinische Leistungen zu erbringen. Daraus ergibt sich dann die Zielgruppe, die erfolgversprechend mit guten Leistungen umworben werden kann.

III. Erfolgsfaktor Nutzung des Mitarbeiterpotentials

Mitarbeiter tragen wesentlich zum Erfolg einer Kanzlei bei. Ein freundlicher, gut ausgebildeter Verkehrsanwalt ist wichtig, wird aber scheitern, wenn das logistische Umfeld schlecht aufgestellt ist. Selbstverständlich ist, dass der Mitarbeiter weiß, dass sein Gehalt aus Mandantenleistungen erbracht wird. Das trägt dazu bei, dass auch der Mitarbeiter kundenfreundlich wird.

Die Perfektion der anwaltlichen Leistung hängt aber wesentlich davon ab, dass die Zuarbeit der nichtjuristischen Mitarbeiter optimal funktioniert. Dies setzt voraus, dass der Mitarbeiter nicht nur gut ausgebildet wird, sondern auch ständig fortgebildet wird. Der Verkehrsrechtsanwalt hat kanzleiintern seine Leistungen für den Mitarbeiter transparent zu machen, damit dieser den Fortgang der anwaltlichen Tätigkeit im Rahmen einer Fallbearbeitung versteht und dem Mandanten im Falle anwaltlicher Abwesenheit kommunizieren kann. Der Mitarbeiter muss dazu optimal motiviert werden, er darf sich nicht als Kostenfaktor reduziert fühlen, sondern muss sich als Gewinnbringer begreifen.

Die bedeutende Fachzeitschrift „Harvard Business" hat in ihrer Februarausgabe 2006 eine Rangliste der Renditen der in einem Betrieb gelebten Werte aufgestellt und beziffert. Den höchsten Gewinn verzeichneten Unternehmen, die im Vordergrund die Werte lebten: Sich öf-

---

[5] EKS = Engpassorientierte Strategie (siehe dazu www.eks.de). Jede Zielgruppe zeichnet sich aus durch unterschiedliche Engpässe. Der Verkehrsanwalt mit der Zielgruppe Autohäuser, Sachverständige, Autolackierer etc. kennt den Engpass, dass Leistungen aus dem Unfallgeschäft zu lange unbezahlt bleiben. Er hat die Aufgabe, diesen Engpass zu verbessern.

nen heißt, Leistungen transparent zu gestalten, Vielfalt im Team leben heißt, allen die Möglichkeit zu geben, ihre eigene Kundenfreundlichkeit einzubringen, und Vertrauen statt Kontrolle heißt, eigene Lösungsmöglichkeiten der Mitarbeiter zu akzeptieren. Der Renditewert wurde mit plus 153 % angegeben, was bedeutet, dass die Betonung des Chefpotentials allein zu erheblichen Verlusten, die Förderung und Forderung der Mitarbeiter dagegen zu erheblichen Gewinnen führt.

42a Inzwischen wird allenthalben über Mitarbeitermangel geklagt. Da Anwälte zwar Personal beschäftigen aber in aller Regel dafür nicht ausschließlich ausgebildet sind, das optimale Personal zu finden, erscheint es angebracht, Hilfen von außerhalb hinzuzuziehen und sich das Wissen, wie die besten Mitarbeiter zu bekommen sind, durch das Heranziehen von Fachmedien anzueignen. In einer Zeit sozialer Netzwerke scheinen Facebook, Twitter und Xing oder LinkedIn mehr zu leisten als die Agentur für Arbeit.

IV. Erfolgsfaktor Kommunikation

43 **1. Kommunikation intern.** Selbst in kleinen Kanzleien mit wenigen Mitarbeitern ist es erforderlich, dass alle die Geschäftspolitik und die im Einzelnen damit verbundenen Maßnahmen kennen. Alle sitzen im gleichen Boot, und der Erfolg stellt sich nur ein, wenn alle in die gleiche Richtung rudern. Diese Richtung muss kanzleiintern abgestimmt werden. Einerseits müssen die Mitarbeiter wissen, was der Chef vorhat, andererseits muss dieser wissen, was die Mitarbeiter zu leisten in der Lage sind. Unbefriedigend wird das Ergebnis, wenn unterschiedliche Vorstellungen verfolgt werden, die nicht das gleiche Ziel anstreben. Regelmäßiger Gedankenaustausch und Weitergabe von Informationen muss also organisiert werden. Dafür setzt man sich in regelmäßigen Abständen zusammen.

44 Sinnvoll ist es auch in größeren Kanzleien, wenn sich die Angestellten der unterschiedlichen Abteilungen zusammenfinden, um Erfahrungen auszutauschen. So wird festgestellt, was gut gelaufen und gut angekommen ist, dies wird dann von allen Abteilungen übernommen und praktiziert. So wird auch festgestellt, was zu Fehlern und Ablehnung geführt hat. Dies wird zur Kenntnis genommen und überlegt, wie man es in Zukunft besser machen kann.

45 Der Informationsaustausch zwischen Anwälten, Angestellten und Auszubildenden ist auch deshalb wichtig, weil sich der Mandant den jeweiligen Gruppen unterschiedlich präsentiert. Unmut äußert er eher gegenüber dem Lehrling oder dem Angestellten als dem Anwalt, dessen Wohlwollen er erhalten muss. Interner Gedankenaustausch ist immer dort bedeutsam, wo mehrere Beteiligte für einen Erfolg kämpfen.

46 **2. Kommunikation mit dem Mandanten.** Die optimale Kommunikation ist deshalb erforderlich, weil der Mandant im Falle guter Betreuung zum Missionar für den Anwalt wird, im Falle schlechter Betreuung zum negativen Multiplikator. Der Anwalt muss also wissen, welchen Eindruck seine Tätigkeit bei dem Mandanten hinterlassen hat.

47 Die Gründe für die Unzufriedenheit von Mandanten wurden in einer Studie erfasst und führten zu folgendem Ergebnis:

- Rechtsanwalt war zu teuer: 11 %
- Rechtsanwalt war schlechter Jurist: 29 %
- Rechtsanwalt hat zu verlorenem Prozess überredet: 6 %

- Rechtsanwalt hat sich zu wenig um den Fall gekümmert: 51 %
- Rechtsanwalt hat zu wenig Zeit für mich gehabt: 15 %

Um die Eindrücke der Mandanten zu ermitteln, bietet es sich an, nach Abschluss des Mandats einen Fragebogen zu überlassen, der es den Mandanten ermöglicht, ihre Meinung zu äußern. Das Ergebnis ist in jedem Falle auszuwerten, um Verbesserungen zu erreichen.

3. Kommunikation mit dem Markt. Natürlich muss der Markt beobachtet werden, um festzustellen, welche Rechtsdienstleistungen nachgefragt werden. Dazu sind die Politik und das wirtschaftliche Geschehen zu beobachten. Neue Gesetze und neue Rechtsprechung sind auszuwerten. Anhand dieser Informationen kann der Bedarf analysiert werden. Nicht umsonst unterhält der DAV ein Büro in Brüssel um europäische Tendenzen rasch zu erfahren und bearbeiten zu können, gegebenenfalls weiterkommunizieren zu können. Beispielhaft ist auf *Riedmeyer*[6] zu verweisen, der ausführt, dass die Halterhaftung in Bußgeld- und Strafsachen durch EU-Richtlinie bestimmt werden könnte.

In Frankreich etwa wird derzeit der Verkehrsunfall durch den Gerichtsvollzieher aufgenommen, der Sachschaden ist dort kein Thema für Rechtsanwälte. Hier muss beobachtet werden, wie sich die Harmonisierungstendenzen der europäischen Politik entwickeln.

Eine Angleichung des Schadensrechts an dasjenige der Vereinigten Staaten von Amerika würde zu einem Nachdenken über die Höhe des immateriellen Schadens führen müssen. Damit soll verdeutlicht werden, dass politische Wachsamkeit dem Rechtsanwalt gut ansteht.

Inzwischen signalisiert der Markt, dass größere Mandate oder Dauermandatsverhältnisse nur noch an Anwälte gegeben werden, die nach den Regeln von DIN Iso 9001 zertifiziert sind. Das bedeutet, dass der Anwalt ein Handbuch zu erstellen hat und von der Mandatsannahme bis zum Mandatsabschluss alle Einzelschritte festschreiben, und dafür Sorge tragen muss, dass diese auch von allen in der Kanzlei Beschäftigten eingehalten werden. Dies ist sicherlich ein einmaliger, sich über einen gewissen Zeitraum hinziehenden Kraftakt. Aber dieser Kraftakt kann empfohlen werden, da er einmal das Vertrauen des Marktes in die Anwaltskanzlei herstellt, andererseits interne Sicherheit gibt, dass immer die beste Lösung gefunden wird.

V. Erfolgsfaktor Kundenfreundlichkeit

Der Verkehrsrechtsanwalt darf nie aus dem Auge verlieren, dass er dem Interesse des Kunden dient. Für den Kunden ist das Beste gerade gut genug. Das bedeutet: das beste Wissen, das beste Engagement, die besten Mitarbeiter, die beste Technik.

---

6 Editorial in zfs 2008, 601.

§ 1 Die praktische Führung des verkehrsrechtlichen Mandats

D. Muster

I. Vollmachten

1. Zivilrecht

53 ▶ **Muster: Vollmacht im Zivilrecht**

Zustellungen werden nur an die Bevollmächtigten erbeten

Vollmacht

Hiermit wird den Rechtsanwälten

Rechtsanwalt ...   Rechtsanwalt ...
Rechtsanwalt ...   Rechtsanwältin ...
Rechtsanwältin ...   Rechtsanwalt ...
Rechtsanwalt ...

in Sachen ...

wegen ...

Vollmacht erteilt:

1. zur Prozessführung (u.a. nach §§ 81 ff ZPO) einschließlich der Befugnis zur Erhebung und Zurücknahme von Widerklagen;
2. zur Antragstellung in Scheidungs- und Scheidungsfolgesachen, zum Abschluss von Vereinbarungen über Scheidungsfolgen sowie zur Stellung von Anträgen auf Erteilung von Renten- und sonstigen Versorgungsauskünften;
3. zur Vertretung und Verteidigung in Strafsachen und Bußgeldsachen (§§ 302, 374 StPO) einschließlich der Vorverfahren sowie (für den Fall der Abwesenheit) zur Vertretung nach § 411 Abs. 2 StPO und mit ausdrücklicher Ermächtigung auch nach §§ 233 Abs. 1, 234 StPO zur Stellung von Straf- und anderen nach der Strafprozessordnung zulässigen Anträgen und von Anträgen nach dem Gesetz über die Entschädigung für Strafverfolgungsmaßnahmen, insbesondere auch für das Betragsverfahren;
4. zur Vertretung in sonstigen Verfahren und bei außergerichtlichen Verhandlungen aller Art (insbesondere in Unfallsachen zur Geltendmachung von Ansprüchen gegen Schädiger, Fahrzeughalter und deren Versicherer);
5. zur Begründung und Aufhebung von Vertragsverhältnissen und zur Abgabe und Entgegennahme von einseitigen Willenserklärungen (zB Kündigungen) im Zusammenhang mit der oben unter „wegen" genannten Angelegenheit.

Die Vollmacht gilt für alle Instanzen und erstreckt sich auch auf Neben- und Folgeverfahren aller Art (zB Arrest und einstweilige Verfügung, Kostenfestsetzungs-, Zwangsvollstreckungs-, Interventions-, Zwangsversteigerungs-, Zwangsverwaltungs- und Hinterlegungsverfahren, Gesamtvollstreckungs-, Konkurs- und Vergleichsverfahren über das Vermögen des Gegners sowie Insolvenzverfahren). Sie umfasst insbesondere die Befugnis, Zustellungen zu bewirken und entgegenzunehmen, die Vollmacht ganz oder teilweise auf andere zu übertragen (Untervollmacht), Rechtsmittel einzulegen, zurückzunehmen oder auf sie zu verzichten, den Rechtsstreit oder außergerichtliche Verhandlungen durch Vergleich, Verzicht oder Anerkenntnis zu erledigen, Geld, Wertsachen und Urkunden, insbesondere auch den Streitgegenstand und die vom Gegner, von der Justizkasse oder von sonstigen Stellen zu erstattenden Beträge entgegenzunehmen sowie Akteneinsicht zu nehmen.

Der Gerichtsvollzieher und jede andere gerichtliche, behördliche und private Stelle, einschließlich des/der gegnerischen Prozessbevollmächtigten, werden angewiesen, die in dieser Sache zuzuzahlenden/zu leistenden/hinterlegten Beträge an die prozessbevollmächtigte Anwaltskanzlei auszuzahlen.

Wichtiger Hinweis gem. § 49 Abs. 5 BRAO: Es wird darauf hingewiesen, dass sich die Höhe der zu erhebenden Gebühren nach dem Gegenstandswert richtet, soweit das Gesetz nichts anderes bestimmt.

..., den ...

[Unterschrift] ◄

2. Strafrecht

▶ Muster: Strafprozessvollmacht

Rechtsanwalt/Rechtsanwältin ...

... [Anschrift]

Tel.-Nr.: ...

Fax-Nr.: ...

wird hiermit in der Strafsache – Privatklagesache –

gegen ...

wegen ...

Vollmacht zu meiner Verteidigung und Vertretung in allen Instanzen erteilt – und zwar auch für den Fall meiner Abwesenheit – mit der besonderen Ermächtigung,

1. Strafanträge zu stellen, Rechtsmittel einzulegen, zurückzunehmen und auf solche zu verzichten sowie Zustellungen aller Art, insbesondere auch von Urteilen und Beschlüssen, entgegenzunehmen,
2. Untervertreter – auch im Sinne des § 139 StPO – zu bestellen,
3. Gelder, Wertsachen und Urkunden in Empfang zu nehmen, soweit das Verfahren dazu Anlass gibt,
4. Anträge auf Wiedereinsetzung, Wiederaufnahme des Verfahrens, Haftentlassung, Strafaussetzung und andere Anträge zu stellen.

Etwaige Kostenerstattungsansprüche sind mit der Vollmachtserteilung an den/die Bevollmächtigte/n abgetreten.

Erfüllungsort für alle Ansprüche aus dem der Vollmacht zugrunde liegenden Rechtsverhältnis ist der Ort der Kanzlei des/der Bevollmächtigten.

..., den ...

[Unterschrift] ◄

II. Zivilrecht

1. Aufnahmebogen

55 ▶ **Muster: Aufnahmebogen**

Sehr geehrte Mandantin,

sehr geehrter Mandant,

wir freuen uns über Ihren Besuch und das damit zum Ausdruck gebrachte Vertrauen in unsere Kanzlei.

Um Ihr Mandat schnell und effektiv bearbeiten zu können, bitten wir Sie vorab um einige Angaben zu Ihrer Person:

Name: ...

Vorname: ...

Geburtstag: ...

Geburtsort: ...

Firma: ...

Straße: ...

PLZ, Ort: ..., ...

Telefon priv.: ...

Fax: ...

Telefon dienstl.: ...

Fax dienstl.: ...

(wenn Sie einverstanden sind, dass Schriftverkehr über diesen Anschluss übermittelt wird)

Handy-Nr.: ...

E-Mail: ...

(wenn Sie einverstanden sind, dass wir Schriftverkehr auf diesem Wege übermitteln)

Bankverbindung: (für Auszahlung von Fremdgeldern, etwa Erstattungen)

IBAN: ... BIC: ...

Institut: ...

Kontoinhaber: ...

Rechtschutzversicherung: ...

Versicherungsschein-Nr.: ...

Fragen Sie uns falls erforderlich nach Beratungs- oder Prozesskostenhilfe.

Sollen wir für Sie Prozesskostenhilfe beantragen? ☐ ja ☐ nein

Wie sind Sie auf unsere Kanzlei aufmerksam geworden?

☐ Ich bin bereits Mandant bei Ihnen   ☐ Anwaltsuchdienste   ☐ Broschüre/Flyer
☐ privater Kontakt   ☐ Empfehlung   ☐ Zeitungsannonce
☐ Homepage/Internet   ☐ Gelbe Seiten   ☐ Sonstiges
☐ Informationsveranstaltung

..., den ...

[Unterschrift] ◀

2. Mandatsbedingungen

▶ **Muster: Mandatsbedingungen** 56

in Sachen ....

1. Bei Auftragserteilung ist ein angemessener Kostenvorschuss zu entrichten (§ 9 RVG).
2. Die Haftung des beauftragten Rechtsanwalts wird auf einen Höchstbetrag von 25.000 EUR beschränkt.
3. Zur Einlegung von Rechtsmitteln und sonstigen Rechtsbehelfen ist der Rechtsanwalt nur dann verpflichtet, wenn er einen darauf gerichteten Auftrag erhalten und angenommen hat.
4. Die Korrespondenzsprache mit ausländischen Auftraggebern ist deutsch. Die Haftung für Übersetzungsfehler wird ausgeschlossen.
5. Die Kostenerstattungsansprüche des Auftraggebers gegenüber dem Gegner, der Justizkasse oder sonstigen erstattungspflichtigen Dritten werden in Höhe der Kostenansprüche des beauftragten Anwalts an diese abgetreten mit der Ermächtigung, die Abtretung im Namen des Auftraggebers dem Schuldner mitzuteilen.
6. Fernmündliche Auskünfte und Erklärungen sind nur bei schriftlicher Bestätigung verbindlich.
7. Soweit nicht gesetzlich eine kürzere Verjährungsfrist gilt, verjähren die Ansprüche gegen den beauftragten Rechtsanwalt zwei Jahre nach Beendigung des Auftrags.
8. Als Erfüllungsort und ausschließlicher Gerichtsstand gilt der Sitz der Kanzlei des beauftragten Anwalts.

...., den ....
[Unterschrift] ◀

3. Widerrufsbelehrung

▶ **Muster: Widerrufsbelehrung** 56a

Widerrufsrecht

Sie haben das Recht, binnen vierzehn Tagen ohne Angabe von Gründen diesen Vertrag ab Vertragsabschluss zu widerrufen.

Um Ihr Widerrufsrecht auszuüben, müssen Sie uns, der Kanzlei .... mittels einer eindeutigen Erklärung (zB ein mit der Post versandter Brief, Telefax oder E-Mail) über Ihren Entschluss, diesen Vertrag zu widerrufen, informieren.

Zur Wahrung der Widerrufsfrist reicht es aus, dass Sie die Mitteilung über die Ausübung des Widerrufsrechts vor Ablauf der Widerrufsfrist absenden.

Der Widerruf ist zu richten an:

Kanzlei ....

.... [Adresse]

Telefax: ....

E-Mail: ....@....

Folgen des Widerrufs

Wenn Sie diesen Vertrag widerrufen und verlangt haben, dass die Dienstleistungen während der Widerrufsfrist beginnen sollen, so haben Sie uns einen angemessenen Betrag zu zahlen, der dem Anteil der bis zu dem Zeitpunkt, zu dem Sie uns von der Ausübung des Widerrufsrechts hinsichtlich dieses Vertrags unterrichten, bereits erbrachten Dienstleistungen im Vergleich zum Gesamtumfang der im Vertrag vorgesehenen Dienstleistungen entspricht. Es besteht ein Wertersatzanspruch der Tätigkeit des Rechtsanwaltes für die Zeit der Beauftragung bis zum Eingang des wirksamen Widerrufes.

Hinweis Widerrufsbelehrung:

Ich bin über mein Widerrufsrecht und der Widerrufsfolgen gemäß der mir ausgehändigten Widerrufsbelehrung belehrt worden. Mit der Mandatsbearbeitung soll sofort begonnen werden.

...   .
(Ort)   (Datum)   (Unterschrift)

4. Fragebogen für Anspruchsteller

▶ **Muster: Fragebogen für Anspruchsteller**

Anspruchsteller:
Name: ...
Geburtsname: ...
Beruf: ...
Anschrift: ...

Bankverbindung:
IBAN: ...
BIC: ...

Versicherungsnehmer (Schadenstifter):
Name: ...
Geburtsname: ...
Anschrift: ...
versichert bei: ...
amtl. Kennzeichen: ...
Fahrer (wenn nicht VN): ...
Unfall-Ort: ...
Unfall-Datum, Unfall-Uhrzeit: ...

Unfallschilderung:

Andere Unfallbeteiligte:

Vorname	Name	PLZ	Ort	Straße	Kfz	Kennz.

D. Muster **1**

Unfallzeugen:

Vorname	Name	PLZ	Ort	Straße

Unfallaufnahme durch:

Name der Polizei-Dienststelle: ...

Straße: ...

PLZ, Ort: ..., ...

Tagebuch-Nummer: ...

Angaben zum beschädigten Kfz:

Eigentümer (wenn nicht Anspruchsteller): ...

Vorsteuerabzugsberechtigt: ☐ ja ☐ nein

Beschreibung des Schadens:

Schadenshöhe: (siehe unten unter Schadensaufstellung)

Anzahl der Nutzungsausfalltage: ...

Name der Reparatur-Werkstatt: ...

Straße: ...

PLZ, Ort: ..., ...

Besichtigungsort: ...

Name des Gutachters: ...

Straße: ...

PLZ, Ort: ...

Vorschäden: ...

Hersteller: ...

Typ: ...

Baujahr: ...

km-Stand: ...

amtl. Kennzeichen: ...

Anzahl der Vorbesitzer: ...

versichert bei: ...

Versicherungs-/Schaden-Nr.: ...

Rechtsschutzversicherung:

Name: ...

PLZ, Ort: ..., ...

Versicherungsschein-Nr.: ...

Angaben zum Personenschaden des Anspruchstellers:

Geburtsdatum: ...

Familienstand: ...

Anzahl der Kinder: ...

Beruf: ...

Nettoeinkommen: ... EUR

Arbeitgeber: ...

Straße: ...

PLZ, Ort: ..., ...

bisherige Rente (EUR/Mon.): ... EUR

Versicherungsträger: ...

Verletzungen:

Krankenhausaufenthalt von/bis: ...

Name des Krankenhauses: ...

Straße: ...

PLZ, Ort: ..., ...

ambulant behandelnde Ärzte: ...

krankgeschrieben von/bis: ...

Name der Krankenkasse: ...

Straße: ...

PLZ, Ort: ..., ...

Name der Renten-Versicherung: ...

Straße: ...

PLZ, Ort: ..., ...

Bei Berufs-/Wege-Unfall:

Name der Berufsgenossenschaft: ...

Straße: ...

PLZ, Ort: ..., ...

Der Verletzte ist damit einverstanden, dass die behandelnden Ärzte dem Versicherungsunternehmen Gutachten und Auskünfte erteilen. Insoweit wird auf die beiliegende Schweigepflichtentbindungserklärung des Anspruchstellers verwiesen.

Der durch den Unfall entstandene Schaden wird vorläufig wie folgt beziffert:

Schadensaufstellung:

Verkehrsunfall vom ..., ... Uhr

in ...

Pos.	Bezeichnung	Forderung	Zahlung
		... EUR	... EUR
		... EUR	... EUR

Pos.	Bezeichnung	Forderung	Zahlung
		... EUR	... EUR
		... EUR	... EUR
	Gesamtbetrag	**... EUR**	**... EUR**

5. Mandanteninformation

▶ **Muster: Mandanteninformation** 58

Sehr geehrter Herr Mandant,

Sehr geehrte Frau Mandantin,

Sie haben bedauerlicherweise einen Verkehrsunfall erlitten.

Wir hoffen, dass es uns gemeinsam gelingt, Ihnen weiteren Ärger zu ersparen.

Damit Sie wissen, inwieweit der Unfallgegner ersatzpflichtig ist, möchten wir Ihnen kurz mitteilen, welche Ansprüche Sie unter Umständen durchsetzen können:

1. Sachverständigenkosten
2. Reparaturkosten (lt. Gutachten bzw Reparaturrechnung)
3. Wertminderung (verbleibende Wertminderung nach erfolgter sachkundiger Reparatur)
4. Nutzungsausfall (Nutzungswille und Nutzungsmöglichkeit müssen vorhanden sein)
5. Mietwagenkosten
6. Abschleppkosten
7. Aufwandsentschädigung
   (Pauschale für unfallbedingte Wege, Telefonate, Porti etc. ca. 15 EUR bis 25 EUR)
8. Schmerzensgeld
9. Attestkosten
10. Verdienstausfall (ist konkret nachzuweisen, Verlagerungen der Arbeitszeit und Freizeiteinengung führen nicht zum Verdienstausfall)

Diese Aufzählung ist nicht abschließend. Der Geschädigte ist so zu stellen, als wäre das schädigende Ereignis nicht eingetreten. Entstandener Ärger bzw Zeitaufwand zur Regelung bestimmter Angelegenheiten wird allerdings nicht beglichen.

Die Anwaltskosten sind eine Schadensposition und werden von der gegnerischen Haftpflichtversicherung ebenfalls bezahlt und anhand des anerkannten Schadensersatzbetrags errechnet.

Wir wenden uns unverzüglich an die gegnerische Haftpflichtversicherung und senden Ihnen unsere Veranlassungen zur Kenntnisnahme. Die weitere Abwicklung des Schadensfalls erfolgt durch uns dann zügig und ohne weitere Zwischenbescheide. Rückfragen an Sie bzw Berichte über den Sachstand erfolgen nur bei gegebener Veranlassung.

Sofern wir Sie bitten, zu einem Schreiben der Gegenseite eine Stellungnahme abzugeben, ist es zweckmäßig, wenn Sie ausgehend von der Schilderung der Gegenseite Ihre eigene Sachverhaltsschilderung schriftlich niederlegen und uns zuleiten bzw einen Besprechungstermin mit uns vereinbaren.

Sollten wir zur Vorbereitung von Schriftsätzen Ihre Mitwirkung benötigen, werden wir Sie ausdrücklich benachrichtigen.

Wir bitten Sie um Mitteilung, falls Sie oder ein anderer Fahrzeuginsasse beim Unfall verletzt wurde. Ferner wollen wir Sie bitten, alle Belege über Ihnen eventuell sonst noch entstandene Sachschäden (zB Kleiderschaden, zerbrochene Gegenstände, etc.) an uns zu senden.

Bitte beachten Sie gegenüber der gegnerischen Versicherung auch, dass diese Ihr Verfahrensgegner ist und jeder Sachbearbeiter der Versicherung gegen Sie als Zeuge zur Verfügung stehen kann. Führen Sie daher mit der gegnerischen Versicherung und deren Vertretern keine persönlichen Gespräche und verweisen Sie diese in allen Angelegenheiten an uns als Ihre Anwälte.

Formulare der gegnerischen Versicherung bitten wir, uns zu übersenden zwecks weiterer Veranlassung. Teilen Sie uns auch Ihre Bankverbindung mit, damit wir Zahlungen, die für Sie bestimmt sind, zügig weiterleiten können.

Sollten Sie in Zusammenhang mit dem Verkehrsunfall mit einem Verwarnungsgeld oder Bußgeld oder mit einem Ermittlungsverfahren belastet werden, bitten wir um Information, um angemessen reagieren zu können. Verzichten Sie darauf, ohne Rücksprache mit uns selbst Angaben zu machen.

Sollten Sie im Zusammenhang mit Ihrer Verkehrsangelegenheit noch weitere Fragen haben, wenden Sie sich bitte telefonisch an uns.

Mit freundlichen Grüßen

...

Rechtsanwalt ◄

6. Zentralrufanfrage

59 ▶ **Muster: Zentralrufanfrage**

Zentralruf der Autoversicherer

Versicherungsanfrage per Fax an 040/33965–401

(Bitte nur eine Anfrage pro Seite)

Absenderangaben:

Name: ...

Straße: ...

PLZ/Wohnort: ...

Fax Nr.: ...

Aktenzeichen: ...

Anfrage: (Daten des Schädiger-Fahrzeugs)

Unfall-Land: ...

Schadenstag: ...

Land des Kennzeichens: ...

Amtliches Kennzeichen: ...

PLZ/Wohnort: ...

Fahrzeugtyp: ... ◄

7. Gesamtschadensaufstellung als Merkhilfe für den Geschädigten

▶ **Muster: Gesamtschadensaufstellung**

	Forderungen	anerkannte Forderungen	Differenz
Pauschale unfallbedingte Wege			
Pauschale An-/Abmeldung			
Reparaturkosten			
Wiederbeschaffungswert, abzgl Restwert			
Sachverständigenkosten			
Mietwagenkosten			
Abschleppkosten			
Wertminderung			
Nutzungsausfall			
Schmerzensgeld			
Attestkosten			
Rezeptkosten uÄ			
Hausfrauenschaden			
Fahrtkosten			
Verdienstausfall			
Sonstige Kosten			
Summe			

8. Entbindung von der Schweigepflicht

▶ **Muster: Entbindung von der Schweigepflicht**

Erklärung
zur Entbindung von der ärztlichen Schweigepflicht

Hiermit entbinde ich

Name: ...

Vorname: ...

Geburtsdatum: ...

Anschrift: ..., ...

alle Ärzte, die mich aus Anlass des am ... erlittenen Unfalls behandelt haben bzw behandeln werden, von der ärztlichen Schweigepflicht, und zwar gegenüber

a) den beteiligten Versicherungsgesellschaften,

b) den beteiligten Gerichten und Strafverfolgungsbehörden,

c) den beteiligten Rechtsanwälten,

unter der Bedingung, dass die von mir beauftragte Anwaltskanzlei

..

gleichzeitig und unaufgefordert eine Durchschrift der erteilten Auskünfte und Stellungnahmen erhält.

..., den ...

[Unterschrift] ◄

9. Haushaltsführungsschaden

62 ▶ Muster: Fragebogen zur Berechnung des Haushaltsführungsschadens

I. Personen im Haushalt:

Anzahl: ..., darunter ... Kinder.

1. Ehemann:

Geburtsdatum: ... ausgeübter Beruf: ...

Wöchentliche Arbeitszeit: ... Std. Einkommen (netto ca.): ... EUR

2. Ehefrau:

Geburtsdatum: ... ausgeübter Beruf: ...

Wöchentliche Arbeitszeit: ... Std. Einkommen (netto ca.): ... EUR

3. Kinder im Haushalt:

a) erstes Kind

Sohn ☐ oder Tochter ☐

Geburtsdatum: ...

eventuell Beruf/Ausbildung/Studium: ...

b) zweites Kind

Sohn ☐ oder Tochter ☐

Geburtsdatum: ...

eventuell Beruf/Ausbildung/Studium: ...

c) drittes Kind

Sohn ☐ oder Tochter ☐

Geburtsdatum: ...

eventuell Beruf/Ausbildung/Studium: ...

d) viertes Kind

Sohn ☐ oder Tochter ☐

Geburtsdatum: ...

eventuell Beruf/Ausbildung/Studium: ...

4. Im Haushalt lebende Verwandte:

a) erste Person

D. Muster 1

Alter: ...   Mithilfe im Haushalt in Stunden: ...
b) zweite Person
Alter: ...   Mithilfe im Haushalt in Stunden: ...

5. Haushaltsnettoeinkommen (ca.): ... **EUR**
(alle Einnahmen einschließlich Wohngeld, Kindergeld etc.)

II. Rechtliche Wohnlage (Zutreffendes ankreuzen):
Eigentum ☐   Pacht/Miete ☐
Einfamilienhaus ☐   Zweifamilienhaus ☐   Mehrfamilienhaus ☐

III. Wohnverhältnisse:
a) Wohnfläche: ... qm
b) Anzahl der Räume (ohne Küche): ...
c) Heizart: ...

IV. Garten:
Größe: ... qm   davon Ziergarten: ... qm   Nutzgarten: ... qm
Lage: ☐ am Haus   oder   ☐ Entfernung: ca. ... km

V. Hilfskräfte, vor Eintritt des Schadensfalls:
Art der Hilfe: ...
Umfang der Hilfe: ...

VI. Technische Ausstattung:
Kühlschrank ☐   Gefrierschrank ☐   Gefriertruhe ☐
Geschirrspülmaschine ☐   Waschvollautomat ☐   Wäschetrockner ☐

VII. Mahlzeiten:
Teilnahme an Außer-Haus-Verpflegung:
☐ Ehemann: ... (Anzahl Mahlzeiten/Woche)
☐ Ehefrau: ... (Anzahl Mahlzeiten/Woche)
☐ 1. Kind: ... (Anzahl Mahlzeiten/Woche)
☐ 2. Kind: ... (Anzahl Mahlzeiten/Woche)
☐ 3. Kind: ... (Anzahl Mahlzeiten/Woche)
☐ 4. Kind: ... (Anzahl Mahlzeiten/Woche)

VIII. Auslagerung bzw Vergabe von Haushaltsaufgaben (zB Wäsche, Reinigung):
...

IX. Besonderheiten:
☐ Pflegebedürftige Personen: ...
Art der Behinderung: ...
Pflegeaufwand: ... Std./Woche
☐ Schichtarbeit (wer?): ...
☐ Montage-/Pendelarbeit (wer?): ...
Abwesenheit von Haushalt: ... Tage/Woche

X. Ersatzkraft anlässlich des Unfalls:

Wurde eine solche eingestellt?:

☐ nein

☐ ja,

von wann bis wann: ...

Arbeitszeit je Woche: ... Std.

Bruttolohn: ... EUR

XI. Sonstige Besonderheiten des Haushalts:

...

...

...

XII. Vermehrte Bedürfnisse:

1. Sachschäden

Der Sachschaden ist der Schaden, der in Ihrem Fahrzeug, an Ihrer Kleidung oder Ähnlichem entstanden ist.

2. Personenschäden

a) Vermehrte Bedürfnisse:

- orthopädische Hilfsmittel
- mehr Verschleiß an Kleidern
- gegebenenfalls zusätzliche Einrichtungen für das Kraftfahrzeug
- Kuren
- Diät
- Körperpflegemittel
- Privatunterricht für Schüler
- Kosten für erforderliche Hilfskraft
- Hilfskraft bei Beeinträchtigung der Führung des eigenen Haushalts; Mithilfe im Haushalt
- besondere Hilfsmittel (Rollstuhl)
- Kosten für Vorrichtung und Errichtung behindertengerechten Wohnens
- Stärkungsmittel
- erhöhte Versicherungsprämien für Krankenkasse
- Krankenhaustagegeldversicherung

b) Heilbehandlungskosten:

- eventuelle Mehrkosten für privatärztliche Behandlungen
- Kosten der Heilbehandlung
- Kosten für Erholungsaufenthalt mit oder ohne ärztliche Betreuung sowie für Kuren
- Pflegegeld
- Mehrkosten eventuell für Einzelzimmer statt für Doppelzimmer
- Kosten für kosmetische Operationen
- Nebenkosten
- Telefonkosten

- Trinkgelder und Geschenke an Pflegepersonal
- Kosten für Fahrten zu stationären und erforderlichenfalls ambulanten Behandlungen
- Besuchskosten (Liquidation und Drittschaden) speziell bei Kindern

c) Erwerbsschaden:

- Arbeitslohn oder Gehalt
- Urlaubsentgelt
- Sonderzahlungen
- Überstundenvergütung
- Treueprämien
- Arbeitslosengeld und Arbeitslosenhilfe
- Nebeneinkünfte zB aus Trinkgeldern
- Lehrlingsvergütung
- Schadenersatz wegen verspäteten Eintritts in das Erwerbsleben ◄

III. Ordnungswidrigkeiten- und Strafrecht

1. Fahreignungsregisterauszug

▶ **Muster: Anforderung eines Fahreignungsregisterauszuges**[7]   63

Kraftfahrt-Bundesamt
Fahreignungsregister
Postfach
24932 Flensburg

Sehr geehrte Damen und Herren,

es wird um Überlassung eines Fahreignungsregisterauszug für nachbenannte Person gebeten:

Vorname: ...

Nachname: ...

Geburtsname: ...

Geburtsdatum: ...

Geburtsort: ...

Anbei erhalten Sie eine beglaubigte Fotokopie der uns erteilten Vollmacht.

Mit freundlichen Grüßen

...

Rechtsanwalt ◄

---

7 Vgl auch § 10 Rn 30.

2. Gang der Hauptverhandlung in Straf- und Bußgeldsachen

64 ▶ **Muster: Merkblatt zum Gang der Hauptverhandlung**

An der Hauptverhandlung nehmen außer Ihnen noch der Staatsanwalt, die Protokollführerin, ich als Ihr Verteidiger und das Gericht teil. Das Gericht besteht aus einem Berufsrichter (und zwei Laienrichtern).

Sie nehmen auf der „Anklagebank" Platz; ich werde Ihnen zeigen, wohin Sie sich setzen sollen. Wir sitzen jedenfalls zusammen.

Wenn das Gericht den Verhandlungssaal betritt, erheben Sie sich bitte und warten, bis der Vorsitzende die Aufforderung erteilt, Platz zu nehmen.

Der Vorsitzende eröffnet die Sitzung des Gerichts und ruft Ihre Strafsache auf. Entweder belehrt er dann gleich die bei Aufruf der Sache erschienenen Zeugen und bittet diese dann wieder vor den Verhandlungssaal, oder er beginnt mit Ihrer Identitätsprüfung, fragt Sie nach Ihrem Namen, Geburtsdatum usw. Dies dient der Feststellung, dass in der richtigen Sache verhandelt wird.

Danach verliest der Staatsanwalt den Anklagesatz. Der Vorsitzende stellt zu Protokoll fest, dass und wann die Anklage zur Hauptverhandlung zugelassen wurde.

Sie werden nunmehr durch den Vorsitzenden darüber belehrt, dass es Ihnen freisteht, zur Sache auszusagen oder zu schweigen. Hierzu können Sie sich auch dann äußern, wenn Sie sich entschlossen haben zu schweigen. Ich empfehle Ihnen in diesem Fall, auf die Belehrung des Vorsitzenden wie mit mir vereinbart zu antworten.

Wollen Sie Aussagen machen, sollten Sie auch dies dem Gericht mitteilen. Erfahrene Gerichtsvorsitzende werden versuchen, Ihnen mit einer allgemeinen Frage („Nun, stimmt denn die Anklage?"), das Wort zu erteilen. Sie können diese Frage beantworten oder aber einfach das erzählen, was zu erzählen Sie sich vorgenommen haben. Sollten Sie sichtlich zu oft unterbrochen werden, werde ich mich einschalten.

Nach Ihrer „Einlassung zur Sache" beginnt die eigentliche Beweisaufnahme durch Vernehmung der Zeugen. Diese dürfen, auch wenn sie Ihrer Meinung nach den gröbsten Unfug reden, durch Sie nicht unterbrochen werden. Im Anschluss an die Befragung durch das Gericht haben der Staatsanwalt und ich die Möglichkeit, Fragen an die Zeugen zu richten. Danach haben auch Sie das Recht, die Zeugen zu befragen. In Ihrem Interesse bitte ich Sie jedoch, Fragen an die Zeugen zuvor mit mir abzusprechen.

Nach Abschluss der Zeugenvernehmung ist darüber zu entscheiden, ob der Zeuge seine Aussage zu beeiden hat. Auch Sie haben das Recht, die Beeidigung von Zeugen zu verlangen. Einen derartigen Antrag bitte ich jedoch mit mir vorher abzusprechen.

Wenn Sie keine Fragen an den Zeugen haben, seine Aussage aber dennoch nicht unwidersprochen im Raum stehen lassen wollen, können Sie nach Abschluss der Zeugenvernehmung eine Erklärung abgeben. Auch hier bitte ich Sie in Ihrem Interesse, den Inhalt einer solchen Erklärung mit mir abzustimmen.

Neben einer Zeugenvernehmung kann die Beweisaufnahme auch in der Anhörung eines Sachverständigen, in der Verlesung von Urkunden oder in der Augenscheinnahme bestehen. Mindestens der Auszug aus dem Bundeszentralregister muss in der Hauptverhandlung eingeführt werden.

Nach Durchführung der Beweisaufnahme erhalten zunächst der Staatsanwalt und dann ich das Wort zum Schlussvortrag. Danach haben Sie Gelegenheit, zu Ihrer Verteidigung noch selbst Ausführungen zu machen, ferner haben Sie das „letzte Wort".

Das Gericht wird daraufhin das Urteil beraten und verkünden. Zur Urteilsverkündung erheben Sie sich bitte von Ihrem Platz. Bei der mündlichen Urteilsbegründung dürfen Sie den Vorsitzenden auch dann nicht unterbrechen, wenn Sie den Eindruck haben, dass er Sie direkt anspricht.

Schließlich erhalten Sie noch eine Rechtsmittelbelehrung.

Mit freundlichen Grüßen

...

Rechtsanwalt ◄

3. Fahrverbot

▶ **Muster: Merkblatt zum Fahrverbot**

Wir haben festgestellt, dass die Geschwindigkeitsüberschreitung zu einem Fahrverbot führen würde. Dieses kann in eine Geldstrafe umgewandelt werden, wenn das Gericht oder die Bußgeldbehörde davon ausgehen, dass eine Existenzbedrohung durch das Fahrverbot entstehen würden.

Wir müssten dazu Folgendes vortragen:

In Ihrem Betrieb ist es völlig unüblich, dass über die Dauer eines Monats Urlaub gewährt wird, so dass Sie das Fahrverbot nicht während des Urlaubs absolvieren können.

In Ihrem Betrieb ist es zwar durchaus üblich, dass Mitarbeiter für zwei Wochen am Stück in Urlaub gehen können. Dies nützt Ihnen allerdings deshalb nichts, weil Sie nicht in der Lage sind, in der Restzeit „Innendienst" zu verrichten.

Bereits Ihr Arbeitsvertrag oÄ sieht vor, dass ein Kraftfahrzeug zu führen Bestandteil Ihrer Aufgabe ist. Sie müssen darlegen, dass das Fahrzeug Ihr Arbeitsplatz ist, mit dem Sie akquirieren, überwachen, Qualität überprüfen oÄ. Sollte ein entsprechender Vertrag vorliegen, werden wir diesen Vertrag vorlegen; sollte dies nicht der Fall sein, lassen wir uns Entsprechendes bestätigen.

Es müsste ausgeschlossen sein, dass ein Familienmitglied Sie chauffieren kann.

Wir müssten darlegen, dass weder die Firma willens noch in der Lage ist, Ihnen einen Fahrer zu stellen, noch Sie selbst aus finanziellen Gründen hierzu in der Lage sind.

Wir müssten darlegen, dass Sie regelmäßig Verbindlichkeiten zu befriedigen haben und es völlig ausgeschlossen ist, dass Sie Ihren Job aufs Spiel setzen oder einfach Ihre Arbeit nicht erledigen, indem Sie unbezahlten Urlaub nehmen.

In der Regel bestätigen Steuerberater und wohlwollende Mitarbeiter diese Tatsachen. Wenn wir dies rasch auf die Reihe bringen, können wir mit der Verwaltungsbehörde verhandeln. Mit dieser verhandelt es sich leichter als mit dem Gericht, da das Gericht sich immer an der obergerichtlichen Rechtsprechung orientieren muss.

Zu erwarten ist dann, dass die Geldbuße angemessen angehoben werden wird. Wie die Anhebung erfolgen wird, hängt von dem jeweiligen Sachbearbeiter ab.

Mit freundlichen Grüßen

...

Rechtsanwalt ◄

§ 1 Die praktische Führung des verkehrsrechtlichen Mandats

E. Anwaltsgebühren in Verkehrsangelegenheiten

I. Die Abrechnung der anwaltlichen Vergütung in der Verkehrsunfallregulierung

66 Die Regulierung von Unfallschäden ist ein lukratives Geschäft vieler Anwaltskanzleien. Die Erstellung einer korrekten Abrechnung über die erbrachten Leistungen ist hierfür Voraussetzung.

67 **1. Gegenstandswerte in der Verkehrsunfallregulierung.** Der Gegenstandswert ist die Summe der Beträge, die als Schadensersatz aus dem Unfallereignis gefordert werden (§ 22 Abs. 1 RVG). Zu unterscheiden ist der Gegenstandswert gegenüber dem Auftraggeber und dem ersatzpflichtigen Dritten.

68 Die folgende alphabetische Aufstellung soll einen Überblick über die Bewertung der einzelnen Schadenspositionen im Hinblick auf den Gegenstandswert geben.

- **Abfindung:** Es ist zu unterscheiden, ob es sich um einen Teilvergleich oder einen Gesamtvergleich handelt. Entscheidung des LG Karlsruhe, AnwBl 1981, 95; *Fleischmann/Hillmann/Schneider*, § 8 Rn 426: „Bei Abfindungsvergleichen kann der Erledigungswert gleich dem Gesamtstreitwert sein, wenn nach dem Wortlaut der Erklärung eine Einigung über den Gesamtstreit erzielt worden ist."; siehe auch *Onderka*, Anwaltsgebühren in Verkehrssachen erschienen DeutscherAnwaltVerlag, S. 61 Rn 148: „Schließen die Unfallbeteiligten eine Abfindungsvereinbarung, so handelt es sich dabei um eine Einigung im Sinne von Nr. 1000 VV RVG, weil nicht nur der Streit über bestehende Schadenspositionen beseitigt werden soll, sondern auch die Ungewissheit über zukünftige Ansprüche aus dem betreffenden Unfallgeschehen. Auch wenn der Haftpflichtversicherer einen Teil des Schadens bereits abgerechnet hat und dann nach Einigung über den Restschaden eine Abfindungserklärung unter Verzicht auf weitere Ansprüche erteilt wird, liegt eine Einigung über die Gesamtforderung vor."

- **Abgetretene Ansprüche:** Werden Schadenersatzforderungen abgetreten und wird im Rahmen der Schadenregulierung Zahlung an den Abtretungsempfänger verlangt, so wird der Wert der abgetretenen Forderungen für den Anwalt des Geschädigten in voller Höhe berücksichtigt (AG Biberach VersR 1988, 499; AG Tettnang VersR 1986, 776; AG Limburg AGS 2007,100, AG Hannover, Urteil vom 14.4.2015 – 501 C 15253/14, AGS 7/2015, 364; Der Verkehrsanwalt 2/2015, 146). Es liegt lediglich eine Sicherungsabtretung vor, so dass der Geschädigte berechtigt bleibt, den abgetretenen Anspruch weiterhin im eigenen Namen als Freistellungsanspruch geltend zu machen und Zahlung an den Zessionar zu verlangen oder eine Rückabtretung vorzunehmen.

- **Ab-/Anmeldekosten:** Die entstehenden Kosten für die Abmeldung eines totalgeschädigten Unfallwagens sowie die entstehenden Kosten, die mit der Neuanmeldung des Ersatzfahrzeugs anfallen, sind bei der Bestimmung des Gegenstandswertes als eigenständige Schadensposition einzubeziehen.

- **Abschlepp- und Bergungskosten:** Die Kosten sind in voller Höhe bei der Ermittlung des Gegenstandswertes zu berücksichtigen.

- **Allgemeine Kostenpauschale:** siehe „Unkostenpauschale"

- **Anwaltskosten der Haftpflichtregulierung:** Gem. § 23 Abs. 1 S. 3 RVG iVm § 43 Abs. 1 GKG handelt es sich um eine Nebenforderung (Ausnahme: Es handelt sich im Klage-/Widerklageverfahren um den ausschließlichen Gegenstand).

- **Anwaltskosten der Kaskoregulierung:** Hierbei handelt es sich immer um eine Hauptforderung, da die Kosten aus einer anderen Angelegenheit stammen. Sie sind damit dem Gegenstandswert hinzuzurechnen.
- **Anwaltskosten der Strafanzeige:** Hierbei handelt es sich immer um eine Hauptforderung, da die Kosten aus einer anderen Angelegenheit stammen. Sie sind damit dem Gegenstandswert hinzuzurechnen.
- **Arztkosten:** Soweit vom Gegner Erstattung verlangt wird, sind diese Kosten mit ihrem vollen Wert zu berücksichtigen. Sollen nur diese Kosten verlangt werden, deren Anspruch nicht auf den Privatversicherer oder den Sozialversicherer übergegangen ist, ist nur der geltend gemachte Differenzbetrag für den Gegenstandswert relevant.
- **Attestkosten:** Bei Kosten für ein ärztliches Attest handelt es sich um eine werterhöhende Hauptforderung.
- **Behandlungskosten:** Diese sind mit dem vollen Wert zu berücksichtigen, soweit vom Gegner Erstattung verlangt wird. Wird jedoch der Krankenversicherer in Anspruch genommen, geht ein eventueller Ersatzanspruch auf diesen über. Der Geschädigte darf diesen Anspruch dann nicht geltend machen.
- **Benzin im Tank:** Bei Totalschaden ist diese Schadensposition in voller Höhe bei der Ermittlung des Gegenstandswertes anzusetzen.
- **Fahrtkosten:** (zB Fahrten zum Arzt) Die geforderten Beträge fließen in den Gegenstandswert mit ein.
- **Feststellungsklage, Zukunftsschaden:** Da die Verjährungsfristen im Bereich der Unfallschadensregulierung ebenfalls den regelmäßigen Verjährungsfristen unterliegen, können zunächst unerkannte Spätfolgen eines Schadensereignisses oftmals nicht mehr mit Erfolg gegenüber dem Schädiger geltend gemacht werden.

Dem Geschädigten wird deshalb die Möglichkeit geboten, entweder rechtsgeschäftlich mit dem Schädiger bzw dessen Haftpflichtversicherer oder auf gerichtlichem Wege die Feststellung zu erlangen, dass der Geschädigte verpflichtet ist, dem Geschädigten dessen materielle und immaterielle Schadensersatzansprüche auch künftig zu ersetzen. Wird dies durch ein sog. Feststellungsurteil ausgesprochen bzw durch ein vertragliches Anerkenntnis „wie in einem Feststellungsurteil" unter gleichzeitigem Verzicht auf die Einrede der Verjährung vereinbart, dann können derartige zukünftige Folgeansprüche 30 Jahre lang geltend gemacht werden. Bei einer solchen positiven Feststellungsklage ist üblicher Weise ein Abschlag von 20 % gegenüber dem Wert einer entsprechenden Leistungsklage vorzunehmen.

Zu beachten ist, dass die Gerichte häufig den Feststellungsantrag bei der Streitwertfestsetzung unberücksichtigt lassen. Neben dem Leistungsantrag ist selbstverständlich auch der Feststellungsantrag zu berücksichtigen. Gegebenenfalls muss gegen den ergangenen Streitwertbeschluss Beschwerde eingelegt werden.

Die Frage, nach welchen Maßstäben der Streitwert einer Klage, mit der neben der Leistung die Feststellung, eine angemeldete Forderung beruhe auf einer vorsätzlich begangenen unerlaubten Handlung (§ 184 InsO), begehrt wird, wird in der Rechtsprechung unterschiedlich beurteilt.

Das OLG Dresden hat in seinem Beschluss vom 26.10.2007 – 8 W 1224/07, entschieden, dass dieser Antrag den Streitwert allenfalls um höchstens 5 % der bezifferten Klageforderung erhöht. Das OLG Stuttgart entschied am 16.12.2008 – 7 W 79/08, dass ein mit einem Leistungsantrag verbundener zusätzlicher Antrag auf Feststellung, dass der Beklagte dem Kläger aus einer vorsätzlich begangenen unerlaubten Handlung zu Schadenersatz verpflichtet ist, den Streitwert regelmäßig nicht erhöht.

- **Finanzierungskosten:** Musste der Geschädigte einen Kredit aufnehmen, so sind die damit verbundenen Finanzierungskosten und Zinsen mit ihrem Wert anzusetzen. Es handelt sich um eine Hauptforderung.
- **Haushaltsführungsschaden:** Für den rückwirkenden Schaden ist der geltend gemachte Betrag dem Gegenstandswert hinzuzurechnen. Für den zukünftigen Schaden ist gem. § 48 Abs. 1 S. GKG iVm § 9 ZPO der dreieinhalbfache Jahresbetrag der geforderten monatlichen Zahlung, sofern der Gesamtbetrag der geforderten Leistung nicht geringer ist, in Ansatz zu bringen.
- **Kosten für die Erstellung eines Kostenvoranschlags:** Wenn es sich um einen geringfügigen Schaden handelt und dies absehbar ist, dann wird ein Kostenvoranschlag bei einer Kfz-Fachwerkstatt eingeholt. Die Kosten für die Einholung dessen sind bei der Ermittlung des Gegenstandswertes in voller Höhe zu berücksichtigen.
- **Kreditkosten:** siehe Finanzierungskosten.
- **Kaskoentschädigung:** Soweit von dem Kaskoversicherer Zahlung der Versicherungsleistung verlangt wird, richtet sich der Wert nach dem geltend gemachten Betrag. Die Selbstbeteiligung ist in Abzug zu bringen.
- **Mehrwertsteuer:** siehe „Umsatzsteuer".
- **Merkantiler Minderwert:** siehe „Wertminderung".
- **Mietwagenkosten:** Für den Zeitraum, in welchem der Geschädigte sein Fahrzeug unfallbedingt nicht nutzen kann, hat der Geschädigte Anspruch auf einen Mietwagen. Die Kosten sind als eigenständige Schadensposition in voller Höhe bei Berechnung des Gegenstandswertes anzusetzen.
- **Nutzungsausfall:** Nimmt der nach einem Autounfall Geschädigte keinen Mietwagen in Anspruch, so hat er als Eigentümer eines privat genutzten Pkws Anspruch auf Nutzungsausfallsentschädigung für den Zeitraum, in welchem das Fahrzeug unfallbedingt nicht genutzt werden kann. Der entsprechende Betrag ist in voller Höhe bei der Berechnung des Gegenstandswertes zu berücksichtigen.
- **Pflegekosten:** Werden Pflegekosten wegen der Verletzung aus einem Verkehrsunfall geltend gemacht, dann ist für die Bewertung von den jährlichen Aufwendungen für die Pflege auszugehen, die gem. § 48 Abs. 1 S 1 GKG iVm § 9 ZPO auf den dreieinhalbfachen Jahresbetrag zu erhöhen sind. Zu addieren sind die fälligen Beträge (§ 42 Abs. 3 GKG).
- **Radioumbaukosten:** Radioumbaukosten müssen der Entstehung und der Höhe nach konkret nachgewiesen werden. Es ist der volle Wert maßgebend.
- **Rentenansprüche (vermehrte Bedürfnisse, Pflege):** Der Gegenstandswert der anwaltlichen Tätigkeit berechnet sich gemäß § 48 Abs. 1 S. 1 GKG iVm § 9 ZPO nach dem dreieinhalbfachen Jahresbetrag der geforderten monatlichen Rente, sofern nicht der Gesamtbetrag der geforderten Leistung geringer ist, wenn infolge der Tötung oder Körperverletzung ein Erwerbsschaden des Verletzten oder Unterhaltsansprüche der Hinterbliebenen als Rentenansprüche geltend gemacht werden. Es erfolgt eine Unterteilung in vorgerichtliche Regulierung und gerichtliche Geltendmachung. Die bei Einreichung der Klage fälligen Beträge werden dem auf die Zukunft ermittelten Wert hinzuaddiert. Bei der vorgerichtlichen Gel-

tendmachung werden dem Wert der zukünftig geforderten Beträge alle fälligen Beträge hinzugerechnet. Unterhaltsrente ist für drei Monate im Voraus zu zahlen (§ 843 Abs. 2 iVm § 760 Abs. 1 S. 1 BGB).
Wird die Rente durch eine einmalige Zahlung abgefunden, verbleibt es bei dem dreieinhalbfachen Jahresbetrag.
Bei einer Auftragserteilung vor dem 1.8.2013 gilt noch der fünffache Jahresbetrag gem. § 60 Abs. 2 RVG iVm § 42 I GKG aF.
Wird eine Abänderung der Rentenzahlung begehrt, so ist dies eine selbstständige Angelegenheit. Zugrunde zu legen ist der jährliche Mehr- bzw Minderwert. Wird die Abänderung jährlich vorgenommen, ist vom Jahresbetrag auszugehen, ansonsten gem. § 9 ZPO vom dreieinhalbfachen Jahresbetrag.

- **Reparaturkosten:** Unter Reparaturkosten sind die Kosten für die Wiederherstellung des ursprünglichen Zustandes einer beschädigten Sache zu verstehen. Der Bruttobetrag der Reparaturkostenrechnung ist als Gegenstandswert zu berücksichtigen, sofern Umsatzsteuer angefallen ist. Sollte nicht repariert worden sein, bilden die fiktiven Reparaturkosten (Netto-Reparaturkosten), die zur Wiederherstellung des ursprünglichen Zustandes notwendig gewesen wären, den Gegenstandswert. Die Netto-Reparaturkosten sind aus einem Kostenvoranschlag oder einem Sachverständigengutachten zu entnehmen.
- **Rückstufungsschaden bei der Kaskoversicherung:** Musste der Geschädigte seine Kaskoversicherung in Anspruch nehmen, kann er den Rückstufungsschaden ersetzt verlangen. Der Gegenstandswert bemisst sich nach der vollen Differenz zwischen den zu zahlenden Prämien und den Prämien, die bei schadensfreiem Verlauf des Versicherungsverhältnisses zu zahlen gewesen wären. Im Klageverfahren kann der Rückstufungsschaden für die Zukunft nur als Feststellungsklage erhoben werden.
- **Sachschaden:** siehe Reparaturkosten, Wiederbeschaffungswert.
- **Sachverständigenkosten:** Über die Art und den Umfang des eingetretenen Schadens am Fahrzeug muss der Geschädigte sich umfassend informieren. Er kann einen technischen Sachverständigen mit der Schadensermittlung beauftragen. Die dafür entstehenden Kosten sind als Fahrzeugschaden vom Schädiger zu fordern und fließen in voller Höhe in den Gegenstandswert ein. Dies gilt auch für die Kosten der Reparaturbestätigung des Sachverständigen.
- **Schmerzensgeld:** Wenn ein verrentetes Schmerzensgeld begehrt wird, kommt § 48 Abs. 1 S. 1 GKG iVm § 9 ZPO zur Anwendung. Wird ein bezifferter Schmerzensgeldanspruch geltend gemacht, fließt dieser in vollem Umfang in den Gegenstandswert mit ein. Ist der Schmerzensgeldbetrag hingegen unbeziffert, wird der Streitwert gem. § 3 ZPO geschätzt. Nach einer Auffassung ist der letztlich zuerkannte Betrag maßgebend. Die Gegenauffassung setzt den Betrag ein, der nach der Sachdarstellung des Geschädigten angemessen wäre. Es wird empfohlen, einen Mindestbetrag mit der Klage anzugeben.
- **Standgeld/Standgebühren:** Standgelder sind eine eigene Schadensposition und mit vollem Wert bei der Ermittlung des Gegenstandswertes zu berücksichtigen.
- **Stilllegungskosten:** siehe Ab- und Anmeldekosten.
- **Teilzahlungen:** Leistet der Versicherer Zahlungen, bevor der Rechtsanwalt beauftragt wurde, so sind diese nur vom Gegenstandswert in Abzug zu bringen, wenn der Schuldner diese vorbehaltlos zahlt und auf bestimmte Schadenspositionen verrechnet. Anderenfalls muss

der Anwalt sämtliche Schadenspositionen prüfen und aufführen, wenn eine genaue Bestimmung der bezahlten Schadensposition nicht erfolgt ist.
- **Ummeldekosten:** siehe Ab- und Anmeldekosten.
- **Umsatzsteuer:** Die Umsatzsteuer ist als Teil der Hauptforderung mitanzusetzen, wenn ihre Geltendmachung vom Auftrag erfasst wird.
- **Umweltplakette:** Die Kosten für eine neue Plakette für den Neuwagen nach Totalschaden sind vom Schädiger zu ersetzen und eine eigene Schadensposition. Sie sind in voller Höhe zum Gegenstandswert hinzuzuaddieren.
- **Unkostenpauschale:** Der Schädiger hat dem Geschädigten eine Unkostenpauschale zu zahlen. Hierdurch sollen Porto-, Telefon- und Schreibkosten o. ä. abgedeckt werden, unabhängig davon, ob sie tatsächlich in dieser Höhe entstanden sind. Die Höhe schwankt je nach Gerichtszuständigkeit zwischen 15 EUR und 30 EUR. Dieser Wert ist in voller Höhe als Gegenstandswert anzusetzen.
- **Verdienstausfall:** Der geltend gemachte Betrag ist für den Anspruch auf Verdienstausfall maßgeblich. Der Gegenstandswert richtet sich nach § 48 Abs. 1 S. 1 GKG iVm § 9 ZPO, wenn der Anspruch in Form einer Rentenzahlung erfolgt. Der Umfang des anwaltlichen Auftrags ist ausschlaggebend. Wenn nur der Unfallgegner in Anspruch genommen wird, so ist nicht der Gesamtbetrag entscheidend, sondern der Betrag, der nicht auf den Rentenversicherungsträger übergegangen ist.
- **Vorsteuerabzug § 15 UStG:** Ist der Auftraggeber zum Vorsteuerabzug berechtigt, kann vom Schädiger lediglich der Nettobetrag aller Schadenspositionen gefordert werden.
- **Wertminderung:** Wurde bei einem Autounfall ein Fahrzeug beschädigt, verliert das Fahrzeug an Wert. Die Unfallfreiheit des Fahrzeuges ist nicht mehr gegeben. Bei einem Weiterverkauf ist die Beschädigung offenzulegen. Diese Wertminderung, auch merkantiler Minderwert genannt, wird in der Regel durch einen Sachverständigen berechnet und ist als Gegenstandswert in voller Höhe zu berücksichtigen.
- **Widerklage:** Die Streitwerte von Klage und Widerklage sind nach §§ 23 Abs. 1 S. 1 RVG, 45 Abs. 1 GKG zu addieren, soweit sie nicht denselben Gegenstand betreffen. In Unfallsachen werden typischerweise gegenseitig erwachsene Schadenersatzforderungen mit Klage und Widerklage verfolgt, sodass eine Addition zu erfolgen hat.
- **Wiederbeschaffungswert/Wiederbeschaffungsaufwand:** ist die Grundlage für die Wertbestimmung einer Sache. Es ist der Preis, den der Geschädigte bei Beschädigung einer Sache für einen wirtschaftlich gleichwertigen Ersatzgegenstand zahlen muss. Der Wiederbeschaffungswert wird von einem Gutachter bestimmt. Es ist nicht der Wert maßgebend, den man bei Verkauf der Sache erzielt (Zeitwert), sondern der beim Kauf von einem seriösen Händler zu zahlen ist (in der Regel 20–25 % über dem Zeitwert).
Umstritten ist, ob ein Restwert beim Erledigungswert anzurechnen ist. Richtig erscheint die Auffassung, den vollen Wiederbeschaffungswert als Gegenstandswert für die Gebührenbestimmung zugrunde zu legen. Der BGH hat bislang in keiner Entscheidung zur Frage des Gegenstandswertes bei einer Abrechnung auf Grundlage des Totalschadens Stellung genommen. Da der Rechtsanwalt auch die Richtigkeit des Restwertes prüft und somit die anwaltliche Tätigkeit sich auch auf die Prüfung des Vorteilsausgleiches (Restwertbestimmung) erstreckt, sollte der volle Wiederbeschaffungswert als Gegenstandswert angesetzt

werden.[8] Aktuell bestimmt das LG Aachen sowie das AG Norderstedt (Urt. v. 15.9.2015 – 47 C 118/15, BeckRS 2015, 15938), dass sich der Gegenstand der anwaltlichen Gebühren für die vorgerichtliche Tätigkeit bei einem infolge eines Unfalls eingetretenen Totalschadens am Fahrzeug nach der Höhe des Schadens zum Unfallzeitpunkt richtet. Daher ist auf den Wiederbeschaffungswert des beschädigten Fahrzeugs abzustellen, ohne dass ein zu realisierender Restwert abzuziehen ist.[9] Sollte die gegnerische Versicherung auf den Abzug des Restwertes beim Gegenstandswert bestehen, muss beachtet werden, dass ein durch die Versicherung später abgegebenes höheres Restwertangebot nicht zu einer weiteren Reduzierung des Streitwertes führt, sondern nur der Restwert in Abzug zu bringen ist, wie ihn der vom Geschädigten beauftragte Sachverständige in seinem Gutachten ermittelt hat.[10]

- **Wunschkennzeichen:** Die Kosten für ein Wunschkennzeichen müssen nur vom Schädiger erstattet werden, wenn für das totalgeschädigte Fahrzeug ebenfalls ein Wunschkennzeichen vergeben war. Die Kosten hierfür sind mit ihrem vollen Wert anzusetzen.
- **Zinsen:** Die Zinsen bleiben unberücksichtigt beim Gegenstandswert (§ 43 Abs. 1 GKG), außer sie werden als Hauptforderung selbstständig geltend gemacht. Zinsen, die für einen Unfallkredit gezahlt werden und somit als selbstständige Schadensposition geltend gemacht werden, werden der Gesamtforderung hinzugerechnet.
- **Zukunftsschaden:** siehe „Feststellungsklage".
- **Zulassungskosten:** siehe „Ab- und Anmeldekosten".

Die korrekte Erfassung der einzelnen Schadenspositionen ist wichtig bei einer ordnungsgemäßen Schadensabwicklung eines Verkehrsunfalles. In jeder Akte empfiehlt sich eine Liste aller Schadenspositionen, die sowohl Forderungen gegenüber der Versicherung als auch die Zahlungen der Versicherung auflistet. Dies ermöglicht einen sofortigen Vergleich zwischen Auftrags- und Erledigungswert.

2. Die Entstehung von Gebühren. a) Der Auftrag. Maßgeblich für die Gebührenabrechnung ist der dem Rechtsanwalt erteilte Auftrag. Wird der Rechtsanwalt mit der vorgerichtlichen Durchsetzung von Schadensersatzansprüchen aus einem Verkehrsunfall beauftragt, handelt es sich um eine Angelegenheit des Teils 2 des RVG. Erhält der Rechtsanwalt sofort Klageauftrag, weil der Geschädigte bereits selbst erfolglos versucht hat, seine Ansprüche durchzusetzen, und wendet sich der Anwalt trotzdem mit einer Zahlungsaufforderung an die gegnerische Haftpflichtversicherung, entstehen die Gebühren des Teils 3 RVG.

Grundsätzlich ist zu empfehlen, dass der Anwalt den erteilten Auftrag schriftlich festhält durch

- Abfassen eines internen Gesprächsvermerks,
- einem Auftragsschreiben, welches der Mandant unterschreibt, oder
- einem Schreiben an den Mandanten, welches den Auftrag seiner Tätigkeit umschreibt.

Vorsicht ist bei formularmäßigen Vollmachten geboten, da sie sich nicht auf eine konkrete Aufgabe des Mandates beschränken, sondern eine Vielzahl anwaltlicher Tätigkeiten abdecken. Die Prozessvollmacht deckt sämtliche Instanzen ab. Im Außenverhältnis kann sich der

---

[8] LG Freiburg, AnwBl. 1971, 361; LG Koblenz, zfs 1982, 205 f; Schneider/Hergert, Streitwert-Kommentar, Rn 5686 f, 5840 ff
[9] LG Aachen, Urt. v. 18.12.2014 – 10 O 308/14, AnwBl 8+9/2015, 720.
[10] AG Frankfurt, Urt. v. 12.1.2010 – 31 C 1906/09-74.

Anwalt für die Berufungsinstanz bestellen. Im Innenverhältnis muss der Mandant jedoch den eindeutigen Auftrag erteilt haben, in der Berufungsinstanz tätig zu werden. Der Mandant entscheidet über den Auftrag. Ausnahmsweise kann etwas anderes gelten, wenn dem Mandanten zB rechtliche Nachteile aufgrund Fristversäumnis drohen, da der Anwalt keine Möglichkeit zur Rücksprache hatte. Dann kann sich ein Honoraranspruch aus Geschäftsführung ohne Auftrag ergeben.

72 Irrtümlicher Weise gehen viele Mandanten davon aus, dass das Bestehen einer Rechtsschutzversicherung reicht, um von allen Anwaltskosten freigestellt zu werden. Hier ist Vorsicht geboten. Zum Beispiel der Auftrag zur Regulierung über die Vollkaskoversicherung ist eine andere Angelegenheit, welche nicht von der Rechtsschutzversicherung gedeckt wird. Auch das Stellen einer Strafanzeige löst separate Gebühren aus, die nicht vom Versicherungsschutz der Rechtsschutzversicherung umfasst sind.

73 Eine klare Auftragserteilung ist auch wichtig bzgl der Ermittlung von Gebühren bei mehreren Geschädigten. Auch wenn es sich um einen einheitlichen Lebenssachverhalt – den Unfall – handelt, kann es sich um eine oder um verschiedene Angelegenheiten handeln.

74 Es kommt darauf an, ob der Anwalt einen einheitlichen Auftrag oder getrennte Aufträge erhalten hat. Beauftragen die einzelnen Geschädigten den Anwalt gemeinsam, dann liegt nur eine Angelegenheit vor. Beauftragen sie ihn gesondert, liegen getrennte Aufträge vor. Dies muss auch in der Bearbeitung beachtet werden. Für jeden Auftraggeber sollte eine eigene Handakte angelegt werden. Die Ansprüche müssen in getrennten Aufforderungsschreiben geltend gemacht werden. Werden die Ansprüche aufgrund des Auftrags eines jeden Geschädigten getrennt geltend gemacht, ist ein einheitlicher Rahmen nicht mehr gegeben und es liegen mehrere Angelegenheiten vor.

75 b) Die Beratung. Eine reine **beratende Tätigkeit** in einem Verkehrsrechtsmandat ist eher selten. Führt der Anwalt im Rahmen einer Unfallregulierung eine Beratung durch, sollte der Anwalt nach § 34 Abs. 1 RVG auf eine Gebührenvereinbarung hinwirken. Wird keine schriftliche Vereinbarung getroffen, so erhält er eine Vergütung nach den Vorschriften des BGB. Ist der Auftraggeber Verbraucher, beträgt die Gebühr für die Beratung höchstens 250 EUR, für ein erstes Beratungsgespräch jedoch höchstens 190 EUR zuzüglich Umsatzsteuer.

76 Die Gebühr gem. Nr. 2100 VV RVG (sogenannte „Abrategebühr") gibt es für jeden Rat des Rechtsanwalts, der im Zusammenhang mit der Prüfung der Erfolgsaussichten eines Rechtsmittels steht. Dies gilt für alle Rechtsmittel. Es sind hierfür keine umfassenden schriftlichen Ausführungen erforderlich. Der Hinweis: „Das Urteil wurde geprüft. Eine Berufung kann nicht empfohlen werden." reicht aus zur Entstehung der Gebühr. Voraussetzung hierfür ist – wie bereits mehrfach ausgeführt – die Beauftragung durch den Mandanten.[11]

77 **3. Das außergerichtliche Verfahren/mögliche Gebühren bei außergerichtlicher Beendigung. a) Die Geschäftsgebühr.** Vorgerichtlich kann der Rechtsanwalt eine 0,5 bis 2,5 Geschäftsgebühr gemäß Nr. 2300 VV RVG verdienen. Es handelt sich hierbei um eine Satzrahmengebühr. Die Mittelgebühr beträgt rein rechnerisch 1,5, jedoch darf eine Gebühr von mehr als 1,3 nach Anmerkung zu Nr. 2300 VV RVG nur gefordert werden, wenn die Tätigkeit umfangreich oder schwierig war. Es liegen unzählige Entscheidungen von Amtsgerichten vor,

---

11 Ausführlich hierzu *Onderka*, Prüfung der Erfolgsaussicht eines Rechtsmittels, in RVG professionell 01/2011, 6 ff.

E. Anwaltsgebühren in Verkehrsangelegenheiten

dass der Rechtsanwalt in einer durchschnittlichen Verkehrsunfallangelegenheit eine 1,3 Geschäftsgebühr verdient. Selbst der BGH hat am 31.10.2006 entschieden, dass bei durchschnittlichen Verkehrsunfällen eine Geschäftsgebühr von 1,3 angemessen ist.[12]

Da es sich bei der Gebührenbestimmung des Rechtsanwalts um eine Ermessensentscheidung handelt, hat die Rechtsprechung eine Toleranzgrenze von 20 % angesetzt. Eine Erhöhung der Geschäftsgebühr über die Regelgebühr von 1,3 hinaus kann jedoch nur gefordert werden, wenn die Tätigkeit des Rechtsanwalts umfangreich oder schwierig war. Hier gilt nicht die Toleranzrechtsprechung.[13]

Der Umfang ist der zeitliche Aufwand, den der Rechtsanwalt zur Bearbeitung des Mandates erbringen muss. Schwierig kann eine Sache rechtlich oder tatsächlich sein. Die Tätigkeit muss objektiv schwierig sein. Es kommt nicht darauf an, ob die Sache für den bearbeitenden Anwalt schwierig ist. So sind zB Besprechungen des Rechtsanwalts bei der Bestimmung der Geschäftsgebühr zu berücksichtigen. Längere Telefonate mit dem Sachbearbeiter der gegnerischen Versicherung, mit der Werkstatt, Korrespondenz mit dem Kreditinstitut des Auftraggebers können zur Erhöhung der Gebühr führen, ebenso Besprechungen außerhalb der üblichen Bürozeiten. Bei Schmerzensgeldansprüchen führen umfassende Besprechungen mit dem Auftraggeber hinsichtlich der durch die Verletzungen entstandenen Beeinträchtigungen zu höheren Gebühren.

Tatsächlich schwierig kann eine Sache sein, wenn sich der Anwalt mit medizinischen Gutachten auseinandersetzen muss. Gebührenerhöhend zu berücksichtigen sind des Weiteren zB mangelnde Deutschkenntnisse des Auftraggebers, wenn die Schuldfrage umstritten oder die Aufklärung des Sachverhaltes aufgrund von Widersprüchen schwierig ist. Schwierig kann eine Sache auch aufgrund der Persönlichkeitsstruktur des Mandanten werden. Auch wenn es Streit über die Vergütungsansprüche des Rechtsanwalts gibt bzw über den in Ansatz gebrachten Gebührensatz, kann sich dies gebührenerhöhend auswirken.

Grundsätzlich sollten der Rechtsanwalt und seine Mitarbeiter den Zeitaufwand für die Bearbeitung einer Akte protokollarisch fixieren. Am besten fügt man in die Handakte ein Blatt ein, auf dem all das notiert wird, was für die Gebührenabrechnung von Bedeutung ist.

Da nach Vorlage der Endabrechnung nicht nachliquidiert werden darf, sollte man ausdrücklich darauf hinweisen, dass man sich vorbehält, den Gebührensatz anzuheben bei weitergehender Tätigkeit, insbesondere bei Streit über die in Ansatz gebrachte Gebühr.

Gegenüber der Haftpflichtversicherung ist als Gegenstandswert der Erledigungswert zugrunde zu legen. Dies entspricht üblicherweise dem Zahlungsbetrag. So hat der BGH[14] wie folgt entschieden:

„*Dem Erstattungsanspruch des Geschädigten hinsichtlich der ihm entstandenen vorgerichtlichen Anwaltskosten ist im Verhältnis zum Schädiger grundsätzlich der Gegenstandswert zugrunde zu legen, der der berechtigten Schadensersatzforderung entspricht.*"

Ergibt sich eine Differenz zwischen Auftrags- und Erledigungswert, ist diese dem Auftraggeber (bzw seiner Rechtsschutzversicherung) in Rechnung zu stellen.

---

12 BGH, Urt. v. 31.10.2006 – VI ZR 261/ 05.
13 BGH, Urt. v. 11.07.2012 – VIII ZR 323/11.
14 BGH, Urt. v. 7.11.2007 – VIII ZR 341/06, Fortführung von BGH, Urt. v. 18.1.2005 – VI ZR 73/04.

b) Entscheidungen zur Höhe der Geschäftsgebühr
aa) Entscheidungen 1,5 bis 1,8 Geschäftsgebühr

84
- Eine Geschäftsgebühr von 1,5 ist angemessen, wenn der Rechtsanwalt die Sach- und Rechtslage eine Stunde lang mit dem Geschädigten erörtert, ein Schreiben fertigt, einen Kostenvoranschlag einholt sowie Ansprüche und eine etwaige Mithaftung prüft. Aufgrund der neueren Rechtsprechung des BGH dürften die im Urteil besonders erwähnten Mietwagenkosten grundsätzlich die Schwierigkeit in der anwaltlichen Tätigkeit begründen.
  (AG Dresden, Urteil vom 5.8.2005 – 103 C 1822/05)
- Eine Geschäftsgebühr von 1,5 ist angemessen, wenn die anwaltliche Tätigkeit deutlich über die Abfassung eines bloßen Forderungsschreibens hinausgeht. Wenn mehrere Schadenspositionen geltend gemacht werden, ein Vorschuss auf Schmerzensgeld gefordert wird, es Streit um den Restwert des Fahrzeuges gibt und Probleme bei einer Scheckeinlösung von der Tätigkeit umfasst werden.
  (AG Neumünster, Urteil vom 11.10.2010 – 36 C 215/10)
- Eine Geschäftsgebühr mit einer Mittelgebühr von 1,5 ist angemessen, wenn die Frage, ob eine Haftung des Geschädigten aus Betriebsgefahr vollständig ausscheidet, nicht völlig einfach zu beurteilen ist.
  (AG München, Urteil vom 22.4.2005 – 343 C 37988/04, zfs 10/2005, 515)
- Eine 1,5 Mittelgebühr ist jedenfalls dann angemessen, wenn der Regulierung zahlreiche verschiedene Schadenspositionen zugrunde lagen, der Anwalt mehrere Schreiben verfassen musste und sich aufgrund der Dauer der Regulierung mehrfach erneut in die Materie einarbeiten musste; dem steht nicht entgegen, dass die Einstandspflicht der Beklagten unstreitig war und die Leistung des Schadensersatzes zeitnah erfolgte.
  (AG Mainz, Urteil vom 9.6.2006 – 86 C 51/06, AGS 8/2006, 371 f)
- Die vorgerichtlichen Regulierungsbemühungen sind überdurchschnittlich, wenn der Geschädigten-Anwalt die gegnerische Versicherung mehrfach schriftlich und mündlich zur zügigen Bearbeitung der Angelegenheit auffordern musste und schließlich sogar den Entwurf einer Klage fertigte. Dies rechtfertigt eine Erhöhung auf die Mittelgebühr (1,5). Da dem Anwalt nach § 14 RVG ein 20%iger Toleranzspielraum zusteht, ist die geltend gemachte 1,8 Geschäftsgebühr nicht als unbillig anzusehen.
  (AG Wildeshausen, Entscheidung vom 16.11.2005 – 4 C 245/05, Verkehrsrecht aktuell 1/2006, 5)
- Die Schadensregulierung bei Sach- und Personenschaden kann durchaus als umfangreich und schwierig angesehen werden und eine Überschreitung der Schwellengebühr rechtfertigen.
  (AG Herne, Urteil vom 29.5.2006 – 18 C 239/06, MittBl. der Arge VerkR 3/2006, 119 f)
- Hat der Rechtsanwalt in einer Verkehrsunfallsache zur sachgerechten Wahrnehmung der Interessen seines Mandanten eine angesichts der geringen Schadenssumme ungewöhnlich viel Korrespondenz mit dem Sachverständigen, der Werkstatt, dem Haftpflichtversicherer und dem Schädiger zu führen, so ist der Ansatz einer 1,6 Geschäftsgebühr nach Nr. 2400 VV RVG nicht unbillig.
  (AG Hamburg-Bergedorf, Urteil vom 13.5.2005 – 408 C 394/04, JurBüro 11/2005, 589 f)
- Treten bei der Unfallabwicklung und der anschließenden Durchführung der Reparatur weitere Probleme auf, muss ein Ergänzungsgutachten vom Sachverständigen erstellt wer-

den und hat auch der eintrittspflichtige Versicherer Rückfragen, die der Anwalt beantworten muss, rechtfertigt dies eine überdurchschnittliche Geschäftsgebühr von 1,6.
(AG Coburg, Urteil vom 2.11.2006 – 15 C 1220/06, AGS 4/2007, 188 f)
- Muss sich der Anwalt im Rahmen einer Verkehrsunfallregulierung mit dem Mietwagenunternehmer wegen überhöht abgerechneter Tarife auseinandersetzen, rechtfertigt dies eine über der Mittelgebühr liegende Geschäftsgebühr in Höhe von 1,7.
(AG Karlsruhe, Urteil vom 8.12.2006 – 1 C 344/06, AGS 4/2007, 183 ff)
- Auch bei unstreitigem Haftungsgrund kann bei entsprechendem Umfang eine 1,8-Geschäftsgebühr angemessen sein.
(AG Völklingen, Urteil vom 23.11.2006 – 5 B 658/06, AGS 5/2007, 235 f)
- Die anwaltliche Tätigkeit bei der Unfallregulierung ist umfangreich und rechtfertigt eine Geschäftsgebühr von 1,8, wenn der Vertreter des Geschädigten an einer von der Versicherung initiierten Begutachtung des Fahrzeuges teilnimmt.
(AG Ansbach, Urteil vom 28.9.2006 – 3 C 826/06, AGS 5/2007, 237)
- Eine Geschäftsgebühr von 1,8 kann nicht als unbillig angesehen werden, wenn die Schwierigkeit der anwaltlichen Tätigkeit überdurchschnittlich ist, des Weiteren die Bedeutung der Angelegenheit für den Geschädigten in Anbetracht der Höhe des Schadens als überdurchschnittlich zu bewerten ist, schließlich die Einkommens- und Vermögensverhältnisse über den Durchschnitt der Bevölkerung liegen.
(AG Lübeck, Urteil vom 12.9.2005 – 24 C 3901/04, zfs 1/2006, 46 f)
- Eine 1,8 Geschäftsgebühr ist gerechtfertigt, wenn der Geschädigte als Selbständiger ein überdurchschnittliches Einkommen erzielt und er aufgrund des Unfalles mehrere Wochen zu 100 % arbeitsunfähig gewesen ist, ein erhebliches Schmerzensgeld, weiterer Sachschaden sowie Lohnkosten für Ersatzkräfte und Haushaltsführungsschaden zu regulieren gewesen ist. 2. Dass der Haftpflichtversicherer den Schaden dem Grunde nach anerkannt und dann auch sämtliche Schadenspositionen beglichen hat, kann für sich genommen für einen geringeren Gebührensatz sprechen. Bei der anzustellenden Gesamtschau wird dies jedoch durch die anderen überdurchschnittlichen Kriterien kompensiert.
(LG Saarbrücken, Urteil vom 3.3.2005 – 14 O 458/04, AGS 6/2005, 245 f)
- Kürzt der Haftpflichtversicherer des Schädigers in einer Verkehrsunfallsache die vom Sachverständigen ermittelten Werte ungerechtfertigt und sind daraufhin Rückfragen bei dem Sachverständigen und weitere Korrespondenz erforderlich, kann der Umfang der anwaltlichen Tätigkeit überdurchschnittlich sein. Kommt eine besondere Schwierigkeit hinzu, weil eine vertiefte Befassung mit der Materie des Schadensersatzrechts einschließlich Rechtsprechungsrecherchen erforderlich waren, ist der Ansatz einer 1,8 Geschäftsgebühr nicht unbillig. (AG Köln, Urteil vom 8.6.2005 – 147 C 86/05, JurBüro 12/2005, 647)
- Weitere Entscheidungen zur 1,8 Geschäftsgebühr:
    – Schwere Verletzungen des Mandanten und Prüfung von Verdienstausfallansprüchen.
    (LG Saarbrücken, Urt. v. 3.3.2005 – 14 O 458/04, JurBüro 2005, 306 = AGS 2005, 245 = RVGreport 2005, 147)
    – Zusätzlicher Aufwand durch Einbeziehung von zu Unrecht einbehaltenen Fremdgeldern.
    (AG Düsseldorf AGS 2004, 192)

- Zusätzlicher Aufwand durch Vereinbarung mit dem Gutachter, um Finanzierungsengpass des Mandanten abzuwenden.
  (AG St. Ingbert AGS 2005, 334)
- Rücksprache mit Zeugen zum Unfallverlauf.
  (AG Aachen Schaden-Praxis 2005, 284)
- Inaugenscheinnahme der Unfallstelle.
  (LG Cottbus AGS 2006, 129)
- Ziehen sich Regulierungsverhandlungen mit dem Haftpflichtversicherer, insbesondere in Verkehrsunfallsachen lange hin, dann ist dies beim Umfang der anwaltlichen Tätigkeit zusätzlich zu berücksichtigen. Dauert die Regulierung bei einem Verkehrsunfall länger als zwei Monate, so kann dies idR bei der Höhe der Gebühr mit berücksichtigt werden. Es müssen schon besondere Gründe vorliegen, die es rechtfertigen, einen derartigen Regulierungszeitraum als nicht überdurchschnittlich zu bewerten.
  (AG Gießen, Urteil vom 23.2.2010 – 45 C 395/09)
- Auswertung von Sachverständigengutachten.
  (LG Kiel JurBüro 1992, 606)
- Vielfältige unbegründete Einwendungen des Versicherers können zur Angemessenheit einer 1,8 Geschäftsgebühr führen.
  (AG Jülich, Urteil vom 8.9.2009 – 11 C 49/09)

bb) Entscheidungen 2,5 Geschäftsgebühr

85
- Für die Regulierung eines Verkehrsunfalls, bei dem drei Familienmitglieder des Auftraggebers zu Tode gekommen sind und bei dem Schmerzensgeld-, Haushaltsführungs- und Unterhaltsansprüche zu ermitteln und geltend zu machen sind, ist die Berechnung einer 2,5 Geschäftsgebühr nach Nr. 2300 VV RVG nicht unbillig.
  (LG Zweibrücken, Urteil vom 11.4.2008 – 1 O 64/07)
- Das Amtsgericht Mannheim sprach 2008 die Höchstgebühr aufgrund folgender Besonderheiten zu: extremer Lebenseinschnitt durch stärksten Personenschaden, Heilungskomplikationen mit Dauerschaden, überdurchschnittliche Gesamtbearbeitungszeit, überlange Bearbeitungszeit von über knapp 12 Monaten hinweg und dadurch bedingt wiederholtes Einarbeiten, streitiger Haftungsgrund, nicht regulierender Haftpflichtversicherer, Erforderlichkeit von Spezialkenntnissen.
  (AG Mannheim, Beschluss vom 27.8.2008 – 14 C 138/08)
- Begründet wurde die Höhe der 2,5 Geschäftsgebühr im Gutachten der RAK Saarland u.a. wie folgt: Es mussten viele und umfangreiche Besprechungen zur Informationsbeschaffung mit Angehörigen und Zeugen, mit dem Steuerberater des Klägers sowie mit dem Kläger selbst geführt werden. Teilweise erfolgten diese außerhalb der Geschäftszeiten. Die Angelegenheit war überdurchschnittlich, da die zögerliche Regulierung zu einer Existenzgefährdung des Klägers geführt habe, welcher selbstständiger Uhrmachermeister ist. Die Angelegenheit war für den Kläger daher von überragender Bedeutung. Überdurchschnittlich viele Schadenspositionen waren geltend zu machen. Bei Selbständigen ist die Berechnung des Verdienstausfallschadens eine komplizierte Materie des Schadensersatzrechts. Die Einarbeitung in handels- und steuerrechtliche Fragen war erforderlich.
  (Gutachten der RAK Saarland, MittBl der Arge VerkR 4/2005, 147 ff)

c) Die Einigungsgebühr im außergerichtlichen Verfahren. Der Anwalt kann bei abschließender Regulierung eines Verkehrsunfalls neben der Geschäftsgebühr auch eine 1,5 Einigungsgebühr gem. Nr. 1000 VV RVG verdienen. Die Gebühr entsteht für die Mitwirkung beim Abschluss eines Vertrags, durch den der Streit oder die Ungewissheit der Parteien über ein Rechtsverhältnis beseitigt wird, es sei denn, der Vertrag beschränkt sich ausschließlich auf ein Anerkenntnis oder einen Verzicht gem. Nr. 1000 VV RVG. Ob die Einigung mündlich oder schriftlich erfolgt, ist unerheblich. Aber zu Beweiszwecken empfiehlt sich immer, die Einigung schriftlich festzuhalten.

86

Die Einigungsgebühr kann nur entstehen, wenn Streit oder Ungewissheit über ein Rechtsverhältnis durch die Einigung/den Vertrag, beseitigt werden. Wurde bereits ein Großteil des Schadens reguliert und lediglich über das Schmerzensgeld ein Vergleich geschlossen, dann sind die bereits gezahlten Beträge nicht mehr zu berücksichtigen.[15]

87

Um eine Einigung im Sinne gem. Nr. 1000 VV RVG handelt es sich, wenn eine Abfindungsvereinbarung/ein Abfindungsvergleich geschlossen wird. Damit wird nicht nur der Streit über bestehende Schadenspositionen beseitigt, sondern auch die Unsicherheit/Ungewissheit über zukünftige Ansprüche/Schadenspositionen aus dem betreffenden Unfallereignis. Auch wenn der Haftpflichtversicherer einen Teil des Schadens bereits einseitig abgerechnet hat und dann nach Einigung über den Restschaden eine Abfindungserklärung unter Verzicht auf weitere Ansprüche erteilt wird, liegt eine Einigung über die Gesamtforderung vor.[16] Siehe auch Rn 68 „Abfindung".

88

d) Die Terminsgebühr bei außergerichtlicher Beendigung. Auch das Entstehen einer Terminsgebühr ist möglich, obwohl letztendlich ein außergerichtlicher Abschluss des Verfahrens erfolgt ist. Die Terminsgebühr entsteht gem. Vorbemerkung Teil 3 Abs. 3 RVG sowohl für die Wahrnehmung von gerichtlichen Terminen als auch für die Wahrnehmung von außergerichtlichen Terminen und Besprechungen, wenn nichts anderes bestimmt ist. Die Gebühr für außergerichtliche Termine und Besprechungen entsteht für

89

1. die Wahrnehmung eines von einem gerichtlich bestellten Sachverständigen anberaumten Termins und
2. die Mitwirkung an Besprechungen, die auf die Vermeidung oder Erledigung des Verfahrens gerichtet sind; dies gilt nicht für die Besprechungen mit dem Auftraggeber.

Die Voraussetzung ist ein unbedingter Klageauftrag. Gem. Vorbemerkung 3 des Teils 3 RVG erhält der Rechtsanwalt, dem ein unbedingter Auftrag als Prozess- oder Verfahrensbevollmächtigter vorliegt, die Gebühren nach Teil 3 des RVG. Dh die Einreichung der Klage ist nicht Voraussetzung, sondern der Auftrag. Bei einem rechtsschutzversicherten Mandanten sollte man daher darauf achten, dass frühzeitig die Deckung auch für das Klageverfahren vorliegt, da der Mandant seinen Prozessauftrag von der Übernahme der Kosten durch die Rechtsschutzversicherung abhängig machen wird. Erst nach Vorlage der Deckungszusage für das Klageverfahren wird er einen unbedingten Klageauftrag erteilen, der Voraussetzung für das Entstehen der Terminsgebühr ist. Es sollte zwingend in der Handakte mit Datum und Uhrzeit die Erteilung des Prozessauftrages sowie der Anfall der Terminsgebühr dokumentiert werden (Telefonnotiz, Aktenvermerk).

90

---

15 LG Bochum, ZfS 83, 272.
16 LG Karlsruhe AnwBl 1981, 95.

91 Die Voraussetzung für das Entstehen der Terminsgebühr ist der unbedingte Prozessauftrag, die persönliche oder fernmündliche Besprechung mit dem Ziel der Erledigung, wobei der Erfolg der Besprechung nicht notwendig ist. Bloße Sachstandsnachfragen lösen die Terminsgebühr nicht aus.

92 **Beispiel:**
Der Anwalt wird beauftragt eine Schadensersatzforderung geltend zu machen iHv 6.000 EUR. Trotz eines Zeitablaufs von fünf Wochen und telefonischer Sachstandsanfragen erfolgt keine Reaktion der Gegenseite, sodass der Mandant den Auftrag erteilt, den Anspruch klageweise geltend zu machen (unbedingter Prozessauftrag). Noch vor Einreichung der Klageschrift ruft der Sachbearbeiter der gegnerischen Versicherung an und bespricht die Angelegenheit mit dem Anwalt des Geschädigten. Daraufhin wird ein Vergleich über 5.000 EUR geschlossen. Diesen akzeptiert der Mandant.
Welche Gebühren sind entstanden?

Die außergerichtliche Vertretung

Geb. Nr.	Satz	Bezeichnung	Gebühr
2300	1,3	Geschäftsgebühr aus 6.000 EUR	460,20 EUR
7002		Pauschale für Entgelte für Post- und Telekommunikationsdienstleistungen	20,00 EUR
		Summe	480,20 EUR
7008		19 % Umsatzsteuer von 480,20 EUR	91,24 EUR
		Summe	571,44 EUR

Vertretung und Tätigkeit nach Prozessauftrag

Geb. Nr.	Satz	Bezeichnung	Gebühr
3101	0,8	Vorzeitige Beendigung des Auftrags, Nr. 3101 Abs. 1 aus 6.000 EUR	283,20 EUR
	0,65	abzgl. Anrechnung zwischen Nr. 2300 und Nr. 3101 gem. Vorb. 3 Abs. 4 VV RVG	-230,10 EUR
3104	1,2	Terminsgebühr aus 6.000 EUR	424,80 EUR
1000	1,5	Einigungsgebühr im nicht anhängigen Verfahren aus 6.000 EUR	531,00 EUR
7002		Pauschale für Entgelte für Post- und Telekommunikationsdienstleistungen	20,00 EUR
		Summe	1.028,90 EUR
7008		19 % Umsatzsteuer von 1.028,90 EUR	195,49 EUR
		Summe	1.224,39 EUR

E. Anwaltsgebühren in Verkehrsangelegenheiten

Die Einigungsgebühr beträgt 1,5 gem. Nr. 1000 iVm Nr. 1003 VV RVG, da der Anspruch noch nicht gerichtlich anhängig gemacht worden ist.

Die Terminsgebühr entsteht aufgrund Vorliegens des Prozessauftrags und des geführten Telefonats mit der Gegenseite mit dem Ziel der Verfahrenserledigung.

Gegenüber dem Auftraggeber besteht ein Gebührenanspruch von insgesamt 1.795,83 EUR (571,44 EUR + 1.224,39 EUR). In Abzug zu bringen sind hiervon die von der gegnerischen Haftpflichtversicherung zu erstattenden Gebühren aus dem Erledigungswert von 5.000 EUR.

Erstattungsfähige Gebühren – Abrechnung mit der gegnerischen Haftpflichtversicherung

Geb. Nr.	Satz	Bezeichnung	Gebühr
2300	1,3	Geschäftsgebühr aus 5.000 EUR	393,90 EUR
7002		Pauschale für Entgelte für Post- und Telekommunikationsdienstleistungen	20,00 EUR
3101	0,8	Vorzeitige Beendigung des Auftrags, Nr. 3101 Abs. 1 aus 5.000 EUR	242,40 EUR
	0,65	abzgl. Anrechnung zwischen Nr. 2300 und Nr. 3101 gem. Vorb. 3 Abs. 4 VV RVG	-196,95 EUR
3104	1,2	Terminsgebühr aus 5.000 EUR	363,60 EUR
1000	1,5	Einigungsgebühr im nicht anhängigen Verfahren aus 5.000 EUR	454,50 EUR
7002		Pauschale für Entgelte für Post- und Telekommunikationsdienstleistungen	20,00 EUR
		Summe	1.297,45 EUR
7008		19 % Umsatzsteuer von 1.297,45 EUR	246,52 EUR
		Summe	1.543,97 EUR

Aufgrund der Differenz von Auftrags- und Erledigungswert ergibt sich eine Gebührendifferenz von 251,86 EUR, die vom Mandanten bzw seiner Rechtsschutzversicherung zu leisten ist.

4. Die Vertretung mehrerer Unfallgeschädigter. Wird der Rechtsanwalt für mehrere Personen in derselben Angelegenheit hinsichtlich desselben Gegenstandes tätig, erhöht sich die Verfahrens- oder Geschäftsgebühr gem. Nr. 1008 VV RVG für jede weitere Person um 0,3. Die Erhöhung wird nach dem Betrag berechnet, an dem die Personen gemeinschaftlich beteiligt sind. Typischerweise entstehen jedoch in Verkehrsunfallsachen selbständige Schadensersatzansprüche des jeweiligen Mandanten.

Beispiel:
Ein Ehepaar beauftragt den Anwalt mit der Durchsetzung von Schadensersatz und Schmerzensgeld. Die Eheleute sind Gesamthandseigentümer des beschädigten Fahrzeuges, Reparaturkosten 3.000 EUR. Des Weiteren werden für sie 1.000 EUR, für ihn 500 EUR Schmerzensgeld gefordert.

Geb. Nr.	Satz	Bezeichnung	Gebühr
2300	1,3	Geschäftsgebühr aus 4.500 EUR	393,90 EUR
1008	0,3	Auftraggeber sind in derselben Angelegenheit mehrere Personen aus 3.000 EUR	60,30 EUR
7002		Pauschale für Entgelte für Post- und Telekommunikationsdienstleistungen	20,00 EUR
		Summe	474,20 EUR
7008		19 % Umsatzsteuer von 474,20 EUR	90,10 EUR
		Summe	564,30 EUR

Bei einem einheitlichen Auftrag errechnet sich die Geschäftsgebühr aus der Summe der Ansprüche beider Personen (Reparaturkosten 3.000 EUR, Schmerzensgeld für sie 1.000 EUR, für ihn 500 EUR). Die Erhöhungsgebühr entsteht nur bzgl der Reparaturkosten.

95 Wird durch den Anwalt Klage erhoben und die Gegenseite erhebt Widerklage gegen unseren Mandanten sowie dessen Haftpflichtversicherung gilt Gleiches.

96 **Beispiel:**
Der Anwalt ist mit der gerichtlichen Durchsetzung von Schadensersatzansprüchen über 3.000 EUR beauftragt. Die Gegenseite erhebt Widerklage über 1.000 EUR gegen unseren Mandanten sowie dessen Haftpflichtversicherung. Die Haftpflichtversicherung unseres Mandanten beauftragt uns mit dem Widerklageverfahren.

Geb. Nr.	Satz	Bezeichnung	Gebühr
3100	1,3	Verfahrensgebühr aus 4.000 EUR	327,60 EUR
1008	0,3	Auftraggeber sind in derselben Angelegenheit mehrere Personen aus 1.000 EUR	24,00 EUR
7002		Pauschale für Entgelte für Post- und Telekommunikationsdienstleistungen	20,00 EUR
		Summe	371,60 EUR
7008		19 % Umsatzsteuer von 371,60 EUR	70,60 EUR
		Summe	442,20 EUR

Bzgl. der Durchsetzung von Schadensersatzansprüchen sind Gebühren gegenüber dem Mandanten/Kläger aus 3.000 EUR entstanden. Bzgl des Widerklageverfahrens sind Gebühren aus 1.000 EUR entstanden. Da bei der Haftpflichtversicherung des Mandanten die Prozessführungsbefugnis obliegt, übernimmt diese auch die Kosten für das Widerklageverfahren. Die Streitwerte für das Klage- und Widerklageverfahren sind zu addieren. Die Erhöhungsgebühr entsteht nur aus dem Wert der Widerklage.
Gegenüber den Auftraggebern muss die Quote berücksichtigt werden, mit welchem Anteil sie an Klage und Widerklage beteiligt sind.

E. Anwaltsgebühren in Verkehrsangelegenheiten

		Quote
Wert der Klage	3.000 EUR	75 %
Wert der Widerklage	1.000 EUR	25 %
Summe (Gegenstandswert des Verfahrens)	4.000 EUR	100 %

Bei der Gebührenabrechnung ist zu beachten, dass die Erhöhungsgebühr bzgl der Widerklage vollständig von der Haftpflichtversicherung des Mandanten übernommen werden muss, das heißt, nur die weiteren Gebühren sind zu quoteln.
Es ergibt sich mithin ein Erstattungsanspruch

- gegenüber dem Kläger (Auftrag: Durchsetzung Schadenersatz 3.000 EUR) wie folgt:

Geb. Nr.	Satz	Bezeichnung	Gebühr
3100	1,3	Verfahrensgebühr aus 4.000 EUR	327,60 EUR
		Abzüglich Anteil Widerklage 25 %	-81,90 EUR
7002		Pauschale für Entgelte für Post- und Telekommunikationsdienstleistungen	20,00 EUR
		Abzüglich Anteil Widerklage 25 %	-5,00 EUR
		Summe	260,70 EUR
7008		19 % Umsatzsteuer von 260,70 EUR	49,53 EUR
		Summe	310,23 EUR

- Gegenüber den Widerbeklagten (Mandant und dessen Haftpflichtversicherung, Auftrag: Abwehr Schadenersatz im Widerklageverfahren über 1.000 EUR), wobei gegenüber der Haftpflichtversicherung Rechnungslegung erfolgt:

Geb. Nr.	Satz	Bezeichnung	Gebühr
3100	1,3	Verfahrensgebühr aus 4.000 EUR	327,60 EUR
		Abzüglich Anteil Klage 75 %	-245,70 EUR
1008	0,3	Auftraggeber sind in derselben Angelegenheit mehrere Personen aus 1.000 EUR	24,00 EUR
7002		Pauschale für Entgelte für Post- und Telekommunikationsdienstleistungen	20,00 EUR
		Abzüglich Anteil Klage 75 %	-15,00 EUR
		Summe	110,90 EUR
7008		19 % Umsatzsteuer	21,07 EUR
		Summe	131,97 EUR

Im Ergebnis müssen beide Kostenrechnungen die Gesamtrechnung ergeben.

Aufgrund der degressiven Gebührentabelle können nicht einfach aus den entsprechenden Streitwerten die Gebühren abgerechnet werden, sondern müssen anteilmäßig berechnet werden. Bei getrennter Abrechnung aus den einzelnen Werten der Klage und Widerklage ergibt sich eine Gebührenüberzahlung für den Anwalt. Siehe auch Rn 122.

98 **5. Das gerichtliche Verfahren. a) Der Prozessauftrag.** Gem. Vorbemerkung 3 des Teils 3 RVG erhält der Rechtsanwalt, dem ein unbedingter Auftrag als Prozess- oder Verfahrensbevollmächtigter vorliegt, die Gebühren nach Teil 3 des RVG. Dh die Einreichung der Klage ist nicht Voraussetzung, sondern der Auftrag. Es sollte zwingend in der Handakte mit Datum und Uhrzeit die Erteilung des Prozessauftrages dokumentiert werden (Telefonnotiz, Aktenvermerk).

99 **b) Die Anrechnung der Geschäftsgebühr.** Die Geschäftsgebühr ist nur anzurechnen, soweit Gegenstand der außergerichtlichen Tätigkeit und des gerichtlichen Verfahrens identisch sind, ansonsten scheidet eine Anrechnung aus. Ist der Anwalt wegen desselben Gegenstands außergerichtlich und gerichtlich tätig, so ist die Geschäftsgebühr zur Hälfte, maximal in Höhe von 0,75 anzurechnen gem. Vorbemerkung Teil 3 Abs. 4.

100 Gem. BGH,[17] scheidet eine Anrechnung aus, wenn ein Anwaltswechsel stattgefunden hat, dh wenn die Geschäfts- und Verfahrensgebühr von verschiedenen Rechtsanwälten verdient worden ist. Bleibt die Angelegenheit beim gleichen Anwalt, bei derselben Sozietät oder sonstigen Rechtsanwaltsgesellschaft des Auftraggebers, ist eine Anrechnung vorzunehmen.

101 Die vorgerichtlich entstandene Geschäftsgebühr ist auch auf die verminderte Verfahrensgebühr von 0,8 gem. Nr. 3101 Nr. 1 VV RVG anteilig anzurechnen.[18] Bei einem Prozessvergleich hat eine Anrechnung der Geschäftsgebühr im Kostenfestsetzungsverfahren, bei fehlender konkreter Bezifferung der Geschäftsgebühr in einem Vergleich nicht zu erfolgen.[19] Kritisch ist auch eine pauschale Abgeltung der Geschäftsgebühr im Vergleich, ohne das konkret geregelt wird, wie die Anrechnung erfolgen soll. Zur Vermeidung von Streit im Kostenfestsetzungsverfahren sollte eine klare Regelung zur Anrechnung erfolgen.

102 **c) Die Geltendmachung der Geschäftsgebühr.** In Unfallsachen ist der „Erledigungswert" bei der Gebührenabrechnung zugrunde zu legen. Die Geschäftsgebühr wird in einem weiteren Klageantrag als Nebenforderung geltend gemacht. Voraussetzung für einen Leistungsantrag ist, dass der Mandant den Betrag bereits an den Rechtsanwalt bezahlt hat, der Mandant beauftragt den Anwalt mit der Geltendmachung, und der Gegner wurde diesbezüglich in Verzug gesetzt. Anderenfalls besteht gegen den Beklagten nur ein Freistellungsanspruch. Dieser wandelt sich in einen Zahlungsanspruch um, wenn der Beklagte ernsthaft und endgültig jeden Schadenersatz verweigert und Geldersatz gefordert wird.[20] Gem. §§ 249 Abs. 2, 251, 250 S. 2 BGB geht der Freistellungsanspruch in einen Zahlungsanspruch über.

103 **d) Die Terminsgebühr im gerichtlichen Verfahren.** Wird ein Rechtsstreit vor Durchführung eines gerichtlichen Termins durch Klagerücknahme beendet, kann trotzdem die Terminsgebühr nach Nr. 3104 VV RVG entstanden sein. Eine Terminsgebühr nach Nr. 3104 VV RVG fällt bereits dann an, wenn ein Rechtsanwalt an einer auf die Erledigung des Verfahrens gerichteten Besprechung ohne Beteiligung des Gerichts teilnimmt. Dabei sind an eine solche – auch telefonisch durchführbare – Besprechung keine besonderen Anforderungen zu stellen.

---

17 Beschl. v. 10.12.2009 – VII ZB 41/09.
18 BGH, Urt. v. 25.9.2008 – IX ZR 133/07.
19 BGH, Beschl. v. 7.12.2010 – VI ZB 45/10.
20 BGH NJW 2004, 1868.

E. Anwaltsgebühren in Verkehrsangelegenheiten

Die Gebühr entsteht bereits dann, wenn der Gegner eine auf die Erledigung des Verfahrens gerichtete Äußerung zwecks Prüfung und Weiterleitung an seine Partei zur Kenntnis nimmt. Es ist von einer Besprechung auszugehen, wenn sich der Gegner auf das Gespräch einlässt, indem er die ihm unterbreiteten Vorschläge zur Kenntnis nimmt und deren Prüfung zusagt.[21]

Gem. Nr. 3104 VV RVG entsteht eine 1,2 Terminsgebühr für die Wahrnehmung von Terminen, ausgenommen der reine Verkündungstermin. Dagegen lösen reine Protokollierungstermine die Terminsgebühr aus, sofern rechtshängige Ansprüche im Vergleich protokolliert werden. Die Protokollierung nicht rechtshängiger Ansprüche löst die Terminsgebühr nicht aus. Sie entsteht auch für Termine (Ortstermine), die von einem gerichtlich bestellten Sachverständigen anberaumt worden sind (Vorbemerkung Teil 3 Abs. 3 S. 3 Nr. 1 VV RVG). Die Terminsgebühr kann gem. Nr. 3104 VV RVG entstehen für ein Verfahren, für das die mündliche Verhandlung vorgeschrieben ist, in dem aber im Einverständnis mit den Parteien ohne mündliche Verhandlung entschieden oder ein schriftlicher Vergleich geschlossen wird. Wird ein Vergleich im Beschlussweg festgestellt, kann neben der Verfahrensgebühr die Termins- und Einigungsgebühr entstehen, unabhängig, ob der Vergleich auf Vorschlag des Gerichts oder der Parteien zustande kommt.[22] Eine Terminsgebühr entsteht bei Antrag auf Anerkenntnis- oder Versäumnisurteil im schriftlichen Verfahren. **104**

In besonders umfangreichen Beweisaufnahmen und bei Stattfinden von mindestens drei gerichtlichen Terminen, in denen Sachverständige oder Zeugen vernommen werden, kann eine Zusatzgebühr gem. Nr. 1010 VV RVG in Höhe einer 0,3 Gebühr entstehen. **105**

e) Die Einigungsgebühr im gerichtlichen Verfahren. Gem. Nr. 1003 VV RVG entsteht eine 1,0 Einigungsgebühr im gerichtlichen Verfahren. Eine Einigungsgebühr kann auch bei Klagerücknahme entstehen. Wird zwischen den Parteien vereinbart, dass der Beklagte den Klagebetrag zuzüglich Zinsen zahlt und ebenso die Kosten des Verfahrens übernimmt, der Kläger im Gegenzug die Klage zurücknimmt und der Beklagte darüber hinaus auf eine Kostenentscheidung nach § 269 Abs. 3 ZPO verzichtet, so entsteht für den Anwalt des Klägers eine Einigungsgebühr, die der Beklagte zu ersetzen hat.[23] Das Beseitigen von Streit durch den Geschädigten liegt im Verzicht auf die Weiterverfolgung des Anspruchs, das Nachgeben der Beklagten liegt im Verzicht auf ein die Klage anweisendes Urteil und in der Übernahme der Kosten. Stimmt jedoch der Beklagte lediglich der Klagerücknahme zu, so fällt die Einigungsgebühr nicht an.[24] Der BGH formuliert in seinem Beschluss vom 13.4.2007 wie folgt: **106**

„Für die Festsetzbarkeit einer Einigungsgebühr reicht es aus, dass glaubhaft gemacht wird, dass die Parteien eine Vereinbarung iSv Anm. Abs. 1 S. 1 zu Nr. 1000 VV RVG geschlossen haben. Die Protokollierung eines als Vollstreckungstitel tauglichen Vergleiches nach § 794 Abs. 1 Nr. 1 ZPO ist nicht erforderlich."[25]

6. Kostenerstattungsanspruch gegenüber der gegnerischen Haftpflichtversicherung/vorgerichtliche Anwaltskosten bzgl der Durchsetzung von Schadensersatzansprüchen. Ein materiell-rechtlicher Schadensersatzanspruch auf die Geschäftsgebühr besteht unabhängig von einem Verzugseintritt. Konnte der Schadensersatzanspruch voll oder teilweise gegenüber der Haft- **107**

---

21 OLG Jena, Beschl. v. 30.4.2014 – 1 W 139/14.
22 BGH, Beschl. v. 27.10.2005 – III ZB 42/05; KG, Beschl. v. 27.10.2015 – 27 W 65/05.
23 AG München, Urt. v. 13.8.2009 – 341 C 10089/09, AGS 3/10, 120.
24 OLG Düsseldorf, Beschl. v. 6.10.2008 – I 24 W 70/08.
25 II ZB 10/06, AGS 7/2007, 366.

pflichtversicherung des Unfallgegners durchgesetzt werden, sind die Kosten für die vorgerichtliche Tätigkeit des Rechtsanwalts Sachfolgeschaden und damit zu ersetzen. Es ist kein Verzug erforderlich. Der Geschädigte darf einen Anwalt beauftragen, auch wenn die Unfallsituation klar und das Haftungsverhältnis unstreitig ist. Da die Haftpflichtversicherer Spezialisten in der Regulierung von Verkehrsunfällen sind, wurde unter Berücksichtigung des Prinzips der Waffengleichheit entschieden, dass bereits vor Eintritt des Verzuges ein Rechtsanwalt mit der Durchsetzung der Ansprüche beauftragt werden darf.

108 Aufgrund der nicht mehr überschaubaren Rechtsprechung gibt es keinen „einfach gelagerten Verkehrsunfall" mehr, so dass selbst einer gewerblichen Autovermietung durch Urteil des Amtsgerichts Kassel vom 30.6.2009[26] die aufgrund der vorgerichtlichen Tätigkeit entstandenen Anwaltskosten zugesprochen wurden. Eine Ausnahme gilt bei übergegangenen Ansprüchen. Wenn ein verletzter Arbeitnehmer seinen Arbeitgeber auf Lohnfortzahlung in Anspruch genommen hat und der Anspruch nach Befriedigung des Arbeitnehmers auf den leistungspflichtigen Arbeitgeber übergeht, so sind die Anwaltskosten nur zu erstatten, wenn die Haftpflichtversicherung sich zum Zeitpunkt der Beauftragung des Rechtsanwalts bereits in Verzug befand.

109 Der Gegenstandswert gegenüber der Versicherung richtet sich nach dem Zahlungsbetrag, dh in der Abrechnung wird der Wert zugrunde gelegt, welcher vom Ersatzpflichtigen tatsächlich bezahlt wurde. Im Gegensatz zum Klageverfahren wird hier das teilweise Unterliegen nicht über die Kostenquote, sondern über den Gegenstandswert berücksichtigt.[27]

110 Leistet die gegnerische Versicherung den Schadensersatzanspruch in vollem Umfang, übernimmt diese idR auch die vollen Anwaltskosten, außer sie sieht nur einen Teil als ersatzfähig an und bestreitet zB die in Ansatz gebrachte Höhe der Geschäftsgebühr oder den Anfall einer Einigungsgebühr. Dann muss diese Gebührendifferenz als Hauptforderung eingeklagt werden. Leistet die Versicherung lediglich einen Teil des vorgerichtlich geltend gemachten Schadensersatzanspruches, bemisst sich nur aus diesem bezahlten Betrag die Höhe der Kostenerstattung.

111 Die Differenz zwischen Auftrags- und Erledigungs-/Zahlungsbetrag ist vom Mandanten bzw dessen Rechtsschutzversicherung zu ersetzen. Siehe auch Rn 89 ff.

112 Kommt es zum Klageverfahren, da Schadensersatzansprüche ganz oder teilweise nicht geleistet wurden, können die vorprozessualen Kosten nicht nach §§ 103, 104 ZPO festgesetzt werden.[28] Die Kosten für die vorgerichtliche Vertretung werden dann zusammen mit anderen Schadenspositionen mit eingeklagt. Der Anspruch wird als Nebenforderung geltend gemacht. Ein neben der Hauptforderung geltend gemachter Kostenanspruch wirkt sich nicht streitwerterhöhend aus.[29]

113 Da der Anwalt bzgl der Anrechnung ein Wahlrecht gem. § 15 a Abs. 1 RVG hat, empfiehlt es sich die volle Geschäftsgebühr mit Verzinsung einzuklagen. So verursacht er seinem Mandanten keinen Zinsschaden. Die Verzinsung erfolgt spätestens ab Rechtshängigkeit. Sofern der Mandant die Geschäftsgebühr bezahlt hat, können Zinsen einen Tag nach Zahlungsabgang

---

26 415 C 6203/08, NJW 2009, 2898.
27 ZB BGH, Urt. v. 7.11.2007 – VIII ZR 341/06.
28 AGS 2008, 158.
29 BGH, Urt. v. 12.06.2007 – VI ZR 200/06, AGS 11/2007, 578.

von seinem Konto berechnet werden. Im Kostenfestsetzungsverfahren erfolgt die Verzinsung erst ab Antragstellung. Des Weiteren ist die Abrechnung übersichtlicher, wenn die zuerst entstandene Geschäftsgebühr in voller Höhe abgerechnet wird und die Anrechnung dann bei der zeitlich nachfolgenden Verfahrensgebühr berücksichtigt wird.

Problematisch ist, wenn nicht der Mandant die vorgerichtlichen Anwaltskosten gezahlt hat, sondern seine Rechtsschutzversicherung. In diesem Fall ist im Hinblick auf § 86 Abs. 1 VVG seine Aktivlegitimation zu verneinen. Von der Rechtsschutzversicherung sollte daher eine Bestätigung im Vorfeld eingeholt werden, dass die vorgerichtlich angefallenen Anwaltsgebühren als Nebenforderung im Wege der gewillkürten Prozessstandschaft im Klageverfahren geltend gemacht werden können, und dass nach dem entsprechenden Anspruchsübergang gemäß § 86 VVG die Rechtsschutzversicherung die entsprechenden Ansprüche an den Kläger zurückabgetreten hat. Ist keine Rechtsschutzversicherung vorhanden und der Mandant hat die Rechnung nicht bezahlt, hat der Kläger nur einen Freistellungsanspruch gegen den Beklagten. Dieser geht jedoch nach Ansicht des BGH in einen Zahlungsanspruch über, wenn der Beklagte jeden Schadenersatz ernsthaft und endgültig verweigert und Geldersatz gefordert wird.[30]

114

Gem. BGH[31] ist der Gegner auch zur Zahlung der Gebühren verpflichtet, wenn ihm keine Berechnung gem. §§ 10 RVG, 14 UStG vorgelegt wurde. Die Rechnungsstellung nach § 10 Abs. 1 RVG betrifft nur die Einforderbarkeit der Vergütung im Verhältnis zum Mandanten und nicht im Bereich des materiellen Kostenerstattungsanspruchs.[32]

115

Wurde ein Teil der Schadensersatzansprüche vorgerichtlich erledigt, dann berechnen sich die insoweit vom Schädiger zu ersetzenden Anwaltskosten nach dem Wert der erledigten Ansprüche. Wenn die Gegenseite die Zahlung weiterer Schadenpositionen verweigert, sollte über die geleisteten Beträge die Abrechnung gegenüber der Gegenseite erfolgen. Im Klageverfahren wird die Gebührendifferenz eingeklagt zwischen Auftrags- und Erledigungswert. Sollte es versäumt werden, die bis dahin entstandenen Gebührenansprüche gegenüber der Gegenseite abzurechnen, besteht die Möglichkeit, dass im Falle eines Vergleiches diese mit abgegolten sind. Bei langjährigen Prozessen besteht außerdem die Gefahr, dass die vorgerichtlich entstandenen und fälligen Anwaltsgebühren aus dem Erledigungswert im außergerichtlichen Verfahren gegenüber der Gegenseite verjähren, sofern diese nicht mit eingeklagt werden.

116

Nach § 249 Abs. 1, 2 BGB sind nur die diejenigen adäquat verursachten Rechtsverfolgungskosten in Form vorprozessualer Anwaltskosten zu ersetzen, die aus Sicht des Schadensatzgläubigers zur Wahrnehmung und Durchsetzung seiner Rechte erforderlich und zweckmäßig waren. Dass bedeutet, dass Anwaltskosten aus unbegründeten Forderungen nicht erstattet werden müssen, sondern sich der Gegenstandswert nach den dem Urteil zufolge als begründet anzusehende Forderung bestimmt.

117

Ein Rechtsanwalt kann die Gebühr gem. Nr. 2300 VV RVG auch dann nur einmal aus dem Gesamtgegenstandswert und nicht zweimal aus (dann niedrigeren) Teilgegenstandswerten verlangen, wenn die von ihm für seinen Mandanten geltend gemachte Forderung außergerichtlich nur teilweise erfüllt wird und ihm deshalb für den noch offenen Teil der Forderung

118

---

30 BGH, NJW 2004, 1868.
31 Urt. v. 22.3.2011 – VI ZR 63/10.
32 Siehe auch OLG München, Urt. v. 23.5.2014 – 10 U 5007/13, DAR 11/2014, 673.

Klageauftrag erteilt wird.[33] Der Schädiger muss nicht mehr zahlen, als die Gesamtvergütung, die der Geschädigte seinem Anwalt schuldet.

119 7. **Mehrere Unfallgeschädigte – mehrere Angelegenheiten?** Es können verschiedene Angelegenheiten vorliegen, auch wenn es sich um einen einheitlichen Lebenssachverhalt – den Unfall – handelt, wenn mehrere Geschädigte vertreten werden und getrennte Aufträge erteilt wurden. Bei der Regulierung von Unfallschäden/Durchsetzung von Schadenersatzansprüchen, kommt es auf die Auftragserteilung an. Beauftragen die einzelnen Geschädigten den Anwalt gemeinsam, dann liegt auch nur eine Angelegenheit vor. Beauftragen sie ihn gesondert, ist damit auch von jeweils eigenen Angelegenheiten auszugehen. Siehe auch Rn 93 ff.

120 Werden die Ansprüche eines jeden Auftraggebers getrennt geltend gemacht, ist ein einheitlicher Rahmen nicht mehr gegeben und es liegen mehrere Angelegenheiten vor. Es empfiehlt sich, sich bei mehreren Auftraggebern Einzelvollmachten erteilen zu lassen und somit die Ansprüche getrennt gegenüber der gegnerischen Haftpflichtversicherung geltend zu machen, da der Rechtsanwalt jedem Auftraggeber zur Geheimhaltung verpflichtet ist. In einem möglichen Klageverfahren kann der Kläger des einen Rechtsstreites Zeuge in dem anderen Rechtsstreit sein und umgekehrt.

121 8. **Klage und Widerklage.** Wird der Schadensersatzanspruch gerichtlich geltend gemacht und die Gegenseite erhebt daraufhin Widerklage, bestimmt sich der Gebührenstreitwert gem. § 45 Abs. 1 GKG. Die geltend gemachten Ansprüche werden zusammengerechnet.

122 9. **Das Passivverfahren.** Werden Haftpflichtansprüche im Passivverfahren geltend gemacht, hat der Versicherungsnehmer gem. § 7 Abs. 2 Nr. 5 AKB die Führung des Rechtsstreites seinem Haftpflichtversicherer zu überlassen, was aber nicht bedeutet, dass der Anwalt nur einen Auftraggeber hat. Dh die Verfahrensgebühr erhöht sich aus dem Wert, an dem die Beklagten gemeinschaftlich beteiligt sind. Die Prozessführungsbefugnis liegt beim Versicherer. Weist der Anwalt den Mandanten darauf nicht hin, riskiert er seinen Gebührenanspruch, da er eine Obliegenheitsverletzung begeht. Nur in Ausnahmefällen kann der Versicherungsnehmer einen eigenen Anwalt beauftragen. Es müssen besondere Gründe vorliegen, die eine Vertretung durch den vom Versicherer beauftragten Rechtsanwalt unzumutbar erscheinen lassen.

123 Da im Innenverhältnis die Kfz-Haftpflichtversicherung die Kosten der Rechtsverteidigung allein trägt, ist im Kostenfestsetzungsverfahren die Umsatzsteuer immer voll erstattungsfähig, auch wenn der mitverklagte Halter und/oder Fahrer zum Vorsteuerabzug berechtigt ist.[34] Siehe auch Rn 93 ff.

124 10. **Die Regulierung von Haftpflicht- und Kaskoschäden.** Eine Angelegenheit liegt vor, wenn ein einheitlicher Auftrag gegeben ist, die Tätigkeit sich im gleichen Rahmen hält und zwischen den einzelnen Gegenständen der anwaltlichen Tätigkeit ein innerer Zusammenhang besteht.

125 Die Regulierung über die Kaskoversicherung sowie die Geltendmachung von Schadensersatzansprüchen gegen den Versicherer des Schädigers sind unterschiedliche Angelegenheiten. Es wird gegen verschiedene Anspruchsgegner vorgegangen. Des Weiteren werden gegenüber der Haftpflichtversicherung deliktische Schadensersatzansprüche geltend gemacht. Die Haftung

---

33 BGH, Urt. v. 20.5.2014 – I ZR 396/13, zfs 10/14, 585 = DAR-Service 10/2014, 615.
34 BGH, Beschl. v. 25.10.2005 – VI ZB 58/04.

des Kaskoversicherers basiert auf vertraglicher Grundlage. Es liegen zwei selbständige Gebührenangelegenheiten vor, die gesondert abzurechnen sind gegenüber dem Auftraggeber. Zu empfehlen ist eine gesonderte Vollmacht. Streitwert bzgl der Inanspruchnahme der Kaskoversicherung ist die Ersatzleistung, mithin der Fahrzeugschaden abzüglich der Selbstbeteiligung. Strittig ist die Erstattungspflicht durch die gegnerische Haftpflichtversicherung. Bejaht wurde dies in der einer Entscheidung des AG Köln vom 5.7.2012.[35] Zu prüfen ist, ob die Einschaltung eines Anwalts für die Regulierung mit der eigenen Kaskoversicherung notwendig war. Nach der Entscheidung des BGH vom 8.5.2012[36] ist ein Erstattungsanspruch eingeschränkt möglich. So muss die Hinzuziehung eines Rechtsanwalts erforderlich und zweckmäßig gewesen sein, damit eine Ersatzpflicht des Schädigers besteht. Bei einfach gelagerten Versicherungsfällen muss sich der Kaskoversicherer mit der Schadensregulierung in Verzug befunden oder eine anderweitige Pflicht verletzt haben. In allen anderen Fällen ist die Hinzuziehung eines Rechtsanwalts nicht notwendig, so dass auch die Kosten für die Inanspruchnahme nicht erstattungsfähig sind. Man sollte jedoch dann der gegnerischen Haftpflichtversicherung die Kosten aus dem Gegenstandswert in Rechnung stellen, der sich ergeben hätte, wenn der Kaskoversicherer nicht in Anspruch genommen worden wäre, sofern eine vollständige Haftung besteht,[37] anderenfalls unter Berücksichtigung der Quote. So auch LG Lüneburg:[38] Rechtsanwaltskosten berechnen sich aus der ursprünglich berechtigten und geltend gemachten Forderung ohne Berücksichtigung einer späteren Zahlung der Kaskoversicherung.

126 Zu überlegen wäre, ob nicht der Rechtsanwalt, der bei einer Abrechnung nach dem Quotenvorrecht zur Inanspruchnahme der Kaskoversicherung rät, eine Beratungsgebühr vom Unfallgegner erstattet verlangen kann. Angesichts des bestehenden Quotenvorrechts wäre diese Beratung auch erforderlich und zweckmäßig. Der Geschädigte kann ohne anwaltliche Beratung nicht wissen, dass solch eine entsprechende Abrechnungsmöglichkeit besteht. Ebenso wenig kann der Geschädigte beurteilen, ob sich die Inanspruchnahme der Kaskoversicherung im Hinblick auf die Rückstufung wirtschaftlich lohnt. Demzufolge sollte zumindest die Beratungsgebühr erstattungsfähig sein. Die zukünftige Rechtsprechung bleibt abzuwarten.

127 **11. Die Kostendeckungsanfrage bei der Rechtsschutzversicherung.** Wird der Rechtsanwalt mit der Einholung einer Deckungszusage beauftragt, so entsteht hierfür eine eigene Geschäftsgebühr, da eine eigene Angelegenheit vorliegt. Gegenstandswert sind die Anwaltskosten, dh die Kosten, von denen der Mandant befreit werden möchte. Für eine Deckungszusage im gerichtlichen Verfahren sind die Anwaltskosten der Gegenseite sowie die Gerichtskosten mit zu berücksichtigen. Zu berücksichtigen ist jedoch, dass der Rechtsanwalt seinen Mandanten darauf hinweisen muss, dass hierdurch gesonderte Gebühren entstehen. Das OLG Celle[39] stellt hierzu fest, dass der Geschädigte eine Rechtsschutzversicherung unterhält, um sein eigenes Kostenrisiko abzudecken. Die Einholung einer Deckungszusage ist nicht unmittelbar mit dem Schadenseintritt verknüpft. Auch muss die Einholung der Deckungszusage nicht durch einen Rechtsanwalt erfolgen. Der Anwalt muss seinen Mandanten ausdrücklich darauf hinweisen, dass durch die Einholung der Deckungszusage bei der Rechtsschutzversicherung ein eigener Gebührentatbestand begründet werden soll und der Mandant diese Kos-

---

35 AG Köln – 274 C 22/12.
36 BGH – VI ZR 196/11.
37 Gerold/Schmidt/*Mayer*, RVG, 2300, 2301 VV, Rn 46.
38 Urt. v. 7.4.2015 – 9 S 104/14, Der Verkehrsanwalt 2/2015, 109.
39 OLG Celle, Urt. v. 12.1.2011 – 14 U 78/10.

ten unter Umständen selbst zu begleichen hat. Des Weiteren argumentiert der BGH[40] zur Erstattungspflicht durch die Gegenseite wie folgt:

> *„Unter dem Gesichtspunkt des Verzugsschadens sind Anwaltskosten für die Einholung einer Deckungszusage des Rechtsschutzversicherers des Geschädigten ... nicht zu erstatten, wenn die Inanspruchnahme anwaltlicher Hilfe zur Einholung der Deckungszusage nicht erforderlich war."*

128 **12. Die Strafanzeige.** Beauftragt der Mandant den Anwalt mit dem Fertigen und/oder Einreichen einer Strafanzeige, so fällt eine Gebühr nach Teil 4 RVG an (Nr. 4302 Nr. 3 VV RVG). War die Strafanzeige für die Führung des Prozesses bzw Durchsetzung des Anspruchs notwendig geboten, kann eine Erstattungspflicht durch die Gegenseite gegeben sein (zB Anzeige wegen Verkehrsunfallflucht zur Ermittlung des Halters und Fahrers[41]).

129 **13. Die Erstellung des Aktenauszuges.** Wird der Rechtsanwalt von der Versicherung mit der Fertigung eines Aktenauszuges beauftragt, und ist er selbst nicht Prozessbevollmächtigter der Versicherung, erhält er hierfür ein Pauschalhonorar von 26 bis 30 EUR sowie für jede Kopie die Gebühren gem. Nr. 7000 VV RVG. Bei einer Überlassung einer Aktenergänzung werden 13 bis 15 EUR fällig zuzüglich der Kopiekosten gem. Nr. 7000 VV RVG. Ebenfalls zu erstatten ist die Aktenversendungspauschale. Die Aktenversendungspauschale ist mit Umsatzsteuer zu belegen.

130 **14. Die Hebegebühr.** Die Hebegebühr erfasst die gesamte mit der Erhebung, Verwahrung und Ablieferung des Geldes verbundene Mühewaltung und Verantwortlichkeit des Rechtsanwaltes. Diese zusätzliche Verwahrungs- und Verwaltungstätigkeit des Anwalts stellt ein eigenes Verwahrungsgeschäft dar und ist damit eine selbständige gebührenrechtliche Angelegenheit. Der Rechtsanwalt ist berechtigt, die ihm zustehenden Hebegebühren unmittelbar vor Weiterleitung der Fremdgelder an seinen Auftraggeber zu entnehmen, jedoch nicht bei der Weiterleitung von Geldern an Dritte.

131 Der Gegner muss die Hebegebühr im Regelfall nicht erstatten. Denn die Einschaltung des Anwalts zum Inkasso ist nur ausnahmsweise zur zweckentsprechenden Rechtsverfolgung notwendig (§ 91 Abs. 2 ZPO), beispielsweise bei einer komplizierten Unfallschadensregulierung, die eine Überwachung der Zahlungsabwicklung durch den Anwalt erfordert.[42] Zahlt die Versicherung statt an den Mandanten bzw den Rechnungssteller an den Anwalt, obwohl sie ausdrücklich und unter Hinweis des Anfalles der Hebegebühr zur direkten Zahlung aufgefordert wurde, so ist die dadurch entstandene Hebegebühr vom Gegner zu ersetzen.[43]

II. Die Abrechnung der anwaltlichen Vergütung in Verkehrsstraf-/bußgeldsachen

132 **1. § 14 RVG.** Gem. § 14 RVG bestimmt der Rechtsanwalt die Gebühr im Einzelfall unter Berücksichtigung aller Umstände. Maßgeblich sind Umfang und Schwierigkeit der anwaltlichen Tätigkeit, Bedeutung der Angelegenheit, Einkommensverhältnisse des Auftraggebers, Vermögensverhältnisse des Auftraggebers und ein besonderes Haftungsrisiko des Rechtsanwalts. Da es sich bei der Gebührenbestimmung des Rechtsanwalts um eine Ermessenentscheidung handelt, hat die Rechtsprechung eine Toleranzgrenze von 20 % angesetzt.

---

40 BGH, Urt. v. 9.3.2011 – VIII ZR 132/10, NJW 2011, 1222.
41 OLG Saarbrücken OLGR 1998, 136; LG Frankfurt JurBüro 1982, 1247.
42 OLG Frankfurt OLGR 1993, 171.
43 LG Hanau, zfs 1989, 126; LG Mannheim, Urt. v. 13.2.2014 – 10 S 71/13, Der Verkehrsanwalt 3/2014, 168.

E. Anwaltsgebühren in Verkehrsangelegenheiten

- **Umfang der anwaltlichen Tätigkeit**
  Zeitlicher Aufwand: Aktenstudium, Besprechungen mit Auftraggeber oder Dritten (zB Sachverständigen), Vorbereitung der Hauptverhandlung (zB Besichtigung des Unfallortes), Zeitaufwand für Termine (Wartezeiten vor Beginn der Hauptverhandlung, Dauer der Hauptverhandlung, wobei in Strafsachen von einer durchschnittlichen Dauer von ein bis zwei Stunden ausgegangen wird), Zeitablauf zwischen Übernahme des Mandates und Mandatsbeendigung.
- **Schwierigkeit der anwaltlichen Tätigkeit** (aus Sicht des Allgemeinanwalts)
  Schwierigkeiten im tatsächlichen aber auch juristischen Bereich,
  Fremdsprachenkenntnisse/mangelnde Deutschkenntnisse des Mandanten,
  Tätigwerden als Spezialist/Fachanwalt.
- **Bedeutung der Angelegenheit**
  Auswirkungen für den Mandanten – persönliches, ideelles/tatsächliches, wirtschaftliches Interesse,
  Bedeutung des Bußgeldverfahrens für die Regulierung des zivilrechtlichen Schadens,
  Existenzbedrohung bei Führerscheinverlust.
- **Einkommens- und Vermögensverhältnisse des Auftraggebers**
  wirtschaftliche Verhältnisse,
  durchschnittliches monatliches Einkommen in Deutschland: 2.500 EUR brutto.

2. Mittelgebühr. Die Gebühren in Straf- und Bußgeldsachen sind idR Betragsrahmengebühren. Sie sind durch einen Mindest- und Höchstrahmen begrenzt. Die Mittelgebühr berechnet sich wie folgt:

$$\frac{\text{Mindestgebühr} + \text{Höchstgebühr}}{2}$$

Der Rechtsanwalt muss somit all seine Tätigkeiten vollständig und umfänglich in der Akte dokumentieren sowie peinlich genau Zeiterfassung betreiben. In „Normalfällen" entspricht die Bestimmung der Mittelgebühr billigem Ermessen. Der Rechtsanwalt darf aber nicht ohne Abwägung der Bemessungskriterien generell die Mittelgebühren abrechnen.[44]

3. Unbilligkeit. Unbillig im Sinne des § 14 Abs. 1 S. 4 RVG ist eine Gebührenbestimmung, wenn sie um 20 % oder mehr von der Gebühr abweicht, die sich unter Berücksichtigung aller in § 14 Abs. 1 S. 1 RVG genannten Bemessungsgrundlagen ergibt.[45]

4. Verschiedene Angelegenheiten. Grundsätzlich gilt, dass der Anwalt in derselben Angelegenheit die Gebühren nur einmal fordern darf gem. § 15 Abs. 2 RVG. Das RVG stellt unter § 17 Nr. 10 und 11 klar, wann es sich um verschiedene Angelegenheiten handelt. Verschiedene Angelegenheiten sind demnach:

- das strafrechtliche Ermittlungsverfahren und a) ein nachfolgendes gerichtliches Verfahren und b) ein sich nach Einstellung des Ermittlungsverfahrens anschließendes Bußgeldverfahren,

---

[44] LG Koblenz, RVGreport 2014, 264; RVGprofessionell 2014, 99.
[45] OLG Dresden, Beschl. v. 16.9.2014 – 3 Ws 27/14; LG Dresden, Beschl. v. 21.7.2014 – 2 Qs 8/14.

■ das Bußgeldverfahren vor der Verwaltungsbehörde und das nachfolgende gerichtliche Verfahren.

Bei dem vorbereitenden Verfahren und dem gerichtlichen Verfahren handelt es sich um unterschiedliche Angelegenheiten, so dass die Auslagenpauschale gem. Nr. 7002 VV RVG jeweils gesondert entsteht.

137 Die Dokumentenpauschale ist für jede gebührenrechtliche Angelegenheit gesondert zu berechnen. Dies wirkt sich auch auf die Fertigung von Kopien aus Strafakten aus, als die reduzierten Kopiekosten mit 0,15 EUR ab der 51. Kopie jeweils gesondert einzusetzen sind. Die Zählung der Kopien beginnt für jede Angelegenheit wieder bei eins. Zu berücksichtigen sind die höhere Vergütung für Farbkopien gem. Nr. 7000 Nr. 1 VV RVG.

138 Da es sich gem. § 17 Nr. 10 b RVG bei Straf- und Bußgeldverfahren um verschiedene Angelegenheiten handelt, sind die Gebühren gesondert abzurechnen. Die Grundgebühr entsteht nur einmal gem. Nr. 5100 Abs. 2 VV RVG. Sollte sich dem Bußgeldverfahren ein Strafverfahren anschließen, dann ist die im Bußgeldverfahren entstandene Grundgebühr auf das Strafverfahren anzurechnen, so dass im Ergebnis die höhere Grundgebühr des Strafverfahrens gem. Nr. 4100 VV RVG verbleibt und die geringere Grundgebühr des Bußgeldverfahrens wegfällt.

139 **5. Aktenversendungspauschale.** Nach der Neufassung der Nr. 9003 GKG-KostVerz. durch das 2. KostRModG kann die Aktenversendungspauschale bei Gewährung von Akteneinsicht über ein Gerichtsfach eines Rechtsanwalts nicht mehr erhoben werden.[46]

140 **6. Einlegung von Rechtsmitteln.** Anders als im Zivilverfahren gehört die Einlegung von Rechtsmitteln zum Rechtszug und ist somit nicht gesondert abrechenbar (§ 19 Abs. 1 S. 2 Nr. 10 RVG).

141 **7. Beschwerdeverfahren.** Bzgl der Abrechnung von Beschwerden bestehen keine Besonderheiten. In der Regel wird es sich um Beschwerden gegen Beschlüsse nach § 111 a StPO handeln. Nach § 19 Abs. 1 S. 2 Nr. 10 a RVG gehören die Beschwerdeverfahren, wenn sich die Gebühren nach Teil 4, 5 oder 6 VV RVG richten und dort nichts anderes bestimmt ist oder besondere Gebührentatbestände vorgesehen sind, ausdrücklich zum Rechtszug. Der Verteidiger muss die Beschwerde bei der Bemessung der Verfahrensgebühr mit berücksichtigen.

142 Gem. Vorbemerkung 4 Abs. 5 bzw Vorbemerkung 5 Abs. 4 VV RVG erhält der Anwalt für Tätigkeiten im Erinnerungs- und Beschwerdeverfahren in Kostenfestsetzungsverfahren Gebühren nach Teil 3 VV RVG. Der Anwalt erhält eine 0,5-Verfahrensgebühr gem. Nr. 3500 VV RVG aus dem Wert, in welchem Umfang eine Änderung des Festsetzungsbeschlusses beantragt wird.

143 **8. Strafvollstreckung.** Im verkehrsrechtlichen Mandat können ebenfalls Gebühren für die Tätigkeiten in der Strafvollstreckung (Nr. 4200 ff VV RVG) anfallen, dh die Tätigkeit des Rechtsanwalts nach Abschluss des Erkenntnisverfahrens. Dies kann ein Antrag auf Ratenzahlung einer Geldstrafe (§§ 450 a StPO, 42 StGB, Nr. 4204 VV RVG) oder die Abkürzung einer Sperrfrist für die Wiedererteilung der Fahrerlaubnis sein (§§ 69 a Abs. 7 StGB, Nr. 4204 VV RVG).

---

46 OLG Köln, Beschl. v. 16.10.2014 – 2 Ws 601/14, AGS 11/2014, 513.

9. Der Gebührenvorschuss. Grundsätzlich sollte der Rechtsanwalt von seinem Auftraggeber einen Vorschuss auf die voraussichtlich entstehenden Gebühren und Auslagen gem. § 9 RVG verlangen. Dieser entsteht mit Auftragserteilung. Üblicherweise wird die Mittelgebühr gefordert. Selbst diese kürzen einige Rechtsschutzversicherer gern unter Verweis auf § 14 RVG. Es ist Folgendes zu bedenken: Gem. § 9 RVG kann der Anwalt jederzeit einen angemessenen Vorschuss fordern. Die Kriterien des § 14 Abs. 1 RVG spielen erst eine Rolle, wenn das Mandat beendet ist. Die Höhe des Vorschusses richtet sich nach der Angemessenheit. Üblicherweise können Mittelgebühren gefordert werden, da mit diesen Gebühren im Verlaufe des Mandates zu rechnen ist. Dies ist vor allem im strafrechtlichen Mandat sinnvoll. Bei einer Körperverletzung kommt sowohl vorsätzliche als auch fahrlässige Begehungsweise in Betracht. Die Deckungszusage erfolgt dann unter dem Vorbehalt, dass ein Vorsatz nicht rechtskräftig festgestellt wird. Bei einer Verurteilung wegen Vorsatzes behält sich die Rechtsschutzversicherung die Rückforderung geleisteter Gelder vor. Die Rückforderung darf nicht mit Wirkung gegenüber dem Rechtsanwalt erklärt werden, sondern gegenüber dem Versicherungsnehmer. Die Rechtsschutzversicherung muss sich die geleisteten Zahlungen direkt vom Versicherungsnehmer zurückholen. In diesen Mandaten ist es sinnvoll, *spätestens* nach Vorlage der Terminsladung einen Vorschuss für das gerichtliche Verfahren einzuholen.

10. Gebührenbestimmung/Endabrechnung. Eine einmal getroffene Gebührenbestimmung ist bindend, es sei denn der Rechtsanwalt hat einen Gebührentatbestand versehentlich übersehen oder es haben sich nachträglich wesentliche Änderungen hinsichtlich der für die Bestimmung des Gebührensatzes maßgeblichen Umstände, die bei Rechnungstellung noch nicht bekannt gewesen sind, ergeben.[47]

III. Die Abrechnung der anwaltlichen Vergütung in Verkehrsstrafsachen

1. Die Gebühren. Die anwaltliche Vergütung in Strafsachen richtet sich nach Teil 4 VV RVG. Die Grundgebühr gem. Nr. 4100 VV RVG entsteht für die erstmalige Einarbeitung in den Rechtsfall, unabhängig davon, in welchem Verfahrensabschnitt sie erfolgt. Die Verfahrensgebühr erhält der Anwalt für das Betreiben des Geschäfts einschließlich der Information. Diese Gebühr kann sowohl im vorbereitenden Verfahren als auch im gerichtlichen Verfahren entstehen. Durch sie wird die gesamte Tätigkeit des Rechtsanwalts im jeweiligen Verfahrensabschnitt und jeweiligen Rechtszug abgegolten.

Terminsgebühren entstehen für Termine außerhalb der Hauptverhandlung und im gerichtlichen Verfahren für die Hauptverhandlungstermine. Sie entsteht für die Teilnahme an einem Termin. Gem. Nr. 4102 Abs. 2 VV RVG entsteht die Terminsgebühr auch für die polizeiliche Vernehmung. Im gerichtlichen Verfahren richtet sich die Höhe der Terminsgebühren nach der Ordnung des Gerichts. In Strafsachen entsteht die Terminsgebühr je Termin und kann daher mehrmals in derselben Angelegenheit entstehen. Die Hauptverhandlung beginnt mit dem Aufruf der Sache, so dass bei einer sofortigen Rücknahme des Einspruchs gegen den Strafbefehl die Gebühr trotzdem entsteht oder wenn der Angeklagte zum Beispiel nicht erschienen ist. Selbst für einen „geplatzten Termin" erhält der Verteidiger die Terminsgebühr gem. Vorbemerkung Teil 4 Abs. 3, wenn er im Termin erscheint, dieser aber aus Gründen, die er nicht zu vertreten hat, nicht stattfindet.

---

47 OLG Köln RVGreport 2010, 138.

148 Die Verfahrensgebühr entsteht gem. Nr. 4104 VV RVG im vorbereitenden Verfahren, gem. Nr. 4106 VV RVG im gerichtlichen Verfahren. Das vorbereitende Verfahren beginnt mit der Aufnahme der strafrechtlichen Untersuchungen bei der Polizei und/oder Staatsanwaltschaft und endet (bei Überleitung in das gerichtliche Verfahren) mit dem Eingang der Anklageschrift oder dem Eingang des Antrags auf Erlass des Strafbefehls bei Gericht. Die Verfahrensgebühren richten sich nach der Ordnung des Gerichts.

149 Die Verfahrensgebühr kann mit Zuschlag entstehen, wenn der Beschuldigte zu irgendeinem Zeitpunkt während des Verfahrens inhaftiert war.

150 Eine zusätzliche Gebühr gem. Nr. 4141 VV RVG erhält der Rechtsanwalt wenn durch seine anwaltliche Mitwirkung, die Hauptverhandlung entbehrlich wird. Nach Abs. 3 Satz 2 der Anmerkung zu Nr. 4141 VV RVG entsteht sie für den Wahlanwalt als Mittelgebühr. Es handelt sich um eine Festgebühr.[48] Wird der Einspruch gegen einen Strafbefehl zurückgenommen und ist bereits Termin zur Hauptverhandlung bestimmt, fällt diese nur an, wenn die Rücknahme früher als zwei Wochen vor Beginn des Tages, der für die Hauptverhandlung vorgesehen war, erfolgt (Nr. 4141 Abs. 1 Nr. 3 VV RVG). Die Gebühr fällt auch an, wenn das Strafverfahren eingestellt wird und das Verfahren als Bußgeldsache fortgesetzt wird. Die Grundgebühr fällt jedoch nur einmal an.

151 Wenn die Staatsanwaltschaft das Verfahren einstellt und den Anzeigenerstatter gleichzeitig auf den Privatklageweg verweist, kann ebenfalls die Gebühr nach Nr. 4141 VV RVG entstehen. Es kann sich nach dem (Offizial-)Verfahren ein weiteres (Privatklage-)Verfahren anschließen. Es handelt sich um verschiedene Angelegenheiten iSd § 15 RVG, sodass die Einstellung unter Verweisung auf den Privatklageweg ausreicht zum Entstehen der zusätzlichen Gebühr gem. Nr. 4141 VV RVG. Auch bei Rücknahme einer Berufung oder Revision, egal ob durch Staatsanwaltschaft oder den Anwalts selbst, kann die Zusatzgebühr entstehen.

152 Beispiel:
Dem Beschuldigten wird ein Verkehrsunfall vorgeworfen. Dem beauftragten Rechtsanwalt gelingt es, die Staatsanwaltschaft von der Geringfügigkeit des Vergehens des Mandanten zu überzeugen. Das Verfahren wird gem. § 153 a StPO eingestellt.

Geb. Nr.	Satz	Bezeichnung	Gebühr
4100		Grundgebühr	200,00 EUR
4104		Verfahrensgebühr	165,00 EUR
4141		Entbehrliche Hauptverhandlung	165,00 EUR
7002		Pauschale für Entgelte für Post- und Telekommunikationsdienstleistungen	20,00 EUR
		Summe	550,00 EUR
7008		19 % Umsatzsteuer von 550 EUR	104,50 EUR
		Summe	654,50 EUR

---

48 LG Saarbrücken, Beschl. v. 5.2.2015 – 6 Qs 7/15.

Es wurde von Mittelgebühren ausgegangen. Die Gebühr gem. Nr. 4141 VV RVG bemisst sich für den Wahlanwalt nach der Rahmenmitte der jeweiligen Verfahrensgebühr und entsteht somit immer in Höhe der Mittelgebühr.

Die zusätzliche Gebühr gem. Nr. 4141 VV RVG entsteht auch, wenn der Einspruch gegen den Strafbefehl auf die Höhe der Tagessätze einer festgesetzten Geldstrafe beschränkt wurde und im Beschlussverfahren entschieden wird (Nr. 4141 Abs. 1 Nr. 4 VV RVG). Die zusätzliche Gebühr gem. Nr. 4141 VV RVG entsteht auch dann, wenn schon eine Hauptverhandlung stattgefunden hat und diese ausgesetzt werden muss und danach dem Verteidiger es gelingt, das Verfahren außerhalb der Hauptverhandlung einzustellen.[49] Für die Mitwirkung bei der Erledigung des Verfahrens genügt gebührenrechtlich jede Tätigkeit des Verteidigers, die zur Förderung der Verfahrenseinstellung geeignet ist. Ausführungen zur Einstellung des staatsanwaltschaftlichen Ermittlungsverfahrens können auch die Erledigung des anschließenden Ordnungswidrigkeitsverfahrens fördern.[50]

153

Die Gebühren des Teil 4 VV RVG gelten auch für die Vertretung von Nebenklägern. Bei der Vertretung mehrerer Nebenkläger im selben Verfahren erhöhen sich die Verfahrensgebühren um 30 % gem. Nr. 1008 VV RVG.

154

2. Entscheidungen in Verkehrsstrafsachen

- Die Gebühr Nr. 4141 VV stellt für den Wahlanwalt eine Festgebühr in Höhe der jeweiligen Mittelgebühr dar. Für die Tätigkeit im Zusammenhang mit der Entziehung der Fahrerlaubnis entsteht keine gesonderte Gebühr Nr. 4142 VV.
(AG Weilburg, Urteil v. 20.3.2007 – 5 C 646/06 (52), AGS 11/2007, 561)
- Bei der zusätzlichen Verfahrensgebühr Nr. 4141 VV handelt es sich um eine Festgebühr in Höhe der Mittelgebühr.
(LG Saarbrücken, Beschluss vom 5.2.2015 – 6 Qs 7/15)
- Die Gebühr Nr. 4141 VV entsteht durch die Rücknahme der Berufung auch dann, wenn die Berufung zurückgenommen wird, nachdem bereits eine Berufungshauptverhandlung stattgefunden hat, in dem das Verfahren nicht erledigt worden ist.
(AG Wittlich, Beschluss vom 15.8.2006 – 8004 Js 11520105.3 Ds; AGS 10/2006, 500)
- Die Gebühr Nr. 4141 Anm. 1 Nr. 3 entsteht auch dann, wenn nach Aussetzung einer früheren Hauptverhandlung die neu anzuberaumende Hauptverhandlung entbehrlich wird. Honoriert wird in diesem Fall, dass die neue Hauptverhandlung nicht vorbereitet und/oder nicht durchgeführt werden muss.
(LG Düsseldorf, Beschluss v. 25.9.2006 – IV Qs 66/06, AGS 1/2007, 36)
- Auch in überdurchschnittlich schwierigen, schweren und umfangreichen Verkehrsstrafsachen – fahrlässige Tötung infolge Trunkenheit – rechtfertigten sich unter Ausnutzung des anwaltlichen Ermessensspielraumes durchaus auch die gesetzlichen Höchstgebühren, dies nicht nur für die Verteidigung, sondern ebenfalls für die Nebenklagevertretung.
(LG Nürnberg, Beschluss vom 22.11.2007 – 5 Qs 166/07, Der Verkehrsanwalt 02.2008)

155

---

49 BGH, Beschl. v. 14.4.2011 – IX ZR 153/10.
50 BGH, Urt. v. 18.9.2008 – IX ZR 174/07.

IV. Die Abrechnung der anwaltlichen Vergütung in Verkehrsbußgeldsachen

155a **1. Die Gebühren.** Die anwaltliche Vergütung in Owi-Sachen richtet sich nach Teil 5 VV RVG. Die Grundgebühr gem. Nr. 5100 VV RVG entsteht nur einmal, unabhängig in welchem Verfahrensabschnitt die Beauftragung erfolgt. Sie entsteht nicht, wenn in einem vorangegangenen Strafverfahren für dieselbe Handlung oder Tat die Grundgebühr gem. Nr. 4100 VV RVG bereits angefallen ist. Neben der Grundgebühr entsteht dem Rechtsanwalt die Verfahrensgebühr. Terminsgebühren entstehen für Termine außerhalb der Hauptverhandlung (zB Vernehmungen vor Polizei und Verwaltungsbehörde) und im gerichtlichen Verfahren für die Hauptverhandlungstermine. Sie entsteht für die Teilnahme an einem Termin. Die Höhe der anwaltlichen Vergütung ist abhängig von der Höhe der Geldbuße. In den Fällen, in denen der Auftraggeber den Anwalt mit einem Anhörungsbogen aufsucht, hat der Anwalt die der konkreten Bußgeldvorschrift zugrunde gelegte Geldbuße für die Berechnung seiner Gebühr heranzuziehen.

155b Wird durch die anwaltliche Mitwirkung ein Verfahren vor der Verwaltungsbehörde erledigt oder die Hauptverhandlung entbehrlich, so entsteht eine zusätzliche Gebühr nach Nr. 5115 VV RVG in Höhe der jeweiligen Verfahrensgebühr. Sie bemisst sich nach der Rahmenmitte gem. Nr. 5115 Abs. 3 S. 2 VV RVG. Es handelt sich um eine Festgebühr.[51] Für eine Mitwirkung genügt es nicht, lediglich die Mandatierung anzuzeigen und die Akte anzufordern mit unbegründetem Einstellungsantrag.[52] Sie entsteht u.a. bei Einstellung des Verfahrens, wenn der Einspruch gegen den Bußgeldbescheid zurückgenommen oder der Bußgeldbescheid nach Einspruch von der Verwaltungsbehörde zurückgenommen wird und gegen einen neuen Bußgeldbescheid kein Einspruch eingelegt wird. Bei einer Einspruchsrücknahme im gerichtlichen Verfahren muss die Rücknahme früher als zwei Wochen vor Beginn des Tages, der für die Hauptverhandlung vorgesehen war, erfolgen. Entscheidet das Gericht durch Beschluss nach § 72 Abs. 1 S. 1 OWiG, fällt diese Gebühr ebenfalls an. Für die Mitwirkung an der Erledigung des Verfahrens kann es auch genügen, wenn der Verteidiger seinem Mandanten rät, zu dem erhobenen Vorwurf zu schweigen, und dies der Verwaltungsbehörde mitteilt, wobei nicht offenkundig sein darf, dass dieser die ihm vorgeworfene Ordnungswidrigkeit nicht begangen haben kann.[53]

155c **Beispiel:**
Der Betroffene, welcher Berufskraftfahrer ist, kommt in die Kanzlei und übergibt einen Bußgeldbescheid. Gegen den Bußgeldbescheid iHv 100 EUR und Fahrverbot legt der Verteidiger Einspruch ein. Der Verteidiger gibt eine Einlassung ab und führt ein Telefonat mit dem Sachbearbeiter der Behörde und erreicht damit, dass der Bußgeldbescheid von der Behörde zurückgenommen und ein neuer Bußgeldbescheid – ohne Fahrverbot – erlassen wird. Die Einarbeitung war durchschnittlich. Die Verhandlung mit der Verwaltungsbehörde gestaltete sich schwierig.

---

51 LG Verde, Beschl. v. 7.4.2008 – 1 Qs 166/07.
52 AG Hannover, JurBüro 2006, 79.
53 BGH, Urt. v. 20.1.2011 – IX ZR 123/10.

E. Anwaltsgebühren in Verkehrsangelegenheiten

Geb. Nr.	Satz	Bezeichnung	Gebühr
5100		Grundgebühr	100,00 EUR
5103		Verfahrensgebühr bei einer Geldbuße von 60 bis 5.000 EUR	250,00 EUR
5115		Erledigte oder entbehrliche Hauptverhandlung	160,00 EUR
7002		Pauschale für Entgelte für Post- und Telekommunikationsdienstleistungen	20,00 EUR
		Summe	**530,00 EUR**
7008		19 % Umsatzsteuer von 530 EUR	100,70 EUR
		Summe	**630,70 EUR**

Die Grundgebühr wurde in Höhe der Mittelgebühr angesetzt. Die Verfahrensgebühr wurde angemessen erhöht. Der Mandant ist als Berufskraftfahrer dringend auf seinen Führerschein angewiesen. Seine Existenz war bedroht. Die Erledigungsgebühr gem. Nr. 5115 VV RVG entsteht immer in Höhe der Mittelgebühr der jeweiligen Verfahrensgebühr.

Die Gebühr gem. Nr. 5115 Abs. 1 Nr. 4 VV RVG entsteht auch bei Rücknahme der Rechtsbeschwerde und wenn es daher zu keiner Hauptverhandlung kommt. Auch wenn im Zulassungsverfahren der Antrag auf Zulassung der Rechtsbeschwerde zurückgenommen wird, kann die Gebühr entstehen. Ein anberaumter Hauptverhandlungstermin ist nicht Voraussetzung. Grundsätzlich ist der Ansatz von Mittelgebühren in straßenverkehrsrechtlichen Bußgeldsachen gerechtfertigt. | 155d

2. Entscheidungen in Bußgeldsachen

- Ausführungen zur Einstellung des staatsanwaltschaftlichen Ermittlungsverfahrens können auch die Erledigung des anschließenden Ordnungswidrigkeitenverfahrens fördern und dort die zusätzliche Gebühr auslösen.
(BGH, Urteil v. 18.9.2008 – IX ZR 174/07, AGS 10/2008, 491 f)
Die zusätzliche Gebühr kann somit auch abgerechnet werden, wenn keine gesonderte Tätigkeit im Ordnungswidrigkeitenverfahren erfolgt. Erforderlich ist nur, dass die Ausführungen im Schriftsatz des Anwalts beide Vorwürfe (strafrechtlich und bußgeldrechtlich) betreffen. Dh mit einer Einlassung kann die zusätzliche Gebühr zweimal verdient werden. | 155e
- Die zusätzliche sog. Befriedigungsgebühr fällt in Bußgeldsachen auch dann an, wenn das Gericht einem Verlegungsantrag entsprochen und der Anwalt danach vor Beginn der Zweiwochenfrist den Einspruch zurückgenommen hat.
(AG Wiesbaden, Urteil vom 13.10.2005 – 92 C 3580/05–28, MittBl der Arge VerkR 1/2006)
- Die zusätzliche Gebühr kann auch dann abgerechnet werden, wenn die Hauptverhandlung ausgesetzt und hiernach dann im schriftlichen Verfahren nach § 72 OWiG entschieden wird. (AG Köln, Urteil v. 2.5.2007 – 143 C 160/07, AGS 12/2007, 621 f)

§ 1 Die praktische Führung des verkehrsrechtlichen Mandats

- Auch in Verfahren wegen Verkehrsordnungswidrigkeiten ist grundsätzlich die Mittelgebühr als angemessen anzusehen. Die Gebührenbestimmung durch den Rechtsanwalt ist nur dann nicht verbindlich, wenn sie deutlich unbillig zu hoch ist.
  (AG München, Urteil v. 14.1.2007 – 222 C 25670/07, Der Verkehrsanwalt 1/2008, 31)
- Auch in durchschnittlichen verkehrsrechtlichen OWi-Sachen ist der Ansatz der Mittelgebühr gerechtfertigt und nicht unbillig.
  (AG Hanau, Beschluss v. 12.11.2007 – 55 OWi 169/07, Der Verkehrsanwalt 1/2008, 31)
- Droht ein Fahrverbot, handelt es sich idR um eine überdurchschnittliche Angelegenheit, so dass das Überschreiten der Mittelgebühr nicht zu beanstanden ist.
  (LG Kleve, zfs 94, 65; AG Wiesbaden, zfs 02, 91; AG Oldenburg, ZfS 02, 92; AG Straussberg in zfs 02,147)
- Wenn eine Eintragung von Punkten in das Verkehrszentralregister droht, liegt auch eine hohe Bedeutung für den Betroffenen vor.
  (LG Gera, JurBüro 2000, 581, LG Potsdam, MDR 200, 581).
- Liegt die verhängte Geldbuße schon weit vom Betrag her erheblich über dem, was ist Normalfällen als Geldbuße verhängt wird, handelt sich um einen Berufskraftfahrer und wird außerdem ein Fahrverbot ausgesprochen, dann ist die Angelegenheit für den Betroffenen von herausragender Bedeutung und die Überschreitung der Mittelgebühr gerechtfertigt.
  (AG Zweibrücken, ZfS 1998, 395)
- Bei einem Fahrverbot, dem drohenden Eintrag von vier Punkten im Verkehrszentralregister und zu befürchtenden weiteren führerscheinrechtlichen Konsequenzen ist von einer weit überdurchschnittlichen Bedeutung der Sache auszugehen.
  (AG Karlsruhe, Beschluss vom 4.9.2008 – 4 OWi 308/08, AGS 10/2008, 492 f)
- Bußgeldverfahren wegen Verkehrsordnungswidrigkeiten, die außer der verhängten Geldbuße für den Betroffenen keine weiteren Auswirkungen haben, sind mit einer unter der Mittelgebühr liegenden Gebühr abgegolten. Die Mittelgebühr ist aber gerechtfertigt und bei umfangreicher Tätigkeit oder überdurchschnittlicher Bedeutung auch zu überschreiten, wenn ein Fahrverbot infrage steht oder Eintragung in der sog. Verkehrssünderkartei, die bedeutsam für den Verlust der Fahrerlaubnis werden können.
  (AG Frankenthal, Beschluss vom 29.4.2005 – 5189 Js 16685/04 1 OWi, Zfs 3/2006, 167 f)
- Bei einem Rotlichtverstoß rechtfertigen sich die Mittelgebühren, erst recht wenn der Betroffene einschlägig vorbelastet ist.
  (AG Saarbrücken, Urteil vom 8.7.2005 – 42 C 193/05, MittBl der Arge VerkR 4/2005, 141)

155f Die Einträge im Fahreignungsregisterauszug sind ebenfalls bei der Bestimmung der Gebühr zu berücksichtigen. Man muss mit Maßnahmen der Fahrerlaubnisbehörde rechnen. Kriterien für Gebühren oberhalb der Mittelgebühr werden dargelegt im Gutachten der RAK Düsseldorf vom 4.10.2004.[54] Von überdurchschnittlicher Bedeutung ist eine Angelegenheit, wenn ein Außendienstmitarbeiter dringend auf seine Fahrerlaubnis angewiesen ist. Eine Verhandlungsdauer von 35 min ist überdurchschnittlich, da in der Terminierung der Amtsgerichte ein Verfahrensturnus von 20 min festzustellen ist.

---

54 MittlBl der Arge VerkR 1/2006, 37 ff.

V. Die Abrechnung der anwaltlichen Vergütung im Verwaltungsverfahren

Gem. § 17 Nr. 1 a RVG sind verschiedene Angelegenheiten 155g

- das Verwaltungsverfahren (sog. Antragsverfahren, wenn der Anwalt für den Mandanten einen Antrag bei der Behörde stellt, zB einen Antrag auf Wiedererteilung der Fahrerlaubnis),
- das einem gerichtlichen Verfahrens vorausgehende und der Nachprüfung des Verwaltungsakts dienende weitere Verwaltungsverfahren (Vorverfahren, Einspruchsverfahren, Beschwerdeverfahren ...),
- das Verwaltungsverfahren auf Aussetzung oder Anordnung der sofortigen Vollziehung sowie über einstweilige Maßnahmen zur Sicherung der Rechte Dritter,
- das gerichtliche Verfahren.

Für jede der vorgenannten Angelegenheiten erhält der Anwalt eine extra Gebühr nebst Auslagenpauschale und Umsatzsteuer. Ist der Anwalt sowohl im Antrags- als auch im nachfolgenden Rechtsbehelfsverfahren tätig, erhält er für jedes Verfahren eine Gebühr nach Nr. 2300 VV RVG. Für das gerichtliche Verfahren erhält er die Gebühren nach Teil 3 VV RVG. Zu beachten sind Anrechnungsvorschriften nach Vorbemerkung Teil 2 Abschnitt 3 Abs. 4 bzw Teil 3 Abs. 4 VV RVG.

Beispiel: 155h
Stellt der Anwalt beim zuständigen Landratsamt einen Antrag auf Wiedererteilung der Fahrerlaubnis und wird diese abgelehnt, wogegen der Anwalt Widerspruch mit Begründung einlegt, ergeben sich folgende Gebühren:

Antragsverfahren

Geb. Nr.	Satz	Bezeichnung	Gebühr
2300	1,3	Geschäftsgebühr aus 5.000 EUR	393,90 EUR
7002		Pauschale für Entgelte für Post- und Telekommunikationsdienstleistungen	20,00 EUR
		Summe	413,90 EUR
7008		19 % Umsatzsteuer von 413,90 EUR	78,64 EUR
		Summe	492,54 EUR

Widerspruchsverfahren

Geb. Nr.	Satz	Bezeichnung	Gebühr
2300	1,3	Geschäftsgebühr aus 5.000 EUR	393,90 EUR
	0,65	abzgl. Anrechnung gem. Vorbemerkung 2 Abschnitt 3 Abs. 4 VV RVG	-196,95 EUR
7002		Pauschale für Entgelte für Post- und Telekommunikationsdienstleistungen	20,00 EUR
		Summe	216,95 EUR
7008		19 % Umsatzsteuer von 216,95 EUR	41,22 EUR
		Summe	258,17 EUR

Unter Berücksichtigung des § 15 a RVG steht es dem Anwalt frei, welche der beiden Geschäftsgebühren er anrechnet.

Wird auch der Widerspruch zurückgewiesen, besteht die Möglichkeit der Klage beim zuständigen Verwaltungsgericht. Findet noch ein Gerichtstermin statt, ergeben sich folgende weitere Gebühren:

Gerichtliches Verfahren

Geb. Nr.	Satz	Bezeichnung	Gebühr
3100	1,3	Verfahrensgebühr aus 5.000 EUR	393,90 EUR
	0,65	abzgl. Anrechnung zwischen Nr. 2300 VV RVG und Nr. 3100 VV RVG gem. Vorbemerkung 3 Abs. 4 VV RVG	-196,95 EUR
3104	1,2	Terminsgebühr aus 5.000 EUR	363,60 EUR
7002		Pauschale für Entgelte für Post- und Telekommunikationsdienstleistungen	20,00 EUR
		Summe	580,55 EUR
7008		19 % Umsatzsteuer von 580,55 EUR	110,30 EUR
		Summe	690,85 EUR

155i Die Terminsgebühr fällt gem. Nr. 3104 VV RVG an. Gem. Vorbemerkung Teil 3 Abs. 3 fällt die Terminsgebühr auch an, wenn kein Gerichtstermin stattfindet, zB wenn eine Besprechung mit dem Sachbearbeiter der Behörde erfolgt, die auf Vermeidung oder Erledigung des Verfahrens gerichtet ist – Voraussetzung, ein Prozessauftrag wurde durch den Mandanten erteilt.

155j Im verwaltungsrechtlichen Verfahren kann sowohl eine Einigungsgebühr als auch eine Erledigungsgebühr entstehen. Diese können sowohl gerichtlich als auch außergerichtlich anfallen. Voraussetzung ist die Mitwirkung des Anwalts sowie die zumindest teilweise Erledigung der Rechtssache durch Aufhebung oder Änderung des angefochtenen Verwaltungsaktes.

155k Gem. § 17 Nr. 4 c stellen das Verfahren in der Hauptsache und ein Verfahren über einen Antrag auf Anordnung oder Wiederherstellung der aufschiebenden Wirkung, auf Aufhebung der

E. Anwaltsgebühren in Verkehrsangelegenheiten 1

Vollziehung oder Anordnung der sofortigen Vollziehung eines Verwaltungsakts verschiedene Angelegenheiten dar. Während es im Widerspruchsverfahren und einem nachfolgenden Hauptsacheverfahren um die Aufhebung dieses Bescheides geht, betrifft das Verfahren nach § 80 VwGO ausschließlich den (vorläufigen) Vollzug bzw Nichtvollzug dieses Bescheides.

Sowohl im Eilverfahren als auch im Hauptsacheverfahren erhält der Anwalt die Gebühren nach Teil 3 Abschnitt 1 VV RVG. Dies gilt auch, wenn der Eilantrag gemeinsam mit der Hauptsache verhandelt wird. Der Gegenstandswert ist der Wert, dem der Gegenstand der anwaltlichen Tätigkeit zu Grunde liegt. Gem. § 52 Abs. 2 GKG ist von einem Wert von 5.000 EUR auszugehen, wenn es nicht genügend Anhaltspunkte zur Bestimmung des Streitwertes gibt. Die Verwaltungsgerichte haben einen Streitwertkatalog erarbeitet, welcher eine Empfehlung darstellt. Hier ein Auszug (siehe unter www.bverwg.de): 155l

Fahrerlaubniserteilung/-entziehung Klasse A	5.000 EUR
Fahrerlaubniserteilung/-entziehung Klasse AM, A1, A2	2.500 EUR
Fahrerlaubniserteilung/-entziehung Klasse B, BE	5.000 EUR
Fahrerlaubniserteilung/-entziehung Klasse C, CE	7.500 EUR
Fahrerlaubniserteilung/-entziehung Klasse C1, C1E	5.000 EUR
Fahrerlaubniserteilung/-entziehung Klasse D1, D1E	5.000 EUR
Fahrerlaubniserteiltung/-entziehung Klasse D, DE	7.500 EUR
Fahrerlaubniserteilung/-entziehung Klasse L	2.500 EUR
Fahrerlaubniserteilung/-entziehung Klasse T	2.500 EUR
Eilverfahren nach § 80 VwGO	jeweils die Hälfte der Hauptsache
Eilverfahren nach § 123 VwGO mit Vorwegnahme der Hauptsache	jeweils wie die Hauptsache
Fahrtenbuchauflage je angefangenen Monat pro Fahrzeug	400 EUR
Fahrzeugsicherstellung, -stilllegung	2.500 EUR
Teilnahme am Aufbauseminar	2.500 EUR
Taxikonzession	15.000 EUR
Mietwagenkonzession	10.000 EUR
Buslinienkonzession oder Buskonzession für Gelegenheitsverkehr	20.000 EUR
Güterfernverkehrskonzession	30.000 EUR
Nahverkehrskonzession	15.000 EUR

Bzgl der Fahrtenbuchauflage wird auf die Entscheidung des VGH Hessen, Beschluss vom 2.1.2012 – 2 E 1890/11 verwiesen, welche unter www.Burhoff.de online zu finden ist: „Die Bemessung des Streitwerts einer Fahrtenbuchauflage bei einer angeordneten Dauer der Auflage von mehr als einem Jahr ist insofern zwar für das erste Jahr mit 400 Euro pro Monat, für jedes weitere Jahr der Dauer einer Fahrtenbuchauflage aber nur noch mit jeweils 1.000 Euro streitwerterhöhend zu berücksichtigen."

F. Verkehrsrechtsschutzversicherung

Literatur: *Prölss/Martin*, Versicherungsvertragsgesetz, Kommentar, 29. Auflage 2015; *Römer/Langheid*, VVG, Kommentar, 4. Auflage 2014; *Harbauer*, Rechtsschutzversicherung, Kommentar, 8. Auflage 2010; Der Verkehrsunfall im Versicherungsrecht, 3. Berliner Fachtagung 2008; *Hubert W. van Bühren*, Aktuelle Probleme der Rechtsschutzversicherung, ZAP 23/2008, 1325

I. Versicherungsbedingungen

156
- Allgemeine Bedingungen für die Rechtsschutzversicherung (ARB 75)
- Allgemeine Bedingungen für die Rechtsschutzversicherung (ARB 94)
- Allgemeine Bedingungen für die Rechtsschutzversicherung (ARB 2000)
- Allgemeine Bedingungen für die Rechtsschutzversicherung (ARB 2004)
- Allgemeine Bedingungen für die Rechtsschutzversicherung (ARB 2006)
- Verkehrs-Rechtsschutz-Versicherungsbedingungen der ADAC Rechtsschutz Versicherungs AG (VRB) 2006
- Allgemeine Bedingungen für die Rechtsschutzversicherung (ARB 2008)

Da 60 bis 70 % aller Autofahrer eine Rechtsschutzversicherung abgeschlossen haben, kommt der Verkehrsrechtsanwalt nicht umhin, sich mit dieser Versicherungsart auseinanderzusetzen. Immerhin bezieht er hieraus einen beträchtlichen Teil seiner Umsätze.

157 Rechtsschutzversicherer bearbeiten jährlich ca 3.500.000 Versicherungsfälle. Fälle, in denen der Rechtsschutzversicherer wegen Verteidigung und Schadensersatzforderung aus Verkehrsunfällen angefragt wird, belaufen sich auf ca 1.500.000. Diese Zahlen steigen leicht an, da vielfach mit der KH-Versicherung die RS-Versicherung im Paket verkauft wird.

158 Der Jahresbericht 2007 der HDI/Gerling Versicherungsgruppe stellt Folgendes fest: In der Rechtsschutzversicherung wird nach den vorläufigen Berechnungen des GDV für 2007 mit einem Beitragswachstum von 2,7 % (2006: 1,7 %) auf rund 3,147 Milliarden EUR gerechnet.

159 Diese Steigerung ist wie im Jahr zuvor in erster Linie auf den Beitragsanpassungsmechanismus in den Verträgen zurückzuführen. Bei den Vertragsstückzahlen hat es einen leichten Abrieb von 0,3 % gegeben, der Bestand dürfte sich im Jahr 2007 auf eine Stückzahl von 19,423 Millionen Verträgen reduzieren (2006: 19.477). Die Schadenzahlungen für alle Schäden sind 2007 um 0,1 % (2006: 3,2 %) auf 1,667 Milliarden EUR gesunken. Mit Blick auf die stagnierende Bestandsentwicklung kommt den Bemühungen der Rechtsschutzversicherer besondere Bedeutung zu, ihr Produkt attraktiver und verbraucherfreundlicher zu gestalten.

160 Allerdings geben die gesetzlichen Rahmenbedingungen des Rechtsberatungsgesetzes und des Versicherungsvertragsgesetzes wenig Raum, die bisherige Beschränkung auf eine reine „Kostenerstattungsversicherung" zu überwinden. Das am 1.7.2008 in Kraft getretene Rechts-

dienstleistungsgesetz (RDG) räumt keinen weiteren Spielraum ein. Umso bedeutsamer ist die wachsende Verbreitung der Assistance-Leistung der telefonischen anwaltlichen Erstberatung. Auch weitere gesellschaftliche Entwicklungen, so beispielsweise der Trend zur außergerichtlichen Konfliktbeilegung, ist aufmerksam zu beobachten.

Dieser Jahresbericht 2007 der HDI/Gerling Versicherungsgruppe verdeutlicht nicht nur Zahlen, sondern das Bestreben der Rechtsschutzversicherer nach Möglichkeit selbst „Schadensbegrenzung" zu betreiben und Kosten zu sparen durch eigene Beratung (Assistance-Leistungen). Dies wurde durch das am 1.7.2008 in Kraft getretene RDG zunächst verhindert. Die Erfahrung mit „Schadensmanagement der Versicherer" zeigt aber, dass weitere Versuche und Varianten erwartet werden dürfen. Sensibilität der Anwaltschaft ist gefordert. 161

Eine Untersuchung der Stiftung Warentest im Januar 2012 kommt bei einem Vergleich von kombinierten Versicherungen für Privat-, Berufs- und Verkehrsrechtsschutz inklusive Mietrechtsschutz zu dem Ergebnis, dass die Versicherer wieder mehr gute Rechtsschutztarife bieten, aber selbst die besten Angebote nicht bei jedem Streit helfen. Die Versicherungsbedingungen seien gespickt mit Leistungsausschlüssen. Die besten Versicherungspakete kosteten zwischen etwa 350 EUR und 400 EUR im Jahr, es gibt aber auch deutlich günstigere Angebote für unter 250 EUR im Jahr, die kaum schlechter sind. Verkehrsrechtsschutz und Mietrechtsschutz sind einzeln oft für unter 100 EUR pro Jahr zu haben. Im Vergleich zum vorangegangenen Test im Jahr 2009 fand die Stiftung Warentest 2012 mehr Tarife, in denen wenigstens zum Teil Anwalts- und Gerichtskosten von Streitigkeiten rund um Kapitalanlagen versichert sind. Als relativ neu wird das Angebot beschrieben, dass die Versicherer eine Mediation bezahlen. Ein Mediator hilft hierbei als neutrale Person, einen Streit ohne Gericht beizulegen 161a

Im November 2011 hat das LG Bamberg[55] eine Klage der Münchner Rechtsanwaltskammer gegen einen Rechtsschutzversicherer abgewiesen, der in seinen AGB ein System variabler Selbstbeteiligung vorgesehen hat, je nachdem, wie viele Schadensfälle der Versicherungsnehmer vorwies und ob er sich mit der Anwaltsauswahl an die Vorschläge des Versicherers hielt. Das Urteil liegt derzeit beim Berufungsgericht. Die Tendenz, den Versicherungsnehmer einzuengen, ist deutlich feststellbar. 161b

Während die üblichen ARB in § 1 ARB darauf verweisen, dass der Rechtsschutzversicherer dafür Sorge trägt, dass der Versicherungsnehmer seine rechtlichen Interessen wahrnehmen kann und die dafür erforderlichen Kosten trägt, formulieren die VRB 2008 (Verkehrsrechtsschutzversicherungsbedingungen der ADAC Rechtsschutzversicherung AG) in § 1: „Erforderlicher Rat und notwendige Hilfe, insbesondere durch die Benennung von in Verkehrssachen erfahrenen Rechtsanwälten sowie die Vermittlung von Dolmetschern im Ausland sind Nebenleistungen des ADAC-Rechtsschutzes als Versicherer." 162

Auch daraus kann nicht geschlossen werden, dass die freie Anwaltsauswahl beeinträchtigt wäre. Aus der Nebenleistung des Versicherers ergibt sich allenfalls ein Anspruch des Versicherungsnehmers, nicht jedoch eine wie auch immer geartete Verpflichtung des Versicherungsnehmers. 163

---

55 Urt. v. 8.11.2011 – 1 O 336/10.

164 In der Praxis wird die Einholung der Deckungszusage unterschiedlich gehandhabt. Viele Versicherungsnehmer suchen den Rechtsanwalt schon mit der eingeholten Deckungszusage auf. Das ist für den Versicherungsnehmer (Mandanten) Mühe und Arbeit.

165 Viele überlassen die Einholung der Deckungszusage dem Anwalt. Dazu sollte der Mandant ermuntert werden, da diese Tätigkeit für den Anwalt eine geringe Mühe ist und er die Sicherheit hat, alles Erforderliche getan zu haben, was eine Deckungszusage nach sich zieht, vor allem kann er den Zeitpunkt der Einholung der Deckungszusage so wählen, dass Deckungszusage erteilt werden muss.

166 Beispiel:
Ein Mandant wird verteidigt wegen Trunkenheitsfahrt. Es wird festgestellt, dass der Mandant wiederholt auffällig wurde. Es ist demnach klar, dass die Wiedererteilung der Fahrerlaubnis von dem positiven Ausgang einer medizinisch psychologischen Untersuchung abhängig sein wird. Der Mandant wird demnach nach § 13 Abs. 2 lit. b, c FeV zu belehren sein. Ich verweise auf die Ausführungen in § 8 Musterschriftsatz Rn 139. Anspruch auf Verwaltungsrechtsschutz nach § 2 lit. g aa ARB besteht aber erst dann, wenn der Fall bei der Verwaltungsbehörde angekommen ist und dort als Fall bearbeitet wird. Dies erfolgt dann, wenn der Mandant eine neue Fahrerlaubnis beantragt und die Behörde Auflagen erteilt oder zumindest erst dann, wenn das Straf- oder Bußgeldurteil rechtskräftig und der Fahrerlaubnisbehörde zugeleitet wurde und diese daraus die entsprechenden Konsequenzen einleitet nach § 13 Nr. 2 lit. b, c FeV. Der Antrag auf Deckung der beratenden Verwaltungsrechtstätigkeit auf Wiedererlangung der Fahrerlaubnis kann erst gestellt werden, wenn der Behördenbescheid vorliegt (Versicherungsfall). Der gleiche Antrag zum Zeitpunkt der ersten verwaltungsrechtlichen Beratung, die bei Auftragserteilung einer Verteidigung erfolgt, müsste abgelehnt werden.

167 Ob die anwaltliche Einholung einer Deckungszusage einen Gebührenanspruch auslöst, wird unterschiedlich beantwortet. Während das LG München I, das OLG München und das AG Stadthagen[56] davon ausgehen, dass der Rechtsanwalt nur eine begleitende Nebentätigkeit vollbringt, die keinen Gebührenanspruch auslöst, vertreten das OLG Schleswig[57] und das AG Lüdenscheidt[58] die Ansicht, dass die Anmeldung des Versicherungsfalles bei der Rechtsschutzversicherung eine Gebühren auslösende Anwaltstätigkeit ist.

168 Unter dem Aspekt, Geschädigte dazu zu ermuntern Verkehrsrechtsanwälte aufzusuchen und über zustehende Schadenspositionen zu informieren, anstatt diese von der gegnerischen Haftpflichtversicherung informieren zu lassen, plädiere ich dafür, sich dem LG München I und OLG München anzuschließen und die Deckungszusage kostenlos einzuholen. Ergänzend wäre festzustellen, dass der Mandant in jedem Fall dann auf die Kostenpflicht aufmerksam gemacht werden müsste, wenn der Anwalt diese Tätigkeit abrechnen will. Der Anwalt ist hierzu aus dem Anwaltsvertrag verpflichtet, weil der Mandant mit dieser Folge nicht rechnet.

169 Anders wäre die Rechtslage nur dann, wenn der Rechtsschutzversicherer die Kostenübernahme dem Mandanten gegenüber abgelehnt hat und dieser den Rechtsanwalt damit beauftragt,

---

56 JurBüro 1993, 163; JurBüro 1991, 64.
57 JurBüro 1979, 1321.
58 zfs 1997, 110.

kostendeckenden Rechtsschutz herbeizuführen. Hierbei handelt es sich um einen erstattungsfähigen Verzugsschaden des Versicherungsnehmers.[59]

II. Anwendbares Recht

Die Rechtsschutzversicherung ist eine Schadensversicherung. Die Rechtsschutzversicherer bedienen sich „Allgemeiner Bedingungen für die Rechtsschutzversicherung" (ARB), wobei folgende in Betracht kommen können und zu prüfen sind: ARB 75, ARB 94, ARB 2000, ARB 2004, ARB 2006 und ARB 2008. Jeder Rechtsschutzversicherer stellt auf Anfrage die dem Vertrag zugrundeliegenden ARB zur Verfügung. 1994 fiel für Versicherer die Genehmigungspflicht der ARB durch das Bundesaufsichtsamt für das Versicherungswesen aufgrund des Dritten Durchführungsgesetz zum VAG weg. Das letzte gemeinsame Bedingungswerk der Rechtsschutzversicherer erfolgte 2005. Seitdem weichen die Rechtsschutzbedingungen der Rechtsschutzversicherer voneinander ab. Aus Gründen der Aktualität wird Bezug genommen auf ARB 2008. Inzwischen weichen die Bedingungen der einzelnen Versicherer immer stärker voneinander ab, weshalb es durchaus sinnvoll ist, von dem Mandanten die dem Vertrag zugrundeliegenden ARB zu erfragen. 170

Der Rechtsschutzversicherungsvertrag kommt nur zustande zwischen dem Rechtsschutzversicherer und dem Versicherungsnehmer. Der Rechtsanwalt des Versicherungsnehmers ist unter keinem Aspekt an diesem Vertrag beteiligt, berechtigt oder verpflichtet. 171

Der Anwaltsvertrag kommt nur zwischen dem Versicherungsnehmer und dem Rechtsanwalt zustande, selbst wenn der Rechtsschutzversicherer den Anwalt beauftragt hat (§ 17 Abs. 1 ARB). Deshalb haftet der Rechtsschutzversicherer dem Versicherten nicht im Falle eines schadensverursachenden Fehlverhaltens des Rechtsanwaltes. 172

§§ 125–129 VVG neu beinhalten Leistungen des Versicherers (§ 125 VVG), Schadensabwicklungsunternehmen (§ 126 VVG), freie Anwaltswahl (§ 127), Gutachterverfahren (§ 128 VVG) und abweichende Vereinbarungen (§ 129 VVG). 173

III. Voraussetzungen für den Eintritt des Rechtsschutzfalles

1. Der Versicherungsfall. Der Anspruch auf Leistungen aus der Rechtsschutzversicherung setzt den Rechtsschutzfall voraus. Dieser wird beschrieben in § 4 Abs. 1 ARB. § 4 Abs. 1 a ARB bestimmt, dass Schadensersatzrechtsschutz den Rechtsschutzfall als eingetreten unterstellt ab dem ersten Ereignis, durch das der Schaden verursacht worden sein soll. Daraus ergibt sich, dass bereits zum Zeitpunkt des ersten Ereignisses der Versicherungsvertrag abgeschlossen sein muss. Nach § 4 Abs. c ARB kommt es auf den Zeitpunkt an, zu dem der Versicherungsnehmer (Mandant) oder ein anderer Berechtigter einen Verstoß gegen Rechtspflichten oder Rechtsvorschriften begangen hat oder begangen haben soll. 174

Bedeutungsvoll ist dies zum Beispiel in dem Fall, in dem ein Mandant verwaltungsrechtlich beraten werden will, da die Behörde ihm die Vielzahl der im Fahreignungsregister erlangten Punkte zum Vorwurf macht. Hier ist darauf zu achten, dass der Versicherungsvertrag bereits zu dem Zeitpunkt bestand, zu dem der erste Punkt erlangt wurde. 175

---

[59] Anm. in zfs 93, 100 zu Urt. AG Hannover.

176 Es ist demnach zu differenzieren: Während im Schadensfall auf den Zeitpunkt des zugrunde liegenden Kausalereignisses abzustellen ist, ist bei den weiteren Schadensfällen auf einen tatsächlichen oder vermeintlichen Verstoß gegen Rechtsvorschriften oder Rechtspflichten abzustellen.

177 Das Erfordernis der gesetzesähnlichen Auslegung des Begriffs des ersten Schadensereignisses hat das OLG Nürnberg ausführlich dargelegt.[60]

178 In einem Straf- oder Ordnungswidrigkeitverfahren tritt der Rechtsschutzfall erst dann ein, wenn gegen den Versicherungsnehmer (Mandanten) ermittelt wird. Für eine davor liegende Tätigkeit besteht grundsätzlich kein Rechtsschutz, es kann allenfalls eine Beratungsgebühr gefordert werden.[61] Dieser Fall kommt in der Verkehrsanwaltspraxis häufig vor, da Mandanten in der Regel bereits mit Zeugenfragebögen vorsprechen in den Fällen, in denen der Fahrzeughalter mit Ordnungswidrigkeiten konfrontiert wird, die mit seinem Fahrzeug begangen wurden. Die Verteidigergebühren können erst liquidiert werden, wenn der Halter einen Anhörungsbogen erhalten hat, der das Verfahren gegen ihn einleitet.

179 Das AG Coburg verdeutlicht, dass nicht nur ein wirklicher, sondern auch ein behaupteter Verstoß der Überlegung zugrunde zu legen ist, wann der Versicherungsfall eingetreten ist.[62]

180 **2. Wartezeiten.** Der Versicherungsfall muss nach Beginn des Versicherungsschutzes und vor dessen Beendigung eingetreten sein § 4 Abs. 1 ARB. Für die Leistungsarten nach § 2 lit. b–g ARB, wichtig für den Verkehrsrechtsanwalt lediglich § 2 lit. g ARB (Verwaltungsrechtsschutz in Verkehrssachen), gilt eine Wartefrist von drei Monaten. Ausgenommen davon sind die Wahrnehmungen rechtlicher Interessen aufgrund eines Kauf- oder Leasingvertrages über ein fabrikneues Fahrzeug (§ 4 Abs. 1 ARB).

181 **3. Nachmeldefrist und Nachhaftung.** Nach § 4 Abs. 3 b ARB besteht kein Rechtsschutz, wenn der Anspruch erstmals später als drei Jahre nach Beendigung des Versicherungsschutzes für den betroffenen Gegenstand der Versicherung geltend gemacht wird.

IV. Versicherter Personenkreis

182 **1. Halter, Eigentümer.** Nach § 21 Abs. 1 ARB genießt der Versicherungsnehmer Rechtsschutz in seiner Eigenschaft als Eigentümer oder Halter jedes Motorfahrzeuges zu Lande nebst Anhänger, das bei Vertragsabschluss oder während der Vertragsdauer auf ihn zugelassen ist.

183 **2. Fahrer.** Nach § 21 Abs. 7 ARB ist der Versicherungsnehmer als Fahrer geschützt. Nach § 21 Abs. 1 S. 1 ARB wird dem Versicherungsnehmer in seiner Eigenschaft als Mieter jedes von ihm als Selbstfahrer-Vermietfahrzeug zum vorübergehenden Gebrauch eines gemieteten Motorfahrzeuges zu Lande nebst Anhänger gewährt. Nach § 22 Abs. 1 S. 1 ARB genießt diejenige Person Versicherungsschutz, die im Vertrag genannt ist, in ihrer Eigenschaft als Fahrer jedes Motorfahrzeuges. Nach § 21 Abs. 1 S. 2 ARB ist neben dem Versicherungsnehmer auch der berechtigte Fahrer des Fahrzeuges des Versicherungsnehmers geschützt.

184 **3. Beifahrer, Insasse.** § 21 ARB schützt den Versicherungsnehmer in seiner Eigenschaft als Beifahrer oder Insasse eines fremden Fahrzeugs. Nach § 21 Abs. 1 S. 2 ARB ist der berechtigte Beifahrer und Insasse geschützt.

---

60 OLG Nürnberg v. 20.9.2001 – 8 U 1024/01, zfs 2002, 398, 399.
61 AG Viechtach VersR 2003, 589.
62 AG Coburg v. 12.11.1998 – 15 C 1231/98, VersR 1999, 1142.

4. Fahrgast, Fußgänger, Radfahrer. Der Versicherungsnehmer ist auch nach § 21 Abs. 7 ARB als Fahrgast, Fußgänger und Radfahrer geschützt. § 21 ARB beinhaltet Verkehrsrechtsschutz und Fahrzeugrechtsschutz für den Versicherungsnehmer als Eigentümer und Halter, als Mieter fremder Fahrzeuge, als Fahrer fremder Fahrzeuge, als Fahrgast, als Fußgänger und Radfahrer, auf alle Personen die berechtigte Fahrer der Fahrzeuge des Versicherungsnehmers sind, sowie Beifahrer und Insassen der versicherten Fahrzeuge.

185

§ 21 a ARB wird nicht von allen Versicherern angeboten und ergänzt den Kreis der Berechtigten um Lebenspartner, minderjährige Kinder, volljährige unverheiratete Kinder bis zu dem Zeitpunkt der Aufnahme einer beruflichen Tätigkeit mit leistungsbezogenem Einkommen.

186

§ 22 ARB wird nicht von allen Versicherern angeboten und beinhaltet den Fahrerrechtsschutz und Verkehrsteilnehmerrechtsschutz, der auch von Betrieben für alle Betriebsangehörigen in Anspruch genommen werden kann für die Ausübung ihrer beruflichen Tätigkeit.

187

V. Leistungsumfang/Formen des Versicherungsschutzes

1. Schadensersatzrechtsschutz § 2 a ARB. Der Schadensersatzrechtsschutz wird für die Geltendmachung von Schadensersatzansprüchen gewährt, soweit diese nicht auf einer Vertragsverletzung oder einer Verletzung eines dinglichen Rechts an Grundstücken, Gebäuden oder Gebäudeteilen beruhen. Damit sind Schadensersatzansprüche wegen Verletzung eines Vertrags vom Versicherungsschutz ausgeschlossen, nicht aber Schadenersatzansprüche aus einem vertragsähnlichen Verhältnis. Ferner ausgeschlossen sind Schadensersatzansprüche wegen Verletzung eines dinglichen Rechts an einem Grundstück oder einer Immobilie ausgeschlossen, womit vor allem Schadensersatzansprüche aus § 823 Abs. 1 S. 2 BGB gemeint sind. Wird durch einen Verkehrsunfall ein Grundstück beschädigt, so fällt der Schadensersatzanspruch gegen den Schädiger nicht unter § 2 lit. a ARB, sondern unter §§ 2 lit. c, 29 Abs. 1 lit. a ARB, falls vereinbart. Kann ein Schadensersatzanspruch auf eine Vertragsverletzung und auf eine unerlaubte Handlung gestützt werden, so ist nicht insgesamt der Versicherungsschutz ausgeschlossen, sondern nur insoweit, als der Vertragsanspruch weiter geht als der Deliktanspruch.[63]

188

Zu beachten ist, dass mit § 3 Abs. 2 lit. a ARB 2008 dieses Problem anders gelöst wird dadurch, dass formuliert wird „... zur Abwehr von Schadensersatzansprüchen, es sei denn, dass diese auf einer Vertragsverletzung beruhen". Zu beachten ist weiter, dass nur für die aktive Geltendmachung von Schadensersatzansprüchen Versicherungsschutz gewährt wird, nicht für die Abwehr von Schadensersatzansprüchen, da dies Bestandteil der Haftpflichtversicherung ist.

189

2. Rechtsschutz im Vertrags- und Sachenrecht § 2 lit. d ARB. § 2 lit. d ARB gewährt Versicherungsschutz für die Wahrnehmung rechtlicher Interessen aus privatrechtlichen Schuldverhältnissen und dinglichen Rechten, soweit der Versicherungsschutz nicht in den Leistungsarten nach § 2 lit. a, b oder c ARB enthalten sind. Diese Leistungsart wurde als Auffangtatbestand formuliert, soweit nicht die speziellen Regeln des § 2 lit. a ARB (Schadensersatzrechtsschutz), § 2 lit. b ARB (Arbeitsrechtsschutz) und § 2 lit. c ARB (Wohnungs- und Grundstücks-

190

---

[63] LG Hannover NVersZ 99, 340.

rechtsschutz) vorgehen.⁶⁴ Die Abwehr vertraglicher Schadensersatzansprüche aus Verträgen rund um das Kraftfahrzeug wird hiervon umfasst.

191 Unter § 2 lit. d ARB fallen nicht nur die Fälle aus schuldrechtlichen Verträgen sondern auch gesetzliche Schuldverhältnisse wie „Geschäftsführung ohne Auftrag" und „ungerechtfertigte Bereicherung".

192 Die Wahrnehmung rechtlicher Interessen aus dinglichen Rechten nach § 2 lit. d ARB beinhaltet nur dingliche Rechte an beweglichen Sachen. § 2 lit. d ARB kann im Rahmen der §§ 24, 28 ARB nicht vereinbart werden, das heißt, Firmen, Vereine und Geschäftsleute können davon nicht Gebrauch machen. Anzuwenden ist § 2 lit. d ARB von dem Verkehrsrechtsanwalt in den Fällen von Kaufverträgen über ein Ersatzfahrzeug, Leasingverträge, Miet-, Leih- oder Verwahrungsverträge.

193 **3. Steuerrechtsschutz vor Gerichten § 2 e ARB.** Nach § 2 lit. e ARB besteht Steuerrechtsschutz für die Wahrnehmung rechtlicher Interessen vor deutschen Finanz- und Verwaltungsgerichten, woraus sich ergibt, dass für das Vorverfahren kein Versicherungsschutz besteht. Für den Verkehrsrechtsanwalt bedeutet dies, dass Überlegungen um die Kraftfahrzeugsteuer vor Gericht versichert sind.

194 **4. Verwaltungsrechtsschutz in Verkehrssachen § 2 lit. g ARB.** § 2 lit. g ARB beinhaltet die Wahrnehmung rechtlicher Interessen vor Verwaltungsbehörden und Verwaltungsgerichten in verkehrsrechtlichen Angelegenheiten. Hierunter fallen alle Angelegenheiten, die auf verkehrsrechtlichen Vorschriften beruhen. Gelegentlich kann die Abgrenzung zweifelhaft sein. Entscheidend ist jedoch der Bezug der Maßnahme zur Sicherheit und Ordnung des Verkehrs, auch wenn daneben noch andere Ziele verfolgt werden.⁶⁵

195 Für den Verkehrsrechtsanwalt wird diese Leistung bedeutungsvoll bei Verfahren zur Erlangung einer Fahrerlaubnis (erstmalige oder nach Entzug der Fahrerlaubnis), Verfahren zur Entziehung der Fahrerlaubnis durch die Verwaltungsbehörde, Fahrtenbuchauflage, Auflage der Teilnahme am Verkehrsunterricht oder Abschleppen eines verkehrsbehindernden Fahrzeugs.

196 **5. Strafrechtsschutz § 2 lit. i ARB.** Der Strafrechtsschutz nach § 2 lit. i ARB setzt voraus, dass unterschieden wird zwischen allgemeinen Straftaten und verkehrsrechtlichen Straftaten. Auch der Verkehrsrechtsanwalt wird sich regelmäßig mit allgemeinen Straftaten auseinanderzusetzen haben, zum Beispiel wegen Körperverletzung oder Nötigung. Geregelt sind diese unter § 2 lit. i bb ARB.

197 Allgemeine Straftaten fallen nur unter Rechtsschutz, wenn es sich um Vergehen handelt, deren vorsätzliche wie fahrlässige Begehung strafbar ist. Vergehen, die nur vorsätzlich begangen werden können wie zB Beleidigung § 185 StGB, Diebstahl § 242 StGB, Unterschlagung § 246 StGB oder Betrug § 263 StGB fallen nicht unter Rechtsschutz, selbst wenn es nicht zur Verurteilung kommt oder das Verfahren eingestellt wird.

198 Wird wegen einer allgemeinen Straftat, die sowohl vorsätzlich als auch fahrlässig begangen werden kann, gegen einen Mandanten wegen Fahrlässigkeit ermittelt, besteht uneinge-

---

64 *Harbauer*, ARB, § 2 ARB 94 Rn 6.
65 *Harbauer*, ARB, § 2 ARB 94 Rn 14.

schränkt Versicherungsschutz. Wird jedoch im weiteren Verlauf des Verfahrens wegen Vorsatzes verurteilt, entfällt der Rechtsschutz rückwirkend.

Wird wegen einer allgemeinen Straftat, die sowohl vorsätzlich als auch fahrlässig begangen werden kann, gegen einen Mandanten wegen Vorsatz ermittelt, so besteht kein Rechtsschutz. Allerdings kann Rechtsschutz rückwirkend geltend gemacht werden, wenn das Verfahren eingestellt wird. Der Versicherungsnehmer muss in diesem Fall gewährte Vorschüsse zurückerstatten (nicht der Verkehrsrechtsanwalt). 199

Die verkehrsrechtlichen Straftaten sind geregelt unter § 2 lit. i aa ARB. Hierunter fällt die Verletzung aller Vorschriften, die der Sicherheit und Ordnung des Verkehrs dienen, womit nicht nur der Straßenverkehr gemeint ist, sondern auch der Luft- und Schiffsverkehr. 200

In der Regel handelt es sich hierbei um Trunkenheit im Verkehr (§ 316 StGB), Gefährdung des Straßenverkehrs (§ 315 c StGB), unerlaubtes Entfernen vom Unfallort (§ 142 StGB), Fahren ohne Fahrerlaubnis (§ 21 StVG), Kennzeichenmissbrauch (§ 22 StVG) oder Verstoß gegen das Pflichtversicherungsgesetz (§ 6 PflVG). Im Zusammenhang mit der Wahrnehmung von Pflichten im Straßenverkehr werden auch die Körperverletzung (§§ 223, 229, 230 StGB) und die Nötigung (§ 240 StGB) zu den verkehrsrechtlichen Straftaten zu zählen sein. 201

Die Regelung der Vorsatztaten in diesem Bereich ist für den Versicherungsnehmer günstiger als bei den allgemeinen Straftaten, für die er von Anfang an Versicherungsschutz genießt, auch für die Verteidigung gegen den Vorwurf eines nur vorsätzlich begehbaren Delikts (zB § 142 StGB). Dieser Rechtsschutz besteht solange bis festgestellt wird, dass der Versicherungsnehmer das Vergehen vorsätzlich begangen hat, wonach der Versicherer bei dem Versicherungsnehmer (nicht beim Verkehrsrechtsanwalt) unlimitiert in der Höhe der gezahlten Vorschüsse regressieren kann. 202

Für den Verkehrsrechtsanwalt drängt es sich auf – wenn er dies nicht grundsätzlich so handhabt – in diesen Fällen Vorschuss von der Rechtsschutzversicherung zu fordern, da eine Abrechnung am Ende des Verfahrens möglicherweise nicht zu dem gewünschten Ergebnis führt. 203

Das Hinwirken des Verkehrsrechtsanwalts auf eine Verurteilung wegen Fahrlässigkeit ist für den Mandanten nicht nur wegen der dadurch möglicherweise geringeren Strafe wichtig, sondern vor allem wegen der Regressmöglichkeiten des Versicherers im Falle der Vorsatzverurteilung. In vielen Fällen ist es sowohl dem Richter als auch dem Staatsanwalt unwichtig, ob wegen Vorsatzes oder Fahrlässigkeit verurteilt wird, solange das angestrebte Strafmaß erreicht wird. 204

6. Ordnungswidrigkeitenrechtsschutz § 2 j ARB. Der Leistungsumfang des Ordnungswidrigkeitenrechtsschutzes ist seit den ARB 94 als eigene Leistungsart geregelt. Wie beim Strafrechtsschutz ist auch hier unterschieden worden zwischen verkehrsrechtlichen Ordnungswidrigkeiten nach § 2 lit. j aa ARB und sonstigen Ordnungswidrigkeiten nach § 2 lit. j bb ARB. 205

Bei verkehrsrechtlichen Ordnungswidrigkeiten wird grundsätzlich Rechtsschutz gewährt, egal ob Vorsatz oder Fahrlässigkeit vorgeworfen oder Vorsatz oder Fahrlässigkeit verurteilt werden. Wird dem Versicherungsnehmer (Mandanten) eine sonstige Ordnungswidrigkeit vorgeworfen, genießt er Versicherungsschutz von Anfang an. Wird der Versicherungsnehmer dann aber wegen Vorsatzes verurteilt, darf der Versicherer regressieren. 206

207 Ein wichtiger Risikoausschluss findet sich in § 3 Abs. 3 lit. e ARB, wonach Rechtsschutz zur Wahrnehmung rechtlicher Interessen bei Halt- oder Parkverstößen nicht besteht. Diese Einschränkung müssen sich Versicherungsnehmer nach den ARB 75 nicht entgegenhalten lassen.

VI. Leistungen im Einzelnen

208 **1. Rechtsanwaltsgebühren.** Nach § 5 Abs. 1 lit. a S. 1 ARB trägt der Rechtsschutzversicherer die Vergütung des Rechtsanwalts, der für den Versicherten tätig ist, bis zur Höhe der gesetzlichen Vergütung eines am Ort des Gerichts ansässigen Rechtsanwalts. Weitergehende Kosten aus Honorarvereinbarung sind nicht zu tragen.

209 Wohnt der Versicherungsnehmer mehr als 100 km Luftlinie vom zuständigen Gericht entfernt, trägt der Rechtsschutzversicherer bei den Leistungsarten § 2 lit. a–g weitere Kosten für einen im Landgerichtsbezirk des Versicherungsnehmers ansässigen Rechtsanwalt bis zur Höhe der gesetzlichen Gebühr eines Rechtsanwalts, der lediglich den Verkehr mit dem Prozessbevollmächtigten führt (§ 5 Abs. 1 lit. a S. 2 ARB). Diese Leistung wird jedoch nicht im Straf- und Ordnungswidrigkeitenrechtsschutz erbracht.

210 Praktische Bedeutung haben die Fälle, in denen Leistungen vom Gegner des Versicherungsnehmers (Mandanten) erbracht werden, die geringer sind als die von dem Verkehrsrechtsanwalt geforderten Leistungen, womit eine Gebührenkürzung einhergeht. Die Differenzgebühr ist dabei von dem Versicherungsnehmer (Mandanten) bzw dem Rechtsschutzversicherer zu tragen, soweit dies die gesetzliche Gebühr ist. Beruht die Gebührendifferenz auf unterschiedlichen Gebührensätzen (altes DAV-Abkommen, Gebhardt-Greißinger, neues Gebührenabkommen mit Allianz, DEVK u.a.), so hat der Rechtsanwalt gegen seinen Mandanten und dessen Rechtsschutzversicherung keinen weiteren Gebührenanspruch.

211 **2. Gerichtskosten.** Der Rechtsschutzversicherer hat gemäß § 5 Abs. 1 lit. c ARB die Gerichtskosten sowie die Auslagen des Gerichts zu übernehmen, sobald diese vom Versicherungsnehmer verlangt werden. Der Versicherer trägt auch die Kosten die anfallen als Entschädigung für Zeugen und Sachverständige, die vom Gericht herangezogen werden. Weiter werden die Kosten des Gerichtsvollziehers getragen, die anfallen durch die Vollstreckung obsiegender Urteile. Ebenso fallen unter den Versicherungsschutz die im Rahmen des § 109 SGG anfallenden Kosten des ärztlichen Sachverständigen.

212 **3. Schieds- oder Schlichtungsverfahren.** Die Gebühren eines Schieds- oder Schlichtungsverfahrens werden gemäß § 5 Abs. 1 lit. d ARB vom Rechtsschutzversicherer übernommen, jedoch nur bis zur Höhe der Gebühren, die im Falle der Anrufung eines zuständigen staatlichen Gerichts erster Instanz entstehen würden. Unter diese Verfahren fallen nicht nur schiedsgerichtliche Verfahren, sondern auch Einigungs- und Schlichtungsverfahren, wie sie von Handwerkskammern oder Ärztekammern angeboten werden zur Beilegung von Streitigkeiten wegen misslungener Kraftfahrzeugreparaturen oder im Zusammenhang mit Arzthaftung aus Verletzungen. Sowohl die Kosten der Organisation, als auch die Anwaltsgebühren werden übernommen. Kommt es anschließend zu einem Gerichtsverfahren, sind auch diese Kosten und Gebühren zu decken. Die Kosten des Sachverständigenverfahrens nach Ziffer A.2.17 AKB 2008 fallen nicht unter den Versicherungsschutz des § 5 Abs. 1 lit. d ARB.

213 Die Kosten des Rechtsanwalts als Mediator im Rahmen einer Mediation sind ebenfalls gedeckt, da Mediation als Schlichtungsverfahren anzusehen ist. Mediation im Verkehrsrecht ist

zwar eine seltene Erledigungsart anstehender Probleme, ist aber denkbar wenn das Autohaus eine streitige Forderung gegenüber dem besten Kunden, einer Spedition, durchsetzen möchte, ohne den Kunden zu verlieren.

4. Verwaltungsverfahren. Die Kosten eines Verwaltungsverfahrens, nach § 5 Abs. 1 lit. e ARB hat der Rechtsschutzversicherer zu tragen. Das bedeutet für den Verkehrsrechtsanwalt, dass er in Bußgeldsachen den Versicherungsnehmer (Mandanten) darauf aufmerksam zu machen hat, dass die neben der Geldbuße geforderten Gebühren und Auslagen vom Rechtsschutzversicherer zu tragen sind. Ebenso zu tragen sind die Gebühren und Kosten von Zeugen und Sachverständigen, die zu vernehmen oder zu hören die Behörde verfügte. 214

Nicht zu tragen sind dagegen die Gebühren, die bei der Einholung einer medizinisch psychologischen Untersuchung anfallen. In diesem Fall verfügt nicht die Behörde die Anhörung eines Arztes und eines Psychologen sondern überlässt die Beibringung eines entsprechenden Gutachtens dem Antragsteller (Versicherungsnehmer bzw Mandant). 215

5. Private Sachverständige. Der oben ausgeführte Grundsatz, dass der Rechtsschutzversicherer die Kosten nur für gerichtlich hinzugezogene Sachverständige trägt, wird durch § 5 Abs. 1 lit. f ARB in zwei Fällen durchbrochen. Zum einen kann zugunsten des Mandanten ein außergerichtliches Gutachten zur Verteidigung bei einem öffentlich bestellten und vereidigten Sachverständigen oder eine rechtsfähige technische Sachverständigenorganisation (DEKRA, TÜV etc.) eingeholt werden. Dies hat Bedeutung bei der Prüfung von Geschwindigkeitsmessverfahren, Rotlichtverstößen in Bußgeldsachen und in Strafverfahren oder Vermeidbarkeitsbetrachtungen bzw Geschwindigkeitsüberlegungen bei Unfallsachen, sowohl im Bußgeldbereich als auch in Verkehrsstrafsachen. Zum anderen kann bei der Wahrnehmung rechtlicher Interessen aus Kauf- und Reparaturverträgen von Motorfahrzeugen zu Lande und Anhängern ein öffentlich bestellter und vereidigter Sachverständiger oder eine Sachverständigenorganisation beauftragt werden ein Gutachten zu erstellen. 216

In allen Fällen muss dargelegt werden, dass die Einholung eines Gutachtens für die Wahrnehmung der rechtlichen Interessen des Versicherungsnehmers erforderlich sein muss. Die Grenze ist bei der Kostenvermeidungsobliegenheit des § 17 Abs. 5 lit. c cc ARB zu ziehen.[66] 217

6. Kosten des Gegners. Nach § 5 Abs. 1 lit. h ARB hat der Rechtsschutzversicherer die Kosten zu erstatten, die dem Gegner des Versicherungsnehmers entstanden sind und zu deren Erstattung der Versicherungsnehmer verpflichtet ist. 218

Zunächst sind dies die zu übernehmenden Kosten, die infolge einer gerichtlichen Auseinandersetzung zu tragen sind und eine gerichtliche Kostenentscheidung als Grundlage haben. 219

Beruht die Kostenerstattungspflicht des Versicherungsnehmers auf materiellem Recht, vor allem auf Verzug, so gibt es für den Rechtsschutzversicherer keine Kostenübernahmepflicht, da davon auszugehen ist, dass diese nicht erst durch die Einschaltung eines Rechtsanwalts durch die Gegenseite entstanden ist sondern vorher mit Verzug. 220

Früher war die Kostenübernahme in Strafsachen bei Zulassung der Nebenklage heftig umstritten. Im Regelfall wurden Strafverfahren eingestellt, wenn der Angeklagte die Erklärung abgab, dem Nebenkläger entstandenen Kosten zu übernehmen. Der Rechtsschutzversiche- 221

---

[66] Prölss/Martin, § 5 ARB 94 Rn 7.

rer sah darin eine freiwillige Kostenübernahme, die häufig zu Auseinandersetzungen führte. Dieses Problem ist inzwischen bedeutungslos durch die Neufassung des § 472 StPO. Legt das Gericht dem angeklagten Versicherungsnehmer durch Urteil oder Beschluss die Kosten der Nebenklage auf, hat der Rechtsschutzversicherer diese zu erstatten.

222 **7. Kaution und Übersetzungskosten.** Nach § 5 Abs. 5 lit. a ARB trägt der Rechtsschutzversicherer die Übersetzungskosten, wenn der Versicherungsnehmer im Ausland verteidigt werden muss, das heißt, dass dem Versicherungsnehmer die Akte übersetzt werden muss (die Dolmetscherkosten sind als Gerichtskosten zu übernehmen).

223 Nach § 5 Abs. 5 lit. b ARB hat der Rechtsschutzversicherer ein zinsloses Darlehen zu gewähren in dem Fall, in dem der Versicherungsnehmer die Möglichkeit hat, in einem gegen ihn anhängigen Strafverfahren eine Kaution zu stellen, um einstweilen von Strafverfolgungsmaßnahmen verschont zu bleiben. Der Versicherungsnehmer hat diese Kaution nach den Grundsätzen des § 607 Abs. 1 BGB zurückzuzahlen, sobald er die Kaution zurückerhalten hat oder sobald die Kaution verfallen ist oder anderweitig verbraucht wurde (Strafeinbehalt).

VII. Einwendungen gegen die Leistungspflicht

224 **1. Wartezeit.** Der Versicherungsfall wird von dem Rechtsschutzversicherer nur nach dem Ablauf der Wartezeiten übernommen, es sei denn, dass der Vertrag für einzelne Leistungen keine Wartezeiten vorsieht.

225 Für die Leistungsarten nach § 2 lit. b–g ARB besteht Versicherungsschutz erst nach Ablauf von drei Monaten nach Versicherungsbeginn, soweit es sich nicht um die Wahrnehmung rechtlicher Interessen aufgrund eines Kauf- oder Leasingvertrages über ein fabrikneues Kraftfahrzeug handelt.

226 Der Verkehrsrechtsanwalt hat zu beachten, dass bei der Geltendmachung von Schadensersatzansprüchen aufgrund gesetzlicher Haftpflichtbestimmungen nach § 4 Abs. 1 lit. a ARB 94, sowie bei der Verteidigung in Straf- und Ordnungswidrigkeitensachen nach § 4 Abs. 1 lit. c ARB 94 keine Wartepflicht besteht. Wartepflicht ist für ihn deshalb nur beachtlich bei Vertrags-, Steuer- und Verwaltungsrechtsschutz (Ausnahme fabrikneue Fahrzeuge).

227 **2. Fehlende Erfolgsaussicht, Mutwilligkeit, grobes Missverhältnis.** Hinreichende Erfolgsaussichten werden vom Rechtsschutzversicherer in den ARB 75 in § 1 Abs. 1 S. 2 ARB vorausgesetzt. In späteren ARB wird dies nicht mehr an dieser Stelle ausdrücklich gefordert, es ergibt sich aber aus § 18 Abs. 1 lit. b ARB, wonach der Rechtsschutzversicherer Kostendeckung ablehnen kann „mangels hinreichender Aussichten auf Erfolg". Der Verkehrsrechtsanwalt sollte deshalb von vornherein die Erfolgsfaktoren beschreiben, die es rechtfertigen den Vorgang zu betreiben. Dies gilt in allen Fällen des § 2 lit. a–g ARB.

228 Das grobe Missverhältnis ergibt sich in der Praxis in der Regel im Rahmen der Verteidigungen. Das AG Hannover hat Mutwilligkeit unterstellt bei einer Verteidigung, bei der eine Geldbuße von 30 DM (15,46 EUR) Rechtsanwaltsgebühren in Höhe von 500 DM (257,73 EUR) nach sich zogen.[67] Ebenso ist zu werten, wenn möglicherweise ein Schadensersatzanspruch in geringer Höhe entstehen könnte unter der Voraussetzung, dass aufwendig

---

67 AG Hannover r+s 2001, 155.

verteidigt werden muss, wegen einer Ordnungswidrigkeit, die unterhalb der Punktegrenze liegt.

3. Obliegenheitsverletzungen. Obliegenheiten sind sowohl vom Versicherungsnehmer, als auch vom Versicherer zu erfüllen. Der Versicherungsnehmer muss Obliegenheiten beachten und erfüllen, um seinen Versicherungsschutz nicht zu gefährden.[68]

a) Gesetzliche Obliegenheiten. Gesetzliche Obliegenheiten sind die vorvertragliche Anzeigenpflicht oder die Gefahrstandspflicht, deren beider Bedeutung für die Rechtsschutzversicherung gering ist.

b) Vertragliche Obliegenheiten. Zu unterscheiden sind vertragliche Obliegenheiten, die vor dem Versicherungsfall und vertragliche Obliegenheiten, die nach dem Versicherungsfall zu erfüllen sind. Verletzungsfolge kann die Leistungsfreiheit des Versicherers sein.

aa) Vor dem Versicherungsfall. Im Rahmen der Tätigkeit des Verkehrsrechtsanwalts kommen die Führerscheinklausel, die Schwarzfahrtklausel und die fehlende Zulassung des Kraftfahrzeuges in Betracht.

Die Führerscheinklausel beinhaltet das Fehlen einer Fahrerlaubnis, was zur Leistungsfreiheit des Rechtsschutzversicherers führt. Anders stellt sich der Fall dar, wenn trotz Fahrverbots gefahren wird und ein Versicherungsfall verursacht wird. In diesem Fall ist davon auszugehen, dass eine Fahrerlaubnis vorhanden ist, die zum Versicherungseintrittszeitpunkt lediglich in amtlicher Verwahrung ist. Diese Konstellation macht den Rechtsschutzversicherer nicht leistungsfrei (die Strafverteidigung selbst wegen Fahrens ohne Fahrerlaubnis ist wegen Vorsatzes nicht deckungsfähig, es sei denn, das Verfahren wird eingestellt).

Die Schwarzfahrtklausel beinhaltet, dass der Fahrer, der gegen den ausdrücklichen Willen des Berechtigten dessen Fahrzeug benutzt, unberechtigter Fahrer ist. Diesem ist Versicherungsschutz nicht geschuldet.

Auch die Benutzung eines nicht zugelassenen oder nicht mit einem Versicherungskennzeichen versehenen Fahrzeuges ist Obliegenheitsverletzung. Darüber hinaus ist die Leistungsvoraussetzung dann nicht gegeben, wenn das Fahrzeug nicht auf den Versicherungsnehmer zugelassen ist. Der Versicherer kann sich nur auf Obliegenheitspflichtverletzung berufen, wenn die Obliegenheit schuldhaft verletzt wurde, wobei leichte Fahrlässigkeit ausreicht.

Leistungsfreiheit setzt weiter voraus, dass zwischen Obliegenheitsverletzung und Versicherungsfall, dem Anfall von Rechtsverfolgungskosten, Kausalität besteht. Der Rechtsschutzversicherer hat dann das Recht, den Versicherungsvertrag innerhalb eines Monats zu kündigen. Will er sich auf Leistungsfreiheit berufen, wird das Kündigungsrecht zur Kündigungspflicht.

Der Versicherungsnehmer muss sich das Fehlverhalten anderer Personen anrechnen lassen, da der Fahrer eines Kraftfahrzeugs als Repräsentant des Versicherungsnehmers anzusehen ist.[69]

bb) Nach dem Versicherungsfall. Obliegenheiten nach Eintritt des Versicherungsfalles sind in § 17 Abs. 3 bis 6 ARB beschrieben. § 17 Abs. 6 ARB verdeutlicht, dass der Versicherungsschutz für den Fall entfällt, dass eine dieser Obliegenheiten schuldhaft verletzt wird.

---

68 BGH VersR 1969, 507; NJW 1969, 111.
69 BGH VersR 1996, 1229.

239 **(1) Unverzügliche Anzeige.** Nach § 30 Abs. 1 VVG hat der Versicherungsnehmer dem Versicherer nach dem Eintritt des Versicherungsfalles nach Kenntnisnahme Anzeige zu erstatten. Eine Verletzung dieser gesetzlichen Obliegenheit ist für den Versicherungsnehmer folgenlos, da zum einen das VVG keine nachteilige Rechtsfolge vorsieht, zum anderen in vielen Fällen von Anfang an nicht offenkundig ist, dass eine rechtliche Auseinandersetzung erfolgt. Die sofortige Meldung eines jeden denkbaren Falles würde nur unnötige Arbeit verursachen.

240 **(2) Unterrichtungsobliegenheit.** Beantragt der Versicherungsnehmer kostendeckenden Rechtsschutz, hat er nach § 17 Abs. 3 ARB den Rechtsschutzversicherer vollständig und wahrheitsgemäß über sämtliche Umstände des Rechtsschutzfalles zu informieren und alle Beweismittel anzugeben. Unterlagen müssen auf Verlangen zur Verfügung gestellt werden. Vor diesem Hintergrund setzt er den Versicherer in die Lage, über Erfolgsaussichten nachdenken zu können. Der Versicherungsnehmer muss darüber hinaus auch den Rechtsanwalt vollständig und wahrheitsgemäß informieren (§ 17 Abs. 5 lit. a ARB). Er hat den Versicherer auf Anfrage über den jeweiligen Stand des Verfahrens zu informieren.

241 In mehreren Fällen war jedoch entschieden worden, dass es in der Rechtsschutzversicherung in der Regel nicht entscheidend darauf ankommt, dass der Versicherer so schnell wie möglich von den Umständen des Versicherungsfalles erfährt.[70] Das OLG Frankfurt geht von der Relevanzrechtsprechung aus und stellt fest, dass eine verspätete Anzeige, mithin eine Obliegenheitspflichtverletzung des Versicherungsnehmers, nicht geeignet ist, die berechtigten Interessen des Rechtsschutzversicherers zu gefährden.

242 **(3) Einholung der Zustimmung des Versicherers.** § 17 Abs. 5 lit. c aa ARB sieht vor, dass der Versicherungsnehmer vor Erhebung von Klagen und Einlegung von Rechtsmitteln die Zustimmung des Versicherers einzuholen hat. Zu beachten ist, dass die Einschränkung – Klagen und Rechtsmittel – erst ab ARB 94 gilt. ARB 75 sieht noch vor, dass alle kostenauslösenden Maßnahmen der Abstimmung bedürfen. Beweisanträge, Erledigungserklärungen, Klagerücknahmen bedürfen nicht der Abstimmung mit dem Rechtsschutzversicherer.[71]

243 **(4) Unnötige Erhöhung der Kosten.** § 17 Abs. 5 lit. c cc ARB beschreibt die Obliegenheit unnötige Kostenerhöhung zu vermeiden. Zu einem solchen Verhalten ist der Verkehrsrechtsanwalt schon aus dem Mandatsverhältnis verpflichtet. Für das Verkehrsrechtsmandat bedeutet dies allenfalls, dass wegen einzelner Ansprüche nicht mehrere Klagen anhängig gemacht werden sondern die anhängige Klage ggf erweitert wird.

244 **(5) Teilklage.** § 15 Abs. 1 lit. d aa ARB 75 sieht vor, dass der Rechtsschutzversicherte, soweit seine Interessen nicht unbillig beeinträchtigt werden, vorab nur den angemessenen Teil seiner Ansprüche einklagen soll und die gerichtliche Geltendmachung des Restanspruchs bis zur rechtskräftigen Entscheidung über die Teilansprüche zurückstellen soll. Ab ARB 94 ist diese Obliegenheit nicht mehr vorgesehen, sie kann sich aber aus der Obliegenheit, unnötige Kosten zu vermeiden, nach § 17 Abs. 5 lit. c cc ARB ergeben.

245 Das OLG Hamm hat sich dazu im Sinne des Versicherten in der Form geäußert, dass es feststellt, dass darauf abzustellen sei, wie sich ein nichtrechtsschutzversicherter Kläger verhalten hätte.[72]

---

70 BGH VersR 1993, 830; OLG Frankfurt zfs 2001, 561.
71 AG Bad Säckingen r+s 2001, 476.
72 VersR 1999, 964.

(6) **Warteobliegenheit.** Nach § 17 Abs. 5 lit. c bb ARB muss der Versicherungsnehmer, soweit seine Interessen nicht unbillig beeinträchtigt werden, vor Klageerhebung die Rechtskraft eines anderen gerichtlichen Verfahrens abwarten, das tatsächliche oder rechtliche Bedeutung für den beabsichtigten Rechtsstreit haben kann (§ 15 Abs. 1 lit. d bb ARB 75 mit der Einschränkung, dass das andere gerichtliche Verfahren auf demselben Versicherungsfall beruhen muss). In der Praxis hat diese Obliegenheit wenig Bedeutung, da Musterprozesse selten sind. Das OLG Köln[73] versteht „denselben Versicherungsfall" als „denselben Lebenssachverhalt". Es kommt weiter zu dem Ergebnis, dass dann, wenn die Deckung versagt wird aufgrund der Warteobliegenheit, nicht zulasten des Versicherungsnehmers das Ergebnis aus diesem Prozess bezüglich der Erfolgsaussichten verwertet werden darf.

(7) **Verletzungsfolgen.** Bei den Obliegenheiten des § 17 Abs. 3, 5 ARB handelt es sich um Obliegenheiten nach Eintritt des Versicherungsfalles. Die Rechtsfolgen der Verletzung wurden früher vorgegeben von § 6 Abs. 3 VVG, nunmehr von § 28 VVG neu. Während früher sowohl bei Vorsatz als auch bei grober Fahrlässigkeit Leistungsfreiheit des Versicherers zur Folge hatte, bestimmt § 28 Abs. 2 VVG jetzt Leistungsfreiheit im Falle vorsätzlicher Obliegenheitspflichtverletzung, im Fall der grob fahrlässigen Obliegenheitspflichtverletzung ist der Versicherer berechtigt, seine Leistung je nach Schwere der Verletzung angemessen zu kürzen. Eine fahrlässige Obliegenheitspflichtverletzung bleibt also folgenlos. Allerdings bleibt im Rechtsschutzfall der Versicherer dann verpflichtet, wenn die Verletzung weder Einfluss auf die Feststellung des Rechtsschutzfalles hat, oder aber auf die Feststellung oder den Umfang der dem Rechtsschutzversicherer obliegenden Leistung (§ 17 Abs. 6 S. 2 ARB). Selbst im Falle der vorsätzlichen Obliegenheitspflichtverletzung bleibt der Versicherer leistungsverpflichtet, wenn diese keinen Einfluss auf die Feststellung des Versicherungsfalles und den Umfang der Versicherungsleistung gehabt hat.

(8) **Haftung des Versicherungsnehmers für Dritte (Rechtsanwalt).** Verletzt nicht der Versicherungsnehmer eine Obliegenheit, sondern der von ihm beauftragte Rechtsanwalt, der auch den Auftrag hat, die Korrespondenz mit dem Rechtsschutzversicherer zu führen, muss sich der Versicherungsnehmer das Verschulden seines Rechtsanwaltes zurechnen lassen. Nach unterschiedlicher Rechtsprechung ist der Rechtsanwalt entweder der Repräsentant oder der Wissensvertreter des Versicherungsnehmers.[74]

4. Prämienverzug. Als Ausfluss des Prinzips der materiellen Deckung im Versicherungsrecht wird der Versicherer auch dann leistungsfrei, wenn bei Eintritt des Versicherungsfalles entweder die Erstprämie oder nach Mahnung die Folgeprämie nicht fristgerecht bezahlt wurde (alt: § 38 Abs. 2 VVG, § 39 Abs. 2 VVG, neu: §§ 37, 38 VVG). Der Einfachheit halber verweise ich auf die Ausführungen in Teil 3 dieser Auflage zu Prämienverzug.

5. Kosten, die der RS-Versicherer nicht trägt. a) Reisekosten. Reisekosten, die dadurch anfallen, dass der Versicherungsnehmer zu einem auswärtigen Gerichtstermin reist, fallen nicht unter den Rechtsschutz, unabhängig davon, ob das Gericht das persönliche Erscheinen angeordnet hat oder nicht. Dies ergibt sich einmal daraus, dass diese Kosten nicht in der positiven Leistungsbeschreibung des § 5 ARB enthalten sind, andererseits daraus, dass die Teilnahme an einem Termin im Ausland ausdrücklich vorgesehen ist (§ 5 Abs. 1 lit. g ARB).

---

[73] zfs 2000, 266.
[74] OLG Hamm r+s 1996, 296; OLG Köln r+s 2001, 30.

251 **b) Kostenübernahme durch den Versicherungsnehmer.** Kosten, die der Versicherte ohne Rechtspflicht, also freiwillig übernimmt, fallen nicht unter den Rechtsschutz (§ 5 Abs. 3 lit. a ARB). Diese Klausel hat eine geringe Bedeutung in der Praxis, ist aber deutlich zu unterscheiden von der Folgeklausel.

252 **c) Einverständliche Erledigung.** Kostenübernahme durch den Rechtsschutzversicherer im Zusammenhang mit einer einverständlichen Erledigung kann nur dann erfolgen, soweit sie mit dem Ergebnis korrespondieren, das der Rechtsschutzversicherte ursprünglich anstrebte, es sei denn, dass eine abweichende Kostenverteilung gesetzlich vorgeschrieben ist (bei Verkehrsrechtsfällen nicht ersichtlich). Damit soll verhindert werden, dass die Kosten als Vergleichsmasse eingesetzt werden. Der Versicherungsnehmer sollte deshalb nur Widerrufsvergleiche abschließen, sollte er sich in der Angemessenheit der Kostenregelung unsicher sein und den Vergleich zur Genehmigung dem Rechtsschutzversicherer vorlegen

253 **d) Selbstbeteiligung.** Die Selbstbeteiligung muss vertraglich vereinbart sein, wenn sich der Rechtsschutzversicherer auf sie berufen will (§ 5 Abs. 3 lit. c ARB). Der Rechtsschutzversicherer kann diese bei einem einheitlichen Lebenssachverhalt mehrmals in Abzug bringen, so zum Beispiel, wenn aus einem Verkehrsunfall ein Strafsache oder Ordnungswidrigkeit resultiert, ein oder mehrere Schadensersatzfälle und gegebenenfalls eine Auseinandersetzung um das Fahreignungsregister und Folgen von Punkten. Die Selbstbeteiligung geht auch zulasten der mitversicherten Personen (§ 15 Abs. 2 S. 1 ARB). Die Regelung dieses Problems wird in der Praxis von unterschiedlichen Rechtsschutzversicherern unterschiedlich geregelt.

254 **e) Zwangsvollstreckungskosten.** Dass die Zwangsvollstreckung eines Urteils gedeckt ist, folgt aus § 5 Abs. 1 lit. a, c ARB. Der Rechtsschutzversicherer gewährt aber keinen Rechtsschutz für Kosten, die aufgrund des vierten und jedes weiteren Zwangsvollstreckungsversuchs entstehen (§ 5 Abs. 3 lit. d ARB). Nach § 2 Abs. 3 lit. b ARB 75 kann der Versicherungsnehmer auswählen, für welche Zwangsvollstreckungsmaßnahme er Rechtsschutz begehrt. Zwangsvollstreckungsmaßnahmen, die später als fünf Jahre nach Rechtskraft des Vollstreckungstitels eingeleitet werden, werden nicht gedeckt nach § 5 Abs. 3 lit. e ARB.

255 **f) Strafvollstreckungsverfahren.** § 5 Abs. 3 lit. f ARB beinhaltet die Übernahme der Kosten für Strafvollstreckungsverfahren (Einwendungen gegen die Vollstreckung, Gnadengesuch). Dies gilt aber nicht, wenn es sich um Vollstreckung von Geldbußen unter 250 EUR handelt. Insofern ist die Bagatellgrenze zu beachten.

256 **g) Subsidiaritätsklausel.** Nach der Bestimmung des § 5 Abs. 3 lit. g ARB trägt der Versicherer nicht die Kosten, die zu tragen ein Dritter verpflichtet wäre, gäbe es den Versicherungsvertrag nicht. Bedeutung erlangt dies aber nur im Fall des Verweisungsprivilegs des Kraftfahrzeughaftpflichtversicherers gegenüber dem Geschädigten im Falle der Leistungsfreiheit. Kann der Geschädigte Ersatz seines Schadens von einem anderen Schadensversicherer erlangen, entfällt die Haftung des Kraftfahrzeughaftpflichtversicherers (Beispiel: krankes Versicherungsverhältnis, vorhandene Kaskoversicherung beim Geschädigten, Leistungsfreiheit des Kraftfahrzeughaftpflichtversicherers).

257 **h) Versicherungssumme.** Die in Rechtsschutzversicherungsverträgen vereinbarte Versicherungssumme begrenzt die Leistung des Rechtsschutzversicherers (§ 5 Abs. 4 S. 1 ARB). Die Versicherungssumme wird in der Praxis in unterschiedlicher Höhe vereinbart, höhere Versicherungssummen als 300.000 EUR werden derzeit wohl nicht vereinbart. In Verkehrsrechts-

angelegenheiten wird diese Summe kaum erreicht, auch wenn in Einzelfällen die Beweisbeschaffung durch Gutachtenerstellung und erforderlichenfalls Sachverständigenversuche kostspielig werden kann.

i) **Privat- oder Nebenklage.** Die Kosten und Gebühren, die dem Versicherungsnehmer durch eine aktive Privat- oder Nebenklage entstehen, fallen unter keinem rechtlichen Aspekt unter den Versicherungsschutz des § 5 Abs. 1 lit. h ARB.

j) **Quotenvorrecht.** Bei der Rechtsschutzversicherung gelten die gleichen Grundsätze wie bei der Kaskoversicherung. Insoweit wird ergänzend verwiesen auf § 3 Rn 70 ff und die dort enthaltenen Ausführungen. Es geht um die in vielen Rechtsschutzversicherungsverträgen vereinbarte Selbstbeteiligung.

Kommt es bei einem Urteil zu einer Quote, sind auch die Kosten des Verfahrens zu quoteln. Es ergibt sich aus der Quote ein Kostenerstattungsanspruch gegen die Gegenseite. Dieser geht zwar nach § 86 Abs. 1 VVG auf die Rechtsschutzversicherung über, allerdings nicht in Höhe der vereinbarten Selbstbeteiligung. Daraus ergibt sich weiter, dass dem Mandanten der Kostenbeteiligungsbetrag in Höhe der Selbstbeteiligung ist nach Kostenausgleichung durch die Gegenseite vorrangig zu erstatten.

Zu beachten ist, dass der Versicherer in der Regel den Anspruch des Versicherungsnehmers übergeht, verschweigt und den Rechtsanwalt zur Ausgleichung gem. Kostenfestsetzungsbescheid auffordert. Dem ist im Interesse des Mandanten nach obigen Grundsätzen zu begegnen. Das Quotenvorrecht umfasst nicht nur die Anwaltskosten sondern darüber hinaus auch Reisekosten.[75] Bei den Reisekosten ist zu bedenken, dass diese nicht von der Leistung des Rechtsschutzversicherers umfasst werden, demnach auch nicht übergehen können.

Zu Berechnungsbeispielen wird auf die Literatur verwiesen.[76] Zu beachten ist, dass kein Quotenvorrecht am Gerichtskosten-Rückzahlungsanspruch besteht.

k) **Forderungsübergang.** Nach Abschluss des obsiegenden oder teilobsiegenden Verfahrens gehen nach § 87 Abs. 1 VVG bzw § 17 Abs. 8 ARB die Ansprüche auf Erstattung der Gebühren und Kosten vom Versicherungsnehmer auf den Versicherer über, als dieser Zahlung geleistet hat.

l) **Folgen der Deckungsablehnung.** Die Deckungsablehnung erfolgt in der Regel wegen fehlender Erfolgsaussichten oder wegen Mutwilligkeit. Bekannt sind diese Kriterien bereits aus der ZPO als Voraussetzung für die Gewährung von Prozesskostenhilfe (§ 114 ZPO). Mutwilligkeit liegt vor, wenn der durch die Wahrnehmung der rechtlichen Interessen voraussichtlich entstehende Kostenaufwand unter Berücksichtigung der berechtigten Belange der Versichertengemeinschaft in einem groben Missverhältnis zum angestrebten Erfolg steht (§ 18 Abs. 1 lit. a ARB).

Will der Rechtsschutzversicherer wegen fehlender Erfolgsaussichten oder Mutwilligkeit die Deckung ablehnen, muss er dies schriftlich unter Angabe der Gründe unverzüglich dem Versicherungsnehmer mitteilen (§ 18 Abs. 1 lit. b Hs 2 ARB). Verpasst der Versicherer die Bescheidung innerhalb eines Zeitraumes von zwei bis drei Wochen, kann er sich auf fehlende

---

75 Siehe *Freyberger*, Das Quotenvorrecht, DAR 2001, 385.
76 Eine Vielzahl von Berechnungsbeispielen findet sich bei *Schneider*, Das Quotenvorrecht in der Rechtsschutzversicherung, DAR-Extra 2008, 766.

Erfolgsaussichten oder Mutwilligkeit nicht mehr berufen.[77] Nach BGH kann sich der Rechtsschutzversicherer dieses Recht nicht „vorbehalten".[78]

VIII. Deckungsklage

266　Im Falle einer Rechtsschutzablehnung kann der Versicherte gegen den Rechtsschutzversicherer Deckungsklage erheben. Der Anspruch auf Kostenbefreiung wird fällig, sobald der Versicherte nachweist, dass er zur Zahlung verpflichtet ist (§ 5 Abs. 2 lit. a ARB). Danach kann der Versicherte Klage erheben mit dem Antrag, dass der Rechtsschutzversicherer verurteilt wird den Versicherten von einem Anspruch aus ... in Höhe von ... zu befreien (Leistungsklage). Ist die Gewährung von Rechtsschutz schon vor dieser Fälligkeit streitig, kann der Versicherte nur Feststellungsklage erheben.

267　▶ **Muster: Antrag auf Feststellung der Gewährung von Rechtsschutz**

Es wird festgestellt, dass der beklagte Rechtsschutzversicherer verpflichtet ist, dem klagenden Versicherungsnehmer aufgrund des Rechtsschutzversicherungsvertrages Nr. ... für die außergerichtliche (gerichtliche) Geltendmachung von Schadensersatzansprüchen aufgrund des Verkehrsunfalls vom ... gegen ... zu gewähren. ◀

268　Ein Zahlungsanspruch steht dem Versicherten zunächst nicht zu. Zunächst besteht lediglich ein Schuldbefreiungsanspruch. Der Zahlungsanspruch ergibt sich erst dadurch, dass der Versicherte die Kostenforderung ausgeglichen hat.[79] Festzuhalten ist, dass der Versicherte diese Klage auf eigenes Risiko führen muss, da es keinen Rechtsschutz für Klagen gegen den eigenen Versicherer gibt (§ 3 Abs. 2 lit. h ARB).

269　Der Rechtsschutzversicherer konnte auch dem Versicherungsnehmer mit der Deckungsablehnung eine Frist für die gerichtliche Geltendmachung des Versicherungsanspruchs von sechs Monaten setzen (§ 19 ARB 2007). Diese Klagefrist war den ARB ab 2008 nicht mehr vorgesehen, so dass eine solche bei Abschluss eines Rechtsschutzversicherungsvertrags entfällt.

270　Die örtliche Gerichtszuständigkeit ergibt sich aus § 20 ARB, entweder am Sitz des Rechtsschutzversicherers oder am Sitz der zuständigen Niederlassung des Rechtsschutzversicherers oder aber am Ort des Sitzes des Agenten, der den Rechtsschutzversicherungsvertrag abgeschlossen hat.

271　Streitwert ist der Kostenbetrag, der auf den Versicherten im Falle einer Prozessniederlage zukommt.

IX. Stichentscheid

272　Dieses Verfahren ist in § 17 Abs. 2 ARB 75 geregelt und noch in ARB 94 einiger Rechtsschutzversicherer vorgesehen. §§ 18, 19 ARB 2000 stellt den Rechtsschutzversicherern ausdrücklich frei, ob sie ihren Versicherungsnehmern das Stichentscheids- oder das Schiedsgutachtenverfahren anbieten wollen. ARB 2008 der Advocardversicherung verweist in § 18 Abs. 2 ARB auf Stichentscheid, VRB 2008 des ADAC in § 17 Abs. 2 VRB auf Schiedsgutachten.

77　OLG Köln zfs 2000, 266.
78　zfs 2003, 364.
79　OLG Köln zfs 1998, 68.

273 Stichentscheid bedeutet, dass der Rechtsanwalt des Versicherungsnehmers aufgefordert ist, in der Rolle des Gutachters tätig zu werden. Er hat den entscheidungserheblichen Streitstoff darzulegen, anzugeben, inwieweit er bei bestrittenen Tatsachen Gegenbeweise anführen kann, die sich ergebenden rechtlichen Probleme unter Beachtung von Lehre und Rechtsprechung herauszuarbeiten und die Erfolgsaussichten aufzuzeigen. Nach OLG Frankfurt genügt es, dass sich der Stichentscheid mit den Punkten auseinandersetzt, die von dem Rechtsschutzversicherer zur Ablehnung angeführt wurden.[80] Ergänzungen einer Stellungnahme sind zulässig und müssen vom Versicherer berücksichtigt werden.[81]

274 Der Stichentscheid bindet den Versicherer unter der Voraussetzung, dass die Entscheidung offenbar von der wirklichen Sach- und Rechtslage abweicht. Eine erhebliche Abweichung von der wirklichen Sach- und Rechtslage liegt vor, wenn die Stellungnahme des Rechtsanwalts die Sach- und Rechtslage gröblich verkennt.[82] „Offenbar" ist dies, wenn sich die Unrichtigkeit dem rechtskundigen Rechtsanwalt hätte aufdrängen müssen.

275 Der Stichentscheid wird auf Kosten des Versicherers erstellt, das ist eine Geschäftsgebühr aus dem Streitwert, der identisch ist mit dem Wert der Kostenlast im Falle des negativen Ausgangs des Verfahrens.

276 1. **Schiedsgutachterverfahren.** Das Schiedsgutachterverfahren ist eine Alternative zur Deckungsklage und löst den Stichentscheid ab. Es kann davon ausgegangen werden, dass dadurch ein Mehr an Objektivität erreicht wird. Auch das Schiedsgutachtenverfahren wird auf Antrag des Versicherungsnehmers nach Rechtsschutzablehnung des Versicherers eingeleitet, weil entweder der Kostenaufwand unter Berücksichtigung der berechtigten Belange der Versichertengemeinschaft in einem groben Missverhältnis zum angestrebten Erfolg zu stehen scheint oder in den Fällen des § 2 lit. a bis g ARB die Wahrnehmung der rechtlichen Interessen keine hinreichende Erfolgsaussicht hat.

277 Dies ist dem Versicherten mitzuteilen und er ist darauf hinzuweisen, dass er innerhalb eines Monats die Einleitung eines Schiedsgutachtenverfahrens vom Rechtsschutzversicherer verlangen kann (§ 18 Abs. 2 S. 1 ARB). Gleichzeitig muss der Versicherte aufgefordert werden, innerhalb der Monatsfrist alle für die Durchführung des Verfahrens nach Auffassung des Rechtsschutzversicherers wesentlichen Mitteilungen und Unterlagen dem Rechtsschutzversicherer zu übersenden (§ 18 Abs. 2 S. 2 ARB). Entschließt sich der Versicherungsnehmer zur Einleitung eines Schiedsgutachterverfahrens, hat der Versicherer innerhalb eines Monats nach Antragseingang das Verfahren einzuleiten und den Versicherungsnehmer zu informieren. War die Leistungsverweigerung des Versicherers berechtigt, trägt der Versicherungsnehmer lediglich seine eigenen Kosten; die Kosten des Gutachtens trägt der Versicherer.

278 Der Schiedsgutachter entscheidet im schriftlichen Verfahren und seine Entscheidung ist für den Rechtsschutzversicherer bindend (§ 18 Abs. 2 S. 2 ARB). Der Versicherer kann bei Ablehnung immer noch Deckungsklage erheben.

---

80 VersR 1998, 357.
81 BGH VersR 1990, 414.
82 r+s 1996, 271.

2. Prüfungsreihenfolge

279
- Feststellung, welche rechtlichen Interessen des Mandanten wahrgenommen werden müssen.
- Welcher Versicherungsschutz steht zur Verfügung, welche ARB sind zugrunde zu legen?
- Fällt der Versicherungsfall in den versicherten Zeitraum?
- Wurden die Versicherungsprämien gezahlt?
- Entfällt der Rechtsschutz wegen Risikoausschlusses?
- Wurden gesetzliche oder vertragliche Obliegenheiten verletzt. Obliegenheiten nach Versicherungsfall sind unbedingt zu beachten.
- Prüfen, ob der Rechtsschutzversicherer schon eine Klagefrist gesetzt hat.
- Bei Versagung wegen fehlender hinreichender Erfolgsaussichten oder wegen Mutwilligkeit stellt sich die Frage nach Deckungsklage, Stichentscheid oder Schiedsgutachterverfahren.
- Bei Klageerhebung Gerichtsstand prüfen.

Teil 2:
Verkehrsunfallregulierung

§ 2 Haftungsgründe beim Verkehrsunfall

Literatur: *Ady*, Die Schadensersatzrechtsreform 2002, ZGS 2002, 237; *Baumgärtel*, 25 Jahre Karlsruher Forum, 1983, S. 85; *Bollweg/Hellmann*, Das neue Schadensersatzrecht, 2002; *Burmann*, Ersatz fiktiver Verbringungskosten zum Lackierer, zfs 1998, 121; *Cahn*, Einführung in das neue Schadensrecht, 2003; *Elsner*, Streitpunkte des neuen Schadensrechts, DAR 2004, 130; *Fleischmann/Hillmann/Schneider*, Das verkehrsrechtliche Mandat, Bd. 2, 6. Auflage 2012; *Geigel*, Der Haftpflichtprozess, 26. Auflage 2011; *Greger*, Haftungsrecht des Straßenverkehrs, 5. Auflage 2014; *Hacks/Wellner/Häcker*, Schmerzensgeldbeträge, 33. Auflage 2015; *Hentschel*, Änderungen im Haftungsrecht des Straßenverkehrs durch das Zweite Gesetz zur Änderung schadensersatzrechtlicher Vorschriften vom 19.7.2002, NZV 2002, 433, 442; *Heß/Buller*, Der Kinderunfall und das Schmerzensgeld nach der Änderung des Schadensrechts, zfs 2003, 218; *Huber*, Das neue Schadensersatzrecht, 2003; *Jaeger*, Das HWS-Schleudertrauma als Gesundheitsverletzung, VRR 2009, 4; *Jaeger/Luckey*, Schmerzensgeld, 7. Auflage 2014; *Jaklin/Middendorf*, Haftungsprivileg nach § 828 II BGB auch im ruhenden Verkehr?, VersR 2004, 1104; *Kilian*, Die deliktische Verantwortlichkeit Minderjähriger nach § 828 BGB nF, ZGS 2003, 168; *Kuhlen*, Strafrechtliche Grenzen der zivilrechtlichen Deliktshaftung Minderjähriger, JZ 1990, 273; *Küppersbusch*, Ersatzansprüche bei Personenschäden, 11. Auflage 2013; *Lemcke*, Gefährdungshaftung im Straßenverkehr unter Berücksichtigung der Änderung durch das 2. SchadÄndG, zfs 2002, 318; *Meyer*, HWS-Schleudertrauma, VRR 2009, 18; *Müller*, Das reformierte Schadensersatzrecht, VersR 2003, 1; *Pardey*, Reichweite des Haftungsprivilegs von Kindern im Straßenverkehr, DAR 2004, 499; *Schulz-Borck/Pardey*, Der Haushaltsführungsschaden, 8. Auflage 2013; *Wagner*, Das zweite Schadensersatzrechtsänderungsgesetz, NJW 2002, 2049; *Wussow*, Unfallhaftpflichtrecht, 16. Auflage 2014; *Wille/Bettge*, Empirische Untersuchungen zur Deliktsfähigkeit nach § 828 BGB, VersR 1971, 878; *Ziegert*, Das HWS-Schleudertrauma im Haftpflichtprozess, DAR 1998, 336.

A. Fahrerhaftung	1	
I. Allgemeine Voraussetzungen	1	
1. Rechtswidrige, vorsätzliche oder fahrlässige Verletzung	4	
2. Kausalität und Zurechnung	6	
a) Äquivalenz	6	
b) Adäquanz	7	
c) Schutzzweck der Haftungsnorm	8	
d) Anschlussunfall	10	
3. Rechtswidrigkeit	11	
4. Fahrlässigkeit	13	
a) Objektivierter Sorgfaltsmaßstab	14	
b) „Innere" Sorgfalt	16	
c) Verkehrssicherungspflicht	18	
d) Vertrauensgrundsatz und Sichtfahrgebot	21	
aa) Kinder- und Fußgängerunfälle	23	
bb) Jugendliche und betagte Kraftfahrer	27	
e) Unvermeidbarkeit des Unfalls	29	
f) Vermutetes Verschulden gem. § 18 StVG	30	
g) Verschulden dem Anschein nach – der Anscheinsbeweis	30a	
aa) Typische Unfallkonstellationen mit Anscheinsbeweis	30b	
(1) Vorfahrtverletzung	30b	
(2) Auffahrunfall	30g	
(3) Kettenauffahrkonstellationen	30o	
(4) Fahrstreifenwechsel	30w	
(5) Linksabbieger und Überholer	30x	
(6) Rückwärtsfahren	30zc	
(7) Türöffnerunfälle	30ze	
(8) Einfahrt in den fließenden Verkehr	30zj	
bb) Zusammentreffen von Anscheinsbeweisen	30zk	
(1) Auffahrunfall und Fahrstreifenwechsel	30zl	
(2) Auffahren und Verletzung der Wartepflicht	30zp	
(3) Fahrstreifenwechsel nach rechts und Anfahrender	30zt	
(4) Rückwärtsfahrt des Vorfahrtsberechtigten	30zu	
h) Unfall mit Auslandsbezug	31	
II. Verkehrsunfall mit leichtem Sachschaden	32	
III. Unfall mit leichtem Sach- und Personenschaden	54	
1. Verletzter im unfallverursachenden Fahrzeug	54	
2. Ausgangsfall: unklare Fahrzeugkollision	55	
3. Einzelne Schadenspositionen	64	
a) Abzug neu für alt	65

b) Besuchskosten 67
c) Haushaltsführungsschaden 69
d) Schmerzensgeld 70
IV. Verkehrsunfall mit hohem Sachschaden .. 78
1. Eilbedürftigkeit 78
2. Ausgangsfall: Auffahrunfall nach umstrittener Vollbremsung 79
V. Verkehrsunfall mit hohem Personenschaden 88
1. Personenschadensmanagement 88
2. Einschaltung des Rehabilitationsdienstes 95
VI. Mitverschulden 101
1. § 254 Abs. 1 BGB 101
  a) Allgemeines 101
    aa) „Verschulden gegen sich selbst" 102
    bb) Mitverschulden und Gefährdungshaftung 103
    cc) Verschuldensfähigkeit 104
    dd) Kausalität 105
    ee) Schutzzweck der Norm 106
    ff) Auslandsunfall 107
  b) Abwägungskriterien 108
    aa) Das Verschulden in der Abwägung 109
    bb) Die Betriebsgefahr in der Abwägung 110
    cc) Krasses Eigenverschulden des Geschädigten 111
    dd) Verrichtungsgehilfen 112
    ee) Mehrere Schädiger 113
    ff) Unstreitig oder bewiesen.... 119
  c) Unfalltypen 120
    aa) Fußgängerunfall 121
    bb) Kollision zwischen Auto und Radfahrer 125
    cc) Kinderunfall 126
    dd) Gurtanlegepflicht 130
    ee) Mitfahrer 140
2. § 254 Abs. 2 BGB 143
  a) Schadensminderungspflicht 144
    aa) Personenschaden 145
    bb) Sachschaden 155
      (1) Grundsatz: Herstellung vor Wertersatz ... 156
      (2) Erforderlichkeit der Herstellung 160
      (3) Vorwerfbare Fehlherstellung 161
  b) Warnpflicht 169
3. Die Abwägung nach § 17 StVG 170
  a) Entscheidend: Verursachungsbeiträge im Unfallzeitpunkt 172
  b) Verkehrsunfall durch Tiere auf der Fahrbahn 175
  c) Rechtliche Würdigung typischer Unfallkonstellationen 181
B. Halterhaftung 189

I. Zweites Gesetz zur Änderung schadensersatzrechtlicher Vorschriften vom 19.7.2002 190
1. Gefährdungshaftung des Anhängerhalters (§ 7 Abs. 1 StVG) 191
2. Haftung für Mitfahrer (§ 8 a StVG) .. 192
3. Schmerzensgeld (§ 11 S. 2 StVG) 193
4. Haftungshöchstbeträge (§ 12 StVG) 194
II. Kernprobleme des § 7 Abs. 1 StVG in der Praxis 196
1. „Bei dem Betrieb eines Kraftfahrzeugs" 197
2. „Halter" 207
3. Schaden 208a
III. Grenzen der Halterhaftung 209
1. Fälle des § 8 StVG 210
2. „Höhere Gewalt" (§ 7 Abs. 2 StVG) 212
C. Verkehrssicherungspflichten 214
I. Winterliche Streupflicht 215
II. Herabfallende Baumäste 217
III. Verkehrsberuhigungsmaßnahmen 219
IV. Verkehrssicherungspflichten im Zusammenhang mit dem Kraftfahrzeug 220
V. Niveauunterschiede auf Fahrbahnen oder Bürgersteigen 222
VI. Schlaglochschäden 223
VII. Dachlawinen 228
VIII. Zwei typische Fallkonstellationen 231
1. Umgefallenes Verkehrszeichen 232
2. Sturz eines Fahrradfahrers wegen eines Schlaglochs 233
D. Tierunfälle 243
I. Unfall mit Pferd 244
1. Pferd mit Reiter 244
2. Pferd ohne Reiter 245
3. Pferd mit Führer (Fußgänger) 248
II. Unfall mit Kuh 249
1. Kuh ist aus der Weide ausgebrochen 249
2. Unfall beim Viehtrieb 250
III. Unfall mit Schaf oder Ziege 253
IV. Unfall mit Hund 255
V. Kollision Pkw mit Kleintier 256
VI. Kollision Fahrrad mit Hund 259
VII. Unfall mit Katze 261
E. Kinderunfall 262
I. Kinder vor Vollendung des siebenten Lebensjahrs 262
II. Kinder vor Vollendung des zehnten Lebensjahrs 263
III. Kind beschädigt abgestellten Pkw 268
F. HWS-Verletzungen 270
I. Harmlosigkeitsgrenze? 273
II. Zwei zeitlich aufeinanderfolgende Unfälle 276
III. Medizinische Gutachten 278
IV. Medizinische Erstuntersuchung 283
V. Gesundheitsverletzung 286
VI. „Vorschadensfrage" 292
VII. Sitzposition „out of position" 296
VIII. Beweislast 300
IX. Schmerzensgeld 303
X. Das HWS-Trauma im Prozess 305

A. Fahrerhaftung

I. Allgemeine Voraussetzungen

Nach § 18 Abs. 1 StVG ist in den Fällen des § 7 Abs. 1 StVG auch der Führer des Kraftfahrzeugs oder des Anhängers zum Ersatz des Schadens nach §§ 8–15 StVG verpflichtet. Allerdings ist – und dies ist besonders wichtig – die Ersatzpflicht ausgeschlossen, wenn der Schaden nicht durch ein Verschulden des Fahrers verursacht worden ist. § 18 Abs. 3 StVG übernimmt die Regelung des § 17 StVG zur Ausgleichsverpflichtung mehrerer Haftpflichtiger auch im Verhältnis Führer zu Halter. Bei § 18 Abs. 1 StVG handelt es sich um eine Verschuldenshaftung mit umgekehrter Beweislast.[1] Der Fahrer kann sich also von der Haftung durch den Nachweis fehlenden Verschuldens befreien. Er muss hierbei nachweisen, dass er die im Verkehr erforderliche Sorgfalt, die Sorgfalt eines ordentlichen Kraftfahrers, beachtet hat (§ 276 BGB). Der Beweis verkehrsrichtigen Verhaltens schließt die Haftung des Kraftfahrzeugführers aus § 18 StVG aus.[2] Die grundlegenden Vorschriften der Haftung des Fahrers aus einem Verkehrsunfall ergeben sich aus dem Recht der unerlaubten Handlungen (§ 823 ff BGB).

Voraussetzung für eine Haftung des Fahrers eines Pkws ist somit der Nachweis einer rechtswidrigen und schuldhaften Rechtsgutverletzung des Geschädigten. Die relevanten Rechtsgüter, welche bei einem Verkehrsunfall verletzt werden können, sind regelmäßig das Recht auf Unversehrtheit des Körpers (Personenschaden), das Eigentum (Pkw) und der Besitz (zB Nutzungsausfallschaden, Mietwagenkosten) als sonstiges Recht. Das Verschulden wird sich regelmäßig aus einer Normverletzung des Fahrers gegen eine Vorschrift der Straßenverkehrsordnung bzw seiner Nebengesetze ergeben, wobei der Fahrer für jede Form der Fahrlässigkeit und Vorsatz zu haften hat (§ 276 BGB).

Bis zum Inkrafttreten des **Zweiten Gesetzes zur Änderung schadensersatzrechtlicher Vorschriften** am 1.8.2002[3] waren deliktische Anspruchsgrundlagen, insbesondere aus § 823 BGB, die in Verkehrsunfällen am häufigsten angewandten. Im Unterschied zur Haftung aus dem StVG führte die Haftung aus Delikt zum Schmerzensgeldanspruch (§ 847 BGB aF). Außerdem war die Haftung des Schädigers nicht auf bestimmte Höchstbeträge begrenzt. Nunmehr kann auch die Haftung aus dem StVG zum Schmerzensgeldanspruch führen (§ 11 StVG). Dennoch haben die Ansprüche aus Verschulden auch für die Haftung aus Verkehrsunfällen ihre – allerdings reduzierte – Bedeutung für die Praxis behalten. Das gilt nicht nur für die Schadensfälle, in denen eine Gefährdungshaftung nicht eingreift, sondern auch für die Fälle, in denen der Schaden die (allerdings deutlich angehobenen) Höchstbeträge der §§ 12, 12 a StVG übersteigt. Ferner ist das Verschulden für die Abwägung der Verursachungsbeiträge nach §§ 254 BGB, 17 StVG weiterhin von Bedeutung.

1. Rechtswidrige, vorsätzliche oder fahrlässige Verletzung. Nach § 823 Abs. 1 BGB löst eine rechtswidrige vorsätzliche oder fahrlässige Verletzung der dort genannten Rechtsgüter eines anderen die Verpflichtung des Schädigers zum Schadensersatz aus. Aber nicht jede Rechtsgutverletzung ist eine Schädigungshandlung, wie sie § 823 Abs. 1 BGB meint. Von einer **Handlung im Rechtssinn** kann nur bei einem Verhalten gesprochen werden, das der Bewusstseins-

---
1 BGH VersR 1983, 438, 440.
2 OLG Bamberg VersR 1982, 583, 584.
3 BGBl. I, S. 2674.

kontrolle und Willenslenkung unterliegt und somit beherrschbar ist. Allein ein solches *willkürliches* Verhalten kann dem Schädiger zugerechnet werden. *Unwillkürliche* Körperbewegungen, die vom menschlichen Bewusstsein nicht kontrolliert werden können, denen also jede Willenssteuerung von vornherein fehlt, können eine Verschuldenshaftung nicht begründen.[4] Im Straßenverkehr geschehen gefahrenträchtige Bewegungen, die nicht als Handlungen im Rechtssinne qualifiziert werden können, nicht selten (etwa der verhängnisvolle, eine Schleuderbewegung auslösende, unbewusste Tritt des Fahrers auf die Bremse in einer überraschend aufgetretenen Gefahrensituation).

5 Andererseits gibt es Handlungen, die den Schädigern als Verletzungshandlungen zugerechnet werden, obwohl nicht sie, sondern die Geschädigten selbst die Rechtsgutsverletzung unmittelbar herbeigeführt haben. Wer einen anderen zu einem **selbstgefährdenden Verhalten herausfordert**, kann diesem anderen dann, wenn dessen Willensentschluss auf einer mindestens im Ansatz billigenswerten Motivation beruht, aus unerlaubter Handlung zum Ersatz des Schadens verpflichtet sein, der infolge des durch die Herausforderung gesteigerten Risikos entstanden ist. Voraussetzung für eine deliktische Haftung ist in solchen Fällen aber stets, dass der Schädiger den Geschädigten in vorwerfbarer Weise zu der selbstgefährdenden Reaktion herausgefordert hat.[5] Beispielsweise wurde eine Haftung in Fällen bejaht, in denen sich jemand pflichtwidrig der vorläufigen Festnahme oder der Feststellung seiner Personalien durch Polizeibeamte oder andere dazu befugte Personen durch die Flucht zu entziehen versucht und diesen Personen dadurch Anlass gegeben hat, ihn zu verfolgen, wobei sie dann infolge der durch die Verfolgung gesteigerten Gefahrenlage einen Schaden erlitten. Zu denken ist auch an Fälle, in denen jemand durch einen Fahrfehler einen anderen zu einer Ausweichbewegung veranlasst, die zu einem Schaden führt.

6 **2. Kausalität und Zurechnung. a) Äquivalenz.** Die Verletzungshandlung muss – soll der Schädiger aus § 823 Abs. 1 BGB haften – zu der Rechtsgutsverletzung geführt haben, aus der der Geschädigte seinen Schadensersatzanspruch herleitet. Die Verletzungshandlung muss also für die geltend gemachte Rechtsgutsverletzung ursächlich geworden sein. Eine Unterlassung wiederum ist für den eingetretenen Schaden kausal, wenn bei pflichtgemäßem Handeln der Eintritt des Erfolges verhindert worden wäre.[6] Ursache eines Schadens ist jede Bedingung, die nicht hinweggedacht werden kann, ohne dass der Schaden entfällt.[7] Es ist also schlicht und einfach zu fragen, ob der Schaden auch dann eingetreten wäre, wenn es die Schadenshandlung nicht gegeben hätte. Dabei ist mit dem Begriff der Ursache jede Ursache gemeint, auch eine bloße Mitursache. Das Zivilrecht unterscheidet auch nicht zwischen wesentlicher und unwesentlicher Ursache. Es kommt nicht – wie zB im Sozialversicherungsrecht – darauf an, ob die Schädigungshandlung zu einer „richtungsgebenden Veränderung" des Rechtsguts geführt hat, auch nicht darauf, ob ein Ereignis die „ausschließliche" oder „alleinige" Ursache einer Gesundheitsbeeinträchtigung ist; auch eine **Mitursächlichkeit**, sei sie auch nur „Auslöser" neben erheblichen anderen Umständen, steht einer Alleinursächlichkeit in vollem Umfang gleich.[8] Führt beispielsweise ein Fahrfehler eines Lkw-Fahrers bei einer bereits durch frühere Beschwerden belasteten Radfahrerin zu einem Schädel-Hirn-Trauma, das die Arbeits-

---

[4] BGH VersR 1986, 124.
[5] BGH VersR 1991, 111, 112.
[6] BGH Urt. v. 7.2.2012 – VI ZR 63/11.
[7] BGH VersR 2002, 773.
[8] BGH VersR 2005, 945 f.

unfähigkeit der Verletzten auslöst, dann muss der Schädiger für die Folgen der Arbeitsunfähigkeit aufkommen, selbst wenn die durch den Unfall hervorgerufenen Verletzungen der schon stark vorgeschädigten und deshalb besonders anfälligen Radfahrerin nur als „Auslöser" im Sinne einer Mitursache gewirkt haben.[9]

b) Adäquanz. Die Bejahung der Kausalität ist aber nur einer von mehreren Schritten auf dem Weg zur Haftung des Schädigers. Hier ist eine Eingrenzung geboten, man würde sonst zu einer uferlosen Einstandspflicht des Schädigers gelangen. Zunächst muss die Schädigungshandlung für den Schaden „adäquat" sein. Das bedeutet, dass das zum Schaden führende Ereignis im Allgemeinen und nicht nur unter besonders eigenartigen, unwahrscheinlichen und nach dem gewöhnlichen Verlauf der Dinge außer Betracht zu lassenden Umständen geeignet sein muss, einen Erfolg der eingetretenen Art herbeizuführen.[10] Dieses enge Verständnis der Adäquanztheorie hat zur Folge, dass die Haftung des Schädigers nur selten an dieser Eingrenzung scheitert. Die Rechtsprechung greift deshalb nur noch hin und wieder auf den Gesichtspunkt der Adäquanz zurück.

c) Schutzzweck der Haftungsnorm. Am wirkungsvollsten lässt sich eine unangemessene Ausweitung der Haftung des Schädigers durch eine Auslotung der Grenzen des Schutzzwecks der dem Anspruch zugrunde liegenden Haftungsnorm oder Verhaltenspflicht erreichen. Der Schädiger muss danach nur für die Folgen einstehen, die im Bereich der Gefahren liegen, um derentwillen die Rechtsnorm erlassen oder die Verhaltenspflicht begründet worden ist.[11] Es ist also jeweils zu untersuchen, ob die verletzte Norm oder Verhaltenspflicht nach ihrem Sinn und Zweck auf den Schutz gerade des Anspruchstellers zielt oder zumindest auch zielt. So dient beispielsweise das Gebot, innerhalb der Fahrbahn möglichst weit rechts zu fahren (§ 2 Abs. 2 StVO), nur dem Begegnungsverkehr, der sich in Längsrichtung abwickelt, so dass sich auf einen Verstoß gegen dieses Gebot weder ein Einbiegender noch der aus der Gegenrichtung abbiegende Fahrzeugverkehr noch der die Fahrbahn überquerende Fußgänger berufen kann. Andererseits ist der Schutzbereich im Rahmen der StVO sehr weit zu verstehen. Der BGH[12] führt hierzu aus:

„Die Vorschriften der StVO haben den Zweck, die Gefahren des Straßenverkehrs abzuwehren und Verkehrsunfälle zu verhindern. Die hierfür aufgestellten Regeln beruhen auf der durch Erfahrung und Überlegung gewonnenen Erkenntnis, welche typischen Gefahren der Straßenverkehr mit sich bringt und welches Verkehrsverhalten diesen Gefahren am besten begegnet. Damit besagen die Verkehrsvorschriften zugleich, dass ihre Nichteinhaltung die Gefahr eines Unfalles in den Bereich des Möglichen rückt (BGH, Urteil vom 19. September 1974 – III ZR 73/72 – VersR 1975, 37). Auch § 4 Abs. 1 StVO dient der Sicherheit des Straßenverkehrs. Die Vorschrift soll nicht nur Auffahrunfälle vermeiden, sondern bezweckt auch, die Übersicht des Kraftfahrers über die Fahr-bahn zu verbessern und ihm eine ausreichende Reaktionszeit zur Begegnung von Gefahren zu ermöglichen (OLG München, VersR 1968, 480). Hat die Nichteinhaltung des gebotenen Sicherheitsabstands den Unfall mitverursacht, ist der Verstoß gegen § 4 Abs. 1 StVO im Rahmen der Abwägung der beiderseitigen Verursachungsanteile grundsätzlich zu berücksichtigen. Dies gilt entgegen der Auffassung der Revisi-

---

9 BGH VersR 1999, 862.
10 BGH VersR 2002, 773.
11 BGH VersR 1990, 534, 535.
12 BGH Urt. v. 16.1.2007 – VI ZR 248/05.

on unabhängig davon, ob der andere Unfallverursacher in den Schutzbereich dieser Vorschrift einbezogen ist."

9 Ebenso kann sich auf einen Verstoß gegen § 3 Abs. 2 a StVO nur derjenige berufen, zu dessen Schutz diese Norm in der konkreten Verkehrssituation die Pflicht zu erhöhter Rücksichtnahme auslöst. Das aber ist grundsätzlich nur der einzelne schutzbedürftige Verkehrsteilnehmer – das Kind, der Hilfsbedürftige oder der ältere Mensch –, der in das Blickfeld des Kraftfahrzeugführers gerät oder mit dessen Anwesenheit zu rechnen ist.[13]

10 **d) Anschlussunfall.** Nicht selten wird ein Unfallbeteiligter, der durch einen Unfall in eine gefahrenträchtige Lage geraten ist, durch einen zweiten Unfall abermals geschädigt. Dies führt zu der Frage, ob der Verursacher des ersten Unfalls auch für die Folgen des zweiten Unfalls einstehen muss. Setzt sich beispielsweise der durch einen Unfall verletzte Mitfahrer in den Straßengraben, um auf den Krankenwagen zu warten, und wird er dort von einen anderen Kraftfahrzeug überrollt, dessen Fahrerin auf die hinter einer scharfen Kurve die Fahrbahn blockierenden Unfallfahrzeuge mit einer abrupten Lenkbewegung und heftigen Bremsung reagiert hat, dann stellt sich die Frage, ob sich der Verursacher des ersten Unfalls – die weiteren Anwendungsvoraussetzungen des § 823 Abs. 1 BGB unterstellt – auch die Folgen des zweiten haftungsrechtlich zurechnen lassen muss. Die Beantwortung dieser Frage hängt davon ab, ob auch die durch den zweiten Unfall herbeigeführte Schädigung noch dem Schutzzweck des § 823 BGB zuzurechnen ist. Hier ist entscheidend, dass die beiden Unfälle in einem nahen zeitlichen und örtlichen Zusammenhang geschehen sind. Die durch den ersten Unfall für den nachfolgenden Verkehr geschaffene Gefahrenlage bestand noch fort. Die Fehlreaktion der Fahrerin erklärt sich daraus, dass die Unfallstelle noch nicht abgesichert war. Damit ist der haftungsrechtliche Zurechnungszusammenhang zu bejahen.[14] Anders liegen die Dinge, wenn es zu einem Zweitunfall deshalb kommt, weil dessen Verursacher ordnungsgemäße und ausreichende Absicherungsmaßnahmen nicht beachtet hat, die nach einem die Fahrbahn versperrenden oder verengenden Erstunfall getroffen worden sind.[15]

11 **3. Rechtswidrigkeit.** In der täglichen Praxis verliert man in den Schadensfällen, in denen ein deliktischer Anspruch zur Erörterung steht, über die Rechtswidrigkeit der Verletzungshandlung regelmäßig kein Wort. Hier regiert stillschweigend die Regel, dass der Verletzungserfolg die Rechtswidrigkeit des ihn auslösenden Handelns **indiziert**.[16]

12 Die Regel, dass die Rechtswidrigkeit (Widerrechtlichkeit) der Schadenszufügung indiziert ist, greift aber nicht immer ein. Die Rechtsprechung hat für die Schadensfälle im Verkehr den Rechtfertigungsgrund des **„verkehrsrichtigen Verhaltens"** entwickelt.[17] Dieser Rechtfertigungsgrund spielt in der Praxis vor allem in den Fällen einer Inanspruchnahme des Geschäftsherrn aus § 831 BGB, der – von anderen Anwendungsvoraussetzungen abgesehen – die Haftung von der Widerrechtlichkeit (und nicht vom Verschulden) des Verrichtungsgehilfen abhängig macht, eine wichtige Rolle (siehe dazu Rn 111).[18]

---

13 BGH VersR 1990, 1366, 1367.
14 OLG Saarbrücken NZV 1999, 510, 511.
15 BGH VersR 2004, 529, 530.
16 BGHZ 24, 21, 27; 39, 103, 108.
17 BGHZ 24, 21, 28 f.
18 Vgl BGH VersR 1991, 320, 321.

4. Fahrlässigkeit. Weitere Voraussetzung für die Haftung des Schädigers aus § 823 Abs. 1 BGB ist die fahrlässige Verursachung des Schadens. Die Fahrlässigkeit ist neben dem Schaden in der Praxis das große Thema des § 823 Abs. 1 BGB. Von vorsätzlichen Schädigungen, die nach § 823 Abs. 1 BGB gleichfalls zum Schadensersatzanspruch des Geschädigten führen, ist – soweit es um Verkehrsunfälle geht – kaum die Rede (Ausnahmen: Suizidunfälle, provozierte Unfälle).

a) **Objektivierter Sorgfaltsmaßstab.** Die Fahrlässigkeit, die § 823 Abs. 1 BGB meint, ist die, die § 276 Abs. 2 BGB definiert, nämlich die Außerachtlassung der im Verkehr erforderlichen Sorgfalt. Die verkehrserforderliche Sorgfalt ist also der Standard, den § 276 Abs. 2 BGB im Auge hat. Nach diesem objektivierten Sorgfaltsmaßstab ist entscheidend, ob sich der Schädiger so verhalten hat, wie sich ein normaler, ordentlicher, besonnener und umsichtiger Angehöriger des betroffenen Verkehrskreises (zB Kraftfahrer) in der Lage des Schädigers verhalten hätte.[19] Mithin ist auf das Maß von Umsicht und Sorgfalt abzustellen, das von einem Menschen in der Rolle erwartet werden kann und muss, in der der Betroffene im Verkehr auftritt.[20] Defizite in den individuellen Fähigkeiten, Kenntnissen und Erfahrungen des Schädigers sind im Hinblick auf den objektivierten Sorgfaltsmaßstab des § 276 BGB kein Entlastungsgrund.[21] Der Begriff der Fahrlässigkeit ist also zivilrechtlich nach objektiven und nicht nach individuellen Merkmalen zu bestimmen.[22]

Die Ausrichtung der Sorgfaltsanforderungen am objektivierten Sorgfaltsmaßstab kann zu **harten Konsequenzen** führen. So trifft beispielsweise den Fahrer eines Lastzugs der Vorwurf der Fahrlässigkeit nach § 276 BGB, weil er vor einer Fahrt auf schneeglatter Straße das Lastreglerventil des zu 9 % beladenen Anhängers, das nur die Einstellungen „leer", „halb" und „voll" vorsah, auf „halb" statt auf „leer" eingestellt hatte mit der Folge, dass der Anhänger beim Abbremsen zur Seite rutschte und einen Fußgänger verletzte. Der Fahrlässigkeitsvorwurf blieb dem Fahrer nicht etwa deshalb erspart, weil aus keinem Handbuch und keiner Betriebsanleitung zu ersehen war, dass bei einem Ladegewicht von weniger als 10 % noch die Einstellung „leer" zu wählen ist. Von einem gewissenhaften und durchschnittlich erfahrenen Lastzugführer wird eben erwartet, dass er das Lastreglerventil auch ohne ausdrückliche Belehrung im Fahrunterricht und ohne Hinweise in der Bedienungsanleitung richtig bedient.[23] Oder: Begeht ein Autofahrer bei Dunkelheit einen Fahrfehler, weil er durch den Gegenverkehr geblendet worden ist, trifft ihn der Fahrlässigkeitsvorwurf nach § 276 BGB, auch wenn die Blendwirkung auf einem bis zum Unfall nicht bekannt gewordenen Augenfehler beruht. Von jedem Autofahrer wird nämlich erwartet, dass er die Grenzen seiner individuellen Sehmöglichkeiten kennt und sich in seiner Fahrweise darauf einstellt; durch welche Umstände ein persönliches, von der Norm abweichendes Sehvermögen mitbestimmt wird, ist unter dem Gesichtspunkt des objektiven Fahrlässigkeitsbegriffs rechtlich ohne Belang.[24]

b) **„Innere" Sorgfalt.** Dass § 276 BGB auf den objektivierten Sorgfaltsmaßstab abstellt, bedeutet aber nicht, dass jede Abweichung vom Standard unbesehen zur Haftung führt, wenn sie einen Schaden zur Folge hat. Der Garantiegedanke, der dem objektiven Verständnis des

---
19 BGH VersR 1976, 775, 776; 1987, 1133, 1134.
20 BGH VersR 1988, 388, 389.
21 BGH VersR 1995, 427, 428.
22 BGH VersR 1997, 834, 835.
23 BGH VersR 1968, 395.
24 BGH VersR 1967, 808.

Fahrlässigkeitsbegriffs zugrunde liegt, hat nämlich seine Grenzen. Zum äußerlich unsorgfältigen Verhalten des Schädigers muss – soll er haften – eine Verletzung der „inneren" Sorgfalt hinzutreten. Der Verstoß gegen die Sorgfaltspflicht, auf deren Einhaltung der Verkehr vertraut, muss also vorwerfbar sein. Das führt in der Praxis allerdings in aller Regel nicht zu Diskussionen, weil die Verletzung der äußeren Sorgfalt die Verletzung der inneren Sorgfalt indiziert oder für die Verletzung der inneren Sorgfalt ein Anscheinsbeweis spricht.[25] Anders ausgedrückt: Die Nichteinhaltung der äußeren Sorgfalt – also die objektive Verhaltenswidrigkeit – rechtfertigt regelmäßig den Schluss auf die Verletzung der „inneren" Sorgfalt.[26] Wer die Geschwindigkeitsbegrenzung nicht befolgt oder ein Verkehrsschild missachtet, begeht eben – ohne dass dies der besonderen Erwähnung bedürfte – nicht nur objektiv eine Verletzung der Sorgfaltspflicht, sondern zugleich eine vorwerfbare Verletzung seiner Pflicht zur Beachtung der Verkehrsvorschriften.

17 Die äußere und die innere Verletzung der Sorgfaltspflicht gehen aber nicht immer Hand in Hand. Kommt beispielsweise ein Mitfahrer zu Schaden, weil der Fahrer des Wagens nach dem Platzen eines Reifens kräftig auf die Bremse tritt, statt den Wagen ausrollen zu lassen und ein seitliches Ziehen des Wagens durch vorsichtiges Gegenlenken auszugleichen, dann ist dem Fahrer zwar objektiv ein Fahrfehler unterlaufen. War der Fahrer aber wegen des explosionsartigen Knalls und der darauf einsetzenden Schleuderbewegung des Wagens begreiflicherweise in eine Panik geraten, die ein situationsangemessenes Handeln verhinderte, dann ist der Vorwurf der Fahrlässigkeit nicht gerechtfertigt; es fehlt der Verstoß gegen die „innere" Sorgfalt. Die Fehlreaktion eines Verkehrsteilnehmers kann nicht als Fahrlässigkeit qualifiziert werden, wenn er in einer ohne sein Verschulden eingetretenen, für ihn nicht voraussehbaren Gefahrenlage keine Zeit zu ruhiger Überlegung hat und deshalb nicht das Richtige und Sachgemäße unternimmt, um den Unfall zu verhüten, sondern aus verständlicher Bestürzung falsch reagiert.[27] Es geschieht häufig, dass sich der Autofahrer über seine Rechtspflichten irrt. Grundsätzlich muss der Schädiger für einen Schaden, der auf einem **Rechtsirrtum** beruht, nur einstehen, wenn er fahrlässig gehandelt hat.[28] Ein Irrtum über die Rechtspflichten kann also grundsätzlich zu einer Befreiung von der deliktischen Haftung führen. Dieser Grundsatz gilt aber nicht für einen Irrtum über die Rechtslage im Straßenverkehr. Kommt es beispielsweise deshalb zur Kollision zweier Kraftfahrzeuge, weil einer der Fahrer die im Fall eines „vereinsamten Dreiecksschildes" (vor einer einmündenden Straße steht ein auf der Spitze stehendes rotumrandetes weißes Dreiecksschild, während die quer verlaufende Straße nicht als vorfahrtsberechtigte Straße gekennzeichnet ist) bestehende Rechtslage unrichtig beurteilt, dann trifft ihn ein Schuldvorwurf. Ein Verkehrsteilnehmer handelt in der Regel fahrlässig, wenn er eine Verkehrsvorschrift nicht kennt oder ihren Sinn falsch auslegt.[29]

18 c) **Verkehrssicherungspflicht.** Bei der Anwendung des § 276 BGB unterscheidet die Rechtsprechung nach dem betroffenen **Verkehrskreis**.[30] Die Sorgfaltspflichten des Schädigers werden also nach dem Sorgfaltsmaßstab beurteilt, dem die nach einzelnen Merkmalen (zB Beruf) bestimmte Gruppe im Rechtsverkehr genügen muss, als deren Angehöriger der Schädiger auf-

---

25 BGH VersR 1986, 765, 766.
26 BGH VersR 1994, 996, 997.
27 BGH VersR 1976, 734, 735; vgl ferner BGH VersR 1971, 909.
28 Vgl BGH VersR 1987, 1133, 1134.
29 BGH VersR 1958, 803.
30 BGH VersR 1987, 1133, 1134.

getreten ist. Damit geht es hier darum, welchen spezifischen Sorgfaltsanforderungen ein Schädiger genügen muss, der zur Gruppe der Autofahrer gehört.

Die Sorgfaltspflichten des Autofahrers setzen nicht erst ein, wenn er sich mit dem Fahrzeug in den Verkehr begibt, sondern schon, wenn er der Eigentümer oder Halter des Fahrzeugs ist. Er kann neben seiner Pflichtenstellung aus § 7 Abs. 3 StVG deliktsrechtlich verantwortlich sein, wenn er es zulässt, dass das Fahrzeug in der Hand einer erkennbar unzuverlässigen Person zu einer Gefahrenquelle wird. Die Haftung kann sich in solchen Fällen aus dem Gesichtspunkt der Verkehrssicherungspflicht ergeben. Drängt sich beispielsweise aus den gesamten Umständen auf, dass der Käufer, der mit dem Wagen wegfahren will, nicht die Gewähr bietet, dies in gesetzmäßiger Weise zu tun, dann handelt der Verkäufer fahrlässig, wenn er ihm das Fahrzeug durch Aushändigung der Schlüssel zum Fahren übergibt.[31] Die Sorgfaltspflichten des Halters oder Eigentümers eines Kraftfahrzeugs erstrecken sich insbesondere auf die **Aufbewahrung der Fahrzeugschlüssel**. Schließt der Fahrer den Wagen zwar ordnungsgemäß ab, lässt er aber die Wagenschlüssel im Wageninnern liegen, so dass ein Dieb, der den Wagen aufbricht, davonfahren kann, dann muss der Halter bzw Fahrer des Wagens aus § 823 Abs. 1 BGB für den Schaden aufkommen, den ein Polizeibeamter bei der Verfolgung des durch erhöhte Geschwindigkeit aufgefallenen Täters erleidet. Durch die Verletzung der Pflicht zur Sicherung des Fahrzeugs wird die Gefahr, dass die Schwarzfahrt einen verhängnisvollen Verlauf nimmt, voraussehbar in nicht unerheblicher Weise erhöht; deshalb werden auch Schäden aus einem solchen Hergang vom Schutzzweck der Sicherungspflicht mit umfasst.[32] Fahrlässig handelt sogar der Gastgeber, der seinen Schlüsselbund mit den Fahrzeugschlüsseln im Schloss der Wohnungstür hängen lässt, obwohl er Anlass zu der Befürchtung hat, dass einer seiner Gäste in alkoholisiertem Zustand dazu neigen könnte, mit dem Wagen des Gastgebers einen Selbstmordversuch zu unternehmen. Dem Fahrzeughalter obliegt eine besondere Obhut für sein Fahrzeug, verbunden mit der Verpflichtung aus § 14 Abs. 2 S. 2 StVO, alle zumutbaren Maßnahmen zu ergreifen, um dessen unbefugte Benutzung zu verhindern.[33]

Der Autofahrer handelt auch dann fahrlässig, wenn er es unterlässt, seinen Wagen in einer Fachwerkstatt überprüfen zu lassen, obwohl er Anlass hat, **Zweifel an der Verkehrssicherheit seines Fahrzeugs** zu haben. Das gilt insbesondere für alte Fahrzeuge. Wer ein altes Fahrzeug – im Entscheidungsfall ging es um einen zwölf Jahre alten Pkw – von einem Privatmann erwirbt, ist verpflichtet, die für die Verkehrssicherheit des Fahrzeugs wesentlichen technischen Einrichtungen, insbesondere auch die Reifen alsbald in einer Fachwerkstatt überprüfen zu lassen, wenn er selbst nicht über hinreichende kraftfahrttechnische Kenntnisse und Erfahrungen verfügt. Das betrifft alle wesentlichen technischen Einrichtungen, nicht bloß die Bremsen.[34]

d) Vertrauensgrundsatz und Sichtfahrgebot. Der Autofahrer muss beim Fahren eine Fülle von Verhaltensregeln beachten, die in der StVO zusammengefasst sind. Unter zwei Gesichtspunkten – dem Vertrauensgrundsatz und dem Sichtfahrgebot – hat die Rechtsprechung Grundsätze entwickelt, die für die Beurteilung der Fahrlässigkeit eine besondere Bedeutung erlangt haben. Eine flüssige Abwicklung des Straßenverkehrs ist nur möglich, wenn der Verkehrsteil-

---
31 BGH VersR 1979, 766, 767.
32 BGH VersR 1981, 40, 41.
33 OLG Oldenburg NZV 1999, 294, 295.
34 BGH VersR 1995, 848, 849.

nehmer wenigstens ohne besonderen Anlass zu Misstrauen davon ausgehen kann, dass sich die anderen verkehrsgerecht verhalten werden.[35] Über allen Anforderungen, denen der Autofahrer genügen muss, schwebt also der **Vertrauensgrundsatz**, ein Geschöpf der Rechtsprechung. Dieser bedeutet beispielsweise, dass der dem grünen Pfeil folgende Verkehrsteilnehmer darauf vertrauen darf, dass die Ampeln tatsächlich so geschaltet sind, dass der Gegenverkehr bei Aufleuchten des grünen Pfeils durch Rotlicht angehalten wird. Der Verkehrsteilnehmer darf grundsätzlich auch darauf vertrauen, dass entgegenkommende Fahrzeuge das für sie aufleuchtende Rotlicht beachten. Für den Straßenverkehr gilt ganz allgemein der Grundsatz, dass ein Kraftfahrer auf die Einhaltung der Verkehrsregeln durch andere Verkehrsteilnehmer vertrauen darf, solange die sichtbare Verkehrslage zu keiner anderen Beurteilung Anlass gibt.[36] Der Vertrauensgrundsatz wirkt also nicht starr, sondern **situationsbezogen**. Dies bedeutet beispielsweise, dass sich ein Autofahrer, der einen über die Straße rennenden Fußgänger mit seinem Wagen erfasst, nicht auf den Vertrauensgrundsatz berufen kann, wenn der Unfall an einer Stelle geschieht, an der – was dem Autofahrer bekannt ist – durch abgestellte Fahrzeuge verdeckte Arbeiter einer Papierfabrik bei Schichtwechsel üblicherweise die Straße überqueren, ohne auf den Fahrzeugverkehr zu achten.[37]

22 Neben dem Vertrauensgrundsatz ist das **Sichtfahrgebot** eine der Säulen des Straßenverkehrsrechts. Es steht im Gesetz (§ 3 Abs. 1 StVO) und wirkt unproblematisch. Tatsächlich führt es jedoch zu Konsequenzen, die mit der Verkehrswirklichkeit in Konflikt geraten. Nach der Rechtsprechung des BGH darf der Autofahrer auch auf Autobahnen bei Dunkelheit nur so schnell fahren, dass er innerhalb der überschaubaren Strecke rechtzeitig vor einem Hindernis auf seiner Fahrspur halten kann. Die zulässige Geschwindigkeit ist nicht ohne Rücksicht auf die konkreten Umstände (zB Witterungsverhältnisse, technischen Einrichtungen des Fahrzeugs) „abstrakt" allein durch die Reichweite des Abblendlichts festgelegt, vielmehr ist sie dem erleuchteten Sichtfeld anzupassen.[38] Jeder Autofahrer weiß, dass gegen diese „Goldene Regel" insbesondere auf den Autobahnen laufend verstoßen wird. Bekanntlich wird dort ständig mit hohen Geschwindigkeiten bei Abblendlicht gefahren. Prallt der Autofahrer auf ein von seinem Abblendlicht noch nicht erfasstes Hindernis auf seiner Fahrbahn (zB eine verunglückte Person, verletztes Wild, verlorenes Reserverad, herabgefallenes Ladegut usw.), weil er wegen der Geschwindigkeit sein Fahrzeug vor diesem Hindernis nicht mehr anhalten kann, dann trifft ihn wegen Verletzung des Sichtfahrgebots der Vorwurf der Fahrlässigkeit. Das Sichtfahrgebot des § 3 Abs. 1 StVO ist hart und schrankenlos formuliert. Es unterliegt jedoch Beschränkungen, wenn der Vertrauensgrundsatz ins Spiel kommt. Zwar erstreckt sich der Schutzbereich des Sichtfahrgebots auch auf solche Hindernisse, die durch das Verschulden eines anderen in den nicht einsehbaren Raum gelangt sind. Das Gebot findet jedoch im Vertrauensgrundsatz seine Grenze, wenn das Hindernis von der Seite oder von oben her völlig unvermittelt in die Fahrbahn gelangt. In einem solchen Fall ist dem Fahrer die Möglichkeit genommen, seine Geschwindigkeit seinem vorausberechneten Halteweg anzupassen. Dass dem Autofahrer eine nicht voraussehbare Verkürzung des Anhaltewegs nicht zur Last gelegt werden kann, gilt auch in den Fällen, in denen sich ein anderer Verkehrsteilnehmer in verkehrswidriger Weise mit einer ins Gewicht fallenden Geschwindigkeit auf ihn zu bewegt (zB

---

35 BGH VersR 1982, 701.
36 BGH VersR 1992, 203, 204; OLG Köln r+s 2005, 213, 214.
37 BGH VersR 1972, 951.
38 BGH VersR 1984, 741, 742.

ein Lkw, der in einer unübersichtlichen Kurve ein landwirtschaftliches Fahrzeug überholt und dabei die gesamte Fahrbahn versperrt).[39] Mit anderen Worten: Der Autofahrer, der auf Sicht fährt, darf grundsätzlich darauf vertrauen, dass ihm die Strecke, die er frei vor sich sieht und die er einkalkuliert, als Anhalteweg unverkürzt erhalten bleibt. In einem Fall des KG Berlin wurde ein dunkel gekleideter Fußgänger von einem von links herankommenden Auto erfasst. Der Fußgänger war sorgfaltswidrig auf den Fahrstreifen getreten, um ein auf der Gegenfahrbahn von rechts kommendes Fahrzeug passieren zu lassen. Wegen des Verstoßes des Kraftfahrers gegen das Sichtfahrgebot wurde eine hälftige Haftungsteilung angenommen.[40]

aa) Kinder- und Fußgängerunfälle. Für zwei Unfalltypen haben Gesetzgeber und Rechtsprechung besondere Beurteilungsgesichtspunkte für die Fahrlässigkeit herausgebildet: den Kinder- und den Fußgängerunfall.

Der **Kinderunfall** wird beherrscht von § 3 Abs. 2 a StVO, der die Sorgfaltsanforderungen an den Fahrzeugführer (u.a.) gegenüber Kindern über den Maßstab des § 276 BGB hinaus erhöht. Danach muss sich der Autofahrer (u.a.) gegenüber Kindern durch Verminderung der Fahrgeschwindigkeit und Bremsbereitschaft so verhalten, dass eine Gefährdung dieser Verkehrsteilnehmer ausgeschlossen ist. Das klingt hart und kaum erfüllbar. Der BGH hat zwar darauf hingewiesen, dass auch gegenüber Kindern die Sorgfaltspflichten des Autofahrers nicht überspannt werden dürfe.[41] Dies ändert aber nichts daran, dass die Rechtsprechung von dem Autofahrer gegenüber Kindern nicht nur eine erhöhte Sorgfalt, sondern sogar ein gut entwickeltes Vorahnungsvermögen erwartet. Er muss sich beispielsweise vor Augen halten, dass ein auf eine bevorrechtigte Straße mit dem Fahrrad zufahrendes Kind durch eine auf die Fahrbahn gezeichnete Furt zu der irrigen Vorstellung verleitet wird, ihm stehe die Vorfahrt zu. In dieser Situation der Unklarheit besteht für den Autofahrer kein Vertrauensschutz.[42] Oder: Nach der allgemeinen Lebenserfahrung muss der Autofahrer damit rechnen und sich darauf einstellen, dass dann, wenn von zwei Kindern das eine unvorsichtig über die Straße rennt, das andere Kind einem „unkontrollierten Nachlaufsog" unterliegt und gleichfalls losrennt.[43]

Bis vor kurzem war heftig umstritten, ob sich die **Heraufsetzung der Deliktsfähigkeit** bis zur Vollendung des zehnten Lebensjahres in § 828 Abs. 2 BGB auf alle Unfälle erstreckt, die sich im motorisierten Verkehr ereignen, oder ob dieses Haftungsprivileg auf Fälle des fließenden Verkehrs von Kraftfahrzeugen begrenzt ist. Ausgehend von dem gesetzgeberischen Ziel, nach dem die Haftungsprivilegierung lediglich den Fällen einer typischen Überforderung der betroffenen Kinder durch die spezifischen Gefahren des motorisierten Verkehrs – etwa die unrichtige Einschätzung der Entfernung oder Geschwindigkeit eines herannahenden Fahrzeugs – Rechnung tragen soll, hat der BGH entschieden, dass das Haftungsprivileg aus § 828 Abs. 2 S. 1 BGB nur eingreift, wenn sich bei der gegebenen Fallkonstellation eine typische Überforderungssituation des Kindes durch die spezifischen Gefahren des motorisierten Verkehrs realisiert hat. Das ist beispielsweise dann nicht der Fall, wenn ein neun Jahre altes Kind aus Unachtsamkeit bei einem Kickboard-Wettrennen stürzt und dadurch sein Kickboard gegen einen

---

39 BGH NJW 1974, 1378, 1379.
40 KG v. 21.1.2010 – 12 U 50/09.
41 BGH VersR 1992, 890.
42 BGH r+s 1997, 364, 365.
43 OLG Hamburg VersR 1990, 985.

ordnungsgemäß am rechten Straßenrand geparkten Pkw prallt. Das Kind ist dann aus § 823 Abs. 1 BGB verpflichtet, dem Eigentümer des Pkws den Schaden zu ersetzen, der ihm durch den Aufprall des Kickboards an seinem Pkw entstanden ist.[44] Andererseits wurde die typische Überforderungssituation bejaht, wenn das Kind gegen ein verkehrsbedingt anhaltendes Fahrzeug stößt, mit welchem es zuvor möglicherweise nicht rechnete.[45] Wer sich darauf beruft, dass sich eine typische Überforderungssituation des Kindes nicht ausgewirkt hat, muss es auch beweisen.[46]

26 Bei dem **Fußgängerunfall** fällt besonders die differenzierende Handhabung des Vertrauensgrundsatzes auf, und zwar eine Differenzierung je nachdem, ob sich der Autofahrer oder der Fußgänger auf diesen Grundsatz beruft. Sieht beispielsweise der Autofahrer im Vertrauen auf das für ihn grüne Ampellicht nur auf seine Fahrspur und nimmt er deshalb einen bei Rot von der Seite kommenden Fußgänger erst so spät wahr, dass er eine Kollision nicht mehr vermeiden kann, dann trifft ihn ein Fahrlässigkeitsvorwurf. Der Autofahrer war der Pflicht zur Beobachtung der gesamten vor ihm liegenden Fahrbahn nicht etwa deshalb enthoben, weil er sich einer Grünlicht und damit für Fußgänger Rot zeigenden Ampelanlage näherte. Er durfte nicht darauf vertrauen, dass sich wegen des Rotlichts kein Fußgänger auf der Fahrbahn befinden werde.[47] Anders fällt die Beurteilung aus, wenn es der Fußgänger ist, der auf das verkehrsrichtige Verhalten des Autofahrers vertraut hat. Wird etwa ein Fußgänger, der die Fahrbahn überquert, einen Meter vor dem Bürgersteig von einem Kraftfahrzeug angefahren, dann ist dem Autofahrer Fahrlässigkeit vorzuwerfen, wenn er den Fußgänger auf eine Entfernung von 20 m hätte wahrnehmen können. Der Autofahrer musste sich trotz seines Vorrangs (§ 25 Abs. 3 StVO) in seiner Fahrweise auf den Fußgänger einstellen. Ein Fußgänger, der eine innerstädtische Straße überquert und den gegenüberliegenden Bürgersteig fast erreicht hat, kann darauf vertrauen, dass ein herannahender Autofahrer es ihm ermöglicht, auch den Rest der Fahrbahn gefahrlos zu überqueren.[48]

27 **bb) *Jugendliche und betagte Kraftfahrer.*** Besondere Grundsätze hat die Rechtsprechung auch für die Sorgfaltspflicht des jugendlichen einerseits und des betagten Kraftfahrers andererseits herausgebildet. Die Sorgfaltsanforderungen des § 276 Abs. 2 BGB bestimmen sich, wie oben (Rn 18) ausgeführt, nach dem Verkehrskreis des Schädigers bzw der Gruppe, der er angehört. Das Sorgfaltspostulat ist also trotz des objektivierten Sorgfaltsmaßstabs nicht für alle Schädiger gleich, vielmehr kommt es darauf an, welchen spezifischen Sorgfaltsanforderungen die Angehörigen gerade der Gruppe genügen müssen, zu der der Schädiger gehört.[49] Das hat besondere Bedeutung, wenn der Schädiger ein **Kind** oder ein **Jugendlicher** ist. Dann kommt es darauf an, ob Kinder bzw Jugendliche seines Alters und seiner Entwicklungsstufe den Eintritt eines Schadens hätten voraussehen können und müssen und es ihnen bei Erkenntnis der Gefährlichkeit ihres Handelns in der konkreten Situation möglich und zumutbar gewesen wäre, sich dieser Erkenntnis gemäß zu verhalten.[50] Die Berücksichtigung typischer Verhaltensmuster Jugendlicher bei der Beurteilung der Sorgfaltsanforderungen kann zu einer deutlichen Bes-

---

44 BGH NJW 2005, 354 ff; VersR 2005, 376.
45 BGH Urt. v. 17.4.2007 – VI ZR 109/06.
46 BGH Urt. v. 30.6.2009 – VI ZR 310/08.
47 BGH VersR 1975, 858.
48 OLG Düsseldorf r+s 1992, 195.
49 Sog. Gruppenfahrlässigkeit, vgl BGH VersR 1997, 834, 835.
50 BGH NJW 2005, 354, 356.

serstellung dieser Gruppe im Vergleich zu Erwachsenen führen.[51] Dieses Verständnis für jugendtypische Verhaltensweisen erreicht aber seine Grenze, wenn es um die Beurteilung des Verhaltens Jugendlicher beim Führen eines Kraftfahrzeugs geht. Gerät beispielsweise ein 19-jähriger Autofahrer, der seit einem Monat den Führerschein besitzt, mit einem gemieteten Pkw auf schneeglatter Fahrbahn ins Schleudern und rammt er dabei auf der für ihn linken Straßenseite zwei entgegenkommende Fahrzeuge, dann steht der Einstufung seines Verhaltens als fahrlässig nicht entgegen, dass er wegen seines jugendlichen Alters die Gefahren von Straßenglätte für den Fahrzeugverkehr noch nicht einschätzen konnte. Für einen Jugendlichen, dem die Befugnis zum Führen von Kraftfahrzeugen zuerkannt worden ist, kann nach den Grundsätzen des objektiven Fahrlässigkeitsbegriffs im Zivilrecht kein anderer Maßstab als für einen Erwachsenen anerkannt werden.[52]

Für den **betagten Kraftfahrer** gilt, wenn er sich im Straßenverkehr bewegt, ein besonders strenger Sorgfaltsmaßstab. Er ist verpflichtet, sich stets genau zu beobachten und zu prüfen, ob er noch zur sicheren Führung seines Kraftfahrzeugs in der Lage ist, und es wird ihm als Verschulden angerechnet, wenn er sich ein Nachlassen seiner Leistungsfähigkeit nicht zu Bewusstsein bringt, obwohl er es bei sorgfältiger, kritischer Selbstbeobachtung und Selbstkontrolle hätte bemerken können. Die Anforderungen an die gebotene Selbstbeobachtung und Selbstkontrolle sind umso schärfer, je eher der Kraftfahrer nach Lage der Dinge mit einer Beeinträchtigung seiner Fahrtüchtigkeit rechnen muss. So kann etwa eine Schwächung durch eine Krankheit Veranlassung zu einer besonders kritischen Selbstbeobachtung und Selbstkontrolle geben. Ein Kraftfahrer, der bei selbstkritischer Prüfung altersbedingte Auffälligkeiten erkennt oder erkennen muss, die sich selbst nach den von einem medizinischen Laien zu verlangenden Kenntnissen auf seine Fahrtüchtigkeit auswirken können, ist verpflichtet, sich – ggf unter Hinzuziehung eines Arztes – zu vergewissern, ob er noch in der Lage ist, die altersbedingten Ausfälle durch Erfahrung, Routine und Fahrverhalten auszugleichen. Dies bedeutet beispielsweise, dass der betagte Kraftfahrer auffallende Ermüdungserscheinungen als mögliche Symptome einer altersbedingten Schwächung und damit als Warnsignale verstehen muss.[53]

e) Unvermeidbarkeit des Unfalls. War der Unfall unvermeidbar, dann kann dem Schädiger nicht vorgeworfen werden, dass er ihn nicht verhindert hat. Die Unvermeidbarkeit des Unfalls schließt den Fahrlässigkeitsvorwurf aus. In der Praxis ist jedoch zu beobachten, dass die Vermeidbarkeit nicht selten voreilig angenommen wird. Hier kann eine differenzierende Betrachtung geboten sein. Ergeben die Feststellungen, dass es dem Autofahrer auch bei pflichtgemäßer Reaktion nicht möglich gewesen wäre, sein Fahrzeug vor dem Kollisionspunkt anzuhalten, dann bedeutet dies noch nicht ausnahmslos, dass die Klage des Unfallgegners abzuweisen ist, weil ein Fahrlässigkeitsvorwurf nicht gerechtfertigt sei. Auch in einem solchen Fall kann ein Unfall vermieden werden, wenn die dem Autofahrer zur Verfügung stehende Zeit immerhin noch ausgereicht hätte, sein Fahrzeug so weit abzubremsen, dass es den Kollisionspunkt erst erreicht hätte, als ihn der Unfallgegner schon verlassen hatte. Es gilt also, zwischen *räumlicher* Vermeidbarkeit (der Möglichkeit, das Fahrzeug noch vor dem Kollisionspunkt anzuhalten) und *zeitlicher* Vermeidbarkeit (der Möglichkeit, das Fahrzeug abzubremsen oder

---
51 Vgl zB BGH VersR 1953, 28; 1991, 196, 197.
52 BGH NJW 1973, 1790, 1791.
53 BGH VersR 1988, 388, 389.

zur Seite zu lenken, um dem Verkehrspartner die Chance zu geben, den Gefahrenbereich zu verlassen) zu unterscheiden. Einem Auseinanderfallen von räumlicher und zeitlicher Vermeidbarkeit ist vor allem dann nachzugehen, wenn Sekundenbruchteile genügt hätten, um den Unfallgegner aus der Gefahrenzone zu bringen.[54] Entsprechendes gilt auch dann, wenn es dabei zumindest zu einer deutlichen Abmilderung des Unfallverlaufs und der erlittenen Verletzungen gekommen wäre.[55]

30   f) **Vermutetes Verschulden gem. § 18 StVG.** Neben der Haftung aus §§ 823 ff BGB existiert die verkehrsrechtliche Haftung des Fahrers gem. § 18 StVG. Im Gegensatz zur Halterhaftung gem. § 7 StVG ist diese Haftung nicht als Gefährdungshaftung ausgestaltet. Ein Verschulden ist somit immer Voraussetzung für die Haftung des Fahrers. Jedoch kennt § 18 StVG ähnlich wie § 280 BGB (vertragliche Schadensersatzpflicht) das vermutete Verschulden, so dass der Fahrer im Falle eines Unfalls beweisen muss, diesen nicht schuldhaft herbeigeführt zu haben. Das Gesetz geht dabei im Regelfall davon aus, dass Fahrer derjenige ist, der das Lenkrad in der Hand hält. Zu beachten ist jedoch die wichtige Ausnahme des § 3 Abs. 2 StVG bei Übungs- und Prüfungsfahrten, wonach nicht der Fahrschüler, sondern allein der Fahrlehrer Fahrer iSd § 18 StVG ist.

30a   g) **Verschulden dem Anschein nach – der Anscheinsbeweis.** Unverzichtbar für die Beweisführung in Verkehrsunfallsachen ist der Anscheinsbeweis, um hiermit auf Kausalität oder Verschulden zu schließen. Voraussetzung hierfür ist ein typischer Geschehensablauf. Ein solcher kann angenommen werden, wenn sich nach der allgemeinen Lebenserfahrung ein ausreichend tragfähiges Bild für einen bestimmten Unfallablauf ergibt, der es zulässig werden lässt, hiervon überzeugt zu sein. Dabei müssen sämtliche bekannten und unbekannten Umstände in die Beurteilung einbezogen werden. Die vorschnelle Annahme eines Anscheinsbeweises kann zu falschen Ergebnissen führen. Eine restriktive Handhabung ist daher geboten. Die Erschütterung des Anscheinsbeweises setzt voraus, dass die ernsthafte Möglichkeit einen anderen Geschehensablaufes dargelegt und bewiesen werden muss. Eine tatsächliche Widerlegung des typischen Geschehensablaufes im Sinne eines „Gegenbeweises" ist nicht erforderlich.

30b   aa) **Typische Unfallkonstellationen mit Anscheinsbeweis. (1) Vorfahrtverletzung.** Kollidieren zwei Fahrzeuge im Bereich einer durch Verkehrszeichen geregelten Kreuzung oder Einmündung spricht der Anscheinsbeweis für eine Verletzung der Wartepflicht desjenigen, der sich von der wartepflichtigen Richtung aus genähert hat. Sind Verkehrszeichen nicht vorhanden, spricht der Anschein zulasten desjenigen, der sich von links genähert hat.

30c   Damit müssen für denjenigen, der sich auf den Anscheinsbeweis beruft zwei Voraussetzungen erfüllt sein. Er muss nachweisen können, sich von der bevorrechtigten Fahrtrichtung aus genähert zu haben und das sich der Unfall innerhalb des sog. Kreuzungsvierecks ereignet hat.

30d   Gerade Letzteres ist häufig dann nicht gegeben, wenn der Vorfahrtberechtigte in dem Versuch eine Kollision zu vermeiden, dem Wartepflichtigen Fahrzeug ausweicht und es dann entweder außerhalb des Kreuzungsvierecks oder gar zu keiner direkten Kollision der Fahrzeuge kommt. Dann kommen die Grundsätze des Anscheinsbeweises nicht zum Tragen. So hat das OLG München[56] entschieden, dass es an einer konstitutiven Voraussetzung des Anscheinsbe-

---

54   BGH VersR 1992, 1015.
55   BGH NJW 2005, 1940, 1942.
56   OLG München v. 16.9.2005 – 10 U 2787/05.

weises mangelt, wenn eine Berührung zwischen dem Vorfahrtsberechtigten und dem Wartepflichtigen Fahrzeug nicht stattgefunden hat.

Welchen Umfang hat der Anscheinsbeweis bei der Vorfahrtverletzung? Nicht selten nachzulesen ist, dass bei einer Vorfahrtverletzung der Anscheinsbeweis für ein „Alleinverschulden" des Wartepflichtigen spricht. Dies ist missverständlich und falsch. Missverständlich deshalb, weil Kraftfahrzeugführer bzw Halter nicht nur aus (Allein-)Verschulden haften, sondern auch die Betriebsgefahr zu berücksichtigen ist. Falsch deshalb, weil der Erfahrungssatz nur beschreibt, dass der Wartepflichtige sich falsch verhalten hat. Einen Erfahrungssatz dahin gehend, dass der Vorfahrtberechtigte sich vollumfänglich richtig verhalten hat, existiert nicht. Erst recht gibt es keinen Erfahrungssatz, dass der Unfall für den Vorfahrtsberechtigten unvermeidbar war. Im Rahmen der Haftungsabwägung wird jedoch festgestellt werden können, dass ohne weitere bewiesene Tatsachen lediglich das Verschulden des Wartepflichtige feststeht und zumindest bei durch Verkehrszeichen geregelten Kreuzungen und Einmündungen die Betriebsgefahr hinter dem Verschulden des Wartepflichtigen zurücktritt.

30e

Zunehmend werden, da sie den Verkehrsfluss begünstigen sollen, Kreisverkehre eingerichtet. Dies führt freilich auch zu einer Zunahme von Unfallkonstellationen zwischen Fahrzeugen, die bereits im Kreisverkehr befindlich sind und Fahrzeugen, die in den Kreisverkehr einfahren wollen. Hier stellt sich nun die Frage, ob die Regeln zum Anscheinsbeweis, die für das Vorfahrtsrecht entwickelt worden sind, auch im Kreisverkehr Anwendung finden können. Sehr ausführlich und überzeugend hat sich hiermit das Landgericht Saarbrücken[57] beschäftigt. Es hat mitgeteilt, dass im Grundsatz auch für die Vorfahrtverletzung im Kreisverkehr der Anscheinsbeweis zulasten Desjenigen spricht, der an der Stelle, wo sich der Unfall ereignet hat, in den Kreisverkehr einfahren wollte. Denn auch dann, wenn mit sehr unterschiedlichen Geschwindigkeiten in einen Kreisverkehr eingefahren werden kann, wird man der Lebenserfahrung nach davon ausgehen können, dass derjenige, der sich bereits im Kreisverkehr fahrend der Unfallstelle genähert hat, früher in den Kreisverkehr eingefahren sein wird. Anders kann dies der Fall sein, wenn zwei Einmündungen des Kreisverkehrs so dicht nebeneinander liegen, dass eben nicht mehr die allgemeine Lebenserfahrung dafür spricht, dass ein Fahrzeug früher als das andere in den Kreisverkehr hineingefahren sein muss. Dies ist etwa dann der Fall, wenn es sich zum einen um einen engen Kreisverkehr handelt und zum anderen die jeweiligen Straßen nicht im rechten Winkel zum Kreisverkehr münden, sondern zB jeweilig sehr spitz zueinander. Dann ist nämlich die Strecke, die derjenige zurückgelegt hat, der sich im Kreisverkehr bereits befunden haben soll, so kurz, dass allein schon ein geringer Geschwindigkeitsunterschied dafür sorgt, dass durchaus beide Verkehrsteilnehmer zugleich in den Kreisverkehr hineingefahren sein können.

30f

(2) Auffahrunfall. Wer auffährt hat Schuld bzw. wenn es hinten knallt, gibt es vorne Geld.

30g

Fährt ein Fahrzeug auf ein davorfahrendes oder -stehendes Fahrzeug auf, spricht der Anscheinsbeweis gegen den Auffahrenden.

30h

Welche Voraussetzungen müssen gegeben sein? Feststehen muss dafür, dass das Fahrzeug, auf welches aufgefahren wurde, zuvor gestanden oder sich in Vorwärtsrichtung bewegt haben muss. Ist streitig, ob das vordere Fahrzeug kollisionsverursachend rückwärtsgefahren ist, ist

30i

---

[57] Landgericht Saarbrücken v. 28.3.2014 – 13 S 196/13.

der Anscheinsbeweis bereits nicht anzuwenden.[58] Weiterhin muss feststehen, dass das davorfahrende Fahrzeug so lange vorweg gefahren ist, dass für den Nachfolgenden ausreichend Zeit verblieb, sich auf dieses Fahrzeug einzustellen.

30j Ist jedoch streitig und nicht aufklärbar, ob unmittelbar zuvor ein Fahrstreifenwechsel des Vorausfahrenden vorlag, so findet der Anscheinsbeweis keine Anwendung. Hierzu hat sich bereits das Kammergericht[59] geäußert und entschieden:

„Der Beweis des ersten Anscheins gegen den Auffahrenden setzt voraus, dass beide Fahrzeuge unstreitig oder erwiesenermaßen solange in einer Spur hintereinander gefahren sind, dass sich beide Fahrzeugführer auf die vorangegangenen Fahrbewegungen hätten einstellen können. Damit muss derjenige, der sich auf einen Anscheinsbeweis wegen eines Auffahrunfalles berufen möchte, nicht nur darlegen, dass das hinter ihm fahrende Fahrzeug auf ihn aufgefahren ist. Er muss zudem darlegen, dass er bereits solange vor dem Hintermann hergefahren ist, dass dieser sich auf den davor Fahrenden einstellen konnte."

30k Dies muss noch nicht allein dann gegeben sein, wenn im Moment der Kollision beide Fahrzeug längsachsenparallel gefahren sind. Darum spricht kein Erfahrungssatz allein anhand der Tatsache, dass mit einer großen Überdeckung das dahinter fahrende Fahrzeug auf das davorfahrende Fahrzeug aufgefahren ist, dafür, dass der Hintermann einen Fahrfehler begangen hat. Denn ein Fahrtstreifenwechsel des Vordermannes im räumlichen und zeitlichen Zusammenhang kann nicht mit der notwendigen Sicherheit für die Annahme eines Anscheinsbeweises ausgeschlossen werden. Damit ist der Anscheinsbeweis bereits dann nicht anwendbar, wenn die ernsthafte Möglichkeit besteht, dass derjenige, auf den aufgefahren worden ist, zuvor einen Fahrstreifenwechsel vollführt hat.

30l Als fehlerhaft sehe ich die Entscheidung des Kammergerichts Berlin[60] an, wonach es nicht zu der notwenigen Schilderung eines typischen Lebenssachverhalts durch den Vorausfahrenden für die Annahme eines Anscheinsbeweises gehören würde, dass die Fahrzeuge bereits schon längere Zeit hintereinander hergefahren sind. Denn mit der Behauptung des Vorliegens eines Anscheinsbeweises ist das Berufen auf einen allgemeinen Erfahrungssatz verbunden. Insbesondere im innerstädtischen Verkehr entspricht es jedoch keinem typischen Geschehensablauf, dass wenn ein Fahrzeug auf das andere auffährt, allein daraus geschlossen werden kann, dass der Nachfolgende zu schnell, unaufmerksam oder zu dicht aufgefahren ist. Denn ein Großteil vergleichbarer Auffahrunfälle beruht darauf, dass ein Fahrzeug zB in den Sicherheitsabstand in einem daneben liegenden Fahrstreifen hineingefahren ist. Sind also mehr als ein Fahrstreifen je Fahrtrichtung gegeben, so muss auch feststehen, dass zuvor der Auffahrende die Gelegenheit hatte, einen entsprechenden Sicherheitsabstand einzuhalten. Nur dann kann ein Erfahrungssatz dafür sprechen, dass der Auffahrende eben schuldhaft zB unaufmerksam oder mit zu geringem Abstand das Unfallereignis verursacht hat.

30m Steht jedoch fest, dass zwei Fahrzeuge bereits ausreichend lang hintereinander hergefahren sind, so spricht zulasten des Auffahrenden dann der Anscheinsbeweis. Gegen ihn spricht dann, dass er entweder zu schnell, mit unzureichendem Sicherheitsabstand oder unaufmerksam gefahren ist. Dann kann der Auffahrende den gegen ihn sprechenden Beweis nur erschüt-

---

58 OLG Hamm v. 15.4.2010 – 6 U 205/10.
59 KG, Urt. v. 26.8.2004 –12 U 195/03.
60 KG Berlin v. 20.11.2013 – 22 U 72/13.

tern oder ausräumen, wenn er Umstände darlegt und beweist, die die ernsthafte Möglichkeit eines anderen, atypischen Geschehensablaufs ergeben. Erschüttert ist dieser Anscheinsbeweis unter anderem dann, wenn der Auffahrende nachweist, dass der Vorausfahrende unter Verstoß gegen § 4 Abs. 1 S. 2 StVO ohne zwingenden Grund plötzlich stark gebremst hat.[61]

Jedenfalls muss der Hintermann nicht ohne weiteres mit einem ruckartigen Stehenbleiben des Vordermanns rechnen,[62] etwa durch Abwürgen des Motors mit sofortigem Stillstand des Fahrzeuges. Er kann seinen Abstand so einrichten, dass er bei einer plötzlichen Gefahrenbremsung des Vordermannes anhalten kann. Mit einer weiteren Verkürzung des Bremsweges muss er nicht rechnen. 30n

(3) **Kettenauffahrkonstellationen.** Nicht selten ergibt sich die Konstellation, dass an einem Auffahrunfall mehr als zwei Fahrzeuge beteiligt sind. Ist dies der Fall, wird allgemeinhin von einem Kettenauffahrunfall gesprochen. 30o

In der am häufigsten anzutreffenden Konstellation von drei beteiligten Fahrzeugen wird es so sein, dass das vorderste Fahrzeug einen Schaden im Heckbereich hat, das mittlere Fahrzeug einen Schaden im Frontbereich und im Heckbereich und das dritte Fahrzeug einen Schaden allein im Frontbereich. 30p

Steht bei einer solchen Konstellation fest, dass alle drei Fahrzeuge bereits längere Zeit in einer Fahrtrichtung gefahren sind, so wird zunächst einmal die Situation für das vorderste der drei Fahrzeuge am einfachsten sein. Er wird sich auf einen Anscheinsbeweis zulasten des mittleren Fahrzeuges berufen können. Doch was gilt im Verhältnis des mittleren zum hinteren Fahrzeug? Leicht ist es, wenn feststeht, dass das mittlere Fahrzeug erst vom hintersten Fahrzeug auf das vorderste Fahrzeug aufgeschoben worden ist. Steht dies fest, so spricht zulasten des Dritten der Anscheinsbeweis. Er ist eintrittspflichtig für den vollumfänglichen Schaden des mittleren Fahrzeuges und ebenso für den Heckschaden des Vordermanns. 30q

Komplizierter wird bereits die Situation dann, wenn unstreitig oder erwiesen ist, dass das mittlere Fahrzeug bereits vor dem Aufprall des Hintermannes auf das davor fahrende Fahrzeug aufgefahren ist. Klar ist, dass der Vordermann vom mittleren Fahrzeug vollumfänglichen Schadensersatz verlangen kann und sich diesbezüglich auf einen Anscheinsbeweis berufen kann. Doch was gilt für den Dritten? 30r

Werden obige Grundsätze, insbesondere der angesprochenen Rechtsprechung des BGH[63] beachtet, wonach der Hintermann mit einem abruptem ruckartigen Anhalten nicht rechnen muss, so kann sich der mittlere hinsichtlich seines Heckschadens nicht auf einen Anscheinsbeweis zulasten des letzten Fahrzeuges berufen. Allein die Tatsache, dass das mittlere Fahrzeug auf das davor fahrende Fahrzeug aufgefahren ist, lässt zum Ergebnis führen, dass für das letzte Fahrzeug kein Erfahrungssatz mehr spricht, dass hier ein Verschulden in Form von zu dichtem Auffahren, Unaufmerksamkeit oder zu hoher Geschwindigkeit vorliegt. Anders, als dies zum Teil in der Rechtsprechung[64] angetroffen wird, kann in einer solchen Situation nicht angenommen werden, dass der Auffahrende erst beweisen muss, dass durch das davor vorhandene Auffahren der Bremsweg in relevanter Weise verkürzt worden ist. Ist dies nicht 30s

---

61 OLG München, Urt. v. 14.2.2014 –10 U 3074/13).
62 BGH NJW 1987, 1075.
63 BGH NJW 1987, 1085.
64 KG DAR 1995, 482.

aufklärbar, so stellt trotzdem das davor vorhandene Auffahren bereits eine ernsthafte Möglichkeit dar, die gegen den Erfahrungssatz des Hintermannes spricht, so dass der Anscheinsbeweis erschüttert ist. Dies wiederum bedeutet, dass der Hintermann für den Heckschaden des mittleren Fahrzeuges zu 50 % verantwortlich ist, genauso wie der Mittlere den Frontschaden des Hintermannes zu 50 % zu ersetzen haben wird. Diesbezüglich sind nämlich lediglich die jeweiligen Betriebsgefahren gegeneinander abzuwägen.

30t Die dritte und zumindest in der Rechtsprechung am häufigsten anzutreffende Konstellation ist die, dass streitig ist und nicht aufgeklärt werden kann, in welcher Reihenfolge die Fahrzeuge kollidiert sind.

30u Auch hier kann sich der Vordermann auf einen Anscheinsbeweis zulasten des Mittleren berufen. Da nicht feststeht, dass der Dritte zunächst auf den Zweiten aufgefahren ist und diesen auf den Vordermann aufgeschoben hat, ist der Dritte nicht für den Frontschaden des mittleren Fahrzeuges verantwortlich. Zugleich spricht jedoch gegen ihn noch der Anscheinsbeweis für ein eigenes Auffahren auf das Heck des Fahrzeuges, so dass der Mittlere den Heckschaden vom Hintermann ersetzt verlangen kann, während der Hintermann keinen Schadensersatzanspruch gegen den Mittleren besitzen wird.

30v Denn im Unterschied zum obigen mittleren Fall steht gerade nicht fest, dass der Mittlere zunächst auf den Vordermann aufgefahren ist, so dass der Anscheinsbeweis gegen den Dritten auch nicht erschüttert sein kann, da es insoweit an erwiesenen Tatsachen mangelt.

30w **(4) Fahrstreifenwechsel.** § 7 Abs. 5 StVO sieht vor, dass ein Fahrstreifenwechsel nur dann durchgeführt werden darf, wenn die Gefährdung anderer Verkehrsteilnehmer ausgeschlossen ist. Der Gesetzgeber sieht hier für den Fahrstreifenwechsler gesteigerte Sorgfaltspflichten vor. Auch hier kommt die Rechtsprechung zu dem Ergebnis, dass wenn es im räumlichen und zeitlichen Zusammenhang mit einem Fahrstreifenwechsel zu einer Kollision gekommen ist, der Anschein gegen denjenigen spricht, der fahrstreifenwechselwillig war. Diesbezüglich spricht derjenige Anscheinsbeweis gegen ihn, dass er nicht die Gefährdung anderer Verkehrsteilnehmer ausgeschlossen hat.

30x **(5) Linksabbieger und Überholer.** Eine der häufigsten im Straßenverkehr streitigen Unfallkonstellationen ergibt sich, wenn ein Linksabbieger mit einem Überholer kollidiert. Der Überholer behauptet regelmäßig in solchen Situationen, dass der Linksabbieger nicht geblinkt habe, sich nicht in Richtung der Fahrbahnmitte hin eingeordnet habe und auch nicht zuvor seine Geschwindigkeit reduziert habe. Der Linksabbieger wiederum behauptet in solchen Konstellationen genau dies getan zu haben. Zudem hat er natürlich auch vor dem Absetzen zur Fahrbahnmitte hin den rückwärtigen Verkehr beachtet und natürlich vor dem Einschlagen des Lenkrades auch nochmals im Rahmen seiner sogenannten doppelten Rückschaupflicht einen Schulterblick durchgeführt. Trotzdem ist es sodann zur Kollision gekommen. Was gilt, wenn die jeweiligen Behauptungen nicht aufklärbar sind?

30y In der Rechtsprechung ist in einer solchen Konstellation sehr häufig nachzulesen, dass, wenn es im unmittelbaren räumlichen und zeitlichen Zusammenhang mit dem Linksabbiegen zu einer Kollision mit einem links überholenden Fahrzeug kommt, der Beweis des ersten Anscheins für eine Sorgfaltspflichtverletzung des Linksabbiegers spreche. Nicht überzeugend ist dies, wenn beispielsweise das Kammergericht Berlin[65] diesen Anscheinsbeweis damit begründet, dass er „Folge der besonderen Gefährlichkeit des Linksabbiegens" sei. Insoweit ist es zumindest nicht nachvollziehbar, warum ein Linksabbiegen gefährlicher sein soll als ein Überholen. Dagegen spricht nämlich, dass das Überholen grundsätzlich mit einer höheren Geschwindigkeit einhergeht und damit per se gefährlich erscheint. So hat beispielsweise des OLG Dresden[66] bei einer Haftungsabwägung der Betriebsgefahren zwischen einem Überholenden und einem Überholten, bei welchem ein Verschulden jeweils nicht feststellbar war, die Betriebsgefahr des Überholenden mit 65 % gegenüber 35 % des Überholten bewertet, da es sich bei dem Überholvorgang um einen besonders gefährlichen Verkehrsvorgang handeln würde.

Trotzdem bin auch ich der Auffassung, dass, wenn in einer solchen Konstellation weitere Aufklärungen nicht möglich sind, der Anscheinsbeweis zulasten des Linksabbiegers spricht. Diesbezüglich meine ich, dass in einer solchen Konstellation ein allgemeiner Erfahrungssatz dahin gehend spricht, dass jedenfalls der Linksabbieger im Moment des Einschlagens des Lenkrades zuvor eben nicht nochmal den rückwärtigen Verkehr beobachtet und insbesondere einen Schulterblick durchgeführt hat, da er dann ansonsten den Überholenden hätte wahrnehmen und das Einschlagen des Lenkrades hätte unterlassen können. Somit spricht in einer solchen Konstellation der Beweis des ersten Anscheins gegen den Linksabbieger dahin gehend, dass er seiner doppelten Rückschaupflicht nicht nachgekommen ist. — 30z

Ist Weiteres nicht aufklärbar, so steht zulasten des Linksabbiegers das Verschulden fest, während zulasten des Überholers lediglich die Betriebsgefahr mitwirkt, dieser aber angesichts des streitigen Sachverhalts auch nicht die – aus seiner Sicht – Unvermeidbarkeit der Kollision beweisen können wird. Da es sich bei dem Überholvorgang mit obiger Entscheidung des OLG Dresden um einen besonders gefährlichen Fahrvorgang handelt, bin ich auch in einer solchen Konstellation der Auffassung, dass hinter dem Verschulden des Linksabbiegers die Betriebsgefahr regelmäßig nicht zurücktreten wird. Anders kann dies meines Erachtens aussehen, wenn der Linksabbieger nicht in eine Einmündung, sondern in ein Grundstück abzubiegen beabsichtigte. Hier trifft den Linksabbieger über die allgemeinen Sorgfaltspflichten des § 9 Abs. 1 StVO die besondere Sorgfaltspflicht des § 9 Abs. 5 StVO. Das Abbiegen in ein Grundstück ist gefährlicher als das Linksabbiegen in eine Einmündung, da der nachfolgende Verkehr weniger damit rechnet. Dann kann das Verschulden so überwiegend sein, dass dahinter die Betriebsgefahr des Überholenden zurücktritt. — 30za

Kein Anscheinsbeweis spricht jedoch zulasten des Überholers. — 30zb

(6) Rückwärtsfahren. Grundsätzlich gilt der Anscheinsbeweis auch zulasten desjenigen, der im Zusammenhang mit einer Kollision rückwärts gefahren ist. Auch hier sieht § 9 Abs. 5 StVO vor, dass beim Rückwärtsfahren der Rückwärtsfahrende die Gefährdung anderer Verkehrsteilnehmer auszuschließen hat. Zu seinen Lasten spricht somit, dass er die ihm obliegende größtmögliche Sorgfalt nicht hat walten lassen. — 30zc

Um den Anscheinsbeweis anwenden zu können, ist es insoweit ausreichend, wenn feststeht, dass es im räumlichen und zeitlichen Zusammenhang mit dem Rückwärtsfahren zur Kollision gekommen ist. Nahezu schon Standard ist dabei die Konstellation, dass etwa zwei Fahr- — 30zd

---

65 KG Berlin, Beschl. vom 13.8.2009 – 2 U 223/08.
66 OLG Dresden, Urt. v. 12.12.2012 –7 U 1159/12.

zeuge aus gegenüberliegenden Parkbuchten rückwärts herausgefahren und sodann kollidiert sind. Im Regelfall beruft sich in einer solchen Situation mindestens ein Verkehrsteilnehmer darauf, dass er im Moment der Kollision bereits gestanden habe. Richtigerweise wird diese Darlegung außerhalb des Landgerichtbezirks Saarbrücken als unerheblich angesehen. In konsequenter Beständigkeit ist das Landgericht Saarbrücken[67]der Auffassung, dass der Anscheinsbeweis zulasten des rückwärts Ausparkenden voraussetzt, dass unstreitig oder erwiesen ist, dass der Rückwärtsfahrende im Moment der Kollision noch rückwärts gefahren ist. Das Landgericht begründet seine Entscheidung im Wesentlichen damit, dass keine typische Lebenserfahrung für einen Verkehrsverstoß spricht, wenn der Rückwärtsfahrende vor der Kollision noch zum Stehen gekommen ist. Es bestünde insoweit die ernsthafte Möglichkeit, dass der Rückwärtsfahrende in Erfüllung seiner Verkehrspflichten rechtzeitig angehalten hat. Unabhängig von der gesondert zu beantwortenden Frage, ob die Verkehrsregeln der StVO insgesamt direkt oder nur mittelbar Anwendung finden, spricht der Anscheinsbeweis gegen den Zurücksetzenden auch dann, wenn der Zurücksetzende zum Kollisionszeitpunkt bereits zum Stehen gekommen ist, gleichwohl aber ein enger zeitlicher und räumlichen Zusammenhang mit dem Zurücksetzen gegeben ist. Denn die mit einer Rückwärtsfahrt typischerweise verbundenen Gefahren, die dem Fahrzeugführer die besonderen Sorgfaltspflichten der StVO auferlegen, enden eben nicht zugleich mit dem Stillstand des Fahrzeuges. Im Übrigen hinge in obiger Konstellation die Haftungsverteilung von dem Zufall ab, dass eine der Parteien im Moment der Kollision gerade noch zum Stehen gekommen ist.[68]

30ze (7) **Türöffnerunfälle.** Auch sehr häufig in der Praxis sind Unfälle im Zusammenhang mit dem Öffnen einer Tür zu beobachten. Das Öffnen der Tür in den Bereich des fließenden Verkehrs hinein ist besonders gefährlich, so dass auch hier der Gesetzgeber gemäß § 14 StVO von demjenigen, der die Tür öffnet, abverlangt, dass er die Gefährdung anderer Verkehrsteilnehmer auszuschließen hat. Wird beim Ein- oder Aussteigen ein anderer Verkehrsteilnehmer geschädigt, so spricht der Beweis des ersten Anscheins für eine fahrlässige Sorgfaltspflichtverletzung des Ein- bzw Aussteigenden.[69]

30zf Dabei beginnt das Aussteigen mit dem Öffnen der Tür und endet frühestens mit dem vollumfänglichen Schließen der Tür.

30zg Auf diesen Anscheinsbeweis kann sich der Vorbeifahrende stets dann berufen, wenn eine Tür des Kraftfahrzeuges im Moment der Kollision geöffnet war. Das alleinige Berufen auf die Nichteinhaltung eines ausreichenden Seitenabstands ist nicht ausreichend, um den Anscheinsbeweis eines zumindest mitwirkenden Verschuldens zu entkräften. Selbst wenn eine Abstandsunterschreitung feststeht, ist der Anscheinsbeweis nicht widerlegt. Die Abstandsunterschreitung kann gegebenenfalls zu einer Mithaftung führen.

30zh Insoweit obliegt es nach der Rechtsprechung dem Aussteigenden, dass er sich vor dem Öffnen der Tür zunächst über rückwärtigen Verkehr vergewissert und sodann zum Ausschluss der Möglichkeit des Übersehens weiteren Verkehrs die Tür zunächst einen kleinen Spalt von maximal 10 cm öffnet um durch diesen Spalt den rückwärtigen Verkehr zu beobachten. Hier wird man zu dem Spalt noch die Breite der Tür, die regelmäßig ca. 10 cm beträgt, mit hinzu-

---

67 Urt. v. 19.10.2012 – 13 S 122/12.
68 OLG Hamm, Urt. v. 11.9.2012 – 19 U 32/12.
69 Kammergericht NZV 2008, 245.

zurechnen haben. Dies wiederum führt dazu, dass erst dann der Anscheinsbeweis widerlegt sein kann, wenn der Aussteigende nachweisen kann, dass der Vorbeifahrende mit einem seitlichen Abstand von unter 20 cm an diesem Fahrzeug vorbeigefahren ist.

Darüber hinaus ist eine Widerlegung des Anscheinsbeweises noch denkbar, wenn der Ein- bzw. Aussteigende beweisen kann, dass die Tür solange geöffnet war, dass sich der nachfolgende Verkehr auf die entsprechend geöffnete Tür einstellen konnte. Dies wird im Regelfall nur selten möglich sein und im Übrigen dann wiederum die Frage aufwerfen, warum die Tür überhaupt so lange geöffnet war. Bereits letzteres könnte dann wiederum zu einem Verstoß gegen § 14 StVO führen, da zum Ausschluss der Gefährdung anderer Verkehrsteilnehmer auch gehört, die Zeit des Ein- bzw. Aussteigens und damit die Zeit der Türöffnung auf ein minimales Zeitmaß zu begrenzen. 30zi

(8) **Einfahrt in den fließenden Verkehr.** Regelmäßig spricht auch der Anscheinsbeweis zulasten desjenigen, der sich im räumlichen und zeitlichen Zusammenhang mit der Einfahrt in den fließenden Verkehr aus einem Grundstück oder einem anderen Straßenteil hinein bewegt hat. Hier spricht der Anschein dafür, dass der Einfahrende nicht die Gefährdung anderer Verkehrsteilnehmer iSd § 10 StVO ausgeschlossen hat. Dieser Anscheinsbeweis beschränkt sich dabei nicht nur auf den unmittelbaren Bereich zB der Grundstückseinfahrt oder des anderen Straßenteils im Verhältnis zur Straße, sondern gilt solange fort, wie sich der Einfahrende noch nicht vollumfänglich in den fließenden Verkehr begeben hat. Je höher die zulässige Höchstgeschwindigkeit bzw die im Zeitpunkt der Kollision gefahrene Geschwindigkeit des fließenden Verkehrs war, desto weiter muss sich der Einfahrende von seinem Einfahrtsort entfernt befinden, damit der entsprechende Anscheinsbeweis nicht mehr gegen ihn spricht. Im innerstädtischen Verkehr bei einer Höchstgeschwindigkeit von 50 km/h wird hier eine Strecke von mindestens 30 Metern anzunehmen sein. Kann also der sich im fließenden Verkehr Befindliche beweisen oder ist unstreitig, dass sich der Unfall innerhalb einer Strecke von 30 Metern, nachdem der Einfahrende eingefahren ist, ereignet hat, wird er sich insoweit auf den Anscheinsbeweis berufen können. 30zj

bb) Zusammentreffen von Anscheinsbeweisen. Rechtlich besondere Schwierigkeiten werfen immer wieder Konstellationen auf, in denen beide Verkehrsteilnehmer für sich in Anspruch nehmen, dass gegen den jeweiligen anderen ein Anscheinsbeweis sprechen würde. Mit diesen soll sich im Folgenden auseinander gesetzt werden. 30zk

(1) **Auffahrunfall und Fahrstreifenwechsel.** Die häufigste Konstellation, in denen sich zwei Verkehrsteilnehmer jeweilig auf einen Anscheinsbeweis zulasten des Unfallgegners berufen, ist diejenige des Auffahrers gegen den Fahrstreifenwechsler. Bei einem Auffahrunfall, dem ein Fahrstreifenwechsel des Vordermannes und anschließendes Bremsen vorausgeht, ist die Ansicht weit verbreitet, dass zunächst gegen den Auffahrenden der Beweis des ersten Anscheins spreche. Dieser Beweis des ersten Anscheins soll erst durch den Nachweis eines im engen zeitlichen und räumlichen Zusammenhang stehenden Fahrspurwechsels des Vorausfahrenden widerlegt sein. Erst dann soll sich der Anscheinsbeweis umkehren zulasten desjenigen, der den Fahrstreifen gewechselt hat. 30zl

Dies halte ich jedoch für falsch. Denn der Anscheinsbeweis zulasten des Auffahrenden setzt ja gerade voraus, dass dieser die Möglichkeit hatte, sich durch seine Fahrweise auf das davor fahrende Fahrzeug einzustellen. Es muss also für die Anwendung des Anscheinsbeweises zu- 30zm lasten des Auffahrenden feststehen, dass das davorfahrende Fahrzeug so lange vor dem Auffahrenden hergefahren ist, dass der Auffahrende sich hierauf einstellen konnte. Ist dies jedoch nicht erwiesen, so existiert eben keine Lebenserfahrung, die dafür spricht, dass der Auffahrende sich schuldhaft verhalten hat. Kann also derjenige, auf den das Fahrzeug aufgefahren ist, nicht beweisen, dass er sich bereits längere Zeit vor diesem befunden hat, so wird er sich nicht auf den Anscheinsbeweis berufen können. Beruft sich damit der Auffahrende auf einen vorangegangenen Fahrstreifenwechsel desjenigen, auf den er aufgefahren ist, ist zu seinen Lasten der Anscheinsbeweis nicht anzuwenden, solange nicht feststeht, dass er genügend Zeit hatte, sich auf das davorfahrende Fahrzeug einzustellen.

30zo Lässt sich diesbezüglich nichts aufklären, wird es zu einer Haftungsverteilung unter Berücksichtigung der jeweiligen Betriebsgefahren kommen müssen.

30zp **(2) Auffahren und Verletzung der Wartepflicht.** Auch berufen sich Unfallgegner nicht selten jeweilig auf einen Anscheinsbeweis zulasten des Unfallgegners, wenn ein Vorfahrtsberechtigter auf ein anderes Fahrzeug auffährt, welches sich zuvor aus einer wartepflichtigen Straße auf die Vorfahrtsstraße begeben hat. Derjenige, der beispielsweise nach rechts auf eine Vorfahrtsstraße aufgefahren ist, wird sich im Moment des Auffahrens des Vorfahrtsberechtigten darauf berufen, dass er sich bereits vollumfänglich in den fließenden Verkehr hineinbewegt hat und eine Wartepflichtverletzung nicht vorliegt, sondern ein alleiniger Auffahrunfall des Vorfahrtsberechtigten. Der Vorfahrtsberechtigte wiederum wird sich in einer solchen Konstellation darauf berufen, dass der Wartepflichtige sein Vorfahrtsrecht missachtet hat und er keine Gelegenheit mehr hatte, sich auf die Wartepflichtsverletzung des Rechtsabbiegers einzustellen.

30zq Im Regelfall werden sich solche Unfallkonstellationen außerhalb des eigentlichen Kreuzungs- oder Einmündungsvierecks ereignen. Darum spricht dann zumindest nicht der Anscheinsbeweis für eine Vorfahrtsverletzung im klassischen Sinne, welche oben angesprochen worden ist. Diesbezüglich ist dann jedoch zB der Rechtsprechung des Brandenburgischen Oberlandesgerichts[70] beizupflichten. Die Wartepflicht des § 8 Abs. 2 StVO gilt nämlich nicht nur für die eigentliche Kreuzungsfläche, sondern darüber hinaus bis zur vollständigen Einordnung des Wartepflichtigen auf der vorfahrtberechtigten Straße bzw bis die auf der Vorfahrtsstraße allgemein eingehaltene Geschwindigkeit erreicht wird oder der Wartepflichtige sich bereits in stabiler Geradeausfahrt befindet.

30zr Je näher sich das Auffahren zur entsprechenden Einmündung ereignet hat, desto eher ist dann von einer Vorfahrtsverletzung auszugehen. Die Frage, bis zu welcher Entfernung ein Anscheinsbeweis zulasten des Wartepflichtigen sprechen kann, hängt dann wiederum – ähnlich wie bei den Konstellationen des Einfahrens in den fließenden Verkehr – davon ab, wie hoch die zulässige Höchstgeschwindigkeit liegt. Im innerstädtischen Bereich wird man eine Entfernung von maximal 30 Metern annehmen können, da jedenfalls bei einer größeren Entfernung durchaus die ernsthafte Möglichkeit besteht, dass sich der Wartepflichtige bereits in den fließenden Verkehr eingeordnet hat, da wiederum eine solche Strecke ausreicht, um auf ortstypische Geschwindigkeit zu beschleunigen. Im außerörtlichen Bereich, wo höhere Geschwindigkeiten zulässig sind, wird die entsprechende Entfernung wiederum größer sein müssen. Im Ergebnis wird sich also der Vorfahrtsberechtigte auf einen Anscheinsbeweis zulasten

---

70 Urt. v. 8.3.2007 – 12 U 173/06.

des Wartepflichtigen berufen können, wenn feststeht, dass sich der Unfall in einer so geringen Entfernung von der Einmündung ereignet hat, dass der Wartepflichtige noch nicht auf die ortstypische Geschwindigkeit beschleunigt haben kann. Dann spricht zulasten des Vorfahrtsberechtigten auch nicht der Anscheinsbeweis, da gerade nicht feststeht, dass er sich auf die Fahrweise des Davorfahrenden bereits hätte einstellen können.

Steht wiederum fest, dass das Einfahren des Wartepflichtigen bereits abgeschlossen war und er auf ortsübliche Geschwindigkeit beschleunigt hat, wird zulasten des auffahrenden ursprünglich Vorfahrtsberechtigten der Anscheinsbeweis sprechen. Ist wiederum gar nicht aufklärbar, in welcher Entfernung sich das Auffahren ereignet hat und ist es sowohl möglich, dass sich der Wartepflichtige noch nicht in den fließenden Verkehr eingeordnet hat, als auch, dass er dies bereits getan hat, wird keine der beiden Unfallparteien sich auf einen Anscheinsbeweis zulasten des Gegners berufen können, so dass dann wiederum lediglich die Abwägung der Betriebsgefahren verbleibt.

(3) **Fahrstreifenwechsel nach rechts und Anfahrender.** Gerade bei mehrspurigen Fahrstreifen für eine Fahrtrichtung im innerstädtischen Verkehr ist nicht selten die Konstellation anzutreffen, dass der Anfahrende zwar den rückwärtigen Verkehr beobachtet und erkennt, dass im linken Fahrstreifen Fahrzeuge vorhanden sind, im rechten jedoch nicht, und sich sodann entschließt anzufahren, während im gleichen Zeitraum ein Fahrzeug vom linken Fahrstreifen in den rechten wechselt. Dann ereignet sich eine Unfallkonstellation im räumlichen und zeitlichen Zusammenhang mit einem Fahrstreifenwechsel des fließenden Verkehrs und einem Anfahren vom Fahrbahnrand. Der Anfahrende wird sich auf eine Verletzung der größtmöglichen Sorgfaltspflichten gemäß § 7 Abs. 5 StVO zulasten des Fahrstreifenwechslers berufen, während dieser sich auf die besonderen Sorgfaltspflichten des § 10 StVO zulasten des Anfahrenden berufen wird. Grundsätzlich könnte man auch in dieser Situation auf die Idee kommen, dass der gegen beide sprechende Anscheinsbeweis dazu führen würde, dass zB eine hälftige Haftungsverteilung anzunehmen wäre. In dieser Konstellation gilt es jedoch den Schutzzweck der Norm zu beachten. Während § 10 StVO zulasten des Anfahrenden den fließenden Verkehr schützt, dient der Schutzzweck des § 7 Abs. 5 StVO nicht dem ruhenden Verkehr und damit auch nicht dem Schutz desjenigen, der beabsichtigt, sich aus dem ruhenden Verkehr in den fließenden Verkehr zu begeben. Damit kann sich der Anfahrende nicht auf einen vermeintlichen Verkehrsverstoß des im fließenden Verkehr befindlichen Fahrstreifenwechslers berufen, so dass im Ergebnis allein zulasten des Anfahrenden der Anscheinsbeweis spricht, was im Regelfall zu einer Alleinhaftung des Anfahrenden führen wird. Im Ergebnis muss also der Anfahrende damit rechnen, dass ein im linken Fahrstreifen befindlicher Verkehrsteilnehmer in den rechten Fahrstreifen wechselt. Er darf nicht darauf vertrauen, dass der rechte Fahrstreifen frei bleibt. Dies hat meiner Meinung nach auch zu gelten, wenn es sich statt eines Anfahrenden um einen von rechts kommenden Wartepflichtigen handelt, der nach rechts abbiegen möchte. Meiner Auffassung nach fehlerhaft hat das Landgericht Hamburg[71] in einer solchen Konstellation die Auffassung vertreten, dass eine hälftige Haftungsverteilung anzunehmen ist. Es meint, dass sich ein wartepflichtiger Einbieger ohne besonderen Grund grundsätzlich nicht darauf einstellen muss, dass ein Benutzer der vorfahrtsberechtigten Straße, der einen bestimmten Fahrstreifen einhält, seinen Fahrstreifen wechseln wird. Dies halte

---

71 Urt. v. 14.11.2003 – 331 S 114/02.

Janeczek

ich für falsch. Das Vorfahrtsrecht erstreckt sich über die gesamte Fahrbahnbreite. Wer im linken Fahrstreifen fährt, besitzt damit auch ein Vorfahrtsrecht gegenüber einem von rechts kommenden Einbieger, wenn er beabsichtigt, in den rechten Fahrstreifen zu wechseln. Der Einbieger muss sich daher auch darauf einstellen, dass ein vorfahrtsberechtigtes Fahrzeug den Fahrstreifen wechseln wird, so dass zulasten des Wartepflichtigen der alleinige Anscheinsbeweis spricht.

30zu **(4) Rückwärtsfahrt des Vorfahrtsberechtigten.** Wie sind Konstellationen zu bewerten, in denen es zu einem Verkehrsunfall im Kreuzungsbereich kommt, jedoch mit der Besonderheit, dass der Vorfahrtsberechtigte rückwärts gefahren ist? Gegen den Wartepflichtigen kann in einer solchen Konstellation der Anscheinsbeweis für eine Vorfahrtsverletzung sprechen, gegenüber dem Vorfahrtsberechtigten wiederum der Anscheinsbeweis gegen den Rückwärtsfahrenden. Dabei ist anzunehmen, dass grundsätzlich für das Vorfahrtsrecht nicht entscheidend ist, in welche Fahrtrichtung sich der Vorfahrtsberechtigte der Kreuzung oder Einmündung nähert. Er bleibt auch als Rückwärtsfahrender vorfahrtsberechtigt. Zugleich treffen ihn jedoch auch die besonderen Sorgfaltspflichten beim Rückwärtsfahren, da hiervon auch der sich seitlich nähernde Verkehr (Grundstück oder Einmündung) geschützt wird. Steht Weiteres nicht fest, wird also zulasten beider Verkehrsteilnehmer der Anschein eines schuldhaften Verhaltens sprechen. Dabei geht die Rechtsprechung in einer solchen Konstellation nahezu durchgängig davon aus, dass denjenigen, der die Wartepflicht verletzt hat, der höhere Haftungsanteil treffen wird, wenngleich eine Alleinhaftung des Wartepflichtigen nicht in Betracht kommen wird. Das OLG Köln[72] kam in einer solchen Konstellation zu einer Haftungsverteilung von 60 % zu 40 %, wobei es zulasten des Wartepflichtigen zu beachten hatte, dass sich dieser rückwärts aus einem Grundstück näherte. Diese Haftungsbeurteilung kann ich nicht ganz teilen, da im dortigen Fall beide Verkehrsteilnehmer rückwärts gefahren sind und zudem ein Rückwärtsfahrender aus einem Grundstück herausgefahren ist. In einer solchen Konstellation sehe ich bei diesem einen höheren Haftungsanteil als 60 %. Das Amtsgericht Erfurt[73] nahm eine Haftungsbeurteilung von 70 % zu 30 % bei einem Rückwärtsfahrenden gegenüber einem aus dem Grundstück Herausfahrenden an. Das Amtsgericht Wismar[74] kam bei einer Konstellation in einer nicht durch Verkehrszeichen geregelten Kreuzung dazu, dass der von rechts kommende Rückwärtsfahrer lediglich zu 20 % gegenüber dem von links Kommenden haften soll.

30zv Dem Anscheinsbeweis kommt in der Praxis eine sehr große Bedeutung zu, da streitige Unfallabläufe häufig nicht ausreichend aufklärbar sind. Seine Anwendung kann dann dazu dienen, einen Sachverhalt, soweit er festgestellt werden konnte, rechtlich richtig zu würdigen, um so gerechte Ergebnisse zu erreichen. Es muss jedoch dabei darauf geachtet werden, dass dieser Sachverhalt auch eine ausreichende Grundlage darstellen kann, um nach der allgemeinen Lebenserfahrung den Schluss auf einen typischen Geschehensablauf ziehen zu können. Eine restriktive Handhabung ist daher geboten. Die Erschütterung des Anscheinsbeweises setzt voraus, dass die ernsthafte Möglichkeit einen anderen Geschehensablaufes dargelegt und bewiesen werden muss. Eine tatsächliche Widerlegung des typischen Geschehensablaufes im Sinne eines „Gegenbeweises" ist nicht erforderlich.

---

72 Urt. v. 15.12.1992 – 13 U 162/93.
73 Urt. v. 1.4.1996 – 26 C 4459/95.
74 Urt. v. 12.1.2005 – 12 C 507/04.

h) Unfall mit Auslandsbezug. Bei einem Unfall mit einem Ausländer im Inland wie im Ausland ist es empfehlenswert über den GDV das deutsche Regulierungsbüro des europäischen Versicherers zu ermitteln und über diesen den Unfall zu regulieren. Bei einem Unfall mit einem EU-Ausländer im Ausland kann die Haftpflichtversicherung am Wohnort des Geschädigten in Deutschland verklagt werden. Der EuGH[75] hat insoweit entschieden, dass dem Geschädigten ein Gerichtsstand am Ort seines Wohnsitzes zusteht. Es muss somit kein Prozess mehr im Ausland geführt werden. Der EuGH[76] hat auf ein Vorabentscheidungsersuchen des LG Saarbrücken hin entschieden, dass zu den ausreichenden Befugnissen, über die der Schadensregulierungsbeauftragte verfügen muss, die Vollmacht gehört, die Zustellung gerichtlicher Schriftstücke, die für die Einleitung eines Verfahrens zur Regulierung eines Unfallschadens vor dem zuständigen Gericht erforderlich sind, rechtswirksam entgegenzunehmen. Der Regulierungsbeauftragte für den ausländischen Versicherer ist damit zwar nicht passivlegitimiert, jedoch für diesen zustellungsbevollmächtigt. Dies vereinfacht die Angelegenheit ungemein, da eine Zustellung in das Ausland nicht erforderlich ist.

II. Verkehrsunfall mit leichtem Sachschaden

Zunächst soll der Standardfall des Verkehrszivilrechts, der Verkehrsunfall mit leichtem Sachschaden, dargestellt werden. Da die Haftung des Halters und der Haftpflichtversicherung unten dargestellt wird (Rn 189 ff), wird hier lediglich von der Existenz des Fahrers ausgegangen. Der Standardfall ist dadurch gekennzeichnet, dass die einzelnen Schadenspositionen relativ klar auf der Hand liegen. Im Regelfall ist zu denken an die Reparaturkosten, die Sachverständigenkosten, den Nutzungsausfallschaden, die Unkostenpauschale und natürlich die Rechtsanwaltskosten.

Beispiel:
Nach einem Verkehrsunfall am Abend des 1.6.2015 erhält der Mandant am Vormittag des 2.6.2015 sofort einen Besprechungstermin und berichtet:
„Ich befuhr die Hauptstraße in der Ortschaft mit 50 km/h. Der Unfallgegner kam von rechts aus der Nebenstraße, übersah mich wohl und nahm mir die Vorfahrt. Ich bremste sofort stark, konnte jedoch nicht mehr vermeiden, dass wir leicht kollidiert sind. An meinem Fahrzeug ist bis auf einen kleinen Kratzer an der Stoßstange nicht viel zu sehen. Aber der kostet ja auch Geld, und ich weiß nicht, ob nicht irgendwas gerissen ist, was man außen nicht sieht. Im Übrigen hat der Unfallgegner gegenüber der Polizei behauptet, dass ich viel zu schnell gefahren sei."
Aus der Schilderung des Mandanten werden **drei Aufgaben des Anwalts** deutlich:
1. die Abwehr von Schadensersatzansprüchen (Rn 34 f).
2. die Verteidigung gegen den Vorwurf verkehrsordnungswidrig gehandelt zu haben (Rn 36 ff) und
3. die Einholung der Deckungszusage bei der Rechtsschutzversicherung des Mandanten (Rn 41 f)

Die erste Aufgabe ist zunächst die **Abwehr von Schadensersatzansprüchen**, da der Gegner aus seiner Sicht möglicherweise Schadensersatzansprüche geltend macht. Insoweit ist der Man-

---
75 EuGH DAR 2008, 17.
76 Urt. v. 10.10.2013 – Rs C-306/12.

dant auf seine vertragliche Pflicht zur Schadensanzeige bei seiner Haftpflichtversicherung hinzuweisen.

34 **Hinweis:** Damit die Haftpflichtversicherung Kenntnis vom Rechtsanwalt des Mandanten erhält, hat der kluge Anwalt die Schadensanzeige selbst zu tätigen, um dann möglicherweise auch von der Haftpflichtversicherung mit dem Passivmandat betraut zu werden, wenn der Unfallgegner seine Ansprüche gerichtlich geltend macht.

35 ▶ **Muster: Schreiben an die Haftpflichtversicherung des Mandanten**

An die

... Versicherung, ...

Versicherungs-Nr.: ...

Schadens-Nr.: ...

Sehr geehrte Damen und Herren,

in vorgenannter Angelegenheit hat uns Ihr Versicherungsnehmer mit der Wahrnehmung seiner rechtlichen Interessen bezüglich der Geltendmachung von Schadensersatzansprüchen aus einem Unfall betraut.

Nähere Einzelheiten zum Unfallhergang entnehmen Sie bitte dem beigefügten Fragebogen für Anspruchsteller und der darin befindlichen Unfallschilderung.

Betrachten Sie dieses Schreiben bitte als **Schadensanzeige**.

Soweit Sie von der Gegenseite auf Schadensersatz in Anspruch genommen werden sollten, bitten wir im Interesse der Erhaltung des Schadensfreiheitsrabattes unserer Mandantschaft darum, die Regulierung zuvor mit uns abzustimmen.

1. Wir haben Akteneinsicht beantragt. Auf Wunsch stellen wir Ihnen gern einen Aktenauszug zu den üblichen Gebühren zur Verfügung.

2. Die Zeugen
   - ...
   - ...
   - ...

   haben wir angeschrieben und um Hergabe einer schriftlichen Zeugenaussage gebeten. Nach Vorlage der Aussagen können Ihnen diese bei Bedarf zur Verfügung gestellt werden.

3. Sollten Sie direkt Zeugenaussagen einholen, so bitten wir darum, uns hiervon ebenfalls eine Abschrift zukommen zu lassen.

Weitere Informationen werden wir Ihnen auf Anfrage gern zukommen lassen.

Mit freundlichen Grüßen

Rechtsanwalt ◀

36 Die zweite Aufgabe des Anwalts stellt die **Verteidigung gegen den Vorwurf einer Verkehrsordnungswidrigkeit** dar (dazu §§ 10–12), die allein bereits daraus folgt, dass der Unfallgegner behauptet, der Mandant sei zu schnell gefahren. Diese Schilderung des Unfallgegners wird die Polizei regelmäßig veranlassen, bei den verletzten Normen im Unfallerfassungsblatt § 3 StVO (Geschwindigkeit) zu notieren. Auch wenn dies dem Mandanten schlussendlich nicht nachweisbar sein wird, erfolgt regelmäßig nach entsprechender Einlassung nach Einblick in die

A. Fahrerhaftung 2

Ermittlungsakte eine Einstellungsverfügung der Behörde, so dass die Tätigkeit im Ordnungswidrigkeitenverfahren gegenüber der Rechtsschutzversicherung abrechenbar ist.

Hinweis: Gerade der Kleinschadensfall zeichnet sich gebührenrechtlich allein bei Geltendmachung der Schadensersatzansprüche durch geringe Attraktivität aus. Mit relativ wenig Aufwand kann die Attraktivität so für den Anwalt deutlich gesteigert werden. Schließlich hat sich der Anwalt mit der Durchsetzung der Schadensersatzansprüche zu befassen.

Zunächst ist dem Mandanten ein **Sachverständiger zu empfehlen,** von dem man weiß, dass dieser unabhängig ist und keine direkte oder indirekte Verbindung zu Versicherungen aufweist. Zugleich hat der Anwalt den Gegner anzuschreiben.

▶ **Muster: Schreiben an den Unfallgegner**

Sehr geehrter Herr ...,

wir wurden von ... mit der Wahrnehmung seiner Interessen aus einem Verkehrsunfall beauftragt. Eine uns legitimierende Vollmacht liegt diesem Brief bei.

Ihnen ist der Unfallhergang bestens bekannt. Aus diesem ergibt sich, dass dieser ausschließlich durch Sie verursacht und verschuldet worden ist.

Wir bitten Sie, Ihren **Haftungseintritt** dem Grunde nach bis zum

...

zu erklären.

Zur Schadenshöhe werden wir in den nächsten Tagen noch gesondert Stellung nehmen und insofern unaufgefordert auf die Sache zurückkommen.

Mit freundlichen Grüßen

Rechtsanwalt ◀

Weiterhin ist die **amtliche Ermittlungsakte einzuholen:**

▶ **Muster: Beiziehung der Ermittlungsakte**

An die Polizeidienststelle ...

Ihre Tagebuch-Nr. : ...

Verkehrsunfall vom ..., ... Uhr, in ...

Sehr geehrte Damen und Herren,

... hat uns in obiger Sache mit der Wahrnehmung seiner Interessen beauftragt. Eine uns legitimierende Vertretungsvollmacht fügen wir diesem Schreiben als Anlage bei.

Zur Geltendmachung der zivilrechtlichen Ansprüche ... ist es erforderlich, die Verfahrensakte einzusehen.

Wir beantragen daher, uns die Verfahrensakte alsbald, spätestens nach Abschluss der Ermittlungen, zur

Einsichtnahme

zu übersenden.

Eine umgehende Rücksendung der Akte sichern wir zu. Für eine kurzfristige Erledigung bedanken wir uns im Voraus.

Mit freundlichen Grüßen

Rechtsanwalt ◀

41 Als dritte Aufgabe ist noch bei der Rechtsschutzversicherung des Mandanten die **Deckungszusage** einzuholen.

42 ▶ **Muster: Einholung der Deckungszusage**

An die

... Versicherung, ...

Rechtsschutzversicherungs-Nr.: ...

Ihr Versicherungsnehmer: ...

Sehr geehrte Damen und Herren,

... hat uns in vorgenannter Unfallsache mit der Wahrnehmung der Interessen beauftragt.

Weitere Einzelheiten entnehmen Sie bitte den als Anlage beigefügten Unterlagen.

Wir bitten um kurzfristige

Deckungszusage

für die Geltendmachung der zivilrechtlichen Schadensersatzansprüche bzw für ein mögliches Bußgeld- oder Strafverfahren.

Ferner bitten wir höflich um Ausgleichung der beigefügten Kostennote.

Mit freundlichen Grüßen

Rechtsanwalt

Anlage

Kostennote

Schriftverkehr ◀

43 Der **Mandant** ist den berufsständischen Verpflichtungen entsprechend **über die anwaltliche Tätigkeit zu informieren**. Überrascht wird er sein, wenn er bereits am Tag nach der ersten Besprechung die Mandatsbestätigung zusammen mit den Kopien der vorherigen Schreiben im Briefkasten findet. Aus Sicht des Mandanten wurde in kürzester Zeit viel getan, was Zufriedenheit und Vertrauen schafft. Der Anwalt sollte auch nicht die Wirkung moderner Kommunikationsmittel unterschätzen. Wer dem Mandaten digitale Kommunikation zB mittels Webakte anbietet, zeigt nicht nur, dass er auch technisch auf neuestem Stand ist, sondern spart zugleich Zeit, Papier und Porto.

A. Fahrerhaftung **2**

▶ **Muster: Mandatsbestätigung** 44

Verkehrsunfall vom ...

Sehr geehrter Herr ...,

in der vorbezeichneten Unfallsache beziehen wir uns auf die Besprechung in unserer Kanzlei am 2.6.2015. Wir möchten Ihnen auf diesem Wege die Übernahme des Mandats bestätigen und uns für das mit der Übertragung entgegengebrachte Vertrauen bedanken.

Die beigefügten Schriftstücke erhalten Sie zur Kenntnisnahme und zum Verbleib bei Ihren Unterlagen.

Über den weiteren Fortgang der Angelegenheit halten wir Sie informiert.

Mit freundlichen Grüßen

Rechtsanwalt

Anlagen ◀

Die schriftliche Mandatsbestätigung ist nicht nur dazu da, um den Mandanten das Aktenzeichen mitzuteilen und so spätere Zuordnungen bei Rückrufen zu ermöglichen. Die Mandatsbestätigung ist auch Zeichen für die Bearbeitungsgeschwindigkeit des Anwalts. Es sollte das Ziel jeder Bearbeitung eines Unfallmandats sein, dass der Mandant spätestens am dem Besprechungstermin folgenden Tage die Mandatsbestätigung erhält, bei der auch die ersten Anschreiben (Schreiben an die gegnerische Haftpflichtversicherung, Anforderung der E-Akte etc.) in Kopie enthalten sind. Bei einer standardisierten Bearbeitung von Unfallmandaten ist der Aufwand hierfür gering, und der Mandant wird zufrieden sein, dass sich sein Anwalt so schnell um ihn gekümmert hat. 45

Durch den Sachverständigen erfährt der Anwalt, dass die Reparaturkosten netto 500 EUR betragen. Hiernach erfolgt umgehend die Bezifferung der Ansprüche gegenüber dem Fahrer. 46

▶ **Muster: Bezifferung der Ansprüche gegenüber dem Schädiger** 47

Betr.: Schadenspositionen und Schadensbezifferung im Reparaturfall

Sehr geehrter Herr ...,

der durch den Unfall entstandene Schaden wird vorläufig wie folgt beziffert:

Schadensaufstellung

Verkehrsunfall vom ..., ... Uhr, in ...

Pos.	Bezeichnung	Forderung	Zahlung
	Reparaturkosten		
	Wertminderung		
	Sachverständigenkosten		
	Nutzungsausfall		
	Pauschale f unfallb. Wege		
	Mietwagenkosten		
	Gesamtbetrag		

Zur Zahlung des Gesamtbetrags fordern wir bis zum ... auf.

Sollte ein vollumfänglicher und pünktlicher Zahlungseingang nicht zu verzeichnen sein, wird umgehend Klage erhoben.

Mit freundlichen Grüßen

Rechtsanwalt ◄

48 Die Arbeit mit einer solchen Tabelle ermöglicht es, dass nur noch die einzelnen Positionen eingetragen werden müssen und nicht jede Gesamtschadensaufstellung einzeln diktiert und geschrieben werden muss.

49 Am 14.6.2015 geht bei dem Anwalt die Ermittlungsakte ein. Es wird deutlich, dass die Polizei den Unfall als Kleinschaden bewertet hat. Eine Ausmessung der Unfallstelle hat nicht stattgefunden. Bilder wurden nicht angefertigt. Es finden sich lediglich die wiedergegebenen Angaben des Unfallgegners. Nachdem der Unfallgegner den geforderten Schadensersatz nicht geleistet hat, wird nach Rücksprache mit dem Mandaten der Klageentwurf gefertigt. Hierfür teilt der Mandant noch mit, dass das Fahrzeug vom 12.6.2015 bis zum 14.6.2015 repariert wurde und er kein Ersatzfahrzeug angemietet hat. Die Reparaturrechnung weist einen Rechnungsbetrag von brutto 580 EUR aus.

50 ▶ **Muster: Klageschrift (Schadensersatzklage wg. Verkehrsunfall)**

An das ...gericht, ...

Klage

In Sachen

des Herrn ...

– Kläger –

Prozessbevollmächtigte: RAe ...

gegen

den Herrn ... [Fahrer]

– Beklagter –

wegen Schadensersatzes

Streitwert: 900 EUR

Namens und in Vollmacht des Klägers erheben wir Klage und werden beantragen:

1. Der Beklagte wird verurteilt, an den Kläger 900 EUR nebst Zinsen iHv 5 Prozentpunkten über dem Basiszinssatz seit dem 20.6.2015 zzgl der nicht anrechenbaren Kosten für die außergerichtliche Regulierung iHv 120,67 EUR zu bezahlen.
2. Die Kosten des Verfahrens trägt der Beklagte.
3. Das Urteil ist vorläufig – notfalls gegen Sicherheitsleistung – vollstreckbar.
4. Sofern das Gericht das schriftliche Vorverfahren anordnet, beantragen wir bereits jetzt bei Säumnis des Beklagten den Erlass eines entsprechenden Versäumnisurteils, im Falle eines Anerkenntnisses den Erlass eines entsprechenden Anerkenntnisurteils ohne mündliche Verhandlung.

Begründung:

Der Kläger macht Schadensersatzansprüche aus einem Verkehrsunfall vom 1.6.2015 um ca. 19.45 Uhr auf der Hauptstraße Höhe Einmündung Nebenstraße in A-stadt geltend. Fahrer des unfallgegnerischen Pkws ..., amtl. Kennzeichen ..., war der Beklagte.

Der Unfall ereignete sich wie folgt:

Die Beklagte befuhr mit dem in seinem Eigentum stehenden ... mit dem amtlichen Kennzeichen ... die bevorrechtigte Hauptstraße in A-stadt in stadteinwärtiger Richtung unter Einhaltung der zulässigen Höchstgeschwindigkeit. Der Beklagte befuhr die untergeordnete Nebenstraße und beabsichtigte, aus Sicht des Klägers von rechts kommend, die Hauptstraße zu überqueren. Als der Kläger erkannte, wie der Beklagte unmittelbar vor ihm und ohne anzuhalten plötzlich auf die Hauptstraße auffuhr, leitete er sofort eine Gefahrenbremsung ein, konnte jedoch nicht mehr vermeiden, dass es zu einer Kollision der Fahrzeuge kam.

Beweis: Beiziehung der amtlichen Ermittlungsakte (Az ...)
Parteivernahme des Klägers gem. § 448 ZPO

Informatorische Anhörung des Klägers gem. § 141 ZPO

Der Unfall wurde durch den Beklagten allein verschuldet. Für den Kläger war der Unfall unvermeidbar.

Beweis: wie vor

Im Übrigen spricht der Anschein gegen einen Verstoß des Klägers. Der Unfall hat sich im räumlichen und zeitlichen Bereich einer Kreuzung ereignet, so dass ein Anschein für eine Verletzung der Vorfahrt durch denjenigen spricht, welcher Vorfahrt zu gewähren hatte.

Daher hat der Beklagte dem Kläger vollumfänglich seinen Schaden auszugleichen.

Die Beklagte hat eine Haftung abgelehnt, weil der Kläger die zulässige Höchstgeschwindigkeit um mehr als das Doppelte überschritten haben soll. Dies wird in Abrede gestellt. Der Kläger ist nicht schneller als 50 km/h gefahren.

Dem Kläger entstand folgender Schaden:

1. Reparaturkosten   500 EUR
   Beweis: Reparaturrechnung vom 14.6.2015 in Kopie als Anlage
2. Sachverständigenkosten   220 EUR
   Beweis: Rechnung in Kopie als Anlage
3. Nutzungsausfallschaden   150 EUR
   Der Kläger konnte während der Zeit der Reparatur sein Fahrzeug nicht nutzen. Aufgrund seines vorhandenen Nutzungswillens, welcher sich in der Reparatur geäußert hat, und der entgangenen Nutzungsmöglichkeit kann er entsprechenden Nutzungsausfallschaden ersetzt begehren.
   Gemäß der Tabelle *Sanden/Danner/Küppersbusch* beträgt der tägliche Nutzungsausfallschaden für den klägerischen Pkw ... Baujahr 2008 täglich 50 EUR.
   Beweis: richterliche Schätzung gem. § 287 ZPO
   Das Fahrzeug des Klägers wurde vom 12.6.2015 bis zum 14.6.2015 repariert.
   Beweis: Reparaturablaufplan in Kopie als Anlage
   Mithin beträgt der Nutzungsausfallschaden   150 EUR.

4. Unkostenpauschale: 30 EUR

Mithin erlitt der Klägerin einen Gesamtschaden iHv **900 EUR.**

Des Weiteren sind die nicht im Kostenfestsetzungsverfahren anrechenbaren Kosten der außergerichtlichen Regulierung als Nebenkosten geltend zu machen. Außergerichtlich betrug der Streitwert bis 900 EUR, so dass 120,67 EUR nicht anrechenbar sind.

Schlüssel	Ansatz	Bezeichnung	Wert EUR	Betrag EUR
2400	1,3	Geschäftsgebühr	900	84,50
7002		Pauschale für Entgelte für Post- und Telekommunikationsdienstleistungen (Nr. 2400)		16,90

Gebühren und Auslagen (netto)	101,40
19 % Mehrwertsteuer, Nr. 7008 VV RVG	19,27
Gebühren und Auslagen (brutto)	120,67
Endbetrag der Rechnung	120,67

Mit Schreiben vom 5.6.2015 wurde der Beklagte zur Zahlung bis zum 19.6.2015 aufgefordert. Einer solchen Zahlung kam er nicht nach, so dass Verzug seit dem 20.6.2015 besteht.

Klage ist daher geboten.

Rechtsanwalt ◄

51 Zusammen mit einer Kostenvorschussnote geht dieser Klageentwurf mit der Bitte um Deckungszusage für die erste Instanz an die Rechtsschutzversicherung. Parallel bietet es sich an, den Klageentwurf an den Mandanten zu schicken, damit dieser Gelegenheit hat, sich mit dem tatsächlichen Vortrag zu beschäftigen und sich mit der Klage zu identifizieren.

52 Nach Erteilung der Deckungszusage wird die Klage anhängig gemacht. Auszugehen ist davon, dass der Beklagte in seiner Klageerwiderung einwendet, dass der Kläger nicht Eigentümer sei (fehlende Aktivlegitimation), er nicht hafte, da der Kläger zu schnell gefahren sei, die Sachverständigenkosten nicht erforderlich gewesen seien, weil es sich um einen Bagatellschaden handele, im Übrigen die Sachverständigenkosten nicht fällig seien, da die Abrechnungsart (Gegenstandswert) des Sachverständigen unüblich sei und hinsichtlich des Nutzungsausfallschadens der Kläger das Alter seines Fahrzeugs beachten müsse. Hierauf kann wie folgt repliziert werden:

53 ▶ **Muster: Replik auf Klageerwiderung**

An das ...gericht, ...

Az ...

Replik

In Sachen ...

... [Kläger] ./. ... [Beklagter]

replizieren wir wie folgt:

1. Aktivlegitimation

Der Kläger ist Eigentümer des Fahrzeugs. Er ist zum Unfallzeitpunkt Fahrer des Fahrzeugs gewesen und hatte so unmittelbare Sachherrschaft, also Besitz. Gemäß § 1006 BGB spricht eine tatsächliche Vermutung dafür, dass der Besitzer auch Eigentümer ist.

2. Haftung dem Grunde nach

Gegen den Beklagten spricht ein Anschein für eine schuldhafte Herbeiführung des Unfalls allein durch den Beklagten. Der Beklagte müsste einen atypischen Unfallverlauf nicht nur darlegen, sondern insbesondere auch beweisen. Einer Parteivernehmung des Beklagten wird widersprochen. Weitere Beweismittel stehen nicht zur Verfügung, so dass der Beklagte beweisfällig bleibt.

3. Haftung der Höhe nach

a) Sachverständigenhonorar

Zuzugeben ist, dass nach der Rechtsprechung die Erforderlichkeit eines Sachverständigengutachtens zu verneinen ist, wenn die Bagatellschadensgrenze unterschritten ist. Ein Verstoß des Geschädigten gegen seine Schadensminderungspflicht liegt jedoch nur dann vor, wenn dem Geschädigten auf den ersten Blick klar sein muss, dass es sich um einen Bagatellschaden handelt. Da der übliche Geschädigte keine Sachkunde besitzt, kann er nur sehr schwer die Kosten eines Schadens feststellen (AG Detmold zfs 1997, 297; AG Berlin-Mitte DAR 1998, 73) und kann darum einen Sachverständigen beauftragen (BGH, Urt. v. 30.11.2004 – VI ZR 365/03). Da dem Kläger auf den ersten Blick nicht bewusst sein konnte, ob an einer nicht sichtbaren Stelle zB die Aufnahme des Stoßfängers gebrochen ist, konnte er einen Sachverständigen beauftragen.

Beweis: Sachverständigengutachten

Rechtlich ist der Beklagte als Schädiger verpflichtet, dem Kläger die Aufwendungen für das Sachverständigengutachten als Schadensermittlungskosten zu ersetzen. Nach einhelliger Meinung gehören die Kosten eines Sachverständigengutachtens zu dem vom Schädiger zu tragenden Herstellungsaufwand gem. § 249 BGB. Der Geschädigte kann demnach die Kosten eines zur Schadensbezifferung notwendigen Gutachtens unabhängig von dessen Richtigkeit und Brauchbarkeit ersetzt verlangen (OLG Hamm NZV 1993, 149; 1994, 393).

Der Beklagte hat aber auch der Höhe nach die vollständigen Sachverständigenkosten zu ersetzen. Ein Verstoß gegen die Schadensminderungspflicht ist nicht ersichtlich. Der Kläger durfte ohne Weiteres ein zur Erstellung von Gutachten bekanntes Sachverständigenbüro beauftragen. Als Laie brauchte er keine Erwägungen darüber anzustellen, ob der beauftragte Sachverständige nach Gebühren abrechnen würde, die in einer von einer Privatorganisation erarbeiteten Gebührenordnung (BVSK) liegen. Abgesehen davon, dass diese aufgestellten Gebühren keine rechtliche Bedeutung haben, brauchte der Geschädigte keine Ermittlungen darüber anzustellen, ob es einen Gebührenrahmen gab, den der Sachverständige nicht überschreiten durfte (AG Wiesbaden, Urt. v. 19.6.1998 – 92 C 2714/97).

Ähnlich hat sich hierzu auch das AG Erfurt (Urt. v. 12.8.1997 – 23 C 1319/97) verhalten:

„Die von dem Kläger geltend gemachte Forderung ist fällig. Das Gutachten des Klägers ist ohne Beanstandung als vertragsgemäße Leistung anerkannt worden. Die Schadensregulierung erfolgte auf der Basis des Gutachtens. Mit der Abnahme der Leistung des Klägers ist der Anspruch auf Werklohn grundsätzlich gemäß § 641 BGB fällig. Der Kläger ist nicht verpflichtet, seine innerbetriebliche Kalkulation offenzulegen. Es entspricht der durchgängigen Praxis, die Ortsüblichkeit nach der Schadenshöhe zu bemessen und hierauf bezogen die durchschnittlichen Kosten zu kalkulieren. Solange es keine bundeseinheitliche Tabelle zur Berechnung der Gebühren des Kfz-Sachverständigen gibt, kann der Sachverständige sein Honorar auf der Grundlage der Schadenshöhe als Ausgangsgröße nach billigem Ermessen festsetzen. Dem Geschädigten ist dagegen nicht zuzumuten, vor der Beauftragung eines Sachverständigen, ähnlich wie bei der Anmietung eines Mietfahrzeugs nach Verkehrsunfall, Gebührenvergleiche vorzunehmen. Die durch die Beauftragung des Sachverständigen entstandenen Kosten sind dem Geschädigten, ebenso dem Sachverständigen nach Abtretung, als Schadensfolge zu ersetzen."

Ebenso hat auch das AG Lüdenscheid (zfs 1998, 293) entschieden, dass die Sachverständigenkosten vom Schädiger zu ersetzen sind, wenn sie sich aus der Sicht des Geschädigten im Rahmen des Üblichen bewegen. Nur dann, wenn für den Geschädigten ohne Weiteres erkennbar ist, dass der von ihm ausgewählte Sachverständige Kosten verlangt, die außerhalb des Üblichen liegen, darf er einen entsprechenden Auftrag nicht auf Kosten des Schädigers erteilen (AG München, Urt. v. 1.12.2000 – 331 C 34009/00; AG Nürnberg zfs 1998, 348; AG Bochum zfs 1999, 59). Die Richtigkeit dieser Auffassung wurde durch den BGH klargestellt (BGH Urt. v. 11.2.2014 – VI ZR 223/13). Eine solche Kenntnis hat die Klägerin jedoch nicht. Im Übrigen bewegen sich die Gebühren im Rahmen des Üblichen.

Auch die Höhe des entstandenen Schadens ist ein sachgerechtes Kriterium für die Berechnung des Honorars (AG Hamburg, Urt. v. 15.11.1996 – 55 c C 2102/96; AG Köln, Urt. v. 23.10.1997 – 138 C 406/97; AG Brühl DAR 1998, 73; AG Eschweiler zfs 1998, 292; AG Essen NZV 1999, 255; AG Lingen zfs 1999, 336; AG München zfs 1998, 133; AG Brühl DAR 1998, 73). Dabei gilt es auch zu berücksichtigen, dass immerhin 97 % aller Kfz-Sachverständigen ihr Honorar nach dem Gegenstandswert abrechnen.

Es steht somit außer Zweifel, dass der Beklagte zur Zahlung des vollständigen Sachverständigenhonorars verpflichtet ist.

b) Nutzungsausfallschaden

Das Alter des Fahrzeugs ist bei der Bemessung des Nutzungsausfallschadens nicht zu berücksichtigen. Das Alter eines Fahrzeugs hat grundsätzlich keinerlei Einfluss auf die Nutzungsmöglichkeit und den Nutzungswert für den Geschädigten (OLG Hamm MDR 2000, 639; OLG Naumburg, OLG-NL 1995, S. 220; OLG Karlsruhe DAR 1089, 67 ff).[77]

Rechtsanwalt ◄

III. Unfall mit leichtem Sach- und Personenschaden

1. Verletzter im unfallverursachenden Fahrzeug. Klar ist die Haftung dem Grunde nach bei einem verletzten Insassen seit der Schuldrechtsreform zum 1.8.2002. Während bis zu diesem Zeitpunkt die Gefährdungshaftung des Halters gegenüber unentgeltlich beförderten Insassen ausgeschlossen war (§ 8 a Abs. 1 S. 1 StVG aF), ist die Gefährdungshaftung seitdem auch auf solche Insassen ausgedehnt. Dies bedeutet, dass der Insasse dem Fahrer des Fahrzeugs kein Verschulden nachzuweisen braucht, sondern in aller Regel einen Anspruch besitzt, es sei denn, es ist der praktisch kaum denkbare Fall der höheren Gewalt gegeben. Da mit der Ge-

---

[77] Es widerspricht jedoch nicht tatrichterlichem Ermessen aufgrund des Alters eine Herabstufung vorzunehmen (BGH, Urt. v. 23.11.2004 – VI ZR 357/03).

setzänderung auch der Anspruch auf Schmerzensgeld verschuldensunabhängig ist, besteht auch stets ein solcher Anspruch. Im Übrigen gilt dies auch für den Halter oder Versicherungsnehmer als Insassen gegen den Fahrer bzw seine eigene Haftpflichtversicherung.

2. Ausgangsfall: unklare Fahrzeugkollision. Zur weiteren Schilderung soll von folgendem Fall ausgegangen werden: 55

M. kommt in das Büro des Rechtsanwalts und teilt mit, dass er vor zwei Tagen einen Unfall erlitten hat. Er weiß nicht mehr genau, wie es dazu kam. Jedenfalls kam ein anderes Fahrzeug auf ihn zu, und es kam zu einer Kollision der Fahrzeuge. Sein Fahrzeug ist nur noch Schrott, jedoch hat er Glück gehabt und ist nicht verletzt worden. Jedoch erlitt seine Frau eine Fraktur eines Brustwirbels und liegt im Krankenhaus. M. ist sich zwar sicher, dass er auf seiner Seite der Fahrbahn gefahren ist, jedoch behauptet das auch der Gegner. Es lässt sich wohl nicht aufklären. Der Rechtsanwalt soll jetzt alles tun, was zu tun ist.

Ein sehr schwerer Fehler wäre jetzt zu großer Übereifer des Anwalts. Auf den ersten Blick ist klar, dass von einer **non-liquet-Situation** auszugehen ist und man für Herrn M. beim Unfallgegner 50 % der Schäden durchsetzen und zugleich auch die Ansprüche der Frau M. vollumfänglich durchsetzen kann. Jedoch wird dabei nicht bedacht, dass Frau M. Ansprüche gegen Herrn M. als Fahrer hat, somit also zwingend eine Situation gegeben ist, der eine **Doppelvertretung** folgen würde. Es ist somit nicht möglich, Herrn M. und Frau M. gleichzeitig zu vertreten. An dieser Interessenkollision kann weder das Einverständnis der Beteiligten noch die Tatsache etwas ändern, dass die Ansprüche gegen den Haftpflichtversicherer geltend gemacht werden.[78] Es ist damit dringend anzuraten, sich für ein Mandat zu entscheiden und das andere Mandat weiterzuempfehlen. Dabei gilt es auch zu bedenken, dass der Mandant von heute ganz schnell der Gegner von morgen ist. Im Übrigen wird der Kollege, an den man das zweite Mandat weitergereicht hat, künftig wahrscheinlich vor der gleichen Situation stehen und sich dann umgekehrt verhalten. Vorliegend wird daher Herr M. mit seinen Sachschäden am Fahrzeug weiterverwiesen, und die Ansprüche der Frau M. werden geltend gemacht. 56

Für jede Bearbeitung eines Unfallmandats mit Personenschaden ist die **Schweigepflichtsentbindung** unerlässlich, welche wie folgt aussehen kann: 57

▶ Muster: Schweigepflichtsentbindung 58

Erklärung zur Entbindung von der ärztlichen Schweigepflicht

Hiermit entbinde ich

Name: …

Vorname: …

Geburtsdatum: …

Anschrift: …

alle Ärzte, die mich aus Anlass des am …erlittenen Unfalls behandelt haben bzw behandeln werden, von der ärztlichen Schweigepflicht, und zwar gegenüber

---

78 BayObLG NJW 1995, 606.

§ 2 Haftungsgründe beim Verkehrsunfall

- den beteiligten Versicherungsgesellschaften,
- den beteiligten Gerichten und Strafverfolgungsbehörden,
- den beteiligten Rechtsanwälten,

unter der Bedingung, dass die von mir beauftragten Rechtsanwälte

...

gleichzeitig und unaufgefordert eine Durchschrift der erteilten Auskünfte und Stellungnahmen erhalten.

..., den ...

(Unterschrift) ◄

59 Weiterhin ist wiederum die gegnerische Haftpflichtversicherung anzuschreiben. Vorliegend ist zu beachten, dass Frau M. sowohl gegen die Haftpflichtversicherung von Herrn M. Ansprüche besitzt als auch gegen die Versicherung des Unfallgegners. Sofern sich der Unfallhergang nicht aufklären lässt, wovon im Weiteren ausgegangen wird, hat Frau M. einen Anspruch gegen beide Fahrer allein aus der Betriebsgefahr. Die Versicherungen haften gesamtschuldnerisch.

60 ▶ **Muster: Aufforderung zum Haftungseintritt**

Sehr geehrte Damen und Herren ...,

wir wurden von ... mit der Wahrnehmung ihrer Interessen aus einem Verkehrsunfall vom ... beauftragt. Eine uns legitimierende Vollmacht finden Sie anliegend.

Auf den Unfallhergang kommt es nicht an, da der Anspruch unserer Mandantschaft bereits aus der Tatsache folgt, dass sie Insassin des bei Ihnen versicherten Fahrzeugs war.

Wir bitten Sie, Ihren **Haftungseintritt** dem Grunde nach bis zum

...

zu erklären.

Zur Schadenshöhe werden wir in den nächsten Tagen noch gesondert Stellung nehmen und insofern unaufgefordert auf die Sache zurückkommen. Vorab wollen wir Sie jedoch darüber informieren, dass sich unsere Mandantschaft eine Fraktur eines Brustwirbels zugezogen hat, und beziffern vorläufig das Schmerzensgeld mit einem Betrag iHv 10.000 EUR. Zur Zahlung fordern wir bis zum oben genannten Termin auf.

Mit freundlichen Grüßen

Rechtsanwalt ◄

61 Es empfiehlt sich eine **vorläufige Bezifferung des Schmerzensgeldes** aus zweierlei Gründen. Zum einen ist die Versicherung so schnell wie möglich in Verzug zu setzen, um der Mandantschaft den Anspruch auf Ersatz des Verzugsschadens zu sichern. Zum anderen verringert dies das Risiko, dass die Versicherung eine Hinhaltetaktik einsetzt, da dies den Schaden durch den Verzugsschaden vergrößern würde. Im Übrigen empfiehlt sich die frühzeitige Bezifferung auch aus haftungsrechtlichen Gesichtspunkten. Wird eine Bezifferung des Schmerzensgeldes unterlassen und werden möglicherweise Verzugszinsen erst mit Rechtshängigkeit der Klage bzw überhaupt nicht beantragt, entgeht dem Mandanten ein großer Teil des Verzugsschadens, was auf den entsprechenden anwaltlichen Fehler zurückzuführen ist. Wenn man bedenkt, dass bei einem Fall wie vorliegend zwischen der möglichen Inverzugsetzung und der

Rechtshängigkeit realistisch ein halbes Jahr liegt und 5 Prozentpunkte über dem Basiszinssatz bei einem Betrag von 10.000 EUR im halben Jahr ca. 300 EUR entsprechen, andererseits bei der Unkostenpauschale jedoch darum gestritten wird, ob 20 EUR oder 30 EUR angemessen sind, wird deutlich, dass der Blick für die richtige Gewichtung der Probleme erforderlich ist.

Wird davon ausgegangen, dass die Haftpflichtversicherungen nicht regulieren wollen, weil sie meinen, dass hierfür Verschulden erforderlich sei, muss mit der Klage reagiert werden, welche wie folgt aussehen kann:

▶ **Muster: Klageschrift (Schadensersatz und Schmerzensgeld)**

An das Landgericht ...

Klage

In Sachen

der Frau M., ...

– Klägerin –

Prozessbevollmächtigte: RAe ...

gegen

die A.-Versicherungs AG

– Beklagte zu 1 –

die B.-Versicherungs AG

– Beklagte zu 2 –

wegen: Schadensersatzes und Schmerzensgeld

Streitwert: Festsetzung wird beantragt

erheben wir namens und in Vollmacht der Klägerin Klage und kündigen folgende Anträge an:

1. Die Beklagten werden gesamtschuldnerisch verurteilt, an die Klägerin 11.404,69 EUR nebst Zinsen in Höhe von 5 Prozentpunkten über dem Basiszinssatz ab Rechtshängigkeit der Klage zu zahlen.
2. Die Beklagten werden verurteilt, an die Klägerin jeweils zum 1.1., 1.4., 1.7. und 1.10. eines jeden Jahres, beginnend ab dem 1.1.2016, eine Rente auf den erlittenen Haushaltsführungsschaden in Höhe von 831,99 EUR zu zahlen.
3. Die Beklagten werden verurteilt, an die Klägerin ein, über bereits gezahlte 12.500 EUR hinaus, angemessenes Schmerzensgeld, jedoch mindestens in Höhe von insgesamt 25.000 EUR nebst Zinsen in Höhe von 5 Prozentpunkten über dem Basiszinssatz hieraus, seit dem ... zu zahlen.
4. Es wird festgestellt, dass die Beklagten verpflichtet sind, der Klägerin sämtliche materiellen und immateriellen Schäden, Letztere, soweit sie nach der letzten mündlichen Verhandlung entstehen, aus dem Unfall vom 6.7.2015 auf der A-straße in ... zu ersetzen, soweit die Ansprüche nicht auf Sozialversicherungsträger oder sonstige Dritte übergehen.
5. Die Beklagten tragen die Kosten des Verfahrens.
6. Sofern das Gericht das schriftliche Vorverfahren anordnet, beantragen wir bereits jetzt bei Säumnis der Beklagten den Erlass eines entsprechenden Versäumnisurteils, im Falle eines Anerkenntnisses den Erlass eines entsprechenden Anerkenntnisurteils ohne mündliche Verhandlung.

Begründung:

Die Klägerin macht Schadensersatzansprüche und Schmerzensgeldansprüche aus einem Verkehrsunfall vom 6.7.2015 um ca. 9.28 Uhr auf der A-straße in ... geltend.

Die Klägerin befand sich dabei als Beifahrerin im Fahrzeug ihres Ehemanns Herrn M., welches bei der Beklagten zu 1 versichert ist. Herr M. befuhr die A-straße in .... Plötzlich kam das bei der Beklagten zu 2 versicherte Fahrzeug dem Fahrzeug, in welchem sich die Klägerin befand, entgegen und kollidierte mit diesem. Es war nach dem Unfall nicht mehr aufklärbar, auf welcher Seite der Fahrbahn sich der Unfall ereignet hatte.

Der Anspruch der Klägerin gegen beide Beklagte folgt aus § 7 Abs. 1 StVG, da die Klägerin bei einem Unfall im Straßenverkehr verletzt worden ist, wobei die Betriebsgefahren der Fahrzeuge zurechenbar mitgewirkt haben.

Die Beklagten haben außergerichtlich unter Verkennung der Rechtslage eine Haftung abgelehnt, da die Klägerin ein Verschulden der beteiligten Fahrzeuge nicht nachweisen konnte. Vorliegend haften die Beklagten verschuldensunabhängig.

I. Schadenspositionen

Durch den Unfall wurden die Hose und Bluse der Klägerin zerstört. Die Bluse kostete 50 EUR, die Hose 100 EUR. Beide Kleidungsstücke wurden als Sommerkleidung 2015 gekauft und waren neu! Abzüge sind daher nicht gerechtfertigt. Insgesamt entstand damit ein Schaden in Höhe von 150 EUR.

Beweis: Parteivernahme der Klägerin gem. § 287 ZPO
Richterliche Schätzung gem. § 287 ZPO

Des Weiteren riss durch den Sturz die Goldhalskette der Klägerin. Dies bemerkte die Klägerin nicht sofort. Die Halskette konnte nicht gefunden werden. Die Kette kostete 1.000 EUR. Die Klägerin begehrt den Ersatz des Schadens.

Beweis: wie vor

Die Klägerin trug bei dem Unfall eine Brille. Die Brille der Klägerin wurde bei dem Unfall völlig zerkratzt und unbrauchbar. Sie war fünf Jahre alt und kostete neu 1.000 EUR.

Beweis: Sachverständigengutachten

Somit entstand ihr ein Schaden in Höhe von 1.000 EUR.

Die Klägerin musste zur Beschleunigung der Heilung einen Kuraufenthalt wahrnehmen. Kurort war .... Fahrtkosten fielen von ... nach ... für insgesamt 400 km an.

Beweis: Zeugnis des Zeugen M.

Herr M. brachte seine Frau nach ... und holte sie wieder ab. Zudem besuchte er sie mehrmals. Eine Kilometerpauschale für Benzin sowie Abnutzung in Höhe von 0,25 EUR wird hierfür begehrt. Die Fahrtkosten belaufen sich demnach auf 100 EUR.

Beweis: s.o.
Zeugnis des Herrn M.

Der Klägerin entstanden während des 34-tägigen Kuraufenthalts und des stationären Aufenthalts Telefonkosten in Höhe von 100 EUR. Diese resultierten aus Telefonaten mit ihrem Mann, waren medizinisch notwendig und stellen daher einen ersatzfähigen Schaden dar.

Der entsprechende telefonische Kontakt zwischen den Eheleuten während der Tage, an denen nicht besucht werden konnte, war dem Heilungsverlauf der Klägerin zuträglich und daher medizinisch notwendig.

Beweis: Sachverständigengutachten

II. Zuzahlungen und Medikamente

Die Klägerin musste Zuzahlungen für Medikamente und Krankengymnastikanwendungen leisten. Zuzahlungen in Höhe von insgesamt 250 EUR entstanden der Klägerin.

Beweis: Quittungen für Zuzahlungen in Kopie

III. Attestkosten

Die Klägerin musste für das ärztliche Attest des Herrn Dr. med. ... vom 16.10.2015 50 EUR und für den ärztlichen Bericht des Krankenhauses ... 100 EUR aufwenden.

Beweis: Rechnung und Quittung in Kopie als Anlage

IV. Haushaltführungsschaden

Gemäß §§ 823 Abs. 1, 843 Abs. 1 BGB beansprucht die Klägerin Ersatz für den verletzungsbedingt erlittenen Haushaltsführungsschaden. Aufgrund des Unfalls konnte die Geschädigte ihrer vor dem Unfall ausgeführten Tätigkeit gar nicht oder nur eingeschränkt nachkommen. Daher trat sowohl eine Mehrung ihrer eigenen Bedürfnisse als auch eine Einschränkung ihrer Haushalts(-erwerbs)tätigkeit ein.

1. Arbeitsaufwandsberechnung

Zur Berechnung der Höhe dieser Schadensposition ist zunächst die tatsächliche Arbeitszeit der Geschädigten vor Eintritt des Unfalls zu ermitteln. Hierbei wird im Folgenden Rückgriff genommen auf die Tabellen aus *Schulz-Borck/Pardey*, Der Haushaltsführungsschaden, 8. Auflage 2013.

Gemäß Tabelle 8 (Arbeitszeitaufwand im Haushalt in Std./Woche insgesamt und seine Verteilung auf die Haushaltsperson absolut und in v.H.) ist von Haushaltstyp Nr. 11 auszugehen. Die Klägerin ist erwerbstätig und lebt in einem Zwei-Personen-Haushalt ohne Kind. Die Wohnung besteht aus zwei Zimmern, Küche, Bad und umfasst 58 qm. Sie ist durchschnittlich ausgestattet mit einer Waschmaschine, Gefriertruhe und Staubsauger, jedoch ohne Geschirrspüler.

Zum Haushalt zählt ein Gartengrundstück mit einer Fläche von 400 qm.

Damit ergibt sich nach Tabelle 8 ein durchschnittlicher Arbeitsaufwand von 46,5 Std., wovon auf die Ehefrau 27,1 Std. (58,3 %) entfallen. Entsprechend Tabelle 2 (Zu- und Abschläge in Stunden pro Woche) sind von diesem Durchschnittswert Zu- und Abschläge zu machen.

a) Zuschläge

Gemäß Tabelle 2 ergibt sich ein Zuschlag für den Garten. Dieser errechnet sich wie folgt: 400 qm x 0,4 = 160 Stunden pro Jahr. Dies ergibt eine Wochenarbeitszeit von 3,1 Stunden.

b) Abschläge

Abschläge sind nicht ersichtlich.

c) Gesamt

Bei einem Aufwand gemäß Tabelle 8 von 46,5 Std. sind 3,1 Std. hinzuzurechnen, was einen Gesamtaufwand von 49,6 Std. bedeutet. Davon entfallen auf die Klägerin 58,3 %, also 28,9 Std.

2. Schadensberechnung

Nach Tabelle 3 ist der Haushalt der Klägerin als durchschnittlicher Haushalt anzusehen. Somit orientiert sich die Schadensberechnung bei Totalausfall nach Vergütungsgruppe 2 des Tarifvertrages des Deutschen Hausfrauenbundes mit der Gewerkschaft Nahrung/Genuss/Gaststätten.

Vom 6.7.2015 bis zum 29.7.2015 war die Klägerin insgesamt 24 Tage in stationärer Behandlung im Krankenhaus ..., was einen Totalausfall bedeutet. Nach Vergütungsgruppe 2 ergibt dies einen Haushaltsführungsschaden von ... EUR netto.

Am 30. und 31.7.2015, direkt nach der Entlassung aus stationärer Behandlung, war die Klägerin bettlägerig und nicht in der Lage, Haushaltstätigkeiten zu verrichten.

Beweis: einzuholendes Sachverständigengutachten,
richterliche Schätzung gem. § 287 ZPO

Vom 1.8.2015 bis 5.9.2015 war die Klägerin 36 Tage zur Rehabilitation in der ...klinik in ..., was einen Totalausfall bedeutet. Für insgesamt 38 Tage ergibt sich nach Vergütungsgruppe 2 ein Haushaltsführungsschaden von ... EUR netto.

Vom 6.9.2015 bis zum 31.12.2015 war die Klägerin zu 100 % arbeitsunfähig. Hier ist fraglich, wie hoch die haushaltsspezifische MdE anzusetzen ist. Hierfür wollen wir den Haushaltsführungsschaden spezifiziert berechnen. Tabelle 9 (Verteilung der Hausarbeitszeit der Ehefrau auf die Tätigkeitsschwerpunkte in verschiedenen Haushaltstypen vH) gibt hierzu eine detaillierte Übersicht, anhand deren die konkrete MdE berechnet werden kann.

Die Zubereitung der Nahrungsmittel (24 %) sowie die Leitungsfunktion im Haushalt (6 %) kann die Klägerin unproblematisch wahrnehmen. Probleme ergeben sich jedoch bei den ansonsten üblichen Haushaltsaufgaben. Das Einkaufen kann die Klägerin aufgrund ihrer Rückenschmerzen nicht wahrnehmen. Es ist ihr nicht möglich, lange und überhaupt Schweres zu tragen. Im Übrigen ist es ihr bis jetzt nicht möglich, Auto zu fahren. Der Rücken ist dauerschmerzbehaftet, insbesondere sonst normale Bewegungsabläufe, wie Bücken oder Strecken, sind äußerst schmerzhaft und werden daher vollständig vermieden. Daher sind Geschirrspülen sowie Reinigungsarbeiten, hier insbesondere das Staubsaugen, unserer Mandantin unmöglich. Auch das Wäschewaschen ist als Bück- und Streckbelastung unmöglich. Das durch die Klägerin eingeholte Sachverständigengutachten des Krankenhauses ... attestierte am 14.7.2016 eine Minderung der haushaltsspezifischen Erwerbsfähigkeit iHv 30 % jetzt und für die Zukunft.

Beweis: Gutachten in Kopie als Anlage

Unter Berücksichtigung der Tatsache, dass die haushaltsspezifische MdE unmittelbar nach Entlassung aus dem Krankenhaus noch im Bereich von 80 % bis 100 % lag und sich erst allmählich minimierte und die Klägerin vom 27.6.2016 bis zum 3.7.2016 noch einmal stationär behandelt werden musste, ist von einer durchschnittlichen haushaltsspezifischen MdE iHv 60 % auszugehen. Somit beträgt der wöchentliche Ausfall für die Zeit vom 6.9.2015 bis zum 13.7.2016 abgerundet 17 Stunden. Für zehn Monate und sieben Tage errechnet sich daher ein Schaden iHv ... EUR.

Das Sachverständigengutachten des Krankenhauses ... attestiert vom 14.7.2016 beginnend für 12 Monate eine Minderung der haushaltsspezifischen Erwerbstätigkeit iHv 30 %, was einem Ausfall von abgerundet acht Stunden wöchentlich entspricht. Es errechnet sich daher ein Schaden bis zum 13.7.2016 iHv 3.803,40 EUR.

Mit Gutachten des Krankenhauses ... vom 21.7.2167 wurde eine haushaltsspezifische MdE iHv 25 % festgestellt.

Beweis: Gutachten in Kopie als Anlage
Sachverständigengutachten

Der wöchentliche Ausfall beträgt daher sieben Stunden. Vom 14.7.2016 bis zum 31.12.2016 errechnet sich also ein Schaden iHv ... EUR.

Somit beträgt der gesamte Haushaltsführungsschaden vom Unfalltag bis zum 31.12.2016 ... EUR.

Der Haushaltsführungsschaden ist vierteljährlich im Voraus fällig. Das Sachverständigengutachten des Krankenhauses ... stellt eine haushaltsspezifische MdE iHv 25 % fest. Dies stellt einen Endzustand dar.

Beweis: Gutachten, b.b.
einzuholendes Sachverständigengutachten

Daher wird beantragt

festzustellen, dass der Haushaltsführungsschaden vierteljährlich im Voraus zu zahlen ist. Ausgehend von einem Ausfall iHv sieben Stunden und einem sich daraus errechnenden monatlichen Schaden iHv ... EUR beträgt der Rentenanspruch vierteljährlich ... EUR.

V. Verdienstausfall

Die Klägerin erlitt weiterhin einen Verdienstausfallschaden während ihrer verletzungsbedingt bestehenden Arbeitsunfähigkeitszeit.

Die Klägerin verdiente durchschnittlich netto ... 1.119,20 EUR.

Beweis: Mitteilung des Arbeitgebers vom 20.6.2015

Dies entspricht einem Tagesnettolohn iHv 36,90 EUR. Vom 6.9.2015 bis zum 31.12.2015 erhielt die Klägerin Krankengeld iHv 4.183,52 EUR. Wäre die Klägerin arbeiten gegangen, hätte sie netto 5.362,40 EUR erhalten. Somit beträgt der Verdienstausfallschaden insgesamt 1.178,88 EUR.

VI. Unkostenpauschale

Zu dem gesamten materiellen Schaden wird noch eine Unkostenpauschale in Höhe von 30 EUR für Telefonate, Porto und Fahrtkosten geltend gemacht.

Beweis: richterliche Schätzung, § 287 ZPO

VII. Gesamter materieller Schaden

Der gesamte Sachschaden der Klägerin beläuft sich somit auf ... EUR.

Die Beklagte zu 2 zahlte außergerichtlich einen Betrag iHv ... EUR, wovon sie jedoch 12.500 EUR auf das Schmerzensgeld leistete. Somit ist auf die materiellen Schadenspositionen eine Zahlung iHv ... EUR erfolgte. Somit sind ... EUR offen, was mit dem Klageantrag zu 1 verfolgt wird.

VIII. Schmerzensgeld

Durch den Unfall erlitt die am 16.6.1960 geborene, derzeit 56-jährige Klägerin schwere Verletzungen. Nach dem Verkehrsunfall wurde sie in das Krankenhaus ... eingeliefert. Es erfolgte eine operative Erstversorgung am 8.7.2015. Röntgenologisch in den Nativaufnahmen sowie im Computertomogramm des Brustwirbelkörpers 11 bis Lendenwirbelkörpers 12 konnte eine Kompressionsberstungsfraktur des 12. Brustwirbelkörpers mit einer Verlagerung eines knöchernen Fragments aus dem dorsokranialen Wirbelkörperanteil um 4 mm in den Spinalkanal diagnostiziert werden (komplizierte Fraktur des ersten Lendenwirbels). Durch die Einengung des Spinalkanals bestand die Gefahr einer

Querschnittslähmung, was eine sofortige Operation notwendig werden ließ. Des Weiteren wurde eine nicht dislozierte Fraktur des linken unteren Gelenkfortsatzes paramedial festgestellt.

Beweis: ärztlicher Bericht des Krankenhauses ... vom 14.9.2015

Der postoperative Verlauf gestaltete sich zunächst medizinisch komplikationslos, so dass am 12.7.2015 die geplante zweiseitige Stabilisierung TH 12 über LWK 2 mit Interposition eines Beckenkammspanes linksdorsal erfolgen konnte.

Bei der Entlassung der Klägerin am 29.7.2015 bestanden noch diskrete Hypästhesien (herabgesetzte Empfindungen von Berührungsreizen). Die Klägerin hatte bis zur Entlassung starke Rückenschmerzen.

Beweis: Gutachten des KKH ... vom 14.9.2015
Parteivernahme

Vom 29.7.2015 bis 31.7.2015 wurde die Patientin nach Hause entlassen. Behandelnde Ärztin hierfür war die Chirurgin Frau Dr. .... Diese diagnostizierte reizlose Nerven im Rücken, ständige Rückenschmerzen durch die instabile LWK 1 Fraktur.

Beweis: Gutachten der Fr. Dr. ... vom 1.10.2015

Vom 1.8.2015 bis 5.9.2015 erfolgte eine weitere Behandlung in der ...klinik in .... Auch über diese Zeit hinweg hatte die Klägerin starke Rückenschmerzen.

Beweis: einzuholendes Sachverständigengutachten von der ...klinik
Parteivernahme

Danach erfolgte die weitere Behandlung bei Frau Dr. ..., die bis zurzeit andauert. Nach dem Kuraufenthalt hielten die Schmerzen im Rücken an. Die Klägerin hat bis heute ständig Rückenschmerzen. Dazu kommt ein erhöhter Schmerz in belastungsabhängiger Kausalität.

Die Klägerin erlitt im Februar 2016 einen Narbenbruch im Bereich der Spanentnahmestelle, so dass eine Hernienrevision durchgeführt werden musste.

Insgesamt befand sich die Klägerin sieben Wochen in stationärer Behandlung sowie fünf Wochen zum stationären Rehabilitationsaufenthalt. Ein halbes Jahr betrug die Minderung der Erwerbsfähigkeit 100 %, die sich danach langsam auf einen Wert von 40 % reduzierte, was als Endzustand zu betrachten ist.

Die Klägerin leidet derzeit unter folgenden Beschwerden:

- belastungsabhängige Schmerzen am Übergang Brust-/Lendenwirbelsäule
- Beweglichkeitseinschränkung der Wirbelsäule
- intermittierende Schmerzen im Bereich des linken Beckenkamms und große Narbe nach Narbenbruchoperation im Februar 2007
- zeitweise Schmerzmittel erforderlich
- beim Husten Schmerzen im Bereich des Beckenkamms links
- geringe Gefühlsstörung am Beckenkamm links unterhalb der Narbe bis zur Mitte des proximalen Oberschenkels
- Schmerzen an der Wirbelsäule beim Heben von Gewichten über 3 kg

Beweis: Sachverständigengutachten vom 21.7.2016 in Kopie als Anlage

Es handelt sich dabei um einen Endzustand.

Beweis: wie vor
einzuholendes Sachverständigengutachten

Die Klägerin wird mit den Folgen der Verletzungen ihr Leben lang zu kämpfen haben. Die Erwerbsfähigkeit ist um mindestens 40 % vermindert.

Beweis: Sachverständigengutachten

Auch die psychische Seite belastet die Klägerin sehr. Sie musste eine Trauma-Sprechstunde im Krankenhaus ... wahrnehmen, um die psychischen Unfallfolgen bewältigen zu können, was jedoch nur bedingt erfolgreich war. Es wurde eine unfallbedingte Anpassungsstörung mit einer längeren depressiven Reaktion diagnostiziert, die aufgrund der festgestellten Möglichkeiten zur Bewältigung chronische Formen aufweist.

Beweis: Sachverständigengutachten vom 14.5.2016 in Kopie als Anlage

Die Klägerin hat daher unfallbedingt erheblich an Lebensmut verloren und leidet noch heute psychisch unter den Unfallfolgen.

Wegen der Rückenschmerzen ist der Klägerin das Heben schwerer Lasten unmöglich. Freizeitgestaltungsmöglichkeiten sind aufgrund der Schmerzen reduziert. Wanderungen mit ihrem Ehemann sind nur noch sehr eingeschränkt möglich und werden von ständigen Schmerzen begleitet. Somit ist der Klägerin durch den Unfall in massivem Umfang Lebensfreude genommen, was nur schwerlich zu kompensieren sein wird.

Beweis: Parteivernahme

Die Klägerin stellt die Höhe des Schmerzensgeldes in das Ermessen des Gerichts, sie ist jedoch der Auffassung, dass ein Schmerzensgeld für die unfallbedingten Verletzungen bis zum Schluss der letzten mündlichen Verhandlung in Höhe von **mindestens** 25.000 EUR angemessen ist.

Bei der Bemessung der Höhe des Schmerzensgeldes wollen wir auf die Entscheidung des OLG Saarbrücken (*Hacks/Wellner/Häcker*, Schmerzensgeldbeträge, 33. Auflage 2015, lfd. Nr. 1947) verweisen, wo das OLG ein Schmerzensgeld iHv 30.000 EUR für angemessen gehalten hat. Die Dauer des stationären Aufenthalts ist ähnlich, die Klägerin musste sogar noch mehr Operationen über sich ergehen lassen. Zu berücksichtigen ist, dass die Klägerin nicht so lange auf der Intensivstation zubringen und darüber hinaus weniger weitere Verletzungen ertragen musste. Andererseits ist zu berücksichtigen, dass bei der Klägerin eine Berstungsfraktur gegeben war, die sich im Vergleich zu einer einfachen Fraktur als wesentlich komplizierter darstellt. Im Übrigen kam es durch die Verletzung zunächst zu einer Einengung des Spinalkanals von 20 %, was die Gefahr einer Querschnittslähmung anfangs indizierte. Weiterhin verweisen wir auf die Entscheidung des LG Passau (aaO, lfd. Nr. 32.1949), welches bei einer vergleichbaren Verletzung mit ähnlichem Heilungsverlauf und ähnlichem Dauerschaden ein Schmerzensgeld iHv 25.000 EUR annahm, was indexiert bereits 30.800 EUR entspricht.

Die Beklagte zu 2 zahlte bereits ein Schmerzensgeld in Höhe von 12.500 EUR, so dass dieser Betrag angerechnet werden muss.

In Verbindung mit dem geforderten Betrag wird das Gericht schon jetzt auf das Urteil des BGH VersR 1996, 990 hingewiesen, wonach bei der Festsetzung des für angemessen gehaltenen Schmerzensgeldes dem Richter nach § 308 ZPO durch die Angabe eines Mindestbetrags nach oben keine Grenzen gezogen sind. Der Feststellungsantrag ist zulässig, da die Entwicklung nach der letzten mündlichen Verhandlung noch nicht absehbar ist.

Dem Feststellungsantrag bezüglich der weiteren materiellen und immateriellen Schäden ist stattzugeben, weil ein Dauerschaden verbleiben wird und auch zukünftig Schäden entstehen werden, die zum jetzigen Zeitpunkt nicht bezifferbar sind. Das Feststellungsinteresse ist gegeben, damit die Klägerin vor Eintritt der Verjährung ihre zukünftigen Ansprüche sichern kann.

Außergerichtlich konnte keine Einigung erzielt werden, so dass das streitige Verfahren notwendig ist.

Einfache und beglaubigte Abschrift anbei.

Rechtsanwalt ◄

64 **3. Einzelne Schadenspositionen.** Zu den einzelnen Schadenspositionen ist Folgendes anzumerken:

65 a) **Abzug neu für alt.** Streitig ist immer wieder der sog. Abzug „neu für alt" bei medizinischen Geräten, wie zB der Brille. Entscheidungen hierzu finden sich wenig. Günstig für den Geschädigten hat sich das AG Montabaur[79] geäußert, wenn es mitteilt: „Wählt der Geschädigte nach der unfallbedingten Zerstörung der Brille den Weg der Ersatzbeschaffung, kommt ein Abzug ‚neu für alt' nicht in Betracht." Zur Begründung wird angeführt, dass es einen gegenüber dem Neuwert verminderten Wiederbeschaffungswert mangels eines zur Verfügung stehenden Gebrauchtmarktes nicht gibt und im Gegensatz zur Kleidung eine Brille geeignet ist, für ihren Träger über viele Jahre fast abnutzungsfrei vollständig ihre Dienste zu tun. Ebenso entschied das AG St. Wedel[80] bei einer noch nicht fünf Jahre alten Brille.

66 Beim **Kleidungsschaden** empfiehlt sich die Berücksichtigung sog. **Zeitwerttabellen**, wie sie im Folgenden zu finden sind. So kann dann gerundet der Kleidungsschaden beziffert werden.

Durchschnittliche Lebenserwartung von Textilien in Jahren[81]

Bekleidung, allgemein		Bekleidung, allgemein	
Baumwollhosen, Jeans- u. Cordhosen	2	Skianzüge	4
Berufswäsche	2	Socken und Strümpfe	1
Halstücher	2	Unterwäsche	2
Handschuhe	2	Wanderbekleidung	3
hochmodische Oberbekleidung	2	Westen	3
Hosen aus Wolle und Wollgemischen	3	**Spezielle Damenbekleidung**	
Hüte, Mützen und Schals	3	Abend-Cocktailkleid, hochmodisch	2
Jacken aus Wolle oder Popeline	4	Abend-Cocktailkleid, klassisch	4
leichte Sport- und Hausbekleidung	2	Blusen	3
Mäntel aus Popeline	4	Braut- u. Kommunionkleider nach Marktwert (bis 50 % Neuwert)	
Mäntel aus Wolle	5	Kleider für Haus, Sport u. Freizeit	2
Mäntel u. Jacken aus beschichtetem Material	3	Kleider = Nachmittagskleider	4
Mäntel u. Jacken aus Mikrofaser	3	Kleider = Tageskleider	3
Mäntel u. Jacken aus Velourslederimitation	3	Kostüme / Hosenanzüge, klassisch	5
Motorradanzüge und -jacken, textiles Material	4	Kostüme / Hosenanzüge, modisch	2

---

79 zfs 1998, 132.
80 zfs 2000, 340.
81 Abdruck mit freundlicher Genehmigung der Versteegen Assekuranz – Versicherungsmakler AG, Bonn.

A. Fahrerhaftung

Spezielle Damenbekleidung	
Pullover und Strickjacken	2
Röcke	3
Seidentücher	2
Trachtenkostüme	5

Spezielle Herrenbekleidung	
Anzüge	5
Hemden	2
Krawatten	2
Pullover, Strickjacken	3
Sakkos	4
Smokings, Fracks, Abendanzüge	6
Trachtenanzüge	5

Heim- und Haustextilien	
Bettwäsche, gewerblich	3
Bettwäsche, privat	6
Bezugsstoffe f. Küchenmöbel	5
Bezugsstoffe, Wohnzimmermöbel, leichte Qualität	6
Bezugsstoffe, Wohnzimmermöbel, schwere Qualität	10

Heim- und Haustextilien	
Decken, leichte Qualität	6
Decken, schwere Qualität	8
Gardinen, leichte Naturfaser	4
Gardinen, tüllähnliche Struktur	6
Handtücher, gewerblich	2
Handtücher, privat	4
Kopfkissen	4
Lamellenvorhänge	8
Matratzenbezüge	6
Oberbetten, gewerblich	3
Oberbetten, privat	7
Seidengardinen, ungefüttert	3
Seidengardinen, gefüttert	4
Tagesdecken	8
Teppiche, Berber	10
Teppiche, Flicken	4
Teppiche, gewebt	6
Tischwäsche, gewerblich	3
Tischwäsche, privat	6
Übergardinen, leichte Qualität	7
Übergardinen, schwere Qualität	10

			Zeitwerttabelle für Textilien[82]					Zeitwert	
								in % des Anschaffungswertes	
			Ausschließlich ungebrauchte Teile und jünger als 6 Monate					100 %	
			Lebenserwartung in Jahren					Erhaltungszustand	
1	2	3	4	5	6	7	8	10	sehr gut	durchschnittlich
			Alter der Teile						
	0 – 3 Monate	0 – 3 Monate	0 – 3 Monate	0 – 4 Monate	0 – 5 Monate	0 – 7 Monate	0 – 9 Monate	0 – 12 Monate	90 %	80 %
	4 – 6 Monate	4 – 9 Monate	4 – 12 Monate	5 – 15 Monate	6 – 19 Monate	8 – 26 Monate	10 – 35 Monate	1 – 3 Jahre	75 %	75 %
	7 – 12 Monate	10 – 18 Monate	13 – 24 Monate	16 – 29 Monate	20 – 31 Monate	27 – 35 Monate	36 – 47 Monate	4 – 5 Jahre	70 %	60 %
0 – 6 Monate	13 – 18 Monate	19 – 27 Monate	25 – 36 Monate	30 – 45 Monate	32 – 47 Monate	3 – 5 Jahre	4 – 5 Jahre	6 – 7 Jahre	50 %	40 %
7 – 12 Monate	19 – 24 Monate	28 – 36 Monate	37 – 48 Monate	46 – 60 Monate	4 – 6,5 Jahre	6 – 7 Jahre	6 – 8 Jahre	8 – 10 Jahre	30 %	20 %
über 12 Monate	über 24 Monate	über 36 Monate	über 48 Monate	über 60 Monate	über 6,5 Jahre	über 7 Jahre	über 8 Jahre	über 10 Jahre	20 %	15 %

---

82 Abdruck mit freundlicher Genehmigung der Versteegen Assekuranz – Versicherungsmakler AG, Bonn. Weitere Informationen sind erhältlich bei der Europäischen Forschungsvereinigung Innovative Textilpflege e.V. (EFIT): <www.efit-textilpflege.de>.

Die Zeitwerttabelle ist wie folgt zu handhaben: *1. Schritt*: Lebenserwartung des zu ersetzenden Gegenstands heraussuchen; *2. Schritt*: in der Zeitwerttabelle die Spalte mit der entsprechenden Lebenserwartung suchen; *3. Schritt*: in der Spalte das Alter des zu ersetzenden Gegenstands suchen; *4. Schritt*: in der Zeile mit dem Alter nach rechts in die Rubrik Zeitwert gehen; *5. Schritt*: entsprechend dem Erhaltungszustand den Prozentsatz des Anschaffungswerts entnehmen und über die Prozentrechnung den Zeitwertbetrag ermitteln.

67 **b) Besuchskosten.** Während außergerichtlich beim Personenschaden um die Besuchskosten und Telefonkosten kaum gestritten wird, stellt sich diese Frage im gerichtlichen Verfahren. Grundsätzlich gibt es den Ersatz nur für **nahe Angehörige**. Auch wenn der Besuch von guten Freunden medizinisch notwendig sein kann, kann es keinen entsprechenden Ersatzanspruch geben, da deren Fahrtkosten kein Schaden des Geschädigten sein können. Zu beachten ist an dieser Stelle die Unterscheidung zwischen mittelbarem Schaden und unmittelbarem Schaden. Allein und unmittelbar geschädigt ist allein der Verletzte. Für ihn können die Besuchsfahrten also nur einen Schaden darstellen, wenn er diese Kosten zu tragen hat. Dies wiederum kann nur dann der Fall sein, wenn er einen familienrechtlichen (Betreuungs-)Anspruch auf den Besuch hat, was nur bei nahen Angehörigen (Eltern, Ehegatte, Kinder) der Fall sein kann. Nur deren Fahrtkosten können dann überhaupt einen ersatzfähigen Schaden darstellen. Weitere Voraussetzung ist die medizinische Notwendigkeit, wobei nach der Rechtsprechung des BGH[83] nicht allein die Steigerung des allgemeinen Wohlbefindens ausreichend ist. Daraus wird deutlich, dass die Besuchskosten regelmäßig einen stationären Aufenthalt (also keinen Krankenbesuch zu Hause) voraussetzen und mehr als zwei bis drei Besuche in der Woche kaum ersetzbar sein werden.

68 Hinsichtlich des angemessenen Betrags je Kilometer ist in der Rechtsprechung alles zwischen 0,15 EUR und 0,30 EUR zu finden. Berücksichtigt man im Vortrag den Blick auf die Tanksäulen, wird deutlich, dass ein Betrag unter 0,25 EUR kaum angemessen sein kann.

69 **c) Haushaltsführungsschaden.** Die wohl meistvergessene Schadensposition ist der Haushaltsführungsschaden. Bereits obiger (Rn 63) Schadensumfang macht deutlich, wie fatal dies sein kann. Beim mittleren Personenschaden und abhängiger Beschäftigung ist dies regelmäßig die höchste materielle Schadensposition, die beim Geschädigten verbleibt. Die Berechnung ist nicht sonderlich kompliziert. Unerlässlich jedoch ist dafür die Verwendung der Tabellen von *Schulz-Borck/Pardey*.[84] Es gibt auch andere Berechnungsmodelle, jedoch hat zu den vorliegend benannten Tabellen der BGH mehrfach[85] entschieden, dass die Tabellen geeignete Schätzungsgrundlagen iSd § 287 ZPO darstellen und der Tatrichter hiervon nur in begründeten Ausnahmefällen abweichen soll.

70 **d) Schmerzensgeld.** Die Schadensposition, die eigentlich nie übersehen wird, ist das Schmerzensgeld. Eine wesentliche Ausweitung hat diese Schadensposition im Zusammenhang mit der Schadensersatzrechtsreform erhalten. Während es bis zum 1.8.2003 zwingende Voraussetzung für einen Schmerzensgeldanspruch war, dass das Verschulden des Anspruchsgegners feststeht, reicht nunmehr auch eine Gefährdungshaftung aus. Besonderes Augenmerk ist dabei auf den **Kinderunfall** zu legen. Haftet der Kfz-Führer allein aus der Betriebsgefahr, gab es

---

[83] NZV 1991, 225.
[84] *Schulz-Borck/Pardey*, Der Haushaltsführungsschaden.
[85] BGH VersR 1979, 670; NZV 1988, 61.

bis zum 1.8.2003 kein Schmerzensgeld, seit dem 1.8.2003 gibt es ein solches, ohne dass sich ein bis zu zehn Jahre altes Kind ein Mitverschulden anrechnen lassen muss.

Eine weitere wesentliche Ausweitung ist bei der **Insassenhaftung** gegeben. Bei der häufig auftretenden Situation, dass der Unfallhergang nicht aufklärbar und jeweils ein Verschulden nicht nachweisbar ist, ging der Insasse beim Schmerzensgeld leer aus. Heute hat er zwei Kraftfahrzeugführer als Gesamtschuldner, von denen er Schmerzensgeld verlangen kann. Zu denken ist dabei auch an den häufig auftretenden Fall, wo ein geplatzter Reifen ein Fahrzeug ins Schleudern geraten lässt. Auch hier gibt es nun Schmerzensgeld, während früher ein solcher Anspruch nicht bestand.

Nach ständiger Rechtsprechung kann das Schmerzensgeld im Rahmen eines unbezifferten Klageantrags gem. § 253 Abs. 2 Nr. 2 ZPO geltend gemacht werden, dh die Höhe des Schmerzensgeldes kann in das Ermessen des Gerichts gestellt werden. Allerdings ist es für die Schlüssigkeit der Schmerzensgeldklage notwendig, dass jedenfalls Angaben zu den Vorstellungen des Geschädigten über die Größenordnung des Schmerzensgeldes gemacht werden. Bei der **Formulierung des Schmerzensgeldanspruchs** ist besondere Vorsicht geboten. Zum einen ist nach der Rechtsprechung des BGH[86] durch die Nennung eines Mindestbetrags für das Gericht nach oben keine Grenze gezogen. Das Gericht kann also über die Mindestvorstellung des Klägers hinausgehen. Zum anderen wird durch fehlende Klarheit, dass ein Mindestbetrag begehrt wird, sehr schnell die Rechtsmittelmöglichkeit abgeschnitten. Wird das Wort „mindestens" nicht deutlich und klar formuliert und spricht das Gericht den Betrag zu, fehlt es an einer ausreichenden Beschwer.

So hielt der BGH[87] bei folgender Formulierung das Rechtsmittel mangels Beschwer für unzulässig: *„Der Kläger begehrt ein Schmerzensgeld in Höhe von 40.000 DM. Er beantragt, den Beklagten zu verurteilen, an ihn ein Schmerzensgeld zu zahlen, dessen Höhe in das Ermessen des Gerichts gestellt wird."*

Es ist also notwendig, zu verinnerlichen, dass das Wort „mindestens" immer dann eine Rolle spielen muss, wenn im Zusammenhang mit dem Schmerzensgeld ein Betrag genannt wird. Der zusätzliche Hinweis mit dem Zitat der Rechtsprechung des BGH macht dann nochmals deutlich, dass eine Grenzziehung durch die Nennung des Betrags nicht gewünscht wird, und hebt noch einmal für das Gericht hervor, dass es weiter denken kann, als der Mindestbetrag geht.

Bei der **Darlegung der schmerzensgeldentscheidenden Faktoren** ist darauf achtzugeben, dass es nicht ausreicht, nur das ärztliche Attest oder das medizinische Gutachten wiederzugeben. Es ist wichtig, dass dem Gericht Argumente geliefert werden, die es ihm erlauben, im Rahmen vergleichbarer Primärverletzungen und vergleichbarer Behandlungsverläufe ein höheres Schmerzensgeld zuzusprechen. Wer hier den Punkt der entgangenen Lebensfreude vergisst, verspielt ein höheres Schmerzensgeld. Der angemessene Schmerzensgeldbetrag ist ein individueller Betrag. So wird der aktive Sportler durch einen Beinbruch wesentlich stärker beeinflusst als derjenige, der einen Großteil seines Tages damit verbringt, fernzuschauen etc. Dies muss hervorgehoben werden. Der Anwalt ist aufgefordert darzulegen, warum sein Mandant einen höheren Schmerzensgeldanspruch besitzt als der Geschädigte in einer vergleichbaren

---

86 zfs 1996, 290.
87 zfs 1999, 192.

Entscheidung einer Schmerzensgeldtabelle. So ist es wesentlich, ob durch eine Verletzung ein geplanter Urlaub entgangen ist, ob sich der Unfall für einen Schüler in der Ferienzeit oder Schulzeit ereignet hat oder ob bestimmte regelmäßig durchgeführte Freizeitbeschäftigungen nicht mehr durchgeführt werden können. Bei der ganzen Darlegung sollte jedoch auf Übertreibungen und allzu phantasievolle Darstellungen verzichtet werden, um nicht den Eindruck zu erwecken, dass man sich bereichern will. Da ein Mandant in der Besprechung ad hoc regelmäßig nur wenig beschreiben kann, was ihm an Lebensfreude entgeht oder entgangen ist, wird es empfehlenswert sein, dem Mandanten zu raten, stets einen Zettel und einen Stift im Alltag mitzuführen, wo er konkrete Einschränkungen oder Erlebnisse sofort notieren soll. Dies kann dann in schriftsätzlicher Form dargelegt werden.

76 Obiges ist entscheidend für die sog. **Ausgleichsfunktion** des Schmerzensgeldes, dagegen spielt die **Genugtuungsfunktion** bei der Verkehrsunfallregulierung eine untergeordnete Rolle. An diese zu denken ist jedoch, wenn dem Unfallgegner Vorsatz (zB Geisterfahrt) oder grobe Fahrlässigkeit (zB erhebliche Alkoholisierung) vorzuwerfen ist. Diese besonderen Faktoren sind dann zu berücksichtigen, wobei im Grundsatz das Schmerzensgeld aus der Ausgleichsfunktion um ca. 25 % bis 50 % angehoben werden kann.

77 Besonders zu erwähnen ist ein **zögerliches Regulierungsverhalten der Versicherung**. Wird also nur unzureichend bevorschusst oder werden immer wieder neue Informationen angefordert, die nur dazu dienen, die Regulierung hinauszuzögern, ist dies beim Schmerzensgeld zu berücksichtigen. Wichtig in diesem Zusammenhang zu erwähnen ist dabei die Entscheidung des OLG Frankfurt,[88] wo das Ausgangsschmerzensgeld aufgrund des Regulierungsverhaltens verdoppelt wurde. Aber auch das OLG Nürnberg[89] oder das LG Saarbrücken[90] erwähnen explizit als schmerzensgelderhöhenden Faktor das Regulierungsverhalten. Wichtig für den Anwalt des Geschädigten ist jedoch, dass er selbst frühzeitig der Versicherung sämtliche Unterlagen zur Verfügung stellt, ein Schmerzensgeld beziffert, zur Bevorschussung auffordert und möglichst tagesaktuell arbeitet. Derjenige, der selbst vier Wochen gebraucht hat, um auf ein Schreiben der Versicherung zu antworten, wird dieser kaum vorwerfen können, dass sie lange mit Vorschusszahlungen zugewartet habe.

IV. Verkehrsunfall mit hohem Sachschaden

78 **1. Eilbedürftigkeit.** Der Unfall mit einem hohen Sachschaden ist regelmäßig zunächst durch eine große Eilbedürftigkeit geprägt, da der Geschädigte in der Situation steht, sein Fahrzeug, welches er womöglich täglich benötigt, aufgrund der Beschädigung nicht benutzen zu können. Hier reicht es nicht aus, einen Kostenvoranschlag anfertigen zu lassen und sofort mit der Reparatur zu beginnen. Zu denken ist vielmehr bei einem erheblichen Schaden neben der Beweissicherung auch an einen möglichen Totalschaden.

79 **2. Ausgangsfall: Auffahrunfall nach umstrittener Vollbremsung.** Es soll von folgendem Fall ausgegangen werden:

Am 1.7.2015 erscheint der Mandant beim Anwalt und berichtet davon, dass sich am 30.6.2015 ein Unfall ereignet hat. Der Mandant ist mit seinem erst zwei Wochen alten Pkw,

---

[88] NVersZ 1999, 144.
[89] zfs 1995, 452.
[90] zfs 2001, 255.

für den er sein gesamtes Vermögen iHv 120.000 EUR verbraucht hat, die A-straße entlanggefahren. Plötzlich lief ein Kleinkind über die Straße. Durch eine Vollbremsung konnte er einen Zusammenprall verhindern. Aber plötzlich fuhr von hinten mit voller Wucht der Unfallgegner auf. Dieser Unfallgegner regte sich sofort auf und warf dem Mandanten vor, dass er nur seine Bremsen getestet habe. Das Kleinkind war verschwunden und Zeugen nicht vorhanden. Das Fahrzeug sieht erheblich beschädigt aus.

Grundsätzlich kann bei dieser Situation auf die obigen (Rn 32 ff) Darstellungen zur außergerichtlichen Regulierung mit geringem Sachschaden verwiesen werden. 80

Hinweis: Besonders ist jedoch im ersten Anschreiben folgender Satz einzufügen: 81
„Bereits jetzt weisen wir darauf hin, dass unser Mandant weder wirtschaftlich in der Lage ist, den Schaden vorzufinanzieren, noch kann er ein entsprechend hohes Darlehen bei einem Darlehensnehmer erhalten."

Dieser Hinweis ist sehr wichtig, da die Rechtsprechung den Geschädigten verpflichtet, seinen Schaden vorzufinanzieren und notfalls einen Kredit in Anspruch zu nehmen.[91] Kann er dies nicht und könnte sich so der Schaden vergrößern (längere Inanspruchnahme eines Mietwagens etc.), muss die Versicherung darauf hingewiesen werden. Nur wenn dies dann die Versicherung noch immer nicht veranlasst, schnell zu regulieren, kann der Geschädigte die Kosten der Verzögerung geltend machen. Im Übrigen bietet sich dieser Hinweis bereits deshalb an, weil eine Versicherung dann regelmäßig gehalten ist, schnell zu regulieren. 82

Weiterhin ist unbedingt ein **Sachverständiger zu beauftragen**. Um auch hier für eine schnelle Arbeit zu sorgen, empfiehlt es sich, den Sachverständigen anzuweisen, das Original des Gutachtens direkt an die Versicherung schicken zu lassen. Ratsam kann es dabei aber sein, sich mit dem Sachverständigen dahin gehend zu verständigen, dass dieser zunächst die wesentlichen Zahlen des Gutachtens vorab mitteilt, damit auf mögliche Fehler (zB Restwertproblematik, Mehrwertsteuer) im Gutachten anwaltlich hingewiesen werden kann, bevor das Gutachten bei der Versicherung ist. 83

Im vorliegenden Fall ergibt sich aus dem Gutachten Folgendes: 84

„Wiederbeschaffungswert: ausreichend
Reparaturkosten: 80.000 EUR brutto
Laufleistung: 900 km
Wertminderung: 15.000 EUR
Notreparatur: 15.000 EUR

Eine Reparatur ist wirtschaftlich sinnvoll."

Der Anwalt, der jetzt zu kurz denkt, beziffert für den Geschädigten die Reparaturkosten mit einem Betrag iHv 80.000 EUR und die Wertminderung mit 15.000 EUR. Die Versicherung würde dies sicher gern bezahlen und die Akte schließen. Weiterhin sieht sie noch einen Mithaftungsanteil von 1/3, weil nicht verkehrsbedingt gebremst worden sei. Der Mandant müsste jetzt sein Fahrzeug reparieren lassen und müsste mit einem stark reparierten Fahrzeug fahren. Tatsächlich übersehen würde der Anspruch auf Neuwertersatz. Bei der Versicherung ist wie folgt zu fordern: 85

---
91 OLG Frankfurt VersR 1980, 235.

86 ▶ **Muster: Forderungsschreiben an Versicherung**

An die

... Versicherung, ...

Schadensnummer: ...

Sehr geehrte Damen und Herren,

wir können uns weder mit der Einschätzung zur Haftung dem Grunde nach noch mit der Abrechnung der Höhe einverstanden erklären.

1. Haftung dem Grunde nach

Es ist falsch, dass unsere Mandantschaft nicht verkehrsbedingt gebremst habe. Kommt es zu einen Auffahrunfall, spricht der Anschein für ein Alleinverschulden des Auffahrenden. Ein Verschulden unserer Mandantschaft ist nicht nachweisbar. Die Rechtsprechung geht im Übrigen davon aus, dass die Betriebsgefahr, sofern der Unfall nicht unvermeidbar war, hinter dem Verschulden des Auffahrenden zurücktritt. Um dies zu widerlegen, reicht nicht die Darlegung eines atypischen Geschehensablaufs aus, sondern es ist auch notwendig, diesen atypischen Ablauf zu beweisen, was vorliegend nicht erfolgt.

2. Haftung der Höhe nach

Unsere Mandantschaft kann vorliegend nicht auf die Reparatur verwiesen werden, da eine solche nicht zumutbar ist. Das fast neue Fahrzeug unserer Mandantschaft ist erheblich beschädigt worden.

Eine erhebliche Beschädigung liegt vor, wenn die weitere Nutzung des Pkws bei objektiver Abwägung der Interessenlage nicht zugemutet werden kann (BGH VersR 1982, 163). Das ist zB der Fall, wenn die Reparaturkosten mindestens 30 % des Neupreises ausmachen (OLG Frankfurt VersR 1980, 235; OLG München DAR 1982, 70).

Das Fahrzeug unserer Mandantschaft war zum Unfallzeitpunkt auch neuwertig. Neuwertigkeit ist jedenfalls dann gegeben, wenn das Fahrzeug noch keinen Monat alt ist und weniger als 1.000 km genutzt wurde (BGH NJW 1982, 433).

Unsere Mandantschaft wird ein Neufahrzeug anschaffen. Ein gleichwertiges Neufahrzeug kostet nunmehr gegenüber der Bestellung unserer Mandantschaft vor zwei Monaten 2.000 EUR mehr. Diese Preiserhöhung geht zu Ihren Lasten (OLG Köln r+s 1993, 139).

Wir haben Sie darum zunächst einmal aufzufordern zu erklären, dass Sie die Kosten eines identischen Neufahrzeugs zum gegenwärtigen Preis vollumfänglich übernehmen, sobald für unsere Mandantschaft der Kaufpreis fällig wird.

Der Hersteller des Fahrzeugs hat derzeit eine Lieferfrist von acht Wochen. Um bereits Streitigkeiten über eventuelle Mietwagenkosten zu vermeiden, kann sich diesseits vorgestellt werden, die Notreparatur auf Ihre Kosten durchführen zu lassen, auf Ihre Kosten ein Interimsfahrzeug anzuschaffen oder durch Sie ein gleichwertiges Ersatzfahrzeug gestellt zu bekommen.

Da unsere Mandantschaft an einer Ausweitung des Schadens nicht interessiert ist, soll es bereits jetzt Ihnen überlassen werden, sich für die günstigste Variante zu entscheiden. Der Stellungnahme hierzu sehen wir kurzfristig innerhalb von drei Tagen entgegen.

Mit freundlichen Grüßen

Rechtsanwalt ◀

Bei der **Neuwertentschädigung** ist zu beachten, dass diese **nicht fiktiv** begehrt werden kann.[92] Insoweit besteht kein Anspruch, bevor nicht das Ersatzfahrzeug angeschafft worden ist. Um Streitigkeiten zu vermeiden, empfiehlt es sich jedoch bereits vorher, dies mit der Versicherung abzuklären und die Zusage hierfür einzuholen. Dies gilt insoweit auch für die Dauer der Ersatzbeschaffung. Derjenige, der hier der Versicherung die Auswahl über die ökonomischste Variante überlässt, wird sinnlosen Streit vermeiden.

V. Verkehrsunfall mit hohem Personenschaden

1. Personenschadensmanagement. Die Verantwortung des Anwalts wächst mit der Höhe des Personenschadens. Zu denken ist dabei stets an **fünf Schadenspositionen**:

1. Schmerzensgeld
2. Verdienstausfallschaden
3. Haushaltsführungsschaden
4. Vermehrte Bedürfnisse
5. Kleinere Schadenspositionen

Von diesen fünf Schadensgruppen wird ein schwerer Personenschaden bestimmt. Geltend gemacht wird praktisch immer die Position 1, meist auch die Position 2 und auch die Position 5. Vergessen werden jedoch die Positionen 3 und 4, und damit wird nicht selten fast die Hälfte des Schadens nicht beziffert.

Weiterhin ist zu beachten, dass es unerlässlich ist, dass die Regulierung des Schadens und die Rehabilitation des Mandanten in enger Absprache erfolgen müssen. Problematisch dabei ist jedoch, dass der Anwalt regelmäßig nur bedingt Kenntnisse von der **Rehabilitation** hat, so dass er diese nicht organisieren kann. Trotzdem ist es wichtig, dass er sich darum kümmert, da nur so Ansprüche des Mandanten ermittelbar sind. Mittlerweile bewährt hat sich dabei die Einschaltung eines Rehabilitationsdienstes. Hier findet der Anwalt einen festen Ansprechpartner für die Rehabilitation und kann sich bei einem guten Rehabilitationsdienst sicher sein, dass das Bestmögliche für den Mandanten getan wird.

Das **Personenschadensmanagement** wurde erstmals durch die Arbeitsgemeinschaft Verkehrsrecht anlässlich der Homburger Tage 1997 vorgestellt und die Sinnhaftigkeit erläutert. Das Schadensmanagement war danach Thema eines Arbeitskreises des 38. Verkehrsgerichtstags im Jahr 2000. Dort wurde folgende Empfehlung ausgesprochen:

„In vielen Fällen reichen die Instrumentarien des sozialen Sicherheitssystems allein nicht aus, für Unfallopfer zeitnah individuell und bestmöglich die schnelle und berufliche Wiedereingliederung zu gewährleisten. Deshalb empfiehlt der Arbeitskreis die Einschaltung eines privaten Rehabilitationsmanagements in geeigneten Fällen auf freiwilliger Basis. Zum Schutz des Verletzten und zur Sicherung seines Rechts auf Selbstbestimmung sollten dabei folgende Grundsätze beachtet werden:

1. Der beauftragte Rehabilitationsdienst muss vom Versicherer personell und organisatorisch unabhängig und in der Bearbeitung weisungsfrei sein.
2. Die vom Rehabilitationsdienst über den Verletzten erhobenen Daten dürfen nur zum Zwecke der Rehabilitation weitergegeben werden.

---

92 BGH NZV 2009, 487, OLG Nürnberg zfs 1991, 45

3. Zur Sicherung der Qualität der Objektivität und Wahrung der Unabhängigkeit des Rehabilitationsdienstes wird die Errichtung eines Beirats oder einer vergleichbaren Einrichtung empfohlen. Dieser soll aus mindestens drei Personen aus den Bereichen Medizin, Recht und Arbeits-/Sozialwesen bestehen."

93 Über verschiedene Rückversicherer haben sich ursprünglich **drei große Rehabilitationsdienste** institutionalisiert, und zwar wie folgt:

1. Mercur RehaCare GmbH der Münchner Rückversicherung, München,
2. ReIntra der Bayerischen Rückversicherungs AG, München,
3. Rehabilitationsdienst der General Cologne Re (Kölner Rück), Köln.
4. Mittlerweile existieren nach Trennungen, Aufteilungen und Neugliederungen eine Vielzahl an Unternehme auf diesem Gebiet.

94 Sobald eine mittelschwere und gar schwere Verletzung mit entsprechenden Dauerschäden gegeben ist, empfiehlt sich stets das Nachdenken über die Einschaltung eines Rehabilitationsdienstes. Natürlich wird eine Versicherung nur dann einen solchen Dienst beauftragen, wenn sie sich davon materielle Vorteile erhofft. Dies ist jedoch kein Nachteil für den Geschädigten, da eine Versicherung nur dann Kosten sparen kann, wenn die Rehabilitation und/oder Pflege optimal läuft. Dies ist dann jedoch auch wiederum regelmäßig ein Vorteil für den Geschädigten, so dass hier die Interessen von Versicherung und Geschädigtem Hand in Hand laufen. Genau dies ist die Existenzberechtigung für den Rehabilitationsdienst. Für den Anwalt ergibt sich in seiner Tätigkeit noch ein weiterer Vorteil. Denn er kann sich viel mehr auf seine juristische Arbeit konzentrieren und muss deutlich weniger organisieren. Mit dem Rehabilitationsmanagement wird ein weiterer Ansprechpartner für den Geschädigten gefunden, bei dem alle Fragen rund um die Pflege beantwortet werden, was dem Anwalt viel Arbeit bei der Betreuung des Mandanten abnimmt.

95 **2. Einschaltung des Rehabilitationsdienstes.** Die Einschaltung des Rehabilitationsdienstes sollte so frühzeitig wie möglich erfolgen. Aus anwaltlicher Sicht muss sich darum sofort mit Mandatsübernahme gekümmert werden. Das erste Schreiben an die Versicherung kann wie folgt lauten:

96 ▶ **Muster: Schreiben an Versicherung wegen Einschaltung eines Rehabilitationsdienstes**

An die

... Versicherung, ...

... ./. ...

Unfall vom ...

Amtliches Kennzeichen: ...

Schadensnummer: ...

Sehr geehrte Damen und Herren,

in vorbezeichneter Angelegenheit wurden wir von Herrn ... beauftragt, die rechtlichen Interessen seiner Tochter ..., geb. 13.7.2002, aus einem Verkehrsunfall vom ... wahrzunehmen. Wir überlassen die anliegende uns legitimierende Vollmacht.

Unsere Mandantin war Beifahrerin und wurde bei dem Verkehrsunfall als Insassin in dem bei Ihnen versicherten Pkw schwer verletzt. Die näheren Umstände sind nicht geklärt. Wir haben die Ermittlungsakte bestellt und lassen Ihnen diese bei Bedarf gerne in Kopie zukommen.

Wir fordern Sie auf, Ihren Haftungseintritt dem Grunde nach bis zum
... [Datum]
zu erklären.

Unsere Mandantin erlitt durch den Unfall schwerste Verletzungen. Diagnostiziert wurde ein Schädel-Hirn-Trauma 3. Grades. Zunächst behandelte die Universitätsklinik L., nunmehr befindet sich das Kind in der B-Klinik auf der Intensivstation. Der Zustand unserer Mandantin ist sehr schlecht. Sie ist zwar aus dem Koma aufgewacht, jedoch nicht orientiert. Über den weiteren Verlauf können keine Aussagen getroffen werden. Wir haben diesbezüglich Atteste angefordert und lassen Ihnen diese zukommen.

Um die bestmögliche Versorgung zu erhalten, gehen wir davon aus, dass die ... als Rehabilitationsdienst eingeschaltet werden kann. Hierauf wird zugunsten des Kindes großer Wert gelegt. Aus den bisherigen Erfahrungen mit Ihnen als Haftpflichtversicherer wissen wir, dass Sie ebenfalls bislang ausgezeichnete Erfahrungen mit der ... gemacht haben.

Die Eltern, welche ein weiteres Kind zu versorgen haben, sind mit der Vielzahl der zu verrichtenden Arbeiten überlastet sowie mit den zu treffenden Entscheidungen bislang ungenügend beraten. Das Einschalten der ... unter den Bedingungen des „Code of Conduct" empfinden wir als Glaubens- sowie Vertrauenssache. Wir überlassen diesbezüglich bereits jetzt eine Schweigepflichtentbindungserklärung und bitten um Beauftragung.

Bereits jetzt weisen wir darauf hin, dass bei ungünstigem Verlauf ein Schmerzensgeld in Höhe von mindestens 500.000 EUR angebracht ist. Es wird zu berücksichtigen sein, dass schwerste Verletzungen vorliegen, die zeitlebens beeinträchtigen werden und unsere Mandantin in der Wurzel ihres Daseins treffen. Die entsprechenden Empfehlung zur Schmerzensgeldhöhe des Deutschen Verkehrsgerichtstags 1996 sowie die Tendenz des Einführungsvortrags zum Verkehrsgerichtstag 2001 soll bereits jetzt erwähnt werden.

Wir bitten Sie um eine Vorschussleistung auf unser nebenstehendes Anderkonto, die den Betrag von zunächst 50.000 EUR nicht unterschreiten sollte. Der Vater hat bereits ein separates Konto eingerichtet. Nach den objektiven Angaben stellt dies eine Summe dar, welche ohne Weiteres mindestens allein auf das Schmerzensgeld zur Zahlung fällig ist.

Zur weiteren Schadenshöhe wie Hausbaukosten, vermehrte Bedürfnisse, Gewährleistung von Mobilität, Haushaltsführungsschaden etc. werden wir in den nächsten Tagen noch gesondert Stellung nehmen und nach Einsicht in die Ermittlungsakte insofern unaufgefordert auf die Sache zurückkommen.

Zur Stellungnahme erlauben wir uns den ... [Datum] vorzumerken.

Mit freundlichen Grüßen

Rechtsanwalt

Anlagen

Vollmacht

Schweigepflichtentbindungserklärung ◄

Wichtig ist, dafür Sorge zu tragen, dass der Versicherung alle vorhandenen Formulare zur Verfügung gestellt werden, die für die sofortige Bearbeitung notwendig sind. Dazu gehört natürlich die **Schweigepflichtsentbindung**, damit sich über den medizinischen Zustand ein Überblick verschafft werden kann.

98 Sollte es zur Beauftragung eines Rehabilitationsdienstes kommen, ist darauf zu achten, dass diese unter folgenden Bedingungen erfolgt (Code of Conduct):

99 ▶ **Muster: Code of Conduct des Reha-Managements**

 Vereinbarung

1. Der Rehabilitationsdienst

Das Reha-Management darf nicht vom Haftpflichtversicherer selbst geführt werden, sondern liegt in der Hand eines Rehabilitationsdienstes (Reha-Dienst).

a) Er ist personell und organisatorisch vom Haftpflichtversicherer unabhängig.

b) Er ist weisungsfrei und neutral.

c) Art und Umfang seiner Tätigkeit werden ausschließlich durch das Rehabilitationsziel bestimmt.

d) Hinsichtlich aller außerhalb des Rehabilitationszieles liegenden Erkenntnisse ist er zur Verschwiegenheit verpflichtet.

e) Er hat sich jeglicher Einflussnahme auf die oder gar der Beurteilung der Regulierung des Schadens zum Grund oder zur Höhe der Ansprüche zu enthalten und bereits der Möglichkeit des Entstehens eines dahin gehenden Anscheins entgegenzuwirken.

f) Zur Sicherung der Qualität, der Objektivität und Wahrung der Unabhängigkeit muss bei dem Rehabilitationsdienst ein Beirat oder eine vergleichbare Einrichtung errichtet sein, bestehend aus mindestens 3 Experten aus den Bereichen Medizin, Recht und Arbeits- und Sozialwesen. Die Berufung des Vertreters aus dem Bereich Recht bedarf der Zustimmung der Arbeitsgemeinschaft Verkehrsrecht des Deutschen Anwaltvereins.

2. Das Verfahren

Die Einrichtung des Rehabilitationsmanagements durch Einschaltung eines Reha-Dienstes, der die Voraussetzungen nach Ziffer 1 erfüllt und anerkennt, erfolgt stets auf ausschließlich freiwilliger Basis und im Einzelfall durch Vereinbarung zwischen dem Haftpflichtversicherer und dem Anwalt des Unfallopfers einerseits und andererseits zwischen dem Haftpflichtversicherer und dem Reha-Dienst. Von Letzterem sind zunächst stets die in Ziffer 1 genannten Bestimmungen anzuerkennen.

Im Übrigen gilt:

a) Der vom Haftpflichtversicherer zu beauftragende Reha-Dienst wird einvernehmlich mit dem Anwalt des Unfallopfers vorher bestimmt.

b) Der Anwalt des Unfallopfers und der Haftpflichtversicherer legen das Rehabilitationsziel zuvor fest.

c) Die Kosten des Reha-Managements trägt, auch bei nur quotaler Haftung, der Haftpflichtversicherer. Das Unfallopfer ist auch dann nicht zu einer auch nur teilweisen Kostenerstattung, auch soweit Zahlungen an andere als den Rehabilitationsdienst erfolgt sind, wie zB Kosten einer Arbeitsprobe, Lohnzuschüsse etc., verpflichtet, wenn das Reha-Management fehlschlägt oder, gleich, aus welchen Gründen, abgebrochen wird.

d) Die Schweigepflichtentbindungserklärung gegenüber Ärzten, Sozialleistungsträgern und Arbeitgebern ist ausschließlich dem Reha-Dienst und nicht etwa dem Haftpflichtversicherer zu erteilen. In der Entbindungserklärung ist das Rehabilitationsziel zu definieren.

e) Der Haftpflichtversicherer wie auch das Unfallopfer und dessen Anwalt haben sich einseitiger fernmündlicher Informationen zu enthalten, und sollten diese im Interesse der Erreichung des Rehabilitationszieles unbedingt notwendig gewesen sein, so ist der andere Teil hiervon unverzüglich schriftlich zu unterrichten.

f) Sowohl der Haftpflichtversicherer als auch der Anwalt des Unfallopfers verpflichten sich, in einem etwaigen Rechtsstreit auf die Benennung solcher für den Reha-Dienst tätigen Personen als Beweismittel zu verzichten.

g) In der schriftlichen Beauftragung des Reha-Dienstes, wovon dem Anwalt des Unfallopfers Abschrift zu erteilen ist, hat der Haftpflichtversicherer dem Reha-Dienst die folgenden vertraglichen Nebenpflichten aufzuerlegen:

aa) Der Reha-Dienst darf Daten ausschließlich zum Zwecke der Erreichung des Rehabilitationszieles erheben. Die von ihm erhobenen Daten darf er nur zum Zwecke der Rehabilitation verwenden und weitergeben; sog. Zufallsfunde dürfen nicht an den Haftpflichtversicherer weitergegeben werden.

bb) Sämtliche im Zusammenhang mit der medizinischen und/oder beruflichen Rehabilitation erstellten Konzepte und gegebenen Empfehlungen des Reha-Dienstes sind zugleich dem Anwalt des Unfallopfers in Abschrift zu übersenden, wie dieser auch von jedweder Korrespondenz des Reha-Dienstes mit dem Haftpflichtversicherer Abschrift zu erhalten hat. Fernmündlich im Sinne von e) erteilte Informationen hat der Reha-Dienst unverzüglich schriftlich dem Haftpflichtversicherer bzw dem Anwalt des Unfallopfers mitzuteilen. ◀

Hinweis: Es wird dringend empfohlen, nur unter Einhaltung des vorstehenden „Code of Conduct des Reha-Managements" die Einrichtung eines Reha-Managements zu vereinbaren. Dies ist ausdrücklich der Versicherung gegenüber zu erklären, um später Zweifel an der Objektivität ausschließen zu können. Wer an dieser Stelle auf Nummer sicher gehen will, lässt obigen „Code of Conduct" für jeden einzelnen Fall schriftlich sowohl von der Versicherung als auch vom Reha-Dienst empfehlen. Ist die Objektivität des Reha-Dienstes gewährleistet, ist eine sehr sinnvolle Einrichtung gefunden worden, um das Maximum an Rehabilitation für den Mandanten zu erreichen. Dieser wird es seinem Anwalt danken. 100

Die Arbeitsgemeinschaft Verkehrsrecht im Deutschen Anwaltverein erkennt Unternehmen an, die den code of conduct einhalten. Es sollten daher nur Unternehmen akzeptiert werden, die durch die Arbeitsgemeinschaft Verkehrsrecht anerkannt sind. Zu finden ist der aktuelle Stand der anerkannten Unternehmen hier: http://www.verkehrsanwaelte.de/rehabilitationsdienste/. 100a

VI. Mitverschulden

1. **§ 254 Abs. 1 BGB. a) Allgemeines.** Für den Praktiker bedeutet die Anwendung des § 254 Abs. 1 BGB die Abwägung von Verursachungsbeiträgen. Das ist in der Tat der Zweck dieser Vorschrift. Es gibt da aber einige Vorfragen. 101

aa) **„Verschulden gegen sich selbst".** „Verschulden" bedeutet im Allgemeinen die Verletzung von Rechtspflichten. Es gibt aber keine Rechtspflicht, sich nicht selbst zu schädigen. Also meint § 254 Abs. 1 BGB, wenn er vom „Verschulden des Geschädigten" spricht, diesen Begriff anders. Er versteht darunter die Außerachtlassung derjenigen Sorgfalt, die ein ordentlicher und verständiger Mensch zur Vermeidung eigenen Schadens anzuwenden pflegt. Dabei setzt eine zivilrechtliche Mitverantwortung nicht erst ein, wenn der Geschädigte gesetzliche Vorschriften verletzt hat. Vielmehr kommt es allein darauf an, ob er die Sorgfalt vernachläs- 102 sigt hat, die man als verständiger Mensch zur Vermeidung eigener Schäden anzuwenden pflegt. Entscheidend ist also, ob dem Geschädigten ein „Verschulden gegen sich selbst" vorgeworfen werden kann, ob er die Umsicht außer Acht gelassen hat, die aus seiner Sicht geboten war, um sich vor Schaden zu bewahren. So muss sich beispielsweise der Pannenhelfer ein Mitverschulden entgegenhalten lassen, wenn er bei der Befestigung eines Abschleppseils an einem nicht ordnungsgemäß gesicherten Fahrzeug zu Schaden kommt, obwohl nicht er, sondern der Fahrer des liegengebliebenen Fahrzeugs nach § 15 StVO zum Aufstellen eines Warndreiecks verpflichtet war.[93]

103 **bb) Mitverschulden und Gefährdungshaftung.** Trotz seines Wortlauts, der die Mitwirkung eines Verschuldens bei der Entstehung des Schadens voraussetzt, ist § 254 BGB auch dann anzuwenden, wenn den Geschädigten kein Verschulden trifft, er aber dennoch kraft gesetzlicher Bestimmung für den verursachten Schaden einstehen müsste. Deshalb bleibt gegenüber einem Verschulden des Schädigers (zB eines Fußgängers, der durch sein verkehrswidriges Verhalten einen Verkehrsunfall verschuldet hat), den der Geschädigte aus unerlaubter Handlung auf Schadensersatz in Anspruch nimmt, eine Gefährdungshaftung des Geschädigten (grundsätzlich) nicht unberücksichtigt, sondern führt zur Abwägung der Verursachungsbeiträge.[94] Allerdings kann es der Billigkeit entsprechen, gegenüber einem grob fahrlässig handelnden Schädiger im Rahmen der Abwägung der Verursachungsbeiträge eine nicht erheblich ins Gewicht fallende mitursächliche Betriebsgefahr außer Betracht zu lassen. Dies wäre aber eine wertende Entscheidung des Einzelfalls; an der grundsätzlichen Belastung des Geschädigten mit der Betriebsgefahr bei der Abwägung ändert diese Möglichkeit nichts. Diese Belastung wirkt sich auch gegenüber dem Schmerzensgeldanspruch des als Insasse seines eigenen Fahrzeugs verletzten Halters aus. Bewegen sich die Ansprüche des Geschädigten noch in den Grenzen des § 12 StVG, dann bedarf es für den Schmerzensgeldanspruch nicht des Rückgriffs auf die Ansprüche aus unerlaubter Handlung, weil das StVG seit August 2002 in § 11 einen Schmerzensgeldanspruch gewährt.

104 **cc) Verschuldensfähigkeit.** § 254 BGB löst sich also, wenn er den Begriff des Verschuldens verwendet, vom üblichen Begriffsverständnis. Auf der anderen Seite bewegt sich die Rechtsprechung aber in den bekannten Bahnen, wenn sie die Zurechnung eines Mitverschuldens von der Verschuldensfähigkeit abhängig macht, also im Rahmen des § 254 BGB den § 828 BGB zur Anwendung kommen lässt. Der BGH hat der im Schrifttum vertretenen Meinung, nach der ein „Verschulden" iSv § 254 BGB nicht Schuldfähigkeit voraussetzt, eine Absage erteilt.[95] Nach seiner Auffassung müssen Kinder deliktsfähig sein, wenn ihnen ein Verschulden iSv § 254 Abs. 1 BGB zugerechnet werden soll. Das folgt aus der gesetzgeberischen Entscheidung, nach der Kindern unter sieben Jahren eine besonders schutzwürdige Stellung zukommt. Diese Grenze ist – soweit es um Schadensfälle im motorisierten Verkehr geht und nicht Vorsatz im Spiel ist – seit August 2002 auf das zehnte Lebensjahr heraufgesetzt worden (§ 828 Abs. 2 BGB).

105 **dd) Kausalität.** Die Anwendung des § 254 BGB setzt voraus, dass das „Verschulden" des Geschädigten für den Schadenseintritt kausal geworden ist. Dies ist selbstverständlich, ergibt sich aber im Übrigen daraus, dass § 254 Abs. 1 BGB nur ein Verschulden anspricht, das bei

---

93 BGH VersR 2001, 76, 77.
94 BGHZ 6, 319, 322; BGH VersR 1981, 354; 355; OLG Köln VersR 2005, 851, 853.
95 BGH VersR 1975, 133, 135.

der Entstehung des Schadens „mitgewirkt" hat. Die Vernachlässigung der eigenen Interessen muss also für die Entstehung des Schadens kausal geworden sein. Hier kann eine differenzierende Bewertung der Unfallfolgen geboten sein. Besteht beispielsweise das Mitverschulden eines bei einem Unfall zu Schaden gekommenen Motorradfahrers darin, dass er keinen Schutzhelm getragen hat, dann kann sich dieser Verursachungsbeitrag anspruchsmindernd auch nur auf die Schadenspositionen auswirken, die von diesem Versäumnis betroffen sind, also auf die Kopfverletzungen des Geschädigten.[96]

ee) **Schutzzweck der Norm.** Bei Anspruchsgrundlagen zieht der Schutzzweck der Norm dem Anspruch Grenzen. Das ist bei der Anwendung des § 254 BGB nicht anders. Der Schutzzweck der Sorgfaltsanforderungen begrenzt also die Anrechnung von Mitverschulden. Unterläuft beispielsweise den Ärzten bei der Behandlung eines unfallverletzten Motorradfahrers ein später nicht mehr korrigierbarer Fehler, dann kann der auf Schadensersatz in Anspruch genommene Krankenhausträger dem verletzten Motorradfahrer nicht entgegenhalten, dass er den Unfall mitverschuldet habe. Von dem Geschädigten wurde zwar erwartet, dass er alle Sorgfalt aufwandte, um sich selbst vor Schaden durch einen Verkehrsunfall zu schützen; diese Pflicht gegenüber sich selbst hatte aber nicht den Zweck, die Ärzte davor zu bewahren, einen Behandlungsfehler zu begehen, wenn er das Opfer eines Verkehrsunfalls wurde.[97]

106

ff) **Auslandsunfall.** Verkehrsunfälle im Ausland führen häufig zu Rechtsproblemen, auch wenn es um die Anwendung des § 254 Abs. 1 BGB geht. Dies gilt insbesondere für die Frage, auf welches Recht abzustellen ist, wenn die Verursachungsbeiträge im Verhältnis Fahrer zu Mitfahrer zu bewerten sind. Ist beispielsweise bei einem Unfall im Ausland, der auf das Verschulden des Fahrers zurückzuführen ist, der Mitfahrer zu Schaden gekommen, war dieser Mitfahrer jedoch nicht angeschnallt, dann sind bei der Bildung der Haftungsquote nach § 254 Abs. 1 BGB auch die Verschuldensgrade zu berücksichtigen, insbesondere ist zu beachten, ob bei einem der Beteiligten ein grobes Verschulden im Spiel ist. Nun ist die Frage, ob ein Fehlverhalten im Straßenverkehr als grob anzusehen ist, in der Regel nach den am Unfallort geltenden Verkehrsvorschriften zu beurteilen. Das gilt aber dann nicht, wenn es um die Beurteilung der Rechtsbeziehungen der Insassen eines Fahrzeugs untereinander geht. In diesem Fall kommt es auf das Recht des gemeinsamen gewöhnlichen Aufenthaltsorts an; man stellt sich vor, dass die Beteiligten die Rechtsbeziehungen zueinander, auf denen ihre gemeinsame Unternehmung beruht, gleichsam auf die Reise „mitgenommen" haben. Ihr Tun und Lassen und ihre Erwartung an das Tun und Lassen des anderen sind eben von ihren gemeinsamen Rechtsvorstellungen geprägt (Art. 40 Abs. 2 EGBGB). Die Bemessung und Abwägung der Verursachungsbeiträge erfolgt also nach § 254 BGB.[98]

107

b) **Abwägungskriterien.** Die Anwendung des § 254 BGB führt zur Minderung des Schadensersatzanspruchs. In welchem Umfang diese Anspruchsreduktion eintritt, bestimmt sich aber nicht primär nach dem Maß des Verschuldens, sondern – wie es in § 254 Abs. 1 BGB ausdrücklich heißt – nach dem **Maß der „Verursachung"** des Schadens. Damit ist nicht der Begriff der Kausalität iSd *conditio sine qua non* gemeint, vielmehr kommt es auf den Grad der Wahrscheinlichkeit des Schadenseintritts an.[99] Ist an der Schadensentstehung ein Kraftfahr-

108

---

96 BGH VersR 1983, 440.
97 BGH VersR 1971, 1123, 1124.
98 OLG Hamm VersR 1998, 1040, 1041.
99 BGH VersR 1998, 474, 475.

zeug oder ein Anhänger beteiligt, dann ist – wie schon gesagt – die Betriebsgefahr als Verursachungselement bei der Abwägung zu berücksichtigen. Der Geschädigte muss sich eine von ihm zu vertretende Betriebsgefahr auch bei einer Haftung des Schädigers wegen Verschuldens anrechnen lassen; die mitwirkende Betriebsgefahr führt auch zu einer Kürzung des Schmerzensgeldanspruchs.[100]

109 **aa) Das Verschulden in der Abwägung.** Die Verursachung des Schadens ist also der entscheidende Abwägungsgesichtspunkt. Das schadensursächliche Verschulden ist aber nicht etwa unbeachtlich. Es tritt nur nicht als eigenständiges Abwägungselement in Erscheinung. Hat – was in der Praxis nicht selten der Fall ist – ein an einem Schadensfall Beteiligter neben der Betriebsgefahr seines Fahrzeugs noch für ein Verschulden einzustehen, dann ist nicht aufzuschlüsseln, welche Schadensanteile auf die Betriebsgefahr einerseits und das Verschulden andererseits entfallen. Dem steht schon entgegen, dass regelmäßig die Umstände, die ein Verschulden begründen, auch zu einer Erhöhung der Betriebsgefahr führen, wie überhöhte Geschwindigkeit, Fahren mit ungenügender Beleuchtung, mit schlechten Bremsen oder mit abgefahrenen Reifen, Nichteinhaltung genügender Abstände usw. Bei der Haftungsabwägung sind in erster Linie die von den Parteien gesetzten Ursachen des Schadens, insbesondere eine objektiv-fehlerhafte Fahrweise, durch die die Betriebsgefahr beeinflusst wird, zu berücksichtigen. Trifft den Fahrer auch ein Verschulden, so fällt dies als weiterer, die Betriebsgefahr erhöhender Umstand zu seinen Ungunsten ins Gewicht.[101]

110 **bb) Die Betriebsgefahr in der Abwägung.** Neben dem Verschulden des Fahrers kann die Situation, in der sich das Fahrzeug befindet, die Betriebsgefahr erhöhen. So ist das Abbiegen nach links ein besonders gefahrenträchtiger Vorgang, der häufig zu schweren Unfällen führt. Deshalb hat ein Fahrzeug, das nach links abbiegt, eine höhere Betriebsgefahr als ein Fahrzeug, das lediglich unter normalen Umständen geradeaus fährt. Auch eine den konkreten Verkehrsvorgang beeinflussende schwierige Örtlichkeit (zB schlechte Sichtverhältnisse) kann die Betriebsgefahr erhöhen.[102] Ferner spielen Masse und Größe der Fahrzeuge für die Bemessung der Betriebsgefahr eine Rolle. So weist beispielsweise ein dreiachsiger Lkw aufgrund seiner Schwere, seines größeren Hubraums, seiner geringeren Wendigkeit und seines größeren Umfangs eine erheblich höhere Betriebsgefahr auf als ein Pkw.[103] Die Nichteinhaltung der Geschwindigkeit kann als unfallursächlich angesehen werden. Es kann angenommen werden, dass sich die Betriebsgefahr des Fahrzeugs durch Überschreitung der Richtgeschwindigkeit deutlich erhöht hat. Die Betriebsgefahr tritt auch nicht hinter dem Verschulden des Unfallgegners zurück.[104] Es wird darauf hingewiesen, dass der Fahrer eines Kfz, der nicht zugleich Halter desselben ist, sich die einfache Betriebsgefahr des Fahrzeugs nur dann zurechnen lassen muss, wenn er seinerseits für Verschulden gem. § 823 BGB oder für vermutetes Verschulden gem. § 18 StVG haftet.[105]

111 **cc) Krasses Eigenverschulden des Geschädigten.** Je nach der konkreten Fallgestaltung kann bei einem krassen Eigenverschulden des Geschädigten die Abwägung der Verantwortungsanteile durchaus 100 : 0 zu seinem Nachteil ausfallen. Gerät beispielsweise ein Autofahrer, der

---

100 OLG Köln VersR 2005, 851, 853.
101 BGH VersR 1994, 1173; r+s 2005, 213, 215; NJW 2005, 1940, 1942.
102 Vgl BGH r+s 2005, 213, 216.
103 OLG Köln VersR 2005, 851, 853.
104 OLG Nürnberg v. 9.9.2010 – 13 U 712/10.
105 BGH v. 17.11.2009 – VI ZR 64/08.

an der Mosel wohnt und am Morgen verschiedene Schilder mit Hinweisen auf die Hochwassergefahr passiert hat, am Abend in der Dunkelheit auf ein überflutetes Straßenstück, dann scheitert seine wegen der Schädigung am Fahrzeug aus dem Gesichtspunkt der Verletzung der Verkehrssicherungspflicht erhobene Klage auf Schadensersatz von vornherein an der Anspruchsschranke des § 254 Abs. 1 BGB. Selbst wenn man unterstellt, dass den Verantwortlichen hier ein Organisationsversäumnis unterlaufen ist, weil die Straße an der Gefahrenstelle nicht gesperrt war, hätte der Fahrer mit seiner Klage keinen Erfolg, weil ein solches Versäumnis bei der Haftungsabwägung nach § 254 Abs. 1 BGB gegenüber seinem außergewöhnlich krassen Eigenverschulden voll zurücktreten müsste. Denn dem Fahrer war schon vor Antritt seiner Fahrt durchaus bekannt, dass die Mosel Hochwasser führte. Für ihn bestand deshalb Anlass, auf dieser Straße, die entlang der Hochwasser führenden Mosel verläuft, besonders sorgfältig zu fahren. Bei strikter Einhaltung des Sichtfahrgebots hätte er den Unfall ohne Weiteres vermeiden können. Die Umstände ergeben, dass er entweder mit einer der Situation nicht angepassten, deutlich überhöhten Geschwindigkeit oder außergewöhnlich unaufmerksam in die Gefahrenstelle hineingefahren ist. Das darin liegende besonders grobe Eigenverschulden wiegt so schwer, dass dem gegenüber eine Verletzung der Verkehrssicherungspflicht ganz zurücktreten muss.[106] Dass ein Mitverschulden, das sich als ein „Handeln auf eigene Gefahr" darstellt, zu einem Verlust des Schadensersatzanspruchs führt, liegt auf der Hand. Nach der neueren Rechtsprechung werden diese Fälle unter Heranziehung des § 254 BGB gelöst. Danach kommt es darauf an, ob sich der Geschädigte bewusst in eine Situation drohender **Eigengefährdung** begeben hat, so dass der Verursachungsbeitrag des Schädigers gegenüber der als Handeln auf eigene Gefahr zu qualifizierenden bewussten und schuldhaften Selbstgefährdung des Geschädigten nicht ins Gewicht fällt.[107] Entscheidend ist also eine einzelfallbezogene Wertung.

dd) Verrichtungsgehilfen. Der Geschädigte muss sich außer in den Anwendungsfällen des § 278 BGB ein schadensursächliches Verhalten eines Dritten bei der Abwägung der Verursachungsbeiträge auch dann zurechnen lassen, wenn der Dritte sein Verrichtungsgehilfe iSv § 831 BGB ist. Dies steht zwar nicht ausdrücklich in § 254 BGB, die Rechtsprechung legt diese Vorschrift jedoch schon seit langem in diesem Sinne aus.[108] Damit steht dem Geschädigten auch grundsätzlich die Möglichkeit offen, sich durch den Entlastungsbeweis von der Einstandspflicht für ein Versagen seines Verrichtungsgehilfen zu befreien. Hier ist jedoch Vorsicht geboten. Es gibt Fallgestaltungen, in denen dem Geschädigten der Entlastungsbeweis nicht hilft, nämlich dann, wenn er für die Betriebsgefahr seines Fahrzeugs einstehen muss, das sein Verrichtungsgehilfe gefahren hat. Eine für den Unfall mitsächliche fehlerhafte Verhaltensweise des Verrichtungsgehilfen bei der Bedienung des Fahrzeugs – beispielsweise eine für die Verkehrsverhältnisse zu hohe Geschwindigkeit – wird als ein die allgemeine Betriebsgefahr erhöhender Umstand mit in Ansatz gebracht. Der Dienstherr muss sich ein Verschulden seines Verrichtungsgehilfen als einen die allgemeine Betriebsgefahr steigernden Umstand auch dann anrechnen lassen, wenn er sich von der Haftung nach § 831 BGB durch den Entlastungsbeweis befreien könnte. Dies ist die Konsequenz daraus, dass das Verschulden als eigenständiges Abwägungselement nicht in Erscheinung tritt, sondern in der Betriebsgefahr

---
106 OLG Koblenz DAR 2003, 224.
107 Vgl etwa OLG München zfs 2001, 491.
108 BGHZ 1, 248, 249; BGH NJW 1980, 2573, 2575.

aufgeht. Das Verschulden schlüpft also gleichsam in die Betriebsgefahr hinein und bläht sie auf. Dies gilt natürlich nicht nur dann, wenn der Fahrer ein Verrichtungsgehilfe ist, sondern auch sonst, also etwa dann, wenn ein Freund oder Verwandter den Wagen gefahren hat.[109]

113 **ee) Mehrere Schädiger.** Sind auf der Schädigerseite mehrere Personen für den Schaden verantwortlich, dann kommt es für die Abwägung darauf an, ob sie ein und dieselbe ursächliche Schädigungshandlung begangen haben oder ob jeder für sich einen selbstständigen Schadensbeitrag geleistet hat. Haben **mehrere Schädiger eine einzige Schadensursache** zu verantworten, dann kann es bei der Abwägung keinen Unterschied machen, ob hinter der einen Schädigungshandlung ein Schädiger steht oder mehrere; entscheidend ist für die Abwägung das Gewicht des einen Schädigungsbeitrags.

114 **Beispiel:**
Wird etwa von gedankenlosen Erntehelfern ein unbeleuchteter Anhänger von einem Acker auf die Straße geschoben und wird dieses Hindernis bei Dunkelheit einem unaufmerksamen Autofahrer zum Verhängnis, dann kommt es bei der Abwägung der Verursachungsbeiträge darauf an, welches Maß an Gefahr von dem Anhänger auf der Fahrbahn ausgegangen ist. Die Gefahrenquelle wird nicht dadurch kleiner oder größer, dass drei oder zehn Erntehelfer den Anhänger auf die Straße geschoben haben.

115 Man spricht in diesen Fällen, in denen der Geschädigte von nur einer Schädigungshandlung betroffen wird, hinter der mehrere Schädiger stehen, von einer **Haftungseinheit**. So bilden beispielsweise Fahrer und Halter eines Kraftfahrzeugs eine sog. Haftungseinheit mit der Folge, dass sie bei der Ausgleichung nach § 17 StVG haftungsrechtlich als Einheit zu behandeln sind. Auf sie entfällt bei der Abwägung der Verursachungsbeiträge also nur eine Quote.[110]

116 Anders verhält es sich hingegen, wenn **mehrere Schädiger** unabhängig voneinander unterschiedliche **selbstständige Schadensbeiträge** geleistet haben. Hier kommt es zu einer komplizierten Kombination von Einzel- und Gesamtabwägung: Die Mitverantwortung des Geschädigten ist gegenüber jedem der Schädiger gesondert nach § 254 BGB (oder nach § 17 StVG) abzuwägen (Einzelabwägung); zusammen haben die Schädiger jedoch nicht mehr als den Betrag aufzubringen, der bei einer Gesamtschau des Unfallgeschehens dem Anteil der Verantwortung entspricht, die sie im Verhältnis zur Mitverantwortung des Geschädigten insgesamt tragen (Gesamtabwägung).

117 Dies bedeutet: Im Anschluss an die Einzelabwägung ist eine Gesamtschau des Unfallgeschehens vorzunehmen, um festzustellen, was der Geschädigte unter Berücksichtigung der auf ihn entfallenden Quote von den als Einheit gesehenen Schädigern – also dem „Lager" der Schädiger – insgesamt verlangen kann. Nur dieser Betrag steht dem Geschädigten insgesamt zu; er kann aber von jedem einzelnen Schädiger nicht mehr als den auf ihn bei isolierter Betrachtung entfallenden Betrag verlangen. Kein Schädiger braucht dem Geschädigten also mehr zu zahlen als die aus der Einzelabwägung folgende Quote, und der Geschädigte erhält nicht mehr oder weniger als die Quote, die auf ihn bei der gebotenen Gesamtschau entfällt. Soweit sich die Schuldbeiträge der einzelnen Schädiger decken, sind sie Gesamtschuldner.

---

[109] BGHZ 12, 124, 128 f.
[110] BGH NJW 1966, 1262, 1263.

Beispiel: 118

Ergibt die Einzelabwägung, dass jeder von zwei Schädigern zu 1/5 für den Schaden des Geschädigten verantwortlich ist, dann ist bei der anschließenden Gesamtschau der Schaden unter den Beteiligten so zu verteilen, dass die einzelnen Haftungsquoten gleich bleiben, der Geschädigte also von jedem Schädiger im Verhältnis 4:1 Schadensersatz verlangen kann. Daraus ergibt sich für die Gesamtabwägung das Verhältnis 4:1:1, so dass der Geschädigte zu 4/6 und die Schädiger zu je 1/6 verantwortlich sind. Der Geschädigte kann deshalb von den beiden Schädigern insgesamt nur 1/3 seines Gesamtschadens verlangen; er kann aber jeden der beiden Schädiger nur bis zu 1/5 in Anspruch nehmen. Ein etwaiger Ausgleich zwischen den Schädigern bleibt dem Innenverhältnis überlassen.[111]

ff) Unstreitig oder bewiesen. Im Rahmen der Abwägung können – selbstverständlich – nur Tatsachen berücksichtigt werden, die positiv festgestellt worden oder unstreitig sind.[112] Trifft den Geschädigten die Betriebsgefahr und ist es möglich, aber nicht positiv festgestellt, dass diese Betriebsgefahr durch ein Fehlverhalten erhöht worden ist, dann kann in die Abwägung nur die (nicht um ein Fehlverhalten erhöhte) Betriebsgefahr eingebracht werden.[113] Stellt beispielsweise der Sachverständige fest, dass die Geschwindigkeit des Geschädigten zwischen 70 km/h und 90 km/h betragen hat, dann kann bei der Abwägung nur von 70 km/h als der den Geschädigten am wenigsten belastenden Größe ausgegangen werden. Auch ein Verschulden, das nur vermutet wird, darf nicht in die Waagschale geworfen werden.[114] 119

c) Unfalltypen. Für einzelne Unfalltypen hat die Rechtsprechung besondere Abwägungsgesichtspunkte herausgebildet. 120

aa) Fußgängerunfall. Eckpunkte der Rechtsprechung zum Fußgängerunfall sind das an den Kraftfahrer gerichtete Gebot der Rücksichtnahme einerseits und die den Fußgänger aus § 25 Abs. 3 StVO treffende Verpflichtung zur zügigen Überquerung der Fahrbahn andererseits. Die Rechtsprechung verlangt von dem Autofahrer Rücksichtnahme auf die Fußgänger nach Maßgabe der konkreten Verhältnisse. 121

Beispiel: 122

Damit verbietet es sich, einen Fußgänger, der bei Nacht – zunächst auf dem Grasstreifen neben der Fahrbahn gehend – plötzlich auf die Fahrbahn tritt und dort von einem Kraftfahrzeug erfasst wird, bei der Abwägung allein mit der Verantwortung für den Unfall zu belasten, wenn im benachbarten Ort ein Weinfest stattfindet. Der Autofahrer hätte auf den Fußgänger reagieren müssen, sei es durch einen Sicherheitsabstand, sei es durch Abbremsen. Diese Vorsicht war umso mehr geboten, wenn er von dem Weinfest wusste und deshalb damit rechnen musste, dass Fußgänger, die er in der Nähe wahrnahm, angetrunken sein und zu unberechenbaren Verhaltensweisen neigen könnten.[115]

Der Bürgersteig oder Gehweg spielt bei den Fußgängerunfällen eine besondere Rolle. Ein Gehweg ist eine öffentliche Verkehrsfläche, die zur Benutzung durch Fußgänger bestimmt und eingerichtet, sowie durch Trennung von der Fahrbahn aufgrund der Gestaltung (Pflaste- 123

---
111 BGHZ 30, 203, 211 ff.
112 BGH NJW 2005, 1940, 1942.
113 BGH VersR 1970, 423, 424.
114 BGH VersR 1966, 164, 165.
115 BGH VersR 1989, 490, 491.

rung, Bordstein) äußerlich als solche erkennbar ist.[116] Die Rechtsprechung geht davon aus, dass der Bürgersteig das Reservat des Fußgängers ist. Ein Kraftfahrer ist grundsätzlich nicht berechtigt, auf der Fahrbahn bis an den rechten Bordstein heranzufahren, vielmehr muss er nach § 1 Abs. 1 StVO einen Seitenabstand von etwa 1 m einhalten, bei lebhaftem Fußgängerverkehr sogar mehr. Lässt dies die Fahrbahnbreite nicht zu, dann muss der Fahrer den erhöhten Gefahren, die mit einem geringeren Seitenabstand verbunden sind, durch eine besonders vorsichtige Fahrweise begegnen. Den Fußgänger, der – etwa durch einen in den Bürgersteig hineinragenden Außenspiegel eines vorbeifahrenden Lkws – auf dem Bürgersteig verletzt wird, trifft an seinen Verletzungen in der Regel noch nicht einmal ein Mitverschulden. Solange sich ein Fußgänger auf dem Gehweg aufhält, darf er sich grundsätzlich vor der Berührung durch vorbeifahrende Fahrzeuge sicher fühlen, und zwar regelmäßig auch dann, wenn er am äußersten Rand zur Fahrbahn hin geht oder steht. Anders kann es sein, wenn ein Fußgänger in einer gefahrenträchtigen Lage unnötigerweise nahe an die Bordsteinkante herantritt und sich dadurch der Gefahr aussetzt, von Fahrzeugteilen, die in den Gehweg hineinragen, erfasst zu werden. Ein solcher Ausnahmefall kann etwa dann vorliegen, wenn die Straße so schmal ist, dass Fahrzeuge, die einander im Gegenverkehr begegnen, zwangsläufig nahe an den Bürgersteig heranfahren müssen.[117]

124 Der Pflicht des Kraftfahrers, auf den Fußgängerverkehr Rücksicht zu nehmen, steht die Verpflichtung des Fußgängers aus § 25 Abs. 3 StVO gegenüber. Danach haben Fußgänger Fahrbahnen „unter Beachtung des Fahrzeugverkehrs" zügig auf dem „kürzesten Weg quer zur Fahrbahn" zu überschreiten; der Fahrzeugverkehr hat also Vorrang. Ein Fußgänger darf die Fahrbahn nur mit besonderer Vorsicht überqueren; er muss sich vor dem Betreten der Fahrbahn vergewissern, dass kein Fahrzeug naht, und bei Annäherung eines Fahrzeugs warten. Fußgänger dürfen nicht blindlings auf die Straße treten.[118]

124a Probleme ergeben sich im Hinblick auf einen an einer **Bushaltestelle** haltenden Bus. Grundsätzlich gilt, dass an haltenden Bussen nur vorsichtig und mit einer Geschwindigkeit von nicht mehr als 30 km/h vorbeigefahren werden darf.[119] Nach Ansicht des OLG Hamm[120] schützt § 20 Abs. 1 StVO alle Personen im Bereich der Bushaltestelle. Demnach bezieht sich § 20 Abs. 1 StVO auch auf Personen, die sich auf dem Weg zum Bus befinden und aus Zeitgründen quer über die Straße laufen, sowie Personen, welche einige Meter hinter dem Bus diagonal über die Straße laufen. Dies bedeutet erhöhte Sorgfaltsanforderungen an den Kraftverkehr und kein Recht auf Unachtsamkeit für den Fußgänger.

124b Diese Verpflichtung wendet die Rechtsprechung in voller Konsequenz an. So kann beispielsweise gegenüber dem Eigenverschulden eines Fußgängers, der zur Nachtzeit unter diffusen Lichtverhältnissen leichtsinnig eine innerstädtische Fahrbahn überquert und dabei von einem Fahrzeug angefahren wird, die Haftung des Autofahrers völlig zurücktreten. Überhaupt gilt der Grundsatz, dass der Fußgänger für einen Unfallschaden allein einstehen muss, wenn seinem groben Eigenverschulden lediglich die nicht erhöhte Betriebsgefahr des Kraftfahrzeugs gegenübersteht.[121] Auch nach Ansicht des OLG Saarbrücken tritt die Betriebsgefahr des

---

116 OLG Düsseldorf v. 15.3.2011 – I-1 U 152/10.
117 OLG Düsseldorf NZV 1992, 232, 233.
118 OLG Saarbrücken v. 8.2.2011 – 4 U 200/10-60.
119 BGH v. 28.3.2006 – VI ZR 50/05.
120 OLG Hamm v. 13.4.2010 – 9 U 62/08, I-9 U 62/08.
121 OLG Hamm VersR 1991, 1187, 1188.

Fahrzeugs vollständig hinter dem Mitverschulden des Fußgängers zurück, wenn der Fußgänger unter Missachtung der Rotlicht zeigenden Fußgängerampel außerhalb der Fußgängerfurt eine innerstädtische Straße überquert und eine Kollision mit einem Kfz herbeiführt.[122]

bb) Kollision zwischen Auto und Radfahrer. Kollidiert ein Radfahrer mit einem Auto, dann zeigt sich im Allgemeinen, dass der Radfahrer bei der Abwägung der Verursachungsbeiträge recht günstig abschneidet. Hier mag ein gewisses Verständnis für denjenigen mitschwingen, der sich typischerweise in der Rolle des Schwächeren befindet. Das findet beispielsweise Ausdruck in einem Fall, in dem in dunkler Nacht bei strömendem Regen ein Radfahrer gegen einen auf einer reinen Wohnstraße abgestellten und nur durch zwei Straßenlaternen beleuchteten Lkw geprallt war. Dem Radfahrer, der das Sichtfahrgebot des § 3 StVO verletzt hatte, wurde mit Billigung des BGH ein Verursachungsbeitrag von 1/3 angelastet, während der Fahrer des Lkws, der gegen § 17 Abs. 4 S. 3 StVO verstoßen hatte, zu 2/3 für die Unfallfolgen aufkommen musste.[123] Bei einem erheblichen, auch hinsichtlich des Verschuldens schwerwiegenden Verkehrsverstoßes eines Radfahrers tritt die allgemeine Betriebsgefahr des Kraftfahrzeuges zurück, was beispielsweise bei einer Vorfahrtverletzung anzunehmen ist.[124]

Ein Radfahrer muss sich auch kein Mitverschulden anrechnen lassen, wenn er ohne einen Helm zu tragen verunfallt.[125] Etwas anderes gilt bei Nutzern sogenannter schneller Pedelecs, die eine Geschwindigkeit von bis zu 45 km/h erreichen. Hier hat das LG Bonn[126] einen fehlenden Helm mit einem Mitverschulden von 50 % bewertet.

cc) Kinderunfall. Die rechtliche Beurteilung des Kinderunfalls wird, soweit es um die Sorgfaltspflichten des Autofahrers geht, von dem schon oben (Rn 23 ff) angesprochenen § 3 Abs. 2 a StVO beherrscht. Danach müssen sich Kraftfahrzeugführer gegenüber Kindern, Hilfsbedürftigen und älteren Menschen insbesondere durch Verminderung der Fahrgeschwindigkeit und durch Bremsbereitschaft so verhalten, dass eine Gefährdung dieser Verkehrsteilnehmer ausgeschlossen ist. Soweit es um die Beurteilung der Verantwortlichkeit von Kindern geht, kann § 828 Abs. 2 BGB in den Vordergrund treten. Danach ist, wer das siebente, aber nicht das zehnte Lebensjahr vollendet hat, für den Schaden nicht verantwortlich, den er bei einem Unfall mit einem Kraftfahrzeug, einer Schienenbahn oder einer Schwebebahn einem anderen zufügt, es sei denn, er hat den Schaden vorsätzlich herbeigeführt. Wie oben (Rn 25) ausgeführt, greift § 828 Abs. 2 S. 1 BGB aber nur dann ein, wenn sich bei der gegebenen Fallkonstellation eine typische Überforderungssituation des Kindes durch die spezifischen Gefahren des motorisierten Verkehrs realisiert hat. Eine solche Situation tritt meist im fließenden Verkehr auf; im ruhenden Verkehr kann sie sich nur in besonders gelagerten Fällen ergeben. Es wird darauf hingewiesen, dass an einen 17-jährigen Fußgänger wesentlich höhere Anforderungen im Hinblick auf die Sorgfalt zu stellen sind als an jüngere Kinder.[127]

Da § 828 BGB auch für die Frage des Mitverschuldens nach § 254 BGB maßgeblich ist, hat die in § 828 Abs. 2 S. 1 BGB geregelte Haftungsfreistellung Minderjähriger auch zur Folge, dass Kinder dieses Alters sich ihren eigenen Ansprüchen, gleichviel, ob sie aus allgemeinem

---

122 OLG Saarbrücken v. 8.2.2011 – 4 U 200/10-60.
123 OLG Hamm NZV 1992, 445, 446.
124 OLG Oldenburg DAR 2015, 94.
125 BGH v. 17.6.2014 – VI ZR 281/13.
126 Urt. v. 11.12.2014 – 18 O 388/12.
127 OLG Hamm v. 13.4.2010 – 9 U 62/08, I-9 U 62/08.

Deliktsrecht oder aus den Gefährdungshaftungstatbeständen des StVG oder des HpflG hergeleitet werden, ein Mitverschulden bei der Schadensverursachung nicht entgegenhalten lassen müssen.[128] Erweist sich § 3 Abs. 2 a StVO als anwendbar, dann gehen die Sorgfaltsanforderungen, denen der Autofahrer nach dieser Vorschrift genügen muss, beachtlich weit. Das wirkt sich auch auf die Abwägung nach § 254 BGB aus.

128 **Beispiel:**
So ist in dem oben (Rn 24) erwähnten Fall, in dem sich der Autofahrer in seiner Fahrweise nicht ausreichend durch vorsorgliches Abbremsen darauf eingestellt hatte, dass dann, wenn von zwei zwölfjährigen Kindern das eine vor einem herannahenden Kraftfahrzeug unvorsichtig über die Straße rennt, das zweite Kind möglicherweise unbekümmert und gedankenlos folgen wird, der Verursachungsbeitrag des Autofahrers bei der Abwägung nach §§ 9 StVG, 254 BGB mit 50 % bewertet worden.[129] Zwar muss ein Autofahrer bei schulpflichtigen Kindern im Gegensatz zu Kleinkindern nicht von vornherein mit einem unbesonnenen Verhalten rechnen. Aber das Vertrauen, ältere Schulkinder würden sich verkehrsgerecht verhalten, ist dann nicht mehr gerechtfertigt, wenn diese Kinder ein Verhalten zeigen, das den Autofahrer im konkreten Fall zur Vorsicht mahnen und ihm den Gedanken nahelegen muss, sie könnten ihm unversehens in den Fahrweg geraten. So war es hier. Der Autofahrer musste damit rechnen, dass das zweite Kind einem „unkontrollierten Nachlaufsog" unterliegen würde. Nach der allgemeinen Lebenserfahrung ist damit zu rechnen, dass, wenn ein Kind unvorsichtig über die Straße rennt, ein dieses begleitendes anderes Kind nachfolgen wird. Bei der Abwägung nach § 254 BGB, § 9 StVG sind das grob verkehrswidrige Verhalten des Kindes beim Überqueren der Fahrbahn und die durch den schuldhaften Verstoß des Autofahrers gegen § 3 Abs. 2 a StVO erhöhte Betriebsgefahr des Wagens zu berücksichtigen. Diesem Befund erscheint eine Quotierung von 50 : 50 angemessen. Das Sorgfaltsgebot des § 3 Abs. 2 a StVO setzt voraus, dass der Autofahrer Kinder gesehen hat oder bei gehöriger Aufmerksamkeit hätte sehen können. Damit ist der Schutzbereich dieses Gebots aber noch nicht erschöpft. Vielmehr hat das Gefahrenzeichen 136 zu § 40 StVO zur Folge, dass der Autofahrer auch ohne Anhaltspunkte für eine konkrete Gefährdung sein Fahrverhalten in gleicher Weise einrichten muss. Der Autofahrer muss sich also vor einem solchen Verkehrszeichen in seiner Fahrweise (Bremsbereitschaft, Reduzierung der Geschwindigkeit) so verhalten, als stehe anstelle des Schildes ein Kind.[130]

129 Auch gegenüber Kindern gilt indes der **Vertrauensgrundsatz.** Dies bedeutet, dass der Autofahrer nur dann besondere Vorkehrungen (zB Reduzierung der Fahrgeschwindigkeit, Bremsbereitschaft) treffen muss, wenn das Verhalten der Kinder oder die Situation, in der sie sich befinden, Auffälligkeiten zeigen, die zu Gefährdungen führen können.[131]

130 dd) **Gurtanlegepflicht.** Ob und in welcher Höhe einem Kraftfahrzeuginsassen, der bei einem Verkehrsunfall Verletzungen davongetragen hat, gegen den Unfallgegner Schadensersatzansprüche zustehen, hängt auch davon ab, ob er angeschnallt war und ob seine Unfallverletzungen bei Anlegung des Sicherheitsgurts vermieden oder zumindest reduziert worden wären.

---

128 BGH VersR 2005, 370, 377.
129 OLG Hamburg VersR 1990, 985, 986.
130 BGH VersR 1994, 326, 327.
131 BGH VersR 2000, 155.

Für die Gurtanlegepflicht nach § 21 a StVO gelten indes Ausnahmeregelungen, die zu Auslegungsproblemen führen können.

Beispiel: 131
Wird der Fahrer eines gepanzerten Kleintransporters einer Wach- und Schließgesellschaft, der sein Fahrzeug verkehrsbedingt angehalten hat, verletzt, weil ein Sattelzug auf seinen Transporter auffährt, dann kommt es für die Schadensersatzansprüche des verletzten Fahrers darauf an, ob er angeschnallt war. Nach ständiger Rechtsprechung fällt einem Kraftfahrzeuginsassen, der den Sicherheitsgurt nicht anlegt, grundsätzlich ein Mitverschulden (§ 254 Abs. 1 BGB) an den Unfallverletzungen zur Last, die er infolge der Nichtanlegung des Gurtes erlitten hat. Allerdings kann der Schädiger dem Unfallopfer ein Nichtanschnallen nicht als Mitverschulden vorhalten, wenn im konkreten Fall eine Gurtanlegepflicht nach § 21 a Abs. 1 S. 1 StVO nicht bestanden oder eine Ausnahme iSd § 21 a Abs. 1 S. 2 StVO vorgelegen hat. Die erste dieser Ausnahmen lag hier nicht vor. Allerdings hatte der Kleintransporter im Unfallzeitpunkt gestanden. Der Begriff der „Fahrt" iSv § 21 a Abs. 1 S. 1 StVO ist aber nach allgemeinem Sprachgebrauch nicht eindeutig. Hierunter ist nicht nur der Vorgang des Fahrens zu verstehen, sondern auch der Gesamtvorgang der Benutzung des Kraftfahrzeugs als Beförderungsmittel im Straßenverkehr. Einer solchen Auslegung des Begriffs „Fahrt" iSd § 21 a Abs. 1 S. 1 StVO gebührt bereits deshalb der Vorzug, weil es mit dem Sinn und Zweck der Vorschrift, durch die Einführung einer Anschnallpflicht die Zahl der Verkehrsopfer zu senken, schlechterdings unvereinbar wäre, gefahrenträchtige Situationen verkehrsbedingten Anhaltens hiervon auszunehmen.

Die Gurtanlegepflicht entfällt auch nicht nach der Vorschrift des § 21 a Abs. 1 S. 2 Nr. 1 132
StVO. Eine entsprechende Anwendung dieser Vorschrift auf die vorliegende Fallgestaltung scheidet aus. Gegen eine Analogie spricht schon, dass die in § 21 a Abs. 1 S. 2 StVO geregelten Fälle Ausnahmen darstellen, an die strenge Anforderungen zu stellen sind. Im Übrigen sind die beiden Fälle nicht vergleichbar.[132]

Beispiel: 133
Ein Mandant erscheint in der Kanzlei mit der Problematik, dass die Tochter – ein Kind im Alter von 13 Jahren – bei einer gemeinsamen Fahrt verletzt worden ist, als das von der Mutter des Kindes gesteuerte Fahrzeug ohne Fremdeinwirkung von der Fahrbahn abkam, sich überschlug und viel dafür sprach, dass das Kind nicht angeschnallt war. Das Kind kann sich aufgrund einer Amnesie infolge der schweren Kopfverletzungen nicht mehr erinnern. Die Kfz-Haftpflichtversicherung meint, dass das Kind sich ein Mitverschulden iHv 1/3 zurechnen lassen müsse.

---

132 BGH VersR 2001, 524, 525.

134 Ein Klageverfahren,[133] in welchem der Mandant 100 % Ersatz seiner Ansprüche erreichen will, kann wie folgt aussehen:

135 ▶ **Muster: Klageschrift (Gurtanlegepflicht)**

An das ...gericht, ...

Klage

der ..., geb. am 1.1.2002, gesetzlich vertreten durch ihre Mutter Frau ..., ...

– Klägerin –

Prozessbevollmächtigte: RAe ...,

gegen

die ... Versicherungs AG,

vertreten durch den Vorstand, dieser vertreten durch den Vorstandsvorsitzenden ...

(Schadensnummer: ...)

– Beklagte –

wegen Feststellung

Streitwert: wir beantragen Festsetzung

Namens und in Vollmacht des Klägers erheben wir Klage und werden beantragen:

1. Es wird festgestellt, dass die Beklagte verpflichtet ist, der Klägerin aus dem Unfall vom 22.9.2014 auf der Bundesautobahn A 4 zwischen den Anschlussstellen ... und ..., Richtung ... für alle entstandenen und entstehenden Schäden zu 100 % zu haften.
2. Die Beklagte trägt die Kosten des Verfahrens.
3. Sofern das Gericht das schriftliche Vorverfahren anordnet, beantragen wir bereits jetzt bei Säumnis der Beklagten den Erlass eines entsprechenden Versäumnisurteils, im Falle eines Anerkenntnisses den Erlass eines entsprechenden Anerkenntnisurteils ohne mündliche Verhandlung.
4. Einer Übertragung an den Einzelrichter wird zugestimmt.

Begründung:

Die Klägerin begehrt die Feststellung über die vollständige Haftung der Beklagten dem Grunde nach aus einem Verkehrsunfall vom 22.9.2014 um ca. 5.05 Uhr auf der Bundesautobahn A 4 zwischen den Anschlussstellen ... und ..., Richtung ..., Höhe Kilometer 175,5. Die Klägerin war Mitfahrerin des verunfallten Fahrzeugs ..., amtl. Kennzeichen ..., Fahrer des Fahrzeugs war die Mutter der Klägerin. Das Fahrzeug war zum Unfallzeitpunkt bei der Beklagten haftpflichtversichert, so dass sich daraus die Passivlegitimation der Beklagten ergibt. Die Familie, bestehend aus der Fahrerin Frau ..., ihren zwei Töchtern, ihrem Lebensgefährten Herrn ... sowie seinem Sohn wollten von ... aus in ihren Jahresurlaub fahren. Vor Fahrtbeginn in ... achteten die Mutter der Klägerin sowie ihr Lebensgefährte, Herr Schmidt, darauf, dass die Kinder resp. die Klägerin angeschnallt waren. Fahrtbeginn war 2.00 Uhr morgens. Die Kinder, so auch die Klägerin, schliefen kurz nach Fahrtantritt ein und während der gesamten Fahrt. Zunächst fuhr Herr .... Nach ca. zwei Stunden wurde ein Fahrerwechsel durchgeführt. Die Mutter der Klägerin, Frau ..., übernahm das Steuer. Während des Fahrerwechsels auf einem Parkplatz wachten die Kinder auch nicht auf und waren weiterhin angeschnallt.

---

[133] Zum Urteil, das im Sinne des Klägers ausgefallen ist, siehe LG Berlin v. 25.2.2004 – 17 O 506/02 – n.v.

Beweis: Zeugnis des Herrn ..., zu laden über die Klägerin
Parteivernahme der gesetzlichen Vertreterin der Klägerin

Auf der Bundesautobahn A 4 kam die Mutter der Klägerin nach einem Überholvorgang in Höhe von Kilometer 175,5 in einer langgezogenen Rechtskurve ohne Fremdeinwirkung durch einen Fahrfehler auf der rechten Fahrbahnseite ins Schleudern. Infolge dessen kam sie von der Fahrbahn ab. Das Fahrzeug überschlug sich mehrfach und kam rechts der Fahrbahn in einer Böschung zum Stehen. Bei dem Unfall wurde die im Fond des Pkws rechts sitzende, schlafende Klägerin aus dem Fahrzeug geschleudert. Sie wurde durch den Unfall sehr schwer und lebensbedrohlich verletzt. Insofern ist der Unfallhergang zwischen den Parteien unstreitig.

Beweis im Bestreitensfall: 1. Beiziehung der amtl. Ermittlungsakte, Staatsanwaltschaft ..., Az ...
2. Zeugnis des Zeugen ..., b.b.
3. Gutachten der ...klinik vom 12.10.2007
4. Sachverständigengutachten

Die Klägerin wurde schwer verletzt. Sie befindet sich bis heute in der Rehaklinik für Kinder und Jugendliche in .... Sprechen und Laufen ist der Klägerin noch nicht möglich, der weitere Heilungsverlauf ist offen. Die Klägerin konnte möglicherweise deswegen aus dem Pkw geschleudert werden, da sie zum Unfallzeitpunkt nicht angeschnallt war. Sie war möglicherweise nicht angeschnallt, weil sie sich kurz vor dem Unfall im Schlaf abschnallte oder durch den in der Mitte sitzenden und ebenfalls schlafenden ... unbewusst abgeschnallt wurde. Zum Zeitpunkt des Unfalls schliefen die Kinder. Im Pkw herrschte Ruhe, gesprochen wurde nicht. Die übrigen Kinder waren angeschnallt und erlitten nur leichte Verletzungen.

Beweis im Bestreitensfall: wie vor

Streitig ist nunmehr zwischen den Parteien, ob der Klägerin ein Mitverschulden anzulasten ist und ob eine haftungsmindernde Aufsichtspflichtverletzung der Mutter vorliegt.

Rechtliche Bewertung:

I. Zulässigkeit

1. Die Parteien sind sich einig, dass das Landgericht ... für den Streit örtlich zuständig ist.

2. Die Feststellungsklage ist zulässig. Die Klägerin begehrt Feststellung, dass die Beklagte zu 100 % haftet. Es besteht ein erhebliches rechtliches Interesse an der Feststellung der Haftung. Die Klägerin wurde lebensbedrohlich verletzt. Sie ist bis heute in der Rehaklinik für Jugendliche in .... Der Heilungsverlauf ist offen. Die Familie muss bei fortdauernder Besserung der Klägerin rollstuhlgerechte Umbauten vornehmen sowie ein rollstuhlgerechtes Fahrzeug erwerben. Es ist der Familie nicht möglich, die hierfür entstehenden Kosten bei einer Mithaftung der Klägerin aus Eigenmitteln zu finanzieren. An der Klärung der vollständigen Haftung der Beklagten dem Grunde nach besteht daher erhebliches Interesse. Bislang ist ebenfalls der Schaden noch nicht bezifferbar. Steht von einem Schaden erst ein Teil der Höhe nach fest, dann kann der Kläger insgesamt auf Feststellung klagen; er ist nicht verpflichtet, seine Klage in einen Feststellungs- und einen Leistungsanspruch aufzuspalten (BGH VI ZR 167/11; OLG Karlsruhe VersR 1992, 370). Die Feststellungsklage ist daher zulässig.

II. Begründetheit

Die Beklagte haftet der Klägerin aus dem Unfall zu 100 % gem. § 823 Abs. 1, Abs. 2 BGB iVm §§ 1 Abs. 2, 18 StVG, 3 PflVG.

Eine Aufsichtspflichtverletzung der Mutter liegt nicht vor. Ebenfalls kann kein haftungsminderndes Mitverschulden der Klägerin durchgreifen.

1. Aufsichtspflicht

Der Umfang der Aufsichtspflicht der Eltern ist nicht fest bestimmbar, sondern richtet sich nach Alter, Eigenart und Charakter des Kindes sowie der Zumutbarkeit in den jeweiligen Verhältnissen. Vorliegend kam die Mutter ihrer Aufsichtspflicht dergestalt nach, dass sie darauf achtete, dass die Klägerin sowie die weiteren Kinder vor Fahrtantritt angeschnallt waren. Hierauf achtete ebenfalls der Zeuge .... Aufgrund der Uhrzeit schliefen die Kinder resp. die Klägerin alsbald angeschnallt ein und waren ebenfalls bei dem Fahrerwechsel noch angeschnallt. Dies bekräftigend kann vorliegend herangezogen werden, dass die anderen zwei Kinder auch während des Unfalls angeschnallt waren. Die Mutter der Klägerin tat damit ihrer Aufsichtspflicht genüge, zumal die Klägerin ein unproblematisches Kind ist und den Anweisungen ihrer Eltern Folge leistet. Dadurch dass die Kinder schliefen, konnte die Mutter der Klägerin davon ausgehen, dass sie weiterhin angeschnallt waren. Eine Aufsichtspflichtverletzung der Mutter liegt daher nicht vor.

2. Mitverschulden

a) Es liegt bereits per Definition kein Verschulden der Klägerin vor. Verschulden im Straßenverkehr setzt zumindest fahrlässiges Handeln voraus, § 276 BGB. Es beinhaltet den Vorwurf, gegen Gebote des eigenen Interesses im Sinne eines Verschuldens gegen sich selbst verstoßen zu haben. § 254 beruht auf dem Rechtsgedanken, dass derjenige, der die Sorgfalt außer Acht lässt, die nach Lage der Sache erforderlich scheint, um sich selbst vor Schaden zu bewahren, die Kürzung seines eigenen Anspruchs hinnehmen muss.

Vorliegend fehlt es bereits an einer Handlung. Im Schlaf erfolgende Reflexe oder Bewegungen stellen keine Handlung dar. Die Klägerin schlief während der gesamten Fahrt und war angeschnallt. In dem Pkw war es ruhig. Während die Klägerin schlief, hat sich möglicherweise der Sicherheitsgurt gelöst. Ob es sich vorliegend um einen Reflex im Schlaf handelte oder die Klägerin durch den schlafenden, neben ihr sitzenden ... abgeschnallt wurde, kann dahinstehen.

Eine Handlung liegt hier nicht vor. Ein haftungsminderndes Mitverschulden ist unter den dargestellten Umständen ausgeschlossen.

b) Im Übrigen könnte selbst bei Vorliegen einer Handlung der am 1.1.2002 geborenen, zum Unfallzeitpunkt 13-jährigen Klägerin mangels Verschulden kein haftungsminderndes Mitverschulden gem. §§ 254 BGB, 828 BGB angelastet werden. Zunächst ist bereits bei Kindern im Straßenverkehr und den damit verbundenen Gefahren der Verschuldensmaßstab zu korrigieren. Es können bei Minderjährigen nicht die gleichen Anforderungen Platz greifen wie bei Erwachsenen. Im Straßenverkehr kommt daher lediglich eine restriktive Wertung des Verschuldens Minderjähriger in Betracht. Diese Wertung greift auch der Gesetzgeber auf. Insbesondere die Neuregelung, welche Kinder statt bis zum vollendeten 7. Lebensjahr nunmehr bis zum 10. Lebensjahr grundsätzlich bei jeglichem Verhalten im Straßenverkehr haftungsfrei stellt, ist in den Maßstab, wie der Minderjährige sich zu verhalten hat, wertend mit einzubeziehen. Die Einsichtsfähigkeit über die Gefahren im Straßenverkehr liegt nämlich bei Kindern nur in geringer Ausprägung vor. Eine Vorwerfbarkeit des kindlichen Verhaltens ist deshalb im Straßenverkehr im Ergebnis zu den Schadensfolgen restriktiv zu bewerten und je nach Alter des Kindes abzustufen. Die Klägerin war zum Unfallzeitpunkt erst 13 Jahre alt. Sie schlief während der gesamten Fahrt. Selbst wenn sie kurz vor dem Unfall aufgewacht wäre, läge keine Einsichtsfähigkeit über ihr Handeln vor. Die Klägerin kann nicht über die mit dem Abschnallen verbundenen Risiken reflektieren. Dies gilt im Übrigen umso mehr, als die Klägerin, selbst wenn sie aufgewacht wäre und sich abgeschnallt hätte, sich noch im „Halbschlaf" befunden hätte. Auch dies ist wertend miteinzubeziehen. Sollte die Klägerin erwacht sein, könnte ihr also auch nicht die Handlung vorgeworfen werden. Ein Verschulden als vorwerfbares Verhalten läge demnach bei der 13-jährigen Klägerin nicht vor.

Im Übrigen wäre dies auch hinsichtlich der gravierenden Schadensfolgen unbillig. Auch dies führt demnach im Ergebnis dazu, dass ein Mitverschulden in der Bewertung zwingend entfallen muss.

c) Im Weiteren ist auch zu berücksichtigen, dass vorliegend Schäden eingetreten sind, welche entstanden wären, gleichgültig, ob die Klägerin angeschnallt war oder nicht.

Dieses Gebot differenzierender Betrachtung muss vorliegend dazu führen, dass sogar dann ein Mitverschulden entfällt, wenn das unbewusste Verhalten der Klägerin zugerechnet würde. Für die Haftung ist nämlich eine Gesamtquote zu bilden, zusammengesetzt aus den Schäden, die ohnehin angefallen wären und unstreitig zu 100 % von der Beklagten getragen werden müssten, und den weiteren Schäden. Die Quote hängt dabei von dem Verschuldensgrad ab. Die Klägerin war ursprünglich in jedem Fall angegurtet. Auch während des Fahrerwechsels gegen 4.00 Uhr morgens schlief die Klägerin noch und war angeschnallt. Selbst wenn sich die Klägerin vor dem Unfall bewusst abgegurtet hätte, wäre das Verschulden mangels Einsichtsfähigkeit über die Risiken als leicht zu bewerten. Im Zusammenhang mit den ohnehin eingetretenen Verletzungen wäre eine Kürzung ihrer Ersatzansprüche nicht vorzunehmen und im Ergebnis auch unbillig.

Die Beklagte haftet demnach zu 100 %.

Die Beklagte wurde letztmals mit Schreiben vom 28.5.2015 aufgefordert, die vollständige Haftung dem Grunde nach zu erklären. Fristsetzung erfolgte bis zum 7.6.2015. Den vollständigen Haftungseintritt erklärte die Beklagte nicht.

Die Beklagte sagte lediglich eine Haftung in Höhe von 1/3 zu.

Klageerhebung war danach geboten.

Einfache und beglaubigte Abschrift anbei.

Rechtsanwalt ◄

Folgende Klageerwiderung ist zu erwarten: 136

▶ **Muster: Klageerwiderung** 137

An das ...gericht, ...

Az ...

Klageerwiderung

In Sachen

... ./. ... Versicherungs AG

beantragen wir namens und im Auftrag der Beklagten:

1. Die Klage wird abgewiesen.
2. Die Kosten des Verfahrens trägt die Klägerin.

Begründung:

I. Zum Unfallhergang

1. Am 22.9.2014 gegen etwa 5:00 Uhr morgens führte die Mutter der Klägerin auf einer Fahrt in den Urlaub das versicherte Fahrzeug ... auf der BAB 4 in Fahrtrichtung ... in Höhe des Richtungskilometers 175,5. Die Klägerin war Beifahrerin auf dem Fordersitz rechts.

Beweis: Ermittlungsakte der Staatsanwaltschaft ..., b.b.

Im Bereich der Unfallstelle kam dann das Fahrzeug nach rechts in Richtung Böschung von der Fahrbahn ab. Tatsächlich war das klägerische Fahrzeug in einer Entfernung von etwa 54 m nach der Kilometertafel 175,0 mit sichtbaren Schleuderspuren, von der linken Bereifung des Fahrzeugs stammend, ins Schleudern geraten, wobei die Spuren zum rechten Fahrbahnrand hin verliefen und sich auf dem unbefestigten Randstreifen fortsetzten. Etwa 113 m hinter der besagten Kilometertafel und ca. 2,6–6,5 m außerhalb der Fahrbahn kam das Fahrzeug dann in das Erdreich, welches es ca. 51 m aufwühlte. Mehrere Büsche und kleine Bäume wurden niedergedrückt; etwa 172 m nach der besagten Kilometertafel ergaben sich zudem Kratzspuren am rechten Fahrbahnrand mit Antragungen von roter Farbe. Das Fahrzeug hat sich augenscheinlich durch den Kontakt mit dem Erdreich überschlagen, so dass die Kratzspuren von einer seitlichen Berührung mit der Karosserie des Fahrzeugs stammen. Das Fahrzeug überschlug sich weiter etwa 14 m spurzeichnend etwa 2 m vom rechten Fahrbahnrand entfernt, bis es in die Endlage kam.

Beweis: wie vor

Nach dem Akteninhalt ist davon auszugehen, dass das Fahrzeug ... sich mehrfach überschlagen hat, da es allseitig beschädigt war.

Beweis: wie vor

Im Hinblick auf die Insassen konnte festgestellt werden, dass die Mutter der Klägerin, die gefahren war, leicht verletzt wurde und Beanspruchungsmerkmale des Sicherheitsgurtes sich feststellen ließen.

Gleiches galt für den Beifahrer ... und die Kinder ... und ..., die hinten links bzw hinten in der Mitte des Fahrzeugs gesessen hatten. Auch dort ließen sich leichte Beanspruchungsmerkmale am Sicherheitsgurt feststellen, sämtliche Insassen wurden im Übrigen nur leicht verletzt.

Beweis: wie vor

Im Hinblick auf die Klägerin wurde bei der Unfallaufnahme festgestellt, dass der Gurt hinter der Lehne des Rücksitzes und der C-Säule in eingerolltem Zustand verklemmt war und keinerlei Beanspruchungsmerkmale aufwies. Aufgrund dieser Feststellungen gingen die örtlich eingesetzten Beamten davon aus, dass der Sicherheitsgurt nicht angelegt worden war.

Beweis: wie vor

Die Klägerin ist bei dem gegenständlichen Ereignis in Folge des Überschlags des Fahrzeugs anscheinend aus dem Fahrzeug herausgeschleudert worden. Nach dem Akteninhalt wurde die Klägerin durch Businsassen, die die Unfallstelle passierten und Erste Hilfe leisteten, nach dem Umkippen des seitlich liegenden Fahrzeugs auf der Fahrbahn vorgefunden. Sie befand sich beim Eintreffen der Ersthelfer nicht im Fahrzeug selbst, sondern außerhalb, während sich die übrigen Personen noch angegurtet im Fahrzeug befunden haben.

Beweis: wie vor

2. Die rechtlichen Ausführungen der Klägerin beinhalten in tatsächlicher Hinsicht die Behauptung, der zuvor bei der Klägerin ordnungsgemäß angelegte Sicherheitsgurt sei von der Klägerin im Schlaf in Folge von Reflexen oder Bewegungen geöffnet worden; gegebenenfalls habe auch ein Reflex oder eine Bewegung durch den neben der Klägerin sitzenden ... dazu geführt, dass die Klägerin abgeschnallt worden sei.

Einerseits handelt es sich bei den Sicherheitsgurten, die in dem Fahrzeug PT Cruiser angebracht sind, um Drei-Punkt-Sicherheitsgurte mit entsprechenden Schließmechanismen, bei denen die Schließvorrichtung innerhalb eines geschlossenen Gehäuses ein Einrasten des „Hakens" im Schloss mechanisch mit hoher Zugkraft gewährleistet. Dieses Schloss kann nur geöffnet werden, wenn der Schließmechanismus über mehrere Zentimeter mit erheblicher Kraft zur Überwindung des durch Federn generierten Widerstands heruntergedrückt wird. Die entsprechende Taste liegt zudem am Gurtschloss so, dass sie nach innen in das Gehäuse des Schlosses eingedrückt werden muss, so dass eine Bedienung im Wege eines Reflexes oder einer Bewegung zur Öffnung des Schließmechanismus nach der Lebenserfahrung mit einiger Sicherheit ausgeschlossen werden kann. Die Konstruktionsmerkmale moderner Rückhaltesysteme bedingen, dass gerade ein versehentliches Öffnen ohne zielgerichtete Bedienung des Schließmechanismus ausgeschlossen wird.

Beweis: Sachverständigengutachten

Soweit das Verletzungsbild auswertbar erscheint, spricht allerdings auch noch etwas Weiteres gegen ein Versehen der Klägerin. Der angelegte Dreipunktgurt wäre, wenn man einen Reflex oder eine nicht gesteuerte Bewegung einmal zugrunde legen wollte, durch den Aufrollmechanismus über den Körper der Klägerin hinweg seitlich hochgezogen worden. Da sich regelmäßig der Bereich der Schulter und des Armes, hier aufgrund der Sitzposition der Klägerin die rechte Körperseite, in der Schlaufe des Gurtes befinden, wenn dieser ordnungsgemäß angelegt ist, wäre bei nur unwillkürlichen Bewegungen der Klägerin diese Gurtschlaufe zwischen Arm und Rumpf verblieben, hätte sich mithin aller Wahrscheinlichkeit nach nicht aufrollen können. Anlässlich des Unfalls wäre deshalb durch die Gurtschlaufe einerseits vermutlich eine Verletzung im Bereich des rechten Armes und der rechten oberen Rumpfseite im Bereich der Schulter eingetreten, die jedoch derart spezifisch aus den der Beklagten vorliegenden Unterlagen nicht ohne Weiteres entnommen werden kann. Andererseits hätte sich der Gurt durch den Unfall selbst dann, wenn der Arm aus der Gurtschlaufe „herausgeschlüpft" wäre, nicht nach dem Unfall in völlig aufgerolltem und verklemmtem Zustand hinter der Säule befinden können, weil durch die Krafteinwirkung und Deformierung des überschlagenden Fahrzeugs innerhalb kürzester Zeit ein mechanisches Aufrollen des Gurtes bis in die von den Polizeibeamten festgestellte Endposition mit hoher Wahrscheinlichkeit angesichts der konkret am Fahrzeug ersichtlichen Schäden nicht möglich gewesen wäre.

Beweis: Sachverständigengutachten

Vor diesen Hintergründen geht die Beklagte berechtigterweise davon aus, dass der Sicherheitsgurt tatsächlich mindestens ab einem nicht mehr definierbaren Zeitpunkt nach Antritt der Fahrt bis zum Unfallgeschehen bewusst nicht mehr angelegt war.

Vor diesem Hintergrund ist zu bestreiten, dass während der Fahrt bis zur Unfallstelle, insbesondere seit dem Fahrerwechsel etwa gegen 4.00 Uhr von Herrn ... auf die Mutter der Klägerin, die Klägerin selbst auf dem rechten Fondsitz angeschnallt mitgefahren ist. Ebenso wird bestritten, dass die Klägerin aufgrund im Schlaf erfolgter Reflexe oder Bewegungen unwillkürlich den Schließmechanismus des Sicherheitsgurtes betätigte und sich so losschnallte bzw der Sicherheitsgurt sich gelöst hat.

Ebenso zu bestreiten ist, dass gegebenenfalls der neben der Klägerin sitzende ... die Klägerin bewusst oder unbewusst abgeschnallt hat.

II. Zur Haftung

1. Mitverschulden der Klägerin

Die Beklagte geht davon aus, dass sie für das folgenreiche Ereignis im Verhältnis zur Klägerin überwiegend einstandsverpflichtet ist. Eine volle Einstandsverpflichtung der Beklagten besteht indes nicht, weil von einer Mitverantwortlichkeit der Geschädigten nach § 9 StVG iVm §§ 254, 828 Abs. 2 BGB auszugehen ist.

a) Grundsätzlich begründet das Nichtanlegen des Sicherheitsgurtes ein Mitverschulden des Fahrzeuginsassen (ständige Rechtsprechung seit BGH NJW 1979, 528 ff).

Dies gilt auch für Rücksitzpassagiere (vgl *Küppersbusch*, Ersatzansprüche bei Personenschäden, 11. Auflage 2013, Rn 385 f). Die gesetzliche Verpflichtung der Klägerin ergibt sich insoweit aus § 21 a StVO, da Kinder im Alter ab zwölf Jahren, die nicht mehr in einem dafür vorgesehenen Sondersitz gesichert werden, den Gurt anzulegen haben.

b) Ob ein Mitverschulden nach §§ 9 StVG, 254 BGB, nämlich das unterlassene Anlegen des Sicherheitsgurtes, der Klägerin zugerechnet werden kann, richtet sich bei Minderjährigen nach § 828 BGB. Danach ist für einen Schaden verantwortlich, wer das siebente, aber noch nicht das 18. Lebensjahr vollendet hat, wenn er bei der Begehung der (selbst-)schädigenden Handlung die zur Erkenntnis der Verantwortlichkeit erforderliche Einsicht hat. Zurechnungsfähigkeit ist deshalb zu bejahen, wenn der Jugendliche die geistige Entwicklung besitzt, die den Handelnden in den Stand versetzt, das Unrecht seiner Handlung und zugleich die Verpflichtung zu erkennen, in irgendeiner Weise für die Folgen der Handlung selbst einzustehen (vgl Palandt/*Thomas*, BGB, 74. Auflage 2014, § 828 Rn 3). Bei Jugendlichen über sieben bzw zehn und unter 18 Jahren stellt das Gesetz allein auf die intellektuelle Fähigkeit ab, nicht auch auf die individuelle Steuerungsfähigkeit, sich dieser Einsicht gemäß zu verhalten (vgl hierzu BGH NJW 1984, 1958). Ausreichend zur Bejahung der Einsichtsfähigkeit ist das allgemeine Verständnis dafür, dass das Verhalten geeignet ist, Gefahren herbeizuführen. Ist diese Einsicht vorhanden, so ist regelmäßig der Schluss auf die Einsicht zur Erkenntnis der Verantwortlichkeit zulässig (vgl hierzu BGH VersR 1970, 374).

Zwar genügt bei der Berücksichtigung des Lebensalters die Annäherung an die obere oder untere Altersgrenze für sich allein nicht, um die erforderliche Einsicht zu bejahen oder zu verneinen; Rückschlüsse aus der Lebenserfahrung hinsichtlich der Verstandesreife sind aber zulässig.

Auch nach der sprachlichen Fassung des § 828 Abs. 2 BGB ist es deshalb an der Klägerin, vorliegend zu behaupten und ggf zu beweisen, dass die Einsichtsfähigkeit nicht vorhanden war, wobei Zweifel insoweit zu ihren Lasten gehen (vgl im Ergebnis hierzu BGH VersR 1970, 467).

Hinzukommen muss die Schuldhaftigkeit des Verhaltens, also die Erkenntnis der Gefährlichkeit einer unerlaubten Handlung oder ihre sorgfaltswidrige Verkennung. Abzustellen ist nicht auf die individuellen Fähigkeiten des Jugendlichen, sondern auf den normalen Entwicklungszustand eines Jugendlichen dieses Alters, der die Gefährlichkeit seines Tuns hätte voraussehen oder dieser Einsicht entsprechend hätte handeln müssen (vgl hierzu BGH NJW 1970, 1038).

c) Im vorliegenden Fall ist die Deliktsfähigkeit der Klägerin im Sinne des § 828 Abs. 2 BGB ebenso wie ein Verschulden zu bejahen. Die Wirksamkeit eines angelegten Sicherheitsgurtes zur Vermeidung erheblicher Verletzungen anlässlich eines Verkehrsunfalls ist zwischenzeitlich wissenschaftlich nachgewiesen, was auch allgemein bekannt ist. Gerade dann, wenn wie hier nach den Angaben der

Mutter der Klägerin und des Zeugen Schmidt außergerichtlich die Klägerin selbst sich als „problemloses Kind" in der Vergangenheit gezeigt hat und sie zudem dann, wenn sie im Fahrzeug der Mutter oder des Lebensgefährten mitgefahren ist, regelmäßig selbst den Sicherheitsgurt anlegte, wie dies außergerichtlich mitgeteilt worden war, kann bei der Klägerin auch von einer ausgerichteten Eigenverantwortlichkeit im Sinne der vorgenannten Erkenntnisse über die bloße Befolgung von Anweisungen der Mutter hinaus ausgegangen werden. Es erschließt sich einem Jugendlichen im Alter von 13 Jahren, dass das Nichtanlegen eines Sicherheitsgurtes bei einem Unfall erhebliche Folgen haben kann im Hinblick auf die eigene Gesundheit, so dass auch die Einsicht als vorhanden vorausgesetzt werden muss, dementsprechend den Sicherheitsgurt anlegen zu müssen. Die Erkenntnis der Gefährlichkeit, ohne angelegten Sicherheitsgurt zu fahren, nämlich das „Ausgeliefertsein" als Mitfahrer im Fahrzeug und die möglichen Krafteinwirkungen bei einem Unfall werden bei einem normal entwickelten Jugendlichen des Alters der Klägerin vorausgesetzt werden dürfen, so dass nach Auffassung der Beklagten auch ein Verschulden letztlich vorliegt.

d) Die Argumentation der Klägerin im Hinblick auf die Gesetzesänderung des § 828 Abs. 2 BGB nF hilft im vorliegenden Fall nicht weiter. Der von der Klägerin aufgegriffene Ansatzpunkt, wonach aufgrund jüngerer Erkenntnisse zur Entwicklung von Kindern oder Jugendlichen zur Teilnahme am Straßenverkehr das Alter der Deliktsfähigkeit durch den Gesetzgeber zu § 828 BGB nF angehoben worden ist, betrifft die aktive Teilnahme von Kindern im Straßenverkehr, etwa als Fußgänger oder Radfahrer, weil Kinder unter zehn Jahren nach jüngeren wissenschaftlichen Erkenntnissen nur eingeschränkt beispielhaft Geschwindigkeiten oder Entfernungen in komplexen Abläufen einschätzen können. Die Klägerin hat vorliegend jedoch passiv als Beifahrerin am Verkehr teilgenommen, im Übrigen war sie zum Zeitpunkt des Geschehens bereits 13 Jahre alt.

2. Die Argumentation der Klägerin, sie hätte auch bei angelegtem Sicherheitsgurt dieselben Schäden erlitten, ist unzutreffend.

a) Die erlittenen, erheblichen Verletzungen der Klägerin wären so, wie sie sich aus den vorliegenden ärztlichen Berichten ergeben, bei angelegtem Sicherheitsgurt nicht eingetreten.

Beweis unter Protest gegen die Beweislast: Sachverständigengutachten

Diese Erkenntnis lässt sich schon aus dem Umstand ableiten, dass die weiteren vier Insassen des Fahrzeugs, die angeschnallt waren, jedenfalls keine vergleichbar schweren Verletzungen wie die Klägerin davongetragen haben.

Beweis unter Protest gegen die Beweislast: Sachverständigengutachten

Ursache der vor allem schweren Kopfverletzungen und der Mehrfachtraumatisierung des Rumpfes dürfte insbesondere gewesen sein, dass die Klägerin nicht durch den Sicherheitsgurt im Fahrzeugsitz festgehalten worden ist, die Karosserie des Fahrzeugs also trotz der Deformation nicht als Schutz vor entsprechenden Verletzungen verblieb. Die Klägerin ist vielmehr aus dem Fahrzeug durch die berstende Scheibe herausgeschleudert worden und hat sich, auch weil sie anlässlich des Unfalls mit ihrem Körper massiv beschleunigt werden konnte, die entsprechenden Verletzungen zugezogen. In tatsächlicher Hinsicht erscheint die Auffassung der Klägerin zum Ausmaß der Folgen bei angelegtem Sicherheitsgurt deshalb nicht wahrscheinlich.

Beweis unter Protest gegen die Beweislast: wie vor

In rechtlicher Hinsicht entfällt deshalb ein Mitverschulden nicht, denn wäre die Klägerin angeschnallt gewesen, wäre es aller Voraussicht nach nicht zu den nunmehr eingetretenen Schäden gekommen. Die geringen Verletzungen der übrigen Fahrzeuginsassen sprechen gegen ein gleiches

Schadensausmaß, wobei der Klägerin auch nicht in ihrer hypothetischen Überlegung eines geringen Verschuldensmaßstabs bei bewusstem Entgurten zu folgen wäre.

b) Letztlich jedoch ist es Sache der Klägerin, darzulegen und zu beweisen, dass die Verletzungen bei angelegtem Gurt vermieden worden oder nicht so schwerwiegend ausgefallen wären. Denn dafür, dass durch das Nichtanlegen des Gurtes die Schäden der Klägerin geringer ausgefallen wären, streitet zugunsten der Beklagten ein Beweis des ersten Anscheins, wenn die nachfolgend darzulegenden Voraussetzungen in tatsächlicher Hinsicht gegeben sind (vgl. zum Anscheinsbeweis: BGH VersR 1980, 824; 1981, 548; OLG München VersR 1979, 1157; OLG Bamberg VersR 1985, 786).

Ein Anscheinsbeweis greift nämlich ein, wenn ein Unfallmechanismus vorliegt, bei dem der Sicherheitsgurt seine Schutzwirkung entfalten kann, was insbesondere dann anzunehmen ist, wenn der Nichtangeschnallte aus dem Fahrzeug herausgeschleudert wurde (vgl. hierzu BGH VersR 1980, 824). Weitere Voraussetzung ist, dass die Fahrgastzelle im vom Verletzten benutzten Teil keine wesentliche Deformierung aufweist, was die Beklagte anhand der schon in der Ermittlungsakte enthaltenen Lichtbilder zum Zustand des Fahrzeugs ... nachweisen kann. Weiterer Hinweis darauf, dass keine wesentliche Deformierung mit entsprechenden Folgen für die Insassen vorgelegen hat, dürften auch die geringen Verletzungen der übrigen Insassen auf allen weiteren Sitzplätzen im Fahrzeug sein (vgl. hierzu im Ergebnis *Küppersbusch*, aaO, Rn 387). Letztlich liegen bei der Klägerin Verletzungen vor, die typischerweise durch den Gurt hätten verhindert werden können, nämlich gerade im Bereich des Kopfes, des Rumpfes und der Extremitäten (vgl. *Küppersbusch*, aaO).

Da es als unstreitig zwischen den Parteien erscheint, dass der Gurt nicht angelegt war, spricht, da die Voraussetzungen insoweit vorliegen, der erste Anschein dafür, dass die Verletzungen bei einem angelegten Gurt vermieden worden wären, so dass für die Einwendung, dass gleichschwere Verletzungen auch dann eingetreten wären, wenn die Klägerin angeschnallt gewesen wäre, sie die Beweislast trifft (vgl. im Ergebnis BGH VersR 1980, 824; OLG Düsseldorf DAR 1985, 59).

3. Die Beklagte geht deshalb aus den aufgezeigten Gründen von einem Mitverschuldensanteil der Klägerin aus, welcher mit mindestens 1/3 zu bemessen ist. Auch unter Berücksichtigung sämtlicher hier relevanter Umstände, insbesondere aber unter Berücksichtigung des Umstands, dass für eine 13-Jährige das Anlegen des Sicherheitsgurtes gesetzlich verpflichtend in § 21 a StVO geregelt ist, neben der Einsichtsfähigkeit eines vergleichbaren Jugendlichen im Alter der Klägerin auch eine dieser zu vermittelnde gesetzliche Verpflichtung bestand, erscheint auch unter Billigkeitserwägungen ein Mithaftungsanteil von 1/3 angemessen und zumutbar.

In diesem Zusammenhang verweist die Beklagte auf die Entscheidung des Kammergerichts (zfs 1982, 163). Das Kammergericht hatte in einer vom BGH nicht zur Revision angenommenen Entscheidung ausgeführt, dass den Geschädigten, der den Sicherheitsgurt nicht anlegt, eine hälftige Mithaftung treffe. Geht man zugunsten der Klägerin davon aus, dass ihre Einsichtsfähigkeit geringer entwickelt ist als diejenige eines Erwachsenen, und mindert deshalb die Mitverschuldensquote, so erscheint die von der Beklagten angenommene Mithaftung von 1/3 auch unter Berücksichtigung der örtlichen Rechtsprechung angemessen. Im Übrigen ist auf die Entscheidung des LG Berlin (zfs 1988, 305) zu verweisen, welches eine Mithaftung von 25 % des nicht angeschnallten Insassen angenommen hat.

4. Letztlich ist darauf hinzuweisen, dass der Vortrag der Gegenseite, die Beklagte habe lediglich eine Haftung zu 1/2 außergerichtlich anerkannt, nicht zutrifft. Die Beklagte verweist insoweit auf ihre Stellungnahme vom 14.2.2015, in der sie zwar ausführt, dass sie ein Mitverschulden von 1/2 für angemessen erachte. Die konkreten Zusagen zur Leistung erfolgen dann jedoch mit der auch für

das Verfahren zugrunde gelegten Quote von 2/3, so dass die entsprechende Zusage der Beklagten im Hinblick auf den Rechtsstreit und den einheitlichen Gegenstand analog §§ 91, 269 Abs. 2 ZPO berücksichtigt werden mag.

Rechtsanwalt ◄

Hierauf kann dann wie folgt repliziert werden: 138

▶ **Muster: Replik** 139

An das ...gericht, ...

Az ...

Replik

In Sachen

... ./. ... Versicherungs AG

wird auf die Klageerwiderung wie folgt repliziert:

Hinsichtlich des Streitumfangs geht die Klägerin davon aus, dass nunmehr nur noch eine Mithaftung von 1/3 streitig ist. Die Beklagte hat zunächst erklärt, 1/2 der Schäden zu regulieren. Allein für den Fall einer außergerichtlichen Einigung erklärte sich die Beklagte bereit, 2/3 der Schäden zu regulieren. Dieses Vergleichsangebot hat die Klägerin abgelehnt, so dass bislang keine Einigkeit über die Regulierung von 2/3 der Ansprüche besteht. Die Beklagte hat dies bis zur Klageerwiderung auch nicht anerkannt. Wir gehen davon aus, dass der diesbezügliche Inhalt der Klageerwiderung als Teilanerkenntnis anzusehen ist.

Tatsächlich braucht sich die Klägerin jedoch kein Mitverschulden anzulasten. Es wurde unter Beweis gestellt, dass die Klägerin zum Unfallzeitpunkt schlief, ca. eine Stunde vor dem Unfall noch angeschnallt war und in dieser Zeit durchgeschlafen hat. Auf die entsprechenden Beweisangebote der Klageschrift wird ausdrücklich Bezug genommen.

Somit wird nach Verwertung der Beweisangebote feststehen, dass das Loslösen des Sicherheitsgurtes allein im Schlaf der Klägerin geschehen sein kann.

Bereits aus diesem Grund ist der Klägerin kein Mitverschulden anzulasten. Dies setzte nämlich voraus, dass die Klägerin gehandelt hat. Der Handlungsbegriff jedoch setzt ein Handlungsbewusstsein voraus, welches im Schlaf fehlt. Es ist nicht untypisch, dass sich ein Mensch im Schlaf durch den Gurt beengt fühlt und diesen, ohne über mögliche Folgen nachdenken zu können, öffnet. Dabei nimmt der Mensch im Schlaf nicht einmal wahr, dass er sich in diesem Moment in einem Pkw befindet. Erst recht steht dem Schlafenden nicht die Möglichkeit zu, bewusst über die Durchführung seiner Handlung nachzudenken. Somit könnte bei einer Handlung im Schlaf allein dadurch ein Mitverschulden begründet werden, dass man es zum Vorwurf machen würde, überhaupt im Auto geschlafen zu haben. Dies wäre jedoch nur dann der Fall, wenn Schlafen im Auto untersagt wäre oder wenn die betreffende Person damit hätte rechnen müssen, dass sie sich im Schlaf abschnallen würde. Beides ist vorliegend jedoch nicht der Fall. Der Klägerin war nicht bekannt, dass sie sich bereits zuvor einmal im Schlaf losgeschnallt hätte. Somit kann man es der Klägerin auch nicht vorwerfen, dass sie im Fahrzeug geschlafen hat.

Es fehlt hier also beim Abschnallen bereits an einer das Mitverschulden begründenden Handlung. Eine verschuldensbegründende Voranknüpfung an das Schlafen ist ebenfalls nicht möglich. Mithin hat die Beklagte für 100 % der Schäden der Klägerin einzustehen.

Auch die Tatsache, dass die Klägerin bereits älter als zehn Jahre, nämlich 13 Jahre alt war, wirkt sich mittelbar aus. Auch wenn Kinder über zehn Jahren durch die Neuregelung nicht unmittelbar betroffen sind, so werden sie zumindest mittelbar betroffen. Denn wenn der Gesetzgeber die Haftung einer 10-Jährigen ausschließt, müssen an die Bejahung der Einsichtsfähigkeit von 11- bis 14-Jährigen besonders strenge Anforderungen gestellt werden. Denn insoweit stehen diese Kinder einer fehlenden Einsichtsfähigkeit näher, als einer gegebenen. Insoweit ist die Klägerin in einer Parallelwertung wie eine 8- oder 9-Jährige zu betrachten, wenn man davon ausgeht, dass nach der alten Gesetzeslage bereits die Einsichtsfähigkeit mit sieben Jahren begründet werden konnte.

Unter Beachtung, dass die Rechtsprechung bei einem erwachsenen und unangeschnallten Mitfahrer überwiegend eine Mithaftung von 20 % bis 25 % bejaht hat (OLG Karlsruhe VersR 1991, 83: 20 %; KG DAR 1980, 2125: 25 %), muss das Verschulden, soweit ein solches überhaupt gegeben ist, bei Berücksichtigung der wenn überhaupt nur geringen Einsichtsfähigkeit zurücktreten. Zumindest insoweit ist die Klägerin der Auffassung, dass sich die Minderjährigkeit auswirken muss.

Auch der Anscheinsbeweis einer Mitursächlichkeit des fehlenden Anlegens des Sicherheitsgurtes greift nicht durch, da vorliegend unstreitig ein seitliches Überschlagen des Fahrzeugs gegeben ist, bei dem sich der Schutz des Sicherheitsgurtes nur wenig auswirkt und somit kein typischer Geschehensablauf mehr gegeben ist, bei dem davon ausgegangen werden kann, dass die Verletzungen geringer gewesen wären, wenn sich die Klägerin angeschnallt hätte (OLG Hamm VersR 1987, 206). Auch unter diesem Aspekt wird eine Mithaftung der Klägerin auszuschließen sein.

Schließlich wird noch das Verschulden der Fahrerin des klägerischen Pkws zu berücksichtigen sein. Dieses lässt, nachdem sich der Verschuldensgrad bereits aus der unstreitigen Sachverhaltsschilderung ergibt, in jedem Fall das wenn überhaupt gegebene geringe Mitverschulden der Klägerin zurücktreten (so in Anlehnung an BGH NJW 1998, 1137).

Somit ist davon auszugehen, dass die Beklagte zu 100 % für die Schäden der Klägerin einzustehen hat. Die Klage ist daher vollumfänglich begründet.

Im Übrigen wird noch einmal ausdrücklich bestritten, dass die Klägerin zum Unfallzeitpunkt nicht angeschnallt war. Die Klägerin selbst, die als einzige hierzu etwas wahrgenommen haben könnte, ist nicht in der Lage, ihre Wahrnehmungen zu äußern.

Einzig bekannt und unter Beweis gestellt werden konnte, dass die Klägerin eine Stunde vor dem Unfall noch angeschnallt war. Zur Vermutung, dass die Klägerin nicht angeschnallt gewesen sein könnte, kam es erst, nachdem die Polizei festgestellt hat, dass der Gurt in der Rücksitzbank eingeklemmt gewesen ist. Hierfür gibt es jedoch eine einfache Erklärung.

Zum Herausholen des Verbandskastens aus dem Fahrzeug, in welchem die Klägerin saß, klappte der Zeuge ... den Rücksitz der Klägerin nach vorn, da sich der Verbandskasten direkt dahinter befand. Beim Zurückklappen des Sitzes bei dem Fahrzeug ... wird dann der Gurt eingeklemmt. Somit konnten die später eintreffenden Polizisten nur den eingeklemmten Sicherheitsgurt feststellen.

Beweis: Zeugnis des Zeugen Schmidt, b.b.

Auch möglicherweise fehlende Beanspruchungsmerkmale sind kein Beweis für das Fehlen des Sicherheitsgurtes. Diese müssen gerade bei einem seitlichen Überschlag nicht auftreten.

Auch eine Überprüfung des Gurtschlosses ist nicht erfolgt. Hier wäre ein mögliches Auslösen feststellbar gewesen.

Schließlich gilt es noch zu berücksichtigen, dass neben der Klägerin der Zeuge ..., welcher auf dem Beifahrersitz vorn gesessen hat, am schwersten verletzt worden ist. Wohl nur dadurch, dass der

Zeuge ... reflexartig am Haltegriff über der Scheibe Halt suchte, sind noch schwerere Verletzungen vermieden worden. Bei Herrn ... sind sämtliche Bänder der rechten Schulter gerissen, und das Schultergelenk ist splitterartig gebrochen. Herr ... hat zudem eine Kopfverletzung erlitten.

Beweis: wie vor

Somit ist davon auszugehen, dass die Personen, die auf der Beifahrerseite gesessen haben, am schwersten gefährdet waren, wobei die kindliche Konstitution der Klägerin gegenüber der des Zeugen Schmidt benachteiligt war. Somit sind auch die schweren Verletzungen der Klägerin kein Indiz für ein fehlendes Anlegen des Sicherheitsgurtes.

Die Beklagten werden es zu beweisen haben, dass der Sicherheitsgurt nicht angelegt war. Im Übrigen kommt es hierauf jedoch nicht an, da, wie bereits dargelegt, dies auch keine Mithaftung begründen kann.

Rechtsanwalt ◀

ee) **Mitfahrer.** Die vernünftige Anschauung des Verkehrs gibt den Maßstab ab, wenn es darum geht, ob einem Geschädigten, der sich einem verkehrsuntüchtigen Fahrer anvertraut hat, ein Mitverschulden vorgeworfen werden kann. So geht es beispielsweise zu weit, einem Mitfahrer, der – nachdem er sich zu später Stunde einem unauffällig wirkenden Fahrer für den Heimweg anvertraut hat – durch einen auf Fahruntüchtigkeit beruhenden Fehler des Fahrers zu Schaden gekommen ist, als Mitverschulden anzulasten, dass er während der Fahrt eingeschlafen ist. Grundsätzlich trägt der Fahrer allein die Verantwortung für die ordnungsgemäße Führung des Fahrzeugs. Der Fahrgast braucht sich nicht ohne Anlass darum zu kümmern, ob der Fahrer den jeweiligen Anforderungen der Verkehrslage ausreichend Rechnung trägt; bestehen keine konkreten Anhaltspunkte für eine die Fahrtüchtigkeit beeinträchtigende Übermüdung des Fahrers, dann ist der Mitfahrer nicht verpflichtet, sich selbst wach zu halten, um den Fahrer zu beobachten.[134]

140

Bei der sog. **Trunkenheitsfahrt** kommt es nicht selten zu Beweisproblemen, wenn die alkoholbedingte Fahruntüchtigkeit des Fahrers zu einer Verletzung des Mitfahrers geführt hat. In der Regel entgegnet der Geschädigte, wenn ihm vorgeworfen wird, er habe den Schaden durch seine Mitfahrt mit einem alkoholisierten Fahrer selbst mitverursacht, dass er den Alkoholisierungsgrad des Fahrers nicht bemerkt habe. Dass sich ein Mitfahrer, der sich einem alkoholisierten Fahrer anvertraut, ein anspruchsminderndes Mitverschulden entgegenhalten lassen muss, wenn er infolge der alkoholbedingten Verkehrsunsicherheit des Fahrers zu Schaden kommt, ist selbstverständlich. Dies allerdings unter der Voraussetzung, dass er die Beeinträchtigung der Fahruntüchtigkeit des Fahrers hätte erkennen können oder sich ihm aus den Gesamtumständen insoweit zumindest begründete Zweifel hätten aufdrängen müssen. Hierfür trägt der Fahrer als Schädiger bzw dessen Haftpflichtversicherer die Beweislast. Das OLG Naumburg[135] fasst die Voraussetzungen für eine Mithaftung des Insassen wie folgt zusammen:

141

„Bei der Frage, ob einem Beifahrer unter dem Gesichtspunkt der Alkoholisierung des Fahrers ein Mitverschulden zuzurechnen ist, ist von folgenden Voraussetzungen auszugehen: Nach der Rechtsprechung des Bundesgerichtshofs (NJW 1989, 2365) kommt es für die Frage, ob der Geschädigte die Einschränkung der Fahrtüchtigkeit kannte oder erkennen musste, darauf an,

---

134 BGH VersR 1979, 938, 939.
135 OLG Naumburg v. 20.1.2011 – 1 U 72/10

> *ob und in welchem Umfang der Fahrer in Gegenwart des Geschädigten alkoholische Getränke zu sich genommen hat oder welche Ausfälle in seinem Beisein der Fahrer gezeigt hat, die auf eine alkoholbedingte Fahruntüchtigkeit schließen lassen. Die Obergerichte haben sich diesem Ansatz dem Grunde nach angeschlossen (zB OLG Hamm OLGR 1998, 145; OLG München OLGR 1998, 107; OLG Hamm OLGR 1997, 243; OLG Köln VRS 90, 92; OLG Oldenburg 1998, 277). Hierbei wird davon ausgegangen, dass aus dem Grad der Blutalkoholkonzentration – jedenfalls im Bereich der relativen Fahruntüchtigkeit – keine zwingenden Rückschlüsse auf erkennbare alkoholbedingte Ausfallerscheinungen gezogen werden können (OLG Naumburg Urteil vom 25.9.2001 – 9 U 121/00 – [zB NZV 2002, 459]).*"

142 Der Nachweis dieser Voraussetzungen kann schwierig werden. Hierfür reicht nicht schon die Feststellung aus, dass der Fahrer tatsächlich fahruntüchtig gewesen ist, vielmehr muss der Mitfahrer die Fahruntüchtigkeit auch erkannt haben. Dazu genügt es nicht, dass er wahrgenommen hat, dass der Fahrer vor Antritt der Fahrt überhaupt Alkohol zu sich genommen hat, vielmehr muss die Fahruntüchtigkeit für ihn konkret feststellbar gewesen sein, etwa aufgrund der genossenen Alkoholmenge oder aus den Trunkenheitssymptomen. Kann der Mitfahrer die alkoholbedingte Verkehrsunsicherheit des Fahrers erst während der Fahrt feststellen, dann wird von ihm erwartet, dass er den Fahrer zum Anhalten auffordert, um den Wagen zu verlassen. Der Vorwurf des Mitverschuldens scheitert in den Fällen der Trunkenheitsfahrt also nicht schon dann endgültig, wenn dem Verletzten nicht vorgeworfen werden kann, dass er überhaupt eingestiegen ist; vielmehr ist dann weiter zu prüfen, ob nicht ein Mitverschulden darin besteht, dass er nicht ausgestiegen ist, als für ihn die Fahruntüchtigkeit des Fahrers durch dessen Fahrweise erkennbar wurde.[136]

143 **2. § 254 Abs. 2 BGB.** Nach § 254 Abs. 2 BGB trifft den Geschädigten eine Warn-, Schadensminderungs- und Schadensabwendungspflicht. Ebenso wie im Fall des § 254 Abs. 1 BGB ist hier aber keine Pflicht im Rechtssinn gemeint, vielmehr erfasst das Unterlassungsverschulden im Sinne von § 254 Abs. 2 BGB ein Unterlassen derjenigen Maßnahmen, die ein vernünftiger, wirtschaftlich denkender Mensch nach Lage der Dinge ergreifen würde, um Schaden von sich abzuwenden.[137] Von den drei Pflichten, die § 254 Abs. 2 BGB erfasst, interessiert den Praktiker vor allem die Schadensminderungspflicht.

144 **a) Schadensminderungspflicht.** Dabei ist es geboten, zwischen Personen- und Sachschaden zu unterscheiden. In der Praxis stehen die Fälle der Verletzung der Schadensminderungspflicht beim Personenschaden von ihrer Bedeutung her im Vordergrund.

145 **aa) Personenschaden.** Da sind zunächst die Fälle, in denen der Schädiger dem Geschädigten vorwirft, er habe es versäumt, die ihm trotz seiner Unfallverletzung noch **verbliebene Arbeitskraft zur Schadensminderung einzusetzen**. Hierzu ist vorweg zu bemerken, dass ein Verstoß des Geschädigten gegen die Verpflichtung, seine Arbeitskraft gewinnbringend einzusetzen, nur dann angenommen werden kann, wenn er zur Verwertung seiner Arbeitskraft überhaupt noch in der Lage ist.[138]

---

136 OLG Oldenburg VersR 1998, 1390, 1391.
137 BGH VersR 1988, 1178, 1179.
138 BGH VersR 1996, 332, 333.

Beispiel: 146
Hat der Geschädigte durch die Schädigungshandlung die Fähigkeit verloren, in seinem erlernten Beruf (zB Automonteur) tätig zu sein, kann er mit der ihm verbliebenen Arbeitskraft aber noch in einem anderen Beruf (zB Büromaschinenmechaniker) tätig sein, dann wird von ihm grundsätzlich erwartet, dass er sich umschulen lässt. Hier gilt der Grundsatz der Zumutbarkeit, der eine fallbezogene Betrachtung verlangt. Dabei ist die Rechtsprechung mit ihren Anforderungen an die Eigeninitiative des Geschädigten durchaus nicht zurückhaltend, vielmehr erwartet sie beispielsweise, dass sich der Verletzte für kürzere oder längere Zeit von seiner Familie trennt, um an einer Umschulung teilzunehmen, die sonst nicht möglich wäre.[139]

Diese **Pflicht zur Umschulung** gilt aber nicht unbesehen. Vielmehr ist zu berücksichtigen, zu welchem Erfolg die Umschulung führen wird. Lassen etwa die Verletzungen des Geschädigten durchaus noch eine Tätigkeit in einem anderen Beruf zu, lässt sich aber von Anfang an vorhersehen, dass er – etwa weil er der deutschen Sprache nicht mächtig ist – in seinen Umschulungsanstrengungen scheitern wird, dann entfällt eine Verpflichtung zur Umschulung von vornherein.[140] Die Umschulung ist also nicht Selbstzweck. Wirft der Schädiger dem Geschädigten vor, er habe das ihm Zumutbare zur Verwertung der ihm verbliebenen Arbeitskraft nicht getan, dann steht diese Behauptung in der Beweislast des Schädigers. Das schließt den Beweis dafür ein, dass der Geschädigte trotz seiner unfallbedingten Beeinträchtigungen auf dem Arbeitsmarkt noch vermittelbar war. Allerdings ist der Geschädigte im Rahmen seiner prozessualen Mitwirkungspflicht gehalten darzulegen, was er zur Erlangung einer ihm zumutbaren Arbeitsstelle unternommen hat.[141] 147

Der Geschädigte kann auch verpflichtet sein, **Aufwendungen** auf sich zu nehmen, wenn er nur so seiner Pflicht zur Verwertung der eigenen Arbeitskraft genügen kann. So ist er beispielsweise verpflichtet, ihm zur Verfügung stehende Finanzierungsmittel zur Anschaffung eines Fahrzeugs einzusetzen, wenn er einen geeigneten Arbeitsplatz zumutbar nur mit einem Pkw erreichen kann. Im wirtschaftlichen Ergebnis belasten die damit verbundenen Aufwendungen im Übrigen nicht den Geschädigten, sondern den Schädiger. Ausgangspunkt für die nach § 249 BGB gebotene vergleichende Betrachtung der Einkommensverhältnisse vor und nach dem Unfall ist das Einkommen, das der Geschädigte ohne den Unfall gehabt hätte. Wenn von ihm nun als Folge seiner Schadensminderungspflicht die Anschaffung und Unterhaltung eines Kraftfahrzeugs verlangt wird, dann verringern sich die Einkünfte, die sich der Geschädigte auf seinen Schadensersatzanspruch anrechnen lassen muss, um die Aufwendungen für den Pkw. Dies bedeutet, dass in diesem Fall die mit der Anschaffung und Unterhaltung des Fahrzeugs verbundenen Aufwendungen letztlich zum Nachteil des Schädigers zu Buche schlagen. Der Verdienstausfall, den er dem Geschädigten erstatten muss, verringert sich dann nicht um das volle Einkommen, das der Geschädigte an dem neuen Arbeitsplatz erzielt, sondern um das Einkommen, das dem Geschädigten nach Abzug der Aufwendungen für die Anschaffung und Unterhaltung des Autos verbleibt.[142] 148

Die aus § 254 Abs. 2 BGB folgende Pflicht des Geschädigten zur Minderung seines Schadens führt regelmäßig zu Wertungsproblemen, wenn es darum geht, ob sich der Geschädigte einem 149

---
139 BGHZ 10, 18, 20.
140 BGH VersR 1991, 437, 438.
141 BGH VersR 1997, 115 8, 1160.
142 BGH VersR 1998, 1428.

ärztlichen Eingriff hätte unterziehen müssen, um seine Arbeitskraft wiederzuerlangen. Hier gilt, dass ein Geschädigter nur dann eine **Operation zur Wiederherstellung seiner Arbeitsfähigkeit** auf sich nehmen muss, wenn sie einfach und gefahrlos und nicht mit besonderen Schmerzen verbunden ist; außerdem muss sie die sichere Aussicht auf Heilung oder wesentliche Besserung bieten. Diese Voraussetzungen liegen höchst selten vor. Für die Zumutbarkeit eines Eingriffs reicht es insbesondere nicht aus, dass er aus ärztlicher Sicht unter Abwägung seiner Chancen und Risiken zu empfehlen ist und dementsprechend dem Verletzten von Ärzten angeraten wird.[143]

150 Zu Entscheidungen, die auf den ersten Blick überraschen können, kann es kommen, wenn in einem konkreten Fall das **Versorgungsrecht und das Bürgerliche Recht zusammentreffen**. Das geschieht in den Fällen, in denen ein Beamter wegen einer Schädigung pensioniert wird und sich weigert, seine verbliebene Arbeitskraft in einem anderen Tätigkeitsfeld einzusetzen, sondern sich mit seiner Pension begnügt.

151 Gegen die Entscheidung des Beamten ist rechtlich nichts einzuwenden. Er ist nicht gehindert, sich mit seiner Pension zu begnügen und auf einen Zusatzerwerb zu verzichten. Daraus darf sich aber keine höhere Belastung des zivilrechtlich (§§ 823 BGB, 7 StVG) zum Schadensersatz verpflichteten Schädigers ergeben. Ein Beamter, der wegen eines fremdverschuldeten Unfalls zur Ruhe gesetzt worden ist, setzt sich dem Schädiger gegenüber aus § 254 Abs. 2 BGB dem Einwand der unterlassenen Schadensminderung aus, wenn er es unterlässt, seine verbliebene Arbeitskraft durch Übernahme einer zumutbaren anderweitigen Tätigkeit zu verwerten. Es tritt also dem Schädiger gegenüber eine Anspruchsminderung ein. Diese Anspruchsminderung wirkt sich allerdings nur zulasten des Dienstherrn des Beamten aus, wenn er die auf ihn übergegangenen Ansprüche des Geschädigten gegenüber dem Schädiger geltend macht. Dies deshalb, weil der Anspruch auf Ruhegehalt bei Eintritt der beamtenrechtlichen Voraussetzungen unbedingt ist; dem Versorgungsrecht ist eine Schadensminderungspflicht des Beamten gegenüber dem Dienstherrn fremd.

152 Es gibt aber nicht nur träge Geschädigte, sondern auch solche, die über Gebühr fleißig sind. Auch in solchen Fällen kann es zu Rechtsproblemen kommen.

153 **Beispiel:**
Ist eine Ärztin wegen ihrer erlittenen Unfallverletzungen nicht mehr in der Lage, wie bisher zeitweilig Landärzte zu vertreten, stellt sich die Frage, ob sie sich auf ihren Verdienstausfallanspruch gegen den Schädiger die Einkünfte aus ihrer eigenen Praxis anrechnen lassen muss, die sie zwei Jahre nach dem Unfall eröffnet hat und unter Raubbau an ihren Kräften betreibt.

154 Hier gilt, dass die Erträge aus einer Erwerbstätigkeit, zu der der Geschädigte im Interesse der Schadensminderung nach § 254 Abs. 2 BGB nicht gehalten ist, in der Regel nicht zu einer Verkürzung des Schadensersatzanspruchs wegen Erwerbsausfalls führen; es wäre unbillig, dem Schädiger die Früchte dieser **überpflichtmäßigen Tätigkeit** zukommen zu lassen.[144]

155 **bb) Sachschaden.** Hat der Schädiger wegen der Beschädigung einer Sache Schadensersatz zu leisten, dann kann der Geschädigte statt der Naturalrestitution nach § 249 Abs. 2 BGB Geldersatz verlangen. Dieser Anspruch ist in der Rechtswirklichkeit die Regel. Beim Kraftfahr-

---

[143] BGH NJW 1994, 1592, 1593.
[144] BGH NJW 1974, 602, 603; BGHZ 55, 329, 332.

zeugschaden ist es geradezu selbstverständlich, dass der Geschädigte die Reparatur selbst in die Hand nimmt. Wenn nun der Schädiger dem Geschädigten vorwirft, er sei bei der Reparatur zu üppig verfahren und es wäre ihm möglich gewesen, den Schaden mit einem geringeren Aufwand wiedergutzumachen, dann führt der Weg nicht sogleich zu § 254 Abs. 2 BGB. Vielmehr stellt sich zunächst die Frage, ob (1.) der Schädiger überhaupt für die Kosten einer Reparatur aufkommen muss. Ist das der Fall, dann geht es darum, ob (2.) die aufgewandten Kosten erforderlich waren; erst dann stellt sich die Frage, ob (3.) dem Geschädigten Versäumnisse vorzuwerfen sind, die dazu geführt haben, dass die Reparatur unnötig teuer geworden ist.

(1) Grundsatz: Herstellung vor Wertersatz. Zunächst also zur Frage, ob der Schädiger überhaupt für die Reparaturkosten aufkommen muss. Der Schädiger muss den Herstellungsaufwand durchaus nicht in jedem Fall bezahlen; er steht unter dem Schutz einer Opfergrenze. § 251 Abs. 2 BGB wirkt in den Anspruch auf Erstattung der Herstellungskosten nach § 249 Abs. 2 BGB hinein. Danach haftet der Schädiger nicht für einen Herstellungsaufwand, der unverhältnismäßig ist. Vielmehr muss in einem solchen Fall nach Treu und Glauben das Interesse des Geschädigten an einer Wiederherstellung hinter dem Schutz des Ersatzpflichtigen vor unzumutbaren Belastungen zurücktreten; er muss sich mit einer „Kompensation" durch einen Wertausgleich seines Schadens zufrieden geben.[145]

156

Allerdings wirkt sich der Schutz, den § 251 Abs. 2 BGB dem Schädiger gewährt, in der Praxis nur selten aus. Der Schädiger muss eine hohe Hürde überwinden, um sich von dem Zwang zur Restitution zu befreien. Nach der Gesetzeskonzeption geht Herstellung vor Wertersatz.

157

Beispiel:
Macht ein Taxiunternehmer, dessen Taxi bei einem Verkehrsunfall schwer beschädigt worden ist, die Kosten für die Anmietung eines Ersatztaxis während der Reparaturzeit geltend, dann ist die Grenze des § 251 Abs. 2 BGB nicht schon dann überschritten, wenn die Kosten für die Inanspruchnahme des Ersatztaxis den sonst drohenden Gewinnausfall – sei es auch erheblich – übersteigen, sondern erst dann, wenn die Anmietung des Ersatztaxis für einen wirtschaftlich denkenden Geschädigten aus der maßgeblichen vorausschauenden Sicht unternehmerisch geradezu unvertretbar ist, was nur ausnahmsweise der Fall sein wird.

158

Dem Geschädigten steht auf der Grundlage des § 249 Abs. 1 und 2 BGB in aller Regel ein Anspruch auf Naturalrestitution zu, der grundsätzlich auch dann keiner besonderen Rechtfertigung bedarf, wenn er einen Aufwand erfordert, der ein – im Beispiel in einem Gewinnentgang bestehendes – Kompensationsinteresse des Verletzten übersteigt. Die Versagung der Restitution unter den Voraussetzungen des § 251 Abs. 2 BGB stellt nach der Gesetzeslage die vom Schädiger darzulegende und begründungsbedürftige Ausnahme vom Regelfall des § 249 BGB dar. Für eine Regelgrenze, etwa das Doppelte des Verdienstausfallschadens, ist hier kein Raum. Als unverhältnismäßig kann die Anmietung eines Ersatztaxis nur dann gewertet werden, wenn sie für einen wirtschaftlich denkenden Geschädigten unvertretbar ist, es sich also aus der Sicht eines verständigen Kaufmanns um eine schlechthin unvernünftige Entscheidung gehandelt hat.[146]

159

---

145 BGHZ 63, 295, 297; 102, 322, 330.
146 BGH VersR 1994, 64, 65.

160 **(2) Erforderlichkeit der Herstellung.** Scheitert der Wiederherstellungsanspruch nicht an der Schranke des § 251 Abs. 2 BGB, dann stellt sich die Frage, ob der Wiederherstellungsaufwand, den der Geschädigte ersetzt verlangt, überhaupt „erforderlich" gewesen ist, wie es § 249 Abs. 2 S. 1 BGB verlangt. Dies ist eine objektive Anspruchsschranke. Auch hier ist indes zu sagen, dass der Schädiger, der eine Anspruchsreduktion geltend macht, weil der Geschädigte mit seinen Reparaturaufwendungen übertrieben habe, vor einer hohen Hürde steht. Das hängt mit dem Verständnis des Erforderlichkeitsbegriffs zusammen. Die Rechtsprechung hält die Aufwendungen für erforderlich, die aus der Sicht ex ante ein verständiger und wirtschaftlich denkender Betroffener „in der besonderen Lage des Geschädigten" für eine zumutbare Instandsetzung auf sich genommen hätte.[147]

161 **(3) Vorwerfbare Fehlherstellung.** Bei diesem Verständnis des Wirtschaftlichkeitspostulats, nach dem es für die Beurteilung der Frage, ob der Geschädigte für die Wiedergutmachung des Schadens einen unnötig hohen Betrag aufgewandt hat, auf die besondere Situation des Geschädigten mit seinen individuellen Erkenntnis- und Einflussmöglichkeiten und die gerade für ihn bestehenden Schwierigkeiten ankommt, bleibt für die Schadensminderungspflicht iSv § 254 Abs. 2 BGB nicht mehr viel Raum.

162 Es kann hier nur noch um die Fälle gehen, in denen dem Geschädigten auch dann, wenn man sich seine Lage und seine Erkenntnis- und Einflussmöglichkeiten vor Augen hält, Versäumnisse bei der Restitution vorzuwerfen sind. Um **Abgrenzungsprobleme** zwischen den Anwendungsfeldern des § 249 S. 2 BGB aF (jetzt: **§ 249 Abs. 2 S. 1 BGB**) einerseits und des **§ 254 Abs. 2 BGB** andererseits zu vermeiden, ist der BGH wiederholt dazu übergegangen, § 254 im Rahmen des § 249 S. 2 BGB aF (jetzt: § 249 Abs. 2 S. 1 BGB) sinngemäß anzuwenden.[148]

163 Diese Frage mag von eher theoretischem Interesse sein, weil gleichgültig, welchen Argumentationsweg man wählt, die Aussage des § 254 Abs. 2 BGB in jedem Fall in die Entscheidung einfließt. Dies ist in der Praxis insbesondere in den Fällen von Bedeutung, in denen dem Geschädigten auch unter Berücksichtigung seiner Lage und seiner Möglichkeiten ein Versagen bei der Wahrnehmung der Ersetzungsbefugnis vorzuwerfen ist, weil er sich von mehreren Möglichkeiten der Wiedergutmachung des Schadens, die ihm zur Verfügung standen, für eine untaugliche (zB einen erkennbar unfähigen Reparateur) oder unnötig kostspielige Art der Schadensbeseitigung entschieden hat. So kann ein Geschädigter dann, wenn sein Auto beschädigt wird, grundsätzlich verlangen, dass ihm der Schädiger für die Dauer der Reparatur oder Ersatzbeschaffung ein Ersatzfahrzeug zur Verfügung stellt oder ihm die hierfür erforderlichen Kosten ersetzt. Bei der Prüfung der Erforderlichkeit der mit der Anmietung eines Ersatzfahrzeugs verbundenen Kosten kommt aber der Rechtsgedanke des § 254 Abs. 2 BGB zum Zuge.

164 Der Geschädigte ist gehalten, im Rahmen des Zumutbaren den wirtschaftlicheren Weg der Schadensbeseitigung zu wählen.[149] Er muss sich deshalb bei der Anmietung eines Ersatzfahrzeugs zunächst nach einem günstigeren Angebot umhören. Das gilt vor allem dann, wenn er das Ersatzfahrzeug für einen längeren Zeitraum mietet. Dies bedeutet zwar nicht, dass er erst eine Art Marktforschung zu betreiben hat, wohl aber ist von ihm zu verlangen, dass er sich

---

147 BGHZ 54, 82, 85; BGH VersR 1985, 283, 284 f; 2003, 920, 92.
148 BGHZ 63, 182, 180; BGH VersR 1985, 283, 284.
149 Vgl BGH VersR 2003, 920, 921; NJW 2005, 51, 53.

durch ein oder zwei Konkurrenzangebote telefonisch vergewissert, ob sich das ihm zunächst gemachte Angebot noch im Rahmen hält.[150]

Das **Gebot wirtschaftlich vernünftiger Schadensbehebung** verlangt von dem Geschädigten nicht, dass er zugunsten des Schädigers spart oder sich in jedem Fall so verhält, als habe er den Schaden selbst zu tragen. Bei der Prüfung, ob der Geschädigte den Aufwand zur Schadensbeseitigung in vernünftigen Grenzen gehalten hat, ist eine subjektbezogene Schadensbetrachtung anzustellen. Das bedeutet, dass Rücksicht zu nehmen ist auf die spezielle Situation des Geschädigten, insbesondere auf seine individuellen Erkenntnis- und Einflussmöglichkeiten sowie auf die möglicherweise gerade für ihn bestehenden Schwierigkeiten.

165

Für einen Geschädigten, der ein **Ersatzfahrzeug** bei einem namhaften Mietwagenunternehmen zu den ihm dort angebotenen Konditionen anmietet, stellt sich die Lage ähnlich dar wie bei der Inzahlunggabe des bei einem Unfall beschädigten Fahrzeugs bei einem angesehenen Gebrauchtwagenhändler. Ebenso wie bei der letzteren Art der Schadensbehebung braucht sich der Geschädigte auch bei der Anmietung eines Ersatzfahrzeugs nur auf den ihm in seiner Lage offenstehenden Markt zu begeben. Dies bedeutet, dass die Frage, ob der bei einem Unfall Geschädigte ein Fahrzeug nach dem sog. **Unfallersatzwagentarif** (auch: Unfallersatztarif) anmieten darf, im Grundsatz zu bejahen ist. Er ist gegenüber dem Schädiger oder dessen Haftpflichtversicherer nicht verpflichtet, sich auf die Suche nach einem Mietwagenunternehmen zu begeben, das ihm einen gegenüber dem Unfallersatztarif günstigeren Sondertarif einzuräumen bereit ist.

166

Bieten die Vermieter außer dem Unfallersatztarif eine Vielzahl anderer Tarife an, die sie u.a. als Freizeit-, Pauschal-, Grund-, Wochen-, Monats-, Wochenend-, Spar-, Kreditkarten- oder Spezialtarif bezeichnen, kann im Regelfall nicht davon ausgegangen werden, dass ein Unfallgeschädigter von solchen Tarifen weiß und dass ihm deren Unterschiede zu dem ihm als für seine Verhältnisse passend angebotenen Unfallersatztarif bekannt sind.[151] Allerdings kann ein Unfallersatztarif nur insoweit als ein „erforderlicher" Aufwand zur Schadensbeseitigung gemäß § 249 BGB anerkannt werden, als die Besonderheiten dieses Tarifs mit Rücksicht auf die Unfallsituation (etwa die Vorfinanzierung, das Risiko eines Ausfalls mit der Ersatzforderung wegen falscher Bewertung der Anteile am Unfallgeschehen durch den Kunden oder den Kfz-Vermieter) einen gegenüber dem „Normaltarif" höheren Preis aus betriebswirtschaftlicher Sicht rechtfertigen, weil sie auf Leistungen des Vermieters beruhen, die durch die besondere Unfallsituation veranlasst und infolgedessen zur Schadensbehebung erforderlich sind. In diesem Punkt können im konkreten Schadensfall Feststellungen erforderlich werden.

167

Die Beweislast dafür, dass eine Preiserhöhung über den „Normaltarif" hinaus unfallbedingt ist, trägt der Geschädigte bzw sein Rechtsnachfolger.[152] Einen ungerechtfertigt überhöhten Unfallersatztarif kann der Geschädigte nur ersetzt verlangen, wenn er darlegt und ggf beweist, dass ihm unter Berücksichtigung seiner individuellen Erkenntnis- und Einflussmöglichkeiten sowie den gerade für ihn bestehenden Schwierigkeiten unter zumutbaren Anstrengungen auf dem in seiner Lage zeitlich und örtlich relevanten Markt kein wesentlich günstigerer Tarif zugänglich war.[153] Nur dann, wenn aus Sicht des Geschädigten der ihm angebotene Ta-

168

---

150 BGH VersR 1985, 1092; 2005, 850, 851.
151 BGH VersR 1996, 902, 903; 2003, 920, 921.
152 BGH NJW 2005, 51, 53; VersR 2005, 239, 240 f.
153 BGH NJW 2005, 1933, 1934; VersR 2005, 850, 851.

rif überhöht gewesen ist oder bei Anmietung gar kein Mietzins vereinbart wurde, wäre der Tatrichter aufgerufen, den erforderlichen Geldbetrag zu schätzen. Erst dann überhaupt käme es auf die Frage der richtigen Schätzungsgrundlage an. Tatsächlich jedoch wird regelmäßig überhaupt nicht die Frage geprüft, ob ein Tarif aus Sicht des Geschädigten überhöht ist. Es wird sofort geschätzt, wobei hier die Rechtsprechung unübersichtlich ist. Zwischen der Schätzung nach „Fraunhofer" und „Schwacke" existieren noch „Fracke" (also das arithmetische Mittel dieser Tabellen und die Annahme einer Tabelle mit diversen Zuschlägen oder Abschlägen. Da selbst an einem Gericht keine einheitliche Rechtsprechung existieren muss, hilft der Rat sich vor Klageerhebung nach der örtlichen Rechtsprechung zu erkundigen, nur bedingt.

169 **b) Warnpflicht.** Den Geschädigten trifft nach § 254 Abs. 2 BGB die Pflicht, diejenigen Maßnahmen zu ergreifen, die nach der allgemeinen Lebenserfahrung von einem ordentlichen Menschen angewandt werden müssen, um den Schaden von sich abzuwehren oder ihn zu mindern. Ihn trifft nach § 254 Abs. 2 BGB eine Warnpflicht, wenn die Gefahr eines ungewöhnlich hohen Schadens besteht, die der Schädiger weder kannte noch kennen musste. Nach § 254 BGB sind die jeweiligen Verursachungsbeiträge zum Schadenseintritt und zur Schadenshöhe gegeneinander abzuwägen, wobei es § 254 Abs. 2 BGB auch erlaubt, einen Beteiligten allein mit dem Schaden zu belasten. Das kommt indes nur im Extremfall in Betracht, beispielsweise dann, wenn ein Gebrauchtwagenhändler, nachdem er es wort- und tatenlos anderthalb Jahre hingenommen hat, dass Kalk, der von einer benachbarten Baustelle herübergeweht wird, seine aufgestellten Fahrzeuge verschmutzt, schließlich für die dadurch entstandenen Schäden eine Rechnung von 104.000 DM präsentiert.[154]

170 **3. Die Abwägung nach § 17 StVG.** Für Kraftfahrzeugkollisionen gilt die bisherige Rechtslage auch im neuen Recht im Grundsatz fort. In § 17 Abs. 3 StVG wird geregelt, dass in diesen Fällen eine Ersatzpflicht ausscheidet, wenn der Unfall durch ein unabwendbares Ereignis verursacht worden ist. Ist das nicht der Fall, dann kommt es nach § 17 Abs. 1 und 2 StVG für die Haftung auf eine Abwägung der Betriebsgefahren der beteiligten Kraftfahrzeuge an, wie wir es von § 17 Abs. 1 StVG aF kennen.

171 Diese Grundsätze gelten nach § 17 Abs. 4 StVG auch für Kollisionen eines Anhängers mit einem Kraftfahrzeug. Für die Auslegung des Begriffs der Unabwendbarkeit gelten die zu § 7 Abs. 2 StVG aF entwickelten Rechtsgrundsätze. „Unabwendbares Ereignis" meint danach nicht absolute Unvermeidbarkeit des Unfalls, sondern ein schadenstiftendes Ereignis, das auch bei der äußersten möglichen Sorgfalt nicht abgewendet werden kann. Hierzu gehört ein sachgemäßes, geistesgegenwärtiges Handeln erheblich über dem Maßstab der im Verkehr erforderlichen Sorgfalt iSv § 276 BGB hinaus.[155] Ein unabwendbares Ereignis ist also ein Unfall, den auch der ideale Autofahrer nicht verhindern konnte.[156]

172 **a) Entscheidend: Verursachungsbeiträge im Unfallzeitpunkt.** Auch für die Abwägung nach § 17 StVG kommt es darauf an, welches Gewicht die Verursachungsbeiträge gerade in der konkreten Situation, im Augenblick des Schadenseintritts, für die Schadensentstehung haben.

---

154 OLG Dresden VersR 1999, 765, 766.
155 BGH VersR 2005, 566, 567.
156 Vgl etwa BGH VersR 1992, 714, 715.

Beispiel:
Ist ein Fahrer mit unangemessen hoher Geschwindigkeit in eine Nebelbank gefahren und wird dort sein Wagen von einem nachfolgenden Nebelraser angefahren, nachdem der Fahrer seine Geschwindigkeit den schlechten Sichtverhältnissen angepasst hatte, dann kommt es für den dem geschädigten Fahrer anzulastenden Verursachungsbeitrag allein auf die Betriebsgefahr an, die von seinem Fahrzeug im Unfallzeitpunkt ausging.

Durch die Anpassung seiner Fahrgeschwindigkeit an die Sichtverhältnisse hatte der geschädigte Fahrer die Betriebsgefahr seines Fahrzeugs auf den Pegel von Betriebsgefahren reduziert, die bei der Abwägung nach § 17 StVG nicht ins Gewicht fallen; er verhielt sich im Kollisionszeitpunkt wie ein Idealfahrer. Es spielt für die Abwägung der Verursachungsbeiträge keine Rolle, dass der geschädigte Fahrer zunächst mit überhöhter Geschwindigkeit in die Nebelwand gefahren war. Ein späterer Unfall kann einer Geschwindigkeitsüberschreitung nicht allein schon deshalb zugerechnet werden, weil das Fahrzeug des Geschädigten bei Einhaltung der verlangten Geschwindigkeit erst später an die Unfallstelle gelangt wäre; vielmehr kommt es darauf an, ob sich die auf das zu schnelle Fahren zurückzuführende, also den Verkehrsverstoß bildende erhöhte Gefahrenlage gerade in dem Unfall aktualisiert.[157] Das ist hier nicht der Fall. Gewiss ist der geschädigte Fahrer zu schnell in die Nebelbank hineingefahren. Im Zeitpunkt des Unfalls fuhr er aber mit einer den Sichtverhältnissen angepassten Geschwindigkeit; in diesem Zeitpunkt stellte das langsam fahrende Fahrzeug nur eine Gefahr dar, die auch ein „Idealfahrer" nicht hätte geringer halten können. Das bedeutet, dass dem geschädigten Fahrer nach § 17 Abs. 3 StVG bei der Abwägung der Verursachungsbeiträge die Betriebsgefahr seines Fahrzeugs nicht angelastet werden kann. Der Unfallgegner hat also in vollem Umfang für die Folgen des Unfalls einzustehen.[158] Hingegen wird bei einer Kollision zwischen einem nach rechts einbiegenden Pkw und einem alkoholisierten Fahrradfahrer auf dem Fußgängerüberweg einer ampelgeregelten Kreuzung eine hälftige Schadensteilung in Betracht gezogen.[159]

b) Verkehrsunfall durch Tiere auf der Fahrbahn. Kommt es zu einem Verkehrsunfall durch Tiere auf der Fahrbahn, so kann die Größe der Tiere für die rechtliche Beurteilung durchaus eine entscheidende Rolle spielen.

Beispiel:
Bremst ein Autofahrer wegen eines Eichhörnchens, das plötzlich seinen Weg kreuzt, sein Fahrzeug so stark ab, dass ein nachfolgender Motorradfahrer verunglückt, dann ist für die Abwägung der Verursachungsbeiträge nach § 17 StVG zu beachten, dass gemäß § 4 Abs. 1 S. 2 StVO der Vorausfahrende nicht ohne zwingenden Grund stark bremsen darf. Dies bedeutet, dass ein starkes Bremsen wegen eines auf die Fahrbahn laufenden **Kleintieres** dann nicht zulässig ist, wenn dadurch für ein nachfolgendes Fahrzeug die Gefahr des Auffahrens hervorgerufen wird. Der Schutz eines Tieres muss bei der Abwägung hinter dem Schutz des nachfolgenden Verkehrsteilnehmers zurücktreten. Im Gegensatz zu größeren Tieren – etwa Rehen oder Hirschen –, bei denen der Fahrer im Fall einer Kollision damit rechnen muss, selbst einen Sach- oder Personenschaden zu erleiden, ist es bei Kleintieren zumutbar, nicht abzubremsen, sondern das Tier zu überfahren und den nachfolgenden Verkehr zu schützen. Der

---
157 BGH VersR 2003, 783, 784.
158 BGH VersR 1987, 821, 822.
159 KG v. 28.7.2009 – 12 U 169/08.

Autofahrer hat also gegen § 4 Abs. 1 S. 2 StVO verstoßen. Er kann sich nicht etwa mit dem Argument entlasten, er habe infolge einer Schreckreaktion nicht mehr unterscheiden können, ob er angesichts der Größe des Tieres habe anhalten dürfen oder nicht. Von ihm muss verlangt werden, dass er in einer Situation wie der vorliegenden noch eine hinreichende Konzentration und Selbstbeherrschung aufbringt.

Bei einem Eichhörnchen handelt es sich um ein derart kleines Tier, dass weder eine nennenswerte Schreckreaktion nachvollziehbar ist noch die Gefahr besteht, dass Zweifel dahin gehend aufkommen können, ob ein für das eigene Fahrzeug und die eigene Person gefahrloses Überfahren des Tieres noch möglich ist oder nicht. Damit hat sich der Autofahrer auch schuldhaft verhalten, so dass er zusätzlich aus Delikt haftet (§ 823 BGB). Seine Haftung ist jedoch auf 2/3 begrenzt, weil dem Motorradfahrer eine Mitverursachung anzulasten ist. Er hat in der vorliegenden Verkehrssituation sein Fahrzeug nicht sicher beherrscht. Wegen des überwiegenden Verschuldens des Autofahrers erscheint eine Haftungsverteilung von 2/3 zu 1/3 zu seinen Lasten gerechtfertigt.[160]

177 Für Fälle, in denen **ausgebrochenes Vieh** in einen Verkehrsunfall verwickelt ist, haben sich spezielle Abwägungsgrundsätze herausgebildet.

178 **Beispiel:**
Fährt beispielsweise ein Autofahrer auf seinen Vordermann auf, weil dieser wegen aus einem Bauernhof ausbrechender und auf die Straße rennender Pferde plötzlich abbremsen muss, dann kommt es, wenn der Autofahrer den Tierhalter auf Schadensersatz in Anspruch nimmt, für die Abwägung der Verursachungsbeiträge nach § 17 Abs. 4 StVG darauf an, ob der Tierhalter den Entlastungsbeweis aus § 833 S. 2 BGB führen kann. Ist das nicht der Fall, dann fällt auf der Seite des Tierhalters die Tiergefahr ins Gewicht. Auf der Seite des Autofahrers verbleibt für die Abwägung die – durch ein Verschulden (zu geringer Abstand zum Vordermann) erhöhte – Betriebsgefahr.
Auf den ersten Blick könnte man nun meinen, dass diese Abwägung zum Nachteil des Autofahrers ausginge, weil auf seiner Seite zusätzlich zur Betriebsgefahr ein Verschulden im Spiel war. Doch an dieser Stelle setzt eine Abwägungsregel ein, die sich in der Praxis herausgebildet hat. Diese Regel besagt, dass die Tiergefahr, die von ausgebrochenem Vieh auf der Fahrbahn ausgeht, auch bei einem leichten Verschulden des Autofahrers überwiegt; das gilt besonders, wenn die Tiere bei Dunkelheit auf die Straße gerannt sind. Die Gefahr, die für den Straßenverkehr von ausgebrochenem Vieh auf der Fahrbahn ausgeht, ist eben deutlich höher als die von einem sich dort bewegenden Fahrzeug. Der Klage des Autofahrers wurde deshalb zu 60 % stattgegeben.[161]

179 Es existieren typische Unfallkonstellationen. Zu diesen gibt es Entscheidungssammlungen, in denen festzustellen ist, dass Gerichte im Rahmen der Abwägung nach § 17 StVG unterschiedlich gewichten und zu konträren Ergebnissen kommen.

180 **Hinweis:** Wichtig ist, dass die Klageschrift nicht nur die Mindestbedingung (Schlüssigkeit) erfüllt, sondern auch eine rechtliche Würdigung des Sachverhalts enthält, um dem Gericht Argumente zu liefern, die Quote zugunsten der eigenen Seite zu verschieben (dazu sogleich Rn 181 ff).

---

160 OLG Saarbrücken zfs 2003, 118.
161 OLG Hamm r+s 2002, 320.

c) **Rechtliche Würdigung typischer Unfallkonstellationen.** Im Folgenden wird (allein) die rechtliche Würdigung bei typischen Unfallkonstellationen dargestellt:

▶ **Muster: Möglicher Rechtsvortrag bei Vorfahrtsverstoß des Linksabbiegers einerseits und Geschwindigkeitsüberschreitung (65 km/h statt 50 km/h) des Vorfahrtsberechtigten andererseits aus Sicht des Vorfahrtsberechtigten**

– Nach dem Unfallablauf ist dem Kläger ein Mitverschulden nicht vorzuwerfen; die Bewertung des Verschuldens des Beklagten führt dazu, dass die Betriebsgefahr des klägerischen Pkws außer Ansatz bleibt.
– Der Beklagte wollte nach links vor dem entgegenkommenden Kläger in die Vorfahrtsstraße abbiegen. Gemäß § 9 Abs. 3 StVO hatte er den Kläger zunächst durchfahren zu lassen. Durch die schuldhafte Nichtbeachtung dieser Vorschrift verursachte der Beklagte den Unfall.
– An dieser Beurteilung ändert sich nichts, wenn in Rechnung gestellt wird, dass der Kläger mit 65 km/h gefahren ist anstelle der erlaubten 50 km/h. Dem Beklagten war zuzumuten, eine Geschwindigkeitsüberschreitung in diesem Umfange zu berücksichtigen (vgl BGH NJW 1984, 1962).
– Zwar gibt es keine allgemeinen Richtwerte dahin gehend, welche Geschwindigkeitsüberschreitungen des Bevorrechtigten der Wartepflichtige in zumutbarer Weise berücksichtigen muss; denn diese müssen unter Berücksichtigung vernünftiger Verkehrsauffassung für den konkreten Fall erst ermittelt werden. Gerade Letzteres führt aber dazu, dass der Beklagte hier eine Geschwindigkeitsüberschreitung von 30 % berücksichtigen musste: Der Kläger fuhr auf einer im weiteren Unfallbereich übersichtlichen Hauptstraße zu verkehrsarmer Zeit (13.40 Uhr). Die Sichtverhältnisse waren weder witterungsbedingt noch aus anderen konkreten Gründen eingeschränkt. Unter diesen Umständen konnte eine Geschwindigkeitsüberschreitung um 30 % kein Anlass für Irritationen des Beklagten sein, er hatte sie als Wartepflichtiger zu tolerieren. Der Beklagte durfte nach alledem keinesfalls nach links in die Helmstraße einbiegen, bevor er den Kläger hatte durchfahren lassen.
– Dem Kläger ist kein Mitverschulden vorzuwerfen. Zwar ist nachgewiesen, dass er 65 km/h gefahren ist und dadurch eine Geschwindigkeitsübertretung begangen hat. Durch dieses verkehrswidrige Verhalten hat er aber sein Vorrecht gegenüber dem Beklagten nicht verloren. Er hat in dieser konkreten Verkehrssituation darauf vertrauen dürfen, dass der Beklagte seiner Wartepflicht genügen wird. Das Verschulden des Beklagten ist so beachtlich, dass es gerechtfertigt ist, die Betriebsgefahr des klägerischen Pkws außer Ansatz zu lassen. Insoweit handelt es sich zwar um einen Grenzfall, doch liegt er noch innerhalb der Rechtsprechung zu vergleichbaren Fällen und gibt keinen Anlass, von dieser als richtig erachteten Rechtsprechung abzuweichen. ◀

▶ **Muster: Möglicher Rechtsvortrag bei Klage des Wartepflichtigen auf 25 % seines Schadens bei sog. Kolonnenlücke**

– Der Beklagte hat den Unfall schuldhaft mitverursacht. Wer bei dichtem Verkehr an einer aus mehreren Fahrzeugen bestehenden Kolonne vorbeifährt, welche – sei es auch nur vorübergehend – zum Stehen kommt, muss sich, auch wenn ihm die Vorfahrt zusteht, auf Querverkehr aus für ihn erkennbaren Verkehrslücken an Kreuzungen und Einmündungen einstellen. Zu diesem Zweck muss er beim Vorbeifahren seine Geschwindigkeit so einrichten, dass er unter Berücksichtigung des von ihm zu der stehenden Kolonne eingehaltenen Sicherheitsabstands sein Fahrzeug rechtzeitig anhalten kann, wenn aus der Lücke herauskommende Verkehrsteilnehmer in seine Fahrspur geraten.

§ 2 Haftungsgründe beim Verkehrsunfall

– Die Sorgfaltspflicht des Bevorrechtigten beschränkt sich in einer derartigen Verkehrslage nicht ausschließlich darauf, dem Wartepflichtigen durch ausreichenden Sicherheitsabstand zu den stehenden Fahrzeugen das „Hineintasten" über die Kolonne hinaus in die Vorfahrtstraße zu ermöglichen. Dass der Wartepflichtige grundsätzlich berechtigt ist, bei Sichtbehinderung mit äußerster Vorsicht so weit in die Vorfahrtstraße hineinzufahren, bis er Sicht gewinnt, ist zwar anerkannt. Bei einer typischen „Lückensituation" geht es jedoch darüber hinaus darum, dass der Bevorrechtigte sein Fahrverhalten einer erkennbaren unklaren Verkehrslage, in der erfahrungsgemäß mit dem plötzlichen Auftauchen von Hindernissen zu rechnen ist, anzupassen hat. Es gelten hier ähnliche Erwägungen wie in den von der Rechtsprechung wiederholt entschiedenen Fällen, in denen ein Kraftfahrer an einem stehenden Omnibus vorbeifährt; hier muss er in seinem Fahrverhalten durch Herabsetzen der Geschwindigkeit und/oder vergrößerten Sicherheitsabstand der Möglichkeit Rechnung tragen, dass hinter dem Omnibus plötzlich Verkehrsteilnehmer auf die Fahrbahn gelangen. Der Kraftfahrer muss bei der „Lückensituation" im Rahmen von § 1 Abs. 2 StVO auch ein unvorsichtiges Verhalten wartepflichtiger Verkehrsteilnehmer in Rechnung stellen. Im Gegensatz zu der beim Hervortreten von Fußgängern hinter einem Omnibus gegebenen Situation, in der das Einhalten eines geräumigen Sicherheitsabstands genügen kann, wird in der typischen „Lückensituation" wegen des größeren Raumbedarfs des hervorfahrenden Kraftwagens und des längeren Zeitraums bis zu dessen völligem Stillstand beim Erkennen des bevorrechtigten Verkehrs selbst ein geräumiger Sicherheitsabstand des Vorbeifahrenden von der Kolonne für sich allein regelmäßig nicht als ausreichende Sicherheitsmaßnahme angesehen werden können. Wenn der Berechtigte mit unverminderter Geschwindigkeit an der stehenden Kolonne vorbeifährt, trifft ihn vielmehr bei einem Zusammenstoß mit einem aus der Lücke hervorkommenden wartepflichtigen Fahrzeug im Allgemeinen auch dann ein Mitverschulden, wenn er einen geräumigen Sicherheitsabstand zu der überholten Kolonne eingehalten hat.

– Dieser Grundsatz bildet eine Ausnahme von dem bei Kreuzungen und Einmündungen sonst zugunsten des Vorfahrtberechtigten geltenden Vertrauensgrundsatz, dessen Anwendung haftungsrechtlich nach der ständigen Rechtsprechung in der Regel zur alleinigen Verantwortlichkeit des Wartepflichtigen führt. Er stellt eine Ausprägung der sich aus § 1 Abs. 2 StVO ergebenden allgemeinen Pflichten der Verkehrsteilnehmer in besonderen Situationen dar und berücksichtigt die zur Lösung der sich aus dem modernen Massenverkehr in Großstädten ergebenden Verkehrsproblemen geschaffene Regelung des § 1 Abs. 1 StVO. Die besondere Sorgfaltspflicht beim Vorbeifahren an einer ins Stocken geratenen Kolonne im dichten Verkehr ist ein Gebot der Rücksichtnahme auf zwingende Verkehrsbedürfnisse derjenigen Kraftfahrer, welche die bevorrechtigte Fahrtrichtung kreuzen wollen; ihnen muss Gelegenheit gegeben werden, mit der gebotenen Vorsicht Lücken in der Kolonne auszunützen. Andernfalls wäre es gerade im geballten innerstädtischen Verkehr den kreuzenden oder abbiegenden wartepflichtigen Fahrzeugführern häufig auf unzumutbar lange Zeit verwehrt, in der beabsichtigten Fahrtrichtung weiterzukommen. Weil es zudem immer wieder vorkommt, dass sich die durch die Lücke fahrenden Kraftfahrzeugführer auf Winkzeichen der vor der Straßeneinmündung haltenden Fahrer verlassen und es deshalb an der gebotenen Sorgfalt gegenüber dem Verkehr auf den übrigen Spuren fehlen lassen, liegt in derartigen Situationen die Gefahr von Vorfahrtsverletzungen besonders nahe. Dem muss der Vorfahrtberechtigte in dieser besonderen Situation bis zu einem gewissen Grade Rechnung tragen, ohne dass damit ein Freibrief für verkehrswidriges Verhalten des Wartepflichtigen geschaffen wird.

– Die Anwendung dieser Grundsätze ergibt ein Mitverschulden des Beklagten zu 25 %. Bei der Abwägung der beiderseitigen Verursachungsanteile nach § 17 Abs. 1 StVG ist Folgendes zu berücksichtigen: Der Kläger hat den Unfall ebenfalls schuldhaft mitverursacht, indem er die Vorfahrt des Beklagten (§ 8 StVO) verletzt hat. Er ist so weit in die Vorfahrtstraße hineingefahren, dass es zum Zusammenstoß mit einem bevorrechtigten Fahrzeug gekommen ist; und hat insoweit den Anschein schuldhafter Vorfahrtverletzung gegen sich, der nur durch bewiesene Tatsachen entkräftet werden kann. Der Verursachungsanteil des Klägers ist als überwiegend anzusehen, weil der Kläger schuldhaft die Vorfahrt des Beklagten verletzt hat. Ein Haftungsanteil von mehr als 75 % erscheint aber auch hier unter Berücksichtigung aller maßgeblichen Umstände nicht gerechtfertigt. ◄

Gerade dann, wenn nicht der volle Schaden eingeklagt wird, erscheint es sinnvoll, auch das eigene Verschulden darzulegen. Der Richter, der erkennt, dass eine Partei die Haftungsverteilung realistisch einschätzt, wird der Argumentation dieser Partei auch leichter folgen können.

▶ **Muster: Möglicher Rechtsvortrag bei Unfall Linksabbieger/Überholer aus Sicht des Überholers als Kläger**

- Da sich der Unfall unstreitig im örtlichen und zeitlichen Zusammenhang mit dem Versuch des Beklagten ereignet hat, nach links in eine Grundstückseinfahrt einzubiegen, um sodann einen Wendevorgang durchzuführen, spricht gegen den Beklagten der Anschein, den Unfall dadurch verschuldet zu haben, dass er die besonderen Sorgfaltspflichten aus § 9 Abs. 5 StVO nicht beachtet hat.
- Danach hatte der Beklagte nicht nur rechtzeitig den linken Fahrtrichtungsanzeiger zu setzen (§ 9 Abs. 1 S. 1 StVO), sondern er musste sich rechtzeitig möglichst weit nach links zur Straßenmitte einordnen (§ 9 Abs. 1 S. 2 StVO) und vor dem Einordnen einmal und vor dem Abbiegen noch einmal auf den nachfolgenden Verkehr achten (§ 9 Abs. 1 S. 4 StVO). Darüber hinaus hatte er sich so zu verhalten, dass eine Gefährdung anderer Verkehrsteilnehmer ausgeschlossen war (§ 9 Abs. 5 StVO). Im Rahmen des § 9 Abs. 1, 5 StVO spricht der Beweis des ersten Anscheins gegen den nach links in ein Grundstück abbiegenden Kraftfahrer.
- Kommt es zwischen ihm und einem überholenden Fahrzeug zum Unfall, spricht der Beweis des ersten Anscheins dafür, dass der nach links abbiegende Kraftfahrzeugführer die ihm nach § 9 Abs. 1 StVO und insbesondere nach § 9 Abs. 5 StVO obliegende gesteigerte Sorgfaltspflicht verletzt hat (KG VerkMitt. 1998, 34 Nr. 43; Urt. v. 13.1.1997 – 12 U 7147/95 – st. Rspr). Wegen dieser besonderen Sorgfaltspflichten haftet nach ständiger Rechtsprechung derjenige, der verkehrswidrig nach links abbiegt und dabei mit einem ihn ordnungsgemäß überholenden Kraftfahrzeug zusammenstößt, für den entstandenen Schaden grundsätzlich allein, ohne dass den Überholenden die Betriebsgefahr seines Fahrzeugs angerechnet wird (KG NJW-RR 1987, 1251; KG, Urt. v. 31.10.1994 – 22 U 4618/93).
- Der Beklagte kann den gegen ihn sprechenden Anscheinsbeweis nicht erschüttern oder ausräumen. Zwar hat er außergerichtlich behauptet, rechtzeitig den linken Fahrtrichtungsanzeiger eingeschaltet zu haben, dies ist jedoch falsch und erscheint mangels objektiver Zeugen unaufklärbar zu bleiben.
- Ein die Mithaftung des Klägers begründendes Mitverschulden kann nicht festgestellt werden. Da der Beklagte nicht beweisen kann, dass er rechtzeitig vor dem beabsichtigten Linksabbiegen den Fahrtrichtungsanzeiger betätigt hat, kann ein Mitverschulden des Klägers an dem Unfall nicht damit begründet werden, dieser habe entgegen § 5 Abs. 3 Nr. 1 StVO trotz Bestehens einer unklaren Verkehrslage versucht, eine Kolonne zu überholen.

- Zunächst ist festzuhalten, dass das Überholen einer Fahrzeugkolonne auch nach § 5 Abs. 1 Nr. 1 StVO nicht generell verboten ist (KG VerkMitt. 1995, 38 = NZV 1995, 359).
- Eine unklare Verkehrslage, die nach § 5 Abs. 3 Nr. 1 StVO ein Überholen verbietet, liegt vor, wenn nach allen Umständen mit ungefährdetem Überholen nicht gerechnet werden darf (KG VerkMitt. 1990, 91; *König*, in Hentschel/König/Dauer, Straßenverkehrsrecht, 43. Auflage 2015, § 5 StVO Rn 34). Sie ist auch dann gegeben, wenn sich nicht sicher beurteilen lässt, was Vorausfahrende sogleich tun werden (KG NJW-RR 1987, 1251). Dies ist dann der Fall, wenn bei einem vorausfahrenden oder stehenden Fahrzeug der linke Fahrtrichtungsanzeiger betätigt wird und dies der nachfolgende Verkehrsteilnehmer erkennen konnte (KG NZV 1993, 272) und dem überholenden Fahrzeugführer noch ein angemessenes Reagieren – ohne Gefahrenbremsung – möglich war (KG VerkMitt. 1990, 91; 1995, 38).
- Dagegen liegt eine unklare Verkehrslage nicht schon dann vor, wenn das vorausfahrende Fahrzeug verlangsamt, selbst wenn es sich bereits etwas zur Fahrbahnmitte eingeordnet haben sollte (KG NJW-RR 1987, 1251 ff; *König*, in Hentschel/König/Dauer, Straßenverkehrsrecht, 43. Auflage 2015, § 5 StVO Rn 35).
- Die Betriebsgefahr des klägerischen Fahrzeugs hat hinter dem groben Verschulden des Beklagten zurückzutreten, soweit die Kollision für die Klägerin nicht ohnehin unvermeidbar war. ◄

185
36
▶ **Muster: Möglicher Rechtsvortrag – Vorfahrtsberechtigter verstößt gegen Rechtsfahrgebot, Wartepflichtiger meint, dass Vorfahrtsberechtigter dadurch das Vorfahrtsrecht verliert, Vorfahrtsberechtigter klagt**

- Entgegen der außergerichtlich durch den Beklagten geäußerten Auffassung, welcher einen schuldhaften Verstoß des Klägers gegen das in § 2 Abs. 2 StVO geregelte Rechtsfahrverbot angenommen hat, ist ein derartiger, zu einem Verschulden führender Verstoß nicht nachgewiesen und zudem im vorliegenden Fall nicht haftungsrelevant. Denn das in § 2 Abs. 2 StVO normierte Rechtsfahrgebot dient nur dem Schutz der Verkehrsteilnehmer, die sich in Längsrichtung auf derselben Fahrbahn bewegen, nicht aber auch dem Schutz derer, die erst in diese Fahrbahn einbiegen wollen (BGH VersR 1977, 524). Mithin erstreckte sich das für den Kläger gegebene Vorfahrtsrecht auf die gesamte Fahrbahn der von ihm genutzten Vorfahrtsstraße. Dieses Recht geht auch nicht dadurch verloren, dass der Vorfahrtsberechtigte möglicherweise gegen das Rechtsfahrgebot verstößt und die linke Fahrbahn benutzt (OLG Düsseldorf NZV 1994, 328). Ein Vorwurf wegen schuldhaft verkehrswidrigen Verhaltens kann dem Vorfahrtsberechtigten nur dann gemacht werden, wenn er sein Vorfahrtsrecht missbraucht hat, indem er gegen das Gebot der allgemeinen Sorgfalts- und Rücksichtspflichten des Kraftfahrers nach § 1 Abs. 2 StVO oder gegen besondere Verhaltensregeln des Straßenverkehrs verstoßen hat (BGH VersR 1977, 524). Ein solcher Verstoß ist indes vorliegend nicht ersichtlich.
- Die Betriebsgefahr des klägerischen Fahrzeugs hat hinter dem groben Verschulden des Beklagten zurückzutreten, soweit die Kollision für die Klägerin nicht ohnehin unvermeidbar war.

[Angenommen, der Wartepflichtige klagt, wobei er das Vorfahrtsrecht des anderen einsieht, jedoch zumindest Schadensersatz aus der Betriebsgefahr des Vorfahrtsberechtigten begehrt:]

- Der Beklagte muss sich zumindest die erhöhte Betriebsgefahr anrechnen lassen und haftet mit 1/3.
- Der Kläger hat zwar durch sein Fahrverhalten das Vorrecht des Beklagten verletzt. Allerdings ist im Rahmen der Abwägung nach § 17 StVG der von dem Beklagten gesetzte Verursachungsbeitrag

an der Kollision zu berücksichtigen. Dies führt zu einer erhöhten Betriebsgefahr des von ihm geführten Fahrzeugs, da er entgegen § 2 Abs. 2 StVO nicht hinreichend weit rechts gefahren ist (OLG Köln NZV 1991, 429).
- Die Betriebsgefahr eines Kraftfahrzeugs besteht in der Gesamtheit der Umstände, welche, durch die Eigenart des Kraftfahrzeugs begründet, Gefahr in den Verkehr tragen (*König*, in Hentschel/König/Dauer, Straßenverkehrsrecht, 43. Auflage 2015, § 17 StVG Rn 6). Zu diesen Umständen zählen neben schuldhaften Verstößen gegen verkehrsrechtliche Bestimmungen auch solche Verhaltensweisen, die für sich gesehen zwar keinen schuldhaften Regelverstoß begründen, aber dennoch die Gefahr im Straßenverkehr erhöhen. Dies ist vorliegend der Fall. Der Beklagte hat durch das Nichteinhalten des rechten Bereichs seiner Fahrbahnseite die bereits latent gegebene Betriebsgefahr des von ihm geführten Fahrzeugs in der konkreten Fahrsituation erhöht. Denn hätte er sich auf der breiten Fahrbahn weiter rechts gehalten, wäre es möglicherweise nicht zum Zusammenstoß der Fahrzeuge gekommen oder aber dieser mit geringeren Schadensfolgen verbunden gewesen. Die in der Beiakte befindlichen Lichtbilder von der Unfallstelle zeigen auch, dass ihm dies ohne Weiteres möglich gewesen ist. Die hierfür von dem Beklagten außergerichtlich angeführte Begründung, dass es ihm nicht zumutbar gewesen sei, seinen Pkw weiter nach rechts zu ziehen, weil die Straße ohnehin so breit gewesen sei, vermag nicht zu überzeugen. Denn er übersieht, dass mit dem Verbleiben an der Mittelinie gerade die Unfallgefahr steigt.
- Die Betriebsgefahr des von dem Beklagten geführten Pkws wäre nur dann nicht relevant, wenn der Verkehrsunfall für den Beklagten unabwendbar gewesen wäre (§ 17 Abs. 3 StVG). Eine solche Unabwendbarkeit des Verkehrsunfalls für den Beklagten ist jedoch nicht ersichtlich. Es fehlt insoweit jeglicher Nachweis dazu, dass der Beklagte dem Pkw des Klägers nicht mehr ausweichen bzw den Unfall auch durch ein Bremsmanöver nicht mehr vermeiden konnte. Selbst wenn der Kläger beim Einbiegen in die Vorfahrtsstraße mit seinem Fahrzeug in die Fahrspur des Beklagten hineingefahren wäre, sagt dies noch nichts darüber aus, ob nicht der Beklagte diesem Fahrverhalten des Klägers hätte ausweichen können.
- Die erhöhte Betriebsgefahr des von dem Beklagten geführten Fahrzeugs tritt nicht hinter den zweifellos schwerer wiegenden Vorfahrtsverstoß des Klägers zurück. Denn gerade der die Betriebsgefahr erhöhende Umstand der Fahrweise des Beklagten im Kreuzungsbereich war nach Ansicht des Klägers auch wegen der vorhandenen Fahrbahnbreite maßgeblich unfallursächlich.
- Insoweit muss sich der Beklagte die erhöhte Betriebsgefahr mit einem Haftungsanteil von 1/3 zurechnen lassen. ◄

▶ **Muster: Möglicher Rechtsvortrag bei Auffahrunfall eines auf der Autobahn bei Nacht mit 130 km/h fahrenden Kfz auf ein verunfalltes auf der Fahrbahn stehendes Fahrzeug, das stehende Fahrzeug klagt 1/3 seines Schadens ein**

186

- Die Mithaftung der Beklagten ergibt sich aus dem Gesichtspunkt der Betriebsgefahr (§ 7 Abs. 2 StVG) und des mitwirkenden Verschuldens. Zum einen ist die Beklagte unaufmerksam gefahren. Dies folgt daraus, dass das Beklagtenfahrzeug in das verunfallte Fahrzeug ohne jeden Brems- oder Ausweichversuch hineingefahren ist. Zum anderen hat die Beklagte schuldhaft gegen § 3 Abs. 1 S. 4 StVO verstoßen, auch wenn man von ihrer außergerichtlichen Darstellung ausgeht, die Geschwindigkeit ihres Fahrzeugs habe 130 km/h betragen. Eine solche Geschwindigkeit entspricht im vorliegenden Fall der Autobahn-Richtgeschwindigkeits-Verordnung nicht, da sich diese auf die Empfehlung beschränkt, auf Autobahnen auch bei günstigsten Straßen-, Verkehrs-, Sicht- und Witterungsverhältnissen nicht schneller als 130 km/h zu fahren (vgl BGH VersR 1992,

S. 14). Derartige günstige Sichtverhältnisse lagen aber vorliegend wegen der bestehenden Dunkelheit gerade nicht vor.
- Auch im Spätsommer ist es um 4.05 Uhr zumindest noch weitgehend dunkel. Dementsprechend fuhr die Beklagte mit Abblendlicht und hebt selbst darauf ab, sie habe das unbeleuchtete Hindernis wegen der Dunkelheit nicht erkennen können. Mithin kann sich die Beklagte im vorliegenden Fall auf die empfohlene Richtgeschwindigkeit von 130 km/h nicht berufen.
- Im Übrigen durfte die Beklagte gem. § 3 Abs. 1 S. 4 StVO nur so schnell fahren, dass sie innerhalb der übersehbaren Strecke anhalten konnte. Die übersehbare Strecke war vorliegend zusätzlich beschränkt, da die Beklagte nach ihrer außergerichtlichen Mitteilung mit Abblendlicht gefahren ist. Zwar enthält die Regelung des § 18 Abs. 6 StVO für das Fahren auf Autobahnen mit Abblendlicht gewisse Erleichterungen; diese Regelung beinhaltet jedoch keine Ausnahme von § 3 Abs. 1 S. 4 (früher S. 3) StVO, sondern bringt nur die besonderen Umstände auf Autobahnen in diese „goldene Regel" ein. Die in § 18 Abs. 6 StVO genannten Voraussetzungen sind im Übrigen vorliegend nicht gegeben. Weder befand sich vor dem Beklagtenfahrzeug ein vorausfahrendes Fahrzeug mit klar erkennbaren Schlussleuchten, noch war der Fahrbahnbereich durch besondere Lichtquellen oder das Fahrzeuglicht anderer Fahrzeuge zusätzlich besonders ausgeleuchtet. Mithin durfte die Beklagte nur so schnell fahren, dass sie innerhalb des Lichtkegels des Abblendlichts hätte anhalten können. Dass dies bei einer Geschwindigkeit von 130 km/h nicht möglich war, bedarf keiner besonderen Begründung (vgl dazu auch OLG Köln VersR 1996, 209). Dass viele Autofahrer sich an die genannten Grundsätze nicht halten, wie weithin bekannt, kann die Beklagte aber nicht entlasten.
- Die Beklagte musste auch, entgegen ihrer Auffassung, mit dem vorliegenden Hindernis typischerweise rechnen. Zwar muss ein Kfz-Führer bei Dunkelheit nicht mit einem auf der Fahrbahn liegenden dunklen Reifen rechnen (BGH NJW 1984, 2412) und auch nicht mit einem aus einem unbeleuchteten Anhänger herausragenden Baumstamm (BGH NJW 1995, 1029) oder einem nicht kenntlich gemachten, unbeleuchteten Splitterhaufen auf der Fahrbahn (BGH VersR 1990, 636). Von diesen Beispielsfällen unterscheidet sich das vorliegende Hindernis jedoch deutlich. Ein auf der Seite liegendes Fahrzeug ist, auch wenn es unbeleuchtet und mit der Front dem nachfahrenden Fahrzeug entgegengerichtet ist, so massiv und kontrastreich, dass man es bei aufmerksamer Fahrweise auch im Dunkeln noch relativ gut erkennen kann; und ein verunfalltes Fahrzeug ist auf Autobahnen ein typisches Hindernis.
- Dementsprechend hat der BGH entschieden, ein Fahrer müsse bei Dunkelheit mit unbeleuchteten, liegengebliebenen Kfz rechnen, im dortigen Fall mit einem unbeleuchteten, wegen seiner Tarnfarbe nur schwer zu erkennenden Panzer (BGH NJW-RR 1987, 1236).
- Entsprechendes gilt für einen auf der Straße unbeleuchtet liegengebliebenen Klein-Lkw (BGH NJW-RR 1988, 406). Und das OLG Frankfurt hat entschieden, zu den für den Autobahnverkehr typischen Hindernissen gehörten unbeleuchtet liegengebliebene oder verunglückte Fahrzeuge (OLG Frankfurt zfs 1993, 45.).
- Mithin haftet die Beklagte aus Betriebsgefahr und Verschulden. Dem gegenüber steht die Haftung der Klägerin, die sich ebenfalls aus Betriebsgefahr und Verschulden ergibt. Die Betriebsgefahr eines unbeleuchtet auf der Fahrbahn liegenden Fahrzeugs ist zweifellos deutlich höher als die eines mit 130 km/h fahrenden Fahrzeugs. Das klägerische Fahrzeug ist auf gerader Strecke ohne Beteiligung eines anderen Fahrzeugs gegen die Leitplanken geraten. Der Grund dafür ist allerdings streitig. In Betracht kommen zB erhöhte Geschwindigkeit, Unaufmerksamkeit, Über-

müdung, wie die Beklagte außergerichtlich meinte, oder auch ein auf der Fahrbahn herumlaufender herrenloser Hund, wie er in dem polizeilichen Vermerk angesprochen ist und von dem die Klägerin bereits sofort nach dem Unfall berichtete. Auch wenn man mit der Beklagten davon ausgeht, dass der Hund vorliegend für den Unfall nicht ursächlich war, so hat die Beklagte damit immer noch nicht bewiesen, dass der Unfall zwingend auf eine Übermüdung der Klägerin zurückzuführen sein muss. Insbesondere steht der Beklagten diesbezüglich nicht der Beweis des ersten Anscheins zur Seite. Es spricht womöglich einiges dafür, dass eine Übermüdung der Klägerin bei deren Verunfallung eine Rolle gespielt habe; diese kann jedoch ebenso auch auf andere Umstände zurückzuführen sein, wie der über die Straße laufende Hund nach den diesseitigen Darlegungen. Nach alledem kann die Beklagte ein besonders schweres Verschulden der Klägerin nicht nachweisen. Dann aber stehen sich bei der Abwägung nach § 17 StVG gegenüber ein beiderseits etwa gleich großes Verschulden – jeweils Unaufmerksamkeit bzw unangepasste Geschwindigkeit – sowie die Haftung aus Betriebsgefahr, die zulasten der Klägerin etwas höher ist. Danach erscheint eine Haftungsquote von 2/3 zu 1/3 zulasten der Klägerin angemessen. Die Klägerin hat damit einen Anspruch auf Ersatz von 1/3 ihrer Schäden gegen die Beklagte. ◄

▶ **Muster: Möglicher Rechtsvortrag bei Kettenauffahrunfall – nicht feststellbar, ob der erste Auffahrunfall den Bremsweg für das dritte Fahrzeug relevant verkürzt hat**

- Der Beklagte ist auf das klägerische Fahrzeug aufgefahren (vgl § 4 Abs. 1 S. 1 StVO). Der Beklagte stellte außergerichtlich nicht in Abrede, dass gegen den Auffahrenden in der Regel der Beweis des ersten Anscheins spricht. Soweit der Beklagte meint, beim Ketten- bzw Serienauffahrunfall sei der für ein Verschulden des Auffahrenden sprechende Anscheinsbeweis nur begrenzt anwendbar, dies gelte auch für den letzten Fahrer der Kette (*Greger*, Haftungsrecht des Straßenverkehrs, 5. Auflage 2014, StVG § 1 Rn 312 a), entspricht dies der herrschenden Lehre und der Rechtsprechung:
- Der Auffahrende haftet in der Regel nur für den Heckschaden; die Ursächlichkeit des Auffahrens für den Frontschaden hat der Vorausfahrende zu beweisen. Wenn aber *Greger* (aaO) meint, die Grundlage für eine Schuldunterstellung entfalle dann, wenn die ernsthafte Möglichkeit besteht, dass der Vordermann seinerseits aufgefahren sei und dadurch eine unvermutete Bremswegverkürzung für den Nachfolgenden hervorgerufen habe, ist dieser Ansicht nicht zu folgen, sofern sie darauf abzielen sollte, dass die Besonderheiten des Einzelfalls nicht mehr zu berücksichtigen wären. In der Tat ist die Auswertung der besonderen Umstände beim sog. Auffahrunfall unentbehrlich (BGH VersR 1975, 373, 374; 1987, 358, 359, 360 = NJW 1987, 1075 = VerkMitt. 1987, 65 Nr. 79; KG, Urt. v. 14.4.1994 – 12 U 57121/92; *König*, in Hentschel/König/Dauer, Straßenverkehrsrecht, 43. Auflage 2015, StVO § 4 Rn 9). So erfordert das Fahren in aufgeschlossener Kolonne größte Aufmerksamkeit, Beobachtung nach vorn und erhöhte Bremsbereitschaft.
- Wenn der Vorausfahrende einen zu kurzen Sicherheitsabstand einhält, hat der nachfolgende Verkehrsteilnehmer seinen eigenen Abstand entsprechend zu vergrößern, um den verkürzten Anhalteweg des Vorausfahrenden notfalls ausgleichen zu können. Mit plötzlichem Anhalten des Vorausfahrenden muss gerechnet werden. Lediglich mit nicht vorhersehbarem, ruckartigem Anhalten braucht nicht gerechnet zu werden (*Hentschel*, aaO). Von einem ruckartigen Anhalten kann jedoch nur bei einem Stillstand des vorausfahrenden Fahrzeugs fast auf der Stelle die Rede sein. Dies kann der Fall sein, wenn das vorausfahrende Fahrzeug infolge eines Schadens ohne üblichen Abbremsvorgang quer zur Fahrbahn auf einer Bundesautobahn zum Stillstand kommt (vgl BGH VersR 1975, 373, 374; KG, Urt. v. 3.6.1993 – 12 U 3009/92 – n.v), wenn bei einem ruckartigen

Stehenbleiben anders als bei einer Notbremsung, die in der Regel durch rechtzeitiges Aufleuchten der Bremslichter angezeigt wird, ein Aufleuchten der Rückbremsen fehlen kann (vgl BGH VersR 1987, 358, 300).

– Nur mit einer hierauf zurückzuführenden Bremswegverkürzung braucht der nachfolgende Verkehrsteilnehmer nicht zu rechnen, mit der Konsequenz, dass selbst auf einer Bundesautobahn als Sicherheitsabstand nicht der volle Anhalteweg einzuhalten ist (BGH VersR 1987, 358, 300). Allerdings sind Geschwindigkeit und Abstand vor allem an die Witterungsverhältnisse anzupassen (BGH VersR 1975, 373). Hieraus ergibt sich – selbst nach *Greger* (*Greger*, Haftungsrecht des Straßenverkehrs, 5. Aufl. 2015, StVG § 1 Rn 312 a) –, dass es auf die konkrete Situation ankommt, in der sich der Auffahrende befindet. Doch es ist gerade nicht so, dass sich der Beklagte in einer Situation befunden haben könnte, in der er nicht mit dem Stillstand des Fahrzeugs an der Stelle rechnen musste, an der er auf dieses Fahrzeug auffuhr. Im Ergebnis ist darum nicht feststellbar, dass sich in irgendeiner Art und Weise das Auffahren des Beklagten auf das vor ihm fahrende Fahrzeug auf das Auffahren des Klägers auf das Beklagtenfahrzeug ausgewirkt hat. Dies wiederum geht zulasten der Beklagten, die insoweit hierfür beweisbelastet sind, so dass der Kläger Schadensersatz in vollem Umfang begehren kann. ◄

188 ▶ **Muster: Möglicher Rechtsvortrag bei Kreuzungskollision zwischen Pkw mit Grünlicht und zivilem Notarztfahrzeug mit eingeschaltetem Blaulicht und leisem Martinshorn**

– Auch für das Überqueren einer durch Rotlicht gesperrten Kreuzung kann ein Vorrang eines Dienstfahrzeugs durch rechtzeitiges Einschalten von Blaulicht und Martinshorn geschaffen werden (St. Rspr, BGHZ 63, 327 = NJW 1975, 648; KG DAR 1975, 78 = VersR 1976, 887; DAR 1976, 16 = VersR 1976, 193; VerkMitt. 1998, 36 = NZV 1989, 192 = VersR 1989, 268; VerkMitt. 1998, 14 = MDR 1997, 1121; BGH VerkMitt. 1998, 90). Dieses Wegerecht wird durch die Signale „Martinshorn und Blaulicht" eines Einsatzfahrzeugs ausgelöst, und das Gebot nach § 38 Abs. 1 S. 2 StVO, freie Bahn zu schaffen, ist von den anderen Verkehrsteilnehmern unbedingt und ohne Prüfung des Wegerechts zu befolgen (KG VerkMitt. 1998, 14 = MDR 1997, 1121).

– Das bedeutet jedoch nicht, dass der Fahrer eines Dienstfahrzeugs „blindlings" oder „auf gut Glück" in eine Kreuzung bei rotem Ampellicht einfahren darf. Er darf vielmehr auch unter Inanspruchnahme von Sonderrechten bei rotem Ampellicht erst dann in die Kreuzung einfahren, wenn er den sonst bevorrechtigten Verkehrsteilnehmern rechtzeitig zu erkennen gegeben hat, solche Rechte in Anspruch nehmen zu wollen, und sich überzeugt hat, dass ihn alle anderen Verkehrsteilnehmer wahrgenommen und sich auf seine Absicht eingestellt haben. Erst unter diesen Voraussetzungen darf er darauf vertrauen, dass ihm von den anderen Verkehrsteilnehmern freie Fahrt gewährt wird (§ 35 Abs. 8 StVO) (BGH, aaO; KG, aaO).

– Der Fahrer des Einsatzfahrzeugs, der bei für ihn rotem Ampellicht eine Kreuzung überqueren will, muss sich vorsichtig in diese vortasten, um sich auf diese Weise davon zu überzeugen, ob sämtliche Teilnehmer des Querverkehrs die Signale wahrgenommen haben (KG v. 5.3.1994 – 12 U 3820/83 = VerkMitt. 1985, 4 (LS)). Bei einer unübersichtlichen Kreuzung kann das sogar die Verpflichtung bedeuten, nur mit Schrittgeschwindigkeit einzufahren (KG VerkMitt. 1982, 37; 1989, 36 = VersR 1989, 268 = NZV 1989, 192). Angesichts seiner durch die besondere Gefahrenlage verstärkten Sorgfaltspflicht kann es im Einzelfall für den Fahrer des Einsatzfahrzeugs durchaus zumutbar sein, sein Fahrzeug fast zum Stillstand abzubremsen, um auf diese Weise eine hinreichende Übersicht über die Verkehrslage zu gewinnen (KG v. 24.9.1990 – 12 U 4980/89).

- Die Verpflichtung, dem Einsatzfahrzeug freie Bahn zu verschaffen, trifft die anderen Verkehrsteilnehmer also erst, nachdem sie das Blaulicht und das Martinshorn wahrgenommen haben oder bei gehöriger Aufmerksamkeit hätten wahrnehmen können (BGH VersR 1975, 380 = NJW 1975, 648 = DAR 1975, 111 = VerkMitt. 1975, Nr. 33; KG VersR 196, 193; VerkMitt. 1981, 95).
- Der Fahrer eines Einsatzwagens darf zwar annehmen, dass Fahrer von Fahrzeugen in der Nähe (50 m) die obigen Zeichen wahrnehmen (BGH NJW 1959, 339), muss dabei aber beachten, dass andere Verkehrsteilnehmer der Verpflichtung des § 38 Abs. 1 S. 2 StVO, sofort freie Bahn zu schaffen, erst nachkommen können, nachdem sie diese Signale haben wahrnehmen können. Hiernach muss den übrigen Verkehrsteilnehmern eine zwar kurz zu bemessende, aber doch hinreichende Zeit zur Verfügung stehen, um auf die besonderen Zeichen nach § 38 Abs. 1 StVO zu reagieren (BGH VerkMitt. 1981, 95). Der Fahrer des Einsatzfahrzeugs kann nicht damit rechnen, dass die anderen Fahrer ihre Fahrzeuge, wenn sie die Signale bemerken, von einem Augenblick zum anderen zum Stehen bringen oder die sonst nach der jeweiligen Verkehrslage gebotenen Maßnahmen treffen (KG VerkMitt. 1981, 95). Wegen des Ausnahmecharakters der Regelung des § 38 Abs. 1 StVO trifft nach der Rechtsprechung des BGH den Halter des Einsatzfahrzeugs die Darlegungs- und Beweislast für die Umstände, aus denen er die Berechtigung herleitet, das sonst bestehende Vorrecht anderer Verkehrsteilnehmer zu „missachten" (BGH VersR 1962, 834, 836; KG VerkMitt. 1982 Nr. 41, 46; VerkMitt. 1998, 14 = MDR 1997, 1121; VerkMitt. 198, 90).
- Der Beklagte hat seine Sorgfaltspflichten nicht hinreichend beachtet und sich insbesondere nicht durch geeignete Maßnahmen Gewissheit verschafft, dass der Querverkehr, für den die Kreuzung durch grünes Ampellicht freigegeben war, die von seinem Fahrzeug ausgehenden Sondersignale tatsächlich wahrgenommen und sich auf sein Wegerecht eingestellt hat.
- Zweifellos war die Sicht des Sonderrechtsfahrers nach Überqueren des Mittelstreifenbereichs auf den von rechts im mittleren Fahrstreifen herannahenden Querverkehr beeinträchtigt durch die im linken Fahrstreifen befindlichen Fahrzeuge, die zum Zwecke des Linksabbiegens angehalten hatten. Der Fahrer des Dienstfahrzeugs durfte an diesen Linksabbiegern dann jedoch nicht mit der angegebenen Geschwindigkeit von etwa 10 km/h vorbeifahren; denn er durfte nicht darauf vertrauen, dass auf dem rechten neben der Geradeausspur verlaufenden freien Fahrstreifen (Busspur), auf dem kein Fahrzeug stand, nicht ein Fahrzeug an den stehenden oder wartenden Fahrzeugen rechts vorbeifahren würde. Denn die stehenden oder anhaltenden Fahrzeuge geben gerade keine Gewissheit, dass Verkehrsteilnehmer auf benachbarte Fahrstreifen in gleicher Weise auf das Sonderrechtsfahrzeug reagieren und gleichfalls anhalten (KG, Urt. v. 27.3.2000 – 12 U 791/98 – n.v. – sowie v. 8.1.2001 – 12 U 7095/99 – n.v.).
- Je mehr der Sonderrechtsfahrer von der Verkehrsregel abweicht, umso mehr muss er Warnzeichen geben und sich vergewissern, dass der Verkehr sie befolgt (BGH VRS 36, 40; BGH VersR 1974, 577; *König*, in Hentschel/König/Dauer, Straßenverkehrsrecht, 43. Auflage 2015, StVO § 35 Rn 8).
- Unstreitig erreicht das Tonsignal des Horns eines zivilen Einsatzfahrzeugs nicht die Lautstärke eines Martinshorns eines Feuerwehrfahrzeugs oder Polizeifahrzeugs, das außen montiert ist und seine Schallwellen ungehindert abstrahlen kann. Zwar trifft es zu, dass auch die – relativ leiseren – akustischen Sondersignale eines zivilen Polizeifahrzeugs noch so laut sind, dass sie von aufmerksamen Verkehrsteilnehmern gehört werden können und müssen, die sich an der Kreuzung befinden.
- Ob auch das Horn des zivilen Notarztfahrzeugs im vorliegenden Streitfall für den Querverkehr aus einer Entfernung von etwa 50 m hörbar war, kann indes der Beklagte nicht beweisen. Insbeson-

dere gibt es im vorliegenden Fall keinen Zeugen, der in derselben Richtung wie der Kläger auf die Kreuzung zufuhr und bekundet hätte, er hätte das Horn des im Querverkehr herannahenden zivilen Einsatzfahrzeugs bereits etwa aus einer Entfernung von 50 m gehört.

– Den Umstand der relativ geringeren Lautstärke des Sondersignals musste der Beklagte bei seiner Fahrweise berücksichtigen und auch deshalb sich vor den im linken Fahrstreifen stehenden Linksabbiegern langsam weiter in die Kreuzung hineintasten, dh zentimeterweises Vorrollen mit der Möglichkeit, sofort anzuhalten (vgl zum Begriff des Hineintastens BGH NJW 1985, 2757; KG NZV 1999, 85).

– Er durfte dagegen nicht – wie der Fahrer eines Feuerwehrfahrzeugs oder Polizeifahrzeugs, an welchem außen starke Martinshörner angebracht sind – in gewissem Maße davon ausgehen, dass der Querverkehr sein akustisches Sondersignal schon von Ferne würde wahrnehmen und sich darauf einstellen können; ferner musste er bei seiner Fahrweise auch beachten, dass sein ziviles Dienstfahrzeug nicht schon aufgrund einer auffälligen Lackierung als Polizeifahrzeug oder Feuerwehrfahrzeug erkennbar ist, so dass andere Verkehrsteilnehmer mehr Zeit brauchen, ein akustisches Sondersignal zu lokalisieren.

– Zum etwaigen Mitverschulden des Klägers ist zu bemerken, dass grundsätzlich ein schon längere Zeit vor der Einfahrt in eine Kreuzung eingeschaltetes Martinshorn und betätigtes Blaulicht von einem aufmerksamen Kraftfahrer rechtzeitig wahrgenommen werden kann und muss (KG Urt. v. 17.9.1979 – 12 U 1647/79). Etwas anderes kann gelten, wenn die Wahrnehmung beider Signale durch besondere Umstände (stürmisches Wetter und/oder geschlossene Bebauung bis an den Kreuzungsbereich) erheblich eingeschränkt war (vgl KG VerkMitt. 1989, 36 = NZV 1989, 192 = VersR 1989, 268).

– Wie bereits dargelegt, ist es nicht selbstverständlich, dass der Kläger das vom Notarztfahrzeug im Querverkehr ausgehende akustische Signal rechtzeitig aus einer Entfernung von 50 m hat wahrnehmen können.

– Da der Anhalteweg bei einer normalen Abbremsung aus 45 km/h 32 bis 43,8 m (bei Notbremsung auf trockener Fahrbahn 23,7 bis 21,7 m) und aus einer Geschwindigkeit von 50 km/h 52,5 bis 53 m beträgt und der Kläger nach seiner eigenen Darlegung mit 50 km/h fuhr, muss zur Begründung einer Mithaftung des Klägers verlangt werden, dass das akustische Sondersignal des Zollfahrzeugs für den Querverkehr aus einer Entfernung von etwa 50 m deutlich hörbar gewesen ist, was jedoch nicht der Fall war.

– Ein Mitverschulden des Klägers am Zustandekommen des Unfalls lässt sich daher nicht feststellen, so dass sich auch die Frage der Abwägung von Verschuldensanteilen nicht stellt. Der Beklagte haftet für den Unfallschaden allein. ◄

B. Halterhaftung

189 Die Haftung des Kraftfahrzeughalters aus § 7 Abs. 1 StVG spielte in der Praxis schon immer eine bedeutende Rolle. Schließlich ist sie im Vergleich zu § 823 Abs. 1 BGB, der die Haftung des Schädigers von einer schuldhaften Schädigung abhängig macht, der anspruchslosere Haftungstyp.

B. Halterhaftung 2

I. Zweites Gesetz zur Änderung schadensersatzrechtlicher Vorschriften vom 19.7.2002

Die praktische Bedeutung der Haftung aus § 7 Abs. 1 StVG wurde durch das Zweite Gesetz zur Änderung schadensersatzrechtlicher Vorschriften vom 19.7.2002,[162] das am 1.8.2002 in Kraft getreten ist, noch deutlich erhöht. Dieses Gesetz führte zu einer gravierenden **Erweiterung der Haftung aus dem StVG**. Der Vergleich des ab 2002 geltenden Rechts mit dem alten zeigt praktisch folgendes Bild:

1. Gefährdungshaftung des Anhängerhalters (§ 7 Abs. 1 StVG). Früher setzte die für das Straßenverkehrsrecht typische Gefährdungshaftung des Kraftfahrzeughalters erst ein, wenn bei dem Betrieb eines „Kraftfahrzeugs" ein Schadensfall aufgetreten war. Damit wurde ein Schaden, der allein von einem – beispielsweise im Verkehrsraum abgestellten – **Anhänger** ausgegangen war, von der Gefährdungshaftung nicht erfasst. Das ist nun anders. Die Neufassung des § 7 Abs. 1 StVG erstreckt die Gefährdungshaftung auf den Anhängerhalter. Hiervon bleibt die Einstandspflicht des Halters des Zugfahrzeugs aus Gefährdungshaftung unberührt. Nach § 8 Nr. 1 StVG kommt es für den Haftungsausschluss nicht darauf an, wie schnell der Anhänger fahren kann, vielmehr ist die Höchstgeschwindigkeit des Zugfahrzeugs entscheidend.[163] Diese Regelung ist für Unfälle mit landwirtschaftlichen Fahrzeugen und Baustellenfahrzeugen von besonderer Bedeutung. Zu Problemen kann es kommen, wenn – wie beispielsweise im Fall des gemieteten Wohnwagenanhängers – der Halter des Zugfahrzeugs ein anderer ist als der Halter des Anhängers und der Halter bzw Fahrer des Zugfahrzeugs für einen Schaden verantwortlich ist, etwa weil er so schnell gefahren ist, dass der Anhänger ins Schleudern geraten und mit einem entgegenkommenden Fahrzeug kollidiert ist. Wird in einem solchen Fall der Halter des Anhängers auf Schadensersatz in Anspruch genommen, dann kann er gegen den Halter des Zugfahrzeugs nach Maßgabe des § 17 Abs. 4 StVG im Innenverhältnis Rückgriff nehmen. Zwischen den Gesamtschuldnern muss im Innenverhältnis eine gleichmäßige Teilung der geschuldeten Aufwendungen erfolgen. Im Außenverhältnis – also im Verhältnis zum Geschädigten – bilden Anhängerhalter und Halter des Zugfahrzeugs eine Haftungseinheit[164] mit der Folge, dass im Fall einer Mithaftung des Geschädigten nach § 17 StVG auf der Seite der Schädiger für Anhängerhalter, Zugfahrzeughalter und Fahrzeugführer eine einheitliche Quote zu bilden ist. Mit einer neueren Entscheidung[165] wurde dies bestätigt. Danach haben Zugfahrzeug und Anhänger dieselbe Betriebsgefahr und sind demnach haftungsrechtlich gleichgestellt. Im Hinblick auf das Außenverhältnis haften sie gesamtschuldnerisch. Der Haftpflicht-Versicherungsschutz erstreckt sich auf das gesamte Gespann, wonach eine Doppelversicherung bzw Mehrfachversicherung angenommen werden kann. Aus § 18 Abs. 1 StVG ergibt sich, dass unmittelbar zum Haftungsverband des Anhängers auch dessen Führer zählt. Es handelt sich grundsätzlich um denselben Fahrer von Anhänger und Zugfahrzeug, wonach ein Schaden dem gesamten Gespann zugerechnet und nicht mehr zwischen Zugfahrzeug und Anhänger differenziert wird.

2. Haftung für Mitfahrer (§ 8 a StVG). Nach dem früheren § 8 a Abs. 1 StVG haftete der Kraftfahrzeughalter gegenüber Mitfahrern aus § 7 StVG nur dann, wenn es sich um eine entgeltliche, geschäftsmäßige Personenbeförderung handelte. Dies bedeutete eine Haftungsblo-

---
162 BGBl. I S. 2674.
163 BR-Drucks. 742/01, S. 74.
164 Vgl BR-Drucks. 742/01, S. 70.
165 BGH v. 27.10.2010 – IV ZR 279/08.

ckade gegenüber Freunden, Bekannten und Familienangehörigen, die bei einer gelegentlichen Mitfahrt im Fahrzeug des Halters Verletzungen erlitten hatten. Den Geschädigten blieb dann nur die Möglichkeit, den Kraftfahrzeughalter aus dem Gesichtspunkt des Verschuldens (§ 823 Abs. 1 BGB) auf Schadensersatz in Anspruch zu nehmen. Das war ein schwerer Weg, weil die Geschädigten für die tatsächlichen Voraussetzungen des Verschuldens des Schädigers die Beweislast trugen. Dieses Bild hat sich nunmehr geändert. In § 8 a StVG heißt es jetzt, dass im Fall einer entgeltlichen, geschäftsmäßigen Personenbeförderung die Verpflichtung des Halters, wegen Tötung oder Verletzung beförderter Personen Schadensersatz nach § 7 StVG zu leisten, weder ausgeschlossen noch beschränkt werden darf. Das bedeutet aber nichts anderes, als dass in Zukunft für alle Personenschäden unabhängig von der Entgeltlichkeit oder Geschäftsmäßigkeit der Personenbeförderung gehaftet wird.[166] Angesichts der großen Zahl privater Personenbeförderungen ist damit zu rechnen, dass die Zahl der Fälle, in denen der Halter aus einer Verletzung anlässlich einer Gefälligkeitsfahrt oder Fahrt im Familieninteresse auf Schadensersatz in Anspruch genommen wird, merklich steigen wird.

193 **3. Schmerzensgeld (§ 11 S. 2 StVG).** Nach § 11 S. 2 StVG kann der Geschädigte nunmehr Schmerzensgeld auch dann verlangen, wenn der Schädiger nur nach den Grundsätzen der Gefährdungshaftung für einen Unfall verantwortlich ist und nicht erst – wie bisher – dann, wenn ihm ein Verschulden vorgeworfen werden kann. Der Sache nach ist § 11 S. 2 StVG nur eine Klarstellung; dass die aus der Gefährdungshaftung nach § 7 StVG folgenden Schadensersatzansprüche in Zukunft auch den Schmerzensgeldanspruch umfassen, folgt schon aus der Einfügung des § 253 Abs. 2 BGB. Dass der Gesetzgeber im letzten Augenblick die ursprünglich geplante Regelung gestrichen hat, nach der für fahrlässig verursachte Bagatellschäden ein Schmerzensgeld nicht sollte verlangt werden können, bedeutet nicht, dass für solche Schäden ein Schmerzensgeld gezahlt werden müsste. Die Bagatellregelung wurde vielmehr nur deshalb gestrichen, weil die Rechtsprechung schon auf der Grundlage des bisherigen Rechts eine Bagatellschwelle angenommen hatte.[167] Diese **Bagatellschwelle** soll auch für die neu geschaffenen Schmerzensgeldansprüche in den Fällen der Gefährdungshaftung gelten.[168] Auch sonst dürften diese Schmerzensgeldansprüche nicht anders zu bemessen sein als die aufgrund einer Verschuldenshaftung zu zahlenden Schmerzensgelder.[169] Zwar entfällt in den Fällen, in denen Schmerzensgeld auf der Grundlage der Gefährdungshaftung zu zahlen ist, der Gedanke der Genugtuung, so dass als Rechtfertigungsgrund des Schmerzensgeldes nur der Ausgleichsgedanke verbleibt. § 253 Abs. 2 BGB unterscheidet aber nicht danach, ob der Schmerzensgeldanspruch in der Verschuldens- oder Gefährdungshaftung seine Grundlage hat. Es ist davon auszugehen, dass die Gründe, die nach der bisherigen Rechtsprechung für eine Anhebung (etwa eine personenspezifische Sonderbelastung des Geschädigten, sein Alter, Rücksichtslosigkeit des Schädigers, verzögerte Schadensregulierung) oder für eine Senkung des Schmerzensgeldanspruchs sprechen (etwa Gefälligkeitsfahrt, gemeinsame Vergnügen, verwandtschaftliche Beziehung zwischen Schädiger und Geschädigtem) auch für die Schmerzensgeldbemessung nach § 11 S. 2 StVG ihre Bedeutung behalten.[170]

---

166 BR-Drucks. 742/01, S. 74, 75.
167 Vgl etwa BGH VersR 1992, 504, 505.
168 BT-Drucks. 14/8780, S. 21.
169 So auch OLG Celle DAR 2004, 225.
170 Vgl auch *Wagner*, NJW 2002, 2049, 2054, 2055.

4. Haftungshöchstbeträge (§ 12 StVG). Gem. § 12 StVG beträgt für den Fall des Todes oder der Verletzung von Personen der Haftungshöchstbetrag je Schadensfall 5 Mio. EUR. Eine individuelle Haftungshöchstgrenze existiert nicht mehr. Diese **Erhöhung der Haftungsbeträge** geht mit der Erweiterung der Gefährdungshaftung, von der oben (Rn 190) die Rede war, Hand in Hand. Mit diesem Zusammenwirken stellt sich die Gefährdungshaftung für den Geschädigten nunmehr als ein höchst wirksames Instrument dar. Das gilt erst recht, wenn der Geschädigte ein Mitfahrer ist, der bei einer Kollision mit einem anderen Fahrzeug geschädigt worden ist; er kann dann nämlich von beiden Haltern aus Gefährdungshaftung Schadensersatz verlangen und folglich die Haftungshöchstbeträge doppelt ausschöpfen. Bedenkt man indes, dass inzwischen die bei Schwerstschäden zuerkannten Schmerzensgeldbeträge die 500.000 EUR-Marke erreicht haben,[171] und wird beachtet, welche Pflegekosten bei einem solchen Geschädigten entstehen können, dann wird deutlich, dass es – gerade dann, wenn es sich bei dem Schwerstgeschädigten um einen jungen Menschen handelt und möglicherweise mehrere Personen zugleich zu Schaden gekommen sind – immer noch Fälle geben wird, in denen der Schaden die Höchstbeträge übersteigt mit der Folge, dass der Geschädigte darauf angewiesen ist, seinen die Höchstbeträge übersteigenden Schaden aus dem Gesichtspunkt der Verschuldenshaftung (§§ 823 ff BGB) geltend zu machen, der die Höchstgrenzen nicht kennt.

Eine noch gravierendere Erhöhung der Höchstbeträge sieht § 12 a StVG vor, wenn es bei einem **Transport gefährlicher Güter** zu einem Personen- oder Sachschaden gekommen ist. Hier wird nicht nur die allgemeine Gefährdung durch das Kraftfahrzeug, sondern darüber hinaus die besondere Gefährdung durch das Gefahrgut erfasst. Die Vorschrift ist neu; sie ist der Vorbote einer zukünftigen internationalen Regelung über die zivilrechtliche Haftung bei der Beförderung gefährlicher Güter auf der Straße, der Schiene und mit Binnenschiffen.[172]

II. Kernprobleme des § 7 Abs. 1 StVG in der Praxis

Bei der Anwendung des § 7 Abs. 1 StVG sind es in der Praxis – abgesehen vom Beweis der Schadenshöhe – hauptsächlich die Merkmale „bei dem Betrieb" und „Halter", die Probleme bereiten.

1. „Bei dem Betrieb eines Kraftfahrzeugs". Der Wortlaut des § 7 Abs. 1 StVG, nach dem Schadensersatz verlangt werden kann, wenn es „bei dem Betrieb" eines Kraftfahrzeugs (oder Anhängers) zu einem Schaden gekommen ist, führt zu der Vorstellung, dass diese Vorschrift einen Geschädigten im Auge hat, der durch die auf der Motorkraft des Kraftfahrzeugs beruhende schnelle Bewegung, durch die bei dem Fahren entwickelte Energie, an einem der in § 7 Abs. 1 StVG aufgezählten Rechtsgüter geschädigt worden ist. Das heutige Verständnis des Begriffs des „Betriebs" iSv § 7 Abs. 1 StVG geht über diese Vorstellung aber weit hinaus. Die Haftung nach § 7 Abs. 1 StVG umfasst alle durch den Kraftfahrzeugverkehr beeinflussten Schadensabläufe, und es genügt, dass sich eine von dem Kraftfahrzeug ausgehende Gefahr ausgewirkt hat und das Schadensgeschehen in dieser Weise durch das Kraftfahrzeug mitgeprägt worden ist.[173] Die Gefahren, die durch das Kraftfahrzeug in den Verkehr getragen werden, gehen nämlich nicht nur von dem Motor und seiner Einwirkung auf das Fahrzeug aus, sondern von der gesamten Abwicklung des Verkehrs und in besonderem Maße von Kraft-

---
171 Vgl OLG Hamm VersR 2002, 1163, 1164.
172 Vgl BR-Drucks. 742/01, S. 79.
173 BGH VersR 2005, 566, 567.

fahrzeugen, die auf der Fahrbahn halten oder parken. Dies bedeutet beispielsweise, dass ein Unfall, der sich durch das Auffahren auf ein haltendes Kraftfahrzeug ereignet, nicht nur dem Betrieb des auffahrenden, sondern auch dem des haltenden Fahrzeugs zuzurechnen ist mit der Folge der Schadensersatzpflicht beider Fahrzeughalter aus dem Gesichtspunkt der Gefährdungshaftung. Der Betrieb eines Kraftfahrzeugs dauert also fort, solange der Fahrer das Kraftfahrzeug im Verkehrsraum belässt und die dadurch geschaffene Gefahrenlage für den fließenden Verkehr fortbesteht.[174] Erforderlich ist stets, dass sich eine solche Gefahr verwirklicht hat, nach derer der Verkehr im Sinne der Haftungsvorschrift schadlos gehalten werden soll. Wenn ein Arbeitsgerät von einem Traktor gezogen wird und dabei von dem Arbeitsgerät ein Schaden ausgeht, hat sich nicht die mit der Halterhaftung geschützte Gefährdung des Traktors verwirklicht.[175]

198 Die Anwendung des § 7 Abs. 1 StVG ist auch nicht auf Unfälle beschränkt, die auf öffentlichen Straßen geschehen. So muss beispielsweise der Halter eines Kraftfahrzeugs, das auf dem **privaten Gelände** einer Trabrennbahn abgestellt worden ist, aus § 7 Abs. 1 StVG für den Schaden aufkommen, der dadurch entsteht, dass ein Rennpferd in Panik gegen das Fahrzeug läuft.[176] Das gilt insbesondere für Unfälle auf einem Betriebsgelände.[177] Die Haftung aus § 7 Abs. 1 StVG reicht noch weiter. Sie erfasst auch Schäden, die nicht auf das Kraftfahrzeug als bewegte Masse zurückgehen, von ihm aber ihren Ausgang nehmen. Es genügt, dass sich eine von dem Kraftfahrzeug ausgehende Gefahr ausgewirkt hat und das Schadensgeschehen in dieser Weise durch das Kraftfahrzeug mitgeprägt worden ist. Erforderlich ist allerdings, dass ein Zusammenhang mit der Bestimmung des Kraftfahrzeugs als einer der Fortbewegung und dem Transport dienenden Maschine besteht. Eine Haftung aus § 7 Abs. 1 StVG entfällt daher in Fällen, in denen die Fortbewegungs- und Transportfunktion des Kraftfahrzeugs keine Rolle spielt und das Fahrzeug nur noch als Arbeitsmaschine eingesetzt wird. Allerdings befindet sich ein Kraftfahrzeug noch „im Betrieb", wenn es in abgestelltem Zustand selbstständig in Brand gerät.[178]

199 Eine Verbindung mit dem „Betrieb" des Kraftfahrzeugs iSv § 7 Abs. 1 StVG ist jedoch zu bejahen, wenn das Fahrzeug im inneren Zusammenhang mit seiner Funktion als Verkehrs- und Transportmittel **entladen** wird, und zwar auch dann, wenn das Entladen durch eine spezielle Entladevorrichtung des Kraftfahrzeugs erfolgt. Unter die Gefahr, für die in diesen Fällen der Halter aus § 7 Abs. 1 StVG einstehen muss, fällt nicht nur die Gefahr durch das Kraftfahrzeug selbst, sondern auch diejenige, die von den Entladevorrichtungen und dem Ladegut ausgeht. So muss der Halter eines Streufahrzeugs, aus dem Streugut schrotschussähnlich maschinell ausgeworfen wird, nach § 7 Abs. 1 StVG für die Lackschäden an den am Straßenrand abgestellten Fahrzeugen aufkommen, die durch das herausgeschleuderte Streugut verursacht worden sind.[179] Ebenso muss etwa der Halter eines Tanklastzugs aus § 7 Abs. 1 StVG für Unfälle einstehen, die sich bei der Anlieferung von Öl dadurch ergeben, dass Öl auf die Straße fließt oder jemand über den Auslassschlauch stolpert.[180]

---

174 BGHZ 29, 163, 165 ff; BGH VersR 1996, 856, 857.
175 BGH Urt. v. 24.3.2015 – VI ZR 265/14.
176 BGH VersR 1995, 90, 92.
177 OLG Köln DAR 2002, 417, 418; OLG Koblenz VersR 2005, 705.
178 BGH v. 21.1.2014 – VI ZR 253/13.
179 BGHZ 105, 65 ff.
180 BGH VersR 1978, 827.

Nach Ansicht des OLG München[181] besteht eine Schadensersatzpflicht gem. § 7 Abs. 1 StVG, wenn der Schädiger erfolglos versucht, sein Kfz in einer privaten Tiefgarage zu starten und in Betrieb zu setzen, und dabei eine Explosion verursacht, welche folglich die Beschädigung eines auf einem öffentlichen Grund stehenden Kfz verursacht. Es kann davon ausgegangen werden, dass das Vorliegen einer Betriebsgefahr iSd § 7 Abs. 1 StVG gegeben ist. An den weitgefassten „Betriebsbegriff" nach Ansicht des BGH wird angeknüpft (BGHZ 115, 84). 199a

Wenn eine objektiv nicht erforderliche Ausweichreaktion im Zusammenhang mit einem Überholvorgang einen Unfall verursacht, kann dieser Unfall nach Ansicht des BGH[182] dem Betrieb eines anderen Kfz zugerechnet werden. Die Ausweichreaktion des Geschädigten muss nicht subjektiv erforderlich gewesen sein. 199b

Eine Haftung wegen eines Schadens „bei dem Betrieb" kann sogar in Betracht kommen, wenn der Schaden eingetreten ist, ohne dass das Kraftfahrzeug oder seine Ladung mit dem geschädigten Objekt in Berührung gekommen ist. Fällt ein auf einer öffentlichen Parkfläche abgestelltes Motorrad aus nicht feststellbaren Gründen auf ein neben ihm parkendes Kfz, so haftet der Halter des Motorrades nicht für Schäden am Kfz.[183] „Bei dem Betrieb" des betreffenden Fahrzeugs geschehen ist ein Unfall auch dann, wenn er unmittelbar durch das Verhalten des Verletzten oder eines Dritten ausgelöst wird, dieser Unfall aber in zurechenbarer Weise durch das Kraftfahrzeug des in Anspruch Genommenen mit veranlasst worden ist. 200

Beispiel: 201
Ein Schaden ist also bereits dann „bei dem Betrieb" eines Kraftfahrzeugs entstanden, wenn sich die von einem Kraftfahrzeug ausgehenden Gefahren ausgewirkt haben und das Unfallgeschehen in dieser Weise durch das Kraftfahrzeug mitgeprägt wird. Dies ist der Fall, wenn eine Radfahrerin, die auf einer nur 3 m breiten Straße eine durch Baumbewuchs unübersichtliche Kurve durchfährt, einem entgegenkommenden Pkw zur Seite ausweicht, dadurch stürzt und sich erheblich verletzt.[184] Es kommt in diesen Fällen darauf an, ob in einer konkreten Situation die Gegenwart des Fahrzeugs vom Geschädigten als gefährlich empfunden werden konnte.[185]

Typisch für diese Unfallkonstellationen ist stets die **Berührungslosigkeit des Unfalls**, so dass nachweisbare Anknüpfungstatsachen für eine Unfallanalyse sehr oft fehlen und allein die unsicheren Aussagen von Zeugen einzige Beweismittel sind. Eine Klage kann bei einem berührungslosen Unfall wie folgt aussehen: 202

▶ **Muster: Klageschrift (berührungsloser Unfall)** 203

An das Amtsgericht ...

Klage

In Sachen

der Frau ...

– Klägerin –

---

181 OLG München v. 12.10.2009 – 17 U 1359/09.
182 BGH v. 21.9.2010 – VI ZR 263/09.
183 LG Tübingen vom 31.5.2010 – 7 S 11/09.
184 BGH NZV 1988, 63.
185 BGH NJW 2005, 2081, 2082.

Prozessbevollmächtigte: RAe ...

gegen

Herrn ...

– Beklagter zu 1 –

... Versicherungs AG, vertreten durch den Vorstand, dieser vertreten durch den Vorstandsvorsitzenden (Schadennummer ...)

– Beklagte zu 2 –

wegen Schadensersatzes

Streitwert: 2.936 EUR

bestellen wir uns für die Klägerin.

Im Termin werden wir folgende Anträge verlesen:

1. Die Beklagten werden als Gesamtschuldner verurteilt, an die Klägerin 2.936 EUR nebst Zinsen in Höhe von 5 Prozentpunkten über dem Basiszinssatz seit dem 15.2.2015 zu bezahlen.
2. Die Beklagten tragen als Gesamtschuldner die Kosten des Verfahrens.

Sofern das Gericht das schriftliche Vorverfahren anordnet, wird bereits jetzt für den Fall der Fristversäumnis oder des Anerkenntnisses beantragt, die Beklagte durch Versäumnisurteil gem. § 331 Abs. 3 ZPO oder Anerkenntnisurteil gem. § 307 Abs. 2 ZPO zu verurteilen.

Begründung:

Mit vorliegender Klage wird Schadensersatz begehrt wegen eines Verkehrsunfalls, der sich am 15.1.2015 ereignete. Am Unfall beteiligt war die Klägerin mit dem in ihrem Eigentum stehenden Pkw mit dem amtlichen Kennzeichen ... sowie der Beklagte zu 1 als Fahrer des Pkws ... mit dem amtlichen Kennzeichen ..., das zum Unfallzeitpunkt bei der Beklagten zu 2 haftpflichtversichert war.

Der Unfall ereignete sich wie folgt:

Am Unfalltag zum Unfallzeitpunkt befuhr der Beklagte zu 1 in ... die Hauptstraße aus Richtung Waldstraße in Richtung Nebenstraße zunächst ganz rechts. Ca. 500 Meter vor der Nebenstraße, in Höhe des Grundstückes Hotel Heidemühle, kam das Fahrzeug der Klägerin entgegen. Der Beklagte zu 1 zog in diesem Moment aus seiner Sicht nach links in Richtung Fahrbahnmitte mit unverminderter Geschwindigkeit, bis er mit dem linken Teil seines Fahrzeugs bis über die Fahrbahnmitte hinaus kam. Die Klägerin wich zunächst nach rechts aus, war sich jedoch unschlüssig, ob der Beklagte noch weiter nach links fahren würde, so dass dieses Ausweichen nicht mehr ausreichen würde, damit beide Fahrzeuge aneinander vorbei fahren könnten. Darum entschloss sich die Klägerin, nach rechts von der Fahrbahn abzufahren und einen leichten Unfall der Gefahr einer Frontalkollision vorzuziehen, und fuhr gegen den dortigen Maschendrahtzaun und kam an einem Betonpfahl zum Stehen. Hierbei wurden zwei Betonpfähle abgebrochen und der Zaun auf einer Länge von ca. sieben Metern beschädigt. Ohne anzuhalten raste der Beklagte zu 1 weiter. Er wurde verfolgt und schließlich gestellt.

Beweis: Zeuge M., ...
Zeuge R., ...
Zeugin S., ...
Zeuge T., ...
Beiziehung der amtlichen Ermittlungsakte beim Amtsgericht ..., Az ...

Das Verfahren gegen den Beklagten zu 1 wegen unerlaubten Entfernens vom Unfallort wurde nach § 153 a StPO gegen Auflage eingestellt. Es war jedoch völlig klar, dass der Beklagte zu 1 den Unfall verschuldet hatte. Wäre die Klägerin vorliegend nicht ausgewichen, wäre es zu einem Frontalzusammenstoß gekommen mit erheblichen Personenverletzungen, wenn der Beklagte weiter nach links gelenkt hätte. Für die Klägerin war der Unfall in der fraglichen Form unvermeidbar. Sie hat sich in hohem Maße schadensmindernd verhalten.

Beweis: Sachverständigengutachten

Rechtlich ist der Unfall wie folgt zu werten:

Die Beklagten lehnten außergerichtlich eine Haftung ab, da sie meinten, dass das Ausweichmanöver objektiv nicht erforderlich war, da der Beklagte zu 1 nicht weiter nach links gelenkt hätte und so die Fahrzeuge aneinander hätten vorbeifahren können. Der Unfall habe sich daher nicht im Zusammenhang mit dem Betrieb des Fahrzeugs des Beklagten ereignet.

Das Haftungsmerkmal „bei dem Betrieb" ist nach der Rechtsprechung des BGH entsprechend dem umfassenden Schutzzweck der Vorschrift weit auszulegen. Die Haftung nach § 7 Abs. 1 StVG umfasst daher alle durch den Kraftfahrzeugverkehr beeinflussten Schadensabläufe. Es genügt, dass sich eine von dem Kraftfahrzeug ausgehende Gefahr ausgewirkt hat und das Schadensgeschehen in dieser Weise durch das Kraftfahrzeug mitgeprägt worden ist (BGHZ 105, 65, 66; 107, 359, 366; 115, 84, 86 und BGH – VI ZR 115/04 – VersR 2005, 566, 567). Ob dies der Fall ist, muss mittels einer am Schutzzweck der Haftungsnorm orientierten wertenden Betrachtung beurteilt werden (BGHZ 71, 212, 214; 115, 84, 86 und BGH – VI ZR 115/04 – VersR 2005, 566, 567).

An diesem auch im Rahmen der Gefährdungshaftung erforderlichen Zurechnungszusammenhang fehlt es, wenn die Schädigung nicht mehr eine spezifische Auswirkung derjenigen Gefahren ist, für die die Haftungsvorschrift den Verkehr schadlos halten will (BGHZ 79, 259, 263; 107, 359, 367; 115, 84, 86 f). Für eine Zurechnung zur Betriebsgefahr kommt es maßgeblich darauf an, dass der Unfall in einem nahen örtlichen und zeitlichen Kausalzusammenhang mit einem bestimmten Betriebsvorgang oder einer bestimmten Betriebseinrichtung des Kraftfahrzeugs steht (BGHZ 37, 311, 317 f; 58, 162, 165; BGH – VI ZR 86/71 – VersR 1972, 1074 f; BGH – VI ZR 104/71 – VersR 1973, 83 f; BGH – VI ZR 218/03 – VersR 2004, 529, 531). Hiernach rechtfertigt die Anwesenheit eines im Betrieb befindlichen Kraftfahrzeugs an der Unfallstelle allein zwar noch nicht die Annahme, der Unfall sei bei dem Betrieb dieses Fahrzeugs entstanden. Erforderlich ist vielmehr, dass die Fahrweise oder der Betrieb dieses Fahrzeugs zu dem Entstehen des Unfalls beigetragen haben (vgl BGH – VI ZR 1781/67 – VersR 1969, 58, 59; BGH – VI ZR 86/71 – VersR 1972, 1074 f; BGH – VI ZR 104/71 – VersR 1973, 83 f und BGH – VI ZR 96/87 – VersR 1988, 641).

Andererseits hängt die Haftung gemäß § 7 StVG nicht davon ab, ob sich der Führer des im Betrieb befindlichen Kraftfahrzeugs verkehrswidrig verhalten hat (BGH – VI ZR 271/69 – VersR 1971, 1060, 1061; BGH – VI ZR 2/70 – VersR 1971, 1063, 1064 und BGH – VI ZR 104/71 – VersR 1973, 83 f), und auch nicht davon, dass es zu einer Kollision der Fahrzeuge gekommen ist (BGH – VI ZR 151/85 – VersR 1986, 1231, 1232 und BGH – VI ZR 96/87 – VersR 1988, 641).

Diese weite Auslegung des Tatbestandsmerkmals „bei dem Betrieb eines Kraftfahrzeugs" entspricht dem weiten Schutzzweck des § 7 Abs. 1 StVG und findet darin ihre innere Rechtfertigung. Die Haftung nach § 7 Abs. 1 StVG ist sozusagen der Preis dafür, dass durch die Verwendung eines Kfz erlaubterweise eine Gefahrenquelle eröffnet wird, und will daher alle durch den Kfz-Verkehr beeinflussten Schadensabläufe erfassen. Ein Schaden ist demgemäß bereits dann „bei dem Betrieb" eines Kfz entstanden, wenn sich von einem Kfz ausgehende Gefahren ausgewirkt haben (BGH – VI ZR

96/87 – VersR 1988, 641 mwN). Dabei muss der Geschädigte nicht nachweisen, dass die Ausweichreaktion des Geschädigten aus seiner Sicht, also subjektiv, erforderlich war oder sich gar für ihn als die einzige Möglichkeit darstellte, um eine Kollision zu vermeiden. Es reicht der Nachweis aus, dass die Reaktion dem Fahrverhalten des anderen Kraftfahrzeugführers gegolten hat (BGH VI ZR 263/09).

Nach diesen Grundsätzen haben die Beklagten vollumfänglich zu haften. Die außergerichtlich geäußerte Auffassung der Beklagten, hier fehle der Zurechnungszusammenhang, weil die Klägerin nicht objektiv nachvollziehbar von einer Gefährdung durch das entgegenkommende Fahrzeug habe ausgehen dürfen, steht mit dieser Rechtsprechung nicht in Einklang. Danach kann selbst ein Unfall infolge einer voreiligen, also objektiv nicht erforderlichen Abwehr- oder Ausweichreaktion gegebenenfalls dem Betrieb des Kraftfahrzeugs zugerechnet werden, das diese Reaktion ausgelöst hat (BGH – VI ZR 271/69 – VersR 1971, 1060, 1061 und BGH – VI ZR 96/87 – VersR 1988, 641). Dass das vom Beklagten durchgeführte Fahren mittig der Fahrbahn, die Ausweichbewegung der Klägerin veranlasst hat, liegt auf der Hand und wird durch die benannten Zeugen nachgewiesen.

Auch wenn der Beklagte zu 1 dies als Panikreaktion bezeichnet, ist sie doch durch das Verhalten des Beklagten zu 1 verursacht worden, das vom entgegenkommenden Fahrer auf der engen Straße als gefährlich empfunden werden konnte. Das reicht, wie der BGH in einem vergleichbaren Fall ausgeführt hat, für den Zurechnungszusammenhang aus (BGH – VI ZR 96/87 – VersR 1988, 641).

So hat der BGH auch in einem Fall, in dem eine Mofafahrerin unsicher wurde, als sie ein Sattelschlepper überholte, und deshalb stürzte, eine Auswirkung der Betriebsgefahr des Lkws angenommen (BGH – VI ZR 86/71 – VersR 1972, 1074 f), ebenso als ein Fußgänger durch die Fahrweise des nach Hochziehen einer Schranke anfahrenden Kraftfahrzeugs unsicher wurde und deshalb stürzte (BGH – VI ZR 104/71– VersR 1973, 83 f). Das Merkmal „beim Betrieb" hat er auch bejaht, als ein Lkw die voreilige Abwehrreaktion eines nachfolgenden Kraftfahrers auslöste, weil er andauernd blinkte und entweder nach links zog oder schon hart an die Mittellinie herangezogen war (BGH – VI ZR 271/69 – VersR 1971, 1060, 1061). In all diesen Fällen kam es nicht darauf an, ob die Abwehr- oder Ausweichreaktion objektiv erforderlich war.

Vorliegend ist der Beklagte langsam von ganz rechts der Fahrbahn in Richtung Fahrbahnmitte gefahren. Die Klägerin musste befürchten, dass der Beklagte zu 1 immer weiter nach links abkommt und frontal kollidiert. Da aufgrund der Straßenbegrenzung für die Klägerin nach rechts kein Platz mehr war, blieb ihr nur die Wahl zwischen hoffen, dass der Beklagte zu 1 nunmehr nicht weiter nach links fährt, was das Risiko einer Frontalkollision innewohnen hatte, oder nach rechts ausweichen, was zwar einen sicheren Schaden zur Folge hatte, jedoch deutlich ungefährlicher war als eine Frontalkollision.

Der Schaden der Klägerin ist somit der Betriebsgefahr des Fahrzeugs des Beklagten zu 1 zuzurechnen. Damit ist darüber hinaus sein Verstoß gegen das Rechtsfahrgebot zurechenbar und kausal für den Unfall geworden. Dahinter hat die Betriebsgefahr des klägerischen Fahrzeugs zurückzutreten, was zu einer Alleinhaftung des Beklagten führt.

Der Klägerin entstand folgender Schaden:

Reparaturkosten: 2000 EUR

Beweis: Reparaturkostenrechnung

Pauschale für unfallbedingte Wege, Telefonate, Porti etc.: 30 EUR

Beweis: richterliche Schätzung nach § 287 ZPO

Die Klägerin entbehrte ihres beschädigten Fahrzeugs zwei Wochen lang reparaturbedingt. Bei dem Fahrzeug handelt es sich um einen Pkw .... Dieser ist in der einschlägigen Tabelle *Sanden/Danner/Küppersbusch* mit 29 EUR Nutzungsausfall pro Tag verzeichnet, so dass insgesamt 406 EUR auflaufen.

Beweis: richterliche Schätzung nach § 287 ZPO

Der Hoteleigentümer verlangte von der Klägerin, dass der Zaun unverzüglich hergestellt wurde. Hierfür musste die Klägerin 500 EUR aufwenden

Beweis: Zaunreparaturrechnung

Die Beklagten lehnten außergerichtlich eine Haftung ab, nachdem sie mit Schreiben vom 30.1.2015 unter Bezifferung des Gesamtschadens bis zum 14.2.2015 aufgefordert worden waren. Die Beklagten befinden sich daher seit dem 15.2.2015 in Verzug, Klage ist geboten.

Rechtsanwalt ◀

Ein Unfall kann sogar dann dem Betrieb eines Kraftfahrzeugs zugerechnet werden, wenn er an einer Stelle geschieht, die das Kraftfahrzeug längst verlassen hat, vorausgesetzt, es hat dort eine Gefahrenlage geschaffen, die im Unfallzeitpunkt angedauert hat. Es kommt nur darauf an, ob die **andauernde Gefahrenlage** noch in einem inneren Zusammenhang mit dem Betriebsvorgang des Kraftfahrzeugs steht, das sie geschaffen hat. Ist das der Fall, dann tritt die Halterhaftung des § 7 Abs. 1 StVG, die den Geschädigten vor allen mit dem Betrieb des Kraftfahrzeugs verbundenen Gefahren schützen will, nach ihrem Grundgedanken und Sinn ein.

Beispiel:
Haben Kettenfahrzeuge die Fahrbahn stark verschmutzt und ist die Fahrbahn durch anschließende Regenfälle schlüpfrig geworden, dann besteht zwischen dem Betrieb der Kettenfahrzeuge und einem einige Tage später geschehenen Unfall eines Lkws ein innerer Zusammenhang, wenn dieser Unfall darauf beruht, dass der Lkw auf der schlüpfrigen Fahrbahn in einer scharfen Kurve zur Seite weggerutscht ist.[186]

Eine Haftung nach § 7 Abs. 1 StVG entfällt aber in den Fällen, in denen die Fortbewegungs- und Transportfunktion des Kraftfahrzeugs keine Rolle mehr spielt und das Fahrzeug nur noch als Arbeitsmaschine eingesetzt wird. Davon zu unterscheiden sind die Fälle, in denen eine „fahrbare Arbeitsmaschine" während der Fahrt „bestimmungsgemäß" Arbeiten verrichtet; in diesen Fällen handelt es sich um einen „Betrieb" iSv § 7 Abs. 1 StVG.[187]

2. „Halter". Die Rechtsprechung hat in der Anwendung des § 7 Abs. 1 StVG einen eigenständigen Halterbegriff herausgebildet. Danach kommt es nicht auf bestimmte Rechtsverhältnisse an. § 7 Abs. 1 StVG setzt nicht voraus, dass der Halter Eigentümer oder Besitzer des Fahrzeugs ist; entscheidend sind vielmehr die faktischen und wirtschaftlichen Verhältnisse. Halter eines Kraftfahrzeugs ist, wer es für eigene Rechnung in Gebrauch hat und die Verfügungsgewalt besitzt, die ein solcher Gebrauch voraussetzt. Wer tatsächlich und wirtschaftlich der eigentlich Verantwortliche für den Einsatz des Fahrzeugs im Verkehr ist, schafft die vom Fahrzeug ausgehenden Gefahren, für die der Halter nach § 7 Abs. 1 StVG einstehen soll. Danach ist beispielsweise der Leasingnehmer, der die laufenden Betriebskosten des Fahrzeugs

---
186 BGH VersR 1982, 977.
187 BGH VersR 2405, 566, 567.

trägt und für einen längeren Zeitraum die uneingeschränkte Verfügungsgewalt über den Wagen hat, der Halter.[188] Dieses Zeitmoment ist allerdings unverzichtbar. Erst eine gewisse Dauer der Gebrauchsüberlassung führt als Voraussetzung für eine Verfestigung der tatsächlichen, vornehmlich wirtschaftlichen Zuständigkeit für das Fahrzeug zur Haltereigenschaft, wie sie § 7 Abs. 1 StVG meint. Dementsprechend hat der BGH eine mietweise Überlassung von wenigen Stunden und nur für eine bestimmte kurze Einzelfahrt nicht als ausreichend angesehen.[189]

208 Es liegt in der Konsequenz des Halterbegriffs, dass die Stellung als Halter eines Fahrzeugs endet, wenn die tatsächliche Möglichkeit, den Einsatz des Fahrzeugs zu bestimmen (Verfügungsgewalt) auf eine nicht nur vorübergehende Zeit entzogen wird. Das ist beispielsweise der Fall, wenn durch einen Diebstahl oder eine Unterschlagung nicht nur vorübergehend ein Verlust der tatsächlichen Verfügungsgewalt eintritt. Hat beispielsweise ein Autohändler ein Fahrzeug einem Kaufinteressenten zu einer Probefahrt übergeben und bringt der Interessent das Fahrzeug nicht zurück, dann kann der Autohändler, wenn zwei Jahre später ein Unbekannter mit dem Wagen einen Unfall verursacht, nicht mit Erfolg aus § 7 Abs. 1 StVG als Halter auf Schadensersatz in Anspruch genommen werden. Eine Haftung aus § 7 Abs. 3 S. 2 StVG scheidet in diesen Fällen im Übrigen gleichfalls aus, weil sie voraussetzt, dass derjenige, der das Fahrzeug einem anderen überlässt, weiterhin der Halter ist.[190]

208a **3. Schaden.** Problematisch kann es zuweilen sein zu beurteilen, ob ein Schaden iSd § 7 StVG eingetreten ist. Eine Sache ist dann iSd § 7 StVG beschädigt, wenn entweder ihre Substanz nicht unerheblich verletzt oder wenn ihre Brauchbarkeit zu ihrer bestimmungsgemäßen Verwendung nicht unerheblich beeinträchtigt worden ist, ohne dass zugleich ein Eingriff in die Sachsubstanz vorliegt. Dies liegt nicht vor, wenn lediglich der tatsächliche Bedarf für die entsprechende Verwendung eingeschränkt wird.[191]

III. Grenzen der Halterhaftung

209 Angesichts der Weite des Haftungstatbestandes des § 7 Abs. 1 StVG sind die Grenzen der Einstandspflicht des Fahrzeughalters umso wichtiger. Nach der Haftungserweiterung durch die Neufassung des § 8 a StVG stehen, soweit es um die Schranken der Haftung aus § 7 Abs. 1 StVG geht, die §§ 7 Abs. 2 und 8 StVG im Vordergrund.

210 **1. Fälle des § 8 StVG.** Nach § 8 Nr. 1 StVG versagt die Haftung des Halters aus § 7 StVG, wenn der Unfall durch ein Kraftfahrzeug verursacht worden ist, das auf ebener Bahn mit keiner höheren Geschwindigkeit als 20 km/h fahren kann; für einen mit einem solchen Fahrzeug verbundenen Anhänger gilt Entsprechendes. Kraftfahrzeuge des § 8 Nr. 1 StVG sind solche des § 1 Abs. 2 StVG. Es kommt demnach nicht auf den Einsatz als Beförderungsmittel an, weshalb auch Arbeitsmaschinen unter den Begriff der Kraftfahrzeuge fallen.[192] Für die Anwendung dieser Vorschrift, die vor allem für Baustellenfahrzeuge und landwirtschaftliche Fahrzeuge von Bedeutung ist, war umstritten, ob es darauf ankommt, dass die Geschwindigkeit eines Kraftfahrzeugs durch Manipulationen – beispielsweise die Verstellung des Gaszugs

---

188 BGH VersR 1983, 656, 657.
189 BGH VersR 1992, 437, 439.
190 BGH VersR 1997, 204, 205.
191 BGH DAR 2015, 137.
192 VG Neustadt/Wstr. v. 1.12.2009 – 5 K 997/09.NW.

– auf über 20 km/h gesteigert werden kann. Hierzu hat der BGH in Abweichung von seiner früheren Rechtsauffassung entschieden, dass für das Eingreifen des § 8 Nr. 1 StVG die konstruktionsbedingte Beschaffenheit des Fahrzeugs und nicht die Möglichkeit ihrer Veränderung maßgeblich ist. Es kommt darauf an, wie schnell das Fahrzeug im Unfallzeitpunkt effektiv fahren kann. Werden Manipulationen nicht vorgenommen und kann das Fahrzeug deshalb nicht schneller als 20 km/h fahren, dann haften ihm – gleichgültig, ob von einer theoretischen Manipulationsmöglichkeit leicht oder nur unter Schwierigkeiten Gebrauch gemacht werden könnte – nicht die Risiken an, die nach der gesetzgeberischen Vorstellung das Eingreifen der Gefährdungshaftung gebieten. Wird dagegen durch Manipulationen die fahrbare Geschwindigkeit über die 20 km/h-Grenze gehoben, dann entstehen diese Risiken, so dass für die Anwendung des § 8 StVG kein Raum mehr ist.[193]

§ 8 Nr. 2 StVG bestimmt, dass die Haftung aus § 7 StVG auch dann nicht eingreift, wenn der Verletzte bei dem Betrieb des Kraftfahrzeugs oder Anhängers tätig war. Diese Haftungseinschränkung kommt nicht nur zum Zuge, wenn die Tätigkeit des Verletzten von einer gewissen Dauer war, wie etwa in den Fällen, in denen der Geschädigte das Fahrzeug gefahren hat,[194] sondern auch dann, wenn die Tätigkeit nur kurze Zeit gedauert hat, wie beispielsweise dann, wenn der Geschädigte verletzt worden ist, als er half, ein liegen gebliebenes Fahrzeug wegzuschieben[195] oder ein rollendes Fahrzeug aufzuhalten.[196] 211

2. „Höhere Gewalt" (§ 7 Abs. 2 StVG). Die in der Praxis wichtigste Schranke der Halterhaftung war bis zur Neuregelung § 7 Abs. 2 StVG, nach dem die Gefährdungshaftung ausgeschlossen war, wenn der Unfall durch ein „unabwendbares Ereignis" verursacht worden war. Unter einem „unabwendbaren Ereignis" verstand man einen Unfall, den auch ein idealer Autofahrer nicht hätte verhindern können.[197] Die Rechtsprechung hat diese Voraussetzung nicht eng beurteilt. Dieses Bild hat sich jetzt entscheidend verändert. Nach § 7 Abs. 2 StVG ist die Halterhaftung erst ausgeschlossen, wenn der Unfall durch „höhere Gewalt" verursacht worden ist. Ein Fall der höheren Gewalt, wie ihn das Gesetz meint, ist schwer vorstellbar. Die Gesetzesbegründung nennt keine Beispiele, die diesen Begriff anschaulich werden lassen. Man greift auf die Definition zurück, die die Rechtsprechung auf der Grundlage des § 1 Abs. 2 HpflG für Eisenbahnunfälle entwickelt hat.[198] Danach ist höhere Gewalt ein betriebsfremdes, von außen durch elementare Naturkräfte oder durch Handlungen dritter Personen herbeigeführtes Ereignis, das nach menschlicher Einsicht unvorhersehbar ist, mit wirtschaftlich erträglichen Mitteln auch durch die äußerste, nach der Sachlage vernünftigerweise zu erwartende Sorgfalt nicht verhütet oder unschädlich gemacht werden kann und auch nicht wegen seiner Häufigkeit in Kauf zu nehmen ist.[199] Es ist offen, ob die höchstrichterliche Rechtsprechung diese Definition für Straßenverkehrsunfälle übernimmt. Jedenfalls wird ein Fall höherer Gewalt höchst selten anzunehmen sein. 212

Bei Steinen, die Dritte von einer Autobahnbrücke auf vorüberfahrende Fahrzeuge werfen, ist dies nicht der Fall, wohl aber dann, wenn ein unerkennbar unterspültes Straßenstück plötz- 213

---

193 BGH VersR 1997, 1115, 1116; 2005, 566, 567.
194 BGH NJW 1972, 1415, 1416; VersR 1989, 54, 56.
195 BGH VersR 1996, 856, 857.
196 OLG Jena NZV 1999, 331.
197 Vgl etwa BGH VersR 1992, 714, 715.
198 BR-Drucks. 742/01, S. 71.
199 BGH VersR 1988, 910.

lich wegsackt. Die durch § 7 Abs. 2 StVG statuierten hohen Anforderungen an einen Ausschluss der Gefährdungshaftung bedeuten in der praktischen Konsequenz eine Erweiterung der Einstandspflicht des Fahrzeughalters. Dies bedeutet zugleich, dass der Frage, ob dem Geschädigten eine anspruchsmindernde Mitverursachung anzulasten ist, eine gesteigerte Bedeutung zukommt. Vor allem bleibt zu beachten, dass § 7 Abs. 2 StVG, ohne dass dies sein Wortlaut erkennen ließe, für die in der Praxis wohl häufigste Fallkonstellation, nämlich für Unfälle, an denen mehrere Fahrzeuge beteiligt sind, gar keine Anwendung findet. Am Ende des Gesetzgebungsverfahrens wurde nämlich in § 17 StVG unter Beibehaltung des Haftungsausschlusses des unabwendbaren Ereignisses die bisherige Regelung des Schadensausgleichs zwischen den Haltern mehrerer unfallbeteiligter Kraftfahrzeuge beibehalten. Dies mit der Folge, dass auf die bisher entwickelten Ausgleichsgrundsätze und insbesondere auf die zur Rechtsfigur des „unabwendbaren Ereignisses" ergangene Rechtsprechung weiterhin zurückgegriffen werden kann.[200] Nach § 17 Abs. 4 StVG gilt dies alles auch für Kollisionen mit einem Anhänger, einem Tier oder einer Eisenbahn.

C. Verkehrssicherungspflichten

214 Typischerweise spielt die Frage der Verkehrssicherungspflichtverletzung in Straßenverkehrsrechtsfällen eine Rolle, wenn sich Verkehrsunfälle durch unzureichende Kennzeichnung von Gefahrenstellen ereignen, wenn Fahrbahnunebenheiten oder übermäßig rutschige Fahrbahnbeläge zum Entstehen des Schadens beigetragen haben, bei Verletzung der Streupflicht, bei Straßenbauarbeiten, wenn Einrichtungen eines Straßenbaulastträgers oder von ihm verwaltete Baumbestände eine Unfallursache gesetzt haben.

I. Winterliche Streupflicht

215 Im Rahmen des Straßenverkehrs kommt eine Verletzung der Verkehrssicherungspflicht insbesondere bei Verletzung der winterlichen Streupflicht in Betracht. Die Streupflicht trifft grundsätzlich denjenigen, der den Verkehr eröffnet. Dies sind bei Kreisstraßen regelmäßig die Kreise, bei Landes- und Bundesstraßen grundsätzlich die Länder, da die Verkehrssicherungspflicht dem obliegt, der die Verwaltung der Straßen tatsächlich innehat.[201] Gemäß Art. 90 Abs. 2 GG werden die Bundesstraßen kraft Auftragsverwaltung von den Ländern verwaltet. Sie üben die Straßenaufsicht im Auftrag des Bundes aus, was auch in § 20 Abs. 1 BFStrG festgeschrieben ist. Der BGH geht daher konsequenterweise davon aus, dass auch die Länder für die Verletzung der Verkehrssicherungspflicht auf den Bundesstraßen haften.[202]

216 Die Verkehrssicherungspflicht für Ortsdurchfahrten von Bundesstraßen obliegt nach § 5 Abs. 2 BFStrG den Gemeinden, soweit sie mehr als 80.000 Einwohner haben. Gemeinden mit mehr als 50.000, aber weniger als 80.000 Einwohnern können nach § 5 Abs. 2 a BFStrG Träger der Straßenbaulast werden. Bei Landesstraßen unterscheidet man Landstraßen 1. Ordnung und 2. Ordnung. Für Landstraßen 1. Ordnung obliegt die Verkehrssicherungspflicht dem Land. Bei Landstraßen 2. Ordnung kann jedes Land die Pflicht den Kreisen übertragen. Grundsätzlich muss derjenige streuen, der den Verkehr eröffnet hat. Ist er hierzu nicht in der

---

200 BT-Drucks. 14187/80, S. 22.
201 BGH VersR 1959, 228.
202 BGH VersR 1983, 639.

Lage, kann er die Verpflichtung auf eine andere Person übertragen.²⁰³ Ihn trifft jedoch nach wie vor eine **Überwachungspflicht**. Der Umfang der Streupflicht richtet sich sowohl zeitlich als auch räumlich nach den Umständen des Einzelfalls, insbesondere also nach den örtlichen Verhältnissen sowie der Art und Wichtigkeit des Verkehrsweges. Für die Zumutbarkeit der Streupflicht ist dabei auch die Leistungsfähigkeit des Streupflichtigen von Bedeutung. Der BGH betont in ständiger Rechtsprechung, dass Gemeinden ihrer Streupflicht nur dann genügen, wenn durch das Bestreuen mit abstumpfenden Mitteln die Gefahren beseitigt werden, die infolge winterlicher Glätte für den Verkehrsteilnehmer bei zweckgerechter Wegebenutzung unter Beachtung der im Verkehr erforderlichen Sorgfalt bestehen.²⁰⁴

II. Herabfallende Baumäste

Eine Verletzung der Verkehrssicherungspflicht kann auch dem Eigentümer eines Baumes angelastet werden, wenn beispielsweise durch einen umfallenden Baum selbst oder herabfallende Zweige ein Kraftfahrzeug beschädigt oder ein Mensch verletzt wird. Nach der überwiegenden Rechtsprechung ist es für den Eigentümer eines Baumes geboten, seinen Baum in angemessenen Zeitabständen (zweimal jährlich) zu überprüfen. Grundsätzlich genügt dabei eine äußere Zustands- und Gesundheitsprüfung. Grundsätzlich sind zwei jährliche Sichtkontrollen ausreichend.²⁰⁵ Bestehen allerdings Anzeichen für eine gesteigerte Gefährdung wie zB morsche Äste, ist eine eingehende fachmännische Untersuchung dahin gehend erforderlich, ob von dem Baum Gefahren für Menschen oder Sachen ausgehen können.²⁰⁶ Ein natürlicher Astbruch, für den es vorher keine besonderen Anzeichen gab, gehört auch bei anfälligen Baumarten zu naturgebundenen und daher hinzunehmenden Lebensrisiken.²⁰⁷

Die Haftung eines Baumeigentümers wegen Verletzung der Verkehrssicherungspflicht kommt aber auch dann in Betracht, wenn Äste von Bäumen in einen Verkehrsbereich hineinragen und dadurch für Verkehrsunfälle mitursächlich sind.

III. Verkehrsberuhigungsmaßnahmen

Auch städtebauliche Verkehrsberuhigungsmaßnahmen können Verkehrssicherungspflichtverletzungen darstellen. Der BGH hat hierzu festgestellt, dass Bodenschwellen zur Verkehrsberuhigung so ausgestaltet sein müssen, dass alle zulassungsfähigen Kraftfahrzeuge bei verkehrsgerechtem Verhalten diese gefahrlos passieren können. Bei dieser Entscheidung war ein tiefergelegtes Fahrzeug, das lediglich eine Bodenfreiheit von 7 cm hatte, auf einer 7,3 cm hohen Straßenschwelle aufgesetzt, wodurch es beschädigt wurde. Der BGH bejahte eine Verletzung der Verkehrssicherungspflicht.²⁰⁸ Ebenso ist entschieden worden, dass ein auf der Fahrbahn aufgestellter Blumenkübel eine Verkehrssicherungspflichtverletzung darstellen kann, selbst wenn er zum Zwecke der Verkehrsberuhigung aufgestellt wurde.²⁰⁹ Zumindest nach Auffassung des OLG Hamm soll dies aber nicht in verkehrsberuhigten Bereichen gelten.²¹⁰

---

203 BGH VersR 1970, 182.
204 BGH NJW 1993, 2803 unter Hinweis auf BGH NJW 1991, 33.
205 OLG Hamm zfs 1997, 203.
206 OLG Frankfurt VersR 1993, 988; OLG Köln VersR 1993, 850; LG Aachen DAR 1996, 405.
207 BGH, Urt. v. 6.3.2014 – III ZR 352/13
208 BGH NJW 1991, 2824.
209 OLG Frankfurt zfs 1992, 45; OLG Düsseldorf zfs 1996, 128.
210 OLG Hamm NZV 1993, 231.

IV. Verkehrssicherungspflichten im Zusammenhang mit dem Kraftfahrzeug

220 Denkbar ist auch eine Verkehrssicherungspflichtverletzung des Kfz-Eigentümers. Die Haftung eines Fahrzeugeigentümers für einen Schaden an einem Pferd, der dadurch entstanden war, dass der Fahrzeugeigentümer sein Fahrzeug im Eingang zu einer Pferderennbahn abgestellt hatte, wurde bejaht. Der Halter muss zB damit rechnen, dass ein auf der Trabrennbahn trainierendes Pferd aus unbekannten Gründen in Panik gerät und infolgedessen kopflos Richtung Ausgang rennt und sich an dem Fahrzeug verletzt.[211]

221 Nach § 23 StVO trifft auch den Kfz-Führer bzw den Halter eine Verkehrssicherungspflicht für das von ihm gebrauchte bzw gehaltene Fahrzeug. Er ist daher aus der Verletzung der Verkehrssicherungspflicht für einen Schaden, der durch den geplatzten Reifen des von ihm geführten Kraftfahrzeugs entsteht, verantwortlich, wenn er zwölf Jahre alte Reifen beim Ankauf des Fahrzeugs nicht auf deren Verkehrssicherheit überprüfen ließ.[212]

V. Niveauunterschiede auf Fahrbahnen oder Bürgersteigen

222 An eine Verletzung der Verkehrssicherungspflicht ist auch dann zu denken, wenn in der Fahrbahn oder an Bürgersteigen gefährliche Niveauunterschiede vorhanden sind, mit denen der Verkehrsteilnehmer nicht rechnen musste. So ist anerkannt, dass ein Fußgänger bei der Benutzung eines Bürgersteigs geringfügige Unebenheiten und andere kleine Mängel im Pflaster im Allgemeinen hinnehmen und durch entsprechende Gehweise ausgleichen muss. Der BGH hat eine solche geringfügige Unebenheit zB in einem 12 mm senkrecht und scharfkantig über den Bürgersteigbelag hinausragenden Kanaldeckel gesehen.[213] Von entscheidender Bedeutung ist in solchen Fällen der Charakter des Weges. Eine plötzliche Vertiefung in einem ansonsten sehr ebenen Weg kann auch bei relativ geringfügigen Niveauunterschieden bereits zur Haftung aus Verkehrssicherungspflichtverletzung führen.[214]

VI. Schlaglochschäden

223 Verkehrssicherungspflichten ergeben sich zudem aus Beschädigungen der Fahrbahndecke. Besonders Schlaglochfälle dürften jahreszeitbedingt an Praxisrelevanz gewinnen. Bei der Straßenverkehrssicherungspflicht handelt es sich um eine öffentlich-rechtliche Amtspflicht. Abhängig von der Straße ergeben sich verschiedene Versicherungspflichtige. Bei Verletzung einer Verkehrspflicht könnte dem Geschädigten demnach ein Anspruch gem. §§ 249 ff BGB, § 839 Abs. 1 BGB iVm Art. 34 GG gegenüber dem Bund, dem Land, dem Kreis, der Gemeinde oder einer Privatperson zustehen.

224 Nach Ansicht des OLG Jena[215] richtet sich der Umfang der Kontrollpflicht nach der Verkehrsbedeutung der jeweiligen Straße. Insbesondere werden Verkehrsaufkommen und Vorschäden auf der Straße in Betracht gezogen. Das Landgericht Bochum[216] ordnete bei der stark befahrenen Autobahn A 42 eine tägliche Kontrolle der Fahrbahndecke an. In den Mit-

---

211 BGH VersR 1995, 90.
212 BGH zfs 1995, 327.
213 BGH VersR 1957, 371.
214 BGH VersR 1967, 281 bei einer Vertiefung von 15 mm auf dem Bürgersteig einer Haptgeschäftsstraße einer Großstadt.
215 OLG Jena v. 24.6.2009 – 4 U 67/09.
216 LG Bochum v. 24.7.2009 – 5 O 152/08.

telpunkt einer Verkehrssicherungspflichtverletzung rücken die zumutbaren und zeitnahen Maßnahmen durch den Verkehrssicherungspflichtigen.

Die Beschädigung der Straße ist ausschlaggebend für das Vorliegen einer Verkehrssicherungspflichtverletzung. Fraglich ist, wann eine erhebliche Beschädigung der Straßendecke vorliegt. Das LG Zwickau nahm eine Beschädigung der Straße bei Vorliegen eines mindestens 30 cm breiten und 8 cm tiefen Schlagloches an.[217] Das OLG München bejahte eine Beschädigung bei einem 30 cm breiten und 15 cm tiefen Schlagloch.[218] Nach Ansicht des OLG Nürnberg muss der Verkehrsteilnehmer grundsätzlich nicht mit tiefen Schlaglöchern oder unerkennbaren Unebenheiten in einer Baustelle rechnen.[219]

225

Bezüglich einer notwendigen Beschilderung teilte das OLG Saarbrücken mit, dass eine Beschilderung nur dann ausreichend ist, wenn eine nachhaltige Beseitigung der Gefahrenstelle mit zumutbaren Mitteln nicht erreicht werden kann.[220] In einem Urteil des LG Aurich wurde die Haftung einer verkehrssicherungspflichtigen Kommune bejaht, da trotz Kenntnis der Schäden mehrerer Tage keine Beschilderung bzw Geschwindigkeitsreduzierung stattgefunden hatte.[221] Bei einer Schlaglochtiefe ab ca. 20 cm reicht das bloße Aufstellen von Warnschildern oder eine drastische Reduzierung der zulässigen Höchstgeschwindigkeit nicht mehr aus. Vielmehr ist die Gefahr sofort zu beseitigen oder anderweitige Sicherungsmaßnahmen, wie eine Sperrung vorzunehmen.[222]

226

Grundsätzlich kann davon ausgegangen werden, dass den Verkehrsteilnehmer die Pflicht trifft, seine Geschwindigkeit den Gegebenheiten anzupassen, insbesondere vorausschauend zu fahren, besonders auf Straßen mit geringer Verkehrsbedeutung. Auf Straßen in ländlichen Bereichen muss mit Schäden gerechnet werden. Das Befahren einer Straße in einem derart schlechten Zustand mit einer Geschwindigkeit von 30 km/h wurde nach Ansicht des OLG Oldenburg als zu hoch angesehen.[223] Im konkreten Fall wurde ein Mitverschulden des Betroffenen angenommen.

227

VII. Dachlawinen

Verkehrssicherungspflichten können zudem dadurch verletzt sein, dass der Hauseigentümer bzw der von ihm beauftragte Dritte nicht die entsprechenden Vorkehrungen getroffen hat, um Betroffene vor Dachlawinen bzw herabfallenden Eiszapfen zu schützen. Besonders im Blickpunkt der Verletzung einer Verkehrssicherungspflicht stehen die allgemeine Schneelage des Ortes, die Beschaffenheit des Gebäudes, ortsübliche Sicherheitsvorkehrungen, örtliche Verkehrsverhältnisse, die konkrete Schneelage des Ortes sowie die konkrete Witterungslage.[224]

228

Fraglich ist demnach die Erforderlichkeit von Schutzmaßnahmen. Das AG München sieht das Anbringen von Schneefanggittern am Hausdach als ausreichend an.[225] Zudem muss die Form

229

---

217 LG Zwickau v. 9.1.2001 – 7 O 799/99.
218 OLG München v. 18.9.2008 – 1 U 3081/08.
219 OLG Nürnberg v. 8.2.1995 – 4 U 3697/94.
220 OLG Saarbrücken v. 3.11.2009 – 4 U 185/09.
221 LG Aurich v. 6.1.2011 – 2 O 698/10.
222 OLG Naumburg, Urt. v. 5.10.2012 – 10 U 13/12.
223 OLG Oldenburg v. 29.4.2011 – 6 U 17/11.
224 *Hugger/Schulz*, DAR 2011, 284, 285.
225 AG München v. 21.6.2007 – 263 C 10839/07.

und Gestaltung des Daches Berücksichtigung finden. Das AG Bruchsal sah in einem mit einer Solaranlage ausgerüsteten Dach eine „ungewöhnliche Dachkonstruktion". Demnach sind entsprechende Sicherungsmaßnahmen erforderlich, um dem geschaffenen Risiko entgegenzuwirken.[226] Neben Schneefanggittern können insbesondere Absperrungen und Beschilderungen notwendig sein. Wird der Hauseigentümer durch einen Zeitungsbericht auf Tauwetter mit den daraus resultierenden Gefahren aufmerksam gemacht, hat er die Pflicht, Dritte vor Dachlawinen zu schützen.[227]

230 Starker Schneefall erfordert von jedermann eine gewisse Sorgfaltspflicht, wonach ein Mitverschulden nicht grundsätzlich ausgeschlossen werden kann. Wurde durch eine Dachlawine ein geparktes Auto beschädigt, haftet der Hauseigentümer nach Ansicht des LG Magdeburg zu 50 %.[228] Der Fahrzeugbesitzer kannte die Wetterlage, zudem war es ihm zuzumuten, sein Fahrzeug an anderer Stelle zu parken, weshalb ihn ein Mitverschulden trifft.

VIII. Zwei typische Fallkonstellationen

231 Im Folgenden sollen Klageverfahren für zwei regelmäßig auftretende Konstellationen der Verkehrssicherungspflicht dargestellt werden.

1. Umgefallenes Verkehrszeichen

232 ▶ **Muster: Klageschrift (umgefallenes Verkehrszeichen)**

An das ...gericht, ...

Klage

des Herrn ...

– Kläger –

Prozessbevollmächtigte: RAe ...

gegen

Baufirma ...

– Beklagte –

wegen Schadensersatzes

vorläufiger Streitwert: ...

Namens und in Vollmacht des Klägers erheben wir Klage und werden beantragen:

1. Die Beklagte wird verurteilt, an den Kläger einen Betrag in Höhe von 1.530 EUR nebst Zinsen iHv 5 Prozentpunkten über dem Basiszinssatz seit dem 27.6.2015 zu zahlen.
2. Die Beklagte trägt die Kosten des Verfahrens.
3. Der klagenden Partei wird nachgelassen, in jedem Fall einer von ihr zu erbringenden Sicherheit diese durch selbstschuldnerische, unbefristete Bürgschaft eines als Zoll- und Steuerbürgen zugelassenen Kreditinstituts zu leisten.

---

226 AG Bruchsal v. 23.11.2010 – 3 C 81/10.
227 LG Bielefeld v. 12.4.2011 – 2 O 50/11.
228 LG Magdeburg v. 10.11.2010 – 5 O 833/10.

Sofern das Gericht das schriftliche Vorverfahren anordnet, wird bereits jetzt für den Fall der Fristversäumnis oder des Anerkenntnisses beantragt, die Beklagte durch Versäumnisurteil gem. § 331 Abs. 3 ZPO oder Anerkenntnisurteil gem. § 307 Abs. 2 ZPO zu verurteilen.

Begründung:

Der Kläger macht mit vorliegender Klage Schadenersatzansprüche aus einem Unfall vom 9.3.2015 wegen Verletzung der Verkehrssicherungspflichten der Beklagten geltend.

I. Der Schaden ereignete sich wie folgt:

Der Kläger parkte den in seinem Eigentum stehenden Pkw ..., amtl. Kennzeichen ..., am 9.3.2015 auf der ...straße gegenüber der Hausnummer 9. Auf dem angrenzenden Gehweg, unmittelbar an der Straße, waren durch die Beklagte mobile Verkehrszeichen aufgestellt. Direkt neben dem Fahrzeug, unmittelbar an der Bordsteinkante, auf dem Gehweg war ein mobiles Verkehrszeichen aufgestellt, welches lediglich mit einem Standfuß ausgerüstet war. Dieser Standfuß hat eine rechteckige Form. Das Schild stand mit der kurzen Seite des Standfußes parallel zur Bordsteinkante. Da die fragliche Straße an der Unfallörtlichkeit abschüssig ist, war ein senkrechter Stand des Verkehrsschildes nicht gewährleistet.

Das Schild stand vielmehr bezogen auf das Fahrzeug schräg in Richtung Fahrzeugheck.

Beweis: 1. Lichtbilder 1 und 2 von der Unfallörtlichkeit (Anlage K 1);
         2. Inaugenscheinnahme durch das Gericht;
         3. Zeugnis des Herrn ..., ...;
         4. eidliche Vernehmung des Klägers als Partei.

Da das Verkehrszeichen, wie auf Lichtbild 1 und Lichtbild 2 ersichtlich, lediglich durch eine Beschwerungsplatte gesichert war, wurde es durch Windeinfluss gegen das Fahrzeug des Klägers geworfen. Hierbei entstand Sachschaden.

Die Beklagte hat durch ungenügende Sicherung des Verkehrszeichens schuldhaft gegen die ihr obliegende Verkehrssicherungspflicht verstoßen. Eine Sicherung mit lediglich einer Beschwerungsplatte ist nicht als ausreichend zu betrachten, um das Schild gegen möglichen Windeinfluss standsicher zu halten.

Beweis im Bestreitensfall: Sachverständigengutachten

Wie aus den weiter vorgelegten Lichtbildern 2 und 3 ersichtlich ist, werden üblicherweise die Verkehrszeichen mit mindestens zwei Beschwerungsplatten bzw durch zwei Beschwerungsplatten und einen zusätzlichen Betonstein gesichert.

Beweis: Lichtbilder 2 und 3 (Anlage K 2)

Derartige mobile Verkehrszeichen müssen auch gerade gegen vorhersehbare Naturgewalten gesichert sein. Da derartige Naturereignisse durch das Wetteramt vorhergesagt werden, resultiert hieraus eine weitere Überwachungspflicht, welche dahin geht, dass bei Sturmwarnungen eine Überprüfung der aufgestellten Schilder zu erfolgen hat.

Die Beklagte hat dies nicht entsprechend vorgenommen. Andernfalls wäre eine weitere Beschwerung des Schildes durch diese erfolgt.

Sie kann sich auch nicht darauf zurückziehen, beim Aufstellen des Schildes die entsprechenden Vorschriften nach der DIN eingehalten zu haben. Der Umfang der Verkehrssicherungspflicht richtet sich nach den gegebenen Umständen des jeweiligen Einzelfalls, insbesondere den gegebenen erkennbaren Verhältnissen und der Sicherheitserwartung des jeweiligen Verkehrs. Unstreitig herrschten zur Schadenszeit Windgeschwindigkeiten zwischen 100 und 120 km/h, was auch für die Beklagte vorhersehbar war. Bei erkennbaren Windgeschwindigkeiten von über 100 km/h kann die Beklagte sich nicht mehr darauf zurückziehen, dass das aufgestellte Schild der Standsicherheitsklasse 2 entsprach. In den von der Beklagten außergerichtlich vorgelegten ZTV-SA 97 ist ausgeführt, dass nicht verkannt werden könne, dass auch höhere Windgeschwindigkeiten, als die jeweiligen Standsicherheitsklassen ausweisen, auftreten können und letztlich der „Verantwortliche" die Gewähr für die verkehrssichere Aufstellung trägt. So sei auch in Erwägung zu ziehen, Schilder zB an feststehenden Pfosten zu befestigen. Genau diese nach den gegebenen Umständen notwendigen weitergehenden Sicherungsmaßnahmen hat die Beklagte unterlassen.

Da somit der objektive Pflichtverstoß der Beklagten feststeht, indiziert dies auch die Verletzung der inneren Sorgfalt, ohne dass die Beklagte hier Entlastendes oder dem Widersprechendes vorgetragen hätte. Eine Einstandspflicht der Beklagten dem Grunde nach ist somit zu bejahen.

Die Beklagte wird sich auch nicht auf höhere Gewalt berufen können, da darunter nur ganz außergewöhnliche Naturereignisse fallen, nicht aber die Witterungseinflüsse, mit deren Einwirkung auf das betreffende Objekt erfahrungsgemäß gerechnet werden muss. Es wird insoweit als gerichtsbekannt vorausgesetzt, dass Stürme auch in unseren Breiten nunmehr regelmäßig auftreten und daher auch vor dem fraglichen Schadenstag bereits mindestens einmal aufgetreten waren, so dass eine Wiederholung durchaus wahrscheinlich war.

Die Beklagte hatte daher insoweit auf mögliche veränderte Verkehrssicherungspflichten zu reagieren.

II. Der dem Kläger durch das umfallende Schild entstandene Schaden setzt sich wie folgt zusammen:

1. Reparaturkosten:

Der Kläger hat über den entstandenen Schaden am Fahrzeug ein Sachverständigengutachten fertigen lassen. Dieses kommt zu dem Ergebnis, dass zur Beseitigung der unfallbedingten Beschädigungen 1.000 EUR netto erforderlich sind. Der Kläger macht aufgrund der ihm zustehenden Dispositionsfreiheit den Schaden entsprechend dem Gutachten mit der Klage geltend.

Beweis: Gutachten des Ingenieurbüros ... vom 17.3.2015 (Anlage K 3)

2. Wertminderung:

Aufgrund der festgestellten Beschädigungen hat der Gutachter eine Wertminderung von 250 EUR festgestellt. Der Kläger macht daher diesen Betrag ebenso als Schadensposition geltend.

Beweis: 1. Sachverständigengutachten (Anlage K 3);
        2. richterliche Schätzung gem. § 287 ZPO

3. Sachverständigenkosten:

Sachverständigenkosten lt. Rechnung 250 EUR.

Beweis: Rechnung vom 17.3.2015 (Anlage K 4)

4. Unkostenpauschale:

Der Kläger macht darüber hinaus die allgemein anerkannte Unkostenpauschale für Wege, Telefonkosten, Porti etc. in Höhe von 30 EUR als Schadensposition geltend.

Beweis: richterliche Schätzung gem. § 287 ZPO

Aus den einzelnen Schadenpositionen ergibt sich der klageweise geltend gemachte Gesamtschadenersatzanspruch in Höhe von 1.530 EUR.

Die Beklagte wurde mit Schreiben vom 9.3.2015 durch den Kläger zur Regulierung des entstandenen Schadens aufgefordert.

Beweis: Fotokopie des Schreibens vom 9.3.2015 (Anlage K 5)

Diese hat daraufhin ihre Haftpflichtversicherung um Regulierung gebeten. Nachdem der Kläger die Haftpflichtversicherung letztmalig mit Schreiben vom 20.6.2015 zur Zahlung bis 26.6.2015 aufgefordert hat und diese daraufhin die Regulierung ablehnte, befindet sich die Beklagte spätestens seit dem 27.6.2015 im Zahlungsverzug.

Da aufgrund der Stellungnahme der Haftpflichtversicherung der Beklagten eine Zahlung seitens der Beklagten nicht zu erwarten ist, war Klage geboten.

Einfache und beglaubigte Abschrift anbei.

Rechtsanwalt ◄

2. Sturz eines Fahrradfahrers wegen eines Schlaglochs

▶ **Muster: Klageschrift (Fahrradsturz wegen Schlagloch)**

An das ...gericht, ...

Klage

des Herrn ... [Fahrradfahrer],

– Kläger –

Prozessbevollmächtigte: RAe ...

gegen

die kreisfreie Stadt ..., vertreten durch den Oberbürgermeister ...,

– Beklagte –

wegen Schadensersatzes

vorläufiger Streitwert: 10.380 EUR

Namens und in Vollmacht des Klägers erheben wir Klage und werden beantragen:

1. Die Beklagte wird verurteilt, an den Kläger 380 EUR nebst Zinsen hieraus in Höhe von 5 Prozentpunkten über dem Basiszinssatz seit dem 16.1.2015 zu zahlen.
2. Die Beklagte wird verurteilt, an den Kläger ein in das Ermessen des Gerichts gestelltes Schmerzensgeld für die unfallbedingt erlittenen Verletzungen aus dem Unfall vom 29.7.2014 um ca. 9.20 Uhr auf der Schillerstraße in ... nebst Zinsen hieraus in Höhe von 5 Prozentpunkten über dem Basiszinssatz seit dem 16.1.2015 zu zahlen.
3. Sofern das Gericht das schriftliche Vorverfahren anordnet, beantragen wir bereits jetzt bei Säumnis der Beklagten den Erlass eines entsprechenden Versäumnisurteils, im Falle eines Anerkenntnisses den Erlass eines entsprechenden Anerkenntnisurteils ohne mündliche Verhandlung.

Begründung:

Mit vorliegender Klage wird Schadensersatz begehrt wegen eines Unfalls, den der Kläger mit seinem Fahrrad am 29.7.2014 in ... erlitt.

§ 2 Haftungsgründe beim Verkehrsunfall

I. Der Unfall ereignete sich wie folgt:

Der Kläger befuhr als Fahrradfahrer am 29.7.2014 gegen 9.20 Uhr die Schillerstraße von der Hauptstraße kommend in Richtung der Flussbrücke. Ungefähr auf halber Strecke, in Höhe der Seitenstraße, stürzte der Kläger, da er einem tiefen Schlagloch nicht mehr ausweichen konnte. Dieses Schlagloch hatte einen Durchmesser von ca. 30 cm und eine Tiefe von ca. 15 cm und befand sich zwischen dem Bordstein und einem mittig auf der Fahrbahn befindlichen Gullydeckel. Die Straße am Unfallort führt leicht bergab, und der Kläger konnte dem schlecht sichtbaren Loch nicht ausweichen. So kam es beim Durchfahren zum Sturz. Der anwesende Zeuge ... rief umgehend den Rettungsdienst.

Beweis: Parteivernahme des Klägers
Zeuge Herr ..., ...

Durch den Sturz erlitt der Kläger einen Unterkieferbruch, eine Zahnfraktur an zwei Zähnen, eine Unterarmfraktur sowie multiple Schürf-, Riss- und Quetschwunden im Gesicht.

Beweis: Attest des Universitätsklinikums ... vom 30.10.2014, in Kopie als Anlage K1
Attest des Dr. med. ..., in Kopie als Anlage K2

Außerdem wurde sein Fahrrad beschädigt.

An der Unfallstelle kam und kommt es nach Aussage von Anwohnern oft zu vergleichbaren Unfällen von Fahrradfahrern.

Beweis: Zeugin ...

Einige Zeit vor dem Sturz des Klägers stürzte an gleicher Stelle ein weiterer Fahrradfahrer, der Zeuge ..., aufgrund desselben Schlagloches.

Beweis: Zeuge ...

Die Unfallstelle ist offensichtlich mehrfach provisorisch ausgebessert worden. Insbesondere zeigt die unterschiedliche Darstellung der Unfallstelle zwischen dem September 2014 und Januar 2014, dass die Beklagte selbst die Gefährlichkeit der Unfallstelle erkannt und die Unfallstelle, wenn auch äußerst provisorisch, ein weiteres Mal „geflickt" hat.

Beweis: Fotos in Kopie als Anlage K3

Diese Maßnahmen waren aber nicht geeignet, die Absenkung in der Fahrbahn und somit die Gefahrenstelle dauerhaft zu beseitigen. Es ist anhand der äußeren Gegebenheiten davon auszugehen, dass sich quer unter der Fahrbahn eine defekte Entwässerungsleitung, ein kanalisierter Bach oder etwas Ähnliches befindet. Rechts und links der Fahrbahn befinden sich Abwassergitter, die in einer Linie zu dem bereits erwähnten Gullydeckel liegen. Außerdem ist in diesem Verlauf auch eine quer über die Straße verlaufende Absenkung in Form einer Bodenwelle zu beobachten.

Beweis: Augenschein
Sachverständigengutachten

Der Kläger hat die Unfallstelle zweimal fotografiert. Auf den Aufnahmen vom September 2014 und Januar 2015 lassen sich die Gegebenheiten deutlich erkennen. Die Fotos können vorgelegt werden.

Beweis: Fotos in Kopie als Anlage K3

II. Dem Kläger entstand bei dem Unfall vom 29.7.2014 folgender materieller Schaden:
Reparaturkosten 250 EUR

Beweis: Fahrradreparaturrechnung in Kopie als Anlage K4

Unkostenpauschale für unfallbedingte Wege, Porti, Telefonate 30 EUR

Beweis: richterliche Schätzung nach § 287 ZPO

Attestkosten Universitätsklinikum ... 50 EUR

Beweis: Liquidation des Universitätsklinikums ... vom 11.11.2014, in Kopie als Anlage K5

Attestkosten 50 EUR

Beweis: Rechnung vom 2.11.2014, in Kopie als Anlage K6

Summe 380 EUR

Beweis: wie vor

III. Schmerzensgeld:

Durch den Sturz erlitt der Kläger einen Unterkieferbruch, eine Zahnfraktur an zwei Zähnen, eine Unterarmfraktur sowie multiple Schürf-, Riss- und Quetschwunden im Gesicht.

Beweis: Attest des Universitätsklinikums ... vom 30.10.2014, in Kopie als Anlage K1
   Attest des Dr. med. ..., in Kopie als Anlage K2

Weiterhin musste der Kläger wegen der erlittenen Verletzungen zwei Wochen in der Zeit vom 29.7.2014 bis 10.8.2014 stationär im Universitätsklinikum im Zentrum für Zahn-, Mund- und Kieferheilkunde behandelt werden. Ihm wurden am Ober- und Unterkiefer Schienen eingegliedert, die den Kiefer ruhigstellten. Seine Ernährung war dadurch nur sehr eingeschränkt möglich.

Durch die Fraktur des Unterarms war die Beweglichkeit des rechten Arms über längere Zeit beeinträchtigt. Erst nach mehr als zwei Monaten war die Behandlung abgeschlossen.

Der Kläger ist auch heute noch insbesondere im Kieferbereich eingeschränkt. Die eingelegten Schienen stabilisieren den Kiefer zwar, schränken ihn aber in der Beweglichkeit ein.

Beweis: Zeugnis des Dr. med. ..., ...
   Sachverständigengutachten
   Parteivernahme des Klägers

Insbesondere fällt dem Kläger weiterhin das Sprechen schwer. Er kann nur noch undeutlich sprechen und leidet oft unter Schmerzen.

Beweis: wie vor

Der Kläger stellt die Höhe des Schmerzensgeldes zwar in das Ermessen des Gerichts, er ist jedoch der Auffassung, dass ein Schmerzensgeld für die unfallbedingten Verletzungen, insbesondere unter Betrachtung des verbleibenden Dauerschadens in Höhe von **mindestens** 10.000 EUR angemessen ist.

In Verbindung mit diesem Betrag wird das Gericht schon jetzt auf das Urteil des BGH in VersR 1996, 990 hingewiesen, wonach bei der Festsetzung des für angemessen gehaltenen Schmerzensgeldes dem Richter nach § 308 ZPO durch die Angabe eines Mindestbetrags nach oben keine Grenzen gezogen sind.

Hierbei wirkt schmerzensgelderhöhend, dass die Beklagte nur zögerlich an der Regulierung des Schadens mitgewirkt hat.

Mit Schreiben vom 13.9.2014 wurde die Beklagte erstmals zur Haftungszusage dem Grunde nach aufgefordert. Mit Schreiben vom 10.12.2014 setzte der Klägervertreter die Beklagte mit Bezifferung

§ 2 Haftungsgründe beim Verkehrsunfall

der Schadensersatzforderung zum 25.12.2014 in Verzug. Erst am 24.7.2015 erfolgte nach mehrfacher Nachfrage zum Verfahrensstand die Zurückweisung der Forderung als unbegründet durch die Versicherung der Beklagten, den KSA.

Der Schadensersatzanspruch des Klägers gegen die Beklagte ergibt sich aus § 839 Abs. 1 BGB iVm Art. 34 GG, §§ 9 Abs. 1, 10 Abs. 1, 44 Abs. 1 S. 3 SächsStrG.

Die Beklagte ist für die Straße, auf der der Unfall stattgefunden hat, gemäß § 44 Abs. 1 S. 3 SächsStrG sicherungspflichtig. Die Beklagte hat ihre Verkehrssicherungspflicht jedoch verletzt, denn sie war gehalten, alle Gefahrenquellen in geeigneter und zumutbarer Weise zu beseitigen und erforderlichenfalls vor ihnen zu warnen.

Zwar ist klar, dass sich der Straßenbenutzer ebenfalls den gegebenen Straßenverhältnissen anpassen und entsprechende Sorgfalt walten lassen muss. Vorliegend war die Gefahrenstelle aber für jeden aufmerksamen Fahrradfahrer objektiv völlig überraschend und nicht ohne Weiteres zu erkennen, was bereits durch die Tatsache belegt wird, dass an der Unfallstelle bereits häufiger Unfälle mit Fahrradfahrern stattgefunden haben.

Das mit 15 cm Tiefe und 30 cm Durchmesser erheblich große Schlagloch befand sich mitten auf der Fahrspur einer durchschnittlich frequentierten städtischen Straße. Ein derartiges Loch stellt eine erhebliche Gefahrenquelle besonders für Radfahrer und Mopedfahrer dar, die auf einer solchen Straße nicht mit einer derartigen Beschädigung rechnen müssen.

Die Beklagte hätte bei den erforderlichen Kontrollen der Straße das Absacken bemerken müssen. Da die Stelle auch augenscheinlich schon mehrfach ausgebessert worden war, war der Beklagten die Gefahrenstelle auch bekannt. Sie hätte zur Beseitigung eine geeignete Reparatur durchführen lassen müssen und zumindest ein Warnschild aufstellen lassen können.

Die Beklagte hat deshalb ihre Verkehrssicherungspflicht gegenüber dem Kläger schuldhaft verletzt.

Den Kläger trifft seinerseits kein Mitverschulden, da der Sturz für ihn unvermeidlich war.

Der Kläger befuhr die Straße mit einer angemessenen Geschwindigkeit von 20 km/h, als plötzlich vor ihm das Schlagloch auftauchte. Er hatte es nicht früher bemerken können, weil es schlecht sichtbar in der durch die Absenkung entstandenen Bodenwelle lag. Das Ausweichen nach links war ihm wegen des Gullydeckels ebenfalls nicht möglich, und das Umfahren des Gullydeckels links hätte den Kläger bereits auf die Gegenfahrspur geführt und war im Übrigen nicht möglich.

Weiter ist als Anspruchsgrundlage auch noch § 2 Abs. 1 S. 1 und 2 HpflG einschlägig, da die Bildung des Schlaglochs durch eine defekte unterirdische Entwässerungsanlage entstanden ist (OLG Zweibrücken, v. 27.11.2001 – 4 U 174/01 – 43).

Beweis: Sachverständigengutachten

Die Beklagte ist nämlich Inhaberin der städtischen Rohrleitungsanlagen und als solche für die durch defekte Anlagen kausal entstehenden Schäden ersatzpflichtig.

Die Beklagte wurde mit Schreiben vom 6.1.2015 zur Zahlung des Schmerzensgeldes und des materiellen Schadens aufgefordert bis zum 15.1.2015. Dem kam sie nicht nach und lehnte später eine Haftung vollumfänglich ab.

Sie befindet sich daher hinsichtlich des Schmerzensgeldes seit dem 16.1.2015 in Verzug.

Klage ist geboten.

Rechtsanwalt ◄

Folgende Klageerwiderung ist zu erwarten: 234

▶ **Muster: Klageerwiderung** 235

An das ...gericht, ...

Az ...

Klageerwiderung

In Sachen

... [Kläger] ./. ... [Beklagte]

werden wir beantragen,

die Klage abzuweisen.

Wir beantragen zudem,

der Beklagten Vollstreckungsschutz zu gewähren und ihr in jedem Falle nachzulassen, jede Sicherheit auch durch die Hinterlegung einer selbstschuldnerischen, unwiderruflichen, unbefristeten und unbedingten Bürgschaft einer im Inland zum Geschäftsbetrieb zugelassenen Bank oder öffentlichen Sparkasse zu erbringen.

Begründung:

Dem Kläger gebührt der behauptete Anspruch nicht.

I.

1. Der Kläger verlangt von der Beklagten Schadensersatz mit der Behauptung, er sei am 29.7.2014 gegen 9.20 Uhr auf der Schillerstraße – mit seinem Fahrrad – gefahren und sei dabei in Höhe einer Seitenstraße gestürzt, weil er einem tiefen Schlagloch nicht mehr habe ausweichen können, dessen Ausmaße er mit 30 x 30 x 15 cm angibt und das er trotz dieser Ausmaße nicht vorher erkannt haben will, weil es schlecht sichtbar gewesen sei. An anderer Stelle resümiert der Kläger, dass es eine Absenkung in der Fahrbahn gegeben habe, die gefährlich gewesen sei.

2. Die Beklagte erklärt sich dazu, dass der Kläger am 29.7.2014 mit einem Fahrrad die Schillerstraße in ihrem Gemeindegebiet befahren hat, dazu, dass der Kläger im Zusammenhang mit der Benutzung der Schillerstraße gestürzt ist, dazu, dass der angebliche Sturz deswegen geschehen sein soll, weil der Kläger eine Straßenbeschädigung mit den behaupteten Ausmaßen an der nicht näher bezeichneten Stelle durchfahren habe, und zu allen weiteren vom Kläger behaupteten Umständen mit Nichtwissen. Eigene Wahrnehmungen der Beklagten bestehen nicht. Sie erklärt sich auch dazu mit Nichtwissen, dem Kläger sei berichtet worden, dass es an der – bislang eben noch nicht einmal hinreichend genau beschriebenen – Unfallstelle oft zu vergleichbaren Unfällen von Fahrradfahrern gekommen sei. Sie stellt erst recht mit Nichtwissen in Abrede, dass es derartige Unfälle gegeben hat. Das gilt auch mit Blick auf den angeblichen Unfall des Zeugen ..., der sich an die Beklagte mit der Behauptung gewandt haben soll, wenige Tage zuvor auf der Schillerstraße durch eine Absenkung gefahren und gestürzt zu sein. Mit dem vom Kläger behaupteten Schlagloch hat das nichts zu tun.

3. Es mag sein, dass bei der turnusmäßigen Kontrolle der Schillerstraße am 1.8.2014 ein Schlagloch festgestellt worden ist. Der zuständige Bedienstete der Beklagten hat das Schlagloch sofort mit sog. Kaltmischgut verschlossen. Bei den vorangegangenen Kontrollen war eine Straßenbeschädigung und Gefahr auf hälftiger Strecke etwa in Höhe einer Seitenstraße nicht festzustellen, schon gar keine Straßenbeschädigung mit den Ausmaßen, die der Kläger beschreibt. Die Beklagte stellt

die Behauptung des Klägers, das Schlagloch sei 15 cm tief gewesen, mit Nichtwissen in Abrede. Die Straßenbeschädigung ist unverzüglich nach ihrer Entdeckung mit Kaltmischgut geschlossen worden. Der betreffende Mitarbeiter der Beklagten hatte weder Veranlassung, deren Tiefe auszumessen, noch hat er es getan.

4. Die Schillerstraße war im streitgegenständlichen Abschnitt am 29.7.2014 mit einem Streckenverbot (Geschwindigkeitsbeschränkung) 30 km/h beschildert. Durch Zeichen 101 in Verbindung mit dem Zusatzzeichen „Straßenschäden" war gesondert auf ihren sicherlich nur suboptimalen Zustand hingewiesen worden.

5. Die Beklagte stellt in Abrede, dass die vom Kläger behauptete Straßenbeschädigung durch eine defekte unterirdische Entwässerungsanlage verursacht worden sei.

II.

1. Der Kläger beruft sich im Ergebnis darauf, die Beklagte habe es ihm gegenüber pflichtwidrig und schuldhaft unterlassen, das zumutbare und Erforderliche zu tun, das mit an Sicherheit grenzender Wahrscheinlichkeit geeignet gewesen wäre, die behauptete Rechtsverletzung zu verhindern. Um den Inhalt dieses Rechtssatzes bestimmen zu können, ist es zunächst geboten, sich das Regel-Ausnahme-Verhältnis im Rechtsgüterschutz zu vergegenwärtigen: Grundsätzlich und zuvorderst ist es Angelegenheit eines jeden Rechtsträgers, sich selbst vor Schaden zu bewahren. Die Haftung eines Dritten für eine eigenverantwortliche Selbstschädigung kommt immer dann in Betracht, wenn sich auch für einen besonnenen, verständig und vernünftig handelnden Verkehrsteilnehmer eine Gefahr verwirklicht, die allein deswegen, weil sie ganz und gar unvermutet und völlig atypisch ist, schlechterdings nicht zu bewältigen gewesen ist.

2. Davon, dass eine nach diesen Maßgaben nicht zu bewältigende Gefahr zu dem angeblichen Unfall des Klägers geführt habe, kann nicht die Rede sein. Der Klage fehlt auch die Beibringung von Tatsachen – zu unterscheiden von Wertungen –, aus denen folgen könnte, dass selbst ein unterdurchschnittlich aufmerksamer Fahrradfahrer daran gehindert gewesen sein könnte, die Straßenbeschädigung, um die es in der Klage geht, so rechtzeitig zu erkennen, dass er ihr ausweichen oder jedenfalls seine Geschwindigkeit so weit herabsetzen konnte, dass ein gefahrloses Passieren möglich war. Dass zusätzlich vor dem suboptimalen Zustand der Schillerstraße im streitgegenständlichen Abschnitt, die eben für jedermann ersichtlich nicht in einem Ausbauzustand gewesen ist, den man für wünschenswert halten mag, gewarnt worden ist, kommt hinzu.

III.

Selbst wenn man für einen Moment lang – zu Unrecht – annehmen wollte, dass dem Kläger ein Anspruch dem Grunde nach gebührt, würde das auch nichts ändern. Denn der Kläger müsste sich seine schon prima facie feststehende eigene Obliegenheitsverletzung im Ergebnis anspruchsvernichtend entgegenhalten lassen. Die Erwägungen, die wir zur Tatbestandsmäßigkeit des Anspruchs haben anstellen können, gelten erst recht hier.

IV.

Die Beklagte bestreitet auch die angeblichen Folgen eines Sturzes des Klägers am 29.7.2014 auf der Schillerstraße mit Nichtwissen. Das gilt sowohl für den vom Kläger behaupteten materiellen wie auch für den angeblich entstandenen immateriellen Schaden.

1. Sie stellt in Abrede, dass sich aus der Rechnung die Reparatur eines Fahrrades des Klägers ergibt, das am 29.7.2014 bei einem Sturz des Klägers auf der Schillerstraße beschädigt worden ist.

2. Der Kläger verlangt eine Unkostenpauschale in Höhe von 30 EUR und belässt es bei einer schlagwortartigen Umschreibung. Er verkennt, dass auch § 287 ZPO nicht davon entbindet, die

Grundlagen für die Schadenschätzung darzulegen. Welche unfallbedingten Wege, Porti und Telefonate der Kläger gehabt haben will, erschließt sich nicht. Schon gar nicht kommt in Betracht, eine derartige Pauschale auf den vom Kläger vorgestellten Betrag zu schätzen.

V.

1. Soweit der Kläger Attestkosten ersetzt verlangt, ist eine Anspruchsgrundlage hierfür nicht ersichtlich. Schaden ist jeder unfreiwillige Vermögensnachteil, den jemand erleidet. Dass der Kläger insoweit keinen derartigen Nachteil erlitten hat, ist evident. Wenn der Kläger meint, in Vorbereitung auf den von ihm angestrengten Zivilprozess derartige Erkundigungen einholen zu müssen, wird man das zwar zur Kenntnis nehmen dürfen, mehr aber nicht.

2. Die Behauptungen des Klägers zu seinen vermeintlich aktuellen gesundheitlichen resp. körperlichen Beeinträchtigungen bleiben mit Nichtwissen in Abrede gestellt. Die Umstände, die er im Übrigen für die Höhe der billigen Geldentschädigung anführen will, verfangen nicht. So ist es ganz sicher mit Blick auf den behaupteten Kieferbruch nicht von besonderer Bedeutung, dass demjenigen, dem dergleichen widerfahren ist, die Nahrungsaufnahme schwerer fallen wird, als sie das sonst tut. Das ist eine geradezu typische Begleiterscheinung einer solchen Erkrankung resp. Verletzung. Die Anmerkungen der Klage, es wirke sich schmerzensgelderhöhend aus, dass die Beklagte nur zögerlich an der Regulierung des Schadens mitgewirkt habe, zeugt von einem tiefen Missverständnis des deutschen Haftungsrechts. § 847 BGB aF hat für den Fall einer Körper- resp. Gesundheitsverletzung – alle anderen Fallgruppen kommen hier nicht in Betracht – eine billige Geldentschädigung vorgesehen. Dass bei dem Kläger durch die angeblich zögerliche Regulierung – die Beklagte hat mit sehr guten Gründen auf den behaupten Anspruch nichts bezahlt –, eine Körper- resp. Gesundheitsverletzung entstanden sein soll, ist schon nicht behauptet. Es wäre natürlich auch falsch. Es liegt nun einmal in der Natur der rechtsstaatlichen Ordnung der Bundesrepublik, dass derjenige, der glaubt, sich eines Anspruchs berühmen zu müssen, dann, wenn der angebliche Schuldner nicht freiwillig leistet, gerichtliche Hilfe in Anspruch nehmen muss. Das ist die grundlegende Wertentscheidung des Verfassungsgebers. Und: Welche Folgen der angebliche Verzug eines Schuldners mit der von ihm zu bewirkenden Leistung hat, ist in den §§ 280 ff BGB geregelt. Selbst wenn man dem Kläger einen ungekürzten Schmerzensgeldanspruch zubilligen wollte, würde eine billige Geldentschädigung unter keinen Umständen den Betrag erreichen, den sich der Kläger vorstellt.

VI.

Die Klage kann nach alledem keinen Erfolg haben. Die Beklagte bestreitet allen Sachvortrag des Klägers, zu dem sie keine eigenen Wahrnehmungen hat, mit Nichtwissen.

Rechtsanwalt ◄

Die Klageerwiderung bestreitet vollumfänglich fast jede in der Klageschrift dargelegte Tatsache, was nicht unüblich ist. Hierauf ist dann wie folgt zu replizieren:

▶ **Muster: Replik**

An das ...gericht, ...

Az ...

Replik

In Sachen

... [Kläger] ./. ... [Beklagte]

§ 2 Haftungsgründe beim Verkehrsunfall

replizieren wir auf die Klageerwiderung wie folgt:

I.

Hinsichtlich des Schadenshergangs wurde in der Klageschrift nach diesseitigem Dafürhalten ausreichend dargelegt und hierfür Beweis angeboten.

Soweit das Gericht die Darlegung zur Unfallörtlichkeit ebenfalls für zu unbestimmt hält, sei mitgeteilt, dass sich der Unfall auf Höhe der Hausnummer 25 der Schillerstraße ereignet hat. Hier wohnt auch die benannte Zeugin ..., die an der betreffenden Unfallstelle bereits mehrere Fahrradfahrer hat stürzen sehen.

Weiterhin wird mitgeteilt, dass es sich bei der Schillerstraße um eine äußerst verkehrswichtige Straße in ... handelt. Der überwiegende Straßenverkehr, der von der nördlichen Flussseite über die Flussbrücke auf die andere Flussseite gelangen will, benutzt die Schillerstraße. Darum ist die Schillerstraße sehr stark frequentiert und stellt keine nur untergeordnete Straße dar.

Beweis: richterliche Inaugenscheinnahme

Im Übrigen wird diesseits davon ausgegangen, dass dies gerichtsbekannt ist.

Die Beklagte hat entgegen ihrer Auffassung gegen ihre als Trägerin der Straßenbaulast bezüglich der Schillerstraße in ... obliegende Verkehrssicherungspflicht verstoßen.

Der für eine Straße Verkehrssicherungspflichtige hat die Verkehrsteilnehmer vor den von ihr ausgehenden und bei ihrer zweckgerechten Benutzung von ihr drohenden Gefahren zu schützen und dafür Sorge zu tragen, dass sich die Straße in einem dem regelmäßigen Verkehrsbedürfnis genügenden Zustand befindet, der eine möglichst gefahrlose Benutzung zulässt.

Das ein solcher Straßenzustand nicht gegeben war, folgt bereits aus der Darlegung der Beklagten, die den Straßenzustand selbst als lediglich „suboptimal" bezeichnet.

Weiterhin folgt dies aus der Tatsache, dass sich an der Stelle ein Schlagloch mit einem Durchmesser von 30 cm und einer Tiefe von ca. 15 cm befand.

Beweis: Zeugnis des Zeugen ..., b.b.
             Zeugnis der Zeugin ..., b.b.
             Zeugnis des Zeugen ..., b.b.

Der Zeuge ... ist aufgrund des gleichen Schlaglochs zu Sturz gekommen, welches auch zum Sturz des Klägers geführt hat. Der Zeuge ... wird den Ort des Schlaglochs und die Größe des Schlaglochs bezeichnen können, so dass es als das Schlagloch identifiziert werden kann, welches vorliegend angeführt wird und auf den vorgelegten Lichtbildern zu betrachten ist.

Beweis: Zeugnis des Zeugen ...

Weiterhin gilt es zu berücksichtigen, dass es die Beklagte lediglich mit „Nichtwissen" bestreiten kann, dass sich ein Schlagloch des beschriebenen Ausmaßes an der Unfallstelle befand. Insofern kann dies nur ausreichend sein, wenn der betreffende Straßenabschnitt nicht Gegenstand eigener Wahrnehmungen bei der Beklagten ist. Wenn die Beklagte jedoch keine Wahrnehmungen von einem Straßenabschnitt hat, für den sie die Verkehrssicherungspflicht trägt, so legt sie selbst eine Verletzung ihrer Überwachungspflicht dar.

Dafür spricht auch, dass sie erst, wohl aufgeschreckt durch den Unfall, sich in die Lage versetzt sah, an der Unfallstelle Ausbesserungsarbeiten durchzuführen.

Dass sie selbst eine erhebliche Gefahr von der Unfallstelle ausgehen sah, zeigt die Durchführung dieser Arbeiten eindrucksvoll.

Schließlich gilt es zu berücksichtigen, dass eben durch dieses Schlagloch bereits mehrere Fahrradfahrer zu Fall kamen,

Beweis: Zeugnis der Zeugin ..., b.b.

was das erhebliche Gefahrenpotential verdeutlicht.

Bei einer vielbefahrenen Straße wie der Schillerstraße kann bei Vorhandensein derartiger Straßenschäden nicht mehr von einem dem regelmäßigen Verkehrsbedürfnis genügenden Zustand ausgegangen werden. Zwar muss eine Straße nicht schlechthin gefahrlos und frei von Mängeln sein, eine vollständige Gefahrlosigkeit kann nicht in zumutbarer Weise geschaffen werden. Jedoch kann bei einem Schlagloch mit einer Tiefe von 15 cm nicht mehr davon die Rede sein, dass eine vernünftige, der Widmung entsprechende Nutzung möglich ist.

Eine Straße, deren Zustand für mehrere Unfälle von Fahrradfahrern in kürzester Zeit verantwortlich ist, befindet sich somit prima facie nicht in einem Zustand, der die Erfüllung der Verkehrssicherungspflicht behaupten lässt.

Soweit die Beklagte vortragen lässt, dass an der Unfallstelle eine Straßenbeschädigung bei vorangegangenen Kontrollen nicht festzustellen war, so wird mit Nichtwissen die Durchführung solcher Kontrollen bestritten.

Insbesondere wird die Durchführung einer solchen Kontrollfahrt in ausreichender Weise bis eine Woche vor dem 29.7.2014 bestritten.

Wenn eine solche Beschädigung nicht vorhanden war, muss sich die Beklagte die Frage gefallen lassen, was sie dann am 1.8.2014 repariert hat.

Jedenfalls befand sich das Schlagloch, aufgrund dessen der Kläger zu Fall kam, in einem solchen Zustand, wie er sich am 29.7.2014 zeigte, bereits mehrere Wochen vor dem Unfall.

Beweis: Zeugnis der Zeugin ..., b.b.
   Sachverständigengutachten

Der Sachverständige wird bestätigen können, dass sich ein Schlagloch wie das vorliegende nicht plötzlich bildet, sondern das Ergebnis einer längeren Entwicklung ist.

Bestritten wird, dass die Schillerstraße mit einem Streckenverbot gekennzeichnet war. Dies gilt ebenso für das Zeichen 101 mit dem Zusatzschild „Straßenschäden".

Selbst dies würde jedoch nichts an der Haftung der Beklagten ändern. Das LG Dresden (Az 16 O 1091/00 = DAR 2000, 480) hat entschieden, dass bei wichtigen Straßen im Stadtbereich an die Verkehrssicherungspflicht der Gemeinde hohe Anforderungen zu stellen sind. Bei schlechten Straßen genügt es nicht, Warnschilder aufzustellen, es müssen kurz hintereinander Kontrollen durchgeführt und entdeckte Gefahren beseitigt werden. Dabei führt es aus, dass eine Kontrolle mangelhaft war, wenn es zwei Tage nach einer Kontrollfahrt zu einem Unfall an einem 18 cm tiefen Schlagloch kommt.

Die besondere Gefahr des Schlaglochs ergibt sich vorliegend auch aus der Tatsache, dass es erst sehr spät zu sehen ist. Die Schillerstraße verzeichnet von Anfang bis zum Ende ein starkes Gefälle. Das vorliegende Schlagloch befindet sich dazu noch inmitten einer Absenkung der Straße.

Beweis: richterliche Inaugenscheinnahme
   Fotos, b.b.

Daher ist das Schlagloch erst unmittelbar vor demselben vom abwärts fahrenden Verkehr zu erkennen.

Die Absenkung ist Folge einer mangelhaften Bauweise der unterirdischen Entwässerungsanlage.

Beweis: Sachverständigengutachten

Dem Kläger ist somit kein Vorwurf zu machen. Er hat sich verkehrsgerecht verhalten. Mit dem plötzlich auftretenden Schlagloch brauchte er nicht zu rechnen. Für ihn war der Unfall unvermeidbar.

Beweis: Sachverständigengutachten

Die Beklagte hat mit Freigabe der Straße für den öffentlichen Straßenverkehr eine Gefahr geschaffen, für deren Beherrschung sie verantwortlich ist. Dieser Verantwortung ist sie vorliegend nicht gerecht geworden und somit zum Schadensersatz verpflichtet.

Falsch ist die Auffassung der Gegenseite, dass eine Haftung der Beklagten nur dann gegeben ist, wenn sie eine Gefahr geschaffen hat, die „schlechterdings nicht zu bewältigen gewesen ist". Denn dies würde bedeuten, dass nur dann Schadensersatz zu leisten wäre, wenn der Unfall auch durch einen Idealfahrer nicht zu vermeiden gewesen wäre. Dass dies nicht so ist, zeigt bereits die Tatsache, dass im Wege des § 254 BGB die gegenseitigen Verantwortungsbeiträge abzuwägen sind.

Unabhängig von der Tatsache, dass der Unfall für den Kläger unvermeidbar war, ist dies jedenfalls nicht Voraussetzung für eine Haftung der Beklagten.

Die Auffassung der Beklagten „zeugt von einem tiefen Missverständnis des deutschen Haftungsrechts".

Weiterhin tragen die Beklagten vor, dass prima facie eine Obliegenheitsverletzung gegeben sei. Dies könnte allenfalls dann der Fall sein, wenn ein typischer Geschehensablauf einen bestimmten Schluss zulässt. Es besteht jedoch kein allgemeiner Erfahrungssatz, dass ein Fahrradfahrer, der bei Durchfahrt eines Schlaglochs zu Fall kommt, in irgendeiner Weise schuldhaft gehandelt hat.

Eine solche Behauptung der Beklagten wird sie nicht davon entlasten, selbst ein Verschulden des Klägers darzulegen und ggf zu beweisen.

II.

Nachdem der Vortrag der Beklagten zu ihrer Haftung dem Grunde nach nicht geeignet ist, den klägerischen Anspruch zu erschüttern, sei zur Haftung der Höhe nach wie folgt vorgetragen:

1. Die Reparaturkosten sind angemessen. Der Schaden am klägerischen Fahrrad betrug mindestens 250 EUR.

Beweis: Sachverständigengutachten

Der Kläger hat den Schaden vor der Reparatur in einer Fahrradwerkstatt schätzen lassen. Die Schätzung belief sich auf ca. 300 EUR.

Beweis: Kostenvoranschlag in Kopie als Anlage K7

Diese bewegen sich sogar über den vom Kläger beanspruchten Reparaturkosten.

Sollte das Gericht weiteren Vortrag für notwendig halten, wird um entsprechenden Hinweis gebeten.

2. Soweit es richtig wäre, von dem Beklagten zu verlangen darzulegen, welche unfallbedingten Wege, Porti und Telefonkosten angefallen sind, würde dies keine Pauschale mehr darstellen.

Sollte das Gericht weiteren Vortrag für notwendig halten, wird um entsprechenden Hinweis gebeten.

3. Hinsichtlich der Attestkosten zeigt die Beklagte wiederum „ein tiefes Missverständnis vom deutschen Schadensersatzrecht". Es gelingt ihr zwar, den Begriff des Schadens zu definieren, die richtige Subsumtion gelingt ihr jedoch nicht.

Dass Schadensermittlungskosten als Schadensposition vom Schädiger auszugleichen sind, sollte eigentlich nicht mehr Diskussionsthema sein.

Zum Nachweis seiner Schäden und zur Bezifferung seiner Schäden war der Kläger auf die Anfertigung der ärztlichen Berichte angewiesen. Durch den Unfall wurde er zur Bezifferung und zum Nachweis seiner Schäden gezwungen, so dass die Aufwendungen nicht als freiwillig anzusehen sind.

4. Für die Prozessbevollmächtigten mutet es höchst amüsant an, wenn die Beklagten ihnen ein „tiefes Missverständnis des deutschen Haftungsrechts" vorwerfen, zeigt es doch, dass ihnen die obergerichtliche Rechtsprechung unbekannt ist.

Das zögerliche Regulierungsverhalten einer Versicherung und deren Prozessverhalten kann nämlich bei dem Geschädigten eine weitere seelische Beeinträchtigung erzeugen, die sich auf die Höhe des Schmerzensgeldes auswirkt (OLG Nürnberg DAR 1998, 276). Weitere Obergerichte haben bei einer schleppenden Bearbeitung einer Angelegenheit sogar eine Verdopplung des Basisschmerzensgeldes angenommen (OLG Frankfurt DAR 1994, 21; LG Saarbrücken zfs 2001, 255).

Es geht also überhaupt nicht nur um die Frage, ob die Ablehnung einer Regulierung berechtigt oder nicht berechtigt erfolgt ist, sondern auch um die Frage, wie lange sich der Schädiger Zeit gelassen hat, um zu seiner falschen Entscheidung zu kommen.

Am 13.8.2014 wurde der Beklagten der Unfall gemeldet. Am 19.9.2014 teilte die Beklagte mit, dass sie den „Antrag" auf Schadensersatz registriert hat. Bereits die Bezeichnung der Forderung als „Antrag" zeigt, aus welcher Position die Beklagte hier dem Schädiger gegenüber getreten ist.

Erst am 28.10.2014 ist es der Beklagten gelungen, die Angelegenheit zur weiteren Bearbeitung an den „Kommunalen Schadensausgleich" (KSA) abzugeben. Aus welchem Grund dies nicht sofort geschehen ist, ist nicht ersichtlich.

Es hat nun bis zum 25.11.2014 gedauert, ehe der ... an den Kläger herangetreten ist, um ihn nach Zeugen und Bildern von der Unfallstelle zu fragen.

Am 11.3.2015 trat der KSA ein weiteres Mal an den Kläger heran und bat ihn um die Unterzeichnung einer Schweigepflichtentbindung. Warum dies nicht bereits am 25.11.2014 geschehen ist, fragt sich nunmehr wieder. Zumal eine solche bereits bei der Anzeige gegenüber der Beklagten dieser zur Verfügung gestellt worden ist.

Nun hat es wieder bis zum 24.7.2015 gebraucht, ehe sich die Beklagte durch den KSA veranlasst sah, einen Haftungseintritt durch einen Standardschriftsatz und ohne auf den konkreten Fall einzugehen, abzulehnen.

Somit hat die Beklagte fast ein Jahr gebraucht, um ihren Haftungseintritt beim Sturz eines Fahrradfahrers durch ein Schlagloch zu prüfen. Dass sie hier augenscheinlich schleppend gehandelt hat, wird nicht bestritten werden können.

Da offen zu Tage tritt, dass ein Geschädigter bei sofortiger gerichtlicher Inanspruchnahme schneller eine Klärung der Angelegenheit erreichen kann, als wenn er außergerichtlich eine Lösung angestrebt, kann nur vermutet werden, dass das Verhalten der Beklagten Methode hat.

Weiterer Vortrag bleibt vorbehalten.

Rechtsanwalt ◄

238 Als Beklagtenvertreter muss auf diesen Schriftsatz noch dupliziert werden, was wie folgt aussehen kann:

239 ▶ **Muster: Duplik**

An das ...gericht, ...

Az ...

In Sachen

... [Kläger] ./. ... [Beklagte]

I.

1. Die Beklagte kann im Verhältnis zum Kläger nicht gegen die ihr obliegende Verkehrssicherungspflicht verstoßen haben. Der Kläger beruft sich darauf, zwischen den Prozessparteien sei ein gesetzliches Schuldverhältnis – eine andere Anspruchsgrundlage ist nicht ersichtlich – entstanden. Im Falle einer unerlaubten Handlung entsteht dieses gesetzliche Schuldverhältnis erst dann, wenn die Rechtsverletzung eingetreten ist.

Zuvor bestehen keine Verpflichtungen, die erfüllt werden müssen, so dass unzweifelhaft auch der Begriff, den die Klage im Munde führt („Verkehrssicherungspflichten") dann allenthalben geeignet ist, Verwirrung zu stiften – das zeigen dann auch die Ausführungen der Replik. Der Begriff impliziert nämlich, dass es Angelegenheit des angeblichen Haftpflichtschuldners wäre, darzutun und zu beweisen, dass er seine Pflichten erfüllt habe. Das ist indes falsch, weil eben nach einer ebenso ungeschriebenen wie als geltendes Gesetzesrecht allgemein anerkannten Grundregel derjenige, der sich auf einen Anspruch beruft, alle rechtsbegründenden Tatbestandsmerkmale dartun und beweisen muss. Für den Fall einer unerlaubten Handlung durch Unterlassen – so ja der Vorwurf der Klage – geht es dann eben nicht nur um die Tathandlung, sondern eben auch insbesondere um den haftungsbegründenden Ursachenzusammenhang zwischen der angeblichen Pflichtverletzung und der vermeintlichen Rechtsverletzung. Das bedeutet eben auch, dass es darauf ankommt, ob tatsächlich die fehlende Kenntnis von einer angeblichen Gefahrenlage auf einer Pflichtverletzung des angeblichen Haftpflichtschuldners beruht.

2. Die Replik versagt es sich dann auch, die maßgeblichen Rechtssätze für die Rechtsanwendung zur Kenntnis zu nehmen. Wir hatten schon darauf hinweisen können, wie der Inhalt der unbestimmten Rechtsbegriffe des allenthalben für die Subsumtion in Betracht kommenden Rechtssatzes zu ermitteln ist. Es bleibt auch dabei, dass es zunächst Angelegenheit eines jeden selbst ist, sich vor Schaden zu bewahren – etwas anderes gilt auch nicht für den gemeinen Verkehrsteilnehmer, der nicht nur die Straße so hinzunehmen hat, wie sie sich dem besonnenen, vernünftigen, verständigen und eigenverantwortlichen Verkehrsteilnehmer erkennbar darbietet, sondern auch mit Blick auf § 3 StVO seine Fahrgeschwindigkeit auf die Straßenverhältnisse einzurichten hat.

3. Eine Verpflichtung zum Straßenbau besteht natürlich nicht (so schon BGH MDR 1958, 408).

4. Schön ist, dass die Parteien nicht wirklich darum streiten, dass (leider) der Zustand der Fahrbahnoberfläche der Schillerstraße nicht demjenigen entsprach, der manchem als wünschenswert erschienen sein mag. Es ist hiernach indes schon nicht einmal mehr ersichtlich, aus welchen Gründen die Beklagte den Kläger – resp. den verständigen besonnenen, vernünftig und eigenverantwortlich Handelnden – davor warnen musste, dass die Fahrbahnoberfläche der Schillerstraße nicht frei von Unebenheiten (gewesen) ist. Der für die Entscheidung dieser Sache im Berufungsverfahren zuständige VI. Zivilsenat des Oberlandesgerichts Dresden hat einmal dafür den Begriff von der Selbstwarnung der Straße geprägt.

5. Es würde ohnehin allenfalls darum gehen, dass der Straßenbaulastträger verpflichtet wäre, den Benutzer der Straße vor völlig unvermuteten und ganz und gar atypischen Gefahren zu warnen. Alle anderen abstrakten Gefahren, die diese Qualität nicht erreichen, bedürfen eben schon begrifflich keiner Warnung.

6. Auch die Ausführungen der Replik zum Regelungsgehalt des § 138 Abs. 4 ZPO sind – zurückhaltend formuliert – verfehlt. Natürlich kann sich eine Prozesspartei zu Vorgängen, die nicht Gegenstand ihrer eigenen Wahrnehmung gewesen sind, mit Nichtwissen erklären. Für die Beklagte würde es ohnehin nur auf die Wahrnehmung ihres gesetzlichen Vertreters resp. ihrer kraft Rechtsstellung zur Wahrnehmung berufenen Personen ankommen. Und es gab auch gar keine Veranlassung für die Straßenarbeiter der Beklagten, in dem Moment, in dem sie eine Straßenbeschädigung entdeckten und sie ausbesserten, noch genauere Untersuchungen zu dieser Straßenbeschädigung anzustellen und deren Ergebnis zu dokumentieren – jedenfalls so lange nicht, wie nicht bekannt gewesen ist, dass diese Straßenbeschädigung Gegenstand irgendeines Rechtsstreites werden konnte.

Und es ist doch wohl allein Angelegenheit eines Anspruchstellers, die ihm erforderlich erscheinenden Vorkehrungen zu treffen, um seinen angeblichen Anspruch durchzusetzen. Ganz sicherlich muss nicht der spätere Anspruchsgegner für den anderen die Beweise sichern oder in gesonderter Weise Wahrnehmungen treffen.

7. Die Behauptung der Klage, an der in Rede stehenden Straßenbeschädigung seien schon mehrere Fahrradfahrer zu Fall gekommen, wird von der Beklagten mit Nichtwissen in Abrede gestellt. Es kommt darauf aber auch deswegen nicht an, weil die Klage wohl selbst nicht geltend machen will, dass die Beklagte – zumal vor dem angeblichen Unfall des Klägers – von derartigen Unfällen Kenntnis hatte.

8. Die Replik will in Abrede stellen, dass die Straße regelmäßig überprüft worden ist und sich vor dem angeblichen Unfall des Klägers beanstandungswürdige Befunde nicht ergeben haben. Auch hier verkennt sie eben unzweifelhaft die Feststellungslast (vgl dazu im Übrigen: *Baumgärtel/Laumen/Prütting*, Handbuch der Beweislast im Privatrecht, Band 1, 3. Auflage 2010, § 823 Rn 5). Die letzte Kontrolle vor dem angeblichen Unfall hat am 23.7.2014 stattgefunden. Sie hat eine Beschädigung der Deckschicht an der behaupteten Stelle nicht offenbart. Rein vorsorglich und allenthalben gegenbeweislich beruft sich die Beklagte insoweit auf das Zeugnis des Zeugen ….

9. Nur der guten Ordnung halber: Auf der Schillerstraße ist im streitgegenständlichen Bereich auch – obgleich das wegen des offenkundig suboptimalen Zustands der Straße nicht einmal erforderlich gewesen wäre – eine Warntafel, namentlich das Zeichen 101 StVO mit dem Zusatzzeichen 1006-34 aufgestellt gewesen. Es stand in Höhe der Einmündung zur …straße. Auch das kann der Zeuge … gegenbeweislich bestätigen.

10. Soweit die Klägerin auf eine Entscheidung der 16. Zivilkammer verweist, kann es nicht verwundern, dass die dort vertretene Rechtsauffassung – soweit ersichtlich – bislang von keinem Obergericht oder etwa dem BGH geteilt worden ist. Die Sache wäre auch ganz sicherlich nicht rechtskräftig geworden, wenn für die seinerzeit auch von uns vertretene Beklagte die Rechtsmittelbeschwer erreicht gewesen wäre. Der Rechtssatz, den das Urteil hat aufstellen wollen, ist – wir müssen das so deutlich sagen – falsch. Dass die Entscheidung schließlich auch noch auf der fehlerhaften Anwendung von Verfahrensrecht beruhte, kam hinzu.

11. Wir wissen nicht, warum sich ein Fahrradfahrer auf eine vermeintlich beeinträchtigte Wahrnehmung mit Rücksicht auf den Zustand der Fahrbahnoberfläche berufen könnte, nur weil die Straße ein starkes Gefälle hat – abgesehen davon, dass selbst diese Wertung falsch ist. Die Wahrneh-

mungsfähigkeit eines eben auch ausreichend wahrnehmungsbereiten Fahrzeugführers wird dadurch ebenso wenig beeinträchtigt wie durch eine Absenkung – was immer der Kläger damit behaupten will.

II.

1. Die Beklagte stellt alle weiteren Behauptungen des Klägers – auch diejenigen zur Höhe des angeblichen Anspruchs – mit Nichtwissen in Abrede.

Dass es zu den erforderlichen Kosten zähle, die angeblich erlittenen eigenen Beschwerden auch von einem Dritten niedergeschrieben zu bekommen, mag kein Diskussionsthema sein – nur eben nicht in dem Verständnis, das der Kläger damit verbindet.

2. Man mag auch gern zur Kenntnis nehmen, dass der Kläger oder seine Prozessbevollmächtigten den Prozess mit Amüsement betreiben. Ganz sicher ist weder der Beklagten noch ihren Prozessbevollmächtigten die obergerichtliche Rechtsprechung unbekannt – ganz sicherlich auch nicht die Entscheidung, auf die sich die Klage stützen will. Jedenfalls die Prozessbevollmächtigten der Beklagten haben freilich ein anderes Verständnis, als es offenbar von den Prozessbevollmächtigten des Klägers entwickelt wird. Wir verstehen uns als Rechtsanwender, die – methodisch richtig – damit beginnen, der Frage nachzugehen, ob die Behauptungen einer Prozesspartei in Verbindung mit einem Rechtssatz das Verlangte rechtfertigen können. Für die Frage danach, um welche Rechtssätze es geht, genügt regelmäßig ein Blick ins Gesetz, das gegebenenfalls nach bestimmten Maßgaben auszulegen ist. Wenn freilich am Ende dieser Rechtsanwendung das Ergebnis, das sich jemand vorstellt, nicht stehen kann, wird man das dann als Rechtsanwender zur Kenntnis nehmen müssen. Die eigene falsche Auffassung wird nicht deswegen plausibler, weil sie auch schon einmal von einem anderen verlautbart worden ist. Ob der Umstand, dass sich jemand in einem kontradiktorischen Verfahren seiner ihm gebührenden prozessualen Rechte bedient, bei einem anderen zu einer seelischen Beeinträchtigung führen kann oder nicht, ist völlig gleichgültig. Eine seelische Beeinträchtigung würde nämlich schon nicht auf einer Körper- resp. Gesundheitsverletzung beruhen, die ja wohl für die Frage danach, ob jemand einen Anspruch auf eine billige Geldentschädigung im Sinne des § 847 BGB aF haben kann, von maßgeblicher Bedeutung ist – um die anderen Fallgruppen geht es hier nicht. Dass es schon Gerichte gegeben haben mag, die meinten, denjenigen, der sich in einem Prozess verteidigt und dafür jedenfalls für sich selbst gute Gründe auf seiner Seite weiß, damit zu bestrafen, in einer auch schon nicht mehr vom Gesetzesvorbehalt gedeckten Weise in dessen Eigentum einzugreifen, indem man ihm aufgibt, an einen anderen mehr zu bezahlen, als er nach der wahren materiellen Rechtslage zu bezahlen hätte, wird man eben zur Kenntnis nehmen müssen. Mit einer fehlerfreien Rechtsanwendung hat das alles nichts zu tun.

Rechtsanwalt ◄

240 **Hinweis:** Wichtig ist, bei Unfällen von Fahrzeugen im Zusammenhang mit der Verletzung der Verkehrssicherungspflichten zu beachten, dass die Aussicht, vollumfänglich Schadensersatz zu erlangen, sehr gering ist. Im Regelfall wird dem Fahrzeugführer ein eigenes Verschulden anzulasten sein. Die Rechtsprechung kommt fast immer zu dem Ergebnis, dass ein Schlagloch oder eine eisige Straße erkennbar war oder zumindest damit zu rechnen war. Der Begriff der „Warnung der Straße vor sich selbst" wird gern verwandt, wenn vom Geschädigten vorgetragen wird, dass die Straße so schlecht war, dass dies einen Verstoß der Verkehrssicherungspflicht quasi überdeutlich macht. Jedoch ist es nun mal so, dass die Wahrscheinlichkeit eines tiefen Schlaglochs auf einer schlechten Straße viel höher ist als auf einem ansonsten sehr guten Fahrbahnbelag. Darum ist hier große Vorsicht beim Vortrag geboten.

C. Verkehrssicherungspflichten

Mit folgenden Entscheidungsgründen wird dem Radfahrer im Regelfall ein Mitverschulden, sehr oft insbesondere dann, wenn vom Radfahrer selbst der sehr schlechte Straßenzustand in den Vordergrund gerückt wird, sogar seine Alleinhaftung begründet. Darum wird im Regelfall wie nachstehend das Verschulden des Fahrradfahrers einfach zu begründen sein. Die Trauben beim Verstoß gegen die Verkehrssicherungspflicht hängen also hoch. 241

▶ **Muster: Typische Entscheidungsgründe des Gerichts**[229] 242

[...]

Entscheidungsgründe:
Die zulässige Klage ist teilweise begründet.

Dem Kläger stehen dem Grunde nach ein Schadensersatz- und ein Schmerzensgeldanspruch zu, die jedoch aufgrund eines Mitverschuldens geschmälert sind.

Dem Kläger steht dem Grunde nach ein Schadensersatz- und Schmerzensgeldanspruch nach §§ 839 Abs. 1, 253 BGB, Art. 34 S. 1 GG zu, da die Beklagte als Trägerin der Straßenbaulast gemäß §§ 9 Abs. 1, 10 Abs. 1, 44 Abs. 1 SächsStrG ihrer Verkehrssicherungspflicht – die ihr als Amtspflicht in Ausübung hoheitlicher Tätigkeit oblag – nicht ausreichend nachgekommen ist.

Der Kläger konnte das von ihm geschilderte Unfallgeschehen durch den vernommenen Zeugen ..., der – als neutraler Zeuge – mit seinem Pkw hinter dem Fahrrad des Klägers herfuhr und den Kläger stürzen sah, belegen. Der vom Zeugen geschilderte Sturz entspricht der Darstellung des Klägers, in das von ihm geschilderte Schlagloch geraten und daraufhin gestürzt zu sein.

Das Schlagloch konnte darüber hinaus von dem Zeugen ... – in der Weise wie vom Kläger beschrieben – bestätigt werden; der Zeuge hatte das Schlagloch nach dem Unfall des Klägers besichtigt. Auch an der Richtigkeit der Aussage des Zeugen ... hat das Gericht keine Zweifel. Der Zeuge ... bestätigte im Weiteren auch die Angaben des Klägers, dass das Schlagloch – die Absenkung – von einem Fahrradfahrer, der bergab die Schillerstraße fährt, bei dichtem Verkehr jedenfalls schlecht erkannt werden konnte.

Die Beklagte hat ihre Verkehrssicherungspflicht schuldhaft – in Form der Fahrlässigkeit – nach 276 Abs. 1 BGB – verletzt, da sie kurz vor dem Unfall die unfallsächliche Absenkung zwar entdeckt, jedoch in der Folge – bis zum Unfall – keinerlei Sicherheitsmaßnahme ergriffen hat.

Die Verkehrssicherungspflicht der Beklagten als Trägerin der Straßenbaulast umfasst inhaltlich die Pflicht, soweit zumutbar, den Verkehr auf der Straße möglichst gefahrlos zu gestalten, insbesondere Verkehrsteilnehmer vor unvermuteten, aus der Beschaffenheit der Straße sich ergebenden und bei zweckgerechter Benutzung des Verkehrsweges nicht ohne Weiteres erkennbaren Gefahrenstellen zu sichern oder mindestens davor zu warnen (OLG Dresden, Urt. v. 9.4.1997 – 6 U 2922/95).

Der Verkehrssicherungspflichtige ist allerdings – von objektiv besonderen einschneidenden Gefahrenlagen abgesehen – in der Regel nur gehalten, die Verkehrsteilnehmer vor solchen Gefahren zu warnen oder solche Gefahren zu beseitigen, auf die sich ein die normale Sorgfalt beachtender Verkehrsteilnehmer nicht selbst hinreichend einstellen und vor denen er sich nicht selbst hinreichend schützen kann (OLG Düsseldorf VersR 1989, 274 mwN), insbesondere weil die Gefahr nicht rechtzeitig erkennbar ist.

Inhalt der Verkehrssicherungspflicht kann aber nur sein, was im Interesse des Verkehrs nach objektivem Maßstab billigerweise verlangt werden kann und zumutbar ist (OLG Schleswig VersR 1989,

---
229 LG Dresden v. 30.3.2004 – 13 O 5260/03 – n.v.

627; OLG Hamm OLGZ 1994, 301, 303). Grundsätzlich muss sich der Straßenbenutzer den gegebenen Straßenverhältnissen anpassen und die Straße so hinnehmen, wie sie sich ihm erkennbar darbietet (BGH VersR 1979, 1055). Verkehrswege sind daher möglichst gefahrlos zu gestalten und in einem gefahrlosen Zustand zu erhalten. Eine völlige Gefahrlosigkeit ist mit zumutbaren Mitteln aber nicht zu erreichen (OLG Hamm OLGZ 1994, 301, 303; VersR 1978, 64). Dies bestimmt das Maß der sich im Rahmen des Vernünftigen haltenden, berechtigten Sicherheitserwartungen des Verkehrs, die wiederum maßgeblich den konkreten Inhalt der Verkehrssicherungspflicht im Einzelnen ausfüllen und die Grenze zwischen sicherungsbedürftiger Gefahrenquelle und hinzunehmender Erschwernis ziehen (OLG Dresden, Urt. v. 10.6.1999 – 6 U 653/99).

Wird eine Gefahr festgestellt, dann muss der Träger der Verkehrssicherungspflicht die erforderlichen Maßnahmen zur Beseitigung der Gefahr ergreifen. Der Pflichtige muss also den Verkehrsteilnehmer vor der von der Straße ausgehenden Gefahr nicht nur warnen, sondern schützen. Dazu muss er gegebenenfalls sogar die erforderlichen baulichen Maßnahmen ergreifen und dafür sorgen, dass sich die Straße für die Zukunft in einem dem regelmäßigen Verkehrsbedürfnis genügenden Zustand befindet. Falls der Pflichtige jedoch den gefährlichen Zustand durch bauliche Maßnahmen aus tatsächlichen oder rechtlichen Gründen nicht alsbald beseitigen kann, ist er verpflichtet, ein Warnschild anzubringen (BGH VersR 1968, 1090, 1091). Ebenso hat der Pflichtige Vorkehrungen unter Umständen gegen Gefahren zu treffen, die dem Verkehrsteilnehmer aus der besonderen Straßenlage oder -führung infolge daneben befindlicher Abgründe, Vertiefungen, Wasserläufe uÄ drohen, weil diese Gefahren auch von der Straße selbst, nämlich von ihrer besonderen Anlage oder Führung ausgehen (BGH, Urt. v. 28.5.1962 – III ZR 38/61; BGHZ 37, 165, 168).

Die Beklagte hat im vorliegenden Fall zwar der vom OLG Dresden verlangten wöchentlichen Kontrollpflicht für die Schillerstraße, die als eine Hauptverkehrsstraße anzusehen ist, genügt (OLG Dresden, Urt. v. 24.3.1996 – 6 U 449/95; OLG-NL 1996, S. 152, 153), wie der Zeuge ... überzeugend bestätigen konnte. Allerdings hat der Zeuge ... nach eigener Bekundung die unfallsächliche Absenkung bei seiner Kontrollfahrt am 23.7.2014 feststellen können, ohne dass der Zeuge ... hierauf reagierte und die Absenkung beseitigte oder zumindest ein Warnschild für diese Stelle aufstellte. Die Beklagte – der das Handeln des Zeugen ... ohne Weiteres zuzurechnen ist – durfte hier auch nicht darauf vertrauen, dass die Absenkung zu dem Zeitpunkt noch nicht das Ausmaß hatte wie offensichtlich später beim Unfall und wie auch der Zeuge ... für den 1.8.2014 bestätigte, als er die Absenkung wegen der zu diesem Zeitpunkt auch für ihn deutlich sichtbaren Gefahrenquelle mit Kaltmischgut schloss. Insoweit lag jedenfalls eine falsche Einschätzung des Zeugen ... hinsichtlich einer möglichen Gefahrentwicklung, der Absenkung, bei seiner Kontrollfahrt am 23.7.2014 vor. Diese Falscheinschätzung erfolgte zumindest fahrlässig im Sinne des § 276 Abs. 1 BGB. Der Zeuge ... hätte zumindest für die Stelle ein Warnschild aufstellen müssen. Nach seinem eigenen Bekunden war jedoch gerade an dieser Stelle kein Warnschild vorhanden; die Warnschilder an der Einfahrt ...straße/Schillerstraße und ...straße/Schillerstraße standen zur Tatzeit oberhalb bzw. unterhalb der Unfallstelle und hatten jedenfalls für die Unfallstelle keinen Regelungsgehalt mehr, wie der Zeuge ... dem Gericht anschaulich schildern konnte. Aber gerade in Anbetracht dieser vorherigen bzw. nachherigen Warnschilder ist nicht nachvollziehbar, warum der Zeuge ... nicht auch die Aufstellung eines Warnschildes für die Unfallstelle veranlasste, wenn er doch schon eine Absenkung bei seiner Kontrollfahrt entdecken konnte. Der Zeuge ... hat nach seinen Angaben die Absenkung, nachdem er sie festgestellt hatte, auch nicht weiter auf deren Gefahrenpotential untersucht, um zukünftig eine weitere Gefahrentwicklung ausschließen zu können; stattdessen hat er vielmehr ohne Weiteres seine Kontrollfahrt fortgesetzt. Zu einer Sicherungsmaßnahme war die Beklagte aber auch aufgrund der früheren Gefahrenstellen durch Absenkungen veranlasst, wie die Zeugin ... glaubhaft bestätigte; die Zeugin ..., die früher in Höhe der Unfallstelle wohnte, konnte mehrere Aufbrüche der Straße genau an der Unfallstelle bestätigen, die immer wieder zu Reparaturen durch die Beklagte Anlass gaben. Auch die Aussage des Zeugen ..., dass als Ursache der Absenkung später ein defekter, unter der Fahrbahn verlaufender Wasserkanal festgestellt werden konnte, zeigt, dass die vom Zeugen ... festgestellte Absenkung jedenfalls ein sofortiges Handeln der Beklagten – sei es in Form der Beseitigung der Absenkung oder des Aufstellens eines Warnschildes – erforderlich machte.

Allerdings muss dem Kläger ein Mitverschulden nach § 254 Abs. 1 BGB vorgeworfen werden, da er bei einer den Straßenverkehrsverhältnissen angepassten Geschwindigkeit oder einem ausreichenden Abstand, wie nach § 3 StVO und § 4 StVO auch von ihm als Radfahrer verlangt, die Unfallstelle hätte erkennen und dann mit einer Lenkbewegung einen Sturz hätte vermeiden können. Das Gericht schätzt das Mitverschulden des Klägers mit 50 % ein.

[...] ◄

D. Tierunfälle

Zusammenstöße zwischen Fahrzeugen und Tieren sind nicht selten zu beobachten, wobei stets eine Haftung des Tierhalters gem. § 833 BGB in Betracht zu ziehen ist. Tierhalter ist derjenige, dem die Bestimmungsmacht über das Tier zusteht und der aus eigenem Interesse für die Kosten des Tieres aufkommt und das wirtschaftliche Risiko seines Verlustes trägt.[230] Dabei normiert § 833 S. 1 BGB eine Gefährdungshaftung für alle Tierhalter mit der Folge, dass auch ein Deliktsunfähiger nach § 833 S. 1 BGB haften kann. § 833 S. 2 BGB normiert dagegen eine Haftung des Tierhalters für vermutetes Verschulden bei Haustieren mit der Möglichkeit eines Entlastungsbeweises, was wiederum zur Folge hat, dass ein Deliktsunfähiger allenfalls nach § 829 BGB haften kann. Entscheidend für den Anwendungsbereich des § 833 BGB ist, dass sich die Unberechenbarkeit tierischen Verhaltens und die dadurch hervorgerufene Gefährdung für Leben, Gesundheit oder Eigentum Dritter verwirklicht haben muss.

I. Unfall mit Pferd

1. Pferd mit Reiter. Die spezifische Tiergefahr wird nicht schon dadurch aufgehoben, dass das Pferd beritten und damit unter menschlicher Leitung ist. Selbst dem Reiter kann die Tierhalterhaftung zugutekommen,[231] erst recht schützt sie Dritte. Der geschädigte Dritte kann also zwei Ersatzpflichtige haben, den Reiter und den Halter, ggf auch noch den Reitlehrer[232] oder eine sonstige Aufsichtsperson. Der Reiter, der nicht zugleich Halter oder Aufseher ist, haftet nur bei nachgewiesenem Verschulden. Ob den Halter die strenge Gefährdungshaftung nach § 833 S. 1 BGB trifft oder die Ersatzpflicht nach S. 2 ausgeschlossen ist, hängt von der gerade bei Pferden oft schwierigen „Haustierfrage" ab.[233] Berücksichtigt wird die Tierhalterhaftung auch in der Haftungsabwägung gem. § 17 Abs. 4 StVG.[234]

---

230 BGH NJW-RR 1988, 656.
231 BGH NJW 1999, 3119, NJW 2013, 2661.
232 Dazu OLG Hamm OLGR 2001, 259.
233 Dazu OLG Köln VersR 2001, 1395; OLG Celle NJW-RR 2000, 1194; OLG Hamm OLGR 2001, 259; OLG Düsseldorf OLGR 2000, 308.
234 Dazu: OLG Hamm NZV 1994, 190 (2/3 zulasten Pkw bei Fahrfehler); OLG Köln NZV 1992, 487 (80 % zulasten Pkw bei Fahrfehler); OLG Celle OLGR 2003, 103 (70 % pro Lkw – beiderseits kein nachgewiesenes Verschulden).

245 **2. Pferd ohne Reiter.** Bei einer Kollision mit einem frei umherlaufenden Pferd steht dem Halter der Entlastungsbeweis nach § 833 S. 2 BGB offen, sofern es sich um ein Nutztier handelt (Rechtsprechung dazu unter Rn 178). Der Entlastungsbeweis ist schwer zu führen. Denn alle Unklarheiten im Hinblick auf sicherungsrelevante Umstände (Einfriedung, Kontrolle) gehen zulasten des Halters. Ein Weidezaun muss mindestens 1,20 m hoch sein.[235]

245a Zur Feststellung der Beachtung der Sorgfaltspflicht ist nach Ansicht des BGH[236] zudem die Größe der Weidefläche entscheidend. Panikreaktionen werden üblicherweise durch „Ausgaloppieren" wieder abgebaut, wonach eine entsprechende Größe der Weidefläche erforderlich erscheint. Nach Ansicht des BGH besteht die Möglichkeit, dass bei größerer Weidefläche das Tier nicht den Zaun durchbricht, weil es dann Platz zum Abreagieren innerhalb der Weide hat.[237] Der Prüfung des Verhältnisses zwischen Zaunanlage, Größe der Weide und Verweildauer der Tiere ist ebenso die Anzahl der Tiere zugrunde zu legen.

245b Für einen Anspruch gegen den Tierhalter muss die vom Tier ausgehende Gefahr nicht die einzige Ursache des eingetretenen Unfalles sein. Eine Mitverursachung reicht ebenso aus wie eine mittelbare Verursachung.[238]

246 Eine Klage gegen den Pferdehalter und den für das Pferd Verkehrssicherungspflichtigen kann wie folgt hinsichtlich der Darlegung und rechtlichen Würdigung aussehen:

247 ▶ **Muster: Klageschrift (Klage gegen Pferdehalter)**

An das ...gericht, ...

Klage

des Herrn ...,

– Kläger –

Prozessbevollmächtigte: RAe ...

gegen

Frau ...,

– Beklagte zu 1 –

und gegen

Herrn ...,

– Beklagter zu 2 –

wegen Schadensersatzes

vorläufiger Streitwert: ...

Namens und in Vollmacht des Klägers erheben wir Klage und werden beantragen:

1. Die Beklagten werden als Gesamtschuldner verurteilt, an den Kläger ... EUR nebst Zinsen iHv 5 Prozentpunkten über dem Basiszinssatz seit dem ... zu zahlen.

---

235 OLG Celle NJW-RR 2000, 1194, s.a. BGH VersR 1992, 844. Zu den Anforderungen an die Sicherung eines Pferdestalls (Weidetor-Sicherung): BGH VersR 1964, 595; 1966, 185.
236 BGH v. 30.6.2009 – VI ZR 266/08.
237 *Göbel*, DAR 2010, 191, 193.
238 BGH v. 27.1.2015 – VI ZR 467/13.

2. Das Urteil ist vorläufig – notfalls gegen Sicherheitsleistung – vollstreckbar.
3. Die Beklagten tragen die Kosten des Verfahrens.

Sofern das Gericht das schriftliche Vorverfahren anordnet, beantragen wir bereits jetzt bei Säumnis der Beklagten den Erlass eines entsprechenden Versäumnisurteils, im Falle eines Anerkenntnisses den Erlass eines entsprechenden Anerkenntnisurteils ohne mündliche Verhandlung.

Begründung:

Der Kläger ist am 6.5.2015 mit seinem Pkw nachts gegen 1.00 Uhr im Bereich der Stadt ... auf der Bundesautobahn A 7, und zwar auf dem für ihn linken Fahrstreifen, mit einem Pferd zusammengestoßen. Dadurch wurde der Pkw nach rechts gegen eine Böschung geschleudert. Bei dem Unfall wurde der Kläger verletzt. Der aus der Verletzung folgende Schaden wird mit der Klage ersetzt begehrt.

Das Pferd war neben anderen Pferden in einem Stall untergebracht, den der Beklagte zu 2 auf einem Grundstück etwa 100 m von der Autobahn entfernt innerhalb einer eingezäunten Koppel errichtet hatte. Das Gelände fällt zur Autobahn hin ab. Die Tür des Stalls, in welchem die Pferde untergebracht waren, war mit einem Vorhängeschloss verschließbar, dessen Schlüssel vor der Stalltür unter einem Fußabstreifer aufbewahrt wurde. Die Koppel war durch ein Gatter eingezäunt und durch ein Tor zu betreten, welches mit einem durch ein Vorhängeschloss gesicherten Riegel verschlossen werden konnte. Dieser Riegel war zur Unfallzeit mit einem abgeschlossenen Vorhängeschloss gesichert; er reichte aber nicht bis in die dafür vorgesehene eiserne Schlaufe, so dass das Gattertor trotz des abgeschlossenen Vorhängeschlosses geöffnet werden konnte. Am Morgen nach dem Unfall waren die Stalltür und das Gattertor der Koppel geöffnet; Spuren von Gewaltanwendung waren nicht zu finden. Wer die Stalltür und das Gattertor geöffnet hat, ist unbekannt geblieben.

Alleineigentümerin des Pferdes war die zum Unfallzeitpunkt 16 Jahre alte Tochter der Beklagten zu 1. Sie benutzte es zum Reiten, hatte auch dessen Betreuung übernommen und bestritt etwa die Hälfte der Kosten für dieses Pferd von ihrem Taschengeld und von Nebenverdiensten. Mindestens die Hälfte der Kosten brachte auch die Beklagte zu 1 auf.

Der Kläger hat einen gesamtschuldnerischen Anspruch auf vollumfänglichen Schadensersatz sowohl gegen die Beklagte zu 1 als auch den Beklagten zu 2.

Haftung des Beklagten zu 2:

Zunächst ist davon auszugehen, dass, wie es auch der ständigen Rechtsprechung des BGH entspricht, derjenige, der eine Gefahrenquelle schafft oder andauern lässt, alle nach Lage der Verhältnisse notwendigen Vorkehrungen zum Schutze Dritter treffen muss. Es können sogar Maßnahmen zum Schutz vor Manipulationen Unbefugter an den Sicherheitsvorkehrungen notwendig werden. Unterlässt der Verkehrssicherungspflichtige dies und wird der Dritte dadurch in seinen durch § 823 Abs. 1 BGB geschützten Rechtsgütern verletzt, dann kann er ihm wegen Verletzung der Verkehrssicherungspflicht schadensersatzpflichtig werden.

Wie der BGH wiederholt betont hat, muss zwar nicht jeder abstrakten Gefahr durch vorbeugende Maßnahmen begegnet werden (BGH VersR 1978, 739; 1980, 863), zumal auch Sicherungen von absoluter Wirksamkeit kaum möglich oder realisierbar sind (BGH VersR 1959, 759). Haftungsbegründend wird eine Gefahr erst dann, wenn sich für einen sachkundigen Betrachter die naheliegende Möglichkeit ergibt, dass Rechtsgüter anderer verletzt werden können. Deshalb muss nicht gegen alle denkbaren Möglichkeiten eines Schadenseintritts Vorsorge getroffen werden.

§ 2 Haftungsgründe beim Verkehrsunfall

Jedoch hat der BGH eine Sicherung von Weidetoren durch ein Schloss für erforderlich gehalten, wenn die naheliegende Gefahr bestand, dass unbefugte Dritte das Tor öffnen und nicht wieder ordnungsgemäß verschließen, so dass die Tiere auf eine nahe gelegene Straße laufen und dort den Verkehr gefährden können (BGH VersR 1964, 595, 596; 1966, 186, 187; 1966, 758, 759; 1967, 906, 907; 1976, 1086, 1087).

Insoweit müssen zur Sicherung der unbeaufsichtigten Tiere auf der Weide im freien Gelände wegen der großen Gefahr schwerer Unfälle hohe Anforderungen gestellt werden. Dies gilt in besonderem Maße für die Nachtzeit, da nachts vor allem bei Tieren Geräusche und Lichtsignale Reaktionen und Schreckzustände auslösen können, die unter gleichen Umständen während des Tages nicht auftreten (BGH VersR 1956, 127, 128).

Vorliegend ging zwar für die Autobahnbenutzer keine Gefahr von Pferden aus, die sich unbeaufsichtigt auf einer nicht ordnungsgemäß gesicherten Weide befunden haben. Das Pferd, das den Unfall des Klägers verursacht hat, war vielmehr in einem verschlossenen Stall untergebracht. Jedoch sind die Grundsätze der vorerwähnten BGH-Rechtsprechung mit Recht auch auf den vorliegenden Fall anzuwenden.

Die Anforderungen an die Sicherung eines Stalls, in dem sich Pferde befinden und der nur 100 m von einer vielbefahrenen Autobahn entfernt liegt, dürfen nicht geringer sein als bei einer Weide, wenn die an den Stall angrenzende Weide – wie vorliegend – nicht ausreichend gegen ein Entweichen der Tiere gesichert ist. Art und Ausmaß der gegen ein Entlaufen von Großtieren zu fordernden Sicherungsmaßnahmen richten sich vor allem nach der von einem entlaufenen Tier ausgehenden Gefahr. In den Entscheidungen, in denen eine zusätzliche Sicherung der Weidetore durch ein Schloss verlangt wurde, ist zwar gelegentlich darauf abgestellt worden, es sei schon häufig vorgekommen, dass Unbefugte die Weide überquert und dabei das von ihnen geöffnete Tor offen stehen ließen, bzw es habe nicht ferngelegen, dass sich bei einem starken Besucherverkehr in der Nähe der Weide Unbefugte an dem Weidetor zu schaffen machten.

Ein Pferdestall kann andere Personen anlocken, zB solche, die die darin untergebrachten Tiere aus der Nähe sehen oder streicheln wollen. Es mag zwar vielleicht nicht besonders nahe gelegen haben, dass Unbefugte aus diesen Gründen oder sogar absichtlich, um die Pferde zu befreien, in den Stall eindringen. Es liegt aber auch nicht ganz fern, dass so etwas geschieht. Typischen Gefahrensituationen muss aber, auch wenn sie selten eintreten, vom Verkehrssicherungspflichtigen begegnet werden (BGH VersR 1989, 1301), zumal wenn, wie hier, mit ihnen schwere Schadensfolgen verbunden und Sicherungen unschwer möglich sind.

Die Anforderungen an die Sicherungspflicht werden auch nicht dadurch überspannt, dass von dem Beklagten zu 2 zusätzlich zu der Verwahrung der Pferde in einem abgeschlossenen Stall verlangt wird, dafür Sorge zu tragen, dass der Schlüssel für das Schloss, mit dem der Stall verschlossen wird, nicht außen unter dem Schuhabstreifer aufbewahrt wird. Dies ist ein „übliches Versteck", bei dem es nahe liegt, dass den Schlüssel suchende Personen dort zuerst nachschauen. Durch diese Art der Aufbewahrung hat der Beklagte zu 2 die im Verkehr erforderliche Sorgfalt verletzt (§ 276 Abs. 1 S. 2 BGB).

Haftung der Beklagten zu 1:

Die Beklagte zu 1 ist Halterin des Pferdes gewesen. Allein aus dem Umstand, dass das Pferd im Eigentum ihrer minderjährigen Tochter stand, ergibt sich nicht deren Haltereigenschaft. Das Eigentum mag zwar ein gewichtiges Indiz für die Haltereigenschaft sein, vor allem dann, wenn der Eigentümer wie im Streitfall ausschließlich das Tier für eigene Zwecke nutzt. Auch können Minderjährige Tierhalter sein. Entscheidend ist jedoch darauf abzustellen, wer als „Unternehmer" des mit der Tierhaltung verbundenen Gefahrenbereichs anzusehen ist (BGH VersR 1988, 609, 610 mwN). Die Beklagte zu 1 hat jedoch die Hälfte der Kosten getragen und hat aus nachvollziehbaren Gründen der minderjährigen Tochter nicht die Verantwortung für das Pferd überlassen. Die Tierhaltereigenschaft der Beklagten zu 1 ging auch nicht dadurch verloren, dass das Pferd in dem Stall des Beklagten zu 2 untergestellt war (OLG Saarbrücken VersR 1988, 752).

Der Unfall wurde auch „durch ein Tier" iSd § 833 BGB verursacht. Die Gefährdungshaftung des § 833 S. 1 BGB setzt voraus, dass sich eine „spezifische" oder „typische" Tiergefahr verwirklicht hat, die sich in einem der tierischen Natur entsprechenden unberechenbaren und selbstständigen Verhalten äußert (BGHZ 67,129, 130; BGH VersR 1982, 366, 367).

Diese Voraussetzung ist auch erfüllt, wenn das Pferd, nachdem der Stall geöffnet war, aus eigenem Antrieb auf die Autobahn gelaufen ist. Denn es entspricht der Natur der Pferde, dass sie, wenn sie in Freiheit gelassen werden, auch die Koppel verlassen, das Weite suchen und dabei den Verkehr auf einer Autostraße erheblich gefährden können (BGH, aaO).

An der Verwirklichung der spezifischen Tiergefahr ändert sich auch dann nichts, wenn das Pferd von unbekannten Dritten auf die Autobahn gejagt worden ist. Nach der Rechtsprechung des BGH verwirklicht sich die spezifische Tiergefahr zwar dann nicht, wenn ein Tier so sehr der Wirkung durch äußere Kräfte ausgesetzt ist, dass ihm keine andere Möglichkeit als die des schädigenden Verhaltens blieb (BGH VersR 1978, 515). Ein solcher Fall liegt aber nicht vor, wenn die unbekannten Dritten das Pferd nur aus dem Stall geholt und weggetrieben haben. Dadurch dass es durch die nächtliche Störung in Panik versetzt worden und auf die Autobahn gelaufen ist, hat es sich ebenfalls nur seiner tierischen Natur entsprechend verhalten. Es war nicht durch menschliche Einwirkung gezwungen, sich nur in eine bestimmte Richtung zu bewegen. Wollte dies die Beklagte zu 1 behaupten, so würde die Beweislast dafür der Beklagten zu 1 als Tierhalterin obliegen (vgl BGHZ 39, 103, 109). Allerdings hat der Kläger grundsätzlich auch bei der Tierhalterhaftung die tatsächlichen Voraussetzungen für seinen Anspruch zu beweisen. Hierzu gehört im Allgemeinen auch der Beweis, dass der Schaden auf die tierische Natur zurückzuführen ist (BGH, Urt. v. 11.1.1956 – VI ZR 296/54). Deshalb muss auch ein Reiter, der Schadensersatzansprüche gegen den Tierhalter geltend macht, den Beweis für seine Behauptung erbringen, das Pferd sei nicht seinen Anweisungen gefolgt und sei „durchgegangen" (BGH VersR 1981, 82, 83). Anders ist es jedoch, wenn sich der Tierhalter darauf beruft, ein Dritter habe das Tier in eine solche Zwangssituation versetzt, dass es sich nur in der den Schaden verursachenden Weise verhalten konnte. Da der Tierhalter die mit der Tierhaltung verbundene Gefahrenquelle geschaffen hat, ist es gerechtfertigt, ihm in dieser Frage das Beweisrisiko aufzubürden (so zutreffend *Baumgärtel*, „25 Jahre Karlsruher Forum", 1983, S. 85, 86).

Die Beklagte haftet aber auch aus § 823 Abs. 1 BGB. Als Tierhalterin war die Beklagte zu 1 für die sichere Unterbringung des Pferdes verantwortlich. Sie durfte sich schon deshalb nicht auf den Beklagten zu 2 verlassen, weil ihr bekannt sein musste, wo der Schlüssel zu dem Stall aufbewahrt wurde, und weil auch für sie damit erkennbar war, dass keine ausreichende Sicherung dagegen getroffen war, dass Unbefugte den Stall öffnen und ein Pferd herauslassen (BGH v. 11.2.1964 – VI ZR 247/62).

Die Beklagten haften auch allein. Dem Kläger ist kein Mitverschulden anzulasten. Die Betriebsgefahr des Kraftfahrzeugs fällt nicht ins Gewicht, weil die Tiergefahr durch ein Verschulden der Beklagten erhöht gewesen ist.

Haftungsabwägung:

Die von dem Pferd ausgehende Tiergefahr fällt bei der Abwägung mit der Kfz-Betriebsgefahr zumeist erheblich stärker ins Gewicht. Bei fehlendem Schuldnachweis auf beiden Seiten kann die Mithaftung eines Kradfahrers bei 20 % liegen (so OLG Köln VersR 2001, 1396 – Moped), beim Pkw kann sie höher ausfallen, übersteigt aber regelmäßig 1/3 nicht, sofern dem Fahrer ein Verschulden nicht nachgewiesen werden kann. Trotz Verstoßes gegen das Sichtfahrgebot (dazu OLG Köln OLGR 2003, 79) nur 1/3 Mithaftung des Kraftfahrers (OLG Koblenz, Urt. v. 14.5.2001 – 12 U 196/00 [AB-Unfall]; für völlige Haftungsfreistellung eines schuldlosen Pkw-Fahrers [nur Betriebsgefahr] OLG Hamm, Urt. v. 11.7.2002 – 6 U 50/02; ebenso BGH NJW-RR 1990, 789; VersR 1964, 595; 1966, 186).

Rechtsanwalt ◄

248 3. **Pferd mit Führer (Fußgänger).** Von einer Haftungsverteilung von 50 : 50 ist auszugehen bei einem Unfall zwischen einem Pkw mit unangepasster Geschwindigkeit und einem Pferd, das von einem Fußgänger unter Verstoß gegen § 28 StVO geführt wurde.[239]

II. Unfall mit Kuh

249 1. **Kuh ist aus der Weide ausgebrochen.** Kühe bzw Rinder, die aus einer Weide ausgebrochen sind, sind typischerweise Nutztiere. Der Halter kann sich demnach gem. § 833 S. 2 BGB entlasten. Die Rechtsprechung stellt insoweit generell strenge Anforderungen.[240] Ein Elektrozaun mit funktionierender und gesicherter Stromversorgung ist für die normale Hütefunktion genügend.[241] Der davon zu unterscheidende Ausbruchschutz (Panikschutz) kann, muss aber nicht durch einen Elektrozaun gewährleistet sein.[242] Ständiges Thema ist die Höhe des Weidezauns: Bei einer Weide in unmittelbarer Nähe einer verkehrsreichen Landstraße ist ein Zaun von weniger als 1 m Höhe nicht ausreichend.[243] Beim Entweichen eines Rindes von der Weide spricht der Beweis des ersten Anscheins für ein Zerreißen des Zaundrahts beim Ausbruch. Deshalb stellt sich die Frage mangelhafter Kontrolle nicht.[244] Haftungsabwägung: Selbst bei unaufmerksamer Fahrweise des Pkw-Fahrers schlägt die Tiergefahr ausgebrochener Kühe regelmäßig stärker zu Buche.[245] Ausnahmsweise kann eine Schadenshalbierung gerechtfertigt sein.[246]

250 2. **Unfall beim Viehtrieb.** Beim Viehtrieb ist darauf zu achten, dass regelmäßig § 833 BGB nicht zur Anwendung gelangt, wenn das Tier den Anweisungen des Führers gehorcht, da sich dann nicht die spezifische Gefahr des Tieres verwirklicht hat, sondern das fehlerhafte Führen eines Menschen. Da gem. § 28 Abs. 2 S. 1 StVO die Vorschriften der StVO sinngemäß auf das Führen von Tieren anzuwenden sind, wird sich regelmäßig ein Verstoß gegen eine Vorschrift der StVO ergeben.[247]

---

239 OLG Celle v. 23.1.2002 – 20 U 42101.
240 BGH VersR 1976, 1086; OLG Jena NZV 2002, 464.
241 BGH VersR 1976, 1086.
242 Siehe auch OLG Jena NZV 2002, 464; zur Sicherung des Weidetores siehe BGH VersR 1976, 105.
243 OLG Düsseldorf VersR 2001, 1038 mwN.
244 OLG Celle OLGR 1996, 251.
245 Vgl AG Coesfeld NZV 2002, 465 mwN (1/3 zu 2/3 zulasten des Tierhalters trotz Verstoßes gegen das Sichtfahrgebot bei Dunkelheitskollision auf Kreisstraße); ebenso OLG Hamm VersR 1997, 1542.
246 Vgl OLG Hamm NZV 2001, 348.
247 OLG Koblenz zfs 1988, 200.

Beispiel:
Der Fall, dass eine Kuh beim Führen über die Straße mit einem Pkw kollidiert, ist wie folgt rechtlich zu würdigen:

▶ **Muster: Klagebegründung (Kollision Pkw mit Kuh)**

Der Beklagte hat den Unfall allein verursacht, indem er seine Kühe zur Nachtzeit unbeleuchtet und ohne ausreichende sonstige Sicherungsmaßnahmen quer über eine Landstraße zu seinem Hof getrieben hat.

Der Beklagte haftet vorliegend zwar nicht nach § 833 BGB. Ein Schaden ist durch ein Tier verursacht, wenn er durch ein der tierischen Natur entsprechendes selbsttätiges, willkürliches Verhalten des Tieres herbeigeführt worden ist. Folgt ein Tier lediglich der Leitung und dem Willen eines Menschen, so ist ein dabei entstehender Schaden nicht durch das Tier, sondern durch den Menschen verursacht, und eine Haftung aus § 833 BGB kommt nicht in Betracht (BGH VersR 1966, 1073). Dieser Fall ist hier gegeben, da die Kuh vor dem Unfall den Richtungsangaben des sie treibenden Beklagten gefolgt ist.

Jedoch hat der Beklagte – neben dem für alle Verkehrsteilnehmer maßgebenden § 1 Abs. 2 StVO – die Vorschriften über den Fahrzeugverkehr, welche gem. § 28 Abs. 2 S. 1 StVO sinngemäß auch für das Führen und Treiben von Vieh gelten, verletzt. Gemäß § 10 StVO musste der Beklagte, als er die Kühe auf die Landstraße hinaustrieb, das Vorrecht des fließenden Verkehrs beachten und sich so verhalten, dass eine Gefährdung anderer Verkehrsteilnehmer ausgeschlossen war. Dh er musste eine ganz besondere, erhöhte Sorgfalt aufwenden.

Ein Treiben von Tieren quer über die Fahrbahn einer Landstraße kann nur dann für zulässig erachtet werden, wenn die Gefahrenstelle in einer Weise abgesichert wird, bei der vernünftigerweise nicht mehr zu befürchten ist, ein nahender Kraftfahrer werde die die Fahrbahn überquerenden Tiere nicht rechtzeitig wahrnehmen und als seinen Weg versperrendes Hindernis erkennen. Diese Voraussetzung wäre nur erfüllt gewesen, wenn die die Fahrbahn überquerenden Tiere durch eine entsprechende Beleuchtung als Hindernisse kenntlich gemacht worden wären. Dies ist jedoch nicht geschehen.

Zwar kann der Kläger nicht beweisen, dass der Unfall für ihn ein unabwendbares Ereignis iSd § 17 Abs. 3 iVm Abs. 4 StVG war. Möglicherweise ist die Kuh doch so früh in seinen Sichtbereich gelangt, dass er den Unfall noch hätte abwenden können. Ein Mitverschulden des Klägers ist dagegen nicht gegeben, insbesondere liegen keine Anhaltspunkte für eine überhöhte Geschwindigkeit vor.

Bei der Haftungsabwägung ist daher auf Seiten des Klägers nur die Betriebsgefahr seines Pkws zu berücksichtigen. Dieser gegenüber überwiegt die vom Beklagten zu vertretene Verursachung so erheblich, dass die Betriebsgefahr nicht mehr ins Gewicht fällt. ◀

III. Unfall mit Schaf oder Ziege

Nach dem maßgeblichen gewöhnlichen Sprachgebrauch gehören Schafe und Ziegen zu den Haustieren.[248] Auch wenn der Halter keine Viehzucht, sondern Ackerbau und daneben ein landwirtschaftliches Lohnunternehmen betreibt, muss das Halten von Schafen keine Liebhaberei sein.[249]

---

248 OLG Düsseldorf v. 27.11.2000 – 1 U 1831/99 (Schafe); LG Köln NJW-RR 2001, 1606 (Ziegen).
249 OLG Düsseldorf v. 27.11.2000 – 1 U 1831/99.

254 Die Sorgfaltsanforderungen an die Beaufsichtigung (Einzäunung, Kontrollen) hängen entscheidend von der Lage der Koppel ab, insbesondere von der Entfernung zu den Verkehrsstraßen und von deren Frequentierung. Autobahnnähe verlangt eine gesteigerte Kontrolle.[250] Zum Entlastungsbeweis bei ausgebrochenen Ziegen vgl das LG Köln[251] mit halterfreundlichem Argumentationsansatz. Keine Tierhalterhaftung greift bei der Kollision mit einem Schaf aus einer geführten Herde (nur Verschuldenshaftung).[252] Ein Pkw-Fahrer, der auf der Autobahn bei Dunkelheit ca. 120 km/h mit Abblendlicht fährt, muss sich bei einer Kollision mit Schafen eine Mithaftung von 1/3 zurechnen lassen.[253]

IV. Unfall mit Hund

255 Bei einem Unfall haftet der Hundehalter regelmäßig überwiegend,[254] anders sieht dies jedoch aus, wenn nicht nur ein Verstoß gegen das Sichtfahrgebot gegeben ist, sondern eine erhebliche Überschreitung der zulässigen Höchstgeschwindigkeit vorliegt.[255] An der rechtlichen Würdigung ändert sich auch dann nichts, wenn der Hund quasi als Nutztier gebraucht wird. Ein Hund, der auf einem Bauern- und Reiterhof auch als Wachhund eingesetzt wird, ist ein Haustier iSd § 833 S. 2 BGB.[256]

V. Kollision Pkw mit Kleintier

256 Regelmäßig wird es nicht geboten sein, für ein Kleintier zu bremsen. Kommt es zu einem Auffahrunfall, weil der Vorausfahrende wegen eines Kleintiers gebremst hat, wird eine Haftungsverteilung von 2/3 zu 1/3 zugunsten des Auffahrenden angemessen sein.[257]

257 **Beispiel:**
Im Rahmen einer rechtlichen Würdigung lässt sich die Haftung des Abbremsenden wie folgt begründen:

258 ▶ **Muster: Begründung der Haftung des Abbremsenden**

Der Unfall stellte für den Beklagten kein unabwendbares Ereignis gem. § 17 Abs. 3 iVm Abs. 4 StVG dar. Unabwendbar ist ein Ereignis, wenn es durch äußerste Sorgfalt nicht abgewendet werden kann.[258] Dazu gehört sachgemäßes, geistesgegenwärtiges Handeln über den gewöhnlichen und persönlichen Maßstab hinaus.[259] Jedoch darf nicht das Verhalten eines gedachten „Superfahrers", sondern gemessen an durchschnittlichen Anforderungen das Verhalten eines „Idealfahrers" zugrunde gelegt werden.[260] Der Beklagte hat deshalb nicht wie ein Idealfahrer über den gewöhnlichen Maßstab hinaus sorgfältig gehandelt, weil er sein Fahrzeug wegen eines über die Fahrbahn laufenden

---

250 OLG Düsseldorf v. 27.11.2000 – 1 U 1831/99, und v. 9.2.1998 – 1 U 751/97; s.a. OLG München NZV 1991, 189 (Schafspferch in Eisenbahnnähe).
251 NJW-RR 2001, 160.
252 So das LG Nürnberg-Fürth NZV 1994, 28.
253 Keine Mithaftung bei Tiergefahr plus Halterverschulden bei Schuldlosigkeit des Pkw-Fahrers, so OLG Düsseldorf v. 9.2.1998 – 1 U 751/97.
254 ZB 75 % ./. 25 % pro Pkw-Halter bei fehlendem Verschulden der Fahrerin, aber Tempo 100 bei Dunkelheit auf Bundesstraße, vgl OLG Düsseldorf v. 28.8.2000 – 1 U 2531/99.
255 ZB 1/3 zu 2/3 zulasten des Pkw-Halters, der mit 100 statt 50 km/h fuhr und Verschulden der Hundehalterin, vgl OLG Hamm DAR 2000, 406.
256 OLG Düsseldorf, v. 28.8.2000 – 1 U 2531/99; s.a. OLG Köln VersR 1999, 1293.
257 Saarl. OLG zfs 2003, 118.
258 Vgl BGHZ 117, 337, 341.
259 Vgl BGHZ 113, 164, 165 f; 117, 337, 341.
260 Vgl BGH NJW 1987, 2375, 2376.

Eichhörnchens stark abgebremst hat. Gemäß § 4 Abs. 1 S. 2 StVO darf der Vorausfahrende nicht ohne Grund stark bremsen. Hieraus folgt, dass starkes Bremsen wegen eines auf die Fahrbahn laufenden Kleintiers dann nicht zulässig ist, wenn dadurch die Verkehrssicherheit gefährdet werden kann, indem durch den Bremsvorgang die Gefahr hervorgerufen wird, dass nachfolgende Fahrzeuge auffahren.[261] Ein zwingender Grund iSd § 4 Abs. 1 S. 2 StVO setzt nämlich voraus, dass das Bremsen zum Schutz von Rechtsgütern und Interessen erfolgt, die dem Schutzobjekt der Vorschrift (Sachen und Personen) mindestens gleichwertig sind.[262] Der Schutz eines Tieres muss aber bei der Abwägung hinter dem Schutz des nachfolgenden Verkehrsteilnehmers zurücktreten. Im Gegensatz zu größeren Tieren, etwa Rehen oder Hirschen, bei denen der Fahrzeugführer im Falle eines Zusammenstoßes damit rechnen muss, selbst einen Sach- oder Personenschaden zu erleiden, ist es daher bei Kleintieren zumutbar, nicht abzubremsen, sondern das Tier zu überfahren, um den nachfolgenden Verkehr zu schützen.[263] Dies gilt namentlich bei die Fahrbahn kreuzenden Eichhörnchen, da es sich insoweit um besonders kleine Tiere handelt.[264] ◀

VI. Kollision Fahrrad mit Hund

Sehr häufig, besonders in Parkanlagen, kommt es zu Unfällen zwischen nicht angeleinten Hunden und entlangfahrenden Fahrradfahrern. Regelmäßig wird dann der Hundehalter allein haften müssen. Insoweit kann aus Sicht des Fahrradfahrers wie folgt in einer Klageschrift vorgetragen werden:

▶ **Muster: Klageschrift (Klage gegen Hundehalter)**

An das ...gericht, ...

Klage

der Frau ...

– Klägerin –

Prozessbevollmächtigte: RAe ...

gegen

Frau ...

– Beklagte –

wegen Schadensersatzes

vorläufiger Streitwert: ...

Namens und in Vollmacht des Klägers erheben wir Klage und werden beantragen:

1. Die Beklagte wird verurteilt an die Klägerin ... EUR nebst Zinsen iHv 5 Prozentpunkten über dem Basiszinssatz seit dem ... zu zahlen.
2. Das Urteil ist vorläufig – notfalls gegen Sicherheitsleistung – vollstreckbar.
3. Die Beklagte trägt die Kosten des Verfahrens.

---

261 Vgl OLG München DAR 1974, 19, 20; AG St. Ingbert zfs 1986, 353 f; OLG Karlsruhe NJW-RR 1988, 28; OLG Köln DAR 1994, 28 f; OLG Hamm r+s 1999, 20, 21.
262 Vgl KG NZV 1993, 478, 479; OLG München DAR 1974, 19, 20.
263 Vgl OLG Karlsruhe NJW-RR 1988, 28 f; OLG Köln DAR 1994, 28.
264 Vgl AG St. Ingbert zfs 1986, 353.

§ 2 Haftungsgründe beim Verkehrsunfall

Sofern das Gericht das schriftliche Vorverfahren anordnet, beantragen wir bereits jetzt bei Säumnis der Beklagten den Erlass eines entsprechenden Versäumnisurteils, im Falle eines Anerkenntnisses den Erlass eines entsprechenden Anerkenntnisurteils ohne mündliche Verhandlung.

Begründung:

Die Klägerin beansprucht von der Beklagten vollen Schadensersatz aufgrund eines Unfalls vom 10.5.2015 gegen 12.30 Uhr in ..., bei dem sie als Radfahrerin in dem ...-Park durch einen Zusammenstoß mit dem Hund der Beklagten stürzte und sich schwer verletzte.

Die Klägerin befuhr zum Unfallzeitpunkt mit ihrem Fahrrad den durch den Park führenden gepflasterten, etwa drei Meter breiten Weg, der durch Verkehrszeichen für Fahrradfahrer freigegeben ist. Neben dem Weg befinden sich beiderseits Grasflächen. Die Beklagte und die Zeugin ... saßen auf einer Bank am – aus Sicht der sich nähernden Klägerin – rechten Wegesrand, während ihre beiden nicht angeleinten Hunde auf der Wiese herumliefen, die auf der gegenüberliegenden Seite des Weges liegt. Als die Beklagte und die Zeugin ... die Klägerin herankommen sahen, gingen sie zu ihren Hunden, um sie anzuleinen. Während die Zeugin ... ihren Hund anleinen konnte, gelang dies der Beklagten bei ihrem zum damaligen Zeitpunkt fünf Monate alten Terrier nicht sofort. Die Klägerin kollidierte mit diesem und stürzte. Die Klägerin wurde bei dem Unfall verletzt und erlitt unter anderem einen Bruch des rechten Arms und eine Gehirnerschütterung. Folge der Gehirnerschütterung ist, dass die Klägerin aufgrund einer Amnesie keine Erinnerung mehr an den Unfall hat.

Die Klägerin macht die Beklagte als Hundehalterin für den Unfall verantwortlich. Die rechts des Weges befindliche Beklagte hat ihren Hund zu sich gerufen, woraufhin dieser von links kommend quer über den Weg und dabei genau in ihr Fahrrad gelaufen ist. Weiterhin ist darauf verwiesen, dass in der gesamten Grünanlage nach Art. 1 Abs. 3 lit. c der ordnungsbehördlichen Verordnung der Stadt ... vom 25.6.2001 Hunde an der Leine zu führen sind.

Rechtlich ist der Unfall wie folgt zu werten:

Die Beklagte ist der Klägerin uneingeschränkt zum Schadensersatz verpflichtet, weil die Körperverletzung der Klägerin auf einer Realisierung der Tiergefahr im Sinne des § 833 S. 1 BGB und zugleich auf einem schuldhaften Verstoß der Beklagten gegen ein Schutzgesetz im Sinne des § 823 Abs. 2 BGB beruht und sich ein unfallursächliches Eigenverschulden der Klägerin nicht ergibt.

Die Haftung der Beklagten als Halterin des den Sturz der Klägerin auslösenden Hundes folgt aus § 833 S. 1 BGB, weil der Fahrradsturz der Klägerin auf eine „spezifische Tiergefahr" zurückzuführen ist, sich also die durch die Unberechenbarkeit tierischen Verhaltens bestehende Gefahr verwirklicht hat (vgl zu den Anforderungen: BGH MDR 1999, 1197; OLG München OLGR 2000, 3; *Geigel*, Der Haftpflichtprozess, 27. Auflage 2015, Kap. 18 Rn 1, jeweils mwN). Der Sturz wurde schon nach der eigenen Darstellung der Klägerin dadurch ausgelöst, dass es zu einer Kollision zwischen der auf einem Weg radfahrenden Klägerin und dem auf dem oder jedenfalls in unmittelbarer Nähe des Weges laufenden, nicht angeleinten und von der Beklagten nicht ausreichend kontrollierten Hund gekommen ist. Nach diesseitiger Auffassung sprechen überwiegende Gesichtspunkte dafür, dass der von der Beklagten gerufene und auf dem Weg zu ihr befindliche Hund vor dem Fahrrad der Klägerin über den Weg gelaufen ist und dadurch die Kollision verursacht hat. Für die Frage, ob der Unfall auf dem typischen unberechenbaren Verhalten eines Tieres beruht, kann letztlich sogar dahinstehen, ob die Kollision mit dem auf die Beklagte zulaufenden Hund direkt auf dem zum Radfahren freigegebenen Weg oder am Rande des Weges stattfand, da der Hund jedenfalls gegen das unstreitig noch auf dem Weg fahrende Fahrrad der Klägerin geraten und somit unkontrolliert in den Verkehrsraum des Weges gelaufen ist.

Zugleich haftet die Beklagte gemäß § 823 Abs. 2 BGB iVm Art. 1 Abs. 3 lit. c der ordnungsbehördlichen Verordnung der Stadt ... vom 25.6.2001 für die Folgen des Unfalls.

Ordnungsbehördliche Verordnungen sind jedenfalls dann Schutzgesetze im Sinne des § 823 Abs. 2 BGB, wenn sie dem Schutze einzelner Personen vor Rechtsgutsverletzungen dienen (Palandt/*Sprau*, BGB, § 823 Rn 140 f). Dies steht bezüglich der Verordnung über die Anleinpflicht außer Frage, da diese gerade dazu dient, Besucher des Parks – Fußgänger und Radfahrer – vor frei herumlaufenden Hunden zu schützen. Der in Rede stehende Unfall beruht auch auf dem schuldhaften Verstoß der Beklagten gegen die Verordnung, weil sie – die Beklagte – ihren Hund aus dem gefährlichen Bereich unmittelbar neben dem Verkehrsweg hätte entfernen können, wenn er an der Leine geführt worden wäre.

Für ein Eigenverschulden der Klägerin spricht nichts. Eine überhöhte Geschwindigkeit ist ihr schon deshalb nicht vorzuwerfen, weil sich ihre Fahrgeschwindigkeit objektiv nicht aufklären lässt. Im Übrigen lassen sich eine für die Verkehrssituation zu hohe Geschwindigkeit und deren Unfallursächlichkeit auch deshalb nicht feststellen, weil die exakten Wege des Hundes und der an der Unfallstelle befindlichen Personen vor der Kollision nicht rekonstruierbar sind und jedenfalls nicht auszuschließen ist, dass der Sturz durch den von der Seite auf den Weg und in das Fahrrad laufenden Hund ausgelöst wurde, was bei jeder Geschwindigkeit eines Radfahrers einen Sturz verursachen kann. Der Klägerin ist auch nicht vorzuwerfen, den Weg nicht rechts befahren zu haben. Schon der genaue Fahrweg der Klägerin bei Annäherung an die Unfallstelle ist nicht aufklärbar.

Rechtsanwalt ◄

VII. Unfall mit Katze

Auch wenn die Katze nur zugelaufen ist, ist derjenige, der sie füttert und sich für sie verantwortlich fühlt, Tierhalter. Für einen Zusammenstoß der Katze mit einem Kfz haftet er zu 2/3.[265]

E. Kinderunfall

I. Kinder vor Vollendung des siebenten Lebensjahrs

Kinder, die das siebente Lebensjahr noch nicht vollendet haben, haften nach § 828 Abs. 1 BGB überhaupt nicht für einen Schaden, den sie einem anderen zufügen. Dieser Grundsatz gilt auch im Straßenverkehr uneingeschränkt. Einem Kind unter sieben Jahren kann deshalb auch kein Mitverschulden entgegengehalten werden. Eine unmittelbare Ersatzpflicht eines Kindes unter sieben Jahren kann allenfalls gem. § 829 BGB begründet werden (jedoch kaum denkbar).

II. Kinder vor Vollendung des zehnten Lebensjahrs

Durch das **Zweite Schadensrechtsänderungsgesetz**[266] sind Kinder, die das zehnte Lebensjahr noch nicht vollendet haben, für einen Schaden, den sie bei einem Unfall im motorisierten

---

265 LG Paderborn NJW-RR 1996, 154; s.a. AG Castrop-Rauxel zfs 1991, 186.
266 Zweites Gesetz zur Änderung schadensrechtlicher Vorschriften vom 19.7.2002 (BGBl. I, S. 2674).

Straßenverkehr, mit einer Schienenbahn oder einer Schwebebahn einem anderen zufügen, nicht verantwortlich, es sei denn, dass sie die Verletzung vorsätzlich herbeigeführt haben.

264 Die Heraufsetzung der Verantwortlichkeit von Kindern bis zur Vollendung des zehnten Lebensjahres für einen Schaden, den sie **im motorisierten Verkehr** einem anderen zufügen, war eines der Hauptanliegen des Zweiten Schadensrechtsänderungsgesetzes zur Verbesserung der Rechtsstellung der Kinder im motorisierten Verkehr. Dies war beispielsweise bereits von den Deutschen Verkehrsgerichtstagen 1983 und 2000 gefordert worden.

265 Die Heraufsetzung der Verantwortlichkeit für Kinderunfälle im motorisierten Verkehr geht auf die psychologische Erkenntnis zurück, dass Kinder aufgrund ihrer physischen und psychischen Fähigkeiten nach Vollendung des zehnten Lebensjahres überhaupt erst imstande sind, die besonderen Gefahren des Straßenverkehrs zu erkennen und sich entsprechend diesen Gefahren zu verhalten. Durch die Neuregelung in § 828 Abs. 2 S. 1 BGB wird für Unfälle seit dem 1.8.2002 die Rechtsstellung von Kindern sowohl als Tätern als auch als Opfern im motorisierten Verkehr wesentlich verbessert. Die Anhebung der Verantwortlichkeitsgrenze für Kinder und Jugendliche bis zur Vollendung des zehnten Lebensjahres gilt jedoch nur und ausschließlich für Unfälle im motorisierten Verkehr. Soweit beispielsweise ein 8-jähriges Kind als Fußgänger, Roller- oder Radfahrer, einen anderen Fußgänger oder Radfahrer schädigt, bleibt es bei der Verantwortungsgrenze von sieben Jahren gemäß § 828 Abs. 1 BGB. Dabei haftet das Kind immer dann nicht, wenn eine typische Überforderungssituation des Kindes vorliegt. Dies kann auch dann gegeben sein, wenn ein Kind infolge überhöhter Geschwindigkeit gegen ein an einer Kreuzung haltenden Pkw prallt.[267]

266 Bei Kindern über sieben Jahren (§ 828 Abs. 1 BGB) und bis zu zehn Jahren (§ 828 Abs. 2 BGB) ist demnach zu entscheiden zwischen ihrer Einsichtsfähigkeit und dem Verschulden. Um eine Haftung nach § 828 Abs. 1 BGB oder bei Unfällen im motorisierten Verkehr nach § 828 Abs. 2 BGB zu begründen, muss dem Kind oder Jugendlichen stets ein Verschulden angelastet werden. Darüber hinaus muss das Kind bei der Begehung der schädigenden Handlung die zur Erkennung der Verantwortlichkeit erforderliche **Einsicht** haben. Das bedeutet, dass das Kind bzw der Jugendliche in der Lage sein muss, das Unrecht seiner Handlung und die Verpflichtung zu erkennen und für die Folgen seines Handelns einzustehen. Das Kind bzw der Jugendliche muss also die intellektuelle Fähigkeit haben zu erkennen, dass sein Verhalten Gefahren auslösen und er dafür verantwortlich sein kann. Ausreichend ist das allgemeine Verständnis dafür, dass das Verhalten geeignet ist, Gefahren herbeizuführen.[268]

267 Dabei kann es ausreichen, dass das Kind bzw der Jugendliche zwar die Gefährlichkeit seines Tuns altersbedingt noch nicht kennt, wohl aber wegen vorausgegangener Verbote und Warnungen in der Lage ist zu erkennen, dass er für eine Zuwiderhandlung gegen das vorher ausgesprochene Verbot verantwortlich ist. Maßgebend sind jeweils die Umstände des Einzelfalls. Die Beweislast für den Mangel der Einsichtsfähigkeit obliegt dem Kind bzw Jugendlichen.[269] Im Gegensatz zur Einsichtsfähigkeit nach § 828 BGB, bei der allein die individuelle und intellektuelle Fähigkeit des Jugendlichen ausschlaggebend ist, muss im Rahmen der Schuld, die sich an § 276 BGB orientiert, geprüft werden, ob ein normal entwickelter Jugendlicher dieses

---

267 BGH DAR 2007, 454.
268 BGH VersR 1970, 374.
269 BGH NJW 1984, 1958.

Alters die Gefährlichkeit seines Tuns hätte voraussehen und dieser Einsicht gemäß hätte handeln können und müssen.²⁷⁰ Die Beweislast für das Verschulden des Kindes bzw Jugendlichen obliegt – im Gegensatz zur Beweislast für die Einsichtsfähigkeit – dem Geschädigten.

III. Kind beschädigt abgestellten Pkw

Beispiel:

Am 2.10.2015 erscheint in der Kanzlei der Mandant und berichtet, dass er vor einem Monat sein Fahrzeug an der Hauptstraße ordnungsgemäß abgestellt habe. Auf dem anliegendem Fußweg seien Kinder mit ihren Fahrrädern entlanggefahren, wobei ein Kind das Gleichgewicht verloren habe und gegen das Fahrzeug gefahren sei. Daraufhin war eine Beule festzustellen. Die Reparaturkosten betragen 1.000 EUR. Das Kind, welches gegen das Fahrzeug gefahren ist, war acht Jahre alt. Der Mandant berichtet weiter, dass er seine Ansprüche bei der Haftpflichtversicherung der Eltern angemeldet habe, die jedoch unter Verweis auf § 828 Abs. 2 BGB eine Haftung abgelehnt habe mit der Begründung, dass das Kind nicht hafte. Hier ist mit folgender Klage zu reagieren:

▶ **Muster: Klageschrift (Kind als Schädiger)**

An das ...gericht, ...

Klage

In Sachen

des Herrn ...

– Kläger –

Prozessbevollmächtigte: RAe ...

gegen

das Kind ..., vertreten durch die Eltern ...

– Beklagter –

wegen Schadensersatzes

Streitwert: 1.000 EUR

Namens und in Vollmacht des Klägers erheben wir Klage und werden beantragen:

1. Der Beklagte wird verurteilt, an den Kläger 1.030 EUR nebst Zinsen iHv 5 Prozentpunkten über dem Basiszinssatz ab Rechtshängigkeit zu zahlen.
2. Die Kosten des Verfahrens trägt der Beklagte.
3. Das Urteil ist vorläufig – notfalls gegen Sicherheitsleistung – vollstreckbar.
4. Sofern das Gericht das schriftliche Vorverfahren anordnet, beantragen wir bereits jetzt bei Säumnis des Beklagten den Erlass eines entsprechenden Versäumnisurteils, im Falle eines Anerkenntnisses den Erlass eines entsprechenden Anerkenntnisurteils ohne mündliche Verhandlung.

Begründung:

Der Kläger macht Schadensersatzansprüche aus einem Verkehrsunfall vom 2.9.2015 um ca. 16.00 Uhr auf der Hauptstraße Höhe Einmündung Nebenstraße in A-stadt geltend.

---

270 BGH NJW 1970, 1038.

Der Unfall ereignete sich wie folgt:

Der Kläger parkte sein Fahrzeug ordnungsgemäß entlang der Hauptstraße. Der achtjährige Beklagte fuhr auf dem angrenzen Fußweg, verlor aus Unachtsamkeit das Gleichgewicht und prallte gegen das im Eigentum des Klägers stehende Fahrzeug mit dem amtl. Kennzeichen ....

Der Unfall wurde durch den Beklagten allein verschuldet.

Dem Kläger entstand folgender Schaden:

Reparaturkosten: 1.000 EUR

Unkostenpauschale: 30 EUR

Der Beklagte hat eine Zahlung durch seine Haftpflichtversicherung abgelehnt und dabei auf § 828 Abs. 2 BGB sowie sein Alter von acht Jahren verwiesen. Die Haftungsablehnung ist zu Unrecht erfolgt:

Unter den Umständen des Streitfalls hat der Beklagte zu Unrecht angenommen, dass seine Verantwortung gemäß § 828 Abs. 2 S. 1 BGB ausgeschlossen sei. Da das schädigende Ereignis nach dem 31.7.2002 eingetreten ist, richtet sich die Verantwortlichkeit des minderjährigen Schädigers gemäß Art. 229 § 8 Abs. 1 EGBGB nach § 828 BGB in der Fassung des Zweiten Gesetzes zur Änderung schadensrechtlicher Vorschriften vom 19.7.2002 (BGBl. I S. 2674). Danach ist für den Schaden, den er bei einem Unfall mit einem Kraftfahrzeug einem anderen zufügt, nicht verantwortlich, wer das siebente, aber nicht das zehnte Lebensjahr vollendet hat.

Zwar könnte der hier zu beurteilende Sachverhalt nach dem Wortlaut des neu gefassten § 828 Abs. 2 S. 1 BGB ohne Weiteres unter das Haftungsprivileg für Minderjährige fallen. Aus seinem Wortlaut geht nicht hervor, dass das Haftungsprivileg davon abhängen soll, ob sich das an dem Unfall beteiligte Kraftfahrzeug im fließenden oder – wie der hier beschädigte parkende Pkw – im ruhenden Verkehr befindet. Auch aus der systematischen Stellung der Vorschrift ergibt sich nicht, dass der Gesetzgeber einen bestimmten Betriebszustand des Kraftfahrzeugs zugrunde legen wollte, zumal er bewusst nicht das Straßenverkehrsgesetz, sondern das allgemeine Deliktsrecht als Standort für die Regelung gewählt hat (vgl. BT-Drucks. 14/7752, S. 25). Allein diese Auslegungsmethoden führten daher nicht zu dem Ergebnis, dass § 828 Abs. 2 BGB auf Fälle des fließenden Verkehrs von Kraftfahrzeugen begrenzt ist.

Jedoch ist dem Wortlaut der Vorschrift auch nicht zweifelsfrei zu entnehmen, dass sie sich ohne Ausnahme auf sämtliche Unfälle beziehen soll, an denen ein Kraftfahrzeug beteiligt ist, wie schon die seit ihrem Inkrafttreten dazu veröffentlichten kontroversen Meinungen im Schrifttum zeigen (vgl für eine weite Auslegung: *Cahn*, Einführung in das neue Schadensrecht, 2003, Rn 232 ff; *Elsner*, DAR 2004, 130, 132; *Jaklin/Middendorf*, VersR 2004, 1104 ff; *Pardey*, DAR 2004, 499, 501 ff; für eine einschränkende Auslegung: *Ady*, ZGS 2002, 237, 238; Erman/*Schiemann*, BGB, 13. Auflage 2011, § 828 Rn 2 a; *Heß/Buller*, zfs 2003, 218, 220; *Huber*, Das neue Schadensersatzrecht, 2003, § 3 Rn 48 ff; *Kilian*, ZGS 2003, 168, 170; *Lemcke*, zfs 2002, 318, 324). Im Hinblick darauf würde bei einer einschränkenden Auslegung oder bei einer im Schrifttum und in der bisher veröffentlichten Rechtsprechung (vgl LG Koblenz NJW 2004, 858 und AG Sinsheim NJW 2004, 453) in Bezug auf parkende Fahrzeuge befürworteten teleologischen Reduktion der Vorschrift jedenfalls keine einschränkende Anwendung vorliegen, die einem nach Wortlaut und Sinn eindeutigen Gesetz einen entgegengesetzten Sinn verliehe oder den normativen Gehalt der auszulegenden Norm grundlegend neu bestimmte und deshalb nicht zulässig wäre (vgl BVerfG NJW 1997, 2230).

Da der Wortlaut des § 828 Abs. 2 BGB nicht zu einem eindeutigen Ergebnis führt, ist der in der Vorschrift zum Ausdruck kommende objektivierte Wille des Gesetzgebers mithilfe der weiteren Auslegungskriterien zu ermitteln, wobei im vorliegenden Fall insbesondere die Gesetzesmaterialien von Bedeutung sind. Aus ihnen ergibt sich mit der erforderlichen Deutlichkeit, dass das Haftungsprivileg des § 828 Abs. 2 S. 1 BGB nach dem Sinn und Zweck der Vorschrift nur eingreift, wenn sich bei der gegebenen Fallkonstellation eine typische Überforderungssituation des Kindes durch die spezifischen Gefahren des motorisierten Verkehrs realisiert hat.

Mit der Einführung der Ausnahmevorschrift in § 828 Abs. 2 BGB wollte der Gesetzgeber dem Umstand Rechnung tragen, dass Kinder regelmäßig frühestens ab Vollendung des zehnten Lebensjahres imstande sind, die besonderen Gefahren des motorisierten Straßenverkehrs zu erkennen, insbesondere Entfernungen und Geschwindigkeiten richtig einzuschätzen, und sich den Gefahren entsprechend zu verhalten (vgl BT-Drucks. 14/7752, S. 16, 26). Allerdings wollte er die Deliktsfähigkeit nicht generell (vgl dazu *Wille/Bettge*, VersR 1971, 878, 882; *Kuhlen*, JZ 1990, 273, 276; *Scheffen*, 29. Deutscher Verkehrsgerichtstag 1991, Referat Nr. II/3, S. 97) und nicht bei sämtlichen Verkehrsunfällen (vgl Empfehlungen des Deutschen Verkehrsgerichtstages 1991, S. 9) erst mit Vollendung des zehnten Lebensjahres beginnen lassen. Er wollte die Heraufsetzung der Deliktsfähigkeit vielmehr auf im motorisierten Straßen- oder Bahnverkehr plötzlich eintretende Schadensereignisse begrenzen, bei denen die altersbedingten Defizite eines Kindes, wie zB Entfernungen und Geschwindigkeiten nicht richtig einschätzen zu können, regelmäßig zum Tragen kommen (vgl BT-Drucks. 14/7752, S. 28). Für eine solche Begrenzung sprach, dass sich Kinder im motorisierten Verkehr durch die Schnelligkeit, die Komplexität und die Unübersichtlichkeit der Abläufe in einer besonderen Überforderungssituation befinden. Gerade in diesem Umfeld wirken sich die Entwicklungsdefizite von Kindern besonders gravierend aus. Demgegenüber weisen der nicht motorisierte Straßenverkehr und das allgemeine Umfeld von Kindern gewöhnlich keine vergleichbare Gefahrenlage auf (vgl *Bollweg/Hellmann*, Das neue Schadensersatzrecht, 2002, Teil 3, § 828 BGB, Rn 11; BT-Drucks. 14/7752, S. 16 f, 26 f). Diese Erwägungen zeigen, dass Kinder nach dem Willen des Gesetzgebers auch in dem hier maßgeblichen Alter von sieben bis neun Jahren für einen Schaden haften sollen, wenn sich bei dem Schadensereignis nicht ein typischer Fall der Überforderung des Kindes durch die spezifischen Gefahren des motorisierten Verkehrs verwirklicht hat und das Kind deshalb von der Haftung freigestellt werden soll.

Dem Wortlaut des § 828 Abs. 2 S. 1 BGB ist nicht zu entnehmen, dass der Gesetzgeber bei diesem Haftungsprivileg zwischen dem fließenden und dem ruhenden Verkehr unterscheiden wollte, wenn es auch im fließenden Verkehr häufiger als im sog. ruhenden Verkehr eingreifen mag. Das schließt jedoch nicht aus, dass sich in besonders gelagerten Fällen – zu denen der Streitfall aber nicht gehört – auch im ruhenden Verkehr eine spezifische Gefahr des motorisierten Verkehrs verwirklichen kann.

Der Gesetzgeber wollte vielmehr lediglich den Fällen einer typischen Überforderung der betroffenen Kinder durch die spezifischen Gefahren des motorisierten Verkehrs Rechnung tragen. Zwar wird in der Gesetzesbegründung ausgeführt, der neue § 828 Abs. 2 BGB lehne sich an die Terminologie der Haftungsnormen des Straßenverkehrsgesetzes an (vgl BT-Drucks. aaO, S. 26). Die danach folgende Erläuterung, im motorisierten Straßenverkehr sei das deliktsfähige Alter heraufzusetzen, weil bei dort plötzlich eintretenden Schadensereignissen in der Regel die altersbedingten Defizite eines Kindes beim Einschätzen von Geschwindigkeiten und Entfernungen zum Tragen kämen (vgl BT-Drucks. aaO, S. 28 f), zeigt aber deutlich, dass für den Gesetzgeber bei diesem Aspekt nicht das bloße Vorhandensein eines Motors im Fahrzeug ausschlaggebend war, sondern vielmehr der Umstand, dass die Motorkraft zu Geschwindigkeiten führt, die zusammen mit der Entfernung eines

Kraftfahrzeugs von einem Kind vor Vollendung des zehnten Lebensjahres nur sehr schwer einzuschätzen sind (vgl *Bollweg/Hellmann*, aaO).

Aus den vorstehenden Ausführungen ergibt sich, dass der Gesetzgeber nur dann, wenn sich bei einem Schadensfall eine typische Überforderungssituation des Kindes durch die spezifischen Gefahren des motorisierten Verkehrs verwirklicht hat, eine Ausnahme von der Deliktsfähigkeit bei Kindern vor Vollendung des zehnten Lebensjahres schaffen wollte. Andere Schwierigkeiten für ein Kind, sich im Straßenverkehr verkehrsgerecht zu verhalten, sollten diese Ausnahme nicht rechtfertigen. Insoweit ging der Gesetzgeber davon aus, dass Kinder in dem hier maßgeblichen Alter mit solchen Situationen nicht generell überfordert sind und die Deliktsfähigkeit daher grundsätzlich anzunehmen ist. Das wird auch deutlich bei der Begründung, weshalb das Haftungsprivileg in Fällen vorsätzlicher Schädigung nicht gilt. Hierzu heißt es, dass in diesen Fällen die Überforderungssituation als schadensursächlich auszuschließen sei und sich jedenfalls nicht ausgewirkt habe (vgl BT-Drucks. 14/7752, S. 15, 27; *Hentschel*, NZV 2002, 433, 442). Allerdings kam es dem Gesetzgeber darauf an, die Rechtsstellung von Kindern im Straßenverkehr umfassend zu verbessern. Sie sollte insbesondere nicht davon abhängen, ob das betroffene Kind im Einzelfall „Täter" oder „Opfer" eines Unfalls ist, denn welche dieser beiden Möglichkeiten sich verwirklicht, hängt oft vom Zufall ab (vgl *Medicus*, Deutscher Verkehrsgerichtstag 2000, Referat Nr. III/4, S. 121; *Bamberger/Roth/ Spindler*, BGB, § 828 Rn 4). Die Haftungsprivilegierung Minderjähriger erfasst deshalb nicht nur die Schäden, die Kinder einem anderen zufügen. Da § 828 BGB auch für die Frage des Mitverschuldens nach § 254 BGB maßgeblich ist (BGHZ 34, 355, 366), hat die Haftungsfreistellung Minderjähriger auch zur Folge, dass Kinder dieses Alters sich ihren eigenen Ansprüchen, gleichviel ob sie aus allgemeinem Deliktsrecht oder aus den Gefährdungshaftungstatbeständen des Straßenverkehrsgesetzes oder des Haftpflichtgesetzes hergeleitet werden, ein Mitverschulden bei der Schadensverursachung nicht entgegenhalten lassen müssen (vgl BT-Drucks. 14/7752, S. 16; *Bollweg/Hellmann*, Das Neue Schadensersatzrecht, § 828 Teil 3, Rn 5; *Heß/Buller*, zfs 2003, 218, 219). § 828 Abs. 2 BGB gilt deshalb unabhängig davon, ob das an einem Unfall mit einem Kraftfahrzeug beteiligte Kind Schädiger oder Geschädigter ist.

Diese Grundsätze können im Streitfall jedoch nicht eingreifen, da unter den Umständen des vorliegenden Falls das Schadensereignis nicht auf einer typischen Überforderungssituation des Kindes durch die spezifischen Gefahren des motorisierten Verkehrs beruht, so dass der Beklagte im Ergebnis zu Unrecht eine Freistellung für sich in Anspruch genommen hat.

Entgegen der Auffassung des Beklagten steht auch § 828 Abs. 3 BGB einer haftungsrechtlichen Verantwortung des Beklagten nicht entgegen. Nach der Rechtsprechung des BGH besitzt derjenige die zur Erkenntnis seiner Verantwortlichkeit erforderliche Einsicht im Sinne von § 828 Abs. 3 BGB, der nach seiner individuellen Verstandesentwicklung fähig ist, das Gefährliche seines Tuns zu erkennen und sich der Verantwortung für die Folgen seines Tuns bewusst zu sein. Auf die individuelle Fähigkeit, sich dieser Einsicht gemäß zu verhalten, kommt es insoweit nicht an (BGH – VI ZR 132/82 – VersR 1984, 641, 642 mwN und – VI ZR 110/96 – VersR 1997, 834, 835). Die Darlegungs- und Beweislast für das Fehlen der Einsichtsfähigkeit trägt der in Anspruch genommene Minderjährige; ab dem Alter von sieben Jahren wird deren Vorliegen vom Gesetz widerlegbar vermutet (vgl BGH – VI ZR 110/96 – aaO).

Der Beklagte hat zu einem Mangel, das Gefährliche seines Tuns erkennen und sich der Verantwortung seines Tuns bewusst sein zu können, außergerichtlich nichts vorgetragen. Dafür ist auch nichts ersichtlich.

Zu Unrecht hat der Beklagte auch ein fahrlässiges Verhalten (§ 276 BGB) für sich selbst verneint. Ein solches Verhalten setzt voraus, dass die im Verkehr erforderliche Sorgfalt außer Acht gelassen (§ 276 Abs. 2 BGB) und dabei die Möglichkeit eines Schadenseintritts erkannt oder sorgfaltswidrig verkannt wurde sowie dass ein die Gefahr vermeidendes Verhalten möglich und zumutbar war (BGHZ 58, 48; BGH VersR 1993, 230, 231). Dabei ist dem Alter des Schädigers Rechnung zu tragen (vgl BGH – III ZR 273/51 – LM Nr. 1 zu § 828 BGB). Bei einem Minderjährigen kommt es darauf an, ob Kinder bzw Jugendliche seines Alters und seiner Entwicklungsstufe den Eintritt eines Schadens hätten voraussehen können und müssen und es ihnen bei Erkenntnis der Gefährlichkeit ihres Handelns in der konkreten Situation möglich und zumutbar gewesen wäre, sich dieser Erkenntnis gemäß zu verhalten (BGH VersR 1970, 374, 375; 1997, 834, 835). Diese Voraussetzungen sind erfüllt. Kinder in der Altersgruppe des Beklagten wissen, dass sie nicht mit ihrem Fahrrad so fahren dürfen, dass sie das Gleichgewicht verlieren und gegen einen parkenden Pkw prallen und diesen beschädigen. Es ist ihnen auch möglich und zumutbar, dieses Fahrrad so zu benutzen, dass eine solche Schädigung vermieden wird. Die danach gebotene Sorgfalt hat der Beklagte missachtet, indem er mit dem Fahrrad so fuhr, dass er das Gleichgewicht verlor und mit dem Pkw des Klägers zusammenstieß. Es liegt damit keine typische Überforderungssituation vor (BGH Urt. v. 30.11.2004 – VI ZR 335/03).

Da vorliegend nicht ersichtlich ist, dass sich unter den Umständen die Betriebsgefahr des parkenden Fahrzeugs ausgewirkt haben könnte, scheidet auch eine Mithaftung des Klägers nach den Grundsätzen des § 254 BGB aus.

Der Kläger kann darum vollumfänglich seinen Schaden von dem Beklagten ersetzt verlangen.

Die Klage ist begründet.

Rechtsanwalt ◄

F. HWS-Verletzungen

Die unter § 1 Rn 1 ff genannten Zahlen zeigen die Vielzahl der Verkehrsunfälle mit Personenschaden auf. Bedeutung erlangt in diesem Rahmen die Verletzung der Halswirbelsäule (HWS) der Geschädigten. Mehr als 25 % aller zu beurteilenden Körperverletzungen im Zivilrecht sind HWS-Schleudertraumata.

Verletzungen im Bereich der Halswirbelsäule treten vorrangig durch eine plötzliche und sehr starke Beugung, Beschleunigung und Überstreckung des Kopfes auf. Daran zeigt sich die Bedeutung für die Masse an Verkehrsunfällen mit Personenschaden. Aufgrund der Vielseitigkeit der Verletzungen und der problematischen Diagnose entwickelten sich die Fälle des Schleudertraumas zu einem umstrittenen Komplex in der Rechtsprechung.

Das umfangreiche Erscheinungsbild von HWS-Verletzungen fordert eine Unterscheidung nach Formen und Schweregraden:

- **Grad I – leichte Fälle:** u.a. Bewegungseinschränkungen an Kopf und Nacken, Schluckbeschwerden; Dauer von zwei bis drei Wochen;
- **Grad II – mittelschwere Fälle:** u.a. Gelenkkapselrisse, Muskelzerrungen, ausgeprägte Nackensteife; Dauer von vier Wochen bis zu einem Jahr;
- **Grad III – schwere Fälle:** u.a. Bandscheibenzerreißung, Rupturen, Brüche; Dauer über ein Jahr.

§ 2 Haftungsgründe beim Verkehrsunfall

I. Harmlosigkeitsgrenze?

273 Problematisch erscheinen vor allem die Fälle innerhalb des angeblichen Harmlosigkeitsbereichs. Nach Ansicht einiger Gerichte[271] ist in Fällen, bei denen die kollisionsbedingte Geschwindigkeit unter 10 km/h liegt (Harmlosigkeitsgrenze), eine HWS-Verletzung ausgeschlossen.

274 Nach Ansicht des BGH kann hingegen bei einer Geschwindigkeitsänderung unter 10 km/h eine Verletzung nicht grundsätzlich ausgeschlossen werden.[272] Versuchsreihen haben ergeben, dass ein Risiko von 8,8 % unterhalb der Harmlosigkeitsgrenze besteht. Erforderlich ist in jedem Fall eine Einzelfallprüfung bezüglich der Kausalität zwischen dem Verkehrsunfall und einer HWS-Verletzung. Nicht nur die kollisionsbedingte Geschwindigkeit und die konkrete Sitzposition, sondern auch die unbewusste Drehung des Kopfes sind von Bedeutung für die Feststellung einer HWS-Verletzung im Harmlosigkeitsbereich. Auch vorherige, vorhandene Gesundheitsstörungen dürfen nicht außer Betracht gelassen werden.

275 Früher wurde nach der Art des Aufpralls differenziert. Hiervon nahm der BGH mit seinem Urteil vom 8.7.2008 – VI ZR 274/07 Abstand, indem er Stellung zur Harmlosigkeitsgrenze bei Frontalkollision nahm und auch hier die Verneinung einer HWS-Verletzung aufgrund einer kollisionsbedingten Geschwindigkeit unterhalb der Harmlosigkeitsgrenze ablehnte.

II. Zwei zeitlich aufeinanderfolgende Unfälle

276 Fraglich ist die Beurteilung der Kausalität zwischen Unfall und Verletzung, wenn der Geschädigte zwei zeitlich aufeinanderfolgende Unfälle erleidet. Es kann davon ausgegangen werden, dass ein haftungsrechtlicher Zusammenhang verneint werden kann, wenn bei der Zweitschädigung das Schadensrisiko der Erstschädigung nicht verwirklicht wurde, sondern lediglich äußerlich bzw in einen zufälligen Zusammenhang zu bringen ist. In seinem Urteil vom 20.11.2001 – VI ZR 77/00 geht der BGH davon aus, dass bei einem durch den Zweitunfall eintretenden Dauerschaden des Geschädigten der Erstschädiger mangels abgrenzbarer Schadensteile heranzuziehen ist. Nach Ansicht des BGH ist eine Haftung auch dann nicht ausgeschlossen, „wenn der Zweitunfall lediglich mitursächlich für den Dauerschaden ist."[273]

277 In dem Urteil des BGH vom 16.3.2004 – VI ZR 138/03 wurde die Haftung des Erstschädigers für die Folgen eines unabhängigen Zweitunfalls verneint, da es sich bei dem Betroffen lediglich um eine erhöhte allgemeine Anfälligkeit für neurotische Fehlentwicklungen handelte.

III. Medizinische Gutachten

278 Der Beweis des Ursachenzusammenhangs zwischen einem Unfall und den vorhandenen Beschwerden des Geschädigten stellt sich in den meisten Fällen als problematisch dar. Ziel der Prozessführung ist es stets, sich mit der Aufklärung des Sachverhalts auseinanderzusetzen. In den meisten Fällen sind Sachverständige demnach unentbehrlich. Offen bleibt die Frage nach der Art des erforderlichen Gutachtens.

---

271 AG Wetzlar v. 31.5.2001 – 32 C 46/01; AG Bielefeld v. 9.11.2001 – 5 C 915/00; OLG Hamburg v. 3.4.2002 – 14 U 168/01; OLG Hamm v. 13.5.2002 – 6 U 197/01.
272 Urteil v. 28.1.2003 – VI ZR 139/02, v. 8.7.2008 – VI ZR 274/07.
273 BGH v. 20.11.2001 – VI ZR 77/00.

Fraglich ist, inwiefern ein beantragtes fachmedizinisches Gutachten durch den Richter abgelehnt werden darf, soweit ein biomechanisches Gutachten bereits vorliegt. Dieser Frage stellte sich der BGH in seiner Entscheidung vom 3.6.2008 – VI ZR 235/07. Mit der Ablehnung der Harmlosigkeitsgrenze zur Feststellung einer HWS-Verletzung[274] scheint das Vorliegen lediglich eines technisch-(bio)-mechanischen Gutachtens nicht ausreichend. Innerhalb dieser Gutachten wird Bezug zur kollisionsbedingten Geschwindigkeit genommen, welche nach Ansicht der Rechtsprechung nicht die alleinige Grundlage der Begründung einer HWS-Verletzung darstellt.

Vielmehr scheint die medizinische Betrachtungsweise zur Feststellung einer HWS-Verletzung erforderlich. Mittels einer medizinischen Beurteilung kann die individuelle Belastungsgrenze festgestellt sowie das Vorliegen einer Primärverletzung gefolgert werden. Ein Biomechaniker kann grundsätzlich nicht gleich einem Mediziner gestellt werden, da dieser nicht den Nachweis erbringt, über die notwendigen Kenntnisse zur Beurteilung einer HWS-Verletzung aus medizinischer Sicht zu verfügen.

Grundsätzlich besteht die Möglichkeit, einen Antrag auf Einholung eines fachmedizinischen Gutachtens durch den Richter abzulehnen. Dieser ist verpflichtet, in seinem Urteil vorhandene Sachkunde darzulegen. Da dies nach Ansicht des BGH kaum möglich ist, kann davon ausgegangen werden, dass neben der Vorlage eines biomechanischen bzw technisch-mechanischen Gutachtens die Einholung eines fachmedizinischen Gutachtens zulässig und begründet, mittlerweile sogar notwendig ist.

Schlussfolgernd kann davon ausgegangen werden, dass ein lediglich unfallanalytisches Gutachten mit dem Ausschluss einer HWS-Verletzung als Ergebnis unzulässig ist und der Entscheidung nicht zugrunde gelegt werden darf. Erforderlich ist vielmehr die fachmedizinische Feststellung durch einen Sachverständigen mittels einer weiteren Begutachtung oder Anhörung des Sachverständigen.

IV. Medizinische Erstuntersuchung

Nach wie vor ist umstritten, welche Bedeutung der medizinischen Erstuntersuchung zukommt. Es kann davon ausgegangen werden, dass Aufgabe des behandelnden Arztes stets ist, die möglichen Therapiemöglichkeiten für den Patienten darzustellen, nicht hingegen, die subjektiven Angaben des Betroffenen kritisch zu hinterfragen. Das OLG München hat hierzu ausgeführt, dass es aufgrund der subjektiven Schilderung der Beschwerden durch den Patienten zu keiner Klärung der Frage komme, ob diese Beschwerden auf ein bestimmtes Unfallereignis zurückzuführen sind.

Diese Fragen hat hingegen der Tatrichter unter Beachtung von § 287 ZPO zu klären.[275] Aufgrund der großen Breite an Symptomen einer HWS-Verletzung und der eingeschränkten Möglichkeit medizinischer Untersuchungen zur Feststellung einer Diagnose kann ein Facharzt die Diagnose lediglich anhand der subjektiven Schilderungen des Patienten stellen. Vorgehensweisen wie die Computertomographie (CT) und Magnetresonanztomographie (MRT) gehören grundsätzlich nicht zur Routine einer medizinischen Untersuchung mit Verdacht auf eine HWS-Verletzung. Geschilderte Symptome durch den Patienten wie Übelkeit, Kopf-

---

274 BGH v. 28.1.2003 – VI ZR 139/02.
275 BGH v. 28.1.2003 – VI ZR 139/02.

schmerzen, Muskelverhärtung oder Bewegungseinschränkungen können zwar Symptome des Schweregrades eins einer Verletzung darstellen, lassen sich aber nur schwer durch den behandelnden Arzt nachweisen.

285 Beachtung sollte in diesem Zusammenhang der **Missbrauch von HWS-Verletzungen** finden. Problematisch erscheint diesbezüglich die Möglichkeit der Simulation von Symptomen mit dem Ziel, einen Anspruch auf Zahlung von Schmerzensgeld durchzusetzen. Simulation ist die dem Verletzten bewusste und von ihm beabsichtigte Vortäuschung nicht vorhandener Symptome.[276] Gerade der Nachweis einer HWS-Verletzung nach *Erdmann I* stellt sich als besonders kompliziert heraus und bietet ausreichend Möglichkeiten, eine Verletzung vorzutäuschen. Folglich bleibt es Aufgabe des Richters, zwischen wirklichen und erfundenen Beschwerden des Geschädigten zu unterscheiden.

V. Gesundheitsverletzung

286 Nicht jeder Verkehrsunfall hat eine Körperverletzung zur Folge. Nimmt man entgegen der Meinung der Rechtsprechung eine Harmlosigkeitsgrenze an, kann zwingend eine Körperverletzung fehlen. Folge eines Verkehrsunfalls kann ebenso eine Gesundheitsverletzung des Geschädigten sein. Ein Schmerzensgeld kann demnach nicht grundlegend verweigert werden.

287 Die vorhandenen HWS-Symptome eines Geschädigten müssen nicht zwingend auf einer Körperverletzung beruhen, sondern können ebenso eine Gesundheitsverletzung darstellen. Eine Gesundheitsverletzung ist jedes Hervorrufen oder Steigern eines von den normalen körperlichen Funktionen nachteilig abweichenden Zustandes, auch ohne Schmerzen oder tiefgreifende Veränderung der Befindlichkeit.[277]

288 Unstrittig ist, dass eine Gesundheitsverletzung auch in psychischen Schäden bestehen kann, hierzu müssen die Schäden allerdings medizinischen Charakter haben. Zunächst muss festgestellt werden, dass es sich im vorliegenden Fall nicht um eine Bagatellverletzung handelt und die Störung für sich genommen einen eigenen Krankheitswert hat. Ein Krankheitswert bei bloßer seelischer Erschütterung wird nach Ansicht der Rechtsprechung verneint. Vielmehr muss die psychische Störung über das Normale hinausgehen. Zudem sind Schockschäden Angehöriger sowie Rentenneurosen ausgeschlossen von der Ersatzpflicht.

289 Psychische Folgen eines Unfalls stellen u.a. **Neurosen** des Geschädigten dar, welche zur Entschädigung berechtigen:

- Aktualneurose: Hiernach werden die Folgen des Unfalls und der Schaden durch den Betroffenen anders bzw größer dargestellt. Dies geschieht nicht in der Absicht der Täuschung, sondern weil der Geschädigte daran glaubt.
- Konversionsneurose: Eine Konversionsneurose beruht auf unbewussten Wunsch- oder Zweckvorstellungen des Geschädigten.
- Borderline-Störung: Die Borderline-Störung stellt eine Persönlichkeitsstörung dar mit der Neigung zu katastrophisierender Verarbeitung von Lebensereignissen und raschen Wech-

---

276 *Jaeger*, VRR 2009, 4, 7.
277 Palandt/*Sprau*, § 823, Rn 4.

seln zwischen Gefühlszuständen bei allgemeiner Unsicherheit der psychosozialen Orientierung.[278]

Problematisch erscheint die Kausalität zwischen HWS-Verletzung und psychisch bedingten Folgeschäden. Ein Verkehrsunfall kann als Auslöser für eine psychische Erkrankung dienen, ist jedoch rein zufällig. Hingegen kann nicht festgestellt werden, wann genau eine solche Beeinträchtigung eingetreten wäre. Es kann angenommen werden, dass demnach eine Kausalität verneint werden muss, denn Richter und Sachverständige sind keine Propheten.

Der Geschädigte hat einen Anspruch auf Ersatz der ärztlichen Behandlungskosten auch wenn eine HWS-Verletzung nicht bewiesen werden konnte. Ausschlaggebend ist der Verkehrsunfall, aufgrund dessen der Geschädigte mit Beschwerden einen Arzt aufgesucht hat. Der Schädiger haftet gem. § 823 BGB, § 7 StVG für Behandlungskosten und Verdienstausfall.

VI. „Vorschadensfrage"

Das Bestehen eines Schmerzensgeldanspruchs ist davon abhängig, inwieweit beim Betroffenen Verletzungen an der HWS vor dem Unfall bestanden haben. Grundsätzlich ist davon auszugehen, dass eine Vorschädigung oder eine besondere Schadensanfälligkeit dem Anspruchsteller nicht schadet.[279] Gerade bei HWS-Verletzungen stellt sich die „Vorschadensfrage" als Problem dar. Insbesondere weil viele Menschen durch eine nicht „perfekte" Wirbelsäule vorbelastet sind.

Das OLG Stuttgart kommt zu dem Ergebnis, dass eine vorhandene unfallunabhängige Schadenslage beim Geschädigten ausreichen kann, durch eine bloße Schonhaltung eine muskuläre Dysbalance auszulösen, welche zu Beschwerden führen kann.

Nach Ansicht des BGH kann aber der Verletzte das einem gesunden Menschen zustehende Schmerzensgeld ebenso verlangen. In diesem Fall kann beim Geschädigten von einer vorherigen Beschwerdefreiheit gesprochen werden, welche durch den Unfall aufgehoben wurde. Dem Antragsteller kann so der Beweis der Mitursächlichkeit des Unfalls genügen, um seinen Anspruch durchzusetzen. Im Mittelpunkt steht der Schadensausgleich wegen gerechter, individueller Leiden.

Hinweis: Der medizinische Befund, welcher unmittelbar nach dem Unfall erstellt wurde, ist mit dem Krankheitsbild vor dem Unfall zu vergleichen. Stellt sich eine Verschlechterung des gesundheitlichen Zustands heraus, ist davon auszugehen, dass als Hauptursache der vorangegangene Unfall in Betracht kommt.

VII. Sitzposition „out of position"

Nach Ansicht des BGH[280] sind weitere Faktoren neben der kollisionsbedingten Geschwindigkeit ausschlaggebend für das Vorliegen einer HWS-Verletzung. Hierzu zählt u.a. die Sitzposition des Betroffenen im Unfallzeitpunkt.

Untersuchungen haben ergeben, dass eine vorgeneigte Sitzposition (FIP – Forward Inclined Position) keine Erhöhung der resultierenden Insassenbelastung bei Heckanstößen auf gerin-

---
278 *Jaeger*, VRR 2009, 4, 8.
279 OLG Schleswig NJW-RR 2004, 238.
280 BGH v. 28.1.2003 – VI ZR 139/02.

gem Geschwindigkeitsniveau herbeiführt.[281] Vielmehr sei die Belastung umso geringer, je weiter die Person sich zum Kollisionszeitpunkt nach vorn lehnt.

298 Weiter wurde eine Körperhaltung untersucht, bei der sich der Fahrer in Vorhersehung des Aufpralls instinktiv und krampfhaft am Lenkrad festhält. Hier ergaben die Untersuchungen eine höhere Insassenbelastung als in der normalen Sitzposition, schlussfolgernd auf das frühere Einsetzen der Relativbewegung zwischen Oberkörper und Kopf.[282] Hat der Fahrer einen vorausschauenden Blick in den Rückspiegel, wirkt sich dies belastungserhöhend aus.[283]

299 Nicht jede außergewöhnliche Sitzposition führt also zu einer Belastungserhöhung. In jedem Fall sind Experimente zur Ermittlung der Belastungshöhe durchzuführen.

VIII. Beweislast

300 Den Anspruchsteller trifft bezüglich der Existenz der Verletzung sowie des ursächlichen Zusammenhangs mit dem Verkehrsunfall die Beweislast (gem. § 286 ZPO). Das Gericht muss von dem Vorliegen eines Primärschadens überzeugt sein. Je geringer die tatbestandsmäßigen Anforderungen an eine Primärverletzung sich darstellen, desto günstiger ist die Beweissituation für den Anspruchsteller.

301 Nach Feststellung einer HWS-Verletzung als Folge des Verkehrsunfalls wird hinsichtlich des Umfangs der Verletzung und eventueller körperlicher oder psychischer Folgeschäden das erleichterte Beweismaß gem. § 287 ZPO angewendet. Dieser Ansicht folgte auch das OLG Brandenburg, wonach mit Vorliegen einer Primärverletzung für das Vorliegen von Folgeverletzungen § 287 ZPO anzuwenden ist.[284]

302 Beweisschwierigkeiten ergeben sich vor allem bei einer HWS-Verletzung nach Schweregrad eins. Maßgebliche Kriterien für die Beurteilung durch das Gericht sind neben der kollisionsbedingten Geschwindigkeit und der Sitzposition auch Zeugenaussagen, das Alter des Geschädigten in Bezug auf eventuelle Vorschäden sowie ein medizinisches Gutachten (zur Zulässigkeit medizinischer Gutachten siehe oben Rn 278 ff). Das Gericht muss alle im Rahmen des § 139 ZPO zur Verfügung stehenden Beweismittel ausschöpfen.

IX. Schmerzensgeld

303 Wurden durch einen Verkehrsunfall dem Geschädigten Schmerz und Leid zugefügt, besteht die Möglichkeit, einen Anspruch auf Schmerzensgeld geltend zu machen. Der Schädiger schuldet dem Geschädigten für das, was er ihm angetan hat, Genugtuung.[285] Der Anspruch auf Schmerzensgeld soll den vom Verletzten erlittenen immateriellen Schaden angemessen ausgleichen.[286] Eine Entschädigung soll nach Billigkeit erfolgen. Es sind sämtliche Umstände des Einzelfalls heranzuziehen, anhand deren eine Höhe festgelegt werden kann. Die Entschädigung muss zur Dauer und Art der Schäden in ein angemessenes Verhältnis gebracht werden.

---

281 *Meyer*, VRR 2009, 18, 21.
282 *Meyer*, VRR 2009, 18, 22.
283 *Meyer*, VRR 2009, 18, 22.
284 OLG Brandenburg v. 11.11.2010 – 12 U 33/10.
285 BGHZ 18, 149.
286 Palandt/*Heinrichs*, § 253 Rn 4.

Das AG Celle sprach einem männlichen Geschädigten bei einer HWS-Distorsion, als er vier Wochen eine Schanzsche Krawatte tragen musste, ein Schmerzensgeld iHv 250 EUR zu.[287] Das AG Heilbronn legte bei einer HWS-Distorsion ein Schmerzensgeld iHv 300 EUR fest, obwohl der Sachverständige aufgrund der geringen kollisionsbedingten Geschwindigkeit nicht von der Möglichkeit des Eintritts einer Verletzung ausging.[288] In einem anderen Fall war der Geschädigte zwei Wochen arbeitsunfähig und musste vier Wochen ambulant behandelt werden. In diesem Fall wurde bei einer HWS-Distorsion ein Schmerzensgeld iHv 400 EUR festgesetzt.[289]

X. Das HWS-Trauma im Prozess

Die Auffassungen sind also breit gefächert. Geht es in einem Verfahren um ein Schmerzensgeld für eine HWS-Verletzung und beruft sich die Versicherung außergerichtlich auf fehlenden Nachweis, kann eine Klage wie folgt aussehen:

▶ **Muster: Klageschrift bei HWS-Verletzung**

An das ...gericht, ...

Klage

der Frau ...

– Klägerin –

Prozessbevollmächtigte: RAe ...

gegen

1. Herrn ...

– Beklagter zu 1 –

2. ...-Versicherung

– Beklagte zu 2 –

wegen Schmerzensgeld

Namens und in Vollmacht der Klägerin erhebe ich Klage und beantrage zu erkennen:

Die Beklagten werden als Gesamtschuldner verurteilt, an die Klägerin ein in das Ermessen des Gerichts zu stellendes Schmerzensgeld nebst Zinsen in Höhe von 5 Prozentpunkten über dem Basiszinssatz hieraus seit dem ... zu bezahlen.

Begründung:

Die Klägerin macht Schmerzensgeld aus einem Verkehrsunfall geltend, der sich am ... gegen ... Uhr auf der ...straße in ... ereignet hat.

Die Klägerin war Fahrerin des Pkws ... mit dem amtlichen Kennzeichen .... Der Beklagte zu 1 war am Unfalltag Fahrzeugführer des anderweitig beteiligten Pkws ... mit dem amtlichen Kennzeichen ..., der am Unfalltag bei der Beklagten zu 2 haftpflichtversichert war.

---

[287] AG Celle 31.5.2000 – 15 C 453/00 (7).
[288] AG Heilbronn 8.5.2006 – 15 C 4156/05.
[289] AG Unna 29.5.1998 – 15 C 1/98.

§ 2 Haftungsgründe beim Verkehrsunfall

Der Unfall ereignete sich wie folgt:

Die Klägerin befuhr ordnungsgemäß angeschnallt am ... gegen ... Uhr die ...straße in ... in Richtung .... In Höhe der Kreuzung ...straße und ...straße zeigte sie ordnungsgemäß durch Betätigung des Blinkers an, dass sie in die ...straße abbiegen wollte, und verringerte ihre Geschwindigkeit. Aufgrund entgegenkommenden Verkehrs war ein Abbiegen nicht möglich, weshalb die Klägerin ihre Geschwindigkeit weiter verringerte, um ihren Pkw zum Stehen zu bringen und den Gegenverkehr passieren zu lassen.

Der Beklagte zu 1 fuhr hinter der Klägerin mit seinem Pkw. Er übersah, dass die Klägerin abbiegen wollte und deshalb ihre Geschwindigkeit verringerte. Infolgedessen kam es zur Kollision der Fahrzeuge, wobei der Beklagte zu 1 auf das Heck des Fahrzeugs der Klägerin auffuhr.

Beweis: Beiziehung der polizeilichen Ermittlungsakte über Polizeidirektion ..., Tagebuch-Nr. ...

Bei dem Verkehrsunfall hat sich die Klägerin verletzt. Sie hat sich ein HWS-Trauma zugezogen. Noch fünf Tage nach dem Unfall litt die Klägerin unter Kopf- und Nackenschmerzen, Übelkeit und Augendruck sowie einer schmerzhaft eingeschränkten Beweglichkeit der Halsmuskulatur. Die ersten zwei Nächte nach dem Unfall konnte sie zudem aufgrund der Beschwerden nur fünf Stunden schlafen, wobei sie immer wieder aufwachte. Die Klägerin war infolgedessen vom ... bis ... arbeitsunfähig krankgeschrieben. Sie hatte am ... und ... Arzttermine wahrzunehmen.

Beweis: ärztlicher Bericht in Kopie, Anlage ...

Die Verletzung, die oben dargestellt wurde, ist auf den streitgegenständlichen Verkehrsunfall zurückzuführen.

Beweis: 1. Zeugnis des Herrn Dr. med. ...
2. Einholung eines Sachverständigengutachtens
3. Parteivernahme der Klägerin, hilfsweise informatorische Anhörung
4. Parteivernahme der Klägerin gem. § 287 Abs. 1 S. 3 ZPO

Der Kläger stellt die Höhe des Schmerzensgeldes in das Ermessen des Gerichts, es wird jedoch davon ausgegangen, dass ein Schmerzensgeld von mindestens 750 EUR angemessen ist.

Verweisen wollen wir dabei auf die Schmerzensgeldtabelle von *Hacks/Wellner/Häcker*, 33. Auflage 2015, 27.211. Hier wurde einer Frau, die ebenfalls ein HWS-Trauma erlitten hatte und über eine Woche krankgeschrieben war, ein Schmerzensgeld in Höhe von 750 EUR zugebilligt. Der Fall ist insbesondere mit dem hier zu entscheidenden vergleichbar, da die Geschädigte, wie die Klägerin, nach dem Unfall unter starken Kopfschmerzen litt.

Mit Schreiben vom ... wurde die Beklagte zu 2 letztmalig unter Fristsetzung bis zum ... aufgefordert, das Schmerzensgeld zur Auszahlung zu bringen.

Beweis: Schreiben des Unterzeichners in Kopie, Anlage ...

Eine Zahlung erfolgte nicht, weshalb Klage geboten ist.

Rechtsanwalt ◄

Nach den außergerichtlichen Äußerungen ist mit folgender Klageerwiderung zu rechnen:

▶ **Muster: Klageerwiderung**

An das ...gericht, ...

Klageerwiderung

In Sachen

... [Klägerin] ./. ... [Beklagte zu 1 und 2]

Az ...

zeigen wir namens und im Auftrag der Beklagten zu 1 und 2 an, dass wir deren rechtliche Interessen vertreten, und beantragen zu erkennen:

Die Klage wird abgewiesen.

Begründung:

Im Rahmen eines Schmerzensgeldprozesses obliegt der Klägerin unter anderem die Darlegungs- und Beweislast hinsichtlich der Primärverletzung und der haftungsbegründenden Kausalität (LG Bonn VersR 2005, 1097).

Die Klägerin hat mit der Klage Schmerzensgeld für ein angeblich erlittenes HWS-Trauma durch einen Verkehrsunfall vom ... auf der ...straße in ... geltend gemacht.

Der Klägerin obliegt es nach § 286 ZPO zu beweisen, dass sie ein HWS-Trauma erlitten hat.

Es wird jedoch bestritten, dass die Klägerin sich bei dem unstreitigen Verkehrsunfall vom ... ein solches Trauma zugezogen hat, wie in der Klageschrift behauptet.

Der Unfall war vollkommen ungeeignet, die von der Klägerin behaupteten Verletzungen und Beschwerden hervorzurufen. Unfallbedingt wurde das Fahrzeug der Klägerin nur um 5 km/h in der Geschwindigkeit beschleunigt.

Beweis: Sachverständigengutachten

Es ist völlig ausgeschlossen, dass bei einer solch geringen Beschleunigung die von der Klägerin behaupteten Verletzungen hervorgerufen werden.

Beweis: Sachverständigengutachten

In der Rechtsprechung ist anerkannt, dass auch kein genereller Anscheinsbeweis für das Entstehen eines verkehrsunfallbedingten HWS-Traumas besteht. Bei einem Heckaufprall wie hier ist von einem solchen Anscheinsbeweis erst bei einer Geschwindigkeitsänderung von 15 km/h auszugehen (KG Berlin NZV 2006, 145; VRS 109, 427; VersR 2006, 1233). Diese Geschwindigkeitsänderungen wurden hier jedoch bei weitem nicht erreicht.

Die Beklagten haben deshalb mangels Kausalität von Verkehrsunfall und angeblichen Verletzungen für Letztere nicht einzustehen.

Hinsichtlich der behaupteten Verletzungen ist zudem zu beachten, dass lediglich aus den Erklärungen der Klägerin Nackenschmerzen und eine eingeschränkte Kopfdrehung festgestellt wurden. Ausweislich des ärztlichen Berichts vom ... konnten objektiv keine cerebralen Auffälligkeiten und nur mäßige Verspannungen festgestellt werden.

Derartige Verspannungen sind häufig jedoch gerade bei Personen anzutreffen, die überwiegend am Schreibtisch arbeiten, wie die Klägerin als ..., ohne dass ein Unfall hierzu in einem Zusammenhang steht.

§ 2 Haftungsgründe beim Verkehrsunfall

Beweis: Sachverständigengutachten

Mögen die subjektiven Befunde der Klägerin vielleicht auch charakteristisch für ein HWS-Trauma sein, für sich allein können diese jedoch ohne die Überschreitung der biomechanischen Geschwindigkeitsdifferenzschwelle von ca. 10 km/h ohne Vorliegen von objektiven Befunden ein HWS-Trauma nicht beweisen (AG Böblingen Schadenpraxis 2005, 412).

Auffällig ist auch, dass die Klägerin erst am Unfallfolgetag einen Arzt aufgesucht hat, nachdem sie nach dem Unfall über keinerlei Beschwerden geklagt hatte. Die Beschwerden, die durch ein HWS-Trauma ausgelöst werden, wie Schmerzen und Probleme bei der Drehung des Kopfes, sind jedoch wohl bereits unmittelbar nach einem Unfall wahrnehmbar, zumal hier durch die Aufnahme des Unfalls durch die Polizei auch eine erhebliche Zeit verstrichen ist.

Beweis: Sachverständigengutachten

Ein Schmerzensgeldanspruch der Klägerin besteht danach nicht. Insoweit erübrigen sich Ausführungen zur Schmerzensgeldhöhe.

Sollte das Gericht anderer Auffassung sein, wird darauf hingewiesen, dass ein Schmerzensgeld in Höhe von 750 EUR keinesfalls angemessen ist. Das Schmerzensgeld hat mit der Ausgleichs- und Genugtuungsfunktion eine Doppelfunktion. Bei einem Verkehrsunfall steht die Ausgleichsfunktion im Vordergrund. Die geschädigte Person soll für die erlittenen Beschwerden und die damit im Zusammenhang stehenden Einbußen an Lebensqualität entschädigt werden. Zur Bemessung des Schmerzensgeldes sind deshalb insbesondere die Größe, Heftigkeit und Dauer der Schmerzen und Verletzungen, die Art und Dauer der Behandlung und die damit verbundene Dauer der Arbeitsunfähigkeit zu berücksichtigen.

Die Klägerin hat über Kopf- und Nackenschmerzen sowie Übelkeit geklagt. Derartige Beschwerden sind nicht ungewöhnlich und stellen sich auch häufiger ein, ohne dass ein Unfall damit in Zusammenhang steht. Zudem sind die Beschwerden gut durch Medikamente zu behandeln. Die eingeschränkte Beweglichkeit des Kopfes hat sich bereits nach ... Tagen wieder gebessert, weshalb die Klägerin auch nur kurzfristig krankgeschrieben war und ihrer Arbeit nach nur ... Tagen wieder nachgehen konnte.

Verweisen wollen wir dabei auf die Schmerzensgeldtabelle von *Hacks/Wellner/Häcker*, 33. Auflage 2015, wonach einem Kellner, der 13 Tage und damit bedeutend länger als die Klägerin arbeitsunfähig war, nur 300 EUR Schmerzensgeld zugesprochen wurden. Weiterhin sei auf die Ziffer 204 verwiesen, wonach einer Frau, die vier Tage arbeitsunfähig war und weitere 23 Tage nur zu 50 % arbeiten gehen konnte, lediglich ein Schmerzensgeld in Höhe von 500 EUR zugesprochen wurde. In diesem Zusammenhang ist zu beachten, dass die Frau einen Monat eine Halskrause tragen musste, was bei der Klägerin nicht der Fall war.

Einer Parteivernahme der Klägerin wird widersprochen

Die Klage ist danach abzuweisen.

Rechtsanwalt ◄

Darauf ist wie folgt zu replizieren:

▶ **Muster: Replik**

An das ...gericht, ...

Replik

In dem Rechtsstreit

... [Klägerin] ./. ... [Beklagte zu 1 und 2]

Az ...

nehmen wir zu der Klageerwiderung wie folgt Stellung:

Der Verkehrsunfall vom ... ist kausal für die Verletzungen und die Beschwerden der Klägerin.

Die unfallbedingte Geschwindigkeitsänderung betrug zum Zeitpunkt nicht, wie von den Beklagten behauptet, 5 km/h, sondern mindestens 15 km/h. Die zulässige Höchstgeschwindigkeit, die der Beklagte zu 1 wohl auch gefahren ist, betrug 50 km/h. Die Klägerin hatte zum Zeitpunkt der Kollision ihre Geschwindigkeit bereits auf unter 30 km/h verringert.

Beweis: Sachverständigengutachten

Danach ist mit der Rechtsprechung von einem Anscheinsbeweis für das Vorliegen eines HWS-Traumas nach dem Verkehrsunfall auszugehen.

Des Weiteren ist zu beachten, dass es, selbst wenn die Geschwindigkeitsänderung unter 15 km/h gelegen haben sollte, nach der Rechtsprechung gerade keine Harmlosigkeitsgrenze gibt. Es gibt keine kollisionsbedingte Geschwindigkeitsänderung, bei deren Vorliegen eine Verletzung der HWS generell auszuschließen ist (BGH MDR 2003, 566; NJW 2003, 1116; VersR 2003, 474). Es wird lediglich davon ausgegangen, dass, je geringer die physische Einwirkung auf den Körper durch das Unfallgeschehen ist, desto unwahrscheinlicher eine Verletzung sei. Dennoch ist anerkannt, dass auch bei einer geringen Geschwindigkeitsänderung erhebliche Verletzungen auftreten können.

Richtig ist, dass die Klägerin direkt nach dem Unfall nicht über Beschwerden geklagt hat und erst am Unfallfolgetag einen Arzt aufgesucht hat.

Eine Besonderheit des Verletzungsbildes der Klägerin liegt jedoch gerade darin, dass es oft nicht unmittelbar nach dem Unfall, sondern erst bis zu 24 Stunden später auftritt. Das ist typisch für ein HWS-Trauma (LG Braunschweig DAR 1999, 218).

Beweis: Sachverständigengutachten

Nachdem sich die Beschwerden bei der Klägerin im Laufe des Abends und der Nacht eingestellt hatten, hat sie am Morgen nach dem Unfall sofort einen Arzt aufgesucht.

Beweis: ärztlicher Bericht vom ...

Dass in dem ärztlichen Bericht insbesondere die subjektiven Empfindungen der Klägerin zur Erstellung einer Diagnose zugrunde gelegt werden, mindert dessen Beweiswert nicht. Die subjektiven Empfindungen der Klägerin werden hier durch die sehr wohl vorhandenen objektiven Befunde, insbesondere die festgestellten Verspannungen, bestätigt. Die Klägerin hatte vor dem Unfall keine derartigen Beschwerden.

Die Beschwerden durch ein HWS-Trauma wie Nacken- und Kopfschmerzen oder eine eingeschränkte Beweglichkeit des Kopfes sind meist nicht durch objektive Befunde genau zu belegen. Hier ist die Einschätzung des Gesamtzustandes des Patienten durch den Arzt von entscheidender Bedeutung.

Zudem ist ein HWS-Trauma nach einem Verkehrsunfall nicht ungewöhnlich. Ursache und Wirkung stehen danach in einem nachvollziehbaren Zusammenhang.

Bei der Frage, ob ein Verkehrsunfall zu einem HWS-Syndrom geführt hat, geht es um die Ermittlung des Kausalzusammenhangs zwischen Haftungsgrund und dem eingetretenen Schaden, also um die haftungsausfüllende Kausalität. Der Auffahrunfall als Haftungsgrund ist zwischen den Parteien unstreitig. Darin liegt eine Körperverletzung iSd § 823 Abs. 1 BGB. Das ist jeder unbefugte Eingriff in die körperliche Befindlichkeit (Palandt/*Thomas*, BGB, 74. Auflage 2014, § 823 Rn 4). Dabei kommt es nicht darauf an, ob der Geschädigte eine Verletzung im medizinischen Sinn erleidet, auch leichtere Eingriffe in die körperliche Integrität können zum Schadensersatz und zur Zahlung von Schmerzensgeld verpflichten, wenn sie entsprechende Beschwerden nach sich ziehen. So stellt beispielsweise eine Ohrfeige eine Körperverletzung iSd § 823 Abs. 1 BGB dar, auch wenn es sich dabei aus medizinischer Sicht nicht um eine Verletzung handeln mag. Bei dem Auffahrunfall wurde der Kopf der Klägerin plötzlich und heftig durch den Anstoß von hinten bewegt. Diese abrupte Fremdeinwirkung stellt einen nicht nur unerheblichen Eingriff in die körperliche Integrität der Klägerin dar.

Die Feststellung der haftungsausfüllenden Kausalität richtet sich nicht wie die der haftungsbegründenden, also des Zusammenhangs zwischen schädigendem Verhalten und Rechtsgutsverletzung, nach den strengen Anforderungen des § 286 ZPO, sondern nach § 287 ZPO (OLG Hamm DAR 1995, 76). In diesem Bereich braucht eine an Sicherheit grenzende Wahrscheinlichkeit, die auch den strengen medizinisch-wissenschaftlichen Kriterien standhält, nicht erreicht zu werden (OLG Hamm NZW 1994, 189). Es genügt für die Überzeugungsbildung die überwiegende Wahrscheinlichkeit (BGH NJW 1995, 1023).

Zu dieser Überzeugung ist vorliegend zu gelangen. Die Klägerin wird substantiiert und glaubhaft im Rahmen der beantragten und durchzuführenden Parteivernahme gem. § 287 Abs. 1 S. 3 ZPO Symptome vortragen, die unabhängig davon, dass sie bei vielerlei Halsverletzungen und auch im Alltag aus anderen Gründen auftreten, typisch für das HWS-Syndrom sind. Diese Beschwerden sind durch die vorgelegten ärztlichen Atteste belegt. Es besteht kein Anlass, dies in Frage zu stellen. Insbesondere aus dem ärztlichen Bericht des als Zeugen benannten Zeugen Dr. ... wird in glaubhafter Weise geschildert, wie er zu der Auffassung gekommen ist, dass die Klägerin an einem HWS-Syndrom leidet: An seiner Glaubwürdigkeit bestehen keine Zweifel. Er hat sich nicht nur auf die Angaben der Klägerin gestützt, sondern selber den Befund erhoben. Dabei stellte er die eingeschränkte Beweglichkeit der Halswirbelsäule, Muskelverspannungen und Druckschmerz fest.

Soweit für den Nachweis der Kausalität entweder die Sicherung verletzungsbedingter Befunde oder die Feststellung einer entsprechenden Gefährdungsrelevanz, die erst ab einer unfallbedingten Geschwindigkeitsänderung von 10 km/h gegeben sei, verlangt wird, ist die Anforderung zu streng iSd § 287 ZPO. Dieser Ausgangspunkt ist in der Medizin und zwischen den Gerichten umstritten (Darstellung bei *Ziegert*, DAR 1998, 336 f). Dabei wird von vielen eine Verletzung der Halswirbelsäule auch bei geringen Geschwindigkeitsänderungen für möglich gehalten. Diese Auffassung ist auch richtig. Die Gegenmeinung stützt sich unter anderem auf Freiwilligenversuche. Deren Aussagekraft wird allerdings bezweifelt, weil sie insofern unter künstlichen Bedingungen stattfinden, als sich die Testpersonen auf den Anstoß einstellen können, indem sie die Nackenmuskulatur anspannen und den Kopf an die Kopfstütze lehnen (LG München I DAR 2000, 167 f; LG Heidelberg DAR 1999, 75). Solche Bedingungen dürften in der Praxis selten vorkommen, da sich die Unfallopfer in der überwiegenden Zahl der Fälle gerade nicht darauf vorbereiten und in den verschiedenen Verkehrssituationen oft auch eine andere Sitzhaltung haben. Wie bereits dargelegt, ist nicht erforderlich, dass eine strukturelle Verletzung der Halswirbelsäule festgestellt werden kann, sondern ein leichterer Eingriff in die körperliche Integrität reicht, sofern das Opfer dadurch Beschwerden erleidet. So kommt es nicht darauf an, wie die Beschwerden im Einzelnen medizinisch zu qualifizieren sind, denn schon die vom Sachverständigen angesprochenen, leichten Befindlichkeitsstörungen aufgrund einer Zerrung oder stressbedingte Verspannungen können unfallbedingte Schäden sein, die nach den §§ 823, 253 BGB auszugleichen sind.

Zur Höhe des Schmerzensgeldes bleibt auszuführen, dass die in der Klageerwiderung zitierten Entscheidungen mit dem vorliegenden Fall nicht vergleichbar sind. Die Klägerin hatte nach dem Unfall unter erheblichen Kopf- und Nackenschmerzen zu leiden. Diese waren derart schlimm, dass sie die ersten Nächte nicht durchschlafen konnte, weil sie mehrmals durch die Schmerzen aufwachte. Zudem verspürte die Klägerin noch einen Monat nach dem Unfall Schmerzen im Bereich der Halsmuskulatur bei spontanen ruckartigen Bewegungen des Kopfes. Ein Schmerzensgeld in Höhe von mindestens 750 EUR ist daher angemessen.

Soweit die Beklagten einer Parteivernahme der Klägerin widersprechen, wird darauf hingewiesen, dass dies für die beantragte Parteivernehmung gem. § 287 Abs. 1 S. 3 ZPO unschädlich ist.

Rechtsanwalt ◄

§ 3 Anspruchsinhalte bei der Verkehrsunfallhaftung

Literatur: *Drees*, Schadensersatzansprüche wegen vermehrter Bedürfnisse, VersR 1988, 784; *Fleischmann/Hillmann/Schneider*, Das verkehrsrechtliche Mandat, Bd. 2, 6. Auflage 2012; *Geigel*, Der Haftpflichtprozess, 26. Auflage 2011; *Greger*, Haftungsrecht des Straßenverkehrs, 5. Auflage 2014; *Grüneberg*, Haftungsquoten bei Verkehrsunfällen, 14. Auflage 2015; *Hacks/Wellner/Häcker*, Schmerzensgeldbeträge, 33. Auflage 2015; *Hansens*, Die außergerichtliche Vertretung in Zivilsachen – Teil 1, RVGreport 2004, 57; *Hartung*, Das neue Rechtsanwaltsvergütungsgesetz, NJW 2004, 1409; *v. Heimendahl*, Die Bestimmung der Geschäftsgebühr nach dem RVG – kein Geld verschenken, BRAK-Mitt. 3/2004, 105; *Henke*, Erklärungsbedarf für die Abrechnung nach dem RVG: Geschäfts- und Terminsgebühr, AnwBl. 2004, 363; *Huber*, Das neue Schadensersatzrecht, 2003; *Jaeger/Luckey*, Schmerzensgeld, 7. Auflage 2014; *Küppersbusch*, Ersatzansprüche bei Personenschäden, 11. Auflage 2013; *Lachner*, Das Quotenvorrecht in der Kaskoversicherung, das unbekannte Wesen, zfs 1998, 161; *Kappus*, Neues zur Schadensberechnung bei der Verkehrsunfallregulierung, DAR 2010, 9; *Lachner*, Das Quotenvorrecht in der Kaskoversicherung, zfs 1999, 184; *Lemcke*, Abrechnung des Fahrzeugschadens, r+s 2002, 265; *Madert*, Die Mittelgebühr nach Nr. 2400 VV, zfs 2004, 301; *Madert*, Anmerkung zum Urteil des AG Erfurt vom 14.10.1998, Az. 27 C 1070/98, zfs 1999, 32; *Müller*, Das Quotenvorrecht in der Kaskoversicherung, VersR 1989, 317; *Otto*, Die neue Geschäftsgebühr mit Kappungsgrenze nach dem Rechtsanwaltsvergütungsgesetz, NJW 2004, 1420; *Pardey*, Berechnung von Personenschäden, 4. Auflage 2010; *Riedmeier*, Höhe der Mittelgebühr bei zivilrechtlichen Ansprüchen aus Verkehrsunfall, DAR 2004, 262; *Römermann*, Der Markt wird entscheiden, Anwalt 2004, 6; *Sanden/Völtz*, Sachschadensrecht des Kraftverkehrs, 8. Auflage 2007; *Schneider, N.*, Kostenrechtsmodernisierungsgesetz – Das neue Rechtsanwaltsvergütungsgesetz, AnwBl. 2004, 129; *Schneider, N./Mock*, RVG-Spezial, AGS Sonderheft 2004; *Steffen*, Zur Restwertproblematik bei KFZ-Haftpflichtschäden, zfs 2002, 161; *Wenker*, Zur fiktiven Abrechnung des Fahrzeugschadens, VersR 2005, 917; *Wortmann*, Ersatz der Ersatzpreisaufschläge auch bei Schadensberechnung auf Gutachterbasis, zfs 1999, 365; *Wussow*, Unfallhaftpflichtrecht, 16. Auflage 2014; *Zeisberger/Woyte/Schmidt/Mennicken*, Der merkantile Minderwert in der Praxis, 14. Aufl. 2012.

A. Anwaltskosten für die Verkehrsunfallregulierung 1	XII. Kostenpauschale 123
I. Einleitung 1	XIII. Besonderheiten bei Leasing 124
II. Gebührenklage 2	1. Ansprüche des Leasinggebers 125
B. Sachverständigenkosten 21	2. Ansprüche des Leasingnehmers 127
C. Sachschaden 36	XIV. Mehrwertsteuer 128
I. Fiktive Abrechnung 36	1. Regelbesteuerte Fahrzeuge 130
II. Verbringungskosten, Beilackierungskosten und UPE-Aufschläge 52	2. Differenzbesteuerte Fahrzeuge 131
III. Wiederbeschaffungswert 54	3. Nichtbesteuerte Fahrzeuge 132
IV. Restwert 55	4. Feststellung des Mehrwertsteueranteils 133
V. Totalschaden ./. Reparaturfall 60	5. Bestimmung der Besteuerungsart 134
1. Keine Weiterbenutzung 62	6. Abrechnung der tatsächlich aufgewendeten Mehrwertsteuer aus einer Teil- oder Minderreparatur zuzüglich des Nettobetrags nach Gutachten 136
2. Eigene Weiterbenutzung 63	
3. Fachgerechte Reparatur (130%-Grenze) 69	
4. Minderreparatur 77	XV. Abschleppkosten 138
5. Reparaturkosten über 130 % 79	XVI. Merkantiler Minderwert 139
VI. Das Quotenvorrecht 83	XVII. An-/Abmeldekosten 142
VII. Mietwagenkosten 96	XVIII. Umbaukosten 143
VIII. Nutzungsausfallschaden 107	XIX. Kraftstoffkosten 145
1. Tabelle „Nutzungsausfallentschädigung für Pkw" – Sanden/Danner/Küppersbusch 110	D. Personenschaden 146
	I. Haushaltsführungsschaden 146
	1. Allgemeines 146
2. Gewerbliche Fahrzeuge 113	2. Insbesondere: Schadensermittlung, wenn keine bezahlte Ersatzkraft beschäftigt wird 162
IX. Zins- und Finanzierungsschaden 119	
1. Sofortige Verzinsung bei Entziehung der Sache (§ 849 BGB) 119	a) Freiwillige und unentgeltliche Leistungen Dritter 163
2. Finanzierungskosten 120	b) Überobligationsmäßige Leistungen des Geschädigten 164
X. Helm/Sicherheitskleidung 121	
XI. Standgeld 122	c) Unterversorgung der Familie 165

d) Rechtsprechung: teilweise fiktive Berechnung 166	2. Nicht ersatzpflichtige Erwerbsschäden 182
3. Haushaltsführungsschaden bei einer haushaltsspezifischen MdE von ≤ 20 %? 172	3. Beweislast, Beweiserleichterung 184
	4. Schadensminderungspflicht 187
	5. Brutto- oder Nettolohnersatz 193
II. Vermehrte Bedürfnisse 174	6. Entgeltfortzahlung 195
III. Verdienstausfall 178	7. Selbstständige 197
1. Voll und teilweise ersatzpflichtige Erwerbsschäden 179	a) Schadensminderungspflicht 206
	b) Vorteilsausgleich 207

A. Anwaltskosten für die Verkehrsunfallregulierung

I. Einleitung

Seit Einführung des RVG ist die Höhe der Anwaltskosten ein weitverbreitetes Streitthema. Von verschiedenen Versicherungen wird noch immer die Auffassung vertreten, dass der angemessene Gebührenfaktor 0,8, 0,9 oder 1,0 betrage. Wer hier nachgibt und meint, dass es sich im Einzelfall nicht lohne, wegen der paar Euro zu prozessieren, verkennt, dass dies schnell zur Methode wird. Noch gefährlicher ist halbherziges Prozessieren, da dieses ungünstige Urteile und damit Argumente für Versicherungen liefert. Nachstehend soll darum ausführlich das Verfahren dargestellt werden.

II. Gebührenklage

▶ **Muster: Klageschrift (Gebührenklage gegen Unfallgegner)**

An das ...gericht, ...

Klage

In Sachen

Herrn ...

– Kläger –

Prozessbevollmächtigte: RAe ...

gegen

Herrn ...

– Beklagter –

wegen Schadensersatzes

Streitwert: 61,71 EUR

Namens und in Vollmacht des Klägers erheben wir Klage und werden beantragen:

1. Der Beklagte wird verurteilt, an den Kläger ... EUR nebst Zinsen in Höhe von 5 Prozentpunkten über dem Basiszinssatz seit dem 30.9.2015 zu bezahlen.
2. Die Kosten des Verfahrens trägt der Beklagte.
3. Das Urteil ist vorläufig vollstreckbar.

Sofern das Gericht das schriftliche Vorverfahren anordnet, beantragen wir bereits jetzt bei Säumnis des Beklagten den Erlass eines entsprechenden Versäumnisurteils, im Falle eines Anerkenntnisses den Erlass eines entsprechenden Anerkenntnisurteils ohne mündliche Verhandlung.

Begründung:

I.

Mit dieser Klage werden offene Rechtsanwaltsgebühren wegen einer außergerichtlichen Vertretung des Klägers aufgrund eines Verkehrsunfalls vom 24.7.2015 geltend gemacht.

Der Verkehrsunfall hat sich am 24.7.2015 in ... ereignet, wobei der Beklagte mit seinem Fahrzeug, amtl. Kennzeichen ..., mit dem im klägerischen Eigentum stehenden Pkw mit amtl. Kennzeichen ... kollidierte.

Der Unfallhergang und die Haftung dem Grunde nach waren außergerichtlich unstreitig. Insofern sind auch alle bislang bezifferten Schäden im Zusammenhang mit dem Fahrzeug im vorprozessualen Verfahren, bis auf die Anwaltskosten, durch die Haftpflichtversicherung des Beklagten vollumfänglich beglichen worden.

Die Haftung wurde dem Grunde nach vollumfänglich anerkannt.

Mit Gebührenrechnung vom 28.9.2015, die an die Haftpflichtversicherung des Beklagten und gleichlautend an den Kläger gestellt wurde,

Beweis: Gebührenrechnung vom 28.9.2015 als Anlage K 1

wurden die angefallenen Rechtsanwaltsgebühren geltend gemacht.

Von den dort geltend gemachten Rechtsanwaltsgebühren – Erstattungsansprüche in Höhe von brutto ... EUR – hat die Haftpflichtversicherung des Beklagten mit Schreiben vom 29.9.2015 nur ... EUR ausgeglichen,

Beweis: Schreiben vom 29.9.2015 als Anlage K 2

so dass ein Restbetrag in Höhe von ... EUR offensteht, welcher mit dieser Klage geltend gemacht wird.

II.

Die geltend gemachten Rechtsanwaltsgebühren – Erstattungsansprüche – sind dem Grunde und der Höhe nach gegeben:

Die festgesetzte 1,3-Geschäftsgebühr gem. Nr. 2300 VV RVG ist vorliegend angemessen iSd § 14 Abs. 1 S. 1 RVG.

Seit der Einführung des RVG beträgt die Geschäftsgebühr 0,5–2,5 gem. Nr. 2300 VV RVG. Grundsätzlich ist von einer Mittelgebühr auszugehen, die 1,5 beträgt.

Die Geschäftsgebühr der Nr. 2300 VV RVG liegt innerhalb eines Gebührenrahmes von 0,5–2,5.

Die rechnerische Mitte liegt somit bei 1,5. Die weit überwiegende Literatur geht daher davon aus, dass die Mittelgebühr ab dem Inkrafttreten des RVG 1,5 beträgt.

Exemplarisch wird hingewiesen auf:

N. Schneider/Mock, AGS Sonderheft 2004 „RVG-Spezial", dort S. 25, wo ausgeführt ist: „Die Mittelgebühr liegt damit zukünftig bei 1,5."

N. Schneider, AnwBl. 3/2004, S. 137: „Die Mittelgebühr liegt somit bei 1,5."

Römermann, Anwalt 3/2004, S. 21 (NJW-Verlagsbeilage): „Nach dem RVG beträgt die Mittelgebühr der Nr. 2400 VV [jetzt Nr. 2300 VV RVG] hingegen ohne Weiteres 1,5", wozu ausgeführt wird, „1,3 ist schließlich ein Schwellenwert, aber keine Höchstgrenze. Der Gebührenrahmen liegt zwischen 0,5 und 2,5, so dass ein Mittelwert klar bei 1,5 liegt. Der Schwellenwert von 1,3 darf demnach nur in solchen Fällen nicht überschritten werden, in welchen die Angelegenheit weder umfangreich noch schwierig war."

A. Anwaltskosten für die Verkehrsunfallregulierung 3

Aus der Begründung des Fraktionsentwurfs (BT-Drucks. 15/1971, S. 207): „Der erweiterte Abgeltungsbereich der Geschäftsgebühr führt zwangsläufig zu einer neuen Definition des Normalfalls. In durchschnittlichen Angelegenheiten ist grundsätzlich von der Mittelgebühr (1,5) auszugehen."

Hartung, NJW 2004, S. 1409, 1414: „Außer den in der Literatur genannten Argumenten spricht für eine Mittelgebühr von 1,5, dass das gesetzgeberische Ziel der neuen Gebührenstruktur nicht eine Verschlechterung, sondern eine Verbesserung der anwaltlichen Vergütung ist. Dieses Ziel würde in sein Gegenteil verkehrt, wenn der Rechtsanwalt für die außergerichtliche Vertretung künftig geringere Gebühren als nach § 118 BRAGO erhalten würde. Zudem hat der Gesetzgeber mit der Regelung, dass die Geschäftsgebühr auf die Verfahrensgebühr höchstens mit einem Gebührensatz von 0,75 anzurechnen ist, zu erkennen gegeben, dass er die Mittelgebühr bei 1,5 sieht."

Hansens geht in RVGreport 2004, S. 57, 59, ebenfalls davon aus, dass „bei der nach § 14 RVG nach billigem Ermessen vorzunehmenden Gebührenbestimmung zunächst von einer Mittelgebühr von 1,5 auszugehen ist".

Otto führt in NJW 2004, S. 1420 ff aus, dass „in durchschnittlichen Angelegenheiten grundsätzlich von der Mittelgebühr von 1,5" auszugehen sei, wobei allerdings von einer Kappungsgrenze von 1,3 auszugehen sei dahin gehend, „dass der Rechtsanwalt eine Gebühr von mehr als 1,3 nur fordern kann, wenn die Tätigkeit umfangreich oder schwierig war".

Riedmeyer führt in DAR 2004, S. 262 aus: „In durchschnittlichen Angelegenheiten ist grundsätzlich von der Mittelgebühr (1,5) auszugehen."

v. Heimendahl führt in BRAK-Mitt. 3/2004, S. 105 aus: „Die Mittelgebühr der Nummer 2400 VV RVG [jetzt Nr. 2300 VV RVG] ist die in Höhe von 1,5."

Henke führt in AnwBl. 2004, S. 363 unter Zitat aus der BR-Drucks. 830/03 vom 7.11.2003 aus: „In durchschnittlichen Angelegenheiten ist grundsätzlich von der Mittelgebühr (1,5) auszugehen."

Nach der Rechtsprechung sind Mandate wegen der Geltendmachung aus Schadensersatzansprüchen in Verkehrsunfallsachen regelmäßig durchschnittliche Mandate, so dass grundsätzlich zunächst von der Mittelgebühr auszugehen ist.

In Verkehrsrechtssachen (Geltendmachung von Schadensersatzansprüchen aus Verkehrsunfällen) ist grundsätzlich von der Mittelgebühr auszugehen, weil die Tätigkeit des Rechtsanwalts mindestens eine durchschnittliche Tätigkeit ist, da in der Regel mehrere Besprechungen mit Mandanten und/ oder Korrespondenz mit mehreren Schreiben erforderlich ist und eine genaue Kenntnis der schnell wechselnden Rechtsprechung erforderlich ist (AG Freiburg NJW 1967, 258; AG Neustadt AnwBl. 1967, 446; AG Köln AnwBl. 1967, 445; AG Pinneberg AnwBl. 1967, 381; AG Jülich AnwBl. 1968, 94; LG Mannheim AnwBl. 1968, 129; AG Darmstadt AnwBl. 1970, 80).

Nur dann, wenn die Angelegenheit weder schwierig noch umfangreich war, wird die grundsätzlich geschuldete Mittelgebühr von 1,5 auf die Regelgebühr von 1,3 reduziert.

Riedmeyer führt in DAR 2004, S. 262 f aus, dass mit der Gesetzesbegründung (BT-Drucks. 5/1971, S. 206 f) ausdrücklich klargestellt sei, dass die Regelgebühr für durchschnittliche Angelegenheiten bei 1,3 liegen soll. *Riedmeyer* unter Bezugnahme auf die Gesetzesbegründung wörtlich:

„Die vorgeschlagene Regelung soll an die Stelle des § 118 BRAGO treten, soweit dieser für die außergerichtliche Vertretung anwendbar ist. Systematisch und entsprechend ihrer praktischen Bedeutung gehört diese Regelung für die außergerichtliche Rechtsbesorgung vor die Vorschriften, welche die Gebühren im gerichtlichen Verfahren regeln sollten. Für alle in einer Angelegenheit anfallenden Tätigkeiten soll nur eine Gebühr anfallen. Vorgesehen ist eine Geschäftsgebühr mit einem Gebührensatzrahmen von 0,5 bis 2,5. Der insgesamt weite Rahmen ermöglicht eine flexiblere Gebührengestaltung. Die künftig allein anfallende Gebühr soll das Betreiben des Geschäfts einschließlich der Information und der Teilnahme an Besprechungen sowie das Mitwirken bei der Gestaltung eines Vertrags abgelten. Eine Besprechungsgebühr ist nicht mehr vorgesehen. Auch ohne Besprechungen oder Beweisaufnahmen kann bei großem Umfang und erheblicher Schwierigkeit einer Sache der obere Rahmen einer Gebühr erreicht werden. Die Regelgebühr liegt bei 1,3. Der erweiterte Abgeltungsbereich der Geschäftsgebühr erfordert eine andere Einordnung der unterschiedlichen außergerichtlichen Vertretungsfälle in den zur Verfügung stehenden größeren Gebührenrahmen. Dies führt zwangsläufig zu einer neuen Definition des Normalfalls. In durchschnittlichen Angelegenheiten ist grundsätzlich von einer Mittelgebühr (1,5) auszugehen. In der Anmerkung soll jedoch bestimmt werden, dass der Rechtsanwalt eine Gebühr von mehr als 1,3 nur fordern kann, wenn die Tätigkeit umfangreich oder schwierig war. Damit ist gemeint, dass Umfang oder Schwierigkeit über dem Durchschnitt liegen. In anderen Fällen dürfte die Schwellengebühr von 1,3 zur Regelgebühr werden."

Henke schreibt in AnwBl. 2004, S. 363 unter Zitat aus der BR-Drucks. 830/03 vom 7.11.2003:

„Die Regelgebühr liegt bei 1,3 [...] In durchschnittlichen Angelegenheiten ist grundsätzlich von der Mittelgebühr (1,5) auszugehen. In der Anmerkung soll jedoch bestimmt werden, dass der Rechtsanwalt eine Gebühr von mehr als 1,3 nur fordern kann, wenn die Tätigkeit umfangreich oder schwierig war. Damit ist gemeint, dass Umfang oder Schwierigkeit über dem Durchschnitt liegen. In anderen Fällen dürfte die Schwellengebühr von 1,3 zur Regelgebühr werden."

Der parlamentarische Staatssekretär im Bundesministerium der Justiz MdB *Alfred Hartenbach* hat zur Frage der Interpretation der Regelgebühr nach Nr. 2300 VV RVG mit Schreiben vom 10.3.2004 mitgeteilt:

„Ich teile Ihre Auffassung, dass der Rechtsanwalt in einer durchschnittlichen Angelegenheit nach RVG eine Geschäftsgebühr (Nr. 2400 VV RVG [jetzt Nr. 2300 VV RVG]) in Höhe von 1,3 erhält [...] Die Vorschrift ist so zu verstehen, dass die Gebühr von 1,3 eine Kappungsgrenze darstellt. Die angemessene Gebühr ist unter Berücksichtigung des gesamten Gebührenrahmens (0,5 bis 2,5) und aller Bemessungskriterien (§ 14 RVG) zu bestimmen. Sofern die Sache von Umfang und Schwierigkeit her durchschnittlich ist, beträgt die Gebühr 1,3." (zitiert bei: *Henke*, AnwBl. 2004, S. 363 f)

v. Heimendahl erklärt in BRAK-Mitt. 3/2004, S. 105:

„Die Mittelgebühr der Nr. 2400 VV RVG [jetzt Nr. 2300 VV RVG] ist die in Höhe von 1,5 [...] Wenn die Tätigkeit trotz des besonderen Gewichtes anderer Kriterien des 14 RVG weder umfangreich noch schwierig war, ist das nach § 14 bestimmte Ergebnis zu kappen auf 1,3."

Vorliegend lag mindestens eine durchschnittliche Tätigkeit vor, welche die Regelgebühr von 1,3 gerechtfertigt hat, wozu zum Umfang der anwaltlichen Tätigkeit Folgendes dargetan wird:

Am 26.7.2015 erfolgte die Erstbesprechung mit dem Kläger in der Kanzlei, bei welcher die Unfallaufnahme erfolgte. Dabei wurden die wichtigsten Informationen abgefragt und gemeinsam ein „Fragebogen für Anspruchsteller" ausgefüllt, um sicherzustellen, dass sämtliche für die Regulierung wichtigen Daten und Angaben in der Akte befindlich sind.

Die Unterzeichner haben im Auftrag des Klägers die Anspruchsgeltendmachung gegenüber der Haftpflichtversicherung des Beklagten übernommen.

Mit Schreiben vom 26.7.2015 wurde unter Übersendung des Fragebogens für Anspruchsteller der Haftungsanspruch dem Grunde nach gegenüber der Haftpflichtversicherung des Beklagten geltend gemacht.

Beweis: Schreiben der Unterzeichner vom 26.7.2015 als Anlage K 3

Mit einem weiteren Schreiben vom 26.7.2015 wurde die Haftpflichtversicherung des Klägers angeschrieben, um der durch den Unfall entstandenen vertraglichen Verpflichtung zur Meldung eines Haftpflichtschadens nachzukommen.

Beweis: Schreiben der Unterzeichner vom 26.7.2015 als Anlage K 4

Noch am gleichen Tag hat der Unterzeichner mit dem Sachverständigen ... telefoniert und diesen gebeten, das Fahrzeug zu besichtigen, wobei dem Sachverständigen ... die Fahrzeugdaten und die Kontaktdaten des Klägers mitgeteilt wurden, um einen Besichtigungstermin vereinbaren zu können. Weiterhin wurde der Sachverständige ... gebeten, das anzufertigende Gutachten direkt an die Haftpflichtversicherung und an den Unterzeichner zu senden.

Dem Kläger wurde erklärt, dass zunächst die Reparaturkosten nur netto begehrt werden können und die Mehrwertsteuer erst ersetzt werden kann, wenn diese tatsächlich anfällt. Auch der Nutzungsausfallschaden kann bei dem fahrbereiten Fahrzeug erst im Fall der Reparatur, nicht jedoch fiktiv begehrt werden.

Nach Eingang des Schadensgutachtens wurde mit Schreiben vom 9.8.2005 gegenüber der Haftpflichtversicherung der Beklagten die Bezifferung der vorläufigen Schadensersatzansprüche vorgenommen.

Beweis: Schreiben der Unterzeichner vom 9.8.2015 als Anlage K 5

Die Haftpflichtversicherung des Beklagten hat daraufhin am 12.9.2015 die Ansprüche zum Ausgleich gebracht.

Nach Eingang der Zahlung ließ der Kläger sein Fahrzeug reparieren und übergab die Reparaturrechnung vom 30.8.2015 dem Unterzeichner mit der Bitte, die weiteren Ansprüche zu beziffern. Hiernach wurden am 16.9.2015 eine weitere Schadensaufstellung erarbeitet und die restlichen Ansprüche beziffert.

Beweis: Schreiben vom 16.9.2015 in Kopie als Anlage K 6

Der Restbetrag wurde am 21.9.2015 durch die Haftpflichtversicherung des Beklagten zum Ausgleich gebracht.

Vorliegend lag mindestens eine durchschnittliche Tätigkeit vor, welche die Regel-Geschäftsgebühr in Höhe von 1,3 nach Nr. 2300 VV RVG gerechtfertigt hat.

Beweis: Beiziehung eines Gutachtens der Rechtsanwaltskammer gemäß § 14 Abs. 2 S. 1 RVG

Zu berücksichtigen ist, dass vorliegend der Schaden zweimal aufgestellt werden musste, da zunächst eine fiktive und hernach eine konkrete Schadensabrechnung erfolgt ist. Ferner wurde ein anwaltliches Gespräch mit einem Sachverständigen geführt, welches grundsätzlich nach der früher geltenden BRAGO eine Besprechungsgebühr nach § 118 Abs. 1 Nr. 2 BRAGO hätte anfallen lassen.

Da bereits nach bisheriger Rechtsprechung zur BRAGO das AG Hof in ständiger Rechtsprechung im Durchschnittsfall eine 8/10 Geschäftsgebühr nach § 118 Abs. 1 Nr. 1 BRAGO zuerkannt hat (DAR 2002, 479; zfs 2002, 491; 2003, 2, 101 f), wären – unter der Voraussetzung, die telefonischen Besprechungen hätte der Rechtsanwalt geführt – schon bei einer Abrechnung nach BRAGO zwei 8/10-Gebühren (Geschäftsgebühr und Besprechungsgebühr) und somit Gebühren in Höhe eines Gebührensatzes von 1,6 angefallen.

Da nach den Darlegungen des Bundesjustizministeriums zur Begründung des RVG damit eine Gebührenerhöhung um mindestens 14 % einhergehen sollte, würde dies denklogisch eine angemessene Gebühr in Höhe von 1,6 + 14 % und somit in Höhe von 1,8 (abgerundet) ergeben, so dass die vorliegend festgesetzte Gebühr in Höhe von 1,3 sogar unterhalb der angemessenen gesetzlichen Gebühr liegt.

Beweis: wie vor

Es hätte bei der geschilderten Tätigkeit – insbesondere wegen des Mehraufwandes, durch die Änderung der Abrechnungsmethode – durchaus die Mittelgebühr von 1,5 angesetzt werden können.

Beweis: wie vor

Zu berücksichtigen ist in diesem Zusammenhang auch, dass der größte Teil der Haftpflichtversicherungen bis zur Einführung des RVG dem DAV-Abkommen angehört haben und im vorliegenden Schadensfall nach der BRAGO eine 15/10 Gebühr (entspricht nach dem RVG 1,5) bezahlt hätten.

Es ist wenig verständlich, dass, wenn bis auf wenige Ausnahmen sämtliche Haftpflichtversicherungen bis zum 30.6.2015 eine Gebühr von 1,5 für die vorliegende Tätigkeit für angemessen erachtet und problemlos vergütet haben, nunmehr eine angesetzte Gebühr von 1,3, die 0,2 weniger ist, nach der Auffassung des Beklagten unangemessen hoch sein sollte.

Hinsichtlich der sonstigen Bewertungsfaktoren nach § 14 Abs. 1 S. 1 RVG wird auf Folgendes hingewiesen: ...

Der Kläger verfügt über durchschnittliche Einkommensverhältnisse.

III.

Auslagenpauschale:

Die Höhe der Auslagenpauschale ergibt sich aus Nr. 7002 VV RVG.

Nach ständiger Rechtsprechung umfasst der materiellrechtliche Kostenerstattungsanspruch bei unerlaubter Handlung auch die Kosten der Rechtsverteidigung (BGH NJW 1986, 2244). Er erfasst vor allem die entstehenden Anwaltskosten (BGHZ 30, 154).

Insbesondere bei Ansprüchen aus unerlaubter Handlung, also aus § 823 BGB und § 7 StVG, fallen in den Schutzbereich der verletzten Normen auch die Anwaltskosten des Geschädigten für die Geltendmachung seiner Schadenersatzansprüche beim Schädiger und dessen Haftpflichtversicherer (Oldenburg NJW 1961, 613; Nürnberg OLGZ 69, 140; Palandt/*Heinrichs*, 74. Auflage 2014, § 249 BGB Rn 39).

Die Vorschrift des § 14 Abs. 2 RVG – nach welcher das Gericht verpflichtet ist, ein Gebührengutachten der Rechtsanwaltskammer einzuholen – gilt grundsätzlich nur im Gebührenzahlungsprozess des Rechtsanwalts gegenüber seinem Auftraggeber. Da es vorliegend um den Erstattungsanspruch des Klägers gegenüber dem Beklagten geht, ist § 14 Abs. 2 RVG zumindest nicht direkt anzuwenden.

Es wird jedoch angeregt, dass das Gericht in analoger Anwendung des § 14 Abs. 2 RVG eine Stellungnahme der Gebührenabteilung der Rechtsanwaltskammer zur Angemessenheit der vorliegend angesetzten 1,3-Geschäftsgebühr nach Nr. 2300 VV RVG einholen möge, da letztendlich dann, wenn die angesetzte Geschäftsgebühr und die bestehende Erstattungspflicht des Klägers gegenüber der Anwaltskanzlei ... der Höhe nach besteht, der Kläger auch einen Erstattungsanspruch gegenüber dem Beklagten in dieser Höhe hat. Es wird daher angeregt, dass die Akte zunächst an die Rechtsanwaltskammer ... zur Erstellung eines Gebührengutachtens übersandt werde.

IV.

Vorliegend kann das Gericht zwar nach § 495 a S. 1 ZPO nach billigem Ermessen im schriftlichen Verfahren verhandeln.

Es wird insoweit jedoch bereits zum jetzigen Zeitpunkt mitgeteilt, dass in diesem Falle durch die Unterzeichner gemäß § 495 a S. 2 ZPO die Durchführung der mündlichen Verhandlung beantragt werden wird.

Wenn es der Beklagte bei der gegebenen Rechtslage schon auf einen Rechtsstreit ankommen lassen will, sollte eine mündliche Verhandlung in der vorliegenden Angelegenheit ggf Beispielscharakter haben im Sinne eines Präzedenzfalls, um die grundsätzliche Auffassung des Amtsgerichts ... wie auch der Rechtsanwaltskammer zu klären und um für künftige Streitigkeiten zu gewährleisten, dass ohne Anrufung des Gerichts eine ordnungsgemäße Erstattung von Rechtsanwaltsgebühren erfolgt.

V.

Nur am Rande darf in diesem Zusammenhang darauf hingewiesen werden, dass zwischen dem GDV und dem DAV Verhandlungen geführt werden über ein Nachfolgeabkommen des früheren „DAV-Abkommens", um unerfreuliche Klagen über Rechtsanwaltsgebührenerstattungsansprüche nach Verkehrsunfällen und die hiermit verbundenen Kosten zu vermeiden.

Insoweit haben bereits drei große Versicherer, nämlich sämtliche Versicherer der Allianz-Gruppe, die DEVK und die Württembergische Versicherungs-AG ein Nachfolgeabkommen zum DAV-Abkommen mit den DAV-Mitgliedern abgeschlossen, bei welchem die frühere Gebühr von 1,5 auf 1,8, die frühere Gebühr von 1,75 auf 2,1, die Gebühr von 2,0 auf 2,4 und die Gebühr von 2,25 auf 2,7 angehoben wurde.

Es steht zu hoffen, dass es in Zukunft mit sämtlichen Versicherern, die dem früheren DAV-Abkommen angeschlossen waren, zu einer ähnlichen Vereinheitlichung der Abrechnung der Gebührenerstattungsansprüche kommen wird.

Bedenkt man, dass im Falle von Vergleichsabschlüssen insgesamt Gebühren von bis zu 4,0 entstehen können (Geschäftsgebühr von bis zu 2,5 gemäß Nr. 2004 VV RVG und Einigungsgebühr in Höhe von 1,5 gemäß Nr. 1000 VV RVG), sind diese von der Allianz, der DEVK und der Württembergischen angebotenen und mit den Mitgliedern des DAV abgeschlossenen Gebührensätze sicherlich sachgerecht.

VI.

Es kann daher nur auf wenig Verständnis stoßen, wenn einzelne Versicherer, in Kenntnis der bestehenden Gesetzeslage und der einschlägigen Kommentarliteratur zum RVG, wider besseres Wissen die Ausgleichung ordnungsgemäß festgesetzter Rechtsanwaltsgebühren verweigern und damit wegen erforderlicher Klagen und einzuholender Gebührengutachten nach § 14 Abs. 2 RVG der Anwaltschaft, den Gerichten und den Rechtsanwaltskammern zusätzliche Kosten bereiten und schließlich – weil bei Obsiegen des Klägers die Kosten des Rechtsstreits ebenfalls die Beklagten zu tragen haben – den eigenen Versicherungsnehmern, wie hier dem Beklagten, erhebliche Mehrkosten verursachen, die sich letztendlich in der Versicherungsprämie niederschlagen werden.

VII.

Soweit in diesem Schriftsatz zum Beweis Urkunden angeboten werden, die dem Gegner vorliegen, werden diese Anlagen gemäß § 133 Abs. 1 S. 2 ZPO lediglich einfach für das Gericht beigefügt.

Es wird beantragt,

gemäß § 278 Abs. 2 S. 1 Hs 2 Alt. 2 ZPO von der Anberaumung eines Gütetermins abzusehen und sofort Termin zur streitigen Verhandlung zu bestimmen, da die Güteverhandlung erkennbar aussichtslos erscheint.

Dies begründet sich damit, dass die Klagepartei nicht einigungsbereit ist, sondern eine streitige Entscheidung wünscht. Eine Güteverhandlung, § 278 Abs. 2 ZPO, erscheint daher erkennbar (aufgrund vorstehender Erklärung der Klagepartei) aussichtslos, zumal es auf die derzeitige Bewertung ankommt (*Baumbach/Lauterbach/Albers/Hartmann*, ZPO, 73. Auflage 2015, § 278 ZPO Rn 14) und die Klagepartei mit der vorstehenden Erklärung die erkennbare Aussichtslosigkeit der Güteverhandlung aktenkundig dokumentiert (*Baumbach/Lauterbach/Albers/Hartmann*, ZPO, aaO, § 278 ZPO Rn 14).

Hilfsweise wird beantragt,

den Gütetermin und den Termin zur streitigen Verhandlung zeitlich unmittelbar aneinander anschließend zu terminieren.

Für die Richtigkeit der klägerischen Auffassung steht auch die Masse an amtsgerichtlicher Rechtsprechung, die durchgängig bei einem durchschnittlichen Verkehrsunfall eine Grundgebühr iHv 1,3 annimmt und anliegend zitiert ist.

Der Beklagte befindet sich, nachdem seine Haftpflichtversicherung mit Schreiben vom 29.9.2015 eine weitere Zahlung endgültig und ernsthaft verweigert hat und er sich dies gem. § 10 Abs. 5 AKB zurechnen lassen muss, seit dem 30.9.2015 in Verzug. Klage ist daher geboten.

Einfache und beglaubigte Abschrift anbei.

Rechtsanwalt ◄

3 Darauf kann wie folgt erwidert werden:

4 ▶ **Muster: Klageerwiderung**

An das ...gericht, ...

Klageerwiderung

In Sachen

... [Kläger] ./. ... [Beklagter]

Az ...

werden wir beantragen,

die Klage abzuweisen.

Zur Begründung des vorstehenden Antrags wird Folgendes vorgetragen:

I.

Grundsätzlich trifft es zu, dass der Beklagte für die Folgen des Verkehrsunfalls vom 24.7.2015 in ... in vollem Umfang haftet. Mit Ausnahme der noch streitigen Anwaltskosten ist die Regulierung auch bereits abgeschlossen.

Auf die geltend gemachten Gebührenansprüche hat der Beklagte unstreitig ... EUR gezahlt. Dieser Betrag errechnet sich wie folgt:

0,9-Geschäftsgebühr gem. Nr. 2300 VV RVG nach einem Gegenstandswert von 1.679,04 EUR	... EUR
Auslagenpauschale gem. Nr. 7002 VV RVG	20 EUR
19 % Mehrwertsteuer	... EUR
Summe:	... EUR

A. Anwaltskosten für die Verkehrsunfallregulierung

II.

Die geltend gemachte weitergehende Gebührenforderung der Prozessbevollmächtigten des Klägers besteht nicht. Deshalb ist der Haftpflichtversicherer des Beklagten auch nicht zur Zahlung verpflichtet. Er hat lediglich gesetzlich geschuldete Gebühren zu ersetzen.

1. Wir bestreiten, dass es sich bei der Abwicklung eines üblichen Verkehrsunfalls grundsätzlich um eine durchschnittliche Angelegenheit handelt. Insoweit ist nämlich vom Durchschnitt aller denkbaren Rechtsanwaltsaufgaben auszugehen. Soweit hier bekannt, existieren keine entsprechenden tatsächlichen Erhebungen. Nach unseren eigenen Erkenntnissen lassen sich einfache Angelegenheiten mit einem oder zwei Anwaltsschreiben erledigen. In jedem Fall kann nicht ernsthaft bezweifelt werden, dass eine im Ergebnis unterdurchschnittliche Angelegenheit (einfache Unfallregulierung) nicht mit einer Geschäftsgebühr von 1,3 abgerechnet werden kann. Dies ergibt sich schon allein aus dem Umstand, dass der Gesetzgeber eine Bandbreite der Gebühr von 0,5 bis 2,5 vorgegeben hat. Im Verhältnis zur BRAGO ist der Gebührenrahmen vervierfacht worden, so dass entsprechend präzisere Einstufungen geboten sind. Im Einzelfall kann also auch eine Gebühr von 0,5 angemessen sein. Sollte das Gericht im vorliegenden Rechtsstreit eine Gebühr von 1,3 für angemessen halten, ist schlechterdings nicht mehr erkennbar, wann eine 0,5 Geschäftsgebühr in Betracht kommen soll. Inzwischen besteht im Ansatz kein Streit mehr darüber, dass die Schwellengebühr von 1,3 nur bei insgesamt durchschnittlichen Angelegenheiten gerechtfertigt ist. Noch nicht endgültig geklärt ist die Abgrenzung zu einfachen, unterdurchschnittlichen Angelegenheiten. In der Rechtsprechung der Berufungsgerichte werden allerdings Grenzlinien herausgearbeitet. Wir verweisen auf die beigefügten Urteile der Landgerichte Coburg vom 6.5.2005 (Az 32 S 25/05), Nürnberg-Fürth vom 6.7.2005 (Az 8 S 3680/05), Bochum vom 17.6.2005 (Az 5 S 33/05), Saarbrücken vom 1.9.2005 (Az 11 S 43/05) und Hannover vom 30.9.2005 (Az 16 S 51/05). Aus den Urteilen lässt sich eine handhabbare Abgrenzung einfacher Angelegenheiten von durchschnittlichen Angelegenheiten entnehmen. Zumindest wenn Schadensgrund und Schadenshöhe unstreitig sind und eine umgehende Regulierung durch den Versicherer erfolgt, liegt eine unterdurchschnittliche Angelegenheit mit der Konsequenz vor, dass die Geschäftsgebühr deutlich unter 1,3 anzusetzen ist. Dem entspricht die Rechnung des Versicherers auf der Grundlage einer 0,9 Geschäftsgebühr.

2. Im konkreten Fall handelte es sich um eine eindeutig unterdurchschnittliche Angelegenheit. Bei Rahmengebühren ist die Höhe der Gebühr gem. § 14 Abs. 1 S. 1 RVG „unter Berücksichtigung aller Umstände, vor allem des Umfangs und der Schwierigkeit der anwaltlichen Tätigkeit, der Bedeutung der Angelegenheit sowie der Einkommens- und Vermögensverhältnisse des Auftraggebers nach billigem Ermessen" zu bestimmen. Die Ausübung des Ermessens obliegt dem Anwalt. Soweit die Gebühr von einem Dritten zu ersetzen ist, wird die vom Anwalt getroffene Bestimmung nicht verbindlich, wenn sie unbillig ist. Beweisbelastet ist der Anwalt, sowohl im Verhältnis zu seinem Auftraggeber als auch im Verhältnis zu einem ersatzpflichtigen Dritten (vgl *Mayer*, in Gerold/Schmidt, RVG, 22. Auflage 2015, §§ 14 und 26). Im Verhältnis zum Dritten folgt diese Beweislast schon aus dem Merkmal der Erforderlichkeit im Sinne des § 249 BGB. Zum vorliegenden Sachverhalt ist Folgendes festzuhalten:

Als Umfang der anwaltlichen Tätigkeit wird der zeitliche Aufwand bezeichnet, den der Rechtsanwalt bei sorgfältiger Führung des Mandats haben muss und tatsächlich hat. Maßgeblich sind zB der Umfang der zu erarbeitenden Unterlagen, die Länge der zu fertigenden Schriftsätze, aber auch der Zeitraum, über den das Mandat geführt wurde.

Dabei ist eine pauschalierende Betrachtung anzustellen, da es sich bei der Unfallregulierung um ein Massengeschäft handelt. In diesem Fall war die Sach- und Rechtslage völlig eindeutig. Einwendungen zum Haftungsgrund kamen nicht in Betracht und sind auch nie erhoben worden. Die Prozessbevollmächtigten des Klägers haben lediglich die erwähnten Schreiben vom 26.7., 9.8. und 16.9.2015 gefertigt. Letztlich reduzierte sich die anwaltliche Tätigkeit auf das Übersenden von Schadensbelegen. Es dürfte gerichtsbekannt sein, dass die anwaltliche Tätigkeit grundsätzlich weit umfangreicher ist. Auf das Schreiben an den eigenen Haftpflichtversicherer des Klägers kommt es schadensersatzrechtlich nicht an. Solche Leistungen braucht der Schädiger eindeutig nicht zu vergüten. Das Telefonat mit dem Sachverständigen war schadensrechtlich überflüssig. Die Ausführungen der Klageschrift deuten auch eher darauf hin, dass das Telefonat nur stattfand, um die spätere Gebührenberechnung rechtfertigen zu können. Das Gebühreninteresse des Anwalts ist allerdings nicht maßgeblich. Es entscheidet allein der Erforderlichkeitsmaßstab des § 249 BGB. Vor diesem Hintergrund fehlt auch jede Erläuterung dafür, warum zunächst fiktiv und anschließend unter Vorlage der Reparaturrechnung abgerechnet wurde. Der Kläger konnte sich von Anfang an entscheiden, welchen Ersatzweg er beschreiten wollte. Vor diesem Hintergrund war eine zweimalige Abrechnung ebenfalls nicht erforderlich im Sinne des § 249 BGB. Insgesamt ist der Umfang der erforderlichen anwaltlichen Tätigkeit als deutlich unterdurchschnittlich zu bewerten.

Von einer durchschnittlich schwierigen anwaltlichen Tätigkeit kann nicht ansatzweise die Rede sein. Die Haftungsfrage war eindeutig. Es ging somit allein darum, Schadensbelege zu sammeln und zu übersenden. Die einzelnen Schadenspositionen waren völlig unproblematisch. Auch dieses Merkmal ist im Rahmen anwaltlicher Mandatsbearbeitung weit unterdurchschnittlicher Natur.

Die Bedeutung der Angelegenheit bestimmt sich nach der tatsächlichen, wirtschaftlichen und rechtlichen Bedeutung für den Auftraggeber. Die wirtschaftliche Bewertung findet schon bei der Bestimmung des Gegenstandswerts eine ausreichende Berücksichtigung. Deshalb sind besondere Auswirkungen auf die berufliche oder persönliche Stellung des Auftraggebers, die grundsätzliche Bedeutung der Angelegenheit über den Einzelfall hinaus oder eine sonstige vom Auftraggeber zum Ausdruck gebrachte Bedeutung in der Bewertung zu berücksichtigen. Nichts dergleichen ist hier festzustellen. Der Schaden ist vielmehr von dem Versicherer in angemessener Zeit reguliert worden. Vor diesem Hintergrund kann auch nicht von einer durchschnittlichen Bedeutung der Angelegenheit ausgegangen werden.

Die wirtschaftlichen Verhältnisse des Auftraggebers können allenfalls mangels Vortrags der Gegenseite als durchschnittlich bewertet werden, was aber vorsorglich mit Nichtwissen bestritten wird.

Sämtliche vorgenannten Faktoren sind miteinander im Einzelfall abzuwägen. Umfang und Schwierigkeit der anwaltlichen Tätigkeit hatten schon nach dem alten Recht besonderes Gewicht, da es sich um die einzigen leistungsbezogenen Kriterien handelt. Nach Inkrafttreten des RVG gilt dies umso mehr, als bereits das Vorliegen einer nicht umfangreichen oder nicht schwierigen Angelegenheit die Begrenzung auf eine 1,3-Gebühr auslöst. Hieraus ergibt sich, dass der Gesetzgeber diese Kriterien besonders gewichten wollte. Umfang, Schwierigkeit und Bedeutung der Angelegenheit können nur als unterdurchschnittlich eingestuft werden. Dies führt im Ergebnis dazu, dass insgesamt von einem deutlich unterdurchschnittlichen Mandat auszugehen ist. Deshalb ist nur eine 0,9 Geschäftsgebühr nach Nr. 2300 VV RVG angemessen. Die abweichende Berechnung der gegnerischen Prozessbevollmächtigten bindet nach diesseitiger Rechtsauffassung ohnehin allenfalls den Auftraggeber. Wollte man dies anders sehen, wäre jedenfalls die von der Rechtsprechung gezogene Toleranzgrenze von 20 % deutlich überschritten (1,3–20 % = 1,04).

III.

Nach diesseitiger Auffassung kann im schriftlichen Verfahren entschieden werden, da es sich ausschließlich um Rechtsfragen handelt. Ein Kammergutachten ist nicht einzuholen, weil das Gericht über die Höhe der Anwaltsgebühren als Teil des Schadensersatzanspruchs selbst entscheiden muss.
Sollte das Gericht dem diesseitigen Standpunkt nicht folgen, bitten wir um

Zulassung der Berufung.

Es muss zwar eine Entscheidung im Einzelfall getroffen werden, doch besteht ein dringendes Bedürfnis nach Festlegung der Abgrenzungskriterien durch das Berufungsgericht, um eine einheitliche Rechtsprechung zumindest im LG-Bezirk herbeizuführen.
Rechtsanwalt ◄

Hierauf kann wie folgt repliziert werden:

▶ **Muster: Replik**

An das ...gericht, ...

Replik

In Sachen
... [Kläger] ./. ... [Beklagter]
Az ...
replizieren wir wie folgt:

Zunächst erfreulich ist die Klageerwiderung dahin gehend zu verstehen, dass nunmehr auch die ...-Versicherung einsieht, dass die Mittelgebühr für durchschnittliche Angelegenheiten nicht bei 0,9, sondern bei 1,3 angesiedelt ist.

Die ...-Versicherung legt jedoch dar, dass es sich zum einen bei einem Verkehrsunfall im Regelfall nicht um eine durchschnittliche Angelegenheit handeln und zum anderen im konkreten Fall eine unterdurchschnittliche Angelegenheit vorliegen soll.

Beides ist falsch.

Vorliegend handelt es sich bei der Unfallschadensregulierung um eine durchschnittliche Angelegenheit. Die Regulierung ist auch insgesamt als durchschnittlich einzustufen.

Ergänzend zu den Darlegungen in der Klageschrift ist noch anzumerken, dass von vornherein mindestens zwei Problematiken bestanden, die mit dem Mandanten zu erörtern waren.

Hierzu wird der Fragebogen für Anspruchsteller vorgelegt.

Aus diesem ist zu erkennen, dass es sich bei dem streitgegenständlichen Unfall um einen Parkplatzunfall handelt.

Dabei ist zu beachten, dass die Frage der Haftung dem Grunde nach umfangreich mit dem Mandanten zu erörtern war. Er war zunächst darüber aufzuklären, dass es sich bei Parkplatzunfällen im Regelfall um Unfälle handelt, die nicht mit einer Quote in Höhe von 100 % zu 0 % ausgehen. Die Rechtsprechung sieht es in den Fällen, wo es zu einem Verkehrsunfall auf einem Parkplatz kommt, regelmäßig als erwiesen an, dass der Unfall für beide Parteien nicht unvermeidbar ist. Daher war der Mandant darauf vorzubereiten, dass nicht sicher von einer alleinigen Haftung des Unfallgegners ausgegangen werden kann, da es vor allem im vorliegenden Fall immer möglich ist, dass zumindest die Betriebsgefahr bei dem Mandanten hängen bleibt. Die Erläuterung der sog. Betriebsgefahr, also die Haftung aus Gefährdung, musste dem Mandanten erläutert werden. Es liegt in der Natur der Sache, dass es einem juristischen Laien schwerfällt, zu verstehen, dass man nicht nur aus Verschulden, sondern auch aus Gefährdung haftet. Regelmäßig brauchen entsprechende Erläuterungen Zeit.

Des Weiteren stand die Frage im Raum, ob vorliegend gegen die Schadensminderungspflicht verstoßen werden könnte, wenn ein Sachverständigengutachten eingeholt wird. Die Rechtsprechung nimmt an, dass im Bereich einer Schadenshöhe bis 750 EUR bei Erkennbarkeit ein Sachverständigengutachten nicht eingeholt werden darf, ohne gegen die Schadensminderungspflicht zu verstoßen.

Von daher war der Mandant zunächst darüber aufzuklären, dass für ihn Schadensminderungspflichten existieren und dass im konkreten Fall zunächst geprüft werden muss, ob der Schaden erkennbar unterhalb von 750 EUR liegt. Diese Problematik bestand vorliegend, da der tatsächliche Schaden, wie sich anschließend herausgestellt hat, nur unwesentlich über dieser sog. Bagatellgrenze lag.

Darum war der Mandant darüber aufzuklären, dass es sinnvoll erscheint, dass der Sachverständige sich das Fahrzeug zunächst nur äußerlich betrachtet, um einzuschätzen, ob die entsprechende Bagatellgrenze überschritten ist. Diese Vorgehensweise bietet sich an, um von vornherein Streitigkeiten zu vermeiden. Erfahrungsgemäß tun sich Haftpflichtversicherungen mit der Regulierung schwer, wenn anschließend der Sachverständige einen Schaden von unter 750 EUR feststellt. Ein Streit über die Frage der Erkennbarkeit der Schadenshöhe, insbesondere der Unterschreitung der Bagatellgrenze, wäre programmiert gewesen. Um einen solchen Streit von vornherein zu vermeiden, war es überdies notwendig, dass der Prozessbevollmächtigte des Klägers mit dem Sachverständigen telefonierte und mit diesem absprach, dass er das Gutachten erst anfertigen soll, wenn er von vornherein einschätzt, dass die Bagatellgrenze überschritten ist. Im Übrigen war das Telefonat mit dem Sachverständigen notwendig, um eine entsprechende Koordination in den Schadensfall hineinbringen zu können und so eine schnelle Schadensabwicklung zu erreichen.

In einem vergleichbar gelagerten Fall hat die Rechtsanwaltskammer Köln ein Gutachten erstellt. Die Erstellung des Gutachtens beruhte auf einem entsprechenden Beschluss des Gerichts nach § 14 Abs. 2 RVG.

Das Gutachten führt aus:

„[...] Die Beklagte moniert dagegen zentral, dass Umfang und Schwierigkeit der Schadensregulierung als unterdurchschnittlich zu bewerten seien. Hierfür gibt es nach Überzeugung des Vorstands der Rechtsanwaltskammer Köln allerdings keine durchgreifenden Anhaltspunkte. Denn die Tätigkeit des Rechtsanwalts erschöpft sich in der Tat nicht in dem, was der Haftpflichtversicherung brieflich vorgelegt wird. Vielmehr ist diese Korrespondenz in aller Regel das Ergebnis umfangreicher Vorarbeit des Rechtsanwalts in tatsächlicher und rechtlicher Hinsicht. In aller Regel, wie dies für vorliegenden Fall auch im Wesentlichen für die Klägerin von ihrem Prozessbevollmächtigten bestätigt wird, sind für Verkehrsunfallsachen unter anderem folgende Umstände für die anwaltliche Tätigkeit kennzeichnend:

– erste Besprechung mit dem Auftraggeber und Beratung
– Belehrung über die Schadensminderungspflicht
– Prüfung der Rechtslage, insbesondere die Beratung im Hinblick auf die möglichen Schadenspositionen, die dem Laien nicht sofort ersichtlich sind, zumal nach der Änderung des Schadensersatzrechts die anwaltliche Pflicht besteht, unabhängig von der Schadenshöhe zu beraten
– Durchsicht von Unterlagen

A. Anwaltskosten für die Verkehrsunfallregulierung

- Ermittlung der Haftpflichtversicherung des Gegners
- Beauftragung eines Sachverständigen
- Prüfung des Sachverständigengutachtens und Erörterung mit dem Mandanten
- Besprechung mit dem Sachverständigen zwecks Erläuterung oder Ergänzung des Gutachtens, vorliegend zwecks Abstimmung der von der Haftpflichtversicherung zugestandenen geringeren Gebühren
- Einsicht in die polizeilichen oder gerichtlichen Akten
- Prüfung der Ansprüche des Auftraggebers
- Schadensmeldung bei der Haftpflichtversicherung
- Schriftwechsel mit der Haftpflichtversicherung
- Prüfung der Einwendungen der Versicherung und Entgegnung hierauf
- Prüfung und Auswertung der Abrechnung
- Abrechnung der Schadensbeträge mit den beteiligten Stellen, soweit Abtretungen vorliegen, beziehungsweise Abrechnung mit dem Mandanten
- Abrechnung seines Honorars

Diese keineswegs abschließende Auflistung regelmäßig zu erbringender Leistungen des Rechtsanwalts ist für alle Verkehrsunfallsachen kennzeichnend, unabhängig von der Höhe des Schadens und der Schnelligkeit der Regulierung im Einzelfall. Sie haben nach der Darstellung des Prozessbevollmächtigten der Klägerin auch vorliegend zum größeren Teil vorgelegen. Damit handelt es sich zumindest um einen Fall durchschnittlicher Bedeutung und Schwierigkeit [...]."

Aus den Darlegungen der Tätigkeit in der Klageschrift und vorliegend der Schilderungen in der Replik ist festzustellen, dass auch die aufgezählten Tätigkeiten in der vorliegenden Angelegenheit zum größten Teil angefallen sind. Mit dem Gutachten der Rechtsanwaltskammer Köln ist daher eine Rahmengebühr in Höhe von 1,3 angemessen.

Das Gutachten liegt anbei.

Das Amtsgericht Köln (Urt. v. 12.5.2005 – 261 C 2/05, liegt anbei) führt wie folgt aus:

„Im vorliegenden Fall dürfte der Schwerpunkt der Tätigkeit des Klägervertreters nicht im Schriftverkehr mit der Beklagten, sondern vielmehr in vorangegangenen vorbereitenden Beratungsgesprächen mit dem Mandanten zwecks Feststellung des Sachverhalts unter einzelnen möglichen Schadenspositionen gelegen haben. Hierbei handelt es sich um eine komplexe Materie mit einer Vielzahl von Einzelproblemen, die einem ständigen Wandel unterworfen sind. Dies können die Richter und Richterinnen der Verkehrszivilabteilung am Amtsgericht Köln aus ihrem Berufsalltag bestätigen [...]."

Ebenso führt das Amtsgericht Magdeburg (Urt. v. 9.5.2005 – 163 C 229/05, liegt anbei) aus:

„[...] Bei der Abwicklung eines üblichen Verkehrsunfalls dürfte es sich grundsätzlich um eine durchschnittliche Angelegenheit handeln, bei der der in Ansatz gebrachte Regelwert von 1,3 durchaus zugrunde gelegt werden kann. Auch in der zügigen Verkehrsunfallabwicklung ist eine durchschnittliche Angelegenheit zu sehen. Hierin liegt, entgegen der Auffassung der Beklagten, kein besonders einfach gelagerter Fall, der sich in der Addition verschiedener Schadenspositionen einschließlich deren Rechnungsübersendung erschöpft [...]. Auch der Einwand des Beklagten, die Tätigkeit des klägerischen Anwalts habe sich in der Absendung eines vorformulierten Standardschreibens erschöpft, führt zu keiner anderen Beurteilung. Es kommt für die Bewertung von Umfang und Schwierigkeit der anwaltlichen Tätigkeit insbesondere nicht darauf an, dass der Anwalt lediglich ein

Schreiben verfasst hat, dass noch dazu formularmäßig und mit vorgefertigten Textbausteinen verfasst war. Im Anschluss an die zuvor genannte zeitintensive Ermittlungs- und Prüfungsphase kann der Anwalt auf standardisierte Schreiben zurückgreifen, um den festgestellten Anspruch möglichst zeitnah bei der Gegenseite geltend zu machen, ohne dass dies automatisch zu einer Reduzierung der anzusetzenden Gebühr führen würde [...]."

Wenn man bedenkt, dass seriöse Haftpflichtversicherungen wie Allianz oder DEVK unmittelbar nach Inkrafttreten des RVG an die Anwaltschaft herangetreten sind und angeboten haben, den durchschnittlichen Verkehrsunfall ohne Personenschaden, also mit reinem Sachschaden, mit einer Gebühr in Höhe von 1,8 zu vergüten, macht dies deutlich, dass eine Mittelgebühr von 1,3 für den durchschnittlichen Verkehrsunfall, wie er vorliegend vorgegeben ist, das unterste Maß dessen darstellt, was angemessen ist.

Dies scheint nunmehr auch die gesamte Rechtsprechung zu sehen.

Ein Ausschnitt der aktuellen Rechtsprechung liegt anbei. Dabei wird insbesondere auf die Entscheidung des Amtsgerichts Dresden vom 5.8.2015 (Az 103 C 1822/05) aufmerksam gemacht. Das Amtsgericht Dresden sieht eine Gebühr von 1,5 als angemessen an.

Im Weiteren sollen im Volltext noch Entscheidungen beigelegt werden, in denen die Haftpflichtversicherung des Beklagten (... als Beklagte) mit ihrer Auffassung, dass eine 0,9-Gebühr nach RVG angemessen sei, nicht durchdringen konnte.

Die Entscheidung des Landgerichts Coburg vom 6.5.2015 (Az 32 S 25/05), welche der Beklagte anhängt, ist nicht vergleichbar. In der dortigen Entscheidung hat der Anwalt lediglich ein einziges Schreiben an die Haftpflichtversicherung verfasst. Vorliegend war die Arbeit deutlich umfangreicher. Wir beziehen uns auf die entsprechenden Darlegungen in der Klageschrift und in der Replik. Im Übrigen hat selbst dann das Landgericht Coburg (aaO) eine höhere Gebühr für angemessen erachtet als die von der Haftpflichtversicherung des Beklagten anerkannte.

Auch die Entscheidung des Landgerichts Bochum vom 17.6.2015 (Az 5 S 33/05) ist nicht anwendbar, interessant ist jedoch die Einschätzung der Entscheidung, dass es sich bei einer Verkehrsunfallsache grundsätzlich um eine durchschnittliche Angelegenheit handelt. Von einer Gebühr in Höhe von 1,3 ist nach der Entscheidung des Landgerichts Bochum nur im absoluten Ausnahmefall abzusehen, welcher vorliegend nicht gegeben ist. Im Übrigen hat das Landgericht Bochum auch eine höhere Gebühr für angemessen erachtet als die von der Beklagten anerkannte.

Ebenso ist dies bei der Entscheidung des Landgerichts Nürnberg-Fürth vom 6.7.2015 (Az 8 S 3680/05) zu erkennen. Die Angelegenheit bei der Entscheidung des Landgerichts Nürnberg muss auch anders liegen als hier, ist doch festzustellen, dass dort die Haftpflichtversicherung nach dem Anschreiben vom 13.8. bereits drei Tage später in der Lage war, die Haftung dem Grunde nach vollumfänglich anzuerkennen.

Vorliegend ist festzustellen, dass die ...-Versicherung nicht einmal in der Lage war, die gesetzte Frist von zwei Wochen zur Abgabe des Haftungsanerkenntnisses einzuhalten.

Für die Abgabe des Haftungsanerkenntnisses hat die ...-Versicherung insgesamt drei Wochen benötigt. Es erscheint widersprüchlich, vorzutragen, dass einerseits die Angelegenheit einfachster Natur gewesen sei, andererseits jedoch drei Wochen Bearbeitungszeit benötigt worden sind.

Dabei ist auch auf die Rechtsprechung zum Verzug abzustellen. Die Rechtsprechung billigt Haftpflichtversicherungen regelmäßig eine Prüfungszeit von mindestens zwei bis drei Wochen zu. Ist ein Verkehrsunfall einfach zu regulieren, ist eine Prüfungszeit von drei Tagen sicherlich als ausreichend anzusehen. Offensichtlich ist auch die ...-Versicherung hierzu nicht in der Lage, was deutlich macht, dass es sich bei einem Verkehrsunfall gerade um eine mindestens durchschnittliche Angelegenheit handelt.

Die Entscheidung des Landgerichts Saarbrücken vom 19.5.2015 (Az 11 S 43/05) ist obsolet. Selbst die Klageerwiderung des Beklagten führt aus, dass die Schwellengebühr 1,3 beträgt. Das Landgericht Saarbrücken geht von der nunmehr überkommenen Auffassung aus, dass die Schwellengebühr von 1,3 nicht die Regelgebühr darstelle. Wirklich vertreten wurde dies niemals und scheint auf einer rechtsfehlerhaften Ansicht des Landgerichts Saarbrücken zu beruhen, die auch von der ...-Versicherung tatsächlich nicht mehr vertreten wird.

Bei der Entscheidung des Landgerichts Hannover vom 30.9.2015 (Az 16 S 51/05) ist wiederum festzustellen, dass eine höhere Gebühr ausgeurteilt wurde, als von der LVM anerkannt worden war. Im Übrigen ist die Entscheidung nicht vergleichbar, da auch das Landgericht Hannover eine Entscheidung zu fällen hatte über einen Sachverhalt, in dem der Anwalt lediglich ein Schreiben verfassen musste. Vorliegend war die Regulierung deutlich umfangreicher.

Mithin ist davon auszugehen, dass vorliegend eine Gebühr in Höhe von 1,3 nach RVG das unterste Maß dessen ist, was als angemessen erscheint.

Das beantragte Gutachten ist gemäß § 14 Abs. 2 RVG einzuholen.

Der Antrag auf Zulassung der Berufung

wird übereinstimmend mit dem Beklagten gestellt.

Sofern die anwaltliche Tätigkeit, welche dargelegt worden ist, bestritten werden sollte, wird beantragt, Herrn Rechtsanwalt ... als Zeugen zu vernehmen.

Sollte das Gericht weitere Darlegungen oder Beweisantritte für erforderlich halten, wird sich bereits jetzt für einen entsprechenden richterlichen Hinweis bedankt.

Rechtsanwalt ◀

Darauf wird wie folgt dupliziert: 7

▶ **Muster: Duplik** 8

An das ...gericht, ...

In Sachen

... [Kläger] ./. ... [Beklagter]

Az ...

wird der abweichende und nicht berührte Vortrag der Gegenseite im Schriftsatz vom 22.12.2015 bestritten.

Unbegreiflich ist die Auffassung, dass die Notwendigkeit einer umfangreichen Erörterung mit dem Mandanten damit begründet wird, dass eine 100%-Haftung zweifelhaft gewesen sei. Der Haftpflichtversicherer des Beklagten hat den vollen geforderten Betrag gezahlt. Damit waren alle Hinweise an den Kläger, es komme eine Haftungskürzung in Betracht, objektiv überflüssig. Entweder durfte im Hinblick auf die Haftungsrisiken nur eine Teilquote gefordert werden, dann allerdings diente die Belehrung des Klägers der Erläuterung der Mithaftung, also des eigenen Haftungsanteils; dafür hat der Schädiger schadensrechtlich nicht aufzukommen. Oder aber es wurde die volle Quote gefordert. Dies hätte bei vollständiger Regulierung dann zur Konsequenz, dass der Schädiger ein zusätzliches Anwaltshonorar deshalb zahlen müsste, weil der Anwalt von seiner eigenen Forderung nicht überzeugt war. Auch dieses Ergebnis ist schlechterdings unvertretbar. Auch die Diskussion zur

Schadensminderungspflicht kann eine Gebührenerhöhung nicht rechtfertigen. Auch hier gilt der Grundsatz, dass der Schädiger nicht für Schadenspositionen aufkommen muss, die letztlich von ihm nicht zu ersetzen sind. Das Telefonat mit dem Sachverständigen verursachte nur minimalen Aufwand. Auch das in Bezug genommene Gutachten der Anwaltskammer Köln kann der Klage nicht zum Erfolg verhelfen. Dieses Gutachten verhält sich völlig abstrakt über verschiedene Tätigkeiten, die bei einer Unfallregulierung anfallen können. Daraus ergibt sich noch lange nicht, dass sie auch tatsächlich angefallen sind und im Einzelfall auch erforderlich im Sinne des § 249 BGB waren. Auch die Vergütungspflicht hinsichtlich der Anwaltskosten des Geschädigten besteht nur im Rahmen des § 249 BGB.

Rechtsanwalt ◄

9 Nach mündlicher Verhandlung kann das Gericht den klägerischen Anträgen mit folgender Begründung stattgeben:

10 ▶ **Muster: Entscheidung des Gerichts**

[...]

In Sachen

Kläger ./. Beklagter

Az ...

hat das Amtsgericht ... durch die Richterin am Amtsgericht ... aufgrund der mündlichen Verhandlung vom 20.4.2016
für R E C H T erkannt:
1. Der Beklagte wird verurteilt, an den Kläger ... EUR nebst Zinsen in Höhe von 5 Prozentpunkten über dem Basiszinssatz seit dem 30.9.2015 zu bezahlen.
2. Der Beklagte trägt die Kosten des Rechtsstreits.
3. Das Urteil ist vorläufig vollstreckbar.
4. Die Berufung wird zugelassen.

Tatbestand:

Mit der Klage werden offene Rechtsanwaltsgebühren wegen einer außergerichtlichen Vertretung des Klägers aufgrund eines Verkehrsunfalls vom 24.7.2015 geltend gemacht.
Der Verkehrsunfall hat sich in ... ereignet, wobei der Beklagte mit seinem Fahrzeug mit dem klägerischen Pkw kollidierte. Der Unfallhergang und die Haftung waren dem Grunde nach außergerichtlich unstreitig. Insofern sind auch alle bezifferten Schäden im Zusammenhang mit dem Fahrzeug vorprozessual bis auf die Anwaltskosten vollumfänglich beglichen worden. Streit zwischen den Parteien besteht lediglich darüber, in welcher Höhe vorgerichtliche Rechtsanwaltsgebühren erstattungsfähig sind. Der Kläger fordert eine 1,3-Geschäftsgebühr gemäß Nr. 2300 VV RVG, während der Beklagte nur eine 0,9-Geschäftsgebühr für angemessen hält. Der Kläger berechnet seine Forderung wie folgt:

Nr. 2300 VV RVG: 1,3-Geschäftsgebühr 1.679,04 EUR	... EUR
Nr. 7200 VV RVG: Auslagenpauschale	... EUR
Gebühren und Auslagen (netto)	... EUR
19 % Mehrwertsteuer, Nr. 7008 VV RVG	... EUR

Gebühren und Auslagen (brutto)
Endbetrag der Rechnung: ... EUR

Der Beklagte zahlte hierauf ... EUR. Den Differenzbetrag von ... EUR macht der Kläger mit der Klage geltend.

Der Kläger beantragt,

den Beklagten zu verurteilen, an den Kläger ... EUR nebst 5 Prozent Zinsen über dem Basiszinssatz der Deutschen Bundesbank seit dem 30.9.2015 zu bezahlen.

Der Beklagte beantragt,

die Klage abzuweisen.

Entscheidungsgründe:

Die zulässige Klage ist begründet.

Dem Kläger steht gegen den Beklagten ein Schadensersatzanspruch gemäß §§ 823 Abs. 1, 249 BGB in Höhe von ... EUR zu.

Es besteht ein Gebührenanspruch des Prozessbevollmächtigten des Klägers gegen den Beklagten in Höhe von ... EUR und nicht in Höhe der von dem Beklagten bereits ausgeglichenen ... EUR. Die von dem Prozessbevollmächtigten des Klägers für die Unfallregulierung berechnete 1,3-Geschäftsgebühr gemäß Nr. 2300 VV RVG ist gerechtfertigt. Der Gebührentatbestand Nr. 2300 VV RVG sieht eine Gebühr von 0,5 bis 2,5 vor. Die Mittelgebühr beträgt 1,5. In Nr. 2300 VV RVG ist weiterhin bestimmt: Eine Gebühr von mehr als 1,3 kann nur gefordert werden, wenn die Tätigkeit umfangreich oder schwierig war.

Hinsichtlich Umfang und Schwierigkeit ist nach der Entwurfsbegründung zu diesem Gebührentatbestand davon auszugehen, dass im Durchschnittsfall eine Gebühr von 1,3 anzusetzen ist (vgl Ministerialrat *Klaus Otto* in NJW 2004, 1420). Das Gericht geht insofern davon aus, dass bei einem durchschnittlichen Schwierigkeitsgrad und durchschnittlichen Aufwand eine Gebühr von 1,3 anzusetzen ist. Der Umfang und Schwierigkeitsgrad der Tätigkeit der Prozessbevollmächtigten des Klägers zur Ermittlung und Geltendmachung des Unfallschadens des Klägers gegenüber dem Beklagten war durchschnittlich. Bezüglich der von dem Prozessbevollmächtigten des Klägers im Zusammenhang mit der Unfallregulierung vorgenommenen Tätigkeit wird auf die Klageschrift vom 29.8.2015 Bezug genommen. Der Anspruch ist mithin begründet. Der zuerkannte Anspruch auf Zahlung von Prozesszinsen ist gemäß §§ 280 Abs. 1, Abs. 2, 286, 288 Abs. 1 BGB begründet. Die Kostenentscheidung beruht auf § 91 Abs. 1 S. 1 ZPO. Die Entscheidung über die vorläufige Vollstreckbarkeit folgt aus §§ 708 Nr. 11, 711, 713 ZPO. Die Berufung war gemäß § 511 Abs. 4 ZPO zuzulassen. Die Rechtssache hat grundsätzliche Bedeutung. Darüber hinaus erfordert die Sicherung einer einheitlichen Rechtsprechung eine Entscheidung des Berufungsgerichts.

Richterin ◄

Die vom Beklagten eingelegte Berufung kann wie folgt begründet werden: 11

▶ **Muster: Berufungsschrift**   12

An das ...gericht, ...

Az ...

In Sachen

... [Kläger/Berufungsbeklagter] ./. ... [Beklagter/Berufungskläger] werden wir beantragen,

abändernd die Klage abzuweisen.

Zur Begründung der Berufung nehmen wir Bezug auf das gesamte bisherige Vorbringen des Beklagten; abweichender und nicht berührter Vortrag des Klägers wird bestritten.

Im Einzelnen tragen wir noch vor:

I.

Das Amtsgericht hat gemeint, dem Kläger stehe ein weiterer Schadensersatzanspruch in Höhe von ... EUR aufgrund des Verkehrsunfalls vom 24.7.2015 zu. Insoweit bestehe nämlich ein restlicher offener Gebührenanspruch seiner Prozessbevollmächtigten. Die von den Prozessbevollmächtigten berechnete 1,3-Geschäftsgebühr für die Unfallregulierung sei gerechtfertigt, weil im Durchschnittsfall eine Gebühr von 1,3 anzusetzen sei. Umfang und Schwierigkeitsgrad der Tätigkeit der Prozessbevollmächtigten seien hier durchschnittlich gewesen. Dies ergebe sich aus dem Vorbringen des Klägers in der Klageschrift.

Dem kann nicht gefolgt werden. Das angefochtene Urteil wird antragsgemäß abzuändern sein.

II.

Der geltend gemachte restliche Gebührenanspruch der Prozessbevollmächtigten des Klägers besteht nicht.

1. Im rechtlichen Ansatz folgen wir dem Amtsgericht darin, dass bei einer durchschnittlichen anwaltlichen Angelegenheit eine 1,3-Geschäftsgebühr verdient ist. Der Streit der Parteien geht deshalb darum, ob eine durchschnittliche Angelegenheit vorgelegen hat oder nicht. Dies hat das Amtsgericht zu Unrecht angenommen. Eine sorgfältige Tatsachenfeststellung ist insoweit zu vermissen. Deshalb ist das Berufungsgericht gemäß § 529 Abs. 1 Ziffer 1 ZPO nicht gebunden. Eine neue Tatsachenfeststellung ist vielmehr erforderlich.

a) Wir haben schon in der Klageerwiderung ausdrücklich bestritten, dass es sich bei der Abwicklung eines üblichen Verkehrsunfalls um eine durchschnittliche Angelegenheit im Sinne des § 14 RVG handelt. In vielen gerichtlichen Entscheidungen wird dies pauschal behauptet, ohne dass dazu jemals konkrete Feststellungen getroffen worden wären. Dies gilt zumindest für die diesseits bekannten Urteile. Auch das Amtsgericht begründet die Annahme einer durchschnittlichen Angelegenheit nur völlig pauschal. Zum Umfang und Schwierigkeitsgrad der Tätigkeit des Klägervertreters wird lediglich auf das Vorbringen in der Klageschrift Bezug genommen. Es fehlt jede Erläuterung dazu, wann eine durchschnittliche anwaltliche Angelegenheit vorliegen soll. Abzustellen ist dabei nicht auf die Kanzlei der Prozessbevollmächtigten, sondern es ist das Durchschnittsmandat eines Anwalts in der Bundesrepublik Deutschland zu ermitteln. Für alle in Betracht kommenden Mandatsgebiete muss eine Feststellung getroffen werden, innerhalb welcher Bandbreite durchschnittliche Angelegenheiten vorliegen. Diese Abgrenzungen müssen für die in § 14 RVG genannten Kriterien erfolgen. In einem zweiten Schritt ist dann zu prüfen, ob ein durchschnittlicher (?) Verkehrsunfall diese Kriterien erfüllt. In dem Zusammenhang muss dann auch festgelegt werden, was überhaupt als durchschnittlicher Verkehrsunfall gelten soll. Auch insoweit wird nämlich eine tatsächlich in keiner Weise abgesicherte Terminologie verwandt. Im Ansatz ist jedenfalls davon auszugehen, dass es anwaltliche Angelegenheiten gibt, die unterdurchschnittlicher Natur sind. Dies ergibt sich schon zwingend daraus, dass der Gebührenrahmen des RVG bei 0,5 beginnt. Folglich sind auch unterdurchschnittliche Unfallregulierungen denkbar. Dazu existiert mittlerweile eine umfangreiche Berufungsrechtsprechung, die wir teilweise schon in der Klageerwiderung zitiert haben. Handhabbar und praktikabel ist in jedem Fall die Rechtsprechung des Landgerichts Bochum. Sie stellt darauf ab, ob

Streit zum Grund und zur Höhe der Ansprüche bestanden hat und ob binnen angemessener Frist reguliert wurde. Wenn diese drei Voraussetzungen vorliegen, liegt ein durchschnittliches anwaltliches Mandat vor.

b) Von einer durchschnittlich schwierigen anwaltlichen Tätigkeit kann von vornherein keine Rede sein. Die Entscheidungsgründe des angefochtenen Urteils geben für diese Beurteilung nichts her. Die volle Haftung des Beklagten war nie zweifelhaft und ist insbesondere auch von seinem Haftpflichtversicherer nie bestritten worden. Auch die Schadenspositionen selbst waren völlig unproblematisch. Geltend gemacht wurden Reparaturkosten, Sachverständigenkosten, Nutzungsausfall und Kostenpauschale. Für keine dieser Schadenspositionen sind nennenswerte anwaltliche Leistungen zu erbringen. Die Höhe der Reparaturkosten ergibt sich aus dem Sachverständigengutachten bzw. der Reparaturkostenrechnung. Die Sachverständigenkosten werden unmittelbar durch Rechnung belegt. Der Nutzungsausfall lässt sich aus der Tabelle ablesen. Es muss nur aus der Reparaturkostenrechnung hervorgehen, von wann bis wann sich das Fahrzeug in der Werkstatt befand. Hinsichtlich keiner einzigen Schadensposition gibt es Streit in der Rechtsprechung. Von einer durchschnittlich schwierigen anwaltlichen Tätigkeit kann deshalb nicht ernsthaft gesprochen werden.

c) Auch der Umfang der anwaltlichen Tätigkeit ist eindeutig unterdurchschnittlich. Es mag sein, dass die Prozessbevollmächtigten des Klägers am 26.7.2015 beauftragt wurden und eine persönliche Besprechung mit dem Kläger stattgefunden hat. Der Anspruch ist dann durch ein Standardschreiben beim Haftpflichtversicherer des Beklagten angemeldet worden. Die Meldung des Unfalls bei der eigenen Haftpflichtversicherung des Klägers ist schadensersatzrechtlich nicht zu berücksichtigen. Im Übrigen verursacht auch dieses Schreiben keinen nennenswerten Aufwand. Weiter soll der Sachverständige telefonisch beauftragt und gebeten worden sein, das Gutachten direkt an den Versicherer des Beklagten zu senden. Auch diese anwaltliche Leistung erfordert keinen nennenswerten Aufwand. Ein solches Telefonat kann in ein bis zwei Minuten geführt werden. Nach Vorliegen des Gutachtens wurde dann vorläufig abgerechnet. Anschließend erteilte der Kläger den Reparaturauftrag, so dass endgültig abgerechnet werden konnte. Damit sind letztlich nur geringe anwaltliche Leistungen erbracht worden. Das Mandat war nach rund sechs Wochen beendet. Dabei geht es noch auf eigene Dispositionen des Klägers als Geschädigten zurück, dass das Mandat überhaupt über diesen Zeitraum geführt wurde. Erforderlich war diese Bearbeitungszeit nicht, denn der Kläger hätte den Reparaturauftrag auch sofort erteilen können. Dann wäre eine Abwicklung sogar bis Mitte August 2015 möglich gewesen. Auch vor dem Hintergrund der Erforderlichkeit ist der Umfang der anwaltlichen Tätigkeit deshalb als deutlich unterdurchschnittlich zu bezeichnen.

d) Damit sind die leistungsbezogenen Kriterien der anwaltlichen Vergütung eindeutig unterdurchschnittlich. Zu den Einkommens- und Vermögensverhältnisses des Klägers hat das Amtsgericht keine Feststellungen getroffen. Gleiches gilt auch für die Bedeutung der Angelegenheit. Bei der Gesamtabwägung haben diese beiden Kriterien ohnehin geringes Gewicht. Durchschnittliche Vermögensverhältnisse und durchschnittliche Bedeutung der Angelegenheit können unterdurchschnittlichen Umfang und unterdurchschnittliche Schwierigkeit nicht in dem Sinne ausgleichen, dass insgesamt eine durchschnittliche Angelegenheit angenommen werden könnte. Dies gilt auch vor dem Hintergrund, dass außerordentlich schnell reguliert wurde. Auf die Bezifferung mit Schreiben vom 9.8.2015 reagierte der Versicherer des Beklagten mit der Abrechnung vom 12.8.2015. Die endgültige Forderungsanmeldung mit Schreiben vom 16.9.2015 wurde am 21.9.2015 ausgeglichen. Noch schneller kann praktisch nicht reguliert werden. Auch dieser Umstand ist bei der Gesamtbeurteilung der anwaltlichen Leistung von Bedeutung. In jedem Fall sind die vom Landgericht Bochum erarbeiteten Kriterien für die Annahme einer unterdurchschnittlichen anwaltlichen Tätigkeit eindeutig erfüllt.

2. Sollten nach Auffassung der Kammer noch weitere Gesichtspunkte von Bedeutung sein, bitten wir um Hinweis gemäß § 139 ZPO.

Ein weitergehender Begründungszwang des Rechtsmittels besteht jedenfalls nicht, da das Amtsgericht seine Entscheidung nicht auf weitere Gesichtspunkte gestützt hat.

Rechtsanwalt ◄

13 Darauf ist wie folgt zu erwidern:

14 ▶ **Muster: Berufungserwiderung**

An das ...gericht, ...

Az ...

In Sachen

... [Kläger/Berufungsbeklagter] ./. ... [Beklagter/Berufungskläger]

zeigen wir an, dass wir den Kläger und Berufungsbeklagten auch in der Berufungsinstanz vertreten, und beantragen:

1. Die Berufung wird zurückgewiesen.
2. Die Kosten des Verfahrens trägt der Beklagte.

Begründung:

Das Amtsgericht ... hat richtigerweise erkannt, dass dem Kläger der Klage entsprechend weitere Schadensersatzansprüche zustehen.

I.

Vorliegend geht es allein um die anwaltliche Vergütung in Verkehrsunfallangelegenheiten, insbesondere um die Angemessenheit eines Gebührenansatzes von 1,3.

Stellvertretend für die Anwaltschaft sollen an dieser Stelle insbesondere die Allianz und die DEVK lobend hervorgehoben werden, die die unsichere Rechtslage nach Einführung des RVG nicht genutzt haben, um am Honorar der Anwaltschaft zu sparen, sondern erkannt haben, dass für eine Versicherung das Sparpotential größer ist, wenn sich die Regulierung eines Unfalls nicht durch den Streit um das Anwaltshonorar verzögert. Darum wurde unmittelbar nach Einführung des RVG eine Nachfolgevereinbarung zum GdV-Abkommen geschlossen, wonach zB beim vorstehenden Verkehrsunfall der Ansatz einer Geschäftsgebühr von 1,8 vereinbart ist.

Andere Versicherungen sind dieser Vereinbarung gefolgt, wiederum andere haben erkannt, dass sich die Auffassung endgültig durchgesetzt hat, dass zumindest eine Gebühr iHv 1,3 bei einem durchschnittlichen Verkehrsunfall anzusetzen ist.

Einzig die zwei bis drei verbleibenden Versicherer vermögen hier kein Einsehen zu zeigen und gehen mit ihren drei bis vier Entscheidungen hausieren, die ihnen aus unterschiedlichen Gründen Recht geben. Dass diese Ausnahmen nichts anderes tun, als die Regel einer 1,3-Gebühr zu bestätigen, wird deutlich, wenn man bedenkt, dass diesen Urteilen mehrere Hundert Urteile gegenüberstehen und dem Inhalt dieser Entscheidungen Exotenstatus verleihen.

Es soll, um die Gerichtsakte nicht zu sprengen, darauf verzichtet werden, die entsprechenden Urteile beizufügen. Erstinstanzlich ist dies zT geschehen. Nachzulesen sind die monatlich veröffentlichen Entscheidungen jedoch einfach durch einen Blick in zfs, AGS, DAR, Mitteilungsblatt der ARGE Verkehrsrecht etc.

In der Folge wird darum nur auf eine Entscheidung des AG Kaiserslautern vom 30.3.2005 (Az 8 C 338/05) eingegangen, die sich mit dem Gebaren der hinter dem Beklagten stehenden Haftpflichtversicherung auseinandersetzt und ungewöhnlich deutliche Worte für den Vortrag findet.

Seit der Änderung des anwaltlichen Gebührenrechts von BRAGO zu RVG gab es insgesamt drei Angriffspunkte, mit denen gegen die diesseitige Auffassung der Angemessenheit einer 1,3-Gebühr argumentiert wurde:

An erster Stelle wurde historisch auch durch die ... [Haftpflichtversicherung des Beklagten] vertreten, dass die Schwellengebühr nicht 1,3, sondern lediglich 0,9 betrage und somit beim durchschnittlichen Fall nur eine Gebühr iHv 0,9 anstehe. Erstinstanzlich hat die ... [Haftpflichtversicherung des Beklagten] zumindest rechtlich unstreitig gestellt, dass die Schwellengebühr 1,3 betrage. Aus welchem Grund dann trotzdem zur Untermauerung der eigenen Auffassung von dort die mit Kritik überhäufte Rechtsprechung des LG Saarbrücken vorgelegt wurde, erschließt sich nicht. Zumindest an dieser Stelle scheint die ... [Haftpflichtversicherung des Beklagten] mitzugehen, dass eine rechtliche Klärung herbeigeführt worden ist.

Der zweite Angriffspunkt ist, dass es sich bei einem durchschnittlichen Verkehrsunfall nicht um eine die Schwellengebühr auslösende durchschnittliche Angelegenheit handele. Dies meint vorliegend auch die hinter dem Beklagten stehende Versicherung. Trotzdem zitiert sie die Entscheidung des LG Bochum vom 17.6.2005 (Az 5 S 33/05) und legt diese Entscheidung erstinstanzlich im Volltext vor. Dort beschreibt das LG Bochum jedoch, warum es sich bei einem Verkehrsunfall regelmäßig um eine durchschnittliche Angelegenheit handelt. Der Beklagte lässt also eine Entscheidung zitieren, die überzeugend insoweit die Auffassung des Beklagten widerlegt. Merkwürdig, wenn dann diese Rechtsprechung noch als „handhabbar und praktikabel" bezeichnet wird. Ernsthaft kann wohl nicht mehr vertreten werden, dass ein durchschnittlicher Verkehrsunfall eine unterdurchschnittliche Angelegenheit darstelle.

Letzter Angriffspunkt ist, dass der spezielle Verkehrsunfall kein durchschnittlicher Verkehrsunfall sei, wobei im Wesentlichen allein ex nunc darauf abgestellt wird, ob etwas streitig war oder nicht. Dass dies viel zu kurz greift, wird klar, wenn man sich verdeutlicht, was die anwaltliche Aufgabe bei einem Verkehrsunfall ist. Bereits von vornherein muss der Anwalt neben der Haftung dem Grunde nach auch die Haftung der Höhe nach im Auge behalten und insbesondere hier den Mandanten auf § 254 BGB mit den entsprechenden Fallen hinweisen.

Selbst wenn mit dem heutigen Blick die Haftung dem Grunde nach nie streitig war, so konnte bei Beginn des Mandats das Mandat nicht so bearbeitet werden, als wäre die Haftung unstreitig. Vielmehr ist bis zum Haftungsanerkenntnis immer im Auge zu behalten, dass die Haftung streitig sein kann. Darum erfolgt stets eine sehr zeitintensive Mandatsaufnahme, die alle Eventualitäten mit einschließt. Gerade diese zeitintensive Mandatsbearbeitung ermöglicht es ja, dass dann die Regulierung vereinfacht wird. Dafür muss dann aber entsprechend vorgearbeitet werden.

Gerade beim vorliegenden Verkehrsunfall auf einem Parkplatz konnte nicht davon ausgegangen werden, dass die Haftung dem Grunde nach unstreitig war, da regelmäßig zumindest die Betriebsgefahr eingewandt wird. An dieser Stelle will der Mandant jedoch nicht erst wissen, was passiert, wenn eine Entscheidung der Versicherung da ist, sondern bereits bei Mandatsbeginn wissen, was passiert, wenn sich die Versicherung in bestimmter Weise verhält. Vorliegend hat dies zB bedeutet, dass der Kläger über das Quotenvorrecht aufzuklären war für den Fall, dass die Versicherung lediglich zu

75 % anerkennt. Dass es bereits Juristen schwerfällt, § 67 Abs. 1 S. 2 VVG und die Rechtsprechung des BGH zum Quotenvorrecht zu verstehen, kann das Gericht wohl aus eigener Erfahrung beurteilen. Dann kann man sich auch vorstellen, was es bedeutet, dies einem Unfallgeschädigten näherzubringen.

II.

Auch die Haftung der Höhe nach war nicht einfach zu beurteilen. Jede einzelne Schadensposition ist vorliegend streitig. Folgende Schadenspositionen sind dem Kläger entstanden und waren wie folgt beachtenswert:

1. Reparaturkosten

Hier war der Kläger darüber aufzuklären, dass zT von Versicherungen eingewendet wird, dass verschiedene Billigwerkstätten mit der Reparatur zu betrauen sind, wenn diese qualitativ gleich hohe Bedingungen erfüllen, so dass die höheren Kosten einer markengebundenen Vertragswerkstatt nicht angemessen seien. Der Kläger war darüber zu beraten, dass der BGH erst kurz vor dem Unfall in seiner sog. Porsche-Fall-Entscheidung dem Geschädigten Recht gab, dies jedoch durch ein verunglücktes Zitat im Rahmen eines Vortrages bei den Homburger Tagen des Herrn Richter am BGH Wellner durch Versicherungen wiederum in Frage gestellt wird.

Auch darum wurde verabredet, da es Prämisse des Klägers war, nicht in Vorleistung treten zu müssen, zunächst fiktiv abzurechnen, um die Auffassung der ... [Haftpflichtversicherung des Beklagten] in Erfahrung zu bringen.

2. Sachverständigengutachten

An dieser Stelle wurde bereits erstinstanzlich ausgeführt, dass sich der Schaden unweit der sog. Bagatellgrenze bewegt, so dass zur Vermeidung von Streit lieber vorsorglich durch den Sachverständigen grob die Schadenshöhe eingeschätzt werden sollte. Dazu musste der Unterzeichner mit dem Sachverständigen telefonieren.

Der Kläger war auch darüber aufzuklären, dass die Höhe der Sachverständigenkosten streitig werden konnten. So wird von Seiten der Versicherung vorgetragen, dass die Abrechnung des Sachverständigen nach Gegenstandswert unbillig wäre und nach Zeitwert abgerechnet werden müsste. Darum war der Kläger darüber aufzuklären, dass eine Entscheidung des AG München den Versicherungen Recht gibt, jedoch der Unterzeichner unter dem Aktenzeichen 106 C 4019/03 zum damaligen Zeitpunkt durch das AG Dresden gerade eine Entscheidung erreichen konnte, die dem Geschädigten recht gibt. Wie brisant die Problematik war, wird dadurch deutlich, dass der BGH diese Problematik erst im April 2006 entschieden hat und den Geschädigten in seinen Auffassungen bestätigte.

3. Nutzungsausfallschaden

Vorliegend war an dieser Stelle zu berücksichtigen, dass das Fahrzeug des Klägers zum Unfallzeitpunkt älter als fünf Jahre war. In diesen Fällen wurde und wird regelmäßig durch Versicherungen eingewandt, dass bei den einschlägigen Tabellen eine Stufe niedriger angesetzt werden müsse. Dem Kläger musste erklärt werden, dass dies aus Sicht des Unterzeichners falsch ist, da der Nutzwert nicht vom Alter des Fahrzeugs abhängt. Wiederum im Jahr 2006 hat sich sogar der BGH mit dieser Thematik befasst.

4. Unkostenpauschale

Dass hier wohl alles zwischen 15 EUR und 30 EUR vertreten wird, muss nicht gesondert aufgeführt werden.

Ein Unfallmandat kann seriös nicht so geführt werden, dass dem Geschädigten gesagt wird, was gefordert werden kann, sondern es muss auch erklärt werden, welche Auffassungen bestehen und mit welchen Reaktionen zu rechnen ist. Insoweit ist der Anwalt zur Information verpflichtet. Mit Recht ist die Rechtsprechung zur anwaltlichen Haftung dem Anwalt gegenüber außerordentlich streng. Begründet wird dies immer mit den umfangreichen Verpflichtungen des Anwalts zur Aufklärung. Doch dann muss es einem Anwalt auch vergütet werden, wenn er diesen Verpflichtungen nachkommt. Es greift damit zu kurz, allein auf das Ergebnis anwaltlicher Tätigkeit abzustellen; auch der Weg dahin muss beachtet werden.

Insoweit verweisen wir auf die anliegende Entscheidung des AG Kaiserslautern vom 27.2.2006 (Az 4 C 31/06):

„[…] Dabei ist die unter Bezugnahme auf verschiedene Gerichtsentscheidungen vorgetragene Argumentation der Beklagten, dass die vorliegende Sache als unterdurchschnittlich zu bewerten sei, da lediglich zwei Schreiben an die Beklagte durch die Prozessbevollmächtigten des Klägers verfasst worden seien, im Ansatz verfehlt. Für die Gebührenbestimmung ist nicht (allein) maßgeblich, wie viele Schreiben der Rechtsanwalt verfassen muss, um den Anspruchsgegner zu überzeugen; auf die maßgeblichen Gesichtspunkte, Umfang und Schwierigkeit der Sache sowie Bedeutung derselben für den Auftraggeber lassen diese Umstände kaum einen tragfähigen Schluss zu […]. Das Argument, die Einstandspflicht sei unstreitig gewesen, ist schon deshalb ungeeignet, da sich dieser Umstand in aller Regel erst – so auch im vorliegenden Fall – auf das Anspruchsschreiben hin überhaupt herausfinden lässt. Maßgebend ist also nicht, ob es nur ein oder zwei Anschreiben gegeben hat, da diese lediglich das Ergebnis der vorausgegangenen Tätigkeit des Rechtsanwalts darstellen […]. Die Haftungsnormen des Straßenverkehrsrechts sind bereits bei der Haftung dem Grunde nach komplex. Selbst wenn eine Haftung dem Grunde nach zwischen den Parteien außer Streit steht, schließen sich hieran bei der Frage der geltend zu machenden Schadenshöhe zahlreiche, sehr detaillierte Rechtsfragen zu den einzelnen Schadenspositionen an. Erst nach einer zumindest summarischen Prüfung dieser Gesichtspunkte kommt es dann zu dem Anspruchsschreiben, das sich mithin nicht in einer bloßen Addition von Schadenspositionen erschöpft und deshalb auch nicht als alleiniger Maßstab für die Billigkeit der Gebührenbestimmung herangezogen werden kann […]."

Dass dann das Gericht der Versicherung im Anschluss noch mit auf den Weg gibt, deutliches Unverständnis über das Regulierungsgebaren zu haben, kann schon als sehr bemerkenswert bezeichnet werden.

Hinsichtlich des diesseitigen tatsächlichen Arbeitsaufwands wird Bezug genommen auf die Darlegungen in der Klageschrift, der Replik vom 22.12.2015 und auf obige Darlegungen. Die tatsächliche Tätigkeit des Unterzeichners wurde bislang durch den Beklagten nicht bestritten. Im Übrigen wird das Zeugnis des Unterzeichners zu sämtlichen tatsächlichen Darlegungen als Beweis angeboten.

Sollte das Gericht weitere Darlegungen oder Beweisantritte für erforderlich halten, wird sich bereits jetzt für einen entsprechenden richterlichen Hinweis bedankt.

Rechtsanwalt ◄

§ 3 Anspruchsinhalte bei der Verkehrsunfallhaftung

15 Darauf wird wie folgt repliziert:

16 ▶ **Muster: Replik**

62 An das ...gericht, ...

Replik

Az ...

In Sachen

... [Kläger/Berufungsbeklagter] ./. ... [Beklagter/Berufungskläger]

liegen die Ausführungen der Gegenseite im Schriftsatz vom 28.7.2015 im Wesentlichen neben der Sache:

1. Auf die Regulierungspraxis anderer Versicherer, die nicht auf der gesetzlichen Grundlage abrechnen, kommt es von vornherein nicht an.

2. Es kann überhaupt keine Rede davon sein, dass der diesseitige Standpunkt nur in drei bis vier Entscheidungen geteilt wird. Wir haben darauf verzichtet, auf die amtsgerichtliche Rechtsprechung einzugehen. Die inzwischen befassten Berufungsgerichte gehen in ihrer ganz überwiegenden Mehrheit davon aus, dass bei einer einfachen Unfallregulierung keine durchschnittliche anwaltliche Tätigkeit vorliegt, so dass auch keine 1,3-Geschäftsgebühr gerechtfertigt ist. In den von der Gegenseite zitierten Zeitschriften werden diese Entscheidungen freilich nicht veröffentlicht, weil dort aus bekannten Gründen nur anwaltsfreundliche Entscheidungen publiziert werden.

3. Es trifft zu, dass das Landgericht Bochum entgegen der diesseitigen Auffassung die Regulierung eines Verkehrsunfalls grundsätzlich als durchschnittliche Angelegenheit wertet. In tatsächlicher Hinsicht ist dies allerdings unzutreffend, worauf wir auch immer wieder hinweisen. Kein einziges Gericht hat bislang Veranlassung gesehen, seine pauschale Unterstellung zu diesem Thema einer Überprüfung zu unterziehen. Auf der Basis der Rechtsprechung des Landgerichts Bochum kann dies letztlich auch dahinstehen, weil jedenfalls der dort entwickelte Ausnahmefall vorliegt.

4. Da der Sinn einer anwaltlichen Beauftragung nicht in der Gebührenmaximierung, sondern in der sachgerechten Wahrnehmung der Interessen des Auftraggebers besteht, ist immer nur ein solcher Aufwand gerechtfertigt, der notfalls auch vom eigenen Auftraggeber erstattet werden muss. Bei Verkehrsunfällen ist von vornherein zu berücksichtigen, wie der in Anspruch genommene Versicherer voraussichtlich regulieren wird. Hier sprach alles dafür, dass der Versicherer nach einer Quote von 100 % abrechnen würde. Nähere Gedanken hätte sich die Gegenseite erst dann machen müssen, wenn der Einwand einer Mithaftung erhoben worden wäre. Die gleichen Überlegungen gelten hinsichtlich der Schadenspositionen. Hier werden Erwägungen ausgebreitet, die sich im vorliegenden Fall überhaupt nicht gestellt haben. Deshalb bestreiten wir auch nachdrücklich, dass der Geschädigte überhaupt entsprechend belehrt worden ist. Hier spricht alles dafür, dass im Nachhinein Aufwand konstruiert wird, um die 1,3-Geschäftsgebühr rechtfertigen zu können. Die Erforderlichkeit im Sinne des § 249 BGB ist jedenfalls nicht erkennbar.

Rechtsanwalt ◀

Hierauf kann noch wie folgt dupliziert werden:

▶ **Muster: Duplik**

An das ...gericht, ...

Az ...

In Sachen

... [Kläger/Berufungsbeklagter] ./. ... [Beklagter/Berufungskläger]

nehmen wir kurz wie folgt Stellung:

Da davon auszugehen ist, dass andere Versicherer ebenfalls auf Ihre Ausgaben achten, sollte die Regulierungspraxis dieser Versicherer schon ein deutliches Anzeichen dafür sein, welche Anwaltsvergütung angemessen ist und welche nicht.

Natürlich wird der Standpunkt der Gegenseite nur in drei bis vier Entscheidungen geteilt. Zum Teil sind diese Entscheidungen durch neuere Entscheidungen dieser Gerichte obsolet geworden und zum anderen durch Berufungsgerichte aufgehoben worden.

Insoweit ist es allenfalls Wunschdenken der Beklagtenseite, dass es eine überwiegende Mehrheit der Berufungsgerichte gäbe, die davon ausgingen, dass bei einer einfach gelagerten Unfallregulierung keine durchschnittliche anwaltliche Tätigkeit vorläge.

Das genaue Gegenteil ist der Fall, wobei diesseits nicht nur die überwiegende Mehrheit, sondern die ganz herrschende Auffassung zur Seite steht.

Dass dann der Beklagte sogar gezwungen ist, eine Entscheidung des Landgerichts Bochum für sich in Anspruch zu nehmen, hinsichtlich deren nunmehr eingestanden werden muss, dass sie tatsächlich der eigenen Auffassung widerspricht, macht deutlich, wie eng gesät die Rechtsprechung zugunsten des Beklagten ist.

Selbstverständlich haben Gerichte bislang auch Veranlassung gesehen, eine Überprüfung dieser Thematik vorzunehmen. Insofern haben wir die entsprechenden Gutachten der Rechtsanwaltskammern bereits vorgelegt, welche auf Veranlassung von Berufungsgerichten bzw erstinstanzlichen Gerichten erstellt worden sind. Es hat also eine entsprechende Überprüfung gerade stattgefunden.

Eine sachgerechte Wahrnehmung der Interessen des Auftraggebers setzt insbesondere unter Berücksichtigung der Haftungsrechtsprechung des BGH eine vollumfängliche Beratung voraus. Somit ist der Anwalt beim Erstkontakt und der entsprechenden Unfallaufnahme mit seinem Mandanten gezwungen, diesen auf bereits möglicherweise entstehende Probleme hinzuweisen und die entsprechenden taktischen Vorgehensweisen abzusprechen. Dass zum damaligen Zeitpunkt alles dafür sprach, dass der Versicherer bei einem Parkplatzunfall nach einer Quote von 100 % abrechnen würde, ist mitnichten der Fall. Die überwiegende Auffassung der Rechtsprechung geht davon aus, dass bei einem Parkplatzunfall eine Haftungsteilung in Betracht kommt, die mit meinem Mandanten selbstverständlich zu diskutieren war. Wenn erst dann reagiert werden würde, wenn der Einwand der Mithaftung nach möglicherweise zwei oder drei Wochen erhoben ist, bedeutete dies möglicherweise eine Verzögerung der Regulierung, da erst dann zB die Kaskoversicherung in Anspruch genommen werden könnte und sich zu spät Gedanken über das Quotenvorrecht gemacht werden würde.

Insoweit waren bereits beim Erstkontakt der mögliche Mithaftungseinwand und die Möglichkeiten der kombinierten Abrechnung nach Quotenvorrecht bei der Regulierung in Betracht zu ziehen.

Insoweit spielt es bei der Durchführung der Reparatur natürlich dann auch eine Rolle, dass mit dem Mandanten die Vor- und Nachteile der Anmietung eines Mietwagens bzw der Abrechnung des Nutzungsausfallschadens diskutiert werden. Hier ist der Mandant bereits vor der Reparatur darauf hinzuweisen, dass Probleme bei der Abrechnung der Mietwagenkosten entstehen können. Insoweit ist beim Erstkontakt bereits der Plan des Mandanten zu eruieren. Es muss in Erfahrung gebracht werden, ob fiktiv oder konkret abgerechnet werden soll und ob bei konkreter Abrechnung ein Mietwagen in Anspruch genommen werden soll oder nicht. All dies kann nicht erst geschehen, wenn die entsprechenden Schadenspositionen entstehen. Insoweit hätte der Unterzeichner möglicherweise haftungsrechtlicher Inanspruchnahme entgegengesehen, wenn er nicht über Probleme von Mietwagenkosten aufgeklärt und der Mandant sich für die Inanspruchnahme des Mietwagens entschieden hätte. Hier wird gerade der anwaltliche Beistand von Versicherungen sehr oft benutzt, um den Geschädigten insbesondere auf seine Schadensminderungspflicht hinzuweisen, die er durch Hilfe seines Anwalts hätte wahrnehmen können.

Diese vollumfängliche Beratung war und ist in jedem Fall nach einem Verkehrsunfall notwendig und daher auch erforderlich im Sinne des § 249 BGB und rechtfertigt auch im vorliegenden Fall die Abrechnung einer 1,3-Geschäftsgebühr.

Rechtsanwalt ◄

19 Nach einem entsprechenden Hinweisbeschluss ist wie folgt zu entscheiden:

20 ▶ **Muster: Entscheidung des Berufungsgerichts**

[...]

erlässt die .... Zivilkammer des Landgerichts ... durch den Vorsitzenden Richter am Landgericht ... und die Richter am Landgericht ... und ... ohne mündliche Verhandlung am ... folgenden

Beschluss:

1. Die Berufung des Beklagten vom ... gegen das Urteil des Amtsgerichts ... vom ... wird zurückgewiesen.
2. Der Beklagte trägt die Kosten des Berufungsverfahrens.
3. Der Streitwert des Berufungsverfahrens beträgt ... EUR.

Gründe:

I. Die statthafte sowie form- und fristgerecht eingelegte und begründete, somit zulässige Berufung hat nach einhelliger Überzeugung der Kammer in der Sache keine Aussicht auf Erfolg und ist deshalb, da die Rechtssache auch keine grundsätzliche Bedeutung hat und auch die Fortbildung des Rechts oder die Sicherung einer einheitlichen Rechtsprechung keine Entscheidung des Berufungsgerichts aufgrund mündlicher Verhandlung erfordert, gemäß § 522 Abs. 2 Nr. 1 ZPO zurückzuweisen.

Zur Begründung wird wie folgt ausgeführt.

Nach § 249 Abs. 1, Abs. 2 S. 1 BGB sind diejenigen adäquat verursachten Rechtsverfolgungskosten in Form vorprozessualer, nicht anrechenbarer Anwaltskosten zu ersetzen, die aus Sicht des Schadensersatzgläubigers zur Wahrnehmung und Durchsetzung seiner Rechte erforderlich und zweckmäßig waren (BGHZ 30, 154, 157 f; 39, 73, 74; 127, 348; BGH NJW 1970, 1122; 1986, 2243, 2245; 2004, 444, 446; 2006, 1065; KG VRS 106 [2004], 356, 357 f; LG Bonn AGS 2006, 19 = NJW 2005, 1873, 1874 = NZV 2005, 583, 585; *Nixdorf*, VersR 1995, 257 ff; *Sanden/Völtz*, Sachschadensrecht des Kraftverkehrs, 8. Aufl. 2007, Rn 289–292; Bamberger/Roth/*Grüneberg*, BGB, 2003, § 249 Rn 75; *Hentschel*, Straßenverkehrsrecht, 41. Aufl. 2011, § 12 StVG Rn 50 mwN; Palandt/*Heinrichs*, BGB, 74. Aufl. 2014, § 249 Rn 38 und insb. 39 mwN); Gleiches gilt im Übrigen etwa auch für außergerichtliche Rechtsanwaltskosten in Unterhaltssachen (OLG München NJW-RR 2006, 650 für den Unterhaltsprozess).

Was die Höhe der anzusetzenden Gebühr angeht, steht das Erstgericht mit der Systematik des RVG und der ganz herrschenden Rechtsprechung, auch der Kammer, und Literatur im Einklang. Nr. 2300 VV RVG schreibt vor: „Eine Gebühr von mehr als 1,3 kann nur gefordert werden, wenn die Tätigkeit umfangreich oder schwierig war." Bei diesem Wert von 1,3 handelt es sich um die sog. Schwellengebühr. Selbst wenn die höhere Mittelgebühr von 1,5 (vgl dazu grundsätzlich *Madert*, zfs 2004, 391) angefallen ist, darf ein die Schwellengebühr überschreitender Geschäftswert nur angesetzt werden, wenn alternativ die zusätzlichen Merkmale des Umfangs oder der Schwierigkeit der Tätigkeit vorliegen. Umgekehrt bedeutet dies, dass, wenn die Rechnung auf diese zusätzlichen Merkmale nicht Bezug nimmt, jedenfalls die Gebühr mit 1,3 anzusetzen ist.

Die ganz herrschende Rechtsprechung geht davon aus, dass es sich bei der Abwicklung eines üblichen Verkehrsunfalls auch nach Inkrafttreten des RVG grundsätzlich, auch in sog. einfachen Regulierungssachen, um eine durchschnittliche Angelegenheit handelt, bei der die Berechnung einer 1,3-Geschäftsgebühr nach Nr. 2300 VV RVG angemessen ist (so OLG München, Hinweis vom 19.4.2006 im Verfahren Az 10 Urt. 1613/06; vgl ferner die Rechtsprechungsübersichten in DAR 2006, 58 f, NJW 2006, 1477 ff und in MittBl. der ARGE VerkR 2006, 53 ff). Der Senat sieht auch in Anbetracht der Ausführungen in der Replik keine Veranlassung, seine bisherige Rechtsprechung zu ändern.

Wenn somit die Gebühr von 1,3 als „Regelgebühr" anzusehen ist, genügt der Geschädigte seiner Darlegungs- und Beweislast, wenn er einen solchen Regelfall als konkret gegeben behauptet. Will der Schädiger dies nicht gelten lassen, obliegt es ihm, im Einzelnen darzulegen, welche Gesichtspunkte für einen unterdurchschnittlichen Fall sprechen. Die von den Beklagten zitierte Entscheidung OLG Hamm NJW-RR 1999, 510 zwingt die Kammer nicht, die Sache mündlich zu verhandeln und die Revision zuzulassen, weil zum einen der dort entschiedene Sachverhalt – eine Gebührenklage eines Steuerberaters gegen seinen Mandanten – mit dem vorliegenden Fall nicht vergleichbar ist, zum anderen das OLG Hamm selbst darlegt, dass es von der damals bereits herrschenden gegenteiligen Meinung abweicht.

Soweit vorliegend von dem im Erstgericht festgestellten Sachverhalt, insbesondere dem Umfang der notwendigen Arbeit des Anwalts ausgegangen wird, woran das Berufungsgericht gebunden ist, ist nichts ersichtlich, was im Ergebnis für eine unterdurchschnittliche Angelegenheit sprechen könnte.

II. Die Kostenentscheidung beruht auf § 97 Abs. 1 ZPO.

III. Die Streitwertfestsetzung folgt aus §§ 63 Abs. 2 S. 1, 47 Abs. 1 S. 1, 40, 48 Abs. 1 S. 1 GKG, 3 ff ZPO. ◄

Die Diskussion, ob von der anwaltlichen Toleranzgrenze auch ein Überschreiten der 1,3 Gebühr gedeckt ist, hat der BGH[1] beendet. Danach muss eine Angelegenheit tatsächlich umfangreich oder schwierig sein, um einen höheren Gebührenfaktor als 1,3 ansetzen zu dürfen. Dies wird jedoch dann anzunehmen sein, wenn ein Verkehrsunfall mit einem komplizierten Personenschaden einhergeht.

---

1 BGH v. 8.5.2012 – VI ZR 273/11.

B. Sachverständigenkosten

21 Problematisch bei den Sachverständigenkosten ist, dass es eine gesetzliche Gebührentabelle wie bei Anwälten nicht gibt. Es existieren zwar Tabellen, welche vom BVSK veröffentlicht werden, Gesetzesrang haben diese freilich nicht. Somit kann jeder Sachverständige zunächst so abrechnen, wie er es für richtig hält, wenn die Abrechnung nicht unbillig wird. Der 50. Verkehrsgerichtstag 2012 hat dies im Rahmen seiner Empfehlungen auf den Punkt gebracht: „Jegliche Einflussnahme auf den Inhalt des Gutachtens ist zu unterlassen". Da es Versicherungen zT gern sähen, dass Sachverständige nach den meist niedrigeren Tabellen des BVSK abrechnen, werden die Gebühren gekürzt und manchmal überhaupt nicht zum Ausgleich gebracht. Geschieht dies, ist das offene Honorar einzuklagen. Dabei wird zum einen durch Versicherer behauptet, dass die Abrechnung nach dem Zeitaufwand zu erfolgen hat. Andererseits wird vielfach versucht, den Sachverständigen auf die Tabellen des BVSK zu verweisen. Letztere Frage hat der BGH[2] beantwortet. Er hat im Wesentlichen dargelegt, dass der Geschädigte seiner Darlegungslast zur Schadenshöhe regelmäßig bereits durch Vorlage einer Rechnung des von ihm zur Schadensbeseitigung in Anspruch genommenen Sachverständigen genügt. Ein einfaches Bestreiten der Erforderlichkeit des ausgewiesenen Rechnungsbetrages zur Schadensbehebung durch den Versicherer reiche grundsätzlich nicht aus, um die geltend gemachte Schadenshöhe infrage zu stellen. Insofern ist der Tatrichter auch nicht berechtigt, die dem Kläger vom Schadensgutachter in Rechnung gestellten Kosten allein auf Grundlage einer Honorarumfrage eines Sachverständigenverbandes zu kürzen. Nur wenn der Geschädigte erkennen kann, dass der von ihm ausgewählte Sachverständige Honorarsätze für seine Tätigkeit verlangt, die die in der Branche üblichen Preise deutlich übersteigen, gebietet das schadensrechtliche Wirtschaftlichkeitsgebot, einen zur Verfügung stehenden günstigeren Sachverständigen zu beauftragen. Allein der Umstand, dass die vom Schadensgutachter vorliegend abgerechneten Nebenkosten die aus der BVSK-Honorarbefragung ersichtlichen Höchstsätze überschreiten, rechtfertigt die Annahme eines solchen Verstoßes des Klägers nicht. Auch bzgl Der Nebenkosten gibt es eine Rechtfertigung, diese auf einen bestimmten Betrag oder bestimmten Verhältnis zur Grundgebühr zu kappen.[3] Die Antwort auf die erste Frage ist dem nachfolgenden Muster zu entnehmen.

22 Hinweis: Nicht zu vergessen ist dabei, dass der Sachverständige, für den der Anwalt mittelbar die Gebühren einklagt, auch in Zukunft ein Interesse daran haben wird, dass dieser Anwalt die Unfälle bearbeitet, bei denen der Sachverständige das Gutachten fertigt. Ein neuer Multiplikator ist so schnell erreicht.

23 ▶ **Muster: Klageschrift (Ersatz von Sachverständigenkosten)**

An das ...gericht, ...

Klage

der Frau ...

– Klägerin –

Prozessbevollmächtigte: RAe ...

gegen

---

2 BGH v. 11.2.2014 – VI ZR 225/13.
3 BGH v. 22.7.2014 – 357/13.

B. Sachverständigenkosten

Herrn ...

– Beklagter –

wegen Schadensersatzes

Streitwert: 515,92 EUR

Namens und in Vollmacht der Klägerin erheben wir Klage und werden beantragen:

1. Der Beklagte wird verurteilt, an die Klägerin 515,92 EUR nebst Zinsen iHv 5 Prozentpunkten über dem Basiszinssatz seit dem 4.3.2015 zu bezahlen.
2. Das Urteil ist vorläufig – notfalls gegen Sicherheitsleistung – vollstreckbar.
3. Der Beklagte trägt die Kosten des Verfahrens.

Sofern das Gericht das schriftliche Vorverfahren anordnet, beantragen wir bereits jetzt bei Säumnis des Beklagten den Erlass eines entsprechenden Versäumnisurteils, im Falle eines Anerkenntnisses den Erlass eines entsprechenden Anerkenntnisurteils ohne mündliche Verhandlung.

Begründung:

Die Klägerin macht den Anspruch auf Ersatz der Sachverständigenkosten als Schadensersatzanspruch aus einem Verkehrsunfall vom 13.2.2015 um ca. 13.50 Uhr auf der ...straße in ... geltend. Fahrer und Halter des unfallgegnerischen Pkws war der Beklagte.

Die Klägerin befuhr die ...straße in .... Der Beklagte parkte rückwärts aus einer Einfahrt aus und missachtete die Vorfahrt der Klägerin, so dass es zum Zusammenstoß kam.

Der Unfallhergang und die Haftung dem Grunde nach waren außergerichtlich unstreitig. Insofern sind auch alle bislang bezifferten Schäden im Zusammenhang mit dem Fahrzeug im vorprozessualen Verfahren, bis auf die Sachverständigenkosten, durch den Haftpflichtversicherer des Beklagten beglichen worden.

Die Klägerin ließ ihr Fahrzeug nach dem Unfall in die Reparaturwerkstatt der ... GmbH verbringen. Dort erteilte die Klägerin dem Sachverständigenbüro ... GmbH den Auftrag, das Fahrzeug hinsichtlich des Unfallschadens zu begutachten.

Beweis: Werkvertrag in Kopie als Anlage K1

Dem Werkvertrag lagen die Allgemeinen Geschäftsbedingungen der ... GmbH zugrunde, nach der die Wertberechnung des Werklohns von der Schadenshöhe abhängt, wobei tabellarisch der jeweilige Werklohn bei einer bestimmten Schadenshöhe angegeben worden ist.

Beweis: wie vor

Der beauftragte Sachverständige kam in seinem Gutachten zu dem Ergebnis, dass der Reparaturschaden 4.819,62 EUR beträgt.

Beweis: Gutachten in Kopie als Anlage K2

Die Kosten des Sachverständigengutachtens, die der Sachverständige der Klägerin in Rechnung stellte, beliefen sich auf 515,92 EUR.

Beweis: Rechnung in Kopie als Anlage K3

Die Rechnungshöhe ist angemessen. Die Kosten bewegen sich im Rahmen des Üblichen.

Beweis: Sachverständigengutachten

Diese Rechnung wurde dem Haftpflichtversicherer des Beklagten vorgelegt. Auf die Aufforderung der Prozessbevollmächtigten, diese Rechnung bis zum 10.3.2015 zum Ausgleich zu bringen,

Beweis: Schreiben vom 21.2.2015 in Kopie als Anlage K4

reagierte die Haftpflichtversicherung des Beklagten mit Schreiben vom 3.3.2015. Darin stellte diese klar, dass ein Ausgleich der Sachverständigenkosten wegen angeblich in der Rechnung enthaltener Pauschalpositionen nicht möglich sei. Des Weiteren sei eine genaue Spezifizierung der einzelnen Rechnungspositionen notwendig.

Beweis: Schreiben vom 3.3.2015 in Kopie als Anlage K5

Auf die telefonische Nachfrage der Prozessbevollmächtigten der Klägerin bei dem zuständigen Sachbearbeiter der Versicherung des Beklagten teilte dieser mit, dass er überprüfen möchte, ob die Rechnung in der Höhe mit den BVSK-Gebühren übereinstimmt. Des Weiteren teilte er mit, dass die Versicherung nur noch solche Sachverständigenrechnungen ausgleicht, die nach den BVSK-Gebührentabellen abgerechnet werden. Andere Rechnungen würden nicht einmal mehr in Höhe der BVSK-Gebühren ausgeglichen, sondern gar nicht.

Beweis: Telefonnotiz in Kopie als Anlage K6

Des Weiteren teilte der Sachbearbeiter mit, dass er zum einen davon ausgeht, dass die Rechnung höher liegt als die BVSK-Gebührentabelle, und er zum anderen davon ausgeht, dass er deshalb die Akte bald seiner Prozessabteilung übergeben kann.

Beweis: wie vor

Der Beklagte muss sich gem. § 10 Abs. 5 AKB die Erklärungen seiner Versicherung zurechnen lassen. Rechtlich ist der Beklagte als Schädiger verpflichtet, der Klägerin die Aufwendungen für das Sachverständigengutachten als Schadensermittlungskosten zu ersetzen. Nach einhelliger Meinung gehören die Kosten eines Sachverständigengutachtens zu dem vom Schädiger zu tragenden Herstellungsaufwand gem. § 249 BGB. Der Geschädigte kann demnach die Kosten eines zur Schadensbezifferung notwendigen Gutachtens unabhängig von dessen Richtigkeit und Brauchbarkeit ersetzt verlangen (OLG Hamm NZV 1993, 149; 1994, 393).

Der Beklagte hat aber auch der Höhe nach die vollständigen Sachverständigenkosten zu ersetzen. Ein Verstoß gegen die Schadensminderungspflicht ist nicht ersichtlich. Die Klägerin durfte ohne Weiteres ein zur Erstellung von Gutachten bekanntes Sachverständigenbüro beauftragen. Als Laie brauchte sie keine Erwägungen darüber anzustellen, ob der beauftragte Sachverständige nach Gebühren abrechnen würde, die innerhalb einer von einer Privatorganisation erarbeiteten Gebührenordnung liegen. Abgesehen davon, dass diese aufgestellten Gebühren keine rechtliche Bedeutung haben, braucht der Geschädigte keine Ermittlungen darüber anzustellen, ob es einen Gebührenrahmen gibt, den der Sachverständige nicht überschreiten darf (AG Wiesbaden, Urt. vom 1.8.1998 – 92 C 2714/97).

Ähnlich hat sich hierzu auch das AG Erfurt (Urt. vom 12.8.1997 – 23 C 1319/97) verhalten:

„Die von dem Kläger geltend gemachte Forderung ist fällig. Das Gutachten des Klägers ist ohne Beanstandung als vertragsgemäße Leistung anerkannt worden. Die Schadensregulierung erfolgte auf der Basis des Gutachtens. Mit der Abnahme der Leistung des Klägers ist der Anspruch auf Werklohn grundsätzlich gemäß § 641 BGB fällig. Der Kläger ist nicht verpflichtet, seine innerbetriebliche Kalkulation offenzulegen. Es entspricht der durchgängigen Praxis, die Ortsüblichkeit nach der Schadenshöhe zu bemessen und hierauf bezogen die durchschnittlichen Kosten zu kalkulieren. Solange es keine bundeseinheitliche Tabelle zur Berechnung der Gebühren des Kfz-Sachverständigen gibt, kann der Sachverständige sein Honorar auf der Grundlage der Schadenshöhe als Ausgangsgröße nach billigem Ermessen festsetzen. Dem Geschädigten ist dagegen nicht zuzumuten, vor der Beauftragung eines Sachverständigen, ähnlich wie bei der Anmietung eines Mietfahrzeugs nach Verkehrsunfall, Gebührenvergleiche vorzunehmen. Die durch die Beauftragung des Sachverständigen entstandenen Kosten sind dem Geschädigten, ebenso dem Sachverständigen nach Abtretung, als Schadensfolge zu ersetzen."

Ebenso hat das AG Lüdenscheid (zfs 1998, 293) entschieden, dass die Sachverständigenkosten vom Schädiger zu ersetzen sind, wenn sie sich aus der Sicht des Geschädigten im Rahmen des Üblichen bewegen. Nur dann, wenn für den Geschädigten ohne Weiteres erkennbar ist, dass der von ihm ausgewählte Sachverständige Kosten verlangt, die außerhalb des Üblichen liegen, darf er einen entsprechenden Auftrag nicht auf Kosten des Schädigers erteilen (AG Nürnberg zfs 1998, 348; AG Bochum zfs 1999, 59). Eine solche Kenntnis hat die Klägerin jedoch nicht. Im Übrigen bewegen sich die Gebühren im Rahmen des Üblichen.

Auch die Höhe des entstandenen Schadens ist ein sachgerechtes Kriterium für die Berechnung des Honorars (AG Brühl DAR 1998, 73; AG Eschweiler zfs 1998, 292; AG Essen NZV 1999, 255; AG Lingen zfs 1999, 336). Dabei gilt es auch zu berücksichtigen, dass immerhin 97 % aller Kfz-Sachverständigen ihr Honorar nach dem Gegenstandswert abrechnen.

Es steht somit außer Zweifel, dass der Beklagte zur Zahlung des vollständigen Sachverständigenhonorars verpflichtet ist. Dagegen ist die Taktik des Versicherers des Beklagten allzu offensichtlich. Er möchte zur Einschränkung des Umfangs seiner Leistungspflicht erreichen, dass die Sachverständigenkosten möglichst gering sind. Dies ist zwar vom Grundsatz her legitim, nicht jedoch in der hier praktizierten Variante. Der Versicherer will alle Sachverständigen dazu zwingen, dass diese nach einer dem bisherigen marktüblichen Bereich unterschreitenden Gebührentabelle abrechnen, um so in der Regulierung Kosten zu sparen. Als empfindliches Übel stellt es sich dabei für die Sachverständigen dar, dass diese ihre angemessenen Gebühren erst nach längerer Zeit erreichen, was zu einem erheblichen Liquiditätsverlust und erheblichen wirtschaftlichen Problemen führt. Dabei ist es der Versicherung nicht nur egal, dass unter dieser Regulierungspraxis der Sachverständige und der Geschädigte leiden, sie nimmt es sogar in Kauf, dass sie ihren Vertragspartner, den Versicherungsnehmer, zum Spielball macht. Denn dieser Versicherungsnehmer, der glaubt, eigentlich ordentlich versichert zu sein, findet sich nun im gerichtlichen Verfahren wieder, weil sein Versicherer der Meinung ist, sein Gewinnstreben auch auf dem Rücken seiner Versicherungsnehmer austragen zu können.

Da die Versicherung des Beklagten gem. § 10 Abs. 5 AKB eine Regulierung der fällig gestellten und begründeten Ansprüche der Klägerin auf Ersatz der Sachverständigenkosten abgelehnt hat, befindet sich der Beklagte in Verzug, so dass Klage geboten ist.

Rechtsanwalt ◄

Folgende Klageerwiderung ist zu erwarten: 24

▶ **Muster: Klageerwiderung** 25

An das ...gericht, ...

Az ...

Klageerwiderung

In dem Rechtsstreit

... [Klägerin] ./. ... [Beklagter]

werde ich im Termin zur mündlichen Verhandlung wie folgt beantragen:
1. Die Klage wird abgewiesen.
2. Die Klägerin trägt die Kosten des Rechtsstreits.
3. Das Urteil ist vorläufig vollstreckbar.

Begründung:

Die Klägerin begehrt von dem Beklagten die Erstattung von Gutachterkosten. Die Haftpflichtversicherung des Beklagten hat vorgerichtlich die klägerseits geltend gemachten Sachschäden aus dem Verkehrsunfall vom 13.2.2015 bis auf die in Streit stehenden Gutachterkosten vollumfänglich erstattet.

Gegen eine weitere Inanspruchnahme wendet der Beklagte ein, dass die klägerseits geltend gemachten Sachverständigenkosten nicht erstattungsfähig sind. Der Sachverständige hat seine Vergütung nicht nach billigem Ermessen bestimmt, so dass die Rechnung auch nicht fällig und die Gutachterkosten nicht erstattungsfähig sind. Zudem hat die Klägerin gegen ihre Schadensminderungspflicht verstoßen.

Höchst vorsorglich wird die Höhe der Gutachterkosten bestritten.

Im Einzelnen:

I. Zu den Sachverständigenkosten:

Zutreffend ist, dass die Haftpflichtversicherung des Beklagten das klägerseits geltend gemachte Sachverständigenhonorar im Rahmen der Schadensregulierung nicht ausgeglichen hat. Dem liegt zugrunde, dass es sich bei den – nunmehr klageweise – geltend gemachten Kosten um keinen erstattungsfähigen Schaden im Sinne des § 249 BGB handelt. Gemäß § 249 BGB hat ein Schädiger respektive dessen Haftpflichtversicherung dem Geschädigten nur den zur Schadensbeseitigung erforderlichen Geldbetrag zu zahlen. Die mit der Klage geltend gemachten Sachverständigenkosten waren nicht erforderlich im Sinne des Gesetzes. Die klägerseits vorgelegte Abrechnung (Anlage K3) nach der Schadenshöhe mit in Ansatz gebrachtem Grundhonorar lässt eine sachgerechte, nachvollziehbare und insbesondere auf den Einzelfall bezogene Rechnungslegung vermissen. Die Haftpflichtversicherung des Beklagten hat die Klägerin vorgerichtlich zur Spezifizierung und Aufschlüsselung des Grundhonorars („Werklohn") aufgefordert, um die Erforderlichkeit und Notwendigkeit der Kosten prüfen zu können. Dieser Aufforderung kam die Klägerin bis zum heutigen Tage nicht nach. Die Klägerin hat damit gegen ihre Schadensminderungspflicht verstoßen. Dies vorangestellt, steht der Klägerin ein Anspruch auf Erstattung des Sachverständigenhonorars – wie nachfolgend darzustellen sein wird – nicht zu.

Im Einzelnen:

1. Die Klage ist bereits deshalb abzuweisen, weil es an der Fälligkeit der Rechnung des Sachverständigen fehlt. Dem liegt zugrunde, dass der Sachverständige die Höhe seiner Gebühren nicht gem. §§ 315, 316 BGB nach billigem Ermessen bestimmt hat. Die Bestimmung nach billigem Ermessen wäre erforderlich gewesen, da sich der Vergütungsanspruch des Sachverständigen nicht aus § 632 Abs. 2 BGB bestimmt, weil sich nach den Marktgepflogenheiten eine „übliche" Vergütung für den Bereich der Begutachtung von Kfz-Schäden nicht feststellen lässt. Die Billigkeit der Leistungsbestimmung ist nach der Bedeutung der Arbeit zu beurteilen. Bei der Vergütung für ein Gutachten ist mithin sowohl die dafür aufgewandte Arbeitszeit als auch die wirtschaftliche Bedeutung des Gutachtens zu berücksichtigen. Aus der Rechnung des Sachverständigenbüros ... GmbH (Anlage K3)

ist nicht ersichtlich, dass der Sachverständige sein Honorar nach billigem Ermessen festgesetzt hätte. Diesen Anforderungen genügt nämlich die Festsetzung eines Grundhonorars – wie vorliegend –, das sich an der Schadenshöhe orientiert, gerade nicht. Damit wird die von dem Sachverständigen vorgenommene pauschale, nicht prüfbare Abrechnungsmethode, die den Arbeitsaufwand des Sachverständigen nicht erkennen lässt, den Anforderungen an die Billigkeit nicht gerecht. Der Abrechnungsmethode der ... GmbH muss nämlich entgegengehalten werden, dass nicht notwendig eine bestimmte Schadenssumme generell zu einem bestimmten Gutachteraufwand führt. Zu berücksichtigen ist in diesem Zusammenhang zum einen, dass zwischen den Preisen von Ersatzteilen für Kleinwagen und Preisen entsprechender Ersatzteile für Mittel- bzw. Luxusklassewagen erhebliche Unterschiede bestehen, was allerdings im Hinblick auf die Tätigkeit des begutachtenden Sachverständigen keinerlei Auswirkungen hat. Zum anderen bleiben bei einer Berechnung nach der Schadenshöhe sowohl die Qualifikation des Sachverständigen als auch dessen jeweilige konkrete Tätigkeit vollständig außer Betracht. Anhand der Rechnung des Sachverständigenbüros ... GmbH vom 17.2.2015 lässt sich nicht feststellen, ob die beanspruchte Leistung nach billigem Ermessen gerechtfertigt ist. Es ist weder ersichtlich, wie viel Zeit der Sachverständige aufwenden musste, noch, welche Tätigkeiten er im Einzelnen entfaltet hat. Hinsichtlich der Erfordernisse an eine Rechnung, die dem billigen Ermessen entspricht, führt das Amtsgericht Altenburg (Urt. v. 28.3.2002 – 1 C 1049101) aus:

„Die Bemessung der Höhe der Vergütung eines Kfz-Sachverständigen richtet sich in der Praxis oft nach der Höhe des festgestellten Schadens. Dies erfolgt deshalb, damit bei einem relativ kleinen Schaden keine Gutachterkosten außer Verhältnis zur Schadenshöhe entstehen. So soll auch bei kleineren Schäden ein Gutachten finanziell erschwinglich bleiben. Eine solche Bestimmungsmethode ist aber als alleiniger Berechnungsfaktor nicht angemessen und entspricht auch nicht der Billigkeit. Der Aufwand bei der Erstellung eines Gutachtens hängt nämlich nicht allein von der Schadenshöhe, sondern auch und gerade vom Umfang und der Dauer sowie der Schwierigkeit der vom Sachverständigen zu verrichtenden Tätigkeit ab. Wird die Höhe der Sachverständigenvergütung lediglich allein an der Höhe des entstandenen Schadens festgemacht, so ist dies willkürlich, denn der Zeitaufwand des Sachverständigen hängt nicht allein von der Höhe des entstandenen Schadens ab. Die Willkürlichkeit zeigt sich zB schon daran, dass identische Schäden an unterschiedlichen Fahrzeugen wegen unterschiedlicher Ersatzteilpreise zu verschiedenen Schadensbeseitigungskosten führen, obwohl der Zeitaufwand des Sachverständigen gleich hoch ist. Außerdem besteht bei dieser Art der Berechnung die Gefahr, dass die Sachverständigen ihren Beurteilungsspielraum bei der Berechnung der Schadenshöhe ausnutzen und diese hoch kalkulieren, um dann auch eine hohe Vergütung zu erzielen. Damit entspricht eine Vergütung, die sich im Wesentlichen am Zeitaufwand orientiert, der Billigkeit am besten."

Diesseits wird auch auf die Ausführungen des Amtsgerichts Halle-Saalkreis (Urt. v. 20.10.1999 – 98 C 1221199) verwiesen. Das Amtsgericht Halle-Saalkreis stellt zu der Berechnung der Gebühren, die sich hinsichtlich des sog. Grundhonorars an der Schadenshöhe an dem begutachteten Fahrzeug orientieren, fest:

„Diese Art der Rechnungslegung ist [...] nicht ordnungsgemäß und genügt nicht den Erfordernissen, die an eine nachprüfbare Rechnung gestellt werden müssen. Aus einer derartigen Abrechnung ergibt sich nicht, welcher Aufwand tatsächlich erforderlich war zur Begutachtung des Fahrzeugs, und insoweit ergibt sich auch nicht, inwieweit dieser Aufwand durch den Schädiger bzw. dessen Versicherer zu ersetzen ist. Ein Sachverständiger hat in seiner Rechnung vielmehr genau darzulegen, wie hoch sein Aufwand zur Festsetzung des Schadens war und welcher Rechnungsbetrag hieraus resultiert. Insofern bietet sich eine Ausrichtung der Honorarhöhe am zeitlichen Aufwand an. Die Orientierung am Sachschaden ist deshalb unzureichend, weil es denkbar ist, große Schäden auch mit geringerem Aufwand ermitteln zu können, wohingegen kleinere Schäden auch einen sehr großen Feststellungsaufwand erfordern können."

Die vom Sachverständigenbüro ... GmbH vorgenommene Abrechnung entspricht keiner auf den Einzelfall bezogenen Rechnungslegung. Es ist nahe liegend, den konkret erforderlichen Aufwand auch als Bemessungsgrundlage für die Vergütung heranzuziehen. Die Abrechnung nach der Schadenshöhe ist nicht sachgerecht. Die rechtliche Bewertung und vorgenannte Rechtsprechung zugrunde gelegt, nämlich dass der Sachverständige ... der Fa. ... GmbH mit der pauschalen, nicht prüfbaren Abrechnungsmethode nach der Schadenshöhe, die den Leistungsumfang und den Auftragsumfang des Sachverständigen nicht erkennen lässt, den Anforderungen an die Festsetzung des Honorars nach billigem Ermessen nicht gerecht wurde und damit die Gutachterrechnung bereits nicht fällig ist, hat die Haftpflichtversicherung des Beklagten die Klägerin vorgerichtlich zur Aufschlüsselung des Grundhonorars durch den von ihr beauftragten Sachverständigen aufgefordert. Insofern muss ausdrücklich darauf hingewiesen werden, dass die Klägerin im Rahmen ihrer Schadensminderungspflicht darlegungspflichtig ist, dass der Sachverständige sein billiges Ermessen ausgeübt hat. Dies hätte die Klägerin nachvollziehbar darlegen müssen. Die Klägerin ist der Aufforderung der Haftpflichtversicherung des Beklagten, eine Spezifizierung der Sachverständigenkosten – zur Prüfung der Billigkeit – beim Gutachter einzuholen, nicht nachgekommen. Da die Klägerin nicht darlegt, wie der Sachverständige sein billiges Ermessen ausgeübt hat, ist der Klägerin der Anspruch auf Ausgleich der Gutachterrechnung zu versagen. Die Klägerin hat mithin gegen ihre Schadensminderungspflicht verstoßen.

Aufgrund des allein zwischen der Klägerin und dem Sachverständigen geschlossenen Vertrags ist die Auftraggeberin verpflichtet, offensichtlich überhöhte Rechnungen zurückzuweisen. Die Klägerin hat im Rahmen des zwischen ihr und dem Sachverständigen geschlossenen Werkvertrags einen Anspruch auf Auskunft und kann insofern die Zahlung der Sachverständigenkosten unter Verweis auf das dem Auftraggeber zustehende Zurückbehaltungsrecht verweigern. Es geht nicht an, dass sich die Geschädigte ausschließlich darauf beruft, dass die Versicherung des Schädigers eintrittspflichtig ist und die Geschädigte alle, auch willkürlich und gegen die Billigkeit erstellte Rechnungen kommentarlos akzeptiert und einfach an die Versicherung durchreicht. Letztendlich ist die Klägerin die Vertragspartnerin des Sachverständigen geblieben. Hätte die Versicherung ihre Eintrittspflicht aufgrund eines Eigenverschuldens der geschädigten Klägerin nicht oder nicht zu 100 % erklärt, hätte die Geschädigte – nach allgemeinem Erfahrungssatz – sehr wohl beim Sachverständigen hinsichtlich der Höhe der Rechnung nachgefragt. Insofern ist die Klägerin nicht überobligationsmäßig belastet, wenn sie sich die Rechnung vor „Durchreichen" an die gegnerische Haftpflichtversicherung erläutern lässt. Insofern obliegt der Klägerin die Darlegungs- und Beweislast im Verhältnis zum Beklagten dafür, dass der von ihr beauftragte Sachverständige das diesem durch das Gesetz eingeräumte Recht, seine Vergütung einseitig durch billiges Ermessen festzulegen, ausgeübt hat (vgl. AG Bochum, Urt. v. 27.7.2000 – 45 C 257/00).

In Ergänzung zum bisherigen diesseitigen Sachvortrag wird darauf hingewiesen, dass „die Billigkeit durch Berücksichtigung der Interessen beider Parteien unter Hinzuziehung des in vergleichbaren Fällen Üblichen und Angemessenen festgestellt wird. Der Bestimmende hat ein echtes Ermessen, das seine Grenze nur bei beträchtlicher Abweichung von der Billigkeit und damit jedenfalls bei Willkür findet" (vgl AG Duisburg, Urt. v. 2.1.2002 – 49 C 4055/01, unter Verweis auf MünchKomm, BGB, § 315 Rn 17).

B. Sachverständigenkosten

Unter Berücksichtigung der obigen Ausführungen ist die Sachverständigenrechnung aber gerade willkürlich. Ein sachlicher Grund, warum die Berechnung der Vergütung nach der Höhe des Schadens stattfindet, wird nicht dargetan. Die Klägerin hat somit gegen ihre Pflicht zur Schadensminderung gem. § 254 BGB schuldhaft verstoßen, da sie nicht auf die Spezifizierung hingewirkt hat und auch im gerichtlichen Verfahren nicht darlegt, wie der Sachverständige sein billiges Ermessen ausgeübt hat.

2. Unzutreffend ist, dass die Haftpflichtversicherung des Beklagten der Klägerin mitgeteilt hätte, dass diese nur solche Sachverständigenrechnungen ausgleiche, die nach den BVSK-Gebührentabellen abgerechnet würden. Dieser klägerseits behauptete Inhalt des Telefonats gibt das stattgefundene Telefonat nur auszugsweise wieder. Der zuständige Sachbearbeiter der Haftpflichtversicherung des Beklagten, Herr ..., hat dem Prozessbevollmächtigten der Klägerin im Rahmen eines Telefonats vielmehr mitgeteilt, dass er um Darlegung des Zeitaufwands zur Begründung des pauschalen „Werklohns" bittet. Erst im weiteren Verlauf des Telefonats fragte der Sachbearbeiter ... bei dem Klägervertreter an, ob seitens des Sachverständigen, der Fa. ... GmbH, die Bereitschaft bestehe, die Empfehlungen des BVSK und deren Gebührentabelle zu akzeptieren.

3. Nach alledem wird abschließend auch darauf hingewiesen, dass die Sachverständigenrechnung nicht eine solche Gestalt hat, dass sie von der Haftpflichtversicherung des Beklagten akzeptiert wird. Hiervon musste der Sachverständige bereits bei Beauftragung durch die Klägerin ausgehen, so dass er die Klägerin aufgrund der ihm aus dem geschlossenen Werkvertrag obliegenden Sorgfaltspflicht hätte darüber aufklären müssen, dass die Art der Rechnungsstellung von der Haftpflichtversicherung des Beklagten nicht akzeptiert werden würde, da er seine Rechnungen auf der Basis eines sog. Grundhonorars erstellt und diese Abrechnungspraxis von der Haftpflichtversicherung des Beklagten nicht akzeptiert wird. Dies war dem Sachverständigen aufgrund der in der Fachpresse publizierten Artikel über die Zweifelhaftigkeit der Rechnungslegung nach Grundhonorar auch bekannt. Nach alledem handelt es sich bei dem klageweise geltend gemachten Sachverständigenhonorar um keinen nach § 249 BGB erstattungsfähigen Schaden. Trotz des Vorgenannten, nämlich dass die Gutachterkosten bereits mangels Fälligkeit nicht erstattungsfähig sind, wird beklagtenseits höchst vorsorglich die Höhe des Honorars bestritten.

II. Zum Zinsanspruch:

Mangels Hauptforderung steht der Klägerin auch der geltend gemachte Zinsanspruch nicht zu.
Die Klage ist jedoch bereits unbegründet und mithin abzuweisen.
Rechtsanwalt ◄

Das Gericht beschließt, die Billigkeit und Angemessenheit des Honorars durch ein **Sachverständigengutachten** überprüfen zu lassen. Dieses kommt zu folgendem Ergebnis:

▶ **Muster: Gerichtlich angefordertes Sachverständigenhonorar-Gutachten**
In dem Rechtsstreit
Az ...
... [Klägerin] ./. ... [Beklagter]

Sachverständige Feststellungen:

Bei der Erstellung von Schadensgutachten wird bei Reparaturschäden für die Bemessung der Gebührenrechnung üblicherweise die ermittelte Schadenssumme netto plus die möglicherweise anfallende Wertminderung für die Bemessung der Gutachtengrundgebühr herangezogen. Wie aus dem Werkvertrag der ... GmbH (Blatt ...) hervorgeht, werden hier die Reparaturkosten inklusive Mehrwertsteuer für die Gebührenermittlung zugrunde gelegt. Diese Bemessungsgrundlage ist nach den durchgeführten Recherchen des Unterzeichners als nicht ortsüblich zu betrachten. Eine weitere Abrechnungsmöglichkeit des Gutachtenhonorars besteht in der Bemessung nach Zeitaufwand. Diese Abrechnungsmethode ist jedoch bei den typischen Schadensgutachten kaum anzutreffen. Aus der vorliegenden Gebührenrechnung der ... GmbH (Blatt ... der Akte) geht hervor, dass neben der über die Schadenshöhe ermittelten pauschalen Grundgebühr eine weitere Anrechnung der Fahrzeit über den Zeitaufwand erfolgte. Hier wurde ein Stundensatz von 64,20 EUR zugrunde gelegt: Die Vermischung der Abrechnung mittels Pauschalgebühr und Zeitaufwand ist nicht ortsüblich. Das Ausweisen weiterer Rechnungspositionen wie Fotokopien, Porto, Telefonkosten sowie EDV-Pauschalen werden durch die verschiedenen Sachverständigenorganisationen und freiberuflichen Sachverständigen unterschiedlich, auch hinsichtlich der Höhe der Einzelpositionen, ausgewiesen. Unter Berücksichtigung der hier vorliegenden Schadenskalkulation würde das Honorar durch die ... GmbH folgendermaßen abgerechnet werden:

Grundgebühr	286,34 EUR
Fahrtkilometer 15 x 0,47 EUR =	7,05 EUR
Fotokosten 10 Stück à 1,80 EUR =	18,00 EUR
EDV-Pauschale	35,00 EUR
Zwischensumme	346,39 EUR
19 % MwSt.	65,81 EUR
Gesamtsumme	412,20 EUR

Bei dieser Abrechnung sind in der Kostenpauschale die angefallenen Kosten für Porto, Telefon sowie für die zusätzlichen Gutachtenexemplare bereits enthalten. Freiberuflich tätige Sachverständige, die im Bundesverband der Freiberuflichen Sachverständigen des Kraftfahrzeugwesens (BVSK) organisiert sind, rechnen gegenüber der ...-Versicherung bis zum Jahr 2003 die auf der Anlage 1 (... Gutachten) aufgeführten Pauschalendhonorare inklusive Mehrwertsteuer ab. Unter Berücksichtigung der hier vorliegenden Reparatursumme würde das einen Betrag in Höhe von 467,28 EUR bis 478,96 EUR (nach aktueller Liste) inkl. MwSt. ergeben. Wie auf der Anlage ... dargestellt, weist die Gebührenliste der TÜV Schaden- und Wertgutachten GmbH vom Juni 2002 für die hier in Rede stehende Nettoschadenssumme eine Grundgebühr in Höhe von 309 EUR netto aus. Bei den freien Sachverständigen werden jedoch auch deutlich höhere Grundgebühren bis zu 375,80 EUR berechnet, so dass das Endhonorar über 500 EUR liegen kann. Nach Rücksprache mit verschiedenen freiberuflich tätigen Sachverständigenbüros wurde mitgeteilt, dass bei der Berechnung der Gutachtenhonorare, insbesondere für ausgewählte Versicherungen, die Empfehlung des BVSK berücksichtigt wird.

Zusammenfassung:

Anhand der zur Verfügung stehenden Anknüpfungstatsachen und der durchgeführten Recherchen liegt das ausgewiesene Gutachtenhonorar von 515,92 EUR inkl. MwSt. im oberen Toleranzbereich. Eine zusätzliche Berechnung der Fahrzeit auf Grundlage eines Stundensatzes in Verbindung mit einem Pauschalhonorar ist bei der Erstellung von EDV-Schadensgutachten nicht ortsüblich. Die gesonderte Berechnung von Fotokopien, also Duplikaten des Gutachtens, ist regional bei den Recherchen nicht festgestellt worden.

Schlusswort:
Dieses Gutachten wurde unparteiisch und nach bestem Wissen und Gewissen erstellt.
Sachverständiger ◄

Darauf ist wie folgt Stellung zu beziehen: 28

▶ **Muster: Stellungnahme der Klägerin zum Gutachten** 29

An das ...gericht, ...
Az ...
In dem Rechtsstreit
... [Klägerin] ./. ... [Beklagter]
nehmen wir zum nunmehr vorliegenden Sachverständigengutachten wie folgt Stellung:
Grundsätzlich sind die Kosten eines Sachverständigen als Schadensermittlungskosten der Geschädigten vom Schädiger zu ersetzen. Dem kann der Schädiger allenfalls die Verletzung einer Schadensminderungspflicht entgegensetzen, was zum einen dann der Fall sein soll, wenn es sich lediglich um einen Bagatellschaden handelt, zum anderen dann, wenn ein Auswahlverschulden des Geschädigten gegeben ist.
Ersteres ist offensichtlich nicht der Fall. Nach Auffassung des Beklagten soll die Klägerin jedoch ein Auswahlverschulden treffen, was vorliegend spätestens nach Vorliegen des Sachverständigengutachtens widerlegt ist.
Dabei ist zunächst davon auszugehen, dass der Geschädigte grundsätzlich jeden Sachverständigen beauftragen kann. Erst wenn es für ihn als Laien offensichtlich ist, dass die veranschlagten Gebühren zu hoch sind, kann ihn ein Auswahlverschulden treffen.
All dies ist vorliegend nicht gegeben.
Der Beklagte meint, dass die Klägerin nur Sachverständigenkosten ersetzt verlangen kann, die nach Stunden abgerechnet werden. Dies ist bereits deshalb falsch, weil es ihm als Laien nicht bekannt sein kann, wie üblicherweise abgerechnet werden kann. Im Übrigen kann der Beklagte nicht etwas Unübliches von der Klägerin verlangen.
Der Sachverständige stellt insofern fest, dass üblicherweise bei der Bemessung der Gebühren von der Schadenssumme ausgegangen wird. Weiter stellt er fest:
„Eine weitere Abrechnungsmöglichkeit des Gutachtenhonorars besteht über die Bemessung nach Zeitaufwand. Diese Abrechnungsmöglichkeit ist jedoch bei typischen Schadensgutachten kaum anzutreffen."
Es sollte klar sein, dass der Beklagte nicht etwas verlangen kann, was kaum anzutreffen ist. Selbst die großen Sachverständigenorganisationen (TÜV, DEKRA) rechnen nach den Angaben des Sachverständigen nicht nach Zeitaufwand, sondern allein nach der Schadenssumme ab. Wäre die Auffassung des Beklagten richtig und könnte er eine Abrechnung nach Zeitaufwand verlangen, würde dies bedeuten, dass dem Geschädigten ein Auswahlverschulden anzulasten wäre, wenn er einen Sachverständigen zB bei der DEKRA mit der Anfertigung des Schadensgutachtens betraute. Da das Gericht selbst vorliegend einen solchen Sachverständigen beauftragt hat, wird es wohl kaum einer solchen Auffassung sein können.
Dass der Einwand der Versicherung des Beklagten, sie könne eine Berechnung nach Zeitaufwand verlangen, allein ein taktisches Mittel zur Disziplinierung von Sachverständigen darstellt, folgt aus

den Angaben des Sachverständigen auf Seite .... Dort stellt der Sachverständige fest, dass die Versicherung Abrechnungen freiberuflicher Sachverständiger nach den Tabellen der BVSK akzeptiert. Die Tabellen der BVSK berücksichtigen jedoch keine Abrechnung nach Zeitaufwand, sondern allein nach der Schadenshöhe.

Abschließend und schließlich entscheidend stellt der Sachverständige fest, dass das ausgewiesene Gutachtenhonorar im oberen Toleranzbereich liegt und damit üblich und angemessen ist.

Nachdem das Gericht dargelegt hat, dass es in jedem Fall den klägerischen Ansprüchen entsprechen wird, wenn das Honorar üblich und angemessen ist, kann an der Entscheidung nicht mehr gezweifelt werden.

Diesseits wird allein aus anwaltlicher Vorsicht beantragt,

die Berufung zugunsten der Klägerin zuzulassen, wenn das Gericht der Auffassung ist, dass die Klägerin nicht den vollständigen Ersatz der beanspruchten Sachverständigenkosten verlangen kann.

Nachfolgend werden Urteilsauszüge zur Verfügung gestellt, die eine kleine Auswahl aus einer großen Menge gleichförmiger Entscheidungen darstellen. Weicht das Gericht hiervon ab, dann hat die Sache zumindest grundsätzliche Bedeutung, und es besteht Klärungsbedarf durch das Landgericht. Das Landgericht Dresden hat bislang noch nicht die Erstattungspflicht von Sachverständigenkosten aufgrund einer angeblich falschen Abrechnungsmethode oder einer Gebührenhöhe, die im oberen Toleranzbereich liegt, abgelehnt. Die Voraussetzungen der grundsätzlichen Bedeutung wären gegeben (Thomas/Putzo/Hüßtege, ZPO, 36. Auflage 2015, § 511 Rn 20). Da das Gericht von nachfolgenden Entscheidungen der Gerichte erster und zweiter Instanz abweichen würde, wäre wegen der Sicherung einer einheitlichen Rechtsprechung auch die Berufung zuzulassen (Thomas/Putzo/Hüßtege, aaO, § 511 Rn 21).

So stellt das AG Idstein (Urt. v. 24.10.2001 – 3 C 245/01) fest, dass es angesichts einer Honorarvereinbarung auf die Angemessenheit der Gutachterkosten nicht ankommt und trotzdem keine Anhaltspunkte für eine Verletzung der Schadensminderungspflicht gegeben sind.

Das AG Wiesbaden (Urt. v. 8.10.2001 – 91 C 1669/01) stellt fest, dass eine Vereinbarung, wonach sich die Grundvergütung der Gutachtenerstellung nach dem Gegenstandswert bemisst, keinen Verstoß gegen die Schadensminderungspflicht des Geschädigten darstellt.

Das AG Wiesbaden (Urt. v. 26.3.2001 – 93 C 4968/00) stellt fest, dass die Schadensminderungspflicht des Geschädigten nicht so weit geht, dass er verpflichtet wäre, vor der Beauftragung eines Sachverständigen Preisvergleiche anzustellen.

Das AG Bochum (Urt. v. 23.8.2000 – 83 C 21/00) stellt fest, dass der Geschädigte seine Schadensminderungspflicht nicht verletzt, wenn er mit der Begutachtung der Fahrzeugschäden einen Sachverständigen beauftragt, der höhere Preise verlangt als ein anderer, und das festgesetzte Honorar nicht unbillig im Sinne des § 315 BGB ist. Das AG Bochum akzeptiert dabei eine Preisdifferenz von 40 %.

Das LG Nürnberg-Fürth (Urt. v. 30.8.1999 – 2 S 7649/99) entschied, dass die nach der Schadenshöhe berechnete Pauschalgebühr eines Sachverständigengutachtens keiner positionierten Aufschlüsselung bedarf.

Nach alledem bestehen an der dem klägerischen Antrag entsprechenden Entscheidung des Gerichts keine Zweifel.

Rechtsanwalt ◄

Durch die Beklagtenseite wird zu dem Gutachten wie folgt Stellung genommen: 30

▶ **Muster: Stellungnahme des Beklagten zum Gutachten** 31

An das ...gericht, ...

Az ...

In dem Rechtsstreit

... [Klägerin] ./. ... [Beklagter]

nimmt die Unterzeichnete nach Vorliegen des Gutachtens der ... GmbH vom 23.1.2015 zu diesem und, unter Aufrechterhaltung des bisherigen diesseitigen Sachvortrags, Stellung wie folgt:

1. Das Gutachten setzt sich im Wege des Vergleichs der regelmäßig auftretenden Abrechnungsmethoden mit der Ortsüblichkeit und Angemessenheit der in Streit stehenden Honorarrechnung auseinander. Insoweit stellt der Sachverständige, Dipl.-Ing. ..., auf Seite ... oben fest, dass die Wertermittlung hinsichtlich des Gegenstandswertes für das vom Sachverständigen der ... GmbH in Ansatz gebrachte Honorar, der die Reparaturkosten inkl. MwSt. der Gebührenermittlung zugrunde legt, nicht ortsüblich sei. Auch ist es hinsichtlich der Abrechnungsmethode der ... GmbH nach den Feststellungen des Sachverständigen nicht ortsüblich, in der Abrechnung Positionen nach Pauschalgebühr und Positionen nach Zeitaufwand zu vermischen. Im Weiteren führt der Sachverständige, Dipl.-Ing. ..., in seinem Gutachten aus, dass nach der von ihm regelmäßig praktizierten Abrechnungsmethode in der Kostenpauschale sowohl Kosten für Porto, Telefon und zusätzliche Gutachtenexemplare bereits enthalten sind, mithin nicht nochmals separat in Rechnung gestellt werden. Weiter wird ausgeführt, dass bei Anwendung der BVSK-Tabelle, unter Berücksichtigung der ermittelten Reparaturkosten für die Instandsetzung des Klägerfahrzeugs, ein Betrag von 467,28 EUR bis 478,96 EUR als Pauschal-Endhonorar abzurechnen wäre. Als weiterer Vergleichsmaßstab für die Höhe des regelmäßig anfallenden Sachverständigenhonorars wird die Gebührenliste der TÜV Schaden- und Wertgutachten GmbH herangezogen, wonach eine Grundgebühr von 309 EUR netto nach deren Abrechnungsmethode anfallen würde. Abschließend führt der Sachverständige, Dipl.-Ing. ..., hinsichtlich der Honorare von freien Sachverständigen aus, dass hier Honorare von 375,80 EUR anfallen würden, jedoch ohne konkrete Angabe von Häufigkeit oder sonstigen Vergleichsparametern.

Nicht nachvollzogen werden können die weiteren Ausführungen des Sachverständigen, dass das Endhonorar auch über 500 EUR liegen könne. Womöglich berücksichtigt der Sachverständige, Dipl.-Ing. ..., hier zusätzlich in Rechnung zu stellende Nebenkosten, ohne diese jedoch näher darzulegen. Obwohl der Sachverständige in seinen explizit dargestellten Beispielen keine Gebühren in Höhe der von der ... GmbH in Rechnung gestellten Gebühren darlegt, stellt der Sachverständige – insofern fehlerhaft – zusammenfassend fest, dass das Gutachtenhonorar von 515,92 EUR inkl. MwSt. im oberen Toleranzbereich liege. Eine Obergrenze für einen etwaigen Toleranzbereich bezeichnet der Sachverständige nicht, so dass auch die zusammenfassende Feststellung nicht nachvollzogen werden kann.

Nach alledem ist nach diesseitiger Auffassung bereits eine Ortsüblichkeit und Angemessenheit des in Rechnung gestellten Honorars nicht nachgewiesen. In der Klageerwiderung vom 25.8.2015 wurde bereits hervorgehoben, dass der Klägerin die Darlegungs- und Beweislast im Verhältnis zu den Beklagten dafür obliegt, dass der von ihr beauftragte Sachverständige das diesem durch das Gesetz eingeräumte Recht, seine Vergütung einseitig durch billiges Ermessen festzulegen, ausgeübt hat (vgl. AG Bochum, Urt. v. 27.7.2000 – 45 C 257/00; AG München, Beschl. v. 7.11.2003 – 344 C 12484/03). Diesen Beweis hat die Klägerin nicht geführt. Soweit der Sachverständige, Dipl.-Ing. ..., zu dem Ergebnis gekommen ist, dass die Rechnung der ... GmbH noch im oberen Toleranzbereich liege, bedarf dies weitergehender rechtlicher Ausführungen dahin gehend, dass bereits die höchstrichterliche Rechtsprechung sich zu einer der hier gegenständlichen ähnlichen Problematik, nämlich hinsichtlich der Maklerprovisionen, dahin gehend geäußert hat, dass bei der Bemessung der (noch) üblichen Vergütung von einem mittleren Prozentsatz auszugehen ist. Lediglich konkrete Umstände können zu Zu- oder Abschlägen vom Ausgangsbetrag führen (vgl BGH, Urt. v. 13.3.1985, NJW 1985, 1895). Nach alledem bleibt es beklagtenseits dabei, dass die ... GmbH ihre Leistung gerade nicht im Sinne von § 315 BGB nach billigem Ermessen bestimmt hat.

2. Ohnehin bleibt es beklagtenseits dabei, dass die Abrechnung nach Grundhonorar nicht der Billigkeit entsprechen kann. Insofern wird beklagtenseits auf die Kommentierung zu § 315 in Palandt, BGB, 70. Auflage 2011, dort Rn 10, verwiesen, soweit dort ausgeführt wird:

„Was billigem Ermessen entspricht, ist unter Berücksichtigung der Interessen beider Parteien und des in vergleichbaren Fällen Üblichen festzustellen. [...] Ist ein Entgelt festzusetzen, kommt es auf den Wert der zu vergütenden Leistung an, bei einem Gutachten auf die angewandte Arbeit und seine wirtschaftliche Bedeutung. [...] Wird das Honorar eines Kfz-Sachverständigen ohne Angabe des Zeitaufwandes nach dem Gegenstandswert festgesetzt, ist die Bestimmung unbillig."

Hierzu wurde bereits ausführlich in der Klageerwiderung vorgetragen. Weiter sei auch auf eine neuere Entscheidung des AG München v. 7.11.2003 – 344 C 12484/03, hingewiesen, in welcher das erkennende Gericht vollumfänglich die diesseits dargestellte rechtliche Würdigung bestätigt. Es führt insofern wie folgt aus:

„Es mag durchaus sein, dass von den Versicherungen gemeinhin eine Abrechnung nach der Höhe des Schadens akzeptiert wird. Eine allgemeine Praxis dahin gehend, dass eine genauere Darlegung des angefallenen Arbeitsaufwandes nicht mehr erforderlich ist, ist jedoch insoweit nicht ersichtlich. Das Argument, dass die meisten Sachverständigen nach Schadenshöhe abrechnen, ist nicht durchgreifend. Zur Üblichkeit und Angemessenheit kann es nicht darauf ankommen, was andere Sachverständige tun. Angemessenheit und Üblichkeit stehen vielmehr unter dem Gesichtspunkt der Billigkeit, unter Abwägung der Interessen der beteiligten Parteien. Eine Gebührenordnung für Sachverständige gibt es nicht. Diese haben sich vielmehr praktisch eine eigene geschaffen, indem sie sich bei der Abrechnung an der Schadenshöhe orientieren. Dies kann nicht rechtens sein und deshalb auch nicht eine „übliche Vergütung" begründen."

Im Weiteren wird in der zitierten Entscheidung ausgeführt:

„Die Angaben des Sachverständigen lassen eine Feststellung dahin gehend, dass die Leistungsbestimmung durch den Sachverständigen der Billigkeit im Sinne des § 315 BGB entspricht, nicht zu. Dies gilt auch in Verbindung mit der Höhe des Schadens, weil dieser keinen sachgerechten Anknüpfungspunkt für die Rechnung des Sachverständigen darstellt. Berücksichtigt dies der Sachverständige nicht, ist seine Bestimmung gem. § 315 BGB für den Vertragspartner nicht bindend. Dieser kann bis zur gerichtlichen Bestimmung nach § 315 Abs. 3 S. 2 BGB die Zahlung verweigern, ohne in Verzug zu kommen. Die Rechnung ist nicht nachvollziehbar und daher nicht fällig [...]. Der Sachverständige hat nach Auffassung des Gerichts, um sein Ermessen ordnungsgemäß auszuüben, die Höhe seines Honorars nach zeitlichem Aufwand auszurichten. Dies würde die Rechnung nachvollziehbar nachprüfbar machen."

3. Nach alledem handelt es sich bei den klageweise geltend gemachten Sachverständigenkosten um keinen erforderlichen Geldbetrag iSv § 249 Abs. 2 BGB.

Rechtsanwalt ◄

Darauf wird wie folgt erwidert: 32

▶ **Muster: Erwiderung der Klägerin auf die Stellungnahme des Beklagten** 33

An das ...gericht, ...

Az ...

In dem Rechtsstreit

... [Klägerin] ./. ... [Beklagter]

nehmen wir zum Schriftsatz der Gegenseite vom 5.3.2015 wie folgt Stellung:

Vorangestellt sei zunächst noch einmal angemerkt, dass es vorliegend dem Beklagten überhaupt nicht um die Abrechnungsmethode geht, sondern allein darum, dass der Sachverständige sich einer Abrechnungsmethode unterzieht, die nicht gesetzlich vorgeschrieben ist. Insoweit der Beklagte den Sachverständigen auch gegenüber dem Unterzeichner auffordert, nach der Gebührentabelle nach BVSK abzurechnen, so sei angemerkt, dass diese Tabelle allein ein Vorschlag, jedoch nicht gesetzlich ist und damit nicht die Üblichkeit bestimmen kann.

Weiterhin ist anzumerken, dass vorliegend die Geschädigte nach einem Unfall zur Schadensbezifferung einen Sachverständigen suchen muss. Es ist offensichtlich, dass sie als juristischer Laie keine Tabellen nach BVSK, keine Zeitwertberechnung und auch keine Berechnung nach Schadenshöhe kennen kann. Sie kann sich allein darauf verlassen, dass sie einen zugelassenen Sachverständigen mit der Bezifferung ihrer Schäden beauftragt. Hierbei kann sie sich darauf verlassen, dass der Sachverständige eine angemessene Rechnung stellen wird. Halten sich die Kosten, die für die Erstellung eines Gutachtens verlangt werden, aus der Sicht des Geschädigten im Rahmen des Üblichen, sind sie vom Schädiger zu ersetzen (OLG Frankfurt zfs 1997, 271; AG Lüdenscheid zfs 1998, 293; AG Westerbrück zfs 2002, 72). Nur dann, wenn für den Geschädigten ohne Weiteres, wie das auch immer der Fall sein mag, erkennbar ist, dass der von ihm ausgewählte Sachverständige Kosten verlangt, die außerhalb des Üblichen liegen, darf er einen entsprechenden Auftrag nicht auf Kosten des Schädigers erteilen (AG Nürnberg zfs 1996, 429; AG Eschweiler zfs 1998, 348; AG Bochum zfs 1999, 59). Dem Geschädigten, der einen nach üblichen Sätzen abrechnenden Sachverständigen beauftragt, trifft jedenfalls nicht deswegen ein Auswahlverschulden, weil es auch Sachverständige gibt, die billiger Gutachten erstatten, oder weil ein hauseigener Sachverständiger der Versicherung hätte eingeschaltet werden können (AG München NZV 1998, 289).

Das Prognoserisiko hinsichtlich der Höhe der Sachverständigengebühren trägt daher wie immer der Schädiger.

Der gerichtlich bestellte Sachverständige ... bestätigt hinsichtlich der Abrechnungsmethode auch die herrschende Meinung in der Rechtsprechung. Immerhin rechnen 97 % aller Kfz-Sachverständigen ihr Honorar nach dem Gegenstandswert ab, ziehen also die Schadenshöhe als Ausgangsgröße heran, so auch der TÜV, die DEKRA, CarExpert und die Versicherungswirtschaft (NZV 1998, 488, 490). Für die Richtigkeit dieser Methode spricht auch, dass in vielen Bereichen freier Berufe (Rechtsanwälte, Notare, Steuerberater und Architekten) ebenfalls dieser Maßstab für die Berechnung des Honorars gilt.

Im Verhältnis zum Geschädigten spricht im Übrigen eine Vermutung dafür, dass die von dem Sachverständigen beanspruchte Gegenleistung angemessen ist und damit einen zu ersetzenden Schaden darstellt (AG Halle-Saalkreis zfs 1999, 337). Die Beklagten verkennen also die Beweislage. Sie sind eigentlich dafür beweisbelastet, dass die Geschädigte einen Sachverständigen beauftragt hat, der unangemessen hoch abgerechnet hat. Insoweit verkennen sie auch, dass sie der Klägerin eine Verletzung der Schadensminderungspflicht vorwerfen. Dies haben sie selbstverständlich zu beweisen. Der Geschädigte ist auch nicht verpflichtet, vor der Beauftragung eines Sachverständigen Nachforschungen und Vergleiche hinsichtlich der Art der Berechnung und der Höhe des Honorars anzustellen (AG Darmstadt zfs 2000, 65).

Das ursprüngliche Gericht hat die rechtliche Auffassung vertreten, dass die Klägerin jedenfalls dann die Sachverständigenkosten ersetzt verlangen kann, wenn die Endrechnung des Sachverständigen angemessen und üblich ist. Vorliegend hat der Sachverständige ... im Ergebnis festgestellt, dass die Abrechnung des Sachverständigen ... üblich und angemessen ist. Daher ist nach Auffassung des Gerichts nicht daran zu zweifeln, dass die Klägerin die Kosten des Sachverständigengutachtens ersetzt verlangen kann.

Die Beklagten müssen, um ihrer Auffassung nur ansatzweise Argumente verleihen zu können, auf Entscheidungen verweisen, die mit dem Sachverständigenhonorar nicht in Einklang zu bringen sind. Im Gegensatz zu den Bereichen des Maklergeschäfts ist es bei der Abrechnung von Sachverständigenkosten gerade üblich, dass nach dem Gegenstandswert abgerechnet wird.

Wäre die Auffassung der Beklagten richtig, so wäre es Geschädigten nach Verkehrsunfällen überhaupt nicht mehr möglich, ohne Kostenrisiko einen Sachverständigen zu beauftragen. Es wird einem Geschädigten in und um ... kaum gelingen, einen Sachverständigen zu finden, der nach Zeitaufwand abrechnet. Zum einen bedingt dies, dass ein juristischer Laie einen solchen Streit, der offensichtlich nur von den Versicherungen geführt wird, kennt. Zum anderen wird es ihm kaum gelingen, einen solchen Sachverständigen aufgrund der Üblichkeit der Abrechnung nach Gegenstandswert zu finden.

Dass es dann absolut fernliegt, der Klägerin eine Verletzung der Schadensminderungspflicht vorzuwerfen, wenn diese einen Sachverständigen beauftragt, der nach Zeitaufwand im Toleranzbereich abrechnet, ist eindeutig.

Abschließend wird noch einmal auf die Klageschrift verwiesen. Dort wird auf Seite ... vorgetragen, dass dem Werkvertrag die Allgemeinen Geschäftsbedingungen der ... GmbH zugrunde lagen, nach denen die Wertberechnung des Werklohns von der Schadenshöhe abhängt, wobei tabellarisch der jeweilige Werklohn bei einer bestimmten Schadenshöhe angegeben worden ist. Dies wurde auch unter Beweis gestellt.

Damit wurde bereits bei Abschluss des Werkvertrags eine bestimmte Vergütung vereinbart. Insoweit käme es auf die Üblichkeit einer Vergütung noch nicht einmal an, da eine solche gerade konkret vereinbart worden ist. Insoweit ist § 632 Abs. 2 BGB eindeutig.

Das einzige, was der Beklagte der Klägerin entgegenhalten kann, ist die Frage, ob sich die Klägerin schadensmindernd hätte verhalten können. Dies hätte sie allenfalls dann nicht getan, wenn sie einen Sachverständigen ausgewählt hätte, der unangemessen hoch abrechnet. Hier hat der gerichtlich bestellte Sachverständige ... eindeutig festgestellt, dass die Abrechnung im Ergebnis im oberen Toleranzbereich ansiedelt und damit üblich und angemessen ist.

Richtigerweise kann daher dem Antrag der Klägerin nur entsprochen werden.

Rechtsanwalt ◄

B. Sachverständigenkosten

Folgende Entscheidung ist zu erwarten:

▶ **Muster: Entscheidung des Gerichts**

[...]

1. Der Beklagte wird verurteilt, an die Klägerin 515,92 EUR nebst 5 % Zinsen über dem Basiszinssatz des § 247 BGB seit dem 4.3.2015 zu bezahlen.
2. Der Beklagte hat die Kosten des Verfahrens zu tragen.
3. Das Urteil ist vorläufig vollstreckbar.

Tatbestand:

Der Tatbestand entfällt gem. § 313 a ZPO.

Entscheidungsgründe:

Die zulässige Klage ist in voller Höhe begründet. Die Sachverständigenkosten waren der Klägerin vollständig zu ersetzen. War der Geschädigte berechtigt, ohne Verstoß gegen seine Schadensminderungspflicht einen Sachverständigen zu beauftragen, sind diese Kosten zu ersetzen, § 249 Abs. 1 BGB. Die Einwendungen des Beklagten und sein Bezug auf § 254 BGB greifen im vorliegenden Fall nicht durch. Der Geschädigte ist grundsätzlich in der Auswahl des Sachverständigen ebenso frei wie in der Vertragsgestaltung mit diesem. § 254 BGB greift dann ein, wenn der Geschädigte in Ausübung der zuvor beschriebenen Freiheit den Schaden erhöht oder es unterlässt, ihn zu mindern. Hierbei kommen verschiedene Fallgestaltungen in Betracht.

Der Ersatz der Sachverständigenkosten wäre dann ausgeschlossen, wenn überhaupt kein Schaden vorläge. Das wäre dann der Fall, wenn mangels Fälligkeit der Sachverständigenrechnung die Klägerin nicht zur Zahlung an den Sachverständigen verpflichtet wäre. Das setzt voraus, dass die Rechnung als solche nicht nachvollziehbar ist. Im vorliegenden Fall gibt die Rechnung, die vom Sachverständigen gestellt wurde, den pauschalen Werklohn, gemessen an der Wertsumme aus 4.819,62 EUR, sowie die einzelnen Nebenposten von Fahrzeit über Fahrtkilometer bis zur Nutzung einer externen Datenbank an. Insoweit ist nicht lediglich pauschal ein Betrag genannt, sondern durchaus differenziert. Erkennbar sind der Hauptwerklohn sowie die Wertsumme, aus dem dieser ermittelt ist. Dieser ist aufgrund des Vertrags, der zwischen der Geschädigten und dem Sachverständigen geschlossen wurde, auch vollständig ablesbar. Die Staffelung, die sich nach der Schadenssumme richtet, ist hier im Einzelnen dargelegt. Insoweit handelt es sich um die Vereinbarung eines Pauschalpreises. Die Berechnung des Sachverständigen ist danach auch nicht willkürlich in der Rechnung vorgenommen worden, sondern entspricht der vertraglichen Gestaltung zwischen den Parteien.

Etwas anderes würde nur dann gelten, wenn die Klägerin hier verpflichtet gewesen wäre, kein Pauschalhonorar mit dem Sachverständigen zu vereinbaren, sondern eine Abrechnung nach einzelnen Arbeitseinheiten und Nebenkosten. Eine solche Verpflichtung gäbe es allenfalls dann, wenn dies allgemein im Rechtskreis üblich wäre und sich als Gewohnheitsrecht durchgesetzt hätte. Dies gibt es bereits offensichtlich deshalb nicht, da von beiden Parteien zahlreiche Entscheidungen der Rechtsprechung genannt wurden, die beide Seiten zu diesem Punkt jeweils bevorzugen oder benachteiligen. Darüber hinaus ist es in der Praxis durchaus üblich, dass zumindest Grundhonorare, pauschal an der Schadenshöhe gemessen, vereinbart werden. Dies ergibt sich auch aus den Feststellungen, die hier vom Sachverständigen getroffen wurden. Insoweit wird auf das Sachverständigengutachten Bezug genommen.

Ein Verstoß gegen die Schadensminderungspflicht könnte darüber hinaus dann vorliegen, wenn die Rechnung des Sachverständigen der Höhe nach außer Verhältnis stünde zu dem, was ortsüblich und angemessen ist. Hierzu hat das Gericht ein Sachverständigengutachten eingeholt. Im Ergebnis kommt dabei der Sachverständige dazu, dass die Rechnung des Sachverständigen vom 17.2.2008 für die Erstellung des Schadensgutachtens zwar nicht dem Durchschnitt des Ortsüblichen und Angemessenen entspricht, jedoch nicht so weit oberhalb des Durchschnitts liegt, dass sie als außer Verhältnis zu dem Ortsüblichen und Angemessenen betrachtet werden könnte.

Die Nebenentscheidungen folgen aus den §§ 91, 708 Nr. 11 ZPO.

Richter ◄

C. Sachschaden

I. Fiktive Abrechnung

36 Im Rahmen der fiktiven Abrechnung der Reparaturkosten besteht ein Streit dahin gehend, ob der Geschädigte nach den üblichen Kosten einer Markenvertragswerkstatt abrechnen kann oder sich auf mittlere Stundenverrechnungssätze am Unfallort oder gar auf die Reparaturkosten freier Karosseriewerkstätten verweisen lassen muss.

36a Auch im Fall der Beschädigung eines Unikats ist der Betroffene bei einer fiktiven Abrechnung auf die Höhe des Wiederbeschaffungswertes begrenzt. Die Arbeitsleistung und Eigenarbeit des Betroffenen ist nicht in Betracht zu ziehen.[4]

37 **Hinweis:** Der Geschädigte hat grundsätzlich einen Anspruch auf Ersatz der Nettoreparaturkosten, die er in einer Markenvertragswerkstatt an seinem Wohnort aufwenden muss. Reguliert die Versicherung gekürzt, ist zu klagen. Der BGH[5] hat die im Porsche-Fall-Urteil aufgestellten Grundsätze aufgeweicht und mitgeteilt, dass der Schädiger den Geschädigten auch auf eine günstigere, alternative Reparaturmöglichkeit außerhalb einer markengebundenen Vertragswerkstatt im regionalen Raum verweisen kann, wenn und soweit diese vom Qualitätsstandart her gleichwertig einer markengebunden Werkstatt reparieren kann. Hierfür darf das geschädigte Fahrzeug nicht drei Jahre oder jünger sein. Ein Verweis ist auch nicht möglich, wenn das beschädigte Fahrzeug stets in markengebunden Fachwerkstatt gewartet und repariert wurde.[6] Zudem darf der Stundenverrechnungssatz nicht auf eine besondere Vereinbarung des Schädigers mit der Werkstatt beruhen – sog. Partnerlöhne.[7] Der Verweis kann unter Einhaltung der Normen der ZPO sogar noch im Prozess erfolgen.[8] Mit Urteil vom 4.12.2014 hat das Landgericht Berlin entschieden, dass der Schädiger den Geschädigten auch dann nicht auf eine bestimmte Werkstatt verweisen kann, wenn zwar offizielle Aushanglöhne in den Kalkulation des Verweises aufgenommen werden, jedoch eine vertragliche Beziehung zwischen Werkstatt und Schädiger besteht. Allein eine wirtschaftliche Abhängigkeit lässt den Verweis aus Sicht des Geschädigten unzumutbar werden.[9]

---

4 BGH v. 2.3.2010 – VI ZR 144/09.
5 BGH v. 29.4.2003 – VI ZR 398/02.
6 BGH v. 20.10.2009 – VI ZR 53/09.
7 BGH v. 22.6.2010 – VI ZR 337/09.
8 BGH v. 14.5.2013 – VI ZR 320/12.
9 43 S 82/14.

C. Sachschaden 3

▶ **Muster: Klageschrift (Ersatz der vollständigen Nettokosten bei Reparatur in lokaler Markenwerkstatt)**

38

72

An das ...gericht, ...

Klage

des Herrn ...

– Kläger –

Prozessbevollmächtigte: RAe ...

gegen

Herrn ...

– Beklagter zu 1 –

und

die Allgemeine Versicherungs AG, ..., vertreten durch den Vorstand, dieser vertreten durch ... (Schadensnummer: ...)

– Beklagte zu 2 –

wegen Schadensersatzes

Streitwert: 300 EUR

Namens und in Vollmacht des Klägers erheben wir Klage und werden beantragen:

1. Die Beklagten werden als Gesamtschuldner verurteilt, an den Kläger 300 EUR nebst Zinsen iHv 5 Prozentpunkten über dem Basiszinssatz hieraus seit 2.6.2015 zu zahlen.
2. Die Beklagten tragen die Kosten des Rechtsstreits.
3. Das Urteil ist notfalls gegen Sicherheitsleistung vorläufig vollstreckbar.
4. Sofern das Gericht das schriftliche Vorverfahren anordnet, beantragen wir bereits jetzt bei Säumnis der Beklagten den Erlass eines entsprechenden Versäumnisurteils, im Falle eines Anerkenntnisses den Erlass eines entsprechenden Anerkenntnisurteils ohne mündliche Verhandlung.

Begründung:

Der Kläger macht Schadensersatzansprüche aus einem Verkehrsunfall vom 6.5.2015 um 19.45 Uhr auf der Auffahrt zur Brücke in ... geltend. Der Kläger ist Eigentümer des durch den Unfall beschädigten Fahrzeugs ... mit dem amtlichen Kennzeichen .... Das unfallgegnerische Fahrzeug war zum Unfallzeitpunkt bei der Beklagten haftpflichtversichert, so dass sich daraus die Passivlegitimation der Beklagten ergibt.

Der Unfall ereignete sich wie folgt:

Am 6.5.2015 gegen 19.45 Uhr befuhr der Kläger die linke Spur der Auffahrt zur Brücke, um auf die Brücke zu fahren. Er kam von der Straße und ordnete sich gleich auf der linken Spur der Auffahrt zur Brücke ein. Das bei der Beklagten versicherte Fahrzeug befand sich zu diesem Zeitpunkt auf der rechten Spur der Auffahrt zur Brücke und fuhr mit langsamerer Geschwindigkeit als das Fahrzeug des Klägers. Der Kläger befand sich auf der linken Seite seines Fahrstreifens. Als sich das Fahrzeug des Klägers im Überholvorgang gegenüber dem bei der Beklagten versicherten Fahrzeug befand, zog der Beklagte zu 1 auf die linke Spur, wo sich das Fahrzeug des Klägers befand, so dass es zur Kollision kam. Der Fahrer des bei der Beklagten zu 2 versicherten Pkws hatte, bevor er in die Spur des klägerischen Fahrzeugs einwechselte, weder geblinkt noch nach links geschaut. Er wechselte vielmehr unvermittelt die Fahrspur in den Bereich, wo sich bereits das Fahrzeug des Klägers befand.

Der Fahrer des bei der Beklagten zu 2 versicherten Pkws haftet gem. § 18 StVG, da er schuldhaft seine Verkehrspflichten gem. § 1 StVO und § 2 Abs. 2 StVO verletzt hat, indem er, ohne zu blinken und voriges Überprüfen per Schulterblick, die Spur wechselte und somit die Kollision mit dem klägerischen Fahrzeug verursachte. Insbesondere hat er auch die Vorschrift des § 7 Abs. 5 StVO verletzt. Beim Fahrstreifenwechsel gelten erhöhte Sorgfaltsanforderungen, die der Beklagte zu 1 nicht eingehalten hat, denn er hat sich nicht vergewissert, dass neben ihm kein Fahrzeug fuhr, und hat auch nicht geblinkt. Die Beklagte zu 2 ist passivlegitimiert gem. § 3 Nr. 1 PflVG.

Der Unfall war für den Fahrer des Klägers unabwendbar, ein Mitverschulden kommt weder aus Verschulden noch aus Betriebsgefahr des klägerischen Fahrzeugs in Betracht. Eine eventuell zu erwägende Mithaftung aus Betriebsgefahr kommt für den Kläger auch deswegen nicht in Betracht, weil das Beklagtenfahrzeug mit dem Verstoß gegen § 7 Abs. 5 StVO einen derart groben Verkehrsverstoß begangen hat, dass die Betriebsgefahr des Klägers völlig zurücktritt.

Die Haftung dem Grunde nach war außergerichtlich unstreitig. Einzig streitig sind die auszugleichenden Nettoreparaturkosten, nachdem sich der Kläger entschieden hat, seinen Schaden fiktiv abzurechnen.

Sachschaden:

Der Kläger begehrt unfallbedingte Reparaturkosten für seinen Pkw, laut Gutachten netto 2000 EUR.

Beweis: Gutachten ... GmbH vom 9.5.2015 Anlage K 1
   Einholung eines Sachverständigengutachtens

Die Beklagte zu 2 hat außergerichtlich gemeint, dass die angemessenen Nettoreparaturkosten lediglich 1.700 EUR betrügen, obwohl der Sachverständige ... festgestellt hat, dass diese 2.000 EUR betragen.

Aus der Differenz ergibt sich die Klageforderung iHv 300 EUR.

Die Beklagte zu 2, die Haftpflichtversicherung des am Unfall beteiligten Fahrzeugs, wurde mit Schreiben vom 18.5.2015 der Prozessbevollmächtigten des Klägers zur Zahlung bis zum 1.6.2015 aufgefordert.

Beweis: Schreiben vom 18.5.2015 Anlage K 2

Verzug trat daher spätestens seit dem 2.6.2015 ein. Ab diesem Zeitpunkt werden die Zinsen als Verzugsschaden begehrt. Die Höhe der geltend gemachten Zinsen nimmt Bezug auf die gesetzlichen Zinsen gem. § 288 Abs. 1 BGB.

Die Zuständigkeit des angerufenen Gerichts ergibt sich aus §§ 12, 13 sowie 32 ZPO und §§ 23 Nr. 1, 73 Abs. 1 GVG.

Da eine Regulierung nicht erfolgt ist, ist Klage geboten.

Einfache und beglaubigte Abschrift anbei.

Rechtsanwalt ◄

C. Sachschaden

Die Klageerwiderung kann wie folgt aussehen: 39

▶ **Muster: Klageerwiderung** 40

An das ...gericht, ...

Az ...

Klageerwiderung

In dem Rechtsstreit

... [Kläger] ./. ... [Beklagte zu 1 und 2]

beantragen wir namens und im Auftrag der Beklagten:

1. Die Klage wird abgewiesen.
2. Die Kosten des Verfahrens trägt der Kläger.

Begründung:

Der Kläger kann weiteren Ersatz fiktiver Reparaturkosten nicht ersetzt verlangen.

Die Beklagte hat Abzüge hinsichtlich der Stundenverrechnungssätze vorgenommen, die von dem seitens des Klägers beauftragten Sachverständigen seinem Gutachten zugrunde gelegt wurden.

Es ist bekannt, dass Unternehmen, die sich mit der Instandsetzung unfallbeschädigter Fahrzeuge befassen, ihren Aufwand und damit auch die Preise in unterschiedlicher Höhe kalkulieren. Maßgeblich ist dafür nicht eine mehr oder weniger gute Qualität der Instandsetzungsarbeiten, sondern u.a. eine unterschiedliche Gesamtkostensituation, andere Gewinnerwartungen etc. Ebenso ist bekannt, dass die höchsten Reparaturkosten von markengebundenen Vertragsunternehmen in Rechnung gestellt werden. Dabei konzentrieren sich diese Betriebe häufig in erster Linie auf Wartungsarbeiten und mechanische Reparaturen, so dass die Instandsetzung von Unfallschäden an Fachbetriebe für Karosseriebau als Subunternehmen vergeben wird.

Beweis: Sachverständigengutachten

Es wird seitens der Beklagten nicht in Frage gestellt, dass ein Geschädigter berechtigt ist, eine derartige, relativ teure Werkstatt mit den Reparaturarbeiten zu beauftragen. Daher werden von Kfz-Sachverständigen auch regelmäßig bei der von ihnen vorzunehmenden Kalkulation der Reparaturkosten die Konditionen zugrunde gelegt, die bei Beauftragung einer derartigen Werkstatt anfallen. Beauftragt der Geschädigte allerdings im weiteren Verlauf keine teure Vertragswerkstatt, sondern lässt die Reparatur – ohne deshalb irgendwelche Qualitätseinbußen hinzunehmen – in einer kostengünstigeren, regelmäßig auf die Beseitigung von Unfallschäden spezialisierten Fachwerkstatt vornehmen oder rechnet er fiktiv ab, kann es nicht angehen, dass er in diesem Fall im Rahmen seiner Schadenersatzforderung einen Aufwand geltend macht, den er tatsächlich nicht gehabt hat.

Diese Auffassung ist nicht zu beanstanden und steht insbesondere nicht im Widerspruch zum „Porsche-Urteil" des BGH v. 29.4.2003 – VI ZR 398/02 (VersR 2003, 920 f). Auch danach muss der Geschädigte sich nämlich auf eine mühelos und ohne Weiteres zugängliche günstigere und gleichwertige Reparaturmöglichkeit verweisen lassen. In dem vom BGH entschiedenen Fall hatte das Berufungsgericht die tatsächlichen Voraussetzungen hierfür nicht festgestellt. Des Weiteren lag ein Sachverhalt zugrunde, wonach ein äußerst hochwertiges Fahrzeug, Porsche Cabriolet, einen hohen Schaden von über 30.000 DM erlitten hatte. Der BGH hat im Übrigen auch nicht den hier zur Diskussion stehenden Fall entschieden, in dem es um die Abgrenzung zwischen konkretem Stundenlohn einer Vertragswerkstatt einerseits und dem Stundenlohn einer konkret benannten preisgünstigeren Werkstatt als Alternative geht; der BGH hatte sich vielmehr mit der Abgrenzung zu statistisch ermittelten Durchschnittssätzen zu beschäftigen (vgl auch *Wenker*, VersR 2005, 917 ff). Zu verweisen ist auch auf die Ausführungen des Mitglieds des für die hier in Rede stehenden Haftpflichtfragen zuständigen VI. Zivilsenats des BGH, Richter am BGH *Wellner*. In seinem Referat „Neues im Schadenersatzrecht seit dem 1.8.2002" (Vortrag, gehalten auf den Homburger Tagen 2003 und ebenda veröffentlicht auf S. 15) führt *Wellner* wie folgt aus:

„Dies bedeutet, dass der Versicherer den fiktiv abrechnenden Geschädigten durchaus auf eine diesem mühelos zugängliche günstigere und gleichwertige Reparaturmöglichkeit verweisen kann. [...] Ob auch eine nicht markengebundene, sog. freie Werkstatt als gleichwertige Alternative in Betracht kommen kann, bleibt in der BGH-Entscheidung offen. Dabei werden wohl Gesichtspunkte wie Art und Umfang des Schadens, Werkstattausstattung und -erfahrung eine Rolle spielen."

Im vorliegenden Fall bewegt sich der Schaden der Höhe nach im unteren bis allenfalls mittleren Bereich. Besondere Schwierigkeiten ergeben sich bei der Instandsetzung nach der Art des Schadens nicht.

Beweis: Sachverständigengutachten

Die hier vertretene Auffassung wird in zahlreichen aktuellen Urteilen der Instanzgerichte bestätigt. Wir verweisen hierzu auf die nachfolgend aufgeführten Urteile:

- AG Bochum, Urt. v. 25.1.2005 – 65 C 362/04
- AG Bottrop, Urt. v. 24.8.2004 – 10 C 343/04
- AG Gelsenkirchen, Urt. v. 8.10.2004 – 36 C 234/04
- AG Gladbeck, Urt. v. 22.2.2005 – 12 C 690/04
- AG Hagen, Urt. v. 29.9.2004 – 140 C 249/04
- AG Hattingen, Urt. v. 5.10.2004 – 7 C 103/04
- AG Plettenberg, Urt. v. 17.1.2005 – 1 C 475/04
- AG Witten, Urt. v. 17.2.2005 – 2 C 1713/04

Vorliegend hat der vom Kläger beauftragte Sachverständige einen Stundenverrechnungssatz für Karosseriearbeiten von netto 65 EUR zugrunde gelegt und für Lackierarbeiten von netto 74 EUR. Tatsächlich liegen die durchschnittlichen Stundenverrechnungssätze von Reparaturwerkstätten in der Region des Klägers deutlich niedriger als von dem vom Kläger beauftragten Sachverständigen kalkuliert.

Beweis: Sachverständigengutachten

Beispielsweise berechnet der nur 13,8 Kilometer vom Wohnort des Klägers entfernte Karosseriefachbetrieb ... für Karosseriearbeiten lediglich netto 53,50 EUR je Stunde und für Lackierarbeiten nur netto 60 EUR je Stunde.

Beweis: Zeugnis des Herrn ..., zu laden über Karosseriefachbetrieb ...

Auch die Karosseriebau ... GmbH mit Sitz in ..., also am Wohnort des Klägers, berechnet deutlich niedrigere Stundenverrechnungssätze als vom Sachverständigen vorgesehen. Dort werden für Karosseriearbeiten nur netto 60 EUR abgerechnet und für Lackierarbeiten netto 65 EUR.

Beweis: Zeugnis des Geschäftsführers der Karosseriebau ... GmbH

Beides sind qualifizierte Fachbetriebe, die unter Verwendung moderner Spezialwerkzeuge Reparaturen nach Herstellervorgaben durchführen.

Beweis: 1. Zeugnis des Herrn ..., b.b.
2. Zeugnis des Geschäftsführers der Karosseriebau ... GmbH, b.b.

Bei einer Instandsetzung in einem der vorgenannten Betriebe ist mit fiktiv abzurechnenden Reparaturkosten von lediglich netto 1.700 EUR zu rechnen. Höhere als die von der Beklagten regulierten Reparaturkosten fallen jedenfalls nicht an.

Beweis: Sachverständigengutachten

Die Klage ist daher abzuweisen.

Rechtsanwalt ◀

Darauf ist wie folgt zu replizieren:

▶ **Muster: Replik**

An das ...gericht, ...

Az ...

Replik

In dem Rechtsstreit

... [Kläger] ./. ... [Beklagte zu 1 und 2]

nehmen wir wie folgt Stellung:

Die Ausführungen der Beklagtenseite zur Berechtigung der Ansprüche der Höhe nach, insbesondere zur Höhe der angemessen Stundenverrechnungssätze, lesen sich sehr interessant, greifen jedoch letztendlich nicht durch. Herr Richter am BGH *Wellner* berichtet im Rahmen seiner Fortbildungsveranstaltungen für die Deutsche Anwaltsakademie immer wieder und fortlaufend, dass er schon äußerst verwundert ist, wie auf Versichererseite sein Zitat im Rahmen der Homburger Tage 2003 und die Porsche-Fall-Entscheidung des BGH im Sinn verkehrt werden.

Es ist und bleibt ständige Rechtsprechung des BGH, dass der Geschädigte sich nicht auf eine Reparatur bei freien Werkstätten verweisen lassen muss. Dies gilt auch im Rahmen der fiktiven Abrechnung. Grundsätzlich hat der Geschädigte das Recht, fiktiv das zu begehren, was er im Fall einer konkreten Reparatur in einer markengebunden Vertragswerkstatt aufwenden müsste.

Genau dies hat der BGH in der Porsche-Fall-Entscheidung entschieden und gerade zum Ausdruck gebracht, dass sich der Geschädigte nicht dann auf eine Mischkalkulation verweisen lassen muss, wenn die konkreten Kosten in der regionalen Markenvertragswerkstatt höher sind. Der BGH hat darin also nochmals ausdrücklich zum Ausdruck gebracht und den Geschädigten dahin gehend bestärkt, dass er einen Anspruch auf Ersatz der Kosten hat, die in einer Markenwerkstatt anfallen würden. Auf eine Billigwerkstatt muss er sich nicht verweisen lassen.

Die Kalkulation des Sachverständigen ... stellt auf die Stundenverrechnungssätze der günstigen ...-Vertragswerkstatt in ... ab.

Beweis: Einholung eines Sachverständigengutachtens

Interessant in diesem Zusammenhang zu erwähnen ist natürlich, dass auf Versichererseite entsprechende Revisionen zurückgenommen worden sind, nachdem die Vertreter des VI. Zivilsenats einmütig durchschauen ließen, in welche Richtung die Rechtsprechung gehen wird.

Es kann daher kein Zweifel daran bestehen, dass sich der Kläger nicht auf eine Reparatur bei der Firma ... in ... verweisen lassen muss. Vielmehr hat er einen Anspruch auf Ersatz der Reparaturkosten, die anfallen würden, wenn er sein Fahrzeug in eine Markenwerkstatt der Marke ... in ... gäbe.

Soweit die Beklagten unveröffentlichte Entscheidungen aus Nordrhein-Westfalen und Umgebung zitieren, die ihre Auffassung stützen sollen, ist zum einen zu bedenken, dass die Entscheidungen unveröffentlicht sind und daher im Volltext zur Verfügung gestellt werden sollten, und zum anderen, dass sie nicht aus dem OLG-Bezirk ... stammen und daher kaum eine Bindungswirkung entfalten können, nachdem es im OLG-Bezirk ... ständige Rechtsprechung ist, dass der Geschädigte Anspruch auf Ersatz der Kosten in einer markengebundenen Werkstatt hat.

Falsch ist, dass die durchschnittlichen Stundenverrechnungssätze von den Reparaturwerkstätten in der Region des Klägers deutlich niedriger liegen sollen als in der günstigsten ...-Markenvertragswerkstatt.

Beweis: Sachverständigengutachten

Im Übrigen kommt es darauf nicht an.

Soweit die Beklagten die Stundenverrechnungssätze eines Karosseriebetriebes ... oder der Firma ... mitteilen, sind diese Stundenverrechnungssätze nicht repräsentativ und deutlich unterdurchschnittlich. Dabei ist im Übrigen zu beachten, dass die Stundenverrechnungssätze der Firma ... auch auf vertraglichen Beziehungen der Firma ... zu verschiedenen Haftpflichtversicherungen beruhen. Dass den geringeren Stundenverrechnungssätzen auch Gegenleistungen von Haftpflichtversicherungen gegenüberstehen, steht außer Frage.

Die Klage ist darum vollumfänglich begründet.

Sollte das Gericht weitere Darlegungen oder Beweisantritte für erforderlich halten, wird sich bereits jetzt für einen entsprechenden richterlichen Hinweis bedankt.

Rechtsanwalt ◄

43 Kurz und knapp kann das Gericht die Klageforderung wie folgt zusprechen:

44 ▶ **Muster: Entscheidung des Gerichts**

[...]

Die vom Kläger geltend gemachten Nettoreparaturkosten sind in der geltend gemachten Höhe von 2.000 EUR zu ersetzen. Aus dem beiderseits zitierten Urteil BGHZ 155, 1 ff lässt sich nicht entnehmen, dass sich der Kläger vorliegend auf die Verrechnungssätze einer nicht fabrikatsgebundenen Werkstatt verweisen lassen müsste.

[...] ◄

45 Dies ist genau so richtig. Der BGH hat entschieden, dass sich der Geschädigte nicht auf mittlere Stundenverrechnungssätze, erst recht nicht auf Verrechnungssätze von freien Werkstätten verweisen zu lassen braucht. Da der Geschädigte grundsätzlich einen Anspruch auf Ersatz der Kosten hat, die er für eine Reparatur in einer markengebundenen Werkstatt aufwenden muss, kann er auch fiktiv genau dies begehren. Ein Abzug der vom Sachverständigen ermittelten Kosten ist nur dann denkbar, wenn dieser nicht anhand der günstigsten Verrechnungssätze einer markengebundenen Werkstatt abrechnet. In der Tat kann der Geschädigte nämlich nur die Reparaturkosten ersetzt verlangen, die er in der günstigsten **Markenvertragswerkstatt** an seinem Wohnort bzw seiner Region aufwenden muss. Dies gilt mE nicht nur bei der fiktiven, sondern konsequenterweise auch bei der konkreten Abrechnung.

Mit den aktuellen Urteilen des BGH[10] wurde das Senatsurteil BGHZ 155, 1 bestätigt. Der Geschädigte kann grundsätzlich die üblichen Stundenverrechnungssätze einer markengebundenen Fachwerkstatt der Schadensberechnung zugrunde legen. Der Geschädigte muss sich nicht auf günstigere Stundenverrechnungssätze einer nicht markengebundenen Fachwerkstatt verweisen lassen.[11]

Umstritten ist, unter welchen Voraussetzungen es dem Geschädigten zumutbar ist, sich auf eine kostengünstigere Reparatur in einer nicht markengebundenen Fachwerkstatt verweisen zu lassen. Nach Ansicht der Rechtsprechung müssen das Interesse des Geschädigten an einer Totalreparation als auch das Interesse des Schädigers an einer Geringhaltung des Schadens in Betracht gezogen werden.[12] Der Schädiger muss nach den Maßstäben des § 287 ZPO darlegen und beweisen, dass es sich bei der freien Fachwerkstatt um denselben Qualitätsstandard wie in einer markengebundenen Fachwerkstatt handelt. Dem Vergleich sind die marktüblichen Preise der Werkstätten zugrunde zu legen. § 249 Abs. 2 S. 1 BGB darf hingegen nicht außer Betracht gelassen werden, wonach dem Geschädigten die Möglichkeit eingeräumt wird, die Schadensbehebung in eigener Regie durchzuführen (BGHZ 143, 189, 194 f)

Gelingt es dem Schädiger diesen Beweis durchzuführen, ist es nun Sache des Geschädigten zu beweisen, dass eine Reparatur außerhalb einer markengebundenen Fachwerkstatt unzumutbar wäre.

Bei Fahrzeugen bis zu einem Alter von drei Jahren muss sich der Geschädigte im Rahmen der Schadensberechnung grundsätzlich nicht auf Reparaturmöglichkeiten verweisen lassen, die ihm bei einer späteren Inanspruchnahme von Gewährleistungsrechten, einer Herstellergarantie Schwierigkeiten bereiten könnten.[13] Demnach könnten die Stundenverrechnungssätze einer markengebundenen Fachwerkstatt zugrunde gelegt werden. Legt der Geschädigte bei einem Fahrzeug ab einem Alter von drei Jahren dar, dass er sein Kfz bisher stets in eine markengebundene Werkstatt gebracht hat, um es dort warten und reparieren zu lassen, oder belegt er sein Interesse an einer Reparatur seines Fahrzeugs in einer markengebundenen Werkstatt durch die Reparaturrechnung, könnten auch hier die Stundenverrechnungssätze einer markengebundenen Fachwerkstatt zugrunde gelegt werden.

Das AG Essen verweist darauf, dass es dem Betroffenen unzumutbar sei, bei der Entscheidung für eine Reparatur in einer freien Werkstatt zudem die regional günstigste auszuwählen.[14]

Eine Reparatur in einer freien Werkstatt kann nach Ansicht des BGH auch dann als unzumutbar angesehen werden, wenn der Reparatur nicht die marktüblichen Preise dieser Werkstatt zugrunde liegen, sondern vertragliche Vereinbarungen über Sonderkonditionen mit dem Haftpflichtversicherer des Schädigers.[15]

---

10 Urt. v. 20.10.2009 – VI ZR 53/09 (VW-Urteil); v. 23.2.2010 – VI ZR 91/09 (BMW-Urteil); v. 22.6.2010 – VI ZR 302/08 (Audi-Urteil), VI ZR 337/09 (Mercedes-Urteil); v. 13.7.2010 – VI ZR 259/09.
11 DAR 2010, 77.
12 DAR 2010, 77, 78.
13 DAR 2010, 78.
14 AG Essen v. 16.5.2011 – 135 C 212/10.
15 BGH Urteil v. 22.6.2010 – VI ZR 302/08.

II. Verbringungskosten, Beilackierungskosten und UPE-Aufschläge

52 Auch diese Schadenspositionen sind bei fiktiver Schadensabrechnung häufig Gegenstand von Prozessen. Es geht bei den **Verbringungskosten** um die Kosten für die Überstellung eines Fahrzeugs von der Reparaturwerkstatt in eine Lackierwerkstatt, wenn die Reparaturwerkstatt nicht über eine eigene Lackiererei verfügt. Nach überwiegender Meinung sind die Verbringungskosten auch bei der fiktiven Abrechnung erstattungsfähig,[16] jedenfalls dann, wenn am Wohnort des Unfallgeschädigten die entsprechenden Fachwerkstätten nicht über eigene Lackierwerkstätten verfügen.[17] Die Schädigerseite stützt sich auf die Gegenmeinung, wonach Verbringungskosten nur erstattungsfähig sind, wenn sie tatsächlich anfallen.[18]

53 In gleicher Weise wird bei fiktiver Abrechnung über die Aufschläge der „unverbindlichen Preisempfehlungen", die sog. **UPE-Aufschläge**, gestritten. Auch hier geht die vorherrschende Meinung von der Erstattungsfähigkeit aus.[19] Natürlich findet auch hier die Schädigerseite Gegenmeinungen.[20] Auch die Versicherer können seitenweise Rechtsprechung zitieren, in denen diese Kosten bei fiktiver Abrechnung als nicht erstattungsfähig angesehen werden. Insgesamt ist dies als Glaubensfrage anzusehen. Es empfiehlt sich, sich vor Klageeinreichung nach der Rechtsprechung am entsprechenden Gericht zu erkundigen. Sehr oft wird auf der Ebene des Amtsgerichts eine einheitliche Auffassung vertreten, die auch dann nicht mit Argumenten umzustoßen sein wird, wenn sie der eigenen Seite widerspricht.

53a Ebenso verhält es sich bei den Kosten für die Beilackierung. Diese ist erforderlich, um den Farbton ab Übergang von neu lackierten beschädigten Fahrzeugteilen und unbeschädigten Fahrzeugteilen anzugleichen.[21]

III. Wiederbeschaffungswert

54 Der Wiederbeschaffungswert beziffert die Kosten, die für die Beschaffung eines gleichartigen und gleichwertigen Fahrzeugs auf dem Gebrauchtwagenmarkt ohne entsprechenden Unfallschaden erforderlich sind, wobei maßgeblich derjenige Betrag ist, den der Geschädigte aufwenden muss, um von einem seriösen Händler einen dem Unfallfahrzeug entsprechenden Ersatzwagen nach gründlicher technischer Überprüfung zu erwerben.[22] Bei dieser Rechtsprechung kommt es also auf den Händlerverkaufswert an. Die Ermittlung dieses Wertes wird in der Praxis ausschließlich durch Sachverständigengutachten vorgenommen.

IV. Restwert

55 Die Restwertproblematik ist in jüngster Zeit wieder in den Mittelpunkt der Diskussion gelangt. Ohne jede Veranlassung hat die Führung des BVSK eine sog. Restwertrichtlinie ver-

---

16 ZB OLG Hamm Mitteilungsblatt der ARGE Verkehrsrecht 1998, 58; LG Kassel zfs 2001, 359.
17 AG Dorsten zfs 1999, 424; AG Mainz zfs 1999, 468; AG Westerburg zfs 2000, 63; AG Sarbrücken SP 2005, 198; *Burmann*, zfs 1998, 121.
18 AG Mannheim zfs 1998, 53; Palandt/*Heinrichs*, BGB § 249 Rn 14.
19 OLG Hamm Mitteilungsblatt der ARGE Verkehrsrecht 1998, 58; LG Aachen DAR 2002, 72; OLG Düsseldorf NZV 2002, 87; OLG Dresden DAR 2001, 455; AG Saarlouis zfs 1997, 95; *Wortmann*, zfs 1999, 365 ff.
20 AG Gießen zfs 1998, 51; AG Mannheim zfs 1998, 53. Zum Thema der Verbringungskosten und der UPE-Aufschläge wird insbesondere auf die Anlage 8 in *Fleischmann/Hillmann* verwiesen, in der die Rechtsprechung alphabetisch nach Gerichten und Gerichtsorten geordnet aufgeführt wird.
21 AG Paderborn v. 14.11.2014 – AZ50 C 169/14; AG Mühldorf am Inn v. 17.4.2014 1 – C 585/13; LG Hamburg v. 25.3.2014 – 323 S 78/14; LG Frankfurt v. 27.9.2012 – 2/23 O 99/12.
22 BGH NJW 1978, 1272.

fasst, die im Widerspruch zu der BGH-Rechtsprechung steht und den Geschädigten benachteiligt. Denn danach soll der Sachverständige auch Restwertangebote aus den speziellen Online-Restwertbörsen mitberücksichtigen. Diese Restwertbörsen sind nur Sachverständigen zugänglich.

Der **BGH** hat in seiner hierzu grundlegenden Rechtsprechung[23] **drei Grundsätze** herausgearbeitet: 56

1. Der Geschädigte braucht sich nur an dem ihm zugänglichen allgemeinen Markt in seiner Umgebung zu orientieren. Um räumlich entfernte Interessenten muss er sich nicht bemühen.
2. Dabei kommt für ihn primär der seriöse Kfz-Gebrauchtwagenhandel in Betracht. Dort kann der Geschädigte insbesondere den Unfallwagen bei dem Erwerb eines Ersatzwagens in Zahlung geben, und er darf das Fahrzeug zu dem von einem Kfz-Sachverständigen ermittelten Restwert veräußern.
3. Der Geschädigte muss sich nicht an höheren Restwertangeboten professioneller Restwertaufkäufer orientieren.

Von diesen Grundsätzen hat der BGH[24] in einer weiteren Entscheidung folgende **Ausnahme** zugelassen: Der Geschädigte muss sich auf das Restwertangebot des Haftpflichtversicherers einlassen, wenn dieses günstiger ist, dem Geschädigten ohne Weiteres zugänglich ist, das Angebot bindend und sofort sicher und zu legalen Zwecken zu realisieren ist, von dem Geschädigten keine Eigeninitiative verlangt wird und aus dem Transport keine Kosten entstehen. Diese Rechtsprechung hat der ehemalige Vorsitzende des VI. Zivilsenats des BGH *Steffen*[25] gutachterlich im Auftrag der ARGE Verkehrsrecht zusammengefasst. Er kommt zu dem eindeutigen Ergebnis, dass „die Angebote von Restwertaufkäufern in dem für die Schadensermittlung nach § 249 S. 2 BGB zu erstellenden Kfz-Gutachten nichts zu suchen" haben. 57

Hinweis: Das bedeutet für den Anwalt, dass die Schadensgutachten daraufhin zu überprüfen sind, ob sie diesen Grundsätzen genügen. Denn durch zu hohe Restwertangebote gerät die Abrechnung eher in den Bereich des Totalschadens, bei dem die Dispositionsfreiheit des Geschädigten eingeschränkt ist durch das Erfordernis der tatsächlichen Durchführung der Reparatur. 58

Die eindeutige Rechtslage hat die Versicherer in der Vergangenheit nicht daran gehindert, eine Vielzahl von Regressprozessen gegen Sachverständige zu führen, die ihre Gutachten entsprechend dieser Rechtsprechung des BGH erstattet haben. Den Schaden berechnen die Versicherer zwischen den Höchstpreisen der Online-Angebote und dem vom Gutachter ermittelten Wert. Diese Kampagne hat den zweifelhaften Erfolg, dass viele Gutachter von sich aus, und leider auch ohne ausdrückliche Kennzeichnung, die höheren Online-Angebote zugrunde legen. Es war deshalb wichtig, dass das OLG Köln[26] nunmehr mit einer obergerichtlichen Entscheidung festgestellt hat, dass kein Schadensersatzanspruch gegen Gutachter besteht, die entsprechend der BGH-Rechtsprechung auf den örtlichen Markt abstellen. Aus dieser Entscheidung ergibt sich auch, dass die BVSK-Richtlinie der BGH-Rechtsprechung widerspricht, 59

---

23 BGH NJW 1992, 903; 1993, 1849; 2005, 357.
24 NJW 2000, 800.
25 *Steffen*, zfs 2002, 161.
26 VersR 2004, 1145.

wenn sie so zu verstehen ist, dass auch Online-Angebote zu berücksichtigen sind. Der BGH[27] hat nun aktuell entschieden, dass ein Geschädigter grundsätzlich nicht verpflichtet ist, einen Sondermarkt für Restwertaufkäufer im Internet in Anspruch zu nehmen. Er muss sich jedoch einen höheren Erlös anrechnen lassen, den er bei tatsächlicher Inanspruchnahme dieses Sondermarktes erzielt hat. Mit dem Urteil des BGH vom 15.6.2010[28] wurde die Rechtsprechung zum Restwert nicht verändert, sondern lediglich fortgeführt.

V. Totalschaden ./. Reparaturfall

60 Entscheidend für den Umfang der Ansprüche und die Möglichkeit der Abrechnung ist die Frage der **Weiterbenutzung des Fahrzeugs** durch den Geschädigten und der **Umfang der Reparatur**. Es geht bei den Fallgestaltungen also immer um die Frage, ob der Geschädigte zwischen den beiden Möglichkeiten der Naturalrestitution, nämlich Reparatur und Ersatzbeschaffung, frei wählen kann oder ob er nach dem Wirtschaftlichkeitspostulat auf eine der beiden Möglichkeiten beschränkt ist. Kompliziert wird die Vergleichsrechnung deshalb, weil die zusätzlichen Merkmale (des Umfangs und der Qualität) der Reparatur darüber entscheiden, ob bei der Berechnung des Wiederbeschaffungsaufwands der Restwert in Abzug zu bringen ist oder nicht. Die beiden Wege der Naturalrestitution, nämlich Reparatur und Ersatzbeschaffung, verursachen oft unterschiedlich hohe Kosten, nämlich bei der Reparatur durch den **Reparaturaufwand** = Reparaturkosten + merkantiler Minderwert. Der Reparaturaufwand ist somit die Summe von Reparaturkosten und merkantilem Minderwert.

61 Bei der Ersatzbeschaffung gilt der **Wiederbeschaffungsaufwand** = Wiederbeschaffungswert abzgl Restwert. Der Wiederbeschaffungsaufwand ist also die Differenz von Wiederbeschaffungswert und Restwert. Die Begriffe Wiederbeschaffungsaufwand und Wiederbeschaffungswert dürfen nicht verwechselt werden!

61a Der BGH verlangt, dass grundsätzlich von den beiden gleichwertigen Möglichkeiten der Naturalrestitution diejenige zu wählen ist, die den deutlich geringeren Aufwand mit sich bringt.[29] Dabei sind unabhängig von der Frage der Abrechnung (fiktiv oder konkret) oder Frage der Besteuerung (Vorsteuerabzugsberechtigung) grds Die jeweiligen Bruttowerte gegenüberzustellen.[30] Nur wenn das Integritätsinteresse betroffen ist, also der Geschädigte sein ihm vertrautes Fahrzeug weiter nutzen will und diese weitere Nutzung auch tatsächlich erfolgt, gelten Ausnahmen. Dabei ergeben sich nach der Rechtsprechung folgende Varianten:

62 **1. Keine Weiterbenutzung.** Wird das beschädigte Fahrzeug nach dem Unfall veräußert oder verschrottet, sind die Kosten beider Varianten zu vergleichen, und nur der geringere Aufwand ist erstattungsfähig.

Beispiel:

a) Wiederbeschaffungsaufwand:

Wiederbeschaffungswert:	20.000 EUR
Restwert:	5.000 EUR
Differenz:	15.000 EUR

---

27 NJW 2005, 357.
28 BGH v. 15.6.2010 – VI ZR 232/09.
29 BGH NJW 1985, 2469.
30 BGH Urt. v. 3.3.2009 – VI TR 100/08.

b) Reparaturaufwand:

Reparaturkosten:	17.000 EUR
merkantiler Minderwert:	2.000 EUR
Summe:	19.000 EUR

Die Kosten nach dem Wiederbeschaffungsaufwand sind geringer. Der Geschädigte kann also nur 15.000 EUR verlangen.

2. Eigene Weiterbenutzung. Die Entscheidung zur Weiterbenutzung muss noch vor der Reparatur getroffen werden. An die Feststellung des Weiterbenutzungswillens dürfen keine hohen Anforderungen gestellt werden. Bei einem Verkauf in engem zeitlichem Zusammenhang mit der Reparatur kann aber der Schluss gezogen werden, dass von vornherein eine Verkaufsabsicht bestand.[31] Im Regelfall bestätigt der Geschädigte sein Integritätsinteresse, wenn er sein Fahrzeug sechs Monate weiternutzt.[32] Fällig wird der Anspruch jedoch sofort und nicht erst nach Ablauf der sechs Monate.[33]

Hinweis: In der anwaltlichen Beratung muss auf die Risiken bei einer Veräußerung in kurzem Abstand zur Reparatur hingewiesen werden. Bei einem Abstand von einem halben Jahr kann unter keinen Umständen die eigene Weiterbenutzungsabsicht abgesprochen werden.

Auch bei der Weiterbenutzung müssen die Kosten von Reparaturaufwand und Wiederbeschaffungsaufwand verglichen werden. In den **nachfolgenden Beispielsfällen** werden für den Wiederbeschaffungsaufwand folgende Werte stets in gleicher Höhe zugrunde gelegt:

- Wiederbeschaffungswert: 20.000 EUR
- Restwert: 6.000 EUR

Je nach Konstellation ist der Wiederbeschaffungsaufwand die Differenz zwischen Wiederbeschaffungswert und Restwert oder, wenn der Restwert außer Betracht bleibt, gleich dem Wiederbeschaffungswert. Die Kriterien zur Schadensberechnung sind

- das Verhältnis zur Höhe des Reparaturaufwands und
- der Umfang der Reparatur.

Beispiel: Reparaturkosten niedriger als der Wiederbeschaffungswert:
Im Fall der Weiterbenutzung des Fahrzeugs durch den Geschädigten bei Herstellung der Verkehrs- und Betriebssicherheit ist bei der Berechnung des Wiederbeschaffungsaufwandes eine wesentliche Modifikation vorzunehmen:[34] Wenn die Reparaturkosten den Wiederbeschaffungswert nicht übersteigen (also im Beispiel bis 20.000 EUR), bleibt der Restwert bei der Schadensberechnung unberücksichtigt. Das soll nach einer Entscheidung des OLG Oldenburg[35] sogar dann gelten, wenn gar keine Reparatur durchgeführt wird, da die Verkehrs- und Betriebssicherheit durch den Unfall nicht tangiert ist. Hierzu hat der BGH[36] jedoch entschieden, dass der Geschädigte zum Nachweis seines Integritätsinteresses sein Fahrzeug zumindest sechs Monate weiternutzen muss. Zu beachten ist dabei aber, dass dies keine Bestimmung der

---

31 OLG Hamm NZV 2001, 349.
32 BGH v. 23.11.2010 –VI ZR 35/10.
33 BGH v. 26.5.2009 – VI ZB 71/08.
34 BGH zfs 2003, 403.
35 VA 2004, 96.
36 BGH DAR 2008, 81; 2008, 387.

Fälligkeit ist, sondern eine Beweismöglichkeit. Zahlt der Versicherer erst nach sechs Monaten, so hat er damit erst sechs Monate nach Fälligkeit gezahlt, so dass entsprechend Zinsen nachgefordert werden können.[37]

Die Vergleichsrechnung lautet beispielhaft:

a) Wiederbeschaffungsaufwand:

Wiederbeschaffungswert	20.000 EUR
Restwert bleibt unberücksichtigt	0 EUR
Gesamt:	20.000 EUR

b) Reparaturaufwand:

Reparaturkosten	16.000 EUR
merkantiler Minderwert	2.000 EUR
Gesamt:	18.000 EUR

Somit darf der Geschädigte noch reparieren, da der Reparaturaufwand niedriger als der Wiederbeschaffungsaufwand ist. Dies aber nur, weil nach der BGH-Rechtsprechung der Restwert in die Rechnung nicht einzustellen ist und der Wiederbeschaffungsaufwand damit allein aus dem Wiederbeschaffungswert besteht.

68 Offen ist die Entscheidung, ob auf der Reparaturaufwandseite der merkantile Minderwert zu addieren ist, wofür einiges spricht.[38] Wie im Fall ohne Weiterbenutzung liegt die Grenze bei 100 %, nur der Vergleichswert ist höher, da kein Abzug des Restwerts erfolgt.

69 **3. Fachgerechte Reparatur (130%-Grenze).** Das Integritätsinteresse[39] rechtfertigt nach der Rechtsprechung eine Überschreitung des Wiederbeschaffungswertes um 30 %. Im Beispiel (Rn 70) darf der Reparaturaufwand den Wiederbeschaffungswert von 20.000 EUR also um bis zu 6.000 EUR übersteigen. Ob das Integritätsinteresse des Geschädigten berührt ist, bestimmt sich nicht nur an dem Erfordernis der eigenen Weiterbenutzung. Es kommt auch auf die Art und den Umfang der Reparatur an. Der BGH[40] hat klar entschieden, dass nur derjenige Geschädigte sein Integritätsinteresse bekundet, der sein Fahrzeug in einen Zustand wie vor dem Unfall versetzt. Das ist nach dieser Entscheidung nur dann der Fall, wenn die Reparatur fachgerecht und in einem Umfang durchgeführt wurde, wie der Sachverständige ihn zur Grundlage der Kalkulation gemacht hat. Bestätigt wurde dies durch Urteil des BGH vom 15.11.2011 (VI ZR 30/11). Dafür kommt es nur auf das Ergebnis an. Die Reparatur kann deshalb auch in Eigenregie ausgeführt worden sein. Neben dieser Vergünstigung für den Geschädigten ist bei der Berechnung des Wiederbeschaffungsaufwandes auch hier der Restwert unberücksichtigt zu lassen. Zu beachten ist, dass nach Auffassung des BGH[41] der Geschädigte sein Integritätsinteresse nicht zum Ausdruck bringt, wenn er das Fahrzeug innerhalb einer Zeit von sechs Monaten nach dem Unfall verkauft.

---

37 LG Hamburg DAR 2008, 481.
38 *Lemcke*, r+s 2002, 265 f.
39 BGH v. 15.2.2005 – VI ZR 70/04.
40 BGH v. 15.2.2005 – VI ZR 70/04.
41 BGH DAR 2008, 517.

Beispiel: 70

a) Wiederbeschaffungsaufwand:

Wiederbeschaffungswert	20.000 EUR
Restwert bleibt unberücksichtigt	0 EUR
Gesamt:	20.000 EUR

b) Reparaturaufwand:

Reparaturkosten	24.000 EUR
merkantiler Minderwert	2.000 EUR
Summe:	26.000 EUR

Der Reparaturaufwand überschreitet hier den Wiederbeschaffungsaufwand um genau 30 %. Bis zu kalkulierten 26.000 EUR darf also repariert werden.

Aus der BGH-Entscheidung ergibt sich aber noch nicht im Detail, was genau unter „fachgerecht" zu verstehen ist. In der obergerichtlichen Rechtsprechung werden dazu unterschiedliche Auffassungen vertreten. Teilweise wird eine vollständige sach- und fachgerechte Reparatur entsprechend den Vorgaben des Gutachtens für erforderlich gehalten.[42] Andere Gerichte lassen es ausreichen, wenn das Ergebnis der Reparatur im Wesentlichen im Hinblick auf Verkehrssicherheit, technische Ausstattung und Haltbarkeit dem Zustand vor dem Unfall entspricht, wobei insbesondere die Verwendung von Gebrauchtteilen möglich ist.[43] 71

Gelingt es dem Geschädigten, eine fachgerechte und nach den Vorgaben des Sachverständigen entsprechende Reparatur durchzuführen, deren Kosten den Wiederbeschaffungswert nicht übersteigen, so kann der Geschädigte nach Ansicht des BGH[44] Ersatz der angefallenen Reparaturkosten verlangen. 72

Fraglich ist die Ersetzung von Reparaturkosten bis zu 130 %, wenn sie lediglich wegen der Benutzung von Gebrauchtteilen unter dieser Grenze liegt. Sollten die Reparaturkosten mit Verwendung von Gebrauchtteilen den Wiederbeschaffungswert nicht überschreiten, kann nach Ansicht des BGH eine Reparatur durchgeführt werden. Für die Bestimmung der Einhaltung der 130 %-Grenze soll die tatsächliche Höhe der Reparaturkosten bei Verwendung von Gebrauchtteilen entscheidend sein und nicht der vom Gutachter ermittelte Wert, wenn nach Auffassung des Sachverständigen eine fachgerechte und den Vorgaben des Gutachtens entsprechende Reparatur stattgefunden hat.[45] 73

Hinweis: Hat der Geschädigte ein Interesse daran, eine Reparatur unter der Verwendung von Gebrauchtteilen durchzuführen, sollte er sich von seinem Sachverständigen eine Kalkulation unter Verwendung von Gebrauchtteilen erstellen lassen. 73a

Fraglich ist, ob auf die Reparaturkosten abgestellt werden kann, wenn der Geschädigte durch die Einräumung eines Rabatts die 130 %-Grenze nicht überschreitet. Nach Ansicht des BGH[46] kann darin kein Verstoß gegen das Wirtschaftlichkeitsgebot gesehen werden. Der Geschädigte trägt demnach aber die Beweispflicht bezüglich der wirtschaftlichen Vernünftigkeit. 74

---

42 OLG Stuttgart DAR 2003, 176; OLG Schleswig zfs 1998, 174; OLG Karlsruhe zfs 1997, 53.
43 OLG Karlsruhe DAR 1999, 313; OLG Oldenburg DAR 2000, 359; OLG Frankfurt DAR 2003, 68.
44 BGH v. 14.12.2010 – VI ZR 231/09.
45 BGH v. 15.11.2011 – VI ZR 30/11; auch schon OLG Frankfurt DAR 2003, 68.
46 BGH v. 8.2.2011 – VI ZR 79/10.

§ 3 Anspruchsinhalte bei der Verkehrsunfallhaftung

75 Nach Ansicht des BGH vom 3.3.2009 – VI ZR 100/08 ist für die Berechnung der 130 %-Grenze auf den Vergleich zwischen den Bruttoreparaturkosten (und einer eventuellen Wertminderung) und auf den Wiederbeschaffungswert abzustellen. Zum Aufwand einer ordnungsgemäßen Reparatur zählt ebenso wie zum Aufwand der Wiederbeschaffung eines Kfz die Mehrwertsteuer.[47] Da es sich um einen Wirtschaftsvergleich handelt, müsse auf beiden Seiten der jeweilige Bruttowert Berücksichtigung finden. Liegt der Betrag der geschätzten Reparaturkosten über dem Betrag des Wiederbeschaffungswertes, kann eine Reparatur nur dann als wirtschaftlich vernünftig angesehen werden, wenn sie vom Integritätsinteresse des Geschädigten geprägt ist und fachgerecht durchgeführt wird, wie ihn der Sachverständige zur Grundlage seiner Kostenschätzung gemacht hat.[48]

75a **Hinweis:** Der Geschädigte muss darauf aufmerksam gemacht werden, dass er bei einer Überschreitung der 130 %-Grenze der Bruttoreparaturkosten, gegenüber der Versicherung keinen Anspruch auf Erstattung der Kosten hat, wenn er die Reparaturkosten nur netto geltend macht.[49]

76 Maßgeblich für die Berechnung ist die Reparaturkostenkalkulation des Sachverständigen, nicht der später tatsächlich angefallene Reparaturaufwand.[50]

76a Bei der Bestimmung der Grenzen von 100 % bzw von 130 % ist stets auf den Wiederbeschaffungswert ohne Berücksichtigung des Restwerts abzustellen. Halten sich die Bruttoreparaturkosten zzgl evtl Wertminderung hingegen unter dem Wiederbeschaffungswert, hat der Geschädigte einen Anspruch auf Reparaturkostenersatz.[51]

77 **4. Minderreparatur.** Bei nicht fachgerechter Reparatur ist das Integritätsinteresse damit nicht gegeben. Der 30%-Zuschlag kann also nicht verlangt werden. Der Anspruch ist damit grundsätzlich beschränkt auf den Wiederbeschaffungsaufwand. Dieser ist nun aber unter Abzug des Restwerts zu berechnen, da

- die Reparaturkosten den Wiederbeschaffungswert überschreiten und
- ein Integritätsinteresse nicht gegeben ist.

78 Im Beispielsfall (Rn 67) beläuft sich der Wiederbeschaffungsaufwand damit auf 14.000 EUR. Unter einer weiteren Voraussetzung kommt über diesen Betrag hinaus eine Erstattung bis zur Höhe des Wiederbeschaffungswerts, im Beispiel bis zu 20.000 EUR, in Betracht, wenn nämlich Reparaturkosten bis zu einem Betrag zwischen Wiederbeschaffungsaufwand und Wiederbeschaffungswert konkret angefallen sind oder der Geschädigte nachweisbar in einem Umfang repariert hat, der den Wiederbeschaffungswert übersteigt. Obergrenze ist dabei der Wiederbeschaffungswert. Wenn die fachgerechte Reparatur 26.000 EUR erfordert und eine Minderreparatur mit konkret angefallenen 20.000 EUR erfolgt, erhält der Geschädigte nur 20.000 EUR, also den Wiederbeschaffungswert als Obergrenze.

79 **5. Reparaturkosten über 130 %.** Das Integritätsinteresse rechtfertigt nur eine Überschreitung um 30 %. Übersteigt der Reparaturaufwand den Wiederbeschaffungswert um mehr als 130 %, liegt, selbst wenn das Fahrzeug technisch repariert werden könnte, ein wirtschaftli-

---

47 DAR 2009, 323.
48 DAR 2009, 323, 324.
49 *Kappus*, DAR 2010, 9, 10.
50 OLG München v. 13.11.2009 – 10 U 3258/2008.
51 BGH v. 8.12.2009 – VI ZR 119/09.

cher Totalschaden vor. Der Geschädigte bekommt grundsätzlich nur den Wiederbeschaffungswert abzgl Restwert. Im Beispiel (Rn 65) also 14.000 EUR (Wiederbeschaffungswert: 20.000 EUR minus Restwert: 6.000 EUR).

Da der BGH bei einer tatsächlichen **Teilreparatur** ohne Bestätigung des Integritätsinteresses die Erstattung konkret angefallener Reparaturkosten bis zur Höhe des Wiederbeschaffungswerts, hier 20.000 EUR, zulässt, ist kein Grund ersichtlich, warum das nicht auch für Fälle gelten soll, bei denen die kalkulierten Reparaturkosten 130 % des Wiederbeschaffungswerts überschreiten. Bei nachweisbarer Reparatur mit einem Aufwand bis zur Höhe des Wiederbeschaffungswerts kann auch in dieser Höhe eine Erstattung erfolgen.

Durch das Urteil des BGH vom 8.12.2009[52] wurde entschieden, dass bei konkreter Abrechnung einer Teilreparatur in 130%-Fällen der Wiederbeschaffungswert nicht stets die obere Grenze bildet. Der Geschädigte kann vielmehr die den Wiederbeschaffungswert übersteigenden Reparaturkosten der Teilreparatur ersetzt verlangen, wenn diese konkret angefallen sind oder nachweisbar wertmäßig in einem solchen Umfang repariert worden sind.

Ungeklärt bleibt, ob die Sechsmonatsfrist ebenso auf die Teilreparatur Anwendung findet. Zudem bleibt offen, nach welchen Maßstäben eine Eigenreparatur zu bewerten ist; ebenso die Anforderungen an den Vortrag bei Eigenreparatur.

VI. Das Quotenvorrecht

Die Abrechnung von Unfallschäden nach Quotenvorrecht hat einfach wegen Unkenntnis dieser Möglichkeit in der Praxis nicht die ihr zustehende Bedeutung. Zu Recht wird darauf hingewiesen, dass es in der anwaltlichen Praxis die am häufigsten übersehene oder nicht gekannte Abrechnungsmöglichkeit ist.[53] Obwohl einer Vielzahl von Unfallgeschädigten hierdurch ein weiterer Schaden durch fehlerhafte Beratung entsteht, gibt es nur wenige Regresse. Dies aber auch nur, weil niemand die Falschberatung erkennt. Mit der zunehmenden Spezialisierung in der Anwaltschaft wird der traurige Befund sicher bald der Vergangenheit angehören. Wenn durch einen Verkehrsunfall ein vollkaskoversichertes Fahrzeug geschädigt wird (zur Kaskoversicherung vgl § 5), kommen grundsätzlich Ansprüche in Betracht gegen

- den Unfallgegner aus Delikts- und Gefährdungshaftung (§§ 823 BGB, 7, 17 StVG) und
- den Kaskoversicherer aus vertraglicher Verpflichtung (§ 13 AKB).

Bei einer klaren Haftungsverteilung von 100 % zu 0 % ist völlig klar: Trifft den Unfallgegner die volle Haftung, wird er bzw der hinter ihm stehende KH-Versicherer in Anspruch genommen. Bei Alleinschuld des Versicherten wird ebenso selbstverständlich die Kaskoversicherung in Anspruch genommen.

Anders ist es aber in Quotenfällen. Dann können die verschiedenen Ansprüche miteinander kombiniert werden. Genau das ist in Grenzen zum Vorteil des Geschädigten möglich. Es geht also um die Kombination von deliktischen und vertraglichen Ansprüchen. Diese Abrechnungsart soll und muss deshalb immer dann geprüft werden, wenn

---

52 BGH v. 8.12.2009 – VI ZR 199/09.
53 *Lachner*, zfs 1999, 184.

- das beschädigte Fahrzeug vollkaskoversichert ist und
- eine Haftungsquote in Betracht kommt.

86 Ausgehend davon sind nach Abrechnung durch die Kaskoversicherung die sog. **quotenbevorrechtigten Schadenspositionen** durch den KH-Versicherer vollumfänglich zu ersetzen. Es sind die Positionen, die unmittelbar aus der Substanz des Kfz folgen und nicht von der Kaskoversicherung ausgeglichen worden sind. Es handelt sich um Folgende:

- **Selbstbeteiligung:** Ohne jeden Zweifel betrifft die Selbstbeteiligung als Teil der Reparaturkosten bzw Wiederbeschaffungskosten unmittelbar die Substanz des Kfz.
- **Wertminderung:** Sowohl die merkantile als auch die technische Wertminderung stellen eine teilweise Unmöglichkeit der Naturalrestitution dar, die gem. § 251 Abs. 1 BGB zu einem Erstattungsanspruch führt.[54] Der Schaden tritt unmittelbar und zeitlich kongruent durch den Unfallschaden ein und gehört damit zu den kongruenten Schadenspositionen.
- **Gutachterkosten:** Die Begutachtung der Fahrzeugschäden stellt eine Vorarbeit zur Reparatur dar.[55] Zur Vermeidung von Missverständnissen sei auch hier darauf hingewiesen, dass es nicht um die Kosten eines Kaskogutachtens geht, sondern um die eines privaten Schadensgutachtens.
- **Abschleppkosten:** Auch die Abschleppkosten zu einer Werkstatt stellen eine notwendige Vorstufe zur Fahrzeugreparatur dar und sind damit notwendiger Aufwand zur Beseitigung der Beschädigung.

87 Diese vier Schadensarten sind nach ganz herrschender Meinung kongruent. Die **nachfolgenden Schäden sind nur nach einzelnen Meinungen kongruent.** Wer für den Geschädigten tätig ist, muss sich in dessen Interesse auf den für diesen günstigsten Rechtsstandpunkt stellen. Eine völlig andere Frage ist, was ggf eingeklagt wird.

88 - **Mietwagenkosten:** Während der BGH[56] die Mietwagenkosten zu den Sachfolgeschäden zählt, geht eine andere Auffassung[57] mit verschiedenen Argumenten davon aus, dass auch Mietwagenkosten einen Aufwand der Ersatzbeschaffung bedeuten. Diese Auffassung geht dabei von der unstreitigen Ansicht aus, dass die Ersatzbeschaffung eines zerstörten Fahrzeugs jedenfalls einen kongruenten Schaden darstellt. Die zeitweise Anmietung eines Ersatzfahrzeugs könne nicht anders gesehen werden als die Ersatzbeschaffung. Mietwagenkosten stellten damit einen Ersatzbeschaffungsaufwand auf Zeit dar, während der Kaufpreis für das Ersatzfahrzeug Ersatzbeschaffungsaufwand auf Dauer sei. Zumindest im Rahmen der Klage scheint es tunlich zu sein, in diesem Fall der höchstrichterlichen Auffassung zu folgen.

89 - **Rückstufungsschaden:** Dabei handelt es sich um eine versicherungsvertragliche Folge der Inanspruchnahme der Kaskoversicherung. Es sind somit keine Geldmittel zur Schadensbeseitigung. Die Kosten sind unstreitig nicht kongruent und damit nur nach Quote zu erstatten. Bei einer gerichtlichen Geltendmachung ist zu berücksichtigen, dass nach der Rechtsprechung des BGH der Rückstufungsschaden für die Zukunft nicht als Zahlungsklage,

---

54 BGH VersR 1982, 283 f.
55 BGH NJW 1985, 1845.
56 VersR 1982, 283 f.
57 *Müller*, VersR 1989, 317 ff.

sondern nur als Feststellungsklage erhoben werden kann.[58] In diesem Zusammenhang stellt sich die Frage, zu welchem Zeitpunkt die Inanspruchnahme der Kaskoversicherung erfolgen soll und ob der Anwalt von dem Geschädigten damit beauftragt werden kann. Dabei geht es um die Fragen, ob der Rückstufungsschaden und die bei dem Anwalt des Geschädigten anfallenden Gebühren für die Tätigkeit gegenüber der Kaskoversicherung vom Haftpflichtigen zu ersetzen sind. Grundsätzlich ist der Verlust des Schadensfreiheitsrabatts ein vom Schädiger zu ersetzender Sachschaden, auch wenn bei Mitverursachung der Schaden nur anteilig zu ersetzen ist.[59] Als Ausnahme wird vertreten, dass in solchen Fällen ohne Einschränkung der Rückstufungsschaden zu erstatten ist.[60] Nach den heutigen AKB sind solche Fälle jedoch selten. Es kann einen Verstoß gegen die Schadensminderungspflicht bedeuten, wenn der Geschädigte sofort nach dem Unfall seine Kaskoversicherung in Anspruch nimmt. Der Rückstufungsschaden ist allerdings bei drohender schleppender Schadensregulierung ohne vorherige Androhung zu erstatten. Zu empfehlen ist dabei jedenfalls die vorherige Androhung der Kaskoinanspruchnahme gegenüber dem Haftpflichtversicherer. Auch hierzu wird die Gegenmeinung vertreten.[61] Insbesondere soll bei bestehender Mithaftung die sofortige Inanspruchnahme der Kaskoversicherung keinen Verstoß gegen die Schadensminderungspflicht darstellen, wenn der Prämienschaden nur in Höhe der Mithaftungsquote geltend gemacht wird. In der Praxis sollte der Anwalt jedenfalls in seinem ersten Anspruchsschreiben immer 100%igen Ersatz verlangen. Andernfalls gerät er in Gefahr, eine höhere Quote zulasten seines Mandanten zu sehen als der Gegner. Die Konsequenz wegen der Gebühren muss mit dem Mandanten selbstverständlich vorher abgeklärt sein. Es stellt jedenfalls den vom Anwalt einzuschlagenden sichereren Weg dar, wenn der Haftpflichtversicherer zunächst unter Androhung der Inanspruchnahme der Kaskoversicherung auf den vollen Schaden in Anspruch genommen wird. Zu beachten ist allerdings, dass – nach fast allen gängigen AKB – die einmal erfolgte Inanspruchnahme des Kaskoversicherers nicht mehr durch Rückzahlung rückgängig gemacht werden kann. Allerdings kann der Anwalt versuchen, mit dem Kaskoversicherer eine individuelle, abweichende Vereinbarung zu treffen. Dies rechtfertigt dann auch insbesondere seine Inanspruchnahme und damit die Erstattbarkeit der Gebühren.

■ **Rechtsanwaltskosten:** Wird der Anwalt zur Tätigkeit auch gegenüber dem Kaskoversicherer beauftragt, handelt es sich um zwei verschiedene Angelegenheiten, deren Vergütung getrennt vom Mandanten geschuldet ist. Wenn der Kaskoversicherer nicht gerade in Verzug geraten ist, kommt regelmäßig ein realistischer Erstattungsanspruch nur gegenüber dem KH-Versicherer in Betracht. Der BGH hat dabei jedoch entschieden, dass im Regelfall ein Erstattungsanspruch diesem gegenüber nicht in Betracht kommt.[62]

---

58 BGH NJW 1992, 1035.
59 BGH zfs 1992, 48.
60 LG Aachen DAR 2000, 36.
61 LG Aachen DAR 2000, 36.
62 BGH v. 8.5.2012 – VI ZR 196/11.

§ 3 Anspruchsinhalte bei der Verkehrsunfallhaftung

91 Die praktischen Vorteile im Ergebnis sollen anhand folgender Klage veranschaulicht werden:

92 ▶ **Muster: Klageschrift**

An das ...gericht, ...

Klage

In Sachen

des Herrn ...

– Kläger –

Prozessbevollmächtigte: RAe ...

gegen

Herrn ...

– Beklagter zu 1 –

und

die ... Versicherungs AG, Niederlassung ..., vertreten durch den Vorstand, dieser vertreten durch den Vorstandsvorsitzenden Herrn ... (Schadensnummer ...)

– Beklagte zu 2 –

wegen Schadensersatzes

Streitwert: wir beantragen Festsetzung

Namens und in Vollmacht des Klägers erheben wir Klage und werden beantragen:

1. Die Beklagten werden gesamtschuldnerisch verurteilt, an den Kläger 1.191,20 EUR nebst 5 % Zinsen über dem Basiszinssatz aus 602,50 EUR seit dem 18.5.2015 bis Rechtshängigkeit und aus 588,70 EUR ab Rechtshängigkeit sowie die nicht anrechenbaren Kosten der außergerichtlichen anwaltlichen Beauftragung iHv ... EUR zu zahlen.
2. Es wird festgestellt, dass die Beklagten verpflichtet sind, dem Kläger 75 % sämtlicher materieller Schäden aus dem Unfall vom 16.12.2014 um 12:45 Uhr auf der ...straße in ... zu ersetzen.

Sofern das Gericht das schriftliche Vorverfahren anordnet, beantragen wir bereits jetzt bei Säumnis der Beklagten den Erlass eines entsprechenden Versäumnisurteils, im Falle eines Anerkenntnisses den Erlass eines entsprechenden Anerkenntnisurteils ohne mündliche Verhandlung.

Begründung:

Der Kläger macht Schadensersatzansprüche aus einem Verkehrsunfall vom 16.12.20014 um ca. 12:45 Uhr auf der ...straße in ... geltend. Fahrer und Halter des unfallgegnerischen Pkws mit dem amtlichen Kennzeichen ... war der Beklagte zu 1. Das Fahrzeug des Beklagten zu 1 ist bei der Beklagten zu 2 haftpflichtversichert, so dass sich daraus die Passivlegitimation der Beklagten zu 2 ergibt.

Der Unfall ereignete sich wie folgt:

Der Beklagte zu 1 befuhr als erstes Fahrzeug einer Fahrzeugkolonne von drei Fahrzeugen die ...straße aus Richtung ... in Richtung .... Der Kläger befuhr die Straße als drittes Fahrzeug mit dem in seinem Eigentum stehenden Kleintransporter mit dem amtlichen Kennzeichen .... In der Mitte fuhr der Zeuge ... mit seinem Pkw. Dieser Pkw verdeckte die Sicht des Klägers auf das Fahrzeug des Beklagten zu 1, so dass der Kläger dieses Fahrzeug erst unmittelbar vor dem Unfall wahrnahm.

C. Sachschaden

Der Kläger fuhr hinter dem Zeugen ... her. Da dieser bei einer zulässigen Höchstgeschwindigkeit von 70 km/h nur mit einer Geschwindigkeit von 50 km/h fuhr, vergewisserte sich der Kläger darüber, dass kein Gegenverkehr bestand, und setze zum Überholen an. Als der Kläger etwa auf der Höhe des Fahrzeugs des Zeugen ... war, fuhr plötzlich von rechts kommend der Beklagte über die Straße, um links eine kleine Straßenausbuchtung zum Wenden zu nutzen.

Beweis: Beziehung der amtlichen Ermittlungsakte ...
Zeugnis des Herrn ...

Der Zeuge ... äußerte sich, dass der Beklagte zu 1 rechts fuhr, eine Weile das linke Blinklicht aufleuchten ließ und plötzlich nach links zog, um in die dort befindliche Ausbuchtung der Straße hineinzufahren. Der Beklagte zu 1 gab gegenüber den Polizeibeamten an, dass er die Einfahrt nutzen wollte, um zu wenden, nachdem er sich verfahren hatte.

Beweis: Ermittlungsakte, b.b.

Rechtlich ist der Unfall wie folgt zu werten:

Zunächst einmal ist festzustellen, dass der Beklagte zu 1 angegeben hat, dass er zum Unfallzeitpunkt versucht hat zu wenden. Gemäß § 9 Abs. 5 StVO hat sich ein Verkehrsteilnehmer, der beabsichtigt zu wenden, so zu verhalten, dass eine Gefährdung anderer Verkehrsteilnehmer ausgeschlossen ist. Kommt es zu einem Verkehrsunfall spricht der Anschein dafür, dass der Wendende sich schuldhaft verhalten hat.

Nach der Einlassung des Zeugen ... steht auch fest, dass dem Beklagten zu 1 das überwiegende Verschulden an dem Unfall vorzuwerfen ist. So ist festzustellen, dass sich der Beklagte zu 1 nicht nach links zur Straßenmitte hin abgesetzt hat, um so dem rückwärtigen Verkehr deutlich zu machen, dass er beabsichtigte zu wenden. Es ist festzustellen, dass der Beklagte zu 1 plötzlich gewendet hat. Insoweit teilt der Zeuge ... mit, dass er sich noch fragte, wo der Beklagte zu 1 denn plötzlich hinwolle.

Dafür, dass der Beklagte zu 1 auch plötzlich sein Wendemanöver einleitete, spricht auch der Umstand, dass er ortsfremd war und für ihn wohl die Wendemöglichkeit erst sehr spät zu erkennen war, so dass er das Wendemanöver erst sehr spät eingeleitet hat.

Hätte sich der Beklagte zu 1, wie es die StVO von ihm verlangt, rechtzeitig zur Fahrbahnmitte hin abgesetzt, wäre er auch für den Kläger zu erkennen gewesen. Wohl um den Wenderadius so groß wie möglich zu halten, hat der Beklagte zu 1 jedoch genau das Gegenteil getan und zunächst nach rechts gelenkt, um von dieser rechten Fahrbahnseite nach links abzubiegen. Nur darum war der Beklagte zu 1 für den Kläger vor Beginn des Wendemanövers nicht zu erkennen.

Dem Kläger kann dagegen kein Vorwurf gemacht werden. Gegenverkehr bestand nicht. Die linke Fahrbahnhälfte war vollkommen frei. Die zulässige Höchstgeschwindigkeit war nicht überschritten, da der Zeuge ..., wie er mitteilt, lediglich ca. 50 km/h gefahren ist. Der einzige Gesichtspunkt, der ein Verschulden begründen könnte und auf den ersten Blick nicht ganz abwegig erscheint, ist die Frage, ob der Kläger bei unklarer Verkehrslage überholt hat.

Dies wird jedoch zu verneinen sein. Für den Kläger war der Beklagte zu 1 nicht zu erkennen. Der Kläger beabsichtigte zu überholen, als der vor ihm fahrende Fahrzeugführer die Geschwindigkeit verlangsamte. Bei Lektüre der Rechtsprechung zur Frage der unklaren Verkehrslage ist festzustellen, dass eine unklare Verkehrslage hiernach nicht gegeben war. Allein das langsame Vorausfahren auf einer ausreichend breiten Straße begründet keine unklare Verkehrslage (OLG Frankfurt VM 1973,

§ 3 Anspruchsinhalte bei der Verkehrsunfallhaftung

96). Im Übrigen wird verwiesen auf *Hentschel*, Straßenverkehrsrecht, 43. Auflage 2015, § 5 StVO Rn 35 und die dort zitierte Rechtsprechung.

Insoweit wird auch auf die Rechtsprechung verwiesen, welche sich finden lässt in *Grüneberg*, Haftungsquoten bei Verkehrsunfällen, 14. Auflage 2015, Rn 259. Hier kommt die Rechtsprechung regelmäßig zu einer Haftungsverteilung von 2/3 zu 1/3 zulasten des Wendenden bis hin sogar zu einer Alleinhaftung des Wendenden. Ein Verschulden des Klägers ist fernliegend.

Nur weil der Kläger den Unvermeidbarkeitsbeweis nicht führen kann, lässt er sich ein Mitverschulden iHv 25 % anrechnen.

Daher haben die Beklagten dem Kläger seine Schäden zu 75 % auszugleichen.

Mit Schreiben vom 20.12.2014 wurde die Beklagte zu 2 aufgefordert, bis zum 3.1.2015 den Haftungseintritt dem Grunde nach zu erklären. Dies ist nicht geschehen. Mit Schreiben vom 18.1.2015 wurde der Beklagten zu 2 mitgeteilt, dass sie sich in Verzug befindet und nunmehr die Kaskoversicherung mit der Regulierung betraut wird.

Mit Schreiben vom 13.4.2007 rechnete die Kaskoversicherung gegenüber dem Kläger ab. Gegenstand der Abrechnung war ein Totalschaden am Fahrzeug des Klägers. Der Wiederbeschaffungswert betrug 6.512,41 EUR.

Beweis: Schreiben vom 13.4.2015 in Kopie als Anlage K 1

Mit Schreiben vom 9.5.2015 wurden gegenüber der Beklagten zu 2 die verbliebenen Ansprüche beziffert und zur Zahlung bis zum 17.5.2015 aufgefordert.

Beweis: Schreiben vom 9.5.2015 in Kopie als Anlage K 2

Eine solche Zahlung ist nicht erfolgt, so dass Klage geboten ist.

Dem Kläger entstand folgender Schaden:

Dabei kann der Kläger die quotenbevorrechtigten Ansprüche vollumfänglich geltend machen, da insoweit gem. § 67 Abs. 1 S. 2 VVG der Anspruchsübergang auf die Kaskoversicherung nicht zulasten des Versicherungsnehmers erfolgen darf.

I. Quotenbevorrechtigte Schadenspositionen:

1. Selbstbeteiligung: 500 EUR

    Beweis: Schreiben vom 13.4.2015, b.b.
2. Kosten für An- und Abmeldung: pauschal 80 EUR
3. Kosten für Inanspruchnahme der Kaskoversicherung:
    Die Kosten, die im Zusammenhang mit der Kaskoregulierung entstehen, sind ersatzpflichtiger Schaden des Geschädigten (statt vieler OLG Stuttgart DAR 1989, 27). Dies gilt zumindest bei Inanspruchnahme nach Verzugseintritt. Die Inanspruchnahme der Kaskoversicherung ist dabei unstreitig als eine gesonderte Angelegenheit anzusehen. Die Kosten der außergerichtlichen Inanspruchnahme errechnen sich aus der Zahlung der Kaskoversicherung als Gegenstandswert (6.012,41 EUR) und einer Gebühr iHv 1,3 und betragen insgesamt 588,70 EUR.

    Beweis: Rechnung in Kopie als Anlage K 3

II. Nicht quotenbevorrechtigte Schadensposition:

1. Unkostenpauschale: 22,50 EUR
    Für unfallbedingte Wege, Porto und Telefonkosten wird eine Pauschale iHv 30 EUR begehrt.

Beweis: richterliche Schätzung gem. § 287 ZPO

Hiervon 75 % sind 22,50 EUR.

2. Nebenkosten, Kosten der außergerichtlichen Regulierung

Die Beklagten haben auch die Kosten der außergerichtlichen Regulierung als Nebenkosten zu übernehmen. Gegenstandswert der außergerichtlichen Regulierung ist der Betrag iHv 6.512,41 EUR, da dieser den ursprünglichen Schaden des Klägers darstellte. Hieraus errechnet sich eine Gebühr iHv 588,70 EUR.

Beweis: Rechnung in Kopie als Anlage K 4

Der Feststellungsantrag ist zulässig, da der Kläger durch die Inanspruchnahme der Kaskoversicherung höhergestuft worden ist. Der Verlust des Schadensfreiheitsrabatts in der Kaskoversicherung ist eine adäquate Schadensposition (BGH zfs 1992, 48). Der Höherstufungsschaden wird ab dem Jahr 2016 anfallen und über mehrere Jahre entstehen. Hinsichtlich des Gegenstandswerts ist anzumerken, dass der Höherstufungsschaden im Durchschnitt ca. 750 EUR beträgt.

Nachdem sich die Beklagten in Verzug befinden, ist Klage geboten.

Rechtsanwalt ◀

Wird der Klage Erfolg unterstellt, ergibt sich, dass der Mandant von der Kaskoversicherung und der Haftpflichtversicherung insgesamt so viel bekommt, dass er schließlich gegenüber einem 100 %igen Anspruch lediglich 7,50 EUR einbüßt. Der Anwalt, der hier lediglich 75 % von der Haftpflichtversicherung verlangt und die Kaskoversicherung vergisst, wird für den Mandanten vom Gesamtschaden nur 75 % erhalten, was dann einer Einbuße vorliegend von mehr als 1.600 EUR entspricht (Gesamtschaden ca. 6.500 EUR, hiervon 75 % sind 4.875 EUR).

Gerade bei kleinen Quoten oder geringem Schaden muss jedoch daran gedacht werden, dass die Haftpflichtversicherung niemals mehr bezahlen muss als die Quote vom Gesamtschaden.

Beispiel (unterstellte Selbstbeteiligung: 500 EUR):

Reparaturkosten:	2.000 EUR
Sachverständigenkosten:	300 EUR
Nutzungsausfallschaden:	300 EUR
Gesamtschaden:	2.600 EUR

Bei einer Haftungsquote von 50 % bzw 25 % muss die Haftpflichtversicherung niemals mehr als 1.300 EUR bzw 650 EUR zahlen. Nach Abrechnung über die Kaskoversicherung kann der Mandant wie folgt begehren:

	50 %	*25 %*
Selbstbeteiligung:	500 EUR	500 EUR
Sachverständigenkosten:	300 EUR	300 EUR
Nutzungsausfallschaden:	150 EUR	75 EUR
Gesamt:	950 EUR	875 EUR

Bei einer Haftung von 50 % kann der Mandant also vollumfänglich die 950 EUR verlangen. 1.500 EUR erhielt er von der Kaskoversicherung, so dass er insgesamt 2.450 EUR ersetzt bekommt. Bei 25 % muss die Haftpflichtversicherung lediglich insgesamt 650 EUR zahlen, so dass nicht 875 EUR ersetzt begehrt werden können, sondern lediglich die Gesamtentschädigungssumme von 650 EUR. Zzgl der Zahlung der Kaskoversicherung werden somit 2.150 EUR ersetzt.

VII. Mietwagenkosten

96 Mietwagenkosten gehören regelmäßig zu den Kosten der Schadensbehebung gemäß § 249 BGB. Das ist auch recht unproblematisch. Streit besteht jedoch hinsichtlich der regelmäßig verwendeten sog. **Unfallersatztarife**. Zu den Mietwagenkosten hat der BGH im Oktober 2004[63] eine neue grundlegende Entscheidung getroffen. Der BGH hatte dabei zunächst den „Mietwagenkrieg" im Jahr 1996 durch die Feststellung beendet, dass der Geschädigte nicht allein deshalb gegen die Schadensminderungspflicht verstößt, weil er ein Fahrzeug zum Unfallersatztarif mietet. Damit war klar, dass der Geschädigte grundsätzlich einen Anspruch darauf hat, jeden Tarif ersetzt zu bekommen. In relativ kurzer Zeit schossen danach die Unfallersatztarife in astronomische Höhen. In den neuen Entscheidungen erklärt der BGH zwar, an dieser Rechtsprechung festzuhalten, obwohl die neue Rechtsprechung nunmehr zu ganz anderen Ergebnissen führt. In der Entscheidung vom Oktober 2004 weist der BGH ausdrücklich darauf hin, dass sich Tarife für Ersatzmietwagen entwickelt haben, die nicht mehr durch Angebot und Nachfrage bestimmt werden, weil der Geschädigte als Mieter kein eigenes Interesse an der Wahl eines Tarifs hat, während der bezahlende Schädiger auf die Tarifwahl keinen Einfluss nehmen kann. Folge davon ist, dass die Preise des dem Unfallgeschädigten angebotenen Unfallersatztarifs erheblich über denjenigen für Selbstzahler angebotenen Normaltarifen liegen. Nach dem Inhalt der neuen Entscheidungen kann deshalb der Geschädigte bei der Vereinbarung eines Unfallersatztarifs nicht ohne Weiteres davon ausgehen, dass die Kosten erstattungsfähig sind. Vielmehr muss durch die Instanzgerichte, ggf mit sachverständiger Hilfe, geprüft werden, ob der vereinbarte Tarif in seiner Struktur als erforderlicher Aufwand zur Schadensbeseitigung zu werten und damit gem. § 249 BGB erstattungsfähig ist.

97 Nach dem BGH[64] ist die **Erstattungsfähigkeit von Mietwagenkosten in zwei Stufen zu prüfen:**
1. Der Unfallersatztarif ist darauf hin zu überprüfen, ob er den zur Herstellung erforderlichen Geldbetrag darstellt. Das ist bei Mehrkosten gegenüber einem für Selbstzahler angebotenen Normaltarif nur insoweit der Fall, als die Besonderheit dieses Tarifs mit Rücksicht auf die Unfallsituation (zB Vorfinanzierungen, Ausfallrisiko o.Ä.) gegenüber dem Normaltarif einen höheren Preis aus betriebswirtschaftlicher Sicht rechtfertigt. Der Mehrpreis muss also auf Leistungen des Vermieters beruhen, die zu dem von § 249 BGB erfassten, für die Schadensbeseitigung erforderlichen Aufwand gehören. Erfüllt der Unfallersatztarif diese Voraussetzungen, sind die Kosten erstattungsfähig.
2. Überschreitet der Unfallersatztarif die für Selbstzahler angebotenen Normaltarife um mehr als den für die Schadensbeseitigung erforderlichen Aufwand, ist zu prüfen, welcher günstigere Normaltarif für Selbstzahler dem Geschädigten zugänglich war. Hier ist aktuell auffällig, dass gar nicht mehr geschaut wird, ob diese Voraussetzung überhaupt gegeben ist. Erst muss tatsächlich feststehen, dass der vereinbarte Tarif aus Sicht des Geschädigten überhaupt überhöht ist. Ist dies nicht der Fall, müssen dem Geschädigten die angefallenen Mietwagenkosten vollumfänglich zugesprochen werden. Das OLG Dresden führt hierzu

---

63 BGH v. 26.10.2004 – VI ZR 300/03.
64 BGH v. 26.10.2004 – VI ZR 300/03.

aus, dass dem Geschädigten ein überhöhter Tarif erst dann auffällig sein muss, wenn der Tarif der Schwackeliste um mehr als 50 % überschritten worden ist.[65] Erst wenn dies zu bejahen ist, kann es überhaupt darauf ankommen, wie hoch der Normaltarif ist. Auf diesen Preis ist ein Zuschlag vorzunehmen für im Normaltarif nicht enthaltenen, für die Schadensbeseitigung erforderlichen Aufwand. Die Darlegungs- und Beweislast hierfür trägt der Geschädigte. Der Tatrichter hat die Mehrkosten, ggf nach Beratung durch einen Sachverständigen, gem. § 287 S. 1 ZPO zu schätzen. In jüngster Zeit versucht der Bundesgerichtshof – sicherlich angesichts der Flut an Vorlagen – seine Rechtsprechung dahin gehend zu orientieren, dass er die Verantwortung für die Rechtsprechung auf die Tatgerichte verschiebt, indem er – fast schon unabhängig von der Beantwortung der Frage der Angemessenheit – quasi die Schätzungen der Tatgerichte nicht für überprüfbar hält. So hat der BGH[66] jüngst entschieden, dass es dem Tatrichter durch sein ihm gem. § 287 ZPO eingeräumten Schätzungsermessen freisteht, ob er zur Bestimmung der erforderlichen Mietwagenkosten auf den Schwacke-Mietpreisspiegel aus dem Jahr 2003 oder dem Jahr 2006 abstellt. In der Urteilsbegründung übt dabei der BGH nicht einmal Kritik an der Entscheidung des OLG München,[67] welches den Mietpreisspiegel von Fraunhofer aus dem Jahr 2008 als geeignete Schätzungsgrundlage angesehen hat. Nun muss man wissen, dass die Marktforschung von Fraunhofer im Auftrag des Gesamtverbandes der Versicherungswirtschaft erstellt worden ist und zahlreiche Angriffspunkte aufweist. Allein schon, dass die sich danach ergebenen „angemessenen" Mietwagenpreise ab dem Wochentarif zT erheblich unter dem Nutzungsausfallschaden liegen, macht deutlich, dass diese Werte neben der Sache liegen.

Das LG Ansbach äußerte jedoch gegenüber Schwacke und Fraunhofer Bedenken.[68] Unterschiede zwischen Fraunhofer und Schwacke bestehen bereits darin, dass die Untersuchungen des Fraunhofer-Instituts anonym durchgeführt wurden, die Erhebungen bei Eurotax-Schwacke hingegen nicht anonymisiert. Es ergeben sich somit bei Fraunhofer deutlich geringere Werte als bei Schwacke. Zudem wurde mit dem Urteil des BGH[69] die Ersatzfähigkeit des Unfallersatztarifs erheblich eingeschränkt, wonach sich deutliche Steigerungen in der Schwacke-Liste zeigen. Das LG Ansbach sieht sich daher gehindert, die Schwacke-Mietpreisliste heranzuziehen. Aber auch die Fraunhoferliste zeigt Bedenken. Neben der Beschränkung der Datenerhebung auf Internetportale wurden zudem regionale Besonderheiten nicht berücksichtigt. Demnach kann auch die Fraunhofer-Liste nicht als Schätzgrundlage herangezogen werden. Anwendung finden somit der Schwacke-Mietpreisspiegel von 2003 und die Preisindexzahl des Unfallmonats.

Mit der Entscheidung des BGH vom 18.5.2010[70] wurde gezeigt, dass zur Schadensschätzung die „Mittelwertlösung" angebracht erscheine. Es ist nicht Aufgabe des Tatrichters, sich pauschal an Schätzgrundlagen festzuhalten, sondern er hat mittels des Vortrags der Partei die Schadensschätzung vorzunehmen. Zeigt der Beklagte auf, dass der zur Schadensbehebung erforderliche Normaltarif deutlich günstiger als der Tarif aus der Schwacke-Liste sei, muss im Rahmen des § 287 ZPO durch den Tatrichter Stellung genommen

---

65 OLG Dresden, Urt. v. 18.12.2012 – 7 U 606/13.
66 Urt. v. 14.10.2008 – VI ZR 308/07.
67 OLG München NJW-Spezial 2008, 585.
68 LG Ansbach v. 4.3.2010 – 3 O 1365/09.
69 BGH v. 12.10.2004 – VI ZR 151/03.
70 BGH v. 18.5.2010 – VI ZR 293/08.

werden.[71] Nach Ansicht des BGH[72] sind die Schwacke-Liste und der Fraunhofer-Mietpreisspiegel grundsätzlich zulässig und geeignet zur Schätzung der erforderlichen Mietwagenkosten. Der Tatrichter hat unter § 287 ZPO jedoch die Möglichkeit, im Rahmen seines Ermessens von der Schätzgrundlage abzuweichen.

98 Angesichts des Freiraums, den der BGH den Tatgerichten einräumt, wird es hier aber notwendig sein, fleißig zu argumentieren. Trägt der Versicherer die Werte nach Fraunhofer im Prozess vor, kann wie folgt argumentiert werden:

99 ▶ **Muster: Argumentation gegen die Angemessenheit der Werte nach Fraunhofer**

Die Beklagte lässt mitteilen, dass die Mietwagenkosten nicht angemessen seien.
Dies ist jedoch falsch. Die Mietwagenkosten entsprechen dem Modus der Mietwagenkosten gem. Schwacke-Liste 2014. Sie lassen sich sogar in die Schwacke-Liste 2003 mit einordnen, so dass sie eher am unteren Niveau angesiedelt sind. Der Bundesgerichtshof hat mehrfach, zB in BGH vom 12.4.2011 – VI ZR 300/11 – die Anwendbarkeit der Schwacke-Liste (AMS 2006) als geeignete Schätzungsgrundlage nach § 287 ZPO bestätigt, so dass nicht auf ein angebliches Gutachten des Fraunhofer-Instituts abzustellen ist. Im Übrigen bestehen beim Gutachten des Fraunhofer-Instituts erhebliche Zweifel.
Aus der Erläuterung des Marktpreisspiegels geht nicht hervor, wie die Ergebnisse der Markterhebung im Einzelnen zustande gekommen sind, dh welche Fragen/Angaben des Anfragenden zu den Anmietumständen, dem Anmietzeitpunkt, der Anmietdauer, den persönlichen finanziellen Voraussetzungen etc. gestellt worden sind und welche Angaben bei der Internetrecherche als Kunde erfolgten, um die Angebote zu erhalten. Erfolgte schon der Hinweis des Besitzes einer Kreditkarte beim Fragenden, sind die Ergebnisse nicht vergleichbar.
Ein weiterer erheblicher Mangel dieser Untersuchung besteht darin, dass die Daten nur in zweistelligen Postleitzahlengebieten erhoben worden sind. Um aber die Zugänglichkeit des Unfallgeschädigten für diesen Miettarif behaupten zu können, muss mindestens ein dreistelliges Postleitzahlengebiet ausgewiesen werden. Ansonsten wird eine Fläche erfasst, die nach der Rechtsprechung des Bundesgerichtshofes nicht mehr mit der Forderung des örtlich zugänglichen Mietpreisspiegels vereinbar ist (BGH vom 11.10.2007 – VI ZR 27/7).
Insoweit wird die Beklagte zugeben müssen, dass ein Geschädigter aus einem Flächendorf nicht dazu verpflichtet werden kann, Mietwagenpreise zB in der 100 km entfernten, aber noch zum gleichen zweistelligen Postleitzahlenbereich gehörenden Großstadt zu erfragen und dort anzumieten. Dabei ist besonders auffallend, dass im regionalen Raum der Großstadt zB große Mietwagenunternehmen ansässig sind, welche in dem Flächendorf des Geschädigten nicht verfügbar sind. Von daher ist auf dem flachen Land eine ganz andere Preisstruktur gegeben als in der Stadt.
Dies hat der Bundesgerichtshof in seiner Entscheidung vom 9.10.2007 (VI ZR 27/07) nicht gelten lassen und ausdrücklich mitgeteilt, dass so nicht vorgegangen werden kann. Das Landgericht Zwickau hat daraufhin auch die Versicherung zum vollen Ersatz der Mietwagenkosten verurteilt, in dem es die Berufung zurückgewiesen hat. Das Endurteil des Landgerichts Zwickau vom 14.3.2008 (6 S 34/06) setzen wir als bekannt voraus. Bei Bedarf kann es gern zur Verfügung gestellt werden.
Im Übrigen krankt das Gutachten von Fraunhofer daran, dass es sich um eine reine Interneterhebung handelt. Dies kann keine eigene Schätzensgrundlage nach § 287 ZPO sein. Nur ausnahmsweise

---

[71] BGH v. 17.5.2011 – VI ZR 142/10.
[72] BGH v. 12.4.2011 – VI ZR 300/09; v. 17.4.2011 – VI ZR 142/10.

ist nach § 249 BGB ein niedrigerer Schadensersatz zu leisten, wenn feststeht, dass dem Geschädigten ein günstigerer Normaltarif in der konkreten Situation ohne Weiteres zugänglich war (BGH vom 6.3.2007 – VI ZR 36/06, vom 24.6.2008 – VI ZR 234/07). Dies hat nach den allgemeinen Grundsätzen der Schädiger darzulegen (klar stellt dies nunmehr BGH vom 24.6.2008 – VI ZR 234/07, NJW 2008, 2910). Dass dem Geschädigten vorliegend also auch ein Mietpreis in der von Beklagtenseite genannten Höhe zugänglich gewesen sei, ist immer noch eine Frage, für die die Beklagte darlegungs- und beweisbelastet ist.

Der Mietpreisspiegel des Fraunhofer-Instituts hilft hier daher nicht weiter. Die Einholung eines Sachverständigengutachtens aufgrund der von der Beklagten benannten Erhebung, käme einem Beweisausforschungsantrag gleich. Bei den Internettarifen handelt es sich nicht um die vom Bundesgerichtshof geforderten allgemein zugänglichen Mietwagenpreise. Sie sind auch nicht in der Schwacke-Liste 2014 enthalten, weil diese dem Selbst- oder Barzahler nicht angeboten werden. Die Internetpreise sind dem Unfallgeschädigten auch deshalb nicht zugänglich, weil allein schon eine Vorauszahlung mit Kreditkarte und deren Belastung zur Sicherheit und eine Zustellung in der Werkstatt bei einer Internetanmietung nicht erfolgt. Unter Bezugnahme auf BGH vom 11.3.2008 – VI ZR 164/07 – werden von dem Beklagten mit dem Mietpreisspiegel des Fraunhofer-Instituts keine konkreten Tatsachen aufgezeigt. Der angebliche Mangel der Schwacke-Liste müsste sich auf den hierzu entscheidenden Fall auswirken. Nach der Rechtsprechung der Tatgerichte kann nicht dazu verpflichtet werden, hier noch so fernliegende Möglichkeiten in Anspruch zu nehmen.

Die Schwacke-Liste 20014 beruht auf Erhebungen der Verfasser aus dem Jahre 20013, so dass unter Berücksichtigung des Unfallzeitpunktes und unter Verweis auf die zitierten Entscheidungen des Bundesgerichtshofes im Urteil vom 11.3.2008, die vorherige Schwacke-Liste auch zeitlich vollumfänglich anwendbar ist. In diesem Zusammenhang wird auf die ständige herrschende Rechtsprechung verwiesen, wonach ein Geschädigter nicht deshalb gegen seine Pflicht zur Schadensgeringhaltung verstößt, weil er sein Kraftfahrzeug zu einem höheren Tarif anmietet, der gegenüber einem anzunehmenden Normaltarif teurer ist, soweit eben diese Besonderheiten dieses angemieteten Tarifs mit der Rücksicht auf die Unfallsituation einen gegenüber dem Normaltarif höheren Preis pro Unternehmen dieser Art aus betriebswirtschaftlicher Sicht rechtfertigt, da sie auf Leistungen des Ortsvermieters beruhen, die durch die besondere Unfallsituation veranlasst sind, und infolgedessen zur Schadensbehebung nach § 249 BGB erforderlich sind.

Inwieweit dies der Fall ist, hat nach der Rechtsprechung des Bundesgerichtshofes im Ergebnis grundsätzlich der bei der Schadensberechnung nach § 287 ZPO besonders freigestellte Tatrichter zu schätzen, dem dann eine besondere Freiheit zugebilligt wird. Nach der Rechtsprechung kommt, wie bereits ausgeführt, ein pauschaler Aufschlag auf den Normaltarif in Betracht. Auch dabei ist weder auf die Rechtsprechung des Bundesgerichtshofes (NJW 2006, 2106) zu verweisen, wonach in Ausübung des richterlichen Ermessens nach § 287 ZPO in Normaltarif auf der Grundlage des gerichteten Mittels des Schwacke-Mietpreisspiegels im Postleitzahlengebiet des Geschädigten geschätzt werden darf.

Da der Unfall vorliegend 2013 geschehen ist, wäre damit wieder der Schwacke-Mietpreisspiegel 2014 als Grundlage heranzuziehen. Unter Berücksichtigung dessen ergibt sich im vorliegenden Fall Folgendes:

Das Risiko des Forderungsausfalles besteht bei einem Normaltarif nicht. Die Kosten für den Mietwagen werden dort stets im Voraus bezahlt und durch Blanko-Barscheck oder durch Angabe der Daten aus einer Kreditkarte gesichert. Dies hatte der Geschädigte schon gar nicht.

§ 3 Anspruchsinhalte bei der Verkehrsunfallhaftung

Im Übrigen sind für das Risiko des Forderungsausfalles nach folgenden Umständen maßgebend:

- Mindestfahrbedarf liegt beim Kunden nicht vor
- Überschreitung der erforderlichen, dh berechtigten, Mietdauer durch den Kunden und keine Sicherheit hierfür wegen fehlender Kaution
- doppelte oder mehrfache Mietwageninanspruchnahme
- Vorfinanzierung
- Abrechnung einer Nutzungsausfallentschädigung statt konkreter Mietwagenkosten
- der Geschädigte kann das Mietfahrzeug aufgrund nach Anmietung eintretender Krankheit nicht nutzen
- Verweis auf eine mögliche Notreparatur
- Abzüge oder anteilige Abzüge bei den Haftungsreduzierungskosten
- willkürliche Kürzungen der Haftpflichtversicherung
- Nichtbetankung durch den Kunden bei Rückgabe
- Forderungsverluste bei Beschädigung des Mietfahrzeugs usw.

Auf Letzteres kommt es vorliegend nicht an, da sich die Mietwagenkosten auch noch im Bereich des gewichteten Mittels des Schwacke-Mietpreisspiegels orientieren.

Das auf den Schwacke-Mietpreisspiegel zu rekurrieren ist, hat kürzlich auch das Landgericht Köln (LG Köln vom 7.10.2008 – 11 S 387/07) entschieden. Auch dieses Gericht hat im Bewusstsein des Bestehens von Recherchen von Fraunhofer den Schwacke-Mietpreisspiegel und noch einen Zuschlag in Höhe von 30 % für angemessen gehalten.

Insofern steht fest, dass die Beklagte zur Bezahlung der Mietwagenkosten in vollem Umfang verpflichtet ist.

Abschließend wollen wir noch darauf aufmerksam machen, dass die von Beklagtenseite abgerechneten Mietwagenkosten sogar noch unter den Nutzungsausfallschaden gemäß *Sanden/Danner/Küppersbusch* liegen. Allein dies macht deutlich, dass die von der Beklagten vorgenommene Abrechnung der Tatsachenlage nicht gerecht wird. ◄

100 In einer weiteren Entscheidung[73] hat der BGH eine Nachfrage des Geschädigten nach einem günstigeren Tarif aus Gründen der Schadensminderungspflicht für erforderlich gehalten, wenn er Bedenken gegen die Angemessenheit des Unfallersatztarifs haben muss. Unter Umständen kann er danach auch gehalten sein, seine Kreditkarte einzusetzen, um in den Genuss des günstigeren Normaltarifs zu gelangen. Zu begrüßen ist bei dieser Rechtsprechung, dass hiermit der Versuch unternommen wird, die Unfallersatztarife wieder auf Marktpreisniveau zu bringen, von dem sie sich tatsächlich teilweise enorm entfernt haben. Es ist auch nicht einzusehen, dass über die Mehreinnahmen aus Unfallersatztarifen die Versichertengemeinschaft die Tarife für Selbstzahler quasi sponsert. Allerdings darf nicht übersehen werden, dass die schon oben (Rn 96) angesprochenen Risiken bei Anmietung eines Ersatzfahrzeugs für den Geschädigten hierdurch weiter gestiegen sind.

101 **Hinweis:** Für die Unfallregulierung bedeutet das, dass der Mandant über dieses Risiko informiert werden muss. Wenn der Geschädigte in der Lage ist, die Mietwagenkosten vorzufinanzieren, kann er einen Selbstzahlernormaltarif vereinbaren. Zur Vermeidung von Risiken ist es

---

73 Urteil v. 19.4.2005 – VI ZR 37/04.

auch möglich, mit dem Versicherer Kontakt über die Mietwagenanmietung aufzunehmen, insbesondere wenn der Mietwagen länger benötigt wird.

Derzeit lässt sich aus den immer neuen Entscheidungen des BGH[74] erkennen, dass zumindest dann der Unfallersatztarif erstattet verlangt werden kann, wenn sofort ein Mietwagen angemietet werden musste, weil dann quasi keine zeitliche Möglichkeit bestand, sich nach anderen Tarifen bei anderen Vermietern zu erkundigen. In allen anderen Fällen wird ein solcher Anspruch nicht bestehen. In den Instanzgerichten wird die Tendenz deutlich, etwa auf den Normaltarif des Schwacke-Mietpreisspiegels abzustellen und hier ca. 30 % Aufschlag zu schätzen oder gleich das sog. gewichtete Mittel als angemessen anzusehen. Bislang bestand das große Risiko, dass der Vermieter sich vom Mieter die Differenz zwischen dem vereinbarten Unfallersatztarif und dem regulierten Betrag holt. Dies ist mit einer neuen Entscheidung des XII. Zivilsenats des BGH[75] quasi ausgeschlossen.

Erscheint ein Mandant mit der Klage eines Autovermieters, in welcher dieser die restliche Summe ersetzt begehrt, kann wie folgt erwidert werden:

Hinweis: Zu achten ist dabei auch auf vorgelegte Abtretungen. Die geschlossenen Vereinbarungen können nichtig sein, wenn nicht nur der Anspruch auf Ersatz von Mietwagenkosten abgetreten wurde, sondern der Autovermieter sich praktisch alles hat abtreten lassen und dann die Unterlagen an einen (seinen) Anwalt schickt, der wiederum an den jetzigen Mandanten (postalisch) herantritt und um Bevollmächtigung bittet. Dies stellt einen **Unfallhelferring** dar, bei dem alle geschlossenen Verträge wegen des Verstoßes gegen das Rechtsberatungsgesetz nichtig sind.

▶ **Muster: Klageerwiderung (Autovermieter klagt auf Zahlung der Differenz zw. erstattetem Betrag und Unfallersatztarif)**

An das …gericht, …

Az …

In Sachen

der … Autovermietung GmbH

– Klägerin –

Prozessbevollmächtigte: RAe …

gegen

den Herrn …

– Beklagter –

Prozessbevollmächtigte: RAe …

beantragen wir namens und im Auftrag des Beklagten:

1. Die Klage wird abgewiesen.
2. Die Kosten des Verfahrens trägt die Klägerin.

---

74 BGH v. 19.2.2008 – VI ZR 32/07; v. 5.3.2013 – VI ZR 245/11; v. 22.7.2014 – VI ZR 357/13.
75 Urteil v. 28.6.2006 – XII 50/04.

Begründung:

Vorab sei das Gericht darüber informiert, dass der Klägerin durch den Beklagten angeraten worden ist, die Klage im Hinblick auf die Entscheidung des BGH vom 28.6.2006 (Az XII ZR 50/04) zurückzunehmen. Dies hat die Klägerin ausgeschlagen.

Es wird mitgeteilt, dass diesseits keine Vergleichsbereitschaft mehr besteht.

Die Klage ist aus dreierlei Gründen abzuweisen. Zum einen ist der Mietvertrag nichtig, weil er im Rahmen eines sog. Unfallhelferrings zustande gekommen ist. Weiterhin ist der Mietvertrag wegen Wuchers nichtig, und schließlich ist der Anspruch mangels Aufklärung des Vermieters im Rahmen der Rechtsprechung des BGH vom 28.6.2006 (Az XII ZR 50/04) und vom 24.10.2007 (Az XII ZR 155/05) unbegründet.

I. Unfallhelferring

Der Mietvertrag ist im Rahmen eines sog. Unfallhelferrings zustande gekommen. Unter dem Aktenzeichen 111 C 11644/03 hat sich das Amtsgericht Dresden (DAR 2004, 456, liegt anbei) dazu geäußert, wann ein sog. Unfallhelferring anzunehmen ist. Dieser liegt insbesondere dann vor, wenn die Einschaltung eines Anwalts auf die Initiative der Vermieterin zurückgeht und er dafür sorgt, dass „ihr" Rechtsanwalt mit der Durchsetzung der Mietwagenansprüche beauftragt wird.

Dies ist vorliegend in dieser Form geschehen.

Der Beklagte beauftragte seine Prozessbevollmächtigten bereits mit der Durchsetzung seiner Ansprüche aus dem Verkehrsunfall am 18.5.2015.

Im weiteren Verlauf der Regulierung teilte die Haftpflichtversicherung unter gleichzeitiger Abrechnung der Schadensersatzansprüche bis auf die Mietwagenkosten dem Unterzeichner mit, dass eine zweite Kanzlei sich für den Beklagten angezeigt hat. Weiterhin wurde der Schriftwechsel zwischen der ...-Versicherung und der Kanzlei ... zur Verfügung gestellt.

Aus der vorgelegten Vollmacht konnte erkannt werden, dass diese durch den Beklagten am 19.5.2015 unterzeichnet worden ist.

Daraufhin nahm der Unterzeichner zunächst Kontakt mit der Klägerin auf. Dort wurde mit einer Frau ... von der Klägerin gesprochen. Durch den Unterzeichner wurde Frau ... gefragt, ob sie eine Kanzlei ... in D. kenne. Daraufhin teilte Frau ... mit, dass es sich um die Kanzlei handele, mit der die Klägerin in D. zusammenarbeite. Weiterhin wurde Frau ... befragt, wie es zur Beauftragung der Kanzlei ... kam. Daraufhin teilte Frau ... mit, dass mit dem Beklagten anlässlich des Abschlusses des Mietvertrags der Unfall aufgenommen worden sei. Weiterhin hat sie mitgeteilt, dass sie dem Beklagten erklärt habe, dass er in den nächsten Tagen wegen des Mietvertrags Post bekommen und diese darin enthaltenen Formulare nur zu unterschreiben brauche und mit dem frankierten Rückumschlag in den Briefkasten werfen solle. Das habe alles seine Ordnung. Diese entsprechenden Informationen wurden dann von der Klägerin an die Kanzlei ... weitergeleitet. Die Kanzlei ... hat dann ein Vollmachtsformular an den Beklagten geschickt, welches dieser in Gedanken an die Äußerungen der Frau ... von der Klägerin und in Unfähigkeit, die deutsche Schrift zu lesen, unterzeichnet hat. Persönlicher Kontakt zwischen dem Beklagten und dieser Kanzlei bestand nicht.

Der Beklagte ist der deutschen Sprache nur schlecht mächtig und der deutschen Schrift so gut wie gar nicht. Durch die Klägerin wurde dem Beklagten jedoch mitgeteilt, dass dieser in den nächsten Tagen Post bekommen werde, die er nur zu unterzeichnen brauche. Dann werde sich um alles gekümmert.

Darum hat der Beklagte auch die Vollmacht vom 19.5.2015 unterzeichnet, da dieser gemeint hat, dass dies der übliche Gang sei.

Weiterhin hat der Beklagte gegenüber der Klägerin die entsprechenden Ansprüche abgetreten. Diese Abtretung hat die Klägerin jedoch nicht gegenüber der Haftpflichtversicherung offengelegt, sondern allein die entsprechende Rechnung an die Kanzlei ... gesendet, welche die entsprechende Rechnung gegenüber der Haftpflichtversicherung geltend gemacht hat.

Diese Vorgehensweise ist gleichförmig der Vorgehensweise, welche durch das Amtsgericht Dresden in der oben zitierten Entscheidung festgestellt worden ist. Aus dieser Vorgehensweise folgt, dass vorliegend ein Unfallhelferring besteht. Die entsprechende Mietvertragsvereinbarung ist daher nichtig.

Aus der Anlage K8 folgt auch, dass der Unfall durch die Klägerin aufgenommen und ein sog. Unfallbericht angefertigt wurde. Dieser Unfallbericht, der für die Regulierung eines Verkehrsunfalls alle erforderlichen Daten enthält, wurde dann von der Klägerin an die Kanzlei ... geschickt, so dass die Beauftragung auf Initiative der Klägerin zustande kam.

Wenigstens die Kanzlei ... war vorliegend einsichtig und hat bemerkt, dass die Angelegenheit „zu heiß" werde. Darum hat sie bereits vorsichtshalber auf die Geltendmachung eines Gebührenanspruchs für die Tätigkeit verzichtet. Dass die Klägerin in Kenntnis ihrer verbotswidrigen Tätigkeit und in Kenntnis der Rechtsprechung des AG Dresden (aaO) offensichtlich Uneinsichtigkeit beweist, erzeugt diesseits Kopfschütteln.

II. Wucher

Die vereinbarten Mietwagenkosten sind wucherisch. Aus der Klageschrift folgt, dass zwischen den Klägern und dem Beklagten ein täglicher Mietpreis in Höhe von 119 EUR netto pro Tag vereinbart worden ist. Für 15 Tage hat die Klägerin dem Beklagten einen Mietzins iHv 1.579,92 EUR in Rechnung gestellt.

Gemäß dem gewichteten Mittel des Normaltarifs des Schwacke-Mietpreisspiegels beträgt der wöchentliche Mietzins für einen Pkw ... in dem Bereich der Anmietstation der Klägerin in ... wöchentlich (also sieben Tage) 357 EUR. Danach errechnet sich für 15 Tage am Wohnort des Beklagten und der Anmietstation der Klägerin ein Betrag iHv 765 EUR.

Beweis: Schwacke-Mietpreisspiegel in Kopie als Anlage

Die Grenze des Wuchers wird regelmäßig bei einer Verdopplung des üblichen Betrags angenommen. Vorliegend ist zu beachten, dass die 765 EUR bereits dem gewichteten Mittel entsprechen und darum gegenüber dem Durchschnitt bereits erhöht sind. Trotzdem übersteigt der mit der Klägerin vereinbarte Betrag (1.785 EUR = 119 EUR x 15) und sogar der „entgegenkommenderweise" reduzierte Rechnungsbetrag das gewichtete Mittel um mehr als das Doppelte.

Die Mietvertragsvereinbarung ist darum nichtig.

Auch wenn die Klägerin „kulanterweise" einen geringeren Betrag geltend machte und dieser Betrag noch nicht wucherisch wäre (was er aber trotzdem ist, s.o.), kommt sie nicht um die Nichtigkeit des Mietvertrags herum. Für die Frage einer wucherischen Vereinbarung kommt es allein auf den Abschluss des Mietvertrags an. Hiernach besteht gar kein Anspruch mehr und somit erst recht kein Anspruch auf einen verminderten Betrag. Eine geltungserhaltende Reduktion kennt das Gesetz insoweit nicht.

Vorliegend liegt auch subjektiv Wucher vor, da die Unerfahrenheit des Beklagten mit der Unfallregulierung ausgenutzt worden ist. Die Klägerin wusste sehr genau, dass es Probleme mit der Regulierung der Mietwagenkosten spätestens seit der Entscheidung des BGH aus dem Jahre 2004 (VI ZR 300/03 und 151/03) gibt. Dies wurde dem Beklagten nicht offenbart. Der Beklagte hat das erste Mal in seinem Leben einen Mietwagen angemietet und war sich daher über die entsprechenden Tarife überhaupt nicht im Klaren. Im Übrigen ist er der deutschen Sprache kaum mächtig und konnte darum nicht einschätzen, welche Tarife in welcher Form angemessen sind oder nicht.

Es wurde vorliegend die Unerfahrenheit des Beklagten entsprechend ausgenutzt. Die Mietvertragsvereinbarung ist daher gem. § 138 Abs. 2 BGB nichtig.

III. Aufklärung

Unter Berücksichtigung der Entscheidung des BGH vom 28.6.2006 (XII ZR 50/04) hat die Klägerin keinen Anspruch gegen den Beklagten.

Die Klägerin hat den Beklagten nicht darüber aufgeklärt, dass es bei der Regulierung mit der Haftpflichtversicherung zu Problemen mit den Tarifen der Höhe nach kommen kann.

Der Klägerin war bekannt, dass sich seit Oktober 2004 die Rechtsprechung des BGH so verändert hatte, dass es grundsätzlich Schwierigkeiten bei der Durchsetzung des sog. Unfallersatztarifs gibt. Darüber hat die Klägerin den Beklagten nicht aufgeklärt.

Der BGH hat mit seiner nunmehrigen Entscheidung klargestellt, dass die Problematik des Unfallersatztarifs nicht zulasten des Geschädigten ausgehen soll, sondern allein einen Streit zwischen Haftpflichtversicherungen und Vermietern darstellt, der auch zwischen diesen ausgetragen werden müsse.

Darum besteht kein Anspruch des Vermieters gegen den Mieter über den Betrag hinaus, den die Haftpflichtversicherung reguliert hat.

Wie oben bereits dargelegt, beträgt das gewichtete Mittel des Normaltarifs in ... für einen Pkw ... für 15 Tage 765 EUR. Vorliegend hat die Haftpflichtversicherung einen Mietwagenbetrag in Höhe von 788 EUR zum Ausgleich gebracht, was das gewichtete Mittel sogar übersteigt.

Nach der Rechtsprechung des BGH geht die Unsicherheit darüber, zu welchem Preis der Beklagte bei ordnungsgemäßer Aufklärung einen Wagen gemietet hätte, zulasten des Autovermieters. Es ist deshalb davon auszugehen, dass der Beklagte einen Wagen zu einem günstigeren, vom Haftpflichtversicherer nicht beanstandeten Tarif angemietet hätte mit der Folge, dass die Klageforderung nicht entstanden wäre (BGH aaO, 31).

Auch darum ist die Klageforderung unbegründet.

Es wird bestritten, dass der Beklagte durch einen Mitarbeiter der Klägerin darauf hingewiesen wurde, dass die Haftpflichtversicherung möglicherweise nicht in vollem Umfang erstattet. Dies ist schlicht und einfach falsch.

Es ist auch falsch, dass dieser Hinweis mit der Anlage K8 erteilt worden ist. Es lässt sich an keiner Stelle ein Hinweis darüber finden, dass die Haftpflichtversicherung möglicherweise Probleme mit dem vereinbarten Tarif hatte. Vielmehr ist allgemein geschrieben, dass der Geschädigte alles bezahlen muss, was die Haftpflichtversicherung nicht bezahlt, aus welchem Grund auch immer. Der BGH (aaO) fordert jedoch den eindeutigen Hinweis des Vermieters darauf, dass die Haftpflichtversicherung möglicherweise Schwierigkeiten bei der Regulierung des Unfallersatztarifs machen wird. Ein solcher Hinweis lässt sich nicht finden.

Im Übrigen wäre vorliegend nicht einmal dieser Hinweis ausreichend, da die Klägerin noch über Sonderwissen verfügt. In dem Telefonat vom 17.11.2015 teilte Frau ... von der Klägerin gegenüber der Rechtsanwaltsfachangestellten ... wörtlich Folgendes mit:

C. Sachschaden

„Die Versicherung hat immer Probleme mit der Mietwagenrechnung und anerkennt diese nie voll."

Beweis im Bestreitensfall: Zeugnis der Frau ..., zu laden über die Prozessbevollmächtigten des Beklagten

Mit diesem Wissen hätte die Klägerin darüber aufklären müssen, dass die Haftpflichtversicherung in jedem Fall einen Teil der Mietwagenrechnung nicht bezahlen wird und darum der Beklagte in jedem Fall einen Teil der Kosten tragen muss.

Sofern behauptet wird, dass der Zeuge ... den Beklagten darüber aufgeklärt habe, dass ein Teil der Mietwagenkosten möglicherweise nicht bezahlt werden würde, ist dies falsch. Der Zeuge ... hat den Beklagten überhaupt nicht aufgeklärt.

Beweis: Parteivernahme des Beklagten
Zeugnis des Herrn ...
Zeugnis des Herrn ...

Sollte einer Parteivernehmung widersprochen werden und das Gericht nicht die Parteivernehmung gem. § 448 ZPO anordnen, ist die informatorische Anhörung des Beklagten gem. § 141 ZPO durchzuführen, welche nach der 4-Augen-Rechtsprechung des BGH (st. Rspr des BGH seit Umsetzung von EGMR 37/1992/382/460) den gleichen Beweiswert hat wie die Zeugenvernehmung des Gesprächspartners.

Im Übrigen ist der Vortrag der Klägerin vollkommen unglaubhaft. Die Klägerin weiß ganz genau, dass bei ihr kein Mensch mehr einen Mietvertrag mit Unfallersatztarif unterzeichnet, wenn er darüber aufgeklärt werden würde, dass er möglicherweise einen Teil der Kosten selbst tragen müsste. Jeder gemäß der Rechtsprechung belehrte Kunde verlässt die Geschäftsräume einer Anmietstation schneller, als er diese betreten hat. Genau dies bezweckt auch die Rechtsprechung des BGH. Denn es soll dafür Sorge getragen werden, dass die Tarife wieder in einen vernünftigen Rahmen gebracht werden; dieser wurde verlassen, nachdem Autovermieter die Rechtsprechung des BGH aus dem Jahr 1996 ausgenutzt haben. Die „goldenen Zeiten" für das Unfallersatzgeschäft wurden mit der Rechtsprechung aus dem Oktober 2004 beendet. Damit dies nicht zulasten des unverschuldet in die Mühlen von Autovermieter und Versicherung geratenen Verbrauchers geschieht, hat der BGH mit der Entscheidung des XII. Zivilsenats die Auseinandersetzung auf Versicherer und Vermieter beschränkt. Die Klägerin wird nicht hoffen können, dass auch nur ein einziger Jurist, welcher sich im Rahmen seines täglichen Geschäfts mit Mietwagenkosten zu befassen hat (also auch das Gericht seit Oktober 2004), glauben wird, dass die behauptete Belehrung erfolgt ist.

Tatsächlich hat sich die Situation wie folgt dargestellt:

Der Beklagte suchte unmittelbar nach dem Verkehrsunfall einen Mietwagen für zwei Tage, da er an diesen Tagen unbedingt ein Ersatzfahrzeug benötigte. Für die Zeit danach wusste der Beklagte noch nicht, wie dringend er auf ein Fahrzeug angewiesen sein würde. Dazu begab er sich zusammen mit seinem Bruder und dem Zeugen ... zu der Anmietstation der Klägerin in D. Dort teilte er seinen Wunsch gegenüber einer männlichen Person mit, dessen Namen er nicht mehr weiß. Diese männliche Person meinte zu dem Beklagten, dass die Versicherung auch für 14 Tage einen Mietwagen bei Totalschaden ersetze. Ansonsten zahle die Versicherung nur „Ausfallgeld" in Höhe von 29 EUR. Wenn der Beklagte einen Mietwagen für 14 Tage anmiete, so meinte die männliche Person, dann würde er von der Klägerin 14 EUR täglich bekommen und zusätzlich noch den Mietwagen. Der Beklagte fand dieses Angebot gut und unterzeichnete daraufhin alles, was er vorgelegt bekam. Die deutsche Schrift kann er nicht lesen, vertraute aber der männlichen Person.

Beweis: Parteivernahme des Beklagten
Zeugnis des Herrn ...
Zeugnis des Herrn ...

Ca. zwei Monate später bekam der Beklagte einen Anruf von einer weiblichen Person der Klägerin, in dem mitgeteilt wurde, dass er sich 196 EUR (14 EUR mal 14 Tage) abholen könne. Daraufhin ging der Beklagte zur Anmietstation der Klägerin in D., wo ihm eine weibliche Person 14 EUR übergab.

Dieser Sachverhalt wurde dem Unterzeichner heute, am 5.9.2015, mitgeteilt. Der Beklagte weiß vorliegend nicht, worum es in diesem Rechtsstreit eigentlich geht. Die rechtliche Problematik des Unfallersatztarifs ist dem juristisch ungebildeten und der deutschen Sprache nur begrenzt mächtigen Beklagten nicht verständlich zu erklären. Darum hat der Unterzeichner den Beklagten nur danach gefragt, wie es zu der Anmietung kam. Daraufhin wurde obiger Sachverhalt geschildert. Der Beklagte hat überhaupt keinen Grund, sich einen solchen Sachverhalt auszudenken. Im Übrigen klingt es sehr glaubhaft, da von einem Betrag iHv 29 EUR gesprochen wurde. Dies entspricht genau dem Nutzungsausfallschaden des klägerischen Fahrzeugs, reduziert um eine Klasse aufgrund des Alters. Dies kann sich der Beklagte nicht ausdenken. Die Prozessbevollmächtigten des Beklagten haben auf dem Gebiet des Verkehrsrechts schon viel gehört. Natürlich war hier auch die Vorgehensweise einschlägiger Mietwagenunternehmen sehr gut bekannt. Auch die Existenz des Unfallhelferrings und die Arbeit mit Abtretungen sind nicht neu. Dass jetzt aber dem Geschädigten schon Geld dafür angeboten wird, dass er einen Mietwagen länger anmietet, lässt erstaunen und ist nicht akzeptabel.

Da vorliegend auf Seiten der Beklagten mit offenen Karten gespielt wird, soll die weitere diesseitige Vorgehensweise geschildert werden, wenn es zur Zeugeneinvernahme des Zeugen ... kommen sollte und dieser entsprechend dem Vortrag der Klägerin aussagen sollte. Es wird bereits jetzt angekündigt, dass diesseits ein Antrag auf Vereidigung des Zeugen ... gestellt werden wird. Dies sollen die gesetzlichen Vertreter der Klägerin von vornherein wissen.

Danach wird Strafanzeige erstattet werden, da diesseits zumindest der Anfangsverdacht einer falschen Aussage des Zeugen ... besteht. Für die Staatsanwaltschaft wird es dann unproblematisch sein, Hunderte Kunden der Klägerin in D. zu eruieren und zu fragen, ob eine entsprechende Belehrung diesen gegenüber erfolgt ist. Diesseits zumindest kann sich sehr gut vorgestellt werden, was diese Kunden antworten.

Die Klägerin muss wissen, was sie tut! Derzeit kann sie die Klage noch ohne Zustimmung des Beklagten zurücknehmen.

IV. Nebenkosten

Ein Anspruch auf Ersatz der Nebenkosten besteht bereits deshalb nicht, weil die Hauptforderung nicht besteht.

Die Klage ist abzuweisen.

Rechtsanwalt ◄

106 Außer Frage steht, dass durch die Inanspruchnahme eines Mietfahrzeugs bei dem Geschädigten ein **ersparter Wertverzehr** stattfindet. Der Geschädigte erspart sich den Verschleiß eines eigenen Fahrzeugs. Sehr unterschiedlich sind die Auffassungen hingegen, was die Berechnung dieses Vorteils betrifft. Teilweise wird ein Pauschalabzug von den Mietwagenkosten vorgenommen, der zwischen 3 % und 15 % schwankt. Teilweise wird auch in Anlehnung an die

Nutzungsentschädigung beim Rücktritt ein Betrag von 0,67 % des Kaufpreises pro gefahrene 1.000 km für angemessen erachtet. Der Abzug von Eigenersparnis soll selbst dann anfallen, wenn der Geschädigte freiwillig ein klassenniedrigeres Fahrzeug anmietet. In der Praxis gibt es jedoch bei der Anmietung eines klassenniedrigeren Fahrzeugs keine Abzüge an Eigenersparnis. Dies scheint inzwischen auch herrschende Ansicht bei den Oberlandesgerichten zu ein.[76]

VIII. Nutzungsausfallschaden

Insbesondere beim Nutzungsausfallschaden wird häufig übersehen, dass nur bei tatsächlichem Ausfall des Kfz Nutzungsausfall zu zahlen ist. Da eine fiktive Geltendmachung nicht möglich ist, setzt die Fälligkeit des Anspruchs den Nachweis dieses tatsächlichen Ausfalls gegenüber dem Versicherer voraus. Zur entsprechenden Information über den Nachweis kann folgendes Formschreiben dem Mandanten bei Mandatsübernahme zur Verfügung gestellt werden:

▶ **Muster: Mandanten-Formschreiben zum Nutzungsausfallschaden**

[...]

Der Nutzungsausfallschaden kann nur dann geltend gemacht werden, wenn Sie das Fahrzeug tatsächlich repariert haben. Über die Reparatur muss gegenüber dem Versicherer ein Nachweis erbracht werden. Hierfür stehen drei Wege zur Verfügung:

1. Sie können eine Nachbesichtigung bei dem Kfz-Gutachter vornehmen lassen, wenn Sie schon zuvor den Schaden durch einen Gutachter haben begutachten lassen.
2. Sie fertigen ein Foto von dem Fahrzeug aus dem Bereich oder den Bereichen, wo vormals die Beschädigung vorhanden war. Auf dem Foto muss die Schlagzeile einer aktuellen Tageszeitung deutlich sichtbar sein, damit das Datum der Fotografie festgestellt werden kann.
3. Sie stellen uns die schriftliche Bestätigung eines Zeugen zur Verfügung, aus der sich ergibt, dass Ihr Fahrzeug (Angabe des Kennzeichens) in einer bestimmten Zeit von ... bis ... (Datum) unfallbedingt repariert wurde und deshalb auch nicht benutzt werden konnte.

[...]
Rechtsanwalt ◀

Die Anschaffung eines Nachfolgefahrzeugs wird nachgewiesen durch Übersendung der Kopie des Fahrzeugscheins. Ist bereits vor dem Unfall ein Nachfolgefahrzeug bestellt worden, kann der Geschädigte auch einen längeren Nutzungsausfallschaden bis zur Lieferung des Neufahrzeuges ersetzt verlangen.[77]

1. Tabelle „Nutzungsausfallentschädigung für Pkw" – Sanden/Danner/Küppersbusch. Die pauschale Geltendmachung des Nutzungsausfalls erfolgt einheitlich nach der Tabelle „Nutzungsausfallentschädigung für Pkw", begründet von *Sanden* und *Danner*, inzwischen allein fortgeführt von *Küppersbusch* und herausgegeben von „Schwacke". Die „Schwackeliste" ist deshalb ein unentbehrliches Hilfsmittel. Das Tabellenwerk enthält die erforderlichen Angaben für Vorhaltekosten und Eingruppierung in den Nutzungsausfallwert für Pkws, Gelände-

---

76 OLG Hamm VersR 1999, 769; OLG Düsseldorf VersR 1998, 1523.
77 BGH DAR 2008, 139.

wagen, Transporter und Zweiräder. Nutzungsausfall kann auch für ein Wohnmobil geltend gemacht werden.[78] Auch für Fahrräder fällt Nutzungsausfall an, der mit mindestens 5 EUR täglich geltend gemacht werden sollte. Teilweise werden auch 10 EUR zugesprochen.[79]

111 Der Nutzungsausfall kann nicht endlos geltend gemacht werden, wenn der Haftpflichtige nicht reguliert und der Geschädigte behauptet und beweist, ohne Schadensersatzleistung kein Ersatzfahrzeug anschaffen bzw finanzieren zu können. Die Dauer der Geltendmachung des Nutzungsausfallschadens ist zeitlich nicht durch den Wert des beschädigten Fahrzeugs beschränkt.[80]

112 Höchst streitig ist die Frage, ob und ggf in welchem Umfang bei **älteren Pkws der Tagessatz gekürzt** werden soll. Nach einer Meinung soll auch bei älteren Kfz generell der volle Tagessatz anfallen, weil der Nutzungswert durch das Alter nicht eingeschränkt werde.[81] Teilweise wird angenommen, dass die Fahrzeuge eine Gruppe herabzustufen seien, wenn sie älter als fünf Jahre seien. Bei über zehn Jahre alten Fahrzeugen wird vertreten, den Pkw zwei Gruppen niedriger einzustufen oder lediglich die Vorhaltekosten zuzusprechen.[82] In seiner Entscheidung vom 23.11.2004 hat der **BGH**[83] festgestellt, dass die Bemessung des Nutzungsausfalls anhand der Tabellen *Sanden/Danner/Küppersbusch* zur Schadensfeststellung geeignet ist. Bei älteren Fahrzeugen soll eine Herabstufung der altersbedingten Veränderung des Nutzungswerts erfolgen. Auf die Vorhaltekosten sei nur abzustellen, wenn es sich um ein mit zahlreichen erheblichen Mängeln behaftetes Fahrzeug handelt. Offen ließ der BGH die Frage, ab welchem Alter und um wie viele Stufen die Anpassung vorzunehmen ist. Im konkreten Fall (16 Jahre alter Mercedes 230 E) war die Herabsetzung von zwei Stufen durch das Berufungsgericht vom BGH nicht beanstandet worden. Eine Beschränkung auf die Vorhaltekosten komme idR nicht in Frage. In der früheren Entscheidung[84] habe die Besonderheit des Falls darin bestanden, dass der Pkw an einer Vielzahl von Mängeln gelitten hatte, was dort die Beschränkung auf die Vorhaltekosten begründet habe. In der Praxis sind Versicherungsgesellschaften auch bei älteren Fahrzeugen häufig nicht kleinlich und erstatten den vollen Betrag im Rahmen der außergerichtlichen Regulierung.

113 **2. Gewerbliche Fahrzeuge.** Der Ausfall gewerblicher Fahrzeuge führt häufig zu gerichtlichem Streit, und der Nachweis der Schadenshöhe bereitet dem Geschädigten erhebliche Schwierigkeiten. Wird ein Ersatzfahrzeug angemietet, so sind die dadurch entstehenden Kosten ebenso wie bei Privatfahrzeugen zu ersetzen. Zu berücksichtigen ist dabei allerdings die Grenze der Unverhältnismäßigkeit der dadurch entstehenden Kosten. Dabei sind alle Umstände des Einzelfalls zu berücksichtigen und nicht nur die reinen Kosten des Gewinnentgangs. Für einen Gewerbetreibenden kann es durchaus einen wichtigen Faktor darstellen, dass er auch während der Zeit des Ausfalls weiter am Markt präsent ist. Dabei sind eine Vielzahl von Einzelfaktoren zu berücksichtigen. Dies kann dazu führen, dass die Mietkosten für ein Ersatztaxi den entgangenen Gewinn um das 3,5-fache übersteigen.[85]

---

78 OLG Hamm NZV 1989, 230; OLG Düsseldorf zfs 2001, 66.
79 AG Paderborn zfs 1999, 195.
80 BGH NJW 2005, 1044.
81 ZB OLG Karlsruhe VersR 1989, 58.
82 OLG Hamm SP 1993, 387; OLG Karlsruhe VersR 1989, 58.
83 NJW 2005, 277.
84 BGH VersR 1988, 1276.
85 OLG Celle NZV 1999, 209.

Nach den neuen Entscheidungen des BGH zu den Unfallersatztarifen[86] ist jedoch insbesondere in diesem Bereich ein Streit über die Höhe der Unfallersatztarife zu erwarten. Wenn der Geschädigte tatsächlich unter solchen Voraussetzungen ein Ersatzfahrzeug anmietet, sollte er gegenüber dem Versicherer den Freistellungsanspruch geltend machen und den Rechtsstreit über die Höhe des Unfallersatztarifs den wirtschaftlich beteiligten Parteien, nämlich Vermieter und Haftpflichtversicherer, überlassen. Ohne Anmietung eines Ersatzfahrzeugs kann bei gewerblichen Fahrzeugen im Regelfall keine **Nutzungsausfallpauschale** geltend gemacht werden.[87]

114

Erstattungsfähig ist dagegen der entgangene durchschnittliche Gewinn gemäß § 252 BGB. In diesen Fällen darf der Gewinnausfall nicht mit dem Umsatzverlust verwechselt werden. Erforderlich ist die konkrete Berechnung des **Ausfallschadens**.[88] Obwohl dem Geschädigten hier selbstverständlich die Vergünstigung des § 287 ZPO zugutekommt, bereitet diese Schadensberechnung in der Praxis erhebliche Schwierigkeiten, zumal Versicherer notorisch auf die fehlende Substantiierung der Schadenshöhe hinweisen, gleich, wie viele Unterlagen ihnen übersandt werden.

115

Bei einem **gemischt geschäftlich/privat genutzten Kfz** kann für die private Nutzung anteilmäßig nach der Nutzungsausfallpauschale abgerechnet werden. Für den Grad der privaten Nutzung ist die steuerliche Aufteilung als Maßstab geeignet.[89] Einen Sonderfall stellen Behörden- und Nutzfahrzeuge dar. Da die Behörden nicht gewinnorientiert arbeiten, kommt hier in aller Regel nur die Erstattung von Vorhaltekosten in Betracht, da in aller Regel Reservefahrzeuge zur Verfügung stehen.[90] Für Lkws gibt es die „Schwackeliste Vorhalte- und Betriebskosten" nach *Danner/Echtler/Halm*.

116

Hinweis: Wie ausgeführt (Rn 112 ff), bereitet die Bezifferung des Schadens bei gewerblichen Fahrzeugen erhebliche Schwierigkeiten. Bei der gerichtlichen Geltendmachung stellt es zudem für ein Gericht den leichteren Weg zur Urteilsfindung dar, wenn die Klage als unsubstanziiert abgewiesen wird. Als Alternative für den Fall, dass kein Ersatzfahrzeug angemietet wird, bietet sich deshalb an, unmittelbar nach dem Unfall mit dem Haftpflichtversicherer eine **Ausfallpauschale** zu vereinbaren. Wenn in einem Telefonat der Versicherer vor die Alternative der Anmietung eines Ersatzfahrzeugs gestellt wird, ist er meist bereit, zumindest die Nutzungsausfallentschädigung für Privat-Pkws zu zahlen oder aber auch einen angemessen erhöhten Betrag.

117

Für den Ausfall von **Taxen** werden in der Praxis je nach einschichtiger bzw zweischichtiger Betreibung 100 bis 150 EUR kalendertäglich gezahlt. Auch bei gemischter Nutzung empfiehlt sich eine solche Vereinbarung. Wichtig ist jedoch, dass eine solche Vereinbarung sofort nach dem Unfall abgeschlossen wird. Denn wenn nach durchgeführter Reparatur feststeht, dass tatsächlich kein Ersatzfahrzeug angemietet wurde, wird dies vom Versicherer nicht durch Großzügigkeit gedankt. Vielmehr wird er eine immer weitere Substantiierung der Ansprüche verlangen. Da der Versicherer zum Zeitpunkt einer solchen Vereinbarung noch gar nicht weiß, ob er dem Grunde nach überhaupt haftet, ist die Vereinbarung ausdrücklich ohne An-

118

---

86 Urteil v. 26.10.2006 – VI ZR 300/06 und v. 26.10.2006 – VI ZR 151/06.
87 BGH DAR 2008, 140, aA offensichtlich OLG Stuttgart DAR 2007, 33.
88 BGH zfs 1984, 104.
89 KG VersR 1992, 327.
90 OLG München zfs 1990, 372.

erkennung der Rechtspflicht für die Haftung dem Grunde nach ausschließlich zur Schadenshöhe abzuschließen.

IX. Zins- und Finanzierungsschaden

119   1. **Sofortige Verzinsung bei Entziehung der Sache (§ 849 BGB).** Die Vorschrift des § 849 BGB wird häufig übersehen. Nach dieser Sondervorschrift besteht ein Zinsanspruch bei Entziehung der Sache. Eine solche Sachentziehung liegt bei einem Totalschaden sowie bei der Wertminderung vor.[91] Denn bei einem technischen oder wirtschaftlichen Totalschaden wird dem Eigentümer das Kfz ganz entzogen. Dementsprechend besteht ein Zinsanspruch in Höhe des Wertes des Kfz. Diesen Entzugsschaden kann der Geschädigte entweder über die Nutzungsausfallentschädigung oder abstrakt über § 849 BGB berechnen, jedoch nicht für gleiche Zeiträume nebeneinander.[92] Wenn Nutzungsausfallentschädigung gezahlt wird, beginnt die Verzinsung mithin erst nach Ablauf des Nutzungsausfallzeitraums. Gerade bei höheren Fahrzeugschäden besteht ein Zinsanspruch für den Zeitraum zwischen dem Ablauf der Nutzungsausfallzeit und dem Beginn des Verzugs, der in der Höhe die ständig geltend gemachte Kostenpauschale meist überschreitet.

120   2. **Finanzierungskosten.** Grundsätzlich muss der Schädiger dem Geschädigten die Schadensbeseitigung finanzieren. Der Geschädigte hat insbesondere Anspruch auf sofortigen Ersatz und ist nicht verpflichtet, den Schaden zunächst aus eigenen Mitteln zu beseitigen.[93] Aus Gründen der Schadensminderungspflicht ist der Schädiger vor der Inanspruchnahme von Kredit oder der Kaskoversicherung zur Vorfinanzierung auf den drohenden Zinsschaden hinzuweisen.[94] Der hinter dem Schädiger stehende Versicherer hat die Möglichkeit, die Finanzierungskosten durch ein zinsloses Darlehen bzw Vorschüsse unter Rückzahlungsvorbehalt zu vermeiden. Wenn der Schädiger auf diese Möglichkeit nicht eingeht, ist der Anspruch auf die Finanzierungskosten nicht abhängig von einem Verzugseintritt. Verzug setzt Fälligkeit voraus und im Rahmen der Fälligkeit ist die angemessene Bearbeitungszeit des Versicherers zu berücksichtigen. Eine solche angemessene Bearbeitungszeit kann etwa in Fällen, in denen der Versicherungsnehmer des Versicherers getötet wird oder im Hinblick auf ein drohendes Strafverfahren sich nicht einlassen will, durchaus die übliche Zeit von drei bis vier Wochen deutlich überschreiten. Da der Geschädigte jedoch einen Anspruch auf sofortigen Schadensausgleich hat, können die Kosten für diese Verzögerung nur zulasten des Schädigers und nicht des Geschädigten gehen. Nimmt der Geschädigte für die Finanzierung seinen Dispositionskredit in Anspruch, so ist die Anlegung eines Unterkontos anzuraten, damit die Höhe der Finanzierungskosten zweifelsfrei nachgewiesen werden kann. Ein weiteres geeignetes Mittel, die Schadenskosten zwischenzufinanzieren, ist die Inanspruchnahme der Vollkaskoversicherung. Wenn der Schädiger nach Ankündigung dieser Inanspruchnahme keine Regulierung durchführt oder den Schaden vorfinanziert, ist der Prämienschaden vom Schädiger zu erstatten.[95]

---

[91] BGH NJW 1983, 1614.
[92] BGH VersR 1983, 555.
[93] BGH NJW 1989, 290.
[94] OLG Karlsruhe NZV 1989, 23.
[95] BGH zfs 1992, 48, zum Quotenvorrecht.

X. Helm/Sicherheitskleidung

Ein Motorradhelm sowie Motorradhandschuhe und Motorradkleidung dienen ausschließlich der Sicherheit des Benutzers. Nur ein unbeschädigter Helm schützt in dem erforderlichen Maße vor den Folgen eines Sturzes, so dass hier stets der Neupreis zu erstatten ist.[96] Das gilt auch für Motorradhandschuhe und sonstige Motorradkleidung.[97] Jedenfalls, wenn sie relativ neuwertig sind, sind sie mit dem Neuwert zu erstatten.[98]

121

XI. Standgeld

Total beschädigte Fahrzeuge werden häufig von Abschleppunternehmen abgestellt, wofür Standgelder anfallen. Selbst Reparaturwerkstätten verlangen teilweise ein Standgeld. Grundsätzlich sind die Kosten hierfür erstattungsfähig. Der Geschädigte muss hier aber in besonderem Maße die Schadensminderungspflicht berücksichtigen und die Dauer der Standzeit so kurz wie möglich halten, da ihm andernfalls Teile des Standgeldes nicht erstattet werden und er einen Teil des Schadens selbst tragen muss.

122

XII. Kostenpauschale

Die Kostenpauschale wird heute von den meisten Versicherern freiwillig mit 25 EUR reguliert. Das ist bei pauschaler Berechnung unter Berücksichtigung der vorstellbaren tatsächlichen Belastung regelmäßig angemessen. Im Hinblick auf die gestiegenen Benzinpreise lassen sich aber auch 30 EUR vertreten, was von einigen Gerichten auch getan wird.

123

XIII. Besonderheiten bei Leasing

Bei der Regulierung von Fahrzeugschäden an Leasinggegenständen sind Besonderheiten zu berücksichtigen. Die Abfrage bei der Erteilung eines Mandats, ob es sich um einen Leasinggegenstand handelt, gehört deshalb zwingend zur fachgerechten Unfallschadensregulierung. Es empfiehlt sich deshalb, die Unfallaufnahme anhand des Unfallaufnahmebogens (§ 1 Rn 48) durchzuführen, damit diese Nachfrage nicht im Einzelfall vergessen wird.

124

1. Ansprüche des Leasinggebers. Der Leasinggeber ist Eigentümer des Fahrzeugs. Er hat jedenfalls den merkantilen Minderwert zu erhalten. Diese Leistung muss also direkt an den Leasinggeber verlangt werden. Ein etwaig erhaltener Minderwert ist vom Leasinggeber bei der Schlussabrechnung des Leasingvertrags aber wiederum zugunsten des Leasingnehmers zu berücksichtigen. Einen Schadensersatzanspruch hat bei Verletzung eines Leasinggegenstandes sowohl der Leasinggeber aufgrund seines verletzten Eigentums wie auch der Leasingnehmer wegen seines verletzten Besitzrechts. Beim Totalschaden mit der damit verbundenen Beendigung des Leasingvertrags steht der Schadensersatzanspruch dem Leasinggeber zu. Handelt es sich um einen Reparaturschaden, ist in fast allen gängigen Leasingverträgen vereinbart, dass die Reparatur vom Leasingnehmer durchgeführt werden muss, wobei er hierzu in der Regel eine markengebundene Fachwerkstatt beauftragen muss. Für eine fiktive Abrechnung ist deshalb – jedenfalls ohne Absprache mit dem Leasinggeber – kein Raum.

125

Umstritten ist, ob der Leasinggeber (Eigentümer des Kfz) gegenüber dem Leasingnehmer (Halter des Kfz) einen Anspruch auf Ersatz eines Schadens aus § 7 Abs. 1 StVG hat. Nach

126

---

96 AG Bad Schwartau DAR 1999, 458.
97 AG Montabaur zfs 1998, 192.
98 LG Oldenburg DAR 2002, 171.

einer Auffassung ergibt sich die Haftung nach § 7 StVG nicht aus dem Eigentum, sondern aus der durch den Betrieb eines Kfz hervorgerufenen Gefährdung anderer Rechtsgüter. Demnach kann ein Anspruch des Eigentümers gegenüber dem Halter aus § 7 Abs. 1 StVG bestehen. Der BGH lehnte diese Haftung in seinem Urteil vom 7.12.2010 ab.[99] Die Haftung des Halters gem. § 7 Abs. 1 StVG erstrecke sich nicht auf das von ihm geleaste Fahrzeug selbst. Unter der Sache, für welche der Tatbestand des § 7 Abs. 1 StVG erfüllt ist, sei eine vom Fahrzeug verschiedene Sache zu verstehen, nicht das Fahrzeug selbst. Demnach wird eine Haftung des Leasingnehmers gegenüber dem Leasinggeber aus § 7 Abs. 1 StVG verneint.

127 2. **Ansprüche des Leasingnehmers.** Führt der Leasingnehmer entsprechend der vertraglichen Verpflichtung aus dem Leasingvertrag die Reparatur durch und ist er nicht vorsteuerabzugsberechtigt, so umfasst der Schadensersatzanspruch auch dann die Mehrwertsteuer, wenn der Leasinggeber vorsteuerabzugsberechtigt ist. Es kommt mithin auf die Vorsteuerabzugsberechtigung des Leasingnehmers an.[100] Dabei ist aber darauf zu achten, dass die Ansprüche nicht nach Abtretung der Ansprüche des Leasinggebers geltend gemacht werden, sondern ausdrücklich klargestellt wird, dass es sich allein um Ansprüche des Leasingnehmers handelt. Da dem Leasingnehmer die Sachnutzung entzogen wird, kann er auch den Nutzungsschaden durch Mietkosten oder Nutzungsausfallkosten für die erforderliche Zeit der Wiederbeschaffung oder Reparatur geltend machen.

XIV. Mehrwertsteuer

128 § 249 BGB regelt den Umfang des Sachschadensersatzes durch Naturalherstellung. Diese Vorschrift ist durch die Schadensersatzreform zum 1.8.2002 im neu gebildeten Abs. 2 um folgenden 2. Satz ergänzt worden:

Bei der Beschädigung einer Sache schließt der nach Satz 1 erforderliche Geldbetrag die Umsatzsteuer nur mit ein, wenn und soweit sie tatsächlich angefallen ist.

129 Gerade bei einem Totalschaden ist es jedoch verfrüht, stets im Wiederbeschaffungswert 19 % Mehrwertsteuer zu vermuten. Folgende Besteuerungsarten werden unterschieden:

130 1. **Regelbesteuerte Fahrzeuge.** Die Regelbesteuerung ist zum einen beim Neuwagenkauf der Fall und zum anderen dann, wenn Fahrzeuge von einer vorsteuerabzugsberechtigten Person erworben werden. Der Verkäufer hat dann 19 % Mehrwertsteuer auf den gesamten Kaufpreis zu zahlen.

131 2. **Differenzbesteuerte Fahrzeuge.** Im gewerblichen Gebrauchtwagenhandel unterliegt nicht der gesamte Kaufpreis der Mehrwertsteuer, sondern nur die Differenz zwischen Verkaufspreis und Einkaufspreis. Diese Differenz kennt in der Regel nur der Verkäufer und wird sie nicht offenlegen. Das Gericht muss dann den Mehrwertsteueranteil gem. § 287 ZPO schätzen. Wenn man von durchschnittlichen Gewinnspannen von ca. 15 % bis 20 % ausgeht, wird lediglich aus diesem Anteil die Mehrwertsteuer errechnet. Wenn man vom Gesamtkaufpreis aus rechnet, sind dies in der Regel 2 % bis 3 % des Gesamtkaufpreises. Nachfolgend wird immer von 2 % ausgegangen, was auch der Empfehlung des zuständigen Arbeitskreises des Verkehrsgerichtstages entspricht.

---

99 BGH v. 7.2.2010 – VI ZR 288/09.
100 OLG Hamm VersR 2002, 858.

3. Nichtbesteuerte Fahrzeuge. Beim Kauf von Privat hat der Verkäufer keinerlei Mehrwertsteuer abzuführen. Es spielt dabei keine Rolle, dass der private Verkäufer beim Neukauf selbstverständlich auch Mehrwertsteuer hat zahlen müssen.

4. Feststellung des Mehrwertsteueranteils. Einfach sind noch die Reparaturfälle. Die Probleme beginnen jedoch, wenn der Mehrwertsteueranteil eines Fahrzeugs festzustellen ist. Das kann zum einen erforderlich sein, wenn der Geschädigte sich für eine Naturalrestitution durch Ersatzbeschaffung statt Reparatur entschließt. Dann geht es um den Mehrwertsteueranteil des erworbenen Fahrzeugs. Ist an dem geschädigten Fahrzeug ein Totalschaden entstanden, muss auch beim Wiederbeschaffungswert festgestellt werden, ob und ggf wie hoch darin ein Mehrwertsteueranteil ist. Es darf also nicht verwechselt werden, ob es um die Feststellung des Mehrwertsteueranteils am erworbenen Ersatzfahrzeug oder am total beschädigten Fahrzeug geht.

5. Bestimmung der Besteuerungsart. Von wirtschaftlicher Bedeutung ist die Frage, welcher Besteuerungsart das Fahrzeug unterliegt. Bei einem ersatzbeschafften Fahrzeug ergibt sie sich aus dem konkreten Ersatzkauf, kann also objektiv festgestellt werden. Bei dem abstrakt zu ermittelnden Wiederbeschaffungswert des total beschädigten Fahrzeugs kann dagegen keine sichere Feststellung getroffen werden. Für diese noch nicht höchstrichterlich entschiedene Frage bieten sich verschiedene Lösungswege an. In der Praxis wird die Bestimmung, welcher der drei Besteuerungsarten das Fahrzeug zuzuordnen ist, inzwischen idR dem Kfz-Sachverständigen überlassen. Die Angabe, zu welcher Besteuerungsart vergleichbare Fahrzeuge veräußert werden, gehört heute zum Standardinhalt von Schadensgutachten. Wenn der Geschädigte die Abrechnung auf einen der beiden Wege der Naturalherstellung stützt oder auf ihn beschränkt ist, kann er nicht die Mehrwertsteuer ersetzt verlangen, die tatsächlich bei dem anderen Weg entstanden ist.[101] Wer also nur nach dem Wiederbeschaffungswert abrechnen kann und das Unfallfahrzeug tatsächlich gegen Rechnung repariert, kann die dabei tatsächlich angefallene Mehrwertsteuer nach dieser Rechtsprechung nicht ersetzt verlangen.

Hinweis: Meines Erachtens ist diese Auffassung falsch, da sie im Widerspruch zum Wortlaut des § 249 Abs. 2 S. 2 BGB steht, der diese Einschränkung nicht macht. Im Übrigen widerspricht sie auch dem Sinn und Zweck des Gesetzes. Die Schadensersatzreform hatte insoweit den Zweck, die Schwarzarbeit einzuschränken. Derjenige, der auf Rechnung seinen Totalschaden wieder fahrbereit reparieren lässt, fördert sicher nicht die Schwarzarbeit. Es wird aber empfohlen, zumindest außergerichtlich trotzdem den Versuch zu unternehmen, die angefallene Mehrwertsteuer aus einer Billigreparatur nach einem Totalschaden geltend zu machen. Meist wird nämlich die Problematik von den Sachbearbeitern der Versicherung übersehen. Dies gilt ebenso, wenn der Mandant sein beschädigtes Fahrzeuge bei einem klaren Reparaturfall in Zahlung gibt und ein neues Fahrzeug erwirbt. Hier hat nunmehr der BGH entschieden, dass ein Anspruch auf Ersatz der Mehrwertsteuer tatsächlich besteht, wenn tatsächlich Mehrwertsteuer gezahlt worden ist.[102]

6. Abrechnung der tatsächlich aufgewendeten Mehrwertsteuer aus einer Teil- oder Minderreparatur zuzüglich des Nettobetrags nach Gutachten. Ob bei einem Reparaturfall die Abrechnung der tatsächlich aufgewendeten Mehrwertsteuer aus einer Teil- oder Minderreparatur zu-

---

101 BGH NJW 2005, 1110.
102 BGH Urt. v. 5.2.2013 – VI ZR 363/11.

züglich des Nettobetrags nach Gutachten zulässig ist, gehört zu den umstrittensten Fragen des neuen Schadensrechts. Der BGH hat zwar entschieden, dass die Kombination fiktiver und konkreter Schadensabrechnung nicht zulässig sei.[103] In der Begründung bezieht er sich aber darauf, dass zwischen den beiden Wegen der Naturalrestitution nicht gewechselt werden dürfe. Hier handelt es sich aber um einen Fall, in dem der Geschädigte bei der Abrechnung auf Reparaturkostenbasis bleibt und nur den Nettoschaden fiktiv und den Mehrwertsteuerschaden konkret abrechnet. Dies wird von der BGH-Rechtsprechung nicht erfasst. Die Frage ist erheblich, wenn man zB davon ausgeht, dass ein Nettoschaden von 10.000 EUR kalkuliert wird und dann die Minderreparatur 8.000 EUR kostet. Dann geht es um einen Mehrwertsteueranteil von immerhin 1.520 EUR. Nach der hier vertretenen Auffassung müsste nämlich die Versicherung den kalkulierten Nettoschaden (10.000 EUR) zzgl der in der Minderreparatur enthaltenen Mehrwertsteuer (1.520 EUR = 19 % von 8.000 EUR) zahlen.

137 Achtzugeben ist auf die Frage, warum die tatsächlich durchgeführte Reparatur billiger war als die vom Gutachter kalkulierte. Liegt der Grund in der Verwendung gebrauchter oder nicht originaler Teile, handelt es sich um eine Minderreparatur. Es kann auch eine Teilreparatur vorliegen, wenn der Geschädigte etwa nur die Fahrtüchtigkeit herstellt und ihm die Optik des Fahrzeugs nicht so wichtig ist. In beiden Fällen, die auch in Kombination auftreten können, handelt es sich um einen überobligatorischen Verzicht, der nach allgemeiner Meinung nicht dem Schädiger zugutekommen soll. Deshalb muss der Schädiger die fiktiven Reparaturkosten neben der tatsächlichen Mehrwertsteuer zahlen, weil der Verzicht auf eine vollständige Reparatur sonst nur ihn begünstigen würde. Anders ist hingegen zu entscheiden, wenn bei fachgerechter Instandsetzung nach den Vorgaben des Gutachtens vollständig für einen geringeren als den kalkulierten Preis repariert wurde, ohne dass es sich um das Ergebnis eines überobligationsmäßigen Verzichts handeln würde. Wird also nur ein Teil des Schadens repariert (Fahrzeug wird fahrtüchtig gemacht) kann mE dieser Mehrwertsteueranteil begehrt werden. Vorsicht ist jedoch geboten, wenn vollständig repariert wird und die Reparaturkosten dann aber, aus welchen Gründen auch immer, niedriger sind. Das kann den Versicherer veranlassen, zu behaupten, dass die Schadenskalkulation des Sachverständigen falsch war. Im obigen Fall würde dies bedeuten, dass der Versicherer nur 9.520 EUR (8.000 EUR netto plus 19 %, also 1.520 EUR) bezahlen muss, wenn mit der Reparatur keine überobligatorischen Verzichte verbunden sind.

XV. Abschleppkosten

138 Unbestritten sind Abschleppkosten bis zur nächsten zumutbaren Fachwerkstatt zu erstatten. Allerdings gilt ebenso, dass jedenfalls bei Wegstrecken über 100 km keine Erstattungsfähigkeit mehr gegeben ist. Wenn die Strecke bis zur nächsten Vertragswerkstatt bei ca. 100 km liegt, entscheiden die Umstände des Einzelfalls, ob die Kosten für die längere Wegstrecke als bis zur ersten Vertragswerkstatt erstattungsfähig sind. Grund kann zum Beispiel sein, dass in der entfernteren Vertragswerkstatt die Preise günstiger sind oder dass das Fahrzeug dort ständig gewartet wird.[104] Allein der Umstand, dass der Geschädigte sein Fahrzeug selbst reparieren will, rechtfertigt keine unverhältnismäßig hohen Kosten. Erleidet das Fahrzeug einen offensichtlichen Totalschaden, kann die Verbringung dieses Fahrzeugs einen Verstoß gegen die

---

103 BGH NJW 2005, 1110.
104 OLG Hamm VersR 1970, 43.

Schadensminderungspflicht bedeuten, da der Restwert auch am Unfallort verwertet werden kann.

XVI. Merkantiler Minderwert

Unfallschäden sind vom Fahrzeugeigentümer im Verkaufsfall ungefragt dem Käufer mitzuteilen. Dies führt bei dem potenziellen Käufer zu der Forderung nach einem Preisabschlag. Deshalb ist ein merkantiler Minderwert auch zu zahlen, wenn ein technischer Minderwert gar nicht verbleibt. Er kommt insbesondere in Betracht bei Fahrzeugen bis zu einer Zulassungsdauer von fünf Jahren, wenn keine erheblichen Vorschäden vorlagen und umgekehrt der Reparaturschaden selbst nicht nur ein Bagatellschaden ist. Die Höhe des merkantilen Minderwerts ergibt sich jedenfalls aus dem Sachverständigengutachten, wenn eines eingeholt wird. Wenn der Versicherer ein Gegengutachten erstellt und im Prozess ein dritter – gerichtlicher – Gutachter beauftragt wird, gelangt dieser meist zu einem Ergebnis in der Mitte dieser Werte. 139

Hinweis: Es lohnt deshalb die Überlegung, die kostspielige Beweisaufnahme nicht von vornherein durch einen Vergleich auf hälftiger Basis zu erledigen. Wenn aus Kostengründen kein Gutachten eingeholt wird, empfiehlt sich die Berechnung nach der Methode *Ruhkopf/Sahm*. Diese Berechnungsmethode hat den Vorteil, dass ihre Ergebnisse meist deutlich über den Schätzungen von Gutachtern liegen, so dass für Verhandlungen über eine vergleichsweise Einigung genügend Verhandlungsmasse zur Verfügung steht. 140

Eine Entscheidung des BGH[105] befasst sich mit dem merkantilen Minderwert älterer Fahrzeuge. Der BGH führt aus, dass durch Änderung der tatsächlichen Verhältnisse unfallfreie Fahrzeuge in der „Schwackeliste" bis zwölf Jahre notiert werden. Weiter deutet der BGH an, dass eine Laufleistung von über 100.000 km einem merkantilen Minderwert nicht entgegenstehen muss. Leider fehlen auch hierzu genaue Angaben. Dem Urteil muss aber entnommen werden, dass die Zuerkennung von merkantilem Minderwert nicht nur auf ein Alter bis zu fünf Jahren beschränkt ist. Daraus ist zu folgern, dass auch für unfallfreie Fahrzeuge bis zwölf Jahren der merkantile Minderwert ersatzfähig ist. Freilich hilft dann die relativ alte Tabelle von *Ruhkopf/Sahm* nicht mehr weiter. Auch bei Sachverständigen großer Sachverständigenorganisationen wird man zunächst Schwierigkeiten damit haben, dass diese eine Wertminderung bei älteren Fahrzeugen feststellen. Auch hier gilt es wieder, das Augenmerk auf eine richtige Wahl des Sachverständigen zu lenken. Empfehlenswert ist die Berechnung nach der Markrelevanz- und Faktorenmethode.[106] 141

XVII. An-/Abmeldekosten

Die Kosten für Anmelden und Abmelden einschließlich für Kennzeichen sind erstattungsfähig, wenn unfallbedingt ein anderes Fahrzeug erworben werden muss, nicht also, wenn der Geschädigte sich freiwillig zur Ersatzbeschaffung entschließt. Der Mandant ist im ersten Beratungsgespräch darauf hinzuweisen, dass er die hierfür anfallenden Belege sammelt und einreicht. Es können auch Pauschalen zwischen 50 EUR und 80 EUR geltend gemacht werden, wobei zunehmend vertreten wird, dass es hier keiner Pauschalierung bedarf. 142

---

105 BGH NJW 2005, 277.
106 Zeisberger/Woyte/Schmidt/Mennicken, Der merkantile Minderwert

XVIII. Umbaukosten

143 Umbaukosten für aufwendige Hifi-Anlagen etc. sind in aller Regel bereits im Gutachten kalkuliert; anderenfalls muss gegenüber dem Gutachter insoweit eine Nacherfüllung geltend gemacht werden. Die Kosten können jedoch nicht fiktiv geltend gemacht werden, sind mithin zur Zahlung erst fällig, wenn der tatsächliche Umbau dem Versicherer – etwa durch Fotos, Gutachterbestätigungen oder Zeugenbescheinigungen – nachgewiesen wurde.

144 **Hinweis:** Es ist dabei zu empfehlen, dass der Mandant bei der Begutachtung angibt, ob er etwas umbauen oder Nacherfüllung geltend machen will. Im letzteren Fall sind die Ausstattungsmerkmale vom Wiederbeschaffungswert umfassend zu berechnen und im ersteren exklusive dieser Ausstattung. Der Sachverständige ist dann anzuweisen, dass er explizit aufschlüsseln möge, was er in die Berechnung des Wiederbeschaffungswerts eingerechnet hat.

XIX. Kraftstoffkosten

145 Bei den heutigen Kraftstoffkosten kann eine in einem total beschädigten Fahrzeug verlorengegangene Tankfüllung deutlich über dem Betrag zum Beispiel der Kostenpauschale liegen. Die Kosten sind deshalb zu ersetzen, wenn die Tankfüllung verloren geht.

D. Personenschaden

I. Haushaltsführungsschaden

146 **1. Allgemeines.** Wird jemand bei einem Unfall verletzt, können zwar Ersatzansprüche wegen Heilungskosten, wegen vermehrter Bedürfnisse und wegen Erwerbsausfalls entstehen; die Verletzung als solche ist aber zunächst nur ein immaterieller Personenschaden, der allenfalls einen Schmerzensgeldanspruch gegen den Schädiger und seinen Haftpflichtversicherer rechtfertigt. Das gilt auch dann, wenn die Verletzung zu einer medizinischen Behandlungsbedürftigkeit, zu einer Minderung der Erwerbsfähigkeit (MdE), zu einer Minderung der Fähigkeit zur Haushaltsführung oder zu einer Minderung der Fähigkeit führt, die persönliche Lebensführung wie bisher zu gestalten.

147 Zu einem materiellen Personenschaden werden derartige immaterielle Schäden erst dann, wenn sie zu Vermögenseinbußen, zu Mehraufwendungen oder zu Mindereinnahmen führen. Dann sind die erforderlichen Mehraufwendungen und die auch bei Beachtung des Schadensgeringhaltungsgebots nicht zu vermeidenden Mindereinnahmen gem. §§ 249 ff BGB als materieller Schaden vom Schädiger auszugleichen. Dabei ist zu beachten, dass nach dem normativen Schadensbegriff ein Ersatzanspruch auch dann bestehen kann, wenn der Verletzte selbst durch überobligatorische Anstrengungen oder Dritte unentgeltlich den Schaden ausgleichen.

148 In die Schadensgruppe „Heilungskosten" fallen die unfallbedingten Mehraufwendungen, die der Wiederherstellung der Gesundheit dienen. In die Schadensgruppe „vermehrte Bedürfnisse" fallen die unfallbedingten Mehraufwendungen, die den Zweck haben, die durch den Unfall beeinträchtigte persönliche Lebensführung wieder der früheren anzunähern. In die Schadensgruppe „Erwerbsschaden" gehören die unfallbedingten Einkommensverluste, die aufgrund der Beeinträchtigung der Arbeitskraft entstehen. Auszugleichen ist also zB nicht der Verlust der Arbeitskraft oder der Verlust der Fähigkeit, sich selbst zu versorgen, sondern die dadurch eintretende Vermögenseinbuße. Wer nicht gearbeitet hat, kann also auch keinen Erwerbsschaden haben.

D. Personenschaden

Beispiele: 149
Ein Rentner, der unfallbedingt seine Arbeitskraft verliert, hat lediglich Anspruch auf ein Schmerzensgeld; er erleidet keinen Erwerbsschaden. Das gilt auch für die Hausfrau, soweit sie die Haushaltsführung auch schon vor dem Unfall nicht selbst leistete, sondern durch Angehörige oder durch Hilfskräfte ausführen ließ.

Wird eine nicht berufstätige **Hausfrau** verletzt und tritt dadurch eine Minderung der Fähigkeit zur Haushaltsführung ein, hat sie, soweit sie sich unfallbedingt nicht oder nur eingeschränkt selbst versorgen kann und Hilfe benötigt, einen Ersatzanspruch wegen vermehrter Bedürfnisse. Soweit sie bei der Betreuung und Versorgung der Familie ausfällt und Hilfe benötigt, erleidet sie einen Erwerbsschaden. Insoweit erwirbt sie deshalb aus dieser Schadensgruppe einen entsprechenden Ersatzanspruch; die Betreuung und Versorgung der Familie steht einer Erwerbstätigkeit gleich. Wird ihr berufstätiger, aber auch im Haushalt mithelfender Ehemann verletzt und tritt dadurch eine Minderung der Erwerbsfähigkeit und der Fähigkeit zur Haushaltsarbeit ein, hat er zunächst wegen seiner Mindereinnahmen Anspruch auf Ersatz des außerhäuslichen Erwerbsschadens. Soweit er bei der Mithilfe für die Familie ausfällt und Hilfe benötigt, erleidet er zusätzlich – das wird oft nicht beachtet – einen **innerhäuslichen Erwerbsschaden**. Soweit er für die eigene Versorgung ausfällt und Hilfe benötigt, erleidet er zusätzlich einen Schaden wegen vermehrter Bedürfnisse. 150

Wird ein **Alleinstehender** verletzt und tritt dadurch eine Minderung der Erwerbsfähigkeit und der Fähigkeit zur Haushaltsführung ein, erwirbt er, soweit er innerhäuslich ausfällt und Hilfe benötigt, einen Ersatzanspruch wegen vermehrter Bedürfnisse[107] und erleidet daneben, falls berufstätig, evtl auch einen außerhäuslichen Erwerbsschaden. Die Haushaltsführung umfasst bei einem Alleinstehenden nur die eigene Versorgung. In einem **Zwei- oder Mehrpersonenhaushalt** umfasst sie neben der eigenen Versorgung auch die Versorgung und Betreuung der übrigen Mitglieder des Haushalts. Zur Haushaltsführung im weiteren Sinne gehören auch **Reparatur- und Unterhaltungsarbeiten** an Haus, Wohnung und Hausrat sowie Gartenarbeiten. In einem Zwei- oder Mehrpersonenhaushalt kann die Haushaltsführung von einem allein erledigt werden, zB von der Ehefrau und Mutter als Hausfrau, es können sich aber auch mehrere oder sämtliche Mitglieder des Haushalts, zB der Ehemann und die Kinder, an der Haushaltsführung beteiligen. 151

Ein Haushaltsführungsschaden ist gegeben, wenn der Verletzte – entweder als Alleinstehender oder als Mitglied in einem Zwei- oder Mehrpersonenhaushalt – die Führung des Haushalts ganz oder jedenfalls teilweise übernommen hatte, wenn wegen der Verletzungen eine Minderung der Fähigkeit, den Haushalt zu führen, eintritt – entweder vorübergehend oder auf Dauer, entweder ganz oder teilweise – und wenn die Haushaltsführung deshalb anderweitig erledigt werden muss. Einen Haushaltsführungsschaden kann also nicht nur die nicht berufstätige Hausfrau erleiden, sondern zB auch der nicht berufstätige, den Haushalt führende Ehemann, ferner auch der berufstätige, aber im Haushalt mithelfende Ehepartner, schließlich auch der sich selbst versorgende Alleinstehende. 152

Zweifelhaft ist, ob auch das **im Haushalt mithelfende Kind** – es besteht, was vielen Kindern und auch Eltern unbekannt ist, unter den Voraussetzungen des § 1619 BGB eine Mithilfepflicht – bei unfallbedingtem Ausfall einen Haushaltsführungsschaden erleidet. Diese Frage 153

---

107 KG DAR 2008, 25.

wird in den Regulierungsverhandlungen mit Versicherern bei Kinderunfällen gelegentlich diskutiert. Das Kind erleidet aber wohl selbst durch seinen Ausfall keine Vermögenseinbuße; es können wohl allenfalls Ansprüche der Eltern aus § 845 BGB wegen entgangener Dienste entstehen. Auch diesen Ansprüchen stehen dann aber, zB wenn das Kind unfallbedingt im Krankenhaus liegt, anzurechnende Unterhaltsersparnisse gegenüber.

154 Im Falle der Verletzung besteht gem. § 843 Abs. 1 BGB ein Ersatzanspruch, soweit die Arbeit wegen der unfallbedingten Minderung der Fähigkeit, den Haushalt zu führen, von anderen Personen erledigt werden muss. Er besteht also zB nicht, wenn ein Alleinstehender unfallbedingt einen Monat im Krankenhaus liegt und eine Haushaltsführung praktisch nicht stattfindet. Dann kann Ersatz allenfalls für den geringen Aufwand verlangt werden, der dadurch entsteht, dass jemand ab und zu die Blumen gießt etc. Der Umstand, dass der Ersatzanspruch evtl in zwei verschiedene Schadensgruppen gehört, kann bei der Berechnung der Anspruchshöhe vernachlässigt werden. Er wird aber bedeutsam, wenn wegen des Bezugs einer Erwerbsunfähigkeits- oder Verletztenrente ein Anspruchsübergang nach § 116 SGB X auf Sozialversicherungsträger in Betracht kommt.

155 Im Falle der **Tötung** besteht der Ersatzanspruch gem. § 844 Abs. 2 BGB, soweit der Getötete Dritten gegenüber gesetzlich zur Haushaltsführung verpflichtet war, diesen Dritten gegenüber, soweit die gesetzlich geschuldete Haushaltsführung nunmehr von anderen Personen erledigt werden muss. Insoweit ist der Grundsatz, dass Drittschäden nicht ausgleichungspflichtig sind, durchbrochen. Insbesondere im Falle der Tötung sind bei der Ermittlung des Ersatzanspruchs anzurechnende Unterhaltsersparnisse zu berücksichtigen.

156 **Hinweis:** In der Regulierungspraxis führt der Haushaltsführungsschaden ein Schattendasein. Für viele Anwälte scheint er nicht zu existieren. Jedenfalls scheuen sie sich, ihn zu berechnen und geltend zu machen. Die Folge ist nicht selten anschließend ein Regressprozess. Dabei gibt es heute zahlreiche Erhebungen und Beiträge, auch über den Wert der Haushaltsarbeit von dieser eher fernstehenden Männern, über den – sicher für viele überraschend hohen – Zeitaufwand und auch über den Wert der Haushaltsarbeit, die sich ja nicht nur im Putzen erschöpft, sondern zu der zB auch die Betreuung und Versorgung der Kinder gehört, die zudem mit Berechnungsbeispielen Hilfestellung für die Geltendmachung geben.

157 Ist die haushaltsführende Ehefrau unfallbedingt in ihrer Fähigkeit zur Haushaltsführung beeinträchtigt, kann sie den Unfallgegner wegen des dadurch entstehenden Schadens aus § 843 Abs. 1 BGB auf Ersatz in Anspruch nehmen. Der Anspruch besteht auch dann, wenn sie verletzt im Krankenhaus liegt und der Haushalt von ihrem Ehemann und den Kindern weitergeführt werden muss, allein ihr zu. Insbesondere erwirbt der Ehemann keinen Ersatzanspruch aus § 845 BGB wegen entgangener Dienste. Denn die Tätigkeit der Ehefrau im Haushalt für die Familie ist nicht Dienst für den Ehemann, sondern Berufsarbeit; diese Tätigkeit für die Familie steht einer Erwerbstätigkeit gleich. Der Ehemann und die Kinder sind Drittgeschädigte und haben keinen eigenen Ersatzanspruch. Anders ist es nur im Falle der Tötung der haushaltsführenden Ehefrau. In diesem Falle erwerben der Witwer und die Kinder einen eigenen Schadensersatzanspruch gegen den Schädiger aus § 844 Abs. 2 BGB.

158 Liegt bei der verletzten Hausfrau eine Minderung der Fähigkeit zur Haushaltsführung vor, ist immer zunächst die Vorfrage zu klären, in welchem Umfang sie vor dem Unfall tatsächlich Haushaltsarbeit geleistet hat. Das ist nicht nur von der Größe der Familie und von dem

Haushaltszuschnitt – zB Mietwohnung oder eigenes Haus mit Garten – abhängig, sondern auch davon, ob der Haushalt mit großem Aufwand geführt wird, zB beim Essen und Putzen, oder ob man sich insgesamt eher auf das Notwendige beschränkt. Vor allem aber kommt es hier darauf an, in welchem Umfang die Haushaltsarbeit von den übrigen Familienmitgliedern und von Hilfskräften erledigt worden ist. Im Falle des verletzungsbedingten Ausfalls der Hausfrau kommt es auf die tatsächlichen Verhältnisse an, nicht darauf, wozu die Hausfrau familienrechtlich verpflichtet ist und in welchem Umfang die übrigen Familienmitglieder familienrechtlich zur Mithilfe verpflichtet sind. Die Hausfrau, die alles allein machen muss und von der Familie keine Hilfe hat, hat also im Falle der verletzungsbedingten Minderung der Fähigkeit zur Haushaltsführung den höheren Ersatzanspruch. Es ist eine Aufwandsermittlung erforderlich.

Anders ist es im Falle der Tötung der Hausfrau/des Hausmanns. Im Rahmen des § 844 Abs. 2 BGB geht es um die gesetzliche Unterhaltspflicht, Grundlage der Schadensberechnung ist hier nicht der tatsächliche Arbeitsaufwand der Getöteten, sondern die familienrechtlich geschuldete Arbeitsleistung im Haushalt. Grundlage der Schadensermittlung im Falle der Tötung ist deshalb der erforderliche Arbeitszeitbedarf unter Berücksichtigung der Mithilfepflicht der übrigen Familienmitglieder. Hier ist also nicht eine Aufwandsermittlung, sondern eine **Bedarfsermittlung** erforderlich; der Aufwand kann höher gewesen sein als der Bedarf. Zudem kann der tatsächliche Anteil des Getöteten an der Haushaltsarbeit höher gewesen sein als der familienrechtlich geschuldete Anteil. Hier gewinnt deshalb die Frage an Bedeutung, in welchem Umfang der überlebende Ehepartner und die Kinder vor dem Unfall familienrechtlich zur Mitarbeit verpflichtet waren; soweit eine Mitarbeitspflicht bestand, bestand keine Verpflichtung des getöteten Ehepartners zur Haushaltsführung. 159

Im Falle der (bloßen) Verletzung der Hausfrau/des Hausmanns ist jedoch, wie gesagt (Rn 158), statt einer Bedarfsermittlung eine **Aufwandsermittlung** erforderlich. Es kommt darauf an, in welchem zeitlichen Umfang zB die Hausfrau vor dem Unfall tatsächlich Haushaltsarbeit geleistet hat und in welchem zeitlichen Umfang sie unfallbedingt ausgefallen ist und die Arbeit anderweitig erledigt werden musste. Dabei darf aber die Zahl der ausgefallenen Stunden nicht ohne Weiteres gleichgesetzt werden mit der Zahl der zu entschädigenden Stunden. Denn zu ersetzen ist nach § 249 BGB der erforderliche Herstellungsaufwand. Er ist zu ermitteln auf der Basis dessen, was die – tatsächlich eingeschaltete oder fiktive – Ersatzkraft an Zeit benötigt, um die in der Ausfallzeit nicht erledigte Arbeit zu bewältigen. Wenn zB eine ältere Hausfrau, die nur einen Kleinhaushalt zu bewältigen hat, 60 Stunden pro Woche für die Führung ihres Haushalts benötigt, eine bezahlte und entsprechend jüngere Ersatzkraft die Arbeit aber in 40 Stunden schaffen würde, kann auch die Ersatzforderung nur auf der Basis dessen errechnet werden, was diese Ersatzkraft für die 40 Stunden kosten würde. Würde man nicht so rechnen, müsste berücksichtigt werden, dass der Wert der Arbeitsleistung der Verletzten geringer anzusetzen ist. Es ist deshalb in der Praxis im Ergebnis erforderlich, zwar einerseits den tatsächlichen Arbeitsaufwand der verletzten Hausfrau und die dafür benötige Arbeitszeit zu ermitteln, andererseits aber eine entsprechende Korrektur vorzunehmen, wenn tatsächlicher Zeitaufwand und erforderlicher Zeitaufwand offensichtlich voneinander abweichen. Insoweit muss letztlich doch der erforderliche Zeitbedarf mitberücksichtigt werden. Insbesondere in kleineren Haushalten, die von Hausfrauen geführt werden, können tatsächlicher und erforderlicher Zeitaufwand auseinanderfallen. In größeren Haushalten und 160 vor allem in Haushalten, in denen beide Eheleute berufstätig sind, entspricht der tatsächliche Zeitaufwand eher dem erforderlichen Zeitaufwand; die Haushaltsführung muss hier zwangsläufig besser organisiert und straffer gestaltet werden.

161 Für den Bereich des Haushaltsführungsschadens ist die konkrete Schadensberechnung ohne Weiteres dann möglich, wenn eine bezahlte Ersatzkraft beschäftigt wird. Dann sind die tatsächlichen Aufwendungen zu ersetzen, einschließlich aller Sozialabgaben und Steuern, soweit diese Aufwendungen iSd § 249 S. 2 BGB erforderlich gewesen sind.

162 **2. Insbesondere: Schadensermittlung, wenn keine bezahlte Ersatzkraft beschäftigt wird.** Wird keine bezahlte Ersatzkraft beschäftigt, sondern wird der Ausfall in anderer Weise aufgefangen, gilt Folgendes:

163 **a) Freiwillige und unentgeltliche Leistungen Dritter.** Wird die Haushaltsführung von den übrigen Familienmitgliedern oder sonstigen Angehörigen oder Bekannten unentgeltlich übernommen, entstehen dem Haushaltsführenden zwar keine wirtschaftlichen Aufwendungen. Nach dem normativen, dh durch rechtliche Wertungen ergänzten Schadensbegriff führen aber derartige freiwillige und unentgeltliche Leistungen Dritter nicht zu einem Freiwerden des Schädigers von seiner Ersatzpflicht. Für Leistungen Unterhaltspflichtiger ist in § 843 Abs. 4 BGB ausdrücklich angeordnet, dass derartige Leistungen den Schädiger nicht entlasten. Für freiwillige Leistungen Dritter gilt diese Regelung nach der Rechtsprechung entsprechend, wenn diese Leistungen, wie hier, zugunsten des Geschädigten erbracht werden und nicht zur Entlastung des Schädigers.

164 **b) Überobligationsmäßige Leistungen des Geschädigten.** Diese normative Schadensbetrachtung hat auch Bedeutung, wenn die verletzte Hausfrau den Haushalt trotz ihrer Verletzungen ganz oder teilweise weiterführt. Soweit sie trotz ihrer Verletzungen in der Lage ist, den Haushalt zu führen, entsteht kein Schaden. Leistet sie aber mehr, als sie zum Zwecke der Schadensgeringhaltung leisten muss, erbringt sie überobligationsmäßige Leistungen. Diese dürfen nach dem normativen Schadensbegriff ebenfalls nicht zur Entlastung des Schädigers angerechnet werden. Auch insoweit richtet sich die zu zahlende Entschädigung danach, was eine Ersatzkraft gekostet hätte.

165 **c) Unterversorgung der Familie.** Häufig wird es aber auch so sein, dass beim Ausfall der verletzten Hausfrau die Haushaltsführung zurückgefahren und auf das unbedingt Notwendige beschränkt wird. In diesem Fall dürfte eigentlich ein Ersatzanspruch nur in diesem Umfang zugebilligt werden; die vorübergehende Unterversorgung der Familie ist kein Vermögensschaden des verletzten Haushaltsführenden, sondern ein nicht erstattungsfähiger Drittschaden der Restfamilie. Der Ersatzbetrag richtet sich darum zwar nicht nach den finanziellen Aufwendungen der Hausfrau, wohl aber danach, was in Vertretung der verletzten Hausfrau tatsächlich an Haushaltsarbeit geleistet worden ist.

166 **d) Rechtsprechung: teilweise fiktive Berechnung.** Die Rechtsprechung hat sich aber beim Haushaltsführungsschaden von der konkreten Schadensberechnung weitgehend gelöst. Im Ergebnis wird nicht untersucht, ob der Haushalt unverändert fortgeführt worden ist (von wem auch immer), sondern es wird allein darauf abgestellt, ob und in welchem Umfang der Haushaltsführende ausgefallen ist. Im Ergebnis wird also der Haushaltsführungsschaden doch zumindest teilweise fiktiv abgerechnet. Grundlage der Abrechnung ist nicht der tatsächliche, sondern der erforderliche Herstellungsaufwand und der dafür erforderliche Geldbetrag; das

ist fiktive Abrechnung gem. § 249 Abs. 2 S. 1 BGB. Wird keine bezahlte Ersatzkraft beschäftigt, richtet sich der Ersatzanspruch nach der Rechtsprechung danach, was eine zum Ausgleich dieses Ausfalls beschäftigte bezahlte Ersatzkraft, wäre sie eingestellt worden, gekostet hätte, wobei hier aber der Nettolohn zugrunde gelegt wird, ohne Steuern und Sozialbeiträge.

Die Zugrundelegung des Nettolohnes begründet der **BGH**[108] so: „Abweichend von der Berechnung bei Schadenersatzleistungen wegen Beschädigung einer Sache, für deren Verlust der Schädiger dem Geschädigten stets den marktorientierten Betrag als „erforderlichen Herstellungsaufwand" (§ 249 S. 2 BGB) zur freien Verfügung zu stellen hat, ist der Verlust der Haushaltstätigkeit der Ehefrau und Mutter für die Hinterbliebenen nicht derart an einen „Marktpreis" gebunden und seine Bemessung von der faktischen Schadensentwicklung abgekoppelt. [...] Der Wert der Haushaltsführung durch die Ehefrau und Mutter kann nicht ohne Weiteres dem Bruttolohn einer Haus- und Familienpflegerin, Hauswirtschaftsleiterin oder Dorfhelferin gleichgesetzt werden. Vielmehr muss er um die sozialversicherungsrechtlichen und öffentlich-rechtlichen Abgaben bereinigt werden. Die Haushaltstätigkeit weist vielfältige Besonderheiten gegenüber dem Einsatz auf dem freien Arbeitsmarkt auf. Der Wertmaßstab für die Arbeitskraft einer Arbeitnehmerin ist von Umständen beeinflusst, die sich bei der Haushaltstätigkeit nicht widerspiegeln und nicht anfallen. Die Ehefrau und Mutter kann viele Arbeiten im Haushalt rationeller erledigen als eine Ersatzkraft. Insbesondere kann die Hausfrau günstiger als eine fremde Haushaltshilfe das Verhältnis zwischen Freizeit und Arbeit für sich selbst einteilen."

167

Bei der Ermittlung der Vergütung stellen die Tabellen von *Schulz-Borck/Pardey*, die der BGH bislang stets als geeignete Schätzungsgrundlage angesehen hat, auf die Werte des Bundesangestelltentarifvertrages ab. Konsequenterweise ist darum derzeit entweder mit den letzten Werten des BAT oder mit den aktuellen Werten des TVÖD als Nachfolger des BAT zu rechnen. Persönlich meine ich, dass wohl kaum eine Ersatzkraft nach diesen Werten tatsächlich bezahlt wird. Vielmehr gibt es mittlerweile in allen Bundesländern Tarifverträge, die dem Sachgebiet deutlich näher kommen. Es handelt sich dabei um Tarifverträge, die von den jeweiligen Landesverbänden des Deutschen Hausfrauenbundes als Arbeitgebervertretung mit den Landesbezirken der Gewerkschaft Nahrung-Genuss-Gaststätten geschlossen werden. Dabei würde es sich anbieten, bei einfacheren Haushalten ohne Kleinkinder auf die Vergütungsgruppe II und bei gehobenen Haushalten oder Haushalten mit Kindern auf die Vergütungsgruppe IV abzustellen. Die Tarifverträge kommen zu folgenden Ergebnissen:

168

Tabelle nach Vergütungsgruppe II

169

	– Hilfe im Haushalt inklusive Kinderbetreuung –					
Tarifgebiet	Gültigkeitszeitraum[109]	Brutto pro Stunde	Sonderzahlungen	Gesamtbrutto	Gesamtbrutto inkl. Arbeitgeberanteil[110]	Netto aus Gesamtbrutto pro Stunde
Baden-Württemberg	06/2012 – 05/2013	9,59	110% = 0,88	10,47	12,68	7,28
	06/2013 – 05/2014	9,88	110% = 0,91	10,79	13,06	7,46

---

108 VersR 1983, 458 f.
109 Tarifvertrag vor Ende des Ablaufmonats nicht kündbar.
110 Arbeitgeberanteil inkl. Unfallversicherung = 21,025 %.

§ 3 Anspruchsinhalte bei der Verkehrsunfallhaftung

	– Hilfe im Haushalt inklusive Kinderbetreuung –					
Tarifgebiet	Gültigkeitszeitraum	Brutto pro Stunde	Sonderzahlungen	Gesamtbrutto	Gesamtbrutto inkl. Arbeitgeberanteil	Netto aus Gesamtbrutto pro Stunde
Bayern	07/2012 – 06/2013	8,93	120% = 0,89	9,82	11,88	6,94
	07/2013 – 06/2014	9,20	120% = 0,92	10,12	12,25	7,10
Berlin	01/2012 – 12/2012	9,62	100% = 0,80	10,42	12,61	7,20
	01/2013 – 12/2013	9,89	100% = 0,82	10,71	12,96	7,40
Brandenburg	01/2012 – 12/2012	9,62	100% = 0,80	10,42	12,61	7,20
	01/2013 – 12/2013	9,89	100% = 0,82	10,71	12,96	7,40
Bremen[111]	05/2012 – 04/2013	8,18	100% = 0,68	8,86	10,73	6,45
	05/2013 – 04/2014	8,96	100% = 0,74	9,70	11,74	6,87
Hamburg	04/2012 – 03/2013	9,23	110% = 0,85	10,08	12,20	7,07
	04/2013 – 03/2014	9,78	110% = 0,90	10,68	12,93	7,39
Hessen[112]	2012	8,99	100% = 0,75	9,74	11,79	6,84
	2013	9,17	100% = 0,76	9,93	12,02	6,99
Mecklenburg-Vorpommern	05/2012 – 04/2013	8,68	110% = 0,80	9,48	11,47	6,75
	05/2013 – 04/2014	8,96	110% = 0,82	9,78	11,84	6,91
Niedersachsen[113]	05/2012 – 04/2013	8,93	110% = 0,82	9,75	11,80	6,85
	05/2013 – 04/2014	9,29	110% = 0,85	10,14	12,27	7,10
Oldenburg[114]	05/2012 – 04/2013	9,01	80% = 0,60	9,61	11,63	6,82
	05/2013 – 04/2014	9,26	80% = 0,62	9,88	11,96	6,97
Nordrhein-Westfalen	07/2012 – 06/2013	8,82	120% = 0,88	9,70	11,74	6,87
	07/2013 – 06/2014	9,14	120% = 0,91	10,05	12,16	7,05
Rheinland-Pfalz[115]	2012	8,99	100% = 0,75	9,74	11,79	6,84
	2013	9,17	100% = 0,76	9,93	12,02	6,99

---

111 Mit Bremerhaven.
112 Tarifvertrag ist ausgelaufen. DHB empfiehlt Anpassung nach Preissteigerung.
113 Ausgenommen: Städte Delmenhorst, Oldenburg, Wilhelmshaven; Landkreise Cloppenburg, Oldenburg, Vechta.
114 Städte Delmenhorst, Oldenburg und Wilhelmshaven; Landkreise Cloppenburg, Oldenburg und Vechta.
115 Tarifvertrag ist ausgelaufen. DHB empfiehlt Anpassung nach Preissteigerung.

D. Personenschaden 3

Tarifgebiet	Gültigkeits-zeitraum	Brutto pro Stunde	Sonder-zahlungen	Gesamt-brutto	Gesamtbrutto inkl. Arbeitgeberanteil	Netto aus Gesamt-brutto pro Stunde
		– Hilfe im Haushalt inklusive Kinderbetreuung –				
Saarland[116]	2012	8,99	100% = 0,75	9,74	11,79	6,84
	2013	9,17	100% = 0,76	9,93	12,02	6,99
Sachsen	01/2012 – 12/2012	8,81	145% = 1,06	9,87	11,95	6,86
	01/2013 – 12/2013	9,07	145% = 1,10	10,17	12,31	7,08
Sachsen-Anhalt	01/2012 – 12/2012	8,81	145% = 1,06	9,87	11,95	6,91
	01/2013 – 12/2013	9,07	145% = 1,10	10,17	12,31	7,12
Schleswig-Holstein	05/2012 – 04/2013	8,68	110% = 0,80	9,48	11,47	6,75
	05/2013 – 04/2014	8,96	110% = 0,82	9,78	11,84	6,91
Thüringen	01/2012 – 12/2012	8,81	145% = 1,06	9,87	11,95	6,91
	01/2013 – 12/2013	9,07	145% = 1,10	10,17	12,31	7,12
		Unter 6 Monaten	Anspruch erst nach mehr als 6 Monaten Tätigkeit		Anzuwenden bei tatsächlicher Einstellung einer Ersatzkraft	Anzuwenden bei fiktiver Abrechnung

Tabelle nach Vergütungsgruppe IV   170

Tarifgebiet	Gültigkeits-zeitraum[117]	Brutto pro Stunde	Sonder-zahlungen	Gesamt-Brutto	Gesamtbrutto inkl. Arbeitgeberanteil[118]	Netto aus Gesamt-brutto pro Stunde
		– lange Tätigkeitserfahrung/Berufsausbildung mit Versorgung von Kindern –				
Baden-Württemberg	06/2012 – 05/2013	11,27	110% = 1,03	12,30	14,87	8,27
	06/2013 – 05/2014	11,61	110% = 1,06	12,67	15,33	8,47
Bayern	07/2012 – 06/2013	10,51	120% = 1,05	11,56	13,99	7,87
	07/2013 – 06/2014	10,83	120% = 1,08	11,91	14,41	8,06
Berlin	01/2012 – 12/2012	11,32	100% = 0,94	12,28	14,86	8,19
	01/2013 – 12/2013	11,64	100% = 0,97	12,61	15,26	8,42
Brandenburg	01/2012 – 12/2012	11,32	100% = 0,94	12,28	14,86	8,19
	01/2013 – 12/2013	11,64	100% = 0,97	12,61	15,26	8,42

---

116 Tarifvertrag ist ausgelaufen. DHB empfiehlt Anpassung nach Preissteigerung.
117 Tarifvertrag vor Ende des Ablaufmonats nicht kündbar.
118 Arbeitgeberanteil inkl. Unfallversicherung = 21,025%.

§ 3 Anspruchsinhalte bei der Verkehrsunfallhaftung

Tarifgebiet	Gültigkeits-zeitraum	Brutto pro Stunde	Sonder-zahlungen	Gesamt-Brutto	Gesamtbrutto inkl. Arbeitgeberanteil	Netto aus Gesamtbrutto pro Stunde
– lange Tätigkeitserfahrung/Berufsausbildung mit Versorgung von Kindern –						
Bremen[119]	12/2011 – 04/2013	9,44	100% = 0,79	10,23	12,38	7,15
	05/2013 – 04/2014	10,54	100% = 0,88	11,42	13,82	7,79
Hamburg	04/2012 – 03/2013	10,72	110% = 0,98	11,70	14,16	7,94
	04/2013 – 04/2014	11,27	110% = 1,03	12,30	14,89	8,26
Hessen[120]	2012	10,58	100% = 0,88	11,46	13,87	7,75
	2013	10,79	100% = 0,90	11,69	14,15	7,93
Mecklenburg-Vorpommern	05/2012 – 04/2013	10,22	110% = 0,94	11,16	13,51	7,65
	05/2013 – 04/2014	10,54	110% = 0,97	11,51	13,93	7,84
Niedersachsen[121]	05/2012 – 04/2013	10,51	110% = 0,96	11,47	13,88	7,76
	05/2013 – 04/2014	11,31	110% = 1,04	12,35	14,95	8,28
Oldenburg[122]	05/2012 – 04/2013	10,60	80% = 0,71	11,31	13,69	7,73
	05/2013 – 04/2014	10,90	80% = 0,73	11,63	14,08	7,90
Nordrhein-Westfalen	07/2012 – 06/2013	10,38	120% = 1,04	11,42	13,82	7,78
	07/2013 – 06/2014	10,62	120% = 1,06	11,68	14,13	7,93
Rheinland-Pfalz[123]	2012	10,58	100% = 0,88	11,46	13,87	7,75
	2013	10,79	100% = 0,90	11,69	14,15	7,93
Saarland[124]	2012	10,58	100% = 0,88	11,46	13,87	7,75
	2013	10,79	100% = 0,90	11,69	14,15	7,93
Sachsen	01/2012 – 12/2012	10,36	145% = 1,25	11,61	14,05	7,79
	01/2013 – 12/2013	10,67	145% = 1,29	11,96	14,47	8,04
Sachsen-Anhalt	01/2012 – 12/2012	10,36	145% = 1,25	11,61	14,05	7,83
	01/2013 – 12/2013	10,67	145% = 1,29	11,96	14,47	8,08

---

119 Mit Bremerhaven.
120 Tarifvertrag ist ausgelaufen. DHB empfiehlt Anpassung nach Preissteigerung.
121 Ausgenommen: Städte Delmenhorst, Oldenburg, Wilhelmshaven; Landkreise Cloppenburg, Oldenburg, Vechta.
122 Städte Delmenhorst, Oldenburg und Wilhelmshaven; Landkreise Cloppenburg, Oldenburg und Vechta.
123 Tarifvertrag ist ausgelaufen. DHB empfiehlt Anpassung nach Preissteigerung.
124 Tarifvertrag ist ausgelaufen. DHB empfiehlt Anpassung nach Preissteigerung.

Tarifgebiet	Gültigkeitszeitraum	Brutto pro Stunde	Sonderzahlungen	Gesamt-Brutto	Gesamtbrutto inkl. Arbeitgeberanteil	Netto aus Gesamtbrutto pro Stunde
	– lange Tätigkeitserfahrung/Berufsausbildung mit Versorgung von Kindern –					
Schleswig-Holstein	05/2012 – 04/2013	10,22	110 % = 0,94	11,16	13,51	7,65
	05/2013 – 04/2014	10,54	110 % = 0,97	11,51	13,93	7,84
Thüringen	01/2012 – 12/2012	10,36	145 % = 1,25	11,61	14,05	7,83
	01/2013 – 12/2013	10,67	145 % = 1,29	11,96	14,47	8,08
		unter 6 Monaten	Anspruch erst nach mehr als 6 Monaten Tätigkeit		Anzuwenden bei tatsächlicher Einstellung einer Ersatzkraft	Anzuwenden bei fiktiver Abrechnung

Zum Teil hat diese Auffassung auch schon Berücksichtigung in der Rechtsprechung gefunden. So hat das OLG Dresden[125] bei Berücksichtigung eines Haushalts mit kleinen Kindern auf den fiktiven Nettolohn gem. der Vergütungsgruppe IV abgestellt. Meines Erachtens stellt dies eine Auffassung dar, die näher an der Realität liegt als die Tabellen nach TVÖD. Da es noch aktuelle Rechtsprechung des BGH ist, auf den Lohn des öffentlichen Dienstes abzustellen, erscheint es angebracht, auch dies noch im Verfahren so anzuwenden. Andererseits erscheint obige Darstellung ein guter Weg zu sein, um sich zwischen Schädiger und Geschädigtem zu einigen.

3. Haushaltsführungsschaden bei einer haushaltsspezifischen MdE von ≤ 20 %? Häufig gestritten wird darum, ob bei einer haushaltsspezifischen MdE von 20 % oder weniger überhaupt ein Haushaltsführungsschaden vorliegt. Von Schädigerseite wird dann argumentiert, dass dies kompensierbar sei. Hierzu ist wie folgt in der Klageschrift oder Replik vorzutragen:

▶ **Muster: Klagevortrag (Ersatzfähigeit des Haushaltsführungsschadens bei haushaltsspezifischer MdE von 20 %)**

[...]

Selbst wenn die haushaltsspezifische MdE lediglich 20 % betragen sollte, gehen die Beklagten fehl in der Annahme, dass dies kompensierbar sei. Dies ist nach neuerer Rechtsprechung gerade nicht mehr der Fall. Die Grenze für die Geringfügigkeit wird nach der neueren Rechtsprechung bei 10 % gesehen (OLG Düsseldorf DAR 1988, 24; OLG München zfs 1994, 48; OLG Oldenburg VersR 1993, 1491; Palandt/*Heinrichs*, 74. Auflage 2014, BGB, vor § 249 Rn 42).

Die Klägerin ist durch ihre Verletzung im Einzelnen daran gehindert, im Haushalt zu heben, kann also nicht einmal schmerzfrei einen Tisch decken oder einen Topf vom Ofen heben. Sie kann nicht lange sitzen oder stehen, muss ständig ihre Körperhaltung ändern, damit sie ihre Rückenschmerzen mindert. Sie erleidet einen erheblichen Freizeitverlust, weil sie für Verrichtungen, die sonst binnen weniger Minuten erledigt waren, erheblich länger benötigt. So kann sie bspw nicht mehr so oft ihre Wohnung reinigen, weil sie einfach mehr Zeit pro Reinigung benötigt und den schweren Wassereimer nicht selbst schmerzfrei tragen kann. Weiterhin kann die Klägerin nicht schmerzfrei Fensterputzen, da sie ihre Arme nicht ohne Schmerzen heben kann und sich nicht schmerzfrei strecken kann. Dies alles ist nicht kompensierbar.

---

125 OLG Dresden SP 08/08.

Beweis:

Sachverständigengutachten

Parteivernahme der Klägerin gem. § 287 ZPO

[...] ◀

II. Vermehrte Bedürfnisse

174 Zu den vermehrten Bedürfnissen zählen alle unfallbedingten Mehraufwendungen für die persönliche Lebensführung. Diese dienen im Regelfall weder der Wiederherstellung der Gesundheit noch der Wiederherstellung der Erwerbsfähigkeit. Ihr Sinn besteht darin, einen Ausgleich für die Nachteile herbeizuführen, die dem Geschädigten infolge des Körperschadens entstehen. Und sie sollen es dem Geschädigten ermöglichen, die durch den Unfall beeinträchtigte Lebensführung der früheren wieder anzunähern. Dazu zählen insbesondere Kosten für orthopädische Hilfsmittel, eine Pflegekraft bzw Haushaltshilfe, regelmäßige Kuraufenthalte oder auch der behindertengerechte Umbau der Wohnung.[126] Daneben sind zB auch die unfallbedingt höheren Kosten einer privaten Krankenversicherung zu ersetzen. Eine Anrechnung anderer Leistungen (zB Sozialhilfe oder „Blindengeld") findet nicht statt.

175 Bei einer Heimunterbringung sind – wie beim Krankenhaus- oder Kuraufenthalt – ersparte Eigenkosten am häuslichen Unterhalt abzugsfähig. Sofern innerhalb der Familie des Verletzten eine Betreuung erfolgt, können hierfür nicht die Kosten einer Pflegerin geltend gemacht werden. Vielmehr ist die zusätzliche Mühewaltung der Familienangehörigen angemessen auszugleichen.[127] Als angemessen wurde ein Stundensatz von 15 DM für den Fall bewertet, dass die nicht besonders ausgebildete Mutter und Hausfrau die sachgerechte Pflege übernimmt, die keine besonderen Kenntnisse und Fähigkeiten verlangt.[128] In einem anderen Fall wurde bei einem erforderlichen Betreuungsaufwand von sechs Stunden am Tag bei Querschnittslähmung eines vierjährigen Jungen ein Stundensatz von 20 DM als angemessen zugesprochen und darauf hingewiesen, dass der durch Aufsichtspflichtverletzung der Eltern begründete Mitverursachungsanteil nicht dem Kind im Verhältnis zum Drittschädiger zuzurechnen sei.[129] Bei Berufsaufgabe der Mutter eines pflegebedürftigen Kindes können die Kosten einer Pflegehelferin erstattungsfähig sein.[130] Der Geschädigte kann diese wiederkehrenden Mehraufwendungen in Form einer Geldrente (§ 843 Abs. 1 BGB) oder als erforderlichen Geldbetrag (§§ 249, 251 BGB) fordern. Die Forderung der Geldrente schließt andere Ersatzleistungen (einmaliger Betrag für bestimmte Aufwendungen) nicht aus.

176 Woran dabei zB im Fall eines Paraplegikers zu denken ist, soll im Folgenden in der Form eines substantiierten Klagevortrags dargestellt werden.

177 ▶ **Muster: Klagevortrag (vermehrte Bedürfnisse einer Paraplegikerin)**

[...]

Die Klägerin begehrt eine Rente wegen vermehrter Bedürfnisse, § 843 Abs. 1 BGB. Diese sind die in Folge verletzungsbedingter Defizite gegenüber dem bisherigen Lebenszuschnitt erhöhten Lasten,

---

126 *Drees*, VersR 1988, 784 mwN.
127 BGH NJW 1986, 984.
128 OLG Hamm DAR 1994, 496.
129 OLG Hamm NJW-RR 1994, 415.
130 OLG Koblenz VersR 1992, 612.

also die im Vergleich mit dem Lebensbedarf des gesunden Menschen zusätzlich anfallenden Lasten. Bei den vermehrten Bedürfnissen geht es um die Restitution des Lebenszuschnitts, der Lebensführung bei der objektiven Erforderlichkeit iSd § 249 Abs. 2 BGB mit einem Ausgleich für die Minderung der Lebensqualität. Eine Rente wegen vermehrter Bedürfnisse kann nur zugesprochen werden, wenn der Verletzte im Einzelnen und konkret dartut, dass und in welcher Höhe seine Bedürfnisse in Folge des Unfalls vermehrt worden sind. Es kommt hier für den Nachweis des unfallbedingten Mehrbedarfs die Beweiserleichterung des § 287 ZPO zu Hilfe. Voranzustellen ist, dass es sich bei diesem Anspruch um einen Anspruch handelt, der natürlich nur äußerst schwer zu beziffern ist. Gerade darum hält die Rechtsprechung es hier für ausreichend, wenn die Veränderungen in einer Art und Weise benannt werden, die dem Gericht eine Schätzung ermöglicht. Gerade bei den erhöhten Unterhaltskosten für das Haus gilt es zu beachten, dass hier allenfalls ein Vergleich der Kosten für ein Jahr vor dem Unfall mit jetzigen Kosten möglich ist. Da die Klägerin jedoch das letzte Jahr zu einem großen Teil im Krankenhaus verbrachte, ist ein vollständiger Vergleich noch nicht möglich, so dass nur eine Schätzung erfolgen kann.

Die Klägerin stellt zwar die Höhe der (persönlichen) vermehrten Bedürfnisse in das Ermessen des Gerichts, geht jedoch davon aus, dass vermehrte Bedürfnisse in Höhe von mindestens 1.500 EUR seit dem Unfall anfallen. Zur Schadenshöhe wird ausgeführt wie nachstehend.

Daneben begehrt sie Feststellung hinsichtlich der zukünftig anfallenden und noch nicht bezifferbaren vermehrten Bedürfnisse.

I. Pkw-Kosten

Die Familie hatte vor dem Unfall den Pkw ... zum Transport der Kinder und des Einkaufs. Der Ehemann nutzte ein Firmenfahrzeug. Die Klägerin fuhr viel mit dem Fahrrad. Nur selten benutzte sie das Fahrzeug des Ehemanns, da sie die meisten Wege mit dem Fahrrad erledigen konnte und der Ehemann als Heizungsinstallateur den Pkw selbst benötigte. Nunmehr ist ihr das Fahrradfahren nicht mehr möglich. Mobilität muss jedoch gewährleistet werden. Die Klägerin musste sich einen geeigneten Pkw anschaffen, mit welchem sie nunmehr Besorgungen tätigen kann. Ein Umbau des Firmenwagens des Mannes ist nicht möglich, da er – sobald er wieder arbeitet – diesen benötigt. Ein Umbau des alten Familienfahrzeugs ist unwirtschaftlich, da der aktuelle Wert des Fahrzeugs (ca. 1.000 EUR) die Umbaukosten weit unterschreitet.

Für den angeschafften Pkw ... war ein behindertengerechter Umbau erforderlich, wodurch die Klägerin in die Lage versetzt wird, mit diesem zu fahren. Abzüge bezüglich der Anschaffungskosten sind nicht zu machen, da die Klägerin vormals keinen Pkw hatte und nunmehr einen benötigt, so dass ein ersparter Eigenanteil höchstens in den im Ergebnis zu vernachlässigenden Fahrradreparaturkosten gesehen werden könnte. Kosten entstehen für den angeschafften Pkw in Höhe von ca. 30.000 EUR sowie alle zehn Jahre erneut in dieser Höhe und Teuerungsrate. Dabei ist es falsch, dass der vor dem Unfall vorhandene Pkw behindertengerecht hätte umgebaut werden können. Der Zeuge ... hat hierzu Erkundigungen eingeholt und wurde jeweils auf die wirtschaftliche Unmöglichkeit hingewiesen.

Beweis: Zeugnis des Zeugen ...

Im Übrigen wäre die Klägerin schon jetzt auf die Argumentation der Beklagten gespannt, wenn sie an dem gebrauchten Pkw ... einen behindertengerechten Umbau vorgenommen hätte, der den Wert des Pkws überstiegen hätte, und der Pkw ... ein Jahr später einen Motorschaden erlitten hätte, so dass eine Neuanschaffung notwendig geworden wäre.

§ 3 Anspruchsinhalte bei der Verkehrsunfallhaftung

Von wenig Sachverstand zeugt es dann auch, wenn die Beklagten meinen, dass nahezu jeder Pkw behindertengerecht so umgebaut werden könne, dass die Benutzung für Behinderte und eine nicht behinderte Person möglich ist. Die Beklagten stellen selbst fest, dass die Pedalabdeckung aufgesteckt werden muss, damit der Behinderte fahren kann. Wollen die Beklagten ernstlich von der querschnittsgelähmten Klägerin verlangen, dass sie vor Fahrtantritt erst noch ihr Fahrzeug umbaut?

Die Beklagten vergessen auch, dass noch in größerem Umfang Veränderungen an der Sitzposition herbeigeführt werden müssen, die mechanische Kräfte erfordern.

Zum Beweis der Tatsache, dass es äußerst schwierig für die Klägerin wäre, das Fahrzeug in einen Zustand zu versetzen, dass sie damit fahren kann, beantragen wir

Beweis: richterliche Inaugenscheinnahme
Zeugnis des Zeugen ...

Da der behindertengerechte Umbau sehr viel Platz benötigt, ergibt sich bereits dadurch eine erhebliche Auslese bei den Pkws, da viele diesen Platz einfach nicht anbieten.

Im Übrigen erscheint dies alles unerheblich. Unter dem Aspekt des § 249 BGB ist sowohl zu beachten, dass die Klägerin vor dem Unfall selbst mit dem Pkw fahren konnte, als auch, dass ein Pkw zur Verfügung stand, welcher gleichzeitig von der gesamten Familie benutzt werden konnte. Als die Klägerin noch nicht verletzt war, konnte all dies ein einziges Fahrzeug leisten. Nunmehr sind zwei Fahrzeuge notwendig. Da die Beklagten die Klägerin jedoch in den Zustand zu versetzen haben, in dem sie sich vor dem Unfall befand, müssen sie die Kosten eines zweiten Pkw vollumfänglich übernehmen.

Es wird nochmals darauf hingewiesen, dass es nicht einmal bei dem ... Bus ... möglich ist, diesen so für die Klägerin umzubauen, dass sie mit diesem fahren und gleichzeitig das Fahrzeug von allen sechs Familienmitgliedern benutzt werden kann. Denn ein behindertengerechter Umbau des Fahrerplatzes bedingt, dass die mittlere Sitzbank wegfällt, so dass wiederum maximal fünf Fahrplätze zur Verfügung stehen.

Beweis: Zeugnis des Zeugen ...
richterliche Inaugenscheinnahme
Sachverständigengutachten

Der Zeuge ... hat auch hierzu zahlreiche Erkundigungen eingeholt. Das Gericht kann sich bei dem System im Pkw ... davon überzeugen, dass es so viel Platz benötigt, dass die mittlere Sitzbank auch in einem ... Bus entfällt.

Mithin war es notwendig, dass sowohl ein Pkw angeschafft wurde, mit dem die Klägerin selbst fahren kann, als auch einer, in dem die Klägerin auf einem behindertengerechten Beifahrersitz positioniert wird und alle anderen Familienmitglieder mitfahren können.

Äußerst naiv und städtisch verwöhnt mutet es an, wenn die Beklagten vortragen lassen, dass der Ehemann der Klägerin auch mit öffentlichen Verkehrsmitteln zur Arbeitsstätte gelangen könne. Die Klägerin wohnt mit ihrem Ehemann in einem kleinen Dorf, welches den ÖPNV allenfalls aus der Ferne sieht.

Weiter von Unkenntnis zeugt es, wenn die Beklagten vortragen lassen, dass der Pkw ... kein Dieselfahrzeug hätte sein müssen. Soweit die Beklagten ein Mitverschulden vortragen möchten, so seien sie daran erinnert, dass sie hierzu ausreichend darlegen. Dabei wird jedoch zu bedenken gegeben, dass Volkswagen bestimmte Fahrzeuge in einer mit einer Serienproduktion vergleichbaren Art und

Weise herstellt. So nur ist es möglich, den beanspruchten Kaufpreis überhaupt zu erzielen. Bei einer Sonderanfertigung wäre dieser deutlich höher. Dann aber muss die Klägerin ein solches Fahrzeug nehmen, welches Volkswagen so herstellt. Da Volkswagen für den behindertengerechten Umbau jedoch nicht Fahrzeuge mit der kompletten Motorenpalette verwendet, hat sich die Klägerin bereits für den kleinsten Motor entschieden. Dabei gilt es zu berücksichtigen, dass das Fahrzeug durch den behindertengerechten Umbau ein viel höheres Gewicht erhält und ein kleinerer Motor überhaupt nicht ausreichend wäre.

Im Übrigen bedenkt Volkswagen auch einen Aspekt, den die Beklagten nicht bedenken. Die Klägerin ist als Schwerbehinderte von der Kfz-Steuer befreit. Dadurch ergeben sich bei einem Dieselfahrzeug geringere Unterhaltskosten, die einen höheren Kaufpreis ausgleichen. Da also für Behinderte Dieselfahrzeuge attraktiver sind, könnte Volkswagen Pkws mit kleinen Benzinmotoren überhaupt nicht rentabel anbieten.

Somit ergibt sich, dass die Klägerin zwei Fahrzeuge benötigt. Eines, welches von ihr allein gefahren wird und eines, in dem sie und die gesamte restliche Familie gleichzeitig fahren können. Bereits deshalb sind alle anderen Erwägungen der Beklagten unerheblich. Hinsichtlich der Häufigkeit des wiederkehrenden Anspruchs wird vorgetragen, dass die Familie vor dem Unfall alle zehn Jahre ein Neufahrzeug angeschafft hat.

Beweis: Zeugnis des Zeugen ...

Da die Familie der Klägerin vor dem Unfall nur ein Fahrzeug unterhalten musste, nunmehr jedoch zwei, kann die Klägerin die Unterhaltskosten des zweiten Pkws vollumfänglich begehren. Diese werden mit 300 EUR monatlich realistisch geschätzt.

Das Datenblatt der ADAC-Autokosten-Tabelle 2005 schätzt die Fixkosten für ein vergleichbares, jedoch nicht behindertengerechtes Fahrzeug mit jährlich 2.318 EUR, die Betriebskosten mit 1.025 EUR und die Werkstatt- und Reifenkosten mit 388 EUR ein.

Beweis: entsprechender Computerausdruck in Kopie als Anlage

Dies ergibt Gesamtjahreskosten iHv 3.731 EUR und damit monatliche Kosten iHv 310,92 EUR.

Die Klägerin ist vor dem Unfall pro Jahr ca. 2.000 km mit dem Fahrrad gefahren.

Beweis: Parteivernahme

Allein dies ergäbe bei Pkw-Benutzung einen Betrag von monatlich 45 EUR. Zudem betragen die Kosten des Pkws ... für Haftpflicht- und Vollkaskoversicherung 1.183,74 EUR und damit monatlich ca. 100 EUR.

Beweis: Zeugnis des Zeugen ...

Zudem muss die Klägerin zu sehr vielen Arzt- und Physiotherapieterminen fahren. Die jährlichen Fahrleistungen können allenfalls geschätzt werden, betragen aber in jedem Fall 5.000 km. Hierfür muss die Klägerin also bereits 1.350 EUR jährlich und damit monatlich 112,50 EUR aufwenden. Pro Jahr ist eine Durchsicht des Pkws durchzuführen. Die Kosten hierfür betragen in einer ...-Werkstatt ca. 250 EUR.

Beweis: richterliche Schätzung

Dies ergibt somit einen Betrag von monatlich ca. 20 EUR. Die Summe aus letztgenannten Beträgen beziffert sich somit bereits auf 280 EUR. Monatlich 20 EUR für die Wagenpflege auszugeben, erscheint realistisch. Da auch darüber hinaus noch Unterhaltskosten anfallen, erscheinen die Schätzung des ADAC und die durch die Klägerin geschätzten 300 EUR angemessen.

Abschließend zu den Pkw-Kosten sei noch angemerkt, dass der Klägerin von der Beklagten zu 2 mehrmals außergerichtlich versprochen worden ist, dass diese sich um die Pkws kümmern werde.

Beweis: Zeugnis des Zeugen ...

Jedoch ist es bei leeren Worten geblieben. Auch unter diesem Aspekt gilt es, die materiellen wie immateriellen Ansprüche zu beleuchten

Ebenfalls sind der Klägerin die Mehr-Betriebskosten des zweiten Pkws – Benzinkosten, Steuern, Versicherung, Wartungskosten – als vermehrte Bedürfnisse vollständig zu ersetzen. Allein für die gesteigerten Betriebskosten (Automatik statt Kupplung und höherer Verschleiß) eines umgebauten Pkws Opel Kadett wurden 195 DM (99,70 EUR) monatlich angesetzt (OLG Stuttgart zfs 1987, 165).

II. Urlaub

Im Weiteren entstehen der Familie Kosten, da sie nicht mehr überall Urlaub machen kann. Die Familie muss in Zukunft ein behindertengerechtes Hotel buchen. Es muss hier gewährleistet sein, dass für den persönlichen Bedarf der Klägerin Vorrichtungen wie rollstuhlgerechte Dusche, Spezialmatratzen, Aufzug, Physiotherapieraum mit Geräten etc. vorliegen sowie medizinische Betreuung gewährleistet ist. Der Mehrbedarf erfasst hierbei nicht nur die Klägerin, sondern die gesamte Familie (sechs Personen), da diese gemeinschaftlichen Urlaub macht. Ein kurzer Wochenend(billig)urlaub ist ebenfalls nicht mehr möglich, weshalb hier Ersatz in Geld zu leisten ist. Mehrkosten entstehen vorliegend in Höhe von ca. 3.600 EUR im Jahr, mithin von 300 EUR monatlich.

Beweis: wie vor

Vor dem Unfall hat die klägerische Familie einmal jährlich einen zweiwöchigen Urlaub unternommen, der abwechselnd gestaltet war, sich jedoch immer als typischer Familienurlaub darstellte, wobei insbesondere auch auf die Kosten geachtet wurde. Luxusurlaube waren der Familie ... fremd.

Nach dem Unfall wird die Klägerin zweimal jährlich Urlaub beanspruchen. Auch wenn die Klägerin nunmehr in behindertengerechten Häusern untergebracht ist, ist Urlaub für sie jetzt mit besonderem Stress verbunden. Anders als für Nichtbehinderte muss sich die Klägerin erst an neue Umgebungen gewöhnen und diese für sich individuell herrichten. Auch die behindertengerechte Gestaltung erfüllt nur Mindeststandards, so dass trotzdem besondere Belastungen auf die Klägerin wirken.

Beweis: Parteivernahme
Zeugnis des Zeugen ...

Die Klägerin und der Zeuge ... können von den bisherigen Erlebnissen berichten und entsprechend darstellen, wie sich der geringere Erholungswert ergibt.

Zudem ist der Besuch einer besonders behindertengerechten Einrichtung erheblich teurer gegenüber anderen Einrichtungen. Ein bestimmter Betrag wird hierzu nicht bestimmbar sein, da dies bei den einzelnen Einrichtungen erheblich abweicht. Der bezifferte Mehraufwand entspricht jedoch den Tatsachen.

Beweis: Zeugnis des Zeugen ...

Die Familie der Klägerin fuhr vormals einmal im Jahr zwei Wochen in Urlaub. Ca. fünf Mal wurden Freunde über das Wochenende bzw ein verlängertes Wochenende besucht. Der zweiwöchige Urlaub ist nunmehr nicht mehr unproblematisch möglich. Vormals wurde meistens eine Ferienwohnung genommen. Nunmehr muss ein behindertengerechtes Hotel einerseits gesucht werden, andererseits muss das Hotel oder die Ferienwohnung ebenfalls einen Physiotherapieraum haben, da die Klägerin täglich ihre Muskeln und den Bewegungsapparat stärken muss. Dies ist medizinisch indiziert. In einem Hotelzimmer ist dies nicht möglich. Hierzu bedarf es ausgesuchter, speziell auf die Klägerin zugeschnittener Geräte zur Physiotherapie. Es gibt zwar viele Hotels mit behinderten- respektive rollstuhlgerechter Ausstattung, anders sieht dies jedoch bei Physiotherapiemöglichkeiten aus. Ferienwohnungen mit einer solchen Ausstattung sind der Klägerin trotz intensiver Suche nicht bekannt und wohl auch nicht vorhanden.

Bekannt ist der Klägerin bislang das Sporthotel .... Als Sporthotel bietet es einen rollstuhlgerechten Fitnessraum. Probleme bestehen hinsichtlich der Geräte, da die Klägerin bestimmtes Gerät benötigt.

Bereits hier ergibt sich preislich ein enormer Mehrbedarf.

Zu berechnen sind hier sechs Personen zum Tagespreis von 73 EUR pro Person, für 14 Tage, mithin 6.132 EUR. Ein Urlaub pro Jahr mit Familie muss dabei der Klägerin zugestanden werden. Vormals buchte die Klägerin erheblich günstigere Ferienwohnungen zum Preis von ca. 80 EUR pro Tag. Ein Schaden ergibt sich in Höhe von 5.012 EUR. Dies ergibt einen monatlichen Betrag von ca. 420 EUR.

Beweis: Zeugnis des Zeugen ...
Parteivernehmung
richterliche Schätzung, § 287 ZPO
Sachverständigengutachten

Weiter sind Kurzurlaube wie die Fahrten zu Freunden über ein verlängertes Wochenende nicht mehr möglich. Die Klägerin übernachtete dabei mit ihrer Familie bei Bekannten. Da diese nicht rollstuhlgerecht eingerichtet sind, ist dies nicht mehr möglich. Wenn ein solches Treffen durchgeführt werden soll, muss die Klägerin Ausschau nach einem rollstuhlgerechten Hotel halten. Dass nicht überall in Deutschland ein Sporthotel mit Physiotherapieeinrichtung zu finden ist, dürfte außer Frage stehen. Verlängerte Wochenenden sind somit fast unmöglich. Darum muss der Besuch nunmehr zu Haus empfangen werden. Die entsprechenden Aufwendungen für solche Besuche sind kaum zu spezifizieren. Wenn man jedoch annimmt, dass die Klägerin zwölf Mal im Jahr zwei Personen über das Wochenende für drei Tage zu Besuch hat und die Bewirtungskosten (Essen, Trinken, Wasser, Strom, Heizung) mit 5 EUR pro Tag je Person schätzt, was realistisch erscheint, ergibt dies einen monatlichen Mehrbedarf iHv 30 EUR.

Da die Klägerin die Besuche bei Verwandten und Bekannten auch als Urlaub neben dem jährlichen Urlaub nutzte und diese nun wegfallen, muss deshalb billiger Ersatz in Form einer weiteren Woche Urlaub zugestanden werden. Eine solche Zusatzwoche würde in einem Sporthotel 3.066 EUR kosten.

Beweis: wie vor

Dies erscheint angemessen. Es ergibt sich ein monatlicher Betrag iHv ca. 250 EUR.

III. Freizeit

Der Klägerin muss es weiterhin möglich sein, rollstuhlgerecht ihre Freizeit zu verbringen sowie ihren Kulturbedarf zu decken. Unternommene Theater- sowie Kinobesuche sind nur noch eingeschränkt möglich. Die Familie kann nur noch in rollstuhlgerechte Theater und Kinos, Museen und Ausstellungen gehen. Solche liegen nicht in der Nähe des Heimatortes ..., so dass dem Feststellungsantrag bezüglich der Fahrtmehrkosten, geschätzte 30 EUR monatlich, stattzugeben ist.

Beweis: wie vor

Die Klägerin ging vor dem Unfall mindestens einmal im Monat ins Theater oder ins Kino in ....

Beweis: Zeugnis des Zeugen ...

Dies tat sie insbesondere sehr gern mit ihrer Freundin. In das Theater in ... kommt die Klägerin nicht mehr. Das ...-Kino besteht aus zwei Sälen. Zum einen müssen 30 Stufen und bei dem anderen sechs Stufen überwunden werden. Ein rollstuhlgerechter Umbau besteht nicht.

Beweis: Parteivernahme

Darum muss die Klägerin jetzt nach ... oder ... fahren. Dabei sei noch anzumerken, dass diese Fahrten von langer Hand geplant werden müssen. Die Klägerin ist also nicht mehr in der Lage, einfach mal spontan in das Kino zu fahren, da erst die entsprechenden Kathederzeiten eingestellt werden müssen. Dieses fehlende Maß an Flexibilität stellt für die Klägerin eine erhebliche Beeinträchtigung dar, die auch beim Schmerzensgeld zu berücksichtigen sein wird. Dabei gilt es auch zu berücksichtigen, dass der Kirchenbesuch für die gläubige Klägerin in ihrem Leben sehr wichtig war. Aufgrund des Fehlens eines behindertengerechten Umbaus kann die Klägerin nicht mehr selbstständig in die Kirche zu ... oder ... gelangen. Dies bedingt ebenfalls eine erhebliche Beeinträchtigung.

Als typisches Nichtbehindertenargument wird es von der Klägerin verstanden, wenn die Beklagten auf die Pflicht zum behindertengerechten Umbau abstellen. Problematisch ist nämlich dabei, dass leider allzu oft behindertengerechte Umbauten, wie sie das Gesetz vorschreibt, von Nichtbehinderten in die Praxis umgesetzt werden. Dann fehlt es jedoch oft an der Benutzungstauglichkeit für den Behinderten. Mehrmals hat die Klägerin auch festgestellt, dass zwar behindertengerechte Einbauten vorhanden sind, diese jedoch von dem zuständigen Personal nicht bedient werden können.

Beweis: Parteivernahme

Gerade ältere Bauwerke besitzen noch überhaupt keine behindertengerechten Umbauten. Wie vorgetragen, ging die Klägerin einmal im Monat ins Theater oder ins Kino nach ... . Dies muss jetzt in ... geschehen. ... hat dabei kein rollstuhlgerechtes Kino. Es ist für die Klägerin nicht erreichbar.

Beweis: richterliche Inaugenscheinnahme
  Zeugnis des Zeugen ... .
  Parteivernahme der Klägerin

Eine Fahrt nach ... stellt eine Strecke von 110 km dar. Es ergibt sich somit einmal im Monat eine Fahrtstrecke von 220 km à 0,27 EUR, mithin ein Schaden von 59,40 EUR.

Beweis: wie vor

Es steigen Kosten für Zeitschriften dadurch, dass die täglich im Dorf eingeholten und ausgetauschten Informationen aufgrund der Verletzungen nicht mehr möglich sind. Informationsfluss muss gewährleistet werden. Dem Feststellungsantrag hierzu ist stattzugeben.

Beweis: wie vor

Natürlich bestreiten die Beklagten auch den Mehraufwand für die Anschaffung von Zeitungen. Zu beachten ist aber, dass die Klägerin nicht einmal kurz ins Dorf gehen kann, wo sie Leute getroffen hat, um mit ihnen zu kommunizieren. Die Fahrt mit dem Pkw, bei der man nur schwerlich Leute trifft, kann dies nicht ersetzen. Zeitungen und Zeitschriften helfen dabei, dieses Defizit auszugleichen.

IV. Mehrbedarf Nebenkosten

Erheblich ist der Mehrbedarf an Wasserkosten und Stromkosten. Das Haus der Familie wurde behindertengerecht umgebaut und mit einem Aufzug ausgestattet. Alleine die Stromkosten für den Aufzug sowie die Wassermehrkosten durch medizinisch indiziertes Baden sind mit 50 EUR monatlich zu berechnen. Für das Haus steigt ebenfalls der Heizaufwand. Paraplegiker benötigen statt ca. 18 Grad Wärme etwa 22 Grad. Die Heizung muss auch bereits in frühen Herbstmonaten angeschaltet werden. Geheizt werden muss ca. bis Mai, jedoch auch an kühlen Sommertagen. Der Heizaufwand steigt ebenfalls durch die nunmehr vorhandenen Mehrquadratmeter. Der Heizmehraufwand ist mit 50 EUR monatlich zu bemessen. Dem Feststellungsantrag hierzu ist stattzugeben.

Beweis: wie vor

Ebenfalls erheblich ist der mehr produzierte Müll. Hierfür wird eine weitere Mülltonne benötigt. Dem Feststellungsantrag bezüglich der Müllmehrkosten in Höhe von 600 EUR pro Jahr, also 50 EUR pro Monat, ist stattzugeben.

Beweis: wie vor

Der Aufzug muss jährlich einmal vom TÜV untersucht sowie gewartet werden. Hierfür fallen Kosten in Höhe von 1.200 EUR jährlich an. Dem Feststellungsantrag hierzu ist stattzugeben.

Beweis: wie vor

Vor dem Umbau des Hauses betrug die Gebäudeversicherung 114,88 EUR und die Hausratsversicherung 224,14 EUR.

Beweis: Zeugnis des Zeugen ...

Nach dem Umbau beträgt die Gebäudeversicherung 267,65 EUR und die Hausratsversicherung 389 EUR. Hier ist also eine Mehrbelastung iHv 317,63 EUR jährlich oder 26,47 EUR monatlich zu verzeichnen.

An Heizkosten musste die Familie im Zeitpunkt vor dem Unfall ca. 800 EUR aufwenden. Nach dem Unfall beziffern sich die jährlichen Heizkosten auf 2.500 EUR.

Beweis: wie vor

Dies wird auf die viel größere Heizfläche, besonders aber auf den viel größeren Wärmebedarf einer querschnittsgelähmten Person zurückzuführen sein. Somit entsteht hier eine Differenz iHv 1.700 EUR jährlich oder 141,67 EUR monatlich.

Die Stromkosten haben sich um ca. 100 EUR jährlich bzw 8,33 EUR monatlich erhöht.

Beweis: wie vor

Hinsichtlich des Fahrstuhls wurde bereits detailliert vorgetragen. Zur Einhaltung der Garantiebedingungen für den Fahrstuhl war eine Unterzeichnung des Wartungsvertrags notwendig.

Beweis: wie vor

Im Übrigen sind die Kosten nicht unangemessen. Diesseits wird davon ausgegangen, dass die Beklagten der Klägerin eine Verletzung der Schadensminderungspflicht nachzuweisen haben. Die Wartungskosten für den Fahrstuhl wären nicht angefallen, wenn die Klägerin nicht verletzt worden wäre, so dass sie grundsätzlich über § 249 BGB ersatzfähig sind. Sie wären es nur nicht, wenn der Klägerin eine Verletzung der Schadensminderungspflicht vorzuwerfen wäre. Dazu wird aber weder vorgetragen noch Beweis angeboten.

Von der Klägerin wird nicht verlangt werden können, dass sie darlegt, welche Maßnahmen bei der Durchführung der Jahresinspektion für den Ersatzwagen anfallen, ebenso wenig, dass sie darlegt, welche Wartungsarbeiten notwendig sind. Den Wartungsvertrag hat sie ja gerade abgeschlossen, damit sie als Behinderte stets auf einen zuverlässig funktionierenden Fahrstuhl zugreifen kann, ohne gleich Spezialistin für den Betrieb von Fahrstühlen zu werden.

Die Beklagten seien daran erinnert, dass die Klägerin durch einen Unfall querschnittsgelähmt geworden ist und verständlicherweise noch heute die Folgen des Unfalls zu überwinden bzw mit ihnen zu leben versucht. Unter dieser Prämisse ist auch zu beurteilen, was von ihr verlangt werden kann und was nicht. Die Beklagten müssen also vortragen und beweisen, dass eine Wartung des Fahrstuhls nicht notwendig ist bzw günstiger anderweitig zu erlangen sei. Insbesondere haben sie dann darzulegen und zu beweisen, dass der Klägerin eine solche Marktforschung zumutbar sei.

Im Übrigen sind mit dem Einbau von Großgeräten in Häusern, wie zB auch bei Heizungen, solche Wartungsverträge üblich. Wenn die Beklagten dies bestreiten, dann sind sie inkonsequent, da sie dann bei den Pkw-Kosten auch die Notwendigkeit der Jahresinspektion bestreiten müssten.

Weiterhin wird ergänzend vorgetragen, dass monatlich ein Mehraufwand iHv ca. 10 EUR für Reinigungsmittel entsteht. Durch das Fahren mit dem Rollstuhl und den dadurch bedingten Gummiabrieb auf den Bodenflächen muss häufiger gereinigt werden. Hierfür müssen auch spezielle Gummientfernungsmittel verwandt werden. Weiterhin wird der Rollstuhl auch außerhalb des Hauses benutzt. Darum muss der Rollstuhl, insbesondere bei nassem Wetter, gereinigt werden, wenn die Klägerin damit ins Haus fährt.

Beweis: wie vor

Schließlich gilt es zu berücksichtigen, dass die Abnutzung im Haus höher ist. Die Beweglichkeit mit dem Rollstuhl ist natürlich viel geringer als mit gesunden Beinen. Auch wenn ein behindertengerechter Umbau erfolgt ist, eckt die Klägerin mit dem Rollstuhl häufig an Wänden und Türen an, was entsprechende Spuren hinterlässt.

Beweis: wie vor

Hier muss erst gesehen werden, wie erheblich sich dies in Zukunft gestaltet. Jedenfalls werden entsprechende Spuren fortlaufend zu beseitigen sein, was auch einen entsprechenden Aufwand verursacht. Dieses an einem bestimmten Betrag festzumachen, erscheint unmöglich und kann nur gem. § 287 ZPO geschätzt werden.

Dabei ist anzumerken, dass eine genaue „Früher-Heute"-Betrachtung noch nicht möglich ist. Die Klägerin befand sich ... zu oft in stationärer Behandlung, als dass die erhöhten Betriebskosten bereits deutlich geworden wären. Ende des Jahres ... könnte hier noch genauer beziffert werden.

Hinsichtlich der Heizkosten kann sich nur auf die Angaben des Zeugen ... verlassen werden. Er kann aussagen, dass die Familie im Jahr ... für ca. 800 EUR Kohle eingekauft hat. Im Jahr ... betrugen die Kosten für den Ölbedarf der nun vorhandenen Ölheizung ca. 2.500 EUR.

Beweis: Zeugnis des Zeugen ...

Dies ergibt einen monatlichen Mehrbedarf iHv 141,67 EUR.

V. Kleidungsmehrbedarf

Die Klägerin hat weiter einen Mehrbedarf an Kleidung. Insbesondere im Hinblick auf Schweißausbrüche sowie das Mehr an Bett- und anderer Wäsche rechtfertigt sich hierfür der Mehrbedarf. Dieser fällt mit ca. 500 EUR pro Jahr an, mithin mit 41,66 EUR pro Monat. Diesen begehrt die Klägerin ersetzt zu bekommen. Dem Antrag hierzu ist stattzugeben.

Beweis: wie vor

Behindertengerechte Kleidung ist bereits deshalb erheblich teurer, weil sie nicht in Massenproduktion hergestellt wird, sondern es sich allenfalls um jeweils geringe Stückzahlen handelt. Zudem ist gerade die Suche nach Schuhen besonders kompliziert, da die Schuhe nicht drücken dürfen. Die entsprechenden Schuhe sind dann erheblich teurer. Zudem benötigt die Klägerin für das Absolvieren der Physiotherapie Sportsachen in regelmäßigen Abständen. Früher hat sie spezielle Sportsachen für ihre Bedürfnisse gar nicht gebraucht.

VI. Ernährung

Ebenfalls wird die Ernährung der Familie teurer werden. Vormals weckte die Klägerin Obst ein, produzierte Marmelade für die Familie, frostete Gemüse sowie Obst ein. Dies ist der Klägerin nunmehr nicht mehr möglich. Obst und Gemüse muss insbesondere im Winter teuer (sechs Personen) gekauft werden. Kosten fallen hier in Höhe von mindestens 1.200 EUR pro Jahr (100 EUR pro Monat) an. Dem Antrag hierzu ist stattzugeben.

Beweis: Sachverständigengutachten
Zeugnis des Zeugen ...
richterliche Schätzung gemäß § 287 ZPO

Der Vortrag der Beklagten könnte den Eindruck erwecken, als ob sich die Klägerin fragen lassen müsste, warum sie überhaupt Ansprüche stellt. Schließlich könne sie ja jetzt wieder alles machen, nachdem das Haus behindertengerecht umgebaut worden sei. Eine solche Einschätzung ist wohl nur vom Schreibtisch des Nichtbehinderten zu treffen, ohne die tatsächlichen Verhältnisse zu kennen. Es liegt auf der Hand, dass die Klägerin auch in einer behindertengerechten Küche nicht in der Lage sein wird, einen Einkochtopf mit Wasser zu füllen und auf den Herd zu befördern.

Beweis: Parteivernahme

Doch dies ist bereits Voraussetzung, um Obst oder Gemüse einzukochen. Man muss sich ja fast wundern, dass die Beklagte anerkennt, dass es der Klägerin nicht möglich ist, Obst und Gemüse anzubauen.

Der klägerischen Familie ist es auch nicht zuzumuten, dass sie nun statt des selbst angebauten Obstes und Gemüses auf Industrieprodukte zurückgreift. Vielmehr muss dieses nunmehr als Frischobst oder im Biomarkt erworben werden, wobei sich die Preiskalkulation der Beklagten nicht aufrechterhalten lässt.

Zudem muss nun statt der selbst zubereiteten Mahlzeiten auf entsprechende Fertiggerichte zurückgegriffen werden, wobei es der Klägerin zugestanden werden muss, dass sie auch hier auf die entsprechende Qualität achtet.

Bezüglich der vermehrten Bedürfnisse wird ausdrücklich beantragt, diese gemäß § 287 ZPO zu schätzen. Es wird darauf verwiesen, dass diesbezüglich lediglich Anhaltspunkte bezüglich der Schadenshöhe gegeben werden können. Wie bezüglich des Obst- und Gemüseanbaus zu sehen sein wird, handelt es sich bei den Angaben um ungefähre Zahlen gemäß den Angaben der Klägerin und ihres Ehemanns. Die Jahre waren unterschiedlich in der Ernte, weshalb hinsichtlich des Ausmaßes wie auch hinsichtlich der Kosten in einem Reformhaus/Bioladen von Schätzungen ausgegangen wird. Gemäß § 287 ZPO reicht für eine solche Schadensschätzung die überwiegende Wahrscheinlichkeit bezüglich der Schadenshöhe aus. Wir wollen hier auf die Beweiserleichterungen des § 287 ZPO verweisen, mit den Beweisanforderungen zur Schadenshöhe, also der Schadensschätzung hat sich der VI. Zivilsenat des BGH mehrmals auseinandergesetzt (BGH NJW 1970, 1971; 1972, 1515, 1517; 1973, 1283).

Im Garten baute die Klägerin vor dem Unfall Obst und Gemüse an. Waldbeeren wurden gesammelt, Tee wurde angepflanzt, aber auch im Wald gepflückt. Die Lebensmittel wurden jeweils frisch verzehrt, frisch verarbeitet oder eingefrostet. Dies geschah, da die Klägerin ihre Familie gesund ernähren wollte. Im Gegensatz zu einem Stadtleben ist dies möglich und auf dem Land auch üblich.

Neben der Qualität der Produkte birgt der Eigenanbau auch den Vorteil der Preisgünstigkeit. Diese Diskrepanz haben die Beklagten auszugleichen.

Der Eigenanbau ist der Klägerin nunmehr nicht möglich. Die Klägerin kommt mit ihrem Rollstuhl weder in den Wald noch in den eigenen Garten. Insoweit hat auch noch kein Umbau stattgefunden. Gartenarbeit wäre jedoch auch nicht mehr möglich.

Es wurden jährlich durch die Klägerin angebaut und geerntet:

- 15 kg Erdbeeren
- 30 kg Kirschen
- 10 kg Pflaumen
- 50 kg Äpfel
- 3 kg Brombeeren
- 3 kg Himbeeren
- 10 kg Blaubeeren
- 3 kg Preiselbeeren
- 10 kg Pilze
- 30 kg Gurken
- 30 kg Tomaten
- 10 kg Zucchini
- 10 kg Bohnen
- 30 Bund Gewürzkräuter
- 5 kg Tee

Beweis: Zeugnis des Zeugen ..., b.b.
Parteivernehmung

Der Anbau und die Ernte sind der Klägerin versagt, und die Früchte werden nunmehr im Bioladen teuer eingekauft. Es muss der Klägerin insoweit zugestanden werden, die Produkte im Bioladen zu kaufen. Die Produkte werden im Bioladen gekauft, da die Klägerin Gegnerin gespritzten Gemüses oder Obstes ist. Dies war auch schon vor dem Unfall der Fall. Durch den Unfall kann dies der Klägerin nicht zum Nachteil gereichen.

Die Klägerin handhabe den Anbau so, dass sie einerseits, was Himbeeren, Brombeeren betrifft, die Pflanzen im Winter zurückschnitt, so dass hier kein Aufwand anfiel.

Bezüglich vieler Produkte wurde im Frühjahr Samen gekauft und ausgesät. Der Samen hatte ungefähr einen Wert von ca. 30 Päckchen á 50 Cent, somit 15 EUR.

Beweis: richterliche Schätzung
Zeugnis des Zeugen ..., b.b.

Die Produkte kosten ein Vielfaches im Bioladen/Reformhaus.

Wir geben hierzu folgende Richtwerte, die je nach Jahreszeit stark schwanken:

		Schaden
1 kg Erdbeeren	7 EUR	105 EUR
1 kg Kirschen	12 EUR	360 EUR

1 kg Pflaumen 8 EUR	80 EUR
1 kg Äpfel 5 EUR	250 EUR
1 kg Birnen 7 EUR	70 EUR
1 kg Brombeeren 20 EUR	60 EUR
1 kg Himbeeren 20 EUR	60 EUR
1 kg Blaubeeren 16 EUR	160 EUR
1 kg Preiselbeeren 18 EUR	54 EUR
1 kg Pilze 9 EUR	90 EUR
1 kg Gurken 5 EUR	150 EUR
1 kg Tomaten 8 EUR	240 EUR
1 kg Zucchini 8 EUR	80 EUR
1 kg Bohnen 6 EUR	60 EUR
1 Bund Gewürzkräuter 3 EUR	90 EUR
10 kg Tee 35 EUR	350 EUR

Beweis: richterliche Schätzung
   Sachverständigengutachten

Ein Schaden fällt damit in Höhe von 2.259 EUR pro Jahr an. Der Schaden, der dadurch eingetreten ist, dass nunmehr nicht mehr eingeweckt und verarbeitet werden kann, ist nicht berücksichtigt und fällt im Bereich Haushaltsführungsschaden an. Allein hieraus folgt ein monatlicher Betrag iHv ca. 190 EUR.

VII. Versicherung

Die Kosten für die Hausratversicherung sowie die Gebäudeversicherung haben sich durch die technischen Einrichtungen (Physiotherapieraum) sowie die Mehrquadratmeter erhöht. Die Hausratversicherung kostet pro Jahr ca. 100 EUR, die Gebäudeversicherung ca. 150 EUR mehr. Es ergibt sich ein Betrag von 20,83 EUR pro Monat.

Beweis: wie vor

VIII. Telefon

Ein Mobiltelefon musste zusätzlich angeschafft werden. Kosten entstehen hier in Höhe von ca. 100 EUR monatlich. Dem Antrag hierzu ist stattzugeben.

Beweis: wie vor

Vor dem Unfall verfügte die klägerische Familie über kein Mobiltelefon. Nunmehr wurde ein solches angeschafft, welches die Klägerin gerade unterwegs benötigt, um zB im Notfall Hilfe holen zu können.

Beweis: Telefonvertrag in Kopie als Anlage

Die monatlichen Kosten belaufen sich hier auf ca. 10 EUR.

Beweis: Zeugnis des Zeugen ...

Zudem muss die Klägerin jetzt ständig mit Ärzten, Krankenhäusern, Apotheken oder Physiotherapeuten telefonieren. Früher beliefen sich die Kosten für die Festnetzanlage auf ca. 20 EUR. Seitdem die Klägerin wieder zu Hause ist, belaufen sich die Rechnungen durchschnittlich auf 120 EUR monatlich.

Beweis: wie vor

Hier ist also ein Aufwand iHv 100 EUR anzuerkennen.

IX. Familienfeste

Letztlich entstehen Mehrkosten für die Ausgestaltung von Familienfesten. Es kann hier nicht mehr selbst vorbereitet und gestaltet werden, auf Fremddienste muss zurückgegriffen werden. Die Kosten belaufen sich hierfür auf ca. 500 EUR im Jahr, 41,66 EUR im Monat. Dem Feststellungsantrag ist stattzugeben.

Beweis: wie vor

Die klägerische Familie besteht aus sechs Personen. Jede dieser Personen feiert einmal jährlich Geburtstag. Allein dies ergibt sechs Feiern, die von der Klägerin ausgerichtet werden. Hinzu kommen noch Familienfeiern wie Ostern oder Weihnachten. Die Klägerin hat bislang für diese Feste die Essenszubereitung allein übernommen. Nun kann sie dies nicht mehr, so dass Dienstleistungen wie zB Partyservice in Anspruch genommen werden müssen. Die Klägerin kann nunmehr nicht einmal den Tisch decken. Zum einen kann sie das Geschirr nicht transportieren, zum anderen sind die Tische nicht geeignet, dass die Klägerin so nah heranfahren kann. Hier werden zukünftig noch behindertengerechte Anschaffungen notwendig sein, die aufgrund der Haltung der Beklagten zu 2 aus wirtschaftlichen Gründen zurückgestellt werden müssen.

Es wurden mindestens zehn Familienfeste im Jahr gefeiert, an jedem Geburtstag eines Familienmitglieds ein Fest sowie ca. weitere vier (Weihnachten, Ostern etc.). Salate wurden hierzu gemacht, es wurde zB im Garten gegrillt. Anwesend waren Schulfreunde der Kinder sowie Freunde der Klägerin und ihres Ehemanns. Die Klägerin war in der Lage, die Feste komplett selbst auszurichten. Grillfleisch war sie in der Lage kurzfristig zu kaufen, Salate wurden im Garten ebenso geerntet wie Gemüse und Obst.

Beweis: wie vor

Die Vorbereitung und Durchführung eines Festes ist der Klägerin nun nicht mehr möglich. Problematisch ist ein verzweigter Einkauf bereits wegen der Masse an Produkten, die gekauft werden müssen. Die Klägerin vermag nur Kleinigkeiten einzukaufen, welche mit dem Rollstuhl transportiert werden können. Ein Großeinkauf mit Einkaufswagen ist nicht möglich.

Selbst wenn der Einkauf getätigt würde, ist aufgrund der Dauer von Arbeitsabläufen die Vorbereitung nicht möglich. Dies wird deutlich beim Grillen. Die Klägerin vermag bereits nicht einen Sack mit Holzkohle aufzunehmen und in den Grill einzufüllen, ohne eine Dusche nehmen zu müssen.

Jedoch auch vermeintlich einfache Arbeiten sind der Klägerin im Rahmen der Vorbereitung eines Familienfestes nicht mehr möglich. Das Ausziehen eines Tischs sowie das Tischdecken sind nicht mehr möglich. Alleine 20 Teller mit dem Rollstuhl zu transportieren, ist nicht möglich. Weiter hat die Klägerin Dekorationsmaterial selbst gebastelt, welches den Tisch zierte. Es wurden Blumengestecke gebastelt, ebenso wie kleine Holzfiguren. Eine Herstellung ist mangels Möglichkeit, in den Wald zu gelangen, um Dekorationsmaterial zu sammeln, nicht mehr möglich. Der Nachtisch, wie zB Torten und Kuchen, wurde umfangreich selbst gebacken. Tortenbacken ist der Klägerin nicht mehr möglich. Auch hier muss sehr preisintensiv dazugekauft werden. Es ist hier auch nicht möglich, dem Ehemann der Klägerin diese Arbeiten zu übertragen, da nur ein Ausgleich bei den Tätigkeiten geschaffen werden kann, welche auch von allen ausgeführt werden können. Der Ehemann der Klägerin kann weder kochen noch backen, wie es für Familienfeste erforderlich wäre.

Beweis: wie vor

Deshalb muss hier auf fremde Hilfe zurückgegriffen werden. Ein Partyservice berechnet hierfür pro Person ca. 20 EUR. Der Klägerin muss hier die gleiche Qualität und der gleiche Umfang der Feste und des Essens zugebilligt werden wie vor dem Unfall. Dies ergibt 400 EUR pro Fest. Bei zehn Festen ergibt dies 4.000 EUR, welche durch die Beklagten ausgeglichen werden müssen. Dabei ist bei den Festen das Bringen sowie Abholen der einzelnen Platten eines Partyservices berücksichtigt, der für ein Fest aus ... kommen muss, sowie die Eigenersparnis.

Beweis: wie vor

Es errechnet sich ein monatlicher Schaden iHv ca. 330 EUR.

Beweis: richterliche Schätzung

Diese Position ist auch nicht beim Haushaltsführungsschaden berücksichtigt. Dort wird nur die regelmäßig anfallende Haushaltstätigkeit berechnet, die in jeder Familie wöchentlich als Arbeitszeit anfällt. Besondere Tätigkeiten, wie das Ausrichten von Familienfesten, werden von den Tabellen nicht erfasst. Dies wäre auch gar nicht möglich, da die Ausgestaltung von Festen zu individuell ist, als dass dies in Tabellenform darstellbar wäre. Die Arbeitszeit zur Durchführung von Festen ist somit zur gewöhnlichen Haushaltstätigkeit hinzuzuaddieren und ersatzfähige Position bei den vermehrten Bedürfnissen.

X. Kleinreparaturen

Weiter ist der Klägerin eine Reparatur der Kindersachen mit der Nähmaschine nicht mehr möglich. Kleidung muss zum Reparieren gebracht werden. Hierfür fallen ca. 20 EUR pro Monat an.

Beweis: Zeugnis des Zeugen ...
         Parteivernehmung

XI. Fahrtkosten zu Ärzten etc.

Bei den vermehrten Bedürfnissen ist zu berücksichtigen, dass die Klägerin ihr Leben lang medizinische Dienste in Anspruch nehmen muss. Eine lebenslange Nachsorge ist bereits notwendig, um sicherzustellen, dass die Klägerin die durchschnittliche Lebenserwartung eines gesunden Menschen erreichen kann. Ihr Leben wird daher von ständig wiederkehrenden Arztbesuchen geprägt sein. Es kann geschätzt werden, dass die Klägerin allein 3.000 km im Jahr nur für Arztbesuche investieren muss. Dies ergibt bei einer Kilometerpauschale von 0,27 EUR monatlich einen Betrag iHv 67,50 EUR. Bei den Fahrtkosten sind noch die zusätzlichen Kosten hinzuzuaddieren, die dadurch entstehen, dass die Klägerin früher mit dem Fahrrad 2.000 km im Jahr fuhr und dies nun mit dem Pkw erledigen muss. Es errechnet sich ein weiterer Betrag iHv 45 EUR.

Es fallen somit vermehrte Bedürfnisse von mindestens 1.500 EUR monatlich an. Seit dem Schadensereignis vom ... bis ... wird der Schaden pauschal in Höhe von ... EUR geltend gemacht. Hier erhöhen sich lediglich nach und nach die vermehrten Bedürfnisse der Klägerin vor, während und nach der Entlassung aus der Rehabilitationseinrichtung, so dass eine Pauschalierung geboten ist.

Beweis: wie vor

Eine genauere Bezifferung als der Pauschalbetrag erscheint unmöglich. Die Klägerin war gerade unmittelbar nach dem Unfall nur selten zu Hause und vermehrt in stationärer Behandlung. Daraus ergibt sich, dass die vermehrten Bedürfnisse nicht vollumfänglich angefallen sind. Zum anderen sind bestimmte Positionen erst mit der Erweiterung des Hauses entstanden. Diese Materie ist jedoch so vielschichtig, dass nachträglich nicht mehr konkret rekapituliert werden kann, ab wann genau und wie viel vermehrte Bedürfnisse angefallen sind. Daher ist eine Schätzung die einzige Möglichkeit, um den tatsächlichen Verhältnissen so nah wie möglich zu kommen. Unter Berücksichtigung der vermehrten Bedürfnisse, wie sie sich nunmehr zeigen, kann der entsprechende angemessene Betrag geschätzt werden. Es wird um entsprechenden Hinweis gebeten, wenn das Gericht hier weiteren Vortrag für notwendig hält.

Ab ... werden monatlich 1.500 EUR für jeweils ... Monate, mithin ... EUR im Voraus begehrt, §§ 843 Abs. 1, 760 BGB.

XII. Renovierungskosten

Gemeinsam mit der Beklagten zu 2 wurde ein Anbau am Haus der Klägerin besprochen und durchgeführt, wodurch es der Klägerin erst möglich wurde, das Haus zu bewohnen. Im Einzelnen wurden sämtliche Türen rollstuhlgerecht verbreitert, ein Aufzug eingebaut, Mehrfläche für den täglich gebrauchten Physiotherapieraum geschaffen, die Küche rollstuhlgerecht umgebaut. Kosten fielen hierfür in Höhe von ... EUR an, welche von den Beklagten ersetzt begehrt werden. Diese Kosten waren im Hinblick auf rollstuhlgerechten Umbau ebenfalls notwendig. Im Rahmen des § 249 BGB sei erwähnt, dass die Familie in der eingebauten Qualität der Leistung so gestellt wurde, wie sie vormals zu wohnen pflegte.

Beweis: Sachverständigengutachten, § 287 ZPO
Abrechnung des Planungsbüros ...
Zeugnis des Zeugen ...
Zeugnis des Zeugen ...

Für die Mehrbauten fallen jedes Jahr Renovierungskosten an. Es wird davon ausgegangen, dass Renovierungskosten durch starke Abnutzung durch den Rollstuhl sowie Verschleiß in Höhe von 5 % alle zehn Jahre anfallen. Dem Antrag hierzu ist stattzugeben.

Rechtsanwalt ◂

III. Verdienstausfall

178 Der nach den §§ 249 ff, 842, 843 BGB (sowie entsprechenden Bestimmungen in den Gesetzen über die Gefährdungshaftung) zu ersetzende Erwerbsschaden umfasst nicht nur den Verlust des Einkommens, sondern alle wirtschaftlichen Beeinträchtigungen, die der Geschädigte erleidet, weil er seine Arbeitskraft verletzungsbedingt nicht verwerten kann. Nachteil in dem hier maßgeblichen haftungsrechtlichen Sinn ist nur der Vermögensschaden, nicht der Wegfall der Arbeitskraft oder ihre Beeinträchtigung (prozentuale abstrakte Erwerbsminderung) als solche. Es kommt nicht darauf an, ob der Geschädigte einen Rechtsanspruch auf das Einkommen gehabt hätte, die Aussicht hierfür (§ 252 S. 2 BGB) genügt.

179 **1. Voll und teilweise ersatzpflichtige Erwerbsschäden.** Zu ersetzen ist der Verlust von Erwerbseinkommen jeglicher Art und von Vermögensvorteilen, die im Zusammenhang mit der Verwertung der Arbeitskraft stehen, sowie alle wirtschaftlichen Nachteile, die durch den Ausfall der Arbeitskraft verursacht werden.

180 Voll zu ersetzen sind:

- Arbeitslohn oder Gehalt eines unselbstständigen Erwerbstätigen einschließlich Urlaubsentgelt und Sonderzahlungen wie Gratifikationen, Überstundenvergütung, Treueprämie, Bergmannsprämie, Schichtarbeiter- und Erschwerniszulage, Sachbezüge etc.
- Arbeitslosengeld und -hilfe (Wegfall bei Zahlung von Krankengeld).

- Nebeneinkünfte, Trinkgelder.
- Gewinn eines Selbstständigen, Gewinnbeteiligung eines Gesellschafters.
- unentgeltliche Tätigkeit im Familienbetrieb; die Höhe des Schadensersatzes bestimmt sich nach dem Lohn, der bei gleicher Tätigkeit üblicherweise an einen Arbeitnehmer gezahlt worden wäre.[131]
- Lehrlingsvergütung, Schaden wegen verspäteten Eintritts ins Erwerbsleben, höhere Ausbildungskosten.
- Vereitelte Arbeitsleistung bei der Haushaltsführung iwS (Reparatur-, Maler-, Gartenarbeiten und Tapezieren etc.); grundsätzlich handelt es sich hier um einen ersatzpflichtigen Schaden, und zwar um einen Erwerbsschaden, soweit es sich um einen Beitrag zum Familienunterhalt handelt, und um eine Vermehrung der Bedürfnisse, soweit es um die Deckung eigener Bedürfnisse des Verletzten geht. Allerdings bestehen strenge Beweisanforderungen, um „uferlose Schadenskonstruktionen" abzuwehren.[132] Zu ersetzen sind die Kosten, die bei Einschaltung Dritter tatsächlich anfallen. Eventuell können auch fiktiv die erforderlichen Kosten einer Hilfskraft berücksichtigt werden. ZB ist die Einschaltung von Handwerkern uÄ zumindest ein im Rahmen der Beweisführung notwendiges Indiz dafür, dass die Arbeiten ohne den Unfall auch tatsächlich durchgeführt worden wären.
- Ausfall von Eigenleistungen beim Hausbau. Auch hier besteht grundsätzlich Ersatzpflicht, aber ebenfalls strenge Beweisanforderungen.[133] Wird das Bauvorhaben tatsächlich unfallbedingt nicht durchgeführt, ist der Wertzuwachs des Gebäudes zu ersetzen, der durch die Eigenleistung verursacht worden wäre.[134] Wird das Haus gleichwohl gebaut, sind die zusätzlichen Baukosten und ggf auch insoweit entstehende höhere Zinsbelastungen zu erstatten.
- Versicherungsrechtliche Nachteile, zB Prämienerhöhungen aufgrund von Unfallverletzungen in der Lebensversicherung, und Risikozuschläge, zB in der privaten Kranken- bzw Tagegeldversicherung oder der Berufsunfähigkeitsversicherung; Verlust der Beitragsrückerstattung in der Krankenversicherung.
- Rentenversicherungsbeiträge ausnahmsweise dann, wenn der Geschädigte im Unfallzeitpunkt nicht pflichtversichert war und keine Rentenversicherungsbeiträge von dritter Seite gezahlt werden.

Zum Teil werden ersetzt: 181

- steuerfreie Spesen, Auslösung, Trennungsentschädigung: Ersatz insoweit, als Geschädigter den pauschalierten Ausgleich für erhöhte Lebenshaltungskosten tatsächlich nicht verwendet hätte, um diese Mehraufwendungen zu bestreiten.[135]
- Ministerialzulage; sie dient nur zum Teil der Deckung erhöhter Aufwendungen, zum Teil ist sie ein echter Gehaltsbestandteil.
- Bordzulage.

---

131 OLG München NJW-RR 1995, 1179.
132 BGH DAR 1989, 341.
133 OLG Saarbrücken NZV 1995, 315.
134 BGH NZV 1989, 387.
135 BGH NJW 1979, 1403.

- Einkommen einer Prostituierten (rechtlich geduldete, aber sittlich missbilligte Tätigkeit): Schadensersatz in Höhe eines existenzdeckenden Einkommens, das auch in einfachen Verhältnissen von jedem gesunden Menschen erfahrungsgemäß zu erzielen ist.[136]
- Einkommen, die wahrscheinlich nicht versteuert worden wären. Mit rechtswidrigen Mitteln wäre die nicht abgeführte Einkommensteuer vereinnahmt worden, insoweit besteht kein Ersatzanspruch. Das entgangene, fiktive Nettoeinkommen ist zu erstatten.
- Einnahmen, für die keine Sozialversicherungsbeiträge abgeführt worden wären, sind grundsätzlich zu ersetzen. Allerdings geht auch hier nur das fiktive Nettoeinkommen, also das Einkommen nach Abzug der nicht entrichteten Sozialversicherungsbeiträge zulasten des Schädigers.

182 **2. Nicht ersatzpflichtige Erwerbsschäden.** Nicht ersetzt werden Einkünfte, die mit rechtswidrigen Mitteln oder aus verbotenen Geschäften erzielt worden wären.[137] Das einschlägige Gesetz muss jedoch nicht nur die Vornahme des Rechtsgeschäfts missbilligen, sondern auch dessen zivilrechtliche Wirksamkeit verhindern. Liegt lediglich ein Verstoß gegen private Konkurrenzklauseln oder dienstliche Verträge vor, ist der Schadensersatz nicht ausgeschlossen. Einkünfte aus Schwarzarbeit, wenn sie unter Verstoß gegen das Gesetz zur Bekämpfung der Schwarzarbeit erzielt wurden, sind nicht ersatzfähig.[138] Ebenso Einkünfte, die unter Umgehen des Personenbeförderungsgesetzes oder unter Verstoß gegen die Arbeitszeitverordnung erzielt worden wären.[139] Natürlich ist auch der Verlust von Bestechungsgeldern nicht ersatzfähig.

183 Freizeiteinbuße und Urlaubsbeeinträchtigung sind nicht ersatzfähig, weil es sich insoweit um reinen immateriellen Schaden handelt.

184 **3. Beweislast, Beweiserleichterung.** Der Geschädigte trägt die Beweislast für die Kausalität der rechtswidrigen Handlung (oder Unterlassung) für die Körperverletzung (haftungsbegründende Kausalität) und den Eintritt des Schadens sowie für die Höhe des Schadens (haftungsausfüllende Kausalität). Für die **haftungsausfüllende Kausalität** kommen dem Geschädigten die Beweiserleichterungen der §§ 252 S. 2 BGB, 287 ZPO zugute. Der Schadensnachweis gem. § 287 ZPO setzt eine Überzeugungsbildung des Tatrichters voraus, für die eine je nach Lage des Falls „höhere oder deutlich höhere, jedenfalls überwiegende Wahrscheinlichkeit" genügen kann. Danach braucht der Geschädigte nicht zu beweisen, dass und in welcher Höhe Einkünfte ohne den Unfall mit Gewissheit erzielt worden wären; nach § 252 S. 2 BGB genügt der Nachweis einer gewissen Wahrscheinlichkeit. Die Wahrscheinlichkeit muss sich nach dem „gewöhnlichen Lauf der Dinge oder nach den besonderen Umständen, insbesondere nach den getroffenen Anstalten und Vorkehrungen" ergeben. Ob dies der Fall ist, hat der Tatrichter in freier Überzeugung zu entscheiden (§ 287 ZPO); ggf muss er die Höhe des Schadens schätzen.[140]

185 Die Beweiserleichterungen der §§ 252 S. 2 BGB, 287 Abs. 1 ZPO lassen allerdings eine völlig abstrakte Berechnung des Erwerbsschadens im Sinne eines pauschalierten „Mindestschadens" nicht zu; der Verletzte muss **konkrete Anhaltspunkte und Anknüpfungstatsachen** dar-

---

136 BGH NJW 1976, 1883.
137 BGH NZV 1994, 183.
138 BGH NJW 1990, 2542.
139 KG VersR 1972, 467.
140 BGH VersR 1970, 766.

tun und beweisen, die die Schadensschätzung ermöglichen. Der Geschädigte muss also zunächst alle ihm bekannten konkreten Tatsachen vortragen und beweisen, er muss Unterlagen vorlegen, Anhaltspunkte nennen, Gesichtspunkte darlegen, die dem Richter die Wahrscheinlichkeitsprüfung und Schadensschätzung ermöglichen. Die Kontinuität der beruflichen Laufbahn vor dem Unfall ist ein wesentlicher Faktor bei der „Soll-Prognose" des Verlaufs ohne den Unfall. Hatte der Verletzte zB vor dem Unfall über eine längere Zeit ein ständiges Einkommen, spricht die Wahrscheinlichkeit dafür, dass er diese Einkünfte auch in Zukunft erzielt hätte. Er kann darüber hinaus beweisen, dass sich das entgangene Einkommen nach dem Unfall erhöht hätte. Soweit es sich um tarifliche Lohn- oder Gehaltserhöhungen und Beförderungen im Rahmen eines Tarifvertrags oder aufgrund Gesetzes handelt, gelingt der Nachweis der Einkommenssteigerung in der Regel durch die Darlegung der Entwicklung einer Vergleichsperson, dh eines Arbeitskollegen, der zum Unfallzeitpunkt eine gleichartige und gleichbezahlte Tätigkeit ausgeübt hat. Für Beförderungen eines Arbeitnehmers bedarf es jedoch des Beweises weiterer konkreter Anhaltspunkte.

Demgegenüber kann der Schädiger ggf beweisen, dass sich das Einkommen auch ohne den Unfall gemindert hätte oder der Geschädigte seine Stellung verloren haben würde, zB wegen Konkurs seines Arbeitgebers, eines Zweitunfalls oder der Verschlimmerung von Vorerkrankungen (überholende Kausalität). Für die überholende Kausalität kann sich auch der Schädiger auf die Beweiserleichterungen der §§ 252 S. 2 BGB, 287 ZPO berufen. Gelingt der Beweis, obliegt es wiederum dem Geschädigten, zB beim Konkurs seines Arbeitgebers, nachzuweisen, dass er eine andere Arbeitsstelle gefunden hätte.[141] An diesen Nachweis sind umso höhere Anforderungen zu stellen, je höher die allgemeine Arbeitslosigkeit – in der betroffenen Branche – ist. Hatte der Verletzte vor dem Unfall nicht regelmäßig gearbeitet, besteht zwar keine Wahrscheinlichkeit dafür, dass er in Zukunft einem ständigen Erwerb nachgegangen wäre, die überwiegende Wahrscheinlichkeit spricht meist jedoch dann dafür, dass er immer wieder Arbeit – mit Unterbrechungen – gefunden hätte.[142] Wegen der Unsicherheit der beruflichen Entwicklung kann jedoch dann von einer geschätzten durchschnittlichen Verdienstmöglichkeit ein – ggf prozentual zu berechnender – Abschlag gemacht werden. War der Verletzte zum Unfallzeitpunkt arbeitslos, ist es bei der derzeitigen Arbeitsmarktlage nicht ohne Weiteres wahrscheinlich, dass er ohne den Unfall binnen Kürze eine Arbeitsstelle gefunden hätte; der Geschädigte trägt hierfür die Beweislast. Hier kommt es wesentlich auf die Dauer der Arbeitslosigkeit vor dem Unfall, das Alter des Betroffenen und die Aussichten in seinem Beruf an. Insbesondere bei einem jüngeren Menschen ist – soweit nicht konkrete Anhaltspunkte dagegen sprechen – grundsätzlich davon auszugehen, dass er auf Dauer die ihm zu Gebote stehenden Möglichkeiten für eine gewinnbringende Erwerbstätigkeit genutzt hätte. Zweckmäßig ist es, eine Auskunft des Arbeitsamts einzuholen.

4. Schadensminderungspflicht. Grundsätzlich ist der Verletzte, der in seinem alten Beruf nicht mehr arbeiten kann, verpflichtet, seine verbliebene Arbeitskraft – unter Umständen durch Teilzeitarbeit – in den Grenzen des Zumutbaren so nutzbringend wie möglich einzusetzen.[143] Der Schädiger muss – im Rahmen des § 287 ZPO – beweisen, dass der Geschädigte

---

141 OLG Karlsruhe r+s 1989, 358.
142 BGH NZV 1995, 183.
143 In der BGH-Entscheidung NJW 1979, 2142 lässt sich eine gute Darstellung der Pflichten des Geschädigten und der beiderseitigen Darlegungs- und Beweislast finden.

gegen seine Verpflichtung aus § 254 Abs. 2 BGB, eine mögliche und zumutbare Ersatztätigkeit aufzunehmen, verstoßen hat. Der Verletzte muss sich aktiv um eine Stellung bemühen; die mangelnde Bereitschaft hierzu kann bereits ein Verstoß gegen § 254 Abs. 2 BGB sein. Er hat den Schädiger über seine Bemühungen um einen angemessen Arbeitsplatz und die für ihn zumutbaren Arbeitsmöglichkeiten zu informieren. Demgegenüber ist es Sache des Schädigers, zu behaupten und zu beweisen, dass der Verletzte entgegen seiner Darstellung in einem konkret bezeichneten Fall zumutbare Arbeit hätte aufnehmen können. Die Regeln des Anscheinsbeweises können herangezogen werden, die unter Umständen sogar zu einer Umkehr der Beweislast führen. Hat der Schädiger eine konkret zumutbare Arbeitsmöglichkeit nachgewiesen, so wird es Sache des Verletzten sein, darzulegen und zu beweisen, warum er diese Möglichkeit nicht hat nutzen können. Aufwendungen des Geschädigten zur Erfüllung seiner Schadensminderungspflicht sind vom Schädiger zu erstatten. Dies gilt zB auch für die Anschaffung eines Pkws, falls ein solcher ausnahmsweise ohne den Unfall nicht vorhanden gewesen wäre und der Verletzte nur mit diesem Auto in zumutbarer Weise einen neuen Arbeitsplatz erreicht.

188 Bei der Prüfung der Möglichkeit und der **Zumutbarkeit** einer gewinnbringenden Erwerbstätigkeit sind der Gesundheitszustand des Verletzten, Persönlichkeit, soziale Lage, bisheriger Lebenskreis, Begabung und Anlagen, Bildungsgang, Kenntnisse und Fähigkeiten, bisherige Erwerbsstellung, Alter, seelische und körperliche Anpassungsfähigkeit, Familie und Wohnort zu berücksichtigen. Nach den Erfahrungen in der Praxis werden an die Voraussetzungen für die Zumutbarkeit strengere Anforderungen gestellt, wenn der Verletzte tatsächlich nicht arbeitet. Liegt gleichwohl ein Verstoß gegen die Schadensminderungspflicht vor, ist das erzielbare Einkommen auf den Schadensersatzanspruch des Verletzten anzurechnen. Arbeitet der Verletzte, spricht eine tatsächliche Vermutung für die Zumutbarkeit. Erzielt der Verletzte aber durch eine „überobligationsmäßige" Erwerbstätigkeit Einkommen, ist dies nicht auf den Einkommensschaden anzurechnen. Dies kann der Fall sein, wenn die Tätigkeit mit erheblichen Risiken, insbesondere gesundheitlicher Art, verbunden ist oder aber die Art der Beschäftigung für den Geschädigten nicht zumutbar ist.

189 Der Schädiger wiederum hat den Einwand des Verstoßes gegen die Schadensminderungspflicht, wenn durch eine überobligationsmäßige Tätigkeit weitere gesundheitliche Schäden entstehen und der Heilungsprozess verzögert wird. Übernimmt der Verletzte anstelle einer Erwerbstätigkeit die Haushaltsführung, so stellt dies an sich noch keinen Verstoß gegen die Schadensminderungspflicht dar. Allerdings ist der Wert dieser wirtschaftlich grundsätzlich sinnvollen Verwertung der verbliebenen Arbeitskraft auf den Erwerbsschaden anzurechnen.[144]

190 Erzielt der Verletzte durch Einsatz der verbliebenen Arbeitskraft ein geringeres Einkommen, bildet die Differenz zwischen dem entgangenen und dem tatsächlich erzielten Einkommen den Erwerbsschaden, den der Schädiger entsprechend der Höhe seiner Haftungsquote zu ersetzen hat. Der Geschädigte hat nicht etwa eine Art Quotenvorrecht in der Form, dass in Fällen der Mithaftung das tatsächlich erzielte Einkommen mit dem wegen der Haftungsquotierung bedingten Ausfall beim entgangenen Einkommen verrechnet würde.[145] Anzurechnen ist

---

144 BGH VersR 1979, 622.
145 BGH NZV 1992, 313.

auch ein Einkommen aus einer Arbeitsbeschaffungsmaßnahme. Kann der Verletzte in seinem erlernten Beruf unfallbedingt nicht mehr arbeiten, ist er grundsätzlich verpflichtet, sich einer geeigneten **Umschulung** in einen anderen Beruf zu unterziehen, den er trotz seiner Behinderung noch ausüben kann, und erforderlichenfalls hierfür seinen Heimatort zu verlassen.[146] Die Durchführung der Umschulung liegt heute weitgehend in den Händen der Sozialversicherungsträger und den Arbeitsagenturen als sog. Rehabilitationsträgern. Die von ihnen aufgewendeten Kosten einer Umschulung sind zu erstatten, wenn sie bei verständiger Beurteilung der Erfolgsaussichten und ihres Verhältnisses zu den ohne solche Maßnahmen zu erwartenden Einbußen des Verletzten, insbesondere zur Abwendung eines Verdienstausfallschadens, objektiv sinnvoll erscheinen. Dies gilt auch dann, wenn der Geschädigte nach dem Unfall zunächst eine weniger qualifizierte Beschäftigung ausübt und sich dann in einen gleichwertigen Beruf umschulen lässt. Probleme ergeben sich bei der Umschulung in einen höher qualifizierten Beruf sowie bei der erfolglosen und bei der unterlassenen Umschulung. Ist die Umschulung in einen gleichwertigen Beruf nicht möglich oder nicht aussichtsreich, sind in der Regel auch die höheren Kosten der qualifizierten Umschulung zu ersetzen.[147] Wäre eine billigere Umschulung in einen gleichwertigen Beruf möglich gewesen, beschränkt sich der Ersatz des Schädigers auf die fiktiven Kosten einer derartigen Rehabilitation. Der nach erfolgreicher Wiedereingliederung erzielte Mehrverdienst ist nicht etwa auf die Kosten der Umschulung und den vorher entstehenden Verdienstausfall anzurechnen. Im Übrigen kommt der beruflichen Neigung und Begabung des Verletzten bei der Wahl der Umschulungsmaßnahmen ein besonderes Gewicht zu. Scheitert die Umschulung wegen mangelnder Qualifikation des Verletzten oder kann der Verletzte bei erfolgreichem Abschluss der Umschulung keinen geeigneten Arbeitsplatz finden, sind die Umschulungskosten nur dann zu erstatten, wenn die Rehabilitationsmaßnahmen bei ihrer Einleitung als objektiv sinnvoll erschienen waren. An die Erfolgsprognose können im Rahmen des § 287 ZPO nicht allzu große Anforderungen gestellt werden, es genügen insoweit konkrete Erwartungen für den Erfolg der Rehabilitation.

Hätte allerdings der **Rehabilitationsträger** bei Beobachtung des Arbeitsmarktes und bei genauer Prüfung der Qualifikation des Verletzten die Sinnlosigkeit der beabsichtigten Umschulung erkennen müssen, kann ihm in entsprechender Anwendung des § 254 Abs. 2 BGB ein Mitverschuldenseinwand entgegengehalten werden. Trifft den Verletzten selbst ein Mitverschulden, ist § 254 Abs. 2 BGB ohnehin direkt anwendbar. Erzielt der Verletzte infolge einer an sich erfolgreichen Umschulung ein niedrigeres Einkommen, als er es nach dem Sollverlauf ohne Unfall – auch unter Wahrnehmung von Aufstiegschancen – gehabt hätte, besteht hinsichtlich der Einkommensdifferenz ein Zurechnungszusammenhang mit dem Unfall. Unterlässt der Geschädigte eine Umschulungsmaßnahme, kommt zunächst einmal ein – wohl mehr theoretischer – Verstoß gegen die Schadensminderungspflicht durch den Verletzten selbst in Betracht. Im Vordergrund steht jedoch die Verletzung der sozialrechtlichen Pflichten des Rehabilitationsträgers gegenüber dem Versicherten, mögliche und erforderliche Umschulungsmaßnahmen einzuleiten. Unterlässt dies der Rehabilitationsträger, ist im Verhältnis zum Schädiger § 254 Abs. 2 BGB entsprechend anwendbar, dh der Rehabilitationsträger muss sich auf seinen Regressanspruch wegen sonstiger zum Verdienstausfall kongruenter Leistungen das anrechnen lassen, was der Versicherte bei geglückter Rehabilitation als Einkommen er-

---

[146] BGH VersR 1962, 1100.
[147] BGH NJW 1982, 1638.

zielt hätte. Eigene Maßnahmen der Versicherer bzw der von ihnen eingeschalteten professionellen Berufshelfer zu einer Wiedereingliederung des Verletzten in den Erwerbsprozess gewinnen zunehmend an Bedeutung („Rehabilitationsmanagement"). Insoweit aufgewendete Kosten für Berufshelfer, für Arbeitsfindungsmaßnahmen, für die Einrichtung eines behindertengerechten Arbeitsplatzes, für Umschulungsmaßnahmen, zusätzliche Fahrtkosten uÄ werden vom Haftpflichtversicherer übernommen. Lehnt der Verletzte eine Mitwirkung bei diesen Rehabilitationsmaßnahmen ab, kommt theoretisch ein Verstoß gegen die Schadensminderungspflicht in Betracht; von diesem Einwand wird jedoch nur in Extremfällen Gebrauch gemacht.

192 **Vorteile**, die mit dem Erwerbsschaden in einem sachlichen Zusammenhang stehen, muss sich der Geschädigte anrechnen lassen, soweit dies nicht dem Sinn und Zweck des Schadensersatzrechts widerspricht, für den Geschädigten zumutbar ist und den Schädiger nicht unbillig entlastet. Solche anrechenbaren Vorteile sind zB die Kosten der Arbeitskleidung, der doppelten Haushaltsführung, die Fahrtkosten zur Arbeitsstätte etc. Meist wird hier ein allgemeiner Abzug von ca. 10 % in Durchschnittsfällen angemessen sein und so durch ein Gericht gem. § 287 ZPO geschätzt werden können. Zur Anrechnung einer Abfindung des Arbeitgebers gibt es sich widersprechende Entscheidungen: Berücksichtigung der Nettoabfindung bei Auflösung eines Arbeitsverhältnisses im gegenseitigen Einvernehmen einerseits;[148] keine Anrechnung einer im Kündigungsschutzprozess vereinbarten Abfindung des Arbeitgebers andererseits.[149] Wirtschaftliche Vorteile, die auf einem Konsumverzicht beruhen (zB Aufgabe der Haltung eines Pkws), entlasten den Schädiger dagegen nicht.[150]

193 **5. Brutto- oder Nettolohnersatz.** Bruttolohn ist das Einkommen eines Arbeitnehmers vor Abzug von Lohn- und Kirchensteuer und einschließlich der Arbeitnehmer- und Arbeitgeberbeiträge zur Sozialversicherung. Nettolohn ist das, was dem Erwerbstätigen nach Abzug von Steuern und Beiträgen zur Sozialversicherung verbleibt. In Rechtsprechung und Literatur war streitig, ob bei der Berechnung des Erwerbsschadens der Brutto- oder der Nettolohn zugrunde zu legen ist. Nach der Bruttolohntheorie ist vom Bruttoeinkommen, also dem Lohn oder Gehalt einschließlich Steuern und Sozialversicherungsbeiträgen auszugehen. Ersparte Steuern und Beiträge werden im Wege des Vorteilsausgleichs berücksichtigt. Die modifizierte Nettolohntheorie stellt auf das Nettoeinkommen des Verletzten nach Abzug von Steuern und Sozialversicherungsbeiträgen ab. Tatsächlich anfallende Steuern und Sozialabgaben sind zu erstatten. Der Theorienstreit hatte aber keine wesentliche praktische Bedeutung. Bei richtiger Handhabung müssen – worauf der VI. Zivilsenat des BGH schon immer hingewiesen hatte – beide Theorien zu demselben wirtschaftlichen Ergebnis führen.[151] Die nach der modifizierten Nettomethode nicht zu erstattenden (weil nicht anfallenden) Steuern und Sozialversicherungsbeiträge werden auch von den Anhängern der Bruttolohntheorie als Vorteil berücksichtigt. Hinsichtlich der Sozialversicherungsbeiträge fehlt für Schadensfälle ab 1.1.1983 dem Verletzten ohnehin die Aktivlegitimation (§ 119 SGB X: Übergang des Anspruchs auf den Sozialversicherungsträger). Die Darlegungs- und Beweislast für den Wegfall von Steuern und Sozialversicherungsbeiträgen trifft nach beiden Theorien den Geschädigten, und zwar auch beim Vorteilsausgleich im Rahmen der Bruttolohntheorie wegen der Nähe zu den in seiner

---

148 BGH NZV 1989, 345.
149 BGH NZV 1990, 225.
150 BGH NJW 1980, 1787.
151 BGH NZV 1999, 508.

Sphäre liegenden Umständen. Der Theorienstreit dürfte jetzt wohl durch eine Grundsatzentscheidung des VI. Zivilsenats des BGH[152] beendet sein. Bei beiden Methoden handelt es sich nur um Berechnungstechniken ohne eigenständige normative Aussage. Beide Methoden sind anwendbar, Zweckmäßigkeitserwägungen müssen entscheiden.

Damit dürfte die Schadensregulierungspraxis, die sich schon bislang an diesen Zweckmäßigkeitserwägungen orientiert und sich für die jeweils praktikabelste Lösung entschieden hat, wie folgt bestätigt sein: **194**

- Bei Lohn- und Gehaltsfortzahlung brutto. Hier handelt es sich allerdings nicht um das Ergebnis von Zweckmäßigkeitserwägungen. Die Fortzahlung von Einkommensteuer und Sozialversicherungsbeiträgen durch den Arbeitgeber führt zwingend zur Anwendung der Bruttolohnmethode, da kein Vorteilsausgleich anfällt.
- Bei unselbstständigen Arbeitnehmern stets netto.
- Bei Selbstständigen brutto oder netto (siehe sogleich Rn 197 ff).

6. Entgeltfortzahlung. Fällt die Arbeitsleistung eines unselbstständig Tätigen wegen Arbeitsunfähigkeit aus, hat der Arbeitgeber die Bezüge in der Regel für einen bestimmten Zeitraum weiterzuzahlen. In der Praxis am relevantesten ist dabei seit dem 1.6.1994 das Entgeltfortzahlungsgesetz (EFZG), das die Einkommensfortzahlung für alle Arbeitnehmer, dh für Arbeiter, Angestellte und Auszubildende, regelt. Danach erhält der unselbstständig tätige Arbeitnehmer für sechs Wochen sein volles Gehalt weitergezahlt. Der Verdienstausfallanspruch geht gem. § 6 EFZG auf den Arbeitgeber über, so dass dieser regressieren kann. **195**

Hinweis: Dieser Hinweis sollte gerade bei kleineren Betrieben an den Arbeitgeber des Mandanten gerichtet werden. Oft wird dieser das nicht wissen und sich für den freundlichen Rat in der Weise bedanken, dass er dem Anwalt das Mandat zur Durchsetzung dieses Anspruchs erteilt. **196**

7. Selbstständige. Äußerst kompliziert kann die Berechnung bei einem Selbstständigen sein. Die Ermittlung der Höhe des Erwerbsschadens eines Handwerkers, Kaufmanns, freiberuflich Tätigen oder Unternehmers bereitet in der Praxis erhebliche Schwierigkeiten. Dem Grundsatz, dass der Wegfall oder die Beeinträchtigung der Arbeitskraft als solche kein ersatzpflichtiger Schaden ist, kommt beim Selbstständigen besondere Bedeutung zu. Gerade bei ihm bestimmt sich der Wert seiner Tätigkeit nicht nach der Dauer und Intensität des Arbeitseinsatzes, sondern nach dem dadurch erzielten wirtschaftlichen Erfolg. Fällt der Selbstständige aus, kann sein Schaden daher nicht nach den Kosten einer fiktiven Ersatzkraft bestimmt werden. Der BGH hat es ausdrücklich abgelehnt, für diese Fälle die Grundsätze des normativen Schadens heranzuziehen oder den Schaden abstrakt zu berechnen.[153] **197**

Für den erforderlichen Nachweis, ob und in welcher Höhe ein Erwerbsschaden entstanden ist, kommen dem Verletzten die Beweiserleichterungen der §§ 252 BGB, 287 ZPO zugute. Der Geschädigte muss alle Tatsachen und Anknüpfungspunkte, auf die sich die Schadensberechnung stützt und die die Gewinnerwartung wahrscheinlich machen sollen, konkret darlegen und beweisen.[154] Wegen der Schwierigkeiten, die die Darstellung der hypothetischen Ent- **198**

---

152 VersR 1995, 104.
153 BGH VersR 1992, 973.
154 BGH VersR 1988, 837.

wicklung eines Geschäftsbetriebs bereitet, können hieran jedoch keine zu hohen Anforderungen gestellt werden.[155] Dies gilt insbesondere, wenn sich ein neu gegründetes Unternehmen noch in der Entwicklung befindet. Hier ist aus der Sicht der Praxis auch Vorsicht geboten, weil ein neu gegründetes Unternehmen nach den Vorstellungen des Geschädigten meist große Gewinnsteigerungen erzielen soll, die sich aber nicht immer mit den Realitäten decken. Bei der Schätzung des Schadens sollte sich das Gericht der Hilfe eines Sachverständigen bedienen.

199 Außergerichtlich müssen dem Schädiger alle Angaben und Unterlagen, die einem Sachverständigen zur Erstellung eines Gutachtens gemacht bzw vorgelegt wurden, zur Kenntnis gebracht werden.[156] Diese Grundsätze gelten auch, wenn die Erwerbsfähigkeit des Selbstständigen zwar prozentual gemindert ist, Arbeitsfähigkeit aber besteht. Die gelegentlich festzustellende Praxis, den Schaden hier abstrakt aufgrund des Grades der MdE zu schätzen, steht nicht im Einklang mit den Grundsätzen des Schadensersatzrechts und der Rechtsprechung des BGH.

200 Für die Ermittlung der Schadenshöhe gibt es im Grundsatz drei Möglichkeiten:

- **Gewinn aus konkret entgangenen Geschäften:** Die Fälle sind in der Praxis selten, sie beschränken sich auf bestimmte Berufsgruppen (Makler, Architekten). Die Gefahr einer Manipulation (Gefälligkeitsbescheinigungen) ist hier besonders hoch. An den Nachweis der Wahrscheinlichkeit des Entgangs eines Geschäfts sind daher strenge Anforderungen zu stellen. Gelingt der Beweis, ist im Übrigen zu berücksichtigen, dass die Durchführung des Geschäfts in der Regel Kosten verursacht hätte, die den Gewinn mindern, und dass außerdem Arbeitskapazität gebunden worden wäre, die nach Wiederherstellung der Arbeitsfähigkeit anderweitig eingesetzt werden kann.

201 - **Kosten einer Ersatzkraft:** Stellt der Verletzte wegen seines Ausfalls eine Ersatzkraft ein, sind deren Bruttokosten schon im Prinzip als Kosten der Schadensminderung zu ersetzen; sie mindern aber auch in der Regel entsprechend den Gewinn. Für beide Seiten ist hier eine subtile Prüfung geboten. Der tatsächliche Schaden kann höher, er kann aber auch geringer als die Bruttokosten der Ersatzkraft sein. Es ist durchaus möglich, dass der Ausfall des Verletzten durch die Ersatzkraft nicht voll aufgefangen wird oder dass umgekehrt eine besonders tüchtige Kraft den Gewinn vergrößert (Letzteres wohl eher selten). Der Schädiger muss auch prüfen, ob die Ersatzkraft nicht auch ohne den Unfall eingestellt worden wäre. Zu beachten ist, dass von den Bruttokosten die Steuerersparnisse abzusetzen sind. Arbeitet die Ersatzkraft unentgeltlich, sei es aus familiären Gründen, sei es als Mitglied einer Sozietät etc., so ist das eine Leistung, die den Schädiger nicht entlasten kann.[157] Die fiktiven Kosten einer vergleichbaren Ersatzkraft können zur Schätzung herangezogen werden, allerdings nur netto, also nach Abzug von Steuern und Sozialversicherungsbeiträgen.

202 - **Gewinnminderung:** Das für die Praxis wichtigste und in der Regel auch zweckmäßigste Verfahren besteht darin, aufgrund der vom Geschädigten dargelegten und nachgewiesenen Fakten den wahrscheinlich unfallbedingt entgangenen Gewinn zu schätzen. Auszugehen ist dabei von dem Gewinn, den der Geschädigte vor dem Unfall erzielt hat. Unter Berücksichtigung der besonderen Umstände (konkrete Dispositionen im Betrieb, allgemeine konjunk-

---

155 BGH VersR 1993, 1284.
156 BGH VersR 1988, 837.
157 BGH NJW 1970, 95.

turelle Entwicklung etc.) ist sodann zu prüfen, ob sich dieser Gewinn während der Ausfallzeit ohne den Unfall fortgesetzt, erhöht oder vermindert hätte. Fällt der Verletzte nur kurzfristig aus, ist die Ermittlung des Gewinns nach Wiederaufnahme der Arbeit mit zu berücksichtigen.

Hinweis: Die hierfür wesentlichen Tatsachen sollten im Einvernehmen zwischen Geschädigtem und Schädiger möglichst schnell nach dem Unfall festgestellt, die Unterlagen möglichst bald durchgesehen werden. Als Unterlagen kommen vor allem Bilanzen, Gewinn- und Verlustrechnungen, Einkommensteuerbescheide und -erklärungen und Umsatzsteuervoranmeldungen und -bescheide in Betracht. Untersucht werden sollte ein Zeitraum vor dem Unfall von mindestens drei Jahren.

Festzustellen ist zunächst die Entwicklung des Umsatzes (Bruttoentgelt für die vom Betrieb erwirtschafteten Lieferungen und Leistungen) und des Rohgewinns (Umsatz abzüglich Aufwendungen für Roh-, Hilfs- und Betriebsstoffe sowie für bezogene Waren). Der Verlauf der fixen (fortlaufenden) und variablen Kosten ist zu berücksichtigen. Eine Rolle spielt auch die funktionelle und organisatorische Eingliederung des Verletzten im Betrieb und die konkrete Behinderung des Geschädigten. Besondere Schwierigkeiten bereitet das Problem der Abgrenzung der Folgen des Unfalls von den unfallunabhängigen Faktoren wie Konjunkturentwicklung, Fehldispositionen im Betrieb etc., sowie die Fälle, in denen sich der Betrieb noch in einer Anlaufphase befindet. Erschwert werden die Feststellungen häufig dadurch, dass die Bilanzen und die Gewinn- und Verlustrechnungen für das letzte Jahr vor dem Unfall (oder sogar für mehrere Jahre) in der Regel erst nach dem Unfall erstellt werden.

Hinweis: In der Praxis wird der Jurist die Auswertung der Unterlagen und die Schätzung des entgangenen Gewinns dem Steuerfachmann, dem Betriebs- oder Volkswirt überlassen müssen. Er hat dabei jedoch darauf zu achten, dass der Steuerfachmann die juristischen Grundsätze des Schadensersatzrechts beachtet und anrechenbare Vorteile berücksichtigt.

Hat der Betrieb nicht rentabel gearbeitet, besteht die Möglichkeit, im Rahmen der §§ 252 BGB, 287 ZPO zu unterstellen, dass der Geschädigte Arbeitnehmer geworden wäre und ihm daher zumindest ein Arbeitnehmereinkommen entgangen ist.[158] Insbesondere bei einem jüngeren Menschen ist dann regelmäßig zu unterstellen, dass er jedenfalls eine seiner Ausbildung und Fähigkeiten entsprechende Tätigkeit in einem unselbstständigen Arbeitsverhältnis ausgeübt hätte; dabei können verbleibende Risiken durch Abschläge berücksichtigt werden.

a) Schadensminderungspflicht. Abgesehen von den allgemeinen Pflichten hat der Selbstständige sich insbesondere um eine geeignete Ersatzkraft zu bemühen, den Betrieb erforderlichenfalls anders zu organisieren und entsprechend seiner Behinderung umzudisponieren sowie die verbliebene Arbeitskraft im Rahmen des Zumutbaren voll einzusetzen. Bei einem nur kurz- oder mittelfristigen Ausfall ist er im Rahmen des Zumutbaren verpflichtet, entgangene Geschäfte oder unterbliebene Arbeitsleistungen durch eine maßvolle Verlängerung der täglichen Arbeitszeit nachzuholen.[159]

---

158 BGH VersR 1957, 750.
159 ME fernliegend bei dem üblichen Selbständigen, der sowieso länger als 40 Stunden in der Woche arbeitet, so aber BGH VersR 1971, 544.

207 **b) Vorteilsausgleich.** Abzusetzen sind insbesondere weggefallene oder geminderte Steuern, wie Einkommensteuer, Umsatzsteuer (der Wegfall von Umsatzsteuer für unfallbedingt nicht erbrachte Leistungen findet im Rahmen der variablen Kosten bei der Schätzung des Gewinnrückgangs bereits Berücksichtigung) und – beim Selbstständigen von besonderer Bedeutung – Gewerbesteuer. Häufig übersehen werden Steuervorteile, wenn die Kosten einer Ersatzkraft verlangt werden. Durch die Entlohnung der Ersatzkraft mindert sich der Gewinn des Unternehmens und damit entsprechend die Einkommen- und Gewerbesteuer. Zu ersetzen sind daher nur die Kosten abzüglich Steuer, wobei die auf die Ersatzleistungen entfallende Einkommensteuer (nicht die Gewerbesteuer) ggf mit zu erstatten ist.

208 In einer Klageschrift kann der Verdienstausfall eines Selbstständigen wie folgt dargelegt werden:

209 ▶ **Muster: Klagevortrag (Verdienstausfall eines Selbstständigen)**

[…]

Der Kläger konnte ab dem Unfallzeitpunkt keine Tätigkeiten mehr in seinem Betrieb wahrnehmen. Der Kläger zahlt sich ein monatliches Einkommen (Entnahme) von 2.500 EUR aus. Zunächst soll dargestellt werden, was vor dem Unfall den Tätigkeitsbereich des Klägers umfasste, sodann, was heute noch möglich ist.

Der Kläger beschäftigte letztes Jahr ca. zwölf Angestellte. Der Kläger kümmerte sich um die Akquise, erledigte Büroarbeit, beaufsichtigte die angestellten Drucker und kontrollierte sie. Er übte die Qualitätskontrolle aus, kontrollierte die Maschinen, kontrollierte und fertigte Probedrucke und Druckereierzeugnisse etc. Dabei fing die Kontrolle beim Bestellen des Papiers an, ging über die Qualitätsprüfung bis zum Probedruck. Sodann wurde noch manches verändert, bis der Kunde mit den Vorschlägen des Klägers zufrieden war, die Massenproduktion erfolgte und endete wieder mit einer Qualitätskontrolle. So achtete der Kläger darauf, eine enge Kundenbindung herzustellen und zufriedene Kunden zu haben.

Nach dem Unfall ergab sich ein Abbruch. Der Kläger lag im Krankenhaus, es ging plötzlich nichts mehr. Der Vater des Klägers hat während der Zeit im Krankenhaus den Betrieb geleitet. Er war dazu in der Lage, da er vormals den Betrieb geleitet und die nötige Fachkenntnis hatte, aber auch den hohen Einsatz bewältigen konnte. Der Vater war bereits in Rente. Die ersten vier Monate nach dem Unfall konnte der Kläger überhaupt nicht arbeiten gehen. Er war damit beschäftigt, gesund zu werden, zumindest mit seinen dauerhaften Verletzungen leben zu lernen. Er befand sich jeweils stationär in der Uniklinik, danach schloss sich stationär eine Rehabilitation an. Der Vater des Klägers leitete in dieser Zeit mit vollem Einsatz das Unternehmen des Klägers.

Beweis: Zeugnis des Herrn …
   Parteivernehmung

Die Arbeit des Vaters hatte einen Wert von mindestens 2.500 EUR netto, ein Betrag, der sich insbesondere auf die starken unternehmerischen Bezüge der Tätigkeit, jedoch auch den kompletten administrativen Bereich stützt.

Beweis: richterliche Schätzung
   Sachverständigengutachten
   Parteivernehmung des Klägers
   Zeugnis des Herrn …

Es ist dabei zu berücksichtigen, dass einerseits schnell jemand zur Leitung des Betriebs gefunden werden musste. Andererseits liegt in der Tätigkeit keine reine Druckertätigkeit vor. Die Tätigkeit des Vaters umfasst bis heute die Organisation der Produktion, Kundenkontakt sowie direktive Tätigkeit, insbesondere eigene Entscheidungen über Produktionsabläufe zu treffen. Der Vater war hier trotz der Kenntnis des Unternehmens anfangs mehr als zehn Stunden pro Tag, nunmehr ca. acht Stunden pro Tag mit der Qualitätskontrolle beschäftigt. Der Kläger kann diese Arbeiten nicht mehr ausführen, da er nicht in der Lage ist, das Druckprodukt zu kontrollieren.

Dem Kläger ist das Arbeiten in seinem Betrieb nur noch teilweise möglich. Er schreibt maßgeblich Angebote und Rechnungen und versucht ebenfalls, Akquise zu betreiben. Für das Erstellen von Angeboten, die vormals zehn Minuten Zeit beanspruchten, fallen nun fast 20 Minuten an. Gedächtnisprobleme sind noch immer vorhanden. Die Arbeit geht nicht mehr leicht von der Hand.

Die Arbeit des Vaters hat einen Wert von mindestens 2.500 EUR netto monatlich. Zu beachten ist dabei, dass der Arbeitsmarkt für die Geschäftsleitung einer Druckerei keine Angebote parat hält. Lediglich der einfache Drucker ist zu einem Preis von ca. 2000 EUR brutto einzustellen.

Für die ersten vier Monate fällt ein Verdienstausfall von 10.000 EUR an. Es wird davon ausgegangen, dass der Kläger sich nicht die überobligatorische Arbeit des Vaters in seinem Betrieb zu seinen Lasten anrechnen lassen muss (BGH NJW 1970, 95). Es bestehen auch real Forderungen des Vaters gegenüber dem Kläger in dieser Höhe

Beweis: Zeugnis des Herrn ...

Ab 1.3.2015 hilft der Vater des Klägers wie beschrieben für ca. acht Stunden pro Tag mit. Der Arbeitsumfang hat sich etwas reduziert, da der Kläger Büroarbeiten erledigen kann. Trotz der Beeinträchtigungen versucht er, seinen Betrieb lebensfähig zu halten. Der Vater übernimmt die Arbeit, welche der Kläger, wie unter Punkt Schmerzensgeld beschrieben, mangels der Fähigkeit, die Sinne einzusetzen, nicht mehr durchführen kann. Der Wert der Arbeit beträgt mindestens 2.000 EUR netto. Bis Ende Juni fallen 8.000 EUR an. Ab 1.7.2015 fallen für jeweils drei Monate Zahlungen in Höhe von 6.000 EUR an.

Beweis: richterliche Schätzung
Zeugnis des Herrn ...
Parteivernehmung
Sachverständigengutachten

Sollte hierzu weiterer Vortrag notwendig sein, wird um richterlichen Hinweis gebeten.

In der Folge wird der Vater des Klägers nicht mehr auf Dauer in der Firma arbeiten können. Wie der Ausfall sodann verkraftet werden soll, ist ungewiss. Es steht zu befürchten, dass der Betrieb verkauft werden muss und der Verdienst von den Beklagten zu ersetzen sein wird. Dies ist in den Feststellungsantrag mit einzubeziehen. Es wird darauf hingewiesen, dass der Kläger bis zum gegenwärtigen Renteneintrittsalter noch ca. 25 Jahre hätte arbeiten müssen, was die Beklagten als Schaden zu ersetzen hätten.

Weiter ist es dadurch zu einer Einbuße gekommen, dass der Betrieb nicht mehr so reibungslos funktioniert wie vormals. Insbesondere gehen die Gewinne im Betrieb des Klägers zurück. Wir wollen hierzu ausführlich vortragen:

Im Jahr 2013 hatten der Kläger sowie seine Mutter eigenständige Unternehmen. Der Kläger machte einen Umsatz von 237.000 EUR, einen Gewinn von 15.555,24 EUR.

Beweis: Parteivernehmung des Klägers

Jahresabschluss 2013 als Anlage K 4

Die Mutter sowie der Vater des Klägers hatten eine Druckerei, Umsatz 716.000 EUR, Gewinn 48.000 EUR.

Beweis: Zeugnis des Herrn ...
Jahresabschluss 2013 der ... Steuerberatungsgesellschaft mbH

Am 1.1.2014 wurden die Druckbetriebe zusammengelegt. Der Kläger hatte einen Anteil von 80 %, die Mutter von 20 %, der Vater schied aus dem Unternehmen aus. Die Mutter des Klägers ist lediglich stille Teilhaberin. Entscheidungen trifft der Kläger.

Beweis: Zeugnis des Herrn ...
Parteivernehmung des Klägers

Geplant war, durch die Zusammenlegung die Marktgröße sowie Umsatz und Gewinn zu steigern. Geplant war, im Jahr 2014 einen Umsatz von 1,1 Mio. EUR zu erreichen, einen Gewinn von 91.000 EUR, 2013 einen Umsatz von 1.260.000 EUR zu erreichen, einen Gewinn von 181.000 EUR. Dieses Ziel wäre aufgrund der Marktlage realisierbar gewesen.

Beweis: Sachverständigengutachten

Durch den Unfall hat die weitere intensive Akquise und Werbung nicht stattfinden können. Umsatz sowie Gewinn sind zwar gestiegen, nicht jedoch so wie ohne den Unfall. Am problematischsten war, dass durch den Wegfall des Klägers trotz des hohen Arbeitsaufwandes des Vaters Aufträge im Wert von ca. 6.000 EUR monatlich nicht wahrgenommen werden konnten und dem Vater des Klägers nichts anderes übrig blieb zur Bewältigung der vorhandenen Arbeit, als die Auftraggeber an die Konkurrenz zu verweisen. Dies wäre ohne den Unfall nicht erfolgt. Die Kostenstruktur beträgt etwa 37 %, weshalb für Oktober, November und Dezember 2014 je ein Schaden in Höhe von 3.780 EUR, mithin 11.340 EUR anfällt. 80 % stünden hier unserem Mandanten als Entnahme zu, mithin 9.072 EUR, welche begehrt werden.

Im Januar und Februar verminderte sich der Betrag auf ca. 3.000 EUR, was zu einem Schaden von 3.024 EUR führt.

Beweis: Zeugnis des Herrn ...

Ab März werden wieder alle Aufträge angenommen. Zu berücksichtigen ist hier jedoch der dauerhafte Umsatzrückgang, der durch die Abwesenheit des Klägers geprägt ist.

Der Kläger weiß, dass es schwierig ist, den Umsatzverlust eines Selbstständigen zu schätzen, es bestehen jedoch die Beweiserleichterungen des § 287 ZPO, welche das Gericht nutzen kann. Im vorangegangenen Rahmen bitten wir das Gericht, eine Schätzung vorzunehmen, inwiefern die Vergabe an andere Unternehmen einen dauerhaften Ausfall darstellt.

Beweis: richterliche Schätzung, § 287 ZPO
Sachverständigengutachten, § 287 ZPO

Rechtsanwalt ◀

210 Abschließend soll noch einmal zusammenfassend die **Geltendmachung des Personenschadens nach einem schweren Verkehrsunfall** in einer Klageschrift dargestellt werden. Auch wenn jeder Personenschaden sehr individuell ist und die Berechnungen fast nie auf einen vergleichbaren Fall übertragen werden können, so gilt es doch stets an die gleichen Schadenspositionen zu denken, die fast alle in der abschließenden Klageschrift Berücksichtigung finden:

D. Personenschaden

▶ **Muster: Klageschrift (Personenschaden nach schwerem Verkehrsunfall)**

An das ...gericht, ...

Klage

In Sachen
des Herrn ...

– Kläger –

Prozessbevollmächtigte: RAe ...
gegen

1. Herrn ... [Schädiger]

– Beklagter zu 1 –

2. Haftpflicht Versicherungs AG, ... [Anschrift], vertreten durch den Vorstand, dieser vertreten durch den Vorstandsvorsitzenden ... (Schadensnummer: ...)

– Beklagte zu 2 –

wegen Schadensersatzes, Schmerzensgeld und Feststellung
Streitwert: wir beantragen Festsetzung
Namens und in Vollmacht des Klägers erheben wir Klage und werden beantragen:

1. Die Beklagten werden gesamtschuldnerisch verurteilt, an den Kläger ... EUR nebst gesetzlicher Zinsen von 5 % über dem Basiszinssatz hieraus seit dem 21.4.2013 zu zahlen.
2. Die Beklagten werden gesamtschuldnerisch verurteilt, an den Kläger ein angemessenes Schmerzensgeld für den Zeitraum vom 25.10.2013 bis zum Schluss der letzten mündlichen Verhandlung nebst gesetzlicher Zinsen von 5 % über dem Basiszinssatz hieraus seit dem 16.4.2014 unter Berücksichtigung eines bereits gezahlten Betrags iHv 30.000 EUR zu zahlen.
3. Die Beklagten werden gesamtschuldnerisch verurteilt, an den Kläger ein angemessenes Schmerzensgeld für die von seiner Ehefrau ..., verstorben am 25.9.2013 gegen 0.43 Uhr, unfallbedingt erlittenen Verletzungen nebst gesetzlicher Zinsen von 5 % über dem Basiszinssatz hieraus seit dem 16.4.2014 zu zahlen.
4. Die Beklagten werden gesamtschuldnerisch verurteilt, an den Kläger 349,16 EUR Haushaltsführungsschadensrente monatlich für jeweils drei Monate im Voraus, beginnend ab dem 1.7.2015, jeweils zum 1.7., 1.10., 1.1. und 1.4. eines jeden Jahres zu zahlen.
5. Die Beklagten werden gesamtschuldnerisch verurteilt, an den Kläger monatlich 286,82 EUR wegen entgangener Dienste der Ehefrau im Haushalt für jeweils drei Monate im Voraus, beginnend ab dem 1.7.2015, jeweils zum 1.7., 1.10., 1.1. und 1.4. eines jeden Jahres zu zahlen.
6. Die Beklagten werden gesamtschuldnerisch verurteilt, an den Kläger monatlich 200 EUR Verdienstausfallrente für jeweils drei Monate im Voraus, beginnend ab dem 1.7.2015, jeweils zum 1.7., 1.10., 1.1. und 1.4. eines jeden Jahres zu zahlen.
7. Die Beklagten werden gesamtschuldnerisch verurteilt, an den Kläger eine angemessene Rente für vermehrte Bedürfnisse für jeweils drei Monate im Voraus, beginnend ab dem 1.7.2015 jeweils zum 1.7., 1.10., 1.1. und 1.4. eines jeden Jahres zu zahlen.
8. Es wird festgestellt, dass die Beklagten gesamtschuldnerisch verpflichtet sind, dem Kläger sämtliche materiellen und immateriellen Schäden, letztere, soweit sie nach der letzten mündlichen Verhandlung entstehen, aus dem Unfall vom 24.9.2013 auf der Bundesstraße 333 bei

...stadt, ca. 250 Meter nach der Kreuzung ... von ...stadt aus kommend in Fahrtrichtung ... zu ersetzen, soweit die Ansprüche nicht auf Sozialversicherungsträger oder sonstige Dritte übergehen.
9. Die Beklagten tragen die Kosten des Verfahrens.
10. Sofern das Gericht das schriftliche Vorverfahren anordnet, beantragen wir bereits jetzt bei Säumnis der Beklagten den Erlass eines entsprechenden Versäumnisurteils, im Falle eines Anerkenntnisses den Erlass eines entsprechenden Anerkenntnisurteils ohne mündliche Verhandlung.

Begründung:

Der Kläger macht Feststellungs-, Schadensersatz- und Schmerzensgeldansprüche aus einem Verkehrsunfall vom 24.9.2013 um ca. 19.05 Uhr auf der B 333 in ... geltend. Fahrer und Halter des unfallgegnerischen Pkws, amtliches Kennzeichen ..., war der Beklagte zu 1. Das Fahrzeug des Beklagten zu 1 war zum Unfallzeitpunkt bei der Beklagten zu 2 haftpflichtversichert, so dass sich daraus die Passivlegitimation der Beklagten zu 2 ergibt.

Der Beklagte zu 1 befuhr mit seinem Pkw die B 333 aus Richtung ... kommend in Richtung .... Die Fahrbahnoberfläche war nass, es regnete stark, und es herrschte Dunkelheit. Nach dem Durchfahren einer Rechtskurve, ca. 250 Meter nach der Kreuzung ..., kam der Erstbeklagte nach links auf die Gegenfahrbahn und stieß aufgrund überhöhter Geschwindigkeit mit dem sich im Gegenverkehr befindenden, entgegenkommenden Kläger zusammen. Durch die Kollision wurden beide Pkws auf das angrenzende Feld geschleudert. Der Kläger erlitt durch den Unfall schwerste Verletzungen, seine Ehefrau, welche als Beifahrerin mitfuhr, starb an den Verletzungen.

Beweis: Beiziehung der amtlichen Ermittlungsakte der Staatsanwaltschaft ..., Az ...

Gemäß §§ 823 Abs. 1, 847, 823 Abs. 2 BGB iVm §§ 3 Abs. 1 StVO, 7, 18 StVG begehrt der Kläger Feststellung, Schadensersatz und Schmerzensgeld. Der Unfall war für den Kläger ein unabwendbares Ereignis. Der Kläger fuhr am rechten äußeren Fahrbahnrand. Der Erstbeklagte fuhr mit überhöhter Geschwindigkeit in die Kurve. Die Fahrbahn war nass. Er kam auf die Gegenfahrbahn. Der Kläger konnte nicht damit rechnen, dass der Erstbeklagte auf seine Fahrbahnseite wechseln würde. Er konnte des Weiteren seinen Pkw nicht mehr abbremsen, ausweichen oder sonst die Kollision verhindern. Somit haften die Beklagten zu 100 %.

I. Schadenspositionen

1. Durch den Tod seiner Frau entstanden dem Kläger Beerdigungskosten. Im Einzelnen fielen an:

Einzelgrabstelle	715,81 EUR
Sargbestattung	275,06 EUR
Pauschale für kirchliche Bestattungsfeier	25,56 EUR
Trauerbekleidung	1.190,59 EUR
Friedhofsunterhaltungsgebühren 2013	25,56 EUR
Benutzungsgebühr Redehalle	25,56 EUR
Bestattungskostenrechnung	1.469,33 EUR
Auslagen für Danksagung	92,29 EUR
Sarggesteck und Blumen	88,20 EUR
Kosten entstanden somit in Höhe von	**3.907,96 EUR**

Beweis: Vorlage der Rechnungen (Anlage K1)
Zeugnis des Herrn ...

2. Der Pkw des Klägers erlitt durch den Unfall einen Totalschaden. Der Pkw musste abgeschleppt werden.
Abschleppkosten fielen in Höhe von 143,72 EUR an, welche begehrt werden.

Beweis: Rechnung des Autohauses ... vom 15.10.2013 (Anlage K2)

3. Zuzahlungen

Der Kläger musste zu den vielfach verschriebenen Medikamenten sowie Physiotherapien Zuzahlungen leisten. Im Einzelnen fielen an:

Zuzahlung vom 3.1.2014	4,50 EUR
Zuzahlung vom 20.12.2013	11,35 EUR
Zuzahlung vom 20.12.2013	29,66 EUR
Zuzahlung vom 27.12.2013	2,35 EUR
Zuzahlung vom 12.8.2013	4,50 EUR
Zuzahlung vom 1.8.2014	10,00 EUR

Für die Physiotherapie fielen 339,28 EUR an. Für eine Urinflasche fielen 6,54 EUR an. Weitere 151,83 EUR fielen für Medikamente an.

Beweis: Vorlage der Rechnungen (Anlage K3)

4. Reha-Aufenthalt

Der Kläger verlängerte seinen Aufenthalt um eine Woche in der Rehaklinik ..., da die verschriebene Zeit nicht ausreichte, um weitere Besserungserfolge zu erzielen und besser mit den nachfolgend unter „Schmerzensgeld" aufgeführten Verletzungen leben zu können. Die Folgewoche war auch medizinisch indiziert. Für eine Woche fiel hier ein Betrag in Höhe von 696,84 EUR an.

Beweis: Rechnung der Rehaklinik ... vom 20.12.2013 (Anlage K4)
Sachverständigengutachten, § 287 ZPO

5. Fahrtkosten

Des Weiteren fielen Fahrtkosten der Kinder des Klägers, des Herrn ... und der Frau ..., an, welche als Besuchskosten naher Angehöriger, die aus medizinischer Sicht notwendig waren, ebenfalls ersatzfähig sind, sowie Heilbehandlungsfahrten des Klägers. Herr ... sowie Frau ... führten hierüber ein Fahrtenbuch, woraus sich bis einschließlich August 2014 eine Fahrstrecke von insgesamt 17.940 Kilometern ergibt.

Es wird im Folgenden dargestellt, wann sich der Kläger im Krankenhaus befand und wann er von wem in dieser Zeit besucht worden ist:

a) Krankenhausaufenthalt in ... vom 24.9.2013 bis 8.10.2013

Besuche:

Herr ...: 28.9., 29.9., 30.9., 1.10., 2.10., 3.10., 4.10., 6.10., 7.10.

Frau ...: 25.9., 26.9., 28.9., 29.9., 30.9., 1.10., 2.10., 3.10. 4.10., 6.10., 7.10.

Herr ... musste insgesamt 9 x 40 km und Frau ... 11 x 180 km fahren. Insgesamt errechnet sich ein Betrag von 2.340 km.

b) Krankenhausaufenthalt in ... vom 9.10.2013 bis zum 24.10.2013

Besuche:

Herr ...: 9.10., 13.10., 20.10.

Frau ...: 10.10., 12.10.-19.10., 22.10.-24.10.

Herr ... musste insgesamt 3 x 220 km und Frau ... 12 x 250 km fahren. Insgesamt errechnet sich ein Betrag von 3.660 km.

c) Aufenthalt in Rehaklinik ... 25.10.2014 bis 21.12.2014

Besuche:

Herr ...: 28.10., 4.11., 11.11., 17.11., 20.11., 24.11., 1.12., 15.12.

Frau ...: 21.10. (zur Abklärung und Vorbereitung der Maßnahme), 25.10.-28.10., 30.10., 31.10., 2.11., 3.11., 5.11, 6.11., 7.11., 9.11., 10.11., 12.11., 14.11., 16.11., 17.11., 18.11., 22.11., 24.11., 26.11., 28.11., 30.11., 2.12., 4.12., 6.12., 9.12., 11.12., 16.12., 17.12., 19.12.

Herr ... musste insgesamt 8 x 230 km und Frau ... insgesamt 32 x 90 km fahren. Insgesamt errechnet sich ein Betrag von 4.720 km.

Somit beträgt der Umfang der Krankenhausbesuchsfahrten 10.720 km.

d) Krankenbesuche zu Hause ab 25.12.2013

Nach der Entlassung aus der Rehaklinik war eine umfangreiche Betreuung durch die Kinder notwendig. Der Kläger durfte aufgrund seiner psychischen Situation nicht zu lang allein gelassen werden. Insbesondere in dieser Zeit vermisste er seine Ehefrau in seiner gewohnten Umgebung sehr. Das Alleinsein war schwierig. Es musste auch durch Besuche verhindert werden, dass der Kläger depressiv wird. Psychisch war es die schwerste Zeit für den Kläger, da er nun nicht mehr einen großen Teil seiner Zeit durch Behandlungsmaßnahmen abgelenkt wurde.

Beweis: Sachverständigengutachten
Parteivernahme des Klägers, § 287 ZPO

Dies gilt bereits deshalb, weil der Kläger bettlägerig war und daher zu viel Zeit hatte, um über den Verlust seiner Ehefrau nachzudenken.

Beweis: wie vor

Besuche:

Herr ...: 5.1., 6.1., 10.1., 19.1., 20.1., 22.1., 26.1., 27.1., 29.1., 1.2., 3.2., 5.2., 7.2., 9.2., 11.2., 14.2., 16.2., 17.2., 21.2., 24.2., 26.2., 2.3., 3.3., 6.3., 9.3., 13.3., 16.3., 18.3., 20.3., 21.3., 24.3., 25.3., 30.3., 31.3., 6.4., 13.4., 14.4., 18.4., 20.4., 21.4., 24.4., 27.4., 28.4., 3.5., 4.5., 5.5., 9.5., 10.5., 13.5., 17.5., 25.5., 26.5., 27.5., 31.5., 8.6., 12.6., 15.6., 16.6., 19.6., 22.6., 23.6., 25.6., 29.6., 30.6., 2.7., 5.7., 9.7., 12.7., 13.7., 16.7., 18.7., 20.7., 23.7., 26.7., 27.7.

Frau ...: 22.12., 3.1., 4.1., 6.1., 7.1., 11.1., 12.1., 13.1., 17.1., 18.1., 23.1., 28.1., 29.1., 2.2., 3.2., 6.2., 7.2., 11.2., 12.2., 18.2., 19.2., 20.2., 23.2., 24.2., 27.2., 6.3., 7.3., 11.3., 14.3., 17.3., 22.3., 25.3., 27.3., 31.3., 2.4., 4.4., 6.4., 7.4., 10.4., 12.4., 13.4., 17.4., 22.4., 26.4., 30.4., 1.5., 4.5., 5.5., 7.5., 8.5., 11.5., 12.5., 15.5., 19.5., 21.5., 24.5., 28.5., 3.6., 7.6., 9.6., 11.6., 17.6., 25.6., 26.6., 1.7., 2.7., 6.7., 7.7., 10.7., 11.7., 27.7., 29.7.

Insgesamt musste der Zeuge ... 76-mal mindestens 20 km und die Zeugin ... insgesamt 72-mal mindestens 75 km fahren. Daher errechnet sich ein Gesamtbetrag von 6.920 km.

e) Krankenhausbesuch, 30.7.2014 bis 14.8.2014

Ab August 2014 wurde ein Fahrtenbuch nicht mehr geführt. Herr ... hat seinen Vater viermal in ... im Krankenhaus besucht. Jeweils fielen 75 km an, so dass noch 300 km hinzuzurechnen sind.
Aus entsprechender Übersicht ergeben sich Krankenbesuchsfahrten im Umfang von 17.940 km. Sämtliche Besuche waren medizinisch notwendig.

Beweis: Sachverständigengutachten

Ersatzfähig sind Benzinkosten sowie Kosten für kilometerbezogene Wertminderung durch Verschleiß, Reparaturkosten und Abnutzung. Bei einem Verbrauch von zehn Litern pro 100 Kilometer fallen bereits Benzinkosten iHv 12 Cent pro Kilometer an. Unter Einrechnung der Wertminderung und der weiteren Kosten ergibt sich ein Wert von 0,26 EUR pro Kilometer und somit ein Betrag von 5.305,30 EUR.

richterliche Schätzung gem. § 287 ZPO

Sämtliche Besuchsfahrten waren aus medizinischer Sicht zur Begünstigung des Heilungsverlaufes notwendig.

Beweis: Sachverständigengutachten

6. Telefonkosten

In der Zeit des Krankenhaus- sowie Reha-Aufenthalts fielen durch tägliches Telefonieren Telefonkosten an. Die Kinder des Klägers telefonierten durchschnittlich täglich mit ihrem Vater 45 Minuten. Dies war notwendig und medizinisch indiziert, da der Kläger durch seine eigenen Verletzungen, jedoch auch durch den Tod seiner Frau niedergeschlagen war und Lebensfreude vollständig entfiel. Hierfür kann Frau ..., die Tochter des Klägers, konkrete Telefonkosten in Höhe von 175,82 EUR nachweisen. Aus Kostengründen wurde zwischen den Kindern und dem Kläger vereinbart, dass die Kinder des Klägers diesen anrufen, da Telefoneinheiten von der jeweiligen Klinik aus mehr kosten, als angerufen zu werden.

Telefonkosten fallen weiterhin an, da der Kläger auf Hilfe seiner Kinder angewiesen ist, und diese koordiniert werden muss. Deshalb ist dem Antrag unter dem Gesichtspunkt der vermehrten Bedürfnisse stattzugeben.

II. Schmerzensgeld

Durch den Unfall erlitt der am 1.4.1947 geborene, derzeit 68-jährige Kläger schwerste Verletzungen. Nach dem Verkehrsunfall wurde er durch den eintreffenden Notarzt erstversorgt, danach wurde er in das Krankenhaus ... eingeliefert.

Erstdiagnostiziert wurden eine ausgedehnte Schädelablederungswunde, Prellung und Lungenriss der rechten Lunge, Dünndarm- und Dickdarmverletzungen mit Durchblutungsstörungen, Trümmerbruch der Hüftpfanne mit Hüftgelenksverrenkung links, offene Kniegelenksverletzung mit Abscherung der Oberschenkelgelenkrolle innenseits und Kniescheibenabriss rechts, erstgradig offener Bruch des Ellenbogens rechts, Innenknöchelbruch rechts.

Insgesamt war der Kläger 14 Tage in ... auf der Intensivstation. Es bestand Lebensgefahr.
Durch Intensivtherapie mit Beatmung bis zum 28.9.2013 konnte eine Besserung der Lungensituation erreicht werden. Es erfolgten zahlreiche Operationen.

Eine Thoraxsaugdrainage wurde angelegt, eine Laparotomie mit Dünndarmresektion (Öffnung der Bauchhöhle) sowie eine Übernähung des Durchbruchs wurden angestrengt. Es erfolgte eine Spülung sowie das Anlegen einer Drainage.

Am selben Tag erfolgte des Weiteren die Osteosynthese der Abrissfraktur des Kniegelenks und die Anlage eines Gipses.

Am 27.9.2013 erfolgte eine weitere Operation.

Die linke Hüfte wurde aus der Verrenkungsstellung eingerichtet. Im Verlauf der weiteren Behandlung kam es zu Stellungsverschlechterungen der Hüftpfannentrümmerbrüche.

Am rechten Ellenbogen musste die anfangs eingebrachte Zugurtung wegen Ausrisses eines Drahtes nochmals operativ korrigiert werden.

Der Kläger wurde am Unfalltag mit schwersten Verletzungen in das Krankenhaus ... eingeliefert. Die Verletzungen des Klägers waren lebensgefährlich und der Zustand des Klägers lebensbedrohlich.

Beweis: Bericht des Krankenhauses ... vom 11.10.2013 in Kopie als Anlage K5
Zeugnis des Zeugen Dr. med. ...

Nachdem der Kläger vier Tage künstlich beatmet worden war, befand er sich bis zum 8.10.2013 auf der Intensivstation des Krankenhauses ...

Beweis: wie vor
Zeugnis der Zeugin ...

Am 8.10.2013 wurde der Kläger in die Uniklinik ... verlegt, da nur diese Kenntnisse zur Versorgung der sehr schweren Hüftpfannenverletzung hat.

Als vorliegend wohl schwerste Verletzung ist der Trümmerbruch der Hüftpfanne mit Hüftgelenksverrenkung links anzusehen. Die Hüftpfanne war in einem solchen Ausmaß zertrümmert und die Behandlung daher so kompliziert, dass eine Fachklinik damit betraut werden musste. Daher erfolgte die Überweisung zur Universitätsklinik ...

Beweis: Zeugnis des Zeugen Dr. med. ...
Bericht des Klinikums ... vom 23.11.2013 in Kopie als Anlage K6

Dies war notwendig, weil es bei der Reposition der Hüftluxation, Acetabulumfraktur und Fraktur des hinteren Beckenrings jeweils zu einer Dislokation kam, so dass die operative Versorgung in einer Spezialklinik notwendig wurde.

Beweis: ärztlicher Bericht des Universitätsklinikums ... vom 6.2.2014 in Kopie als Anlage K7

Im Bericht des Klinikums ... wiesen die Ärzte noch einmal auf die Schwere und die besondere Häufung der Verletzungen hin.

Beweis: ärztlicher Bericht vom 8.2.2014 in Kopie als Anlage K8

Am 25.10.2013 erfolgte dann die Überweisung zur Frührehabilitation nach ..., die dann bis Mitte Dezember 2013 erfolgt ist.

Somit bestand bereits hier ein stationärer Aufenthalt im Umfang von drei Monaten.

Der weitere Behandlungsverlauf gestaltete sich wie folgt:

Bereits kurz nach Beendigung des Rehabilitationsaufenthalts, noch im Jahr 2013, kam es beim Kläger zu einer schweren posttraumatischen Coxarthrose und einer Femurkopfnekrose. Der Hüftkopf löste sich auf. Darum wurde die Implantation einer künstlichen Hüfte notwendig.

Beweis: Sachverständigengutachten des Universitätsklinikums ... (Anlage K9)
Zeugnis des Herrn Dr. ..., zu laden über das Universitätsklinikum ...
Sachverständigengutachten
Zeugnis der Frau Dr. med. ...

Da das Becken aufgrund des Trümmerbruchs instabil war, konnte die Implantation der Hüfte nicht sofort erfolgen. Vielmehr war ein Zuwarten bis zur ausreichenden Stabilität des Beckens notwendig.

Beweis: wie vor

Für den Kläger bedeutete dies, dass er bis zum 30.7.2014 mit einem aufgelösten Hüftknochenkopf leben musste. Um die Stabilität des Beckens möglichst schnell herzustellen, durfte der Kläger dieses nicht belasten. Praktisch bedeutete dies, dass der Kläger von der Entlassung aus der Rehabilitation bis zum 30.7.2014 mehr als sieben Monate nur auf dem Sofa lag.

Beweis: Sachverständigengutachten
Zeugnis des Dr. ...
Zeugnis der Zeugin ...
Parteivernahme des Klägers
Zeugnis der Frau ...

Die Zeugin ... ist die behandelnde Ärztin des Klägers. Sie hat den Kläger auch während der schweren Zeit bis zum 30.7.2014 medizinisch betreut und kann angeben, dass der Kläger aufgrund seines Zustands bis zum 30.7.2014 bettlägerig war.

In dieser Zeit wurde der Kläger zudem von einem Pflegedienst betreut, der mehrmals täglich die häusliche Krankenpflege übernahm.

Beweis: Parteivernahme des Klägers, b.b.
Zeugnis der Zeugin ...

Aufgrund der Hüftkopfnekrose in Verbindung mit den übrigen Verletzungen bestand nach Überwindung der Lebensgefahr die latente Gefahr einer Lähmung.

Beweis: Sachverständigengutachten
Zeugnis des Dr. ...

Am 30.7.2014 erfolgte dann die Operation im Universitätsklinikum ... . Der stationäre Aufenthalt dauerte insgesamt 14 Tage.

Beweis: Zeugnis des Dr. ...
Parteivernahme des Klägers, b.b.
Zeugnis der Frau ...

Hiernach konnte der Kläger erstmalig wieder seine Hüfte teilbelasten. Es wurde ihm ein „Aufstand mit Teilbelastung" erlaubt.

Beweis: wie vor

Hiernach schloss sich ein dreiwöchiger Rehabilitationsaufenthalt in ... an.

Beweis: Parteivernahme des Klägers
Zeugnis der Frau ...

Anschließend wurde weiter eine intensive physiotherapeutische Behandlung durchgeführt.

Beweis: Zeugnis der Zeugin ...
Parteivernahme des Klägers
Zeugnis der Frau ...

Der Kläger ist aufgrund seiner Verletzungen schwer gezeichnet. Seine Lebenseinstellung hat sich verändert.

Durch den Unfall ist der Kläger nur schwerlich in der Lage, sein Leben zu gestalten. Seine Lebensfreude ist fast vollständig abhandengekommen. Die Beeinträchtigungen und Folgen sind äußerst gravierend.

Durch die Verletzungen kann der Kläger seinen Tagesablauf nicht beeinflussen. Er ist täglich aufs Neue auf die Hilfe von Pflegern sowie seiner Kinder angewiesen.

Auf die Einnahme von Medikamenten wird der Kläger in der Prognose ebenfalls zeitlebens nicht verzichten können, weshalb bereits hierzu dem Feststellungsbegehren stattzugeben ist.

Besonders problematisch für den Kläger erscheint die ausweglose Situation. Trotz der vormals guten körperlichen Verfassung wird eine vollständige Ausheilung wegen der sehr schweren Verletzungen nicht möglich sein. Die Verletzungen werden täglich aufs Neue schmerzlich erlebt werden müssen.

Die vormals gute physische Situation hat sich bereits stark verschlechtert. Der Kläger wohnt in ländlichem Gebiet. Dies war der Wunsch der Eheleute, da sie sehr naturverbunden sind. Der Kläger arbeitete mit Begeisterung im Garten, baute Gemüse sowie Blumen an. Er erledigte so weit wie möglich sämtliche Besorgungen mit dem Fahrrad. Er verbrachte viel Zeit in der Natur. Am Wochenende unternommene Fahrradtouren sowie Wanderungen können jetzt nicht mehr durchgeführt werden. Dies alles ist dem Kläger durch den Unfall nicht mehr möglich. Er empfindet aufgrund des ausgeübten Natur- und Landlebens seine jetzige Situation als besonders schmerzlich. Seine vormalige Kreativität – er reparierte Fahrräder – hat sich stark eingeschränkt. Der Bewegungsdrang ist vollständig zum Erliegen gekommen. Dadurch hat sich ebenfalls die vormals robuste Psyche des Klägers verschlechtert.

Weiterhin belastet den Kläger, dass die Pflegebedürftigkeit lebenslang zu erwarten ist. Die Verletzungsfolgen werden zeitlebens aufs Neue täglich erfahren werden. Wie viele Physiotherapieeinheiten anfallen werden, kann bislang nicht abgeschätzt werden. Regelmäßig werden ambulante ärztliche Termine wahrzunehmen sein.

Im Alter ist erhöhte Pflegebedürftigkeit zu erwarten.

Bislang versucht die Familie des Klägers, diesen stark zu unterstützen. Die Kinder besorgen das tägliche Leben des Klägers. Durch die Kinder findet der Kläger familiären Halt.

Sehr schmerzlich ist für den Kläger, dass seine Ehefrau durch den Unfall ums Leben kam. Der Schmerz wirkt stark, Zukunftsperspektiven sind mit einem Mal verloren gegangen. Durch die fehlende Möglichkeit, in die Natur zu gehen oder nützliche Arbeit zu verrichten, belastet ihn der Tod seiner Frau stark, da er keine Ablenkung findet. Hinzu kommt, dass sich der Kläger Vorwürfe wegen des Todes seiner geliebten Ehefrau macht. Obwohl der Unfall für ihn unvermeidbar war, fragt er sich doch jeden Tag aufs Neue, was er anders hätte machen können, um den Tod seiner Ehefrau zu verhindern. Schließlich ist ein besonderer Schock des Klägers zu beachten, den er erlitt, nachdem er, noch im Unfallwagen befindlich, seine schwerstverletzte Ehefrau, die schließlich verstorben ist, erblickte. Unter dem erlittenen Trauma leidet er auch heute noch stark.

Der Kläger hat bis heute nicht den Tod seiner geliebten Ehefrau verwunden. Lange Zeit hat er versucht, die Tatsache des Todes zu verdrängen. Erst lange Zeit nach dem Unfall hat er überhaupt damit angefangen, den Tod der Ehefrau zu verwinden. In diesem äußerst schwierigen und schmerzhaften Prozess befindet er sich noch heute.

Beweis: Sachverständigengutachten

Der früher immer lebensfrohe und jung gebliebene Kläger ist heute sehr oft sehr ruhig und von Traurigkeit durchdrungen.

Dabei gilt es auch zu berücksichtigen, dass der Kläger sein Leben lang äußerst motiviert Sport getrieben hat. In dem Bewusstsein, dass sich mangelhafte Bewegung in der Jugend und im mittleren Alter erst später bemerkbar machen, war er stets bemüht, in der Bewegung einen Jungbrunnen zu finden. Auch viel jüngere Personen haben sich von der Fitness und der Kraft des Klägers vor dem Unfall beeindruckt gezeigt. Seine Hoffnung, auch im Alter noch aktiv sein zu können und das Leben in vollen Zügen mit seiner Ehefrau zu genießen, wurde durch den Unfall völlig zerstört. Heute leidet der Kläger unter jedem Schritt. Mehr als fünf Minuten Laufen am Stück sind illusorisch. Sofort setzen heftige Schmerzen im Knie ein, die weitere Bewegungen nicht denkbar erscheinen lassen. All die geliebten Hobbys wie Schlittschuhfahren, Skilaufen oder Wandern gehen heute überhaupt nicht mehr. Besonders schlimm für den Kläger ist dabei die Hoffnungslosigkeit, da mit einer Besserung des Zustands nicht zu rechnen ist. Vielmehr muss sich der Kläger mit einer weiteren Verschlimmerung des Zustands auseinandersetzen, was einer frühzeitigeren und rasch fortwirkenden Arthrose geschuldet ist. Der Kläger muss sich damit abfinden, möglicherweise bald ständig auf einen Rollstuhl angewiesen zu sein.

Beweis: Sachverständigengutachten

Außenstehende bemerken, dass sich der Kläger zurückgezogen hat.

Beweis: Zeugnis der Frau ...

Die Zeugin ... hat den Kläger intensiv vor und nach dem Unfall erlebt und kann die Veränderungen beschreiben.

Auf Familienfeiern zB ist der lebensbejahende Kläger nicht mehr anzutreffen. Der Kläger ist still geworden und redet viel weniger.

Beweis: wie vor

Der Kläger berichtet davon, dass es jedes Jahr ein Höhepunkt war, mit der Tochter und deren Familie in den Urlaub zum Skifahren oder zum Wandern zu fahren. Dies wurde jedes Jahr mindestens einmal durchgeführt.

Beweis: wie vor

Dies geht heute nicht mehr. Damit fällt für den Kläger der alljährliche Aktivurlaub aus. Für den Kläger ist das sehr schmerzlich, da er früher mit großer Freude den kommenden Urlaub erwartet hat und dieser ein besonderer Höhepunkt in jedem Jahr war.

Mit dem Unfalltag sind auch die großen gemeinsamen Träume des Klägers mit seiner Ehefrau geplatzt. Den Unfallwagen hatten der Kläger und seine Frau erst kurz vor dem Unfall angeschafft.

Beweis: Zeugnis des Frau ...
       Parteivernahme des Klägers

Ihr gesamtes gemeinsames Arbeitsleben haben sich der Kläger und seine Frau große Pläne für die Zeit des Ruhestands gemacht. Die Zeit, die früher nicht da war, sollte nun intensiv zum Reisen genutzt werden.

Beweis: wie vor

So sollte mit dem Pkw intensiv Deutschland und seine Attraktionen besucht werden. Hierauf hat sich der Kläger lange gefreut.

Beweis: wie vor

Mit einem Mal ist durch den Unfall alles zerplatzt. Die Person, die dem Kläger mehr als zwei Drittel des Lebens jeden Tag an der Seite stand, war plötzlich nicht mehr da. Zu der Trauer um den plötzlichen Verlust der Ehefrau kommt nun auch die Ausweglosigkeit. Die großen Pläne, die geschmiedet wurden, sind nicht mehr durchführbar. Die Kraft für neue Pläne ist kaum da.

Beweis: wie vor

Nur sehr langsam beginnt sich der Kläger wieder mit der Durchführung von Urlauben zu beschäftigen. Er denkt an die Durchführung einer Kreuzfahrt. Jedoch fehlt ihm hierzu der Mut. Er war es gewohnt, dass immer eine vertraute Person, nämlich seine Frau, dabei ist. Allein zu verreisen, ist für den Kläger fast unvorstellbar. Für den Außenstehenden ist dies vielleicht nur schwer nachvollziehbar, jedoch wird dies verständlich, wenn bedacht wird, dass der Kläger durch sein Leben mit seiner Ehefrau geprägt war und es nun im Alter schwer ist, diese Prägungen zu beseitigen.

Es kann nur gehofft werden, dass der Kläger sich zu überwinden in der Lage ist.

Sehr schlimm für den Kläger sind auch die vielen Stunden allein zu Hause. Während früher immer jemand da war, sitzt der Kläger nun sehr oft allein. Gerade die langen Winterabende wirken dabei sehr deprimierend. Der Kläger sinniert oft über die Situation ohne Unfall und ist dann voller Trauer über die entgangenen Freuden. Mit Worten sind diese Schmerzen kaum zu beschreiben.

Dies ist alles besonders schlimm, weil der Kläger auch körperlich leidet. Sein gesamter Alltag wird heute durch den Unfall bestimmt. Der Kläger ist in seiner Belastung erheblich eingeschränkt und hat Schmerzen, welche von den arthrotischen Erscheinungen und den Bewegungseinschränkungen herrühren.

Beweis: Parteivernahme des Klägers

Längere Strecken als 100 m kann er nicht laufen. So fällt es ihm auch schwer, der häuslichen Einsamkeit zu entfliehen.

Bitter für den Kläger ist auch, dass er kein Licht am Ende des Tunnels sieht. Er weiß, dass sich sein Zustand nicht mehr bessern wird. Zudem weiß er, dass über kurz oder lang weitere Operationen und Verschlechterungen eintreten werden.

Das künstliche Hüftgelenk wird allenfalls zehn Jahre halten und die Arthrose im Knie wird zukünftig ein künstliches Kniegelenk erfordern.

Beweis: Sachverständigengutachten

Weitere Operationen stehen also an. Die Verträglichkeit wird mit zunehmendem Alter nicht besser. Einzugehen ist auch auf die ständigen Darmprobleme des Klägers. Das Sachverständigengutachten (Anlage B2) fasst dies kühl wie folgt zusammen:

„Unregelmäßiger Stuhlgang mit weicherer Konsistenz nach operativ versorgten Dünndarm- und Sigmaverletzungen sowie häufiger Harndrang nach stumpfem Bauchtrauma."

Bei der Behandlung mussten der Dünndarm und der Dickdarm ein Stück verkürzt werden.

Beweis: Zeugnis des Zeugen Dr. ...

Die beschriebene weichere Konsistenz stellt, übersetzt, einen ständig auftretenden Durchfall dar. Darum muss sich der Kläger von Schonkost ernähren. Fettige Sachen und blähende Speisen dürfen nicht mehr aufgenommen werden. Auch kalte Getränke, wie das kühle Bier nach getaner Arbeit, fallen für den Kläger aus, da ansonsten sofort eine Überbelastung des Darms mit anschließendem Durchfall erfolgen würde.

Beweis: Sachverständigengutachten

Durch den Unfall musste der Kläger also seinen Speiseplan erheblich umstellen. Trotzdem machen sich täglich die Probleme bemerkbar.

Insgesamt ist also festzustellen, dass der Kläger lebensgefährlich verletzt worden ist. Ein erheblicher Dauerschaden verbleibt. Mehrere Monate musste er stationär behandelt werden. Mehr als sieben Monate war der Kläger zusätzlich noch bettlägerig. Das Leben des Klägers hat sich erheblich zum Nachteil verändert. Er ist in der Mobilität eingeschränkt, entgangene Freuden sind in erheblichem Umfang festzustellen. Lang gehegte Pläne sind nicht mehr zu verwirklichen. Schließlich hat der Kläger durch den Unfall noch seine geliebte Ehefrau und damit den Halt in seinem Leben verloren.

Der Kläger leidet unter dem Unfall sehr. Schmerzlichst wird er jeden Tag aufs Neue an den Unfall und seine Folgen erinnert.

Der Kläger stellt die Höhe des Schmerzensgeldes in das Ermessen des Gerichts, es wird jedoch davon ausgegangen, dass ein Schmerzensgeld in Höhe von **mindestens** 75.000 EUR angemessen ist.

Verweisen wollen wir hierbei auf die Schmerzensgeldtabelle von *Hacks/Wellner/Häcker*, 33. Auflage 2015, Ziffer 1840 (Urteil des LG Gera vom 27.4.1999 – 3 O 3307/95). Zu berücksichtigen ist, dass das zitierte Urteil bereits 1999 rechtskräftig wurde. Eine Indexanpassung müsste hier erfolgen. Schmerzensgelderhöhend sind ebenfalls die grobe Fahrlässigkeit des Schädigers, die Anzahl der Operationen, die Schmerzen durch den Tod der Ehefrau sowie vor allem die bislang verzögerte Regulierung der Beklagten zu 2) zu berücksichtigen.

In Verbindung mit diesem Betrag wird das Gericht schon jetzt auf das Urteil des BGH in VersR 1996, 990, hingewiesen, wonach bei der Festsetzung des für angemessen gehaltenen Schmerzensgeldes dem Richter nach § 308 ZPO durch die Angabe eines Mindestbetrags nach oben keine Grenzen gezogen sind.

Bei der Bemessung der Schmerzensgeldhöhe gilt es weiter folgende Entscheidungen zu berücksichtigen:

- LG München I (Schmerzensgeldtabelle, aaO, Ziffer 33.1713)
- Dieses Urteil stammt noch aus der Zeit vor dem vielzitierten Urteil des LG München aus dem Jahr 2001, in dem es im Bereich schwerer Verletzungen die Schmerzensgeldbeträge praktisch um 25 % erhöht hat. Trotzdem hat es bei vergleichbaren Verletzungen ein Schmerzensgeld iHv 75.000 EUR ausgeurteilt. Indexiert entspricht dies einem Betrag iHv 81.000 EUR. Auch dort hatte der Geschädigte als schwerste Verletzung eine komplizierte Hüftgelenksfraktur. Ebenso verblieb ein Dauerschaden. Der stationäre Aufenthalt dauerte drei Monate. Im streitbefangenen Fall kommt noch hinzu, dass der Kläger mehr als sieben Monate liegen und intensiv gepflegt werden musste. Zudem sind die multiplen Verletzungen, die Lebensgefahr und natürlich der Verlust einer nahen Angehörigen zu berücksichtigen.
- OLG Bamberg (Schmerzensgeldtabelle, aaO, Ziffer 33.3002)
- In diesem Fall urteilte das Gericht ein Schmerzensgeld iHv 75.000 EUR aus, was indexiert 82.000 EUR entspricht. Der Entscheidung liegen auch zahlreiche Brüche zugrunde. Der Dauerschaden ist vergleichbar. Während bei der Entscheidung des OLG Bamberg der Krankenhausaufenthalt länger war, bestand beim Kläger Lebensgefahr. Weiterhin ist beim Kläger der Verlust der Ehefrau schmerzensgelderhöhend zu berücksichtigen.

Obige Entscheidungen zeigen, dass vorliegend ein Schmerzensgeld iHv 75.000 EUR in jedem Fall angemessen ist. Soweit das Urteil des LG Gera zitiert worden ist, ist dies geschehen, um zu verdeutlichen, dass bei besserem Heilungsverlauf bereits ein indexiertes Schmerzensgeld iHv 50.000 EUR ausgeurteilt wurde. Doch waren die Verletzungen im Fall des LG Gera bei weitem nicht so multipel. Darmprobleme bestanden nicht. Der Kläger musste sich hingegen zwei längeren stationären Aufenthalten und anschließenden Rehabilitationen unterziehen. Dazwischen war der Kläger lange bettlägerig und auf ständige Pflege angewiesen. Zudem verlor er bei dem Unfall seine Frau. Es ist vorliegend also ein viel schwererer Fall zu beurteilen als der, der dem LG Gera zur Entscheidung vorlag.

Das als angemessen erachtete Schmerzensgeld ist somit nach diesseitigem Dafürhalten auszuurteilen.

III. Schmerzensgeld der Ehefrau

Der Kläger begehrt des Weiteren das Schmerzensgeld der Ehefrau aus übergegangenem Recht.

Frau ... war Beifahrerin in dem Pkw des Klägers. Durch den Unfall erlitt sie schwerste Verletzungen, an denen sie schließlich verstarb. Durch den Unfall wurde Frau ... auf dem Beifahrersitz eingeklemmt. Diagnostiziert wurde ein Polytrauma mit irreversiblem, haemorrhagischem Schock, eine Thoraxkontusion mit Rippenserienfraktur links, Lungenprellung, stumpfes Bauchtrauma mit erheblichem blutendem Einriss des Mescolon sigm., zweitgradig offener handgelenksnaher Speichenbruch rechts, geschlossener Oberschenkeletagenbruch links, zweitgradig offener Schienbeinkopftrümmerbruch links, Beckenringverletzung durch nicht verschobene Sitz- und Schambeinbruchbildung rechts.

Am Unfallort fand durch den Notarzt eine Bergung statt, Intubation und Beatmung folgten. Eine weitere Versorgung erfolgte im Krankenhaus ....

Am 25.9.2013 musste um 0.43 Uhr der Tod festgestellt werden.

Frau ... war in der Fahrgastzelle eingeklemmt, erkannte jedoch ihre Situation.

Der Kläger stellt die Höhe des Schmerzensgeldes seiner Frau ebenfalls in das Ermessen des Gerichts, ist jedoch der Auffassung, dass ein Schmerzensgeld von **mindestens** 10.000 EUR angemessen ist. Aufgrund der kurzen Überlebenszeit ist ein Schmerzensgeld in dieser Höhe ausreichend und sachgerecht. Es wird darauf hingewiesen, dass schmerzensgelderhöhend das Schmerzempfinden der Ehefrau berücksichtigt werden muss sowie eine Indexanpassung der zitierten Urteile. Dass das Schmerzensgeld dem Kläger zugutekommt, führt im Übrigen nicht zu einer geringeren Bemessung (OLG München v. 16.12.1969, VersR 1970, 643).

Zur Einschätzung des angemessenen Schmerzensgeldes wird auf folgende Entscheidungen verwiesen, wobei anzumerken ist, dass Frau ... erst sechs Stunden nach dem Unfall verstorben ist:

- OLG Karlsruhe, Urt. v. 12.9.1997 – 10 Urt. 121/97 = OLGR 1997, 20: 1.500 EUR bei Überlebenszeit von zehn Minuten für einen bewusstlosen Mann
- BGH, Urt. v. 12.5.1998 – VI ZR 182/97 = VersR 1998, 1034: 1.500 EUR, Tod nach einer Stunde Bewusstlosigkeit
- KG, Urt. v. 25.4.1994 – 22 Urt. 2282/93 = NJW-RR 1995, 91: 3.200 EUR bei kurzzeitigem Überleben nach einem Verkehrsunfall bei Bewusstlosigkeit
- OLG Saarbrücken, Urt. v. 30.7.1993 – 3 Urt. 43/93-9: 7.500 EUR bei Tod nach neun Minuten im brennenden Auto
- OLG Düsseldorf, Urt. v. 24.4.1997 – 8 Urt. 173/96 = OLGR 1998, 31: 67.500 EUR bei Tod nach fünf Wochen im komatösen Zustand.

Unter Indexierung der Schmerzensgeldbeträge und Beachtung der entsprechenden Entwicklung der Rechtsprechung erscheint ein Schmerzensgeld iHv **mindestens** 10.000 EUR angemessen.

IV. Haushaltsführungsschaden, Unterhaltsschaden

Gemäß §§ 823 Abs. 1, 843 Abs. 1 BGB beansprucht der Kläger Ersatz für den verletzungsbedingt erlittenen Haushaltsführungsschaden sowie den haushaltsspezifischen Unterhaltsschaden durch den Tod seiner Frau. Aufgrund des Unfalls konnte unser Mandant seiner vor dem Unfall ausgeführten Tätigkeit gar nicht oder nur eingeschränkt nachkommen. Daher trat sowohl eine Mehrung seiner eigenen Bedürfnisse als auch eine Einschränkung seiner (Haushalts-)Erwerbstätigkeit ein.

1. Arbeitsaufwandsberechnung:

Zur Berechnung der Höhe dieser Schadenposition ist zunächst die tatsächliche Arbeitszeit des Geschädigten vor Eintritt des Unfalls zu ermitteln.

Hierbei wird im Folgenden Rückgriff genommen auf die Tabellen aus *Schulz-Borck/Pardey*, Schadensersatz bei Ausfall von Hausfrauen und Müttern im Haushalt, 8. Auflage 2013. Auch nach Ansicht des BGH kann der Tatrichter sich zur Schätzung des Haushalsführungsschadens im Rahmen des § 287 ZPO an dem Tabellenwerk orientieren.[160]

Gemäß Tabelle 8 (Arbeitszeitaufwand im Haushalt in Std./Woche insgesamt und seine Verteilung auf die Haushaltsperson absolut und in v.H.) ist von Haushaltstyp Nr. 3 auszugehen. Der Kläger ist nicht erwerbstätig und lebte mit seiner Ehefrau in einem Zwei-Personen-Haushalt. Das Einfamilienhaus besteht aus sechs Zimmern, Küche, Bad und umfasst 130 qm. Die Wohnung ist durchschnittlich ausgestattet mit einem Kühlschrank, Waschmaschine, Gefrierschrank und Staubsauger, jedoch ohne Geschirrspülmaschine.

Damit ergibt sich nach Tabelle 8 ein durchschnittlicher Arbeitsaufwand von 65,0 Std., wovon auf die Ehefrau 40,5 Std. (62,3 %) entfallen und auf den Ehemann 24,5 Std. (37,7 %). Entsprechend Tabelle 2 (Zu- und Abschläge in Stunden pro Woche) sind von diesem Durchschnittswert Zu- und Abschläge zu machen.

a) Zuschläge:

Das Ehepaar ... hatte einen 300 qm großen Garten, den es bewirtschaftete. Der Garten teilt sich auf in einen 200 qm großen Nutzgarten und einen 100 qm großen Ziergarten. Tabelle 2 rechtfertigt pro Quadratmeter Garten einen Zuschlag von 0,4 Stunden pro Quadratmeter und Jahr, so dass auf den 300 qm großen Garten 120 Std. im Jahr entfallen.

Des Weiteren geht Tabelle 1 a (Unterstellungen zur Ermittlung der Arbeitszeit) bei einem Zwei-Personen-Haushalt von durchschnittlich 68 qm bei der Berechnung der Arbeitszeit aus. Aufgrund der Größe der Wohnung sind Zuschläge zu machen. Für die zusätzlichen 62 Mehrquadratmeter nehmen wir in Anlehnung an die Tabelle 2 pauschal eine Mehrbelastung von zwei Stunden pro Woche an.

Somit ergibt sich ein Gesamtzuschlag von 4,3 Std.

Beweis: richterliche Schätzung, § 287 ZPO
Sachverständigengutachten, § 287 ZPO
Zeugnis des Herrn ...

b) Abschläge sind nicht ersichtlich.

c) Gesamt:

---

[160] BGH v. 3.2.2009 – VI ZR 183/08.

Bei einem Aufwand gem. Tabelle 8 von 65,0 Std. sind 4,3 Std. hinzuzurechnen, was einen Gesamtaufwand von 69,3 Std. bedeutet. Davon entfielen auf den Kläger 37,7 %, also 26,1 Std., auf seine Frau entfielen 62,3 %, also 43,2 Std.

2. Reduzierter Haushalt

Durch den Tod der Ehefrau hat sich einerseits der Umfang der Hausarbeitspflicht verringert. Es fällt zB weniger Wäsche an. Die meisten zu verrichtenden Arbeiten bleiben jedoch im Umfang ähnlich arbeitsintensiv (Garten, säubern, saugen). Es wird daher eine Pauschalierung unter der Berücksichtigung der Quadratmeterzahl sowie des Gartens vorgenommen. Aufgrund der Größe der Wohnung in Verbindung mit dem Garten rechtfertigt es sich, von einem gehobenen Haushalt auszugehen.

Beweis: richterliche Schätzung gem. § 287 ZPO
 Inaugenscheinnahme

Gemäß Tabelle 1 fällt ein durchschnittlicher Arbeitsaufwand in einem reduzierten Zwei-Personen-Haushalt von 31,6 Std. pro Woche an. Hiervon entfielen auf die Ehefrau 62,3 %, 20 Std. pro Woche, auf den Kläger 11,6 Std. pro Woche.

3. Schadensberechnung

Als Vergütungsgruppe wird Vergütungsgruppe II des Tarifvertrages des Deutschen Hausfrauenbundes mit der Gewerkschaft Nahrung-Genuss-Gaststätten herangezogen. Danach beträgt der Nettostundenlohn 7 EUR.

Beweis: richterliche Schätzung, § 287 ZPO

Die Berechnung erfolgt nach dem Tagelohn durch Multiplikation der Stundenanzahl mit dem Stundenlohn. Der Wochenlohn wird durch Multiplikation des Tageslohnes mit 7 berechnet und der Monatslohn durch Multiplikation des Wochenlohnes mit 4,3.

4. Unterhaltsschaden im Haushalt

Die Ehefrau wurde bei dem Unfall schwer verletzt und verstarb kurz danach. Der Haushaltsführungsschaden der Ehefrau stellt somit für den Ehemann einen Unterhaltsschaden dar, der hiermit begehrt wird.

Ein Schaden durch den Ausfall der Ehefrau (20 Std. pro Woche) entsteht iHv 602 EUR monatlich netto nach der Vergütungsgruppe II. Vom Unfalltag bis 31.12.2013 entstand ein Schaden von 1.944,95 EUR.

Für das Jahr 2014 ergibt sich ein Schaden in Höhe von 7.224 EUR. Aufgerechnet werden müssen dagegen die durch den Tod ersparten Barunterhaltsansprüche der Ehefrau gegen den Kläger. Der Kläger bezieht eine monatliche Rente iHv 917,91 EUR. Die Ehefrau des Klägers erhielt bis zum Unfalltag eine Rente iHv 300,94 EUR.

Beweis: Kontoauszug in Kopie als Anlage (Anlage K10)

Des Weiteren erhält der Kläger seit dem Unfall eine Witwenrente iHv 56,69 EUR

Beweis: Bescheid in Kopie als Anlage (Anlage K11)

Die Berechnung erfolgt nach der Methode des BGH (VersR 1984, 81).

Auszugehen ist von der Rente zum Unfallzeitpunkt iHv 917,91 EUR, wovon Fixkosten iHv 150 EUR abzuziehen sind. Hiervon die Hälfte sind 383,96 EUR.

Die Ehefrau erhielt 300,94 EUR, wovon Fixkosten iHv 50 EUR abzuziehen sind. Die Hälfte hiervon sind 125,47 EUR. Die Differenz aus den jeweiligen Unterhaltsansprüchen sind 258,49 EUR. Hinzuzuaddieren ist die Witwenrente, so dass sich ein Betrag iHv 315,18 EUR ergibt. Dieser Betrag ist von der Summe der entgangenen Dienste (602 EUR) abzuziehen, so dass sich ein monatlicher Schaden iHv 286,82 EUR errechnet. Somit entsteht ein monatlicher Schaden iHv 286,82 EUR nach Anrechnung des ersparten Barunterhaltsschadens. Dieser Schaden fällt seit dem Unfalltag, dem 24.9.2013, an und beträgt daher zum 30.6.2015 insgesamt 6.023,22 EUR.

Der haushaltsspezifische Unterhaltsschaden abzgl erspartem Barunterhalt iHv 286,82 EUR fällt weiterhin monatlich an und ist für jeweils drei Monate im Voraus und damit iHv 860,463 EUR zu zahlen, §§ 854 S. 1 und 2, 843 Abs. 2, 760 BGB.

5. Haushaltsschaden des Klägers

Vom 24.9.2013 bis zum 21.12.2013 war der Kläger im Krankenhaus und in der Rehaklinik ..., was einen Totalausfall bedeutet. Bei einer wöchentlichen Arbeitszeit von 11,6 Std. ergibt dies gem. Vergütungsgruppe II für 88 Tage (349,16 EUR netto monatlich) einen Haushaltsführungsschaden von 1.020,80 EUR netto.

Beweis: wie vor
 Sachverständigengutachten, § 287 ZPO

Ab 22.12.2013 wohnt der Kläger wieder zu Hause. Er ist weiterhin zu 100 % arbeitsunfähig. Er wird rundum von seiner Tochter, welche Krankenschwester ist, versorgt.

Der Kläger ist derzeit nur äußerst schwerlich in der Lage, sich selbstständig anzuziehen, sich zu waschen, Wege zur Versorgung zurückzulegen und hauswirtschaftliche Dinge zu erledigen. Ein Totalausfall liegt bis heute vor. Die geringfügige Fähigkeit zur Haushaltstätigkeit (zB Organisation, leichteste Tätigkeiten) wird durch einen erhöhten Pflegeaufwand überlagert.

Beweis: richterliche Schätzung
 Sachverständigengutachten

Bis 31.12.2013 fiel ein Schaden von 104,40 EUR an.

Beweis: wie vor

Ab Januar 2014 bis einschließlich Juni 2015 fiel ein Schaden für 18 Monate von 6.284,88 EUR (monatlich 349,16 EUR) an.

Beweis: wie vor

Der Haushaltsführungsschaden fällt auch für die Zukunft an. Eine Besserung des Zustands ist für den Kläger nicht in Sicht.

Zur Berechnung verweisen wir auf obige Ausführungen und berechnen den Schaden mit 349,16 EUR monatlich. Für jeweils drei Monate im Voraus fällt ein Haushaltsschaden in Höhe von 1.047,48 EUR netto an (349,16 EUR monatlich).

V. Verdienstausfall des Klägers

Darüber hinaus entstand dem Kläger ein Verdienstausfall, § 843 Abs. 1 BGB. Er war zwar Rentner, ging jedoch einer Nebentätigkeit als Fahrradmechaniker nach, die ihm ein Nettoeinkommen von ca. 200 EUR monatlich einbrachte. Ein Verdienstausfall fiel seit dem Unfall in Höhe von 46,15 EUR pro Woche = 6,59 EUR pro Tag an.

Beweis: Zeugnis der Frau ...
 Zeugnis des Herrn ...
 Vernehmung des Klägers als Beweisführer, § 287 Abs. 1 S. 3 ZPO

Bis einschließlich Dezember 2013 entstand ein Schaden in Höhe von 68 Tage mal 6,59 EUR = 448,12 EUR.

Beweis: wie vor

Von Januar 2014 bis einschließlich Juni 2015 entstand ein Schaden in Höhe von 3.600 EUR.

Beweis: wie vor

Der Schaden fällt ebenfalls monatlich an und wird für jeweils drei Monate im Voraus in Höhe von 600 EUR begehrt, §§ 843, 760 BGB.

VI. Vermehrte Bedürfnisse

Der Kläger begehrt im Weiteren eine Rente wegen vermehrter Bedürfnisse, § 843 Abs. 1. Diese sind die in Folge verletzungsbedingter Defizite gegenüber dem bisherigen Lebenszuschnitt erhöhten Lasten, also die im Vergleich mit dem Lebensbedarf des gesunden Menschen zusätzlich anfallenden Lasten. Bei den vermehrten Bedürfnissen geht es um die Restitution des Lebenszuschnitts, der Lebensführung bei der objektiven Erforderlichkeit iSd § 249 Abs. 2 BGB mit einem Ausgleich für die Minderung der Lebensqualität und bei zwischenmenschlichen Beziehungen. Eine Rente wegen vermehrter Bedürfnisse kann nur zugesprochen werden, wenn der Verletzte im Einzelnen und konkret dartut, dass und in welcher Höhe seine Bedürfnisse in Folge des Unfalls vermehrt geworden sind. Es kommt hier für den Nachweis des unfallbedingten Mehrbedarfs die Beweiserleichterung des § 287 ZPO zu Hilfe.

Der Kläger stellt zwar die Höhe der (persönlichen) vermehrten Bedürfnisse in das Ermessen des Gerichts, geht jedoch davon aus, dass vermehrte Bedürfnisse in Höhe von mindestens 200 EUR seit dem Unfall anfallen. Zur Schadenshöhe wird ausgeführt wie folgt:

Der Kläger kann unfallbedingt kein Fahrzeug mehr mit einem Schaltgetriebe fahren und ist daher auf ein Automatikgetriebe angewiesen.

Beweis: Sachverständigengutachten

Allein durch die gesteigerten Betriebskosten (Automatik statt Kupplung) eines umgebauten Pkws Opel Kadett wurden 195 DM (99,70 EUR) monatlich angesetzt (OLG Stuttgart zfs 1987, 165). Bezüglich des Pkws fallen zukünftig somit mindestens zusätzliche Betriebskosten inklusive Anschaffungskosten von ca. 100 EUR monatlich an. Der Betrag rechtfertigt sich ebenfalls im Hinblick auf die bereits getätigten sowie weiter zu erwartenden Arztbesuche, welche bislang mit Hilfe der Kinder des Klägers durchgeführt wurden.

Beweis: Sachverständigengutachten, § 287 ZPO
richterliche Schätzung, § 287 ZPO
Zeugnis des Herrn ...
Beweisführung durch den Kläger als Beweisführer gem. § 287 Abs. 1 S. 3 ZPO

Im Weiteren entstehen dem Kläger Kosten, da er nicht mehr überall Urlaub machen kann. Der Kläger muss bislang in der Prognose in Zukunft ein behindertengerechtes Hotel buchen. Es muss hier gewährleistet sein, dass für den persönlichen Bedarf des Klägers Vorrichtungen wie behinderten- bzw rollstuhlgerechte Dusche und Aufzug vorliegen sowie medizinische Betreuung gewährleistet ist. Ein kurzer Wochenend(billig)urlaub ist ebenfalls nicht mehr möglich, weshalb hier billiger Ersatz in Geld zu leisten ist. Des Weiteren entstehen Mehrkosten dadurch, dass er nunmehr allein in Urlaub fahren muss und ihn Kosten für Einzelzimmerzuschläge etc. treffen. Mehrkosten entstehen vorliegend in Höhe von ca. 600 EUR im Jahr.

Beweis: wie vor

Weiterhin muss sich der Kläger aufgrund der Dauerschäden unter ärztlicher Kontrolle halten und behandelt werden. Hierfür muss er zu Ärzten fahren und Medikamente bei Apotheken abholen. 100 km pro Monat muss er dadurch zusätzlich mit dem Pkw fahren.

Beweis: richterliche Schätzung gem. § 287 ZPO
Parteivernahme des Klägers

Hierfür fallen bereits bei einer Kilometerpauschale von 0,27 EUR 27 EUR monatlich an, die als Teil der vermehrten Autokosten und damit Teil der Schätzungsgrundlage für obige 100 EUR Mehrkosten sind.

Für das Haus des Klägers steigt ebenfalls der Heizaufwand. Durch mangelnde Bewegung benötigt der Kläger mehr Wärme, statt ca. 18 Grad Wärme ca. 22 Grad. Die Heizung muss auch bereits in frühen Herbstmonaten angeschaltet werden. Geheizt werden muss ca. bis Mai, jedoch auch an kühlen Sommertagen. Der Heizmehraufwand ist mit 30 EUR monatlich zu bemessen. Dem Rentenantrag hierzu ist stattzugeben.

Beweis: wie vor

Der Kläger war vor dem Unfall sehr aktiv und den ganzen Tag auf den Beinen und in Bewegung. Nunmehr hält sich der Kläger sehr oft im Haus auf. Er bewegt sich viel weniger. Weniger Bewegung führt zu mehr Wärmebedarf. Um den gleichen Wärmekomfort zu empfinden, muss der Kläger die Raumtemperatur um zwei bis vier Grad im Schnitt steigen lassen.

Beweis: richterliche Schätzung gem. § 287 ZPO
Sachverständigengutachten
Parteivernahme

Im Übrigen stellt er die Heizung auch früher an. Während er vor dem Unfall sehr lange draußen im Garten blieb und sich dort betätigte, sitzt er nun im Haus auf dem Sofa. Dabei muss er die Heizung anstellen.

Beweis: wie vor

Der Wärmebedarf kann nur durch vermehrtes Heizen ausgeglichen werden. Dies wiederum lässt die Betriebskosten im Haus des Klägers erheblich steigen. 30 EUR monatlich entstehen hierbei in jedem Fall.

Beweis: wie vor

Hinsichtlich der erhöhten Kosten für Speisen ist darauf zu verweisen, dass der Kläger infolge der Darmprobleme Schonkost einnehmen muss, wobei er auf besonders gesunde Nahrung vertraut.

Beweis: wie vor

Bedauerlicherweise ist fettarme Nahrung im Schnitt teurer als Durchschnittsnahrung.

Beweis: richterliche Schätzung gem. § 287 ZPO

Ebenfalls ist die Ernährung des Klägers teurer geworden. Vormals bewirtschaftete der Kläger mit seiner Frau den zu dem Haus gehörenden Garten. Die Familie weckte Obst ein, produzierte Marmelade, frostete Gemüse sowie Obst. Dies ist dem Kläger jetzt nicht mehr möglich. Obst und Gemüse muss insbesondere im Winter teuer gekauft werden. Kosten fallen hier in Höhe von 30 EUR pro Monat an. Dem Rentenantrag hierzu ist stattzugeben.

Beweis: richterliche Schätzung

Auch Familienfeste sind nunmehr deutlich teurer. Früher war es so, dass für Familienfeiern sämtliche Kuchen selbst gebacken und selbst die Salate zubereitet wurden. Dies gilt im Übrigen für sämtliche Speisen.

Ausgehend von einer durchschnittlichen Familienfeier (Geburtstag des Klägers) wurde für Speisen je Person ca. 5 EUR aufgewendet.

Beweis: richterliche Schätzung

Nunmehr muss hierfür ein Partyservice in Anspruch genommen werden. Allein für das Abendbrot sind 15 EUR je Person zu zahlen. Ausgehend von 20 Personen entsteht hierbei bereits eine Differenz von 200 EUR. Kuchen müssen beim Bäcker gekauft werden. Hierbei fallen mindestens 40 EUR an.

Beweis: wie vor

Somit entfallen nur für die eine Feier monatlich 20 EUR auf die vermehrten Bedürfnisse. Familienfeiern wie Ostern oder Weihnachten sind noch gar nicht berücksichtigt.

Weiterhin ist zu berücksichtigen, dass der Kläger nunmehr Medikamente benötigt, die er vor dem Unfall nicht brauchte. Der Kläger ist wetterfühlig geworden. Gerade bei Wetterwechseln, aber auch im Übrigen treten unregelmäßig besonders starke Schmerzen im Hüftgelenk und im Knie auf. Daher muss der Kläger auch unregelmäßig Schmerzmittel einnehmen, was er vor dem Unfall nie tat.

Beweis: Parteivernahme des Klägers

Weiterhin muss er Medikamente zur Verlangsamung der Arthrose einnehmen.

Beweis: wie vor

Ein monatlicher Mehrbedarf für Medikamente iHv 10 EUR entsteht mindestens. Dabei gilt es auch zu berücksichtigen, dass die übergehenden Leistungen auf die Krankenkasse geringer geworden sind und der Eigenanteil der Patienten sich erhöht hat. Rezeptfreie Medikamente sind nun nicht mehr vom Leistungsumfang der Krankenversicherung umfasst und müssen vollständig selbst bezahlt werden.

Es steigen Kosten für Zeitschriften dadurch, dass die täglich im Dorf eingeholten und ausgetauschten Informationen aufgrund der Verletzungen nur noch eingeschränkt erlangt werden können. Informationsfluss muss gewährleistet werden. Dem Rentenantrag hierzu ist in Höhe von 30 EUR monatlich stattzugeben.

Beweis: wie vor

Aufgrund der Schmerzen vermeidet der Kläger all die Bewegungen, die nicht unbedingt notwendig sind. So telefoniert er lieber, als dass er Verwandte und Bekannte besucht. Erhöhte Telefonkosten entstehen hier in Höhe von ca. 30 EUR monatlich. Dem Feststellungsantrag hierzu ist stattzugeben.

Beweis: wie vor

Die vormals selbst durchgeführten Kleinreparaturen am Haus können nunmehr ebenfalls nicht mehr durch den Kläger durchgeführt werden. Fremdfirmen müssen hierfür bestellt werden. Der Kläger säuberte die Dachrinnen, renovierte selbst das Haus. Dies ist nunmehr nicht mehr möglich. Der Kostenaufwand liegt hierfür bei ca. 600 EUR pro Jahr. Dem Rentenantrag hierzu ist stattzugeben.

Beweis: wie vor

Es wird deutlich, dass eine Addition der geschätzten Teilbeträge eine erheblich höhere Summe ergibt als die für angemessen erachteten 200 EUR. Im Übrigen wird sich hinsichtlich des unbestimmten Klageantrags auf die richterliche Schätzung verlassen. Nach diesseitigem Dafürhalten verdeutlichen die geschilderten Anknüpfungstatsachen für die richterliche Schätzung, dass ein monatlicher Mehrbedarf dieser Positionen in Höhe von 200 EUR mindestens entsteht.

Es fallen somit vermehrte Bedürfnisse von mindestens 200 EUR monatlich an. Seit dem Schadensereignis vom 24.9.2013 bis Juni 2015 wird der Schaden in Höhe von 4.200 EUR geltend gemacht.

Beweis: wie vor

Ab Juli 2015 werden monatlich 200 EUR für jeweils drei Monate, mithin 600 EUR, im Voraus begehrt, §§ 843 Abs. 1, 760 BGB.

Letztlich begehrt der Kläger eine Kostenpauschale in Höhe von 200 EUR wegen Telefonkosten, Porti, etc. Der Umfang rechtfertigt sich durch die hohe und umfassende Vorkorrespondenz, die Komplexität des Falls und die Tatsache, dass vorliegend sowohl ein Fahrzeugschaden als auch ein Personenschaden angefallen sind.

Beweis: richterliche Schätzung, § 287 ZPO

Außergerichtlich hat die Beklagte zu 2 insgesamt 34.669,38 EUR geleistet, die insofern auf das Schmerzensgeld iHv 30.000 EUR und im Übrigen auf den materiellen Schaden angerechnet werden.

Der Beklagten zu 2 wurde mit Schreiben vom ... eine Frist zur Regulierung bis zum ... gesetzt.

Beweis: Schreiben vom ... (Anlage K12)

Eine weitere Zahlung erfolgte nicht. Die Beklagten befinden sich daher in Verzug.

Klage war daher geboten.

Einfache und beglaubigte Abschrift anbei.

Rechtsanwalt ◄

Teil 3:
Versicherungsrecht

§ 4 Haftpflichtversicherung – PflVG, HPflG

Literatur: *Filthaut*, Haftpflichtgesetz, 9. Auflage 2015; *Hentschel/König/Dauer*, Straßenverkehrsgesetz, 43. Auflage 2015; *Honsell* (Hrsg.), Berliner Kommentar zum Versicherungsvertragsgesetz, 1999; *Prölss/ Martin*, Versicherungsvertragsgesetz, 29. Auflage 2015; *Römer/Langheid*, Versicherungsvertragsgesetz, 4. Auflage 2014; *Rüffer/Halbach/Schimikowski*, Versicherungsvertragsgesetz, 3. Auflage 2015.

A. Vorbemerkung 1	b) Entschädigungsstelle
B. Nachhaftung 3	(§ 12 a PflVG) 98
I. Vorprozessuale Situation 4	3. Muster hinsichtlich des Entschä-
1. Allgemeines 4	digungsfonds (§ 12 PflVG) 102
2. Schreiben an den nachhaftenden	a) Anspruchsschreiben nach Fall-
Haftpflichtversicherer 20	gruppen 102
II. Prozesssituation 22	aa) Nicht ermitteltes Schädiger-
1. Prozessuale Grundlagen 22	fahrzeug
2. Klageanträge 26	(§ 12 Abs. 1 Nr. 1 PflVG) ... 103
a) Verfahren mit mündlicher Ver-	bb) Pflichtwidrig nicht versi-
handlung 27	cherte Kraftfahrzeuge
b) Schriftliches Vorverfahren 34	(§ 12 Abs. 1 Nr. 2 PflVG) ... 107
3. Muster 36	cc) Selbstfahrende Arbeitsma-
C. Ausschluss der Haftung des KH-Versicherers	schinen und landwirtschaft-
bei Vorsatz(§ 103 VVG) 50	liche Anhänger
I. Vorprozessuale Situation 50	(§ 12 Abs. 1 Nr. 2 a PflVG) 109
1. Allgemeines 50	dd) Vorsatztaten
2. Anspruchsgrundlagen 55	(§ 12 Abs. 1 Nr. 3 PflVG) ... 112
3. Muster 56	ee) Insolvenz
II. Prozesssituation 59	(§ 12 Abs. 1 Nr. 4 PflVG) ... 114
1. Prozessuale Grundlagen 59	b) Vereinfachte Anmeldung 117
2. Klageanträge 63	c) Schiedsverfahren 119
a) Klage des Geschädigten 63	4. Muster hinsichtlich der Entschä-
b) Klage des Versicherungsnehmers .. 64	digungsstelle (§ 12 a PflVG) 121
aa) Deckungsklage 64	a) Anspruchsschreiben nach Fall-
bb) Freistellungsklage 67	gruppen 121
cc) Zahlungsklage 69	aa) Kein Ersatz durch den Ver-
3. Muster 71	sicherer oder dessen Regu-
D. Verkehrsopferhilfe – Ansprüche nach §§ 12,	lierungsbeauftragten
12 a PflVG 78	(§ 12 a Abs. 1 Nr. 1 PflVG) 122
I. Vorbemerkung 78	bb) Kein Schadenregulierungs-
II. Vorprozessuale Situation 80	beauftragter bestellt
1. Allgemeines 80	(§ 12 a Abs. 1 Nr. 2 PflVG) 126
a) Entschädigungsfonds	cc) Unfallverursachendes Fahr-
(§ 12 PflVG) 81	zeug nicht zu ermitteln
aa) Zweck 81	(§ 12 a Abs. 1 Nr. 3 Alt. 1
bb) Umfang der Leistungs-	PflVG) 128
pflicht 83	dd) Zuständiges Versicherungs-
cc) Regulierungsverfahren 86	unternehmen nicht ermittel-
dd) Schiedsverfahren 88	bar (§ 12 a Abs. 1 Nr. 3
ee) Verjährung	Alt. 2 PflVG) 131
(§ 12 Abs. 3 PflVG) 89	b) Vereinfachte Anmeldung 134
b) Entschädigungsstelle	III. Prozesssituation 136
(§ 12 a PflVG) 90	1. Prozessuale Grundlagen 136
aa) Zweck 90	a) Entschädigungsfonds 136
bb) Umfang der Leistungs-	b) Entschädigungsstelle 138
pflicht 92	2. Klageanträge 141
cc) Verjährung 93	3. Klagen gegen den Verein VOH e.V.
2. Anspruchsgrundlagen 95	als Entschädigungsfonds 142
a) Entschädigungsfonds	4. Klagen gegen den Verein VOH e.V.
(§ 12 PflVG) 95	als Entschädigungsstelle 148

IV. Anhang – derzeitiger Geltungsbereich der Grünen Karte 149	c) Mitverschulden 156
E. Beteiligung von an Bahngleise gebundenen Fahrzeugen (Ansprüche nach HPflG) 150	2. Anspruchsgrundlagen 158
I. Vorprozessuale Situation 150	a) Haftung des Betriebsunternehmers 158
1. Allgemeines 150	b) Haftung des Bediensteten 161
a) Haftung des Betriebsunternehmers 151	II. Prozesssituation 163
	1. Allgemeines 163
b) Ausgleichspflicht unter mehreren Haftpflichtigen 154	2. Klageanträge 164
	3. Klage nach Zusammenstoß zwischen Pkw und Straßenbahn 165

A. Vorbemerkung

1 Zum 1.1.2008 ist das Gesetz zur Reform des Versicherungsvertragsrechts (VersReformG) vom 23.11.2007[1] in Kraft getreten. Es enthält in Art. 1 ein gegenüber dem Vorgänger aus dem Jahre 1908 wesentlich umgestaltetes neues Versicherungsvertragsgesetz (VVG). Zudem ändert es das Einführungsgesetz zum VVG (EGVVG), das Pflichtversicherungsgesetz (PflVG) und zahlreiche andere Rechtsnormen.

2 Im Folgenden wird davon ausgegangen, dass der Versicherungsvertrag nach dem 31.12.2007 geschlossen worden ist, sodass sowohl im Versicherungsverhältnis zwischen Versicherungsnehmer (VN) und Versicherer (VR) als auch im Haftpflichtverhältnis zwischen VN und Geschädigten einerseits sowie VR und Geschädigtem andererseits neues Recht zur Anwendung kommt. Hinsichtlich der Alt- und Übergangsfälle verweisen wir auf die 2. Auflage.

B. Nachhaftung

3 Die Nachhaftung des KH-Versicherers ist in § 117 Abs. 2 und 3 VVG, § 3 PflVG geregelt. Daneben kann sich auch eine Haftung der Kfz-Zulassungsstelle aus Art. 34 GG iVm § 839 Abs. 1 BGB ergeben.[2]

I. Vorprozessuale Situation

4 **1. Allgemeines.** Von zentraler Bedeutung für die Bearbeitung eines Verkehrsunfalls ist der aus § 115 Abs. 1 VVG resultierende **Direktanspruch** des Unfallgeschädigten gegen den Kraftfahrzeug-Haftpflichtversicherer (KH-Versicherer) des gegnerischen Unfallfahrzeugs. Der KH-Versicherer haftet neben den versicherten Personen gem. § 115 Abs. 1 S. 4 VVG als Gesamtschuldner im Wege des gesetzlichen Schuldbeitritts. Nicht selten lehnt der KH-Versicherer des Unfallgegners jedoch die Befriedigung der Ansprüche des Geschädigten mit der Begründung ab, dass im Zeitpunkt des Unfalls kein Versicherungsschutz (mehr) bestanden habe. Dann stellt sich für den Geschädigten und dessen Anwalt die Frage, wie darauf zu reagieren ist. Um diese Frage geht es in diesem Abschnitt.

5 Der KH-Versicherer haftet dem Dritten, der unmittelbar gegen ihn vorgeht, gem. § 117 Abs. 3 S. 2 VVG nur **subsidiär**, kann ihm also grundsätzlich entgegenhalten, dass er von einem anderen Schadensversicherer (zB aus der eigenen Vollkaskoversicherung) oder einem Sozialversicherungsträger Ersatz seines Schadens erlangen kann. Das Gleiche gilt nach § 3 S. 2 PflVG, wenn der Dritte von einem von der Versicherungspflicht befreiten Fahrzeughalter

---

[1] BGBl. I S. 2631.
[2] Vgl umfassend *Rebler*, SVR 2010, 206–209 u. 453–460.

(§ 2 Abs. 1 Nr. 1–5 PflVG) Ersatz seines Schadens erlangen kann. Ausnahmsweise gilt das nach § 3 S. 1 PflVG aber nicht, wenn die Leistungsfreiheit des KH-Versicherers im Falle des § 117 Abs. 1 VVG darauf beruht, dass Bau- und Betriebsvorschriften nicht eingehalten wurden oder dass der Fahrer unberechtigt fuhr oder nicht die erforderliche Fahrerlaubnis hatte.

Somit muss im Falle der Eintrittspflicht des gegnerischen KH-Versicherers überprüft werden, ob der Geschädigte zumindest teilweise Ersatz seines Schadens von einem Schadensversicherer oder einem Sozialversicherungsträger erhält. Hat der Geschädigte somit für sein eigenes bei dem Verkehrsunfall beschädigtes Fahrzeug eine Vollkaskoversicherung, so kann er einschließlich der Selbstbeteiligung nur die Schäden gegenüber dem KH-Versicherer geltend machen, die ihm nicht von der Vollkaskoversicherung (gemäß A.2 AKB 2015) ersetzt werden.

Dem Anspruch des Geschädigten kann *nicht* entgegengehalten werden, dass der KH-Versicherer dem Versicherungsnehmer gegenüber ganz oder teilweise von der Verpflichtung zur Leistung frei ist, § 117 Abs. 1 VVG. Die Tatbestände, die für § 117 Abs. 1 VVG in Betracht kommen, sind die **Verletzung von gesetzlichen oder vertraglichen Obliegenheiten**, die vor (gemäß D.1.1 und D.1.2 AKB 2015) oder nach (E.1.1–E.1.2 AKB 2015) dem Versicherungsfall zu erfüllen sind.

Demgegenüber kann dem Geschädigten ein Umstand, der das **Nichtbestehen** oder die **Beendigung des Versicherungsverhältnisses** zur Folge hat, entgegengehalten werden, wenn das Schadensereignis später als einen Monat nach dem Zeitpunkt eingetreten ist, in dem der Versicherer diesen Umstand der nach § 46 FZV[3] hierfür zuständigen Stelle (Kfz-Zulassungsstelle der nach Landesrecht zuständigen unteren Verwaltungsbehörde) gem. **§ 25 FZV** angezeigt hat, § 117 Abs. 2 S. 1 VVG. Dies gilt auch, wenn das Versicherungsverhältnis durch Zeitablauf endet, § 117 Abs. 2 S. 2 VVG. Der Lauf der Frist beginnt jedoch nicht vor Beendigung des Versicherungsverhältnisses § 117 Abs. 2 S. 3 VVG.

Ein Fall des **Nichtbestehens** des Versicherungsverhältnisses im Sinne von § 117 Abs. 2 S. 1 VVG ist gegeben, wenn eine der Parteien den Versicherungsvertrag wegen Irrtums (§ 119 BGB), wegen arglistiger Täuschung oder Drohung (§ 123 BGB) angefochten hat, wenn der Versicherer vom Versicherungsvertrag wegen Verletzung der vorvertraglichen Anzeigepflicht gem. § 19 VVG oder wegen Nichtzahlung der ersten Prämie gem. § 37 VVG wirksam zurückgetreten ist, ebenso wenn der Vertrag wegen Geschäftsunfähigkeit (§ 105 BGB) oder Minderjährigkeit des Versicherungsnehmers (§ 108 BGB)[4] oder wegen versteckter Einigungsmängel (§ 151 BGB) nicht zustande gekommen ist. Doch auch wenn es von Anfang an keine Deckung gegeben hat, kann es dennoch eine Nachhaftung geben.[5]

Fälle der **Beendigung** des Versicherungsvertrags sind die ordentliche oder außerordentliche Kündigung seitens des Versicherers oder des Versicherungsnehmers, zB nach § 122 iVm § 96 VVG, der Zeitablauf bei einem Vertrag ohne Verlängerungsklausel, die einvernehmliche Aufhebung des Vertrags, der Wegfall des versicherten Interesses gem. § 80 Abs. 2 VVG. Die Kündigungsfiktion durch Abschluss einer neuen Kfz-Haftpflichtversicherung durch den Erwerber nach Veräußerung des Fahrzeugs durch den früheren VN (§ 158 h VVG aF) gibt es nicht

---

3 Verordnung über die Zulassung von Fahrzeugen zum Straßenverkehr vom 03.2.2011, BGBl. I, S. 139; zuletzt geändert duch Verordnung vom 30.10.2014 BGBl. I S. 1666.
4 Vgl BGH, Urt. v. 2.10.2002 – IV ZR 309/01.
5 *Knappmann*, in: Prölss/Martin, VVG, § 117 Rn 10; aA *Langheid*, in: Römer/Langheid, VVG, § 117 Rn 16.

mehr. Hier muss jetzt gem. §§ 122, 95 VVG und G.7 AKB innerhalb eines Monats gekündigt werden. Beendigung ohne Kündigung tritt zudem ein bei Überschreitung vereinbarter Stilllegungszeiten gem. H.1.7 AKB.

11 Die **Monatsfrist** des § 117 Abs. 2 S. 1 VVG beginnt mit der Anzeige des Versicherers gem. § 25 FZV an die gem. § 46 FZV zuständige Kfz-Zulassungsstelle, wobei Voraussetzung für den Fristbeginn der Zugang der Anzeige bei der Zulassungsstelle ist, den der Versicherer zu beweisen hat.[6] Jedoch wird die Nachhaftungsfrist nur in Lauf gesetzt, wenn der entscheidende Inhalt der Anzeige vollständig und richtig, insbesondere das Versicherungsverhältnis wirksam beendet ist.[7]

12 **Hinweis:** Aus diesem Grunde ist der gegnerische KH-Versicherer anzuschreiben und aufzufordern, den Nachweis zu erbringen, dass das Versicherungsverhältnis nicht bestanden hat bzw. beendet wurde und die Beendigung der gem. § 46 FZV zuständigen Straßenverkehrsbehörde wirksam gem. § 25 FZV angezeigt wurde, um zu überprüfen, ob die Nachhaftung besteht (vgl unten Rn 20).

13 Sollte der Versicherer gem. § 117 Abs. 2 VVG von der Verpflichtung zur Leistung frei sein, so ist zu überprüfen, ob ein **Anspruch des Geschädigten gegen die Zulassungsstelle nach Amtshaftungsgrundsätzen** besteht. Nach § 839 BGB haftet der Beamte persönlich, wenn er vorsätzlich oder fahrlässig die ihm einem Dritten gegenüber obliegende Amtspflicht verletzt; im Falle der Fahrlässigkeit jedoch nur dann, wenn der Verletzte nicht auf andere Weise Ersatz zu erlangen vermag. Die Staatshaftung des Art. 34 GG, die an die Stelle der Haftung des Beamten tritt, stellt zusätzlich darauf ab, ob der Beamte seine Amtspflicht in Ausübung eines ihm anvertrauten öffentlichen Amtes, also im Rahmen seiner hoheitlichen Tätigkeit verletzt hat. In diesem Fall leitet Art. 34 GG die durch § 839 BGB begründete Haftung grundsätzlich auf den Staat als Dienstherrn über, so dass eine persönliche Haftung des Beamten ausscheidet.

14 Die Verantwortlichkeit trifft grundsätzlich die Anstellungskörperschaft, dh die Körperschaft, in deren Diensten der Beamte steht, Art. 34 GG.[8] Kommt einem Beamten eine Doppelstellung zu, ist er zB sowohl staatlicher als auch kommunaler Beamter, hat er also mehrere Dienstherren, so haftet diejenige Körperschaft, deren Aufgabe der Beamte bei der Amtspflichtverletzung wahrgenommen hat (Amtsübertragungstheorie). Bei hoheitlicher Tätigkeit gilt für die eigene Haftung des Beamten und für die Haftung der juristischen Person der **haftungsrechtliche Beamtenbegriff**. Hierunter fällt jede Person, die der Bund, ein Land oder eine andere dazu befugte öffentliche Körperschaft mit öffentlicher Gewalt ausgestattet hat (Anvertrauen der öffentlichen Gewalt) und zwar unabhängig davon, ob ihr staatsrechtliche Beamteneigenschaft zukommt oder nicht. Somit ist entgegen der Eigenhaftung des Beamten bei privatrechtlicher Tätigkeit im Sinne von § 839 BGB nicht entscheidend, ob jemand Beamter im Sinne der Beamtengesetze ist, so dass auch Angestellte und sogar Privatpersonen oder private Organisationen, sofern sie ermächtigt sind, zur Wahrnehmung der ihnen übertragenen hoheitlichen Aufgaben tätig zu werden, in diesem Sinne hoheitlich handeln können.

15 Aufgrund einer Anzeige nach § 25 FZV hat die Zulassungsstelle ohne schuldhaftes Zögern sofort alles Erforderliche zu tun, um das bezeichnete Fahrzeug aus dem Verkehr zu ziehen

---

[6] OLG Celle VersR 1954, 427; LG Bremen VersR 1951, 290.
[7] BGH NJW 1974, 858; OLG Köln VersR 1999, 1357.
[8] BGHZ 99, 326.

(§ 25 Abs. 4 FZV). Sie hat das Kennzeichen zu entstempeln und die Zulassungsbescheinigung Teil I (früher: Fahrzeugschein) einzuziehen. Zunächst genügt in der Regel die Aufforderung an den Halter, entweder eine neue Versicherungsbestätigung vorzulegen oder aber die Zulassungspapiere abzuliefern und die Kennzeichen entstempeln zu lassen.[9] Als letztes Mittel bleibt die sofortige zwangsweise Außerbetriebsetzung des Fahrzeugs, wobei die Aufnahme der Fahrzeugdaten in eine Fahndungskartei nicht genügt, vielmehr muss die Behörde den Polizeivollzugsdienst um Vollzugshilfe bitten. Diese Vorschrift dient nicht nur dem Schutz des Versicherers, sondern auch dem Schutz der durch das Fahrzeug Geschädigten[10] und ist Amtspflicht gegenüber jedem Verkehrsteilnehmer[11] auch gegenüber dem Mitfahrer[12] nicht aber gegenüber dem Halter und dem Fahrer des nichtversicherten Fahrzeugs.

Vernachlässigt die Zulassungsstelle ihre Mitwirkungspflicht, dann trifft sie die Haftung nach Amtshaftungsgrundsätzen, und zwar für den Fall, dass sie die Anzeige nach § 25 FZV nicht rechtzeitig bearbeitet (vgl unten Rn 21), wobei eine Bearbeitungszeit von 23 Tagen zu lang ist.[13] Eine daraus sich ergebende Haftung der Zulassungsstelle geht der – nur subsidiären – Eintrittspflicht der Verkehrsopferhilfe gem. § 12 PflVG vor, wobei die Haftung nicht über die Mindestversicherungssumme nach dem Pflichtversicherungsgesetz hinausgeht.[14]

Ist der Versicherer gem. § 117 Abs. 2 VVG von der Verpflichtung zur Leistung frei, ist vor Inanspruchnahme der Verkehrsopferhilfe (vgl Rn 80 ff) zu prüfen, ob eine Haftung der für die Zulassungsstelle zuständigen Anstellungskörperschaft nach Amtshaftungsgrundsätzen gegeben ist.

Zu beachten ist, dass die Haftung des Beamten und damit des Staates durch § 839 Abs. 1 S. 2 BGB eingeschränkt wird. Fällt dem Beamten lediglich Fahrlässigkeit zur Last, so besteht eine Haftung nur dann, wenn der Verletzte nicht auf andere Weise Ersatz zu verlangen vermag. Dies gilt auch für die persönliche Haftung des Beamten, der für seinen Dienstherrn nicht hoheitlich, sondern privatrechtlich tätig ist. Der „andere Ersatzanspruch", etwa gegen Fahrer und Halter, muss in absehbarer, angemessener Zeit wirtschaftlich realisierbar sein und die Verweisung muss zumutbar sein.[15] Das Fehlen dieser **anderweitigen Ersatzmöglichkeit** ist Tatbestandsmerkmal und damit Anspruchsvoraussetzung und vom Geschädigten darzulegen und gegebenenfalls zu beweisen.[16] Jedoch ist die Möglichkeit, die Verkehrsopferhilfe in Anspruch zu nehmen, nach § 12 Abs. 1 S. 4 PflVG ausdrücklich keine anderweitige Ersatzmöglichkeit im Sinne des § 839 Abs. 1 S. 2 BGB.

Amtspflichtverletzungen sind auch dergestalt denkbar, dass Bedienstete der Grenzzolldienststellen ihrer Pflicht, einreisende Fahrzeuge mit ausländischen Kennzeichen auf ausreichenden Versicherungsschutz zu kontrollieren, nicht nachkommen.

---

9 OLG Karlsruhe VersR 2011, 351, 352; BGH NJW 1982, 988; 1987, 2737.
10 OLG Düsseldorf NJW-RR 1988, 219.
11 BGH VersR 1976, 885; NJW 1987, 2737; OLG Karlsruhe VersR 1980, 74.
12 BGH NJW 1982, 988.
13 BGHZ 20, 53 = (gekürzt) NJW 1956, 867; *Hentschel/König/Dauer*, Straßenverkehrsrecht, § 25 FZV Rn 10.
14 BGHZ 111, 272; BGH NJW 1990, 2615; aA *Knappmann*, in: Prölss/Martin, VVG, § 3 Rn 3 PflVG.
15 BGH VersR 1995, 168.
16 BGH NJW 1996, 3208.

2. Schreiben an den nachhaftenden Haftpflichtversicherer

20 ▶ **Muster: Schreiben an den nachhaftenden Haftpflichtversicherer**

84

... VersicherungsAG

... [Anschrift]

Schadensnummer: ...

Schaden vom ...

Ihr VN: ...

Amtliches Kennzeichen: ...

Sehr geehrte Damen und Herren,

hiermit zeige ich unter Hinweis auf die beigefügte Vollmacht an, dass mich Herr ... [Name, Vorname, Anschrift des Mandanten] mit der Wahrnehmung seiner Interessen beauftragt hat. Ihr Schreiben vom ..., mit welchem Sie unter Hinweis auf die Kündigung des Versicherungsvertrags wegen Nichtzahlung der Versicherungsprämie Ihre Eintrittspflicht für den unfallbedingten Schaden verneinen, liegt mir vor. Dazu nehme ich wie folgt Stellung:

Allein die Kündigung des Versicherungsvertrags lässt den in § 115 VVG normierten Direktanspruch meines Mandanten nicht entfallen. Voraussetzung für Ihre Leistungsfreiheit wäre vielmehr, dass diese Kündigung Ihrem Versicherungsnehmer zugegangen ist und er innerhalb der Monatsfrist des § 38 Abs. 3 VVG keine Nachzahlung geleistet hat. Voraussetzung wäre weiter, dass Sie nach Wirksamwerden der Kündigung nach dem dazu durch § 25 FZV vorgeschriebenen Muster gem. Anlage 11 Nr. 5 FZV oder gem. §§ 25 Abs. 1 S. 2, 23 Abs. 3 S. 1 FZV elektronisch der zuständigen Zulassungsstelle eine vollständige und richtige Mitteilung von der Beendigung des Versicherungsvertrags gemacht haben und seit dem Zugang dieser Mitteilung bereits ein Monat verstrichen war, bevor es zum hier in Rede stehenden Unfall kam.

Ich bitte Sie deshalb, längstens bis zum

... [Datum des Schreibens + 2 Wochen]

entsprechende Nachweise darüber zu erbringen, dass alle vorgenannten Voraussetzungen tatsächlich vorliegen. Andernfalls werde ich davon ausgehen, dass keine Leistungsfreiheit gegeben ist.

Für den Fall, dass Sie die Nachweise nicht führen, fordere ich Sie bereits jetzt namens und im Auftrage meines Mandanten auf, binnen der vorgenannten Frist Ihre Eintrittspflicht für den unfallbedingten Schaden meines Mandanten dem Grunde nach anzuerkennen.

[Alternativ:]

Für den Fall, dass Sie die Nachweise nicht führen, fordere ich Sie bereits jetzt namens und im Auftrage meines Mandanten auf, binnen der vorgenannten Frist den bereits mit Schreiben vom ... im Einzelnen erläuterten Betrag von ... auf eines meiner Konten zu zahlen. Wegen der mir von meinem Mandanten erteilten Geldempfangsvollmacht verweise ich auf die beigefügte Vollmachtsurkunde.

Ich bitte, die künftige Korrespondenz ausschließlich über meine Kanzlei zu führen. Für etwaige Rückfragen stehe ich natürlich jederzeit gern zur Verfügung.

Mit freundlichen Grüßen

Rechtsanwalt ◀

B. Nachhaftung 4

▶ **Muster: Anspruchsschreiben bei Amtspflichtverletzung** 21

Landkreis ...

... [Anschrift]

Amtliches Kennzeichen des Schädiger-Kfz: ...

[ggf Az ...]

Sehr geehrte Damen und Herren,

hiermit zeige ich unter Hinweis auf die beigefügte Vollmacht an, dass uns Herr ... [Name, Vorname, Anschrift des Mandanten] mit der Wahrnehmung seiner Interessen beauftragt hat. Grundlage unseres Auftrags ist ein Verkehrsunfall vom .... Durch diesen Unfall hat mein Mandant erheblichen Schaden [alternativ: einen Schaden in Höhe von ...] erlitten. Verursacht wurde der Schaden durch Herrn ... mit dem Fahrzeug ... [Modell, Kennzeichen]. Der Unfallverursacher ist vermögenslos. Von ihm ist keine Ersatzleistung zu erwarten. Auch ein Versicherer ist für den meinem Mandanten entstanden Schaden nicht eintrittspflichtig. Der frühere Haftpflichtversicherungsvertrag mit der ...-Versicherung bestand nur bis zum .... Von der Beendigung hat Ihnen als zuständiger Stelle der Versicherer unter dem ... auf dem dafür vorgeschriebenen Muster nach § 25 Abs. 1, Anlage 11 Nr. 5 FZV Mitteilung gemacht. Die einmonatige Nachhaftungsfrist war deshalb am Unfalltage bereits abgelaufen.

Ich bin der Auffassung, dass Sie für den Schaden meines Mandanten aus Amtshaftungsgesichtspunkten ersatzpflichtig sind:

Nachdem Ihnen vom Versicherer die Beendigung des Versicherungsschutzes für das Fahrzeug des Herrn ... mit dem amtlichen Kennzeichen ... mitgeteilt worden war, hatten Sie gegenüber jedem Verkehrsteilnehmer, also auch gegenüber meinem Mandanten, die Pflicht, unverzüglich, längstens aber innerhalb eines Monats durch Einziehung des Fahrzeugscheins bzw der Zulassungsbescheinigung Teil I und Entstempelung der Kennzeichen das Fahrzeug stillzulegen (vgl BGH VersR 1976, 885; OLG Karlsruhe VersR 1980, 74). Dieser Pflicht haben Sie jedoch nicht genügt. Das Fahrzeug war bis zum Unfalltage noch nicht stillgelegt worden.

Es ist davon auszugehen, dass Herr ... nach einer zwangsweisen Stilllegung seines Fahrzeugs dieses nicht mehr im öffentlichen Verkehr geführt hätte. Die Verletzung der Pflicht zur Stilllegung ist also für den Schaden meines Mandanten ursächlich geworden.

Ich habe Sie deshalb aufzufordern, längstens bis zum

... [Datum des Schreibens + 2 Wochen]

Ihre Ersatzpflicht gegenüber meinem Mandanten dem Grunde nach anzuerkennen oder aber den Nachweis zu erbringen, dass Sie ohne schuldhaftes Zögern alles Erforderliche getan haben, um das bezeichnete Fahrzeug aus dem Verkehr zu ziehen (§ 25 Abs. 4 FZV). Insbesondere sollten Sie, wenn Sie Ihre Eintrittspflicht verneinen, darlegen, wann und welche notwendigen Maßnahmen Sie eingeleitet haben.

Eine anderweitige Ersatzmöglichkeit im Sinne von § 839 Abs. 1 S. 2 BGB besteht nicht, da der Fahrer und Halter, wie oben bereits ausgeführt, vermögenslos ist. Auf eine zukünftige Ersatzmöglichkeit braucht sich unser Mandant nicht verweisen zu lassen (BGH VerkMitt. 1965, 1061).

Ich bitte, die künftige Korrespondenz ausschließlich über unsere Kanzlei zu führen. Für etwaige Rückfragen stehe ich natürlich jederzeit gern zur Verfügung.

Mit freundlichen Grüßen

Rechtsanwalt ◀

II. Prozesssituation

22 **1. Prozessuale Grundlagen.** Bei der Geltendmachung von Schadensersatzansprüchen anlässlich eines Verkehrsunfalls handelt es sich um eine bürgerliche Rechtsstreitigkeit im Sinne der §§ 13 GVG, 40 Abs. 2 VwGO, so dass auch für die Amtshaftungsansprüche die ordentlichen Gerichte zuständig sind (Art. 34 Abs. 3 GG).

23 Klagen gegen den KH-Versicherer sind je nach Streitwert beim Amtsgericht oder Landgericht anhängig zu machen. Hinsichtlich der örtlichen Zuständigkeit ist es ratsam, das Gericht des Unfallorts zu wählen (§ 32 ZPO). Zum einen gibt es dann keine Probleme bei einer Klage gegen mehrere Beklagte, die unterschiedliche allgemeine Gerichtsstände haben. Und zum anderen erleichtert die Nähe zum Unfallort häufig das Verständnis des Gerichts vom Unfallhergang.

24 Für die Amtshaftungsansprüche sind gem. § 71 Abs. 2 Nr. 2 GVG die Landgerichte unabhängig von der Höhe des Streitwerts ausschließlich zuständig. Hinsichtlich der Passivlegitimation muss auf der Grundlage vor allem auch der Landesgesetze geprüft werden, für welche Anstellungskörperschaft der Handelnde tätig geworden ist. Grundsätzlich haftet die Anstellungskörperschaft, in deren Diensten der Amtsträger steht, der eine Pflicht verletzt hat. Gibt es keinen Dienstherrn oder kein Dienstverhältnis, ist darauf abzustellen, wer dem Amtsträger die Aufgabe anvertraut hat, bei deren Erfüllung die Pflichtverletzung begangen wurde. Bei mehreren Dienstherren haftet die Körperschaft, deren Aufgabe der Amtsträger bei der Pflichtverletzung wahrgenommen hat. Bei bindenden Weisungen übergeordneter Behörden haftet der Träger der anweisenden Behörde, nicht derjenige der angewiesenen.[17]

25 Der Geschädigte hat nicht nur die Amtspflichtverletzung als solche, sondern auch das Verschulden des Amtsträgers, den Eintritt und die Höhe des durch die Amtspflichtverletzung bewirkten Schadens, die Ursächlichkeit der Amtspflichtverletzung für diesen Schaden sowie das Nichtbestehen einer anderweitigen Ersatzmöglichkeit darzulegen und zu beweisen.[18]

26 **2. Klageanträge.** Sofern die materiellen und/oder immateriellen Ansprüche des Geschädigten feststehen, sollten diese gegenüber dem Versicherer und der mitversicherten Person im Rahmen der Leistungsklage geltend gemacht werden (Rn 27 f). Sollten die Ansprüche dagegen nicht (Rn 30) oder nicht vollständig (Rn 32) feststehen, so ist im ersten Fall die Feststellungsklage und im zweiten Fall eine Kombination aus Leistungs- und Feststellungsklage geboten. Die Klageanträge sollten wie folgt lauten:

a) Verfahren mit mündlicher Verhandlung

27 ▶ **Muster: Antrag bei Geltendmachung eines Sachschadens im Wege der Leistungsklage**

Ich werde beantragen,

die Beklagte zu verurteilen, an den Kläger ... EUR nebst Zinsen in Höhe von 5 Prozentpunkten über dem Basiszinssatz hieraus seit dem ... zu zahlen. ◀

28 ▶ **Muster: Antrag bei Geltendmachung von Schmerzensgeld im Wege der Leistungsklage**

Ich werde beantragen,

---

17 Zu Einzelheiten siehe Palandt/*Sprau*, § 839 BGB Rn 25 ff; MünchKommBGB/*Papier*, § 839 Rn 360 ff.
18 Vgl BGH NJW 2009, 3302.

die Beklagte zu verurteilen, an den Kläger ein in das Ermessen des Gerichts gestelltes angemessenes Schmerzensgeld, mindestens aber ... EUR, nebst Zinsen von 5 Prozentpunkten über dem Basiszinssatz seit dem ... zu zahlen. ◂

Hinweis: Die Angabe der Begehrensvorstellung des Klägers im Antrag ist sinnvoll, aber nicht zwingend. Sie kann auch im Begründungstext erfolgen. Sie darf aber nicht vergessen werden, weil sonst die Bezugsgröße für die Ermittlung der für ein etwaiges Rechtsmittel notwendigen Beschwer fehlt (Regressgefahr!).

▸ **Muster: Antrag bei der Feststellungsklage**

Ich werde beantragen

festzustellen, dass die Beklagte verpflichtet ist, dem Kläger alle materiellen und immateriellen Schäden zu ersetzen, die dem Kläger aus dem Verkehrsunfall vom ... in ... entstehen, soweit der Anspruch nicht auf einen Sozialversicherungsträger oder andere Dritte übergegangen ist oder noch übergehen wird. ◂

Hinweis: Die Einschränkung hinsichtlich der übergegangenen oder noch übergehenden Ansprüche ist nicht zwingend erforderlich, aber unschädlich. Wichtig wird die Einschränkung jedoch ggf bei der Auslegung von Vergleichen mit Abgeltungsklauseln.[19]

▸ **Muster: Anträge bei Kombination aus Leistungs- und Feststellungsklage**

Ich werde beantragen,

1. die Beklagte zu verurteilen, an den Kläger ... EUR nebst Zinsen in Höhe von 5 Prozentpunkten über dem Basiszinssatz seit ... zu zahlen,

2. die Beklagte weiter zu verurteilen, an den Kläger ein in das Ermessen des Gerichts gestelltes Schmerzensgeld, mindestens aber ... EUR, nebst Zinsen von 5 Prozentpunkten über dem Basiszinssatz seit dem ... zu zahlen, sowie

3. festzustellen, dass die Beklagte verpflichtet ist, dem Kläger alle weiteren materiellen und immateriellen Schäden zu ersetzen, die dem Kläger aus dem Verkehrsunfall vom ... in ... noch entstehen werden, soweit der Anspruch nicht auf Sozialversicherungsträger oder andere Dritte übergegangen ist oder noch übergehen wird. ◂

Hinweis: Bei Klagen gegen mehrere Ersatzpflichtige ist eine gesamtschuldnerische Verurteilung zu beantragen.

b) Schriftliches Vorverfahren. Für den Fall eines schriftlichen Vorverfahrens, das regelmäßig in Betracht kommt, sollte vorsorglich der Erlass eines Versäumnisurteils beantragt werden, das nur auf Antrag ergeht, § 331 Abs. 3 ZPO. Anerkenntnisurteile erfordern seit der ZPO-Reform 2002 keinen Antrag mehr, § 307 ZPO. Ein entsprechender Antrag schadet aber auch nicht, so dass wie folgt formuliert werden kann:

▸ **Muster: Antrag auf Erlass eines Versäumnis- oder Anerkenntnisurteils im schriftlichen Vorverfahren**

Für den Fall der Anordnung eines schriftlichen Vorverfahrens beantrage ich bereits jetzt,

---

19 Vgl *Hardung*, in: Ferner, Straßenverkehrsrecht, § 20 Rn 52.

3. Muster

36 ▶ **Muster: Klage gegen den KH-Versicherer (§§ 115 Abs. 1 und 117 Abs. 2 VVG)**

An das Amtsgericht ...

Klage

der Frau ...

– Klägerin –

Prozessbevollmächtigte: RAe ...

gegen

die ... VersicherungsAG, vertreten durch den Vorstand, dieser vertreten durch den Vorsitzenden ... [Name und Adresse]

– Beklagte –

wegen Schadensersatzes.

Namens und in Vollmacht der Klägerin erheben wir Klage und werden beantragen, wie folgt zu erkennen:

Die Beklagte wird verurteilt, an die Klägerin ... EUR nebst Zinsen in Höhe von 5 Prozentpunkten über dem Basiszinssatz seit dem .../seit Rechtshängigkeit sowie vorgerichtliche Anwaltskosten in Höhe von ... zu zahlen.

Die Beklagte trägt die Kosten des Rechtsstreits.[20]

Das Urteil ist – notfalls gegen Sicherheitsleistung – vorläufig vollstreckbar.[21]

Begründung:

Mit der vorliegenden Klage begehrt die Klägerin Schadensersatz anlässlich eines Verkehrsunfalls vom ... in ....

Der Versicherungsnehmer der Beklagten, Herr ..., ist, was zwischen den Parteien unstreitig ist, am 28.4.2015 in ... auf das verkehrsbedingt an einer Ampel haltende Fahrzeug der Klägerin aufgefahren, wobei das Fahrzeug der Klägerin stark beschädigt wurde. Die Beklagte hat vorgerichtlich mit Schreiben vom ... die Haftung mit der Begründung abgelehnt, dass zum einen das Versicherungsverhältnis wegen Nichtzahlung der Erstprämie zum 1.3.2011 beendet gewesen sei und zum anderen die Beklagte mit Schreiben vom 16.3.2015 ihrer Anzeigenobliegenheit gem. § 25 FZV nachgekommen sei.

Die Behauptung der Beklagten, das Versicherungsverhältnis mit ihrem Versicherungsnehmer sei aufgrund der Nichtzahlung der Erstprämie gem. § 37 VVG nicht entstanden, wird seitens der Klägerin gem. § 138 Abs. 4 ZPO mangels eigener Wahrnehmungen mit Nichtwissen bestritten.

Unabhängig davon besteht die Nachhaftung der Beklagten weiter, da die Anzeige bei der zuständigen Behörde erst am 29.3.2015 einging, mithin die Monatsfrist des § 117 Abs. 2 VVG zum Zeitpunkt des Unfalls am 28.4.2015 nicht abgelaufen war.

---

20 Dieser Antrag ist eigentlich überflüssig, weil das Gericht über die Kosten von Amts wegen zu entscheiden hat. Es soll allerdings schon vorgekommen sein, dass mangels Antrags keine Kostenentscheidung getroffen wurde.
21 Auch über die Vollstreckbarkeit ist von Amts wegen zu entscheiden. Ein Antrag schadet aber auch nicht.

Beweis: Zeugnis des Mitarbeiters ... der Zulassungsstelle der Stadt ... [Adresse]

Aufgrund dessen stehen der Klägerin gegen die Beklagte Ersatzansprüche bezüglich der nachfolgenden Schäden zu:

Selbstbehalt in der Vollkaskoversicherung:	500 EUR
Auslagenpauschale:	25 EUR
Abschleppkosten:	150 EUR
Nutzungsausfall gemäß anliegender Reparaturdauerbescheinigung für die Dauer von 10 Tagen à 30 EUR, mithin	300 EUR
Gutachterkosten	250 EUR
Gesamt	1.225 EUR

Einwendungen in Bezug auf die einzelnen Schäden oder deren Höhe hat die Beklagte bislang nicht erhoben, so dass insoweit vorerst auf eine vertiefende Darlegung und Beweisantritte verzichtet wird.

Die Beklagte wurde unter Fristsetzung zum ... zur Zahlung aufgefordert, so dass sie sich spätestens seit dem ... [einen Tag später] in Zahlungsverzug befindet. Nachdem keine Zahlung erfolgte, ist Klage geboten.

Rechtsanwalt ◄

▶ **Muster: Klageerwiderung (§§ 115 Abs. 1 und 117 Abs. 2 VVG)**   37

An das Amtsgericht ...

Klageerwiderung

In Sachen ... [Klägerin] ./. ... [Beklagte]

Az/Geschäfts-Nr. ...

bestellen wir uns zu Prozessbevollmächtigten der Beklagten und beantragen, wie folgt zu erkennen:

Die Klage wird abgewiesen.

Begründung:

Die Beklagte ist gegenüber der Klägerin von der Verpflichtung zur Leistung frei, weil zum einen das Versicherungsverhältnis aufgrund Nichtzahlung der Erstprämie gem. § 37 VVG nicht zur Entstehung gelangt ist und zum anderen sich der Schadensfall über einen Monat nach der Anzeige der Beklagten gem. § 25 FZV ereignete.

Die Beklagte hat mit ihrem Versicherungsnehmer den Vertrag am 1.2.2015 mit Beginn zum selben Tage abgeschlossen, wobei dem Versicherungsnehmer der Beklagten der Vertragstext einschließlich der Allgemeinen Versicherungsbedingungen und weiteren Informationen nach § 7 Abs. 1 und 2 VVG sowie die Prämienberechnung mit Zahlungsaufforderung und einem gesonderten Hinweis auf die Folgen der Nichtzahlung gem. § 37 Abs. 2 S. 2 VVG übergeben wurde. Unter Berücksichtigung der Zahlungsfrist von 14 Tagen gem. C.1.1 AKB war die Erstprämie spätestens zum 15.2.2015 fällig. Die Prämie ist aber seitens des Versicherungsnehmers bis zum Schadenszeitpunkt, dem 16.4.2015, nicht beglichen worden,

Beweis: Zeugnis ..., zu laden über die Beklagte

mit der Folge, dass die Beklagte gem. § 37 Abs. 2 VVG von der Verpflichtung zur Leistung frei ist.

Darüber hinaus hat die Beklagte mit Schreiben vom 16.3.2015 bei der nach § 46 FZV zuständigen Kfz-Zulassungsstelle der Stadt ... gem. § 25 FZV das Nichtbestehen des Versicherungsverhältnisses angezeigt. Das Schreiben ist am 17.3.2015 eingegangen.

Beweis: Zeugnis ..., zu laden über die Stadt ...

Am Unfalltag, dem 28.4.2015, war die Monatsfrist des § 117 Abs. 2 VVG mithin verstrichen, so dass die Beklagte auch gegenüber der Klägerin von der Verpflichtung zur Leistung frei ist.

Rechtsanwalt ◄

38 ▶ **Muster: Replik (§§ 115 Abs. 1 und 117 Abs. 2 VVG)**

An das Amtsgericht ...

Replik

In Sachen ... [Klägerin] ./. ... [Beklagte]

Az/Geschäfts-Nr. ...

wird das Vorbringen der Beklagten im Schriftsatz vom ... nach Maßgabe des diesseitigen Vorbringens bestritten und im Übrigen wie folgt Stellung genommen:

Mit Nichtwissen (§ 138 Abs. 4 ZPO) wird die Behauptung der Beklagten bestritten, sie habe den Versicherungsvertrag am 1.2.2015 mit Beginn zum selben Tage abgeschlossen, dem Versicherungsnehmer der Beklagten sei der Vertragstext einschließlich der genannten weiteren Unterlagen am selben Tage übergeben worden und der Versicherungsnehmer der Beklagten habe bis zum 28.4.2015 die Erstprämie nicht beglichen.

Aber selbst wenn das Versicherungsverhältnis der Beklagten mit ihrem Versicherungsnehmer nicht bestanden hätte und diese gem. § 37 Abs. 2 VVG gegenüber ihrem Versicherungsnehmer von der Verpflichtung zur Leistung frei wäre, so wäre ihre Haftung dennoch gegeben:

Das Schreiben der Beklagten vom 16.3.2015 ist bei der zuständigen Zulassungsstelle nämlich nicht am 17.3.2015, sondern erst am 29.3.2015 eingegangen.

(Gegen-)Beweis: Zeugnis des Mitarbeiters ... der Zulassungsstelle ...

Nach ständiger Rechtsprechung ist für den Fristbeginn der Zugang der Anzeige bei der Zulassungsstelle maßgeblich (OLG Celle VersR 1954, 427; LG Bremen VersR 1951, 290). Die Monatsfrist des § 117 Abs. 2 VVG war deshalb zum Unfallzeitpunkt nicht abgelaufen, so dass die Beklagte gegenüber der Klägerin für die Folgen des Schadensereignisses vom 28.4.2015 haftet.

Rechtsanwalt ◄

39 ▶ **Muster: Klage eines Sozialversicherungsträgers wegen Nachhaftung ohne wirksamen Versicherungsvertrag[22]**

An das ... [Gericht des Unfallortes]

Klage

In Sachen

der ...-Krankenkasse [Vertretungsverhältnisse, Anschrift]

– Klägerin –

---

[22] Nachgebildet BGH v. 2.10.2002 – IV ZR 309/01 (nicht überholt durch § 5 Abs. 3 KfzPflVV vom 1.1.2003, weil die Leistungsfreiheit nicht nur auf Obliegenheitsverletzung beruht, vgl *Langheid*, in: Römer/Langheid, VVG 2. Auflage, § 3 PflVG Rn 26, in 4. Auflage nicht mehr kommentiert).

Prozessbevollmächtigte: RAe ...

gegen

1. ... VersicherungsAG, vertreten durch den Vorstand,
die Herren ..., ..., ... [Anschrift] (zu Schadensnummer ...)

– Beklagte zu 1 –

2. Herrn ... [Vorname, Name, Anschrift des am Unfall beteiligten Fahrers],[23]

– Beklagter zu 2 –

wegen Schadensersatzes aus Verkehrsunfall

erhebe ich hiermit namens und im Auftrag der Klägerin Klage gegen die Beklagten und bitte um Anberaumung eines möglichst nahen Termins zur mündlichen Verhandlung, in dem ich beantragen werde,

die Beklagten als Gesamtschuldner zu verurteilen, an die Klägerin ... EUR nebst Zinsen in Höhe von 5 Prozentpunkten über dem Basiszinssatz seit dem ... zu zahlen.

Für den Fall der Anordnung eines schriftlichen Vorverfahrens beantrage ich bereits jetzt,

die Beklagten gemäß dem vorstehenden Antrag durch Versäumnis- oder Anerkenntnisurteil zu verurteilen, sofern die gesetzlichen Voraussetzungen dafür vorliegen.

Begründung:

Die Klägerin macht als Sozialversicherungsträgerin Schadensersatz aus auf sie nach § 116 SGB X übergegangenem Recht ihres Mitglieds M. geltend. Zugrunde liegt ein Unfall, der sich am ... außerorts auf der Straße zwischen ... und ... ereignete und bei welchem Fau M. schwer verletzt wurde.

Im Einzelnen:

Der Beklagte zu 2, der über keine Fahrerlaubnis verfügte, erwarb im September 2014 einen Pkw ... . Auf seine Veranlassung hin stellte der damals 16-jährige Beklagte zu 2 unter Angabe eines unrichtigen Geburtsdatums bei der Beklagten zu 1 für das Fahrzeug einen Antrag auf Abschluss einer Haftpflichtversicherung. Ihm wurde eine Versicherungsbestätigung ausgehändigt. Vorsorglich

Beweis: 1. Zeugnis ...
2. Zeugnis des Versicherungsagenten ...

Das Fahrzeug erhielt daraufhin von der Straßenverkehrsbehörde ein Überführungskennzeichen ... . Vorsorglich

Beweis: Auskunft des Landkreises ...

Am 24.9.2014 kam der Beklagte zu 2 mit dem Pkw während einer nächtlichen Fahrt aufgrund überhöhter Geschwindigkeit von der Fahrbahn ab und prallte gegen einen Baum.

Beweis: Beiziehung der Ermittlungsakten der StA ... zum Az ...

Die auf der Rückbank befindliche M. wurde schwer verletzt. Sie erlitt, wie sich aus den beigefügten Arztberichten vom ... ergibt, folgende Verletzungen ... .

Beweis: Zeugnis ... [der behandelnden Ärzte]

Die Klägerin wendete für die stationäre Krankenhausbehandlung vom ... bis ... und die anschließenden Rehabilitationsmaßnahmen in der ... vom ... bis ... 80.000 EUR auf, wie sich aus den beigefügten Rechnungen ergibt.

---

[23] Wenn der vom Fahrer verschiedene Halter als Zeuge in Betracht kommt, auch diesen mit verklagen.

Diese Summe haben die Beklagten als Gesamtschuldner zu erstatten:

Der Beklagte zu 2 ist als Halter und Fahrer gem. §§ 7, 18, StVG sowie gem. § 823 Abs. 1 und Abs. 2 iVm § 21 Abs. 1 StVG ersatzpflichtig.

Die Beklagte zu 1 hat als Haftpflichtversicherer gem. § 115 VVG für den Schaden einzustehen. Sie kann sich gegenüber der Klägerin nicht darauf berufen, dass das Versicherungsverhältnis gestört ist, denn sie hat durch die Aushändigung der Versicherungsbestätigung ihrem Versicherungsnehmer, dem Beklagten zu 2, eine Deckungszusage gem. § 49 VVG erteilt. Der mit dem minderjährigen Beklagten zu 2 über die vorläufige Deckung geschlossene Vertrag ist zwar endgültig unwirksam, weil die gesetzliche Vertreterin die Genehmigung verweigert hat, §§ 107, 108 Abs. 1, 131 Abs. 2 BGB. Die Beklagte unterliegt aber der Nachhaftung gem. § 117 Abs. 2 VVG, weil zugunsten der Geschädigten wegen des äußeren Anscheins eines wirksamen Vertrags insoweit ein Versicherungsverhältnis fingiert wird.

Gemäß § 117 Abs. 2 VVG kann ein Umstand, der das Nichtbestehen des Versicherungsverhältnisses zur Folge hat, dem direkten Anspruch des Dritten gegen den Versicherer (§ 115 Abs. 1 VVG) nur entgegengehalten werden, wenn das Schadensereignis später als einen Monat nach dem Zeitpunkt eingetreten ist, in dem der Versicherer den Umstand der hierfür zuständigen Stelle angezeigt hat. Diese Voraussetzung liegt hier nicht vor, weil eine solche Anzeige der Beklagten zu 1 gegenüber der zuständigen Straßenverkehrsbehörde unterblieben ist.

Darauf, dass der Beklagte zu 2 keine Fahrerlaubnis gehabt hat, kann sich die Beklagte zu 1 ebenfalls nicht berufen. Denn die darin liegende Obliegenheitsverletzung nach D.1.3 AKB kann gem. § 117 Abs. 1 VVG dem Anspruch der Klägerin nicht entgegengehalten werden. Beruht die Leistungsfreiheit im Innenverhältnis darauf, dass das Fahrzeug von einem Fahrer ohne die vorgeschriebene Fahrerlaubnis geführt wurde, kann der Versicherer den Dritten nicht auf die Möglichkeit verweisen, anderweitig Ersatz seines Schadens zu erlangen. Denn für diesen Fall nimmt § 3 S. 1 PflVG dem Versicherer die Möglichkeit, den Dritten gem. § 117 Abs. 3 S. 2 VVG auf einen anderweitigen Ersatz seines Schadens zu verweisen. Es gilt ausschließlich § 117 Abs. 1 VVG, wonach dem Direktanspruch des Dritten nicht entgegengehalten werden kann, dass der Versicherer dem ersatzpflichtigen Versicherungsnehmer gegenüber von der Verpflichtung zur Leistung frei ist.

Die Klage wird deshalb vollen Erfolg haben müssen.

Rechtsanwalt ◄

40 ► **Muster: Klageerwiderung des KH-Versicherers bei Nachhaftung ohne wirksamen Versicherungsvertrag**

An das ... [Prozessgericht]

Klageerwiderung

In dem Rechtsstreit

... [Klägerin] ./. ... [Beklagte zu 1 und 2]

Az/Geschäfts-Nr. ...

werde ich für die Beklagte zu 1 beantragen,

die Klage abzuweisen.

Begründung:

Die gegen die Beklagte zu 1 gerichtete Klage ist unbegründet. Die Beklagte zu 1 hat für den vom Beklagten zu 2 verursachten Schaden unter keinem rechtlichen Gesichtspunkt einzustehen.

B. Nachhaftung 4

Die Klägerin verkennt ausweislich ihrer Klagebegründung, dass die Beklagte zu 1 nach § 117 Abs. 2, 3 S. 2 VVG nicht zur Leistung verpflichtet ist. Nach den genannten Bestimmungen haftet der Versicherer nicht, wenn und soweit der geschädigte Dritte in der Lage ist, den Ersatz seines Schadens von einem Sozialversicherungsträger zu erlangen. Der Haftpflichtversicherer soll nicht belastet werden, wenn von anderer Seite aufgrund eines wirksamen Rechtsverhältnisses eine Verpflichtung zur Deckung des Schadens besteht. Gesetzgeberischer Beweggrund für die Haftung des KH-Versicherers auch bei an sich fehlender Deckungspflicht war der Schutz des Geschädigten, dessen Interessen die Ausgestaltung der Pflichtversicherung vorrangig dient. Dieser soll vor den Nachteilen eines notleidenden Versicherungsverhältnisses bewahrt werden. Das gilt jedoch nur dann, wenn er andernfalls für seinen Schaden keine Deckung erhielte (vgl BGH, Urt. v. 2.10.2002 – IV ZR 309/01; Urt. v. 4.4.1978 – VI ZR 238/76 = VersR 1978, 609 unter I 2 b; Urt. v. 23.1.1979 – VI ZR 199/77 = VersR 1979, 272 unter II 2 b, bb; *Langheid*, in Römer/Langheid, Versicherungsvertragsgesetz, 4. Aufl. 2014, § 117 VVG Rn 28).

Eine solche Deckung hat die Klägerin hier aber der Geschädigten als deren Sozialversicherungsträgerin gewährt, indem sie die Kosten für die stationäre Krankenhausbehandlung und die Rehabilitation der geschädigten M. übernommen hat. Der Geschädigten stehen deshalb keine Ansprüche gegen die Beklagte zu 1 zu. Deshalb kann es auch nicht zu einem Anspruchsübergang gem. § 116 SGB X gekommen sein. Kann sich der Versicherer gegenüber dem Dritten auf das Verweisungsprivileg berufen, scheiden auch Ansprüche des Sozialversicherungsträgers aus abgeleitetem Recht (§ 116 SGB X) aus, da die Vorschrift des § 117 Abs. 3 S. 2 VVG andernfalls leerliefe (vgl BGH, Urt. v. 2.10.2002 – IV ZR 309/01; BGHZ 65, 1, 6; *Langheid*, aaO, Rn 22; *Knappmann*, in Prölss/Martin, Versicherungsvertragsgesetz, 29. Aufl. 2015, § 117 Rn 32.

Die in § 3 S. 1 PflVG aufgeführten Ausnahmen beziehen sich allein auf Fälle der Leistungsfreiheit nach § 117 Abs. 1 VVG (vgl BGH, Urt. v. 2.10.2002 – IV ZR 309/01 = VersR 2002, 1505 noch zu § 3 Nr. 4 PflVG aF, dem § 117 Abs. 1 VVG inhaltlich entspricht). Geht es um eine Nachhaftung gem. § 117 Abs. 2 VVG gelten die Beschränkungen der Absätze 3 und 4 des § 117 VVG. Daran hat sich durch die Reform des Versicherungsrechts durch das Gesetz vom 23.11.2007 inhaltlich nichts geändert. Es sind lediglich die bis zum 31.12.2007 geltenden Bestimmungen des PflVG aF zum größten Teil in das VVG integriert worden. Die jetzt in § 3 S. 1 PflVG zu findende Bestimmung (vormals § 3 Nr. 6 S. 1 Hs. 2 PflVG aF) beinhaltet demnach Ausnahmetatbestände, die einer erweiternden Auslegung nicht zugänglich sind (vgl BGH, aaO; *Knappmann*, aaO, § 3 PflVG Rn 1, 2; OLG Hamm VersR 2000, 1139, 1140). Sind die Voraussetzungen eines Ausnahmetatbestands gegeben, scheidet eine Verweisungsmöglichkeit für den Versicherer nur insoweit aus. Ihm ist es aber nicht versagt, daneben eine Störung des Versicherungsverhältnisses geltend zu machen, die von den Ausnahmeregelungen nicht erfasst wird. Dann ist ihm gleichwohl die Möglichkeit einer Verweisung eröffnet. Andernfalls stünde er bei einer Häufung von Störungen im Deckungsverhältnis – wie bei einem Zusammentreffen von Leistungsfreiheit und Nichtigkeit – schlechter, als wenn das Versicherungsverhältnis nur aus einem zur Nichtigkeit führenden Grund fehlerbehaftet wäre (vgl BGH, aaO; OLG Hamm, aaO).

Die Klage wird deshalb schon aus Rechtsgründen abzuweisen sein.

Rechtsanwalt ◄

Hinweis: Für den Fahrzeugschaden, der nicht durch eine Fahrzeug(kasko)versicherung gedeckt ist, muss der KH-Versicherer im Rahmen der Nachhaftung aufkommen, weil es keinen 41

§ 4 Haftpflichtversicherung – PflVG, HPflG

Dritten im Sinne des § 117 Abs. 3 S. 2 VVG gibt, von dem der Geschädigte Ersatz seines Schadens erlangen könnte.

42 ▶ **Muster: Klage wegen Nachhaftung trotz Abmeldung und entstempelter Kennzeichen**[24]

An das Amtsgericht ...

Klage

des Herrn ...

– Kläger –

Prozessbevollmächtigte: RAe ...

gegen

... VersicherungsAG, vertreten durch den Vorstand, dieser vertreten durch den Vorsitzenden ... [Name und Adresse]

– Beklagte –

wegen Schadensersatzes.

Namens und in Vollmacht der Klägerin erheben wir Klage und werden beantragen, wie folgt zu erkennen:

Die Beklagte wird verurteilt, an den Kläger ... EUR nebst Zinsen in Höhe von 5 Prozentpunkten über dem Basiszinssatz seit dem .../seit Rechtshängigkeit sowie vorgerichtliche Anwaltskosten in Höhe von ... zu zahlen.

Die Beklagte trägt die Kosten des Rechtsstreits.

Das Urteil ist – notfalls gegen Sicherheitsleistung – vorläufig vollstreckbar.

Begründung:

Der Kläger macht gegen die Beklagte als (früheren) Kraftfahrzeughaftpflichtversicherer des Pkw ... [Modell, Ident-Nr., vormaliges Kennzeichen] Schadensersatzansprüche aufgrund eines Unfalls vom 16.12.2014 geltend.

Im Einzelnen:

Der Kläger hatte am besagten Tag vor dem Gasthaus ... in ... seinen Pkw ... [Modell, Kennzeichen] geparkt. Das Fahrzeug wurde durch den mit hoher Geschwindigkeit auffahrenden Pkw ..., der früher bei der Beklagten versichert war, total beschädigt. Das auffahrende Fahrzeug war zuvor beim Autohaus ... in ... gestohlen worden. Der Fahrer beging Unfallflucht und konnte nicht ermittelt werden.

Beweis: Beiziehung der Ermittlungsakten der StA ..., Az ...

Dem Kläger entstand ein Schaden von insgesamt ... EUR, der sich in folgende Positionen aufgliedert: ...

Diesen Schaden muss die Beklagte ersetzen, denn der schadenstiftende Pkw war bis zum 25.10.2014 auf den

Zeugen M., ... [Anschrift]

zugelassen. Dieser hatte bei der Beklagten im Februar 2014 eine Haftpflichtversicherung für den Wagen abgeschlossen.

Beweis: wie vor.

---

24 Nach OLG Karlsruhe VersR 1973, 213 (Vorinstanz: VersR 1972, 597).

Am 25.10.2014 war der Wagen von der Zulassungsstelle des Landkreises ... vorübergehend stillgelegt worden. Diese sandte die Abmeldebescheinigung am gleichen Tage der Beklagten zu. Der Zeuge M. teilte der Beklagten mit, er habe das Fahrzeug zum Schrottwert an das Autohaus ... veräußert. M. und die Beklagte einigten sich daraufhin, dass der Versicherungsvertrag für den Pkw mit Wirkung zum 25.10.2014 aufgehoben und abgerechnet würde. Eine Nachricht über diese Beendigung des Versicherungsverhältnisses versandte die Beklagte nicht, jedenfalls ist beim Landkreis ... eine solche nicht eingegangen.

Beweis: Zeugnis ..., zu laden über den Landkreis ...

In rechtlicher Hinsicht ist anzumerken:

Die Beklagte haftet für den Schaden nach § 115 Abs. 1 VVG. Nach § 117 Abs. 2 VVG kann ein Umstand, der die Beendigung des Versicherungsverhältnisses zur Folge hat, diesem Anspruch des Dritten nach § 115 Abs. 1 VVG nur entgegengehalten werden, wenn das Schadensereignis später als einen Monat nach dem Zeitpunkt eingetreten ist, in dem der Versicherer diesen Umstand der hierfür zuständigen Stelle angezeigt hat. Die zuständige Stelle in diesem Sinne ist die nach §§ 25, 46 FZV zuständige Zulassungsstelle (vgl *Knappmann*, in Prölss/Martin, Versicherungsvertragsgesetz, 28. Aufl. 2010, § 117 Rn 15). Nach § 117 Abs. 2 VVG könnte sich die Beklagte gegenüber dem Kläger auf die Beendigung des Versicherungsverhältnisses nur berufen, wenn das Schadensereignis später als einen Monat nach der Mitteilung der Beendigung an die Zulassungsstelle eingetreten wäre. Eine solche Mitteilung ist aber von der Beklagten der Zulassungsstelle nicht gemacht worden. Die Anzeige ist auch nicht dadurch entbehrlich geworden, dass die Beklagte von der Zulassungsstelle erfahren hat, dass das Kfz aus dem Verkehr gezogen, das Kennzeichen entstempelt und der Fahrzeugschein für ungültig erklärt bzw die Zulassungsbescheinigung Teil I eingezogen worden sei.

Es mag zwar sein, dass die Zulassungsstelle auf eine Mitteilung seitens der Beklagten keinen Wert legte, da sie die Zulassungsbescheinigung Teil I bereits eingezogen, das Kennzeichen entstempelt und damit das Fahrzeug aus dem Verkehr gezogen hatte. Damit hatte die Zulassungsstelle ihre öffentlich-rechtlichen Pflichten nach § 25 Abs. 4 FZV erfüllt. Die Anzeigepflicht des Versicherers nach § 25 FZV hat aber nicht nur eine öffentlich-rechtliche, sondern auch eine privatrechtliche Funktion. Wird die Anzeige über das Erlöschen des Versicherungsverhältnisses vom Versicherer nicht erstattet, so wird der Lauf der Nachhaftungsfrist nicht in Gang gesetzt und der Versicherer haftet dem Geschädigten weiter (vgl OLG Karlsruhe VersR 1973, 213; OLG Saarbrücken VersR 1976, 553 jeweils noch zu den entsprechenden Bestimmungen in PflVG aF und StVZO aF).

In Abs. 3 der AV zur Vorgängernorm des § 25 FZV, nämlich § 29 c StVZO (vgl *Hentschel*, Straßenverkehrsrecht, 38. Aufl. 2005, § 29 c StVZO Rn 3) heißt es:

„Auch bei vorübergehend stillgelegten oder endgültig abgemeldeten Fahrzeugen ist die Anzeige entgegenzunehmen und [...] dem Versicherer der Bescheid zu erteilen."

Daraus ergibt sich, dass die Anzeige des Versicherers über das Erlöschen des Versicherungsverhältnisses auch bei stillgelegten Fahrzeugen erfolgen muss. In der amtlichen Begründung zur Änderungsverordnung vom 21.7.1969 (VerkBl 1969, 394) heißt es:

„Wenn Fahrzeuge aus dem versicherten Bestand bei Herstellern ausscheiden, muss dies für jedes einzelne Fahrzeug der Zulassungsstelle angezeigt werden. Solange der Versicherer für Fahrzeuge, die zu dem versicherten Bestand eines Herstellers gehören, der Zulassungsstelle keine Anzeige nach Muster 9 erstattet hat, wird die für die Beendigung der Haftung Dritten gegenüber geltende Frist von einem Monat (§ 3 Nr. 5 PflVG) nicht in Lauf gesetzt."

Auch daraus geht hervor, dass nach Ansicht des Gesetzgebers die Anzeige des Versicherers von der Beendigung des Versicherungsverhältnisses die Voraussetzung für die Beendigung seiner Haftung Dritten gegenüber ist (OLG Karlsruhe VersR 1973, 213).

Der Bundesgerichtshof hat in BGHZ 33, 318 (= VersR 1961, 20 = NJW 1961, 309) zum seinerzeit geltenden § 158 c Abs. 2 VVG (aF) ausgeführt, für die Nachhaftung des Versicherers gelte eine starre Frist, die nicht schon deshalb früher ende, weil das den Gegenstand der Versicherung bildende Kfz vorher aus dem Verkehr gezogen wurde. Dies ergebe sich daraus, dass § 158 c VVG (aF) nicht nur für die Kfz-Haftpflichtversicherung gelte, sondern nach § 158 b VVG (aF) in gleicher Weise für alle anderen Haftpflichtversicherungen, zu deren Abschluss eine gesetzliche Verpflichtung bestehe (zB für Jäger oder Luftverkehrsunternehmen), und es auch Kfz gebe, die zwar der Versicherungspflicht, nicht aber der Zulassungspflicht unterlägen, bei denen also Maßnahmen der Zulassungsstelle nach § 29 d Abs. 2 StVZO (aF) nicht möglich seien. Da eine unterschiedliche Behandlung dieser Fälle im Rahmen des § 158 c VVG (aF) nicht sinnvoll gewesen wäre, habe es für den Gesetzgeber nahe gelegen, die Nachhaftung des Haftpflichtversicherers auch bei versicherungs- und zulassungspflichtigen Kfz nicht in dem Zeitpunkt enden zu lassen, in dem das Fahrzeug wieder aus dem Verkehr gezogen wird, sondern einheitlich bei allen Fällen der Pflicht-Haftpflichtversicherung eine zeitlich klar abgrenzbare Frist für die Nachhaftung des Versicherers zu setzen und damit im Interesse des geschädigten Dritten für alle Fälle klare Verhältnisse zu schaffen (so ausdrücklich BGHZ 33, 320).

An der Richtigkeit dieser Ausführungen hat sich weder durch das Pflichtversicherungsgesetz noch durch die Inkorporation der Bestimmungen des § 3 PflVG aF in das zum 1.1.2008 in Kraft getretene VVG etwas geändert. Vielmehr enthalten die Absätze 2 und 3 des § 117 VVG (§ 3 Nr. 4, 5 PflVG aF) gleichlautende Regelungen.

Auch die Aufhebung des § 29 c StVZO aF zum 1.3.2007 ändert insoweit letztlich nichts, weil die dort in Abs. 1 enthaltenen Vorschriften inhaltlich im Wesentlichen unverändert nunmehr in § 25 Abs. 1 FZV enthalten sind. Soweit § 25 Abs. 1 S. 2 FZV auf eine Anzeige entsprechend § 23 Abs. 3 FZV verweist, nach dem die Versicherungsbestätigung vom Versicherer elektronisch zu übermitteln oder zum Abruf durch die Zulassungsbehörde bereitzuhalten ist, kann die Beklagte daraus ebenfalls nichts für sich ableiten. Denn daraus folgt nicht etwa, dass schon durch das (passive) Bereithalten der Information über die Beendigung des Versicherungsschutzes die Anzeige als erfolgt zu gelten hätte. Wenn sich der Versicherer auf das Ende seiner Haftung berufen will, muss er in jedem Falle aktiv tätig werden und die Anzeige der Behörde übermitteln.

Weil ein Versicherungsverhältnis nicht bereits durch die Stilllegung eines Fahrzeugs endet, sondern erst mit der Beendigung des Versicherungsvertrags, ist es auch keine nicht durch ein Interesse des Verkehrsopfers begründete Formalität zu verlangen, dass der Versicherer auch dann die Zulassungsstelle von der Beendigung des Versicherungsverhältnisses unterrichtet, wenn das Fahrzeug von dieser bereits aus dem Verkehr gezogen wurde (OLG Karlsruhe VersR 1973, 213).

Die Nachhaftung der Beklagten endete daher hier nicht bereits einen Monat, nachdem das Fahrzeug aus dem Verkehr gezogen wurde. Vielmehr bestand die Nachhaftung der Beklagten noch am Unfalltage fort. Die Klage wird deshalb vollen Erfolg haben müssen.

Rechtsanwalt ◄

▶ **Muster: Regress des nachhaftenden Versicherers gegen den „mitversicherten" Fahrer**[25]   43

An das Amtsgericht ...

Klage

des ... Versicherungsvereins a.G., vertreten durch den Vorstand, dieser vertreten durch den Vorsitzenden ..., ... [Adresse]

– Kläger –

Prozessbevollmächtigte: RAe ...

gegen

Herrn ...

– Beklagter –

wegen Schadensersatzes.

Namens und in Vollmacht des Klägers erheben wir Klage und werden beantragen, wie folgt zu erkennen:

Der Beklagte wird verurteilt, an den Kläger 2.000 EUR nebst Zinsen in Höhe von 5 Prozentpunkten über dem Basiszinssatz seit dem .../seit Rechtshängigkeit sowie vorgerichtliche Anwaltskosten in Höhe von ... zu zahlen.

Die Beklagte trägt die Kosten des Rechtsstreits.

Das Urteil ist – notfalls gegen Sicherheitsleistung – vorläufig vollstreckbar.

Begründung:

Der Kläger, ein Versicherungsverein a.G., macht gegen den Beklagten Rückgriffsansprüche aus einem Versicherungsverhältnis über ein Kraftrad geltend. Im Einzelnen liegt folgender Sachverhalt zugrunde:

Der Beklagte erwarb am 29.11.2014 von B. dessen am 11.1.2014 stillgelegtes Motorrad ... [Modell, früheres Kennz.]. Dieses hatte der Kläger aufgrund eines mit B. am 4.1.2014 geschlossen Vertrags gegen Haftpflicht versichert. Der Vertrag war jedoch am 12.1.2014 einvernehmlich wieder aufgehoben worden, so dass er am 29.11.2014 schon längere Zeit nicht mehr bestand.

Beweis: Zeugnis B., ... [Anschrift]

Am 2.12.2014 fuhr der Beklagte mit dem Motorrad, das vorher nicht amtlich zugelassen worden war und für das er auch keine Haftpflichtversicherung abgeschlossen hatte, den ein Fahrrad schiebenden M. an, der so schwer verletzt wurde, dass er seitdem erwerbsunfähig ist.

Beweis: Beiziehung der Ermittlungsakten der StA ..., Az ...

Der Kläger hat an M. als Vorschuss auf dessen durch den Beklagten verursachten Gesamtschaden 2.000 EUR gezahlt, ohne eine Verrechnungsbestimmung zu treffen. Anschließend hat M. einen Rechtsstreit gegen den Beklagten eingeleitet, in dem er dessen Verurteilung zur Zahlung eines angemessenen Schmerzensgeldes und die Feststellung begehrte, dass der Beklagte ihm allen zukünftig noch aus dem Unfall vom 2.12.2014 entstehenden Schaden ersetzen müsse.

Beweis: Beiziehung der Akten ...

Das Landgericht ... hat durch rechtskräftiges Urteil dem Feststellungsantrag entsprochen und den Beklagten zur Zahlung eines Schmerzensgeldes von 4.000 EUR verurteilt, ohne die vom (hiesigen) Kläger bereits geleisteten 2.000 EUR anzurechnen.

---

25 Nach OLG Saarbrücken VersR 1976, 553.

Beweis: wie vor.

Mit der vorliegenden Klage verlangt der Kläger vom Beklagten Erstattung der an M. gezahlten 2.000 EUR.

In rechtlicher Hinsicht ist dazu anzumerken:

Der Beklagte muss dem Kläger die 2.000 EUR nach §§ 116 Abs. 1 S. 2, 3 VVG, 426 Abs. 2 S. 1 erstatten. Dass er vom Kläger keinen Haftpflichtversicherungsschutz beanspruchen konnte, steht dem nicht entgegen.

Obwohl der über sein Motorrad von dem Voreigentümer abgeschlossene Haftpflichtversicherungsvertrag zum Unfallzeitpunkt nicht mehr bestand, haftete nicht nur der Beklagte gem. §§ 7, 18 StVG, 823, 249 ff BGB für den von ihm verursachten Schaden des M. Für dessen Schadensersatz- und Schmerzensgeldanspruch hatte vielmehr gem. § 115 Abs. 1 VVG gesamtschuldnerisch mit ihm auch der Kläger einzustehen. Dieser konnte dem M. insbesondere nicht entgegenhalten, dass das zuletzt bei ihm begründet gewesene Versicherungsverhältnis über das Krad am 2.12.2014 schon längst beendet war. Darauf, dass er im Verhältnis zum Beklagten nicht zur Leistung verpflichtet war, hätte der Kläger sich dem M. gegenüber gem. § 117 Abs. 2 S. 1 VVG nur berufen können, wenn er länger als einen Monat vor dem Schaden der zuständigen Zulassungsstelle mitgeteilt hätte, dass für das Krad kein Haftpflichtversicherungsschutz mehr bestehe. Eine entsprechende Benachrichtigung hat er aber dem Landkreis ... nicht zukommen lassen. Vorsorglich

Beweis: Zeugnis ..., zu laden über den Landkreis ...

An der dadurch begründeten Nachhaftungsverpflichtung des Klägers ändert auch der Umstand nichts, dass das Motorrad bereits mehrere Monate vor dem Unfall stillgelegt worden war. Die in § 117 Abs. 2 S. 1 VVG normierte, zur Vermeidung einer Nachhaftung dem Versicherer obliegende einmonatige Anzeigefrist dient ausschließlich der Sicherung der Schadensersatzansprüche des geschädigten Dritten. Sie war und ist daher nach allgemeiner Meinung eine starre Frist, die selbst dann vom Haftpflichtversicherer zu wahren ist, wenn das versichert gewesene Fahrzeug schon vor ihrem Ablauf aus dem Verkehr gezogen war (BGH VersR 1961, 20 = NJW 1961, 309; VersR 1952, 366 = NJW 1952, 1333; VersR 1956, 298 = NJW 1956, 867; OLG Hamburg VersR 1954, 300; OLG Karlsruhe VersR 1973, 213; *Knappmann*, in Prölss/Martin, Versicherungsvertragsgesetz, 29. Aufl. 2015, § 117 VVG).

Die Verpflichtung des Klägers, Schadensersatz an M. zu leisten, ist auch nicht dadurch später wieder entfallen, dass dieser ihm das Schadensereignis nicht gem. § 119 Abs. 1 VVG innerhalb von zwei Wochen angezeigt hat. Denn nach allgemeiner Meinung führt ein Verstoß des geschädigten Dritten gegen die in § 119 VVG normierte Anzeigepflicht allenfalls zu einer Kürzung, nicht aber zu einer völligen Beseitigung des Direktanspruchs gegen den Versicherer (vgl *Knappmann*, in Prölss/Martin, aaO, § 119 VVG Rn 6; *Moos*, in Haus/Krumm/Quarch, § 119 VVG Rn 3).

Die vom Kläger somit aufgrund gesetzlicher Verpflichtung und mithin weder irrtümlich noch sonst ohne rechtlichen Grund erfolgte Zahlung an M. muss der Beklagte in vollem Umfang erstatten. Das folgt zum einen aus § 116 Abs. 1 S. 2, 3 VVG. Zum anderen ist die auch gegen den Beklagten gerichtet gewesene materielle Schadensersatzforderung des M. gem. § 426 Abs. 2 BGB auf den Kläger in Höhe der gezahlten 2.000 EUR übergegangen. Durch die Zahlung ist der Schadensersatzanspruch des M. gegen den Beklagten entsprechend gemindert worden. Der Kläger hat mit seiner Leistung Ersatz für den vom Beklagten verschuldeten Schaden leisten wollen. Dass er keine Verrechnungsbestimmung getroffen hatte, hat nicht verhindert, dass der materielle Schadensersatzanspruch des M. in Höhe der Zahlung erloschen ist. Vielmehr greift § 366 Abs. 2 BGB ein.

Die Tilgungsreihenfolge des § 366 Abs. 2 BGB führt dazu, dass die Zahlung des Klägers auf den Verdienstausfallschadensersatzanspruch des M. anzurechnen war, weil ... [näher begründen].

Der Beklagte war auch im Innenverhältnis der Gesamtschuldner allein zum Schadensersatz verpflichtet. Das folgt daraus, dass den Kläger ihm gegenüber keine Einstandspflicht traf, und ist zudem in § 116 Abs. 1 S. 2 VVG ausdrücklich ausgesprochen. Dass in dieser Vorschrift lediglich der Versicherungsnehmer (hier: der B.) erwähnt wird, der Beklagte als Halter, Eigentümer und Fahrer im Außenverhältnis gem. A.1.2 AKB aber lediglich „mitversicherte Person" war, steht dem Ausgleichsanspruch des Klägers nicht entgegen. Denn der Mitversicherte steht insoweit nach allgemeiner Auffassung dem Versicherungsnehmer schon im Hinblick darauf gleich, dass beider Rechtspositionen einander weitgehend angenähert sind und § 117 Abs. 2 VVG auch dann eingreift, wenn ein nach dem nicht mehr bestehenden Versicherungsvertrag Mitversicherter einen Schaden verursacht (vgl *Knappmann*, in Prölss/Martin, aaO, § 116 VVG Rn 8).

Schließlich kann der Beklagte auch nicht einwenden, der Kläger habe ungerechtfertigterweise die erstattet verlangten 2.000 EUR an M. gezahlt. Dass der Kläger die Pflicht zur Abwehr unbegründeter Schadensersatzansprüche sowie zur Minderung oder zur sachgemäßen Feststellung des Schadens schuldhaft zu seinem Nachteil verletzt haben könnte, hat der Beklagte, obwohl er insoweit gem. § 124 Abs. 2 VVG beweispflichtig ist, bisher nicht einmal ansatzweise dargetan. Der Kläger durfte vielmehr die Zahlung von 2.000 EUR für erforderlich halten, sodass sein Anspruch auch aus § 116 Abs. 1 S. 3 VVG folgt.

Im Übrigen schuldete der Beklagte die Erstattung der gezahlten 2.000 EUR auch dann, wenn der Kläger im Außenverhältnis zu M. nicht zur Leistung verpflichtet gewesen wäre. Dann wäre der Beklagte nämlich durch die irrtümliche Zahlung des Klägers, weil diese jedenfalls zweckgerichtet in Erfüllungsabsicht erfolgte, gem. § 267 BGB von seiner materiellen Schadensersatzpflicht gegenüber M. in Höhe von 2.000 EUR befreit und demgemäß im Sinne von § 812 BGB ungerechtfertigt bereichert worden (vgl dazu *Knappmann*, in Prölss/Martin, aaO, § 86 VVG Rn 58; Palandt/*Heinrichs*, 74. Aufl. 2014, § 267 BGB Rn 7). Die Klage wird nach alledem Erfolg haben müssen.

Rechtsanwalt ◄

▶ **Muster: Klage gegen die Zulassungsstelle gem. Art. 34 GG iVm § 839 BGB**

An das Landgericht ...

Klage

der

Frau ...

– Klägerin –

Prozessbevollmächtigte: RAe ...

gegen

die Stadt ..., vertreten durch den (Ober-)Bürgermeister ..., ... [Anschrift]

– Beklagte –

wegen Amtspflichtverletzung.

Namens und in Vollmacht der Klägerin erheben wir Klage und werden beantragen,

Die Beklagte wird verurteilt, an die Klägerin ... EUR nebst Zinsen in Höhe von 5 Prozentpunkten über dem Basiszinssatz seit dem .../seit Rechtshängigkeit sowie vorgerichtliche Anwaltskosten in Höhe von ... zu zahlen.

Die Beklagte trägt die Kosten des Rechtsstreits.

Das Urteil ist – notfalls gegen Sicherheitsleistung – vorläufig vollstreckbar.

Begründung:

Mit der vorliegenden Klage begehrt die Klägerin von der Beklagten Schadensersatz aus § 839 Abs. 1 S. 1 BGB iVm Art. 34 GG anlässlich eines Verkehrsunfalls vom 1.9.2014 in ... .

Die Beklagte ist die nach §§ 8, 46 FZV für die Kennzeichenerteilung zuständige Zulassungsstelle für den am Unfall beteiligten Pkw mit dem amtlichen Kennzeichen ... .

Am 1.9.2014 befuhr die Klägerin mit dem in ihrem Eigentum stehenden Pkw mit dem amtlichen Kennzeichen ... die ...straße in ... und musste an der dort befindlichen Ampelanlage verkehrsbedingt bei Rot anhalten. In diesem Augenblick fuhr Herr ... mit dem auf ihn zugelassenen Pkw mit dem amtlichen Kennzeichen ... auf das vor ihm befindliche Fahrzeug der Klägerin auf, wobei das Fahrzeug der Klägerin erheblich beschädigt wurde.

Beweis: Beiziehung der Akten des Polizeireviers ..., Az ...

Der Unfall war für die Klägerin unabwendbar im Sinne von § 17 Abs. 3 StVG und auf das alleinige Verschulden des Fahrers des anderen am Unfall beteiligten Fahrzeugs zurückzuführen. Insofern spricht schon der Anscheinsbeweis für ein ausschließliches Verschulden des Auffahrenden.

Direkt nach dem Unfall setzte sich die Klägerin mit dem Haftpflichtversicherer des auf Herrn ... zugelassenen Pkw in Verbindung. Die ... VersicherungsAG teilte der Klägerin mit, dass eine Nachhaftung gem. § 117 Abs. 2 VVG ausscheide. Mit Schreiben vom 10.4.2014, eingegangen bei der Beklagten am 14.4.2014, hat sie der Beklagten mitgeteilt, dass das seit Februar 2014 bei ihr versicherte Fahrzeug nun nicht mehr versichert sei.

Beweis: 1. in Fotokopie anliegendes Schreiben der ... VersicherungsAG vom 10.4.2014[26]
2. Zeugnis der Mitarbeiterin Frau ..., zu laden über die ... VersicherungsAG.

Die Beklagte hat zwar Herrn ... als Halter des Fahrzeugs zunächst eine Frist bis zum 2.5.2014 gesetzt, um das Fahrzeug abzumelden oder eine neue Versicherungsbestätigung vorzulegen, und mit Verfügung vom 27.4.2014 die zwangsweise Stilllegung des Fahrzeugs angedroht und deren Zustellung durch den Vollzugsbeamten am 28.4.2014 veranlasst. Zudem hat der Vollzugsbeamte am 30.4.2014 bei dem Halter angerufen, dort dessen Bekannte erreicht und mit ihr besprochen, dass die Doppelkarte vorgelegt werden sollte, und hat am 4., 5. und 11.5.2014 weitere Nachrichten hinterlassen bzw tagsüber den Halter aufgesucht, ohne des Halters bzw des Fahrzeugs habhaft zu werden. Das alles aber reicht nicht aus, um die Amtspflicht der Beklagten als erfüllt anzusehen.

Die Beklagte hatte gem. § 25 Abs. 4 FZV die Amtspflicht, dafür Sorge zu tragen, dass keine zulassungs- und versicherungspflichtigen Fahrzeuge im Verkehr bleiben, wenn der Versicherungsschutz wegfällt. Diese Bestimmung dient auch den Interessen derjenigen, denen durch das Kraftfahrzeug Schäden zugefügt werden kann und die für den Fall, dass eine Haftpflichtversicherung weiter bestünde, sich hieraus ergebende Ansprüche gegen den Versicherer realisieren könnten.

Diese Amtspflicht hat der Mitarbeiter der Beklagten schuldhaft verletzt. Da er wusste, dass der Versicherer nur noch bis zum 14.5.2014 Dritten gegenüber bei Haftpflichtschäden einzustehen hatte, war es für ihn erkennbar, dass das bloße Hinterlassen von Nachrichten und ungezielte Besuche vor Ort überwiegend zu normalen Arbeitszeiten wenig Erfolg versprachen. Vielmehr hätte der Mitarbei-

---

26 Ein lediglich in Kopie beigefügtes Schreiben ist zwar kein Beweis (wegen § 420 ZPO, der die Vorlage der Urkunde verlangt, nicht einmal ein Beweisantritt), wird jedoch häufig als solcher angesehen und führt jedenfalls zu gesteigerter Vortragslast des Gegners.

ter der Beklagten veranlassen müssen, dass das Fahrzeug sofort, längstens aber bis zum 14.5.2014 zwangsweise stillgelegt wird.

Durch die schuldhafte Amtspflichtverletzung ist die Klägerin auch geschädigt worden. Hätten die Mitarbeiter der Beklagten die gebotenen Maßnahmen ergriffen, wäre das Fahrzeug vor dem Unfall stillgelegt worden mit der Folge, dass das Fahrzeug der Klägerin nicht beschädigt worden wäre.

Eine anderweitige Ersatzmöglichkeit im Sinne von § 839 Abs. 1 S. 2 BGB besteht nicht. Der Halter hat bereits die eidesstattliche Versicherung abgegeben,

Beweis: Beiziehung der Akten des Amtsgerichts ...

so dass eine Geltendmachung der Schadensersatzansprüche keine Aussicht auf Erfolg bietet.

Aufgrund dessen stehen der Klägerin gegen die Beklagte nachfolgende Ansprüche zu:

... [Schadenspositionen übersichtlich erläutern und Summe errechnen]

...

Rechtsanwalt ◄

▶ **Muster: Klageerwiderung der Zulassungsstelle auf Klage gem. Art. 34 GG iVm § 839 BGB**

An das Landgericht ...

Klageerwiderung

in Sachen ... [Klägerin] ./. ... [Beklagte]

Az/Geschäfts-Nr. ...

bestellen wir uns zu Prozessbevollmächtigten der Beklagten und beantragen,

die Klage abzuweisen.

Begründung:

Die Beklagte ist nicht zum Ersatz des unfallbedingten Schadens verpflichtet, weil die Beklagte alles unternommen hat, um ihrer Verpflichtung gem. § 25 Abs. 4 FZV StVZO nachzukommen.

Die Beklagte hat nach der Mitteilung des Versicherers vom 14.4.2014, dass das Fahrzeug nicht mehr versichert sei, dem Halter zunächst eine Frist zum 23.4.2014 gesetzt, um das Fahrzeug abzumelden oder eine neue Versicherungsbestätigung vorzulegen. Nach dem Verhältnismäßigkeitsgrundsatz war vor einer zwangsweisen Stilllegung zunächst eine solche Fristsetzung geboten, zumal die Versicherung noch bis zum 14.5.2014 Dritten gegenüber bei Haftpflichtschäden einzustehen hatte. Weiterhin hat sich der Mitarbeiter pflichtgemäß verhalten, indem er mit Verfügung vom 27.4.2014 die zwangsweise Stilllegung des Fahrzeugs angeordnet und deren Zustellung durch den Vollzugsbeamten am 28.4.2014 veranlasst hat. Der Mitarbeiter hat Halter und Fahrzeug am 28.4.2014 nicht angetroffen und sodann am 30.4.2014 beim Halter angerufen, dort dessen Bekannte erreicht und mit ihr besprochen, dass eine neue Versicherungsbestätigung vorgelegt werden müsse. Am 4.5.2014 hat er um 7.40 Uhr telefonisch eine Nachricht auf Band hinterlassen, am 5., 7. und 11.5.2014 um 12.20, 13.10 bzw 13.30 Uhr den Halter nicht angetroffen und eine Nachricht am Briefkasten hinterlassen. Auch hat der Mitarbeiter weitere Kontaktversuche am 17. und 20.5.2014 vor Ort vorgenommen.

Beweis: Zeugnis des Herrn ...

Sodann hat der Mitarbeiter der Beklagten am 14.5.2014 die Polizei um Amtshilfe ersucht, wobei weder Halter noch Fahrer ausfindig gemacht werden konnten.

Beweis: wie vor.

Weitere Ermittlungen führten dazu, dass die Beklagte am 30.6.2014 erfahren hat, dass der Halter ca. acht Wochen zuvor verzogen war. Aufgrund dessen konnten weder der Mitarbeiter der Beklagten noch die beauftragten Polizeibeamten das Fahrzeug vor dem Unfall stilllegen.

Beweis: wie vor.

Eine Amtspflichtverletzung der Beklagten ist nicht gegeben, da diese alles versucht hat, des Halters und des Fahrzeugs habhaft zu werden.

Darüber hinaus ist zweifelhaft, ob die Beklagte im Hinblick auf den Umzug des Schädigers nach ..., für welche die Beklagte gar nicht mehr die nach § 46 FZV örtlich zuständige Behörde war, überhaupt noch eine Amtspflicht zum Tätigwerden traf. Letztlich kann diese Frage aber offenbleiben. Mangels Verletzung einer etwaigen Pflicht scheidet eine Amtshaftung der Beklagten ohnehin aus.

Im Übrigen reicht allein die Tatsache, dass der Halter die eidesstattliche Versicherung kurz nach dem Verkehrsunfall abgegeben hat, nicht aus, die anderweitige Ersatzmöglichkeit zu verneinen. Insoweit hätte die Klägerin zunächst gegen den Halter und Fahrer klagen und geeignete Vollstreckungsmaßnahmen durchführen müssen, um den Nachweis der fehlenden anderweitigen Ersatzmöglichkeit im Sinne von § 839 Abs. 1 S. 2 BGB zu erbringen.

Darüber hinaus unterhält die Klägerin bei der ... VersicherungsAG eine Vollkaskoversicherung für das am Unfall beteiligte Fahrzeug, so dass mit Ausnahme der Selbstbeteiligung in Höhe der Reparaturkosten eine anderweitige Ersatzmöglichkeit im Sinne der vorgenannten Vorschrift besteht.

Die Klägerin könnte zudem als Schadensersatz wegen Amtspflichtverletzung nicht mehr verlangen, als ihr die Haftpflichtversicherung des anderen Unfallbeteiligten gezahlt hätte. Insoweit müsste sie sich ein Mitverschulden oder eine mitwirkende Betriebsgefahr zurechnen lassen. Das Mitverschulden ist hier aus folgendem Grund gegeben:

Entgegen der Behauptung der Klägerin liegt kein „normaler" Auffahrunfall vor. Die Klägerin hat zwar vor dem Lichtzeichen Rot an der Ampelanlage angehalten. Sie hatte jedoch zuvor durch den unvermittelten Wechsel vom rechten Fahrstreifen auf den von Herrn ... benutzten linken Fahrstreifen der ...straße eine Gefahrenlage herbeigeführt, die zu dem Unfall geführt hat, ohne dass Herrn ... daran ein Verschulden trifft.

Beweis: Sachverständigengutachten

Ich verweise dazu vorsorglich auf das Urteil des OLG Celle v. 20.12.2005 (14 U 54/05 = SVR 2006, 227), wonach bei streitigem Unfallhergang stets – gegebenenfalls auch ohne entsprechenden Beweisantritt gem. § 144 ZPO von Amts wegen – die Einholung eines Sachverständigengutachtens geboten ist.

Nach alledem ist die Klage abzuweisen.

Rechtsanwalt ◄

B. Nachhaftung **4**

▶ **Muster: Replik (Klage gegen die Zulassungsstelle gem. Art. 34 GG iVm § 839 BGB)** 46

An das Landgericht ...

Replik

in Sachen ... [Klägerin] ./. ... [Beklagte]

Az/Geschäfts-Nr. ...

wird das vom Vortrag der Klägerin abweichende Vorbringen der Beklagten bestritten. Für die Klägerin nehmen wir im Einzelnen wie folgt Stellung:

Entgegen der Auffassung der Beklagten kann es keinem ernsthaften Zweifel unterliegen, dass sie als diejenige Behörde, die das Kennzeichen für das am Unfall beteiligte Fahrzeug des Herrn ... zugeteilt hat, trotz des Umzugs in einen anderen Ort zuständig war, solange – wie hier – noch nicht die Zuteilung eines neuen Kennzeichens beantragt war (vgl *Dauer*, in Hentschel/König/Dauer, Straßenverkehrsrecht, 43. Aufl. 2015, § 25 FZV Rn 9; Wohlfarth, in Haus/Krumm/Quarch, Gesamtes Verkehrsrecht, 2014, § 25 FZV Rn 10). Die Amtspflicht, das nicht mehr versicherte Fahrzeug aus dem Verkehr zu ziehen, traf deshalb sehr wohl die Beklagte und nicht die für den neuen Wohnort des Schädigers zuständige Stadt ...

Entgegen der Behauptung der Beklagten hat sich ihr Mitarbeiter auch nicht pflichtgemäß verhalten. Unter Berücksichtigung der Tatsache, dass die Nachhaftung nur noch bis zum 14.5.2014 bestand, genügten die Versuche des Mitarbeiters, den Halter zu erreichen, gerade nicht. Nachdem der Mitarbeiter der Beklagten mehrfach den Halter nicht angetroffen hatte und trotz des Hinterlassens von Nachrichten am Briefkasten keine Rückmeldungen vorlagen, waren diese Maßnahmen spätestens ab Anfang Mai ungeeignet und unzureichend, da bis zu diesem Zeitpunkt der Halter weder auf eine schriftliche Fristsetzung noch auf die Stilllegungsverfügung, geschweige denn auf telefonisch hinterlassene Nachrichten reagiert hatte. Insoweit hätte der Mitarbeiter am 5.5.2014 vor Ort Ermittlungen über die Lebensverhältnisse anstellen müssen, um in Erfahrung zu bringen, wann der Halter und sein Fahrzeug zu Hause oder anderswo, zB an der Arbeitsstelle, angetroffen werden können. Insoweit haben derartige Ermittlungen Ende Juni die Erkenntnis erbracht, dass der Halter Anfang Juni nach ... verzogen war. Das aber hätte die Beklagte wesentlich früher ermitteln können und müssen. Es spricht nichts dafür, dass ähnliche Ermittlungen am 5.5.2014 oder an den nachfolgenden Tagen keinen Erfolg gehabt hätten. Hierbei hätte auch die Polizei um Amtshilfe gebeten werden können, zumal bis Ende Mai der Halter noch unter der bekannten Anschrift wohnte.

Auch die zusätzlich am 14.5.2014 erfolgte Einschaltung der Polizei, die bestritten wird, reicht nicht aus. Die Amtshilfe bestand ausweislich der Akten darin, dass die Fahrzeugdaten in das elektronische Informationssystem der Polizei aufgenommen wurden, wobei eine gezielte Fahndung jedoch nicht ausgelöst wurde (vgl. OLG Karlsruhe VersR 2011, 351, 352). Allein auf die routinemäßige Ausschreibung des Fahrzeugs durch die Polizei durften sich die Mitarbeiter der Beklagten nicht verlassen, zumindest spätestens eine Woche nach Einschaltung der Polizei nicht mehr, nachdem die Ausschreibung bis dahin nicht zum Erfolg geführt hatte.

Die Mitarbeiter der Beklagten mussten wissen, dass es unter diesen Umständen geboten war, die Lebensumstände des Halters näher zu ermitteln und ihn dann gezielt, notfalls auch nachts oder an Feiertagen, aufzusuchen. Es war mithin pflichtwidrig, dass außer der Ausschreibung bis Ende Juni überhaupt nichts unternommen wurde.

Auch die Einwände der Beklagten hinsichtlich der anderweitigen Ersatzmöglichkeit greifen nicht durch. Es besteht keine Verpflichtung des Geschädigten, zunächst gegen den Dritten zu klagen, er kann die Voraussetzungen der Aushilfshaftung im Amtshaftungsprozess auch anderweitig nachweisen (BGH VersR 1960, 663). Dieser Nachweis ist geführt:

Der Halter des Fahrzeugs, Herr ..., hat am 2.10.2014, mithin einen Monat nach dem Verkehrsunfall, die eidesstattliche Versicherung abgegeben. Er ist zwischenzeitlich arbeitslos geworden und erhält lediglich Arbeitslosenhilfe in Höhe von 1.000 EUR und ist seinen zwei minderjährigen Kindern und seiner nicht berufstätigen Ehefrau unterhaltsverpflichtet. Pfändbares Einkommen ist nicht vorhanden.

Beweis: 1. Beiziehung der Akten des Amtsgerichts ...
          2. Zeugnis des Halters, Herrn ...

Die Klägerin kann auch nicht auf die Inanspruchnahme der Vollkaskoversicherung verwiesen werden, da sie ihren Vollkaskoversicherungsvertrag vor dem Unfall gekündigt hatte, so dass zum Unfallzeitpunkt die Vollkaskoversicherung nicht mehr bestand.

Beweis: In Fotokopie anliegendes Schreiben[27] der ... VersicherungsAG vom ...

Dass die Klägerin einen Fahrstreifenwechsel vorgenommen habe, wird mit Nachdruck bestritten. Das Fahrzeug der Klägerin befand sich im Zeitpunkt des Aufpralls bereits im Stillstand.

Beweis: 1. Zeugnis des ... (Beifahrer der Klägerin)
          2. Sachverständigengutachten

Rechtsanwalt ◄

47 ▶ **Muster: Klage wegen Amtspflichtverletzung bei abgelaufener Nachhaftungsfrist**[28]

An das Landgericht ... [am Unfallort]

Klage

In Sachen

des Herrn ...

– Kläger –

Prozessbevollmächtigte: RAe ...

gegen

1. den Landkreis ..., ... [Vertretungsverhältnis, Anschrift],

– Beklagter zu 1 –

2. das Land ... [Vertretungsverhältnis, Anschrift],

– Beklagter zu 2 –

wegen Schadensersatzes aus Amtspflichtverletzung

erhebe ich hiermit namens und im Auftrag des Klägers Klage gegen die Beklagten und bitte um Anberaumung eines möglichst nahen Termins zur mündlichen Verhandlung, in dem ich beantragen werde:

Die Beklagten werden als Gesamtschuldner verurteilt, an den Kläger ... EUR nebst Zinsen in Höhe von 5 Prozentpunkten über dem Basiszinssatz seit dem .../seit Rechtshängigkeit sowie vorgerichtliche Anwaltskosten in Höhe von ... zu zahlen.

---

27 Ein lediglich in Kopie beigefügtes Schreiben ist zwar kein Beweis (wegen § 420 ZPO, der die Vorlage der Urkunde verlangt, nicht einmal ein Beweisantritt), wird jedoch häufig als solcher angesehen und führt jedenfalls zu gesteigerter Vortragslast des Gegners.
28 Nachgebildet BGH VersR 1976, 885.

Begründung:
Der Kläger macht wegen eines Unfallschadens, für den er vom Verursacher keinen Ersatz erlangen konnte und für den auch kein Versicherer eintrittspflichtig ist, Amtshaftungsansprüche geltend. Im Einzelnen:
Am 9.7.2014 wurde der Pkw ... [Modell, Kennzeichen] des Klägers bei einem Auffahrunfall, den Herr C. verursacht hatte, schwer beschädigt. Herr C., der seinerzeit in ... wohnte, fuhr dabei mit seinem nicht mehr versicherten Pkw ... [Modell, Kennzeichen].
Beweis: Beiziehung der Ermittlungsakten der StA ...
Dem Kläger entstand ein Schaden von insgesamt ... EUR, der sich in folgende Positionen aufgliedert:
[einschl. Belegen und Beweisantritten]

...

...

Gegen den Unfallverursacher hat der Kläger das in Kopie beigefügte Versäumnisurteil des ...gerichts, Az ..., erstritten, das mittlerweile rechtskräftig ist. Wie sich aus dem ebenfalls in Kopie beigefügten Pfändungsprotokoll des Gerichtsvollziehers ... ergibt, besteht keine Aussicht, in absehbarer Zeit gegen Herrn C. mit Erfolg vollstrecken zu können. Herr C. hat vielmehr bereits am ... die eidesstattliche Versicherung abgegeben.
Ein Versicherer ist für den Schaden des Klägers nicht eintrittspflichtig. Das Fahrzeug des Herrn C. war lediglich bis zum 17.5.2014 versichert.
Beweis: Zeugnis ..., zu laden über die ... Versicherung, ... [Anschrift]
Denn zuvor hatte die ...-Versicherung wegen Zahlungsverzugs des Herrn C. den Versicherungsvertrag mit Schreiben vom ..., das auch zugegangen ist, wirksam gekündigt.
Beweis: wie vor.
Unter dem 31.5.2014 hat die ...-Versicherung dem nach §§ 8, 46 FZV für die Erteilung des Kennzeichens zuständigen Bezirksamt H. mittels des nach § 25 FZV dafür vorgeschriebenen Musters gem. Anlage 11 Nr. 5 FZV angezeigt, dass die im Februar 2014 ausgestellte Versicherungsbestätigung für den Pkw des Herrn C. ihre Gültigkeit verloren habe und dass das Versicherungsverhältnis seit dem 17.5.2014 beendet sei.
Beweis: wie vor.
Das Bezirksamt H. leitete die Anzeige an die nach § 46 FZV örtlich zuständige Zulassungsstelle am Wohnsitz des C. weiter, wo dessen Fahrzeug mittlerweile registriert war. Diese untersteht dem Beklagten zu 1. Der Beklagte zu 1 ist seiner Pflicht, binnen eines Monats das nicht mehr versicherte Fahrzeug stillzulegen, nicht nachgekommen. Am 9.7.2014 war noch keine Stilllegung erfolgt.
Der Beklagte zu 1 hat sich vorgerichtlich damit verteidigt, alles getan zu haben, was er habe tun können. So habe er durch eine an den C. gerichtete Ordnungsverfügung vom 28.6.2014 diesem untersagt, das Fahrzeug im öffentlichen Verkehr weiter zu führen, und ein Stilllegungsersuchen an die Polizei gerichtet. Das allein entlastet den Beklagten zu 1 jedoch nicht. Dass es der von ihm beauftragten Polizei nicht gelungen ist, das Fahrzeug vor dem Unfall stillzulegen, muss sich der Beklagte zu 1 wie eigenes Verschulden zurechnen lassen.
Das Verschulden der beauftragten Polizeibeamten wird durch die Tatsache indiziert, dass bis zum Unfalltage keine Stilllegung stattgefunden hat.

Der Entschädigungsfonds für Schäden aus Kraftfahrzeugunfällen, dessen Stellung dem Verein Verkehrsopferhilfe e.V. zugewiesen worden ist (§ 1 der VO vom 14.12.1965, BGBl. I, S. 2093), war nicht verpflichtet, für den Unfallschaden zur Entlastung der Beklagten einzutreten. Denn eine Leistungspflicht des Entschädigungsfonds (der Verkehrsopferhilfe) entfällt gem. § 12 Abs. 1 S. 3 PflVG, soweit der Ersatzberechtigte in der Lage ist, Ersatz seines Schadens nach den Vorschriften über die Amtspflichtverletzung zu erlangen, und im Fall einer fahrlässigen Amtspflichtverletzung geht gem. § 12 Abs. 1 S. 4 PflVG, abweichend von § 839 Abs. 1 S. 2 BGB, die Ersatzpflicht aufgrund dieser Vorschriften der Leistungspflicht des Entschädigungsfonds vor.

Nach alledem wird der Klage der Erfolg nicht versagt bleiben können.

Rechtsanwalt ◀

48 ▶ **Muster: Klageerwiderung des Landkreises auf die Klage wegen Amtspflichtverletzung bei abgelaufener Nachhaftungsfrist**

102

An das ... [Prozessgericht]

Klageerwiderung

In dem Rechtsstreit

... [Klägerin] ./. ... [Beklagte zu 1 und 2]

Az/Geschäfts-Nr. ...

zeigen wir an, den Beklagten zu 1 zu vertreten. Für diesen werden wir beantragen,

die Klage abzuweisen.

Begründung:

Die Klage ist nicht begründet. Die geltend gemachten Ansprüche stehen dem Kläger jedenfalls gegenüber dem Beklagten zu 1 nicht zu.

Der Beklagte zu 1 untersagte dem Kfz-Halter C. mit der in Kopie als Anlage ... beigefügten Ordnungsverfügung vom ... ab sofort die Benutzung des Kfz im öffentlichen Verkehr und ordnete die sofortige Vollziehung der Maßnahme an.

Beweis: Zeugnis ...

Trotz Benachrichtigung holte C. den eingeschriebenen Brief mit der Ordnungsverfügung, der ihm in seiner Wohnung nicht zugestellt werden konnte, beim Postamt nicht ab. Der Mitarbeiter ... der Zulassungsstelle übersandte die Ordnungsverfügung nochmals mit einfachem Brief an C. und ersuchte das Polizeirevier in N. mit Schreiben vom ..., das Fahrzeug durch Einziehung des Kraftfahrzeugscheins und Entstempelung des Kennzeichens sofort zwangsweise stillzulegen.

Beweis: wie vor

Das Stilllegungsersuchen enthielt den Hinweis, dass der Haftpflichtversicherungsschutz seit dem ... erloschen sei, und zwar mit folgendem roten Stempelaufdruck versehen:

„Eilt sehr! Versicherungsschutz erloschen. Zwecks Vermeidung von Regressansprüchen sofort bearbeiten."

Mehr konnten die Bediensteten des Beklagten zu 1 nicht tun. Es liegt somit keine Amtspflichtverletzung vor.

Rechtsanwalt ◀

▶ **Muster: Klageerwiderung des für die Polizei zuständigen Landes auf die Klage wegen Amtspflichtverletzung bei abgelaufener Nachhaftungsfrist**

An das ... [Prozessgericht]

Klageerwiderung

In dem Rechtsstreit

... [Kläger] ./. ... [Beklagte zu 1 und 2]

Az/Geschäfts-Nr. ...

zeigen wir an, das beklagte Land (Beklagter zu 2) zu vertreten. Für dieses werden wir beantragen, die Klage abzuweisen.

Begründung:

Die Klage ist unbegründet. Die geltend gemachten Ansprüche stehen dem Kläger jedenfalls gegenüber dem beklagten Land nicht zu.

Das Polizeirevier in N. wurde vom Beklagten zu 1 mit dem als Anlage ... beigefügten Schreiben vom ... ersucht, das Fahrzeug durch Einziehung des Kraftfahrzeugscheins und Entstempelung des Kennzeichens sofort zwangsweise stillzulegen.

Beweis: Zeugnis ...

Daraufhin sind die Zeugen ... und ... sofort tätig geworden. Sie haben die Wohnung des C. am ... und am ... aufgesucht, diesen aber nicht angetroffen.

Beweis: Zeugnis ...

Auch die Suche nach dem Fahrzeug in der näheren Umgebung der Wohnung des C. blieb erfolglos.

Beweis: wie vor

Mehr konnten die Bediensteten des Beklagten zu 1 nicht tun. Es liegt somit keine Amtspflichtverletzung vor.

Zudem ist eine etwa doch anzunehmende Amtspflichtverletzung nicht kausal für den Schaden des Klägers geworden:

Der C. wusste aufgrund der Schreiben seines Versicherers und spätestens durch die ihm auch per einfachen Brief zugegangene Ordnungsverfügung, dass er sein Fahrzeug nicht mehr im öffentlichen Verkehr führen durfte. Es ist deshalb davon auszugehen, dass er auch nach Entstempelung der Kennzeichen und Einziehung der Zulassungspapiere das Fahrzeug weiter genutzt hätte. Auch deshalb besteht keine Schadensersatzverpflichtung des Landes.

Rechtsanwalt ◀

C. Ausschluss der Haftung des KH-Versicherers bei Vorsatz (§ 103 VVG)

I. Vorprozessuale Situation

1. Allgemeines. Grundsätzlich haftet der KH-Versicherer für jede, auch grobe Fahrlässigkeit und für Vorsatz ohne Widerrechtlichkeit, so dass für erlaubte, vorsätzliche Schädigungen (§§ 228, 904, 229 ff BGB) die Eintrittspflicht des Versicherers gegeben ist. Kein Deckungsschutz besteht hingegen, wenn der Versicherungsnehmer den Versicherungsfall vorsätzlich und widerrechtlich herbeigeführt hat, § 103 VVG. Dasselbe gilt über § 47 Abs. 1 VVG für mitversicherte Personen hinsichtlich deren Deckungsanspruchs.[29] Vorsatz ist das Wissen und Wollen des rechtswidrigen Erfolgs, das heißt der Tatbestandsverwirklichung. Bedingter Vorsatz genügt.

51 Anders als bei unerlaubter Handlung nach § 823 BGB muss der **Vorsatz** nicht nur die haftungsbegründende Verletzungshandlung, sondern darüber hinaus auch die Verletzungsfolgen umfassen.[30] Der Versicherungsnehmer oder die versicherte Person muss sich somit die konkrete Schadensfolge vorgestellt und sie auch gewollt oder zumindest billigend in Kauf genommen haben. Jedoch braucht er die Folgen seines Tuns nicht in allen Einzelheiten vorausgesehen zu haben. Als vorsätzlich können ihm somit Schadensfolgen nicht zugerechnet werden, die er nicht oder nicht in ihrem wesentlichen Umfang als möglich erkannt und für den Fall ihres Eintritts gewollt oder im Sinne bedingten Vorsatzes billigend in Kauf genommen hat.[31]

52 Der Versicherer ist für den Vorsatz beweispflichtig. Ein Anscheinsbeweis ist in Bezug auf den Vorsatz in aller Regel nicht möglich, weil es insoweit kein durch die Lebenserfahrung gesichertes typisches Verhalten gibt.[32] Dem Versicherer wird meist nur der **Indizienbeweis** zur Verfügung stehen. Hierzu ist ein für das praktische Leben brauchbarer Grad von Gewissheit ausreichend, der den Zweifeln Schweigen gebietet, ohne sie jedoch gänzlich ausschließen zu müssen.[33]

53 Ist der Vorsatznachweis geführt, indiziert dies die Rechtswidrigkeit, es sei denn, es handelt sich um eine erlaubte vorsätzliche Schädigung. In diesem Fall greift der Ausschluss des § 103 VVG nicht und der KH-Versicherer ist eintrittspflichtig. Führt jedoch ein vom Versicherungsnehmer personenverschiedener Fahrer den Versicherungsfall vorsätzlich herbei oder verabredet er mit einem Dritten einen Unfall, jeweils ohne Wissen des Versicherungsnehmers, bleibt der Versicherungsschutz des Versicherungsnehmers in der KH-Versicherung davon unberührt, dies – im Gegensatz zur Kaskoversicherung – selbst dann, wenn der Fahrer als Repräsentant des Versicherungsnehmers anzusehen ist.[34]

54 Handelt somit der Fahrer, nicht aber der Halter oder Versicherungsnehmer vorsätzlich und rechtswidrig, so kann sich der Versicherer bei Inanspruchnahme der Letztgenannten nicht auf eine Leistungsfreiheit gem. § 103 VVG gegenüber dem Geschädigten berufen.[35] Die Halterhaftung kann in entsprechend gelagerten Fällen (Schwarzfahrt ohne Verschulden des Halters) aber nach § 7 Abs. 3 StVG entfallen. Sollte der KH-Versicherer gem. § 103 VVG von der Verpflichtung zur Leistung frei sein, besteht die Möglichkeit, gem. § 12 Abs. 1 S. 1 Nr. 3 PflVG über den Verein **Verkehrsopferhilfe e.V.** (Entschädigungsfonds) Ersatz zu erlangen (siehe dazu Rn 80 ff). Bei der Mandatsaufnahme ist auf die Unterschiede zu achten, je nachdem, ob man den Geschädigten, den Versicherungsnehmer oder die mitversicherte Person vertritt.

55 **2. Anspruchsgrundlagen.** Neben dem Fahrer (Haftung aus § 18 Abs. 1 StVG, § 823 Abs. 1 BGB und § 823 Abs. 2 BGB iVm Schutzgesetz) und/oder dem Halter (Haftung aus § 7 Abs. 1 StVG) haftet der KH-Versicherer dem Geschädigten als Gesamtschuldner nach § 115 Abs. 1

---

29 LG Essen, Urt. v. 12.3.2015 – 3 O 315/13, juris.
30 OLG Hamm r+s 1997, 3; OLG Karlsruhe VersR 2009, 293.
31 BGH VersR 1998, 1011.
32 BGH VersR 1987, 503; 1988, 683.
33 BGH VersR 1987, 503; 1994, 1054.
34 BGH NJW 1981, 1113; VersR 1971, 239; OLG Nürnberg VersR 2001, 634; OLG Köln VersR 2000, 1140.
35 BGH VersR 1971, 239; OLG Hamm VersR 1993, 1372; OLG Hamm, Urt. v. 15.6.2005 – 13 U 3/05.

VVG Gemäß § 100 VVG und A.1.1 und A.1.2 AKB oder haben der Versicherungsnehmer oder die mitversicherten Personen, die von Dritten aufgrund gesetzlicher Haftpflichtbestimmungen privatrechtlichen Inhalts auf Schadensersatz in Anspruch genommen werden, gegenüber dem KH-Versicherer Anspruch auf Befriedigung begründeter und Abwehr unbegründeter Schadensersatzansprüche.

3. Muster

▶ **Muster: Schreiben an den gegnerischen KH-Versicherer bei Vertretung des Geschädigten**

An die ... VersicherungsAG

Schadensnummer: ...

Schaden vom ...

Pkw mit dem amtlichen Kennzeichen ...

Sehr geehrte Damen und Herren,

wir zeigen unter Hinweis auf die anliegende Vollmacht an, dass wir die Interessen des ... vertreten und teilen Ihnen auf Ihr Schreiben vom ... Folgendes mit:

Mit diesem Schreiben lehnen Sie Ihre Eintrittspflicht für den Verkehrsunfall vom ... mit der Begründung ab, der Direktanspruch scheide wegen vorsätzlicher Herbeiführung des Versicherungsfalls durch den Fahrer ... gem. § 103 VVG aus, weil dieser vorsätzlich das Fahrzeug unseres Mandanten beschädigt haben soll. Ihre Rechtsauffassung ist jedoch nicht haltbar:

Selbst wenn der Fahrer des bei Ihnen versicherten Pkw den Schaden vorsätzlich herbeigeführt haben sollte, so kann die Leistungsfreiheit nur diesem gegenüber bestehen. Da der Fahrer ... nicht Halter und nicht Versicherungsnehmer ist, bleibt der Versicherungsschutz Ihres Versicherungsnehmers als Halter in der KH-Versicherung unberührt (BGH VersR 1971, 239; OLG Nürnberg VersR 2001, 634; OLG Köln VersR 2000, 1140). Unser Mandant hat somit gegen den gem. A.1.2 AKB mitversicherten Halter einen Anspruch aus § 7 Abs. 1 StVG, so dass Sie unserem Mandanten gegenüber für den Vorfall vom ... vollumfänglich eintrittspflichtig sind.

Aus diesem Grund haben wir Sie aufzufordern, bis zum ... die ihnen bekannten Ansprüche unseres Mandanten vollständig zu regulieren und dazu einen Betrag in Höhe von ... auf das Ihnen bekannte Konto unseres Mandanten zu überweisen.

Wir weisen Sie ausdrücklich darauf hin, dass wir nach ergebnislosem Ablauf dieser Frist die Ansprüche unseres Mandanten auf dem Klagewege geltend machen werden.

Mit freundlichen Grüßen

Rechtsanwalt ◀

Hinweis: Im Einzelfall kann – und sollte, wenn möglich – darüber hinaus natürlich dargelegt werden, warum der Fahrer des Fahrzeugs nicht vorsätzlich gehandelt hat.

Ist der Versicherungsnehmer mit dem Fahrer nicht identisch, sollte vorrangig die unter Rn 56 dargestellte Begründung angeführt werden. Wird dem Versicherungsnehmer Vorsatz vorgeworfen, kann das nachfolgende Muster verwendet werden:

58 ▶ **Muster: Schreiben an den eigenen KH-Versicherer bei Vertretung des Versicherungsnehmers**

An die ... VersicherungsAG

Schadensnummer: ...

Schaden vom ...

Pkw mit dem amtlichen Kennzeichen ...

Sehr geehrte Damen und Herren,

wir zeigen unter Hinweis auf die anliegende Vollmacht an, dass wir die Interessen Ihrer Versicherungsnehmerin Frau ... vertreten und teilen Ihnen Folgendes mit:

Mit Schreiben vom ... lehnen Sie die Eintrittspflicht für die Herrn ... aufgrund des Verkehrsunfalls vom ... entstandenen Schäden ab. Zur Begründung führen Sie an, dass ein Direktanspruch wegen vorsätzlicher Herbeiführung des Versicherungsfalls durch unsere Mandantin als Versicherungsnehmerin ausscheide. Das aber ist nicht richtig.

Zutreffend ist zwar, dass Ihre Versicherungsnehmerin auf der Gegenfahrbahn frontal mit dem Pkw des Herrn ... zusammenstieß, der sich vor einiger Zeit von ihr getrennt und einer anderen Partnerin zugewandt hat. Sie hat jedoch, obwohl zwischen ihr und dem Geschädigten durchaus ein angespanntes Verhältnis bestand, den Versicherungsfall nicht vorsätzlich im Sinne von § 103 VVG herbeigeführt.

Richtig ist vielmehr, dass sie lediglich infolge Unaufmerksamkeit auf die Gegenfahrbahn geriet, wobei es zu der bedauerlichen folgenschweren Kollision kam.

Gegen Ihre Versicherungsnehmerin wurde vor dem Amtsgericht ... zum Aktenzeichen ... ein Strafverfahren wegen vorsätzlicher Straßenverkehrsgefährdung und vorsätzlicher Körperverletzung eingeleitet. Mit dem zwischenzeitlich rechtskräftigen Urteil des Amtsgerichts ... vom ..., Az ..., wurde Ihre Versicherungsnehmerin aber lediglich wegen fahrlässigen Eingriffs in den Straßenverkehr in Tateinheit mit fahrlässiger Körperverletzung zu einer Geldstrafe verurteilt. Aus den Urteilsgründen ist eindeutig ersichtlich, dass das Gericht von einer fahrlässigen Begehung Ihrer Versicherungsnehmerin ausgeht mit der Folge, dass ein Haftungsausschluss gem. § 103 VVG nicht gegeben ist.

Aus diesem Grunde haben wir Sie aufzufordern, uns bis spätestens zum

... [14-Tage-Frist]

schriftlich zu bestätigen, dass Sie für den Verkehrsunfall vom ... eintrittspflichtig sind und die von dem Geschädigten geltend gemachten Ansprüche ausgleichen werden.

Wir weisen Sie ausdrücklich darauf hin, dass wir nach ergebnislosem Ablauf dieser Frist unserer Mandantin raten werden, Ihre Eintrittspflicht gerichtlich klären zu lassen.

Mit freundlichen Grüßen

Rechtsanwalt ◀

II. Prozesssituation

59 **1. Prozessuale Grundlagen.** Eine Abtretung der Ansprüche des Versicherungsnehmers gegen den Versicherer an den Geschädigten war nach § 3 Abs. 4 AKB alter Art nur mit Genehmigung des Versicherers möglich. Fehlte eine solche Genehmigung, war die Abtretung unwirksam und der Zessionar grundsätzlich nicht klagebefugt. Das hat sich durch § 108 Abs. 2 VVG geändert. Danach darf die Abtretung an den Dritten nicht durch Allgemeine Versiche-

C. Ausschluss der Haftung des KH-Versicherers bei Vorsatz

rungsbedingungen ausgeschlossen werden. Entgegenstehende Bedingungen sind nach § 307 BGB unwirksam. In den AKB des GDV ist ein Abtretungsverbot oder ein Zustimmungsvorbehalt deshalb nicht mehr enthalten.

Für Klagen aus dem Versicherungsvertrag gegen den Versicherungsnehmer begründet § 215 Abs. 1 S. 2 VVG einen **ausschließlichen Gerichtsstand**. Für Klagen gegen den Versicherer aus dem Versicherungsverhältnis sieht das VVG neben den in §§ 12 ff ZPO aufgeführten Gerichtsständen in § 215 Abs. 1 S. 1 VVG auch den **Gerichtsstand des Wohnsitzes des Versicherungsnehmers zur Zeit der Klageerhebung** vor.

Bei Ablehnung des Anspruchs auf die Leistung aus dem Versicherungsvertrag, den der Versicherungsnehmer erhoben und den der Versicherer abgelehnt hat, kann der Versicherer den Versicherungsnehmer nach dem 1.1.2008 auch in Altverträgen nicht mehr über § 12 Abs. 3 VVG aF mit Ausschlusswirkung auf den Klageweg verweisen. Das folgt aus Art. 1 Abs. 4 EGVVG. Soweit § 12 Abs. 3 VVG aF für Altverträge noch gilt, bezieht er sich auf die Ablehnung einzelner Leistungsansprüche, nicht aber auf den Bestand des Versicherungsvertrags als solchen.[36]

Für die Ansprüche aus dem Versicherungsvertrag richtet sich nunmehr – vorbehaltlich § 15 VVG (Hemmung) nach den §§ 195 ff BGB und beträgt drei Jahre (§ 195 BGB).

2. Klageanträge. a) Klage des Geschädigten. Sofern die materiellen und/oder immateriellen Ansprüche des Geschädigten feststehen, können diese gegenüber dem KH-Versicherer und den mitversicherten Personen im Rahmen der Leistungsklage geltend gemacht werden (Rn 26 f). Sollten die Ansprüche dagegen nicht (Rn 30) oder nicht vollständig (Rn 38) feststehen, so ist im ersten Fall die Feststellungsklage und im zweiten Fall eine Kombination aus Leistungs- und Feststellungsklage geboten. Die Klageanträge sollten deshalb so lauten, wie unter Rn 26 ff erläutert.

b) Klage des Versicherungsnehmers. aa) Deckungsklage. Gemäß § 100 VVG und A.1.1 und A.1.2 AKB haben der Versicherungsnehmer oder die mitversicherten Personen, die von Dritten aufgrund gesetzlicher Haftpflichtbestimmungen privatrechtlichen Inhalts auf Schadensersatz in Anspruch genommen werden, gegenüber dem KH-Versicherer Anspruch auf **Befriedigung** begründeter und **Abwehr** unbegründeter Schadensersatzansprüche.

Lehnt der Versicherer die Gewährung des Versicherungsschutzes gem. § 103 VVG ab, kann der Versicherungsnehmer Feststellungsklage auf Gewährung von Versicherungsschutz gegen den Versicherer erheben. Hierbei sind der Versicherungsvertrag, das Haftpflichtverhältnis und der geschädigte Anspruchssteller genau zu bezeichnen. Der Klageantrag kann wie folgt lauten:

▶ **Muster: Klageantrag bei Klage des Versicherungsnehmers (Deckungsklage)**
Ich werde beantragen

festzustellen, dass die Beklagte verpflichtet ist, dem Kläger aus dem Haftpflichtversicherungsvertrag (Versicherungsnummer ...) wegen der Ansprüche des Herrn ... [Name, Adresse] aus dem Verkehrsunfall vom ... am ... Versicherungsschutz zu gewähren. ◀

---
36 BGH r+s 2004, 273.

§ 4 Haftpflichtversicherung – PflVG, HPflG

67 **bb) Freistellungsklage.** Für den Fall, dass die Haftung des Versicherungsnehmers gegenüber dem Geschädigten rechtskräftig durch Urteil, Anerkenntnis oder Vergleich festgestellt ist, hat der Versicherungsnehmer, gem. § 100 VVG, einen Befreiungsanspruch gegen seinen Versicherer, den er im Wege der Leistungsklage geltend machen kann. Die Klage ist auf Befreiung von der Verbindlichkeit zu richten, wobei es für einen Feststellungsantrag am besonderen Interesse fehlt, wenn die vom Versicherer begehrte Leistung konkret bezeichnet werden kann. Der Freistellungsanspruch setzt die Fälligkeit der Schuld voraus.[37] Der Klageantrag kann wie folgt lauten:

68 ▶ **Muster: Klageantrag bei Freistellungsklage**

Ich werde beantragen,

die Beklagte zu verurteilen, den Kläger gegenüber Herrn ... von den durch das Urteil [Anerkenntnis, Vergleich] vom ..., Az ..., titulierten Ansprüchen in Höhe von ... EUR zuzüglich Verfahrenskosten und Zinsen freizustellen. ◀

69 **cc) Zahlungsklage.** Hat der Versicherungsnehmer den Dritten wegen eines tatsächlich bestehenden Haftpflichtanspruchs befriedigt (vgl § 105 VVG), so wandelt sich der Freistellungsanspruch in einen Zahlungsanspruch gegen den Versicherer um. Der Klageantrag sollte dann wie folgt lauten:

70 ▶ **Muster: Klageantrag bei Zahlungsklage**

Ich werde beantragen,

die Beklagte zu verurteilen, an den Kläger ... EUR nebst Zinsen in Höhe von 5 Prozentpunkten über dem Basiszinssatz seit ... zu zahlen. ◀

3. Muster

71 ▶ **Muster: Klageschrift bei Klage des Geschädigten gegen den KH-Versicherer des Unfallgegners**

An das Landgericht ...

Klage

des Herrn ...

– Kläger –

Prozessbevollmächtigte: RAe ...

gegen

1. ... VersicherungsAG, vertreten durch den Vorstand, die Herren ..., ..., ... [Anschrift] (zu Schadensnummer ...)

– Beklagte zu 1 –

2. Herrn ...

– Beklagter zu 2 –

wegen Schadensersatzes.

Namens und in Vollmacht des Klägers erheben wir Klage und werden beantragen,

---

37 BGH NJW 1986, 1178.

die Beklagten als Gesamtschuldner zu verurteilen, an den Kläger ... EUR nebst Zinsen in Höhe von 5 Prozentpunkten über dem Basiszinssatz seit dem ... zu zahlen.

Für den Fall der Anordnung eines schriftlichen Vorverfahrens beantragen wir bereits jetzt,

die Beklagten gemäß dem vorstehenden Antrag durch Versäumnis- oder Anerkenntnisurteil zu verurteilen, sofern die gesetzlichen Voraussetzungen dafür vorliegen.

Begründung:

Mit der vorliegenden Klage begehrt der Kläger Schadensersatz anlässlich eines Verkehrsunfalls vom ... in ....

Bei der Beklagten zu 1 handelt es sich um den KH-Versicherer des auf den Beklagten zu 2 zugelassenen Pkw ... mit dem amtlichen Kennzeichen ....

An dem besagten Unfalltag befuhr der Kläger mit dem in seinem Eigentum stehenden Pkw ... mit dem amtlichen Kennzeichen ... die ...straße in ... mit der vor Ort zulässigen Höchstgeschwindigkeit von 50 km/h.

Im Gegenverkehr erkannte er das Fahrzeug des Beklagten zu 2, welches von dem Fahrer, Herrn ..., geführt wurde. Urplötzlich, für den Kläger nicht vorhersehbar, geriet das von Herrn ... geführte Fahrzeug auf die von dem Kläger genutzte Fahrbahn, wobei es trotz Vollbremsung des Klägers zur Kollision beider Fahrzeuge kam.

Beweis: Beiziehung der Ermittlungsakten ..., Az ...

Der Unfall war für den Kläger unabwendbar im Sinne von § 17 Abs. 3 StVG und auf alleiniges Verschulden des Fahrers ... zurückzuführen. Insoweit spricht schon der Anscheinsbeweis für ein ausschließliches Verschulden des in die Gegenfahrbahn Fahrenden (LG Stuttgart VersR 1984, 592; OLG Düsseldorf VRS 74, 417).

Aufgrund dessen stehen dem Kläger gegen die Beklagten als Gesamtschuldner die nachfolgend näher erläuterten Ansprüche gem. § 115 Abs. 1 Nr. 1 VVG und § 7 StVG zu:

[Einzelheiten erläutern]

...

...

Die Beklagte zu 1 wurde unter Fristsetzung zum ... zur Zahlung aufgefordert, so dass sich beide Beklagten spätestens seit dem ... [einen Tag später] in Zahlungsverzug befinden.

Nachdem keine Zahlung erfolgte, ist Klage geboten.

Rechtsanwalt ◄

▶ **Muster: Klageerwiderung bei Klage des Geschädigten gegen den KH-Versicherer des Unfallgegners**

72

110

An das Landgericht ...

Klageerwiderung

In Sachen ... [Kläger] ./. ... [Beklagter zu 1 und 2]

Az/Geschäfts-Nr. ...

bestellen wir uns zu Prozessbevollmächtigten der Beklagten zu 1 und 2 und beantragen,

die Klage abzuweisen.

Begründung:

Die Klage ist unbegründet. Die Beklagten sind gem. § 103 VVG bzw § 7 Abs. 3 StVG von der Verpflichtung zur Leistung frei, weil der Fahrer ... den Versicherungsfall vorsätzlich herbeigeführt hat. Ausweislich der amtlichen Ermittlungsakte hat der Fahrer ... gegenüber den aufnehmenden Beamten freimütig eingeräumt, dass seine Freundin sich von ihm getrennt hat. Eine Versöhnung ist kurz vor dem Verkehrsunfall gescheitert, so dass sich der Fahrer ... entschloss, seinem Leben ein Ende zu setzen. Daher lieh er sich den Pkw von dem Beklagten zu 2, um, wie er diesem gegenüber vorgab, Besorgungen zu erledigen. Der Fahrer ... fuhr sodann auf der ...straße und erkannte im Gegenverkehr das von dem Kläger geführte Fahrzeug. Nach seinen eigenen Bekundungen fasste er sodann den Entschluss, eine Kollision mit dem Pkw des Klägers herbeizuführen, um bei diesem Unfall zu sterben. Deshalb beschleunigte er sein Fahrzeug und zog dieses auf die Fahrspur des Klägers, wobei es zu der folgenschweren Kollision kam.

Beweis: 1. Beiziehung der Ermittlungsakten der StA ..., Az ...
2. Zeugnis des Polizeibeamten ...

Weiterhin sind auf den von den aufnehmenden Beamten gefertigten Lichtbildern keinerlei Schleuder-/oder Driftspuren erkennbar, die den Rückschluss darauf zuließen, dass der Fahrer aufgrund der Fahrbahnbeschaffenheit ins Schleudern geriet. Ferner sind keinerlei Bremsspuren vorhanden, die den Rückschluss zuließen, dass der Fahrer versucht hätte, die Kollision zu vermeiden.

Beweis: 1. wie vor
2. Sachverständigengutachten

Somit steht fest, dass der Fahrer ... willentlich das Fahrzeug in den Gegenverkehr lenkte, wobei er damit rechnen konnte und musste, dass es zu einem Sachschaden an dem Pkw des Klägers kommen würde, und dass er die Beschädigung des Pkw des Klägers billigend in Kauf genommen hat. Die Beklagte zu 1 ist deshalb gem. § 103 VVG leistungsfrei.

Der Beklagte zu 2 haftet gem. § 7 Abs. 3 StVG ebenfalls nicht, weil der Fahrer das Fahrzeug zu der konkreten Fahrt ohne Wissen und Wollen des Beklagten zu 2 genutzt hat.

Nach alledem ist die Klage abzuweisen.

Rechtsanwalt ◄

73 ► **Muster: Replik bei Klage des Geschädigten gegen den KH-Versicherer des Unfallgegners**

An das Landgericht ...

Replik

In Sachen ... [Kläger] ./. ... [Beklagte zu 1 und 2]

Az/Geschäfts-Nr. ...

wird das Vorbringen der Beklagten im Schriftsatz vom ... bestritten, soweit es vom Vorbringen des Klägers abweicht. Im Einzelnen nehmen wir wie folgt Stellung:

Bestritten wird die Behauptung der Beklagten, der Fahrer ... habe den Versicherungsfall vorsätzlich gem. § 103 VVG herbeigeführt, insbesondere, der Fahrer ... habe sein Fahrzeug in Selbstmordabsicht auf die Gegenfahrbahn gelenkt, um mit dem Pkw des Klägers zu kollidieren.

Richtig ist vielmehr, dass der Fahrer ..., wie er bei seiner zweiten Vernehmung angab, infolge Unaufmerksamkeit auf die Gegenfahrbahn geriet, da er beabsichtigte, eine heruntergefallene Zigarette aufzuheben, hierbei den Blick von der Straße nahm und anstatt der Rechtskurve zu folgen geradeaus weiter in die Gegenfahrbahn fuhr.

C. Ausschluss der Haftung des KH-Versicherers bei Vorsatz

Beweis: 1. Beiziehung der Ermittlungsakten der StA ..., Az ...
2. Zeugnis des Fahrers ..., ... [Adresse]

Dieses Verhalten stellt zwar eine grobe Fahrlässigkeit dar, die jedoch nicht zum Haftungsausschluss gem. § 103 VVG führt.

Selbst unterstellt, der Fahrer ... habe den Verkehrsunfall vorsätzlich herbeigeführt, führt dies allenfalls dazu, dass dem Kläger für seine Ansprüche gegen den Fahrer kein Direktanspruch gegenüber der Beklagten zu 1 nach § 115 Abs. 1 Nr. 1 VVG zusteht.

Die Beklagten übersehen jedoch, dass der Beklagte zu 2 als Halter gegenüber dem Kläger gem. § 7 Abs. 1 StVG haftet, mit der Folge, dass ein Direktanspruch des Klägers gegen die Beklagte zu 1 gem. § 115 Abs. 1 Nr. 1 VVG in Bezug auf die Halterhaftung besteht. Der Versicherungsfall ist nach eigenem Sachvortrag der Beklagten durch den Fahrer ... verursacht worden mit der Folge, dass der Versicherungsschutz dem Beklagten zu 2, als vom Fahrer personenverschiedenen Halter, bestehen bleibt, so dass der Kläger seine Ansprüche gegenüber der Beklagten zu 1 gem. § 115 Abs. 1 Nr. 1 VVG geltend machen kann (vgl BGH NJW 1981, 1113; OLG Köln VersR 2000, 1140).

Die Auffassung, der Beklagte zu 2 hafte gem. § 7 Abs. 3 StVG nicht, weil er das den Schaden stiftende konkrete Verhalten des Fahrers nicht gewollt habe, ist rechtsirrig. Denn maßgeblich ist allein, dass der Beklagte zu 2 dem Fahrer das Fahrzeug überlassen hat, § 7 Abs. 3 S. 2 Alt. 2 StVG.

Der Klage ist somit auch angesichts der Ausführungen der Beklagten in der Klageerwiderung stattzugeben.

Rechtsanwalt ◄

Sollte der Versicherungsnehmer als Halter von dem vorsätzlich handelnden Fahrer verschieden sein, so kann auf die Begründung unter Rn 73 zurückgegriffen werden. Ist der vorsätzlich handelnde Fahrer jedoch gleichzeitig Versicherungsnehmer, kann wie folgt formuliert werden:

▶ **Muster: Klage des Versicherungsnehmers auf bedingungsgemäßen Versicherungsschutz gem. A.1 AKB**

An das Landgericht ...

Klage

des Herrn ...

– Kläger –

Prozessbevollmächtigte: RAe ...

gegen

die ... VersicherungsAG, vertreten durch den Vorstand,
die Herren ..., ..., ... [Anschrift] (zu Schadensnummer ...)

– Beklagte –

wegen Feststellung.

Namens und in Vollmacht des Klägers erheben wir Klage und werden beantragen, wie folgt zu erkennen:

Es wird festgestellt, dass die Beklagte verpflichtet ist, dem Kläger aufgrund des Haftpflichtversicherungsvertrags zur Versicherungsschein-Nr. ... wegen der Ansprüche des Herrn ... [Adresse] aus dem Verkehrsunfall vom ... in ... Versicherungsschutz zu gewähren.

§ 4 Haftpflichtversicherung – PflVG, HPflG

Begründung:

Der Kläger hat bei der Beklagten für seinen Pkw der Marke ... mit dem amtlichen Kennzeichen ... eine Kraftfahrt-Haftpflichtversicherung unter der Versicherungsschein-Nr. ... abgeschlossen.

Das Gericht ist gem. § 215 Abs. 1 VVG örtlich zuständig.

Am ... fuhr der Kläger mit seinem bei der Beklagten versicherten Pkw ... mit dem amtlichen Kennzeichen ... auf der ...straße in ... und geriet infolge Unaufmerksamkeit auf die Gegenfahrbahn, wobei es zur Kollision mit dem von Herrn ... geführten Fahrzeug kam.

Beweis: Beiziehung der Strafakten des Amtsgerichts ..., Az ...

Herr ... machte bei der Beklagten anlässlich des Verkehrsunfalls Schadensersatzansprüche in einer Größenordnung von ca. ... EUR geltend.

Mit Schreiben vom ... teilte die Beklagte dem Kläger mit, dass für den Schadensfall vom ... kein Versicherungsschutz bestehe, da der Kläger den Versicherungsfall vorsätzlich herbeigeführt habe und teilte weiterhin mit, dass die Ersatzansprüche des Herrn ... nicht durch die Beklagte reguliert würden. Dazu verweisen wir auf das

in Fotokopie anliegende Schreiben vom ....

Aufgrund dieser Deckungsablehnung setzte sich der Geschädigte, Herr ..., mit dem Kläger in Verbindung und forderte diesen auf, seine Haftung dem Grunde nach anzuerkennen.

Die Beklagte kann sich vorliegend nicht auf die Leistungsfreiheit gem. § 103 VVG berufen, weil der Kläger den Schadensfall nicht vorsätzlich und widerrechtlich herbeigeführt hat. Für ihre gegenteilige Behauptung ist die Beklagte beweispflichtig. Diesen Beweis wird sie nicht führen können.

Gegen den Kläger fand vor dem Amtsgericht ..., Az ..., ein Strafverfahren statt, wobei der gegen den Kläger erhobene Vorwurf der vorsätzlichen Gefährdung des Straßenverkehrs und der vorsätzlichen Körperverletzung fallen gelassen wurde. Der Kläger wurde lediglich wegen fahrlässigen Eingriffs in den Straßenverkehr und fahrlässiger Körperverletzung zu einer Geldstrafe verurteilt, da ein vorsätzlich Handeln nicht festgestellt werden konnte.

Beweis: Beiziehung der Strafakten des Amtsgerichts ..., Az ...

Aufgrund dieses Urteils steht fest, dass der Kläger den Versicherungsfall nicht vorsätzlich iSv § 103 VVG herbeigeführt hat.

Ungeachtet dessen verblieb die Beklagte bei ihrer Leistungsablehnung, so dass nunmehr Klage geboten ist.

Rechtsanwalt ◄

76 ▶ **Muster: Klageerwiderung auf Klage des Versicherungsnehmers auf bedingungsgemäßen Versicherungsschutz**

An das Landgericht ...

Klageerwiderung

In Sachen ... [Kläger] ./. ... [Beklagte]

Az/Geschäfts-Nr. ...

bestellen wir uns zu Prozessbevollmächtigten der Beklagten und beantragen,

die Klage abzuweisen.

C. Ausschluss der Haftung des KH-Versicherers bei Vorsatz 4

Begründung:
Die Klage ist nicht begründet. Die Beklagte ist gem. § 103 VVG von der Verpflichtung zur Leistung frei, da der Kläger den Verkehrsunfall mit Herrn ... vorsätzlich herbeigeführt hat.

Die Ehefrau des Klägers lebt von diesem getrennt und hat sich Herrn ... zugewandt. In der Folge terrorisierte der Kläger sowohl seine von ihm getrennte Ehefrau als auch deren neuen Freund, Herrn .... Dies war auch Gegenstand einer Anzeige der Ehefrau des Klägers sowie des Herrn ....

Beweis: 1. Zeugnis der Ehefrau ... des Klägers
2. Zeugnis des Herrn ...
3. Beiziehung der Akten des Polizeireviers ..., Az ...

Am ... befuhr Herr ... mit seinem Pkw die ...straße in ..., als er im Gegenverkehr das Fahrzeug des Klägers erkannte. Sodann beschleunigte der Kläger sein Fahrzeug und zog unmittelbar vor Herrn ... auf die Gegenfahrbahn, wobei es zur Kollision beider Fahrzeuge kam.

Beweis: 1. Zeugnis des Herrn ...
2. Beiziehung der Strafakten des Amtsgerichts ..., Az ...

Die Staatsanwaltschaft hat ein Sachverständigengutachten eingeholt. Der Sachverständige kam zu dem Ergebnis, dass der Fahrbahnverlauf im Bereich der Unfallstelle geradlinig ist und technische Mängel als Unfallursache ausgeschlossen werden können.

Beweis: 1. Zeugnis des Sachverständigen ...
2. Beiziehung der vorgenannten Strafakten

Weiterhin räumte der Kläger bei seiner Vernehmung gegenüber den aufnehmenden Beamten ein, dass er das Fahrzeug des Freundes der Ehefrau erkannt und in einer Kurzschlussreaktion auf die Gegenfahrbahn gefahren sei.

Beweis: 1. Zeugnis des Polizisten ..., zu laden über ...
2. Beiziehung der Akten der StA ..., Az ...

Der Kläger hat somit eingeräumt, dass er aus einer Kurzschlussreaktion heraus auf die Gegenfahrbahn gefahren ist, wobei er die Beschädigung des Pkw sowie die Verletzungen des Herrn ... zumindest billigend in Kauf genommen hat, was nach ständiger Rechtsprechung für die Leistungsfreiheit ausreichend ist (BGHZ 7, 311; OLG Nürnberg VersR 1988, 1123; OLG Saarbrücken VersR 1993, 1004).

Völlig unerheblich sind die Feststellungen des Amtsgerichts ... in dem Strafverfahren, da deren Feststellungen nicht präjudiziell für die zivilrechtliche Beurteilung des Verfahrens sind.

Nach alledem ist die Klage abzuweisen.

Rechtsanwalt ◄

▶ **Muster: Replik bei Klage des Versicherungsnehmers auf bedingungsgemäßen Versicherungsschutz**

77

An das Landgericht ...

Replik

In Sachen ... [Kläger] ./. ... [Beklagte]

Az/Geschäfts-Nr. ...

wird das Vorbringen der Beklagten im Schriftsatz vom ... nach Maßgabe des diesseitigen Vorbringens bestritten und weiter wie folgt Stellung genommen:

Bestritten wird die Behauptung der Beklagten, der Kläger habe den Unfall vorsätzlich herbeigeführt. Bestritten wird insbesondere, dass der Kläger das Fahrzeug des Herrn ... erkannt habe und aufgrund einer Kurzschlussreaktion auf die Gegenfahrbahn gefahren sei.

Richtig ist vielmehr, dass der Kläger infolge Unaufmerksamkeit auf die Gegenfahrbahn kam.

Beweis: Parteivernehmung des Klägers[38]

Selbst wenn der Kläger gegenüber den aufnehmenden Beamten die Aussage, wie von der Beklagten geschildert, gemacht haben sollte, so ist dies dem Umstand geschuldet, dass der Kläger sich zum Zeitpunkt des Verkehrsunfalls in einer Schocksituation befand.

Beweis: wie vor

So vermerkten die aufnehmenden Beamten in ihrem Polizeibericht, dass der Kläger einen verstörten Eindruck machte und nicht mehr angeben konnte, wie es tatsächlich zum Unfall gekommen war. Aufgrund dessen riefen die aufnehmenden Beamten den Notarzt, der den Kläger ins Krankenhaus brachte, wo dieser eine Woche blieb.

Beweis: 1. Zeugnis des Polizeibeamten ...
2. Zeugnis des Arztes ...

Nach alledem kann die vom Kläger gegenüber den aufnehmenden Polizeibeamten gemachte Äußerung nicht verwertet werden, was auch das Amtsgericht ... in dem Strafverfahren berücksichtigt hat.

Beweis: Beiziehung der bereits genannten Strafakten

Die Beklagte hat den Nachweis der vorsätzlichen Herbeiführung des Versicherungsfalls durch den Kläger somit nicht erbracht, so dass der Klage stattzugeben ist.

Rechtsanwalt ◄

D. Verkehrsopferhilfe – Ansprüche nach §§ 12, 12 a PflVG

I. Vorbemerkung

78 Zu beachten ist, dass wesentliche Vorschriften des PflVG durch das Zweite Gesetz zur Änderung des Pflichtversicherungsgesetzes und anderer versicherungsrechtlicher Vorschriften vom 10.12.2007[39] geändert wurden, das am 18.12.2007 in Kraft getreten ist. Hintergrund der Gesetzesänderung ist neben anderen europäischen Richtlinien, insbesondere die Umsetzung der Richtlinie 2005/14/EG vom 11.5.2005, der sog. 5. KH-Richtlinie, in deutsches Recht.[40]

79 Nachstehend sind die für die Praxis wichtigsten Änderungen kurz erläutert:

- § 2 Abs. 1 Nr. 6 lit. b iVm § 12 Abs. 1 Nr. 2 a PflVG: Selbstfahrende Arbeitsmaschinen und landwirtschaftliche Anhänger bleiben auch nach dem neueren Recht von der Versicherungspflicht befreit.
  Sind diese Fahrzeuge nicht über eine Betriebshaftpflichtversicherung mit abgedeckt und sind der Fahrer und der Halter selbst zahlungsunfähig, übernimmt der Entschädigungsfonds eine Ausfallhaftung. Der Geschädigte kann seinen Schadenersatzanspruch dann direkt gegenüber der Verkehrsopferhilfe geltend machen.

---

38 Die Vernehmung der eigenen Partei ist gem. § 447 ZPO nur mit dem Einverständnis der Gegenseite möglich oder aber nach § 448 ZPO von Amts wegen durchzuführen.
39 BGBl. I S. 2833.
40 Vgl *Becker*, Die 5. KH-Richtlinie – ihre Umsetzung in Deutschland – DAR 2008, 187 ff.

D. Verkehrsopferhilfe – Ansprüche nach §§ 12, 12 a PflVG 4

- § 4 Abs. 2 PflVG iVm Anlage 2 (Mindestversicherungssummen)
  - Personenschäden gem. Nr. 1 lit. a der Anlage 2 zu § 4 Abs. 2 PflVG:
  Der Versicherungsschutz für einzelne Geschädigte des Unfalls wurde erheblich verbessert. Die Mindestversicherungssumme gilt nur noch für den gesamten Schadensfall, die frühere zusätzliche Deckelung für das einzelne Unfallopfer entfällt. Auch wenn die bisherige Mindestversicherungssumme der Höhe nach mit 7,5 Mio. EUR pro Unfall beibehalten wird, kann dieser Betrag nunmehr auch von einem einzelnen Unfallopfer ausgeschöpft werden, sodass die bisher geltende Beschränkung für das einzelne Opfer von 2,5 Mio. EUR entfällt.
  - Sachschäden gem. Nr. 1 lit. b der Anlage 2 zu § 4 Abs. 2 PflVG:
  Für Sachschäden ist die Mindestversicherungssumme von bisher 500.000 EUR auf 1 Mio. EUR angehoben worden. Inzwischen beträgt die Summe 1.120.000 EUR. Für reine Vermögensschäden verbleibt die Versicherungssumme bei 50.000 EUR.
- § 12 Abs. 2 PflVG (Haftung der Verkehrsopferhilfe in Einzelfällen auch für Fahrzeugschäden nach Verkehrsunfallflucht):
Früher wurden Schäden an Fahrzeugen, die durch ein nicht ermitteltes Fahrzeug verursacht wurden, nicht ersetzt. Nunmehr erfolgt ein Ersatz der Fahrzeugschäden, wenn bei demselben Unfall neben dem Sachschaden an dem Fahrzeug auch ein erheblicher Personenschaden des Ersatzberechtigten oder eines Fahrzeuginsassen vorliegt. Es werden jedoch nur die einen Selbstbehalt von 500 EUR übersteigenden Schäden ersetzt.

II. Vorprozessuale Situation

1. Allgemeines. Die „Verkehrsopferhilfe e.V." (kurz: VOH) ist ein gemeinnütziger Verein mit nunmehrigem Sitz in Berlin. Mitglieder sind Versicherungsunternehmen, welche in der Bundesrepublik Deutschland die Kraftfahrzeug-Haftpflichtversicherung als Erstversicherer betreiben. Der Verein ist **Entschädigungsfonds nach § 12 PflVG für Inlandsunfälle** und **Entschädigungsstelle nach § 12 a PflVG für Auslandsunfälle**. 80

a) Entschädigungsfonds (§ 12 PflVG). aa) Zweck. Dem Verein Verkehrsopferhilfe e.V. wurde mit Wirkung zum 1.1.1966 durch Verordnung vom 14.12.1965[41] die Stellung des gesetzlichen Entschädigungsfonds für Schäden aus Kraftfahrzeugunfällen zugewiesen, der 1965 durch §§ 12–14 PflVG geschaffen worden war. Der Zweck des Fonds besteht darin, gewisse Lücken in der KH-Versicherung – allerdings nicht vollständig – zu schließen. Der Fonds ist deshalb nur subsidiär eintrittspflichtig. Zudem ist seine Leistungspflicht eingeschränkt. Der Geschädigte muss sich zur Durchsetzung seiner Schadensersatzansprüche wenden an den Verein 81

Verkehrsopferhilfe e.V.
Wilhelmstraße 43/43 G
10117 Berlin Tel: 030/20205858
Fax: 030/20205722
E-Mail: voh@verkehrsopferhilfe.de

Die Kosten eines eingeschalteten Anwalts werden bei Regulierung durch die Verkehrsopferhilfe von dieser übernommen. Die Rechtsstellung sowie die Rechte und Pflichten des Vereins 82

---

[41] BGBl. I S. 2093.

als Entschädigungsfonds, der Geschädigten, der Mitglieder und der Versicherungsunternehmen, die ohne Mitgliedschaft im Verein in Deutschland die KH-Versicherung betreiben, bestimmen sich nach den §§ 8, 12, 13 und 14 PflVG und der Verordnung über den Entschädigungsfonds für Schäden aus Kraftfahrzeugunfällen vom 14.12.1965 in der jeweils gültigen Fassung (hier im Weiteren: VO-EF).

83 **bb) Umfang der Leistungspflicht.** Die Verkehrsopferhilfe tritt ein wie ein leistungsfreier Versicherer, dh insbesondere also im Rahmen der geltenden Mindestdeckungssummen. Diese betragen nach der Anlage zu § 4 Abs. 2 PflVG bei Personenschäden 7,5 Mio. EUR bei Sachschäden 1.120.000 EUR und bei reinen Vermögensschäden (= Schäden die weder mittelbar noch unmittelbar mit einem Personen- oder Sachschaden zusammenhängen) 50.000 EUR. Ferner hat der Geschädigte nur dann einen Anspruch, wenn er von dritter Seite keinen Ersatz seines Schadens erlangen kann (**Subsidiarität**). Dritte im Sinne des § 12 PflVG sind:

- Halter, Fahrer oder Eigentümer des schädigenden Fahrzeugs (diese Einschränkung gilt nicht im Falle der Insolvenz),
- Schadensversicherer,
- das „Deutsche Büro Grüne Karte e.V.",
- Sozialversicherungsträger, soweit es nicht um Ansprüche aus § 119 SGB X geht
- Behörden oder Beamte wegen einer vorsätzlichen oder fahrlässigen Amtspflichtverletzung des Beamten,
- Arbeitgeber oder Dienstherren wegen Fortzahlung von Amtsbezügen, Vergütung oder Lohn,
- Versorgungsbehörden (zB Bundesagentur für Arbeit) wegen Fortzahlung von Versorgungsbezügen.

84 Zwar muss der Geschädigte zunächst primär den vorrangig Eintrittspflichtigen in Anspruch nehmen. Doch ist es nicht erforderlich, prozessual gegen diesen vorzugehen. Vielmehr reicht es aus, wenn der Geschädigte glaubhaft macht, dass er zB gegen den Fahrer/Halter/Eigentümer seine Ansprüche nicht realisieren kann.

85 Eine weitere Einschränkung ergibt sich daraus, dass der Staat (Bund, Länder, Gemeinden und Gemeindeverbände) in seiner Funktion als Straßenbaulastträger keine Ansprüche gegen die Verkehrsopferhilfe geltend machen kann. Das bedeutet in der Praxis, dass die Verkehrsopferhilfe nicht für die Beschädigung von Leitplanken, Verkehrszeichen oder Straßenbrücken einzutreten hat.

86 **cc) Regulierungsverfahren.** Die Geschäftsstelle nimmt eine Art „Vorprüfung" vor, ob der Anspruch begründet oder unbegründet ist. Nach Auffassung der VOH unbegründete Ansprüche – meist der Ersatz von Fahrzeugschäden in sog. „Fahrerfluchtfällen" (dazu unten Rn 103) – werden umgehend mit Formular von der Geschäftsstelle abgelehnt.

87 Ist der Anspruch nicht wegen offenbarer Unbegründetheit abzulehnen, wird geprüft, ob gegebenenfalls weitere Ermittlungen anzustellen sind oder ob der Anspruch wegen seines geringen Umfangs sofort befriedigt werden kann. Im Regelfall wird jedoch nach der „Vorprüfung" ein Versicherer mit der Bearbeitung des Schadensfalls beauftragt. Hierzu stehen der Verkehrsopferhilfe die Schadensabteilungen der KH-Versicherer zur Verfügung. Der beauftragte Versicherer ist bevollmächtigt, Schäden bis zu einem vom Vorstand festgesetzten Betrag – derzeit

30.000 EUR – allein im Namen und für Rechnung des Vereins abzuwickeln. Übersteigt die geforderte oder zu erwartende Gesamtentschädigung dieses Limit, entscheidet der Verein durch eine bei ihm eingesetzte **Regulierungskommission**. Das gilt auch, sofern der Entschädigungsantrag ganz oder teilweise abgelehnt worden ist oder ein Schadensfall nicht in angemessener Frist bearbeitet wurde. Die Regulierungskommission setzt sich zusammen aus Vorständen und leitenden Mitarbeitern von KH-Versicherern. Sie entscheidet schriftlich und im Regelfall in Dreier-Besetzung.

dd) **Schiedsverfahren.** Werden die Ansprüche vom Verein – egal auf welcher Ebene – abgelehnt, kann der Geschädigte, außer im Falle der Insolvenz des Versicherers, nicht sofort Klage erheben (§ 9 der VO-EF). Zunächst hat ein Verfahren vor einer sog. Schiedsstelle vorauszugehen. Die Schiedsstelle besteht aus drei Mitgliedern. Das Schiedsverfahren ist schriftlich. Kosten werden nicht erhoben. Die Schiedsstelle hat auf eine gütliche Einigung hinzuwirken und gegebenenfalls einen Einigungsvorschlag zu machen. Gehen der Geschädigte oder die Verkehrsopferhilfe auf den Einigungsvorschlag nicht ein oder kommt ein solcher nicht zustande, kann der Geschädigte die Gerichte in Anspruch nehmen. Einzelheiten ergeben sich aus §§ 5–8 VO-EF.

ee) **Verjährung (§ 12 Abs. 3 PflVG).** Gemäß § 12 Abs. 3 PflVG verjährt der Anspruch gegen die Verkehrsopferhilfe als Entschädigungsfonds in drei Jahren. Die Verjährung beginnt mit dem Zeitpunkt, in dem der Ersatzberechtigte von dem Schaden und von den Umständen Kenntnis erlangt, aus denen sich ergibt, dass er seinen Anspruch gegen den Entschädigungsfonds geltend machen kann. Ist der Anspruch des Ersatzberechtigten beim Entschädigungsfonds angemeldet worden, so ist die Verjährung bis zum Eingang der schriftlichen Entscheidung des Entschädigungsfonds und, wenn die Schiedsstelle angerufen worden ist, bis zum Eingang des Einigungsvorschlags der Schiedsstelle gehemmt.

b) **Entschädigungsstelle (§ 12 a PflVG). aa) Zweck.** Der Verein Verkehrsopferhilfe e.V. nimmt nach § 13 a PflVG auch die Aufgaben und Befugnisse der Entschädigungsstelle im Sinne des § 12 a PflVG wahr. Die Anschrift ist dieselbe wie unter Rn 81 genannt. Es empfiehlt sich jedoch, nach dem Namen des Vereins den Zusatz „– Entschädigungsstelle –" einzufügen.

Hinweis: Am 16.5.2000 erließen das Europäische Parlament und der Europäische Rat die 4. KH-Richtlinie (RL 2000/26/EG) zur Angleichung der Rechtsvorschriften der Mitgliedstaaten über die Kraftfahrt-Haftpflichtversicherung und zur Änderung der Richtlinien 73/239/EWG und 88/357/EWG des Rates. In Art. 6 ist die Schaffung von nationalen Entschädigungsstellen vorgesehen. Mit dem Gesetz zur Änderung des Pflichtversicherungsgesetzes und anderer versicherungsrechtlicher Vorschriften vom 10.7.2002 (BGBl. I, S. 2586) wurde die 4. KH-Richtlinie in nationales Recht umgesetzt. Gemäß Art. 1 Nr. 10 des Gesetzes, durch den die neue Vorschrift des § 13 a in das PflVG eingeführt wurde, wurden die Aufgaben und Befugnisse der Entschädigungsstelle dem Verein „Verkehrsopferhilfe e.V." zugewiesen. An dieser Zuweisung hat sich durch die in der Vorbemerkung beschriebene Umsetzung der 5. KH-Richtlinie durch Gesetz vom 10.12.2007 nichts geändert.

bb) **Umfang der Leistungspflicht.** Die Entschädigungsstelle reguliert die Schäden wie ein Versicherer. Maßgeblich für die Beurteilung, welche Art von Schäden in welcher Höhe zu ersetzen sind, ist in der Regel das Recht des Unfalllandes.

93 cc) **Verjährung.** Die Ansprüche gegenüber der Verkehrsopferhilfe als Entschädigungsstelle verjähren nach Maßgabe des materiellen Rechts, das nach den Vorschriften des internationalen Privatrechts zu ermitteln ist. Im Regelfall ist das das Recht des Unfallortes.[42]

94 **Hinweis:** Im Internet erhält man Informationen und Arbeitshilfen direkt vom Verein Verkehrsopferhilfe unter <www.verkehrsopferhilfe.de>.

95 **2. Anspruchsgrundlagen. a) Entschädigungsfonds (§ 12 PflVG).** § 12 Abs. 1 PflVG räumt Geschädigten, die in Deutschland durch den Gebrauch eines Kraftfahrzeugs oder Anhängers einen Personen- oder Sachschaden erlitten haben, immer dann Ansprüche gegen die Verkehrsopferhilfe ein, wenn sie bei dem an sich ersatzpflichtigen Halter, Fahrer oder Eigentümer des Fahrzeugs keinen Ersatz erlangen können. Reine Vermögensschäden werden nicht ersetzt. Darüber hinaus muss eine der vier weiteren speziellen Voraussetzungen erfüllt sein, nämlich:

- das Schädigerfahrzeug kann nicht ermittelt werden (§ 12 Abs. 1 Nr. 1 PflVG),
- das Schädigerfahrzeug ist nicht (oder nicht mehr) versichert (§ 12 Abs. 1 Nr. 2 PflVG),
- der Halter des Fahrzeuges ist nach § 2 Abs. 1 Nr. 6 von der Versicherungspflicht befreit (§ 12 Abs. 1 Nr. 2 a PflVG),
- die an sich vorhandene Pflichtversicherung tritt nach § 103 VVG, der auch der Regelung des § 117 Abs. 1 VVG vorgeht,[43] nicht ein, weil der Verursacher den eingetretenen Schaden vorsätzlich und widerrechtlich verursacht hat (§ 12 Abs. 1 Nr. 3 PflVG),
- über das Vermögen des leistungspflichtigen Versicherers ist ein Insolvenzverfahren eröffnet worden (§ 12 Abs. 1 Nr. 4 PflVG).

96 Ferner muss der Schaden durch den Gebrauch eines Kraftfahrzeugs oder Anhängers verursacht sein. Das bedeutet, dass zB Schäden, die Fußgänger oder Radfahrer verursachen, bei der Verkehrsopferhilfe keine Berücksichtigung finden. Zudem scheidet ein Anspruch aus dem Entschädigungsfonds aus, wenn unklar bleibt, ob der Gebrauch des nicht ermittelten Fahrzeuges oder nur ein Fahrfehler des Geschädigten mitursächlich für den Schaden war.[44] Darüber hinaus muss sich der Schaden im Anwendungsbereich des Pflichtversicherungsgesetzes ereignet haben, also bei Verwendung des Fahrzeugs auf öffentlichen Wegen und Plätzen.

97 Anspruchsberechtigt ist nach dem Wortlaut des § 12 PflVG jeder. Das heißt, dass auch ausländische Staatsangehörige die Leistungen der Verkehrsopferhilfe beanspruchen können. Voraussetzung ist allerdings, dass sie einen festen Wohnsitz in der Bundesrepublik Deutschland haben oder mit ihrem Heimatstaat Gegenseitigkeit verbürgt ist (§ 11 VO-EF; eine Liste ist unter <www.verkehrsopferhilfe.de> veröffentlicht).

98 **b) Entschädigungsstelle (§ 12 a PflVG).** Die Entschädigungsstelle ist gem. § 12 a PflVG eintrittspflichtig für Schäden, die ein in Deutschland ansässiger Geschädigter durch den Gebrauch eines Kraftfahrzeugs oder Anhängers eines anderen Autofahrers aus dem Europäischen Wirtschaftsraum (EWR) in einem Land erlitten hat, das dem System der Grünen Karte angeschlossen ist (siehe dazu die Übersicht über Staaten, die dem Europäischen Wirtschaftsraum bzw dem System der Grünen Karte angehören, im Anhang, Rn 149).

---

42 Vgl *Riedmeyer* zfs 2008, 602.
43 BGH NJW 1971, 459; 1990, 2387.
44 OLG Düsseldorf, SVR 2011, 423.

Nach § 12 a Abs. 1 S. 1 PflVG tritt die Entschädigungsstelle in folgenden Fällen ein:

- wenn der zuständige Versicherer oder sein Schadenregulierungsbeauftragter binnen einer Frist von drei Monaten nach der Geltendmachung des Anspruchs keine mit Gründen versehene Antwort übersandt, also keine begründete Ablehnung erklärt und kein Schadensersatzangebot unterbreitet hat (§ 12 a Abs. 1 S. 1 Nr. 1 PflVG),
- wenn der ausländische Versicherer keinen Schadenregulierungsbeauftragten in Deutschland benannt hat, es sei denn, der Versicherer hat aufgrund einer direkten Geltendmachung des Anspruchs binnen einer Frist von drei Monaten dem Geschädigten eine mit Gründen versehene Antwort übersandt, also eine begründete Ablehnung erklärt oder ein begründetes Schadensersatzangebot unterbreitet (§ 12 a Abs. 1 S. 1 Nr. 2 PflVG),
- wenn das Schädigerfahrzeug nicht binnen zweier Monate nach dem Unfall ermittelt werden kann (§ 12 a Abs. 1 S. 1 Nr. 3 Alt. 1 PflVG),
- wenn der für das Schädigerfahrzeug zuständige Versicherer nicht binnen zweier Monate nach dem Unfall ermittelt werden kann (§ 12 a Abs. 1 S. 1 Nr. 3 Alt. 2 PflVG).

Hinweis: In den Fällen, in denen sich der Unfall in einem Staat ereignet hat, der nicht Mitglied des EWR ist, sind Ansprüche an den Garantiefonds des jeweiligen Unfalllandes zu richten, es sei denn, es liegen die Voraussetzungen des § 12 a Abs. 4 PflVG vor, nämlich:

- das Schädigerfahrzeug ist in einem Land der EU oder des EWR versichert,
- das Schädigerfahrzeug hat dort auch seinen gewöhnlichen Standort,
- das Unfallland gehört dem System der Grünen Karte an.

Dann kann der Geschädigte unter den Voraussetzungen des § 12 a Abs. 1 PflVG ebenfalls einen Erstattungsantrag an die VOH als Entschädigungsstelle richten.

Ein Antrag auf Erstattung durch die Entschädigungsstelle ist nach § 12 a Abs. 1 S. 2 PflVG nicht (mehr) zulässig, sobald der Geschädigte unmittelbar gerichtliche Schritte gegen den Versicherer eingeleitet hat. Ist das Schädigerfahrzeug zum Unfallzeitpunkt nicht versichert, ist zuständiger Ansprechpartner der jeweilige Garantiefonds des Unfalllandes.[45] Die Entschädigungsstelle ist ferner nicht zuständig, sofern der Schaden – objektiv oder subjektiv – nur unzureichend reguliert worden ist. In diesen Fällen hat sich der Geschädigte direkt mit dem ausländischen Versicherer auseinanderzusetzen. Dessen Schadenregulierungsbeauftragter kann nicht verklagt werden.

3. Muster hinsichtlich des Entschädigungsfonds (§ 12 PflVG). a) Anspruchsschreiben nach Fallgruppen. Bei der Geltendmachung der Ansprüche muss darauf geachtet werden, dass die Voraussetzungen für einen Anspruch gegen den Entschädigungsfonds tatsächlich vorliegen und sich diese aus dem Anspruchsschreiben auch ergeben.

aa) Nicht ermitteltes Schädigerfahrzeug (§ 12 Abs. 1 Nr. 1 PflVG). Kann das Schädigerfahrzeug nicht ermittelt werden – Hauptfall: „Fahrerflucht" –, treten Beweisprobleme auf. Dennoch trifft den Geschädigten die volle Beweislast für die Beteiligung eines anderen Kraftfahrzeugs und für den Ursachenzusammenhang zwischen der schadensstiftenden Handlung und

---

[45] Zu den Anschriften vgl die „Liste der internationalen Garantiefonds" auf <www.verkehrsopferhilfe.de> unter dem Link „praktische Tipps".

dem eingetretenen Schaden.[46] Der Verein wird den Nachweis immer dann als erbracht ansehen, wenn vernünftige Zweifel an der Unfallverursachung durch ein anderes Fahrzeug ausscheiden. Ansonsten müssen mindestens objektivierbare Anhaltspunkte für die Schadensverursachung durch ein nicht zu ermittelndes Kraftfahrzeug vorliegen. Grundsätzlich reicht die eigene Unfalldarstellung des Geschädigten für sich allein nicht aus, um die Beteiligung eines nicht zu ermittelnden Kraftfahrzeugs nachzuweisen.

104 Während Fälle dieser Art relativ einfach zu entscheiden sind, gibt es auch eine Reihe von Grenzfällen zwischen „Fahrerflucht" und „Nichtversichertsein". Meist ist die Konstellation die, dass am Unfallort Personalien ausgetauscht wurden, die sich später als falsch herausstellen, oder aber es wurden gefälschte Kennzeichen benutzt. Im Regelfall wird auch hier von der Schadensverursachung durch ein nicht zu ermittelndes Kraftfahrzeug ausgegangen werden müssen. Die Unterscheidung zwischen „Fahrerflucht" und „Nichtversichertsein" ist deshalb von besonderer Bedeutung, weil der Gesetzgeber in der Fallgruppe der Schadensverursachung durch nicht zu ermittelnde Kraftfahrzeuge (und nur hier!) gewisse Leistungseinschränkungen vorgesehen hat, die in den anderen Fallgruppen nicht gelten. So werden zB **Fahrzeugschäden** der Missbrauchsgefahr wegen nicht ersetzt. Das, was für den Fahrzeugschaden selbst gilt, gilt auch für die daraus resultierenden Sachfolgeschäden. Die Verkehrsopferhilfe ersetzt in dieser Fallgruppe aber **„sonstige Sachschäden"**. Das sind solche Sachschäden, die keine Fahrzeugschäden sind. Es geht dabei insbesondere um die Beschädigung von Gartenzäunen, Mauern, Häusern, Ladung etc. Hier ist allerdings eine Selbstbeteiligung des Geschädigten in Höhe von 500 EUR vorgesehen.

105 Auch die **Schmerzensgeldregelung** ist eine andere als in den anderen Fallgruppen. Ein Schmerzensgeld soll nur bei schwersten Verletzungen, wie zB Querschnittslähmungen, Amputationen, oder wenn erhebliche Dauerschäden verbleiben, gezahlt werden und nicht bei Bagatellverletzungen. Aber selbst wenn eine besonders schwere Verletzung vorliegt, ist der zu zahlende Schmerzensgeldbetrag niedriger als der in „normalen" Haftpflichtschäden. Im Regelfall wird, wenn nicht besondere Umstände vorliegen, 1/3 des sonst üblichen Schmerzensgeldes als ausreichend angesehen. Der Verein ist nicht Schädiger und schuldet deshalb auch nicht „Genugtuung". Insoweit ist lediglich die Ausgleichsfunktion Bemessungskriterium für die Höhe des zu zahlenden Schmerzensgeldes. Ansonsten gibt es bezüglich des Ersatzes von anderen Schadensersatzpositionen im Bereich des Personenschadens keine Einschränkungen.

---

46 Vgl LG Hechingen v. 15.4.2010 – 1 O 57/09; LG Bremen v. 27.1.2010 – 8 O 1853/09; LG Bochum v. 22.2.2009 – 10 S 53/09.

▶ **Muster: Schadensmeldung an VOH (nicht ermitteltes Schädigerfahrzeug)**

Verkehrsopferhilfe e.V.
Wilhelmstraße 43/43 G
10117 Berlin

Sehr geehrte Damen und Herren,

hiermit zeige ich unter Hinweis auf die beigefügte Vollmacht an, dass mich Herr ... [Name, Vorname, Anschrift des Mandanten] mit der Wahrnehmung seiner Interessen beauftragt hat. Es geht um einen Verkehrsunfall vom ..., der sich gegen ... Uhr auf der ...straße in ... ereignet hat.

... [Unfallhergang unter Benennung der zur Verfügung stehenden Beweismittel schildern und dabei Angaben zum Kfz des Schädigers machen, soweit möglich, insbesondere zu Typ, Marke, Farbe und Kennzeichen (auch Bruchstücke!)]

Mein Mandant hat den Vorfall bei der Polizeistation ... [Dienststelle mit Anschrift] gemeldet. Der Vorgang wurde dort zu Az ... aufgenommen. Kopie der VU-Anzeige nebst Lichtbildern vom beschädigten Fahrzeug füge ich bei. Das von der Staatsanwaltschaft ... zum Az ... gegen Unbekannt eingeleitete Ermittlungsverfahren blieb ohne Erfolg, wie sich aus der beigefügten Einstellungsnachricht ergibt.

Durch den Unfall ist meinem Mandanten folgender Schaden entstanden:

... [Sachschaden am Kfz (unter Nennung des amtl. Kennzeichens) beschreiben und angeben, ob eine Fahrzeugvollversicherung besteht und in Anspruch genommen wird]

... [bei Personenschaden die Verletzungen, ggf weitere Folgen und Dauerschäden beschreiben (Attest hierzu nicht erforderlich, aber ratsam)]

... [sonstigen Sachschaden an Kleidung und Gepäck im Einzelnen schildern, inkl. Angaben zur Höhe des sonstigen Sachschadens]

Auf die beigefügten Lichtbilder und Anschaffungsbelege verweise ich.

Namens und im Auftrag meines Mandanten bitte ich um möglichst umgehende Regulierung des Schadens, für den der Schädiger oder dessen Versicherer leider infolge des unerlaubten Entfernens vom Unfallort nicht in Anspruch genommen werden kann.

Ich bitte, erforderliche Korrespondenz ausschließlich über meine Kanzlei zu führen. Für etwaige Rückfragen stehe ich natürlich jederzeit gern zur Verfügung.

Mit freundlichen Grüßen

Rechtsanwalt ◀

bb) Pflichtwidrig nicht versicherte Kraftfahrzeuge (§ 12 Abs. 1 Nr. 2 PflVG). In der Fallgruppe der Schadensverursachung durch ein pflichtwidrig nicht versichertes Kraftfahrzeug sind die Ermittlungen in aller Regel relativ einfach, jedenfalls dann, wenn das Schädigerfahrzeug in Deutschland zugelassen war. Dann kann über die zuständige Zulassungsstelle oder über den **Zentralruf der Autoversicherer** (Tel.: 0800/2502600 oder per Fax mit von GDV vorformulierten Anfrage unter der Fax-Nr. 040/33965401) ermittelt werden, ob zum Unfallzeitpunkt eine Haftpflichtversicherung bestand. War diese, aus welchen Gründen auch immer, beendet, kann anhand des Kennzeichens über die zuständige Zulassungsstelle ermittelt werden, wann ihr der Versicherer die Beendigung des Versicherungsschutzes mitgeteilt hat (vgl oben Rn 8). Wird der Schaden durch ein nicht versichertes Fahrzeug verursacht, muss die Verkehrsopferhilfe den gesamten Personen- und Sachschaden erstatten; der Geschädigte kommt mithin zu seinem vollen Schadensersatz.

108 ▶ **Muster: Schadensmeldung an VOH (pflichtwidrig nicht versichertes Kraftfahrzeug)**

Verkehrsopferhilfe e.V.
Wilhelmstraße 43/43 G
10117 Berlin

Sehr geehrte Damen und Herren,

hiermit zeige ich unter Hinweis auf die beigefügte Vollmacht an, dass mich Herr ... [Name, Vorname, Anschrift des Mandanten] mit der Wahrnehmung seiner Interessen beauftragt hat. Es geht um einen Verkehrsunfall vom ..., der sich gegen ... Uhr auf der ...straße in ... ereignet hat.

... [Unfallhergang unter Benennung der zur Verfügung stehenden Beweismittel schildern und dabei Angaben zum Kfz des Schädigers machen, soweit möglich, insbesondere zu Typ, Marke, Farbe und ggf dem früheren Kennzeichen]

Bei dem Fahrer des Fahrzeugs, das den Unfall verursacht hat, handelt es sich um ... [Name, Vorname und Adresse des Unfallgegners]. Dieser ist vermögenslos [alternativ: Dieser ist nicht in der Lage, den verursachten Schaden zu ersetzen]. Vollstreckungsversuche erscheinen aussichtslos [alternativ: Vollstreckungsversuche aus dem gegen den Schädiger erwirkten Urteil des ...gerichts vom ..., das ich in Kopie beifüge, sind fruchtlos geblieben, wie sich aus der beigefügten Bescheinigung des Gerichtsvollziehers ... ergibt]. Das vom Schädiger gefahrene Fahrzeug war zum Unfallzeitpunkt schon längere Zeit (seit dem ...) abgemeldet. Früher war es auf ihn zugelassen und unter der Versicherungsschein-Nr. ... bei ... [Daten des früheren KH-Versicherers] versichert.

[Variante:]

Früher war es auf ... [Name, Vorname und Adresse des früheren, vom Fahrer verschiedenen Halters] zugelassen und unter der Versicherungsschein-Nr. ... bei der ... [Daten des früheren KH-Versicherers] versichert. Dieser haftet aber gem. § 7 Abs. 3 StVG nicht, weil das Fahrzeug, das abgeschlossen in einer Garage stand, vom Schädiger aufgebrochen und entwendet wurde, ohne dass man dem Halter irgendein Verschulden vorwerfen könnte.

Der Versicherer hat eine Regulierung unter Hinweis darauf abgelehnt, dass er bereits am ... der zuständigen Zulassungsstelle die Beendigung des Versicherungsvertrags mitgeteilt habe, so dass auch die Nachhaftungsfrist verstrichen sei. Auf das beigefügte Schreiben vom ... darf ich der Einzelheiten wegen verweisen.

Durch den Unfall ist meinem Mandanten folgender Schaden entstanden:

... [Sachschaden am Kfz (unter Nennung des amtl. Kennzeichens) beschreiben und angeben, ob eine Fahrzeugvollversicherung besteht und in Anspruch genommen wird]

... [bei Personenschaden die Verletzungen, ggf weitere Folgen und Dauerschäden beschreiben (Attest hierzu nicht erforderlich, aber ratsam)]

... [sonstigen Sachschaden an Kleidung und Gepäck im Einzelnen schildern, inkl. Angaben zur Höhe des sonstigen Sachschadens]

Auf die beigefügten Lichtbilder und Anschaffungsbelege verweise ich.

Namens und im Auftrag meines Mandanten bitte ich um möglichst umgehende Regulierung des Schadens, für den der Schädiger oder dessen Versicherer leider nicht in Anspruch genommen werden kann.

Ich bitte, erforderliche Korrespondenz ausschließlich über meine Kanzlei zu führen. Für etwaige Rückfragen stehe ich natürlich jederzeit gern zur Verfügung.

Mit freundlichen Grüßen

Rechtsanwalt ◄

cc) Selbstfahrende Arbeitsmaschinen und landwirtschaftliche Anhänger (§ 12 Abs. 1 Nr. 2 a PflVG). Selbstfahrende Arbeitsmaschinen, wie zB Bagger oder Mähdrescher sowie landwirtschaftliche Anhänger bleiben auch nach neuem Recht von der Versicherungspflicht befreit.

Sind die von diesen Fahrzeuge ausgehenden Gefahren nicht über eine Betriebshaftpflichtversicherung mit abgedeckt und sind der Fahrer und der Halter selbst zahlungsunfähig, übernimmt der Entschädigungsfonds eine Ausfallhaftung. Der Geschädigte kann seinen Schadenersatzanspruch dann direkt gegenüber der Verkehrsopferhilfe geltend machen. Diese wiederum kann dann die Rückzahlung der an das Unfallopfer gezahlten Beträge vom Halter oder Fahrer verlangen, sobald diese in der Lage sind, den Schaden zu ersetzen.

▶ **Muster: Schadensmeldung an VOH (selbstfahrende Arbeitsmaschinen und landwirtschaftliche Anhänger)**

Verkehrsopferhilfe e.V.
Wilhelmstraße 43/43 G
10117 Berlin

Sehr geehrte Damen und Herren,

hiermit zeige ich unter Hinweis auf die beigefügte Vollmacht an, dass mich Herr ... [Name, Vorname, Anschrift des Mandanten] mit der Wahrnehmung seiner Interessen beauftragt hat. Es geht um einen Verkehrsunfall vom ..., der sich gegen ... Uhr auf der ...straße in ... ereignet hat.

... [Unfallhergang unter Benennung der zur Verfügung stehenden Beweismittel schildern und dabei Angaben zum Kfz des Schädigers machen, soweit möglich, insbesondere zu Typ, Marke, Farbe und Kennzeichen]

Bei dem Fahrzeug handelt es sich um eine selbstfahrende Arbeitsmaschine (einen landwirtschaftlichen Anhänger), die (der) gemäß § 2 Abs. 1 Nr. 6 b (6 c) PflVG von der Versicherungspflicht befreit ist.

Die von diesem Fahrzeug ausgehende Gefahr ist nicht über eine Betriebshaftpflichtversicherung mit abgedeckt und darüber hinaus sind sowohl der Fahrer als auch der Halter nicht zahlungsfähig. Insoweit verweisen wir auf das Ablehnungsschreiben des Betriebshaftpflichtversicherers sowie die entsprechenden Nachweise der Zahlungsunfähigkeit den Halter und den Fahrer betreffend.

Durch den Unfall ist meinem Mandanten folgender Schaden entstanden:

... [Sachschaden am Kfz (unter Nennung des amtl. Kennzeichens) beschreiben und angeben, ob eine Fahrzeugvollversicherung besteht und in Anspruch genommen wird]

... [bei Personenschaden die Verletzungen, ggf weitere Folgen und Dauerschäden beschreiben (Attest hierzu nicht erforderlich, aber ratsam)]

... [sonstigen Sachschaden an Kleidung und Gepäck im Einzelnen schildern, inkl. Angaben zur Höhe des sonstigen Sachschadens]

Auf die beigefügten Lichtbilder und Anschaffungsbelege verweise ich.

Namens und im Auftrag meines Mandanten bitte ich um möglichst umgehende Regulierung des Schadens, für den der Schädiger oder dessen Versicherer leider nicht in Anspruch genommen werden kann.

Ich bitte, erforderliche Korrespondenz ausschließlich über meine Kanzlei zu führen. Für etwaige Rückfragen stehe ich natürlich jederzeit gern zur Verfügung.

Mit freundlichen Grüßen

Rechtsanwalt ◀

112 **dd) Vorsatztaten (§ 12 Abs. 1 Nr. 3 PflVG).** Die meisten Fälle dieser Art betreffen sog. „Verfolgungsfahrten", in denen jemand, von der Polizei verfolgt, mit seinem Kraftfahrzeug Schäden Dritter verursacht, die er billigend in Kauf nimmt. Hierher gehören aber auch Selbstmordfälle, in denen jemand mit seinem Fahrzeug zB auf ein entgegenkommendes Fahrzeug zufährt, um sich zu töten. Meist sind die Fälle eindeutig, weil es einen ablehnenden Bescheid des KH-Versicherers wegen der Vorsatztat gibt oder sich aus dem Strafverfahren ergibt, ob tatsächlich eine Vorsatztat vorliegt oder nicht. Allenfalls können Streitigkeiten dann entstehen, wenn die Verkehrsopferhilfe meint, dass sich der Versicherer zu Unrecht auf § 103 VVG beruft. Da der Versicherer für die innere Willensrichtung seines Versicherungsnehmers beweispflichtig ist, wird sich in aller Regel der letzte KH-Versicherer noch mit den Ansprüchen der Geschädigten zu befassen haben, insbesondere wenn die Willensrichtung des Schadensverursachers zweifelhaft bleibt. Auch bei vorsätzlich und widerrechtlich herbeigeführten Schäden, erhält der Geschädigte von der Verkehrsopferhilfe vollen Schadensersatz.[47]

113 ▶ **Muster: Schadensmeldung an VOH bei Vorsatztat**

Verkehrsopferhilfe e.V.

Wilhelmstraße 43/43 G

10117 Berlin

Sehr geehrte Damen und Herren,

hiermit zeige ich unter Hinweis auf die beigefügte Vollmacht an, dass mich Herr ... [Name, Vorname, Anschrift des Mandanten] mit der Wahrnehmung seiner Interessen beauftragt hat. Es geht um einen Verkehrsunfall vom ..., der sich gegen ... Uhr auf der ...straße in ... ereignet hat.

... [Unfallhergang unter Benennung der zur Verfügung stehenden Beweismittel schildern und dabei Angaben zum Kfz des Schädigers machen, soweit möglich, insbesondere zu Typ, Marke, Farbe und Kennzeichen]

... [bei der Sachverhaltsschilderung den Vorsatz klar herausstellen]

Der für das Fahrzeug des Schädigers zuständige KH-Versicherer hat eine Regulierung unter Hinweis auf § 103 VVG (§ 152 VVG aF) abgelehnt, weil er für den nach dem Ergebnis des Ermittlungsverfahrens eindeutig vorsätzlich verursachten Schaden nicht einzustehen habe. Auf das beigefügte Schreiben vom ... darf ich der Einzelheiten wegen verweisen.

Durch den Unfall ist meinem Mandanten folgender Schaden entstanden:

... [Sachschaden am Kfz (unter Nennung des amtl. Kennzeichens) beschreiben und angeben, ob eine Fahrzeugvollversicherung besteht und in Anspruch genommen wird]

... [bei Personenschaden die Verletzungen, ggf weitere Folgen und Dauerschäden beschreiben (Attest hierzu nicht erforderlich, aber ratsam)]

---

47 OLG Frankfurt VersR 1997, 224.

... [sonstigen Sachschaden an Kleidung und Gepäck im Einzelnen schildern, inkl. Angaben zur Höhe des sonstigen Sachschadens]
Auf die beigefügten Lichtbilder und Anschaffungsbelege verweise ich.
Namens und im Auftrag meines Mandanten bitte ich um möglichst umgehende Regulierung des Schadens, für den der Schädiger oder dessen Versicherer leider nicht in Anspruch genommen werden kann.
Ich bitte, erforderliche Korrespondenz ausschließlich über meine Kanzlei zu führen. Für etwaige Rückfragen stehe ich natürlich jederzeit gern zur Verfügung.
Mit freundlichen Grüßen
Rechtsanwalt ◄

ee) **Insolvenz** (§ 12 Abs. 1 Nr. 4 PflVG). Die vierte Fallgruppe soll Anwendung finden, wenn die Versicherungsaufsichtsbehörde den Antrag auf Eröffnung eines **Insolvenzverfahrens** über das Vermögen des leistungspflichtigen KH-Versicherers gestellt hat oder bei Versicherern mit Sitz in einem anderen Mitgliedstaat des EWR vergleichbare Maßnahmen ergriffen hat. Auch wenn mit dieser Lösung ausreichender Schutz der Verkehrsopfer garantiert wird, so beinhaltet sie gleichzeitig, dass dem Versicherungsnehmer ein begrenztes Risiko aufgebürdet wird, sich bei der Auswahl seines Versicherers über dessen Finanzausstattung zu informieren. Dem Gedanken der Risikoverteilung wird auch dadurch Rechnung getragen, dass die Verkehrsopferhilfe, falls sie in einem solchen Fall Ersatz leistet, Regress beim Versicherungsnehmer und mitversicherten Personen nehmen kann. Dieser ist jedoch beschränkt auf einen Betrag in Höhe von max. je 2.500 EUR. Im Übrigen sind in dieser Fallgruppe die von der Verkehrsopferhilfe zur Befriedigung von Ansprüchen in einem Kalenderjahr zu erbringenden Aufwendungen auf 0,5 ‰ des Gesamtprämienaufkommens der Kraftfahrzeug-Haftpflichtversicherung des vorangegangenen Kalenderjahres beschränkt. Das war notwendig, um zu vermeiden, dass durch die Insolvenz eines Unternehmens andere gefährdet oder gar in den Sog der Insolvenz gezogen werden. Das bedeutet aber nicht, dass, wenn der Betrag erreicht ist, die Schäden nicht mehr alle zu Ende abgewickelt würden. Es findet lediglich eine zeitliche „Streckung" der Abwicklung statt.

Die Bestimmung dürfte wenig praktische Bedeutung haben, weil es unter den deutschen Versicherern bislang üblich war, sich gegenseitig „aufzufangen" und so ein Insolvenzverfahren zu vermeiden, um das Vertrauen der Verbraucher in eine funktionierende Versicherungswirtschaft nicht zu erschüttern.

▶ **Muster: Schadensmeldung an VOH (Insolvenz des KH-Versicherers)**

Verkehrsopferhilfe e.V.
Wilhelmstraße 43/43 G
10117 Berlin
Sehr geehrte Damen und Herren,
hiermit zeige ich unter Hinweis auf die beigefügte Vollmacht an, dass mich Herr ... [Name, Vorname, Anschrift des Mandanten] mit der Wahrnehmung seiner Interessen beauftragt hat. Es geht um einen Verkehrsunfall vom ..., der sich gegen ... Uhr auf der ...straße in ... ereignet hat.
... [Unfallhergang unter Benennung der zur Verfügung stehenden Beweismittel schildern und dabei Angaben zum Kfz des Schädigers machen, soweit möglich, insbesondere zu Typ, Marke, Farbe und Kennzeichen]

Das auf Schadensersatz in Anspruch genommene Versicherungsunternehmen hat nicht reguliert. Aus dem beigefügten Beschluss des Amtsgerichts ... vom ... geht hervor, dass von der Aufsichtsbehörde die Eröffnung eines Insolvenzverfahrens über das Vermögen des KH-Versicherers beantragt worden ist [alternativ: dass über das Vermögen des Versicherers das Insolvenzverfahren eröffnet worden ist].

Durch den Unfall ist meinem Mandanten folgender Schaden entstanden:

... [Sachschaden am Kfz (unter Nennung des amtl. Kennzeichens) beschreiben und angeben, ob eine Fahrzeugvollversicherung besteht und in Anspruch genommen wird]

... [bei Personenschaden die Verletzungen, ggf weitere Folgen und Dauerschäden beschreiben (Attest hierzu nicht erforderlich, aber ratsam)]

... [sonstigen Sachschaden an Kleidung und Gepäck im Einzelnen schildern, inkl. Angaben zur Höhe des sonstigen Sachschadens]

Auf die beigefügten Lichtbilder und Anschaffungsbelege verweise ich.

Namens und im Auftrag meines Mandanten bitte ich um möglichst umgehende Regulierung des Schadens, für den der Schädiger oder dessen Versicherer nicht in Anspruch genommen werden kann.

Ich bitte, erforderliche Korrespondenz ausschließlich über meine Kanzlei zu führen. Für etwaige Rückfragen stehe ich natürlich jederzeit gern zur Verfügung.

Mit freundlichen Grüßen

Rechtsanwalt ◄

117 **b) Vereinfachte Anmeldung.** Will man den Geschädigten – warum auch immer – nicht anwaltlich vertreten, kann man ihn auf die Möglichkeit hinweisen, seine Ansprüche selbst geltend zu machen. Dazu empfiehlt sich dann die Verwendung des vom Verein Verkehrsopferhilfe e.V. konzipierten Formulars,[48] dessen Verwendung allerdings nicht vorgeschrieben ist. So sieht es aus:

---

48 Siehe dazu <www.verkehrsopferhilfe.de>, dort unter dem Link „praktische Tipps": „Schadenmeldeformular Entschädigungsfonds (Unfälle im Inland)".

D. Verkehrsopferhilfe – Ansprüche nach §§ 12, 12 a PflVG 4

▶ Muster: „Schadenmeldeformular Entschädigungsfonds (Unfälle im Inland)" der VOH[49]

Verkehrsopferhilfe e.V.
Wilhelmstraße 43/43G

10117 Berlin

1. Anspruchsteller (Ihre Daten)

Name, Vorname	
Straße **oder** Postfach	
PLZ - Ort	
Telefon / Telefax	

2. Unfalldaten

Schadentag	
Schadenzeit	
Schadenort	
Unfallhergang (bitte schildern Sie uns kurz, wie es zu dem Unfall gekommen ist)	

Erfolgte polizeiliche Unfallaufnahme ?	☐ ja: ☐ nein: *(bitte ankreuzen)*
wenn ja: Adresse der bearbeitenden Polizeidienststelle/Staatsanwaltschaft	
Aktenzeichen der Polizei/Staatsanwaltschaft	

---

49 Mit freundlicher Genehmigung des Vereins Verkehrsopferhilfe e.V.

3. Unfallfolgen

Ist Sachschaden am Kfz eingetreten?	☐ ja:	☐ nein:	*(bitte ankreuzen)*
wenn ja: amtl. Kennz.			
eigene Versicherung			
Vollkasko	☐ ja:	☐ nein:	*(bitte ankreuzen)*
Ist Personenschaden eingetreten?	☐ ja:	☐ nein:	*(bitte ankreuzen)*
wenn ja: Beschreiben Sie die Verletzungen/Folgen mit eigenen Worten (Attest hierzu nicht erforderlich)			
stationärer Klinikaufenthalt?	☐ ja: ___ Tage	☐ nein:	*(bitte ankreuzen)*
Ist Sachschaden (**nicht** Fahrzeugschaden) eingetreten? (Kleidung, Gepäck, Gebäude)	☐ ja:	☐ nein:	*(bitte ankreuzen)*
wenn ja: Geben Sie die Höhe des Sachschadens an und fügen Sie entsprechende **Belege** bei.			

4. Schädiger (Daten des Unfallgegners) – wenn Schädiger-Kfz ermittelt wurde

Name, Vorname (**Halter**)	
Adresse	
Name, Vorname (**Fahrer**)	
Adresse	
Kennzeichen Kfz des Unfallgegners soweit dem Kfz **rechtmäßig** zugeteilt	
Kennzeichen Kfz des Unfallgegners soweit **unrechtmäßig** verwendet (Missbrauch)	
Versicherungs-Gesellschaft des Unfallgegners	
Versicherungs-Schein-Nr. soweit bekannt	

D. Verkehrsopferhilfe – Ansprüche nach §§ 12, 12 a PflVG   **4**

5. weitere Informationen

Angaben zu KFZ des Schädigers	
Typ:	
Marke:	
Farbe:	

6. Anlagen
(beigefügtes ankreuzen)

☐ ablehnender Bescheid der gegnerischen Versicherung

☐ Polizeilicher Unfallbericht

☐ sonstiges (bitte nennen)
- _____
- _____
- _____

_____   _____
(Datum)   (Unterschrift)

119　c) **Schiedsverfahren.** Die **Schiedsstelle** hat auf eine gütliche Einigung hinzuwirken und gegebenenfalls einen Einigungsvorschlag zu machen.

120　▶ **Muster: Antrag an Schiedsstelle**

Verkehrsopferhilfe e.V.

– Schiedsstelle –

Wilhelmstraße 43/43 G

10117 Berlin

Sehr geehrte Damen und Herren,

hiermit zeige ich unter Hinweis auf die beigefügte Vollmacht an, dass mich Herr ... [Name, Vorname, Anschrift des Mandanten] mit der Wahrnehmung seiner Interessen beauftragt hat. Es geht um einen Verkehrsunfall vom .... Wegen der Einzelheiten verweise ich auf das in Kopie beigefügte Schreiben an den Verein Verkehrsopferhilfe e.V. vom ....

Dieser hat es mit dem in Kopie beigefügten Schreiben vom ... abgelehnt, den unfallbedingten Schaden meines Mandanten zu ersetzen. Der Verein verneint die Leistungsfreiheit des KH-Versicherers mit der Begründung, dieser sei im Rahmen der Nachhaftung nach § 117 Abs. 2 VVG nach wie vor eintrittspflichtig. Dies ist jedoch eindeutig nicht der Fall, weil ... [näher ausführen].

[Variante:]

Der Verein Verkehrsopferhilfe hat sich trotz mehrfacher Erinnerung bis heute nicht erklärt. Ein weiteres Zuwarten kann meinem Mandanten, insbesondere angesichts der Höhe des Schadens, nicht zugemutet werden.

Namens und im Auftrag meines Mandanten bitte ich Sie als Schiedsstelle deshalb, nunmehr auf eine möglichst zeitnahe Regulierung des Schadens durch den Verein hinzuwirken.

Den Schaden beziffern wir unverändert auf den mit Schreiben vom ... bereits im Einzelnen erläuterten Betrag von ....

Mit freundlichen Grüßen

Rechtsanwalt　◀

121　**4. Muster hinsichtlich der Entschädigungsstelle (§ 12 a PflVG). a) Anspruchsschreiben nach Fallgruppen.** Bei der Geltendmachung der Ansprüche muss darauf geachtet werden, dass die Voraussetzungen für einen Anspruch gegen die Entschädigungsstelle (insbesondere Ablauf der relevanten Fristen) tatsächlich vorliegen und sich diese aus dem Anspruchsschreiben auch ergeben. Ferner sollte stets angegeben werden, wo und wann sich der Unfall ereignet hat. Ist der zuständige Versicherer oder dessen Schadenregulierungsbeauftragter angeschrieben worden, ist das betreffende Datum ebenso anzugeben wie die Tatsache, dass auf das Schreiben nicht oder nur unzureichend geantwortet wurde. Am besten werden die Kopien der entsprechenden Schreiben dem Antrag auf Schadensersatz beigefügt.

122　**aa) Kein Ersatz durch den Versicherer oder dessen Regulierungsbeauftragten (§ 12 a Abs. 1 Nr. 1 PflVG).** Bei einem Auslandsunfall mit bekanntem Gegner hat der Geschädigte mehrere Ansprechpartner, denen gegenüber er seine Schadensersatzansprüche geltend machen kann. Zum einen kann er sich direkt an den Schädiger wenden. Zum anderen hat er die Möglichkeit, den zuständigen KH-Versicherer in Anspruch zu nehmen. Da beide regelmäßig im Ausland ansässig sind, stößt das jedoch häufig auf Schwierigkeiten. Der Geschädigte kann sich deshalb auch an den **Schadenregulierungsbeauftragten** des zuständigen Versicherers wenden, den dieser in Deutschland benannt hat.

Der Regulierungsbeauftragte soll den Schaden im Namen und für Rechnung des ausländischen Versicherers in der Regel nach dem Recht des Unfalllandes regulieren. Hierfür hat er drei Monate Zeit. Diese Frist gilt auch für den Versicherer, an den sich der Geschädigte direkt gewandt hat. Je nach den Umständen des Einzelfalls müssen der Versicherer oder dessen Regulierungsbeauftragter binnen drei Monaten entweder ein begründetes Angebot an den Anspruchsteller abgeben oder ablehnen bzw mitteilen, weshalb die Sache noch nicht abschließend beurteilt werden kann.

Hat der Versicherer bzw dessen Regulierungsbeauftragter nicht in dieser Weise auf den Antrag des Geschädigten binnen der drei Monate reagiert, kann sich der Geschädigte an die Entschädigungsstelle wenden. Diese informiert sowohl den zuständigen Versicherer als auch dessen Regulierungsbeauftragten. Ferner erteilt sie den Hinweis, dass sie die Bearbeitung des Schadens übernehmen wird, sofern nicht der zuständige Versicherer oder sein Regulierungsbeauftragter innerhalb von zwei Monaten die Bearbeitung des Schadens zur Bearbeitung zurückholt bzw übernimmt.

▶ **Muster: Erstattungsantrag an VOH als Entschädigungsstelle (kein Ersatz durch den Versicherer oder dessen Regulierungsbeauftragten, § 12 a Abs. 1 Nr. 1 PflVG)**

Verkehrsopferhilfe e.V.
– Entschädigungsstelle –
Wilhelmstraße 43/43 G
10117 Berlin

Sehr geehrte Damen und Herren,

hiermit zeige ich unter Hinweis auf die beigefügte Vollmacht an, dass mich Herr ... [Name, Vorname, Anschrift des Mandanten] mit der Wahrnehmung seiner Interessen beauftragt hat. Es geht um einen Verkehrsunfall vom ..., der sich gegen ... Uhr auf der ...straße in ... [Schadensort und Land] ereignet hat.

... [Unfallhergang unter Benennung der zur Verfügung stehenden Beweismittel schildern und dabei Angaben zum Kfz des Schädigers und dessen Versicherer machen]

Mein Mandant hat den Vorfall bei der Polizeistation ... [Dienststelle mit Anschrift] gemeldet. Der Vorgang wurde dort zu Az ... aufgenommen. Kopie der VU-Anzeige nebst Lichtbildern vom beschädigten Fahrzeug füge ich bei.

Durch den Unfall ist meinem Mandanten folgender Schaden entstanden:

... [Sachschaden am Kfz, unter Nennung des amtl. Kennzeichens, beschreiben und angeben, ob eine Fahrzeugvollversicherung besteht und in Anspruch genommen wird]

... [bei Personenschaden die Verletzungen, ggf weitere Folgen und Dauerschäden beschreiben (Attest hierzu nicht erforderlich, aber ratsam)]

... [sonstigen Sachschaden an Kleidung und Gepäck im Einzelnen schildern, inkl. Angaben zur Höhe des sonstigen Sachschadens]

Auf die beigefügten Lichtbilder und Anschaffungsbelege verweise ich.

Den Versicherer des Unfallgegners [alternativ: den Schadenregulierungsbeauftragten des Versicherers des Unfallgegners] haben wir am ... angeschrieben, wie aus der Anlage hervorgeht. Eine Reaktion ist bis heute nicht erfolgt [alternativ: Eine Regulierung ist von diesem mit dem in der weiteren Anlage beigefügten Schreiben vom ... ohne jede Begründung abgelehnt worden.] Das ist für unseren Mandanten inakzeptabel.

Deshalb bitte ich namens und im Auftrag meines Mandanten nunmehr Sie, eine möglichst umgehende Regulierung des Schadens herbeizuführen. Gerichtliche Schritte gegen den Versicherer des Unfallgegners haben wir bisher nicht unternommen.

Ich bitte, erforderliche Korrespondenz ausschließlich über meine Kanzlei zu führen. Für etwaige Rückfragen stehe ich natürlich jederzeit gern zur Verfügung.

Mit freundlichen Grüßen

Rechtsanwalt ◀

126 **bb) Kein Schadenregulierungsbeauftragter bestellt (§ 12 a Abs. 1 Nr. 2 PflVG).** Hat ein ausländischer KH-Versicherer in Deutschland keinen Schadenregulierungsbeauftragten benannt, kann sich der Geschädigte direkt an die Entschädigungsstelle wenden. Auch in diesem Fall informiert die Entschädigungsstelle den zuständigen Versicherer. Auch hier weist sie auf die Möglichkeit hin, die Regulierung des Schadens noch innerhalb von zwei Monaten an sich zu ziehen. Nach fruchtlosem Ablauf dieser Frist reguliert die Entschädigungsstelle den Schaden abschließend.

127 ▶ **Muster: Erstattungsantrag an VOH als Entschädigungsstelle (kein Regulierungsbeauftragter bestellt, § 12 a Abs. 1 Nr. 2 PflVG)**

Verkehrsopferhilfe e.V.

– Entschädigungsstelle –

Wilhelmstraße 43/43 G

10117 Berlin

Sehr geehrte Damen und Herren,

hiermit zeige ich unter Hinweis auf die beigefügte Vollmacht an, dass mich Herr ... [Name, Vorname, Anschrift des Mandanten] mit der Wahrnehmung seiner Interessen beauftragt hat. Es geht um einen Verkehrsunfall vom ..., der sich gegen ... Uhr auf der ...straße in ... [Schadensort und Land] ereignet hat.

... [Unfallhergang unter Benennung der zur Verfügung stehenden Beweismittel schildern und dabei Angaben zum Kfz des Schädigers und dessen Versicherer machen]

Mein Mandant hat den Vorfall bei der Polizeistation ... [Dienststelle mit Anschrift] gemeldet. Der Vorgang wurde dort zu Az ... aufgenommen. Kopie der VU-Anzeige nebst Lichtbildern vom beschädigten Fahrzeug füge ich bei.

Durch den Unfall ist meinem Mandanten folgender Schaden entstanden:

... [Sachschaden am Kfz, unter Nennung des amtl. Kennzeichens, beschreiben und angeben, ob eine Fahrzeugvollversicherung besteht und in Anspruch genommen wird]

... [bei Personenschaden die Verletzungen, ggf weitere Folgen und Dauerschäden beschreiben (Attest hierzu nicht erforderlich, aber ratsam)]

... [sonstigen Sachschaden an Kleidung und Gepäck im Einzelnen schildern, inkl. Angaben zur Höhe des sonstigen Sachschadens]

Auf die beigefügten Lichtbilder und Anschaffungsbelege verweise ich.

D. Verkehrsopferhilfe – Ansprüche nach §§ 12, 12a PflVG | 4

... [auf das Fehlen eines Schadenregulierungsbeauftragten hinweisen und entweder darlegen, dass der direkt angeschriebene Versicherer binnen drei Monaten nicht reagiert oder ohne Begründung eine Schadenregulierung abgelehnt hat oder aber dass wegen des Fehlens eines Regulierungsbeauftragten der Versicherer gar nicht angeschrieben wurde]

Deshalb bitte ich namens und im Auftrag meines Mandanten nunmehr Sie, eine möglichst umgehende Regulierung des Schadens herbeizuführen. Gerichtliche Schritte gegen den Versicherer des Unfallgegners haben wir bisher nicht unternommen.

Ich bitte, erforderliche Korrespondenz ausschließlich über meine Kanzlei zu führen. Für etwaige Rückfragen stehe ich natürlich jederzeit gern zur Verfügung.

Mit freundlichen Grüßen

Rechtsanwalt ◄

cc) Unfallverursachendes Fahrzeug nicht zu ermitteln (§ 12a Abs. 1 Nr. 3 Alt. 1 PflVG). Konnte das am Unfall beteiligte Fahrzeug nicht ermittelt werden, ist die Entschädigungsstelle eintrittspflichtig, wenn der Unfall sich innerhalb des EWR ereignet hat.

Die Entschädigungsstelle unterrichtet den Garantiefonds des Unfalllandes darüber, dass bei ihr ein Anspruch angemeldet worden ist. Spätestens nach Ablauf von zwei Monaten reguliert die Entschädigungsstelle den Schaden wie ein eintrittspflichtiger Versicherer abschließend. Maßgeblich ist in der Regel das Recht des Unfalllandes.

▶ **Muster: Erstattungsantrag an VOH als Entschädigungsstelle (unfallverursachendes Fahrzeug nicht zu ermitteln, § 12a Abs. 1 Nr. 3 Alt. 1 PflVG)**

Verkehrsopferhilfe e.V.

– Entschädigungsstelle –

Wilhelmstraße 43/43 G

10117 Berlin

Sehr geehrte Damen und Herren,

hiermit zeige ich unter Hinweis auf die beigefügte Vollmacht an, dass mich Herr ... [Name, Vorname, Anschrift des Mandanten] mit der Wahrnehmung seiner Interessen beauftragt hat. Es geht um einen Verkehrsunfall vom ..., der sich gegen ... Uhr auf der ...straße in ... ereignet hat.

... [Unfallhergang unter Benennung der zur Verfügung stehenden Beweismittel schildern und dabei Angaben zum Land, in dem der Unfall stattgefunden hat, und zum Kfz des Schädigers machen, soweit möglich, insbesondere zu Typ, Marke, Farbe und Kennzeichen (auch Bruchstücke!)]

Mein Mandant hat den Vorfall bei der Polizeistation ... [Dienststelle mit Anschrift] gemeldet. Der Vorgang wurde dort zu Az ... aufgenommen. Kopie der VU-Anzeige nebst Lichtbildern vom beschädigten Fahrzeug füge ich bei. Das von der Staatsanwaltschaft ... zum Az ... gegen Unbekannt eingeleitete Ermittlungsverfahren blieb jedoch ohne Erfolg, wie sich aus der beigefügten Einstellungsnachricht ergibt.

Ich weise vorsorglich darauf hin, dass naturgemäß kein anderweitiges gerichtliches Verfahren gegen den unbekannten Versicherer anhängig ist.

Durch den Unfall ist meinem Mandanten folgender Schaden entstanden:

... [Sachschaden am Kfz (unter Nennung des amtl. Kennzeichens) beschreiben und angeben, ob eine Fahrzeugvollversicherung besteht und in Anspruch genommen wird]

… [bei Personenschaden die Verletzungen, ggf weitere Folgen und Dauerschäden beschreiben (Attest hierzu nicht erforderlich, aber ratsam)]

… [sonstigen Sachschaden an Kleidung und Gepäck im Einzelnen schildern, inkl. Angaben zur Höhe des sonstigen Sachschadens]

Auf die beigefügten Lichtbilder und Anschaffungsbelege verweise ich.

Namens und im Auftrag meines Mandanten bitte ich um möglichst umgehende Regulierung des Schadens, für den der Schädiger oder dessen Versicherer leider infolge des unerlaubten Entfernens vom Unfallort nicht in Anspruch genommen werden kann.

Ich bitte, erforderliche Korrespondenz ausschließlich über meine Kanzlei zu führen. Für etwaige Rückfragen stehe ich natürlich jederzeit gern zur Verfügung.

Mit freundlichen Grüßen

Rechtsanwalt ◄

131 dd) **Zuständiges Versicherungsunternehmen nicht ermittelbar (§ 12 a Abs. 1 Nr. 3 Alt. 2 PflVG).** Obwohl das Schädigerfahrzeug bekannt ist, gelingt es nicht in jedem Fall, auch den zuständigen KH-Versicherer zu ermitteln. Sind seit dem Unfall zwei Monate vergangen, ohne dass entsprechende Ermittlungen erfolgreich waren, besteht für den Geschädigten auch insoweit die Möglichkeit, sich an die Entschädigungsstelle zu wenden. In diesem Fall unterrichtet die Entschädigungsstelle den Garantiefonds des Landes, in dem das Schädigerfahrzeug seinen gewöhnlichen Standort hat, über den Eingang des Anspruchs. Unter Umständen liegen dort Erkenntnisse über den zuständigen Versicherer vor, die im Vorwege nicht erfragt werden konnten. Spätestens nach Ablauf von zwei Monaten reguliert die Entschädigungsstelle auch diese Art der Schäden wie ein eintrittspflichtiger Versicherer abschließend. Grundsätzlich ist auch hier das Recht des Unfalllandes maßgeblich.

132 ▶ **Muster: Erstattungsantrag an VOH als Entschädigungsstelle (zuständiger Versicherer nicht ermittelbar, § 12 a Abs. 1 Nr. 3 Alt. 2 PflVG)**

Verkehrsopferhilfe e.V.

– Entschädigungsstelle –

Wilhelmstraße 43/43 G

10117 Berlin

Sehr geehrte Damen und Herren,

hiermit zeige ich unter Hinweis auf die beigefügte Vollmacht an, dass mich Herr … [Name, Vorname, Anschrift des Mandanten] mit der Wahrnehmung seiner Interessen beauftragt hat. Es geht um einen Verkehrsunfall vom …, der sich gegen … Uhr auf der …straße in … ereignet hat.

… [Unfallhergang unter Benennung der zur Verfügung stehenden Beweismittel schildern und dabei Angaben zum Land, in dem der Unfall stattgefunden hat, und zum Kfz des Schädigers machen, soweit möglich, insbesondere zu Typ, Marke, Farbe und Kennzeichen]

Mein Mandant hat den Vorfall bei der Polizeistation … [Dienststelle mit Anschrift] gemeldet. Der Vorgang wurde dort zu Az … aufgenommen. Kopie der VU-Anzeige nebst Lichtbildern vom beschädigten Fahrzeug füge ich bei. Der Versicherer des gegnerischen Unfallfahrzeugs konnte bislang jedoch nicht ermittelt werden.

Durch den Unfall ist meinem Mandanten folgender Schaden entstanden:

... [Sachschaden am Kfz (unter Nennung des amtl. Kennzeichens) beschreiben und angeben, ob eine Fahrzeugvollversicherung besteht und in Anspruch genommen wird]

... [bei Personenschaden die Verletzungen, ggf weitere Folgen und Dauerschäden beschreiben (Attest hierzu nicht erforderlich, aber ratsam)]

... [sonstigen Sachschaden an Kleidung und Gepäck im Einzelnen schildern, inkl. Angaben zur Höhe des sonstigen Sachschadens]

Auf die beigefügten Lichtbilder und Anschaffungsbelege verweise ich.

Namens und im Auftrag meines Mandanten bitte ich um möglichst umgehende Regulierung des Schadens.

Ich bitte, erforderliche Korrespondenz ausschließlich über meine Kanzlei zu führen. Für etwaige Rückfragen stehe ich natürlich jederzeit gern zur Verfügung.

Mit freundlichen Grüßen

Rechtsanwalt ◄

Hinweis: Nicht zu § 12 a Abs. 1 S. 1 Nr. 3 PflVG gehören die Fälle, in denen der letzte zuständige KH-Versicherer zwar bekannt ist, dieser aber aufgrund spezieller Vorschriften für den Unfall nicht einzustehen hat. Schadensfälle dieser Art werden nicht von der Entschädigungsstelle reguliert. Für sie ist ausschließlich der Garantiefonds des Landes, in dem der Unfall stattgefunden hat, zuständig.[50]

b) Vereinfachte Anmeldung. Jeder Geschädigte hat die Möglichkeit, seine Ansprüche ohne anwaltliche Vertretung bei der Entschädigungsstelle anzumelden. Will man den Geschädigten – warum auch immer – nicht anwaltlich vertreten, kann man ihn darauf hinweisen und ihm die Verwendung des vom Verein Verkehrsopferhilfe e.V. entworfenen Formulars empfehlen.[51] So sieht es aus:

---

50 Zu den Anschriften vgl die „Liste der internationalen Garantiefonds" auf <www.verkehrsopferhilfe.de> unter dem Link „praktische Tipps".
51 Siehe dazu <www.verkehrsopferhilfe.de>, dort unter dem Link „praktische Tipps": „Schadenmeldeformular Entschädigungsstelle (Unfälle im Ausland)".

135 ▶ **Muster: „Schadenmeldeformular Entschädigungsstelle (Unfälle im Ausland)" der VOH[52]**

Verkehrsopferhilfe e.V.
– Entschädigungsstelle –
Wilhelmstr. 43/43 G
10117 Berlin

1. Geschädigter (Ihre Daten)

Name, Vorname	
Straße oder Postfach	
PLZ-Ort	
Telefon / Telefax	

2. Unfalldaten

Schadentag	
Schadenzeit	
Schadenland	
Schadenort	
Unfallhergang (bitte schildern Sie uns kurz, wie es zu dem Unfall gekommen ist)	
Erfolgte polizeiliche Unfallaufnahme	O ja O nein bitte ankreuzen
wenn ja: Adresse der bearbeitenden Polizeidienststelle/ Staatsanwaltschaft	
Aktenzeichen der Polizei/ Staatsanwaltschaft	

---

52 Mit freundlicher Genehmigung des Vereins Verkehrsopferhilfe e.V.

D. Verkehrsopferhilfe – Ansprüche nach §§ 12, 12 a PflVG　**4**

3. Schädiger (Daten des Unfallgegners) – wenn Schädiger-Kfz ermittelt wurde

Name, Vorname (Fahrer)	
Anschrift	
Name, Vorname (Halter) (falls Gespann, hier **Zugmaschine**)	
Anschrift	
Kennzeichen Kfz des Unfallgegners	
zugelassen in (Staat)	
Marke/Typ	
Versicherer des Kfz	
Anschrift	
Versicherungs-Schein-Nr.	
Schadenregulierungsbeauftragter in Deutschland	
Name, Vorname (Halter) (falls Gespann, hier **Anhänger**)	
Anschrift	
Kennzeichen Anhänger des Unfallgegners	
zugelassen in (Staat)	
Marke/Typ	
Versicherer des Anhängers	
Anschrift	
Versicherungs-Schein-Nr.	
Schadenregulierungsbeauftragter in Deutschland	

4. Anspruchsvoraussetzungen wenn Versicherer /SRB bekannt

Anspruch geltend gemacht gegenüber	O Grüne Karte Büro O ausländischem Versicherer O SRB bei Gespannen: O der Zugmaschine O des Anhängers bitte ankreuzen
am (Datum)	
Antwort erhalten falls ja bitte in Kopie beifügen	O ja O nein bitte ankreuzen
Klage gegen das zuständige VU erhoben	O ja O nein bitte ankreuzen
falls ja, AZ Gericht	

5. Unfallfolgen

Ist Sachschaden am Kfz eingetreten?	O ja O nein bitte ankreuzen
wenn ja, amtliches Kennzeichen	
eigene Versicherung (Haftpflicht und Kasko)	
Ist Personenschaden eingetreten?	O ja O nein bitte ankreuzen
wenn ja: Beschreiben Sie die Verletzungen mit eigenen Worten (Attest nicht erforderlich)	
Ist "sonstiger Sachschaden" eingetreten (Kleidung, Gepäck etc.)	O ja O nein bitte ankreuzen
wenn ja: geben Sie Art und Höhe der Schäden an und fügen Sie die entsprechenden Belege bei.	

6. Anlagen

O Polizeilicher Unfallbericht

O Europäischer Unfallbericht

O Anschreiben an ausländischen Versicherer / SRB

O Antwortschreiben ausländischer Versicherer / SRB

O Sonstiges:

Ort, Datum   Unterschrift

III. Prozesssituation

1. Prozessuale Grundlagen. a) Entschädigungsfonds. Der Geschädigte kann die Ansprüche im Wege der Klage gegen den Verein Verkehrsopferhilfe e.V. geltend machen, jedoch erst, nachdem ein Verfahren vor einer Schiedsstelle gem. §§ 5 ff VO-EF vorausgegangen ist und diese Schiedsstelle einen Einigungsvorschlag gemacht hat oder seit deren Anrufung drei Monate verstrichen sind (§ 9 VO-EF).

Für Klagen gegen den Verein Verkehrsopferhilfe e.V. sind die ordentlichen Gerichte zuständig. Gerichtsstand ist nach Wahl des Klägers (§ 35 ZPO) entweder der Unfallort (§ 32 ZPO) oder Berlin als Sitz des Vereins (§ 13 ZPO). So wie man in Versicherungssachen möglichst nicht am Sitz des Versicherers klagen sollte, empfiehlt sich auch bei Klagen gegen den Verein der Gerichtsstand der unerlaubten Handlung. Der Verein wird durch zwei Vorstandsmitglieder vertreten, die nach Möglichkeit namentlich benannt werden sollten.

b) Entschädigungsstelle. Der Verein Verkehrsopferhilfe e.V. kann auch in seiner Eigenschaft als Entschädigungsstelle vor den ordentlichen Gerichten verklagt werden. Ein vorheriges Schiedsverfahren ist hier nicht Prozessvoraussetzung. Für Klagen gegen den Verein als Entschädigungsstelle kommt nur Berlin als Gerichtsstand nach § 13 ZPO in Frage, weil der Unfallort im Ausland liegt.

Weil die Entschädigungsstelle nicht zuständig ist, wenn der Schaden – objektiv oder subjektiv – vom ausländischen Versicherer nur unzureichend reguliert worden ist, muss sich in diesen Fällen der Geschädigte direkt mit dem ausländischen Versicherer auseinandersetzen. Dessen Schadenregulierungsbeauftragter kann nicht verklagt werden.

Hinweis: Der BGH hat mit Urteil vom 6.5.2008[53] dem das Urteil des OLG Köln vom 12.9.2005[54] und die auf das Vorabentscheidungsersuchen des BGH vom 26.9.2006[55] ergangene Entscheidung des EuGH vom 13.12.2007[56] vorausgegangen war, die schon vom OLG Köln vertretene Auffassung bestätigt, wonach beim Auslandsunfall nach Art. 13 Abs. 2 EuGVVO iVm Art. 11 Abs. 1 b EuGVVO eine Klage gegen den ausländischen Versicherer vor dem Heimatgericht des Geschädigten zulässig ist, sofern nach dem maßgeblichen Recht eine Direktklage gegen den Versicherer zulässig und der Versicherer im Hoheitsgebiet eines Mitgliedstaates ansässig ist.

2. Klageanträge. Die Klageanträge sollten so lauten, wie unter Rn 26 ff erläutert.

3. Klagen gegen den Verein VOH e.V. als Entschädigungsfonds
▶ **Muster: Klageschrift bei Klage gegen VOH als Entschädigungsfonds (Fall 1)**

An das ...gericht
[Gericht des Unfallorts (zu empfehlen) oder Berlin]

Klage

In Sachen
des Herrn ...

– Kläger –

---

53 VI ZR 200/05, NJW 2008, 2343.
54 SVR 2006, 73.
55 SVR 2006, 471.
56 Rs. C-463/06 – FBTO/Jack Odenbreit, VersR 2008, 111.

§ 4 Haftpflichtversicherung – PflVG, HPflG

Prozessbevollmächtigte: RAe ...

gegen

den Verein Verkehrsopferhilfe e.V., vertreten durch
den Vorstand, dieser vertreten durch ..., Wilhelmstraße 43/43 G, 10117 Berlin,

– Beklagter –

wegen Schadensersatzes aus Verkehrsunfall

erhebe ich hiermit namens und im Auftrag des Klägers Klage gegen den Beklagten und bitte um Anberaumung eines möglichst nahen Termins zur mündlichen Verhandlung, in dem ich beantragen werde,

1. den Beklagten zu verurteilen, an den Kläger ein angemessenes, der Höhe nach in das Ermessen des Gerichts gestelltes Schmerzensgeld, mindestens jedoch ... EUR, nebst Zinsen in Höhe von 5 Prozentpunkten über dem Basiszinssatz seit dem ... zu zahlen,

2. den Beklagten zu verurteilen, an den Kläger (weitere) ... EUR nebst Zinsen in Höhe von 5 Prozentpunkten über dem Basiszinssatz seit dem ... zu zahlen.

Für den Fall der Anordnung eines schriftlichen Vorverfahrens beantrage ich bereits jetzt,

den Beklagten gemäß dem vorstehenden Antrag durch Versäumnis- oder Anerkenntnisurteil zu verurteilen, sofern die gesetzlichen Voraussetzungen dafür vorliegen.

Begründung:

Der Kläger macht Schadensersatz aufgrund eines Verkehrsunfalls vom ... geltend, dessen Verursacher nicht ermittelt werden konnte. Im Einzelnen liegt folgender Sachverhalt zugrunde:

Der Kläger befuhr am ... [Schilderung des Unfallhergangs, ggf nebst rechtlicher Würdigung in Bezug auf die Haftung des Unbekannten].

Der Fahrer des anderen Fahrzeugs beging „Unfallflucht". Seine Personalien konnten ebenso wie der für das Fahrzeug zuständige Haftpflichtversicherer trotz Anzeige bei der Polizei und Einleitung eines entsprechenden Ermittlungsverfahrens nicht ermittelt werden.

Beweis: Beiziehung der Ermittlungsakten der StA ..., Az ...

Für den unfallbedingten Schaden hat der Beklagte nach den Vorschriften des § 12 PflVG aufzukommen. Danach gilt:

Es ist ein Fall gem. § 12 Abs. 1 S. 1 Nr. 1 PflVG gegeben, weil – wie bereits oben dargelegt wurde – das Schädigerfahrzeug nicht ermittelt werden konnte.

Auch die Voraussetzungen des § 12 Abs. 1 S. 2 PflVG sind erfüllt. Der Kläger hat keinerlei Aussicht, von dem unbekannt gebliebenen Fahrer oder einem von diesem etwa verschiedenen Halter oder Eigentümer des Fahrzeugs oder einem Haftpflichtversicherer Ersatz für den unfallbedingt erlittenen Schaden zu erlangen. Es kommt auch kein Schadensversicherer für den Schaden oder Teile davon auf.

Durch den Unfall hat der Kläger folgende Schäden erlitten:

Der Kläger wurde körperlich schwer verletzt. Er erlitt, wie sich aus den beigefügten Arztberichten vom ... ergibt, folgende Verletzungen:

...

...

Beweis: Zeugnis ... [der behandelnden Ärzte]

[nach § 12 Abs. 2 S. 2 PflVG sind Fahrzeugschaden bei erheblichen Personenschäden erstattungsfähig; insoweit die erheblichen Personenschäden erläutern][57]
Dafür steht dem Kläger gem. §§ 253 Abs. 2 BGB, 12 Abs. 2 S. 1 PflVG ein angemessenes Schmerzensgeld zu. Angesichts der bereits dargelegten besonderen Schwere der Verletzungen wäre es grob unbillig, dem Kläger ein Schmerzensgeld zu verweigern.

Die Höhe des Schmerzensgeldes wird ausdrücklich in das Ermessen des Gerichts gestellt. Das Schmerzensgeld sollte nach Auffassung des Klägers jedoch mindestens ... EUR betragen. Ich verweise vorsorglich auf die Nrn. ... der Tabelle *Hacks/Ring/Böhm*, Schmerzensgeldbeträge, 29. Aufl. 2011 [ggf erläutern, warum diese vergleichbar sind].

Ferner hat der Kläger folgende Sachschäden erlitten:

...

...

[die Sachschäden – nach § 12 Abs. 2 S. 2 PflVG mit dem Fahrzeugschaden bei erheblichen Personenschäden – erläutern und weiter – sofern jeweils zutreffend – anführen, dass dafür kein Hausrat-, Gepäck- oder sonstiger Versicherer eintrittspflichtig ist]

Die Summe dieser Schäden beträgt ... EUR. Unter Abzug des in § 12 Abs. 2 S. 3 PflVG normierten Selbstbehaltes des Klägers in Höhe von 500 EUR verbleiben ... EUR, die als Teil der mit dem Antrag zu Ziffer 2 geltend gemachten Summe verlangt werden.

Schließlich ist dem Kläger aufgrund der Verletzungen weiterer finanzieller Schaden entstanden. Er hat für seine Krankenhausbehandlung vom ... bis ... und die anschließenden Rehabilitationsmaßnahmen in der ... von ... bis ... aufgewendet, wie sich aus den beigefügten Rechnungen ergibt. Davon hat er nur ... EUR von seinem Krankenversicherer erstattet erhalten, wie sich aus der anliegenden Abrechnung vom ... ersehen lässt. Die restlichen ... EUR musste er aus eigener Tasche bezahlen, so dass der Beklagte angesichts der Regelung in § 12 Abs. 1 S. 3 Alt. 2 PflVG auch hierfür Ersatz verlangen kann. Auch dieser Betrag wird als Teil der mit dem Antrag zu Ziffer 2 geltend gemachten Summe erstattet verlangt.

Der Beklagte hat die außergerichtliche Regulierung des Schadens abgelehnt. Gemäß § 9 der VO über den Entschädigungsfonds für Schäden aus Kraftfahrzeugunfällen idF vom 17.12.1994 wurde daraufhin das erforderliche Verfahren vor der Schiedsstelle durchgeführt. Dem Einigungsvorschlag der Schiedsstelle ist der Beklagte ebenfalls nicht nachgekommen, so dass Klage geboten ist.

[Ggf Verzug darlegen]

Die Klage wird nach alledem vollen Erfolg haben müssen.

Rechtsanwalt ◄

---

57 Laut Begründung des Gesetzgebers (BT-Drucks. 16/5551, S. 16) ist der Begriff der „erheblichen Verletzung" bewusst in Abgrenzung zu dem der „besonderen Schwere der Verletzung" des § 12 Abs. 2 S. 1 PflVG gewählt worden. Während unter letzterem eine Verletzung zu verstehen ist, die zu einer dauernden und erheblichen Beeinträchtigung der körperlichen Funktion des Geschädigten führt, soll bei der „erheblichen" Verletzung ein geringerer Beeinträchtigungsgrad ausreichen. Die Verletzung muss lediglich eine solche Schwere aufweisen, dass unter gewöhnlichen Umständen nicht mit einem Betrugsfall gerechnet werden kann.

§ 4 Haftpflichtversicherung – PflVG, HPflG

143 ▶ **Muster: Klageerwiderung auf Klage gegen VOH als Entschädigungsfonds (Fall 1)**

An das ...gericht ...

Klageerwiderung

In Sachen ... [Kläger] ./. ... [Beklagter]

Az/Geschäfts-Nr. ...

zeigen wir an, den Beklagten zu vertreten. Wir werden beantragen,

die Klage abzuweisen.

Begründung:

Die Klage ist unbegründet. Der Beklagte würde gem. § 12 Abs. 1 PflVG nur haften, wenn der Kläger keine anderweitige Ersatzmöglichkeit hätte. Schon diese Voraussetzung ist hier nicht gegeben. Zwar hat der Fahrer des Fahrzeugs, das am ... mit demjenigen des Klägers zusammengestoßen ist, sich unerlaubt vom Unfallort entfernt. Das allein reicht angesichts der Besonderheiten des Unfallhergangs für die Verneinung einer anderweitigen Ersatzmöglichkeit jedoch nicht aus. Der Kläger verschweigt in seiner Sachverhaltsschilderung, dass der später flüchtige Fahrer – wie die von der Polizei vernommenen Unfallzeugen bekundet haben – zuvor einem Fußgänger ausweichen musste, der vollkommen unvermittelt auf die Fahrbahn getreten war.

Beweis: Beiziehung der Ermittlungsakten der StA ..., Az ...

Der Kläger hat deshalb einen Ersatzanspruch gegen diesen Fußgänger, der den Unfall zumindest mitverursacht hat. Dass es der Kläger womöglich versäumt hat, die Personalien dieses Fußgängers aufzunehmen, der sich nach den erwähnten Zeugenaussagen noch längere Zeit am Unfallort aufgehalten und sogar erste Hilfe geleistet hat, darf nicht dem Beklagten zum Nachteil gereichen, zumal die Verletzungen des Klägers nicht so schwer waren, dass sie einer Personalienfeststellung entgegengestanden hätten. Auch darf insoweit nicht unberücksichtigt bleiben, dass der Beifahrer des Klägers erfreulicherweise unverletzt geblieben ist, so dass der Kläger ihn um die Feststellung der Personalien hätte bitten können.

Wegen des soeben dargelegten Bestehens einer anderweitigen Ersatzmöglichkeit scheidet eine eine Haftung des Beklagten schon dem Grunde nach aus.

Die angeführten Sachschäden sind zudem nicht ersatzfähig, weil sie anderweitig versichert sein dürften. Es wird bestritten, dass der Kläger weder eine Hausrat- noch eine Gepäckversicherung unterhält. Zumindest Letztere ist heute in den meisten Kraftfahrtversicherungen, häufig sogar ohne Prämienzuschlag, mit enthalten.

Ferner hat der Kläger es versäumt, bei der Berechnung seines Schadens den gem. § 12 Abs. 2 S. 3 PflVG erforderlichen Selbstbehalt in Abzug zu bringen.

Ein Schmerzensgeld schuldet der Beklagte ohnehin nicht. So bedauerlich die Körperschäden sind, die der Kläger bei dem Unfall erlitten hat, so wenig ersatzfähig sind sie im Verhältnis zum Beklagten. Dieser hat nach § 12 Abs. 2 S. 1 PflVG nur für solche Verletzungen zu entschädigen, deren besondere Schwere es als grob unbillig erscheinen ließe, dem Kläger kein Schmerzensgeld zu zahlen. Davon kann hier aber keine Rede sein. ... [näher begründen].

Unabhängig davon ist die Begehrensvorstellung des Klägers bezüglich der Höhe des Schmerzensgeldes stark übersetzt. Selbst ein Schmerzensgeld, das nicht nur Entschädigungs-, sondern auch Genugtuungsfunktion hätte, welche der Beklagte aber zu leisten gar nicht verpflichtet ist, könnte allenfalls bei ... liegen.

Die Klage wird deshalb insgesamt abzuweisen sein.

Rechtsanwalt ◄

▶ **Muster: Klageschrift bei Klage gegen den Verein Verkehrsopferhilfe als Entschädigungsfonds (Fall 2)**

144

An das Landgericht ...

Klage

in Sachen

der Frau ...

– Klägerin –

Prozessbevollmächtigte: RAe ...

gegen

den Verein Verkehrsopferhilfe e.V., vertreten durch
den Vorstand, dieser vertreten durch ..., Wilhelmstraße 43/43 G, 10117 Berlin,

– Beklagter –

wegen Schadensersatzes aus Verkehrsunfall.

Namens und in Vollmacht der Klägerin erheben wir Klage und werden beantragen,

den Beklagten zu verurteilen, an die Klägerin ... EUR nebst Zinsen in Höhe von 5 Prozentpunkten über dem Basiszinssatz seit dem ... zu zahlen.

Für den Fall der Anordnung eines schriftlichen Vorverfahrens beantragen wir bereits jetzt,

den Beklagten gemäß dem vorstehenden Antrag durch Versäumnis- oder Anerkenntnisurteil zu verurteilen, sofern die gesetzlichen Voraussetzungen dafür vorliegen.

Begründung:

Mit der Klage begehrt die Klägerin vom Beklagten Schadensersatz gem. § 12 PflVG anlässlich eines Verkehrsunfalls vom ... in ....

Gegen ... Uhr befuhr die Klägerin mit dem in ihrem Eigentum stehenden Pkw ... mit dem amtlichen Kennzeichen ... die vorfahrtsberechtigte ...straße in ..., als Herr ... mit dem auf die ... GmbH zugelassenen Pkw, Marke ..., amtliches Kennzeichen ..., aus der nicht vorfahrtsberechtigten ...straße auf die ...straße bog, wobei es zur Kollision beider Fahrzeuge kam. Am Pkw der Klägerin entstand erheblicher Sachschaden. Darüber hinaus wurde die Klägerin bei dem Unfall erheblich verletzt.

Das von Herrn ... geführte und auf die ... GmbH zugelassene Fahrzeug mit dem amtlichen Kennzeichen ... war zum Unfallzeitpunkt nicht versichert.

Die ... VersicherungsAG ist vier Monate vor dem streitbefangenen Verkehrsunfall gem. § 37 VVG (§ 38 VVG aF) wegen Nichtzahlung der Prämie vom Versicherungsvertrag zurückgetreten und hat dies der zuständigen Zulassungsstelle drei Monate vor dem Unfall gem. § 25 FZV angezeigt. Dazu verweisen wir auf das in Fotokopie anliegende Schreiben der ... VersicherungsAG vom ....

Die Beklagte ist somit gem. § 12 Abs. 1 Nr. 2 iVm § 12 Abs. 4 S. 2 und 3 PflVG zur Befriedigung der materiellen und immateriellen Ansprüche verpflichtet.

Gemäß § 9 VO über den Entschädigungsfonds für Schäden aus Kraftfahrzeugunfällen idF vom 17.12.1994 wurde das erforderliche Verfahren vor der Schiedsstelle durchgeführt. Dem Einigungsvorschlag der Schiedsstelle ist der Beklagte nicht nachgekommen, so dass Klage geboten ist.

Das Fahrzeug der Klägerin war zum Unfallzeitpunkt nicht vollkaskoversichert. Eine anderweitige Erstattungsmöglichkeit besteht ebenfalls nicht. Die Sachschäden der Klägerin ergeben sich wie folgt:

... [im Einzelnen ausführen]

Bei dem Verkehrsunfall erlitt die Klägerin eine Trümmerfraktur des rechten Kniegelenks und einen Schädelbasisbruch und befand sich in der Zeit vom ... bis ... in stationärer Behandlung.

Beweis: in Fotokopie anliegende ärztliche Bescheinigung vom ...

Aufgrund dessen hält die Klägerin ein Schmerzensgeld in Höhe von mindestens ... EUR für angemessen.

Rechtsanwalt ◄

145 ▶ **Muster: Klageerwiderung auf Klage gegen VOH als Entschädigungsfonds (Fall 2)**

An das Landgericht ...

Klageerwiderung

In Sachen ... [Kläger] ./. ... [Beklagter]

Az/Geschäfts-Nr. ...

bestellen wir uns zu Prozessbevollmächtigten des Beklagten und beantragen,

die Klage abzuweisen.

Begründung:

Die Klage ist nicht begründet. Der Beklagte haftet gem. § 12 Abs. 1 PflVG nur, wenn der Geschädigte keine anderweitige Ersatzmöglichkeit hat.

Die Klägerin hat es vorliegend versäumt, sowohl den Halter des Fahrzeugs, die Firma ... GmbH, als auch den Fahrer, Herrn ..., gerichtlich in Anspruch zu nehmen, so dass schon aus diesem Grunde eine Haftung des Beklagten ausscheidet.

Weiterhin hätte die Klägerin vor Klageerhebung gem. Art. 34 GG iVm § 839 Abs. 1 BGB die Zulassungsbehörde der Stadt ... in Anspruch nehmen müssen, da diese ihre Amtspflicht gem. § 25 Abs. 4 FZV verletzt hat, indem sie nicht dafür sorgte, das Fahrzeug bis zum Unfallzeitpunkt aus dem Verkehr zu ziehen, obwohl die Meldung der ... VersicherungsAG am ... eingegangen war. Die Zulassungsstelle hatte nach Eingang der Meldung durch die ... VersicherungsAG also vier Monate Zeit, so dass eine Amtspflichtverletzung unzweifelhaft gegeben ist.

Darüber hinaus ist die Begehrensvorstellung der Klägerin in Bezug auf die Höhe des Schmerzensgeldes bei weitem überhöht. Die Klägerin lässt unberücksichtigt, dass der Beklagte nicht Schädiger ist und deshalb nicht Genugtuung schuldet, sondern allenfalls Entschädigung.

Unabhängig davon sind die Verletzungen der Klägerin nicht so gravierend, dass eine Nichtzahlung von Schmerzensgeld als unbillig anzusehen wäre.

Rechtsanwalt ◄

▶ **Muster: Replik bei Klage gegen VOH als Entschädigungsfonds (Fall 2)**

An das Landgericht ...

Replik

In Sachen ... [Kläger] ./. ... [Beklagter]

Az/Geschäfts-Nr. ...

wird das Vorbringen des Beklagten im Schriftsatz vom ... nach Maßgabe des diesseitigen Vorbringens bestritten und im Übrigen wie folgt Stellung genommen:

Eine anderweitige Ersatzmöglichkeit gibt es für die Klägerin nicht:

Gegen die Firma ... GmbH ist am ..., mithin drei Monate nach dem Verkehrsunfall, Insolvenzantrag gestellt worden. Nach Mitteilung des Insolvenzgerichts vom ... ist der Antrag mangels Masse abgewiesen worden, so dass die gerichtliche Geltendmachung der Schadensersatzansprüche keine Aussicht auf Erfolg bietet, ja nicht einmal mehr möglich ist.

Beweis: Beiziehung der Insolvenzakten Az ..., AG ...

Der Fahrer, Herr ..., ist ebenfalls vermögenslos. Er hat sechs Monate nach dem streitbefangenen Verkehrsunfall die eidesstattliche Versicherung vor dem Amtsgericht ... abgegeben und nachgewiesen, dass er infolge der Insolvenz seines Arbeitgebers, der Firma ... GmbH, arbeitslos geworden ist und lediglich ein Arbeitslosengeld in Höhe von ... EUR erhält. Weiterhin ist Herr ... drei Personen unterhaltsverpflichtet, so dass sein Arbeitslosengeld unterhalb der Pfändungsfreigrenze liegt. Anderweitiges Vermögen ist nicht vorhanden.

Beweis: 1. Beiziehung der Akten der Amtsgerichts ..., Az ...
2. Zeugnis des Herrn ....

Eine gerichtliche Geltendmachung der Ansprüche gegen den Halter und den Fahrer ist für den Nachweis einer anderweitigen Ersatzmöglichkeit nicht erforderlich.

Ein Anspruch gegen die Straßenverkehrsbehörde scheidet vorliegend aus. Die Verkehrsbehörde hat alles ihr Zumutbare getan, um das Fahrzeug sicherzustellen. Zunächst hat sie innerhalb der Haftungsfrist die Firma ... GmbH mehrfach angeschrieben und mehrfach die Geschäftsräume aufgesucht. Als dies erfolglos blieb, hat die Zulassungsbehörde das Fahrzeug zur Fahndung ausgeschrieben, wobei jedoch die Ausschreibung erfolglos blieb.

Aus diesem Grunde hat die Zulassungsstelle der Stadt ... gegenüber der Klägerin sämtliche Ansprüche – zu Recht – abgelehnt.

Beweis: Zeugnis des ..., zu laden die Zulassungsstelle der Stadt ... [Adresse]

Eine Kürzung des Schmerzensgeldes bzw eine Begrenzung auf besonders schwerwiegende Personenschäden ist nicht gerechtfertigt.

Lediglich im Falle des § 12 Abs. 1 Nr. 1 PflVG, wenn das Fahrzeug nicht ermittelt werden kann, ist gem. § 12 Abs. 2 S. 1 PflVG eine Begrenzung der Schmerzensgeldansprüche auf besonders schwere Verletzungen vorgesehen. Im vorliegenden Fall des § 12 Abs. 1 Nr. 2 PflVG gilt das jedoch nicht. Vielmehr bestimmt § 12 Abs. 4 PflVG, dass der Beklagte in seiner Eigenschaft als Entschädigungsfonds so zu regulieren hat wie ein nur dem Geschädigten gegenüber leistungspflichtiger Versicherer. Der Beklagte hat also im Rahmen der Mindestversicherungssumme, die hier nicht überschritten wird, den gesamten Personen- und Sachschaden zu erstatten.

Rechtsanwalt ◄

147 Hinweis: Für den Fall, dass ernsthaft die Haftung eines anderen in Betracht kommt, muss über eine Streitverkündung diesem gegenüber nachgedacht werden.

148 **4. Klagen gegen den Verein VOH e.V. als Entschädigungsstelle.** Hier kann auf die unter Rn 142 ff dargestellten Musterklagen gegen die Verkehrsopferhilfe als Entschädigungsfonds verwiesen werden. Zusätzlich muss lediglich dargelegt werden, dass die Regulierungsfristen von drei Monaten für den ausländischen Versicherer bzw dessen Schadenregulierungsbeauftragten (§ 12 a Abs. 1 S. 1 Nr. 1 u. 2 PflVG) und zwei Monaten für die Suche nach Schädigerfahrzeug oder -versicherer (§ 12 Abs. 1 S. 1 Nr. 3 PflVG) sowie für die Tätigkeit des Vereins Verkehrsopferhilfe e.V. als Entschädigungsstelle (§ 12 a Abs. 2 PflVG) fruchtlos abgelaufen sind und dass keine anderweitigen gerichtlichen Schritte gegen den ausländischen Versicherer eingeleitet wurden (§ 12 a Abs. 1 S. 2 PflVG). Hingegen kann ein Hinweis auf das – hier nicht erforderliche – Schiedsverfahren entfallen.

IV. Anhang – derzeitiger Geltungsbereich der Grünen Karte[58]

149
Albanien

Andorra

Belgien

Bosnien-Herzegowina

Bulgarien

Dänemark

Deutschland

Estland

Finnland

Frankreich

Griechenland

Großbritannien

Iran

Irland

Island

Israel

Italien

Kroatien

Lettland

Litauen

Luxemburg

---

58 Ohne Gewähr.

Malta

Marokko

Mazedonien

Moldawien

Montenegro

Niederlande

Norwegen

Österreich

Polen

Portugal

Rumänien

Russland

Schweden

Schweiz und Liechtenstein

Serbien

Slowakische Republik

Slowenien

Spanien

Tschechische Republik

Tunesien

Türkei

Ukraine

Ungarn

Weißrussland

Zypern

E. Beteiligung von an Bahngleise gebundenen Fahrzeugen (Ansprüche nach HPflG)

I. Vorprozessuale Situation

1. Allgemeines. Die Haftung des Eisenbahnbetriebsunternehmers ist seit 1871 als **Gefährdungshaftung** ausgestaltet. Sie hat im Laufe der Zeit verschiedene Änderungen erfahren. Heute gilt § 1 des Haftpflichtgesetzes in der Fassung der Bekanntmachung vom 4.1.1978.[59]   150

Das Haftpflichtgesetz gilt jedoch nicht mehr uneingeschränkt für *Fahrgäste* im Eisenbahnverkehr. Die EU hat mit Verordnung Nr. 1371/2007 über die Rechte und Pflichten der Fahrgäste   150a

---

[59] HPflG – BGBl. I S. 145; zuletzt geändert am 19.7.2002, BGBl. I S. 2674.

im Eisenbahnverkehr[60] einen einheitlichen Schutz von Bahngästen im Bahnverkehr in Europa unter weitgehender Übernahme der Vorschriften der CIV[61] festgelegt, die seit dem 29.7.2009 in der Bundesrepublik Deutschland gilt, und zwar durch das Gesetz zur Anpassung eisenbahnrechtlicher Vorschriften an die Verordnung (EG) Nr. 1371/2007 vom 26.5.2009.[62]

150b Diese Haftungsregeln gelten nur für die nach den Eisenbahngesetzen genehmigten Eisenbahnen.[63] Hiervon ausgenommen sind u.a. Straßenbahnen und Schwebebahnen, ebenso U-Bahnen und Bergbahnen (§ 1 Abs. 2 AEG). Die Verordnung gilt nur für Eisenbahnfahrgäste. Bei Unfällen mit anderen Personen, z.B. Fußgänger, Radfahrer, Kfz-Halter oder -insassen gilt das bisherige Haftungsrecht unverändert weiter.[64] Die folgenden Ausführungen betreffen die Haftung nach dem Haftpflichtgesetz für Schienen- und Schwebebahnen.

151 a) **Haftung des Betriebsunternehmers.** Nach § 1 Abs. 1 HpflG ist der Betriebsunternehmer dem Geschädigten zum Ersatz des entstandenen Schadens verpflichtet, wenn bei dem Betrieb einer Schienenbahn oder Schwebebahn ein Mensch getötet, der Körper oder die Gesundheit eines Menschen verletzt oder eine Sache beschädigt wurde. Hierbei handelt es sich um eine verschuldensunabhängige Haftung. Eine **Schienenbahn** ist eine dem öffentlichen oder privaten Verkehr dienende Bahn, die Menschen oder Sachen befördert und deren Transportmittel sich auf oder in Schienen (Gleisen) bewegt, wobei unerheblich ist, mit welcher Kraft die Bahn betrieben wird. **Schwebebahnen** unterscheiden sich von Schienenbahnen dadurch, dass die Fahrzeuge nicht die Erde berühren, sondern sich an oberhalb liegenden Schienen (Gleisen) oder an Drahtseilen fortbewegen.[65] Die Haftung obliegt allein dem Betriebsunternehmer. **Betriebsunternehmer** ist, wer die Bahn für eigene Rechnung benutzt und wem die Verfügung über den Bahnbetrieb zusteht, auch wenn er nicht Eigentümer des Bahnunternehmens ist oder er die Aufsicht über den Bahnbetrieb einem anderen übertragen hat.

152 Fraglich ist heute, nach der Eisenbahnstrukturreform, im Gegensatz zu früher, auch bei der „Eisenbahn", wer der **richtige Anspruchsgegner**, nämlich der Betriebsunternehmer im Sinne dieser Vorschrift ist. Eine für alle Betriebsmittel zuständige Stelle wie ehedem die Reichsbahn oder die Bundesbahn gibt es nicht mehr. Vielmehr ist zum einen zwischen Eisenbahnverkehrsunternehmen und Eisenbahninfrastrukturunternehmen und zum anderen zwischen den verschieden Trägern dieser Unternehmen zu unterscheiden. Im Regelfall haften dem geschädigten Dritten der Verkehrsunternehmer und der Infrastrukturunternehmer allerdings als Gesamtschuldner.[66] Möglich ist aber auch eine Haftung zB des Infrastrukturunternehmers gegenüber dem Verkehrsunternehmer.[67]

153 Der Schaden muss **bei dem Betrieb** einer Schienen- oder Schwebebahn eingetreten sein. Ein Betriebsunfall liegt vor, wenn ein unmittelbarer äußerer, örtlicher oder zeitlicher Zusammenhang zwischen einem Unfall und einem bestimmten Betriebsvorgang oder einer bestimmten

---

60 ABl. EU L 315 S. 14.
61 Anhang A zum Übereinkommen über den internationalen Eisenbahnverkehr – COTIV – v. 9.5.1980 idF v. 3.6.1999, BGBl. II 2002 S. 2149.
62 Fahrgastrechteverordnung-Anwendungsgesetz (BGBl. I S. 1146).
63 Art. 2 Abs. VO (EG) 1371/2007 und § 6 Abs. 1 S. 1 AEG.
64 Vgl umfassend *Filthaut*, NZV 2009, S. 417–425; *Rebler/Scheidler*, MDR 2010; 300.
65 Einzelheiten siehe *Filthaut*, HpflG, § 1 Rn 5 ff.
66 OLG Hamm, Urt. v. 11.6.2015 – I-6 U 145/14, 6 U 145/15, juris mwN; BGH NJW-RR 2004, 959, 960; zu Einzelheiten siehe *Filthaut*, HpflG, § 1 Rn 42 ff.
67 Vgl BGH v. 17.2.2004 – VI ZR 69/03.

Betriebseinrichtung besteht.[68] Gemäß § 1 Abs. 2 S. 1 HpflG ist die Haftung des Betriebsunternehmers für einen Betriebsunfall ausgeschlossen, wenn der Unfall durch „höhere Gewalt" verursacht ist, wofür der Betriebsunternehmer beweispflichtig ist. Schädigende Handlungen Dritter stellen nicht immer einen Fall höherer Gewalt dar.[69]

b) Ausgleichspflicht unter mehreren Haftpflichtigen. Von besonderer Bedeutung ist die Vorschrift des § 13 HpflG. Sie regelt die Ausgleichspflicht unter mehreren Haftpflichtigen. Ausgleichspflichtig ist nur, wer auch haftpflichtig ist. § 13 HpflG selbst begründet keinen Ersatzanspruch. Nach § 13 Abs. 3 HpflG kann sich der Betriebsunternehmer einer Schienenbahn in den in § 13 Abs. 1, 2 und 4 HpflG aufgeführten Fällen auf den Entlastungsgrund des „unabwendbaren Ereignisses" berufen, so dass die Haftung bei Vorliegen dieses Entlastungsgrundes ausgeschlossen ist. Dies gilt gem. § 13 Abs. 1 HpflG bei Schädigung durch mehrere nach §§ 1, 2 HpflG Haftpflichtige, wenn ein Dritter geschädigt wird, und gem. § 13 Abs. 2 HpflG für das Verhältnis zwischen mehreren nach §§ 1, 2 HpflG Haftpflichtigen, wenn einem oder mehreren von ihnen ein Schadensersatzanspruch erwachsen ist.

154

Von besonderer Bedeutung ist die Anwendung des § 13 Abs. 3 HpflG in den Fällen des § 13 Abs. 4 HpflG und des § 17 Abs. 4 StVG, nämlich bei Zusammentreffen der Bahnhaftung mit der Tierhalterhaftung und bei Zusammentreffen der Kfz-Haftung mit der Bahnhaftung. Somit kann sich der Betriebsunternehmer bei einem Unfall mit einem Kfz auf den Unabwendbarkeitsnachweis berufen.[70]

155

c) Mitverschulden. Das Eigenverschulden des Verletzten ist gem. § 4 HpflG nach Maßgabe des § 254 BGB zu berücksichtigen. Dies führt nach den allgemeinen Regeln dazu, dass eine Mithaftung des Verletzten in Betracht kommt, die eine Haftung des Betriebsunternehmers sogar völlig entfallen lassen kann.[71] Für die Mithaftung ist der Betriebsunternehmer beweispflichtig. Bei Sachschäden erweitert § 4 Hs 2 HpflG die Mithaftung auf das Verhalten derjenigen Person, welche im Schadenszeitpunkt die tatsächliche Gewalt über die Sache hatte (zB der Fahrer eines Kfz). § 4 Hs 2 HpflG bezieht sich jedoch nur auf den Anspruch des Geschädigten nach § 1 Abs. 1 HpflG. Bei Ansprüchen aus §§ 823 und 831 BGB ist § 4 Hs 2 HpflG nicht entsprechend anwendbar.[72]

156

Nach § 12 HpflG bleiben gesetzliche Vorschriften, nach welchen ein Ersatzpflichtiger in weiterem Umfang als nach den Vorschriften des Haftpflichtgesetzes oder nach welchen ein anderer für den Schaden verantwortlich ist, unberührt (zB Haftung aus §§ 823 Abs. 1 und 2; § 831 Abs. 1 BGB). Anders als nach § 1 HpflG setzt die deliktische Haftung (zB Haftung aus §§ 823 Abs. 1 und 2; § 831 Abs. 1 BGB) nicht voraus, dass der Schaden durch einen Unfall eingetreten ist, jedoch sind die Voraussetzungen strenger, da der Nachweis gefordert wird, dass der Schaden durch ein bestimmtes, tatbestandsmäßiges, rechtswidriges und schuldhaftes Verhalten entstanden ist.

157

2. Anspruchsgrundlagen. a) Haftung des Betriebsunternehmers. Der Betriebsunternehmer haftet (verschuldensunabhängig) gem. § 1 Abs. 1 HpflG mit den Einschränkungen gem. § 1

158

---

68 BGH VersR 1974, 288; NJW 1993, 2173.
69 Vgl u.a. LG Magdeburg v. 15.7.2010 – 10 O 602/10; OLG Schleswig VersR 2010, 258.
70 *Filthaut*, Die neuere Rechtsprechung zur Bahnhaftung, NZV 2011, 217–223.
71 Vgl LG Dresden NZV 2011, 202 f; KG NZV 2010, 570–573, für Straßenbahnfahrt.
72 BGH zfs 2013, 558, 559 (mwN).

Abs. 2 und 3 HpflG. § 7 StVG gilt nicht, weil nach § 1 Abs. 2 StVG die an Bahngleise gebundenen Fahrzeuge keine Kraftfahrzeuge im Sinne des StVG sind.

159 In der Regel ist der Betriebsunternehmer eine juristische Person. Diese haftet gem. § 823 Abs. 1 iVm § 31 BGB für Schäden, die ein Mitglied des Vorstands oder ein anderer verfassungsgemäß berufener Vertreter durch eine zum Schadensersatz verpflichtende Handlung einem Dritten zufügt, sofern die Handlung in Ausführung der ihm übertragenen Verrichtungen erfolgte. Der Betriebsunternehmer im Sinne von § 1 Abs. 1 HpflG haftet ferner nach § 831 Abs. 1 BGB für den Schaden, den ein Dritter, den er zur Verrichtung bestellt hat (Verrichtungsgehilfe) einem Dritten in Ausführung der Verrichtung widerrechtlich zufügt. Hierbei ist jedoch – theoretisch – die Exkulpationsmöglichkeit des § 831 Abs. 1 S. 2 BGB gegeben. Eine Haftung des Betriebsunternehmers im Sinne von § 1 Abs. 1 HpflG besteht zudem gem. § 823 Abs. 1 BGB bei Verletzung der Verkehrssicherungspflicht.

160 Der Betriebsunternehmer im Sinne von § 1 Abs. 1 HpflG haftet schließlich bei Verletzung eines Schutzgesetzes iSv § 823 Abs. 2 BGB (zB der Vorschriften der Eisenbahn-Bau-und-Betriebsordnung [EBO] und der Verordnung über den Bau und Betrieb von Straßenbahnen [BOStrab]). Daneben können auch vertragliche Ansprüche aus Verletzung des Beförderungsvertrags oder des Gepäckaufbewahrungsvertrags bestehen. Hinter einem groben Eigenverschulden des Fahrgastes, der mit Blick auf typische und zu erwartende ruckartige Bewegungen der Bahn zur Eigensicherung verpflichtet ist, tritt die Betriebsgefahr einer Straßenbahn jedoch regelmäßig zurück.[73]

161 b) Haftung des Bediensteten. Ein schuldhaftes Verhalten des Bediensteten kann dessen eigene Haftung gem. § 823 Abs. 1 und 2 BGB begründen.

162 ▶ Muster: Anspruchsschreiben nach Straßenbahnunfall

Städtische Verkehrsbetriebe ...

Schaden vom ...

Sehr geehrte Damen und Herren,

wir zeigen unter Hinweis auf die anliegende Vollmacht an, dass wir die Interessen des Herrn ... vertreten und teilen Ihnen Folgendes mit:

Am ... fuhr unser Mandant mit der Straßenbahn der Linie ..., geführt von Ihrem Bediensten, Herrn ... . An der Haltestelle ...straße hielt die Straßenbahn an, und unser Mandant beabsichtigte, durch die geöffnete Tür über die Stufen auf die Fahrbahn zu treten.

Unser Mandant ist 80 Jahre alt und gehbehindert, so dass sich das Verlassen der Straßenbahn etwas länger hinzog. Als unser Mandant beabsichtigte, seinen rechten Fuß auf den Bürgersteig zu setzen, schloss sich urplötzlich die Tür und Ihr Bediensteter, Herr ..., fuhr mit der Straßenbahn an, so dass unser Mandant von der letzten Stufe auf die Fahrbahn fiel und sich einen Armbruch zuzog.

Beweis: Zeugnis ... .

Der Armbruch war kompliziert. Die Heilung gestaltete sich schwierig. Unser Mandant musste ... Wochen einen Gipsverband tragen.

Beweis: Zeugnis des Hausarztes ... .

---

73 OLG Dresden, Beschl. v. 26.3.2014 – 7 U 1506/13, juris.

E. Beteiligung von an Bahngleise gebundenen Fahrzeugen (Ansprüche nach HPflG) 4

Nach Maßgabe des § 1 HpflG steht unserem Mandanten gem. § 6 S. 2 HpflG ein angemessenes Schmerzensgeld zu. Angemessen erscheint aufgrund der sich hinziehenden Heilung ein Betrag von ... EUR.

Der Eintritt des Schadens wurde durch den Betrieb der Straßenbahn, die sich im Anfahren befand, verursacht. Ein Fall der höheren Gewalt gem. § 1 Abs. 2 HpflG ist nicht gegeben. Vielmehr hat der Fahrer der Straßenbahn aus Unachtsamkeit übersehen, dass sich unser Mandant noch beim Aussteigen befand. Er hätte erst abfahren dürfen, nachdem der Fahrgastwechsel vollständig beendet war. Vor dem Abfahren hätte sich der Fahrer durch Rückschau davon überzeugen können und müssen, ob sich – infolge des Fahrgastwechsels – noch Fahrgäste auf der Stufe befanden. Bei Beachtung der gebotenen Sorgfalt wäre der Unfall vermieden worden.

Da es sich bei dem Straßenbahnfahrer um einen Verrichtungsgehilfen Ihres Unternehmens handelt, haften Sie wegen dessen schuldhaften Fehlverhaltens darüber hinaus gem. § 831 Abs. 1 S. 1 BGB iVm § 253 Abs. 2 BGB.

Aus diesem Grunde haben wir Sie aufzufordern, bis zum

... [14-Tage-Frist]

das Schmerzensgeld von ... EUR auf eines unserer Konten zu überweisen und darüber hinaus Ihre Eintrittspflicht für etwaige künftige unfallbedingte Schäden zu bestätigen.

Etwaige Schriftwechsel in dieser Angelegenheit führen Sie bitte ausschließlich über unsere Kanzlei.

Mit freundlichen Grüßen

Rechtsanwalt ◄

II. Prozesssituation

1. Allgemeines. Das Haftpflichtgesetz sieht einen § 115 Abs. 1 VVG entsprechenden Direktanspruch gegen den Haftpflichtversicherer eines Bahnbetriebsunternehmers *nicht* vor, so dass bei Ablehnung durch den Haftpflichtversicherer dieser in keinem Fall mitverklagt werden kann.[74] Auch eine Ersatzpflicht für andere Personen begründet das Haftpflichtgesetz nicht, so dass es abweichend von § 18 StVG keine besondere Haftung des Führers (Bediensteten) eines Bahnfahrzeugs gibt. Eine Haftung dieser Personen kommt nur bei Verschulden in Betracht (u.a. nach § 823 Abs. 1 und 2 BGB), so dass auch in diesem Fall eine gesamtschuldnerische Haftung besteht. 163

2. Klageanträge. Sofern die materiellen oder immateriellen Ansprüche des Geschädigten feststehen, sollten diese gegenüber dem Betriebsunternehmer – bei Verschulden des Bediensteten auch gegenüber diesem – im Rahmen der Leistungsklage geltend gemacht werden. Sollten die Ansprüche dagegen nicht oder nicht vollständig feststehen, so ist im ersten Fall die Feststellungsklage und im zweiten Fall eine Kombination aus Leistungs- und Feststellungsklage geboten. Wegen der Einzelheiten siehe Rn 26 ff. Bei Klage gegen Betriebsunternehmer *und* Bediensteten (Fahrer) ist eine gesamtschuldnerische Verurteilung zu beantragen. 164

---

74 So jedenfalls die hM, vgl *Voit/Knappmann*, in: Prölss/Martin, VVG, § 108 Rn 3, jedoch unter Hinweis in Rn 4 auf die abweichende Meinung von *Baumann*, in: Honsell, Berliner Kommentar zum VVG, § 149 Rn 125–147.

3. Klage nach Zusammenstoß zwischen Pkw und Straßenbahn

165 ▶ **Muster: Klageschrift bei Klage nach Zusammenstoß zwischen Pkw und Straßenbahn**

An das Landgericht ...

Klage

des Herrn ...

– Kläger –

Prozessbevollmächtigte: RAe ...

gegen

1. Städtische Verkehrsbetriebe AG, vertreten durch ..., ... [Adresse]

– Beklagte zu 1 –

2. Herrn ...

– Beklagter zu 2 –

wegen Schadensersatzes.

Namens und in Vollmacht des Klägers erheben wir Klage und werden beantragen, wie folgt zu erkennen:

Die Beklagten werden als Gesamtschuldner verurteilt, an den Kläger 11.225 EUR nebst Zinsen in Höhe von 5 Prozentpunkten über dem Basiszinssatz seit dem ... sowie vorgerichtliche Anwaltskosten in Höhe von ... EUR zu zahlen.

Für den Fall fehlender oder nicht rechtzeitiger Verteidigungsanzeige in einem etwaigen schriftlichen Vorverfahren beantragen wir den Erlass eines entsprechenden Versäumnisurteils.

Begründung:

Mit der vorliegenden Klage begehrt der Kläger Schadensersatz anlässlich eines Verkehrsunfalls vom ... in ...

Der Kläger ist Halter und Eigentümer des Pkws mit dem amtlichen Kennzeichen ...

Bei der Beklagten zu 1 handelt es sich um den Betriebsunternehmer der Straßenbahnlinie ..., auf welcher zum Unfallzeitpunkt der Beklagte zu 2 als Bediensteter der Beklagten zu 1 eine Straßenbahn der Beklagten zu 1 führte.

An dem besagten Unfalltag befuhr der Kläger mit seinem Pkw die ...straße in Richtung ... An der Haltestelle ... erkannte er, dass die Straßenbahn mit verschlossenen Türen stand und sich keinerlei Personen an der Haltestelle befanden, die in die Straßenbahn hätten einsteigen können. Deshalb fuhr der Kläger unter Verringerung seiner Geschwindigkeit rechts an der noch stehenden Straßenbahn vorbei.

Da der Kläger beabsichtigte, ca. 150 m weiter nach links abzubiegen, setzte er den Blinker nach links, orientierte sich nach hinten und sah, dass die Straßenbahn noch im Haltestellenbereich stand. Aufgrund dessen fuhr er in den Gleisbereich ein und musste dort aufgrund des entgegenkommenden Verkehrs anhalten, als kurze Zeit später der Beklagte zu 2 infolge Unaufmerksamkeit auf das im Gleisbereich stehende, nach links blinkende Fahrzeug des Klägers auffuhr.

Beweis: 1. Zeugnis ...

2. Beiziehung der Ermittlungsakten der StA ..., Az ...

Bei der Kollision der Straßenbahn mit dem Fahrzeug des Klägers entstand erheblicher Sachschaden an dem Pkw des Klägers.

E. Beteiligung von an Bahngleise gebundenen Fahrzeugen (Ansprüche nach HPflG) 4

Die Beklagte zu 1 haftet dem Kläger aus § 1 Abs. 1 HpflG für die ihm entstandenen Sachschäden, da sich der Unfall beim Betrieb einer Schienenbahn ereignete.

Die Haftung ist nicht gem. § 1 Abs. 2 HpflG ausgeschlossen, da der Unfall nicht durch höhere Gewalt verursacht wurde. Höhere Gewalt ist nach ständiger Rechtsprechung ein betriebsfremdes, von außen durch elementare Naturkräfte oder durch Handlungen dritter Personen herbeigeführtes Ereignis, das nach menschlicher Einsicht und Erfahrung unvorhersehbar ist, mit wirtschaftlich erträglichen Mitteln auch durch die äußerste, nach der Sachlage vernünftigerweise zu erwartende Sorgfalt nicht verhütet oder unschädlich gemacht werden kann und auch nicht wegen seiner Häufigkeit vom Betriebsunternehmer in Kauf zu nehmen ist (BGH VersR 1988, 1150).

Darüber hinaus haftet die Beklagte zu 1 gem. § 831 Abs. 1 S. 1 BGB für den Beklagten zu 2 als Verrichtungsgehilfen, da dieser den Schaden in Ausführung der Verrichtung dem Kläger widerrechtlich und schuldhaft zugefügt hat.

Der Beklagte zu 2 hat den Unfall fahrlässig verursacht, da er zum einen gegen die allgemeine Sorgfaltspflicht des § 1 Abs. 2 StVO verstoßen hat, indem er das Fahrzeug des Klägers schlichtweg übersehen und nicht genügend Abstand gewahrt hat (§ 4 Abs. 1 StVO). Insoweit spricht schon der Anscheinsbeweis für ein ausschließliches Verschulden des auf ein vorausfahrendes Fahrzeug auffahrenden Fahrers.

Aus den vorgenannten Gründen haftet der Beklagte zu 2 auch als Gesamtschuldner neben der Beklagten zu 1 gem. § 823 Abs. 1 BGB für die dem Kläger entstandenen Sachschäden.

Aufgrund dessen stehen dem Kläger gegen die Beklagten als Gesamtschuldner nachfolgende Ansprüche zu:

... [näher ausführen]

Die Beklagte zu 1 wurde unter Fristsetzung zum ... zur Zahlung aufgefordert, so dass sie sich spätestens seit dem ... [einen Tag später] in Zahlungsverzug befindet.

Nachdem keine Zahlung erfolgte, ist Klage geboten.

Rechtsanwalt ◄

▶ **Muster: Klageerwiderung auf Klage nach Zusammenstoß zwischen Pkw und Straßenbahn** 166

An das Landgericht ...

134

Klageerwiderung

In Sachen ... [Kläger] ./. ... [Beklagte zu 1 und 2]

Az/Geschäfts-Nr. ...

bestellen wir uns zu Prozessbevollmächtigten der Beklagten zu 1 und 2 und beantragen,

die Klage abzuweisen.

Begründung:

Der geltend gemachte Anspruch steht dem Kläger nicht zu. Die Beklagten sind nicht verpflichtet, für einen etwaigen Schaden des Klägers aufzukommen.

Es wird bestritten, dass die Straßenbahn zum Zeitpunkt des Fahrspurwechsels noch gestanden habe und der Beklagte zu 2 infolge Unaufmerksamkeit auf das stehende Fahrzeug des Klägers aufgefahren sei.

Richtig ist vielmehr, dass der Beklagte zu 2 die Straßenbahn auf eine Geschwindigkeit von ca. 20 km/h beschleunigte, als erst jetzt der Kläger – ohne zu blinken – von rechts mit einer Geschwindigkeit von ca. 30 km/h und einem Abstand von 20 m in den Gleisbereich zog, ca. 10 bis 20 m weiterfuhr, um sodann sein Fahrzeug bis zum Stillstand abzubremsen, so dass der Beklagte zu 2 trotz Gefahrenbremsung eine Kollision mit dem Pkw nicht vermeiden konnte. Der Unfall war für den Beklagten zu 2 eingedenk des erheblichen Eigengewichts der Straßenbahn räumlich und zeitlich unvermeidbar, mithin unabwendbar im Sinne von § 13 Abs. 3 HpflG.

Beweis: 1. Zeugnis der/des Insassin/Insassen ...
          2. Sachverständigengutachten

Unabhängig davon ist ein Verschulden des Beklagten zu 2, das zu einer Haftung der Beklagten zu 1 aus § 831 Abs. 1 S. 1 BGB bzw zu einer eigenen Haftung des Beklagten zu 2 aus § 823 BGB führen würde, nicht gegeben.

Der vom Kläger angesprochene Anscheinsbeweis greift vorliegend nicht, da sich der typische Geschehensablauf beim Auffahrunfall der Straßenbahn vom Auffahrunfall zweier Pkw unterscheidet. So lässt sich zB nach dem Einscheren eines Vordermanns auf dieselbe Fahrspur der vom Straßenbahnführer einzuhaltende Sicherheitsabstand gem. § 4 Abs. 1 StVO erst nach viel längerer Zeit des Hinterherfahrens aufbauen, als dies einem Pkw-Fahrer möglich ist.

Beweis: Sachverständigengutachten

Wegen der Schienengebundenheit und der geringeren Bremsverzögerung der Straßenbahn sind darüber hinaus Rückschlüsse auf ein Verschulden des Straßenbahnführers nur dann möglich, wenn er genügend Zeit hatte, sich auf ein für ihn erkennbares Hindernis einzustellen.

Gemäß § 2 Abs. 3 StVO hat die Straßenbahn gegenüber anderen Verkehrsteilnehmern ein Vorrecht, wenn auch kein allgemeines Vorfahrtsrecht. Der Vorrang der Straßenbahn muss zwar zurückstehen, wenn die übrigen Verkehrsteilnehmer ihm nur in unzumutbarer Weise genügen können. Dem Kläger, der kurz vor dem Unfall die unfallbeteiligte Straßenbahn rechts überholt hatte, war hier jedoch bewusst, dass er sich bei dem Hinüberwechseln in die linke Fahrspur auf den Schienenweg einer Straßenbahn begab, die in relativ kurzer Entfernung folgte. Der Kläger durfte nicht davon ausgehen, dass ihm ein Linksabbiegen ohne Verzögerung möglich sein würde, denn er musste im städtischen Straßenverkehr jederzeit mit Gegenverkehr rechnen, so dass sich ihm die Gefahr einer Behinderung und einer möglichen Kollision mit der nachfolgenden Straßenbahn wegen deren langen Bremsweges hätte aufdrängen müssen. Der Kläger hätte somit durch einen Blick in den Rückspiegel die Straßenbahn im Auge behalten müssen und bei Erkennbarkeit der Annäherung der Straßenbahn an sein Fahrzeug nach vorne wegfahren müssen, was ihm angesichts der Gegebenheiten am Unfallort auch ohne weiteres möglich war.

Dieses Verschulden muss sich der Kläger gem. § 4 HpflG iVm § 254 BGB entgegenhalten lassen. Es überwiegt derart, dass eine Mithaftung der Beklagten nicht in Betracht kommt.

Aus diesen Gründen ist die Klage abzuweisen.

Rechtsanwalt ◄

E. Beteiligung von an Bahngleise gebundenen Fahrzeugen (Ansprüche nach HPflG) 4

▶ **Muster: Replik bei Klage nach Zusammenstoß zwischen Pkw und Straßenbahn**   167

An das Landgericht ...

135

Replik

In Sachen ... [Kläger] ./. ... [Beklagte zu 1 und 2]

Az/Geschäfts-Nr. ...

wird das Vorbringen der Beklagten im Schriftsatz vom ... nach Maßgabe des diesseitigen Vorbringens bestritten und im Übrigen wie folgt Stellung genommen:

Bestritten wird die Behauptung der Beklagten, der Kläger sei ohne zu blinken in den Gleisbereich eingefahren, die Straßenbahn sei bereits mit einer Geschwindigkeit von 20 km/h gefahren, als der Kläger in einem Abstand von lediglich 20 m zur Straßenbahn in den Gleisbereich fuhr und ca. 10 bis 20 m weiter sein Fahrzeug zum Stillstand abbremste.

Aus den bereits erwähnten amtlichen Ermittlungsakten ist ersichtlich, dass sich der Abstand von Straßenbahnhaltestelle und späterer Unfallstelle auf ca. 150 m beläuft, so dass unter Berücksichtigung der Tatsache, dass der Kläger mit einer Geschwindigkeit von 30 km/h an der Straßenbahn vorbeifuhr und ca. 150 m später bremste, sich die Straßenbahn zum Zeitpunkt des Abbremsens noch nicht in Bewegung befunden haben kann. Daher war sowohl das abbremsende Fahrzeug im Gleisbereich als auch der Bremsvorgang an sich für den Beklagten sichtbar, so dass dieser die Straßenbahn nicht hätte auf 20 km/h beschleunigen dürfen.

Beweis: 1. Zeugnis ...
2. Sachverständigengutachten

Insoweit spricht schon der Anscheinsbeweis für ein ausschließliches Verschulden des Auffahrenden, weil der Auffahrende in diesen Fällen entweder zu schnell, mit unzureichendem Sicherheitsabstand oder unaufmerksam gefahren ist (BGH VersR 1962, 1101; 1964, 263). Das gilt auch für eine auffahrende Straßenbahn.

Dieser für den Kläger sprechende Anscheinsbeweis kann nur durch den Nachweis eines Sachverhalts entkräftet werden, der die ernsthafte Möglichkeit eines „atypischen Geschehensablaufs" ergibt. Davon ist auszugehen, wenn die ernsthafte Möglichkeit nachgewiesen wird, dass es zu dem Unfall gekommen sein könnte, ohne dass demjenigen, gegen den der erste Anschein spricht, ein Verschulden treffen muss. Besonders zu beachten ist dabei, dass diese ernsthafte Möglichkeit nachgewiesen werden muss. Die bloße Darlegung und Behauptung eines möglichen anderen Geschehensablaufs genügt nicht zur Entkräftung des Anscheinsbeweises (vgl BGH VersR 1964, 639; OLG Hamm VersR 1999, 1255). Von einem solchen Nachweis kann hier keine Rede sein.

Der Klage ist nach alledem stattzugeben.

Rechtsanwalt ◀

§ 5 Fahrzeugversicherung (Teilkasko-/Vollkaskoversicherung)

Literatur: *Beckmann/Matusche-Beckmann,* Versicherungsrechts-Handbuch, 3. Auflage 2015; *Brand,* Problemfelder des Übergangsrechts zum neuen VVG, VersR 2011, 557–565; *Bruck/Möller,* VVG Großkommentar, 9. Auflage 2008; *Diringer,* Prinzipien der Auslegung von Allgemeinen Versicherungsbedingungen, 2015; *Feyock/Jacobsen/Lemor,* Kraftfahrtversicherung, 3. Auflage 2009; *Franz,* Das Versicherungsvertragsrecht im neuen Gewand – Die Neuregelungen und ausgewählte Probleme, VersR 2008, 298–312; *Fricke,* Wen oder was schützt § 215 VVG?, VersR 2009, 15–21; *Funck,* Ausgewählte Fragen aus dem Allgemeinen Teil zum neuen VVG aus der Sicht einer Rechtsabteilung, VersR 2008, 163–169; *Halm/Engelbrecht/Krahe,* Handbuch des Fachanwalts Versicherungsrecht, 5. Auflage 2015; *Halm/Kreuter/Schwab,* AKB Allgemeine Bedingungen für die Kraftfahrtversicherung, Kommentar, 2. Aufl. 2015; *Heß/Burmann,* Die Stufenlehre des BGH bei der Entwendung eines Fahrzeugs, NJW-Spezial 2006, 351; *Hinsch-Timm,* Das neue Versicherungsvertragsgesetz in der anwaltlichen Praxis, 2007; *Langheid/Wandt,* Münchener Kommentar, VVG, 3 Bde., 2009 ff; *Lemcke/Heß,* Kaskoversicherung und Quotenvorrecht des Geschädigten, NJW-Spezial 2007, 63; *Looschelders,* Schuldhafte Herbeiführung des Versicherungsfalls nach der VVG-Reform, VersR 2008, 1–7; *Looschelders/Pohlmann,* VVG Versicherungsvertragsgesetz, 2. Auflage 2011; *Maier/Stadler,* AKB 2008 und VVG-Reform, 2008; *Marlow/Spuhl,* Das Neue VVG kompakt, 4. Auflage 2010; *Meixner/Steinbeck,* Allgemeines Versicherungsvertragsrecht, 2. Auflage 2011; *Nehm,* „Goslarer Orientierungsrahmen" (Quotenbildung nach dem neuen Versicherungsvertragsgesetz), zfs 2010, 12–14; *Neuhaus,* Vorvertragliche Anzeigepflichtverletzung: Ausnahmen der „Auge-und-Ohr"-Wissenszurechnung, zfs 2011, 543–548; *Nugel,* Kürzungsquoten nach dem VVG, 2012; *Pamer,* Der Kaskoschaden, 2008; *Pauli,* Zur Frage des Ersatzes von Vandalismusschäden in der Teilkaskoversicherung, VersR 2011, 1377, 1378; *Pohlmann,* Beweislast für das Verschulden des Versicherungsnehmers bei Obliegenheitsverletzungen, VersR 2008, 437–443; *Prölss/Martin,* Versicherungsvertragsgesetz: VVG, 29. Auflage 2015; *Rixecker,* VVG 2008 – Eine Einführung, I. Herbeiführung des Versicherungsfalls, zfs 2007, 15; *Rixecker,* VVG 2008 – Eine Einführung, II. Obliegenheiten vor dem Versicherungsfall, zfs 2007, 73; *Rixecker,* VVG 2008 – Eine Einführung, III. Gefahrerhöhung, zfs 2007, 136; *Rixecker,* VVG 2008 – Eine Einführung, IV. Beratungspflichten, zfs 2007, 191; *Rixecker,* VVG 2008 – Eine Einführung, V. Rettungsobliegenheit und Rettungskostenersatz, zfs 2007, 255; *Rixecker,* VVG 2008 – Eine Einführung, VI. Vorläufige Deckung, zfs 2007, 314; *Rixecker,* VVG 2008 – Eine Einführung, VII. Verletzung der vorvertraglichen Anzeigeobliegenheit, zfs 2007, 369; *Rixecker,* VVG 2008 – Eine Einführung, VIII. Fristen, zfs 2007, 430; *Rixecker,* VVG 2008 – Eine Einführung, IX. Vertragsabschluss, zfs 2007, 495; *Rixecker,* VVG 2008 – Eine Einführung, X. Weitere Änderungen des Allgemeinen Versicherungsvertragsrechts, zfs 2007, 556; *Römer,* Neues VVG jetzt für alle Verträge; *Rüffer/Halbach/Schimikowski,* Versicherungsvertragsrecht, 3. Auflage 2015; *Schirmer,* Offene Fragen nach dem Ende des Alles-oder-nichts-Prinzips – Ausstrahlungen der Quotierung, VersR 2011, 289–294; *Schimikowski,* Versicherungsvertragsrecht, 2014; *Stiefel/Maier,* Kraftfahrtversicherung: AKB, 19. Auflage 2010; *Stockmeier,* Risiken für den Versicherer bei unterlassener Umstellung des Altbestandes auf das neue VVG?, VersR 2011, 312–317; *van Bühren,* Handbuch Versicherungsrecht, 6. Aufl. 2014; *Veith/Gräfe,* Der Versicherungsprozess, 3. Auflage 2015; *Werber,* § 6 VVG und die Haftung des Versicherers für Fehlberatung durch Vermittler, VersR 2008, 285–289.

A. Einführung 1	7. Überschwemmung 94
B. Rechtliche Grundlagen des Fahrzeugversicherungsvertragsrechts 13	8. Wildschaden 99
C. Allgemeines aber auch Besonderes zur Fahrzeugversicherung 33	9. Glasbruch 103
D. Umfang des Versicherungsschutzes in der Fahrzeugversicherung 50	10. Kurzschlussschäden an der Verkabelung 108
I. Allgemeines 50	III. Versicherte Risiken der Fahrzeugvollversicherung 109
II. Versicherte Risiken der Fahrzeugteilversicherung 63	1. Unfallschäden 111
1. Brand 72	2. Mut- und böswillige Beschädigung durch betriebsfremde Personen 119
2. Explosion 75	IV. Ausschlüsse bzw Risikobegrenzungen 123
3. Entwendung 76	V. Verhältnis Fahrzeugteil- zur Fahrzeugvollversicherung 129
4. Sturm 85	E. Erste Maßnahmen des durch den Versicherungsnehmer mandatierten Rechtsanwalts ... 134
5. Hagel 88	I. Mandatskonstellationen 134
6. Blitzschlag 91	

II. Verhalten des Rechtsanwalts bei der Mandatsanbahnung 136
 1. Telefonische Mandatsanbahnung.... 136
 2. Sonstige Mandatsanbahnung........ 147
 3. Checkliste Versicherungsunterlagen 150
III. Verjährung.............................. 153
 1. Beginn der Verjährungsfrist.......... 153
 2. Fälligkeit der Versicherungsleistung 157
 3. Hemmung der Verjährungsfrist...... 163
IV. Prüfung der Versicherungsunterlagen.... 165
V. Zustandekommen von Versicherungsverträgen nach dem VVG.................... 173
 1. Allgemeines zum Zustandekommen von Versicherungsverträgen und vorvertragliche Anzeigepflicht........... 173
  a) Antragsmodell.................... 173
  b) Für Vertragsschluss gefahrerhebliche Umstände................... 179
 2. Beratungs- und Dokumentationspflicht des Versicherers gem. § 6 VVG............................ 191
 3. Informationspflicht des Versicherers gem. § 7 VVG....................... 201
 4. Widerrufsrecht des Versicherungsnehmers gem. § 8 VVG.............. 204
VI. Erforderliche Prüfungen des Rechtsanwalts..................................... 208
VII. Geltendmachung des Anspruchs auf Versicherungsleistung....................... 219
 1. Schadensmeldung durch den Anwalt 219
 2. Klageerhebung gegen den Versicherer.................................. 226
  a) Arten der Klageerhebung......... 226
  b) Beweislast...................... 232
  c) Örtlich zuständiges Gericht...... 234
F. Einwendungen des Versicherers............. 241
 I. Obliegenheitsverletzungen des Versicherungsnehmers............................ 241
 1. Definition und Arten von Obliegenheiten................................ 242
 2. Obliegenheitsadressat................ 255
 3. Vertragliche Obliegenheiten.......... 259
  a) Obliegenheiten vor Eintritt des Versicherungsfalls................ 259
  b) Obliegenheiten nach Eintritt des Versicherungsfalls................ 261
 4. Rechtsfolgen bei Verletzung gesetzlicher bzw. vertraglicher Obliegenheiten................................... 276
  a) Rechtsfolgen bei Verletzung einer vor Eintritt des Versicherungsfalls zu erfüllenden Obliegenheit...... 280
   aa) Kündigungsrecht des Versicherers..................... 280
   bb) Auswirkungen auf das Leistungsrecht des Versicherers.... 283
  b) Rechtsfolgen bei Verletzung einer nach Eintritt des Versicherungsfalls zu erfüllenden Obliegenheit 293
II. Vorsätzliche oder grob fahrlässige Herbeiführung des Versicherungsfalls........ 316
 1. Mitversicherung grob fahrlässig herbeigeführter Versicherungsfälle........ 318
 2. Grob fahrlässig herbeigeführte Versicherungsfälle........................ 320
 3. Klageantrag........................ 348
III. Prämienrecht und Zahlungsverzug des Versicherungsnehmers.................... 377
 1. Gesetzliche Grundlagen.............. 377
 2. Fälligkeit der Erstprämie............. 383
 3. Rechtsfolgen bei Verzug mit der Erstprämie........................... 389
 4. Fälligkeit der Folgeprämie........... 405
 5. Rechtsfolgen bei Verzug mit der Folgeprämie........................... 408
IV. Leistungsfreiheit des Versicherers wegen Gefahrerhöhung........................ 419
 1. Allgemeines zur Gefahrerhöhung.... 419
 2. Rechtsfolgen bei Gefahrerhöhung... 439
G. Fahrzeugdiebstahl........................... 450
 I. Beweisanforderungen..................... 451
 1. Erste Beweisstufe.................... 453
 2. Zweite Beweisstufe.................. 457
 3. Dritte Beweisstufe................... 460
 II. Klage auf Leistung aus Teilkaskoversicherung wegen Fahrzeugdiebstahls........ 461
H. Anspruch aus Vollkaskoversicherung........ 470
I. Anspruch auf Aufwendungsersatz (Rettungskostenersatz).................................. 479
J. Vorläufiger Deckungsschutz................. 504
K. Das Sachverständigenverfahren gem. § 84 VVG bzw. Ziff. A.2.6 AKB 2015....... 518
L. Quotenvorrecht des Versicherungsnehmers gem. § 86 Abs. 1 S. 2 VVG und Anspruchsübergang auf den Versicherer............... 534
M. Der Rückforderungsprozess des Versicherers 544
N. Betrug in der Kaskoversicherung............ 559
 I. Betrugsarten bzw -varianten............. 559
 II. Beweislast und Beweisführung........... 578

A. Einführung

Seit der Deregulierung des Versicherungsmarkts im Jahr 1994 und seitdem im Internet über Versicherungscheckplattformen Versicherungsvergleiche in wenigen Minuten vorgenommen werden können, hat sich der Markt für Kfz-Versicherungen grundlegend gewandelt. Ein **Versicherungswechsel** kann online bequem von zuhause aus erfolgen. Noch nie hat es so viele Anbieter, zunehmend günstige Direktversicherer und so viele unterschiedliche und individuelle Tarife wie derzeit gegeben. Da traditionell die Kfz-Versicherung für viele Versicherer einen

§ 5 Fahrzeugversicherung (Teilkasko-/Vollkaskoversicherung)

Einstieg zum Gewinnen neuer Kunden darstellt, findet alljährlich zum Jahresende ein starker Wettbewerb um neue Kunden statt. Der Versicherungsnehmer merkt dies an vermehrter Werbung in sämtlichen Medien und an entsprechender Werbepost.

2   Der starke Wettbewerb unter den Versicherern um neue Kunden und das Preisbewusstsein der Versicherungsnehmer haben zu häufigen Wechseln der Versicherungen durch die Versicherungsnehmer geführt. Denn Versicherungsverträge über die Fahrzeugversicherung sind in der Regel Jahresverträge. Nicht selten findet der Wechsel dann im Folgejahr erneut statt. Denn schon wegen einer geringen Prämiensparmöglichkeit werden von preisbewussten Versicherungsnehmern bestehende Versicherungsverträge gekündigt und es folgt ein Wechsel zu einem anderen günstigeren Versicherer.

3   Bei einem **Fahrzeugwechsel** wird generell ein neuer Versicherungsvertrag entweder beim bisherigen oder bei einem neuen Versicherer abgeschlossen.

4   Aufgrund dessen bestehen nur noch wenige Versicherungsverträge mit vor dem 1.1.2008 abgeschlossenen Versicherungsbedingungen.

5   Das vorgenannte Datum ist von Bedeutung, denn zum 1.1.2008 wurde das für das Privatversicherungsrecht geltende Versicherungsvertragsgesetz (VVG) grundlegend reformiert. Die mit der **Reform** verbundenen gesetzlichen Änderungen haben für die Versicherungsnehmer zahlreiche Verbesserungen und dementsprechend für die Versicherer Verschlechterungen gebracht.

6   Während in den Vorauflagen dieses Formularbuchs wegen der zeitlichen Nähe zur Reform des VVG noch das bis zum 31.12.2007 geltende Versicherungsvertragsrecht dargestellt werden musste, erfolgt dieses in der nunmehrigen 4. Auflage des Formularbuchs nicht mehr. Denn aus den oben genannten Gründen gibt es nur noch wenige vor dem 1.1.2008 abgeschlossene Versicherungsverträge mit vor dem 1.1.2008 verwendeten und dem heutigen Versicherungsvertragsrecht nicht mehr in allen Regelungen entsprechenden Versicherungsbedingungen. Denkbar ist dieses bei in der Regel älteren Versicherungsnehmern, die vor der Versicherungsreform ein neues Kfz angeschafft und dieses bis heute noch bei demselben Kfz-Versicherer versichert haben.

7   Wegen der zeitlichen Distanz zur Reform des privaten Versicherungsrechts dürften auch keine noch nach altem, also vor der Reform geltendem, Versicherungsrecht zu beurteilenden Versicherungsfälle mehr streitig sein. Deshalb werden in dieser Auflage nur noch das aktuelle Versicherungsvertragsrecht betreffende Versicherungsfälle dargestellt. Dabei wird allerdings auch berücksichtigt, dass im Einzelfall ein Versicherungsvertrag noch mit älteren – also vor dem 1.1.2008 verwendeten – Versicherungsbedingungen abgeschlossen sein kann und welche Konsequenzen sich daraus für die Rechtslage ergeben können.

8   Ziel dieses Kapitels über die Fahrzeugversicherung ist es, dem nicht bzw nur wenig mit der Fahrzeugversicherung vertrauten und für den Versicherungsnehmer tätigen Rechtsanwalt in kompakter Form Hilfestellung für eine effiziente Mandatsbearbeitung zu geben und ihn vor der Begehung typischer Fehler zu bewahren. Umgekehrt sollen auch der Versicherungssachbearbeiter und der für den Versicherer tätige Rechtsanwalt Unterstützung erhalten. Dem Versicherungssachbearbeiter soll dieses Buchkapitel Hilfe für seine Regulierungsentscheidung geben. Der Versichereranwalt soll prozesstaktische Hilfe erhalten.

Nicht zuletzt können und sollen sich auch mit dem Fahrzeugversicherungsrecht nur wenig **9** vertraute Richter des Buchs bedienen. Auch sie können für ihre Urteilsfindung sicher die eine oder andere Hilfestellung finden. Denn bei Amtsgerichten bestehen in der Regel keine Spezialzuständigkeiten einzelner Richter für versicherungsrechtliche Streitigkeiten. Die meisten Landgerichte verfügen mittlerweile über Spezialkammern, so dass Streitigkeiten mit versicherungsrechtlichem Inhalt immer zu derselben entsprechend spezialisierten Versicherungskammer gelangen. Allerdings wird eine Streitigkeit dort auch in der Regel durch einen Einzelrichter entschieden. Das bedeutet jedoch nicht immer, dass sich der Rechtssuchende sicher sein kann, in einer Spezialkammer auch immer einen im Versicherungsrecht erfahrenen und sachkundigen Einzelrichter zu finden. Denn Personalwechsel in der Kammer sind nicht selten. Außerdem werden junge und ihre Berufsausübung beginnende Richter üblicherweise zunächst in Landgerichtskammern eingesetzt.

Zur Erleichterung und effizienteren Bearbeitung bietet dieses Kapitel Hilfestellungen, wie zB **10** das die Bearbeitung erleichternde Schema zur Prüfung von Verletzungen vertraglich vereinbarter Obliegenheiten nach den Vorschriften des VVG (Rn 315).

Trotz der gebotenen Hilfestellungen erhebt der Verfasser keinen Anspruch auf Vollständigkeit **11** des Kapitels über die Kfz-Kaskoversicherung. Denn die tägliche Bearbeitungspraxis und die darauf folgenden Gerichtsurteile zeigen im Einzelfall immer wieder neue und spezielle Sachverhaltsvarianten, die einer rechtlichen Lösung zugeführt werden müssen, auf. Außerdem scheitern eine Behandlung sämtlicher VVG- und AKB-Bestimmungen sowie eine Bearbeitung aller Probleme der Fahrzeugversicherung und deren Vollständigkeit schon rein pragmatisch aus Platzgründen. Deshalb möchte der Verfasser seine Einführung mit dem nachfolgenden Hinweis abschließen.

Hinweis: Bei der Bearbeitung von Mandaten aus dem Versicherungsrecht bzw Versicherungsfällen ist die Heranziehung weiterer möglichst aktueller Speziallitertur,[1] Kommentare, Fachzeitschriften aus dem Versicherungs- bzw Fahrzeugversicherungsrecht unerlässlich, ebenso die Kenntnis der zum jeweiligen Problem vorliegenden aktuellen versicherungsrechtlichen Rechtsprechung! Eine Recherche bei „juris" sollte deshalb zum Standard einer Bearbeitung gehören. **12**

Der Verfasser hat in seiner bisherigen Rechtsanwaltstätigkeit häufiger die Erfahrung gemacht, dass Gerichte bis hin zu Oberlandesgerichten höchstrichterliche und gängige andere obergerichtliche Rechtsprechung zum Versicherungsrecht nicht immer gekannt haben, mit entsprechenden Folgen für das anschließende gerichtliche Urteil. Solange ein in der mündlichen Verhandlung absehbarer Fehler des Gerichts sich nicht zulasten des Mandanten auswirken wird, ist ein Einschreiten des Anwalts selbstverständlich nicht erforderlich. Andernfalls muss der Anwalt – schon im Hinblick auf § 43 S. 1 BRAO – das Gericht auf die versicherungsrechtlichen Besonderheiten und auf die entsprechende Rechtsprechung hinweisen. Dieses kann er allerdings nur, wenn er die Besonderheiten und die einschlägige Rechtsprechung genügend kennt und er diese gegenüber dem Gericht nachhaltig und überzeugend darstellen kann. Erfahrungsgemäß sind fast alle Gerichte für Hinweise auf fundierte und im Hinblick auf den jeweiligen Fall einschlägige Rechtsprechung dankbar, so dass der Anwalt in Grenzfäl-

---

1 Wie zB die vor der Einführung genannte Literatur.

len damit häufig die gerichtliche Entscheidung zugunsten seines Mandanten beeinflussen kann.

B. Rechtliche Grundlagen des Fahrzeugversicherungsvertragsrechts

13 Gesetzliche Grundlage des Privatversicherungsrechts und damit auch des für die Fahrzeugversicherung geltenden Rechts sind zum einen das bereits genannte und zum 1.1.2008 in Kraft getretene **Versicherungsvertragsgesetz** (VVG) vom 23.11.2007[2] in Verbindung mit dem Einführungsgesetz zum Versicherungsvertragsgesetz (EGVVG).

14 Das vom Verbraucherschutzgedanken getragene seit dem 1.1.2008 reformierte VVG, das seit seinem Inkrafttreten bereits einige kleine Änderungen erfahren hat, hat gegenüber dem bis zum 31.12.2007 geltenden VVG für das gesamte Privatversicherungsrecht und damit auch für das Kaskoversicherungsrecht zahlreiche rechtlich erhebliche Änderungen und Neuregelungen, insbesondere zum Vorteil des Versicherungsnehmers, gebracht. Neben der Vielzahl zugunsten des Versicherungsnehmers erlassener Vorschriften hat die Reform des VVG auch zu einer größeren Transparenz des Versicherungsrechts für den Versicherungsnehmer geführt.

15 Wohl die wichtigste, sich zugunsten des Versicherungsnehmers auswirkende, Änderung ist die Aufgabe des „Alles-oder-nichts-Prinzips"[3] bei einem gegenüber dem Versicherungsnehmer erhobenen und begründeten Vorwurf eines grob fahrlässig herbeigeführten Versicherungsfalls bzw bei von dem Versicherungsnehmer grob fahrlässig begangener Obliegenheitsverletzungen oder Gefahrerhöhungen.

16 Der Versicherungsnehmer bekam vor der VVG-Reform entweder die gesamte Versicherungsleistung, wenn der Verschuldensmaßstab der groben Fahrlässigkeit noch nicht erreicht war oder, wenn grobe Fahrlässigkeit gegeben war, gar keine Versicherungsleistung. Nunmehr bekommt der Versicherungsnehmer bei grob fahrlässigem Handeln einen Teil der Versicherungsleistung, da dem Versicherer nur ein Leistungskürzungsrecht zusteht. Insofern haben sich in der Praxis der Versicherer und der Rechtsprechung für häufig und regelmäßig vorkommende Sachverhalte später noch zu erörternde bestimmte Leistungskürzungsrechtsquoten herausgebildet.

17 Außerdem sind gegenüber dem alten VVG zB gem. § 6 VVG vor dem Vertragsschluss durch den Versicherer und gem. § 61 VVG durch den Versicherungsvermittler gegenüber dem künftigen Versicherungsnehmer an seinem Bedarf und an der Bedeutung der Versicherung orientierte und zu dokumentierende **Beratungs- und Informationspflichten** zu erfüllen. Der Versicherungsnehmer erhält dadurch die Möglichkeit, das Produkt genauer zu beurteilen und seinem Bedarf anzupassen.

18 Durch die gesetzlich vorgeschriebene **Dokumentationspflicht** des Beratungsgesprächs kann der Versicherungsnehmer Beratungsfehler leichter nachweisen und ggf einen Schadensersatzanspruch gem. § 6 Abs. 5 VVG gegen den Versicherer oder gem. § 63 VVG gegen den Versicherungsvermittler geltend machen.

19 Auch bei der Antragsaufnahme hat das reformierte VVG Erleichterungen für den Versicherungsnehmer gebracht. Er muss nur noch Angaben machen, nach denen der Versicherer bis

---

2 BGBl. I, S. 2631.
3 Siehe hierzu die Vorauflagen.

zur Abgabe seiner Vertragserklärung, nicht bis zum Vertragsabschluss (!), ausdrücklich in Textform gefragt hat, § 19 Abs. 1 VVG. Damit wurde das Risiko einer Fehleinschätzung des antragstellenden Versicherungsnehmers, ob ein Umstand für das versicherte Risiko gefahrerheblich ist, auf den Versicherer verlagert. Ferner muss der Versicherer dem antragstellenden Versicherungsnehmer vor Abgabe seiner (die des Antragstellers) Willenserklärung alle für die künftige Versicherung geltenden Vertragsbestimmungen zur Kenntnis bringen.

Welche **Informationspflichten der Versicherer** im Einzelnen gegenüber dem antragstellenden Versicherungsnehmer und auch während der Vertragslaufzeit hat, ergibt sich über § 7 Abs. 2 VVG aus den Vorschriften der Verordnung über Informationspflichten bei Versicherungsverträgen (VVG-InfoV).

Die vor der Reform des VVG für den Versicherer bestandene Möglichkeit, dem Versicherungsnehmer nach Ablehnung einer Versicherungsleistung eine sechsmonatige Klagefrist zu setzen, ist entfallen. Solange eine Verjährung nicht eingetreten ist, beziehungsweise der Versicherer sich nicht auf eine Verjährung beruft, da es sich bei der Verjährung nicht um eine von Amts wegen zu berücksichtigende sondern um eine durch den in Anspruch genommenen Vertragspartner geltend zu machende Einrede handelt, ist eine Klagerhebung des Versicherungsnehmers oder des Versicherers möglich.

Im alten VVG fehlende Vorschriften über die bisher nur in den AKB enthaltenen Regelungen über die **vorläufige Deckung**[4], die **Berufsunfähigkeits-** und die **Unfallversicherung** sind in das seit dem 1.1.2008 geltende VVG aufgenommen worden. Gleichwohl enthält auch das derzeitige VVG keine gesonderten Vorschriften über die Fahrzeugversicherung, so dass hierfür auf die allgemeinen Vorschriften des VVG, insbesondere zur Schadensversicherung (§§ 74 bis 87 VVG im engeren Sinne bzw §§ 74 bis 99 VVG im weiteren Sinne, da die Kaskoversicherung auch Sachversicherung ist) zurückgegriffen werden muss.

Schadensversicherung bedeutet, dass der Versicherer das von ihm in Deckung genommene Risiko in Höhe der den tatsächlich entstandenen Schaden beseitigenden Kosten, die in der Kaskoversicherung idR auf die Höhe des Wiederbeschaffungswerts begrenzt sind, zu ersetzen hat.[5]

Die rechtlichen Grundlagen der einzelnen Fahrzeugversicherung und deren Versicherungsumfang sowie Ein- und Ausschlüsse des Versicherungsschutzes ergeben sich aber nicht nur aus dem VVG und dem EGVVG, die zwar den gesetzlichen Rahmen des Versicherungsrechts abstecken, sondern in erster Linie aus

- den vertraglichen im Versicherungsschein dokumentierten Vereinbarungen,
- den üblicherweise vereinbarten Allgemeinen Bedingungen für die Kraftfahrtversicherung (AKB),
- gegebenenfalls vereinbarten Sonderbedingungen,
- den Tarifbedingungen.

Bei den AKB, den Sonderbedingungen und den Tarifbedingungen handelt es sich um Allgemeine Geschäftsbedingungen. Diese unterliegen deshalb auch der gesetzlichen AGB-Kontrolle gem. §§ 305 bis 310 BGB. Insofern ist zu beachten, dass das VVG deshalb nicht komplett

---

4 Vgl §§ 49-52 VVG.
5 Vgl zur Schadensversicherung: BGH VersR 2015; 79, 81; BGH VersR 2009, 1123, 1125; BGH zfs 2006; 575, 576.

abschließende Regelungen für das Versicherungsrecht enthält, Es müssen deshalb regelmäßig auch Vorschriften des BGB berücksichtigt werden. Beispielhaft sind hier die Auslegungsvorschriften der §§ 133, 157 BGB, z.B. für die Auslegung von Versicherungsverträgen und Versicherungsbedingungen und §§ 195 ff BGB für die Verjährung zu nennen.

25 Bis zum Jahr 1994 waren die Versicherungsbedingungen der verschiedenen Versicherer durch das damalige Bundesaufsichtsamt für das Versicherungswesen in Berlin genehmigungspflichtig und haben sich inhaltlich nur wenig unterschieden. Dieses hat sich grundlegend geändert.

26 Es gibt eine Vielzahl von Versicherungsmöglichkeiten und dementsprechend auch eine Vielzahl von Versicherungsbedingungen mit zahlreichen Risikobegrenzungen, Ein- und Ausschlüssen, so dass manchmal – schon wegen des Umfangs von Versicherungsbedingungen – die Ermittlung des Versicherungsschutzes sehr aufwendig und nicht ganz einfach sein kann.

27 Regelmäßig gibt der Gesamtverband der Deutschen Versicherungswirtschaft e.V. (GDV) als Empfehlung für seine Mitglieder sogenannte Musterbedingungen, die von den Versicherern als Grundgerüst ihrer eigenen Bedingungen genutzt, aber auch modifiziert und ergänzt werden, heraus. Die letzte Empfehlung des GDV stammt vom 19.5.2015.

28 Üblicherweise verwenden die Versicherer sowohl für die Kfz-Haftpflichtversicherung als auch für die Kaskoversicherung in nur einem Bedingungswerk verfasste AKB. Da die Versicherer neben der Kfz-Haftpflicht- und der Kfz-Kaskoversicherung im Zuge des Versicherungsabschlusses zB auch um den Abschluss einer Insassen-Unfallversicherung und Schutzbriefversicherung bemüht sind, ist das Bedingungswerk häufig auch um die Bedingungen für diese Versicherungen ergänzt, selbst wenn der Versicherungsnehmer sie gar nicht abgeschlossen hat.

29 Bei der Bearbeitung muss deshalb nicht nur differenziert werden, welche Regelungen nur für die Kfz-Haftpflichtversicherung, nur für die Kaskoversicherung oder etwa für beide Versicherungsarten gelten, sondern man muss auch aufpassen, dass man nicht mit Bestimmungen der anderen Versicherungsarten durcheinander gerät. Deshalb sollte sich der Bearbeiter im Vorfeld des Studiums der AKB die dem Bedingungswerk üblicherweise vorangestellte Gliederung und das Inhaltsverzeichnis gut einprägen oder das mit Seitenzahlen versehene Inhaltsverzeichnis neben die Bedingungsbestimmungen legen.

30 Auf ab dem 1.1.2009 eingetretene Versicherungsfälle ist gem Art. 1 Abs. 2 EGVVG auch bei einem bis zum 31.12.2007 abgeschlossenen „Altvertrag" das seit dem 1.1.2008 geltende, also das aktuelle Versicherungsvertragsrecht zwingend anzuwenden. Ist der Versicherungsvertrag ab dem 1.1.2008 abgeschlossen worden, ist immer das aktuelle VVG anzuwenden. Damit gibt es bei der Kfz-Versicherung praktisch keine Versicherungsfälle mehr, auf die das bis zum 31.12.2007 gültig gewesene Versicherungsvertragsrecht anzuwenden ist.

31 Allerdings gibt es durchaus noch vor dem Jahr 2008 abgeschlossene Versicherungsverträge, deren Grundlage Versicherungsbedingungen sind, die nicht in allen Regelungen dem seit dem 1.1.2008 geltenden VVG entsprechen. Im einzelnen Versicherungsfall kann das für den Versicherungsnehmer erhebliche Vorteile haben. ZB sehen die Versicherungsbedingungen bei einem „Altvertrag" als Rechtsfolge für einen grob fahrlässig herbeigeführten Versicherungsfall oder einer Obliegenheitsverletzung eine Leistungsfreiheit des Versicherers vor.

Da das reformierte VVG – von dem Fall einer vorsätzlichen[6] bzw und arglistigen[7] Obliegenheitsverletzung abgesehen – mit der für den Versicherungsnehmer bestehenden Möglichkeit der Führung eines Kausalitätsgegenbeweises bei grob fahrlässiger Obliegenheitsverletzung nur eine Leistungskürzung vorsieht, bleibt der Verstoß des Versicherungsnehmers im Ergebnis folgenlos soweit die Rechtsfolge der Leistungskürzung in den – üblicherweise „alten" – Versicherungsbedingungen[8] gar nicht geregelt ist. Denn seit der insoweit wegweisenden Entscheidung des BGH vom 12.10.2011 kann sich der Versicherer auf die Sanktion der Leistungsfreiheit nicht berufen, da diese gegenüber der gesetzlich vorgesehenen Leistungskürzung eine Schlechterstellung des Versicherungsnehmers darstellt.

32

C. Allgemeines aber auch Besonderes zur Fahrzeugversicherung

Die Fahrzeugversicherung wird gemeinhin als **Kaskoversicherung** bezeichnet. Der Begriff „Kasko" ist spanischen Ursprungs und bedeutet eigentlich „Schiffsrumpf". Als Kaskoversicherung wird regelmäßig eine Versicherung gegen Schäden beispielsweise von Schiffen, Booten, Maschinen, Fahr- und Flugzeugen bezeichnet. Das vorliegende Kapitel befasst sich mit der Kaskoversicherung der Kraftfahrtversicherung also von Kraftfahrzeugen.

33

Anders als die Kfz-Haftpflichtversicherung, bei der es sich gem. § 1 PflVG um eine Pflichtversicherung handelt, ist die Kaskoversicherung eine freiwillige Versicherung.

34

Wichtig: Die Fahrzeugversicherung ist idR ein eigenständiger, von der Kfz-Haftpflichtversicherung losgelöster Vertrag. Eine gesonderte Kündigung des Kaskoversicherungsvertrags ist deshalb möglich.

35

Außerdem ergeben sich für den Versicherer wegen der Tatsache zweier selbstständiger Versicherungsverträge Besonderheiten im Hinblick auf eine Pflicht zur Belehrung des Versicherungsnehmers bezüglich der Rechtsfolgen wegen Nichtzahlung bzw nicht rechtzeitiger Zahlung der **Erstprämie** oder **Folgeprämie** insoweit, als der Versicherer darauf hinweisen muss, dass der Versicherungsnehmer in der jeweiligen Sparte den Versicherungsschutz durch Zahlung der für die Sparte jeweiligen Prämie erlangen bzw erhalten kann, da üblicherweise für beide selbstständige Versicherungen nur ein Versicherungsschein bzw eine Prämienrechnung erteilt wird.

36

So kann sich als Besonderheit für den Versicherer eine Verrechnungspflicht zwischen einem von ihm zu regulierenden Schaden und einer durch den Versicherungsnehmer noch nicht gezahlten Prämie ergeben.

37

Beispiel:
Der Versicherer hat dem Versicherungsnehmer für die Kaskoversicherung vorläufige Deckung gewährt. Vor der Fälligkeit der Erstprämie für die Kfz-Haftpflicht- als auch für die Kaskoversicherung tritt ein durch den Versicherungsnehmer dem Versicherer gemeldeter Kaskoversicherungsfall, aus dem der Versicherungsnehmer eine Versicherungsleistung beanspruchen kann, ein. Die Höhe der Versicherungsleistung übersteigt die Prämienhöhe. Folglich muss der Versicherer seinen Prämienanspruch mit der von ihm geschuldeten Versicherungsleistung verrechnen, wenn der Versicherungsnehmer die durch den Versicherer ordnungsgemäß angefor-

38

---

6 Hier ist dem Versicherungsnehmer der Kausalitätsgegenbeweis eröffnet.
7 Hier ist dem Versicherungsnehmer der Kausalitätsgegenbeweis nicht eröffnet.
8 Die alten Versicherungsbedingungen sehen nur eine Leistungsfreiheit des Versicherers vor.

derte Prämie nicht fristgerecht gezahlt hat und die formellen Voraussetzungen für eine Leistungsfreiheit des Versicherers (zB erforderliche Hinweise und Belehrung gem. § 37 VVG) an sich gegeben wären.[9]

39 Der Versicherungsnehmer kann seiner Prämienzahlungspflicht bei Bestehen einer Aufrechnungslage und bei Fehlen eines Aufrechnungsverbots auch durch Aufrechnung nachkommen.[10]

40 Nach dem VVG muss der Versicherer, um sich auf die Rechtsfolgen bei verspäteter Prämienzahlung der Erstprämie bzw Einmalprämie berufen zu können, den Versicherungsnehmer gem. § 37 Abs. 2 S. 2 VVG darüber entweder im Versicherungsschein oder durch eine dem Versicherungsschein beigefügt gewesene gesonderte Mitteilung in **Textform** (§ 126 b BGB) belehrt haben. Eine bereits im Versicherungsantrag erfolgte Belehrung oder in einem späteren Schreiben ist nicht ausreichend, da der Zugangszeitpunkt des Versicherungsscheins maßgeblich für die Berechnung der Zahlungsfrist ist.[11]

41 Da Textform im Sinne von § 126 b BGB nicht Schriftform (§ 126 BGB) bedeutet und somit nicht unbedingt eine Urkunde verlangt, sind Verkörperungen zum Beispiel auch auf CD oder einem anderen Datenträger, auf einem Computerfax oder auch in Form einer E-Mail möglich.[12]

42 Die Kaskoversicherung gewährt Deckung und Ersatz für Schäden an dem versicherten Kfz und seiner mitversicherten Fahrzeug- und Zubehörteile durch

- Beschädigung,
- Zerstörung,
- Totalschaden oder
- Verlust.

Versichert sind beispielsweise Schäden durch verschiedene Elementarereignisse und sonstige genannte Risiken, wie zB bestimmte Zueignungsdelikte und Brandschäden.

43 Der Versicherungsschutz betrifft – wie schon ausgeführt – das Sacherhaltungsinteresse des jeweiligen Fahrzeugeigentümers an dem Fahrzeug.[13]

44 Die Fahrzeugvollversicherung, auch **Vollkaskoversicherung** genannt, bietet außerdem Versicherungsschutz für selbstverschuldete Unfälle und Vandalismusschäden betriebsfremder Personen.

45 In der Fahrzeugvollversicherung gibt es, wie auch in der Kfz-Haftpflichtversicherung, ein Schadensfreiheitsrabattsystem.

46 In der Fahrzeugteilversicherung, auch **Teilkaskoversicherung** genannt, besteht ein Schadensfreiheitsrabattsystem nicht.

---

9 BGH VersR 1985, 877; OLG Köln VersR 1998, 1104, 1105; OLG Koblenz VersR 1995, 527; OLG Hamm VersR 1996, 1408 (diese Rspr betrifft zwar noch das alte VVG, ist aufgrund der Interessenlage aber auch auf das neue VVG anzuwenden).
10 *Knappmann* in: Prölss/Martin, § 33 VVG Rn 19, § 37 VVG Rn 23.
11 *Knappmann* in: Prölss/Martin, § 37 VVG Rn 30.
12 Palandt/*Ellenberger* § 126 b BGB Rn 2 und 3.
13 BGH VersR 2014, 1367, 1368; NJW 1993, 2870; OLG Köln VersR 1997, 57

Die Beitragsberechnung erfolgt in der Teilkaskoversicherung aufgrund der Typklasse des zu versichernden Kfz und der Regionalklasse des Zulassungsbezirks, in der Vollkaskoversicherung darüber hinaus nach der Schadensfreiheitseinstufung des Versicherungsnehmers, dem Schadensfreiheitsrabatt (SFR bzw SF-Klasse). Einzelheiten zur Beitragsberechnung und Rückstufung im Schadensfall sind in den Tarifbestimmungen/Tarifbedingungen (TB) geregelt.

47

Mittlerweile bieten fast alle Versicherer sowohl in der Kfz-Haftpflicht- als auch in der Vollkaskoversicherung gegen Zahlung von Mehrbeiträgen einen **Rabattschutz** an, der, je nach Vereinbarung, für einen oder mehrere Schäden gelten kann. Ohne Rabattschutz führt eine Inanspruchnahme der Vollkaskoversicherung im Regelfall zu einer Rückstufung in eine schlechtere Schadensfreiheitsklasse mit der Folge höherer Prämien. Bei vereinbartem Rabattschutz bleibt dem Versicherungsnehmer die Schadensfreiheitsklasse trotz eines Schadens für die vereinbarte Anzahl von Schäden bei seinem Versicherer erhalten. Der Versicherungsvertrag gilt bei seinem Versicherer als schadensfrei. Anders kann es dann bei einem Versichererwechsel sein, denn hier teilt der Vorversicherer dem Nachversicherer den Schaden mit, so dass der Folgevertrag bei dem Nachversicherer in eine ungünstigere Schadensfreiheitsklasse eingestuft werden kann. Näheres regeln die Tarifbestimmungen, die der Versicherungsnehmer vor einem Versichererwechsel insofern studieren sollte.

48

Von einem Rabattschutz abzugrenzen ist ein sogenannter und von einigen Versicherern angebotener prämienfreier **Rabattretter**. Hierbei verzichtet der Versicherer aus Service- bzw Kulanzgründen als auch zur Wettbewerbsabgrenzung von anderen Versicherern ab einer bestimmten Schadensfreiheitsklasse – meist müssen hierfür 25 bis 30 schadenfreie Jahre erreicht sein – bei einem Schaden zugunsten des Versicherungsnehmers auf eine prämienbelastende Rückstufung. Auch hier gilt es bei einem geplanten Versichererwechsel, die Folgen für den Schadensfreiheitsrabatt bei der Einstufung durch den Folgeversicherer durch rechtzeitiges Studium der Tarifbestimmungen zu beachten. Rabattschutz und Rabattretter sind also auch ein Kundenbindungsinstrument.

49

D. Umfang des Versicherungsschutzes in der Fahrzeugversicherung

I. Allgemeines

Der Umfang des Versicherungsschutzes der Fahrzeugversicherung ergibt sich aus dem Versicherungsschein, den üblicherweise und regelmäßig vereinbarten AKB, ggf auch aus Besonderen Bedingungen (zB bei der Kaskoversicherung für Handel/Handwerk), den TB, ggf weiteren Zusatzvereinbarungen und den Vorschriften des VVG.

50

Da es sich bei der Kaskoversicherung um eine Schadensversicherung und nicht um eine Summenversicherung handelt,[14] ist – von der Ausnahme der Neupreisentschädigung[15] abgesehen – mittlerweile bieten Versicherer auch eine Gebrauchtwagenpreisentschädigung bzw einen speziellen Versicherungsschutz für Leasingfahrzeuge an) nur der entstandene Schaden zu ersetzen. Gegenüber dem alten VVG ist ein der alten VVG-Regelung vergleichbares striktes Bereicherungsverbot (§ 55 VVG aF) nicht enthalten. Stattdessen lässt das aktuelle VVG in § 88 VVG ausdrücklich „andere Vereinbarungen" über den Versicherungswert zu.

51

---

14 Zur Abgrenzung siehe *Armbrüster*, in: Prölss/Martin, Vor § 74 VVG Rn 24 und 32.
15 Hier wird keine höhere Entschädigung versprochen, sondern nur die Leistungsgrenze für den tatsächlich eingetretenen Schaden festgelegt.

52 Wie schon ausgeführt, handelt es sich bei den AKB, den Besonderen Bedingungen sowie den TB um Allgemeine Geschäftsbedingungen iSv § 305 BGB. Die AKB unterliegen somit richterlicher Überprüfung gem. §§ 305 bis 310 BGB.

53 Die Auslegung hat vom Verständnis eines durchschnittlichen, um Verständnis bemühten Versicherungsnehmers, unter verständiger Würdigung, aufmerksamer Durchsicht und unter Berücksichtigung des erkennbaren Sinnzusammenhangs ohne vorauszusetzende versicherungsrechtliche Spezialkenntnisse aus zu erfolgen.[16] Die AKB, die Besonderen Bedingungen und die Tarifbedingungen werden nur bei Vereinbarung zwischen Versicherer und Versicherungsnehmer Vertragsbestandteil. Sie gelten also nicht automatisch, werden in der Praxis von den Versicherern aber regelmäßig verwendet. Da es sich bei der Kraftfahrtversicherung um ein Massengeschäft handelt, sind die AKB für den Versicherungsnehmer im Regelfall nicht verhandelbar. Gleichwohl sollte der Versicherungsnehmer im Einzelfall bei der Antragstellung versuchen, in den AKB enthaltene ungünstige Regelungen zu verhandeln. Eine erfolgreiche Verhandlung wird ihm vermutlich eher gelingen, wenn er bei dem Versicherer zahlreiche und umfangreiche Versicherungen unterhält bzw in Deckung geben will, wie zB die Absicherung einer Fahrzeugflotte oder zahlreiche Versicherungsverträge in anderen Versicherungssparten.

54 Während vor der im Jahr 1994 erfolgten Deregulierung des Versicherungsmarktes die von den Versicherern verwendeten AKB weitgehend einheitlich waren, da die Bedingungen durch das frühere Bundesaufsichtsamt für das Versicherungswesen in Berlin genehmigt werden mussten, sind die Versicherer in der Bedingungsgestaltung im Rahmen der gesetzlichen Vorschriften (siehe **§ 10 VAG**) seit dem genannten Jahr frei. § 10 VAG bestimmt dafür aber einen gesetzlich vorgeschriebenen Mindestinhalt von Versicherungsbedingungen.

55 Von der Freiheit der Bedingungsgestaltung haben die Versicherer ausgiebig Gebrauch gemacht, so dass die jeweils vereinbarten Bedingungen genau geprüft werden müssen. Der Versicherungsschutz, dessen Einschränkungen und Ausschlüsse können von Versicherer zu Versicherer höchst unterschiedlich und – auch für einen erfahrenen Rechtsanwalt – zB bei einem mehrere 100 Seiten umfassenden Bedingungswerk sehr kompliziert sein.

56 Das aktuelle VVG hat wegen der für die Versicherer in bestimmten Bereichen gravierenden nachteiligen Veränderungen (siehe zB Rn 15–21 und 32) in den betreffenden Bereichen von den Versicherern spätestens seit dem 1.1.2008 inhaltlich neu gestaltete Bedingungen erfordert.[17]

57 Hierfür haben die Versicherer durch den Gesamtverband der Deutschen Versicherer (GDV e.V.) als Grundgerüst der AKB Musterbedingungen entwickeln lassen. Die Musterbedingungen werden stetig weiterentwickelt und angepasst und werden turnusmäßig im Abstand von einigen Jahren herausgegeben. Die letzten Musterbedingungen datieren in der Fassung vom 19.5.2015 (AKB 2015). Versicherer bedienen sich idR der Musterbedingungen und ergänzen bzw verändern diese durch eigene Regelungen. Dadurch ist erschwerend hinzugekommen, dass die von den Versicherern verwendeten Bedingungen im Hinblick auf ihre Struktur und Gliederung häufig nicht mehr einheitlich sind. Eine Vergleichbarkeit der Bedingungen verschiedener Versicherer ist deshalb zunehmend schwerer geworden. Genaues und vollständiges Lesen der Bedingungen ist deshalb unerlässlich.

---

16 BGH Urt. v. 27.5.2015 – IV ZR 292/13; Beschl. v. 27.5.2015 – IV ZR 30/14; Urt. v. 23.6.1993 – IV ZR 135/92.
17 ZB Anpassung der Rechtsfolgen bei Obliegenheitsverletzungen an das reformierte VVG.

Hinweis: Soweit nachfolgend im laufenden Text (nicht in den Mustern!) auf die AKB eingegangen wird, sind damit idR die Musterbedingungen des GDV e.V. in der Fassung vom 19.5.2015 (AKB 2015) gemeint.[18] 58

In diesen Bedingungen sind die Vorschriften zur Kaskoversicherung entweder als spezielle **nur** für die Kaskoversicherung oder als allgemeine **auch** für die Kaskoversicherung geltende Vorschriften gefasst.

Gemäß Art. 1 Abs. 3 EGVVG konnten die Versicherer bis zum 1.1.2009 für Altverträge mit Wirkung zum 1.1.2009 ihre Allgemeinen Versicherungsbedingungen ändern. Dies galt allerdings nur, soweit die Bedingungen von den Vorschriften des neuen VVG abwichen, so dass durch die Versicherer eine komplette Änderung von AKB nicht erfolgen konnte. Die gem. Art. 1 Abs. 3 EGVVG zulässigen Änderungen der AKB mussten dem Versicherungsnehmer unter Kenntlichmachung der Unterschiede spätestens einen Monat vor dem 1.1.2009 in Textform (also gem. § 126 b BGB) mitgeteilt worden sein. 59

Hinweis: Der Gesetzestext enthält nach Meinung des Verfassers einen gewissen Widerspruch. Denn einerseits war eine Bedingungsänderung *bis* zum 1.1.2009 möglich, andererseits musste der Versicherer die Bedingungsänderung dem Versicherungsnehmer spätestens einen Monat vor dem 1.1.2009 mitteilen. Letztlich lief dieses auf eine dem Versicherer bis zum 1.12.2008 vorgeschriebene und ab dem 1.1.2009 wirksam gewordene Bedingungsänderung hinaus. 60

Von der Änderungsmöglichkeit haben die meisten Versicherer Gebrauch gemacht.

Da durchaus noch Altverträge mit gem. Art. 1 Abs. 3 EGVVG geänderten Bedingungen existieren, muss der Rechtsanwalt bei einem solchen Versicherungsvertrag – wenn es für die Entscheidung des Falls auf eine durch den Versicherer geänderte Bedingung ankommen sollte – die formelle und materielle Ordnungsgemäßheit der Bedingungsänderung prüfen, wenn ein Entfall der geänderten Bedingung durch eine nicht wirksame Bedingungsanpassung für seinen Mandanten vorteilhaft wäre. 61

Der Versicherungssachbearbeiter muss die Wirksamkeit einer Bedingungsanpassung im Hinblick auf daraus resultierende Folgen für seine Regulierungsentscheidung prüfen. 62

II. Versicherte Risiken der Fahrzeugteilversicherung

Die Allgemeinen Bestimmungen der AKB gelten für die gesamte Kraftfahrtversicherung. Die Bestimmungen betreffen sowohl die Kfz-Haftpflicht- als auch die Kaskoversicherung. Besonders hinzuweisen ist auf die Regelung zum vorläufigen Versicherungsschutz[19] (Ziff. B.2.2 AKB), denn eine vorläufige Deckung in der Kaskoversicherung gilt nicht automatisch aufgrund der Antragstellung, sondern muss ausdrücklich beantragt werden, auf den räumlichen Geltungsbereich der Versicherung (Ziff. A.2.4 AKB) und auf die Risikoausschlüsse (Ziff. A.2.9 AKB). 63

Fast jeder Fahrzeugversicherer hat unterschiedliche Tarife im Angebot. So unterscheiden die Versicherer zB zwischen Basis- und Komfort-Tarifen, Tarifen mit und ohne Werkstattbin- 64

---

18 Die Muster-AKB können über die Internetseite des GDV (www.gdv.de) als pdf-Datei eingesehen und heruntergeladen werden.
19 Siehe hierzu auch §§ 49-52 VVG.

dung. Die Unterschiede bestehen hier im Umfang des Versicherungsschutzes und der versicherten Leistungen.

- Im **Basistarif** ist der Versicherungsschutz bei einer grob fahrlässigen Herbeiführung des Versicherungsfalls (§ 81 VVG) eingeschränkt. Der Versicherer kann sich auf eine Leistungskürzung berufen.

- Bei den **Komfort-Tarifen** verzichtet der Versicherer bis auf wenige Ausnahmen, wie zB bei grobfahrlässiger Herbeiführung des Fahrzeugdiebstahls, auf den Einwand der groben Fahrlässigkeit. In diesen Fällen hat der Versicherungsnehmer also auch bei sonstiger grob fahrlässiger Herbeiführung des Versicherungsfalls, ohne eine Leistungskürzung hinnehmen zu müssen, vollen Versicherungsschutz.

- Bei einem **Tarif mit Werkstattbindung** ist der Versicherungsnehmer vertraglich im Rahmen einer Obliegenheit verpflichtet, das Fahrzeug im Schadensfall in einer Partnerwerkstatt des Versicherers reparieren zu lassen. Viele Versicherer honorieren dies neben einer günstigeren Prämie auch mit einer dreijährigen Gewährleistung auf die Reparaturarbeiten und bieten häufig weitere Zusatzleistungen, zB Hol- und Bringservice, an. Geht der Versicherungsnehmer dennoch in eine andere Werkstatt als die Vertragswerkstatt des Versicherers, nimmt der Versicherer im Regelfall einen in den Versicherungsbedingungen genannten prozentualen Abschlag von den Reparaturkosten vor oder ersetzt die Reparaturkosten nur bis zur Höhe der Kosten, die in der Partnerwerkstatt angefallen wären.

65 Da die Kraftfahrtversicherung regelmäßig nur in Europa und in den außereuropäischen zum Geltungsbereich der EU gehörenden Gebieten Versicherungsschutz gewährt, besteht Versicherungsschutz nur im europäischen Teil der Türkei. Allerdings gewähren einige Versicherer durchaus Versicherungsschutz auch im asiatischen Teil der Türkei. Häufig finden sich in der dem Versicherungsnehmer zugesandten beziehungsweise von dem Versicherungsnehmer bei dem Versicherer angeforderten „Grünen Karte" (Internationale Versicherungskarte), die in einigen nicht zur EU gehörenden Ländern vorgeschrieben ist, weil mit der Karte das Bestehen von Haftpflichtversicherungsschutz für das Kfz im Ausland nachgewiesen werden kann, Erklärungen des Versicherers zum Versicherungsschutz (Geltungsbereich) in der Türkei.

66 **Hinweis:** Den Versicherer trifft eine Hinweispflicht an den Versicherungsnehmer, wenn dem Versicherer bekannt ist oder er damit rechnen muss, dass der Versicherungsnehmer mit dem Fahrzeug in den nichteuropäischen Teil der Türkei reisen will.[20] Da es in Deutschland eine Vielzahl türkischstämmiger Versicherungsnehmer gibt, empfiehlt der Verfasser den Versicherern, einen generellen drucktechnisch hervorgehobenen Hinweis auf den in der Türkei vom Versicherungsschutz ausgeschlossenen Geltungsbereich bereits in den Versicherungsschein mit aufzunehmen.

67 In den genannten Musterbedingungen des GDV e.V. sind die versicherten Risiken in Ziff. A.2.2 der AKB genannt. Klassische versicherte Risiken der Teilkaskoversicherung sind Schäden an dem versicherten Kfz oder die Zerstörung oder der Verlust des Fahrzeugs und seiner unter Verschluss verwahrten oder an ihm befestigter Teile gem. Ziff. A.2.1.2.1 AKB ohne Mehrprämie und gem. Ziff. A.2.1.2.2 AKB, abhängig vom Gesamtwert der Teile und einer ggf vereinbarten Wertgrenze, bei Überschreiten der Wertgrenze nur bei ausdrücklicher Mit-

---

20 BGH VersR 2005, 824, 825; OLG Saarbrücken VersR 2005, 971, 972.

versicherung und ggf nur gegen eine Mehrprämie. Die in der Kaskoversicherung mitversicherten Fahrzeugteile sind in den vorgenannten AKB-Bestimmungen im Einzelnen aufgeführt.

Gem. Ziff. A.2.1.2.3 AKB sind mobile Navigationsgeräte, sonstige Gegenstände, wie zB Mobiltelefone, auch bei Verbindung mit dem Fahrzeug durch eine Halterung, Reisegepäck und persönliche Gegenstände der Insassen nicht mitversichert.[21] **68**

Folgende Schädigungsereignisse fallen unter den Versicherungsschutz der Teilkaskoversicherung: **69**

- Brand oder Explosion,
- Entwendung, insbesondere Diebstahl, Raub und Unterschlagung (hier aber nicht jede Unterschlagung),
- unbefugter Gebrauch durch betriebsfremde Personen (hier nicht jeder unbefugte Gebrauch),
- Sturm,
- Hagel,
- Blitzschlag,
- Überschwemmung,
- Zusammenstoß mit Haarwild iSv § 2 Abs. 1 Nr. 1 Bundesjagdgesetz (BJagdG),
- Glasbruch,
- Kurzschlussschäden an der Verkabelung.

Neuere Bedingungen bzw höherwertigere Tarife sehen auch die Deckung von Zusammenstößen des in Bewegung befindlichen Fahrzeugs mit Haus- und Nutztieren, wie zB Hunden, Pferden, Rindern, Schafen und Ziegen, oder sogar Tieren aller Art vor. Auch sind in der Regel Schäden durch **Marderbiss** mitversichert. Der Versicherungsschutz bei Marderbissschäden ist in den AKB der einzelnen Versicherer unterschiedlich geregelt. Während einige Versicherer Versicherungsschutz nur für die unmittelbaren Bissschäden, dh Ersatz der betroffenen Gummimanschetten, Kabel und Schläuche leisten, gewähren andere Versicherer auch für durch Marderbiss verursachte Folgeschäden, wie zB Motorschäden, Versicherungsschutz. Häufig wird für Marderbiss- und dadurch verursachte Folgeschäden die Versicherungsleistung auf einen Höchstbetrag beschränkt. Ein in der Praxis durchaus auftretendes Problem, zu dem nur wenig veröffentlichte Rechtsprechung existiert, betrifft die Reichweite des Marderbiss- bzw dadurch verursachten Folgeschadens im Einzelfall, wenn Folgeschäden ausdrücklich nicht versichert sind. Denn es ist durchaus streitig, wenn, wie zB bei einzelnen Fahrzeugtypen Bissschäden an den mit der Lambdasonde des Katalysators fest verbundenen aber nicht isoliert austauschbaren Kabeln dazu führen, dass eine Reparatur durch Austausch nur zusammen mit der durch die Bissschäden nicht unmittelbar betroffenen Lambdasonde möglich ist, der Kaskoversicherer diesen Austausch komplett zu bezahlen hat, wenn er über die AKB nur die unmittelbaren Bissschäden nicht aber Folgeschäden deckt. Die hierzu ergangene Rechtsprechung ist unterschiedlich. Während einerseits[22] Kabel und Lambdasonde ersetzt werden müs- **70**

---

21 Tipp: Ist der Mandant hausratversichert besteht für diese Gegenstände bei einem Einbruchdiebstahl in das Kfz idR Versicherungsschutz über die „Außenversicherung" der Hausratversicherung.
22 AG Zittau zfs 2008, 691, 692; AG Freiberg, Urt. v. 21.11.2006 – 4 C 0896/06.

sen, ist andererseits[23] nur eine Versicherungsleistung für den Materialwert der zerbissenen Kabel also nur für den unmittelbaren Bissschaden zu erbringen.

71 Eine Deckung weiterer elementarer Risiken, wie zum Beispiel durch Lawinen oder durch Muren verursachte Fahrzeugschäden, ist mittlerweile üblich geworden.

72 **1. Brand.** In Ziff. A.2.2.1.1 der AKB 2015 ist gegenüber früheren Versicherungsbedingungen das Brandereignis definiert. Hierfür haben die Versicherer auf die im Versicherungsrecht bisher allgemein übliche Branddefinition verwiesen. Danach ist das Entstehen einer offenen Flamme, welche in einem nicht bestimmungsgemäßen Brandherd ihre Ursache gehabt oder diesen verlassen haben musste, und die sich aus eigener Kraft ausbreiten konnte, erforderlich. Seng- und/oder Schmorschäden sind nicht über das versicherte Brandrisiko gedeckt, weil sie ausdrücklich ausgeschlossen sind. Diese fallen ggf unter das Risiko „Kurzschlussschäden an der Verkabelung".

73 Brennt das Fahrzeug nach einem vorangegangenen Unfall aus, ist beim Bestehen nur einer Teilkaskoversicherung der zuvor durch den Unfall entstandene Schaden in Abzug zu bringen.[24] Hingegen ist der gesamte Fahrzeugschaden über die Teilkaskoversicherung zu ersetzen, wenn das Fahrzeug brandbedingt einen Unfall erleidet. Für den Versicherungsfall „Brandschaden" ist die Entstehung des Feuers innerhalb des Fahrzeugs bzw ausgehend vom Fahrzeug nicht erforderlich. Es genügt, wenn das Feuer von außen auf das versicherte Fahrzeug übergreift oder es auch nur mittelbar durch den Brand, indem beispielsweise die Mauer eines brennenden Hauses auf das teilkaskoversicherte Fahrzeug stürzt, beschädigt oder zerstört wird.[25] Maßgeblich ist, ob ein Brand oder dessen Folgen den Fahrzeugschaden verursacht hat.

74 Praktische Bedeutung erhält der Brandtatbestand häufig auch bei Entwendungsfällen, wenn das als entwendet behauptete Kfz später ausgebrannt aufgefunden wird. In einem solchen Fall stehen die beiden Versicherungstatbestände „Entwendung" und „Brand" selbstständig nebeneinander.[26]

75 **2. Explosion.** Auch dieses Risiko ist in den AKB 2015 in Ziff. A.2.2.1.1 beschrieben. Danach liegt eine Explosion bei einer auf einem Ausdehnungsbestreben von Gasen oder Dämpfen beruhenden, plötzlich verlaufenden Kraftäußerung vor. Für diese Deckungsart reicht für den Eintritt eines Versicherungsfalls die mittelbare Beschädigung des Fahrzeugs durch eine Explosion. Die Explosion muss deshalb weder vom Fahrzeug ausgehen noch direkt auf das Fahrzeug einwirken. Versichert sind zB Fahrzeugschäden durch aufgrund einer Explosion herumfliegende und das Fahrzeug beschädigenden Gegenstände, aber auch durch die Druckwelle der Explosion verursachte Fahrzeugschäden.

76 **3. Entwendung.** Der versicherte Entwendungstatbestand ist in Ziff. A.2.2.1.2 der AKB 2015 erläutert. Er ist gegeben bei Diebstahl, Raub sowie Herausgabe des Fahrzeugs aufgrund räuberischer Erpressung.

---

23 AG Hannover NZV 2010, 409; AG Berlin-Mitte Schadenpraxis 2009, 79, 80; AG Dresden, Urt. v. 20.1.2006 – 107 C 8426/05.
24 OLG Celle NJW-RR 2006, 1539.
25 OLG Düsseldorf VersR 1992, 567; AG Hamburg VersR 1995, 1305; AG Berlin-Charlottenburg VersR 1990, 44.
26 OLG Koblenz VersR 2005, 783.

Ein versicherter Entwendungstatbestand ist bei einer objektiv rechtswidrigen Entziehung des Fahrzeugs oder mit dem Fahrzeug fest verbundener Fahrzeugteile gegeben, wenn das Fahrzeug oder die mit dem Fahrzeug fest verbunden gewesenen Teile abmontiert und dem Versicherungsnehmer wirtschaftlich entzogen werden. Wird zB der Tank des teilkaskoversicherten Fahrzeugs angebohrt, um den darin befindlichen Kraftstoff zu entwenden, liegt kein durch die Teilkasko zu entschädigender Versicherungsfall vor. Denn das Anbohren dient nicht dem Ziel einer Wegnahme des Tanks sondern des im Tank befindlichen Kraftstoffs. Der Kraftstoff gehört mangels fester Verbindung mit dem Fahrzeug nicht zu den mitversicherten Fahrzeugteilen. Die Beschädigung des Treibstofftanks fällt aber unter eine in der Vollkaskoversicherung versicherte mut- und böswillige Beschädigung durch betriebsfremde Personen. 77

In der Teilkaskoversicherung sind Schäden nicht ersatzpflichtig, die nach einem missglückten Entwendungsversuch mutwillig – etwa aus Enttäuschung oder Verärgerung – verursacht worden sind.[27] 78

Zu den Entwendungstatbeständen im Sinne der AKB zählen aber nicht nur der Diebstahl, der Raub und die räuberische Erpressung, sondern eingeschränkt auch der unbefugte Gebrauch des Kfz durch betriebsfremde Personen iSv § 248 b StGB und die Unterschlagung. 79

Bei der **Unterschlagung** ist zu berücksichtigen, dass als objektiver Risikoausschluss die Unterschlagung durch denjenigen, an den der Versicherungsnehmer das Fahrzeug unter Eigentumsvorbehalt veräußert hat oder dem er es zum Gebrauch oder zur Veräußerung überlassen hat, nicht versichert ist. 80

Praktische Bedeutung erhält dieser Risikoausschluss, wenn der Versicherungsnehmer sein Fahrzeug in Verkaufsabsicht einem Kaufinteressenten zu einer **Probefahrt** überlässt und dieser mit dem Fahrzeug verschwindet. 81

Auch die Unterschlagung durch den Kfz-Mieter ist wegen des Ausschlusses nicht gedeckt. 82

Die Abgrenzung einer im Regelfall nicht versicherten Unterschlagung gegenüber einem versicherten Diebstahl ist häufig schwierig und stets anhand des Einzelsachverhalts zu beurteilen. Denn das Überlassen eines kaskoversicherten Fahrzeugs an einen Kaufinteressenten zur Probefahrt kann wegen einer im Einzelfall nur bestehenden Gewahrsamslockerung des Versicherungsnehmers durchaus den Versicherungsfall des Diebstahls darstellen.[28] 83

Wie bei versicherungsvertraglich vereinbarten Ausschlüssen üblich, trägt der Versicherer die Beweislast für das Vorliegen des Ausschlusstatbestands.[29] Besonderheiten bestehen bei der Beweisführung des Versicherungsfalls des Fahrzeugdiebstahls. Hierauf ist noch gesondert einzugehen (siehe Rn 232 ff). 84

4. Sturm. Der Begriff des Sturms ist in Ziff. A.2.2.1.3 A AKB 2015 als eine wetterbedingte Luftbewegung von mindestens Windstärke 8 definiert. Die in der Teilkaskoversicherung versicherten Elementargefahren müssen für das Vorliegen eines Versicherungsfalls **unmittelbar auf das Fahrzeug einwirken**. Der Versicherungsfall eines Sturmschadens liegt auch in den AKB definiert vor, wenn sturmbedingt Gegenstände auf oder gegen das Fahrzeug geworfen werden. Voraussetzung ist aber auch hier, dass das Fahrzeug unmittelbar durch den Sturm 85

---

27 BGH VersR 2011, 107, 108.
28 OLG Köln VersR 2008, 1640, 1641, 1642; OLG München Vers 1995, 954.
29 BGH VersR 1993, 472; OLG Koblenz VersR 2005, 783, 784; OLG Hamm r+s 2000, 228.

beschädigt wird, also der Sturm beispielsweise den Ast eines Baumes abbricht, der auf das darunter geparkte Fahrzeug stürzt und dieses beschädigt.

86 Eine unmittelbare Einwirkung des Sturms liegt auch vor, wenn das Fahrzeug von einer Windböe erfasst wird und dadurch verunfallt. Allerdings muss der Versicherungsnehmer den „Sturmschaden" beweisen, da natürlich ein in der Teilkaskoversicherung nicht versicherter Fahrfehler vorliegen kann.[30]

87 Nach der genannten AKB-Bestimmung ausdrücklich ausgeschlossen sind Schäden, die auf ein durch die Naturgewalten veranlasstes Verhalten des Fahrers zurückzuführen sind. Hiermit sind beispielsweise Fahrerreaktionen, zum Beispiel Gegenlenken bei Seitenwind, wenn es dadurch zu einem Unfall oder einer Beschädigung des Kfz kommt, gemeint. Denn der Schaden am Kfz wurde nicht durch eine unmittelbare Einwirkung des Sturms auf das Fahrzeug sondern durch erst durch die Fahrerreaktion verursacht. Allerdings kann hier ein Vollkaskoschaden in Form eines Unfalls vorliegen.

88 **5. Hagel.** Der ebenfalls in Ziff. A.2.2.1.3 A AKB 2015 genannte Hagelbegriff ist dort nicht definiert. Nach allgemeiner Definition handelt es sich bei Hagel um Niederschlag in Form von Eisstücken unterschiedlicher Größe.

89 Auch hier ist für das Vorliegen eines Versicherungsfalls eine unmittelbare Einwirkung erforderlich.

90 Wie schon bei dem Naturereignis des Sturms, sind auch sind Schäden, die auf ein durch die Naturgewalten veranlasstes Verhalten des Fahrers zurückzuführen sind, jedenfalls über die Teilkaskoversicherung, vom Versicherungsschutz ausgeschlossen.

91 **6. Blitzschlag.** Zum Blitzschlag gilt auch eine Definition in der AKB-Bestimmung der Ziff. A. 2.2.1.3. Nach allgemeiner Definition ist ein Blitzschlag eine Leuchterscheinung, die durch eine plötzliche elektrische Entladung in der Atmosphäre hervorgerufen wird.

92 Vom Versicherungsschutz umfasst sind – wie bei allen in der Kaskoversicherung versicherten Elementarereignissen – nach dem Wortlaut nur unmittelbar durch den Blitz verursachte Fahrzeugschäden. Darunter fallen auch Schäden, die durch Herabfallen zB von Gebäude- oder Baumteilen eines vom Blitzschlag getroffenen Gebäudes oder Baumes auf das versicherte Fahrzeug verursacht worden sind.

93 Allerdings gilt auch hier wieder der Ausschluss von Schäden, die auf ein durch die Naturgewalten veranlasstes Verhalten des Fahrers zurückzuführen sind, zum Beispiel, weil der Fahrer durch einen Blitz erschrickt und deshalb das Steuer verreißt und das Fahrzeug verunfallt.

94 **7. Überschwemmung.** Dieses versicherte Risiko ist in Ziff. A.2.2.1.3. AKB 2015 zwar genannt, aber nicht definiert.

95 Für eine Überschwemmung ist ein Verlassen von Wasser in erheblichen Mengen aus seinem natürlichen Bett bzw normalen Verlauf erforderlich. Für einen Versicherungsfall ist auch hier die unmittelbare Einwirkung der Überschwemmung auf das Fahrzeug erforderlich. Streitig ist häufig das Vorliegen eines Versicherungsfalls bei einem sog. **Wasserschlag des Motors**. Unmittelbar durch Überschwemmung verursacht ist ein solcher Schaden nur, wenn die Über-

---

30 OLG Köln zfs 1986, 119.

schwemmung so plötzlich auftritt, dass der Motor nicht mehr rechtzeitig abgestellt werden konnte.

Ein Überschwemmungsschaden liegt auch dann vor, wenn auf einem Berghang niedergehender starker Regen nicht vollständig versickert oder sonst geordnet auf natürlichem Weg abfließt und das Wasser sturzbachartig den Hang hinunterfließt, dabei Steine mit sich führt, die dann gegen das Fahrzeug geraten und es beschädigen.[31]

Als grobe Faustregel für einen versicherten Überschwemmungsschaden lässt sich festhalten, dass immer dann, wenn das Wasser zum Auto kommt, ein versicherter Schaden vorliegt. Wenn hingegen das Auto zum Wasser kommt, weil zum Beispiel der Versicherungsnehmer mit dem Kfz durch eine überschwemmte Unterführung fahren will und er dabei die Tiefe der Überschwemmung unterschätzt hat, genießt er – auch wenn er in die Überschwemmung hineinfährt[32] – keinen Versicherungsschutz.

Wie schon bei den vorgenannten Naturereignissen, gilt auch für das versicherte Risiko der Überschwemmung der Ausschluss von Schäden, die auf ein durch die Naturgewalten veranlasstes Verhalten des Fahrers zurückzuführen sind.

8. **Wildschaden.** Für diesen Versicherungsfall muss gem. Ziff. A.2.2.1.4 AKB 2015 ein Zusammenstoß des in Bewegung befindlichen Fahrzeugs mit **Haarwild** iSv § 2 Abs. 1 Nr. 1 des BJagdG vorliegen.

Das Wild selbst braucht nicht in Bewegung zu sein, so dass beispielsweise auch ein Zusammenstoß mit einem auf der Fahrbahn liegenden toten Wildtier versichert ist, sofern noch ein unmittelbarer zeitlicher Zusammenhang besteht.[33] Allerdings wird im Hinblick auf eine Kollision mit totem Wild auch eine abweichende Auffassung vertreten, weil ein totes auf der Fahrbahn liegendes Wildtier wie ein sonstiges auf der Fahrbahn liegendes Hindernis anzusehen sei.[34]

Zu ersetzen ist nicht nur der unmittelbar durch die Kollision mit dem Wildtier verursachte Fahrzeugschaden, sondern auch der Schaden, der dadurch entsteht, dass das versicherte Kfz als Folge der Kollision von der Fahrbahn abkommt und dadurch zusätzlich beschädigt wird.

Wildtiere im Sinne der genannten Vorschrift des BJagdG sind zB Rehwild, Rotwild, Damwild, Marder, Füchse, Hasen, sogar Seehunde. Da die Aufzählung in § 2 Abs. 1 Nr. 1 BJagdG abschließend ist, fällt ein Rentier nicht unter den Begriff „Haarwild".[35]

9. **Glasbruch.** Auch dieser versicherte Tatbestand ist in den AKB 2015 in Ziff. A.2.2.1.5 definiert. Nach der Definition müssen Bruchschäden an der Verglasung, zu der auch Kunststoffscheiben, Spiegelscheiben und Abdeckungen von Leuchten (zB Blinkergläser) gehören, vorliegen.

Zu den Glasbruchschäden gehören nicht Glas-und Kunststoffteile von Mess-, Assistenz-, Kamera- und Informationssystemen, Solarmodulen, Displays, Monitore und Leuchtmittel. Außerdem sind Folgeschäden nicht versichert.

---

31 BGH NJW-RR 2006, 1322.
32 LG Bochum r+s 2015, 345, 346.
33 OLG Nürnberg VersR 1994, 929.
34 OLG München zfs 1986, 118.
35 OLG Frankfurt/Main VersR 2005, 1233.

105 Bloße Kratzer auf der Scheibe stellen noch keinen Glasbruch dar. Allerdings genügt ein Riss in der Verglasung. Auf die Ursache des Glasbruchs kommt es nicht an. Zu ersetzen ist nicht nur das Glasteil selbst, sondern vom Versicherungsschutz sind auch die Kosten für den Ausbau des beschädigten und der Einbau des neuen Glasteils umfasst.

106 Problematisch kann die Entschädigung eines Glasbruchschadens sein, wenn das Kfz nur teilkaskoversichert ist und aufgrund eines Unfalls ein (wirtschaftlicher) Totalschaden eingetreten ist.[36] Ob in diesem Fall über die zerbrochenen Glasteile hinaus auch die Ausbau- und Einbaukosten zu ersetzen sind und ob sich der Versicherungsnehmer einen Vorteilsausgleich anrechnen lassen muss, ist streitig.[37] Allerdings kann die Entschädigung nicht über den Wiederbeschaffungswert hinausreichen.

107 **Hinweis:** Da es für den Versicherungsfall „Glasbruchschaden" bis auf vom Versicherungsschutz ausgeschlossene vorsätzlich oder ggf grobfahrlässig[38] verursachte Schäden auf die Ursache des Glasbruchs nicht ankommt, muss der Anwalt daran denken, dass über die Kaskoversicherung Glasbruchschäden als Versicherungsleistung des nur teilkaskoversicherten Kfz auch dann verlangt werden können, wenn der Mandant einen Verkehrsunfall alleinschuldhaft oder mitverursacht hat. Bei einer Mitverursachung des Unfalls durch den Mandanten ist zu seinen Gunsten bei der Anspruchsgeltendmachung gegenüber dem Unfallgegner an das Quotenvorrecht ggf unter Berücksichtigung der Selbstbeteiligung zu denken.

108 **10. Kurzschlussschäden an der Verkabelung.** Bei dem versicherten Risiko „Kurzschlussschäden an der Verkabelung" sind über den reinen Kabelschaden hinaus Folgeschäden gem. Ziff. A.2.2.1.6 AKB 2015 nicht versichert.[39]

III. Versicherte Risiken der Fahrzeugvollversicherung

109 In der Vollkaskoversicherung sind über die in der Teilkaskoversicherung versicherten Risiken Unfallschäden sowie durch mut- oder böswillige Handlungen betriebsfremder Personen verursachte Fahrzeugschäden versichert.

110 Einige Versicherer bieten sogenannte **Kasko-Extra-Versicherungen** an, die zB auch Motorschäden bzw andere Bruch- und Betriebsschäden decken. Meist sind derartige Versicherungen an bestimmte Voraussetzungen geknüpft, zB regelmäßige und im Versicherungsfall nachzuweisende Fahrzeugwartungen, bestimmte Laufleistungsgrenzen oder Entschädigungen in Abhängigkeit bestimmter Laufleistungen. Gerade bei derartigen Versicherungen gilt es, die häufig recht umfangreichen Versicherungsbedingungen genau zu prüfen, da es in diesem Bereich viele Einschränkungen und Ausschlüsse gibt.

111 **1. Unfallschäden.** Der Unfallbegriff ist in Ziff. A.2.2.2.2 AKB 2015 definiert. Danach muss es sich um ein unmittelbar von außen plötzlich mit mechanischer Gewalt auf das Kfz einwirkendes Ereignis handeln.

---

36 Vgl dazu *Knappmann*, in: Prölss/Martin, A.2.6 ff. AKB 2008 Rn 15; LG München II zfs 1987, 150; LG Verden VersR 1995, 166; AG Wetzlar VersR 2002, 752.
37 Vgl dazu OLG Karlsruhe r+s 2008, 64; zfs 1994, 20, 21.
38 Bei grober Fahrlässigkeit ist der Versicherer nach § 81 Abs. 2 VVG unter Berücksichtigung der Schwere des Verschuldens des Versicherungsnehmers zur Kürzung der Versicherungsleistung berechtigt.
39 Hier könnte sich im Einzelfall die gleiche Problematik wie bei den Marderbissschäden ergeben, wenn es sich um fest mit der Lambdasonde verbundene Kabel handelt (siehe Rn 70).

Bei Schäden durch einen Bremsvorgang, sind Schäden an der Bremsanlage (zB ein Bruch der Bremsscheibe) oder an den Reifen (zum Beispiel ein Bremsplatten) keine zu ersetzende Unfallschäden. 112

Außerdem sind sogenannte Betriebsschäden vom Versicherungsschutz ausgeschlossen. Hierbei handelt es sich um Schäden ausschließlich aufgrund eines Betriebsvorgangs, zB durch falsches Bedienen, falsches Betanken oder verrutschende Ladung. 113

Kommt es wegen eines Ausweichmanövers zur Verhinderung einer Kollision mit einem anderen Kfz zu einem Verrutschen der Ladung und wird das versicherte Kfz durch die verrutschende Ladung beschädigt, ist der Schaden als sog. Rettungskostenersatz gem. § 90 VVG durch den Kaskoversicherer zu ersetzen.[40] 114

Weiter sind sogenannte Bruchschäden vom Versicherungsschutz ausgeschlossen. Hierbei handelt es sich um Schäden, die ihre alleinige Ursache in einer Materialermüdung, Überbeanspruchung oder Abnutzung haben. 115

Die AKB 2015 schließen in der genannten Ziffer auch Schäden zwischen ziehendem und gezogenem Fahrzeug oder Anhänger, die ohne Einwirkung von außen eingetreten sind, wie zB Rangierschäden am Zugfahrzeug durch den Anhänger, aus. Weiter sind auch Verwindungsschäden über den Versicherungsschutz der Vollkaskoversicherung nicht gedeckt. 116

Die Abgrenzung zwischen einem versicherten Unfall- und einem nicht versicherten Betriebsschaden ist im Einzelfall schwierig. Auch die Beschädigung eines Kfz durch Verwesungseinwirkungen nach einem Suizid eines Fahrzeuginsassen ist kein Unfall im Sinne der vorgenannten Definition.[41] 117

Reifenschäden werden nur ersetzt, wenn sie durch ein Ereignis eines der genannten versicherten Risiken neben einem durch das Ereignis verursachten Fahrzeugschaden eingetreten sind. So liegt kein über die Vollkaskoversicherung zu entschädigender Unfallschaden iSd der AKB vor, wenn durch das Überfahren eines Bordsteins eine Schädigung des Reifens eintritt und diese Beschädigung später zu einem Reifenplatzer mit der Folge eines Unfalls des Kfz führt, weil das für den späteren Unfall ursächlich gewesene Überfahren des Bordsteins noch zum normalen Betrieb des Fahrzeugs gehört hat.[42] 118

2. Mut- und böswillige Beschädigung durch betriebsfremde Personen. Bei diesem in Ziff. A. 2.2.2.3 AKB 2015 genannten Risiko ist eine vorsätzliche Beschädigung des Fahrzeugs durch betriebsfremde, also zur Nutzung nicht berechtigte Personen versichert. 119

Die AKB-Bestimmung definiert zur Nutzung berechtigte Personen dahingehend, dass es sich um Personen, die vom Verfügungsberechtigten mit der Betreuung des Fahrzeugs beauftragt wurden (zB Werkstatt- oder Hotelmitarbeiter) oder in einem Näheverhältnis zu dem Verfügungsberechtigten stehen (zB dessen Arbeitnehmer, Familien- oder Haushaltsangehörige), handelt. 120

Geht der Versicherer von einer mut- und böswillig begangenen Schädigung seitens einer nicht betriebsfremden Person aus, hat er diesen Umstand zu beweisen.[43] 121

---

40 OLG München VersR 2014, 1077
41 OLG Saarbrücken NJW-RR 2005, 260.
42 OLG Hamm VersR 2014, 698
43 BGH VersR 1997, 1095; OLG Köln VersR 2008, 1389; OLG Köln SP 1998, 329; OLG Oldenburg r+s 2000, 56, 57.

122 Der Versicherungsnehmer erhält keine Beweiserleichterung für das Vorliegen einer mut- oder böswilligen Beschädigung. Ebenso erhält der Versicherer keine Beweiserleichterung für den Einwand, die Schäden seien nicht durch betriebsfremde Personen verursacht worden.[44]

IV. Ausschlüsse bzw Risikobegrenzungen

123 Bei der Prüfung des Versicherungsschutzes sind auch die in den AKB bestimmten Risikoausschlüsse beziehungsweise Risikobegrenzungen zu berücksichtigen.

124 Explizite Ausschlüsse finden sich gesammelt in den AKB unter Ziff. A.2.9 mit der Überschrift „Was ist nicht versichert?" Dort sind genannt

- Vorsatz und grobe Fahrlässigkeit,
- Teilnahme an genehmigten Rennen,
- Reifenschäden,
- Erdbeben, Kriegsereignisse, innere Unruhen, Maßnahmen der Staatsgewalt,
- Schäden durch Kernenergie.

Auf die in den AKB dazu in der jeweiligen Ziffer ausgeführten Erläuterungen wird verwiesen.

125 Allerdings ist der in Ziff. A.2.9 AKB genannte Katalog nicht abschließend. Denn auch an anderen Stellen in den AKB finden sich entsprechende Risikoausschlüsse bzw -begrenzungen, so dass insoweit die AKB immer sorgsam durchzusehen sind. Das liegt daran, dass es einerseits in den AKB spezielle nur für die Haftpflicht- bzw nur für die Kaskoversicherung geltende Ausschlüsse beziehungsweise Risikobegrenzungen gibt, andererseits gibt es aber Risikobegrenzungen bzw -ausschlüsse, die sowohl für die Kfz-Haftpflichtversicherung als auch für die Kaskoversicherung gelten. Beispielsweise sind dies die beim Gebrauch des Fahrzeugs bestehenden und in den AKB unter Ziff. D genannten Pflichten, wie zB der Gebrauch des Fahrzeugs nur zu dem vereinbarten Verwendungszweck, eine Nutzung des Fahrzeugs nur durch berechtigte Fahrer, Fahren nur mit Fahrerlaubnis, keine Teilnahme an nicht genehmigten Rennen etc.

126 Andere Risikobegrenzungen sind zum Beispiel der Geltungsbereich des Versicherungsschutzes, Ziff. A.2.4 AKB, der Abzug bei fehlender Wegfahrsperre im Fall des Diebstahls, keine Zahlung für verbleibende Rest- und Altteile.

127 Es sollte hier nicht abschließend auf sämtliche Risikoausschlüsse bzw Risikobegrenzungen eingegangen werden. Die vorgenannten Beispiele sind deshalb nicht vollständig und abschließend, was zu beachten gilt.

128 In der Regel ist der Versicherer für das Vorliegen von Risikobegrenzungen bzw Ausschlüssen darlegungs- und beweisbelastet.

V. Verhältnis Fahrzeugteil- zur Fahrzeugvollversicherung

129 Bestreitet der Versicherer das Vorliegen eines durch den Versicherungsnehmer behaupteten unter die Teilkaskoversicherung fallenden Versicherungsfalls und gelingt dem Versicherungsnehmer nicht der Nachweis eines solchen Versicherungsfalls, kann der Versicherungsnehmer, sofern auch eine Vollkaskoversicherung besteht und der Fahrzeugschaden unter ein im Rah-

---

[44] OLG Köln zfs 2014, 517, 518

men der Vollkaskoversicherung versichertes Risiko fällt, seinen Anspruch aus der Vollkaskoversicherung (ggf mit der Folge einer Rückstufung seines Schadensfreiheitsrabatts) geltend machen.

Beide Versicherungsfälle stehen selbstständig nebeneinander und können unabhängig voneinander geltend gemacht werden.[45] Dieses gilt auch für verschiedene versicherte Tatbestände aus derselben Versicherung.

Beispiel 1:
Der Versicherungsnehmer beansprucht eine Versicherungsleistung für sein unstreitig unfallbeschädigtes Kfz aus der Teilkaskoversicherung unter Behauptung eines Verkehrsunfalls wegen eines Zusammenstoßes mit einem Wildschwein. Der Versicherer bestreitet einen Wildunfall. Dem Versicherungsnehmer gelingt der Beweis des behaupteten Wildunfalls nicht. Er beansprucht deshalb eine Versicherungsleistung aus der für das Kfz ebenfalls bestehenden Unfallschäden deckenden Vollkaskoversicherung.[46]

Beispiel 2:
Für das Kfz besteht nur eine Teilkaskoversicherung. Dem Versicherungsnehmer wird das Kfz gestohlen. Kurz danach wird es völlig ausgebrannt aufgefunden. Gelingt dem Versicherungsnehmer der Diebstahlsnachweis nicht, kann er eine Versicherungsleistung wegen des Brandes verlangen.[47] Erhält der Versicherungsnehmer aus dem Diebstahl deshalb keine Versicherungsleistung, weil das Gericht von einer vorgetäuschten Entwendung ausgeht, muss der Versicherer, um auch erfolgreich eine Leistungsfreiheit aus dem Brandtatbestand einwenden zu können, zur Überzeugung des Gerichts nachweisen, dass auch der Brand auf Veranlassung des Versicherungsnehmers oder von ihm selbst gelegt worden ist.[48]

Für die Darlegungslast gilt: Der Versicherungsnehmer dessen Fahrzeug einen Vorschaden erlitten hatte, muss darlegen und beweisen, dass der gesamte Schaden, dessen Ersatz er von seinem Kaskoversicherer beansprucht, auf den neuen Versicherungsfall zurückzuführen ist.[49]

E. Erste Maßnahmen des durch den Versicherungsnehmer mandatierten Rechtsanwalts

I. Mandatskonstellationen

Der im Versicherungsrecht bisher nicht tätig gewesene Rechtsanwalt wird im Regelfall zum ersten Mal ein die Fahrzeugversicherung betreffendes Mandat durch den Versicherungsnehmer und nicht vom Versicherer angetragen bekommen. Denn die Versicherer arbeiten regelmäßig mit im Versicherungsrecht erfahrenen und auf das Versicherungsrecht spezialisierten Anwaltskanzleien und entsprechenden Fachanwälten zusammen.

Es ergeben sich für den Versicherungsnehmeranwalt in der Regel die Mandatskonstellationen, dass ein Versicherungsnehmer

- auf Zahlung von Prämien in Anspruch genommen wird, aber meint, ein Versicherungsvertrag sei nicht zustande gekommen,

---
45 BGH VersR 1985, 78. Siehe auch Rn 35 und 36.
46 OLG Hamm VersR 2008, 1059.
47 BGH NJW 1985, 917, 918; 919, 920.
48 BGH NJW 1985, 917, 918; 919, 920; OLG Celle zfs 1999, 158; OLG Hamm zfs 1999, 158, 159.
49 LG Saarbrücken VersR 2012, 98, 99.

- aus einem geschlossenen Versicherungsvertrag herauskommen möchte,
- Ansprüche aus dem Versicherungsvertrag geltend gemacht hat, der Versicherer eine Versicherungsleistung aber nicht oder nicht vollständig gewähren will,
- von vornherein mit anwaltlicher Hilfe Leistungsansprüche aus dem Versicherungsvertrag geltend machen will,
- mit der Höhe der durch den Versicherer festgestellten Versicherungsleistung nicht einverstanden ist,
- auf Rückzahlung einer zuvor gewährten Versicherungsleistung durch den Versicherer in Anspruch genommen wird,
- den Versicherer auf Schadensersatz, zB wegen einer fehlerhaften Beratung, in Anspruch nehmen will.

II. Verhalten des Rechtsanwalts bei der Mandatsanbahnung

136   **1. Telefonische Mandatsanbahnung.** In der Regel geschieht die Mandatsanbahnung eines durch den Versicherungsnehmer an den Rechtsanwalt angetragenen Mandats telefonisch. Der Rechtsanwalt sollte dieses Telefonat durchaus selbst führen, statt über sein Büropersonal einen Besprechungstermin vereinbaren zu lassen.

137   Ist der Rechtsanwalt auch für Versicherer tätig, erfährt er, ob das künftige Mandat vielleicht gegen eine Gesellschaft, die auch er vertritt, geführt werden soll. Der Rechtsanwalt sollte sich hiernach als erstes bei dem Versicherungsnehmer erkundigen. So kann er das ihm durch den Versicherungsnehmer angetragene Mandat ablehnen, um die zum Versicherer bestehende Geschäftsbeziehung nicht zu beeinträchtigen. Der Rechtsanwalt darf dann noch das ihm später durch den Versicherer in derselben Sache gegen den Versicherungsnehmer angetragene Mandat annehmen, da er für den Versicherungsnehmer noch nicht tätig geworden ist und somit eine Vertretung widerstreitender Interessen nicht vorliegt.

138   Erörtert der Rechtsanwalt mit dem Versicherungsnehmer allerdings den Sachverhalt und berät er den Versicherungsnehmer, bevor er den Namen des Versicherers erfährt, und lehnt er erst dann die Mandatsübernahme gegenüber dem Versicherungsnehmer ab, muss er das ihm möglicherweise durch den Versicherer später in derselben Sache angetragene Mandat des Versicherers wegen des berufsrechtlichen Verbots der Vertretung widerstreitender Interessen (§ 43 a Abs. 4 BRAO bzw § 3 Abs. 1 BORA) ebenfalls ablehnen. Denn nach § 3 Abs. 1 BORA darf der Rechtsanwalt nicht tätig werden, wenn er eine andere Partei in derselben Sache bereits beraten oder vertreten hat.

139   Gibt es im Hinblick auf eine Annahme des von dem Versicherungsnehmer angetragenen Mandats keine Probleme, erfährt der Rechtsanwalt in dem Telefonat der Mandatsanbahnung bereits den Sach- und Streitstand und den Grund der Leistungsablehnung des Versicherers.

140   Während dieses Telefonats sollte sich der Rechtsanwalt allerdings davor hüten, von dem Versicherungsnehmer zu seinem Fall konkret gestellte Fragen bereits zu beantworten. Solange der Versicherungsnehmer dem Rechtsanwalt das Mandat formell noch nicht erteilt und eine schriftliche Vollmacht noch nicht unterzeichnet hat, sollte der Rechtsanwalt bei der Mandatsanbahnung vorsichtig mit einer Auskunftserteilung sein und eine rechtliche Beratung vermeiden. Denn es besteht insbesondere bei nicht rechtsschutzversicherten Versicherungsnehmern die Gefahr, dass der Rechtsanwalt aufgrund von ihm bei der Mandatsanbahnung zu umfang-

E. Erste Maßnahmen des durch den Versicherungsnehmer mandatierten Rechtsanwalts

reich erteilter Informationen das Mandat nicht mehr erhält, sondern der Versicherungsnehmer mithilfe der durch den Rechtsanwalt in dem Telefonat erhaltenen Informationen die Auseinandersetzung mit dem Versicherer selbst weiterführt.

Der Rechtsanwalt sollte das im Rahmen der Mandatsanbahnung geführte Telefonat immer dazu nutzen, von dem Versicherungsnehmer die **für eine rechtliche Prüfung notwendigen Unterlagen** zu erhalten. Für die von dem Mandanten abzufordernden Unterlagen sollte der Rechtsanwalt eine **Checkliste**[50] bereithalten. So ist gesichert, dass der Rechtsanwalt keine für seine Prüfung erforderlichen Unterlagen übersieht beziehungsweise vergisst. Denn für den Rechtsanwalt ist es besser, zu viele als zu wenige Unterlagen erhalten zu haben. Überflüssige Unterlagen kann der Rechtsanwalt aussortieren. Fehlende Unterlagen können, wenn sie einen entscheidungserheblichen Inhalt haben, unter Umständen zum Verlust des Rechtsstreits führen.

Hinweis: Der Rechtsanwalt kann gerade mit dem Hinweis einer Erforderlichkeit der Prüfung der vom Versicherungsnehmer noch einzureichenden Unterlagen eine durch den Versicherungsnehmer in dem Telefonat über die Mandatsanbahnung gewünschte rechtliche Auskunftserteilung abblocken.

Erhält der Rechtsanwalt schließlich von dem Versicherungsnehmer die gewünschten Unterlagen kann er die später mit dem Versicherungsnehmer notwendige Besprechung zielgerichtet vorbereiten und effizient durchführen. Hierdurch wird die Besprechung nicht nur kürzer und effektiver, sondern dem Rechtsanwalt wird auch die Einschätzung der – vor der Besprechung bereits geprüften – rechtlichen Lage idR eher möglich sein. Eine in der Besprechung fundiert erteilte Auskunft wird den Mandanten zufriedenstellen, denn der Mandant möchte möglichst schnell über die Rechtslage Bescheid wissen. Außerdem wirkt eine gegenüber dem Mandanten in der Besprechung erteilte genaue Rechtsauskunft professioneller, als wenn sich der Rechtsanwalt in der Besprechung erst die Unterlagen von dem Versicherungsnehmer aushändigen lässt und er wegen der dann noch erforderlichen rechtlichen Prüfung den Mandanten auf einen späteren Termin verweisen muss. Denn in der Besprechung steht der Rechtsanwalt unter Zeitdruck. Ein umfangreiches Studium der erst in der Besprechung ausgehändigten Unterlagen sowie eine eingehende rechtliche Prüfung sind dem Rechtsanwalt in der Besprechung idR nicht möglich. Eine unter Zeitdruck vorgenommene Beurteilung der Rechtslage birgt stets die Gefahr von Fehlern.

Die an den Versicherungsnehmer in dem Telefonat über die Mandatsanbahnung gerichtete Aufforderung zur Einreichung der Unterlagen führt auch zu einer stärkeren **Mandantenbindung**. Denn wenn der Versicherungsnehmer dem Rechtsanwalt die Unterlagen zu seinem Versicherungsfall bereits eingereicht hat, wird der Versicherungsnehmer den Besprechungstermin in der Regel auch wahrnehmen. Anderenfalls besteht bis zum Besprechungstermin die Gefahr, dass ein potenzieller Mandant sich zwar einen Besprechungstermin geben lässt, dann aber zu dem vereinbarten Termin nicht erscheint. Die Gründe hierfür können zB eine Abwerbung durch einen anderen Rechtsanwalt sein oder, dass sich der Mandant die Mandatserteilung nochmals überlegt hat.

---

50 Siehe Muster zu Rn 152.

§ 5 Fahrzeugversicherung (Teilkasko-/Vollkaskoversicherung)

145 Außerdem hat der Rechtsanwalt mit den von dem Versicherungsnehmer eingereichten Unterlagen etwas in der Hand, um auch ohne eine schriftlich erteilte Vollmacht eine Mandatserteilung zumindest über ein Beratungsmandat nachweisen zu können. Denn ohne eine Mandatserteilung und damit ohne einen Grund wird der Mandant dem Rechtsanwalt fallbezogene Unterlagen nicht überlassen haben.

146 **Hinweis:** Der Rechtsanwalt sollte darauf achten, dass das Mandat in seinen Geschäftsräumen erteilt wird. Denn wegen der vom Gesetzgeber in 2014 vorgenommenen Gesetzesänderung müsste er gemäß §§ 312 b, 312 d BGB den Mandanten, wenn das Mandat nicht in seinen Geschäftsräumen erteilt wird, auf sein Widerrufsrecht hinweisen. Anderenfalls läuft der Rechtsanwalt wegen eines späteren Widerrufs des Mandanten gem. § 312 g BGB Gefahr, das Mandat nicht vergütet zu bekommen.

147 **2. Sonstige Mandatsanbahnung.** Natürlich erfolgen Mandatsanbahnungen auch in anderer Form als telefonisch. Durchaus suchen Mandanten ohne eine vorherige Terminsvereinbarung die Kanzlei auf, um nach Möglichkeit sofort einen Besprechungstermin zu erhalten oder aber einen Besprechungstermin mit dem Rechtsanwalt zu vereinbaren.

148 Auch hier sollte der Rechtsanwalt bei Anwesenheit in der Kanzlei und wenn er wenige Minuten für ein Mandatsanbahnungsgespräch erübrigen kann und er die Umstände über einen etwaigen Mandatsablehnungsgrund geklärt hat, den Mandanten nach Mandatsannahme gemäß der Checkliste um eine Vorlage der Versicherungsunterlagen bitten und die Besprechung erst nach der Gelegenheit des Studiums der Unterlagen und nach Vornahme seiner rechtlichen Prüfung abhalten.

149 Für den Abwesenheitsfall des Rechtsanwalts ist eine Schulung des Kanzleipersonals im Hinblick auf die Klärung der vorgenannten notwendigen Aspekte empfehlenswert.

150 **3. Checkliste Versicherungsunterlagen.** Aufgrund des mit dem Versicherungsnehmer geführten Mandatsanbahnungsgesprächs kennt der Rechtsanwalt nun das versicherungsrechtliche Problem des Versicherungsnehmers. Er weiß, ob es beispielsweise um eine Prämienforderung des Versicherers, eine Kündigung des Versicherungsvertrags oder einen Leistungsanspruch des Versicherungsnehmers geht. Der Anwalt kann nunmehr aus der Checkliste (siehe Rn 152) die für die Bearbeitung seines Mandats erforderlichen Unterlagen herausfiltern und dem Versicherungsnehmer eine Vorlage der Unterlagen aufgeben.

151 Geht es zB um eine dem Versicherungsnehmer vorgeworfene Obliegenheitsverletzung nach Eintritt des Versicherungsfalls, muss sich der Rechtsanwalt nicht die die Versicherung betreffenden Prämienrechnungen vorlegen lassen.

152 ▶ **Muster: Checkliste für die von dem Versicherungsnehmer anzufordernden Versicherungsunterlagen**

136

- aktueller Versicherungsschein (§ 3 Abs. 1 VVG)
- Allgemeine Bedingungen für die Kraftfahrtversicherung (AKB)
- Vereinbarte Besondere Bedingungen
- Tarifbestimmungen bzw Tarifbedingungen (TB)
- etwaige Nachträge zur Versicherung
- Versicherungsantrag (§ 7 Abs. 1 VVG, „Vertragserklärung")

E. Erste Maßnahmen des durch den Versicherungsnehmer mandatierten Rechtsanwalts 5

- Beratungsprotokolle (§ 6 Abs. 2 bzw. §§ 61, 62 VVG)
- Widerrufserklärung des Versicherungsnehmers (§ 8 Abs. 1 VVG), wenn Streit um das Bestehen des Versicherungsvertrags besteht
- Prämienanforderungen des Versicherers (§§ 33 ff VVG)
- Kündigungserklärung des Versicherungsnehmers/Kündigungserklärung des Versicherers (§ 11 VVG)
- sonstige bzw allgemein mit dem Versicherer geführte Korrespondenz ◂

III. Verjährung

1. Beginn der Verjährungsfrist. Das aktuelle VVG enthält bis auf Regelungen über die Hemmung der Verjährung keine speziellen Verjährungsvorschriften. Über Art. 3 EGVVG gilt die allgemeine Verjährungsvorschrift des § 195 BGB mit einer Frist von drei Jahren. 153

Die Verjährungsfrist des § 195 BGB, beginnt gem. § 199 Abs. 1 Nr. 1 BGB mit dem Schluss des Jahres (dieses ist regelmäßig der 31.12.), in dem der Anspruch entstanden ist und gem. § 199 Abs. 1 Nr. 2 BGB der Gläubiger Kenntnis der den Anspruch begründenden Umständen erlangt oder ohne grobe Fahrlässigkeit erlangen müsste. 154

Im Kaskoversicherungsrecht beginnt die Verjährungsfrist deshalb im Regelfall mit dem 31.12. des Jahres, in dem der Versicherungsfall eingetreten ist, wenn unter Berücksichtigung von § 14 VVG[51] die Versicherungsleistung bis dahin fällig geworden ist. 155

Nach § 199 Abs. 4 BGB verjähren die Ansprüche spätestens zehn Jahre nach ihrer Entstehung ohne Rücksicht auf eine Kenntnis oder grob fahrlässige Unkenntnis des Versicherungsnehmers. 156

2. Fälligkeit der Versicherungsleistung. Eine Fälligkeit tritt nach § 14 Abs. 1 VVG ein, wenn der Versicherer die zur Feststellung des Versicherungsfalls und des Umfangs seiner Leistung notwendigen Erhebungen beendet hat. 157

Auch die AKB 2015 enthalten in Ziff. 2.7 eine dem § 14 VVG entsprechende Fälligkeitsregelung. 158

Die beiden vorgenannten Vorschriften enthalten zudem eine Vorschusszahlungsregelung. So hat der Versicherungsnehmer gem § 14 Abs. 2 VVG nach einem Monat seit der Anzeige des Versicherungsfalls bei dem Versicherer einen Anspruch auf Abschlagszahlungen, wenn der Versicherer bis dahin seine Erhebungen noch nicht abgeschlossen hat. Die Höhe der Abschlagszahlungen beläuft sich auf den Betrag, den der Versicherer voraussichtlich mindestens zu zahlen hat. 159

Hieraus ist zu entnehmen, dass Voraussetzung für die Vorschusszahlungen einer Zahlungspflicht des Versicherers dem Grunde nach voraussetzt. 160

Die in Ziff. 2.7 AKB 2015 enthaltene Regelung geht – jedenfalls nach ihrem Wortlaut – über die in § 14 Abs. 2 VVG enthaltene Regelung hinaus. Denn die Vorschusszahlung setzt explizit voraus, dass der Versicherer seine Zahlungspflicht bereits dem Grunde nach festgestellt hat. 161

Außerdem enthält Ziff. 2.7 AKB 2015 für den Fall der Entwendung des Fahrzeugs eine Monatsfrist, innerhalb derer der Versicherer abwartet, ob das Fahrzeug wieder aufgefunden 162

---

51 Die Vorschrift entspricht § 11 Abs. 1 VVG aF.

wird. Deshalb wird der Versicherer vor Ablauf der Monatsfrist allenfalls dann zahlen, wenn das Fahrzeug zuvor aufgefunden wurde und beispielsweise ein wirtschaftlicher Totalschaden oder ein Reparaturschaden der Höhe nach feststeht, zB wenn das Fahrzeug kurz nach dem Diebstahl beschädigt wieder aufgefunden und in einer Werkstatt repariert und ggf auch direkt mit der Werkstatt abgerechnet wird.

163 **3. Hemmung der Verjährungsfrist.** Eine Hemmungsregelung hat der Gesetzgeber im VVG in § 15 vorgesehen, als nach Anmeldung eines Anspruchs auf Versicherungsleistung bei dem Versicherer bis zu einer in Textform dem Anspruchsteller zugehenden Entscheidung des Versicherers die Verjährung gehemmt ist.

164 Gemäß § 3 Abs. 4 S. 2 VVG gilt außerdem eine Hemmung, wenn der Versicherungsnehmer die Abschriften für gegenüber dem Versicherer fristgebundene Handlungen benötigt, wenn der Versicherer ihm diese zuvor nicht überlassen hatte, für den Zeitraum ab dem Zugang der Anforderung der Abschriften bei dem Versicherer bis zum Eingang der Abschriften beim Versicherungsnehmer.

IV. Prüfung der Versicherungsunterlagen

165 Eine Prüfung der in der Fahrzeugversicherung konkret versicherten Risiken muss immer anhand des **aktuellen Versicherungsscheins nebst der Bedingungen** erfolgen, die **zum Schadenszeitpunkt vereinbart** waren. Dies gilt nicht nur für den Umfang der versicherten Risiken, sondern auch für die Höhe der sich regelmäßig aus den AKB – in den AKB 2015 finden sich die entsprechenden Regelungen in der Ziffer A.2.5 – ergebenden Ersatzleistungen, denn auch hier haben die Versicherer in ihren AKB unterschiedliche Regelungen aufgenommen.

166 Der ein versicherungsrechtliches Mandat bearbeitende Rechtsanwalt muss darauf bestehen, sich von seinem Mandanten den aktuellen Versicherungsschein nebst der dazugehörigen entweder ursprünglich oder nachträglich geänderten, jedenfalls zum Schadenszeitpunkt vereinbart gewesenen, Versicherungsbedingungen (zB AKB, TB) sowie Kopien der in dem Versicherungsfall mit dem Versicherer geführten gesamten Korrespondenz vorlegen zu lassen. Dies ist schon deshalb erforderlich, damit der Rechtsanwalt zu den vom Versicherungsnehmer gegenüber dem Versicherer gemachten Angaben nicht widersprüchlich vorträgt und er ggf Klar- oder Richtigstellungen von missverständlichen oder unklaren Angaben des Versicherungsnehmers vornehmen kann.

167 Ergänzend dazu sollte der Rechtsanwalt sich auch den dem Versicherungsschein zugrunde liegenden **Versicherungsantrag** vorlegen lassen. Es können sich durchaus Abweichungen zwischen dem beantragten und dokumentierten Versicherungsschutz mit einer Relevanz für den letztlich bestehenden Versicherungsschutz ergeben.

168 Bei abweichendem Inhalt des Versicherungsscheins vom Antrag hat der Versicherungsnehmer gem. § 5 Abs. 1 VVG , wenn der Versicherer die Abweichung kenntlich gemacht und den Versicherungsnehmer auf die Genehmigung der Abweichung bei fehlendem Widerspruch des Versicherungsnehmers hingewiesen hat, ein Widerspruchsrecht in der Form des § 126 b BGB.

169 Die Kenntnis des am Schadenstag aktuellen Leistungsumfangs des Versicherungsvertrags sowie der zu dieser Zeit vereinbart gewesenen Versicherungsbedingungen ist für einen sachgemäß und fehlerfrei arbeitenden Rechtsanwalt unverzichtbar. Es kommt nicht selten vor, dass ein ursprünglich abgeschlossener Versicherungsvertrag geändert wird, beispielsweise indem

E. Erste Maßnahmen des durch den Versicherungsnehmer mandatierten Rechtsanwalts 5

der Versicherungsnehmer die ehemals bestehende Fahrzeugvollversicherung in eine Fahrzeugteilversicherung oder die Höhe der vereinbarten Selbstbeteiligung ändert. Änderungen werden im Regelfall durch **Nachträge zum Versicherungsschein** dokumentiert.

Häufig kennen Mandanten den aktuellen bzw den zum Zeitpunkt des Eintritts des Versicherungsfalls geltenden Versicherungsschutz selbst nicht genau, so dass es im Einzelfall erforderlich sein kann, von dem Versicherer eine Abschrift des Versicherungsscheins oder etwaiger anderer von dem Versicherungsnehmer in Bezug auf den Versicherungsvertrag abgegebener Erklärungen anzufordern. Darauf hat der Versicherungsnehmer gem. § 3 VVG einen Anspruch. Gemäß § 3 Abs. 5 VVG muss er die Kosten eines **Ersatzversicherungsscheins** bzw von Abschriften tragen.

Hinweis: Erstaunlicherweise kennen viele Versicherungssachbearbeiter die Kostentragungspflicht des Versicherungsnehmers gem. § 3 Abs. 5 VVG nicht oder sie machen davon keinen Gebrauch. Sofern der Rechtsanwalt noch genügend Zeit für die Bearbeitung des Mandats zur Verfügung hat und die Vorlage der Unterlagen nicht eilbedürftig ist, muss er in dem Anforderungsschreiben an den Versicherer diesem nicht unbedingt eine Kostenübernahme anbieten bzw erklären. So kann er seinem Mandanten vielleicht etwas Geld sparen. Bei Eilbedürftigkeit empfiehlt es sich, in dem Anforderungsschreiben den Versicherer von vornherein auf eine Kostenübernahme durch den Versicherungsnehmer hinzuweisen. Im absoluten Eiltfall sollte, da der Versicherer gem. § 3 Abs. 5 VVG einen Kostenvorschuss verlangen kann, sicherheitshalber ein Verrechnungsscheck in Höhe der voraussichtlichen Kosten beigefügt oder eine (Online-)Überweisung unter Angabe der Versicherungsscheinnummer vorgenommen werden. Hiermit gibt der Versicherungsnehmer zu erkennen, dass der die Kosten für die Kopie des Versicherungsscheins zu übernehmen bereit ist. Der Versicherer wird dann vermutlich eher geneigt sein, dem Versicherungsnehmer die angeforderten Unterlagen zu übersenden, selbst wenn die Höhe der Vorschusszahlung hierfür nicht ausreichen sollte

Unter Berücksichtigung der Vorschriften des VVG muss der Rechtsanwalt bei der Unterlagenanforderung – je nach Zielrichtung des ihm erteilten Mandats – bzgl des abgeschlossenen Versicherungsvertrags an die für den Versicherer nach § 6 Abs. 1 VVG vorgeschriebene Beratung, deren Dokumentation und den gem. § 6 Abs. 2 VVG schriftlich erteilten Rat und dessen Gründe denken (Einzelheiten zum Beratungserfordernis unter Rn 178 ff) und sich selbstverständlich auch hierzu die Unterlagen vorlegen lassen.

▶ **Muster: Anforderung der Versicherungsunterlagen ohne und mit Kostenübernahmeangebot**

An die … Versicherungs AG

Versicherungsschein- bzw Schadensnummer: …

Betr.: Versicherungsfall vom …

Sehr geehrte Damen und Herren,

unter Hinweis auf die in Kopie für Sie beigefügte, mir erteilte Vollmacht zeige ich die Interessenvertretung Ihres Versicherungsnehmers, Herrn …, an.

Nachdem Sie gegenüber meinem Mandanten mit Schreiben vom … die Ablehnung der Gewährung einer Versicherungsleistung aus dem in der Betreffzeile genannten Versicherungsfall erklärt haben, hat mich Ihr Versicherungsnehmer mit der Überprüfung der Rechtmäßigkeit Ihrer Ablehnung beauftragt.

§ 5 Fahrzeugversicherung (Teilkasko-/Vollkaskoversicherung)

Unter Hinweis auf § 3 Abs. 3 und 4 VVG bitte ich um Übersendung einer Abschrift des zum Eintritt des Versicherungsfalls gültigen Versicherungsscheins der Fahrzeugversicherung sowie, sofern zu dieser Zeit vereinbart gewesen, einer jeweiligen Kopie bzw eines jeweiligen Exemplars der

- Allgemeinen Bedingungen für die Kraftfahrtversicherung (AKB),
- Besonderen oder sonstigen Bedingungen,
- Tarifbestimmungen bzw Tarifbedingungen zur Kraftfahrtversicherung.
- gem. § 6 Abs. 1 S. 2 VVG vorgeschriebenen Dokumentation und des gem. § 6 Abs. 2 S. 1 VVG in Textform erteilten Rats und dessen Gründe

Ebenfalls bitte ich um Übersendung einer Abschrift des dem Versicherungsschein zugrunde liegenden Versicherungsantrags und etwaiger weiterer in dem Zeitraum bis zum Eintritt des Versicherungsfalls erfolgter wechselseitiger Vertragserklärungen.

[Selbstverständlich übernimmt mein Mandant gem. § 3 Abs. 5 VVG die für die Abschriften entstehenden Kosten. – *Alternativ:* Für die voraussichtlich nach § 3 Abs. 5 VVG für die Abschriften entstehenden Kosten habe ich einen Verrechnungsscheck in Höhe von ... EUR beigefügt. Sollte dieser Betrag nicht ausreichen, wird mein Mandant die darüber hinaus entstehenden Kosten selbstverständlich ebenfalls übernehmen.]

Für den Unterlageneingang habe ich mir den ... notiert.

Mit freundlichen Grüßen

Rechtsanwalt

Anlage: Kopie der Vollmacht des Mandanten vom ... ◀

V. Zustandekommen von Versicherungsverträgen nach dem VVG

173 1. **Allgemeines zum Zustandekommen von Versicherungsverträgen und vorvertragliche Anzeigepflicht. a) Antragsmodell.** Eine bestimmte Art des Vertragsschlusses schreibt das zum 1.1.2008 reformierte VVG zwar nicht vor. Allerdings ergibt sich aus den nachfolgend dargestellten Vorschriften über die durch den Versicherer gegenüber dem Versicherungsnehmer zu erfüllenden Beratungs- und Informationspflichten, dass der Gesetzgeber im Hinblick auf den Vertragsschluss vom Antragsmodell ausgeht. Dafür sprechen insbesondere die Regelungen der §§ 6, 7, 61 und 62 VVG.

174 Der Gesetzgeber geht deshalb von folgendem Modell des Vertragsschlusses aus: Zunächst muss der Versicherer den Versicherungsinteressenten entsprechend § 6 VVG beraten.

175 Der Versicherer muss den Bedarf des Interessenten ermitteln und ihm daran, aber auch unter Berücksichtigung der Wünsche und finanziellen Möglichkeiten des Interessenten, die angebotene Versicherung erläutern, als auch die Gründe für den Rat zu einer bestimmten Versicherung mitteilen.

176 Sodann muss der Versicherer – am Antragsmodell orientiert, da bei einem Zustandekommen des Versicherungsvertrags nach dem Antragsmodell der Antragsteller und spätere Versicherungsnehmer die **Verbraucherinformationen** und die Allgemeinen Versicherungsbedingungen bereits vor dem Vertragsschluss erhält – entsprechend § 7 Abs. 1 VVG seine Vertragsbestimmungen und die Versicherungsbedingungen dem Versicherungsinteressenten rechtzeitig vor Abgabe dessen Vertragserklärung übermitteln. Die Vertragserklärung des Antragstellers und

ggf späteren Versicherungsnehmers ist die in den Versicherungsvertrag eingehende Willenserklärung.⁵²

Ein bindender Vertragsschluss erfolgt dann mit der Aushändigung (bzw dem Zugang) des Versicherungsscheins als **Annahmeerklärung des Versicherers**, weil hiermit zugleich zugunsten des Versicherungsnehmers frühestens das 14-tägige Widerrufsrecht für seine Vertragserklärung zu laufen beginnt, § 8 Abs. 1 VVG, wenn der Versicherungsnehmer die gem. § 8 Abs. 2 Nr. 1 und Nr. 2 VVG. Erforderlichen Unterlagen in Textform erhalten hat. Hierbei handelt es sich um 177

- den Versicherungsschein,
- die Vertragsbestimmungen einschließlich der Versicherungsbedingungen,
- die weiteren Informationen nach § 7 Abs. 1 und 2 VVG,
- eine deutlich gestaltete Widerrufsbelehrung mit dem in § 8 Abs. 2 Nr. VVG erforderlichen Inhalt.

U.a. bei Versicherungsverträgen mit einer Laufzeit unterhalb eines Monats, bei gewährter vorläufiger Deckung ist, wenn kein Fernabsatzvertrag iSv § 312 c BGB vorliegt, ein Widerruf des Versicherungsnehmers nicht möglich, § 8 Abs. 3 VVG. 178

b) Für Vertragsschluss gefahrerhebliche Umstände. § 19 Abs. 1 VVG bestimmt, dass der Versicherungsnehmer für die Vertragsschließung nur noch vom Versicherer erfragte gefahrerhebliche Umstände **bis zur Abgabe seiner Vertragserklärung** anzeigen muss. Eine Nachmeldung gefahrerheblicher Umstände nach Antragstellung bis zum Vertragsschluss ist damit nicht erforderlich. 179

Von den gefahrerheblichen Umständen sind bloße Beitragstarifierungsmerkmale abzugrenzen. Dieses sind beispielsweise in dem Antragsformular enthaltene Fragen nach dem Alter des jüngsten Fahrers, der jährlichen Fahrleistung und des Abstellplatzes des zu versichernden Fahrzeugs. 180

Die Schadenshäufigkeit ist bei jüngeren Fahrern statistisch gesehen höher. Je geringer die Fahrleistung des Fahrzeugs ist, umso geringer ist auch dessen Unfallgefahr in der Vollkaskoversicherung. Ein regelmäßiges Abstellen des versicherten Fahrzeugs in einer abschließbaren Einzelgarage verringert die Schadenswahrscheinlichkeit zum Beispiel von Sturm- und Diebstahlsschäden in der Teilkaskoversicherung. 181

Die Abgrenzung zu den gefahrerheblichen Umständen wird meist dadurch deutlich, dass die Rechtsfolgen von hierzu fehlerhaften Angaben des Versicherungsnehmers in den AKB bzw TB über eine Zusatzbeitrags- und Vertragsstrafenregelung vorbestimmt ist.⁵³ Dadurch gibt der Versicherer bereits beim Vertragsschluss zu erkennen, dass er auf weitere Rechtsfolgen von vornherein verzichtet. 182

Den (späteren) Versicherungsnehmer bzw Antragsteller trifft die vorvertragliche Anzeigepflicht nur, wenn der Versicherer ihn in Textform (§ 126 b BGB) nach gefahrerheblichen Umständen gefragt hat. Das Vorlesen der Fragen durch den Versicherungsvertreter genügt daher nicht. Der Versicherungsnehmer muss mindestens die praktische Möglichkeit des Mitlesens 183

---

52 *Rudy* in: Prölss/Martin, § 7 VVG Rn 7
53 Vgl hierzu Ziff. K.4 AKB 2015.

der in Textform verkörperten Fragen gehabt haben.⁵⁴ Eine Verletzung der gesetzlichen Anzeigeobliegenheit berechtigt den Versicherer zum Rücktritt, § 19 Abs. 2 VVG.

184 Nach § 19 Abs. 3 VVG wird das Verschulden des Versicherungsnehmers in Form von Vorsatz bzw grober Fahrlässigkeit vermutet. Gelingt dem Versicherungsnehmer der Nachweis eines geringeren Verschuldens, ist der Rücktritt des Versicherers ausgeschlossen. Allerdings kann der Versicherer in diesem Falle den Versicherungsvertrag gem. § 19 Abs. 3 S. 2 VVG mit Monatsfrist kündigen. Ein Rücktritt des Versicherers wegen grob fahrlässiger Anzeigepflichtverletzung des Versicherungsnehmers ist außerdem ausgeschlossen, wenn der Versicherer den Vertrag bei Kenntnis der nicht angezeigten Umstände gleichwohl oder zu anderen Bedingungen geschlossen hätte, § 19 Abs. 4 S. 1 VVG. Der Eintritt einer der für den Versicherer sich aus einer Anzeigepflichtverletzung des Versicherungsnehmers möglichen vorgenannten Rechtsfolge setzt gem. § 19 Abs. 5 VVG eine vorherige und durch gesonderte in Textform erfolgte Mitteilung des Versicherers über die Rechtsfolgen einer Anzeigepflichtverletzung voraus. Dabei muss der Versicherer für die Wirksamkeit seiner Belehrung auch über die Folgen einer leicht fahrlässigen Verletzung der Anzeigepflicht belehren.⁵⁵

185 Zur Mitteilung in gesonderter Textform hat der BGH zu § 28 Abs. 4 VVG entschieden, dass es für eine gesonderte Mitteilung in Textform genügt, wenn der Versicherer die Belehrung des Versicherungsnehmers in einem Schadenmeldefragebogen oder in einem anderen Schreiben aufnimmt, in welchem der Versicherer dem Versicherungsnehmer Fragen zur Aufklärung des Versicherungsfalls gestellt hat, wenn sich die Belehrung durch ihre Platzierung und drucktechnisch von dem übrigen Text hervorhebt, dass der Versicherungsnehmer sie nicht übersehen kann.⁵⁶ Da die Gesetzestexte des § 28 Abs. 4 VVG und des § 19 Abs. 5 VVG vergleichbar sind, dürfte die vorgenannte BGH-Entscheidung auf die nach § 19 Abs. 5 VVG geforderte gesonderte Mitteilung im Textform übertragbar sein.

186 Eine Belehrung des Versicherungsnehmers nach § 19 Abs. 5 VVG ist entbehrlich, wenn der Versicherungsnehmer seine Anzeigepflicht nach § 19 Abs. 1 VVG arglistig verletzt hat.⁵⁷

187 Abs. 6 des § 19 VVG regelt das Kündigungsrecht des Versicherungsnehmers, wenn der Versicherer für den vom Versicherungsnehmer nicht angezeigten Umstand die Prämie um mehr als 10 % erhöht bzw den nicht angezeigten Umstand nicht decken will.

188 Über § 20 VVG wird dem Versicherungsnehmer das Wissen seines Vertreters bei der Antragstellung zugerechnet. Der Versicherungsnehmer trägt die Beweislast für eine nicht vorsätzliche bzw nicht grob fahrlässige Anzeigepflichtverletzung. Gelingt ihm eine entsprechende Beweisführung, kann sich der Versicherer nicht auf die Anzeigepflichtverletzung berufen.

189 § 21 VVG regelt, dass der Versicherer seine Rechte innerhalb eines Monats schriftlich geltend machen muss. Die Frist beginnt mit der Kenntniserlangung der Anzeigepflichtverletzung des Versicherungsnehmers.

190 Außerdem muss der Versicherer innerhalb der Frist seine Gründe angeben.

---

54 LG Berlin r+s 2014, 7
55 OLG Brandenburg VersR 2010, 1301, 1302.
56 BGH VersR 2013, 297.
57 BGH VersR 2014, 565, 566.

2. Beratungs- und Dokumentationspflicht des Versicherers gem. § 6 VVG.

Nach § 6 VVG muss der Versicherer den Versicherungsnehmer vor dem Vertragsschluss beraten. Die Beratung soll den Versicherungsnehmer, insbesondere vor Abgabe seiner zum Vertragsabschluss führenden Willenserklärung, in den Stand einer ihm möglichen Prüfung der Versicherung und seiner Bedingungen versetzen. Gemäß § 6 Abs. 1 S. 1 VVG hat die Beratung unter Berücksichtigung der Schwierigkeit der Beurteilung der angebotenen Versicherung, der Person und der Situation des Versicherungsnehmers sowie seiner Wünsche und Bedürfnisse zu erfolgen. Der Versicherer soll die Beratung ferner unter Berücksichtigung eines angemessenen Verhältnisses zwischen Beratung und der vom Versicherungsnehmer zu zahlenden Prämien durchführen. Außerdem soll der Versicherer die Gründe für jeden zu einer bestimmten Versicherung erteilten Rat angeben. Der Versicherer hat die Beratung „unter Berücksichtigung der Komplexität des angebotenen Versicherungsvertrags" auch zu dokumentieren (§ 6 Abs. 1 S. 2 VVG).

191

Bei einer Versicherungsvertragsvermittlung durch einen Versicherungsvermittler (§ 59 Abs. 1 VVG), dieses sind der Versicherungsvertreter (§ 59 Abs. 2 VVG) und der Versicherungsmakler (§ 59 Abs. 3 VVG), muss der Versicherungsvermittler den Versicherungsnehmer beraten und die Beratung dokumentieren (§ 61 Abs. 1 VVG). Dabei muss der Versicherungsvermittler den Versicherungsnehmer auch über die in § 60 VVG genannten Grundlagen beraten. Da nach der gesetzlichen Vorgabe (vgl. § 6 Abs. 1 sowie § 61 Abs. 1 VVG) eine Beratung und Befragung des Versicherungsnehmers nur bei entsprechenden Anlass, wie zum Beispiel einer Schwierigkeit der Beurteilung der angebotenen Versicherung oder der Person des Versicherungsnehmers und dessen Situation gefordert ist, die Vorschrift also Anlass zur Auslegung bietet, werden in der Zukunft vermutlich zahlreiche Streitigkeiten über die Erforderlichkeit, den Grund und den Umfang von Beratungen geführt, da eine Verletzung des Beratungserfordernisses gemäß §§ 6 Abs. 5 S. 1 bzw 63 VVG zu einer Schadensersatzpflicht des Versicherers bzw Versicherungsvermittlers führen kann.

192

Die zwar umfangreiche, nach Meinung des Verfassers inhaltlich nicht genügend bestimmte Regelung des § 6 VVG birgt eine Grundlage für zahlreiche Rechtsstreite, in welchen die Gerichte zu beurteilen haben werden, ob die für den Versicherer vorgeschriebene Beratung und Dokumentation im Einzelfall ausreichend erfüllt worden sind. Allerdings sind hiervon eher andere Versicherungssparten, hauptsächlich aus dem Bereich der Personenversicherung, als die Fahrzeugversicherung betroffen.

193

Zur Beratungs- und Dokumentationspflicht des Versicherers bzw Versicherungsvermittlers gibt es bisher erst wenige gerichtliche Entscheidungen. Allerdings hat der BGH entschieden, dass sich der Versicherungsvermittler unter Berücksichtigung der Art des Produkts bei dem Interessenten für eine Versicherung nach dessen Beratungsbedarf erkundigen und die Beratung ausführlich und nachvollziehbar erfolgen muss.[58]

194

In einer aktuellen Entscheidung des BGH, die allerdings noch zu einem im Jahr 2006 – also vor der VVG Reform – abgeschlossenen Versicherungsvertrag ergangen ist, zu dieser Zeit eine Dokumentationspflicht und die Pflicht zur Erstellung eines Beratungsprotokolls noch nicht bestanden hatte, hat der BGH festgestellt, dass den geschädigten Versicherungsnehmer die Darlegungs- und Beweislast für die Voraussetzungen einer Haftung dem Grunde nach, also einer Falschberatung, trifft, sich der Versicherungsnehmer im Hinblick auf den haftungs-

195

---

58 BGH VersR 2014, 45, 48.

ausfüllenden Ursachenzusammenhang zwischen dem – unterstellten – Haftungsgrund und dem Eintritt des geltend gemachten Schadens aber auf das Beweismaß des § 287 Abs. 1 ZPO stützen kann.

196 Danach ist zu prüfen, welchen Verlauf die Dinge ohne die Pflichtverletzung genommen hätten und wie sich die Vermögenslage des Anspruchstellers ohne die Pflichtverletzung darstellen würde. Allerdings kann sich dieser bei der Beurteilung, ob ein schuldhafter Verstoß des Beratungspflichtigen gegen Hinweis- oder Beratungspflichten einen wirtschaftlichen Nachteil verursacht hat, auf die Vermutung aufklärungsrichtigen Verhaltens stützen. Danach trifft den Beratungspflichtigen die Darlegungs- und Beweislast dafür, dass der Geschädigte sich über die aus der Aufklärung und Beratung folgenden Verhaltensempfehlungen hinweggesetzt hätte und deshalb der Schaden auch bei vertragsgerechter und pflichtgemäßer Aufklärung und Beratung eingetreten wäre.[59]

197 Gemäß § 6 Abs. 4 VVG besteht eine Beratungspflicht des Versicherers auch nach Vertragsschluss während der Dauer des Versicherungsvertrages bei Erkennbarkeit eines Beratungsanlasses durch den Versicherer. Den Versicherern ist deshalb zur Meidung einer Schadensersatzpflicht zu empfehlen, den Versicherungsnehmer eher zu gründlich als zu wenig zu beraten.

198 So traf den Versicherungsvertreter nach einer noch zum alten VVG ergangenen Entscheidung keine Beratungspflicht zum Abschluss auch einer Vollkaskoversicherung für ein Ersatzfahrzeug, wenn das bisherige Fahrzeug nur haftpflicht- und teilkaskoversichert war und der Kunde den konkreten Wunsch geäußert hatte, das Ersatzfahrzeug wie bisher zu versichern.[60] Ob diese Entscheidung auch nach dem aktuellen VVG so ergangen wäre, ist nach Auffassung des Verfassers zweifelhaft. Denn schließlich hat der Versicherer auf den Bedarf des Versicherungsnehmers zu ermitteln.

199 Da der Versicherungsnehmer nach § 6 Abs. 3 bzw § 61 Abs. 2 VVG auf die Beratung und deren Dokumentation verzichten kann, wobei dieses durch eine gesonderte schriftliche Erklärung zu erfolgen hat und der Verzicht nur unter der Voraussetzung, dass der Versicherer bzw. der Versicherungsvermittler den Versicherungsnehmer ausdrücklich darauf hingewiesen hat, dass sich ein Verzicht nachteilig auf etwaige Schadensersatzansprüche auswirkt, wirksam möglich ist, dürften viele Versicherer bzw Versicherungsvermittler versuchen, den Versicherungsnehmer zu einem entsprechenden Verzicht zu bewegen. Vermutlich werden sich auch hier zahlreiche Rechtsstreitigkeiten um die Wirksamkeit eines Verzichts im Einzelfall ergeben.

200 Eine Einschränkung bei der Beratung gilt gem. § 6 Abs. 2 S. 2 VVG bei der Gewährung vorläufiger Deckung. Dann darf der Versicherer den Rat zunächst mündlich erteilen, muss aber unverzüglich nach Vertragsschluss die Übermittlung der Dokumentation durch Textform nachholen. Bei Gewährung vorläufiger Deckung zu einer Pflichthaftversicherung, wie zB der Kfz-Haftpflichtversicherung, muss nicht dokumentiert werden.

201 **3. Informationspflicht des Versicherers gem. § 7 VVG.** Ebenfalls muss der Versicherer den Versicherungsnehmer rechtzeitig vor dem Vertragsschluss informieren (§ 7 Abs. 1 S. 1 VVG). Bei der Informationspflicht steht das Produkt im Vordergrund. Der Versicherer muss danach die Vertragsbestimmungen einschließlich der Allgemeinen Versicherungsbedingungen in Text-

---

59 BGH VersR 2015, 187, 188.
60 OLG Hamm VersR 2010, 1215, 1216.

form mitteilen. Damit ist die Informationspflicht des Versicherers allerdings noch nicht erschöpft. Denn nach der gegenüber § 6 VVG nicht minder umfangreich gefassten Vorschrift des § 7 VVG sind die nach deren Abs. 2 durch eine Rechtsverordnung des Bundesjustizministers (Verordnung über Informationspflichten bei Versicherungsverträgen – VVG-Informationspflichtenverordnung vom 18.12.2007)[61] konkretisierten weiteren Informationen mitzuteilen. Außerdem müssen vom Versicherer verwendete Allgemeine Versicherungsbedingungen inhaltlich den Vorschriften des § 10 VAG entsprechen.

Bei auf Wunsch des Versicherungsnehmers telefonisch erfolgtem Vertragsschluss oder bei für einen Vertragsschluss erfolgter Verwendung eines anderen, eine Textform nicht zulassenden, Kommunikationsmittels muss der Versicherer, auch bei einem vorherigen ausdrücklichem Verzicht des Versicherungsnehmers, die Information unverzüglich nach dem Vertragsschluss nachholen, § 7 Abs. 1 S. 3 VVG.

202

Gemäß § 7 Abs. 3 VVG iVm der Rechtsverordnung muss der Versicherer den Versicherungsnehmer auch während der Laufzeit des Vertrags in Textform informieren. Allerdings ist in § 7 VVG eine dem § 6 Abs. 5 VVG vergleichbare Rechtsfolge bei Verstößen des Versicherers gegen den in der Vorschrift genannten Pflichten nicht geregelt. Hier muss abgewartet werden, ob die Rechtsprechung ggf eine Schadensersatzpflicht wegen Pflichtverletzung aus dem BGB zuerkennen wird.

203

4. Widerrufsrecht des Versicherungsnehmers gem. § 8 VVG. Das wirksame Zustandekommen des Versicherungsvertrags hängt schließlich davon ab, dass der Versicherungsnehmer von seinem in § 8 Abs. 1 VVG eingeräumten **Widerrufsrecht** keinen Gebrauch macht.

204

Die **Widerrufsfrist** beträgt 14 Tage. Der Widerruf muss in Textform, also auch hier in der Form des § 126 b BGB, gegenüber dem Versicherer erklärt werden. Eine Begründung für den Widerruf ist nicht erforderlich. Die rechtzeitige Absendung des Widerrufs innerhalb der genannten Frist genügt. Der Versicherungsnehmer muss also ggf nur die rechtzeitige Absendung beweisen.

205

Gemäß § 8 Abs. 2 VVG beginnt die Widerrufsfrist erst, wenn der Versicherer den Versicherungsschein, die Vertragsbestimmungen einschließlich der Allgemeinen Versicherungsbedingungen sowie die weiteren Informationen nach § 7 Abs. 1 und 2 VVG in Textform vorliegen hat. Zusätzlich ist eine deutlich gestaltete Belehrung des Versicherers über das Widerrufsrecht und über die Rechtsfolgen des Widerrufs erforderlich, § 8 Abs. 2 Nr. 2 VVG.

206

Als Folge des Widerrufs trifft den Versicherer gem. § 9 S. 1 VVG eine mit einer Erfüllungsfrist von 30 Tagen verbundene Erstattungspflicht für die ggf über den Zugangszeitpunkt des Widerrufs hinaus gezahlte Prämie, wenn der Versicherer den Versicherungsnehmer den Bestimmungen des § 9 VVG gemäß hingewiesen und belehrt hat. Bei fehlendem Hinweis muss der Versicherer noch die Versicherungsprämien für das erste Jahr des Versicherungsschutzes erstatten, sofern der Versicherungsnehmer keine Leistungen aus dem Versicherungsvertrag in Anspruch genommen hat, § 9 S. 2 VVG.

207

---

61 Abgedruckt in VersR 2008, 183 ff.

VI. Erforderliche Prüfungen des Rechtsanwalts

208 Ist der für den Zeitpunkt des Eintritts des Versicherungsfalls vereinbarte Versicherungsschutz im Hinblick auf die versicherten Risiken festgestellt, muss sich der Anwalt den versicherungsvertraglichen Vereinbarungen über die **Höhe der Versicherungsleistung** widmen. Insbesondere muss er eine bei Kaskoversicherungen häufig vereinbarte vom Versicherungsnehmer zu erbringende **Selbstbeteiligung** berücksichtigen, denn in Höhe der Selbstbeteiligung ist der Versicherer zur Leistung nicht verpflichtet. Der Verfasser hat regelmäßig anwaltliche Fehler bei Klagen auf Versicherungsleistung festgestellt, die beispielsweise ohne Berücksichtigung einer versicherungsvertraglich vereinbarten Selbstbeteiligung und/oder eines vereinbarten Abzugs wegen Fehlens einer Wegfahrsperre im Entwendungsfall des Kfz erhoben wurden.

209 Weiter muss der Anwalt vereinbarte Entschädigungsgrenzen und Vereinbarungen über eine Erstattung bzw Nichterstattung von **Mehrwertsteuer** beachten. Die meisten Versicherer haben ihre Bedingungen mittlerweile dem Schadensersatzrecht des § 249 BGB angepasst. Danach wird Mehrwertsteuer nur bei deren tatsächlichem Anfall erstattet. Außerdem ist regelmäßig eine Nichterstattung der Mehrwertsteuer bei bestehender Vorsteuerabzugsberechtigung des Versicherungsnehmers vereinbart. Auch die AKB 2015 enthalten in Ziff. A.2.5.4 eine entsprechende Regelung.

210 Bei Leasingfahrzeugen ist für die Höhe der Versicherungsleistung darauf zu achten, dass die Verhältnisse des Leasinggebers maßgebend sind.[62] Wegen der bei Leasinggesellschaften regelmäßig bestehenden Vorsteuerabzugsberechtigung besteht hier ein Anspruch auf Versicherungsleistung nur ohne Mehrwertsteuer, wenn der Kaskoversicherungsschutz zugunsten des Leasingnehmers keine anderweitige Regelung vorsieht.

211 Da die Versicherer bei Leasingfahrzeugen eine Absicherung von Deckungslücken zugunsten des Leasingnehmers und Versicherungsnehmers anbieten, ist davon auszugehen, dass der Versicherungsnehmer in der Regel eine derartige Versicherung (sog. GAP-Versicherung) abgeschlossen hat. Demgemäß muss der Anwalt zur Vermeidung eigener Fehler den Versicherungsschutz auch dahin gehend prüfen.

212 Da die Versicherer ihren Versicherungsnehmern auch Tarife mit Werkstattbindung anbieten, vereinbaren die Versicherer bei einer Reparatur des versicherten Fahrzeugs in einer anderen Werkstatt als einer Partnerwerkstatt des Versicherers entweder einen prozentualen Abschlag von der Reparaturkostenrechnung oder auf eine Beschränkung der Reparaturkosten auf den Betrag, der in der Partnerwerkstatt zu bezahlen gewesen wäre.

213 Auch hierauf muss der Anwalt des Versicherungsnehmers für die verlangte Höhe der Versicherungsleistung achten. Zwar wird ihn der Versicherer bei außergerichtlicher Geltendmachung auf die Begrenzung der Versicherungsleistung aufmerksam machen, so dass sich in diesem Stadium ein Fehler bei der Geltendmachung nicht auswirkt, allerdings sind auch Fälle denkbar, in denen der Versicherungsnehmer den Rechtsanwalt mit einer sofortigen Klageerhebung beauftragt, so dass sich der Fehler einer Zuvielforderung jedenfalls bei der Kostentragungspflicht zulasten des Versicherungsnehmers auswirken würde.

214 Die Regelungen zur Höhe der Versicherungsleistung sind in den AKB 2015 in Ziff. A.2.5.1 ff AKB enthalten.

---

62 BGH NJW 1993, 2870, 2871; OLG Köln VersR 2003, 1527.

E. Erste Maßnahmen des durch den Versicherungsnehmer mandatierten Rechtsanwalts 5

Es gibt aber auch sehr komplizierte und über 100 Seiten umfassende Bedingungswerke. Dieses können zB Kaskobedingungen für Handel/Handwerk oder auch Fahrzeugflotten sein. In solchen Bedingungen wird beispielsweise zusätzlicher Versicherungsschutz für Motorschäden oder bestimmtem Fahrzeugverschleiß geboten. Deckung und Höhe sind hier von bestimmten in zahlreichen Ein- und Ausschlüssen geregelten Voraussetzungen abhängig. Dieses können bestimmte Laufleistungsspektren oder durch den Versicherungsnehmer nachzuweisende in bestimmten Zeitintervallen zu erfüllen gewesene Wartungen sein. Bei solch komplizierten Bedingungen ist eine Herausarbeitung des zutreffenden Versicherungsschutzes in Abhängigkeit vom Aufbau und der Gliederung der Versicherungsbedingungen häufig arbeitsintensiv. Die Gefahr, etwas Wesentliches zu übersehen, ist dann groß. 215

Beispiel: 216
Nach den Sonderbedingungen zur Kraftfahrtversicherung für Kfz-Handel und -Handwerk besteht kein Versicherungsschutz, wenn das versicherte Fahrzeug zu anderen als Prüfungs-, Probe- oder Überführungsfahrten in Betrieb gesetzt wird (zB die Fahrt zu einer Diskothek, weil dabei nicht das Ausprobieren des Wagens im Vordergrund steht).[63] Denn das rote Kennzeichen darf gem. § 16 Abs. 3 FZV (Fahrzeug-Zulassungsverordnung) nur an den dort bestimmten Personenkreis und nur für die vorgenannten Fahrtzwecke ausgegeben und verwendet werden.

Übersieht der Anwalt des Versicherungsnehmers in dem vorgenannten Fall den versicherungsvertraglich vorausgesetzten und damit vereinbarten Fahrtzweck und erhebt er gleichwohl Klage, macht sich der Anwalt schadensersatzpflichtig. 217

Hinweis: Erfahrungsgemäß liegt bei mangelnder Beachtung der Vereinbarungen zum Umfang und zur Höhe der Versicherungsleistung eine häufige Fehlerquelle. Die Geltendmachung von nicht bzw in der Höhe nicht vereinbarten Versicherungsleistungen stellt regelmäßig einen zu einem möglichen Anwaltsregress führenden Fehler dar und erweckt bei dem Mandanten natürlich auch den Eindruck einer oberflächlich erfolgten Bearbeitung. 218

VII. Geltendmachung des Anspruchs auf Versicherungsleistung

1. Schadensmeldung durch den Anwalt. Mitunter kommt es vor, dass ein Mandant seinen Anwalt bittet, in der Kaskoversicherung die Versicherungsleistung von Anfang an geltend zu machen, weil der Mandant unerfahren in der Führung derartiger Korrespondenz ist oder der Mandant Fehler vermeiden will. In diesen Fällen muss der Rechtsanwalt für den Mandanten häufig auch die Schadensmeldung vornehmen. 219

Im Regelfall muss der Mandant derartige Anwaltstätigkeiten selbst bezahlen, da Rechtsschutzversicherer idR erst dann zur Deckungserteilung verpflichtet sind, wenn Streit über die Versicherungsleistung entweder dem Grunde oder der Höhe nach besteht. Deshalb ist der Mandant darauf hinzuweisen, dass er für die anwaltliche Geltendmachung der Versicherungsleistung in nicht streitigen Fällen die **Anwaltsgebühren** ggf selbst bezahlen muss. Es besteht auch keine einheitliche Rechtsprechung, dass der Versicherungsnehmer aufgewendete Anwaltsgebühren für die Meldung und Regulierung eines Kaskoschadens nach einem von ihm unverschuldeten Verkehrsunfall als Verzugsschadensersatzforderung von dem Kfz-Haft- 220

---
63 OLG Köln VersR 2010, 1309.

pflichtversicherer des Schädigers fordern kann. Als Richtlinie lässt sich nach Auffassung des Unterzeichners hier festhalten, dass bei einfach gelagerten Fällen ein Kostenerstattungsanspruch wohl ausscheidet, insbesondere bei vollkommen klarer und unstreitiger Haftung des Unfallgegners.[64]

221 Übernimmt der Anwalt für seinen Mandanten die Schadensmeldung und Beantwortung von Fragen aus dem Schadensformular, wird der Anwalt als sog. Wissenserklärungsvertreter gem. § 166 Abs. 1 BGB für den Mandanten tätig. Damit erfolgt eine Zurechnung der Kenntnis und des Verhaltens des Anwalts unmittelbar für und gegen den Versicherungsnehmer. Für eine Stellung als Wissenserklärungsvertreter iSd § 166 Abs. 1 BGB genügt es schon, dass eine Person mit Wissen und Wollen einer Vertragspartei Aufgaben übernimmt, die typischerweise der Vertragspartei zukommen. Die die Aufgaben übernehmende Person steht damit im Lager der Vertragspartei, wird in ihrem Pflichtenkreis tätig und ist somit als Hilfsperson der Vertragspartei anzusehen.[65]

222 Zwar können den Anwalt versicherungsrechtliche Obliegenheiten seines Mandanten nicht selbst treffen, weil der Anwalt kein Repräsentant des Versicherungsnehmers bezüglich des versicherten Kfz ist, doch vor dem Hintergrund einer möglichen eigenen Inanspruchnahme des Anwalts in Form eines Anwaltsregresses durch den Mandanten muss der Anwalt die für die Erfüllung der Obliegenheiten des Versicherungsnehmers wesentlichen Fragen und Tatsachen genau und sorgsam erfassen. Der Anwalt sollte sich insoweit durch schriftliche und vom Mandanten gegengezeichnete Bestätigungen absichern.

223 Hat der Mandant den Rechtsanwalt hinreichend über den Sachverhalt – auch durch Vorlage der kompletten Versicherungsunterlagen – informiert und hat der Mandant den Schaden noch nicht seinem Kaskoversicherer gemeldet, gilt es die Schadensmeldefrist nach Ziff. E.1.1.1 der AKB 2015 einzuhalten. Ein erstes Musteranschreiben kann wie folgt aussehen:

224 ▶ **Muster: Geltendmachung des Anspruchs auf Versicherungsleistung gegenüber dem Fahrzeugversicherer des Mandanten**

An die ... Versicherungs AG

Versicherungsscheinnummer: ...

Sehr geehrte Damen und Herren,

unter Hinweis auf die in Kopie für Sie beigefügte, mir erteilte Vollmacht zeige ich die Interessenvertretung Ihres Versicherungsnehmers, Herrn ..., an.

Für meinen Mandanten möchte ich einen Vollkaskoschaden bezüglich des bei Ihnen versicherten Kfz mit dem amtlichen Kennzeichen ... melden. Aufgrund eines Unfalls vom ... möchte mein Mandant die für das Fahrzeug bei Ihnen bestehende Vollkaskoversicherung in Anspruch nehmen.

Mein Mandant fuhr am ... mit dem versicherten Fahrzeug in ... die ...straße in Richtung .... Es herrschte Schneeglätte. Vor meinem Mandanten fuhr ein Pkw mit dem amtl. Kennzeichen ....

Bei Annäherung an die lichtzeichengeregelte Kreuzung zur ...straße schaltete die Lichtzeichenanlage von Grünlicht über Gelblicht auf Rotlicht. Der vor meinem Mandanten fahrende Pkw unternahm deshalb eine Vollbremsung. Auch mein Mandant nahm daraufhin sofort eine Vollbremsung vor, ge-

---

64 BGH NJW 2005, 1112.
65 BGH VersR 2014, 565, 566.

riet dabei auf dem schneeglatten Fahrbahnbelag ins Rutschen, so dass er es nicht mehr schaffte, hinter dem vor ihm befindlichen Pkw anzuhalten.

Durch das Auffahren wurde der Pkw meines Mandanten erheblich beschädigt und musste abgeschleppt werden. Die Abschleppkostenrechnung der ...-Abschleppdienste GmbH über ... EUR habe ich beigefügt.

Der Pkw meines Mandanten ist bis zum Autohaus ... in ... geschleppt worden. Er kann dort besichtigt werden. Ich bitte deshalb zur Feststellung der Höhe des Fahrzeugschadens eine Begutachtung zu veranlassen und mir eine Kopie des Gutachtens zu übersenden.

Die Abschleppkosten bitte ich entsprechend der Absprache mit dem Abschleppunternehmer direkt an diesen zu überweisen. Etwaige Hinderungsgründe bitte ich mitzuteilen.

Nach Feststellung der Höhe des Fahrzeugschadens bitte ich um Auszahlung der Versicherungsleistung unter Berücksichtigung der von meinem Mandanten zu tragenden Selbstbeteiligung in Höhe von 300 EUR.

Für weitere Rückfragen stehe ich zur Verfügung und verbleibe

mit freundlichen Grüßen

Rechtsanwalt

Anlagen:
- Kopie der Vollmacht des Mandanten
- Abschleppkostenrechnung der ...-Abschleppdienste GmbH ◄

Üblicherweise wird der Fahrzeugversicherer auf die Meldung eines Versicherungsfalls mit der Übersendung von Schadensformularen bzw Fragebögen reagieren. Die Beantwortung der dort von dem Versicherer gestellten Fragen sollte zur Vermeidung von zu einer Leistungskürzung bzw bei Arglist sogar zu einer Leistungsfreiheit des Versicherers führenden Obliegenheitsverletzungen des Versicherungsnehmers sehr ernst genommen werden. Ausführlich zum Thema Obliegenheitsverletzungen siehe unten Rn 241 ff. 225

2. Klageerhebung gegen den Versicherer. a) Arten der Klageerhebung. Ist dem Versicherungsnehmer die Durchsetzung der von ihm beanspruchten Versicherungsleistung, ggf unter Mithilfe seines Anwalts, außergerichtlich nicht gelungen, ist eine Klageerhebung notwendig. 226

Grundsätzlich hat der Versicherungsnehmer die Möglichkeit der Erhebung einer **Leistungsklage**, wenn er die genaue Höhe der Versicherungsleistung kennt und somit beziffern kann. Er kann aber auch eine **Feststellungsklage** erheben. Eine Feststellungsklage bietet sich an, wenn der Versicherungsnehmer die durch den Versicherer festzustellende Versicherungsleistung nicht kennt, zB weil der Versicherer von vornherein und ohne Feststellung der Schadenshöhe die Erbringung der Versicherungsleistung abgelehnt hat. 227

Es kommt durchaus häufiger vor, dass der Versicherer zunächst die Höhe der Versicherungsleistung festgestellt hat und er erst danach den Deckungsanspruch des Versicherungsnehmers dem Grunde nach ablehnt. 228

In einem solchen Fall muss der Versicherungsnehmer nicht auf Leistung klagen. Denn er muss sich nicht mit der vom Versicherer festgestellten Höhe der Versicherungsleistung einverstanden erklären. Deshalb kann der Versicherungsnehmer auf Feststellung der Gewährung 229 der Versicherungsleistung dem Grunde nach klagen und sich die Durchführung des Sachverständigenverfahrens gem. Ziff. A.2.6 AKB 2015 (siehe auch § 84 VVG) vorbehalten.⁶⁶

230 Allerdings können hierdurch vermeidbare Zusatzkosten entstehen. Außerdem muss der Versicherungsnehmer noch länger auf die Versicherungsleistung warten. Deshalb ist es zweckmäßig, einen etwaigen Streit auch über die Höhe der Versicherungsleistung in den Rechtsstreit mit einzubeziehen, wenn der Versicherungsnehmer zur Bezifferung der von ihm beanspruchten Versicherungsleistung in der Lage ist. Dann kann auch ein etwaiger Rechtsschutzversicherer des Mandanten dem Mandanten eine Obliegenheitsverletzung wegen unnötiger Kostenerhöhung nicht vorwerfen.

231 **Hinweis:** Dreht sich der Streit zwischen Versicherungsnehmer und Versicherer ausschließlich um die Höhe der Versicherungsleistung, während der Deckungsanspruch des Versicherungsnehmers durch den Versicherer – ohne vorherige Ablehnung – dem Grunde nach zuerkannt worden ist, stellt die Erhebung einer Klage in der Fahrzeugversicherung einen groben anwaltlichen Fehler dar! Denn bei ausschließlichem Streit über die Höhe der Versicherungsleistung steht einer Klageerhebung regelmäßig das in den AKB vorgesehene Sachverständigenverfahren entgegen. Der Anwalt muss deshalb die AKB auf ein vereinbartes und etwa vorrangiges Sachverständigenverfahren überprüfen. Beruft sich der Versicherer im Rechtsstreit auf die mangelnde Durchführung des Sachverständigenverfahrens, ist die Klage als derzeit unbegründet wegen einer noch nicht gegebenen Fälligkeit der Versicherungsleistung abzuweisen.⁶⁷

232 **b) Beweislast.** Im privaten Versicherungsvertragsrecht trägt grundsätzlich der Versicherungsnehmer die Beweislast für die Voraussetzungen des Anspruchs auf Versicherungsleistung. Es kann nur davor gewarnt werden, dass ein Rechtsanwalt zur vermeintlichen Verbesserung der Beweissituation seines Mandanten die Versicherungsansprüche durch den Mandanten als Versicherungsnehmer an einen Dritten abtreten und diesen klagen lässt. Denn die AKB enthalten in Ziff. A.2.7.4 ein **Abtretungsverbot**. Solange der Versicherer den Leistungsanspruch des Versicherungsnehmers noch nicht endgültig festgestellt hat, kann der Versicherungsnehmer den Anspruch ohne ausdrückliche Genehmigung des Versicherers weder abtreten noch verpfänden werden. Der Versicherer wird regelmäßig vor der endgültigen Feststellung des Versicherungsanspruchs die Genehmigung einer Abtretung verweigern.

233 Bei unter die Teilkaskoversicherung fallenden Entwendungen gilt im Hinblick auf die Beweislast die Besonderheit einer zugunsten des Versicherungsnehmers eingreifenden Beweiserleichterung. Diese wird im Abschnitt über das versicherte Risiko „Fahrzeugdiebstahl" dargestellt (siehe Rn 280 ff).

234 **c) Örtlich zuständiges Gericht.** Das VVG enthält in § 215 VVG Regelungen über die örtliche Zuständigkeit des Gerichts. Neben den in der ZPO enthaltenen Regelungen über die örtliche Zuständigkeit hat der Versicherungsnehmer durch das VVG mit § 215 Abs. 1 S. 1 VVG einen **zusätzlichen Gerichtsstand** für Klagen gegen den Versicherer erhalten. Er kann derartige Klagen vor seinem Wohnsitzgericht, bei Fehlen eines Wohnsitzes vor dem Gericht, in dessen Bezirk er seinen gewöhnlichen Aufenthalt hat, erheben.

---

66 *Knappmann*, in Prölss/Martin, AKB 2008 A.2.17 Rn 2.
67 LG Erfurt zfs 2013, 217; LG Dresden, Urt. v. 13.9.2013 – 8 O 709/13; AG Dresden, Urt. v. 30.1.2014 – 110 C 4878/13; AG Neuss SP 2010, 374; AG Hannover SP 2010, 266.

E. Erste Maßnahmen des durch den Versicherungsnehmer mandatierten Rechtsanwalts

Zu beachten ist, dass für **Klagen gegen den Versicherungsnehmer** dessen Wohnsitzgericht **ausschließlich** örtlich zuständig ist, § 215 Abs. 1 S. 2 VVG. **235**

Da § 215 Abs. 1 S. 1 VVG vom „Wohnsitz" des Versicherungsnehmers spricht, stellt sich die Frage der Anwendbarkeit des Gerichtsstands des § 215 Abs. 1 S. 1 VVG auf Unternehmen, insbesondere juristische Personen. **236**

Obwohl die Vorschrift wegen deren Wortlauts nicht unmittelbar auf juristische Personen anwendbar sein soll, wird die Anwendbarkeit zumindest in Analogie im Ergebnis bejaht, u.a. mit dem Argument, dass die Vorschrift auch auf den Versicherungsnehmer im Allgemeinen und nicht auf den Versicherungsnehmer als Verbraucher abstellt.[68] **237**

▶ **Muster: Klageschrift – Anspruch aus Teilkaskoversicherung (Feststellungsklage)**[69] **238**

An das Amtsgericht ...

Klage

des Herrn ...

– Kläger –

Prozessbevollmächtigte: RAe ...

gegen

die ... Versicherung AG, vertreten durch den Vorstand, dieser vertreten durch den Vorstandsvorsitzenden, Herrn ..., ...

– Beklagte –

wegen: Feststellung der Gewährung von Versicherungsschutz

Streitwert (vorläufig): ... EUR

Namens und in Vollmacht des Klägers erheben wir Klage mit den Anträgen:

1. Es wird festgestellt, dass die Beklagte dem Kläger aus der bei der Beklagten unter Versicherungsscheinnummer ... abgeschlossenen Fahrzeugteilversicherung unter Berücksichtigung einer durch den Kläger zu tragenden Selbstbeteiligung iHv 153 EUR aus dem Unfallereignis vom ... auf der Ortsverbindungsstraße zwischen ... und ... für den am versicherten Versicherungsschutz zu gewähren hat.
2. Es wird festgestellt, dass die Beklagte sich mit der Gewährung des Versicherungsschutzes mindestens seit dem ... in Verzug befindet und sie die Versicherungsentschädigung seit dem ... bis zum ... mit 4 % p.a.[70] zu verzinsen und ab dem ... bis zur Zahlung der Versicherungsleistung Verzugszinsen gem. §§ 288 Abs. 1, 247 Abs. 1 BGB zu zahlen hat.
3. Die Beklagte trägt die Kosten des Rechtsstreits.
4. Dem Kläger wird nachgelassen, jegliche Sicherheitsleistung durch Bürgschaft eines deutschen Kreditinstituts zu erbringen.
5. Im Falle des Vorliegens der gesetzlichen Voraussetzungen beantragen wir den Erlass eines Anerkenntnis-/Versäumnisurteils.

---

68 *Klimke*, in Prölss/Martin, § 215 VVG Rn 9 ff.
69 Hinweis: Bei allen Klagemustern sind etwaig einzuklagende außergerichtlich entstandene Rechtsanwaltskosten nicht berücksichtigt.
70 Diese Verzinsung gilt gem. § 91 VVG unabhängig von einem Verzug der Beklagten.

§ 5 Fahrzeugversicherung (Teilkasko-/Vollkaskoversicherung)

Begründung:

I. Parteirollen und anwendbares Recht

Der Kläger war vom ... bis zum ... Versicherungsnehmer der zu Ziffer 1) unter der Versicherungsscheinnummer bei der Beklagten abgeschlossenen Kraftfahrtversicherung.

Neben einer Kfz-Haftpflichtversicherung war für den versicherten Pkw ... mit dem amtl. Kennzeichen ... im Rahmen der Fahrzeugversicherung eine Teilkaskoversicherung mit einer Selbstbeteiligung iHv 153 EUR vereinbart.

Beweis: für das Gericht beigefügte Fotokopie des Versicherungsscheins vom ... als Anlage K 1

Mit seiner Klage beansprucht der Kläger aus einem am ... eingetretenen Versicherungsfall von der Beklagten eine Versicherungsleistung.

II. Versichertes Risiko „Glasbruchschäden"

Dem vorgenannten Versicherungsvertrag haben die Allgemeinen Bedingungen für die Kraftfahrtversicherung 2008 (AKB) der Beklagten, Stand: 1.10.2008, zugrunde gelegen.

Beweis: für das Gericht beigefügte Kopie der genannten AKB als Anlage K 2

Der Umfang des Versicherungsschutzes aus der Fahrzeugversicherung ergibt sich unter Hinweis auf die Anlage K 2 aus § Ziff. A.2.2.5 AKB im Hinblick auf die Versicherung von Bruchschäden an der Verglasung des Fahrzeugs.

Beweis: wie vor

III. Eintritt des Versicherungsfalls

Am ..., nachmittags gegen 15.00 Uhr, verunfallte das bei der Beklagten teilkaskoversicherte Kfz auf einer Fahrt von ... nach .... Fahrzeugführerin des versicherten Pkws des Klägers war zu dieser Zeit seine Tochter, Frau ....

Die Tochter und nunmehrige Zeugin ... geriet infolge eines Fahrfehlers auf die Gegenfahrbahn, kollidierte dort mit einem entgegenkommenden Pkw, wobei der versicherte Pkw in der Folge von der Fahrbahn abkam und gegen einen Baum prallte.

Hierbei gingen sowohl die Seitenscheiben der vorderen beiden Türen als auch sämtliche Frontscheinwerfer und die in den vorderen Kotflügeln angebrachten Seitenblinker des versicherten Pkws zu Bruch. Ebenfalls wurde der linke Außenspiegel abgerissen und ging zu Bruch.

Beweis: 1. Zeugnis der Frau ..., zu laden über die Anschrift des Klägers
2. Fotoabzüge des unfallbeschädigten Pkws ...

Damit ist der Versicherungsfall „Bruchschäden an der Verglasung" eingetreten.

Es wird hierzu darauf hingewiesen, dass nach einhelliger Meinung der Begriff „Glas" funktional zu verstehen ist. Unter „Glas" fallen deshalb auch aus Kunststoff bestehende, lichtdurchlässige Teile, wie zB Blinker, Fahrzeugscheinwerfer, Kunststoffscheiben (zB aus Acryl oder Polycarbonat bestehend) und Spiegel.

Vgl: Prölss/Martin-Knappmann, VVG 29. Aufl. 2015, A.A.2 AKB 2008 Rn. 53

Deshalb hat der Kläger einen Ersatzanspruch auch für die aus Kunststoff (Acrylglas) bestehenden beschädigten Blinker.

Am ... hat der Kläger der Beklagten den Haftpflicht- als auch den Kaskoschaden schriftlich gemeldet.

Beweis: für das Gericht beigefügte Fotokopie der Schadenanzeige vom ... als Anlage K 3

IV. Ablehnungsgründe der Beklagten

Die Beklagte hat eine Gewährung von Versicherungsschutz für die aufgezählten Glasbruchschäden verweigert: und hat sich auf eine Leistungskürzung auf „null" berufen. Insoweit hat sie sich auf eine grob fahrlässige Herbeiführung des Versicherungsfalls gem. § 81 Abs. 2 VVG sowie auf eine Repräsentantenstellung der Fahrzeugführerin und Zeugin, Frau ..., berufen.

1. Keine grobe Fahrlässigkeit

Bezüglich des Vorliegens grober Fahrlässigkeit bezieht sich die Beklagte auf eine Angabe der Zeugin ... vom Unfallort, aufgrund vorangegangenen Stresses an der Arbeitsstelle kurz eingenickt zu sein.

Zunächst weist der Kläger darauf hin, dass, da es sich bei der Zeugin ... nicht um die Versicherungsnehmerin der Beklagten handelt, demzufolge der Vorwurf und Einwand einer grob fahrlässigen Herbeiführung des Versicherungsfalls allenfalls bei einer vorliegenden Repräsentantenstellung der Zeugin greift.

Es mag sein, dass die Zeugin ... gegenüber der Polizei eine Angabe, eingenickt zu sein, gemacht hat. Denn dieses war für sie vielleicht eine mögliche Erklärung für den Unfall, da sie nach dem Unfall aus einer kurzen Bewusstlosigkeit aufgewacht war.

Es ist dabei zu berücksichtigen, dass die Zeugin ... durch den Unfall selbst erheblich verletzt worden war. Sie erlitt eine Nasenfraktur, eine Brustbeinprellung, eine Quetschung des linken Fußes und ein Schädelhirntrauma I. Grades. Die polizeiliche Vernehmung erfolgte, während die Zeugin ... in der Notfallambulanz des Krankenhauses ... versorgt wurde.

Beweis: 1. Aktenvermerk über die von der Zeugin ... erlittenen Verletzungen als Anlage K 4
2. Aktenvermerk des Polizeihauptmeisters ... als Anlage K 5
3. Zeugnis der Frau ...

Die Zeugin befand sich zu dieser Zeit in einem Ausnahmezustand und hatte zu dieser Zeit einen klaren Gedanken gar nicht fassen können. Wegen der zu dieser Zeit behandlungsbedürftig gewesenen Verletzungen der Zeugin war der Anhörungszeitpunkt schlicht und ergreifend ungeeignet.

Ungeachtet der Frage, ob die Zeugin ... tatsächlich kurz eingenickt war oder nicht, und ungeachtet der später zu behandelnden Frage ihrer Repräsentanteneigenschaft, liegt ein zur Leistungsfreiheit gem. § 81 Abs. 2 VVG führendes grob fahrlässiges Verhalten der Zeugin ... nicht vor.

Außerdem ist die Beklagte bei unterstellter grobfahrlässiger Herbeiführung des Versicherungsfalls nicht zu einer Leistungskürzung auf „null" sondern nur zu einer Kürzung der Versicherungsleistung unter Berücksichtigung der Schwere des Verschuldens des Versicherungsnehmers beziehungsweise des an seine Stelle getretenen Repräsentanten berechtigt. Denn § 81 Abs. 2 VVG berechtigt den Versicherer nur zu einer Leistungskürzung nicht aber zu einer Leistungsfreiheit.

Die Zeugin ... befand sich auf der Heimfahrt von ihrem Arbeitsplatz. Sie hatte zur Unfallzeit eine Ausbildung als Krankenschwester im Krankenhaus ... absolviert. Von dort sind es zu ihrem Wohnort in ... nur 12 km gewesen. Die Strecke führt über ... und ..., wobei die Fahrt etwa 20 Minuten dauert und der Unfall nach etwa 9 bis 10 km Fahrt geschah. Die Strecke ist auch nicht eintönig und geradlinig sondern kurvenreich gewesen.

Beweis: Zeugnis der Frau ...

Deshalb hatte die Strecke auch eine durchgehende Aufmerksamkeit der Zeugin ... erfordert, nicht aber ein Einnicken durch eine monotone Streckenführung begünstigt.

Gerade weil die Strecke nicht monoton sondern kurvenreich gewesen ist, waren Fahrfehler der Zeugin ... eher wahrscheinlich.

Hinzukommt, dass aufgrund einer Dienstbesprechung kurz vor ihrem Feierabend die Zeugin ... aufgewühlt wurde, da ihr auf der die Besprechung ein persönlicher Vorwurf wegen eines beruflichen Vorfalls gemacht worden war. Die Zeugin ... hatte sich deshalb über den Vorwurf sehr geärgert und darüber auch auf ihrer Heimfahrt nachgedacht.

Möglicherweise war sie deshalb einen kurzen Moment unaufmerksam gewesen und deshalb von der Strecke abgekommen. Sie musste weder deshalb noch aufgrund der Kürze der Fahrt und des einen Autofahrer fordernden Streckencharakters mit einem Einnicken rechnen. Sie war am Abend vor dem Unfall gegen 22.00 Uhr ins Bett gegangen und hatte von 6.00 Uhr bis 14.30 Uhr gearbeitet. Sie war bei der Abfahrt nicht müde gewesen und hatte vor dem Unfall auch keinerlei auf ein „Einnicken" hindeutende Umstände festgestellt.

Beweis: wie vor

Selbst bei einem unterstellten, vom Kläger aber bestrittenen, Einnicken der Zeugin ..., liegt grob fahrlässiges Verhalten in subjektiver Hinsicht nicht vor (OLG Frankfurt/Main VersR 1998, 973).

Denn auch deutliche Vorzeichen einer Ermüdung zwingen den Fahrer nicht zu einer sofortigen Unterbrechung der Fahrt, so dass auch aus diesem Grund grob fahrlässiges Verhalten nicht vorliegt (OLG München VersR 1995, 288).

Dementsprechend hat auch das OLG Dresden einen sog. Sekundenschlaf nicht als subjektiv grob fahrlässig bewertet (OLG Dresden, Urt. v. 8.2.2001 – 4 U 2447/00, beigefügt als Anlage K 6).

Die Beklagte hat bei ihrer Ablehnung verkannt, dass ein grob fahrlässiges Verhalten nicht nur in objektiver Hinsicht, sondern auch in subjektiver Hinsicht gegeben sein muss.

Allerdings hat sie sich hierzu auf eine bloße polizeilich protokollierte Angabe der zu dieser Zeit unter den Verletzungsfolgen des Unfalls stehenden Zeugin, möglicherweise eingenickt zu sein und damit auf eine bloße Vermutung gestützt.

Darlegungs- und beweisbelastet sowohl für das Vorliegen objektiver als auch subjektiver grober Fahrlässigkeit ist die Beklagte. Hierfür genügen ihre Vermutungen allerdings nicht.

2. Keine Repräsentantenstellung der Zeugin ...

Selbst bei Annahme eines objektiv als auch subjektiv grob fahrlässigen Verhaltens der Zeugin ... ist die Beklagte zu einer Leistungskürzung nicht berechtigt, da es sich bei der Zeugin nicht um eine Repräsentantin des Klägers, also des Versicherungsnehmers, handelt. Hierfür reicht die überwiegende Nutzung des versichert gewesenen Pkws ... durch die Zeugin ... gegenüber der geringeren Nutzung des Pkws durch den Kläger nicht aus (OLG Koblenz VersR 2005, 1577; OLG Frankfurt VersR 2005, 1232).

Denn der Kläger hatte sich nicht vollständig seiner Verfügungsbefugnis und Verantwortlichkeit für den versicherten Pkw begeben, was schon daran deutlich wird, dass er die Schadensanzeige (Anlage K 3) ausgefüllt hat und er als Versicherungsnehmer in seinem Versicherungsantrag vom ... angegeben hat, dass das versicherte Fahrzeug durch ihn, seine Ehefrau und seine Tochter, die Zeugin ..., genutzt werde und er der Halter des Fahrzeugs sei.

E. Erste Maßnahmen des durch den Versicherungsnehmer mandatierten Rechtsanwalts

Beweis: Kopie des Versicherungsantrags/Deckungsauftrags zur Kraftfahrtversicherung vom ... als Anlage K 7

V. Feststellungsinteresse des Klägers

Eine Bezifferung der Höhe des Glasbruchschadens ist dem Kläger nicht möglich. Nach seiner Kenntnis hat die Beklagte über den Fahrzeugschaden ein Gutachten eingeholt. Allerdings hat sie dem Kläger das eingeholte Gutachten nicht zur Verfügung gestellt, so dass der Kläger die Höhe des Glasbruchschadens nicht kennt.

Mit vorgerichtlichem Anwaltsschreiben vom ... wurde die Beklagte zu einer Überlassung des Gutachtens aufgefordert. Mit Antwortschreiben vom ... hat sich die Beklagte zu dieser Aufforderung nicht positioniert.

Da außerdem Meinungsverschiedenheiten über die Höhe des Glasbruchschadens nicht ausgeschlossen werden können, ist im Hinblick auf das in Ziffer A.2.17 der vereinbarte Sachverständigenverfahren ein Feststellungsinteresse des Klägers auch aus diesem Grund gegeben.

VI. Verzug der Beklagten

Die Beklagte befindet sich spätestens seit dem ... in Verzug. Denn sie hat mit einem Schreiben vorgenannten Datums unmittelbar gegenüber dem Kläger die Ablehnung der Gewährung einer Versicherungsleistung aus dem hier streitgegenständlichen Versicherungsfall erklärt.

Beweis im Bestreitensfall: Vorlage des Ablehnungsschreibens der Beklagten vom ... im Termin zur mündlichen Verhandlung

Sie hat deshalb die gesetzlichen Verzugszinsen gem. §§ 288 Abs. 1, 247 Abs. 1 BGB zu zahlen.

Der Kläger geht vorrangig davon aus, dass sich die Beklagte gem. Ziffer A.2.14 AKB mindestens seit dem ... in Verzug befindet.

Gemäß Ziffer A.2.14.1 AKB ist die Entschädigung innerhalb von zwei Wochen nach ihrer Feststellung fällig.

Das nach Kenntnis des Klägers durch die Beklagte eingeholte Schadensgutachten hat die Beklagte dem Kläger nicht zur Kenntnis gegeben. Der Kläger geht davon aus, dass die Beklagte das Gutachten unmittelbar nach seiner Meldung des Versicherungsfalls veranlasst hat. Denn der Versicherer muss nach den mit der gebotenen Eile vorzunehmenden nötigen Erhebungen die Feststellung von Grund und Höhe der Entschädigung treffen. Bei einer Verzögerung der Erhebungen ist der Zeitpunkt entscheidend, zu dem die Feststellungen bei ordnungsgemäßem Vorgehen hätten getroffen werden können.

Vgl. *Knappmann*, in: Prölss/Martin, VVG, 28. Aufl. AKB 2008 A.2.14.

Der Kläger kann aus eigenem Wissen nicht angeben, wann die Beklagte Einsicht in die polizeiliche bzw. staatsanwaltschaftliche Unfall-/Ermittlungsakte bekommen hat und sie frühestens zu einer Feststellung der Entschädigung gem. Ziffer A.2.14.1 AKB in der Lage gewesen ist. Die Beklagte trifft deshalb zu diesem Punkt eine sekundäre Darlegungslast.

Allerdings kann sich der Kläger im Hinblick auf den Verzug der Beklagten auf jeden Fall auf das Ablehnungsschreiben der Beklagten vom ... stützen, denn bei einer Ablehnung durch den Versicherer tritt die Fälligkeit sofort ein.

Vgl. *Knappmann*, in: Prölss/Martin, aaO.

Außerdem hat der Versicherungsnehmer auch ohne einen Verzug des Versicherers Anspruch auf eine Verzinsung gem. § 91 VVG bis zu dem Zeitpunkt, ab dem er die höheren Verzugszinsen beanspruchen kann.

Aus den genannten Gründen ist der Klage stattzugeben.

VII. Örtliche Zuständigkeit des Amtsgerichts ...

Das angerufene Gericht ist als Wohnsitzgericht des Klägers gem. § 215 Abs. 1 S. 1 VVG für den Rechtsstreit örtlich zuständig.

Rechtsanwalt ◄

239 ► **Muster: Klageerwiderung – Anspruch aus Teilkaskoversicherung**

An das Amtsgericht ...

Klageerwiderung

In dem Rechtsstreit

... [Kläger] ./. ... [Beklagte]

Az ...

wird beantragt:

1. die Klage abzuweisen;
2. die Kosten des Rechtsstreits trägt der Kläger;
3. der Beklagten im Fall einer Verurteilung nachzulassen, die Vollstreckung durch Hinterlegung oder Sicherheitsleistung abzuwenden, welche auch in Form einer Bürgschaft durch eine deutsche Großbank erbracht werden kann, ohne Rücksicht auf eine Sicherheitsleistung des Klägers.

Begründung:

Die Klage ist nicht begründet.

Die Beklagte kann sich erfolgreich auf den objektiv als auch subjektiv vorliegenden Risikoausschluss der grob fahrlässigen Herbeiführung des Versicherungsfalls berufen.

Sie ist deshalb nach § 81 Abs. 2 VVG zu einer Leistungskürzung ausnahmsweise um 100 % berechtigt. Denn es liegt ein außerordentlich schweres Verschulden der auch als Repräsentantin des Versicherungsnehmers anzusehenden Fahrzeugführerin des versicherten Fahrzeugs vor.

Der Kläger muss sich das Verhalten seiner Tochter, der Fahrzeugführerin und Zeugin Frau ..., deshalb zurechnen lassen.

1. Vorliegen einer Versicherung für fremde Rechnung gem. §§ 43 ff VVG

Es trifft zu, dass der Kläger formell der Versicherungsnehmer der bei der Beklagten für den in der Klageschrift genannten Pkw abgeschlossenen Teilkaskoversicherung gewesen ist.

Allerdings hat er die Fahrzeugversicherung nicht für sich, sondern für seine Tochter, die Fahrzeugführerin und Zeugin Frau ..., abgeschlossen.

Auf ausdrückliche Nachfrage der Beklagten hat der Kläger mit Schreiben vom ... gegenüber der Beklagten erklärt, dass sämtliche Kosten für den versicherten Pkw nicht von ihm, sondern von seiner Tochter, der Fahrzeugführerin und Zeugin Frau ..., getragen werden.

Beweis: Kopie des Schreibens des Klägers vom ... als Anlage B1

E. Erste Maßnahmen des durch den Versicherungsnehmer mandatierten Rechtsanwalts

Die Beklagte geht davon aus, dass der versicherte Pkw eigentumsrechtlich nicht dem Kläger, sondern der Tochter des Klägers und Zeugin Frau ..., zuzuordnen ist.
Versichert der Versicherungsnehmer eine Sache, die im fremden Eigentum steht, handelt es sich um eine sog. Versicherung für fremde Rechnung. Dafür gelten die Vorschriften der §§ 43–47 VVG. Nach § 47 Abs. 1 VVG wird dem Versicherungsnehmer das Verhalten des Versicherten zugerechnet. Das grob fahrlässige Verhalten der Zeugin ... schadet deshalb dem Kläger als Versicherungsnehmer und führt gem. § 81 Abs. 2 VVG zur zu einer hier ausnahmsweise 100 % betragenden Leistungskürzung der Beklagten.
Die Beklagte geht davon aus, dass der Kläger den seiner Tochter gehörenden Pkw bei ihr als Zweitwagen versichert hat, damit seine Tochter als Fahranfängerin eine günstigere Versicherungseinstufung und damit günstigere Beitragszahlungen erhält.

2. Zeugin ... als Repräsentantin des Klägers

Abgesehen davon, dass dem Kläger das Verhalten der Zeugin über § 47 Abs. 1 VVG zugerechnet wird, ist die Zeugin auch als Repräsentantin des Klägers anzusehen.
Nach herrschender Rechtsprechung ist Repräsentant, wer in den Geschäftsbereich, zu dem das versicherte Risiko gehört, aufgrund eines Vertretungs- oder ähnlichen Verhältnisses an die Stelle des Versicherungsnehmers getreten ist. Der Repräsentant ist befugt, selbstständig in einem gewissen, nicht ganz unbedeutendem Umfang für den Versicherungsnehmer zu handeln; er nimmt dem Versicherungsnehmer also die Risikoverwaltung ab. Für die Repräsentanteneigenschaft ist nicht erforderlich, dass der Dritte auch Rechte und Pflichten aus dem Versicherungsvertrag wahrzunehmen hat (BGH VersR 1996, 1229, 1230; 1993, 828).
Die Zeugin ... hatte nicht nur die laufenden Kosten für das versicherte Fahrzeug allein und vollumfänglich getragen. Nach Angaben des Klägers hatte seine Tochter und Zeugin ... auch eigenständig die Fahrzeugwartungen und die Vorführung des Fahrzeugs zur Hauptuntersuchung veranlasst. Es steht deshalb fest, dass der Kläger der Zeugin die Risikoverwaltung über das versicherte Kfz übertragen hatte, zumal sie auch eigenverantwortlich über die jederzeitige Nutzung des Kfz hatte entscheiden können.
Allein die Tatsache, dass das Fahrzeug noch durch weitere Personen und den Kläger benutzt worden war, dieses bestreitet die Beklagte allerdings mit Nichtwissen, schließt eine Repräsentantenstellung der Zeugin ... nicht aus.

3. Grobe Fahrlässigkeit der Zeugin ...

Da das Verhalten der Zeugin ... dem Kläger einerseits über § 47 Abs. 1 VVG und andererseits über deren Repräsentantenstellung zugerechnet werden kann, ergibt sich ein Leistungskürzungsrecht der Beklagten, weil die Zeugin ... den Versicherungsfall grob fahrlässig herbeigeführt hat.
Sie hat gegenüber den unfallaufnehmenden Polizeibeamten – unstreitig – angegeben, kurz eingenickt und deshalb von der Fahrbahn abgekommen zu sein.
Eine derartige Angabe macht eine Person nicht wahrheitswidrig, wenn es um die Erklärung der Ursache eines Unfalls geht. Denn mit einer solchen Erklärung hat sich die Zeugin ... selbst belastet. Ein Grund für die Zeugin, sich wahrheitswidrig selbst zu belasten, ist vorliegend nicht ersichtlich.
Zunächst einmal entspricht erfahrungsgemäß die unmittelbar nach einem Unfall abgegebene Erstschilderung des Unfallhergangs und der Unfallursache den Tatsachen. Hätte sich die Zeugin zu dieser Zeit tatsächlich in einem Ausnahmezustand befunden, hätte sie keinerlei Angaben gemacht, da sie dann dazu nicht in der Lage gewesen wäre.

§ 5 Fahrzeugversicherung (Teilkasko-/Vollkaskoversicherung)

Bei einem Fahrfehler der Zeugin hätten auf der Fahrbahn Radier- bzw. Schleuderspuren der Reifen feststellbar sein müssen, da bei einem Fahrfehler der Fahrer ein Abkommen von der Fahrbahn durch Gegenlenken und eine Vollbremsung zu verhindern versucht.

Soweit der Kläger die von der Zeugin gegenüber der Polizei gemachte Angabe durch eigene Verletzungen der Zeugin zu relativieren versucht, überzeugt sein Vorbringen nicht.

Der vom Kläger beschriebene Gesundheitszustand der Zeugin zum Zeitpunkt ihrer Anhörung spricht eher für wahrheitsgemäße Angaben der Zeugin, da die Erfindung einer wahrheitswidrigen Unfallursache für die gesundheitlich angeschlagen gewesene Zeugin für die Zeugin viel zu anstrengend gewesen wäre.

Außerdem hatte die Zeugin gegenüber den sie anhörenden Polizeibeamten nichts von einem ihr gegenüber auf der Arbeitsstelle erhobenen und sie aufwühlenden Vorwurf berichtet.

Deshalb geht die Beklagte hier von einem Vorliegen grober Fahrlässigkeit aus.

Untermauert wird dies dadurch, dass die Zeugin ... unmittelbar vor dem Verlassen ihrer Arbeitsstelle und vor Antritt der Fahrt gegenüber ihrer Arbeitskollegin und im Strafverfahren gehörten Zeugin ... angegeben hat, in der Nacht zuvor wegen starker Kopfschmerzen nur zwei Stunden geschlafen zu haben und sie sich völlig müde und fertig gefühlt habe und sie unmittelbar nach ihrer Heimkehr ins Bett hätte gehen wollen. Wegen dieser Aussage der vorgenannten Zeugin ... wurde die vom Kläger benannten Zeugin ... wegen des hier streitgegenständlichen Unfalls durch das AG ... wegen fahrlässiger Straßenverkehrsgefährdung zu einer Geldstrafe verurteilt. Außerdem hatte das Amtsgericht ihr die Fahrerlaubnis für sechs Monate entzogen.

Beweis: Beiziehung der Strafakte des Amtsgerichts ... zum Az ...

Das Abkommen von der Fahrbahn infolge Einnickens stellt eine Außerachtlassung der im Verkehr erforderlichen Sorgfalt in besonders hohem Maße dar.

Da jedem Einschlafen bzw Einnicken Ermüdungsanzeichen vorausgehen, ist der Zeugin ... auch in subjektiver Hinsicht ein besonders schwerwiegender Sorgfaltsverstoß vorzuwerfen.

So ist gerade im Fall einer Krankenschwester ein Einschlafen auf der Heimfahrt nach einem 16-stündigen Arbeitstag von der Rechtsprechung als grob fahrlässig bewertet worden (OLG Nürnberg zfs 1987, 277).

Außerdem waren dem Abkommen von der Fahrbahn die vor jedem Einschlafen auftretenden Ermüdungsanzeichen vorausgegangen, auf die die Zeugin ... reagieren und sie daher das Fahrzeug hätte abstellen müssen.

So hat der hinter der Zeugin fahrende Zeuge ... bereits 2 km vor dem Unfallereignis Auffälligkeiten in der Fahrweise der Zeugin ... festgestellt. Der Zeuge hat wahrgenommen, dass die Zeugin ... beim Durchfahren einer Rechtskurve trotz geringer Geschwindigkeit weit auf die Gegenfahrbahn geraten war und dabei eine durchgezogene Linie (Verkehrszeichen 295 der Anlage 2 zu § 35 a StVO) überfahren hatte. Erst kurz vor dem linken Fahrbahnrand konnte die Zeugin ... das versicherte Fahrzeug durch ein abruptes Nachrechtslenkmanöver wieder auf ihre Fahrbahn zurückbringen.

Beweis: Zeugnis des Herrn ...

Das von dem Zeugen ... wahrgenommene Fahrverhalten der Zeugin ... etwa 2 km vor der Unfallstelle lässt nur den Schluss zu, dass der Zeugin ... bereits zu diesem Zeitpunkt kurz die Augen zugefallen waren und sie gerade noch einen Unfall hatte verhindern können.

Soweit der Kläger behauptet hat, die Zeugin sei aufgrund einer Dienstbesprechung kurz vor Feierabend aufgewühlt gewesen, sie habe weder deshalb noch aufgrund der Kürze der Fahrt mit einem

Einnicken rechnen müssen, sie sei am Abend vor dem Unfall gegen 22.00 Uhr ins Bett gegangen und habe am Folgetag von 6.00 Uhr bis 14.30 Uhr gearbeitet, sie sei bei der Abfahrt nicht müde gewesen und habe vor dem Unfall auch keinerlei auf ein Einnicken hindeutende Umstände festgestellt, bestreitet die Beklagte diese Behauptungen mit Nichtwissen.

Vielmehr steht aufgrund der in dieser Klageerwiderung bereits wiedergegebenen Aussage der Zeugin ... im Strafverfahren die Unrichtigkeit dieser Behauptung fest. Denn nach den Angaben der Fahrerin und Zeugin ... hatte sie in der Nacht zuvor kaum geschlafen und war zudem durch den folgenden Arbeitstag erschöpft. Aufgrund ihres körperlichen Ermüdungs- und Erschöpfungszustands hätte die Zeugin die Fahrt überhaupt nicht antreten dürfen, da die Gefahr eines Sekundenschlafs für die Zeugin ... offensichtlich gewesen sein musste.

Das Einnicken der Zeugin ... unmittelbar vor dem Unfall war für den Unfall auch kausal. Wäre die Zeugin nicht eingenickt, hätte sie die Fahrt gemeistert und wäre nicht von der Fahrbahn abgekommen.

Ein anderer Grund für das Abkommen von der Fahrbahn ist aufgrund der Äußerungen der Fahrerin und Zeugin ... nicht erkennbar und auch nicht glaubhaft. Technische Mängel des Fahrzeugs hatten nicht vorgelegen. Auch spricht der von der Beklagten festgestellte Sachverhalt gegen einen reinen bloßen Fahrfehler der Zeugin ....

Bei freier, verständiger und vollständiger Würdigung der Tatsachen und Indiztatsachen gem. § 286 ZPO unter Berücksichtigung der Wahrnehmungen der Zeugin ... und des Zeugen ... verbleibt als plausible Unfallursache nur das von der Zeugin ... gegenüber der Polizei zugestandene Einnicken.

Zusammenfassend ist festzustellen, dass sowohl in objektiver als auch in subjektiver Hinsicht grob fahrlässiges Verhalten bei der Zeugin ... vorgelegen hat und das Verhalten der Zeugin dem Kläger als Versicherungsnehmer sowohl über § 47 Abs. 1 VVG als auch über eine Repräsentantenstellung der Zeugin zuzurechnen ist.

4. Umfang der Leistungskürzung

Die Bewertung der Schwere des Verschuldens der Zeugin ... führt vorliegend zu einer Leistungskürzung der Beklagten um 100 %. Denn die Zeugin hatte bereits vor ihrer Abfahrt von ihrer Arbeitsstelle von ihrer Müdigkeit gewusst und hatte deshalb von vornherein mit einem Einschlafen auf der Fahrt von ihrer Arbeitsstelle nach Hause rechnen müssen, so dass hier kein großer Abstand mehr zur bedingt vorsätzlichen Herbeiführung des Versicherungsfalls mehr gegeben ist.

Mithin liegen ein Unterschied und damit ein schwereres Verschulden gegenüber einem Sachverhalt vor, wenn der bei Antritt der Fahrt noch nicht müde gewesene Versicherungsnehmer erst während und noch nicht bei Antritt der Fahrt einzuschlafen droht.

Aufgrund der bereits vor Antritt der Fahrt bei der Zeugin ... bestandenen erheblichen Müdigkeit, hätte sie ihr Fahrzeug von vornherein stehen lassen und auf andere Art und Weise nach Hause gelangen müssen. Deshalb ist die genannte Leistungskürzung auch der Höhe nach gerechtfertigt.

Die Klage ist deshalb abzuweisen.

Rechtsanwalt ◂

§ 5 Fahrzeugversicherung (Teilkasko-/Vollkaskoversicherung)

240 ▶ **Muster: Replik – Anspruch aus Teilkaskoversicherung**

An das Amtsgericht ...

Replik

In dem Rechtsstreit

... [Kläger] ./. ... [Beklagte]

Az ...

repliziert der Kläger auf die Klageerwiderung der Beklagten vom ... wie folgt:

Das von der Beklagten der Zeugin ... unterstellte grob fahrlässige Verhalten ist dem Kläger weder über § 47 Abs. 1 VVG noch über eine Repräsentantenstellung der Zeugin zuzurechnen.

1. Der Kläger bestreitet das Vorliegen einer Fremdversicherung für seine Tochter und Zeugin ...
   Es trifft zwar zu, dass die Zeugin ... die Unterhaltskosten für das versicherte Kfz getragen hat. Dieses war aber allein die Gegenleistung der Zeugin ... dafür, dass der Kläger ihr die Nutzung des Fahrzeugs erlaubt hatte.

   Beweis: Zeugnis der Frau ...

   Der Kläger weist auch darauf hin, dass er allein den Kaufpreis für das Fahrzeug aufgewandt und das Fahrzeug auf seinen eigenen Namen erworben hat.

   Beweis: Fotokopie des Kaufvertrags vom ..., als Anlage K7 beigefügt

2. Für das Vorliegen einer Versicherung für fremde Rechnung ist die Beklagte beweisbelastet.
   Der Kläger beruft sich zum Vorliegen einer eigenen Versicherung auf die zu seinen Gunsten eingreifende gesetzliche Vermutung des § 43 Abs. 3 VVG.
   Die Beklagte muss diese Vermutung widerlegen und den etwaigen Beweis für das Vorliegen der von ihr behaupteten Versicherung für fremde Rechnung führen.

3. Eine Repräsentantenstellung der Zeugin ... wurde nicht dadurch begründet, dass sie für das Fahrzeug Werkstatttermine und – im Übrigen – nur einen Termin zur Hauptuntersuchung des Fahrzeugs vereinbart hat.
   Der Grund hierfür liegt allein darin, dass der Kläger der Zeugin ... die Nutzung des Fahrzeugs unter der Woche gestattet hatte. Da allgemein und damit gerichtsbekannt Fahrzeugwerkstätten und Prüfungsstellen für die Hauptuntersuchung nur werktags geöffnet haben, die Zeugin ... als Krankenschwester im Schichtdienst arbeiten musste und muss, hat der Kläger der Zeugin eigenständige Vereinbarungen für die Werkstatttermine aus Zweckmäßigkeitsgründen erlaubt, damit die Zeugin für die Vereinbarung der Werkstatttermine ihre Arbeitszeiten und beruflichen Verpflichtungen berücksichtigen konnte.

   Beweis: Zeugnis der Frau ...

   Immer wieder machen Versicherer und auch Gerichte die Repräsentanteneigenschaft daran fest, wer die finanziellen Lasten des Fahrzeugs trägt. Allerdings hat die finanzielle Betreuung des Fahrzeugs mit der für eine Repräsentanteneigenschaft erforderlichen Risikoverwaltung des Fahrzeugs nichts zu tun.
   Der Kläger hatte sich seiner Entscheidungen über das Fahrzeug nicht begeben. Im Gegenteil hatte er mit der Zeugin ... besprochen, wann und weshalb das Fahrzeug in eine Werkstatt fahren musste. Lediglich aus Vereinfachungs- und Zweckmäßigkeitsgründen hatte er der Zeugin ... eigenständige Terminvereinbarungen erlaubt.

Der Kläger hatte sich deshalb nicht vollständig der Verfügungsgewalt und tatsächlichen Betreuung des Fahrzeugs begeben.

4. Weiter wird mit Nichtwissen bestritten, dass die Zeugin ... etwa 2 km vor der späteren Unfallstelle infolge eines kurzen Einnickens von ihrer Fahrbahnhälfte abgekommen ist und das Kfz nur durch ein abruptes Nachrechtslenken wieder auf ihre Fahrbahnhälfte zurückgebracht hat.

Ein kurzes Abkommen von der eigenen Fahrbahnhälfte unterläuft nicht nur kurz einnickenden Fahrzeugführern, sondern ist überwiegend auf eine nur kurze Unaufmerksamkeit zurückzuführen.

Die Einwendungen der Beklagten greifen deshalb nicht, so dass der Klage stattzugeben ist.

Rechtsanwalt ◄

F. Einwendungen des Versicherers

I. Obliegenheitsverletzungen des Versicherungsnehmers

Ein in der versicherungsrechtlichen und damit auch rechtsanwaltlichen Praxis äußerst bedeutsames Kapitel stellen Obliegenheitsverletzungen dar. Denn Versicherer berufen sich regelmäßig auf Leistungsfreiheit, zumindest auf eine Leistungskürzung unter Hinweis auf Obliegenheitsverletzungen des Versicherungsnehmers. Von der umfassenden Kenntnis dieses Rechtsgebiets hängt häufig der Erfolg bzw Misserfolg des Rechtsstreits ab.

1. Definition und Arten von Obliegenheiten. Obliegenheiten sind entweder gesetzlich vorgeschriebene oder/und üblicherweise durch Allgemeine Versicherungsbedingungen oder durch sonstige vertragliche Vereinbarungen zwischen Versicherer und Versicherungsnehmer vereinbarte, allerdings nicht einklagbare Verhaltenspflichten des Versicherungsnehmers.

Verletzungen von Obliegenheiten durch den Versicherungsnehmer führen als Rechtsfolge häufig zur Einschränkung oder sogar, nicht nur bei Vorliegen von Vorsatz bzw Arglist gem. § 28 Abs. 3 S. 2 VVG sondern auch im Fall des § 26 Abs. 2 VVG, zum Verlust des Versicherungsschutzes in Form der Leistungsfreiheit des Versicherers.

Der Rechtsanwalt muss deshalb wissen, womit er Obliegenheitsverletzungseinwendungen des Versicherers wirksam begegnen und wie er seinen Mandanten gegen derartige Vorwürfe verteidigen kann.

Andererseits muss der Versicherungssachbearbeiter wissen, wann ein Verweis des Versicherers auf eine Obliegenheitsverletzung des Versicherungsnehmers oder seines mit ihm gleichgestellten Repräsentanten erfolgreich ist und zu einer Leistungskürzung bzw zu einer Leistungsfreiheit führen wird.

Beispiele für gesetzliche Obliegenheiten des Versicherungsnehmers sind die Anzeigeobliegenheit bis zur Abgabe seiner Vertragserklärung nach § 19 Abs. 1 VVG, das Verbot der Gefahrerhöhung, aber auch die Anzeigepflicht einer Gefahrerhöhung, § 23 VVG oder die Rettungspflicht und Schadenminderungspflicht, § 82 VVG. Bei den gesetzlichen Obliegenheiten bestimmt das Gesetz die sich aus einer Obliegenheitsverletzung ergebende Rechtsfolge, vgl zB § 82 Abs. 3 VVG. Im Einzelfall kann deshalb, wenn der Versicherungsvertrag eine schon gesetzlich zu beachtende Obliegenheit, wie zB die vom Versicherungsnehmer zu beachtende Schadenminderungspflicht, auch vertraglich regelt, die vertraglich vorgesehene Rechtsfolge zB wegen mangelhafter Belehrung des Versicherungsnehmers nicht durchsetzbar ist, die Verletzung der auch gesetzlich geregelten Obliegenheit zulasten des Versicherungsnehmers die Rechtsfolge herbeiführen.

247 Im Versicherungsvertragsrecht und damit auch in der Fahrzeugversicherung wird zwischen *vor* und *nach* Eintritt des Versicherungsfalls zu erfüllenden Obliegenheiten differenziert.

248 Die Unterscheidung ist bedeutsam, weil sich daraus unterschiedliche Rechtsfolgen, insbesondere auch im Hinblick auf den Fortbestand des Versicherungsvertrags und die Wirksamkeit des Berufens des Versicherers auf die Obliegenheitsverletzung ergeben können.

249 Nur mindestens grob fahrlässige oder vorsätzliche ggf auch arglistige Obliegenheitsverletzungen können für den Versicherungsnehmer Leistungseinschränkungen zur Folge haben.

250 Nach aktuellem Versicherungsrecht wird der Versicherer regelmäßig versuchen, dem Versicherungsnehmer eine vorsätzliche, gleichzeitig aber auch arglistige Obliegenheitsverletzung vorzuwerfen. Dieses hat den Grund, dass dem Versicherungsnehmer bei einem Vorliegen von Arglist ein Kausalitätsgegenbeweis gem. § 28 Abs. 3 S. 2 VVG abgeschnitten ist und der Versicherer leistungsfrei wird.

251 **Arglistig** handelt der Versicherungsnehmer schon dann, wenn er sich bewusst ist, dass sein Verhalten den Versicherer bei der Schadenregulierung möglicherweise beeinflussen kann. Es genügt, dass der Versicherungsnehmer den Versicherer durch jede objektiv falsche Angabe oder durch ein Verschweigen offenbarungspflichtiger Tatsachen, die für den Grund oder die Höhe der Entschädigung bedeutsam sind, täuscht, um das Regulierungsverhalten des Versicherers zu seinen Gunsten zu beeinflussen. Eine Bereicherungsabsicht des Versicherungsnehmers ist hierfür nicht erforderlich. Vielmehr genügt bereits das Bestreben, Schwierigkeiten bei der Durchsetzung berechtigter Deckungsansprüche zu beseitigen.[71]

252 Unterzeichnet der Versicherungsnehmer eine von seinem Ehegatten ausgefüllte Schadensanzeige, in der Vorschäden verschwiegen werden, ohne zuvor den das Fahrzeug regelmäßig nutzenden Sohn nach vorhandenen Vorschäden gefragt zu haben, wird dem Versicherungsnehmer Arglist zugerechnet.[72]

253 Bei vorsätzlicher, gleichzeitig aber nicht arglistiger Obliegenheitsverletzung wird der Versicherer nur leistungsfrei, wenn dem Versicherungsnehmer der Kausalitätsgegenbeweis nicht gelingt oder der Versicherungsnehmer den Beweis erst gar nicht antritt.

254 Bei grob fahrlässiger Obliegenheitsverletzung steht dem Versicherer nur ein Leistungskürzungsrecht zu. Allerdings kann der Versicherungsnehmer auch hier den Kausalitätsgegenbeweis erbringen. Gelingt ihm das, muss der Versicherer auch hier in vollem Umfang leisten.

255 **2. Obliegenheitsadressat.** Adressat zu beachtender Obliegenheiten in der Kaskoversicherung ist nach dem Gesetzes- und Bedingungswortlaut nur der Versicherungsnehmer, anders als in der Kfz-Haftpflichtversicherung, bei der Obliegenheiten auch vom berechtigten Fahrer als sogenannte mitversicherte Person des versicherten Fahrzeugs zu beachten sind.

256 Allerdings muss sich der Versicherungsnehmer nach der Rechtsprechung auch das Handeln von ihm eingeschalteter Dritter, nämlich seines Wissenserklärungsvertreters bzw. seines ihm gleichgestellten Repräsentanten zurechnen lassen.

---

71 BGH VersR 2011, 1121, 1233; OLG Hamm VersR 2012, 356, 357; OLG Saarbrücken VersR 2011, 1511, 1512.
72 OLG Saarbrücken VersR 2011, 1511, 1512.

Wissenserklärungsvertreter bzw. **Wissensvertreter** ist eine in nicht ganz untergeordneter Stellung zumindest in einem Teilbereich durch den Versicherungsnehmer an seiner Stelle mit der Erstattung von Auskünften – z.B. zur Erfüllung von Auskunfts- und Aufklärungsobliegenheiten – oder mit einer Kenntnisnahme rechtserheblicher Tatsachen für das Versicherungsverhältnis betraute Person. Der Versicherungsnehmer muss die Person eingesetzt haben, für ihn im Rechtsverkehr bestimmte Aufgaben in eigener Verantwortung zu erledigen.[73]

257

Nach höchstrichterlicher Rechtsprechung ist **Repräsentant**, wer in den Geschäftsbereich, zu dem das versicherte Risiko gehört, aufgrund eines Vertretungs- oder ähnlichen Verhältnisses an die Stelle des Versicherungsnehmers getreten ist. Der Repräsentant ist befugt, selbstständig in einem gewissen, nicht ganz unbedeutenden Umfang für den Versicherungsnehmer zu handeln und nimmt damit dem Versicherungsnehmer die Risikoverwaltung ab. Für die Repräsentantenstellung ist nicht erforderlich, dass der Dritte auch Rechte und Pflichten aus dem Versicherungsvertrag wahrzunehmen hat.[74]

258

3. Vertragliche Obliegenheiten. a) Obliegenheiten vor Eintritt des Versicherungsfalls. Vertraglich vereinbarte Obliegenheiten, die in der Fahrzeugversicherung vor Eintritt des Versicherungsfalls zu erfüllen sind, sind in den AKB 2015 in Ziff.D.1.1 genannt. Der Versicherer darf dem Versicherungsnehmer in der Kfz-Haftpflicht-Versicherung als Obliegenheiten vor dem Versicherungsfall nur die in § 5 KfzPflVV genannten Obliegenheiten auferlegen. Für die Kaskoversicherung gilt die KfzPflVV nicht. Allerdings enthalten die AKB in der Regel keine bzw. nur wenige über § 5 KfzPflVV hinausgehende Obliegenheiten. Zu den *vor* Eintritt des Versicherungsfalls zu erfüllenden Obliegenheiten gehören in der Kaskoversicherung u.a., das versicherte Fahrzeug nicht ohne die notwendige Fahrerlaubnis und nicht unter Beeinflussung alkoholischer Getränke bzw. anderer berauschender Mittel zu führen.

259

Außerdem darf das versicherte Fahrzeug nur zu dem im Versicherungsvertrag vereinbarten Zweck verwendet werden.

260

b) Obliegenheiten nach Eintritt des Versicherungsfalls. Die Zulässigkeit vereinbarter Obliegenheiten, die *nach* Eintritt des Versicherungsfalls zu erfüllen sind, ist auch in der Kfz-Haftpflicht-Versicherung gesetzlich nicht beschränkt. Allerdings gibt es hierzu in den §§ 6 und 7 KfzPflVV beschränkte Rechtsfolgen zu beachten. Da die KfzPflVV für die Kaskoversicherung nicht gilt, gibt es dort auch keine gesetzliche Beschränkung von Obliegenheiten. Allerdings hat die Rechtsprechung für die Vereinbarung von Obliegenheiten Wirksamkeitserfordernisse aufgestellt. So muss eine nach Eintritt des Versicherungsfalls zu erfüllende und ein Tun oder Unterlassen verlangende Obliegenheit in den Versicherungsbedingungen möglichst klar und deutlich formuliert sein. Der Versicherungsnehmer muss die wirtschaftlichen Nachteile und Belastungen klar erkennen können.[75]

261

Nach Eintritt des Versicherungsfalls zu erfüllende vertraglich vereinbarte Obliegenheiten sind in den AKB 2015 in Ziff. E.1 genannt.

262

Zu den wichtigsten von dem Versicherungsnehmer zu beachtenden Obliegenheiten gehören die Pflicht zum Verbleib am Unfallort, um die erforderlichen Feststellungen zu ermöglichen,

263

---

[73] BGH NJW 1995, 662, 663; BGH r+s 1993, 281, 282; OLG Saarbrücken VersR 2005, 1511, 1512; *Armbrüster*, in: Prölss/Martin, § 28 VVG Rn 132 f.
[74] BGH VersR 1996, 1229, 1230; 1993, 828; *Armbrüster*, in: Prölss/Martin, § 28 VVG Rn 99.
[75] BGH zfs 2010, 29, 31, 32.

§ 5 Fahrzeugversicherung (Teilkasko-/Vollkaskoversicherung)

die rechtzeitige und schriftliche Schadensmeldung des Versicherungsfalls gegenüber dem Versicherer, die Pflicht zur Aufklärung des Versicherers über die gesamten Umstände und Tatsachen des Versicherungsfalls sowie die Schadensminderungspflicht. Außerdem ist in den üblicherweise verwendeten AKB nach den vorgenannten AKB-Regelungen für Entwendungs-, Brand- und Wildschäden ab einer bestimmten Schadenshöhe eine polizeiliche Anzeige erforderlich.

264 Den Versicherungsnehmer treffen nach Eintritt des Versicherungsfalls auch gesetzliche, insofern meist aber auch bereits vertraglich geregelte Obliegenheiten, so die Schadenabwendungs- und -minderungspflicht gem. Ziff. E.1.1.4 AKB 2015 bzw § 82 VVG.

265 Im Rahmen der Aufklärungsobliegenheit ist der Versicherungsnehmer verpflichtet, alles zu tun, was zur Aufklärung des Versicherungsfalls erforderlich ist, Ziff. E.1.1.3 AKB 2015. Hierzu sind in der vorgenannten Ziffer mehrere Verhaltenserfordernisse genannt, zB darf der Versicherungsnehmer vor Abschluss der notwendigen Feststellungen den Unfallort nicht verlassen. Ein unerlaubtes Entfernen vom Unfallort stellt in aller Regel eine zur Leistungsfreiheit des Versicherers führende vorsätzliche und zugleich arglistige Obliegenheitsverletzung dar.[76] Dieses gilt selbst dann, wenn die Voraussetzungen des Straftatbestands des § 142 StGB nicht erfüllt sind.[77]

266 Außerdem hat er für die Minderung des Schadens zu sorgen, Ziff. E.1.1.4 AKB 2015.

267 Er muss dem Versicherer sämtliche Informationen erteilen, deren der Versicherer zur Prüfung seiner Eintrittspflicht und zur Höhe der Versicherungsleistung bedarf. So muss er dem Versicherer innerhalb der in den AKB geregelten Anzeigepflicht (1 Woche) den Versicherungsfall anzeigen, Ziff. E.1.1.1 AKB 2015.

268 Die nicht fristgerechte Anzeige des Versicherungsfalls kann selbst dann eine Obliegenheitsverletzung darstellen, wenn die Inanspruchnahme der Kaskoversicherung ursprünglich gar nicht beabsichtigt war. Die Obliegenheitsverletzung hat sich ausgewirkt, wenn dem Versicherer durch die Verspätung die Möglichkeit genommen ist, durch eigene Sachverständige Feststellungen zu Grund und Höhe zu treffen.[78]

269 Auch wenn in älteren Versicherungsbedingungen ein ausdrücklicher Hinweis, sich nicht unerlaubt vom Unfallort zu entfernen und am Unfallort die notwendigen Feststellungen zu ermöglichen, fehlt, gehören die vorgenannten Pflichten nach ständiger Rechtsprechung zur Aufklärungsobliegenheit des Versicherungsnehmers, nämlich alles zu tun, was zur Aufklärung des Schadenereignisses dienlich sein kann.

270 Entwendungs-, Brand- und Wildschäden müssen ab einer bestimmten Schadenssumme unverzüglich polizeilich angezeigt werden, Ziff. E.1.3.3 AKB 2015.

271 In der Regel erkundigt sich der Versicherer durch Schadensmeldeformulare bzw Schadensfragebögen beim Versicherungsnehmer über die ihn interessierenden Umstände. Im Rahmen der Kaskoversicherung verlangt der Versicherer vom Versicherungsnehmer Informationen über den genauen Schadenshergang und die genaue Schadensentstehung, bei Unfällen über die Person des Fahrers, über eine etwaige Alkoholisierung des Fahrers, in Entwendungsfällen über

---

[76] OLG München zfs 2015, 213, 214.
[77] OLG Stuttgart VersR 2015, 444, 445.
[78] OLG Karlsruhe VersR 2010, 1307, 1308.

die Schlüsselverhältnisse des Fahrzeugs, über Anschaffungsdatum, Kaufpreis, Laufleistung und Vorschäden des versicherten Kfz.

Die Schadensfragebögen des Versicherers decken bereits eine Vielzahl gewünschter Auskunftserteilungen ab. Darüber hinaus erkundigen sich die Versicherer regelmäßig durch jeweilige gesonderte und individuelle Fragen. Der Versicherungsnehmer ist zur wahrheitsgemäßen Beantwortung der ihm gestellten Fragen verpflichtet. Beantwortet der Versicherungsnehmer einzelne Fragen nicht bzw lässt er deren Beantwortung offen, trifft den Versicherer, wenn er aus der Nichtbeantwortung eine Obliegenheitsverletzung einwenden will, nach der Rechtsprechung eine **Nachfragepflicht**.[79] Der Versicherer muss dadurch zum Ausdruck bringen, dass es ihm auf die Beantwortung der offengelassenen Fragen ankommt. 272

Mit der Deckungsablehnung durch den Versicherer endet die Pflicht des Versicherungsnehmers zur Erfüllung von Obliegenheiten.[80] 273

Aus diesem Grund sollte der Versicherungssachbearbeiter gegenüber dem Versicherungsnehmer nicht zu früh oder gar nicht eine Deckung ablehnen sondern die Bearbeitung offenhalten. Denn mit der Deckungsablehnung hat der Versicherungsnehmer gegenüber dem Versicherer keine Aufklärungsobliegenheit mehr zu erfüllen. 274

Allerdings kann die Obliegenheitsverpflichtung des Versicherungsnehmers dann wieder aufleben, wenn der Versicherer eindeutig und zweifelsfrei zu erkennen gibt, an der Leistungsablehnung nicht weiter festhalten und erneut in eine Sach- und Leistungsprüfung eintreten zu wollen.[81] 275

4. Rechtsfolgen bei Verletzung gesetzlicher bzw. vertraglicher Obliegenheiten. Grundsätzlich sind im Rechtsstreit Obliegenheitsverletzungen des Versicherungsnehmers nur zu prüfen, wenn sich der Versicherer darauf beruft und er wegen der Obliegenheitsverletzung eine Leistungskürzung oder eine Leistungsfreiheit einwendet. 276

Die Berechtigung des Versicherers zu einer Leistungskürzung bzw Leistungsfreiheit ergibt sich entweder aus dem Gesetz bei gesetzlich bestimmten Obliegenheiten oder aus vertraglich vereinbarten Obliegenheiten Dabei muss der Versicherungsnehmer – wie schon unter Rn 255 ff ausgeführt – auch für ein Fehlverhalten Dritter einstehen, zB bei einer Obliegenheitsverletzung des Repräsentanten[82] oder eines vom Versicherungsnehmer eingeschalteten Wissenserklärungsvertreters[83] oder eines vom Versicherungsnehmer betrauten Wissensvertreters.[84] 277

Bei den Rechtsfolgen von Obliegenheitsverletzungen ist danach zu differenzieren, ob eine Obliegenheit verletzt worden ist, die *vor* bzw *nach* Eintritt des Versicherungsfalls zu beachten und zu erfüllen gewesen ist. 278

Die Verletzung einer versicherungsvertraglich vereinbarten Obliegenheit wirkt sich nur aus, wenn der Versicherer mit dem Versicherungsnehmer bestimmte Rechtsfolgen, welche bei der 279

---

79 OLG Hamm VersR 1996, 53; 1995, 1231.
80 BGH VersR 2013, 609; VersR 1999, 1134, 1136; *Armbrüster*, in: Prölss/Martin, § 28 VVG Rn 77 mit zahlreichen Rspr-Nachw.
81 BGH VersR 2013, 609; VersR 1999, 1134, 1136; *Armbrüster*, in: Prölss/Martin, § 28 VVG Rn 78
82 BGH zfs 1996, 418, 419.
83 BGH VersR 1993, 960; OLG Koblenz VersR 2000, 315, 316; OLG Düsseldorf VersR 1999, 1106, 1107; OLG Hamm VersR 1995, 1437, 1438.
84 OLG Hamm VersR 1995, 1437, 1438.

Obliegenheitsverletzung eintreten sollen, wirksam vereinbart hat. Die Rechtsfolgen dürfen nicht den in § 28 VVG genannten Rechtsfolgen widersprechen.

280 **a) Rechtsfolgen bei Verletzung einer vor Eintritt des Versicherungsfalls zu erfüllenden Obliegenheit. aa) Kündigungsrecht des Versicherers.** Die Rechtsfolge aus der Verletzung einer vorvertraglich zu erfüllen gewesenen Obliegenheit ergibt sich aus § 28 VVG.

281 Zunächst kann der Versicherer bei vorsätzlich beziehungsweise grob fahrlässig begangener Obliegenheitsverletzung den Versicherungsvertrag gem. § 28 Abs. 1 VVG innerhalb eines Monats ab positiver Kenntniserlangung von der Obliegenheitsverletzung fristlos kündigen.

282 Will der Versicherungsnehmer die Kündigung – nach durch den Versicherer bewiesener Obliegenheitsverletzung – nicht akzeptieren, muss er auf der Verschuldensebene die gegen ihn sprechende **gesetzliche Vermutung** grober Fahrlässigkeit widerlegen und nachweisen, dass ihn ein geringeres Verschulden trifft.[85]

283 **bb) Auswirkungen auf das Leistungsrecht des Versicherers.** Wenn es um die Auswirkungen einer Obliegenheitsverletzung auf das Leistungsrecht des Versicherers geht, wird nicht danach differenziert, ob die Obliegenheit vor oder nach Eintritt des Versicherungsfalls zu erfüllen gewesen ist.

284 Die nachfolgenden Ausführungen gelten deshalb bei entsprechender vertraglicher Vereinbarung in den AKB für die die Leistungspflicht des Versicherers betreffenden Rechtsfolgen bei Obliegenheitsverletzungen, die vor und nach Eintritt des Versicherungsfalls zu erfüllen gewesen sind.

285 Eine vollständige Leistungsfreiheit des Versicherers besteht vorbehaltlich der Möglichkeit eines durch den Versicherungsnehmer zu führenden Kausalitätsgegenbeweises (Rn 253) bei vorsätzlicher Obliegenheitsverletzung, § 28 Abs. 2 S. 1 VVG.

286 Bei zugleich arglistiger Obliegenheitsverletzung ist dem Versicherungsnehmer der Kausalitätsgegenbeweis abgeschnitten. Die Beweislast für den Vorsatz trägt der Versicherer. Dieses ergibt sich aus § 28 Abs. 2 S. 2 VVG. Denn diese Vorschrift stellt eine Vermutungsregel nur für grobe Fahrlässigkeit des Versicherungsnehmers auf.

287 Bei „nur" grob fahrlässiger Obliegenheitsverletzung ist der Versicherer gem. § 28 Abs. 2 S. 2 VVG, wie zB bei § 81 Abs. 2 VVG (grob fahrlässige Herbeiführung des Versicherungsfalls), nur zu einer Leistungskürzung unter Berücksichtigung der Schwere des Verschuldens des Versicherungsnehmers berechtigt. Hierbei handelt es sich um die Aufgabe des sogenannten Alles-oder-nichts-Prinzips des bis zum 31.12.2007 geltenden privaten Versicherungsrechts. Da – wie schon ausgeführt – das Gesetz eine grobe Fahrlässigkeit des Versicherungsnehmers vermutet, muss der Versicherungsnehmer beweisen, dass ihn ein geringeres Verschulden als grobe Fahrlässigkeit trifft, § 28 Abs. 2 S. 2 Hs 2 VVG.

288 Wenn die grobe Fahrlässigkeit des Versicherungsnehmers feststeht, weil er sich nicht entlastet und der Versicherer einen Vorsatz des Versicherungsnehmers nicht bewiesen hat, muss der Versicherer für sein verhältnismäßiges Leistungskürzungsrecht die Schwere des Verschuldens des Versicherungsnehmers beweisen.

---

85 *Marlow* in Beckmann/Matusche-Beckmann, § 13 Rn 64.

Nach zwischenzeitlich ergangener höchstrichterlicher Rechtsprechung kann in Ausnahmefällen die Versicherungsleistung „auf null" gekürzt werden und kann damit im Ergebnis also auch zu einer Leistungsfreiheit des Versicherers führen.[86]

§ 28 Abs. 3 S. 1 VVG eröffnet dem Versicherungsnehmer – außer bei arglistiger Obliegenheitsverletzung, da bei vorsätzlicher und arglistiger Obliegenheitsverletzung der Versicherer gemäß § 28 Abs. 3 S. 2 VVG stets leistungsfrei ist – die Möglichkeit der Führung eines Kausalitätsgegenbeweises. Dafür muss er beweisen, dass die verletzte Obliegenheit weder für den Eintritt oder die Feststellung des Versicherungsfalls noch für die Feststellung oder den Umfang der Leistungspflicht des Versicherers ursächlich gewesen ist. Nur wenn dem Versicherungsnehmer der Nachweis gelingt, dass sich trotz der Obliegenheitsverletzung für den Versicherer keine andere Situation als bei hinweg gedachter Obliegenheitsverletzung ergeben hat, hat er den Kausalitätsgegenbeweis geführt.

Beispiel 1:
Der Versicherungsnehmer hat den Kausalitätsgegenbeweis gem. § 28 Abs. 3 S. 1 VVG bei einer Verletzung der Aufklärungsobliegenheit gem. Nr. E.1.3 AKB 2008 wegen falscher Angaben zur Laufleistung (wenn sich die Falschangaben noch unterhalb der Schwelle der Arglist bewegen) des gestohlenen Fahrzeugs geführt, wenn der Versicherer im Zeitpunkt seiner Entscheidung das Ergebnis der Schlüsselauslesung kannte und er damit die Auswirkung der höheren Fahrleistung – Herabsetzung des Wiederbeschaffungswerts – ohne Weiteres berücksichtigen konnte.[87]

Beispiel 2:
Werden in der Schadensanzeige falsche Angaben zu Zeit, Ort, Fahrzeugzustand etc. gemacht, so fehlt es dann an einer Ursächlichkeit im Sinne von § 28 Abs. 3 VVG, wenn der Versicherer die zutreffenden und vollständigen Informationen den übrigen Unterlagen und Belegen entnehmen kann.[88]

b) Rechtsfolgen bei Verletzung einer nach Eintritt des Versicherungsfalls zu erfüllenden Obliegenheit. Wie bereits unter Rn 284 ausgeführt, ist es für die Rechtsfolge einer Leistungskürzung bzw -Leistungsfreiheit des Versicherers gleichgültig, ob die Obliegenheit vor oder nach Eintritt des Versicherungsfalls zu erfüllen gewesen ist. § 28 Abs. 2, 3 und 5 VVG gelten deshalb auch für Obliegenheitsverletzungen nach Eintritt des Versicherungsfalls.

Der Begriff der **groben Fahrlässigkeit** ist mit demjenigen aus dem allgemeinen Zivilrecht identisch. Danach liegt grobe Fahrlässigkeit vor, wenn der Versicherungsnehmer die im Verkehr erforderliche Sorgfalt in besonders hohem Maße außer Acht lässt und das Nächstliegende, das jedem in der gegebenen Situation hätte einleuchten müssen, nicht beachtet.[89]

Das Verhalten des Versicherungsnehmers muss sowohl in objektiver als auch in subjektiver Hinsicht grob fahrlässig sein. In subjektiver Hinsicht ist deshalb ein unentschuldbares Fehlverhalten des Versicherungsnehmers Voraussetzung.[90] Allerdings ist der Versicherer für sämt-

---

86 BGH VersR 2012, 341, 342 (hier bei absoluter Fahruntüchtigkeit des Versicherungsnehmers).
87 KG Berlin VersR 2011, 789, 790.
88 KG Berlin VersR 2010,1488, 1489.
89 BGH zfs 2011, 569, BGH VersR 1989, 141.
90 BGH zfs 2011, 569.

liche Tatbestandsvoraussetzungen der groben Fahrlässigkeit, also auch für die subjektive Seite, darlegungs- und beweisbelastet.

296 Damit sich der Versicherer entsprechend § 28 Abs. 2 S. 2 VVG auf die Rechtsfolge einer Leistungskürzung wegen grob fahrlässiger Obliegenheitsverletzung berufen kann, muss das dem Versicherungsnehmer vorgeworfene grob fahrlässige Verhalten für den Eintritt des Versicherungsfalls **kausal** geworden sein.

297 Der Versicherungsnehmer ist – wie schon unter Rn 287 ausgeführt – wenn der Versicherer eine vorsätzliche Obliegenheitsverletzung nicht bewiesen hat, auch bei einer nach Eintritt des Versicherungsfalls verletzten Obliegenheit für eine geringere Verschuldensform als grobe Fahrlässigkeit beweisbelastet, § 28 Abs. 2 S. 2 letzter Hs VVG.

298 Eine vorsätzliche Obliegenheitsverletzung liegt vor, wenn der Versicherungsnehmer diese wissentlich und willentlich herbeigeführt hat.

299 Eine vorsätzliche Obliegenheitsverletzung setzt nach der Rechtsprechung allerdings nicht voraus, dass der Versicherungsnehmer seinen Versicherer bewusst unwahr unterrichtet hat. Denn der Versicherungsnehmer ist nicht nur zur wahrheitsgemäßen, sondern auch zur vollständigen Unterrichtung verpflichtet.[91]

300 Bei mehrfachen Pflichtverletzungen sollte für die Bewertung der Schuldschwere eine wertende Gesamtbetrachtung erfolgen.

301 Allerdings ist durch die Rechtsprechung zwischenzeitlich geklärt, dass die Verletzung einer vor und einer nach dem Versicherungsfall zu erfüllenden Obliegenheit zu einer Addition der Regresshöchstbeträge führt.[92]

302 Wie unter Rn 276 dargelegt, ist zu beachten, dass nicht nur eine vorsätzliche bzw grob fahrlässige Obliegenheitsverletzung des Versicherungsnehmers selbst zur Leistungsfreiheit bzw Leistungskürzung des Versicherers führen kann. Denn nach der Rechtsprechung tritt der vom Versicherungsnehmer eingesetzte **Repräsentant** auch bei der Erfüllung von Obliegenheiten an dessen Stelle, so dass, wenn der Repräsentant eine Obliegenheit vorsätzlich oder grob fahrlässig verletzt hat, das Verschulden des Repräsentanten dem Versicherungsnehmer zugerechnet wird.

303 Eine Repräsentantenstellung kann auch bei der Erfüllung von Obliegenheiten eingreifen, so dass eine Leistungsfreiheit des Versicherers (bzw Leistungskürzung) auch bei Vorliegen einer vorsätzlich (bzw grob fahrlässig) begangenen Obliegenheitsverletzung des Repräsentanten gegeben sein kann.[93]

304 Repräsentant – siehe hierzu auch Rn 258 – ist derjenige, der in dem Geschäftsbereich, zu dem das versicherte Risiko gehört, aufgrund eines Vertretungs- oder ähnlichen Verhältnisses an die Stelle des Versicherungsnehmers getreten ist. Die bloße Überlassung der Obhut über die versicherte Sache reicht hierfür nicht aus. Der Repräsentant muss durch den Versicherungsnehmer befugt sein, selbstständig in einem gewissen, nicht ganz unbedeutendem Umfang für den Versicherungsnehmer zu handeln, so dass er die Risikoverwaltung für die versicherte Sa-

---

91 LG Düsseldorf Der Verkehrsanwalt 2014, 166.
92 OLG Celle, r+s 2014, 59.
93 BGH zfs 1996, 418.

che übernommen hat. Es braucht nicht noch hinzutreten, dass der Dritte auch Rechte und Pflichten aus dem Versicherungsvertrag wahrzunehmen hat.[94]

So reicht in der Kraftfahrtversicherung für eine Repräsentantenstellung nicht aus, bloß der Fahrer des Kfz des Versicherungsnehmers zu sein, so dass zB der Arbeitnehmer im Hinblick auf das ihm dienstlich zur Verfügung gestellte Kfz nicht Repräsentant des Versicherungsnehmers ist. Vielmehr muss der Versicherungsnehmer dem Obhutsinhaber die ständige Wahrnehmung der Befugnisse in Bezug auf die versicherte Sache übertragen haben, wie zB das Sorgen für dessen Betriebs- und Verkehrssicherheit, die Durchführung erforderlicher Inspektionen und Reparaturen, die Einhaltung der Abgas- und Hauptuntersuchungen. Indizien für eine Repräsentantenstellung des Obhutsinhabers können sein: Zahlung der Kfz-Versicherungsprämie, Kfz-Steuer und Reparaturen, wenn der Obhutsinhaber daneben das Kfz eigenverantwortlich betreut. Erst durch die Übertragung derartiger, für das versicherte Kfz wesentlicher Aufgaben und Befugnisse zur selbstständigen und eigenverantwortlichen Erledigung wird der Obhutsinhaber auch zum Repräsentanten des Versicherungsnehmers. 305

Der BGH differenziert allerdings danach, in welchem Umfang der Versicherungsnehmer den Dritten in Bezug auf die versicherte Sache eingesetzt hat. Hat der Versicherungsnehmer dem Dritten die selbstständige Wahrnehmung seiner Befugnisse in Bezug auf die versicherte Sache nur in einem bestimmten, abgrenzbaren Geschäftsbereich, wie zB die Vertragsverwaltung, übertragen, ist die Zurechnung des Repräsentantenverhaltens darauf beschränkt und kann nicht auf andere Tätigkeitsbereiche ausgedehnt werden.[95] 306

Die Befugnisse des Repräsentanten können also über den ihm vom Versicherungsnehmer eingeräumten Umfang nicht hinausreichen. 307

Hinweis: Will der Versicherer dem Versicherungsnehmer das Verhalten eines Dritten zurechnen, müssen der Anwalt bzw der Versicherungssachbearbeiter sehr genau prüfen, ob der Dritte überhaupt Repräsentant des Versicherungsnehmers geworden ist und ggf in welchem Umfang. Der Versicherungssachbearbeiter sollte bei Anzeichen für das Vorliegen einer möglichen Repräsentantenstellung schnellstmöglich entsprechende Ermittlungen durch Fragen an den Versicherungsnehmer als auch an den als Repräsentanten in Betracht kommenden Dritten einleiten und sich um Aufklärung bemühen. Denn erfahrungsgemäß erteilen der Versicherungsnehmer bzw in den Versicherungsfall involvierte dritte Personen im Anfangsstadium der Schadensmeldung und der Schadensbearbeitung bereitwilliger und unbedarfter Informationen. Mit zunehmender Länge der Bearbeitungsdauer des Versicherers steigt das Risiko einer Anwaltsbeauftragung durch den Versicherungsnehmer. Dann werden vom Versicherer erfragte Auskünfte des Versicherungsnehmers nicht mehr unbedarft erteilt. 308

Zu beachten ist, dass eine vollständige oder teilweise Leistungsfreiheit des Versicherers bei einer durch den Versicherungsnehmer nach Eintritt des Versicherungsfalls verletzten Auskunfts- oder Aufklärungsobliegenheit gem. § 28 Abs. 4 VVG voraussetzt, dass der Versicherer den Versicherungsnehmer zuvor durch eine **gesonderte und in Textform ergangene Mitteilung** auf diese Rechtsfolge hingewiesen hat. Das Belehrungserfordernis gilt allerdings nicht bei sogenannten Spontanobliegenheiten (zB unerlaubtes Entfernen vom Unfallort). 309

---

94 BGH zfs 2007, 335, 336; BGH VersR 1996, 1229, 1230; BGH NJW 1993, 1862, 1864.
95 BGH zfs 2007, 335, 336.

310 An eine solche Mitteilung stellt die Rechtsprechung strenge Anforderungen. Der Versicherungsnehmer muss inhaltlich klar und eindeutig erkennen können, dass ihm bei einer Obliegenheitsverletzung der vollständige oder teilweise Verlust des Versicherungsschutzes droht.[96] Außerdem muss die Belehrung auch in ihrer äußeren Gestaltung für den Versicherungsnehmer klar und eindeutig erkennbar sein.

311 So hat der BGH ausgeführt, dass es dem Erfordernis einer gesonderten Mitteilung in Textform iSv § 28 Abs. 4 VVG genügt, wenn der Versicherer die Belehrung des Versicherungsnehmers in einen Schadenmeldungsfragebogen oder in ein sonstiges Schreiben aufnimmt, in welchem dem Versicherungsnehmer Fragen zur Aufklärung des Versicherungsfalls gestellt werden. In diesen Fällen muss sich die Belehrung durch ihre Platzierung und drucktechnische Gestaltung vom übrigen Text derart abheben, dass sie für den Versicherungsnehmer nicht zu übersehen ist.[97]

312 Ähnlich argumentiert auch das OLG Karlsruhe, dass es dem Formerfordernis der gesonderten Mitteilung in Textform gem. § 28 Abs. 4 VVG genügt ist, wenn der Versicherer den Hinweis auf die Leistungsfreiheit durch Fettdruck hervorhebt und mit einem besonderen optischen Hinweis durch einen schwarzen Keil unter der Überschrift „Belehrung über die Aufklärungspflicht des Versicherungsnehmers" auf der letzten Seite des Schadensanzeigeformulars versieht und sich zwischen dem Hinweis und dem Unterschriftsfeld eine ebenfalls drucktechnisch hervorgehobene Schlusserklärung befindet.[98]

313 Demnach setzt eine gesonderte Mitteilung kein gesondertes Blatt, keine gesonderte Seite und keine gesonderte digitale Textverkörperung voraus.

314 Bezüglich des im Einzelfall zu stellenden Klageantrags wird, wenn der Mandant keine Kostendeckung durch einen Rechtsschutzversicherer oder Prozessfinanzierer hat und von einer Obliegenheitsverletzung des Versicherungsnehmers ausgegangen werden muss, auf die Darstellung unter Rn 227 ff sowie Rn 348 ff verwiesen, da die Rechtsfolge einer verhältnismäßigen Leistungskürzung des Versicherers dieselbe wie diejenige bei einer grob fahrlässigen Herbeiführung des Versicherungsfalls gem. § 81 Abs. 2 VVG ist.

315 ▶ **Muster: Prüfungsschema bei Verletzungen vertraglich vereinbarter Obliegenheiten**

I. Verletzung einer Obliegenheit vor Eintritt des Versicherungsfalls

        Vorgeworfener Tatbestand der Obliegenheitsverletzung

        Obliegenheit und Rechtsfolge im Vertrag/in den AKB vereinbart?

Wenn nein, Prüfung beendet, da keine Obliegenheitsverletzung vorliegen kann

Wenn ja, ...

☐ vorsätzliche Obliegenheitsverletzung   ☐ grob fahrlässige Obliegenheitsverletzung

Kausalität für Feststellung/Umfang der Leistungspflicht des Versicherers (Ausnahme: Arglist[99])

---

[96] BGH VersR 2011, 1550.
[97] BGH NJW 2013, 873.
[98] OLG Karlsruhe zfs 2010, 507, 508, 509.
[99] Bei arglistiger Obliegenheitsverletzung ist der Versicherer gem. § 28 Abs. 3 VVG leistungsfrei, so dass bei festgestellter Arglist die Prüfung bereits beendet ist.

Kausalitätsgegenbeweis durch Versicherungsnehmer sowohl bei vorsätzlicher als auch bei grobfahrlässiger Obliegenheitsverletzung (Ausnahme: Arglist) nicht geführt

☐ Versicherer leistungsfrei + Kündigung möglich   ☐ Leistungskürzung des Versicherers + Kündigung möglich

II. Verletzung einer Obliegenheit nach Eintritt des Versicherungsfalls

Vorgeworfener Tatbestand der Obliegenheitsverletzung

Obliegenheit und Rechtsfolge im Vertrag/in den AKB vereinbart?

Wenn nein, Prüfung beendet, da keine Obliegenheitsverletzung vorliegen kann
Wenn ja, ...

☐ vorsätzliche Obliegenheitsverletzung   ☐ grob fahrlässige Obliegenheitsverletzung

Kausalität für Feststellung/Umfang der Leistungspflicht des Versicherers (Ausnahme: Arglist[100])

Kausalitätsgegenbeweis durch Versicherungsnehmer sowohl bei vorsätzlicher als auch bei grobfahrlässiger Obliegenheitsverletzung (Ausnahme: Arglist) nicht geführt

Belehrungerfordernis (Ausnahme Spontanobliegenheiten)

☐ Versicherer leistungsfrei   ☐ Leistungskürzung des Versicherers

II. Vorsätzliche oder grob fahrlässige Herbeiführung des Versicherungsfalls

Eine weitere mögliche Einwendung des Versicherers ist der Vorwurf eines vorsätzlich oder grob fahrlässig herbeigeführten Versicherungsfalls.

Bei einem von dem Versicherungsnehmer oder einem ihm gleichstehenden Repräsentanten vorsätzlich, dh wissentlich und willentlich, herbeigeführten Versicherungsfall ist eine vollständige Leistungsfreiheit des Versicherers die Rechtsfolge, § 81 Abs. 1 VVG.

1. Mitversicherung grob fahrlässig herbeigeführter Versicherungsfälle. Mit Einführung neuer, an das seit dem 1.1.2008 geltende VVG angepasster, AKB verzichten viele Versicherer – je nach vereinbartem Tarif – auf den Einwand grober Fahrlässigkeit und leisten auch für grob fahrlässig herbeigeführte Versicherungsfälle.

Ausgenommen von dem Verzicht sind idR eine grob fahrlässige Herbeiführung der Entwendung des Fahrzeugs oder seiner Teile und eine grob fahrlässige Herbeiführung des Versicherungsfalls infolge Genusses alkoholischer Getränke oder anderer berauschender Mittel, aufgrund welcher der Versicherer (oder der ihm gleichgestellte Repräsentant) zu einer sicheren Fahrzeugführung nicht in der Lage ist.

2. Grob fahrlässig herbeigeführte Versicherungsfälle. Hat der Versicherer auf den Einwand grober Fahrlässigkeit nicht verzichtet, ist er idR dem Versicherungsnehmer zumindest zu einer teilweisen Versicherungsleistung verpflichtet. Denn gem. § 81 Abs. 2 VVG ist der Versicherer nur zu einer **Leistungskürzung unter Berücksichtigung der Schwere des Verschuldens des Versicherungsnehmers** berechtigt. Zur Definition der groben Fahrlässigkeit kann an dieser Stelle auf die Ausführungen unter Rn 295 Bezug genommen werden.

---

100 Bei arglistiger Obliegenheitsverletzung ist der Versicherer gem. § 28 Abs. 3 VVG leistungsfrei, so dass bei festgestellter Arglist die Prüfung bereits beendet ist.

§ 5 Fahrzeugversicherung (Teilkasko-/Vollkaskoversicherung)

321 In seiner früheren Rechtsprechung hat der BGH zur Abgrenzung zwischen „normaler" und grober Fahrlässigkeit auf ein Augenblicksversagen, also auf eine nur ganz kurze momentane Unaufmerksamkeit, abgestellt. Diese Rechtsprechung gilt heute nicht mehr ohne Weiteres. Liegt grob fahrlässiges Verhalten in objektiver Hinsicht vor, lässt dies eine Schlussfolgerung auch auf subjektiv unentschuldbares Fehlverhalten des Versicherungsnehmers zu.

322 Diese Regelung stellt einen Zentralpunkt für zahlreiche Rechtsstreitigkeiten über den Umfang einer Leistungskürzung des Versicherers dar. Der Versicherer wird die Schwere des Verschuldens des Versicherungsnehmers und damit seine Leistungskürzung möglichst hoch ansiedeln. Der Versicherungsnehmer wird ein grob fahrlässiges Handeln verneinen oder zumindest sein Verschulden als möglichst gering darstellen.

323 Die Darlegungs- und Beweislast für den Tatbestand der groben Fahrlässigkeit, dessen Kausalität für den Versicherungsfall und die Voraussetzungen für die Leistungskürzung und deren Höhe treffen auch hier den Versicherer.

324 Im Fall einer Kfz-Entwendung muss der Versicherer, wenn er sich wegen eines im Kfz zurückgelassenen Ersatzschlüssels auf grobe Fahrlässigkeit beruft, darlegen und beweisen, dass das Kfz mit dem im Fahrzeug zurückgelassenen Schlüssel entwendet worden ist.[101]

325 Die Rechtsprechung zur groben Fahrlässigkeit ist vielfältig und nicht immer einheitlich.[102] Als grob fahrlässig wurde zB angesehen:

- das Überfahren einer auf Rotlicht stehenden Ampel bzw eines Stoppschildes,[103]
- das Bücken nach einer heruntergefallenen Kassette während der Fahrt[104] bzw das Herausholen von Gegenständen aus dem Handschuhfach während der Fahrt,[105]
- das Führen eines Kfz unter Alkoholeinfluss,[106]
- das Hängenbleiben eines Lkw-Aufbaus an einer Brücke,[107]
- das Zurücklassen des Kfz-Schlüssels in einer Jacke bzw einem Mantel in einer Gaststätte.[108]

326 Bei Einführung des neuen VVG wurde in der Literatur wurde viel darüber diskutiert, wie die Leistungskürzung bemessen sein sollte, ob es Musterquoten geben und in welchen Schritten davon abgewichen werden sollte.

327 Nach einer auf dem Anfang 2009 in Goslar stattgefundenen **47. Verkehrsgerichtstag** ausgesprochenen **Empfehlung** hatte zwischenzeitlich ein aus Vertretern von Verbraucherschutzverbänden (Automobilclubs), der Versicherungswirtschaft, der Anwaltschaft und der Richterschaft bestehendes Gremium einen **Orientierungsrahmen** und eine **Musterquotentabelle** erarbeitet.[109]

---

101 OLG Köln zfs 2001, 21; OLG Koblenz zfs 2001, 122; OLG Celle VersR 1998, 314; OLG Köln r+s 1996, 14; OLG Hamm r+s 1996, 296.
102 Eine recht umfangreiche Darstellung von Einzelfällen grob fahrlässigen Handelns bzw auch nicht grob fahrlässigen Handelns in der Kaskoversicherung findet sich bei *Stiefel/Hofmann*, § 61 VVG Rn 27–40 und in den einschlägigen versicherungsrechtlichen Kommentaren unter § 81 VVG.
103 BGH NJW 1992, 2418; OLG Hamm zfs 1998, 262.
104 OLG Köln VersR 2001, 1531.
105 OLG Stuttgart VersR 1999, 1359.
106 BGH VersR 1989, 469, 470.
107 OLG Karlsruhe VersR 2004, 1305.
108 OLG Rostock zfs 2006, 32; OLG Köln VersR 1998, 973; OLG München VersR 1994, 1060.
109 „Goslarer Orientierungsrahmen" (Quotenbildung nach dem neuen Versicherungsvertragsgesetz), zfs 2010, 12–14.

F. Einwendungen des Versicherers 5

Danach sollten für die Bewertung des Verschuldens des Versicherungsnehmers auch zu berücksichtigen sein 328

- ob eine Ordnungswidrigkeit oder eine Straftat vorliegt,
- ob Verstöße gegen konkrete Ge- und Verbote oder eine Verletzung allgemeiner gesetzlicher Sorgfaltspflichten vorliegen,
- ob eine Schädigung anderer Rechtsgüter (Mensch/Sachwerte) vorliegt,
- ob und in welchem Umfang staatliche Sanktionen (Bußgeld/Strafe, Geld-/Haftstrafen, Entziehung der Fahrerlaubnis/Fahrverbot) verhängt wurden,
- ob körperliche Beeinträchtigungen bzw Behinderungen des Versicherungsnehmers vorliegen,
- ob ein Mitverschulden Dritter vorliegt,
- die voraussehbare (nicht tatsächliche) Schadenshöhe,
- die Dauer der Pflichtverletzung.

Unbeachtlich sollten die wirtschaftliche Lage des Versicherungsnehmers als auch die zwischen dem Versicherungsnehmer und dem Versicherer herrschenden Geschäftsbeziehungen oder Schadensfallverläufe[110] bleiben. Ebenfalls sollen einschlägige Vorstrafen oder Eintragungen im Verkehrszentralregister nicht zu berücksichtigen sein. 329

Das objektive Verschulden kann durch subjektive Umstände erhöht oder verringert sein. Hierzu gehören zB ein Augenblicksversagen, besondere Gründe der Ablenkung des Versicherungsnehmers (zB seine psychische Situation, berufliche oder private Probleme, ein im Fahrzeug befindliches Kind), eine gesteigerte Risikobereitschaft. 330

Der Rahmen für die **Standardquoten** wurde als „unverbindlicher Orientierungsrahmen" abgesteckt. Für diesen Rahmen hatte das Gremium nicht die Schwere des Verschuldens innerhalb der groben Fahrlässigkeit oder die Bedeutung des jeweiligen Verkehrsverstoßes für die Verkehrssicherheit als Maßstab herangezogen. Stattdessen sollte in den in der Praxis häufig vorkommenden Fällen eine ausgewogene und praktikable Orientierung gegeben werden. 331

Das Gremium ging von folgenden Standardquoten aus:[111] 332

- Eine Fahrzeugüberlassung an einen Fahrer ohne Fahrerlaubnis soll im privaten Bereich zu keiner Leistungskürzung führen. Im gewerblichen Bereich soll die Kürzung 25 % betragen (wenn der Halter den Fahrer kannte und aufgrund objektiver Umstände von dessen Besitz einer gültigen Fahrerlaubnis ausgegangen ist).
- Verkehrsunsichere Bereifung: Leistungskürzung um 25 %.
- Missachtung eines Stoppschilds (auch mit festem grünen Abbiegepfeil): Leistungskürzung um 25 %.
- Missachtung des Rotlichts: Leistungskürzung um 50 %.
- Ermöglichen des Fahrzeugdiebstahls durch im Zündschloss steckenden Schlüssel: Leistungskürzung um 75 %.

---

110 Die beiden letztgenannten Faktoren kann der Versicherer ggf durchaus im Rahmen einer Kulanzentscheidung berücksichtigen.
111 Goslarer Orientierungsrahmen (Quotenbildung nach dem neuen Versicherungsvertragsgesetz), zfs 2010, 14.

- Sonstiger gefahrgeneigter Umgang mit Kfz-Schlüssel (zum Beispiel Belassen des Fahrzeugschlüssels in der Jackentasche der an der Garderobe in einer Gaststätte hängenden Jacke): Leistungskürzung um 25 %.
- Bei alkoholbedingter Fahruntüchtigkeit ab 0,3 ‰ bis 0,5 ‰ wurde keine Standardquote festgelegt. Hier sollen die Einzelfallumstände berücksichtigt werden.
- Bei einer alkoholbedingten Fahruntüchtigkeit zwischen 0,5 ‰ bis zur Grenze der absoluten Fahruntüchtigkeit soll die Leistungskürzung 50 % betragen.
- Ab 1,1 ‰ soll die Leistungskürzung 100 % betragen.
- Bei drogenbedingter Fahruntüchtigkeit wurden Leistungskürzungen zwischen 50 % bis 100 % ohne Festlegung konkreter Grenzwerte empfohlen.

333 In der **Literatur** bestand weitgehend Einigkeit, dass es in der Praxis tatsächlich zu Quotenbildungen kommen würde. Es wurde vertreten, dass im Normalfall eine Kürzung um 50 % erfolgen würde. Begründet wurde dies damit, dass diese Quote genau in der Mitte zwischen der vollständigen Leistungspflicht des Versicherers bei einfacher Fahrlässigkeit und der vollständigen Leistungsfreiheit des Versicherers bei Vorsatz liege.

334 Zwischenzeitlich liegen zum Leistungskürzungsrecht des Versicherers zahlreiche gerichtliche **Urteile** vor. Nachfolgend sind einige Beispiele zu Quotenentscheidungen bei grob fahrlässiger Herbeiführung des Versicherungsfalls aus der Rechtsprechung wiedergegeben:

- Missachtung der begrenzten Höhe einer Autobahnunterführung: Leistungskürzung um 33 %.[112]
- Missachtung der begrenzten Höhe der Einfahrt in ein Parkhaus: Leistungskürzung um 50 %.[113]
- Verursachen eines Verkehrsunfalls bei relativer Fahruntüchtigkeit ab 0,3 ‰: Leistungskürzung um 50 %. Die Quote steigt mit dem Grad der Alkoholisierung bis zu 100 % bei absoluter Fahruntüchtigkeit. Eine Korrektur der Quote erfolgt, wenn besondere Umstände das Maß des Verschuldens in einem anderen Licht erscheinen lassen.[114]
- Das Verursachen eines Verkehrsunfalls im Zustand absoluter Fahruntüchtigkeit (hier 2,13 ‰) berechtigt den Versicherer zu einer Leistungskürzung um 100 %.[115]
- Verursachen eines Verkehrsunfalls mit 1,29 ‰: Leistungskürzung um 100 %.[116]
- Verursachen eines Verkehrsunfalls mit 1,5 ‰: Leistungskürzung um 100 %.[117]
- Verursachen eines Verkehrsunfalls im Zustand alkoholbedingter absoluter Fahruntüchtigkeit: Leistungskürzung um 100 %.[118]
- Verursachen eines Verkehrsunfalls mit 1,05 ‰: Leistungskürzung um 80 %.[119]
- Bei einer Herbeiführung des Versicherungsfalls wegen grob fahrlässiger mangelhafter Ladungssicherung kann der Versicherer seine Leistung 25 % kürzen.[120]

---

112 LG Göttingen zfs 2010, 213.
113 LG Konstanz zfs 2010, 214, 215.
114 OLG Hamm VersR 2011, 206, 207, 208.
115 AG Berlin-Mitte zfs 2010, 576, 577.
116 LG Tübingen zfs 2010, 394, 395.
117 LG Oldenburg, Urt. v. 24.9.2010 – 13 O 1964/10.
118 OLG Dresden VersR 2011, 205, 206.
119 KG Berlin, Urt. v. 28.9.2010 – 6 U 87/10.
120 OLG Saarbrücken zfs 2011, 151, 154.

F. Einwendungen des Versicherers 5

- Nächtliches Ausweichen in einer Rechtskurve vor einem Fuchs bei einer Geschwindigkeit von 70–80 km/h begründet einen Aufwendungsersatzanspruch gemäß § 90 VVG iHv 40 %.[121]
- Missachtet der Versicherungsnehmer die Obliegenheit, eine Weisung des Versicherers zur Verwertung des beschädigten Kraftfahrzeugs einzuholen, so ist der Versicherer in Höhe der Differenz zwischen dem erzielten Restwert und dem vom Versicherer ermittelten Restwert leistungsfrei.[122]

Nicht auszuschließen ist auch, dass einzelne Versicherer zur Vermeidung von Auseinandersetzungen in ihr Bedingungswerk bestimmte Sachverhaltsgruppen mit bestimmten Quotenregelungen, zB für das Missachten eines Stoppschilds eine Leistungskürzungsquote von 40 %, für Rotlichtverstöße eine Leistungskürzungsquote von 50 %, für das Einschlafen am Steuer eine Leistungskürzungsquote von 70 %, aufnehmen könnten. Dieses hätte für den Versicherer den Vorteil, dass er den zusätzlich zu führenden Beweis (denn die Darlegungs- und Beweislast für einen grob fahrlässig herbeigeführten Versicherungsfall liegt auch dann nach wie vor bei dem Versicherer) über das Maß seiner Leistungskürzung entsprechend der Schwere des Verschuldens des Versicherungsnehmers nicht führen müsste. Er müsste sich dann lediglich auf die in den AKB getroffene Vereinbarung berufen. Der Streit würde sich dann nur noch um die Frage, ob das Verhalten des Versicherungsnehmers tatsächlich grob fahrlässig gewesen war, drehen. 335

Bei derartigen Vereinbarungen wüsste der Versicherungsnehmer von vornherein, für welches konkrete Verhalten ihm welche Leistungskürzung droht. 336

Ob derartige AKB-Regelungen wirksam wären, ist zweifelhaft, da hierbei eine Würdigung der *individuellen* Schwere des Verschuldens des Versicherungsnehmers unterbliebe. 337

Andererseits kann der Versicherer gem. § 87 VVG zum Nachteil des Versicherungsnehmers von der Regelung des § 81 VVG abweichen. 338

Dem Verfasser sind derzeit allerdings keine Leistungskürzungsquoten bestimmende und regelnde Bedingungswerke bekannt. 339

Möglicherweise würden von vornherein in den AKB konkret vereinbarte Leistungskürzungsquoten auf potentielle Versicherungsnehmer abschreckend wirken als die derzeit in den AKB enthaltene abstrakte Regelung, die der Versicherungsnehmer noch nicht mit einem konkreten Tatbestand verbindet. 340

Die Bewertung des Verschuldens des Versicherungsnehmers ist, wie auch die Bewertung eines grob (zur Erinnerung: Hier ist der Versicherer zu einer Leistungskürzung berechtigt) oder nur einfach fahrlässigen (hier ist der Versicherer vollständig leistungsverpflichtet) Verhaltens, eine Rechtsfrage. Der Versicherer muss zur Überzeugung des Gerichts die Tatsachen darlegen und nötigenfalls beweisen, aus denen auf die Schwere des Verschuldens des Versicherungsnehmers geschlussfolgert werden kann. 341

In der Literatur war umstritten, ob bei einem außerordentlich gravierenden Verschulden des Versicherungsnehmers die Leistungskürzung bis zu einer vollständigen Leistungsfreiheit reichen kann. Es wurde damit argumentiert, dass der Gesetzeswortlaut des § 81 Abs. 2 VVG bei 342

---

121 LG Trier zfs 2010, 510, 511, 512.
122 AG Lichtenfels zfs 2010, 577, 578.

grober Fahrlässigkeit nur eine Leistungskürzung nicht aber eine Leistungsfreiheit des Versicherers vorsieht. Außerdem wollte der Gesetzgeber mit dem zum 1.1.2008 reformierten VVG eine Abkehr vom „Alles-oder-nichts-Prinzip" erreichen. Eine Leistungsfreiheit sieht das VVG gem. § 81 Abs. 1 VVG nur bei Vorsatz vor.[123] Andererseits wurde vertreten, dass der Gesetzeswortlaut durchaus eine vollständige Leistungsfreiheit des Versicherers, aber auch eine volle Entschädigung des Versicherungsnehmers zulasse.[124]

343 Zwischenzeitlich hat die Rechtsprechung den Meinungsstreit geklärt. Denn nach zunächst einigen Instanzgerichten hat sich der BGH dazu erklärt, dass bei einer grob fahrlässigen Herbeiführung des Versicherungsfalls in Ausnahmefällen eine vollständige Kürzung der Versicherungsleistung auf „null" erfolgen kann.[125]

344 Da, wie unter Rn 338 ausgeführt, von den Regelungen der Vorschrift des § 81 VVG gem. § 87 VVG zum Nachteil des Versicherungsnehmers abgewichen werden kann, wurde diskutiert, dass einzelne Versicherer von der ihnen gesetzlich eingeräumten Möglichkeit, zum Nachteil des Versicherungsnehmers von § 81 Abs. 2 VVG abweichende Regelungen zu vereinbaren, Gebrauch machen würden. Ob derartige Regelungen wiederum zu einer vollständigen Leistungsfreiheit des Versicherers bei grober Fahrlässigkeit des Versicherungsnehmers führen könnten, wurde bezweifelt, da die Regelung einer vollständigen Leistungsfreiheit für den Versicherungsnehmer eine unangemessene Benachteiligung gem. § 307 Abs. 2 Nr. 1 BGB darstellen könnte. Nach der vorgenannten BGH-Rechtsprechung ist künftig durchaus mit entsprechenden AKB-Klauseln zu rechnen.

345 Nach Meinung des Verfassers wären derartige Individualvereinbarungen als wirksam zu beurteilen, wenn der Versicherer hierbei seiner Beratungs- und Informationspflicht gem. §§ 6 und 7 VVG hinreichend nachkommt. Wenn der Versicherer den Versicherungsnehmer unter Nennung konkreter Tatbestände unmissverständlich darüber berät und aufklärt, dass er den Versicherungsvertrag nur schließen will, wenn bei einem grob fahrlässig herbeigeführten Versicherungsfall eine vollständige Leistungsfreiheit als Rechtsfolge eintreten soll, ist der Versicherungsnehmer nach Verfassermeinung nicht mehr schutzwürdig. Der Versicherungsnehmer kann den Kaskoversicherungsvertrag mit einem anderen Versicherer, der den Versicherungsvertrag ohne eine entsprechende Individualvereinbarung zu schließen bereit ist, eingehen. Denn sicher werden – wenn überhaupt – aus Gründen des Wettbewerbs nicht alle Versicherer versuchen, über Individualvereinbarungen eine Leistungsfreiheit oder feste Leistungskürzungsquoten bei grober Fahrlässigkeit zu vereinbaren.

346 Eine derartige Vereinbarung würde deshalb sicher auch auf der anderen Seite mit einem Prämienvorteil für den Versicherungsnehmer verbunden sein müssen.

347 **Quotenvereinbarungen** in den Versicherungsbedingungen können also durchaus für beide Seiten Vorteile haben. Denn danach kommt es nur auf den objektiven Tatbestand einer grob fahrlässigen Obliegenheitsverletzung und ein Streit über die Schwere des Verschuldens des Versicherungsnehmers erübrigt sich.

---

123 *Marlow/Spuhl*, S. 159.
124 *Rixecker*, zfs 2007, 16; *Pohlmann*, VersR 2008, 438.
125 BGH VersR 2012, 341, 342 und VersR 2011, 1037, 1039 (hier jeweils bei absoluter Fahruntüchtigkeit des Versicherungsnehmers); OLG Dresden VersR 2011, 205, 206; OLG Hamm VersR 2011, 206, 207; OLG Stuttgart NJW-RR 2011, 185, 186; LG Münster VersR 2011, 487, 488; LG Tübingen zfs 2010, 394.

F. Einwendungen des Versicherers 5

3. Klageantrag. Wenn wegen des an die Schwere des Verschuldens des Versicherungsnehmers gekoppelten Leistungskürzungsrechts des Versicherers Streit über die Versicherungsleistung besteht und damit die genaue Höhe der zu beanspruchenden Versicherungsleistung nicht bekannt ist, da sie letztlich der richterlichen Bewertung unterliegt, kann für den Versicherungsnehmer die Stellung des Klageantrags schwierig sein, insbesondere wenn es an der **grob fahrlässigen Herbeiführung** des Versicherungsfalls nichts zu deuten gibt und er die Kosten des Rechtsstreits ohne einen Rechtsschutzversicherer selbst finanzieren muss. Denn bei einem Verlust des Rechtsstreits bzw bei einem Teilunterliegen droht ihm eine Kostenerstattungspflicht zugunsten des Versicherers. Der Versicherungsnehmer kann im Voraus nicht wissen, mit welchem (prozentualen) Umfang das Gericht die Schwere seines Verschuldens bewerten und ihm entsprechend die Versicherungsleistung kürzen wird. 348

Natürlich kann der Versicherungsnehmer einen konkret bezifferten Leistungsantrag stellen, wenn er der Meinung ist, dass ihm eine Versicherungsleistung in dieser Höhe zusteht. Weicht das Gericht von der Bewertung und Einschätzung der Schwere seines Verschuldens zu seinem Nachteil ab, so hat er in dem Umfang seines Unterliegens anteilmäßig auch die Kosten des Rechtsstreits zu tragen. 349

Andererseits würde der Versicherungsnehmer möglicherweise einen Teil der ihm zustehenden Versicherungsleistung verschenken, wenn er wegen der ihm drohenden Kostenlast zu vorsichtig in den Rechtsstreit hineingeht und er einen bezifferten Klageantrag unter Berücksichtigung eines hohen prozentualen Quotenabschlags stellt. 350

Kein Problem besteht für den vom Versicherungsnehmer zu stellenden Klageantrag immer dann, wenn ihm ein Rechtsschutzversicherer oder Prozessfinanzierer für eine auf die Geltendmachung der vollen Versicherungsleistung gerichtete Klage eine uneingeschränkte Deckung zugesagt hat. Dann kann und sollte der Versicherungsnehmer die volle Versicherungsleistung unter Berücksichtigung einer etwaigen Selbstbeteiligung einklagen. Denn schließlich ist der Versicherer im Hinblick auf den Grund als auch die Höhe der Leistungskürzung beweisbelastet. 351

Bei der Gewährung von **Prozesskostenhilfe** ist neben der erforderlichen hinreichenden Erfolgsaussicht der Klage zu berücksichtigen, dass die Prozesskostenhilfe nur die Gerichtskosten und Rechtsanwaltskosten des dem Versicherungsnehmer beigeordneten Prozessbevollmächtigten abdeckt. Im Unterliegensfall muss er deshalb die dem Versicherer entstandenen Prozesskosten entsprechend der gerichtlichen Kostenerstattung erstatten. Allerdings gibt das Gericht in der Regel durch den Umfang der dem Versicherungsnehmer gewährten Prozesskostenhilfe seine Vorabeinschätzung über den möglichen Erfolg der Klage ab. 352

Es ist jedoch festzustellen, dass auch die Rechtsschutzversicherer im Rahmen von ihnen zu gewährender Kostendeckungsbestätigungen bei der Beurteilung der Erfolgsaussicht einer Klage auf das **Leistungskürzungsrecht** des vom Versicherungsnehmer in Anspruch genommenen Kaskoversicherers, insbesondere wenn der Versicherer dieses bereits vorgerichtlich eingewandt hat, hinweisen und vor diesem Hintergrund eine Kostendeckung nur eingeschränkt gewähren. Unter Umständen muss deshalb der Versicherungsnehmer, bevor er eine Klage gegen seinen Kaskoversicherer erheben kann, erst eine Auseinandersetzung mit seinem Rechtsschutzversicherer austragen. 353

Thom 583

354 Eine konkret bezifferte **Leistungsklage** kann auf jeden Fall dann für den Mandanten und Versicherungsnehmer der Kaskoversicherung problematisch werden, wenn der Versicherungsnehmer mangels eines eintrittspflichtigen Rechtsschutzversicherers die Kosten des Rechtsstreits im Fall des (Teil-)Unterliegens selbst tragen muss. Hier wird der Mandant von seinem Anwalt regelmäßig eine möglichst genaue Einschätzung der Erfolgsaussicht der von ihm beabsichtigten Klage erwarten, so dass, wenn sich der Anwalt zu einer solchen Einschätzung hinreißen lässt, der Mandant enttäuscht sein wird, wenn die gerichtliche Entscheidung hinter der Einschätzung seines Prozessbevollmächtigten und damit seinen – durch den Anwalt geweckten – eigenen Erwartungen zurückbleibt. Ein derart enttäuschter Mandant wird sich wegen des enttäuschten Vertrauens bei einem künftigen Rechtsproblem vermutlich einem anderen Anwalt zuwenden.

355 Deshalb sollte sich der Anwalt des Versicherungsnehmers in Problemfällen von vornherein auf eine mehr oder weniger genaue Abzugsquote von der Versicherungsleistung nicht festlegen, sondern diese offenlassen. Stattdessen sollte er seinen Mandanten betont umfassend darüber aufklären, dass die Bewertung der Schwere des Verschuldens des Versicherungsnehmers allein der subjektiven Bewertung und dem Ermessen des Gerichts unterliegt.

356 Stellt der Anwalt gleichwohl einen um eine konkrete Abzugssumme verminderten Klageantrag, läuft er Gefahr, sich die Verärgerung seines Mandanten zuzuziehen, wenn dieser mit einem Teil seiner Klage mit entsprechender Kostenfolge abgewiesen wird. Umgekehrt kann es sein, dass der Mandant und Versicherungsnehmer bei einem zu hoch vorgenommenen Abzug mit seiner Klage zwar voll obsiegt, das Gericht aber von einer geringeren Leistungskürzung als beim Klageantrag berücksichtigt ausgeht. Dann hat der Versicherungsnehmer einen Teil der zu beanspruchenden Versicherungsleistung verschenkt. – Welcher Klageantrag ist deshalb der richtige?

357 Zwar könnte daran gedacht werden, dass der Versicherungsnehmer zunächst nur eine auch so bezeichnete und begründete **Teilklage**, in der er zunächst einen hohen quotalen Abzug von der Versicherungsleistung vornimmt, erhebt. Allerdings muss sich das Gericht bei der nach § 81 Abs. 2 VVG zu berücksichtigenden Leistungskürzung im Urteil nicht unbedingt auf eine genaue Abzugsquote festlegen. Es genügt, wenn das Gericht in der Urteilsbegründung feststellt, dass die Klage jedenfalls in der geltend gemachten Höhe begründet ist, so dass eine genaue Quotenfestlegung offenbleiben kann. Deshalb führt eine Teilklage nicht unbedingt zu einer letztlich von beiden Seiten akzeptierten Quote, so dass der Versicherungsnehmer ggf. noch eine weitere Klage erheben müsste. Möglicherweise wird die weitere Klage dann durch ein anderes, eine andere Rechtsauffassung vertretendes, Gericht entschieden.

358 Eine weitere Möglichkeit wäre, dass der Versicherungsnehmer, um auf der vermeintlich sicheren Seite zu stehen, zunächst mit einem hohen Abzug in den Rechtsstreit hineingeht und dann, wenn das Gericht seine Rechtsauffassung zur Höhe der Leistungskürzung bekannt gegeben hat, die Klage unter Berücksichtigung der Rechtsauffassung des Gerichts entsprechend erweitert. Diese Variante hat den Nachteil, dass der Versicherungsnehmer insoweit den Rechtsstreit nicht sicher genug aktiv beeinflussen kann, da viele Richter ihre Rechtsauffassung nicht unbedingt offenlegen oder sie sich bis zur mündlichen Verhandlung noch keine abschließende Meinung gebildet haben oder beispielsweise auch eine erfolgte Beweiserhebung unterschiedlich gewürdigt werden kann. Außerdem können bis zur Urteilsverkündung eine

Änderung der Rechtsauffassung oder sogar ein Richterwechsel nie ausgeschlossen werden, so dass das Nachfolgegericht durchaus eine andere Rechtsauffassung vertreten kann und sich die vom Versicherungsnehmer kurz zuvor erfolgte Klageerweiterung dann als überhöht herausstellen kann. Außerdem muss der Anwalt bedenken, dass in Anbetracht des von ihm vorgenommenen hohen Abzugs der Versicherer zu einem Anerkenntnis geneigt sein könnte. Schließlich muss der Anwalt berücksichtigen, dass der Versicherer das erstinstanzliche Urteil nicht akzeptiert und dessen Abänderung zu seinen Gunsten in der Berufungsinstanz zu erreichen versucht. – Die vorgenannten Möglichkeiten sind wegen ihrer Nachteile allesamt abzulehnen.

Es kann auch in Erwägung gezogen werden, eine Klage mit einem **Haupt- und einem Hilfsantrag** oder auch mit mehreren Hilfsanträgen, mit denen bspw die ursprüngliche, auf 100 % gerichtete Forderung, hilfsweise jeweils um 10 % oder einen anderen prozentualen Abschlag reduziert wird, zu erheben. Zwar kann sich der Anwalt mit einer derartig gefassten Klage relativ sicher sein, dass einer seiner Hilfsanträge in etwa der Vorstellung des Gerichts entsprechen wird, allerdings werden dabei zwischen den einzelnen Hilfsanträgen liegende Differenzen nicht berücksichtigt. So kann es sein, dass ausgehend von einer auf 100 % Versicherungsleistung gerichteten Klage als Hauptantrag mit um jeweils 10 % vorgenommenen Abschlägen als Hilfsanträge nicht ganz eine Übereinstimmung mit der richterlichen Bewertung erzielt wird, wenn das Gericht die Verschuldensschwere des Versicherungsnehmers mit 5 %-Schritten berücksichtigt. Außerdem besteht bei einer mit einem Hauptantrag und Hilfsanträgen versehenen Klage ein gravierender und entscheidender Nachteil, wenn der Hilfsantrag bzw die gestaffelten Hilfsanträge im Hinblick auf den Kostenstreitwert mit dem Hauptantrag nicht gleichwertig sondern – wie hier regelmäßig – geringer sind. Wird der Klage im Hinblick auf den Hauptantrag ein Erfolg versagt und erfolgt eine Verurteilung des beklagten Versicherers nur nach einem geringeren Hilfsantrag, liegt ein Teilunterliegen mit entsprechender Kostenfolge vor.[126] Eine Klage mit einem Haupt- und einem vom Streitwert her geringeren Hilfsantrag bzw mehreren derartigen Hilfsanträgen bringt für den Mandanten keinen Vorteil im Hinblick auf eine Reduzierung seines Kostenrisikos.

Nach Meinung des Verfassers bietet sich deshalb die Erhebung einer mit einer **unbezifferten Schmerzensgeldklage** im Haftpflichtprozess zu vergleichenden Klage an. Zwar gehört bei Klagen auf Leistung einer Geldzahlung die Angabe des begehrten Betrages grundsätzlich zur Bestimmtheit der Klage iSv § 253 Abs. 2 Nr. 2 ZPO, allerdings lässt die Rechtsprechung hiervon eine Ausnahme zu, wenn die Bestimmung des Betrages von einer gerichtlichen Schätzung nach § 287 ZPO oder vom billigen Ermessen des Gerichts abhängig ist. Die nötige Bestimmtheit soll dadurch erreicht werden, dass der Kläger in der Klagebegründung die Berechnungs- bzw Schätzgrundlagen umfassend darzulegen und die Größenordnung seiner Vorstellungen, zum Beispiel in Form eines Mindestbetrages, anzugeben hat.[127]

Der Klageantrag muss dann derart gefasst werden, dass der beklagte Versicherer an den klagenden Versicherungsnehmer eine in das Ermessen des Gerichts gestellte Versicherungsleistung aus dem Versicherungsfall vom … (evtl abzüglich einer Selbstbeteiligung iHv …) zu bezahlen hat. In der Klagebegründung muss der Versicherungsnehmer – wie bei der unbeziffer-

---

126 *Baumbach/Lauterbach/Albers/Hartmann*, § 92 ZPO Rn 12.
127 BGH NJW 1982, 340; 1974, 1551; *Baumbach/Lauterbach/Albers/Hartmann*, § 253 ZPO Rn 50; *Zöller/Greger*, § 253 ZPO Rn 14.

ten Schmerzensgeldklage auch – die ungefähre Größenordnung der von ihm mindestens begehrten Versicherungsleistung darlegen und angeben. Natürlich muss in der Klagebegründung darauf hingewiesen werden, dass die Schwere des Verschuldens des Versicherungsnehmers der richterlichen Bewertung und damit einer Schätzung unterliegt und deshalb eine konkret bezifferte Leistungsklage nicht erhoben werden kann. Ebenfalls müssen sich mit der Schwere des Verschuldens des Versicherungsnehmers befassende Ausführungen erfolgen.

362 Diese Form des Klageantrages bietet dem Versicherungsnehmer den Vorteil, dass er sich nur Gedanken über die Mindestversicherungsleistung machen muss, er aber gleichzeitig dem Gericht einen **Spielraum nach oben** eröffnet. Gegen einen solchen Klageantrag dürften auch die Rechtsschutzversicherer keine durchgreifenden Bedenken haben. Sollte das Gericht Bedenken an der Zulässigkeit einer unbezifferten Leistungsklage äußern, muss es gem. § 139 Abs. 1 ZPO darauf hinweisen. Außerdem muss das Gericht nach derselben ZPO-Vorschrift auf die Stellung sachdienlicher Anträge hinwirken, so dass der Anwalt noch im Termin zumindest im Rahmen eines Hilfsantrags noch einen konkret bezifferten Leistungsantrag stellen kann. Deshalb sollte sich der Anwalt auf eine solche Situation vorbereiten und mit seinem Mandanten und ggf dem Rechtsschutzversicherer des Mandanten im Vorfeld der mündlichen Verhandlung die zuvor notwendigen Klärungen einholen, damit der Anwalt im Termin unverzüglich reagieren kann.

363 Nach Meinung des Verfassers bietet sich ein Klageantrag in Form einer **unbezifferten Leistungsklage** am ehesten für die Begrenzung des Kostenrisikos des Versicherungsnehmers an. Allerdings handelt es sich hierbei um einen neuen Weg einer Klageerhebung, Erfahrungswerte liegen bisher nicht vor, so dass die Reaktion der Gerichte auf einen derartigen Antrag abgewartet werden muss. Idealerweise bietet sich für den Versuch einer unbezifferten Leistungsklage ein Prozesskostenhilfeverfahren an. Denn hier dürfte das Gericht sehr schnell auf etwaige Bedenken einer hinreichenden Erfolgsaussicht eines solchen Antrags hinweisen.

364 Zur eigenen Absicherung sollte der Anwalt den Mandanten, gerade wenn dieser selbst für die Kosten eintreten muss, schriftlich und in einer persönlichen Besprechung darauf hinweisen, dass die Bewertung der Schwere des Verschuldens des Versicherungsnehmers und damit die Höhe der Leistungskürzung des Versicherers dem richterlichen Ermessen unterliegt und deshalb im Voraus sehr schwer einzuschätzen ist. Dieses könnte mit einem Schreiben der nachfolgenden Art geschehen:

365 ▶ **Muster: Informationsanschreiben an den Mandanten über die Prozessaussichten eines Anspruchs auf Versicherungsleistung nach vorheriger Ablehnung/Leistungskürzung des Versicherers wegen grober Fahrlässigkeit**

143

An Herrn/Frau ...

... ./. ... Versicherungs AG

Sehr geehrter Herr .../Sehr geehrte Frau ...

In vorbezeichneter Angelegenheit nehmen wir Bezug auf die hier in der Kanzlei am ... erfolgte Besprechung. In dieser haben wir Ihnen die Erfolgsaussichten eines Rechtsstreits gegen Ihren Kaskoversicherer erläutert. Den wesentlichen Inhalt der Besprechung haben wir für Sie nachfolgend noch einmal zusammengefasst:

Ihr Kaskoversicherer hat die Erbringung einer Versicherungsleistung abgelehnt. Zur Begründung hat er darauf verwiesen, dass Sie den Versicherungsfall grob fahrlässig herbeigeführt haben. Hierzu vertritt der Versicherer die Auffassung, dass der erhobene Einwand der groben Fahrlässigkeit zu seiner vollständigen Leistungsfreiheit führt.

Allerdings sieht das Versicherungsvertragsgesetz (VVG) in § 81 Abs. 2 bei einem grob fahrlässig herbeigeführten Versicherungsfall zu Gunsten des Versicherers nur ein Leistungskürzungsrecht nicht aber eine vollständige Leistungsfreiheit vor. Das bedeutet, dass der Versicherer zumindest einen Teil der Versicherungsleistung erbringen muss. Nach der hierzu bisher ergangenen Rechtsprechung kann der Versicherer seine Versicherungsleistung nur in wenigen Ausnahmefällen, wie zB in Fällen alkoholbedingter absoluter Fahruntüchtigkeit, auf „null" kürzen, also eine Leistungsfreiheit einwenden. Ein derartiger Sachverhalt liegt in Ihrem Fall allerdings nicht vor.

Die bei einem Vorliegen grober Fahrlässigkeit des Versicherungsnehmers die Leistungspflicht des Versicherers regelnde, bereits angesprochene Vorschrift des § 81 Abs. 2 VVG gewährt dem Versicherer eine Berechtigung zu einer verhältnismäßigen Leistungskürzung entsprechend der Schwere des Verschuldens des Versicherungsnehmers. Leistungskürzung bedeutet in der Praxis, dass der Versicherer von der vollen Versicherungsleistung einen gerichtlich überprüfbaren (quotalen bzw. prozentualen) Abschlag vornehmen kann.

Nach der mit Ihrem Versicherer geführten Korrespondenz müssen wir davon ausgehen, dass Ihr Kaskoversicherer im Rechtsstreit mindestens von seinem Leistungskürzungsrecht Gebrauch machen wird, da er sich bisher sogar auf eine hier nicht mögliche Leistungsfreiheit berufen hat.

Obwohl der Versicherer für sämtliche Umstände der Leistungskürzung und somit auch für die Schwere Ihres Verschuldens beweisbelastet ist, müssen wir Ihnen, da Sie über eine Rechtsschutzversicherung leider nicht verfügen, raten, die Versicherungsleistung nicht in voller Höhe, also zu 100%, gerichtlich einzuklagen. Denn bei einem (teilweisen) Unterliegen müssen Sie den dem Unterliegen entsprechenden Anteil an den Gerichts- und Rechtsanwaltskosten tragen. Wir empfehlen Ihnen daher die Versicherungsleistung, vermindert um den voraussichtlichen, aber nur schätzbaren Anteil entsprechend Ihrer Verschuldensschwere einzuklagen.

Nur schätzbar ist der Anteil des Leistungskürzungsrechts des Versicherers deshalb, weil die Bewertung der Schwere Ihres Verschuldens der subjektiven Würdigung des Gerichts unterliegt.

Zurzeit gibt es zu Ihrem speziellen Sachverhalt noch keine gleichlautenden Gerichtsentscheidungen. Stattdessen gibt es mehrere Gerichtsentscheidungen, die bei vergleichbaren Sachverhalten wie in Ihrem Fall, nämlich des Missachtens eines Stoppschilds, auf einer Bandbreite zwischen 25 % und 75 % auf eine Leistungskürzung entschieden haben. Eine Leistungskürzung um 25 % würde in Ihrem Fall einen Betrag in Höhe von 2.500 EUR ausmachen. Eine Leistungskürzung um 75 % würde Sie einen Betrag von sogar 7.500 EUR kosten. Vorliegend ist aber zu Ihrem Nachteil zu berücksichtigen, dass zum einen das von Ihnen missachtete Stoppschild aufgrund des geraden Straßenverlaufs bereits von weitem gut sichtbar gewesen ist und zusätzlich noch eine Vorankündigung „Stopp in 100 m" erfolgt ist. Außerdem ist unmittelbar vor der Kreuzung eine breite weiße Haltlinie auf der Fahrbahn aufgebracht gewesen. Sie haben also mehrere Hinweise auf das bevorstehende Stoppschild missachtet.

Demnach haben Sie mehrere recht deutliche und an verschiedenen Orten bestandene Hinweise auf das bevorstehende „Haltgebot" erkennen können. Unseres Erachtens wird das Gericht nach der gesetzlichen Vorschrift des § 81 Abs. 2 VVG diese Umstände im Rahmen der Bemessung Ihrer persönlichen Schuld berücksichtigen müssen. Deshalb wird vermutlich die vom Gericht zu entscheidende Leistungskürzung um 50 % ausfallen.

Sicher wird es auch darauf ankommen, welchen Eindruck Sie in Ihrer zu erwartenden persönlichen Anhörung zum Sachverhalt hinterlassen werden und ob Sie plausible und nachvollziehbare Gründe für das Übersehen der mehrfachen Hinweise angeben können. Hierzu haben sie angegeben, sich in einer persönlichen Ausnahmesituation befunden zu haben, da sie einen Anruf Ihrer hochschwangeren Lebensgefährtin erhalten hatten, dass sie sich im Krankenhaus befunden hatte und dort mit einer Notoperation mit Kaiserschnitt und einer Frühgeburt gerechnet werden musste.

Eine Garantie, dass das Gericht diese Gründe als verständlich und nachvollziehbar und dass deshalb die Schwere Ihres Verschuldens milder angesehen wird, können wir Ihnen leider nicht geben. Denn auf der anderen Seite ist das hohe Gut der Sicherheit des Straßenverkehrs zu berücksichtigen. Gerade das Überfahren von Stoppschildern führt häufig zu schweren und für die Fahrzeuginsassen regelmäßig mit Verletzungen verbundenen Unfällen. Von einem Kraftfahrer muss deshalb erwartet werden können, dass er bei der Teilnahme am Straßenverkehr persönliche Ausnahmesituationen hinten anstellt und so viel Verantwortung zeigt, dass er gegebenenfalls von der Fahrt Abstand nimmt oder er sich durch eine andere Person fahren lässt.

Zudem müssen Sie damit rechnen, dass bei Durchführung eines etwaigen Berufungsrechtsstreits das Berufungsgericht gegenüber dem Gericht erster Instanz eine andere Bewertung vornehmen könnte. Um Ihr Kostenrisiko möglichst gering zu halten, müssen wir deshalb gemeinsam überlegen, in welcher Höhe eine Versicherungsleistung mindestens geltend gemacht werden soll.

Um Ihnen die möglichen Auswirkungen einer Beteiligung an den Gerichts- und Anwaltskosten bei einem teilweisen Unterliegen im Rechtsstreit darzustellen, dürfen wir Sie auf die beigefügte Anlage verweisen. Dort finden Sie Beispiele, welche Kostenbeteiligung auf Sie zukommen könnte. Wir bitten um Verständnis, dass wir dabei Gerichtskosten für Zeugengebühren und gegebenenfalls ein Sachverständigengutachten nicht berücksichtigen können. Derartige Kosten sind stets einzelfallbezogen. Erfahrungsgemäß ergeben sich pro Zeugen Auslagen iHv 50 EUR bis 100 EUR für Fahrtkosten und Verdienstausfall des Zeugen, sofern der Zeuge aus der näheren Umgebung des Gerichts anreist. Für die Erstellung eines Sachverständigengutachtens müssen Sie mit einem Kostenvolumen von circa 1.000 bis 1.500 EUR rechnen.

Aus den in der Anlage genannten Kostenbeispielen können Sie auch ersehen, dass die Kostentabellen für Gerichts- und Rechtsanwaltskosten degressiv gestaltet sind.

Gewinnen Sie den Rechtsstreit bei einer Klageforderung in Höhe von beispielsweise 2.500 EUR vollständig, was einer Leistungskürzungsquote von 75 % gleichkommt, muss der Versicherer die Kosten des Rechtsstreits vollständig tragen. Verlieren Sie den Rechtsstreit bei einer Klageforderung in Höhe von 10.000 EUR zum Teil, wenn das Gericht eine 50%-ige Leistungskürzung für gerechtfertigt hält und Ihnen deshalb nur 5.000 EUR zuspricht, tragen Sie auch 50 % der Gerichts- und der Anwaltskosten.

Ausgehend von dem vorgenannten Beispiel würde sich Ihre Kostenbeteiligung für die erste Instanz auf 2.045,30 EUR belaufen. Eine etwaige Beteiligung an den Kosten für die zweite Instanz wäre davon abhängig, welchen Betrag das Gericht erster Instanz zusprechen würde, welche Partei Berufung einlegt, in welchem Umfang die Berufung eingelegt wird und in welchem Umfang das Berufungsgericht ggf der eingelegten Berufung stattgibt. Weist das Berufungsgericht die Berufung vollständig zurück, hat der Berufungsführer die Kosten der Berufung allein zu tragen. Gibt das Berufungsgericht der Berufung zum Teil statt, ändert sich dadurch nicht nur der Urteilsbetrag sondern auch die Kostenentscheidung des Urteils erster Instanz. Sie sehen also, dass sich die Höhe einer etwaigen Kostenbeteiligung Ihrerseits im Vorfeld nur sehr schwer einschätzen lässt. Aus diesem Grund sollte der einzuklagende Betrag möglichst genau dem Urteilsbetrag entsprechen.

Wir bitten Sie nach Durchsicht der nachstehend aufgeführten Beispiele um eine persönliche Besprechung. In dieser wollen wir gemeinsam mit Ihnen die letztlich für den Rechtsstreit geltend zu machende Versicherungsleistung festlegen. Außerdem haben Sie Gelegenheit zur Stellung ergänzender Fragen.

Mit freundlichen Grüßen

Anlage: Kostenbeispiele[128] ◄

Beispiel 1: 366
1. Instanz
Streitwert: 10.000 EUR (= Versicherungsleistung zu 100 %)
Rechtsanwaltsgebühren des Klägers

1,3 Verfahrensgebühr §§ 2, 13 RVG, Nr. 3100 VV	725,40 EUR
1,2 Terminsgebühr §§ 2, 13 VV RVG, Nr. 3104 VV	669,60 EUR
Tele- und Kommunikationspauschale Nr. 7002 VV RVG	20,00 EUR
Zwischensumme der Rechtsanwaltsgebühren	1.415,00 EUR
gesetzliche Mehrwertsteuer Nr. 7008 VV RVG, 19 %	268,85 EUR
Endsumme der Rechtsanwaltsgebühren	1.683,85 EUR

Rechtsanwaltsgebühren der Beklagten

1,3 Verfahrensgebühr §§ 2, 13 RVG, Nr. 3100 VV	725,40 EUR
1,2 Terminsgebühr §§ 2, 13 VV RVG, Nr. 3104 VV	669,60 EUR
Tele- und Kommunikationspauschale Nr. 7002 VV RVG	20,00 EUR
Zwischensumme der Rechtsanwaltsgebühren	1.415,00 EUR
gesetzliche Mehrwertsteuer Nr. 7008 VV RVG, 19 %	268,85 EUR
Endsumme der Rechtsanwaltsgebühren	1683,85 EUR

Gerichtskosten

3,0 Gerichtsgebühren nach Anlage 2 zu § 34 GKG für das Verfahren im Allgemeinen	723,00 EUR
Voraussichtliche Gesamtkosten für die 1. Instanz	4.090,70 EUR

2. Instanz
Streitwert: 10.000,00 EUR
Rechtsanwaltsgebühren des Klägers

1,6 Verfahrensgebühr §§ 2, 13 RVG, Nr. 3200 VV	892,80 EUR
1,2 Terminsgebühr §§ 2, 13 VV RVG, Nr. 3202 VV	669,60 EUR
Tele- und Kommunikationspauschale Nr. 7002 VV RVG	20,00 EUR
Zwischensumme der Rechtsanwaltsgebühren	1.582,40 EUR
gesetzliche Mehrwertsteuer Nr. 7008 VV RVG, 19 %	300,66 EUR
Endsumme der Rechtsanwaltsgebühren	1.883,06 EUR

---

128 Stand der RVG/GKG-Gebühren 1.9.2015.

§ 5 Fahrzeugversicherung (Teilkasko-/Vollkaskoversicherung)

Rechtsanwaltsgebühren der Beklagten

1,6 Verfahrensgebühr §§ 2, 13 RVG, Nr. 3200 VV	892,80 EUR
1,2 Terminsgebühr §§ 2, 13 VV RVG, Nr. 3202 VV	669,60 EUR
Tele- und Kommunikationspauschale Nr. 7002 VV RVG	20,00 EUR
Zwischensumme der Rechtsanwaltsgebühren	1582,40 EUR
gesetzliche Mehrwertsteuer Nr. 7008 VV RVG, 19 %	300,66 EUR
Endsumme der Rechtsanwaltsgebühren	1.883,06 EUR

Gerichtskosten

4,0 Gerichtsgebühren für das Verfahren im Allgemeinen gem. Anlage 2 zu § 34 GKG	964,00 EUR
Voraussichtliche Gesamtkosten für die 2. Instanz	4.730,12 EUR

367 **Beispiel 2:**
1. Instanz
Streitwert: 5.000 EUR (= Versicherungsleistung zu 50 %)
Rechtsanwaltsgebühren des Klägers

1,3 Verfahrensgebühr §§ 2, 13 RVG, Nr. 3100 VV	393,90 EUR
1,2 Terminsgebühr §§ 2, 13 VV RVG, Nr. 3104 VV	363,60 EUR
Tele- und Kommunikationspauschale Nr. 7002 VV RVG	20,00 EUR
Zwischensumme der Rechtsanwaltsgebühren	777,50 EUR
gesetzliche Mehrwertsteuer Nr. 7008 VV RVG, 19 %	147,73 EUR
Endsumme der Rechtsanwaltsgebühren	925,23 EUR

Rechtsanwaltsgebühren der Beklagten

1,3 Verfahrensgebühr §§ 2, 13 RVG, Nr. 3100 VV	393,90 EUR
1,2 Terminsgebühr §§ 2, 13 VV RVG, Nr. 3104 VV	363,60 EUR
Tele- und Kommunikationspauschale Nr. 7002 VV RVG	20,00 EUR
Zwischensumme der Rechtsanwaltsgebühren	777,50 EUR
gesetzliche Mehrwertsteuer Nr. 7008 VV RVG, 19 %	147,73 EUR
Endsumme der Rechtsanwaltsgebühren	925,23 EUR

Gerichtskosten

3,0 Gerichtsgebühren für das Verfahren im Allgemeinen gem. Anlage 2 zu § 34 GKG:	438,00 EUR
Voraussichtliche Gesamtkosten für die 1. Instanz	2.288,46 EUR

2. Instanz
Streitwert: 5.000 EUR
Rechtsanwaltsgebühren des Klägers

1,6 Verfahrensgebühr §§ 2, 13 RVG, Nr. 3200 VV	484,80 EUR
1,2 Terminsgebühr §§ 2, 13 VV RVG, Nr. 3202 VV	363,60 EUR

F. Einwendungen des Versicherers 5

Tele- und Kommunikationspauschale Nr. 7002 VV RVG	20,00 EUR
Zwischensumme der Rechtsanwaltsgebühren	868,40 EUR
gesetzliche Mehrwertsteuer Nr. 7008 VV RVG, 19 %	165,00 EUR
Endsumme der Rechtsanwaltsgebühren	1.033,40 EUR

Rechtsanwaltsgebühren der Beklagten

1,6 Verfahrensgebühr §§ 2, 13 RVG, Nr. 3200 VV	484,80 EUR
1,2 Terminsgebühr §§ 2, 13 VV RVG, Nr. 3202 VV	363,60 EUR
Tele- und Kommunikationspauschale Nr. 7002 VV RVG	20,00 EUR
Zwischensumme der Rechtsanwaltsgebühren	868,40 EUR
gesetzliche Mehrwertsteuer Nr. 7008 VV RVG, 19 %	165,00 EUR
Endsumme der Rechtsanwaltsgebühren	1.033,40 EUR

Gerichtskosten

4,0 Gerichtsgebühren für das Verfahren im Allgemeinen gem. Anlage 2 zu § 34 GKG Kostenverzeichnis Nr. 1220	584,00 EUR
Voraussichtliche Gesamtkosten für die 2. Instanz	2.650,80 EUR

▶ **Muster: Klageschrift – Anspruch aus Vollkaskoversicherung** 368

An das Landgericht ...

Klage

des Herrn ...

– Kläger –

Prozessbevollmächtigte: RAe ...

gegen

die ... Versicherung AG, vertreten durch den Vorstand, dieser vertreten durch den Vorstandsvorsitzenden, Herrn ..., ...

– Beklagte –

wegen: Versicherungsleitung

Vorläufiger Streitwert: ... EUR

Namens und in Vollmacht des Klägers erheben wir Klage mit den Anträgen:

1. Die Beklagte wird verurteilt, an den Kläger ... EUR nebst Zinsen in Höhe von 5 Prozentpunkten über dem Basiszinssatz seit dem ... zu bezahlen.
2. Hilfsweise beantragt der Kläger für den Fall, dass sich die Beklagte auf eine Leistungskürzung beruft, sie zu verurteilen, an ihn eine in das Ermessen des Gerichts gestellte Versicherungsleistung aus dem Versicherungsfall vom ... abzüglich einer Selbstbeteiligung iHv ... EUR zu bezahlen.
3. Die Beklagte trägt die Kosten des Rechtsstreits.
4. Dem Kläger wird nachgelassen, jegliche Sicherheitsleistung durch Bürgschaft eines deutschen Kreditinstituts zu erbringen.
5. Im Falle des Vorliegens der gesetzlichen Voraussetzungen beantragen wir den Erlass eines Anerkenntnis-/Versäumnisurteils.

§ 5 Fahrzeugversicherung (Teilkasko-/Vollkaskoversicherung)

Begründung:

I. Parteirollen

Der Kläger beansprucht als Versicherungsnehmer von der Beklagten Zahlung einer Vollkaskoversicherungsleistung aus einer bei der Beklagten am ... bestandenen Fahrzeugversicherung. Das bei der Beklagten mit einer Vollkaskoversicherung versicherte Kfz ist ein Pkw ... mit dem amtl. Kennzeichen ... gewesen.

Der Versicherungsvertrag besteht bei der Beklagten seit dem ..., dem Erstzulassungsdatum des versicherten Pkws nach Antragstellung vom selbigen Tage bei einem Versicherungsvertreter der Beklagten. Die Parteien haben im Rahmen der abgeschlossenen Vollkaskoversicherung eine durch den Kläger je Schadensfall zu tragende Selbstbeteiligung iHv ... EUR vereinbart.

Beweis: für das Gericht beigefügte Fotokopie des Versicherungsscheins vom ... als Anlage K 1

II. Versichertes Risiko „Unfallschäden"

Dem vorgenannten Versicherungsvertrag liegen die Allgemeinen Bedingungen für die Kraftfahrtversicherung (AKB) der Beklagten in der Fassung vom ... zugrunde.

Beweis: für das Gericht beigefügte Kopie der genannten AKB als Anlage K 2

Der Umfang des Versicherungsschutzes der Vollkaskoversicherung ergibt sich unter Hinweis auf die Anlage K 2 aus den Gliederungsziffern A.2.3 iVm A.2.3.2 der genannten AKB. Danach besteht Versicherungsschutz für Beschädigung, Zerstörung, Totalschaden oder Verlust des Fahrzeugs u.a. durch Unfall. Nach der in den AKB genannten Definition handelt es sich bei einem Unfall um ein unmittelbar von außen plötzlich mit mechanischer Gewalt auf das Fahrzeug einwirkendes Ereignis.

Beweis: wie vor

III. Eintritt des Versicherungsfalls

Am ... gegen ... Uhr mittags wurde der zu dieser Zeit bei der Beklagten vollkaskoversichert gewesene Pkw durch einen Unfall im Sinne der Bedingungen beschädigt. Der Unfall geschah in ... auf der Kreuzung ... . Der Kläger befuhr zunächst die ... Straße. Diese führt in einem Winkel von etwa 45° auf die ... Straße. In einer Rechtskurve wird die ... Straße als abknickende Vorfahrtsstraße auf die ... Straße geführt. Die ... Straße als auch die ... Straße weisen eine Breite von etwa 12 m auf. Beengte Fahrbahnverhältnisse bestanden nicht. Der Straßenbelag besteht aus neuem Bitumen. Er weist keine Unebenheiten auf. Außerdem sind auf der Fahrbahn gut sichtbare Fahrbahnmarkierungen (Leitlinien und Fahrbahnbegrenzungslinien) aufgebracht.

Vom Erscheinungsbild haben sich die vom Kläger zunächst befahrene ... Straße und die anschließend befahrene ... Straße stets als Vorfahrtsstraße dargestellt. Beide Straßen waren auch als solche bis kurz vor der unfallträchtigen Kreuzung ausgeschildert. Erst kurz vor der unfallträchtigen Kreuzung gab es einen Beschilderungswechsel. Danach wurden die zunächst aufgestellten Verkehrszeichen 306 (Vorfahrtstraße) nicht fortgeführt. Stattdessen wurde die ... Straße vor der Unfallkreuzung durch ein aufgestelltes Verkehrszeichen 206 (Stopp) zur untergeordneten Straße. Der Kläger hatte an der genannten Kreuzung deshalb dem Querverkehr nach Anhalten seines Kfz Vorfahrt zu gewähren.

Beweis: 1. richterliche Inaugenscheinseinnahme der ... Straße/... Straße in Fahrtrichtung zur Unfallkreuzung
2. beigefügte Fotodarstellung des genannten Straßenverlaufs als Anlage K 3

Der Kläger war bei der Einfahrt in die Kreuzung, die er in Geradeausrichtung hatte überqueren wollen, davon ausgegangen, vorfahrtberechtigt gewesen zu sein.

Auf der Kreuzung gab es dann allerdings eine Kollision mit einem Fahrzeug aus dem bevorrechtigten Querverkehr. Dadurch wurde der vollkaskoversicherte Pkw am vorderen Kotflügel links, dem linken Vorderrad, der Radaufhängung, an weiteren Fahrwerksteilen und der Fahrertür links iHv ... EUR beschädigt. Damit ist der Versicherungsfall „Unfallschaden" eingetreten.

Die Schadenshöhe ist unstreitig. Sie wurde durch einen Schadensgutachter im Auftrag der Beklagten festgestellt. Außerdem hat der Kläger den Pkw exakt für die vorgenannte Summe reparieren lassen.

Der Kläger hat von der ihm zustehenden Versicherungsleistung eine versicherungsvertraglich vereinbarte Selbstbeteiligung in Höhe von ... EUR zu tragen.

IV. Höhe der vom Kläger beanspruchten Versicherungsleistung

Die Beklagte hat außergerichtlich die Erbringung einer Versicherungsleistung mit der Begründung ihrer Leistungsfreiheit mit Schreiben vom ... abgelehnt. Sie ist der Meinung, der Kläger habe den Versicherungsfall grob fahrlässig herbeigeführt. Der Kläger bestreitet, den Versicherungsfall grob fahrlässig herbeigeführt zu haben. Das Verhalten des Klägers ist lediglich fahrlässig gewesen.

Vorsorglich berücksichtigt der Kläger mit seinem als Hilfsantrag gestellten Klageantrag die Möglichkeit eines etwa durchgreifenden Einwands der Beklagten eines grob fahrlässig herbeigeführten Versicherungsfalls und daraus etwaig resultierenden Leistungskürzungsrechts.

Allerdings ist die Beklagte selbst bei Annahme eines grob fahrlässigen Verhaltens des Klägers zur Erbringung einer Versicherungsleistung verpflichtet. Die Beklagte kann, wenn der Kläger den Versicherungsfall grob fahrlässig herbeigeführt haben sollte, gem. § 81 Abs. 2 VVG unter Berücksichtigung der Schwere des Verschuldens des Versicherungsnehmers die Versicherungsleistung höchstens verhältnismäßig kürzen. Sie kann sich aber nicht auf eine Leistungsfreiheit berufen.

Da die Bewertung einer grobfahrlässigen Herbeiführung des Versicherungsfalls als auch des Verschuldensgrads und der Verschuldensschwere des Versicherungsnehmers der richterlichen Würdigung unterliegen, kann der Kläger im Voraus nicht wissen, ob das Gericht einerseits von einer groben Fahrlässigkeit ausgehen wird und andererseits welchen Verschuldensgrad und welche Verschuldensschwere es ggf berücksichtigen wird. Wegen dieser Unwägbarkeiten stellt der Kläger als Hilfsantrag einen in das Ermessen des Gerichts gestellten unbezifferten Klageantrag. Hierfür ist allerdings Voraussetzung, dass sich die Beklagte auf eine Leistungskürzung gem. § 81 Abs. 2 VVG beruft.

Der insofern unbeziffert gestellte Antrag ist zulässig, wenn die Bestimmung einer Geldleistung von einer gerichtlichen Schätzung nach § 287 ZPO oder vom billigen Ermessen des Gerichts abhängig ist.

Dabei geht der Kläger davon aus, dass ein etwaiges Leistungskürzungsrecht der Beklagten zu höchstens ... % besteht, so dass die Beklagte eine Versicherungsleistung in Höhe von mindestens ... EUR zu erbringen hat.

V. Verzug der Beklagten

Gemäß § 14 Abs. 1 VVG ist die Versicherungsleistung fällig mit der Beendigung der zur Feststellung des Versicherungsfalls und des Umfangs der Leistung des Versicherers notwendigen Erhebungen.

Da der von der Beklagten beauftragte Schadensgutachter die Höhe der Reparaturkosten mit seinem Gutachten vom ..., das er noch am selben Tag der Beklagten per Fax zugänglich gemacht hat, hat die Beklagte am ... Kenntnis von der Schadenshöhe erlangt. Sie befindet sich somit seit dem ... im Verzug.

VI. Örtliche Zuständigkeit des angerufenen Gerichts

Die örtliche Zuständigkeit des angerufenen Gerichts ergibt sich aus § 215 Abs. 1 VVG.

Rechtsanwalt ◄

369 ▶ **Muster: Klageerwiderung – Anspruch aus Vollkaskoversicherung mit Vorwurf einer grob fahrlässigen Herbeiführung des Versicherungsfalles gem. § 81 Abs. 2 VVG**

145

An das Landgericht ...

Klageerwiderung

In dem Rechtsstreit

... [Kläger] ./. ... [Beklagte]

Az ...

wird beantragt:

1. die Klage abzuweisen;
2. die Kosten des Rechtsstreits trägt der Kläger;
3. der Beklagten im Fall einer Verurteilung nachzulassen, die Vollstreckung durch Hinterlegung oder Sicherheitsleistung abzuwenden, welche auch in Form einer Bürgschaft durch eine deutsche Großbank erbracht werden kann, ohne Rücksicht auf eine Sicherheitsleistung des Klägers.

Begründung:

Die Klage ist nicht begründet.

Die Beklagte hat zu Recht die Erbringung einer Versicherungsleitung verweigert, da der Kläger den Versicherungsfall grob fahrlässig herbeigeführt hat (§ 81 Abs. 2 VVG).

I. Sachverhalt

Zwischen den Parteien ist unstreitig, dass der Kläger als Versicherungsnehmer der Beklagten am ... an der Kreuzung ... einen Verkehrsunfall verursacht hat, bei dem sein bei der Beklagten kaskoversichertes Kfz erheblich beschädigt worden ist.

Der Kläger befuhr die ... Straße in Fahrtrichtung der vorgenannten Kreuzung, wobei er an der Kreuzung ein „Stoppzeichen" (Verkehrszeichen 206 der Anlage 2 zur StVO) missachtet hat. Das Verkehrszeichen gebietet:

„Halt! Vorfahrt gewähren!"

Zur Unfallzeit, ... Uhr, herrschte gutes Wetter, Sichteinschränkungen bestanden nicht.

Beweis: Beiziehung der Strafakte der Staatsanwaltschaft ... zum Az ... (dort Einsichtnahme in das Lichtbild Nr. ..., Blatt ... der Strafakte)

Aus dem vorgenannten Lichtbild ist auch ersichtlich, dass das **unbedingte Haltegebot** nicht nur durch Verkehrszeichen 206, sondern **zusätzlich** durch eine **Haltlinie** (Verkehrszeichen 294 der Anlage 2 zur StVO) angekündigt worden ist.

Auch diese Linie ordnet nach der vorgenannten StVO-Vorschrift an:

„Hier halten!"

Das bedeutet, dass der Kläger nicht nur das vorgenannte Verkehrszeichen 206, sondern auch die Haltlinie, Verkehrszeichen 294, übersehen hatte.

Zum Übersehen der Haltlinie hat sich der Kläger nicht erklärt.

Dieses ist aber noch nicht alles gewesen. Denn vor der streitgegenständlichen Kreuzung hat es noch eine Beschilderung mit einer **Vorankündigung „Stopp in 100 m"** gegeben.

Beweis: Beiziehung der Strafakte der Staatsanwaltschaft ... zum Az ... (dort Einsichtnahme in das Lichtbild Nr. ..., Blatt ... der Strafakte)

Soweit der Kläger behauptet hat, zunächst die ... Straße befahren zu haben, diese sei in einem Winkel von etwa 45 Grad auf die Kreuzung ... geführt worden, in einer Rechtskurve sei die ... Straße als abbiegende Vorfahrtsstraße auf die ... Straße geführt, die ... Straße selbst sei 12 Meter breit gewesen, habe keine beengte Fahrbahnverhältnisse aufgewiesen und habe den Charakter einer Vorfahrtsstraße gehabt, bestreitet die Beklagte dieses vorsorglich mit Nichtwissen.

Die Beklagte hat keine eigenen Wahrnehmungen zu dem vom Kläger behaupteten Fahr- und Straßenverlauf gehabt, so dass ein Bestreiten mit Nichtwissen gemäß § 138 Abs. 4 ZPO zulässig ist. Der Straßenverlauf ist auch nicht in der amtlichen Lichtbildmappe dokumentiert.

Auch soweit der Kläger behauptet, dass die Straße den Charakter einer Vorfahrtsstraße gehabt habe, ist dies angesichts des beschriebenen Verkehrszeichens 206 und der ebenfalls bereits beschriebenen Haltelinie, Verkehrszeichen 294 und der dargelegten Vorankündigung nicht nachvollziehbar. Denn jedem Kraftfahrer ist bekannt, dass Vorfahrtregelungen von zwei sich kreuzenden Straßen gem. den Vorschriften der StVO nur durch Lichtzeichen, Verkehrszeichen oder die „Rechts-vor-links-Regelung" getroffen werden.

Soweit der Kläger weiter behauptet hat, er sei „wegen der besonderen örtlichen Verhältnisse davon ausgegangen, sich weiter auf der Vorfahrtsstraße befunden zu haben", bestreitet die Beklagte auch dieses mit Nichtwissen.

Die vorgenannte Behauptung des Klägers stellt außerdem einen weiteren Beleg für sein grob fahrlässiges Handeln dar, da sich der Kraftfahrer über angeordnete Verkehrszeichen, insbesondere über vorfahrtregelnde Verkehrszeichen, zu vergewissern hat.

II. Rechtliche Würdigung

Der Kläger kann sich auf ein „Augenblickversagen" nicht berufen, da er „nicht nur einen Augenblick versagt hat".

Bekanntlich handelt ein Fahrzeugführer grob fahrlässig, wenn er die im Verkehr erforderliche Sorgfalt in hohem Maße verletzt und dasjenige unbeachtet gelassen hat, was im gegebenen Fall jedem hätte einleuchten müssen.

In der obergerichtlichen als auch höchstrichterlichen Rechtsprechung wird das Missachten eines Stoppschildes bzw eines Rotlichtsignals einer Lichtzeichenanlage regelmäßig nicht als Augenblicksversagen, sondern als grob fahrlässiges Verhalten bewertet. Dieses gilt sowohl in objektiver als auch in subjektiver Hinsicht.

In objektiver Hinsicht stellt das Missachten einer roten Ampel bzw eines Stoppschildes ein grob pflichtwidriges Verhalten dar, das über das normal hinzunehmende Maß an Sorgfaltsverstößen im Straßenverkehr deutlich hinausgeht.

§ 5 Fahrzeugversicherung (Teilkasko-/Vollkaskoversicherung)

Vgl: BGH VersR 1992, 1085, 1086
    OLG Koblenz VersR 2008, 1346
    OLG Köln zfs 2001, 417
    OLG Hamm zfs 1998, 262
    OLG Oldenburg VersR 1997, 1224
    OLG Dresden VersR 1996, 577
    OLG Nürnberg NJW-RR 1996, 988
    OLG Zweibrücken VersR 1993, 218
    OLG Düsseldorf VersR 1992, 1086

Vorliegend ist zu bemerken, dass der Kläger noch nicht einmal den Versuch gemacht hat, seine Geschwindigkeit zu verlangsamen bzw an der Kreuzung anzuhalten.

Beweis: 1. Einsichtnahme in die schriftliche Aussage des Zeugen ... (Blatt ... der Ermittlungsakte)
          2. Zeugnis des Herrn ..., ladungsfähige Anschrift bereits benannt

Zu bemerken ist noch, dass der Kläger gegenüber dem Zeugen ... angegeben hat, dass er das Stoppschild nicht gesehen habe, weil er **geträumt** habe.

Beweis: wie vor

Weiter zu bemerken ist, dass der Hergang für den Zeugen ... so ausgesehen hat, als habe der Kläger unmittelbar vor dem Unfall ein Telefon in der Hand gehabt.

Beweis: wie vor

Nach der Rechtsprechung erfordert das Heranfahren an eine Kreuzung von einem Kraftfahrer subjektiv jedes Mal eine ganz besonders hohe Sorgfalt. Denn das Heranfahren an eine Kreuzung ist keine Dauertätigkeit und damit keine Routineangelegenheit, sondern muss jedes Mal mit besonders hoher Aufmerksamkeit des Kraftfahrers erfolgen. Das Überfahren einer Kreuzung birgt hohe Gefahren, insbesondere, wenn sie für Verkehrsteilnehmer durch rotes Ampellicht oder ein Stoppschild gesperrt ist. Deshalb sind hier besonders hohe Anforderungen an den Verkehrsteilnehmer zu stellen.

Von einem durchschnittlich sorgfältigen Kraftfahrer kann und muss verlangt werden, dass er an die Kreuzung mit einem Mindestmaß an Konzentration heranfährt, welches es ihm ermöglicht, die Verkehrssignale bzw Verkehrszeichen wahrzunehmen oder zu beachten. Er darf sich nicht von weniger wichtigen Vorgängen und Eindrücken ablenken lassen.

Vgl: BGH VersR 1992, 1085, 1086
    OLG Hamm VersR 1988, 1260

Folglich kann sich der Kläger nicht auf den vorherigen Verlauf der Straße beziehen, sondern er hatte speziell die jeweils vor ihm liegende Kreuzung aufmerksam zu beobachten und sich jedes Mal über die jeweils dort geltende Vorfahrtsregelung zu vergewissern.

Auf ein Augenblickversagen kann sich der Kläger nicht berufen. Der Ausdruck „Augenblickversagen" beschreibt nur den Umstand, dass der Handelnde für eine kurze Zeit die im Verkehr erforderliche Sorgfalt außer Acht ließ. Dieser Umstand allein ist kein ausreichender Grund den Schuldvorwurf der groben Fahrlässigkeit herabzustufen, wenn die objektiven Merkmale der groben Fahrlässigkeit gegeben sind.

Vgl: BGH NJW 1992, 2418

Auch in dieser Entscheidung hat der BGH betont, dass das Überfahren einer Kreuzung hohe Gefahren berge, insbesondere, wenn sie für den Verkehrsteilnehmer durch rotes Ampellicht gesperrt ist.

F. Einwendungen des Versicherers 5

Deshalb seien auch besonders hohe Anforderungen an den Verkehrsteilnehmer zu stellen. Von einem durchschnittlich sorgfältigen Kraftfahrer könne und müsse verlangt werden, dass er an die Kreuzung jedenfalls mit einem Mindestmaß an Konzentration heranfährt, dass es ihm ermöglicht, die Verkehrssignalanlage wahrzunehmen und zu beachten. Er darf sich nicht von weniger wichtigen Vorgängen und Eindrücken ablenken lassen.

Vgl: wie vor, 2419

Bei einer Verkehrsregelung durch ein „Stoppschild" sowie einer auf der Fahrbahn aufgebrachten „Haltemarkierung" gilt nichts anderes. Auch hier ist das Einfahren in die Kreuzung für den Verkehrsteilnehmer zunächst gesperrt, so dass er sein Fahrzeug zum Stehen bringen muss.

Stoppschilder sind bekanntlich an Kreuzungen und Einmündungen aufgestellt, die entweder besonders gefährlich sind oder bei denen im Hinblick auf den vorfahrtberechtigten Verkehr eine schlechte Einsichtsmöglichkeit besteht.

Weiter hat der BGH betont, dass eine „kurzfristige Geistesabwesenheit" keine ausreichende, entschuldigende Begründung für ein Außerachtlassen der erforderlichen Sorgfalt sei.

Vgl: wie vor

Nach der Rechtsprechung des BGH kann vom äußeren Geschehensablauf und vom Ausmaß des objektiven Pflichtverstoßes auf innere Vorgänge und deren gesteigerter Vorwerfbarkeit geschlossen werden.

Vgl: wie vor

Allein das Vertrauen des Klägers, dass er sich nach seiner Darlegung zuvor auf einer vorfahrtberechtigten Straße befunden hatte, rechtfertigt es nicht, den objektiv grob fahrlässigen Verkehrsverstoß subjektiv herabzumildern, zumal an jeder Kreuzung bzw Einmündung, es sei denn es gilt die „Rechts-vor-links-Regelung", vorfahrtregelnde Verkehrszeichen bzw eine Lichtzeichenanlage aufgestellt sind, so dass sich der Fahrzeugführer ein jedes Mal, wenn er sich einer Kreuzung bzw Einmündung annähert, darüber vergewissern muss, ob er an dieser vorfahrtberechtigt oder wartepflichtig ist.

Gegenüber den unfallaufnehmenden Polizeibeamten hat der Kläger auf die Frage, ob er sich erklären könne, weshalb er das Verkehrszeichen „Stopp" nicht wahrgenommen habe, geantwortet, dass er sich dieses nur so erklären könne, in der Annahme gewesen zu sein, sich noch auf der Hauptstraße befunden zu haben, da vor der Kreuzung die ... Straße als Hauptstraße ausgeschildert gewesen sei.

Der Kläger hat im Rahmen seiner Anhörung auch zugestanden, dass das von ihm missachtete Verkehrszeichen „Stopp" auch gut sichtbar aufgestellt gewesen ist.

Beweis im Bestreitensfall: Einsichtnahme in die Kopie der Beschuldigtenvernehmung des Klägers vom ... (Blatt ... der Straf- bzw Ermittlungsakte)

Aus dieser Beantwortung des Klägers ist unzweifelhaft der Schluss zu ziehen, dass der Kläger gerade nicht das von der Rechtsprechung geforderte „Mindestmaß an Konzentration" aufgebracht und er sich **tatsächlich** nicht über die Vorfahrtregelung an der unfallträchtigen Kreuzung vergewissert, sondern er allein auf seine Annahme des Befahrens einer Hauptstraße vertraut hatte. Ein derartiges Vertrauen ist schon deshalb nicht gerechtfertigt gewesen, weil etwa 100 m vor der Kreuzung durch eine Vorankündigungsbeschilderung auf das an der Kreuzung befindliche Verkehrszeichen „Stopp"

§ 5 Fahrzeugversicherung (Teilkasko-/Vollkaskoversicherung)

hingewiesen worden ist und neben dem Stoppzeichen selbst noch die breite und weiß markierte Haltelinie auf der Fahrbahn aufgebracht gewesen ist.

In tatsächlicher Hinsicht ist deshalb festzustellen, dass der Kläger nicht „lediglich" ein zudem nach seinen eigenen Angaben deutlich sichtbar aufgestelltes Verkehrszeichen 206 der Anlage 2 zur StVO (Stopp) sondern zusätzlich eine zuvor erfolgte Hinweisbeschilderung und eine direkt vor der Kreuzung auf der Fahrbahn aufgebrachte Haltlinie, Verkehrszeichen 294 der Anlage 2 zur StVO, übersehen hat. Ein Augenblicksversagen kann deshalb nicht vorgelegen haben, weil der Kläger angesichts des Übersehens des 100 m zuvor erfolgten Hinweises auf das Verkehrszeichen „Stopp", des weiteren Übersehens der auf der Fahrbahn aufgebrachten breiten weißen Haltlinie und schließlich des Übersehens des Verkehrszeichens „Stopp" mindestens „drei Augenblicke" vom Verkehrsgeschehen abwesend gewesen sein musste.

§ 81 Abs. 2 VVG bestimmt, dass der Versicherer im Fall einer grob fahrlässigen Herbeiführung des Versicherungsfalls durch den Versicherungsnehmer zu einer Kürzung der Versicherungsleistung unter Berücksichtigung der Schwere des Verschuldens des Versicherungsnehmers berechtigt ist.

Der vorliegend zu beurteilende Sachverhalt führt als Rechtsfolge zu einer vollständigen Leistungskürzung im Sinne einer Leistungsfreiheit des Versicherers, so dass der Kläger eine Versicherungsleistung nicht beanspruchen kann.

Die Beklagte hat mit ihrer Klageerwiderung die erhebliche und wegen des mehrfachen Übersehens des Klägers von Hinweisen auf das an der Kreuzung angeordnete „Stoppgebot" nicht entschuldbare Schwere des Verschuldens des Klägers dargelegt.

Seine eigenen Angaben belegen, dass er nicht mit dem von der Rechtsprechung geforderten Mindestmaß an Konzentration an den Kreuzungsbereich herangefahren war, obwohl jedem Kraftfahrer bekannt ist, dass die Beachtung des Vorfahrtrechts anderer Verkehrsteilnehmer zu den sogenannten Kardinalpflichten eines Kraftfahrers im Straßenverkehr gehört.

Es liegt deshalb ein Verschulden des Klägers in außerordentlich hohem Maße vor, da Vorfahrtverstöße häufig zu schweren Verkehrsunfällen mit entsprechend hohen Personen- und Sachschäden führen. Dieses Verschulden rechtfertigt es, das Leistungskürzungsrecht der Beklagten mit 100 % zu bewerten.

Die Klage ist deshalb schon dem Grunde nach abzuweisen.

Rechtsanwalt ◀

370 ▶ **Muster: Replik – Anspruch aus Vollkaskoversicherung (nach neuem VVG)**

An das Landgericht ...

Replik

In dem Rechtsstreit

... [Kläger] ./. ... [Beklagte]

Az ...

repliziert der Kläger auf die Klageerwiderung der Beklagten vom ... wie folgt:

Die von der Beklagten abgeleitete Rechtsfolge einer möglichen Leistungskürzung auf „null" trifft nicht zu.

Dem steht bereits die Gesetzessystematik entgegen. Denn die Vorschrift des § 81 VVG differenziert zwischen Leistungsfreiheit des Versicherers gem. Abs. 1 bei vorsätzlicher Herbeiführung des Versicherungsfalls und einer Leistungskürzung gem. Abs. 2 bei grob fahrlässiger Herbeiführung des Versicherungsfalls. Aus dieser Differenzierung ist erkennbar, dass der Gesetzgeber unterschiedliche Rechtsfolgen, je nachdem, ob von Vorsatz oder von grober Fahrlässigkeit auszugehen ist, beabsichtigt hat.

Entsprechendes folgt auch aus der Wortwahl, denn Leistungsfreiheit hat eine andere Bedeutung als Leistungskürzung.

Eine bis zur Leistungsfreiheit des Versicherers reichende Leistungskürzung sieht § 81 Abs. 2 VVG nicht vor. Mit der vorgenannten Regelung hat der Gesetzgeber seiner Absicht entsprechend das vor der VVG-Reform herrschende „Alles-oder-nichts-Prinzip" abgeschafft.

Das Verschulden des Klägers ist auch nicht schwerwiegend. Das Übersehen des Stoppschilds und der Haltlinie, beide waren nicht weit voneinander entfernt, ist Folge eines reinen Augenblicksversagens des Klägers. Eine grob fahrlässige Herbeiführung des Versicherungsfalls liegt deshalb nicht vor.

Gerade die unveränderte bereits seit mehreren Einmündungen baulich gleichbleibende Beschaffenheit der Straße, das zugunsten des Klägers an den vorangegangenen Einmündungen stetig gegeben gewesene Vorfahrtsrecht haben auch für die streitgegenständliche Kreuzung auf ein auch dort für den Kläger gegebenes Vorfahrtsrecht schließen lassen. Deshalb hatte der Kläger auch mit einem Vorankündigungsschild nicht rechnen müssen. Das Vorankündigungsschild hat zudem in einem durch Bäume verschatteten Bereich gelegen und war deshalb für den Kläger nicht erkennbar.

Beweis: Einholung eines Sachverständigengutachtens zur Wahrnehmbarkeit

Hinzu kommt, dass auch der dem Kläger unmittelbar vorausfahrende Pkw die Kreuzung ohne anzuhalten, allerdings auch ohne Unfall, überquert hatte.

Auch dadurch war der Kläger in seiner Annahme, auch an dieser Kreuzung vorfahrtberechtigt gewesen zu sein, bestärkt worden.

Demnach hat es sich nur um eine ganz kurze, momentartige und die Stufe der groben Fahrlässigkeit noch nicht erreichende Unaufmerksamkeit des Klägers, gehandelt.

Hat das Verhalten des Klägers die Stufe der groben Fahrlässigkeit noch nicht erreicht, ist die Beklagte zur vollständigen Erbringung der Versicherungsleistung verpflichtet.

Rechtsanwalt ◄

Hinweis: Neben dem Umfang und der Höhe des Leistungskürzungsrechts des Versicherers kann im Einzelfall bei nicht eindeutiger bzw auslegungsbedürftiger AKB-Formulierung noch ein Streit entstehen, ob die vertraglich vereinbarte Selbstbeteiligung zunächst von der vollen Versicherungsleistung in Abzug zu bringen und dann die Leistungskürzung vorzunehmen ist oder ob zunächst von der vollen Versicherungsleistung die Leistungskürzung und dann ein weiterer Abzug in Höhe der Selbstbeteiligung vorzunehmen ist.

Auch hier sollte der Anwalt im Sinne seines Mandanten argumentieren, da dies dem Mandanten – je nach Höhe der vereinbarten Selbstbeteiligung – durchaus einige hundert Euro bringen kann.

Die Musterbedingungen der AKB 2015 sehen in Ziff. A.2.5.8 vor, dass eine vereinbarte Selbstbeteiligung von der Entschädigung abzuziehen ist.

372 Der Verfasser hat nachfolgende Beispiele von verwendeten AKB Bestimmungen gefunden:

373 **Beispiel 1:**
„Ist eine Selbstbeteiligung vereinbart, wird diese bei jedem Schadensereignis von der Entschädigung abgezogen."

374 Hier ließe sich zugunsten des Versicherungsnehmers argumentieren, dass ausgehend vom Gesetzeswortlaut des § 81 Abs. 2 VVG der Versicherer zur Kürzung „seiner Leistung" berechtigt ist und deshalb die Leistung des Versicherers zB in den um die Selbstbeteiligung verminderten Reparaturkosten besteht und davon wiederum die Leistungskürzung vorzunehmen sei. Andererseits ließe sich aus der Sicht des Versicherers argumentieren, dass der in den AKB verwendete Begriff der „Entschädigung" ein anderer als der der „Leistung" ist. Entschädigung sei letztlich das, was der Versicherer an den Versicherungsnehmer auszahlen müsse, so dass erst dann Selbstbeteiligung abzuziehen sei.

375 **Beispiel 2:**
„In der Teil- und Vollversicherung wird der Schaden abzüglich einer vereinbarten Selbstbeteiligung ersetzt."

376 Ausgangspunkt dieser Klausel ist der Schaden, so dass sich auch hier aus Sicht des Versicherungsnehmers argumentieren ließe, dass zunächst vom Schaden die Selbstbeteiligung abzuziehen ist und erst dann die Leistungskürzung vorgenommen werden kann.

III. Prämienrecht und Zahlungsverzug des Versicherungsnehmers

377 **1. Gesetzliche Grundlagen.** Häufige Auseinandersetzungen zwischen Versicherungsnehmer und Versicherer gibt es, wenn sich der Versicherer auf Leistungsfreiheit für einen Versicherungsfall wegen Nichtzahlung der Erstprämie beruft. Hier besteht vielfach für den Versicherungsnehmer eine Chance, dem Einwand der Leistungsfreiheit erfolgreich zu begegnen.

378 Insbesondere lohnt für den Rechtsanwalt und seinen Mandanten häufig eine genaue Prüfung der Prämienanforderung des Versicherers.

379 Auf der anderen Seite muss der Versicherer darauf achten, bei der Prämienanforderung keinen Fehler zu begehen. Insbesondere muss der Versicherer einige formelle Voraussetzungen einhalten, damit er sich erforderlichenfalls auf eine Leistungsfreiheit berufen kann.

380 Im VVG ist das Prämienrecht in den §§ 33 bis 42 VVG geregelt. Der Zahlungsverzug mit der Erstprämie ist in § 37 VVG, derjenige mit der Folgeprämie ist in § 38 VVG geregelt.

381 Den noch nach dem vor dem 1.1.2008 geltenden VVG dort enthaltenen Grundsatz der Unteilbarkeit der Prämie, gibt es im VVG nicht mehr. Bei vorzeitiger Beendigung des Versicherungsvertrages hat der Versicherer gem. § 39 VVG nur einen Prämienanspruch für die Zeit der Versicherungsschutzgewährung.

382 In den Musterbedingungen der AKB 2015 des GDV finden sich Prämienregelungen in den Ziffern C.1 bis C.5.

2. Fälligkeit der Erstprämie. Grundsätzlich wird die Erstprämie gemäß § 33 VVG nach Ablauf von 14 Tagen nach Zugang des Versicherungsscheins beim Versicherungsnehmer fällig, wobei der Versicherungsnehmer die Prämienzahlung unverzüglich[129] vorzunehmen hat.   383

Für den Zugang des Versicherungsscheins als auch der Prämienrechnung ist grundsätzlich der Versicherer vollständig darlegungs- und beweisbelastet. Da Versicherungsnehmer bei Prämienzahlungsstreitigkeiten erfahrungsgemäß häufig behaupten, die Prämienaufforderung bzw den Versicherungsschein nicht erhalten zu haben, sollte der Versicherer nicht nur diese sondern sämtliche für Rechtsfolgen wichtige Unterlagen – siehe auch § 8 Abs. 2 letzter Satz VVG – mit Zugangsnachweis oder bei Aushändigung an den Versicherungsnehmer gegen ein Empfangsbekenntnis des Versicherungsnehmers übermitteln.   384

Der Gesetzeswortlaut stellt ausdrücklich nicht darauf ab, dass zum Zeitpunkt des Zugangs des Versicherungsscheins bereits ein wirksamer Versicherungsvertragsschluss vorliegen muss. Denn der Versicherungsschein kann – als Angebot des Versicherers auf Abschluss des Versicherungsvertrags – bereits vor Abgabe einer entsprechenden Vertragserklärung des Versicherungsnehmers zugegangen sein. In einem solchen Fall wäre nach dem Gesetzeswortlaut die Erstprämie uU bereits vor dem Vertragsschluss fällig.   385

Unter Berücksichtigung von § 3 Abs. 1 ff VVG (Versicherungsschein) ist davon auszugehen, dass der Gesetzgeber bei Vorliegen eines Versicherungsscheins bereits von einem geschlossenen Versicherungsvertrag ausgeht. Denn der Versicherungsschein dokumentiert idR einen zustande gekommenen Vertrag, wenn dieser nicht als Angebot des Versicherers zu verstehen ist.[130]   386

Ist der Versicherungsvertrag zum Zeitpunkt des Zugangs des Versicherungsscheins noch nicht geschlossen, sondern gibt der Versicherungsnehmer seine Vertragserklärung erst nach dem Zugang des Versicherungsscheins ab, ist außerdem das gemäß § 8 VVG dem Versicherungsnehmer zustehende Widerrufsrecht zu berücksichtigen. Da die Widerrufsfrist ebenfalls 14 Tage beträgt, beginnen die Zweiwochenfrist des § 33 VVG für die Zahlung der Erstprämie als auch für den Widerruf gem. § 8 Abs. 1 VVG bei Vorliegen der Voraussetzungen des § 8 Abs. 2 VVG gleichzeitig.   387

In den genannten Musterbedingungen des GDV ist in Ziff. C.1.1 entgegen der gesetzlichen Regelung (14 Tage) von zwei Wochen die Rede. Außerdem hat der GDV dort den Begriff „unverzüglich" vertraglich mit „spätestens innerhalb von 14 Tagen" definiert.   388

3. Rechtsfolgen bei Verzug mit der Erstprämie. Befindet sich der Versicherungsnehmer mit der Zahlung der Erstprämie in Verzug, ist der Versicherer gem. § 37 Abs. 1 VVG zum Rücktritt vom Versicherungsvertrag berechtigt.   389

Dieses gilt nicht, wenn der Versicherungsnehmer die Nichtzahlung der Prämie nicht zu vertreten hat. Allerdings muss der Versicherungsnehmer das vermutete Verschulden widerlegen.   390

Auch die Musterbedingungen für 2015 des GDV enthalten in den Ziffern C.1.2 und C.1.3 an die gesetzlichen Vorschriften orientierte Regelungen über die Rechtsfolgen bei nicht rechtzeitiger Zahlung der Erstprämie.   391

---

129 Nach § 121 Abs. 1 BGB bedeutet „unverzüglich" ohne schuldhaftes Zögern.
130 *Armbrüster/Rudy* in: Prölss/Martin, § 3 VVG Rn 1.

§ 5 Fahrzeugversicherung (Teilkasko-/Vollkaskoversicherung)

392 Die Musterbedingungen des GDV sehen im Fall eines Rücktritts des Versicherers wegen Nichtzahlung der Erstprämie die Zahlung einer an die Zeitdauer vom Beginn der Versicherung bis zum Rücktritt angelehnten prozentual berechneten Geschäftsgebühr durch den Versicherungsnehmer vor.

393 Tritt während des Verzugs mit der Erstprämie der Versicherungsfall ein, ist der Versicherer leistungsfrei, § 37 Abs. 2 S. 1 VVG. Auch hier gilt, dass eine Leistungsfreiheit des Versicherers nicht besteht, wenn der Versicherungsnehmer die Nichtzahlung nicht zu vertreten hat. Dabei hat der Versicherungsnehmer auch hier das vermutete Verschulden zu widerlegen.

394 Voraussetzung für eine Leistungsfreiheit des Versicherers ist außerdem, dass er zuvor den Versicherungsnehmer durch eine gesonderte in Textform ergangene Mitteilung oder durch einen auffälligen Hinweis im Versicherungsschein auf die Rechtsfolge seiner Leistungsfreiheit bei Nichtzahlung der Erstprämie aufmerksam gemacht hat, § 37 Abs. 2 S. 2 VVG.

395 In den Musterbedingungen heißt es u.a. dazu in Ziff. C.1.2, dass der Versicherungsnehmer, solange er die Erstprämie nicht gezahlt hat, von Anfang an keinen Versicherungsschutz hat.

396 Hat der Versicherer dem Versicherungsnehmer vorläufigen Deckungsschutz gewährt, gilt als zwingende Vorschrift § 51 Abs. 1 VVG. Danach kann der Versicherer den Beginn des Versicherungsschutzes von der Prämienzahlung abhängig machen, wenn er den Versicherungsnehmer zuvor durch eine gesonderte Mitteilung in Textform oder durch einen auffälligen Hinweis im Versicherungsschein auf diese Voraussetzung aufmerksam gemacht hat.

397 Da es sich bei der Kfz-Haftpflichtversicherung als auch bei der Kfz-Kaskoversicherung um selbstständige Verträge handelt, muss der Versicherer für beide Verträge die Einzelprämien auswerfen und den Versicherungsnehmer für jede Sparte getrennt auf die Rechtsfolgen bei Nichtzahlung bzw. nicht rechtzeitiger Zahlung der Erstprämie hinweisen. Der Versicherer muss bei der Darstellung der Einzelprämien sehr genau und mit großer Mühe vorgehen. So muss er beispielsweise auch getrennt nach den jeweiligen Sparten die jeweilige Versicherungssteuer angeben und auswerfen.

398 Für die Rechtzeitigkeit der Zahlung der Prämie kommt es nicht auf die Erfüllung seitens des Versicherungsnehmers und damit auf die Tilgung der Prämienschuld an. Der Versicherungsnehmer muss aber rechtzeitig die Leistungshandlung vorgenommen haben. Gemäß § 33 Abs. 1 VVG handelt es sich bei der Prämienzahlung um eine Schickschuld (der Versicherungsnehmer hat die Prämie zu zahlen). Es genügt also, wenn der Versicherungsnehmer die Prämie an seinem Wohnort „auf den Weg zum Versicherer bringt". Bei einer Banküberweisung muss die Bank den Überweisungsauftrag rechtzeitig ausgeführt haben.

399 Erteilt der Versicherungsnehmer dem Versicherer eine **Einzugsermächtigung**, wird die Prämie dadurch zur Holschuld. Es ist Sache des Versicherers, die Prämie vom Konto des Versicherungsnehmers abbuchen zu lassen. Allerdings muss der Versicherungsnehmer für ausreichende Deckung auf seinem Konto sorgen, wenn ihm der Versicherer entsprechend § 33 Abs. 2 VVG die genaue Prämienhöhe und den Zeitpunkt des Prämieneinzugs in Textform mitgeteilt hat.

400 Generell ist wichtig, dass der Versicherer die Prämie zutreffend ausgewiesen und berechnet hat, da eine auch nur geringfügig falsch berechnete Prämie zur Unwirksamkeit der gesamten

Prämienanforderung führt. Der Versicherer kann sich dann nicht auf Leistungsfreiheit wegen Nichtzahlung der Erstprämie berufen.

Bei Vereinbarung einer vierteljährlichen Zahlungsweise ist die Anforderung der Halbjahresprämie durch den Versicherer fehlerhaft. 401

▶ **Muster: Klage des Versicherungsnehmers gegen den Einwand der Leistungsfreiheit des Versicherers wegen Nichtzahlung bzw nicht rechtzeitiger Zahlung der Erstprämie** 402

An das Amtsgericht ...

Klage

des Herrn ...

– Kläger –

Prozessbevollmächtigte: RAe ...

gegen

die ... Versicherung AG, vertreten durch den Vorstand, dieser vertreten durch den Vorstandsvorsitzenden, Herrn ..., ...

– Beklagte –

wegen: Feststellung der Gewährung von Versicherungsschutz

Streitwert (vorläufig): ... EUR

Namens und in Vollmacht des Klägers erheben wir Klage mit den Anträgen:

1. Es wird festgestellt, dass die Beklagte dem Kläger aus der bei der Beklagten unter Versicherungsscheinnummer ... abgeschlossenen Fahrzeugvollversicherung für den Versicherungsfall vom ... vereinbarungsgemäß Versicherungsschutz zu gewähren hat.
2. Die Beklagte trägt die Kosten des Rechtsstreits.
3. Dem Kläger wird nachgelassen, jegliche Sicherheitsleistung durch Bürgschaft eines deutschen Kreditinstituts zu erbringen.
4. Im Falle des Vorliegens der gesetzlichen Voraussetzungen beantragen wir den Erlass eines Anerkenntnis-/Versäumnisurteils.

Begründung:

I. Parteirollen

Der Kläger hat seit dem ... bei der Beklagten für seinen Pkw der Marke ..., Modell ..., mit dem amtlichen Kennzeichen ... eine Vollkaskoversicherung ohne Selbstbeteiligung abgeschlossen.

Bei dem genannten Pkw des Klägers handelt es sich um ein Neufahrzeug, dass der Kläger erstmals am ... mit einer Versicherungsbestätigung der Beklagten zum Verkehr zugelassen hat. In der Versicherungsbestätigung hat die Beklagte für die Kaskoversicherung eine vorläufige Deckung erteilt.

Unter dem ... hat die Beklagte den Versicherungsschein erstellt. Dem Versicherungsschein waren die als Anlage K1 für das Gericht in Kopie beigefügten vereinbarten Allgemeinen Versicherungsbedingungen für die Kraftfahrtversicherung (AKB) in der Fassung der Beklagten vom ... beigefügt.

Gemäß Ziff. A 2.5.1.2 der vereinbarten AKB hat der Versicherungsnehmer im Fall eines wirtschaftlichen Totalschadens innerhalb des ersten Jahres ab der Neuzulassung des versicherten Kfz einen Anspruch auf Neuwertentschädigung.

§ 5 Fahrzeugversicherung (Teilkasko-/Vollkaskoversicherung)

Beweis: Einsichtnahme in die AKB

Ebenfalls ergibt sich aus der Ziff. A.2.2.2.2 AKB für die abgeschlossene Kaskoversicherung ein Deckungsschutz für Schäden durch Unfälle.

Gleichzeitig mit dem dem Kläger übersandten Versicherungsschein hat die Beklagte den Kläger auf sein Widerrufsrecht gem. § 8 VVG hingewiesen.

Schließlich hat die Beklagte zugleich mit der übersandten Police die getrennt für die Haftpflichtversicherung und die Kaskoversicherung ausgewiesene jeweilige Erstprämie für den Zeitraum bis zum ... unter Fristsetzung auf den ... angefordert.

Beweis: Kopie der Erstprämienrechnung der Beklagten als Anlage K2

II. Eintritt des Versicherungsfalls

Am ... und damit vor Ablauf der 14-Tage-Frist des § 33 Abs. 1 VVG erlitt das Kfz des Klägers einen Unfallschaden, bei dem es total beschädigt worden ist, so dass es nach Begutachtung durch die Beklagte verschrottet werden musste. Ein Restwert hat sich nicht ergeben.

Unmittelbar nach dem Unfall und zwar noch am selben Tag des Unfalls hatte der Kläger die Beklagte über den Versicherungsfall unterrichtet und die versicherungsvertraglich vereinbarte Neuwertentschädigung beansprucht.

III. Ablehnung der Versicherungsentschädigung durch die Beklagte

Die Beklagte hat mit Schreiben vom ... die Erbringung einer Kaskoentschädigung abgelehnt. Sie hat sich in dem Schreiben auf eine Nichtzahlung der Erstprämie durch den Kläger berufen und unter Hinweis auf § 33 Abs. 1 VVG ihre Leistungsfreiheit erklärt, da der Kläger die bis zum ... angeforderte Erstprämie nicht gezahlt hat.

IV. Rechtliche Würdigung

Die Berufung der Beklagten auf Leistungsfreiheit wegen Nichtzahlung der Erstprämie erfolgt zu Unrecht.

Denn, da vor Ablauf der Frist für die Zahlung der Erstprämie der Versicherungsfall bereits eingetreten war, war die Beklagte zu einer Verrechnung verpflichtet. Denn die dem Kläger zustehende Versicherungsleistung hat die Höhe der Erstprämie um ein Mehrfaches überschritten.

Die Beklagte kann sich wegen ihrer Verrechnungspflicht nicht auf eine Leistungsfreiheit gem. § 37 Abs. 2 VVG berufen.

Denn wenn während der Zeit der vorläufigen Deckung und vor Ablauf der (ordnungsgemäß gesetzten) Zahlungsfrist der Versicherungsfall eintritt, muss der Versicherer seinen Anspruch auf die Erstprämie gegen den Anspruch des Versicherungsnehmers auf die Versicherungsleistung gem. § 242 BGB verrechnen (BGH VersR 1985, 877; OLG Köln VersR 1998, 1104; OLG Hamm VersR 1996, 1408; OLG Koblenz VersR 1995, 527).

V. Anspruch des Klägers auf Neupreisentschädigung

Dem Kläger steht deshalb die vereinbarte Neupreisentschädigung abzüglich der Erstprämie zu.

Das versicherte Kfz wird serienmäßig nicht mehr hergestellt, das Nachfolgemodell kommt erst im Folgemonat auf den Markt. Erst dann wird dem Kläger der Neupreis des Nachfolgemodells bekannt sein, wobei ggf dessen verbesserte Ausstattung im Hinblick auf die zu ersetzende Versicherungsleistung zu berücksichtigen sein wird.

VI. Verjährungsvereinbarung der Parteien

Wegen längerer außergerichtlich geführter Verhandlungen haben die Parteien eine Verjährungsvereinbarung getroffen. In dieser Vereinbarung haben sie jeweils erklärt, bis zum ... auf die Einrede der Verjährung zu verzichten.

Rechtsanwalt ◄

▶ **Muster: Klageerwiderung – Leistungsfreiheit des Versicherers wegen Nichtzahlung bzw nicht rechtzeitiger Zahlung der Erstprämie**

An das Amtsgericht ...

Klageerwiderung

In dem Rechtsstreit

... [Kläger] ./. ... [Beklagte]

Az ...

wird beantragt:

Die Klage wird abgewiesen.

Begründung:

Die Klage ist nicht begründet.

Die Beklagte hat sich zu Recht auf Leistungsfreiheit wegen Nichtzahlung der Erstprämie des Klägers berufen (§ 37 Abs. 2 VVG).

Denn der Kläger verkennt, dass bis zum Ablauf der 14-Tage-Frist für die Zahlung der Erstprämie sein Anspruch auf Versicherungsleistung noch nicht fällig gewesen ist.

Mangels Fälligkeit der Versicherungsleistung hatte auch keine Verrechnungspflicht der Versicherungsleistung mit der Erstprämie bestanden.

Gem. § 14 Abs. 1 VVG sowie Ziff. A.2.7.1 der vereinbarten AKB ist Fälligkeitsvoraussetzung, dass der Versicherer seine erforderlichen Feststellungen zu seiner Leistungspflicht dem Grunde und der Höhe nach getroffen hat.

Erst wenn der Versicherer diese Feststellungen getroffen hat, hat er gem. Ziff. A.2.7.1 AKB seinerseits eine Frist von 2 Wochen die Erbringung der Versicherungsleistung.

Bis zum Ablauf der dem Kläger gesetzten Zahlfrist für die Erstprämie hatte die Beklagte noch nicht einmal ihre Leistungspflicht dem Grunde nach festgestellt. Denn der Kläger hatte die von der Beklagten angeforderte schriftliche Schadensmeldung bis dahin noch nicht zurückgesandt.

Außerdem hatte auch die Höhe der Kaskoentschädigung noch gar nicht festgestanden und die Versicherungsleistung somit auch aus diesem Grund noch nicht fällig gewesen war.

Die Klage ist somit abzuweisen.

Rechtsanwalt ◄

§ 5 Fahrzeugversicherung (Teilkasko-/Vollkaskoversicherung)

404 ▶ **Muster: Replik – Leistungsfreiheit des Versicherers wegen Nichtzahlung bzw nicht rechtzeitiger Zahlung der Erstprämie**

An das Amtsgericht ...

Replik

In dem Rechtsstreit

... [Kläger] ./. ... [Beklagte]

Az ...

repliziert der Kläger auf die Klageerwiderung der Beklagten vom ... wie folgt:

die Beklagte kann sich nicht damit verteidigen, dass der Anspruch des Klägers auf Versicherungsleistung noch nicht fällig gewesen sei.

Denn nach der in der Klageschrift benannten Rechtsprechung besteht eine Verrechnungspflicht des Versicherers bereits dann, wenn der Versicherungsnehmer den Versicherungsfall innerhalb der Frist für die Zahlung der Erstprämie dem Versicherer gemeldet hat und im Ergebnis ein Anspruch des Versicherungsnehmers auf Versicherungsleistung gegeben ist. Die Einzelheiten des Versicherungsanspruchs müssen hingegen noch nicht feststehen.

Ferner ist der Anspruch des Klägers auf die Versicherungsleistung erheblich werthaltiger als die Erstprämie für die Kaskoversicherung. Schon aus den von dem Kläger der Beklagten vorgelegten Fotos des unfallbeschädigten und bei der Beklagten kaskoversicherten Pkws hatte die in der Schadensschätzung erfahrene Beklagte erkennen müssen, das der eingetretene Fahrzeugschaden die Höhe der geforderten Erstprämie bei weitem übersteigt, auch nur wenn zu dieser Zeit der Schaden der Höhe nach gutachterlich noch nicht festgestellt gewesen war. Deshalb war es auf eine Feststellung des genauen Fahrzeugschadens nicht angekommen.

Außerdem hatte der Kläger gem. § 14 Abs. 2 VVG auch ohne endgültige Feststellung der Versicherungsleistung Anspruch auf angemessene Vorschüsse.

Der Neupreis des versicherten Pkws hat 20.000 EUR betragen, die Prämienforderung beläuft sich auf nur 220,70 EUR.

Demnach muss die Beklagte bedingungsgemäß Versicherungsschutz gewähren.

Rechtsanwalt ◀

405 **4. Fälligkeit der Folgeprämie.** Eine Fälligkeitsregelung für die Folgeprämie enthält das VVG nicht. Meist enthalten allerdings die AKB Fälligkeitsregelungen für die Folgeprämie.

406 Gem. Ziff. C.2. der AKB 2015 werden für die Fälligkeit des Folgebeitrags auf die Angaben im Versicherungsschein oder in der Beitragsrechnung verwiesen.

407 Wie schon bei der Erstprämie ist der Versicherer im Bestreitensfall auch für den Zugang der Folgeprämienrechnung beweisbelastet.

408 **5. Rechtsfolgen bei Verzug mit der Folgeprämie.** Die Regelungen und Rechtsfolgen bei Verzug mit der Folgeprämie sind in § 38 VVG genannt.

409 Gem. § 38 Abs. 1 VVG kann der Versicherer im Verzugsfall auf Kosten des Versicherungsnehmers in Textform eine sog. qualifizierte Mahnung veranlassen. Die in dem Mahnschreiben durch den Versicherer gesetzte Zahlungsfrist muss mindestens zwei Wochen betragen. Deshalb empfiehlt sich auch hier ein Versand ggf unter Berücksichtigung der Postlaufzeit mit Zugangsnachweis.

Für die Wirksamkeit der Fristsetzung muss der Versicherer die rückständigen Beträge differenziert nach Prämie, Zinsen und Kosten im Einzelnen aufführen und bei zusammengesetzten Verträgen jeweils getrennt ausweisen. 410

Verlangt der Versicherer mit der Mahnung eine zu geringe Prämie, macht dieses anders als eine Zuvielforderung die Fristsetzung nicht unwirksam. Allerdings muss der Versicherungsnehmer dann auch nur den mit der Mahnung verlangten geringeren Betrag bezahlen. 411

Ferner muss der Versicherer den Versicherungsnehmer auf die in § 38 Abs. 2 VVG geregelte Folge seiner Leistungsfreiheit hinweisen, wenn zum Zeitpunkt des Eintritts des Versicherungsfalls Zahlungsverzug mit der Prämie oder den Zinsen oder den Kosten besteht. 412

Außerdem hat der Versicherer gem. § 38 Abs. 3 S. 1, 2 VVG noch eine fristlose Kündigungsmöglichkeit, wenn der Versicherungsnehmer die Versicherungsprämie nicht innerhalb der mit der Mahnung – wirksam gesetzten – Zahlungsfrist gezahlt hat. Dabei kann der Versicherer die Kündigung – sozusagen vorweggenommen – bereits in der Mahnung aussprechen, dass sie mit dem fruchtlosen Fristablauf der Zahlungsfrist wirksam wird. 413

Der Versicherer muss den Versicherungsnehmer hierauf bei seiner Kündigung ausdrücklich hinweisen. 414

Trotz Kündigung des Versicherers kann der Versicherungsnehmer die Wirksamkeit der Kündigung wieder beseitigen. wenn er innerhalb eines Monats nach der Kündigung oder, falls der Versicherer eine Kündigung nicht ausgesprochen sondern nur eine Zahlungsfrist bestimmt hatte, innerhalb eines Monats nach Ablauf der Zahlungsfrist die Zahlung nachholt. 415

Die Beseitigung der Wirkung der Kündigung durch eine Nachholung der Zahlung der Verzugsforderung bzw die in der Monatsfrist nach Ablauf der in der Mahnung gesetzten Zahlungsfrist führt gem. § 38 Abs. 3 S. 3, letzter Hs VVG allerdings nicht zum Entfall der Leistungsfreiheit des Versicherers. 416

Für die Versicherungsnehmeranwälte lohnt es sich immer, vor Gericht Unrichtigkeiten in der Anforderung der Folgeprämie auch dann zu thematisieren, wenn die Fristsetzung und die Prämienanforderung als solche nicht zu beanstanden gewesen sind, sondern der Versicherer nur Fehler im Zusammenhang mit der ausgesprochenen Kündigung gemacht hat, da der Versicherungsnehmer sich dadurch die Chance erhält, die Prämienanforderung insgesamt als unwirksam zu Fall zu bringen. 417

Andererseits muss der Versicherer aufpassen, dass er bei der Mahnung keine sich zulasten des Versicherungsnehmers auswirkenden inhaltlichen und keine formalen Fehler, zB bei der Belehrung des Versicherungsnehmers, macht, da er sonst Gefahr läuft, sich gegenüber dem Versicherungsnehmer, zB für Rechtsanwaltskosten, schadensersatzpflichtig zu machen. Denn nach der Rechtsprechung führen lediglich für den Versicherungsnehmer unschädliche Fehler des Versicherers nicht zu einer Unwirksamkeit der Fristsetzung. 418

IV. Leistungsfreiheit des Versicherers wegen Gefahrerhöhung

1. Allgemeines zur Gefahrerhöhung. Im Einzelfall kann der Versicherer wegen Gefahrerhöhung leistungsfrei sein. Die Leistungsfreiheit wegen Gefahrerhöhung hat mehrere Voraussetzungen. Bei der Pflicht des Versicherungsnehmers, nach dem Abschluss des Versicherungsvertrags die Gefahr für das versicherte Risiko nicht (willentlich) zu erhöhen (= Verbot der sub- 419 jektiven Gefahrerhöhung), handelt es sich um eine gesetzliche Obliegenheit des Versicherungsnehmers. Hiervon zu unterscheiden ist die vom Versicherungsnehmer ungewollte, objektive Gefahrerhöhung. Diese führt zu einer Obliegenheitspflicht des Versicherungsnehmers zur unverzüglichen Anzeige der Gefahrerhöhung. Geregelt ist die Gefahrerhöhung in den Vorschriften der §§ 23 ff VVG.

420 Eine **Gefahrerhöhung** liegt vor, wenn nachträglich, also nach Abschluss des Versicherungsvertrags, dauerhaft für das versicherte Risiko eine höhere Schadenswahrscheinlichkeit eintritt, so dass der Versicherer den Versicherungsvertrag überhaupt nicht oder nicht zu der vereinbarten Prämie abgeschlossen hätte.[131] Wichtig für das Vorliegen einer Gefahrerhöhung ist eine gewisse Dauer des die Gefahr erhöhenden Risikozustands, so dass nur vorübergehend bzw kurzfristig eingetretene Risikoerhöhungen als bloße Gefahrsteigerungen anzusehen sind.[132] In diesem Zusammenhang sollte auch immer an § 27 VVG, nämlich die unerhebliche Gefahrerhöhung, gedacht werden.

421 Über welchen Zeitraum, also über welche Dauer der risikoerhöhende Umstand vorgelegen haben muss, um die Schwelle zur Gefahrerhöhung zu überschreiten, ist stets eine Frage des Einzelfalls.

422 Ebenso kann im Einzelfall durchaus auch eine erst kurz bestandene Risikoerhöhung den Tatbestand einer Gefahrerhöhung darstellen, denkbar zB wenn der Versicherungsnehmer das kaskoversicherte Kfz dicht neben einem von ihm bemerkten bereits brennenden Kfz abstellt.

423 Die Unterscheidung zwischen einem die Gefahr erhöhenden Umstand und einer nur kurzfristig bzw vorübergehend eingetretenen Risikoerhöhung[133] ist bedeutsam, weil das VVG an den Eintritt einer Gefahrerhöhung, wenn sich der Versicherer auf diese beruft, Rechtsfolgen knüpft, während entsprechende Rechtsfolgen bei bloßen Gefahrsteigerungen nur eintreten, wenn der Versicherungsnehmer nach den vertraglichen Vereinbarungen eine Gefahrsteigerung nicht hat vornehmen dürfen bzw hierfür der Versicherungsschutz ausgeschlossen ist.

424 Das klassische Beispiel einer bloßen Gefahrsteigerung, da es insofern an einem zeitlichen Dauermoment mangelt, ist eine **Trunkenheitsfahrt** mit dem versicherten Kfz. Allerdings stellt diese als auch ein Führen das Kfz unter dem Einfluss anderer berauschender Mittel eine Obliegenheitsverletzung vor Eintritt des Versicherungsfalls nur in der Kfz-Haftpflichtversicherung gem. Ziff. D.1.2 AKB 2015 dar sofern die speziell vereinbarten AKB eine entsprechende Regelung für die Fahrzeugversicherung nicht enthalten.

425 In der Fahrzeugversicherung richten sich die Rechtsfolgen bei einem unter Alkoholeinfluss bzw unter dem Einfluss anderer berauschender Mittel herbeigeführten Versicherungsfall dann nach den Regelungen über eine vorsätzliche bzw grob fahrlässige Herbeiführung des Versicherungsfalls gem. Ziff. A.2.9.1 AKB 2015. Dabei ist in der Rechtsprechung bereits entschieden, dass im Bereich der absoluten Fahruntüchtigkeit an dem kaskoversicherten Fahrzeug verursachte Schäden zu einer Leistungskürzung des Versicherers auf „null" führen können.

---

[131] BGH VersR 2005, 218.
[132] BGH VersR 1999, 484.
[133] Beispiel: Ein für Malerarbeiten an einem Haus nur für einen Tag aufgestelltes Gerüst ist für die Erhöhung des Einbruchsrisikos in der Hausratversicherung anders zu beurteilen, als ein für Sanierungsarbeiten an dem Haus über Monate aufgestelltes Gerüst.

Beispiele für Gefahrerhöhungen in der Kaskoversicherung sind das Unterstellen des Kfz in einer feuergefährlichen Garage, Tuningmaßnahmen, durch die das Kfz in seiner Betriebs- und Verkehrssicherheit herabgesetzt wird, Fahren mit stark abgenutzten Reifen (weniger als die gesetzlich vorgeschriebene Profiltiefe), Nichtreparatur defekter Fahrzeugschlösser, so dass das abgestellte Kfz unverschlossen ist. 426

Denkbar wäre eine Gefahrerhöhung auch dann, wenn der Versicherungsnehmer wegen einer Prämienersparnis ein Abstellen des Fahrzeugs in der Garage vereinbart hat, er gleichwohl über eine längere Zeit oder dauerhaft das Kfz an der Straße parkt und es dort entwendet wird. 427

Hier müssten nach Meinung des Verfassers schon sehr genaue Abstellvereinbarungen und -zeiten vereinbart sein (was in der Praxis beim Massengeschäft idR nicht gemacht wird), um überhaupt eine Gefahrerhöhung begründen zu können. Außerdem dürfte der Versicherer auch auf erhebliche Beweisschwierigkeiten stoßen. 428

Die Abgrenzung zwischen einer bloßen Gefahrsteigerung und einer echten Gefahrerhöhung ist nicht immer einfach. Benutzt der Versicherungsnehmer ein verkehrsunsicheres Fahrzeug nur einmal, handelt es sich um eine mitversicherte bloße Gefahrsteigerung. Benutzt er das verkehrsunsichere Fahrzeug hingegen mehrmals, wird durch die Dauer der Benutzung aus der vorherigen Gefahrsteigerung eine subjektive Gefahrerhöhung.[134] Auch fallen beispielsweise mehrere Fahrten eines Epileptikers oder eines aus anderen Gründen nicht fahrtüchtigen Versicherungsnehmers in Kenntnis der die Fahruntüchtigkeit hervorrufenden Umstände unter den Begriff der subjektiven Gefahrerhöhung.[135] 429

Sobald der Versicherungsnehmer Kenntnis von den gefahrerhöhenden Umständen erhält, muss er diese dem Versicherer gem. § 23 Abs. 2 und 3 VVG anzeigen. Dabei spielt es keine Rolle, ob es sich um eine durch den Versicherungsnehmer selbst oder durch einen Dritten herbeigeführte Gefahrerhöhung handelt. 430

Die Gefahrerhöhung als auch den Vorsatz des Versicherungsnehmers muss der Versicherer beweisen. Allerdings ist für den Vorsatz des Versicherungsnehmers Voraussetzung, dass die durch den Versicherungsnehmer vorgenommene, objektiv für die versicherte Sache die Gefahr erhöhende Handlung auch im Bewusstsein des Versicherungsnehmers als gefahrerhöhende Handlung wahrgenommen wird.[136] Die Gefahrerhöhung muss für den Eintritt des Versicherungsfalls kausal geworden sein, § 26 Abs. 3 Nr. 1 VVG. Für die zur Leistungsfreiheit des Versicherers führende Rechtsfolge reicht für den Eintritt des Versicherungsfalls bereits eine Mitursächlichkeit der Gefahrerhöhung aus. 431

Der Versicherungsnehmer kann einen Kausalitätsgegenbeweis führen. Er muss also eine Mitursächlichkeit der Gefahrerhöhung für den Schaden bzw der Leistungspflicht des Versicherers widerlegen, § 26 Abs. 3 Nr. 1 VVG. Außerdem trägt der Versicherungsnehmer die Beweislast für ein geringeres Verschulden als grobe Fahrlässigkeit, § 26 Abs. 1 S. 2 VVG. 432

In der Kaskoversicherung spielen Gefahrerhöhungen im Fall des **Verlustes von Fahrzeugschlüsseln** eine Rolle: Der Versicherungsnehmer verliert einen Fahrzeugschlüssel, er ergreift 433

---

134 BGH VersR 1990, 80.
135 OLG Nürnberg VersR 2000, 46.
136 BGH zfs 2014, 696, 697 (Erhöhung der Feuergefahr für eine auf dem Dach einer Scheune befindliche Photovoltaikanlage durch einen in der Scheune abgestellten Schlepper bei in der Scheune ebenfalls gelagertem Heu und Stroh).

aber keine Sicherungsmaßnahmen in Form des Schlösserwechsels, das Fahrzeug wird dann später entwendet. Im Regelfall wird ein derartiges Verhalten von der Rechtsprechung als ein nach §§ 23, 26 VVG – eine Kausalität vorausgesetzt – zur Leistungsfreiheit (bei vorsätzlicher Gefahrerhöhung) bzw zu einer Leistungskürzung (bei grob fahrlässigem Gefahrerhöhung) führendes gefahrerhöhendes Verhalten des Versicherungsnehmers angesehen.[137] Allerdings ist stets eine Einzelfallbetrachtung erforderlich. Insofern kommt es auf die Umstände des Schlüsselverlustes und die Möglichkeit der Identifizierung des Fahrzeugs durch den den Schlüssel auffindenden Dritten an.[138] Denn eine Leistungspflicht des Versicherers bleibt gem. § 26 Abs. 1 S. 2 VVG bei mangelndem Verschulden des Versicherungsnehmers bestehen.

434 In einem noch zum alten Versicherungsrecht entschiedenen Fall, in dem der Versicherungsnehmer den Verlust der Fahrzeugschlüssel erst ein Jahr nach der von ihm behaupteten Entwendung angezeigt hat, wäre der BGH bei einer Kausalität der Gefahrerhöhung von einer Leistungsfreiheit des Versicherers gem. § 28 Abs. 1 VVG aF ausgegangen.[139] Allerdings hat in dem vorgenannten vom BGH entschiedenen Fall keine Kausalität vorgelegen. Wegen der vom BGH in dieser Entscheidung in Bezug genommenen Vorschrift des § 28 Abs. 1 VVG aF handelt es sich bei dem Verlust von Fahrzeugschlüsseln nicht um eine (durch aktives Tun) vom Versicherungsnehmer vorgenommene Gefahrerhöhung iSv § 23 Abs. 1 VVG, sondern um eine ungewollte Gefahrerhöhung.

435 Diese Entscheidung ist mit Hinweis auf § 26 Abs. 3 VVG auch auf das aktuelle Versicherungsvertragsrecht übertragbar.

436 Beispielsweise konnte nach einer Entscheidung des OLG Celle auch das dauerhafte Aufbewahren des Fahrzeugscheins im Kfz eine zur Leistungsfreiheit des Versicherers führende grob fahrlässige Gefahrerhöhung darstellen.[140] Diese Rechtsprechung wurde heftig kritisiert und hat sich deshalb nicht durchgesetzt. Andere zuvor, aber auch nachträglich ergangene OLG-Entscheidungen haben dargestellt, dass eine Kausalität der Gefahrerhöhung für den Eintritt des Versicherungsfalls der Fahrzeugentwendung nicht feststeht.[141]

437 In der Rechtsprechung besteht Einigkeit, dass eine subjektive Gefahrerhöhung gem. § 23 Abs. 1 VVG nur durch ein aktives Tun des Versicherungsnehmers, nicht dagegen durch ein Unterlassen verwirklicht werden kann. Allerdings knüpft das Gesetz auch Rechtsfolgen (vgl § 26 Abs. 2 VVG) an das Verhalten des Versicherungsnehmers, wenn dieser eine anderweitig eingetretene Gefahr, also beispielsweise eine gegen seinen Willen für die versicherte Sache durch Dritte hervorgerufene Gefahr (ungewollte objektive Gefahrerhöhung) dem Versicherer nicht anzeigt.

438 Grundsätzlich sollte der Versicherungssachbearbeiter bei einer möglichen Gefahrerhöhung auch immer an eine grob fahrlässige Herbeiführung des Versicherungsfalls und bei einer grob fahrlässigen Herbeiführung des Versicherungsfalls umgekehrt an eine Gefahrerhöhung denken und beides prüfen.

---

137 OLG Hamburg SP 1996, 423; OLG Nürnberg SP 1995, 279.
138 OLG Nürnberg SP 1995, 279.
139 BGH VersR 1996, 703, 704.
140 OLG Celle VersR 2008, 204.
141 OLG Oldenburg zfs 2010, 574, 575.

2. Rechtsfolgen bei Gefahrerhöhung. Das VVG differenziert bei den Rechtsfolgen einer Gefahrerhöhung nach der Verschuldensform des Versicherungsnehmers. Sofern der Versicherungsnehmer die Gefahrerhöhung nur grob fahrlässig herbeigeführt hat, hat der Versicherer – wie bereits bei § 81 Abs. 2 VVG – nur ein zur Schwere des Verschuldens des Versicherungsnehmers verhältnismäßiges Leistungskürzungsrecht hat, § 26 Abs. 1 S. 2 VVG.

439

Der Versicherungsnehmer hat gem. § 23 Abs. 2 VVG gegenüber dem Versicherer eine unverzügliche Anzeigepflicht, wenn er erkannt hat, ohne Einwilligung des Versicherers eine Gefahrerhöhung vorgenommen zu haben.

440

Unterlässt der Versicherungsnehmer (vorsätzlich) die gebotene Anzeige über die Gefahrerhöhung, ist der Versicherer gem. § 26 Abs. 2 S. 1 VVG leistungsfrei, wenn der Versicherungsfall mehr als einen Monat nach der gebotenen Anzeige des Versicherungsnehmers eintritt.

441

Allerdings ist der Versicherer dann voll leistungsverpflichtet, wenn die unterlassene Anzeige nicht auf Vorsatz und auch nicht auf grober Fahrlässigkeit beruht. Bei grober Fahrlässigkeit wiederum gilt das Leistungskürzungsrecht des Versicherers, § 26 Abs. 2 S. 2 VVG.

442

Der Versicherer hat das Recht zur fristlosen Kündigung bei Kenntnis einer Gefahrerhöhung, § 24 Abs. 1 VVG. Allerdings ist eine fristlose Kündigung des Versicherers nicht möglich, wenn die Gefahrerhöhung nicht mindestens grob fahrlässig herbeigeführt worden ist. Der Versicherer kann dann aber mit Monatsfrist kündigen, § 24 Abs. 1 S. 2 VVG. Auch wenn der Versicherungsnehmer die Vornahme der Gefahrerhöhung erst nachträglich erkennt oder die Gefahrerhöhung ohne seinen Willen eingetreten ist, kann der Versicherer bei Fortdauer der Gefahrerhöhung den Versicherungsvertrag nur mit Monatsfrist kündigen, § 24 Abs. 2 iVm Abs. 3 VVG. Für beide vorgenannte Kündigungstatbestände gilt ein Verwirkungsrecht, wenn der Versicherer die Kündigung nicht innerhalb eines Monats ab Kenntnis der Gefahrerhöhung ausübt, § 24 Abs. 3 1. Hs VVG.

443

Statt der Kündigung kann der Versicherer bei Fortdauer der Gefahrerhöhung gem. § 25 Abs. 1 S. 1 VVG ab dem Zeitpunkt der Gefahrerhöhung eine höhere Versicherungsprämie verlangen oder die Mitversicherung der höheren Gefahr ausschließen. Diese Rechte muss der Versicherer auch innerhalb eines Monats ab Kenntniserlangung der Gefahrerhöhung ausüben, § 25 Abs. 1 S. 2 iVm § 24 Abs. 3 VVG.

444

Bei einer Prämienerhöhung des Versicherers von mehr als 10 % oder bei einem Ausschluss der Mitversicherung der höheren Gefahr steht dem Versicherungsnehmer gem. § 25 Abs. 2 VVG innerhalb eines Monats ein Sonderkündigungsrecht, auf das der Versicherer den Versicherungsnehmer hinweisen muss, zu.

445

Der Versicherer ist trotz der Gefahrerhöhung leistungsverpflichtet, wenn zur Zeit des Eintritts des Versicherungsfalles die Kündigungsfrist für den Versicherer abgelaufen war und eine Kündigung des Versicherungsvertrages nicht erfolgt ist, § 26 Abs. 3 Nr. 2 VVG. Denn durch eine mangelnde Kündigung gibt der Versicherer zu erkennen, dass er trotz der ihm bekannt gewordenen Gefahrerhöhung das Risiko zu unveränderten Bedingungen weiter decken will.

446

5 § 5 Fahrzeugversicherung (Teilkasko-/Vollkaskoversicherung)

447 ▶ **Muster: Deckungsklage des Versicherungsnehmers gegen den Einwand der Leistungskürzung des Versicherers wegen Gefahrerhöhung**

150

An das Amtsgericht ...

Klage

des Herrn ...

– Kläger –

Prozessbevollmächtigte: RAe ...

gegen

die ... Versicherung AG, vertreten durch den Vorstand, dieser vertreten durch den Vorstandsvorsitzenden, Herrn ..., ...

– Beklagte –

wegen: Feststellung der Gewährung von Versicherungsschutz

Streitwert (vorläufig): ... EUR

Namens und in Vollmacht des Klägers erheben wir Klage mit den Anträgen:

1. Die Beklagte wird verurteilt, an den Kläger ... Euro nebst Zinsen iHv 4 % p.a. seit dem ... bis zum ... sowie Zinsen iHv 5 Prozentpunkten über dem Basiszinssatz seit dem ... an den Kläger zu bezahlen.
2. Die Beklagte trägt die Kosten des Rechtsstreits.
3. Dem Kläger wird nachgelassen, jegliche Sicherheitsleistung durch Bürgschaft eines deutschen Kreditinstituts zu erbringen.
4. Im Falle des Vorliegens der gesetzlichen Voraussetzungen beantragen wir den Erlass eines Anerkenntnis-/Versäumnisurteils.

Begründung:

I. Parteirollen

Zwischen dem Kläger und der Beklagten hat am ... eine Fahrzeugvollversicherung unter der im Klageantrag zu 1. genannten Versicherungsscheinnummer für das Motorrad des Klägers, Marke ..., Modell ..., mit dem amtlichen Kennzeichen ... bestanden. Die Fahrzeugvollversicherung gewährt Versicherungsschutz auch für Unfallschäden. Eine Selbstbeteiligung ist nicht vereinbart gewesen.

Beweis: Fotokopie des Versicherungsvertrags nebst der vereinbarten AKB in der Fassung vom ... als Anlage K 1

II. Anwendbares Versicherungsvertragsrecht

Dem Versicherungsvertrag liegt der Antrag des Klägers auf Abschluss der Fahrzeugvollversicherung vom ... zugrunde, so dass die Beklagte ihre Versicherungsbedingungen (AKB) in der Fassung vom ... mit dem Versicherungsvertrag zugrunde gelegt hat.

Beweis: Fotokopie des Versicherungsscheins vom ... sowie der AKB als Anlage K 2

III. Eintritt des Versicherungsfalls

Am ... verursachte der Kläger leicht fahrlässig einen Auffahrunfall. Dabei erlitt das Motorrad des Klägers einen Unfallschaden. Das Vorderrad wurde verbogen, der vordere Reifen wurde aufgeschlitzt. Die Motorradgabel und Stoßdämpfer wurde nach hinten verbogen. Die vordere Bremse wurde ebenfalls beschädigt. Die Reparaturkosten betragen ... EUR.

F. Einwendungen des Versicherers

Beweis: 1. 6 Fotos des beschädigten Motorrades als Anlage K 2
2. Fotokopie der Reparaturkostenrechnung vom ... als Anlage K 3

Diesen Betrag beansprucht der Kläger von der Beklagten als bedingungsgemäße Versicherungsleistung aus der Fahrzeugvollversicherung.

Der Kläger hat das Motorrad zwei Wochen nach dem Unfall vollständig und fachgerecht in einer Fachwerkstatt reparieren lassen, da er das Motorrad zum Erreichen seiner Arbeitsstelle benötigt hatte. Er hat der Beklagten sofort nach dem Unfall, mit Eingang bei der Beklagten am Folgetag, den Schaden schriftlich gemeldet und ihr auch die in der Anlage K 2 genannten Fotos eingereicht. In seiner schriftlichen Meldung des Versicherungsfalls hat der Kläger die Beklagte unter dem genannten Grund der Benötigung des Motorrads für Fahrten zu seiner Arbeitsstelle auf eine sofort notwendige Reparatur hingewiesen. Sofort nach der Reparatur hat er der Beklagten auch die Reparaturkostenrechnung eingereicht.

IV. Ablehnung der Versicherungsentschädigung durch die Beklagte

Einen Besichtigungswunsch des Motorrads des Klägers hat die Beklagte nicht geäußert.

Stattdessen hat die Beklagte hat mit Schreiben vom ... die Erbringung einer Kaskoentschädigung abgelehnt.

Sie meint, wegen Gefahrerhöhung leistungsfrei zu sein, als dass das Motorrad des Klägers zum Zeitpunkt des Unfalls verkehrsunsicher gewesen sei.

Der Kläger bestreitet eine Gefahrerhöhung vorgenommen zu haben. Jedenfalls hatte er von einer etwaigen Gefahrerhöhung keine Kenntnis.

V. Verzinsung der Entschädigung gem. § 91 VVG

Gemäß § 91 VVG hat der Kläger Anspruch auf eine Verzinsung der Versicherungsleistung mit 4 % p.a. nach Ablauf eines Monats seit der Anzeige des Versicherungsfalls bei der Beklagten. Der Kläger hat den Versicherungsfall bei der Beklagten mit Schreiben vom ... angezeigt. Er hat deshalb Anspruch auf Verzinsung bis zum Beginn des Verzuges der Beklagten.

VI. Verzug der Beklagten

Gemäß § 14 Abs. 1 VVG ist die Versicherungsleistung mit der Beendigung der zur Feststellung des Versicherungsfalles und der zur Feststellung des Umfangs der Leistung des Versicherers notwendigen Erhebungen fällig. Nach § 14 Abs. 2 VVG hat der Versicherungsnehmer spätestens nach einem Monat Anspruch auf Abschlagszahlungen in Höhe der voraussichtlichen Versicherungsleistung. Die Beklagte war schon vor Ablauf der vorgenannten Monatsfrist im Besitz der zur Feststellung notwendigen Unterlagen, nämlich der Fotos des beschädigten Motorrads und der Reparaturkostenrechnung. Sie befindet sich deshalb seit dem ... mit der Versicherungsleistung im Verzug.

Rechtsanwalt ◄

▶ **Muster: Klageerwiderung – Leistungsfreiheit des Versicherers wegen Gefahrerhöhung nach neuem VVG**

Klageerwiderung

An das Amtsgericht ...
In dem Rechtsstreit
... [Kläger] ./. ... [Beklagte]

§ 5 Fahrzeugversicherung (Teilkasko-/Vollkaskoversicherung)

Az ...

wird beantragt:

Die Klage wird abgewiesen.

Der Kläger trägt die Kosten des Rechtsstreits.

Begründung:

Die Klage ist nicht begründet. Die Beklagte ist gegenüber dem Kläger für den streitgegenständlichen Unfallschaden vom ... wegen einer durch den Kläger schuldhaft vorgenommenen Gefahrerhöhung des Klägers gem. § 26 Abs. 1 S. 1 VVG leistungsfrei. Da der Kläger das unfallbeschädigte Motorrad zwei Wochen nach Eintritt des behaupteten Versicherungsfalls reparieren lassen hat, wobei er im Zuge der Reparatur auch den zur Gefahrerhöhung führenden Umstand durch die Reparatur hat beseitigen lassen und somit der zur seinerzeitigen Gefahrerhöhung führende Zustand seit der Reparatur nicht mehr besteht, ist gem. § 24 Abs. 3 VVG eine Kündigung des Versicherungsvertrags durch die Beklagte keine Voraussetzung für ihre Berufung auf Leistungsfreiheit wegen Gefahrerhöhung.

I. Sachverhalt

1. Die Beklagte hat im Zuge ihrer Ermittlungen zum Versicherungsfall erfahren, dass der Kläger mit dem bei der Beklagten kaskoversicherten Motorrad vor dem hier streitgegenständlichen Versicherungsfall bereits am ... einen Verkehrsunfall erlitten hatte, bei welchem u.a. der Rahmen des Motorrads verzogen wurde. Der Kläger benutzte das Motorrad mit dem verzogenen Rahmen allerdings weiter. Auch bei dem hier streitgegenständlichen Versicherungsfall war der Rahmen des Motorrads noch verzogen.

2. Nachdem die Beklagte den Kläger mit diesen Sachverhalt konfrontiert hatte, hat der Kläger vorprozessual behauptet, dass sein Vater nach dem Vorunfall vom ... das Motorrad in eine Werkstatt verbracht und den Reparaturauftrag der Motorradschäden im Hinblick auf das Richten der Fußraste und des Gasbowdenzugs erteilt habe. Ein verzogener Rahmen des Motorrads sei nicht sichtbar gewesen. Erst der Werkstattmeister habe den Vater des Klägers darauf aufmerksam gemacht, dass auch der Motorradrahmen verzogen sei. Sein Vater habe sich daraufhin erkundigt, ob der Motorradrahmen auch sofort repariert werden müsse. Der Werkstattinhaber habe dann geäußert, dass dieses im nächsten Jahr gemacht werden könne, der Kläger solle aber nicht länger als ein bis zwei Jahre mit dem verzogenen Rahmen fahren. Er, der Kläger, habe deshalb nicht gewusst, dass der verzogene Rahmen zur Verkehrsunsicherheit des Motorrades führe. Vielmehr habe er sich auf die Richtigkeit der Auskunft des Werkstattinhabers verlassen. Er habe davon ausgehen können, dass der Werkstattinhaber ihn auf eine etwaige Verkehrsunsicherheit des Motorrads hinweisen würde. Außerdem habe er den Motorradrahmen nach dem Winter reparieren lassen wollen.

3. Abgesehen davon, dass die Beklagte den vorgenannten, vom Kläger vorprozessual behaupteten, Sachverhalt mit Nichtwissen bestreitet, ist ausschließlich der Kläger als Verkehrsteilnehmer für den verkehrssicheren Zustand des von ihm geführten Fahrzeugs verantwortlich.

Vgl: *Hentschel*, StVR, 43. Aufl. 2015, § 23 StVO Rn 10 und 15

Es darf als allgemein- und damit auch als gerichtsbekannt vorausgesetzt werden, dass ein Zweirad mit einem verzogenen Rahmen nicht verkehrssicher ist, da aufgrund des verzogenen Rahmens das Zweirad schwerpunktmäßig in eine Richtung, entweder nach links oder nach rechts, je nachdem in welche Richtung der Rahmen verzogen ist, zieht.

Dieses ist beim Fahren zu bemerken,

Beweis: Einholung eines Sachverständigengutachtens,

so dass der Kläger dieses auch hätte bemerken müssen, so dass er jedenfalls Kenntnis davon hatte, dass das Motorrad nicht mehr sauber geradeaus läuft.

Ebenso zieht ein Zweirad mit einem verzogenen Rahmen nicht nur beim Fahren stets zu einer Seite, sondern auch beim Bremsen.

Es ist auch kaum vorstellbar, dass ein Werkstattinhaber einem Kunden die Weiterbenutzung eines Zweirades mit verzogenem Rahmen empfiehlt, zumal es sich bei einem Zweirad um ein Balancefahrzeug handelt.

4. In seinem auf die Ablehnung der Beklagten der Gewährung einer Versicherungsleistung erfolgten Widerspruchsschreiben vom ... hat der Kläger gegenüber der Beklagten angegeben, den hier streitgegenständlichen Unfall durch Ausweichen zu vermeiden versucht zu haben.

Beweis: Kopie des Schreibens des Klägers vom ... als Anlage KE 1

Ein Ausweichen eines Motorrades wird durch einen verzogenen Rahmen erschwert. Eine Kausalität der Gefahrerhöhung in Form des verzogenen Motorradrahmens für den Versicherungsfall ist deshalb gegeben.

Zwischen den Parteien ist unstreitig, dass der Kläger der Beklagten den verzogenen Rahmen und insbesondere die Nichtreparatur des verzogenen Rahmens des Motorrads nach seinem Vorunfall vom ... nicht angezeigt hat, obwohl er gem. § 23 Abs. 2 VVG hierzu verpflichtet gewesen ist.

II. Rechtliche Würdigung

Gemäß § 23 Abs. 1 VVG darf der Versicherungsnehmer nach der Abgabe seiner Vertragserklärung, die hier in Form des Versicherungsantrags vom ... erfolgt ist, ohne Einwilligung des Versicherers eine Gefahrerhöhung nicht vornehmen.

Die Benutzung eines verkehrsunsicheren bzw in der Verkehrssicherheit beeinträchtigten Kfz stellt eine Gefahrerhöhung im Sinne der genannten Vorschrift dar, da hierdurch die Gefahr des Eintritts eines Versicherungsfalls, hier in Form eines an sich versicherten Unfallschadens, erhöht wird.

So wird bspw ein mit abgenutzten Reifen geführtes Kfz bei Nässe schneller in einen Unfall verwickelt als ein Fahrzeug mit intakter Profiltiefe der Bereifung.

Entsprechendes gilt für die Benutzung eines zweirädrigen Kfz mit verzogenem Rahmen.

Benutzt der Versicherungsnehmer ein nach Vertragsschluss verkehrsunsicher gewordenes Fahrzeug, liegt darin eine subjektive Gefahrerhöhung.

Vgl: *Armbrüster in Prölss/Martin*, VVG, 29. Aufl. 2015, § 23 Rn 68

Die Verkehrssicherheit ist beeinträchtigt, wenn durch Steigerung der normalen von dem Fahrzeug ausgehenden Gefahr der Eintritt einer konkreten Gefahr für die versicherte Sache wahrscheinlicher wird.

Nach eigener Darlegung hatte der Kläger auch die Absicht, das mit dem verzogenen Rahmen versehene Zweirad zumindest noch eine gewisse Zeit, nämlich über den Winter, weiterzubenutzen, so dass einerseits nicht nur eine noch versicherte kurzfristige bloße Gefahrsteigerung sondern bereits eine Gefahrerhöhung vorliegt und andererseits der Kläger entsprechenden Vorsatz hatte.

Soweit der Kläger der Meinung ist, ihn träfe angesichts der behaupteten, aber durch die Beklagte mit Nichtwissen bestrittenen Äußerung des Werkstattinhabers kein Verschulden, entlastet ihn dies nicht. Als Kfz-Führer muss er sich selbst von der Ordnungsgemäßheit und Verkehrssicherheit seines Fahrzeugs überzeugen, zumal ein verzogener Rahmen eines Zweirades beim Fahren stets zu spüren ist.

Steht eine vorsätzliche subjektive Gefahrerhöhung fest, kann der Versicherungsnehmer gem. § 26 Abs. 3 Nr. 1 VVG den **Kausalitätsgegenbeweis** führen. Einen derartigen Beweis hat der Kläger nicht geführt.

Angesichts der Tatsache, dass der Unfall bei einem versuchten Ausweichen des Klägers eingetreten und ein solches Ausweichen durch einen verzogenen Rahmen eines Zweirades erschwert wird, erfordert der vom Kläger zu erbringende Kausalitätsgegenbeweis, dass sich der verzogene Rahmen **in keinerlei Hinsicht** auf den eingetretenen Schaden ausgewirkt hat bzw. derartiges völlig fernliegt.

Vgl: *Armbrüster in Prölss/Martin*, VVG, 29. Aufl. 2015, § 26 Rn 13

Da für eine Leistungsfreiheit des Versicherers bereits eine Mitursächlichkeit der Gefahrerhöhung für den Eintritt des Versicherungsfalls ausreicht, hat die Beklagte zu Recht die Erbringung einer Versicherungsleistung für den streitgegenständlichen Versicherungsfall verweigert.

Ohne Zweifel hätte die Beklagte als Versicherer ein verkehrsunsicheres Motorrad nicht weiter kaskoversichert, weil, wie bereits dargelegt worden ist, die Gefahr des Eintritts eines Versicherungsfalls in Form eines Unfalls durch den Gebrauch eines verkehrsunsicheren Fahrzeugs erhöht wird.

Aus den dargelegten Gründen ist die Klage abzuweisen.

Rechtsanwalt ◄

449 ▶ **Muster: Replik – Leistungsfreiheit des Versicherers wegen Gefahrerhöhung**

An das Amtsgericht ...

Replik

In dem Rechtsstreit

... [Kläger] ./. ... [Beklagte]

Az ...

repliziert der Kläger auf die Klageerwiderung der Beklagten vom ... wie folgt:

Eine vorsätzlich durch den Kläger vorgenommene Gefahrerhöhung ist nicht ersichtlich. Denn hierzu hätte der Kläger wissen müssen, dass er das Motorrad mit dem verzogenen Rahmen keinesfalls weiterbenutzen durfte. Diese Kenntnis hatte der Kläger nicht. Denn der Werkstattinhaber hat dem Kläger die Auskunft erteilt, dass eine Weiterbenutzung des Motorrads sogar noch für zwei Jahre möglich gewesen sei.

Außerdem hat der Kläger nach dem Vorunfall im Hinblick auf das Fahrverhalten auch kein Ziehen des Motorrads zu einer Seite bemerkt gehabt. Der Rahmenverzug kann deshalb nur minimal gewesen sein, denn er hat sich nicht merklich auf das Fahrverhalten des Motorrads ausgewirkt.

Auch liegt eine durch den Kläger grob fahrlässig herbeigeführte Gefahrerhöhung, welche die Beklagte gem. § 26 Abs. 1 S. 2 VVG zu einer Leistungskürzung berechtigen würde, nicht vor.

Grobe Fahrlässigkeit setzt voraus, dass der Kläger die erforderliche Sorgfalt in außerordentlichem Maße verletzt, er also in der konkreten Situation das nicht beachtet hat, was jedem in dieser Situation hätte einleuchten müssen.

Wie bereits ausgeführt, hat sich der Kläger danach erkundigt, ob der verzogene Rahmen sofort repariert werden müsse. Der Kläger hat sich insofern an den Werkstattinhaber als einen Fachmann für

Motorräder gewandt. Denn der Werkstattinhaber hatte im Rahmen des von ihm übernommenen Reparaturauftrags die Pflicht gehabt, den Kläger auf eine etwaige Verkehrsunsicherheit und verbotswidrige Weiterbenutzung des Motorrads hinzuweisen. Gerade weil sich der Kläger bei einem Fachmann nach einer Weiterbenutzung des Motorrades trotz des verzogenen Rahmens erkundigt hatte, liegt keine Sorgfaltspflichtverletzung des Klägers in außerordentlichem Maße vor.
Den Kläger trifft deshalb noch nicht einmal einfache Fahrlässigkeit.
Demnach muss die Beklagte bedingungsgemäß Versicherungsschutz gewähren. Die Klage ist deshalb begründet.
Rechtsanwalt ◄

G. Fahrzeugdiebstahl

Bei dem über die Teilkaskoversicherung versicherten Entwendungsrisiko gilt es für den sachbearbeitenden Rechtsanwalt einige Besonderheiten zu beachten. In erster Linie betreffen die Besonderheiten die Darlegungs- und Beweislast. 450

I. Beweisanforderungen

Grundsätzlich muss in der Schadensversicherung der Versicherungsnehmer den Eintritt des Versicherungsfalls darlegen und nötigenfalls beweisen. Dies ist auch im Fall der Entwendung entweder des gesamten Fahrzeugs oder nur von Fahrzeugteilen nicht anders. Da Fahrzeugentwendungen oder die Entwendung von Fahrzeugteilen im Regelfall nicht im Beisein des Versicherungsnehmers bzw dritter Personen, die als Zeugen zur Verfügung stehen könnten, vorgenommen werden, würde eine Auferlegung der vollständigen Beweislast, besonders im Fall des Nichtwiederauffindens des Fahrzeugs, zu einer Entwertung des Versicherungsschutzes führen. Die Kaskoversicherung wäre im Hinblick auf das versicherte Risiko „Entwendung", wenn diese nicht zufällig durch einen Zeugen beobachtet worden ist, wertlos. 451

Wegen dieser Schwierigkeit für den Versicherungsnehmer, den Vollbeweis eines Diebstahls zu führen, gewährt die Rechtsprechung dem Versicherungsnehmer Beweiserleichterungen.[142] Diese Rechtsprechung geht von einer **Dreistufigkeit von Beweis- bzw Gegenbeweisanforderungen** aus. 452

1. Erste Beweisstufe. Auf der ersten Stufe genügt der Versicherungsnehmer seiner Darlegungs- und Beweislast, wenn er einen Sachverhalt darlegt und nötigenfalls beweist, aus welchem auf das **äußere Bild** eines Fahrzeugdiebstahls zu schließen ist.[143] Hierfür muss der Versicherungsnehmer darlegen und nötigenfalls beweisen, das versicherte Kfz an einem bestimmten Ort zu einer bestimmten Zeit abgestellt und dort später nicht wieder vorgefunden zu haben.[144] Der Versicherungsnehmer kann den notwendigen Beweis für das äußere Bild eines Fahrzeugdiebstahls durch beim Abstellen und Nichtwiederauffinden des Fahrzeugs anwesende Zeugen führen, wobei der Versicherungsnehmer einerseits für das Abstellen und andererseits für das Nichtwiederauffinden des Fahrzeugs unterschiedliche Zeugen benennen kann.[145] Nach der Rechtsprechung des BGH muss es sich dabei um einen unmittelbaren Zeugen, also 453

---
142 BGH VersR 1984, 29.
143 BGH VersR 2002, 431, 432
144 BGH VersR 2011, 369, 370; 1995, 909, 910; OLG Hamm zfs 2005, 555.
145 BGH VersR 2011, 369, 370; 1993, 571, 572.

nicht um einen Zeugen vom Hörensagen, handeln.¹⁴⁶ Der Telefongesprächspartner des Versicherungsnehmers, der von dem Versicherungsnehmer erzählt kommt, dass sein Auto aus der Garage entwendet worden sei, stellt deshalb keinen tauglichen Zeugenbeweis dar. Allerdings hat der BGH den Begriff des „unmittelbaren" Zeugen nicht näher konkretisiert, so dass beispielsweise nicht klar ist, ob der Zeuge auch dann tauglicher Zeuge für das nicht Wiederauffinden des abgestellten Fahrzeugs ist, nachdem der Versicherungsnehmer das Fehlen des Fahrzeugs zeitlich vor dem Zeugen bemerkt und er den Zeugen dann hinzugezogen oder er sich den Zeugen etwa „besorgt" hat.

454 Das Nichtbenennen eines Zeugen in der Schadensanzeige für das Abstellen des als entwendet behaupteten Fahrzeugs kann, wenn der Versicherungsnehmer bereits zum Zeitpunkt des Ausfüllens der Schadensanzeige davon Kenntnis hatte, eine Obliegenheitsverletzung darstellen.¹⁴⁷

455 Da häufig für das Abstellen und Nichtwiederauffinden des Fahrzeugs Zeugen nicht zugegen sind oder wenn seine Zeugen „versagen", kann der Versicherungsnehmer den Beweis für das äußere Bild eines Fahrzeugdiebstahls auch durch seine eigene informatorisch gem. § 141 ZPO erfolgende **Parteianhörung** führen.¹⁴⁸ Hierfür muss der Versicherungsnehmer allerdings **uneingeschränkt glaubwürdig** sein.¹⁴⁹ Hat der Versicherungsnehmer bereits einen „Anbeweis" geführt, kommt sogar seine **Parteivernehmung** gem. § 448 ZPO in Betracht.¹⁵⁰ Wenn der Versicherungsnehmer nicht uneingeschränkt glaubwürdig ist, schadet dies nicht, wenn er das äußere Bild einer Fahrzeugentwendung bereits durch Zeugen bewiesen hat.¹⁵¹ Der Versicherungsnehmer kann sich allerdings nicht aussuchen, ob er das äußere Bild einer Entwendung durch Zeugen oder seine eigene Parteianhörung beweisen will. Benennt der Versicherungsnehmer für das äußere Bild vorhandene Zeugen nicht, gilt er als beweisfällig.¹⁵² Die Erstattung einer **Diebstahlsanzeige** durch den Versicherungsnehmer stellt keinen Beweis für das äußere Bild eines Fahrzeugdiebstahls dar.¹⁵³ Hat der Versicherungsnehmer das äußere Bild einer Fahrzeugentwendung, sei es durch Zeugen, sei es durch seine eigene Parteianhörung bewiesen, ist damit zunächst der Versicherungsfall „Entwendung" bewiesen.

456 Für den Mieter eines teilkaskoversicherten und von ihm als entwendet behaupteten Kfz gelten dieselben Beweisgrundsätze.¹⁵⁴ Der Mieter wird in diesem Punkt dem Versicherungsnehmer gleichgestellt.

457 **2. Zweite Beweisstufe.** Ist der Versicherer der Meinung, es liege kein bedingungsgemäß zu entschädigender Versicherungsfall „Entwendung", sondern dessen Vortäuschung vor, muss der Versicherer auf der zweiten Stufe Tatsachen darlegen und nötigenfalls beweisen, aus denen sich die **erhebliche Wahrscheinlichkeit einer vorgetäuschten Entwendung** ergibt.¹⁵⁵ Eine Definition des Begriffs der „erheblichen Wahrscheinlichkeit" hat die Rechtsprechung noch nicht vorgenommen, allerdings besteht Einigkeit, dass eine „erhebliche Wahrscheinlichkeit"

---

146 BGH VersR 2002, 431, 432; VersR 1996, 703, 704
147 BGH zfs 2008, 211, 212.
148 BGH VersR 2011, 369, 370.
149 BGH VersR 2002, 431, 432; 1997, 733; 1996, 575; 1992, 867; 1991, 917, 918; OLG Naumburg VersR 2008, 1060; OLG Düsseldorf VersR 2008, 345, 346.
150 BGH VersR 1991, 917, 918.
151 BGH VersR 1999, 1535; 1998, 488, 489.
152 BGH VersR 1997, 733.
153 BGH VersR 1993, 571.
154 OLG Düsseldorf VersR 2008, 345, 346.
155 BGH VersR 1998, 488, 489; 1996, 575, 576.

mehr als eine „hinreichende Wahrscheinlichkeit" voraussetzt. Die hierzu ergangene Rechtsprechung ist vielfältig. So kann ein mit Kopierspuren und einer fremden Transpondereinheit versehener Fahrzeugschlüssel für eine erhebliche Wahrscheinlichkeit der Vortäuschung des Diebstahls sprechen.[156]

Bei der Frage der erheblichen Wahrscheinlichkeit eines vorgetäuschten Diebstahls sind Redlichkeit und Glaubwürdigkeit des Versicherungsnehmers wieder von Bedeutung. Der Versicherer muss hier konkrete Tatsachen darlegen und nötigenfalls beweisen, die Zweifel an der Redlichkeit und Glaubwürdigkeit des Versicherungsnehmers begründen. Es gelten dieselben Maßstäbe, die auch dann gelten, wenn der Versicherungsnehmer das äußere Bild eines Diebstahls nicht durch Zeugen beweisen kann und er den Nachweis für das äußere Bild allein über seine Anhörung gem. § 141 ZPO führen will.[157]

458

Bloße Vermutungen des Versicherers sind zur Erschütterung der Redlichkeit und Glaubwürdigkeit des Versicherungsnehmers nicht geeignet. Ebenfalls müssen getilgte Vorstrafen des Versicherungsnehmers außer Betracht bleiben.

459

3. Dritte Beweisstufe. Gelingt dem Versicherer der Nachweis einer „erheblichen Wahrscheinlichkeit" der Vortäuschung der Fahrzeugentwendung, muss der Versicherungsnehmer seinerseits auf der dritten Stufe den **Vollbeweis einer Entwendung** führen. Beweiserleichterungen greifen auf der dritten Stufe zugunsten des Versicherungsnehmers nicht mehr.

460

II. Klage auf Leistung aus Teilkaskoversicherung wegen Fahrzeugdiebstahls

Hinweis und Tipp: In dem nachfolgenden Muster einer Klage auf Versicherungsleistung wegen einer Fahrzeugentwendung sind weitere Probleme wie zB die Auseinandersetzung mit einer dem Versicherungsnehmer vorgeworfenen groben Fahrlässigkeit als auch der Umfang des Versicherungsschutzes bezüglich mitversicherten Zubehörs eingearbeitet. Entgegen der hier erfolgten Darstellung der Auseinandersetzung mit dem vom Versicherer vorprozessual vorgebrachten Einwand der groben Fahrlässigkeit bereits in der Klageschrift kann zunächst die Klageerwiderung des Versicherers abgewartet werden, da es sich bei dem Vorwurf der groben Fahrlässigkeit um einen subjektiven Risikoausschluss handelt und es nicht Aufgabe des Klägers ist, schon in der Klageschrift etwaige Einwendungen des Prozessgegners vorwegzunehmen. Es ist natürlich immer möglich, dass bei einer schlechten Sachbearbeitung bei der Klageerwiderung – gerade bei umfangreichen und komplizierten Sachverhalten – einzelne Einwände des Versicherers übersehen oder vergessen werden können. Deshalb sollte der Versicherungsnehmeranwalt bei seiner Klageerhebungsich nur auf den für eine Schlüssigkeit der Klage absolut erforderlichen Sachverhalt beschränken.

461

Vorliegend erfolgt entgegen des vorgenannten Tipps eine Auseinandersetzung mit dem Einwand des Versicherers einer groben Fahrlässigkeit schon in der Klageschrift, weil der Versicherer seine vorgerichtliche Ablehnung als einzigen Grund auf einen durch den Versicherungsnehmer grob fahrlässig herbeigeführten Versicherungsfall gestützt hat. Allerdings ist der Versicherer nicht gehindert, seine Klageerwiderung auf weitere Ablehnungsgründe zu stützen.

---

156 LG München VersR 2010, 1209.
157 BGH VersR 1998, 488, 489; 1996, 575, 576.

§ 5 Fahrzeugversicherung (Teilkasko-/Vollkaskoversicherung)

462 ▶ **Muster: Klageschrift – Anspruch aus Teilkaskoversicherung wegen Fahrzeugdiebstahls**

An das Landgericht ...

Klage

des Herrn ...

– Kläger –

Prozessbevollmächtigte: RAe ...

gegen

die ... Versicherung AG, vertreten durch den Vorstand, dieser vertreten durch den Vorstandsvorsitzenden, Herrn ..., ...

– Beklagte –

wegen: Versicherungsleistung

vorläufiger Streitwert: 7.340 EUR

Namens und in Vollmacht des Klägers erheben wir Klage und werden beantragen:

1. Die Beklagte wird verurteilt, an den Kläger aus dem bei ihr für den Pkw des Klägers der Marke ..., Typ ..., amtl. Kennzeichen ..., bestehenden Fahrzeugversicherungsvertrag mit der Versicherungsscheinnummer ... aufgrund des Fahrzeugdiebstahls vom ... in ... (Tschechien) 7.340 EUR nebst Zinsen in Höhe von 11,75 % pro anno seit dem ... zu zahlen.[158]
2. Die Beklagte trägt die Kosten des Rechtsstreits.
3. Das Urteil ist notfalls gegen Sicherheitsleistung vorläufig vollstreckbar.
4. Hilfsweise wird für den Fall des Unterliegens Vollstreckungsschutz beantragt.

Es wird weiter beantragt,

dem Kläger zu gestatten, eine von ihm zu erbringende Sicherheit durch eine selbstschuldnerische Bürgschaft der ... Sparkasse zu leisten.

Es wird angeregt, einen frühen ersten Termin zu bestimmen.

Sofern das Gericht das Schriftliche Vorverfahren anordnet, wird für den Fall der Fristversäumnis oder das Anerkenntnisses beantragt,

die Beklagte durch Versäumnis- oder Anerkenntnisurteil ohne mündliche Verhandlung zu verurteilen.

Begründung:

Der Kläger begehrt von der Beklagten Zahlung der Entschädigung aus dem für das im Antrag zu Ziff. 1 genannte Kfz bei der Beklagten bestehenden Fahrzeugversicherungsvertrag gem. Ziff. A.2.2 sowie Ziff. A.2.6.2 der dem Versicherungsvertrag zugrunde liegenden Allgemeinen Bedingungen für die Kraftfahrtversicherung (AKB) in der Fassung vom ... .

Unter der ebenfalls im Antrag zu Ziff. 1 genannten Versicherungsscheinnummer bestand für den bereits genannten Pkw bei Beklagten am ... eine Fahrzeugversicherung, welche im Rahmen der Teilkaskoversicherung gem. der erstgenannten AKB-Vorschrift eine Entschädigungspflicht bei einem Pkw-Diebstahl vorsieht.

---

158 Natürlich reicht hier auch ein bloßer Zahlungsantrag ohne Angabe des der Zahlung zugrunde liegenden Versicherungsfalls.

Die bei der Beklagten abgeschlossene Teilkaskoversicherung beinhaltet eine Selbstbeteiligung von 150 EUR je Schadensfall.

I. Örtliche Zuständigkeit des angerufenen Gerichts

Die örtliche Zuständigkeit ergibt sich aus § 215 Abs. 1 VVG.[159] Das angerufene Landgericht ist das für den Wohnsitz des Klägers örtlich zuständige Gericht.

II. Zum Sachverhalt

Am ... hielt sich der Kläger mit dem oben genannten Kfz in ... (Tschechien) auf. Der Kläger besuchte dort seine Lebensgefährtin, die Zeugin ... . Nach einem kurzen Aufenthalt in der Wohnung der Zeugin ... fuhren die Zeugin als auch der Kläger mit dem Kfz zum „Klosterrestaurant" in ... . Der Kläger stellte das Kfz gegen 19.30 Uhr an einer hell beleuchteten Stelle vor dem Restaurant ab und verschloss es. Zuvor hatte er die Lenkradsperre einrasten lassen, Fenster und Türen waren verschlossen. Das Kfz war mit einer Zentralverriegelung ausgestattet.

Beweis: 1. Zeugnis der Frau ..., zu laden über die Anschrift des Klägers
2. Zeugnis des tschechischen Polizeibeamten ..., zu laden über die Policie Ceske Republiky ...
3. Anhörung des Klägers gem. § 141 ZPO

Nach dem Verlassen des Restaurants stellten der Kläger und die Zeugin ... gegen 23.25 Uhr fest, dass der vor dem Restaurant abgestellte Pkw verschwunden war, so dass die Vermutung einer Entwendung naheliegt.

Beweis: wie vor

Der als Zeuge angebotene tschechische Polizeibeamte ... ist dem Kläger und der Zeugin ... bekannt. Der Zeuge kann das Abstellen des Pkws durch den Kläger vor dem Restaurant bestätigen, da er in seiner Eigenschaft als Polizeibeamter am genannten Tag gegen 19.30 Uhr ca. 25 m vom Restaurant entfernt eine Verkehrskontrolle durchgeführt hat. Bei dieser Kontrolle wurde auch der Pkw des Klägers kontrolliert. Der Kläger fragte daraufhin den ihm bekannten Polizeibeamten, ob das Auto vor dem Restaurant sicher sei. Dies bejahte der Zeuge ... unter Erwiderung, dass die Kontrolle bis ca. 23.00 Uhr andauern würde.

Beweis: wie vor

Auch später gegen Ende der Polizeikontrolle, ca. gegen 23.15 Uhr, hat der Zeuge ... den Pkw des Klägers noch an der vom Kläger zum Abstellen gewählten Örtlichkeit wahrgenommen,

Beweis: Zeugnis des tschechischen Polizeibeamten ...

so dass sich der Diebstahl des Kfz kurze Zeit nach Beendigung der Polizeikontrolle ereignet haben musste.

Nachdem der Kläger das Kfz nach dem Verlassen des Restaurants nicht wieder vorgefunden hatte, erstattete er Anzeige bei der o.g. Tschechischen Polizeidienststelle. Des Weiteren erfolgte nach der Rückkehr nach Deutschland auch eine polizeiliche Anzeige beim Polizeirevier in ... . Sowohl die tschechischen als auch die deutschen polizeilichen Ermittlungen verliefen erfolglos, beide Verfahren wurden eingestellt. Der Pkw des Klägers wurde bis heute nicht wieder aufgefunden.

---

[159] Natürlich könnte im Einzelfall auf einen Gerichtsstand der ZPO zurückgegriffen werden, wenn dieser für den Kläger vorteilhafter wäre. Denn § 215 Abs. 1 VVG schreibt keinen ausschließlichen Gerichtsstand vor.

§ 5 Fahrzeugversicherung (Teilkasko-/Vollkaskoversicherung)

Zusammen mit dem Fahrzeug wurden neben dem üblichen Autozubehör, Werkzeug, Firmenunterlagen und -schlüssel des Klägers, eine im Kofferraum des Kfz liegende lederne Arbeitstasche des Klägers und eine Handtasche der Zeugin ..., aus dem nicht an die Zentralverriegelung des Fahrzeugs angeschlossenen, sondern gesondert gesicherten Kofferraum des Fahrzeugs entwendet. Der Kläger vermutet, dass in der Ledertasche der Zweitschüssel des Pkws war, da er diesen nach dem Ereignis nicht wieder aufgefunden hat.

Die Beklagte hat mit Schreiben vom ... eine Entschädigung des Versicherungsfalls wegen grob fahrlässiger Herbeiführung gem. § 81 Abs. 2 VVG abgelehnt. Die Begründung der Ablehnung erfolgte mit dem Satz: „Das Belassen von Fahrzeugschlüsseln im Pkw wird von der Rechtsprechung als grob fahrlässig bzw grob fahrlässige Herbeiführung des Versicherungsfalls angesehen. Hiernach ist der Versicherer von der Leistung befreit. Aus diesem Grund lehnen wir eine Regulierung des Schadens ab. Wir verweisen auf § 81 Abs. 2 VVG."

Weiter ist die Beklagte der Ansicht, dass der Kläger widersprüchliche und nicht korrekte Angaben zu den Fahrzeugschlüsseln gemacht hätte, so dass zugunsten des Klägers eingreifende Beweiserleichterungen entfallen würden.

III. Zur rechtlichen Bewertung

1. Ablehnung wegen grob fahrlässiger Herbeiführung des Versicherungsfalls

Die von der Beklagten im Schreiben vom ... ausgesprochene Ablehnung der Gewährung von Versicherungsschutz wegen grob fahrlässiger Herbeiführung des Versicherungsfalls wegen des möglicherweise im Kofferraum in der Ledertasche im Fahrzeug befindlichen Schlüssels ist unberechtigt. Die Beklagte lässt dabei außer Acht, dass die Kausalität für die Entwendung des Kfz nicht feststeht. Die Beklagte ist für den Tatbestand des § 81 Abs. 2 VVG vollständig beweispflichtig. Die Beklagte muss also beweisen, dass das Kfz des Klägers mittels des – auch nur möglicherweise – im Kofferraum befindlichen Fahrzeugschlüssels entwendet wurde.

Der Kläger betont nochmals, dass er die Aufbewahrung des Zweitschlüssels seines Fahrzeugs in der im Kofferraum befindlichen Tasche lediglich vermutet hat. Ebenso könnte der Kläger den Schlüssel anderweitig verloren haben. Er weiß es einfach nicht. Jedenfalls wurde ihm das Fehlen des Zweitschlüssels erst nach der Diebstahlsmeldung bei der Beklagten bewusst, nachdem die Beklagte von dem Kläger die Vorlage sämtlicher Fahrzeugschlüssel verlangt hatte.

Die Rechtsprechung hatte sich wiederholt mit im Fahrzeug zurückgelassenen Schlüsseln als grob fahrlässigem Verhalten befasst. In der Regel handelt grob fahrlässig, wer einen passenden Zündschlüssel im Handschuhfach eines Kfz zurücklässt. Nach Ansicht des BGH gilt dies nicht, wenn auch das Handschuhfach des Pkws verschlossen ist (BGH VersR 1986, 962, 963).

Allerdings reicht allein das Zurücklassen des Fahrzeugschlüssels im Kfz für eine Ablehnung des Versicherungsschutzes wegen grob fahrlässiger Herbeiführung des Versicherungsfalls nicht aus, sondern der Verstoß muss auch kausal geworden sein. Dies ist der Fall, wenn der Diebstahl auch tatsächlich mit dem im Kfz zurückgelassenen Schlüssel durchgeführt wurde. Dafür muss der Versicherer die Benutzung des Schlüssels für den Diebstahl beweisen (OLG Karlsruhe zfs 1996, 458, 459; OLG Innsbruck VersR 1996, 1527; *Knappmann*, r+s 1995, 128).

Darüber hinaus hat der Kläger – wenn überhaupt – den Fahrzeugschlüssel lediglich versehentlich und vorübergehend im Fahrzeug zurückgelassen. Ein lediglich versehentliches Zurücklassen des Kfz-Schlüssels im Fahrzeug begründet keinen groben Fahrlässigkeitsvorwurf (OLG München VersR 1995, 1046, 1047).

Die Beklagte hat außerdem die gesetzlich bestimmte Rechtsfolge eines grob fahrlässig herbeigeführten Versicherungsfalls verkannt. Denn § 81 Abs. 2 VVG sieht für den Versicherer nur ein der Schwere des Verschuldens des Versicherungsnehmers entsprechendes Leistungskürzungsrecht nicht aber eine Leistungsfreiheit vor.

2. Kein Entfall der Beweiserleichterung

Soweit die Beklagte der Meinung ist, dass dem Kläger keine Beweiserleichterung zugutekomme und er deshalb den Vollbeweis des Diebstahls des Kfz führen müsse, ist auch dieser Einwand nicht stichhaltig.

Nach ständiger Rechtsprechung werden dem Versicherungsnehmer in der Diebstahlversicherung Beweiserleichterungen gewährt, weil – wie auch hier – Diebstähle in der Regel im Verborgenen und heimlich und ohne Zeugen begangen werden. Verlangte man in der Diebstahlversicherung einen Vollbeweis, wäre die Kaskoversicherung in den häufigen Fällen fehlender Tataufklärung für den Versicherungsnehmer wertlos. Deshalb muss der Versicherungsnehmer lediglich einen Sachverhalt darlegen und beweisen, der mit hinreichender Wahrscheinlichkeit den Schluss auf die Fahrzeugentwendung zulässt (BGH VersR 1995, 909, 910).

Verlangt wird also nicht der Vollbeweis, sondern nur der Nachweis des „äußeren Bildes" einer Fahrzeugentwendung. Dazu reicht der Nachweis, dass der Versicherungsnehmer sein Fahrzeug zu einer bestimmten Zeit an einem bestimmten Ort abgestellt und dort später nicht wieder aufgefunden hat (BGH VersR 1995, 909, 910), was den Schluss auf rechtswidriges Entwenden erlaubt (OLG Köln r+s 2005, 500; OLG Hamm zfs 2005, 555).

Nur für diesen Mindestsachverhalt muss der Versicherungsnehmer den Vollbeweis erbringen, zB durch einen in seiner Begleitung befindlichen Zeugen, der das Abstellen und Nichtwiederauffinden des Fahrzeugs gesehen hat (BGH VersR 1993, 571, 572).

Der Kläger hat für den verlangten sog. Minimalsachverhalt das Zeugnis des Polizeibeamten ... und seiner Lebensgefährtin Frau ... angeboten. Die Zeugen werden bestätigen, dass der Kläger das Kfz zum genannten Zeitpunkt am genannten Orte abgestellt hat. Zumindest die Zeugin ... wird bestätigen, dass das Kfz des Klägers zum o.g. Zeitpunkt nach Verlassen des Restaurants an seinem Abstellort nicht wieder vorgefunden wurde.

Selbst wenn diese Zeugen wider Erwarten den Nachweis des äußeren Bildes einer Fahrzeugentwendung nicht erbringen sollten, kann der Kläger den entsprechenden Nachweis durch seine Anhörung gem. § 141 ZPO erbringen. Voraussetzung für den Nachweis des äußeren Bildes eines Diebstahls durch die Angaben des Versicherungsnehmers ist dessen uneingeschränkte Glaubwürdigkeit. Letztlich kommt es auf die Anhörung des Versicherungsnehmers gem. § 141 ZPO allerdings nur dann an, wenn die übrigen zum Nachweis des äußeren Bildes angebotenen Beweismittel nicht ergiebig sind, da die Anhörung nach § 141 ZPO subsidiär ist (BGH NJW 1996, 1348; 1977, 1988).

Sofern die Beklagte die Auffassung vertreten sollte, dass der Kläger ein unredlicher Versicherungsnehmer sei und er deshalb Beweiserleichterungen nicht in Anspruch nehmen könne, ist diese Auffassung unzutreffend.

Selbst ein persönlich nicht glaubwürdiger, unredlicher Versicherungsnehmer kann den Nachweis des äußeren Bildes einer Fahrzeugentwendung mit einem „glaubwürdigen" Zeugen führen. Kann der Versicherungsnehmer insoweit also den Beweis für das äußere Bild einer Fahrzeugentwendung erbringen, kommt es auf seine eigene Glaubwürdigkeit überhaupt nicht an (BGH VersR 1998, 488, 489; 1999, 1535; *Knappmann*, VersR 1996, 448).

§ 5 Fahrzeugversicherung (Teilkasko-/Vollkaskoversicherung)

Ungeachtet dessen führt nicht jede widersprüchliche bzw unrichtige Angabe des Versicherungsnehmers zum Verlust seiner uneingeschränkten Glaubwürdigkeit.

Tatsächlich hat der Kläger auch keinerlei unrichtige Angaben gegenüber der Beklagten gemacht.

IV. Schadensumfang und -höhe

Der Kläger hat den Versicherungsfall der Beklagten am ... zunächst telefonisch gemeldet.

Gemäß § 91 VVG ist die Versicherungsentschädigung nach dem Ablauf einer Frist von einem Monat ab der Schadensanzeige mit 4 % zu verzinsen . Der Kläger hat die ihm durch die Beklagte übersandte schriftliche Schadensanzeige am ... ausgefüllt und am selben Tag bei dem Hauptvertreter der Beklagten, Herrn ..., abgegeben. Nur zwei Wochen später hatte die Beklagte die Erbringung einer Versicherungsleistung abgelehnt. Die Beklagte befindet sich damit seit ihrer Ablehung ... in Verzug, so dass der Kläger gem. § 91 S. 1 VVG „aus einem anderen Rechtsgrund" eine höhere Verzinsung der Versicherungsleistung fordert. Der Kläger hat über die Höhe der Klageforderung hinaus seit Anfang ... bis laufend Bankkredit in Anspruch genommen, den er mit 11,75 % zu verzinsen hat.

Beweis: als Anlage K1 vorgelegte Bankbescheinigung

Bei dem klägerischen Kfz handelt es sich um einen Pkw der Marke ... Modell .... Das Fahrzeug wurde erstmals am ... zum Verkehr zugelassen. Es war mit einer „Amethystgrau-Perlleffekt-Lackierung" versehen, ferner verfügte das Kfz über ein manuelles Schiebe-Ausstelldach und einen Skisack. Der seinerzeitige Anschaffungspreis als Gebrauchtwagen betrug 15.990 EUR inkl. Mehrwertsteuer. Der Kläger ist nicht vorsteuerabzugsberechtigt. Im Nachhinein ließ der Kläger das Fahrzeug nachrüsten, so erhielt es am ... eine automatische Motorantenne zum Preis von 289,50 EUR, im November ... wurden für 300 EUR neue ATS-Alu-Felgen montiert. Noch am ... erhielt das Fahrzeug eine neue Bremsanlage. Der Kilometerstand betrug am Tag des Versicherungsfalls 62.500 km.

Zum Zeitpunkt des Eintritts des Versicherungsfalls betrug der Wiederbeschaffungswert allein des Kfz 7.250 EUR. Dieser Betrag ist unstreitig, denn die Beklagte hat ihn selbst durch ein Sachverständigengutachten festgestellt. Zusammen mit dem Fahrzeug wurde folgendes von der Beklagten nicht mitbewertetes Zubehör mitentwendet, welches gem. Ziff. A.2.1.2.1 b AKB prämienfrei mitversichert ist und insoweit die Entschädigungsleistung erhöht:

Abschleppseil (Anschaffung am ...)	17,50 EUR
Sanitätskasten (Anschaffung Juli ...)	15,00 EUR
Feuerlöscher (Anschaffung November ...)	45,00 EUR
Fußmatten, mit Schriftzug des Fahrzeugherstellers (Anschaffung Juli ...)	35,00 EUR
Kfz-Ersatzlampensortiment (Anschaffung Dezember ...)	12,50 EUR
Hydraulischer Wagenheber (Anschaffung Juli ...)	50,00 EUR
Warnblinkleuchte mit Magnetfuß (Anschaffung Dezember ...)	<u>65,00 EUR</u>
Sämtliche aufgelisteten Beträge ergeben eine Gesamtsumme von	240,00 EUR.

Da es für die aufgelisteten Gegenstände, wie zB Abschleppseil, Feuerlöscher, Fußmatten und dergleichen, keinen Gebrauchtmarkt gibt, sind die Zubehörteile gem. § 287 ZPO mit dem seinerzeitigen Neuwert zu entschädigen, zumal beispielsweise das in ... angeschaffte Abschleppseil aufgrund der allgemeinen Preissteigerung heute erheblich mehr als 17,50 EUR kostet. Außerdem waren bis auf die erst wenige Wochen vor dem Fahrzeugdiebstahl angeschafften Fußmatten die anderen genannten Zubehörteile unbenutzt und neuwertig. Da die Alufelgen und die Motorantenne bereits im festgestellten Wiederbeschaffungswert des Kfz enthalten sind, verbleibt somit noch ein weiterer Betrag von 240 EUR, welcher mit dem Antrag zu Ziff. 1 geltend gemacht wird.

Unter Berücksichtigung der eingangs in Höhe von 150 EUR genannten Selbstbeteiligung ergibt sich der Betrag aus dem Klageantrag zu Ziffer 1.

Die Klage ist, wie dargelegt, begründet.

Rechtsanwalt ◄

Hinweis: Erfahrungsgemäß werden bei der Geltendmachung und Höhe der Versicherungsleistung häufig im versicherten Fahrzeug befindliche gem. der AKB mitversicherte Ausstattungs- und Zubehörteile vergessen. Der Rechtsanwalt sollte aus diesem Grund den Mandanten auf diesen Umstand hinweisen und ihn fragen, ob mit der Entwendung des Fahrzeugs auch Zubehör- bzw Ausstattungsteile mitentwendet worden sind, ggf wann und zu welchem Preis die Teile angeschafft worden sind und in welchem Gebrauchszustand sich diese zum Entwendungszeitpunkt befunden haben.

▶ **Muster: Klageerwiderung – Anspruch aus Teilkaskoversicherung wegen Fahrzeugdiebstahls**

An das Landgericht ...

Klageerwiderung

In dem Rechtsstreit

... [Kläger] ./. ... [Beklagte]

Az ...

werden wir beantragen:

1. Die Klage wird abgewiesen.
2. Die Kosten des Rechtsstreits trägt der Kläger.

Begründung:

Die Klage ist nicht begründet. Die Beklagte geht von einer Vortäuschung des behaupteten Fahrzeugdiebstahls aus.

1. Es trifft zu, dass der Kläger am ... für seinen in der Klageschrift genannten Pkw eine Teilkaskoversicherung bei der Beklagten mit einer Selbstbeteiligung in Höhe von 150 EUR abgeschlossen hat.
2. Die Beklagte bestreitet den vom Kläger behaupteten Fahrzeugdiebstahl vom ... in ... (Tschechien) mit Nichtwissen.
   Insbesondere bestreitet die Beklagte das vom Kläger behauptete Abstellen und Nichtwiederauffinden des Pkws zu den von ihm angegebenen Zeitpunkten an der von ihm angegebenen Örtlichkeit mit Nichtwissen.
   Beweiserleichterungen greifen zugunsten des Klägers nicht. Denn er ist nicht uneingeschränkt glaubwürdig.
   2.1. Der Kläger hat bei der Beklagten nicht nur einen Kraftfahrtversicherungsvertrag abgeschlossen, sondern auch eine Haushaltsversicherung. Zu dieser Versicherung hat er vor der hier behaupteten Fahrzeugentwendung drei Schadensfälle gemeldet, die alle Bezug zu dem hier als entwendet behaupteten Pkw gehabt haben.
      2.1.1. Einen ersten Entwendungsschaden meldete der Kläger für den .... Seine Schadensmeldung ist in Fotokopie als **Anlage B1** beigefügt.

§ 5 Fahrzeugversicherung (Teilkasko-/Vollkaskoversicherung)

Der Kläger hat in dieser Schadensmeldung behauptet, den hier versicherten Pkw ... am ... gegen 19.00 Uhr in ... vor dem „Klosterrestaurant" abgestellt zu haben.
Weiter hat er angegeben, dass auf der Rücksitzbank des Pkws eine Bundjacke und auf der Ablage vor dem Rückfenster eine Ledermappe gelegen habe. Schon kurze Zeit später nachdem er mit seiner Begleitung das Restaurant betreten habe, habe ihn ein Gast darauf aufmerksam gemacht, dass sein Pkw aufgebrochen worden sei.
Der Ort, an dem die Entwendung stattgefunden haben soll, entspricht dem des hier streitgegenständlichen behaupteten Entwendungsfalls vom ....
Die Beklagte hat diesen Schadensfall reguliert.

2.1.2. Für den ..., ca. 3.00 Uhr bis 5.00 Uhr, hat der Kläger einen weiteren Einbruchdiebstahl in seinen bei der Beklagten versicherten Pkw angezeigt, diesmal in ... im Innenhof des Anwesens ....

Beweis: als **Anlage B2** beigefügte Schadenanzeige des Klägers

Der Kläger gab an, dass sich im Fahrzeug eine Handgelenktasche und in dieser die Fahrzeugpapiere, der Führerschein, Schecks und eine Scheckkarte, ca. 250 EUR Bargeld und der „Ersatz-Pkw-Schlüssel" befunden hätten.
Die Beklagte hat auch diesen Schaden reguliert.
Der Umstand, dass sich in der entwendeten Tasche auch Fahrzeugschlüssel befanden, hatte den Kläger dazu veranlasst, das Lenkradschloss auswechseln und die Tür- und Kofferraumschlösser erneuern zu lassen. Er erhielt zwei neue Schlüssel, im Unterschied zu den ursprünglich für das Neufahrzeug ausgelieferten vier Schlüsseln.

2.1.3. Der Kläger hat einen weiteren Einbruchdiebstahl, erneut in den bei der Beklagten versicherten Pkw, für den ... angezeigt. Dieser soll sich um ca. 0.30 Uhr ereignet haben.

Beweis: als **Anlage B3** beigefügte Schadenanzeige des Klägers

Als Schadensort wurde erneut der tschechische Ort ... benannt. Dieses Mal sollte sich der Diebstahl vor der Wohnung der Lebensgefährtin des Klägers und nunmehr benannten Zeugin, Frau ..., zugetragen haben.
Der Kläger gab an, dass aus dem Fahrzeug umfangreiches Reisegepäck entwendet worden sei. Dieses habe sich im Fahrzeug für eine mit seiner Lebensgefährtin geplante Urlaubsreise nach Mallorca befunden.
Die Beklagte hat auch diesen Schaden reguliert.

2.2. Für den ... behauptet der Kläger nunmehr nicht nur einen Einbruch in das Fahrzeug, sondern dessen komplette Entwendung.
Der für den ... behauptete streitgegenständliche Entwendungsschaden ist also der vierte innerhalb knapp eines halben Jahres und der dritte in dem kleinen tschechischen Ort ..., davon wiederum zweimal an derselben Stelle.
Bezogen auf die Situation vor dem ... haben sich also drei Entwendungsschäden ereignet, zwei davon in ... und einer vor dem Restaurant, in das sich der Kläger am ... wieder begeben und vor dem er wiederum seinen Pkw abgestellt hatte.
Im eigenen Interesse, aber auch zur Minderung des Risikos aus seinem Versicherungsvertrag, hätte er sich so verhalten müssen, dass nicht erneut Anreiz für eine Entwendung ge-

boten wurde. Dazu hätte er nichts im Fahrzeug zurücklassen dürfen, insbesondere keine Fahrzeugschlüssel.

Wer in so kurzer Zeit Diebstahlsschäden mit einem Versicherer abwickelt, der weiß, worauf es ankommt, wenn er Angaben zum Versicherungsfall macht und Fragen des Versicherers beantwortet.

Es ist auffallend, dass auch am … Gegenstände im Fahrzeug waren, die nicht Fahrzeugzubehör gewesen sind und somit in die bei der Beklagten ebenfalls abgeschlossene Haushaltsversicherung fallen.

2.3. Der Kläger hat den Schadensfall vom … zunächst telefonisch bei der Beklagten gemeldet. Am … hat die Beklagte dem Kläger gemäß beigefügter Anlage B4 mitgeteilt und gebeten, die Anschaffungsrechnung und sonstige für die Ermittlung des Fahrzeugwerts erhebliche Belege und alle Fahrzeugschlüssel zu übermitteln.

Am … erinnerte die Beklagte schriftlich an die Erledigung ihres Schadensmeldeformulars vom ….

Am … rief die Sachbearbeiterin der Beklagten den Kläger an und erinnerte nochmals an die Erledigung der Abgabe der schriftlichen Schadensanzeige. Der Kläger erklärte, beruflich stark eingespannt gewesen zu sein. Er werde die Schadensanzeige erst nach Weihnachten erledigen können.

Wie sich aus der von der Beklagten vorgelegten Anlage B4 ergibt und wie der Kläger zudem aus dem Telefonat weiß, erfolgte die Sachbearbeitung seines Schadensfalls über die Direktion der Beklagten in …. Dennoch antwortete der Kläger mit Schreiben vom … an seinen zuständigen Vertreter, Herrn … (Anlage B5).

Diesem Brief sind mehrere Anlagen beigefügt gewesen, u.a. das vom Kläger beantwortete Formularschreiben der Beklagten vom … und zwei eigene unabhängig hiervon formulierte Erklärungen des Klägers zum Schadenshergang (Anlage B6) und zum Fahrzeug selbst (Anlage B7).

Der Kläger hat der Beklagten damit auch zwei Fahrzeugschlüssel übermittelt.

Danach hat der Kläger, hier relevant, Folgendes erklärt:

2.3.1. Zur Frage der Beklagten nach Vorschäden hat der Kläger nur einen Vorschaden, nämlich vom … angegeben und diesen als behoben bezeichnet.

Diese Angabe ist falsch.

Der Kläger hat nicht nur bei der tschechischen Polizei, sondern auch beim Polizeirevier … am … Anzeige erstattet. Dort hat er erklärt:

„Am Übergang vom vorderen rechten Kotflügel zur Beifahrertür befindet sich eine handflächengroße Lackbeschädigung (Streifen)."

Beweis: Beiziehung der Akte der Staatsanwaltschaft … zum Az …

Der Kläger hat also in der Schadensmeldung einen ihm bekannten, vorhandenen und noch nicht behobenen Schaden verschwiegen.

2.3.2. Der Kläger hat weiter erklärt, sein Fahrzeug in … vor dem „Klosterrestaurant" auf der … abgestellt zu haben, und zwar soll dies nach Angabe des Klägers gegen 19.30 Uhr gewesen sein.

Auch diese Angabe ist falsch, mindestens aber widersprüchlich zu dem, was der Kläger am … gegen 2.00 Uhr nachts der tschechischen Polizei in … erklärt hat, als er dort Anzeige erstattete.

§ 5 Fahrzeugversicherung (Teilkasko-/Vollkaskoversicherung)

Das Protokoll seiner Vernehmung wird vorgelegt in Fotokopie des tschechischen Originals als Anlage B8 und in deutscher Übersetzung des maschinengeschriebenen Teils dieses Formulars als Anlage B9.

Danach hat der Kläger erklärt, gegen 18.00 Uhr über ... nach Tschechien eingereist und nach ... zu seiner Freundin und Zeugin, Frau ..., weitergefahren zu sein. Gegen 21.00 Uhr habe er sich in das „Klosterrestaurant" zum Abendessen begeben.

Auch in seiner Aussage vor dem Polizeirevier ... hat der Kläger in gleicher Weise erklärt, den Pkw gegen 21.00 Uhr vor dem „Klosterrestaurant" abgestellt zu haben.

Das Polizeiprotokoll aus ... wurde aufgenommen durch den vom Kläger benannten Zeugen, PM .... Ihn bezeichnet der Kläger selbst als Bekannten.

Der tschechischen Polizei hat der Kläger nach dem Inhalt des Protokolls erklärt, er habe seinen Pkw gegen 23.05 Uhr zum letzten Mal gesehen und gegen 23.15 Uhr die Entwendung bemerkt.

Im Formularschreiben der Schadensmeldung gibt der Kläger den Zeitpunkt der Feststellung mit 23.25 Uhr an.

Offensichtlich in dem Bemühen darzutun, dass er bedenkenlos sein Fahrzeug mit Inhalt vor dem „Klosterrestaurant" habe abstellen können, führt der Kläger in dem Formularschreiben der Schadensmeldung aus, auf der Fahrt zum „Klosterrestaurant" sei er ca. 25 m von diesem Restaurant entfernt von der tschechischen Polizei bei einer Verkehrskontrolle angehalten worden.

Bei den kontrollierenden Beamten habe sich der ihm bekannte Polizist und Zeuge ... befunden. Er habe dem Kläger und seiner Begleiterin erklärt, die Kontrolle werde bis gegen 23.00 Uhr durchgeführt.

In der Klagebegründung hat der Kläger abweichend vorgetragen, die Kontrolle habe gegen 19.30 Uhr stattgefunden und der als Zeuge benannte PM ... habe das Fahrzeug noch gegen 23.15 Uhr vor dem Restaurant stehen sehen. Dies bestreitet die Beklagte.

Wäre die Behauptung des Klägers richtig, würde sich ergeben, dass der tschechische Polizist und Zeuge ... das Fahrzeug zum gleichen Zeitpunkt noch vor dem Restaurant hat stehen sehen, als der Kläger das Restaurant nach seiner Erklärung gegenüber der tschechischen und deutschen Polizei verließ. Zu diesem Zeitpunkt soll es nach der Behauptung des Klägers in der Klageschrift nicht mehr vorhanden gewesen sein.

Unterstellt man hingegen, dass die Polizeikontrolle gegen 23.15 Uhr zu Ende war und der Kläger gegen 23.25 Uhr die Entwendung des Fahrzeugs bemerkte, bedeutet dies, dass für den Entwendungsvorgang nur ein Zeitraum von ca. 10 min verblieb. In diesem Zeitraum kann aber ein Fahrzeug nicht entwendet werden, wenn es aufgebrochen werden muss und das Lenkradschloss – wie der Kläger behauptet – ordnungsgemäß eingerastet war.

Beweis: Sachverständigengutachten

Anders ist dies dann, wenn jemand mit einem der Schlüssel des Fahrzeugs das Fahrzeug weggefahren hat.

2.3.3. Auf die Formularfrage in der Schadensanzeige hat der Kläger erklärt, im Besitz aller Schlüssel des Fahrzeugs gewesen zu sein, ihm seien zwei Schlüssel ausgehändigt worden, seine Lebensgefährtin, die Zeugin ... habe einen Zweitschlüssel gehabt.

Tatsächlich hat der Kläger der Beklagten auch zwei Schlüssel übermittelt.
Die Beklagte hat diese beiden Schlüssel einem Schlüsselsachverständigen zur Überprüfung vorgelegt. Dieser hat mit Schreiben vom ... (Anlage B10) mitgeteilt, dass die übermittelten Schlüssel zwei Originalschlüssel seien, aber insgesamt vier Schlüssel zum Fahrzeug vorhanden sein müssten, da das Fahrzeug seinerzeit mit vier Schlüsseln ausgeliefert worden sei.
Auf Nachfrage der Beklagten hat der Kläger ihr dann zwei weitere Schlüssel übermittelt. Auch diese hat die Beklagte durch den Schlüsselsachverständigen überprüfen lassen.
Nach dem weiteren Ergebnis des Schlüsselsachverständigen (Anlage B11) passte nur einer der beiden nachgelieferten Schlüssel zu den beiden durch den vom Kläger zunächst ausgehändigten Schlüsseln.
Dies bedeutet, dass der Kläger vom Originalschlüsselsatz drei Schlüssel vorgelegt, also der vierte Schlüssel gefehlt hat.
Bei dem vierten Schlüssel handelt es sich um einen der beiden Schlüssel, die dem Kläger ausgehändigt wurden, nachdem er aus Anlass des Schadensfalls vom ... ein neues Lenkradschloss hat einbauen lassen.
Zum Beweis für die Richtigkeit der Feststellungen des Schlüsselsachverständigen, dass also drei identische Originalschlüssel vorliegen und ein weiterer, nicht zur selben Schließung passender Schlüssel, vorliegt, bietet die Beklagte die
Einholung eines Sachverständigengutachtens
an.
Zusammenfassend zu den Schlüsseln ist festzustellen, dass der Kläger der Beklagten zunächst zwei Schlüssel mit der Behauptung vorgelegt hat, er habe nur zwei Schlüssel ausgehändigt bekommen. Diese Behauptung ist richtig für das ausgewechselte Lenkradschloss. Sie ist falsch für den Originalschlüsselsatz. Die vorgelegten Schlüssel waren aber nicht die für das ausgewechselte Lenkradschloss, sondern die des Lenkradschlosses der Erstausstattung.
Dies ist für sich allein bereits ein grobes Täuschungsmanöver des Klägers.
Es verbleibt aber im Ergebnis dabei, dass von den zwei für das tatsächlich eingebaute Lenkradschloss vorhandenen Schlüsseln nur einer übermittelt wurde, einer somit fehlt. Das ist unerklärlich, wenn die Angaben des Klägers zutreffen, von den beiden Schlüsseln des tatsächlich eingebauten Lenkradschlosses habe er einen und seine Lebensgefährtin, die Zeugin ..., den zweiten Schlüssel gehabt.
Der Kläger hat anlässlich einer Vorsprache bei der Beklagten am ... der Sachbearbeiterin der Beklagten, Frau ..., zu den Schlüsseln erklärt, dass bei dem Entwendungsversuch im April ... einer der vier Originalschlüssel, der sich in einer Tasche im Pkw befunden habe, entwendet worden sei. Dieses erkläre das Fehlen des vierten Originalschlüssels der ursprünglichen Fahrzeugschließung.
Der zweite fehlende Schlüssel der zweiten Schließung sei wohl im Auto verblieben. Er erkundigte sich bei der Sachbearbeiterin und nachbenannten Zeugin, wie sich dieser Umstand für seine Versicherung auswirke.
Beweis: Zeugnis der Sachbearbeiterin Frau ..., zu laden über die Beklagte

In einem Fax vom ... mit der Überschrift „Rekonstruktion des Schlüsselproblems" (Anlage B12) hat der Kläger erklärt, seine Lebensgefährtin und Zeugin habe nicht ständig, sondern nur gelegentlich einen Zweitschlüssel für den Pkw gehabt. Der Zweitschlüssel für das aktuell eingebaute Lenkradschloss habe sich in der Tasche im Auto befunden. Zwar hat der Kläger auch behauptet, die Tasche habe nicht offen im Auto gelegen, die Beklagte bestreitet dies allerdings.

2.3.4. Bei demselben Gespräch hat der Kläger der Sachbearbeiterin der Beklagten und Zeugin ... auch zum Vorgang der Anzeigenerstattung in Tschechien Erklärungen abgegeben.

Danach sei er zunächst zur Polizei in ... gefahren. Dort habe er niemanden angetroffen. Deshalb sei er von ... mit dem Taxi nach ... gefahren. Dort sei die Anzeige schließlich aufgenommen worden. Es sei zufällig der ihm bekannte Polizeimeister und Zeuge ... hinzugekommen. Dieser habe ihn dann von ... zurück nach ... gebracht.

Beweis: Zeugnis der Sachbearbeiterin der Beklagten, Frau ..., b.b.

Auch diese Angaben des Klägers sind falsch. Die vom Kläger erstattete Anzeige wurde von der Polizei in ... um 2.00 Uhr beginnend und um 2.45 Uhr endend aufgenommen.

Die Polizei hat auch noch eine Besichtigung des behaupteten Tatorts durchgeführt. Sie hat dabei keinerlei Einbruchspuren, wie zB Glassplitter, festgestellt.

Beweis: 1. Auskunft der Polizeistelle nnn
2. Zeugnis des PM nnn, Leiter des Polizeipostens nnn

3. Die teilweise durch Urkunden bewiesenen falschen und grob widersprüchlichen Angaben des Klägers, auch der Umstand, dass er sich vom ... bis zum ... (mehr als ein halbes Jahr) Zeit ließ, um überhaupt Fragen zum Schadensfall zu beantworten, erschüttern seine Glaubwürdigkeit. Er hat daher den vollen Beweis der Entwendung zu führen.

4. Darüber hinaus hat der Kläger seine Obliegenheit zur Aufklärung und zur wahrheitsgemäßen Information des Versicherers gem. Ziff. E.1.1.3 7 AKB vorsätzlich und zugleich auch arglistig verletzt. Die Beklagte ist dadurch gem. Ziff. E.2.1 AKB und § 28 Abs. 3 S. 2 VVG leistungsfrei geworden.

5. Nur vorsorglich ist daher kurz zur Schadenshöhe auszuführen:

5.1. Die Beklagte hat eine Bewertung des Fahrzeugs des Klägers durchführen lassen. Sie wurde durchgeführt am ... durch den Sachverständigen ... der Beklagten und ist in Fotokopie als Anlage B14 beigefügt.

Die Bewertung wurde zu einem Zeitpunkt durchgeführt, als die Beklagte noch keine Kenntnis von dem nicht behobenen Schaden hatte.

Beweis: Zeugnis des Kfz-Schadensgutachters ...

Die Behebungskosten dieses Schadens sind mit mindestens 500 EUR anzusetzen.

Beweis: Sachverständigengutachten

Um diese Summe ist der Wiederbeschaffungswert auf jeden Fall zu mindern. Dieser beträgt höchstens 6.750 EUR.

5.2. Darüber hinaus wird bestritten, dass sich Zubehör, wie vom Kläger behauptet, im Fahrzeug befunden hat. Anschaffungsdaten und Preise der behaupteten Zubehörgegenstände werden mit Nichtwissen bestritten.

Es wird mit Nichtwissen bestritten, dass die vom Kläger behaupteten Anschaffungspreise mit dem Wiederbeschaffungswert identisch sind.

5.3. Schließlich werden auch die vom Kläger geltend gemachten Zinsen nach Grund und Höhe bestritten.

Aufgrund des vom Kläger lediglich vorgetäuschten Entwendungsfalls ist die Klage abzuweisen.

Rechtsanwalt ◄

Hinweis: In der Klageerwiderung zu einem behaupteten Entwendungsfall wird der Versicherer, wenn er die Entwendung für vorgetäuscht hält, versuchen, umfangreiche gegen eine Glaubwürdigkeit und Redlichkeit des Versicherungsnehmers sprechende Sachverhalte, Tatsachen und Indizien darzulegen. Vorliegend müsste das Gericht über das äußere Bild der Fahrzeugentwendung zunächst Beweis durch Vernehmung der vom Kläger benannten Zeugen erheben. Erbringt der Kläger durch seine Zeugen den notwendigen Beweis, kommt es auf seine eigene Glaubwürdigkeit auf der ersten Beweisstufe nicht an. Eine etwaige Unglaubwürdigkeit des Versicherungsnehmers wird dann erst auf der zweiten Stufe bedeutsam, auf der der Versicherer die erhebliche Wahrscheinlichkeit der Vortäuschung der Entwendung darlegen und beweisen muss. Hier spielen insbesondere auch widersprüchliche Angaben des Klägers eine Rolle.

▶ **Muster: Replik – Anspruch aus Teilkaskoversicherung wegen Fahrzeugdiebstahls**

An das Landgericht ...

Replik

In dem Rechtsstreit

... [Kläger] ./. ... [Beklagte]

Az ...

lässt die Argumentation der Beklagten erkennen, dass sie über die Rechtsprechung in Entwendungsfällen nicht im Bilde ist.

Auf die persönliche Glaubwürdigkeit des Klägers kommt es zunächst nicht an, sofern der Kläger anderweitig das Vorliegen des „äußeren Bildes" einer Fahrzeugentwendung nachweisen kann.

1. Es trifft zu, dass der Kläger bei der Beklagten auch anderweitig, nämlich mit einer Haushaltsversicherung, versichert ist. Eine Kündigung der Haushaltsversicherung ist durch die Beklagte nicht erfolgt.
Zutreffend ist ebenfalls, dass der Kläger Ersatzleistungen aus der bei der Beklagten bestehenden Haushaltsversicherung vor dem hier in Rede stehenden Diebstahl in Anspruch genommen hat. Diese Schadensfälle sind für den hier streitgegenständlichen Entwendungsversicherungsfall ohne Belang.
Die Beklagte hat in sämtlichen die Haushaltsversicherung betreffenden Schadensfällen Regulierungszahlungen erbracht, so dass die Beklagte offenbar selbst von der Redlichkeit des Klägers und der Wahrheitsgemäßheit der jeweiligen Versicherungsfälle ausgegangen ist.

Die Häufigkeit der Schadensfälle mag damit zu erklären sein, dass der Kläger seine Lebensgefährtin, die Zeugin ..., häufig in Tschechien besucht hat und er deshalb regelmäßig Opfer von Diebstählen geworden ist, da der oder die Täter in Fahrzeugen aus dem westlichen Europa Beute angenommen haben.

Wenn die Beklagte die „Schadensvergangenheit" des Klägers anführt, muss sie auch mitteilen, dass sie aus der bei ihr bestehenden Haushaltsversicherung für den hier streitgegenständlichen Entwendungsvorgang die Regulierungszahlungen einwendungslos erbracht hat.

Die Berufung auf eine angebliche Obliegenheitsverletzung des Klägers unter Heranziehung einwendungslos erfolgter Regulierungen aus vorangegangenen Versicherungsfällen einer anderen Versicherung sowie einer erfolgten Regulierung aus dieser Versicherung auch wegen des hier streitgegenständlichen Ereignisses ist deshalb treuwidrig und rechtsmissbräuchlich.

Die Beklagte kann einerseits nicht aus der bei ihr bestehenden Haushaltsversicherung regulieren und andererseits aus der bei ihr bestehenden Kaskoversicherung die Leistung wegen grober Fahrlässigkeit bzw Obliegenheitsverletzung verweigern, da es sich um ein und dasselbe Schadensereignis handelt und der Kläger die Schadensanzeigen zu beiden Versicherungen zugleich abgegeben hat.

2. Abgesehen davon hat sich die Beklagte auch vorprozessual gegenüber dem Kläger nicht auf eine Obliegenheitsverletzung berufen, sondern eine Regulierung des Versicherungsfalls ausschließlich wegen grob fahrlässiger Herbeiführung gem. § 81 VVG abgelehnt.

3. Die Beklagte versucht auch zu suggerieren, dass der Kläger im Umgang mit Schadensanzeigen besonders gewandt war und genau gewusst haben soll, worauf es im Hinblick auf die Angaben zum Versicherungsfall ankomme. Diese Behauptung ist jedoch durch nichts untermauert, zumal der Kläger bei den vorangegangenen Schadensfällen nach Abgabe der jeweiligen schriftlichen Schadensanzeigen problemlose Regulierungen erlebt hat.

4. Die Beklagte wirft dem Kläger – jedenfalls zwischen den Zeilen – eine verspätete Schadensmeldung nach der von ihm erfolgten telefonischen Schadensmeldung des Versicherungsfalls vom ... vor. Diesen Vorwurf muss sich der Kläger nicht gefallen lassen, zumal die eigene Sachdarstellung der Beklagten ergibt, dass die Bearbeitung der Schadensangelegenheit auf Beklagtenseite zögerlich verlief. Nachdem der Kläger am ... den Schaden telefonisch gemeldet hatte, meldete sich die Beklagte erst mit Schreiben vom ... (Anlage B4 der Klageerwiderung), also über einen Monat später beim Kläger. Hierdurch wird deutlich, dass etwaige Verzögerungen des Klägers in keiner Art und Weise kausal für die Regulierung des Versicherungsfalls waren bzw sind und es der Beklagten selbst auf eine eilige Bearbeitung nicht angekommen ist.

5. Der Kläger bestreitet auch, eine schriftliche Erinnerung der Beklagten vom ... erhalten zu haben. Bezeichnenderweise legt die Beklagte, obwohl sie sonst umfangreiche Unterlagen vorlegt, die behauptete Erinnerung nicht vor.

Der Kläger war mit der bei der Beklagten zunächst die Angelegenheit bearbeitenden Sachbearbeiterin, Frau ..., im Dezember ... und auch im Januar ... telefonisch in Kontakt. Der Kläger bat Frau ... aufgrund seiner umfangreichen beruflichen Verpflichtungen sowie der Tatsache, dass er noch Unterlagen zum Nachweis des Fahrzeugwerts beschaffen musste, um Geduld. Frau ... zeigte hierfür Verständnis und bestand nicht auf einer speziellen Abgabefrist. Der Kläger erhielt auch niemals eine Mahnung mit einer angedrohten Konsequenz.

6. Als nächstes versucht die Beklagte den Kläger damit unglaubwürdig zu machen, dass dieser die Schadensanzeige nicht unmittelbar an die schadensbearbeitende Abteilung versandt, sondern dem ihm betreuenden Versicherungsvertreter, Herrn ..., übergeben hat.
Zum einen bezeichnet die Beklagte den Versicherungsvertreter ... selbst als ihren für den Kläger zuständigen Vertreter, zum anderen durfte der Kläger sogar von Gesetzes wegen die Schadensanzeige bei dem für ihn zuständigen Versicherungsvertreter einreichen (§ 43 Nr. 2 VVG).
Im Übrigen schreiben weder die Allgemeinen Bedingungen für die Kraftfahrversicherung noch sonstige zwischen den Parteien bestehende vertragliche Vereinbarungen vor, dass Schadensanzeigen direkt bei der schadensbearbeitenden Abteilung, nicht aber bei dem vor Ort befindlichen Versicherungsvertreter abzugeben sind. Nicht selten, wenn nicht sogar überwiegend, wenden sich Versicherungsnehmer an die ihnen bekannte örtliche Vertretung bzw Agentur des Versicherers.

7. Soweit sich die Beklagte auf eine Obliegenheitsverletzung des Klägers wegen angeblicher Nichtangabe eines Vorschadens berufen will, muss diesem Einwand der Erfolg versagt bleiben. Abgesehen vom tatsächlichen Vorliegen einer solchen Obliegenheitsverletzung des Klägers stellt das Berufen der Beklagten auf jeden Fall einen Verstoß gegen Treu und Glauben dar.
Die Beklagte hat zu keinem Zeitpunkt eine Obliegenheitsverletzung des Klägers wegen Nichtangabe eines Vorschadens als Ablehnungsbegründung angeführt und deshalb auch ihr Ablehnungsschreiben vom ... nicht mit einer derartigen Obliegenheitsverletzung begründet.
Die Beklagte hat damit also hinreichend zu erkennen gegeben, dass sie selbst die Verletzung einer derartigen Aufklärungspflicht im Hinblick auf eine vollständige Leistungsfreiheit als nicht gravierend ansieht (vgl hierzu OLG Düsseldorf VersR 1993, 425).[160]
Selbst objektiv falsche Angaben zu Vorschäden und zur Laufleistung eines entwendeten Autos reichen allein zur Leistungsfreiheit des Versicherers nicht aus, sofern der Versicherer dem Versicherungsnehmer nicht Vorsatz oder Arglist bei Abgabe der Schadensanzeige zur Last legen kann.
Allerdings muss der Versicherer Vorsatz und/oder Arglist nicht nur behaupten, sondern er muss dieses auch beweisen.
Wenn nur leichte Fahrlässigkeit des Versicherungsnehmers vorliegt, kann der Versicherer keine Rechtsfolgen aufzeigen, wenn der Versicherungsnehmer Vorschäden des Kfz an der Stoßstange, am Heckblech und der hinteren Tür als nicht meldepflichtigen Bagatellschaden wertet und es sich nach Meinung eines Sachverständigen auch tatsächlich um geringfügige Bagatellschäden gehandelt hat (OLG Köln r+s 1993, 48).
Derartige zur Leistungsfreiheit der Beklagten führende Voraussetzungen liegen nicht vor.
Sofern es dem Kläger wirklich auf ein Verschweigen eines Vorschadens in vorsätzlicher bzw grob fahrlässiger Weise angekommen wäre, hätte er im Rahmen der polizeilichen Anzeige des Diebstahls vor dem Polizeirevier ... sicherlich nicht angegeben, dass sich am Übergang vom vorderen rechten Kotflügel zur Beifahrertür eine handflächenlange Lackbeschädigung in Form eines Streifens befand. Abgesehen davon stellt sich auch die Frage, ob es sich hierbei über-

---

[160] In diesem Fall hat sich der Versicherer erst in 2. Instanz erstmalig auf eine Obliegenheitsverletzung des Versicherungsnehmers berufen. Durch die Entscheidung des BGH (VersR 2006, 57) ist für das alte Versicherungsrecht klargestellt, dass sich der Versicherer auch erst zu einem späteren Zeitpunkt wirksam auf eine Obliegenheitsverletzung berufen kann. Auch im aktuellen Versicherungsrecht muss dieses möglich sein, wenn der Versicherer die eine Obliegenheitsverletzung begründenden Umstände jedenfalls erst nachträglich erfahren hat.

haupt um einen Vorschaden im Sinne der Versicherungsbedingungen oder nicht etwa um dem Alter und Zustand des Kfz entsprechende Gebrauchsspuren handelt.

Im Übrigen hat der von dem Kläger bei der polizeilichen Anzeige des Diebstahls vor dem Polizeirevier ... geschilderte „Lackschaden" nur zur besseren Identifizierung des Fahrzeugs gedient. Tatsächlich handelte es sich hierbei um eine wenig sichtbare Spur, die man nur bei genauem Hinsehen und günstigem Licht erkennen konnte.

Beweis: Zeugnis der Lebensgefährtin des Klägers, Frau ...

Der Kläger wurde bei der Anzeigenerstattung durch den aufnehmenden Polizeibeamten nach besonderen Merkmalen des Kfz befragt. Der Kläger wies hierauf unter Hinweis auf seinen Handteller auf einen leichten Streifschaden in der Lackoberfläche hin, der nur bei genauem Hinsehen sichtbar war. Dabei bezog der Kläger den Handteller auf die Länge, nicht aber auf den Durchmesser/die Fläche dieses Streifens. Dies wurde von dem aufnehmenden Polizisten allerdings missverständlich formuliert.

Bei der Unterschrift unter die Anzeige hat der Kläger diesem Umstand dann keine so große Bedeutung beigemessen, weil das Kfz im Vordergrund stand.

Dass es dem Kläger offensichtlich auch nicht auf das Verschweigen eines Vorschadens angekommen ist, ergibt sich daraus, dass der Kläger im Rahmen der von ihm ausgefüllten Schadenanzeige einen erheblichen Vorschaden an der Frontpartie des Fahrzeugs infolge eines Zusammenstoßes mit einem Radfahrer angegeben hat.

In diesem Zusammenhang ist ergänzend darauf hinzuweisen, dass die entsprechende Frage der Beklagten auf Seite 2 der von der Beklagten als Anlage „B4" zur Gerichtsakte gereichten Schadensanzeige sich auch nur auf vorhandene Karosserieschäden bezieht, wobei der Kläger den reparierten Vorschaden gleichwohl angegeben hat, obwohl sich die Fragen lediglich auf vorhandene Schäden beziehen. Eine ausdrückliche Frage nach Lackschäden war nicht gestellt. Es darf auch davon ausgegangen werden, dass nach dem allgemeinen Sprachverständnis Karosserieschaden nur der Schaden sein kann, der die Substanz der Fahrzeugkarosserie selbst betrifft, wie zB Einbeulungen oder Dellen, und daher unter einem Karosserieschaden Lackbeschädigungen gleich welcher Art nicht zu verstehen sind. Sollte auch Letzteres von der Frage der Beklagten nach „Karosserieschäden" umfasst gewesen sein, hätte die Beklagte die Frage genauer stellen müssen, zB durch eine Frage nach vorhandenen Karosserie- und Lackschäden.

Sofern nach Auffassung der Beklagten unter dem vorgenannten Begriff der „Karosserieschäden" auch Lackschäden verstanden werden müssten, ergäbe sich aus einem solchen Verständnis, dass der Versicherungsnehmer jede kleine Roststelle oder beispielsweise auch Lackbeschädigungen infolge von Steinschlag auf der Motorhaube etc. angeben müsste. Dies ginge zu weit. Wünscht die Beklagte eine derart erschöpfende Auskunft, ist eine explizite Fragestellung erforderlich.

Rein vorsorglich wird darauf hingewiesen, dass sich die Beklagte wegen eines angeblich verschwiegenen Vorschadens auch nicht auf die Frage nach „sonstigen Schäden" berufen kann, da der Kläger diese Frage versehentlich offengelassen hat. Das Offenlassen von Fragen ist ein Verstoß gegen die Aufklärungspflicht erst dann, wenn der Versicherer durch Nachfrage zeigt, dass es ihm auf die betreffende Information ankommt und der Versicherungsnehmer auch dann nicht reagiert (OLG Hamm VersR 1996, 53; 1995, 1231).

Die Beklagte hat eine derartige Nachfrage allerdings nicht gestellt. Die Einwendung der Beklagten im Hinblick auf ein Verschweigen eines Vorschadens ist deshalb unbegründet.

8. Auch die sonstigen Versuche der Beklagten, Leistungsfreiheit wegen etwaiger Obliegenheitsverletzungen zu begründen, müssen scheitern.

Für die Entscheidung des Rechtsstreits spielt es keine Rolle, ob der Kläger das Kfz gegen 19.30 Uhr oder 21.00 Uhr vor dem „Klosterrestaurant" in ... abgestellt hat, da die Abstellzeit gem § 28 Abs. 3 S. 1 VVG keine versicherungsrechtliche Kausalitätsrelevanz hat. Dieses gilt selbst bei vorsätzlichen Obliegenheitsverstößen.

Es liegt hinsichtlich der angegebenen Abstellzeit noch nicht einmal eine Obliegenheitsverletzung vor. Denn zum einen liegt vollkommen auf der Hand, dass ein Versicherungsnehmer beim Abstellen seines Kfz nicht jedes Mal auf die Uhr schaut und den Abstellzeitpunkt dokumentiert, da er nicht weiß bzw davon ausgeht, später Opfer eines Diebstahls zu werden, zum anderen ist hier entscheidend, dass das klägerische Kfz am ... noch kurz nach 23.00 Uhr nachweislich von dem Zeugen ... am Abstellort gesehen wurde. Ein entsprechender Beweis wurde bereits in der Klageschrift angetreten.

Im Übrigen kann die Beklagte hier auch nicht mit angegebenen Minuten argumentieren, da der Kläger gegenüber der tschechischen Polizei (Anlage B 10 der Klageerwiderung) und gegenüber der Beklagten (Anlage B 11) keine festen Uhrzeiten, sondern lediglich „Circa-Angaben" gemacht hat, da er die Uhrzeit mit dem Zusatz „gegen" versehen hat, wobei in diesem Zusammenhang auch noch auf den erheblichen zeitlichen Abstand zwischen den Angaben vor der tschechischen Polizei und den Angaben in der Schadensanzeige hingewiesen werden muss.

Soweit hier unterschiedliche „Feststellungszeiten" des Diebstahls, nämlich 23.15 Uhr und 23.25 Uhr, genannt sind, muss es sich bei der Angabe 23.15 Uhr um einen Tipp- bzw Schreibefehler handeln.

Abgesehen davon, dass der Kläger bei den Zeitangaben nur „Circa-Angaben" gemacht hat, mag die Beklagte nicht allen Ernstes – unseres Erachtens sogar wider besseren Wissens – behaupten, dass ein Zeitraum von 10 min. für einen Diebstahl des versicherten Kfz des Klägers nicht ausreichend war. Es darf als gerichtsbekannt unterstellt werden, dass hierfür wenige Sekunden ausreichen. Insoweit hilft auch die Vermutung der Beklagten nicht weiter, das Fahrzeug des Klägers sei mit einem im Kofferraum befindlichen Schlüssel entwendet worden.

Offensichtlich ignoriert die Beklagte bewusst den Nachweis der Kausalität eines etwaig im Fahrzeug befindlichen Schlüssels für den Diebstahl.

9. Ebenso kann die Beklagte mit ihrer Argumentation zu den Fahrzeugschlüsseln nicht durchdringen.

Hier hatte die Beklagte selbst Kenntnis von einem in Folge eines vorangegangenen Einbruchdiebstahls vorgenommenen Schlossaustausches, der nicht nur das Lenkradschloss, sondern die komplette Schließanlage betraf, so dass sie Kenntnis vom Erhalt eines anderen Schlüssels hatte.

Für das äußere Bild eines Kfz-Diebstahls kommt es nicht darauf an, dass der Versicherungsnehmer sämtliche Originalschlüssel vorlegen oder das Fehlen eines Schlüssels plausibel erklären kann (BGH VersR 1995, 909, 910).

Indes hat der Kläger die Frage nach den Schlüsseln nicht falsch beantwortet. Die Frage aus dem Fragenkatalog der Beklagten zu den Fahrzeugschlüsseln lautet: „Wie viele Schlüssel wurden Ihnen ausgehändigt?". Diese Frage hat der Kläger mit der Zahl Zwei beantwortet. Der Kläger ist dabei davon ausgegangen, dass für die Beklagte nur die aktuell zum Fahrzeug zugehörigen Schlüssel von Interesse waren, da anlässlich des genannten Vorschadens, des Einbruch-diebstahls vom ..., bei dem das Kfz des Klägers zwar nicht entwendet worden war, allerdings die Schlösser Beschädigungen aufgewiesen hatten, ein kompletter Schlossaustausch erfolgt war. Über den Schlossaustausch verhält sich auch eine Rechnung des Autohauses ... vom ..., welche der Beklagten vorliegt. Aufgrund des infolge des Schadens vom ... erforderlich gewordenen Schlossaustausches hat der Kläger nur noch zwei Fahrzeugschlüssel erhalten, so dass auch seine entsprechende Angabe im Fragenkatalog der Beklagten nicht unrichtig ist. Der ursprüngliche Schlüsselsatz war nicht mehr relevant, da mit diesem das Fahrzeug weder geschlossen noch betrieben werden konnte.

Falsche Angaben des Klägers zu den Fahrzeugschlüsseln liegen deshalb nicht vor. Versehentlich hat der Kläger der Beklagten zunächst zwei Schlüssel aus dem „alten Schlüsselsatz" eingereicht, auf entsprechende Nachfrage der Beklagten erfolgte die Einreichung zweier weiterer Schlüssel, wobei von den insgesamt vier Schlüsseln drei den alten Schlüsselsatz und ein Schlüssel den neuen, aus nur zwei Schlüsseln bestehenden, Schlüsselsatz betreffen.

Der Kläger hat der Beklagten mit einem in seinem Computer gefertigten Schreiben vom ... auch zu den Fahrzeugschlüsseln nähere Erläuterungen gemacht, welche die Beklagte als Anlage „B3" zur Klageerwiderung eingereicht hat.

Nachdem der Kläger den zweiten Schlüssel aus dem neuen Schlüsselsatz nicht wieder aufgefunden hatte, vermutete er, dass dieser Schlüssel in der Tasche, welche bei dem hier streitgegenständlichen Schadensfall im verschlossenen Kofferraum des Kfz gelegen hatte, verblieben war. Sicher ist er sich dessen jedoch nicht, da der Zweitschlüssel zeitweise auch im Besitz der Zeugin ... war und der seinerzeitige 5-jährige Sohn der Zeugin ... auch mit dem Schlüssel in der Wohnung der Zeugin ... gespielt hatte, so dass der Schlüsselverlust auch hierbei entstanden sein konnte.

Beweis: Zeugnis der Frau ..., b.b.

Letztlich kommt es auf den fehlenden Schlüssel des „neuen Schlüsselsatzes" nicht an, da die Beklagte den Nachweis, dass die Pkw-Entwendung unter Einsatz dieses Schlüssels erfolgte, nicht geführt hat.

Es muss an dieser Stelle auch ausgeführt werden, dass der Kläger zahlreiche Gespräche mit der bei der Beklagten für seinen Fall zuständigen Sachbearbeiterin, der Zeugin ..., geführt hat, wobei die Zeugin ... nicht nur zahlreiche Fragen gestellt, sondern teilweise auch die Worte des Klägers verdreht und versucht hat, den Kläger in Widersprüche zu verstricken.

Letztlich kann es auch nicht ausgeschlossen werden, dass die Sachbearbeiterin der Beklagten und Zeugin ... angesichts der zahlreichen geführten Gespräche, die zum Teil auch von beiden Seiten mit Vehemenz geführt wurden, einzelne Dinge verwechselt bzw falsch verstanden hat.

10. Der Kläger bestreitet nochmals ausdrücklich, gegenüber der Beklagten falsche Angaben gemacht zu haben. Es ist nicht zutreffend, dass der Kläger gegenüber der Zeugin ... am ... erklärt hat, nach der Entdeckung der Entwendung seines Pkw zunächst von ... nach ... gefahren zu sein, wo die polizeiliche Anzeige aufgenommen worden sei und er dort zufällig den bereits benannten Polizeibeamten ... getroffen habe, der ihn dann von ... nach ... gefahren habe.

Der Kläger wollte nach Entdeckung des Diebstahls zunächst bei der Polizei in ... Anzeige erstatten. Da die Polizeidienststelle dort nicht besetzt war, fuhr er mit einem Taxi in Begleitung der Zeugin ... zu der übergeordneten Polizeidienststelle in .... Der Kläger musste dort auf einen diensthabenden Polizeibeamten warten. Dieser diensthabende Polizeibeamte war der Zeuge ..., der sodann mit dem Kläger und der Zeugin ... mit dem Polizeifahrzeug nach ... zurückfuhr, um dort die Anzeige aufzunehmen.

Beweis: 1. wie vor
2. Zeugnis des Polizeibeamten ..., b.b.

11. Schließlich ist darauf hinzuweisen, dass die Rechtsauffassung der Beklagten, der Kläger habe den vollen Beweis der behaupteten Entwendung zu führen, unzutreffend ist.
Der Kläger hat das für einen Pkw-Diebstahl sprechende „äußere Bild" dargelegt und durch Zeugen unter Beweis gestellt. Sofern die Zeugen den entsprechenden Beweis des „äußeren Bildes" durch ihre Aussagen erbringen, liegt es an der Beklagten, eine Vortäuschung des Diebstahls vollständig zu beweisen.

12. Dass die weiteren Teile bzw das Zubehör im Fahrzeug zum Zeitpunkt der Entwendung vorhanden waren, wird vorsorglich unter Beweis gestellt durch Zeugnis der Frau ..., b.b.
Darüber hinaus ist sich der Kläger im Klaren, dass er hier möglicherweise Beweisschwierigkeiten hat, da sich die Zeugin ... vermutlich nicht an sämtliche Gegenstände erinnern wird, da ein Wagenheber derart verstaut ist, dass er nicht sichtbar ist.
Das Gericht mag hierzu den Kläger als Partei gem. § 141 ZPO anhören oder den Schaden gem. § 287 ZPO schätzen, wobei wohl die Lebenserfahrung dafür sprechen dürfte, dass in einem Fahrzeug beispielsweise Fußmatten, Wagenheber uä Ausstattungsgegenstände mitgeführt werden.

Die Nebenforderung wird durch Vorlage einer Bankbescheinigung mit einem gesonderten Schriftsatz zu gegebener Zeit nachgewiesen.

Rechtsanwalt ◄

▶ **Muster: Klageschrift – Anspruch aus Teilkaskoversicherung wegen Fahrzeugteilediebstahls**

An das Landgericht ...

Klage

des Herrn ...

– Kläger –

Prozessbevollmächtigter: RA ...

gegen

die ... Versicherung AG, vertreten durch den Vorstand, dieser vertreten durch den Vorstandsvorsitzenden, Herrn ..., ...

– Beklagte –

wegen: Versicherungsleistung

vorläufiger Streitwert: ... EUR

Namens und in Vollmacht des Klägers erhebe ich Klage und werde beantragen:

1. Die Beklagte wird verurteilt, an den Kläger ... EUR nebst Zinsen iHv 4 % p.a. seit dem ... bis zum ... sowie ab dem ... Zinsen iHv 5 Prozentpunkten über den Basiszinssatz zu bezahlen.
2. Die Beklagte trägt die Kosten des Rechtsstreits.
3. Das Urteil ist notfalls gegen Sicherheitsleistung vorläufig vollstreckbar.
4. Hilfsweise wird für den Fall des Unterliegens Vollstreckungsschutz beantragt.

Es wird weiter beantragt,

dem Kläger zu gestatten, eine von ihm zu erbringende Sicherheit durch eine selbstschuldnerische Bürgschaft der ... Sparkasse zu leisten.

Es wird angeregt, einen frühen ersten Termin zu bestimmen.

Sofern das Gericht das schriftliche Vorverfahren anordnet, wird für den Fall der Fristversäumnis oder das Anerkenntnisses beantragt,

die Beklagte durch Versäumnis- oder Anerkenntnisurteil ohne mündliche Verhandlung zu verurteilen.

Begründung:

Der Kläger macht als Versicherungsnehmer gegen die Beklagte einen Anspruch aus einer bei der Beklagten unter der Versicherungsscheinnummer ... für den Pkw mit dem amtlichen Kennzeichen ... abgeschlossenen Teilkaskoversicherung geltend. Vereinbarungsgemäß gilt eine Selbstbeteiligung in Höhe von ... EUR je Schadensfall. Außerdem haben die Parteien die von der Beklagten verwendeten AKB in der Fassung vom ... vereinbart.

Beweis: Fotokopie des Versicherungsscheins vom ... als Anlage K 1

I. Sachverhalt

Am ... wurde in das Kfz des Klägers in der Zeit zwischen ... bis ... Uhr in der ... Straße in ... eingebrochen.

Beweis: Zeugnis des Herrn ...

Der Kläger wollte den Zeugen abholen und hielt sich deshalb bei ihm in der Einbruchszeit noch zu einem gemeinsamen Frühstück auf. Der Kläger hatte sein Kfz in der Straße vor dem Mehrfamilienhaus, in dem der Zeuge wohnhaft gewesen ist, gegen ... Uhr geparkt. Als er gemeinsam mit dem Zeugen gegen ... Uhr zum Fahrzeug zurückkehrte, war dieses aufgebrochen. Außerdem war es aufgebockt, es fehlte das linke Vorderrad.

Beweis: Zeugnis des Herrn ...

Aus dem Fahrzeug wurden folgende Kfz-Teile entwendet:

- 1 Kindersitz, 3 Jahre alt, Anschaffungspreis ... EUR, Wiederbeschaffungswert ... EUR
- Autoradio Marke ... 6 Monate alt, Anschaffungspreis ... EUR, Wiederbeschaffungswert ... EUR
- 1 Kindersitz, 3 Jahre alt, Anschaffungspreis ... EUR, Wiederbeschaffungswert ... EUR
- 1 Navigationsgerät, 1 Jahr alt, Anschaffungspreis ... EUR, Wiederbeschaffungswert ... EUR

Beweis: informatorische Anhörung des Klägers gem. § 141 ZPO oder Parteivernehmung des Klägers

Bei dem Einbruchsdiebstahl wurde das Fahrzeug wie folgt beschädigt:

Das Fahrzeugschloss der Fahrertür war aufgestochen. Der Beifahrerairbag war ausgebaut. Das Lenkradschloss war geknackt.

Beweis: informatorische Anhörung des Klägers gem. § 141 ZPO oder Parteivernehmung des Klägers

Der Kläger erstattete sofort bei der Polizei Diebstahlsanzeige. Polizeibeamte nahmen daraufhin das Fahrzeug des Klägers in Augenschein und fertigten Fotos von dessen Auffindezustand.

Beweis: 1. Kopie der Diebstahlsanzeige des Klägers vom ... als Anlage K ...

2. Beiziehung und Einsichtnahme in die Ermittlungsakte der Staatsanwaltschaft ... zum Aktenzeichen ...

Nach der Diebstahlsanzeige und der polizeilichen Vernehmung des Klägers als Zeugen meldete der Kläger den Versicherungsfall der Beklagten noch am selben Tag zunächst telefonisch und anschließend schriftlich, indem er die ihm von der Beklagten übersandte Schadensanzeige ausfüllte und zurückschickte.

II. Anspruchsgrundlage

Über die Schäden an seinem Fahrzeug hat der Kläger einen Kostenvoranschlag der voraussichtlichen Reparaturkosten eingeholt.

Beweis: Kostenvoranschlag der Autowerkstatt ... vom ...

Diese Kosten als auch die Kosten für die Wiederbeschaffungswerte der entwendeten Fahrzeugteile verlangt der Kläger vereinbarungsgemäß zunächst ohne Mehrwertsteuer gem. den Ziffern A.2.7.1, A.2.6.1 und A.2.9 der vereinbarten AKB unter Abzug der versicherungsvertraglich vereinbarten Selbstbeteiligung ersetzt.

III. Verzinsung gemäß § 91 VVG

Da der Kläger der Beklagten den Versicherungsfall am ... angezeigt hat, hat er gemäß § 91 VVG Anspruch auf Zinsen in Höhe von 4 % ab dem ....

IV. Verzug der Beklagten

Ab dem ... schuldet die Beklagte Verzugszinsen. Die Beklagte hat mit Schreiben vom selben Tage eine Erstattung der Versicherungsleistung abgelehnt.

Rechtsanwalt ◄

▶ **Muster: Klageerwiderung – Anspruch aus Teilkaskoversicherung wegen Fahrzeugteilediebstahls**

An das Landgericht ...

Klageerwiderung

In dem Rechtsstreit

... [Kläger] ./. ... [Beklagte]

Az ...

werden wir beantragen:

1. Die Klage wird abgewiesen.
2. Die Kosten des Rechtsstreits trägt der Kläger.

Begründung:

Die Klage ist nicht begründet.

Der Kläger hat den von ihm behaupteten Kfz-Einbruch-Diebstahl nicht bewiesen.

Es besteht eine erhebliche Wahrscheinlichkeit für einen nur vorgetäuschten Einbruch-Diebstahl. Hierfür hat die Beklagte eine Versicherungsleistung nicht zu erbringen.

Außerdem ist die Beklagte wegen vorsätzlicher und arglistiger Obliegenheitsverletzung des Klägers leistungsfrei, vgl. E.1.3 iVm E.6.1 der zwischen den Parteien vereinbarten AKB iVm § 28 Abs. 2 Satz 1 VVG sowie § 28 Abs. 3 S. 2 VVG.

§ 5 Fahrzeugversicherung (Teilkasko-/Vollkaskoversicherung)

I. Zwischen den Parteien geschlossener Versicherungsvertrag

Es trifft zu, dass der Kläger bei der Beklagten seit dem ... für den in der Klageschrift genannten und erstmals im Jahr ... zugelassenen Pkw ... mit dem amtlichen Kennzeichen ... eine Fahrzeugversicherung in Form einer Fahrzeugteilversicherung (Teilkaskoversicherung) mit einer Selbstbeteiligung in Höhe von ... EUR je Schadensfall unterhalten hat.

Es trifft zu, dass Grundlage des Fahrzeugversicherungsvertrags die zwischen den Parteien vereinbarten und als Anlage KE 1 beigefügten Allgemeinen Bedingungen für die Kraftfahrtversicherung (AKB) in der Fassung von ... sind.

II. Durch die Beklagte bestrittener Einbruch-Diebstahlsachverhalt

1. Der Kläger behauptet einen Einbruch-Diebstahl in seinen in der ...straße in ... geparkt gewesenen und bei der Beklagten versicherten Pkw vom ... zwischen ... Uhr und ... Uhr.

Die Beklagte bestreitet den behaupteten Einbruch-Diebstahl in das Fahrzeug an der behaupteten Örtlichkeit und zu der behaupteten Zeit mit Nichtwissen.

Sie bestreitet weiter mit Nichtwissen, dass bei dem vom Kläger behaupteten Einbruch-Diebstahl die von ihm behaupteten Schäden verursacht und die vom ihm behaupteten Gegenstände entwendet worden sind.

Mit Nichtwissen bestreitet die Beklagte außerdem die vom Kläger behaupteten Anschaffungszeitpunkte und -kosten der als entwendet behaupteten Fahrzeugteile bzw des als entwendet behaupteten Fahrzeugzubehörs.

Einen Zeugen für den behaupteten Einbruch-Diebstahl hat der Kläger nach eigenen Angaben nicht. Er selbst behauptet einen „unbeobachtet" ausgeführten Einbruch-Diebstahl.

2. Soweit der Kläger behauptet hat, den behaupteten Einbruch-Diebstahl umgehend bei der zuständigen Polizeibehörde angezeigt zu haben, auch dieses bestreitet die Beklagte mit Nichtwissen, stellt die Anzeige eines Diebstahls bei der Polizei nach ständiger und höchstrichterlicher Rechtsprechung grundsätzlich keinen hinreichenden Diebstahlsnachweis dar. Die polizeiliche Anzeige eines Fahrzeugdiebstahls beweist deshalb nicht das äußere Bild eines Diebstahls.

Vgl: BGH VersR 1993, 571, 572

III. Erhebliche Wahrscheinlichkeit eines vorgetäuschten Fahrzeug- Einbruch-Diebstahls

1. Grundsätzliche Beweisanforderungen

Selbst wenn der Kläger – auf der ersten Stufe – das „äußere Bild" eines Fahrzeug-Einbruch-Diebstahls beweisen sollte, sprechen mehrere Tatsachen und Umstände für die erhebliche Wahrscheinlichkeit einer Vortäuschung des behaupteten Einbruch-Diebstahls.

Das äußere Bild eines Einbruch-Diebstahls ist – auf der zweiten Stufe – dann erschüttert, wenn der Versicherer Tatsachen und Umstände darlegt und beweist, aus denen sich die erhebliche Wahrscheinlichkeit einer Vortäuschung des Diebstahls,

Vgl: BGH VersR 1984, 29; BGH VersR 1986, 53; BGH VersR 1997, 181,

eines unredlichen Verhaltens des Versicherungsnehmers,

Vgl: BGH Vers 1985, 78; OLG Hamm VersR 1985, 535

oder seiner Unglaubwürdigkeit,

Vgl: BGH NJW-RR 1997, 663; BGH VersR 1987, 355; BGH VersR 1984, 29; OLG Frankfurt/Main VersR 1997, 1351; LG Dresden, Urteil vom 2.8.2007, 8 O 417/07 ergeben, so dass dem beweisverpflichteten Versicherungsnehmer dann eine etwaige Beweiserleichterung nicht mehr zugutekommt.

Vgl: LG Dresden, aaO

Solche Tatsachen und Indizien kann die Beklagte vortragen.

Dabei ist zu berücksichtigen, dass dem Versicherer bei der Führung des Gegenbeweises – soweit die Beklagte einen Gegenbeweis überhaupt führen muss – ebenfalls Beweiserleichterungen zugutekommen.

Vgl: BGH VersR 1985, 78; BGH VersR 1986, 53; BGH VersR 1991,1047; BGH Vers 1996, 319

Dementsprechend muss der Versicherungsnehmer den Tatbestand des behaupteten Einbruch-Diebstahls vollständig beweisen.

Vgl: BGH VersR 1984, 89; BGH Vers 1987, 146; BGH NJW-RR 1987, 1505; BGH VersR 1991, 817; LG Dresden, aaO

2. Unglaubwürdigkeit des Klägers

Der Kläger ist nicht uneingeschränkt glaubwürdig. Denn er hat in seiner Schadensanzeige nicht den vollen Umfang früherer Schäden aus zwei Unfällen aus dem Jahr ... sowie aus einem vorangegangenen Einbruchdiebstahl aus dem Jahr ... angegeben.

2.1. Fast identischer Einbruch-Diebstahl-Schaden aus dem Jahr ...

Der vom Kläger angegebene Einbruch-Diebstahl-Schaden aus dem Jahr ... ist mit dem vorliegenden Schaden teilweise identisch. Dieses hat eine durch die Beklagte veranlasste sachverständige Begutachtung des Sachverständigen ... vom ... ergeben. Der Sachverständige ... hatte auch den behaupteten Einbruchdiebstahl aus dem Jahr ... begutachtet.

So zeigten sich dieselben Schäden an der Armaturentafel und am Handschuhkastendeckel sowohl nach dem Einbruchdiebstahl aus dem Jahr ... als auch nach dem Einbruchdiebstahl aus dem Jahr .... Es handelt sich um identische Schadensbilder. Eine Reparatur nach dem behaupteten Diebstahlschaden aus dem Jahr ... hatte deshalb offensichtlich nicht stattgefunden.

Außerdem hatte der Kläger eine Reparatur des Schließzylinders der Fahrertür nicht nachweisen können. Denn beide Einbrüche sollen über das Schloss der Fahrertür erfolgt sein.

Beweis: 1. Sachverständiges Zeugnis des Kfz-Sachverständigen ... zur Gutachtennummer ...
2. Kopie des Bildmaterials des behaupteten Einbruchdiebstahls aus dem Jahr ... als Anlage ...
3. Kopie des Bildmaterials des behaupteten Einbruchdiebstahls aus dem Jahr ... als Anlage ...

Der Kläger hat also den bei seinem Vorversicherer gemeldeten Einbruch-Diebstahl nicht reparieren lassen. Er versucht nunmehr den Vorschaden bei der Beklagten als seinem jetzigen Versicherer erneut abzurechnen.

Schon deshalb kann der Kläger hierfür von der Beklagten keine Versicherungsleistung beanspruchen.

2.2. Fast identisch entwendete Fahrzeugteile bei dem Einbruch-Diebstahl-Schaden aus dem Jahr ...

Auch sonst weist der vom Kläger behauptete Einbruch-Diebstahl vom ... zu dem Einbruch-Diebstahl aus dem Jahr ... bemerkenswerte Parallelen auf. So sollen auch bei dem Einbruch-Diebstahl aus dem Monat ... bereits ein Kindersitz und ein gleichartiges Autoradio ... entwendet worden sein.

Außerdem gab der Kläger bei dem seinerzeitigen Diebstahl die Entwendung einer Sonnenbrille aus dem verschlossenen Handschuhfach an und dieses bereits seinerzeit aufgebrochen worden sei. Schon bei diesem vom Kläger wiederum einen anderen Vorversicherer gemeldeten Einbruch-Diebstahlschaden wurde am Handschuhkastendeckel ein optisch gleichartiges Beschädigungsbild vorgefunden.

Dieses lässt nur den Schluss zu, dass der Kläger behauptete Diebstähle mehrfach bei verschiedenen Kaskoversicherern abgerechnet hat und nunmehr erneut abrechnen will, ohne das Fahrzeug zwischendurch repariert zu haben.

Denn die Vorschäden als auch der nunmehr behauptete Schaden wurden und werden durch den Kläger jeweils fiktiv abgerechnet.

2.3. Telefonische Schadensmeldung

Schon bei der vom Kläger behaupteten telefonischen Schadensanzeige hatte ihn die die Schadensanzeige aufnehmende Sachbearbeiterin der Beklagten nach reparierten als auch nach unreparierten Vorschäden an seinem Kfz gefragt. Der Kläger hatte hierbei Vorschäden allerdings verneint.

Beweis: Zeugnis der Sachbearbeiterin der Beklagten, Frau ...

IV. Obliegenheitsverletzung des Klägers

Gemäß der in E.1.3 genannten Bestimmung der zwischen den Parteien vereinbarten AKB ist der Versicherungsnehmer verpflichtet, alles zu tun, was der Aufklärung des Schadensereignisses dienen kann. Insbesondere ist der Versicherungsnehmer danach zu wahrheitsgemäßen Angaben verpflichtet.

Bei dieser Obliegenheit handelt es sich um die sogenannte Aufklärungsobliegenheit des Versicherungsnehmers.

Eine vorsätzliche Verletzung der Aufklärungsobliegenheit durch den Versicherungsnehmer führt gemäß der in E.6.1 genannten AKB-Bestimmung zur Leistungsfreiheit der Beklagten.

1. Inhalt der Aufklärungsobliegenheit des Versicherungsnehmers

Der Inhalt der vom Versicherungsnehmer zu erfüllenden Aufklärungsobliegenheit ist durch jahrzehntelange höchstrichterliche und obergerichtliche Rechtsprechung gefestigt.

Die Verpflichtung des Versicherungsnehmers, alles zu tun, was der Aufklärung des Schadensereignisses dienen kann, bedeutet:

Der Versicherer hat einen Anspruch auf sämtliche Informationen die zur Beurteilung seiner Leistungspflicht und der Höhe des Entschädigungsbetrages notwendig sind. Offenbarungspflichtig sind bspw:

- **der Kaufpreis des Kfz**

    Vgl: OLG Karlsruhe VersR 1994, 1183; OLG Celle VersR 1995, 1347,

- **seine Laufleistung**

    Vgl: OLG Hamm r + s. 1993, 207; OLG Köln r + s. 1995, 206, 207; OLG Hamm r + s. 1995, 208; OLG Karlsruhe r + s. 1995, 209; OLG Frankfurt VersR 1995, 656,

- **Vorschäden des Kfz (auch reparierte)**

    Vgl: OLG Köln VersR 1998, 46; OLG Köln VersR 1995, 1304; OLG Celle VersR 1995, 1347; OLG Saarbrücken VersR 1993, 216,

- **die Schlüsselverhältnisse** (Zahl der Schlüssel, Anfertigung von Nachschlüsseln, Aufbewahrungsort der Schlüssel)

  Vgl: BGH ZfS 1998, 340; OLG Celle r + s. 1990, 154; OLG Hamm VersR 1995, 1183; OLG Hamm VersR 1995, 1231; OLG Hamm r + s. 1995, 246,

- **das Vorhandensein von Zeugen**

  Vgl: OLG Celle r + s. 1994, 88; OLG Köln r + s. 1994, 316,

- **die Person des Fahrers des Wagens zum Unfallzeitpunkt**

  Vgl: OLG Hamm VersR 1995, 165

- **Alkoholgenuss des Versicherungsnehmers vor dem Unfall**

  Vgl: OLG Düsseldorf VersR 1994, 41; OLG Frankfurt VersR 1995, 164

2. Hier vorliegende Obliegenheitsverletzung

Wie bereits dargelegt, hatte der Kläger in dem Telefonat vom ... nicht auf die Vorschäden an seinem Fahrzeug hingewiesen.

Der Kläger hat auch in seiner schriftlichen Schadensanzeige gegenüber der Beklagten Vorschäden nicht angegeben.

In der Schadensanzeige antwortete er auf die Frage: „Hatte das Kfz vor diesem Ereignis reparierte oder unreparierte Schäden?" mit „Nein".

3. Belehrung des Klägers

Die Beklagte hat den Kläger mit einem besonderen Belehrungsblatt, das eine entsprechende in der Schriftgröße hervorgehobene Überschrift trägt, gem. § 28 Abs. 4 VVG über die Folgen von Obliegenheitsverletzungen nach dem Versicherungsfall belehrt.

Damit hat sie der nach dieser Vorschrift erforderlichen „gesonderten Mitteilung in Textform" genügt. Das Belehrungsblatt war Bestandteil der vom Kläger ausgefüllten Schadensanzeige. Beides hatte der Kläger am ... bei der Beklagten eingereicht. Damit wusste der Kläger um seine Obliegenheiten zum Zeitpunkt des Ausfüllens und der Unterzeichnung seiner schriftlichen Schadensanzeige.

Beweis: Kopie der Schadensanzeige und des Belehrungsblatts als Anlage ...

4. Arglist des Klägers

Allerdings war eine Belehrung des Klägers gem. § 28 Abs. 4 VVG nach der Rechtsprechung des BGH entbehrlich.

Vgl: BGH VersR 2014, 565[161]

Denn der Obliegenheitsverletzung liegt auch arglistiges Verhalten des Klägers gem. § 28 Abs. 3 S. 2 VVG zugrunde. Denn die Nichtangabe der bei anderen Ereignissen eingetretenen Vorschäden erfolgte ersichtlich nur zu dem Zweck, dieselben Schäden noch einmal bei der Beklagten als neuen Versicherungsfall abrechnen zu wollen. Damit wollte der Kläger unmittelbar auf die Regulierungsentscheidung des Versicherers Einfluss nehmen und sich einen nicht gerechtfertigten Vermögensvorteil verschaffen.

Da eine vorsätzliche als auch arglistige Obliegenheitsverletzung des Klägers vorliegt, ist die Beklagte leistungsfrei.

---

[161] Diese Entscheidung ist zwar zu § 19 Abs. 5 VVG ergangen, lässt sich aber durchaus auch auf § 28 Abs. 4 VVG übertragen.

Rein vorsorglich weist die Beklagte darauf hin, dass dem Kläger bei vorsätzlicher und arglistiger Obliegenheitsverletzung ein Kausalitätsgegenbeweis gem. § 28 Abs. 3 S. 1 VVG nicht möglich ist, § 28 Abs. 3 S. 2 VVG.

V. Versicherungsumfang

Unter der AKB-Überschrift „Nicht versicherbare Gegenstände" zur Gliederungsziffer A.2.1.4 sind mobile Navigationsgeräte vom Versicherungsschutz ausgeschlossen, da der Kläger keine Teilkaskoversicherung (Premium), sondern nur eine Teilkaskoversicherung (Klassik) abgeschlossen hat.

Aus den genannten Gründen ist die Klage abzuweisen.

Rechtsanwalt ◄

▶ **Muster: Replik – Anspruch aus Teilkaskoversicherung wegen Fahrzeugteilediebstahls**

An das Landgericht ...

Replik

In dem Rechtsstreit

... [Kläger] ./. ... [Beklagte]

Az ...

trifft es zwar zu, dass der Kläger in der Vergangenheit vor dem hier streitgegenständlichen Versicherungsfall Opfer eines Kfz-Einbruchs mit Diebstahl von Kfz-Teilen und Kfz-Zubehör geworden war. Der Kläger bestreitet allerdings, dass es dabei teilweise ein gleichartiges Schadensbild wie bei dem vorliegenden Versicherungsfall gegeben hatte.

Der Kläger schließt auch nicht aus, dass der frühere Kfz-Einbruch und der jetzige Einbruch in sein Kfz durch ein und denselben Täter bzw durch dieselben Täter mit einer gleichartigen Begehungsweise verübt worden sind und derselbe bzw dieselben Täter durch ein möglicherweise augenscheinlich etwa identisches Schadensbild ihn bewusst zusätzlich hatten schädigen wollen, um ihm bewusst Schwierigkeiten bei der Regulierung bereiten zu wollen.

Hierfür spricht außerdem, dass bei dem jetzigen Einbruch-Diebstahl die gleichen Fahrzeugzubehörteile wie bei dem vorherigen Einbruch entwendet worden sind.

Entgegen der durch die Beklagte erfolgten Sachverhaltsdarstellung hatte der Kläger den Schließzylinder nach dem Einbruch auch repariert. Die Reparatur nahm der Kläger in eigener Regie und der Hilfe eines Freundes vor. Dazu hatten der Kläger und sein Freund bei einer Autoverwertung aus einem Schrott-Kfz die Schließzylinder für die Türen und das Lenkradschloss ausgebaut und anschließend in den Pkw des Klägers eingebaut.

Beweis: Zeugnis des Herrn ...

Das bei dem hier streitgegenständlichen Kfz-Einbruch entwendete Navigationsgerät war nur ursprünglich ein mobiles Navigationsgerät. Allerdings war das Gerät mit einer von dem Hersteller des Navigationsgeräts ebenfalls angebotenen Halterung fest mit dem Kfz insofern verbunden, als das Navigationsgerät mit der Halterung verschraubt und die Halterung seinerseits fest mit den im Armaturenbrett in der Mitte befindlichen Lüftungsgittern verschraubt gewesen war.

Deshalb hat es sich bei dem Navigationsgerät um ein fest mit dem Fahrzeug verbundenes und gem. Gliederungs-Ziffer A.2.1. mitversichertes Zubehörteil gehandelt.[162]

Rechtsanwalt ◄

H. Anspruch aus Vollkaskoversicherung

Die Geltendmachung eines Anspruchs aus der Vollkaskoversicherung ist gegenüber einer Anspruchsgeltendmachung aus der Teilkaskoversicherung nicht wesentlich anders. Der hauptsächliche Unterschied besteht in dem weitergehenden Versicherungsschutz gegenüber den in der Teilkaskoversicherung versicherten Risiken. Keine Unterschiede ergeben sich außerdem zu den möglichen Einwendungen des Versicherers.

Hinweis: Die Selbstbeteiligung in der Vollkaskoversicherung kann anders geregelt sein als in der Teilkaskoversicherung. Der Rechtsanwalt muss daher unbedingt die Höhe der gegebenenfalls in der Vollkaskoversicherung vereinbarten Selbstbeteiligung prüfen und bei der Geltendmachung des Anspruchs auf Versicherungsleistung aus der Vollkaskoversicherung bzw bei der Klageerhebung berücksichtigen. Es kann nämlich durchaus sein, dass der Versicherungsnehmer bei der Teilkaskoversicherung keine Selbstbeteiligung vereinbart hat, während in der Vollkaskoversicherung zB eine Selbstbeteiligung in Höhe von 1.000 EUR vereinbart ist. Denn die Höhe einer Selbstbeteiligung beeinflusst die Höhe der Versicherungsprämie. Eine höhere Selbstbeteiligung führt idR zu einer geringeren Versicherungsprämie.

▶ **Muster: Klageschrift – Anspruch aus Vollkaskoversicherung nach VVG**

An das Landgericht ...

Klage

der Frau ...

– Klägerin –

Prozessbevollmächtigte: RAe ...

gegen

die ... Versicherung AG, vertreten durch den Vorstand, dieser vertreten durch den Vorstandsvorsitzenden, Herrn ..., ...

– Beklagte –

wegen: Versicherungsleistung aus Fahrzeugvollversicherung

vorläufiger Streitwert: 7.000 EUR

Namens und in Vollmacht der Klägerin erheben wir Klage mit den Anträgen:

1. Die Beklagte wird verurteilt, an die Klägerin 7.000 EUR nebst Zinsen in Höhe von 5 Prozentpunkten über dem jeweiligen Basiszinssatz seit dem ... zu zahlen.
2. Die Beklagte trägt die Kosten des Rechtsstreits.
3. Der Klägerin wird nachgelassen, jegliche Sicherheitsleistung durch Bürgschaft eines deutschen Kreditinstituts zu erbringen.

Im Falle des Vorliegens der gesetzlichen Voraussetzungen beantragen wir

---

162 Die Musterbedingungen des GDV sehen in Ziffer A.2.1.2.3 grundsätzlich einen Versicherungsausschluss auch durch eine Halterung fest mit dem Fahrzeug verbundenen mobilen Navigationsgeräten, Mobiltelefonen vor.

den Erlass eines Anerkenntnis-/Versäumnisurteils.

Begründung:

Die Klägerin beansprucht von der Beklagten Zahlung einer Versicherungsleistung gem. Ziff. A.2.3.2 der Allgemeinen Bedingungen für die Kraftfahrtversicherung (AKB).

Der Forderung der Klägerin liegt ein Verkehrsunfall vom ... zugrunde. Bei diesem Unfall wurde das bei der Beklagten vollkaskoversicherte Kfz total beschädigt.

I. Versicherungsvertrag zwischen den Parteien

Die Klägerin hatte ihren Pkw der Marke ..., amtl. Kennzeichen ..., mit Beginn am ... bei der Beklagten fahrzeugversichert. Neben der für das Fahrzeug abgeschlossenen Teilkaskoversicherung bestand bei der Beklagten eine Vollkaskoversicherung mit einer im Versicherungsfall von ihr zu erbringenden Selbstbeteiligung in Höhe von 300 EUR.

Dem Versicherungsvertrag haben die AKB der Beklagten in der Fassung vom ... (AKB 2008) zugrunde gelegen.

Die Vollkaskoversicherung hat auch am oben genannten Unfalltag bestanden.

Gemäß Ziff. A.2.3.2 der genannten AKB hat die Beklagte für Unfallschäden im Rahmen der bei ihr abgeschlossenen Vollkaskoversicherung Deckung zu gewähren.

Beweis: Kopie des Versicherungsscheins nebst der genannten AKB als Anlage K1

II. Örtliche Zuständigkeit des angerufenen Gerichts und anwendbares Recht

Die örtliche Zuständigkeit des angerufenen Gerichts folgt aus § 215 Abs. 1 VVG. Der Wohnsitz des Klägers befindet sich am Gerichtsort.

III. Eintritt des Versicherungsfalls „Unfallschaden"

Am Nachmittag des ..., etwa gegen 16.00 Uhr, wurde der bei der Beklagten kaskoversicherte Pkw der Klägerin von ihrem Ehemann, dem nachbenannten Zeugen ..., geführt. Der Zeuge ... befuhr mit dem Pkw die ...straße von ... kommend in Fahrtrichtung .... Es handelt sich dabei um eine kurvige Landstraße.

Infolge eines Fahrfehlers bzw Unachtsamkeit geriet der Pkw auf der schmalen Landstraße beim Durchfahren einer Rechtskurve auf den unbefestigten Randstreifen. Dadurch verlor der Zeuge ... die Kontrolle über das Fahrzeug, so dass der Pkw schließlich die sich an den Randstreifen anschließende Böschung hinunterstürzte, sich dabei einmal überschlug und auf dem Dach liegen blieb.

Beweis: Zeugnis des Ehemanns der Klägerin, Herrn ...

Das Fahrzeug erlitt umfangreiche Schäden, so dass eine Wiederherstellung des Fahrzeugs wirtschaftlich unvernünftig ist. Es war nach dem Unfall weder fahrfähig, u.a. wurden die Lenkung und der Kühlkreislauf des Fahrzeugs zerstört, noch hat es ohne fremde Hilfe geborgen werden können. Der Pkw musste deshalb mit einem Kranwagen geborgen werden. Anschließend wurde er mit einem Tiefladerabschlepp-Lkw in ein Autohaus nach ... gebracht.

Beweis: wie vor

Für die Bergungskosten ist ein Betrag von 800 EUR aufzuwenden gewesen, für das Verbringen des Fahrzeugs in das Autohaus sind weitere 250 EUR angefallen.

Da die Klägerin die Rechnungen des Bergeunternehmens und des Abschleppdienstes vorgerichtlich der Beklagten im Original eingereicht hat, dürften die vorgenannten Tatsachen der Notwendigkeit der Bergung und des Abschleppens sowie der Höhe der dadurch entstandenen Kosten unstreitig bleiben.

Andernfalls mag das Gericht der Beklagten gem. § 142 Abs. 1 ZPO die Vorlage der in ihrem Besitz befindlichen vorgenannten Rechnungen aufgeben. Die Klägerin hat beide Rechnungen der Beklagten noch in der letzten Maiwoche ... eingereicht.

Nachdem das Fahrzeug in das Autohaus ... verbracht worden war und die Klägerin den Fahrzeugschaden bei der Beklagten als Vollkaskoschaden gemeldet hatte, veranlasste die Beklagte eine Feststellung des Wiederbeschaffungswerts und des Restwerts durch einen Kfz-Sachverständigen. Dieser gelangte zu einem Wiederbeschaffungswert inkl. MwSt. in Höhe von 5.500 EUR und zu einem Restwert in Höhe von 250 EUR.

Beweis: Fotokopie des Sachverständigengutachtens vom ... als Anlage K2

Tatsächlich ist ein vergleichbares Kfz wie dasjenige der Klägerin zum Preis von 5.500 EUR nicht wiederzubeschaffen. Die Klägerin hat über ihren Autohändler versucht, ein im Hinblick auf Ausstattung, Alter und Laufleistung vergleichbares Kfz zu dem vorgenannten Preis zu beschaffen. Dies ist ihr nicht gelungen. Stattdessen hätte sie für ein vergleichbares Kfz mindestens 6.500 EUR, wenn nicht sogar 7.000 EUR aufwenden müssen.

Beweis: 1. Zeugnis des Autohändlers, Herrn ...
  2. Sachverständigengutachten

Der vorgenannte Autohändler und Zeuge hat sogar Internetangebote berücksichtigt, gleichwohl war auch über das Internet ein vergleichbares Kfz nicht zu dem von der Beklagten zugrunde gelegten Wiederbeschaffungspreis zu bekommen.

Beweis: wie vor zu 1.

Die Klägerin legt deshalb einen Wiederbeschaffungswert in Höhe von 6.500 EUR zugrunde. Mindestens diesen Betrag kann sie im Hinblick auf die Versicherungsleistung als Wiederbeschaffungswert zugrunde legen.

Unter Berücksichtigung der genannten Bergungs- und Abschleppkosten sowie des in Abzug zu bringenden Restwerts und der in Abzug zu bringenden Selbstbeteiligung ergibt sich die Klageforderung in Höhe von 7.000 EUR.

Die Klägerin hat die Beklagte mit Schreiben vom ... darauf hingewiesen, dass der von ihr – der Beklagten – ermittelte Wiederbeschaffungswert zu gering bemessen war, und angefragt, ob deshalb das Sachverständigenverfahren gem. § 14 AKB durchgeführt werden sollte.

Die Beklagte hat hierauf mit Schreiben vom ... reagiert und darin mitgeteilt, dass sie bereits dem Grunde nach eine Deckung für den Unfallschaden aus der Vollkaskoversicherung nicht gewährt.

Beweis: Kopie des Schreibens der Beklagten vom ... als Anlage K3

Da nach Auffassung der Klägerin mit dem Datum des von der Beklagten veranlassten Sachverständigengutachtens die Entschädigung, allerdings in zu geringer Höhe, festgestellt worden ist und gem. Ziff. A.2.14.1 AKB die Entschädigung innerhalb von zwei Wochen nach ihrer Feststellung zu leisten ist, befindet sich die Beklagte mit der Gewährung der Versicherungsleistung seit dem ... in Verzug.

IV. Rechtslage

Für das im Rahmen der Vollkaskoversicherung versicherte Risiko „Unfallschaden" kommt es auf die Ursache des Unfalls nicht an. Durch den dargelegten Unfall ist der versicherte Pkw zerstört worden, so dass die Beklagte gem. Ziff. A.2.6.1 AKB den Wiederbeschaffungswert unter Berücksichtigung des Restwerts als Versicherungsleistung zu erbringen hat.

Die hier vereinbarten AKB sehen nicht vor, dass die in dem Wiederbeschaffungswert enthaltene MwSt. nur bei einem tatsächlichen Anfall einer MwSt.-Zahlung durch den Versicherungsnehmer zu erstatten ist. Folglich kann die Klägerin den Wiederbeschaffungswert brutto beanspruchen.

Außerdem kann die Klägerin als Versicherungsleistung die Berge- und Abschleppkosten gem. Ziff. A.2.7.2 AKB beanspruchen.

Der Klage ist somit stattzugeben.

Rechtsanwalt ◄

473 ▶ **Muster: Klageerwiderung – Anspruch aus Vollkaskoversicherung**

An das Landgericht ...

Klageerwiderung

In dem Rechtsstreit

... [Klägerin] ./. ... [Beklagte]

Az ...

zeigen wir die Vertretung der Beklagten an. Die Beklagte wird sich gegen die Klage verteidigen und beantragen:

1. Die Klage wird abgewiesen.
2. Die Kosten des Rechtsstreits trägt die Klägerin.
3. Der Beklagten wird im Fall einer Verurteilung nachgelassen, die Vollstreckung durch Hinterlegung oder Sicherheitsleistung, welche auch in Form einer Bürgschaft durch eine deutsche Großbank erbracht werden kann, ohne Rücksicht auf eine Sicherheitsleistung der Klägerin abzuwenden.

Begründung:

Die Klage ist unbegründet.

Die Klägerin hat schon aus Rechtsgründen keinen Anspruch auf Versicherungsleistung, da der streitgegenständliche Versicherungsfall durch grob fahrlässiges Handeln, § 81 Abs. 2 VVG, des Ehemanns der Klägerin, Herrn ..., welches sich die Klägerin gem. § 47 Abs. 1 VVG, zurechnen lassen muss, sowie durch grob fahrlässiges Verhalten der Klägerin selbst herbeigeführt wurde.

I. Sachverhalt

Die Klägerin schildert gegenüber dem Gericht nur die „halbe Wahrheit".

1. Insbesondere lässt sie unerwähnt, dass der Fahrzeugführer ... zum Zeitpunkt des Verkehrsunfalls im Bereich der absoluten Fahruntüchtigkeit alkoholisiert war. Eine dem Fahrzeugführer um 17.15 Uhr entnommene Blutprobe ergab eine Blutalkoholkonzentration von 1,25 ‰. Aufgrund dessen erließ das AG ... unter dem Az ... am ... einen Strafbefehl wegen fahrlässiger Gefährdung des Straßenverkehrs gem. §§ 315 c Abs. 1 Nr. 1 a, Abs. 3 Nr. 2, 69, 69 a StGB. Neben einer Geldstrafe von 800 EUR wurde dem Fahrzeugführer ... für acht Monate die Fahrerlaubnis entzogen.

    Beweis: Beiziehung der vorgenannten Strafakte

2. Auch der Unfallhergang spricht für eine alkoholbedingte Ursache.

Der Fahrzeugführer ... kam beim Durchfahren einer Rechtskurve ohne Fremdeinwirkung nach rechts von der Fahrbahn ab, fuhr einen Straßenbaum um und stürzte eine 2 m tiefe Steinböschung hinunter in die .... Mit im Fahrzeug befanden sich die Klägerin und seine Mutter, Frau ..., als Beifahrerinnen.

Die den Unfall aufnehmende Polizei stellte Alkoholgeruch in der Atemluft des Fahrzeugführers ... fest, so dass ein Alkoholtest durchgeführt wurde. Dieser Test ergab einen Wert von 1,48 ‰.

Beweis: wie vor

Zur Unfallzeit herrschte schönes Wetter, die Straße war trocken, eine Beteiligung eines anderen Fahrzeugs lag nicht vor.

Beweis: wie vor

II. Rechtslage

Aufgrund der Alkoholisierung des Fahrzeugführers ... im Bereich der absoluten Fahruntüchtigkeit steht prima facie eine Kausalität der Alkoholisierung für den Unfall fest (*Knappmann* in Prölss/Martin, VVG 29. Aufl. A 2.16 AKB 2008 Rn. 43).

Insbesondere handelt es sich beim Abkommen von der Fahrbahn um einen typischen alkoholbedingten Fahrfehler, da das Durchfahren einer Kurve von einem nichtalkoholisierten Fahrer üblicherweise gemeistert wird.

Alkoholunfälle werden von der Rechtsprechung gemeinhin als grob fahrlässig bewertet: „Gerät der Versicherungsnehmer bei einer BAK von knapp unter 1,1 Promille in einer Rechtskurve ohne fremde Beteiligung mit seinem Pkw auf die linke Fahrbahn, ist auf das Vorliegen eines alkoholtypischen Fahrfehlers zu schließen, der die Feststellung der grob fahrlässigen Herbeiführung des Unfallgeschehens trägt." (OLG Frankfurt/Main VersR 2002, 603).

„Absolute Fahruntauglichkeit ist ein Zustand, in dem jeder, unabhängig von Fahrkönnen und ´Trinkfestigkeit´ ein Auto nicht mehr sicher beherrscht. Wer so betrunken Auto fährt, handelt grob fahrlässig. Das weiß jedermann." (OLG Dresden Urt. v. 27.3.2001 – 3 U 3240/00).

Absolute Fahruntüchtigkeit (ab 1,1 ‰) begründet generell den Vorwurf der groben Fahrlässigkeit (BGH NJW 1985, 2648; OLG Naumburg VersR 2005, 1233; OLG Oldenburg VersR 1996, 1270, 1271).

Im Ergebnis steht fest, dass der Fahrzeugführer ... den Verkehrsunfall grob fahrlässig herbeigeführt und gegen § 81 Abs. 2 VVG verstoßen hat.

In der Rechtsprechung ist anerkannt, dass der Versicherer bei grob fahrlässiger Herbeiführung des Versicherungsfalls durch eine Trunkenheitsfahrt im Bereich der absoluten Fahruntüchtigkeit ein Leistungskürzungsrecht auf „null" hat.

Vgl: LG Kaiserslautern zfs 2014, 332, 334
   LG Dortmund zfs 2014, 399

Darüber hinaus muss sich die Klägerin das grob fahrlässige Fehlverhalten ihres Ehemannes auch gemäß § 47 Abs. 1 VVG zurechnen lassen.

III. Eigenes grob fahrlässiges Verhalten der Klägerin

Die Klage ist auch deshalb unbegründet, weil der Klägerin selbst der Vorwurf einer groben Fahrlässigkeit zu machen ist.

Denn die Klägerin hatte einem aufgrund des für sie in der Atemluft des Fahrzeugführers ... erkennbaren alkoholisierten und damit einem zum Führen eines Kfz ungeeigneten Fahrzeugführer ihr Fahrzeug überlassen.

Denn obwohl sich zum Zeitpunkt der polizeilichen Unfallaufnahme die aufnehmenden Polizeibeamten als auch der Fahrzeugführer ... außerhalb des Fahrzeugs an der freien Luft aufgehalten haben, war für die Polizeibeamten der Alkohol in der Atemluft des Fahrzeugführers ... wahrzunehmen. Erst recht hätte die Klägerin im geschlossenen Fahrzeug den Alkoholatem, nämlich die sprichwörtliche „Fahne", wahrnehmen müssen. Sie hätte dem Fahrzeugführer ... ihr Fahrzeug nicht überlassen dürfen, da es zu ihrer Verpflichtung gehörte, ihr Fahrzeug nicht einem erkennbar Fahruntüchtigen zu überlassen (LG Gießen VersR 1956, 614).

Außerdem hat sie sich vor Antritt der Fahrt nicht vergewissert, dass sie ihr kaskoversichertes Kfz einem Fahrer, der körperlich und gesundheitlich, zum Führen eines Kfz in der Lage ist, überließ.

Für grobe Fahrlässigkeit genügt Mitkausalität. Das Verhalten des Versicherungsnehmers muss nicht die alleinige Ursache des Versicherungsfalls sein, es genügt die Förderung des Eintritts des Versicherungsfalls (BGH NJW 1986, 2838).

Somit liegt auch eigenes grob fahrlässiges Verhalten der Klägerin vor.

Auch im Fall des die Klägerin selbst betreffenden grob fahrlässigen Herbeiführens des Versicherungsfalls hat die Beklagte ein Leistungskürzungsrecht auf „null". Denn die Klägerin hat letztlich die Trunkenheitsfahrt durch die Fahrzeugüberlassung an ihren Ehemann trotz dessen erkannter erheblicher Alkoholisierung erst ermöglicht.

IV. Höhe der Versicherungsleistung

Nicht zuletzt bestünde ein Anspruch auf Versicherungsleistung nicht in der von der Klägerin behaupteten und geltend gemachten Höhe.

Mit Nichtwissen wird bestritten, dass ein vergleichbares Kfz nicht zu dem durch den Sachverständigen der Beklagten ermittelten Wiederbeschaffungswert am Markt erhältlich gewesen ist, wobei für die entsprechende Behauptung der Klägerin das Zeugnis des Autohändlers ... kein ausreichendes Beweismittel darstellt.

Es wird bestritten, dass sich die Klägerin intensiv bemüht hat, zu dem von der Beklagten festgestellten Wiederbeschaffungswert ein vergleichbares Kfz wieder zu beschaffen.

Aus den genannten Gründen ist die Klage abzuweisen.

Rechtsanwalt ◄

▶ **Muster: Replik – Anspruch aus Vollkaskoversicherung**

An das Landgericht ...

Replik

In dem Rechtsstreit

... [Klägerin] ./. ... [Beklagte]

Az ...

repliziert die Klägerin auf die Klageerwiderung der Beklagten vom ... wie folgt:

Die Klägerin bestreitet eine Alkoholisierung des Fahrzeugführers und Zeugen ... im Bereich der absoluten Fahruntüchtigkeit zum Unfallzeitpunkt mit Nichtwissen. Die Klägerin selbst hat den Blutal-

H. Anspruch aus Vollkaskoversicherung 5

koholgehalt des Zeugen ... nach dem Unfall nicht gemessen. Ihr Bestreiten mit Nichtwissen ist gem. § 138 Abs. 4 ZPO zulässig.

Zwar weiß sie, dass die Polizei eine Blutentnahme beim Zeugen ... veranlasst hat. Aus der Einsichtnahme ihrer Prozessbevollmächtigten in die amtliche Ermittlungsakte hat die Klägerin die Kenntnis, dass das Ergebnis der Blutalkoholkonzentration bei 1,25 ‰ gelegen haben soll. Sie bestreitet allerdings die Richtigkeit des Messergebnisses sowie die Ordnungsgemäßheit der erfolgten Blutentnahme mit Nichtwissen.

Die Klägerin weiß von ihrem Ehemann und Zeugen allerdings, dass dieser durch das AG ... dem Sachvortrag der Beklagten entsprechend bestraft und ihm auch die Fahrerlaubnis entzogen worden ist.

Dass Ursache des Verkehrsunfalls die Alkoholisierung des Zeugen und Fahrzeugführers ... gewesen ist, bestreitet die Klägerin mit Nichtwissen.

Mit Nichtwissen bestreitet sie zudem, dass ein polizeilich vorgenommener Atemalkoholtest eine Blutalkoholkonzentration von 1,48 ‰ ergeben hat.

Zwar ist dieser Wert in diversen Aktenvermerken der unfallaufnehmenden Polizeibeamten in der Ermittlungsakte genannt, der zur Dokumentation des Atemalkoholtests erforderliche Ausdruck findet sich in der Ermittlungsakte aber nicht.

Beweis: beizuziehende Ermittlungs- bzw Strafakte des AG ... zum Az ...

Mit Nichtwissen bestreitet die Klägerin ebenfalls, dass die ermittelnden Polizeibeamten bei dem Fahrzeugführer und Zeugen Alkoholgeruch in der Atemluft festgestellt und daraufhin den Atemalkoholtest und die Blutprobe veranlasst haben.

Insofern ist auch bemerkenswert, dass es auf Blatt ... der Ermittlungs-/Strafakte nur heißt, dass bei der Unfallaufnahme bei dem Fahrer ein Atemalkoholtest mit einem Ergebnis von 1,48 ‰ durchgeführt worden sei. Erst in einem späteren Aktenvermerk, datiert auf den ... (Blatt ... der Ermittlungsakte), findet sich ein Vermerk, dass beim Fahrzeugführer nach dem Unfall Atemalkoholgeruch festgestellt worden sei. Dieser Vermerk ist aber offensichtlich im Nachhinein in die Ermittlungsakte gelangt. Es ist – auch der Klägerin – nicht bekannt, aus welchem Grund der Vermerk lediglich nachträglich erfolgt ist.

Die Klägerin geht nach wie vor von einem Fahrfehler des Fahrzeugführers und Zeugen ... als Ursache für das Abkommen von der Fahrbahn aus. Sie bestreitet eine alkoholbedingte Ursache für das Abkommen von der Fahrbahn mit Nichtwissen.

Außerdem bestreitet sie, dass ein Abkommen von der Fahrbahn eine typische Alkoholfolge beim Durchfahren von Kurven ist. Die Praxis zeigt, dass auch nichtalkoholisierte Fahrer in Kurven von der Fahrbahn abkommen und verunfallen.

Die Beklagte kann sich außerdem nicht auf eine grobe Fahrlässigkeit des Fahrzeugführers und Zeugen ... berufen. Der Zeuge ... ist nicht der Versicherungsnehmer der Beklagten. Er ist außerdem nicht der Halter und auch nicht der Eigentümer des kaskoversicherten Fahrzeugs gewesen.

Ein etwa grob fahrlässiges und für den Unfall kausales Verhalten des Fahrzeugführers und Zeugen ... kann der Klägerin nach ständiger und herrschender Rechtsprechung nur im Fall einer Repräsentantenstellung des Zeugen ... nicht aber nach § 47 Abs. 1 VVG zugerechnet werden. Denn gem. Ziff. A. 1.2 c der vereinbarten AKB ist der Fahrer des Fahrzeugs nur in der Kfz-Haftpflichtversicherung als mitversicherte Person genannt. In der Kaskoversicherung erstreckt sich der Versicherungsschutz gem. Ziff. A.2.3 nur auf andere Personen, wenn der Vertrag auch im Interesse dieser Person geschlossen wurde, wie zB den Leasinggeber als den Fahrzeugeigentümer.

Für das Vorliegen einer Repräsentantenstellung des Zeugen ... fehlt ein Sachvortrag der Beklagten.

Insbesondere begründet allein die Ehe des Fahrzeugführers mit dem Versicherungsnehmer eine Repräsentantenstellung nach der Rechtsprechung nicht, auch wenn der Ehegatte das Fahrzeug des Versicherungsnehmers häufig nutzt.

Ein eigenes grob fahrlässiges Verhalten der Klägerin wird bestritten.

Der Klägerin war die von der Beklagten behauptete Alkoholisierung des Zeugen ... nicht bekannt. Hätte die Klägerin davon gewusst, hätte sie ihm das Fahrzeug nicht überlassen, sondern wäre selbst gefahren.

Die Klägerin hat auch keinen Alkoholgeruch in der Atemluft des Fahrzeugführers wahrgenommen, weder vor Antritt noch während der Fahrt.

Da es sich bei dem Unfalltag um einen sonnigen und heißen Tag gehandelt hat, waren sowohl Schiebedach als auch die Seitenfenster im Fahrzeug geöffnet, so dass stets frischer Fahrtwind in das Fahrzeug wehte.

Beweis: Zeugnis des Herrn ...

Außerdem ist darauf hinzuweisen, dass die Wahrnehmungsmöglichkeit von Alkohol durch Riechen einerseits vom individuellen Riechvermögen einer Person, andererseits von der Stärke anderer aus der Umgebung stammender Gerüche abhängt.

Die Klägerin war auch nicht verpflichtet, vor Überlassung des versicherten Fahrzeugs an ihren Ehemann und Zeugen ... bei diesem sozusagen einen Alkoholtest durchzuführen.

Es liegt deshalb auch kein grob fahrlässiges Verhalten der Klägerin selbst vor. Außerdem ist auch ein Verschulden – schon gar nicht ein Verschulden, das eine Leistungskürzung auf „null" rechtfertigt – der Klägerin nicht ersichtlich.

Eine Zurechnung des von der Beklagten behaupteten grob fahrlässigen Verhaltens ihres Ehemannes ist nicht möglich, da er nicht als ihr versicherungsrechtlicher Repräsentant anzusehen ist. Es fehlt dazu auch ein ausreichender Sachvertrag der Beklagten.

Rechtsanwalt ◄

475 ▶ **Muster: Klageschrift – Anspruch aus Vollkaskoversicherung nach VVG**

An das Landgericht ...

Klage

des Herrn ...

– Kläger –

Prozessbevollmächtigte: RAe ...

gegen

die ... Versicherung AG, vertreten durch den Vorstand, dieser vertreten durch den Vorstandsvorsitzenden, Herrn ...,

– Beklagte –

wegen: Versicherungsleistung aus Fahrzeugvollversicherung

vorläufiger Streitwert: ... EUR

H. Anspruch aus Vollkaskoversicherung

Namens und in Vollmacht des Klägers erheben wir Klage mit den Anträgen:

1. Die Beklagte wird verurteilt, an den Kläger ... EUR nebst Zinsen iHv 4 % p.a. seit dem ... bis zum ... sowie weitere Zinsen iHv 5-Prozentpunkten über dem jeweiligen Basiszinssatz seit dem ... zu zahlen.
2. Die Beklagte trägt die Kosten des Rechtsstreits.
3. Dem Kläger wird nachgelassen, jegliche Sicherheitsleistung durch Bürgschaft eines deutschen Kreditinstituts zu erbringen.

Im Falle des Vorliegens der gesetzlichen Voraussetzungen beantragen wir

den Erlass eines Anerkenntnis-/Versäumnisurteils.

Begründung:

Der Kläger beansprucht von der Beklagten Zahlung einer Versicherungsleistung gem. Ziffern A.2.3.2 und A.2.7.2 der Allgemeinen Bedingungen für die Kraftfahrtversicherung (AKB).

Der Forderung des Klägers liegt ein Verkehrsunfall vom ... zugrunde. Bei diesem Unfall wurde das bei der Beklagten vollkaskoversicherte Kfz des Klägers total beschädigt.

I. Versicherungsvertrag zwischen den Parteien

Der Kläger hat seinen Pkw der Marke ..., amtl. Kennzeichen ..., seit dem ... bei der Beklagten fahrzeugversichert. Neben der für das Fahrzeug abgeschlossenen Teilkaskoversicherung bestand bei der Beklagten eine Vollkaskoversicherung mit einer im Versicherungsfall von ihm zu erbringenden Selbstbeteiligung in Höhe von 300 EUR.

Dem Versicherungsvertrag haben die AKB der Beklagten in der Fassung vom ... zugrunde gelegen.

Die Vollkaskoversicherung hat auch am oben genannten Unfalltag bestanden.

Gemäß Ziffer A.2.3.2 AKB hat die Beklagte für Unfallschäden im Rahmen der bei ihr abgeschlossenen Vollkaskoversicherung Deckung zu gewähren. Gemäß der Definition in der genannten AKB-Bestimmung handelt es sich bei einem Unfall um ein unmittelbar von außen plötzlich mit mechanischer Gewalt auf das Fahrzeug einwirkendes Ereignis.

Beweis: Kopie des Versicherungsscheins nebst der genannten AKB als Anlage ...

II. Örtliche Zuständigkeit des angerufenen Gerichts und anwendbares Recht

Die örtliche Zuständigkeit des angerufenen Gerichts folgt aus § 215 Abs. 1 VVG, dem Wohnsitzgericht des Klägers.

III. Eintritt des Versicherungsfalls „Unfallschaden"

Am ... gegen ... Uhr fuhr der Kläger mit dem genannten vollkaskoversicherten Pkw in Begleitung seiner Ehefrau ... und seiner Tochter ... die Landstraße L ... von ... in Fahrtrichtung ....

Die Strecke führte durch ein Waldstück und wies einen kurvigen Verlauf auf. Es lag Schnee. Die Straße war nur teilweise geräumt. Zum Teil hatten sich Fahrspuren gebildet, Allerdings gab es auch Streckenabschnitte mit einer festgefahrenen Schnee- bzw Eisdecke. An beiden Fahrbahnrändern der Straße befanden sich unterschiedlich hoch aufgetürmte Schneehaufen. In einer S-Kurve geriet der Kläger mit dem versicherten Fahrzeug aus seiner Fahrspur nach rechts, so dass sein Kfz gegen den am rechten Fahrbahnrand befindlichen Schneewall geriet. Unter diesem war allerdings ein für den Kläger von außen nicht sichtbarer großer Stein verborgen. Dadurch erhielt das Kfz des Klägers einen starken Schlag auf der rechten Seite. Außerdem wurde dabei der Schweller der rechten Seite erheblich eingedrückt. Gleichzeitig wurde das Kfz durch den Stein in eine Drehbewegung versetzt, so dass das Kfz in der Rechtskurve nach links geriet, über den linken Fahrbahnrand hinaus schoss und mit der linken Seite einen dort am Fahrbahnrand befindlichen Baum streifte. Dabei erhielt auch das linke Vorderrad einen Schlag, der vordere linke Kotflügel wurde beschädigt, weiter wurde der linke Außenspiegel abgerissen, die Fahrertür wurde eingedrückt.

Beweis: Zeugnis der Frau ...

Der Kläger erkundigte sich nachdem sein Fahrzeug an dem Baum zum Stehen gekommen war bei seiner Ehefrau und seiner Tochter, ob sie durch den Unfall Verletzungen erlitten hätten. Da dies nicht der Fall gewesen war, stieg er unter Schock stehend aus dem Pkw aus und sah sich den Schaden am Fahrzeug an. Er nahm an, trotz der Schäden am Fahrzeug mit dem Fahrzeug noch fahren zu können. Nach etwa 30 bis 50 m bemerkte er allerdings, dass ein sicheres Führen des Fahrzeugs nicht mehr möglich war, da die Spur- bzw Lenkungseinstellung des Fahrzeugs nicht mehr stimmte und schleifende und mahlende Geräusche vom linken Vorderrad bemerkbar waren. Deshalb hielt er – auch um den Schaden nicht zu vergrößern – an und informierte seine Werkstatt, um das Kfz abschleppen zu lassen. Als der Werkstattinhaber bei dem Kläger erschienen war, suchten der Kläger und der Werkstattinhaber gemeinsam noch einmal die Unfallstelle auf. Sie fanden dort noch einige Kunststoffteile vom Fahrzeug, wie zB das Spiegelgehäuse. Anschließend wurde das Fahrzeug mit dem Abschleppwagen in die Werkstatt des nachbenannten Zeugen verbracht. Von dort meldete der Kläger telefonisch den Versicherungsfall der Beklagten.

Beweis: 1. Zeugnis der Frau ...
2. Zeugnis des Herrn ...

Die Beklagte übersandte daraufhin dem Kläger ein Schadenanzeigeformular „Kasko". Der Kläger füllte das Schadenanzeigeformular aus und schickte es an die Beklagte zurück.

Die Beklagte beauftragte den Schadensgutachter .... Dieser besichtigte das Fahrzeug des Klägers am ... und ermittelte Reparaturkosten in Höhe von ... EUR.

Beweis: Kopie des Schadensgutachtens des Sachverständigen ... als Anlage ...

In der Folge forderte die Beklagte von dem Kläger noch weitere Auskünfte. Insbesondere erkundigte sie sich bei dem Kläger über den genauen Unfallort und von welchem genauen Ort das Fahrzeug des Klägers abgeschleppt worden war.

Auch diese Fragen beantwortete der Kläger unter Beifügung einer Skizze, in der er den Unfallort mit einem Kreuz eingezeichnet hat, und einer Fahrtroutenbeschreibung.

Mit Schreiben vom ... teilte die Beklagte dem Kläger mit, die vom Kläger bezeichnete Unfallstelle durch einen Mitarbeiter besichtigt lassen zu haben, allerdings seien dort keinerlei Hinweise auf einen kurz zuvor stattgefundenen Unfall festzustellen gewesen. Deshalb warf die Beklagte dem Kläger ein unerlaubtes Entfernen von der Unfallstelle und damit eine Obliegenheitsverletzung vor. Sie verweigerte aus diesem Grund die Auszahlung einer Versicherungsleistung. Sie verwies den Kläger auf eine Klage.

Mit seiner Klage verlangt der Kläger die gutachterlich festgestellten Reparaturkosten netto, ferner die Bergungskosten für das notwendige Abschleppen des Fahrzeugs gem. Ziffer A.2.7.2 AKB abzüglich der versicherungsvertraglich vereinbarten Selbstbeteiligung.

IV. Zinsansprüche des Klägers

Seit der Ablehnung der Versicherungsleistung befindet sich die Beklagte in Verzug. Bis dahin hat sie den Anspruch des Klägers mit 4 % p.a. gem. § 91 VVG seit dem ... zu verzinsen.

Rechtsanwalt ◀

▶ **Muster: Klageerwiderung – Anspruch aus Vollkaskoversicherung**

An das Landgericht ...

Klageerwiderung

In dem Rechtsstreit

... [Klägerin] ./. ... [Beklagte]

Az ...

zeigen wir die Vertretung der Beklagten an. Die Beklagte wird sich gegen die Klage verteidigen und insofern beantragen:

1. die Klage abzuweisen;
2. die Kosten des Rechtsstreits trägt der Kläger;
3. der Beklagten im Fall einer Verurteilung nachzulassen, die Vollstreckung durch Hinterlegung oder Sicherheitsleistung, welche auch in Form einer Bürgschaft durch eine deutsche Großbank erbracht werden kann, ohne Rücksicht auf eine Sicherheitsleistung des Klägers abzuwenden.

Begründung:

Die Klage ist nicht begründet. Der Kläger hat gegen die Beklagte keinen Anspruch auf Versicherungsleistung, weil mehrere Indiztatsachen gegen den vom Kläger behaupteten Versicherungsfall sprechen.

Außerdem ist die Beklagte wegen vorsätzlicher und arglistiger Obliegenheitsverletzung des Klägers leistungsfrei, § 28 Abs. 2 S. 1, Abs. 3 S. 2 VVG iVm den vereinbarten AKB.

I. Versicherungsverhältnis der Parteien

Es trifft zu, dass der vom Kläger behauptete Pkw an dem vom Kläger behaupteten Unfalltag bei der Beklagten vollkaskoversichert gewesen ist. Dem Versicherungsvertrag liegen die Allgemeinen Bedingungen für die Kfz-Versicherung der Beklagten (AKB) in der Fassung vom ... zugrunde. Der Kläger hat die vereinbarten AKB mit der Klage vorgelegt. Die Beklagte verzichtet deshalb auf eine entsprechende Vorlage.

II. Vom Kläger behaupteter Versicherungsfall

Der Kläger begehrt eine Versicherungsleistung aus der bei der Beklagten für den genannten Pkw ... abgeschlossenen Vollkaskoversicherung und behauptet hierzu als Versicherungsfall einen Unfall.

Gemäß Gliederungsziffer A.2.3.2 besteht in der Vollkaskoversicherung u.a. Versicherungsschutz für Schäden durch Unfälle,

Das Vorliegen eines durch die Beklagte zu ersetzenden Unfallschadens wird durch die Beklagte gem. § 138 Abs. 4 ZPO mit Nichtwissen bestritten.

Der vom Kläger behauptete Versicherungsfall wird deshalb ebenfalls mit Nichtwissen bestritten. Die Beklagte geht davon aus, dass der Kläger zumindest zum Teil bereits an seinem Kfz vorbestandene

§ 5 Fahrzeugversicherung (Teilkasko-/Vollkaskoversicherung)

Schäden aus dem von ihm behaupteten Unfallereignis mitbeansprucht, obwohl ein Teil der Schäden nicht aus dem vom Kläger behaupteten Unfallereignis stammt.

Die Beklagte bestreitet weiter mit Nichtwissen, dass der Kläger am ... mit dem versicherten Kfz in Begleitung seiner Frau und seiner Tochter die Landstraße ... von ... kommend in Richtung ... befahren und die Straße durch ein Waldstück geführt hatte. Sie bestreitet weiter den vom Kläger behaupteten Straßenverlauf mit Nichtwissen. Weiter bestreitet sie mit Nichtwissen, dass aufgrund vorangegangener Schneefälle die Straße zT geräumt, jedoch auch noch mit Schnee bedeckt gewesen war und an beiden Straßenrändern sich durch ein Räumfahrzeug aufgeworfene Schneewälle befunden hatten und hierdurch die Straße verengt gewesen war.

Ebenfalls bestreitet sie mit Nichtwissen, dass in dem vom Kläger nicht näher bezeichneten S-Kurvenbereich er zu eng am rechten Fahrbahnrand gefahren war und er dabei den aufgeworfenen Schnee touchiert hatte, er dabei einen Anstoß an der rechten Seite des Fahrzeugs mit der Folge, dass er die Kontrolle über das Fahrzeug verloren hatte, gespürt hatte und gegen einen am linken Rand befindlichen Baum geprallt war und das Kfz bei einem solchen Vorgang beschädigt wurde.

Weiter bestreitet die Beklagte mit Nichtwissen, dass der Kläger danach aus dem Fahrzeug ausgestiegen und er sich dabei in einem schockähnlichen Zustand befunden hatte und er nur eine Prüfung des Fahrzeugs vorgenommen hatte.

Weiter bestreitet die Beklagte mit Nichtwissen, dass der Kläger die Anstoßstelle des Kotflügels betrachtet hatte, er aber den Gesamtschaden nicht hatte einschätzen können, er (**trotz des von ihm behaupteten Schocks!**) wieder in das Fahrzeug in der Meinung, noch fahren zu können, gestiegen war und er nach wenigen Metern festgestellt hatte, dass eine Weiterfahrt nicht möglich gewesen war, er sodann angehalten und seine Werkstatt informiert hatte, um das nicht mehr fahrtüchtige Fahrzeug aus dem öffentlichen Verkehrsraum abschleppen zu lassen.

Ebenfalls bestreitet die Beklagte mit Nichtwissen, dass jemand aus der Werkstatt des Klägers das Fahrzeug an der Unfallstelle bzw von dem Ort, bis zu dem der Kläger noch gefahren war, abgeholt hatte und der Kläger noch am selben Tag, an dem das Fahrzeug in die Werkstatt verbracht worden war, bei der Beklagten den Schaden angezeigt hatte.

Das Bestreiten der Beklagten mit Nichtwissen ist gem. § 138 Abs. 4 ZPO zulässig, da es sich nicht um Sachverhalte der eigenen Wahrnehmung der Beklagten, die im Übrigen als juristische Person auch durch einen Vorstand vertreten wird, den der Kläger im Passivrubrum nicht benannt hat, gehandelt hat.

Der Kläger hat auch nicht dargelegt, gegenüber welcher konkreten Person der Beklagten, zu welcher genauen Uhrzeit und unter welcher von ihm gewählten Telefonnummer der Beklagten er den Versicherungsfall telefonisch gemeldet hatte. Das vom Kläger insoweit nur pauschal erfolgte Vorbringen ist für die Beklagte nicht substantiiert einlassungsfähig, so dass die Beklagte hier mit Nichtwissen bestreiten muss.

Richtig ist zwar, dass sich der Kläger am ... bei der Beklagten gemeldet und angegeben hatte, mit dem Pkw ins Rutschen gekommen und rechts gegen einen Randstein gefahren und nach links gegen einen Baum gerutscht zu sein. Allerdings weiß die Beklagte nicht, ob sich der vom Kläger behauptete Unfall tatsächlich an diesem Tag und wie vom Kläger behauptet und tatsächlich an der von ihm behaupteten Örtlichkeit und der von ihm behaupteten Zeit ereignet hatte. Denn der Kläger hat den Unfall nicht polizeilich aufnehmen lassen, obwohl ein **Fremdschaden** am Baum entstanden war. Er war nach eigener Darlegung auch nicht an der Unfallstelle verblieben, um die notwendigen Feststellungen zum Unfall zu ermöglichen.

H. Anspruch aus Vollkaskoversicherung

Etwa eine viertel Stunde nach dem Anruf des Klägers von ... Uhr rief bei der Beklagten eine Person, die sich als Herr ... vom Kfz-Service ... ausgab, an und teilte mit, dass der Pkw des Klägers einen großen Schaden aufweise und die Beklagte um die Beauftragung eines Schadensgutachters gebeten werde.

Die Beklagte beauftragte dann am ... das Kfz-Ingenieurbüro ... GmbH aus ...

Dieses Büro hat das vom Kläger als Anlage ... eingereichte Schadengutachten erstellt. Danach betragen

- die gutachterlichen Reparaturkosten ... EUR netto (... EUR brutto)
- der regelbesteuerte Wiederbeschaffungswert ... EUR
- der Restwert ... EUR.

III. Klageforderung

Der Kläger beansprucht die laut Gutachten des Sachverständigenbüros ... kalkulierten Reparaturkosten auf Bruttobasis unter Abzug einer Selbstbeteiligung von 300 EUR.

Hierzu behauptet er, dass die Reparatur zwischenzeitlich ausgeführt worden sei, so dass auch die in den kalkulierten Reparaturkosten enthaltene MWSt. zu ersetzen sei.

Abgesehen davon, dass die Beklagte eine vollständige, sach- und fachgerechte Reparatur des klägerischen Kfz mit Nichtwissen bestreitet, liegen nach den versicherungsvertraglichen Vereinbarungen die Voraussetzungen der vom Kläger „auf fiktiver Basis" verlangten Reparaturkosten einschließlich MWSt. nicht vor.

Gemäß Gliederungsziffer **A.2.7.1** der vereinbarten **AKB** ist die Beklagte zur Bezahlung von Reparaturkosten bis zur Höhe des Wiederbeschaffungswerts nur gegen Rechnungsnachweis bzw bei Bestätigung einer vollständigen und fachgerechten Reparatur durch einen von ihr – der Beklagten – beauftragten Sachverständigen verpflichtet.

Fehlt es an der entsprechenden Voraussetzung erfolgt eine Abrechnung gemäß der **AKB-Gliederungs-Ziffer A.2.7.1.b.**, so dass die Beklagte nur die **Differenz zwischen Wiederbeschaffungswert und Restwert** zu erstatten hätte.

Im vorliegenden Fall wäre dies ein Betrag in Höhe von ... EUR (Wiederbeschaffungswert ... EUR abzgl. Restwert ... EUR).

Die vom Kläger geltend gemachte Klageforderung ist unter Berücksichtigung der versicherungsvertraglichen Vereinbarungen der Parteien unschlüssig.

IV. Gegen den vom Kläger behaupteten Versicherungsfall sprechende Indiztatsachen

Das durch die Beklagte beauftragte Sachverständigenbüro ... hat den Pkw des Klägers am ... bei der Werkstatt „Kfz-Service ..." besichtigt.

Im Gutachten heißt es u.a., dass laut Aussage des Klägers das Fahrzeug bei Straßenglätte ins Rutschen gekommen, rechtsseitig gegen ein Hindernis (vermutlich eine Bordsteinkante o.ä.) und anschließend mit der linken vorderen Fahrzeugseite gegen einen Baum geprallt sei.

Der von der Beklagten beauftragte Sachverständige hat folgende Schäden am klägerischen Kfz festgestellt:

- der rechte hintere Schweller wurde flächig eingedrückt und gefaltet
- die hintere Tür war unterhalb der Zierleiste deformiert
- das rechte Hinterrad saß schräg im Radkasten und war deformiert

§ 5 Fahrzeugversicherung (Teilkasko-/Vollkaskoversicherung)

- der linke vordere Fahrzeugbereich war flächig eingedrückt; Stoßfänger, Kotflügel, Fahrertür, Radhaus und A-Säule waren deformiert und gestaucht. Scheinwerfer, Radschale und Außenspiegel waren gebrochen. Die Scheibe der Fahrertür war angeschlagen. Die linke Vorderachshälfte war direkt angestoßen und sichtbar verdrückt. Teile der Radaufhängung, das Lenkgetriebe und der Vorderachskörper waren beschädigt.

Beweis: 1. Gutachten des Kfz-Ingenieurbüros ... GmbH vom ... als Anlage ...
2. sachverständiges Zeugnis des Herrn Dipl.-Ing. ..., zu laden über das Kfz-Ingenieurbüro ... GmbH

V. Ermittlungen der Beklagten

Im Hinblick auf den Unfallhergang hat der Kläger der Beklagten eine schriftliche Schadensschilderung nebst von ihm gefertigter Skizze eingereicht.

Beides legen die Beklagten als Anlage ... vor.

Da der Beklagten die Ortsangabe zu ungenau war, bat sie den Kläger mit Schreiben vom ... um genauere Angaben.

Diese leistete der Kläger dann per Fax ebenfalls unter dem ..., wobei der Kläger die Unfallstrecke mit einem Ausdruck aus „Google maps" ergänzt und die Unfallstelle mit einem Kreuz versehen hat.

Beweis: Kopie der Schilderung des Klägers vom ... nebst Ausdruck aus „Google maps" als Anlage ...

Die Beklagte hat durch einen Außenermittler die Strecke abfahren lassen und sich dabei an den Angaben des Klägers orientiert.

So hat der Kläger in seiner handschriftlich gefertigten Skizze (vgl: Anlage ...) in seiner Fahrtrichtung einen auf der Höhe der Unfallstelle an der linken Seite neben der Fahrbahn befindlichen Strommasten eingezeichnet.

Allerdings hat der Außenermittler an der von dem Kläger auf der Skizze angegebenen Stelle einen Strommasten nicht festgestellt. Durch Befragen eines Anwohners konnte der Außenermittler erkunden, dass es an der Straße schon lange keine Strommasten mehr gegeben habe, da die Energieversorgung bereits seit Jahren über Erdkabel erfolge.

Ebenfalls hatte der Außenermittler weder Bordsteine noch Felsgestein am Wegrand festgestellt.

Der Außenermittler fand einen gefällten Obstbaum. Dieser war frisch abgesägt. Er sah im Querschnitt allerdings noch ganz gesund aus. Die Rinde war dunkel und sehr faserig. Sie glich optisch auch den Rindenanträgen auf den Fotos des Gutachtens des Sachverständigenbüros ... GmbH.

Am gefällten Baum selbst fand der Außenermittler Stellen, an denen die Rinde Beschädigungen aufwies.

Im Anschluss daran suchte der Außenermittler die Werkstatt des Klägers, den Kfz-Service ..., in ... auf. Er erkundigte sich bei Herrn ..., wie das Fahrzeug seinerzeit von der Unfallstelle in die Werkstatt verbracht worden sei. Der Werkstattmeister, Herr ... erklärte ihm, dass er das Fahrzeug selbst eingeschleppt habe.

Aufgrund dessen befragte der Außenermittler Herrn ... näher nach der Unfallörtlichkeit, ob dort ein Bordstein oder größere Steine gewesen wären, welche die rechte hintere Seite des Fahrzeugs des Klägers beschädigt haben konnten.

Daraufhin meinte Herr ..., dass dies wohl Steine gewesen seien, die vom Berg heruntergekommen wären.

H. Anspruch aus Vollkaskoversicherung

Allerdings hatte der Außenermittler zuvor festgestellt, dass an der Unfallstelle zu beiden Seiten Wiese und kein Berg zu erkennen gewesen war. Hiermit konfrontierte er Herrn ..., der sich dann nicht mehr so gut an den Unfallort zu erinnern vermochte.

Auf Befragen des Außenermittlers, wo er – Herr ... – den Kläger abgeholt habe, äußerte Herr ..., dass dies in unmittelbarer Nähe der Siedlung nach dem Ortsausgang nach ... gewesen sei.

Außerdem erwähnte Herr ..., dass im Bereich der Unfallstelle noch schwarz-weiße Plastiksplitter herumgelegen hätten, die man dort vermutlich noch sehen müsse, weil weder er noch der Kläger die Splitter weggeräumt hätten.

Beweis: Zeugnis des Außenermittlers der Beklagten, Herrn ...

Über die letzte Angabe des Herrn ... zeigte sich der Außenermittler deshalb verwundert, weil Herr ... angab, nicht an der Unfallstelle gewesen zu sein, weil er den Kläger von dem Ort abgeholt hätte bis zu dem er nach dem Unfall noch gefahren sei.

Beweis: wie vor

Die Beklagte legt als Anlage ... eine Fotodokumentation vor, die die Fahrtrichtung und den Straßenverlauf der angeblich vom Kläger befahrenen Straße wiedergeben.

Auf dem 3. Bild ist die vom Kläger angegebene Unfallstelle zu sehen, auf dem 4. Bild ist der abgesägte Obstbaum zu sehen. Die Bilder 5 und 6 zeigen Rindenschäden an den abgesägten Stammteilen. Die Fotos bestätigen, dass dort keinerlei Bordsteine bzw größere Felssteine vorhanden waren, welche die Schwellerbeschädigung hätten verursachen können.

Es gab dort auch keinen Hang, von dem etwaige Steine hätten herunter rutschen können.

Unstreitig hatte der Kläger den Unfallort bewusst verlassen, bevor die Beklagte die notwendigen Feststellungen hatte treffen können.

Insofern hat der Kläger dargelegt, zunächst vom Unfallort weggefahren zu sein und dann, als sein Kfz nicht mehr gefahren sei, seine Werkstatt informiert zu haben und erst, nachdem das Kfz in die Werkstatt verbracht worden war, später der Beklagten telefonisch den Unfall gemeldet zu haben.

VI. Sachverständige Überprüfung

Die Beklagte hat den vom Kläger behaupteten Unfallhergang einem Unfallanalytiker vorgelegt.

Der Unfallanalytiker ist zu dem Ergebnis gekommen, dass der Schaden am Schweller rechts für eine langsame Fahrt, etwa bei Schrittgeschwindigkeit und starkem Lenkeinschlag nach rechts spreche. Die Geschwindigkeit bei der Baumkollision hat in Anbetracht der Schäden am Pkw deutlich höher gelegen.

Außerdem hätte sich der Pkw bei einer Kollision mit dem Stein nach rechts und nicht nach links eindrehen müssen. Demgemäß hätte das Kfz des Klägers nach dem Kontakt des Schwellers mit dem behaupteten Schneehaufen und darin verdeckten Stein verlangsamen müssen aber – ohne zusätzliches Gasgeben – nicht wieder beschleunigt werden können, um dann gegen den auf der linken Fahrbahnseite befindlichen Baum zu prallen.

Ein solcher Sachverhalt deckt sich allerdings nicht mit der Schilderung des Unfallhergangs durch den Kläger.

Grundsätzlich ist der Kläger vollständig darlegungs- und beweisbelastet für den von ihm behaupteten Versicherungsfall und den dabei entstandenen Schaden.

Die Beklagte stellt vorsorglich unter Beweis durch

Einholung eines Sachverständigengutachtens,

Thom

dass sich der vom Kläger behauptete Unfall nicht so wie von ihm behauptet ereignet hatte. Weiter ist darauf hinzuweisen, dass der Kontakt des Schwellers auf der rechten Seite nicht zu einem Kontrollverlust über das Fahrzeug geführt haben konnte, weil dieser Schaden ein nur streifendes Erscheinungsbild hat.

Beweis: wie vor

VII. Obliegenheitsverletzung des Klägers

1. Gemäß Gliederungsziffer E.1.3 der hier zwischen den Parteien des Rechtsstreits vereinbarten AKB ist der Kläger nach einem eingetretenen Versicherungsfall verpflichtet, alles zu tun, was der Aufklärung des Schadensereignisses dienen kann. Insbesondere ist in den AKB als Obliegenheit des Versicherungsnehmers vereinbart, dass er die Fragen der Beklagten vollständig und wahrheitsgemäß zu beantworten hat und er den Unfallort nicht verlassen darf, ohne die erforderlichen Feststellungen zu ermöglichen.

Außerdem ist nach dieser AKB-Bestimmung der Versicherungsnehmer explizit verpflichtet, die Unfallstelle vor der Ermöglichung der erforderlichen Feststellungen zum Unfall nicht zu verlassen.

Insofern weist die Beklagte auch auf den eingetretenen Fremdschaden an dem Baum hin, gegen welchen der Kläger nach seiner Darlegung mit seinem Pkw gerutscht war.

Aufgrund der von dem Versicherungsnehmer zu beachtenden Aufklärungsobliegenheit hat der Versicherer einen Anspruch auf sämtliche Informationen, die zur Beurteilung seiner Leistungspflicht und der Höhe des Entschädigungsbetrages notwendig sind.

So stellt nach ständiger Rechtsprechung auch ein Verhalten des Versicherungsnehmers, das die Aufklärung des Sachverhalts erschwert oder unmöglich macht, eine Obliegenheitsverletzung dar. Hierzu ist anerkannt, dass es zur Aufklärungsobliegenheit gehört, die Vorschrift des § 142 StGB zu beachten. Diese Norm schützt auch das Aufklärungsinteresse des Kaskoversicherers. Ein unerlaubtes Entfernen vom Unfallort stellt deshalb einen Verstoß gegen die genannte Aufklärungsobliegenheit dar.

Vgl: BGH NJW-RR 2000, 553; BGH VersR 1987, 657; OLG Hamm NJW-RR 1993, 925; OLG Hamm r + s. 1993, 4; OLG Köln VersR 1995, 1182; *Knappmann* in: Prölss/Martin, VVG, 29. Aufl. 2015, AKB 2008 E.1 Rn 20 u. 21

Selbst bei eindeutiger Haftungslage stellt eine Unfallflucht im Sinne von § 142 StGB eine Verletzung der Aufklärungsobliegenheit in der Kfz-Haftpflichtversicherung als auch in der Kaskoversicherung dar.

Vgl: BGH NJW-RR 2000, 553
Knappmann in: Prölss/Martin, VVG, 29. Aufl. 2015, AKB 2008 E.1 Rn 20

Gerade wegen des hier eingetretenen Fremdschadens hatte der Kläger den Unfall polizeilich melden müssen.

Die Obliegenheitspflicht, an der Unfallstelle zu verbleiben und die erforderlichen Feststellungen zu ermöglichen, gilt für die Kaskoversicherung immer. Die Wartepflicht besteht auch dann, wenn kein Fremdschaden entstanden ist.

Vgl: *Knappmann* in: Prölss-Martin, VVG 29 Aufl. 2015, AKB 2008 E.1 Rn 20 u. 21

Wegen der in den AKB vereinbarten Pflicht, an der Unfallstelle zu verbleiben und die notwendigen Feststellungen zu ermöglichen, ist der Versicherungsnehmer über die strafrechtliche Verpflichtung des § 142 StGB hinaus verpflichtet, nach Eintritt des Versicherungsfalls an der Unfallstelle zu verbleiben, bis die Polizei oder der Geschädigte eintreffen und die erforderlichen Feststellungen zum Unfallhergang und seiner Beteiligung getroffen wurden. Aufklärungspflichten des Versicherungsnehmers bestehen auch dann, wenn ihre Erfüllung dem Versicherungsnehmer nachteilig ist. Der Versicherungsnehmer darf die Ermittlungen gegen sich nicht behindern. Ob die Bemühungen zur Aufklärung des Unfallgeschehens Erfolg gehabt hätten, spielt keine Rolle, da die AKB-Bestimmung E.1.3 ein eigeninitiatives Verhalten des Versicherungsnehmers verlangt, das auf einen bestimmten Erfolg gerichtet ist, nicht aber den Erfolg selbst verlangt.

Vgl: wie vor Rn 20 und 21

Im Rahmen der Wartepflicht muss sich der Versicherungsnehmer für eine Blutprobe zur Verfügung halten, obwohl in der Kaskoversicherung damit der Verlust des Versicherungsschutzes nach § 81 VVG verbunden sein kann (ganz hM, BGH VersR 1987, 657).

Vgl: wie vor, Rn 23

Die Beklagte kann deshalb auch nicht mehr feststellen, ob der Kläger bei der Verursachung des von ihm behaupteten Unfalls alkoholisiert gewesen war, da die Beklagte für einen unter Alkoholeinfluss verursachten Unfall wegen § 81 VVG keine Leistungspflicht trifft.

Ebenfalls ist der Beklagten die Feststellung, ob ein berechtigter Fahrer das Kfz geführt hatte, genommen. Auch hat die Beklagte Feststellungen zum Unfallhergang nicht treffen können.

Zusammengefasst ist wegen der Obliegenheitsverletzung nicht feststellbar,

- ob überhaupt ein Unfall stattgefunden hat,
- ob der Unfall tatsächlich an der vom Kläger nunmehr behaupteten Stelle stattgefunden hat,
- wer Fahrer des versicherten Fahrzeugs gewesen war,
- ob der Fahrer des versicherten Fahrzeugs fahrtüchtig gewesen war,
- ob die vom Kläger behaupteten Schäden tatsächlich aus dem von ihm behaupteten Geschehensablauf stammen.

Entsprechende Feststellungen wären allerdings getroffen worden, wenn der Kläger den Unfall polizeilich hätte aufnehmen lassen.

Da der Versicherungsnehmer im Rahmen seiner versicherungsrechtlichen Aufklärungsobliegenheitspflicht und der Kläger insbesondere aufgrund der hier konkret vereinbarten AKB-Bestimmung E.1.3 zum Ermöglichen der Feststellungen am Unfallort verpflichtet gewesen ist, hatte er nach Eintritt des Versicherungsfalls an der Unfallstelle zu bleiben, bis die Polizei oder der Geschädigte eintrafen, um die erforderlichen Feststellungen zum Unfallhergang und der Beteiligung des Klägers an dem Unfall zu treffen. Da der Kläger dieser Pflicht nicht genügt hat, ist die Beklagte gem. § 28 Abs. 2 Satz 1 VVG iVm den vereinbarten AKB (Gliederungsziffer E.1.3 iVm E.6.1) leistungsfrei.

Weil es sich bei der Pflicht, den Unfallort nicht zu verlassen, bis die notwendigen Feststellungen entweder durch die Polizei oder den Geschädigten getroffen worden waren, um eine vom Versicherungsnehmer **spontan zu erfüllende Obliegenheit** handelt, war eine Hinweispflicht der Beklagten gem. § 28 Abs. 4 VVG über die Rechtsfolgen der Obliegenheitsverletzung nicht gefordert.

Vgl: Knappmann in: Prölss/Martin, aaO, Rn 19

2. Die Beklagte wirft dem Kläger außerdem eine arglistige Obliegenheitsverletzung vor.

Gerade bei Aufklärungs- und Informationsobliegenheitsverletzungen spielt die Arglist des Versicherungsnehmers eine herausragende Rolle. Für die Arglist des Versicherungsnehmers genügt bereits ein von ihm gewollter Nachteil des Versicherers, das durch das unkorrekte Verhalten des Versiche-

rungsnehmers Beweisschwierigkeiten begründet oder der Versicherer davon abgehalten werden soll, an sich gebotene Ermittlungen über die Berechtigung des Anspruchs anzustellen.
Dieses ist bei einem Verlassen der Unfallstelle ganz offensichtlich der Fall.
Die Klage ist deshalb bereits dem Grunde nach abzuweisen.
Rechtsanwalt ◄

477 ▶ **Muster: Anspruch aus Vollkaskoversicherung**

An das Landgericht ...

Klage

des Herrn ...

– Kläger –

Prozessbevollmächtigte: RAe ...

gegen

die ... Versicherung AG, vertreten durch den Vorstand, dieser vertreten durch den Vorstandsvorsitzenden, Herrn ..., ...

– Beklagte –

wegen: Versicherungsleistung
Vorläufiger Streitwert: ... EUR
Namens und in Vollmacht des Klägers erheben wir Klage mit den Anträgen:

1. Die Beklagte wird verurteilt, den Kläger aus dem Unfall vom ... von der Inanspruchnahme der ... Leasing GmbH iHv ... EUR gem. Rechnung vom ... freizustellen.
2. Es wird festgestellt, dass der Kläger nicht verpflichtet ist, an die Beklagte eine Regressforderung iHv ... EUR zu bezahlen.
3. Die Beklagte trägt die Kosten des Rechtsstreits.
4. Dem Kläger wird nachgelassen, jegliche Sicherheitsleistung durch Bürgschaft eines deutschen Kreditinstituts zu erbringen.
5. Im Falle des Vorliegens der gesetzlichen Voraussetzungen beantragen wir den Erlass eines Anerkenntnis-/Versäumnisurteils.

Begründung:

I. Parteirollen

Der Kläger beansprucht als Versicherungsnehmer einer Gruppenversicherung von der Beklagten Zahlung einer Vollkaskoversicherungsleistung aus einer bei der Beklagten am ... bestandenen Fahrzeugversicherung eines von ihm geleasten Fahrzeugs.
Außerdem begehrt er die Feststellung, dass er im Rahmen der bei der Beklagten ebenfalls im Rahmen einer Gruppenversicherung am ... bestandenen Kfz-Haftpflichtversicherung gegenüber der Beklagten aus dem im Klageantrag zu 1. genannten Unfallereignis nicht regressverpflichtet ist.
Das bei der Beklagten mit einer Vollkaskoversicherung als auch mit einer Kfz-Haftpflichtversicherung versicherte Kfz ist ein Pkw ... mit dem amtlichen Kennzeichen ... gewesen.
Fahrzeugs u.a. durch Unfall. Nach der in den hier vereinbarten AKB genannten Definition handelt es sich bei einem Unfall um ein unmittelbar von außen plötzlich mit mechanischer Gewalt auf das Fahrzeug einwirkendes Ereignis.

H. Anspruch aus Vollkaskoversicherung

Die Gruppenversicherungen für die genannten Risiken bestehen über den Leasinggeber als Versicherungsnehmer im Wege eines so genannten Full-service-leasings.
Eine Selbstbeteiligung ist im Rahmen der Vollkaskoversicherung dabei nicht vereinbart.

Beweis: für das Gericht beigefügte Fotokopie des Full-service-leasing-Vertrags vom ... als Anlage K 1

Dem vorgenannten Versicherungsvertrag liegen die Allgemeinen Bedingungen für die Kraftfahrtversicherung (AKB) der Beklagten in der Fassung vom ... zugrunde.

Beweis: für das Gericht beigefügte Kopie der genannten AKB als Anlage K 2

II. Anspruch aus der Vollkaskoversicherung

Der Umfang des Versicherungsschutzes der Vollkaskoversicherung ergibt sich unter Hinweis auf die Anlage K 2 aus den Gliederungsziffern A.2.3 iVm A.2.3.2 der genannten AKB. Danach besteht Versicherungsschutz für Beschädigung, Zerstörung, Totalschaden oder Verlust des Fahrzeugs u.a. durch **Unfall**. Nach der in den AKB genannten Definition handelt es sich bei einem Unfall um ein unmittelbar von außen plötzlich mit mechanischer Gewalt auf das Fahrzeug einwirkendes Ereignis.

Beweis: wie vor

III. Eintritt des Versicherungsfalls

Am ... gegen ... Uhr, also spätabends und bei völliger Dunkelheit, wurde der Kläger mit dem von ihm geleasten Fahrzeug in einen Unfall, bei dem das von ihm geleaste Fahrzeug erhebliche Schäden erlitten hatte, verwickelt. Bei einem Auffahren auf die Autobahn kollidierte der vom Kläger geführte Pkw mit einem die Autobahn verlassenden Sattelzug. Dabei wurde die gesamte linke Seite des vom Kläger geführten versicherten Fahrzeugs aufgerissen.

Beweis: Kopie der polizeilichen Unfallanzeige sowie Kopie der polizeilichen Lichtbildmappe als Anlage K 3

Danach ist der Versicherungsfall sowohl in der Vollkaskoversicherung als auch möglicherweise in der Kfz-Haftpflichtversicherung eingetreten, denn bei dem Unfall sollte auch der Sattelzug beschädigt worden sein, was der Kläger allerdings mit Nichtwissen bestreitet.
Ein gegen den Kläger eingeleitet gewesenes Strafverfahren wurde gemäß § 153 a StPO eingestellt.

Beweis: Kopie der Einstellungsmitteilung als Anlage K 4

IV. Höhe der vom Kläger aus der Vollkaskoversicherung beanspruchten Versicherungsleistung

Die Schadenshöhe – es lag ein Reparaturschaden vor – des an dem Leasing-Kfz eingetretenen Fahrzeugschadens ist durch ein von dem Leasinggeber veranlasstes Sachverständigengutachten festgestellt worden. Darauf basierend war der Kläger nach den Bestimmungen des Leasingvertrages verpflichtet, die Reparatur in einer Fachwerkstatt des Fahrzeugherstellers ausführen zu lassen.
Dafür sind Reparaturkosten in Höhe von ... EUR einschließlich Mehrwertsteuer angefallen.

Beweis: Kopie der Reparaturkostenrechnung des Autohauses ... vom ... als Anlage K 5

Diesen Betrag verlangt der Kläger als Versicherungsleistung von der Beklagten erstattet. Er ist für das versicherte Kfz nicht vorsteuerabzugsberechtigt gewesen.

V. Verzug der Beklagten

Die vom Kläger zur Erstattung der Beklagten vorgelegte Reparaturkostenrechnung wurde durch die Beklagte nicht ausgeglichen. Die Beklagte meint, nicht leistungsverpflichtet zu sein, und hat mit

§ 5 Fahrzeugversicherung (Teilkasko-/Vollkaskoversicherung)

Schreiben vom ... eine Versicherungsleistung abgelehnt und den Kläger auf den Klageweg verwiesen.

Seit dem Schreiben der Beklagten vom ... befindet sie sich im Verzug.

VI. Anspruch aus der Haftpflichtversicherung

Die Beklagte hat in ihrer Eigenschaft als Kfz-Haftpflichtversicherer des vom Kläger geleasten Kfz gegenüber dem Kläger eine Regressforderung erhoben, als der Kläger für einen von der Beklagten behaupteten, angeblich an dem Sattelzug iHv ... EUR eingetretenen Schaden die von der Beklagten behaupteten Aufwendungen in vorgenannter Höhe erstatten soll.

Beweis: Schreiben der Beklagten vom ...

Allerdings hat der Kläger einen Anspruch gegen die Beklagte auf Deckung eines etwaig an dem Sattelzug eingetretenen Unfallschadens gem. § 100 VVG, als die Beklagte von dem Anspruchsberechtigten des Sattelzugs wohl gem. § 115 Abs. 1 VVG direkt in Anspruch genommen wurde.

Somit ist die Regressforderung unberechtigt. Der Kläger hat einen Anspruch auf Haftpflichtdeckung.

VII. Örtliche Zuständigkeit des angerufenen Gerichts

Die örtliche Zuständigkeit des angerufenen Gerichts ergibt sich aus § 215 Abs. 1 VVG.

Rechtsanwalt ◄

▶ **Muster: Klageerwiderung – Anspruch aus Vollkaskoversicherung**

An das Landgericht ...

Klageerwiderung

In dem Rechtsstreit

... ./. ...

Az: ...

werden wir beantragen

1. Die Klage abzuweisen;
2. die Kosten des Rechtsstreits trägt der Kläger;
3. der Beklagten im Fall einer Verurteilung nachzulassen, die Vollstreckung durch Hinterlegung oder Sicherheitsleistung, welche auch in Form einer Bürgschaft durch eine deutsche Großbank erbracht werden kann, ohne Rücksicht auf eine Sicherheitsleistung des Klägers abzuwenden.

Begründung:

Die Klage ist (im Hinblick auf die Höhe der Klageforderung des Klageantrags zu 1.) unschlüssig, im Übrigen ist sie unbegründet, da die Beklagte wegen vorsätzlicher und arglistiger Obliegenheitsverletzung des Klägers im Hinblick auf die Kaskoversicherung komplett leistungsfrei und im Hinblick auf die Kfz-Haftpflichtversicherung bis zu der versicherungsvertraglich vereinbarten Grenze leistungsfrei ist.

Im Einzelnen:

I. Versicherungsvertrag

Bei dem in der Klageschrift genannten Fahrzeug des Klägers handelt es sich um den Pkw ... mit dem amtlichen Kennzeichen ...

Richtig ist auch, dass der Kläger dieses Fahrzeug geleast hatte. Der Kläger ist Leasingnehmer des Pkws gewesen. Leasinggeber ist die ... Leasing GmbH, ..., ..., gewesen.

Dieses ergibt sich auch aus der **Anlage K2**.

Versicherungsnehmerin sowohl der Kasko- als auch der Kfz-Haftpflichtversicherung ist die ... Leasing GmbH gewesen.

Bestandteil des Versicherungsvertrags sind die zwischen der Beklagten und der Versicherungsnehmerin vereinbarten Allgemeinen Bedingungen für die Kraftfahrversicherung (AKB 2008) in der Fassung von September 2008. Die Vereinbarung der vorgenannten AKB sind unstreitig, der Kläger hat auf die AKB auf den Seiten 2 und 3 seiner Klageschrift selbst Bezug genommen.

Gemäß der vom Kläger vorgelegten **Anlage K2** ist er als Leasingnehmer mitversichert gewesen.

II. Teilunschlüssigkeit der Klage

Im Hinblick auf die Kaskoversicherung begehrt der Kläger die Freistellung der von ihm als Anlage K5 vorgelegten Rechnung des Leasinggebers vom ... über insgesamt ... EUR inkl. MWSt.

In Höhe des MWSt.-Betrags (... EUR) besteht ungeachtet der Leistungsfreiheit der Beklagten schon kein schlüssiger Klageanspruch, da die ... Leasing GmbH als Versicherungsnehmerin vorsteuerabzugsberechtigt ist und nach ständiger höchstrichterlicher als auch obergerichtlicher Rechtsprechung für die Berechnung der Versicherungsleistung grundsätzlich die steuerlichen Verhältnisse des Leasinggebers maßgeblich sind.

Vgl: BGH NJW 1993, 2870, 2871
OLG Köln VersR 2003, 1527

Nach den versicherungsvertraglichen Vereinbarungen gem. der vereinbarten AKB in Ziffer **A.2.10 Mehrwertsteuer** ist die Beklagte zur Erstattung von MWSt. bei bestehender Vorsteuerabzugsberechtigung nicht verpflichtet.

III. Leistungsfreiheit der Beklagten

1. Im Hinblick auf die Kaskoversicherung

Mit durch den Kläger unterzeichneter Schadensanzeige vom ... zeigte der Kläger bei der Beklagten über die Leasinggeberin, die ... Leasing GmbH,

ein Verkehrsunfallereignis an, indem er angegeben hat, am ... gegen ... Uhr mit seinem Pkw auf der Autobahnzufahrt ... bei ... in Richtung ... mit einem entgegenkommenden, also von der Autobahn abfahrenden, Lkw kollidiert zu sein. Er habe eine nach seiner Einschätzung als „geringgradig" wahrgenommene „Streifung" zwischen der vorderen Fahrzeugseite (Fahrerseite) und dem entgegenkommenden Lkw bemerkt.

Beweis: Kopie der Schadensanzeige vom ... als **Anlage KE 1**

Mit weiterer Schadensanzeige vom ... hat der Kläger unter Bezugnahme auf die vorgenannte Schadenanzeige vom ... ergänzend ausgeführt, neben der angeblich „geringgradigen Streifung" eine Beschädigung des Seitenspiegels bemerkt zu haben. In der Annahme eines geringfügigen Schadens und der weiteren Annahme, dass der Unfallgegner den Vorgang wahrscheinlich nicht wahrgenommen hätte, sei er nach Hause nach ... gefahren. Dort habe er den Schaden am Kotflügel und an der linken Leuchte gesehen und gegen ... Uhr die Polizei angerufen.

Beweis: weitere Schadensanzeige des Klägers vom ... als **Anlage KE 2**

§ 5 Fahrzeugversicherung (Teilkasko-/Vollkaskoversicherung)

Als Zwischenergebnis bleibt festzuhalten, dass der Kläger nach seiner eigenen Schilderung einen Unfall und eine an seinem Pkw eingetretene Beschädigung bemerkt hatte.

Dass es sich bei dem vom Kläger in der Schadensanzeige als „geringgradig" bezeichneten Schaden nicht um einen Bagatellschaden gehandelt hat, ergibt sich bereits aus der von ihm behaupteten **fast 5-stelligen (!)** Reparaturkostenhöhe von über ... EUR.

Ungeachtet dessen ergibt sich eine bereits offensichtliche Erheblichkeit des Schadens aus den polizeilich gefertigten Lichtbildern, so dass die Beiziehung der nachfolgenden Unfallakte zu Beweiszwecken ausdrücklich beantragt wird.

Denn aus den Lichtbildern ist ersichtlich, dass der **Kotflügel über dem linken Vorderrad aufgerissen und deformiert** wurde, wobei die **vordere Stoßstange links** und der **linke Scheinwerfer** als auch das **linke Vorderrad in Form von Verformungen und Kratzern deutlich sichtbar beschädigt** wurden. Kurz vor dem Ende des linken Radlaufes des linken Vorderrades ist eine Beschädigung ersichtlich, aus der zu schlussfolgern ist, dass es zu einer **Verhakung des Kotflügels mit dem Lkw** gekommen sein musste, zumal das **Blech des Kotflügels über dem linken Vorderrad eingerissen und nach außen hin verformt** worden war.

Ebenfalls ist der **linke Außenspiegel des Pkws** ... des Klägers **komplett beschädigt**, als das **Spiegelgehäuse**, die **Spiegelfläche** und weitere **Anbauteile des Spiegels abgerissen** wurden.

Im linken hinteren seitlichen Bereich finden sich des Weiteren Streifschäden am Pkw ....

Beweis: 1. Kopie der Lichtbildmappe als **Anlage KE 3**
2. Beiziehung und Einsichtnahme in die amtl. Unfallakte der PD ...

Aufgrund der Fahrzeugschäden konnte es sich nicht um einen lediglich „geringgradig" streifenden Anstoß gehandelt haben, sondern aufgrund der Verhakung des Lkws mit dem Kotflügel des Pkw ... und dem abgerissenen Außenspiegel war der **Unfall für den Kläger visuell, akustisch und taktil deutlich wahrnehmbar**.

Beweis: Einholung eines Sachverständigengutachtens

Die Behauptung des Klägers eines nur „geringfügigen Streifanstoßes" ist deshalb nicht mehr als eine reine Schutzbehauptung.

Dieses gilt auch für die weitere Behauptung des Klägers, dass er der Annahme gewesen sei, dass der Unfallgegner den Unfall wahrscheinlich nicht wahrgenommen habe und weitergefahren sei.

Denn obwohl die Kollision bei dem unfallgegnerischen Kfz des Klägers mit dem Palettenkasten des Sattelaufliegers und den beiden Achsen des Sattelaufliegers, also nicht mit der Zugmaschine, erfolgt war, bemerkte der Lkw-Fahrer die Kollision seinerseits, da **durch die Kollision ein erheblicher Knall verursacht** wurde.

Beweis: Zeugnis des Lkw-Fahrers ...

Der vorgenannte Zeuge ... befand sich mit dem von ihm geführten Lkw, einer ...-Sattelzugmaschine mit dem amtlichen Kennzeichen ... und dem Sattelauflieger mit dem amtlichen Kennzeichen ... auf der Fahrt von ... nach .... An der Anschlussstelle ... verließ er die Autobahn und befuhr hierzu die Autobahnabfahrt, die gleichzeitig die Autobahnauffahrt in Richtung ... darstellt. Die Straße war zwar feucht, es hatte aber nicht geregnet. Die Autobahnabfahrt bzw -auffahrt verläuft in Form einer S-Kurve. Aufgrund der Ladung des Lkws von ca. 15 t bei einem Gesamtgewicht des Sattelzuges von 30–35 t und der Straßenbeschaffenheit befuhr der Zeuge ... die Autobahnabfahrt mit einer Geschwindigkeit von lediglich 20–30 km/h auf der Abfahrtsspur. Im Gegenverkehr nahm er den auf die Autobahn auffahrenden Pkw ... des Klägers wahr. Weitere Fahrzeuge befuhren zu dieser Zeit die

Ab- bzw Auffahrt nicht. Den Pkw bemerkte er, als er sich im Kurvenausgang befunden hatte. Der Pkw befand sich in einer geschätzten Entfernung von 150–200 m und fuhr mit hoher Geschwindigkeit. Der Zeuge ... dachte sich noch, ob der Pkw angesichts der wahrgenommenen hohen Geschwindigkeit seine Fahrspur einhalten würde können, weil der Pkw schon über der die Auffahr- und die Abfahrspur trennenden weißen durchgezogenen Begrenzungslinie gefahren und sich der Pkw somit teilweise in der Fahrbahn der Autobahnabfahrt befunden hatte. Aufgrund dessen bremste der Zeuge ... den von ihm geführten Sattelzug ab und begann nach rechts auszuweichen, obwohl er bereits vorher schon weit rechts gefahren war. Wegen einer rechts befindlichen Leitplanke hatte der Zeuge ... aber nicht weiter rechts fahren können. Der Pkw des Klägers kam ihm mit schneller Geschwindigkeit auf der Autobahnabfahrtspur entgegen und beim Passieren des Sattelzugs knallte es heftig. Der Zeuge ... vernahm dann noch im linken Außenspiegel, dass der Pkw an der hinteren, vorletzten Achse des Aufliegers hängengeblieben sein musste, da er den Pkw an dem Auflieger stehend gesehen hatte. Gleichwohl begann der Kläger mit dem Pkw seine Fahrt fortzusetzen und fuhr auf die Autobahn in Richtung ...

Der Zeuge ... hielt an, sicherte seinen Lkw in der Autobahnabfahrt durch Warnblinkanlage und Warndreieck ab und informierte die Polizei. Außerdem lief er die Autobahnauffahrt noch ein Stück hoch, um nach dem Pkw zu schauen und die von der Autobahn abfahrenden Fahrzeuge vor dem stehenden Sattelzug zu warnen. Den Pkw ... nahm er nicht wahr, da sich dieser von der Unfallstelle über die Autobahn in Richtung ... entfernt hatte.

Beweis: 1. Kopie des Polizeiprotokolls der Zeugenvernehmung des Herrn ... als **Anlage KE 4**
2. Zeugnis des Herrn ...
3. Einsichtnahme in die bereits zur Beiziehung beantragte amtl. Unfallakte

Dass das in Anbetracht der Schäden am Leasing-Pkw des Klägers und der Sachverhaltsschilderung des Lkw-Fahrers ... das gegen den Kläger eingeleitete Ermittlungsverfahren wegen des Verdachts einer Straftat gem. § 142 StGB gem. § 153 a StPO eingestellt wurde, ist schlechterdings nicht verständlich und kann aus Sicht des Klägers nur als erheblicher Glücksumstand gewertet werden.

Gleichwohl führt die gem. § 153 a StPO erfolgte Einstellung nicht zur Beseitigung der nachfolgend dargestellten Obliegenheitsverletzung, wobei die Beklagte auch nur mutmaßen kann, dass der Einstellung vermutlich Arbeitsüberlastungs- oder ähnliche Gründe der Staatsanwaltschaft, wie zB eine schnelle Erledigung für die Erledigungsstatistik, zugrunde liegen.

Nicht auszuschließen ist auch, dass die Staatsanwaltschaft im Hinblick auf die vorgenommene Einstellung auf eine – **offenbar bewusst** – wahrheitswidrige Darstellung des Klägers, nämlich den Eigenschaden selbst bezahlt zu haben, hereingefallen ist, denn mit Schreiben seines jetzigen Prozessbevollmächtigten als damaligem Verteidiger vom ... hatte sich der Kläger u.a. dahin gehend eingelassen, dass zwischenzeitlich der Schaden an dem Sattelauflieger beglichen worden sei und sein Eigenschaden relativ hoch gewesen sei, **er diesen aber selbst bezahlt habe.**

Beweis: Kopie des Schreibens des Prozessbevollmächtigten des Klägers vom ... als **Anlage KE 5**

Denn unmittelbar (ca. 2 Tage) nach dem vorgenannten Schreiben erfolgte das Angebot der Einstellung gem. § 153 a StPO gegen Zahlung einer Geldbuße in Höhe von nur 250 EUR.

Ersichtlich hatte sich der Kläger die **Einstellung mit wahrheitswidrigen Angaben erschlichen.**

Erst am Folgetag des Unfalls, nämlich am ... gegen ... Uhr hatte der Kläger den Unfall telefonisch auf dem Polizeirevier in ... gemeldet.

§ 5 Fahrzeugversicherung (Teilkasko-/Vollkaskoversicherung)

Beweis: Kopie des Aktenvermerks des Polizeireviers ... vom ... als **Anlage KE 6**

Die Angabe in der Schadensschilderung, bereits gegen ... Uhr am Unfalltag die Polizei angerufen zu haben, entspricht deshalb auch nicht der Wahrheit.

Der Unfallhergang, das unerlaubte Entfernen vom Unfallort und die Meldung des Unfalls erst am Folgetag legen eine alkoholbedingte Beeinflussung und Fahruntüchtigkeit des Klägers zur Unfallzeit nahe.

Gemäß der vereinbarten AKB, Ziffer E.1.3 war der Kläger verpflichtet, alles zu tun, was der Aufklärung des Schadensereignisses dienen konnte. Er war danach ausdrücklich verpflichtet, den Unfallort nicht zu verlassen, ohne die erforderlichen Feststellungen zum Unfall und zu seiner Beteiligung zu ermöglichen.

Beweis: Kopie der AKB als **Anlage KE 7**

Der Kläger verkennt, dass die AKB nicht die Verwirklichung des Tatbestands des § 142 StGB für eine Obliegenheitsverletzung voraussetzen, sondern eine generelle Warte- und Feststellungspflicht am Unfallort begründen.

Dabei muss die Beklagte nicht mehr betonen, dass die hier erfolgte Einstellung gem. § 153 a StPO ohnehin verfehlt gewesen ist.

Aufgrund der von dem Versicherungsnehmer zu beachtenden Aufklärungsobliegenheit hat der Versicherer einen Anspruch auf sämtliche Informationen, die zur Beurteilung seiner Leistungspflicht und der Höhe des Entschädigungsbetrages notwendig sind.

So stellt nach ständiger Rechtsprechung auch ein Verhalten des Versicherungsnehmers, das die Aufklärung des Sachverhalts erschwert oder unmöglich macht, eine Obliegenheitsverletzung dar. Hier ist anerkannt, dass es zur Aufklärungsobliegenheit gehört, die Vorschrift des § 142 StGB zu beachten. Diese Norm schützt auch das Aufklärungsinteresse des Kaskoversicherers. Ein unerlaubtes Entfernen vom Unfallort stellt deshalb einen Verstoß gegen die genannte Aufklärungsobliegenheit dar.

Vgl: BGH NJW-RR 2000, 553
  BGH VersR 1987, 657
  OLG Hamm NJW-RR 1993, 925
  OLG Hamm r + s 1993, 4
  OLG Köln VersR 1995, 1182
  Knappmann in: Prölss/Martin, VVG, 28. Aufl. 2010, AKB 2008 E.1 Rn. 20

Die Erfüllung der versicherungsvertraglich vereinbarten Obliegenheiten reicht über die strafrechtliche Verpflichtung des § 142 StGB hinaus. Der Obliegenheitsverpflichtete ist **immer verpflichtet**, nach Eintritt des Versicherungsfalls an der Unfallstelle zu bleiben, bis die Polizei oder der Geschädigte eintreffen und die erforderlichen Feststellungen zum Unfallhergang unter Beteiligung des Versicherungsnehmers getroffen worden sind.

Vgl: KG Berlin r + s 2003, 447
  Knappmann in: Prölss/Martin, VVG 28. Aufl. 2010, AKB 2008 E.1 Rn. 20

Selbst bei eindeutiger Haftungslage stellt eine Unfallflucht im Sinne von § 142 StGB eine Verletzung der Aufklärungsobliegenheit in der Kfz-Haftpflichtversicherung als auch in der Kaskoversicherung dar.

Vgl: BGH NJW-RR 2000, 553

Gerade wegen des hier eingetretenen Fremdschadens (am Lkw und am Leasing-Kfz) hatte der Kläger den Unfall sofort polizeilich melden und an der Unfallstelle verbleiben müssen.

Die Beklagte kann deshalb nicht mehr feststellen, ob der Kläger bspw bei der Verursachung des von ihm behaupteten Unfalls alkoholisiert gewesen war, da die Beklagte für einen unter Alkoholeinfluss je nach Alkoholisierungsgrad verursachten Unfall nur eine eingeschränkte bzw keine Leistungspflicht trifft.

Ebenfalls war der Beklagten die Feststellung, ob ein berechtigter Fahrer das Kfz geführt hatte, genommen.

Auch hatte die Beklagte Feststellungen zum Unfallhergang nicht treffen können.

Entsprechende Feststellungen wären allerdings getroffen worden, wenn der Kläger den Unfall polizeilich hätte aufnehmen lassen.

Da der Versicherungsnehmer im Rahmen seiner versicherungsrechtlichen Aufklärungsobliegenheitspflicht immer verpflichtet ist, nach Eintritt des Versicherungsfalls an der Unfallstelle zu bleiben bis die Polizei oder der Geschädigte eintreffen und er die erforderlichen Feststellungen zum Unfallhergang und seiner Beteiligung treffen und ermöglichen muss, der Kläger dieser Pflicht nicht genügt hat, ist die Beklagte **gem. § 28 Abs. 2 Satz 1 VVG iVm den vereinbarten AKB (Gliederungsziffer E.1.3 iVm E.6.1)** leistungsfrei.

In der Rechtsprechung wird das unerlaubte Entfernen von der Unfallstelle regelmäßig auch bei eindeutiger Haftungslage als **vorsätzliche und gleichzeitig arglistige Obliegenheitsverletzung** gem. **§ 28 Abs. 2 S. 1 iVm Abs. 3 S. 2 VVG** angesehen.

Denn das Verlassen der Unfallstelle schränkt die Möglichkeit des Versicherers, Feststellungen zu treffen, die zur Aufklärung des Sachverhalts dienlich sein könnten, regelmäßig ein.

Arglist verlangt neben der vorsätzlichen Obliegenheitsverletzung ein Verhalten des Versicherungsnehmers, dass einen gegen die Interessen des Versicherers gerichteten Zweck verfolgt. Hierzu ist eine Bereicherungsabsicht nicht erforderlich. Es genügt das Bewusstsein des Versicherungsnehmers, dass sein Verhalten den Versicherer bei der Schadensregulierung möglicherweise beeinflussen kann. Dieses ist bei einer Unfallflucht der Fall. Auch wenn das Verlassen der Unfallstelle durch den Versicherungsnehmer nicht in erster Linie gegen die berechtigten Interessen des Versicherers, die erforderlichen Feststellungen zu treffen, gerichtet gewesen sein mag, ist jede Unfallflucht per se geeignet, die Aufklärung des Tatbestands und die Ermittlung des Haftungsumfangs der Versicherung nachteilig zu beeinflussen. Bereits dieses rechtfertigt die Annahme eines arglistigen Handelns und damit eines Rückgriffs der Versicherung in voller Höhe.

Vgl: BGH VersR 2000, 222
 LG Düsseldorf, Urteil vom 3.12.2010, Az. 22 S 179/10 (juris)
 LG Saarbrücken, Urteil vom 1.10.2010, Az. 13 S 75/10
 AG Krefeld, Urteil vom 23.11.2011, Az. 7 C 208/11 (juris)
 AG Wetter, Urteil vom 14.2.2012, Az. 9 C 292/11 (juris)
 AG Eschweiler, Urteil vom 14.4.2011, Az. 23 c 146/08 (juris)
 AG Bochum, Urteil vom 3.3.2011, Az. 47 C 516/10 (juris)

Da es sich bei der Pflicht, den Unfallort nicht zu verlassen, bis die notwendigen Feststellungen entweder durch die Polizei oder den Geschädigten getroffen worden sind, um eine vom Versicherungsnehmer **spontan zu erfüllende Obliegenheit** handelt, war eine Hinweispflicht der Beklagten gem. § 28 Abs. 4 VVG über die Rechtsfolgen der Obliegenheitsverletzung nicht gefordert.

§ 5 Fahrzeugversicherung (Teilkasko-/Vollkaskoversicherung)

Vgl: *Knappmann* in: Prölss/Martin, aaO Rn. 19

Das LG Dresden ist der vorgenannten Rechtsprechung gefolgt.

Vgl: LG Dresden, Urteil vom 4.7.2012, Az. 8 O 1415/11

Dementsprechend ist der Klageantrag zu Ziffer 1, mit dem der Kläger die Feststellung der Erbringung einer Versicherungsleistung durch die Beklagte begehrt, wegen vorsätzlicher und arglistiger Obliegenheitsverletzung aufgrund der dadurch gegebenen Leistungsfreiheit der Beklagten abzuweisen.

Im Hinblick auf die Kfz-Haftpflichtversicherung

Auch ist der Klageantrag zu Ziffer 2 abzuweisen, da die Beklagte den Kläger wegen des von ihr ausgeblichenen Kfz-Haftpflichtschadens am Sattelauflieger des Lkws zu Recht in Regress genommen hat.

Der Sattelauflieger wurde durch das vom Kläger geführte Kfz beschädigt und musste in Höhe des von der Beklagten von dem Kläger verlangten Regressbetrags repariert.

Beweis: Zeugnis des Eigentümers und Lkw-Fahrers, Herrn ...

Auch für die Regressforderung ist die vorsätzliche und arglistige Obliegenheitsverletzung des Klägers entscheidungserheblich.

Anspruchsgrundlage für die Regressforderung in der Kfz-Haftpflichtversicherung ist auch hier **§ 28 Abs. 2 S. 1 iVm Abs. 3 S. 2 VVG iVm Ziffer E.1.3 sowie E.6.2 sowie E.6.4 der oben genannten AKB.**

Aus den genannten Gründen ist die Klage abzuweisen.

...

Rechtsanwalt ◄

I. Anspruch auf Aufwendungsersatz (Rettungskostenersatz)

479   Auch wenn der Versicherungsfall tatsächlich nicht eingetreten ist, sondern nur unmittelbar bevorstand und der Versicherungsnehmer Handlungen und dadurch Aufwendungen zur Verhinderung des Eintritts des Versicherungsfalls vorgenommen hat, kann ein Anspruch auf Aufwendungsersatz gem. §§ 83, 90 VVG bis zur Höhe der Versicherungsleistung bestehen.

480   Der Versicherungsnehmer muss aber nicht im Sinne einer Obliegenheitsverpflichtung einen unmittelbar bevorstehenden Versicherungsfall abwenden.[163] Er kann es aber und erhält dazu notwendig gewesene Aufwendungen, die auch in einer Beschädigung oder Zerstörung der versicherten Sache bestehen können, ersetzt.

481   Dazu muss der Versicherungsfall unmittelbar bevorgestanden haben und die Rettungshandlung muss zu einer möglichen Vermeidung des Versicherungsfalls nach der sog. **Vorerstreckungstheorie**[164] geboten gewesen sein. Dieses ist durch den Gesetzgeber durch die in § 90 VVG enthaltene Regelung ausdrücklich klargestellt.

---

[163] Hier ist die Abgrenzung zur Gefahrerhöhung zu beachten. §§ 83, 90 VVG betreffen einen zeitlich und ggf räumlich unmittelbar, also konkret drohenden und bevorstehenden Versicherungsfall. Eine Gefahrerhöhung betrifft demgegenüber die Erhöhung der Gefahr des – später möglichen – Eintritts des versicherten Risikos. Bsp: Der Betrieb einer nach Versicherungsvertragsschluss errichteten Munitionsfabrik erhöht in der Gebäudeversicherung für ein nebenan stehendes Haus natürlich das Brand- und Explosionsrisiko. Allerdings führt der Betrieb der Munitionsfabrik nicht zu einem unmittelbar bevorstehenden Versicherungsfall, sondern erhöht nur dessen Wahrscheinlichkeit.

[164] BGH VersR 1991, 459, 460; *Voit* in: Prölss/Martin, § 83 VVG Rn 2.

I. Anspruch auf Aufwendungsersatz (Rettungskostenersatz) 5

Demgegenüber hat der Versicherungsnehmer nach dem Wortlaut des § 82 Abs. 1 VVG bzw. Ziff. E.1.1.4 AKB 2015 eine Obliegenheit zur Abwendung und Minderung des Schadens „bei dem Eintritt des Versicherungsfalls". **482**

Der Anspruch auf Rettungskostenersatz ist an die genannten Voraussetzungen geknüpft. Gemäß § 83 Abs. 1 VVG sind nicht nur Aufwendungen einer erfolgreichen, sondern auch einer erfolglosen Rettungshandlung zu erstatten, soweit der Versicherungsnehmer die Rettungshandlung „nach den Umständen für geboten halten durfte". Voraussetzung ist, dass die Rettungshandlung objektiv dem Zweck der Abwendung bzw Minderung des versicherten Schadens gedient und darauf abgezielt hat, selbst wenn der Versicherungsnehmer vorrangig um die Rettung seines eigenen Leibs und Lebens besorgt war.[165] **483**

Ein klassisches Beispiel für den Ersatz von Rettungskosten in der Teilkaskoversicherung ist der sog. **Wildausweichschaden**, wenn das Ausweichen des Versicherungsnehmers dazu gedient hat, den Eintritt des Versicherungsfalls „Kollision mit Haarwild im Sinne des BJagdG" zu vermeiden, und durch die Rettungshandlung das kaskoversicherte Kfz zwar nicht mit dem Wild kollidierte, aber aufgrund des Ausweichens durch einen anschließenden Unfall – zB bei einer Kollision mit einem Baum – beschädigt oder zerstört wurde. **484**

Der Schaden ist durch den Versicherer als „Aufwendungsersatz" selbst dann zu ersetzen, wenn er wegen der Kollision mit dem – härteren – Baum höher als bei einer Kollision mit dem – weicheren – Wildtier ausgefallen ist. **485**

Es soll nicht verschwiegen werden, dass die Regelungen über den Aufwendungsersatz von unredlichen Versicherungsnehmern missbraucht und beispielsweise Fahrzeugschäden an einem nur teilkaskoversicherten Kfz durch ein alkoholbedingtes Abkommen von der Fahrbahn einem behaupteten Ausweichversuch vor Wild zugeschrieben werden, um sich eine gar nicht bestehende Versicherungsleistung betrügerisch zu erschleichen. **486**

Bei dem Anspruch auf Ersatz der Rettungskosten handelt es sich um einen Anspruch aus dem Allgemeinen Versicherungsvertragsrecht, nicht um einen speziellen Anspruch aus der Kaskoversicherung. Er kann in den AKB aber durchaus auch geregelt sein. **487**

Der Zusammenhang mit der Kaskoversicherung besteht darin, dass der Eintritt eines unmittelbar bevorstehenden kaskoversicherten Schadens verhindert werden soll. Da sich die Vorschriften über den Ersatz von Rettungskosten im zweiten Abschnitt bzw Kapitel über die Schadensversicherung befinden und es sich bei der Kaskoversicherung um eine Schadensversicherung handelt, sind die Vorschriften dementsprechend auf die Kaskoversicherung anwendbar. **488**

Das Bestehen eines Rettungskostenersatzanspruchs ist stets von den Umständen des Einzelfalls abhängig. Voraussetzungen für einen Rettungskostenersatzanspruch sind: **489**

- Der Versicherungsfall muss unmittelbar bevorgestanden haben.
- Die Rettungshandlung muss objektiv dem Schutz des versicherten Interesses gedient haben.
- Die Rettungshandlung muss objektiv zur Abwendung des Versicherungsfalls geeignet, also geboten gewesen sein.

---

165 OLG Koblenz r+s 2006, 412.

§ 5 Fahrzeugversicherung (Teilkasko-/Vollkaskoversicherung)

490 Droht durch die **Kollision mit kleineren Wildtieren**, wie zB einem Hasen, einem Fuchs, einem Marder oder einem Dachs kein größerer Schaden an dem versicherten Kraftfahrzeug, ist ein Ausweichen nicht geboten, da die Rettungsaufwendungen gemessen am drohenden Schaden unverhältnismäßig wären.[166] Denn ein Ausweichen in Form einer plötzlichen Fahrtrichtungsänderung vor einem Kleintier birgt für das versicherte Kfz eine weit höhere Schadensgefahr als eine Kollision mit dem Kleintier bzw ein Überfahren des Kleintiers.

491 Das Ausweichen eines **Motorradfahrers** vor einem kleinen Wildtier, zB vor einem Fuchs, muss nicht stets von vornherein grob fahrlässig sein. Es kommt auf die Umstände des Einzelfalls an. Wenn sich das Motorrad in einer Kurvenfahrt und demgemäß in einer Schräglage befindet, besteht durch die Kollision bzw das Überrollen eines kleinen Tieres eine große Gefahr des seitlichen Wegrutschens des Motorrads und des Sturzes.[167]

492 Bei dem Umstand, ob die Rettungsmaßnahme für den Versicherungsnehmer geboten gewesen war oder er grob fahrlässig irrig einen unmittelbar bevorstehenden Versicherungsfall annimmt, schadet ihm nach hM auch hier grobe Fahrlässigkeit. Hat er grob fahrlässig die Rettungsmaßnahme für geboten gehalten, hat der Versicherer wie auch bei der irrigen Annahme eines Versicherungsfalls ein Leistungskürzungsrecht entsprechend § 83 Abs. 1, 2 iVm § 82 Abs. 1, 2 VVG.[168] Bei einem grob fahrlässigen Irrtum über die objektive Notwendigkeit, Rettungskosten aufzuwenden, ist der Versicherer zum Ersatz der Kosten nicht verpflichtet. Das ist zB der Fall, wenn der Fahrer eines Mittelklasse-Pkw bei einer Geschwindigkeit von ca 90 km/h einem Hasen ausweicht, um durch einen etwaigen Zusammenstoß mit dem Hasen einen Schaden an seinem Fahrzeug zu vermeiden.[169] Ein Ausweichschaden an dem versicherten Kfz aufgrund eines Ausweichreflexes auch bei einem kleinen Tier wie einem Fuchs führt wie eine objektiv nicht geboten gewesene Rettungshandlung, wenn den Versicherungsnehmer aber kein Verschulden sondern höchstens leichte Fahrlässigkeit trifft, zum Anspruch auf Rettungskostenersatz, so dass dem Versicherungsnehmer nur grobe Fahrlässigkeit schadet, als der Versicherer dann nach § 83 Abs. 2 VVG ein Leistungskürzungsrecht hat.[170]

493 Das Leistungskürzungsrecht des Versicherers erstreckt sich gem. § 83 Abs. 2 VVG auch auf den von ihm zu leistenden Aufwendungsersatz. Steht die Größe des Tieres nicht genau fest, hatte es eher aber eine geringe Größe, kommt eine Leistungskürzung des Rettungskostenersatzes wegen grober Fahrlässigkeit in Höhe von 50 % in Betracht.[171]

494 Nach § 82 Abs. 3 S. 2 letzter Hs VVG muss sich der Versicherungsnehmer im Hinblick auf eine geringere Verschuldensform als grobe Fahrlässigkeit entlasten.

495 Obwohl in § 83 VVG nur vom Versicherungsnehmer die Rede ist, gilt die Vorschrift auch für einen die Rettungsmaßnahme ergreifenden **Dritten**, der nicht Repräsentant des Versicherungsnehmers ist, wenn der Dritte, wie zB der berechtigte Fahrer, die Aufwendungen für geboten halten durfte.[172]

---

166 BGH VersR 1997, 351; OLG Karlsruhe SP 1999, 386; OLG Nürnberg r+s 1997, 352.
167 OLG Hamm zfs 2001, 461, 462.
168 *Voit* in: Prölss/Martin, § 83 VVG Rn 7 und 8.
169 BGH VersR 1997, 351, 352; *Voit* in Prölss/Martin, § 83 VVG Rn 7.
170 OLG Jena VersR 1998, 623; OLG Braunschweig VersR 1994, 1293, 1294, *Voit* in Prölss/Martin, § 83 VVG Rn 7.
171 OLG Saarbrücken zfs 2011, 331, 334.
172 BGH VersR 2003, 1250; OLG Hamm VersR 1999, 46; *Voit* in: Prölss/Martin, § 83 VVG Rn 10.

I. Anspruch auf Aufwendungsersatz (Rettungskostenersatz) 5

Von dem Fall der groben Fahrlässigkeit bei der Ausübung der Rettungshandlung ist der Fall bei einem Irrtum über die objektive Notwendigkeit der Rettungshandlung oder über die Umstände eines Gebots der Rettungsmaßnahme zu unterscheiden. Irrt der Versicherungsnehmer über die Voraussetzungen eines unmittelbar bevorstehenden Versicherungsfalls oder über die Gebotenheit einer Rettungshandlung mindestens grobfahrlässig und nimmt er daraufhin eine Rettungshandlung vor, hat er keinen Aufwendungsersatzanspruch.[173] 496

Geht es um die Abwendung bzw. Minderung des Schadens im Sinne von § 82 Abs. 1 VVG als so genannte Rettungsobliegenheit bei Eintritt des Versicherungsfalls, hat der Versicherungsnehmer entsprechend Abs. 2 der genannten Vorschrift für ihn zumutbare Weisungen des Versicherers zu befolgen oder diese sogar einzuholen. Verletzt er eine dieser Obliegenheiten vorsätzlich, ist der Versicherer leistungsfrei. 497

Bei grob fahrlässiger Verletzung der Schadenabwendungs- bzw -minderungspflicht iSv § 82 Abs. 1 VVG oder der Weisungsbefolgungs- beziehungsweise -einholungspflicht gem. § 82 Abs. 2 VVG hat der Versicherer das Recht zur Leistungskürzung entsprechend der Schwere des Verschuldens des Versicherungsnehmers, § 83 Abs. 3 VVG. Danach hat der Versicherungsnehmer auch eine geringere Verschuldensform als grobe Fahrlässigkeit zu beweisen. 498

Mit der Ausnahme einer arglistigen Obliegenheitsverletzung steht dem Versicherungsnehmer die Möglichkeit eines Kausalitätsgegenbeweises gem. § 82 Abs. 4 VVG offen. 499

Der Versicherungsnehmer ist für sämtliche Tatbestandsvoraussetzungen des Rettungskostenersatzes darlegungs- und beweisbelastet. Beweiserleichterungen, wie bei der Diebstahlsversicherung kommen dem Versicherungsnehmer nicht zugute.[174] Es gilt auch keine Glaubwürdigkeitsvermutung zugunsten des Versicherungsnehmers.[175] Auch eine Parteivernehmung gem. § 448 ZPO ist zum Beweis der Tatbestandsvoraussetzungen des Rettungskostenersatzes nicht geeignet.[176] Eine Parteianhörung des Versicherungsnehmers gem. § 141 ZPO ist beim Fehlen von Zeugen der Rettungshandlung kein Beweismittel. Allerdings kann das Gericht seine Überzeugung gem. § 286 ZPO auch ohne Beweiserhebung gewinnen.[177] 500

▶ **Muster: Klageerhebung – Anspruch auf Rettungskostenersatz** 501

An das Amtsgericht ...

Klage

der Frau ...

– Klägerin –

Prozessbevollmächtigte: RAe ...

gegen

die ... Versicherung AG, vertreten durch den Vorstand, dieser vertreten durch den Vorstandsvorsitzenden, Herrn ..., ...

– Beklagte –

wegen: Versicherungsleistung für Rettungskosten

---

173 *Voit* in: Prölss/Martin, § 83 VVG Rn 9.
174 OLG Düsseldorf zfs 2000, 493, 494; OLG Saarbrücken zfs 2011, 331, 332.
175 OLG Hamm VersR 2004, 1309, 1310.
176 OLG Jena VersR 2001, 855.
177 OLG Düsseldorf zfs 2000, 493, 494.

§ 5 Fahrzeugversicherung (Teilkasko-/Vollkaskoversicherung)

vorläufiger Streitwert: ... EUR

Namens und im Auftrag der Klägerin erheben wir Klage und werden im Termin zur mündlichen Verhandlung folgende Anträge stellen:

1. Die Beklagte wird verurteilt, an die Klägerin ... EUR nebst Zinsen in Höhe von 5 Prozentpunkten über dem Basiszinssatz seit dem ... zu zahlen.
2. Die Beklagte trägt die Kosten des Verfahrens.
3. Das Urteil ist vorläufig, notfalls gegen Sicherheitsleistung, vollstreckbar. Der Klägerin wird gestattet, die Sicherheitsleistung in Form einer Bankbürgschaft einer europäischen Groß- oder Zentralbank oder einer deutschen Sparkasse zu erbringen.
4. Die Beklagte wird bei Vorliegen der gesetzlichen Voraussetzungen gem. §§ 307 und 331 ZPO durch Anerkenntnis- bzw Versäumnisurteil verurteilt.

Begründung:

Die Klägerin ist seit dem ... Versicherungsnehmerin bei der Beklagten. Der Pkw ... mit dem amtl. Kennzeichen ... ist seitdem bei der Beklagten haftpflicht- und kaskoversichert. Die Klägerin begehrt mit dieser Klage Leistungen aus der Kaskoversicherung.

Am ... gegen 20.00 Uhr befuhr die Tochter der Klägerin mit dem oben genannten Fahrzeug die B ... aus ... kommend in Richtung .... Als sie eine längere Gerade zwischen ... und ... passierte, bemerkte sie plötzlich ein vom rechten Fahrbahnrand kommendes Reh in einer Entfernung von ca. 15 m. Um einen Frontalaufprall und einen Schaden zu vermeiden, leitete sie sofort eine Gefahrenbremsung ein und lenkte mit einer leichten Bewegung das Fahrzeug nach links, um dem Reh auszuweichen. Durch die Lenkbewegung brach das Heck des Fahrzeugs nach rechts aus und die Tochter der Klägerin versuchte deshalb sofort, das Fahrzeug durch Gegenlenken wieder zu stabilisieren. Dies gelang ihr nicht. Das Fahrzeug wurde mit einigen Überschlägen um die Längsachse von der Fahrbahn nach links geschleudert und kam anschließend in dem benachbarten Maisfeld auf dem Dach liegend zum Stillstand.

Beweis: Zeugnis der Fahrerin, Frau ...

Die Tochter der Klägerin konnte sich dann aus dem Fahrzeug befreien und informierte das zuständige Polizeirevier, das dann eine entsprechende Wildunfallmeldung aufnahm.

Beweis: 1. Wildunfallmeldung des Polizeireviers ... in Kopie, Anlage ...
        2. Zeugnis des PM ..., zu laden über das Polizeirevier ...

Mit Datum vom ... meldete die Klägerin ihre Ansprüche bei der Beklagten an. Die Beklagte selbst ließ ein Sachverständigengutachten zur Fahrzeugbewertung erstellen, das einen Wiederbeschaffungswert in Höhe von ... EUR ausweist.

Beweis: Fahrzeugbewertung im Auftrag der Beklagten vom ... in Kopie, Anlage ...

Mit Datum vom ... teilte die Beklagte der Klägerin mit, dass die Firma ... für das beschädigte Kfz ein verbindliches Kaufangebot in Höhe von ... EUR abgegeben und die Klägerin dieses Angebot im Rahmen ihrer Schadensminderungspflicht zu beachten habe.

Beweis: Schreiben der Beklagten vom ... in Kopie, Anlage ...

Mit Datum vom ... teilte die Beklagte dann mit, dass sie einen eintrittspflichtigen Wildausweichschaden noch nicht für nachgewiesen halte.

Beweis: Schreiben der Beklagten vom ... in Kopie, Anlage ...

I. Anspruch auf Aufwendungsersatz (Rettungskostenersatz)

Hierauf wurde der Beklagten mit Schreiben vom ... mitgeteilt, dass die Unfallschilderung der Fahrerin ausreichend für den Nachweis sei. Ferner wurde der Beklagten eine Frist zur Erklärung der Einstandspflicht gesetzt.

Beweis: Schreiben an die Beklagte vom ... in Kopie, Anlage ...

Diese Einstandspflicht lehnte die Beklagte mit Schreiben vom ... ab.

Beweis: Schreiben der Beklagten vom ... in Kopie, Anlage ...

Sie befindet sich seitdem mit der Klageforderung, bestehend aus dem Betrag Wiederbeschaffungswert abzüglich Restwert, in Verzug.

Die Beklagte ist entsprechend §§ 90, 83 Abs. 1 VVG für den vermiedenen Wildunfall leistungsverpflichtet.

Bei einer Reaktionszeit von 0,8 Sekunden hätte das Fahrzeug ungebremst eine Strecke von 15,5 m zurückgelegt. Ohne Einleitung einer Bremsung und das Ausweichen wäre es unweigerlich zum Zusammenstoß in Form eines Frontalaufpralls mit dem Reh und damit zum Versicherungsfall „Zusammenstoß mit Haarwild im Sinne des BJagdG" gekommen, da sich das Reh vom rechten Fahrbahnrand auf die Fahrbahn zubewegte.

Durch das Ausweichmanöver der Zeugin ... ist der Eintritt dieses Versicherungsfalls vermieden worden.

Beweis: Zeugnis der Fahrerin, Frau ...

Der Versicherungsfall stand unmittelbar bevor.

Die Fahrerin des Pkws hat alles unternommen, um den Eintritt eines Schadens zu verhindern. Es handelt sich vorliegend um den Ersatz von Aufwendungen für Rettungskosten. Der Anspruch auf Ersatz von auch erfolglosen Rettungskosten besteht dann, wenn die Rettungshandlung erfolgte, um das versicherte Risiko nicht eintreten zu lassen und der Versicherungsnehmer die Rettungshandlung für geboten halten durfte, § 83 Abs. 1 VVG.

Genau eine solche Rettungshandlung hat die Fahrerin des Pkws hier vorgenommen, indem sie durch die Einleitung der Bremsung und das Ausweichen versuchte, einen Schaden durch einen Frontalaufprall mit dem Reh zu vermeiden. Insoweit ist der Schaden insgesamt ersatzfähig.

Nachdem die Beklagte die Regulierung nunmehr endgültig abgelehnt hat, ist Klage geboten.

Rechtsanwalt ◄

▶ **Muster: Klageerwiderung – Anspruch auf Rettungskostenersatz**

An das Amtsgericht ...

Klageerwiderung

In dem Rechtsstreit
... [Klägerin] ./. ... [Beklagte]
Az ...
werden wir beantragen:
1. Die Klage wird abgewiesen.
2. Die Kosten des Rechtsstreits trägt die Klägerin.
3. Der Beklagten wird im Fall einer Verurteilung nachgelassen, die Vollstreckung durch Hinterlegung oder Sicherheitsleistung, welche auch in Form einer Bürgschaft durch eine deutsche Groß-

bank erbracht werden kann, ohne Rücksicht auf eine Sicherheitsleistung der Klägerin abzuwenden.

Begründung:

Die Klage ist unbegründet. Die Klägerin hat gegen die Beklagte keinen Anspruch auf Versicherungsleistung für das in der Klageschrift behauptete Ereignis vom ….

I. Versicherungsverhältnis der Parteien

Es trifft zu, dass am … bei der Beklagten eine Kaskoversicherung für den Pkw … mit dem amtl. Kennzeichen … bestand. Im Rahmen der Kaskoversicherung ist auch das Wildschadensrisiko versichert.

Zu bemerken ist allerdings, dass versicherungsvertraglich eine Selbstbeteiligung von … EUR je Schadensfall vereinbart ist.

Ungeachtet der Berechtigung ihrer Forderung lässt die Klägerin die Selbstbeteiligung unberücksichtigt.

Der Anspruch auf Rettungskostenersatz kann nicht weiter reichen als der Anspruch auf die versicherte Leistung aus dem Teilkaskorisiko, so dass im Fall einer Leistungsverpflichtung der Beklagten die Selbstbeteiligung in Abzug zu bringen ist.

II. Bestrittener Sachverhalt

Die Beklagte bestreitet mit Nichtwissen, dass am … die Tochter der Klägerin mit dem Pkw die B … aus … in Richtung … gefahren sei und auf einer längeren Geraden zwischen … und … plötzlich ein vom rechten Fahrbahnrand kommendes Reh in einer Entfernung von ca. 15 m bemerkt habe und, um einen Frontalaufprall und einen Schaden zu vermeiden, sofort eine Gefahrenbremsung eingeleitet und den Pkw mit einer leichten Bewegung nach links gelenkt habe, um dem Reh auszuweichen.

Ferner bestreitet die Beklagte mit Nichtwissen, dass durch die Lenkbewegung das Heck des Fahrzeugs nach rechts ausgebrochen sei und die Tochter der Klägerin versucht habe, das Fahrzeug durch Gegenlenken wieder zu stabilisieren, ihr dies nicht gelungen sei, da das Fahrzeug einige Überschläge um die Längsachse gemacht habe und von der Fahrbahn nach links geschleudert worden und anschließend in dem benachbarten Maisfeld auf dem Dach liegend zum Stillstand gekommen sei.

III. Keine Beweiskraft der polizeilichen Unfallaufnahme als Wildunfall

Die von der Klägerin vorgelegte Anlage … bietet keinen hinreichenden Beweis für einen tatsächlichen Beinaheunfall mit Wild. Denn die polizeiliche Unfallaufnahme basiert ausschließlich auf Angaben der Fahrerin.

IV. Wildunfall im Sinne der AKB

Da dem Versicherungsvertrag die Allgemeinen Bedingungen für die Kraftfahrtversicherung (AKB) zugrunde liegen, besteht grundsätzlich ein Anspruch auf Versicherungsleistung im Rahmen der versicherten Gefahr „Wildunfall" bei einem tatsächlichen Zusammenstoß mit Haarwild im Sinne des BJagdG.

Unstreitig hat es einen derartigen Zusammenstoß nicht gegeben.

V. Kein Anspruch auf Ersatz von Rettungskosten

Die Tatbestandsvoraussetzungen für einen Anspruch auf Rettungskostenersatz iSd §§ 90, 83 VVG hat die Klägerin nicht bewiesen.

Die Klägerin kann sich auch nicht auf das Zeugnis ihrer Tochter, Frau ..., berufen, da es sich bei dieser Zeugin mindestens um die Repräsentantin der Klägerin handelt. Dies ist deshalb bedeutend, weil, anders als bei Kfz-Entwendungen, dem Versicherungsnehmer bei Wildunfällen bzw Beinahewildunfällen keine Beweiserleichterungen zugutekommen, so dass er den Vollbeweis führen muss (OLG Düsseldorf zfs 2000, 493). Den Vollbeweis kann der Versicherungsnehmer allerdings nicht durch seine Parteivernehmung gem. § 448 ZPO erbringen (OLG Jena VersR 2001, 855).

Entsprechendes muss gelten, wenn an die Stelle des Versicherungsnehmers dessen Repräsentant tritt oder die Kaskoversicherung eine Versicherung für fremde Rechnung (§ 43 VVG) zugunsten des verunfallenden Fahrers darstellt, so dass dessen Verhalten gem. § 47 Abs. 1 VVG dem Versicherungsnehmer zuzurechnen ist.

Der Repräsentantenbegriff ist durch die Befugnis, selbstständig in einem gewissen, nicht ganz unbedeutenden Umfang in Bezug auf die versicherte Sache für den Versicherungsnehmer zu handeln, gekennzeichnet, wobei ein eigenverantwortlicher Umgang mit der versicherten Sache ausreicht (OLG Koblenz zfs 2001, 364, 365).

Vorliegend handelt es sich bei der klägerseits angebotenen Zeugin ... mindestens um die Repräsentantin der Klägerin, wenn nicht sogar um die tatsächliche Eigentumsanwärterin und Fremdversicherungsbegünstigte im Hinblick auf den versicherten Pkw.

Der hier versicherte Pkw ist auf die Tochter und Zeugin ... als Halterin zugelassen. Die Zeugin ... war die regelmäßige und überwiegende Nutzerin und Fahrerin des Pkw, sie trägt auch die Kosten des Fahrzeugs, zB für Pflege und Wartung.

Beweis im Bestreitensfall: Vorlage der Kaskoschadensanzeige, unterzeichnet von der Klägerin und der Zeugin ... vom ... als Anlage ...

Dieser von der Klägerin der Beklagten eingereichten Schadensanzeige, ausgefüllt von der Zeugin ... und von ihr unterzeichnet, hat die Klägerin als Anlage eine Unfallschadensmeldung beigefügt. Unter anderem hat sie dort angegeben: „Da kaum noch Tageslicht vorhanden und die Fahrbahn feucht war, bewegte ich das Fahrzeug entsprechend mit ca. 70 km/h. Etwa 200 bis 300 m vor mir fuhr ebenfalls ein Fahrzeug in meiner Fahrtrichtung. Aus der Ortslage ... kommend befuhr ich gegen 20.00 Uhr eine längere Gerade (zwischen ... und ..., als ich plötzlich ein vom rechten Fahrbahnrand kommendes Tier im Scheinwerferlicht erkannte. Das Tier war etwa 15 m von mir entfernt. Es hatte mindestens die Größe eines ausgewachsenen Rehwildes. Ich betätigte sofort die Bremse und lenkte mit einer leichten Bewegung mein Fahrzeug nach links, um einen möglichen Frontalaufprall und einen Schaden zu verhindern ...."

Beweis: wie vor

Die Angaben der Zeugin ... können nicht stimmen. Denn bei einer Geschwindigkeit von 70 km/h legt ein Fahrzeug in einer Sekunde 19,44 m zurück. Dies bedeutet, dass bei einem in 15 m Entfernung wahrgenommenen Tier die Fahrtstrecke durchfahren worden wäre, ohne dass die Zeugin ... die Möglichkeit einer Reaktion gehabt hätte, da die übliche Reaktionszeit eine Sekunde beträgt. Bei Wahrunterstellung der Angaben der Zeugin ... hätte diese also zwangsläufig mit dem Tier kollidieren müssen. Erst kurz danach hätte sich die Reaktion der Zeugin auswirken können.

Beweis unter Protest gegen die Beweislast: Sachverständigengutachten

Da die Zeugin ... zudem angegeben hat, auch nach links ausgewichen zu sein, hätte sie auch insofern mit dem weiter von rechts nach links laufenden Tier, das zwar die Größe eines Rehs gehabt haben soll, aber kein Reh gewesen sein muss, so dass nicht einmal hinreichend sicher ist, dass es sich bei dem Tier um Haarwild iSv § 2 Abs. 1 Nr. 1 BJagdG gehandelt hat, kollidieren müssen.

Beweis: wie vor

Wie bereits dargelegt, gilt bei Beinahewildunfällen eine Glaubwürdigkeitsvermutung für den Versicherungsnehmer nicht. Selbiges muss auch für den an die Stelle des Versicherungsnehmers tretenden Repräsentanten oder, bei Vorliegen einer Versicherung für fremde Rechnung, im Hinblick auf den wirtschaftlich wahren Versicherten gelten, da dessen Handeln gem. § 47 VVG dem Handeln des Versicherungsnehmers gleichsteht.

Vorliegend bestreitet die Beklagte außerdem mit Nichtwissen, dass das Brems- und Ausweichmanöver objektiv geboten und verhältnismäßig war, um einen Zusammenstoß mit Wild zu vermeiden. Denn das behauptete Ausweichmanöver hat für die Zeugin voraussehbar gegenüber einem Zusammenstoß mit dem behaupteten Wild zu unverhältnismäßig hohen Kosten, nämlich zu einem Unfall mit einem Totalschaden des versicherten Kfz geführt.

Voraussetzung für den Rettungskostenersatz ist, dass das Schadensrisiko nicht größer ist als der ohne die Rettungshandlung drohende Schaden (BGH, Urt. v. 25.6.2003 – IV ZR 276/02). Bei einem Zusammenstoß mit dem Rehwild wäre der versicherte Pkw nur im Frontbereich beschädigt worden, nicht wie hier rundum, es wäre auch kein Totalschaden eingetreten.

Beweis unter Protest gegen die Beweislast: Sachverständigengutachten

Bei Fehleinschätzungen, ob eine Rettungsmaßnahme überhaupt geboten ist, ist das Verhalten des Fahrers, selbst wenn dieser nicht Repräsentant ist, maßgeblich (OLG Hamm VersR 1999, 46, 47).

Der Entschluss der Fahrerin und Zeugin ... auszuweichen, war in Anbetracht der von ihr angegebenen Geschwindigkeit und der Entfernung des Rehs mindestens grob fahrlässig. Der Zeugin hätte klar sein müssen, dass Folge eines Ausweichmanövers ein Unfall mit einem noch höheren Schaden an dem versicherten Kfz als bei einem Zusammenstoß mit dem Reh sein würde.

Die Beklagte bestreitet deshalb auch die erforderliche Kausalität im Hinblick auf das „Gebotensein" der Rettungshandlung.

Hilfsweise beruft sich die Beklagte auf ihr nach § 83 Abs. 3 S. 2 VVG bestehendes Leistungskürzungsrecht. Das Leistungskürzungsrecht ist gem. § 83 Abs. 2 VVG auch auf einen Aufwendungsersatzanspruch des Versicherungsnehmers anzuwenden. Die Beklagte geht von einer Leistungskürzung zu mindestens 60 % aus. Denn der Fahrzeugführerin hätte in Anbetracht der von ihr selbst geschilderten Situation klar sein müssen, dass ein Ausweichmanöver auf jeden Fall zu einem Unfall führen würde, welcher einen höheren Schaden an dem versicherten Kfz verursachen würde als ein Zusammenstoß mit dem behaupteten Reh.

Aus den genannten Gründen ist die Klage abzuweisen.

Rechtsanwalt ◄

I. Anspruch auf Aufwendungsersatz (Rettungskostenersatz) 5

▶ **Muster: Replik – Anspruch auf Rettungskostenersatz** 503

An das Amtsgericht ...

Replik

In dem Rechtsstreit

... [Klägerin] ./. ... [Beklagte]

Az ...

replizieren wir auf den Schriftsatz der Beklagten wie folgt:

Der Anspruch der Klägerin ist begründet. Sie kann sich auf das Zeugnis der Fahrerin zum Unfallzeitpunkt berufen. Die Zeugin ... ist nicht Repräsentantin der Klägerin.

Nach ständiger Rechtsprechung ist Repräsentant, wer in dem Geschäftsbereich, zu dem das versicherte Risiko gehört, aufgrund eines Vertretungs- oder sonstigen Verhältnisses an die Stelle des Versicherungsnehmers getreten ist. Die bloße Überlassung der Obhut über die versicherte Sache allein reicht hierfür grundsätzlich nicht aus (BGH VersR 1996, 1229, 1230).

Das bloße Fahren des versicherten Fahrzeugs durch einen Dritten wird also nicht als Repräsentantenfunktion gewertet. Der Fahrer tut damit nur etwas, was sich im Rahmen des versicherten Risikos hält. Die Kraftfahrzeugversicherung soll den Versicherungsnehmer auch gegen die Gefahren schützen, die aus dem Gebrauch des Kraftfahrzeugs drohen, wenn es Dritten zur Nutzung überlassen wird.

So wurde auch höchstrichterlich entschieden, dass die Überlassung der Obhut über die versicherte Sache kein allgemein gültiges Kriterium für die Beantwortung der Frage darstellt, ob der Versicherungsnehmer für das Verhalten eines Dritten einzustehen hat (BGH VersR 1965, 149).

In einer Übergabe eines Kraftfahrzeugs an einen berechtigten Fahrer liegt im Allgemeinen keine Übertragung einer Risikoverwaltung. Daher hat es der BGH auch abgelehnt, den Dritten, wenn er lediglich der berechtigte Fahrer war, als Repräsentanten des Versicherungsnehmers anzusehen (BGH MDR 1993, 957).

Die Klägerin kann sich somit auf das Zeugnis der Fahrerin, die im Übrigen auch nicht Partei des Rechtsstreits ist, selbst wenn sie als Repräsentanten der Klägerin anzusehen wäre, berufen.

Gerade weil dem Versicherungsnehmer in Rettungskostenfällen wie diesem durch die Rechtsprechung eine Parteivernehmung verwehrt wird, kann er den Beweis nur mithilfe anderer Beweismittel – wie hier des Zeugenbeweises – führen.

Die durch den drohenden Zusammenstoß mit dem Haarwild entstandenen Rettungskosten sind auch ersatzfähig.

Gemäß §§ 90, 83 VVG hat der Versicherungsnehmer für bei der Abwendung des Versicherungsfalls entstandene Aufwendungen einen Ersatzanspruch Hierfür ist nicht Voraussetzung, dass der Versicherungsfall bereits eingetreten ist. Es genügt vielmehr, dass dieser unmittelbar bevorsteht (BGH VersR 1991, 459, 460).

Aufwendungen, die dem Versicherungsnehmer durch die Rettungshandlung entstehen, fallen gem. § 83 VVG, auch wenn sie erfolglos bleiben, dem Versicherer zur Last, soweit der Versicherungsnehmer sie den Umständen nach für geboten halten durfte und ihm dabei keine grobe Fahrlässigkeit vorzuwerfen ist (OLG Schleswig, Urt. v. 1.2.1996, OLGR 1996, 195). Der Anspruch auf Ersatz von Rettungskosten entfällt auch nicht, wenn die Abwendung des Versicherungsschadens lediglich eine „Reflexwirkung" der Rettungshandlung gewesen ist.

Sofern die Voraussetzungen für die Erstattung von Rettungskosten vorliegen, erstreckt sich die danach gegebene Haftung auf Erstattung der sog. Rettungskosten gem. § 83 VVG auf das Versicherungsrisiko insgesamt.

Die von der Zeugin ... geschilderte Fahrweise lässt keinen Schluss darauf zu, dass diese sich grob fahrlässig verhalten hätte. Insbesondere hat die Zeugin sich an die vorgeschriebene Geschwindigkeit gehalten. Selbst wenn sie mit dem Ausweichmanöver falsch reagiert hat, statt die Geschwindigkeit durch Bremsen zu verringern, wiegt ein solcher Fahrfehler der Zeugin nicht so schwer, dass er grob fahrlässig wäre.

Insoweit hat das OLG Frankfurt mit Urteil vom 16.12.1997 (OLGR 1998, 93) entschieden, dass Fahrfehler eine Qualifizierung der Fahrweise als grob fahrlässig im Sinne des – mit § 81 Abs. 1 VVG wortgleichen – § 61 VVG aF nicht zulassen. Mithin kann die Beklagte vorliegend keine grobe Fahrlässigkeit einwenden.

Vorliegend ist zu berücksichtigen, dass die Zeugin eine Circa-Entfernung von 15 Metern angegeben hat. Der Zeugin stand nur ein Bruchteil einer Sekunde für die Entscheidung zur Verfügung. Sie konnte daher nicht eine exakte Berechnung durchführen, ob sie die mögliche Kollisionsstelle gerade noch würde durchfahren können oder einen Frontalaufprall mit dem Rehwild riskierte.

Beweis: wie vor

Die Rettungsmaßnahme war geboten. Die Zeugin musste nicht davon ausgehen, dass das Ausweichmanöver zu einem Totalschaden des Autos führte.

Beweis: 1. Zeugnis der Fahrerin, Frau ..., b.b.
        2. Sachverständigengutachten

Ohne die Rettungshandlung wäre der Versicherungsfall auf jeden Fall eingetreten. Durch das Ausweichmanöver sollte der Eintritt des Versicherungsfalls vermieden werden.

Beweis: wie vor zu 1.

Nach alledem ist die Klage begründet.

Rechtsanwalt ◄

J. Vorläufiger Deckungsschutz

504 Für die Zulassung eines zulassungspflichtigen Kfz muss der Kfz-Halter als Versicherungsnehmer gem. § 1 PflVG das Bestehen einer Kfz-Haftpflichtversicherung in Höhe der gem. § 4 PflVG iVm der dazugehörigen Anlage gesetzlich vorgeschriebenen Mindestdeckungssummen nachweisen. Dies geschieht mit der Vorlage der Versicherungsbestätigung eines Kfz-Haftpflichtversicherers gegenüber der Zulassungsstelle des zuständigen Straßenverkehrsamts. Die technische Fortentwicklung hat dazu geführt, dass der Versicherungsinteressent einer Kraftfahrzeug-Haftpflichtversicherung eine vorläufige Deckungszusage eines Kfz-Versicherers nunmehr in der Regel per E-Mail aber auch per Post in Form einer Codenummer, die er bei der Zulassung des Fahrzeugs angeben muss, erhält. Die Codenummer wird als „elektronische Versicherungsbestätigung" (EVB) bezeichnet und wird durch den Versicherer nur für ein begrenztes Zeitfenster vergeben. Will der Versicherungsnehmer auch sofortigen Kaskoversicherungsschutz erhalten, muss er dies mit dem Versicherer **gesondert vereinbaren**. Denn bei der Kaskoversicherung handelt es sich nicht um eine Pflichtversicherung und die Gewährung vorläufiger Deckung bezieht sich in der Regel nur auf die Kfz-Haftpflichtversicherung. Hierauf

muss der Versicherer zur Vermeidung einer Schadensersatzpflicht den Versicherungsnehmer hinweisen.

Grundlage des vorläufigen Deckungsschutzes sind die gesetzlichen Vorschriften über die vorläufige Deckung in den §§ 49 bis 52 VVG. 505

Nach der bisher geltenden Rechtsprechung hat in der **Übergabe der** (früher gebräuchlichen) **Deckungskarte**[178] die vorläufige Deckung auch für die Kaskoversicherung gelegen, wenn der Versicherungsnehmer gegenüber dem Agenten des Versicherers den Abschluss einer Kaskoversicherung gewünscht hat und der Versicherer die Kaskodeckung nicht ausdrücklich und hervorgehoben ausgeschlossen hat.[179] Selbst wenn der Versicherungsnehmer bei einer telefonischen Anforderung einer Deckungsbestätigung für die Kfz-Haftpflichtversicherung die Absicht des Abschlusses einer Kaskoversicherung geäußert und die Versicherungsbestätigung keine ausdrückliche und hervorgehobene Beschränkung auf den Haftpflichtschutz enthalten hat, hat der Versicherungsnehmer die vorläufige Deckung auch in der Kaskoversicherung erhalten.[180] 506

Da zwar gemäß § 6 Abs. 2 S. 3 VVG für einen Versicherungsvertrag über eine vorläufige Deckung bei einer Pflichtversicherung das Beratungserfordernis für den Versicherer nicht gilt, eine Kaskoversicherung gerade bei neuen Fahrzeugen regelmäßig benötigt und abgeschlossen wird, lässt sich argumentieren, dass der Versicherer den Versicherungsnehmer bzw -interessenten einer vorläufigen Deckung bei einer Kfz-Haftpflichtversicherung erst recht stets darüber zu beraten hat, dass die vorläufige Deckung nicht für eine etwaige vom Versicherungsnehmer auch gewünschte Fahrzeugversicherung gilt. Deswegen wird die unter der Rn 506 dargestellte bisherige Rechtsprechung weiter Anwendung finden. 507

Häufig gewährt der Versicherer dem Versicherungsnehmer die Möglichkeit, für sofortigen Versicherungsschutz auch in der Teil- oder der Vollkaskoversicherung zu sorgen, indem der Versicherer eine entsprechende Deckung gegenüber dem Versicherungsnehmer auf der für die Zulassung erforderlichen Versicherungsbestätigung vermerkt oder – soweit dieses noch praktiziert wird – der Versicherer dem Versicherungsnehmer durch Ankreuzen auf der Versicherungsbestätigung oder Eintragen einer bestimmten Schlüsselzahl eine entsprechende Möglichkeit einräumt. Gebräuchlich ist in der Praxis auch eine Bestätigung über die Gewährung vorläufigen Deckungsschutzes in der Kaskoversicherung durch eine nicht formgebundene schriftliche Erklärung des Versicherers per E-Mail, Fax oder Post. 508

Nach § 49 Abs. 2 S. 1 VVG werden die vom Versicherer zum Zeitpunkt des Vertragsschlusses über die vorläufige Deckung üblicherweise für Verträge über die vorläufige Deckung verwendeten Bedingungen Vertragsbestandteil, auch ohne dass der Versicherer dem Versicherungsnehmer die Bedingungen übermittelt hat. Eine Vorabinformation über die Versicherungsbedingungen muss der Versicherer gem. § 49 Abs. 1 S. 1 VVG nicht leisten. Er muss sie dem Versicherungsnehmer aber mit dem Versicherungsschein nachreichen. Eine Ausnahme hiervon gilt gem. § 49 Abs. 1 S. 2 VVG bei einem Fernabsatzvertrag. Verwendet der Versicherer für Verträge über vorläufige Deckungen keine gesonderten Bedingungen, werden die durch den Versicherer für den Hauptvertrag verwendeten Bedingungen Vertragsbestandteil. Der 509

---

178 Nunmehr gibt es statt der Deckungskarte die genannte elektronische Versicherungsbestätigung.
179 OLG Saarbrücken zfs 2006, 514.
180 OLG Koblenz NJW-RR 2006, 1540.

Versicherer muss darauf nicht hinweisen. Bestehen Zweifel über die geltenden Versicherungsbedingungen wird auf die dem Versicherungsnehmer günstigeren Bedingungen des Versicherers abgestellt, § 49 Abs. 2 S. 2 VVG.

510 **Hinweis:** Passiert dem Versicherungsnehmer ein Kaskoschaden während noch laufender Deckung, muss sich der den Versicherungsnehmer vertretende Rechtsanwalt über die geltenden Bedingungen informieren. Es kann durchaus sein, dass die von dem Versicherer für die vorläufige Deckung verwendeten Bedingungen von den für den Hauptvertrag verwendeten Bedingungen abweichen. So kann es sein, dass die für die vorläufige Deckung verwendeten Bedingungen eine Selbstbeteiligung nicht vorsehen. Auch sollte geprüft werden, ob die für die vorläufige Deckung verwendeten Versicherungsbedingungen überhaupt die Vereinbarung von Obliegenheiten und ggf welchen vorsehen. Denkbar ist auch, dass zB im Rahmen des Hauptvertrages für bestimmtes Fahrzeugzubehör ein Ausschluss gilt oder dieses nur gegen eine Mehrprämie versichert wird, während nach den Bedingungen für die vorläufige Deckung ein derartiger Ausschluss fehlt oder eine Mitversicherung auch ohne Mehrprämie erfolgt.

511 Zu beachten ist, dass es sich bei der Gewährung vorläufiger Deckung in der Kaskoversicherung um einen **eigenständigen Versicherungsvertrag** handelt, der gem. § 52 VVG mit Zustandekommen des Hauptvertrags endet. Kommt der Hauptvertrag nicht zustande, endet die vorläufige Deckung nicht automatisch, wenn das Scheitern des Hauptvertrags nicht auf einem der in § 52 Abs. 3 VVG genannten Gründe des Widerrufs bzw Widerspruchs hat. Scheitert der Hauptvertrag rückwirkend durch die Wirkungen einer Anfechtung von Anfang an, sollte der Versicherer vorsorglich den Vertrag über die vorläufige Deckung kündigen. Bei einer Auflösung des Hauptvertrags durch Rücktritt gilt das Gleiche, da durch den Rücktritt bezüglich des Hauptvertrags ein Rückgewährschuldverhältnis begründet wird.

512 Zu beachten ist, dass auch in den AKB 2015 umfangreiche Regelungen zur vorläufigen Deckung unter der Gliederungsziffer B.2 enthalten sind und ab Ziff. B.2.2 für die Kaskoversicherung spezielle Regelungen bereithält. Danach entfällt die durch den Versicherer gewährte vorläufige Deckung bei vom Versicherungsnehmer zu vertretender Nichtzahlung oder verspäteter Zahlung der Erstprämie rückwirkend. Voraussetzung ist, dass gem. §§ 51, 52 Abs. 1 VVG der Versicherer den Versicherungsnehmer in Textform oder durch einen auffälligen Hinweis im Versicherungsschein zusätzlich umfassend und zutreffend über

- die Rechtsfolgen verspäteter Erstprämienzahlung,
- den Eintritt der Rechtsfolgen nur bei verschuldeter verspäteter Prämienzahlung,
- die Möglichkeit des Erhalts des Versicherungsschutzes bei unverschuldeter Verspätung durch Nachzahlung der Erstprämie

bei der Anforderung der Erstprämie belehrt hat.

513 In den in diesem Buchkapitel genannten Musterbedingungen des GDV der AKB 2015 sind die Regelungen über den rückwirkenden Wegfall des Versicherungsschutzes bei vom Versicherungsnehmer zu vertretender nicht rechtzeitiger Prämienzahlung unter Ziff. B.2.4 enthalten.

514 Regeln zur Beendigung des Vertrags über die vorläufige Deckung sind in § 52 VVG genannt. Danach endet gem. Abs. 1 S. 1 der Vertrag über die vorläufige Deckung spätestens mit dem

Versicherungsschutzbeginn eines geschlossenen Hauptvertrags oder weiteren Vertrages über einen gleichartigen vorläufigen Deckungsschutz (Folge- oder Ablösevertrag).

Die Formulierung des „gleichartigen" Versicherungsschutzes wird vermutlich zu Rechtsauseinandersetzungen zwischen Versicherer und Versicherungsnehmer führen, weil nach diesseitiger Auffassung ein Folge- oder Ablösungsvertrag nur geschlossen werden dürfte, wenn der Nachfolgevertrag von dem zuvor abgeschlossenen Vertrag abweicht, da anderenfalls ein praktisches Bedürfnis für einen Folge- bzw Ablösevertrag nicht ersichtlich ist. Deshalb sollte der Versicherer in einem derartigen Fall sicherheitshalber von der ihm gem. § 52 Abs. 4 VVG eingeräumten Kündigungsmöglichkeit Gebrauch machen.

Hat der Versicherer den Beginn des Versicherungsschutzes des Hauptvertrags oder eines Folge- bzw Ablösevertrags von der Zahlung der Prämie durch den Versicherungsnehmer abhängig gemacht (dieses wird die Regel sein), endet der Vertrag über die vorläufige Deckung bei Nichtzahlung oder verspäteter Zahlung der Prämie spätestens zu dem Zeitpunkt, zu dem der Versicherungsnehmer mit der Prämienzahlung in Verzug kommt. Dieses setzt allerdings voraus, dass der Versicherer den Versicherungsnehmer durch eine gesonderte in Textform ergangene Mitteilung oder durch einen auffälligen Hinweis im Versicherungsschein auf diese Rechtsfolge hingewiesen hat, § 52 Abs. 1 S. 2 VVG.

Erleidet der Versicherungsnehmer in dem Zeitraum der vorläufigen Deckung einen Kaskoschaden und hat er die für den Hauptvertrag fällige Erstprämie nicht bzw nicht rechtzeitig gezahlt, trifft den Versicherer eine Verrechnungspflicht, wenn der Entschädigungsanspruch aus der Kaskoversicherung zur Abdeckung der Erstprämie ausreichend werthaltig ist. Der Versicherer kann sich dann nicht auf Leistungsfreiheit wegen Verzugs des Versicherungsnehmers mit der Erstprämie berufen.[181]

K. Das Sachverständigenverfahren gem. § 84 VVG bzw. Ziff. A.2.6 AKB 2015

Bei dem in § 84 VVG iVm Gliederungs-Ziffer A.2.6.1 der genannten Musterbedingungen des GDV geregelten Sachverständigenverfahren handelt es sich um ein zwischen Versicherer und Versicherungsnehmer vereinbartes Schiedsverfahren. Das Sachverständigenverfahren wird durchgeführt, wenn zwischen Versicherungsnehmer und Versicherer Streit über die Schadenshöhe, einschließlich der Höhe des Wiederbeschaffungswerts, oder über den Umfang der erforderlichen Wiederherstellungsarbeiten und -kosten besteht.

In der genannten Ziffer der AKB 2015 wird das Sachverständigenverfahren bei ausschließlichen Meinungsverschiedenheiten nur über die Schadenshöhe als nunmehr verpflichtend („muss vor Klageerhebung einen Sachverständigenausschuss entscheiden") vorgeschrieben.

Hinweis: Mit der Fahrzeugversicherung bzw dem Versicherungsrecht nicht vertraute Rechtsanwälte übersehen häufig das vertraglich vereinbarte Schiedsverfahren, so dass die Erhebung einer Klage ohne Beachtung des Sachverständigenverfahrens einen anwaltlichen Fehler darstellt, wenn Streit nur über die Höhe der Versicherungsleistung besteht. Erhebt der Versicherer im Rechtsstreit den Einwand des mangelnden Sachverständigenverfahrens, ist eine Klageabweisung mangels Fälligkeit der Versicherungsleistung die Folge, es sei denn, der Versicherer

---

[181] BGH VersR 1985, 877, 878; OLG Köln VersR 1998, 1104, 1105; OLG Hamm VersR 1996, 1408; OLG Koblenz VersR 1995, 527.

hat durch sein vorprozessuales Verhalten zu erkennen gegeben, dass der Geltendmachung der Versicherungsleistung auf dem Gerichtsweg die mangelnde Durchführung des Sachverständigenverfahrens nicht entgegensteht.[182] Ist das Sachverständigenverfahren nach der im Einzelfall zu beachtenden AKB-Fassung sogar verpflichtend vorgeschrieben, fehlt dem Versicherungsnehmer für eine Klage bei zuvor nicht durchgeführtem Sachverständigenverfahren das notwendige Rechtsschutzbedürfnis.

521 Hat der Versicherer seine Leistungspflicht allerdings dem Grunde nach abgelehnt, kann er sich nicht mehr auf die Durchführung des Sachverständigenverfahrens berufen. Demgegenüber ist dem Versicherungsnehmer auch nach Ablehnung der Versicherungsleistung durch den Versicherer die Erhebung nur einer Feststellungsklage auf Gewährung der Versicherungsleistung dem Grunde nach unter Hinweis auf das später von ihm beabsichtigte Sachverständigenverfahren möglich.

522 Dem Versicherer steht es frei, sich zu seiner Klageverteidigung auf die mangelnde Durchführung des Sachverständigenverfahrens zu berufen. Er kann auf den Einwand verzichten; eine Berücksichtigung des Sachverständigenverfahrens von Amts wegen findet nicht statt.[183]

523 Wird das Sachverständigenverfahren durchgeführt, sind die dort getroffenen Feststellungen verbindlich. Die Feststellungen sind lediglich unter den Voraussetzungen des § 84 Abs. 1 VVG angreifbar, wenn sie offenbar von der wirklichen Sachlage erheblich abweichen.

524 Die Art und Weise der Durchführung des Sachverständigenverfahrens ist in den AKB geregelt. Die gem. Ziff. A.2.6.2 AKB zu beachtende Zweiwochenfrist eines Vertragspartners, wenn der andere Vertragspartner zuvor einen Sachverständigen benannt hat, sollte durch den den Versicherungsnehmer vertretenden Rechtsanwalt in seinem Fristenkalender notiert werden. Natürlich sollte der durch den Versicherungsnehmer zu benennende Sachverständige gegenüber dem Versicherer mit einem Zugangsnachweis, zB mit Einschreiben und Rückschein, benannt werden. Selbstverständlich reicht es auch, wenn der Versicherungsnehmeranwalt den Sachverständigen gegenüber dem Versicherer per Fax benennt und sich dann telefonisch durch sein Kanzleipersonal über den Zugang rückvergewissert oder er sich rechtzeitig den Zugang durch den Versicherer per Fax bestätigen lässt.

525 Umgekehrt sollte auch der Versicherer auf einer unbedingten Einhaltung der Zweiwochenfrist achten, wenn der Versicherungsnehmer zuvor seinen Sachverständigen benannt hat. Natürlich gilt auch hier das Gebot eines Zugangsnachweises zur Beweissicherung.

526 Wenn der das Sachverständigenverfahren wünschende Vertragspartner seine schriftliche Benennung des Sachverständigen gegenüber dem anderen Vertragspartner mit empfohlenem Zugangsnachweis vorgenommen hat, kann er die dann für den Vertragspartner laufende Frist genau berechnen und bei Versäumung der Frist durch den anderen Vertragspartner seinerseits sofort einen zweiten Sachverständigen benennen. Eine bestimmte Form für die Sachverständigenbenennung ist nicht vorgeschrieben. Die vom Versicherungsnehmer und dem Versicherer benannten Sachverständigen müssen zur Wirksamkeit des Verfahrens den Obmann vor Beginn des Sachverständigenverfahrens benennen.

---

182 OLG Saarbrücken VersR 1996, 882; OLG Köln SP 2002, 210; LG Köln SP 2003, 106.
183 *Knappmann*, in: Prölss/Martin, AKB 2008 A.2.17 Rn 2.

K. Das Sachverständigenverfahren gem. § 84 VVG bzw. Ziff. A.2.6 AKB 2015

Eine typische Vorkorrespondenz zu einem Sachverständigenverfahren sowie ein Musterschreiben für die Einleitung eines Sachverständigenverfahrens gem. Ziff. A.2.6.2 AKB 2015 ist nachfolgend dargestellt.

▶ **Muster: Aufforderungsschreiben an den Fahrzeugversicherer**

An die ... Versicherungs AG

Versicherungsschein- bzw Schadensnummer: ...

Sehr geehrte Damen und Herren,

wir erlauben uns anzuzeigen, dass uns Herr ..., ... [Anschrift], mit der Vertretung seiner Interessen beauftragt hat. Es geht um den von Ihnen mit Schreiben vom ... regulierten Teilkaskoschaden bezüglich des entwendeten Fahrzeugs, Pkw ..., amtl. Kennzeichen ..., unseres Mandanten. Leider ist die erbrachte Versicherungsleistung nicht ausreichend. Denn der von Ihnen mit ... EUR zugrunde gelegte Wiederbeschaffungswert ist zu gering.

Bekanntlich hat unser Mandant am ... ein Wertgutachten eines freien Sachverständigen eingeholt. Der Sachverständige hat einen Wiederbeschaffungswert von ... EUR ermittelt. Derselbe Sachverständige hat dann am ... einen Wiederbeschaffungswert des entwendeten Kfz mit ... EUR festgestellt. Kurz vor der Entwendung hatte das Fahrzeug unseres Mandanten am ... einen Unfall. Auch die Höhe des Unfallschadens hat unser Mandant am ... gutachterlich schätzen lassen. Danach ergab sich ein Unfallschaden in Höhe von ... EUR.

Unter Berücksichtigung des vorgenannten Unfallschadens vom ... betrug der Fahrzeugwert zum Zeitpunkt der Entwendung, da der Pkw noch nicht repariert gewesen war, ... EUR.

Unter Berücksichtigung der versicherungsvertraglich vereinbarten Selbstbeteiligung unseres Mandanten in Höhe von ... EUR hat er Anspruch auf eine Versicherungsleistung in Höhe von ... EUR.

Nach Abzug des von Ihnen in Höhe von ... EUR geleisteten Betrags aus dem Schreiben vom ... ergibt sich somit noch eine Forderung unseres Mandanten in Höhe von

... EUR.

Wir haben Sie aufzufordern, zur Vermeidung eines Verzugs die vorgenannte Summe bis zum

...

zu regulieren.

Mit freundlichen Grüßen

Rechtsanwalt ◀

▶ **Muster: Ablehnungsschreiben des Fahrzeugversicherers**

An die Rechtsanwälte ...

Ihr Zeichen: ...

Sehr geehrter Herr Rechtsanwalt ...,

beim Wertgutachten muss ein EDV-Eingabefehler vorliegen. Der ausgewiesene Wert erreicht nahezu den Neupreis. Des Weiteren lag die Fahrleistung des Fahrzeugs vor dem Diebstahl rund 50.000 km höher.

Der Wert der Fahrzeugbewertung von der Kfz-Sachverständigen GmbH entspricht der Marktlage für den gestohlenen Pkw ..., Baujahr ...

Mit freundlichen Grüßen

[Unterschrift] ◀

§ 5 Fahrzeugversicherung (Teilkasko-/Vollkaskoversicherung)

530 ▶ **Muster: Antwortschreiben an den Fahrzeugversicherer**

An die ... Versicherungs AG

Versicherungsschein- bzw Schadensnummer: ...

Sehr geehrte Damen und Herren,

unter Bezugnahme auf Ihr Schreiben vom ... dürfen wir mitteilen, dass ein EDV-Eingabefehler nicht vorliegt. Das Fahrzeug unseres Mandanten war nämlich nicht serienmäßig, wie ein Blick in die unter der Überschrift „Sonder-Zubehör" erfolgte Auflistung ergibt.

Unser Mandant möchte deshalb das Sachverständigenverfahren gem. Ziff. A.2.6 AKB durchführen und benennt als seinen Sachverständigen Herrn Dipl.-Ing. ... [Name und Anschrift].

Mit freundlichen Grüßen

Rechtsanwalt ◀

531 Hinweis: Der Versicherer muss nun innerhalb von zwei Wochen seinerseits einen Sachverständigen benennen, andernfalls kann der Versicherungsnehmer auch den zweiten Sachverständigen benennen.

532 ▶ **Muster: Sachverständigenbeauftragung**

An das Kfz-Sachverständigenbüro ...

Betr.: Durchführung eines Sachverständigenverfahrens gem. Ziff. A.2.6 AKB für Herrn ...

Sehr geehrter Herr ...,

wir vertreten die Interessen des o.g. Herrn ... in einer Auseinandersetzung mit der ... Versicherungs AG, ...

Die Auseinandersetzung betrifft den entwendeten Pkw ... unseres Mandanten mit dem amtl. Kennzeichen .... Der Vorgang ist Ihnen bekannt, da Sie unter dem ... eine Fahrzeugbewertung des entwendeten Pkw ... unter Ihrer Gutachten-/Kalkulations-Nr. ... vorgenommen haben.

Entgegen dem von Ihnen festgestellten Wiederbeschaffungswert geht die ... Versicherungs AG, auf der Grundlage einer Fahrzeugbewertung der Kfz-Sachverständigen GmbH, von einem Wiederbeschaffungswert mit Mehrwertsteuer in Höhe von ... EUR aus.

Wir überreichen hierzu die Kopie der Fahrzeugbewertung der Kfz-Sachverständigen GmbH vom ... sowie eine Kopie des Telefaxes der ... Versicherungs AG vom ..., mit welchem diese zur Durchführung des Sachverständigenverfahrens den Sachverständigen Dipl.-Ing. ... benennt.

Soweit Sie zur Durchführung des Verfahrens weitere Unterlagen oder Informationen benötigen, bitten wir höflichst um entsprechende Bekanntgabe. Wir gehen davon aus, dass Ihrerseits das Sachverständigenverfahren eingeleitet wird, und bitten insofern höflichst um kurzfristige schriftliche Bestätigung. Eine Kopie dieses Schreibens haben wir auch an die ... Versicherungs AG zur Kenntnisnahme übersandt.

Mit freundlichen Grüßen

Rechtsanwalt ◀

▶ **Muster: Weiteres Schreiben an den Fahrzeugversicherer nach Durchführung des Sachverständigenverfahrens**

An die ... Versicherungs AG

Versicherungsschein- bzw Schadensnummer: ...

Sehr geehrte Damen und Herren,

in oben genannter Angelegenheit wird das vorgenannte Sachverständigenverfahren nicht anerkannt.

Zunächst genügt das Sachverständigenverfahren nicht den formellen Anforderungen. Denn grundsätzlich ist nach höchstrichterlicher Rechtsprechung im Rahmen der Durchführung des Sachverständigenverfahrens vor dessen Beginn von den Sachverständigen ein Obmann zu wählen (BGH VersR 1989, 910). Im vorliegenden Fall haben die Sachverständigen keinen Obmann durch Wahl benannt.

Auch inhaltlich weist das Gutachten erhebliche Mängel auf.

Die zum Zeitpunkt des Fahrzeugdiebstahls vorhandene Leistungssteigerung wurde nicht berücksichtigt. Im Protokoll des Sachverständigenverfahrens heißt es dort unter Ziff. 7, dass die angegebene Leistungssteigerung anhand der vorhandenen gültigen AKB nicht versichert gewesen sei.

Wir dürfen hierzu darauf hinweisen, dass nach der AKB-Bestimmung A.2.1.2.2 der AKB 2015 (Mitversicherte Teile) zugelassene Veränderungen am Fahrwerk und/oder Triebwerk zur Leistungssteigerung mitversichert sind.

Bezüglich des Vorschadens ist eine Nichtreparatur desselben zum Zeitpunkt des Fahrzeugdiebstahls unstreitig.

Der Vorschaden wurde durch die Sachverständigen in Höhe von ... EUR, also brutto, in Abzug gebracht, obwohl wegen der nicht erfolgten Reparatur des Vorschadens hier nur ... EUR (netto) zu berücksichtigen gewesen wären.

Gemäß § 84 Abs. 1 S. 1 VVG ist die von den Sachverständigen getroffene Feststellung damit nicht verbindlich.

Unseres Erachtens bieten sich damit zwei Lösungsmöglichkeiten: Entweder wird zwischen Ihnen und unserem Mandanten außergerichtlich ein anderweitiges Einvernehmen erzielt oder unser Mandant müsste seine Ansprüche auf dem Gerichtsweg verfolgen.

Wir erwarten hierzu Ihre Stellungnahme und ggf auch ein Angebot.

Für Ihre Antwort haben wir uns den

...

vorgemerkt.

Mit freundlichen Grüßen

Rechtsanwalt ◄

L. Quotenvorrecht des Versicherungsnehmers gem. § 86 Abs. 1 S. 2 VVG und Anspruchsübergang auf den Versicherer

Im Fall eines Verkehrsunfalls eines vollkasko- oder auch nur teilkaskoversicherten[184] Kfz wirkt sich bei einer Mitschuld bzw einer Mitverursachung des Fahrers des kaskoversicherten Fahrzeugs das zugunsten des Versicherungsnehmers eingreifende Quotenvorrecht bei einer

---

184 Der Versicherungsnehmer kann für den Glasbruchschaden seinen Teilkaskoversicherer in Anspruch nehmen.

Inanspruchnahme der Kaskoversicherung für den Versicherungsnehmer günstig aus. Das Quotenvorrecht beruht auf § 86 Abs. 1 S. 2 VVG. Aus dieser Vorschrift ergibt sich, dass sich die Inanspruchnahme der Vollkaskoversicherung und der damit cessio legis verbundene Übergang des Schadensersatzanspruchs des Versicherungsnehmers auf den Versicherer nicht zum Nachteil des Versicherungsnehmers auswirken. Daher bleibt der Kfz-Haftpflichtversicherer des Mitschädigers in Höhe seiner Haftungsquote zum Schadensersatz verpflichtet, auch wenn der Versicherungsnehmer einen Teil seines Schadens durch seinen Kaskoversicherer ersetzt bekommen hat. Das Quotenvorrecht greift auch, wenn der Mieter eines Kraftfahrzeugs mit dem Vermieter gegen Entgelt eine Haftungsbefreiung mit Selbstbeteiligung vereinbart hat.[185]

535 Quotenbevorrechtigt ist allerdings nur der sog. **kongruente Schaden**, während inkongruente Schäden, also Schäden die nicht Gegenstand der Kaskoversicherung sind, durch den Kfz-Haftpflichtversicherer des Mitschädigers in Höhe der Haftungsquote auszugleichen sind. Kongruent sind im Regelfall alle Schadenspositionen, die ihrer Art nach in den Schutzbereich des Kaskoversicherungsvertrags fallen und der Wiederherstellung des beschädigten Fahrzeugs dienen. Dabei ist der Grundsatz „Kongruenz geht vor Differenz" zu beachten.[186]

536 Zu den quotenbevorrechtigten Ansprüchen gehören der Fahrzeugschaden, also die Reparaturkosten oder die Aufwendungen einer Wiederbeschaffung abzüglich eines etwaigen Restwerts, erforderliche Ab- und Anmeldekosten, eine etwaige Wertminderung,[187] die Kosten eines Schadensgutachtens und die Abschleppkosten.[188]

537 Es wird auch darüber diskutiert ist aber streitig, ob auch **Rechtsanwaltsgebühren**, die für die Inanspruchnahme der Vollkaskoversicherung angefallen sind, zu den erforderlichen und damit ersatzfähigen quotenbevorrechtigten Ansprüchen gehören. Eine eindeutige Rechtsprechung hat sich hierzu noch nicht herausgebildet. Nach Meinung des Verfassers sollte es für die Beurteilung einer Ersatzfähigkeit bzw Nichtersatzfähigkeit einerseits darauf ankommen, ob der Kfz-Haftpflichtversicherer des Unfallgegners und Mitschädigers mit der Regulierung des Kfz-Schadens und des zum Kfz-Schaden gehörenden Folgeschadens in Verzug gewesen ist, andererseits aber auch darauf, ob für die Inanspruchnahme der Vollkaskoversicherung die Beauftragung eines Rechtsanwalts erforderlich gewesen ist. Eine diesbezügliche Erforderlichkeit ist bei einer unproblematischen Inanspruchnahme des Vollkaskoversicherers nicht gegeben.[189]

538 Für die Höhe der vom Kaskoversicherer aufgrund des Quotenvorrechts des Versicherungsnehmers zu erbringenden Versicherungsleistung ist es gleichgültig, ob der Versicherungsnehmer seine Vollkaskoversicherung vor einer Regulierung des Kfz-Haftpflichtversicherers des Mitschädigers oder danach in Anspruch nimmt.

---

185 BGH zfs 2010,265, 266, 267.
186 Zu Einzelheiten im Hinblick auf kongruente bzw inkongruente Schadenspositionen vgl in diesem Buch § 3 Rn 83 ff; Haus/Krumm/Quarch/*Link/Moos*, , AKB 2008 Rn 37; Haus/Krumm/Quarch/*Zeycan*, § 254 BGB Rn 128 sowie Haus/Krumm/Quarch/*Link/Moos*, § 86 VVG Rn 9 ff; *Janeczek* in: Kroiß, FormularBibliothek Zivilprozess, Teilband: Verkehr/Schaden/Versicherung, § 1 Rn 89–97, mit Beispielsfällen und -berechnungen.
187 Bei Leasingfahrzeugen ist für die Wertminderung nach den Leasingbedingungen häufig der Leasinggeber direkt anspruchsberechtigt.
188 BGH VersR 1982, 283, 284; 1982, 383, 384, 385.
189 OLG Karlsruhe r+s 1990, 303; NJW-RR 1990, 929; OLG Stuttgart DAR 1989, 27; OLG Dresden, Urt. v. 24.3.2003 – 18 U 1655/02.

Alle zu den quotenbevorrechtigten Schadenspositionen nicht genannten Schadenspositionen, wie zB Mietwagenkosten, Nutzungsausfallentschädigung und auch der sog. **Rückstufungsschaden**, sind, da sie von der Vollkaskodeckung nicht erfasst sind, in Höhe der vom Unfallgegner zu tragenden Haftungsquote von diesem bzw von dessen Kfz-Haftpflichtversicherer zu ersetzen.

539

Bei einer Abrechnung unter Berücksichtigung des Quotenvorrechts ist die Leistung des Vollkaskoversicherers der Höhe nach auf den Betrag begrenzt, den er maximal aus dem Versicherungsvertrag zu regulieren hätte.

540

Das früher in § 67 Abs. 3 VVG aF geregelte Familienprivileg erfasst gem. § 86 VVG nunmehr jede bei Eintritt des Schadens mit dem Versicherungsnehmer in häuslicher Gemeinschaft lebende Person, sofern diese den Versicherungsfall nicht vorsätzlich herbeigeführt hat.

541

Nimmt der Versicherungsnehmer seine Kaskoversicherung unter Berücksichtigung des Quotenvorrechts in Anspruch, hat er gegen den Schädiger/Mitschädiger einen Schadensersatzanspruch im Hinblick auf die Rückstufung seines Schadensfreiheitsrabatts in Form der anfallenden Mehrprämien in Höhe der Haftungsquote des Schädigers/Mitschädigers. Dabei ist darauf zu achten, dass nach ständiger und höchstrichterlicher Rechtsprechung im Hinblick auf die zukünftig entstehenden Mehrprämien mangels deren Fälligkeit nur eine Feststellungsklage zulässig ist. Der bereits eingetretene und durch eine Mehrprämie bezifferbare Rückstufungsschaden kann mit der Leistungsklage geltend gemacht werden.

542

Als gesetzliche Obliegenheit hat der Versicherungsnehmer gem. § 86 Abs. 2 VVG die Rechte des Versicherers und dessen Ansprüche zu schützen und zu wahren sowie dem Versicherer bei der Durchsetzung der Rechte zu helfen. Eine Verletzung dieser Obliegenheit führt bei Vorsatz auch hier zur Leistungsfreiheit des Versicherers in dem Umfang, in dem der Versicherer wegen der Obliegenheitsverletzung seinen Ersatzanspruch gegen den Dritten nicht durchsetzen kann. Bei grob fahrlässiger Obliegenheitsverletzung, auch hier muss sich der Versicherungsnehmer von der vermuteten groben Fahrlässigkeit entlasten, ist der Versicherer zu einer im Hinblick auf die Schwere des Verschuldens des Versicherungsnehmers verhältnismäßigen Leistungskürzung berechtigt.

543

M. Der Rückforderungsprozess des Versicherers

Es kommt durchaus nicht selten vor, dass ein Fahrzeugversicherer eine Versicherungsleistung unter Vorbehalt erbringen muss. Gründe hierfür können sein, dass sich der Versicherer bezüglich seiner Eintrittspflicht dem Grunde nach noch nicht sicher ist oder die Höhe der Versicherungsleistung noch nicht vollständig festgestellt worden ist. Außerdem hat der Versicherungsnehmer gem. Ziff. A.2.7.2 AKB einen Anspruch auf einen angemessenen Vorschuss, wenn der Versicherer seine Zahlungspflicht zwar dem Grunde nach, aber noch nicht der Höhe nach innerhalb eines Monats seit der Schadensanzeige festgestellt hat. Fällt der Vorschuss bzw die gezahlte Versicherungsleistung zu hoch aus, muss der Versicherer die überzahlte Summe zurückfordern.

544

Der Rückforderungsanspruch richtet sich nach §§ 812 ff BGB. Für die Voraussetzungen des Rückforderungsanspruchs ist der Versicherer wie auch sonst jeder Anspruchsteller eines Bereicherungsanspruchs vollständig darlegungs- und beweisbelastet. Erfolgt zB eine Rückforderung des Versicherers im Fall einer für eine Fahrzeugentwendung gezahlten Vorschuss- oder

545

§ 5 Fahrzeugversicherung (Teilkasko-/Vollkaskoversicherung)

Versicherungsleistung, trägt der Versicherer grundsätzlich die Beweislast dafür, dass der seiner Zahlung zugrunde liegende Versicherungsfall „Entwendung" nicht stattgefunden hat. Der Versicherer kann sich dabei nicht auf Beweiserleichterungen berufen.[190]

546 Anders als im Prozess des Versicherungsnehmers Entschädigungsleistung trägt der Versicherer im Rückforderungsprozess gegen den Versicherungsnehmer die Darlegungs- und Beweislast für die nachteiligen Folgen einer Aufklärungspflichtverletzung des Versicherungsnehmers.[191] Daraus ergibt sich:

547 Der Versicherer muss im Rückforderungsrechtsstreit die für die Regulierung nachteilige Kausalität einer Obliegenheitsverletzung des Versicherungsnehmers, dessen Verschulden (also die Verschuldensform des Versicherungsnehmers, mindestens muss grobe Fahrlässigkeit, weil bei darunter liegendem Verschulden schon keine Obliegenheitsverletzung vorliegt) sowie eine § 28 Abs. 4 VVG entsprechende Belehrung des Versicherungsnehmers darlegen und beweisen.

548 Gelingt dem Versicherer der Nachweis einer **vorsätzlichen und arglistigen Obliegenheitsverletzung** des Versicherungsnehmers, muss der Versicherer entsprechend § 28 Abs. 3 S. 2 VVG keine für die Regulierung nachteilige Kausalität darlegen.

549 Nach Meinung des Verfassers muss der Versicherer bei einer entweder vorsätzlichen oder grob fahrlässigen Obliegenheitsverletzung des Versicherungsnehmers allerdings nicht einen dem Versicherungsnehmer nicht möglichen Kausalitätsgegenbeweis beweisen. Denn die zu einem derartigen Beweis notwendigen Tatsachen und Umstände können sich regelmäßig nur aus der Sphäre des Versicherungsnehmers ergeben, so dass der Versicherer im Regelfall hierüber keine Kenntnisse hat und er demzufolge hierzu nichts darlegen kann.

550 Der Versicherer hat im Vorfeld seiner unter Vorbehalt beabsichtigten Zahlung Möglichkeiten, seine Rechtsposition im Hinblick auf eine Darlegungs- und Beweissituation zu verbessern. Der Versicherungssachbearbeiter sollte diese Möglichkeiten kennen und von ihnen Gebrauch machen. Denn der Verfasser hat festgestellt, dass unter Vorbehalt geleistete Zahlungen vielfach gedankenlos formuliert sind[192] und deshalb im Ergebnis der erklärte Vorbehalt für den Versicherer keine günstigere Rechtswirkung entfaltet.

551 Nach höchstrichterlicher Rechtsprechung kann ein erklärter Vorbehalt im Regelfall zwei Bedeutungen haben:[193]

- Zum einen ist denkbar, dass der Schuldner ein Anerkenntnis nicht herbeiführen und die Wirkung des § 814 BGB ausschließen will.
- Zum anderen kann der Schuldner bezweckt haben, dem Zahlungsempfänger die Beweislast für das Bestehen des Anspruchs aufzuerlegen.[194]

552 Erfolgt eine Zahlung nur „**unter Vorbehalt der Rückforderung**", ist eine solche Erklärung regelmäßig auslegungsbedürftig. Die Auslegung erfolgt bekanntlich aus der Sicht des Empfängerhorizonts, dh nach dem Verständnis eines durchschnittlichen Empfängers.

---

190 BGH VersR 1993, 1007.
191 BGH VersR 2008, 241.
192 ZB wenn es lediglich heißt: unsere Zahlung erfolgt „unter Vorbehalt der Rückforderung", und zugleich mit der Erklärung die Zahlung vorgenommen wird.
193 BGH NJW 1984, 2826.
194 Vgl zur Beweislast bei Rückforderung einer Vorbehaltsleistung OLG Koblenz VersR 2011, 110.

Damit möglichst kein Streit über eine vorzunehmende Auslegung entsteht, sollte der Versicherungssachbearbeiter die Vorbehaltserklärung so klar und deutlich wie möglich formulieren, um dem Versicherer die gewünschte Rechtsposition möglichst umfassend zu sichern. Insofern sollte der Versicherungssachbearbeiter unter Berücksichtigung der vorgenannten höchstrichterlichen Rechtsprechung nicht nur klarstellen, dass mit der unter Vorbehalt zu leistenden Zahlung ein Anerkenntnis nicht erklärt werden soll, außerdem die Wirkungen des § 814 BGB ausgeschlossen werden sollen, sondern auch, dass den Versicherungsnehmer trotz der Vorbehaltszahlung eindeutig die Darlegungs- und Beweislast für das Bestehen des Anspruchs treffen soll.

Dem Versicherer ist hierbei insbesondere zu empfehlen, dass er nicht zugleich mit seiner Vorbehaltserklärung die Zahlung an den Versicherungsnehmer vornimmt, sondern mit dem Versicherungsnehmer erst eine Vorbehaltsvereinbarung schließt und erst danach die Zahlung erfolgt. In der Vereinbarung sollte der Versicherer seine Gründe für den Vorbehalt fixieren.

▶ **Muster: Vorbehaltsvereinbarung zwischen Versicherer und Versicherungsnehmer**

An Herrn/Frau ...

Versicherungsschein- bzw Schadensnummer: ...

Sehr geehrte(r) Herr/Frau ...,

Sie haben uns mit Schadensanzeige vom ... einen Fahrzeugdiebstahl Ihres bei uns teilkaskoversicherten Kfz angezeigt. Aufgrund des von Ihnen angegebenen polizeilichen Aktenzeichens sind wir um die Einsichtnahme in die Ermittlungsakte bemüht. Die zuständige Staatsanwaltschaft hat uns mitgeteilt, dass die Akte derzeit wegen laufender Ermittlungen unabkömmlich ist. Eine Akteneinsicht wurde uns frühestens nicht vor Ablauf von sechs Wochen avisiert. Sie haben mit ihrem Schreiben vom ... gem. Ziff. A.2.7.2 AKB eine Vorschusszahlung von uns erbeten. Ihrem Wunsch möchten wir gern entsprechen.

Vor unserer Zahlung klären wir Sie darüber auf, dass wegen der noch nicht erfolgten Akteneinsicht in die Ermittlungsakte unsere Entscheidung über einen dem Grunde und der Höhe nach zu entschädigenden Versicherungsfall noch nicht getroffen werden kann. Wir bitten deshalb um Verständnis, dass wir die Vorschusszahlung nur unter Vorbehalt erbringen können. Mit dem Vorbehalt stellen wir klar, dass mit der Vorschusszahlung weder ein Anerkenntnis beabsichtigt ist, noch mit der Zahlung ein Verzicht auf eine Rückforderung gem. §§ 812 ff BGB verbunden ist.

Weiter stellen wir klar, dass im Fall einer teilweisen oder vollständigen Rückforderung der Vorschusszahlung durch uns die vollständige Darlegungs- und Beweislast für das Bestehen des Anspruchs auf die Versicherungsleistung bei Ihnen verbleibt. Dieses bedeutet für den konkreten Fall, dass Sie im Fall unserer Rückforderung das von der Rechtsprechung verlangte „äußere Bild eines Fahrzeugdiebstahls" vollständig darzulegen und zu beweisen haben und unsererseits sämtliche Einwendungsmöglichkeiten gegen den Grund und die Höhe des Anspruchs auf Versicherungsleistung erhalten bleiben.

Wir dürfen Sie deshalb um Ihr Einverständnis mit den genannten Vorbehaltszahlungsbedingungen bitten.

Für ihre Einverständniserklärung haben wir dieses Schreiben noch einmal in Kopie beigefügt. Wir bitten Sie, die Erklärung nach Unterzeichnung auf der für Ihr Einverständnis vorgesehenen Unterschriftszeile mit dem ebenfalls für Sie beigefügten Freiumschlag zurückzusenden.

§ 5 Fahrzeugversicherung (Teilkasko-/Vollkaskoversicherung)

Nach Rücklauf der Einverständniserklärung werden wir die Vorauszahlung anweisen.

Mit freundlichen Grüßen ◄

556 ▶ **Muster: Klageschrift – Rückforderung einer Vorbehaltszahlung des Versicherers**

An das Landgericht ...

Klage

der ... Versicherung AG, vertreten durch den Vorstand, dieser vertreten durch den Vorstandsvorsitzenden, Herrn ...,

– Klägerin –

Prozessbevollmächtigte: RAe ...

gegen

Herrn ...

– Beklagter –

wegen: Rückforderung einer unter Vorbehalt gezahlten Versicherungsleistung aus Fahrzeugteilversicherung

vorläufiger Streitwert: ... EUR

Wir zeigen die nunmehrige Vertretung der oben bezeichneten Klägerin an.

Namens und in Vollmacht der Klägerin erheben wir gegen den Beklagten Klage mit den Anträgen,

1. den Beklagten zu verurteilen, an die Klägerin ... EUR nebst Zinsen in Höhe von 5 Prozentpunkten über dem Basiszinssatz seit dem ... zu zahlen;
2. der Beklagte trägt die Kosten des Rechtsstreits;
3. für den Fall dass das Gericht das schriftliche Vorverfahren anordnet, der Beklagte seine Verteidigung nicht rechtzeitig anzeigen wird, beantragen wir den Erlass eines Versäumnisurteils im schriftlichen Verfahren;
4. für den Fall, dass der Beklagte die Klageforderung ganz oder teilweise anerkennt, beantragen wir ebenfalls den Erlass eines (Teil-)Anerkenntnisurteils im schriftlichen Verfahren.

Begründung:

Die Klägerin beansprucht die Rückforderung einer für die Regulierung eines Pkw-Diebstahls unter Vorbehalt erbrachten Versicherungsleistung gegenüber dem Beklagten. Die Klägerin geht dabei davon aus, dass sich der durch den Beklagten behauptete Pkw-Diebstahl tatsächlich nicht ereignet hatte, sondern der Beklagte den Diebstahl nur vorgetäuscht hat.

A. Sachverhalt

I.

Die Klägerin ist am ... Fahrzeugversicherer (Teilkaskoversicherer) für den Pkw ... des Beklagten mit dem amtlichen Kennzeichen ... gewesen. Die Fahrzeugversicherung hat eine Teilkaskoversicherung, welche wiederum das Diebstahlsrisiko abdeckt, beinhaltet.

Der Beklagte meldete den Pkw am ... als gestohlen. Im Rahmen der Diebstahlsanzeige gab er als Diebstahlszeit einen Zeitraum zwischen 10.00 Uhr und 15.00 Uhr und als Diebstahlsort die ...straße in Dresden an. Hierzu gab er an, den Pkw wegen eines Einkaufsbummels dort abgestellt und nach seiner Rückkehr nicht wieder vorgefunden zu haben. Der Beklagte gab an, bei dem Abstellen des

Pkws als auch bei der Rückkehr zu seinem Pkw allein gewesen zu sein. Im Fahrzeug sollen sich noch ein Laptop, eine Sonnenbrille, eine Freisprecheinrichtung und ein MP3-Player befunden haben.

Außerdem gab der Beklagte einen an seinem Kfz reparierten Hagelschaden auf der Motorhaube und dem Dach an.

Beweis: 1. Kopie der Schadensanzeige Kraftfahrzeugdiebstahl vom ... als Anlage ...
2. Kopie der Diebstahlsanzeige des Beklagten vor der Polizei vom ... als Anlage ...

Bemerkenswert ist, dass nach der Angabe des Beklagten bei dem behaupteten Diebstahl der Fahrzeugschein im Kfz gewesen war.

Mit ihrem Schreiben vom ... kündigte die Klägerin gegenüber dem Beklagten eine Regulierung iHv ... EUR an.

Beweis: Fotokopie des Schreibens der Klägerin vom ... als Anlage ...

In ihrem Schreiben wies die Klägerin den Beklagten darauf hin, dass die Zahlung ohne Einsicht in die polizeilichen Ermittlungsakten erfolgen müsse und sie sich deshalb ein Rückforderungsrecht vorbehalte, sofern sich aus Ermittlungsakten ein ihr bislang nicht bekannter Sachverhalt ergebe, dem eine Ersatzpflicht dem Grunde und/oder der Höhe nach entgegenstünde. Die Klägerin bat den Beklagten um Gegenzeichnung des Vorbehalts. Der Beklagte unterzeichnete den Vorbehalt am ...

Beweis: Kopie des vom Beklagten unterzeichneten Vorbehalts vom ... als Anlage ...

Mit Regulierungsschreiben vom ... erbrachte die Klägerin gegenüber dem Beklagten eine Versicherungsleistung iHv ... EUR.

Beweis: Fotokopie des Regulierungsschreibens der Klägerin vom ... als Anlage ...

Mit weiterem Regulierungsschreiben vom ... erbrachte die Klägerin gegenüber dem Beklagten eine weitere Versicherungsleistung iHv ... EUR.

Beweis: Fotokopie des Regulierungsschreibens der Klägerin vom ... als Anlage ...

Insgesamt regulierte die Klägerin gegenüber dem Beklagten aus dem behaupteten Diebstahlsfall somit ... EUR.

Erst mit einem Zugang am ... bei der von ihr bevollmächtigten Rechtsanwältin erhielt die Klägerin Einsicht in die amtliche Ermittlungsakte.

Beweis: Fotokopie des an die mit der Akteneinsicht beauftragte Rechtsanwältin gerichteten Schreibens der Staatsanwaltschaft ... vom ... als Anlage ...

Aus der Ermittlungsakte ergibt sich, dass der vom Kläger als gestohlen gemeldete PKW bereits am behaupteten Diebstahlstag in der ...straße vor dem Haus Nr. ... in Prag gegen 12:45 Uhr in einem Parkverbot stand und deshalb abgeschleppt worden war. Dabei ist bemerkenswert, dass zu dieser Zeit Türschlösser, das Zündschloss und die Fensterscheiben ohne sichtbare Schäden gewesen waren. Außerdem war das Fahrzeug verschlossen. Der Fahrzeugschein wurde im Pkw nicht gefunden.

Beweis: Beiziehung der genannten Ermittlungsakte der Staatsanwaltschaft ...

II.

Der Kläger hat nur Anspruch auf eine Versicherungsleistung wegen Fahrzeugdiebstahls, wenn ihm der versicherte Pkw tatsächlich gestohlen worden war. Dabei ist nicht streitig, dass die Beweislast für einen Fahrzeugdiebstahl beim Versicherungsnehmer liegt. Da die durch die Klägerin erfolgte Regulierung der Versicherungsleistung nur unter Vorbehalt erfolgt war, trägt der Kläger die Beweislast für das Behaltendürfen der Versicherungsleistung.

Allerdings ist im vorliegenden Fall der zwischen den Parteien ausdrücklich vereinbarte Rückforderungsvorbehalt zu berücksichtigen, so dass hier vorliegend ohnehin ein Ausnahmefall von den üblichen Fällen, in denen der Versicherungsnehmer die Versicherungsleistung gegen den Versicherer geltend macht, gegeben ist. Mithin muss die Klägerin – im Bestreitensfall – die Vereinbarung und Ausübung des Rückforderungsvorbehaltes beweisen, während der Beklagte den Diebstahl, also den Rechtsgrund für das Behaltendürfen der bereits regulierten Versicherungsleistung, beweisen muss.

Da der Beklagte den Rückforderungsvorbehalt der Klägerin ausdrücklich akzeptiert hat, die Klägerin von ihrer Rückforderung Gebrauch gemacht hat, muss sie lediglich den vereinbarten Rückforderungsvorbehalt beweisen. Der Beklagte muss hingegen den Vollbeweis des von ihm behaupteten Diebstahls führen, da in Anbetracht der dargelegten Tatsachen in Verbindung mit dem Vorbehalt eine Beweiserleichterung nicht in Betracht kommt.

Vgl: OLG Koblenz VersR 2011, 110

B. Erhebliche Wahrscheinlichkeit des Vortäuschens der behaupteten Fahrzeugentwendung

I.

Die durch den Beklagten gegenüber der Klägerin behauptete Entwendung des streitgegenständlichen Pkw ... wird von der Klägerin mit Nichtwissen bestritten. Insbesondere bestreitet sie mit Nichtwissen, dass der Beklagte den Pkw am ... gegen 10.00 Uhr in Dresden in der ...straße abgestellt hatte und er den Pkw gegen 15.00 Uhr dort nicht wieder vorgefunden hatte. Überhaupt wird ein „unfreiwilliges" Verschwinden des Fahrzeugs durch die Klägerin mit Nichtwissen bestritten.

II.

In Diebstahlsfällen kommt dem Versicherungsnehmer nach der Rechtsprechung eine Beweiserleichterung dergestalt zugute, dass der für die behauptete Entwendung grundsätzlich darlegungs- und beweisbelastete Versicherungsnehmer das „äußere Bild" eines Entwendungstatbestands darlegen und im Bestreitensfall durch den Versicherer beweisen muss.

Ungeachtet einer etwaig für den Versicherungsnehmer eingreifenden Beweiserleichterung kann der Versicherer das „äußere Bild" erschüttern, wenn er seinerseits Tatsachen und Umstände darlegt und beweist, aus denen sich die erhebliche Wahrscheinlichkeit einer Vortäuschung des Diebstahles,

Vgl: BGH VersR 1984, 29; BGH VersR 1986, 53; BGH VersR 1997, 181,

eines unredlichen Verhaltens des VN (Versicherungsnehmers),

Vgl: BGH VersR 1985, 78; OLG Hamm VersR 1985, 535,

oder seiner Unglaubwürdigkeit,

Vgl: BGH VersR 1987, 355; BGH VersR 1984, 29,

ergeben, so dass dem beweisverpflichteten VN dann die Beweiserleichterung nicht mehr zugutekommt. Solche Tatsachen und Indizien kann die Beklagte hier vortragen. Dabei ist zu berücksichtigen, dass dem Versicherer bei der Führung des Gegenbeweises – soweit die Beklagte einen Gegenbeweis überhaupt führen muss – ebenfalls Beweiserleichterungen zugutekommen.

Vgl: BGH VersR 1985, 78; BGH VersR 1986, 53; BGH VersR 1991, 1047; BGH VersR 1996, 319

Dementsprechend muss der VN den Tatbestand der behaupteten Entwendung vollständig beweisen.

Vgl: BGH VersR 1984, 89; BGH VersR 1987, 146; BGH NJW-RR 1987, 1505; BGH VersR 1991, 817

III.

Im vorliegenden Fall gibt es erhebliche Tatsachen und Indizien, die das äußere Bild der von dem Kläger behaupteten Entwendung erschüttern und welche eine hinreichende Wahrscheinlichkeit einer nur vorgetäuschten Entwendung begründen.

IV.

Dabei ist darauf hinzuweisen, dass allein die bloße Diebstahlsanzeige bei der Polizei einen hinreichenden Nachweis des behaupteten Kfz-Diebstahls nicht ersetzt bzw darstellt und damit nicht das „äußere Bild" einer Entwendung belegt wird.

Vgl: BGH VersR 1993, 571, 572

V.

Zeugen für den Abstellvorgang gibt es nicht. Auch gibt es nach den Angaben des Klägers keine Zeugen für das von ihm behauptete „Nichtwiederauffinden" seines Fahrzeugs in der ...straße um 15.00 Uhr. Mithin kommt es entscheidend auf die Glaubwürdigkeit des Klägers an.

VI.

Die Entfernung von der ...straße in Dresden nach Prag bis in die ...Straße vor dem Haus Nr. ... beträgt nach dem Routenplaner 157,47 km. Die schnellste Entfernung führt über die E 55 mit einer Fahrtzeit laut Routenplaner von 2:01 Stunden.

Beweis: Ausdruck des Routenplaners als Anlage ...

In Prag wurde der Pkw gegen 12.45 Uhr im Parkverbot stehend abgeschleppt.

Zwischen dem frühestmöglichen Zeitpunkt des Diebstahls und dem Abschleppvorgang liegen weniger als 2 3/4 Stunden.

Außerdem ist davon auszugehen, dass, wie hier in Deutschland auch, das Fahrzeug nicht sofort nach Bemerken des Falschparkens, sondern erst nach einer gewissen Wartezeit abgeschleppt wird.

Für das Gericht überreichen wir eine Fotodokumentation über die Beschaffenheit der ...straße als Anlage ...

Ein potenzieller Dieb, der zudem mit den polizeilichen Gegebenheiten und Gewohnheiten in Tschechien vertraut gewesen sein dürfte, würde, wenn er das Fahrzeug dorthin bringt und wenn er Interesse an der Verwertung des Fahrzeugs hat, dieses nicht im öffentlichen Verkehr, noch dazu in einer Parkverbotszone, in der er mit einem polizeilich veranlassten Abschleppen des Fahrzeugs rechnen musste, abstellen.

Beweis: Fotokopie des Ermittlungsberichts als Anlage ...

Vielmehr hat jeder „normale" und gewöhnliche Dieb ein Interesse daran, das Fahrzeug zwecks Verwertung bzw zum Ausschlachten nach dem Diebstahl so schnell wie möglich „von der Bildfläche verschwinden zu lassen", weil er damit rechnen muss, dass nach dem Kfz gefahndet wird.

VII.

Bemerkenswert ist auch der Fahrzeugzustand zum Zeitpunkt des Auffindens in Prag gewesen. Das Fahrzeug war abgeschlossen, die Fenster waren geschlossen, Türschlösser, das Zündschloss, die Fensterdichtungen und andere Teile des Fahrzeugs, welche einen Zugang in das Fahrzeug ermöglichen, waren unbeschädigt. Auch im Inneren waren das Panel mit dem Radio und die Klimabedienung unbeschädigt gewesen. Gegenstände hatten im Fahrzeug nicht gelegen.

Beweis: Protokoll der Tatortbesichtigung vom ... als Anlage ...

Das Fahrzeug erweckte deshalb nicht den Eindruck eines gestohlenen Pkws, sondern eines „normal" geparkt gewesenen Pkws.

VIII.

In seiner schriftlichen Ergänzung vom ... zur Schadensanzeige hat der Beklagte angegeben, eine Hagelbeschädigung auf der Motorhaube und dem Dach selbst privat mit einem Umfang von circa ... EUR repariert zu haben.

Weiter hat er dort angegeben, beim Autohaus ... bereits ein Ersatzfahrzeug für ... EUR bestellt zu haben.

Beweis: 1. Kopie der schriftlichen Ergänzung vom ... zur Schadensanzeige als Anlage ...

2. Kopie der verbindlichen Bestellung vom ... als Anlage ...

Mithin hat der Beklagte nur zwei Tage nach dem behaupteten Diebstahl eine Ersatzbestellung vorgenommen, ohne zu wissen, ob das Fahrzeug nicht innerhalb der Monatsfrist nach Ziff. A.2.7.3 der vereinbarten AKB, in welcher er versicherungsvertraglich zur Rücknahme des Fahrzeugs verpflichtet gewesen ist, wieder aufgefunden würde.

Mit einem weiteren Schreiben vom ... hat der Beklagte angegeben, in den nächsten Tagen eine Reparaturrechnung des Hagelschadens bei der Klägerin einzureichen.

Beweis: Kopie des Schreibens des Beklagten vom ... als Anlage ...

Tatsächlich hat der Beklagte der Klägerin eine Reparaturkostenrechnung des Hagelschadens – auch auf mehrfache Nachfrage – nicht eingereicht.

Außerdem hat die Klägerin ermittelt, dass der Kläger bereits vor dem behaupteten Diebstahl Interesse für ein Neufahrzeug gezeigt hat, weil er infolge eines zwischenzeitlich stattgefundenen Modellwechsels das neue Modell des ... (Nachfolgemodell) hatte fahren wollen. Sein bisheriges, angeblich entwendetes Kfz hatte er privat verkaufen wollen. Er hatte sich so einen höheren Gewinn erhofft als bei einer Inzahlunggabe des Altfahrzeugs.

Beweis: Zeugnis des Ermittlers, Herrn ...

In seiner Zeugenvernehmung zur Strafanzeige vom ... hat der Beklagte hingegen erklärt, das Fahrzeug nicht zum Verkauf angeboten zu haben.

Beweis: Fotokopie der Zeugenvernehmung vom ... als Anlage ...

IX.

Erst etwa zwei Monate nach dem Abschleppvorgang war der Klägerin eine Besichtigung des sichergestellten Fahrzeugs bei einer Firma namens ... möglich. Bei dieser Besichtigung wurden an den Türen und dem Dachrahmen links sowie rechts Beschädigungen festgestellt, welche auf eine Gewaltanwendung hindeuteten. Die Türschlösser und dass Zündschloss waren unbeschädigt.

Die genannten Schäden waren aber erst während des Sicherstellungszeitraums eingetreten.

Beweis: Zeugnis des Herrn ...

An unreparierten Vorschäden wurden festgestellt: Hagelschaden im Dachbereich auf der Motorhaube. Am Kotflügel vorn links war ein Lackschaden provisorisch ausgebessert.

Beweis: 1. Kopie des ...-Gutachtens vom ... als Anlage ...

2. Sachverständiges Zeugnis des Herrn ...

C. Leistungsfreiheit der Klägerin wegen vorsätzlicher und arglistiger Obliegenheitsverletzung des Beklagten

I.

Dem zwischen den Parteien geschlossenen Fahrzeugversicherungsvertrag haben die Allgemeinen Bedingungen für die Kraftfahrtversicherung (AKB) der Klägerin in der Fassung vom ... zugrunde gelegen.

Gemäß Ziff. E.2.1 der AKB iVm § 28 Abs. 2 S. 1 VVG ist die Klägerin gegenüber dem Beklagten bei vorsätzlicher Obliegenheitsverletzung leistungsfrei.

Gemäß Ziff. E.1.1.3 der vereinbarten AKB ist der Versicherungsnehmer verpflichtet, alles zu tun, was zur Aufklärung des Tatbestandes und zur Minderung des Schadens dienlich sein kann. Hierbei handelt es sich um die sogenannte Aufklärungsobliegenheit.

Das bedeutet: Der Versicherer hat einen Anspruch auf sämtliche Informationen, die zur Beurteilung seiner Leistungspflicht und der Höhe der Versicherungsleistung notwendig sind. So sind auf Befragen des Versicherers von dem Versicherungsnehmer bspw zu offenbaren:

- der Kaufpreis des Kfz,

   Vgl: OLG Karlsruhe, VersR 1994, 1183; OLG Celle, VersR 1995, 1347; LG Darmstadt, VersR 1995, 206

- seine Laufleistung,

   Vgl: OLG Hamm, r + s. 1993, 207; OLK Köln, r + s. 1995, 206, 207; OLG Hamm, r + s. 1995, 208; OLG Karlsruhe, r + s. 1995, 209; OLG Frankfurt, VersR 1995, 656

- Vorschäden des Kfz (auch, wenn sie repariert wurden),

   Vgl: OLG Saarbrücken, VersR 1993, 216; OLG Köln, VersR 1995, 1304; OLG Celle, VersR 1995, 1347

- die Schlüsselverhältnisse (Zahl der Schlüssel, Anfertigung von Nachschlüsseln, Aufbewahrungsort der Schlüssel),

   Vgl: OLG Celle, r + s. 1990, 154; OLG Hamm, VersR 1995, 1183 = r + s. 1995, 245; OLG Hamm, VersR 1995, 1231; OLG Hamm, r + s. 1995, 246

- das Vorhandensein von Zeugen,

   Vgl: OLG Celle, r + s. 1994, 88; OLG Köln, r + s. 1994, 316

- die Person des Fahrers des Wagens zum Unfallzeitpunkt,

   Vgl: OLG Hamm, VersR 1995, 165

- Alkoholgenuss des Versicherungsnehmers vor dem Unfall.

   Vgl: OLG Düsseldorf, VersR 1994, 41; OLG Frankfurt, VersR 1995, 164

Die Klägerin hat sich bei dem Beklagten explizit nach etwaigen Vorschäden des Fahrzeugs erkundigt.

Vorliegend hat der Beklagte zu den Vorschäden des Fahrzeugs vorsätzlich falsche Angaben gemacht, indem er eine Reparatur der Hagelschäden behauptet hat, tatsächlich aber die Hagelschäden nicht repariert worden waren.

Die Klägerin hat den Beklagten gemäß § 28 Abs. 4 VVG über die Rechtsfolgen bei vorsätzlicher Obliegenheitsverletzung in Form ihrer Leistungsfreiheit schriftlich belehrt.

§ 5 Fahrzeugversicherung (Teilkasko-/Vollkaskoversicherung)

Der Beklagte hat diese Belehrung eigenhändig am ... unterzeichnet.

Die Obliegenheitsverletzung des Beklagten ist auch arglistig iSv § 28 Abs. 3 S. 2 VVG gewesen.

Arglistiges Verhalten des Versicherungsnehmers liegt im Versicherungsrecht immer dann vor, wenn der Versicherungsnehmer bewusst auf die Regulierungsentscheidung des Versicherers Einfluss nehmen will, was in aller Regel der Fall ist, wenn der Versicherungsnehmer den Versicherer über den Wert der versicherten und zu entschädigenden Sache in erheblichem Maße zu täuschen versucht.

Vgl: OLG Saarbrücken, VersR 2008, 1643; OLG Köln, Urteil vom 27.4.2010 – I-9 U 128/08

Hier wollte der Beklagte eine höhere Versicherungsleistung erzielen, denn im Bewusstsein dessen, dass ein „entwendetes" Kfz, das noch Hagelschäden auf dem Dach und der Motorhaube aufweist, natürlich einen geringeren Wiederbeschaffungswert als ein unbeschädigtes Kfz hat, war dieses der Grund für die Angabe der Hagelschäden als „bereits repariert".

Die Klägerin ist deshalb gem. § 28 Abs. 2 S. 1 iVm Abs. 3 S. 2 VVG wegen vorsätzlicher und arglistiger Obliegenheitsverletzung des Beklagten leistungsfrei.

II.

Ungeachtet dessen ist die Klägerin aber auch wegen einer durch den Kläger vorgenommenen Gefahrerhöhung leistungsfrei. Denn der Versicherungsnehmer darf gem. § 23 Abs. 1 VVG ohne Einwilligung des Versicherers keine Gefahrerhöhung vornehmen.

Im vorliegenden Fall hat der Kläger nach seinen Angaben den Fahrzeugschein im Fahrzeug belassen. Das dauerhafte Belassen des Fahrzeugscheins im Fahrzeug stellt nach der nachbenannten Rechtsprechung eine grobfahrlässige Gefahrerhöhung mit der Folge der Leistungsfreiheit dar.

Vgl: OLG Celle, Beschluss vom 19.7.2010 – 3 U 96/10[195]

D. Berechnung der Klageforderung

Mit Schreiben vom ... hat die Klägerin gegenüber dem Beklagten ... EUR und mit Schreiben vom ... weitere ... EUR, insgesamt also ... EUR, reguliert.

Beweis: Kopien der Schreibens vom ... und vom ... als Anlage ...

Vor der Veräußerung des Fahrzeuges hatte die Klägerin die nachfolgend dargelegten Aufwendungen:

Aufbereitungskosten Kfz-Pflege ...	... EUR
Rückführungskosten Firma ...	... EUR
Standplatzkosten bei der Firma ...	... EUR
Stand- und Transportkosten, Kraftstoff, Firma ...	... EUR
Achsvermessungskosten ... Schlacht & Schütte GbR	... EUR
Fahrzeugbewertungskosten ... Kfz-Ingenieurbüro	... EUR
Ermittlungskosten ...	... EUR
Schlüsselgutachten Sachverständigenbüro ... GbR	... EUR
Akteneinsichtskosten Anwälte ...	... EUR
Ermittlungskosten Firma ...	... EUR
Kosten des ...-Gutachtens	... EUR
Gesamt	**... EUR**

---

[195] Nach herrschender Rspr stellt die Aufbewahrung des Kfz-Scheins im Handschuhfach des Fahrzeugs keine erhebliche Gefahrerhöhung dar, vgl OLG Karlsruhe r+s 2015, 226, 227; OLG Oldenburg zfs 2010, 574, 575.

M. Der Rückforderungsprozess des Versicherers 5

Beweis:
1. Kopie der Rechnung Kfz-Bergung ... vom ... nebst Tankbeleg als Anlage ...
2. Kopie der Rechnung Kfz-Service ... GbR vom ... als Anlage ...
3. Kopie der Rechnung ... vom ... als Anlage ...
4. Kopie der Rechnung Kfz-Bergung ... vom ... als Anlage ...
5. Kopie der Rechnung Kfz-Pflege ... vom ... als Anlage ...
6. Kopie der Rechnung ... Kfz-Ingenieurbüro vom ... als Anlage ...
7. Kopie der Rechnung Ermittlungskosten ... vom ... als Anlage ...
8. Kopie der Rechnung Schlüsselgutachten Sachverständigenbüro ... GbR vom ... als Anlage K ...
9. Kopie der Rechnung Anwälte ... vom ... als Anlage ...
10. Kopie der Rechnung ... vom ... als Anlage ...
11. Kopie der Rechnung ... vom ... als Anlage ...

Als Verkaufserlös erzielte die Klägerin ... EUR.

Beweis: Kopie des Kaufvertrags vom ... als Anlage ...

Die Klageforderung setzt sich daher aus den Regulierungszahlungen der Klägerin, zuzüglich der vorgenannten Aufwendungen, abzüglich des genannten Verkaufserlöses zusammen.

E. Verzug des Beklagten

Mit Schreiben vom ... hat die Klägerin unter Fristsetzung auf den ... den Beklagten – erfolglos – zur Rückzahlung des Klagebetrages aufgefordert. Ausweislich des Rückscheins ist dem Beklagten das Schreiben vom ... am ... zugestellt worden.

Aus den genannten Gründen ist die Klage begründet.

Rechtsanwalt ◄

▶ **Muster: Klageerwiderung des Versicherungsnehmers auf Rückforderungsklage des Versicherers**

557

176

An das Landgericht ...

Klageerwiderung

In dem Rechtsstreit

... [Klägerin] ./. ... [Beklagter]

Az ...

werde ich beantragen:

1. Die Klage wird abgewiesen.
2. Die Kosten des Rechtsstreits trägt die Klägerin.
3. Der Beklagten wird im Fall einer Verurteilung nachgelassen, die Vollstreckung durch Hinterlegung oder Sicherheitsleistung, welche auch in Form einer Bürgschaft durch eine deutsche Großbank erbracht werden kann, ohne Rücksicht auf eine Sicherheitsleistung der Klägerin abzuwenden.

Begründung:

Die Klage ist unbegründet. Der Klägerin steht der behauptete Anspruch aus den nachfolgenden Gründen nicht zu:

I.

Das gegen den Beklagten wegen Versicherungsbetruges eingeleitete Ermittlungsverfahren der Staatsanwaltschaft ... wurde mit Einstellungsverfügung vom ... gem. § 170 Abs. 2 StPO eingestellt.

Beweis: Einstellungsverfügung der Staatsanwaltschaft ... vom ... als Anlage ...

Die Staatsanwaltschaft hatte noch nicht einmal einen Anfangsverdacht gegen den Beklagten gesehen.

Die Staatsanwaltschaft hat in ihrer Einstellungsverfügung darauf hingewiesen, dass nach ihrer Erkenntnis aus anderen Ermittlungs-/Strafverfahren Pkws von darauf spezialisierten Tätern beschädigungsfrei entwendet werden können.

Außerdem ist nicht ausgeschlossen, dass sich der oder die Täter, auf welchen Wegen auch immer, einen Nachschlüssel besorgt haben beziehungsweise angefertigt haben konnten. Die Wegfahrsperre konnte ebenfalls leicht durch eine Umgehung beziehungsweise Überbrückung der Steuersoftware ausgeschaltet worden sein.

II.

Der Beklagte hat das äußere Bild eines Fahrzeugdiebstahls dargelegt. Soweit er für die Tatsachenbehauptung des Abstellens des Fahrzeugs in Dresden in der ...straße gegen 10.00 Uhr und das Nichtwiederauffinden des Fahrzeugs gegen 15.00 Uhr Zeugen nicht zur Verfügung hat, gereicht ihm dieses nicht zum Nachteil. Denn nach höchstrichterlicher Rechtsprechung wäre dann eine Diebstahlsversicherung weitgehend wertlos. Deshalb greifen zugunsten des Versicherungsnehmers einer Diebstahlsversicherung Beweiserleichterungen derart ein, dass er lediglich das äußere Bild eines Diebstahls darzulegen und zu beweisen hat, und, wenn er für den Tatbestand des äußeren Bildes des Diebstahls als Beweismittel Zeugen nicht zur Verfügung hat, eine Parteianhörung des Versicherungsnehmers erfolgen muss.

In dem zwischen dem von dem Beklagten als frühestmöglichen Entwendungszeitpunkt bis zu dem von der Klägerin genannten Zeitpunkt des Abschleppens des Fahrzeugs in Prag vergangenen Zeitraum ist nach eigener Darlegung der Klägerin eine Fahrt von Dresden nach Prag durchaus möglich gewesen. Deshalb kommt diesem von der Klägerin aufgezeigten Aspekt keine Indizwirkung zu.

Auch dass das Fahrzeug in Prag geparkt aufgefunden wurde, dieses bestreitet der Beklagte allerdings mit Nichtwissen, ist kein gegen einen Diebstahl sprechendes Indiz. Denn möglicherweise hatte sich der Diebstahlstäter sicher gefühlt oder er hatte das Kfz nur kurzfristig dort geparkt, ohne an ein mögliches Abschleppen des Fahrzeugs gedacht zu haben. Die Lebenserfahrung zeigt aber immer wieder, dass Straftäter nicht immer rational und logisch vorgehen.

Der Beklagte hatte das Kfz zu dem in der Schadensanzeige angegebenen Zeitpunkt ordnungsgemäß verschlossen abgestellt. Er begab sich anschließend auf einen Einkaufsbummel in die Innenstadt von Dresden. Als er nach fünf Stunden zurückkehrte, war das Kfz nicht mehr auf der von dem Beklagten ausgewählten Parkfläche. Der Beklagte dachte erst daran, dass sein Kfz abgeschleppt oder umgesetzt worden sei. Deshalb schaute er zunächst in der näheren Umgebung nach dem Kfz. Als er es dort nicht gefunden hatte, erkundigte er sich bei der Polizei nach einer etwa durchgeführten Abschleppmaßnahme. Allerdings wurde ihm mitgeteilt, dass ein Abschleppvorgang seines Kfz nicht stattgefunden hatte. Darum begab er sich anschließend auf die Polizeiwache zur Anzeigeerstattung des Diebstahls.

Der Beklagte benötigte seinen Pkw auch für den täglichen Arbeitsweg. Durch den Diebstahl des Fahrzeugs musste er sich mit seiner Freundin im Hinblick auf die Benutzung ihres Fahrzeugs an bestimmten Tagen und zu bestimmten Terminen arrangieren. Deshalb hat der Beklagte bereits zwei Tage nach dem Diebstahl ein Neufahrzeug bestellt. Denn er wusste aus vorangegangenen Erkundigungen, dass die Lieferzeit des vom Beklagten gefahrenen Fahrzeugmodells etwa zwei bis drei Monate betragen hatte. Da der Beklagte allerdings auch ein Wiederauffinden seines Fahrzeugs innerhalb der AKB-Monatsfrist nicht ausgeschlossen hatte, ließ er sich durch den Verkäufer des von ihm neu bestellten Fahrzeugs ein vierwöchiges Widerrufsrecht der Fahrzeugbestellung einräumen.

Beweis: Zeugnis des Herrn ..., zu laden über das Autohaus ...

Der Beklagte bestreitet nicht, sich vor dem Diebstahl seines Fahrzeugs in dem von der Klägerin genannten Autohaus über das Nachfolgemodell seines Fahrzeugs informiert zu haben.

Allerdings erfolgte dieses rein interessehalber, weil der Beklagte durch sein Autohaus zur Präsentation des Nachfolgemodells eingeladen worden war. Einen konkreten Kauf hatte er zu dieser Zeit allerdings nicht beabsichtigt. Erst durch den Fahrzeugdiebstahl wurde er dazu veranlasst.

Beweis: Zeugnis der Lebensgefährtin des Beklagten, Frau ...

III.

Der Beklagte bestreitet den von der Klägerin behaupteten Auffindezustand des Fahrzeugs in Prag mit Nichtwissen. Der Beklagte muss weiter mit Nichtwissen bestreiten, dass das Fahrzeug in Prag überhaupt hinreichend kriminaltechnisch auf Einbruchsspuren untersucht worden ist.

Jedenfalls ergeben sich aus dem von der Klägerin vorgelegten Sachverständigengutachten von dem Gutachter festgestellte Einbruchsspuren. Insoweit bestreitet der Beklagte ebenfalls mit Nichtwissen, dass diese erst auf dem Sicherstellungsplatz des Fahrzeugs verursacht worden waren.

IV.

Soweit an dem wiederaufgefundenen Kfz Hagelschäden festgestellt worden waren, bestreitet der Beklagte mit Nichtwissen, dass es sich bei den Hagelschäden um die in seiner Besitzzeit eingetretenen Hagelschäden gehandelt hat. Denn der Beklagte hat die Hagelschäden reparieren lassen. Die am Fahrzeug etwaig vorgefundenen Hagelschäden müssen deshalb neueren Datums gewesen sein und insbesondere in dem Sicherstellungszeitraum in Prag eingetreten sein. Denn nach den von der Klägerin mit dem vorgelegten Gutachten ebenfalls vorgelegten Fotos hatte das Fahrzeug auf einem größeren Abstellplatz ohne Überdachung gestanden.

V.

Auf eine Leistungsfreiheit wegen Obliegenheitsverletzung kann sich die Klägerin nicht berufen. Denn die Klägerin verwendet noch „alte" Versicherungsbedingungen, obwohl auf den streitgegenständlichen Versicherungsfall das seit dem 1.1.2008 in Kraft getretene VVG angewendet werden muss. Denn der Diebstahl erfolgte im Jahr 2010. Die AKB-Versicherungsbedingungen der Klägerin enthalten aber keine Regelung zu einer Leistungskürzung bei nur grob fahrlässiger Obliegenheitsverletzung, sondern sehen im Widerspruch zu den Regelungen des neuen VVG stehend hierfür eine Leistungsfreiheit vor.

VI.

Da die Klägerin eine Rückforderung von dem Beklagten begehrt, ist sie für den Rückforderungsanspruch vollständig darlegungs- und beweisbelastet.

VII.

Nicht zuletzt bestreitet der Beklagte auch die von der Klägerin behaupteten Aufwendungen mit Nichtwissen.

Die Klage ist deshalb abzuweisen

Rechtsanwalt ◀

558 ▶ **Muster: Replik des Versicherers auf die Klageerwiderung des Versicherungsnehmers auf die Rückforderungsklage**

177

An das Landgericht ...

Replik

In dem Rechtsstreit

... [Klägerin] ./. ... [Beklagter]

Az ...

gibt die Klägerin auf die Klageerwiderung des Beklagten vom ... folgende Replik ab:

1.

Es trifft zwar zu, dass die Staatsanwaltschaft ... das gegen den Beklagten eingeleitete Ermittlungsverfahren eingestellt hat. Allerdings muss im Strafrecht die Schuld des Beschuldigten bzw Angeklagten eindeutig und zweifelsfrei festgestellt werden, da im Strafrecht der Grundsatz „in dubio pro reo" gilt.

Im Zivilrechtsstreit gilt der Grundsatz der freien Beweiswürdigung, § 286 ZPO.

Bei vorgetäuschten Versicherungsfällen kommt es regelmäßig auf Indiztatsachen und auf einen Indizienbeweis an.

2.

Keineswegs ist als unstreitig zu behandeln, dass der Beklagte den bei der Klägerin kaskoversicherten Pkw am ... auf der ...straße in Dresden abgestellt und er den Pkw bei seiner Wiederankunft gegen 15.00 Uhr nicht mehr aufgefunden hatte.

Unstreitig ist hiervon lediglich, dass der Beklagte einen derartigen Sachverhalt gegenüber der Klägerin behauptet hat.

Mit Nichtwissen bestreitet die Klägerin zudem, dass die von dem Beklagten behaupteten Gegenstände (Laptop, Sonnenbrille, Freisprecheinrichtung, MP3-Player) im Fahrzeug gewesen waren.

Nunmehr bestreitet die Klägerin mit Nichtwissen, dass der Beklagte den behaupteten Pkw ordnungsgemäß abgeschlossen hatte und er dann seine Einkaufstour begonnen hatte.

3.

Wann der durch den Beklagten unstreitig bestellte neue Pkw an den Beklagten ausgeliefert worden war bzw welche Lieferzeit der Pkw gehabt hatte, entzieht sich ebenfalls der Kenntnis der Klägerin und wird deshalb von ihr ebenfalls mit Nichtwissen bestritten.

Mit Nichtwissen wird zudem bestritten, dass der Beklagte ein entsprechendes Hintergrundwissen im Hinblick auf eine etwaige Lieferzeit des Pkws hatte.

Ungeachtet dessen hätte der Beklagte selbst mit einem derartigen Hintergrundwissen bei einem nicht vorgetäuschten, sondern tatsächlich eingetretenen Versicherungsfall damit rechnen müssen, dass sein als gestohlen gemeldeter Pkw innerhalb eines Monats nach dem behaupteten Diebstahlsdatum wieder aufgefunden hätte werden können, so dass er gemäß den versicherungsvertraglichen Vereinbarungen zur Rücknahme des Fahrzeugs verpflichtet gewesen wäre und er somit zwei Pkws gehabt hätte.

Folglich war sich der Beklagte wohl ziemlich sicher gewesen, dass der als gestohlen gemeldete Pkw nicht innerhalb der Monatsfrist auftauchen würde, wenn er bereits zwei Tage nach dem „Diebstahl" ein neues Kfz bestellte.

Sofern der Beklagte in diesem Zusammenhang erklärt hat, er habe sich im Hinblick auf die Neuwagenbestellung ein vierwöchiges Widerrufsrecht einräumen lassen, kommt dieses in dem schriftlichen Bestellformular jedenfalls nicht zum Ausdruck.

Ob bzw dass der Beklagte dringend ein Fahrzeug benötigt hatte, weiß die Klägerin ebenso wenig. Sie bestreitet auch diese Behauptung des Beklagten mit Nichtwissen.

Es ist sicherlich nicht als „Normalfall" zu bezeichnen, dass bereits zwei Tage nach einem gemeldeten Kfz-Diebstahl sogleich ein Neufahrzeug bestellt wird.

Sofern der Beklagte seine Bestellung mit einer von ihm behaupteten mehrwöchigen Lieferfrist begründet hat, weil er dringend ein Fahrzeug benötigt hätte, ist diese Begründung nicht schlüssig. Denn dann hätte der Beklagte entweder auf ein neues Bestands- sprich Lagerfahrzeug zurückgegriffen oder auf einen jungen Gebrauchtwagen in Form eines Vorführwagens oÄ.

Ob und inwieweit der Beklagte durch seine damalige Ex-Freundin unterstützt worden war, weiß die Klägerin auch nicht. Auch diese von dem Beklagten behauptete Unterstützung muss sie deshalb mit Nichtwissen bestreiten.

Ebenfalls muss sie mit Nichtwissen bestreiten, dass er ohne den behaupteten Pkw der Ex-Freundin überhaupt nicht am Arbeitsalltag hatte teilnehmen können. Eine derartige Behauptung muss verwundern, da es schließlich auch öffentliche Verkehrsmittel und andere Verkehrsmittel gibt, die der Beklagte als Großstädter selbstverständlich hatte nutzen können.

4.

Nach den seitens der Klägerin geführten Ermittlungen war bereits vor dem vom Beklagten behaupteten Pkw-Diebstahl durchaus ein starkes Kaufinteresse des Beklagten an dem Neuerwerb eines Fahrzeugs gegeben gewesen.

Insofern bestreitet die Klägerin die von dem Beklagten aufgestellte Behauptung nur „rein informatorisch" geführter Kaufgespräche.

5.

Bei einem vorgetäuschten Diebstahl ist es regelmäßig so, dass der Versicherungsnehmer von einem Dritten, dem er das Fahrzeug überlässt, um es später als gestohlen zu melden, eine Geldsumme erhält.

Bei einer dann anschließend erfolgenden Regulierung der Kaskoentschädigung durch den Kaskoversicherer erhält der Versicherungsnehmer dann den Wiederbeschaffungs- bzw – wenn versichert – den Neuwert des Fahrzeugs, so dass sich die durch den Dritten erhaltene Summe als „zusätzlicher Verdienst" darstellt.

Natürlich will der Versicherungsnehmer an einem vorgetäuschten Diebstahl in der Regel verdienen, es sei denn, der Diebstahl wird aus einem anderen Grund vorgetäuscht, so zB wenn der Versicherungsnehmer mit dem Fahrzeug in einen Verkehrsunfall verwickelt war und sich unerlaubt vom Unfallort entfernt hatte oder wenn bspw bei einer Trunkenheitsfahrt ein Fahrzeugschaden verursacht worden ist.

§ 5 Fahrzeugversicherung (Teilkasko-/Vollkaskoversicherung)

6.

Zum Zeitpunkt des Wiederauffindens des Fahrzeugs waren an diesem keine Einbruchs- bzw Aufbruchspuren festzustellen. Erst während des Sicherstellungszeitraums des Fahrzeugs wurde dieses durch einen Einbruch beschädigt.

Das als Anlage ... vorgelegte ...Gutachten zeigt den Zustand des Fahrzeugs nicht unmittelbar nach dessen Sicherstellung auf, sondern bezieht sich auf einen Zeitpunkt, nachdem in das Fahrzeug während des Sicherstellungszeitraums eingebrochen worden war.

7.

Die zum behaupteten entwendeten Fahrzeug gehörenden Originalschlüssel hat der Beklagte der Klägerin erst später eingereicht. Der Beklagte kann deshalb daraus keinen Vorteil ziehen, da es bei vorgetäuschten Diebstählen üblicher Verfahrensweise entspricht, dass der Versicherungsnehmer dem mit ihm zusammenarbeitenden Dritten den Fahrzeugschlüssel überlässt, damit dieser dann das Fahrzeug verschwinden lassen kann und der Versicherungsnehmer hinterher den Schlüssel zurückerhält.

Selbstverständlich ist nicht auszuschließen, dass der Beklagte das Fahrzeug selbst zu dem späteren Auffindeort in Prag gefahren und dort abgestellt haben konnte, damit es von dort von einem etwaigen mit ihm zusammenarbeitenden Dritten hätte abgeholt werden können und der Beklagte dann nach dem Abstellen des Fahrzeugs wieder nach Deutschland zurückgekehrt sein konnte.

Denkbar ist auch, dass der Beklagte das Fahrzeug einfach nur los sein wollte, um sich den Wunsch eines Neufahrzeugs erfüllen zu können, und er es dort in Prag, in der Hoffnung, dass das Fahrzeug innerhalb der Monatsfrist nicht wieder aufgefunden wird, einfach abgestellt hatte.

Dafür spricht die Tatsache, dass das Kfz unbeschädigt gewesen war und die angeblich im Fahrzeug vorhanden gewesenen und angeblich mit entwendeten Gegenstände nicht im Fahrzeug gewesen waren.

8.

Interessant ist auch die Behauptung des Beklagten, dass der beim Wiederauffinden des Fahrzeugs festgestellte Hagelschaden durch „ein erneutes Ereignis" im Sicherstellungszeitraum eingetreten sein sollte, was die Klägerin mit Nichtwissen bestreitet.

Das Gericht wird darauf hingewiesen, dass die Klägerin den Beklagten mehrfach um einen Nachweis der Reparatur des gemeldeten Hagelschadens gebeten hatte, ein solcher Nachweis durch den Beklagten nicht geführt worden war.

Auch mit der Klageerwiderung hat der Beklagte eine Reparatur des Hagelschadens nur behauptet, Nachweise aber nicht angeboten.

9.

Wenn – wie der Beklagte behauptet – das Fahrzeug durch die „organisierte Kriminalität" entwendet worden sein sollte, hätte gerade die organisierte Kriminalität Wert darauf gelegt, das entwendete Fahrzeug schnellstmöglich von der Bildfläche verschwinden zu lassen, nicht aber in ein Parkverbot zu stellen.

10.

Im vorliegenden Fall ist die nach der Rechtsprechung des BGH geforderte Gesamtschau vorzunehmen. Im Rahmen dieser Gesamtschau wird das Gericht zu würdigen haben, dass

- Zeugen für das behauptete Abstellen und Nichtwiederauffinden nicht zur Verfügung stehen

- der Beklagte vor dem behaupteten Pkw-Diebstahl konkrete Kaufabsichten im Hinblick auf ein Neufahrzeug geäußert hatte
- zwischen der behaupteten Diebstahlszeit und dem Wiederauffinden des Fahrzeugs nur ein äußerst knapper Zeitraum lag
- das Fahrzeug zunächst unbeschädigt und ohne die von dem Beklagten behaupteten Gegenstände wiederaufgefunden wurde
- der Beklagte zwei Tage nach dem behaupteten Diebstahl ein Neufahrzeug bestellt hatte
- das Fahrzeug einen nicht reparierten, vom Beklagten allerdings als repariert behaupteten, Hagelschaden gehabt hatte
- für einen Diebstahl das Abstellen des Fahrzeugs in einer Parkverbotszone atypisch gewesen ist.

11.
Im Hinblick auf die von der Klägerin geltend gemachten Aufwendungen liegen Rechnungen vor. Es wird insofern höflichst um richterlichen Hinweis gebeten, falls diese Rechnungen nicht ausreichend sein sollten. Die Klägerin muss dann einzelne Zeugen für den jeweiligen Aufwand benennen.
Aus den genannten Gründen ist der Klage stattzugeben. Der Beklagte ist antragsgemäß zu verurteilen.
Rechtsanwalt ◀

N. Betrug in der Kaskoversicherung

I. Betrugsarten bzw -varianten

Wie fast jede Versicherungssparte bleibt auch die Kaskoversicherung von Betrug nicht verschont. Leidtragende und eigentlich Geschädigte der Betrugshandlung ist die Gemeinschaft der Versicherungsnehmer, denn jede durch Betrug veranlasste Versicherungsleistung führt zwangsläufig zu einer Prämienerhöhung. Insgesamt umfasst das Betrugsvolumen in der Kfz-Haftpflicht- und der Kfz-Kaskoversicherung pro Kalenderjahr mehrere Milliarden Euro.

Die Betrugsmöglichkeiten sind vielfältig und werden durchaus auch von an sich redlichen Versicherungsnehmern begangen, zB wenn ein tatsächlicher Versicherungsfall ausgenutzt wird, um bestandene Vorschäden mit reparieren zu lassen. Die Grenzen sind dabei fließend.

Häufig ist dabei das Unrechtsbewusstsein auch weniger ausgeprägt, weil der Versicherungsnehmer der Meinung ist, dass er wegen der von ihm gezahlten Versicherungsprämien durchaus eine Gegenleistung beanspruchen kann. Häufig geben sogar die vom Versicherungsnehmer aufgesuchten Werkstätten den Anstoß für eine Betrugshandlung, als zB eine von dem Versicherungsnehmer selbst oder durch einen Unbekannten verursachte Delle in der Fahrzeugkarosserie über die Privathaftpflichtversicherung eines „guten" Freundes abgewickelt werden soll.

Der Betrug in der Kaskoversicherung als auch bei anderen Versicherungsarten beginnt mit jeder Handlung oder auch Unterlassung des Versicherungsnehmers, die dazu geeignet ist, dass der Versicherer eine höhere Versicherungsleistung als an sich gerechtfertigt erbringen müsste.

Dieses ist in der Kaskoversicherung zB der Fall, wenn der Versicherungsnehmer eine geringere als die tatsächliche Laufleistung seines Fahrzeugs angibt und die tatsächlich höhere Laufleistung zu einem geringeren Wiederbeschaffungswert des versicherten Fahrzeugs führen würde oder wenn der Versicherungsnehmer die bereits angesprochenen, im Bereich der Unfallschäden gelegenen Vorschäden nicht angibt oder anderweitig bestandene Vorschäden mit reparieren lässt und mit der Rechnung über die Unfallschäden verschleiert abgerechnet werden.

564 Dann gibt es die Fälle, in denen der Versicherungsnehmer einen an sich nicht versicherten Unfall, zB weil das verunfallte Kfz nur teilkaskoversichert gewesen ist, und der Versicherungsnehmer durch eine alkoholbedingte Beeinflussung oder einen anderen Fahrfehler, wie zB überhöhte Geschwindigkeit, von der Fahrbahn abgekommen war, als einen Wildausweichschaden darstellt und hierüber „Rettungskostenersatz" begehrt wird. Oder wenn in der Vollkaskoversicherung ein vollkaskoversichertes Fahrzeug bei einem behördlich genehmigten oder sogar nicht genehmigten Rennen verunfallt, der Versicherungsnehmer die Teilnahme an dem Rennen verschweigt sondern den Unfall als im normalen Straßenverkehr geschehen beschreibt. Weiter gibt es Fälle, in denen Versicherungsnehmer an sich in der Teilkaskoversicherung nicht versicherte Unfall- bzw Kollisionsschäden als eine versicherte Kollision mit Wild darstellen, in dem an dem verunfallten Fahrzeug nachträglich Blutspuren und/oder Tierhaare eines unter die Teilkaskoversicherung fallenden Wildtiers anbringen.

565 Von den Fällen, in denen Versicherungsnehmer tatsächlich eingetretene Versicherungsfälle wie zuvor dargelegt ausnutzen oder nicht versicherte Unfälle als Versicherungsfälle dargestellt werden, sind die Fälle zu unterscheiden, in denen Versicherungsnehmer von vornherein **Versicherungsfälle konstruieren**, um über einen Betrug eine nicht gerechtfertigte Versicherungsleistung zu erhalten.

566 Hierunter fallen zB vorgetäuschte Diebstähle (gegebenenfalls nur von Fahrzeugteilen), vorgetäuschte Brandfälle, fingierte Unfälle, aber auch zB bei Wohnmobilen beziehungsweise Wohnwagen fingierte Sturmschäden oder angeblich von Dritten mut- oder böswillig herbeigeführte Schäden.

567 Nicht selten wird ein Betrug in der Kaskoversicherung mit einem fingierten Unfall und damit auch mit einem Betrug in der Kfz-Haftpflicht-Versicherung kombiniert.

568 Die Betrugsmöglichkeiten stehen natürlich in Abhängigkeit zum gebotenen Versicherungsschutz. Denn wenn der Versicherungsnehmer wegen der zeitlich gebundenen Neupreisentschädigung die Möglichkeit hat, zum Beispiel für ein zwei Jahre altes Fahrzeug im Totalschadenfall oder Diebstahlsfall noch den Neupreis zu erhalten, obwohl ein Neufahrzeug in diesem Zeitraum üblicherweise den höchsten Wertverlust hat, verführt diese Aussicht durchaus zur Herbeiführung eines entsprechenden Versicherungsfalls.

569 Durchaus öfter kommen auch **doppelte Abrechnungen** bei verschiedenen Kaskoversicherern vor. Nachdem beispielsweise ein aus einem Einbruch in das Fahrzeug mit anschließendem Teilediebstahl entstandener umfangreicher Schaden bei dem ersten Kaskoversicherer abgerechnet worden ist, wird das noch immer beschädigte Fahrzeug bei einem anderen Kaskoversicherer versichert und dort der Schaden als neuer Versicherungsfall zur erneuten Abrechnung gemeldet. Oder der Versicherungsnehmer kauft von vornherein ein unfallbeschädigtes Kfz an und meldet später nach Abschluss einer entsprechenden Kaskoversicherung den Schaden als neu eingetreten.

570 Auch kommt es vor, dass ein Unfallgeschädigter eine Regulierung des Fahrzeugschadens über die Kfz-Haftpflichtversicherung des Schädigers und über seine eigene Vollkaskoversicherung vornimmt. Allerdings fallen diese Doppelabrechnungen idR dann auf, wenn der Vollkasko-

versicherer bei einem von dem Versicherungsnehmer nicht bzw. nicht allein verursachten Unfall bei dem Kfz-Haftpflichtversicherer des (Mit-)Schädigers Regress nehmen will.

Bei den fingierten Sturmschäden im Rahmen einer Teilkaskoversicherung bzw einer fingierten mut- oder böswilligen Beschädigung durch Dritte im Rahmen einer Vollkaskoversicherung wurden Wohnmobile beziehungsweise Wohnwagen kaskoversichert, da diese über eine Aluminiumrahmenkonstruktion mit einer dazwischen bestehenden Isolierung aufgebaut sind. Dann wurden von außen die Isolierung durchstoßende Löcher hineingestochen und es wurde dann behauptet, dass bei einem Sturm umher wirbelnde Zeltstangen oder mut- beziehungsweise böswillig handelnde dritte Personen die Beschädigungen verursacht hätten. 571

Die Schäden wurden fiktiv auf Gutachtenbasis abgerechnet, da im Regelfall laut Gutachten die komplette Isolierung der Seitenwand erneuert werden musste, sehr leicht aber eine kostengünstige Reparatur mithilfe von Bauschaum oder einem ähnlichen Material erfolgen konnte. 572

Diese Schäden traten in den neunziger Jahren – insbesondere bei bestimmten Bevölkerungsgruppen – gehäuft auf, hatten danach vereinzelt aber immer wieder Konjunktur und wurden als sogenannte Speerwurfschäden bezeichnet und bekannt. 573

Betrügerische Versicherungsfälle können auch in kombinierter Form mehrerer versicherter Risiken vorliegen, wenn das kaskoversicherte Kfz zunächst entwendet worden sein sollte und dann ausgebrannt aufgefunden wurde. Oder der Versicherungsnehmer verunfallt mit dem nur Teilkasko versicherten Kfz, täuscht dann Einbruchsspuren vor und behauptet, der Dieb sei nach dem Diebstahl mit dem Fahrzeug verunfallt, so dass er den Unfallschaden und natürlich auch den Einbruchsschaden über die Teilkaskoversicherung reguliert erhalten möchte. 574

Als Motiv steht im Regelfall eine Verwertung des versicherten Fahrzeugs über den Erhalt der Versicherungsleistung im Vordergrund. So zB wenn das Fahrzeug einen Motor- oder anderen teuren Schaden, etwa einen Getriebeschaden hat. Oder der Versicherungsnehmer möchte seine Geldschwierigkeiten kurzfristig lösen. Oder er verfolgt ganz einfach eine Bereicherungsabsicht. 575

Bei den überwiegenden Betrugsschäden rechnet der Versicherungsnehmer den Schadenfall entweder fiktiv oder mittels einer gefälschten Rechnung – ggf im Zusammenwirken mit einem Werkstattinhaber – ab. 576

Da Betrüger kreativ sind, kommen immer neue Betrugsvarianten zum Vorschein. Deshalb können Betrugsvarianten nie abschließend dargestellt werden. Es wird insoweit um Verständnis gebeten, dass wegen der vielfältigen Betrugsmöglichkeiten an dieser Stelle nur einige der zahlreichen Betrugsmöglichkeiten genannt werden können. 577

II. Beweislast und Beweisführung

Für den Versicherungssachbearbeiter besteht die Schwierigkeit, einen Betrugsversuch überhaupt zu erkennen und wenn er ihn erkannt oder er einen entsprechenden Verdacht hat, diesen auch zu beweisen. 578

Grundsätzlich ist der Versicherungsnehmer für das Vorliegen eines Versicherungsfalls **darlegungs- und beweisbelastet**. Je nach Art des versicherten Risikos und des dabei eingetretenen 579

§ 5 Fahrzeugversicherung (Teilkasko-/Vollkaskoversicherung)

Schadens hat es der Versicherungsnehmer leichter, denn im Rahmen der Diebstahlsversicherung greift zu seinen Gunsten eine Beweiserleichterung.

580 Auch bei dem versicherten Risiko des Brands hat der Versicherungsnehmer es für einen Betrug leichter, indem er zum Beweis des Versicherungsfalls lediglich auf das ausgebrannte Fahrzeug verweisen muss.

581 Der Versicherer muss dann seinerseits beweisen, dass der Versicherungsnehmer den Brand vorsätzlich gelegt oder er das Inbrandsetzen veranlasst hatte.

582 Sofern kein geständiger Täter oder Zeuge für die Betrugshandlung zur Verfügung steht, stehen dem Versicherer häufig nur **Indiztatsachen**, die eine Schlussfolgerung auf den Betrug zulassen müssen, zur Verfügung. Je mehr solcher Indiztatsachen der Versicherer vorweisen kann und je zwingender diese Indiztatsachen für die entsprechende Schlussfolgerung sind, umso eher wird es dem Versicherer gelingen, den Richter von einem betrügerischen Versicherungsfall zu überzeugen. Hierfür muss der Versicherer im Regelfall eigene Ermittlungen durchführen.

583 Erschwert werden die Ermittlungen und die Beweisführung für die Versicherer durch **Datenschutzbestimmungen**, als hierdurch ein Austausch schadensauffälliger Versicherungsnehmer beziehungsweise Fahrzeuge unter den Versicherern zT verhindert wird. Entsprechende Dateien sind nur in begrenztem Umfang möglich, wie zB das Hinweis- und Informationssystem (HIS) der Versicherungswirtschaft.

584 Aufgrund der zunehmenden Europäisierung und Internationalisierung lässt sich bei Auslandsfahrzeugen die **Fahrzeugherkunft** schwerer nachvollziehen. Dieses machen sich gerade europa- oder sogar weltweit kriminell agierende Banden durch das Hin- und Herschieben von Fahrzeugen zunutze. Auch geänderte Zulassungsbestimmungen machen das Aufdecken eines Betrugs schwieriger. Denn während früher auf den ersten Blick der Kfz-Brief die gesamte Fahrzeughalterhistorie offenbart hatte, sind in der Zulassungsbescheinigung nunmehr nur noch die letzten drei Halter erkenn- und nachvollziehbar. Nunmehr muss der Versicherer zur Kenntniserlangung der kompletten Fahrzeughistorie eine Zeit und Gebühren kostende Anfrage beim Kraftfahrtbundesamt (KBA) vornehmen.

585 Ein wichtiges Instrument für den Versicherer zur Begegnung des Versicherungsbetrugs ist das **Obliegenheitsrecht**, auch wenn es wegen des Wegfalls des sogenannten Alles-oder-nichts-Prinzips für den Versicherer wesentlich schwieriger geworden ist, erfolgreich eine Leistungsfreiheit wegen einer Obliegenheitsverletzung einwenden zu können. Deshalb ist es für den Versicherer von besonderer Bedeutung, bei der Bearbeitung des Schadenfalls diesem Thema ein besonderes Augenmerk entgegenzubringen.

586 Für den Versicherer ist es deshalb wichtig, den an einen Versicherungsnehmer zu richtenden Fragenkatalog besonders sorgfältig zu erstellen und die Fragen möglichst so klar und deutlich zu formulieren, damit schon die Fragestellung für den Versicherungsnehmer keinen Spielraum für eine Auslegung der Fragestellung in verschiedene Richtungen bietet und ihm nicht mehrere Antwortmöglichkeiten eröffnet.

587 Hier einige Beispiele:

- Bei der Erkundigung nach **Vorschäden** sollte der Versicherer zum einen zwischen reparierten und unreparierten Vorschäden unterscheiden und zum anderen genau erläutern, was er unter einem Vorschaden versteht. Der Versicherungsnehmer darf sich nicht herausreden können, dass seines Erachtens der Vorschaden nur eine Bagatelle aber noch kein echter Unfallschaden oder sonstiger Schaden war.

- Bei der Frage nach einer **Fahrzeugfinanzierung** sollte der Versicherer klarstellen, dass die Frage auch eine Finanzierung durch private Geldgeber und auch durch Familienangehörige betrifft.
- Bei Fragen zum **Kilometerstand** und der **Laufleistung** sollte der Versicherer eine Erläuterung über den Unterschied vornehmen.

Ebenfalls sollte der Versicherer gegenüber dem Versicherungsnehmer erläutern, warum er bestimmte Angaben von ihm benötigt. Schickt der Versicherer beispielsweise voraus, dass er die folgenden Angaben zur genauen Ermittlung der Schadenshöhe und zur Berechnung der Versicherungsleistung benötigt, kann er hierdurch bei dem Versicherungsnehmer ein Bewusstsein über die Bedeutung möglicher falscher Angaben schaffen, so dass der Versicherer bei einer tatsächlichen falschen Beantwortung dem Versicherungsnehmer den Arglisteinwand mit der Folge einer Leistungsfreiheit des Versicherers ohne einen möglichen Kausalitätsgegenbeweis des Versicherungsnehmers entgegenhalten kann. 588

Der Versicherungssachbearbeiter sollte zu einer Kontrolle die an den Versicherungsnehmer zu stellenden Fragen selbst kritisch – nach Möglichkeit durch Hinzuziehung dritter und mit dem Versicherungsrecht nicht vertrauter Personen – auf Missverständnisse oder mehrere Auslegungsmöglichkeiten der Fragestellung prüfen. 589

Außerdem sollte der Versicherer die Erbringung der Versicherungsleistung nicht zu früh ablehnen, um den Versicherungsnehmer möglichst lange obliegenheitsverpflichtet zu halten. Denn sobald der Versicherer die Versicherungsleistung abgelehnt hat, erlischt die Obliegenheitspflicht des Versicherungsnehmers. 590

Wegen der Wichtigkeit von Obliegenheitsverletzungen des Versicherungsnehmers für eine mögliche Leistungsfreiheit beziehungsweise Leistungskürzung des Versicherers muss der Versicherer für die erforderliche Belehrung des Versicherungsnehmers größte Sorgfalt aufwenden und Belehrungsfehler vermeiden. Denn ohne eine in formeller als auch materieller Hinsicht zutreffende Belehrung über die Rechtsfolgen von Obliegenheitsverletzungen iSv § 28 Abs. 4 VVG und auch einen diesbezüglichen Zugangsnachweis sind noch so gut gestellt gewesene Fragen des Versicherers wertlos. 591

▶ **Muster: Anspruch aus Vollkaskoversicherung** 592

An das Landgericht ...

Klage

des Herrn ...

– Kläger –

Prozessbevollmächtigte: RAe ...

gegen

die ... Versicherung AG, vertreten durch den Vorstand, dieser vertreten durch den Vorstandsvorsitzenden, Herrn ..., ...

– Beklagte –

§ 5 Fahrzeugversicherung (Teilkasko-/Vollkaskoversicherung)

wegen: Versicherungsleistung

Vorläufiger Streitwert: ... EUR

Namens und in Vollmacht des Klägers erheben wir Klage mit den Anträgen:

1. Die Beklagte wird verurteilt, an den Kläger ... EUR nebst Zinsen in Höhe von 5 Prozentpunkten über dem Basiszinssatz seit dem ... zu bezahlen.
3. Die Beklagte trägt die Kosten des Rechtsstreits.
4. Dem Kläger wird nachgelassen, jegliche Sicherheitsleistung durch Bürgschaft eines deutschen Kreditinstituts zu erbringen.
5. Im Falle des Vorliegens der gesetzlichen Voraussetzungen beantragen wir den Erlass eines Anerkenntnis-/Versäumnisurteils.

Begründung:

I. Sachverhalt

Der Kläger beansprucht als Versicherungsnehmer einer Kfz-Vollkaskoversicherung für seinen bei einem Unfall am ... totalbeschädigten Pkw Porsche, welcher am ... erstmals zugelassen worden ist, von der Beklagten die Zahlung einer Vollkaskoversicherungsleistung abzüglich der von ihm in Höhe von ... EUR zu tragenden Selbstbeteiligung.

Der Kläger verunfallte mit dem genannten Pkw Porsche mit dem amtlichen Kennzeichen ... als er mit dem Pkw in der Ortschaft ... in einer Kurve bei Nässe aufgrund von Aquaplaning von der Fahrbahn abgekommen war.

Zur Zeit des Unfalls war der Pkw bei der Beklagten unter der Versicherungsscheinnummer ... vollkaskoversichert.

Die Vollkaskoversicherung deckt Schäden des Fahrzeugs u.a. durch Unfall gem. Ziffer A.2.2.2.2 der dem Versicherungsvertrag zugrunde liegenden AKB in der Fassung vom .... Nach der in der genannten AKB-Ziffer genannten Definition handelt es sich bei einem Unfall um ein unmittelbar von außen plötzlich mit mechanischer Gewalt auf das Fahrzeug einwirkendes Ereignis.

Dieses ist bei einer Einwirkung von Aquaplaning, das in der Folge zu einem Abkommen des Fahrzeugs von der Fahrbahn geführt hat, der Fall gewesen.

Das von der Fahrbahn abgekommene Kfz des Klägers geriet dann gegen eine einige Meter von der Fahrbahn entfernt montierte Leitplanke, schlug dort mit der Front schräg ein, geriet dadurch in eine Drehung, wodurch das Kfz auch mit dem Heck in die Leitplanke eingeschlagen war und hierdurch auch der Motor und die Ölwanne des Fahrzeugs einen Riss erhielten und der Motor in kurzer Zeit festfraß.

Der Kläger hat auf eigene Kosten ein Schadensgutachten erstellen lassen. Der Gutachten der Sachverständige kam zum Ergebnis, dass, obwohl das Kfz noch nicht einmal ein halbes Jahr alt war, ein wirtschaftlicher Totalschaden vorgelegen hatte, da die Reparaturkosten den Wiederbeschaffungswert überschritten haben.

Beweis: Kopie des Schadensgutachtens vom ... als Anlage K 1

Da es sich bei der durch Kläger abgeschlossenen Vollkaskoversicherung um eine Vollkaskoversicherung zum Komfort-Tarif der Beklagten gehandelt hat, beinhaltet diese Versicherung eine Neupreisentschädigung gemäß Ziffer A.2.5.1.2. der vereinbarten AKB.

Denn nach dieser AKB-Regelung hat der Kläger innerhalb der ersten 18 Monate nach der Erstzulassung des Fahrzeugs den Anspruch auf Neupreisentschädigung, wenn die zur Reparatur erforderlichen Kosten mindestens 80 % des Neupreises erreichen.

Diese Voraussetzungen sind vorliegend erreicht, denn das Kfz des Klägers war zur Unfallzeit gerade einmal ein halbes Jahr alt.

II. Höhe der Versicherungsleistung aus der Vollkaskoversicherung

Der Kläger hat bereits ein gleichartiges, dh mit gleicher Motorisierung und Ausstattung versehenes Fahrzeug zum Neupreis in Höhe von ... EUR bestellt.

Als Restwert konnte der Kläger eine Summe in Höhe von ... EUR erzielen. Dieser ist zusammen mit der bereits genannten Selbstbeteiligung des Klägers von dem Neupreis in Abzug zu bringen, so dass sich eine zu beanspruchende Versicherungsleistung in Höhe der Klageforderung ergibt.

III. Verzug der Beklagten

Mit Schreiben vom ... hat der Kläger unter Beifügung seiner Schadenschilderung und des Schadensgutachtens sowie der Bezifferung seiner Forderung in Höhe der Klageforderung die Beklagte unter Fristsetzung auf den ... zur Zahlung aufgefordert.

Die Beklagte hat hierauf mit Schreiben vom ... geantwortet und die Bezahlung einer Versicherungsleistung abgelehnt. Eine Begründung hat sie hierfür nicht gegeben, sondern dargelegt, erst im Rechtsstreit ihre Gründe für ihre mangelnde Bereitschaft zur Zahlung vorzubringen.

Somit befindet sich die Beklagte seit dem ... in Verzug.

IV. Örtliche Zuständigkeit des angerufenen Gerichts

Die örtliche Zuständigkeit des angerufenen Gerichts ergibt sich aus § 215 Abs. 1 VVG.

Rechtsanwalt ◄

▶ **Muster: Klageerwiderung-Vollkaskoversicherung**

An das Landgericht ...
In dem Rechtsstreit
... ./. ...
Az: ....

werden wir beantragen,

1. die Klage abzuweisen;
2. die Kosten des Rechtsstreits trägt der Kläger;
3. der Beklagten im Fall einer Verurteilung nachzulassen, die Vollstreckung durch Hinterlegung oder Sicherheitsleistung, welche auch in Form einer Bürgschaft durch eine deutsche Großbank erbracht werden kann, ohne Rücksicht auf eine Sicherheitsleistung des Klägers abzuwenden.

Begründung:

Die Klage ist nicht begründet.

Für den vorliegenden, vom Kläger behaupteten Unfall genießt er keinen Versicherungsschutz, denn der hier vorliegende Unfallschaden ist Gegenstand eines in Ziffer A.2.9.2 bzw. D.1.1.4 AKB geregelten Versicherungsausschlusses.

Denn der Unfall war nicht in normalen Straßenverkehr sondern bei einer Rennveranstaltung auf einer Rennstrecke geschehen.

§ 5 Fahrzeugversicherung (Teilkasko-/Vollkaskoversicherung)

I. Sachverhalt

Der Kläger hat zwar zutreffend angegeben, dass sich der Unfall in der Ortschaft ... ereignet hatte. Allerdings hat der Kläger verschwiegen, dass die Ortschaft ... an der Nordschleife des Nürburgrings liegt.

Bei der vom Kläger genannten Kurve, in der sich der Unfall ereignet hatte, handelt es sich um eine Kurvenkombination in dem Streckenabschnitt „Schwalbenschwanz" der Nordschleife des Nürburgrings.

Der Kläger verschweigt auch weiter, dass der Motorschaden an dem Pkw Porsche wegen des Rennbetriebs bereits kurz vor der Kurve eingetreten war, aufgrund des Motorschadens die Hinterachse des Porsche blockiert hatte und das Fahrzeug wegen der blockierten Hinterachse nicht mehr kontrollierbar und von der Fahrbahn abgekommen und gegen die Leitplanke geraten war.

Somit war der Motorschaden beim Betrieb des Fahrzeugs eingetreten und nicht aufgrund eines Unfalls. Betriebsschäden muss die Beklagte wegen eines entsprechenden Ausschlusses in den vereinbarten AKB nicht decken.

Die Beklagte bestreitet ausdrücklich, dass der Kläger in Folge von Aquaplaning von der Fahrbahn abgekommen war. Die Strecke war lediglich feucht nicht aber so nass, dass sich Pfützen oder andere Wasseransammlungen gebildet hatten.

Am Unfalltag war der Kläger als Mitglied des Porsche Sportwagen Fahrer Clubs ... e.V. Teilnehmer einer von dem Club organisierten Rennveranstaltung, bei der es auf die Erzielung von Höchstgeschwindigkeiten, nämlich das Fahren schnellster Runden angekommen ist, gewesen. Die ersten drei erhielten Siegerpokale. Über die Veranstaltung und insbesondere über den Unfall des Klägers existiert auf der Internetplattform „YouTube" ein Video. In diesem Video ist deutlich zu sehen, dass der Kläger mit seinem Porsche zwei andere Fahrzeuge rechts (!) überholt hatte und dabei der Motor des Porsche noch auf gerader Strecke aber kurz vor der Kurve einen so genannten Motorplatzer – vermutlich infolge Überhitzung oder Überdrehung des Motors – erlitten hatte. Auf einmal stieg weißer Qualm in Form einer sich aufblähenden Wolke aus dem Motorraum auf, unmittelbar danach blockierte die Hinterachse und das Fahrzeug brach in Richtung der Leitplanke aus und schlug dort ein.

Beweis: Einsichtnahme in das Video, zu laden die Internetadresse ...

II. Rechtliche Würdigung

1. Gemäß Ziffer A.2.9.2 AKB besteht kein Versicherungsschutz für Schäden, die bei Beteiligung an behördlich genehmigten Kraftfahrt-sportlichen Veranstaltungen, bei denen es auf Erzielung einer Höchstgeschwindigkeit ankommt, entstehen. Dies gilt auch für die dazu gehörenden Übungsfahrten.
   Für die Teilnahme an nicht genehmigten Rennen bestand gemäß Ziffer D.1.1.4 AKB kein Versicherungsschutz.
2. Außerdem ist der Motorschaden gemäß Ziffer A.2.2.2.2 letzter Abs. AKB als eine Beschädigung, die üblicherweise im Rahmen der bestimmungsgemäßen Verwendung des Fahrzeugs, nämlich im Fahrbetrieb, entstanden war, kein Unfallschaden.
3. Und schließlich ist die Beklagte auch wegen vorsätzlicher und arglistiger Obliegenheitsverletzung in Form einer Aufklärungspflichtverletzung des Klägers leistungsfrei, Ziffer E.1.1.3 i.V.m. Ziffer E.2.5. AKB, § 28 Abs. 2 S. 1 und Abs. 3 S. 2 VVG.

Denn der Kläger hat die Beklagte vorsätzlich und arglistig über die Umstände des Unfalls getäuscht, als er gegenüber der Beklagten den Unfall als im normalen Straßenverkehr geschehen geschildert hat. Diese Schilderung hat ersichtlich dazu gedient, über die Voraussetzungen bzw. schon über den Grund eines Anspruchs auf Versicherungsleistung zu täuschen, da der Kläger wusste, dass er für im Rennbetrieb entstandene Schäden keine Versicherungsleistung aus der Vollkaskoversicherung verlangen konnte

Ein Kausalitätsgegenbeweis steht dem Kläger damit nicht zur Verfügung. Wegen der Arglist war eine Belehrung der Beklagten iSv § 28 Abs. 4 VVG nicht erforderlich gewesen, allerdings hatte die Beklagte diese gleichwohl in der Form des § 28 Abs. 4 VVG auch vorgenommen.

Beweis: Kopie der erfolgten Belehrung des Klägers vom ... als Anlage KE 1

III. Schadenshöhe

Ungeachtet dessen bestreitet die Beklagte auch die vom Kläger behauptete Schadenshöhe.

Denn allein der vor dem Unfall eingetretene nicht versicherte Motorschaden hat dazu geführt, dass der Schaden zusammen mit dem vom Versicherungsschutz ausgeschlossenen Unfallschaden in den Bereich einer Neupreisentschädigung führen würde. Ohne den – als Betriebsschaden nicht versicherten – Motorschaden würde auch kein Anspruch auf Neupreisentschädigung sondern nur ein Anspruch auf Ersatz eines Reparaturschadens bestehen. Der Reparaturschaden ist wiederum als „Rennunfall" vom Versicherungsschutz nicht umfasst.

Die Beklagte erkennt auch das vom Kläger eingeholten Schadensgutachten nicht an, da der Kläger den verunfallten Pkw Porsche verkauft hatte, bevor die Beklagte Feststellungen zur Schadensursache (insbesondere des Motorschadens) und zur Schadenshöhe an dem Pkw hatte treffen können, so dass auch hierin eine vorsätzliche und das Aufklärungsinteresse der Beklagten beeinträchtigende Obliegenheitsverletzung des Klägers vorliegt.

Vgl: KG Berlin VersR 2015, 1247, 1248

Aus den genannten Gründen ist die Klage abzuweisen.

...

Rechtsanwalt ◄

▶ **Muster: Replik-Vollkaskoversicherung**

In dem Rechtsstreit

... ./. ...

Az: ...

ist zu der Klageerwiderung der Beklagten vom ... folgende Replik abzugeben:

Der Kläger hat den Unfallort zutreffend angegeben. Der Abschnitt „Schwalbenschwanz" der Nordschleife des Nürburgrings ist gemeindepolitisch der Ortschaft ... zuzuordnen.

Dass sich der Unfall auf dem Nürburgring ereignet hatte, besagt nicht – schon gar nicht im Sinne eines von der Beklagten wohl angenommenen Anscheinsbeweises – die Tatsache eines Unfalls bei einem Renngeschehen. Denn zum Zeitpunkt des Unfalls hatte sich der Kläger in einem sog. freien Fahren aber nicht in einem Rennwettbewerb mit anderen Fahrzeugen befunden. Insofern ist vielleicht gerichtsbekannt, dass auf dem Nürburgring auch „Touristenfahrten" bzw „freie Fahrten"[196] angeboten werden.

Jedermann kann gegen Zahlung eines Ticket- bzw Nutzungsentgelts eine oder mehrere Runden auf dem Nürburgring drehen, ohne ein Rennen zu fahren. Hierfür ist weder Voraussetzung, den Nürburgring mit Höchstgeschwindigkeit noch im Grenzbereich des Fahrverhaltens des Fahrzeugs zu befahren. Die durch den Kläger durchgeführte Fahrt hatte nicht der Erzielung von Höchstgeschwindigkeiten sondern der Optimierung der Fahrsicherheit, zur besseren Beherrschung des Fahrzeugs im Alltagsverkehr, gedient. Gerade weil der Kläger das Fahrzeug erst seit kurzem erworben hatte, hatte er es auf einer gesperrten Strecke besser kennenlernen wollen, um dieses in Alltagsverkehr besser zu beherrschen.

Unfälle in Form des Abkommens von der Fahrbahn passieren nicht nur auf Rennstrecken sondern auch im normalen Straßenverkehr. Deshalb kann die Beklagte auch aus der Art des Unfallhergangs nicht auf einen Unfall im Rennbetrieb schließen.

In der Tat war der Kläger infolge von Aquaplaning von der Fahrbahn abgekommen. Dieses ist auch der Grund dafür, dass es unmittelbar vor dem Abkommen von der Fahrbahn eine weiße, aus dem Motorraum stammende Qualmwolke gegeben hatte. Denn in einer unmittelbar vor der Kurve gelegenen Senke hatte sich aufgrund vorangegangenen Regens Wasser angesammelt, so dass beim Durchfahren der Senke Wasser aufgespritzt war und dadurch auf heiße Motoraggregate geraten war und dieses Wasser infolge der Hitze des Motorblocks sofort verdampfte. Gleichzeitig brach der Pkw des Klägers mit dem Heck aus, geriet quer und war von der Fahrbahn abgekommen. Erst durch den Anprall des Fahrzeugs an die Leitplanke erhielt der Motor einen Riss, durch den der Motor letztlich zerstört wurde.

Der Kläger widerspricht einer Verwertung des Videos aus der Internetplattform „YouTube".

Denn weder steht die Authentizität der Aufnahmen fest noch ist eine Feststellung möglich, wer das Video gemacht und wer es hochgeladen hat. Außerdem verstößt es gegen das informationelle Selbstbestimmungsrecht des Klägers.

Der Porsche-Club, in dem der Kläger Mitglied gewesen ist, hat für die Veranstaltung in seinen Ausschreibungsbedingungen darauf hingewiesen, dass es dabei nicht auf die Erzielung einer Höchstgeschwindigkeit angekommen ist, sondern auf die Verbesserung des Fahrkönnens im Sinne der Fahrsicherheit.

Beweis: Kopie der Ausschreibungsbedingungen als Anlage K 2

Außerdem sollte die der beabsichtigten Pokalvergabe stattfindende Veranstaltung erst am nächsten Tag begannen. Allerdings hatte sich der Kläger für diese Veranstaltung nicht angemeldet sondern lediglich für das freie Fahren.

Beweis: Zeugnis des Herrn ...

Für das freie Fahren standen auch Instruktoren zur Verfügung, die die am freien Fahren teilnehmenden Fahrer darüber unterrichteten, wie sie ihre Fahrzeuge noch sicherer hatten führen können. Insofern hatte die Möglichkeit bestanden, die Instruktoren als im Fahrzeug unterrichtende Beifahrer mitzunehmen.

Beweis: wie vor

---

[196] Anm. des Verfassers: Je nach Bedingungswortlaut und anhand beizubringender Tatsachen zu leistender „Überzeugungsarbeit" des Versicherungsnehmer- bzw des Versichereranwalts kann das „Versicherungsschutzpendel" auf die eine oder die andere Seite ausschlagen. Vgl hierzu zuletzt OLG Karlsruhe, Urt. v. 7.5.2014 – 72 U 149/13.

Bis auf Mutmaßungen eines Unfalls während eines Rennbetriebs hat die Beklagte keine echten Tatsachen für ihre lediglich geäußerte Verdachtsbehauptung bewiesen.

Da die Klägerin einen Ausschluss vom Versicherungsschutz behauptet, trägt sie hierfür die Darlegungs- und Beweislast. Da sie dieser nicht genügt hat, ist der Klage stattzugeben.

Das durch den Kläger eingeholte Sachverständigengutachten belegt die Schadenshöhe, so dass insofern eine Obliegenheitsverletzung nicht gegeben ist.

...

Rechtsanwalt ◀

§ 6 Sozialversicherung

Literatur: Kommentare und Handbücher: *Meyer-Ladewig/Keller/Leitherer*, Sozialgerichtsgesetz (SGG), 11. Auflage 2014; *Niesel*, Kasseler Kommentar Sozialversicherungsrecht,86. Auflage 2015, Loseblatt, Stand: 06/2015; *Plagemann*, Münchener Anwaltshandbuch Sozialrecht, 4. Auflage 2013; *v. Wulffen*, SGB X – Sozialverwaltungsverfahren und Sozialdatenschutz, 8. Auflage 2014. *Becker/Kingreen*, SGB V – Gesetzliche Krankenversicherung, 4. Auflage, 2014.

Für die medizinischen und gutachterlichen Aspekte: *Pschyrembel*, Klinisches Wörterbuch, 266. (2015) (siehe auch www.pschyrembel.de – Online-Wörterbuch); *Brettl/Vogt*, Ärztliche Begutachtung im Sozialrecht, 2. Auflage; *Venzlaff/Foerster/Dreßing/Habermeyer*, Psychiatrische Begutachtung, 6. Auflage 2015.

Für die Bestimmung des GdB/der MdE: *Bundesministerium für Arbeit und Soziales*, Versorgungsmedizinverordnung – VersMedV – Versorgungsmedizinische Grundsätze, 2016, Anhaltspunkte für die ärztliche Gutachtertätigkeit im sozialen Entschädigungsrecht und nach dem Schwerbehindertengesetz, 2008; *Schönberger/Mehrtens/Valentin*, Arbeitsunfall und Berufskrankheit, 8. völlig neu bearbeitete Auflage 2010.

Hilfreiche Internet-Links: www.bundessozialgericht.de (alle Entscheidungen des BSG seit 1998 im Volltext); www.bundesverfassungsgericht.de (alle Entscheidungen des BVerfG seit 1998), www.sozialgerichtsbarkeit.de (Entscheidungen von Sozialgerichten aller drei Instanzen), www.justiz.nrw.de, www.juris.de, www.gesetze-im-internet.de, www.anhaltspunkte.de.

Wichtige Entscheidungssammlungen und Zeitschriften: BSGE (amtliche Entscheidungssammlung des BSG); SozR (Sozialrecht – Rechtsprechung und Schrifttum, bearbeitet von den Richtern des BSG); Die Sozialgerichtsbarkeit (SGb); Neue Zeitschrift für Sozialrecht (NZS); Sozialrecht aktuell.

A. Ansprüche gegen Sozialversicherungsträger .. 1
  I. Gesetzliche Krankenversicherung (SGB V) 2
    1. Versicherter Personenkreis 2
    2. Leistungen der gesetzlichen Krankenversicherung 4
      a) Ärztliche und zahnärztliche Behandlung 6
      b) Arznei- und Verbandmittel 7
      c) Heil- und Hilfsmittel 9
      d) Häusliche Krankenpflege 21
      e) Haushaltshilfe 24
      f) Krankenhausbehandlung 27
      g) Leistungen zur medizinischen Rehabilitation 28
      h) Belastungserprobung und Arbeitstherapie 32
      i) Teilhabe am Arbeitsleben und allgemeine soziale Eingliederung.... 33
      j) Krankengeld 34
      k) Fahrtkosten 38
      l) Kostenerstattung 39
      m) Mehrkosten einer Privatbehandlung 40
  II. Soziale Pflegeversicherung (SGB XI) 41
    1. Versicherter Personenkreis 41
    2. Vorversicherungszeit 42
    3. Verfahren zur Feststellung der Pflegebedürftigkeit 43
    4. Begriff der Pflegebedürftigkeit 45
    5. Leistungen der sozialen Pflegeversicherung 61
      a) Pflegesachleistungen 61
      b) Geldleistungen 63
      c) Kombinationsleistungen 66
      d) Hilfsmittel 67
      e) Stationäre Pflege 68
      f) Leistungen für die Pflegeperson .. 72
  III. Gesetzliche Unfallversicherung (SGB VII) 73
    1. Versicherter Personenkreis 74
      a) Kraft Gesetzes Versicherte 74
      b) Unternehmer und im Unternehmen mitarbeitende Ehegatten und Lebenspartner 79
      c) Freiwillige Unfallversicherung 80
    2. Der Versicherungsfall 81
      a) Arbeitsunfälle 82
        aa) Versicherte Tätigkeit – innerer Zusammenhang 84
        bb) Kausalität 86
        cc) Arbeitsunfälle bei „Katalogtätigkeiten" (§ 8 Abs. 2 SGB VII) 89
          (1) Wegeunfall nach § 8 Abs. 2 Nr. 1 SGB VII .. 90
          (2) Obhut von Kindern nach § 8 Abs. 2 Nr. 2 und Nr. 3 SGB VII 96
          (3) Familienheimfahrten nach § 8 Abs. 2 Nr. 4 SGB VII 97
          (4) Umgang mit Arbeitsgerät und Schutzausrüstung sowie deren Erstbeschaffung nach § 8 Abs. 2 Nr. 5 SGB VII 98
      b) Berufskrankheiten 99

Sozialversicherung 6

3. Leistungen der gesetzlichen Unfallversicherung 100
   a) Heilbehandlung, Rehabilitation, Pflege und Geld (§§ 26 bis 55 a SGB VII) 100
      aa) Heilbehandlung 100
      bb) Leistungen zur Teilhabe am Arbeitsleben 102
      cc) Leistungen zur Teilhabe am Leben in der Gesellschaft und ergänzende Leistungen 103
      dd) Leistungen bei Pflegebedürftigkeit 104
      ee) Geldleistungen während der Heilbehandlung und Leistungen zur Teilhabe am Arbeitsleben 105
   b) Renten, Beihilfen, Abfindungen (§§ 56 bis 80 SGB VII) 108
   c) Leistungen an Hinterbliebene 115
4. Haftungsausschluss 117
   a) Unternehmer 117
   b) „Arbeitskollegen" 120
   c) Ähnlich enge Gefahrgemeinschaften 121
   d) Präjudizwirkung und Vorrang sozialrechtlicher Entscheidungen 122
   e) Haftung gegenüber den Sozialversicherungsträgern 125

IV. Gesetzliche Rentenversicherung (SGB VI) 126
1. Versicherter Personenkreis 126
   a) Versicherungspflichtige Personen 126
   b) Kraft Antrags versicherungspflichtige Personen 129
   c) Freiwillige Versicherung 132
2. Leistungen der gesetzlichen Rentenversicherung 134
   a) Leistungen zur medizinischen Rehabilitation und Leistungen zur Teilhabe am Arbeitsleben 135
   b) Renten 136
      aa) Rente wegen verminderter Erwerbsfähigkeit 137
         (1) Rente wegen teilweiser Erwerbsminderung 137
         (2) Rente wegen voller Erwerbsminderung ... 152
         (3) Rente wegen teilweiser Erwerbsminderung bei Berufsunfähigkeit 156
      bb) Renten wegen Todes 169
3. Zusammentreffen von Renten und Erwerbseinkommen 170
   a) Hinzuverdienst bei Renten wegen verminderter Erwerbsfähigkeit 171
   b) Einkommensanrechnung bei Renten wegen Todes 172
4. Zusammentreffen mehrerer Rentenansprüche 173

5. Zusammentreffen von Rentenleistungen mit Leistungen aus der Unfallversicherung 174
6. Beginn, Ende und Änderung von Renten 175

V. Schwerbehindertenrecht (SGB IX) 179
1. Begriff der Behinderung 179
2. Bemessung des Grades der Behinderung 181
3. Merkzeichen 187
   a) Merkzeichen G 188
   b) Merkzeichen aG 191
   c) Merkzeichen RF 192
   d) Merkzeichen H 193
   e) Merkzeichen Gl 195
   f) Merkzeichen B 196
   g) Merkzeichen Bl 197
4. Verfahren 198
5. Gleichstellung (§ 2 Abs. 3 SGB IX) ... 199

B. Das Mandat im Sozialverfahren 203
I. Beratung des Mandanten 203
II. Widerspruchsverfahren 213
   1. Frist 215
   2. Form 217
   3. Akteneinsicht 218
   4. Fortgang des Verfahrens 220
   5. Kosten des Widerspruchsverfahrens ... 221
   6. Schriftsatzmuster 223
III. Klageverfahren 226
   1. Isolierte Anfechtungsklage 228
   2. Isolierte Leistungsklage 232
   3. Verpflichtungsklage 236
   4. Kombinierte Anfechtungs- und Verpflichtungsklage 241
   5. Kombinierte Anfechtungs- und Leistungsklage 243
   6. Feststellungsklage 247
   7. Kombinierte Anfechtungs- und Feststellungsklage 252
   8. Fortsetzungsfeststellungsklage 254
   9. Untätigkeitsklage 257
   10. Verfahren 266
       a) Erlass neuer Verwaltungsakte im Laufe des Klageverfahrens 266
       b) Präklusion 267
       c) Musterverfahren 268
       d) Verhängung der Missbrauchsgebühr 269
   11. Verfahrensbeendigung 270
       a) Klagerücknahme 270
       b) Erledigungserklärung/Anerkenntnis 271
       c) Vergleich 272
       d) Urteil/Gerichtsbescheid 273
IV. Berufung (§§ 143 ff SGG) 274
   1. Statthaftigkeit/Nichtzulassungsbeschwerde 274
   2. Frist und Form der Berufungseinlegung 279
   3. Prüfungsumfang 281
   4. Verfahrensbeendigung 283

Süß

V. Revision (§§ 160 ff SGG)	288
1. Statthaftigkeit/Nichtzulassungsbeschwerde	288
2. Frist und Form der Revisionseinlegung	298
3. Prüfungsumfang	302
4. Verfahrensbeendigung	303
VI. Einstweiliger Rechtsschutz	307
1. Antragsverfahren in erster Instanz	307
2. Rechtsmittel im Verfahren des einstweiligen Rechtsschutzes	313
VII. Beschwerde	315
1. Statthaftigkeit	315
2. Form und Frist	316
3. Wirkung	317
4. Verfahrensbeendigung	318
VIII. Wiedereinsetzung in den vorigen Stand	320
IX. Antrag auf Aufhebung eines bestandskräftigen Verwaltungsakts (§ 44 SGB X)	324
X. Beweisanträge	327
XI. Forderungsübergang	344
1. Cessio legis (§ 116 Abs. 1 S. 1 SGB X)	344
a) Der Schadenersatzanspruch des Geschädigten	345
b) Voraussetzungen des Forderungsübergangs	348
aa) Sachliche Kongruenz	349
bb) Zeitliche Kongruenz	351
c) Zeitpunkt des Forderungsübergangs	352
d) Rechtsfolgen	354
e) Mitverschulden des Geschädigten	357
aa) Anteiliger Forderungsübergang	357
bb) Ausschluss bzw Begrenzung des Forderungsübergangs auf den Sozialleistungsträger bei Mithaftung	359
(1) Befriedungsvorrecht des Geschädigten	360
(2) Quotenvorrecht des Geschädigten	362
(3) Sozialhilfebedürftigkeit	364
(4) Das Quotenvorrecht gem. § 116 Abs. 5 SGB V	365
f) Angehörigenprivileg	367
2. Regress des Rentenversicherungsträgers gem. § 119 SGB X	373
XII. Kostenrecht	374
1. Gerichtskosten	374
2. Rechtsanwaltsgebühren	375
a) Außergerichtliche Gebühren	378
aa) Geschäftsgebühr	378
bb) Einigungs- und Erledigungsgebühr	380
b) Vertretung im gerichtlichen Verfahren	382
aa) Eingangsinstanz	382
(1) Verfahrensgebühr	382
(2) Terminsgebühr	384
(3) Einigungs- und Erledigungsgebühr	385
bb) Berufungsinstanz	386
(1) Verfahrensgebühr	386
(2) Terminsgebühr	387
(3) Einigungs- und Erledigungsgebühr	388
(4) Gebühren für die Beschwerde gegen die Nichtzulassung der Berufung	389
cc) Revisionsinstanz	390
(1) Verfahrensgebühr	390
(2) Terminsgebühr	391
(3) Einigungs- und Erledigungsgebühr	392
(4) Beschwerde gegen die Nichtzulassung der Revision	393
dd) Einstweiliger Rechtsschutz	394
3. Kostenerstattung	399
4. Kostenübernahme durch die Rechtsschutzversicherung	401
a) Leistungsumfang	401
b) Versicherungsfall	402

A. Ansprüche gegen Sozialversicherungsträger

1 Ist bei einem Unfall der Geschädigte Mitglied im System der gesetzlichen Sozialversicherung, kann er Ansprüche gegen mehrere Sozialleistungsträger haben. Sie können leichter durchsetzbar sein als Ansprüche gegen den Unfallschädiger. Der Anwalt des Geschädigten muss erkennen, welche Ansprüche sein Mandant hat. Er muss ihn hinsichtlich der Geltendmachung und Durchsetzung seiner Ansprüche beraten. Zudem muss bei der weiteren Schadenregulierung der Übergang der Ansprüche auf die gesetzliche Sozialversicherung beachtet werden.

I. Gesetzliche Krankenversicherung (SGB V)

2 **1. Versicherter Personenkreis.** Die Versicherung kann gem. § 5 SGB V durch **Versicherungspflicht** begründet werden. Versichert sind danach gemäß

A. Ansprüche gegen Sozialversicherungsträger 6

- § 5 Abs. 1 Nr. 1 SGB V: Arbeiter, Angestellte und zu ihrer Berufsausbildung Beschäftigte, die gegen Entgelt beschäftigt sind;
- § 5 Abs. 1 Nr. 2 SGB V: Empfänger von Arbeitslosengeld I oder Unterhaltsgeld nach dem SGB III, auch dann, wenn der Anspruch wegen einer Sperrzeit (§ 144 SGB III) oder wegen einer Urlaubsabgeltung (§ 143 SGB III) ruht. Die Versicherungspflicht besteht auch dann, wenn die Entscheidung über den Bezug von Arbeitslosengeld I oder Unterhaltsgeld rückwirkend aufgehoben und die Leistung zurückgefordert und zurückgezahlt wurde;
- § 5 Abs. 1 Nr. 2 a SGB V: Empfänger von Arbeitslosengeld II nach dem SGB II, soweit sie nicht familienversichert sind, die Leistung nur darlehensweise gewährt wird oder einmalige Leistungen gem. § 24 Abs. 3 S. 1 SGB II erbracht werden, die nicht im Regelbedarf enthalten sind; dies gilt auch dann, wenn die Bewilligung, die zum Leistungsbezug geführt hat, aufgehoben wird und Leistungen ganz oder teilweise zurückgefordert und zurückgezahlt werden;
- § 5 Abs. 1 Nr. 3 SGB V: Landwirte, ihre mitarbeitenden Familienangehörigen und Altenteiler nach den Bestimmungen des Gesetzes über die Krankenversicherung der Landwirte;
- § 5 Abs. 1 Nr. 4 SGB V: Künstler und Publizisten;
- § 5 Abs. 1 Nr. 5 SGB V: Personen, die in Einrichtungen der Jugendhilfe für das Erwerbsleben befähigt werden sollen;
- § 5 Abs. 1 Nr. 6 SGB V: Rehabilitanten;
- § 5 Abs. 1 Nr. 7, 8 SGB V: behinderte Menschen;
- § 5 Abs. 1 Nr. 9 SGB V: Studenten, längstens bis zur Vollendung des 30. Lebensjahres;
- § 5 Abs. 1 Nr. 10 SGB V: Praktikanten, die eine in Studien- oder Prüfungsordnungen vorgeschriebene berufspraktische Tätigkeit ohne Arbeitsentgelt verrichten;
- § 5 Abs. 1 Nr. 11, 11 a, 12 SGB V: Rentner;
- § 5 Abs. 1 Nr. 13 SGB V: In der gesetzlichen Krankenversicherung sind Personen pflichtversichert, die keinen anderweitigen Anspruch auf Absicherung im Krankheitsfall haben und zuletzt gesetzlich versichert waren oder bislang nicht gesetzlich oder privat krankenversichert waren, es sei denn, sie gehören zu den hauptberuflich Selbstständigen oder den nach § 6 Abs. 1 bzw 2 SGB V versicherungsfreien Personen.

Die **freiwillige Versicherung** kann bei Vorliegen der Voraussetzungen des § 9 SGB V begründet werden. Die **Familienversicherung** besteht für den Ehegatten, Lebenspartner und die Kinder von versicherten Mitgliedern sowie für Kinder von familienversicherten Kindern, sofern die Voraussetzungen des § 10 SGB V erfüllt sind. 3

2. Leistungen der gesetzlichen Krankenversicherung. Versicherte haben Anspruch auf Leistungen bei Schwangerschaft und Mutterschaft, zur Verhütung von Krankheiten und deren Verschlimmerung, zu Empfängnisverhütung, Sterilisation und Schwangerschaftsabbruch, auf Leistungen zur Früherkennung von Krankheiten, auf Leistungen zur Behandlung von Krankheiten und des persönlichen Budgets behinderter Menschen (§ 11 Abs. 1 SGB V). Der Anspruch auf Leistungen besteht nicht, wenn sie Folge eines Arbeitsunfalls oder einer Berufskrankheit im Sinne der gesetzlichen Unfallversicherung sind (§ 11 Abs. 5 SGB V). 4

Süß

6 § 6 Sozialversicherung

5 Die Leistungen zur Behandlung von Krankheiten (§§ 27 ff SGB V) umfassen im Einzelnen:

6 a) **Ärztliche und zahnärztliche Behandlung.** Gemäß § 28 SGB V gehören zur **ärztlichen Behandlung** alle Tätigkeiten des Arztes und seines Hilfspersonals sowie die Tätigkeit von Psychotherapeuten. Die **zahnärztliche Behandlung** umfasst die diagnostische, konservierende und chirurgische Behandlung, einschließlich der kieferorthopädischen Behandlung gem. § 29 SGB V. Zahnersatz (einschließlich Zahnkronen und Suprakonstruktionen) wird nach Maßgabe der §§ 55 ff SGB V gewährt. Danach erhält der Versicherte zu der bei ihm geplanten prothetischen Versorgung einen Festzuschuss, der mindestens 50 % des Betrags für die Regelversorgung beträgt und der bei Bemühungen um die Gesunderhaltung der Zähne, insbesondere bei regelmäßigen im Bonusheft dokumentierten Zahnarztbesuchen, um 20 % des Festzuschusses bzw noch weitere 10 % des Festzuschusses erhöht werden kann. Den darüber hinausgehenden Eigenanteil muss der Versicherte selbst tragen. Der Schädiger ist aber verpflichtet, diesen Anteil zu erstatten, wenn die prothetische Versorgung infolge des Unfalls erforderlich wurde.

7 b) **Arznei- und Verbandmittel.** Gemäß § 31 SGB V werden die Versicherten mit apothekenpflichtigen **Arzneimitteln** versorgt, soweit diese nicht nach § 34 SGB V oder den nach § 92 SGB V erlassenen Richtlinien von der Erstattungspflicht ausgenommen sind. Hierzu zählen alle apotheken-, aber nicht verschreibungspflichtigen Medikamente, zB Schmerzmittel, Nahrungsergänzungsmittel, Vitaminpräparate. Sie werden in der Arzneimittelrichtlinie beschrieben. Diese Medikamente können gleichwohl auf einem Privatrezept (grünes Formular) von Ärzten verordnet werden. Gelegentlich bestreiten die Haftpflichtversicherer des Unfallschädigers bei einer Verordnung auf Privatrezept die medizinische Erforderlichkeit und verweigern den Ausgleich. Dann ist darauf hinzuweisen, dass es der gesetzlichen Krankenkasse freisteht, Leistungen aus ihrem Katalog herauszunehmen, obwohl eine medizinische Notwendigkeit besteht. Im Zweifel muss der behandelnde Arzt gebeten werden, diese zu bestätigen. In Ausnahmefällen lässt die Arzneimittelrichtlinie zu, dass die Kosten für apotheken-, aber nicht verschreibungspflichtige Medikamente dennoch von der gesetzlichen Krankenkasse getragen werden, diese muss aber eine entsprechende Genehmigung erteilen.

8 Versicherte, die das 18. Lebensjahr überschritten haben, müssen gem. §§ 31 Abs. 3 iVm 61 S. 1 SGB V eine Zuzahlung in Höhe von 10 % des Abgabepreises leisten. Der Eigenanteil beträgt mindestens 5 EUR, sofern der Produktpreis ebenfalls mindestens 5 EUR beträgt, höchstens jedoch 10 EUR. Ein Unfallschädiger ist verpflichtet, auch diese Kosten zu ersetzen.

9 c) **Heil- und Hilfsmittel.** Gemäß § 32 SGB V haben Versicherte einen Anspruch auf Versorgung mit Heilmitteln, soweit diese nicht gem. § 34 SGB V oder aufgrund der nach § 92 SGB V erlassenen Heilmittel-Richtlinie von der vertragsärztlichen Versorgung ausgeschlossen sind.

10 **Heilmittel** sind alle ärztlich verordneten Dienstleistungen und Leistungen, bei denen der Dienstleistungscharakter überwiegt, die einem Heilzweck dienen oder einen Heilerfolg sichern und nur von entsprechend ausgebildeten Personen erbracht werden dürfen.[1] Hierzu zählen:

---

[1] BSG SozR 3-2500 § 33 Nr. 39 S. 220.

- Physikalische Therapie: Massagen, nämlich die klassische Massagetherapie, Reflexzonentherapie, Unterwasser-Druckstrahl-Massage, manuelle Lymphdrainage;[2]
- Bewegungstherapie: Chirogymnastik, Krankengymnastik, manuelle Therapie zur Behandlung von Funktionseinschränkungen der Gelenke;[3]
- Traktionsbehandlung, Elektrotherapie, Kohlesäurebäder, Inhalationstherapie, Wärme- und Kältetherapie;[4]
- Sprachtherapie, Stimmtherapie und Sprechtherapie;
- Ergotherapie;
- ärztlich verordneter Rehasport in Gruppen;[5]
- Soziotherapie (bei fortdauernder Erkrankung entsteht im neuen Dreijahreszeitraum ein neuer Anspruch).[6]

Auch die Fußpflege kann ein Heilmittel sein, wenn sie zur Krankheitsbekämpfung erforderlich ist und durch medizinisches Fachpersonal erbracht werden muss.[7] Die Reittheraphie ist in der Heilmittel-Richtlinie nicht erwähnt. Die Kosten der Therapie werden deshalb nicht von der gesetzlichen Krankenversicherung getragen.

Auch bei der Versorgung mit Heilmitteln gilt, dass Versicherte, die das 18. Lebensjahr vollendet haben, einen Eigenanteil in Höhe von 10 % der durch die Behandlung anfallenden Kosten sowie 10 EUR für jede Verordnung entrichten müssen (§§ 32 Abs. 2, 61 S. 3 SGB V). Ein Schädiger ist verpflichtet, diese Kosten zu ersetzen.

Außerdem haben die Versicherten gem. § 33 Abs. 1 S. 1 SGB V einen Anspruch auf Versorgung mit **Hilfsmitteln**, sofern sie im Einzelfall erforderlich sind, um den Erfolg einer Behandlung zu sichern, einer drohenden Behinderung vorzubeugen oder eine Behinderung auszugleichen. Hilfsmittel sind Hörhilfen, Körperersatzstücke, orthopädische und andere Hilfsmittel, wie zum Beispiel

- Rollstühle,[8]
- Pflegebetten,[9]
- Ernährungspumpe bei künstlicher Ernährung,[10]
- Liege, wenn sie der Sicherung der ärztlichen Behandlung dient, selbst dann, wenn durch sie mittelbar auch die Durchführung krankengymnastischer Übungen durch die Mutter erleichtert wird,[11]
- Lichtsignalanlage zur optischen Umsetzung der Türklingel,[12]

---

2 BSGE 33, 30.
3 BSGE 42, 16.
4 BSGE 33, 30.
5 BSG, Urt. v. 2.11.2010 – B 1 KR 8/2010 R.
6 BSG, Urt. v. 20.4.2010 – B 1/3 KR 21/08 R.
7 BSGE 85, 132.
8 BSG SozR 3-2500 § 33 Nr. 36; BSGE 85, 287.
9 BSG SozR 3-2500 § 33 Nr. 47.
10 BSGE 89, 271; weitere Beispiele finden sich bei *Höfler*, in: Niesel, Kasseler Kommentar Sozialversicherungsrecht, Band I, § 33 Rn 32–47.
11 BSG, Urt. v. 3.8.2006 – B 3 KR 25/05R.
12 BSG, Urt. v. 29.4.2010 – B RB 3 KR 5/09 R.

- wasserfeste Beinprothese, wenn diese erforderlich ist, damit der Versicherte sich in Bad/Dusche bzw Schwimmbad sicher und ohne Beschädigung der Alltagsprothese bewegen kann,[13]
- Elektrorollstuhl,[14]
- Digitales Hörgerät,[15]
- Barcode-Lesegerät,[16]
- Behinderten-Dreirad.[17]

14 Die Krankenversicherung ist jedoch nicht verpflichtet, die Kosten eines Hilfsmittel zu übernehmen, wenn dieses, wie beispielsweise eine Sportprothese, nicht nur das normale Funktionsdefizit im Alltag ausgleichen soll, sondern einen darüber hinausgehenden Gebrauchsvorteil bietet, zB im Freizeitsport.[18]

14a Als Hilfsmittel werden auch das notwendige Zubehör, beispielsweise Batterien und Akkus mit Ladegerät[19] sowie Ersatzbatterien[20] angesehen, nicht aber notwendige Mittel zur ordnungsgemäßen Pflege des Hilfsmittels[21] oder Gegenstände, die Schutz vor Verlust bzw Beschädigung bieten.[22]

14b Unter Umständen können die Kosten der Batterien für das Hörgerät auch gem. § 54 SGB XII iVm § 55 SGB IX vom Träger der Sozialhilfe übernommen werden.[23] Ist die Hörschädigung Folge des Unfalls müssen die Kosten vom Unfallschädiger getragen werden.

15 **Keine Hilfsmittel** sind die nach § 34 SGB V ausgeschlossenen sowie Gegenstände des täglichen Lebens. Hierzu zählen:

- normaler Autokindersitz,[24]
- elektrisches Heizkissen,
- Personalcomputer in der üblichen Ausstattung,[25]
- verstellbarer Sessel aus dem Möbelprospekt,[26]
- Fahrrad mit Elektrounterstützung (E-Bike).[27]

16 Hat der Gegenstand eine Doppelfunktion, dh dient er dem oben genannten Zweck, ist aber gleichzeitig ein Gegenstand des täglichen Lebens, dann wird er gleichwohl nicht als Hilfsmittel angesehen. Es genügt nicht, wenn der allgemeine Gebrauchsgegenstand infolge von Krankheit und Behinderung erforderlich wird.[28]

---

13 BSG, Urteile vom 25.6.2009 – B 3 KR 2/08 R, B 3 KR 19/08 R, B 3 KR 10/08 R.
14 BSG, Urt. v. 12.8.2009 – B 3 KR 8/08 R.
15 BSG, Urt. v. 17.12.2009 – B 3 KR 20/08 R.
16 BSG vom 10.3.2011 – B 3 KR 9/10 R.
17 BSG vom 7.10.2010 – B 3 KR 5/10.
18 BSG vom 21.3.2013 – B 3 KR 3/12 R.
19 BSGE 46, 183.
20 BSG SozR 2200 § 182 b Nr. 11.
21 BSG SozR 2200 § 182 b Nr. 7.
22 BSG SozR 2200 § 182 b Nr. 3.
23 BSG v. 19.5.2009 – B 8 SO 32/07 R.
24 BSG SozR 2200 § 182 b Nr. 6.
25 BSG SozR 3-2500 § 33 Nr. 16.
26 BSG SozR 3-2500 § 33 Nr. 42.
27 LSG Niedersachsen-Bremen vom 25.11.2014 – L 4 KR 454/11, juris.
28 BSG SozR 2200 § 182 b Nr. 6.

A. Ansprüche gegen Sozialversicherungsträger

Das BSG hat in einem Urteil vom 7.10.2010[29] entschieden, dass eine elektrisch betriebene mobile Treppensteighilfe nicht im Leistungskatalog der gesetzlichen Krankenversicherung vorhanden ist. Gegebenenfalls muss jedoch ein anderer Sozialleistungsträger, zB die Pflegekasse[30], oder der Träger der Sozialhilfe für die Kosten zur Anschaffung der Treppensteighilfe aufkommen, wenn hierdurch die soziale und gesellschaftliche Integration ermöglicht wird. **16a**

Alle Versicherten, die das 18. Lebensjahr vollendet haben, müssen, um das Hilfsmittel zu erhalten, einen Eigenanteil in Höhe von 10 % des Abgabepreises leisten. Der Mindesteigenanteil beträgt 5 EUR, sofern das Hilfsmittel mindestens 5 EUR kostet. Maximal muss ein Betrag in Höhe von 10 EUR zugezahlt werden (§ 33 Abs. 8 SGB V). **17**

Brillen werden als Hilfsmittel angesehen. Die Kosten für die Anschaffung einer Brille werden nach Maßgabe der oben genannten Voraussetzungen von § 33 Abs. 1 S. 1–3 SGB V aber nur bei Versicherten übernommen, die das 18. Lebensjahr noch nicht vollendet haben. Versicherte, die älter sind, haben nur dann einen Anspruch auf Versorgung mit einer Brille, wenn aufgrund ihrer Sehschwäche oder Blindheit eine schwere Sehbeeinträchtigung besteht oder wenn die Brille einen therapeutischen Zweck erfüllt, um eine Augenverletzung oder Augenerkrankung zu behandeln. Die Kosten für die Anschaffung eines Brillengestells werden aber auch in diesem Fall nicht übernommen (§ 33 Abs. 2 SGB V). Ein Anspruch auf Versorgung mit **Kontaktlinsen** besteht nur in medizinisch zwingend erforderlichen Ausnahmefällen (§ 33 Abs. 3 SGB V). **18**

Ein erneuter Anspruch auf Versorgung mit einer Brille besteht bei Versicherten, die das 14. Lebensjahr bereits vollendet haben, nur dann, wenn sich die Sehfähigkeit um mindestens 0,5 Dioptrien geändert hat bzw in Ausnahmefällen, die der Gemeinsame Bundesausschuss in einer Richtlinie zugelassen hat (§ 33 Abs. 4 SGB V). **19**

Im Ergebnis bedeutet das, dass die Kosten der Ersatzbeschaffung einer beim Unfall beschädigten Brille in der Regel nicht von der gesetzlichen Krankenversicherung getragen werden und deshalb vom Schädiger komplett zu ersetzen sind. **20**

d) Häusliche Krankenpflege. Versicherte erhalten gem. § 37 Abs. 1 SGB V in ihrem Haushalt oder in ihrer Familie sowie auch an einem sonstigen geeigneten Ort, insbesondere in betreuten Wohnformen, häusliche Krankenpflege, wenn eine Krankenhausbehandlung geboten, aber nicht durchführbar ist oder wenn dadurch eine Krankenhausbehandlung vermieden oder verkürzt wird. Das Pflegepersonal erbringt Leistungen der Grundpflege und Behandlungspflege sowie die hauswirtschaftliche Versorgung. Die **Grundpflege** umfasst die Pflegeleistungen nichtmedizinischer Art für den menschlichen Grundbedarf, wie Körperpflege, Ernährung und Mobilität. Die **Behandlungspflege** umfasst die Pflegemaßnahmen, die speziell auf den Gesundheitszustand des Versicherten ausgerichtet sind und die dazu beitragen sollen, die Krankheit zu behandeln. Hierzu gehören Injektionen,[31] die Gabe von Medikamenten,[32] das Anlegen von Kompressionsartikeln, Bruchbändern und Orthesen (orthopädische Prothe- **21**

---

29 BSG v. 3.11.2011 – B 3 KR 13/10 R.
30 BSG v. 16.7.2014 – B 3 KR 1/14 R.
31 SG Halle SGb 1997, 339.
32 BSGE 50, 73, 77; LSG Berlin-Brandenburg vom 20.9.2013 – L 1 KR 90/12, juris.

Süß

sen), eines Verbandes[33] sowie die Kontrolle des Blutzuckerspiegels und die Sondenernährung.[34]

22 Der Anspruch besteht längstens vier Wochen je Krankheitsfall und kann in Ausnahmefällen verlängert werden, wenn der Medizinische Dienst der Krankenversicherung festgestellt hat, dass dies erforderlich ist. Gemäß § 37 Abs. 2 SGB V wird Behandlungspflege nur geleistet, wenn sie erforderlich ist, um das Ziel der ärztlichen Behandlung zu sichern. Hiervon sind auch alle verrichtungsspezifischen Pflegemaßnahmen umfasst, auch wenn sie bei der Feststellung der Pflegebedürftigkeit nach SGB XI berücksichtigt werden. Dieser Anspruch besteht auch bei pflegebedürftigen Personen nach SGB XI, die in einer vollstationären Einrichtung aufgenommen sind, wenn sie auf Dauer, voraussichtlich aber mindestens für sechs Monate, einen besonders hohen Bedarf an medizinischer Behandlungspflege haben. Unter welchen genaueren Voraussetzungen Leistungen nach § 37 Abs. 1 und 2 SGB V außerhalb der Familie erbracht werden können, wird der Gemeinsame Bundesausschuss in einer Richtlinie gem. § 92 SGB V festlegen. In dieser wird er auch das Nähere über Art und Inhalt der verrichtungsbezogenen krankheitsspezifischen Pflegemaßnahmen nach § 37 Abs. 2 S. 1 SGB V regeln. Der Versicherer erbringt die Leistung nur dann, wenn eine im Haushalt lebende Person den Kranken nicht im erforderlichen Maß pflegen und versorgen kann (§ 37 Abs. 3 SGB V). Kann die Krankenkasse ihrerseits keine Kraft für die häusliche Krankenpflege stellen, dann ist sie gem. § 37 Abs. 4 SGB V verpflichtet, die Kosten für eine selbstbeschaffte Kraft in angemessener Höhe zu erstatten.

23 Versicherte, die das 18. Lebensjahr vollendet haben, müssen pro Tag, längstens für 28 Tage im Kalenderjahr, einen Eigenanteil in Höhe von 10 % der Krankenpflegekosten, maximal aber 10 EUR, zahlen sowie 10 EUR für die Verordnung (§§ 37 Abs. 5 iVm 61 S. 3 SGB V). Die Kosten sind vom Schädiger zu ersetzen.

24 e) **Haushaltshilfe.** Gemäß § 38 Abs. 1 SGB V erhalten Versicherte, die wegen einer Krankenhausbehandlung, wegen häuslicher Krankenpflege oder wegen einer medizinischen Rehabilitationsmaßnahme nicht in der Lage sind, ihren Haushalt weiter zu führen und in deren Haushalt ein Kind lebt, das bei Beginn der Haushaltshilfe das 12. Lebensjahr noch nicht vollendet hat oder behindert ist, von ihrer Krankenkasse eine Haushaltshilfe.

24a Die Satzung der Krankenkasse kann bestimmen, dass auch in anderen als den in § 38 Abs. 1 SGB V genannten Fällen ein Anspruch auf Haushaltshilfe besteht. Dabei kann sie Umfang und Dauer der Haushaltshilfe abweichend von § 38 Abs. 1 SGB V bestimmen, zB den Leistungsanspruch begrenzen, § 39 Abs. 2 SGB V.[35]

25 Der Anspruch besteht gem. § 38 Abs. 3 SGB V nur dann, wenn eine im Haushalt lebende Person diesen nicht weiter führen kann. In Betracht kommen vor allem der Ehegatte[36] oder größere Kinder, ggf unter Mithilfe jüngerer Geschwister. Auf die Volljährigkeit der Kinder kommt es nicht an.[37] Kann die Krankenkasse keine Haushaltshilfe stellen, so ist sie verpflichtet, die Kosten für eine selbstbeschaffte Haushaltshilfe in angemessener Höhe zu erstatten.

---

33 BSG v. 16.7.2014 – B 3 KR 2/13 R.
34 BSGE 28, 199, 201.
35 LSG Berlin-Brandenburg v. 27.4.2012 – L 1 KR 15/10, juris.
36 BSGE 43, 236.
37 BSG SozR 2200 § 185 b Nr. 11.

Versicherte, die das 18. Lebensjahr vollendet haben, müssen einen Eigenanteil in Höhe von 10 % der Kosten, mindestens 5 EUR, maximal aber 10 EUR für jeden Kalendertag der Inanspruchnahme zahlen (§§ 38 Abs. 5 SGB V iVm 61 S. 1 SGB V). Der Schädiger muss diese Kosten erstatten.

f) Krankenhausbehandlung. Die Versicherten haben gem. § 39 Abs. 1 SGB V Anspruch auf vollstationäre, teilstationäre, nach- und vorstationäre sowie ambulante medizinische Versorgung. Die Versicherten, die das 18. Lebensjahr vollendet haben, müssen gem. § 39 Abs. 4 SGB V für jeden Tag, den sie sich im Krankenhaus aufhalten, längstens aber für 28 Tage, einen Eigenanteil in Höhe von 10 EUR zahlen. Dieser ist vom Schädiger zu ersetzen unter Anrechnung ersparter eigener Aufwendungen.

g) Leistungen zur medizinischen Rehabilitation. Genügt eine ambulante Krankenbehandlung nicht, um eine Krankheit zu erkennen, zu heilen, ihre Verschlimmerung zu verhüten oder ihre Beschwerden zu lindern, erbringt die Krankenkasse gem. § 40 Abs. 1 SGB V ambulante Rehabilitationsleistungen, ggf auch durch wohnortnahe Einrichtungen. Reicht eine ambulante Rehabilitationsmaßnahme nicht aus, hat der Versicherte gem. § 40 Abs. 2 SGB V einen Anspruch auf Teilnahme an einer stationären Rehabilitationsmaßnahme, die auch die Kosten der Unterkunft und der Verpflegung in der Rehabilitationseinrichtung umfasst.

Ambulante Rehabilitationsleistungen werden höchstens für die Dauer von 20 Behandlungstagen, stationäre Rehabilitationsleistungen höchstens für die Dauer von drei Wochen erbracht. Eine Verlängerung ist möglich, wenn diese medizinisch erforderlich ist (§ 40 Abs. 3 SGB V). Die Rehabilitationseinrichtung stellt in der Regel den Verlängerungsantrag und begründet ihn.

Versicherte, die das 18. Lebensjahr vollendet haben, zahlen gem. §§ 40 Abs. 5 iVm 61 S. 2 SGB V für jeden Kalendertag einen Eigenanteil von 10 EUR. Ist die Rehabilitationsmaßnahme im unmittelbaren Anschluss an eine Krankenhausbehandlung medizinisch notwendig, dann ist der Eigenanteil von 10 EUR längstens für die Dauer von 28 Tagen zu zahlen, beginnend ab dem ersten Tag der Krankenbehandlung im Krankenhaus (§ 40 Abs. 6 S. 1 SGB V). Eine Rehabilitationsmaßnahme schließt sich auch dann unmittelbar an die Krankenhausbehandlung an, wenn sie innerhalb von 14 Tagen nach Beendigung der Krankenhausbehandlung beginnt (§ 40 Abs. 6 S. 1 Hs 2 SGB V).

Leistungen der ambulanten oder stationären Rehabilitation werden erst nach Ablauf von vier Jahren nach ihrer Durchführung erneut erbracht, es sei denn, eine vorzeitige Inanspruchnahme ist aus medizinischen Gründen dringend erforderlich (§ 40 Abs. 3 S. 4 SGB V). Außerdem erbringt die gesetzliche Krankenversicherung ambulante und stationäre Rehabilitationsleistungen gem. § 40 Abs. 4 SGB V nur subsidiär. Das bedeutet, dass die gesetzliche Rentenversicherung nach Maßgabe von § 15 SGB VI medizinische Rehabilitationsleistungen erbringt, wenn die Erwerbsfähigkeit eines Versicherten bedroht ist und durch eine Rehabilitationsmaßnahme gesichert werden kann.

h) Belastungserprobung und Arbeitstherapie. Subsidiär erbringt der Krankenversicherer auch Leistungen zur Belastungserprobung und Arbeitstherapie gem. § 42 SGB V.

33 **i) Teilhabe am Arbeitsleben und allgemeine soziale Eingliederung.** Ergänzend kann der Krankenversicherer gem. § 43 Abs. 1 Nr. 1 SGB V Leistungen zur Teilhabe am Arbeitsleben und zur allgemeinen sozialen Eingliederung erbringen.

34 **j) Krankengeld.** Versicherte haben gem. § 44 Abs. 1 SGB V einen Anspruch auf Krankengeld, wenn sie arbeitsunfähig sind oder sich stationär in einem Krankenhaus, einer Rehabilitationseinrichtung oder einer Vorsorgeeinrichtung aufhalten. **Keinen Anspruch auf Krankengeld haben** gem. § 44 S. 2 SGB V:

- Empfänger von Arbeitslosengeld II,
- Personen, die in einer Einrichtung der Jugendhilfe für eine Erwerbstätigkeit befähigt werden sollen,
- Rehabilitanden,
- Studenten,
- Praktikanten während eines unentgeltlichen in einer Studien- oder Prüfungsordnung vorgeschriebenen Praktikums,
- Personen, die pflichtversichert sind, weil sie keine anderweitige Absicherung im Krankheitsfall haben, es sei denn, sie sind abhängig und nicht nach §§ 8, 8 a SGB IV geringfügig beschäftigt,
- hauptberuflich selbstständig Erwerbstätige,
- Versicherte gem. § 5 Abs. 1 Nr. 1 SGB V, die keinen Anspruch auf Entgeltfortzahlung haben,
- Versicherte, die Rente aus einer öffentlichen Versorgungseinrichtung oder Versorgungseinrichtung ihrer Berufsgruppe oder von einer anderen vergleichbaren Stelle beziehen, wenn diese den in § 50 SGB V genannten Leistungen entspricht, die zum Ausschluss oder zur Kürzung des Krankengeldes führen,
- Familienversicherte,
- Maßgeblich für die Beurteilung der Arbeitsunfähigkeit ist die zuletzt ausgeübte Tätigkeit. Das gilt auch bei Verlust des Arbeitsplatzes, wenn der Versicherte zu diesem Zeitpunkt noch im Krankengeldbezug gestanden hat.[38]

35 Der Anspruch entsteht gem. § 46 S. 1 SGB V mit Beginn der Behandlung im Krankenhaus oder in der Rehabilitations- bzw Vorsorgeeinrichtung sowie von dem Tag der ärztlichen Feststellung der Arbeitsunfähigkeit an. Für Künstler gelten Sonderbestimmungen, die sich aus dem Künstlersozialversicherungsgesetz und § 46 S. 3 und 4 SGB V ergeben. Der Anspruch ruht gem. § 49 SGB V, wenn der Versicherte andere Leistungen, beispielsweise Lohnersatzleistungen etc., erhält. Ist diese Leistungen (bspw. Übergangsgeld) geringer als das Krankengeld, muss die Krankenversicherung den Differenzbetrag trotz der Ruhensregelung auszahlen.[39] Krankengeld wird ohne zeitliche Begrenzung gezahlt, für den Fall der Arbeitsunfähigkeit wegen derselben Krankheit jedoch längstens für 78 Wochen innerhalb eines Dreijahreszeitraums. Er beginnt gem. § 48 Abs. 1 SGB V am Tag der Arbeitsunfähigkeit. Die Leistungsdauer verlängert sich auch nicht, wenn eine weitere Erkrankung hinzutritt.

---

[38] BSG v. 12.3.2013 – B 1 KR 7/12 R.
[39] *Joussen* in: Becker/Kingreen, SGB V – Gesetzliche Krankenversicherung, Kommentar, 4. Auflage, § 49 Rn 5.

A. Ansprüche gegen Sozialversicherungsträger **6**

Gemäß § 47 Abs. 1 SGB V beträgt das Krankengeld 70 % des regelmäßig erzielten Arbeitsentgelts oder Arbeitseinkommens, soweit es der Beitragsberechnung unterliegt. Maßgeblich für die Berechnung des Regelentgelts ist gem. § 47 Abs. 2 SGB V das im letzten Entgeltabrechnungszeitraum vor der Arbeitsunfähigkeit, mindestens aber in den letzten vier Wochen vor Eintritt der Arbeitsunfähigkeit erzielte und um einmaliges Entgelt verringerte Arbeitsentgelt. Die Einzelheiten der Berechnung ergeben sich aus § 47 SGB V. Die Höhe und Berechnung des Krankengeldes für Bezieher von Arbeitslosengeld, Unterhaltsgeld, Kurzarbeitergeld oder Winterausfallgeld bestimmt sich nach § 47 b SGB V. Das von der Krankenkasse gezahlte **Krankengeld mindert den Anspruch des Geschädigten gegen den Schädiger** auf Erstattung des Verdienstausfalls in der gezahlten Höhe. Der Anspruch geht insoweit bereits beim Unfall nach Maßgabe von § 116 SGB X auf die Krankenkasse über. Regelungen zum Ausschluss und zur Kürzung des Krankengeldes finden sich in § 50 SGB V. § 51 SGB V regelt den Wegfall des Krankengeldes. 36

Erkrankt das Kind des Versicherten, das das 12. Lebensjahr noch nicht vollendet hat oder behindert und auf Hilfe angewiesen ist, dann hat dieser gem. § 45 Abs. 1 SGB V auch dann einen Anspruch auf die Zahlung von Krankengeld, wenn es nach ärztlichem Zeugnis erforderlich ist, dass der Versicherte zur Betreuung, Pflege und Beaufsichtigung des erkrankten und versicherten Kindes der Arbeit fernbleibt. Außerdem darf keine andere im Haushalt lebende Person vorhanden sein, die das Kind pflegen, betreuen und beaufsichtigen kann. Gemäß § 45 Abs. 2 SGB V besteht der Anspruch auf Zahlung von Krankengeld bei Erkrankung des Kindes längstens 10 Arbeitstage im Kalenderjahr, bei alleinstehenden Versicherten längstens 20 Arbeitstage. 37

k) Fahrtkosten. Die Krankenkasse übernimmt Fahrtkosten nur noch in den in § 60 Abs. 2 SGB V genannten Fällen: 38

- bei einer medizinisch notwendigen Verlegung des Versicherten von einem Krankenhaus in ein anderes oder bei einer Verlegung in ein wohnortnahes Krankenhaus, wenn die Krankenkasse einwilligt (Nr. 1),
- bei einer Rettungsfahrt zum Krankenhaus (Nr. 2),
  - Die Kosten der Fahrt eines Rettungswagens müssen nicht von der Krankenkasse übernommen werden, wenn der Rettungswagen zum Unfallort fährt, den Verletzten aber nicht aufnimmt und leer zum Krankenhaus zurückkehrt.[40]
- beim Krankentransport (Nr. 3),
  - Es besteht kein Anspruch auf Erstattung der Kosten für Fahrten zum Rehabilitationssport.[41]
- beim Transport zu einer ambulanten Krankenbehandlung, zu einer Behandlung der vor- und nachstationären Behandlung oder zum ambulanten Operieren im Krankenhaus, wenn dadurch eine gebotene voll- oder teilstationäre Behandlung vermieden oder verkürzt wird bzw diese nicht ausführbar ist (Nr. 4).

Voraussetzung ist immer, dass die Fahrt aus zwingenden medizinischen Gründen notwendig ist. Für jede Fahrt wird vom Versicherten ein Eigenanteil in Höhe von 10 % der Leistung, mindestens 5 EUR, aber maximal 10 EUR, erhoben (§§ 60 Abs. 3 iVm 61 S. 1 SGB V), den

---

[40] BSG, Urt. v. 6.11.2008 – B 1 KR 38/07 R.
[41] BSG, Urt. v. 22.4.2008 – B 1 KR 22/07 R – und v. 22.4.2009 – B 3 KR 5/08 R.

der Schädiger erstatten muss. In welcher Höhe Fahrtkosten anerkannt werden, ergibt sich aus § 60 Abs. 3 SGB V.

39 **l) Kostenerstattung.** Konnte die Krankenkasse eine unaufschiebbare Leistung nicht rechtzeitig erbringen oder hat sie eine Leistung zu Unrecht abgelehnt, kann der Versicherte sie selbst beschaffen und von der Krankenkasse Kostenerstattung verlangen (§ 13 Abs. 3 SGB V).

39a Der Versicherte hat die ihm verordnete Leistung nicht selbst beschafft, wenn er diese bereits vom Leistungserbringer in Empfang nimmt, bevor die Krankenkasse über den Kostenübernahmeantrag entschieden hat, und wenn der Versicherte mit dem Leistungserbringer keinen Vertrag geschlossen hat, der ihn zur Zahlung der Leistung verpflichtet. Dann nämlich hat er das System der Leistungserbringung nicht verlassen, weil von Anfang an geplant war, die von der Krankenkasse geschuldete Sachleistung zu beziehen. Maßgeblich ist dann nur, ob die Leistung von der Krankenkasse nach den §§ 27 ff SGB V geschuldet war.[42]

40 **m) Mehrkosten einer Privatbehandlung.** Von der gesetzlichen Krankenversicherung werden nur die Leistungen getragen, auf die ein Anspruch nach dem SGB V und den nach § 92 SGB V vom Gemeinsamen Bundesausschuss erlassenen Richtlinien besteht. Darüber hinaus kann der Geschädigte auch privatärztliche Leistungen in Anspruch nehmen. Die hierdurch entstehenden Mehrkosten müssen vom Schädiger getragen werden, wenn der Geschädigte sie auch aufgewendet hätte, ohne einen Ersatzanspruch gegen einen Dritten zu haben.[43] Das kann im Prinzip nur dann angenommen werden, wenn der Geschädigte über eine private Zusatzversicherung verfügt, die die Kosten aufgefangen hätte.[44] Gleiches gilt, wenn der Geschädigte sich in der Vergangenheit bereits privat hat behandeln lassen.[45]

II. Soziale Pflegeversicherung (SGB XI)

41 **1. Versicherter Personenkreis.** In der sozialen Pflegeversicherung besteht Versicherungspflicht für alle Mitglieder der gesetzlichen Krankenversicherung, dh Pflichtmitglieder nach § 5 SGB V oder freiwillig Versicherte nach § 9 SGB V (§ 20 Abs. 1 und 3 SGB XI). Die Versicherungspflicht erfasst auch die Familienangehörigen der Mitglieder der gesetzlichen Krankenversicherung, soweit die Voraussetzungen von § 25 SGB XI erfüllt sind. Sonstige Personen werden in der sozialen Pflegeversicherung nach Maßgabe des § 21 SGB XI versichert. Wenn die Voraussetzungen des § 26 a SBG XI erfüllt sind, besteht die Berechtigung, freiwilliges Mitglied in der sozialen Pflegekasse zu werden.

42 **2. Vorversicherungszeit.** Gemäß § 33 Abs. 2 Nr. 6 SGB XI werden ab dem 1.8.2008 Leistungen der sozialen Pflegeversicherung nur gewährt, wenn der Versicherte in den letzten zehn Jahren vor der Antragstellung mindestens zwei Jahre als Mitglied versichert oder nach § 25 SGB XI familienversichert war. Für versicherte Kinder gilt die Versicherungszeit als erfüllt, wenn ein Elternteil sie erfüllt.

43 **3. Verfahren zur Feststellung der Pflegebedürftigkeit.** Gemäß § 18 Abs. 1 S. 1 SGB XI prüft der Medizinische Dienst der Krankenversicherung im Auftrag der Pflegekassen, ob die Voraussetzungen der Pflegebedürftigkeit erfüllt sind und welche Stufe der Pflegebedürftigkeit

---

42 BSGE 82, 158, 159 f.
43 BGH VersR 1970, 129; OLG Düsseldorf VersR 1966, 194; OLG Hamm VersR 1977, 151.
44 LG Lüneburg r+s 1976, 235; OLG Hamm vom 2.6.2003 – 6 U 203/02, juris.
45 LG Ravensburg zfs 1981, 334.

vorliegt. Die Entscheidung über das Ob und Wie einer Leistung aus der Pflegeversicherung trifft die Pflegekasse.

Hinweis: Der Rechtsanwalt sollte seinen Mandanten auf den Besuch des Gutachters des Medizinischen Dienstes der Krankenversicherung (MDK) vorbereiten. Dabei ist Folgendes zu beachten: 44

- Der Versicherte sollte ärztliche Unterlagen, die eventuell vorhandenen Berichte eines betreuenden ambulanten Dienstes (Pflegedokumentation und Ähnliches sowie ein Pflegetagebuch) bereithalten. Das Pflegetagebuch ist bei der Pflegekasse des Versicherten erhältlich.
- Die Pflegeperson sollte beim Hausbesuch zugegen sein; auch die professionelle Pflegekraft hat ein Recht auf Anwesenheit, ebenso wie der Rechtsanwalt.
- Die Pflegeperson muss vom Gutachter befragt und die zur Verfügung stehenden Unterlagen müssen beigezogen werden, andernfalls ist das Gutachten des MDK nicht verwertbar.[46]

4. Begriff der Pflegebedürftigkeit. Pflegebedürftig sind gem. § 14 Abs. 1 SGB XI Personen, die wegen einer körperlichen oder geistigen oder seelischen Krankheit oder Behinderung für die gewöhnlichen und regelmäßig wiederkehrenden Verrichtungen im Laufe des täglichen Lebens auf Dauer, voraussichtlich für mindestens sechs Monate, in erheblichem oder höherem Maße der Hilfe bedürfen. 45

Die Arten der Hilfeleistungen werden in § 14 Abs. 3 SGB XI beschrieben. Hilfe muss danach in Form der Unterstützung bei den **pflegerelevanten Verrichtungen** des täglichen Lebens, der teilweisen oder vollständigen Übernahme dieser Verrichtungen, der Beaufsichtigung der Ausführung dieser Verrichtungen oder der Anleitung der Selbstvornahme durch die hilfebedürftige Person erforderlich sein. Maßgeblich für die Feststellung der Pflegebedürftigkeit sind also allein die in § 14 Abs. 4 SGB XI genannten gewöhnlichen und regelmäßig wiederkehrenden Verrichtungen im Ablauf des täglichen Lebens. Es kommt darauf an, inwieweit die Fähigkeiten zur Ausübung dieser Verrichtungen eingeschränkt sind, dh in welchem Umfang ein Pflegebedarf bei diesen Verrichtungen besteht. Art oder Schwere der Erkrankung sowie Schädigungen spielen keine Rolle. 46

Zu den pflegerelevanten Verrichtungen gehört die **Grundpflege** mit Körperpflege, Ernährung und Mobilität: 47

- Zur **Körperpflege** gehören
  - das Waschen (einzelner Körperteile oder des gesamten Körpers) inklusive des Haarewaschens,
  - das Duschen,
  - das Baden, einschließlich des nachfolgenden Einfettens der Haut bei einer Neurodermitiserkrankung,[47]
  - die Zahnpflege,
  - das Kämmen,
  - das Rasieren,

---

46 SG Wiesbaden RdL 1998, 28.
47 BSG NZS 1999, 343, 344.

- die Darm- und Blasenentleerung,
- (Pediküre und Maniküre sind *nicht* berücksichtigungsfähig).[48]

■ Die **Ernährung** umfasst
- das mundgerechte Zubereiten der Nahrung,
- die Aufnahme der Nahrung; hierzu zählt auch die Überwachung, ob Nahrung in ausreichender Menge aufgenommen wird.[49] Als Unterstützung zur Aufnahme der Nahrung ist auch das Anhalten zum Essen zu werten[50] sowie eine krankheitsbedingt erforderliche Sondenernährung.[51]

■ Zur **Mobilität** gehören
- das Aufstehen und Zu-Bett-Gehen
- das An- und Auskleiden,
- das Gehen,
- das Stehen,
- das Sitzen,[52]
- das Liegen (einschließlich Umlage),[53]
- das Treppensteigen,
- das Verlassen und Wiederaufsuchen der Wohnung.

48 Gehen, Stehen und Treppensteigen sind nur zu berücksichtigen, wenn diese Verrichtungen im Zusammenhang mit den anderen in § 14 Abs. 2 Nr. 3 SGB XI genannten Verrichtungen im häuslichen Bereich erforderlich werden.[54]

49 Zum Verlassen und Wiederaufsuchen der Wohnung zählen nur Verrichtungen, die für die Aufrechterhaltung der Lebensführung zu Hause unumgänglich sind und das persönliche Erscheinen des Pflegebedürftigen notwendig machen. Der Besuch muss regelmäßig mindestens einmal pro Woche anfallen.[55]

50 Hilfe muss außerdem im Bereich der hauswirtschaftlichen Versorgung erforderlich sein. Der Bereich der **hauswirtschaftlichen Versorgung** erfasst das

■ Einkaufen,
■ Kochen,
■ Reinigen der Wohnung,
■ Spülen,
■ Wechseln und Waschen der Wäsche und Bekleidung,
■ Beheizen der Wohnung.

51 Das Kochen umfasst den gesamten Vorgang der Nahrungszubereitung, auch das Zubereiten einer krankheitsbedingt zusätzlich erforderlichen Nahrung[56] sowie die Erstellung eines Speiseplans unter Berücksichtigung individueller, unter Umständen auch krankheitsbedingter Be-

---

48 BSG, Urt. v. 19.2.1998 – B 3 P 11/97 R.
49 BSG vom 28.6.2001 – B 3 P 7/00 R.
50 BSG SozR 3-3300 § 14 Nr. 7, 46.
51 BSG NZS 1999, 343, 344.
52 BSG NZS 2001, 39, 41.
53 BSG NZS 2001, 39, 41.
54 BSG SozR 3-3300 § 14 Nr. 10, 70 ff.
55 BSG SozR 3-3300 § 14 Nr. 10, 74 f.
56 BSG SozR 3-3300 § 14 Nr. 7, 48.

sonderheiten. Zur hauswirtschaftlichen Versorgung gehört auch das Säubern eines Inhalationsgeräts oder die Desinfektion des Bades und der Toilette.[57]

§ 15 SGB XI regelt, dass pflegebedürftige Personen einer von **drei Pflegestufen** zuzuordnen sind:

52

Pflegestufe 1: Erheblich Pflegebedürftige sind Personen, die

53

- bei der Körperpflege, der Ernährung und der Mobilität für wenigstens zwei Verrichtungen aus einem oder mehreren Bereichen mindestens einmal täglich der Hilfe bedürfen und
- zusätzlich mehrfach in der Woche Hilfe bei der hauswirtschaftlichen Versorgung benötigen.
- Der Zeitaufwand muss für die Leistungen in der Grundpflege und der hauswirtschaftlichen Versorgung wöchentlich im Tagesdurchschnitt mindestens 90 Minuten betragen, wobei auf die Grundpflege mehr als 45 Minuten entfallen müssen.

Pflegestufe 2: Schwerpflegebedürftige sind Personen, die

54

- bei der Körperpflege, der Ernährung und der Mobilität mindestens dreimal täglich zu verschiedenen Tageszeiten der Hilfe bedürfen und zusätzlich mehrfach in der Woche Hilfe bei der hauswirtschaftlichen Versorgung benötigen.
- Der Zeitaufwand muss wöchentlich im Tagesdurchschnitt mindestens drei Stunden betragen, wobei auf die Grundpflege mindestens zwei Stunden entfallen müssen.

Pflegestufe 3: Schwerstpflegebedürftige sind Personen, die

55

- bei der Körperpflege, der Ernährung und der Mobilität täglich rund um die Uhr, auch nachts, der Hilfe bedürfen und zusätzlich mehrfach in der Woche Hilfe bei der hauswirtschaftlichen Versorgung benötigen.
- Der Zeitaufwand muss wöchentlich im Tagesdurchschnitt mindestens fünf Stunden betragen, wobei auf die Grundpflege mindestens vier Stunden entfallen müssen.

Die Feststellung der Pflegebedürftigkeit muss immer den Verhältnissen des Einzelfalls gerecht werden, dh individuelle Gewohnheiten des zu Pflegenden sind zu berücksichtigen, aber auch allgemeine Erschwernis- oder Erleichterungsfaktoren, die in der Person des Pflegenden liegen.

56

Allgemeine Erschwernisfaktoren sind:

57

- Körpergewicht über 80 kg,
- Kontrakturen sowie Einsteifung großer Gelenke,
- hochgradige Spastik,
- Halbseiten- oder Teillähmungen,
- einschießende unkontrollierte Bewegungen,
- Fehlstellungen der Extremitäten,
- eingeschränkte Belastbarkeit infolge schwerer Herz-Lungen-Schwäche,
- Abwehrverhalten mit Behinderung bei der Übernahme von Verrichtungen,
- eingeschränkte Sinneswahrnehmung,
- starke therapieresistente Schmerzen,

---

57 BSG SozR 3-3300 § 14 Nr. 11, 48.

- pflegebehindernde räumliche Verhältnisse und,
- zeitaufwendiger Hilfsmitteleinsatz.

58 Als **erleichternde Faktoren** gelten:

- Körpergewicht unter 40 kg,
- pflegeerleichternde räumliche Verhältnisse,
- zeitsparender Hilfsmitteleinsatz.

59 Besonderheiten müssen bei der **Einstufung von Kindern** berücksichtigt werden. Gemäß § 15 Abs. 2 SGB XI ist für die Bestimmung der Pflegebedürftigkeit der zusätzliche Hilfebedarf gegenüber einem gesunden gleichaltrigen Kind maßgebend. Die Bemessung wird in zwei Schritten vorgenommen:[58]

- Erster Schritt: Erfassung und Dokumentation der Pflegezeiten für die Einzelverrichtungen der Grundpflege sowie Bildung des Gesamtpflegeaufwandes.
- Zweiter Schritt: Abzug der Zeitwerte aus den standardisierten Erfahrungswerten vom Gesamtpflegeaufwand. Die Richtlinien der Spitzenverbände der Pflegekasse zur Begutachtung von Pflegebedürftigkeit nach dem SGB XI (Begutachtungsrichtlinien)[59] geben die entsprechenden Abzugswerte vor.

60 Eine Erfassung des Pflegebedarfs in zwei Schritten ist dann nicht erforderlich, wenn sich der krankheitsbedingte Mehraufwand schon allein aufgrund der Erkrankung erfassen lässt.[60] Bezüglich der **hauswirtschaftlichen Versorgung** wird bei kranken oder behinderten Kindern bis zur Vollendung des 8. Lebensjahres der gesetzlich für eine Einstufung notwendige Hilfebedarf unterstellt. Zwischen dem 8. und dem 14. Lebensjahr werden in Pflegestufe 1 30 Minuten, in Pflegestufe 2 und 3 jeweils 45 Minuten unterstellt. Die weiteren Zeiten müssen als konkreter zeitlicher Hilfebedarf nachgewiesen werden.

61 **5. Leistungen der sozialen Pflegeversicherung. a) Pflegesachleistungen.** Gemäß § 36 SGB XI hat der Pflegebedürftige Anspruch auf häusliche Pflege durch erwerbsmäßige (professionelle) Pflegekräfte, die von der Pflegekasse angestellt und bezahlt werden. Die Pflege, dh die Grundpflege und die hauswirtschaftliche Versorgung gem. § 14 SGB XI, muss durch einen zugelassenen ambulanten Pflegedienst oder eine einzelne Pflegekraft durchgeführt werden und umfasst nicht die verrichtungsbezogenen krankheitsspezifischen Pflegemaßnahmen, soweit diese im Rahmen der häuslichen Krankenpflege nach § 37 SGB V zu leisten sind. Die Höhe des Sachleistungsbetrags ergibt sich aus § 36 Abs. 3 SGB XI.

62 Kann der Pflegebedürftige mit dem für die jeweilige Pflegestufe geltenden Höchstbetrag des Sachleistungsanspruchs den erforderlichen Pflegeaufwand nicht finanzieren, stehen ihm ergänzende Leistungen nach den §§ 61 ff SGB XII zu.

63 **b) Geldleistungen.** Gemäß § 37 Abs. 1 SGB XI kann der Pflegebedürftige anstelle der häuslichen Pflege Pflegegeld beantragen, wenn er mit diesem die seiner Pflegebedürftigkeit entsprechende erforderliche Grundpflege und hauswirtschaftliche Versorgung in geeigneter Weise selbst sicherstellt. Die Höhe des Pflegegeldes ergibt sich aus § 37 Abs. 1 S. 3 SGB XI.

---

58 BSG NZS 1998, 525.
59 www.g-ba.de.
60 BSG NZS 1999, 343.

Gemäß § 37 Abs. 3 SGB XI muss der Pflegebedürftige, der Pflegegeld bezieht, in regelmäßigen Abständen die Beratung in eigener Häuslichkeit durch eine zugelassene Pflegeeinrichtung oder, sofern dies nicht gewährleistet werden kann, durch eine von der Pflegekasse beauftragte, von ihr aber nicht angestellte Pflegekraft in Anspruch nehmen. Die Beratung dient der Sicherung der Qualität der häuslichen Pflege.

64

Der Pflegebedürftige darf entscheiden, ob er Pflegesachleistungen oder Pflegegeld beantragt. Der Pflegekasse steht ein Mitspracherecht zu.

65

c) **Kombinationsleistungen.** Gemäß § 38 SGB XI erhält der Pflegebedürftige, der die in § 36 SGB XI zustehenden Sachleistungen nur teilweise in Anspruch nimmt, zusätzlich ein anteiliges Pflegegeld. Das Pflegegeld wird um den vom Hundertsatz vermindert, in dem der Pflegebedürftige Sachleistungen in Anspruch genommen hat.

66

d) **Hilfsmittel.** Gemäß § 40 SGB XI haben Pflegebedürftige Anspruch auf Versorgung mit Pflegehilfsmitteln, die zur Erleichterung der Pflege oder zur Linderung der Beschwerden der Pflegebedürftigen beitragen oder ihm eine selbstständigere Lebensführung ermöglichen. Die Leistungen werden nur **subsidiär** erbracht, dh nur, soweit die Hilfsmittel nicht wegen Krankheit oder Behinderung von der Krankenversicherung oder anderen zuständigen Leistungsträgern zu gewähren sind. Hilfsmittel sind zum Beispiel:

67

- elektrisches Pflegebett, wenn es die Lebensführung erleichtert,[61]
- Deckenliftanlage[62] und
- Schutzservietten.[63]

Die Pflegekassen können darüber hinaus gemäß § 40 Abs. 4 SGB XI subsidiär finanzielle Zuschüsse für Maßnahmen zur Verbesserung des individuellen Wohnumfeldes gewähren, zum Beispiel für technische Hilfe im Haushalt, wenn dadurch die häusliche Pflege ermöglicht oder erheblich erleichtert oder eine möglichst selbstständige Lebensführung des Pflegebedürftigen wieder hergestellt wird. Die Zuschüsse dürfen pro Maßnahme einen Betrag von 4.000 EUR nicht übersteigen. Die Möglichkeit eines barrierefreien Zugangs zum Garten gehört nicht zu den Maßnahmen, die zur Verbesserung des individuellen Wohnumfeldes gefördert werden können. Anders liegt das jedoch bei behinderten Kindern und Jugendlichen, da hierdurch ihre Integration gefördert und ihnen eine selbstständigere Lebensführung ermöglicht werden kann.[64]

e) **Stationäre Pflege.** Gemäß § 41 SGB XI haben Pflegebedürftige einen Anspruch auf **teilstationäre Pflege** in Einrichtungen der Tages- oder Nachtpflege, wenn häusliche Pflege nicht im ausreichenden Maße hergestellt werden kann oder wenn dies zur Ergänzung oder Stärkung der häuslichen Pflege erforderlich ist. § 41 Abs. 2 SGB XI regelt, in welcher Höhe die Pflegekasse die pflegebedingten Aufwendungen der teilstationären Pflege übernimmt.

68

Kann häusliche Pflege zeitweise nicht, noch nicht oder nicht im erforderlichen Umfang erbracht werden und reicht auch teilstationäre Pflege nicht aus, so besteht ein Anspruch auf

69

---

61 Bayr.LSG v. 7.11.2012 – L 2 P 66/11, juris.
62 BSG, Urt. v. 12.6.2008 – B 3 P 6/07 R – und v. 12.8.2009 – B 3 P 4/08 R.
63 BSG, Urt. v. 15.11.2007 – B 3 P 9/06 R.
64 BSG, Urt. v. 17.7.2007 – B 3 P 12/07 R.

Pflege in einer vollstationären Einrichtung der Kurzzeitpflege. Dies gilt gem. § 42 Abs. 1 SGB XI

- für eine Übergangszeit im Anschluss an eine stationäre Behandlung des Pflegebedürftigen oder
- in sonstigen Krisensituationen, in denen vorübergehende häusliche oder teilstationäre Pflege nicht möglich oder nicht ausreichend ist.

70 Gemäß § 42 Abs. 2 SGB XI besteht der Anspruch für die Dauer von vier Wochen im Kalenderjahr. Die Höhe der Aufwendungen, die die Pflegekasse übernimmt, ergibt sich aus § 42 Abs. 2 S. 2 SGB XI.

71 Ist die häusliche oder teilstationäre Pflege nicht möglich oder kommt sie wegen der Besonderheit des Einzelfalls nicht in Betracht, dann haben Pflegebedürftige gem. § 43 Abs. 1 SGB XI einen Anspruch auf Pflege in vollstationären Einrichtungen. Die Höhe der von der Pflegekasse übernommenen pflegebedingten Aufwendungen ergibt sich aus § 43 Abs. 2 und 3 SGB XI. Pflegebedürftige in häuslicher Pflege mit einem erheblichen allgemeinen Betreuungsbedarf können zudem nach Maßgabe der §§ 45 a ff SGB XI Leistungen in Anspruch nehmen.

72 **f) Leistungen für die Pflegeperson.** Gemäß § 44 SGB XI entrichten die Pflegekassen für die Pflegeperson Beiträge zur Rentenversicherung. Außerdem sind Pflegepersonen in der gesetzlichen Unfallversicherung versichert. Unter den Voraussetzungen von § 44 a SGB XI werden des Weiteren für die Pflegeperson Zuschüsse zur Kranken- und Pflegeversicherung erbracht. Gemäß § 45 SGB XI bieten die Pflegekassen für Angehörige und sonstige an einer ehrenamtlichen Pflegetätigkeit interessierte Personen Schulungskurse unentgeltlich an, um Fertigkeiten für die eigenständige Durchführung der Pflege zur vermitteln.

III. Gesetzliche Unfallversicherung (SGB VII)

73 Versicherungsschutz in der gesetzlichen Unfallversicherung besteht, wenn der Verletzte eine gem. §§ 2, 3 und 6 SGB VII versicherte Person ist und ein in den §§ 7 bis 9 SGB VII beschriebener Versicherungsfall eingetreten ist.

74 **1. Versicherter Personenkreis. a) Kraft Gesetzes Versicherte.** Versicherte kraft Gesetzes sind gemäß

- § 2 Abs. 1 Nr. 1 SGB VII „Beschäftigte" nach § 7 SGB IV, auch die in § 12 SGB IV genannten Heimarbeiter; eine abhängige Beschäftigung liegt auch dann vor, wenn der Beschäftigte gleich oder besser qualifiziert ist, als die Person, gegenüber der er weisungsgebunden ist. Unerheblich ist des Weiteren, dass er gegebenenfalls eine höhere Vergütung erhält.[65]
- Eine Beschäftigung besteht auch ohne Arbeitsverhältnis, wenn der Verletzte sich in ein fremdes Unternehmen eingliedert und seine konkrete Handlung sich dem Weisungsrecht eines Unternehmers insbesondere in Bezug auf Zeit, Dauer, Ort und Art der Verrichtung unterordnet.[66] Ob der Verletzte ein Entgelt erhalten hat, ist unerheblich.[67]
- § 2 Abs. 2 S. 1 SGB VII „wie Beschäftigte", dh Personen, die „wie nach § 2 Abs. 1 Nr. 1 Versicherte tätig werden", also solche, die eine einem (fremden) Unternehmen dienende

---

65 BSG, Urt. v. 30.1.2007 – B 2 U 6/06 R.
66 BSG Urt. v. 15.05.2012 – B 2 U 8/11 R.
67 BSG Urt. v. 14.11.2013 – B 2 U 15/12 R.

Tätigkeit ausüben. Nach der Rechtsprechung⁶⁸ müssen folgende Voraussetzungen erfüllt sein:
1. Es muss sich um eine ernstliche Tätigkeit handeln,
2. die einem Unternehmen dient,
3. die dem wirklichen oder mutmaßlichen Willen des Unternehmers entspricht und
4. die von einer Person verrichtet wird, bei der eine konkrete Arbeitnehmerähnlichkeit nach Lage des Einzelfalls besteht.

Ein „Unternehmen" ist planmäßiges Handeln, das auf eine gewisse Dauer und eine bestimmte Vielzahl von Tätigkeiten angelegt ist, das einem bestimmten Zweck dient und mit einer bestimmten Regelmäßigkeit ausgeübt wird.⁶⁹ Der Unternehmensbegriff ist wirtschaftlich gemeint. Auch jede zwischenmenschliche Aktion kann als Unternehmen aufgefasst werden. Ein Unternehmen kann deshalb auch der private Haushalt oder das Halten eines Kraftfahrzeugs sein.

75

Die Tätigkeit muss dem Unternehmen dienen, sie muss aber nicht objektiv dienlich sein. Objektiv kann sie sogar schaden, ohne das Merkmal der Dienlichkeit zu verlieren. Außerdem muss es sich um eine arbeitnehmerähnliche Tätigkeit handeln, wobei das gesamte Bild der Tätigkeit maßgeblich ist. Gefälligkeitsleistungen gehören nicht dazu.

76

Versicherungsschutz besteht danach beispielsweise, wenn der Helfer einer Jagdgemeinschaft auf dem Weg zum Ausbringen von Tierfutter mit dem Motorrad verunglückt.⁷⁰

76a

Versichert sind weiter gemäß

77

- § 2 Abs. 1 Nr. 2 SGB VII Lernende, die berufliche Kenntnisse erwerben,
- § 2 Abs. 1 Nr. 3 SGB VII Personen, die sich aufgrund von Rechtsvorschriften Untersuchungen oder ähnlichen Maßnahmen unterziehen (beispielsweise Schultauglichkeitsuntersuchungen). Die Untersuchung muss aufgrund von Rechtsvorschriften erforderlich sein; es genügt nicht, dass die Untersuchung nur empfohlen ist,
- § 2 Abs. 1 Nr. 4 SGB VII Behinderte in ausdrücklich anerkannten Werkstätten für Behinderte oder Blindenwerkstätten,
- § 2 Abs. 1 Nr. 5 SGB VII Personen, die im landwirtschaftlichen Bereich tätig sind,
- § 2 Abs. 1 Nr. 6 SGB VII Hausgewerbetreibende sowie mitarbeitende Ehegatten und Lebenspartner,
- § 2 Abs. 1 Nr. 7 SGB VII selbstständige Küstenschiffer und Fischer einschließlich der mitarbeitenden Ehegatten, wenn regelmäßig nicht mehr als vier Arbeitnehmer beschäftigt werden,
- § 2 Abs. 1 Nr. 8 a SGB VII Kinder während des Besuchs von Kindertageseinrichtungen,
- § 2 Abs. 1 Nr. 8 b SGB VII Schüler in allgemeinbildenden und berufsbildenden Schulen einschließlich der dort durchgeführten Betreuungsmaßnahmen. Zum Schulunterricht gehören auch die Pausen, Schulveranstaltungen mit Klassenfahrten und Schullandheim-Aufenthal-

---

68 BSGE 5, 168; 25, 102; 43, 10.
69 BSGE 16, 79 f.
70 LSG Baden-Württemberg v. 24.7.2014 – L 10 U 4760/12, juris.

ten sowie Wege, die auf Anweisung des Lehrers im Rahmen des Unterrichts zurückgelegt werden,[71]

- § 2 Abs. 1 Nr. 8 c SGB VII Studierende an Hochschulen während der Aus- und Fortbildung für Tätigkeiten, die in unmittelbarem räumlichen und zeitlichen Zusammenhang mit der Hochschule und ihrer Einrichtung stehen; geschützt sind auch Gasthörer, Doktoranden sowie Teilnehmer an einem Aufbau- oder Kontaktstudium,
- § 2 Abs. 1 Nr. 9 SGB VII selbstständig oder unentgeltlich, insbesondere ehrenamtlich im Gesundheitswesen und der Wohlfahrtspflege tätige Personen,
- § 2 Abs. 1 Nr. 10 SGB VII ehrenamtlich Tätige in Körperschaften des öffentlichen Rechts sowie privatrechtlich organisierten Zusammenschlüssen,
- § 2 Abs. 1 Nr. 11 SGB VII zu Diensthandlungen im öffentlich-rechtlichen Bereich herangezogene Personen sowie Zeugen. Der präsente Zeuge steht nicht unter Versicherungsschutz. Er gewinnt ihn erst dann, wenn das Gericht seine Vernehmung beschließt. Nicht geschützt sind hingegen Sachverständige, als Partei vernommene Parteien und Dolmetscher. Sie können aber unter Umständen Versicherungsschutz als „wie Beschäftigte" (siehe Rn 74) genießen,
- § 2 Abs. 1 Nr. 12 und 13 SBG VII Helfer in Unglücksfällen in der im Gesetz bezeichneten Art, Blut- oder Organspender oder Helfer bei einer Strafverfolgung oder Festnahme,[72]
- § 2 Abs. 1 Nr. 14 SGB VII im Einzelfall Personen, die sich auf ausdrücklicher Aufforderung bei der Agentur für Arbeit melden müssen, auf dem Weg zur Agentur für Arbeit und zurück. Der Versicherungsschutz aus der gesetzlichen Unfallversicherung besteht auch dann, wenn der Teilnehmer einer ABM-Maßnahme die Agentur für Arbeit auf deren Einladung aufsuchen muss, um an einer Berufsberatung teilzunehmen und er auf dem Weg zur Agentur für Arbeit einen Unfall erleidet.[73]
- § 2 Abs. 1 Nr. 15 SGB VII Personen bei stationärer oder teilstationärer medizinischer Behandlung oder Rehabilitation, wenn diese auf Kosten der Krankenversicherung oder Rentenversicherung durchgeführt wird; Ähnliches gilt für die Teilnahme an berufsfördernden Maßnahmen zur Rehabilitation,[74]
- § 2 Abs. 1 Nr. 16 SGB VII Personen, die eigene Leistungen auf dem Bau erbringen, wenn es sich um die Schaffung öffentlich geförderten Wohnraums im Sinne des 2. Wohnbaugesetzes handelt,
- § 2 Abs. 1 Nr. 17 SGB VII Pflegepersonen sowie
- die in den Absätzen 2 bis 4 des § 2 SGB VII genannten Personen.

78 **Hinweis:** Es empfiehlt sich deshalb, den Mandanten im ersten Gespräch möglichst genau nach dem Sachverhalt zu befragen, auch nach den Begleitumständen des Unfalls.

---

71 BSG, Urt. v. 30.6.2009 – B 2 U 19/08 R.
72 BSG, Urt. v. 27.3.2012 – B 2 U 7/11R: Betreten der Autobahn, um einen gefährdenden Gegenstand zu entfernen; BSG, Urt. v. 15.6.2010 – B 2 U 12/09 R: Ein Unglücksfall liegt auch dann vor, wenn eine Gefahr für das Individualgut Freiheit besteht.
73 BSG, Urt. v. 5.2.2008 – B 2 U 25/06 R; BSG, Urt. v. 12.5.2009 – B 2 U 8/08 R: kein Versicherungsschutz bei bereits abgeschlossenem Arbeitsvertrag, wenn Unterlagen von der Agentur für Arbeit zum zukünftigen Arbeitgeber gebracht werden müssen.
74 BSG, Urt. v. 27.4.2010 – B 2 U 11/09 R: Versicherungsschutz besteht auch beim Sturz während einer Behandlung in einer Rehaklinik. Die Leistungspflicht ist nur dann ausgeschlossen, wenn ein Behandlungsfehler allein wesentliche Ursache des Sturzes war.

b) **Unternehmer und im Unternehmen mitarbeitende Ehegatten und Lebenspartner.** Die Satzung einer Berufsgenossenschaft kann bestimmen, dass die Unfallversicherung auf Unternehmer und ihre im Unternehmen mitarbeitenden Ehegatten und Lebenspartner (§ 3 Abs. 1 Nr. 1 SGB VII) erstreckt wird sowie auf Personen, die sich auf der Unternehmerstätte aufhalten (§ 3 Abs. 1 Nr. 2 SGB VII). Diese Regelung wird jedoch wiederum durch § 3 Abs. 2 SGB VII eingeschränkt.

c) **Freiwillige Unfallversicherung.** Gemäß § 6 SGB VII können sich die dort genannten Personen, insbesondere Unternehmer und die in ihrem Unternehmen mitarbeitenden Ehegatten, auf Antrag freiwillig versichern, wenn eine Versicherung kraft Satzung nicht besteht.

2. Der Versicherungsfall. Versicherungsfälle sind gem. § 7 SGB VII Arbeitsunfälle und Berufskrankheiten.

a) **Arbeitsunfälle.** Arbeitsunfälle sind gem. § 8 Abs. 1 SGB VII Unfälle von Versicherten infolge einer den Versicherungsschutz nach den §§ 2, 3 oder 6 SGB VII begründenden Tätigkeit. Unfälle sind gem. § 8 Abs. 1 S. 2 SGB VII zeitlich begrenzte, von außen auf den Körper wirkende Ereignisse, die zu einem Gesundheitsschaden oder zum Tod führen.

Ob die Voraussetzungen von § 8 Abs. 1 SGB VII erfüllt sind, muss in fünf Schritten geprüft werden:

1. Es muss eine den Versicherungsschutz nach den §§ 2, 3 oder 6 SGB VII begründende Tätigkeit (versicherte Tätigkeit) verrichtet worden sein.
2. Zwischen dem unfallbringenden Handeln und der versicherten Tätigkeit muss ein innerer Zusammenhang bestehen.
3. Das Ereignis selbst muss auf die festgestellte versicherte Tätigkeit zurückgehen („infolge" = haftungsbegründende Kausalität).
4. Bei dem Ereignis muss es sich um einen Unfall nach der Legal-Definition des § 8 Abs. 1 S. 2 SGB VII gehandelt haben.
5. Der Unfall muss zu einem Gesundheitsschaden oder zum Tod geführt haben (= haftungsausfüllende Kausalität).

aa) **Versicherte Tätigkeit – innerer Zusammenhang.** Ein innerer Zusammenhang zwischen dem unfallbringenden Handeln und der versicherten Tätigkeit besteht, wenn das unfallbedingte Handeln der versicherten Tätigkeit **wesentlich dient**. Es genügt, wenn subjektiv die Auffassung des Verletzten berechtigt ist, seine Tätigkeit sei geeignet, den Interessen des Unternehmens zu dienen. Selbst wenn die Tätigkeit dem Unternehmen objektiv schadet, kann Versicherungsschutz bestehen, sofern der Versicherte den Rahmen vernünftigen Verhaltens nicht offensichtlich überschreitet. Wendet die Berufsgenossenschaft ein, dass der Verletzte zum Zeitpunkt des Unfalles die versicherte Tätigkeit unterbrochen und sich einer privaten Verrichtung zugewandt hat, so trägt sie hierfür die objektive Beweislast. Gelingt es ihr nicht, den Nachweis für die erhobene Behauptung zu führen, besteht Versicherungsschutz aus der gesetzlichen Unfallversicherung.[75]

---

[75] BSG, Urt. v. 4.9.2007 – B 2 U 28/06 R.

85 Die Klärung dieses Feldes ist Gegenstand einer umfangreichen Kasuistik in der Rechtsprechung[76] und damit ein Feld anwaltlicher Betätigung. Das Gesetz versucht, in § 8 Abs. 2 SGB VII wenigstens grob klarzustellen, was in jedem Fall als versicherte Tätigkeit anzusehen ist. Dabei handelt es sich um die sog. Katalog-Tätigkeiten, insbesondere den Wegeunfall, auf die unten (Rn 89 ff) eingegangen wird.

86 **bb) Kausalität.** Die zuvor ermittelte Tätigkeit muss für den Unfall des Versicherten kausal geworden sein. Die Kausalitätstheorie im Sozialrecht ist die **Theorie der wesentlichen Bedingung.** Als Ursachen und Mitursachen[77] für einen Unfall sind unter Abwägung ihres verschiedenen Wertes nur jene Bedingungen anzusehen, die wegen ihrer besonderen Bedeutung zum Eintritt des Erfolgs wesentlich beigetragen haben. Ob ein Beitrag wesentlich war, beurteilt sich im Einzelfall nach der Auffassung des täglichen Lebens.

87 Keine wesentlichen Ursachen sind:

- Alkohol,[78] es sei denn, der Alkoholkonsum ist aus der Eigenart der versicherten Tätigkeit erklärbar,
- allgemein wirkende Gefahren wie Naturkatastrophen oder Kriege,
- innere Ursachen, dh krankhafte Erscheinungen oder die Konstitution des Betroffenen. Versicherungsschutz besteht aber, wenn betriebsbedingte Umstände die innere Ursache beeinflusst und deshalb den Eintritt des Unfalls wesentlich mitbewirkt haben,
- eine selbst geschaffene Gefahr.

88 Der Unfall muss nicht die alleinige Ursache für den Gesundheitsschaden oder den Tod gewesen sein, er muss aber die wesentliche Bedingung gesetzt haben. **Keine wesentliche Bedingung ist in folgenden Fällen gegeben:**

- bei Gelegenheitsursachen, dh wenn die vorhandene Krankheitsanlage so leicht ansprechbar ist, dass auch andere alltäglich vorhandene, ähnlich gelagerte Ereignisse sie hätten auslösen können.
- Mittelbare Folgeschäden müssen ebenfalls kritisch dahin gehend geprüft werden, ob sie rechtlich wesentlich auf das ursprüngliche Ereignis zurückzuführen sind, zum Beispiel eine fehlerhafte Arztbehandlung nach einem Unfall (beachte § 11 SGB VII).
- Eine selbst geschaffene Gefahr kann unter dem Blickwinkel der haftungsausfüllenden Kausalität von Bedeutung sein, etwa wenn ein Versicherter die gebotene Heilbehandlung gegen den dringenden ärztlichen Rat ablehnt. Das gilt jedoch nur dann, wenn das Verhalten völlig widersinnig erscheint.
- Die Verschlimmerung eines Körperschadens kann die haftungsausfüllende Kausalität nicht begründen, wenn auch ein anderes alltäglich vorkommendes Ereignis sie hätte auslösen können.

89 **cc) Arbeitsunfälle bei „Katalogtätigkeiten"** (**§ 8 Abs. 2 SGB VII**). § 8 Abs. 2 SGB VII benennt Tätigkeiten, bei deren Verrichtung über die in Abs. 1 erwähnten §§ 2, 3 und 6 SGB VII hinaus Versicherungsschutz besteht.

---

76 Vgl dazu BSG, Urt. v. 27.5.1997 – 2 RU 29/96; BSG Urt. v. 1.7.1997 – 2 RU 36/96; BSG, Urt. v. 18.11.1997 – 2 RU 42/96; BSG, Urt. v. 26.6.2001 – B 2 U 30/00R; BSG, Urt. v..20.2.2001 – B 2 U 7/00R u. B 2 U 6/00R.
77 BSG, Urt. v. 17.2.2009 – B 2 U 18/07: Ein Anfallsleiden ist nur dann Mitursache, wenn im Sinne eines Vollbeweises feststeht, dass es ursächlich auf den Sturz des Versicherten ausgewirkt hat.
78 BSG, Urt. v. 13.11.2012 – B 2 U 19/11 R.

(1) Wegeunfall nach § 8 Abs. 2 Nr. 1 SGB VII. Versichert ist danach das Zurücklegen des mit der versicherten Tätigkeit zusammenhängenden unmittelbaren Weges nach und vom Ort der Tätigkeit. Der **Ort der Tätigkeit** ist dort, wo die versicherte Tätigkeit tatsächlich verrichtet wird.[79] Umfasst ist das gesamte Betriebsgelände. Arbeitet der Versicherte nicht im Unternehmen selbst, sondern zB auf einer Baustelle, und begibt er sich unmittelbar dorthin, führt dieser Weg zum Ort der Tätigkeit. Ein Unfall auf diesem Weg ist ein Wegeunfall. Etwas anderes gilt, wenn der Versicherte zunächst das Unternehmen aufsucht und von dort, zB mit Kollegen in einem Betriebsauto, zur Baustelle geschickt wird. Passiert auf diesem Weg ein Unfall, handelt es sich um einen Betriebsweg (maßgeblich ist dieser Punkt wegen des Haftungsausschlusses nach §§ 104, 105 SGB VII, vgl Rn 117 ff).

Ein Wegeunfall liegt nicht nur dann vor, wenn der Verletzte sich auf dem Weg zur oder von der Betriebsstätte befunden hat, in der er in seiner regulären Arbeitszeit tätig geworden ist. Auch dann, wenn er eine nach ihrer Art arbeitsvertragliche geschuldete Tätigkeit freiwillig außerhalb seiner regulären Arbeitszeit verrichtet hat, liegt eine versicherte Tätigkeit nach § 2 Abs. 1 Nr. 1 SGB VII vor.[80]

Als anderer Endpunkt des von § 8 Abs. 2 Nr. 1 SGB VII erfassten Weges ist der häusliche Wirkungskreis maßgeblich, also der Punkt, wo man das Gebäude verlässt (Außentür des Gebäudes, Garagentür, etc.).

Versicherungsschutz kann aber auch dann bestehen, wenn der Versicherte sich vor Arbeitsbeginn aus anderen Gründen an einem **dritten Ort** aufhält und sich von dort zum Ort der Tätigkeit begibt. Voraussetzung ist, dass der dritte Ort Ausgangspunkt oder Ziel eines selbstständigen Weges ist und der Versicherte sich dort mindestens drei Stunden aufhält.[81] Fährt der Versicherte vom Ort seiner Tätigkeit zu seiner Wohnung, endet dort der Versicherungsschutz. Der weiter zurückgelegte Weg, zB zum Bruder, ist dann nicht mehr versichert.[82] Wird der Gesamtweg zwischen häuslichem Wirkungskreis und Arbeitsstelle lediglich unterbrochen, dann handelt es sich bei dem dritten Ort lediglich um einen Zwischenort. In diesem Fall muss erörtert werden, ob der versicherte Weg unterbrochen wurde, worauf unten (Rn 95) eingegangen wird. Versicherungsschutz auf dem Weg von einem dritten Ort zum Ort der Tätigkeit besteht im Übrigen nur dann, wenn dieser Weg in einem angemessenen Verhältnis zum unmittelbaren Weg zwischen dem häuslichen Wirkungskreis und dem Ort der Tätigkeit steht, wobei in der Rechtsprechung eine vier- bis fünffache Wegstrecke anerkannt ist.[83]

Voraussetzung ist weiterhin, dass die Tätigkeit, bei der sich der Unfall ereignet, rechtlich wesentlich durch das Zurücklegen des Weges selbst bedingt wird. Hierzu gehören das Öffnen und Schließen der Haustür von außen, das Freimachen des Fahrzeugs von Eis und Schnee und das Warten auf ein Verkehrsmittel sowie das Hin- und Hergehen im Haltestellenbereich oder der Weg zu einem nahegelegenen Lokal zum Aufwärmen während der Wartezeit. Außerdem muss das Zurücklegen des Weges wesentliche Bedingung für den Unfall gewesen sein.

---

79 SG Karlsruhe, Urt. v. 3.7.2015 – S 1 U 746/15, juris: Übt ein Versicherter seine selbstständige Erwerbstätigkeit mittels eines transportablen Marktstandes im Reisegewerbe an täglich wechselnden Einsatzorten aus, ist Betriebsstätte der jeweilige Marktort.
80 BSG, Urt. v. 14.11.2013 – B 2 U 27/12 R.
81 BSG, Urt. v. 5.5.1998 – B 2 U 40/97 R (Wahrnehmung eines Arzttermins).
82 BSG vom 12.5.2009 – B 2 U 11/08 R.
83 BSGE 62,113 (vierfache Wegstrecke zum Zweck eines Arztbesuchs); BSG NJW 1983, 2286 (fünffache Wegstrecke zu einem Wohnwagen aus Ruhegründen bei Wechselschicht).

§ 6 Sozialversicherung

93 **Beispiele:**
Die **Einnahme einer Mahlzeit** ist grundsätzlich eine Privatsache. Wer allerdings während der Arbeitspause eine Gaststätte oder einen Kiosk aufsucht, ist auf dem Weg dahin versichert.[84] Dies gilt jedoch nicht, wenn die Gaststätte sehr weit entfernt liegt und der Besuch nicht mehr durch die notwendige Nahrungsaufnahme, sondern nur durch eigene wirtschaftliche Interessen geprägt ist. Die **Reparatur des eigenen Fahrzeugs** ist grundsätzlich eine Privatsache. Etwas anderes gilt, wenn die Reparatur während des Arbeitsweges notwendig wird, um die Arbeit fortsetzen zu können. Das gilt allerdings nicht, wenn die Reparatur bereits vor Fahrtantritt erforderlich gewesen wäre. Auch **Tanken** ist Privatsache, weil es sich um eine unversicherte Vorbereitungshandlung handelt.[85] Anders verhält es sich nur dann, wenn es unvorhergesehen notwendig wurde, um den Arbeitsweg fortsetzen zu können.

93a Ein innerer Zusammenhang der zum Unfall führenden Handlung mit der betrieblichen Tätigkeit besteht auch dann, wenn ein Versicherter nach einem Unfall auf dem Weg zur Arbeit das Warndreieck aus seinem Auto entnimmt und sich dabei den Finger einer Hand quetscht. Seine Handlung diente nämlich der Fortsetzung des Arbeitsweges nach der Bergung des Pkws.[86]

93b Kein Wegeunfall liegt hingegen vor, wenn der Versicherte auf dem Weg vom Ort seiner Tätigkeit zur Wohnung einen Unfall erleidet, er wendet und zur Klärung des Unfalls zurückfährt und dabei verunglückt.[87]

94 In der Wahl der Verkehrsmittel ist der Versicherte grundsätzlich frei. Gleiches gilt für die Wahl der Wegstrecke. Deshalb muss nicht unbedingt der kürzeste Weg gewählt werden. Der Versicherungsschutz entfällt aber, wenn ein Umweg gewählt wird, der erheblich länger ist als der kürzeste Weg. Bei der Bewertung kommt es immer auf den Einzelfall an.[88] Bislang wurden Verlängerungen von 2,8 auf 2,9 km bzw von 6 auf 11 km als unerheblich angesehen.[89] Verunglückt ein Schüler beim Überqueren einer Straße auf dem Weg von der Schule nach Hause, verliert er den Versicherungsschutz nicht, auch wenn er eine Haltestelle später aus dem Bus ausgestiegen ist, als dies erforderlich gewesen wäre. Beruht die Tatsache, dass er später aus dem Bus ausgestiegen ist auf Nachlässigkeit beziehungsweise Gedankenlosigkeit, schadet es nicht, wenn auf dem Heimweg ein Umweg genommen wird.[90]

95 Ein beliebtes und häufiges Feld anwaltlicher Tätigkeit ist die Frage nach der **Unterbrechung des versicherten Weges.** Diese geschieht, wenn entweder ein anderer Weg eingeschoben wird (Abweg) oder der Weg zeitlich unterbrochen wird, wobei die Unterbrechung auch am Beginn und am Ende des Weges auftreten kann. Eine Unterbrechung ist nur dann möglich, wenn sie ganz geringfügig ist, zum Beispiel eine private Unterhaltung von wenigen Minuten, das Besorgen von Zigaretten aus einem Automaten oder das Überqueren der Straße.[91] Der Versicherungsschutz wird unterbrochen, wenn der Versicherte den öffentlichen Verkehrsraum verlässt, um beispielsweise einen Geschäftsraum aufzusuchen[92] oder wenn er anhält, um eine

---

84 BSG vom 27.4.2010 – B 2 U 23/09 R.
85 LSG Berlin-Brandenburg, Urt. v. 12.12.2014 – L 3 U 196/13.
86 BSG, Urt. v. 18.3.2008 – B 2 U 12/07 R.
87 BSG, Urt. v. 17.2.2009 – B 2 U 26/07 R.
88 BSG, Urt. v. 12.1.2010 – B 2 U 35/08 R: Abholung aus der privaten Spielgruppe.
89 Bayern Breith. 1965, 904 (2,8 km auf 2,9 km); BSG BG 1964, 294 (6 km auf 11 km).
90 BSG, Urt. v. 30.10.2007 – B 2 U 29/06 R.
91 BSG, Urt. v. 2.7.1996 – 2 RU 16/95.
92 BSG, Urt. v. 18.3.1997 – 2 RU 19/96.

Tankstelle auf der gegenüber liegenden Straßenseite anzufahren[93] bzw um nach links zum Einkauf von Erdbeeren abzubiegen.[94] Die Unterbrechung tritt bereits beim Durchschreiten der Außentür des Geschäfts ein.[95] Das Wesen der Unterbrechung liegt darin, dass der Versicherungsschutz während der Unterbrechung erlischt und wieder auflebt, wenn der Versicherte den Weg fortsetzt. Das ist bereits dann der Fall, wenn der Versicherte nach dem Tanken aus der Tankstelle ausfährt und die Gegenfahrbahn überquert, um den Weg zur Arbeit fortzusetzen.[96] Dauert die Unterbrechung länger als zwei Stunden, dann findet eine Loslösung vom Betrieb statt. Nach deren Beendigung lebt der Versicherungsschutz nicht wieder auf.[97] Der Versicherungsschutz entfällt auch dann, wenn der Versicherte bei einer Dienstreise vom Dienstweg abweicht und eine privat motivierte Fahrt an einen anderen Ort unternimmt. Dies gilt auch dann, wenn bei dem Privatbesuch geschäftliche Dinge besprochen und auf der Rückfahrt geschäftliche Unterlagen mitgenommen werden. Der private Besuch steht gleichwohl im Vordergrund zu dem die Diensthandlung lediglich hinzutritt.[98]

(2) Obhut von Kindern nach § 8 Abs. 2 Nr. 2 und Nr. 3 SGB VII. Versicherungsschutz besteht für einen Unfall des Versicherten auf einem Umweg, der erforderlich ist, um Kinder fremder Obhut anzuvertrauen oder eine Fahrgemeinschaft zu nutzen.[99] Auch hier gelten die Voraussetzungen des inneren Zusammenhangs und die Grenzen des versicherten Weges (Außentür des Gebäudes). Kinder sind nach der Vorschrift des § 8 Abs. 2 Nr. 2 a SGB VII nicht versichert. Ihr Versicherungsschutz ergibt sich aus § 8 Abs. 2 Nr. 3 SGB VII.

(3) Familienheimfahrten nach § 8 Abs. 2 Nr. 4 SGB VII. Unter Versicherungsschutz stehen Familienheimfahrten, wenn der Versicherte wegen der Entfernung zwischen dem Ort seiner Tätigkeit und seinem Wohnort eine zusätzliche Unterkunft am Ort seiner Tätigkeit hat.

(4) Umgang mit Arbeitsgerät und Schutzausrüstung sowie deren Erstbeschaffung nach § 8 Abs. 2 Nr. 5 SGB VII. Versichert ist schließlich auch der Umgang mit Arbeitsgerät und Schutzausrüstung sowie deren Erstbeschaffung.

b) Berufskrankheiten. Neben Arbeitsunfällen können Berufskrankheiten Versicherungsfälle sein. Sie werden jedoch nicht durch einen Unfall ausgelöst, so dass ein im Verkehrsrecht tätiger Anwalt kaum mit einem solchen Fall konfrontiert werden wird. Deshalb soll an dieser Stelle auf Berufskrankheiten nicht weiter eingegangen werden.

3. Leistungen der gesetzlichen Unfallversicherung. a) Heilbehandlung, Rehabilitation, Pflege und Geld (§§ 26 bis 55 a SGB VII). aa) Heilbehandlung. Der Versicherte hat Anspruch auf die in § 27 SGB VII beschriebenen Leistungen der Heilbehandlung:

- § 28 SGB VII: ärztliche und zahnärztliche Behandlung,
- § 29 SGB VII: Arznei- und Verbandsmittel,
- § 30 SGB VII: Heilmittel,
- § 31 SGB VII: Hilfsmittel,
- § 32 SGB VII: Häusliche Krankenpflege,

---

93 LSG Berlin-Brandenburg, Urt. v. 4.9.2014 – L 2 U 42/12, juris
94 BSG, Urt. v. 4.7.2013 – B 2 U 3/13 R.
95 BSG, Urt. v. 2.7.1996 – 2 RU 34/95.
96 BSG, Urt. v. 4.7.2013 – B 2 U 12/12 R.
97 BSG Urt. v. 27.10.2009 – B 2 U 23/08 R.
98 BSG, Urt. v. 10.10.2006 – B 2 U 20/05 R.
99 BSG, Urt. v. 12.1.2010 – B 2 U 36/08: Versicherungsschutz besteht auch für sukzessive Fahrgemeinschaften.

- § 33 SGB VII: Behandlung in Krankenhäusern und Rehabilitationseinrichtungen,
- Leistungen zur medizinischen Rehabilitation nach § 26 Abs. 2 Nr. 1, Nr. 3 bis 7 und Abs. 3 des SGB IX.

101 Die Durchführung der Heilbehandlung ist in § 34 SGB VII geregelt. Der Verletzte ist danach verpflichtet, einen Durchgangsarzt (D-Arzt) aufzusuchen. Diese Verpflichtung entfällt bei Augen- und HNO-Erkrankungen. Für besondere Heilverfahren gilt das sog. H-Verfahren.

102 **bb) Leistungen zur Teilhabe am Arbeitsleben.** Die Unfallversicherungsträger erbringen außerdem Leistungen zur Teilhabe am Arbeitsleben nach Maßgabe der §§ 33 bis 38 SGB IX sowie in Werkstätten für behinderte Menschen nach §§ 40 und 41 SGB IX.

103 **cc) Leistungen zur Teilnahme am Leben in der Gesellschaft und ergänzende Leistungen.** Die Leistungen der **Sozialrehabilitation** sind in den §§ 39 bis 42 SGB VII geregelt und umfassen gemäß

- § 40 SGB VII Kraftfahrzeughilfe. Diese wird erbracht, wenn die Versicherten infolge Art oder Schwere des Gesundheitsschadens nicht nur vorübergehend auf die Benutzung eines Kraftfahrzeugs angewiesen sind, um am Arbeitsleben oder am Leben in der Gemeinschaft teilzuhaben.
- § 41 SGB VII Wohnungshilfe. Diese wird erbracht, wenn wegen Art oder Schwere des Gesundheitsschadens nicht nur vorübergehend die behindertengerechte Anpassung des vorhandenen oder die Bereitstellung behindertengerechten Wohnraums erforderlich ist.
- § 42 SGB VII Haushaltshilfe und Kinderbetreuungskosten. Diese Leistungen werden nach Maßgabe des § 54 Abs. 1–3 SGB IX erbracht.
- § 43 SGB VII Reisekosten. Der Unfallversicherungsträger übernimmt die im Zusammenhang mit der Ausführung von Leistungen zur medizinischen Rehabilitation oder zur Teilhabe am Arbeitsleben erforderlichen Reisekosten nach § 53 SGB IX. Kosten für eine Berufsbetreuung unterfallen nicht dem Leistungskatalog der gesetzlichen Unfallversicherung.[100]

104 **dd) Leistungen bei Pflegebedürftigkeit.** Gemäß § 44 Abs. 1 SGB VII erhalten Versicherte, die infolge des Versicherungsfalls so hilflos sind, dass sie für die gewöhnlichen und regelmäßig wiederkehrenden Verrichtungen im Ablauf des täglichen Lebens in erheblichem Umfang der Hilfe bedürfen, Pflegegeld oder eine Pflegekraft gestellt. Es kann auch Heimpflege gewährt werden. Die Art der Pflegemaßnahmen unterliegt dem pflichtgemäßen Ermessen. § 44 Abs. 2 SGB VII bestimmt die Höhe des Pflegegeldes.

105 **ee) Geldleistungen während der Heilbehandlung und Leistungen zur Teilhabe am Arbeitsleben.** Der Unfallversicherungsträger zahlt **Verletztengeld** unter den Voraussetzungen, die in § 45 SGB VII beschrieben sind, beispielsweise wenn der Versicherte infolge des Versicherungsfalls arbeitsunfähig ist oder wegen einer Maßnahme der Heilbehandlung seine ganztägige Erwerbstätigkeit nicht ausüben kann.

106 **Arbeitsunfähigkeit** liegt vor, wenn der Versicherte seiner bisher ausgeübten Tätigkeit überhaupt nicht oder nur auf die Gefahr hin nachgehen kann, dass sich sein Gesundheitszustand verschlimmert. Der Anspruch auf Verletztengeld beginnt am Tag der Feststellung der Arbeits-

---

[100] BSG, Urt. v. 29.11.2011 – B 2 U 21/10 R.

unfähigkeit und endet spätestens mit Ablauf der 78. Woche, gerechnet vom Tage des Beginns der Arbeitsunfähigkeit (§ 46 SGB VII). Die Höhe des Verletztengeldes orientiert sich am sog. Regelentgelt, dessen Berechnung in § 47 Abs. 1 SGB VII näher beschrieben wird. Das Verletztengeld beträgt 80 % des Regelentgelts.

Erhält der Versicherte infolge des Versicherungsfalls Leistungen zur Teilhabe am Arbeitsleben, dann wird ihm vom Unfallversicherungsträger Übergangsgeld gezahlt (§ 49 SGB VII). Das Übergangsgeld beträgt bei Versicherten mit einem Kind bzw. beim Zusammenleben mit einem Ehegatten, der nicht erwerbstätig ist, weil er selbst pflegebedürftig ist und keinen Anspruch auf Leistungen aus der Pflegeversicherung hat oder weil der Versicherte selbst pflegebedürftig ist, 75 % des Regelentgelts. Alle übrigen Versicherten erhalten 68 % des Regelentgelts, welches sich nach § 46 Abs. 1 S. 1 SGB IX bestimmt.

b) Renten, Beihilfen, Abfindungen (§§ 56 bis 80 SGB VII). Gemäß § 56 Abs. 1 SGB VII erhält ein Versicherter, dessen Erwerbsfähigkeit infolge eines Versicherungsfalls über die 26. Woche nach dem Versicherungsfall hinaus um wenigstens 20 % gemindert ist, eine **Verletztenrente**. § 56 Abs. 1 S. 2 SGB VII regelt das Zusammentreffen mehrerer kleiner Renten, die jede für sich nicht eine Minderung der Erwerbsfähigkeit von 20 % erreichen. Trifft eine derartige „kleine" Rente auf eine Rente wegen einer MdE von 20 % (oder mehr), dann stützt diese die „kleine" Rente. Sie wird bei der Gewährung einer Rente mit berücksichtigt. Treffen zwei „kleine" Renten zusammen, so sind sie sich gegenseitig Stützrenten, wenn in jedem der beiden Versicherungsfälle wenigstens eine Minderung der Erwerbsfähigkeit von 10 % erreicht wird.

Die Folgen eines Versicherungsfalls werden nur dann berücksichtigt, wenn die **Erwerbsminderung mindestens 10 %** beträgt. § 56 Abs. 2 SGB VII bestimmt, dass sich die Minderung der Erwerbsfähigkeit nach dem Umfang der sich aus der Beeinträchtigung des körperlichen und geistigen Leistungsvermögens ergebenden verminderten Arbeitsmöglichkeiten auf dem gesamten Gebiet des Erwerbslebens richtet. Ausgangspunkt ist die Erwerbsfähigkeit, die der Verletzte vor dem Arbeitsunfall hatte. Sie muss individuell festgestellt werden und kann so bereits bestehende Vorschäden oder auch eine bereits vor dem Unfall bestehende altersbedingte Einschränkung der Erwerbsfähigkeit berücksichtigen. Anschließend muss die Erwerbsfähigkeit nach dem Arbeitsunfall festgestellt werden. Die Differenz bildet die Minderung der Erwerbsfähigkeit. Es existieren verschiedene Tabellenwerke, die die Feststellung erleichtern sollen.[101] Sie können allerdings nur Anhaltspunkte liefern, denn die dort niedergelegten Richtwerte können allenfalls allgemeine Erfahrungen wiedergeben, ohne für den Einzelfall bindend zu sein.

Gemäß § 56 Abs. 3 SGB VII beträgt die **Vollrente**, die wegen des Verlustes der Erwerbsfähigkeit geleistet wird, zwei Drittel des Jahresarbeitsverdienstes. Ist die Erwerbsfähigkeit nur in Höhe eines gewissen Prozentsatzes, aber nicht vollständig gemindert, wird eine entsprechende **Teilrente** geleistet. Diese wiederum wird in Höhe des Prozentsatzes der Vollrente festgesetzt. Der maßgebliche Jahresarbeitsverdienst bestimmt sich nach § 82 SGB VII. Danach kommt es darauf an, welche Arbeitsentgelte und Arbeitseinkommen in den zwölf Monaten

---

101 Siehe Bundesministerium für Arbeit und Soziales, Anhaltspunkte für die ärztliche Gutachtertätigkeit im sozialen Entschädigungsrecht und nach dem Schwerbehindertengesetz; *Schönberger/Mehrtens/Valentin*, Arbeitsunfall und Berufskrankheit.

vor dem Monat, in dem der Versicherungsfall eingetreten ist, vom Versicherten verdient worden sind. Für junge Versicherte sieht § 85 SGB VII Mindestbeträge vor.

111 Gemäß § 57 SGB VII erhalten **Schwerverletzte**, die infolge des Versicherungsfalls einer Erwerbstätigkeit nicht mehr nachgehen können und die keinen Anspruch auf Rente aus der gesetzlichen Rentenversicherung haben, eine um 10 % erhöhte Rente. Schwerverletzte sind Versicherte mit einem Anspruch auf eine Rente nach einer Minderung der Erwerbsfähigkeit von 50 % und mehr oder auf mehrere Renten, deren Vomhundertsatz zusammen wenigstens die Zahl 50 erreicht.

112 Gemäß § 58 SGB VII kann die Rente auch bei den Versicherten erhöht werden, die infolge des Versicherungsfalls ohne Anspruch auf Arbeitsentgelt oder Arbeitseinkommen sind. Voraussetzung ist weiter, dass die Rente zusammen mit dem Arbeitslosengeld oder dem Arbeitslosengeld II nicht den in § 46 Abs. 1 SGB IX genannten Betrag des Übergangsgeldes erreicht. Die Erhöhung wird längstens für die Dauer von zwei Jahren gewährt.

113 § 59 SGB VII enthält eine Anrechnungsvorschrift, die zum Tragen kommt, wenn mehrere Renten der gesetzlichen Unfallversicherung bezogen werden. Diese dürfen ohne die Erhöhung für Schwerverletzte zusammen zwei Drittel der Jahresarbeitsverdienste nicht übersteigen. Andernfalls werden sie verhältnismäßig gekürzt. § 60 SGB VII enthält eine Regelung zur Minderung der Rente bei Heimpflege. § 61 SGB VII regelt die Rente für Beamte und Berufssoldaten.

114 Ist der Umfang der Minderung der Erwerbsfähigkeit noch nicht abschließend feststellbar, dann wird die Rente gem. § 62 SGB VII als vorläufige Entschädigung gezahlt. Nach Ablauf von drei Jahren wird sie als Rente auf unbestimmte Zeit geleistet. Dabei kann der Vomhundertsatz der Minderung der Erwerbsfähigkeit abweichend von der vorläufigen Entschädigung festgestellt werden, auch wenn die Verhältnisse sich nicht geändert haben! Innerhalb des ersten Dreijahreszeitraums kann der Vomhundertsatz der Minderung der Erwerbsfähigkeit jederzeit ohne Rücksicht auf die Dauer der Veränderung neu festgestellt werden.

114a Um nach § 62 Abs. 2 SGB VII wirksam eine geringere MdE als im vorläufigen Bescheid festsetzen zu können, genügt es, wenn der Bescheid innerhalb des Dreijahreszeitraums bekannt gegeben wird. Unerheblich ist, ob die niedrigere MdE erst ab einem außerhalb des Dreijahreszeitraums liegenden Datum festgestellt wird.[102]

114b Auch der Verletzte kann eine Neufeststellung des MdE beantragen, wenn sich sein Gesundheitszustand wesentlich verschlechtert hat. Das ist nach § 73 Abs. 3 SGB VII nur dann der Fall, wenn die MdE um mehr als 5 % erhöht werden muss.[103]

114c Mit der Feststellung der Minderung der Erwerbsfähigkeit beauftragt der Unfallversicherungsträger häufig einen **Gutachter**. Vor Erteilung eines Gutachtenauftrags soll der Unfallversicherer gemäß § 200 Abs. 2 SGB VII dem Versicherten mehrere Gutachter zur Auswahl benennen und ihn auf sein Widerspruchsrecht nach § 76 Abs. 2 SGB X hinweisen. Dabei bedeutet die Benennung des Gutachters, dass dessen Namen konkret bekannt gegeben werden muss. Es genügt nicht, wenn dem Versicherten die Gemeinschaftspraxis benannt wird, in der der Gutachter tätig ist, denn dem Versicherten sollte Gelegenheit gegeben werden, sich über den Gut-

---

102 BSG, Urt. v. 19.12.2013 – B 2 U 1/13 R.
103 BSG, Urt. v. 19.12.2013 – B 2 U 17/12 R.

achter zu informieren.[104] Wird das Auswahlrecht des Versicherten verletzt, folgt hieraus ein Beweisverwertungsverbot für das Gutachten.[105] § 200 Abs. 2 SGB VII gilt jedoch nicht für Gutachten, die Gerichte im Rahmen eines Rechtsstreits einholen.[106]

c) Leistungen an Hinterbliebene. Hinterbliebene haben Anspruch auf die in § 63 SGB VII genannten Leistungen, dh auf: 115

- Sterbegeld und Erstattung von Überführungskosten (§ 64 SGB VII). Es handelt sich um einen Einmalbetrag von einem Siebtel der zum Zeitpunkt des Todes geltenden Bezugsgröße gem. § 18 SGB IV;
- Hinterbliebenen-Renten (§§ 65 bis 69 SGB VII);
- Beihilfen (§ 71 SGB VII). Diese werden bei Tod des Versicherten gezahlt, wenn dieser *nicht* Folge des Versicherungsfalls war und der Versicherte zum Zeitpunkt seines Todes Anspruch auf eine Rente nach einer Minderung der Erwerbsfähigkeit von 50 % oder mehr hatte bzw wenn er Anspruch auf mehrere Renten hatte, deren Vomhundertsatz zusammen mindestens 50 erreichte;
- Abfindung (§§ 75 bis 80 SGB VII). Es existieren folgende vier Regelungskomplexe:
  1. § 75 SGB VII: Abfindung durch den Unfallversicherungsträger, wenn nur eine Rente in Form einer vorläufigen Entschädigung zu erwarten ist.
  2. § 76 SGB VII: Abfindung auf Antrag bei einer Minderung der Erwerbsfähigkeit unter 40 %.
  3. § 78 SGB VII: Antrag auf Abfindung bei Minderung der Erwerbsfähigkeit ab 40 %.
  4. § 80 SGB VII: Abfindung bei Wiederheirat der bzw des Berechtigten.

Gemäß § 77 SGB VII kann eine bereits abgefundene Rente wieder aufleben, wenn der Versicherte schwer verletzt wird. Geldleistungen der Berufsgenossenschaft werden – wie Renten in der gesetzlichen Rentenversicherung – jeweils zum 1.7. eines jeden Jahres angepasst (§ 95 SGB VII). 116

4. Haftungsausschluss. a) Unternehmer. § 104 SGB VII privilegiert den Unternehmer. Er ist den Versicherten, die für sein Unternehmen tätig sind oder die zu seinem Unternehmen in einer sonstigen die Versicherung begründenden Beziehung stehen sowie deren Angehörigen und Hinterbliebenen nicht zum Ersatz des Personenschadens oder zur Zahlung eines angemessenen Schmerzensgeldes verpflichtet. Alle Anspruchsgrundlagen sind ausgeschlossen, sowohl vertragliche wie auch Ansprüche aus unerlaubter Handlung und aus Gefährdungshaftung. Der Ausschluss gilt unbedingt. Es kommt nicht darauf an, ob Schäden durch die Unfallversicherung tatsächlich ersetzt werden. 117

Die Haftungsprivilegierung gilt hingegen nicht für den Ersatz von Sachschäden oder dann, wenn der Versicherungsfall vorsätzlich herbeigeführt wurde. Bedingter Vorsatz genügt. Der Vorsatz muss sich auf alles beziehen, also auf die Verletzungshandlung selbst wie auch auf den Eintritt und Umfang des Schadens. Ausgenommen vom Haftungsausschluss sind auch vom Unternehmer verursachte Wegeunfälle nach § 8 Abs. 2 SGB VII. Zu beachten ist jedoch, dass Unfälle auf Betriebswegen keine Wegeunfälle sind. Der Betriebsweg unterscheidet sich 118

---

104 BSG, Urt. v. 20.7.2010 – B 2 U 17/09 R.
105 BSG v. 5.2.2008 – B 2 U 8/07 R sowie B 2 U 10/07 R.
106 BSG, Urt. v. 11.4.2013 – B 2 U 34/11 R.

von anderen Wegen dadurch, dass er im unmittelbaren Betriebsinteresse zurückgelegt wird und nicht wie Wege nach und von dem Ort der Tätigkeit iSv § 8 Abs. 2 S. 1 SGB VII der versicherten Tätigkeit vorangehen oder sich ihr anschließen.[107] Der Weg wird dann unmittelbar im Betriebsinteresse zurückgelegt und damit zum Betriebsweg, wenn die objektive Handlungstendenz des Versicherten auf die Ausübung einer dem Unternehmen dienenden Tätigkeit gerichtet ist und die Handlungstendenz durch objektive Umstände des Einzelfalls bestätigt wird.[108] Deshalb gilt der Haftungsausschluss, wenn ein im Straßenbau tätiger Versicherter sich mit Kollegen auf dem Werksgelände trifft, gemeinsam mit ihnen in einem Firmenfahrzeug zur Baustelle fährt und auf dem Weg dorthin einen Verkehrsunfall erleidet. Ein Betriebsweg kann auch dann gegeben sein, wenn ein Arbeitskollege einen anderen mit dem ihm zur Verfügung gestellten Firmenfahrzeug abholt, um zum Ort der Tätigkeit zu fahren, und er dabei einen Unfall verursacht, bei dem der abgeholte Arbeitskollege schwer verletzt wird. Ein Betriebsweg liegt in einem solchen Fall vor, wenn der Weg von der Abholung bis zum Ort der Tätigkeit sich als Teil des innerbetrieblichen Organisations- und Funktionsbereichs darstellt.[109]

118a Der Rechtsanwalt muss also bereits bei Mandatierung den Sachverhalt genau erfragen, um im Ergebnis argumentieren zu können, dass ein die Haftung nicht ausschließender Wegeunfall vorliegt, der zur Geltendmachung von Leistungen (insb. Schmerzensgeld und Sachschäden) gegenüber dem Unfallverursacher und der Kfz- Haftpflichtversicherung berechtigt.

119 § 104 SGB VII schließt als *lex spezialis* den Forderungsübergang nach § 116 SGB X aus.

120 b) „Arbeitskollegen". Gemäß § 105 SGB VII wird der Haftungsausschluss auf die Arbeitskollegen des Verletzten ausgeweitet. Er gilt für alle Personen, die durch eine betriebliche Tätigkeit einen Versicherungsfall von Versicherten *desselben Betriebs* verursachen. Die weite Fassung schließt Leiharbeitnehmer sowie Beschäftigte ein, die zum Beispiel im Rahmen von Arbeitsgemeinschaften tätig werden.

121 c) Ähnlich enge Gefahrgemeinschaften. Die Haftungsbeschränkungen der §§ 104, 105 SGB VII sollen nach Ansicht des Gesetzgebers auch Personen erfassen, die in ähnlich engen Gefahrgemeinschaften tätig sind. Sie werden in § 106 SGB VII auf die Unternehmen nach § 2 Abs. 1 Nr. 2, 3, 8 und 17 SGB VII erstreckt und betreffen deshalb auch Lernende, Untersuchungsteilnehmer, Kinder, Schüler und Studenten, Lehrer, Pflegepersonen sowie Pflegebedürftige. Für Rettungs- und Zivilschutzunternehmen enthält § 106 Abs. 3 SGB VII eine Sonderregelung.

122 d) Präjudizwirkung und Vorrang sozialrechtlicher Entscheidungen. Versicherungsrelevante Fragestellungen sollen einheitlich beurteilt und unterschiedliche Entscheidungen vermieden werden. § 108 Abs. 1 SGB VII statuiert deshalb ein **Primat des Sozialrechts**: Ordentliche Gerichte und Arbeitsgerichte sind an bestandskräftige Verwaltungsakte der Unfallversicherungsträger und rechtskräftige Entscheidungen der Sozialgerichte gebunden. Das betrifft zivilrechtliche Schadenersatzansprüche aus Vertrag und unerlaubter Handlung. Die Bindungswirkung bezieht sich auf das Vorliegen des Versicherungsfalls selbst wie auch auf Umfang, Art, Höhe und Dauer der zu gewährenden Leistungen einschließlich der Berechnungsgrundlage.

---

107 BSG, Urt. v. 9.11.2010 – B 2 U 14/10 R.
108 BSG, Urt. v. 10.10.2006 – B 2 U 20/05 R.
109 LG Köln, 17 O 322/11.

123 Liegt eine Entscheidung des Unfallversicherungsträgers oder des Sozialgerichts nicht vor, dann haben die Gerichte das Verfahren auszusetzen und für die Einleitung des sozialrechtlichen Verfahrens Fristen zu bestimmen (§ 108 Abs. 2 SGB VII). Es handelt sich um eine Muss-Vorschrift, so dass eine vorrangige sozialrechtliche Entscheidung erzwungen werden kann.

124 Ist ein Klageverfahren gegen den Haftungsprivilegierten noch nicht angestrengt, dann bietet § 109 SGB VII diesem die Möglichkeit, die vom Geschädigten oder Hinterbliebenen erhobenen Ansprüche zurückzuweisen. Ist nämlich zweifelhaft, ob ein Versicherungsfall vorliegt und macht der Geschädigte zivilrechtliche Ansprüche geltend, so kann der Schädiger nach dieser Vorschrift feststellen lassen, dass ein Versicherungsfall der gesetzlichen Unfallversicherung vorliegt, mit der Folge, dass dann die Bindungswirkung von § 108 SGB VII eintritt.

125 **e) Haftung gegenüber den Sozialversicherungsträgern.** Haben Personen, deren Haftung nach den §§ 104 bis 107 SGB VII beschränkt ist, den Versicherungsfall vorsätzlich oder grob fahrlässig herbeigeführt, so haften sie gegenüber den Sozialversicherungsträgern für die infolge des Versicherungsfalls entstandenen Aufwendungen, jedoch nur bis zur Höhe des zivilrechtlichen Schadenersatzanspruchs. Nach § 112 SGB VII gilt die Bindung der Gerichte gem. § 108 SGB VII auch für die Ansprüche nach den §§ 110 und 111 SGB VII.

IV. Gesetzliche Rentenversicherung (SGB VI)

126 **1. Versicherter Personenkreis. a) Versicherungspflichtige Personen.** Gemäß § 1 SGB VI sind folgende Personen pflichtversichert:

- Personen, die gegen Arbeitsentgelt oder zu ihrer Berufsausbildung beschäftigt sind – auch bei Bezug von Kurzarbeitergeld (Nr. 1),
- behinderte Menschen, die in anerkannten Werkstätten, in anerkannten Behindertenwerkstätten oder für diese Einrichtungen in Heimarbeit tätig sind, sowie behinderte Menschen, die in Anstalten, Heimen und gleichartigen Einrichtungen in gewisser Regelmäßigkeit Leistungen erbringen, die 1/5 der Leistung eines vollerwerbsfähigen Beschäftigten in gleichartiger Beschäftigung entsprechen (Nr. 2),
- Personen, die in Einrichtungen der Jugendhilfe oder in Berufsbildungswerken sowie ähnlichen Einrichtungen für Behinderte tätig sind und die für eine Erwerbstätigkeit befähigt werden sollen (Nr. 3),
- Auszubildende in einer außerbetrieblichen Einrichtung (Nr. 3 a),
- Mitglieder geistlicher Genossenschaften, Diakonissen und Angehörige ähnlicher Gemeinschaften (Nr. 4).

127 Gemäß § 2 S. 1 SGB VI sind **bestimmte Selbstständige versicherungspflichtig.** Hierzu gehören:

- Lehrer und Erzieher (Nr. 1),
- Pflegepersonen (Nr. 2),
- Hebammen und Entbindungspfleger (Nr. 3),
- Seelotsen (Nr. 4),
- Künstler und Publizisten nach näherer Bestimmung des Künstlersozialversicherungsgesetzes (Nr. 5),
- Hausgewerbetreibende (Nr. 6),
- Küstenschiffer und Fischer (Nr. 7),

- Handwerker, die in die Handwerksrolle eingetragen sind (Nr. 8),
- Personen, die im Zusammenhang mit ihrer selbstständigen Tätigkeit regelmäßig keinen versicherungspflichtigen Arbeitnehmer beschäftigen und die auf Dauer und im Wesentlichen nur für einen Auftraggeber tätig sind (Nr. 9).

128 Zudem sind gem. § 3 SGB VI **weitere Personen versicherungspflichtig:**

- Personen, denen nach § 56 SGB VI Kindererziehungszeiten anzurechnen sind (Nr. 1),
- Personen, die Pflegebedürftige nicht erwerbsmäßig wenigstens 14 Stunden wöchentlich in häuslicher Umgebung pflegen, wenn der Pflegebedürftige Anspruch auf Leistungen aus einer Pflegeversicherung hat (Nr. 1 a),
- Wehr- und Zivildienstleistende (Nr. 2),
- Personen in einem besonderen Wehrdienstverhältnis (Nr. 2 a),
- Leistungsempfänger von Krankengeld, Verletztengeld, Versorgungskrankengeld, Übergangsgeld, Unterhaltsgeld oder Arbeitslosengeld I, wenn sie im letzten Jahr vor Beginn der Leistung versicherungspflichtig waren (Nr. 3),
- Empfänger von Leistungen für den Ausfall von Arbeitseinkünften im Krankheitsfall oder bei Organ-/Stammzellspende, wenn die Leistungen zB von einem privaten Krankenversicherungsunternehmen, dem Beihilfeträger des Bundes oder eines Trägers der Heilfürsorge auf Landesebene bzw dem Leistungserbringer nach dem Transplantations-/Transfusionsgesetz gewährt werden (Nr. 3 a),
- Empfänger von Vorruhestandsgeld, wenn sie unmittelbar vor Beginn der Leistung versicherungspflichtig waren (Nr. 4).

129 **b) Kraft Antrags versicherungspflichtige Personen.** Gemäß § 4 Abs. 1 SGB VI sind auf Antrag versicherungspflichtig:

- Entwicklungshelfer (Nr. 1),
- Deutsche, die für eine begrenzte Zeit im Ausland beschäftigt sind (Nr. 2).

Die Versicherungspflicht muss von einer Stelle beantragt werden, die ihren Sitz im Inland hat.

130 Gemäß § 4 Abs. 2 SGB VI sind Personen auf Antrag versicherungspflichtig, die nicht nur vorübergehend selbstständig tätig sind und wenn sie die Versicherungspflicht innerhalb von fünf Jahren nach Aufnahme der selbstständigen Tätigkeit oder nach Ende einer Versicherungspflicht beantragen.

131 Weiterhin sind gem. § 4 Abs. 3 SGB VI Personen auf Antrag versicherungspflichtig, wenn

- sie eine der in § 3 S. 3 Nr. 3 SGB VI genannten Sozialleistungen beziehen und nicht nach dieser Vorschrift versicherungspflichtig sind (Nr. 1) bzw
- deshalb kein Anspruch auf Krankengeld besteht, weil sie nicht in der gesetzlichen Krankenversicherung versichert sind oder in der gesetzlichen Krankenversicherung ohne Anspruch auf Krankengeld versichert sind, für die Zeit der Arbeitsunfähigkeit oder der Ausführung von Leistungen zur medizinischen Rehabilitation oder zur Teilhabe am Arbeitsleben, wenn sie im letzten Jahr vor Beginn der Arbeitsunfähigkeit oder der Ausführung von Leistungen zur medizinischen Rehabilitation oder zur Teilhabe am Arbeitsleben zuletzt versicherungspflichtig waren, längstens jedoch für 18 Monate (Nr. 2).

c) Freiwillige Versicherung. Gemäß § 7 Abs. 1 SGB VI können sich alle nicht versicherungspflichtigen Personen freiwillig versichern, die das 16. Lebensjahr vollendet haben. Das gilt auch für Deutsche, die ihren gewöhnlichen Aufenthalt im Ausland haben.

132

Ausgeschlossen sind jedoch Personen nach bindender Bewilligung einer Vollrente wegen Alters oder für Zeiten des Bezugs einer solchen Rente (§ 7 Abs. 2 SGB VI). Gemeint ist dabei der Bewilligungszeitraum, nicht der Zeitraum des tatsächlichen Bezugs der Leistung.

133

2. Leistungen der gesetzlichen Rentenversicherung. Die gesetzliche Rentenversicherung erbringt:

134

- gem. § 9 Abs. 1 S. 1 SGB VI Leistungen zur medizinischen Rehabilitation, Leistungen zur Teilhabe am Arbeitsleben sowie ergänzende Leistungen und zahlt Renten an Versicherte (§ 33 Abs. 1 SGB VI) wegen
  - Alters,
  - verminderter Erwerbsfähigkeit,
  - Todes,
- gem. § 106 SGB VI Zuschüsse zur Krankenversicherung der Rentner,
- gem. § 107 SGB VI Rentenabfindungen bei Wiederheirat von Witwen und Witwern,
- gem. §§ 210 und 211 SGB VI Beitragserstattungen.

a) Leistungen zur medizinischen Rehabilitation und Leistungen zur Teilhabe am Arbeitsleben. Gemäß § 9 Abs. 1 S. 1 SGB VI erbringt die gesetzliche Rentenversicherung Leistungen zur medizinischen Rehabilitation, zur Teilhabe am Arbeitsleben sowie ergänzende Leistungen. Ziel ist es, den Auswirkungen einer Krankheit oder einer körperlichen, geistigen oder seelischen Behinderung auf die Erwerbstätigkeit entgegenzuwirken bzw sie zu überwinden und dadurch Beeinträchtigungen der Erwerbstätigkeit der Versicherten oder ihr vorzeitiges Ausscheiden aus dem Erwerbsleben zu verhindern sowie sie möglichst dauerhaft wieder in das Erwerbsleben einzugliedern. Diese Leistungen werden vorrangig vor Rentenleistungen gewährt (§ 9 Abs. 1 S. 2 SGB VI, § 8 Abs. 2 SGB IX). Ein Anspruch auf Leistungen zur medizinischen Rehabilitation besteht auch nur dann, wenn keine rentenrechtliche Erwerbsminderung (mehr) besteht, aber der Versicherte gleichwohl noch nicht wieder fähig ist, seinen Beruf auszuüben.[110]

135

Leistungen zur Teilhabe am Arbeitsleben müssen auch dann erbracht werden, wenn zwar nicht die zuletzt ausgeübte, aber alle anderen Tätigkeiten mehr als sechs Stunden täglich verrichtet werden können. Voraussetzung ist, dass durch die Maßnahme eine Besserung der Erwerbsfähigkeit zu erwarten ist und eine Eingliederung ins Erwerbsleben als aussichtsreich erscheint.[111]

135a

Zudem besteht ein Anspruch auf Kfz-Hilfe zur Anschaffung eines behindertengerechten Kraftfahrzeugs. Dieser Anspruch besteht auch dann, wenn ein solches auf den Antragsteller zugelassen ist, ihm aber nicht zuverlässig zur Verfügung steht (beispielsweise weil es ständig von der Ehefrau des Antragstellers genutzt werden muss).[112]

135b

---

110 Urt. v. 5.2.2009 – B 13 R 27/08 R.
111 BSG v. 17.10.2006 – B 5 RJ 15/05 R.
112 Urt. v. 9.12.2010 – B 13 R 83/09.

136 **b) Renten.** An dieser Stelle sollen nur die Rentenarten dargestellt werden, die ein Versicherter oder seine Hinterbliebenen nach einem Verkehrsunfall gegebenenfalls in Anspruch nehmen können.

137 **aa) Rente wegen verminderter Erwerbsfähigkeit.** (1) Rente wegen teilweiser Erwerbsminderung. Gemäß § 43 Abs. 1 S. 1 SGB VI haben Versicherte bis zum Erreichen der Regelaltersgrenze Anspruch auf Rente wegen teilweiser Erwerbsminderung, wenn sie

- teilweise erwerbsgemindert sind,
- in den letzten fünf Jahren vor Eintritt der Erwerbsminderung drei Jahre Pflichtbeiträge für eine versicherte Tätigkeit oder Beschäftigung geleistet haben und
- vor Eintritt der Erwerbsminderung die allgemeine Wartezeit erfüllt haben.

138 **Teilweise erwerbsgemindert** sind Versicherte, wenn sie wegen Krankheit oder Behinderung auf nicht absehbare Zeit außerstande sind, unter den üblichen Bedingungen des allgemeinen Arbeitsmarktes mindestens sechs Stunden täglich erwerbstätig zu sein. Berücksichtigt wird dabei jede nur denkbare Tätigkeit, die es auf dem Arbeitsmarkt gibt. Entscheidend ist allein die zeitliche Einsatzfähigkeit.

139 Kann der Versicherte weniger als drei Stunden täglich auf dem allgemeinen Arbeitsmarkt tätig sein, dann steht ihm eine Rente wegen **voller Erwerbsminderung** zu, wenn die übrigen versicherungsrechtlichen Voraussetzungen erfüllt sind. Eine Rente wegen teilweiser Erwerbsminderung wird deshalb bei einer Leistungsfähigkeit zwischen drei bis unter sechs Stunden täglich gezahlt. Ausnahmsweise kann ein Versicherter, der mindestens drei, aber weniger als sechs Stunden täglich erwerbstätig sein kann, gleichwohl eine Rente wegen voller Erwerbsminderung erhalten. Das ist der Fall, wenn der Arbeitsmarkt für den Versicherten mit seiner konkreten gesundheitlichen Leistungsfähigkeit verschlossen ist. Er kann dann die ihm verbliebene Resterwerbsfähigkeit nicht zur Erzielung seines Einkommens einsetzen und ist deshalb als voll erwerbsgemindert anzusehen.[113]

140 Einem Versicherten kann eine Rente wegen teilweiser Erwerbsminderung nur dann gewährt werden, wenn er in den letzten fünf Jahren vor Eintritt der Erwerbsminderung drei Jahre Pflichtbeiträge für eine versicherte Tätigkeit bzw Beschäftigung gezahlt hat.

141 Der Fünf-Jahres-Zeitraum kann gem. § 43 Abs. 4 SGB VI um folgende Zeiten verlängert werden, die nicht mit Pflichtbeiträgen für eine versicherte Tätigkeit belegt sind:

- Anrechnungszeiten und Zeiten des Bezugs einer Rente wegen verminderter Erwerbsfähigkeit,
- Berücksichtigungszeiten,
- Zeiten, die nur deshalb keine Anrechnungszeiten sind, weil sie durch eine versicherte Beschäftigung oder selbstständige Tätigkeit nicht unterbrochen sind, wenn in den letzten sechs Kalendermonaten vor Beginn dieser Zeiten wenigstens ein Pflichtbeitrag für eine versicherte Beschäftigung oder Tätigkeit oder eine Zeit nach Nummer 1 oder 2 vorliegt und
- Zeiten einer schulischen Ausbildung nach Vollendung des 17. Lebensjahres bis zu sieben Jahren, gemindert um Anrechnungszeiten wegen schulischer Ausbildung.

---

113 BSGE 30, 167 ff; 43, 75 ff.

A. Ansprüche gegen Sozialversicherungsträger 6

Pflichtbeitragszeiten sind Zeiten, in denen eine versicherungspflichtige Tätigkeit ausgeübt wurde. **Anrechnungszeiten** sind die in § 58 Abs. 1 S. 1 SGB VI genannten Zeiten, für die keine Beiträge gezahlt worden sind, die aber dennoch rentensteigernd berücksichtigt werden. Hierzu zählen beispielsweise Zeiten einer schulischen Ausbildung. **Berücksichtigungszeiten** sind beispielsweise Zeiten für die Erziehung eines Kindes bis zum vollendeten 10. Lebensjahr (§ 57 SGB VI) sowie Zeiten der nicht erwerbsmäßigen Pflege eines Pflegebedürftigen in der Zeit vom 1.1.1992 bis 31.3.1995 (§ 249 b SGB VI). 142

Die Rente wegen teilweiser Erwerbsminderung wird nur dann gezahlt, wenn der leistungsgeminderte Versicherte neben der erforderlichen Anzahl an Pflichtbeiträgen in den letzten Jahren vor dem Eintritt der Erwerbsminderung auch die allgemeine Wartezeit erfüllt hat. Diese beträgt gem. § 50 Abs. 1 S. 1 SGB VI fünf Jahre. Auf die allgemeine Wartezeit werden Kalendermonate mit Beitragszeiten (§ 51 Abs. 1 SGB VI) und Ersatzzeiten (§ 51 Abs. 4 SGB VI) angerechnet. 143

Beitragszeiten sind nach § 55 Abs. 1 S. 1 SGB VI Zeiten, für die nach Bundesrecht Pflichtbeiträge (Pflichtbeitragszeiten) oder freiwillige Beiträge gezahlt worden sind. Gemäß § 55 Abs. 1 S. 2 SGB VI zählen zu den Pflichtbeitragszeiten auch Zeiten, für die Pflichtbeiträge nach besonderen Vorschriften als gezahlt gelten. Eine solche Fiktion wird unter anderem angeordnet für 144

- Zeiten der Erziehung eines Kindes in dessen ersten drei Lebensjahren (§ 56 Abs. 1, § 70 Abs. 2 SGB VI) wenn
  – die Erziehungszeit diesem Elternteil zugeordnet ist,
  – die Erziehung im Gebiet der BRD erfolgt ist oder einer solchen gleichsteht und
  – der Elternteil nicht von der Anrechnung ausgeschlossen ist, sowie
- Zeiten, für die eine Nachversicherung gem. § 8 SGB VI durchgeführt wurde (§ 185 Abs. 2 S. 1 SGB VI).

Außerdem gelten gem. § 55 Abs. 1 S. 3 SGB VI als Beitragszeiten auch Zeiten, für die Entgeltpunkte gutgeschrieben wurden, weil gleichzeitig Berücksichtigungszeiten wegen Kindererziehung oder Zeiten der Pflege eines pflegebedürftigen Kindes für mehrere Kinder vorliegen. 145

Zudem zählen gem. § 55 Abs. 2 SGB VI als Pflichtbeiträge 146

- freiwillige Beiträge, die als Pflichtbeiträge gelten (zB freiwillige Beiträge, die wegen unschuldig erlittener Strafverfolgungsmaßnahmen unter den Voraussetzungen von § 205 Abs. 1 S. 3 SGB VI nachgezahlt werden, sowie freiwillige Beiträge von Pflegepersonen gem. § 279 e Abs. 1 SGB VI),
- Pflichtbeiträge, die aus den in §§ 3 oder 4 SGB VI genannten Gründen gezahlt wurden oder als gezahlt gelten (beispielsweise Beiträge wegen des Bezugs von Entgeltersatzleistungen) und
- Beiträge für Anrechnungszeiten, die ein Leistungsträger mitgetragen hat.

Ersatzzeiten sind Zeiten, in denen eine Beitragsleistung des Versicherten wegen nicht in seiner Person begründeter, außergewöhnlicher Ereignisse unterblieben ist. Die unterbliebenen Beitragsleistungen werden unter den Voraussetzungen der §§ 250, 251 SGB VI ersetzt. Zum berechtigten Personenkreis zählen nur Versicherte, die das 14., aber noch nicht das 65. Lebens- 147

Süß

jahr vollendet haben. Außerdem darf in der Zeit, die als Ersatzzeit anerkannt werden soll, keine Versicherungspflicht bestanden haben. Ersatzzeittatbestände sind:

- militärischer oder militärähnlicher Dienst, Kriegsgefangenschaft (§ 250 Abs. 1 Nr. 1 SGB VI),
- Internierung oder Verschleppung (§ 250 Abs. 1 Nr. 2 SGB VI),
- Rückkehrverhinderung und Festgehaltenwerden (§ 250 Abs. 1 Nr. 3 SGB VI),
- Verfolgung durch den Nationalsozialismus (§ 250 Abs. 1 Nr. 4 SGB VI),
- Gewahrsam nach § 1 Häftlingshilfegesetz (§ 250 Abs. 1 Nr. 5 SGB VI),
- Haftzeiten im Beitrittsgebiet (§ 250 Abs. 1 Nr. 5 a SGB VI),
- Vertreibung, Umsiedlung, Aussiedlung, Flucht (§ 250 Abs. 1 Nr. 6 SGB VI).

148 Die Rente wegen teilweiser Erwerbsminderung wird mit einem Rentenartfaktor von 0,5 geleistet. Sie beträgt deshalb die Hälfte der Rente wegen voller Erwerbsminderung. Dabei ist zu berücksichtigen, dass die Rente nach folgender **Rentenformel** errechnet wird:

Persönliche Entgeltpunkte x Rentenartfaktor x aktueller Rentenwert = Monatsrente

149 Die **persönlichen Entgeltpunkte** für die Ermittlung der Monatsbeitragsrente ergeben sich gem. § 66 Abs. 1 SGB VI, indem die Summe aller Entgeltpunkte für

- Beitragszeiten,
- beitragsfreie Zeiten,
- Zuschläge für beitragsgeminderte Zeiten,
- Zuschläge oder Abschläge aus einem durchgeführten Versorgungsausgleich oder Rentensplitting unter Ehegatten,
- Zuschläge aus Zahlungen von Beiträgen bei vorzeitiger Inanspruchnahme einer Rente wegen Alters oder bei Abfindung von Anwartschaften auf betriebliche Altersvorsorgung,
- Zuschläge an Entgeltpunkten aus Arbeitsentgelt aus geringfügiger Beschäftigung und Arbeitsentgelt aus nicht gemäß einer Vereinbarung über flexible Arbeitszeitregelung verwendeten Wertguthaben und
- Zuschläge an Entgeltpunkten aus Beiträgen nach Beginn einer Rente wegen Alters sowie Zuschläge an Entgeltpunkten für Zeiten einer besonderen Auslandsverwendung

mit dem Zugangsfaktor vervielfältigt werden.

150 Der **Zugangsfaktor** ergibt sich aus § 77 Abs. 1 SGB VI. Er beträgt grundsätzlich 1,0 und kann bei vorzeitiger Inanspruchnahme einer Rente verringert sowie bei noch nicht erfolgter Inanspruchnahme einer Rente erhöht werden. Die Bewilligung einer Rente wegen Erwerbsminderung stellt eine vorzeitige Inanspruchnahme dar. Deshalb darf der Zugangsfaktor von 1,0 um je 0,003 für jeden Monat, in dem die Rente vor Ablauf des Kalendermonats der Vollendung des 65. Lebensjahres in Anspruch genommen wird (maximal 0,108, weil die Zeit vor dem 62. Lebensjahr nicht als vorzeitige Inanspruchnahme gilt) gemindert werden.

151 Der **Rentenartfaktor** bestimmt sich nach der Rentenart und ist in § 67 SGB VI grundsätzlich geregelt. Der **aktuelle Rentenwert** entspricht der monatlichen Altersrente, die ein Durchschnittsverdiener mit durchschnittlichen Beitragszahlungen für ein Jahr Versicherungszeit erhält. Er wird gem. § 63 Abs. 7 SGB VI entsprechend der Entwicklung des Durchschnittsentgelts unter Berücksichtigung der Veränderung des Beitragssatzes zur Rentenversicherung der Arbeiter und Angestellten jährlich angepasst.

(2) Rente wegen voller Erwerbsminderung. Einen Anspruch auf eine Rente wegen voller Erwerbsminderung haben Versicherte gem. § 43 Abs. 2 S. 1 SGB VI bis zum Erreichen der Regelaltersgrenze wenn sie 152

- voll erwerbsgemindert sind,
- in den letzten fünf Jahren vor Eintritt der Erwerbsminderung drei Jahre Pflichtbeiträge für eine versicherte Beschäftigung oder Tätigkeit gezahlt haben und
- vor Eintritt der Erwerbsminderung die allgemeine Wartezeit erfüllt haben.

Gemäß § 43 Abs. 2 S. 2 SGB VI sind Versicherte **voll erwerbsgemindert**, wenn sie wegen Krankheit oder Behinderung auf absehbare Zeit außerstande sind, unter den üblichen Bedingungen des allgemeinen Arbeitsmarktes mindestens drei Stunden täglich erwerbstätig zu sein. Voll erwerbsgemindert ist nach der Regelung des § 43 Abs. 2 S. 3 SGB VI auch 153

- der Versicherte nach § 1 S. 1 Nr. 2 SGB VI, der wegen Art und Schwere der Behinderung auf dem allgemeinen Arbeitsmarkt nicht tätig sein kann,
- der Versicherte, der bereits vor Erfüllung der allgemeinen Wartezeit voll erwerbsgemindert war, in der Zeit einer nicht erfolgreichen Wiedereingliederung in den allgemeinen Arbeitsmarkt.

Außerdem sind Versicherte, die eine Erwerbstätigkeit von drei bis unter sechs Stunden täglich ausüben können, dann voll erwerbsgemindert, wenn die konkrete Situation auf dem Arbeitsmarkt eine Erwerbstätigkeit nicht zulässt.

Ist ein Versicherter bereits vor Erfüllung der allgemeinen Wartezeit von fünf Jahren voll erwerbsgemindert, hat er wegen § 43 Abs. 2 S. 1 Nr. 3 SGB VI keinen Anspruch auf Rente wegen voller Erwerbsminderung. Für ihn besteht aber die Möglichkeit, eine Rente nach der Regelung des § 43 Abs. 6 SGB VI zu beziehen. Dies setzt voraus, dass die Wartezeit von 20 Jahren erfüllt wurde und ununterbrochen eine volle Erwerbsminderung besteht. 154

Auf die Wartezeit von 20 Jahren nach § 50 Abs. 2 SGB VI werden Kalendermonate mit Beitragszeiten gem. § 51 Abs. 1 SGB VI und Kalendermonate mit Ersatzzeiten nach § 51 Abs. 4 SGB VI angerechnet. 155

(3) Rente wegen teilweiser Erwerbsminderung bei Berufsunfähigkeit. Einen Anspruch auf diese Rente haben gem. § 240 SGB VI Versicherte, die 156

- vor dem 2.1.1961 geboren wurden und
- berufsunfähig sind sowie
- die weiteren Voraussetzungen einer Rente wegen teilweiser Erwerbsminderungen erfüllen, nämlich
  - dass in den letzten fünf Jahren vor Eintritt der Erwerbsminderung drei Jahre Pflichtbeiträge für eine versicherte Tätigkeit gezahlt wurden und
  - die allgemeine Wartezeit vor Eintritt der Erwerbsminderung erfüllt wurde.

Berufsunfähig ist nach § 240 Abs. 2 S. 1 SGB VI ein Versicherter, dessen Erwerbsfähigkeit wegen Krankheit oder Behinderung im Vergleich zur Erwerbsfähigkeit von körperlich, geistig und seelisch gesunden Versicherten mit ähnlicher Ausbildung und gleichwertigen Erkenntnis- 157 sen und Fähigkeiten auf weniger als sechs Stunden gesunken ist. Der Kreis der Tätigkeiten, nach denen die Erwerbsfähigkeit eines Versicherten zu beurteilen ist, umfasst alle Tätigkeiten, die den Kräften und Fähigkeiten des Versicherten entsprechen und ihm unter Berücksichtigung der Dauer und des Umfangs seiner Ausbildung sowie seines bisherigen Berufs und den besonderen Anforderungen seiner bisherigen Berufstätigkeit zugemutet werden können.

158 Zunächst muss der **bisherige Beruf**, dh der Hauptberuf, bestimmt werden. Bisheriger Beruf ist grundsätzlich die zuletzt ausgeübte versicherungspflichtige Tätigkeit. Durch einen freiwilligen Berufswechsel kann sich ein Versicherter von seinen bisherigen hauptberuflichen Tätigkeiten lösen. Zu unterscheiden ist, ob die Lösung vom bisherigen Beruf aus gesundheitlichen oder anderen Gründen erfolgte. Musste der Versicherte eine bisherige qualifizierte Tätigkeit ausschließlich aus gesundheitlichen Gründen aufgeben, weil die weitere Ausübung eine unmittelbare und konkrete Gefahr der Verschlechterung des Gesundheitszustands mit sich gebracht hätte und der Versicherte die Tätigkeit auf Kosten seiner Gesundheit verrichtet hätte, so ist die bisherige Tätigkeit gleichwohl als Hauptberuf anzusehen. Löste der Versicherte sich aus anderen Gründen von seinem bisherigen Beruf und ist dies endgültig, so ist die neue Tätigkeit als Hauptberuf anzusehen. Das gilt nur dann nicht, wenn die andere versicherungspflichtige Tätigkeit zur Vermeidung von Arbeitslosigkeit aufgenommen wird, der Versicherte sich mit der anderen Tätigkeit aber noch nicht abgefunden hat und für ihn eine reelle Chance zur Rückkehr in den bisherigen Beruf besteht. Er muss sich um eine entsprechende Rückkehr bemühen.

159 Ein erwerbsgeminderter Versicherter, der seinen Hauptberuf nicht mehr ausüben kann, erhält nur dann eine Rente gem. § 240 SGB VI, wenn er nicht objektiv und subjektiv auf eine Tätigkeit verwiesen werden kann, die er mit dem bestehenden Leistungsvermögen ausüben kann. **Objektiv** darf der Versicherte nur auf Tätigkeiten verwiesen werden, die seinen Kräften und Fähigkeiten entsprechen und ihn weder geistig noch körperlich überfordern. Bei der Verweisung sind auch Fähigkeiten zu berücksichtigen, die in einem anderen als dem Hauptberuf erworben wurden. Der Versicherte kann verwiesen werden, wenn er die Verweisungstätigkeit nach einer Einarbeitungszeit von drei Monaten ausüben kann.

160 Bei der **subjektiven Zumutbarkeit** stellt § 240 SGB VI auf Tätigkeiten ab, die unter Berücksichtigung von Dauer und Umfang der Ausbildung sowie des bisherigen Berufs und dessen besonderen Anforderungen der bisherigen beruflichen Tätigkeit entsprechen. Damit soll ein wesentlicher sozialer Abstieg verhindert werden. Zur praktischen Durchführbarkeit der Grundsätze hat das **Bundessozialgericht** ein **Mehrstufenschema** entwickelt. Es orientiert sich hierbei an hierarchisch geordneten Berufsgruppen im Bereich der Arbeiter bzw Angestellten und charakterisiert diese durch bestimmte Leitberufe. Die Einteilung in die jeweiligen Berufsgruppen berücksichtigt dabei die für den jeweiligen Beruf erforderliche Ausbildung.

161 Einstufung von Arbeitern:
1. **Vorarbeiter mit Leitungsfunktion**: Meister und Hilfsmeister im Arbeitsverhältnis, Polier und Vorarbeiter, gleichgestellt sind die hochqualifizierten Facharbeiter.
2. **Facharbeiter**: Leitberuf ist der staatlich anerkannte Ausbildungsberuf mit einer Ausbildungsdauer von mehr als zwei Jahren (hierzu gehört auch die zweijährige Facharbeiterausbildung in der früheren DDR, wenn der in der DDR erlernte Beruf auch nach Bundesrecht den Status eines Facharbeiters hat).

3. **Anlernberufe**: Leitberuf ist der staatlich anerkannte Ausbildungsberuf mit einer Regelausbildungszeit von drei Monaten bis zu zwei Jahren oder mit einer echten betrieblichen Ausbildung von mindestens 12 bis 24 Monaten. Diese Gruppe wird in einen oberen und einen unteren Bereich aufgeteilt. Dem oberen Bereich werden alle Tätigkeiten mit einer Anlernzeit von 12 bis 24 Monaten, dem unteren Bereich alle Tätigkeiten mit einer Anlernzeit von drei bis 12 Monaten zugeordnet.
4. **Ungelernte**: Hierunter fallen praktisch alle Hilfsarbeiter und kurzfristig Angelernte, wobei das Bundessozialgericht zwischen ungelernten Tätigkeiten, die sich durch Qualifikationsmerkmale der Anweisung oder Einarbeitung auszeichnen, und reinen Hilfsarbeitertätigkeiten unterscheidet.

Einstufung von Angestellten:

1. Tätigkeiten der Führungsebene mit hoher Qualität, die regelmäßig auf einem Hochschulstudium beruhen und die üblicherweise mit einem Bruttoarbeitsentgelt an der Beitragsbemessungsgrenze bewertet werden,
2. Tätigkeiten, die ein abgeschlossenes Studium an einer Fachhochschule bzw einer wissenschaftlichen Schule erfordern,
3. Tätigkeiten, die eine Meisterprüfung oder einen Abschluss einer Fachschule voraussetzen,
4. Tätigkeiten, die eine längere, regelmäßig zweijährige Ausbildung erfordern,
5. Tätigkeiten, die eine Ausbildung von mehr als einem bis zu zwei Jahren erfordern,
6. Tätigkeiten, die eine Ausbildung von drei bis zu zwölf Monaten erfordern,
7. ungelernte Tätigkeiten.

Maßgebend für die Zuordnung einer bestimmten Tätigkeit zu einer der Gruppen des Mehrstufenschemas ist allein die Qualität der verrichteten Arbeit. Indizien bzw Kriterien zur Einstufung in das Schema sind:

- Ausbildung,
- tarifliche Einstufung,
- Dauer der Berufsausübung,
- Höhe der Entlohnung,
- Anforderungen des Berufs.

Ein Versicherter kann zumutbar immer nur auf eine Tätigkeit in der gleichen oder der nächstniedrigeren Gruppe verwiesen werden. Arbeiter aus dem oberen Bereich der angelernten Berufe können nur auf eine Tätigkeit aus dem ungelernten Bereich verwiesen werden, wenn die Verweisungstätigkeit nicht sofort verrichtet werden kann, sondern eine gewisse Zeit der Einarbeitung und der Einweisung erforderlich ist.

Hinweis: Der Rentenversicherungsträger muss spätestens im Widerspruchsverfahren den von ihm für zumutbar erachteten Verweisungsberuf konkret benennen. Im Rechtsstreit trifft ihn die objektive Beweislast für die Tatsachen, aus denen sich das Vorhandensein eines Vergleichsberufs in der Arbeitswelt sowie dessen fachlich qualitatives Anforderungsprofil und sein gesundheitliches Belastungsprofil ergeben.

Die Benennung einer Verweisungstätigkeit ist nur für Angelernte im unteren Bereich und für ungelernte Arbeiter nach dem Mehrstufungsschema nicht erforderlich, weil diese keinen Berufsschutz genießen und damit uneingeschränkt auf den allgemeinen Arbeitsmarkt verwiesen werden können. Eine Ausnahme gilt nur dann, wenn bei dem Versicherten eine Summierung ungewöhnlicher Leistungsbeschränkungen oder eine schwere spezifische Leistungsbehinderung vorliegt.[114]

167 Berufsunfähigkeit besteht nicht, wenn der Versicherte eine zumutbare Tätigkeit mindestens sechs Stunden ausüben kann. Etwas anderes gilt allerdings, wenn der **Arbeitsmarkt** trotz vollschichtigen Leistungsvermögens **verschlossen** ist. Das ist dann der Fall, wenn der Versicherte

- nur unter betriebsunüblichen Arbeitsbedingungen tätig werden kann, zB zusätzliche Arbeitspausen benötigt,
- häufige Arbeitsunfähigkeitszeiten aufweist, zB bei Anfallsleiden,[115]
- wegeunfähig ist, dh nicht in der Lage ist, mehr als 500 m in 20 Minuten viermal täglich zu gehen,
- nur Tätigkeiten ausführen kann, bei denen die Zahl der in Betracht kommenden Stellen dadurch nicht unerheblich reduziert ist, dass der Versicherte nur in einem Teilbereich des Tätigkeitsfelds eingesetzt werden kann,
- nur Tätigkeiten ausüben kann, bei denen es sich um typische Schonarbeitsplätze handelt, die regelmäßig leistungsgeminderten Angehörigen des eigenen Betriebs vorbehalten bleiben und somit als Eingangsstelle für Betriebsfremde außer Acht bleiben,
- nur Tätigkeiten ausüben kann, die auf einem Arbeitsplatz ausgeführt werden, der als Einstiegsstelle für Betriebsfremde nicht zur Verfügung steht,

oder wenn

- die Arbeitsplätze, die für den Versicherten in Betracht kommen, nur an bewährte Mitarbeiter als Aufstiegsposten durch Beförderung oder Höherstufung vergeben werden,
- Arbeitsplätze, auf die der Versicherte verwiesen werden kann, nicht im nennenswerten Umfang zur Verfügung stehen.

Bei den soeben genannten Fällen handelt es sich um die vom Bundessozialgericht gebildeten sog. Katalog- oder Seltenheitsfälle.

168 Die Rente wegen teilweiser Erwerbsminderung bei Berufsunfähigkeit wird ebenfalls mit dem Rentenartfaktor 0,5 gewährt.

169 **bb) Renten wegen Todes.** Bei Eintritt des Versicherungsfalls Tod gewährt die Rentenversicherung folgende Renten an Hinterbliebene:

- Witwen- oder Witwerrente (§ 33 Abs. 4 Nr. 1 und Nr. 2 SGB VI),
- Erziehungsrente (§ 33 Abs. 4 Nr. 3 SGB VI),
- Waisenrente (§ 33 Abs. 4 Nr. 4 SGB VI),
- Witwenrente oder Witwerrente nach dem vorletzten Ehegatten (§ 46 Abs. 3 SGB VI),
- Geschiedenenrente an vor dem 1.7.1977 geschiedene Ehegatten (§ 243 SGB VI).

Außerdem leisten sie bei Wiederheirat **Rentenabfindungen** gem. § 107 SGB VI.

---

114 BSG, Urt. v. 19.10.2011 – B 13 R 78/09 R.
115 BSG, Urt. v. 31.10.2012 – B 13 R 107/12 B.

A. Ansprüche gegen Sozialversicherungsträger **6**

3. Zusammentreffen von Renten und Erwerbseinkommen. Beim Zusammentreffen von Renten und Erwerbseinkommen findet eine Anrechnung nach § 96 a und § 97 SGB VI statt. **170**

a) Hinzuverdienst bei Renten wegen verminderter Erwerbsfähigkeit. Eine Rente wegen verminderter Erwerbsfähigkeit wird nur geleistet, wenn die maßgebliche Hinzuverdienstgrenze nicht überschritten wird (§ 96 a Abs. 1 S. 1 SGB VI), dh wenn das Arbeitsentgelt oder Arbeitseinkommen aus einer Beschäftigung oder selbstständigen Tätigkeit im Monat die in § 96 a Abs. 2 SGB VI genannten Beträge nicht übersteigt. Dabei werden gem. § 96 a Abs. 1 S. 3 SGB VI mehrere Beschäftigungen und selbstständige Tätigkeiten zusammengerechnet. Ein zweimaliges Überschreiten um jeweils einen Betrag (Verdoppelung) bis zur Höhe der Hinzuverdienstgrenze im Laufe eines Kalenderjahres ist nach § 96 a Abs. 1 S. 2 Hs 2 SGB VI unschädlich. In Abhängigkeit vom erzielten Hinzuverdienst wird die Rente gem. § 96 a Abs. 1 a SGB VI in unterschiedlicher Höhe geleistet. **171**

b) Einkommensanrechnung bei Renten wegen Todes. Gemäß § 97 Abs. 1 SGB VI wird Einkommen von Rentenberechtigten, die Witwen-/Witwerrente, Erziehungsrente oder Waisenrente an ein über 18 Jahre altes Kind erhalten, auf die Rente angerechnet. Die Anrechnung findet bei Witwer-/Witwenrenten bis zum Ablauf des dritten Kalendermonats, in dem der Ehegatte verstorben ist, nicht statt. Das anrechenbare Einkommen bestimmt sich nach § 97 Abs. 2 SGB VI. **172**

4. Zusammentreffen mehrerer Rentenansprüche. Bestehen für denselben Zeitraum Ansprüche auf mehrere Renten aus eigener Versicherung, so wird gem. § 89 Abs. 1 SGB VI nur die höchste Rente geleistet. Bei gleich hohen Renten ist die in § 89 Abs. 1 S. 2 SGB VI normierte Rangfolge maßgebend. **173**

5. Zusammentreffen von Rentenleistungen mit Leistungen aus der Unfallversicherung. Im Fall des Zusammentreffens einer Rente aus der gesetzlichen Rentenversicherung mit einer gleichartigen Leistung aus der gesetzlichen Unfallversicherung wird die Rente aus der Rentenversicherung insoweit nicht geleistet, als die Summe der zusammentreffenden Rentenbeträge vor Einkommensanrechnung den jeweiligen Grenzbetrag übersteigt (§ 93 Abs. 1 SGB VI). Die Berechnung des Grenzbetrages bestimmt sich nach § 93 Abs. 3 SGB VI. Bei der Ermittlung der Summe der zusammentreffenden Rentenbeträge bleiben die in § 93 Abs. 2 SGB VI bestimmten Beträge unberücksichtigt. **174**

6. Beginn, Ende und Änderung von Renten. Renten aus eigener Versicherung werden gem. § 99 Abs. 1 S. 1 SGB VI von dem Kalendermonat an geleistet, zu dessen Beginn die Anspruchsvoraussetzungen für die Rente erfüllt sind. Eine Hinterbliebenenrente wird grundsätzlich von dem Kalendermonat an geleistet, zu dessen Beginn die Anspruchsvoraussetzungen für die Rente erfüllt sind (§ 99 Abs. 2 S. 1 SGB VI). Hat der Versicherte im Sterbemonat keine Rentenleistungen bezogen, dann wird die Hinterbliebenenrente gem. § 99 Abs. 2 S. 2 SGB VI vom Todestag an geleistet. **175**

Die Rentenleistung endet, wenn aus tatsächlichen oder rechtlichen Gründen die Anspruchsvoraussetzungen für die Renten wegfallen (§ 100 SGB VI, § 100 Abs. 3 SGB VI). Befristete Renten enden mit Ablauf der Frist (§ 102 Abs. 1 S. 1 SGB VI). **176**

Entfällt der Rentenanspruch, weil sich die Erwerbsfähigkeit des Berechtigten nach einer Leistung zur Rehabilitation gebessert hat, dann endet die Rentenzahlung erst mit Beginn des vier- **177** ten Rentenmonats nach Besserung der Erwerbsfähigkeit (§ 100 Abs. 3 S. 2 SGB VI). Sie endet mit Beginn des dem vierten Kalendermonat vorrangehenden Monats, wenn zu dessen Beginn eine Beschäftigung oder selbstständige Tätigkeit ausgeführt wird (§ 100 Abs. 3 S. 3 SGB VI).

178 Ändern sich aus tatsächlichen oder rechtlichen Gründen die Voraussetzungen für die Höhe einer Rente nach ihrem Beginn, so wird die Rente gem. § 100 Abs. 1 SGB VI in neuer Höhe von dem Kalendermonat an geleistet, zu dessen Beginn die Änderung wirksam ist.

V. Schwerbehindertenrecht (SGB IX)

179 **1. Begriff der Behinderung.** Gemäß § 2 Abs. 1 SGB IX sind Menschen **behindert**, wenn ihre körperliche Funktion, geistige Fähigkeit oder seelische Gesundheit mit hoher Wahrscheinlichkeit länger als sechs Monate von dem für das Lebensalter typischen Zustand abweicht und daher ihre Teilhabe am Leben in der Gesellschaft beeinträchtigt ist. Sie sind von Behinderung bedroht, wenn die Beeinträchtigung zu erwarten ist (§ 2 Abs. 1 S. 2 SGB IX).

180 **Schwerbehindert** sind hingegen gem. § 2 Abs. 2 SGB IX Menschen, bei denen ein Grad der Behinderung von wenigstens 50 % vorliegt. Ihnen können Menschen gem. § 2 Abs. 3 SGB IX gleichgestellt werden, die einen Grad der Behinderung von weniger als 50 %, wenigstens aber 30 % haben, wenn sie infolge ihrer Behinderung ohne die Gleichstellung einen geeigneten Arbeitsplatz nicht erlangen oder nicht behalten können.

181 **2. Bemessung des Grades der Behinderung.** Die Bemessung des Grades der Behinderung (GdB) richtet sich im konkreten Fall nach § 69 SGB IX. Daneben dienen als Orientierung die Anhaltspunkte für die ärztliche Gutachtertätigkeit. Maßstab für die Bemessung des GdB ist die Minderung der Erwerbsfähigkeit nach der körperlichen und geistigen Beeinträchtigung im allgemeinen Erwerbsleben, wobei seelische Begleiterscheinungen und Schmerzen zu berücksichtigen sind. Maßgebend für die Beurteilung ist, um wie viel die Befähigung zur üblichen, auf Erwerb gerichteten Arbeit und deren Ausnutzung im wirtschaftlichen Leben beeinträchtigt ist. Der Maßstab ist abstrakt und bezieht sich auf das allgemeine Erwerbsleben. Die Auswirkungen werden für einzelne Behinderungen (Einzel-GdB) und gem. § 69 Abs. 1 S. 4 SGB IX in Zehnergraden erfasst.

182 Leidet ein Mensch unter mehreren Behinderungen, so muss ein **Gesamt-GdB** gebildet werden. Dabei werden die Einzelwerte nicht addiert, sondern es wird ausgehend vom höchsten Einzelwert eine Gesamtbetrachtung vorgenommen. Die Auswirkungen der Beeinträchtigungen werden in ihrer Gesamtheit unter Berücksichtigung ihrer wechselseitigen Beziehungen festgestellt (§ 69 Abs. 3 S. 1 SGB IX). In der Regel führen Einzel-GdB von 10 % nicht dazu, dass der höchste Einzelwert aufgestockt wird. Die verschiedenen Einzelbehinderungen können die Funktionsverluste kumulativ steigern, sie geringfügig erhöhen oder ineinander aufgehen.

A. Ansprüche gegen Sozialversicherungsträger **6**

Ausgehend vom Gesamt-GdB werden behinderten Menschen folgende soziale Rechte gewährt: 183

Grad der Behinderung (GdB)		
20 %	Mindest-GdB	Steuerfreibetrag 0
30 %	Gleichstellung mit Schwerbehinderten	Steuerfreibetrag 0
40 %	Gleichstellung mit Schwerbehinderten	Steuerfreibetrag 0
50 %	Schwerbehinderung	■ Steuerfreibetrag von 570 EUR sowie Kosten für Haushaltshilfe ■ Erhöhung der Einkommensgrenze für den Wohnungsberechtigungsschein ■ Sonderbeitrittsrechte zur gesetzlichen Krankenversicherung, § 9 Abs. 1 Nr. 4 SGB V ■ Altersrente für schwerbehinderte Menschen nach § 37 SGB VI ■ besonderer Kündigungsschutz nach dem Kündigungsschutzgesetz ■ Zusatzurlaub nach § 125 SGB IX ■ iVm Merkzeichen G, H und Bl. finanzielle Vergünstigungen im öffentlichen Nahverkehr (§ 145 SGB IX), alternativ hierzu Kfz-Steuerbefreiung bzw -halbierung ■ Schwerbehinderten wird auch für nicht anerkannte Schädigungsfolgen Heilbehandlung gewährt
55–60 %	Schwerbehinderung	Steuerfreibetrag 720 EUR
65–70 %	Schwerbehinderung	Steuerfreibetrag 890 EUR sowie Erhöhung der Kilometerpauschale nach dem Einkommensteuergesetz

Süß

Grad der Behinderung (GdB)		
75–80 %	Schwerbehinderung	▪ Steuerfreibetrag 1.060 EUR sowie Absetzung behinderungsbedingter Fahrten zu Behörden, Ärzten und Therapeuten bis zu 3.000 km als außergewöhnliche Belastungen ▪ Freibetrag für Wohnungsbauförderung bei häuslicher Pflege ▪ Freibetrag bei Berechnungen des Wohngeldes ▪ Befreiung von Rundfunk- und Fernsehgebühren, wenn öffentliche Veranstaltungen leidensbedingt nicht zugänglich sind (Merkmal RF)
85–90 %	Schwerbehinderung	Steuerfreibetrag 1.230 EUR
95–100 %	Schwerbehinderung	Steuerfreibetrag von 1.420 EUR sowie Freibetrag bei Wohnungsbauförderung

184 Bei einem GdB von mindestens 25 % aber weniger als 50 % können Pauschbeträge wegen außergewöhnlicher Belastungen einkommensteuermindernd geltend gemacht werden, wenn

- dem behinderten Menschen wegen seiner Behinderung nach gesetzlichen Vorschriften Renten oder andere laufende Bezüge zustehen, und zwar auch dann, wenn das Recht auf die Bezüge ruht oder der Anspruch auf sie durch Zahlung eines Kapitals abgefunden worden ist,
- die Behinderung zu einer dauernden Einbuße der körperlichen Beweglichkeit geführt hat oder auf einer typischen Berufskrankheit beruht.

185 Folgende Pauschbeträge können dann abgezogen werden:

- 310 EUR bei einem GdB von 25 % und 30 %,
- 430 EUR bei einem GdB von 35 % und 40 %,
- 570 EUR bei einem GdB von 45 %.

186 Ein behinderter Mensch hat im Übrigen nach dem System des Schwerbehindertenrechtes in SGB IX Anspruch auf Feststellung des für ihn maßgeblichen, nach Zehnergraden gestuften GdB unabhängig davon, ob sich seine rechtliche und/oder wirtschaftliche Situation dadurch unmittelbar verbessert.[116]

187 **3. Merkzeichen.** Auf Antrag können behinderten Menschen auch Merkzeichen gewährt werden, bei deren Vorliegen der behinderte Mensch weiteren Nachteilsausgleich geltend machen kann.

---

116 BSG, Urt. v. 24.4.2008 – B 9/9 a SB 8/06 R.

a) Merkzeichen G. Gemäß § 146 SGB IX wird das Merkzeichen gewährt, wenn die **Bewegungsfähigkeit im Straßenverkehr** erheblich beeinträchtigt ist. Maßstab ist hier die Fähigkeit, eine Gehstrecke von zwei Kilometern in etwa einer halben Stunde zu bewältigen. Darüber hinaus können auch innere Leiden, Anfallserkrankungen und Störungen der Orientierungsfähigkeit das Merkzeichen G rechtfertigen. Die gesundheitlichen Voraussetzungen für das Merkzeichen G liegen im Übrigen auch dann vor, wenn die Bewegungsfähigkeit im Straßenverkehr erst durch ein Zusammenwirken von Gesundheitsstörungen und großem Übergewicht erheblich beeinträchtigt wird.[117]

188

Mit dem Merkzeichen G und einem GdB von 50 % ist die verbilligte Beförderung im Nahverkehr gem. § 145 SGB IX gerechtfertigt oder die Halbierung der Kraftfahrzeugsteuer. Die Rechte entstehen allerdings erst in dem Augenblick, in dem der Schwerbehindertenausweis ausgehändigt wird.

189

Ist der schwerbehinderte Mensch älter als 65 oder erwerbsunfähig, dann rechtfertigt die Verleihung des Merkzeichens G einen Mehrbedarfszuschlag von 17 % des maßgeblichen Regelsatzes gem. § 30 Abs. 1 SGB XII. Das Merkzeichen G und ein GdB von 70 % gestatten es außerdem, behinderungsbedingte Fahrten steuerlich als außergewöhnliche Belastungen abzusetzen, was sonst erst ab einem GdB von 80 % möglich wäre.

190

b) Merkzeichen aG. Bei **außergewöhnlicher Gehbehinderung** im Sinne von § 46 StVO hat der Behinderte Anspruch auf einen Behindertenparkplatz. Voraussetzung für die Verleihung des Merkzeichens ist eine schwerste Gehbehinderung, die es nicht erlaubt, mehr als 50 Meter zu gehen. Das ist nur bei einer Behinderung anerkannt, die die Schwere einer Doppelamputation erreicht. Das Merkzeichen aG kann hingegen nicht anerkannt werden, wenn ein behinderter Mensch für eine Gehstrecke von 100 Metern mehrere Pausen benötigt. Voraussetzung für die Anerkennung des Merkzeichens ist immer noch, dass eine Fortbewegung nur unter großen körperlichen Anstrengungen möglich ist. Belastungsabhängige oder schmerzbedingte Pausen können aber bedeutsam sein.[118]

191

c) Merkzeichen RF. Das Merkzeichen wird gewährt, wenn ein GdB von 80 % festgestellt ist und die Behinderung dazu führt, dass der behinderte Mensch nicht an öffentlichen Veranstaltungen teilnehmen kann. Dies ist beispielsweise der Fall bei:

192

- Blinden,
- Sehbehinderten mit einem Einzel-GdB von 60 % wegen der Sehbehinderung,
- Hörgeschädigten,
- Menschen, die behinderungsbedingt von öffentlichen Veranstaltungen ausgeschlossen sind, zB aufgrund von Neurosen oder wegen einer Gehbehinderung.

Aufgrund dieses Merkzeichens werden sie von den **Rundfunk- und Fernsehgebühren** befreit.

d) Merkzeichen H. Das Merkzeichen H bedeutet „hilflos". **Hilflos** ist, wer für eine Reihe von häufigen, regelmäßig wiederkehrenden Verrichtungen zur Sicherung seiner persönlichen Existenz im Ablauf eines Tages fremder Hilfe dauernd bedarf. Für die Erfüllung des Tatbestandsmerkmals „dauernd" genügt es, wenn eine ständige Bereitschaft zur Hilfeleistung erforderlich ist. Auch die Überwachung oder Anleitung zu täglichen Verrichtungen erfüllt die

193

---

117 BSG, Urt. v. 24.4.2008 – B 9/9 a SB 7/06 R.
118 BSG, Urt. v. 29.3.2007 – B 9 a SB 5/05 R.

Norm. Zu Verrichtungen zählen die Grundpflege im Sinne der §§ 14 und 15 SGB XI. Hinzu kommen aber auch Maßnahmen der physischen Erholung, geistigen Anregung und Kommunikation. Hilflos ist, wer bei den von § 33 b Abs. 6 EStG erfassten Verrichtungen mindestens zwei Stunden am Tag fremde Hilfe benötigt. Liegt der Hilfebedarf zwischen einer und zwei Stunden pro Tag, dann liegt Hilflosigkeit vor, wenn der wirtschaftliche Wert der erforderlichen Pflege besonders hoch ist.[119]

194 Pflegekosten können bei Merkzeichen H nach Abzug des Eigenanteils gem. § 33 EStG geltend gemacht werden. Außerdem haben schwerbehinderte Menschen mit dem Merkzeichen H Anspruch auf eine verbilligte Teilnahme am Nahverkehr oder Halbierung der Kfz-Steuer.

195 e) **Merkzeichen Gl.** Das Merkzeichen Gl wird bei **Gehörlosigkeit** gewährt. Gehörlosigkeit im Sinne von § 145 SGB IX ist Taubheit oder eine an Taubheit grenzende Schwerhörigkeit mit einer schweren Sprachstörung. Ein GdB von 50 % und das Merkzeichen Gl rechtfertigt Privilegien im öffentlichen Nahverkehr.

196 f) **Merkzeichen B.** Das Merkzeichen bedeutet „**ständige Begleitung**" und bestätigt behinderten Menschen, dass sie nicht ohne Selbst- oder Fremdgefährdung am öffentlichen Verkehr teilnehmen können (vgl § 146 Abs. 2 SGB IX). Es gestattet dem Begleiter eines behinderten Menschen die kostenlose Nutzung des öffentlichen Nahverkehrs.

197 g) **Merkzeichen Bl.** Das Merkzeichen wird blinden Menschen verliehen. **Blind** sind auch Menschen, deren Sehfähigkeit auf keinem Auge mehr als 1/50 beträgt oder wenn andere nicht nur vorübergehende Störungen einen vergleichbaren Schweregrad haben.

198 **4. Verfahren.** Gemäß § 69 Abs. 5 SGB IX wird der Grad der Behinderung von der zuständigen Stelle anerkannt. Sie verleiht auch Merkzeichen. Zuständig sind die Kreise und kreisfreien Städte.

198a Die bestandkräftige Feststellung eines überhöhten GdB kann nur nach den Vorschriften von §§ 44 SGB X korrigiert werden. Kann danach die Feststellung nicht mehr zurückgenommen werden, kommt die Abschmelzung des überhöhten GdB entsprechend § 48 Abs. 3 SGB X in Betracht.[120]

199 **5. Gleichstellung (§ 2 Abs. 3 SGB IX).** Ab einem GdB von 30 % haben behinderte Menschen einen Anspruch auf Gleichstellung mit schwerbehinderten Menschen, wenn sie infolge der Behinderung ohne die Gleichstellung einen geeigneten Arbeitsplatz nicht erlangen oder nicht behalten können. In der Folge werden auf gleichgestellte Arbeitnehmer alle Vorschriften für die schwerbehinderten Personen angewandt mit Ausnahme der Bestimmungen über den Zusatzurlaub, die Vergünstigungen im öffentlichen Nahverkehr und die Bestimmung über die Altersrente für Schwerbehinderte (§ 37 SGB VI). Wird dem Antrag auf Gleichstellung später stattgegeben, dann wirkt die Gleichstellung auf den Tag der Antragstellung zurück.

200 **Hinweis:** Im Fall eines Kündigungsschutzverfahrens muss der Arbeitgeber spätestens innerhalb eines Monats ab Zugang der Kündigung auf den möglichen besonderen Kündigungsschutz, der durch den Antrag auf Gleichstellung erzeugt wird, hingewiesen werden. Es empfiehlt sich außerdem, bei einem Anhörungsverfahren nach § 102 BetrVG dem Betriebsrat Kenntnis vom Antrag auf Gleichstellung zu geben.

---

119 BSG, Urt. v. 12.12.2003 – B 9 SB 1/02R.
120 BSG, Urt. v. 17.4.2013 – B 9 SB 6/12 R

Zuständig für die Gleichstellung ist gem. § 68 Abs. 2 SGB IX die Agentur für Arbeit. Der Rechtsstreit muss vor den Sozialgerichten ausgetragen werden. Zur Rechtfertigung des Anspruchs genügt es, wenn für den Zeitpunkt der Antragstellung dargelegt werden kann, dass der Arbeitsplatz durch die Gleichstellung sicherer wird. 201

Verringert sich der GdB unter 50 % oder wird die Gleichstellung unwirksam, dann bleibt der volle Schutz für Schwerbehinderte und Gleichgestellte noch bis zu drei Monate ab Eintritt der Bestandskraft des Rücknahme- beziehungsweise Widerrufsbescheids erhalten (§ 116 Abs. 1 und 2 SGB IX). Wurde die Gleichstellung hingegen nur befristet festgestellt, dann endet die Schutzwirkung mit Fristablauf ohne eine Schonfrist. 202

B. Das Mandat im Sozialverfahren

I. Beratung des Mandanten

Bei der Bearbeitung eines Verkehrsunfallmandats sollte der Rechtsanwalt niemals außer Acht lassen, dass neben zivilrechtlichen Ansprüchen gegen den Schädiger auch Ansprüche gegen Träger der Sozialversicherung bestehen können. Es empfiehlt sich deshalb stets, den Mandanten nicht nur den Unfallhergang schildern zu lassen, sondern ihn auch nach dem Zweck seiner Fahrt sowie dem Ausgangs- und dem Zielort zu fragen. Dabei kann frühzeitig geklärt werden, ob es sich möglicherweise um einen Wegeunfall gehandelt hat, dessentwegen Ansprüche gegen die Berufsgenossenschaft geltend gemacht werden können, wenn der Mandant bei dem Unfall verletzt wurde. Die Berufsgenossenschaft trägt in diesem Fall die Behandlungskosten, ohne dass der Mandant Zuzahlungen leisten muss. Außerdem hat er dann Anspruch auf die Zahlung von Verletztengeld (Rn 105 f), welches höher ist als das von der Krankenkasse gezahlte Krankengeld. Auch kann ihm häufig eine besser Krankenbehandlung in einem auf die Behandlung von Unfallverletzungen spezialisierten Krankenhaus zuteilwerden. 203

Wurde der Mandant bei dem Unfall schwer verletzt und trägt er einen dauerhaften Körperschaden davon, dann besteht bei Minderung der Erwerbsfähigkeit ggf ein Anspruch gegen die Berufsgenossenschaft auf Zahlung einer Verletztenrente (Rn 108 ff). Kann der Mandant seinen bisher ausgeübten Beruf nicht mehr verrichten oder kann er auf dem allgemeinen Arbeitsmarkt nur noch unter drei Stunden bzw unter sechs Stunden tätig sein, hat er bei Vorliegen der weiteren Voraussetzungen einen Anspruch auf Gewährung einer vollen oder teilweisen Erwerbsminderungsrente (Rn 137 ff) bzw einer Rente wegen teilweiser Erwerbsminderung bei Berufsunfähigkeit (Rn 156 ff). Außerdem muss der Rechtsanwalt daran denken, dass ein Grad einer Behinderung (Rn 181 ff) anerkannt und Merkzeichen (Rn 187 ff) verliehen werden können, wenn der Mandant bei seiner Teilnahme am gesellschaftlichen Leben eingeschränkt ist. Ist der Mandant aufgrund der unfallbedingten Verletzungen pflegebedürftig, kann er bei der Pflegekasse Pflegesachleistungen oder Pflegegeld beantragen (Rn 61 ff). 204

Der Mandant muss beraten werden, welche Ansprüche er ggf geltend machen kann. Ihm muss empfohlen werden, beim zuständigen Leistungsträger einen entsprechenden Antrag zu stellen. Jeder Sozialleistungsträger besitzt entsprechende Antragsformulare, so dass der Anwalt davon absehen kann, für den Mandanten einen formlosen Antrag (der als solcher allerdings wirksam ist) zu stellen. Er kann seinem Mandanten aber beim Ausfüllen des Antragsformulars behilflich sein. Auch werden Leistungen häufig erst ab Antragstellung gewährt, so 205 dass es unter Umständen günstig ist, den formlosen Antrag zu stellen und das Formular anschließend zusätzlich auszufüllen.

206 Soll eine Rente wegen teilweiser Erwerbsminderung bei Berufsunfähigkeit geltend gemacht werden, dann empfiehlt es sich, den Mandanten direkt am Anfang des Mandats zu bitten, eine **Aufstellung über den beruflichen Werdegang** anzufertigen. Die Aufstellung sollte die Tätigkeit selbst, den jeweiligen Arbeitgeber und die Dauer der Tätigkeit beinhalten.

207 Der Mandant sollte außerdem gebeten werden, eine Aufstellung der bislang durchgemachten Krankheiten anzufertigen, um bei einem Arbeitsunfall Rentenansprüche gegenüber der Berufsgenossenschaft prüfen zu können. Selbst wenn die durch den Unfall bedingte Minderung der Erwerbsfähigkeit nicht ausreichend für die Gewährung einer Verletztenrente ist, so können wegen einer bereits vor dem Unfall vorhandenen ebenfalls geringen Minderung der Erwerbsfähigkeit, die auch auf einem Arbeits- oder Wegeunfall beruht, die Voraussetzungen für die Gewährung einer Stützrente (Rn 108) vorliegen. Der Mandant sollte dem Anwalt auch eine Aufstellung aller Ärzte geben, die ihn bis zur Antragstellung behandelt haben.

208 Im **sozialrechtlichen Verwaltungsverfahren**, sowohl im Antrags- wie auch im Rechtsbehelfsverfahren, gelten Grundsätze, die die Arbeit des Rechtsanwalts erleichtern:

- Gemäß § 16 Abs. 1 S. 1 SGB I sind Anträge beim zuständigen Leistungsträger zu stellen. Nach § 16 Abs. 1 S. 2 SGB I werden sie aber auch von allen anderen Leistungsträgern, allen Gemeinden und, bei im Ausland lebenden Personen, auch von den amtlichen Vertretungen der Bundesrepublik Deutschland im Ausland entgegengenommen. Nach § 16 Abs. 2 S. 1 SGB I muss der unzuständige Leistungsträger den Antrag unverzüglich an den zuständigen Leistungsträger weiterleiten. Der Antrag gilt gem. § 16 Abs. 2 S. 2 SGB I aber bereits zu dem Zeitpunkt als gestellt, in dem er beim unzuständigen Leistungsträger eingegangen ist.
- Gemäß § 16 Abs. 3 SGB I muss der zuständige Leistungsträger außerdem darauf hinwirken, dass unverzüglich klare und sachdienliche Anträge gestellt und unvollständige Angaben ergänzt werden.
- Gemäß § 14 SGB I müssen die Sozialleistungsträger jeden über die ihm nach dem Sozialgesetzbuch zustehenden Rechte und Pflichten beraten.
- Gemäß § 20 Abs. 1 SGB X müssen die Sozialleistungsträger den Sachverhalt von Amts wegen ermitteln. Hierbei bedienen sie sich der in § 21 SGB X aufgeführten Beweismittel. Die Sozialleistungsträger müssen alle für den Einzelfall bedeutsamen, auch die für die Beteiligten günstigen Umstände berücksichtigen (§ 20 Abs. 2 SGB X). Sie dürfen die Entgegennahme von Erklärungen und Anträgen, die in ihren Zuständigkeitsbereich fallen, nicht deshalb verweigern, weil sie sie für unzulässig oder unbegründet halten (§ 20 Abs. 3 SGB X).

209 Der antragstellende Mandant muss allerdings an der Ermittlung des Sachverhalts **mitwirken**. Er muss

- alle Tatsachen angeben, die für die Leistung erheblich sind, und sein Einverständnis zur Einholung von Auskünften Dritter erteilen; er muss Änderungen mitteilen, die für die Leistung erheblich sind, und Beweismittel bezeichnen bzw sie auf Verlangen vorlegen oder ihrer Vorlage zustimmen (§ 60 SGB I),
- auf Verlangen des Leistungsträgers persönlich erscheinen (§ 61 SGB I),

- sich auf Verlangen ärztlichen oder psychologischen Untersuchungsmaßnahmen unterziehen, soweit sie für die Entscheidung über die Leistung erforderlich sind (§ 62 SGB I),[121]
- sich auf Verlangen einer Heilbehandlung unterziehen, wenn zu erwarten ist, dass diese zu einer Verbesserung des Gesundheitszustands führt bzw eine Verschlechterung verhindert (§ 63 SGB I),[122]
- an einer Leistung zur Teilhabe am Arbeitsleben teilnehmen, wenn zu erwarten ist, dass sie seine Erwerbs- oder Vermittlungsfähigkeit auf Dauer fördern oder erhalten wird (§ 64 SGB I).[123]

Der Mandant kann gem. § 65 a SGB I für die Erfüllung der genannten Mitwirkungspflichten auf Antrag Aufwendungsersatz verlangen. Die Grenzen der Mitwirkung ergeben sich aus § 65 SGB I. Wirkt der Mandant nicht mit, obwohl die Voraussetzungen von § 65 SGB I nicht vorliegen, dann kann die beantragte Leistung gem. §§ 66, 67 SGB I bis zur Nachholung der Mitwirkungshandlung ganz oder teilweise versagt bzw entzogen werden. Voraussetzung ist allerdings, dass der Sozialleistungsträger auf diese Folge schriftlich hingewiesen hat. 210

Hinweis: Der Anwalt sollte deshalb stets auf die Erfüllung der Mitwirkungspflichten hinwirken. Bei einer Versagung der Leistung wegen fehlender Mitwirkung muss er prüfen, ob die Mitwirkung zumutbar war und ob schriftlich auf die Folgen der fehlenden Mitwirkung hingewiesen wurde. Andernfalls ist die Leistungsversagung rechtswidrig. 211

Der Antrag auf Vornahme eines Verwaltungsakts muss nach Ablauf von sechs Monaten beschieden worden sein. Wurde er ohne zureichenden Grund nicht beschieden, dann kann eine Untätigkeitsklage gem. § 88 Abs. 1 SGG erhoben werden. Auf die Voraussetzungen, Form und Inhalt einer Untätigkeitsklage wird unten (Rn 257 ff) eingegangen. 212

II. Widerspruchsverfahren

Ein Verwaltungsakt, mit dem die beantragte Leistung abgelehnt wird, wird rechtskräftig, wenn gegen ihn nicht der gegebene Rechtsbehelf eingelegt wird. Das Gesetz sieht als Rechtsbehelf den Widerspruch gem. §§ 78 ff SGG und die Klage (dazu unten Rn 229 ff, 241 f, 243 ff, 252 f) vor. Die Durchführung des Widerspruchsverfahrens ist vorgeschrieben, sofern nicht 213

- eine in § 78 Abs. 1 S. 2 SGG beschriebene Ausnahme vorliegt,
- der Sozialleistungsträger einen Folgebescheid erlässt, der gem. § 96 SGG Gegenstand des Klageverfahrens wird bzw gem. § 86 SGG Gegenstand des laufenden Widerspruchsverfahrens und der deshalb nicht noch einmal mit einem Widerspruch gesondert angegriffen werden muss,
- der Sozialleistungsträger dem Kläger mitgeteilt hat, dass ein Vorverfahren nicht erforderlich ist,

---

[121] SG Heilbronn, Urt. v. 8.9.2011 – S 9 U 3471/10, juris: Der Empfänger einer Verletztenrente muss sich aber erst dann einer Nachuntersuchung unterziehen, wenn Anhaltspunkte für eine wesentliche Änderung eingetreten sind. Diese können sich aus der Befragung der behandelnden Ärzte ergeben, die gegenüber einer Untersuchung als das mildere Mittel erscheint, oder aus allgemeinmedizinischen Erkenntnissen, nicht jedoch aus Zeitablauf.
[122] Thür. LSG, Urt. v. 30.10.2012 – L 6 KR 1108/09, juris.
[123] LSG Berlin-Brandenburg, Urt. v. 11.11.2009 – L 16 R 258/09, juris.

- ein gem. § 75 SGG Beigeladener verurteilt werden soll oder
- ein Dritter durch den Widerspruchsbescheid erstmalig beschwert wird.

214 Wird Klage erhoben, ohne dass das Vorverfahren durchgeführt wurde, dann setzt das Gericht das Verfahren analog § 114 SGG aus und gibt dem Leistungsträger die Gelegenheit, das Verfahren nachzuholen. Die Klage wird nach der Rechtsprechung des Bundessozialgerichts als Widerspruch angesehen.

215 **1. Frist.** Das Widerspruchsverfahren beginnt gem. § 83 SGG mit der Einlegung des Widerspruchs. Gemäß § 84 Abs. 1 SGG ist der Widerspruch binnen eines Monats bei der Stelle einzureichen, die den Verwaltungsakt erlassen hat. Gemäß § 84 Abs. 2 SGG ist die Frist auch dann gewahrt, wenn der Widerspruch bei einer anderen inländischen Behörde, bei einem Versicherungsträger oder bei einer Konsularbehörde eingegangen ist – oder beim deutschen Seemannsamt, sofern der Beschwerte Seemann ist.

216 Der Lauf der Frist beginnt, nachdem der Verwaltungsakt dem Beschwerten bekannt gegeben wurde (§ 37 SGB X), jedoch gem. § 66 Abs. 1 SGG nur bei ordnungsgemäßer Rechtsbehelfsbelehrung. Wurde sie unrichtig erteilt oder ist sie ganz unterblieben, dann ist die Einlegung des Rechtsbehelfs innerhalb eines Jahres ab Zustellung, Eröffnung oder Verkündung zulässig, es sei denn, dies war wegen höherer Gewalt nicht möglich oder die Belehrung ist dahin gehend erfolgt, dass ein Rechtsbehelf nicht möglich sei (§ 66 Abs. 2 SGG).

217 **2. Form.** Der aufschiebende Wirkung entfaltende Widerspruch ist schriftlich oder zur Niederschrift einzureichen (§ 84 Abs. 1 SGG). Er muss nicht begründet werden, eine Begründung empfiehlt sich jedoch, da er sonst häufig vom Leistungsträger mit der Begründung aus dem ablehnenden Ausgangsbescheid zurückgewiesen wird.

218 **3. Akteneinsicht.** Bevor der Widerspruch begründet wird, muss in jedem Fall Akteneinsicht in die Verwaltungsakte genommen werden, um die Gutachten und ärztlichen Stellungnahmen zu erhalten, auf die die Behörde die Ablehnung des Antrags stützt. Außerdem finden sich in der Akte häufig interne Vermerke der Sachbearbeiter, die ggf gegen die Ablehnung ins Feld geführt werden können. Das Recht zur Akteneinsicht besteht gem. § 25 Abs. 1 SGB X.

219 Gemäß § 25 Abs. 4 S. 1 SGB X erfolgt die Akteneinsicht bei der Behörde, die die Akte führt. Im Einzelfall kann die Akteneinsicht auch bei einer anderen Behörde erfolgen. Die Behörde, welche die Akte führt, kann weitere Ausnahmen zulassen. Der Rechtsanwalt sollte deshalb immer darum bitten, die Akte in die Kanzlei zu übersenden. Ein Rechtsanspruch hierauf besteht aber nicht. Die Beteiligten, insbesondere der mandatierte Rechtsanwalt, können aber Auszüge und Abschriften fertigen oder sich Abschriften erteilen lassen, wobei die Behörde angemessenen Ersatz ihrer Aufwendungen verlangen darf (§ 25 Abs. 5 SGB X).

220 **4. Fortgang des Verfahrens.** Hält die Ausgangsbehörde den Widerspruch für begründet, dann hilft sie ihm gem. § 85 Abs. 1 SGG ab. Andernfalls leitet sie ihn an die Widerspruchsstelle weiter, die, wenn sie den Widerspruch für unbegründet hält, einen Widerspruchsbescheid erlässt. Wird im Vorverfahren ein neuer Verwaltungsakt erlassen, der den ursprünglichen Verwaltungsakt abändert, wird dieser gem. § 86 Abs. 1 SGG Gegenstand des Vorverfahrens. In „Massenwiderspruchsverfahren", in denen Widerspruchsbescheide gegenüber einer Vielzahl von Widerspruchsführern zur gleichen Zeit ergehen müssen und durch die Rechtsstellung der Betroffenen ausschließlich nach einem für alle identischen Maßstab verändert werden, kann

die Bearbeitung der Widersprüche mit Einverständnis des Widerspruchsführers bis zur Entscheidung in einem Musterverfahren ruhend gestellt werden. Anschließend kann gemäß § 85 Abs. 4 SGG über die ruhend gestellten Widersprüche durch eine öffentlich bekanntgegebene Allgemeinverfügung entschieden werden. Die öffentliche Bekanntgabe erfolgt durch Veröffentlichung der Entscheidung über den Internetauftritt der Behörde, im elektronischen Bundesanzeiger und in mindestens drei überregional erscheinenden Tageszeitungen. Die Klagefrist beträgt bei öffentlicher Bekanntgabe nach § 85 Abs. 4 SGG ein Jahr (§ 87 SGG). Die Frist beginnt mit dem Tag, an dem seit dem Tag der letzten Veröffentlichung zwei Wochen verstrichen sind. Auf die Klagefrist muss bereits in der Ruhendmitteilung hingewiesen werden (§ 85 Abs. 4 SGG).[124]

5. Kosten des Widerspruchsverfahrens. Das Verfahren ist kostenfrei. Ist der Widerspruch erfolgreich, dann hat die Behörde dem Widerspruchsführer gem. § 63 Abs. 1 S. 1 SGB X die zur zweckentsprechenden Rechtsverfolgung erforderlichen Kosten zu erstatten. Das Gleiche gilt, wenn der Widerspruch nur dann keinen Erfolg hatte, weil Verfahrens- und Formvorschriften gem. § 41 SGB X geheilt wurden (§ 63 Abs. 1 S. 2 SGB X). Ein Kostenerstattungsanspruch besteht auch dann, wenn der erfolgreiche Widerspruch gegen einen vorläufig erlassenen Verwaltungsakt gerichtet war und die Behörde deshalb die Möglichkeit gehabt hätte, im endgültigen Bescheid von sich aus eine Änderung vorzunehmen.[125] § 63 SGB X gilt nur für das Widerspruchsverfahren, nicht für das Verwaltungsverfahren oder eine formlose Gegenvorstellung.

Wird im bereits laufenden Widerspruchs- bzw Klageverfahren ein neuer Verwaltungsakt erlassen, der den bereits im Widerspruch oder in der Klage angegriffen Verwaltungsakt ersetzt, so wird der neue Verwaltungsakt Gegenstand des Widerspruchsverfahrens (§ 86 SGG) bzw des Klageverfahrens (§ 96 SGG). Wird der den ursprünglichen Verwaltungsakt ersetzende VA jedoch rechtlich unzutreffend mit einer Rechtsbehelfsbelehrung versehen, die darüber belehrt, dass gegen den Änderungsverwaltungsakt Widerspruch erhoben werden kann, und erhebt der Adressat einen insoweit unzulässigen Widerspruch, so kann er wegen der falschen Rechtsbehelfsbelehrung gegenüber der erlassenden Behörde einen Kostenerstattungsanspruch haben, der sich jedoch nicht aus § 63 SGB X ergibt. Über diesen Kostenerstattungsanspruch muss in dem bereits laufenden Widerspruchs- bzw Klageverfahren mitentschieden werden.[126]

Die Gebühren und Auslagen eines Rechtsanwalts sind im Widerspruchsverfahren erstattungsfähig, wenn die Zuziehung des Bevollmächtigten erforderlich war (§ 63 Abs. 2 SGB X).

Die Behörde trifft im Abhilfe- oder Widerspruchsbescheid eine Kostengrundentscheidung. Trifft sie im Bescheid keine Kostenentscheidung, muss ein gesonderter Antrag auf Kostenentscheidung gestellt werden. Gemäß § 63 Abs. 3 SGB X entscheidet die Behörde, die die Kostenentscheidung trifft, auf Antrag auch über die Höhe der erstattungsfähigen Kosten.

---

124 Gesetz zur Änderung des Sozialgerichtsgesetzes und des Arbeitsgerichtsgesetzes, BGBl. 2008 I, S. 444.
125 Urt. v. 19.10.2011 – B 6 KA 35/10 R.
126 BSG, Urt. v. 20.10.2010 – B 13 R 15/10 R.

6. Schriftsatzmuster

223 ▶ **Muster: Widerspruchseinlegung mit Begründung bei zuständiger Behörde**

An die ... Rentenversicherung

In Sachen

Frau ...

Az ...

zeige ich gemäß der in Anlage beigefügten Vollmacht an, dass ich die rechtlichen Interessen der Frau ... vertrete.

Namens und im Auftrag meiner Mandantin lege ich gegen den Bescheid vom ...

Widerspruch

ein.

Begründung:

Mit Bescheid vom ... wurde der Antrag meiner Mandantin auf Gewährung einer teilweisen Erwerbsminderungsrente wegen Berufsunfähigkeit mit der Begründung abgelehnt, sie habe sich freiwillig von ihrem erlernten Beruf als Bäckerin gelöst, um als angelernte Verkäuferin zu arbeiten. Diesen Beruf könne sie zwar nicht mehr ausüben, sie sei aber zumutbar auf die Tätigkeit einer Pförtnerin oder einer Telefonistin verweisbar. Dies ist nicht zutreffend, da meine Mandantin den Beruf als Bäckerin aufgeben musste, weil sie plötzlich unter einer Mehlstauballergie litt. Der Beruf Bäckerin ist deshalb weiter als Hauptberuf anzusehen. Meine Mandantin kann diesen mit körperlich schwerer Arbeit verbundenen Beruf auch nicht mehr ausüben. Der Beruf des/der Bäckers/-in ist im Mehrstufenschema der Gruppe der Facharbeiter zuzuordnen. Als Facharbeiterin kann meine Mandantin nicht auf die ungelernte Tätigkeit einer Pförtnerin oder Telefonistin verwiesen werden. Da die übrigen Voraussetzungen von § 240 SGB VI erfüllt sind, steht meiner Mandantin der geltend gemachte Anspruch zu.

Rechtsanwältin ◀

224 ▶ **Muster: Fristwahrende Einreichung des Widerspruchs bei anderer Behörde mit Bitte um Akteneinsicht**

An die See-Berufsgenossenschaft A.

...

Az ...

In Sachen

des Herrn ...

– Widerspruchsführer –

Verfahrensbevollmächtigte: RAe ...

gegen die

See-Berufsgenossenschaft B.

– Widerspruchsgegner –

zeige ich mit der in Anlage beigefügten Vollmacht an, dass ich die rechtlichen Interessen des Herrn ... vertrete.

Namens und im Auftrag meines Mandanten lege ich gegen den Bescheid der See-Berufsgenossenschaft B. vom ... gem. § 84 Abs. 2 SGG zur Fristwahrung

Widerspruch

ein. Bitte leiten Sie den Widerspruch an die zuständige See-Berufsgenossenschaft B. weiter. Wir bitten diese um

Einsicht in die Verwaltungsakte.

Anschließend werden wir den Widerspruch begründen.

Rechtsanwältin ◄

▶ **Muster: Antrag auf Kostenentscheidung**   225

An die ... Rentenversicherung

In Sachen

der Frau ...

Az ...

beantrage ich,

über die Kosten des Widerspruchsverfahrens gem. § 63 SGB X zu entscheiden, da der Abhilfebescheid vom ... insoweit keine Entscheidung enthält.

Meine Zuziehung war notwendig iSv § 63 Abs. 2 SGB X, weil es sich für meine in rechtlichen Dingen ungewandte Mandantin um eine rechtlich schwierige Angelegenheit handelte und sie ihre Rechte allein nicht ausreichend wahren konnte.

Dem Widerspruch wurde in vollem Umfang abgeholfen, weshalb die gesamten Kosten zu übernehmen sind.

Meine Gebühren gebe ich zur Festsetzung wie folgt bekannt:[127]

Rechtsanwältin ◄

III. Klageverfahren

Gemäß §§ 54, 55 SGG stehen als Klagearten die Anfechtungs-, die Verpflichtungs-, die Leistungs- und die Feststellungsklage zur Verfügung. Da mit der Klage in der Regel ein Verwaltungsakt angefochten wird und der Kläger weiterhin Ansprüche geltend macht, handelt es sich bei den Klagen häufig um kombinierte Formen, dh mit der Anfechtungsklage ist eine Verpflichtungs-, Leistungs- oder Feststellungsklage verbunden.   226

Das Gericht entscheidet gem. § 123 SGG über die erhobenen Ansprüche, ohne an die Fassung der Anträge gebunden zu sein. Ihnen kommt daher nicht die entscheidende Bedeutung zu. Außerdem muss das Gericht gem. § 112 Abs. 2 SGG auf sachdienliche Anträge hinwirken.   227

1. Isolierte Anfechtungsklage. Die isolierte Anfechtungsklage ist die richtige Klageart, wenn die Behörde durch Verwaltungsakt in die Rechte des Mandanten eingegriffen hat, beispielsweise im Fall der Aufhebung eines begünstigenden Verwaltungsakts mit Dauerwirkung bei Änderung der Verhältnisse gem. § 48 SGB X und Rückerstattung der überzahlten Leistungen nach § 50 SGB X. Die Durchführung des Vorverfahrens ist Voraussetzung.   228

---

[127] Zur Höhe der Gebühren, die im Widerspruchsverfahren abgerechnet werden können, siehe Rn 378 ff.

229 Da mit der Aufhebung des angefochtenen Verwaltungsakts die ursprüngliche Leistungsbewilligung wiederhergestellt wird, fehlt es nach § 54 Abs. 4 SGG für eine zusätzliche Leistungsklage am Rechtsschutzbedürfnis. Eine zusätzlich erhobene Leistungs- oder Verpflichtungsklage ist als unzulässig abzuweisen, wenn der ursprüngliche Antrag nicht nach Hinweis des Gerichts auf die Anfechtung beschränkt wird.

230 Die Anfechtungsklage muss binnen eines Monats nach Bekanntgabe des Verwaltungsakts erhoben werden (§ 87 Abs. 1 SGG). Hat ein Vorverfahren stattgefunden, beginnt die Frist mit Bekanntgabe des Widerspruchsbescheids (§ 87 Abs. 2 SGG). § 66 SGG gilt auch hier (siehe Rn 216). Die Klage ist gem. § 90 SGG schriftlich beim zuständigen Sozialgericht oder zur Niederschrift des Urkundsbeamten zu erheben. Die Frist wird aber auch dann gewahrt, wenn die Klageschrift innerhalb der genannten Monatsfrist statt beim zuständigen Sozialgericht bei einer anderen inländischen Behörde, bei einem Versicherungsträger, einer deutschen Konsularbehörde oder beim deutschen Seemannsamt im Ausland eingeht – sofern es sich um eine Versicherung von Seeleuten handelt (§ 91 Abs. 1 SGG). Die Klageschrift ist dann unverzüglich an das zuständige Sozialgericht weiterzuleiten (§ 91 Abs. 2 SGG). Örtlich zuständig ist gem. § 57 Abs. 1 S. 1 SGG immer das Sozialgericht, in dessen Bezirk der Kläger zur Zeit der Klageerhebung seinen Sitz oder Wohnsitz oder in Ermangelung dessen seinen Aufenthaltsort hat. Hat der Kläger seinen Sitz, Wohnsitz oder Aufenthaltsort im Ausland, so ist das Sozialgericht zuständig, an dem der Beklagte seinen Sitz, Wohnsitz oder Aufenthaltsort hat (§ 57 Abs. 3 SGG). Die Klageschrift muss den Kläger, den Beklagten und den Gegenstand des Klagebegehrens bezeichnen.[128] Zur Bezeichnung des Beklagten genügt die Angabe der Behörde. Im Übrigen ist die Klage an keine besondere Form gebunden, sie soll aber einen bestimmten Antrag enthalten und vom Kläger oder einer zu seiner Vertretung befugten Person mit Orts- und Zeitangabe unterzeichnet sein. Darüber hinaus sollen die zur Begründung dienenden Tatsachen und Beweismittel angegeben werden. Die angefochtene Verfügung und der Widerspruchsbescheid sollen in Ur- oder Abschrift beigefügt werden (§ 92 Abs. 1 SGG). Entspricht die Klageschrift den oben bezeichneten Anforderungen nicht, dann hat der Vorsitzende den Kläger zur Ergänzung der erforderlichen Angaben aufzufordern. Er hat ihm hierbei eine bestimmte Frist zu setzen. Fehlt es an der Bezeichnung des Klägers oder des Beklagten oder des Gegenstandes des Klagebegehrens, dann kann der Vorsitzende für die Ergänzung eine Frist mit ausschließender Wirkung setzen. Wird die Frist ohne Verschulden versäumt, dann kann gemäß § 67 SGG Wiedereinsetzung in den vorigen Stand beantragt werden (§ 92 Abs. 2 SGG).[129]

231 ▶ **Muster: Isolierte Anfechtungsklage**

An das Sozialgericht ...

Klage

des Herrn ...

– Kläger –

Prozessbevollmächtigte: RAe ...

gegen

---

128 Gesetz zur Änderung des Sozialgerichtsgesetzes und des Arbeitsgerichtsgesetzes, BGBl. 2008 I S. 444.
129 Gesetz zur Änderung des Sozialgerichtsgesetzes und des Arbeitsgerichtsgesetzes, BGBl. 2008 I S. 444.

die ...-Berufsgenossenschaft, ...

– Beklagte –

Namens und in Vollmacht des Klägers beantrage ich,

den Bescheid der Beklagten vom ..., Az ..., in der Gestalt des Widerspruchsbescheids vom ... aufzuheben.

Begründung:

Der Kläger ist Rechtsanwaltsfachangestellter. Am ... holte er eine bereits abgelegte Akte aus dem im Dachgeschoss untergebrachten Archiv. Als er sich in die im ersten Stock gelegenen Kanzleiräume zurückbegab, rutschte er auf der Treppe aus und verletzte sich am rechten Sprunggelenk. Zunächst wurde eine Zerrung diagnostiziert, derentwegen der Kläger arbeitsunfähig war. Weil die Beschwerden nicht abklangen, wurden weitere diagnostische Maßnahmen ergriffen, bei denen zusätzlich eine Läsion des rechten Außenbandes festgestellt wurde. Die Beklagte gewährte dem Kläger zunächst Verletztengeld. Mit Bescheid vom ... hob sie die Bewilligung schließlich auf mit der Begründung, die nun noch bestehenden Beschwerden seien nur noch auf die Außenbandläsion zurückzuführen, nicht auf die Zerrung. Die Außenbandläsion habe der Kläger sich bereits vor dem Unfall beim Fußballspielen zugezogen. Der Widerspruch blieb erfolglos.

Die angefochtenen Bescheide sind rechtswidrig. Herr Dr. ..., der die Außenbandläsion festgestellt hat, führt in seinem Arztbericht vom ... aus, dass die Läsion frisch war und nur durch den Sturz auf der Treppe verursacht wurde. Zur weiteren Sachverhaltsaufklärung rege ich die Einholung eines medizinischen Gutachtens an.

In Anlage überreichen wir die Prozessvollmacht im Original.

Rechtsanwalt ◄

2. Isolierte Leistungsklage. Gemäß § 54 Abs. 5 SGG kann eine Leistungsklage erhoben werden, wenn über den erhobenen Anspruch kein Verwaltungsakt zu ergehen hat. Sie ist deshalb häufige Klageart, wenn ein Sozialleistungsträger gegenüber einem anderen Sozialleistungsträger Erstattungsansprüche geltend macht, denn dann besteht kein Über- und Unterordnungsverhältnis.

Die Leistungsklage ist auch die richtige Klageart, wenn dem Versicherten bereits ein Bewilligungsbescheid erteilt wurde, der Sozialversicherungsträger aber gleichwohl nicht leistet.[130] Der Versicherte hat außerdem die Möglichkeit, eine isolierte Leistungsklage zu erheben, wenn der Sozialversicherungsträger den Erlass des Verwaltungsakts verweigert.[131] Es spielt dabei keine Rolle, wenn der Erlass des Verwaltungsakts nur unter Bezugnahme auf ein anderes laufendes Verfahren verweigert wird.[132] Zu den allgemeinen Leistungsklagen gehört auch die Unterlassungsklage. Die unter Rn 230 beschriebenen Formerfordernisse und die Vorschrift zur örtlichen Zuständigkeit gelten auch hier.

Hinweis: Die Leistung, zu der der Sozialversicherungsträger verurteilt werden soll, muss im Klageantrag genau bezeichnet werden, damit die Entscheidung später ohne Schwierigkeiten vollstreckt werden kann.

---

[130] BSGE 50, 82, 83.
[131] BSGE 57, 211, 212; 61, 100, 102.
[132] LSG Rheinland-Pfalz SGb 1992, 548.

§ 6 Sozialversicherung

235 ▶ **Muster: Isolierte Leistungsklage**

An das Sozialgericht ...

Klage

des Herrn ...

– Kläger –

Prozessbevollmächtigte: RAe ...

gegen

die ... Rentenversicherung, ...

– Beklagte –

Namens und in Vollmacht des Klägers erhebe ich Klage und beantrage,

die Beklagte zu verurteilen, an den Kläger ab dem 1.10.2014 Übergangsgeld in Höhe von täglich 63,41 EUR zu zahlen.

Begründung:

Die Beklagte hat dem Kläger mit Bescheid vom 15.9.2014 Leistungen zur Teilhabe am Arbeitsleben gem. § 16 SGB VI iVm § 33 Abs. 3 Nr. 3 SGB IX sowie Überbrückungsgeld in Höhe von kalendertäglich 63,41 EUR gem. § 16 SGB VI iVm § 33 Abs. 3 Nr. 5 SGB IX bewilligt. Der Kläger, der von Beruf Altenpfleger ist, nimmt daraufhin seit dem 1.10.2014 an einer Weiterbildung zum Pflegedienstleiter teil. Trotz der Bewilligung ist bislang kein Überbrückungsgeld gezahlt worden.

Die Beklagte ist an ihre Bewilligung gebunden und muss deshalb Überbrückungsgeld in der bewilligten Höhe zahlen.

Der Klageschrift sind der Bewilligungsbescheid und die Prozessvollmacht im Original beigefügt.

Rechtsanwalt ◀

236 **3. Verpflichtungsklage.** Mit der Verpflichtungsklage kann gem. § 54 Abs. 1 S. 1 SGG die Verurteilung zum Erlass eines abgelehnten oder unterlassenen Verwaltungsakts begehrt werden, zB die Feststellung des Vorliegens einer Behinderung oder des Grades der Behinderung.[133]

237 Hat der Versicherungsträger den Erlass des begehrten Verwaltungsakts mit einem Verwaltungsakt abgelehnt, dann kann die Verpflichtungsklage auch mit einer Anfechtungsklage kombiniert werden. Zwingend erforderlich ist die Kombination beider Klagearten aber nicht, die Verpflichtungsklage kann auch isoliert erhoben werden.

238 Gegenstand der Verpflichtungsklage kann eine Leistung sein, auf die ein Rechtsanspruch besteht. Häufig ist der Gegenstand einer Verpflichtungsklage aber eine Ermessensleistung, die nicht Gegenstand einer Leistungsklage sein kann. Zur Begründung der Klage bei Versagung einer Ermessensleistung kann der Versicherte geltend machen, die Behörde habe die gesetzlichen Grenzen ihres Ermessens überschritten oder von ihrem Ermessen nicht in entsprechender Weise Gebrauch gemacht (§ 54 Abs. 2 S. 2 SGG). Der Kläger muss in diesem Fall die Verpflichtung des Leistungsträgers zum Erlass eines neuen Verwaltungsakts beantragen, bei dem dieser die Rechtsauffassung des Gerichts zu beachten hat (§ 131 Abs. 3 SGG). Es müssen die oben (Rn 230) beschriebenen Formerfordernisse (§ 92 SGG) und die Zuständigkeitsregelung beachtet werden.

---

[133] BSGE 82, 176, 177.

Ein Unterfall der Verpflichtungsklage ist die Untätigkeitsklage, auf die unten (Rn 257 ff) eingegangen wird. 239

▶ **Muster: Isolierte Verpflichtungsklage** 240

An das Sozialgericht ...

Klage

der Frau ...

– Klägerin –

Prozessbevollmächtigte: RAe ...

gegen

die AOK ...

– Beklagte –

Namens und in Vollmacht der Klägerin beantrage ich,

die Beklagte zu verpflichten, den Antrag der Klägerin vom ... unter der Beachtung der Rechtsauffassung des Gerichts zu bescheiden.

Begründung:

Die Klägerin, die Pflichtmitglied der Beklagten ist, wurde bei einem Verkehrsunfall am ... am Kopf schwer verletzt. Infolge des Unfalls bildete sich eine Thrombose, welche den Tod der Klägerin verursachen kann. Die Ärzte in Deutschland haben sich geweigert, die Klägerin zu operieren, weil die in Deutschland praktizierten Operationsmethoden keinen Erfolg versprechen. Erfolgreich kann aber die Behandlung in der ...-Klinik in Kalifornien/USA sein. Dort ist eine Operationsmethode entwickelt worden, die in Deutschland nicht praktiziert wird.

Die Beklagte hat den Antrag der Klägerin, die Kosten der Behandlung gem. § 18 Abs. 1 SGB V zu übernehmen, abgelehnt, weil die Behandlung angesichts vager Erfolgsaussichten zu kostspielig sei.

Die Ablehnung steht mit dem Gesetz nicht in Einklang. Nach der in Anlage beigefügten gutachterlichen Stellungnahme des Herrn Prof. Dr. ... der Charité Berlin ist eine Operation der Klägerin nur im Ausland möglich. Die Klägerin hat zwar gem. § 18 Abs. 1 S. 1 SGB V nur einen Anspruch auf eine fehlerfreie Ermessensausübung, die Beklagte hat bei ihrer Ermessensentscheidung aber nicht zweckentsprechend von ihrer Ermächtigung gem. § 39 Abs. 1 SGB I Gebrauch gemacht. Die Klägerin ist nicht in der Lage, die Kosten der Behandlung in den USA selbst zu tragen. Wenn ihre lebensbedrohliche Erkrankung nur in den USA erfolgreich behandelt werden kann, dann darf die Krankenkasse die Kostenübernahme nicht aus finanziellen Gründen ablehnen, wenn der Versicherte zur Kostentragung selbst nicht in der Lage ist.

Die Beklagte ist daher zu verpflichten, den Antrag der Klägerin unter Beachtung der Rechtsauffassung des Gerichts neu zu bescheiden.

Die Prozessvollmacht ist im Original beigefügt.

Rechtsanwältin ◀

4. Kombinierte Anfechtungs- und Verpflichtungsklage. Häufig werden die Versicherungsträger den begehrten Anspruch durch Erlass eines Verwaltungsakts ablehnen. Dann empfiehlt es sich, die Verpflichtungsklage mit der Anfechtungsklage zu kombinieren. Die oben (Rn 236 ff) 241

242 ▶ **Muster: Kombinierte Anfechtungs- und Verpflichtungsklage**

An das Sozialgericht ...

Klage

des Herrn ...

– Kläger –

Prozessbevollmächtigte: RAe ...

gegen

das Amt für Familie und Soziales – Versorgungsamt –, ...

– Beklagter –

Namens und in Vollmacht des Klägers beantrage ich,

den Bescheid des Beklagten vom ..., Az ..., in der Gestalt des Widerspruchsbescheids vom ... aufzuheben und die Beklagte zu verpflichten, festzustellen, dass beim Kläger im Hinblick auf den Verlust des rechten Auges und unter Berücksichtigung der Narben im Gesicht eine Behinderung vorliegt und der Grad der Behinderung 80 % beträgt.

Begründung:

Der Kläger wurde am ... als Beifahrer bei einem Verkehrsunfall verletzt, als der Wagen von der Straße abkam und gegen einen Baum prallte. Die Frontscheibe zerbarst und zerschnitt dem Kläger das Gesicht. Die Schnittwunden im Gesicht wurden genäht, es sind allerdings große Narben zurückgeblieben, die das Gesicht entstellen und Schmerzen bereiten. Das rechte Auge konnte nicht mehr gerettet werden und wurde entfernt.

Der Kläger beantragte am ... bei dem beklagten Amt für Familie und Soziales die Feststellung einer Behinderung und des Grades der Behinderung. Das beklagte Amt erkannte den Verlust des rechten Auges als Behinderung an und stellte einen GdB von 60 % fest. Der hiergegen gerichtete Widerspruch wurde vom Landesversorgungsamt mit Widerspruchsbescheid vom ... zurückgewiesen.

Die Bescheide sind rechtswidrig. Die Narben im Gesicht des Klägers wirken entstellend. Er kann deshalb nicht wie ein gesunder Mensch am gesellschaftlichen Leben teilnehmen. Die Narben hätten deshalb auch als Behinderung anerkannt werden müssen. Sie begründen einen Einzel-GdB von 30 %. Gemeinsam mit dem GbB, der durch den Verlust des rechten Auges begründet wird, ergibt sich ein Gesamt-GdB von 80 %.

Die Beklagte ist verpflichtet, den Kläger neu zu bescheiden, die weiteren Gesundheitsbeeinträchtigungen des Klägers als Behinderung anzuerkennen und den GdB von 80 % festzustellen.

Die Originalvollmacht ist in Anlage beigefügt.

Rechtsanwalt ◀

243 **5. Kombinierte Anfechtungs- und Leistungsklage.** Die in § 54 Abs. 4 SGG geregelte kombinierte Anfechtungs- und Leistungsklage ist die häufigste Klageart. Mit ihr verlangt der Kläger Aufhebung des Verwaltungsakts, mit dem die begehrte Leistung vollständig oder teilweise abgelehnt wurde, und gleichzeitig die Verurteilung zur Leistung.

Bei Erhebung der Klage muss ein Vorverfahren bereits durchgeführt worden sein. Außerdem muss ein Rechtsanspruch auf die begehrte Leistung bestehen. Steht die Leistungsgewährung im Ermessen der Behörde, dann kann nicht auf Leistung, sondern nur auf Erteilung eines neuen Verwaltungsakts geklagt werden.

Wird eine Geldleistung begehrt, dann kann gem. § 130 SGG ein **Grundurteil** ergehen. Das ist in der Regel schon deshalb erforderlich, weil beispielsweise die genaue Höhe der Rente durch das Gericht und den Kläger nicht ohne erhebliche Schwierigkeiten festgestellt werden kann. Im Klageantrag muss der Zahlbetrag also nicht konkret beziffert werden. Die Behörde erlässt nach dem Grundurteil einen Ausführungsbescheid, der die genaue Höhe der Leistung festlegt. Er ist ein Verwaltungsakt und kann seinerseits mit Widerspruch und Klage angegriffen werden, wenn die Leistung nicht richtig berechnet wurde. Auch bei einer kombinierten Anfechtungs- und Leistungsklage müssen die oben (Rn 230) beschriebenen Frist- und Formvorschriften beachtet werden.

▶ **Muster: Kombinierte Anfechtungs- und Leistungsklage**

An das Sozialgericht ...

Klage

des Herrn ...

– Kläger –

Prozessbevollmächtigte: RAe ...

gegen

die ... Rentenversicherung, ...

– Beklagte –

Namens und in Vollmacht des Klägers beantrage ich,

den Bescheid der Beklagten vom ..., Az ..., in der Gestalt des Widerspruchsbescheids vom ... aufzuheben und die Beklagte zu verurteilen, dem Kläger ab dem ... Rente wegen voller Erwerbsminderung zu gewähren.

Begründung:

Der 45-jährige Kläger hat den Beruf eines Fleischers erlernt und ihn seit seinem 19. Lebensjahr ausgeübt. Durch die körperlich schwere Arbeit und die Kälte- und Nässeeinwirkungen, denen er ausgesetzt war, leidet er nun unter Arthrose. Außerdem plagt ihn die Gicht. Er kann seinen erlernten Beruf nicht mehr ausüben und auch auf dem allgemeinen Arbeitsmarkt nicht mehr als drei Stunden täglich tätig sein. Er beantragte bei der Beklagten eine Erwerbsminderungsrente, die diese abgelehnt hat, weil ihr ärztlicher Prüfdienst der Auffassung ist, der Kläger könne noch leichte Tätigkeiten vollschichtig verrichten. Der Widerspruch blieb erfolglos.

Die Bescheide sind rechtswidrig und verletzen den Kläger in seinen Rechten. Er hat an einer von der Beklagten bewilligten medizinischen Rehabilitationsmaßnahme teilgenommen. Die behandelnden Ärzte haben im Entlassungsbericht angegeben, dass der Kläger nicht nur seinen erlernten Beruf nicht mehr ausüben kann, sondern er auch leichte körperliche Tätigkeiten auf dem allgemeinen Arbeitsmarkt nicht mehr verrichten kann.

Eine Prozessvollmacht ist im Original beigefügt.

Rechtsanwalt ◀

6. Feststellungsklage. Mit der Klage kann gem. § 55 Abs. 1 SGG beantragt werden, festzustellen, dass ein Rechtsverhältnis besteht bzw nicht besteht, welcher Sozialversicherungsträger zuständig ist und ob ein Verwaltungsakt nichtig ist. Zudem kann die Feststellung begehrt werden, dass eine Gesundheitsstörung oder der Tod die Folge eines Arbeitsunfalls, einer Berufskrankheit oder einer Schädigung im Sinne des Bundesversorgungsgesetzes ist.

Ein Rechtsverhältnis ist eine aus einem konkreten Sachverhalt entstandene Rechtsbeziehung von Personen untereinander oder von einer Person zu einem Gegenstand. Mit der Feststellungsklage kann die Klärung eines Versicherungsverhältnisses begehrt werden. Gegenstand dieser Klageart können aber auch einzelne Rechte und Pflichten sein, die auf dem Rechtsverhältnis basieren. Wird die Feststellung der Nichtigkeit eines Verwaltungsakts, die Feststellung des zuständigen Versicherungsträgers oder die Vornahme eines unterlassenen Verwaltungsakts begehrt, dann ist die Klage an keine Frist gebunden (§ 89 SGG). Ansonsten müssen die oben (Rn 230) beschriebenen Form- und Zuständigkeitserfordernisse beachtet werden.

Die Feststellungsklage ist gegenüber anderen Klagearten **subsidiär**. Wenn eine der anderen Klagearten einen effektiveren Rechtschutz bietet, dann fehlt der Feststellungsklage das Rechtsschutzbedürfnis, jedenfalls wenn dadurch die für die Anfechtungs- und Verpflichtungsklage geltenden Vorschriften für das Vorverfahren und die Klagefristen umgangen werden können. Liegt bereits ein Leistungsfall vor, dann empfiehlt es sich, eine kombinierte Anfechtungs- und Verpflichtungsklage zu erheben.

Hinweis: Der Feststellungsantrag sollte so genau wie möglich formuliert werden, damit es später zwischen den Parteien des Rechtsstreits nicht zu Streitigkeiten über den Inhalt des Feststellungsurteils kommt, die einer erneuten gerichtlichen Klärung bedürften.

▶ **Muster: Isolierte Feststellungsklage**

An das Sozialgericht ...

Klage

der Frau ...

– Klägerin –

Prozessbevollmächtigte: RAe ...

gegen

die ... Krankenkasse, ...

– Beklagte –

Namens und in Vollmacht der Klägerin erheben wir Klage und beantragen,

festzustellen, dass die Klägerin über ihren Vater bei der Beklagten gegen Krankheit versichert ist.

Begründung:

Die 20-jährige Klägerin studiert an der TU ... Betriebswirtschaft. Sie lebt noch in der elterlichen Wohnung. Von ihren Eltern erhält sie monatlich 300 EUR, um Bücher für das Studium und Bekleidung zu kaufen sowie auszugehen. Die Klägerin verkauft gelegentlich im Internet bei eBay Bekleidungsgegenstände, die sie nicht mehr tragen will, manchmal aber auch gebrauchte BWL-Lehrbücher oder Gegenstände, die sie geschenkt bekommen hat und nicht mag. Monatlich „verdient" sie so noch 50 bis 70 EUR dazu.

Der Vater der Klägerin ist Pflichtmitglied bei der Beklagten. Diese hat durch Zufall von den eBay-Verkäufen erfahren. Sie hat daraufhin in einem Beratungsgespräch gegenüber dem Vater, der eine Kur beantragt hat, erwähnt, dass die Voraussetzungen der Familienversicherung für die Klägerin nicht mehr vorlägen. Deshalb werde diese im Krankheitsfall von der Beklagten auch keine Leistung erhalten.

Die Auffassung der Beklagten ist falsch. Eine Voraussetzung der Familienversicherung ist unter anderem, dass der Familienversicherte *nicht hauptberuflich* selbstständig tätig ist (§ 10 Abs. 1 Nr. 4 SGB V). Das ist bei der Klägerin der Fall. Sie studiert an der TU ..., die sie jeden Tag aufsucht. Sie beginnt ihren Tag um 9.00 Uhr und nimmt bis 14.30 Uhr an Vorlesungen und Seminaren teil. Anschließend geht sie bis 17.00 Uhr in die Bibliothek. Sie verkauft zwar Waren bei eBay, mit den Verkäufen erreicht sie aber monatlich nur einen Umsatz von 50 bis 70 EUR. Mit einem Betrag in dieser Höhe kann sie ihr Leben nicht bestreiten, deshalb erhält sie Zuwendungen von den Eltern, bei denen sie auch lebt. Die Klägerin ist also nicht hauptberuflich als eBay-Verkäuferin tätig, und auch die übrigen Voraussetzungen von § 10 SGB V sind erfüllt. Da aber die Beklagte das Bestehen der Familienversicherung bestritten und mit der Nichtgewährung von Leistungen gedroht hat, hat die Klägerin ein berechtigtes Interesse an der von ihr mit der Klage begehrten Feststellung.

Eine Originalvollmacht ist beigefügt.

Rechtsanwalt ◂

7. Kombinierte Anfechtungs- und Feststellungsklage. Bestreitet der Versicherungsträger das Vorliegen eines Rechtsverhältnisses in einem Verwaltungsakt oder stellt er das Bestehen eines Rechtsverhältnisses gerade mit einem Verwaltungsakt fest, dann kann auch eine kombinierte Anfechtungs- und Feststellungsklage erhoben werden. Es gelten auch hier die oben (Rn 247 ff) gemachten Ausführungen zur Feststellungsklage sowie die Form- und Zuständigkeitsregelungen (§§ 57 Abs. 1 S. 1 u. Abs. 3, 90, 92, 93 SGG; siehe Rn 230).

▸ **Muster: Kombinierte Anfechtungs- und Feststellungsklage**

An das Sozialgericht ...

Klage

des Herrn ...

– Kläger –

Prozessbevollmächtigte: RAe ...

gegen

die Bau-Berufsgenossenschaft, ...

– Beklagte –

Namens und in Vollmacht des Klägers erhebe ich Klage und beantrage,

1. den Bescheid der Beklagten vom ... in der Gestalt des Widerspruchbescheids vom ... aufzuheben,
2. festzustellen, dass die beim Kläger vorliegende Silikose eine Berufskrankheit nach Nr. 4101 der Anlage 1 zur BKV ist.

Begründung:

Der Kläger war 25 Jahre bei einem Unternehmen beschäftigt, bei dem er mit Quarzstaub in Berührung gekommen ist. Die MdE beträgt 10 %. Die Beklagte will die Silikose deshalb nicht als Berufskrankheit anerkennen und keine entsprechenden Feststellungen treffen.

Der Kläger hat zwar noch keinen Anspruch auf Leistungen, weil die MdE von 20 % noch nicht erreicht ist und auch die Voraussetzungen für einen Stützrententatbestand nicht vorliegen. Die Beklagte ist aber auch schon vor Eintritt des Versicherungsfalls verpflichtet festzustellen, dass eine Berufskrankheit und damit eine Entschädigungspflicht für einen drohenden künftigen Leistungsfall bestehen. Wer wie der Kläger einen Gesundheitsschaden geltend macht, der die Tatbestandsmerkmale einer Berufskrankheit nach § 9 SGB VII und der Anlage 1 der BKV erfüllt, hat grundsätzlich – nicht zuletzt aus Gründen der Beweissicherung – ein berechtigtes Interesse an der baldigen Feststellung seiner Rechtsposition.

Rechtsanwältin ◄

254 **8. Fortsetzungsfeststellungsklage.** Hat sich der angefochtene Verwaltungsakt erledigt, zB durch Zeitablauf, dann spricht das Gericht auf Antrag des Klägers aus, dass der Verwaltungsakt rechtswidrig war, wenn der Kläger hieran ein berechtigtes Interesse hat (§ 131 Abs. 1 S. 3 SGG). Voraussetzung ist, dass der Kläger seinen **ursprünglichen Antrag umstellt**. Möglich ist das in jeder Instanz.

255 ▶ **Muster: Antrag bei Umstellung auf Fortsetzungsfeststellungsklage**

Namens und in Vollmacht des Klägers beantragen wir nun unter Abänderung des ursprünglichen Klageantrags aus dem Schriftsatz vom ...

festzustellen, dass der Bescheid vom ... rechtswidrig gewesen ist und den Kläger in seinen Rechten verletzt hat. ◄

256 Der Übergang zur Fortsetzungsfeststellungsklage ist möglich, wenn zunächst eine Anfechtungsklage, eine Verpflichtungsklage, eine kombinierte Anfechtungs- und Verpflichtungsklage oder eine kombinierte Anfechtungs- und Leistungsklage erhoben wurde.

256a § 131 SGG wird von der Rechtsprechung weit ausgelegt. Eine Fortsetzungsfeststellungsklage ist auch dann möglich, wenn sich nicht der Verwaltungsakt erledigt hat, aber das Rechtsschutzinteresse für die Anfechtungsklage aus vergleichbaren Gründen entfallen ist.

257 **9. Untätigkeitsklage.** Die Untätigkeitsklage ist darauf gerichtet, den Versicherungsträger zum Tätigwerden zu verurteilen. Der Leistungsträger soll gezwungen werden, eine Verwaltungsentscheidung über den im Verwaltungsverfahren gestellten Antrag zu treffen oder einen Widerspruch zu bescheiden. Es handelt sich um eine **Bescheidungsklage**, dh der Kläger kann ausschließlich verlangen, dass die Behörde seinen Antrag bescheidet.

258 Für die Untätigkeitsklage muss ein Rechtsschutzbedürfnis bestehen. Es fehlt, wenn der Kläger zu keinem Zeitpunkt einen Antrag gestellt oder an die ausstehende Entscheidung erinnert hat. Es ist deshalb empfehlenswert, die Behörde direkt bei der Antragstellung oder Einlegung des Widerspruchs darauf hinzuweisen, dass eine Untätigkeitsklage erhoben werden wird, wenn der Antrag oder der Widerspruch nicht rechtzeitig beschieden wird.

259 Die Erhebung der Untätigkeitsklage ist vor Ablauf von sechs Monaten seit Antrag auf Vornahme des Verwaltungsakts unzulässig (§ 88 Abs. 1 SGG). Sie ist außerdem nur dann zuläs-

sig, wenn die Behörde über einen Widerspruch nicht innerhalb einer Frist von drei Monaten entschieden hat (§ 88 Abs. 2 SGG). Ein Zwischenbescheid, nicht der Eingangsbescheid, unterbricht die Frist.

Eine weitere Zulässigkeitsvoraussetzung ist, dass über den Antrag oder den Widerspruch ohne zureichenden Grund nicht innerhalb der gesetzlichen Frist entschieden wurde. **Kein zureichender** Grund ist: 260

- die Erschöpfung der Haushaltsmittel,
- Personalmangel (es sei denn, es handelt sich um eine vorübergehende Überlastung),
- unzureichende Ausstattung mit sachlichen Mitteln,
- idR das Abwarten des Ausgangs eines Musterprozesses, es sei denn, der Antragsteller/Widerspruchsführer ist damit einverstanden oder eine Entscheidung im Musterprozess alsbald zu erwarten,
- das Abwarten eines strafrechtlichen Ermittlungsverfahrens,
- dass die angegangene Behörde sich im Einzelfall für nicht zuständig hält.

Liegt ein zureichender Grund vor, dann setzt das Gericht das Verfahren bis zum Ablauf einer von ihm gesetzten Frist aus (§ 88 Abs. 1 S. 2 SGG). 261

Die Untätigkeitsklage ist auch unzulässig, wenn sie sich als Ausnutzung einer formalen Rechtsposition ohne eigenen Nutzen und zum Schaden (Kostenlast für andere Beteiligte) darstellt. Das LSG Bremen[134] hat eine Untätigkeitsklage für rechtsmissbräuchlich und damit unzulässig gehalten, die während eines laufenden Widerspruchsverfahrens erhoben wurde, in dem der Kläger gegen einen Rückforderungsbescheid Widerspruch mit dem Hinweis auf seine aufschiebende Wirkung erhoben hatte. Nach Ablauf der 3-Monats-Frist erhob er ohne weitere Ankündigung Untätigkeitsklage. Das LSG hielt das Verhalten des Klägers für widersprüchlich. 262

Wenn der Kläger vom Versicherungsträger aber eine Leistung begehrt und über seinen Antrag oder Widerspruch ohne zureichenden Grund nicht fristgerecht entschieden wird, dann ist die Erhebung der Untätigkeitsklage nicht rechtsmissbräuchlich und auch nicht unzulässig. In der Regel führt die Erhebung der Untätigkeitsklage dazu, dass die Behörde den Antrag unverzüglich bescheidet oder einen Widerspruchsbescheid erlässt. Die Untätigkeitsklage sollte dann für erledigt erklärt und ein Kostenantrag gestellt werden. Das Gericht muss dann über die Kosten dem Grunde nach durch Beschluss gem. § 193 Abs. 1 SGG entscheiden. 263

Hinweis: Gegen den ggf negativen Ausgangsbescheid bzw Widerspruchsbescheid sollte gesondert vorgegangen und Widerspruch bzw eine Klage erhoben werden. Neben den Rechtsanwaltsgebühren für die Untätigkeitsklage fallen dann nämlich gesonderte Gebühren für Widerspruch und/oder ggf das Klageverfahren an. Würde der Antrag der Untätigkeitsklage lediglich in eine kombinierte Anfechtungs- und Leistungsklage umgestellt, fielen nur einmal Rechtsanwaltsgebühren im Klageverfahren an. 264

---

134 SGb 1997, 168.

265 ▶ **Muster: Untätigkeitsklage**

 An das Sozialgericht ...

Untätigkeitsklage

des Herrn ...

– Kläger –

Prozessbevollmächtigte: RAe ...

gegen

die ... Krankenkasse, ...

– Beklagte –

Namens und im Auftrag meines Mandanten erhebe ich unter Vorlage der Originalprozessvollmacht Klage mit dem Antrag,

die Beklagte zu verpflichten, den Antrag des Klägers vom ... auf Versorgung mit einer Unterschenkelprothese zu bescheiden.

Begründung:

Dem Kläger wurde nach einem Unfall der rechte Unterschenkel amputiert. Er sitzt derzeit im Rollstuhl. Es besteht die Möglichkeit, dass er mit einer Unterschenkelprothese seine Gehfähigkeit wiedererlangt. Der Kläger stellte deshalb am ... bei der Beklagten einen Antrag auf Versorgung mit einer Unterschenkelprothese, der bis heute nicht beschieden wurde. Der Kläger hat bislang auch keinen Zwischenbescheid erhalten, obwohl er mit seinem Antrag eine fristgerechte Bescheidung angemahnt hat. Er hat sich bei der Beklagten telefonisch nach dem Sachstand erkundigt. Ihm wurde erklärt, dass die Krankenkasse permanent unter Personalmangel leide, weshalb die Anträge in der Reihenfolge ihres Eingangs bearbeitet würden. Die Klage ist deshalb zulässig.

Rechtsanwältin ◄

266 **10. Verfahren. a) Erlass neuer Verwaltungsakte im Laufe des Klageverfahrens.** Erlässt die Behörde nach Erlass des Widerspruchsbescheides einen Verwaltungsakt, der den angefochtenen Verwaltungsakt abändert oder ersetzt, wird dieser nach Klageerhebung Gegenstand des laufenden Klageverfahrens (§ 96 Abs. 1 SGG).

267 **b) Präklusion.** Das Gericht kann dem **Kläger** eine Frist zur Angabe von Tatsachen setzen, durch deren Berücksichtigung oder nicht Berücksichtigung im Verwaltungsverfahren er sich beschwert fühlt (§ 106 a Abs. 1 SGG).

Der Vorsitzende kann einem **Beteiligten** unter Fristsetzung aufgeben,

- Tatsachen anzugeben,
- Beweismittel zu bezeichnen,
- Urkunden oder andere bewegliche Sachen vorzulegen, soweit er dazu verpflichtet ist sowie
- elektronische Dokumente zu übermitteln, soweit der Beteiligte dazu verpflichtet ist (§ 106 a Abs. 2 SGG).

Werden vom Kläger oder einem Beteiligten Erklärungen oder Beweismittel nach Ablauf der vom Gericht gesetzten Frist vorgebracht, kann das Gericht diese zurückweisen und ohne weitere Ermittlungen entscheiden. Voraussetzung ist, dass durch die Zulassung der Erklärungen und Beweismittel nach der freien Überzeugung des Gerichts die Erledigung des Rechtstreites verzögert würde und der Kläger/der Beteiligte die Verspätung nicht genügend entschuldigt hat. Um die Präklusionswirkung herbeizuführen, müssen die Beteiligten jedoch über die Folgen des Fristversäumnisses belehrt worden sein (§ 106 a Abs. 3 SGG).

c) Musterverfahren. Ist ein oder dieselbe behördliche Maßnahme Gegenstand von mehr als 20 Verfahren an einem Gericht, so kann das Gericht ein Verfahren als Musterverfahren vorab durchführen. Die übrigen Verfahren dürfen bis zur Entscheidung des Musterverfahrens ausgesetzt werden (§ 114 a Abs. 1 SGG). Wurde im Musterverfahren eine Entscheidung getroffen, die rechtskräftig ist, dann kann das Gericht nach Anhörung der Beteiligten über die ausgesetzten Verfahren durch Beschluss entscheiden. Dies gilt allerdings nur dann, wenn die Sachen gegenüber dem rechtskräftig entschiedenen Musterverfahren keine wesentlichen Besonderheiten tatsächlicher oder rechtlicher Art aufweisen und der Sachverhalt geklärt ist. Das Gericht darf dann in den ausgesetzten Verfahren Beweise einführen, die es im Musterverfahren erhoben hat. Beweisanträge zu Tatsachen, über die bereits im Musterverfahren Beweis erhoben wurde, kann es ablehnen, wenn ihre Zulassung nach seiner freien Überzeugung nicht zum Nachweis neuer entscheidungserheblicher Tatsachen beitragen kann und die Erledigung des Rechtstreites verzögert wurde. Die Ablehnung kann durch Beschluss erfolgen. Gegen diesen steht dem Beteiligten das Rechtsmittel zu, welches zulässig wäre, wenn das Gericht durch Urteil entschieden hätte. Über das Rechtsmittel sind die Beteiligten zu informieren (§ 114 a Abs. 2 SGG). 268

d) Verhängung der Missbrauchsgebühr. Das Gericht kann einem Beteiligten durch Beschluss ganz oder teilweise die Kosten auferlegen, die dadurch verursacht werden, dass 269

- durch Verschulden des Beteiligten die Vertagung einer mündlichen Verhandlung oder die Anberaumung eines neuen Termins zur mündlichen Verhandlung nötig geworden ist oder
- der Beteiligte den Rechtsstreit führt, obwohl ihm vom Vorsitzenden die Missbräuchlichkeit der Rechtsverfolgung oder -verteidigung dargelegt und er auf die Möglichkeit der Kostenauferlegung bei Fortführung des Rechtsstreites hingewiesen worden ist (§ 192 Abs. 1 SGG).

Die Missbrauchsgebühr wird nach Hinweis durch das Gericht verhängt, wobei dieser in der mündlichen Verhandlung, aber auch schriftlich in einer gerichtlichen Verfügung erteilt werden kann.[135] Gegen die Verhängung der Missbrauchsgebühr kann unter eingeschränkten Voraussetzungen Beschwerde erhoben werden. Zur Einlegung der Beschwerde siehe Rn 315 ff.

Achtung: Die Missbrauchsgebühr kann auch einem Prozessbevollmächtigten auferlegt werden.[136] 269a

11. Verfahrensbeendigung. a) Klagerücknahme. Das Verfahren kann durch Klagerücknahme erledigt werden (§ 102 Abs. 1 SGG). Fordert das Gericht den Kläger auf, innerhalb einer Frist Mitwirkungshandlungen zu erbringen und kommt der Kläger dieser Aufforderung nicht nach, ohne hinreichend substanziiert darzulegen, warum die geforderte Handlung nicht vorgenommen werden kann, so gilt die Klage als zurückgenommen, wenn seit der Aufforderung des Gerichts mehr als drei Monate verstrichen sind (§ 102 Abs. 2 S. 1 SGG). Die Wirkung der 270

---

135 Gesetz zur Änderung des Sozialgerichtsgesetzes und des Arbeitsgerichtsgesetzes, BGBl. 2008 I S. 444.
136 LSG Niedersachsen-Bremen, Urt. v. 26.8.2010 – L 8 SO 159/10, juris, sowie SG Karlsruhe, Urt. v. 15.11.2012 – S 1 SO 3278/12, juris.

Klagerücknahme tritt nur ein, wenn das Gericht den Kläger mit der Aufforderung, eine gebotene Mitwirkungshandlung zu erbringen, darauf hinweist, dass die Klage als zurückgenommen gilt, wenn er das Verfahren trotz gerichtlicher Aufforderung länger als drei Monate nicht betreibt. Der Kläger ist auch auf die Kostenfolgen hinzuweisen (§ 102 Abs. 2 S. 3 SGG). Die Betreibensaufforderung ist darüber hinaus nur dann wirksam, wenn sie vom Richter verfügt und mit vollem Namen unterzeichnet ist.[137] Ist die Klage zurückgenommen oder gilt sie als zurückgenommen, dann entscheidet das Gericht durch Beschluss über die Kosten und stellt fest, dass der Rechtsstreit durch Klagerücknahme erledigt wurde.

271 **b) Erledigungserklärung/Anerkenntnis.** Das Klageverfahren kann aber durch Erledigungserklärung der Beteiligten oder Anerkenntnis des Beklagten (§ 101 SGG) enden. Dann muss gemäß § 193 Abs. 1 SGG ein Antrag auf Kostengrundentscheidung gestellt werden.

272 **c) Vergleich.** Endet das Klageverfahren mit einem gerichtlichen Vergleich (§ 101 SGG), trägt gemäß § 195 SGG jede Partei die Kosten selbst, sofern im Vergleich keine Kostenentscheidung getroffen wurde.

273 **d) Urteil/Gerichtsbescheid.** Das Klageverfahren kann außerdem durch Urteil (§ 125 SGG) oder durch Gerichtsbescheid (§ 105 SGG) enden. Das Urteil wird in der Regel sofort im Anschluss an die mündliche Verhandlung verkündet. Es bedarf keines Tatbestandes und der Entscheidungsgründe, wenn Kläger, Beklagte und sonstige rechtsmittelberechtigte Beteiligte auf Rechtsmittel gegen das Urteil verzichtet haben (§ 136 Abs. 4 SGG). Der Gerichtsbescheid ergeht nach vorheriger Anhörung der Beteiligten ohne mündliche Verhandlung, wenn die Sache keine besondere Schwierigkeit rechtlicher oder tatsächlicher Art aufweist und der Sachverhalt geklärt ist. Gegen beide Entscheidungen kann das Rechtsmittel der Berufung eingelegt werden, auf das im folgenden Kapitel eingegangen wird.

273a Wurde ein Gerichtsbescheid in einem nicht berufungsfähigen Verfahren erlassen, kann statt der Nichtzulassungsbeschwerde gegen den Gerichtsbescheid ein Antrag auf Durchführung der mündlichen Verhandlung gestellt werden. Die Frist hierzu beträgt einen Monat ab Zustellung des Gerichtsbescheids.

IV. Berufung (§§ 143 ff SGG)

274 **1. Statthaftigkeit/Nichtzulassungsbeschwerde.** Die Berufung findet zum Landessozialgericht statt gegen Urteile der Sozialgerichte, wenn

- der Wert einer Klage, die eine Geld-, Dienst- oder Sachleistung oder einen hierauf gerichteten Verwaltungsakt zum Gegenstand hat, 750 EUR (bei Erstattungsstreitigkeiten zwischen juristischen Personen des öffentlichen Rechts und Behörden 10.000 EUR) übersteigt oder
- die Berufung eine wiederkehrende oder laufende Leistung für mehr als ein Jahr betrifft.[138]

275 Ist das nicht der Fall, dann muss die Berufung durch das Sozialgericht zugelassen oder die Zulassung beim Landessozialgericht im Wege einer Nichtzulassungsbeschwerde erstritten werden (§§ 144, 145 SGG).

---

137 BSG, Urt. v. 1.7.2010 – B 13 R 58/09.
138 Gesetz zur Änderung des Sozialgerichtsgesetzes und des Arbeitsgerichtsgesetzes, BGBl. 2008 I S. 444.

Die Berufung ist gem. § 144 Abs. 2 SGG zuzulassen, wenn 276

- die Rechtssache grundsätzliche Bedeutung hat,
- das Urteil von einer Entscheidung des Landessozialgerichts, des Bundessozialgerichts, des Gemeinsamen Senats der obersten Gerichtshöfe des Bundes oder des BVerfG abweicht und auf dieser Abweichung beruht oder
- ein der Beurteilung des Berufungsgerichts unterliegender Verfahrensmangel geltend gemacht wird und vorliegt, auf dem die Entscheidung beruht.

Das Landessozialgericht ist gem. § 144 Abs. 3 SGG an die Zulassung gebunden.

Die **Nichtzulassungsbeschwerde** muss auf einen der oben genannten Zulassungsgründe gestützt werden. Sie muss gem. § 145 Abs. 1 S. 2 SGG innerhalb eines Monats ab Zustellung des vollständigen Urteils schriftlich oder zur Niederschrift des Urkundsbeamten beim Landessozialgericht eingelegt werden. Die Beschwerdeschrift soll das angefochtene Urteil und die zur Begründung dienenden Tatsachen und Beweismittel angeben (§ 145 Abs. 2 SGG). Durch die Einlegung der Beschwerde wird der Eintritt der Rechtskraft gehemmt. Das Landessozialgericht entscheidet über die Beschwerde durch Beschluss. Mit der Ablehnung, die kurz zu begründen ist, wird das erstinstanzliche Urteil rechtskräftig. Die Zulassung bedarf keiner Begründung. Das Beschwerdeverfahren wird daraufhin als Berufungsverfahren fortgesetzt, ohne dass es einer Einlegung der Berufung bedarf (§ 145 Abs. 5 SGG). 277

Hinweis: Ein als „Berufung" eingelegtes Rechtsmittel kann nicht in eine Nichtzulassungsbeschwerde umgedeutet werden.[139] 278

2. Frist und Form der Berufungseinlegung. Die Berufung ist gem. § 151 Abs. 1 SGG beim Landessozialgericht binnen eines Monats nach Zustellung des erstinstanzlichen Urteils schriftlich oder zur Niederschrift des Urkundsbeamten der Geschäftsstelle einzulegen. Die Frist ist auch gewahrt, wenn die Berufung innerhalb der Monatsfrist beim Sozialgericht schriftlich oder zur Niederschrift des Urkundsbeamten der Geschäftsstelle eingelegt wird. In diesem Fall legt das Sozialgericht die Berufungsschrift bzw die Niederschrift beim Landessozialgericht vor (§ 151 Abs. 2 SGG). 279

Die Versäumung der Berufungsfrist kann nicht mit dem Hinweis darauf geheilt werden, dass in der Rechtsmittelbelehrung der erstinstanzlichen Entscheidung nicht darauf hingewiesen wurde, dass der Rechtsbehelf auch in elektronischer Form eingereicht werden darf.[140] 279a

Die Berufungsschrift soll das angefochtene Urteil, einen bestimmten Antrag und die zur Begründung dienenden Tatsachen und Beweismittel angeben (§ 151 Abs. 3 SGG). Eine Berufung kann also zunächst auch fristwahrend ohne Begründung eingelegt werden. 280

3. Prüfungsumfang. Das Landessozialgericht ist, wie das Sozialgericht, eine Tatsacheninstanz. Es prüft also den Streitfall im gleichen Umfang wie das Sozialgericht und berücksichtigt auch neue Tatsachen und Beweismittel (§ 157 SGG). Eine Zeugenaussage darf durch das Landessozialgericht nicht anders gewürdigt werden als in erster Instanz, wenn das Gericht in zweiter Instanz den Zeugen nicht persönlich gehört hat. 281

---

139 BSG SozR 3-1500 § 158 Nr. 3.
140 BSG, Urt. v. 14.3.2013 – B 13 R 19/12.

282 **Hinweis:** Beweisanträge, die für sachdienlich gehalten werden, müssen im Hinblick auf die Einlegung einer Nichtzulassungsbeschwerde in der letzten mündlichen Verhandlung noch einmal zu Protokoll gestellt werden. Das ursprüngliche Stellen des Antrags im Schriftsatz ist nicht ausreichend. Gemäß der mit dem Gesetz zur Änderung des Sozialgerichtsgesetzes und des Arbeitsgerichtsgesetzes eingefügten neuen Vorschrift des § 157 a SGG kann das Gericht im Berufungsverfahren neue Erklärungen und Beweismittel, die im ersten Rechtszug entgegen der hierfür gesetzten Frist nicht vorgebracht worden sind, unter den gleichen Voraussetzungen zurückweisen wie das Gericht erster Instanz (vgl § 106 a SGG).

Erklärungen und Beweismittel, die das Sozialgericht zu Recht gemäß § 106 a SGG zurückgewiesen hat, bleiben im Berufungsverfahren ausgeschlossen (§ 157 a SGG).

283 **4. Verfahrensbeendigung.** Die Berufungsrücknahme nach Schluss der mündlichen Verhandlung gem. § 156 Abs. 1 S. 2 SGG setzt die Einwilligung des Berufungsbeklagten voraus. Das Landessozialgericht verwirft die Berufung durch Beschluss, wenn die Berufung nicht statthaft ist oder nicht form- oder fristgerecht eingelegt wurde. Gegen den Beschluss steht den Beteiligten das Rechtsmittel zu, das zulässig wäre, wenn das Gericht durch Urteil entschieden hätte (§ 158 SGG), also die Revision oder die auf Revisionszulassung gerichtete Nichtzulassungsbeschwerde.

284 Das Landessozialgericht kann die Berufung außerdem durch Beschluss gem. § 153 Abs. 4 SGG zurückweisen, wenn es sie einstimmig für unbegründet und eine mündliche Verhandlung für nicht erforderlich hält. Die Beteiligten sind vorher zu hören. Die fehlende Anhörung ist ein Verfahrensfehler, der einen absoluten Revisionsgrund darstellt. Die Zurückweisung durch Beschluss ist ausgeschlossen, wenn das Sozialgericht durch Gerichtsbescheid entschieden hat. Hat das erstinstanzliche Gericht durch Gerichtsbescheid entschieden, dann kann der Senat des Landessozialgerichtes durch Beschluss die Berufung dem Berichterstatter übertragen. Dieser entscheidet dann über die Berufung mit den ehrenamtlichen Richtern ohne die beiden anderen Berufsrichter des Senats des Landessozialgerichtes (§ 153 Abs. 5 SGG).[141]

285 Im Übrigen entscheidet das Landessozialgericht durch Urteil, wobei es von der Darstellung der Entscheidungsgründe absehen kann, wenn es die Berufung aus den gleichen Gründen zurückweist wie das erstinstanzliche Gericht (§ 153 Abs. 2 SGG). Das Landessozialgericht kann bei Vorliegen der in § 159 Abs. 1 SGG genannten Voraussetzungen die erstinstanzliche Entscheidung auch aufheben und an das Sozialgericht zurückverweisen. Das Sozialgericht hat bei seiner neuen Entscheidung die rechtliche Beurteilung zu berücksichtigen, die der Aufhebung zugrunde liegt (§ 159 Abs. 2 SGG).

285a **Eine Fiktion** entsprechend § 102 Abs. 2 SGG, nach der die Berufung als zurückgenommen gilt, wenn das Verfahren länger als drei Monate trotz Aufforderung nicht betrieben wird, gibt es nunmehr in § 156 Abs. 2 SGG.

---

141 Gesetz zur Änderung des Sozialgerichtsgesetzes und des Arbeitsgerichtsgesetzes, BGBl. 2008 I S. 444.

▶ **Muster: Nichtzulassungsbeschwerde**

An das Landessozialgericht ...

In dem Rechtsstreit

Herr ... [Kläger] ./. ... Krankenkasse [Beklagte]

Az ...

lege ich gegen die Nichtzulassung der Berufung in dem Urteil des Sozialgerichts ... vom ... – zugestellt am ... –

Beschwerde

ein und beantrage,
die Berufung zuzulassen.

Begründung:

Das Urteil leidet an einem wesentlichen Verfahrensmangel, auf dem es auch beruht. Das Sozialgericht hat die Klage mit der Begründung abgewiesen, der Kläger habe keinen Anspruch auf Versorgung mit einem Hörgerät im Wert von 400 EUR, da dieses gem. § 33 Abs. 1 SGB V nicht erforderlich sei, um eine Behinderung auszugleichen. Das eigene Hörvermögen des Klägers sei noch in ausreichendem Maß vorhanden.

Das Sozialgericht hat die medizinische Feststellung ohne Einholung eines Sachverständigengutachtens getroffen, obwohl ich mit Schriftsatz vom ... die Einholung eines Sachverständigengutachtens gem. § 109 SGG beantragt hatte. Das Sozialgericht gibt in seinem Urteil nicht bekannt, worauf es seine Sachkunde stützt. Seine Entscheidung verstößt deshalb gegen § 103 SGG und § 109 SGG. Darüber hinaus verletzt sie das rechtliche Gehör des Klägers.

Rechtsanwältin ◄

▶ **Muster: Berufung**

An das Landessozialgericht ...

In dem Rechtsstreit

der Frau ...

– Klägerin und Berufungsklägerin –

Prozessbevollmächtigte: RAe ...

gegen

... Rentenversicherung, ...

– Beklagte und Berufungsbeklagte –

Prozessbevollmächtigte: RAe ...

legen wir namens und in Vollmacht der Klägerin gegen das Urteil des Sozialgerichts ... vom ..., Az ..., – zugestellt am ... –

Berufung

ein und beantragen,
die Beklagte unter Aufhebung des Urteils des Sozialgerichts ... vom ... und des Bescheids vom ... in der Gestalt des Widerspruchsbescheids vom ... zu verurteilen, der Klägerin ab dem ... eine Rente wegen voller Erwerbsminderung zu gewähren.

Begründung:

Die Berufung ist gem. § 144 Abs. 1 S. 2 SGG statthaft, da sie eine laufende Leistung für mehr als ein Jahr betrifft. Die Klägerin leidet seit einem Verkehrsunfall, der sich am ... ereignet hat, bei dem sie nur leicht verletzt, ihr Bruder aber getötet wurde, unter Depressionen. Sie ist suizidgefährdet. Die Klägerin kann unstreitig nicht mehr als drei Stunden täglich auf dem allgemeinen Arbeitsmarkt tätig sein. Vor dem Unfall hatte sie seit dem ... bei der Baufirma B. als angestellte Bauingenieurin gearbeitet. Das Sozialgericht ... hat die Klage mit der Begründung, auf die sich zuvor auch die Beklagte gestützt hatte, abgewiesen. Die Klägerin habe die allgemeine Wartezeit gem. § 43 Abs. 2 Nr. 3 SGB VI nicht erfüllt.

Das ist unzutreffend. Zwischen der Beendigung der Schule und der Aufnahme des Studiums hatte die Klägerin in der Zeit vom ... bis zum ... bereits bei der Baufirma B. Arbeiten im Büro verrichtet. Sie war in dieser Zeit angestellt und hat Beiträge zur Sozialversicherung entrichtet. Die allgemeine Wartezeit von 60 Monaten ist damit erfüllt. Deshalb sind auch alle Voraussetzungen des § 43 Abs. 2 SGB VI erfüllt. Die Beklagte ist verpflichtet, der Klägerin eine Rente wegen voller Erwerbsminderung zu gewähren.

Rechtsanwalt ◀

V. Revision (§§ 160 ff SGG)

288 **1. Statthaftigkeit/Nichtzulassungsbeschwerde.** Gegen Urteile des Landessozialgerichts steht den Beteiligten die Revision zum Bundessozialgericht zu, wenn sie im Urteil des Landessozialgerichts zugelassen wurde (§ 160 Abs. 1 Alt. 1 SGG) oder das Bundessozialgericht sie auf eine Nichtzulassungsbeschwerde (§ 160 a SGG) eines Beteiligten durch Beschluss zulässt (§ 160 Abs. 1 Alt. 2 SGG).

289 Gemäß § 160 Abs. 2 SGG ist die Revision zuzulassen, wenn

- die Rechtssache grundsätzliche Bedeutung hat,[142]
- das Urteil von einer Entscheidung des Bundessozialgerichts, des Gemeinsamen Senats der obersten Gerichtshöfe des Bundes oder des BVerfG abweicht und auf dieser Abweichung beruht (Divergenzrüge) oder
- ein Verfahrensmangel geltend gemacht wird, auf dem die angefochtene Entscheidung beruhen kann. Ein Verfahrensmangel wegen der Verletzung von § 109 SGG, § 128 Abs. 1 S. 1 SGG und § 103 SGG kann nur geltend gemacht werden, wenn er sich auf einen Beweisantrag bezieht, dem das Landessozialgericht ohne hinreichende Begründung nicht gefolgt ist.

290 Eine **Rechtssache hat grundsätzliche Bedeutung**, wenn die Revisionsentscheidung geeignet ist, die Rechtssicherheit zu erhalten oder zu sichern und die Fortbildung des Rechts zu fördern. Das ist der Fall, wenn es im Rechtsstreit um eine neue

- klärungsbedürftige und
- klärungsfähige Rechtsfrage geht,
- deren Entscheidung über den Einzelfall hinaus Bedeutung besitzt und die
- entscheidungserheblich ist.

---

[142] BSG, Urt. v. 18.5.2010 – B 7 AL 43/08 R: Wird die Revision vom Landessozialgericht wegen grundsätzlicher Bedeutung zugelassen, so ist die vorher beim Landessozialgericht erfolgte Übertragung der Entscheidung auf einen Einzelrichter rechtswidrig und verletzt das Recht des Berufungsführers auf den gesetzlichen Richter.

Es muss deshalb zunächst eine Rechtsfrage formuliert werden. Dann ist darzulegen, warum die Rechtsfrage noch nicht beantwortet wurde, wobei eine Auseinandersetzung mit der Rechtsprechung des Bundessozialgerichts erforderlich ist.

291

Eine Rechtsfrage ist nicht klärungsbedürftig, wenn

292

- die Antwort praktisch außer Zweifel steht,[143]
- die Antwort sich unmittelbar aus dem Gesetz ergibt[144] oder
- bereits höchstrichterlich geklärt wurde.[145]

Eine **Divergenzrüge** liegt vor, wenn das Landessozialgericht den Kriterien, die in der Entscheidung aufgestellt wurden, von der abgewichen worden sein soll, widersprochen hat, also andere rechtliche Merkmale entwickelt hat. Bei der Divergenzrüge muss die Entscheidung, von der abgewichen worden sein soll, genau mit Datum, Aktenzeichen und Fundstelle bezeichnet werden. Dann muss der Entscheidungstext, von dem abgewichen worden sein soll, möglichst wörtlich zitiert werden. Des Weiteren muss der abweichende Rechtssatz der Entscheidung des Landessozialgerichts herausgearbeitet werden. Beide Rechtssätze sind miteinander zu vergleichen.

293

An die Zulassung durch das Landessozialgericht bei Erfüllung der oben genannten Kriterien ist das Bundessozialgericht gebunden.

294

Die **Nichtzulassungsbeschwerde** muss beim Bundessozialgericht binnen eines Monats ab Zustellung des Urteils eingelegt werden (§ 160 a Abs. 1 SGG). Sie muss gem. § 160 a Abs. 2 SGG innerhalb von zwei Monaten ab Zustellung des Urteils unter Beachtung der oben genannten Anforderungen an die Darlegungspflichten begründet werden, wobei der Vorsitzende die Frist auf Antrag um einen Monat verlängern kann. Die Nichtzulassungsbeschwerde hemmt den Eintritt der Rechtskraft. Das Bundessozialgericht entscheidet über die Beschwerde durch Beschluss. Er soll eine kurze Begründung enthalten, es sei denn, die Begründung ist nicht dazu geeignet, zur Klärung der Voraussetzungen der Revisionszulassung beizutragen. Wird der Beschwerde stattgegeben, dann beginnt mit der Zustellung der Entscheidung die Revisionsfrist. Bezüglich der inhaltlichen Anforderungen an die Nichtzulassungsbeschwerde wird auf die Ausführungen zur Beschwerde gegen die Nichtzulassung der Berufung verwiesen (Rn 277 ff).

295

Leidet das Urteil des Landessozialgerichts an einem Verfahrensmangel und beruht auf ihm, dann kann das Bundessozialgericht die angefochtene Entscheidung durch Beschluss auch aufheben und zur erneuten Verhandlung und Entscheidung an das Landessozialgericht zurückverweisen (§ 160 a Abs. 5 SGG).

296

Ausnahmsweise findet auch gegen Urteile des Sozialgerichts die Revision statt. Den Beteiligten steht die **Sprungrevision** zu, wenn der Gegner schriftlich der Zulassung und Einlegung zustimmt und sie vom Sozialgericht im Urteil oder durch Beschluss zugelassen wird (§ 161 Abs. 1 SGG). Sie ist nur zuzulassen, wenn die Rechtssache grundsätzliche Bedeutung hat oder die Divergenzrüge erhoben wird. Der Antrag auf Zulassung der Sprungrevision ist innerhalb eines Monats ab Zustellung des Urteils schriftlich zu stellen (§ 161 Abs. 1 S. 2 SGG). Lehnt

297

---

143 BSG SozR 1500 § 160 a Nr. 4.
144 BSG SozR 1300 § 13 Nr. 1.
145 BSG SozR 1500 § 160 Nr. 51.

das Sozialgericht den Antrag durch unanfechtbaren Beschluss ab, dann beginnt mit der Zustellung dieser Entscheidung die Berufungsfrist bzw die Frist für die Beschwerde gegen die Nichtzulassung der Berufung, sofern die Zulassung der Sprungrevision unter Einhaltung der Frist- und Formvorschriften beantragt wurde. Wird die Sprungrevision zugelassen, beginnt mit der Zustellung der Entscheidung der Lauf der Revisionsfrist.

298 **2. Frist und Form der Revisionseinlegung.** Gemäß § 164 Abs. 1 SGG ist die Revision innerhalb eines Monats ab Zustellung des Urteils des Landessozialgerichts oder des Zulassungsbeschlusses des Bundessozialgerichts schriftlich einzulegen. Sie ist gem. § 164 Abs. 2 SGG innerhalb einer Frist von zwei Monaten schriftlich zu begründen, wobei der Vorsitzende die Begründungsfrist auf begründeten Antrag hin mehrfach verlängern kann. Nach Wiedereinsetzung beträgt die Begründungsfrist einen Monat ab Zustellung des Wiedereinsetzungsbeschlusses.[146]

299 Die **Begründung** muss einen bestimmten Antrag enthalten und sich mit dem angefochtenen Urteil auseinandersetzen. Eine Bezugnahme auf frühere Schriftsätze oder die Begründung der Nichtzulassungsbeschwerde ist nicht ausreichend. Die Revisionsbegründung muss alle Teile der Entscheidungsgründe des LSG-Urteils betreffen. Die verletzte Rechtsnorm muss bezeichnet werden, ebenso Verfahrensverletzungen, aus denen die Mängel sich ergeben, wenn diese gerügt werden.[147]

300 Mit der Rüge, das Landessozialgericht habe gegen die Bestimmungen über die Sachverhaltsaufklärung gem. §§ 103, 109, 128 SGG verstoßen, muss exakt angegeben werden,

- welchem Beweisantrag das Landessozialgericht hätte nachgehen müssen,
- in welchem Punkt der Zeuge oder Sachverständige nähere Erklärungen hätte abgeben müssen,
- gegen welche Denkgesetze das Landessozialgericht bei der Sachverhaltsfeststellung bzw der Gutachtenauswertung verstoßen hat oder welche allgemeinen Erfahrungssätze es außer Acht gelassen hat und
- inwieweit eine weitere Beweisaufnahme das Beweisergebnis des Rechtsstreits zugunsten des Revisionsklägers beeinflusst hätte.

301 Kommen zwei Sachverständige zu unterschiedlichen Ergebnissen, müssen vor einer abschließenden Beweiswürdigung alle weiteren Aufklärungsmöglichkeiten auch unter Berücksichtigung der wissenschaftlichen Lehrmeinung ausgeschöpft werden, um Widersprüche zu konkretisieren, zu verringern oder auszuräumen.[148] Es muss außerdem dargelegt werden, dass das Landessozialgericht bei einem verfahrensfehlerfreien Vorgehen zu einem anderen Urteil gelangt wäre.

301a Eine Klagänderung ist in der Revisionsinstanz im Prinzip unzulässig (§ 168 SGG). Ausnahmen ergeben sich aus § 168 S. 2 SGG.

302 **3. Prüfungsumfang.** Mit der Revision kann nur die Verletzung einer Vorschrift des Bundesrechts oder einer sonstigen im Bereich des Berufungsgerichts geltenden Vorschrift, deren Geltungsbereich sich auch über den Bezirk des Berufungsgerichts hinaus erstreckt, geltend ge-

---

146 BSG SozR 1500 § 164 Nr. 9.
147 BSG, Urt. v. 30.3.2011 – B 12 KR 23/10 R.
148 BSG SozR 1500 § 128 Nr. 31.

macht werden (§ 162 SGG). Das Bundessozialgericht ist gem. § 163 SGG an die vom Berufungsgericht getroffenen Tatsachenfeststellungen gebunden, es sei denn, in Bezug auf die Feststellungen werden zulässige und begründete Revisionsgründe vorgebracht.

4. Verfahrensbeendigung. Ist die Revision nicht statthaft oder wurde sie nicht in der vom Gesetz vorgeschriebenen Frist und Form eingelegt und begründet, dann verwirft das Bundessozialgericht sie ohne mündliche Verhandlung durch Beschluss (§ 169 SGG).

Ist die Revision unbegründet, weist das Bundessozialgericht sie durch Beschluss zurück. Ist die Revision begründet, kann es, sofern die Sache entscheidungsreif ist, selbst entscheiden oder nach den Voraussetzungen des § 170 SGG das angefochtene Urteil aufheben und zur erneuten Verhandlung und Entscheidung zurückverweisen. Bei der Sprungrevision steht es im Ermessen des Bundessozialgerichts, die Rechtssache an das Landessozialgericht zu verweisen, das bei Einhaltung des Instanzenzuges zuständig gewesen wäre.

▶ **Muster: Nichtzulassungsbeschwerde**

An das Bundessozialgericht

Az ...

In dem Rechtsstreit

des Herrn ...

– Kläger und Beschwerdeführer –

Prozessbevollmächtigte: RAe ...

gegen

die Unfallkasse ...

– Beklagte und Beschwerdegegnerin –

lege ich unter Vorlage einer Originalvollmacht namens und in Vollmacht meines Mandanten gegen das Urteil des Landessozialgerichts ... vom ... – zugestellt am ... –

Nichtzulassungsbeschwerde

ein, mit dem Antrag,

die Revision zuzulassen.

Begründung:

Der Kläger nahm als Schüler der 6. Klasse des K.-Gymnasiums an einer Klassenfahrt nach R. teil. Die Klasse war dort in einer Jugendherberge untergebracht. In der Mittagspause am ... spielten der Kläger und einige Mitschüler in ihrem Zimmer in der Jugendherberge „Fangen". Der Fänger, ein Mitschüler, der den Kläger „abschlagen" wollte, gab ihm dabei einen heftigen Stoß, durch den der Kläger unglücklich stürzte und sich eine Kreuzbandläsion im linken Knie zuzog, die operativ mit einer Kreuzbandersatzplastik versorgt werden musste. Trotzdem leidet der Kläger noch unter einem Instabilitätsgefühl im Knie und einem Streckdefizit.

Die Beklagte verweigert die Anerkennung des Arbeitsunfalls im Rahmen der Schülerversicherung mit der Begründung, der Unfall habe sich außerhalb des organisatorischen Verantwortungsbereichs der Schule zugetragen und sei deshalb dem nichtversicherten Privatbereich zuzuordnen (Bescheid vom ... in der Gestalt des Widerspruchsbescheids vom ...). Das Sozialgericht ... hat die Klage abgewiesen (Urt. v. ...). Das Landessozialgericht ... hat die Berufung zurückgewiesen (Urt. v. ...).

Es wird eine Abweichung des Urteils des Landessozialgerichts vom Urteil des Bundessozialgerichts vom 5.10.1995 – 2 RU 44/94 –, abgedruckt in SozR 3-2200 § 539 Nr. 34, gerügt.

Das Landessozialgericht hat ausgeführt, ein Arbeitsunfall liege nicht vor, weil während der Klassenfahrt alle typischen eigenwirtschaftlichen Tätigkeiten des Schülers ausgenommen seien. Dazu zählten auch Verrichtungen, die die Schüler in ihrer Freizeit selbstbestimmt vornähmen. Die der Erholung und Regeneration dienende Mittagspause habe gegen 12.00 Uhr begonnen, als die Aufsichtsperson die Ruheräume verlassen habe. Der Kläger sei im Übrigen nicht bei einer besonderen, dem Aufenthalt mit der Klasse in der Jugendherberge eigentümlichen Gefahr geschädigt worden.

Mit diesen Argumenten hat das Landessozialgericht den die Entscheidung tragenden Rechtssatz aufgestellt, auf einer Klassenfahrt mit gemeinsamer Unterbringung der Schüler liege in der Rangelei während der Mittagspause eine im Wesentlichen privatwirtschaftliche Betätigung vor.

Das Bundessozialgericht hat demgegenüber in seinem Urteil vom 5.10.1995 – 2 RU 44/94 – den gegenteiligen Rechtssatz aufgestellt, nach dem auf einer Klassenfahrt bei gemeinsamer Unterbringung der Schüler in einer Balgerei gerade keine wesentlich privatwirtschaftliche Betätigung vorliegt. Eine solche Balgerei sei gerade typisch und von dem zuständigen Träger der gesetzlichen Unfallversicherung als Arbeitsunfall zu entschädigen.

Die einerseits im angefochtenen Urteil des Landessozialgerichts und andererseits vom Bundessozialgericht in dem bezeichneten Urteil aufgestellten Rechtssätze sind miteinander unvereinbar, da sie einander widersprechen. Es liegt somit eine Divergenz iSv § 160 Abs. 2 Nr. 2 SGG vor. Das Urteil des Landessozialgerichts beruht auch auf der Abweichung: Hätte das Landessozialgericht den vom Bundessozialgericht aufgestellten Rechtssatz angewandt, hätte es feststellen müssen, dass die Kreuzbandläsion Folge eines Arbeitsunfalls vom ... ist.

Rechtsanwältin ◄

▶ **Muster: Revision**

An das Bundessozialgericht

Az ...

In dem Rechtsstreit

der Frau ...

– Klägerin und Revisionsklägerin –

Prozessbevollmächtigte: RAe ...

gegen

die Bau-Berufsgenossenschaft ...

– Beklagte und Revisionsbeklagte –

Prozessbevollmächtigte: RAe ...

lege ich namens und in Vollmacht der Klägerin

Revision

ein gegen das Urteil des Landessozialgerichts ... vom ..., Az ..., – zugestellt am ... – und beantrage, das Urteil des Landessozialgerichts ... vom ... aufzuheben und die Berufung gegen das Urteil des Sozialgerichts ... zurückzuweisen,[149]

hilfsweise,

den Rechtsstreit an die Vorinstanz zurückzuverweisen.

Begründung:

Der Ehemann der Klägerin, Herr ..., war bei der Firma F. als Maler beschäftigt. Am ... fuhr er auf direktem Weg zu seiner Arbeitsstelle. Auf der ...straße kam er mit seinem Pkw von der Fahrbahn ab, fuhr eine Böschung hinunter und prallte gegen einen Baum. Der Pkw fing sofort Feuer und brannte aus. Herr ... konnte nur noch tot aus dem Pkw geborgen werden. Die Beklagte weigert sich, Leistungen zu erbringen, weil bei der anschließenden Obduktion des Toten nicht geklärt werden konnte, ob er einem entgegenkommenden Fahrzeug ausweichen musste oder er in seinem Wagen an einem plötzlichen Herztod gestorben ist und deshalb von der Straße abkam (Bescheid vom ... und Widerspruchsbescheid vom ...).

Das Sozialgericht hat der Klage stattgegeben und der Klägerin eine Hinterbliebenenrente gem. § 65 SGB VII zugesprochen. Das Landessozialgericht hat die Entscheidung aufgehoben und die Klage abgewiesen. Nach seiner Auffassung liegt kein Arbeitsunfall iSv § 8 SGB VII vor, da die haftungsbegründende Kausalität fehle, wenn der Unfall auf einer inneren Ursache beruhe. Zwischen der versicherten Tätigkeit und dem Unfall müsse eine ursächliche Verbindung bestehen. Nach der Theorie der wesentlichen Bedingung sei nur eine solche als ursächlich anzusehen, die wegen ihrer besonderen Bedeutung für den Erfolg zu dessen Eintritt wesentlich beigetragen habe. Vorliegend lasse sich aber nicht feststellen, ob der Verstorbene wegen eines entgegenkommenden Fahrzeugs oder einer inneren Ursache, des Herztodes, von der Fahrbahn abgekommen sei. Da die Klägerin die objektive Beweislast treffe, gehe die fehlende Feststellbarkeit zu ihren Lasten.

Das Landessozialgericht durfte den Grundsatz der objektiven Beweislast nicht anwenden. Dies darf erst geschehen, wenn nach Ausschöpfung aller Möglichkeiten nicht festgestellt werden kann, ob die zur Begründung des Anspruchs erforderlichen Umstände tatsächlich gegeben sind (BSG SozR 3-4100 § 119 Nr. 7).

Die Klägerin hatte im Berufungsverfahren neben der Zurückweisung der Berufung hilfsweise beantragt, die Malergesellen M. und K. als Zeugen zu vernehmen, die in dem Pkw gesessen haben, der dem Wagen des Verstorbenen gefolgt ist. Entgegen der Auffassung des Landessozialgerichts kann wegen der Tatsache, dass der Pkw der Zeugen ca. 100 m von der Örtlichkeit entfernt war, als der Unfall sich ereignete, nicht geschlossen werden, dass die Zeugen zur Sachverhaltsaufklärung nicht beitragen könnten. Es ist vielmehr davon auszugehen, dass bei Durchführung der von der Klägerin beantragten Beweisaufnahme der Ursachenzusammenhang zwischen der versicherten Tätigkeit und dem auf der Fahrt zur Arbeitsstelle erlittenen Unfall nachgewiesen worden wäre.

Die Verletzung der dem Landessozialgericht obliegenden Aufklärungspflicht gem. § 103 SGG stellt einen Verfahrensmangel dar, auf dem die zweitinstanzliche Entscheidung beruhen kann. Das Urteil des Landessozialgerichts ... ist deshalb in jedem Fall aufzuheben.

Rechtsanwalt ◄

---

[149] Die Klage war in erster Instanz gewonnen worden, weshalb die Beklagte Berufung eingelegt hatte.

§ 6 Sozialversicherung

VI. Einstweiliger Rechtsschutz

307　**1. Antragsverfahren in erster Instanz.** Widerspruch und Anfechtungsklage haben gem. § 86 a Abs. 1 SGG aufschiebende Wirkung. In den in § 86 a Abs. 2 SGG explizit aufgeführten Fällen entfällt die aufschiebende Wirkung. Die Ausgangsbehörde oder die Widerspruchsstelle kann aber die sofortige Vollziehung aussetzen (§ 86 a Abs. 3 SGG). Die Aussetzungsentscheidung kann mit Auflagen versehen, befristet und auch jederzeit wieder geändert werden.

308　In § 86 b SGG ist die Gewährung einstweiligen Rechtsschutzes geregelt. Nach § 86 b Abs. 1 SGG kann das Gericht in Fällen, in denen Widerspruch und Klage keine aufschiebende Wirkung haben, diese ganz oder teilweise anordnen. Haben Widerspruch und Klage aufschiebende Wirkung, dann kann das Gericht die sofortige Vollziehung anordnen. Auch hier kann die Herstellung der aufschiebenden Wirkung mit Auflagen versehen, befristet und jederzeit geändert oder aufgehoben werden.

309　§ 86 b Abs. 2 SGG ist in Anwendung des Sinngehalts von § 123 VwGO ausgestaltet worden. Das Gericht der Hauptsache kann auf Antrag eine Anordnung in Bezug auf den Streitgegenstand treffen, sofern die Gefahr besteht, dass durch die Veränderung des bestehenden Zustands die Verwirklichung eines Rechts des Antragstellers vereitelt oder wesentlich erschwert wird. Eine einstweilige Anordnung kann auch zur Regelung eines vorläufigen Zustands in Bezug auf ein streitiges Rechtsverhältnis getroffen werden, wenn die Regelung zur Abwendung wesentlicher Nachteile erforderlich erscheint. Die Regelungen über den Arrest und die einstweilige Verfügung der ZPO gelten entsprechend.

310　Alle Anträge nach § 86 b Abs. 1 und 2 SGG können auch bereits vor Klageerhebung gestellt werden. Das Gericht entscheidet durch Beschluss.

311　▶ **Muster: Wiederherstellung der aufschiebenden Wirkung eines Widerspruchs (§ 86 b Abs. 1 SGG)**

An das Sozialgericht ...

In der Sache

des Herrn ...

　　　　　　　　　　　　　　　　　　　　　　　　　　　　– Antragsteller –

Verfahrensbevollmächtigte: RAe ...

gegen

die ... Rentenversicherung, ...

　　　　　　　　　　　　　　　　　　　　　　　　　　　– Antragsgegnerin –

beantragen wir namens und in Vollmacht des Antragstellers,

im Wege der einstweiligen Anordnung die aufschiebende Wirkung des Widerspruchs vom ... gegen den Bescheid vom ..., Az ..., wieder herzustellen.

Begründung:

Der Antragsteller erhält von der Antragsgegnerin seit dem ... eine Rente wegen voller Erwerbsminderung. Mit Bescheid vom ... hat die Antragsgegnerin die Rente gem. § 96 a SGB VI wegen Hinzuverdienstes als Gastwirt auf ein Viertel gekürzt und die sofortige Vollziehung gem. § 86 a Abs. 2 Nr. 5 SGG angeordnet. Der Bescheid der Antragsgegnerin beruht auf einer Fehlinformation bzw einem Irrtum. Der Antragsteller führt zwar gelegentlich die Cafeteria des Vereinshauses des Segelsportvereins am H-See. Die Tätigkeit ist aber ein Ehrenamt, das auf dreimal wöchentlich zwei Stunden beschränkt ist. Der Antragsteller ist nicht in der Lage, länger zu arbeiten. Er erhält keinen Lohn.

Der am ... erhobene Widerspruch hat deshalb gute Aussichten auf Erfolg. Würde die Rente nicht in der bisher bewilligten Höhe fortgezahlt, müsste der Kläger Leistungen nach dem SGB XII in Anspruch nehmen. Das ist ihm nicht zuzumuten. Die Wiederherstellung der aufschiebenden Wirkung des Verwaltungsakts erscheint daher geboten.

Rechtsanwalt ◄

▶ **Muster: Einstweilige Anordnung (§ 86 b Abs. 2 SGG)**   312

An das Sozialgericht ...

In der Sache

des Herrn ...

– Antragsteller –

Verfahrensbevollmächtigte: RAe ...

gegen

die ... Pflegekasse, ...

– Antragsgegnerin –

beantrage ich namens und in Vollmacht des Antragstellers,

die Antragsgegnerin im Wege der einstweiligen Anordnung zu verpflichteten, dem Antragsteller Pflegesachleistungen für Pflegeeinsätze bis zu einem Gesamtwert in Höhe von 384 EUR monatlich für Pflegebedürftigkeit der Stufe I zu gewähren.

Begründung:

Der 90-jährige Antragsteller leidet unter Herzinsuffizienz, Diabetes Mellitus, Rheuma und Schwerhörigkeit. Seine Ehefrau lebt bereits im Pflegeheim. Kinder sind aus der Ehe nicht hervorgegangen. Andere Angehörige existieren nicht. Der Antragsteller wurde nach einem stationären Aufenthalt vier Wochen in der Kurzzeitpflege betreut. Weil er bei nahezu allen Verrichtungen der Grundpflege Hilfe benötigt, insbesondere beim Aufstehen, Waschen und beim Verlassen der Wohnung sowie bei der Versorgung seines Haushalts, hat er während des Aufenthalts in der Kurzzeitpflege einen Antrag auf Pflegesachleistungen gestellt. Der Gutachter des MDK hat ihn in der Kurzzeitpflege besucht und trotzdem keine Pflegebedürftigkeit attestiert. Die Antragsgegnerin, deren Mitglied der Antragsteller ist, hat den Antrag daraufhin mit Bescheid vom ... abgelehnt. Der Antragsteller erhob am ... Widerspruch. Da die Kurzzeitpflege längstens für die Dauer von vier Wochen bewilligt wird, muss er am kommenden Montag, den ..., in seine häusliche Umgebung entlassen werden. Dort benötigt er, wie bereits dargestellt, Pflegesachleistungen, da er tatsächlich pflegebedürftig ist. Der Antragsteller ist nicht in der Lage, die Pflege aus eigenen Mitteln zu finanzieren. Der Erlass der einstweiligen Anordnung bis zur Entscheidung in der Hauptsache ist deshalb nötig, um wesentliche Nachteile abzuwenden, die drohen, wenn der Antragsteller sich ohne Hilfe selbst versorgen muss.

Rechtsanwältin ◄

2. Rechtsmittel im Verfahren des einstweiligen Rechtsschutzes. Gegen Entscheidungen des   313
Sozialgerichtes findet die Beschwerde statt (zum Beschwerdeverfahren siehe Rn 315 ff).

Süß

314 ▶ **Muster: Beschwerde**

An das Landessozialgericht ...

In der Sache

des Herrn ...

– Antragsteller und Beschwerdeführer –

Verfahrensbevollmächtigte: RAe ...

gegen

die ... Rentenversicherung, ...

– Antragsgegnerin und Beschwerdegegnerin –

erheben wir namens und in Vollmacht des Antragstellers und Beschwerdeführers

Beschwerde

und beantragen,

den Beschluss des Sozialgerichtes ... vom ... aufzuheben und die Antragsgegnerin und Beschwerdeführerin zu verpflichten, dem Antragsteller Leistungen zur Teilhabe am Arbeitsleben im Wege der einstweiligen Anordnung bis zur rechtskräftigen Entscheidung in der Hauptsache zu gewähren.

Begründung:

Der Antragsteller leidet unter Gelenkreizungen in beiden Händen, Arthritis und Tenosynovitis. Deshalb besteht eine Bewegungseinschränkung im linken Bein und den Händen mit deutlicher Zunahme und länger anhaltenden Schmerzepisoden bei Belastung. Seine körperliche Belastungs- und Leistungsfähigkeit ist deshalb eingeschränkt. Seinen bisherigen Beruf kann er nicht mehr ausüben. Der Antragsteller möchte deshalb umschulen und eine Ausbildung zum Heilpraktiker absolvieren. Die Antragsgegnerin ist zu Unrecht nicht bereit, die hierfür anfallenden Kosten zu übernehmen. Das Sozialgericht hat es zu Unrecht abgelehnt, die Antragsgegnerin im einstweiligen Rechtsschutzverfahren zur Übernahme der Kosten zu verpflichten. Es hat bei seiner Entscheidung übersehen, dass der Antragsteller in der Lage ist, den angestrebten Beruf uneingeschränkt auszuführen. Dies wird sowohl durch den Bericht des behandelnden Orthopäden des Antragstellers vom ... wie auch durch die fachärztliche Stellungnahme des Universitätsklinikums vom ... bestätigt.

Im Übrigen besteht Eilbedürftigkeit, da der Antragsteller die von ihm gewünschte Ausbildung bereits im kommenden Monat beginnen möchte.

Rechtsanwältin ◀

VII. Beschwerde

315 **1. Statthaftigkeit.** Gemäß § 172 Abs. 1 SGG findet die Beschwerde gegen Entscheidungen der Sozialgerichte statt. Ausgenommen hiervon sind Urteile und Entscheidungen der Vorsitzenden der Sozialgerichte. Außerdem können prozessleitende Verfügungen, Aufklärungsanordnungen, Vertagungsbeschlüsse, Fristbestimmungen, Beweisbeschlüsse, Beschlüsse über Ablehnung von Beweisanträgen, über Verbindungen und Trennungen von Verfahren und Ansprüchen und über die Ablehnung von Gerichtspersonen nicht mit der Beschwerde angefochten werden (§ 172 Abs. 2 SGG). In Abweichung von § 172 Abs. 1 SGG ist die Beschwerde außerdem in folgenden Fällen nach § 172 Abs. 3 SGG ausgeschlossen:

- in Verfahren des einstweiligen Rechtsschutzes, wenn in der Hauptsache die Berufung nicht zulässig wäre,
- gegen die Ablehnung von Prozesskostenhilfe, wenn das Gericht ausschließlich die persönlichen oder wirtschaftlichen Voraussetzungen für die Prozesskostenhilfe verneint, in der Hauptsache die Berufung der Zulassung bedürfte oder das Gericht in der Sache durch Beschluss entscheidet gegen den die Beschwerde ausgeschlossen ist,
- gegen Kostengrundentscheidungen nach § 193 SGG,
- gegen die Verhängung der Missbrauchsgebühr nach § 192 Abs. 2 SGG, wenn in der Hauptsache kein Rechtsmittel gegeben ist und der Wert des Beschwerdegegenstandes 200 EUR nicht übersteigt.

Gemäß § 73 a SGG iVm § 114 Abs. 2 S. 1 ZPO kann ein Beschluss, mit dem die Bewilligung von Prozesskostenhilfe wegen fehlender Erfolgsaussichten in der Hauptsache abgelehnt wird, ebenfalls nicht mit der Beschwerde angefochten werden, wenn die Berufung in der Hauptsache nicht zulässig ist.[150]

2. Form und Frist. Die Beschwerde ist binnen eines Monats nach Bekanntgabe der Entscheidung beim Sozialgericht schriftlich oder zur Niederschrift des Urkundsbeamten der Geschäftsstelle einzulegen. Die Frist wird auch dann gewahrt, wenn die Beschwerde fristgerecht beim Landessozialgericht schriftlich oder zur Niederschrift des Urkundsbeamten der Geschäftsstelle eingelegt wird (§ 173 SGG). Damit die Beschwerde form- und fristgerecht eingelegt werden kann, muss das Sozialgericht über diese belehren. Die Belehrung kann auch mündlich erfolgen. Sie muss dann jedoch aktenkundig gemacht werden (§ 173 S. 3 SGG). 316

3. Wirkung. Hat die angegriffene Entscheidung des Sozialgerichtes die Festsetzung eines Ordnungs- oder Zwangsmittels zum Gegenstand, dann hat die Beschwerde aufschiebende Wirkung nach § 175 SGG. Das Gericht bzw der Vorsitzende, dessen Entscheidung angefochten wird, kann bestimmen, dass der Vollzug der angefochtenen Entscheidung einstweilen auszusetzen ist. 317

4. Verfahrensbeendigung. Das Sozialgericht kann der Beschwerde nicht abhelfen, indem es die angefochtene Entscheidung aufhebt bzw abändert. Über die Beschwerde entscheidet das Landessozialgericht durch Beschluss nach § 176 SGG. Die Entscheidungen des Landessozialgerichts im Beschwerdeverfahren können nicht selbstständig durch Beschwerde beim Bundessozialgericht angefochten werden (§ 177 SGG). 318

▶ **Muster: Beschwerde (gegen die Ablehnung eines PKH-Antrages)** 319

An das Sozialgericht ...

In der Sache

des Herrn ...

– Kläger –

Verfahrensbevollmächtigte: RAe ...

gegen

die ... Pflegekasse, ...

– Beklagte –

---

150 Sächs. LSG vom 28.3.2011 – L 1 KR 5/10 B PKH, juris.

Az ...

lege ich gegen den Beschluss des Sozialgerichts ... vom ... – zugestellt am ... –

Beschwerde

ein und beantrage,

den Beschluss des Sozialgerichts ... vom ... aufzuheben und dem Kläger Prozesskostenhilfe unter Beiordnung von Frau Rechtsanwältin ... ab Antragstellung zu gewähren.

Begründung:

Der Kläger begehrt die Gewährung von Prozesskostenhilfe in einem Rechtsstreit um Leistungen aus der Pflegeversicherung.

Das Sozialgericht hat die Bewilligung der Prozesskostenhilfe abgelehnt, da nach seiner Überzeugung im Hauptsacheverfahren keine Aussicht auf Erfolg besteht.

Das Sozialgericht hat die Bewilligung von Prozesskostenhilfe zu Unrecht abgelehnt. Ein Beteiligter, der nach seinen persönlichen und wirtschaftlichen Verhältnissen die Kosten der Prozessführung nicht, nur zum Teil oder nur in Raten aufbringen kann, erhält auf Antrag Prozesskostenhilfe, wenn die beabsichtigte Gerichtsverfolgung hinreichend Aussicht auf Erfolg bietet und nicht mutwillig erscheint. Die beabsichtigte Rechtsverfolgung bietet bei summarischer Prüfung hinreichend Aussicht auf Erfolg.

Hinreichende Erfolgsaussicht setzt nicht voraus, dass der Kläger mit seinem Begehren wahrscheinlich ganz oder teilweise obsiegen wird. Für die Annahme hinreichender Erfolgsaussichten genügt, dass eine reale, das heißt ganz entfernt liegende, Möglichkeit des Obsiegens besteht oder vor der abschließenden Beantwortung der streiterheblichen Fragen weitere Ermittlungen von Amts wegen geboten sind (Bundesverfassungsgericht NJW-RR 2002, 1069).

Um beurteilen zu können, ob die Antragsgegnerin Pflegegeld gemäß der Pflegestufe 1 ablehnen durfte, muss ein weiteres Pflegegutachten eingeholt werden. Das von der Antragsgegnerin bereits eingeholte Gutachten ist mangelhaft, da es die Angaben der Pflegekraft nicht berücksichtigt, die den Antragsteller betreut. Der Gutachter ist deshalb unzutreffend zur Ansicht gelangt, der Grundpflegebedarf der Pflegestufe 1 sei nicht erfüllt.

Rechtsanwältin ◄

VIII. Wiedereinsetzung in den vorigen Stand

320 Wenn eine gesetzliche Frist, insbesondere eine der in den vorhergehenden Kapiteln erwähnten Fristen, ohne Verschulden nicht eingehalten wurde, dann kann auf Antrag gem. § 27 Abs. 1 SGB X bzw § 67 SGG Wiedereinsetzung in den vorigen Stand gewährt werden. Ohne Verschulden war jemand an der Einhaltung der Frist gehindert, wenn er die Sorgfalt angewandt hat, die einem im Verwaltungsverfahren gewissenhaft Handelnden im Einzelfall zuzumuten ist. Das Verschulden eines gewillkürten oder gesetzlichen Vertreters ist dem Vertretenen zuzurechnen, es sei denn, er kann nachweisen, dass er ihn sorgfältig ausgesucht, belehrt und überwacht hat.

321 Der Wiedereinsetzungsantrag muss innerhalb von zwei Wochen (§ 27 SGB X) bzw eines Monats (§ 67 SGG) ab Wegfall des Hindernisses gestellt werden. Die Tatsachen zur Begründung des Antrags sind vorzutragen und glaubhaft zu machen, wobei die Glaubhaftmachung auch

nachgeholt werden kann. Außerdem muss die versäumte Handlung innerhalb der Antragsfrist nachgeholt werden. Ist dies geschehen, dann kann Wiedereinsetzung ggf auch ohne Antrag gewährt werden.

Spätestens ein Jahr nach dem Ende der versäumten Frist kann die Handlung nicht mehr nachgeholt und Wiedereinsetzung beantragt werden, es sei denn, höhere Gewalt hat dies unmöglich gemacht.

▶ **Muster: Antrag auf Wiedereinsetzung in den vorigen Stand**

An die AOK ...

Az ...

In Sachen

der Frau ...

legen wir namens und in Vollmacht unserer Mandantin gegen den Bescheid vom ...

Widerspruch

ein und beantragen gleichzeitig,

ihr wegen der Versäumung der Widerspruchsfrist

Wiedereinsetzung in den vorigen Stand

zu gewähren.

Begründung:

1. Unserer Mandantin ist Wiedereinsetzung in den vorigen Stand zu gewähren. Der ablehnende Bescheid vom 30.5.2014 wurde unserer Mandantin am 2.6.2014 mit einem durch die Post übermittelten Brief bekannt gegeben. Sie beauftragte uns am 29.6.2014 mit der Einlegung des Widerspruchs und der Vertretung im Widerspruchsverfahren. Das Widerspruchsschreiben wurde am 30.6.2014 ausgefertigt. Die zuverlässige Mitarbeiterin S. aus dem Büro der Bevollmächtigten wurde beauftragt, das Widerspruchsschreiben am Abend des 30.6.2014 in den Hausbriefkasten der AOK ... einzuwerfen.

Auf der Fahrt zum Hausbriefkasten wurde die Mitarbeiterin aber in einen Verkehrsunfall verwickelt, bei dem sie schwer verletzt wurde und ihr Wagen mit allen Unterlagen ausgebrannt ist. Mit der S. konnte erst am 5.7.2014, nachdem sie aus dem Koma erwacht war, geklärt werden, dass sie das Einspruchsschreiben zum Zeitpunkt des Unfalls noch nicht in den Hausbriefkasten eingeworfen hatte und dieses folglich mit verbrannt war.

Glaubhaftmachung: 1. Eidesstattliche Versicherung der S.
                               2. Fotokopie der polizeilichen Ermittlungsakte, Az ..., über den Unfall

Unsere Mandantin war also ohne ihr Verschulden an der rechtzeitigen Einlegung des Widerspruchs gehindert (§ 27 Abs. 1 SGB X).

2. Der Widerspruch ist auch begründet. Unsere Mandantin zog sich am 6.3.2014 bei einem Verkehrsunfall eine komplizierte Unterschenkeltrümmerfraktur zu, die osteosynthetisch versorgt wurde. Das bei der Operation eingesetzte Metall muss nun operativ entfernt werden. Unsere Mandantin muss dafür eine Woche stationär im F-Krankenhaus aufgenommen werden. In der Zeit kann sie ihren Haushalt und ihr sechsjähriges Kind nicht versorgen. Sie beantragte deshalb die

Bewilligung einer Haushaltshilfe gem. § 38 SGB V. Im Bescheid vom 30.5.2014 wurde der Antrag mit der Begründung abgelehnt, die im Haushalt unserer Mandantin lebende 81-jährige Mutter könne den Haushalt während des stationären Aufenthalts versorgen.

Das ist nicht der Fall. Die Mutter unserer Mandantin hat vor zwei Jahren einen Schlaganfall erlitten. Sie sitzt seitdem im Rollstuhl und kann kaum sprechen.

Beweis: Attest des Herrn Dr. ...

Unsere Mandantin hat deshalb einen Anspruch auf Bewilligung einer Haushaltshilfe.

Rechtsanwalt ◄

IX. Antrag auf Aufhebung eines bestandskräftigen Verwaltungsakts (§ 44 SGB X)

324 Wurde die Widerspruchsfrist gegen einen Verwaltungsakt, die Klagefrist oder aber auch eine Frist im Rechtsmittelverfahren schuldhaft nicht gewahrt, dann wird der belastende Ausgangsverwaltungsakt, mit dem eine bereits bewilligte Leistung entzogen oder eine beantragte Leistung nicht bewilligt wird, rechtskräftig. Gleichwohl kann der bestandskräftige Bescheid noch angegriffen, geprüft und infolge der Prüfung aufgehoben werden.

325 Gemäß § 44 SGB X ist ein bestandskräftiger Verwaltungsakt aufzuheben, wenn er rechtswidrig ist. Hat der Versicherte einen belastenden Verwaltungsakt bestandskräftig werden lassen, weil er eine Frist versäumt hat, dann muss gem. § 44 SGB X bei der Behörde, die den Bescheid erlassen hat, beantragt werden, den belastenden Bescheid wegen Rechtswidrigkeit aufzuheben. Lehnt die Behörde diesen Antrag durch Verwaltungsakt ab, weil sie den schon bestandskräftigen Bescheid für rechtmäßig hält, dann kann gegen den nun neu erlassenen Bescheid, mit dem der Antrag nach § 44 SGB X abgelehnt wird, erneut Widerspruch und gegebenenfalls Klage erhoben werden. Auf diesem Weg kann ein schon bestandskräftiger Bescheid auch gerichtlich überprüft werden.

326 ▶ **Muster: Antrag nach § 44 SGB X**

An die ... Rentenversicherung

Az ...

In Sachen

des Herrn ...

beantragen wir namens und in Vollmacht unseres Mandanten,

den Bescheid vom ... gem. § 44 SGB X wegen unrichtiger Anwendung des Rechts aufzuheben.

Begründung:

Unser Mandant ist als Tischler bei der Firma F. beschäftigt. Er leidet unter einem lumbalen Schmerzsyndrom, das durch eine inzwischen verheilte Impressionsfraktur an den großen LWK 4 und 5 verursacht wird. Er beantragte am ... Leistungen zur medizinischen Rehabilitation, die mit Bescheid vom ... abgelehnt wurden.

Die Ablehnung ist rechtswidrig. Durch das Schmerzsyndrom ist es unserem Mandanten nicht mehr möglich, Lasten von mehr als 5 kg zu heben oder zu tragen. Außerdem kann er Arbeiten in Zwangshaltungen nicht mehr ausführen. Er kann nicht mehr lange stehen. Seine Erwerbsfähigkeit ist dadurch gemindert. Durch eine medizinische Rehabilitationsmaßnahme könnte sie verbessert bzw. wiederhergestellt werden.

Sie sind deshalb verpflichtet, unserem Mandanten die beantragte Leistung zu bewilligen.
Eine Vollmacht ist im Original beigefügt.
Rechtsanwalt ◄

X. Beweisanträge

Im sozialgerichtlichen Verfahren gilt, wie auch im Verwaltungsverfahren, der Amtsermittlungsgrundsatz, dh die Untersuchungsmaxime. Gleichwohl empfiehlt es sich, als Anwalt aktiv Beweismittel zu benennen und Beweisanträge zu stellen. 327

Hinweis: Der Anwalt sollte sich deshalb nicht scheuen, bereits in der Klagebegründung die Anhörung namentlich benannter Ärzte, insbesondere Spezialisten, anzuregen. Dies kann bei Aufgeschlossenheit des Richters in geeigneten Fällen zu einer Straffung und Beschleunigung des Verfahrens führen. 328

Beauftragt das Gericht einen **Sachverständigen** mit der Erstellung eines medizinischen Sachverständigengutachtens, dann muss der Anwalt die Beweisanordnung des Gerichts prüfen, insbesondere folgende Fragen: 329

- Sind die vom Gericht gestellten Beweisfragen entscheidungserheblich und vollständig?
- Sind in der Beweisanordnung die Besonderheiten des zu entscheidenden Falls ausreichend berücksichtigt?
- Ist, soweit es darauf ankommt, der berufliche Werdegang des Klägers zutreffend skizziert?
- Sind alle Umstände des Unfallhergangs ermittelt?

Daneben sollte der Rechtsanwalt prüfen, ob das Gericht einen geeigneten und qualifizierten Gutachter ausgewählt hat und auch ansonsten keine Gründe gegen die Benennung des Sachverständigen als Gutachter sprechen. Er sollte sich folgende Fragen stellen: 330

- Verfügt der Sachverständige über die erforderliche Fachkunde iSv § 407 a Abs. 1 ZPO?
- Ist gegebenenfalls ein psychologisches Zusatzgutachten erforderlich, um die Umstellungs- und Anpassungsfähigkeit zu überprüfen?
- Sind bei der Aufklärung des Sachverhalts spezielle arbeitsmedizinische Erfahrungen gefragt? Vermag der Gutachter Fragen in dieser Hinsicht mit seiner Qualifikation zu beantworten?
- Besitzt der Facharzt auf seinem Fachgebiet die erforderliche Qualifikation? Beispielsweise: Ist bei einem internistischen Gutachten ein Lungenfacharzt oder ein Kardiologe geeigneter?
- Bedarf es gegebenenfalls ergänzender Fachkunde, zB bei der Interpretation von Röntgenaufnahmen oder CT-Befunden?
- Liegen Gründe vor, weshalb der beauftragte Arzt von der Sachverständigentätigkeit ausgeschlossen ist, etwa weil er schon einmal früher an dem Verfahren beteiligt war?
- Besteht gegebenenfalls die Besorgnis der Befangenheit, beispielsweise weil der Gutachter ständig mit der Gegenseite zusammenarbeitet oder eine persönliche Auseinandersetzung mit dem Mandanten zu befürchten ist?

Besteht mit der Person des Sachverständigen kein Einverständnis, dann muss die Benennung des Sachverständigen gem. § 406 Abs. 2 ZPO innerhalb von zwei Wochen, also noch vor Erstellung des Gutachtens, gerügt werden. Kann die Befangenheit des Sachverständigen nicht 331 innerhalb der genannten Frist gerügt werden, weil Umstände, die die Befangenheit begründen, erst später zutage treten, dann muss die Rüge der Befangenheit unverzüglich ausgesprochen werden.

332 Sobald das **Sachverständigengutachten** vorliegt, muss der Rechtsanwalt dieses kritisch überprüfen und sich dabei ggf folgende Fragen stellen:
- Hat der beauftragte Arzt selbst die erforderlichen Untersuchungen und Auswertungen vorgenommen, oder hat er unter Verstoß gegen § 407 a Abs. 2 ZPO den Auftrag an Dritte weitergegeben?
- Inwieweit hat er nachgeordnete Ärzte zu sog. Hilfstätigkeit herangezogen? Hat der Sachverständige den gesamten Akteninhalt, also sämtliche Vorgutachten, Befundberichte und weitere ärztliche Unterlagen, vollständig mit gewürdigt und in seiner Beurteilung diskutiert, oder bestehen nicht auflösbare Widersprüche zwischen der Beurteilung des Sachverständigen und den Vorbefunden bzw dem Vorgutachten?
- Hat der Sachverständige die seiner Beurteilung vorgreifenden sog. Anknüpfungstatsachen zutreffend berücksichtigt (zB Unfallhergang, Exposition bezüglich einer streitigen Berufskrankheit oder Anforderungen, die eine bestimmte berufliche Tätigkeit von dem Arbeitnehmer verlangen)?
- Hat der Sachverständige alle Klagen des Mandanten zur Kenntnis genommen? Hat er sich, sofern es erforderlich ist, gegebenenfalls der Hilfe eines Dolmetschers bedient?
- Hat der Sachverständige alle Fragen nachvollziehbar und vollständig beantwortet? Hat er gegebenenfalls seine von den Vorgutachten abweichende Meinung begründet oder widersprechen sich die einzelnen Antworten?
- Ergibt sich aus der Beurteilung, dass der Sachverständige Rechtsbegriffe seinerseits auslegt und damit seine Kompetenz überschreitet oder seiner Beurteilung ein falsches rechtliches Vorverständnis zugrunde legt?
- Hat er beispielsweise die Grundsätze über die Kausalität in der gesetzlichen Unfallversicherung oder das Gebot der „Integration" von Einzelminderungen der Erwerbsfähigkeit beachtet?
- Hat der Sachverständige möglicherweise die Minderung der Erwerbsfähigkeit iSv § 56 Abs. 2 SGB VII mit den Invaliditätsgraden gem. § 8 Allgemeine Versicherungsbedingungen der Unfallversicherungen (private Versicherung) verwechselt? Hat er Anforderungen an die Leistungsprüfung gemäß den Bedingungen der privaten Lebensversicherung (Berufsunfähigkeitsversicherung) mit denen von § 43 SGB VI verwechselt?
- Entspricht die Beurteilung durch den Sachverständigen den Erfahrungen der Sozialmedizin?
- Reichen die Ergebnisse eines Tests zur Feststellung der körperlichen Leistungsfähigkeit aus, um das Leistungsvermögen sachgerecht zu beurteilen, oder müssen noch Aspekte der psychischen Belastbarkeit berücksichtigt werden?
- Sind die vom Sachverständigen beschriebenen Depressionen oder Neurosen wirklich „bewusstseinsnah", also bei Anspannung aller Kräfte überwindbar?

333 Nach Erhalt des Gutachtens muss der Rechtsanwalt mit seinem Mandanten Rücksprache halten und mit ihm die Befunderhebung und deren Beurteilung sowie die Grundlagen, die der medizinischen Beurteilung zugrunde liegen, erörtern. Der Mandant muss darüber informiert

werden, welche Schlüsse das Gericht aus dem Gutachten ziehen wird und muss. Gleichzeitig sollte das Gutachten dem Mandanten übergeben werden mit der Bitte, es dem behandelnden Arzt zu übermitteln, wiederum mit der Bitte um ergänzende Stellungnahme, auch aus der Sicht therapeutischer Bemühungen der Vergangenheit.

Der Mandant muss gefragt werden, ob inzwischen neue Behandlungsberichte, Krankenhaus-Entlassungsberichte, Befundberichte oder Gutachten anderer Leistungsträger, zB der Agentur für Arbeit, des Versorgungsamts oder der Berufsgenossenschaft, vorliegen, die im Widerspruch zum Gerichtsgutachten stehen. Der Anwalt sollte sich von seinem Mandanten die im Alltag auftretenden Gesundheitsbeeinträchtigungen anhand des Alltagsablaufs oder bei Verrichtung leichter Tätigkeiten noch einmal schildern lassen, um detaillierte Kritik am Gerichtsgutachten üben zu können. Soweit die Möglichkeit besteht, sollten Zeugen für die Schilderung benannt werden, zB Angehörige oder Pflegepersonen iSv § 9 SGB XI bzw das Pflegepersonal eines Heimes, wenn der Pflegebedarf gem. §§ 14, 15 SGB XI festgestellt werden soll. Mit dem Mandanten sollte erörtert werden, ob ein Privatgutachten eingeholt werden kann und muss. Außerdem sollte erörtert werden, ob ein Antrag auf Anhörung des Sachverständigen gem. §§ 397, 411 Abs. 3 ZPO gestellt werden sollte. 334

Wenn das Gericht bereits ein medizinisches Sachverständigengutachten eingeholt hat, dann ist es häufig trotz der Kritik des Rechtsanwalts nicht bereit, **weitere Sachaufklärung** zu betreiben und ein Gutachten aus dem gleichen Fachgebiet wie in dem bereits vorliegenden Gutachten einzuholen. In diesem Fall sollte der Anwalt gem. § 109 SGG beantragen, dass ein bestimmter Arzt mit der Erstellung eines Gutachtens beauftragt werde. Das Gutachten nach § 109 SGG muss eingeholt werden, wenn ein entscheidungserhebliches, der medizinischen Beurteilung zugängliches Beweisthema betroffen ist, zu dem der vom Kläger benannte Arzt Auskunft geben kann (auch wenn es sich um einen im Ausland tätigen Arzt handelt).[151] Die Kosten für ein solches Gutachten muss der Mandant selbst tragen. Das Gericht fordert einen Kostenvorschuss. Zudem muss der Mandant gegenüber dem Gericht auf einem hierfür vorgesehenen Formular die persönliche Kostenhaftung durch Unterschrift bestätigen. Die Kosten eines Gutachtens nach § 109 SGG werden in der Regel von der Rechtsschutzversicherung getragen. Es empfiehlt sich allerdings, die Kostenzusage der Rechtsschutzversicherung einzuholen, bevor der Antrag nach § 109 SGG gestellt wird. 335

Im Rahmen der Prozesskostenhilfe werden die Kosten für ein Gutachten nach § 109 SGG nicht durch die Staatskasse übernommen. Nach Abschluss des Verfahrens bzw der Instanz, in der der Antrag gestellt wurde, besteht aber für alle Kläger die Möglichkeit, bei der Staatskasse einen Antrag auf Übernahme der Kosten zu stellen. Wenn der Rechtsstreit durch das Gutachten zumindest gefördert wurde, dann können die Kosten des Gutachtens (zumindest teilweise) der Staatskasse auferlegt werden. 336

Der „arme" Kläger, der nicht in der Lage ist, einen Kostenvorschuss im Rahmen des § 109 SGG zu leisten, sollte außerdem beantragen, ihn von der Vorschusspflicht zu befreien. Gleichwohl können die Kosten am Ende auf ihn zukommen, wenn das Gutachten zur Förderung des Rechtsstreits nicht beigetragen hat. 337

---

151 BSG, Urt. v. 20.4.2010 – B 1/3 KR 22/08 R.

338 Bei der **Auswahl des Sachverständigen** muss der Rechtsanwalt besonders sorgfältig vorgehen. Die Mandanten möchten häufig den behandelnden Arzt als Sachverständigen im Rahmen des § 109 SGG benennen. Die Benennung des behandelnden Arztes sollte jedoch nur in Ausnahmefällen geschehen, auch wenn dieser Arzt grundsätzlich das Vertrauen des Mandanten genießt. Häufig besitzt der behandelnde Arzt nämlich keinerlei Gutachtenerfahrung und weiß deshalb nicht, worauf es im konkreten Fall ankommt. In der Regel ist es deshalb besser, wenn man den Mandanten bittet, der ihn behandelnde Facharzt möge einen ihm bekannten Gutachter benennen. Sachverständige, von denen man nicht weiß, ob sie Gutachten erstellen, sollten vor der Antragstellung befragt werden, ob sie zur Erstellung eines Gutachtens bereit sind. Dies hilft, erhebliche Verzögerungen zu vermeiden, die durch Ablehnung eines Gutachtenauftrags notgedrungen entstehen. Lehnt ein benannter Gutachter die Erstellung des Gutachtens gegenüber dem Gericht ab, so ist das Recht zur Benennung eines Arztes im Rahmen von § 109 SGG nicht „verbraucht". Der Kläger kann dann einen anderen Arzt benennen. § 109 SGG sieht die Möglichkeit vor, einen medizinischen Sachverständigen zu hören. Lehnt der erstbenannte Gutachter den Antrag ab, dann hat die Anhörung noch nicht stattgefunden.

339 Es muss allerdings berücksichtigt werden, dass die Anhörung eines medizinischen Sachverständigen zur Folge hat, dass der **Antrag nach § 109 SGG nur einmal** im Laufe des Rechtsstreits gestellt werden kann. Wurde er also bereits in erster Instanz gestellt, dann kann in zweiter Instanz ein erneuter Antrag nach § 109 SGG nicht gestellt werden. Ausnahmen von diesem Grundsatz sind möglich, wenn

- das Gericht weitere ärztliche Unterlagen beizieht, ein weiteres Gutachten von Amts wegen eingeholt würde oder auch die Gegenseite neue fachärztliche Gutachten vorgelegt hat,
- das nach § 109 SGG bereits vorliegende Gutachten ergänzungsbedürftig ist, weil neue Aspekte der Krankengeschichte oder weiteres medizinisches Material bekannt geworden sind oder
- das erste vorliegende Gutachten gem. § 109 SGG nicht vom beauftragten Sachverständigen selbst erstellt wurde.

340 ▶ **Muster: Antrag auf Anhörung eines bestimmten Arztes (§ 109 SGG)**

An das Sozialgericht ...

In dem Rechtsstreit

Herr ... [Kläger] ./. ... Krankenkasse [Beklagte]

Az ...

wird gem. § 109 SGG beantragt,

ein schriftliches Gutachten des Herrn Prof. Dr. ..., Facharzt für ..., ... [Anschrift] einzuholen.

Beweisthema:

War der Kläger trotz der Folgen des am ... erlittenen Unfalls ab dem ... ohne Gefährdung seiner Gesundheit wieder in der Lage, seinen Beruf als Malermeister auszuüben?

Begründung:

Die bisher im gerichtlichen Verfahren gehörten Sachverständigen haben die von der Beklagten vertretene Auffassung bestätigt, dass der Kläger ab dem ... seine Arbeit wieder hätte aufnehmen können. Die Gutachten berücksichtigen jedoch die Verletzungen an der Wirbelsäule nicht ausreichend.

Bei größeren Anstrengungen leidet der Kläger noch heute unter erheblichen Schmerzen im Rückenbereich. Diese sind Folgen des Unfalls vom ... . Bei seiner Tätigkeit als Maler muss der Kläger oft mehrere Stunden auf Leitern stehen, über Kopf arbeiten bzw die Wirbelsäule belastende Zwangshaltungen einnehmen. Außerdem muss er gelegentlich schwere Gegenstände heben und tragen. Dies kann, wie der benannte Sachverständige bestätigen wird, zu einer Verschlimmerung seines Rückenleidens führen. Der Kläger ist deshalb weiterhin arbeitsunfähig und hat über den ... hinaus Anspruch auf Krankengeld.

Rechtsanwalt ◄

▶ **Muster: Antrag auf Übernahme der Kosten für ein Gutachten nach § 109 SGG**

An das Sozialgericht ...

Az ...

In Sachen

Frau ... [Klägerin] ./. ... Rentenversicherung [Beklagte]

beantrage ich,

die verauslagten Kosten für das gem. § 109 SGG von Dr. ... eingeholte Gutachten durch die Staatskasse zu übernehmen,

da es wesentlich zur Sachaufklärung beigetragen hat. Es hat hinsichtlich der Befunderhebung und der Diagnose gegenüber dem nach § 106 SGG von Dr. ... eingeholten Gutachten wesentliche neue Erkenntnisse gebracht. Daraufhin hat die Beklagte ein Anerkenntnis abgegeben.

Rechtsanwältin ◄

▶ **Muster: Beschwerde gegen die Kostenentscheidung wegen der Kosten für ein Gutachten nach § 109 SGG**

An das Sozialgericht ...

Az ...

In Sachen

Frau ... [Klägerin] ./. ... Rentenversicherung [Beklagte]

lege ich gegen den Beschluss des Sozialgerichts ... vom ...

Beschwerde

ein.

Begründung:

Der Antrag der Klägerin, die von ihr verauslagten Kosten für das gem. § 109 SGG von Herrn Dr. B. eingeholte Gutachten durch die Staatskasse zu übernehmen, ist begründet.

Das Gutachten hat wesentlich zur Sachaufklärung beigetragen. Dr. B. hat in seinem Gutachten neue Gesichtspunkte aufgezeigt, die das Sozialgericht dazu veranlasst haben, ein weiteres Gutachten von Dr. U. einzuholen. Wenn das SG dann bei seiner Urteilsfindung dem Gutachten des Dr. U. den Vorzug gegeben hat, kann daraus nicht abgeleitet werden, dass das Gutachten des Dr. B. keinen wesentlichen Beitrag zur Sachverhaltsaufklärung gebracht hat. Gegenüber dem ersten von Amts wegen eingeholten Gutachten des Herrn Dr. A. enthielt das Gutachten des Herrn Dr. B. nicht nur erheblich abweichende Befunde und Diagnosen, sondern beruhte auch auf einer eingehenderen klinischen Untersuchung, so dass seinem Gutachten gegenüber dem des Dr. A. ein höherer Beweiswert zukam.

Rechtsanwältin ◄

343 **Hinweis:** Kommt auch der nach § 109 SGG benannte Gutachter zu dem Ergebnis, dass die medizinischen Voraussetzungen für den in der Klage geltend gemachten Anspruch nicht vorliegen, dann sollte mit dem Mandanten ggf erörtert werden, die Klage zurückzunehmen. Im sozialrechtlichen Verfahren kann jederzeit ein neuer Leistungsantrag gestellt werden, beispielsweise bei Verschlimmerung der Leiden.

XI. Forderungsübergang

344 **1. Cessio legis (§ 116 Abs. 1 S. 1 SGB X).** Gemäß § 116 Abs. 1 S. 1 SGB X geht ein auf anderen gesetzlichen Vorschriften beruhender Anspruch auf Schadenersatz auf den Versicherungsträger oder Träger der Sozialhilfe über, soweit diese aufgrund des Schadenereignisses Sozialleistungen zu erbringen haben, die der Behebung eines Schadens der gleichen Art dienen und sich auf denselben Zeitraum beziehen wie der vom Schädiger zu leistende Schadenersatz.

345 **a) Der Schadenersatzanspruch des Geschädigten.** Der Forderungsübergang erfasst Ansprüche aus Verschuldens- und Gefährdungshaftung und aus Vertragsverletzung sowie den Amtshaftungsanspruch gem. § 839 BGB. Ansprüche aus privatem Versicherungsvertrag gehen nicht über.

346 Eine Identität zwischen Leistungsempfänger und Schadenersatzberechtigten ist nicht zwingend erforderlich, lediglich **sachliche Kongruenz**. Zu beachten ist, dass unabhängig davon, ob der Leistungsempfänger der Schadenersatzberechtigte ist oder nicht, dem Schädiger beziehungsweise dessen Versicherung alle Einwendungen zustehen, die der Schädiger auch gegen den Geschädigten erheben kann, zB Mithaftung oder Verstoß gegen die Schadenminderungspflicht.

347 Die Einrede der Verjährung kann vom Schädiger gegenüber dem zuständigen Sachbearbeiter des sozialen Leistungsträgers allerdings nur dann erhoben werden, wenn der zuständige Sachbearbeiter Kenntnis vom Schadenfall und von der Person des Schädigers erhalten hat und deshalb die Verjährungsfrist zu laufen begonnen hat. Erlangt der zuständige Sachbearbeiter infolge grober Fahrlässigkeit keine Kenntnis, beginnt die Frist ebenfalls zu laufen.

348 **b) Voraussetzungen des Forderungsübergangs.** Die Schadenersatzansprüche gehen nur insoweit auf den Sozialleistungsträger über, als

- eine sachliche Kongruenz besteht, dh die Leistungen zur Behebung eines Schadens gleicher Art gedient haben, und
- eine zeitliche Kongruenz vorhanden ist, dh die Leistungen des sozialen Leistungsträgers sich auf denselben Zeitraum beziehen wie der vom Schädiger zu leistende Schadenersatz.

349 **aa) Sachliche Kongruenz.** Sachliche Kongruenz ist gegeben, wenn die Leistungen des Sozialleistungsträgers den gleichen Zweck erfüllen wie die Schadenersatzleistungen. Sie müssen dem Ausgleich ein und derselben Einbuße des Geschädigten dienen. **Übergangsfähige Positionen** sind danach beispielsweise:

- **Sachschäden:** Kosten für Anschaffung, Ersatz oder Reparatur von Hilfsmitteln, beispielsweise künstlichen Körperteilen gem. § 33 SGB V.
- **Personenschäden:** Leistungen für die stationäre und ambulante Behandlung gem. § 27 SGB V und gem. § 37 SGB V häusliche Krankenpflege.
- **Erwerbsschäden:**
  - Krankengeld gem. § 44 SGB V bzw Verletztengeld gem. § 45 SGB VII oder Übergangsgeld gem. § 49 SGV VII,
  - Erwerbsminderungsrente eines Rentenversicherungsträgers (§ 43 SGB VI),
  - Verletztenrente gem. § 56 SGB VII,
  - Aufwendungen eines Unfallrentenversicherungsträgers zur beruflichen Rehabilitation.
- **Vermehrte Bedürfnisse:**
  - Haushaltshilfe bei Krankenhausbehandlung (§ 38 SGB V),
  - Leistungen des Unfallversicherungsträgers zur sozialen Rehabilitation (§§ 39 ff SGB V),
  - Pflegegeld.
- **Unterhaltsschäden:** Hinterbliebenenrente.

Nicht übergehen können hingegen folgende beispielhaft aufgeführte Positionen: 350

- Schmerzensgeld,
- Ansprüche aus privaten Versicherungs- und Versorgungsverträgen, da der Geschädigte diese Leistungen selbst durch Eigenleistung erworben hat, weshalb sie dem Schädiger nicht zugutekommen dürfen,
- freiwillige Leistungen Dritter.

bb) Zeitliche Kongruenz. Zeitliche Kongruenz bedeutet, dass die Leistungen des Sozialleistungsträgers sich auf denselben Zeitraum beziehen müssen wie der vom Schädiger zu leistende Schadenersatz. Das heißt, sowohl der Schaden wie auch die Leistungen des Sozialleistungsträgers müssen zeitlich aufgeteilt werden. Sofern ein Verdienstausfall nur für einen Teil des Monats entsteht, findet auch nur für diesen Teil ein Forderungsübergang statt. 351

c) Zeitpunkt des Forderungsübergangs. Der Forderungsübergang erfolgt im Zeitpunkt des Schadenereignisses, dh im Moment der Schadenentstehung, wenn folgende weitere Voraussetzungen erfüllt sind: 352

- Ein Sozialversicherungsverhältnis muss zum Zeitpunkt des Unfalls bestehen. Wird es erst später begründet, dann erwirbt der Sozialleistungsträger die Forderung erst mit der Begründung des Versicherungsverhältnisses.
- Aufgrund der Art der Verletzung muss überhaupt eine Leistungspflicht des Sozialversicherungsträgers möglich sein, dh sie darf nicht völlig unwahrscheinlich erscheinen, wobei bereits eine entferntere Möglichkeit ausreicht.
- Die vom Sozialleistungsträger gewährte Leistung muss in ihrer Art bereits gesetzlich vorgesehen sein. Wird durch eine Gesetzesänderung ein neuer Anspruch des Versicherten geschaffen, der im bisherigen Leistungssystem nicht enthalten war (Systemänderung), dann erfolgt der Forderungsübergang erst mit dem Inkrafttreten des Gesetzes. Beispiele hierfür sind die Neuregelung der Witwen- und Waisenhilfe nach § 48 BVG und die Einführung des Pflegegeldes für nicht schwerstpflegebedürftige Personen.

353 Keine Systemänderung sind hingegen die Anpassung von Leistungen an Änderungen im allgemeinen Lohn- und Preisgefüge, die Änderung von Berechnungsmodalitäten bzw eine Umstellung der Rentendynamik.

354 **d) Rechtsfolgen.** Der Forderungsübergang erfolgt uneingeschränkt und unbefristet und umfasst alle gegenwärtigen und künftigen Leistungen des Sozialleistungsträgers. Der Forderungsübergang steht unter der auflösenden Bedingung des endgültigen Wegfalls der Leistungspflicht des Sozialleistungsträgers bzw der Beendigung des Sozialversicherungsverhältnisses. Endet die Leistungspflicht, dann fällt der Anspruch wieder auf den Geschädigten zurück.

355 Da der Geschädigte nicht der Rechtsnachfolger des Sozialleistungsträgers ist, muss er sich einen von diesem geschlossenen Abfindungsvergleich oder den Ablauf der Verjährungsfrist bezüglich des Sozialleistungsträgers nicht entgegenhalten lassen. Dagegen muss der Sozialleistungsträger sich Vergleiche, die von dem Geschädigten vor dem Übergang abgeschlossen wurden, entgegenhalten lassen. Das gilt auch für eine eventuell abgelaufene Verjährungsfrist.

356 **Hinweis:** Es empfiehlt sich deshalb, stets in einen Vergleich bzw in eine Abfindungserklärung den Zusatz aufzunehmen, dass alle Ansprüche abgegolten sind, „..., soweit nicht die Ansprüche des Geschädigten bereits auf den Sozialleistungsträger oder Dritte übergegangen sind bzw übergehen."

357 **e) Mitverschulden des Geschädigten. aa) Anteiliger Forderungsübergang.** Ist der Anspruch auf Ersatz eines Schadens durch ein mitwirkendes Verschulden oder eine mitwirkende Verantwortlichkeit des Geschädigten begrenzt, geht auf den Sozialversicherungsträger oder Träger der Sozialhilfe gem. § 116 Abs. 3 SGB X nur der Anteil über, der dem Prozentsatz entspricht, für den der Schädiger ersatzpflichtig ist. Das bedeutet, der Sozialversicherungsträger kann von dem Betrag, den er bei einer Haftung in Höhe von 100 % regressieren könnte, nur den Anteil geltend machen, der ihm nach der Quote zusteht.

358 **Beispiel: Mithaftung 50 %**

Verdienstausfall:	4.000 EUR
Krankengeld:	3.200 EUR
Eigenschaden des Geschädigten:	800 EUR
Zahlung des Schädigers:	2.000 EUR
Forderungsübergang auf die Krankenkasse:	1.000 EUR

359 **bb) Ausschluss bzw Begrenzung des Forderungsübergangs auf den Sozialleistungsträger bei Mithaftung.** In vier gesetzlich normierten Fällen, die ausschließlich zugunsten des Geschädigten wirken, gilt die Grundregel des Forderungsübergangs bei Mithaftung des Geschädigten, der zu einer Minderung der Ansprüche des Geschädigten führen kann, nicht.

360 **(1) Befriedungsvorrecht des Geschädigten.** Gemäß § 116 Abs. 4 SGB X hat die Durchsetzung von Ansprüchen des Geschädigten oder seiner Hinterbliebenen Vorrang vor den nach § 116 Abs. 1 SGB X auf den Sozialversicherungsträger übergegangenen Ansprüchen, wenn der Durchsetzung der Ansprüche des Geschädigten tatsächliche Hindernisse entgegenstehen. Diese können bestehen, wenn der Schädiger und/oder seine Haftpflichtversicherung nicht genügend Mittel zur Verfügung haben, um den Schaden vollumfänglich auszugleichen. Dieser Fall tritt beispielsweise ein, wenn ein Schädiger seinen Pkw lediglich mit der Mindestversiche-

rungssumme versichert hat, aber einen Schaden verursacht, für dessen Regulierung die Mindestversicherungssumme nicht ausreicht.

Das Befriedigungsvorrecht gilt lediglich für den Sozialleistungsträger des jeweils Geschädigten. Sind die Ansprüche mehrerer Geschädigter zu befriedigen, muss ein **Verteilungsplan** aufgestellt werden. 361

(2) Quotenvorrecht des Geschädigten. Gemäß § 116 Abs. 2 SGB X geht der Anspruch auf Ersatz eines Schadens, der durch Gesetz der Höhe nach begrenzt ist, nur insoweit auf den Versicherungsträger oder Träger der Sozialhilfe über, als er nicht zum Ausgleich des Schadens des Geschädigten oder seiner Hinterbliebenen erforderlich ist. Bedeutsam wird diese Vorschrift hauptsächlich bei Konstellationen, in denen der Schädiger lediglich nach dem Straßenverkehrsgesetz oder dem Haftpflichtgesetz haftet. In diesen Gesetzen gelten Haftungshöchstgrenzen, die durchaus dazu führen können, dass Ansprüche des Geschädigten nicht in vollem Umfang befriedigt werden. 362

Trifft eine gesetzliche Haftungsbeschränkung auf Höchstbeträge mit einer Konstellation zusammen, bei der eine Anspruchsbegrenzung wegen des Mitverschuldens des Geschädigten nach § 116 Abs. 3 SGB X stattfindet, dann steht dem Geschädigten bei nur teilweisem Forderungsübergang kein Quotenvorrecht zu. 363

(3) Sozialhilfebedürftigkeit. Gemäß § 116 Abs. 3 S. 3 SGB X ist ein Anspruch auf Übergang ausgeschlossen, sofern der Geschädigte oder seine Hinterbliebenen durch den Anspruchsübergang hilfebedürftig werden würden. Dieser gesetzlich normierte Ausnahmefall hat eine Konstellation vor Augen, bei der aufgrund des Forderungsübergangs auf den Sozialleistungsträger der Geschädigte in Mithaftungsfällen hilfebedürftig nach dem SGB II würde und ihm Leistungen zur Sicherung des Lebensunterhalts gewährt werden müssten. Die Vorschrift hat wenig praktische Relevanz. 364

(4) Das Quotenvorrecht gem. § 116 Abs. 5 SGB V. Hat der Sozialleistungsträger nach dem Unfall keine höheren Sozialleistungen zu erbringen als vor dem Unfall, dann greift ein Quotenvorrecht zugunsten des Geschädigten bzw seiner Hinterbliebenen ein. Ein Forderungsübergang auf den Sozialleistungsträger findet in einem solchen Fall erst dann statt, wenn der verbliebene Eigenschaden des mithaftenden Geschädigten bzw der mithaftenden Hinterbliebenen voll ausgeglichen wurde. 365

Beispiel:
Ein Rentner wurde getötet. Die Rentenversicherung muss nun nicht mehr dessen Rente, sondern nur noch eine geringere Witwenrente zahlen. Die Witwe darf in einem solchen Fall zunächst ihre ungedeckten restlichen Haushaltsschäden geltend machen, bevor der Sozialversicherungsträger Regress nehmen kann. Diese Vorschrift ist insbesondere in Mitverschuldensfällen relevant, wenn die fixen Haushaltskosten sehr hoch sind und der Unterhaltspflichtige neben seiner Rente ein weiteres Einkommen erzielte. 366

f) Angehörigenprivileg. Gemäß § 116 Abs. 6 SGB X findet der Forderungsübergang nicht statt bei nicht vorsätzlicher Schädigung durch Familienangehörige, die im Zeitpunkt des Schadenereignisses mit dem Geschädigten oder seinen Hinterbliebenen in häuslicher Gemeinschaft gelebt haben. Gleiches gilt, wenn der Schädiger mit dem Geschädigten oder einem Hinterbliebenen nach Eintritt des Schadenereignisses die Ehe geschlossen hat und in häusli- 367 cher Gemeinschaft lebt. Der Regress ist auch dann ausgeschlossen, wenn der Schädiger haftpflichtversichert ist.

368 Familienangehörige sind:

- Ehegatten,
- Partner einer eingetragenen Lebensgemeinschaft,
- Verwandte in auf- und absteigender Linie,
- Adoptiv- und Stiefkinder bzw -eltern,
- Pflegekinder, wenn sie in einem länger dauernden Pflegeverhältnis mit intensiver Verbindung zum Familienverband betreut werden.

369 Nicht privilegiert werden:

- geschiedene Ehegatten,
- Verlobte.

370 Mit Urteil vom 5.2.2013 – VI ZR 274/12 hat der BGH nun klargestellt, dass das Haftungsprivileg nach § 116 Abs. 6 SGB X auch für die Partner einer nichtehelichen Lebensgemeinschaft gilt.

371 Eine **häusliche Gemeinschaft** besteht bei einem Zusammenleben für eine gewisse Dauer, wobei eine gemeinsame Lebens- und Wirtschaftsführung praktiziert werden und der Lebensmittelpunkt sich in einem gemeinsamen Haus oder einer gemeinsamen Wohnung befinden muss. Vorübergehende Trennungen heben die häusliche Gemeinschaft nicht auf. Gerade bei Kindern bleibt diese auch dann bestehen, wenn sie sich zum Zweck der Ausbildung an einen anderen Ort begeben, die Eltern aber nach wie vor der Mittelpunkt ihres Lebens sind und die Sorge für das materielle und seelische Wohl des Kindes tragen.

372 Die häusliche Gemeinschaft muss zum Zeitpunkt des Unfalls bestehen. § 116 Abs. 6 SGB X ist allerdings auch dann anwendbar, wenn

- die Voraussetzungen später entfallen,
- der Schädiger beim Unfall getötet wird,
- die häusliche Gemeinschaft der Ehegatten erst später begründet wird,
- die Eheschließung erst nach dem Unfall erfolgt.

Die beiden letztgenannten Ausnahmen müssen aber spätestens bis zur letzten mündlichen Verhandlung erfüllt sein.

373 **2. Regress des Rentenversicherungsträgers gem. § 119 SGB X.** Gemäß § 119 Abs. 1 SGB X geht der Anspruch auf Ersatz von Beiträgen zur Rentenversicherung vom Versicherten/Geschädigten auf den Versicherungsträger über, wenn er im Zeitpunkt des Schadenereignisses bereits Pflichtbeitragszeiten nachweisen kann oder danach pflichtversichert wird. Die Darlegungs- und Beweislast dafür, dass dem Geschädigten infolge des Unfalls versicherungspflichtiges Einkommen entgangen ist und deshalb Rentenversicherungsbeiträge ausgefallen sind, obliegt dem Rentenversicherungsträger. Für den Forderungsübergang nach § 119 SGB X wird der Rentenversicherungsträger aber privilegiert. Gemäß § 62 SGB VI wird der Schaden nämlich fingiert.

XII. Kostenrecht

1. Gerichtskosten. Gemäß § 183 SGG ist das Verfahren vor den Sozialgerichten in allen Instanzen für Versicherte, Leistungsempfänger einschließlich Empfänger von Hinterbliebenenleistungen, für Behinderte und Sonderrechtsnachfolger nach § 56 SGB I **kostenfrei**, soweit sie als Kläger oder Beklagte beteiligt sind. Werden für einen durch Unfall geschädigten Mandanten Leistungen aus dem Bereich der gesetzlichen Kranken- oder Pflegeversicherung, der gesetzlichen Unfallversicherung, der gesetzlichen Rentenversicherung oder nach dem SGB IX geltend gemacht, so gehört er zum oben genannten Personenkreis und muss keine Gerichtskosten zahlen. 374

2. Rechtsanwaltsgebühren. In den Verfahren, die für einen bei einem Unfall geschädigten Mandanten mit dem Sozialversicherungsträger außergerichtlich und ggf vor den Sozialgerichten geführt werden, entstehen Betragsrahmengebühren. Innerhalb des vom Gesetz festgelegten Rahmens hat der Rechtsanwalt seine Gebühren unter Berücksichtigung der Kriterien des § 14 RVG zu bestimmen. 375

Um zu begründen, dass eine **Tätigkeit besonders umfangreich und schwierig** war, weshalb aus dem Gebührenrahmen eine hohe Gebühr abgerechnet werden darf, können folgende Argumente ins Feld geführt werden: 376

- gute Einkommens- und Vermögensverhältnisse des Auftraggebers,
- überdurchschnittlich lange Verfahrensdauer,
- Bedeutung der Angelegenheit für den Mandanten,
- besondere Schwierigkeit der Verfahrensstoffs,
- Auswertung medizinischer und anderer Sachverständigenaussagen sowie ärztlicher Befundberichte,
- Teilnahme und Mitwirkung an einer längeren Beweisaufnahme,
- Durchsicht umfangreicher Verwaltungsakten und Auseinandersetzung hiermit,
- persönliche Problematik des Mandanten (besonders häufige und lange Gespräche mit dem Auftraggeber).

Sind Auftraggeber des Rechtsanwalts in derselben Angelegenheit mehrere Personen, erhöht sich der Gebührenrahmen der Geschäfts- oder Verfahrensgebühr um 0,3 für jede Person nach Nr. 1008 VV RVG. Es ist nicht erforderlich, das der Rechtsanwalt für mehrere Auftraggeber wegen desselben Gegenstands tätig wird, er kann auch in demselben Verfahren mehrere unterschiedliche Ansprüche geltend machen. Mehrere Erhöhungen dürfen aber nach Abs. 3 der Anmerkung zu Nr. 1008 VV RVG das Doppelte des unteren und des oberen Gebührenrahmens nicht überschreiten. 377

a) Außergerichtliche Gebühren. aa) Geschäftsgebühr. Der Rechtsanwalt erhält eine Geschäftsgebühr nach Nr. 2302 VV RVG aus einem Rahmen von 50 EUR bis 640 EUR (Mittelgebühr 345 EUR). Eine Gebühr von mehr als 300 EUR kann er gleichwohl nur verlangen, wenn die Tätigkeit umfangreich oder schwierig war. Die Geschäftsgebühr nach Nr. 2302 VV RVG kann der Rechtsanwalt verlangen, wenn er im Verwaltungsverfahren (Antragsverfahren) tätig war, aber auch dann, wenn er erstmals im Rechtsbehelfsverfahren (dem der Nachprüfung des Verwaltungsakts dienenden Verfahren, beispielsweise dem Widerspruchsverfahren) tätig war. Gebühren für eine vorausgegangene Beratung sind anzurechnen. 378

379 War der Rechtsanwalt bereits im Verwaltungsverfahren tätig und in dem sich anschließenden Rechtsbehelfsverfahren, findet eine Anrechnung nach Vorbemerkung 2.3 Abs. 4 der Anlage 1 zum RVG statt. Danach wird die die für die Tätigkeit im Verwaltungsverfahren verdiente Geschäftsgebühr hälftig, maximal bis zu einem Betrag von 175 EUR auf die Geschäftsgebühr angerechnet, die der Rechtsanwalt für seine Tätigkeit im Widerspruchsverfahren erhält. Das Verwaltungsverfahren und das Rechtsbehelfsverfahren sind gem. § 17 Nr. 1 RVG verschiedene gebührenrechtliche Angelegenheiten.

380 bb) **Einigungs- und Erledigungsgebühr.** Im sozialgerichtlichen Verfahren kann der Rechtsanwalt auch unter denselben Voraussetzungen wie in bürgerlich-rechtlichen Streitigkeiten eine Einigungs- und Erledigungsgebühr verdienen. Eine Erledigung liegt vor, soweit keine oder keine weitere belastende Entscheidung in der Sache ergehen muss. Die Entstehung der Einigungsgebühr setzt eine erfolgsbezweckte Mitwirkung des Rechtsanwalts voraus. Nach Ansicht des BSG[152] verdient ein Rechtsanwalt diese Gebühr, der seinen Mandanten mit einem Widerspruch gegen eine Rückforderung des SGB-II-Leistungserbringers wegen Arbeitseinkommens erfolgreich verteidigt hat, nachdem er unter Hinweis auf ein wegen des Arbeitseinkommens geführten Strafverfahrens das Widerspruchsverfahren zunächst zum Ruhen gebracht hat. Nachdem der Widerspruchsführer im Strafverfahren, in dem einen andere Rechtsanwalt tätig geworden war, freigesprochen worden war, hatte der im sozialrechtlichen Verfahren tätige Anwalt das Strafurteil unaufgefordert an den SGB-II-Leistungserbringer übermittelt, welches den Rückforderungsbescheid daraufhin zurückgenommen hat.

380a Die Einigungs- und Erledigungsgebühr entsteht im Widerspruchsverfahren nach Nr. 1005 VV RVG in Höhe der Geschäftsgebühr

381 Ist ein gerichtliches Verfahren anhängig, entsteht die Gebühr nach Nr. 1006 VV RVG in Höhe der jeweiligen Verfahrensgebühr.

382 b) **Vertretung im gerichtlichen Verfahren. aa) Eingangsinstanz. (1) Verfahrensgebühr.** Wird der Rechtsanwalt erstmals vor dem Sozialgericht tätig, so kann er im erstinstanzlichen Verfahren eine Gebühr abrechnen, die sich nach Nr. 3102 VV RVG aus dem Rahmen von 50 EUR bis 550 EUR (Mittelgebühr 300 EUR) bestimmt. War der Anwalt bereits im Verwaltungsverfahren oder im Rechtsbehelfsverfahren tätig, dann wird die Geschäftsgebühr zur Hälfte, maximal mit einem Betrag von 175 EUR, auf die Verfahrensgebühr angerechnet.

383 Über die Höhe der Verfahrensgebühr, die bei einer Tätigkeit im **Untätigkeitsklageverfahren** abgerechnet werden kann, entsteht mitunter Streit. Einigkeit besteht darin, dass in der Regel eine Gebühr unter der Mittelgebühr abgerechnet werden muss. Die Höhe des Abzugs wird jedoch unterschiedlich bewertet: Während das Hessische LSG[153] meint, angemessen sei die Hälfte der Mittelgebühr, vertritt das LSG NRW[154] die Auffassung, dass in einfach gelagerten Untätigkeitsklageverfahren die Verfahrensgebühr nur in Höhe der doppelten Mindestgebühr entsteht. Das Sächsische LSG meint hingegen, die Verfahrensgebühr könne in Höhe von einem Drittel der Mittelgebühr abgerechnet werden.[155]

---

152 Urt. v. 17.12.2013 – B 11 AL 15/12 R.
153 Hess. LSG, Urt. v. 13.1.2014 – L 2 AS 250/13, juris
154 LSG NRW, Urt. v. 7.01.2015 – L 12 SO 302/14 B, juris
155 Sächs.LSG, Urt. v. 18.10.2013 – L 8 AS 1254/12 B KO, juris

Eine Anrechnung der außergerichtlich verdienten Geschäftsgebühr auf die Verfahrensgebühr findet nicht statt. 383a

(2) Terminsgebühr. Neben der Verfahrensgebühr kann für die Tätigkeit im sozialgerichtlichen Verfahren auch eine Terminsgebühr nach Nr. 3106 VV RVG entstehen, die sich aus einem Gebührenrahmen von 50 EUR bis 510 EUR (Mittelgebühr 280 EUR) bestimmt. Die Terminsgebühr entsteht gem. Nr. 3106 VV RVG auch dann, wenn 384

- in einem Verfahren, für das die mündliche Verhandlung vorgeschrieben ist, im Einverständnis mit den Parteien ohne mündliche Verhandlung entschieden oder in einem solchen ein schriftlicher Vergleich geschlossen wird (Nr. 1),
- nach § 105 SGG ohne mündliche Verhandlung durch Gerichtsbescheid entschieden wird und eine mündliche Verhandlung beantragt werden kann (Nr. 2),
- das Verfahren, in dem mündliche Verhandlung vorgeschrieben ist, nach angenommenem Anerkenntnis ohne mündliche Verhandlung endet (Nr. 3).

Nach Ansicht des LSG Niedersachsen[156], des LSG NRW[157] und des Bayerischen LSG[158] ist ein schriftlicher Vergleich nach Nr. 1 nur ein unter Mitwirkung oder auf Veranlassung des Gerichts geschlossener Vergleich. In den soeben genannten Fällen entsteht die Verfahrensgebühr immer in Höhe von 90 % der in derselben Angelegenheit dem Rechtsanwalt zustehenden Verfahrensgebühr ohne Berücksichtigung einer Erhöhung nach Nr. 1008 VV RVG.

(3) Einigungs- und Erledigungsgebühr. Weiterhin kann die bereits erwähnte Einigungs- und Erledigungsgebühr nach Nr. 1006 VV RVG entstehen (Rn 381). 385

bb) Berufungsinstanz. (1) Verfahrensgebühr. Am Landessozialgericht entsteht nach Nr. 3204 VV RVG eine Gebühr aus dem Rahmen von 60 EUR bis 680 EUR (Mittelgebühr 370 EUR). 386

(2) Terminsgebühr. Neben der Verfahrensgebühr kann nach Nr. 3205 VV RVG auch eine Terminsgebühr aus dem Rahmen von 50 EUR bis 510 EUR (Mittelgebühr 280 EUR) entstehen. Wird in der Berufungsinstanz ohne mündliche Verhandlung entschieden, ein schriftlicher Vergleich geschlossen oder ein Anerkenntnis ohne mündliche Verhandlung angenommen, dann entsteht die Terminsgebühr ebenfalls nur in Höhe von 75 % der im Berufungsverfahren verdienten Verfahrensgebühr ohne die Erhöhung nach Nr. 1008 VV RVG. 387

(3) Einigungs- und Erledigungsgebühr. Zusätzlich kann der Rechtsanwalt auch in diesem Verfahrensstadium eine Einigungs- und Erledigungsgebühr in der oben (Rn 381) genannten Höhe verdienen 388

(4) Gebühren für die Beschwerde gegen die Nichtzulassung der Berufung. Für eine Beschwerde gegen die Nichtzulassung der Berufung erhält der Rechtsanwalt nach Nr. 3511 VV RVG eine Gebühr aus dem Rahmen von 60 EUR bis 680 EUR (Mittelgebühr 370 EUR). Ist die Beschwerde erfolgreich und schließt sich ein Berufungsverfahren an, so ist die im Beschwerdeverfahren verdiente Gebühr in voller Höhe auf die Verfahrensgebühr des Berufungsverfahrens anzurechnen (Anmerkungen zu Nr. 3511 VV RVG). 389

---

156 LSG Niedersachsen, Urt. v. 20.7.2015 – L 7/14 AS 64/14 B, juris
157 LSG NRW, Beschluss v. 11.3.2015 – L 9 AL 277/14 B, juris
158 Bayer. LSG, Beschluss v. 22.5.2015 – L 15 SF 115/14 E, juris

390 **cc) Revisionsinstanz. (1) Verfahrensgebühr.** Nach Nr. 3212 VV RVG ist die Verfahrensgebühr aus einem Rahmen von 80 EUR bis 880 EUR (Mittelgebühr 480 EUR) zu bestimmen.

391 **(2) Terminsgebühr.** Der Rechtsanwalt kann die Terminsgebühr nach Nr. 3213 VV RVG aus einem Gebührenrahmen von 80 EUR bis 830 EUR (Mittelgebühr 455 EUR) bestimmen.

392 **(3) Einigungs- und Erledigungsgebühr.** Daneben kann auch im Revisionsverfahren die oben (Rn 381) erwähnte Einigungs- und Erledigungsgebühr entstehen.

393 **(4) Beschwerde gegen die Nichtzulassung der Revision.** Für seine Tätigkeit im Beschwerdeverfahren erhält der Rechtsanwalt eine Gebühr innerhalb des Betragsrahmens von 80 EUR bis 880 EUR (Mittelgebühr 480 EUR). Diese Gebühr ist auf die Verfahrensgebühr des sich anschließenden Revisionsverfahrens nach der Anmerkung zu Nr. 3512 VV RVG in voller Höhe anzurechnen.

394 **dd) Einstweiliger Rechtsschutz.** Nach § 17 Nr. 1 RVG sind das Verwaltungsverfahren und das der Nachprüfung des Verwaltungsakts dienende Verfahren, aber auch das Verwaltungsverfahren auf Aussetzung und Anordnung der sofortigen Vollziehung sowie über einstweilige Maßnahmen zur Sicherung der Rechte Dritter gegenüber dem gerichtlichen Verfahren verschiedene Angelegenheiten. Die im Verwaltungs- und Rechtsbehelfsverfahren verdienten Gebühren entstehen deshalb neben den Gebühren für das Verfahren des einstweiligen Rechtsschutzes.

395 Verschiedene Angelegenheiten sind nach § 17 Nr. 4 b und c RVG auch das Verfahren in der Hauptsache und ein Verfahren auf Erlass einer einstweiligen Verfügung/Anordnung, auf Anordnung oder Wiederherstellung der aufschiebenden Wirkung und auf Aufhebung der Vollziehung oder Anordnung der sofortigen Vollziehung eines Verwaltungsakts. Die Gebühren im Verfahren des einstweiligen Rechtsschutzes fallen neben den Gebühren im Hauptsacheverfahren an. Verfahren auf Änderung oder Aufhebung einer in den vorgenannten Verfahren ergangenen Entscheidung bilden allerdings dieselbe Angelegenheit mit diesem, so dass keine gesonderten Gebühren anfallen (§ 16 Nr. 6 RVG).

396 Im Verfahren des einstweiligen Rechtsschutzes können die gleichen Gebühren wie im Hauptsacheverfahren, also Verfahrens-, Termins-, Einigungs- und Erledigungsgebühr entstehen. Insoweit wird auf die vorangegangenen Ausführungen verwiesen (Rn 382 ff).

397 **Beispiel:**
A. ist bei einem Hersteller von Fotoausrüstungen und Zubehör als Außendienstmitarbeiter beschäftigt. Als er sich am 28.4.2014 mit seinem Pkw auf dem Weg zu einem Kunden befand, erlitt er einen Verkehrsunfall, bei dem er sich einen offenen Bruch des rechten Unterschenkels und eine Verletzung am Pfannendach des Hüftgelenks zuzog. Im Krankenhaus wurde zunächst nur der sofort erkennbare Bruch versorgt, die Verletzung am Hüftgelenk wurde nicht entdeckt. Es bildete sich eine posttraumatische Arthrose, die Herrn A. fortlaufend Schmerzen bereitet. Die MdE beträgt 25 %. Rechtsanwalt R. stellt für A. bei dessen zuständiger Berufsgenossenschaft einen Antrag auf Gewährung von Verletztenrente. Die Berufsgenossenschaft holt ärztliche Stellungnahmen und ein Sachverständigengutachten ein. Anschließend lehnt sie den Antrag mit der Begründung ab, die Arthrose habe keinen posttraumatischen Ursprung, sondern sei Ausdruck einer degenerativen Veränderung, die bereits vor dem Unfall begonnen habe. Sie beruft sich zur Begründung auf ein Sachverständigengutachten. R.

legt gegen den ablehnenden Bescheid Widerspruch ein. Nachdem er Einsicht in die Verwaltungsakte genommen und die umfangreichen ärztlichen Stellungnahmen sowie das Gutachten geprüft hat, setzt er sich in der Widerspruchsbegründung umfangreich mit den medizinischen Tatsachen auseinander und würdigt sie rechtlich. Er beantragt die Einholung eines weiteren Sachverständigengutachtens, weil das erste Gutachten Fehler aufweist. Die Berufsgenossenschaft ändert ihre Auffassung aber nicht, sondern erlässt einen Widerspruchsbescheid, gegen den R. im Auftrag von A. beim Sozialgericht Klage erhebt und mit normalem Aufwand begründet. Das Sozialgericht holt ein weiteres Gutachten ein, das zu dem Ergebnis kommt, die vorhandene Arthrose sei durch den Unfall verursacht worden. Es gibt der Klage durch Gerichtsbescheid statt. Die Berufsgenossenschaft legt daraufhin beim Landessozialgericht Berufung ein, die nach Einholung eines dritten Gutachtens und Erörterung desselben in einem Verhandlungstermin zurückgewiesen wird. R. vertritt A. auch in der zweiten Instanz. Rechtsanwalt R. kann nun folgende Gebühren abrechnen:

Verfahrensstadium	Kostenvorschrift	Betrag	Bemerkungen
1. Verwaltungsverfahren:	Nr. 2302 VV RVG	300 EUR	Antragstellung nicht umfangreich und schwierig
	Nr. 7002 VV RVG	20 EUR	
2. Widerspruchsverfahren:	Nr. 2302 VV RVG	150 EUR	
	Nr. 7002 VV RVG	20 EUR	
3. Klageverfahren beim Sozialgericht:	Nr. 3102 VV RVG	225 EUR	
	Nr. 3106 Nr. 2 VV RVG	280 EUR	
	Nr. 7002 VV RVG	20 EUR	
4. Berufungsverfahren:	Nr. 3204 VV RVG	370 EUR	
	Nr. 3205 VV RVG	280 EUR	
	Nr. 7002 VV RVG	20 EUR	
		1.750 EUR	zzgl MwSt.

Hinweis: Der Einfachheit halber wird hier in der Regel angenommen, dass die Mittelgebühr die Tätigkeit des Rechtsanwalts angemessen abgilt. Tatsächlich sind Verfahren gegen die Berufsgenossenschaft aber häufig umfangreich, weil der Anwalt eine Vielzahl von ärztlichen Gutachten und Stellungnahmen prüfen und würdigen muss. Er muss sich ein gewisses medizinisches Fachwissen aneignen, was seine Tätigkeit auch schwieriger macht. Die Verfahren dauern häufig lange, und ihr Ausgang ist für den Mandanten von hoher Bedeutung. Wenn die begehrte Verletztenrente bewilligt wird, kann er Zahlungen erwarten, die Jahre und Jahrzehnte geleistet werden und sich am Ende zu einer hohen Summe addieren können. Dem Versicherten bieten sie ein hohes Maß an sozialer Absicherung. Deshalb ist in Verfahren gegen Berufsgenossenschaften in der Regel eine über der Mittelgebühr liegende Gebühr, häufig sogar die Höchstgebühr angemessen. Gleiches gilt in Rentenbewilligungsverfahren.

3. Kostenerstattung. Gemäß § 193 SGG entscheidet das Gericht durch Urteil oder ggf auf Antrag eines der Beteiligten durch Beschluss, wenn das Verfahren anders beendet wurde, ob und in welchem Umfang die Beteiligten einander Kosten zu erstatten haben.

400 Gemäß § 197 SGG setzt der Urkundsbeamte des Gerichts des ersten Rechtszugs auf Antrag der Beteiligten oder ihrer Bevollmächtigten den Betrag der zu erstattenden Kosten fest. Hierzu gehören die notwendigen Kosten eines Prozessbevollmächtigten, zB die Gebühren eines Rechtsanwalts oder Rechtsbeistands, aber auch die nach § 63 SGB X erstattungsfähigen Rechtsanwaltsgebühren, die im Rechtsbehelfsverfahren entstanden sind, die Reisekosten des Beteiligten, dessen Verdienstausfall bei notwendigen Reisen zum Termin, Auslagen für Porto und Telefonkosten und alle sonstigen für die Rechtsverfolgung und -verteidigung notwendigen Aufwendungen.[159] Erstattungsfähig sind auch die Kosten eines – ggf sogar bereits außergerichtlich – eingeholten Privatgutachtens, wenn es zur Förderung des Rechtsstreits beigetragen hat.[160]

401 **4. Kostenübernahme durch die Rechtsschutzversicherung. a) Leistungsumfang.** Nach dem Wortlaut der §§ 24 Abs. 2 d, 25 Abs. 2 d, 26 Abs. 3 f (Fassung 1988: Abs. 5 f), 27 Abs. 3 f und 28 Abs. 2 d der **ARB 69/75** erstreckt sich der Rechtsschutz nur auf die Interessenwahrnehmung vor den Sozialgerichten. Für die außergerichtliche Interessenwahrnehmung, also das Verwaltungsverfahren und das Rechtsbehelfsverfahren gibt es keinen Rechtsschutz. Entsprechende Regelungen finden sich in den §§ 24 Abs. 2, 25 Abs. 3, 26 Abs. 3, 27 Abs. 3 und 28 Abs. 3 iVm § 2 f **ARB 94/2000/2008/II** bzw § 23 Abs. 3 **ARB 2008/II**, aber auch **2.2.6 ARB 2012**. Fast alle Rechtsschutzversicherungen haben die Vorgaben der ARB in ihre Rechtsschutzbedingungen übernommen.

401a Gleichwohl gibt es inzwischen auch einige Rechtsschutzversicherer, die auch die Kosten des Widerspruchsverfahrens übernehmen, zumindest dann, wenn der Widerspruch am Ende doch keinen Erfolg hatte und der Mandant keine Klage einreichen möchte. Daher empfiehlt es sich, bereits am Beginn eines Mandates zu fragen, ob im konkreten Einzelfall Rechtsschutz auch schon vorgerichtlich erteilt wird.

402 **b) Versicherungsfall.** Der Eintritt des Versicherungsfalls bestimmt sich nach § 14 Abs. 3 S. 1 ARB 75 bzw § 4 Abs. 1 c ARB 2008/II. Er tritt ein, wenn der Gegner oder ein Dritter begonnen hat bzw begonnen haben soll, gegen Rechtsvorschriften oder Rechtspflichten zu verstoßen. Das ist in der Regel der Zeitpunkt des Erlasses des belastenden Bescheids. Die neuesten ARB 2012 regeln unter 2.4 die Voraussetzungen für den Eintritt des Versicherungsschutzes.

403 Es muss aber § 14 Abs. 3 S. 3 ARB 75, § 4 Abs. 3 ARB 2008/II bzw 3.2.1 ARB 2012 beachtet werden: Löst eine Willenserklärung oder Rechtshandlung den Verstoß gegen Rechtspflichten oder -vorschriften aus, dann besteht Rechtsschutz nur, wenn die Willenserklärung oder Rechtshandlung nicht vor Abschluss des Versicherungsvertrages oder innerhalb von drei Monaten ab Abschluss des Versicherungsvertrages getätigt wurde. Der Antrag, dem Geschädigten eine Leistung zu bewilligen, darf also nicht vor Abschluss des Versicherungsvertrages oder innerhalb von drei Monaten nach Abschluss des Vertrages gestellt werden.

---

[159] Meyer-Ladewig/Keller/Leitherer, SGG, § 193 Rn 7 ff.
[160] SG Frankfurt, v. 21.3.1991 – S 18 S 284/87.

Teil 4:
Arbeitsrecht und Sozialvorschriften

§ 7 Arbeitsrecht und Sozialvorschriften im Straßenverkehr

Literatur: *Baeck/Deutsch*, Arbeitszeitgesetz, 2. Aufl. 2004; *Baeck/Lösler*, Neue Entwicklungen im Arbeitszeitrecht, NZA 2005, 247; *Brose*, Haftung und Risiken nach den arbeitsrechtlichen Grundsätzen und dem SGB VII, RdA 2011, 205; *Bürkle/Fecker*, Business Judgement Rule: Unternehmerischer Haftungsfreiraum für leitende Angestellte, NZA 2007, 589; *Burmann/Jahnke*, Die Auswirkungen der Eintrittspflicht einer gesetzlichen Unfallversicherung (u.a. Berufsgenossenschaft) für die zivilrechtlichen Schadensersatzansprüche, NZV 2011, 473; *Canaris*, Risikohaftung bei schadensgeneigter Tätigkeit in fremdem Interesse, RdA 1966, 41; *Dehm*, Die Bedeutung der Bindungswirkung des § 108 SGB VII für Gerichte außerhalb der Sozialgerichtsbarkeit, NZV 2011, 118; *Deinert*, Unfallversicherungsregress und innerbetrieblicher Schadensausgleich, RdA 2013, 146; *Didier*, Arbeitszeit im Straßentransport – die neue Sondervorschrift des § 21 a ArbZG, NZA 2007, 120; *Fuhlrott*, Der Schmerzensgeldausschluss durch die Unfallversicherung – Verfassungswidriger Zustand oder gerechtfertigte Ungleichbehandlung?, NZS 2007, 237; *Gerschel*, Anm zu LAG Berlin v. 29.10.1990 – 9 Sa 67/90, AfP 1990, 339; *Gitter*, Schadensausgleich im Arbeitsunfallrecht, 1969; *Grüner*, in: Franke/Molkentin, SGB VII, 4. Auflage 2014, Kommentierung zu § 104; *Henssler*, Arbeitsrecht und Schuldrechtsreform, RdA 2002, 129; *Henssler/Sittard*, Flexibler Mindestlohn durch Konkretisierung des Sittenwidrigkeitstatbestands – Zugleich Besprechung zum Urteil BAG v. 26.4.2006 – 5 AZR 549/05, RdA 2007, 159; *Herbert/Oberrath*, Arbeitsrecht nach der Schuldrechtsreform – eine Zwischenbilanz, NJW 2005, 3745; *Hering*, Der Wegeunfall, AnwZert VerkR 10/2010 Nr. 3; ders., Entscheidungen zum Wegeunfall in der gesetzlichen Unfallversicherung, SVR 2012, 375; *Hesse*, in: BeckOK Arbeitsrecht, Stand: 1.12.2011, Kommentierung zu § 619 a BGB; *Hromadka/Schmitt-Rolfes*, Die AGB-Rechtsprechung des BAG zu Tätigkeit, Entgelt und Arbeitszeit, NJW 2007, 1777; *Hübsch*, Arbeitnehmerhaftung bei Versicherbarkeit des Schadensrisikos und bei grober Fahrlässigkeit, BB 1998, 690; *Jacobsen*, in: Feyock/Jacobsen/Lemor, Kraftfahrversicherung, 3. Aufl. 2002, Kommentierung zu § 15 AKB; *Joussen*, Der persönliche Anwendungsbereich der Arbeitnehmerhaftung, RdA 2006, 129; ders., in: Boecken/Joussen, TzBfG, 3. Aufl. 2012, Kommentierung zu § 4; *Kock*, Der Leistungsanspruch des nicht versicherten Unternehmers bei Arbeitsunfällen, ZfS 2006, 471; *Kampen*, Beteiligung des Schädigers am Verwaltungsverfahren des Unfallversicherungsträgers, NJW 2010, 2311; ders., Die gemeinsame Betriebsstätte, NJW 2012, 2234; *Kohte*, Betriebliches Eingliederungsmanagement und Bestandsschutz, DB 2008, 582; *v. Koppenfels-Spies*, Der Risikobereich des Haftungsausschlusses gem. § 105 Abs. 1 SGB VII – Betrieb oder Unternehmen?, NZS 2006, 561; dies., Irrwege bei den Wegeunterbrechungen?, NZS 2014, 881; *Krasney*, Haftungsbeschränkungen bei Verursachung von Arbeitsunfällen (Teil 1), NZS 2004, 7; ders., Haftungsbeschränkung bei Verursachung von Arbeitsunfällen (Teil 2), NZS 2004, 68; *Krause*, Geklärte und ungeklärte Probleme der Arbeitnehmerhaftung, NZA 2003, 577; *Krumm*, Die Arbeitgeberbescheinigung zur Abwendung eines Fahrverbots, SVR 2006, 38; *Künzl/Sinner*, Verwaltungs- und arbeitsrechtliche Fragen des Suchtmittelkonsums von Kraftfahrern, NZA-RR 2013, 561; *Lemcke/Heß*, Der Regress des Sozialversicherers nach § 110 SGB VII, r+s 2007, 221; *Marburger*, Gesetzlicher Versicherungsschutz bei Wegeunfällen, PersV 2008, 181; *Marburger*, Verkehrsunfälle als Versicherungsfälle der gesetzlichen Unfallversicherung, NZV 2012, 159; *Mindorf*, VO (EG) Nr. 561/2006 – Lenkzeiten, Lenkzeit-/Fahrtunterbrechungen, Ruhezeiten, NZV 2007, 341; *Molkentin*, Das Recht auf Arbeitsverweigerung bei Gesundheitsgefährdung des Arbeitnehmers, NZA 1997, 849; *Nägele*, Probleme beim Einsatz von Dienstfahrzeugen, NZA 1997, 1196; *Oetker*, in: Staudinger, BGB, Neubearb. 2011, Kommentierung zu § 619 a; *Otto*, Neujustierung der Risikoverteilung bei der Arbeitnehmerhaftung – Insbesondere Arbeitnehmerverschulden und Versicherung, in: Oetker u.a., 50 Jahre Bundesarbeitsgericht (Festschrift), 2004; *Plagemann*, Haftungsersetzung durch Versicherungsschutz, SVR 2014, 161; *Preis*, in: Erfurter Kommentar zum Arbeitsrecht (ErfK), 15. Aufl. 2015, Kommentierung zu § 310 BGB; *Richardi*, Leistungsstörungen und Haftung im Arbeitsverhältnis nach dem Schuldrechtsmodernisierungsgesetz, NZA 2002, 1004; *Schwab*, Die Schadenshaftung im Arbeitsverhältnis – Eine Übersicht – 1. Teil: Die Haftung des Arbeitnehmers, NZA-RR 2006, 449; *Schwarz*, Widerrufsklauseln in der Praxis – Welche Bedeutung hat das aktuelle Dienstwagen-Urteil des BAG?, GWR 2010, 469; *Schwarze*, Anm zu BAG v. 10.10.2002, AP Nr. 1 zu § 104 SGB VII; *Tschöpe*, Krankheitsbedingte Kündigung und betriebliches Eingliederungsmanagement, NZA 2008, 398; *Triebel*, Neuordnung des Rentenrechts der gesetzlichen Unfallversicherung, SGb 2006, 212; *Walker*, Die eingeschränkte Haftung des Arbeitnehmers unter Berücksichtigung der Schuldrechtsmodernisierung, JuS 2002, 736; *Walker*, Haftungsvereinbarungen im Arbeitsrecht unter besonderer Berücksichtigung der Schuldrechtsreform, in: Festschrift für Canaris, Bd. I 2007, S. 1503; *Wallerath/Rühr*, Besonderheiten und Grenzen kausaler Zusammenhänge im Recht der gesetzlichen Unfallversicherung, NZS 2007, 63; *Waltermann*, Risikozuweisung nach den Grundsätzen der beschränkten Arbeitnehmerhaftung, RdA 2005, 98; *ders*, in: Wannagat/Eichenhofer, SGB, 112. Lfg. 2009, Kommentierung zu §§ 104, 105 SGB VII; *Welti*, Das betriebliche Eingliederungsmanagement nach § 84 Abs. 2 SGB IX – sozial- und arbeitsrechtliche Aspekte, NZS 2006, 623; *Wetzling/Habel*, Betriebliches Eingliederungsmanagement und Mitwirkung des Mitarbeiters, NZA 2007, 1129; *Wiebauer*, Arbeitszeitgrenzen für selbständige Kraftfahrer, NZA 2012, 1331; *Zwanziger*, Das BAG und das Arbeitszeitgesetz – Aktuelle Tendenzen, DB 2007, 1356.

A. Haftung im Arbeitsverhältnis bei Verkehrsunfällen 1	2. Freistellung für Schäden des Arbeitnehmers 47
I. Haftung des Arbeitnehmers 5	3. Haftung gegenüber betriebsfremden Personen/Unternehmern 50
1. Haftung des Arbeitnehmers gegenüber dem Arbeitgeber 5	III. Gesamtschuldverhältnis 51
a) Personenschäden 5	B. Die Arbeitszeit des Fahrpersonals 52
aa) Haftungsfreistellung 6	I. Arbeitszeitrecht 52
bb) Wegeunfall 12	1. Ruhepausen 57
cc) Vorsatz 13	2. Ruhezeiten 59
dd) Ansprüche gegen den Träger der Unfallversicherung 14	3. Lenkzeiten 63
ee) Situation vor Gericht 16	4. Weitere international geltende Bestimmungen 64
b) Sachschäden 18	II. Verstöße gegen das Arbeitszeitrecht 67
aa) Voraussetzungen der Zuweisung des Schadensrisikos an den Arbeitgeber ... 21	III. Die Bezahlung des Fahrpersonals 69
	1. Lohngleichheit, Lohnwucher 70
bb) Umfang der Haftungsbeschränkung des Arbeitnehmers 22	2. Bereitschaftsdienst 74
	3. Überschreitung der zulässigen Höchstarbeitszeiten 77
(1) Grobe Fahrlässigkeit .. 24	4. Überstundenentgelt 79
(2) Mittlere Fahrlässigkeit 26	5. Reisezeiten 82
	6. Berechnung von Urlaubsentgelt und Lohnfortzahlung 83
cc) Beweislast 29	IV. Weitere arbeitsrechtliche Regelungen für das Fahrpersonal 84
dd) Verjährung 31	1. Aufzeichnungspflichten 84
ee) Aufrechnung 32	2. Verbot von Akkordlöhnen 91
ff) Situation vor Gericht 33	C. Kündigungen wegen Vergehen im Straßenverkehr 92
2. Haftung des Arbeitnehmers gegenüber betriebsfremden Personen 34	I. Allgemeines 92
3. Haftung der Arbeitnehmer untereinander 36	II. Alkoholmissbrauch 93
a) Personenschäden 36	III. Verstöße im Straßenverkehr (zB Lenkzeitüberschreitungen, Alkohol) 95
b) Sachschäden 41	IV. Zu Unrecht entzogene Fahrerlaubnis 97
II. Schadenstragung durch den Arbeitgeber 42	V. Kündigungsschutzklage 98
1. Haftung gegenüber Arbeitnehmern .. 42	D. Dienstfahrzeuge im Gewahrsam des Arbeitnehmers 100
a) Personenschäden 42	
b) Sachschäden 46	

A. Haftung im Arbeitsverhältnis bei Verkehrsunfällen

1 Viele Verkehrsunfälle ereignen sich unter Beteiligung eines Arbeitnehmers oder des Arbeitgebers im Rahmen einer Dienstfahrt und weisen damit Bezug zu einem Arbeitsvertrag auf. Verunfallt ein Arbeitnehmer, kann der Arbeitgeber selbst dann, wenn er mit dem Unfall direkt nichts zu tun hat, gehalten sein, den Schaden des Arbeitnehmers auszugleichen oder seinen eigenen Schaden (zB an einem Betriebsfahrzeug) auf sich zu behalten. Bei Personenschäden tritt regelmäßig die gesetzliche Unfallversicherung ein. Dies gilt auch dann, wenn der Betriebspartner den Unfall verschuldet hat. Dem gesetzlichen Unfallversicherer ist es dann regel-

mäßig verwehrt, Rückgriff beim Schädiger zu nehmen, so dass Betriebspartner iE wechselseitig von einer Haftung für Personenschäden freigestellt sind. Geregelt ist das Haftungsprogramm für Körperschäden in den §§ 104 ff SGB VII. Diese Vorschriften beziehen sich auf einen Versicherungsfall. Versicherungsfälle sind nach § 7 Abs. 1 SGB VII Arbeitsunfälle und Berufskrankheiten. Die Definition des Arbeitsunfalls findet sich in § 8 SGB VII.

Die Vorschriften der § 104 ff SGB VII gelten auch bei **Auslandsberührung**, sofern für das fragliche Arbeitsverhältnis deutsches Sozialrecht Anwendung findet. Dies führt gem. § 3 Abs. 1 Nr. 1 SGB IV zur Maßgeblichkeit des Beschäftigungsortes. Für den Bereich der EU ist dies in Art. 2, Art. 4 Abs. 1 lit. e, Art. 13 Abs. 1 S. 1, Abs. 2 lit. a und Art. 93 Abs. 2 S. 1 VO (EWG) Nr. 1408/71 des Rates der Europäischen Wirtschaftsgemeinschaften vom 14.6.1971[1] vorgegeben. Die Vorschriften der VO sind gem. Art. 288 Abs. 2 S. 2 AEUV in Deutschland unmittelbar geltendes Recht und stehen neben den Vorschriften des materiellen Deliktsrechts,[2] für die sich bei Auslandsbezug aus Art. 40 EGBGB ergibt, ob das deutsche internationale Privatrecht die Anwendung des deutschen oder des ausländischen Rechts vorschreibt.

Darüber hinaus unterliegen Dienstunfälle den üblichen Haftungsgrundlagen. Das sind über § 280 BGB entweder Ansprüche aus dem Arbeitsvertrag, gesetzliche Ansprüche aus Verschuldenshaftung gem. § 823 Abs. 1 BGB, § 823 Abs. 2 BGB iVm einem Schutzgesetz bzw § 826 BGB oder aus Gefährdungshaftung, zB gem. § 7 StVG.

Die **Verjährung** bestimmt sich bei allen vorgenannten Anspruchsgrundlagen nach § 195 iVm § 199 BGB. Die Frist beträgt drei Jahre und beginnt mit dem Schluss des Jahres, in dem der Anspruch entstanden ist und der Gläubiger von den den Anspruch begründenden Umständen und der Person des Schuldners Kenntnis erlangt oder ohne grobe Fahrlässigkeit erlangen musste (§ 199 Abs. 1 Nr. 1 und Nr. 2 BGB), bei Personenschäden spätestens 30 Jahre nach Tatbegehung (§ 199 Abs. 2 BGB). Für den Haftungsrückgriff des Sozialversicherungsträgers nach § 110 SGB VII gelten nach § 113 SGB VII gesonderte Kriterien für den Fristbeginn. Die nach § 199 Abs. 1 Nr. 2 BGB erforderliche Kenntnis liegt im Allgemeinen vor, wenn dem Geschädigten die Erhebung einer Schadensersatzklage, sei es auch nur in Form einer Feststellungsklage, Erfolg verspricht. Hinsichtlich des erforderlichen Kenntnisstands wird man an die Rechtsprechung zu § 852 Abs. 1 BGB aF anknüpfen können, die darauf abstellte, dass der Geschädigte aufgrund der ihm bekannten Tatsachen in der Lage ist, gegen eine bestimmte Person eine Erfolg versprechende, wenn auch nicht risikolose Schadensersatzklage zu erheben.[3] Weder ist es notwendig, dass der Geschädigte alle Einzelumstände kennt, die für die Beurteilung möglicherweise Bedeutung haben, noch muss er bereits hinreichend sichere Beweismittel an der Hand haben, um einen Rechtsstreit im Wesentlichen risikolos führen zu können.[4] Nach neuem (schuldrechtsmodernisiertem) Recht ist bereits der Zeitpunkt maßgeblich, in dem der Geschädigte die Kenntnis zwar noch nicht hat, von den relevanten Umständen aber hätte wissen können. Anders ist das neue Recht auch insofern, als die Verjährung nicht

---

1 VO zur Anwendung der Systeme der sozialen Sicherheit auf Arbeitnehmer und Selbständige sowie deren Familienangehörige, die innerhalb der Gemeinschaft zu- und abwandern, ABl EG L 149 S. 2 in der konsolidierten Fassung der VO (EWG) Nr. 118/97 v. 2.12.1996, ABl 1997 EG L 28 S. 4. Anders ggf bei einem Entsendungssachverhalt, dazu Art. 14 der VO und BGH v. 7.11.2006 – VI ZR 211/05 (Tz 17), NJW 2007, 1754, 1756.
2 BGH v. 7.11.2006 – VI ZR 211/05 (Tz 15), NJW 2007, 1754, 1756; BGH v. 15.7.2008 – VI ZR 105/07 (Tz 11), BGHZ 177, 237, NJW 2009, 916, 917.
3 BGH v. 28.10.2014 – XI ZR 348/13 (Tz 53), BGHZ 203, 115 = NJW 2014, 3713, 3717.
4 BGH v. 14.10.2003 – VI ZR 379/02, NJW 2004, 510; BGH v. 9.11.2007 – V ZR 25/07 (Tz 15, 17), WM 2008, 89, 91; BGH v. 27.5.2008 – XI ZR 132/07 (Tz 32), NJW-RR 2008, 1495, 1497.

schon mit dem Anknüpfungszeitpunkt, sondern erst mit Ablauf des Kalenderjahres beginnt, in dem die Kenntnis vorliegt oder vorliegen müsste.

I. Haftung des Arbeitnehmers

5 **1. Haftung des Arbeitnehmers gegenüber dem Arbeitgeber. a) Personenschäden.** Verletzt ein Arbeitnehmer seinen Arbeitgeber bei einem Dienstunfall, haftet der Arbeitnehmer regelmäßig nicht für den Personenschaden des Arbeitgebers. Den Fall, dass Personen durch eine betriebliche Tätigkeit einen Versicherungsfall von Versicherten desselben Betriebs verursachen, regelt § 105 Abs. 1 S. 1 SGB VII. Der Schädiger („Person") haftet Unfallversicherten desselben Betriebs nicht für Personenschäden, sofern er den Versicherungsfall durch eine betriebliche Tätigkeit und nicht vorsätzlich oder auf einem nach § 8 Abs. 2 Nr. 1 bis 4 SGB VII versicherten Weg verursacht hat. Grund hierfür ist der Umstand, dass der Arbeitgeber allein für die Beiträge zur gesetzlichen Unfallversicherung aufkommt und der Betriebsfrieden durch Schadensersatzprozesse zwischen den Betriebsangehörigen nicht belastet werden soll. Zu den Personenschäden gehören alle Schäden, die der Verletzte (hier: der Arbeitgeber) in seiner körperlichen Unversehrtheit erleidet und die zu einer zivilrechtlichen Entschädigungspflicht führen; umfasst sind auch unfallbedingte Mehraufwendungen wie Ausgaben für Benzin und für den Unterhalt des Pkw oder für Behandlungstermine, aber auch entgangener Verdienst.[5]

6 **aa) Haftungsfreistellung.** Von der Haftung befreit ist jeder, der den Schaden durch eine betriebliche Tätigkeit herbeigeführt hat, sofern er demselben Betrieb angehört wie der Geschädigte (hier: Arbeitgeber). Wie der Vergleich mit § 104 SGB VII zeigt, sind als **Schädiger** hier regelmäßig keine Unternehmer gemeint, sondern Arbeitnehmer, also gesetzlich unfallversicherte abhängig Beschäftigte iSd § 2 Abs. 1 Nr. 1 SGB VII, gem. § 2 Abs. 2 S. 1 SGB VII auch als sog. Wie-Beschäftigte.[6] Dazu bestehen Ausnahmen, so etwa, wenn sich ein Unternehmer als Einweiser für einen betriebsfremden Lkw-Fahrer betätigt und dabei durch diesen verletzt wird: Der Unternehmer ist dann „Wie-Beschäftigter" im Unternehmen des Lkw-Fahrers. Die Angehörigkeit zum selben Betrieb kann auch kraft mehrseitigen Arbeitsverhältnisses oder als sog. Leiharbeitnehmer zu bejahen sein.[7] Unfallversichert muss diese Person nicht sein.

7 Nach § 105 Abs. 1 S. 1 SGB VII muss der **Geschädigte** Versicherter desselben Betriebs sein. Arbeitgeber sind als Unternehmer iSd § 136 Abs. 3 SGB VII grundsätzlich nicht unfallversichert (vgl § 2 Abs. 1 SGB VII). Erweiterungen ergeben sich jedoch gem. § 3 Abs. 1 SGB VII durch Einbezug in die Satzung des Unfallversicherungsträgers (Berufsgenossenschaft) oder durch freiwilligen Beitritt zur gesetzlichen Unfallversicherung (§ 6 Abs. 1 Nr. 1 SGB VII, gem. Nr. 2 auch von Geschäftsführern oder Vorständen einer Kapitalgesellschaft). Auf diese Weise ist knapp die Hälfte der Arbeitgeber als Unternehmer gesetzlich unfallversichert.[8]

8 Unabhängig davon ist zu berücksichtigen: Arbeitsunfälle können nach § 8 Abs. 1 S. 1 SGB VII zwar nur Versicherte erleiden. Für Arbeitgeber, die nicht gesetzlich unfallversichert

---

5 BAG v. 22.4.2004 – 8 AZR 159/03 (Tz 22), NJW 2004, 3360, 3361 f – Schubser; BGH v. 8.3.2012 – III ZR 191/11 (Tz 8 ff), NJOZ 2013, 1132 f.
6 Zur Definition des Wie-Beschäftigten nach der insoweit gleich lautenden Vorgängerregelung des § 539 Abs. 2 RVO s. BSG v. 20.4.1993 – 2 RU 38/92, NZS 1993, 410; siehe ferner LSG Schleswig-Holstein v. 20.3.2013 – L 8 U 27/11 = BeckRS 2013, 68083.
7 Zur Leiharbeit s. BGH v. 18.11.2014 – VI ZR 47/13 (Tz 34), NJW 2015, 940, 944; BGH v. 18.11.2014 – VI ZR 141/13 (Tz 19) = r+s 2015, 46, 48; zu Recht ablehnend *Plagemann*, SVR 2014, 161, 164; *Kampen*, NJW 2015, 940, 945.
8 Zahlenangaben bei *Kock*, NZS 2006, 471.

A. Haftung im Arbeitsverhältnis bei Verkehrsunfällen

sind, verzichtet § 105 Abs. 2 S. 1 SGB VII aber auf das Erfordernis eines Versicherungsfalls („nicht versicherte"). Grund hierfür ist die Überlegung, dass es aus Sicht des schädigenden Arbeitnehmers keinen Unterschied macht, ob sein Arbeitgeber gesetzlich unfallversichert ist oder nicht.[9] Im Gegenzug erhält auch der unversicherte Arbeitgeber Leistungen aus der gesetzlichen Unfallversicherung (§ 105 Abs. 2 S. 2 SGB VII). Damit gilt auch die Haftungsfreistellung ggü geschädigten Unternehmern, die nicht gesetzlich unfallversichert sind. Um die Haftungsfreistellung nicht ausufern zu lassen, wird man allerdings auch hier fordern müssen, dass der Unfall aufgrund einer betrieblichen Tätigkeit verursacht worden ist (dazu sogleich).[10]

Freigestellt wird nur von der Haftung für Personenschäden, die im Rahmen einer **betrieblichen Tätigkeit** verursacht wurden. Diese Tätigkeit deckt sich grundsätzlich mit der versicherten Tätigkeit nach § 8 Abs. 1 S. 1 SGB VII.[11] Wesentlich hierfür ist aus der maßgeblichen Sicht des Geschädigten (hier: Arbeitgeber) die Schadensverursachung durch eine Tätigkeit des Schädigers, die ihm vom oder für den Betrieb übertragen war oder die er im Betriebsinteresse ausgeführt hat. Die Zugehörigkeit des Schädigers zum Betrieb reicht hierfür ebenso wenig aus wie ein Handeln im Betrieb oder die Benutzung eines Betriebsmittels.[12] Auf der anderen Seite ist der Begriff der betrieblichen Tätigkeit nicht eng auszulegen. Er umfasst jede Tätigkeit, die in engem Zusammenhang mit dem Betrieb und seinem Wirkungskreis steht.[13] Bei Unterbrechungen der versicherten Tätigkeit kommt es auf die Dauer und Intensität der Unterbrechung an (siehe auch Rn 12).[14]

Gegenstand der Freistellung ist der Ersatz von Personenschäden aus einem Arbeitsunfall. Für einen **Arbeitsunfall** ist in der Regel erforderlich, dass die Verrichtung des Versicherten zur Zeit des Unfalls aus seiner Sicht der versicherten Tätigkeit zuzurechnen ist (sog. innerer Zusammenhang), die Tätigkeit also mindestens eine wesentliche Teilursache für den Eintritt des Unfalls bildet.[15] Ferner ist notwendig, dass diese Verrichtung zu dem zeitlich begrenzten, von außen auf den Körper einwirkenden Ereignis – dem Unfallereignis – geführt hat (Unfallkausalität), und dass das Unfallereignis einen Gesundheitserstschaden oder den Tod des Versicherten verursacht hat (haftungsbegründende Kausalität).[16] Das ist auch der Gegenstand der Freistellung bei einem nicht gesetzlich unfallversicherten Arbeitgeber. Typische Fallgestaltungen, in denen die Unfallkausalität näherer Erörterung bedarf, sind die Fälle einer möglichen inneren Ursache, einer gemischten Tätigkeit, einer unerheblichen Unterbrechung oder einer eingebrachten Gefahr, in denen neben die im sachlichen Zusammenhang mit der versicherten Tätigkeit stehende Verrichtung zur Zeit des Unfalls eine weitere, nicht versicherten

---

9 Wannagat/*Waltermann*, SGB VII, Rn 14 zu § 105.
10 *Kock*, NZS 2006, 471 f.
11 BAG v. 22.4.2004 – 8 AZR 159/03 (Tz 26), NJW 2004, 3360, 3362 – Schubser.
12 BAG v. 22.4.2004 – 8 AZR 159/03 (Tz 26, 30), NJW 2004, 3360, 3362 f – Schubser; BGH v. 7.11.2006 – VI ZR 211/05 (Tz 21), NJW 2007, 1754, 1756.
13 BAG v. 22.4.2004 – 8 AZR 159/03 (Tz 27), NJW 2004, 3360, 3362 – Schubser.
14 BSG v. 19.10.1982 – 2 RU 24/81, NJW 1983, 647, 648; BSG v. 10.10.2006 – B 2 U 20/05 R (Tz 12 ff), BeckRS 2007, 41779.
15 BAG v. 22.4.2004 – 8 AZR 159/03 (Tz 34), NJW 2004, 3360, 3363 f – Schubser; BSG v. 26.10.2004 – B 2 U 41/03 R, NZS 2005, 383, 384; sog. sozialrechtliche Zurechnungslehre. Zur haftungsrechtlichen Behandlung von Vorbereitungshandlungen s. BSG v. 12.5.2009 – B 2 U 12/08 R (Tz 22), NJW 2010, 1692, 1693.
16 BSG v. 9.5.2006 – B 2 U 1/05 R (Tz 2), NZS 2007, 212, 213; BSG v. 30.1.2007 – B 2 U 23/05 R (Tz 12), BeckRS 2007, 45054; BSG v. 4.9.2007 – B 2 U 28/06 R (Tz 14), BeckRS 2008, 50107.

Zwecken zuzurechnende Ursache tritt.[17] Die Bewertung des Zurechnungszusammenhangs ist oft problematisch. Für diesen Zusammenhang gilt in der Sozialgerichtsbarkeit die **Theorie der wesentlichen Bedingung**, die als Korrektiv zum fehlenden Mitverschuldenseinwand und im Unterschied zu der an der generellen Geeignetheit einer Ursache orientierten Adäquanztheorie auf den Einzelfall abstellt.[18] Damit werden Fälle ausgeschieden, in denen die Ursächlichkeit nur geringes Gewicht hat, so dass der Unfall gleichsam bei Gelegenheit der Tätigkeit erfolgte. Andererseits sollen damit auch Versicherungsfälle anerkannt werden können, denen ein atypischer Geschehensverlauf zugrunde liegt. Bei gemischt betrieblichen und eigenwirtschaftlichen Tätigkeiten ist der Versicherungsfall mangels sozialrechtlicher Kausalität ausgeschlossen, wenn sich eine selbstgeschaffene Gefahr realisiert hat.[19] Diese Wertung muss aus Ex-post-Sicht über eine konkrete positive Aussage erfolgen, die allein an objektive Umstände anknüpft und sich bei verschiedenen Ursachen (zB Anlagen und Unfallereignis als Ursachen für ein HWS-Trauma) nicht darauf beschränkt, die Wesentlichkeit mit dem Gewicht einer Ursache oder deswegen zu bejahen, weil eine Ursache die letzte war.[20]

11 Unfälle bei **Volltrunkenheit** sind der versicherten Tätigkeit (als Arbeitsunfall) von vornherein nicht zuzurechnen. Ansonsten ist in Trunkenheitsfällen eine Zurechnung nur dann ausgeschlossen, wenn die Trunkenheit die allein wesentliche Ursache ist. Dies setzt voraus, dass weitere Umstände für ein alkoholtypisches Fehlverhalten sprechen. Dabei wird bei absoluter Fahruntüchtigkeit, also ab einer BAK von 1,1 ‰, ohne weitere Beweisanzeichen vermutet, dass solche Umstände bestehen, die Folgen des Alkoholgenusses für die Verursachung des Unfalls also von überragender Bedeutung waren. Der Verletzte bzw die Hinterbliebenen müssen dann darlegen und ggf beweisen, dass dennoch betriebsbezogene Umstände vorliegen, zB betriebsbedingte Eilbedürftigkeit, ein ungünstiger Straßenverlauf, Verschmutzung der Fahrbahn oder Fremdverschulden. Der Einwand, der Versicherte habe während der Arbeitszeit Alkohol mit Einverständnis des Arbeitgebers zu sich genommen, so dass die Alkoholisierung ihrerseits betrieblich bedingt sei, ist unbehelflich, da die Verrichtung einer versicherten Tätigkeit eine höchstpersönliche Handlung ist, die sich durch das Verhalten eines Dritter durch positives Tun oder Unterlassen nicht relativieren lässt.[21] Bei relativer Fahruntüchtigkeit sind weitere Beweisanzeichen in Form von alkoholtypischen Ausfallserscheinungen nötig (bei einem Verkehrsunfall zB überhöhte Geschwindigkeit, Fahren in Schlangenlinien, plötzliches Bremsen, Missachten von Vorfahrtszeichen oder einer roten Ampel, Überqueren einer großen Kreuzung ohne Reduzierung der Geschwindigkeit, Verhalten vor, bei und nach dem Unfall), um auf Fahruntüchtigkeit schließen und die Wertung rechtfertigen zu können, dass der Alkoholgenuss die überragende Ursache für das Unfallereignis war.[22] Je geringer die festgestellte BAK ist, desto höher sind die Anforderungen an den Beweiswert dieser sonstigen Beweisanzeichen, um eine wesentliche Verursachung des Unfalls aufgrund alkoholbedingter Fahrun-

---

17 BSG v. 30.1.2007 – B 2 U 23/05 R (Tz 14), BeckRS 2007, 45054. Makabres Extrembeispiel ist der auf Kunden wartende Taxifahrer, der von einem Mann angeschossen wird, nachdem er diesen zur Ruhe ermahnt hat, so LSG Hessen v. 29.5.2015 – L 9 U 41/13, BeckRS 2015, 70239.
18 BSG v. 9.5.2006 – B 2 U 1/05 R (Tz 9, 12), NZS 2007, 212, 214 f. Eingehend zur Theorie der wesentlichen Bedingung *Gitter*, S. 105 ff; *Wallerath/Rühr*, NZS 2007, 63 ff.
19 *Deinert*, RdA 2013, 146, 147 m. Nachw.; *Brose*, RdA 2011, 205, 210.
20 BSG v. 9.5.2006 – B 2 U 1/05 R (Tz 7, 8, 11, 12, 18), NZS 2007, 212, 214 f.
21 BSG v. 13.11.2012 – B 2 U 19/11 R (Tz 23), NJW 2013, 3676, 3678.
22 BSG v. 28.6.1979 – 8 a RU 98/78, AP Nr. 11 zu § 539 RVO; BSG v. 30.4.1991 – 2 RU 11/90, NZA 1992, 93, 94; BSG v. 30.1.2007 – B 2 U 23/05 R (Tz 21 ff), BeckRS 2007, 45054; ebenso im Bereich der Arbeitnehmerhaftung BAG v. 15.11.2012 – 8 AZR 705/11 (Tz 18), NJOZ 2013, 709, 710.

tüchtigkeit zu bejahen. Die Beweisanzeichen müssen mit an Sicherheit grenzender Wahrscheinlichkeit feststehen und es muss mit hinreichender Wahrscheinlichkeit von ihrer (naturwissenschaftlichen) Mitverursachung des Unfallereignisses auszugehen sein.[23] Auf der anderen Seite sind die Anforderungen umso geringer, je näher sich die BAK-Konzentration dem Grenzwert (1,1 ‰) nähert. Die Zeiten, in denen am Arbeitsplatz Alkohol konsumiert werden durfte, sind endgültig vorbei. Wörtlich heißt es dazu in einem neueren BAG-Urteil:

„Dass sich ein unter starker Alkoholeinwirkung stehender Kraftfahrer nicht mehr ans Steuer seines Kraftfahrzeugs setzen darf und dass er durch ein Fahren in diesem Zustand andere Verkehrsteilnehmer, sich selbst und das von ihm genutzte Fahrzeug einer unverantwortlichen Gefährdung aussetzt, ist heute so sehr Allgemeingut, dass unbedenklich davon ausgegangen werden kann, dass bei fast jedem Kraftfahrer die Hemmschwelle für ein Fahren trotz erheblichen Alkoholgenusses stark heraufgesetzt ist. Der Fahrer, bei dem dies aus mangelnder Einsicht nicht der Fall ist, muss sich diese mangelnde Einsicht in der Regel als grobes Verschulden zurechnen lassen."[24]

Diese Grundsätze gelten auch dann, wenn es um andere Rauschmittel bzw um eine Kombination verschiedener Rauschmittel geht, wobei es derzeit nur für Alkohol, also weder für andere Rauschmittel noch für die Kombinationswirkung, einen Grenzwert für die absolute Fahruntüchtigkeit gibt.[25]

bb) Wegeunfall. Die Haftungsentlastung des § 105 Abs. 1 S. 1 SGB VII greift nicht, sofern es sich bei dem Unfall um einen sog. **Wegeunfall** handelt, einen Unfall also, der sich auf einem nach § 8 Abs. 2 Nr. 1 bis 4 SGB VII versicherten Weg des Geschädigten (hier: des Arbeitgebers) ereignet hat (§ 105 Abs. 2 und Abs. 1 SGB VII). Wegeunfälle sind also zwar gesetzlich unfallversichert,[26] führen aber nicht zu einer Freistellung des dem Betrieb ebenfalls angehörenden Schädigers von der Haftung. Regelmäßig beginnt und endet ein solcher Weg mit dem Durchschreiten oder Durchfahren des Werktores.[27] Die Haftungsfreistellung greift hingegen, wenn der Unfall auf einem sog. **Betriebsweg** erfolgt ist. Das ist der Weg für eine Fahrt, die als Teil des innerbetrieblichen Organisations- und Funktionsbereichs erscheint,[28] zB zur Ausübung einer Geschäftstätigkeit (Kundenfahrt) oder zu Werbezwecken, sofern der Arbeitgeber nicht nur eine gesellschaftliche Veranstaltung eines Kunden besuchen, sondern dort auch konkrete Geschäftsbeziehungen knüpfen will.[29] Auf einem Betriebsweg befindet sich der Arbeitnehmer nicht mehr bei einer nicht nur geringfügigen **Unterbrechung**, etwa durch Vornahme einer privaten Verrichtung, die zu einer nennenswerten zeitlichen Verzögerung geführt hat, mithin nicht nur „im Vorbeigehen" erfolgte.[30] Mit Wiederaufnahme des Betriebswegs –

---

23 BSG v. 30.1.2007 – B 2 U 23/05 R (Tz 23 f), BeckRS 2007, 45054.
24 BAG v. 15.11.2012 – 8 AZR 705/11 (Tz 19, 23), NJOZ 2013, 709, 710.
25 Dazu BSG v. 30.1.2007 – B 2 U 23/05 R (Tz 29 ff), BeckRS 2007, 45054; siehe ferner LG Berlin v. 10.4.2012 – (524) 11 JU Js 1853/10 Ns (36/11), NZV 2012, 397, 398.
26 Instruktiv dazu *Marburger*, PersV 2008, 181 ff.
27 BAG v. 14.12.2000 – 8 AZR 92/00 = NJW 2001, 2039, 2040. Unfallversichert ist dann noch der Rückweg bis zur Außentür des Wohnhauses: BSG v. 7.11.2000 – B 2 U 39/99 R, NJW 2002, 84 f.
28 Grundlegend: BGH v. 12.10.2000 – III ZR 39/00, BGHZ 145, 311, NJW 2001, 442 – Schülersammeltransport. *Kock*, NZS 2006, 471, 472 mN.
BSG v. 12.1.2010 – B 2 U 35/08 R (Tz 18), NJW 2011, 105; siehe auch BSG v. 18.3.2008 – B 2 U 13/07 R (Tz 18), NZS 2009, 288 ff – Sturz im Tagungshotel; BSG v. 12.1.2010 – B 2 U 35/08 R, NZS 2011, 66 f – Kind in Obhut gebracht.
29 *Kock*, NZS 2006, 471, 472 m. Nachw.
30 BSG v. 12.1.2010 – B 2 U 35/08 R (Tz 18), NJW 2011, 105; siehe auch BSG v. 18.3.2008 – B 2 U 13/07 R (Tz 18), NZS 2009, 288 ff – Sturz im Tagungshotel; BSG v. 12.1.2010 – B 2 U 35/08 R, NZS 2011, 66 f – Kind in

nicht schon mit der entsprechenden Planung –[31] lebt der Versicherungsschutz (und damit die Haftungsfreistellung) wieder auf.[32] Ein **Umweg** ist nur dann unschädlich, wenn dies im Rahmen einer **Fahrgemeinschaft** erfolgt; dann kann sogar bei zwei nacheinander durchgeführten Fahrgemeinschaften noch Versicherungsschutz bestehen.[33]

13 cc) **Vorsatz.** Die Haftungsentlastung des § 105 Abs. 1 S. 1 SGB VII greift auch dann nicht, wenn der Unfall **vorsätzlich** verursacht wurde (§ 105 Abs. 2 und 1 SGB VII). Dabei reicht für die Entsperrung des Haftungsausschlusses nicht aus, dass ein bestimmtes Handeln, das für den Unfall ursächlich war, gewollt und gebilligt wurde, wenn dies für den Unfall selbst nicht gesagt werden kann. Der Vorsatz des Schädigers muss also nicht nur die Verletzungshandlung, sondern auch den Verletzungserfolg umfassen. Dies folgt aus dem Zweck der §§ 104, 105 SGB VII. Das Versicherungsrecht versagt die Haftungsfreistellung, wenn sie nicht mehr hinnehmbar erscheint. Das ist nur dann der Fall, wenn der schädigende Betriebspartner auch den Verletzungserfolg billigte oder sogar erreichen wollte.[34]

14 dd) **Ansprüche gegen den Träger der Unfallversicherung.** Als Ersatz für seine Schadensersatzansprüche erwirbt der Arbeitgeber (als unversicherter Unternehmer über § 105 Abs. 2 S. 2 SGB VII) Ansprüche auf Leistungen nach den §§ 26 ff SGB VII gegen den Träger der Unfallversicherung (Berufsgenossenschaft), die den eingetretenen Schaden größtenteils kompensieren. Das dieser Schadensliquidation zugrunde liegende **Haftungsersetzungsprinzip** bildet seit jeher den Kernbestand der gesetzlichen Unfallversicherung.[35] Dies geschieht durch Zahlung von Kosten der Heilbehandlung und Rehabilitation (§§ 26 ff SGB VII), für Hilfsmittel (§ 31 SGB VII), häusliche Krankenpflege (§ 32 SGB VII) sowie für Kfz-, Wohnungs- und Haushaltshilfe (§§ 40 ff SGB VII). Zu zahlen ist ferner ein Verletzten- und Übergangsgeld (§§ 45 ff SGB VII), erforderlichenfalls bis zur Verrentung, bzw eine Verletztenrente, sofern der Unfall zu einer Erwerbsminderung um mindestens 20 % führt (§ 56 SGB VII). Bei Pflegebedürftigkeit sind die Kosten für Pflegegeld, einer Pflegekraft oder der Heimunterbringung zu ersetzen (§ 44 SGB VII). Im Todesfall sind folgende Leistungen zu zahlen: Sterbegeld, Überführung an den Ort der Bestattung, Hinterbliebenenrenten und Beihilfen (§§ 63 ff SGB VII). Bei nicht unfallversicherten Unternehmern werden Geldleistungen insgesamt aber nur bis zur Höhe des Schadensersatzanspruchs erbracht (§ 105 Abs. 2 S. 4 SGB VII).

15 Mit dem Ausschluss bleibt dem Arbeitnehmer auch die Zahlung von **Schmerzensgeld** nach § 253 Abs. 2 BGB erspart. Dies ist nur schwer verständlich. Hinter der Befreiung steht die Erwägung, dass der Arbeitgeber mit der gesetzlichen Unfallversicherung einen sicheren Zahler hat, der für die Schadensersatzforderungen gegen den Arbeitnehmer eintritt. Schmerzensgeld wird aus der betrieblichen Unfallversicherung jedoch nicht gezahlt. Die Erstreckung des Ausschlusses auf Schmerzensgeldansprüche lässt sich immerhin damit rechtfertigen, dass der

---

Obhut gebracht; BSG v. 18.6.2013 – B 2 U 7/12 R (Tz 20), NZV 2015, 91, 93 – Nachtarbeit nach Restaurantbesuch; BSG v. 4.7.2013 – B 2 U 3/13, NZS 2013, 872, 873 – Abbremsen zum Erdbeereinkauf; BSG v. 4.7.2013 – B 2 U 12/12 (Tz 16), NJOZ 2014, 1796, 1797 – Abbremsen zum Tanken. Allgemein zu Wegeunterbrechungen *Koppenfels-Spies*, NZS 2014, 881 ff.

31 LSG Bayern v. 6.5.2015 – L 2 U 128/13, NZS 2015, 714 (LS 3).
32 BSG v. 4.7.2013 – B 2 U 12/12 (Tz 17), NJOZ 2014, 1796, 1797.
33 BSG v. 12.1.2010 – B 2 U 36/08 R (Tz 14), NZS 2010, 569, 570; zum Versicherungsschutz bei Fahrgemeinschaften siehe ferner *Marburger*, NZV 2012, 159, 162.
34 BAG v. 10.10.2002 – 8 AZR 103/02, NJW 2003, 1890, 1891; BAG v. 22.4.2004 – 8 AZR 159/03 (Tz 36), NJW 2004, 3360, 3364 – Schubser; BGH v. 11.2.2003 – VI ZR 34/02, BGHZ 154, 11 = NJW 2003, 1605 ff.
35 Dazu *Gitter*, S. 38 ff; 211 ff; ebenso schon § 95 UnfallversicherungsG v. 6.7.1884 (RGBl. S. 69).

Ausschluss dem Betriebsfrieden dient, wie überhaupt das gesamte System der betrieblichen Unfallversicherung für dieses Anliegen steht.[36]

ee) Situation vor Gericht. Für die Voraussetzungen einer Haftungsfreistellung nach §§ 104 ff SGB VII trägt nach allgemeinen beweisrechtlichen Grundsätzen derjenige die Darlegungs- und Beweislast, der sich auf die Freistellung beruft, weil es sich hierbei um eine für ihn günstige Einwendung gegen den geltend gemachten Haftungsanspruch handelt.[37]

Um das Haftungsersetzungsprinzip bruchlos durchführen zu können, sind Gerichte außerhalb der Sozialgerichtsbarkeit (Zivil- und Arbeitsgerichte) gem. **§ 108 Abs. 1 SGB VII** bei Entscheidungen über die in den §§ 104–107 SGB VII genannten Ansprüche hinsichtlich der Frage, ob ein Arbeitsunfall vorliegt, in welchem Umfang Leistungen zu erbringen sind, ob der Unfallversicherungsträger zuständig ist, ob der Verletzte den Unfall als Versicherter aufgrund eines Beschäftigungsverhältnisses iSd § 2 Abs. 1 Nr. 1 oder Abs. 2 S. 1 SGB VII erlitten hat und welchem Unternehmen der Unfall zuzurechnen ist, an unanfechtbare Entscheidungen der Unfallversicherungsträger und der Sozialgerichte, die diese Entscheidungen überprüfen, gebunden.[38] Eine solche Bindung besteht nicht, wenn es nach Anerkennung eines Arbeitsunfalls durch die Berufsgenossenschaft nur noch um die Frage geht, ob der in Anspruch genommene Schädiger wegen des Vorliegens einer gemeinsamen Betriebsstätte haftungsprivilegiert ist, oder wenn das Vorliegen einer gemeinsamen Betriebsstätte zu verneinen ist.[39] Die Bindungswirkung ist von Amts wegen zu berücksichtigen.[40] Dazu müssen die anderen Gerichte feststellen, in welchem Umfang die Bindungswirkung eingetreten ist. Die Bindungswirkung nach § 108 Abs. 1 SGB VII gilt, sobald die Entscheidung des Trägers der Unfallversicherung für die Betroffenen unanfechtbar ist. Dies ist der Fall, wenn der Bescheid gem. § 77 SGG bestandskräftig geworden oder das Sozialgerichtsverfahren rechtskräftig abgeschlossen ist. Hierzu ist erforderlich, dass die Betroffenen in gebotener Weise am sozialrechtlichen Verfahren beteiligt worden sind. Ihre Rechte dürfen durch die Bindungswirkung nach § 108 SGB VII nicht verkürzt werden. Um das rechtliche Gehör von Personen, für die der Ausgang des Verfahrens rechtsgestaltende Wirkung hat, zu gewährleisten, bestimmt § 12 Abs. 2 SGB X, dass sie zum Verfahren beizuziehen sind.[41] Für die Anwendung dieser Vorschrift reicht es aus, dass der Bescheid ihre Rechtsstellung berührt oder berühren kann.[42] Ohne ordnungsgemäße Beteiligung wäre das Verfahren mit einem Fehler behaftet, der den Ausschluss der Bindungswirkung gegenüber dem Nichtbeteiligten zur Folge hätte. Eine Bindungswirkung lässt sich in diesem Fall allerdings dadurch erzielen, dass der Betroffene auf Anfrage des Gerichts erklärt, an einer Wiederholung des Verwaltungsverfahrens kein Interesse zu haben (etwa weil das Ergebnis ihm günstig ist), oder er zur Anfrage keine Erklärung abgibt.[43] Andernfalls ist das Verwal-

---

36 Nach BVerfG v. 7.11.1972 – 1 BvL 4 und 17/71, 1 BvR 355/71 = NJW 1973, 502, 503 ff, ist der Ausschluss von Schmerzensgeldansprüchen aus der Unfallversicherung nicht verfassungswidrig; ebenso BVerfG v. 8.2.1995 – 1 BvR 753/94 = NJW 1995, 1607; krit. *Fuhlrott*, NZS 2007, 237, 242.
37 BGH v. 7.11.2006 – VI ZR 211/05 (Tz 11), NJW 2007, 1754, 1755.
38 BGH v. 18.11.2014 – VI ZR 47/13 (Tz 25), NJW 2015, 940, 942; BGH v. 18.11.2014 – VI ZR 141/13 (Tz 10), r+s 2015, 46. Zur Bindungswirkung siehe auch *Dehm*, NZV 2011, 118 ff.
39 BGH v. 22.1.2013 – VI ZR 175/11 (Tz 14), NZS 2013, 431, 432.
40 BGH v. 12.6.2007 – VI ZR 70/06 (Tz 17), r+s 2007, 437, 438; BGH v. 22.4.2008 – VI ZR 202/07 (Tz 9), r+s 2008, 308; BAG v. 14.12.2006 – 8 AZR 628/05 (Tz 27), NZA 2007, 262, 265.
41 BGH v. 20.11.2007 – VI ZR 244/06 (Tz 11), NJW 2008, 1877, 1878. Zur Beteiligung des Schädigers s. *Kampen*, NJW 2010, 2311 ff.
42 BGH v. 12.6.2007 – VI ZR 70/06 (Tz 27), r+s 2007, 437, 439; BGH v. 22.4.2008 – VI ZR 202/07 (Tz 10), r+s 2008, 308.
43 BGH v. 12.6.2007 – VI ZR 70/06 (Tz 28), r+s 2007, 437, 439.

tungsverfahren auf seinen Antrag zu wiederholen und die Beteiligung sicherzustellen. Nach § 108 Abs. 2 SGB VII haben die Gerichte außerhalb der Sozialgerichtsbarkeit ihr Verfahren auszusetzen, bis eine Entscheidung nach Abs. 1 ergangen ist. Falls ein solches Verfahren noch nicht eingeleitet wurde, bestimmen sie dafür eine Frist, nach deren Ablauf die Wiederaufnahme des ausgesetzten Verfahrens zulässig ist. Die Aussetzung steht nicht im Ermessen des Gerichts.[44]

18 **b) Sachschäden.** Für Sachschäden des Arbeitgebers haftet der Arbeitnehmer als Schädiger zunächst nach den allgemeinen Regeln, so bei rechtswidriger und schuldhafter Verletzung des Arbeitsvertrags, gem. § 823 Abs. 1 BGB bei Beschädigung oder Zerstörung von Eigentum des Arbeitgebers (zB Betriebsfahrzeug) und bei Verletzung einer Schutzvorschrift iSd § 823 Abs. 2 BGB. Zu ersetzen ist der gesamte Schaden (§ 249 Abs. 1 BGB). Gemäß § 254 BGB ist die Schadensersatzpflicht allerdings gemindert, wenn den Arbeitgeber ein konkretes **Mitverschulden** am Unfall trifft. Das kann über die §§ 254 Abs. 2 S. 2, 278 Abs. 1 S. 1 BGB auch ein Mitverschulden anderer Arbeitnehmer seines Unternehmens sein. Der Schädiger kann sich aber nicht auf ein Fehlverhalten ihm unterstellter Mitarbeiter berufen, wenn sich der Unfall in einem Bereich ereignet hat, für den ihm die Alleinverantwortung zukommt.[45] Gemindert ist die Schadensersatzpflicht nach § 254 BGB ferner, wenn den Arbeitgeber ein Organisationsverschulden trifft, das zu einem ihm zuzurechnenden Schaden geführt hat.[46] Nach höchstrichterlicher Rechtsprechung finden in analoger Anwendung des § 254 BGB des Weiteren die **Grundsätze der eingeschränkten Haftung der Arbeitnehmer** Anwendung, die den Arbeitnehmer davon entlasten sollen, den (vollen) Schaden zu tragen. Dieser Gesichtspunkt ist von den vorgenannten konkreten Mitverschuldensaspekten zu trennen und entsprechend gesondert darzulegen.[47]

19 Hintergrund der Grundsätze zur eingeschränkten Arbeitnehmerhaftung bildet die Überlegung, dass nach dem das Schadensrecht prägenden Grundsatz der Totalrestitution (§ 249 Abs. 1 BGB) der Arbeitnehmer schon bei leichtester Fahrlässigkeit für jeden noch so hohen Schaden einstehen muss. Dies würde ihn unzumutbar belasten, da er bei Erbringung der Arbeitsleistung ständig mit Vermögenswerten des Arbeitgebers in Berührung kommt. Zudem organisiert der Arbeitgeber den Betrieb mit dem entsprechenden Schadensrisiko. Aus diesem Grund, aber auch wegen des das Arbeitsrecht prägenden Fürsorgegedankens,[48] ist bei gewissen Verschuldensgraden die Schadensverteilung zwischen Arbeitnehmer und Arbeitgeber durch Abwägung zu finden. Ein Abwägungsprogramm sieht im Schadensrecht allein § 254 BGB vor, so dass die Grundsätze der Arbeitnehmerhaftung über diese Norm Eingang in die Prüfung des Schadensersatzanspruchs finden.[49] Sofern § 276 Abs. 1 S. 1 BGB im Zuge der Schuldrechtsmodernisierung mit dem Hinweis auf die Einbindung der Grundsätze zur eingeschränkten Arbeitnehmerhaftung dahin gehend formuliert worden ist, dass der Schuldner Vorsatz und Fahrlässigkeit zu vertreten hat, wenn eine mildere Haftung nicht „aus dem sons-

---

44 BGH v. 22.4.2008 – VI ZR 202/07 (Tz 12), r+s 2008, 308.
45 BAG v. 25.9.1997 – 8 AZR 288/96, NJW 1998, 1810, 1811.
46 BAG v. 28.4.1970 – 1 AZR 146/69, BB 1970, 1009, 1010; BAG v. 16.2.1995 – 8 AZR 493/93 = NZA 1995, 565, 566; BAG v. 12.11.1998 – 8 AZR 221/97, NJW 1999, 966, 967 – Rotlichtverstoß; BAG v. 18.1.2007 – 8 AZR 250/06 (Tz 25), NZA 2007, 1230, 1232.
47 Vgl *Krause*, NZA 2003, 577, 584: Doppelverwertungsverbot.
48 BAG v. 25.9.1957 – GS 4 (5)/56, NJW 1958, 235, 237.
49 *Canaris*, RdA 66, 41, 44; *Waltermann*, RdA 2005, 98, 100.

tigen Inhalt des Schuldverhältnisses" zu entnehmen ist,[50] ist dadurch die Bezugnahme auf § 254 BGB nicht aufgehoben worden, da die analoge Anwendung dieser Vorschrift für den Bereich der Arbeitnehmerhaftung zum Inhalt des Arbeitsverhältnisses gehört. Nach der Schuldrechtsmodernisierung ist Rechtsgrundlage für die Einschränkung der Arbeitnehmerhaftung daher § 276 Abs. 1 S. 1 iVm § 254 BGB analog.[51] Die Grundsätze gelten nicht nur für den Anspruch aus § 280 Abs. 1 BGB, sondern auch für deliktische Ansprüche. Sie gelten ferner unabhängig davon, ob es um die Liquidation von Eigentumsschäden geht oder um sonstige Vermögensschäden (zB Minderleistungen).[52] Die flankierende Beweislastregel des § 619 a BGB gilt hingegen nur für Ansprüche aus § 280 Abs. 1 BGB, damit aber auch für Ansprüche wegen Unmöglichkeit oder Verzögerung der Arbeitsleistung.[53]

Die Grundsätze zur eingeschränkten Arbeitnehmerhaftung gelten für **Arbeitnehmer**. Ausreichend ist ein fehlerhaftes Arbeitsverhältnis.[54] Nicht genügend sind Verrichtungen und Wege, die mit der Arbeitsuche und Verhandlungen über den Abschluss eines Arbeitsvertrags zusammenhängen. Auch geringfügig Beschäftigte sind Arbeitnehmer.[55] Wegen § 10 Abs. 2 BBiG gelten die Grundsätze ferner für Auszubildende,[56] gem. § 26 BBiG zudem für sonstige, der Erlangung beruflicher Fertigkeiten dienende Vertragsverhältnisse.[57] Nach herrschender Ansicht in der Literatur sollen die Grundsätze auch für freie Mitarbeiter und arbeitnehmerähnliche Personen gelten.[58] Entscheidend ist der Gesichtspunkt der Eingliederung in den Betrieb, so dass sogar ehrenamtlich tätige Vereinsmitglieder in den Vorteil der beschränkten Arbeitnehmerhaftung kommen können.[59] Gleiches gilt für das Verhältnis zwischen dem Entleiher und Leiharbeitnehmern. Bei der Arbeitnehmerüberlassung ist der Schädiger aufgrund eines Arbeitsverhältnisses tätig. Die Besonderheit liegt nur darin, dass er beim Entleiher tätig wird, dem regelmäßig das arbeitgeberseitige Weisungsrecht übertragen ist.[60] Die Anwendung der Grundsätze zur beschränkten Arbeitnehmerhaftung haben nichts mit der Streitfrage zu tun, ob dem Entleiher gegen den überlassenen Arbeitnehmer vertragliche Ansprüche zustehen können. Anwendbar sind die Grundsätze zudem auf leitende Angestellte, da auch diese in die Organisation des Arbeitgebers eingebunden sind und mit Entscheidungsfreude handeln sollen.[61] Leitende Angestellte, die im Betrieb die Gesamtverantwortung tragen, sollen von der Anwendung dieser Grundsätze aber ausgenommen sein.[62] Bei unternehmerischen Entscheidungen soll ihnen in analoger Anwendung des § 93 Abs. 1 S. 2 AktG jedoch die für Vorstände einer Aktiengesellschaft geltende Haftungsprivilegierung ("Business Judgement Rule") zu-

---

50 BT-Drucks. 14/6857, S. 48; BT-Drucks. 14/7052, S. 204.
51 *Walker*, JuS 2002, 736, 737; ähnlich: *Krause*, NZA 2003, 577, 581.
52 *Waltermann*, RdA 2005, 98, 103; aA *Richardi*, NZA 2002, 1004, 1011 f: Schutz nur des Integritätsinteresses.
53 *Herbert/Oberrath*, NJW 2005, 3745, 3748; aA *Henssler*, RdA 2002, 129, 132.
54 BSG v. 29.9.1965 – 2 RU 169/63, BSGE 24, 29, 31.
55 AA LAG Mecklenburg-Vorpommern v. 19.6.2007 – 5 Sa 72/07.
56 BAG v. 18.4.2002 – 8 AZR 348/01, NJW 2003, 377, 378 – Gabelstapler; BAG v. 20.9.2006 – 10 AZR 439/05 (Tz 32), NZA 2007, 977, 979.
57 *Hesse*, in: BeckOK BGB (Stand: 1.6.2015), Rn 6 zu § 619 a.
58 *Krause*, NZA 2003, 577, 582; *Joussen*, RdA 2006, 129, 136; ebenso BSG v. 24.6.2003 – B 2 U 39/02 R, NJW 2004, 966, 967; aA LAG Berlin v. 25.10.1990 – 9 Sa 67/90 = AfP 1990, 336, 337, m. abl. Anm. *Gerschel*, AfP 1990, 339; aA auch *Hesse*, in: BeckOK BGB (Stand: 1.6.2015), Rn 6 zu § 619 a; ErfK/*Preis*, Rn 19 zu § 619 a BGB; differenzierend *Waltermann*, RdA 2005, 98, 102: Regelungslücke und Zurechnungsgrund für bes. Risiko erforderlich.
59 BGH v. 5.12.1983 – II ZR 252/82, BGHZ 89, 153 = NJW 1984, 789, 790; noch weitergehend BSG v. 24.6.2003 – B 2 U 39/02 R, NJW 2004, 966, 967: Unfall bei Freundschaftsdienst – Kantholz.
60 *Waltermann*, RdA 2005, 98, 100.
61 *Krause*, NZA 2003, 577, 581; *Waltermann*, RdA 2005, 98, 100; *Joussen*, RdA 2006, 129, 132; *Schwab*, NZA-RR 2006, 449, 452; iE BGH v. 25.6.2001 – II ZR 38/99, BGHZ 148, 167 = NJW 2001, 3123, 3124.
62 BGH v. 25.6.2001 – II ZR 38/99, BGHZ 148, 167 = NJW 2001, 3123, 3124.

gutekommen.[63] Eine ähnliche Unterscheidung soll im Organbereich gelten. So kommen Fremdgeschäftsführer einer GmbH (Gleiches dürfte für geschäftsführende Gesellschafter gelten, die weder über die Mehrheit noch über eine Sperrminorität verfügen) in den Genuss der Haftungsprivilegierung, wenn ihr Handlungsspielraum im Innenverhältnis durch ein vereinbartes Weisungsrecht der Gesellschafter stark eingeschränkt ist.[64]

21 **aa) Voraussetzungen der Zuweisung des Schadensrisikos an den Arbeitgeber.** Voraussetzung dafür, dem Arbeitgeber das Schadensrisiko oder einen Teil dessen zuzuweisen, ist die in seiner Risikosphäre liegende Verantwortung für die Gestaltung der Arbeitsbedingungen. Aus diesem Grund muss die Tätigkeit, in deren Rahmen der Verkehrsunfall erfolgt ist, **betrieblich veranlasst**, also entweder dem Arbeitnehmer arbeitsvertraglich übertragen oder im Interesse des Arbeitgebers für den Betrieb ausgeführt worden sein.[65] Im Grunde ist dies nach denselben Kriterien zu beurteilen wie der Arbeitsunfall bzw der „innere Zusammenhang" zwischen dem Unfall und der versicherten Tätigkeit (siehe Rn 10),[66] da der Begriff der betrieblich veranlassten Tätigkeit der gesetzlichen Regelung in § 105 Abs. 1 SGB VII entlehnt ist und von der Rechtsprechung in diesem Sinne ausgelegt wird.[67] Das Handeln braucht hiernach nicht zum eigentlichen Aufgabengebiet des Beschäftigten zu gehören; ausreichend ist, wenn er im wohlverstandenen Interesse des Arbeitgebers tätig wird. Das Handeln ist betrieblich veranlasst, wenn bei objektiver Betrachtungsweise aus Sicht des Schädigers im Betriebsinteresse zu handeln war, sein Verhalten unter Berücksichtigung der Verkehrsüblichkeit nicht untypisch war und keinen Exzess darstellte. Der betriebliche Charakter der Tätigkeit geht nicht dadurch verloren, dass der Arbeitnehmer bei der Durchführung der Tätigkeit grob fahrlässig oder vorsätzlich seine Verhaltenspflichten verletzt, auch wenn ein solches Verhalten grundsätzlich nicht im Interesse des Arbeitgebers liegt (vgl § 7 Abs. 2 SGB VII).[68] Der innere Zusammenhang ist darzulegen. Dazu genügt es nicht, dass der Unfall an der Arbeitsstelle, während der Arbeitszeit oder mit einem Betriebsmittel (zB Betriebsfahrzeug) erfolgte.[69] Denn der Schädiger kann aufgrund eigenständigen Entschlusses in eigenem Interesse gehandelt haben, ohne dass dies durch eine betrieblichen Zwecken dienende Tätigkeit veranlasst war (zB Schwarzfahrt mit einem dienstlich anvertrauten Pkw).[70] Keine betriebliche Tätigkeit ist etwa die Fahrt vom und zum Arbeitsplatz, und zwar selbst dann, wenn der Arbeitgeber das Fahrzeug stellt.[71] Die Darlegungs- und Beweislast für die betriebliche Veranlassung der schadensursächlichen Tätigkeit liegt nach allgemeinen Grundsätzen beim Arbeitnehmer, da ihm die Haftungseinschränkung als Einwendung zugutekommt.

22 **bb) Umfang der Haftungsbeschränkung des Arbeitnehmers.** Liegen die Anwendungsvoraussetzungen der Grundsätze zur Arbeitnehmerhaftung in persönlicher und sachlicher Hinsicht vor, ist der **Umfang** der Haftungsbeschränkung zu prüfen. Dieser bestimmt sich nach Verschuldensgraden. Dabei wird die im BGB angelegte Zweigleisigkeit der Fahrlässigkeit weiter

---

63 *Bürkle/Fecker*, NZA 2007, 589, 596; *Hesse*, in: BeckOK BGB (Stand: 1.6.2015), Rn 6 zu § 619a.
64 *Hesse*, in: BeckOK BGB (Stand: 1.6.2015), Rn 6 zu § 619 a; vgl BAG v. 6.5.1999 – 5 AZB 22/98, NJW 1999, 3068.
65 BAG v. 27.9.1994 – GS 1/89 (A), NJW 1995, 210, 212; BAG v. 25.9.1997 – 8 AZR 288/96, NJW 1998, 1810, 1811; BAG v. 28.10.2010 – 8 AZR 418/09 (Tz 14), NJW 2011, 1096, 1097.
66 *Grüner*, in: Franke/Molkentin, SGB VII, § 105 Rn 9.
67 BAG v. 28.10.2010 – 8 AZR 418/09 (Tz 14), NJW 2011, 1096, 1097.
68 BAG v. 28.10.2010 – 8 AZR 418/09 (Tz 14), NJW 2011, 1096, 1097.
69 BAG v. 18.4.2002 – 8 AZR 348/01, NJW 2003, 377, 378 – Gabelstapler.
70 Vgl BAG v. 9.11.1967 – 5 AZR 147/67, NJW 1968, 717.
71 LAG Köln v. 24.6.1994 – 13 Sa 37/94, NZA 1995, 1163, 1164.

aufgeteilt, um eine sachgerechte Differenzierung zu erreichen. Insgesamt ergeben sich dadurch **fünf Verschuldensgrade**, nämlich

- leichteste Fahrlässigkeit,
- mittlere/normale Fahrlässigkeit,
- grobe Fahrlässigkeit,
- gröbste Fahrlässigkeit,
- Vorsatz.

Dabei ist zu berücksichtigen, dass Anknüpfungspunkt für diese Verschuldensgrade nicht nur die Pflichtverletzung ist (zB der Verstoß gegen eine Verhaltensvorschrift), sondern auch der Erfolg.[72] So haftet der Arbeitnehmer, der weisungswidrig und ohne Führerschein einen Gabelstapler seines Arbeitgebers fährt, nur dann wegen Vorsatzes für den Schaden, der durch das Anfahren eines Tors entsteht, wenn nicht nur die Schwarzfahrt, sondern auch der Unfall gewollt war.[73] Im Bereich der Fahrlässigkeit kann wie im allgemeinen Schadensrecht aber nur die allgemeine Vorhersehbarkeit eines schädigenden Erfolgs gemeint sein.

Diese Aufteilung ist von der BAG-Rechtsprechung im Laufe der Zeit entwickelt worden, beginnend mit einer Entscheidung aus dem Jahr 1957[74] und endend mit einem Urteil aus dem Jahr 1997 (zum Verschuldensgrad der gröbsten Fahrlässigkeit).[75] Bei diesen Verschuldensgraden wird eine Abwägung nur in den inneren Bereichen vorgenommen. Bei leichtester Fahrlässigkeit auf der einen und Vorsatz bzw gröbster Fahrlässigkeit (zB einer Pflichtverletzung unter Umgehung von Vorkehrungen)[76] auf der anderen Seite wird nicht abgewogen. Bei **leichtester Fahrlässigkeit** des Arbeitnehmers hat der Arbeitgeber aufgrund seines Betriebsrisikos den Schaden allein zu tragen.[77] Leichteste Fahrlässigkeit (culpa levissima) ist eine Fahrlässigkeit, deren Geringfügigkeit sich aufdrängen muss, zB bei einem typischen Abirren von der Arbeitsleistung aufgrund „Sich-Vergreifens". Bei **Vorsatz** und **gröbster Fahrlässigkeit** des Arbeitnehmers hat dieser den Schaden in aller Regel allein zu tragen.[78] Hingegen ist bei grober und mittlerer Fahrlässigkeit, also in den allermeisten Fällen, eine Abwägung nötig.

(1) Grobe Fahrlässigkeit. Grob fahrlässig handelt, wer die im Verkehr erforderliche Sorgfalt nach den gesamten Umständen in ungewöhnlich hohem Maße verletzt und unbeachtet lässt, was im gegebenen Fall jedem hätte einleuchten müssen.[79] Im Gegensatz zum rein objektiven Maßstab bei sonstiger Fahrlässigkeit sind bei grober Fahrlässigkeit auch subjektive Umstände zu berücksichtigen. Es kommt also nicht nur darauf an, was von einem durchschnittlichen Anforderungen entsprechenden Angehörigen des jeweiligen Verkehrskreis in der jeweiligen Situation erwartet werden kann, wozu auch gehört, ob die Gefahr erkennbar und der Erfolg vorhersehbar und vermeidbar ist, sondern auch darauf, ob der Schädigende nach seinen indi-

---

72 BAG v. 18.4.2002 – 8 AZR 348/01, NJW 2003, 377, 380 – Gabelstapler; BAG v. 18.1.2007 – 8 AZR 250/06 (Tz 34), NZA 2007, 1230, 1233; BAG v. 28.10.2010 – 8 AZR 418/09 (Tz 20), NJW 2011, 1096, 1098.
73 BAG v. 18.4.2002 – 8 AZR 348/01, NJW 2003, 377, 380 – Gabelstapler.
74 BAG v. 25.9.1957 – GS 4 (5)/56, NJW 1958, 235, 236, in Anknüpfung an Rspr des RAG.
75 BAG v. 25.9.1997 – 8 AZR 288/96, NJW 1998, 1810, 1811.
76 Vgl BAG v. 25.9.1997 – 8 AZR 288/96, NJW 1998, 1810, 1812.
77 BAG v. 18.4.2002 – 8 AZR 348/01, NJW 2003, 377, 379 – Gabelstapler.
78 Vgl BAG v. 25.9.1997 – 8 AZR 288/96, NJW 1998, 1810, 1812; BAG v. 28.10.2010 – 8 AZR 418/09 (Tz 23), NJW 2011, 1096, 1098.
79 BAG v. 18.4.2002 – 8 AZR 348/01, NJW 2003, 377, 379 – Gabelstapler.

viduellen Fähigkeiten die objektiv gebotene Sorgfalt erkennen und erbringen kann.[80] Gerade bei Verkehrsdelikten ist dieser Gesichtspunkt von großer Bedeutung.[81] Liegt ein Fall grober Fahrlässigkeit vor, hat der Arbeitnehmer den Schaden generell allein zu tragen.[82]

25 Das Missverhältnis zwischen Entlohnung und Schadensrisiko ist ein im Rahmen des Betriebsrisikos zulasten des Arbeitgebers zu wertender Gesichtspunkt, der auch bei grober Fahrlässigkeit zu berücksichtigen ist. Das führt zu einer Haftungserleichterung für den Arbeitnehmer, wenn sein Verdienst in einem **deutlichen Missverhältnis** zum verwirklichten Schadensrisiko der Tätigkeit steht.[83] Zum Teil wird verlangt, sich hierfür an einer Obergrenze von drei Brutto-Monatsgehältern zu orientieren.[84] In der Rechtsprechung sind aber weit höhere Abweichungen für nicht korrekturbedürftig erachtet worden. So hat es das BAG in einem Fall zugelassen, dass der grob fahrlässig handelnde Arbeitnehmer von den Untergerichten mit einem Schaden belastet wurde, der das etwa 9-fache seines Monatsverdienstes betrug.[85] Als Belastungsobergrenze dürfte deshalb die Sechsjahresfrist iSd § 287 Abs. 2 S. 1 InsO maßgeblich sein, die die zeitliche Grenze der zumutbaren Anstrengungen zur Schuldentilgung markiert. Je nach Umständen lässt sich der Arbeitnehmer so für Beträge bis zu einem Jahresbruttogehalt heranziehen.[86] Der Versicherer ist bei Vorsatz leistungsfrei (§ 81 Abs. 1 VVG); bei grober Fahrlässigkeit ist er berechtigt, seine Leistung zu kürzen, und zwar in einem der Schwere des Verschuldens des Versicherungsnehmers (das ist der Arbeitgeber oder der als Fahrer mitversicherte Arbeitnehmer) entsprechenden Verhältnis (§ 81 Abs. 2 VVG). Nach dieser Formulierung kann angenommen werden, dass die Rechtsprechung den Kürzungsumfang harmonisiert, so dass der Arbeitgeber im Umfang des Versicherungsschutzes freigestellt wird, bei grobem Verschulden seines Arbeitnehmers also nicht selbst haften muss, wenn eine Vollkaskoversicherung greift. Noch nicht harmonisiert ist § 15 Abs. 2 der in der Versicherungswirtschaft allgemein verwandten AKB, wonach gem. § 86 Abs. 1 S. 1 VVG übergegangene Ersatzansprüche des Vollkaskoversicherten (Arbeitgeber) gegen den berechtigten Fahrer und andere in der Haftpflichtversicherung mitversicherte Personen sowie gegen den Mieter und Entleiher nur geltend gemacht werden können, wenn diese den Versicherungsfall vorsätzlich oder grob fahrlässig herbeigeführt haben. Insoweit muss der Vollkaskoversicherer zwar Haftungseinschränkungen aus dem Arbeitsverhältnis als Rechtsnachfolger des Vollkaskoversicherten gegen sich gelten lassen,[87] da der im Regressweg in Anspruch genommene Arbeitnehmer insoweit wieder einen Freistellungsanspruch gegen den Arbeitgeber hätte und der Übergang (Rückgriff) nicht zum Nachteil des Versicherungsnehmers geltend gemacht werden darf (§ 86

---

80 BAG v. 12.11.1998 – 8 AZR 221/97, NJW 1999, 966 – Rotlichtverstoß; BAG v. 4.5.2006 – 8 AZR 311/05 (Tz 29), NZA 2006, 1428, 1430.
81 Vgl BAG v. 12.11.1998 – 8 AZR 221/97, NJW 1999, 966, 967 – Rotlichtverstoß.
82 Ähnlich BAG v. 25.9.1997 – 8 AZR 288/96, NJW 1998, 1810, 1811; BAG v. 15.11.2001 – 8 AZR 95/01, NJW 2002, 2900, 2902: „in aller Regel".
83 Seit BAG v. 12.10.1989 – 8 AZR 276/88, NJW 1990, 468, 469; s. nur BAG v. 25.9.1997 – 8 AZR 288/96, NJW 98, 1810, 1811; BAG v. 15.11.2001 – 8 AZR 95/01, NJW 2002, 2900, 2902; BAG v. 18.4.2002 – 8 AZR 348/01, NJW 2003, 377, 381 – Gabelstapler; *Krause*, NZA 2003, 577, 583; zB LAG Rheinland-Pfalz v. 7.7.2003 – 7 Sa 631/03: Betankung mit falschem Treibstoff.
84 *Hübsch*, BB 1998, 690, 695; *Krause*, NZA 2003, 577, 583; dagegen BAG v. 15.11.2012 – 8 AZR 705/11 (Tz 27) = NJOZ 2013, 709, 711.
85 BAG v. 23.1.1997 – 8 AZR 893/95, NZA 1998, 140, 141.
86 Vgl BAG v. 28.10.2010 – 8 AZR 418/09 (Tz 24), NJW 2011, 1096, 1098; LAG Köln v. 9.11.2005 – 3 (7) Sa 369/05, NZA-RR 2006, 311, 312; LAG Mecklenburg-Vorpommern v. 22.8.2006 – 3 Sa 389/05, juris Tz 29.
87 *Jacobsen*, in: Feyock/Jacobsen/Lemor, Kraftfahrversicherung, Rn 34 zu § 15 AKB; aA wohl LAG Hamm v. 13.10.2006 – 4 Sa 1325/05, juris Tz 23.

Abs. 1 S. 2 VVG). Dies betrifft aber nicht den verbleibenden Eigenanteil des Arbeitnehmers. Diesen kann sich der Kaskoversicherer beim schädigenden Arbeitnehmer zurückholen.

(2) Mittlere Fahrlässigkeit. In den Bereich der mittleren Fahrlässigkeit fällt jedes Verhalten, das zwischen leichtester und grober Fahrlässigkeit angesiedelt ist. Die Abgrenzung zur groben Fahrlässigkeit ist nicht immer leicht. So verursacht ein Arbeitnehmer, der ohne sorgfältige Prüfung der Verkehrssituation an einer Ampel losfährt, nachdem er durch ein Hupen aufgeschreckt worden ist und irrtümlich für seine Fahrspur ein grünes Ampelsignal wahrgenommen hat, zwar fahrlässig, nicht aber grob fahrlässig einen Verkehrsunfall. Anders wäre der Fall zu beurteilen, wenn der Arbeitnehmer lediglich auf das Hupsignal hin losgefahren wäre, ohne vorher auf das Ampellicht zu schauen.[88]

26

Für das breite Gebiet der mittleren Fahrlässigkeit hat das **BAG** einen (nicht abschließenden) **Kriterienkatalog** entwickelt.[89] In die Abwägung einfließen können hiernach insbesondere

27

- der Schadensanlass,
- der Grad des dem Arbeitnehmer zur Last fallenden Verschuldens,
- die Gefahrgeneigtheit der Arbeit,
- die Höhe des Schadens,
- ein vom Arbeitgeber einkalkuliertes oder durch Versicherung gedecktes Risiko,
- die Stellung des Arbeitnehmers im Betrieb (zB Berufsanfänger, nicht aber eine langjährige Mitgliedschaft im Betriebsrat),[90]
- die Höhe des Arbeitsentgelts (zB Risikoprämien),
- die Dauer der Betriebszugehörigkeit des Arbeitnehmers,
- das Lebensalter des Arbeitnehmers,
- die Familienverhältnisse des Arbeitnehmers (zB Unterhaltslasten),
- das bisherige Verhalten des Arbeitnehmers,
- weitere persönliche Verhältnisse des Arbeitnehmers (zB Existenznot).

Nicht alle Abwägungskriterien überzeugen.[91] Vor allem die Familienverhältnisse erscheinen unter dem Gesichtspunkt des Betriebsrisikos nicht erheblich. Fragwürdig sind als Kriterien auch die Dauer der Betriebszugehörigkeit, das Lebensalter und das bisherige Verhalten des Arbeitnehmers. Hinsichtlich der **Versicherbarkeit** unterscheidet die Rechtsprechung danach, ob zugunsten des Arbeitnehmers eine gesetzlich vorgeschriebene oder eine freiwillig abgeschlossene Haftpflichtversicherung greift. Bei einer gesetzlichen Versicherung (vor allem Kfz-Haftpflichtversicherung, vgl § 1 PflVG) ist für die richterrechtlichen Grundsätze kein Raum, da das Gesetz die der Pflichtversicherung unterworfenen Risiken als so gefahrträchtig ansieht, dass es den Handelnden im Hinblick auf die möglichen Gefahren für andere ohne den Versicherungsschutz nicht tätig sehen möchte; die Grundsätze zur Arbeitnehmerhaftung wer-

28

---

88 LAG Hessen v. 27.5.2008 – 12 Sa 1288/07, BeckRS 2008, 55969.
89 BAG v. 27.9.1994 – GS 1/89 (A), NJW 1995, 210, 213; BAG v. 16.2.1995 – 8 AZR 493/93 = NZA 1995, 565, 566; BAG v. 25.9.1997 – 8 AZR 288/96, NJW 1998, 1810, 1811; BAG v. 27.1.2000 – 8 AZR 876/98, NZA 2000, 727, 729; BAG v. 28.10.2010 – 8 AZR 418/09 (Tz 18), NJW 2011, 1096, 1097.
90 LAG Bremen v. 26.7.1999 – 4 Sa 116/99, NZA-RR 2000, 126, 127; *Walker*, JuS 2002, 736, 738.
91 So auch *Krause*, NZA 2003, 577, 584; *Waltermann*, RdA 2005, 98, 107; siehe aber BT-Drucks. 14/6857, S. 253 f.

den hier gleichsam überlagert.[92] Die Rechtslage ist damit eine andere als hinsichtlich der Personenschäden, bei denen der eigentlich eintrittspflichtige Kraftfahrthaftpflichtversicherer von der Haftungsfreistellung des § 105 SGB VII profitiert. Wenn und soweit die Pflichtversicherung eintritt, ist der schädigende Arbeitnehmer von einer Haftung im Innenverhältnis zum Arbeitgeber (und vor Regressansprüchen des Haftpflichtversicherers) befreit. Gleiches gilt in (ergänzender) Auslegung des Arbeitsvertrags dann, wenn der Arbeitgeber zugunsten des Arbeitnehmers eine fakultative Versicherung abgeschlossen hat oder die Prämien einer vom Arbeitnehmer genommenen Versicherung trägt.[93] Allein der Umstand, dass eine vom Arbeitnehmer freiwillig abgeschlossene Versicherung für den Schaden aufkommt, soll sich auf die Haftungsverteilung indes nicht auswirken.[94] Zwar gilt auch hier der Überlagerungsgedanke, der das Prinzip, wonach die Versicherung sich nach der Haftung und nicht umgekehrt die Haftung nach der Versicherung richtet, nicht zur Anwendung kommen lässt.[95] Allerdings sollen solche Versicherungen den Arbeitgeber nicht von betrieblichen Risiken entlasten, die dieser gerechterweise zu tragen hat.[96] Es gehört aber nicht zu den **Obliegenheiten** des Arbeitgebers, sein Schadensrisiko hinsichtlich des Betriebsfahrzeugs durch Abschluss einer Fahrzeug-Vollversicherung (vgl § 12 Abs. 1 II AKB, sog. Vollkaskoversicherung) mit der üblichen Selbstbeteiligung zu begrenzen.[97] Demgegenüber dürfte eine solche Obliegenheit für alle Betriebs- und Berufshaftpflichtversicherungen (zB D&O-Versicherung für leitende Angestellte) gelten, die im betreffenden Wirtschaftszweig üblich sind, also einen hohen Verbreitungsgrad haben.[98] Verfügt der Arbeitgeber über keine solche Versicherung oder hat er den Versicherungsschutz durch Obliegenheitsverletzung bzw Prämienverzug verwirkt, muss der Arbeitnehmer bei mittlerer Fahrlässigkeit nur in Höhe der üblichen bzw in Anbetracht seines Verdienstes angemessenen Selbstbeteiligung haften. Zu ersetzen hat er dann aber regelmäßig den vollen Betrag der Selbstbeteiligung, da das Betriebsrisiko durch den darüber hinausgehenden Versicherungsschutz hinreichend berücksichtigt ist.[99]

29 **cc) Beweislast.** Nach früherer Rechtsprechung hatte der Arbeitgeber das Verschulden bzw den Grad des Verschuldens des Arbeitnehmers darzulegen und zu beweisen. Mit der Schuldrechtsmodernisierung hat sich die Rechtslage insoweit geändert, als das Verschulden an einer Pflichtverletzung im Schuldverhältnis nunmehr immer vermutet wird (vgl § 280 Abs. 1 S. 2 BGB). Für den Bereich der leichten Fahrlässigkeit wäre die (vertraglich begründete) Arbeitnehmerhaftung damit prozessual, also faktisch verschärft worden. Um dieses Ergebnis zu vermeiden, hat der Gesetzgeber im gleichen Zuge **§ 619 a BGB** geschaffen, wonach es im Rahmen der Arbeitnehmerhaftung bei der bisherigen Beweislastverteilung verbleibt. Damit trägt der Arbeitgeber wie bisher die Darlegungs- und Beweislast dafür, dass der Arbeitnehmer die

---

92 BGH v. 8.12.1971 – IV ZR 102/70, NJW 1972, 440, 441; BGH v. 3.12.1991 – VI ZR 378/90, BGHZ 116, 200, NJW 1992, 900, 902; BGH v. 5.2.1992 – IV ZR 340/90, BGHZ 117, 151 = NJW 1992, 1507, 1508; BAG v. 28.10.2010 – 8 AZR 418/09 (Tz 28), NJW 2011, 1096, 1098 f; BAG v. 13.12.2012 – 8 AZR 432/11 (Tz 15) = NZA 2013, 622, 623.
93 BAG v. 28.10.2010 – 8 AZR 418/09 (Tz 29), NJW 2011, 1096, 1099; ebenso bereits *Otto*, in: FS 50 Jahre BAG, 2004, S. 112.
94 BAG v. 25.9.1997 – 8 AZR 288/96, NJW 1998, 1810, 1811; BAG v. 28.10.2010 – 8 AZR 418/09 (Tz 29), NJW 2011, 1096, 1099.
95 BGH v. 8.12.1971 – IV ZR 102/70, NJW 1972, 440, 441.
96 *Otto*, in: FS 50 Jahre BAG, 2004, S. 110.
97 BAG v. 24.11.1987 – 8 AZR 66/82 = NJW 1988, 2820, 2822; BAG v. 24.11.1987 – 8 AZR 524/82, NJW 1988, 2816, 2820; BAG v. 28.10.2010 – 8 AZR 647/09 (Tz 53), NZA 2011, 406, 410 f; BAG v. 15.11.2012 – 8 AZR 705/11 (Tz 45), NJOZ 2013, 709, 713.
98 *Otto*, in: FS 50 Jahre BAG, 2004, S. 108 f.
99 Ähnlich: *Hübsch*, BB 1998, 690, 691.

Pflichtverletzung zu vertreten hat. Das ist auch sachgerecht, da die Beweislastumkehr in § 280 Abs. 1 S. 2 BGB Ausdruck des vom Schuldner übernommenen Leistungsrisikos ist,[100] während dieses Risiko im Arbeitsverhältnis aufgrund seiner Organisationshoheit dem Arbeitgeber zukommt.[101] Damit steht auch fest, dass § 619 a BGB nur für Schadensersatzansprüche gilt, die unter § 280 BGB fallen, nicht also für deliktische Ansprüche. Zudem dürfte § 619 a BGB als Spezialvorschrift für die eingeschränkte Arbeitnehmerhaftung teleologisch auf Schäden zu reduzieren sein, die im Zuge einer betrieblich veranlassten Tätigkeit aufgetreten sind.[102] § 619 a BGB gilt auch für den Regressprozess nach Übergang der Forderung auf Dritte, zB gem. § 86 Abs. 1 S. 1 VVG. Entsprechend § 412 iVm § 404 BGB kann der Arbeitnehmer dem neuen Gläubiger (Zessionar) diese Beweislastverteilung entgegenhalten.[103] Dieses Ergebnis lässt sich auch über § 86 Abs. 1 S. 2 VVG erzielen, da die Grundsätze zur eingeschränkten Arbeitnehmerhaftung nicht im Regressweg zunichte gemacht werden dürfen.

Nach inzwischen gefestigter Rechtsprechung des BAG sind die richterrechtlichen Regeln über die beschränkte Arbeitnehmerhaftung einseitig **zwingendes Arbeitnehmerschutzrecht**.[104] Insoweit ist auch § 619 a BGB zwingendes Recht.[105] Damit sind Abweichungen durch Tarifvertrag oder Betriebsvereinbarung zulasten des geschützten Personenkreises ebenfalls verboten.[106] Zwar lässt sich nach den Grundsätzen zur Mankohaftung[107] in gewissem Umfang das Betriebsrisiko abgelten.[108] Diese Möglichkeit ist aber eher theoretisch, da der Arbeitnehmer allenfalls die Risikozulage einbüßen darf;[109] bei der Arbeitnehmer-Haftung geht es aber um Körper- oder Eigentumsverletzungen, die ein Mankorisiko gewöhnlich um ein Vielfaches übersteigen.

dd) Verjährung. Der Schadensersatzanspruch unterliegt der normalen Verjährung (§§ 195 iVm 199 Abs. 1 BGB). Auch greifen die üblichen vertraglichen oder tariflichen **Ausschlussfristen**. Sofern eine Ausschlussfrist alle Ansprüche im Zusammenhang mit dem Arbeitsverhältnis erfasst, gilt dies auch dann, wenn die zum Unfall führende Tätigkeit keinen betrieblichen Bezug aufweist und der Arbeitgeber damit nicht gehindert ist, den Arbeitnehmer (vollumfänglich) in Regress zu nehmen.[110]

ee) Aufrechnung. Dem Arbeitgeber steht es frei, den Schadensersatzanspruch gegen den Arbeitnehmer im Wege der Aufrechnung geltend zu machen (§§ 387, 389 BGB), mithin den Schadensbetrag vom Lohn abzuziehen. Allerdings muss er hierbei, sofern er nicht vorsätzlich geschädigt wurde, gem. § 394 BGB die (hohen) Pfändungsfreigrenzen der §§ 850 ff ZPO beachten, so dass sich der Aufrechnungsvorgang über mehrere Monate bzw Abrechnungsperi-

---

100 So BAG v. 17.9.1998 – 8 AZR 175/97, NJW 1999, 1049, 1052 (zu § 282 BGB aF).
101 *Walker*, JuS 2002, 736.
102 *Hennsler*, RdA 2002, 129, 132; *Otto*, in: FS 50 Jahre BAG, 2004, S. 106; *Herbert/Oberrath*, NJW 2005, 3745, 3748; *Schwab*, NZA-RR 2006, 449, 455.
103 *Staudinger/Oetker*, Rn 10 zu § 619 a.
104 BAG v. 5.2.2004 – 8 AZR 91/03, NJW 2004, 2469, 2470.
105 Palandt/*Weidenkaff*, Rn 2 zu § 619 a.
106 BAG v. 5.2.2004 – 8 AZR 91/03, NJW 2004, 2469, 2470.
107 Dazu etwa *Walker*, JuS 2002, 736, 740 f; *Schwab*, NZA-RR 2006, 449, 454 f.
108 *Walker*, JuS 2002, 736, 741; *Krause*, NZA 2003, 577, 585 f; *Waltermann*, RdA 2005, 98, 109.
109 So *Krause*, NZA 2003, 577, 585.
110 LAG Berlin-Brandenburg v. 23.2.2007 – 6 Sa 1998/06, juris Tz 11 = BeckRS 2011, 66972.

oden hinziehen kann. Ein **Anerkenntnis** kann die Rechtsdurchsetzung erleichtern, stößt aber auf Bedenken, wenn sie vom Arbeitgeber vorformuliert wurde.[111]

33 ff) Situation vor Gericht. Ansprüche auf Schadensersatz aus dem Arbeitsverhältnis sind vor den Arbeitsgerichten geltend zu machen (§ 2 Abs. 1 Nr. 3 a und 3 d ArbGG). Für die Rechtsfindung unterscheidet sich das arbeitsgerichtliche Verfahren nicht von den Schadensersatzprozessen, die vor den Zivilgerichten ausgetragen werden.

33a ▶ **Muster: Klage des Arbeitgebers gegen den Arbeitnehmer auf Schadensersatz**

An das Arbeitsgericht ▬▬▬

Klage

der X-GmbH, vertreten durch den Geschäftsführer ▬▬▬

– Klägerin –

Prozessbevollmächtigte: RAe ▬▬▬

gegen

▬▬▬

– Beklagter –

wegen Schadensersatzes.

Namens und in Vollmacht der Klägerin erheben wir Klage mit dem Antrag zu erkennen:

Der Beklagte wird verurteilt, an die Klägerin 4.689,90 EUR nebst Zinsen in Höhe von 5 Prozentpunkten über dem Basiszinssatz seit Rechtshängigkeit zu zahlen.

Begründung

Der Beklagte ist bei der Klägerin seit dem 1.3.2001 als Kraftfahrer zu einem durchschnittlichen monatlichen Bruttogehalt von derzeit 2.800 EUR tätig.

Beweis: Vorlage des Arbeitsvertrags vom 25.2.2001
        Anlage K 1

Am 4.9.2015 gegen 16.30 Uhr befuhr der Beklagte mit dem der Klägerin gehörenden, ca. 10 Jahre alten Lkw der Marke Scania, polizeiliches Kennzeichen ▬▬▬, die Ausfahrtstraße von A. nach B. Beim Anfahren an die Ampelanlage im Kreuzungsbereich zur S-Straße fuhr der Beklagte mit dem Lkw auf einen Lkw der Firma W. auf. Zum Unfallzeitpunkt herrschten gute Sichtverhältnisse und es war trocken.

Beweis: Unfallbericht der Polizeidienststelle ▬▬▬ vom ▬▬▬ zur Tgb-Nr. ▬▬▬

Der Beklagte hat in seiner polizeilichen Aussage bekundet, er habe nicht rechtzeitig abbremsen können, weil der Lkw des Unfallgegners plötzlich auf seine Fahrspur gewechselt sei. Der Fahrer des Unfallgegners, Herr D., hat demgegenüber ausgesagt, er habe die Fahrspur nicht gewechselt.

Beweis: 1. wie vor,
        2. Zeugnis des Herrn D., zu laden über die Firma W., Adresse

---

111 BAG v. 22.10.1998 – 8 AZR 457/97, NJW 1999, 2059; BAG v. 22.7.2010 – 8 AZR 144/09 (Rn 27), NJW 2011, 630, 632.

Infolge des Unfalls wurde die Kühlerhaube des Lkw der Klägerin beschädigt. Die Höhe des Unfallschadens ergibt sich aus einem Gutachten der A. AG vom 6.9.2015, worin die Reparaturkosten auf einen Betrag von netto 4.204,78 EUR beziffert werden.

Beweis: 1. Gutachten der A. AG vom 6.9.2015
Anlage K 2
2. Zeugnis des Dipl.-Ing. S., zu laden über die A. AG, Niederlassung ▪▪▪

Zu ersetzen ist auch die entsprechende Gutachterrechnung vom 6.9.2015 in Höhe von 460,12 EUR.

Beweis: Rechnung der A. AG vom 6.9.2015
Anlage K 3

Die für die Anfertigung des Schadensgutachtens berechneten Kosten sind angemessen und marktgerecht.

Beweis: Einholung eines Sachverständigengutachtens

Geltend gemacht wird schließlich die übliche Aufwandspauschale von 25,00 EUR für Telefonkosten, Porti etc, die die Klägerin im Zusammenhang mit der Schadensregulierung aufbringen musste.

Zusammengefasst ergeben sich damit folgende Schadensposten:

Reparaturkosten laut Gutachten (netto)	4.204,78 EUR
Gutachterkosten	460,12 EUR
Schadenspauschale	25,00 EUR
	4.689,90 EUR

Die Klägerin unterhält eine Vollkaskoversicherung, die eine Unfallregulierung aufgrund des hohen Verschuldens des Beklagten aber verweigert hat. Sollte der Beklagte dies wünschen, wird die Klägerin ihm ihre Ansprüche aus dem streitgegenständlichen Unfall gegen den Versicherer abtreten.
Der Beklagte hat jede Zahlung abgelehnt. Daher ist Klage geboten.
Mit der Klage wird in der Hauptsache der Schadensbetrag von 4.689,90 EUR geltend gemacht. Für den Schaden hat der Beklagte in voller Höhe aufzukommen, da er den Unfall grob fahrlässig verursacht hat. Offenbar ist er gedankenlos auf die Ampelanlage zugefahren und hat den Fahrzeugverkehr um ihn herum nicht wahrgenommen. Er hat somit das nicht beachtet, was im gegebenen Fall jedem hätte einleuchten müssen, und folglich die im Verkehr erforderliche Sorgfalt in besonders schwerem Maße verletzt.
Bei grober Fahrlässigkeit hat der Arbeitnehmer den Schaden grundsätzlich voll zu ersetzen. Eine Haftungserleichterung kommt nur in Betracht, wenn der Schaden außer Verhältnis zum Einkommen des Arbeitnehmers steht. Das ist hier nicht der Fall. Der Schaden beläuft sich nicht einmal auf das Dreifache eines Monatsverdienstes des Beklagten. Ihn trifft daher die volle Ersatzpflicht.
Der mit der Klage geltend gemachte Zinsanspruch ergibt sich aus Verzug (§§ 291, 288 Abs. 1 S. 1, 2 BGB).
Rechtsanwalt ◀

2. Haftung des Arbeitnehmers gegenüber betriebsfremden Personen. Gegenüber Dritten ist die **Haftung des Arbeitnehmers** grundsätzlich **unbeschränkt**.[112] Dies gilt auch hinsichtlich der Beschädigung einer vom Arbeitgeber zur Verfügung gestellten, nicht in seinem Eigentum stehenden Sache, sofern der Eigentümer (etwa ein Leasinggeber) sich nicht zum Abschluss einer

---
112 BAG v. 25.9.1957 – GS 4 (5)/56, NJW 1958, 235, 236.

Versicherung, zB einer Vollkaskoversicherung, mithin zur Entlastung des Schädigers verpflichtet hat,[113] oder der Eigentümer mit dem Arbeitgeber rechtlich oder wirtschaftlich eng verflochten ist.[114] Damit wird der Arbeitnehmer einem uU Existenz bedrohenden Haftungsrisiko ausgesetzt. Soweit der Schaden dem Dritten bei einer Tätigkeit im Interesse des Arbeitgebers zugefügt wurde, besteht deshalb uU ein **Freistellungsanspruch** des Arbeitnehmers gegen den Arbeitgeber (Rn 47). Der Umfang dieses Anspruchs bestimmt sich nach der Verteilung des Schadens im Innenverhältnis zwischen Arbeitgeber und Arbeitnehmer, also nach den Grundsätzen zur beschränkten Arbeitnehmerhaftung. Den Anspruch kann sich der geschädigte Dritte abtreten lassen und ihn trotz sich daraus ergebender Inhaltsänderung in einen Zahlungsanspruch auch pfänden, um hernach gegen den Arbeitgeber vorzugehen. Hat der Arbeitnehmer den Schaden bereits ersetzt, steht ihm gegen den Arbeitgeber ein Zahlungsanspruch zu, der wertmäßig dem Freistellungsanspruch entspricht.[115] Steht dem Dritten ein eigener Schadensersatzanspruch gegen den Arbeitgeber zu (etwa aus § 831 BGB oder aus den §§ 280 Abs. 1, 278 BGB), haften der Arbeitnehmer und der Arbeitgeber nach § 840 BGB als Gesamtschuldner. Bei Sachverhalten aus dem Arbeitnehmerüberlassungsrecht haftet der Verleiher gem. § 831 Abs. 1 BGB nur dann, wenn das fehlerhafte Verhalten des schädigenden Arbeitnehmers ausnahmsweise noch in seine Weisungszuständigkeit fällt.[116] Erst im späteren Regress nach § 426 BGB sind die Grundsätze zur Arbeitnehmerhaftung zu berücksichtigen. Ist der Arbeitgeber nicht in der Lage, den Schaden zu tragen, haftet der Arbeitnehmer jedoch allein, was insbesondere bei geleasten Firmenfahrzeugen zu beachten ist.

35 Der Dritte wird sich hiernach in erster Linie an den Arbeitgeber wenden. Unabhängig davon haftet der Arbeitnehmer, wenn der Dritte beim Arbeitgeber etwa wegen dessen Insolvenz keinen Rückgriff nehmen kann.

36 **3. Haftung der Arbeitnehmer untereinander. a) Personenschäden.** Schädigt der Arbeitnehmer einen Betriebskollegen bei einer betrieblichen Tätigkeit, haftet er für dessen Körperschäden nicht. Eine **betriebliche Tätigkeit** in diesem Sinne liegt nicht nur dann vor, wenn eine Aufgabe verrichtet wird, die in den engeren Rahmen des dem Arbeitnehmer zugewiesenen Aufgabenkreises fällt. Der Begriff der betrieblichen Tätigkeit umfasst auch die Tätigkeiten, die in nahem Zusammenhang mit dem Betrieb und seinem betrieblichen Wirkungskreis stehen. Wie eine Arbeit ausgeführt wird – sachgemäß oder fehlerhaft, vorsichtig oder leichtsinnig –, ist nicht dafür entscheidend, ob es sich um eine betriebliche Tätigkeit handelt oder nicht.[117] Wirft ein Auszubildender, für den die §§ 105, 106 SGB VII ebenfalls gelten, mit Wurfgeschossen um sich und verletzt so einen Kollegen, handelt es sich daher um keine betriebliche, sondern um eine seinem persönlich-privaten Bereich zuzurechnende Tätigkeit.[118] Die Haftungsfreistellung setzt weiter voraus, dass der Unfall (Versicherungsfall iSd § 8 SGB VII) nicht vorsätzlich erfolgte und es sich dabei nicht um einen **Wegeunfall** handelt, also einen Unfall, der auf einem nach § 8 Abs. 2 Nr. 1–4 SGB VII versicherten Weg des Geschädig-

---

113 BGH v. 30.4.1959 – II ZR 126/57, BGHZ 30, 40, NJW 1959, 1221, 1223; BGH v. 19.9.1989 – VI ZR 349/88, BGHZ 108, 305 = NJW 1989, 3273, 3274; BGH v. 21.12.1993 – VI ZR 103/93, NJW 1994, 852, 854.
114 Offengelassen in BGH v. 19.9.1989 – VI ZR 349/88, BGHZ 108, 305 = NJW 1989, 3273, 3274.
115 LAG Hamm v. 21.9.2006 – 16 Sa 86/06 (Tz 31); *Walker*, JuS 2002, 736, 742.
116 BAG v. 5.5.1988 – 8 AZR 484/85, NZA 1989, 340, 342.
117 BAG v. 19.3.2015 – 8 AZR 67/14 (Tz 20), NZA 2015, 1057, 1058.
118 BAG v. 19.3.2015 – 8 AZR 67/14 (Tz 21, 24 f), NZA 2015, 1057, 1058 f.: auch wenn es sich dabei um Betriebsmittel (hier: ein 10 g schweres Wuchtgewicht in einer Autowerkstatt) handelt; s. dagegen BAG v. 22.4.2004 – 8 AZR 159/03, NJW 2004, 3360 – Schubser.

ten erfolgte (§ 105 Abs. 1 S. 1 SGB VII). Dieser Weg beginnt und endet mit dem Durchschreiten oder Durchfahren des Werkstors bzw des Außeneingangs der Betriebsstätte.[119] Allerdings greift der Haftungsausschluss doch, wenn der Geschädigte sich zwar auf einem solchen Weg befunden, der Arbeitgeber jedoch bestimmenden Einfluss auf die Fahrt genommen hat, zB bei den Hol- und Bringunfällen.[120] Auf solchen sog. **Betriebswegen**, die Teil der den Versicherungsschutz nach §§ 2, 3 oder 6 SGB VII begründenden Tätigkeit und damit bereits gem. § 8 Abs. 1 S. 1 SGB VII unfallversicherte Tätigkeit sind, spielen betriebliche Risiken immer eine Rolle. Mit dem Unfall verwirklicht sich aufgrund der betrieblichen Gefahrengemeinschaft ein betriebsbezogenes Haftungsrisiko, so dass es gerechtfertigt erscheint, den Arbeitgeber, der die Unfallversicherung finanziert (§ 150 SGB VII), vor Freistellungs- und Erstattungsansprüchen seines geschädigten Arbeitnehmers zu schützen. Entscheidend ist, dass die Fahrt maßgeblich durch die betriebliche Organisation geprägt ist, zB indem sie durch die Organisation (Werkverkehr, Fahrt auf dem Werksgelände) als innerbetrieblicher bzw innerdienstlicher Vorgang gekennzeichnet oder durch Anordnung des Arbeitgebers zu einer innerbetrieblichen bzw innerdienstlichen Aufgabe erklärt worden ist.[121] Unerheblich ist damit, in welcher Häufigkeit solche Fahrten durchgeführt werden, wohin die Fahrt geht und ob die Teilnahme freiwillig erfolgt, der Geschädigte also zB nur eine vom Arbeitgeber angebotene Mitfahrgelegenheit nutzt.[122] Die betriebliche Zuordnung der Fahrt muss klar vor Augen treten. Insofern genügt der Umstand allein, dass die Fahrt mit einem betriebseigenen Fahrzeug erfolgt, zur Bejahung eines Betriebswegs nicht.[123] Auch reicht es nicht aus, dass mit der Fahrt nur irgendein betriebliches Interesse gefördert wird. Eine gemeinsame Fahrt von Arbeitskollegen muss als Teil des innerbetrieblichen Organisations- und Funktionsbereichs erscheinen.[124] Das kann auch bei einem **Betriebsausflug** der Fall sein.[125] Eine Tätigkeit, die aus betrieblicher wie auch privatwirtschaftlicher Motivation, also mit „gespaltener Handlungstendenz", erfolgt, steht in einem inneren bzw sachlichen Zusammenhang mit der versicherten Tätigkeit, wenn die konkrete Verrichtung hypothetisch auch dann vorgenommen worden wäre, wenn die private Motivation des Handelns entfallen wäre, wenn also die Verrichtung nach den objektiven Umständen in ihrer konkreten, tatsächlichen Ausgestaltung ihren Grund in der betrieblichen Motivation findet.[126] Hinsichtlich der Anforderungen an eine **Vorsatztat** gilt auch hier, dass der Erfolg vom Vorsatz mitumfasst sein muss.[127]

Die Gerichte legen die Anforderungen der §§ 104, 105, 8 SGB VII einheitlich aus, so dass es keine Rolle spielt, ob der geschädigte Arbeitnehmer nur den Haftpflichtversicherer des Betriebsfahrzeugs verklagt und dazu die Zivilgerichte anruft, oder ob er zudem den Betriebskol-

---

119 BAG v. 14.12.2000 – 8 AZR 92/00, NJW 2001, 2039; allg. zum Wegeunfall *Hering*, AnwZert VerkR 10/2010 Nr. 3; *ders.*, SVR 2012, 375 ff.
120 *Grüner*, in: Franke/Molkentin, SGB VII, § 104 Rn 22.
121 BGH v. 2.12.2003 – VI ZR 349/02, BGHZ 157, 159, NJW 2004, 949, 951 – Sammeltransport; BGH v. 7.11.2006 – VI ZR 211/05 (Tz 21), NJW 2007, 1754, 1756.
122 BAG v. 30.10.2003 – 8 AZR 548/02 (Tz 18), NZS 2005, 37; BGH v. 2.12.2003 – VI ZR 349/02, BGHZ 157, 159, NJW 2004, 949, 951 – Sammeltransport.
123 BGH v. 7.11.2006 – VI ZR 211/05 (Tz 21), NJW 2007, 1754, 1756.
124 BGH v. 2.12.2003 – VI ZR 349/02, BGHZ 157, 159, NJW 2004, 949, 950 – Sammeltransport.
125 OLG Jena v. 29.11.2005 – 5 U 287/05, OLG-NL 2006, 31, 32 f.
126 BSG v. 9.11.2010 – B 2 U 14/10 R (Tz 24) = NZS 2011, 784, 785; BSG v. 26.6.2014 – B 2 U 4/13 R (Tz 20), NZS 2014, 788, 790.
127 BAG v. 10.10.2002 – 8 AZR 103/02 = NJW 2003, 1890, 1891; BAG v. 22.4.2004 – 8 AZR 159/03 (Tz 36), NJW 2004, 3360, 3364 – Schubser; s. bereits o. Rn 13.

legen bzw dessen Kfz-Haftpflichtversicherer und/oder den Arbeitgeber verklagt, was in die Zuständigkeit der Arbeitsgerichte fällt.[128]

38 Als Ersatz für den Verlust seiner Schadensersatz- und Schmerzensgeldansprüche erwirbt der geschädigte Kollege Ansprüche auf Leistungen nach §§ 26 ff SGB VII gegen den Träger der Unfallversicherung (Berufsgenossenschaft). Nicht vom Haftungsausschluss erfasst sind auch hier Schmerzensgeldansprüche, nicht jedoch Schmerzensgeldansprüche von Angehörigen oder Hinterbliebenen des getöteten Kollegen (zB für Schockschäden).[129] Für diese Form der Schadensliquidation steht der Gedanke des Betriebsfriedens, aber auch der Aspekt der Gefahrengemeinschaft:[130] In einer Zwangs- bzw Gefahrengemeinschaft kann jeder wechselseitig zum Schädiger oder Geschädigten werden. Der Geschädigte muss sich deshalb mit den Leistungen aus der Unfallversicherung begnügen, haftet aber auch selbst nicht, wenn er einmal in die Schädigerrolle tritt. Freigestellt sind nach § 105 Abs. 1 S. 1 SGB VII über die Arbeitskollegen hinaus alle Personen, die durch eine betriebliche Tätigkeit einen Versicherungsfall von Versicherten desselben Betriebs verursachen, also auch betriebsfremde Personen. Erforderlich, aber auch ausreichend ist somit, dass der Versicherungsfall im Zusammenhang mit einer betrieblichen Tätigkeit erfolgte. Nach herrschender Auffassung im Schrifttum gilt die Haftungsfreistellung entgegen dem Wortlaut des § 105 Abs. 1 S. 1 SGB VII nicht nur gegenüber Versicherten desselben Betriebs, sondern auch anderer Betriebe desselben Unternehmens.[131]

39 Der Haftungsausschluss greift ferner dann, wenn Versicherte mehrerer Unternehmen **vorübergehend** auf einer **„gemeinsamen Betriebsstätte"** iSd § 106 Abs. 3 Alt. 3 SGB VII tätig sind. Hierzu müssen die Unternehmen mit ihren Tätigkeiten bewusst und gewollt ineinander greifen, wobei es ausreicht, dass die gegenseitige Verständigung stillschweigend durch bloßes Tun erfolgt.[132] Damit reicht allein ein zeitlicher oder räumlicher Kontakt von neben- oder nacheinander stattfindenden Verrichtungen nicht aus. Beauftragt der Arbeitgeber ein Busunternehmen damit, Arbeitnehmer rechtzeitig zur Arbeitsstätte zu transportieren, besteht zwischen dem Busfahrer und dem Arbeitnehmer, der diesen Werksverkehr nutzt, keine „gemeinsame Betriebsstätte" iSd § 106 Abs. 3 S. 3 SGB VII.[133] Andererseits werden keine zu hohen Anforderungen an die Kooperation der beteiligten Unternehmen, etwa im Sinne einer Arbeitsgemeinschaft, gestellt. Ausreichend ist etwa, dass die gleichzeitige Ausführung der entsprechenden Arbeiten wegen der räumlichen Nähe eine Verständigung über den Arbeitsablauf erfordert und hierzu konkrete Absprachen, etwa zu Vorsichtsmaßnahmen, getroffen werden.[134] Dabei soll ein bewusstes Miteinander Beschäftigter verschiedener Unternehmen auch dann vorliegen können, wenn das Bewusstsein des Zusammenwirkens nur auf Seiten des Geschädigten feststellbar ist, der Schädiger aber von dem Zusammenwirken (noch) nichts bemerkt

---

128 Vgl einerseits BGH v. 2.12.2003 – VI ZR 349/02, BGHZ 157, 159, NJW 2004, 949 – Sammeltransport, andererseits BAG v. 14.12.2000 – 8 AZR 92/00, NJW 2001, 2039; BAG v. 30.10.2003 – 8 AZR 548/02, NZS 2005, 35.
129 BGH v. 6.2.2007 – VI ZR 55/06 (Tz 16), NJW-RR 2007, 1395, 1396.
130 BT-Drucks. IV/120, S. 62; BSG v. 26.6.2007 – B 2 U 17/06 R (Tz 18), NJOZ 2008, 3465, 3469.
131 *Koppenfels-Spies*, NZS 2006, 561, 566; Wannagat/*Waltermann*, SGB VII, § 105 Rn 8 mN auch zur Gegenmeinung.
132 BGH v. 17.10.2000 – VI ZR 67/00, BGHZ 145, 331 = NJW 2001, 443, 444; BGHZ 157, 213 = NJW 2004, 947, 948; BGH v. 22.1.2008 – VI ZR 17/07 (Tz 13) = NJW 2008, 2116, 2117; BGH v. 10.5.2011 – VI ZR 152/10 (Tz 12) = NJW 2011, 3298. Allgemein zur gemeinsamen Betriebsstätte *Kampen*, NJW 2012, 2234 ff.
133 BGH v. 30.4.2013 – VI ZR 155/12 (Tz 16 ff), NJW 2013, 2031, 2033.
134 BGH v. 17.6.2008 – VI ZR 257/06 (Tz 19), BGHZ 177, 97, NJW 2008, 2916, 2919. Zum Vorliegen einer gemeinsamen Betriebsstätte bei einem Kauf mit Montageverpflichtung s. OLG Schleswig. v. 28.8.2009 – 4 U 24/09, NJOZ 2011, 614, 615.

hat.¹³⁵ Die Zusammenarbeit muss damit nicht unbedingt Hand in Hand gehen. Immer muss aber eine Verschränkung der Arbeitsabläufe vorliegen. Eine solche Verbindung besteht nicht, wenn jemand nur daneben steht, um Pause zu machen, oder ausweicht, um den Weg freizumachen.¹³⁶ Diese wechselseitige Beschränkung der Haftung steht mit dem Versicherungsschutz in enger Verbindung. Die Haftungsfreistellung kann dem Schädiger nur zugutekommen, wenn er im Zeitpunkt der Schädigung Mitglied der gesetzlichen Unfallversicherung ist.¹³⁷ Umgekehrt muss sich der versicherte Unternehmer, befindet er sich in einer solchen Situation in der Geschädigtenrolle, wird er also durch einen Versicherten eines anderen Unternehmens verletzt, die sich aus § 106 Abs. 3 Alt. 3 SGB VII für den Schädiger ergebende Haftungsfreistellung entgegenhalten lassen. Beides folgt aus dem Gesichtspunkt der Gefahrengemeinschaft, die die Rechtfertigung für diesen Haftungsausschluss bildet.¹³⁸ In solchen Fällen ist nach den Grundsätzen zum gestörten Gesamtschuldnerausgleich auch der Arbeitgeber des Schädigers freigestellt.¹³⁹ Die Sonderregelung des § 105 Abs. 2 S. 1 SGB VII für den Schutz des nicht versicherten Unternehmers wird in § 106 Abs. 3 Alt. 3 SGB VII nicht in Bezug genommen und findet in den Fällen vorübergehend gemeinsamer Betriebsstätte auch analog keine Anwendung.¹⁴⁰

▶ **Muster: Geltendmachung eines Entgeltfortzahlungsschadens bei fraglicher gemeinsamer Betriebsstätte**

40

An das Amtsgericht ▪▪▪

Klage

der X-GmbH, vertreten durch den Geschäftsführer ▪▪▪

– Klägerin –

Prozessbevollmächtigte: RAe ▪▪▪

gegen

1. die Z-AG, vertreten durch ▪▪▪

– Beklagter zu 1 –

2. ▪▪▪

– Beklagter zu 2 –

wegen Schadensersatzes.

Namens und in Vollmacht der Klägerin erheben wir Klage mit dem Antrag zu erkennen:

Die Beklagten werden verurteilt, als Gesamtschuldner an die Klägerin 4.842,93 EUR nebst Zinsen iHv 5 Prozentpunkten über dem Basiszinssatz zu zahlen.

---

135 OLG Hamm v. 14.3.2011 – 6 U 186/10, BeckRS 2011, 07379.
136 BGH v. 22.1.2013 – VI ZR 175/11 (Tz 12, 13), NZS 2013, 431 f.
137 BGH v. 17.6.2008 – VI ZR 257/06 (Tz 11, 17), BGHZ 177, 97, NJW 2008, 2916, 2918 f; BGH v. 11.10.2011 – VI ZR 248/10 (Tz 17), r+s 2012, 102.
138 BGH v. 17.6.2008 – VI ZR 257/06 (Tz 11), BGHZ 177, 97 = NJW 2008, 2916, 2917: Gesetzl unfallversicherter selbständiger Fuhrunternehmer überwacht Ladungsvorgang und wird von einem Gabelstaplerfahrer der Spedition verletzt; siehe auch BGH v. 11.10.2011 – VI ZR 248/10 (Tz 10), r+s 2012, 102.
139 BGH v. 17.6.2008 – VI ZR 257/06 (Tz 21), BGHZ 177, 97 = NJW 2008, 2916, 2919. Zur Leistungsfreiheit eines nach § 831 BGB Mitverantwortlichen siehe OLG Frankfurt am Main v. 5.12.2008 – 15 U 110/08, r+s 2010, 485, 487 f.
140 BSG v. 26.6.2007 – B 2 U 17/06 R (Tz 24), NJOZ 2008, 3465, 3471; BGH v. 17.6.2008 – VI ZR 257/06 (Tz 16), BGHZ 177, 97, NJW 2008, 2916, 2918.

Wir regen die Durchführung eines schriftlichen Vorverfahrens nach § 276 ZPO an und beantragen für den Fall der Säumnis

den Erlass eines Versäumnisurteils gem. § 331 Abs. 3 ZPO.

Bereits jetzt beantragen wir auch,

der Klägerin eine Kurzausfertigung des Urteils mit Vollstreckungsklausel zu erteilen und den Zeitpunkt der Zustellung des Urteils zu bescheinigen.

Begründung:

I. Sachverhalt

Die Klägerin, die ein Speditionsunternehmen betreibt, verlangt von den Beklagten Schadensersatz, der ihr infolge Entgeltfortzahlung an ihren bei einem Unfall am 6.8.2015 verletzten Arbeitnehmer L. in der Zeit seiner unfallbedingten Arbeitsunfähigkeit vom 6.8. bis zum 26.9.2015 entstanden ist.

Herr L. ist seit dem 1.3.2001 bei der Klägerin als Lkw-Fahrer beschäftigt.

Beweis: Arbeitsvertrag v. 26.2.2001
Anlage K 1

Weitere Beschäftigungsverhältnisse unterhält er nicht. Insbesondere arbeitete er im Jahr 2015 nicht für die Erstbeklagte.

Beweis: Zeugnis des Herrn L., zu laden über die Klägerin

Das monatliche Bruttogehalt des Herrn L. beträgt 2.650 EUR. Hinzu kommen vermögenswirksame Leistungen iHv 40 EUR im Monat.

Beweis: Abrechnungen der Monate Januar bis Juli 2015
Anlage K 2

Herr L. ist bei der DAK gesetzlich krankenversichert.

Beweis: Bescheinigung der DAK v. 20.10.2015
Anlage K 3

Die Klägerin beschäftigt mehr als 30 Arbeitnehmer und nimmt deshalb am Umlageverfahren nach dem Aufwendungsausgleichsgesetz nicht teil.

Am 6.8.2015 fuhr Herr L. mit einem Lkw der Klägerin, die Subunternehmerin eines von der Beklagten zu 1) mit einem Warentransport nach S. beauftragten Drittunternehmens war, auf das Firmengelände der Beklagten zu 1), um Waren aufzuladen. Er stellte den Lkw vor der Verladehalle ab und begann mit dem Aufplanen, um das Beladen des Lkw zu ermöglichen. Dabei wurde er von einem rückwärtsfahrenden Gabelstapler, der vom Beklagten zu 2) gesteuert wurde, erfasst und schwer verletzt. Auf dem Betriebsgelände der Erstbeklagten gilt die StVO. Bei dem Beklagten zu 2) handelte es sich um einen Leiharbeitnehmer, der für die Beklagte zu 1) seit dem 16.12.2014 ununterbrochen tätig und an ihre Weisungen gebunden war. Er war nicht mit dem Beladen des Lkw der Klägerin beauftragt, sondern anderweitig beschäftigt.

Beweis: Zeugnis des Herrn L., bereits benannt

Herr L. begann mit dem Aufplanen, nachdem er hierzu durch einen Mitarbeiter der Beklagten zu 1) aufgefordert worden war. Dies entspricht auch den Gepflogenheiten des Ladevorgangs.

Beweis: Zeugnis des Herrn L., bereits benannt

Herr L. hat den Gabelstapler weder gehört noch gesehen. Gabelstapler verursachen zwar beim Rückwärtsfahren ein Pieps- bzw Hupgeräusch und verfügen über Rückfahrscheinwerfer. Allerdings war Herr L. zum Unfallzeitpunkt durch seine Tätigkeit abgelenkt. Das Aufplanen verursachte Geräusche. Zudem waren auf dem Hof auch in der Nähe des Herrn L. mehrere Gabelstapler in Betrieb, so dass Herr L. solche Geräusche nicht als Gefahrensignale erkennen musste. Sofern der Gabelstapler mit eingeschaltetem Rückfahrscheinwerfer in Betrieb gewesen sein sollte, was vorsorglich bestritten wird, konnte Herr L. auch dadurch nicht gewarnt werden, da er mit dem Rücken zum Gabelstapler arbeitete.

Beweis: Zeugnis des Herrn L., bereits benannt

Jedenfalls konnte er die Gefahrensignale nicht so rechtzeitig erkennen, dass er dem Unfall noch hätte ausweichen können.

Beweis: 1. wie vor
   2. Einholung eines Sachverständigengutachtens

Aufgrund seiner Verletzungen war Herr L. für mehr als 6 Wochen arbeitsunfähig erkrankt.

Beweis: 1. Bescheinigungen des Dr. med. W. vom 20. und 23.9.2015
     Anlage K 4
   2. Zeugnis des Dr. med. W., ...

Die Klägerin hat für diese Zeit 4.842,93 EUR an Lohnbestandteilen für Herrn L. gezahlt.

Beweis: Zahlungsnachweise, als Anlage K 5 noch vorzulegen

Verletztengeld hat die Berufsgenossenschaft für diese Zeit nicht gezahlt.

II. Rechtliche Ausführungen

1. Anspruchsgrundlagen

Die Beklagten haben der Klägerin den Entgeltfortzahlungsschaden, der ihr durch den Unfall des Herrn L. am 6.8.2015 entstanden ist, gem. §§ 823 Abs. 1, 831 Abs. 1, 830 Abs. 1 BGB iVm § 6 Abs. 1 EntgeltFG als Gesamtschuldner zu ersetzen. Herr L. ist durch den Beklagten zu 2) widerrechtlich verletzt worden, indem dieser mit seinem Gabelstapler im Bereich der Verladehalle der Beklagten zu 1) unaufmerksam rückwärts gefahren ist und dabei Herrn L. erfasst hat.

a) Der Beklagte zu 2) hat – was für seine eigene Haftung nach § 823 Abs. 1 BGB Voraussetzung ist – schuldhaft gehandelt. Hierfür spricht bereits der Beweis des ersten Anscheins (vgl OLG Düsseldorf v. 15.12.1977 – 12 U 70/77 = VRS 55, 412, 413). Wer mit einem (motorbetriebenen) Fahrzeug rückwärtsfährt, muss sich so verhalten, dass eine Gefährdung anderer ausgeschlossen ist (§ 9 Abs. 5 StVO); insbesondere muss er, sei es durch Blick in den Rückspiegel (sofern bei einem Gabelstapler vorhanden), sei es durch Umblicken über die Schulter, den rückwärtigen Verkehrsraum ständig äußerst sorgfältig beobachten und sofort anhalten können, falls ein Hindernis auftaucht. Das Unfallereignis lässt nach dem ersten Anschein nur darauf schließen, dass der Beklagte zu 2) diese Sorgfaltsanforderungen schuldhaft missachtet hat.

b) Die Haftung der Beklagten zu 1) ergibt sich aus § 831 Abs. 1 BGB. Der Beklagte zu 2) war im Hinblick auf die Führung des Gabelstaplers Verrichtungsgehilfe der Beklagten zu 1). Er war während der Dauer des Leiharbeitsverhältnisses im Betrieb der Beklagten zu 1) eingegliedert und von deren Weisungen abhängig (vgl OLG Düsseldorf v. 7.11.1997 – 22 U 66/97 = NJW-RR 1998, 382). Der Schaden ist in Ausführung einer Verrichtung im Sinne des § 831 Abs. 1 BGB entstanden, weil der Beklagte zu 2) den Unfall im Zusammenhang mit einer Tätigkeit für die Beklagte zu 1) verursacht hat. Die Erstbeklagte vermag sich auch nicht zu entlasten.

c) Herrn L. trifft am Unfall kein Mitverschulden nach § 254 Abs. 1 BGB, das der Klägerin anspruchsmindernd entgegengehalten werden könnte.

Ein Mitverschulden des Herrn L. ist nicht darin zu sehen, dass er sich nicht im Führerhaus seines Lkw befand, sondern mit dem Aufplanen beschäftigt war. Denn hierzu war er von einem Mitarbeiter der Beklagten zu 1) ausdrücklich aufgefordert worden, was auch den Gepflogenheiten des Ladevorgangs entspricht. Herrn L. ist nicht zum Vorwurf zu machen, dass er den Gabelstapler nicht gehört bzw. gesehen hat. Dieser verursacht zwar beim Rückwärtsfahren ein Pieps- bzw Hupgeräusch und verfügt über Rückfahrscheinwerfer. Allerdings war Herr L. zum Unfallzeitpunkt mit dem Aufplanen beschäftigt, so dass er dadurch abgelenkt war und dem Gabelstapler den Rücken zugekehrt hat. Zudem verursachte auch das Aufplanen Geräusche und es waren in der Nähe des Herrn L. mehrere Gabelstapler unterwegs. Aufgrund dieser Umstände kann jedenfalls nicht mit der notwendigen Gewissheit ein Mitverschulden des Herrn L. angenommen werden.

Selbst wenn ein Mitverschulden des Herrn L. zu bejahen wäre, würde dieses bei einer Abwägung der beiderseitigen Verursachungs- und Verschuldensanteile hinter das Verschulden des Beklagten zu 2) gänzlich zurücktreten. Denn während das Mitverschulden des Herrn L. nur als sehr gering bewertet werden kann, weil dieser weisungsgemäß mit dem Aufplanen seines Lkw beschäftigt und dadurch abgelenkt war, liegt auf Seiten des Beklagten zu 2) ein klares Verschulden vor.

d) Die Klägerin hat die unfallbedingte Arbeitsunfähigkeit des Herrn L. durch die als Anlage K 5 vorgelegten ärztlichen Bescheinigungen ausreichend belegt.

e) Die Haftung der Beklagten ist nicht nach § 104 Abs. 1 S. 1 SGB VII ausgeschlossen. Herr L. war zum Unfallzeitpunkt weder für das von der Beklagten zu 1) betriebene Unternehmen tätig, noch stand er zur Beklagten zu 1) in einer sonstigen die Unfallversicherung begründenden Beziehung im Sinne der 2. Alternative dieser Vorschrift. Dies würde voraussetzen, dass die Tätigkeit, bei der Herr L. geschädigt worden ist, für den Unfallbetrieb und nicht für den Stammbetrieb geleistet worden ist. Ist der Verletzte Betriebsangehöriger eines anderen Unternehmens, ist entscheidend, welchem Aufgabenbereich – dem des Unfallbetriebs oder dem des Stammbetriebs – die Tätigkeit zuzuordnen ist, bei der er den Unfall erlitten hat. Erfüllt der Verletzte sowohl Zwecke des Stammbetriebs als auch des Unfallbetriebs, kommt es für die Zuordnung seiner Tätigkeit darauf an, welche Aufgaben ihr das „Gepräge" geben (vgl BAG v. 28.2.1991 – 8 AZR 521/89, NZA 1991, 597, 598).

Nach diesen Vorgaben ist von der Rechtsprechung für den Bereich des Be- oder Entladevorgangs zB entschieden worden, dass Anweisungen für ein sicheres Aufsetzen der Ladung auf den Lkw zumindest in gleichem Maße noch dem Stammbetrieb (= Transportbetrieb) zuzuordnen sind, weil diese auch der Erfüllung der Pflicht der §§ 22, 23 StVO (Sicherung der Ladung gegen Verrutschen während der Fahrt, Verkehrssicherheit des Fahrzeuges) dienen (BAG v. 28.2.1991 – 8 AZR 521/89, NZA 1991, 597, 598), während das Lösen der Kranseile nach dem Absetzen der Ladung auf der Ladefläche des Lkw nicht mehr zum sicheren Verstauen der Ladung gehört, sondern Sache des Unfallbetriebs (= Ladebetrieb) ist, weil diese Tätigkeit ausschließlich die Entfernung des Ladegeräts vom Ladegut betrifft (BAG v. 28.2.1991 – 8 AZR 521/89, NZA 1991, 597, 598; OLG Köln v. 2.8.2001 – 8 U 19/01, r+s 2002, 416, 417).

Danach ist das Zurückziehen der Plane (noch) nicht dem eigentlichen Ladevorgang zuzurechnen. Zwar wird hierdurch das weitere Beladen des Lkw erst ermöglicht. Andererseits ist das Zurückziehen der Plane Aufgabe des jeweiligen Lkw-Fahrers, weil nur dieser einen evtl Verschluss öffnen kann oder sich mit möglichen Besonderheiten der Plane auskennt und zB Beschädigungen im Fall eines unsachgemäßen Zurückziehens der Plane vermeiden kann. Schließlich ist der Fahrer nach § 23 StVO auch für das Verschließen des Lkw mit der Plane verantwortlich, da ein Herumflattern der Plane nach Fortsetzung der Fahrt uU seine Sicht nach hinten und damit die Verkehrssicherheit beeinträchtigt (OLG Köln v. 2.8.2001 – 8 U 19/01, r+s 2002, 416, 417).

f) Die Haftung der Beklagten ist auch nicht nach § 106 Abs. 3 Alt. 3 SGB VII ausgeschlossen. Die in § 106 Abs. 3 Alt. 3 SGB VII geforderte Verrichtung einer vorübergehend betrieblichen Tätigkeit auf einer gemeinsamen Betriebsstätte, liegt im Verhältnis zwischen dem Geschädigten und dem Beklagten zu 2) mangels "gemeinsamer" Betriebsstätte nicht vor.

Nach Auffassung des BGH meint der Begriff der gemeinsamen Betriebsstätte im Sinne des § 106 Abs. 3 Alt. 3 SGB VII ein bewusstes Miteinander im Arbeitsablauf, das zwar nicht nach einer rechtlichen Verfestigung oder auch nur ausdrücklichen Vereinbarung verlangt, sich aber zumindest tatsächlich als ein aufeinander bezogenes betriebliches Zusammenwirken mehrerer Unternehmen darstellt. Die Haftungsfreistellung des § 106 Abs. 3 Alt. 3 SGB VII umfasst damit über die Fälle der Arbeitsgemeinschaft hinaus betriebliche Aktivitäten von Versicherten mehrerer Unternehmen, die bewusst und gewollt bei einzelnen Maßnahmen ineinander greifen, miteinander verknüpft sind, sich ergänzen oder unterstützen, wobei es ausreicht, dass die gegenseitige Verständigung stillschweigend durch bloßes Tun erfolgt (BGH v. 17.10.2000 – VI ZR 67/00, BGHZ 145, 331 = NJW 2001, 443, 444; BGH v. 30.4.2013 – VI ZR 155/12, Tz 16, NJW 2013, 2031, 2033). Dabei kommt es – wie auch der Wortlaut des § 106 Abs. 3 Alt 3 SGB VII durch sein Abstellen auf die Verrichtung betrieblicher Tätigkeiten durch die "Versicherten" zeigt – entscheidend darauf an, dass die Tätigkeiten des Geschädigten und des Schädigers in der konkreten Unfallsituation miteinander verknüpft waren. Es genügt daher nicht, wenn die Tätigkeiten der Unfallbeteiligten abstrakt hätten aufeinander bezogen sein können (BGH v. 23.1.2001 – VI ZR 70/00, NJW-RR 2001, 741; BGH v. 22.1.2013 – VI ZR 175/11, Tz 10, NZS 2013, 431).

Nach diesen Grundsätzen ist das Vorliegen einer "gemeinsamen" Betriebsstätte zu verneinen. Herr L. hatte seinen Lkw zum Aufnehmen von Ladung vor der Verladehalle der Beklagten zu 1) abgestellt und mit dem Aufplanen des Fahrzeuges begonnen, als er vom Beklagten zu 2) mit dessen Gabelstapler angefahren wurde. Da der Beklagte zu 2) aber nicht zum Beladen des klägerischen Lkw eingeteilt war, trafen Herr L. und der Beklagte zu 2) rein zufällig aufeinander. Ein bewusstes und gewolltes Ineinandergreifen beider Tätigkeiten lag nicht vor. Vielmehr standen die Tätigkeiten des Herrn L. und des Zweitbeklagten beziehungslos nebeneinander. Allein der Umstand, dass die Tätigkeiten des Herrn L. und des Beklagten zu 2) der Abwicklung der geschäftlichen Beziehungen zwischen der Beklagten zu 1) und ihren Lieferanten oder Kunden dienen sollten, war nicht ausreichend, die beiderseitigen Aktivitäten in der erforderlichen Weise miteinander zu verknüpfen. Ob anders zu entscheiden wäre, wenn der Beklagte zu 2) beauftragt gewesen wäre, den Lkw der Klägerin zu beladen, und/oder diese Tätigkeit bereits sogar aufgenommen hätte (zu einer solchen Fallgestaltung OLG Karlsruhe v. 30.6.1999 – 14 U 234/98, r+s 1999, 375; *Imbusch*, VersR 2001, 547, 551; siehe auch OLG Hamm v. 2.11.2011 – 9 W 37/11, NJOZ 2012, 1435), kann dahinstehen; ein solcher Sachverhalt liegt hier nicht vor.

2. Zur Schadenshöhe

Die Klägerin kann den vollen (6-wöchigen) Entgeltfortzahlungsschaden geltend machen, da die unfallbedingte Arbeitsunfähigkeit des Herrn L. ausweislich der als Anlage K 5 vorgelegten ärztlichen Bescheinigungen über 6 Wochen gedauert hat. Für diese Zeit hat der Kläger kein Verletztengeld erhalten, so dass der Schadensersatzbetrag insoweit auch nicht gem. § 116 SGB X auf den Träger der Unfallversicherung übergegangen ist (vgl BGH v. 2.12.2008 – VI ZR 312/07, Tz 11, 12, NJW-RR 2009, 455, 456).

Die Grundvergütung der Herr L. betrug im August und September 2008 jeweils brutto 2.650 EUR. Die vermögenswirksamen Leistungen (VWL) betrugen in diesen Monaten jeweils 40 EUR. Zum Bruttoarbeitsentgelt zählen die laufenden Grundvergütungen, ferner die vermögenswirksamen Leistungen, die letztlich auch beim Arbeitnehmer keinen durchlaufenden Posten bilden. Hinzu kommen die Arbeitgeberanteile zur Sozialversicherung, also zur Renten-, Kranken-, Pflege- und Arbeitslosenversicherung, richtigerweise auch zur gesetzlichen Unfallversicherung. Selbst wenn man annimmt, dass die Arbeitgeberbeiträge zur gesetzlichen Unfallversicherung wirtschaftlich betrachtet eine Umlage sind, handelt es sich dabei doch rechtlich um Beitragsleistungen, die als solche auch im SGB VII so bezeichnet werden. Deswegen werden sie zu Recht als Arbeitgeberanteile zu Beiträgen zur Sozialversicherung verstanden (siehe nur *Ricken*, in: BeckOK EFZG, Stand: 1.6.2016, Rn 20 zu § 6 mN).

Nach dem Vorgesagten errechnet sich der nach § 6 Abs. 1 EFZG übergegangene Vergütungsanspruch somit wie folgt:

Bruttoarbeitsentgelt:

Grundvergütung	2.650,00 EUR
VWL	40,00 EUR
	2.690,00 EUR
2.690,00 EUR x 1,5 Monate (6 Wochen)	4.035,00 EUR

Arbeitgeberanteile zum Bruttoarbeitsentgelt mit Ausnahme VWL:

Rentenversicherung 9,35 % aus monatlich 2.650,00 EUR (Bemessungsgrenze 5.300,00 EUR)	247,78 EUR
Krankenversicherung 7,30 % aus monatlich 2.650,00 EUR (Bemessungsgrenze 3.600,00 EUR)	193,45 EUR
Pflegeversicherung 1,175 % aus monatlich 2.650,00 EUR (Bemessungsgrenze 3.600,00 EUR)	31,14 EUR
Arbeitslosenversicherung 1,5 % aus monatlich 2.650,00 EUR (Bemessungsgrenze 5.300,00 EUR)	39,75 EUR
Unfallversicherung ca. 1 % aus 2.100,00 EUR	26,50 EUR
	538,62 EUR
538,62 EUR x 1,5 Monate	807,93 EUR

Zum Ganzen kommt die übliche Schadensbearbeitungspauschale, so dass sich der Entgeltfortzahlungsschaden insgesamt wie folgt zusammensetzt:

Bruttoarbeitsentgelt für 6 Wochen	4.035,00 EUR
Arbeitgeberanteile zur Sozialversicherung hinsichtlich Bruttoarbeitsentgelt abzgl. VWL	807,93 EUR
Bearbeitungspauschale	25,00 EUR
	4.842,93 EUR

Dieser Betrag wird mit der Klage in der Hauptsache eingefordert.

Die Klägerin hat alle vorgenannten Arbeitskosten abgeführt, den Nettolohn mit den VWL an ihren Mitarbeiter L., die Sozialversicherungsbeiträge an die DAK als zuständige Einzugsstelle.
Beweis: Zahlungsnachweise, als Anlage K 6 noch vorzulegen.

3. Ergebnis

Nach dem Vorgesagten haben die Beklagten für den in Höhe von 4.842,93 EUR zutreffend errechneten Entgeltfortzahlungsschaden aufzukommen. Damit ist die Klage in der Hauptsache begründet. Der mit der Klage ebenfalls geltend gemachte Zinsanspruch ergibt sich aus Verzug (§§ 291, 288 Abs. 1 S. 1, 2 BGB).
Rechtsanwalt ◂

b) **Sachschäden.** Für Sachschäden des Kollegen haftet der schädigende Arbeitnehmer grundsätzlich unbeschränkt. Zwischen den Arbeitskollegen besteht regelmäßig keine eigenständige vertragliche Bindung. Auch entfaltet der Arbeitsvertrag zwischen dem Arbeitgeber und dem schädigenden Arbeitnehmer keine Schutzwirkung zugunsten des geschädigten Arbeitnehmers, so dass der Arbeitgeber für den Schaden nicht aufzukommen hat. Allerdings greifen im Verhältnis zwischen schädigendem Arbeitnehmer und Arbeitgeber wie bei einem geschädigten Dritten die Grundsätze zur Arbeitnehmerhaftung, so dass auch bei geschädigten Kollegen ein Freistellungsanspruch des Schädigers gegen den Arbeitgeber bestehen kann. 41

II. Schadenstragung durch den Arbeitgeber

1. **Haftung gegenüber Arbeitnehmern. a) Personenschäden.** Verursacht der Arbeitgeber (Unternehmer iSd § 136 Abs. 3 Nr. 1 SGB VII) einen Verkehrsunfall, trifft ihn bzw seinen Haftpflichtversicherer für Personenschäden von Versicherten (Arbeitnehmer seines Betriebs), die an dem Unfall beteiligt sind, keine Haftung, sofern er den Unfall nicht vorsätzlich verursacht hat und es sich dabei nicht um einen Wegeunfall, also um einen Unfall handelt, der sich auf einem nach § 8 Abs. 2 Nr. 1–4 SGB VII versicherten Weg des Geschädigten ereignet hat (§ 104 Abs. 1 S. 1 SGB VII). Der Versicherungsschutz greift bei **Arbeitsunfällen.** Nach § 8 Abs. 1 S. 1 SGB VII sind Arbeitsunfälle Unfälle von Versicherten infolge einer den Versicherungsschutz nach den §§ 2, 3 oder 6 SGB VII begründenden Tätigkeit. Verbotswidriges Handeln schließt den Versicherungsschutz nicht aus (§ 7 Abs. 2 SGB VII). Das ist erst bei **vorsätzlichem** Verhalten des Arbeitgebers anders, wobei sich der Vorsatz sowohl auf die Verletzungshandlung als auch auf den Verletzungserfolg erstrecken muss (sog. doppelter Vorsatz, siehe bereits Rn 13); bedingter Vorsatz reicht aus.[141] Ob eine Tätigkeit unter den Schutz der gesetzlichen Unfallversicherung fällt, ist nicht immer einfach zu beantworten. Im Einzelfall entscheiden die Beweggründe nach dem Zweck des Handelns. Versichert ist eine Person als (abhängig, nicht unbedingt dauerhaft)[142] Beschäftigter oder Auszubildender (§ 2 Abs. 1 Nr. 1 und 2 SGB VII), aber auch als sog. Wie-Beschäftigter nach § 2 Abs. 2 SGB VII[143] oder kraft mehrseitigen Arbeitsverhältnisses, zB als Leiharbeitnehmer. Nicht beschäftigt ist jemand, der als Selbstständiger arbeitet. Die selbstständige Tätigkeit ist vornehmlich durch das eigene Unternehmerrisiko, das Vorhandensein einer eigenen Betriebsstätte, die Verfügungsmöglichkeit 42

---

141 BAG v. 20.6.2013 – 8 AZR 471/12 (Tz 24), NZA-RR 2014, 63, 64.
142 Tageweise Beschäftigung reicht: BSG v. 30.1.2007 – B 2 U 6/06 R (Tz 17), BeckRS 2007, 45002; siehe auch BSG v. 14.11.2013 – B 2 U 15/12 R (Tz 14), NJOZ 2014, 1437, 1438: Einfühlungsverhältnis; ebenso BSG v. 26.6.2014 – B 2 U 4/13 R (Tz 20), NZS 2014, 788, 790, für Rufbereitschaft.
143 Hierzu Wannagat/*Waltermann*, SGB VII, § 104 Rn 12; *Grüner*, in: Franke/Molkentin, SGB VII, § 104 Rn 13.

über die eigene Arbeitskraft und die im Wesentlichen frei gestaltbare Tätigkeit und Arbeitskraft gekennzeichnet. Im Zweifel ist darauf abzustellen, welche Merkmale überwiegen, wobei nicht die Vereinbarungen, sondern die tatsächlichen Verhältnisse entscheiden.[144] Die Abgrenzung muss im Einzelfall gefunden werden. Der Umstand, dass der Verunfallte eigenes Werkzeug benutzt oder seine Arbeit mit dem eigenen Fahrzeug verrichtet, entscheidet nicht allein über die Selbstständigkeit. Auf der anderen Seite kann die Weisungsunterworfenheit des Arbeitnehmers zu einer funktionsgerecht dienenden Teilhabe am Arbeitsprozess verfeinert sein, ohne dass dies einer Einordnung als Beschäftigter iSd § 2 SGB VII entgegensteht.[145] Erforderlich ist jedenfalls, dass der Arbeitgeber den Versicherungsfall durch eine betriebliche Tätigkeit verursacht hat.[146]

43 Als Haftungsersatz erwirbt der Arbeitnehmer Ansprüche auf Leistungen nach den §§ 26 ff SGB VII gegen den Träger der gesetzlichen Unfallversicherung, die durch Beitragsleistungen der Unternehmen erkauft sind (vgl §§ 150 ff SGB VII). Die gesetzliche Unfallversicherung erfüllt für die sie finanzierenden Unternehmer damit die Funktion einer Haftpflichtversicherung. An die Stelle der privatrechtlichen Haftpflicht des Unternehmers ist die Gesamthaftung der in der Berufsgenossenschaft zusammengeschlossenen Unternehmer gesetzt (Prinzip der Haftungsersetzung).[147] Letztlich erhält der Geschädigte damit den größten Teil seiner zivilrechtlichen Ansprüche reguliert. Zudem fährt er uU besser, zB bei Rentengewährung infolge abstrakter Schadensberechnung ohne entsprechenden zivilrechtlichen Schaden,[148] auch **werden die Leistungen aus der Unfallversicherung selbst bei Eigenverschulden in vollem Umfang gewährt.**

44 Diese Grundsätze gelten nur für Betriebsunfälle. Entsperrt ist die Freistellung bei Wegeunfällen, Unfällen also, die sich im Grundsatz außerhalb des Betriebsbereichs abspielen. Zwar fallen auch Wegeunfälle unter den Schutz der Unfallversicherung (§ 8 Abs. 2 SGB VII). Allerdings sollen dem Geschädigten zivilrechtliche Ansprüche in diesen Fällen nicht vorenthalten werden. Seine Ansprüche vermindern sich dann um die Leistungen, die er nach Gesetz oder Satzung infolge des Versicherungsfalls durch Sozialversicherungsträger (nicht unbedingt vom Träger der Unfallversicherung) erhalten hat (§ 104 Abs. 3 SGB VII), so dass der Schädiger häufig nur noch Schmerzensgeld zahlen muss.[149] Dem Sinn der unternehmerfinanzierten Unfallversicherung entspricht es, dass der gesetzliche Unfallversicherer wegen seiner Leistungen beim Arbeitgeber nicht nach § 116 SGB X Rückgriff nehmen kann. In § 104 Abs. 1 S. 2 SGB VII wird dies ausdrücklich bestimmt. Gemeint sind die Wegeunfälle und die vorsätzlich herbeigeführten Arbeitsunfälle, bei denen die Ansprüche des Geschädigten zwar „entsperrt" sind, jedoch eine Anrechnung der Leistungen des Sozialversicherungsträgers auf den zivilrechtlichen Schadensersatzanspruch zu erfolgen hat. Insoweit findet auch hinsichtlich des Schmerzensgeldes kein Forderungsübergang nach § 116 SGB X auf die Sozialversicherungsträger statt.[150]

---

144 BSG v. 30.1.2007 – B 2 U 6/06 R (Tz 15), BeckRS 2007, 45002; BSG v. 26.6.2007 – B 2 U 17/06 (Tz 11), NJOZ 2008, 3465, 3467.
145 BSG v. 30.1.2007 – B 2 U 6/06 R (Tz 23, 25) = BeckRS 2007, 45002.
146 AA *Krasney*, NZS 2004, 7, 8.
147 BAG v. 22.4.2004 – 8 AZR 159/03 (Tz 20), NJW 2004, 3360, 3361 – Schubser.
148 *Grüner*, in: Franke/Molkentin, SGB VII, § 104 Rn 4; zur Schadensbemessung eingehend *Triebel*, SGb 2006, 212 ff. Zu den Ersatzleistungen aus der gesetzlichen Unfallversicherung siehe *Burmann/Jahnke*, NZV 2011, 473 ff.
149 *Grüner*, in: Franke/Molkentin, SGB VII, § 104 Rn 2.
150 *Grüner*, in: Franke/Molkentin, SGB VII, § 104 Rn 27.

Der Unfallversicherungsträger kann zu einem weiteren Gläubiger werden, wenn er Leistungen an den Geschädigten erbringt. Nach § 110 Abs. 1 S. 1 SGB VII haftet er dem Sozialversicherungsträger im Fall der vorsätzlichen oder **grob fahrlässigen** Herbeiführung des Versicherungsfalls (Arbeitsunfall) „für die infolge des Versicherungsfalls entstandenen Aufwendungen, jedoch nur bis zur Höhe des zivilrechtlichen Schadensersatzanspruchs".[151] Nach § 110 Abs. 1 S. 3 SGB VII muss sich der Vorsatz nur auf die Pflichtverletzung, nicht auch auf den Schaden beziehen. Das führt zu einer unbilligen, von den Obergerichten aber hingenommenen schärferen unfallversicherungsrechtlichen Regresshaftung.[152] Mit der Formulierung des § 110 Abs. 1 S. 1 SGB VII („jedoch") werden die Anspruchsvoraussetzungen vergleichbar der Regelung des § 844 Abs. 2 BGB durch Angabe eines Höchstwertes nur vervollständigt, so dass der regressierende Sozialversicherungsträger auch für die Höhe des zivilrechtlichen Schadensersatzanspruchs darlegungs- und beweisbelastet ist.[153] Der Zessionar ist kraft seines Auskunfts- und Mitwirkungsanspruchs gegen den Geschädigten (§§ 60 ff SGB I) und seiner Möglichkeit, Auskünfte bei anderen Sozialversicherungsträgern, Ärzten und Arbeitgebern einzuholen, zur Darlegung ohnehin wesentlich besser in der Lage als der Unternehmer. Die Gegenrechnung knüpft nur im Ergebnis an die Leistungen des Sozialversicherungsträgers an. § 110 SGB VII begründet im Unterschied zu § 116 SGB X keinen gesetzlichen Übergang eines Anspruchs des Geschädigten, sondern einen originären Anspruch des Sozialversicherungsträgers.[154] Insofern bestehen auch keine Einwände, für die Berechnung der Obergrenze auch Schadensersatzansprüche des Geschädigten zu berücksichtigen, die ihm durch den Haftungsausschluss aus der Hand geschlagen sind. Hierzu gehört vor allem sein Anspruch auf **Schmerzensgeld** (§ 253 Abs. 2 BGB).[155] IÜ wird der Schadensersatzanspruch ganz normal berechnet, also auch unter Berücksichtigung eines Mitverschuldens.[156] Durch die Möglichkeit des Verletzten, auf den Arbeitgeber zuzugreifen, einerseits, und den Regressanspruch andererseits wird der Arbeitgeber im Fall der groben Fahrlässigkeit doppelt belastet. Dies erscheint unbillig und lässt sich auch nicht als Akt der Maßregelung rechtfertigen. In der Praxis verzichten die Sozialversicherungsträger daher nach pflichtgemäßer Ermessensausübung, zu der sie verpflichtet sind,[157] regelmäßig und bei Großschäden praktisch immer auf eine Anspruchsrealisierung, soweit hinter dem Arbeitgeber nicht ein Haftpflichtversicherer steht. Praktische Bedeutung hat der Regress aus § 110 SGB VII damit vor allem im Verhältnis Sozialversicherungsträger-Haftpflichtversicherer.[158] Bei der Geltendmachung von Ersatzansprüchen nach § 110 SGB VII handelt es sich nicht um öffentlich-rechtliche Streitigkeiten iSd § 40 Abs. 1 VwGO, so dass hierfür der Rechtsweg zu den Zivilgerichten eröffnet ist.[159] Dies gilt auch in-

45

---

151 Dieser Anspruch verjährt nach 3 Jahren (§ 113 SGB VII). Beispiele: BGH v. 18.2.2014 – VI ZR 51/13, NZS 2014, 470; BGH v. 18.11.2014 – VI ZR 141/14 (Tz 21), r+s 2015, 46, 48; OLG Frankfurt am Main v. 4.4.2014 – 2 U 93/13, r+s 2014, 477.
152 Vgl BGH v. 11.2.2003 – VI ZR 34/02, BGHZ 154, 11, NJW 2003, 1605, 1606; BGH v. 15.7.2008 – VI ZR 212/07 (Tz 24, 27); BAG v. 10.10.2002 – 8 AZR 103/02, NJW 2003, 1890, 1891; dazu *Schwarze*, AP Nr. 1 zu § 104 SGB VII; *Waltermann*, RdA 2005, 98, 106.
153 BGH v. 29.1.2008 – VI ZR 70/07 (Tz 9), BGHZ 175, 153, NJW 2008, 2033, 2034.
154 BGH v. 27.6.2006 – VI ZR 143/05 (Tz 14), BGHZ 168, 161, NJW 2006, 3563, 3564.
155 BGH v. 27.6.2006 – VI ZR 143/05 (Tz 16 f), BGHZ 168, 161, NJW 2006, 3563, 3564 f.
156 BGH v. 27.6.2006 – VI ZR 143/05 (Tz 15), BGHZ 168, 161, NJW 2006, 3563, 3564; zur Ermittlung des Anspruchsumfangs instruktiv *Lemcke/Heß*, r+s 2007, 221, 228.
157 BGH v. 27.6.2006 – VI ZR 143/05 (Tz 19), BGHZ 168, 161, NJW 2006, 3563, 3565.
158 *Lemcke/Heß*, r+s 2007, 221, 230.
159 Zur Beweislast s. BGH v. 29.1.2008 – VI ZR 70/07, BGHZ 175, 153, NJW 2008, 2033, 2034 ff.

soweit, als darüber zu entscheiden ist, ob die Voraussetzungen für einen Verzicht auf den Ersatzanspruch gegeben sind oder nicht.[160]

46 b) **Sachschäden.** Für schuldhaft verursachte Sachschäden haftet der Arbeitgeber nach allgemeinen Vorschriften uneingeschränkt. Haftungsmilderungen kommen nur dem Arbeitnehmer, nicht auch dem Arbeitgeber zugute. Für die Arbeitgeberhaftung von besonderer Bedeutung sind dabei schuldhafte Verletzungen der allgemeinen Verkehrssicherungspflicht, für die der Arbeitgeber gem. § 831 Abs. 1 BGB oder über § 278 BGB selbst dann zu haften hat, wenn er die Verkehrssicherungspflicht nicht persönlich verletzt hat. Beispiel hierfür die etwa die (schuldhafte) Beschädigung eines Arbeitnehmerfahrzeugs auf dem Firmengelände im Zuge von Rasenmäh- oder anderen Instandhaltungsarbeiten.[161] Bei juristischen Personen haften deren Organe, bei einer GmbH also die Geschäftsführer.[162]

47 **2. Freistellung für Schäden des Arbeitnehmers.** Mitunter kann den Arbeitgeber eine **verschuldensunabhängige Haftung für Vermögensschäden** des Arbeitnehmers treffen.[163] Hierfür muss der Schaden in der betrieblichen Sphäre des Arbeitgebers entstanden und darf nicht dem Lebensbereich des Arbeitnehmers zuzuordnen sein. Der Arbeitnehmer hat dann **Anspruch auf Freistellung** bzw Schadensersatz gegen den Arbeitgeber. Im Klageweg kann er nicht allgemein auf Freistellung klagen, sondern muss Feststellungsklage erheben; eine unbezifferte Freistellungsklage würde als Feststellungsklage ausgelegt.[164] Die Rechtsprechung stützt diesen Anspruch auf die §§ 675, 670 BGB iVm § 257 BGB analog.[165] Nutzt der Arbeitnehmer ein eigenes Fahrzeug für betriebliche Zwecke, setzt er es im Betätigungsbereich des Arbeitgebers ein, wenn ohne Einsatz dieses Fahrzeugs der Arbeitgeber ein eigenes Fahrzeug einsetzen müsste, oder der Arbeitnehmer sein eigenes Fahrzeug nutzen soll.[166] Ist das Fahrzeug des Arbeitnehmers bei einem solchen Einsatz beschädigt worden, muss der Arbeitgeber den Nutzungsausfall entschädigen,[167] richtigerweise auch den Rückstufungsschaden, sofern er dem Arbeitnehmer zur Abdeckung der laufenden Betriebskosten keine (angemessene) km-Pauschale gezahlt hat.[168] Einen Grenzfall bilden Geldstrafen oder Bußgelder, die im Zusammenhang mit einer dienstlichen Tätigkeit verhängt worden sind. Zusagen des Arbeitgebers über die Erstattung etwaiger **Geldbußen** werden vom BAG als sittenwidrig erachtet, so dass entsprechende Vereinbarungen gem. § 138 BGB unwirksam sind.[169] Zwar ist der Arbeitgeber nach § 826 BGB dem Arbeitnehmer zum Schadensersatz verpflichtet, wenn er durch entsprechende Anordnun-

---

160 *Krasney*, NZS 2004, 68, 76.
161 Instruktiv BAG v. 25.5.2000 – 8 AZR 518/99, NJW 2000, 3369, 3370 f: Lackierarbeiten mit Spritzpistole (Haftung verneint). § 618 Abs. 1 BGB lässt sich hierfür nicht heranziehen: BAG v. 5.3.1959 – 2 AZR 268/56, NJW 1959, 1555, 1556.
162 OLG Stuttgart v. 29.4.2008 – 5 W 9/08, NJW 2008, 2514 f.
163 BAG v. 8.5.1980 – 3 AZR 82/79, NJW 1981, 702; BAG v. 30.4.1992 – 8 AZR 409/91 = NJW 1993, 1028; BAG v. 7.9.1995 – 8 AZR 515/94, NJW 1996, 476, 477.
164 BAG v. 25.6.2009 – 8 AZR 236/08 (Tz 18), NJOZ 2010, 455, 457.
165 BAG v. 23.11.2006 – 8 AZR 701/05 (Tz 13), NJW 2007, 1486.
166 BAG v. 23.11.2006 – 8 AZR 701/05 (Tz 13, 15), NJW 2007, 1486 f; BAG v. 28.10.2010 – 8 AZR 647/09 (Tz 28), NZA 2011, 406, 408; BAG v. 22.6.2011 – 8 AZR 102/10 (Tz 22), NZA 2012, 91, 92.
167 BAG v. 7.9.1995 – 8 AZR 515/94, NJW 1996, 476, 477.
168 BAG v. 28.10.2010 – 8 AZR 647/09 (Tz 26), NZA 2011, 406, 408; BAG v. 22.6.2011 – 8 AZR 102/10 (Tz 20), NZA 2012, 91, 92.
169 BAG v. 25.1.2001 – 8 AZR 465/00, NJW 2001, 1962, 1963, betr. Lenkzeitverstöße. Nachträgliche Erstattungszusagen sollen hingegen zulässig sein, so LAG Schleswig-Holstein v. 5.11.2002 – 5 Sa 147c/02 (Tz 93), NZA-RR 2003, 242 f (LS). Entsprechende Zahlungen sind der Lohnsteuer unterworfen und als Zuwendungen iSd § 23 a Abs. 1 S. 1 SGB IV (Einnahmen iSd § 14 Abs. 1 SGB IV) beitragspflichtiges Arbeitsentgelt, sofern sie nicht ausnahmsweise „aus ganz überwiegenden eigenbetrieblichen Interessen des Arbeitgebers" erfolgen: BFH v. 22.7.2008 – VI R 47/06 = NJW 2009, 1167; BFH v. 14.11.2013 – VI R 36/12 = NZA-RR 2014, 206; s. dazu auch NZA 2014, 1256.

gen (zB durch Aufstellung eines zu engen Terminplans) in Kauf nimmt, dass es zu Verkehrsverstößen kommt.[170] Teil des zu ersetzenden Schadens sind aber nur in Ausnahmefällen Geldbußen, die gegen den Arbeitnehmer verhängt werden; dies etwa dann, wenn es ihm trotz seiner rechtlichen Verpflichtung als Teilnehmer am Straßenverkehr im Einzelfall nicht zumutbar gewesen wäre, sich den Anordnungen seines Arbeitgebers zu entziehen.[171] Verauslagte Geldbußen kann der Arbeitgeber vom Arbeitnehmer uneingeschränkt zurückfordern.[172] **Strafverteidigungskosten** hat das BAG im Rahmen von Dienstfahrten schon dann für ersatzfähig angesehen, wenn der Arbeitnehmer über die Umstände der Fahrt (zB Nutzung eines Betriebsfahrzeugs) nicht mitentscheiden konnte.[173] Nach den Grundsätzen zur Mankohaftung[174] lässt sich das Betriebsrisiko in engen Grenzen **abgelten**.[175] Vereinbarungen zur Erleichterung der Schadenstragung durch den Arbeitgeber dürfen jedoch allenfalls zum Verlust der Risikozulage führen.[176] Der Freistellungsanspruch kann durch ein **Mitverschulden** des Arbeitnehmers gemindert sein, für dessen Bemessung die Grundsätze zum innerbetrieblichen Schadensausgleich heranzuziehen sind.[177]

Freizustellen hat der Arbeitgeber den Arbeitnehmer nach den Grundsätzen der eingeschränkten Arbeitnehmerhaftung auch von Ansprüchen Dritter oder von Arbeitskollegen, denen der Arbeitnehmer im Rahmen einer dienstlichen Tätigkeit einen Vermögensschaden zugefügt hat.[178]

48

Hingegen greifen die vorstehenden Grundsätze nicht bei einer **Körperverletzung** des Arbeitnehmers, die dieser sich bei einem Arbeitsunfall zugezogen hat. Verunfallt der Arbeitnehmer anlässlich einer Dienstfahrt, greift der Ausschluss des § 104 Abs. 1 S. 1 SGB VII, sofern es sich dabei nicht um einen Wegeunfall handelt oder Vorsatz im Spiel ist. Ein Versicherungsfall besteht auch dann, wenn ein unfreiwilliges Ereignis zu einer in Kauf genommenen Selbstschädigung des Arbeitnehmers führt, zB eine Fahrt in den Graben zur Abwendung einer Kollision mit einem anderen Verkehrsteilnehmer.[179] In diesen Fällen hat der Arbeitgeber den geschädigten Arbeitnehmer nicht zu entlasten; der Arbeitnehmer ist auf Leistungen aus der gesetzlichen Unfallversicherung beschränkt.

49

3. Haftung gegenüber betriebsfremden Personen/Unternehmern. Gegenüber Dritten ist die Haftung des Arbeitgebers unbeschränkt, sofern nicht im Einzelfall ein Haftungsausschluss vereinbart ist. Insofern gilt der Ausschluss für **Personenschäden** nach § 104 Abs. 1 SGB VII auch bei Arbeitsunfällen auf gemeinsamer Betriebsstätte (§ 106 Abs. 3 Alt. 3 SGB VII). Umgekehrt haftet ein Betriebsfremder, der einen Arbeitnehmer verletzt hat, dem Arbeitgeber uneingeschränkt. Allerdings wird nur selten einmal ein Haftungstatbestand erfüllt sein. Insbeson-

50

---

170 ZB BAG v. 23.6.1988 – 8 AZR 300/85, NZA 1989, 181, 182: Kosten aufgrund Rückgriffs des Haftpflichtversicherers. Zur Haftung des Arbeitgebers aus § 831 Abs. 1 BGB bei Verkehrsunfällen in solchen Fällen s. OLG Hamm v. 9. 12.2008 – 9 U 20/08, NJW 2009, 2685.
171 BAG v. 25.1.2001 – 8 AZR 465/00, NJW 2001, 1962, 1964.
172 LAG Rheinland-Pfalz v. 10.4.2008 – 10 Sa 892/06 (Tz 30), BeckRS 2008, 52931.
173 BAG v. 11.8.1988 – 8 AZR 721/85, NJW 1989, 316, 317; BAG v. 16.3.1995 – 8 AZR 260/94, NJW 1995, 2372, 2373.
174 Dazu etwa *Walker*, JuS 2002, 736, 740 f; *Schwab*, NZA-RR 2006, 449, 454 f.
175 *Walker*, JuS 2002, 736, 741; *Krause*, NZA 2003, 577, 585 f; *Waltermann*, RdA 2005, 98, 109.
176 *Krause*, NZA 2003, 577, 585; aA wohl *Walker*, FS Canaris, Bd. I, S. 1517 f.
177 BAG v. 11.8.1988 – 8 AZR 721/85, NJW 1989, 316, 317; BAG v. 27.1.2000 – 8 AZR 876/98, NZA 2000, 727, 729; BAG v. 23.11.2006 – 8 AZR 701/05 (Tz 19), NJW 2007, 1486, 1487.
178 BAG v. 25.9.1957 – GS 4(5)/56 = NJW 1958, 235, 236; BAG v. 23.6.1988 – 8 AZR 300/85, NZA 1989, 181, 182; BAG v. 22.4.2004 – 8 AZR 159/03 (Tz 20), NJW 2004, 3360, 3361 – Schubser.
179 BSG v. 8.12.1988 – 2 RU 31/88, NJW 1989, 2077 f (zu § 539 Abs. 1 Nr. 9 a RVO).

dere wird es für einen durch § 823 Abs. 1 BGB sanktionierten Eingriff in den eingerichteten und ausgeübten Gewerbebetrieb in aller Regel an einem betriebsbezogenen Eingriff fehlen. So erhält der Arbeitgeber vom Schädiger nicht die Kosten für einen Ersatzfahrer ersetzt, wenn ein Arbeitnehmer unfallbedingt ausfällt.[180] Geltend machen kann er damit in aller Regel nur den gem. § 6 Abs. 1 EntgeltFG aufgrund Legalzession auf ihn übergegangenen Anspruch auf Ersatz des Lohnfortzahlungsschadens (Muster in Rn 40).

III. Gesamtschuldverhältnis

51 Ist neben einem privilegierten Betriebspartner (Unternehmer, Arbeitskollegen oder dem für ein anderes Unternehmen auf gemeinsamer Betriebsstätte tätigen Versicherten) ein Dritter für den Schaden verantwortlich, hat der Geschädigte die Möglichkeit, Ansprüche auf Schadensersatz (einschließlich Schmerzensgeld) gegen den Dritten als Zweitschädiger geltend zu machen, sofern diesen ein nicht ganz untergeordnetes Verschulden am Unfall trifft. Allerdings haftet dieser, außerhalb des Sozialversicherungsverhältnisses stehende Schädiger nach den Grundsätzen der **gestörten Gesamtschuld** insoweit nicht, als der für den Unfall mitverantwortliche und von der Haftung verschonte Betriebspartner (Arbeitgeber oder Kollege) im Verhältnis zum Zweitschädiger (nach den §§ 426, 254 BGB) für den Personenschaden aufkommen müsste, wenn es die Haftungsfreistellung nicht gäbe.[181] Hierfür ist ein fiktiver Innenausgleich vorzunehmen. Ansonsten würde der Haftungsausschluss nicht verwirklicht oder, was ebenfalls unbillig wäre, der Dritte mit dem gesamten Anspruch belastet. IE wird der Zweitschädiger in Höhe des Verantwortungsteils freigestellt, der auf den Erstschädiger im Innenverhältnis entfiele, wenn seine Haftungsprivilegierung hinweggedacht würde.[182] Die Haftung des nicht privilegierten Zweitschädigers, der mit dem privilegierten Schädiger Gesamtschuldner ist, wird bereits im Außenverhältnis auf den im Innenverhältnis von ihm zu tragenden Teil beschränkt. Das ist dem Geschädigten zuzumuten, weil er die Unfallversicherung in Anspruch nehmen kann.[183] Für die Berechnung dieses Anteils finden die Grundsätze der beschränkten Arbeitnehmerhaftung keine Anwendung, da sie ausschließlich im Innenverhältnis zwischen Arbeitgeber und Arbeitnehmer gelten und den Dritten nicht belasten dürfen.[184] Allerdings trägt dann, wenn auf der einen Seite nur eine Gefährdungshaftung (zB Halterhaftung) oder eine Haftung aus vermutetem Verschulden, auf der anderen Seite erwiesenes Verschulden vorliegt, im Innenverhältnis grundsätzlich derjenige den gesamten Schaden, der schuldhaft gehandelt hat.[185]

B. Die Arbeitszeit des Fahrpersonals

I. Arbeitszeitrecht

52 Das Arbeitszeitrecht zählt zu den Rechtsmaterien, für die die EU seit dem Vertrag von Maastricht eine eigene Regelungskompetenz aufweist (vgl Art. 136, 137 Abs. 1 a EGV). Vorschrif-

---

180 BGH v. 14.10.2008 – VI ZR 36/08 (Tz 5), NJW 2009, 355, 356.
181 BGH v. 12.6.1973 – VI ZR 163/71, BGHZ 61, 51, NJW 1973, 1648, 1649; BGH v. 22.1.2008 – VI ZR 17/07 (Tz 11), NJW 2008, 2116, 2117; BGH v. 18.11.2014 – VI ZR 47/13 (Tz 19), NJW 2015, 940, 942.
182 BGH v. 22.1.2008 – VI ZR 17/07 (Tz 11), NJW 2008, 2116, 2117.
183 Deinert, RdA 2013, 146.
184 BGH v. 11.11.2003 – VI ZR 13/03, BGHZ 157, 9, NJW 2004, 951, 953; BGH v. 10.5.2005 – VI ZR 366/03, NJW 2005, 2309, 2310.
185 BGH v. 11.11.2003 – VI ZR 13/03, BGHZ 157, 9, NJW 2004, 951, 953; BGH v. 22.1.2008 – VI ZR 17/07 (Tz 11), NJW 2008, 2116, 2117.

ten zur Höchstarbeitszeit bestehen auf nationaler wie auch auf europäischer Ebene. Beide Rechtskreise greifen ineinander. Die nationalen Vorschriften bezwecken die Sicherheit im Straßenverkehr und den Gesundheitsschutz der abhängig beschäftigten Fahrer, das EG-Recht zusätzlich die Gewährleistung des Wettbewerbs im grenzüberschreitenden Straßenverkehrsgewerbe. Das EG-Recht basiert vor allem auf der **FahrpersonalRL** 2002/15/EG v. 11.3.2002 (ABl EG L 80 S. 35) und der (nachrangigen, siehe Art. 1 Abs. 3 RL 2002/15/EG iVm Art. 14 RL 2003/88/EG) **ArbeitszeitRL** 2003/88/EG v. 4.11.2003 (ABl EG Nr. L 299 S. 9),[186] in Deutschland umgesetzt durch das Arbeitszeitgesetz v. 6.6.1994 (BGBl. I, S. 1170, im Folgenden kurz: ArbZG), das wie die beiden Richtlinien vor allem dem Gesundheitsschutz der Arbeitnehmer dient. Erfasst sind nach §§ 2 Abs. 2, 18 Abs. 2 ArbZG auch die volljährigen Auszubildenden, nicht hingegen bestimmte Gruppen von Arbeitnehmern, zB die leitenden Angestellten (§ 18 Abs. 1 Nr. 1 ArbZG). § 21 a ArbZG knüpft da an, wo das Fahrpersonalrecht aufhört, regelt also nicht nur die Lenk- und Ruhezeiten, sondern die Arbeitszeit insgesamt. Ergänzend dazu gilt das Arbeitszeitrecht im Bereich des Transportgewerbes seit dem 1.11.2012 auch für selbstständige Kraftfahrer.[187]

§ 2 Abs. 1 S. 1 ArbZG versteht als Arbeitszeit die Zeit vom Beginn bis zum Ende der Arbeit. Maßstab ist die arbeitsvertraglich geschuldete Arbeitsleistung. Beginn und Ende sind regelungsoffen; im Zweifel entscheidet die tatsächliche Handhabung. Ruhepausen bleiben außen vor (§ 2 Abs. 1 S. 1 Hs 1 iVm § 4 ArbZG), Arbeitszeiten bei mehreren Arbeitgebern sind zusammenzurechnen (§ 2 Abs. 1 S. 1 Hs 2 ArbZG). Wie sich aus § 7 Abs. 1 Nr. 1 a, Abs. 2 a sowie § 21 a Abs. 3 ArbZG ergibt, zählen neben der **Vollarbeit** auch Zeiten der Arbeitsbereitschaft und des Bereitschaftsdienstes zur Arbeitszeit. **Arbeitsbereitschaft** ist die Zeit wacher Aufmerksamkeit im Zustand der Entspannung (zB das Warten auf Kundschaft),[188] die zwar grundsätzlich zur Arbeitszeit gehört, bei der aber erst eine Abwägung über die Zuordnung zur Arbeitszeit entscheidet.[189] Maßstab ist der Grad der Beanspruchung, die deutlich geringer sein muss als die Arbeitsausführung. Splitterzeiten von wenigen Minuten sind keine Arbeitsbereitschaft, sondern Vollarbeit.[190] Im **Bereitschaftsdienst** muss sich der Arbeitnehmer auf Weisung des Arbeitgebers zur sofortigen Arbeitsaufnahme am Arbeitsplatz oder einen vom Arbeitgeber gewählten Ort bereithalten.[191] Der Umstand, dass während des Bereitschaftsdienstes Arbeit erbracht werden muss, kann vorbestimmt sein. Dabei muss erwartet werden können, dass der überwiegende Teil des Bereitschaftsdienstes nicht in Vollarbeit mündet.[192] Mit diesen Kriterien ist auch eine Abgrenzung zur **Rufbereitschaft** möglich. Während der Rufbereitschaft muss sich der Arbeitnehmer zwar auch für den Arbeitgeber bereithalten. Deshalb muss der Arbeitnehmer dem Arbeitgeber für diese Zeit mitteilen, wo er sich aufhält. Al-

---

186 Zu unterscheiden von der Arbeitsschutz-RahmenRL 89/391/EWG, die allgemeine Gefahrverhütungsmaßnahmen vorschreibt.
187 Gesetz zur Regelung der Arbeitszeit von selbständigen Kraftfahrern v. 11.7.2012 (BGBl. I S. 1479), dazu *Wiebauer*, NZA 2012, 1331 ff.
188 BAG v. 11.7.2006 – 9 AZR 519/05 (Tz 41), NZA 2007, 155, 158.
189 *Baeck/Lösler*, NZA 2005, 247, 248.
190 Vgl BAG v. 24.9.1992 – 6 AZR 101/90, NZA 1993, 517: Wartezeit von mindestens 10 Minuten bei Rettungssanitätern ist Arbeitsbereitschaft.
191 Seit EuGH v. 3.10.2000 – Rs. C-303/98 (Tz 48), NZA 2000, 1227, 1230 – Sindicato de Médicos de Asistencia Pública (SIMAP); vgl EuGH v. 9.9.2003 – Rs. C-151/02 (Tz 65), NZA 2003, 1019, 1022 – Jaeger; „... da er sich außerhalb seines familiären und sozialen Umfelds aufhalten muss"; ebenso BAG v. 24.10.2000 – 9 AZR 634/99, NJW 2001, 1813; BAG v. 5.6.2003 – 6 AZR 114/02, NZA 2004, 164, 167; BAG v. 28.1.2004 – 5 AZR 530/02, NZA 2004, 656, 659; BAG v. 25.4.2007 – 6 AZR 799/06 (Tz 15), NZA 2007, 1108, 1109.
192 Vgl BAG v. 25.4.2007 – 6 AZR 799/06 (Tz 15), NZA 2007, 1108, 1109.

lerdings schreibt der Arbeitgeber hier nicht vor, wo sich der Arbeitnehmer aufzuhalten hat.[193] Dies ist streng zu sehen.[194] Außerdem darf nur ausnahmsweise mit einem Abruf zu rechnen sein.[195] Der Arbeitnehmer muss seinen Aufenthaltsort allerdings so wählen, dass er auf Abruf die Arbeit innerhalb einer Zeitspanne antreten kann, ohne den Einsatz zu gefährden.[196] Nach deutschem (arg. § 5 Abs. 3, § 7 Abs. 2 Nr. 1 ArbZG) wie auch europäischem Arbeitszeitrecht[197] zählt die Rufbereitschaft nicht wie der Bereitschaftsdienst insgesamt, sondern nur insoweit zur Arbeitszeit, als tatsächlich gearbeitet wird.[198] Die Bereitschaftszeiten können aber geringer entlohnt werden als die Vollarbeitszeiten (dazu Rn 74). **Wegezeiten**, also Fahrtzeiten, die für den Weg von und zur Arbeit anfallen, zählen nicht zur Arbeitszeit,[199] ebenso wenig Umkleidezeiten und ähnliche, als bloße Vorbereitungshandlungen zu wertende Tätigkeiten; für die Vergütungspflicht mag ein anderes gelten. **Dienstreisen** sind Arbeitszeit iSd Arbeitszeitrechts, wenn der Arbeitnehmer (von zu Hause oder dem Arbeitsort) an einen Ort außerhalb der regulären Arbeitsstätte fahren muss, um dort ein Dienstgeschäft zu erledigen, und iS der sog Beanspruchungstheorie (vgl § 1 Nr. 1 ArbZG) die Zwischenzeit zu betrieblichen Zwecken nutzen muss, zB durch Pkw-Fahren oder Aktenstudium im Zug.[200] Für die Vergütungspflicht gelten andere Kriterien. Auch die Arbeitszeit iSd § 87 Abs. 1 Nr. 2 und 3 BetrVG wird nicht nach den Kriterien des Arbeitszeitrechts bestimmt; so besteht für Dienstreisen kein Mitbestimmungsrecht des Betriebsrats, weil Reisezeiten keine Arbeit iSd BetrVG sind.[201]

54 Diese durch das BAG vorgegebenen Abgrenzungen verstoßen nicht gegen die ArbeitszeitRL, die als Arbeitszeit in Art. 2 Nr. 1 nur Zeitspannen versteht, während derer ein Arbeitnehmer gem. den einzelstaatlichen Rechtsvorschriften und/oder Gepflogenheiten arbeitet, dem Arbeitgeber zur Verfügung steht und eine Tätigkeit ausübt oder Aufgaben wahrnimmt. Daher verstoßen auch die in § 21 a Abs. 3 S. 1 Nr. 1 bis 3 ArbZG für das Fahrpersonal vorgenommenen Ausgrenzungen aus der Arbeitszeit (dazu Rn 59) nicht gegen Europarecht. Bestrebungen der Kommission, durch einen neuen Art. 2 a der ArbeitszeitRL zu bestimmen, dass inaktive Zeiten während des Bereitschaftsdienstes keine Arbeitszeit sind, haben seit einem positiven Votum des EG-Ministerrats im Juni 2008 starken Auftrieb erhalten, so dass in absehbarer Zeit mit Änderungen des EG-Arbeitszeitrechts zu rechnen ist. Geplant ist, beim Bereitschaftsdienst zwischen aktiven und inaktiven Zeiten zu unterscheiden, den Bereitschaftsdienst mit der Rufbereitschaft also gleichzusetzen. Hiernach ist der aktive Bereitschaftsdienst als Arbeitszeit zu zählen, inaktiver Bereitschaftsdienst darf nicht als Ruhezeit gewertet werden. Er kann als Arbeitszeit gezählt werden, sofern dies den nationalen Rechtsvorschriften entspricht bzw die Sozialpartner zustimmen. Die normale Höchstarbeitszeit bleibt bei 48 Stunden pro Woche (s.u.), es sei denn, ein Arbeitnehmer entscheidet sich für eine Ausnahme von dieser Regelung (sog. Opt-out). Die neue Obergrenze zum Schutz der Arbeitnehmer, die sich für ein

---

193 EuGH v. 3.10.2000 – Rs. C-303/98 (Tz 50), NZA 2000, 1227, 1230 – SIMAP.
194 Vgl BAG v. 31.1.2002 – 6 AZR 214/00 (Tz 15), NJOZ 2002, 1926, 1929: keine Rufbereitschaft bei zeitlicher Vorgabe von 20 Minuten hinsichtlich Verfügbarkeit zwischen Abruf und Arbeitsaufnahme.
195 BAG v. 25.4.2007 – 6 AZR 799/06 (Tz 21), NZA 2007, 1108, 1110.
196 BAG v. 20.5.2010 – 6 AZR 1015/08 (Tz 9), NJOZ 2010, 1942; BAG v. 22.6.2011 – 8 AZR 102/10 (Tz 30), NZA 2012, 91, 93.
197 Seit EuGH v. 3.10.2000 – Rs. C-303/98 (Tz 52), NZA 2000, 1227, 1230 – SIMAP.
198 S. bereits BAG v. 24.10.2000 – 9 AZR 634/99, NJW 2001, 1813; BAG v. 9.10.2003 – 6 AZR 447/02, NZA 2004, 390, 392; BAG v. 22.1.2004 – 6 AZR 544/02, NJOZ 2005, 1841, 1843 f.
199 Zur arbeitszeitrechtlichen Einordnung von Dienstreisen s. BAG v. 11.7.2006 – 9 AZR 519/05, NZA 2007, 155 ff.
200 BAG v. 11.7.2006 – 9 AZR 519/05 (Tz 13, 44) = NZA 2007, 155, 156, 158.
201 BAG v. 14.11.2006 – 1 ABR 5/06 (Tz 23) = NZA 2007, 458, 460.

Opt-out entscheiden, soll sich auf 60 Wochenstunden belaufen, wenn die Sozialpartner nichts anderes entscheiden, und soll 65 Wochenstunden betragen, sofern die inaktive Bereitschaftszeit als Arbeitszeit gezählt wird. Diesem Vorschlag versagte das Europäische Parlament nach kontroverser Diskussion kurz vor der Europawahl am 29.4.2009 seine Zustimmung. Seither hat sich dazu nichts mehr bewegt.

Nach § 3 S. 1 ArbZG beträgt die höchstzulässige Arbeitszeit pro Werktag bislang 8 Stunden, mithin 48 Stunden pro Woche, da das Arbeitszeitgesetz in § 9 Arbeit an Sonntagen grundsätzlich verbietet. Die Höchstarbeitszeit lässt sich auf 10 Stunden pro Tag bzw 60 Stunden pro Woche heraufsetzen, sofern innerhalb von sechs Monaten ein Zeitausgleich erfolgt. Das ArbZG definiert in § 2 Abs. 3 auch die Nachtzeit (23.00 Uhr bis 6.00 Uhr), die Nachtarbeit (mehr als 2 Stunden der Nachtzeit) sowie den Nachtarbeitnehmer (das ist der, der normalerweise Nachtarbeit in Wechselschicht oder an 48 Tagen im Jahr, im Schnitt also einmal pro Woche, verrichtet). Grundsätzlich gilt für den Nachtarbeitnehmer kein anderer Schutzmaßstab. Allerdings steht ihm bei Überschreitung der normalen Höchstarbeitszeit eine günstigere Ausgleichslösung zu (Verkürzung des Ausgleichszeitraums auf einen Monat mit zusätzlichem Zeit- oder Geldausgleich nach § 6 Abs. 5 ArbZG). 55

Von diesen Parametern kann durch Tarifvertrag unter den in § 7 ArbZG normierten Voraussetzungen nicht nur zugunsten der Arbeitnehmer abgewichen werden. Die so ausgehandelten Bedingungen können in jeden Arbeitsvertrag, also auch von nicht tarifgebundenen Betrieben, übernommen werden (§ 7 Abs. 3 S. 1 ArbZG, ebenso gem. §§ 12 S. 2, 21 a Abs. 6 S. 3 ArbZG). Sieht der Arbeitsvertrag keine Höchstarbeitszeiten vor und ist der Arbeitnehmer zur Leistung von Mehrarbeit, Nachtarbeit, Sonn- und Feiertagsarbeit sowie zulässiger Schichtarbeit im Rahmen der gesetzlichen Bestimmungen verpflichtet, wird die geschuldete Arbeitszeit durch die gesetzlich oder tariflich zulässige Arbeitszeit bestimmt. Sofern mithin keine Anhaltspunkte für eine andere vereinbarte Arbeitszeit vorliegen (zB durch andere betriebsübliche Arbeitszeit oder andere Handhabung), gilt die nach § 3 ArbZG bzw den tariflichen Vorschriften zulässige Höchstarbeitszeit als Regelarbeitszeit.[202] 56

1. Ruhepausen. Ruhepausen sind Zeiten, die der Arbeitnehmer ausschließlich zur eigenen Verfügung hat.[203] Diese müssen nach § 4 S. 1 ArbZG im Voraus feststehen. Diese Festlegung soll den Arbeitnehmer in die Lage versetzen, sich auf die Pausen einzurichten und sie für seine Erholung zu nutzen. Dafür ist aber nicht notwendig, dass die Ruhepausen bereits vor oder zu Beginn der Arbeitszeit festgelegt sind. Vielmehr genügt es, wenn ein zeitlicher Rahmen vorgegeben ist, innerhalb dessen der Arbeitnehmer seine Ruhepausen in Anspruch nehmen kann. Bei Antritt der Ruhepausen muss ihre Dauer aber feststehen.[204] Das ist nicht der Fall, wenn das Fahrpersonal auf das Be- und Entladen wartet und die Wartezeit nicht im Voraus bekannt ist. Bei einer Arbeitszeit von werktäglich 6 bis 9 Stunden müssen die Ruhepausen 30 Minuten, bei einer Arbeitszeit von über 9 Stunden 45 Minuten betragen (§ 4 S. 1 ArbZG). Diese Zeiten können in Blöcken zu 15 Minuten aufgeteilt werden (§ 4 S. 2 ArbZG). Spätes- 57

---

202 LAG Thüringen v. 19.3.2002 – 5/6/5 Sa 527/99 (Tz 23), LAGE Nr. 1 zu § 3 ArbZG; LAG Schleswig-Holstein v. 31.5.2005 – 5 Sa 38/05 (Tz 33), NZA-RR 2005, 458, 459; LAG Niedersachsen v. 26.11.2007 – 9 Sa 92/07, juris Tz 24 = BeckRS 2008, 52445; vgl BAG v. 28.9.2005 – 5 AZR 52/05 (Tz 14), NJW 2006, 795, 796.
203 BAG v. 5.6.2003 – 6 AZR 114/02 = NZA 2004, 164, 168; BAG v. 13.10.2009 – 9 AZR 139/08 (Tz 30) = NZA-RR 2010, 623, 626; LAG Berlin-Brandenburg v. 17.10.2007 – 23 Sa 1360/07, juris Tz 48 = BeckRS 2008, 54779.
204 LAG Berlin-Brandenburg v. 17.10.2007 – 23 Sa 1360/07, juris Tz 52 = BeckRS 2008, 54779; vgl BAG v. 29.10.2002 – 1 AZR 603/01, NZA 2003, 1212, 1214.

tens nach einer durchgehenden Arbeitszeit von 6 Stunden ist eine Ruhepause einzulegen (§ 4 S. 3 ArbZG). Für Notfälle gelten Ausnahmen (§ 14 ArbZG).

58 Von den Regelungen zu den Ruhepausen ist grundsätzlich nur die Verteilung in 15 Minuten-Blöcke tarifdispositiv (§ 7 Abs. 1 Nr. 2 ArbZG). Für das Fahrpersonal besteht diese Möglichkeit gem. § 21 a Abs. 6 S. 2 ArbZG nicht, so dass die für das Fahrpersonal maßgeblichen Ruhepausen genau aus dem ArbZG abzulesen sind.

59 **2. Ruhezeiten.** Von den Ruhepausen zu unterscheiden sind die **Ruhezeiten**. Diese stehen ebenfalls vollständig zur alleinigen Verfügung des Arbeitnehmers. Das in § 5 ArbZG geregelte nationale Recht der Arbeitszeiten ist für das **Fahrpersonal** gem. **§ 21 a ArbZG**, mit dem der deutsche Gesetzgeber die Verordnung (EG) Nr. 561/2006 vom 15.3.2006 (ABl EU L 102 S. 1, im Folgenden kurz: **EG-FahrpersonalVO**, zu unterscheiden von der nationalen FPersV) umgesetzt hat, Sonderregeln unterworfen. Zum Fahrpersonal gehören alle Arbeitnehmer, die als Fahrer oder Beifahrer bei Straßenverkehrstätigkeiten iS der EG-FahrpersonalVO beschäftigt sind. Für den Begriff der Straßenverkehrstätigkeit sind Art. 2 und 3 maßgeblich. Hiernach gilt die Verordnung für jede Güterbeförderung mit Fahrzeugen, deren zulässiges Gesamtgewicht einschließlich Anhänger oder Sattelanhänger 3,5 t übersteigt, sowie für jede Personenbeförderung im Straßenverkehr mit Fahrzeugen, die für die Beförderung von mehr als 9 Personen einschließlich des Fahrers konstruiert oder dauerhaft angepasst und zu diesem Zweck bestimmt sind (Art. 2 Abs. 1). Dabei ist unerheblich, ob sich das Fahrzeug in leerem oder beladenem Zustand befindet bzw mit Fahrgästen besetzt ist oder nicht. Ausgenommen sind gem. Art. 3 EG-FahrpersonalVO bestimmte Fahrzeuge, zB solche, die zur Personenbeförderung im Linienverkehr verwendet werden, wenn die Linienstrecke nicht mehr als 50 km beträgt, für Fahrzeuge mit einer zulässigen Höchstgeschwindigkeit von nicht mehr als 40 km/h, oder für gewisse Fahrzeuge, die nicht gewerblich eingesetzt werden. Für das so definierte Fahrpersonal ist zwar ebenfalls bestimmt, dass die Höchstarbeitszeit 48 Wochenstunden beträgt und (bei entsprechendem Ausgleich) auf 60 Wochenstunden verlängerbar ist. Allerdings beträgt der Ausgleichszeitraum für das Fahrpersonal 4 Monate (§ 21 a Abs. 4 S. 2 ArbZG). Für Nachtarbeit gilt wiederum der kürzere Ausgleichszeitraum des § 6 Abs. 2 S. 2 ArbZG (1 Monat). Sowohl die Höchstarbeitszeit als auch der Ausgleichszeitraum lassen sich durch Tarifvertrag oder aufgrund eines Tarifvertrags in einer Betriebsvereinbarung verlängern, sofern „objektive, technische oder arbeitszeitorganisatorische Gründe" dies gebieten (§ 21 a Abs. 6 S. 1 Nr. 2 ArbZG). Dabei ist Arbeitszeit jede Zeit der Vollarbeit, gem. § 21 a Abs. 3 S. 1 ArbZG also nicht

- die Zeit, während derer sich ein Arbeitnehmer am Arbeitsplatz bereithalten muss, um seine Tätigkeit aufzunehmen (Nr. 1), sofern der Zeitraum (und dessen voraussichtliche Dauer) im Voraus, spätestens unmittelbar vor Beginn des betreffenden Zeitraums, bekannt ist (§ 21 a Abs. 3 S. 2 ArbZG),

- die Zeit, während derer sich ein Arbeitnehmer bereithalten muss, um seine Tätigkeit auf Anweisung aufnehmen zu können, ohne sich an seinem Arbeitsplatz aufhalten zu müssen (Nr. 2), sofern der Zeitraum (und dessen voraussichtliche Dauer) im Voraus, spätestens unmittelbar vor Beginn des betreffenden Zeitraums, bekannt ist (§ 21 a Abs. 3 S. 2 ArbZG), sowie

- für Arbeitnehmer, die sich beim Fahren abwechseln, die während der Fahrt neben dem Fahrer oder in einer Schlafkabine verbrachte Zeit (Nr. 3).

Diese Ausschlusskriterien lassen sich nicht klar in die gebräuchlichen Begrifflichkeiten einordnen. So handelt es sich bei dem Ausnahmetatbestand der Nr. 1 um Bereitschaftsdienst (Rn 53), bei Nr. 2 um Bereitschaftsdienst oder Rufbereitschaft, je nachdem, ob der Arbeitgeber den Aufenthaltsort bestimmt oder nicht, und je nachdem, ob mehr als nur in Ausnahmefällen (aber zu nicht mehr als 50 %) mit Arbeit zu rechnen ist. Auch Nr. 3 kann Bereitschaftsdienst und Rufbereitschaft erfassen. Das Einordnungsproblem wird dadurch relativiert, dass das Gesetz die Zeiten nach Nr. 1–3 nicht zu den Ruhezeiten und die in Nr. 1 und 2 genannten Zeiten nicht den Ruhepausen zuordnet (§ 21 a Abs. 3 S. 3 und 4 ArbZG). Nach § 21 a Abs. 6 S. 1 Nr. 1 ArbZG darf in einem Tarifvertrag oder aufgrund eines Tarifvertrags in einer Betriebsvereinbarung zugelassen werden, nähere Einzelheiten zu den in den Nr. 1 und 2 genannten Voraussetzungen zu regeln. Damit ist den Tarifpartnern die Last aufgebürdet, für klare Begrifflichkeiten zu sorgen. Gleichzeitig besteht aus Gründen der Rechtssicherheit erheblicher Druck auf die Tarifpartner, solche Regelungen herbeizuführen. Unabhängig davon hat der Arbeitgeber solche Zeiten auch dann zu vergüten, wenn es sich dabei nicht um Arbeitszeit iSd ArbZG handelt.[205]

60

Für die Ruhezeiten verweist § 21 a Abs. 5 ArbZG auf die EG-Vorschriften für Kraftfahrer und Beifahrer sowie auf das AETR (dazu Rn 64), und zwar gleichermaßen für Arbeitnehmer wie für Auszubildende und Praktikanten. In der Sache führt die Bezugnahme auf das europäische Recht zurück zur EG-FahrpersonalVO, da die ArbeitszeitRL gem. Art. 20 Abs. 1 hinsichtlich der Ruhezeiten (Art. 3 und 5) auf mobile Arbeitnehmer (das sind gem. Art. 2 Nr. 7 der Richtlinie Arbeitnehmer, die als Mitglied des fahrenden oder fliegenden Personals im Dienst eines Unternehmens beschäftigt sind, das Personen oder Güter im Straßen- oder Luftverkehr oder in der Binnenschifffahrt befördert) keine Anwendung findet und mit den allgemeinen Vorschriften des ArbZG insoweit ohnehin restlos umgesetzt worden ist. Die **EG-FahrpersonalVO** bestimmt (gem. Art. 288 Abs. 2 S. 2 AEUV mit unmittelbarer Geltung in der gesamten EU) in Art. 8 tägliche und wöchentliche Ruhezeiten für den Fahrer (das ist nach Art. 4 lit. c EG-FahrpersonalVO jede Person, die das Fahrzeug, sei es auch nur kurze Zeit, selbst lenkt, oder sich in einem Fahrzeug befindet, um es – als Bestandteil ihrer Pflichten – ggf lenken zu können). Für die täglichen und wöchentlichen Ruhezeiten differenziert das Regelwerk nach regelmäßigen und reduzierten Ruhezeiten (Art. 4 lit. g und h EG-FahrpersonalVO). Hiernach ist tägliche Ruhezeit der tägliche Zeitraum, in dem ein Fahrer frei über seine Zeit verfügen kann und der eine „regelmäßige tägliche Ruhezeit" und eine „reduzierte tägliche Ruhezeit" umfasst. „Regelmäßige tägliche Ruhezeit" ist eine Ruhezeit von mindestens 11 Stunden. Die regelmäßige tägliche Ruhezeit kann in zwei Teilen genommen werden, wobei der erste Teil einen ununterbrochenen Zeitraum von mindestens 3 Stunden und der zweite einen durchgehenden Zeitraum von mindestens 9 Stunden umfassen muss. „Reduzierte tägliche Ruhezeit" ist eine Ruhezeit von mindestens 9, aber weniger als 11 Stunden. Der Begriff der wöchentlichen Ruhezeit bezeichnet den wöchentlichen Zeitraum, in dem ein Fahrer frei über seine Zeit verfügen kann und der eine „regelmäßige wöchentliche Ruhezeit" und eine „reduzierte wöchentliche Ruhezeit" umfasst. „Regelmäßige wöchentliche Ruhezeit" ist eine Ruhezeit von mindestens 45 Stunden, die nach Maßgabe des Art. 8 Abs. 6 EG-FahrpersonalVO auf eine Mindestzeit von 24 aufeinander folgenden Stunden verkürzt werden kann. Art. 8

61

---

205 BAG v. 20.4.2011 – 5 AZR 200/10 (Tz 23 ff), NZA 2011, 917, 919, betr. Zeiten veranlasster Untätigkeit eines Lkw-Beifahrers (Fall des § 21 a Abs. 3 S. 1 Nr. 3 ArbZG).

Abs. 6 EG-FahrpersonalVO bestimmt, dass in zwei jeweils aufeinander folgenden Wochen mindestens folgende Ruhezeiten einzuhalten sind: zwei regelmäßige wöchentliche Ruhezeiten oder eine regelmäßige wöchentliche Ruhezeit und eine reduzierte wöchentliche Ruhezeit von mindestens 24 Stunden. Dabei ist die Reduzierung durch eine gleichwertige Ruhezeit auszugleichen, die ohne Unterbrechung vor dem Ende der 3. Woche nach der betreffenden Woche genommen werden muss. Weiter heißt es dort, dass eine wöchentliche Ruhezeit spätestens am Ende von sechs 24-Stunden-Blöcken nach dem Ende der vorangegangenen wöchentlichen Ruhezeit beginnen muss.

62 Vor diesem Hintergrund bestimmt die EG-FahrpersonalVO, dass innerhalb von 24 Stunden nach dem Ende der vorangegangenen täglichen oder wöchentlichen Ruhezeit eine neue tägliche Ruhezeit genommen sein muss (Art. 8 Abs. 2). Beträgt der Teil der täglichen Ruhezeit, die in den 24-Stunden-Zeitraum fällt, zwischen 9 und 11 Stunden, so ist die fragliche tägliche Ruhezeit als reduzierte tägliche Ruhezeit anzusehen (Art. 8 Abs. 2 Unterabs. 2 EG-FahrpersonalVO). Abweichend hiervon muss ein im Mehrfahrerbetrieb eingesetzter Fahrer innerhalb von 30 Stunden nach dem Ende einer täglichen oder wöchentlichen Ruhezeit eine neue tägliche Ruhezeit von mindestens 9 Stunden genommen haben (Art. 8 Abs. 5 EG-FahrpersonalVO). Eine tägliche Ruhezeit kann verlängert werden, so dass sich eine regelmäßige wöchentliche Ruhezeit oder eine reduzierte wöchentliche Ruhezeit ergibt (Art. 8 Abs. 3 EG-FahrpersonalVO). Der Fahrer darf zwischen zwei wöchentlichen Ruhezeiten höchstens drei reduzierte tägliche Ruhezeiten einlegen (Art. 8 Abs. 4 EG-FahrpersonalVO). Jede Ruhezeit, die als Ausgleich für eine reduzierte wöchentliche Ruhezeit genommen wird, ist an eine Ruhezeit von mindestens 9 Stunden anzuhängen (Art. 8 Abs. 7 EG-FahrpersonalVO). Sofern ein Fahrer dafür optiert, können nicht am Standort eingelegte tägliche Ruhezeiten und reduzierte wöchentliche Ruhezeiten im Fahrzeug verbracht werden, sofern das Fahrzeug über geeignete Schlafmöglichkeiten für jeden Fahrer verfügt und nicht fährt (Art. 8 Abs. 8 EG-FahrpersonalVO). Für Fahrer, die ein Fahrzeug begleiten, das auf einem Fährschiff oder mit der Eisenbahn befördert wird (sog. kombinierter Verkehr bzw RoRo-Verkehr), gibt Art. 9 EG-FahrpersonalVO Sondervorschriften für die Ruhezeiten.

63 **3. Lenkzeiten.** Neben dem eigentlichen Arbeitszeitrecht trifft die EG-FahrpersonalVO zum Schutz der Gesundheit des Fahrpersonals weitere arbeitszeitrelevante Regelungen. So sind nach Art. 6 Lenkzeiten einzuhalten. **Lenkzeit** ist die Dauer der Lenktätigkeit. Zu ihr gehört das vorübergehende Stehen des Fahrzeugs, wenn dies zum Fahrvorgang gehört wie zB in Wartezeiten an Ampeln, Bahnschranken, bei Staus oder an der Grenze. Die tägliche Lenkzeit darf 9 Stunden nicht überschreiten und höchstens zweimal pro Woche auf bis zu 10 Stunden verlängert werden (Art. 6 Abs. 1). Die wöchentliche Lenkzeit darf 56 Stunden nicht überschreiten (Art. 6 Abs. 2). Die summierte Gesamtlenkzeit während zweier aufeinander folgender Wochen darf 90 Stunden nicht überschreiten (Art. 6 Abs. 3). Ferner sieht Art. 7 EG-FahrpersonalVO **Fahrtunterbrechungen** vor. Das ist jeder Zeitraum, in dem der Fahrer keine Fahrtätigkeit ausüben und keine anderen Arbeiten wie zB Be- oder Entladetätigkeiten, Wartungs- und Instandsetzungsarbeiten ausführen darf und der ausschließlich der Erholung dient. Fahrtunterbrechungen können sich mit den Ruhepausen nach dem gesetzlichen oder arbeitsvertraglichen Arbeitszeitrecht decken, sind von diesen aber gedanklich zu trennen. Demgemäß ist nach einer Lenkdauer von 4 ½ Stunden eine Fahrtunterbrechung von wenigstens 45 Minuten einzulegen, sofern keine Ruhezeit genommen wird. Diese Unterbrechung kann

durch eine Unterbrechung von mindestens 15 Minuten, gefolgt von einer Unterbrechung von mindestens 30 Minuten, ersetzt werden. Sie ist in die Lenkzeit so einzufügen, dass der Rahmen von 45 Minuten innerhalb von 4 ½ Stunden eingehalten wird. Für die meisten Fälle sind die Lenkzeiten gegenüber den Arbeitszeiten weiter gefasst.[206] Dies führt jedoch nicht zu einer Ausweitung der Arbeitszeiten. Deshalb dürfen nach Art. 6 Abs. 2 EG-FahrpersonalVO die wöchentlichen Lenkzeiten nicht dazu führen, dass die in der FahrpersonalRL (umgesetzt in § 21 a ArbZG) festgelegten wöchentlichen Höchstarbeitszeiten überschritten werden. Das Lenkzeitrecht wird durch das Arbeitszeitrecht so limitiert.[207]

4. Weitere international geltende Bestimmungen. Das sind aber noch nicht alle international geltenden Bestimmungen. Weitere Vorschriften gibt das Europäische Übereinkommen über die Arbeit des im internationalen Straßenverkehr beschäftigten Fahrpersonals v. 1.7.1970 (im Folgenden kurz: **AETR**).[208] Vertragsstaaten des AETR sind derzeit alle EU-Staaten sowie Albanien, Andorra, Armenien, Aserbaidschan, Bosnien und Herzegowina, Kasachstan, Liechtenstein, Mazedonien, Moldau (Moldawien), Montenegro, Norwegen, Russland, San Marino, Schweiz, Serbien, Türkei, Turkmenistan, Ukraine, Usbekistan und Weißrussland. Angesichts des vorrangigen EG-Rechts gilt das (ältere) AETR nach Art. 2 AETR im Anwendungsbereich der EG-FahrpersonalVO nur noch für Restanten, nämlich

- für Fahrzeuge mit einer Höchstgeschwindigkeit zwischen 30 und 40 km/h,
- für Nutzfahrzeuge, die nach den Vorschriften des Mitgliedsstaats, in dem sie verwendet werden, als historisch eingestuft werden (Oldtimer), und die zur nichtgewerblichen Güter- oder Personenbeförderung verwendet werden, sofern diese Fahrzeuge nicht nach den allgemeinen Kriterien der Güter- oder Personenbeförderung ausgeschlossen sind.

Abgesehen von diesen Randerscheinungen gilt das AETR und nicht die EG-FahrpersonalVO für alle Beförderungen im Straßenverkehr, die über den EU-Raum und die durch Art. 2 EG-FahrpersonalVO eingebundenen Länder Schweiz, Liechtenstein, Norwegen und Island hinausgehen (also zB in die GUS-Staaten oder einen Teil des Balkans). Dies gilt unabhängig davon, ob die Fahrzeuge im EU/AETR-Raum zugelassen sind (dann gilt das AETR nach Art. 2 Abs. 3 lit. a EG-FahrpersonalVO für die gesamte Fahrstrecke) oder außerhalb dessen (dann gilt das AETR nach Art. 2 Abs. 3 lit. b EG-FahrpersonalVO nur für die Streckenabschnitte innerhalb des EU/AETR-Raums).

Unterschiedlich geregelt sind gem. Art. 8 AETR die einzuhaltenden Ruhezeiten. Unterschiedlich geregelt sind ferner die in Art. 6 AETR enthaltenen Vorschriften zu den Lenkzeiten und die in Art. 7 AETR gegebenen Vorschriften zu den Fahrtunterbrechungen. Von der EG-FahrpersonalVO weicht das AETR wie folgt ab:

---

[206] *Mindorf*, NZV 2007, 341, 344.
[207] Vgl LAG Schleswig-Holstein v. 31.5.2005 – 5 Sa 38/05 (Tz 34), NZA-RR 2005, 458, 459.
[208] Ratifiziert mit Wirkung zum 5.1.1976 durch Gesetz v. 16.12.1974 (BGBl. II S. 1473) mit Bekanntmachungen über den Geltungsbereich des AETR, zuletzt v. 27.1.2005 (BGBl. II S. 311).

	EG-FahrpersonalVO	AETR
Lenkzeit – wöchentlich	höchstens 56 Stunden	–
Lenkzeitunterbrechung/ Fahrtunterbrechung	nach 4 1/2 Stunden Lenkzeit mindestens 45 Minuten, aufteilbar in 2 Unterbrechungen von mindestens 15 Minuten (1. Abschnitt) und 30 Minuten (2. Abschnitt)	nach 4 1/2 Stunden Lenkzeit mindestens 45 Minuten oder Teilunterbrechungen von mindestens 15 Minuten
Tagesruhezeit – verkürzt (1 Fahrer)	auf max. dreimal 9 Stunden zwischen 2 Wochenruhezeiten ohne Ausgleich	auf max. dreimal 9 Stunden zwischen 2 Wochenruhezeiten mit Ausgleich bis zum Ende der darauffolgenden Woche
Tagesruhezeit – aufgeteilt (1 Fahrer)	Erhöhung auf 12 Stunden bei Aufteilung in 2 Abschnitte von mindestens 3 Stunden (1. Abschnitt) und mindestens 9 Stunden (2. Abschnitt) innerhalb von 24 Stunden	Erhöhung auf 12 Stunden bei Aufteilung in 2 bis 3 Abschnitte, davon 1 Abschnitt mindestens 8 Stunden innerhalb von 24 Stunden
Tagesruhezeit (2 Fahrer – Mehrfahrerbetrieb)	9 Stunden innerhalb 30 Stunden nach einer Ruhezeit	8 Stunden innerhalb 30 Stunden
Wöchentliche Ruhezeit verkürzt – am Stand- oder Heimatort des Fahrers	auf 24 Stunden mit Ausgleich bis zum Ende der 3. Folgewoche	auf 36 Stunden mit Ausgleich bis zum Ende der 3. Folgewoche
Wöchentliche Ruhezeit verkürzt – unterwegs		24 Stunden mit Ausgleich bis zum Ende der 3. Folgewoche
Wochenruhezeit (45 Stunden)	nach maximal sechs 24 Stunden-Zeiträumen (144 Std)	nach maximal 12 Tagen

66 Weitere Vorschriften zu Lenk- und Ruhezeiten enthält das nationale Recht. Dieses darf das EG-Recht bei grenzüberschreitendem Verkehr nur ergänzen, nicht auch ändern (Art. 1 EG-FahrpersonalVO). Erst recht gilt dies für Tarifverträge. Grundlage ist vor allem die **Fahrpersonalverordnung** (im Folgenden kurz: FPersV),[209] die auf § 2 des Fahrpersonalgesetzes (im Folgenden kurz: FPersG)[210] beruht. Dieses Regelwerk gibt Regelungen zur Arbeitszeitgestal-

---

209 IdF der Bekanntmachung v. 27.6.2005 (BGBl. I S. 1882).
210 IdF der Bekanntmachung v. 19.2.1987 (BGBl. I S. 640).

tung, die das ArbZG verdrängen (§ 1 Abs. 1 S. 3 FPersG). Anders als § 21 a ArbZG gilt die FPersV auch für das selbstständige (nicht abhängig beschäftigte) Fahrpersonal. Weitergehend als das sonstige Fahrpersonalrecht gilt sie nach § 1 Abs. 1 Nr. 1 für Mitglieder des Fahrpersonals von Kraftfahrzeugen zur Güterbeförderung mit einem zulässigen Gesamtgewicht schon ab 2,8 t (einschließlich Anhänger und Sattelanhänger) und sogar darunter, wenn das Fahrpersonal in einem unter den Geltungsbereich des ArbZG fallenden Arbeitsverhältnis steht (§ 1 Abs. 2 Nr. 2 FPersG). Zudem gilt sie für Fahrzeuge zur Beförderung von mehr als 9 Personen einschließlich des Fahrers, die im Linienverkehr mit einer Linienlänge bis zu 50 km eingesetzt werden (§ 1 Abs. 1 Nr. 2 FPersV).[211] Gegenständliche Ausnahmen (Ausschluss bestimmter Fahrzeugtypen) bestehen nur für Dienstfahrzeuge der Bundeswehr, der Feuerwehr, der Polizei, des Zolldienstes und des Katastrophenschutzes (§ 1 Abs. 2 Nr. 1 FPersG). Im Wesentlichen beschränkt sich die FPersV aber darauf, das EG-Recht der Lenk- und Ruhezeiten auf weitere Fahrzeugarten, zB solche mit einem niedrigeren zulässigen Gesamtgewicht (2,8–3,5 t), zu erstrecken. **Aufzeichnungspflichten** nach der FPersV bestehen in ihrem Anwendungsbereich (Fahrzeuge mit einer zulässigen Höchstmasse einschließlich Anhänger oder Sattelanhänger zwischen 2,8 t und 3,5 t), sofern die Fahrzeuge der gewerblichen Güterbeförderung dienen (§ 1 Abs. 6 iVm Abs. 1 Nr. 1, § 18 FPersV). Insofern geht die FPersV weiter als die StVZO, die Aufzeichnungspflichten erst bei Fahrzeugen ab einer zulässigen Höchstmasse von 7,5 t vorsieht (§ 57 a Abs. 1 S. 1 Nr. 1 StVZO).

II. Verstöße gegen das Arbeitszeitrecht

Werden nach dem Arbeitsvertrag höhere als die gesetzlich zulässigen Arbeitszeiten gefordert, macht sich der Arbeitgeber wegen fahrlässiger Körperverletzung (§ 229 StGB) oder fahrlässiger Tötung (§ 222 StGB) strafbar, wenn der beschäftigte Kraftfahrer deshalb übermüdet einen Unfall mit Personenschaden verschuldet.[212] Darüber hinaus verstößt der Arbeitsvertrag gegen zwingendes Recht und ist damit an sich nichtig (§ 134 BGB). Deshalb kann für solche Arbeit zB kein Eingliederungszuschuss nach § 88 SGB III bewilligt werden.[213] Die Vollnichtigkeit würde dem Arbeitnehmer, dessen Gesundheit das Arbeitszeitrecht schützen will,[214] jedoch Steine statt Brot geben. Deshalb begründet ein solcher Verstoß lediglich die **Teilnichtigkeit** des Arbeitsvertrags mit der Folge, dass unabhängig von § 139 BGB die vertraglich geschuldete Arbeitszeit auf die arbeitszeitrechtlich zulässige Dauer verkürzt wird.[215] Der Arbeitnehmer darf darüber hinausgehende Arbeit verweigern.[216] Innerhalb der zulässigen Arbeitszeiten hat der Arbeitgeber die Wahl der Arbeitsformen.[217] Er kann bestimmen, ob Vollarbeit, Bereitschaftsdienst, Rufbereitschaft oder Überstunden zu leisten sind, sofern die Mindestanforderungen der einzelnen Arten eingehalten sind (bei Bereitschaftsdienst zB die Bedingung, dass der Arbeitsanteil voraussichtlich nicht mehr als 50 % beträgt).

Die Pflicht des Arbeitgebers, Leben und Gesundheit des Arbeitnehmers zu schützen, wird durch die Normen des staatlichen Arbeitsschutzrechts konkretisiert. Deren Einhaltung wird

---

211 Nicht jedoch für den Straßenbahnverkehr: BAG v. 18.11.2008 – 9 AZR 737/07 (Tz 33 ff), NZA-RR 2009, 354, 356 f; BAG v. 13.10.2009 – 9 AZR 139/08 (Tz 28), NZA-RR 2010, 623, 625.
212 LG Nürnberg-Fürth v. 8.2.2006 – 2 Ns 915 Js 144710/03, NJW 2006, 1824, 1825 f.
213 LSG Baden-Württemberg v. 24.5.2007 – L 7 AL 3306/05, NZS 2008, 272, 273 f.
214 Vgl Erwägungsgründe 4 und 11 sowie Art. 1 und 10 EG-FahrpersonalRL 2002/15/EG.
215 BAG v. 28.1.2004 – 5 AZR 530/02, NZA 2004, 656, 660.
216 BAG v. 28.1.2004 – 5 AZR 530/02, NZA 2004, 656, 660.
217 BAG v. 25.4.2007 – 6 AZR 799/06 (Tz 16), NZA 2007, 1108, 1109.

damit zugleich arbeitsvertraglich geschuldet.[218] Dem entspricht die Regelung des § 106 S. 1 GewO. Das **Weisungsrecht** des Arbeitgebers wird durch zwingendes Gesetzesrecht und damit auch durch das Arbeitszeitrecht beschränkt.[219] Für den Arbeitnehmer besteht so die Möglichkeit, den Arbeitgeber auf Unterlassung einer über das ArbZG hinausgehenden Inanspruchnahme oder im Wege eines Feststellungsantrags zu verklagen.[220] Eine Leistungsklage wäre unzulässig, da sich die Lage der Ruhezeiten nicht von vornherein bestimmen lässt.[221] Bei Nichteinhalten arbeitsschutzrechtlicher Vorschriften darf der Arbeitnehmer seine Arbeitsleistung auch **zurückbehalten** (§ 273 Abs. 1, § 618 Abs. 1 BGB).[222] Will er das Arbeitsverhältnis wegen ständiger, vom Arbeitgeber angeordneter oder geduldeter Überschreitung der zulässigen Lenkzeiten kündigen, muss er sich jedoch zuvor **beschweren**, wenn ihm dies zumutbar ist. Unzumutbarkeit liegt etwa vor, wenn der Arbeitgeber deutlich gemacht hat, dass er diese Situation nicht bereinigen will. Ist dem Arbeitnehmer eine Beschwerde zumutbar und beschwert er sich nicht, fehlt der wichtige Grund für die Eigenkündigung, so dass nach § 159 Abs. 1 S. 1, S. 2 Nr. 1 iVm Abs. 3 S. 1 SGB III eine zwölfwöchige Sperrzeit und eine Leistungskürzung nach § 148 Abs. 1 Nr. 4 SGB III ausgelöst wird, wenn der Arbeitnehmer durch die Eigenkündigung arbeitslos wird.[223]

III. Die Bezahlung des Fahrpersonals

69 Die Bezahlung des Fahrpersonals richtet sich nach dem Arbeitsvertrag bzw nach den tariflichen Bestimmungen, sofern die Parteien des Arbeitsvertrags tarifgebunden sind, ein nach § 5 Abs. 1 TVG für allgemeinverbindlich erklärter Tarifvertrag besteht oder die Anwendung eines Tarifvertrags vertraglich bestimmt ist. Dabei ist im Grundsatz alles das zu bezahlen, was sich nicht als Ruhezeit, mithin Zeit, deren Dauer im Voraus bekannt ist und die dem Fahrpersonal zu eigener Verfügung steht,[224] verbuchen lässt. Zu bezahlen sind damit auch Be- und Entladezeiten, während derer das Fahrpersonal das Fahrzeug und möglicherweise auch das Betriebsgelände zwar verlassen darf, einem Arbeitsaufruf aber umgehend nachzukommen hat.[225]

69a Vergütungsprobleme allgemeiner Art werden von zwei Fragen gekennzeichnet: Lässt sich der Verdienst anpassen, wenn Arbeitskollegen besser bezahlt werden? Und: Unter welchen Umständen lässt sich eine Lohnerhöhung durchsetzen?

70 **1. Lohngleichheit, Lohnwucher.** Eine Anpassung des Verdienstes an einen höheren Verdienst von Arbeitskollegen lässt sich nur über den **arbeitsrechtlichen Gleichbehandlungsgrundsatz**

---

218 BAG v. 14.2.1996 – 5 AZR 978/94, NZA 1996, 883; BAG v. 17.2.1998 – 9 AZR 84/97 = NJW 1999, 162, 163; BAG v. 11.7.2006 – 9 AZR 519/05 (Tz 35), NZA 2007, 155, 157; BAG v. 14.12.2006 – 8 AZR 628/05 (Tz 14), NZA 2007, 262, 263.
219 BAG v. 16.3.2004 – 9 AZR 93/03, NZA 2004, 927; BAG v. 11.7.2006 – 9 AZR 519/05 (Tz 35), NZA 2007, 155, 157.
220 Zu einem Unterlassungsantrag siehe BAG v. 16.3.2004 – 9 AZR 93/03, NZA 2004, 927, 928: „beantragt, die Beklagte zu verurteilen, es zu unterlassen, bei der Planung der Arbeitszeit für die Klägerin unter Einschluss des Bereitschaftsdienstes eine werktägliche Arbeitszeit von mehr als zehn Stunden oder im wöchentlichen Durchschnitt von sechs Kalendermonaten oder 24 Wochen mehr als acht Stunden werktäglich vorzusehen"; siehe ferner BAG v. 11.7.2006 – 9 AZR 519/05 (Tz 32), NZA 2007, 155, 157; *Zwanziger*, DB 2007, 1356, 1358.
221 BAG v. 24.3.1998 – 9 AZR 172/97, NZA 1999, 107, 109.
222 BAG v. 19.2.1997 – 5 AZR 982/9, NZA 1997, 821, 822; dazu *Molkentin*, NZA 1997, 849 ff.
223 Ebenso der Vorgängerbestimmung des § 119 Abs. 1 AFG: BSG v. 6.2.2003 – B 7 AL 72/01 R (Tz 5 ff), NZS 2004, 107, 108 f.
224 BAG v. 29.10.2002 – 1 AZR 603/01, NZA 2003, 1212, 1214.
225 BAG v. 29.10.2002 – 1 AZR 603/01, NZA 2003, 1212, 1213.

erreichen. Dieser gebietet dem Arbeitgeber, seine Arbeitnehmer oder Gruppen seiner Arbeitnehmer, die sich in vergleichbarer Lage befinden, gleich zu behandeln. Er verbietet nicht nur die willkürliche Schlechterstellung einzelner Arbeitnehmer innerhalb einer Gruppe, sondern auch eine sachfremde Gruppenbildung. Allerdings ist der Gleichbehandlungsgrundsatz im Bereich der Vergütung nicht uneingeschränkt anwendbar, weil der Grundsatz der Vertragsfreiheit Vorrang hat. Wenn der Arbeitgeber im Rahmen seiner Vertragsfreiheit einzelne Arbeitnehmer besserstellt, können andere Arbeitnehmer daraus keinen Anspruch auf Gleichbehandlung herleiten. Der Gleichbehandlungsgrundsatz ist erst dann anwendbar, wenn der Arbeitgeber die Leistung nach einem erkennbaren Prinzip gewährt, also bestimmte Voraussetzungen oder einen bestimmten Zweck festlegt.[226] Dies wird bei der Vergütung kaum einmal der Fall sein. Gleiches soll für **Teilzeitkräfte** gelten, obwohl nach § 4 Abs. 1 S. 2 TzBfG einem teilzeitbeschäftigten Arbeitnehmer Arbeitsentgelt oder eine andere teilbare geldwerte Leistung mindestens in einem Umfang zu gewähren ist, der dem Anteil seiner Arbeitszeit an der Arbeitszeit eines vergleichbaren vollzeitbeschäftigten Arbeitnehmers entspricht.[227]

Eine Lohnerhöhung ohne direkte gesetzliche, vertragliche oder tarifliche Grundlage lässt sich nur unter engen Voraussetzungen durchsetzen. Voraussetzung ist, dass der gezahlte Lohn so niedrig ist, dass ein **Lohnwucher** vorliegt. In diesem Fall erfolgt eine Anpassung nicht nur bis zur unteren Schwelle der zulässigen Lohnhöhe, sondern durch Übernahme des angemessenen Tarifs. Voraussetzung für eine derartige **Anpassung** ist, dass die Entgeltvereinbarung unwirksam ist. Dies kann bei einem Verstoß gegen den Wuchertatbestand des § 291 Abs. 1 S. 1 Nr. 3 StGB oder bei einem Verstoß gegen die guten Sitten (§ 138 BGB) der Fall sein. Sowohl der spezielle Straftatbestand als auch der zivilrechtliche Lohnwucher nach § 138 Abs. 2 BGB und das wucherähnliche Rechtsgeschäft nach § 138 Abs. 1 BGB, das allgemein durch sittenwidrige Umstände wie etwa eine verwerfliche Gesinnung des durch den Vertrag objektiv Begünstigten charakterisiert ist, setzen ein auffälliges Missverhältnis zwischen Leistung und Gegenleistung, also zwischen Arbeitsleistung und Verdienst, voraus.[228] **Maßgeblicher Zeitpunkt** für die Beurteilung der Sittenwidrigkeit ist grundsätzlich der Zeitpunkt des Vertragsschlusses. Bei arbeitsvertraglichen Vergütungsabreden ist hingegen auf den jeweils streitgegenständlichen Zeitraum abzustellen. Eine Entgeltvereinbarung kann zum Zeitpunkt ihres Abschlusses noch wirksam sein, im Laufe der Zeit, wenn sie nicht an die allgemeine Lohn- und Gehaltsentwicklung angepasst wird, aber gegen die guten Sitten verstoßen.[229]

Zur Feststellung des **auffälligen Missverhältnisses zwischen Leistung und Gegenleistung** kann nicht auf einen bestimmten Abstand zwischen dem Arbeitsentgelt und dem Sozialhilfesatz abgestellt werden. Ob das vom Arbeitgeber für eine bestimmte Tätigkeit entrichtete Arbeitsentgelt in einem krassen Missverhältnis zur erbrachten Arbeitsleistung steht, hängt vom Wert der Arbeitsleistung und nicht von der Höhe möglicher Sozialhilfeansprüche ab. Die Sozialhilfe knüpft an eine wirtschaftliche Bedürfnislage an. Hierfür sind neben den Einkünften etwaige Unterhaltspflichten, die Kosten für Miete sowie andere notwendige Ausgaben und damit

---

226 BAG v. 12.1.1994 – 5 AZR 6/93, NZA 1994, 993, 994; BAG v. 18.6.1997 – 5 AZR 259/96, NZA 1997, 1171, 1172; BAG v. 23.5.2001 – 5 AZR 527/99, AuR 2001, 509, 510.
227 *Joussen*, in: Boecken/Joussen, TzBfG, § 4 Rn 47, 48: kein absolutes Differenzierungsverbot.
228 BAG v. 23.5.2001 – 5 AZR 527/99, AuR 2001, 509, 510; BAG v. 24.3.2004 – 5 AZR 303/03, NZA 2004, 971, 972; BAG v. 26.4.2006 – 5 AZR 549/05 (Tz 16), NZA 2006, 1354, 1355; BAG v. 22.4.2009 – 5 AZR 436/08 (Tz 9), NZA 2009, 837.
229 BAG v. 26.4.2006 – 5 AZR 549/05 (Tz 17), NZA 2006, 1354, 1356.

zahlreiche Faktoren maßgebend, die mit der konkreten Arbeitsleistung nichts zu tun haben.[230] Weder der Sozialhilferegelsatz (§ 28 SGB XII) noch der durchschnittliche Betrag des Arbeitslosengeldes II (§ 19 S. 1 Nr. 1 SGB II) können daher als Maßstab herangezogen werden. Ebenso wenig kann aus den Pfändungsfreigrenzen des § 850 c ZPO auf ein Missverhältnis zwischen Leistung und Gegenleistung geschlossen werden. Die Vorschriften über den Pfändungsschutz (§§ 850 ff ZPO) sollen den Schuldner vor einer Kahlpfändung bewahren. Ihm wird ein Teil seines Arbeitseinkommens belassen, um ihm und seiner Familie die Führung eines menschenwürdigen Lebens zu ermöglichen und ihn nicht der Sozialhilfe anheimfallen zu lassen. Beim Pfändungsschutz bleiben der Wert und die wertbildenden Besonderheiten der vertraglich geschuldeten Arbeitsleistung unberücksichtigt. Deshalb ergeben sich aus den in § 850 c ZPO festgesetzten Pfändungsgrenzen keine Anhaltspunkte für ein Missverhältnis zwischen Arbeitsleistung und Arbeitsentgelt.[231] Nach Auffassung des BAG liegt ein auffälliges Missverhältnis zwischen Leistung und Gegenleistung vor, wenn die Arbeitsvergütung nicht einmal 2/3 des in der betreffenden Branche und Wirtschaftsregion üblicherweise gezahlten Tariflohns erreicht. Das auffällige Missverhältnis bestimmt sich nach dem **objektiven Wert der Leistung des Arbeitnehmers**. Ausgangspunkt der Wertbestimmung sind in der Regel die Tariflöhne des jeweiligen Wirtschaftszweigs. Sie drücken den objektiven Wert der Arbeitsleistung aus, wenn sie in dem betreffenden Wirtschaftsgebiet üblicherweise gezahlt werden. Entspricht der Tariflohn dagegen nicht der verkehrsüblichen Vergütung, sondern liegt diese unterhalb des Tariflohns, ist von dem allgemeinen Lohnniveau im Wirtschaftsgebiet auszugehen.[232] Das Missverhältnis ist auffällig, wenn es einem Kundigen, ggf. nach Aufklärung des Sachverhalts, ohne weiteres ins Auge springt. Wird der übliche Lohn in einem Ausmaß von 2/3 des in einem für allgemeinverbindlich erklärten Tarifvertrag geregelten Entgelts unterschritten, liegt eine ganz erhebliche, ohne weiteres ins Auge fallende und regelmäßig nicht mehr hinnehmbare Abweichung vor, für die es einer spezifischen Rechtfertigung bedarf. Die Verhältnisse auf dem Arbeitsmarkt können auch nicht mit den Gegebenheiten bei Ratenkreditgeschäften gleichgesetzt werden, bei denen eine größere Abweichung noch toleriert werden kann.[233] Die Grenzziehung bei einer Unterschreitung des Tariflohns um mehr als ein Drittel berücksichtigt schon, dass Tarifverträge vielfach Zusatzleistungen vorsehen. Zu vergleichen ist demnach die regelmäßig gezahlte Vergütung mit dem regelmäßigen Tariflohn. Tarifliche Zulagen und Zuschläge für besondere Arbeiten und Arbeitszeiten oder aus bestimmten Anlässen sind ebenso wenig einzubeziehen wie unregelmäßige Zusatzleistungen. Nur eine generalisierende Betrachtungsweise ermöglicht eine praktikable Bestimmung des maßgeblichen Grenzwerts.[234] Besondere Umstände können die Beurteilung der sittenwidrigen Ausbeutung ebenso wie die Bestimmung des Werts der Arbeitsleistung beeinflussen. Angesichts der Vielgestaltigkeit der Fälle und des Zwecks von § 138 BGB, Einzelfallgerechtigkeit herzustellen, ist die Berücksichtigung der konkreten Umstände unverzichtbar. So entsprach ein 75 % der Tarifvergütung unterschreitendes Gehalt einer Lehrkraft nicht mehr den guten Sitten gem. § 138 BGB, weil die öffentliche Hand dem Arbeitgeber 97 % der Personalkosten als Zuschuss gewährte und damit Vorgaben zur Vergütungshöhe verbinden durfte.[235] Umgekehrt kommen

---

230 BAG v. 24.3.2004 – 5 AZR 303/03, NZA 2004, 971, 972.
231 BAG v. 24.3.2004 – 5 AZR 303/03, NZA 2004, 971, 972.
232 BAG v. 22.4.2009 – 5 AZR 436/08 (Tz 13, 14), NZA 2009, 837, 838.
233 BAG v. 22.4.2009 – 5 AZR 436/08 (Tz 16, 17), NZA 2009, 837, 838.
234 BAG v. 22.4.2009 – 5 AZR 436/08 (Tz 18), NZA 2009, 837, 838.
235 Vgl BAG v. 26.4.2006 – 5 AZR 549/05 (Tz 22), NZA 2006, 1354, 1356.

Abschläge beim Wert der Arbeitsleistung von Arbeitnehmern mit besonders einfachen Tätigkeiten oder mit erheblichen Leistungsdefiziten in Betracht, wenn der einschlägige Tarifvertrag auf diese Personen keine Rücksicht nimmt. Das gilt insbesondere für Fälle, in denen der Arbeitnehmer zu den einschlägigen Tarifbedingungen regelmäßig überhaupt keinen Arbeitgeber finden würde. Jedenfalls kann die weitgehende Subventionierung eines Arbeitsverhältnisses durch die öffentliche Hand eine entscheidende Rolle spielen. Für Auszubildende hält § 17 BBiG eine Sondervorschrift bereit. Die hierzu ergangene Rechtsprechung lässt sich nicht auf Arbeitsverhältnisse übertragen. Besondere Umstände sind ggf auch sonstige geldwerte oder nicht geldwerte Arbeitsbedingungen. Diese können für die erforderliche Gesamtbetrachtung gerade in Grenzfällen von Bedeutung sein. Wirken sich nichtberücksichtigungsfähige tarifliche Zusatzleistungen praktisch erheblich aus, können sie im Einzelfall zu einer Korrektur der 2/3-Grenze führen.[236]

Hinzu kommen muss in **subjektiver Hinsicht**, dass der „Wucherer" die beim anderen Teil bestehende Schwächesituation (Zwangslage, Unerfahrenheit, mangelndes Urteilsvermögen, erhebliche Willensschwäche) ausbeutet, sie sich also in Kenntnis vom Missverhältnis der beiderseitigen Leistungen bewusst zunutze macht. Auch das wucherähnliche Rechtsgeschäft setzt in subjektiver Hinsicht voraus, dass der begünstigte Vertragsteil Kenntnis vom Missverhältnis der beiderseitigen Leistungen hat. Seine verwerfliche Gesinnung ist nicht nur dann zu bejahen, wenn er als der wirtschaftlich oder intellektuell Überlegene die schwächere Lage des anderen Teils bewusst zu seinem Vorteil ausnutzt, sondern auch dann, wenn er sich leichtfertig der Einsicht verschließt, dass sich der andere nur wegen seiner schwächeren Lage oder unter dem Zwang der Verhältnisse auf den ungünstigen Vertrag einlässt. Ein besonders auffälliges Missverhältnis zwischen Leistung und Gegenleistung spricht ohne Weiteres für eine verwerfliche Gesinnung des Begünstigten. Im Übrigen muss sich dieser auch dann, wenn das bestehende Missverhältnis bereits einen hinreichend sicheren Schluss auf den subjektiven Tatbestand zulässt, nach der allgemeinen Lebenserfahrung zumindest leichtfertig der Erkenntnis verschlossen haben, es liege ein solches Missverhältnis vor. Im Arbeitsverhältnis wird regelmäßig davon ausgegangen werden können, dass die einschlägigen Tariflöhne den Arbeitgebern bekannt sind; denn sie sind für die Arbeitgeber einerseits von hohem Interesse, andererseits für sie ohne besondere Schwierigkeit zu beschaffen. Damit ist der Marktwert der Arbeitsleistung jedenfalls erkennbar, wenn sich ein Schluss auf die Üblichkeit des Tariflohns im Wirtschaftsgebiet aufdrängt. Maßgebend ist die Kenntnis der für die Beurteilung erheblichen Umstände.[237] Nach dem allgemeinen Grundsatz, wonach derjenige die Darlegungs- und Beweislast für die anspruchsbegründeten Tatsachen trägt, der den Anspruch erhebt, ist der Arbeitnehmer auch für die Erfüllung des subjektiven Tatbestands des Lohnwuchers bzw des wucherähnlichen Geschäfts, die seinen Anspruch auf eine übliche Vergütung begründen sollen, darlegungs- und beweispflichtig. Nur bei einem besonders groben Missverhältnis zwischen Leistung und Gegenleistung kann ein tatsächlicher Schluss auf eine verwerfliche Gesinnung des Begünstigten gezogen werden. Eine solche ist anzunehmen, wenn der Wert der Leistung (mindestens) **doppelt so hoch** ist wie der Wert der Gegenleistung, Zur Behauptung der verwerflichen Gesinnung genügt in diesem Falle die Berufung des Arbeitnehmers auf die tatsäch-

---

236 BAG v. 22.4.2009 – 5 AZR 436/08 (Tz 19, 20), NZA 2009, 837, 838 f.
237 BAG v. 22.4.2009 – 5 AZR 436/08 (Tz 26, 27, 28), NZA 2009, 837, 839.

liche Vermutung einer verwerflichen Gesinnung des Arbeitgebers.[238] Da sich eine verwerfliche Gesinnung kaum einmal beweisen lassen wird, ist das die in der Praxis maßgebliche Grenze. Rechtsfolge eines Verstoßes gegen § 138 BGB ist ein Anspruch auf die übliche Vergütung nach § 612 Abs. 2 BGB. Maßgeblich ist die übliche tarifliche Vergütung im vergleichbaren Wirtschaftskreis.[239] Eine Üblichkeit der Tarifvergütung kann angenommen werden, wenn mehr als 50 % der Arbeitgeber eines Wirtschaftsgebiets tarifgebunden sind oder wenn die organisierten Arbeitgeber mehr als 50 % der Arbeitnehmer eines Wirtschaftsgebiets beschäftigen. Demgegenüber ist der Organisationsgrad der Arbeitnehmer weniger aussagekräftig, denn dieser führt ohne Tarifbindung der Arbeitgeber nicht zur Üblichkeit entsprechender Tarifentgelte.[240]

74 **2. Bereitschaftsdienst.** Problematisch ist ferner die Vergütung des Bereitschaftsdienstes. Bereitschaftsdienst ist der Vollarbeit nicht gleichzustellen und kann deshalb geringer vergütet werden.[241] Auch eine Pauschalvergütung ist möglich, sofern sie nachvollziehbar errechnet, also in Bezug zur Vollarbeit gesetzt wird.[242]

Spezielle Vergütungsregelungen tariflicher Art sieht etwa der Manteltarifvertrag für die gewerblichen Arbeitnehmer in der Speditions-, Logistik- und Transportwirtschaft Nordrhein-Westfalen vom 20.8.2013 (im Folgenden kurz: MTV) vor. Nach dessen § 2 a Ziff. I Nr. 2 werden Lenkzeitunterbrechungen, Pausen, Ruhezeiten und Bereitschaftszeiten nicht zur Arbeitszeit gerechnet. Gemäß § 2 a Ziff. I Nr. 3 MTV zählen zu den Bereitschaftszeiten, die jeweils mindestens 15 Minuten ausmachen müssen,

a) Zeiten, in denen das Fahrpersonal nicht verpflichtet ist, an seinem Arbeitsplatz zu bleiben, in denen es sich jedoch in Bereitschaft halten muss, um etwaigen Anweisungen zur Aufnahme oder Wiederaufnahme der Fahrtätigkeit oder zur Ausübung anderer Arbeiten Folge zu leisten;

b) die Zeit des Wartens auf Be- und Entladung oder die Zollabfertigung, wenn der Fahrer sich in dieser Zeit im Fahrzeug oder anderweitig erholen kann;

c) für Fahrpersonal, das sich beim Fahren abwechselt, die Zeit, die während der Fahrt neben dem Fahrer oder in einer Schlafkabine verbracht wird.

d) Als Bereitschaftszeiten gelten insbesondere auch Zeiten, in denen das Fahrpersonal ein Fahrzeug während der Beförderung auf einer Fähre oder mit einem Zug begleitet, sowie Wartezeiten an den Grenzen oder infolge von Fahrverboten, wenn keine Ruhezeit oder Pause vorliegt.

75 Bei Bereitschaftszeiten muss nach § 2 a Ziff. I Nr. 3 Abs. 2 MTV deren voraussichtliche Dauer dem Fahrpersonal im Voraus oder spätestens unmittelbar vor dem tatsächlichen Beginn bekannt sein.[243] Daran anknüpfend ist zur Vergütung dieser Arbeits- und Arbeitsbereitschaftszeiten in § 2 a Ziff. V Nr. 1 MTV bestimmt, dass sie mit 100 % des tariflichen Lohnes der jeweiligen Lohngruppe zu bezahlen sind. Pausen und Ruhezeiten sind nicht zu vergüten, auch

---

238 BAG v. 16.5.2012 – 5 AZR 268/11 (Tz 36), NZA 2012, 974, 977; BAG v. 27.6.2012 – 5 AZR 496/11 (Tz 13), BeckRS 2012, 73027.
239 BAG v. 26.4.2006 – 5 AZR 549/05 (Tz 26), NZA 2006, 1354, 1357.
240 BAG v. 22.4.2009 – 5 AZR 436/08 (Tz 24), NZA 2009, 837, 839.
241 BAG v. 28.1.2004 – 5 AZR 530/02, NZA 2004, 656, 659; BAG v. 25.4.2007 – 6 AZR 799/06 (Tz 15), NZA 2007, 1108, 1109.
242 Vgl BAG v. 28.1.2004 – 5 AZR 530/02, NZA 2004, 656, 658.
243 Vgl hierzu die Parallelvorschrift in § 4 S. 1 ArbZG.

wenn sie außerhalb des Standortes anfallen. Mit 70 % vergütet werden die in § 2 a Ziff. I Nr. 3 lit. c genannten Bereitschaftszeiten (Kabinen- und Beifahrerzeiten), nach § 2 a Ziff. V Nr. 2 lit. a–c MTV überhaupt nicht vergütet die in § 2 a Ziff. I Nr. 3 d) MTV genannten Zeiten, wenn es sich weder um Arbeitszeit noch um Bereitschaftszeit iSd § 2 a Ziff. I Nr. 3 lit. a MTV handelt.

Rechtsgrundlage für die Vergütung von Bereitschaftszeiten sind neben der vertraglichen bzw tariflichen Regelung nur die §§ 611, 612 BGB, kaum einmal das Schadensersatz- oder Bereicherungsrecht. So erhält der Arbeitnehmer bei zu Unrecht verlangtem und geleistetem Bereitschaftsdienst nur die regelmäßig geringere Vergütung für den Bereitschaftsdienst.[244] Zum einen besteht nur ganz selten Anspruch auf Schadensersatz nach § 823 Abs. 2 BGB iVm Art. 3 und Art. 6 Nr. 2 ArbeitszeitRL bzw § 5 Abs. 1 ArbZG. Dabei kann offenbleiben, ob diese Bestimmungen Schutzgesetze iS von § 823 Abs. 2 BGB sind.[245] Für einen Schadensersatzanspruch fehlt es zumeist an einem ersatzfähigen Schaden. Die Nichtgewährung der gesetzlich vorgeschriebenen Ruhezeiten führt in aller Regel nur zu einem Freizeitverlust. Dieser stellt keinen Schaden iS der §§ 249 ff BGB dar. Geltend gemacht werden müsste ein wirtschaftlicher Verlust (zB Entgehen eines höheren Anspruchs) oder eine Gesundheitsbeeinträchtigung infolge Nichtgewährung von Ruhezeiten. Die bloße Gefahr eines Schadenseintritts löst keinen Schadensersatzanspruch aus. Auch ein Anspruch aus § 812 Abs. 1 BGB dürfte ausscheiden. In Betracht käme ohnehin nur Wertersatz nach § 818 Abs. 2 BGB, da eine Herausgabe der Bereitschaftsdienstleistungen nicht möglich ist. Der Umfang des Wertersatzanspruchs bestimmt sich bei Arbeitsleistungen nach der dafür üblichen Vergütung oder, mangels einer solchen, nach der angemessenen Vergütung. Im Wege des Bereicherungsausgleichs kann nicht mehr verlangt werden, als im Beschäftigungsverhältnis vereinbart wurde. Dies ist bestenfalls die ausgezahlte Vergütung.[246]

3. Überschreitung der zulässigen Höchstarbeitszeiten. Wird nach dem Vertrag mehr gearbeitet als nach dem Arbeitszeitrecht erlaubt, ergibt sich aus dem europäischen Arbeitszeitrecht kein Vergütungsanspruch.[247] Ein Vergütungsanspruch folgt auch nicht aus dem nationalen Arbeitszeitrecht. Dies liegt daran, dass es sich bei dem Arbeitszeitrecht um öffentlich-rechtliche Bestimmungen handelt (vgl § 17 Abs. 1 ArbZG), die der Sicherheit und dem Gesundheitsschutz der Arbeitnehmer sowie dem Sonn- und Feiertagsschutz dienen. Auch das ArbZG regelt daher grundsätzlich keine Fragen der Vergütung.[248] Nur für die **Nachtarbeit** (das ist gem. § 2 Abs. 3 und 4 ArbZG jede Arbeit, die mehr als 2 Stunden der Zeit von 23.00 bis 6.00 Uhr umfasst) gibt § 6 Abs. 5 ArbZG für Nachtarbeitnehmer iSd § 2 Abs. 5 ArbZG Anspruch auf Ausgleich. Geschuldet wird ein **angemessener Ausgleich** in bezahlter Freizeit oder als Zuschlag auf das Bruttoarbeitsentgelt. Als angemessen gelten Aufschläge zwischen 10 und 30 %, je nachdem, wie sehr der Arbeitnehmer durch die Nachtarbeit belastet wird.[249] Von einer pauschalen Abgeltung kann nur ausgegangen werden, wenn der Arbeitsvertrag

---

244 BAG v. 28.1.2004 – 5 AZR 530/02, NZA 2004, 656, 660.
245 Abl BAG v. 5.6.2003 – 6 AZR 114/02, NZA 2004, 164, 170; offengelassen in BAG v. 28.1.2004 – 5 AZR 530/02, NZA 2004, 656, 660.
246 BAG v. 28.1.2004 – 5 AZR 530/02, NZA 2004, 656, 660.
247 Vgl EuGH v. 1.12.2005 – Rs. C-14/04 (Tz 39), NZA 2006, 89, 90 – Dellas; BAG v. 28.1.2004 – 5 AZR 530/02, NZA 2004, 656, 659; vgl auch Art. 137 Abs. 5 EGV.
248 BAG v. 11.7.2006 – 9 AZR 519/06 (Tz 18), NZA 2007, 155, 156.
249 Vgl BAG v. 5.9.2002 – 9 AZR 202/01, NZA 2003, 563, 567; BAG v. 27.5.2003 – 9 AZR 180/02 (zu I. 4 b aa), AP Nr. 5 zu § 6 ArbZG; BAG v. 31.8.2005 – 5 AZR 545/04 (Tz 17), NZA 2006, 324, 325.

hierfür konkrete Anhaltspunkte enthält. Dazu ist regelmäßig erforderlich, dass im Arbeitsvertrag zwischen Grundvergütung und Nachtarbeitszuschlag unterschieden wird; jedenfalls muss ein Bezug zwischen der zu leistenden Nachtarbeit und der Lohnhöhe hergestellt sein. Dies ergibt sich schon aus § 6 Abs. 5 ArbZG, wonach der für geleistete Nachtarbeit geschuldete Zuschlag „auf" das dem Arbeitnehmer hierfür zustehende Bruttoarbeitsentgelt zu gewähren ist.[250] Bestehen tarifvertragliche Regelungen, gelten diese; allerdings dürfen sie nicht einfach den zwingend geltenden Ausgleichsanspruch ausschließen.[251] Davon abgesehen hat der Arbeitgeber die Wahl, ob er Freizeit oder Geldausgleich gewährt, solange das Arbeitsverhältnis noch nicht beendet und ein Freizeitausgleich deshalb nicht mehr möglich ist.[252] Solange das Wahlrecht besteht, kann der Arbeitnehmer dem Arbeitgeber eine angemessene Frist setzen und das Wahlrecht nach erfolglosem Fristablauf selbst ausüben. Dies ergibt sich aus § 264 Abs. 2 BGB, der als allgemeine Regel auch hier Anwendung findet.[253] Besteht ein **Betriebsrat**, darf dieser hinsichtlich der Ausübung des Wahlrechts gem. § 87 Abs. 1 Nr. 2 und 7 BetrVG mitbestimmen, nicht jedoch zum Umfang des Anspruchs; die Anspruchshöhe ist als Rechtsfrage vom Mitbestimmungsrecht nicht erfasst, mag die Einigungsstelle darüber auch als Vorfrage zu entscheiden haben.[254] Gleiches gilt nach § 87 Abs. 1 Nr. 2 und 3 BetrVG für die Wahl von Arbeitszeitformen, zB für die Anordnung von Rufbereitschaft und die Aufstellung von Rufarbeitsplänen.[255] Besteht eine tarifliche Regelung, ist ein Mitbestimmungsrecht von vornherein ausgeschlossen (§ 87 Abs. 1 BetrVG).

78 § 6 Abs. 5 ArbZG ist nicht über § 11 Abs. 2 ArbZG auf Sonn- und Feiertagsarbeit anzuwenden, so dass ein Anspruch auf Sonn- und Feiertagsausgleich gesetzlich nicht vorgesehen ist.[256]

79 **4. Überstundenentgelt.** Als sehr problematisch erweist sich in der Praxis häufig das Einfordern von Überstundenentgelt. Als **Überstunden** bezeichnet man Mehrarbeit, die über die nach dem Arbeitsvertrag geschuldete regelmäßige Arbeitszeit hinausgeht. Sie wird wegen besonderer Umstände vorübergehend (auch wiederholt) auf Anordnung oder mit Duldung des Arbeitgebers zusätzlich wegen besonderer Umstände geleistet, etwa bei einem unvorhergesehenen oder ungewöhnlichen Arbeitsanfall.[257] Ist die Arbeitszeit nicht verstetigt, besteht eine zusätzliche Darlegungshürde. Wird regelmäßig eine bestimmte erhöhte Arbeitszeit abgerufen und geleistet, ist dies Ausdruck der vertraglich geschuldeten Normalleistung, auch wenn sie als Überstunden bezeichnet wird.[258] Bei Schwankungen der Arbeitszeit muss ein durchschnittlicher Wert berechnet werden. Dabei sind die letzten 12 Monate als Vergleichszeitraum zugrunde zu legen, bei einem Arbeitsverhältnis, das noch nicht so lange besteht, der gesamte Zeitraum.[259] Überstunden sind in dieser Schwankungsbreite nicht enthalten. Sie dürfen in

---

250 BAG v. 5.9.2002 – 9 AZR 202/01, NZA 2003, 563, 565; BAG v. 27.5.2003 – 9 AZR 180/02 (zu I. 3 a), AP Nr. 5 zu § 6 ArbZG.
251 *Zwanziger*, DB 2007, 1356, 1358.
252 Vgl BAG v. 5.9.2002 – 9 AZR 202/01, NZA 2003, 563, 564.
253 BAG v. 5.9.2002 – 9 AZR 202/01, NZA 2003, 563, 565.
254 BAG v. 26.8.1997 – 1 ABR 16/97, NZA 1998, 441, 444 f; BAG v. 26.4.2005 – 1 ABR 1/04, NZA 2005, 884, 887.
255 BAG v. 23.1.2001 – 1 ABR 36/00, NZA 2001, 741, 742.
256 *Zwanziger*, DB 2007, 1356, 1358.
257 BAG v. 25.4.2007 – 6 AZR 799/06 (Tz 14), NZA 2007, 1108, 1109.
258 Vgl (zu § 4 Abs. 1 a EntgeltFG) BAG v. 26.6.2002 – 5 AZR 153/01, NJW 2003, 237, 238; BAG v. 26.6.2002 – 5 AZR 592/00 (zu II. 1 b), AP Nr. 61 zu § 4 EntgeltFG.
259 Vgl BAG v. 21.11.2001 – 5 AZR 247/00, juris Tz 29 = BeckRS 2001, 30794040; BAG v. 26.6.2002 – 5 AZR 592/00 (zu II. 3 d), AP Nr. 61 zu § 4 EntgeltFG.

AGB auch nicht pauschal abgegolten werden.[260] Bei Fehlen vertraglicher oder tariflicher Vorschriften bestimmt sich die Vergütung der von der Regelvergütung nicht erfassten Arbeitszeit nach § 612 BGB.[261] Dies gilt auch dann, wenn die vertraglich bestimmte Regelarbeitszeit gegen die in § 3 ArbZG bestimmten Höchstarbeitszeiten verstößt, der Arbeitgeber für Überstunden keinen Freizeitausgleich gewährt[262] oder eine Überstundenabrede unwirksam ist, weil etwa nicht angegeben ist, wie viele Überstunden von der Pauschalvergütung erfasst sind.[263] Die in § 612 Abs. 1 BGB gegebene Voraussetzung, wonach die Dienstleistung den Umständen nach nur gegen Vergütung zu erwarten sein muss, dürfte bei Überstunden regelmäßig gegeben sein.[264] Ggf kann zur Bestimmung der Vergütungshöhe nach § 612 Abs. 2 BGB ein branchenüblicher Tarifvertrag herangezogen werden, der Überstundenzuschläge enthält.[265] Haben die Parteien vereinbart, dass der Arbeitgeber die Arbeitsleistung schuldet, die arbeitszeitrechtlich erlaubt ist, wird die Arbeitspflicht eines Kraftfahrers dahingehend konkretisiert, dass zeitdynamisch das jeweils geltende Arbeitszeitrecht für Kraftfahrer den Umfang der Arbeitspflicht bestimmen sollte. Eine solche Vereinbarung erfasst nicht nur die tägliche oder wöchentliche Höchstarbeitszeit, sondern auch die gesetzlich vorgegebenen Ausgleichszeiträume. Denn diese sind konstitutiver Bestandteil der öffentlich-rechtlichen Arbeitszeitregelung und nehmen grundlegenden Einfluss auf das Arbeitsleben. Die mit ihnen verbundene Flexibilisierung ist ein Kennzeichen des Arbeitszeitschutzrechts. Diese Auslegung berücksichtigt zudem das Berufsbild eines Fernfahrers, dessen Arbeitszeit sich an den durchzuführenden Touren orientiert und der seine Arbeitsleistung nicht gleichbleibend an allen Tagen jeder Kalenderwoche erbringt. Ist keine kalendertägliche Arbeitszeit vereinbart, kann der Arbeitgeber in diesem Fall die Lage der Arbeitszeit kraft seines Weisungsrechts nach billigem Ermessen innerhalb des geltenden Zeitrahmens gemäß § 106 S. 1 GewO bestimmen. Überstunden werden danach erst dann geleistet, wenn der Rahmen überschritten ist. Nach § 21 a Abs. 4 ArbZG darf bei Straßenverkehrstätigkeiten von Fahrern und Beifahrern die Arbeitszeit 48 Stunden wöchentlich nicht überschreiten. Sie kann jedoch auf bis zu 60 Stunden verlängert werden, wenn innerhalb von vier Kalendermonaten oder 16 Wochen im Durchschnitt 48 Stunden wöchentlich nicht überschritten werden. Der Ausgleichszeitraum ist damit kürzer als der in § 3 S. 2 ArbZG geregelte. Eine kalendertägliche Betrachtungsweise sieht das ArbZG für Fahrer und Beifahrer nicht vor, vielmehr sind die Grenzen des § 3 ArbZG von werktäglich 8 bzw 10 Stunden in die wochenbezogenen Grenzwerte eingeflossen.[266]

Fordert der Arbeitnehmer Entgelt für Überstunden, muss er im Einzelnen darlegen, an welchen Tagen und zu welchen Tageszeiten er über die übliche Arbeitszeit (Schwankungsbreite)

79a

---

260 BAG v. 17.8.2011 – 5 AZR 406/10 (Tz 14), NJW 2012, 552, 553; BAG v. 22.2.2012 – 5 AZR 765/10 (Tz 16), NZA 2012, 861, 862; BAG v. 16.5.2012 – 5 AZR 347/11 (Tz 16), NJW 2012, 2680, 2681. Hingegen ist eine Klausel wirksam, wonach die Vergütung die ersten 20 Überstunden umfasst: BAG v. 16.5.2012 – 5 AZR 331/11 (Tz 10 ff), NZA 2012, 908, 909.
261 BAG v. 3.9.1997 – 5 AZR 428/96, NJW 1998, 1581 f.
262 Dazu BAG v. 4.5.1994 – 4 AZR 418/93, NZA 1995, 638, 641: Ersatzfreizeitanspruch.
263 BAG v. 1.9.2010 – 5 AZR 517/09 (Tz 13 ff), NZA 2011, 575 f.
264 Vgl LAG Thüringen v. 19.3.2002 – 5/6/5 Sa 527/99, juris Tz 22 = LAGE Nr. 1 zu § 3 ArbZG. Ausnahmen bei fehlender Vergütungserwartung, wenn arbeitszeitbezogen und arbeitszeitunabhängig vergütete Arbeitsleistungen zeitlich verschränkt sind, Dienste höherer Art geschuldet sind, insgesamt eine deutlich herausgehobene, die Beitragsbemessungsgrenze der gesetzlichen Rentenversicherung überschreitende Vergütung gezahlt wird oder der Arbeitnehmer zusätzlich zur Festvergütung für einen Teil seiner Arbeitsaufgaben in nicht unerheblichem Maße Provisionen erhält, so BAG v. 27.6.2012 – 5 AZR 530/11 (Tz 19, 20), NZA 2012, 1147, 1148.
265 Siehe etwa LAG Thüringen v. 19.3.2002 – 5/6/5 Sa 527/99, juris Tz 25 = LAGE Nr. 1 zu § 3 ArbZG.
266 BAG v. 18.4.2012 – 5 AZR 195/11 (Tz 19 ff), NJW 2012, 2461, 2462.

hinaus tätig geworden ist. Der Arbeitnehmer muss vortragen, von welcher Normalarbeitszeit er ausgeht und dass er tatsächlich gearbeitet hat. Ist Vollzeit vereinbart, darf der durchschnittliche Arbeitnehmer dies so verstehen, dass die regelmäßige Dauer der Arbeitszeit – unter Zugrundelegung einer Fünftagewoche und der in § 3 S. 1 ArbZG vorgesehenen 8 Stunden arbeitstäglich – 40 Wochenstunden nicht übersteigt. Soll hingegen mit der Formulierung „in Vollzeit" die nach geltendem Recht zulässige Höchstgrenze der Arbeitszeit ganz oder teilweise ausgeschöpft werden, müsste dies durch eine konkrete Stundenangabe oder zumindest eine hinreichend bestimmte Bezugnahme auf den arbeitsschutzrechtlich eröffneten Arbeitszeitrahmen klar und deutlich zum Ausdruck gebracht werden (vgl § 307 Abs. 1 S. 2 BGB).[267] Das kann zB durch die Abrede erfolgen, dass der Arbeitnehmer die Arbeitsleistung schulde, die arbeitszeitrechtlich erlaubt sei; damit ist die Höchstarbeitszeit vereinbart, bei Straßenverkehrstätigkeiten von Fahrern und Beifahrern also eine 48-Stunden-Woche (§ 21 a Abs. 4 ArbZG).[268] Ist streitig, ob Überstunden erbracht wurden, hat der Arbeitnehmer darzulegen, welche (geschuldete) Tätigkeit er ausgeführt hat, also dass er sich zur rechten Zeit am rechten Ort bereitgehalten habe, um Arbeitsanweisungen des Arbeitgebers zu befolgen.[269] Aus anwaltlicher Sicht ist zu beachten, dass es nicht ausreicht, dazu nur Stundenlisten oder Aufzeichnungen zu Gericht zu reichen; erforderlich ist gem. § 130 Nr. 3 und 4 ZPO vielmehr ein **schriftsätzlicher Vortrag**.[270] Bei Überstunden ist **zudem** erforderlich, dass der Arbeitnehmer zur **Veranlassung** der Überstundenleistung durch den Arbeitgeber vorträgt. Für diese arbeitgeberseitige Veranlassung und Zurechnung als – neben der Überstundenleistung – weitere Voraussetzung eines Anspruchs auf Überstundenvergütung hat das BAG in ständiger Rechtsprechung formuliert, Überstunden müssten vom Arbeitgeber angeordnet, gebilligt, geduldet oder jedenfalls zur Erledigung der geschuldeten Arbeit notwendig gewesen sein.[271] Steht fest (§ 286 ZPO), dass Überstunden auf Veranlassung des Arbeitgebers geleistet worden sind, kann aber der Arbeitnehmer seiner Darlegungs- oder Beweislast für jede einzelne Überstunde nicht in jeder Hinsicht genügen, darf das Gericht den Umfang geleisteter Überstunden nach § 287 Abs. 2 iVm Abs. 1 S. 1 und S. 2 ZPO schätzen.[272] Für eine ausdrückliche Anordnung von Überstunden muss der Arbeitnehmer vortragen, wer wann auf welche Weise wie viele Überstunden angeordnet hat.[273] Konkludent ordnet der Arbeitgeber Überstunden an, wenn er dem Arbeitnehmer Arbeit in einem Umfang zuweist, der unter Ausschöpfung der persönlichen Leistungsfähigkeit des Arbeitnehmers und etwaiger flexibler Arbeitszeitvorgaben nur durch die Leistung von Überstunden zu bewältigen ist. Dazu muss der Arbeitnehmer darlegen, dass eine bestimmte angewiesene Arbeit innerhalb der Normalarbeitszeit nicht zu leisten oder ihm zur Erledigung der aufgetragenen Arbeiten ein bestimmter Zeitrahmen vorgegeben war, der nur durch die Leistung von Überstunden eingehalten werden konnte. Dabei begründet allein die Anwesenheit des Arbeitnehmers im Betrieb oder an einem Arbeitsort außerhalb des Betriebs keine Vermutung dafür, Überstunden seien zur Erbringung der geschuldeten Ar-

---

267 BAG v. 25.3.2015 – 5 AZR 602/13 (Tz 14), BeckRS 2015, 70150.
268 BAG v. 18.4.2012 – 5 AZR 195/11 (Tz 19), NJW 2012, 2461, 2462.
269 BAG v. 18.4.2012 – 5 AZR 248/11 (Tz 14), NZA 2012, 998, 999; BAG v. 16.5.2012 – 5 AZR 347/11 (Tz 27), NJW 2012, 2680, 2682; BAG v. 10.4.2013 – 5 AZR 122/12 (Tz 9), NZA 2013, 1100.
270 BAG v. 16.5.2012 – 5 AZR 347/11 (Tz 29), NJW 2012, 2680, 2682. Dabei ist auf Widerspruchsfreiheit zu achten, siehe BAG v. 10.4.2013 – 5 AZR 122/12 (Tz 11), NZA 2013, 1100, 1101.
271 BAG v. 10.4.2013 – 5 AZR 122/12 (Tz 14), NZA 2013, 1100, 1101; BAG v. 25.3.2015 – 5 AZR 602/13 (Tz 18), BeckRS 2015, 70150.
272 BAG v. 25.3.2015 – 5 AZR 602/13 (Tz 18 ff), BeckRS 2015, 70150.
273 BAG v. 10.4.2013 – 5 AZR 122/12 (Tz 16), NZA 2013, 1100, 1101.

beit notwendig gewesen.²⁷⁴ Will der Arbeitnehmer vortragen, der Arbeitgeber habe die Erbringung von Überstunden geduldet, reicht der Vortrag nicht aus, er habe dem Arbeitgeber Stundenlisten überreicht; vielmehr muss er sie mit einem Hinweis auf eine Überstundenleistung verbinden und darlegen, wann er den Arbeitgeber davon benachrichtigt haben will.²⁷⁵ Auch darf sich der Arbeitnehmer als Kläger vor Gericht nicht auf die Vorlage von Fahrtscheiben (Schaublätter) beschränken, da die Aufzeichnungsvorgänge vom Fahrpersonal selbst abhängen und die Fahrtscheiben nur eine Leistung des Fahrzeugs, nicht auch des Fahrers (Klägers) belegen.²⁷⁶ Geht es um Entgelt für zusätzliche Arbeitszeit, wird der Arbeitnehmer dem Gericht dazu zweckmäßigerweise eine tageweise Aufstellung mit folgenden Angaben vorlegen:²⁷⁷

- Tag/Jahr
- Ort/Beginn/Art der Tätigkeit (Fahrzeugübernahme etc.)
- Fahrtbeginn
- Fahrstrecke
- Fahrzeit verlängernde Vorkommnisse (Ruhezeiten, Stau, Ladezeiten)
- Ankunftsort (Kundenadresse)
- Ankunftszeit
- weitere Tätigkeiten vor dem Arbeitszeitende (Entladen, Wartezeit beim Kunden etc.)
- Ende der Tätigkeit
- Gesamtstunden mit Pausen
- Gesamtstunden ohne Pausen.

Sofern sich Arbeitsabläufe wiederholen, dürfen hierfür Modelle gebildet werden. Die verstetigte Arbeitszeit lässt sich dann als Matrix abbilden (zB Alleinfahrt/Zweierfahrt im nachfolgenden Muster). Je nach Einlassung des Arbeitgebers besteht eine abgestufte Darlegungs- und Beweislast.²⁷⁸

Der Arbeitnehmer muss ferner vortragen, dass und wie die Überstunden vom Arbeitgeber angeordnet oder zur Erledigung der ihm obliegenden Arbeit notwendig oder vom Arbeitgeber zumindest gebilligt worden sind.²⁷⁹ Die bloße Angabe der Abweichung von einer Durchschnittsberechnung reicht hierfür nicht.²⁸⁰ Dabei ist der Arbeitnehmer nicht gehindert, auch länger zurückliegende Überstunden einzufordern. Sofern sich vor einigen Jahren eine Rechtsprechung gebildet hat, wonach Überstunden aus Verwirkungsgründen spätestens 3 Monate

---

274 BAG v. 10.4.2013 – 5 AZR 122/12 (Tz 17, 18), NZA 2013, 1100, 1101.
275 BAG v. 10.4.2013 – 5 AZR 122/12 (Tz 22), NZA 2013, 1100, 1102.
276 LAG Schleswig-Holstein v. 18.9.1997 – 4 Sa 291/97, BeckRS 1997, 30468788; LAG Schleswig-Holstein v. 31.5.2005 – 5 Sa 38/05 (Tz 48), NZA-RR 2005, 458, 460; LAG Niedersachsen v. 26.11.2007 – 9 Sa 92/07 (Tz 25), BeckRS 2008, 52445.
277 Vgl LAG Thüringen v. 19.3.2002 – 5/6/5 Sa 527/99, juris Tz 27 = LAGE Nr. 1 zu § 3 ArbZG; LAG Schleswig-Holstein v. 31.5.2005 – 5 Sa 38/05 (Tz 38 ff), NZA-RR 2005, 458, 460.
278 BAG v. 17.4.2002 – 5 AZR 644/00, NZA 2002, 1340, 1343; BAG v. 29.5.2002 – 5 AZR 370/01, NJOZ 2003, 1929, 1931; BAG v. 28.1.2004 – 5 AZR 530/02, NZA 2004, 657, 658; BAG v. 25.5.2005 – 5 AZR 319/04 (Tz 20), NJOZ 2005, 5093, 5096.
279 BAG v. 25.11.1993 – 2 AZR 517/93, NZA 1994, 837, 839; BAG v. 17.4.2002 – 5 AZR 644/00, NZA 2002, 1340, 1344; BAG v. 28.1.2004 – 5 AZR 530/02, NZA 2004, 657, 658; BAG v. 25.5.2005 – 5 AZR 319/04 (Tz 20), NJOZ 2005, 5093, 5096.
280 LAG Rheinland-Pfalz v. 30.11.2007 – 9 Sa 532/07, juris Tz 22 = BeckRS 2008, 50991; anders für die Bestimmung des Lohnausfalls nach § 4 Abs. 1 EntgeltFG und des Urlaubsentgelts nach § 11 Abs. 1 S. 1 BUrlG, dazu BAG v. 21.11.2001 – 5 AZR 296/00, NZA 2002, 439, 441.

nach Fälligkeit einzuklagen sind,[281] ließ sie sich dogmatisch nicht hinreichend begründen, da zur Verwirkung nicht nur ein Zeitmoment, sondern auch ein Umstandsmoment gehört, das sich kaum einmal darstellen lässt.[282] Diese Rechtsprechung hat sich daher nicht durchgesetzt. Zeitlich begrenzt wird der Vergütungsanspruch somit nur durch vertragliche bzw tarifliche Ausschlussklauseln oder aufgrund Verjährung, die 3 Jahre nach Fälligkeit mit einer Anlaufhemmung zum Jahresende eintritt (§§ 195, 199 Abs. 1 BGB). Hat der Arbeitnehmer seiner Darlegungspflicht genügt, ist es Sache des Arbeitgebers, substantiiert zu erwidern. Anhand seiner Unterlagen oder durch Anfrage bei Kunden ist es ihm zumutbar, die Arbeitszeiten des Arbeitnehmers nachzuvollziehen und entsprechend vorzutragen.[283]

81 ▶ **Muster: Klage auf Überstundenentgelt**

An das Arbeitsgericht ...

Klage

des ...

– Kläger –

Prozessbevollmächtigte: RAe ...

gegen

die X-GmbH, vertreten durch den Geschäftsführer ...

– Beklagte –

wegen Überstundenentgelts.

Namens und in Vollmacht des Klägers erheben wir Klage mit dem Antrag zu erkennen:

Die Beklagte wird verurteilt, an den Kläger 36.725,31 EUR nebst Zinsen iHv 5 Prozentpunkten über dem Basiszinssatz seit Rechtshängigkeit zu zahlen.

Begründung:

I. Sachverhalt

Der Kläger war bei der Beklagten vom 25.5.1998 bis 31.5.2016 als Kraftfahrer für Möbeltransporte beschäftigt.

Beweis: Arbeitsvertrag vom 25.5.1998
Anlage K 1

Der Parteien sind nicht tarifgebunden.

Als Vergütung war zunächst ein Monatslohn von brutto 3.000 DM, nach Ablauf der Probezeit von brutto 3.200 DM zuzüglich 500 DM Entladehilfe vereinbart.

Beweis: wie vor (Ziff. 6)

Ab August 2001 erhöhte sich der Grundbetrag um 100 DM auf brutto 3.300 DM.

Beweis: Lohnabrechnung für August 2001

---

281 LAG Schleswig-Holstein v. 18.9.1997 – 4 Sa 291/97 = BeckRS 1997, 30468788; LAG Rheinland-Pfalz v. 11.1.2001 – 6 Sa 1169/00, BeckRS 2001, 30898315.
282 Vgl LAG Rheinland-Pfalz v. 30.1.2009 – 9 Sa 648/08, BeckRS 2009, 61411; vgl auch BAG v. 17.4.2002 – 5 AZR 644/00, NZA 2002, 1340, 1343; BAG v. 24.11.1993 – 5 AZR 153/93, NZA 1994, 759; ferner BAG v. 16.5.2012 – 5 AZR 347/11 (Tz 21), NJW 2012, 2680, 2681.
283 LAG Niedersachsen v. 22.8.2003 – 16 Sa 100/03 (Tz 74, 76), BeckRS 2003, 30465196.

Anlage K 2

Mit der Umstellung von DM auf Euro splittete die Beklagte das Monatsgrundgehalt in den Lohnabrechnungen von brutto 3.300 DM (entspricht 1.688 EUR) in 1.534 EUR Monatslohn und 154 EUR Überstunden auf.

Beweis: Lohnabrechungen für die Monate Januar und Februar 2001
Anlage K 3

Dieser Vorgehensweise hat der Kläger niemals zugestimmt.

Zum Umfang der vergütungspflichtigen Tätigkeit heißt es in Ziff. 5 des Arbeitsvertrags:

„Der Mitarbeiter verpflichtet sich zur Leistung von Mehrarbeit, Nachtarbeit, Sonn- und Feiertagsarbeit, sofern es die betriebliche Situation erfordert."

Gemäß Ziff. 6 S. 2 des Arbeitsvertrags ist die geleistete Arbeitszeit – einschließlich etwaiger Mehrarbeit und Mehrarbeitszuschläge sowie der Zuschläge für die sonntags, feiertags und nachts geleistete Arbeit – mit dem vereinbarten Monatslohn abgegolten.

Alle Lohnabrechnungen geben eine wöchentliche Arbeitszeit von 42,5 Stunden an.

Beweis: Lohn-/Gehaltsabrechnungen der Monate September bis November 2014, Februar bis Dezember 2015, Januar und April 2016
Anlage K 4

Mit der Festlegung der (regelmäßigen) wöchentlichen Arbeitszeit auf 42,5 Stunden war der Kläger einverstanden.

Im Jahr 2014 arbeitete der Kläger bis zum 23.11. – abgesehen von Urlaubs- und Krankheitszeiten – durchwegs bei der Beklagten. Am 23.11.2014 kündigte die Beklagte das Arbeitsverhältnis fristlos, woraufhin der Kläger bis zum Jahresende nicht mehr im Betrieb tätig war.

Der Arbeitsvertrag sieht in Ziff. 10 lit. a eine Urlaubszeit von 25 Arbeitstagen pro Jahr vor.

Im Jahr 2014 nahm und erhielt der Kläger seinen gesamten Jahresurlaub.

Aufgrund Krankheit fehlte der Kläger im Jahr 2014 vom 25.5. bis 1.6., 5.6. bis 13.6., 29.10. bis 2.11. sowie vom 5.11. bis zum Erhalt der fristlosen Kündigung. Für diese Zeit erhielt der Kläger nur die Grundvergütung.

Am 31.1.2015 nahm die Beklagte die Kündigung zurück, so dass der Kläger am Montag, den 6.2.2015, wieder seiner Arbeit nachging.

Im Jahr 2015 nahm und erhielt der Kläger seinen gesamten Jahresurlaub.

Aufgrund Krankheit fehlte der Kläger im Jahr 2015 vom 10. bis 14.4., 17. bis 21.4., 24. bis 28.4. sowie vom 6. bis 10.11. In dieser Zeit erhielt der Kläger nur die Grundvergütung.

Im Jahr 2016 nahm und erhielt der Kläger seinen gesamten anteiligen Jahresurlaub von 11 Arbeitstagen.

Aufgrund Krankheit fehlte er vom 26. bis 28.2., 5. bis 9.3. sowie 16. bis 27.4. Auch in dieser Zeit erhielt der Kläger nur die übliche Grundvergütung.

Die Tätigkeit des Klägers bestand darin, jeweils bestimmte Speditionsaufträge (vom Disponenten der Beklagten zusammengestellte Touren) durchzuführen. Nach Abschluss der Tour und Rückankunft im Betrieb der Beklagten erhielt er dann einen neuen Auftrag zugeteilt. Die jeweiligen Fahrten, die in aller Regel die ganze Woche in Anspruch nahmen, führte der Kläger mit 40 t-Lkw der Beklagten durch. Die Fahrten erfolgten bis zum Zeitpunkt der fristlosen Kündigung regelmäßig in Begleitung eines zweiten Fahrers. Nach Rücknahme der Kündigung erhielt der Kläger am 1.2.2015 die Weisung, nunmehr bundesweit allein zu fahren. Dies geschah mit Ausnahme von zwei Wochen, so in der 43. Kalenderwoche (KW), in denen er mit Begleitung fuhr, bis zum 7.2.2016. Danach erfolgten die Touren wieder zusammen mit einem weiteren Fahrer.

Mit der vorliegenden Klage macht der Kläger Vergütung für Überstunden in den Jahren 2014 bis 2016 geltend. Die Beklagte hat dem Kläger regelmäßig so umfangreiche Touren zugewiesen, dass dieser im Durchschnitt mehr als 75 Stunden pro Woche arbeitete.

Der Kläger hat im Jahr 2015 für die 34., 35., 38., 39., 42., 43. und 44. KW detaillierte Aufzeichnungen erstellt, in denen die Überstunden getrennt ausgewiesen sind. Diese Listen hat er bei der Beklagten jeweils am Monatsende eingereicht. In den angegebenen Zeiten ist er allein gefahren.

Unabhängig davon, welche Besetzung der Lkw aufnahm, gestaltete sich die Arbeit so, dass der Kläger zu dem Fahrzeug hinfuhr. Dort begann seine Arbeitszeit. Nach Arbeitsbeginn prüfte er das Fahrzeug (Öl, Luft, Fahrtplan etc.). Sodann steuerte der Kläger verschiedene Ziele an, wo Möbel ein- und ausgeladen sowie Hänger umgebrückt wurden. Diese Fahrten waren nur durch Ruhezeiten und Pausen unterbrochen.

Beweis: Zeugnis N.N., Mitarbeiters der Beklagten

Die vom Kläger gefertigten Auflistungen werden als Anlage K 5 zur Akte gereicht und zum Gegenstand des Klägervortrags gemacht. Sie entsprechen den Tatsachen.

Beweis: 1. wie vor
2. Spesenzettel 2015 in Ablichtung
Anlage K 6

So ging es in der 34. KW am Montag, den 17.8.2015, um 12.00 Uhr auf dem Betriebsgelände in L. los. Der Kläger prüfte das Fahrzeug und machte sich streckenkundig, begann um 12.30 Uhr mit der Fahrt, fuhr zunächst nach N. (420 km) und dann weiter nach R. (70 km). Dort kam er um 23.30 Uhr an. Unter Berücksichtigung einer lediglich 30-minütigen Pause, die von der Arbeitszeit abzuziehen ist, ergibt sich für diesen Tag eine Gesamtarbeitszeit von 11 Stunden.

Insgesamt arbeitete der Kläger auf diese Weise in der 34. KW 57,15 Stunden, in der 35. KW 73 Stunden, in der 38. KW 59,5 Stunden, in der 39. KW 77,75, in der 42. KW 69 Stunden, in der 43. KW 72,5 Stunden sowie in der 44. KW 53 Stunden. Unter Berücksichtigung der wöchentlichen Arbeitszeit von 42,5 Stunden ergibt sich damit eine Summe von 163,9 Überstunden.

Im Jahr 2016 fertigte der Kläger für die 4. bis 8. KW sowie für die 11. bis 15. KW eben solche Aufzeichnungen. Diese werden als Anlage K 7 zur Akte gereicht und zum Gegenstand des Klägervortrags gemacht. Auch diese Aufzeichnungen entsprechen den Tatsachen.

Beweis: 1. Zeugnis N.N., Mitarbeiters der Beklagten
2. Tacho-Scheiben 2016 in Ablichtung
Anlage K 8
3. Spesenzettel 2016 in Ablichtung
Anlage K 9

In der 4., 5. und 6. KW fuhr der Kläger allein, in der 11. bis 15. KW mit einem weiteren Fahrer. Insgesamt arbeitete der Kläger in der 4. KW 72,75 Stunden, in der 5. KW 75 Stunden, in der 6. KW 63,5 Stunden, in der 7. KW 78,34 Stunden, in der 8. KW 80,5 Stunden, in der 11. KW 93,25 Stunden, in der 12. KW 86,75 Stunden, in der 13. KW 88,67 Stunden, in der 14. KW 79,5 Stunden sowie in der 15. KW 91,17 Stunden.

B. Die Arbeitszeit des Fahrpersonals

Unter Berücksichtigung der regelmäßigen wöchentlichen Arbeitszeit von 42,5 Stunden ergibt sich damit eine Zahl von 384,43 Überstunden.

Diese Überstunden sind nach Vertragsgrundsätzen zu vergüten. Bei einem Bruttolohn von monatlich 1.688 EUR und einer 42,5-Stunden-Woche ergibt sich ein Stundenlohn von brutto (1.688 EUR : 4,3 : 42,5 =) 9,24 EUR. Dieser Stundensatz liegt über dem tariflich zuletzt festgelegten Grundlohn von 12,48 DM, entspricht diesem aber in etwa, wenn man den Betrag um die Inflationsrate bereinigt.

Dieser Stundensatz entspricht auch dem Lohn, der in anderen Speditionsunternehmen gezahlt wird und damit iSd § 612 Abs. 2 BGB üblich ist.

Beweis: Einholung eines Sachverständigengutachtens

Bei dem errechneten Stundensatz von 9,24 EUR ergibt sich für die festgestellten (163,9 + 384,43 =) 548,83 Überstunden ein Vergütungsbetrag von brutto (548,83 x 9,24 =) 5.071,19 EUR.

Aus den dargestellten Arbeitsvorgängen lässt sich ein Modell entwickeln, da die Arbeitsabläufe für die Tätigkeit des Klägers hinreichend typisch sind. Zu unterscheiden sind dabei die Zeiten, in denen der Kläger allein gefahren ist und damit weniger Überstunden leisten konnte, von den Zeiten, in denen er mit einem Kollegen fuhr. Im ersten Fall (Modell 1) leistete der Kläger wöchentlich durchschnittlich 24,77 Überstunden (Durchschnitt aus den dargestellten Überstunden aus dem Jahr 2015 sowie der 4., 5. und 6. KW 2016), im zweiten Fall (Modell 2) durchschnittlich 42,95 Überstunden (Durchschnitt aus den dargestellten Überstunden aus dem Jahr 2016 mit Ausnahme derjenigen aus der 4., 5. und 6. KW).

Beweis: 1. Zeugnis des Jürgen H., zu laden über die Beklagte
2. Zeugnis des Hans F., zu laden über die Beklagte
3. Zeugnis des Jürgen S., zu laden über die Beklagte

Mit den Fahrern H., F. und S. unternahm der Kläger die 2-Mann-Touren.

Für das Modell 1 sind im Jahr 2015 (51 Arbeitswochen – 5 Urlaubswochen – 6 Wochen Zweierfahrt =) 40 Wochen und im Jahr 2016 6 Wochen, insgesamt also 46 Wochen mit Überstundenvergütung anzusetzen.

Unter Einschluss der Zeiten, in denen der Kläger kündigungsbedingt nicht im Betrieb war (23.11.2014 bis 1.2.2015), sind für das Modell 2 im Jahr 2014 (51 Arbeitswochen – 5 Urlaubswochen =) 46 Wochen, im Jahr 2015 6 Wochen und im Jahr 2016 ab dem 9.2. (22 Arbeitswochen – 2 Urlaubswochen =) 14 Wochen, insgesamt also 66 Wochen mit Überstundenvergütung anzusetzen.

Für das Modell 1 (Alleinfahrten) verbleiben nach Abzug der genau bestimmten Zeiten im Jahr 2015 33 Wochen und im Jahr 2016 3 Wochen, insgesamt also 36 Wochen. Für das Modell 2 (Zweierfahrten) verbleiben nach Abzug der genau bestimmten Zeiten im Jahr 2014 46, im Jahr 2015 6 und im Jahr 2016 7 Wochen, zusammen also 59 Wochen.

Bei einem Ansatz von 24,77 Überstunden pro Woche für das Modell 1 ergibt sich bei dem oben errechneten Stundensatz von 9,24 EUR eine Gesamtvergütung von (36 x 24,77 x 9,24 EUR =) 8.239,50 EUR. Bei einem Ansatz von 42,95 Überstunden pro Woche für das Modell 2 ergibt sich eine Gesamtvergütung von (59 x 42,95 x 9,24 EUR =) 23.414,62 EUR. Für die modellhaft berechneten Zeiten ergibt sich damit eine Überstundenvergütung von insgesamt (8.239,50 EUR + 23.414,62 EUR =) 31.654,12 EUR.

Im Ergebnis ergibt sich als Überstundenvergütung ein Gesamtbetrag von (5.071,19 EUR für die aufgelisteten Zeiten + 31.654,12 EUR für die modellhaft berechneten Zeiten =) 36.725,31 EUR. Dieser Betrag wird mit der Klage in der Hauptsache geltend gemacht.

Der Kläger hat die Beklagte mit Anwaltsschreiben vom 12.4.2016 auffordern lassen, diesen Betrag bis zum 14.5.2016 zu zahlen.

Beweis: Schreiben des Unterzeichners vom 12.4.2016
Anlage K 10

Mit Schreiben vom 15.5.2016 wies die Beklagte die Forderung zurück. Daher ist Klage geboten.

II. Rechtliche Würdigung

Der Kläger hat Anspruch auf Bezahlung der vorgenannten Überstunden nach § 611 Abs. 1 BGB, § 628 Abs. 2 BGB und §§ 3 Abs. 1, 4 Abs. 1 EntgeltFG.

Überstundenvergütung steht dem Kläger aus dem Arbeitsvertrag direkt nicht zu. Allerdings haben sich die Parteien ausweislich der Lohnabrechnungen spätestens im Juni 1998 mit Erhalt der ersten Gehaltsabrechnung auf eine wöchentliche Arbeitszeit von 42,5 Stunden verständigt, so dass die darüber hinausgehende Arbeitszeit vom normalen Gehalt nicht erfasst ist.

Die Beklagte hat die in den Anlagen K 5 und K 7 zusammengestellten Tätigkeiten des Klägers mit Übergabe der jeweiligen Tourenpläne angeordnet. Ausweislich der vorgelegten Tacho-Scheiben ist auch nicht davon auszugehen, dass der Kläger die Tourenpläne nicht weisungsgemäß, insbesondere nur zögerlich befolgt hat. Die Beklagte hat die gesamte Arbeit des Klägers widerspruchslos entgegengenommen und durch Aushändigung gleichartiger Tourenpläne zu verstehen gegeben, dass sie an der Arbeit des Klägers nichts auszusetzen hat. Dies betraf die gesamte Arbeit des Klägers. Angeordnet waren somit auch die Zeiten, die nach den beiden Modellen errechnet sind.

Für die Zeit zwischen dem 23.11.2014 und dem 6.2.2015 ist davon auszugehen, dass der Kläger weiterhin nach Modell 2 gearbeitet und die entsprechenden Überstunden erbracht hätte. Für diese Zeit sind gem. § 628 Abs. 2 BGB die nach Modell 2 errechneten Überstunden zu vergüten.

Für die krankheitsbedingten Fehlzeiten ist gem. §§ 3 Abs. 1, 4 Abs. 1 EntgeltFG davon auszugehen, dass es sich bei den hier erfassten Überstunden nicht um solche im Sinne des § 4 Abs. 1 a EFZG handelt. Bei der Ermittlung dieser Überstunden ist an die regelmäßige individuelle Arbeitszeit anzuknüpfen (BAG v. 21.11.2001 – 5 AZR 296/00, NZA 2002, 439, 440). Die Einschränkung des Abs. 1 a bezieht sich auf den Arbeitnehmer, der aufgrund seiner in Abs. 1 zugrunde gelegten persönlichen regelmäßigen Arbeitszeit Ansprüche geltend macht. Überstunden sind nach diesem Maßstab nur diejenigen Überstunden, die wegen bestimmter besonderer Umstände vorübergehend zusätzlich geleistet werden (BAG v. 21.11.2001 – 5 AZR 296/00, NZA 2002, 439, 440). Der Kläger leistete die hier geltend gemachten Überstunden jedoch nicht nur vorübergehend, sondern regelmäßig und fortlaufend. Deshalb hat die Beklagte die Überstundenvergütung bei der Lohnfortzahlung zu Unrecht nicht berücksichtigt. Da der Kläger in den 4 Krankheitswochen des Jahres 2015 nach Modell 1 sowie in den 6 Krankheitswochen des Jahres 2014 und den 4 Krankheitswochen des Jahres 2016 nach Modell 2 gearbeitet hätte, sind die krankheitsbedingten Fehlzeiten nach §§ 3 Abs. 1, 4 Abs. 1 EntgeltFG zu Recht als Arbeitszeit in die Überstundenberechnung eingeführt.

Die Vergütungshöhe bestimmt sich nach der vertraglichen Grundvergütung. Es besteht kein Grund, die oftmals zuschlagspflichtige Überarbeit geringer zu entlohnen als die regelmäßige Arbeitszeit. Unabhängig davon ist der zugrunde gelegte Wert von 9,24 EUR pro Stunde als Überstundenvergütung auch üblich im Sinne des § 612 Abs. 2 BGB. Diese Angabe entspricht im Wesentlichen dem fortgeschriebenen Wert aus dem zuletzt im Juli 2014 geschlossenen Lohntarifvertrag ... sowie dem zugehörigen Manteltarifvertrag für gewerbliche Arbeitnehmer und kaufmännische und technische

Angestellte ... vom 1.9.2014. Für die Frage der Üblichkeit kann an die Werte des einschlägigen Tarifvertrags angeknüpft werden (LAG Düsseldorf v. 23.8.1977 – 11 Sa 466/77, DB 1978, 165, 166).

Der Anspruch auf die Überstunden ist nicht verwirkt. Ansprüche auf Lohnzahlung verfallen nicht, wenn hierfür – wie hier – keine vertraglichen oder tariflichen Ausschlussfristen bestehen. Der Arbeitgeber hat es in der Hand, keine Lohnschulden anzuhäufen. Schöpft der Arbeitnehmer die Verjährungsfrist aus, verbleibt dem Arbeitgeber ohnehin der Zinsvorteil bzw der Vorteil zusätzlicher Liquidität. Der Kläger hat auch nie zu erkennen gegeben, auf etwaige Vergütungsansprüche für geleistete Überstunden verzichten zu wollen. Allein in der widerspruchslosen Entgegennahme der Gehaltsabrechnungen und Gehaltszahlungen kann kein Einverständnis gesehen werden. Dementsprechend hat das BAG in einer Entscheidung vom 24.11.1993 (5 AZR 153/93, NZA 1994, 759) keine Einwände gehabt, dass die dortige Klägerin im Juli 1991 Mehrarbeitsvergütung für Arbeiten aus dem gesamten Jahr 1989 geltend machte. Angesichts der relativ kurzen Verjährungsfrist des § 195 BGB dürfte für eine Verwirkungsmöglichkeit praktisch kein Raum sein (vgl auch BGH v. 6.12.1988 – XI ZR 19/88, AP Nr. 44 zu § 242 BGB – Verwirkung; LAG Frankfurt am Main v. 15.2.1995 – 1 Sa 1242/94, BB 1995, 2325 – LS).

Sofern das Gericht die nach den beiden Modellen erfolgte Bestimmung der Überstunden nicht für ausreichend hält, fordert der Kläger die Beklagte bereits jetzt auf, ihm über den Unterzeichner Einsicht in sämtliche Spesenabrechnungen, Fahrtpläne und Tacho-Scheiben zu geben, die die modellhaft berechneten Zeiten betreffen. Gemäß Ziff. 11 Abs. 5 des Arbeitsvertrags hatte der Kläger diese Unterlagen an die Beklagte „prompt und fortlaufend zu übergeben". Hieran hat sich der Kläger stets gehalten.

Unabhängig davon wird angeregt, der Beklagten gem. § 422 ZPO iVm § 46 Abs. 2 ArbGG aufzugeben, die Tacho-Scheiben, Tourenzettel und Spesenabrechnungen der Jahre 2014 bis 2016 vorzulegen, sofern sie die modellhaft berechneten Zeiten betreffen.

Hilfsweise wird geltend gemacht, dass in anderen Bereichen wie etwa dem Arzthaftungsrecht für nicht genau ermittelbare Ansprüche Abschläge auf die Klageforderung getätigt werden, die dem Grad der Ungewissheit entsprechen (vgl BGH v. 11.11.1997 – VI ZR 376/96, BGHZ 137, 142 = NJW 1998, 810, 813; siehe auch BAG v. 25.3.2015 – 5 AZR 602/13, Tz 19, NZA 2015, 1002, 1004, zur Überstundenvergütung). Hier dürfte ein Abschlag von allenfalls 5 % auf die modellhaft berechnete Überstundenvergütung angemessen sein.

Der Zinsanspruch ergibt sich aus Verzug (§§ 291, 288 Abs. 1 S. 1, 2 BGB).

Rechtsanwalt ◄

5. Reisezeiten. Reisezeiten, die ein Arbeitnehmer über die regelmäßige Arbeitszeit hinaus im Interesse des Arbeitgebers aufwendet, hat der Arbeitgeber als Arbeitszeit zu vergüten, wenn das vereinbart oder eine Vergütung den Umständen nach zu erwarten ist (§ 612 Abs. 1 BGB).[284]

6. Berechnung von Urlaubsentgelt und Lohnfortzahlung. Für die Berechnung des Urlaubsentgelts und der Lohnfortzahlung ist ein Durchschnittsentgelt zugrunde zu legen, wobei der Referenzzeitraum für das Urlaubsentgelt 13 Wochen (§ 11 Abs. 1 S. 1 BUrlG) und für die Lohnfortzahlung 12 Monate[285] beträgt. Maßstab ist die im Referenzzeitraum erbrachte Ar-

---

[284] BAG v. 3.9.1997 – 5 AZR 428/96, NJW 1998, 1581 f.
[285] BAG v. 21.11.2001 – 5 AZR 296/00 = NZA 2002, 439, 442; BAG v. 26.6.2002 – 5 AZR 592/00 (zu II 3 d) = AP Nr. 61 zu § 4 EntgeltFG; BAG v. 26.6.2002 – 5 AZR 5/01, NJOZ 2003, 1516, 1521.

beitszeit. Dieser Maßstab gilt selbst dann, wenn die Arbeitsleistung nicht auf einer wirksamen Rechtsgrundlage beruht.[286] Bei der Berechnung dieses Wertes ist der „zusätzlich für Überstunden gezahlte" Arbeitsverdienst herauszunehmen (§ 11 Abs. 1 S. 1 BUrlG, § 4 Abs. 1 a S. 1 EntgeltFG). Das sind nicht nur die Überstundenzuschläge. Erfasst ist auch die für Überstunden gezahlte Grundvergütung.[287]

IV. Weitere arbeitsrechtliche Regelungen für das Fahrpersonal

84 1. **Aufzeichnungspflichten.** Nach § 21 a Abs. 7 S. 1 ArbZG hat der Arbeitgeber die gesamte Arbeitszeit des Fahrpersonals aufzuzeichnen. Dieser Verpflichtung kann er sich nicht dadurch entziehen, dass er Vertrauensarbeit einführt.[288] Diese Regelung bedeutet nicht, dass er die Aufzeichnungen persönlich vornehmen muss. Der gesetzlichen Verpflichtung wird zB durch Eigenaufzeichnungen der Beschäftigten genügt. Eine besondere Form für die Aufzeichnungen ist nicht vorgegeben. Der Nachweis kann mit allen Mitteln (Schaublätter, Speicherdaten der digitalen Kontrollgeräte) erbracht werden, aus denen sich die geleisteten Arbeitszeiten vollständig entnehmen lassen.[289] Der Arbeitgeber muss die erfassten Daten 2 Jahre lang aufbewahren (§ 21 a Abs. 7 S. 2 ArbZG) und dem Betriebsrat zur Verfügung stellen (§ 80 Abs. 1 Nr. 1, Abs. 2 BetrVG). Mindestzeitintervalle sieht das Gesetz nicht vor. Damit ist unklar, auf welchen Zeitraum sich die 2 Jahre beziehen. Hier hilft jedoch Art. 9 lit. b Fahrpersonal-RL 2002/15/EG, auf dem die Vorschrift des § 21 a Abs. 7 ArbZG beruht. Demnach sind die Aufzeichnungen mindestens 2 Jahre „nach Ablauf des betreffenden Zeitraums" aufzubewahren (Aufzeichnungen der Arbeit am 24.3.2014 also bis zum 24.3.2016 und nicht bis Ende März 2016 oder Ende 2016). In gleicher Weise wird auch die Parallelvorschrift des § 16 Abs. 2 ArbZG ausgelegt.[290] Verstöße gegen die Aufzeichnungs- und Aufbewahrungspflicht sind bußgeldbewehrt (§ 22 Abs. 1 Nr. 9 ArbZG). Über § 618 BGB kann der Arbeitnehmer die Einhaltung der Aufzeichnungspflichten erzwingen, obwohl es sich auch bei diesen Pflichten um öffentlich-rechtliche handelt.

85 Gemäß § 21 a Abs. 7 S. 3 ArbZG haben die Mitglieder des Fahrpersonals Anspruch auf **Aushändigung einer Kopie** der Aufzeichnungen ihrer Arbeitszeit. Dieser Anspruch hat für die Durchsetzung von Vergütungsforderungen (vor allem Überstunden) große Bedeutung. Der Aushändigungsanspruch reicht allerdings nur so weit wie die Aufbewahrungspflicht. Nach 2 Jahren darf sich der Arbeitgeber auf Unmöglichkeit (§ 275 Abs. 1 BGB) berufen, wenn er die Aufzeichnungen zwischenzeitlich entsorgt hat. Dieser Einwand ist im Hauptsacheprozess zu prüfen.[291] Der Arbeitgeber macht sich mit der Entsorgung auch nicht schadensersatzpflichtig, wenn der Anspruch nicht innerhalb dieser 2 Jahre geltend gemacht worden ist. Soweit ersichtlich, wenden die Gerichte im Rahmen einer Vergütungsklage dann auch nicht die Grundsätze zur Beweisvereitelung an.

86 Im Gegenzug ist der Arbeitnehmer verpflichtet, dem Arbeitgeber durch (selbst gefertigte) schriftliche Stundenaufstellung mitzuteilen, welche Arbeitszeit er bei anderen Arbeitgebern

---

286 BAG v. 21.11.2001 – 5 AZR 296/00, NZA 2002, 439, 440.
287 BAG v. 21.11.2001 – 5 AZR 296/00, NZA 2002, 439, 441; BAG v. 26.6.2002 – 5 AZR 592/00 (zu II 2 b), AP Nr. 61 zu § 4 EntgeltFG; BAG v. 26.6.2002 – 5 AZR 5/01, NJOZ 2003, 1516, 1518.
288 *Zwanziger*, DB 2007, 1356, 1358.
289 BT-Drucks. 16/1685, S. 13.
290 *Baeck/Deutsch*, ArbZG, § 16 Rn 34.
291 LAG Niedersachsen v. 10.5.2005 – 13 Sa 842/04 (Tz 28), NZA-RR 2005, 461.

geleistet hat (§ 21 a Abs. 8 ArbZG). Hintergrund ist die Vorschrift des § 2 Abs. 1 ArbZG, wonach bei mehreren Arbeitgebern geleistete Arbeitszeiten zusammenzurechnen sind und in der Summe die Höchstarbeitszeit nicht überschreiten dürfen. Arbeitgeber sollten vor diesem Hintergrund dem Fahrpersonal Nebentätigkeiten in abhängiger Beschäftigung versagen bzw nicht genehmigen, sofern hierdurch eine Beschränkung der Hauptbeschäftigung infolge der Arbeitszeitvorgaben droht.[292] Letzteres dürfte jedenfalls im Fernverkehr die Regel sein. Zur Sicherheit sollten sie sich von ihren Fahrern auch bei Bestehen eines Nebentätigkeitsverbots Negativbescheinigungen ausstellen lassen.[293]

▶ **Muster: Klage des Arbeitnehmers wegen Arbeitszeitnachweises** 87

An das Arbeitsgericht ...

Klage

des ...

– Kläger –

Prozessbevollmächtigte: RAe ...

gegen

die X-GmbH, vertreten durch den Geschäftsführer ...

– Beklagte –

wegen Arbeitszeitnachweises.

Namens und in Vollmacht des Klägers erheben wir Klage mit dem Antrag zu erkennen:

Die Beklagte wird verurteilt, dem Kläger eine Kopie der Aufzeichnungen seiner Arbeitszeit für die Zeit vom 1.9.2013 bis zum Tag der letzten mündlichen Verhandlung auszuhändigen.

Begründung:

Der Kläger ist bei der Beklagten seit dem 1.3.2008 als Lkw-Fahrer für die Güterbeförderung im In- und Ausland beschäftigt.

Beweis: Arbeitsvertrag vom 28.2.2008
    Anlage K 1

Mit Schreiben vom 27.8.2015 forderte der Kläger die Beklagte unter Fristsetzung auf den 15.9.2015 auf, ihm aussagekräftige Aufzeichnungen seiner Arbeitszeit für die Zeit ab dem 1.9.2013 zu übermitteln.

Beweis: Schreiben des Klägers vom 27.8.2015
    Anlage K 2

Dieser Forderung ist die Beklagte nicht nachgekommen. Daher ist Klage geboten.

Der Klageanspruch ergibt sich aus § 21 a Abs. 7 S. 2 ArbZG. Diese Vorschrift gilt nach § 21 a Abs. 1 S. 1 ArbZG als Spezialvorschrift für die Beschäftigung von Arbeitnehmern als Fahrer bei Straßenverkehrstätigkeiten im Sinne der VO (EG) Nr. 561/2006 vom 15.3.2006. Insofern ist maßgeblich, dass der Kläger zur Beförderung im Straßenverkehr iS von Art. 4 lit. a VO (EG) 561/2006 eingesetzt und zu diesem Zweck abhängig beschäftigt ist. Der Klageantrag lässt der Beklagten Freiheit, wie die

---
[292] *Didier*, NZA 2007, 121, 123.
[293] *Didier*, NZA 2007, 121, 123.

Aufzeichnungen zu erfolgen haben. Der Nachweis kann mit allen Unterlagen (Schaublättern, Speicherdaten der digitalen Kontrollgeräte) erbracht werden, aus denen sich die geleisteten Arbeitszeiten vollständig entnehmen lassen (BT-Drucks. 16/1685, S. 13). Vorsorglich ist darauf hinzuweisen, dass die bloße Aushändigung von Kopien der Schaublätter nicht genügt und den Klageanspruch nicht erfüllen würde (LAG Schleswig-Holstein vom 18.9.1997 – 4 Sa 291/97, BeckRS 1997, 30468788; LAG Schleswig-Holstein vom 31.5.2005 – 5 Sa 38/05, Tz 48, NZA-RR 2005, 458, 460; LAG Niedersachsen vom 26.11.2007 – 9 Sa 92/07, Tz 25, BeckRS 2008, 52445).

Dem Kläger stehen Belege für die Zeit ab dem 1.9.2013 zu. Die Aushändigungspflicht folgt der Aufzeichnungspflicht. Diese besteht zwei Jahre lang, wobei das Gesetz keine Mindestintervalle bestimmt. Ergänzend heißt es jedoch in Art. 9 lit. b FahrpersonalRL 2002/15/EG, auf der diese Vorschrift beruht, dass die Aufzeichnungen mindestens 2 Jahre „nach Ablauf des betreffenden Zeitraums" aufzubewahren sind. Da aber die Aushändigungspflicht erst fällig werden muss, deckt sich das Ende der Zweijahresfrist mit dem Zugang des Aufforderungsschreibens. Insofern ist davon auszugehen, dass die Beklagte das Anspruchsschreiben vom 27.8.2015 noch im August erhalten hat, so dass die Zeit, für die die Arbeitszeit zu belegen ist, jedenfalls zwei Jahre vor dem 1.9.2015 beginnt. Das ist der 1.9.2013.

Rechtsanwalt ◄

88 Ergänzend ist in § 108 Abs. 1 GewO bestimmt, dass dem Arbeitnehmer bei Zahlung des Arbeitsentgelts eine Abrechnung in Textform zu erteilen ist. Diese muss mindestens Angaben über den Abrechnungszeitraum und **die** Zusammensetzung des Arbeitsentgelts enthalten. Hinsichtlich der Zusammensetzung sind insbesondere Angaben über Art und Höhe der Zuschläge, Zulagen, sonstige Vergütungen, Art und Höhe der Abzüge, Abschlagszahlungen sowie Vorschüsse erforderlich. Nach § 108 Abs. 2 GewO entfällt die Verpflichtung zur Abrechnung, wenn die Angaben sich gegenüber der letzten ordnungsgemäßen Abrechnung nicht geändert haben. Nach der Rechtsprechung dient der Anspruch der Transparenz und nicht dazu, dass der Arbeitgeber die rechnerische Vorarbeit für eine Leistungsklage des Arbeitnehmers erbringt.[294] Die Abrechnung ist erst dann einklagbar, wenn zuvor gezahlt wurde (vgl § 108 Abs. 1 S. 1 GewO: „bei Zahlung").[295] Ein Anspruch auf Neuerstellung einer Abrechnung soll nur dann in Betracht kommen, wenn die vorgelegte Abrechnung völlig unbrauchbar ist.[296] Ist noch nicht gezahlt, kann der Anspruch auch auf § 82 Abs. 2 S. 1 Alt. 1 BetrVG gestützt werden. Diese Vorschrift gilt auch für Betriebe ohne Betriebsrat.[297]

89 Darüber hinaus kann der Arbeitnehmer nach allgemeinen Grundsätzen Auskunft über die Grundlagen seines Vergütungsanspruchs verlangen. Nach der Rechtsprechung besteht außerhalb der gesetzlich oder vertraglich geregelten Auskunftsansprüche ein aus § 242 BGB abgeleitetes **Auskunftsrecht** des Arbeitnehmers, wenn die Rechtsbeziehungen zwischen den Parteien es mit sich bringen, dass der Berechtigte in entschuldbarer Weise über Bestehen und Umfang eines Rechts im Ungewissen ist und der Verpflichtete die zur Beseitigung der Ungewissheit erforderlichen tatsächlichen Angaben unschwer machen kann.[298] Mithilfe der Auskunft

---

294 BAG v. 12.7.2006 – 5 AZR 646/05 (Tz 13), NZA 2006, 1294, 1295; BAG v. 10.1.2007 – 5 AZR 665/06 (Tz 18), NZA 2007, 679, 680.
295 BAG v. 12.7.2006 – 5 AZR 646/05 (Tz 13), NZA 2006, 1294, 1295.
296 BAG v. 9.11.1999 – 9 AZR 771/98 (Tz 18), NJW 2000, 3228 f, allerdings noch zu § 134 Abs. 2 GewO aF, der durch die Vorschrift des § 108 GewO erheblich verschärft worden ist.
297 ErfK/*Kania*, Rn 1 zu § 82 BetrVG.
298 BAG v. 1.12.2004 – 5 AZR 664/03, NZA 2005, 289, 291.

wird der Auskunftsberechtigte in die Lage versetzt, einen regelmäßig auf Geld gerichteten Anspruch zu beziffern. Die Auskunft dient damit der Rechtsverfolgung bzw Rechtsverteidigung; der Auskunftsanspruch setzt das Bestehen eines Hauptanspruchs voraus. Dabei kommt es nicht darauf an, ob der durch die Auskunft vorbereitete Zahlungsanspruch sich gegen den Arbeitgeber oder gegen einen Dritten (zB Entleihbetrieb) richtet.[299] Das schließt den Anspruch auf eine Abrechnung mit ein, wenn es dieser bedarf, um den Zahlungsanspruch konkret verfolgen zu können.[300] Regelmäßig besteht ein derartiger Auskunftsanspruch aber nicht, da der Arbeitnehmer über seine Arbeitszeiten selbst Buch führen kann und schuldhaft ins Ungewisse gerät, wenn er dies nicht tut.[301]

Weitere Regelungen zu Aufzeichnungspflichten ergeben sich aus Vorschriften des Europarechts, die das nationale Arbeitszeitrecht flankieren. So gibt die Verordnung (EWG) Nr. 3821/85 v. 20.12.1985 (ABl EG L 370 S. 8; **KontrollgerätVO**) mit identischem Anwendungsbereich wie die EG-FahrpersonalVO Vorschriften zum Einbau und Betrieb der im EU-Raum anzuwendenden Fahrtschreiber. Fahrzeuge, die nach dem 1.5.2006 erstmals für den Straßenverkehr zugelassen sind und eine zulässige Gesamtmasse von über 3,5 t aufweisen, müssen mit einem digitalen Kontrollgerät ausgerüstet sein. Zudem konkretisiert die KontrollgerätVO die Aufzeichnungspflichten für alle unter die EG-FahrpersonalVO fallenden Fahrten. Dabei wird ein Fahrzeug als fahrend betrachtet, sobald der Geschwindigkeitsgeber mindestens 5 Sekunden lang Fahrimpulse erhält.[302] Des Weiteren gibt die Richtlinie 2003/59/EG v. 15.7.2003 (ABl EU L 226 S. 4) Vorschriften zur **Grundqualifikation** (zB Mindestalter sowie über die Fahrerlaubnis hinausgehende tätigkeitsbezogene Fähigkeiten und Kenntnisse) und **Weiterbildung** der Fahrer bestimmter Kraftfahrzeuge für den Güter- oder Personenverkehr. Diese Richtlinie bedurfte der Umsetzung in nationales Recht, was für Deutschland mit Wirkung zum 1.10.2006 durch das Berufskraftfahrer-Qualifikations-Gesetz (BKrFQG)[303] geschehen ist. Ergänzend ist auf die Richtlinie 2006/22/EG v. 15.3.2006 (ABl EU L 102 S. 35) hinzuweisen, die Maßnahmen zur Statistik, zur polizeilichen Kontrolle der Einhaltung der europarechtlich geltenden Lenk- und Ruhezeiten sowie zum Informationsaustausch vorsieht.

2. Verbot von Akkordlöhnen. Für das Fahrpersonal von Belang ist ferner § 3 FPersG mit dem **Verbot bestimmter Akkordlöhne, Prämien und Zuschläge**. Diese Vorschrift kann zur Nichtigkeit der Vergütungsvereinbarung führen, wenn zB ein Paketzusteller Zustellprämien pro Paket und Stopp erhält; dies gilt auch dann, wenn die Anzahl der Zustellstücke konstant sein sollte und der Arbeitnehmer durch die angestrebte Beschleunigung nur mehr Freizeit gewinnt.[304] Anstelle der nichtigen Preisabsprache tritt nach § 612 BGB die übliche Vergütung, wobei im Einzelfall auf die einschlägige tarifliche Vergütung abgestellt werden kann.[305] Soweit kein räumlich und fachlich einschlägiger Tarifvertrag besteht, dem die Vergütungshöhe entnommen werden kann, ist die übliche Vergütung in Anlehnung an die statistisch ermittel-

---

299 BAG v. 19.4.2005 – 9 AZR 188/04, NZA 2005, 983, 984.
300 BAG v. 12.7.2006 – 5 AZR 646/05 (Tz 15), NZA 2006, 1294, 1295.
301 LAG Niedersachsen v. 10.5.2005 – 13 Sa 842/04 (Tz 21), NZA-RR 2005, 461; LAG Hessen v. 27.5.2008 – 12 Sa 30/07; vgl auch BAG v. 26.6.1985 – 7 AZR 150/83, juris Tz 23.
302 *Mindorf*, NZV 2007, 341, 344.
303 Art. 1 des Gesetzes über die Grundqualifikation und Weiterbildung der Fahrer bestimmter Kraftfahrzeuge für den Güterkraft- oder Personenverkehr. 14.8.2006 (BGBl. I S. 1958).
304 LAG Rheinland-Pfalz v. 30.11.2007 – 9 Sa 532/07, juris Tz 19 = BeckRS 2008, 50991.
305 LAG Rheinland-Pfalz v. 30.11.2007 – 9 Sa 532/07, juris Tz 20 = BeckRS 2008, 50991; vgl BAG v. 28.9.1994 – 4 AZR 619/93 (zu B I), AP Nr. 38 zu § 2 BeschFG 1985.

ten Durchschnittslöhne, orientiert an Anforderungsprofilen, zu bestimmen. Sind brauchbare Vergleichskriterien nicht zu finden, lässt sich die Anspruchshöhe nur über die §§ 316, 315 BGB ermitteln.[306]

C. Kündigungen wegen Vergehen im Straßenverkehr

I. Allgemeines

92 Hat der Arbeitgeber einen sog. Kleinbetrieb, kann er ein Arbeitsverhältnis, wenn kein Sonderkündigungsschutz greift (zB für Schwerbehinderte oder Betriebsratsmitglieder), relativ leicht beenden. Er darf das Arbeitsverhältnis jederzeit kündigen und muss dabei nur die Schriftform (§ 623 BGB) und die vertraglichen, tariflichen oder gesetzlichen Kündigungsfristen beachten. Besteht ein Betriebsrat, was in Betrieben mit in der Regel mindestens fünf ständigen volljährigen Arbeitnehmern einschließlich Auszubildende der Fall sein kann (vgl §§ 1 Abs. 1, 5 Abs. 1 S. 1, 7 BetrVG), ist dieser vorher anzuhören (§ 102 Abs. 1 BetrVG). Betriebe mit regelmäßig mehr als zehn Vollzeitbeschäftigten[307] unterliegen zusätzlich dem KSchG (vgl § 23 Abs. 1 S. 3 KSchG). Dieses lässt eine ordentliche Kündigung eines Arbeitsverhältnisses, das im Unternehmen ohne Unterbrechung länger als sechs Monate besteht (vgl § 1 Abs. 1 KSchG), nur unter engen Voraussetzungen zu, nämlich aus betriebsbedingten, personenbedingten oder verhaltensbedingten Gründen, und wenn sie nicht **sozial ungerechtfertigt** ist (§ 1 Abs. 2, Abs. 1 KSchG). Außerordentliche Kündigungen sind auch in größeren Betrieben immer möglich (vgl § 13 Abs. 1 S. 1 KSchG), sofern die Voraussetzungen des § 626 BGB vorliegen, nämlich ein Grund, der ein Zuwarten mit der Beendigung des Arbeitsverhältnisses bis zum nächsten ordentlichen Beendigungszeitpunkt unzumutbar erscheinen lässt (§ 626 Abs. 1 BGB), und die Beachtung der zweiwöchigen Kündigungserklärungsfrist (§ 626 Abs. 2 BGB). Vor Ausspruch einer fristlosen Kündigung ist der Betriebsrat ebenfalls zu hören (§ 102 Abs. 1 BetrVG: „vor jeder Kündigung"). Geht es um eine ordentliche Kündigung wegen eines Vergehens im Straßenverkehr, kommt ganz selten einmal eine personenbedingte Kündigung in Betracht (zB bei einer Alkoholkrankheit, siehe Rn 94). Regelmäßig wird eine solche Kündigung auf ein gegen den Arbeitsvertrag verstoßendes **Verhalten** des Arbeitnehmers gestützt. Dabei ist die Einhaltung öffentlich-rechtlicher Pflichten (zB aus der StVO oder dem ArbZG) in aller Regel auch nach dem Arbeitsvertrag geschuldet, da sich der Arbeitsvertrag auf legale Weise nicht anders durchführen lässt.[308] Nach Auffassung des BAG ist ein nicht auf Alkoholabhängigkeit beruhender Alkoholmissbrauch als steuerbares Verhalten und damit als Verhaltensverstoß zu werten. Bevor der Arbeitgeber bei einem im Dienst begangenen Verkehrsverstoß des Arbeitnehmers zur Kündigung greift, ist grundsätzlich eine **Abmahnung** erforderlich.[309] Je nach Schwere des Verstoßes reicht sogar möglicherweise die eine Abmahnung nicht aus. Gleiches gilt für andere Verkehrsdelikte, zB einen Rotlichtverstoß.[310] Eine Abmahnung ist vor allem dann erforderlich, wenn der Arbeitgeber in der Vergangenheit entsprechende Verstöße

---

306 BAG v. 21.11.2001 – 5 AZR 87/00, NZA 2002, 624, 627.
307 Bei der Feststellung der Zahl der beschäftigten Arbeitnehmer sind Teilzeitkräfte mit einer regelmäßigen wöchentlichen Arbeitszeit von nicht mehr als 20 Stunden mit 0,5 und nicht mehr als 30 Stunden mit 0,75 zu berücksichtigen (§ 23 Abs. 1 S. 4 KSchG).
308 Vgl LAG Hamm v. 27.6.2003 – 15 Sa 474/03: fristlose Arbeitgeberkündigung gerechtfertigt wegen Manipulation des Fahrtenschreibers.
309 BAG v. 26.1.1995 – 2 AZR 649/94, NJW 1995, 1851, 1853; BAG v. 4.6.1997 – 2 AZR 526/96, NJW 1998, 554, 557.
310 LAG Köln v. 4.9.2006 – 14 Sa 635/06, BB 2007, 560.

(zB gegen das Lenkzeitrecht) geduldet oder sogar angeordnet hat. Auf der anderen Seite wird dem Arbeitnehmer abverlangt, sich Anweisungen, die zu Verstößen gegen solche Verbotsvorschriften führen, im Rahmen des Zumutbaren zu widersetzen. Anderenfalls löst er einen Sperrzeittatbestand nach § 159 Abs. 1 S. 1, S. 2 Nr. 1 SGB III aus, wenn der Arbeitgeber die Kündigung auf diese Verkehrsverstöße stützt.[311]

II. Alkoholmissbrauch

Schwieriger ist die Rechtslage, wenn der Verkehrsverstoß (zB eine Alkoholfahrt) **außerhalb des Dienstes** stattgefunden hat. Dies zieht arbeitsvertragliche Folgen nur dann nach sich, wenn sich das Fehlverhalten des Arbeitnehmers als **Störung im Vertrauensbereich** auf das Arbeitsverhältnis auswirkt. Infrage kommt dann eine außerordentliche wie auch eine fristgerechte Kündigung des Arbeitsverhältnisses.[312] Über die Frage, ob einem als Fahrer beschäftigten Arbeitnehmer fristlos gekündigt werden kann, wenn er in seiner Freizeit betrunken ein Fahrzeug lenkt, hat sich das BAG erstmals im Jahr 1963 beschäftigt. Nach Ansicht des BAG rechtfertigt selbst eine im Urlaub und nicht mit einem Betriebsfahrzeug begangene Trunkenheitsfahrt eine außerordentliche Kündigung des Arbeitsverhältnisses. Dieser Fall war allerdings von Besonderheiten geprägt. So ging es um einen Mitarbeiter der Bundespost, die die Pflicht hatte, ihre Fahrzeuge im Postreisedienst nur zuverlässigen Bediensteten anzuvertrauen. Zudem war der Arbeitnehmer schon davor im Dienst durch Alkoholgeruch bzw alkoholbedingte Ausfallerscheinungen aufgefallen und wurde im Urlaub schließlich mit einer BAK von 2,1 ‰ angetroffen.[313] In einer Entscheidung vom 4.6.1997 hatte das BAG Gelegenheit, seine Rechtsprechung zu überprüfen. Entschieden werden musste über die Rechtmäßigkeit einer fristlosen, hilfsweise ordentlichen Kündigung eines U-Bahn-Zugfahrers, der mit seinem Privatfahrzeug und einer BAK von 2,73 ‰ einen Blechschaden verursacht und dem daraufhin für 10 Monate die Fahrerlaubnis entzogen worden war. Das BAG verneinte wie die Vorinstanzen die Rechtmäßigkeit der Kündigung, da der Arbeitnehmer für die U-Bahn-Fahrten keinen Führerschein benötigte und es sich um den ersten Alkoholvorfall im Arbeitsverhältnis handelte.[314] Darüber hinaus vermisste das BAG die Prüfung durch den Arbeitgeber, ob eine **Abmahnung** ausgereicht hätte, um eine Änderung des Verhaltens und eine Wiederherstellung der erforderlichen Eignung und Zuverlässigkeit für die vertraglich geschuldete Arbeitsleistung herbeizuführen. Zwar sei bei Störungen im Vertrauensbereich eine Abmahnung grundsätzlich entbehrlich. Anders sei dies aber, wenn der Arbeitnehmer annehmen durfte, sein Verhalten sei nicht vertragswidrig, zumindest werde der Arbeitgeber es nicht als ein erhebliches, den Bestand des Arbeitsverhältnisses gefährdendes Fehlverhalten ansehen. Einen solchen Fall habe das Vorgericht hier rechtsfehlerfrei angenommen.[315] Die Frage der Entbehrlichkeit einer Abmahnung stellt sich auch bei anderen Pflichtverletzungen im Rahmen des Arbeitsvertrags. So ist eine Abmahnung regelmäßig entbehrlich, wenn ein Berufskraftfahrer Manipulationen am

---

311 BSG v. 6.2.2003 – B 7 AL 72/01 R, NZS 2004, 107, 109 (zur wortgleichen Fassung des § 144 SGB III aF).
312 Siehe etwa LAG Hessen v. 1.7.2011 – 10 Sa 245/11: Als Kraftfahrer beschäftigter Arbeitnehmer wird bei einer privaten Autofahrt mit einer BAK von 1,36 ‰ ertappt und verliert deshalb seine Fahrerlaubnis: fristlose Kündigung gerechtfertigt, auch wenn kein Schaden entstanden ist. Siehe ferner LAG Schleswig-Holstein v. 3.7.2014 – 5 Sa 27/14, NZA-RR 2014, 582 mwN.
313 BAG v. 22.8.1963 – 2 AZR 114/63, NJW 1964, 74, 75.
314 BAG v. 4.6.1997 – 2 AZR 526/96, NJW 1998, 554, 555 f.
315 BAG v. 4.6.1997 – 2 AZR 526/96, NJW 1998, 554, 556.

Kontrollgerät vornimmt.³¹⁶ Des Weiteren befand das BAG im Jahr 1978 über die Rechtmäßigkeit einer außerordentlichen Kündigung aufgrund einer alkoholbedingten Privatfahrt eines angestellten Kraftfahrers, die ihm für sieben Monate die Fahrerlaubnis kostete. Das BAG urteilte, grundsätzlich könne die Entziehung des Führerscheins bei einem Arbeitnehmer, der als Kraftfahrer beschäftigt ist, die fristlose Kündigung des Arbeitsvertrags rechtfertigen, weil der Arbeitnehmer dadurch seine Arbeitspflicht vorübergehend nicht mehr erfüllen kann und darf. Das gelte auch dann, wenn die Entziehung des Führerscheins wegen einer außerhalb der Arbeitszeit durchgeführten Trunkenheitsfahrt erfolgt.³¹⁷ Im Rahmen der Interessenabwägung müsse der Arbeitgeber jedoch darlegen, warum eine anderweitige Beschäftigung des Mitarbeiters – ggf nach Versetzung – im Unternehmen während der Ausfallzeit, jedenfalls bis zum Ablauf der ordentlichen Kündigungsfrist, nicht möglich sei.³¹⁸ Weitergedacht ergibt sich daraus die Obliegenheit, dass der Arbeitgeber durch entsprechende Bescheinigung den Arbeitnehmer darin unterstützen muss, einen Entzug der Fahrerlaubnis zu vermeiden, wenn er den Entzug zum Anlass einer Kündigung nehmen will.³¹⁹ Dazu genügt aber nicht die Mitteilung an das Gericht, er behalte sich die Kündigung bei Entzug der Fahrerlaubnis vor. Hintergrund ist der Umstand, dass der Entzug der Fahrerlaubnis zur Tatabbüßung nicht mehr angemessen sein kann, wenn der Arbeitnehmer dadurch seinen Arbeitsplatz verliert. Diese Einschränkung ist schon wegen Art. 20 Abs. 3 GG geboten.³²⁰ Strenger sind die Gerichte, wenn die Alkoholfahrt in der Freizeit, aber mit einem Dienstfahrzeug erfolgt. Hier wird ein Verstoß gegen die Rücksichtnahmepflicht aus § 241 Abs. 2 BGB anzunehmen sein, der eine Kündigung des Arbeitsverhältnisses durch den Arbeitgeber rechtfertigen kann.³²¹

94 Beruht der Alkoholmissbrauch auf einer **Alkoholabhängigkeit**, lässt sich eine Kündigung des Arbeitsverhältnisses durch den Arbeitgeber nur auf die strengen Anforderungen stützen, die an eine personenbedingte Kündigung gestellt werden. Denn nach der Rechtsprechung des BAG ist Alkoholabhängigkeit eine Krankheit im medizinischen Sinne.³²² Eine Kündigung kann durch Gründe in der Person des Arbeitnehmers bedingt sein, wenn im Kündigungszeitpunkt die Prognose gerechtfertigt ist, der Arbeitnehmer biete auf Grund einer Alkoholerkrankung dauerhaft nicht die Gewähr, seine vertraglich geschuldete Tätigkeit ordnungsgemäß zu erbringen. Voraussetzung ist, dass daraus eine erhebliche Beeinträchtigung der betrieblichen Interessen folgt, diese durch mildere Mittel – etwa eine (auch dauerhafte) Versetzung – nicht abgewendet werden kann und sie auch bei einer Abwägung gegen die Interessen des Arbeitnehmers vom Arbeitgeber billigerweise nicht mehr hingenommen werden muss. Für die Prognose im Hinblick auf die weitere Entwicklung einer Alkoholerkrankung kommt es entscheidend darauf an, ob der Arbeitnehmer zum Zeitpunkt der Kündigung bereit ist, eine Entziehungskur bzw Therapie durchzuführen. Lehnt er das ab, kann erfahrungsgemäß davon aus-

---

316 Vgl LAG Rheinland-Pfalz v. 21.2.2006 – 5 Sa 888/05, BeckRS 2006, 42803.
317 BAG v. 30.5.1978 – 2 AZR 630/76, NJW 1979, 332, 333. Bei einer Kündigung eines Berufskraftfahrers wegen Alkohols am Steuer darf die Agentur für Arbeit auch dann eine 12-wöchige Sperre nach § 159 Abs. 1 S. 2 Nr. 1, Abs. 3 S. 1 SGB III verhängen, wenn das Vergehen nicht im Dienst erfolgte, so LSG Hessen v. 22.6.2010 – L 6 AL 13/08, BeckRS 2010, 74548; siehe auch LSG Nordrhein-Westfalen v. 15.10.2008 – L 12 AL 3/07, BeckRS 2008, 57972; LSG Sachsen v. 15.8.2013 – L 3 AL 133/10, BeckRS 2013, 73587 (jeweils zu § 144 SGB III aF).
318 BAG v. 30.5.1978 – 2 AZR 630/76, NJW 1979, 332, 333.
319 Hierzu *Krumm*, SVR 2006, 38 ff.
320 BVerfG v. 26.10.1993 – 2 BvR 2295/93, NJW 1994, 573, 574; vgl auch BVerfG v. 10.2.1995 – 2 BvR 2139/95, NJW 1995, 1541.
321 Vgl BAG v. 10.9.2009 – 2 AZR 257/08 (Tz 215), NZA 2010, 220, 222.
322 BAG v. 9.4.1987 – 2 AZR 210/86, NJW 1987, 2956; BAG v. 26.1.1995 – 2 AZR 649/94, NJW 1995, 1851, 1852.

gegangen werden, dass er von seiner Alkoholabhängigkeit in absehbarer Zeit nicht geheilt wird. Ebenso kann eine negative Prognose berechtigt sein, wenn der Arbeitnehmer nach abgeschlossener Therapie rückfällig geworden ist.[323] Eine Alkoholerkrankung berechtigt den Arbeitgeber nicht nur dann zur Kündigung des Arbeitsverhältnisses, wenn sie mit beträchtlichen Fehlzeiten des Arbeitnehmers einhergeht. Eine erhebliche Beeinträchtigung betrieblicher Interessen kann sich auch daraus ergeben, dass die Verrichtung der vertraglich geschuldeten Tätigkeit mit einer beachtlichen Selbst- und Fremdgefährdung des Arbeitnehmers oder dritter Personen verbunden ist und der Arbeitnehmer mangels Fähigkeit zur Alkoholabstinenz nicht die erforderliche Gewähr dafür bietet, bei seiner Arbeitsleistung einschlägige Unfallverhütungsvorschriften ausnahmslos zu beachten.[324] Von krankhaftem Alkoholismus ist auszugehen, wenn infolge psychischer und physischer Abhängigkeit gewohnheits- und übermäßiger Alkoholgenuss trotz besserer Einsicht nicht aufgegeben oder reduziert werden kann. Eine Kündigung wegen Pflichtverletzungen, die auf Alkoholabhängigkeit zurückzuführen sind, ist in der Regel sozialwidrig, weil dem Arbeitnehmer im Zeitpunkt der Pflichtverletzung kein Schuldvorwurf zu machen ist.[325] In der Regel muss der Arbeitgeber hier zunächst den Arbeitnehmer mit dem gebotenen Nachdruck zur Durchführung einer Therapiemaßnahme anhalten[326] oder aber ein sog. betriebliches Eingliederungsmanagement nach § 84 Abs. 2 SGB IX durchführen, bevor er eine Kündigung ausspricht.[327] Diese Voraussetzung ist allerdings unschwer zu erfüllen, zumal das BAG hierfür kein formalisiertes Verfahren fordert.[328] Jedenfalls ist es Sache des Arbeitgebers, die Initiative zur Durchführung eines gesetzlich gebotenen betrieblichen Eingliederungsmanagements (bEM) zu ergreifen. Dazu gehört, dass er den Arbeitnehmer auf die Ziele des bEM sowie die Art und den Umfang der hierfür erhobenen und verwendeten Daten hinweist.[329] Hat der Arbeitgeber die gebotene Initiative nicht ergriffen, muss er zur Darlegung der Verhältnismäßigkeit einer auf krankheitsbedingte Fehlzeiten gestützten Kündigung nicht nur die objektive Nutzlosigkeit arbeitsplatzbezogener Maßnahmen im Sinne von § 1 Abs. 2 S. 2 KSchG aufzeigen. Er muss vielmehr auch dartun, dass künftige Fehlzeiten ebenso wenig durch gesetzlich vorgesehene Hilfen oder Leistungen der Rehabilitationsträger in relevantem Umfang hätten vermieden werden können.[330]

III. Verstöße im Straßenverkehr (zB Lenkzeitüberschreitungen, Alkohol)

Verstößt der Arbeitnehmer als Kraftfahrer gegen gesetzliche Arbeitszeitvorschriften (Lenk- und Ruhezeiten), führt dies nicht zu Eintragungen im Verkehrszentralregister. Allerdings er-

95

---

323 BAG v. 20.3.2014 – 2 AZR 565/12 (Tz 15, 29), NJW 2014, 2219 ff.
324 BAG v. 20.3.2014 – 2 AZR 565/12 (Tz 25), NJW 2014, 2219, 2221.
325 BAG v. 9.4.1987 – 2 AZR 210/86, NJW 1987, 2956; BAG v. 26.1.1995 – 2 AZR 649/94, NJW 1995, 1851, 1852. Sie führt damit auch nicht zu einem Sperrzeittatbestand: BSG v. 6.3.2003 – B 11 AL 69/02 R, NZS 2004, 165, 167.
326 *Künzl/Sinner*, NZA-RR 2013, 561, 569 mN.
327 Vgl BAG v. 12.7.2007 – 2 AZR 716/06 (Tz 40 ff), NZA 2008, 173, 176; hierzu *Tschöpe*, NZA 2008, 398 ff; *Kohte*, DB 2008, 582 ff. Zum System des bEM s. *Welti*, NZS 2006, 623 ff, zu den Mitwirkungspflichten des erkrankten bzw behinderten Arbeitnehmers *Wetzling/Habel*, NZA 2007, 1129 ff. Ein bEM ist selbst dann durchzuführen, wenn kein Betriebsrat iSd § 93 SGB IX besteht: BAG v. 30.9.2010 – 2 AZR 88/09 (Tz 28), NZA 2011, 39, 41. Andererseits ist ein bEM entbehrlich, wenn der Arbeitnehmer nicht innerhalb eines Jahres länger als sechs Wochen ununterbrochen oder wiederholt wegen seiner Alkoholerkrankung arbeitsunfähig war: BAG v. 20.3.2014 – 2 AZR 565/12 (Tz 32), NJW 2014, 2219, 2222, oder wenn selbst ein bEM kein positives Ergebnis iSd Findung eines leidensgerechten Arbeitsplatzes erbracht hätte, ebenda Tz 34.
328 BAG v. 10.12.2009 – 2 AZR 198/09 (Tz 18), NZA 2010, 639, 640.
329 BAG v. 20.11.2014 – 2 AZR 755/13 (Tz 31, 32), NJW 2015, 1979, 1981.
330 BAG v. 20.11.2014 – 2 AZR 755/13 (Tz 50), NJW 2015, 1979, 1983.

füllt er damit regelmäßig Bußgeldtatbestände (zB gem. § 8 a FPersG)[331] oder Strafvorschriften nach den §§ 22 f. ArbZG und riskiert damit ein Fahrverbot (§ 44 Abs. 1 StGB). Andere Verkehrsverstöße (zB Alkoholfahrt) können sogar zum Entzug der Fahrerlaubnis (§§ 61 Nr. 5, 69 Abs. 1 StGB) führen. Wird dem Arbeitnehmer aufgrund eines Straßenverkehrsdelikts die **Fahrerlaubnis entzogen**, so dass er seiner Erwerbsarbeit nicht mehr nachgehen kann, stellt dieser Mangel keinen verhaltensbedingten, sondern allenfalls einen personenbedingten Grund für eine ordentliche Kündigung des Arbeitsverhältnisses dar.[332] Auf diesen Grund ist auch dann abzustellen, wenn der Verkehrsverstoß nicht im Dienst erfolgte. Hauptfall ist die in Rn 93 erörterte Trunkenheitsfahrt. Ein bloßes **Fahrverbot** wird eine Kündigung des Arbeitsverhältnisses in aller Regel nicht rechtfertigen können. Erst recht gilt dies, wenn der Arbeitgeber den Arbeitnehmer animiert oder sogar angewiesen hat, den fraglichen Verkehrsverstoß (zB zu schnelles Fahren) zu begehen. Ist der Arbeitnehmer, zB ein Berufskraftfahrer, zur Erfüllung des Arbeitsvertrags ständig auf ein Kfz angewiesen, besteht die arbeitsvertragliche Nebenpflicht, seinen Arbeitgeber auf ein verhängtes und demnächst anstehendes Fahrverbot möglichst frühzeitig hinzuweisen. Setzt der Arbeitnehmer den Arbeitgeber erst 14 Tage vor Beginn des Fahrverbots über dieses in Kenntnis, obwohl er selbst seit mehr als zwei Monaten davon weiß, liegt eine Verletzung dieser Nebenpflicht vor. Diese kann eine Kündigung im Regelfall aber nicht rechtfertigen, sofern der Arbeitgeber immer noch ausreichend Zeit hatte, sich auf die Situation einzustellen.[333] Nach der obergerichtlichen Rechtsprechung hat der Betroffene berufliche und wirtschaftliche Schwierigkeiten als Folge eines angeordneten Fahrverbots regelmäßig hinzunehmen. Daher rechtfertigen derartige Nachteile ein Absehen von der Verhängung eines Regelfahrverbots noch nicht, sondern nur Härten ganz außergewöhnlicher Art, zB ein drohender Verlust des Arbeitsplatzes bzw der wirtschaftlichen Existenzgrundlage.[334] Besondere Zweifel an der Existenzgefährdung bestehen, wenn schon ein früheres Fahrverbot nicht zu einer Kündigung geführt hat.[335] Die Frage der Angemessenheit eines Fahrverbots hat sich durch die Möglichkeit, die Abgabe des Führerscheins um bis zu 4 Monate nach Rechtskraft zu verzögern (Vollstreckungsaufschub gem. § 25 Abs. 2 a StVG), weitgehend erledigt. Bei der Prüfung, ob und in welchem Umfang dem Betroffenen ggf zumutbare Maßnahmen zur Verfügung stehen, um etwaige nachteilige berufliche Auswirkungen des Fahrverbots abzumildern oder auszuschließen, ist daher immer zu fragen, für welchen zusammenhängenden Zeitraum der Arbeitgeber bereit ist, dem Betroffenen Urlaub zu gewähren, sowie, ob der Betroffene in der den Urlaub überschreitenden Restzeit des Fahrverbots ggf anderweitig im Betrieb seines Arbeitgebers eingesetzt werden kann.[336] Ist dies zu verneinen, muss weitergefragt werden, ob der Betroffene durch die Benutzung von öffentlichen Verkehrsmitteln oder Taxen sowie ggf durch die Beschäftigung eines Aushilfsfahrers oder durch eine Kombination dieser Maßnahmen berufliche und wirtschaftliche Schwierigkeiten ausgleichen kann. Für hierdurch auftretende finanzielle Belastungen muss der Betroffene notfalls einen Kredit auf-

---

331 Siehe dazu OLG Frankfurt am Main v. 13.7.2010 – 2 Ss OWi 17/10, NZV 2011, 99: Doppelwochenverstoß.
332 BAG v. 30.5.1978 – 2 AZR 630/76, NJW 1979, 332, 333; BAG v. 25.4.1996 – 2 AZR 74/95, NZA 1996, 1201, 1202; BAG v. 5.6.2008 – 2 AZR 984/06 (Tz 28), BeckRS 2008, 5497; vgl BAG v. 15.11.1984 – 2 AZR 613/83, NJW 1986, 342, 343: Verbüßung einer Haftstrafe.
333 LAG Mecklenburg-Vorpommern v. 16.8.2011 – 5 Sa 295/10, juris Tz 28, BeckRS 2011, 77696.
334 OLG Koblenz v. 30.7.1996 – 2 Ss 218/96, NZV 1997, 48; OLG Karlsruhe v. 17.2.2003 – 1 Ss 167/02, NZV 2004, 211, 213; OLG Karlsruhe v. 2.3.2004 – 1 Ss 18/04, NZV 2004, 316, 317; OLG Hamm v. 6.2.2006 – 2 Ss OWi 31/06, NZV 2007, 259, 260; OLG Hamm v. 2.11.2006 – 2 Ss OWi 712/06, NZV 2007, 261, 262.
335 OLG Hamm v. 12.10.2007 – 3 Ss OWi 560/07, BeckRS 2007, 65091.
336 OLG Hamm v. 16.2.2006 – 3 Ss OWi 852/05, BeckRS 2007, 18445.

nehmen.³³⁷ Ein Teil der Gerichte mutet einem abhängig Beschäftigten eine solche Kreditaufnahme jedoch regelmäßig nicht zu.³³⁸

Bei alledem ist zu berücksichtigen, dass nur der staatliche Entzug der Fahrerlaubnis einen außerordentlichen oder ordentlichen personenbedingten Kündigungsgrund zu bilden vermag. Der Verlust einer nur **betrieblichen Fahrerlaubnis** steht dem Verlust einer gesetzlichen Fahrerlaubnis nicht gleich, da Erteilung und Entzug der betrieblichen Fahrerlaubnis nach vom Arbeitgeber selbst aufgestellten Regeln erfolgt. Ansonsten hätte es der Arbeitgeber in der Hand, sich Kündigungsgründe zu verschaffen und so Kündigungsanforderungen (zB Abmahnerfordernis) zu umgehen.³³⁹ 96

IV. Zu Unrecht entzogene Fahrerlaubnis

Wird der Führerschein des Arbeitnehmers zu Unrecht vorläufig entzogen und hat dies zur Folge, dass der Arbeitgeber das Arbeitsverhältnis kündigt, umfasst die Entschädigungspflicht des Staates nach § 2 Abs. 1, Abs. 2 Nr. 5, § 7 Abs. 1 StrEG den durch die Kündigung verursachten Erwerbsschaden des Arbeitnehmers.³⁴⁰ Ein Mitverschulden des Arbeitnehmers an der Schadensentstehung führt gem. § 254 Abs. 1 BGB, ein Mitverschulden an der Schadensentwicklung gem. § 254 Abs. 2 BGB zur Reduzierung oder Versagung dieses Anspruchs.³⁴¹ 97

V. Kündigungsschutzklage

Hat der Arbeitgeber das Arbeitsverhältnis gekündigt, kann der Arbeitnehmer dagegen gerichtlich vorzugehen. Hierzu hat er nur 3 Wochen Zeit (§ 4 S. 1 KSchG). Die Kündigungsfrist berechnet sich nach dem Zugang der schriftlichen (§ 623 BGB) Kündigung. Mit der Klage ist die Unwirksamkeit der Kündigung festzustellen. Die Klage ist beim Arbeitsgericht des Ortes einzureichen, an dem sich der Betriebssitz befindet. Zweckmäßigerweise wird die Klageschrift knapp gehalten, da der Arbeitgeber für die Umstände der Kündigung darlegungs- und beweispflichtig ist. Ein weiterer Grund liegt darin, dass bei Gericht zunächst eine **Güteverhandlung** stattfindet (vgl § 54 ArbGG), in der zwar ein Versäumnisurteil ergehen kann, sonst aber ausschließlich Vergleichsbemühungen unternommen werden, so dass der Arbeitnehmer noch nicht seine gesamte Argumentation offenlegen möchte. Deshalb wird der Arbeitgeber zur Vorbereitung der Güteverhandlung keine Klageerwiderung einreichen, wenn nicht die Komplexität des Sachverhalts oder eine schwierige Rechtslage dies nahe legen. Tatsächlich endet ein hoher Prozentsatz der Kündigungsschutzverfahren in einem Beendigungsvergleich, für den der Arbeitgeber meistens bereit ist, dem Arbeitnehmer eine Abfindung für den Verlust des Arbeitsplatzes zu zahlen. Die Höhe der Abfindung richtet sich vor allem nach den Prozessaussichten. Halten die sich die Waage, wird die Abfindung üblicherweise nach der Formel „halbes Bruttogehalt je Beschäftigungsjahr" errechnet, wobei als Bruttogehalt gewöhnlich 1/12 der gesamten Jahresbezüge angesetzt werden. 98

---

337 KG v. 10.12.2003 – 2 Ss 210/03; OLG Karlsruhe v. 27.10.2004 – 1 Ss 178/04, NZV 2004, 653, 654; OLG Hamm v. 16.2.2006 – 3 Ss OWi 852/05, BeckRS 2007, 18445; OLG Hamm v. 2.11.2006 – 2 Ss OWi 712/06, NZV 2007, 261, 262.
338 OLG Koblenz v. 3.3.2004 – 1 Ss 333/03, NJW 2004, 1400; OLG Hamm v. 30.4.2007 – 2 Ss OWi 218/07, NZV 2007, 583.
339 BAG v. 25.4.1996 – 2 AZR 74/95, NZA 1996, 1201, 1202; BAG v. 5.6.2008 – 2 AZR 984/06 (Tz 32), BeckRS 2008, 54973.
340 BGH v. 21.1.1988 – III ZR 157/86, BGHZ 103, 113, NJW 1988, 1141.
341 Vgl BGH v. 21.1.1988 – III ZR 157/86, BGHZ 103, 113, NJW 1988, 1141, 1142.

§ 7 Arbeitsrecht und Sozialvorschriften im Straßenverkehr

99 ▶ **Muster: Arbeitsrechtliche Kündigungsschutzklage**

 An das Arbeitsgericht ▪▪▪

Kündigungsschutzklage

des ▪▪▪

– Kläger –

Prozessbevollmächtigte: RAe ▪▪▪

gegen

die X-GmbH, vertreten durch den Geschäftsführer ▪▪▪

– Beklagte –

wegen Bestandsschutzes.

Namens und in Vollmacht des Klägers erheben wir Klage mit den Anträgen zu erkennen:

1. Es wird festgestellt, dass das zwischen den Parteien bestehende Arbeitsverhältnis durch die mit Schreiben vom 17.5.2015 erklärte Kündigung nicht aufgelöst worden ist, sondern über den 31.5.2015 hinaus fortbesteht, und auch nicht durch andere Beendigungsgründe aufgelöst wird.
2. Die Beklagte wird verurteilt, die Abmahnung vom 18.5.2015 zurückzunehmen und aus der Personalakte zu entfernen.

Begründung:

Der Kläger arbeitet seit dem 11.2.2012 als Kraftfahrer zu einem monatlichen Bruttolohn von 3.000 EUR im Beschäftigungsbetrieb der Beklagten in O. Grundlage hierfür ist ein Arbeitsvertrag vom 11.2.2012.

Beweis: Arbeitsvertrag vom 11.2.2012
Anlage K 1

Die Beklagte beschäftigte zum Kündigungszeitpunkt in ihrem Beschäftigungsbetrieb in O. vollzeitlich mehr als 10 Arbeitnehmer.

Beweis: Zeugnis N.N., Mitarbeiters der Beklagten

Am Montag, den 14.5.2015, erschien der Kläger mit dem Mitarbeiter B. bei der Beklagten. Der dort tätigen Frau K. teilten sie mit, dass der letzte Wochenarbeitsplan zu erheblichen Lenkzeitüberschreitungen geführt habe. Um die aufgetragenen Fahrten durchführen zu können, hätten sie kaum geschlafen. Der Kläger sowie der als Mitfahrer eingeteilte Herr B. forderten, dass der Dienstplan überarbeitet werde. Frau K. antwortete, sie sollten nach Hause fahren und erst einmal ausschlafen. Sie werde mit dem Chef reden und sich am nächsten Tag bei ihnen melden.

Beweis: Zeugnis des Herrn B.

Der Kläger hörte dann aber weder etwas von Frau K., noch von Seiten der Betriebsleitung. Stattdessen erhielten er und Herr B. am 18.5.2015 ein Schreiben der Beklagten, worin das Arbeitsverhältnis zum 31.5.2015 gekündigt wurde.

Beweis: Kündigungsschreiben vom 17.5.2015
Anlage K 2

Wenig später erhielt der Kläger auch eine Abmahnung, datiert auf den 18.5.2015.

Beweis: Abmahnung der Beklagten vom 18.5.2015
Anlage K 3

Die Kündigung ist nichtig, weil sie sozial ungerechtfertigt ist. Insbesondere liegt kein betriebsbedingter Kündigungsgrund vor. Vorsorglich wird geltend gemacht, dass auch keine anderweitigen, insbesondere verhaltensbedingten Gründe die ausgesprochene Kündigung rechtfertigen können.

Hilfsweise wird die ordnungsgemäße Sozialauswahl gerügt und die Beklagte aufgefordert, die Kriterien der vorgenommenen Sozialauswahl zu erläutern.

Weiter hilfsweise wird geltend gemacht, dass die Kündigung gegen das Maßregelungsverbot des § 612 a BGB verstößt und daher nichtig ist (§ 134 BGB).

Die Beklagte hat erklärt, sich in jedem Fall vom Kläger trennen zu wollen. Damit ist nicht nur der konkrete Feststellungsantrag begründet, sondern auch der im Klageantrag zu 1. enthaltene allgemeine Fortbestandsantrag. Der Kläger muss vor rechtsmissbräuchlichen weiteren Kündigungen auch zwischen den Instanzen geschützt werden. Die Beklagte wird vorsorglich aufgefordert zu erklären, ob sie sich für die Dauer des Rechtsstreits über die angegriffene Kündigung hinaus auf weitere Beendigungstatbestände berufen will.

Die im Abmahnschreiben erhobenen Vorwürfe entbehren jeder Grundlage. Die Abmahnung ist deshalb zurückzunehmen. Zudem hat die Beklagte die Abmahnung aus der Personalakte zu entfernen. Dieses Begehren verfolgt der Kläger mit dem Klageantrag zu 2.

Damit ist der Klage vollumfänglich stattzugeben. Um Festsetzung des Streitwerts wird gebeten.

Rechtsanwalt ◂

D. Dienstfahrzeuge im Gewahrsam des Arbeitnehmers

Nutzt der Arbeitnehmer ein Dienstfahrzeug, das ihm ausschließlich zu dienstlichen Zwecken überlassen ist, hat er hieran kein Besitzrecht. Vielmehr übt er die tatsächliche Gewalt im Rahmen des Arbeitsverhältnisses für den Arbeitgeber nur als **Besitzdiener** iSd § 855 BGB aus.[342] Dies hat zur Folge, dass dem Arbeitnehmer kein Zurückbehaltungsrecht (aus dem Arbeitsvertrag oder § 273 BGB) an dem Fahrzeug zusteht.[343] Er hat das Fahrzeug auf Abruf zurückzugeben, etwa im Urlaubsfall oder bei Arbeitsunfähigkeit. Rechtsgrundlage für den Herausgabeanspruch ist der Arbeitsvertrag, so dass ein Rückgriff auf § 667 BGB nicht nötig ist. Kommt der Arbeitnehmer seiner Herausgabeverpflichtung nicht nach, begeht er verbotene Eigenmacht (§ 858 Abs. 1 BGB) und verstößt gegen seine Pflichten aus dem Arbeitsvertrag. Darf der Arbeitnehmer das Fahrzeug auch privat nutzen, ist der Arbeitgeber nur mittelbarer Besitzer und hat damit keine Besitzschutzrechte, auch nicht über § 869 BGB, da diese Vorschrift Besitzschutz nur gegenüber störenden Dritten, nicht aber gegenüber dem unmittelbaren Besitzer gibt.[344] Bei geleasten Fahrzeugen ist für die Herausgabe der Rückgriff auf die §§ 666, 667 BGB der gegebene Weg.

100

---

342 OLG Koblenz v. 7.9.1999 – 3 U 158/99, NJW-RR 2000, 1607 f; OLG Karlsruhe v. 28.4.2005 – 19 U 33/05, NJW-RR 2005, 1344; *Nägele*, NZA 1997, 1196, 1199; vgl OLG Düsseldorf v. 12.2.1986 – 11 U 76/85, NJW 1986, 2513.
343 *Nägele*, NZA 1997, 1196, 1199; Palandt/*Grüneberg*, § 273 Rn 15.
344 Vgl OLG Frankfurt am Main v. 26.6.1997 – 1 U 18/97, NJW 1997, 3030.

§ 7 Arbeitsrecht und Sozialvorschriften im Straßenverkehr

101 ▶ **Muster: Herausgabe des Dienstfahrzeugs durch den Arbeitnehmer im Wege einstweiligen Rechtsschutzes**

An das Arbeitsgericht ...

Antrag auf Erlass einer einstweiligen Verfügung

der X-GmbH, vertreten durch den Geschäftsführer ...

– Antragstellerin –

Verfahrensbevollmächtigte: RAe ...

gegen

Herrn ...

– Antragsgegner –

wegen Herausgabe eines Dienstfahrzeugs.

Wir bestellen uns ausweislich der beigefügten Originalvollmacht zu Verfahrensbevollmächtigten der Antragstellerin und beantragen, im Wege der einstweiligen Verfügung – wegen Dringlichkeit ohne vorherige mündliche Verhandlung, hilfsweise unter Abkürzung der gesetzlichen Ladungsfristen auf das gesetzlich zulässige Mindestmaß – wie folgt zu erkennen:

Dem Antragsgegner wird aufgegeben, den Pkw Citroen Saxo 1.1 SX mit dem amtlichen Kennzeichen ..., Fahrgestellnummer ..., an die Antragstellerin herauszugeben.

Begründung:

Der Antragsgegner war seit 2014 als kaufmännischer Angestellter im Beschäftigungsbetrieb der Antragstellerin beschäftigt. Grundlage hierfür war ein Arbeitsvertrag vom 25.1.2014.

Zur Glaubhaftmachung: Arbeitsvertrag vom 25.1.2014
Anlage ASt 1

Nach § 3 Abs. 5 des Arbeitsvertrags hatte die Antragstellerin dem Antragsgegner für die Dauer seiner Anstellung einen angemessenen Dienstwagen ausschließlich zur betrieblichen Nutzung zur Verfügung zu stellen.

Zur Glaubhaftmachung: wie vor (§ 3 Abs. 5)

Bei Arbeitsantritt erhielt der Antragsgegner den im Antrag bezeichneten Dienstwagen, ein Leasingfahrzeug.

Zur Glaubhaftmachung: Eidesstattliche Versicherung des Geschäftsführers der Antragstellerin vom 15.7.2015
Anlage ASt 2

Das Arbeitsverhältnis wurde durch fristgerechte Kündigung zum Ablauf des 31.8.2015 beendet.

Zur Glaubhaftmachung: Kündigungsschreiben vom 27.6.2015
Anlage ASt 3

Der Antragsgegner ist gegen die Kündigung nicht innerhalb der Drei-Wochen-Frist gerichtlich vorgegangen.

Zur Glaubhaftmachung: Eidesstattliche Versicherung des Geschäftsführers der Antragstellerin vom 15.7.2015,
als Anlage ASt 2 bereits vorliegend

Mit Schreiben vom 1.7.2015 hat die Antragstellerin den Antragsgegner aufgefordert, den Dienstwagen bis spätestens Freitag, den 4.9.2015, am Geschäftssitz der Antragstellerin zurückzugeben.

Zur Glaubhaftmachung: Schreiben der Antragstellerin vom 1.7.2015
Anlage ASt 4

Der Geschäftsführer der Antragstellerin hat dem Antragsgegner dieses Schreiben noch am 1.7.2015 übergeben. Dieser sicherte die unverzügliche Rückgabe des Dienstwagens zu.

Zur Glaubhaftmachung: Eidesstattliche Versicherung des Geschäftsführers der Antragstellerin vom 15.7.2015,
als Anlage ASt 2 bereits vorliegend

Die Frist verstrich ungenutzt.

Zur Glaubhaftmachung: wie vor

Daher ist die Inanspruchnahme einstweiligen Rechtsschutzes geboten.

Der Antrag ist zulässig. Der geltend gemachte possessorische Besitzschutzanspruch steht in unmittelbarem wirtschaftlichem Zusammenhang zum Arbeitsverhältnis, so dass der Rechtsweg zu den Arbeitsgerichten insoweit über § 2 Abs. 1 Nr. 4 a ArbGG eröffnet ist.

Der Antrag ist auch begründet. Der Verfügungsanspruch ergibt sich aus § 861 Abs. 1 BGB. Da das Dienstfahrzeug dem Antragsgegner ausschließlich zu geschäftlichen Zwecken überlassen ist, hat er hieran kein Besitzrecht, sondern übt die tatsächliche Gewalt im Rahmen des Arbeitsverhältnisses für die Antragstellerin nur als Besitzdiener iSd § 855 BGB aus (vgl OLG Karlsruhe vom 28.4.2005 – 19 U 33/05, NJW-RR 2005, 1344). Daraus folgt, dass der Antragsgegner das Fahrzeug auf jederzeitigen Abruf zurückzugeben hat. Da dies trotz entsprechender Fristsetzung nicht geschehen ist, besitzt er das Fahrzeug aufgrund verbotener Eigenmacht (§ 858 Abs. 1 BGB). Der Besitzschutzanspruch aus § 861 Abs. 1 BGB steht auch einem Leasingnehmer zu (LAG Köln vom 24.3.2006 – 11 Sa 811/05, Tz 31, NZA-RR 2006, 425, 426); dem Anspruch steht nicht entgegen, dass die Antragstellerin nicht Eigentümerin des Fahrzeugs ist.

Mit dem Antrag macht die Antragstellerin einen possessorischen Besitzschutzanspruch geltend, so dass die Darlegung eines Verfügungsgrundes entbehrlich ist (OLG Stuttgart vom 19.1.1996 – 2 U 164/95, NJW-RR 1996, 1516; OLG Köln vom 19.11.1999 – 3 U 93/99, Tz 3, MDR 2000, 152).

Damit ist dem Antragsbegehren im Wege einer einstweiligen Verfügung stattzugeben.

Für den Streitwert wird vorgetragen, dass der Dienstwagen einen Zeitwert von etwa 4.500 EUR hat.

Zur Glaubhaftmachung: Eidesstattliche Versicherung des Geschäftsführers der Antragstellerin vom 15.7.2015,
als Anlage ASt 2 bereits vorliegend

Da die Rückgabe des Dienstfahrzeugs Befriedigungswirkung hat, erscheint ein Abschlag auf den Hauptsachewert nicht angemessen, so dass beantragt wird, den Streitwert auf 4.500,00 EUR festzusetzen.

Rechtsanwalt ◄

Darf der Arbeitnehmer das Dienstfahrzeug (auch) für private Zwecke nutzen, hat er hieran Mitbesitz und ein entsprechendes Besitzrecht. Damit hat er Besitzschutzansprüche und ggf ein Zurückbehaltungsrecht (§ 273 BGB) hinsichtlich offenstehender Forderungen gegen den

Arbeitgeber, wenn dieser ihm das Betriebsfahrzeug entzieht.[345] Einstweiliger Rechtsschutz wird in solchen Fällen von den Gerichten indes nicht selten versagt. Dies wird damit begründet, dem Arbeitnehmer sei es zuzumuten, selbst für Ersatz zu sorgen und die Kosten als Schadensersatz einzufordern.[346] Das LAG Köln hat in einem Fall den Verfügungsgrund verneint, weil sich Arbeitgeber und Arbeitnehmer nicht einig waren, wer von ihnen während einer zeitlich begrenzten Arbeitsfreistellung (hier: für die Dauer der Kündigungsfrist) einen dem Arbeitnehmer auch zur Privatnutzung überlassenen Dienstwagen nutzen durfte.[347]

103 Auch ein Hauptsacheprozess ist nur dann Erfolg versprechend, wenn der Arbeitgeber nicht berechtigt war, das Dienstfahrzeug mit den Privatanteilen wieder an sich zu ziehen. Hierzu gilt grundsätzlich, dass die Dienstwagengestellung **widerrufen** werden darf, wenn dies billigem Ermessen entspricht (§ 315 Abs. 3 BGB). Das ist ungeachtet der Privatanteile schon dann der Fall, wenn der Arbeitnehmer berechtigterweise von der Arbeitsleistung freigestellt worden ist.[348] Einer Änderungskündigung bedarf es dafür nur dann, wenn das Verhältnis von Leistung und Gegenleistung im Arbeitsverhältnis durch den Wegfall der privaten Nutzungsmöglichkeit des Firmenwagens grundlegend gestört wird. Eine solche Störung liegt vor, wenn mindestens 25 % des regelmäßigen Verdienstes betroffen sind.[349] Den Arbeitsvertragsparteien steht es frei, **weitergehende Widerrufsmöglichkeiten zu vereinbaren**. Stellt der Arbeitgeber hierzu eine allgemeine Geschäftsbedingung, ist sie an § 308 Nr. 4 BGB bzw den allgemeinen Grundsätzen der §§ 307 ff BGB zu messen. Sie muss zunächst klar und verständlich sein (§ 307 Abs. 1 S. 2 BGB). Zudem muss die Klausel unter Berücksichtigung der Interessen des Verwenders auch dem anderen Vertragsteil, mithin dem Arbeitnehmer, zumutbar sein. Dies ist nach § 308 Nr. 4 BGB nur dann der Fall, wenn es für den Widerruf einen sachlichen Grund gibt und dieser bereits in der Änderungsklausel beschrieben ist. Das Widerrufsrecht muss wegen der unsicheren Entwicklung der Verhältnisse als Instrument der Anpassung notwendig sein. Ohne einen sachlichen Grund für den Widerruf der Überlassung des Dienstwagens auch zur privaten Nutzung überwiegt das Interesse des Arbeitnehmers an der Unveränderlichkeit der vereinbarten Leistung gegenüber dem Interesse des Arbeitgebers an der Änderung der versprochenen Hauptleistungspflicht.[350] Der Widerruf kann so beispielsweise auf wirtschaftliche Gründe gestützt werden. Allerdings ist nicht jeder Grund, der wirtschaftliche Aspekte betrifft, ein anzuerkennender Sachgrund für den Entzug der Dienstwagennutzung und der damit verbundenen privaten Nutzungsmöglichkeit. Für den Arbeitnehmer ist es typisierend betrachtet unzumutbar, die Entziehung hinzunehmen, wenn der Dienstwagen für die auszuübende Tätigkeit gebraucht wird und die Kosten für einen Mietwagen nicht geringer sind.[351] Formuliert der Arbeitgeber eine weitergehende Widerrufsklausel, verstößt sie gegen § 308 Nr. 4 iVm § 307 BGB und ist damit unwirksam.[352] Eine geltungserhaltende Reduktion der Klausel ist regelmäßig ebenso wenig möglich wie eine ergänzende Vertragsauslegung.[353]

---

345 OLG Düsseldorf v. 12.2.1986 – 11 U 76/85, NJW 1986, 2513; Palandt/*Grüneberg*, § 273 Rn 15.
346 LAG Köln v. 5.11.2002 – 2 Ta 330/02, NZA-RR 2003, 300, 301.
347 LAG Köln v. 21.3.2007 – 7 SaGa 3/07 (Tz 23 ff), BeckRS 2007, 45653.
348 BAG v. 17.9.1998 – 8 AZR 791/96, AuR 1999, 111, 112; BAG v. 19.12.2006 – 9 AZR 294/06 (Tz 23), NZA 2007, 809, 810.
349 BAG v. 19.12.2006 – 9 AZR 294/06 (Tz 24), NZA 2007, 809, 810; BAG v. 21.3.2012 – 5 AZR 651/10 (Tz 19), NJW 2012, 1756, 1758.
350 BAG v. 13.4.2010 – 9 AZR 113/09 (Tz 28), NZA-RR 2010, 457, 459.
351 BAG v. 13.4.2010 – 9 AZR 113/09 (Tz 40), NZA-RR 2010, 457, 460.
352 BAG v. 19.12.2006 – 9 AZR 294/06 (Tz 25 ff), NZA 2007, 809, 811.
353 BAG v. 13.4.2010 – 9 AZR 113/09 (Tz 41 ff), NZA-RR 2010, 457, 460.

Weitergehende Einschränkungen sind nur durch Betriebsvereinbarung möglich, da diese keiner Inhaltskontrolle nach den §§ 307 ff BGB unterliegt (§ 310 Abs. 4 S. 1 BGB). Neben der Inhaltskontrolle der in einer Allgemeinen Geschäftsbedingung enthaltenen Widerrufsklausel steht die Ausübungskontrolle im Einzelfall gem. § 315 BGB. Die Interessenabwägung im Einzelfall kann dazu führen, dass der Arbeitgeber einen Dienstwagen nur unter Einräumung einer Auslauffrist zurückfordern darf. In die gebotene Interessenabwägung sind das Interesse des Arbeitgebers an einer unverzüglichen Rückgabe und das Interesse des Arbeitnehmers an einer weiteren privaten Nutzung einzustellen. Zu berücksichtigen ist unter anderem, dass die private Nutzung eines Dienstwagens bei gewählter Pauschalversteuerung gem. § 6 Abs. 1 Nr. 4 EStG auch dann mit der vollen Monatspauschale zu versteuern ist, wenn der Arbeitnehmer das Fahrzeug nicht im gesamten Kalendermonat nutzen kann.[354]

Beispiel für eine zulässige Widerrufsklausel (nach *Schwarz*, GWR 2010, 469):

„Der Arbeitgeber kann die Überlassung und die dienstliche sowie private Nutzung des Dienstwagens jederzeit und mit sofortiger Wirkung widerrufen, wenn hierfür ein sachlicher Grund gegeben ist. Ein sachlicher Grund liegt insbesondere in folgenden Fällen vor:

wiederholter Verstoß gegen Verpflichtungen des Arbeitnehmers aus dem Dienstwagenüberlassungsvertrag,

berechtigte Freistellung des Arbeitnehmers von der Erbringung seiner Arbeitspflicht,

Ruhen des Arbeitsverhältnisses (zB Elternzeit, unbezahlter Urlaub),

Entzug der Fahrerlaubnis des Arbeitnehmers,

rechtmäßige Veränderung der Tätigkeit des Arbeitnehmers, die dazu führt, dass ein Dienstwagen aus dienstlichen Gründen nicht mehr erforderlich ist oder Mitarbeiter in vergleichbarer Position und mit vergleichbarer Tätigkeit üblicherweise keinen Dienstwagen erhalten,

berechtigte verhaltensbedingte Kündigung, insbesondere außerordentliche fristlose Kündigung des Arbeitnehmers durch die Gesellschaft,

die tatsächliche Fahrleistung des Arbeitnehmers beträgt weniger als 50% der prognostizierten Fahrleistung,

bei Vorliegen wirtschaftlicher Gründe, wie zB
- wirtschaftliche Notlage des Unternehmens,
- negatives wirtschaftliches Ergebnis der Betriebsabteilung,
- bei Einführung neuer Vergütungsmodelle."

Hat der Arbeitgeber das hauptsächlich dienstlich genutzte Fahrzeug im Rahmen eines **Kündigungsschutzprozesses** zurückgenommen, folgt der Anspruch auf Rückgabe den Regeln des Weiterbeschäftigungsanspruchs. Hiernach hat der Arbeitnehmer solange keinen Anspruch auf den Dienstwagen, als die Kündigungsschutzklage nicht mindestens in 1. Instanz zu seinen Gunsten entschieden ist.[355] Der Arbeitgeber darf den Dienstwagen also nach Ablauf der Kündigungsfrist vorerst zurückholen.

---

354 BAG v. 21.3.2012 – 5 AZR 651/10 (Tz 22, 23), NJW 2012, 1756, 1758.
355 LAG München v. 11.9.2002 – 9 Sa 315/02, NZA-RR 2002, 636; LAG Rheinland-Pfalz v. 3.6.2004 – 4 Sa 146/04 (Tz 32), BeckRS 2004, 41481.

104 Entzieht der Arbeitgeber dem Arbeitnehmer das Fahrzeug oder stellt er es ihm nicht zur Verfügung, macht er sich, wenn er kein wirksames Widerrufsrecht ausgeübt hat, schadensersatzpflichtig. Auch die Möglichkeit, einen im Rahmen eines Arbeitsverhältnisses überlassenen Dienstwagen für private Fahrten zu nutzen, ist Bestandteil des Arbeitsentgelts. Es handelt sich um eine zusätzliche Gegenleistung in Form eines Sachbezugs.[356] Damit ist sie nur so lange geschuldet, wie der Arbeitgeber überhaupt Arbeitsentgelt leisten muss, und sei es – wie im Fall der Entgeltfortzahlung bei krankheitsbedingter Arbeitsunfähigkeit – ohne Erhalt einer Gegenleistung.[357] Die Fahrzeuggestellung wird (im Entlohnungszeitraum) wegen Zeitablaufs unmöglich, so dass der Arbeitgeber insoweit nach § 275 Abs. 1 BGB von der Leistungspflicht frei geworden ist. Diese Unmöglichkeit beruht auf einer Vertragspflichtverletzung, so dass der Arbeitnehmer nach § 280 Abs. 1 iVm den §§ 283 S. 1, 251 Abs. 1 BGB Anspruch auf Ersatz des hierdurch entstandenen Schadens hat.[358] Besteht keine Entlohnungspflicht, kommt insoweit nur die Geltendmachung eines Verfrühungsschadens in Betracht, wenn der Arbeitgeber das Fahrzeug mit einer unangemessen kurz gesetzten Frist zurückfordert und so seine Fürsorgepflicht verletzt. Der Schaden besteht dann etwa in Mehrkosten für die spätere Buchung eines Mietwagens oder für notwendig werdende Taxifahrten.[359] Auch im anderen Fall (unberechtigter Entzug im Entlohnungszeitraum) ist der Schaden nach §§ 249 ff BGB zu berechnen. Nutzt der Arbeitnehmer ersatzweise ein eigenes Fahrzeug, kann er vom Arbeitgeber nur die hierfür zusätzlich aufgewendeten Kosten ersetzt verlangen. Die Nutzungsausfallentschädigung ist in diesem Fall konkret zu ermitteln.[360] Andernfalls darf der Arbeitnehmer die Entschädigung abstrakt bestimmen. Die Gebrauchsvorteile sind dann aber spezifisch arbeitsrechtlich zu ermitteln, vor allem unter Heranziehung der steuerrechtlich maßgeblichen Bewertungsfaktoren (vgl § 6 Abs. 1 Nr. 4 S. 2 EStG: 1 % des Listenpreises des Dienstfahrzeugs im Zeitpunkt der Erstzulassung),[361] nicht hingegen nach den im Verkehrsunfallrecht maßgeblichen Tabellen, etwa der Tabelle von *Sanden/Danner/Küppersbusch*.[362] Hinzu kommt auch ohne Mahnung ein Zinsanspruch nach den §§ 288 Abs. 1, 286 Abs. 2 Nr. 1 BGB für jeden Monat der Entziehung, da für die Überlassung des Dienstwagens wie für die Vergütung eine Zeit nach dem Kalender bestimmt ist.[363] Diese Grundsätze gelten umgekehrt auch dann, wenn der Arbeitnehmer das Dienstfahrzeug zu Unrecht zurückbehält und es der Arbeitgeber ist, der dadurch einen Schaden erleidet.[364]

---

356 BAG v. 11.10.2000 – 5 AZR 240/99, NZA 2001, 445; BAG v. 23.6.2004 – 7 AZR 514/03, NZA 2004, 1287, 1288; BAG v. 14.12.2010 – 9 AZR 631/09 (Tz 14), NJW 2011, 1469, 1470.
357 BAG v. 14.12.2010 – 9 AZR 631/09 (Tz 14), NJW 2011, 1469, 1470.
358 BAG v. 19.12.2006 – 9 AZR 294/06 (Tz 41), NZA 2007, 809, 812; BAG v. 23.6.2004 – 7 AZR 514/03, NZA 2004, 1287, 1288.
359 BAG v. 14.12.2010 – 9 AZR 631/09 (Tz 27, 28), NJW 2011, 1469, 1471.
360 BAG v. 16.11.1995 – 8 AZR 240/95, NJW 1996, 1771, 1772; BAG v. 2.12.1999 – 8 AZR 849/98 (Tz 20), BeckRS 1999, 30781843.
361 BAG v. 13.4.2010 – 9 AZR 113/09 (Tz 55), NZA-RR 2010, 457, 461. Daher ist der nachträgliche Einbau einer Flüssiggasanlage nicht als Sonderausstattung in die Bemessungsgrundlage des § 6 Abs. 1 S. 1 Nr. 4 S. 2 EStG einzubeziehen: BFH v. 13.10.2010 – VI R 12/09 (Tz 14), NJW 2011, 1471, 1472.
362 BAG v. 27.5.1999 – 8 AZR 415/98, NJW 1999, 3507; BAG v. 2.12.1999 – 8 AZR 849/98 (Tz 21 ff), BeckRS 1999, 30781843; BAG v. 19.12.2006 – 9 AZR 294/06 (Tz 43), NZA 2007, 809, 812 f.
363 BAG v. 2.12.1999 – 8 AZR 849/98 (Tz 26), BeckRS 1999, 30781843; aA BAG v. 23.6.2004 – 7 AZR 514/03 = NZA 2004, 1287, 1289.
364 LAG Hamm v. 19.12.2002 – 8 Sa 726/02, juris Tz 67.

D. Dienstfahrzeuge im Gewahrsam des Arbeitnehmers

▶ **Muster: Schadensersatz wegen Entzugs des Dienstfahrzeugs** 105

An das Arbeitsgericht ...

Klage

des ...

– Kläger –

Prozessbevollmächtigte: RAe ...

gegen

die X-GmbH, vertreten durch den Geschäftsführer ...

– Beklagte –

wegen Schadensersatzes.

Namens und in Vollmacht des Klägers erheben wir Klage mit dem Antrag zu erkennen:

Die Beklagte wird verurteilt, an den Kläger brutto 298 EUR sowie netto 421,20 EUR nebst Zinsen iHv 5 Prozentpunkten über dem Basiszinssatz aus 719,20 EUR seit Rechtshängigkeit zu zahlen.

Begründung:

I. Sachverhalt

Der Kläger war ab dem 3.1.2014 als Kaufmännischer Angestellter im Beschäftigungsbetrieb der Beklagten in F. tätig. Grundlage hierfür war ein Arbeitsvertrag vom 29.12.2013.

Beweis: Arbeitsvertrag vom 29.12.2013
          Anlage K 1

Der Anstellungsvertrag enthielt als § 4 Abs. 2 folgende Vereinbarung:

„Die Gesellschaft stellt dem Mitarbeiter für die Dauer des Anstellungsvertrags einen angemessenen Dienstwagen zur Verfügung, der auch für Privatfahrten genutzt werden darf. Betriebs- und Unterhaltskosten trägt die Gesellschaft. Die Versteuerung des geldwerten Vorteils für die Privatnutzung übernimmt der Mitarbeiter."

Beweis: wie vor

Bei Arbeitsantritt erhielt der Kläger als Dienstwagen einen neuwertigen Pkw Renault Mégane, der mit Sonderausstattung und Umsatzsteuer als Neuwagen von der Beklagten zum Preis von 29.800,00 EUR angeschafft worden war. Dementsprechend weisen alle Gehaltsabrechnungen, auch die Abrechnung für September 2015, für die Privatanteile des Arbeitnehmers den 1%igen Privatanteil iHv 298 EUR aus.

Beweis: Gehaltsabrechnungen der Monate März bis September 2015
          Anlagenkonvolut K 2

Gegen die Berechnung des Anteils bestehen keine Einwände.

Der Kläger nutzte den Dienstwagen absprachegemäß überwiegend zu dienstlichen Zwecken.

Am 29.8.2015 übergab der Geschäftsführer der Beklagten dem Kläger ein Schreiben, mit dem das Arbeitsverhältnis zum Ablauf des 30.9.2015 ordentlich gekündigt wurde.

Beweis: Kündigungsschreiben vom 29.8.2015
          Anlage K 3

Bei dieser Gelegenheit forderte der Geschäftsführer den Kläger auf, umgehend den Dienstwagen zurückzugeben. Dieser Aufforderung kam der Kläger noch am selben Tag nach.

Der Kläger arbeitete bis Ende September 2015 im Betrieb, und zwar wie bisher an 6 Tagen in der Woche (montags bis samstags).

Die Fahrstrecke zwischen dem Wohnsitz des Klägers und dem Arbeitsort in F. beträgt abgerundet 29 km.

Der Kläger verfügte im September 2015 über kein eigenes Fahrzeug, sondern fuhr mit dem Fahrzeug seiner Ehefrau zur Arbeit.

Beweis: Zeugnis der Ehefrau des Klägers

II. Rechtliche Ausführungen

1. Mit der Klage macht der Kläger in der Hauptsache zunächst Schadensersatz für den Entzug der Privatanteile an dem Dienstfahrzeug geltend. Nach dem Arbeitsvertrag durfte der Kläger den Dienstwagen für die Dauer des Arbeitsverhältnisses, mithin bis Ende September 2015, nutzen. Nach ständiger Rechtsprechung (seit BAG v. 23.6.1994 – 8 AZR 537/92, NJW 1995, 348; siehe etwa BAG v. 19.5.2010 – 5 AZR 253/09, Tz 14, NJW 2010, 2827, 2828) bildet die Möglichkeit, einen Firmen-Pkw im Rahmen eines Arbeitsverhältnisses auch für Privatfahrten nutzen zu können, eine zusätzliche Gegenleistung für die geschuldete Arbeitsleistung. Das Halten eines Pkw ist heute allgemein üblich und stellt einen nicht unbedeutenden Geldwert dar. Dementsprechend fließt nach der Verkehrsanschauung die – auch steuerpflichtige – Nutzung in die Gehaltsbemessung ein. Durch die Rückforderung des Dienstwagens vor Ablauf des Arbeitsverhältnisses ist die Leistung der Dienstwagengestellung wegen Zeitablaufes unmöglich geworden, so dass die Beklagte insoweit nach § 275 Abs. 1 BGB von der Leistungspflicht befreit worden ist. Diese Unmöglichkeit beruht auf der Verletzung der arbeitsvertraglichen Pflicht, dem Kläger das Fahrzeug zur privaten Nutzung zur Verfügung zu stellen. Es ist auch kein Grund ersichtlich, warum die Beklagte die Überlassungsabrede widerrufen durfte. Der Kläger hat deshalb nach § 280 Abs. 1 S. 1 iVm §§ 283 S. 1, 251 Abs. 1 BGB Anspruch auf Ersatz des hierdurch entstandenen Schadens (BAG v. 21.3.2012 – 5 AZR 651/10, Tz 24, 26, NJW 2012, 1756, 1758). Insofern wird nach § 280 Abs. 1 S. 2 BGB vermutet, dass die Pflichtverletzung verschuldet ist. Insbesondere kann sich die Beklagte nicht auf einen Rechtsirrtum berufen, da der Geschäftsführer der Beklagten wissen musste, dass allein der Kündigungsausspruch noch kein Grund ist, dem gekündigten Arbeitnehmer den Dienstwagen zu entziehen. Der Höhe nach ist der geltend gemachte Anspruch wegen Entzugs der Privatanteile auf § 6 Abs. 1 Nr. 4 S. 2 EStG gestützt. Die Berechnung auf Grundlage der steuerlichen Bewertung der privaten Nutzungsmöglichkeit mit monatlich 1 % des inländischen Listenpreises des Kraftfahrzeugs zum Zeitpunkt der Erstzulassung gem. § 6 Abs. 1 Nr. 4 S. 2 EStG ist von der Rechtsprechung als zulässige Berechnungsweise anerkannt (BAG vom 19.12.2006 – 9 AZR 294/06, Tz 43, NZA 2007, 809, 812 f; BAG v. 13.4.2010 – 9 AZR 113/09, Tz 53, NZA-RR 2010, 457, 461). Grundlage ist der Listenpreis zuzüglich der Kosten für Sonderausstattungen und der Umsatzsteuer (BAG vom 27.5.1999 – 8 AZR 415/98, NJW 1999, 3507 f). Insoweit hat der Kläger für den einmonatigen Entzug (September 2015) zutreffend einen Betrag von 298,00 EUR errechnet.

Der Schadensersatz ist nicht gem. § 254 BGB zu kürzen. In der Rechtsprechung ist anerkannt, dass dem Arbeitnehmer hinsichtlich des Herausgabeverlangens des Arbeitgebers kein obstruktives Verhalten abverlangt werden kann und es daher kein Mitverschulden begründet, wenn er dem Rückgabeverlangen einfach nur nachkommt (BAG vom 23.6.1994 – 8 AZR 537/92, NJW 1995, 348, 349).

Da nach Auffassung des BAG der Schadensersatzanspruch wegen Entzugs des Dienstfahrzeugs dem Arbeitnehmer nicht als Nettovergütung zusteht, wenn die Überlassung des Dienstwagens mit privater Nutzungsmöglichkeit – wie hier – von ihm zu versteuern ist (s. nur BAG vom 27.5.1999 – 8 AZR 415/98, NJW 1999, 3507, 3508), ist dieser Schadensersatzbetrag als Bruttobetrag eingeklagt.

2. Des Weiteren macht der Kläger Kosten für Fahrten zwischen Wohnung und Betriebsstätte geltend, die betriebsbedingt nach Rückgabe des Dienstfahrzeugs angefallen sind. Die entsprechende Nutzung ist gem. § 6 Abs. 1 Nr. 4 S. 3 EStG nicht der privaten Nutzung zuzuordnen. Gleichwohl diente die Überlassung des Dienstwagens auch dem Zweck, dem Arbeitnehmer die Fahrten zwischen Wohnung und Arbeitsstätte mit dem Dienstwagen zu ermöglichen. Durch den Entzug des Dienstfahrzeugs hat die Beklagte auch insoweit gegen ihre arbeitsvertraglichen Pflichten verstoßen. Der Höhe nach lassen sich dem EStG in seiner geltenden Fassung keine brauchbaren Berechnungshinweise entnehmen. Das BAG lässt aber auch den Rückgriff auf sozialversicherungsrechtlich maßgebliche Bewertungsfaktoren zu (BAG vom 27.5.1999 – 8 AZR 415/98, NJW 1999, 3507). Was damit gemeint ist, bleibt zwar im Dunkeln. Allerdings wird im gesamten Bereich des Sozialrechts, zB im Rahmen des § 60 Abs. 1 S. 1 SGB V, für die Bestimmung der Fahrtkosten auf das Bundesreisekostengesetz (vom 17.6.2005, BGBl. I S. 1418) zurückgegriffen, nach dessen § 5 Abs. 2 S. 1 bei erheblichen dienstlichen Interessen Fahrtkosten von 0,30 EUR je Kilometer zurückgelegter Strecke zu erstatten sind. Da die Höhe des Schadensersatzes gem. § 287 Abs. 1 ZPO geschätzt werden kann, wenn sich der Schaden – wie hier – nicht genau ermitteln lässt, dürfte nichts dagegen sprechen, diese Berechnungsgrundlage auch für Fahrten zwischen Wohnung und Arbeitsstätte, für die auch hier ein erhebliches dienstliches Interesse besteht, den km-Satz von 0,30 EUR zugrunde zu legen. Für die 26 Arbeitstage, in denen der Kläger im September 2015 im Betrieb war, macht dies den mit der Klage eingeforderten Betrag von (26 x 27 km x 2 x 0,30 EUR =) 421,20 EUR aus. Diesem Betrag liegt kein Umsatzgeschäft zugrunde, so dass er als Nettobetrag zuzusprechen ist.

3. Der mit der Klage geltend gemachte Zinsanspruch ergibt sich aus Verzug (§§ 291, 288 Abs. 1 S. 1, 2 BGB).

Rechtsanwalt ◀

Teil 5:
Verkehrsstrafrecht

§ 8 Verfahren in Verkehrsstrafsachen

Literatur: *Dahs*, Handbuch des Strafverteidigers, 8. Auflage 2015; *Freyschmidt/Krumm*, Verteidigung in Straßenverkehrssachen, 10. Auflage 2013; *Gebhardt*, Das verkehrsrechtliche Mandat, Bd. 1, Verteidigung in Verkehrsstraf- und Ordnungswidrigkeitenverfahren, 8. Auflage 2015; *Günther*, Strafverteidigung, 2. Auflage 1990; *Hentschel*, Trunkenheit, Fahrerlaubnisentziehung, Fahrverbot im Straf- und Ordnungswidrigkeitenrecht, 10. Auflage 2006; *Himmelreich/Bücken*, Verkehrsunfallflucht, 5. Auflage 2009; *Malmendier*, „Konfliktverteidigung", ein neues Prozeßhindernis?, NJW 1997, 227; *Pfordte/Degenhard*, Der Anwalt in Strafsachen, 2005; *Salditt*, Der Griff nach dem Vorurteil, StV 2002, 273; *Schubert/Schneider/Eisenmenger/Stephan*, Begutachtungs-Leitlinien zur Kraftfahrereignung, 2. Auflage 2005; *Weihrauch*, Verteidigung im Ermittlungsverfahren, 7. Auflage 2011.

A.	Allgemeines zum Strafmandat in Verkehrssachen		1
	I. Voraussetzungen für eine erfolgreiche, mandantengerechte Verteidigung in Verkehrsstrafsachen		1
	II. Erstgespräch		7
	III. Honorarvereinbarung		14
B.	Anträge zum Verfahrensabschluss im Vorverfahren		33
	I. Verfahrenseinstellung nach § 170 Abs. 2 StPO		33
	II. Verfahrenseinstellung nach § 153 StPO		48
	III. Verfahrenseinstellung nach § 153 a StPO		60
	IV. Verfahrenseinstellung nach § 154 StPO		66
C.	Vorläufiger Fahrerlaubnisentzug		71
D.	Strafbefehlsverfahren		83
E.	Zwischenverfahren		92
F.	Hauptverhandlung		97
G.	Nebenklage		104
H.	Berufung		107
	I. Berufungseinlegung		107
	II. Beschleunigungsgebot		113
	III. Berufungsbegründung		117
I.	Revision		120
J.	Bewährungswiderruf und Gnadengesuch		126
K.	Wiederaufnahme des Verfahrens		131
L.	Führerscheinmaßnahmen nach Rechtskraft des Urteils		135

A. Allgemeines zum Strafmandat in Verkehrssachen

I. Voraussetzungen für eine erfolgreiche, mandantengerechte Verteidigung in Verkehrsstrafsachen

Ein Strafmandat in Verkehrssachen anzunehmen ist inzwischen gebührenrechtlich nicht unbeliebt. Das RVG hat den Strafverteidiger besser gestellt. Allerdings wird man wenig Freude an Verteidigungen haben, wenn nicht mit Sorgfalt und entsprechendem Grundlagenwissen gearbeitet wird. Es ist deshalb unumgänglich, das Wissen der Fachanwälte für Verkehrsrecht, Strafrecht, Versicherungsrecht, Verwaltungsrecht und Sozialrecht zu erwerben oder entsprechende schriftliche Grundlagen zu Rate zu ziehen wie die vorliegende Zusammenfassung, um alle Randprobleme zu erfassen. 1

Ein Strafmandat in Verkehrssachen kann zur Zufriedenheit des Mandanten nicht einfach nebenbei abgearbeitet werden mit der Einstellung, dass der in der Rechtsreferendars-Zeit absolvierte Plädierkurs und das während der Station bei der Staatsanwaltschaft gelegentlich erfolgte Plädoyer als eine ausreichende Grundlage anzusehen seien. 2

Hinweis: Ein wirtschaftsrechtlich beratender Kollege wurde von einem Mandanten dringend gebeten, seinen Fall wegen Trunkenheitsfahrt mit Fahrrad zu bearbeiten, was er zögerlich, aber gewissenhaft anging, da der Mandant Geschäftsführer eines wichtigen Betriebs war, der die Kanzlei regelmäßig beauftragte. Er erledigte das Mandat so gewissenhaft, wie er alle Zivilsachen und Beratungsangelegenheiten erledigte, und trug ausführlich schriftlich vor. Er vergaß nur, dass der Strafrichter nicht wie in Zivilsachen darauf beschränkt war, ausschließlich 3 den Parteivortrag zu bewerten, sondern dass der Richter nach § 261 StPO frei würdigen kann.

Nachdem der Mandant verurteilt war, gab er das Mandat ab an einen erfahrenen Verteidiger, und um etwas zu lernen, nahm er an der Berufungsverhandlung teil. Dabei stellte er fest, dass in einem rechtlichen Vorgespräch eine Vielzahl von Beweisanträgen in Aussicht gestellt und erwähnt wurde, dass der Mandant sich beim Schieben des Fahrrades und einem dabei erfolgten Sturz erhebliche Verletzungen zugezogen hatte. Erstaunt stellte er weiter fest, dass danach der Richter das Wort an den Staatsanwalt richtete und meinte, dass bei so schlimmen Verletzungsfolgen doch wohl über eine Einstellung nach § 153 a StPO nachgedacht werden könne.

Eine solche Verfahrensweise hatte der Wirtschaftsanwalt noch nie erlebt, weshalb er gelobte, zukünftig der Versuchung zu widerstehen und nie wieder zu verteidigen. Damit soll gesagt werden, dass der Verteidiger in Verkehrsstrafsachen das gesamte Instrumentarium des Rechts der Verteidigung beherrschen muss, um für seinen Mandanten zufriedenstellende Ergebnisse zu erzielen. Das Instrumentarium sind die Strafprozessordnung, das Strafgesetzbuch, das Wissen um die Möglichkeiten der Information durch Sachverständige und die Psychologie. Der Umgang mit Zeugen ist eine hohe Kunst. Selbst der Polizeibeamte als Zeuge sollte überdacht sein. Auch der Umgang mit Strafrichtern und Staatsanwälten folgt eigenen Gesetzen und ist anders als der Umgang mit Zivilrichtern, Verwaltungsjuristen oder Sozialrechtlern.

4 Das Ziel einer **Verteidigung** kann nur immer sein, am Ergebnis gestaltend mitzuwirken. Dies ist nur möglich, wenn entsprechende **Kenntnisse** vorhanden sind. Diese Kenntnisse werden erworben bei den einschlägigen Fachanwaltskursen und in der Praxis durch den täglichen Umgang mit Staatsanwälten, Verkehrsrichtern und den häufig spezialisierten Verkehrsabteilungen der Polizei, die ebenfalls alle Ermittlungsmöglichkeiten kennen und verstehen. Ergänzend sind die regelmäßigen Rechtsdiskussionen zu verfolgen, die unter anderem für jeden verfolgbar jährlich beim Verkehrsgerichtstag in Goslar stattfinden, bei den berühmten „Homburger Tagen" oder bei dem jährlichen Treffen in Würzburg, bei dem die Vorsitzenden des IV. Zivilsenats (Versicherungsrecht), IV. Strafsenats und VI. Zivilsenats (Schadensersatz) mit Anwälten die BGH-Rechtsprechung des vergangenen Jahres im Verkehrsrecht diskutieren.

5 Hinzu kommt, dass der Verteidiger in Verkehrsstrafsachen wissen muss, welche Auswirkungen seine Verteidigungshandlungen zivilrechtlich (Quote bei der Regulierung von Verkehrsunfällen), versicherungsrechtlich (Rechtsschutzversicherung haftet nicht bei Vorsatz, AKB beschreibt Haftungsausschlüsse und Regresse) und verwaltungsrechtlich haben (MPU bei Trunkenheitsfahrt) und für den Mandanten in Cent und Euro spürbar werden. Kenntnisse im Verwaltungsrecht sind seit der Einführung der Fahrerlaubnisverordnung vom 1.1.1999 von Vorteil.

6 Liegen diese Voraussetzungen nicht vor, sollte ein Verteidigungsmandat in Verkehrsstrafsachen nicht angenommen, zumindest jedoch mit einem erfahrenen Kollegen beraten werden. In kaum einem Rechtsgebiet werden Ergebnisse und Erfahrungen so kommuniziert wie in Verkehrsstrafsachen und Bußgeldsachen, sicher weil niemand ausschließen kann, in eine Verkehrsstrafsache „hineinzurutschen", bedenkt man, wie häufig Unfälle mit Verletzungen enden und deshalb zwangsläufig die Strafbarkeit auch des Unfallmitverursachers geprüft werden muss. Die Wahrscheinlichkeit ist also groß, dass das Verteidigungsergebnis verglichen

und hinterfragt wird. Der das schlechte Ergebnis mitverursachende Anwalt sieht sich in der Situation, negativ beworben zu werden. Dies gilt es zu vermeiden.

II. Erstgespräch

Aber auch sonst gibt es eine Vielzahl von Gründen, ein Mandat abzulehnen. Ob Mandant, Mandat und Verteidiger zusammenpassen, ist beim Erstgespräch zu ermitteln.

Hinweis: Ein Mandat abzulehnen, ist einfach. Das erst einmal angenommene Mandat, das keine Freude macht, wieder loszuwerden, ist schwierig, verursacht Ärger und ist immer Negativwerbung. Die erste Kontaktaufnahme ist so wichtig, dass der Verfasser es grundsätzlich ablehnt, Mandate anzunehmen, die per Fax oder – zunehmend häufiger – per E-Mail ankommen. Entweder man kennt den sich per Fax oder E-Mail meldenden Mandanten und weiß, dass man mit ihm ordentlich arbeiten kann, oder man nimmt persönlich Kontakt auf, um die wesentlichen Fragen zu klären. Das Erstgespräch, und sei es telefonisch, ist durch nichts zu ersetzen, will man keine unliebsamen Überraschungen erleben.

Einerseits ist in diesem Erstgespräch vom Mandanten zu erklären, welches Ergebnis er erzielen möchte, andererseits ist der Mandant im Erstgespräch so zu informieren, dass die Anwaltstätigkeit für ihn transparent wird. Allerdings hat es im Erstgespräch wenig Sinn, alle hypothetischen Möglichkeiten der Verteidigung zu erörtern, da die Ermittlungsakte noch nicht vorliegt, ohne die gar nichts vorangeht. Schließlich ist das Erstgespräch wichtig, damit der Mandant, der häufig vorher intensiv geforscht hat, welcher Anwalt für die Bewältigung des fraglichen Problems empfohlen werden kann, von dem Irrtum befreit werden kann, dass es für den gerissenen, engagierten Anwalt ein Geringes sei, seine Vorstellungen durchzusetzen. Die Grenzen anwaltlicher Tätigkeit müssen häufig genau erläutert werden: Der Anwalt ist solidarisch und dem Mandanten verpflichtet – aber nicht grenzenlos.

Zunächst ist also dem Rechtsuchenden Gelegenheit zu geben, seinen Fall zu schildern. Er kann es naturgemäß nicht anders als aus der ihm eigenen Perspektive, vielleicht noch angereichert dadurch, dass er ein Gespräch mit einem Polizeibeamten über seinen Fall geführt hat und von diesem etwas erfahren hat, was ihm selbst wichtig erschien; eventuell wertend dadurch, dass er mit Bekannten gesprochen hat, die dieses Problem selbst schon bewältigen mussten oder wiederum von Bekannten deren Problem und die Problemlösung erfahren haben. Dem Rechtsuchenden diese Möglichkeit zur Problemdarstellung einzuräumen und seine Vorstellungen der Problemlösung anzuhören, ist auch deshalb bedeutungsvoll, da erst danach eingeschätzt werden kann, wie die zu diesem Fall passende Honorarvereinbarung zu gestalten ist. Es kann sein, dass sich der Aufwand aus der Zielstellung ergibt.

Den Rechtsratsuchenden anzuhören ist auch deshalb so wichtig, da zu klären ist, ob man zusammenpasst, sich versteht oder die Vorstellungen von der Mandatsbearbeitung auseinanderfallen.

Hinweis: Häufig kommen Mandanten, um Unterstützung zu erfahren für bereits fertige Konzepte: *„Herr Rechtsanwalt, mein Freund hat mir erklärt, er sei bereit auszusagen ..., obwohl er nicht dabei war. Das ist aber kaum nachweisbar."* Solche Ansinnen sind abzulehnen, da es nicht die Aufgabe eines Rechtsanwalts sein kann, mit Lügen ein Verfahren zu begleiten. Nicht nur, dass dieses Vorgehen aus ethischen Gründen abzulehnen ist, der Verteidiger macht sich auch erpressbar. Wenn später die Freundschaft zwischen Anwalt und Rechtsuchendem erkaltet ist, ist nicht auszuschließen, dass die so gestaltete Verteidigung offenkundig wird und für den Verteidiger berufsrechtliche Nachteile bewirkt.

Ebenso nachdenklich sollte man werden, wenn der Rechtsuchende eingangs erklärt, sein Freund habe einen vergleichbaren Fall absolviert und dessen Verteidiger habe erreicht, dass nach drei Tagen der Führerschein, der vorher beschlagnahmt war, wieder herausgegeben wurde. In diesen Fällen weiß der erfahrene Verteidiger, dass er unter Druck gesetzt werden soll und der Rechtsuchende bereits jetzt den Grund dafür legen will, später nicht zufrieden sein zu müssen. In diesen Fällen empfiehlt man besser sofort, den Verteidiger zu beauftragen, dessen hervorragende Arbeit bereits Bestätigung fand. Mit der Ablehnung des Mandats erspart man sich Ärger ums Honorar.

Manchmal ist erkennbar, dass der Rechtsuchende Zielvorstellungen hat, die zumindest nicht ohne Weiteres erreichbar, vielleicht unerreichbar sind. In diesen Fällen ist es sinnvoll, die Übernahme des Mandats abzulehnen, da auch dadurch Zeit und Ärger erspart bleiben. Dem Streit um das richtige Ziel folgt in der Regel der Streit ums Geld. Das alles kostet unnötig Kraft und muss zum richtigen Zeitpunkt vermieden werden.

13 Ist aber geklärt, dass man zueinander passt, und ist klar, dass die Verteidigung realistisch betrieben werden kann, ist die Honorarfrage zu erörtern und die Honorarvereinbarung abzuschließen, zumindest diese Frage als klärungsbedürftig anzusprechen.

III. Honorarvereinbarung

14 Eine Honorarvereinbarung sollte in jedem Fall abgeschlossen werden, selbst dann, wenn man mit der Rechtschutzversicherung abrechnet und Mittelgebühren in Ansatz bringt.

15 ▶ **Muster: Honorarvereinbarung für Fotokopien, Auslagenpauschale, Fahrtkosten**

Vergütungsvereinbarung

I. Honorarvereinbarung für Fotokopierkosten

Die Gebühren und Auslagen sind nach dem Rechtsanwaltsvergütungsgesetz (RVG) zu berechnen. Die Erstattung der Auslagen für Ablichtungen ist gesetzlich sowohl dem Grunde als auch der Höhe nach nicht ausreichend geregelt. Neben den nach Nr. 7000 RVG-Vergütungsverzeichnis zu entschädigenden Auslagen für Ablichtungen vereinbaren die Parteien, dass unter Ablichtungen auch die elektronische Aktenaufnahme (Scans) abzurechnen sind, sowie eine zusätzliche Fotokopierkostenpauschale in Höhe von 20 EUR.

Der Mandant wurde darauf hingewiesen, dass diese Fotokopierpauschale nicht vom Gegner erstattet wird. Diese Pauschale ist lediglich bei der internen Kostenrechnung mit dem Mandanten maßgeblich.

II. Honorarvereinbarung für Auslagenpauschale

Die Gebühren und Auslagen werden nach dem Rechtsanwaltsvergütungsgesetz (RVG) berechnet. Die Erstattung der Auslagen ist gesetzlich jedoch nicht ausreichend geregelt. Neben den nach Nr. 7002 RVG-Vergütungsverzeichnis zu entschädigenden Auslagen vereinbaren die Parteien eine zusätzliche Auslagenpauschale in Höhe von 20 EUR. Der Mandant wurde darauf hingewiesen, dass diese Auslagenpauschale nicht vom Gegner erstattet wird.

III. Honorarvereinbarung für Geschäfts- und Reisekosten

Die Gebühren und Auslagen werden nach dem Rechtsanwaltsvergütungsgesetz (RVG) berechnet. Die Erstattung der Fahrtkosten sowie Tages- und Abwesenheitsgelder ist jedoch gesetzlich nicht ausreichend geregelt. Statt der nach Nr. 7003 und Nr. 7005 RVG-Vergütungsverzeichnis zu entschädigenden Fahrtkosten sowie Tages- und Abwesenheitsgelder vereinbaren die Parteien Folgendes:

Jeder mit einem Kraftfahrzeug gefahrene km wird mit einem Betrag in Höhe von 0,50 EUR/km entschädigt.

Bei einer Geschäftsreise wird ein Tages- und Abwesenheitsgeld in folgender Höhe vereinbart:

bei nicht mehr als vier Stunden	40 EUR
bei mehr als vier bis acht Stunden	70 EUR
bei mehr als acht Stunden	120 EUR

Der Mandant wurde darauf hingewiesen, dass diese Beträge nicht, jedenfalls nicht in dieser Höhe, vom Gegner erstattet werden.

...

Ort, Datum

... ...

(Auftraggeber) (Rechtsanwalt) ◄

▶ **Muster: Honorarvereinbarung (Abrechnung auf Stundenbasis)** 16

Zwischen

Rechtsanwälten ...

und

...

wird folgende

Vergütungsvereinbarung

getroffen.

Die Parteien vereinbaren eine Vergütung des Rechtsanwalts in Höhe von ... EUR/Std. zzgl gesetzlicher Umsatzsteuer, mindestens jedoch 200 EUR zzgl Mehrwertsteuer.

Jede beratende Tätigkeit wird mit mindestens 10 Minuten in Rechnung gestellt.

Die Rechnung ist monatlich zu stellen. Sie enthält den Tag und die Zeit der Leistung. Auf Anforderung wird eine detaillierte Belegführung vorgenommen.

Sofern Fotokopien anfallen, vereinbaren die Parteien neben den nach dem Rechtsanwaltsvergütungsgesetz (RVG) zu entschädigenden Fotokopiekosten eine zusätzliche Fotokopiekostenpauschale von 0,10 EUR pro Seite. Dies gilt auch für die elektronische Aktenaufnahme durch Einscannen.

Außerdem wird eine nach Nr. 7002 RVG-Vergütungsverzeichnis zu entschädigende Auslagenpauschale in Höhe von 20 EUR vereinbart. Die vorgenannten Gebühren sind auf etwaige später weiter entstehende Gebühren nicht anzurechnen.

Der Auftraggeber wurde darauf hingewiesen, dass eine Erstattung der Stundenvergütung vom Gegner oder einem Dritten (zB Rechtsschutzversicherung, Staatskasse etc.) unter Umständen nicht zu erwarten ist. Der Auftraggeber muss diese Beträge selbst leisten.

...
Ort, Datum

... ...
(Auftraggeber)   (Rechtsanwalt) ◄

17 ▶ Muster: Honorarvereinbarung (pauschal nach Verfahrensabschnitten)

Zwischen

Herrn/Frau ... (nachfolgend Mandant genannt)
und
Herrn Rechtsanwalt ... (nachfolgend Anwalt genannt)
wird folgende

Honorarvereinbarung

getroffen für die Verteidigung in der Strafsache ... Js ... bei der Staatsanwaltschaft ...
wegen ... [zB fahrlässiger Tötung]
Der Anwalt verpflichtet sich, den Mandanten zu verteidigen.
Der Mandant zahlt im Vorverfahren einen Pauschalbetrag in Höhe von 1.500 EUR. Damit sind alle Vorverfahrenstätigkeiten des Anwalts abgegolten. Anfallende Auslagen und Kosten für Gehilfen des Anwalts (Sachverständige, Dolmetscher uÄ) werden vom Mandanten gesondert bezahlt.
Für jeden Hauptverhandlungstag zahlt der Mandant 800 EUR, unabhängig von der Dauer der jeweiligen Verhandlung.
Für jede weitere Instanz wird eine neue Honorarvereinbarung abgeschlossen.
Der vereinbarte Honorarbetrag überschreitet die gesetzlichen Gebühren, die im Falle einer Kostenerstattung erstattet werden.
Etwaige Erstattungsansprüche werden abgetreten.
Beide Vertragspartner erhalten ein Vertragsexemplar.

...
Ort, Datum

... ...
(Auftraggeber)   (Rechtsanwalt) ◄

18 ▶ Muster: Honorarvereinbarung (Mittelgebühren)

Honorarvereinbarung

Zwischen
Herrn Rechtsanwalt ...
und
Herrn/Frau ...
wird in der Strafsache wegen ...
folgende Honorarabsprache getroffen:
Die Parteien gehen davon aus, dass zugunsten von Herrn/Frau ... eine Rechtsschutzversicherung die Gebührenzahlungen übernimmt.

Die Parteien gehen weiter davon aus, dass der Verteidigungsaufwand und die Schwierigkeit des Falls als durchschnittlich anzusehen sind, so dass die jeweils anzusetzenden Gebühren als **Mittelgebühren** in Ansatz zu bringen sind.

...

Ort, Datum

...   ...

(Auftraggeber)   (Rechtsanwalt) ◄

In Verkehrsstrafsachen kommt der Mandant in der Regel mit der Kundenkarte seiner **Rechtsschutzversicherung**. Gleichwohl ist eine Honorarvereinbarung abzuschließen, da nicht bekannt ist, welche Einzelvereinbarungen vertraglich zwischen Rechtsschutzversicherung und Versicherungsnehmer getroffen wurden, welche Zuzahlungen zu leisten sind, ob der Beitrag entrichtet wurde oder die Rechtsschutzversicherung den offenen Beitrag vom Anwaltshonorar bei dessen Auszahlung in Abzug bringt. Sicherlich liegt man nie falsch, wenn man Mittelgebühren vereinbart oder im Falle der Führerscheingefährdung Mittelgebühren plus 25 %. Der Mandant ist darüber zu belehren, welche Kosten möglicherweise trotz Versicherungsschutzes von ihm selbst getragen werden müssen.

Reisekosten sind grundsätzlich vom Mandanten selbst zu tragen, da der Rechtsschutzversicherer deren Zahlung grundsätzlich ausgeschlossen hat. Auch darüber sollte eine Honorarvereinbarung abgeschlossen werden. Schließlich sind Gebühren für **Kopien** und das Digitalisieren der Ermittlungsakte zu erörtern, zumal der Anwalt häufig in Verkehrssachen im wohlverstandenen Mandanteninteresse mehrfach aufgefordert werden wird, Aktenauszüge zu versenden. Zu klären ist auch, dass der Rechtsschutzversicherer im Vorverfahren nur die **Gutachterkosten** für einen öffentlich bestellten und vereidigten Sachverständigen trägt. Gelegentlich benötigt man zur Widerlegung eines sich bereits in der Ermittlungsakte befindlichen Gutachtens, das bei TÜV oder Dekra in Auftrag gegeben wurde, einen weiteren Gutachter, der nicht öffentlich bestellt und vereidigt ist, was nicht bedeutet, dass dieser geringere Leistungen erbringt.

Erstaunlicherweise führt der wachsende Konkurrenzdruck bei vielen Anwälten dazu, anzunehmen, dass die Rückstellung der Rechnung für die anwaltliche Dienstleistung beim Mandanten beliebt mache. Diese Annahme ist falsch. Ich verweise auf die Ausführungen in § 1 Rn 47, wo klargestellt wird, dass die Unzufriedenheit mit dem Anwalt wenig mit dessen Preis zu tun hat. Der Preis wird immer akzeptiert, wenn er richtig kalkuliert ist und die Leistung gut war.

Die **Vorschusszahlung** erspart viele ärgerliche Probleme, ärgerlich, da selbstverursacht. Nicht selten wird nach Abschluss eines Mandats viel zögerlicher, vielleicht auch gar nicht gezahlt. Wird der Mandant freigesprochen, verweist er den Verteidiger darauf, dass dieser sein Honorar bei der Landesjustizkasse festsetzen lassen kann. Dass dies oft zurückgestellt wird, weil etwa die Staatsanwaltschaft Berufung eingelegt hat, interessiert dann den Mandanten zumindest zeitweise wenig. Wurde der Mandant verurteilt, findet er sicher einen Grund darzulegen, dass die Verteidigerleistung schlecht war und deshalb dem Verteidiger sein gefordertes Honorar nicht oder nicht in der geforderten Höhe zustehe. Vorschusszahlungen bewirken daher immer Frieden.

23 Dem Mandanten ist zu erklären, dass das VVG vorgibt, dass bei Vorsatz und grober Fahrlässigkeit der Versicherer leistungsfrei wird, was für den Mandanten bedeutet, dass er die seitens des Rechtsschutzversicherers an den Verteidiger gezahlten **Vorschüsse** wieder an diese **zurückzahlen** muss. Bei reinen Vorsatzdelikten, wie „Unerlaubtes Entfernen vom Unfallort" oder „Nötigung" ist in jedem Fall bei der Rechtsschutzversicherung Vorschuss anzufordern, da nach erfolglos abgeschlossenem Verfahren zumindest der Versicherer nicht mehr leisten muss. Der Rechtsschutzversicherer ist darauf hinzuweisen, dass er die geleisteten Vorschüsse nicht beim Verteidiger, sondern beim Versicherungsnehmer zurückfordern kann. Bei Trunkenheitsfahrt und Verkehrsgefährdung ist dem Mandanten zu erklären, wann die Rechtsprechung Vorsatz unterstellt. Natürlich muss versucht werden, Vorsatzverurteilungen zu vermeiden. Bei Körperverletzung infolge eines Verkehrsunfalls ist dem Mandanten zu erklären, dass die Folge der Vorsatzunterstellung seitens des Gerichts dazu führt, dass der Haftpflichtversicherer leistungsfrei wird. Zwar ist vorsätzliche Körperverletzung im Straßenverkehr ein seltenes Delikt, aber es kommt immer wieder vor, dass Belastungszeugen, die Unfallbeteiligte sind, um die Pflichtwidrigkeit des Verhaltens des angeklagten Unfallgegners zu betonen, angeben, man habe den Eindruck gewonnen, der Angeklagte habe den Unfall vorsätzlich herbeigeführt.

24 Sodann ist dem Mandanten zu erläutern welche **Kommunikationswege** gewählt werden. Die bequemste und schnellste Kommunikation geht via Internet. So kann auch dem Mandanten die eingescannte Ermittlungsakte zur Vorbereitung eines Besprechungstermins zugänglich gemacht werden. Früher wurden dem Mandanten wesentliche Teile der Ermittlungsakten vorgelesen, was auch den Vorteil für den bearbeitenden Verteidiger hatte, dass dieser sich erneut in die Materie „hineinlesen" konnte. Dies ist dort entbehrlich, wo die Ermittlungsakte per E-Mail übersandt wird, weil der Mandant dann zu Hause in aller Ruhe feststellen kann, welches belastende Material gegen ihn gesammelt wurde oder aber wer welche Aussagen gemacht, aus welcher Perspektive was gesehen hat und welche Tatsachen ihn weiter entlasten könnten. Diese Methode wird derzeit ergänzt durch die **Web-Akte**. Diese kann jetzt neu angeboten und eingerichtet werden. Web-Akte bedeutet, dass dem Mandanten ein Passwort mitgeteilt wird, mit welchem er sich in „seine" Akte einwählen kann. Er kann dann alles einsehen, was der Anwalt in die Akte eingescannt hat. Auf diese Weise kann der Mandant an der Aktenführung ersehen, welche Aktivitäten sein Anwalt unternommen hat. Dies führt einerseits dazu, dass die Akte sehr „diszipliniert" geführt werden muss, andererseits, dass der Verteidiger jegliche Informationskosten spart.

25 **Hinweis:** Soweit telefonisch kommuniziert wird, darf nicht vergessen werden zu dokumentieren. Jedes Gespräch kann, aus welchem Grund auch immer, bedeutungsvoll werden.

26 Diese Art des Mandantenumgangs macht deutlich, dass der Verteidiger auch Rechtsdienstleister ist. Das Interesse, den Mandanten optimal zu informieren und das Mandat transparent zu gestalten, steht dabei im Vordergrund. Der Mandant ist der Herr seines Verfahrens. Um ihm zu ermöglichen, die richtigen Entscheidungen zu treffen, ist eine lückenlose Information erforderlich, die natürlich auch jedes Verteidigergespräch mit Richter und Staatsanwaltschaft beinhaltet.

Ob das Interesse des Mandanten optimal vertreten wird, wenn Methoden der **Konfliktverteidigung** angewandt werden (vgl § 11 Rn 68 ff), erscheint oft fraglich.[1] Das Verkehrsstrafverfahren „schreit" in der Regel nach rascher Beendigung, vor allem dann, wenn der Führerschein vorläufig beschlagnahmt wurde. In diesen Fällen ist eher eine rasche Terminierung anzustreben. Eine Verlängerung der Hauptverhandlung wegen des Interesses erreichen zu wollen, alle vermeintliche Pflichtverletzungen der Ermittler aufzudecken, was durch permanente Beweisantragsstellung, die Behauptung von Befangenheit und ähnliche Anträge zu erfolgen hat, erscheint selten sinnvoll. Aber es ist nicht generell so, dass eine rasche Beendigung des Verfahrens von Vorteil ist. Nicht nur vor der Einführung der Fahrerlaubnisverordnung (FeV) vom 1.1.1999 war es die Regel, dass bei bestimmten Mandanten das Verfahren so lange hinausgezogen werden musste, dass der Führerschein wegen Zeitablaufs im Termin herausgegeben werden musste. Gelegentlich ist das Ziel, „Sachverhalte festschreiben", nur dadurch zu erreichen, dass Anträge gestellt werden, die von Richtern als schikanös empfunden werden.

Beispiel:
So werden die Anlagen einer Richterablehnung wegen des Verdachts der Befangenheit Aktenbestandteil, Anlagen, die ansonsten nie den Weg in das Ohr des Richters gefunden hätten.

Ebenso ist die Stellung von Anträgen nach § 183 GVG immer ein Ärgernis für den Richter, der einen zusätzlichen Beschluss fassen muss, wenn der Verteidiger dies beantragt und zwei Zeugen unterschiedlich ausgesagt haben. Methoden der Konfliktverteidigung sind daher nicht grundsätzlich für unanwendbar in Verkehrsstrafsachen zu halten. Und wie sehr erstaunt es immer wieder, wenn ein Verfahren in ruhiges und sachliches Fahrwasser kommt, wenn erst der dritte Ablehnungsantrag gestellt ist. Konfliktverteidigung bleibt demnach auch bei Verkehrsstrafsachen nicht außen vor, wenngleich der Bedarf geringer ist als bei Kapitalstrafverfahren. Auch der Verteidiger in Verkehrsstrafsachen muss wissen, was den Richter in Bewegung bringt, was den Staatsanwalt zum erneuten Nachdenken bringt.

Beispiel:
Bei einer Verteidigung wegen angeblicher Trunkenheitsfahrt beantragte der Verfasser zu Beginn des Verfahrens eine Unterbrechung, da davon auszugehen war, dass der Mandant vor dem falschen Richter saß. Der Verfasser wollte nur wenige Minuten zur Kontrolle des Geschäftsverteilungsplans in Anspruch nehmen. Die Äußerung des Staatsanwalts, dies sei die übliche Verzögerungstaktik von Verteidigern, in Verbindung mit einem Antrag auf Auswechslung des Staatsanwalts und eines erklärenden Bestätigungsanrufs des Gerichts führte zur Zurückziehung des Staatsanwalts und dazu, dass ein anderer Staatsanwalt den Sitzungsdienst in dieser Sache übernahm.

Der sicherlich empfehlenswertere Weg ist jedoch auch in Verkehrsstrafsachen die **Verständigung zwischen Richter, Verteidigung und Staatsanwaltschaft**. Zum einen sind die zu lösenden Probleme in der Regel offensichtlich, und das Konfliktpotential reduziert sich auf einen oder zwei Punkte, die möglicherweise unterschiedlich bewertet werden können. Es ist klar, dass die Verteidigung andere Schwerpunkte setzt als die Anklagebehörde. Zum anderen ist der Strafrahmen nicht so weit gefasst, dass sensationelle Abweichungen erreicht werden könnten. In der Regel geben Staatsanwaltschaften Listen heraus – vor allem für die Sitzungsvertreter,

---
1 Vgl hierzu *Malmendier*, NJW 1997, 227, mit dem Ergebnis, dass Konfliktverteidigung keine Frage des Verfahrensrechts, sondern der Verfahrensleitung ist, sowie *Salditt*, StV 2002, 273.

die noch in Ausbildung sind –, die knapp gefasste Strafrahmen enthalten (siehe Rn 87), so dass zwischen Höchststrafe und Mindeststrafe nur geringe Differenzen liegen, soweit der „Normalfall" bewertet wird. Da zumindest dem häufiger verteidigenden Verkehrsrechtsanwalt diese Listen bekannt sind, hat er die Aufgabe zu erfüllen, dem Mandanten zu erläutern, dass bei unerheblichen Abweichungen von der Norm die ständige Rechtsprechung des Amts- oder Landgerichts zur Anwendung kommt, deren Rahmen man kenne. Nur wenn der Sachverhalt erhebliche Abweichungen von der Norm aufweist, ist zu prüfen, ob man Verhandlungen über die Verfahrenseinstellung nach §§ 153, 153 a, 153 b StPO oder nach § 154 StPO anstrebt. Ansonsten ist zu überlegen, ob nicht die Vereinbarung eines Strafbefehls (dazu Rn 83 ff) sinnvoller ist als die durchzuführende Hauptverhandlung.

32 ▶ **Muster: Mandanteninformations-Schreiben**

Sehr geehrte/r Frau/Herr ...,

wir teilen Ihnen das Procedere in Ihrer Angelegenheit wie folgt mit:

Wir werden uns zunächst bei der Staatsanwaltschaft .../dem ...gericht ... für Sie bestellen. Wir werden Akteneinsicht beantragen.

Sobald uns die amtliche Ermittlungsakte zugeht, werden wir Sie informieren und einen Besprechungstermin vereinbaren. Sollten Sie uns Ihre E-Mail-Adresse überlassen haben, können Sie damit rechnen, dass wir Ihnen die Ermittlungsakte vorab zur Information bekannt machen werden, damit Sie diesen Besprechungstermin vorbereiten können. Wir werden dann anlässlich des Besprechungstermins mit Ihnen erörtern, in welcher Form eine Einlassung abgegeben wird.

Wir weisen ausdrücklich darauf hin, dass vor Akteneinsicht keine Äußerung vorgenommen werden darf. Erst wenn wir wissen, was die Polizei festgehalten hat, was Zeugen ausgesagt haben und wie gewertet wurde, können wir entscheiden, welche Verteidigungsstrategie richtig sein wird. Ins Blaue hinein vorzutragen, ist unprofessionell.

Unter gar keinen Umständen dürfen Sie selbst mit Polizei oder Staatsanwaltschaft Kontakt haben. Der dabei entstehende Schaden kann unreparierbar sein. Bitte überlassen Sie uns jedes Schreiben und informieren Sie uns über jeden Kontaktversuch der Strafverfolgungsbehörde, damit wir reagieren können. Bedenken Sie bitte, dass Ihnen gesetzte Fristen im Vorverfahren keine Bedeutung haben. Diese Fristen dienen lediglich der Strafverfolgungsbehörde dazu, ein Verfahren rasch abschließen zu können. Bitte informieren Sie uns über jede Kontaktaufnahme und jede eigene Absicht, das Verfahren voranzutreiben, damit wir angemessene Anträge stellen können, die nicht zu Ihren Lasten wirken.

Sofern die Staatsanwaltschaft davon ausgehen darf, dass ein hinreichender Verdacht begründet ist, kann aufgrund von Zeugenaussagen der Führerschein vorläufig beschlagnahmt werden. Es kann sein, dass die Fahrerlaubnis vorläufig entzogen wird. Nur in seltenen begründeten Fällen empfehlen wir dann, gegen diesen Beschluss, der die vorläufige Entziehung manifestiert, Beschwerde einzulegen, da möglicherweise das Beschwerdegericht keine weiteren Beweismittel zur Beurteilung zur Verfügung hat als das Vorgericht. Nur eine durch Nachweise veränderte Situation erlaubt eine neue Würdigung mit veränderter Rechtsfolge. Haben Sie also Geduld, wenn erst durch die Hauptverhandlung mit neuen Zeugen und/oder Sachverständigen erfolgreich agiert werden kann.

Der Führerschein bleibt möglicherweise beschlagnahmt bis zu einem Freispruch, einer Einstellung oder Abschlussverfügung.

Sollten wir nicht zu einer Verfahrenseinstellung gelangen, werden wir die Möglichkeit des Verfahrensabschlusses durch Erlass eines Strafbefehls prüfen. Sollte die Staatsanwaltschaft diesen Verfahrensabschluss ablehnen, wird sie Anklage erheben, was zu einem Hauptverhandlungstermin führt, ebenso wie ein von uns eingelegter Einspruch gegen einen Strafbefehl.

Zeugen können wir bis zum Abschluss der Tatsacheninstanz benennen. Das Gericht ist verpflichtet, die von uns benannten Zeugen zu laden.

Sachverständige, die den Vorgang anders würdigen als die Gerichtssachverständigen (in der Regel von Sachverständigenorganisationen, die mit den Staatsanwaltschaften und Gerichten Preisabsprachen vereinbart haben), können von uns persönlich geladen werden, wenn die dafür anfallenden Kosten von uns vorgelegt werden. Bitte sprechen Sie jede Idee, jeden Vorschlag mit Ihrem Verteidiger ab, damit es möglich wird, gemeinsam in die gleiche Richtung zu wirken.

Auch die Einführung von Entlastungszeugen in das Ermittlungsverfahren oder in die Hauptverhandlung muss abgesprochen und erörtert werden. Bedenken Sie, dass die Benennung von Zeugen gegen staatsanwaltschaftliche Erkenntnisse nur dazu führen kann, dass ein unklarer Erkenntnisstand geschaffen wird, der im schlimmsten Fall bewirkt, dass gegen einen Zeugen wegen eidlicher/uneidlicher Falschaussage ein Strafverfahren eröffnet wird. Wir wollen dies vermeiden.

Nach Akteneinsicht werden wir erörtern, ob es opportun ist, eine Einlassung abzugeben.

Erklärungen abgeben können der Betroffene/Beschuldigte/Angeschuldigte/Angeklagte, der Verteidiger oder beide gemeinsam. Aus der Tatsache, dass der Betroffene/Beschuldigte/Angeschuldigte/Angeklagte oder Verteidiger schweigt, darf nichts Negatives geschlossen werden.

Lediglich die Fragen zur Person müssen beantwortet werden. Dies ist auch sinnvoll, da die Angaben zu Person, Familienstand, Unterhaltsberechtigten und Netto-Einkommen Ihre Strafe bestimmen können. Sollten Sie Ihr Einkommen nicht angeben, kann das Gericht schätzen, was zu Ihren Gunsten, aber auch zu Ihren Lasten ausgehen kann.

Ihre Rechtsschutzversicherung schreiben wir an, sobald wir Ihre Versicherungsnummer erfahren haben. Wir weisen darauf hin, dass der Rechtsschutzversicherer leistungsfrei ist, wenn wegen Vorsatzes verurteilt wird. Dies ergibt sich aus den allgemeinen Rechtsschutzbedingungen (ARB). Werden Delikte angeklagt, die nur vorsätzlich verwirklichbar sind, wird Rechtsschutz nicht gewährt werden. Bei Delikten, die vorsätzlich und fahrlässig verwirklicht werden können, wird bei Fahrlässigkeit geleistet, bei Vorsatz der bereits gezahlte Vorschuss zurückverlangt. Beachten Sie, dass Sie in jedem Fall selbst die Anwaltskosten schulden. Der Rechtsschutzversicherer zahlt die Kosten nur erfüllungshalber, so dass im Falle einer Vorsatzverurteilung eine Rückerstattung von Ihnen vorzunehmen sein wird.

Die Verfahrenseinstellung nach den §§ 153 ff StPO kann Nachteile für Sie bereithalten, die unbedingt erörtert werden müssen. Bitte lassen Sie sich nicht ohne Rücksprache auf entsprechende Angebote ein.

Bitte erörtern Sie, solange das Mandat besteht, jeden Schritt und jede Überlegung mit Ihrem Verteidiger, um optimale Ergebnisse zu erreichen.

Mit freundlichen Grüßen

Rechtsanwalt ◄

B. Anträge zum Verfahrensabschluss im Vorverfahren

I. Verfahrenseinstellung nach § 170 Abs. 2 StPO

33 Natürlich ist das vornehmste Ziel eines jeden Verfahrens zunächst die Erwirkung einer Einstellung nach § 170 Abs. 2 StPO. Diese Einstellung erwartet der Mandant, falls er sich keiner Schuld bewusst ist, worauf es, wie der gute Verteidiger weiß, nicht unbedingt ankommt. § 170 Abs. 2 StPO ist immer das Maximalziel. Dieses Ziel ist nur erreichbar, wenn es gelingt, erhebliche Bedenken anzumelden, die auch Gewicht haben. Es handelt sich dabei in der Regel um Fälle, die schlecht ermittelt sind oder gut ermittelt mit irrigen Zeugenaussagen.

34 Die Einstellung nach § 170 Abs. 2 StPO ergibt sich einerseits bei erwiesener Unschuld, andererseits dann, wenn zwar Verschulden denkbar ist, jedoch nicht mit an Sicherheit grenzender Wahrscheinlichkeit nachgewiesen werden kann. Der Verteidiger hat also zunächst alles zu erforschen, was die Unschuld des Mandanten nachzuweisen geeignet ist und so zu einer Verfahrenseinstellung führt. Geeignete Zeugen sind zu benennen, zum Beispiel Beifahrer des beschuldigten Fahrers, die aus der Perspektive des Fahrers Angaben machen können. Weiterhin sind Sachverständige zu benennen, die die Perspektive des Beschuldigten belegen können.

35 ▶ **Muster: Anforderung der Ermittlungsakte von der Staatsanwaltschaft**

An die

Staatsanwaltschaft

beim Landgericht ...

Az ...

In der Strafsache

gegen

Herrn ...

bestellen wir uns mit beiliegender Vollmacht für den Beschuldigten ...

Wir beantragen,

uns die amtliche Ermittlungsakte zu überlassen.

Wir werden dann mit dem Beschuldigten zusammen entscheiden, ob eine Einlassung erfolgen wird.

Rechtsanwalt ◀

36 Nach erfolgter Akteneinsicht wird das Strategiegespräch mit dem Mandanten vorbereitet. Dazu dient die vorherige Überlassung der amtlichen Ermittlungsakte oder Teile davon. Der Mandant kann dann die gegen ihn erhobenen Vorwürfe selbst lesen und sich damit auseinandersetzen, wie diese widerlegt werden können. Optimal, ohne großen Aufwand, geht dies per Internet mit der elektronischen Akte, die – einmal eingescannt – beliebig oft per Mausklick versandt werden kann.

37 ▶ **Muster: Mandantenanschreiben Mitarbeit**

Sehr geehrte/r Frau/Herr ...

Anliegend erhalten Sie die fotokopierte/gescannte amtliche Ermittlungsakte.

Ich bitte Sie, diese sorgfältig durchzulesen. Beachten Sie bitte die Zeugenaussagen auf Seite ... und Seite .... Diese sind für Sie belastend. Kann dazu einer Ihrer Mitfahrer etwas aussagen?

B. Anträge zum Verfahrensabschluss im Vorverfahren

Nach entsprechender Vorbereitung bitte ich Sie, telefonisch mit meinem Sekretariat, dessen telefonische Erreichbarkeit sich aus unserem Briefkopf ergibt, einen Besprechungstermin zu vereinbaren, damit wir gemeinsam die Verteidigung abstimmen können.

Mit freundlichen Grüßen

Rechtsanwalt ◄

Schließlich ist Folgendes zu bedenken: Bei einem Strafverfahren spielt jeder Beteiligte eine Rolle, weil jeder Beteiligte aus unterschiedlicher Perspektive seinen Verfahrensbeitrag leistet: der Richter, der Staatsanwalt, der Verteidiger (der sich hüten muss, seinem Mandanten gegenüber die Rolle des Richters oder des Staatsanwalts einzunehmen) und letztlich auch der Sachverständige. Der Richter verfolgt das Ziel, den Fall revisionssicher, wenn möglich, mit wenig Aufwand, abzuarbeiten, der Staatsanwalt versucht seine Anklageschrift in ein Urteil umzusetzen, lediglich der Verteidiger eruiert alle Interessen des Beschuldigten/Angeschuldigten/Angeklagten und versucht, diese zu dessen Gunsten ins Verfahren einzubringen. Der **Sachverständige** lebt häufig gut davon, dass er regelmäßig von der Staatsanwaltschaft beauftragt wird und deren Standpunkt wissenschaftlich absichert. Da es aber immer mehrere wissenschaftliche Schulen gibt, ist in diesem Zusammenhang immer auch ein Sachverständiger zu finden, der das, was dem einen klar und unbestritten ist, als unklar und äußerst streitig empfindet. Entscheidet sich ein Gericht oder eine Staatsanwaltschaft zur Inanspruchnahme eines belastenden Sachverständigen, steht es dem Verteidiger frei, die Meinung eines anderen Sachverständigen in das Verfahren einzuführen. Dies geschieht außergerichtlich mithilfe der Rechtsschutzversicherung gem. § 5 ARB. Wenn das Verfahren bei Gericht anhängig ist, gelten die Vorschriften über die **Selbstladung** (§ 220 StPO), damit dem gerichtlich beauftragten Sachverständigen ein Gegengewicht entgegengesetzt werden kann.

Der hilfreiche Sachverständige ist mittels Zustellung durch den Gerichtsvollzieher zu laden, die Kosten sind bar anzubieten. Der so geladene Sachverständige oder der so geladene Zeuge müssen gehört werden.

▶ **Muster: Selbstladung des Sachverständigen nach § 220 StPO**

An Sachverständigenbüro ...

Herrn Sachverständigen ...

Betr.: Ladung zum Hauptverhandlungstermins des ...gerichts in ... in der Strafsache gegen ..., Az ...

Sehr geehrter Herr Sachverständiger ...,

ich verteidige Frau/Herrn ... in der Strafsache ... vor dem ...gericht in ... .

Ich lade Sie hiermit als Sachverständigen zu dem Termin am ... um ... Uhr.

Die Hauptverhandlung findet in Saal ... statt.

Ihre gesetzlichen Sachverständigengebühren nach dem ZSEG sowie Reisekosten bietet Ihnen der Gerichtsvollzieher ... bar an.

Im Falle Ihrer Verhinderung informieren Sie bitte das Gericht zur Vermeidung von Nachteilen. Im Falle des unentschuldigten Nichterscheinens kann das Gericht Ordnungsgeld oder Ordnungshaft verhängen oder Ihre zwangsweise Vorführung anordnen.

Mit freundlichen Grüßen

Rechtsanwalt ◄

41 ▶ **Muster: Zustellungsauftrag an den Gerichtsvollzieher wegen Selbstladung**

An die

Gerichtsvollzieherverteilungsstelle

beim Amtsgericht ...

Betr.: Zeugenladung nach §§ 38, 220 StPO

Sehr geehrter Herr Gerichtsvollzieher,

anliegend erhalten Sie die Ladung des Sachverständigen ..., ... [Anschrift] zum Gerichtstermin am ... beim ...gericht in ....

Wir bitten um Zustellung und um Überlassung einer beglaubigten Abschrift der Ladung sowie der Zustellungsurkunde.

Sachverständigengebühren und Reisekosten in Höhe von ... EUR sind beigefügt und dem Sachverständigen zur Deckung seiner Kosten zu überlassen.

Mir freundlichen Grüßen

Rechtsanwalt ◀

42 Diese Verfahrensweise hat den Vorteil, dass das Gericht den präsenten Zeugen oder Sachverständigen nicht nach den Grundsätzen des § 244 Abs. 3–5 StPO zurückweisen kann, sondern allenfalls nach § 245 StPO. Vor allem die Stellung eines präsenten Sachverständigen ermöglicht es, Einfluss zu nehmen, der ansonsten verwehrt ist, da es Sache des Gerichts ist, den Sachverständigen auszuwählen. Gleichwohl ist ein Beweisantrag zu stellen, der auch dann noch gestellt werden kann, wenn das Gericht bereits einen gleichlautenden Beweisantrag nach den Vorschriften des § 244 StPO abgelehnt hat. Das Selbstladungsrecht in dieser Form steht nicht nur dem Angeklagten zu, sondern ebenso dem Nebenkläger und dem Privatkläger.

43 Ebenso kann sich der Verteidiger des Sachverständigen als Gehilfen bedienen, ohne dass das Gericht oder die Staatsanwaltschaft dies rügen könnten. Das bedeutet, dass der Sachverständige als Gehilfe an der Seite des Verteidigers Platz nehmen darf und den Verteidiger über die Auswirkung des Vortrags des vom Gericht bestellten Sachverständigen instruieren darf, ihm raten kann, entsprechende Fragen zu stellen, und Ähnliches.

44 Es würde zu weit führen, alle Taktikmöglichkeiten anzuführen, die geeignet sind, einen Freispruch oder eine Verfahrenseinstellung zu bewirken. Bekannt sein sollte jedoch, dass Verurteilung oder Freispruch häufig von der Auswahl der Sachverständigen abhängen, was die Einholung entsprechender Informationen erforderlich macht.

45 ▶ **Muster: Antrag auf Verfahrenseinstellung nach § 170 Abs. 2 StPO aus tatsächlichen Gründen**

An die

Staatsanwaltschaft

beim Landgericht ...

Az ... Js .../...

In der Strafsache

gegen

Herrn ...

beantrage ich,

das gegen meinen Mandanten eingeleitete Verfahren wegen ... einzustellen.

Die getroffenen Feststellungen tragen den Vorwurf nicht. Der Unfall wurde nicht von meinem Mandanten verschuldet, im Gegenteil: Der Unfall war für meinen Mandanten unabwendbar iSd § 7 Abs. 2 StVO.

Beweis: Sachverständigengutachten durch den Sachverständigen ...

Der Sachverständige wird zu dem von uns prognostizierten Ergebnis gelangen.

Nach Vorlage des Gutachtens des Sachverständigen bitte ich nochmals um Aktenüberlassung, damit gegebenenfalls Stellung genommen werden kann.

Mit freundlichen Grüßen

Rechtsanwalt ◄

▶ **Muster: Antrag auf Verfahrenseinstellung nach § 170 Abs. 2 StPO aus rechtlichen Gründen**

An die

Staatsanwaltschaft

beim Landgericht ...

Az ... Js .../...

In der Strafsache

gegen

Herrn ...

beantragen wir,

das Verfahren nach § 170 Abs. 2 StPO einzustellen.

Der Tatbestand des § 229 StGB wurde vorliegend nicht erfüllt.

Der Geschädigte selbst gibt an, er habe sich nach dem Unfall unwohl gefühlt, er sei geschockt gewesen, er habe den Schock als körperliche Last empfunden. Ein Arztbesuch sei nicht erfolgt, da sich sein Zustand im Verlaufe der nächsten Stunden gebessert habe, er denke jetzt noch bisweilen an den Unfall.

Diese Beeinträchtigung reicht nicht aus, eine Körperverletzung im Sinne des § 229 StGB zu unterstellen. Die Beeinträchtigung setzt voraus, dass eine gewisse Nachhaltigkeit und Schwere feststellbar ist. Dies ist hier nicht der Fall.

Die Rechtsprechung hat herausgestellt, dass die Beeinträchtigung Krankheitswert haben muss (BGH NJW 1971, 1883; 1989, 2317).

Das Verfahren ist einzustellen.

Rechtsanwalt ◄

▶ **Muster: Antrag auf Verfahrenseinstellung nach § 170 Abs. 2 StPO mangels öffentlichen Interesses**

An die

Staatsanwaltschaft

beim Landgericht ...

Az ... Js .../...

In der Strafsache

gegen

Herrn ...

wegen ...

regen wir an,

das Verfahren nach § 170 Abs. 2 StPO einzustellen, hilfsweise, auf den Privatklageweg zu verweisen,

da nach unserem Dafürhalten ein Straftatbestand nicht vorliegt, jedenfalls kein öffentliches Interesse besteht.

Der Anzeigenerstatter gibt an, unser Mandant, der Beanzeigte, sei langsam an ihm vorbeigefahren, habe seinen Arm aus dem Fenster gehängt und dabei eine beleidigende Geste vollführt, wobei der Mittelfinger der linken Hand deutlich sichtbar gewesen sei.

Zunächst verweise ich darauf, dass breiten Kreisen der Bevölkerung unklar ist, welche Bedeutung Finger im täglichen Leben haben, sieht man von allseits bekannten Funktionen ab (Ringfinger, Zeigefinger usw). Wer durch Fingereinsatz glaubt, beleidigen zu können, wird häufig erleben, dass seine Willensbekundung nicht verstanden wird. Umgekehrt ist demnach der Schluss unzulässig, eine bestimmte Fingerhaltung müsse eine bestimmte Bedeutung haben.

Der Beanzeigte jedenfalls hat sich keine Gedanken gemacht bezüglich der Haltung seiner Finger. Er hat einfach den Arm zum Fenster hinausgehängt, da die Temperaturen das Öffnen des Fensters nahe legten.

Im Übrigen besteht kein öffentliches Interesse an der weiteren Untersuchung des Vorgangs, da der Rechtsfrieden unseres Erachtens nicht gestört wurde, jedenfalls nicht über den Anzeigenerstatter hinaus.

Eine Verfahrenseinstellung ist angebracht.

Mit freundlichen Grüßen

Rechtsanwalt ◄

II. Verfahrenseinstellung nach § 153 StPO

48   Kann eine Verfahrenseinstellung nach § 170 Abs. 2 StPO nicht erreicht werden, muss das nächste Ziel die Erreichung einer Einstellung des Verfahrens nach § 153 StPO sein. Voraussetzung hierfür ist, dass das Verfahren ein Vergehen zum Gegenstand hat, das öffentliche Interesse an der Strafverfolgung gering ist oder fehlt und die Schuld des verteidigten Mandanten – gemessen an vergleichbaren Fällen – gering ist. Es ist also die Aufgabe des Verteidigers, das Verschulden des Mandanten aus dessen Sicht zu schildern und ein eventuelles Mitverschulden so darzustellen, wie der Mandant dies würdigt. Daraus wird häufig das geringe Verschulden des Mandanten offensichtlich.

49   Die **Schuld** ist **gering**, wenn sie beim Vergleich mit Vergehen gleicher Art nicht unerheblich unter dem Durchschnitt liegt,[2] wenn die Schuld des Beschuldigten also deutlich geringer ist als in vergleichbaren Fällen. Folgende Gesichtspunkte spielen eine Rolle:

- ■ Motive und Gesinnung des Beschuldigten (geringe Schuld, wenn diese nicht verwerflich, sondern verständlich sind, etwa, weil der Mandant aus Not gehandelt hat, zur Tat provoziert oder verführt wurde)

---

2   So *Meyer-Goßner*, StPO, § 153 Rn 4.

- kriminelle Intensität (geringe Schuld, wenn diese nur unerheblich ist)
- Bezug zur Person des Beschuldigten (geringe Schuld, wenn die Tat persönlichkeitsfremd ist, es sich um ein einmaliges Versagen handelt, der Beschuldigte überhaupt nicht oder zumindest nicht einschlägig vorbestraft ist)
- verschuldete Folgen der Tat (nicht aber die Höhe des eingetretenen Schadens)
- Schadenswiedergutmachung (geringe Schuld, wenn der Beschuldigte den Schaden wieder gutgemacht hat, sich zumindest intensiv darum bemüht hat)
- zu erwartende Strafe im Falle einer Verurteilung (geringe Schuld auch möglich bei Vergehen, die mit einer im Mindestmaß erhöhten Strafe bedroht sind)

Im Grunde genommen orientiert man sich an § 46 Abs. 2 StGB.

▶ **Muster: Antrag auf Verfahrenseinstellung nach § 153 StPO**

An das Amtsgericht ...

Az ... Js .../...

In der Strafsache

gegen

Herrn ...

wegen angeblicher Nötigung

geben wir für den Angeschuldigten folgende Einlassung ab:

Es ist richtig, dass der Angeschuldigte am ... gegen ... Uhr die Bundesautobahn 17 befuhr. Die weitere Schilderung ist jedoch völlig falsch. Der Angeschuldigte hat sich nicht verkehrswidrig verhalten. Der Angeschuldigte stellte vielmehr fest, dass der Zeuge ... in unverschämter Art und Weise drängelte und gestikulierte.

Aufgrund dessen nahm der Angeschuldigte seine Kamera und fertigte Bilder, da er sich dieses Verhalten nicht gefallen lassen wollte. Der Angeschuldigte wollte überlegen, ob er dieses drängelnde Verhalten als Nötigung anzeigt.

Blatt ... und ... der Ermittlungsakte geben die Aussage der Zeugin ..., der Ehefrau des Zeugen ..., wieder. Auf Blatt ... ist zu lesen: „Der Audi wechselte dann, nachdem er das kleine Fahrzeug überholt hatte, auf den rechten Fahrstreifen. Wir fuhren dann ebenfalls wieder auf den rechten Fahrstreifen vor den Audi. Während wir an dem Audi vorbeifuhren, sah ich, wie der Fahrer einen Fotoapparat hervorholte. Als wir dann vor dem Audi fuhren, fotografierte uns der Audifahrer. Wir fuhren dann auf dem rechten Fahrstreifen weiter, und der Audi blieb zurück. Er hatte es plötzlich nicht mehr so eilig ".

Dazu ist zu sagen, dass unser Mandant es während der ganzen Fahrt überhaupt nicht eilig hatte. Es ging ihm auch nicht darum, mit anderen Fahrzeugen in Konkurrenz zu treten. Als der Zeuge ... jedoch in unverschämter Weise drängelte, hielt er das für eine Nötigung und wollte dies fotografisch festhalten, um sich später entscheiden zu können, ob Anzeige erstattet wird oder nicht. Er stellte jedoch zu Hause fest, dass die Bilder unbrauchbar waren, weshalb sich weitere Überlegungen erledigten.

Die Zeugin ... und der Zeuge ... stellten jedoch fest, dass Ihr Fehlverhalten fotografisch dokumentiert wurde. Um einer Anzeige des Angeschuldigten zuvorzukommen, fertigten sie deshalb selbst eine Anzeige, um dem Vorwurf der Nötigung zu entgehen. Allein dies ist Grundlage der Aussagen des Zeugen ... und der Zeugin ...

Unter diesen Umständen halten wir das Verfahren für einstellungsreif.

Wir halten es nicht für prozessökonomisch, wenn nun nachträglich der Angeschuldigte, der ansonsten das Fehlverhalten längst verkraftet hat, ebenfalls Anzeige erstattet. Wir wissen aus vergleichbaren Verfahren, wie schwierig sich dann die Wahrheitsfindung gestaltet und Ergebnisse nach dem Zufallsprinzip zustandekommen, je nachdem, wer als Zeuge und wer als Angeklagter ausgewählt wird.

Rechtsanwalt ◄

51 Darüber hinaus kann der Verteidiger auf Folgendes verweisen, um eine Verfahrenseinstellung nach § 153 StPO zu erreichen:

- eigene Verletzungen des Beschuldigten,
- eigener Schaden des Beschuldigten,
- nachteilige wirtschaftliche Folgen der Bestrafung des Beschuldigten (Verlust des Arbeitsplatzes, zukünftig niedrigere Bezahlung),
- drohende disziplinarrechtliche oder standesrechtliche Konsequenzen,
- psychische Belastung durch das Ermittlungsverfahren,
- finanzielle Belastung durch das Ermittlungsverfahren.

52 ▶ **Muster: Antrag auf Verfahrenseinstellung nach § 153 StPO (eigene Verletzung des Angeschuldigten)**

An das Amtsgericht ...

Az ... Js .../...

In der Strafsache

gegen

Frau ...

wegen angeblicher Körperverletzung im Straßenverkehr

geben wir für die Beschuldigte folgende Einlassung ab:

Die Beschuldigte befuhr am ... gegen ... Uhr die BAB ... zwischen ... und ... vor der Autobahnüberführung.

In einer langgezogenen, übersichtlichen Rechtskurve stieß sie mit ihrem Fahrzeug mit dem Fahrzeug des entgegenkommenden Herrn ... zusammen. Der Anstoßpunkt liegt in der Straßenmitte, wobei das Gutachten der ... zu dem Ergebnis kommt, dass der Anstoßpunkt aus Sicht unserer Mandantin ca. 0,2 bis 0,3 m von der Mittelsperrlinie nach links versetzt liegt, eine Nachprüfung des Sachverständigen ... vom ... jedoch zum Ergebnis hat, dass der Anstoßpunkt ziemlich genau in der Mitte der Straße liegt.

Aufgrund dessen kann davon ausgegangen werden, dass beide Unfallbeteiligte gegen das Rechtsfahrgebot nach § 2 Abs. 2 StVO verstoßen haben.

Die Beschuldigte wurde schwerstens verletzt. Anliegend überlassen wir das Gutachten des Universitätsklinikums ... vom ..., dem die Verletzungen entnommen werden können. Neben einem Schädelhirntrauma 1. Grades waren ein Beckenbruch und weitere erhebliche, auch offene Brüche zu beklagen.

Es ist davon auszugehen, dass die Beschuldigte lebenslang unter den Folgen des Unfalls leiden wird.

B. Anträge zum Verfahrensabschluss im Vorverfahren 8

Unter diesen Umständen ist die Einstellung des Verfahrens nach § 153 StPO angebracht.

Rechtsanwalt

Anlage: Gutachten des Universitätsklinikums ◄

▶ **Muster: Antrag auf Verfahrenseinstellung nach § 153 StPO (eigene schwere Unfallfolgen für den Angeschuldigten)** 53

An das Amtsgericht ...

Az ... Js .../...

In der Strafsache

gegen

Herrn ...

geben wir für den Angeschuldigten folgende Einlassung ab:

Der Angeschuldigte räumt die Verursachung des Verkehrsunfalls am ... in ... vollumfänglich ein. Der Tatbestand der Vorschrift des § 229 StGB ist demnach erfüllt.

Der unfallbeteiligte Zeuge ... wurde infolge der Streifkollision verletzt. Er gibt an, dass er ein HWS-Schleudertrauma zu beklagen hat sowie psychische Nachwirkungen, die dazu führen, dass er seit diesem Unfall nicht mehr unbefangen ein Fahrzeug lenken kann. Er habe sich in psychotherapeutische Behandlung begeben. Eine Besserung sei auch nach nunmehr zwölf Wochen nicht eingetreten. Unstreitig handelt es sich hier um einen psychischen Primärschaden in Form eines Schockschadens oder eines psychischen Traumas.

Zu berücksichtigen ist allerdings, dass unser Mandant seit diesem Unfall selbst schwerstens verletzt ist. Nach der Streifkollision kam das Fahrzeug unseres Mandanten ins Schleudern und überschlug sich mehrfach.

Anliegend überlassen wir eine beglaubigte Fotokopie des Attestes der Universitätsklinik .../Abteilung Wiederherstellungschirurgie, dem entnommen werden kann, dass unser Mandant lebenslang körperlich behindert sein wird und darüber hinaus seinen Beruf nicht mehr ausüben können wird. Die Verletzungen sind so gravierend, dass jegliche Strafe ihren Sinn verfehlt.

Unter diesen Umständen sollte eine Verfahrenseinstellung überdacht werden, da unser Mandant keiner Strafe bedarf, um zu bekommen für den Rest seines Lebens einen Denkzettel.

Rechtsanwalt ◄

Darüber hinaus muss das **öffentliche Interesse an der Verfolgung fehlen**. Dieses ist zu messen an Nr. 86 Abs. 2 RiStBV; es liegt vor, wenn der Rechtsfrieden über den Lebenskreis des Verletzten hinaus gestört und die Strafverfolgung ein gegenwärtiges Anliegen der Allgemeinheit ist. 54

Checkliste zum öffentlichen Interesse an der Verfolgung: 55

- Vorbelastung des Beschuldigten
- gesellschaftsfeindliche Gesinnung oder bewusste Missachtung der staatlichen Autorität
- Stellung des Beschuldigten im öffentlichen Leben
- Wiederholungsgefahr
- Folgen der Tat
- Wertung der Gesellschaft

- Interesse der Öffentlichkeit an der Tat
- Interesse der Öffentlichkeit an Klärung gerade dieser Rechtsfrage
- Verfahrensdauer

56 Kommt der Staatsanwalt nach Abwägung aller Fakten zu der Auffassung, von der Verfolgung absehen zu können, muss er die **Zustimmung des Gerichts** einholen. In der Regel stimmt das Gericht zu. Daraus folgt, dass es die Haupttätigkeit des Verteidigers sein muss, den Staatsanwalt zu überzeugen, dass geringe Schuld vorliegt. Allerdings sollte der Kontakt zum Gericht nicht vernachlässigt werden, da gelegentlich der umgekehrte Weg zum Ergebnis führt. Zwar kennt das Gericht im Ermittlungsstadium keine Akten, muss also wahrheitsgemäß informiert werden, kann aber durchaus seine Ansicht zu Rechtsfragen äußern, die dann auch der Staatsanwaltschaft nahegebracht werden dürfen.

57 Schließlich ist die Frage der Einstellung nach § 153 StPO **mit dem Mandanten abzustimmen**. Der Mandant, der heute froh und glücklich über die wegfallende Belastung ist, kann morgen dieses Vorgehen bereuen, das ja letztlich nicht die vollständige Schuldlosigkeit des Mandanten belegt wird und es zivilrechtliche Folgen geben kann. Auch hier ist unbedingt zu beachten, dass der Mandant letztlich der Herr seines Verfahrens bleiben muss.

58 Der beantragende Schriftsatz ist so zu fertigen, dass die Schuldfrage offengelassen wird. Einerseits ist dies dem Mandanten geschuldet, andererseits: Sollte die Einstellung nicht gelingen, darf der Weg in Richtung § 170 Abs. 2 StPO oder in Richtung eines später zu beantragenden Freispruchs nicht verbaut werden.

59 Eine Einstellung des Verfahrens nach § 153 StPO bedarf nicht der Zustimmung des Beschuldigten. War es das ausdrückliche Verfahrensziel, eine Einstellung des Verfahrens nach § 170 Abs. 2 StPO zu erreichen, kann eine Einstellung nach § 153 StPO – von der Staatsanwaltschaft beantragt, vom Gericht akzeptiert – eine missliche Lage herbeiführen. Ordentliche Rechtsbehelfe gibt es nicht.

III. Verfahrenseinstellung nach § 153 a StPO

60 Die Vorzüge einer Einstellung des Verfahrens nach § 153 a StPO sind für den Beschuldigten häufig eine Wohltat. Allerdings ist hier, im Gegensatz zu § 153 StPO, für den Schuldvorwurf hinreichender Tatverdacht gefordert. § 153 a StPO ist der „Vergleich" in Strafsachen, der „Deal". Dieser Deal wird zunehmend von oben herab geregelt, soweit es der Zustimmung der Staatsanwaltschaft bedarf. So stellte man bei sächsischen Gerichten zeitweise fest, dass Referendare und Jungstaatsanwälte grundsätzlich nicht ermächtigt sind, entsprechenden Vereinbarungen zuzustimmen, obwohl man ihnen ansonsten zutraute, als Vertreter der Staatsanwaltschaft Sitzungsdienst zu versehen. Später ging man in Sachsen weiter, und es bedurfte der Zustimmung des Abteilungsleiters bei der Staatsanwaltschaft, entsprechende Vereinbarungen abzuschließen. Auch der ausgewachsene Staatsanwalt hatte sich der Behördenmeinung zu beugen. Inzwischen scheint dies wieder aufgehoben zu sein, da die Einholung der Zustimmung häufig rasche Reaktionen verlangt, das Personalsparkonzept diese aber nicht ermöglicht.

61 Unter **geringer Schuld** ist hier das zu verstehen, was oben (Rn 49) bereits ausgeführt wurde, das heißt, dass der Verteidiger die gleichen Kriterien zu prüfen und gegebenenfalls vorzutragen hat. Auch der Begriff „**öffentliches Interesse**" ist identisch mit der Wertung bei § 153

StPO. Hier ist das öffentliche Interesse jedoch so geartet, dass es nur kompensiert wird durch bestimmte Leistungen des Beschuldigten.

Eine Anwendung des § 153 a StPO scheidet in der Regel aus, wenn

- der Beschuldigte einschlägig vorbestraft ist,
- der Beschuldigte zwar nicht einschlägig, aber mehrfach vorbestraft ist,
- das Fahreignungsregister wesentliche Eintragungen aufzeigt,
- innerhalb eines bestimmten Zeitraums bereits Einstellungen nach § 153 a StPO erfolgt sind,
- ein Absehen von Bestrafung dem allgemeinen Rechtsempfinden der Bevölkerung nicht verständlich wäre, weshalb die Verteidigung der Rechtsordnung eine Bestrafung erfordert, oder
- mehrere Täter zusammenwirken.

Hinweis: Eine Einstellung nach § 153 a StPO ist denkbar, wenn

- eine alkoholische Beeinträchtigung des Täters ausscheidet,
- das Verschulden im Verhältnis zu gleichgelagerten Fällen an der unteren Grenze liegt,
- die Geldbuße oder Auflage in einer Größenordnung liegt, die ähnlich einer Verurteilung wäre,
- und eventuell eine schwierige Beweissituation vermieden wird.

Eine Verfahrenseinstellung nach § 153 a StPO steht unter bestimmten von der Staatsanwaltschaft gesetzten **Fristen**, die gem. § 153 a Abs. 2 StPO in den Fällen des § 153 a Abs. 1 S. 1 Nr. 1–3, 5 u. 6 StPO höchstens sechs Monate, in den Fällen des § 153 a Abs. 1 S. 1 Nr. 4 höchstens ein Jahr beträgt. Die Staatsanwaltschaft kann allerdings Auflagen und Weisungen nachträglich aufheben und die Frist einmal für die Dauer von drei Monaten verlängern. Mit Zustimmung des Beschuldigten kann sie auch Auflagen und Weisungen nachträglich auferlegen und ändern.

▶ **Muster: Antrag auf Verfahrenseinstellung nach § 153 a StPO**

An die

Staatsanwaltschaft

beim Landgericht ...

Az ... Js .../...

In der Strafsache

gegen

Herrn ...

wegen unerlaubten Entfernens vom Unfallort

geben wir für den Beschuldigten folgende Einlassung ab:

Es ist richtig, dass der Beschuldigte am ... beim Rückwärtseinparken seines Fahrzeugs das Fahrzeug der Geschädigten berührte. Es ist auch richtig, dass der Beschuldigte anschließend aus seinem Fahrzeug ausstieg und sich den Schaden ansah. Er stellte zunächst fest, dass am eigenen Fahrzeug lediglich eine geringe Abriebspur ersichtlich war. Am Fahrzeug der Geschädigten konnte er keinen Schaden feststellen.

§ 8 Verfahren in Verkehrsstrafsachen

Da jedoch zur fraglichen Zeit bereits leichte Dämmerung einsetzte, wurde übersehen, dass eine leichte Verschiebung der Blechteile stattgefunden hatte. Subjektiv ging deshalb der Beschuldigte davon aus, dass ein nennenswerter Schaden nicht entstanden war. Die subjektive Sicht suggerierte, es sei „noch mal gut gegangen".

Der hohe Schaden, der tatsächlich verursacht worden war, erstaunte den Beschuldigten. Der Beschuldigte wäre nie vom Unfallort weggefahren, ohne die Geschädigte zu informieren oder bei der Polizei Angaben zu seiner Unfallbeteiligung zu machen, hätte er mit dem Schaden in festgestellter Form gerechnet.

Das FAER zeigt keinerlei Eintragungen des Beschuldigten. Das BZR weist ebenfalls keine Eintragung auf, so dass davon auszugehen ist, dass der Beschuldigte sorgfältig am Straßenverkehr teilnimmt. Das Übersehen des Schadens am Fahrzeug der Geschädigten ist ein einmaliges Fehlverhalten.

Unter diesen Umständen gehen wir davon aus, dass das Verfahren nach § 153 a StPO eingestellt werden kann gegen Auflage der Zahlung eines Geldbetrags in Höhe von ..., was im Falle einer Verurteilung immerhin 20 Tagessätzen entspräche.

Rechtsanwalt ◀

IV. Verfahrenseinstellung nach § 154 StPO

66   Schließlich ist die Einstellung des Verfahrens nach § 154 StPO zu bedenken, die gar nicht so selten vorkommt und durchaus Sinn ergeben kann. Gelegentlich sind Fälle zu verteidigen, bei denen **mehrere Verkehrsstraftaten** angeklagt sind, **teils vorsätzlich** verwirklicht, **teils fahrlässig** begangen.

67   Der Mandant ist etwa rechtsschutzversichert, erfährt jedoch im anwaltlichen Beratungsgespräch, dass die **Rechtsschutzversicherung** Vorsatztaten nicht decken kann. Dies ergibt sich einerseits aus den ARB (zB § 2 lit. i, aa, bb ARB 2000), anderseits aus den Grundsätzen des VVG (§ 61 VVG). Taten, die nur vorsätzlich begehbar sind, sind grundsätzlich nicht deckbar. Dafür steht beispielsweise § 240 StGB, die Nötigung im Straßenverkehr. Aber auch eine Verurteilung nach § 142 StGB führt zur Leistungsfreiheit des Rechtsschutzversicherers. Bei Trunkenheitsfahrten und Verkehrsgefährdungen bedarf es hoher Schuld, um eine Vorsatzverurteilung zu rechtfertigen. In der Regel sind diese Straftaten durch die Rechtsschutzversicherung gedeckt.

68   **Hinweis:** Unter diesem Aspekt erlangt der rechtsschutzversicherte Mandant Vorteile dadurch, dass eventuell die Tatbeiträge nach § 154 StPO eingestellt werden, deren Deckung die Rechtsschutzversicherung abgelehnt hätte, und dafür die Straftaten abgeurteilt werden, die, fahrlässig begehbar, von der Rechtsschutzversicherung getragen werden. Deshalb sollte der Verteidiger grundsätzlich in solchen geeigneten Fällen danach streben, im Interesse des rechtsschutzversicherten Mandanten eine Einstellung gewisser Teilbereiche eines Tatkomplexes anzustreben.

69   ▶ **Muster: Antrag auf Einstellung des Verfahrens nach § 154 StPO**

An die

Staatsanwaltschaft

beim Landgericht ...

Az ... Js .../...

C. Vorläufiger Fahrerlaubnisentzug 8

In der Strafsache

gegen

Herrn ...

legt die Staatsanwaltschaft dem Beschuldigten zur Last, eine Straßenverkehrsgefährdung nach § 315 c Abs. 1 StGB begangen zu haben sowie unerlaubtes Entfernen vom Unfallort gem. § 142 StGB.

Der Beschuldigte räumt ein, zum Tatzeitpunkt mit einem Blutalkoholwert am Straßenverkehr teilgenommen zu haben, der eine Verurteilung rechtfertigt.

Der Schaden am Fahrzeug des Geschädigten ist jedoch zum einen gering, zum anderen für den alkoholisierten Beschuldigten nicht ohne Weiteres wahrnehmbar gewesen. Wir gehen davon aus, dass ein Sachverständigengutachten zu dem Ergebnis gelangen wird, dass die Wahrnehmbarkeit zweifelhaft war.

Aufgrund dessen regen wir an,

das Verfahren in Bezug auf § 142 StGB nach § 154 StPO einzustellen und einen Strafbefehl zu erlassen wegen eines Vergehens nach § 316 StGB.

Zu den persönlichen und wirtschaftlichen Verhältnissen machen wir Angaben wie folgt:

Der Beschuldigte arbeitet als Fachverkäufer im Baumarkt .... Er verdient monatlich 1.300 EUR netto. Er ist verheiratet. Seine Ehefrau arbeitet als Verkäuferin und erreicht ein Monatsgehalt in gleicher Höhe. Unterhaltsberechtigte Kinder sind nicht zu berücksichtigen.

Aufgrund dessen regen wir an, das Verfahren durch Strafbefehl wie folgt abzuschließen:

> Gegen den Beschuldigten wird wegen fahrlässiger Trunkenheitsfahrt eine Geldstrafe verhängt in Höhe von 50 Tagessätzen zu 43 EUR.
> Die Fahrerlaubnis des Beschuldigten wird entzogen, sein Führerschein wird eingezogen; der Verwaltungsbehörde wird aufgegeben, vor Ablauf von weiteren zehn Monaten keine neue Fahrerlaubnis zu erteilen
> Der Beschuldigte trägt die Kosten des Verfahrens.

Wir weisen darauf hin, dass ein entsprechender Strafbefehl einspruchslos hingenommen werden wird.

Rechtsanwalt ◄

Eine Verfahrenseinstellung des Vorsatzdeliktes „unerlaubtes Entfernen vom Unfallort" hätte hier für den beschuldigten Mandanten mehrere Vorteile. Zum einen bliebe die Rechtsschutzversicherung vollumfänglich leistungsverpflichtet (§ 2 ARB). Zum anderen ersparte sich der versicherte Beschuldigte den Regress (§ 7 V AKB). Schließlich, sollte die Fahrerlaubnis nicht entzogen, sondern lediglich ein Fahrverbot nach § 44 StGB verhängt werden, würden die Punkte im FAER für das Vorsatzdelikt erspart, die – wegen Realkonkurrenz – gesondert anfielen. 70

C. Vorläufiger Fahrerlaubnisentzug

§ 111 a StPO verlangt dringende Gründe für die vorläufige Entziehung der Fahrerlaubnis, einhergehend mit der Beschlagnahme des Führerscheins. Der endgültige Entzug muss also höchstwahrscheinlich sein, und dringender Tatverdacht ist erforderlich. 71

§ 8 Verfahren in Verkehrsstrafsachen

72 ▶ **Muster: Antrag auf Herausgabe des Führerscheins wegen unwahrscheinlicher Entziehung**

An das Amtsgericht ...
– Strafrichter –
Az ... Js .../...
In der Ermittlungssache
gegen
Herrn ...
wegen angeblicher Anstiftung zur Trunkenheitsfahrt
wurde der Führerschein unseres Mandanten beschlagnahmt und ein Beschluss nach § 111 a StPO erlassen, wonach die Fahrerlaubnis vorläufig entzogen wurde.
Gegen diesen Beschluss legen wir hiermit

Beschwerde

ein.
Wir begründen die Beschwerde wie folgt:
Unser Mandant fuhr mit seiner Ehefrau, der Zeugin ..., am ... zu einer Geburtstagsveranstaltung zu Bekannten in ....
Der Beschuldigte und seine Ehefrau hatten vereinbart, dass der Beschuldigte das Fahrzeug auf der Hinfahrt, die Ehefrau auf der Rückfahrt führen sollte.
Auf der Rückfahrt stellte sich heraus, dass die Ehefrau einen Blutalkoholwert von 2,1 ‰ aufwies. Spontan äußerte sie nach Durchführung der Blutprobe, als der Führerschein beschlagnahmt wurde: „Jedes Mal bin ich gezwungen, auf dem Nachhauseweg zu fahren", was von den Polizeibeamten als Anstiftung zur Trunkenheitsfahrt gewertet wurde. Diese Wertung ist fehlerhaft.
Zum einen ist in einer Vereinbarung von Eheleuten, die die Benutzung des Fahrzeugs zum Besuch und der Abreise von einer Veranstaltung regelt, keine Anstiftung zu sehen im Sinne des § 26 StGB. Der Beschuldigte hat mit dieser Vereinbarung nicht zu einer vorsätzlichen rechtswidrigen Tat angestiftet.
Zum anderen wusste der Beschuldigte nicht, dass die Zeugin einen so hohen Blutalkoholwert aufwies. Bei der Geburtstagsveranstaltung war eine Vielzahl von Gästen eingeladen. Die Eheleute hatten sich während der gesamten Veranstaltung kaum gesehen und mit unterschiedlichen Gästen gesprochen. Der Beschuldigte sah weder, was die Zeugin getrunken hatte, noch hatte er dies vor der Nachhausefahrt bemerkt.
Vor Antritt der Fahrt hatte der Beschuldigte seiner Ehefrau, der Zeugin ..., den Autoschlüssel überlassen. Er hatte dabei jedoch keine Beeinträchtigung der Ehefrau feststellen können. Wir verweisen insoweit auch auf das Protokoll, das anlässlich der Blutentnahme gefertigt wurde. Dieses weist aus, dass die Zeugin ... unauffällig und äußerlich kaum merklich alkoholisiert war. Wenn also der protokollaufnehmende Arzt, der aufgrund der Vielzahl der Blutentnahmen infolge Alkoholisierung spezialisiert ist auf die Beurteilung von angetrunkenen und betrunkenen Verkehrsteilnehmern, zu der Einschätzung gelangt „äußerlich kaum merklich alkoholisiert", ist es unmöglich, dass ein Laie dies innerhalb eines kurzen Augenblicks bemerkt, bei dem die Aufmerksamkeit nicht direkt auf den Grad der Alkoholisierung gelenkt ist.
Es muss nach unserer Information weiter davon ausgegangen werden, dass der Beschuldigte sich nach erfolgter Belehrung (§ 136 StPO) nicht weiter äußern wird; die Zeugin wird von Ihrem Zeug-

nisverweigerungsrecht Gebrauch machen (§ 52 Abs. 1 StPO). Eine weitere Aufklärung wird demnach nicht möglich sein.

Unter diesen Aspekten ist eine Verurteilung des Beschuldigten unwahrscheinlich.

Der Beschluss ist aufzuheben. Der Führerschein ist herauszugeben.

Rechtsanwalt ◄

Der vorläufigen Entziehung der Fahrerlaubnis geht in der Regel die **Beschlagnahme des Führerscheins** nach **§ 94 StPO** voraus. Lässt sich der Mandant dazu hinreißen, trotz fehlenden Führerscheins zu fahren, ist zu differenzieren: Der Verstoß trotz Beschlagnahme nach § 94 StPO wird nach § 21 Abs. 2 StVG geahndet, vergleichbar einer fahrlässigen Tatbegehung, mit Freiheitsstrafe bis zu sechs Monaten oder mit Geldstrafe bis zu 180 Tagessätzen. Der Verstoß trotz vorläufiger Entziehung der Fahrerlaubnis wird nach § 21 Abs. 1 StVG mit Freiheitsstrafe bis zu einem Jahr oder mit Geldstrafe geahndet. Es lohnt sich also, die Absenz des Führerscheins genauer zu eruieren. Dem Mandanten muss verdeutlicht werden, dass er im Falle eines Unfalls keinen Versicherungsschutz hat, wenn er ohne Führerschein fährt.

Bereits bei diesem Stand des Verfahrens kann der Verteidiger im Interesse seines Mandanten beantragen, von der Sperre bestimmte Fahrzeuge auszunehmen. Diese Möglichkeit ergibt sich danach auch aus § 69 a Abs. 2 StGB. Bei einer **Schadenshöhe unter 1.300 EUR** ist kein bedeutender Fremdschaden zu unterstellen. Eine Entziehung der Fahrerlaubnis entfällt. Dem Mandanten ist zu erläutern, dass eine Maßnahme nach den Vorschriften der §§ 69, 69 a StGB dazu führt, dass er – anders als bei § 44 StGB (Fahrverbot) – seinen Führerschein nach Ablauf der Sperrfrist nicht wiedererhält, sondern ein neuer Führerschein beantragt werden muss.

Der Mandant ist zu belehren, dass die Fahrerlaubnis für mindestens sechs Monate entzogen wird. Die maximale Entziehungsmöglichkeit beträgt fünf Jahre, in Ausnahmefällen kann angeordnet werden, dass die Entziehung „für immer" gilt; in der Praxis ist die längere Entziehung weithin unbekannt.

Dem Mandanten, der als **Berufskraftfahrer** tätig ist, ist die Möglichkeit zu erläutern, dass Führerscheinklassen von der Entziehung ausgenommen werden können. Dabei ist an Mandanten zu denken, die Trecker fahren müssen im Rahmen einer Landwirtschaft, die Lkw-Fahrer sind, deren Entziehung auf die Fahrt mit einem Pkw im Privatbereich zurückging, oder die selbstfahrende Arbeitsmaschinen zu bewegen haben, die mit der Führerscheinklasse L zu fahren sind und eine Höchstgeschwindigkeit von 20 km/h leisten (vgl auch § 18 Rn 41).

▶ **Muster: Antrag, bestimmte Fahrzeuge von der Führerscheinsperre auszunehmen**

An die

Staatsanwaltschaft

beim Landgericht ...

Az ... Js .../...

In der Ermittlungssache

gegen

Herrn ...

wegen Trunkenheitsfahrt nach § 316 StGB

geben wir für den Beschuldigten folgende Einlassung ab:

Der Beschuldigte räumt ein, am ... mit seinem Kraftfahrzeug am Straßenverkehr teilgenommen zu haben, obwohl er zu diesem Zeitpunkt einen Blutalkoholwert von 1,22 ‰ aufwies.

Der Beschuldigte bedauert dies. Er war selbst davon ausgegangen, noch fahrtüchtig zu sein. Die Alkoholaufnahme hatte sich über einen längeren Zeitraum hingezogen, so dass er keine Beeinträchtigungen verspürte.

Der Beschuldigte ist Inhaber einer Fahrerlaubnis, welche die Klassen A, B, C und T umfasst.

Der Beschuldigte betreibt einen landwirtschaftlichen Betrieb, der eine Größe von 110 ha aufweist. Er ist darauf spezialisiert, Getreide und Hackfrüchte zu produzieren. Er benötigt von der Aussaat bis zur Ernte einen Traktor mit entsprechenden Zusatzgeräten, um die einzelnen Arbeitsvorgänge bewältigen zu können. Ohne die Möglichkeit, den Traktor zu benutzen, ist der Beschuldigte nicht in der Lage, zu produzieren und seinen Lebensunterhalt zu erwirtschaften. Der Betrieb und die Produktion lägen lahm.

Wir beantragen deshalb,

von der Entziehung der Fahrerlaubnis die Klasse T auszunehmen.

Die Trunkenheitsfahrt erfolgte mit dem privat genutzten Pkw anlässlich einer Freizeitveranstaltung am Wochenende.

Durch die Ausnahmegenehmigung, dem Beschuldigten die Fahrerlaubnis der Klasse T zu belassen, wird die Allgemeinheit nicht beeinträchtigt. Mit der Führerscheinklasse T können Zugmaschinen gefahren werden mit einer durch die Bauart bestimmten Höchstgeschwindigkeit von nicht mehr als 60 km/h und selbstfahrende Arbeitsmaschinen mit einer Höchstgeschwindigkeit von nicht mehr als 40 km/h.

Diese Fahrzeuge dienen weniger der Freizeitgestaltung als der täglichen Arbeit zur Landbearbeitung. Anlässlich solcher Arbeiten hat unser Mandant, der Beschuldigte, noch nie alkoholische Getränke zu sich genommen.

Der Schutz der Allgemeinheit ist dadurch auch nicht beeinträchtigt, da dort, wo der Einsatz dieser Fahrzeuge erfolgt, keine Menschenansammlungen zu finden sind. Die Fahrzeuge dienen der Landwirtschaft, fernab menschlicher Treff- und Aufenthaltspunkte.

Wir bitten höflich, unserem Antrag zu entsprechen.

Rechtsanwalt ◄

78 ▶ **Muster: Antrag, von Entziehung der Fahrerlaubnis abzusehen, trotz unerlaubten Entfernens vom Unfallort mit Personenschaden**

An die

Staatsanwaltschaft

beim Landgericht ...

Az ... Js .../...

In der Ermittlungssache

gegen

Herrn ...

wegen unerlaubten Entfernens vom Unfallort

geben wir für den Beschuldigten folgende Einlassung ab:

Am ... um ... Uhr verursachte der Beschuldigte infolge Unachtsamkeit einen Verkehrsunfall, bei dem der Zeuge ... verletzt wurde. Der Beschuldigte verließ zunächst den Unfallort und fuhr nach Hause. Dort angekommen stellte er sein Fahrzeug ab und legte sich zu Bett. Am nächsten Morgen stellte der Beschuldigte bei Tageslicht den Schaden an seinem eigenen Fahrzeug fest. Während er am Vorabend davon ausgegangen war, dass das Fahrzeug lediglich durch Kratzer oder eine Beule beschädigt sein könne, der Unfall also nur zu unerheblichen Schäden geführt haben könne, stellte er nun fest, dass, da erhebliche Verbeulungen vorlagen, auch der Unfallgegner nicht unerheblich Schaden erlitten haben musste. Er zeigte deshalb sofort den Schaden bei der Polizeidienststelle ... an, da ihm klar war, dass ein Schadensausgleich erfolgen muss.

Eine Entziehung der Fahrerlaubnis wird im vorliegenden Fall verzichtbar sein, obwohl kein Fall des § 142 Abs. 4 StGB vorliegt.

Im vorliegenden Fall liegt zwar eine Indiztat nach § 69 Abs. 2 Nr. 3 StGB vor, da sich – für den Beschuldigten nicht erkennbar oder vorhersehbar – eine Körperverletzung ereignet hat. Allerdings kann hier von der Entziehung der Fahrerlaubnis abgesehen werden, da das Verhalten des Beschuldigten erkennen lässt, dass er beim Erkennen des Ausmaßes seines Fehlverhaltens Verantwortung für sein Fehlverhalten übernommen und im Sinne der Rechte des geschädigten Mitverkehrsteilnehmers gehandelt hat.

Unter § 69 Abs. 2 StGB fallen nur solche Taten, die ohne Weiteres auf ein gefährliches Maß an Versagen und Verantwortungslosigkeit des Täters im Straßenverkehr schließen lassen.

Die Indizwirkung einer in § 69 Abs. 2 StGB genannten Tat entfällt, wenn sie diesem Bewertungsmaßstab nicht entspricht. Ein solcher Ausnahmefall ist gegeben, wenn besonders günstige Umstände in der Person des Täters oder in den Tatumständen vorliegen, die den an sich schweren und gefährlichen Verkehrsverstoß doch in einem günstigeren Licht erscheinen lassen als den Regelfall (LG Gera StraFo 1999, 388).

Rechtsanwalt ◄

▶ **Muster: Antrag, wegen geringen Schadens von Entziehung der Fahrerlaubnis abzusehen, trotz unerlaubten Entfernens vom Unfallort**

An die

Staatsanwaltschaft

beim Landgericht ...

Az ... Js .../...

In der Ermittlungssache

gegen

Herrn ...

wegen unerlaubten Entfernens vom Unfallort

geben wir für den Beschuldigten folgende Einlassung ab:

Der Beschuldigte räumt den ihm zur Last gelegten Vorwurf ein. Der Beschuldigte befuhr am ... gegen ... Uhr die ...straße in ....

Beim Passieren einer Engstelle vor dem Anwesen Nr. 15 kam ihm das Fahrzeug der Unfallgegnerin, der Zeugin ... entgegen. Der Beschuldigte hatte seine Geschwindigkeit verlangsamt auf ca. 25 km/h. Er war mit der Fahrzeugfront bereits an dem Fahrzeug der Zeugin ... vorbeigefahren, als er ein kurzes Schleifen am Heckteil seines Fahrzeugs bemerkte. Er maß dem keine Bedeutung bei in der Annahme, dass allenfalls die abgerundeten Teile der Stoßstangen aneinander rieben, was er für mehr oder weniger harmlos hielt und weiterfuhr.

Inzwischen ist klar, dass er mit seiner Stoßstange am hinteren Kotflügel des Fahrzeugs der Zeugin ... angestoßen war.

Wir gehen davon aus, dass gleichwohl eine Entziehung der Fahrerlaubnis nicht in Frage kommt. Es ist ein Schaden entstanden in Höhe von 765,73 EUR.

Die Grenze zur Annahme eines bedeutenden Schadens wurde inzwischen angehoben.

Das OLG Dresden hat inzwischen entschieden, dass diese Grenze auf 1.300 EUR anzuheben ist (OLG Dresden, Urt. v. 12.5.2005 – 2 Ss 278/05). Wir verweisen darauf, dass dem mehrere Entscheidungen von Amtsgerichten vorausgingen; statt vieler verweisen wir auf die Entscheidung des AG Saalfeld (DAR 2005, 52).

Rechtsanwalt ◀

80 ▶ Muster: Antrag auf Herausgabe des Führerscheins und deklaratorisches Fahrverbot

An das Amtsgericht ...

– Strafrichter –

Az ... Js .../...

In der Strafsache

gegen

Herrn ...

wegen unerlaubten Entfernens vom Unfallort

haben wir gegen den Strafbefehl des Amtsgerichts ... Einspruch eingelegt.

Der Strafbefehl auferlegt dem Angeschuldigten eine Geldstrafe in Höhe von 40 TS à 30 EUR sowie die Entziehung der Fahrerlaubnis für weitere sechs Monate.

Das Gericht ging bei der Entscheidungsfindung davon aus, dass der von der unfallaufnehmenden Polizei geschätzte Schadensbetrag mit 2.500 EUR zu unterstellen war.

Der Angeschuldigte hat sich jedoch mit der Geschädigten in Verbindung gesetzt, um den Schaden selbst zu bezahlen, da er von der Haftpflichtversicherung nicht hochgestuft werden wollte. Die Geschädigte überließ dem Angeschuldigten die Reparaturrechnung über 1.132,45 EUR, die er sofort bezahlt hat. Anliegend überlassen wir eine beglaubigte Fotokopie der Quittung, die die geschädigte Zeugin ... dem Angeschuldigten überlassen hat mit dem Vermerk, dass damit der gesamte Schaden aus dem Unfall vom ... ausgeglichen sei.

Wir beantragen,

den Führerschein herauszugeben.

Wir beantragen weiter,

die Abänderung des Rechtsfolgenausspruchs und anstelle der Maßregel zur Sicherung und Besserung (Entziehung) ein deklaratorisches Fahrverbot auszusprechen, das durch die vorläufige Entziehung bereits verbüßt ist.

Rechtsanwalt ◀

C. Vorläufiger Fahrerlaubnisentzug 8

▶ **Muster: Einspruch mit Antrag auf Ausnahmegenehmigung für Arbeitsmaschine –** 81
§ 69 a Abs. 2 StGB

An das Amtsgericht ...
– Strafrichter –
Az ... Js .../...
In der Strafsache
gegen
Herrn ...
legen wir hiermit gegen den Strafbefehl vom ...,
zugestellt am ...,

Einspruch

ein.
Der Angeschuldigte beantragt,
nach § 69 a Abs. 2 StGB von der Sperre Arbeitsmaschinen bis 25 km/h (selbstfahrende Arbeitsmaschinen bis 25 km/h) der Klasse L auszunehmen.
Der Angeschuldigte ist geständig.
Der Angeschuldigte arbeitet als Baumaschinenführer bei der Firma .... Er hat dort selbstfahrende Baumaschinen bis 25 km/h zu fahren. Die Firma ... ist tätig im Tankstellenbau. Beim Bau von Tankstellen wird das Arbeitsgebiet abgesperrt. Insoweit bewegt sich der Beschuldigte im nichtöffentlichen Verkehr. Der Umbau von bestehenden Tankstellen geschieht indes häufig während des laufenden Betriebs. In diesen Fällen rangiert der Angeschuldigte auch dort, wo öffentlicher Verkehr zugelassen ist. Um seine Arbeit nicht zu verlieren, benötigt er einen Führerschein der Klasse L zum Fahren von Arbeitsmaschinen.
Der Betrieb des Angeschuldigten überwacht die strikte Einhaltung des verhängten Alkoholverbots bei der Arbeit. Deshalb ist davon auszugehen, dass ausgeschlossen ist, dass bei der Arbeit eine Straftat durch das Fahren der selbstfahrenden Arbeitsmaschinen bis 25 km/h begangen wird.
§ 69 a Abs. 2 StGB bestimmt, dass das Gericht von der Sperrung bestimmte Arten von Kraftfahrzeugen ausnehmen kann, wenn besondere Umstände die Annahme rechtfertigen, dass der Zweck der Maßregel dadurch nicht gefährdet wird. Die Trunkenheitsfahrt des Angeschuldigten ereignete sich im Privatbereich. Es ist ausgeschlossen, dass der Angeschuldigte während der Arbeitszeit die Möglichkeit hat, Alkohol zu sich zu nehmen und eine selbstfahrende Arbeitsmaschine zu fahren. Es kann davon ausgegangen werden, dass der Zweck der Maßregel der Sicherung und Besserung dadurch nicht gefährdet werden wird.
Käme es im vorliegenden Fall nicht zu einer Ausnahmegenehmigung, müsste der Angeschuldigte davon ausgehen, dass sein Betrieb ihn entlässt. In der momentanen Situation hätte er keine Möglichkeit, einen Arbeitsplatz zu erlangen. Die Ausnahmeregelung nach § 69 a Abs. 2 StGB ermöglicht es dem Angeschuldigten lediglich, seine Arbeit fortzusetzen und für seinen Lebensunterhalt selbst aufzukommen.
Wir regen an, rasch zu terminieren. Zeugen sind nicht erforderlich.
Rechtsanwalt ◀

Hinweis: Darüber hinaus hat der weitsichtige Verteidiger seinen Mandanten auf § 69 a 82
Abs. 7 StGB aufmerksam zu machen, der die Möglichkeit der Abkürzung der Sperrfrist nor-

miert. Auch sei verwiesen auf die Ausführungen in Rn 135 ff zu Maßnahmen nach Rechtskraft des Urteils.

D. Strafbefehlsverfahren

83 Lässt sich eine Verfahrenseinstellung nicht erreichen, hat der Verteidiger auf eine Erledigung im Strafbefehlsverfahren hinzuwirken. Gerade die Verteidigung von Verkehrsstrafsachen lässt immer wieder erkennen, wie stark die Beteiligten emotional engagiert sind, weshalb es auch im Interesse der Beteiligten ist, diese Emotionen, die durch eine öffentliche Hauptverhandlung erhöht werden, zu dämpfen.

84 **Hinweis:** Häufig sitzen in den Hauptverhandlungen bei den Amtsgerichten vormittags Schulklassen, um Staatsbürgerkunde „praktisch" zu erfahren. Der Richter schiebt die eine oder andere Erklärungseinheit ein, gerade in Fällen, die lediglich wegen des Strafmaßes geführt werden, bei welchen die wesentlichen Tatsachen geklärt sind. Auf der Seite der Staatsanwaltschaft nehmen in der Regel Rechtsreferendare den Termin wahr, denen eigene Entscheidungen zu treffen regelmäßig untersagt ist, so dass man dem Mandanten in geeigneten Fällen diesen Auftritt ersparen sollte. Einfach gelagerte Fälle lassen sich so kostensparend und lautlos erledigen, was durchaus dem Mandanteninteresse entspricht.

85 Um zu einem Abschluss durch Strafbefehl zu gelangen, müssen sich die Vorstellungen des Gerichts und der Staatsanwaltschaft decken. Daraus kann sich ein Angriffspunkt der Verteidigung ergeben für den Fall, dass außergerichtlich keine Einigung mit der Staatsanwaltschaft erzielt werden kann.

86 Den Verfahrensweg gibt die Staatsanwaltschaft vor, weshalb es Aufgabe des Verteidigers ist, sich mit dem Sachbearbeiter bei der Staatsanwaltschaft in Verbindung zu setzen und zu klären, welche Rechtsfolgen der Tat einspruchslos vom Mandanten und Beschuldigten hingenommen werden. Diese Kontaktaufnahme, die auch in allen anderen Fällen empfohlen wird, lässt erkennen, wo zwischen dem Ankläger und dem Verteidiger Einvernehmen besteht und in welchen Bereichen unterschiedliche Vorstellungen herrschen. Die Erfahrung lehrt, dass eher durch ein Gespräch, vor allem durch ein persönliches Gespräch, Konsens hergestellt werden kann als durch eine schriftliche Stellungnahme oder durch ein Telefongespräch. Sinnvoll kann es auch sein, erst Kontakt zum Gericht zu suchen und dann der Staatsanwaltschaft die Rechtsmeinung des Gerichts schmackhaft zu machen, wenn diese sich mit der eigenen Auffassung deckt.

87 In der Regel werden keine Schwierigkeiten zu erwarten sein bei der Vereinbarung des Erlasses eines Strafbefehls bei einem Ersttäter, dessen Straftat durchschnittlichen Schaden anrichtete. Üblicherweise geben Staatsanwaltschaften den auftretenden Referendaren **Straffolgenlisten** an die Hand, die Straffolgen für den Landgerichtsbezirk festlegen, die auch den einschlägig tätigen Verteidigern bekannt sind.

D. Strafbefehlsverfahren

Im Landgerichtsbezirk Dresden kann man etwa von folgenden Straffolgen für durchschnittliche Verkehrsstraftaten ausgehen: 88

Gesetz	Beweisanzeichen	Geldstrafe in TS	Freiheitsstrafe	Fahrverbot	FE-Sperre	Anmerkungen
		§ 316 StGB				
I. Ersttäter						
1. Kfz-Führer						
	BAK					
	0,3–1,09 ‰	20–30	–	–	6–8 Monate	Nur mit alkoholtypischen Fahrfehlern.
a) Fahrlässigkeit	1,10–1,59 ‰	30–40	–	–	6–12 Monate	Staffelung nach BAK, Ausfallerscheinungen und Art, Ort und Zeit der Fahrt, Art des gefahrenen Fahrzeugs, Spontanfahrt, Fahren in Fahrbereitschaft.
	1,60–1,99 ‰	40–50	–	–	10–15 Monate	
	ab 2,00 ‰	ab 50–(70)	–	–	15–18 Monate	
b) Vorsatz	s. Anmerkungen	wie a) +10–20	–	–	wie a) +1–3 Monate	Beachte: Allein die BAK lässt keinen Schluss auf Vorsatz zu![3] Zusatztatsachen: Umstände, die Fahruntüchtigkeit aufdrängen (Art, Umfang Zeitraum der Alkoholaufnahme, Trinkverhalten, selbst wahrgenommene Ausfälle, einschlägige Vortat). Ab 2,00 ‰ liegt § 21 StGB nahe. Ab 3,00 ‰ § 323 a StGB prüfen. Bei Drogen- und Medikamenteneinfluss kein absoluter Fahruntüchtigkeitsgrenzwert, aber relative Fahruntüchtigkeit. Indizien erstrecken sich auf den Fahr-, Anhalte- u. Kontrollvorgang (s.o.). Bei Drogen ist eher Vorsatz zu bejahen, da der Täter um Konsum und damit Fahruntüchtigkeit weiß.
2. Moped-/Mofafahrer						
a) Fahrlässigkeit	0,3–1,09 ‰	20–25	–		6–9 Monate	Siehe „1. Kfz-Führer": anstelle FE-Sperre auch Fahrverbot möglich.
	1,10–1,59 ‰	25–35				
	1,60–1,99 ‰	35–50				
b) Vorsatz	s. Anmerkungen	wie a) +10–20	–	zusätzl. 2–3 Monate	wie a) +1–3 Monate	

---

3 siehe dazu aktuell BGH v. 9.4.2015 – 4 StR 401/15, NStZ-RR 2015, 244.

§ 8 Verfahren in Verkehrsstrafsachen

Gesetz	Beweisanzeichen	Geldstrafe in TS	Freiheitsstrafe	Fahrverbot	FE-Sperre	Anmerkungen
3. Radfahrer						
a) Fahrlässigkeit	0,30–1,59 ‰	10–25		–	entfällt	entfällt	Nur mit Indizien! Siehe „1. Kfz-Führer" (außer Fahrzeugart).
	ab 1,60 ‰	20–(50)		entfällt	entfällt	Ohne Indizien! Mitt. nach Nr. 45 II MiStra beachten!
b) Vorsatz	s. Anmerkungen	wie a) +5–10	–	entfällt	entfällt	Siehe I. zu § 21 StGB.
II. Wiederholungstäter (1. Wiederholungstat)						
Ziff. 1–3 (Kfz-Führer, Moped-/Mofafahrer, Radfahrer)						
a) 1–3 Jahre nach letzter Verurteilung	bis 1,09 ‰	Ausnahme	3–4 Monate zur Bewährung	–	12–24 Monate außer Radfahrer	Zusätzl. Geldauflage: ca. 2 Nettoeinkommen
	ab 1,10 ‰	–	4–6 Monate zur Bewährung	–	18–30 Monate außer Radfahrer	Anklage, beschleunigendes Verfahren beachten! Strafbefehl – Ausnahme
b) 3–5 Jahre nach letzter Verurteilung	bis 1,09 ‰	60–70	–	–	12–18 Monate	
	ab 1,10 ‰	70–90	–	–	18–24 Monate außer Radfahrer	
III. Wiederholungstäter (2. Wiederholungstat)						
Ziff. 1–3 (Kfz-Führer, Moped-/Mofafahrer, Radfahrer)						
	bis 1,09 ‰	–	6–9 Monate ohne Bewährung	–	ab 24 Monate	Einziehung des Fahrzeugs beachten!
	ab 1,10 ‰	–	ab 8 Monate ohne Bewährung	–	ab 30 Monate außer Radfahrer	Beschleunigtes Verfahren! Anklageerhebung!
§ 315 c StGB						
Kfz-Führer (Ersttäter)						
a) Fahrlässigkeit (Abs. 1 Nr. 1 a, Abs. 3 Nr. 2)	Siehe oben unter § 316 StGB, Ziff. 1 a	Siehe oben unter § 316 StGB, Ziff. 1 a +10–15	–	–	Siehe oben unter § 316 StGB, Ziff. 1 a	Konkrete Gefährdung erforderlich! (Beinahe-Unfall; bloße räumliche Nähe von Menschen reicht nicht aus!) oder
b) Fahrlässigkeit/ Vorsatz (Abs. 1 Nr. 1 a, Abs. 3 Nr. 1)	Siehe oben unter § 316 StGB, Ziff. 1 b	Siehe oben unter § 316 StGB, Ziff. 1 b +15–20	–	–	Siehe oben unter § 316 StGB, Ziff. 1 b	Schädigung von Leib oder Leben (Unfall) oder Gefährdung oder Schädigung von Sachen von bedeutendem Wert (ab 1.300 EUR)

D. Strafbefehlsverfahren

Gesetz	Beweisanzeichen	Geldstrafe in TS	Freiheitsstrafe	Fahrverbot	FE-Sperre	Anmerkungen
c) Vorsatz (Abs. 1 Nr. 1 a)	Siehe oben unter § 316 StGB, Ziff. 1 b	Siehe oben unter § 316 StGB, Ziff. 1 b +20–30	–	–	Siehe oben unter § 316 StGB, Ziff. 1 b	Beachte: Nicht, wenn bedeutende Sache von vornherein nur gering gefährdet war, aber: Schaden unter 1.300 EUR schließt Gefahr eines höheren Schadens nicht aus.
d) Abs. 1 Nr. 2		50–70			10–12 Monate	
– iVm Abs. 3 Nr. 1		35–50			8–10 Monate	
– iVm Abs. 3 Nr. 2		30–35	Ausnahme		6–8 Monate	
e) Tateinheit mit § 229 StGB						
– bei § 315 Abs. 1 Nr. 1 u. Abs. 2 Nr. 2		+20–30			18–24 Monate	Staffelung nach Art und Schwere der Gesundheitsschädigung
– bei § 315 Abs. 1 Nr. 1 u. Abs. 2 Nr. 1			4–8 Monate zur Bewährung		18–30 Monate	– mögliche Dauer- und Spätfolgen – Dauer d. AU u. ärztlichen Behandlung
– bei § 315 Abs. 1 Nr. 1			ab 6 Monate zur Bewährung		24–36 Monate	Bewährungsausgestaltung: Geldauflage: 2–3 Monatsnettoeinkommen Beachte: keine Bewährung bei Verteidigung der Rechtsordnung (§ 56 Abs. 3 StGB) Mitverschulden beachten!
f) Tateinheit mit § 222 StGB			ab 1 Jahr		ab 30 Monate	Beachte: Bewährung ausnahmsweise, zB bei Mitverschulden des Opfers.
g) Abs. 1 Nr. 2						
– iVm Abs. 3 Nr. 1		35–50			8–10 Monate	
– iVm Abs. 3 Nr. 2		30–35		Ausnahme	6–8 Monate	
§ 142 StGB						
	Fremdschaden					Fremdschaden liegt immer dann vor, wenn ein fremdes Feststellungsinteresse besteht (auch Miet-, Leasing-, Dienstfahrzeuge) und der Täter sich einen nicht ganz belanglosen Schaden idR über 40-50 DM) zumindest auch vorgestellt hat (NZV 1997, 125).
	bis 200,00 EUR	§ 153 StPO				
	bis 800,00 EUR	§ 153 a StPO				

§ 8 Verfahren in Verkehrsstrafsachen

Gesetz	Beweisanzeichen	Geldstrafe in TS	Freiheitsstrafe	Fahrverbot	FE-Sperre	Anmerkungen
	bis 1.200,00 EUR	15–20		1–2 Monate		Neben der Fremdschadenshöhe (einschl. Reparatur- und Abschleppkosten) sind die Art und Weise der Verursachung und der Grad des Verschuldens zu berücksichtigen.
	bis 2.000,00 EUR	20–30		2–3 Monate	6–8 Monate möglich	
	2.000,00–3.000,00 EUR	30–60		6–12 Monate		Zuschläge: 10–20 TS und 1–3 Monate Sperre mehr bei Verschleierungshandlungen (Täuschung über Person, Anbringen eines falschen Zettels, vorgetäuschte Verständigung der Polizei oder Dritter)
	ab 3.000,00 EUR	ab 60			ab 12 Monate	
	Gesundheitsschaden	ab 60	oder ab 3 Monate, bes. bei TE mit § 323 c StGB		ab 9 Monate	§ 142 Abs. 1 StGB: bei Fremdschäden bis 1300 € im ruhenden Verkehr, Kann-Bestimmung, OWi nach §§ 34, 49 Abs. 1 Nr. 29 StVO beachten.
§ 21 StVG						
I. Ersttäter						
	einmalige Fahrt auf wenig befahrener Strecke, Übungsfahrt	§ 153 a StPO				
	Ausländer mit ausl. FS, Aufenthalt länger als 1 Jahr	§ 153 Abs. 1 StPO bei Fahrlässigkeit				Beachte: Nicht-EU-Bürger!
	bis 3 Monate	§ 153 a				
	ab 4 Monate	10–30				
	Fahrt trotz Fahrverbot	ab 30 aufwärts		Verlängerung des Fahrverbots	ab 6 Monate prüfen	
	Fahrt trotz Entzug der FE oder trotz laufender Sperre	ab 50 aufwärts			ab 1 Jahr prüfen	§ 69 a Abs. 3 StGB beachten!
	wiederholtes Fahren ohne FE	ab 60 aufwärts	3–4 Monate zur Bewährung		ab 12 Monate	Beschleunigtes Verfahren prüfen!
II. Wiederholungstäter						
			ab 6 Monate, mit oder ohne Bewährung		ab 18 Monate	Anklage, beschleunigtes Verfahren, Einziehung des Kfz beachten! (§ 21 Abs. 3 StVG)

D. Strafbefehlsverfahren

Gesetz	Beweisanzeichen	Geldstrafe in TS	Freiheitsstrafe	Fahrverbot	FE-Sperre	Anmerkungen
§ 22 StVG						
	fehl. Kennzeichen, einmalige Tat	§ 153 a				
	sonstige	ab 20		prüfen		ZB abgewinkeltes Kennzeichen, Beleuchtung ausgeschaltet, zB um sich Kontrollen zu entziehen oder diese zu vereiteln.
	bei erschwerenden Umständen	ab 30		1–3 Monate		
	in TE mit Verkehrsverstößen	ab 40		2–3 Monate	prüfen	
§§ 1, 6 PflVG						
	bis zu 2 Wochen	153 a StPO				Bei Wiederholungstätern: Einziehung nach § 6 Abs. 3 PflVG.
	2 Wochen bis 1 Monat	15				Beachte: Liegt Mahnung/ Kündigung des Versicherungsvertrages vor?! Zugang selten beweisbar, da fast nie mit Einschreiben zugestellt wird.
	1 Monat– 2 Monate	20				
	über 2 Mon.	30		1–2 Monate		
	über 6 Mon.	ab 50		2–3 Monate		

In der Regel wird von Staatsanwälten und Richtern der Einfachheit halber die Dauer der Entziehung schematisch gehandhabt. Ein bestimmter Promillewert führt zu einer bestimmten Entziehungsdauer. Dies ist jedoch falsch. Der Verteidiger hat in Vereinbarung mit dem Mandanten entsprechende Vorbereitungen zu treffen und das Gericht darauf hinzuweisen, dass die Entziehung der Fahrerlaubnis und die Anordnung einer Sperrfrist keine Strafen sind; es handelt sich um **Maßnahmen der Sicherung und Besserung**. Der Verteidiger hat also immer darauf hinzuweisen, dass der Mandant – unter seiner Anleitung und Überwachung – angemessene Maßnahmen ergriffen hat, die geeignet sind, die Fahreignung wiederherzustellen. Fällt die Führerscheinmaßnahme gravierend beruflich ins Gewicht, ist aufgrund der permanenten Beeinträchtigung die Geeignetheit rascher wiederhergestellt als in Fällen, in denen die Entziehung und Sperrfrist nur unbequem sind.

Beabsichtigt die Verteidigung, einen Verfahrensabschluss durch Strafbefehl herbeizuführen, sind nach der mündlichen Absprache mit der Staatsanwaltschaft in jedem Fall die Gründe nach § 46 StGB schriftlich vorzutragen, damit die mit der Staatsanwaltschaft erörterten Gründe auch dem Gericht vorliegen.

▶ **Muster: Antrag auf Erlass eines Strafbefehls**

An die

Staatsanwaltschaft

beim Landgericht ...

Az ... Js .../...

In der Strafsache

gegen

Herrn ...

geben wir für den Beschuldigten folgende Einlassung ab:

Der Beschuldigte räumt den ihm gemachten Vorwurf ein.

Infrage kommt eine Verurteilung wegen fahrlässiger ...

Der Beschuldigte verdient monatlich netto .... Er ist verheiratet, seine Ehefrau ist nicht berufstätig. Er hat zwei Kinder im Alter von ... und ... Jahren. Diesen ist er zum Unterhalt verpflichtet.

Aufgrund dessen ist eine Geldstrafe angemessen. Üblich sind ... Tagessätze. Die Tagessatzhöhe errechnet sich nach obigen Ausführungen mit ....

Ein entsprechender Strafbefehl wird einspruchslos hingenommen werden. Den Erlass eines Strafbefehls regen wir hiermit an.

Rechtsanwalt ◄

E. Zwischenverfahren

92 Das Zwischenverfahren ist in Anwaltskreisen eine weitgehend unbekannte Institution, in der in der Regel keine Aktivitäten entfaltet werden. Es ist in den Vorschriften der §§ 199 bis 211 StPO geregelt. Das Zwischenverfahren ist indes auch deshalb betrachtenswert, weil bisweilen der Mandant erst dann beim Verteidiger vorspricht, wenn er die Anklageschrift in den Händen hält. Darüber hinaus sieht sich der Mandant nun der Verfügung des Gerichtsvorsitzenden gegenüber, innerhalb einer bestimmten Frist Beweiserhebungen zu beantragen oder Einwendungen gegen die Eröffnung des Hauptverfahrens vorzubringen.

93 In dieser Verfahrenssituation aktiv zu werden, lohnt sich deshalb, weil das Gericht nach § 202 StPO weitere Beweiserhebungen anordnen und nach § 204 StPO beschließen kann, das Verfahren nicht zu eröffnen. In dieser Phase des Verfahrens kann auch beschlossen werden, dass bestimmte Anklagepunkte nicht zur Hauptverhandlung zugelassen werden, was für den Verteidiger auch einen vorläufigen Erfolg darstellt.

94 Ebenso ist das Gericht, das nach § 199 StPO von der Staatsanwaltschaft ausgewählt und dem die Anklageschrift übergeben wurde, frei, das seines Erachtens zuständige Gericht mit dem Vorgang zu befassen, das heißt, die Verfahrenseröffnung bei einem anderen Gericht vorzunehmen. Sowohl der Wegfall einzelner Tatbestände kann zu dem Ergebnis führen als auch eine andere Würdigung des Sachverhalts.

95 Der Verteidiger, sowohl der soeben erst beauftragte als auch der mit dem Verfahren bereits befasste, hat nun entsprechende Anträge anzukündigen „nach Akteneinsicht" oder „nach erneuter Akteneinsicht", da er durch einen Einblick in die Akte auch durch handschriftliche Vermerke Weichenstellungen erfährt.

96 ▶ **Muster: Antrag im Zwischenverfahren**

An das Amtsgericht ...

Strafabteilung

Az ... Js .../...

In der Strafsache

gegen

Frau ...

E. Zwischenverfahren

wegen fahrlässiger Körperverletzung

beantragen wir,

die Eröffnung des Hauptverfahrens abzulehnen.

Der Angeschuldigten wird vorgeworfen, am ... auf das vor der Rotlicht zeigenden Ampel stehende Fahrzeug der Zeugin ... aufgefahren zu sein, dieses Fahrzeug auf das davor stehende Fahrzeug geschoben zu haben und dadurch die darin sitzende Zeugin ... verletzt zu haben. Die Zeugin habe seit dieser Zeit Beschwerden infolge eines HWS-Schleudertraumas.

Die Angeschuldigte hat mir folgende Informationen mitgeteilt:

„Sehr geehrter Herr Rechtsanwalt ...,

vielen Dank für Ihre E-Mail. In o.g. Angelegenheit überreiche ich Ihnen hiermit die Schadensanzeige bei der Versicherung aus der der Unfallvorgang hervorgeht. Da es sich um eine klassische Kolonnenfahrt in Form ‚Stop and go' handelte, konnte ich nur Schrittgeschwindigkeit bzw max. 30 km/h fahren.

Zum Unfall kam es durch das plötzliche Halten der vorderen Fahrzeuge, wobei ich sicher den Bremsweg falsch eingeschätzt habe oder ich die Bremslichter des vor mir fahrenden Fahrzeugs übersehen habe.

Dass von Seiten der Frau ... eine Ableitung möglicher Verletzungen auf den Unfall zurückzuführen ist, halte ich für unwahrscheinlich. Der Schaden an ihrem Auto war nur sehr geringfügig, und zwischen ihrem und meinem Fahrzeug war noch ein weiteres, nämlich das von Frau ..., das ebenfalls nur einen leichten Schaden hatte. Zumal die von mir herbeigerufenen Polizei beide Damen nach Verletzungen und Beschwerden befragte (siehe beigefügtes Schreiben an die Versicherung vom ...) und beide dies verneinten. Das kann mein Mann ebenfalls bestätigen, da auch er bei dem Gespräch zwischen der Polizei und den Damen anwesend war, ich hatte ihn telefonisch dazugerufen).

Am Tag des Unfalls erzählte mir noch Frau ..., dass sie wegen Beschwerden der Wirbelsäule in Behandlung sei und sie deshalb öfter unter Schmerzen im Hals-Nacken-Bereich leide. Auch sei sie in Behandlung wegen eines Bandscheibenvorfalls. Deshalb war ich auch sehr verwundert, als sie mich am ... anrief und mir mitteilte, dass sie einen Bandscheibenvorfall vom Unfall hätte.

Daraufhin informierte ich meine Versicherung mit Schreiben vom ..., und seither habe ich, bis zur Anzeige, nichts mehr von dieser Angelegenheit gehört.

Mein damaliger Schaden an meinem Mercedes belief sich auf knapp 540 EUR, es war die vordere Stoßstange, die eingedrückt war durch die Anhängerkupplung des vor mir fahrenden Fahrzeugs. Die Schäden an den davor fahrenden Fahrzeugen bewegen sich ebenfalls im Aufwandsbereich unterhalb 1.000 EUR.

Sollten sich weitere Fragen ergeben, bitte ich um eine kurze E-Mail.

Für Ihre Bemühungen danke ich im Voraus."

Unter diesen Umständen ist davon auszugehen, dass die das Fahrzeug der Zeugin ... beschleunigende Aufprallgeschwindigkeit unter Delta V 5 lag, mit der Folge, dass eine Verletzung ausgeschlossen ist.

Wir gehen davon aus, dass diese Tatsache als amtsbekannt unterstellt werden und das Gericht auf die Einholung eines Sachverständigengutachtens verzichten kann. Sollte dies nicht der Fall sein, stellen wir folgenden Beweisantrag:

Die Beschädigungen an den Fahrzeugen der Unfallbeteiligten lassen darauf schließen, dass der Aufprall so gering war, dass keine Differenzgeschwindigkeit feststellbar ist, die den Wert Delta V 5 übersteigt, so dass dadurch keinerlei Körperverletzung entstehen kann.

Beweis: Sachverständiger Herr Dr. ..., als technischer Sachverständiger
Sachverständige Frau Dr. ..., gerichtsmedizinisches Institut der Universitätsklinik ...

Aufgrund dessen ist die Eröffnung des Hauptverfahrens abzulehnen.

Rechtsanwalt ◄

F. Hauptverhandlung

97 Die Hauptverhandlung stellt das Forum dar, in dem Verteidigung, Staatsanwaltschaft und Gericht um eine gerechte Falllösung ringen. Jeder der an der Hauptverhandlung beteiligten Juristen hat dabei eine andere Rolle zu spielen: Der **Verteidiger** ist nicht nur „Organ der Rechtspflege", sondern auch der Vertreter von Parteieninteressen. Gegenüber dem Mandanten hat er es deshalb zu unterlassen, als „Staatsanwalt" oder als „Richter" aufzutreten. Erkennt er deren Bestrebungen, hat er diese lediglich zu „übersetzen", damit der Mandant die Stimmung im Verfahren erkennen und nachvollziehen kann.

98 Der **Staatsanwalt** ist, entgegen eigener Einschätzung, selten „objektivste Behörde der Welt", vielmehr verteidigt er die eigenen Erkenntnisse, die zur Anklageerhebung führten, und drängt auf die Einhaltung staatlicher Gesetze sowie die Sanktionierung vermeintlicher Verstöße. Der **Richter** ist weder der Freund der einen noch der anderen Seite. Er ist daran interessiert, das Verfahren mit überschaubarem Aufwand zu Ende zu führen und seine Erledigungszahlen zu erreichen; dies ist der Ansatzpunkt der Verteidigung, ein Urteil zu vermeiden.

99 Der Verteidiger hat sich deshalb optimal vorzubereiten. Eine Verteidigung anzugehen ohne ausreichendes **Aktenstudium**, lässt mangelnden Respekt vor dem Mandanten erkennen und wird von der Rechtsprechung nicht geduldet. Der BGH hat in seinem Urteil vom 25.6.1965 festgestellt, dass im Fall eines Aktenstudiums von 5 ½ Stunden dem Gericht die Fürsorgepflicht zukommt, im Interesse des Angeklagten auszusetzen, da der Verteidiger in einem Strafverfahren nicht „Statist" ist, sondern notwendiges, gleichberechtigtes „Organ der Rechtspflege".[4] Der Verteidiger darf sich keinesfalls damit abspeisen lassen, er könne vor dem Termin auf der Geschäftsstelle Akteneinsicht nehmen.

100 Der Akteninhalt ist dem Mandanten zu vermitteln. Der Mandant muss alle belastenden und entlastenden Faktoren kennen (zur allgemeinen Information des Mandanten über die Hauptverhandlung siehe § 1 Rn 55). Nur dann ist eine Strategie gemeinsam zu entwickeln. Anwälte, die mit der Web-Akte arbeiten, haben hier deutliche Vorteile den Anwälten gegenüber, die ihren Mandanten noch die Akte vorlesen müssen. Denn die Ermittlungsakte kann dem Mandanten über seinen Internetzugang zu seiner Webakte zum Lesen gegeben werden. Mit dem Mandanten ist dann zu erörtern, ob er sich einlässt oder aber von seinem Recht zu schweigen Gebrauch macht. Das Schweigerecht ist immer dann vorzuziehen, wenn ohne Einlassung des Mandanten eine Beweisführung nicht möglich ist oder aber Wertungen zu dessen Gunsten vorzunehmen sind.

---

4 BGH NJW 1965, 2164 ff.

Weiter sind die Verfahrensvoraussetzungen zu prüfen. Schließlich ist zu prüfen, ob alle Beweismittel verwertbar sind und ob weitere Beweisanträge gestellt oder zumindest vorbereitet werden müssen. Zeugnisverweigerungsrechte sind ebenso zu prüfen wie eine eventuelle Befangenheit, ebenso Urkunden und die Notwendigkeit der Anwesenheit des Angeklagten, wenn die Hauptverhandlung nach Einspruch gegen den Strafbefehl anberaumt wird.

Der Verteidiger hat sich spätestens bei der Vorbereitung der Hauptverhandlung mit den wirtschaftlichen Verhältnissen und den Lebensumständen des Angeklagten auseinanderzusetzen.

▶ **Muster: Antrag auf Aussetzung der Hauptverhandlung**

An das Amtsgericht ...
– Strafrichter –
Az ... Js .../...
In der Strafsache
gegen
Herrn ...
beantrage ich namens und in Vollmacht des Angeschuldigten,
die Hauptverhandlung auszusetzen.
Der Angeschuldigte hat mich am ... beauftragt. Am gleichen Tag habe ich beim zuständigen Gericht Akteneinsicht beantragt.
Das Gericht teilte mir telefonisch mit, dass Akteneinsicht eine Woche vor dem Termin nicht mehr gewährt werde, da der Richter selbst den Termin vorbereiten wolle. Es wurde die Möglichkeit eingeräumt, rechtzeitig vor der Hauptverhandlung zu erscheinen und die Akte in der Geschäftsstelle einzusehen.
Eine Vorbereitung der Hauptverhandlung war demnach nicht möglich.
Sollte die Hauptverhandlung nicht ausgesetzt werden, wäre dies ein Verstoß gegen § 338 Nr. 8 StPO.
Rechtsanwalt ◀

G. Nebenklage

Der Rechtsanwalt beantragt die Zulassung der Nebenklage in verkehrsrechtlichen Verfahren, wenn entweder die Folgen der Rechtsverletzung gravierend sind, wenn er Angehörige von einem im Straßenverkehr getöteten Opfer vertritt oder, im Falle des § 229 StGB, wenn der Anschluss des Verletzten an das Verfahren geboten ist aus besonderen Gründen zur Wahrnehmung seiner Interessen. Besondere Gründe können die schweren Folgen einer Verletzung sein, ebenso wie ein eventuelles Mitverschulden oder, dass eine zivilrechtliche Regulierung noch aussteht.

Während der Nebenkläger bzw sein Anwalt früher der Gehilfe des Staatsanwalts waren, hat ihm die Gesetzgebung inzwischen eine Sonderstellung eingeräumt, die in § 397 StPO beschrieben ist. Sinnvoll ist seine Teilnahme am Verfahren dann, wenn er sich nicht lediglich das Plädoyer des Staatsanwalts zu eigen macht, sondern deutlich die Perspektive des Nebenklägers verdeutlicht. Dazu kann gehören, dass er nicht lediglich auf Atteste von Ärzten verweist, sondern die Auswirkungen der Verletzungen im Alltag beschreibt.

106 ▶ **Muster: Nebenklageanschluss**

An das Amtsgericht ...
– Strafrichter –

Az ... Js .../...

In der Strafsache

gegen

Herrn ...

wegen Straßenverkehrsgefährdung und schwerer Körperverletzung

schließt sich die durch die Straftat verletzte Frau ..., wohnhaft in ...,
dem Verfahren als

Nebenklägerin

an.

Ich beantrage

die Zulassung der Nebenklage.

Ich beantrage darüber hinaus:

Der Nebenklägerin wird für die Interessenwahrung zur Führung des Verfahrens in 1. Instanz Prozesskostenhilfe gewährt.

Unterfertigter wird der Nebenklägerin als Rechtsanwalt beigeordnet

Am Morgen des ... fuhr die Nebenklägerin mit ihrem Fahrrad auf der ...straße in ... vom Kindergarten her kommend in Richtung .... Im Kindergarten hatte sie das jüngste Kind, ..., abgeliefert. Sie fuhr äußerst rechts und beabsichtigte, noch in einem am Weg liegenden Einkaufsmarkt Lebensmittel einkaufen zu gehen.

Der Angeschuldigte befuhr die gleiche Straße aus der Gegenrichtung kommend. Der Angeschuldigte fuhr mit einer Geschwindigkeit von mindestens 80 km/h bei zulässiger Höchstgeschwindigkeit innerorts von 50 km/h. Dies dürfte sich daraus ergeben, dass er den Zeugen ... überholt hat, der die innerorts zulässige Höchstgeschwindigkeit einhielt.

Der Angeschuldigte wies zu diesem Zeitpunkt einen Blutalkoholwert von mindestens 1,4 ‰ auf, wobei sich dieser Wert noch dadurch als höher herausstellen dürfte, dass der Angeschuldigte aussagte, der Alkohol könne nur von der am Vorabend gefeierten Party herrühren. Am morgen des Tattages habe er keinen Alkohol genossen.

Infolge Unachtsamkeit oder überhöhter Geschwindigkeit kam der Angeschuldigte ins Schleudern und kollidierte mit dem Fahrrad der Nebenklägerin. Die Nebenklägerin wurde ca. 20 m weit geschleudert und kam im Grundstück ...straße 21 zum Liegen. Der Angeschuldigte glaubt, dass die Nebenklägerin zu weit zur Mitte hin gefahren sei.

Die Nebenklägerin wurde schwerstens verletzt. Sie erlitt eine Querschnittslähmung, einen Beckenbruch, offene Brüche des linken Oberschenkels sowie des linken Ellenbogens.

Nach mehreren Operationen in der Wiederherstellungschirurgie der Universitätsklinik ... ist sie derzeitig in der Klinik ..., wo sie auf das Leben im Rollstuhl vorbereitet wird. Die Nebenklägerin ist verheiratet und hat vier Kinder.

Die Nebenklägerin ist außerstande, ihre Interessen selbst wahrzunehmen.

Die Nebenklage ist wegen der schweren Folgen der Straftat zuzulassen.

Rechtsanwalt ◀

H. Berufung

I. Berufungseinlegung

Die Berufung ist zulässig gegen Urteile des Amtsgerichts (Strafrichter, Schöffengericht). Sollte ein vor dem Strafrichter angeklagtes Vergehen mit einer Verurteilung wegen einer Ordnungswidrigkeit abgeschlossen werden, ist nicht Berufung, sondern Rechtsbeschwerde einzulegen. Die Berufung ist das am häufigsten gebrauchte Rechtsmittel. Jährlich werden 50.000 bis 60.000 Berufungen geführt, davon ca. 80 bis 85 % vom Angeklagten ausgehend, Grund genug, sich damit auseinanderzusetzen.

Das Rechtsmittel der Berufung führt zur Neuverhandlung. In der Berufungsverhandlung können sowohl Tatsachen als auch Beweismittel neu eingeführt werden. Im Wesentlichen gelten die Verfahrensgrundsätze und -regeln der ersten Instanz. Nach § 314 StPO ist sie beim erstinstanzlichen Gericht, schriftlich oder zu Protokoll der Geschäftsstelle, einzulegen.

Die mit der Berufung verfolgten Ziele sind identisch mit denen der ersten Instanz: Freispruch oder milde Strafe. Die Verteidigung hat die Aufgabe, das Berufungsgericht davon zu überzeugen, dass die tatsächliche oder rechtliche Urteilsgrundlage der ersten Instanz falsch war. Wichtig ist zu wissen, dass ein Verschlechterungsverbot („reformatio in peius") besteht, wenn lediglich der Angeklagte, sein Verteidiger oder die Staatsanwaltschaft zu seinen Gunsten das Rechtsmittel eingelegt haben. Das erstinstanzliche Urteil kann dann nicht zulasten des berufungsführenden Mandanten abgeändert werden. Berufungsgericht ist immer das Landgericht, zu dessen Bezirk das Amtsgericht gehört, dessen Urteil der Mandant nicht akzeptiert.

Einer weiteren Begründung bedarf es zunächst nicht. Falls keine weitere Begründung erfolgt, wird das Berufungsurteil vollumfänglich überprüft.

▶ **Muster: Berufungsschrift**

An das Amtsgericht ...
– Strafrichter –
Vorab per Fax: ...
Az ... Js .../...
In der Strafsache
gegen
Herrn ...
lege ich namens und in Vollmacht meiner Mandantschaft gegen das am ... verkündete Urteil des Amtsgerichts ...

Berufung

ein.
Ich bitte um Überlassung des Protokolls der Hauptverhandlung vom ... .
Rechtsanwalt ◀

Bei Verkehrsstrafsachen, die mit einer **Entziehung der Fahrerlaubnis** enden, ist zu bedenken, dass manche Gerichte sich bei der Terminierung der Berufungsverhandlung viel Zeit lassen. Nach § 69 a Abs. 4 StGB beträgt das Mindestmaß der Sperre drei Monate, wenn eine vorläufige Entziehung der Fahrerlaubnis oder die Beschlagnahme des Führerscheins vorausging.

II. Beschleunigungsgebot

113 In vielen Fällen erlebt man den „drohenden" Hinweis des Gerichts, dass bei Berufungsrücknahme der Führerschein „in greifbare Nähe rückt", bei Aufrechterhaltung der Berufung möglicherweise wieder drei Monate „wegrückt". Dies kann sehr bedeutungsvoll sein, wenn der Mandant dadurch außerhalb der Zweijahresfrist kommt, die ihm das Verwaltungsverfahren für die Wiederholung von Führerscheinprüfungsteilen auferlegt (§ 20 Abs. 2 FeV). Bei **ungewöhnlich langer Hinauszögerung einer Berufungsverhandlung** kann die Aufhebung der vorläufigen Entziehung der Fahrerlaubnis wegen Verstoßes gegen den Grundsatz der Verhältnismäßigkeit nötig werden.[5]

114 **Beispiel:**
Am 15.7.1997 war die Fahrerlaubnis des Betroffenen vorläufig gemäß § 111 a StPO entzogen worden. Seit Ende Mai 1998 ist das Berufungsverfahren anhängig; bis zum 12.10.1999 ist noch nicht terminiert worden. Der Betroffene hat ca. 27 Monate keinen Führerschein.[6]
„Bei einem nicht straff geführten Berufungsverfahren, insbesondere durch zügige Anberaumung der Hauptverhandlung, hat die Anordnung der vorläufigen Entziehung der Fahrerlaubnis nach § 111 a Abs. 1 StPO keinen Bestand mehr. Das OLG beruft sich auf den Grundsatz der Verhältnismäßigkeit (§ 62 StGB). Bei ungewöhnlich langer Verzögerung des Hauptverfahrens kann es im Einzelfall nötig werden, vorläufige Maßnahmen wie hier nach § 111 a Abs. 1 StPO aufzuheben. Dies gilt insbesondere, wenn es unwahrscheinlich ist, dass der Angeklagte in der Hauptverhandlung noch als ungeeignet zum Führen von Kraftfahrzeugen beurteilt werden wird."[7]

115 Über das Gebot der Verhältnismäßigkeit nach § 62 StGB hinaus ist bei einer stark verzögert stattfindenden Hauptverhandlung zusätzlich **Art. 6 Abs. 1 S. 1 EMRK** und das daraus abgeleitete **Beschleunigungsgebot** zu beachten. Wichtig dabei ist, dass das Beschleunigungsgebot nicht nur bei Haftsachen gilt, sondern auch bei allen anderen Straf- und Bußgeldsachen Anwendung findet.[8] Des Weiteren kann eine Verfahrensverzögerung Einfluss auf die Höhe der Geldstrafe nehmen und in extrem gelagerten Fällen sogar zur Verfahrenseinstellung führen. Das Beschleunigungsgebot greift umso stärker, je gravierender die Belastung für den Betroffenen ist. Relevant sind dabei nur die konkreten Auswirkungen der Verfahrensverzögerung auf den Betroffenen, nicht dagegen sonstige prozessuale Ziele. Die Verfahrensverzögerung durch die Behörden und Gerichte darf zudem nicht nur unerheblich sein, was im jeweiligen Einzelfall gesondert zu beurteilen ist. Ein Verstoß gegen das Beschleunigungsgebot stellt einen eigenständigen Strafmilderungsgrund dar, dessen Höhe exakt zahlenmäßig zu bestimmen ist.[9] Von Bedeutung für das Fahrerlaubnisrecht ist, dass die Aufhebung vorläufiger Maßnahmen, wie die der vorläufigen Entziehung der Fahrerlaubnis, erfolgen kann.[10]

116 Im Beispielsfall (Rn 114) beschäftigte sich das OLG Düsseldorf nur mit der Frage der Aufhebung der vorläufigen Fahrerlaubnisentziehung wegen eines Eignungsmangels des Fahrers. Eine ungewöhnlich lange Verfahrensverzögerung im Berufungsverfahren kann aufgrund des Verhältnismäßigkeitsgebots jedoch auch dazu führen, dass ohne die Möglichkeit einer noch-

---

5 OLG Düsseldorf VRS 98, 197.
6 OLG Düsseldorf VRS 98, 197.
7 OLG Düsseldorf VRS 98, 197.
8 BVerfG NJW 1992, 2472.
9 OLG Köln VRS 97, 349.
10 LG Zweibrücken DAR 1999, 517.

maligen Überprüfung des Eignungsmangels in der Hauptverhandlung die vorläufige Fahrerlaubnisentziehung aufgehoben werden muss. Einer endgültigen Entziehung ist damit dann gleichfalls der Weg versperrt. Bei einer Verfahrensdauer von über zwei Jahren kann diese Voraussetzung als gegeben angesehen werden.

III. Berufungsbegründung

Für die Verteidigung ist, im Gegensatz zur Staatsanwaltschaft, eine Begründung der Berufung nicht vorgeschrieben. Der Verteidiger sollte sich gleichwohl mit dem Urteil und den Anfechtungsgründen auseinandersetzen und zumindest überdenken, welche Zeugen er dringend nochmals hören will, da Zeugen nur noch zur Berufungsverhandlung geladen werden, wenn das Gericht glaubt, diese hören zu müssen, oder der Verteidiger dies beantragt. Dies ergibt sich aus der Vorschrift des § 325 StPO, wonach Zeugenaussagen und Sachverständigenfeststellungen verlesen werden können. Der Antrag muss von der Verteidigung rechtzeitig gestellt werden, dh so frühzeitig, dass die Ladung im normalen Geschäftsgang vor der Hauptverhandlung bewirkt werden kann (nicht jedoch durch telefonische oder telegrafische Ladung). 117

Die Berufungsbegründung kann die Beweiswürdigung oder die rechtliche Würdigung angreifen, Verfahrensfehler rügen, beantragen, neue Beweismittel zu würdigen, oder beantragen, dass bereits gewürdigte Beweismittel erneut gewürdigt werden. Das Berufungsgericht sollte zumindest rechtzeitig erfahren, ob das Verfahren in rechtlicher oder tatsächlicher Hinsicht oder aber wegen des Rechtsfolgenausspruchs angegriffen wird. 118

▶ **Muster: Berufungsbegründungsschrift** 119

An das Amtsgericht ...

– Strafrichter –

Az ... Js .../...

In der Strafsache

gegen

Herrn ...

wegen Vortäuschens einer Straftat

gebe ich für den Angeklagten folgende Stellungnahme ab:

Das Berufungsverfahren wird mit dem Ziel eines Freispruchs verfolgt.

Bereits die materiellrechtliche Würdigung des Amtsgerichts ist fehlerhaft. Unter Verkennung der zivilrechtlichen Rechtsprechung ist das Amtsgericht davon ausgegangen, dass der Angeklagte angeblich wusste, dass er keinen Anspruch auf die Versicherungsleistung hat.

Dies stellt eine fehlerhafte Anwendung der entsprechenden versicherungsrechtlichen Vorschriften dar. Offensichtlich ging das Amtsgericht davon aus, dass ein Anspruch auf die Versicherungsleistung von der Kaskoversicherung bereits deshalb nicht bestünde, weil nicht alle Originalschlüssel vorgelegt werden können. Allein dies soll die Annahme grober Fahrlässigkeit begründen. Dies ist falsch!

Wegen der Beweisschwierigkeiten zum Nachweis eines Fahrzeugdiebstahls lässt es die Rechtsprechung ausreichend, wenn der Versicherungsnehmer den Beweis auf erste Sicht durch Darlegung des äußeren Bildes der Entwendung unter Beweis stellt. Dieser Beweis auf erste Sicht muss nur Tatsachen berücksichtigen, die nach der Lebenserfahrung ganz allgemein einen hinreichenden Schluss auf eine Entwendung zulassen (BGH VersR 1993, 571)

Hat der Versicherungsnehmer diesen Beweis auf erste Sicht geführt, muss der Versicherer Tatsachen vortragen, die die naheliegende Möglichkeit eines vorgetäuschten Diebstahls indizieren. Zur Darlegung und zum Beweis auf erste Sicht eines Kfz-Diebstahls muss der Versicherungsnehmer nicht sämtliche Originalschlüssel vorlegen oder das Fehlen eines Schlüssels plausibel erklären können (BGH zfs 1995, 340).

Auch wird das äußere Bild einer Kfz-Entwendung nicht dadurch erschüttert, dass das Fahrzeug mit einem passenden Schlüssel weggefahren wurde und der Versicherungsnehmer keine plausible Erklärung für die Anfertigung einer Schlüsselkopie abgeben kann.

Jüngst hat das AG Meldorf (SP 2002, 282) entschieden, dass das Abhandenkommen der Fahrzeugschlüssel und der anschließende Diebstahl des Fahrzeugs nur dann zur Annahme grober Fahrlässigkeit führen, wenn Anhaltspunkte dafür vorliegen, dass die Schlüssel entwendet wurden und der Fahrzeughalter daraufhin keinen Austausch der Schlösser veranlasst hat.

Allein das fehlende Vermögen, sämtliche Originalschlüssel vorzulegen, begründet somit nicht grobe Fahrlässigkeit und führt damit nicht zur Leistungsfreiheit des Versicherers gem. § 7 Abs. 1 Nr. 2 AKB. Ich verweise zusammenfassend auf den Aufsatz des Ombudsmanns der Versicherungswirtschaft Prof. *Römer* (NJW 1996, 2329 ff).

Somit steht fest, dass vorliegend die Diebstahlversicherung des Angeklagten nicht deshalb leistungsfrei wurde, weil ein Original- und ein Nachschlüssel eingereicht wurden. Sie wäre auch nicht leistungsfrei gewesen, wenn nur der Originalschlüssel vorhanden gewesen wäre. Dies war dem Angeklagten bewusst. Er hat den Nachschlüssel also seiner Versicherung nicht eingereicht, um sie zu einer Zahlung zu veranlassen, auf die er keinen Anspruch hatte.

Nach den Feststellungen des Urteils wurde das Motorrad gestohlen und der Angeklagte konnte nur einen Originalschlüssel vorlegen. Aus oben Gesagtem folgt daher – entgegen der von Unkenntnis geprägten Auffassung des Amtsgerichts –, dass der Diebstahlversicherer grundsätzlich zur Leistung verpflichtet bleibt. Hiervon ging auch der Angeklagte aus. Ein Vermögensschaden konnte somit von vornherein gar nicht bei der Versicherung entstehen. Der Angeklagte begehrte lediglich das, was ihm zustand.

Der Angeklagte wird sich im Berufungsverfahren zur Sache äußern. Er wird mitteilen, dass er seinen Zweitschlüssel in seiner Wohnung immer an einen bestimmten Ort abgelegt hat. Er musste eines Tages feststellen, dass sich der Schlüssel nicht mehr an dieser Stelle befand. Darum ließ er zum Ersatz einen Zweitschlüssel anfertigen. Nunmehr hat sich herausgestellt, dass die Ehefrau des Angeklagten den Schlüssel beim Umräumen an einen anderen Ort in der Wohnung gelegt hatte. Als es darum ging, diesen Schlüssel bei der Versicherung nach dem Diebstahl einzureichen, war es der Ehefrau des Angeklagten nicht möglich, mitzuteilen, wo sie den Schlüssel hingelegt hatte. Sie hat ihn schlichtweg verlegt.

Eine längere Suche des Schlüssels hat nunmehr dazu geführt, dass die Ehefrau des Angeklagten diesen in der Wohnung gefunden hat. Der Angeklagte wird den zweiten Originalschlüssel im Termin zur Akte reichen.

Zum **Beweis** des vorstehenden Sachverhalts beantrage ich

die Ladung folgender Zeugin: Frau ..., wohnhaft ...

Hiernach wird feststehen, dass der Angeklagte weder grob fahrlässig iSv § 61 VVG gehandelt hat, noch sonst versucht hat, die Versicherung zu einer Leistung zu bewegen, die er nicht zu beanspruchen hatte.

Er wird damit freizusprechen sein.

Rechtsanwalt ◄

I. Revision

Revisionsrecht ist ein Rechtsgebiet, das „volksfremd" ist. Allerdings ist es auch vielen Juristen nicht vertraut, was erklärt, dass 95 % aller Revisionen als offensichtlich unbegründet verworfen werden. Der Revisionsführer muss sich strengen Regeln unterwerfen und das, was „vor Augen liegt" – also Tatsachenwürdigung – außer Betracht lassen. 120

Revisionen gegen Urteile der Amtsgerichte werden von den Oberlandesgerichten entschieden (Sprungrevision, § 335 StPO), Urteile der Landgerichte und Oberlandesgerichte gelangen zum BGH. Das Rechtsmittel der Revision wendet sich also gegen Urteile. Die Revisionseinlegung verhindert die Rechtskraft des Urteils. Im Gegensatz zur Berufung führt die Revision nicht mehr zur Überprüfung der Tatsachengrundlagen des angefochtenen Urteils, dies ist ausschließlich Sache des Tatrichters. Das Revisionsgericht prüft lediglich, ob dem Tatrichter bei der Feststellung der Tatsachen oder bei der Anwendung des Rechts auf bereits festgestellte Tatsachen Fehler unterlaufen sind, auf denen seine Entscheidung beruhen könnte. Da das Revisionsrecht keine Tatsachen überprüft, ist die regelmäßige Folge der erfolgreichen Revision die Zurückverweisung an ein Gericht der Tatsacheninstanz. 121

▶ **Muster: Revisionseinlegungsschrift** 122

An das Landgericht ...

– Strafkammer –

Az ...

In der Strafsache

gegen

Herrn ...

wegen

lege ich gegen das Urteil des Landgerichts vom ...

Revision

ein.

Ich rüge die Verletzung materiellen Rechts.

Ich bitte um Überlassung des Hauptverhandlungsprotokolls, um die Revision begründen zu können.

Ich beantrage,

das angefochtene Urteil des ...gerichts vom ..., Az ..., aufzuheben und an eine andere Strafkammer des ...gerichts zurückzuverweisen.

Rechtsanwalt ◄

123 Es mag verwundern, dass in diesem Schriftsatz bereits der Ansatz einer Begründung enthalten ist, indem die „Verletzung materiellen Rechts" gerügt wird. Es handelt sich hierbei um die **Mindestbegründung**, die immer für den nicht seltenen Fall verwendet werden sollte, dass eine Frist versäumt wird. Diese Mindestbegründung führt dazu, dass sich das Revisionsgericht der Sache annimmt.

124 In der Regel wird die Verletzung materiellen Rechts, die Verletzung formellen Rechts oder die Verletzung der Aufklärung zu rügen sein (vgl auch die Anforderungen an die Rechtsbeschwerde im Ordnungswidrigkeitenrecht, § 11 Rn 156 ff). Die **Verletzung materiellen Rechts** muss nicht weiter ausgeführt werden. Das Gericht nimmt allein diese Rüge zum Anlass, das Urteil zu überprüfen. Gleichwohl ist natürlich zu bedenken, dass dem Gericht damit gedient ist, den Gedankengang des Verteidigers zu erfahren, der ihn zu diesem Rechtsmittel führte.

125 **Verletzungen formellen Rechts** und die **Aufklärungsrüge** müssen begründet werden. Dabei ist immer auszuführen, dass das angegriffene Urteil auf einer Formalie oder unterlassener Aufklärung beruht, und wenn nötig eine diesbezügliche Begründung anzufügen. Im Verlaufe eines längeren Hauptverfahrens werden häufig Fehlentscheidungen getroffen, die aber als Grundlage falscher Urteile erkennbar gemacht werden müssen, da es auch Fehlentscheidungen gibt, die keinerlei Auswirkungen auf ein Urteil haben.

J. Bewährungswiderruf und Gnadengesuch

126 Die §§ 56 ff StGB regeln die Strafaussetzung zur Bewährung. § 56 f StGB zeigt auf, wann die **Bewährung widerrufen** werden kann. Als Sanktion der Verkehrsstraftat wird in der Regel die Geldstrafe angesehen. Im Wiederholungsfall wird häufig eine kurzfristige Freiheitsstrafe verhängt, die zur Bewährung ausgesetzt wird. Erst der zweite Wiederholungsfall setzt sich mit der Freiheitsstrafe ohne Bewährung und mit dem Widerruf einer gewährten Bewährungsstrafe auseinander.

127 Verteidiger und Mandant haben sich mit den Gründen auseinanderzusetzen, die ursprünglich zur Verurteilung geführt haben, und damit, dass die Bewährungsauflagen nicht eingehalten oder die Wiederholungstat begangen wurde. Der Verteidiger hat dabei zu bedenken, ob der Fall einer notwendigen Verteidigung vorliegt.[11] Zu beachten ist auch, dass der Widerruf der Strafaussetzung grundsätzlich auch nach Ablauf der Bewährungszeit möglich ist, wenn vor der Entscheidung über den Bewährungswiderruf zunächst die Rechtskraft des neuen Strafurteils abgewartet wurde.[12]

128 Die Anwendung von **Gnadenrecht** setzt voraus, dass ein Urteil rechtskräftig geworden ist. Gnadenrecht ist immer Einzelfallwürdigung. Für den Fall der Gnadenrechtsbeantragung im Verkehrsrecht, richtet sich die Zuständigkeit nach den Gesetzen der Bundesländer. Der Inhaber des Gnadenrechts wird durch die Landesverfassungen bestimmt. Gnadengesuche oder Gnadenanträge sind bei der Staatsanwaltschaft einzureichen.

---

11 BayObLG v. 16.3.1995, VRS 89, 211.
12 OLG Düsseldorf v. 27.1.1995, VRS 89, 35.

J. Bewährungswiderruf und Gnadengesuch

▶ **Muster: Antrag auf Zurückweisung eines Bewährungswiderrufs** 129

An das Amtsgericht ...

– Strafrichter –

Az ... Js .../... bei Staatsanwaltschaft ...

Vollstreckung

hier: Antrag auf Widerruf der Bewährung

In der Strafsache

gegen

Herrn ...

haben wir uns anwaltlich für Herrn ..., ... [Anschrift] bestellt.

Der Antrag der Staatsanwaltschaft ... ohne Datum, eingegangen beim Amtsgericht ... am ..., liegt vor; beantragt wird, die Bewährung aus dem Urteil des Amtsgerichts ... vom ... zu widerrufen.

Wir beantragen,

den Antrag zurückzuweisen.

Begründet wird der Widerrufsantrag der Staatsanwaltschaft damit, dass der Verurteilte unter laufender Bewährung durch das Amtsgericht ... am ... wegen Trunkenheit im Verkehr und anderem rechtskräftig verurteilt wurde.

Richtig ist, dass der Antragsgegner am ... in Strafhaft genommen wurde. Die Ladung zum Strafantritt erfolgte aufgrund des Urteils des Amtsgerichts ... vom ..., Az ..., wegen Trunkenheit im Verkehr und Fahrens ohne Fahrerlaubnis. Eine Gesamtfreiheitsstrafe von neun Monaten war zu verbüßen. Durch Beschluss des Landgerichts ..., auswärtige Strafvollstreckungskammer mit Sitz in ..., Az ..., Staatsanwaltschaft ..., wurde am ... beschlossen, die Vollstreckung des letzten Drittels zur Bewährung auszusetzen. Eine Fotokopie des Beschlusses überlassen wir anliegend. Zu diesem Zeitpunkt war bereits die Verurteilung, auf welche der Antrag hier Bezug nimmt, erfolgt. Der Antragsgegner hat sich die Verurteilung zur Warnung dienen lassen, so dass es eines erneuten Widerrufs der Bewährung nicht bedarf.

Der Widerruf der Bewährung wäre auch unter anderen Gesichtspunkten nicht sinnvoll.

Der Antragsgegner wurde am ... aus der Strafhaft entlassen. Er erhielt die Auflage, unverzüglich nach der Haftentlassung eine ambulante Alkoholtherapie aufzunehmen und der Strafvollstreckungskammer ... binnen einem Monat nach der Haftentlassung einen schriftlichen Nachweis hierüber vorzulegen. Dies ist geschehen. Weiter erfolgte die Auflage, jeden Wohnsitzwechsel während der Bewährungszeit unverzüglich der Strafvollstreckungskammer ... mitzuteilen. Ein Wohnsitzwechsel ist nicht erfolgt. Das heißt, dass der Antragsgegner die Auflage pünktlich und ordnungsgemäß erfüllte.

Vom ... bis ... erfolgte eine stationäre Entgiftung in einer entsprechenden Einrichtung in ... auf Veranlassung von Dr. .... Eine ambulante Therapie wird bis heute bei Herrn Dr. ... durchgeführt. Darüber hinaus besucht der Antragsgegner regelmäßig die Suchtberatungsstelle in .... In den nächsten Tagen oder Wochen wird eine weitere ambulante Therapie von drei Monaten durchgeführt werden mit dem Ziel der Suchtbehandlung.

Alle bisher von dem Antragsgegner verübten Straftaten hingen mit dieser Suchtkrankung zusammen. Das nachhaltige Bemühen des Antragsgegners, dieses Defizit zu beseitigen, ist sicherlich sinnvoller als eine erneute Inhaftierung aufgrund eines Vorgangs, der inzwischen fast anderthalb Jahre zurückliegt.

Unter diesen Umständen regen wir an, den Antrag auf Widerrufung der Aussetzung zur Bewährung zurückzuweisen, gegebenenfalls dem Antragsgegner weitere, in die richtige Richtung weisende Auflagen zu erteilen, die er im eigenen und im Interesse der Allgemeinheit auch befolgen wird.

Hinzu kommt, dass der Antragsgegner sich inzwischen erneut in seiner Familie eingelebt hat und der Widerruf der Bewährung zu einer starken Belastung der Familie führen würde. Diese hat es ihm sowohl während der Haftzeit als auch danach durch ihr Verhalten ermöglicht, entsprechendes Wohlverhalten zu zeigen.

Aufgrund der Formelhaftigkeit des Antrags gehen wir davon aus, dass das Wohlverhalten des Antragsgegners, die Erfüllung der Auflagen durch den Beschluss ... nicht bekannt waren. Wir bitten höflich um Erlass der beantragten Entscheidung.

Rechtsanwalt

Anlage

Beschluss des Landgerichts ...

Fotokopie des Schriftsatzes vom ... an das Amtsgericht ...

Fotokopie der Ladung zum Strafantritt vom ... ◄

130 ▶ **Muster: Gnadengesuch**

An die

Staatsanwaltschaft

beim Landgericht ...

– Vollstreckungsabteilung –

Az ...

In der Strafvollstreckungsangelegenheit

gegen

Herrn ...

überreiche ich anliegend eine beglaubigte Fotokopie der erteilten Vollmacht des Verurteilten.

Für den Verurteilten stelle ich folgenden Antrag:

1. Die gegen ... verhängte Freiheitsstrafe von neun Monaten wegen Trunkenheit im Verkehr und Fahrens ohne Fahrerlaubnis, Az ..., wird gnadenweise zur Bewährung ausgesetzt.
2. Vor der Entscheidung über den unter 1. genannten Antrag wird von Zwang abgesehen.

Begründung:

Herr ... wurde durch Urteil des Amtsgerichts ... vom ... wegen Trunkenheit und Fahrens ohne Fahrerlaubnis zu einer Freiheitsstrafe von neun Monaten verurteilt. Berufung und Revision wurden gegen das Urteil nach unserer Kenntnis nicht eingelegt. Wie sich aus der in Kopie beigefügten Ladung zum Strafantritt ergibt, soll der Verurteilte bis ... die Strafe antreten.

Nach seiner Verurteilung begab sich mein Mandant in fachärztliche Behandlung beim Facharzt für Neurologie und Psychiatrie Dr. med. ..., ... [Anschrift] (Telefon: ...). Herr Dr. ... stellte fest, dass der Verurteilte stark alkoholabhängig ist. Er stellte weiter fest, dass die Alkoholabhängigkeit, die auftrat, nachdem der Verurteilte arbeitslos geworden war, es nicht erlaubt, den Verurteilten zu inhaftieren.

Der Verurteilte befindet sich in ambulanter therapeutischer Behandlung bei Herrn Dr. .... Vorgesehen ist eine stationäre Behandlung mit dem Ziel, den Verurteilten therapeutisch von den Auswirkungen der Alkoholerkrankung zu befreien.

In der Hauptverhandlung wurde nicht berücksichtigt, dass das Krankheitsbild des Verurteilten zwangsläufig dazu führen musste, dass dieser straffällig wird. Der Verurteilte, der im nüchternen Zustand die besten Vorsätze hat, fällt im betrunkenen Zustand immer in Verhaltensmuster zurück, die zu seiner Strafbarkeit führten. In diesem Zustand nahm er auch am Straßenverkehr teil. Dies war ihm später jedoch nie erinnerlich.

In der Verhandlung wurde dieser Aspekt überhaupt nicht erwähnt, der Verurteilte wies infolge Unkenntnis auch nicht darauf hin. Wäre dieser Aspekt erwähnt worden, wäre es weniger zu einer Haftstrafe gekommen als zu einer Auflage im Rahmen eines Bewährungsbeschlusses, sich in therapeutische Behandlung zu begeben.

Wir bitten deshalb,

gnadenhalber die Haftstrafe in eine Bewährungsstrafe umzuwandeln.

Darüber hinaus ist festzustellen, dass der Verurteilte nach den Vorschriften der §§ 455, 456 StPO nicht haftfähig ist.

Anliegend überlassen wir ein Gutachten des Facharztes für Neurologie und Psychiatrie Dr. ... vom ..., dem entnommen werden kann, dass eine akute psychische Erkrankung mit organischer Beteiligung vorliegt, die zurzeit Haftunfähigkeit bedingt. Auf Nachfrage wurde mitgeteilt, dass der Verurteilte in der Haftanstalt sofort in ein Krankenhaus eingeliefert werden und dort psychologisch und neurologisch betreut werden müsste.

Maßnahmen, die dazu führen, dass die Alkoholerkrankung eingedämmt wird, führen gegenwärtig jedoch nur dann zu einem Erfolg, wenn die Familie des Verurteilten entsprechend mitwirkt. Dies wäre gar nicht möglich im Rahmen einer Haftverbüßung.

Wir regen an, eine weitere Bestätigung und Stellungnahme hierzu bei Herrn Dr. med. ... einzuholen.

Den zweiten Antrag begründen wir wie folgt:

Da die Bearbeitung von Gnadengesuchen, obwohl sie in allen Gnadenordnungen als eilig bezeichnet wird und obwohl sie in der Praxis auch so schnell wie möglich erfolgt, wegen der Vielzahl der anzuhörenden Stellen meist einige Wochen in Anspruch nimmt, stellt sich in solchen Situationen die Frage, ob und wie ein Vollstreckungsbeginn vor einer Entscheidung über das Gnadengesuch verhindert werden kann. Allein die Stellung eines Gnadengesuchs hemmt in den überwiegenden Fällen in den Gnadenordnungen die Vollstreckung nicht.

Im vorliegenden Fall handelt es sich um die erste gegen meinen Mandanten verhängte Freiheitsstrafe, die zum Teil ursprünglich zur Bewährung ausgesetzt war. Im Rahmen des Gnadengesuchs wurde oben erläutert, wie es zu dieser Strafe kam.

Unter diesen Umständen bestehen meiner Ansicht nach gute Aussichten, dass ein Gnadengesuch um Strafaussetzung zur Bewährung Erfolg haben wird. Mein Mandant ist auch nicht untergetaucht, sondern lebt bei seiner Familie und begibt sich in regelmäßigen Abständen in therapeutische Behandlung bei Herrn Dr. .... Es besteht demnach keine Gefahr, dass er sich der Strafvollstreckung durch Flucht entziehen wird.

Die Strafvollstreckung sollte deshalb zunächst eingestellt werden.

Zumindest kann das öffentliche Interesse an einer Strafvollstreckung hier aber so lange zurücktreten, bis über das Gnadengesuch entschieden ist, so dass in jedem Fall von Zwang abgesehen werden sollte.

Rechtsanwalt ◄

K. Wiederaufnahme des Verfahrens

131   Die Wiederaufnahme des Verfahrens ist in den Vorschriften der §§ 359 ff StPO geregelt. **Sechs Wiederaufnahmegründe** werden von dem Gesetzgeber vorgegeben, die zu prüfen sind:

1. Eine zu Ungunsten des Verurteilten verwertete Urkunde stellt sich als unecht oder verfälscht dar.
2. Ein Zeuge oder Sachverständiger hat falsch ausgesagt.
3. Ein Richter oder Schöffe haben mitgewirkt, die sich einer strafbaren Verletzung ihrer Amtspflichten schuldig gemacht haben.
4. Ein zivilrechtliches Urteil, auf welches sich das Strafurteil gründet, wurde aufgehoben.
5. Neue Tatsachen und Beweismittel werden beigebracht, die allein oder in Verbindung mit den früher erhobenen Beweisen, eine neue Bewertung zulassen.
6. Der Europäische Gerichtshof für Menschenrechte hat eine Verletzung der Europäischen Konvention zum Schutz der Menschenrechte und Grundfreiheiten oder ihrer Protokolle festgestellt und das Urteil beruht auf dieser Verletzung.

132   Das Wiederaufnahmeverfahren besteht aus **drei Verfahrensabschnitten**:

1. dem Aditionsverfahren: In diesem Verfahrensabschnitt wird geprüft, ob die Stellung des Wiederaufnahmeantrags zulässig ist.
2. dem Probationsverfahren: In diesem Verfahrensabschnitt werden die vorgebrachten Beweise geprüft.
3. dem erneuten Hauptverhandlungsverfahren.

Der Verteidiger hat auch hier zu prüfen, ob eine Pflichtverteidigung zu beantragen ist (§§ 364 a, 364 b StPO).

133   ▶ **Muster: Antrag auf Wiederaufnahme des Verfahrens bei einem Urteil**

An das Amtsgericht ...

– Strafabteilung –

Vorab per Fax: ...

Az ...

In der Strafsache

gegen

Herrn ...

bestelle ich mich unter Vollmachtsvorlage für den Verurteilten und beantrage,

1. die Wiederaufnahme des Verfahrens gegen das Urteil des Amtsgerichts ... vom ... zuzulassen,
2. die Vollstreckung, gegebenenfalls gegen eine angemessene Sicherheitsleistung, aufzuschieben.

Begründung:

I. Das Amtsgericht ... hat Herrn ... in der Hauptverhandlung vom ... wegen fahrlässiger Überschreitung der zulässigen Höchstgeschwindigkeit und unerlaubten Entfernens vom Unfallort zu einer Geldstrafe in Höhe von 15 Tagessätzen zu je ... EUR verurteilt und gegen ihn ein Fahrverbot von einem Monat angeordnet. Die in vollem Umfang eingelegte Berufung wurde durch Beschluss des ... Landgerichts ... vom ... als unzulässig verworfen. Das Urteil ist somit rechtskräftig.

II. Maßgeblich sind bezüglich des Sachverhalts die Gründe des Berufungsurteils, weil dessen tatsächliche Feststellungen in Rechtskraft erwachsen sind. Danach wurde die Täterschaft des Verurteilten in erster Linie aufgrund der Angaben des Sachverständigengutachtens von Prof. Dr. ... in Verbindung mit dem fotodokumentarischen Inhalt der Ermittlungsakte und seiner Angaben in der mündlichen Verhandlung angenommen. Tattag war der ... um ... Uhr, Tatort die ...straße in .... Dem Verurteilten wurde vorgeworfen, mit dem Pkw ..., amtl. Kennzeichen ..., mit einer Geschwindigkeit von 83 km/h gefahren zu sein, wobei die zulässige Höchstgeschwindigkeit 50 km/h betrug, einen Unfall verursacht und sich vom Unfallort entfernt zu haben, ohne seiner Vorstellungspflicht nachgekommen zu sein.

III. Der Wiederaufnahmeantrag wird auf § 85 OWiG iVm § 359 Nr. 5 StPO gestützt. Die nachbenannten Zeugen können bekunden, dass der Verurteilte nicht der Täter war, der das die zulässige Geschwindigkeit überschreitende Fahrzeug im Moment der Tat geführt und sich vom Unfallort entfernt hat.

Es handelt sich um folgende Zeugen:

- Herrn A., ... [Anschrift]
- Herrn B., ... [Anschrift]
- Frau C., ... [Anschrift]

Die Zeugen sind weder im Ermittlungsverfahren noch im Verfahren vor dem Amtsgericht ... vernommen worden; auch eine Verlesung nach § 251 StPO hat nicht stattgefunden, weil die Zeugen bisher überhaupt nicht im Strafverfahren bekannt waren. Sie sind also „neue" Beweismittel im Sinne der Nr. 5 des § 359 StPO.

1. Der Zeuge A. wird bezeugen können, dass er und nicht der Verurteilte mit dem festgestellten Fahrzeug ..., amtl. Kennzeichen ..., zur Tatzeit die ...straße in ... befahren hat. Der Zeuge A. und nicht der Verurteilte ist also der Täter der Tat, derentwegen der Verurteilte verurteilt worden ist.

2. Der Zeuge B. kann bezeugen, dass der Zeuge A. unmittelbar nach dem Tatzeitpunkt mit dem Tatfahrzeug in ... war und geäußert hat, dass er gerade geblitzt worden sei. Der Zeuge B. hat den Zeugen A. am ... um ca. ... Uhr getroffen. Der Zeuge B. wird bestätigen können, dass der Zeuge A. zu ihm fuhr, um ihn zu besuchen. Dabei konnte der Zeuge B. erkennen, dass der Zeuge A. mit dem Pkw ..., amtl. Kennzeichen ..., zu ihm gefahren war. Unmittelbar nach der Begrüßung äußerte der Zeuge A. gegenüber dem Zeugen B., dass er auf der Fahrt zu ihm geblitzt worden sei.

3. Die Zeugin C. ist die Dienstvorgesetzte des Verurteilten. Die Zeugin C. wird bestätigen können, dass der Verurteilte am ... zur Tatzeit Dienst hatte und deshalb nicht am Messort gewesen sein kann.

IV. Die Aussagen der neuen Zeugen sind geeignet, den Schuldspruch zu erschüttern. Allein der Sachverständige ... wollte anhand der vorgelegten Fotos erkennen können, dass der Verurteilte der Täter ist.

Hätte das Amtsgericht auch die jetzt benannten Zeugen vernehmen können, dann wäre der Verurteilte nicht verurteilt worden. Das Gericht hat zwar die Angaben des Sachverständigen ... für nachvollziehbar gehalten. Aufgrund der neuen Zeugen liegt aber klar auf der Hand, dass der Sachverständige ... einem Irrtum unterlegen ist. In diesem Zusammenhang ist besonders hervorzuheben, dass der Zeuge A. als Sohn des Verurteilten dem Verurteilten sehr ähnlich sieht. Eine Diskrepanz zwischen den Feststellungen des Sachverständigen ... und den übereinstimmenden Aussagen der neuen Zeugen kann damit erklärt werden, dass vorliegend die von dem Sachverständigen angewandte morphologisch-analytische Methode keine 100%ige Sicherheit der Richtigkeit gewährleisten kann und bekanntermaßen bereits in zahlreichen Fällen physiognomische Sachverständigengutachten nachweisbar zu falschen Ergebnissen geführt haben.

V. Der Antrag auf Vollstreckungsaufschub (§ 360 Abs. 2 StPO) stützt sich auf folgende Gründe:

Zwar ist es im Interesse einer wirksamen Strafrechtspflege, ein Urteil möglichst rasch zu vollstrecken. Hier ist jedoch kein Strafurteil und erst recht keine mehrjährige Haftstrafe zu vollstrecken, sondern es handelt sich lediglich um eine relativ geringe Geldstrafe und ein Fahrverbot. Bereits die Gewährung des Vollstreckungsaufschubes durch das Amtsgericht verdeutlicht, dass kein großes Interesse an einer sofortigen Vollstreckung des Urteils besteht. Bei einer derart geringen Buße hat das öffentliche Interesse an einer sofortigen Vollstreckung zurückzutreten hinter dem Interesse eines Verurteilten, der einen Wiederaufnahmeantrag stellt.

Hinzu kommt hier, dass die Dauer der beiden Stadien des Wiederaufnahmeantrags zeitlich absehbar ist. Über die Zulässigkeit des Wiederaufnahmeantrags kann aufgrund des einfach gelagerten Sachverhalts rasch entschieden werden. Im anschließenden Begründetheitsverfahren sind lediglich die drei Zeugen zu hören. Auch diese Beweisaufnahme ist in Kürze zu erledigen. Wenn die neuen Zeugen im Probationsverfahren den Vortrag dieses Wiederaufnahmevorbringens bestätigen, ist die Wiederaufnahme anzuordnen, wobei dann die Vollstreckung ohnehin einzustellen ist.

Auch die für § 360 Abs. 2 StPO erforderlichen Erfolgsaussichten des Wiederaufnahmeantrags sind gegeben. Die Verurteilung stützt sich auf die Aussage lediglich eines Sachverständigen, dessen Feststellungen er selbst niemals als 100%ig richtig einstufen würde. Wenn die Aussagen der neuen Zeugen zutreffend sind, folgt zwingend, dass der Sachverständige einem Irrtum unterlegen ist. Bei dieser Situation wäre die Vollstreckung eines Fahrverbots bei einem berufstätigen Menschen, der zur Ausübung auf die Benutzung eines Pkw angewiesen ist, bedenklich.

Rechtsanwalt ◄

134 ▶ **Muster: Antrag auf Wiederaufnahme des Verfahrens bei einem Strafbefehl**

An das Amtsgericht ...

– Strafabteilung –

Vorab per Fax: ...

Az ...

In der Strafsache

gegen

Herrn ...

bestelle ich mich unter Vollmachtsvorlage für den Verurteilten und beantrage,

1. die Wiederaufnahme des Verfahrens gegen den Strafbefehl des Amtsgerichts ... vom ... zuzulassen,
2. die Vollstreckung, gegebenenfalls gegen eine angemessene Sicherheitsleistung, aufzuschieben.

Begründung:

I. Das Amtsgericht ... hat den Verurteilten wegen fahrlässiger Trunkenheit im Verkehr verurteilt. Der Verurteilte hat gegen den Strafbefehl kein Rechtsmittel eingelegt, so dass der Strafbefehl rechtskräftig geworden ist.

II. Maßgeblich sind bezüglich des Sachverhalts die Feststellungen, dass der Verurteilte am ... gegen ... Uhr mit dem Fahrrad auf der ...allee gefahren ist. Weiter wurde festgestellt, dass der Verurteilte absolut fahruntüchtig gewesen sein soll. Die Untersuchung einer Blutprobe des Verurteilten, welche am Tattag um ... Uhr entnommen worden ist, habe eine BAK von 1,56 ‰ ergeben.

Weiter wurde angenommen, dass das Trinkzeitende vor ... Uhr lag, so dass eine Rückrechnung möglich gewesen sei und eine BAK zur Tatzeit von 1,63 ‰ festzustellen gewesen sei.

III. Der Wiederaufnahmeantrag wird auf § 359 Nr. 5 StPO gestützt. Die nachbenannten Zeugen können bekunden, dass das Trinkzeitende innerhalb von zwei Stunden vor dem Zeitpunkt der Blutentnahme lag und daher eine Rückrechnung nicht möglich ist.

Es handelt sich um folgende Zeugen:

- Herrn A., ... [Anschrift]
- Herrn B., ... [Anschrift]

Die Zeugen sind weder im Ermittlungsverfahren noch im Zwischenverfahren vernommen worden; auch eine Verlesung nach § 251 StPO hat nicht stattgefunden, weil die Zeugen bisher überhaupt nicht im Strafverfahren bekannt waren. Sie sind also „neue" Beweismittel im Sinne der Nr. 5 des § 359 StPO.

Die Zeugen werden aussagen können, dass sie zusammen mit dem Verurteilten am ... den Nachmittag und Abend im Bungalow des Verurteilten verbracht haben. Dabei wurde Bier getrunken. Um ... Uhr erschien die Ehefrau des Zeugen A. und fragte, wo denn der Zeuge B. bleibe, da eine Verabredung für ... Uhr anstand und diese Zeit bereits um eine halbe Stunde überzogen war.

Hiernach tranken die beiden Zeugen und der Verurteilte noch eine Flasche Bier, was ca. 15 bis 30 Minuten dauerte. Danach verließen die Zeugen den Verurteilten, welcher sodann mit dem Fahrrad seine Heimfahrt antrat.

IV. Die Aussagen der neuen Zeugen sind geeignet, den Schuldspruch zu erschüttern. Aus den Aussagen der Zeugen ergibt sich, dass das Trinkzeitende des Verurteilten frühestens zwischen ... Uhr und ... Uhr gelegen haben kann. Hieraus ergibt sich, dass eine Rückrechnung der um ... Uhr ermittelten BAK nicht möglich ist, so dass von einer BAK von 1,56 ‰ ausgegangen werden muss.

Hieraus wiederum folgt, dass der Verurteilte nicht absolut fahruntüchtig war. Der festgestellte Promillewert ist falsch.

V. Der Antrag auf Vollstreckungsaufschub (§ 360 Abs. 2 StPO) stützt sich auf folgende Gründe: Zwar ist es im Interesse einer wirksamen Strafrechtspflege, ein Urteil möglichst rasch zu vollstrecken. Hier ist jedoch keine mehrjährige Haftstrafe zu vollstrecken, sondern es handelt sich lediglich um eine relativ geringe Geldstrafe. Bei einer derart geringen Geldstrafe hat das öffentliche Interesse an einer sofortigen Vollstreckung zurückzutreten hinter dem Interesse eines Verurteilten, der einen Wiederaufnahmeantrag stellt.

Hinzu kommt hier, dass die Dauer der beiden Stadien des Wiederaufnahmeantrags zeitlich absehbar ist. Über die Zulässigkeit des Wiederaufnahmeantrags kann aufgrund des einfach gelagerten Sachverhalts rasch entschieden werden. Im anschließenden Begründetheitsverfahren sind lediglich die zwei Zeugen zu hören. Auch diese Beweisaufnahme ist in Kürze zu erledigen. Wenn die neuen Zeugen im Probationsverfahren den Vortrag dieses Wiederaufnahmevorbringens bestätigen, ist die Wiederaufnahme anzuordnen, wobei dann die Vollstreckung ohnehin einzustellen ist.

Auch die für § 360 Abs. 2 StPO erforderlichen Erfolgsaussichten des Wiederaufnahmeantrags sind gegeben. Die Verurteilung stützt sich auf die fehlerhafte Annahme eines zu frühen Trinkzeitendes. Wenn die Aussagen der neuen Zeugen zutreffend sind, folgt zwingend, dass in rechtswidriger Weise eine Rückrechnung erfolgt ist. Bei dieser Situation wäre die Vollstreckung der Geldstrafe unstatthaft.

Rechtsanwalt ◀

L. Führerscheinmaßnahmen nach Rechtskraft des Urteils

135 Das Urteil ist rechtskräftig, die Fahrerlaubnis wurde entzogen. In einigen Fällen besteht gleichwohl Handlungsbedarf. Es handelt sich um die Fälle, die den Mandanten veranlassen, zur Erlangung einer Fahrerlaubnis aktiv die Wiederherstellung der Geeignetheit zum Führen eines Kraftfahrzeugs zu betreiben.

136 1973 wurde das Gutachten „Krankheit und Kraftverkehr" in Zusammenarbeit der Ministerien für Gesundheit und Verkehr erstellt. Inzwischen hat dieses Werk seinen Namen geändert, heißt **„Begutachtungs-Leitlinien zur Kraftfahrereignung"**,[13] beinhaltet jedoch immer noch die Auswirkungen von Krankheit auf die Fähigkeit, am Straßenverkehr teilzunehmen. Das Gutachten beschreibt alle Krankheiten von „Alzheimer bis Zucker" und deren Auswirkungen anlässlich der Teilnahme am Straßenverkehr. Es nennt Auflagen, die geeignet sind, körperliche und geistige Mängel eines Führerscheininhabers oder -bewerbers so weit auszugleichen, dass eine Teilnahme am Straßenverkehr möglich wird, ohne dass die Allgemeinheit gefährdet wird. Die Leitlinien gehen deshalb auch auf die Krankheitsbilder „Sucht" und „Missbrauch" ausführlich ein.

137 Unter anderem wird ausgeführt: „Je weiter die festgestellte BAK (AAK) die 1,3 ‰ Grenze überschreitet, desto näher liegt der begründete Verdacht, dass bei dem Betroffenen eine Alkoholproblematik vorliegt. Eine Alkoholproblematik ist zwar nicht mit einer Alkoholabhängigkeit gleichzusetzen, aber sie legt die Vermutung eines Missbrauchs im psychotherapeutischen Sinne nahe."[14]

138 Nach der Fahrerlaubnisverordnung (FeV) ist in diesen Fällen eine **medizinisch-psychologische Untersuchung** (MPU) durchzuführen zur Feststellung, ob der Führerscheinbewerber, der sich

---

13 *Schubert/Schneider/Eisenmenger/Stephan*, Begutachtungs-Leitlinien zur Kraftfahrereignung.
14 *Schubert/Schneider/Eisenmenger/Stephan*, Begutachtungs-Leitlinien, 3.11.1.2.1., S. 132.

nach entzogener Fahrerlaubnis um die Erteilung einer neuen Fahrerlaubnis bewirbt, geeignet ist, am Straßenverkehr als Kraftfahrer teilzunehmen. Diese MPU ist nicht nur nach Alkohol- und Drogendelikten anzuordnen, sondern auch dann, wenn mehr als 8 Punkte im Fahreignungsregister (FAER) in Flensburg aufgelaufen sind. Der Mandant ist wie folgt zu informieren:

▶ **Muster: Mandanteninformation zur MPU-Vorbereitung**

Sehr geehrte/r Frau/Herr ...

Ihr Verhalten macht nach den Vorschriften der Fahrerlaubnisverordnung eine medizinisch-psychologische Untersuchung (MPU) erforderlich. Ihr Verhalten, das zu einer Entziehung der Fahrerlaubnis geführt hat, wird zunächst so bewertet, dass eine neue Fahrerlaubnis nicht erteilt werden kann, solange keine Verhaltensveränderung nachgewiesen wird. Sie müssen also Ihr Verhalten, bezogen auf Alkohol (Drogen, ...) verändern.

Der bei Ihnen festgestellte Blutalkoholwert bewegte sich über dem Wert, den die Fahrerlaubnisverordnung als Voraussetzung einer entsprechenden Untersuchung festgeschrieben hat (wiederholte Auffälligkeit oder 1,6 ‰ Blutalkoholkonzentration [BAK]). Aufgrund dessen ist seitens der medizinisch-psychologischen Untersuchungsstelle zu ermitteln, ob in Ihrem Fall Sucht oder Missbrauch zu diagnostizieren ist. Je nachdem, welche Diagnose getroffen wird, ändern sich die Voraussetzungen für die Wiedererteilung der Fahrerlaubnis: Wird *Sucht* diagnostiziert, erwartet man von Ihnen eine abgeschlossene Suchtbehandlung (stationäre oder ambulante Entwöhnungskur) sowie den Nachweis, dass Sie danach mindestens ein Jahr lang alkoholabstinent gelebt haben; Alkoholabstinenz können Sie dadurch nachweisen, dass Sie entweder im Abstand von drei Monaten ein „Haarscreening" durchführen lassen oder im Zweimonatsabstand Urinproben analysieren lassen zu Zeitpunkten, die der Analytiker unverhofft vorgibt. Anbieter kann ich Ihnen bei Bedarf mitteilen. Wird *Missbrauch* diagnostiziert, erwartet man Verhaltensänderungen, die das Risiko, dass Sie erneut auffällig werden, als gering erscheinen lassen.

Die Medizin geht davon aus, dass alkoholische Getränke in der Regel nicht wegen ihres Geschmacks konsumiert werden (sie sind in der Regel nicht „süß"), sondern wegen der Wirkung, die sie hervorrufen. Der ungeübte Alkoholkonsument verspürt deshalb die Beeinträchtigung durch alkoholische Getränke nach zwei oder drei Gläsern. Der dann erreichte Blutalkoholwert liegt dann immer noch in dem Bereich des straflosen Alkoholkonsums bei Teilnahme am Straßenverkehr mit einem Kraftfahrzeug. Subjektiv wird jedoch deutlich die Fahrtauglichkeit mindernde alkoholische Beeinträchtigung verspürt.

Blutalkoholwerte, die im strafbaren Bereich liegen, werden von Gelegenheitskonsumenten kaum erreicht, da deren Körper mit Übelkeit und Abwehr reagiert. Wenn also höhere Werte erreicht werden, liegt dies daran, dass der Betreffende ständig Alkohol konsumiert und dadurch die Toleranzgrenze nach oben erweitert hat. Prof. Wagner von der Universität Homburg/Saar kommentiert dies mit dem Satz, dass derjenige, der es schafft mit 1,8 ‰ von der Gaststätte zu seinem Fahrzeug zu gelangen, ohne zu stürzen, jahrelang hart trainiert haben muss. Als Beispiel mag auch dienen, dass ein Blutalkoholwert von 1,6 ‰ nur erreicht werden kann, wenn ca. acht Flaschen Bier à 0,5 Liter oder aber zwei Liter Wein konsumiert werden. Daraus kann ersehen werden, dass dieser Konsum weit über das gesellschaftlich Übliche hinausgeht.

Der so festgestellte Blutalkoholwert kann darauf hindeuten, dass die Kontrolle über den Alkoholkonsum verloren gegangen ist (Sucht); möglich ist aber auch, dass es sich um einen einmaligen Fall des Missbrauchs handelte.

Wir empfehlen Ihnen deshalb, zunächst bei Herrn Dr. ... eine Diagnose erstellen zu lassen. Herr Dr. ... ist Neurologe und Psychiater. Als ehemaliger Oberarzt der Suchtklinik ... besitzt er einschlägige Erfahrungen. Hinsichtlich der Suchtdiagnose urteilt er sehr zurückhaltend.

Vorerst empfehlen wir Ihnen, nicht bei einer Suchtberatungsstelle vorstellig zu werden, es sei denn, Sie gehen selbst davon aus, süchtig zu sein. So hilfreich Suchtberatungsstellen in dem Fall sind, in dem „Abhängigkeit" diagnostiziert wurde, so schwierig gestaltet sich das weitere Prozedere bei Verwaltungsbehörden, sobald diese erfahren haben, dass die Suchtberatungsstelle eingeschaltet wurde. Man geht dann dort davon aus, dass die Suchtberatung aus gebotenem Anlass aufgesucht wurde, was dazu führt, dass man Ihnen die Auflage erteilen wird – vor Erteilung einer neuen Fahrerlaubnis –, eine Suchtbehandlung und danach eine Alkoholabstinenzzeit von mindestens einem Jahr nachzuweisen.

Sodann empfehle ich Ihnen, ab sofort keinerlei alkoholische Getränke zu konsumieren. Mediziner und Psychologen gehen davon aus, dass es lange dauerte, bis Ihr Körper in der Lage war, eine Alkoholmenge zu verkraften, die zu einem Blutalkoholwert führt, wie er vorliegend festgestellt wurde. Ebenso müssen Sie Ihren Körper durch Alkoholabstinenz dazu bringen, dass er wieder „normal" reagiert. Sie haben Ihrem Körper „Alkoholverträglichkeit" angewöhnt; durch Alkoholabstinenz wird ihm dies wieder abgewöhnt.

Ab sofort lassen Sie auch bitte bei Ihrem Hausarzt die Leberwerte feststellen. Es geht dabei nicht darum, dass Ihnen Ihr Hausarzt erklären soll, dass diese in der „Norm" sind. Es ist nämlich sehr unwahrscheinlich, dass diese durch Alkoholkonsum außerhalb der Norm geraten. Es geht dabei darum, dass Sie durch regelmäßige Leberwertuntersuchungen ab sofort nachweisen können, dass die Werte besser werden. Dadurch können Sie nachweisen, dass Alkoholabstinenz eingehalten wird. Manchmal bleiben die Werte hoch, obwohl Alkoholabstinenz eingehalten wird. Dann ist dies Anlass dafür, den Internisten zu beauftragen, die Ursachen hierfür zu ergründen. Jedenfalls muss bei höheren Leberwerten, vor allem bei Werten außerhalb des Toleranzbereichs, schon zur MPU ein entsprechendes Attest mitgenommen werden, das diese Werte erklärt, damit der Arzt, der den medizinischen Teil der MPU bearbeitet, nicht auf die einfache Erklärung des Alkoholmissbrauchs zurückgreifen kann.

Mit Beginn der Alkoholabstinenz empfehle ich Ihnen, mit der Führung eines Tagebuchs zu beginnen. Sie sollten alles festhalten, was infolge der Alkoholabstinenz anders ist als vorher, vor allem das, was besser gelingt. Kontrollieren Sie bitte, wie sich Alkoholabstinenz auf die Familie auswirkt, was sich dadurch in Ihrer Ehe verändert, wie Ihre Arbeitskollegen darauf reagieren und welche Veränderungen im sozialen Umfeld (Freundeskreis, Verein, Nachbarschaft) entstehen. Beachten Sie auch bitte genau, welche körperlichen Veränderungen sich durch die Alkoholabstinenz ergeben.

Bei der psychologischen Untersuchung wird es im Wesentlichen nur auf die Beantwortung von zwei Fragen ankommen:

1. Schildern und bewerten Sie Ihren Alkoholkonsum zum Zeitpunkt des Delikts, aufgrund dessen die MPU angeordnet wurde.
2. Schildern Sie, welche Veränderungen Sie in Ihrem Leben vorgenommen haben, damit ein Wiederholungsfall ausgeschlossen werden kann.

Bei der Beantwortung der ersten Frage geht es darum, zu erklären, dass Sie erkannt haben, dass Ihr Alkoholkonsum zum Deliktszeitpunkt völlig überzogen war. Der Psychologe erwartet, dass Sie sowohl die damals konsumierte Alkoholmenge realistisch schildern, als auch die Häufigkeit der nicht entdeckten Trunkenheitsfahrten einräumen, die ein falsches Fahrverhalten einübten.

Aus dem bereits Gesagten wissen Sie, dass es keinen Sinn hat, zu erklären, dass Sie sonst nie so viel trinken und es sich um Ihre erste Alkoholfahrt mit dem fraglichen Blutalkoholwert handelte. Wir haben oben festgestellt, dass man lange „üben" muss, um in der Lage zu sein, körperlich einen höheren Blutalkoholwert zu verkraften. Weiter ist allgemein bei Ärzten und Psychologen bekannt, dass man auch „üben" muss, damit man ein Fahrzeug mit alkoholbedingt fahruntüchtigem Körper und Verstand lenken kann. Viele Probanden sagen, dass sie nicht bemerkt haben, dass sie fahruntüchtig waren. Das glaubt der Psychologe gerne. Es zeigt ihm, dass der hohe Blutalkoholwert im Leben des Probanden „Normalität" darstellte, weshalb er nicht sonderlich registriert wurde. Dazu müssen Sie dann jedoch auch erklären, dass Ihnen das nicht mehr passieren kann, weil Sie inzwischen infolge der längeren Alkoholabstinenz auch kleine Alkoholmengen als Belastung empfinden und der Körper reagiert, im Übrigen in der Lage sind, genau zu errechnen, welche Alkoholmenge zu welchem Blutalkoholwert bei Ihnen führt.

Die Beantwortung dieser Frage muss verdeutlichen, dass Sie sich mit dem Thema „Alkohol in meinem Leben" auseinandergesetzt haben, die richtigen Bücher dazu gelesen und die richtigen Fachleute dazu befragt haben.

Sollten Sie bei dieser Frage anmerken, dass Sie ja nur einmal über die Stränge geschlagen haben und Ihre Bekannten einen wesentlich höheren Alkoholkonsum pflegen als Sie selbst, ist dies wahrscheinlich schon das Ende der Befragung, da der Psychologe erkennt, dass Sie den Ernst der Lage noch nicht erkannt haben und sich auch nicht wirklich mit dem Alkoholproblem in Ihrem Leben auseinandergesetzt haben.

Die Beantwortung der zweiten Frage setzt das Wissen voraus, dass alle, die an der MPU teilnehmen, dem Psychologen erklären, dass es nie wieder zu einer weiteren Trunkenheitsfahrt kommen wird. Dies wird beschworen und damit erklärt, dass das Strafverfahren eine hohe Strafe nach sich zog, die Anwaltskosten hoch waren, die Zeit ohne Führerschein schwer zu bewältigen war und es deshalb folgerichtig ist, zukünftig eine solche Situation zu vermeiden. Leider reicht aber diese Erklärung, auch wenn sie verständlich ist, dem Psychologen nicht aus, da er die Rückfallquote kennt, die bei Ersttätern bei 30 %, bei Zweittätern bei 50 % liegt. Der Psychologe will keine Absichtserklärungen hören; er will erfahren, ob Sie „ernst" gemacht und Ihr Leben so verändert haben, dass Alkohol im Straßenverkehr für Sie kein Problem mehr darstellt.

Hat man die Diagnose „süchtig" oder „abhängig" erfahren, ist es einfach, wenn eine erfolgreiche Behandlung absolviert wurde und eine Selbsthilfegruppe bestätigen kann, dass mindestens ein Jahr lang alkoholabstinent gelebt wurde. Selbsthilfegruppen gibt es vor allem im Bereich der Kirchen („Blaues Kreuz", „Guttempler"), aber auch in freier Trägerschaft („Anonyme Alkoholiker").

Dieser Bestätigung ist in der Regel nichts hinzuzufügen. Allerdings sollte dann noch etwas getan werden, damit die Motivation zur Alkoholabstinenz bestehen bleibt: der regelmäßige Besuch einer Selbsthilfegruppe. Falsch liegt derjenige, der glaubt, dass dies einem sozialen Abstieg gleichkäme. Richtig ist, dass in Selbsthilfegruppen Teilnehmer aus allen sozialen Schichten zu finden sind, deren Problem identisch ist und bewältigt werden muss: die Suchterfahrung. Sucht ist nicht die Folge moralischer Verkommenheit, sondern die Folge einer Gehirnstoffwechselstörung, der nur mit Alkoholabstinenz begegnet werden kann. Der Besuch einer Selbsthilfegruppe lehrt, mit diesem Problem intelligent umzugehen, und bewahrt vor schmerzhaften Rückfällen.

Weiß man aber, dass lediglich Missbrauch diagnostiziert wurde, dass man also auch zukünftig nicht aus gesundheitlichen Gründen auf Alkoholkonsum oder -genuss verzichten muss, ist zumindest eine

Strategie darzulegen, die vermuten lässt, dass diese – ordnungsgemäß angewandt – zukünftig so funktionieren wird, dass eine weitere Alkoholfahrt nicht mehr zu erwarten ist.

Zunächst kann dann auf die durchgeführte Alkoholabstinenzzeit verwiesen werden, in der es gelungen ist, Alkohol zu meiden, obwohl dafür keine gesundheitliche Notwendigkeit bestand. So wird verdeutlicht, dass der Wille zur Abstinenz die Lust zum Konsum dominiert.

Sodann kann auf das geführte Tagebuch verwiesen werden. Dieses belegt in der Regel Verbesserungen in allen Lebensbereichen, herbeigeführt durch Alkoholabstinenz, auf welche nicht mehr verzichtet werden kann. Die Darlegung, dass meistens die Kommunikation verbessert wurde, die Beziehungsfähigkeit in Ehe, Familie und sozialem Umfeld positiv gestaltet wurde, lässt erkennen, dass Gewohnheiten verändert und dadurch Verbesserungen erreicht wurden, die wohl beibehalten werden, weshalb die Bedeutung von Alkohol gesunken ist. In der Regel geht damit einher, dass der Bekanntenkreis aufgegeben wird, mit dem Trinkerlebnisse verbunden waren. So kann belegt werden, dass die Motivation, mit Alkohol anders umzugehen als zum Deliktszeitpunkt, nicht allein von dem Wunsch abhängt, den Führerschein wiederzuerlangen, sondern Sie inzwischen auch versuchen, positive Lebensverbesserungen zu erhalten.

Bedenken Sie: Je höher der Blutalkoholwert war zum Deliktszeitpunkt, desto länger dauert die Umstellung von Lebensgewohnheiten vom Negativen zum Positiven. Ein über lange Jahre betriebener Alkoholmissbrauch mit all seinen negativen Folgen ist nicht zu beseitigen mit einer kurzen Alkoholabstinenz.

Fassen Sie die führerscheinbedingte Krise als Chance auf, das eigene Leben positiv zu verändern.

Für Rückfragen, auch nach geeigneten Helferadressen, stehen wir gerne beratend zur Verfügung.

Mit freundlichen Grüßen

Rechtsanwalt ◄

140 Als **Helferadressen** angeboten werden die Adressen von geeigneten Ärzten zur Diagnose von Abhängigkeit oder Missbrauch, Adressen von Selbsthilfegruppen bei Abhängigkeit (Blaues Kreuz, Diakonie, Caritas, kommunale Suchtberatungsstellen, Anonyme Alkoholiker), sowie Adressen zum Absolvieren einer ambulanten oder stationären Suchtbehandlung. Der Mandant muss in jedem Fall davor gewarnt werden, Zeitungsangeboten zu folgen, die für teures Geld versprechen, dass ohne Aufwand die MPU umgangen und ein Führerschein problemlos beschafft werden könne. Diese Angebote zielen lediglich darauf, dem Mandanten für viel Geld wenig Nutzen zu bieten.

141 Nach Rechtskraft eines Strafurteils mit Fahrerlaubnisentzug und Festlegung einer Sperre zur Wiedererteilung einer Fahrerlaubnis ist es in geeigneten Fällen auch angebracht, über eine **Abkürzung der Sperrfrist** nachzudenken.

142 ▶ **Muster: Antrag auf Abkürzung der Sperrfrist nach § 69 a Abs. 7 StGB**

An das Amtsgericht ...

– Strafrichter –

Az ...

In der Strafsache

gegen

Herrn ...

wegen Trunkenheitsfahrt nach § 316 StGB

haben wir den Verurteilten, Herrn ..., anwaltlich vertreten.

Der Verurteilte wurde in der Hauptverhandlung am ... vor dem angerufenen Gericht wie folgt verurteilt:

„Der Angeklagte wird wegen fahrlässiger Trunkenheitsfahrt zu einer Freiheitsstrafe von fünf Monaten verurteilt. Die Vollstreckung der Strafe wird zur Bewährung ausgesetzt.

Dem Angeklagten wird die Fahrerlaubnis entzogen. Sein Führerschein wird eingezogen. Der Verwaltungsbehörde wird aufgegeben, vor Ablauf weiterer zwei Jahre keine neue Fahrerlaubnis zu erteilen.

Der Angeklagte trägt die Kosten des Verfahrens."

Dieser Verurteilung ging im Jahr ... ein Strafverfahren voraus, bei dem ein Abschluss durch Strafbefehl herbeigeführt wurde. Hierbei wurde der Verurteilte zu einer Geldstrafe verurteilt sowie als Maßregel der Sicherung und Besserung die Fahrerlaubnis entzogen und eine Sperrfrist von sieben Monaten verhängt.

Seit Rechtskraft der letzten Verurteilung ist ein Jahr vergangen.

Wir beantragen deshalb:

Die Sperrfrist zur Wiedererteilung einer Fahrerlaubnis wird aufgehoben, da der Verurteilte nicht mehr ungeeignet zum Führen von Fahrzeugen im Straßenverkehr ist.

Zur **Begründung** führen wir Folgendes aus:

Nach seiner erneuten Trunkenheitsfahrt war der Antragsteller geschockt und entsetzt. Er stellte fest, dass er trotz guter Vorsätze nach der ersten Verurteilung nicht in der Lage war, das Trinken von Alkohol und die Teilnahme am Straßenverkehr als Autofahrer zu trennen. Da er sich sein Fehlverhalten nicht erklären konnte, nahm er zunächst ärztliche Hilfe in Anspruch.

Sein Hausarzt stellte fest, dass alle Leberwerte erhöht waren und der Antragsteller zur Vermeidung gravierender Folgeschäden sein Verhältnis zum Alkohol verändern müsse. Dies geschah.

Zunächst entschloss sich der Antragsteller, Alkohol zu meiden, und begann ein alkoholfreies Leben zu führen. Seine häuslichen Weinvorräte verschenkte er, Bier wurde nicht mehr gekauft. Hochprozentige Getränke hatte er auch vor den beiden Trunkenheitsfahrten nicht zu Hause deponiert. In dieser Phase erfolgte die Verurteilung wie oben beschrieben.

Danach suchte der Antragsteller einen Neurologen und Psychiater auf, der ihm riet, eine Suchtbehandlung durchzuführen. Dies geschah unverzüglich in der Suchtklinik ....

Da der Antragsteller einen verständnisvollen Arbeitgeber hatte, verlor er nicht seine Arbeitsstelle. So konnte er unmittelbar nach seiner Entziehungskur seine Arbeitsstelle wieder antreten. Seit dieser Zeit ist der Antragsteller gesund. Er hat seitdem noch nicht einen Tag krankheitsbedingt gefehlt. Es geht ihm gut, und die Arbeit macht ihm Freude. Er ist mit seiner Berufssituation zufrieden. Aufgrund seiner deutlich angestiegenen Leistungsfähigkeit und der von ihm vorgeschlagenen Verbesserungen wurde er inzwischen befördert und erhielt eine Gehaltserhöhung.

In der Familie und in der Ehe sieht der Antragsteller wieder einen Ort der Erholung und des Ausgleichs. Während früher ständig Spannungen bestanden und der Antragsteller weder mit seiner Ehefrau noch mit seinen Kindern gemeinsam etwas unternehmen konnte, ist das Familienleben nun geprägt von Harmonie. Dies resultiert auch daher, dass der Antragsteller inzwischen gelernt hat, seine Probleme dort, wo es angebracht ist, zu offenbaren und offen anzusprechen.

Gelernt hat er dies unter anderem in der Selbsthilfegruppe, die er seit seiner Entziehungskur einmal wöchentlich besucht. Darüber hinaus hat er alle zwei Wochen Einzelgespräche mit seiner Suchtberaterin, der Psychologin ... . Dies führt dazu, dass Probleme erst gar nicht mehr aufkommen und groß werden können.

Vor zwei Monaten hat der Antragsteller ergänzend bei der MPU-Stelle ... einen Kurs für alkoholauffällige Kraftfahrer absolviert. Dieser Kurs beinhaltete insgesamt vier Abende à vier Zeitstunden. Der Antragsteller erhielt dadurch zusätzliche Informationen über die Wirkung des Alkohols auf den Kraftfahrer. Dies führte zu einer zusätzlichen Motivation, weiter alkoholabstinent zu leben.

Sowohl im privaten Leben und beruflich als auch im sozialen Umfeld des Antragstellers ist alles anders geworden als vor seiner letzten Trunkenheitsfahrt. Es kann davon ausgegangen werden, dass diese Tatsachen belegen, dass der Antragsteller nicht mehr ungeeignet ist im Sinne des § 69 a Abs. 7 StGB.

Anliegend überlassen wir eine Bestätigung des Gruppenleiters der Selbsthilfegruppe, der beschreibt, dass keine Anzeichen vorhanden sind, die darauf schließen ließen, dass der Antragsteller sein Abstinenzvorhaben aufgegeben haben könnte.

Weiter überlassen wir eine Bestätigung der Psychologin, die darlegt, dass der Antragsteller zu einer zufriedenen Alkoholabstinenz gefunden hat.

Schließlich übergeben wir ärztliche Bescheinigungen der letzten acht Monate, denen entnommen werden kann, dass die Leberwerte des Antragstellers im Gegensatz zu früher ausgezeichnet sind und eine Gesundung erkennen lassen.

Letztlich erhalten Sie anliegend die Bescheinigung der MPU-Stelle, der entnommen werden kann, dass der Antragsteller erfolgreich an dem oben beschriebenen Aufbauseminar teilgenommen hat.

Wir geben zu bedenken, dass auch nach einer Abkürzung der Sperrfrist der Antragsteller nicht sofort eine neue Fahrerlaubnis erhält, sondern nach den Vorschriften der Fahrerlaubnisverordnung lediglich die Möglichkeit erhält, eine medizinisch-psychologische Untersuchung zu absolvieren, die die Fragestellung beinhaltet: Ist davon auszugehen, dass der Antragsteller zukünftig am Straßenverkehr als Kraftfahrer teilnimmt, ohne infolge Alkoholgenusses auffällig zu werden?

Wir bitten höflich um positive Bescheidung.

Rechtsanwalt ◄

143 ▶ **Muster: Ausnahmegenehmigung nach § 69 a Abs. 2 StGB**

An die

Staatsanwaltschaft

beim Landgericht ...

Az ... Js .../...

In der Strafsache

gegen

Herrn ...

wegen Trunkenheitsfahrt

geben wir für den Beschuldigten folgende Einlassung ab:

Der Beschuldigte fuhr am ... von der Gaststätte „Zum Hirsch" in der ...straße in ... nach Hause. Er hatte zu diesem Zeitpunkt fünf Glas Weizenbier getrunken, was zu einem Blutalkoholwert von

1,34 ‰ führte. Der Beschuldigte hatte, bis er von den Polizeibeamten angehalten wurde, eine Wegstrecke von ca. 800 m zurückgelegt. Eine Verurteilung nach § 316 StGB hat zu erfolgen.

Der Beschuldigte fährt beruflich für die Firma ..., die im Baugewerbe tätig ist, Sand und Steine mit einem Lkw. Die Entziehung der Lkw-Fahrerlaubnis der Klasse C führt dazu, dass der Beschuldigte arbeitslos wird, obwohl er bereits seit acht Jahren in dem Betrieb beschäftigt ist.

Der Beschuldigte wurde erstmals in seinem Leben auffällig. Er hat weder eine Eintragung im Bundeszentralregister noch im Fahreignungsregister.

Unmittelbar nach dem Vorfall belegte er einen Nachschulungskurs bei Herrn Dr. ..., Institut für MPU, der erfolgreich abgeschlossen wurde.

Anliegend überlassen wir eine Bestätigung des anstellenden Betriebs. Die Bestätigung beschreibt, dass sich der Beschuldigte während der Dauer seiner Beschäftigung im Betrieb tadellos verhalten hat. Weiter wird bestätigt, dass jeder Fahrer morgens seine Instruktionen vom Chef persönlich erhält und dieser bei der Gelegenheit prüft, dass das strikte Alkoholverbot, das der Betrieb seinen Mitarbeitern während der Arbeit auferlegt, eingehalten wird. Unter diesen Umständen ist der Schutz der Allgemeinheit gewährleistet.

Unter diesen Umständen regen wir an,

den Vorgang durch Erlass eines Strafbefehls abzuschließen unter Berücksichtigung, dass der Beschuldigte monatlich 1.500 EUR verdient und unterhaltspflichtig ist für eine Ehefrau und ein Kleinkind im Alter von zwei Jahren.

Wir beantragen weiter,

dass von der Entziehung der Fahrerlaubnis Fahrzeuge ausgenommen werden, die mit der Führerscheinklasse C zu fahren sind.

Rechtsanwalt ◄

§ 9 Einzelne Straftatbestände in Verkehrsstrafsachen

Literatur: Siehe bei § 8; *Hentschel*, Die Feststellung von Vorsatz in bezug auf Fahrunsicherheit bei den Vergehen der §§ 316 und 315 c Abs. 1 Nr. 1 a StGB durch den Tatrichter, DAR 1993, 449; *Hoffmeister*, Einführung in den Dunkelheitsunfall, VRR 2006, 94; *Schmedding*, Reaktionszeiten bei Tageslicht und Dunkelheit, VRR 2006, 94; *Wendrich*, Die Eignungsbeurteilung von drogenkonsumierenden Kraftfahrern, NZV 2002, 212.

A. Unerlaubtes Entfernen vom Unfallort (§ 142 StGB) 1	2. Relative Fahruntüchtigkeit 120
I. Unfall im Straßenverkehr 6	V. Nachweis der alkoholbedingten Fahruntüchtigkeit 122
II. Schaden 8	VI. Nachtrunk 128
III. Unfallbeteiligter (§ 142 Abs. 5 StGB) 13	VII. Schuldform 130
IV. Sich entfernen vom Unfallort 15	H. Vollrausch (§ 323 a StGB) 151
B. Fahrlässige Tötung (§ 222 StGB) 33	I. Fahren ohne Fahrerlaubnis (§ 21 StVG) 156
I. Sorgfaltspflichtverletzung 35	I. Strafbarkeit des Fahrers 157
II. Pflichtwidrigkeitszusammenhang 38	1. Das Kraftfahrzeug 158
III. Voraussehbarkeit des tödlichen Erfolgs .. 39	2. Führen eines Kraftfahrzeugs 159
IV. Dunkelheitsfahrten 40	3. Insbesondere: Anschieben und Abschleppen 162
V. Trunkenheitsfahrten 46	4. Öffentlicher Straßenverkehr 165
VI. Reaktions- und Gefahrenzeiten 49	5. Fehlende Fahrerlaubnis 168
C. Körperverletzung (§§ 223, 229, 230 StGB) .. 52	6. Fahren trotz Fahrverbots oder amtlicher Verwahrung des Führerscheins 176
D. Nötigung (§ 240 StGB) 60	7. Vorsatz und Fahrlässigkeit 178
I. Ausbremsen als Nötigung 64	II. Strafbarkeit des Halters 182
II. Dauerndes Linksfahren auf der Autobahn 66	1. Anordnen oder Zulassen des Führens 184
III. Längeres Verhindern des Überholens durch Radfahrer 71	2. Haltereigenschaft 185
IV. Versperren der Fahrbahn mit ausgebreiteten Armen 75	3. Zeitpunkt der Strafbarkeit 186
V. Zufahren auf einen Fußgänger 79	4. Fehlen der erforderlichen Fahrerlaubnis 187
E. Gefährlicher Eingriff in den Straßenverkehr (§ 315 b StGB) 89	5. Pflichten des Halters 188
I. Öffentlicher Straßenverkehr 90	6. Vorsatz und Fahrlässigkeit 191
II. Zumindest bedingter Schädigungsvorsatz 93	III. Insbesondere: Fahren mit ausländischer Fahrerlaubnis 194
III. Zweckwidrigkeit des Fahrzeuggebrauchs 94	1. Nicht-EU-Fahrerlaubnis 194
IV. Ähnlicher, ebenso gefährlicher Eingriff .. 96	2. Fahrerlaubnis eines anderen EU-Mitgliedstaats 197
F. Gefährdung des Straßenverkehrs (§ 315 c StGB) 97	a) Erwerb der ausländischen FE bei andauernder Sperrfrist 198
I. Übermüdung, Sekundenschlaf 100	b) Erwerb der ausländischen FE nach abgelaufener Sperrfrist 199
II. „Sieben Todsünden im Straßenverkehr" (§ 315 c Abs. 1 Nr. 2 StGB) 106	c) Erwerb der ausländischen FE nach abgelaufener Sperrfrist mit angeordneter MPU 200
III. Gefährdung von Menschen oder wertvollen Sachen 108	d) Dritte EG-Führerscheinrichtlinie vom 20.12.2006 201
G. Trunkenheit im Verkehr (§ 316 StGB) 111	IV. Insbesondere: Fahren mit Leichtkraftrad 223
I. Fahrzeug im Sinne des § 316 StGB 112	
II. Öffentlicher Straßenverkehr 113	
III. Fahrzeug führen 115	
IV. Fahruntüchtigkeit 118	
1. Absolute Fahruntüchtigkeit 119	

A. Unerlaubtes Entfernen vom Unfallort (§ 142 StGB)

1   Der Tatbestand des unerlaubten Entfernens vom Unfallort ist sicherlich eine der umstrittensten Vorschriften des StGB. Während allgemein das Schweigerecht des Angeklagten als Selbstschutz akzeptiert wird, erfüllt es im Falle eines Verkehrsunfalls einen Straftatbestand, da die Offenbarung der Unfallbeteiligung verlangt wird.

Ziel der Vorschrift ist jedoch ausschließlich das zivilrechtliche Interesse Dritter, vor allem die 2
Beweissicherung für alle aus einem Unfall resultierenden Ansprüche. Die Entscheidung des
BVerfG NJW 1963, 1195 ist richtungweisend. Nicht der Nachweis weiterer Straftaten des
Flüchtenden fällt unter den Schutzzweck der Norm, ausschließlich die zivilrechtliche Beweissicherung wird verlangt.

Der Tatbestand ist immer heiß umkämpft, hat er doch einerseits in der Regel die Entziehung 3
der Fahrerlaubnis oder zumindest ein Fahrverbot nach § 44 StGB zur Folge. Andererseits hat
der Normverletzer versicherungsrechtliche Folgen zu ertragen, da das unerlaubte Entfernen
vom Unfallort als Obliegenheitsverletzung nach Eintritt des Versicherungsfalls gewertet wird
(vgl Ziffer E.6 AKB) und Regress nach sich zieht.

AKB 2014 Ziffer E.6
Welche Folgen hat eine Verletzung dieser Pflichten?
Leistungsfreiheit bzw. Leistungskürzung

E.6.1-E.6.2   [...]
Beschränkung der Leistungsfreiheit in der Kfz-Haftpflichtversicherung

E.6.3   [...]
E.6.4   Haben Sie die Aufklärungs- und Schadensminderungspflicht nach E.1.3 und E.1.4 vorsätzlich und in besonders schwerwiegender Weise verletzt (insbesondere) bei unerlaubtem Entfernen vom Unfallort, unterlassener Hilfeleistung, bewusst wahrheitswidrigen Angaben uns gegenüber), erweitert sich die Leistungsfreiheit auf einen Betrag von höchstens je … Euro.
Vollständige Leistungsfreiheit in der KFZ-Haftpflichtversicherung

E.6.5   Verletzen Sie Ihre Pflichten in der Absicht, sich oder anderen dadurch einen rechtswidrigen Vermögensvorteil zu verschaffen, sind wir von unserer Leistungspflicht hinsichtlich des erlangten Vermögensvorteils vollständig frei.
Besonderheiten in der Kfz-Haftpflichtversicherung bei Rechtsstreitigkeiten

E.6.6   [...]
Mindestversicherungssummen

E.6.7   [...]

Aufgrund dieser Tatsachen wird in kaum einem Verkehrsstrafverfahren so erbittert gekämpft 4
wie im Fall des unerlaubten Entfernens vom Unfallort. Subjektiv wird dem Täter des § 142
StGB nachgewiesen werden müssen, dass er wusste oder wissen musste, dass ein Mensch getötet wurde oder erheblich verletzt oder aber an fremden Sachen ein bedeutender Schaden
entstand, damit die Entziehung der Fahrerlaubnis erfolgen kann. Kommt es nicht zur Entziehung der Fahrerlaubnis, kann das Gericht in geeigneten Fällen ein Fahrverbot nach § 44
StGB verhängen.

Auch dann, wenn das Verfahren nach den Vorschriften der §§ 153 ff StPO eingestellt wird, 5
erfährt der Beschuldigte die Bestrafung durch die eigene Haftpflichtversicherung infolge eines
Regresses bis zu 2.500 EUR.

§ 9 Einzelne Straftatbestände in Verkehrsstrafsachen

I. Unfall im Straßenverkehr

6 Die Vorschrift des § 142 StGB ist anwendbar auf Unfälle im öffentlichen Straßenverkehr und setzt in allen Fällen voraus, dass ein Unfall stattfand. Unfall ist „ein plötzliches Ereignis im Verkehr, in welchem sich ein verkehrstypisches Schadensrisiko realisiert",[1] wenn dabei nicht ein belangloser Personen- oder Sachschaden entsteht.

7 Danach sind Unfälle ausgeschlossen, die sich auf privaten Parkplätzen ereignen, die nur ganz bestimmten Personen zur Verfügung stehen. Ebenso ausgeschlossen sind Unfälle, die sich auf nicht öffentlich zugänglichen Privatgeländen ereignen (Firmenparkplätzen, privaten Innenhöfen, umfriedeten Gastparkplätzen, Kasernengeländen, landwirtschaftlich genutzten Feldern, privaten Tiefgaragen, Lehrerparkplätzen von Schulen). Ob das Grundstück privat oder öffentlich ist, ist nicht von Bedeutung, lediglich die Zugänglichkeit spielt eine Rolle.

II. Schaden

8 Die Verwirklichung des Tatbestands des § 142 StGB setzt voraus, dass nicht lediglich ein **Bagatellschaden** entstanden ist. Beim **Körperschaden** spricht man dann von einem Bagatellschaden, wenn nicht mehr geschehen ist als die Auswirkung des allgemeinen Lebensrisikos. Wem im allgemeinen Gewühle des Wochenendeinkaufs auf den Fuß getreten wird, wird kaum Bedarf anmelden, die Polizei zur Feststellung eines Verkehrsunfalls zu rufen, wiewohl zwei Verkehrsteilnehmer beteiligt waren und sich ein Unfall im Sinne der Definition „plötzliches Ereignis im Verkehr, in welchem sich ein verkehrstypisches Schadensrisiko realisiert" ereignete. Auch „blaue Flecke" und leichte Hautabschürfungen sind keine Verletzungen, die mehr bedeuten als die Auswirkung des allgemeinen Lebensrisikos. Richtig wird die Auffassung sein, dass die Grenze dort zu ziehen ist, wo ein Körperschaden justitiabel zu werden beginnt, das heißt ein Schmerzensgeld gefordert werden könnte, da entgangene Lebensfreude nachgewiesen werden kann. Dies setzt einen körperlichen Eingriff voraus, der eine gewisse Intensität aufweist.

9 Bei **Sachschäden** ist diese Wertgrenze bei 25 EUR[2] anzusetzen, bisweilen ist sie wohl bis 35 EUR bedenkenswert. Dieser Schaden ist objektiv zu bewerten. Bei der Feststellung der Schadenshöhe hat sich der Verteidiger immer wieder mit dem Phänomen auseinanderzusetzen, dass der Wert dann hoch angesetzt wird, wenn ein anonymer Dritter, beispielsweise eine fremde Haftpflichtversicherung, für den Schaden aufzukommen hat. Häufig werden die Schadensgutachten in Form von Kostenvoranschlägen von den Werkstätten erstellt, die letztlich damit rechnen, an den Unfallfolgen selbst nicht unerheblich zu verdienen, was dazu führt, dass die Werte nach oben getrieben werden.

10 **Hinweis:** Es empfiehlt sich deshalb grundsätzlich, in diesen Fällen einen Sachverständigen zu beauftragen, der objektiv feststellt, was tatsächlich zur Schadensbeseitigung erforderlich ist. Zumeist ist von dem Sachverständigen festzustellen, ob nicht Fälle überholender Kausalität vorliegen, also ob nicht eine mehrfach verbeulte Stoßstange eine Beule mehr erhalten hat, was dann letztlich kein Schaden mehr ist, da die Stoßstange schon vorher defekt war, weshalb sie nicht „noch defekter" werden kann. Auf entsprechende Anfrage teilte die Gesellschaft für Unfallforschung (GFU) mit, dass in vielen Fällen als Kostenvoranschlag das mehr-

---

1 *Fischer*, § 142 Rn 7.
2 LG Dresden v. 31.5.2013 – 8 O 2445/12, Schaden-Praxis 2013, 442; *Fischer*, § 142 Rn 11.

fache, zum Teil das Zehnfache, per Kostenvoranschlag der Werkstatt von dem in Ansatz gebracht worden sei, was den Schaden objektiv ausmachte. Inzwischen rentiert es sich auch bei Schäden unter 2.000 EUR ermitteln zu lassen, welche Reparaturkosten anfallen, wenn mit Smart-Repair gearbeitet wird. Kostenvoranschläge von Autohäusern haben sich so reduzieren lassen von 1.500 EUR auf 300 EUR. Die angefragte Sachverständigenorganisation bestätigte, dass es dabei zu einer vollwertigen Reparatur komme.

Problemfälle sind auch immer die Beschädigungen von **Leitplanken** an Straßen und Autobahnen. Auch hier lohnt es sich, zu ermitteln, ob vorher nicht bereits erhebliche Beschädigungen vorhanden waren, die dann nicht insgesamt dem zu Verteidigenden anzulasten sind.

Hat der Unfallverursacher nur sein eigenes Eigentum beschädigt, ist der Tatbestand des § 142 StGB nicht anwendbar. Hierbei ist an den Fall zu denken, dass der Unfallverursacher mit einem Fahrzeug ein anderes, in seinem Eigentum stehendes Fahrzeug beschädigt.

III. Unfallbeteiligter (§ 142 Abs. 5 StGB)

§ 142 Abs. 5 StGB definiert, wer alles Unfallbeteiligter sein kann. Gleichwohl ist dieser Begriff dem einfachen Kraftfahrer kaum zu vermitteln. In der Regel geht der Kraftfahrer davon aus, dass derjenige Unfallbeteiligter sei und keine „Unfallflucht" begehen dürfe, der einen Unfall verschuldet habe. Dass auch der am Unfall Unschuldige nicht auf sein Recht verzichten kann, ist weithin unbekannt. Unfallbeteiligter ist demnach jeder Verkehrsteilnehmer, sei er Fußgänger, Fahrradfahrer, Kraftfahrer, der zum Unfallgeschehen beigetragen haben kann.

Wer erst nach Verlassen des Unfallortes von seiner Beteiligung am Unfall Kenntnis erlangt und sich daraufhin noch weiter vom Unfallort entfernt, ist nach Ansicht des OLG Hamburg nicht strafbar gem. § 142 Abs. 1 StGB.[3]

▶ **Muster: Einlassung zu Unfall ohne Fahrzeugberührung**

An die

Staatsanwaltschaft

beim Landgericht ...

Az ... Js .../...

In der Strafsache

gegen

Herrn ...

wegen angeblichen unerlaubten Entfernens vom Unfallort

geben wir für den Beschuldigten folgende Einlassung ab:

Der Beschuldigte befuhr am ... die ...straße von ... nach ... . Die ansteigende Straße ist rechts und links von Bäumen eingerahmt und weist einen dammartig anwachsenden Straßenrand auf, der ebenfalls von Büschen bewachsen ist.

Ihm entgegen kam das Fahrzeug des geschädigten Anzeigenerstatters. Beide Fahrzeuge begegneten sich in einer Rechtskurve aus Sicht des Beschuldigten, ca. 200 m vor der Abfahrt nach ... . Beide Fahrzeugführer hatten – wegen der Kurve – das jeweils entgegenkommende Fahrzeug allenfalls für

---

3 OLG Hamburg v. 27.3.2009 – 3-13/09.

ca. 1–2 Sekunden im Blick, dies aber nur unter der Voraussetzung, dass dieser Sichtkontakt bewusst gesucht wurde.

Der Anzeigenerstatter gibt in seiner polizeilichen Anzeige an, er habe wegen des entgegenkommenden Fahrzeugs unseres Mandanten in der Kurve sein Fahrzeug nach rechts reißen müssen und sei dann in den Graben gefahren. Unser Mandant sei danach einfach weitergefahren. Dem muss widersprochen werden.

Die hinzugerufenen Polizeibeamten haben ausgemessen, dass der Anzeigenerstatter ca. 200 m nach der fraglichen Kurve die Fahrbahn verlassen hat und in den Graben gefahren ist. Wenn der Anzeigenerstatter, was er vorgibt, die zulässige Höchstgeschwindigkeit von 50 km/h eingehalten hat, war er zum Zeitpunkt des Abkommens von der Straße bereits ca. 14,6 Sekunden von der Begegnung mit dem Beschuldigten entfernt.

Der Beschuldigte fährt die fragliche Strecke täglich. Er kennt deshalb die Strecke sehr genau. Der Beschuldigte weiß auch, dass das Rechtsfahrgebot strikt einzuhalten ist, da die Straße insgesamt nur 5 m breit ist. Genauso fuhr der Beschuldigte am fraglichen Tag.

Da der Beschuldigte selbst keine Auffälligkeiten in Erinnerung hat, ist ihm nicht erinnerlich, dass es eine Situation gegeben hätte, bei der es „eng" war. Nach Durchfahren der fraglichen Rechtskurve hatte unser Mandant keinerlei Sicht auf die Stelle, wo der Anzeigenerstatter in den Graben gefahren ist.

Dies stellen wir unter **Beweis** durch

- Augenschein
- Sachverständigengutachten.

Ein schuldhaftes Verhalten ist demnach nicht festzustellen. Es ist hier davon auszugehen, dass die Verkehrsteilnahme des Beschuldigten nichts mit dem Unfall des Anzeigenerstatters zu tun hat. Es muss hier angenommen werden, dass der Anzeigenerstatter aus anderen Gründen von der Fahrbahn abkam und in den Graben gefahren ist (BayObLG DAR 1989, 366). Der Beschuldigte ist nicht „Unfallbeteiligter" im Sinne des § 142 StGB.

Wir beantragen deshalb,

das Verfahren nach § 170 Abs. 2 StPO einzustellen.

Rechtsanwalt ◄

IV. Sich entfernen vom Unfallort

15   Nach § 142 Abs. 1 StGB ist derjenige strafbar, der sich vom Unfallort entfernt, ohne die in § 142 Abs. 1 Nr. 1 StGB genannten Daten anzugeben. Die Strafbarkeit nach Abs. 1 tritt nun entweder deswegen ein, weil der Unfallbeteiligte bei Anwesenheit feststellungsberechtigter Personen die in § 142 Abs. 1 Nr. 1 StGB genannten Daten nicht angegeben hat (§ 142 Abs. 1 Nr. 1 StGB) oder bei Abwesenheit feststellungsberechtigter Personen eine angemessene **Wartefrist** nicht eingehalten hat (§ 142 Abs. 1 Nr. 2 StGB). Unbeschadet einer angemessenen Wartefrist tritt jedoch die Strafbarkeit nach § 142 Abs. 2 Nr. 1 StGB ein, wenn die Feststellung der Personalien nicht **unverzüglich nachgeholt** wurde. Wie eine derartige Feststellung ausgestaltet ist, normiert § 142 Abs. 3 StGB. Es ist jedoch zu beachten, dass bei Nichteinhaltung der Wartefrist eine Strafbarkeit nach § 142 Abs. 1 StGB besteht, die auch nicht entfällt, wenn der

A. Unerlaubtes Entfernen vom Unfallort (§ 142 StGB)

Wartepflichtige die Feststellung seiner Personalien unverzüglich ermöglicht.[4] In diesem Fall ist aber eine Milderung der Strafe nach § 142 Abs. 4 StGB denkbar.

Die in § 142 Abs. 1 Nr. 2 StGB normierte Wartefrist ist vom Gesetzgeber bewusst als unbestimmter Rechtsbegriff ausgestaltet worden. So bleibt es weitgehend der Rechtsprechung überlassen, die Angemessenheit der Wartepflicht zu konkretisieren und auszufüllen. Dementsprechend gibt es eine breite Palette von Einzelentscheidungen der Gerichte. Im Großen und Ganzen ist die Wartezeit jedoch an bestimmte Umstände und Faktoren gekoppelt, die sie je nach Vorliegen verringern oder verlängern können. Des Weiteren geben Zumutbarkeit und Erforderlichkeit den Rahmen der Wartezeit vor. Kurzum sind sämtliche Umstände des Einzelfalls zu berücksichtigen. Bedeutungsvoll sind in dieser Hinsicht speziell (Tages-)Zeit, Unfallort, Schwere des Unfalls, Witterung, Verkehrsdichte, Höhe des Fremdschadens sowie die Chancen einer wirksamen Aufklärung.[5]

Wann eine **angemessene Zeit** gewartet wurde, ist weitestgehend einzelfallbezogen. So kann zB eine Wartezeit von fünf Minuten nach 19.30 Uhr bei einem Schaden von 287,50 DM (147 EUR) unangemessen sein,[6] während die gleiche Wartezeit tagsüber innerorts bei einem Schaden von 312,00 DM (159 EUR) für angemessen befunden wurde.[7] Dementsprechend wurde eine Wartezeit von zehn Minuten einerseits bei einem leichten Unfall mit Sachschaden von 600 DM (306 EUR) um 19.00 Uhr auf einer verkehrsarmen BAB für unangemessen gehalten,[8] andererseits bei einem Schaden von 400 DM (204 EUR) an einem parkenden Wagen um 4.30 Uhr für angemessen erachtet.[9] Grundsätzlich ist aus der rechtlichen Kasuistik erkennbar, dass bei Verletzung von Personen sogar eine Wartezeit von 105 Minuten unangemessen ist.[10] Dagegen wurde bei geringem Schaden (bis zu 400 EUR) eine Wartezeit von 30 Minuten als durchaus angemessen angesehen.[11] Auch braucht der Unfallbeteiligte nur so lange zu warten, wie mit dem alsbaldigen Eintreffen feststellungsberechtigter Personen an der Unfallstelle zu rechnen ist. Dabei ist es unerheblich, ob er ggf ein Verkehrshindernis darstellt.[12] In bestimmten Fällen können auch die Regelungen bzw Verbote aus der StVO Vorrang vor der Halte- und Wartepflicht des § 142 StGB haben.[13]

Da § 142 StGB ein **abstraktes Gefährdungsdelikt** ist, kann die Wartepflicht jedoch nicht gänzlich entfallen, da es insoweit nicht darauf ankommt, dass die Entfernung vom Unfallort die Beweismöglichkeiten auch tatsächlich beeinträchtigt hat. Die Wartepflicht besteht unabhängig davon, ob durch die Anwesenheit des Unfallbeteiligten am Unfallort die Aufklärung seiner Beteiligung gefördert wird oder nicht. In concreto bedeutet dies, dass die Wartepflicht nicht durch Ersatzmaßnahmen wie zB durch das Hinterlassen eines Zettels oder einer Visitenkarte am Unfallort entfällt. Jedoch ist es möglich, dass der Zettel an der Windschutzscheibe die Wartepflicht verkürzt.[14]

---

4 OLG Koblenz NZV 1996, 324.
5 KG Berlin v. 16.2.1998 – 1 Ss 153/97.
6 OLG Düsseldorf VerkMitt. 1966, 60.
7 OLG Düsseldorf VRS 87, 290.
8 OLG Hamm VRS 54, 117.
9 OLG Stuttgart NJW 1981, 1107.
10 BGH VRS 38, 327.
11 OLG Hamm VRS 59, 259.
12 BayObLG DAR 1985, 240.
13 LG Gießen v. 29.11.2013 – 7 Qs 192/13.
14 OLG Zweibrücken NZV 1991, 479 = DAR 1992, 30.

19 In geringen Ausnahmefällen ist es jedoch möglich, dass **keine Wartepflicht** besteht. Dies ist dann der Fall, wenn das Warten lediglich eine „leere Formalie" darstellen würde, zB dann, wenn sich der Unfallbeteiligte über Art und Umfang des Schadens vergewissert hat und nach den Umständen das Auftauchen feststellungsbereiter Personen nicht zu erwarten ist.

20 Des Weiteren können noch andere Umstände Auswirkungen auf die Dauer der Wartepflicht haben. So muss zB dem Wunsch eines Unfallbeteiligten auf **Hinzuziehung der Polizei** selbst dann nachgekommen werden, wenn die nach § 142 Abs. 1 Nr. 1 StGB erforderlichen Feststellungen bereits getroffen worden sind.[15] Insoweit kommt es hier nur darauf an, dass einer der Feststellungsinteressenten auf der Hinzuziehung der Polizei besteht[16] und eine objektive Notwendigkeit dafür gegeben ist.[17]

21 Auch dann muss auf das Eintreffen der Polizei gewartet werden, wenn dadurch eine **andere Straftat** des Unfallbeteiligten aufgedeckt werden würde (zB Trunkenheitsfahrt). Der Unfallbeteiligte darf sich hier nicht nach der Feststellung der Personalien entfernen, um einer Blutprobe zu entgehen. Im Falle der polizeilichen Anordnung einer Blutprobenentnahme dauert die Wartepflicht so lange fort, bis entschieden ist, ob die Blutprobe zwangsweise durchgesetzt werden soll.[18] Der Grad der Alkoholisierung eines Unfallbeteiligten ist nämlich für die Beurteilung der zivilrechtlichen Lage ein nötiger Umstand. Nimmt der Unfallbeteiligte jedoch irrig an, dass eine Alkoholisierung für die Ansprüche des Geschädigten keinerlei Rolle spielt, befindet er sich in einem vorsatzausschließenden Tatbestandsirrtum gem. § 16 StGB.[19]

22 Außerdem muss der Unfallbeteiligte die Feststellung anderer ermöglichen und darf sie nicht verhindern, indem er zB jemanden veranlasst, nicht die Polizei zu benachrichtigen. Hat er dennoch derartige Handlungen vorgenommen, so wird ihm die bis dahin verstrichene Wartezeit nicht angerechnet. Es beginnt dann eine neue Wartezeit.

23 Der Unfallbeteiligte verletzt seine Wartepflicht, wenn er sich vor Ablauf einer angemessenen Wartezeit vom **Unfallort** entfernt. Unfallort ist sowohl die eigentliche Stelle des Verkehrsunfalls als auch der nähere Umkreis, in dem der Täter noch als Unfallbeteiligter zu vermuten oder durch Befragung zu ermitteln ist.[20] Ein unerlaubtes Entfernen ist jedoch nicht gegeben, wenn der Unfallbeteiligte ohne sein Wissen vom Unfallort entfernt worden ist, eine Strafbarkeit aus § 142 Abs. 1 StGB besteht dann nicht. Ob damit auch eine Strafbarkeit aus § 142 Abs. 2 Nr. 2 StGB entfällt, ist strittig.[21] Auch ist ein Sichentfernen nicht gegeben, wenn der Fahrzeugführer den Unfall nicht bemerkt hat und weitergefahren ist. Auch das Entfernen nicht vom Unfallort selbst, sondern von einem anderen Ort, an welchem der Täter erstmals vom Unfall erfahren hat, erfülle nach Ansicht des BGH nicht den Tatbestand des § 142 Abs. 1 Nr. 1 StGB.[22]

---

15 BayObLG DAR 1981, 244; OLG Koblenz NZV 1996, 325; OLG Zweibrücken NZV 1990, 78.
16 OLG Karlsruhe VRS 22, 442.
17 OLG Zweibrücken NZV 1992, 371.
18 OLG Köln NStZ-RR 1999, 252.
19 BayObLG zfs 1986, 438.
20 OLG Köln NZV 1989, 198; OLG Stuttgart JR 1981, 209.
21 OLG Hamm NJW 1979, 438: keine Anwendung von § 142 Abs. 2 StGB; aA BayObLG NJW 1982, 1059; OLG Düsseldorf VRS 65, 364.
22 BGH v. 15.11.2010 – 4 StR 413/10.

▶ **Muster: Einlassung, dass Unfall nicht bemerkt wurde**   24

An das Amtsgericht ...

– Strafrichter –

Az ...

In der Strafsache

gegen

Herrn ...

wegen unerlaubten Entfernens vom Unfallort

geben wir für den Angeschuldigten folgende Einlassung ab:

Am ... hatte der Betroffene, der in der Bauaufsichtsbehörde in ... arbeitet, bei der Talsperrenverwaltung in ... in der ...straße zu tun. Er fuhr deshalb über die B 173 nach ... . Der Beschuldigte kennt sich in ... nicht aus. Als der Beschuldigte von ... kommend nach ... hineinfuhr, stellte er fest, dass die ...straße nicht befahrbar war, weshalb er nicht direkt in die ...straße fahren konnte. Er fuhr deshalb an der Baustelle in der ...straße langsam vorbei. Als er die Möglichkeit sah, nach links abzubiegen, bog er auch nach links ab. Er hat dabei übersehen, dass ein Schild, das an der rechten Fahrbahnseite stand, vorschrieb, geradeaus zu fahren. Durchgezogene Linien konnte er auf der Straße nicht erkennen, da er ansonsten natürlich nicht nach links abgebogen wäre. Als er nach links abgebogen war, musste er kurz anhalten, um geradeaus fahrenden Gegenverkehr passieren zu lassen. Auf diesen Gegenverkehr musste er sich konzentrieren. Er fuhr danach in die ...straße hinein. Dass sich hinter ihm ein Unfall ereignet hatte, konnte er weder sehen noch hören. Da er von dem Unfall nicht direkt betroffen war, war der Unfall für ihn natürlich auch taktil nicht spürbar.

Aufgrund dessen hat der Beschuldigte zumindest nicht bemerkt, dass sich ein Unfall ereignet hat. Den Bildern der Ermittlungsakte kann entnommen werden, dass die Schäden an beiden Fahrzeugen gering sind, zumindest nicht deutlich sichtbar, weshalb man nicht davon ausgehen kann, dass der Beschuldigte diesen Unfall bemerken musste. Aus der ...straße heraus, die zur ...straße führt, hatte der Beschuldigte keine Möglichkeit mehr, den Unfall zu sehen.

Ein Sachverständiger wird ohne Weiteres feststellen können, dass der Beschuldigte den Unfall nicht bemerken konnte. Wir regen an, rasch zu terminieren, damit der Beschuldigte die Hauptverhandlung rasch absolvieren kann.

Zur Hauptverhandlung regen wir an einen Sachverständigen zu laden, der sich zu der Bemerkbarkeit des Unfalls äußert. Wir behaupten hiermit die Tatsache, dass es für den Beschuldigten unmöglich war, zu bemerken, dass sich ein Unfall ereignet hat.

Darüber hinaus stellen wir fest, dass der Beschuldigte auch nicht fahrlässig gegen Verkehrsvorschriften verstoßen hat. Das Verkehrsschild konnte der Beschuldigte zum Unfallzeitpunkt nicht sehen. Die Zeichen, die in Verbindung mit dem Verkehrsschild vorhanden gewesen sein müssten, waren auf der Straße nicht vorhanden, da die Mittelstreifen völlig verblasst und unsichtbar waren. Dies werden die Polizeibeamten bestätigen. Dies belegen wir allerdings auch durch Übersendung von Bildern, die den Straßenzustand und den Beschilderungszustand aus der Perspektive des Beschuldigten zeigen. Der Beschuldigte hat rechtzeitig geblinkt. Der Beschuldigte fuhr vorher mit einer Geschwindigkeit von ca. 30 km/h. Der Zeuge ... sagt in dieser Angelegenheit aus, dass er bei einer starken Bremsung nicht die ABS-Tätigkeit ausgelöst hat und danach noch ein Stück weiter gerollt ist, wonach sich erst der Auffahrunfall ereignete. Dass geblinkt wurde, bestätigt auch der Zeuge ... .

Es ist offensichtlich, dass der Unfallbeteiligte ... unachtsam oder mit zu geringem Sicherheitsabstand oder mit zu hoher Geschwindigkeit fuhr, so dass sich der Unfall ereignete.

Der Beschuldigte wohnt in .... Er muss täglich zu seinem Arbeitsplatz nach ... fahren. Da er als Dipl.-Ing. bei der Bauaufsichtsbehörde tätig ist, hat er regelmäßig Baustellen zu besichtigen.

Die vorläufige Entziehung der Fahrerlaubnis ist für ihn ein starkes Hindernis bei der Ausübung seines Berufs. Täglich muss er zwei Stunden nach ... mit S-Bahn und Bus fahren. Die Fahrt nach Hause dauert ebenso lange. Zusammen mit neun Stunden Arbeitszeit ist der Beschuldigte täglich zwischen 13 und 14 Stunden hausabwesend.

Wir bitten ebenso höflich wie dringend, rasch zu terminieren.

Wir wollen durch eine Beschwerde gegen die vorläufige Entziehung der Fahrerlaubnis das Verfahren nicht weiter verzögern, bitten jedoch um rasche Terminanberaumung.

Rechtsanwalt ◄

25 ▶ **Muster: Einlassung, dass Schaden nicht erkennbar war**

An die

Staatsanwaltschaft

beim Landgericht ...

Az ... Js .../...

In dem Ermittlungsverfahren

gegen

Herrn ...

wegen angeblichen unerlaubten Entfernens vom Unfallort

nehmen wir nach Vorliegen der amtlichen Ermittlungsakte wie folgt Stellung:

Hinsichtlich des vermeintlichen Unfallhergangs widersprechen sich die Angaben der beteiligten Fahrer. Während der Zeuge ... angibt, dass der Beschuldigte ... von der Geradeausspur in die rechte Spur gewechselt wäre, gibt der Beschuldigte an, dass sich der Zeuge ... beim Abbiegen auf der Fahrspur nach rechts wohl einen größeren Radius verschaffen wollte und somit nach links mit auf die Geradeausspur gelangte. Nach diesseitigem Dafürhalten spricht vorliegend mehr für die Unfallschilderung des Beschuldigten. Immerhin hat der Beschuldigte angegeben, dass er nach Hause fahren wollte. Unter Berücksichtigung seiner Wohnanschrift ist es somit nur logisch, dass er an der entsprechenden Kreuzung geradeaus fahren wollte. Ein Abbiegen nach rechts wäre ein erheblicher Umweg gewesen.

Auch die Angabe des Beschuldigten, dass der Zeuge ... mit hoher Geschwindigkeit gefahren ist, spricht dafür, dass der Zeuge ... wohl zum Halten einer höheren Geschwindigkeit den Radius erweitert hat und dabei die Geradeausspur mit in Anspruch nahm.

Auch die Schadensbilder sprechen mehr für die Unfallschilderung des Beschuldigten. Dabei ist zu beachten, dass der Zeuge ... zum Unfallzeitpunkt deutlich vor dem Beschuldigten gewesen sein muss, da der Pkw ... des Zeugen ... hinten beschädigt ist. Im Falle eines Übersehens bei einem Fahrspurwechsel ist es im Regelfall so, dass das die Fahrspur wechselnde Fahrzeug hinten beschädigt ist und das andere vorn.

Auch die Beschädigungsbilder, wie sie sich zeigen, wenn ein Fahrzeug unvermittelt die Fahrspur wechselt, um nach rechts abzubiegen, wären andere als vorliegend. Vielmehr sprechen die Beschädigungsbilder für eine schleifende Bewegung, wie sie vorliegt, wenn ein Rechtsabbiegender leicht nach links lenkt, um den Radius zum Abbiegen zu vergrößern.

Hinsichtlich des Tatvorwurfs des unerlaubten Verlassens des Unfallorts ist anzumerken, dass der Beschuldigte in seiner Vernehmung mitgeteilt hat, dass er einen Fremdschaden am Fahrzeug … des Zeugen … an der Unfallstelle nicht erkennen konnte. Dies erscheint bereits deshalb glaubhaft, weil es selbst dem Unterzeichner kaum gelingt, anhand der Bilder, welche in der Ermittlungsakte vorhanden sind, eine entsprechende Beschädigung des Pkws … des Zeugen … zu erkennen. Insoweit muss davon ausgegangen werden, dass der Beschuldigte beim Anschauen des Fahrzeugs … des Zeugen … tatsächlich nicht festgestellt hat, dass doch eine äußerst geringfügige Beschädigung vorhanden ist.

Dafür spricht auch, dass er nach Betrachten des Pkw des Zeugen … sein eigenes Fahrzeug nicht betrachtet hat, da er davon ausgegangen ist, dass es zu keiner Berührung gekommen war.

In Anbetracht der Tatsache, dass der Beschuldigte verkehrsrechtlich bislang nicht in Erscheinung getreten ist, obwohl er bereits 1937 geboren ist, spricht einiges dafür, dass der Beschuldigte niemand ist, der einfach die Unfallstelle verlässt. Das Verfahren ist daher einzustellen.

Rechtsanwalt ◀

▶ **Muster: Einlassung der fehlenden Unfallbeteiligung** 26

An die

Staatsanwaltschaft

beim Landgericht …

Az … Js …/…

In der Strafsache

gegen

Herrn …

wegen angeblichen unerlaubten Entfernens vom Unfallort

geben wir für den Beschuldigten folgende Einlassung ab:

Am … gegen … Uhr befuhr der Beschuldigte in … die …straße in Richtung …straße. Er stellte am rechten Fahrbahnrand den Pkw … fest, in dem die Zeugin … saß. Da er zeitlich nicht beengt war, ließ er die Zeugin aus der Lücke herausfahren. Er hielt eine Fahrzeuglänge hinter ihr an. Die Zeugin … fuhr auch tatsächlich aus der Lücke heraus, hatte aber, wie der Beschuldigte sah, nicht ausreichend nach links die Räder eingeschlagen. Daher hielt sie wieder an, nachdem sie mit dem Lkw, der vor ihr stand, in Berührung gekommen war. Dies war für den Beschuldigten deutlich ersichtlich. Es war für ihn auch deutlich ersichtlich, dass er mit dem Unfall überhaupt nichts zu tun hat, da allein die Fehllenkung der Beschuldigten zu der Berührung ihres Fahrzeugs mit dem Lkw führte. Nachdem dieses Anfahren geschehen war, sah der Beschuldigte keinen Grund mehr anzuhalten, und fuhr an dem Fahrzeug der Zeugin vorbei in Richtung …straße. Sein Verhalten jedenfalls hat nicht dazu beigetragen, dass sich der Unfall der Zeugin … ereignete.

Ansonsten wäre ein Sachverhalt, wie er von der Zeugin … geschildert wird, völlig sinnlos. Warum sollte der Beschuldigte anhalten, um die Zeugin … herauszulassen, um es sich dann innerhalb weniger Sekunden anders zu überlegen und loszufahren? Das Losfahren hatte nur etwas damit tun, dass er feststellte, dass nach dem Unfall wohl ein längerer Aufenthalt zur Klärung mit dem unfallbeteiligten Lkw-Eigentümer zu erwarten war. Allein deshalb fuhr der Beschuldigte vorbei.

§ 9 Einzelne Straftatbestände in Verkehrsstrafsachen

Da der Beschuldigte mit dem Unfall überhaupt nichts zu tun hatte, bestand auch keine Vorstellungspflicht.

Wir regen deshalb an, das Verfahren einzustellen.

Rechtsanwalt ◄

27 ▶ **Muster: Antrag auf Einstellung nach § 153 StPO (Wartezeit fraglich und geringer Schaden)**

An die

Staatsanwaltschaft

beim Landgericht ...

Az ... Js .../...

In der Strafsache

gegen

Herrn ...

wegen angeblichen unerlaubten Entfernens vom Unfallort

haben wir den Vorgang mit dem Beschuldigten erörtert. Der Beschuldigte teilt mit, dass er den Anstoß an seinem Spiegel bemerkt hat. Er wusste also, dass sich ein Unfall ereignet hatte. Er teilt mit, dass er, die Unfallstelle räumend, in unmittelbarer Nähe gewartet habe. Nachdem sich aber ca. 20 Minuten lang nichts getan habe, dh der Unfallgegner, der Zeuge ..., und er sich nicht fanden, sei er weitergefahren in Richtung ..., da er dort mit seinem kranken Sohn verabredet gewesen sei. Diese Angaben scheinen zu stimmen. Immerhin traf der Zeuge ... den Beschuldigten ca. 20 Minuten später nur 1 km von der Unfallstelle entfernt an. Das bedeutet, dass der Beschuldigte nicht unmittelbar nach dem Unfall weitergefahren ist.

Weiter ist festzustellen, dass der Schaden sehr gering ist. Am Fahrzeug des Zeugen ... entstand ein Schaden in Höhe von 191,19 EUR.

Am Fahrzeug des Beschuldigten entstand ein Schaden in Höhe von 170 EUR, der inzwischen behoben ist.

Unter diesen Umständen regen wir an, das Verfahren nach § 153 Abs. 1 StPO einzustellen.

Rechtsanwalt ◄

28 ▶ **Muster: Antrag auf Aufhebung eines Beschlusses nach § 111 a StPO**

An die

Staatsanwaltschaft

beim Landgericht ...

Az ... Js .../...

In der Strafsache

gegen

Herrn ...

wegen Trunkenheitsfahrt und unerlaubten Entfernens vom Unfallort

geben wir für den Beschuldigten folgende Einlassung ab:

Am ... besuchte der Beschuldigte ein Heimspiel des Vereins Dynamo Dresden. Er war dort hingefahren zusammen mit einem Kollegen, Herrn .... Beide fuhren häufiger zusammen zu Spielen des Fußballvereins Dynamo Dresden.

Der Beschuldigte sprach während und nach dem Spiel dem Alkohol insoweit zu, als er Bier trank. Er hat jedoch mit seiner Ehefrau, Frau ..., vereinbart, dass diese ihn nach dem Spiel abholt. Nachdem er seiner Ehefrau mitgeteilt hatte, wo das Fahrzeug des Herrn ... stand, vereinbarte man, dass man sich an dessen Fahrzeug trifft. Der Zeuge ... wartete dann zusammen mit dem Beschuldigten, bis dessen Ehefrau zum Abholen erschienen war. Der Zeuge ... stellte noch fest, dass der Beschuldigte zu seiner Ehefrau ins Fahrzeug stieg und beide sich fahrend entfernten. Da die Ehefrau feststellte, dass der Beschuldigte in nicht unerheblichem Maße dem Alkohol zugesprochen hatte, herrschte „dicke Luft". Deshalb hatte sich der Beschuldigte nicht auf den Beifahrersitz gesetzt, sondern auf den Sitz hinter seiner fahrenden Ehefrau.

An der Kreuzung ... kam es sodann bei starkem Regen zu dem Auffahrunfall, wonach der Beschuldigte aus dem Fahrzeug heraussprang und sich den Schaden, den er für minimal hielt, anschaute. Zurückgekommen zum Fahrzeug, ging die Zeugin ... davon aus, dass alles geregelt sei, und fuhr danach, wie üblich, in Richtung ....

Während der Fahrt kam es zu einem Gespräch, aufgrund dessen sie misstrauisch bemerkte, dass wohl doch etwas zu regeln gewesen wäre, entgegen der Annahme des Beschuldigten, der meinte, „es sei kaum etwas passiert". Deshalb fuhr die Zeugin ..., die schon in ... angekommen war, über ... zurück zur Unfallstelle.

Daher ist davon auszugehen, dass sich der Beschuldigte hier nicht strafbar gemacht hat. Die Zeugin ... hat es lediglich versäumt, bei starkem Regen das Fahrzeug zu verlassen und sich über eventuelle Ansprüche selbst zu informieren sowie ihrer Vorstellungspflicht nachzukommen. Sie war aber davon ausgegangen, dass nach dem Gespräch Ihres Mannes mit den unfallbeteiligten Zeugen die Angelegenheit erledigt gewesen sei, weshalb sie auch weggefahren war. Erst die Schilderung des Beschuldigten offenbarte ihr, dass noch einige Informationen auszutauschen waren. Deshalb fuhr sie wieder zurück. Dies wurde auch bei der Unfallaufnahme so mitgeteilt, unabhängig davon, dass die Zeugen nur den Beschuldigten ... gesehen haben wollen.

Hierbei ist zu bedenken, dass tatsächlich nur der Beschuldigte ausgestiegen und letztlich auch wieder eingestiegen war, allerdings nicht vom Fahrersitz aus, sondern vom Sitz hinter dem Fahrersitz. Für die Wahrnehmung zu bedenken ist die Dunkelheit und der starke Regen. Der Zeuge ... wird jedoch bestätigen können, dass der Beschuldigte überhaupt kein Auto dabei hatte, sondern darauf angewiesen war, dass die Zeugin ... ihn nach dem Fußballspiel abholte, was letztlich auch geschah. Daraus ergibt sich, dass in jedem Fall zum Unfallzeitpunkt der Beschuldigte und die Zeugin ... im Fahrzeug gesessen haben.

Der Beschuldigte sowie die Zeugin ... wurden auch anwaltlich belehrt über Wahrheitspflichten und die Folgen von Falschaussagen. Sowohl der Beschuldigte als auch die Zeugin ... gehen davon aus, dass der Zeuge ... zumindest belegen kann, dass der Beschuldigte nicht mit seinem Fahrzeug zu dem Fußballspieler gefahren ist, sondern von der Zeugin ... abgeholt wurde.

Unter diesen Umständen regen wir an, den Beschluss nach § 111 a StPO aufzuheben und den Führerschein an den Beschuldigten herauszugeben.

Rechtsanwalt ◄

§ 9 Einzelne Straftatbestände in Verkehrsstrafsachen

29 ▶ **Muster: Beschwerde gegen Beschluss nach § 111 a StPO**

An das Amtsgericht ...
– Strafrichter –

Az ...

In der Strafsache

gegen

Herrn ...

legen wir hiermit

Beschwerde

gegen den Beschluss nach § 111 a StPO ein.

Wir beantragen,

den Beschluss aufzuheben und dem Beschuldigten den Führerschein herauszugeben.

Anliegend überlassen wir eine Abschrift unserer Einlassung an die Staatsanwaltschaft. Der von uns benannte Zeuge ... wird bestätigen, dass der Beschuldigte von seiner Ehefrau nach dem Fußballspiel des Vereins Dynamo Dresden mit deren Kraftfahrzeug abgeholt wurde. Die Zeugin ... wird bestätigen, dass der Auffahrunfall selbst von ihr verursacht wurde, allerdings nicht sie selbst bei Dunkelheit und strömendem Regen das Fahrzeug verließ, sondern der Beschuldigte. Dieser kam zurück und tat so, als sei die Angelegenheit erledigt, weshalb sie losfuhr. Auf dem Nachhauseweg wurde darüber gesprochen, wobei sie zur Kenntnis nahm, dass der Beschuldigte lediglich meinte, die Sache sei „nicht so schlimm ausgefallen", worauf sie schnellstens wieder zurückfuhr in der Annahme, dass ihr betrunkener Ehemann den Vorgang nicht ordentlich geregelt habe.

Es ist davon auszugehen, dass die Zeugin ... den Tatbestand des § 142 StGB erfüllt hat, allerdings irrtümlich davon ausging, dass die Adressen zur Regulierung des Unfalls ausgetauscht worden waren. Sofort nach Feststellung, dass dies nicht richtig erfolgt sein konnte, fuhr sie zum Unfallort zurück. Der Beschuldigte hat zwar infolge seiner Trunkenheit Verwirrung verursacht, sich allerdings nicht strafbar gemacht.

Rechtsanwalt ◀

30 ▶ **Muster: Antrag auf Verfahrenseinstellung wegen Verlassens des Unfallorts als Panikreaktion**

An die

Staatsanwaltschaft

beim Landgericht ...

Az ... Js .../...

In der Strafsache

gegen

Herrn ...

wegen angeblichen unerlaubten Entfernens vom Unfallort

geben wir nach Akteneinsicht und Rücksprache mit unserem Mandanten folgende Einlassung ab:

Der Beschuldigte befuhr am ... gegen ... Uhr in ... die ...straße in Richtung ....

A. Unerlaubtes Entfernen vom Unfallort (§ 142 StGB)

Dass es dort zu einem Verkehrsunfall mit Sachschaden gekommen sein soll, ist dem Beschuldigten nicht geläufig. Allerdings ist ihm noch bewusst, dass ihn das Fahrzeug des Unfallbeteiligten ... danach verfolgte.

Der Beschuldigte, der befürchtete, seinen vereinbarten Termin zu verpassen und Schwierigkeiten mit dem Arbeitgeber zu bekommen, ging deshalb auf das Ansinnen des Unfallbeteiligten ... anzuhalten nicht ein und fuhr nach ..., wo er einen Fahrgast abzuholen hatte.

Zum Verständnis für dieses panikartige Verhalten ist auf folgende Hintergrundgeschichte hinzuweisen: Im Jahr ... von Februar bis November war der Beschuldigte arbeitslos. Von ... bis ... absolvierte er eine Umschulung und arbeitet danach bis ... als Trockenbauer. Danach war er erneut arbeitslos bis .... In dieser Zeit begann er nebenher Kurierfahrten zu unternehmen und arbeitete dann letztlich als Taxifahrer. Die Zeit der Arbeitslosigkeit war für den Beschuldigten grauenhaft. Seine Angst davor, entlassen zu werden, ist deshalb immer wieder greifbar und hat im vorliegenden Fall zu einer Fehlreaktion geführt. Der Beschuldigte hätte sicherlich sinnvollerweise ein Gespräch mit dem Unfallgegner geführt, um zu klären, was letztlich passiert sein könnte.

Tatsache ist allerdings, dass an seinem eigenen Fahrzeug keinerlei Schaden entstanden ist. Der Ermittlungsakte ist zu entnehmen, dass der Unfallgegner einen Schaden ohne Mehrwertsteuer in Höhe von 775,85 EUR geltend macht. Dabei ist zu berücksichtigen, dass die Kostenvoranschläge immer hoch ausfallen, wenn davon ausgegangen werden kann, dass Dritte oder die Versicherung Dritter an der Zahlung beteiligt sind.

Unter diesen Umständen regen wir an, das Verfahren einzustellen.

Rechtsanwalt ◄

▶ **Muster: Antrag auf Verfahrenseinstellung mangels Unfalls beim Einparken** 31

An die

Staatsanwaltschaft

beim Landgericht ...

Az ... Js .../...

In dem Ermittlungsverfahren

gegen

Herrn ...

wegen angeblichen unerlaubten Entfernens vom Unfallort

geben wir für den Beschuldigten folgende Einlassung ab:

Der Beschuldigte erinnert sich genau daran, dass er am ..., am späten Nachmittag, den Einparkvorgang vornahm. Er erinnert sich daran, dass vorher ein Fahrradausflug unternommen worden war. Die Räder standen auf dem Fahrradanhänger. Dieser Fahrradanhänger (aufgesetzt auf die Kupplung) war vor dem Einparkvorgang entfernt worden. Danach parkte unser Mandant ein. Seine Ehefrau, die Zeugin ..., wies den Beschuldigten ein bzw beobachtete den gesamten Vorgang. Sie hat hierbei nicht festgestellt, dass ein Anstoß vorgekommen ist. Sie hat weder etwas gehört, noch hat sie etwas gesehen. Der Mandant selbst hat auch nicht gespürt, dass es irgendwo einen Ruck gegeben hat oder Ähnliches, das heißt, es erscheint fraglich, ob exakt bei diesem Vorgang überhaupt etwas passiert ist. An einen weiteren Einparkvorgang, bei dem die beiden Fahrzeuge unmittelbar beieinander gestanden hätten, erinnert sich der Beschuldigte nicht.

Unter diesen Umständen regen wir an, das Verfahren einzustellen, da zumindest keine Schuld nachweisbar ist.

Rechtsanwalt ◄

32 ▶ **Muster: Einlassung, dass kein Unfall vorliegt, da Unfallspuren fehlen**

An die

Staatsanwaltschaft

beim Landgericht ...

Az ... Js .../...

In dem Ermittlungsverfahren

gegen

Frau ...

wegen angeblichen unerlaubten Entfernens vom Unfallort

geben wir für die Beschuldigte folgende Einlassung ab:

Es ist völlig ausgeschlossen, dass die Beschuldigte einen Unfall hatte und diesen nicht bemerkte. Eine Besichtigung des Fahrzeugs ergab eindeutig, dass rund um das Fahrzeug die Teile mit altem Straßenschmutz verkleistert waren. Es gab weder Schürf- noch Wischspuren.

Da unsere Mandantin keinen Unfall erlitt, konnte sie auf einen solchen nicht aufmerksam werden. Wir gehen deshalb, nachdem das Fahrzeug unserer Mandantin keinerlei Beschädigungen aufwies, eher davon aus, dass sich hier jemand eine Geschichte ausgedacht hat und das Fahrzeug unserer Mandantin feststellte, das tatsächlich am fraglichen Tag die fragliche Stelle passiert hat. Da aber der angeblich „gewaltige" Aufprall nicht stattgefunden hat, sollte eher in die Richtung ermittelt werden, dass eine Geschichte erfunden wurde, um möglicherweise eigenes Fehlverhalten zu vertuschen.

Wir beantragen die Einstellung des Verfahrens gegen unsere Mandantin nach § 170 Abs. 2 StPO.

Rechtsanwalt ◄

B. Fahrlässige Tötung (§ 222 StGB)

33 Fahrlässige Tötung gem. § 222 StGB ist deshalb „anders" zu verteidigen, weil die Schuld – es sei denn, der Unfall ereignete sich alkoholbedingt – aus einer Unaufmerksamkeit besteht, das Resultat des Unfalls jedoch ein getöteter Mensch ist. Problematisch stellt sich der Fall dar, weil bei Unfällen mit Todesopfern von der Bevölkerung zur Verteidigung unserer Rechtsordnung stets eine Freiheitsstrafe gefordert wird. Dieses Problem zeigt die Bedeutung für die anwaltliche Tätigkeit auf. Der Fall zieht in der Regel die Aufmerksamkeit der Presse an.

34 Die Hinterbliebenen des Getöteten sind meist unzufrieden mit der Handhabung ihres Einzelfalls. Der Angeklagte hat neben den Bestattungskosten zivilrechtlich meist nur wenige Monatsgehälter als Geldstrafe zu zahlen, möglicherweise wird eine Freiheitsstrafe auf Bewährung verhängt (Alkoholfälle ausgeschlossen). Dem Angeklagten ist deshalb immer zu raten, gegenüber den Angehörigen seine Anteilnahme zum Ausdruck zu bringen, diese nicht nur formell zu äußern, sondern persönlichen Kontakt aufzunehmen. Dies kann dem Fall die Konfrontation nehmen, die ansonsten zwischen Angeklagtem und Nebenklage entsteht.

I. Sorgfaltspflichtverletzung

Zur Erfüllung des Tatbestands des § 222 StGB ist eine Sorgfaltspflichtverletzung erforderlich. Die erforderliche Sorgfalt richtet sich objektiv nach den Umständen und subjektiv nach den persönlichen Kenntnissen und Fähigkeiten des Täters.

35

Die Teilnahme am Straßenverkehr begründet Sorgfaltspflichten. Die Kraftfahrzeugführer müssen sich auf unerwartete Zufälle einrichten, wie beispielsweise einem unverständigen Verhalten von Fußgängern. Gemäß den Witterungsbedingungen hat der Fahrzeugführer seine Geschwindigkeit den Gegebenheiten anzupassen. Eine objektive Sorgfaltspflichtverletzung ist demnach bereits bei einer Verletzung der Vorschriften der StVO gegeben. Das LG Stralsund kam bei erheblicher Verletzung der Sorgfaltspflicht (Überschreitung der Höchstgeschwindigkeit um das doppelte) zu einer Freiheitsstrafe von zwei Jahren und drei Monaten gegenüber dem Angeklagten.[23] Beruht der Verkehrsverstoß auf einer verkehrsfeindlichen und aus eigennützigen Beweggründen geprägten Motivation[24] oder beispielsweise einer aggressiven rücksichtslosen Fahrweise,[25] kommt eine bewährungslose Freiheitsstrafe in Betracht.

36

Einschränkungen erfährt die Sorgfaltspflichtverletzung durch den Vertrauensgrundsatz. Grundsätzlich darf der Kraftfahrer sein Recht zur Benutzung der Fahrbahn im Rahmen der Verkehrsregeln voll ausschöpfen. Der Kraftfahrer darf darauf vertrauen, dass sich andere Verkehrsteilnehmer verkehrsgerecht verhalten, beispielsweise dass ein Fußgänger nicht unkontrolliert die Straße betritt. Bei Kleinkindern ist von dem Vertrauensgrundsatz eine Ausnahme zu machen. Auch kann bei Zebrastreifen oder Radwegen nicht grundsätzlich auf den Vertrauensgrundsatz zurückgegriffen werden.

37

II. Pflichtwidrigkeitszusammenhang

Zudem erfordert die fahrlässige Tötung das Vorliegen eines Pflichtwidrigkeitszusammenhangs. Hiernach gilt es festzustellen, ob gerade das tödliche Ereignis durch das fahrlässige Verhalten verursacht worden ist. Es besteht die Möglichkeit, dass der Erfolg auch bei pflichtgemäßen Verhalten eingetreten wäre. Das Vorliegen eines Pflichtwidrigkeitszusammenhangs würde u.a. angenommen werden, wenn die Möglichkeit besteht, dass unter Einhaltung der Geschwindigkeit der Unfall und dessen Folgen hätten vermieden werden können.[26] Die ständige Rechtsprechung fordert eine an Sicherheit grenzende Wahrscheinlichkeit dafür, dass der Erfolg bei pflichtgemäßen Verhalten ausgeblieben wäre.[27]

38

III. Voraussehbarkeit des tödlichen Erfolgs

Die Voraussehbarkeit des Erfolgs ist zudem Voraussetzung der fahrlässigen Tötung. Nach Ansicht des OLG Stuttgart ist lediglich eine „Denkbarkeit" des Eintritts des tödlichen Erfolgs nicht ausreichend. Vielmehr muss aus Sicht des Angeklagten die Frage geklärt werden, ob das Opfer bei der Kollision einem tödlichen Risiko ausgesetzt war.[28] Es ist davon auszugehen, dass das, was nach allgemeiner Lebenserfahrung voraussehbar war, auch für den Angeklag-

39

---

23 LG Stralsund v. 12.9.2006 – 23 Ns 30/06.
24 OLG Karlsruhe v. 28.3.2008 – 1 Ss 127/07.
25 OLG Hamm v. 26.8.2014 – 3 RVs 55/14.
26 BGHSt 11, 17.
27 BGH v. 25.9.1957 – 4 StR 354/57; v. 8.7.1987 – 2 StR 269/87.
28 OLG Stuttgart v. 30.7.1981 – 3 Ss 375/81.

ten in der Regel voraussehbar hätte sein können. Das grob verkehrswidrige Verhalten eines anderen Verkehrsteilnehmers kann dem Unfallverursacher nicht als voraussehbar zur Last gelegt werden.[29] Dies hat nicht zuletzt der BGH mit seiner Rechtsprechung zu Wett- bzw Straßenrennen unter Verkehrsteilnehmern bestätigt.[30]

IV. Dunkelheitsfahrten

40 Ein Großteil an Verkehrsunfällen ereignet sich bei Dunkelheit. Kommt es aufgrund einer Kollision zwischen Fußgänger und Fahrzeugführer zur Tötung des Fußgängers, muss der Verteidiger, wenn es nicht schon von der Staatsanwaltschaft veranlasst wird, für die Begleitung durch einen Unfallanalytiker sorgen. In Fällen der Dunkelheit liegt neben geringeren Erkennbarkeitsentfernungen auch ein vermindertes Reaktionsvermögen des Unfallverursachers vor. Jeder Fahrer ist demnach gehalten, das Gebot des Fahrens auf Sicht gem. § 3 StVO zu beachten. Folglich hat er seine Geschwindigkeit und sein Fahrverhalten den Witterungsbedingungen, den Straßenverhältnissen und dem Verkehrsaufkommen anzupassen. Bei Dunkelheit darf der Anhalteweg nicht länger als die Sicht sein. Weitere Ausführungen zum Sichtfahrgebot unter § 2 Rn 22.

41 Wird bei einer Kollision in Dunkelheit ein **dunkel gekleideter**, am Fahrbahnrand laufender **Fußgänger** verletzt, trifft ihn nach Ansicht des OLG München kein Mitverschulden am nächtlichen Unfall.[31] Nach Ansicht des OLG München kann auch von einem ungünstig gekleideten Fußgänger nicht verlangt werden, sich vorsorglich vor jedem Auto in Sicherheit zu bringen. Auch das OLG Naumburg ging bereits davon aus, dass der Fahrer grundsätzlich das Sichtfahrgebot befolgen muss. Demnach darf der Fahrer nur so schnell fahren, dass er immer noch vor einem unbeleuchteten Hindernis anhalten könnte. Ein Fußgänger stellt in diesem Sinne ein unbeleuchtetes Hindernis dar.[32] Jederzeit muss der Fahrer mit Hindernissen auf der Fahrbahn rechnen und sich darauf einstellen, innerorts sogar ohne Schreckzeit.[33]

42 Passt der Fahrer sein Fahrverhalten, insbesondere die Geschwindigkeit, nicht entsprechend der Dunkelheit, dem Nebel, dem Wind und dem Niederschlag an, wird es schwer sein, von dem Vorwurf der Fahrlässigkeit abzusehen. Bei Sichtweiten von unter 50 m ist eine Geschwindigkeit über 50 km/h unzulässig.

43 Bei Dunkelheitsunfällen ergibt sich demnach die schwierige Aufgabe, eine Sorgfaltspflichtverletzung bezüglich des Sichtfahrgebots gegenüber dem Gericht zu widerlegen. Der Bereich des Sichtfahrgebots umfasst die Sicht vor dem Fahrzeug. Eine Verletzung des Sichtfahrgebots und somit der Fahrlässigkeitsvorwurf würde bereits angenommen werden bei Blickabwendung zum Gegenverkehr oder Beifahrer.

44 Auch führt nicht jede Art der **Blendung** zum Ausschluss der Fahrlässigkeit. Grundsätzlich gilt, dass bei Blendung die Geschwindigkeit so zu verlangsamen ist, dass innerhalb der vorher als frei erkannten Strecke angehalten werden kann.[34] Es gilt, dass der geblendete Kraftfahrer nicht blind weiterfahren darf, da er mit Personen auf der Fahrbahn rechnen muss. Schreck-

---

[29] BayObLG JZ 1982, 731.
[30] BGH v. 20.11.2008 – 4 StR 328/08.
[31] OLG München v. 2.6.2006 – 10 U 1685/06.
[32] OLG Naumburg v. 12.3.1999 – 6 U 47/98.
[33] OLG Jena v. 24.6.2009 – 4 U 67/09.
[34] BGH NJW 1976, 288.

zeit steht dem Fahrer nur dann zu, wenn er unverschuldet von einem gefährlichen Ereignis überrascht worden ist. Grundsätzlich kann eine kurze Reaktionszeit angenommen werden.

Gerade bei Dunkelheitsunfällen stellt sich die Frage, ob bzw wann der Fahrer das Unfallopfer 45 hätte sehen können. Anhand von **lichttechnischen Untersuchungen** kann die Annäherungsgeschwindigkeit eines Kfz sowie die Vermeidbarkeitsmöglichkeit für den Fahrer ermittelt werden.[35] Um die Erkennbarkeitsentfernung zu ermitteln, müssen die Untersuchungen zunächst zu vergleichbaren Umständen vor Ort durchgeführt werden. Zur Feststellung dient neben der Scheinwerferart des Kfz und den Witterungsverhältnissen auch der Gegenverkehr als Blendquelle, wonach sich das blendende Licht wie ein Schleier auf die Netzhaut des Beobachters legt. Mittels eines Leuchtdichtemessgerätes werden die Kontrastunterschiede zwischen dem Fußgänger und seinem Umfeld dargestellt. Zur genauen Durchführung der Untersuchung, siehe die Ausführungen von *Hoffmeister* in VRR 2006, 94.

V. Trunkenheitsfahrten

In den meisten Fällen fahrlässiger Tötung im Straßenverkehr wird das Gericht sich für eine 46 Verhängung einer Geldstrafe entscheiden. In den Fällen von Trunkenheitsfahrten mit tödlichen Unfallfolgen wird hingegen regelmäßig eine Freiheitsstrafe verhängt. Aufgabe der Verteidigung ist es demnach nicht nur, sich mit dem Vorliegen einer Sorgfaltspflichtverletzung auseinanderzusetzen, sondern die Verteidigung vielmehr nach dem Strafmaßrahmen auszurichten, um für den Mandanten eine Strafaussetzung gem. § 56 StGB zu erzielen.

Viele Gerichte begründen ihre Entscheidung „Freiheitsstrafe ohne Bewährung" mit der Ver- 47 teidigung der Rechtsordnung. Das OLG Stuttgart führte hierzu aus, dass allein der Eintritt des Todes aufgrund eines alkoholbedingten Verkehrsunfalls die Vollstreckung der Freiheitsstrafe begründet und es nicht erforderlich sei, weiter auf die Person des Angeklagten bzw nähere Tatumstände einzugehen.[36] Nach Ansicht des BGH kann jedoch die Möglichkeit der Aussetzung zur Bewährung nicht auf bestimmte Gruppen von Straftaten beschränkt werden. Erforderlich ist vielmehr eine Einzelfallprüfung hinsichtlich aller Umstände.[37] Auch nach Ansicht des BayObLG sind einzelne Umstände zu bedenken, wenn die Freiheitsstrafe zur Bewährung ausgesetzt wurde, da die Angeklagte sich aufgrund des Verkehrsunfalls in psychotherapeutische Behandlung begeben musste und allgemein die Tat sich nicht als rücksichtslose Missachtung der Rechtsordnung darstellt.[38]

Daneben können weitere Umstände vorliegen, welche unter einer Einzelfallprüfung die Mög- 48 lichkeit aufzeigen, die Freiheitsstrafe zur Bewährung auszusetzen.[39]

VI. Reaktions- und Gefahrenzeiten

Um die Umstände eines Verkehrsunfalls näher festzustellen, muss zwingend auf die Reakti- 49 onszeiten abgestellt werden. Es kann festgestellt werden, dass grundsätzlich erst dann reagiert werden kann, wenn das Objekt für den Kraftfahrer sichtbar erscheint. Die Sichtbarkeit eines Objekts ist abhängig von der Umfeldleuchtdichte, dem Farbkontrast, der Objektgröße, der

---

35 *Hoffmeister*, VRR 2006, 94.
36 OLG Stuttgart NZV 1991, 80.
37 BGH v. 18.7.1989 – 4 StR 338/89.
38 BayObLG v. 4.8.2003 – 1 St RR 88/03.
39 Beispielhaft: OLG Hamm v. 26.8.2014 – 3 RVs 55/14.

verfügbaren Wahrnehmungszeit sowie von die Sicht mindernden Faktoren. Aus dem hohen Informationsangebot werden ausgewählte Informationen aufgenommen und diese verarbeitet. Erst dann kann es überhaupt zu einer Handlung bzw Reaktion des Fahrers kommen. Bei **Tageslichtumständen** kann die Reaktionszeit unter Umständen auf bis zu 1,5 Sekunden ansteigen. Die übliche Reaktionszeit unter Tageslichtumständen ist beispielsweise anzunehmen beim Aufleuchten der Bremslichter des Vordermanns als Warnung für den Hintermann.

50 Bei **Dunkelheitsunfällen** kann die verzögerte Reaktionszeit aufgrund schlechterer Erkennbarkeitsbedingungen zu Verkehrsunfällen führen. Anders als bei Tageslichtumständen muss der Betroffene zunächst einen abweichenden Helligkeitswechsel wahrnehmen. (Ausführungen zu dem Leuchtdichteunterschied unter Rn 45). Nachdem durch den Fahrer ein Kontrast festgestellt wurde, hat er nunmehr die Entscheidung zu treffen, ob es sich bei dem Objekt um eine Gefahrenquelle handelt. Für diese Zeit der Registrierung sind Reaktionszeitzuschläge angemessen.[40] Aufgrund der Reaktionszeitzuschläge ist bei Dunkelheitsunfällen eine besondere Prüfung der einzelnen Umstände erforderlich.

51 Mit Blick auf die Reaktionszeiten können sich für den Verteidiger Argumente für einen geringen Strafrahmen ergeben.

C. Körperverletzung (§§ 223, 229, 230 StGB)

52 Fahrlässige Körperverletzung ist das Massendelikt unter den Verkehrsstraftaten. Nach vielen – teilweise auch nur leichten – Unfällen empfinden Unfallbeteiligte regelmäßig ein allgemeines Unwohlsein, das vor Ort gemeldet wird. Dieses Unwohlsein ist meist nicht mehr als eine Folge der Anspannung und psychischen Belastung, die mit einem Verkehrsunfall einhergeht. Häufig erinnern sich die Unfallbeteiligten auch an die Schilderungen Dritter, die von unfallbedingten Schmerzensgeldern handeln, woraufhin vorsichtshalber am Unfallort eine Verletzungsmeldung erfolgt.

53 Hierzu muss man aber wissen, dass das Strafgesetz nicht jedwede Veränderung des allgemeinen Wohlbefindens als Verletzungserfolg wertet. Kleinere Einschränkungen sind hinzunehmen, betreffen sie doch das **allgemeine Lebensrisiko**. Auch wird nicht jedes Auf-die-Füße-Treten in einer stark frequentierten Fußgängerzone als Unfall verstanden und zur Geltendmachung von Schadensersatzansprüchen herangezogen.

54 Verfahren hinsichtlich solcher Unfälle, die Verletzungen zur Folge haben, die nicht objektiv mittels äußerer Merkmale oder zB durch Röntgenbilder festgestellt werden können, werden in der Regel von der Ermittlungsbehörde eingestellt, ohne dass es dafür eines wesentlichen Verteidigungsaufwandes bedürfte. Aber auch in den Fällen, in denen die Verletzungen objektiv nachweisbar sind und zu Beeinträchtigungen geführt haben, ist die Strafverfolgungsbehörde mit Strafverfolgungsmaßnahmen zurückhaltend. Es kann auch in diesen Fällen davon ausgegangen werden, dass die „kriminelle Energie" des Täters sehr gering ist. In der Regel wurde der Tatererfolg herbeigeführt durch einen Augenblick der Unachtsamkeit, der Mensch und Maschine verletzte bzw beschädigte. Hier bedarf es keiner wesentlichen Ahndung.

55 Ist aber die Verletzung beträchtlich und lag nicht nur leichte Fahrlässigkeit vor, ist mit Verfolgung zu rechnen. In diesen Fällen zieht die Strafverfolgungsbehörde in der Regel Verkehrs-

---

[40] *Schmedding*, VRR 2006, 417, 421.

zentralregister- und Bundeszentralregisterauszüge bei und veranlasst den Erlass eines Strafbefehls oder die Anklagefertigung. In diesen Fällen muss der Verteidiger aktiv werden, wobei auf die Ausführungen zu §§ 170 Abs. 2, 153 ff StPO zu verweisen ist (§ 7 Rn 33 ff, 48 ff).[41] Der Verteidiger hat dem Mandanten diese Vorschriften zu erläutern, den Zusammenhang zu erklären zwischen Verurteilung und Punkten im Fahreignungsregister, demnach auch die Wohltat deren Nichtanfallens im Falle der Einstellung. Dass ein Wohlverhalten nach der Tat und ein deutliches Interesse am Wohlergehen des Verletzten zugunsten des beschuldigten Mandanten zu werten ist, ist diesem ebenfalls deutlich zu unterbreiten.

▶ **Muster: Antrag auf Verfahrenseinstellung wegen geringer Schuld (1)**

An die

Staatsanwaltschaft

beim Landgericht ...

Az ... Js .../...

In dem Ermittlungsverfahren

gegen

Herrn ...

wegen fahrlässiger Körperverletzung

geben wir für den Beschuldigten folgende Einlassung ab:

Der Beschuldigte befuhr am ... um ... Uhr in ... die ...straße in Richtung ...straße. Vor der Kreuzung, so erinnert sich der Beschuldigte, wurde er abgelenkt und schaute auf die rechte Seite.

Die Kreuzung beobachtete er lediglich aus dem Augenwinkel. Deshalb übersah er das Fahrzeug des bevorrechtigten Fahrers .... Es kam zum Zusammenstoß der Fahrzeuge sowie zum Zusammenstoß weiterer geparkter Fahrzeuge.

Glücklicherweise ist die Verletzung des Unfallbeteiligten ... als ganz leicht zu bezeichnen. Der Beschuldigte hat infolge von Unachtsamkeit den Verkehrsunfall verursacht. Nach unserer Information sind auch alle Regulierungen inzwischen bereits abgeschlossen.

Nach seiner Erinnerung hat der Beschuldigte die zulässige Höchstgeschwindigkeit nicht überschritten. Die Zeugin Frau ... meint zwar, er habe geäußert, 40 bis 45 km/h gefahren zu sein. Der Beschuldigte meint jedoch, dass dies so erwähnt wurde und er, um eine Diskussion zu umgehen, dies als fraglich in den Raum gestellt habe.

Den Beschädigungen kann nicht entnommen werden, dass die Geschwindigkeit zu hoch war. Wir gehen davon aus, dass eine EES-Analyse nicht mehr möglich ist.

Unter diesen Umständen regen wir an,

das Verfahren nach § 153 StPO wegen geringer Schuld einzustellen.

Wir weisen ausdrücklich darauf hin, dass die zivilrechtliche Regulierung seitens der Haftpflichtversicherung des Beschuldigten ohne Beanstandung durchgeführt wurde.

Rechtsanwalt ◀

---

41 Siehe auch die Ausführungen bei *Fischer*, § 46 Rn 20 ff.

57 ▶ Muster: Antrag auf Verfahrenseinstellung wegen geringer Schuld (2)

An die

Staatsanwaltschaft

beim Landgericht ...

Az ... Js .../...

In dem Ermittlungsverfahren

gegen

Herrn ...

wegen fahrlässiger Körperverletzung

geben wir für den Beschuldigten folgende Einlassung ab:

Der Beschuldigte befuhr am ... gegen ... Uhr in ... die ...straße in Richtung ...straße. Er beabsichtigte, dort nach links in die ...straße abzubiegen. Der Beschuldigte schleppte zu diesem Zeitpunkt das Fahrzeug des Zeugen ... ab. Dieser hatte einen Defekt am Anlasser festgestellt, weshalb das Fahrzeug von selbst nicht starten konnte und in die Werkstatt gebracht werden sollte. An der Kreuzung ...straße/...straße hielten beide Fahrzeuge an. Zwischen dem ersten Fahrzeug des Beschuldigten und dem Fahrzeug des Zeugen ... war ein Abstand von ca. 3 m. Ob das Seil angespannt war oder lose herabhing, konnte der Beschuldigte nicht feststellen, da er nicht erkennen konnte, wie weit das Fahrzeug des Zeugen ... noch rollte, nachdem er selbst sein eigenes Fahrzeug angehalten hatte. An der Kreuzung ...straße/...straße standen beide Fahrzeuge ca. anderthalb bis zwei Minuten. Diese lange Verweildauer ergab sich daraus, dass die ...straße bevorrechtigt ist, die Ampelanlage ausgeschaltet war und der Beschuldigte immer mit berücksichtigen musste, beim Einbiegen das Fahrzeug des Zeugen ... mitnehmen zu können, ohne auf der ...straße für Behinderungen zu sorgen.

Das bedeutet, dass zum Zeitpunkt des Anhaltens der Verletzte noch 90 bis 120 Sekunden entfernt war, dh wohl in Höhe der ... Brücke gefahren ist und noch für den Beschuldigten unsichtbar war. Das Fahrzeug des Verletzten blieb bis kurz vor dem Unfall selbst, sowohl für den Beschuldigten als auch für den Zeugen ..., weiterhin unsichtbar, da das Fahrzeug nicht beleuchtet war. Insoweit wird auch zeugenschaftlich bestätigt, dass an dem Fahrzeug keine Lichtanlage feststellbar war.

Nachdem sowohl der Beschuldigte als auch der Zeuge ... den (später verletzten) Fahrradfahrer sahen, rief der Zeuge ... laut vernehmlich eine Warnung, die der Fahrradfahrer auch zur Kenntnis nahm, allerdings ohne zu reagieren. Dies war auch deshalb erstaunlich, da an beiden Fahrzeugen die Warnblinkanlage eingeschaltet und auch deutlich erkennbar für den Querverkehr war.

Da der Fahrradfahrer zwischen den Fahrzeugen durchfuhr und zu diesem Zeitpunkt das Seil noch angespannt war, stürzte er und verletzte sich.

Sowohl der Beschuldigte als auch der Zeuge ... kümmerten sich um den Fahrradfahrer. Der Beschuldigte kümmerte sich auch später weiter um den Verletzten und telefonierte letztmals mit ihm nach der Entlassung aus dem Krankenhaus. Der Verletzte konnte allerdings infolge einer Amnesie zu dem Unfall selbst nichts mehr sagen.

Unter diesen Umständen regen wir an, das Verfahren nach § 153 StPO einzustellen. Die Schuld des Beschuldigten ist allenfalls gering. Eine Mitschuld des Verletzten ist nicht auszuschließen.

Rechtsanwalt ◀

C. Körperverletzung (§§ 223, 229, 230 StGB)

▶ **Muster: Antrag auf Verfahrenseinstellung wegen fehlender Schuld**

An die

Staatsanwaltschaft

beim Landgericht ...

Az ... Js .../...

In dem Ermittlungsverfahren

gegen

Herrn ...

wegen fahrlässiger Körperverletzung

ist das Verfahren gegen den Beschuldigten gem. § 170 StPO einzustellen.

Die Akte erscheint zunächst unvollständig zu sein. Wie der Beschuldigte berichtet hat, hat einer der aufnehmenden Polizeibeamten die Glühbirne des Frontscheinwerfers des Motorrades gesichert. Der aufnehmende Polizeibeamte hat die Glühbirne auch dem Beschuldigten gezeigt. Dabei konnten beide Personen übereinstimmend feststellen, dass sowohl das Gehäuse der Glühbirne als auch die Leuchtspindel der Glühbirne noch voll erhalten waren.

Aus der Tatsache, dass auf den Scheinwerfer eine Gewalt gewirkt hat, die das Glas des Scheinwerfers und den übrigen Scheinwerfer komplett zum Bersten gebracht hat, und der Tatsache, dass die Glühbirne noch voll erhalten ist, kann aus Sicht eines Sachverständigen nur geschlossen werden, dass die Glühbirne zum Zeitpunkt des Verkehrsunfalls nicht eingeschaltet war.

Es wird bereits jetzt vorsorglich die Einholung eines entsprechenden Sachverständigengutachtens beantragt und angeregt zu eruieren, wo einer der aufnehmenden Polizeibeamten die Glühbirne gelassen hat.

Wie der Beschuldigte berichtet hat, wurde der Verkehrsunfall auch durch die Unfallforschung der Technischen Universität ... aufgenommen. Möglicherweise befindet sich dort die entsprechende Leuchteinrichtung.

Es kann somit durch den Beschuldigten nachgewiesen werden, dass der Fahrer des Motorrades zum Zeitpunkt des Unfalls seinen Scheinwerfer nicht eingeschalten hatte.

Angesichts der Tatsache, dass sich der Unfall bei Dunkelheit ereignet hat, ist davon auszugehen, dass es dem Beschuldigten überhaupt nicht möglich war, den dunkel gekleideten Motorradfahrer wahrzunehmen. Bereits deshalb war für den Beschuldigten der Unfall unvermeidbar. Ein Verschulden kann ihm so nicht mehr vorgeworfen werden.

Im Übrigen erscheint die Einlassung des Motorradfahrers äußerst merkwürdig zu sein. Dieser teilt mit, dass er erkannt hat, dass der Beschuldigte langsam in den Kreuzungsbereich einfuhr. Eine eingeleitete Bremsung wurde jedoch wieder aufgegeben. Aufgrund der Tatsache, dass der Motorradfahrer beschreibt, dass ihm danach noch Zeit blieb, sich Gedanken über das weitere Tun zu machen, ist zu schließen, dass es dem Motorradfahrer durchaus möglich gewesen wäre, den Verkehrsunfall durch Abbremsen zu vermeiden.

Auch für diese Tatsache wird bereits jetzt vorsorglich beantragt, ein entsprechendes Sachverständigengutachten einzuholen.

Nichtsdestoweniger ist das Verfahren nach § 170 Abs. 2 StPO einzustellen.

Rechtsanwalt ◀

§ 9 Einzelne Straftatbestände in Verkehrsstrafsachen

59 ▶ **Muster: Antrag, den Führerschein wegen dringender persönlicher Umstände zu belassen**

An das Amtsgericht ...
– Strafrichter –
Az ...
In der Strafsache
gegen
Herrn ...
wegen fahrlässiger Körperverletzung
geben wir für den Angeschuldigten folgende ergänzende Einlassung ab:
Der Angeschuldigte räumt das ihm zur Last gelegte Fehlverhalten unumwunden ein. Infolge von Unaufmerksamkeit oder Überforderung durch die ihm völlig fremde Verkehrssituation übersah er die ampelgeregelte Kreuzung.
Aufgrund dessen fuhr er in die Kreuzung ein, nicht wissend, dass er das Rotlicht der Lichtzeichenanlage beachten musste.
Dankenswerterweise kann davon ausgegangen werden, dass der Schaden nicht allzu hoch ist. Der Sachschaden ist mit 2.900 EUR zu bewerten. Der Körperschaden beschränkte sich auf eine Platzwunde, die innerhalb einer Woche bei großzügiger Betrachtungsweise ausgeheilt war. Unter diesen Umständen ist die Tatbestandsverwirklichung eindeutig.
Wir geben aber Folgendes zu bedenken:
Der Angeschuldigte ist verheiratet und hat zusammen mit seiner Ehefrau fünf Kinder. Von diesen fünf Kindern sind noch drei Kinder wirtschaftlich von ihm abhängig. Zwei Kinder befinden sich in der Lehre, ein Kind ist elf Jahre alt. Das monatliche Nettoeinkommen des Angeschuldigten, der als angestellter Prediger der landeskirchlichen Gemeinschaft arbeitet, beläuft sich auf 1.820 EUR. Das für drei Kinder zur Verfügung gestellte Kindergeld beläuft sich auf 460 EUR. Die Ehefrau des Angeschuldigten hat kein eigenes Einkommen. In der Regel sind 2/5 des Einkommens des Ehemanns als Unterhalt der Ehefrau zuzurechnen.
Regelmäßig wird zudem ein Unterhaltsbeitrag für jedes einzelne Kind in Höhe von ca. 250 EUR festgelegt. Unter diesen Umständen kommt man zu dem Ergebnis, dass das tatsächlich zur Verfügung stehende Einkommen des Beschuldigten so gering ist, dass ein Tagessatz unter 10 EUR festgestellt werden muss.
Beruflich ist unser Mandant als Prediger für den Bezirk ... zuständig, zu welchem auch die Ortschaften ..., ... und ... zählen. Unser Mandant wohnt in ..., einem Ort, der 15 km von ... entfernt liegt. Unser Mandant ist täglich mit seinem Fahrzeug unterwegs, um seine Arbeit erledigen zu können. Darüber hinaus hat er regelmäßig Verwaltungstätigkeiten in ... vorzunehmen, wo die landeskirchliche Gemeinschaft ihren Hauptsitz in Sachsen hat.
Über die täglichen Veranstaltungen hinaus, die der Angeschuldigte zu leiten hat, hat der Angeschuldigte eine Vielzahl von diakonischen Aufgaben zu erledigen. Er muss zum einen ältere Leute besuchen und sich um deren Wohl kümmern, zum anderen aber auch Leute betreuen, die in wirtschaftlichen Schwierigkeiten oder persönlichen Krisen stecken. Daher ist es ihm völlig unmöglich, seine Arbeit zu verrichten, ohne mit seinem Pkw unterwegs zu sein. Zwar steht dem Angeschuldigten der übliche Urlaubsanspruch zu. Üblich ist allerdings auch, dass allenfalls zwei Wochen Urlaub „am Stück" genommen werden, um die Gemeinde nicht zu lang allein zu lassen. Ein Fahrverbot hätte demnach existenzbedrohende Züge. In der Position des Angeschuldigten ist ein Führerschein

dringend erforderlich. Der Verlust des Führerscheins wird zu einem erheblichen Prestige- und Vertrauensverlust führen, der schwerlich gutzumachen wäre. Wir regen deshalb an, über ein geändertes Strafmaß, gegebenenfalls über eine Verfahrenseinstellung nach § 153 a StPO nachzudenken. Hier fällt auf, dass der Angeschuldigte noch nie im Straßenverkehr oder ähnlich auffällig war. Weder das Bundeszentralregister noch das Fahreignungsregister weisen einen Eintrag auf. Dies entspricht auch der üblichen Verhaltensweise des Angeschuldigten, der lieber einmal zu vorsichtig und zurückhaltend fährt, als ein vermeintliches Recht zu erzwingen. Es ist deshalb völlig wesensfremd, dass der Angeschuldigte im vorliegenden Fall in die rotlichtgeschützte Kreuzung eingefahren ist: Der Angeschuldigte hat dies einfach übersehen, was als leichte Fahrlässigkeit zu bewerten ist, auch wenn der Verstoß selbst als grob in der Rechtsprechung angesehen wird. Zu bedenken ist weiterhin, dass versicherungsvertragsrechtliche Folgen den Angeschuldigten finanziell stark belasten. Die Folge des § 61 VVG muss hier nicht weiter erläutert werden. Wir bitten Sie deshalb höflich, über eine Verfahrenseinstellung nach § 153 a StPO mit der Staatsanwaltschaft zu verhandeln.

Rechtsanwalt ◄

D. Nötigung (§ 240 StGB)

Das Delikt „Nötigung" entsteht in der verkehrsrechtlichen Praxis oft durch die Aktivität zweier Personengruppen: der „jugendlichen Drängler und Raser" einerseits und der „Oberlehrer", die Verkehrsteilnehmer erziehen wollen, andererseits. Damit ist weitgehend die Masse sowohl der Täter als auch der Opfer beschrieben. 60

Zum einen kann nicht geduldet werden, dass jemand aus den eigensüchtigen Gründen bedingungsloser Eile Dritte zu etwas zwingt, zum anderen ist es inakzeptabel, wenn sich Verkehrsteilnehmer berufen fühlen, anderen Verkehrsteilnehmern durch sanften Zwang „Fahrunterricht" zu erteilen. Dieses Thema ist immerhin so bedeutend und bedenkenswürdig, dass der Verkehrsgerichtstag 2005 einen Arbeitskreis installierte, der sich der Problematik annahm.[42] 61

Hinweis: Zu bedenken hat der Verteidiger beim Erstgespräch mit dem Mandanten, dass es sich bei der Verteidigung eines Nötigungsdelikts um ein Vorsatzdelikt handelt, das von der Rechtsschutzversicherung nur dann komplett kostengedeckt ist, wenn es nicht mit einer Verurteilung wegen Vorsatzes endet. 62

Zu beachten sind folgende Einzelprobleme bei der Verteidigung: 63

I. Ausbremsen als Nötigung

Der Tatbestand kann erfüllt sein, wenn ein Fahrer einen nachfolgenden Fahrer durch eine „massive Verminderung der Geschwindigkeit seines Fahrzeugs zu einer unangemessenen niedrigen Geschwindigkeit" veranlasst, ohne dass der Betroffene ausweichen oder überholen kann.[43] 64

Beispiel: 65
Ein Pkw-Fahrer zwingt den nachfahrenden Lkw-Fahrer auf einer BAB, seine Geschwindigkeit ständig anzupassen und sie von 92 km/h bis auf 42 km/h zu reduzieren, wobei das Herabset-

---

42 43. Verkehrsgerichtstag 2005, Arbeitskreis IV, „Strafrecht gegen Verkehrsrowdies – rechtliche und rechtspolitische Aspekte".
43 BayObLG VA 2001, 167; OLG Celle v. 3.12.2008 – 32 Ss 172/08.

zen der Geschwindigkeit teilweise nur durch eine deutliche Bremsung möglich ist. Einen verkehrsbedingten Grund hierfür gibt es nicht. Der Pkw-Fahrer will den Lkw-Fahrer vielmehr maßregeln, weil dieser in einem Lkw-Überholverbot verbotswidrig einen Tanklastzug überholt hat.

Das erkennende Gericht stellt daraufhin fest, dass eine Nötigung nicht nur vorliegt, wenn der Täter den nachfolgenden Fahrer zu einer Vollbremsung zwingt oder bis zum Stillstand herunterbremst. Eine Nötigung liegt bereits vor, wenn der Täter seine Geschwindigkeit ohne verkehrsbedingten Grund massiv reduziert, um den nachfolgenden Fahrer zu einer unangemessen niedrigen Geschwindigkeit zu zwingen, und der Nachfolgende das ihm vom Täter aufgezwungene Verhalten nicht durch Ausweichen oder Überholen vermeiden kann.[44] Ausbremsen wird in der Rechtsprechung als Nötigung nach § 240 StGB angesehen.[45]

II. Dauerndes Linksfahren auf der Autobahn

66 Verhindert ein Kraftfahrzeugführer durch stetiges Fahren auf dem linken Fahrstreifen einer BAB, dass er von einem nachfolgenden Fahrzeug überholt wird, so kann dies ebenfalls den Tatbestand der Nötigung erfüllen, allerdings nicht bei jedem planmäßigen Verhindern des Überholtwerdens, sondern nur dann, wenn erschwerende Umstände mit einem besonderen Gewicht hinzukommen, die die Wertung erlauben, dass das Verhalten des Täters den Makel des sittlich Missbilligenswerten, Verwerflichen und sozial Unerträglichen hat.[46]

67 **Beispiel:**
Ein Autofahrer fährt auf dem linken Fahrstreifen der BAB mit einer konstanten Geschwindigkeit von 100 km/h, obwohl er ohne Weiteres den rechten Fahrstreifen nutzen könnte. Diesem nähert sich von hinten der Pkw einer Frau, die den Autofahrer überholen will. Der Frau gelingt es trotz Betätigung des linken Blinkers über eine Fahrstrecke von 2 km nicht, den Autofahrer dazu zu bewegen, auf den rechten Fahrstreifen zu wechseln. Als sich von hinten ein weiteres, noch schnelleres Fahrzeug nähert, wechselt die Frau selbst auf den rechten Fahrstreifen in der Hoffnung, dass der Autofahrer diesem Fahrzeug Platz mache. Diese Hoffnung erfüllt sich nicht. Auch dem Fahrer des zweiten Pkw gelingt es über eine Fahrstrecke von 2 km nicht, den Autofahrer zu einem Wechsel auf den rechten Fahrstreifen zu bewegen.
Hier hat das AG den Autofahrer wegen Nötigung nach § 240 StGB zu einer Geldstrafe verurteilt. Das OLG Düsseldorf hob diese Verurteilung auf mit der Feststellung, der Beweggrund der Behinderung müsse feststellbar und nach allgemeinem Urteil sittlich zu missbilligen und so verwerflich sein, dass er sich als strafwürdiges Unrecht darstelle und nicht nur als ein Verhalten, das schon nach den Vorschriften der StVO als Ordnungswidrigkeit angemessen geahndet werden könne.[47] Dem folgt auch der BGH.[48]

68 Daraus ergibt sich die besondere **Prüfung bei „Linksfahrerfällen"** wie folgt: Zunächst ist zu prüfen, ob ein Verstoß gegen das Rechtsfahrgebot gem. § 2 StVO vorliegt. Dafür muss man sich ausführlich mit der Verkehrssituation auseinandersetzen. Dabei genügen allgemeine Fest-

---

44 BayObLG VA 2001, 167.
45 BGH DAR 1995, 296 = NZV 1995, 325; OLG Stuttgart DAR 1995, 261 = NZV 1995, 285. Der vom BGH entschiedene Fall wies allerdings die Besonderheit auf, dass der Täter den Fahrer des folgenden Fahrzeugs zum Anhalten gezwungen hatte. Die Entscheidung des BayObLG VA 2001, 167 geht darüber hinaus.
46 OLG Düsseldorf VA 2000, 2.
47 OLG Düsseldorf VA 2000, 2.
48 BGHSt 18, 389, 390.

stellungen nicht, wie beispielsweise, die Autobahn sei wenig befahren gewesen, es habe eine geringe Verkehrsdichte geherrscht.[49] Es müssen Angaben erfolgen über die jeweils fahrenden Fahrzeuge, ihre Abstände und ihre Fahrgeschwindigkeiten. Nur daraus lässt sich ersehen, ob der Linksfahrer auch verpflichtet war, auf den rechten Fahrstreifen zu fahren.

Ein Verstoß gegen das Rechtsfahrgebot allein ist als Annahme einer strafrechtlich relevanten Nötigung nicht ausreichend. Hinzu kommen muss die Verwerflichkeit des Verhaltens im Sinne des § 240 Abs. 2 StGB. Dafür müssen besondere Umstände dazukommen wie die Gefährdung anderer Verkehrsteilnehmer, absichtliches Langsamfahren, plötzliches Linksausbiegen oder beharrliches Linksfahren bei freier Autobahn, um ein Überholen zu verhindern (sog. Disziplinieren). 69

Bei der Feststellung der Verwerflichkeit ist ein strenger Maßstab anzulegen.[50] Umfassend zu würdigen sind alle Umstände des Einzelfalls. Diese müssen auch konkret feststehen und dürfen nicht nur auf Vermutungen beruhen, damit von den Umständen auf die Verwerflichkeit geschlossen werden kann. So ist eine länger währende und nicht nur kurzfristige Behinderung ohne vernünftigen Grund erforderlich. Das OLG Düsseldorf[51] sagt letztlich, dass eine Fahrstrecke von 4 km auf einer BAB nicht ausreichend erscheint, um ein beharrliches Linksfahren anzunehmen. Weiter entscheidend ist das Verhalten des behinderten Verkehrsteilnehmers. Provoziert dieser den Linksfahrer durch Lichthupe, zu dichtes Auffahren oder Ähnliches, bekommt der Kompensationsgedanke nach § 199 StGB Bedeutung. 70

III. Längeres Verhindern des Überholens durch Radfahrer

Ein Radfahrer, der das Überholen eines Pkw dadurch verhindert, dass er für die Dauer von etwa einer Minute absichtlich extrem langsam vor diesem herfährt, übt zwar eine dem Gewaltbegriff des § 240 Abs. 1 StGB unterfallende nötigende (psychische und physische) Gewalt aus, begeht aber gleichwohl wegen der nur kurzen Dauer und der geringen Intensität der Behinderung des Pkw-Fahrers sowie wegen fehlender Verwerflichkeit im Sinne des § 240 Abs. 2 StGB noch keine tatbestandsmäßige Nötigung.[52] 71

Beispiel: 72
Eine Radfahrerin nutzt die Gelegenheit, an einer Rotlicht zeigenden Ampel an allen dort fahrenden Fahrzeugen vorbeizufahren, fährt bei nachfolgendem Grünlicht vor einem der Autos weiter und bremst in einem Abstand von 5 m grundlos ab. Um einen Zusammenstoß zu verhindern, muss die nachfolgende Autofahrerin mit ihrem Fahrzeug eine Vollbremsung vornehmen. Anschließend fährt die Radfahrerin ca. eine Minute langsam, jedes Überholen verhindernd, vor dem Fahrzeug her. Dadurch ist die Autofahrerin gezwungen, extrem langsam hinter ihr herzufahren.
Das AG hat die Radfahrerin verurteilt, die Revision führte zu einem Freispruch. Das Revisionsgericht gelangte zu der Auffassung, dass in dem Verhalten der Radfahrerin, auch unter Berücksichtigung der Entscheidung des BVerfG vom 10.1.1995[53] eine dem Gewaltbegriff des § 240 Abs. 1 StGB unterfallende Gewaltanwendung gesehen werden kann. Die Radfahrerin

---

49 So OLG Düsseldorf VA 2000, 21 ff.
50 BGHSt 18, 389; OLG Köln NZV 1993, 36.
51 VA 2000, 21 ff.
52 OLG Koblenz v. 11.6.2001 – 2 Ss 44/01.
53 NJW 1995, 1141.

habe die Autofahrerin nicht nur psychisch gezwungen, eine Vollbremsung durchzuführen und sodann langsam hinter ihr herzufahren. Sie hat ihr Fahrrad durch ihre Fahrweise auch als physisch wirkende Barriere eingesetzt. Allerdings reiche für eine Nötigung nicht jede vorsätzliche, durch physische Gewaltanwendung herbeigeführte Behinderung der Fortbewegung eines anderen Verkehrsteilnehmers aus. Vielmehr müssten erschwerende Umstände mit so besonderem Gewicht hinzutreten, dass dem Verhalten des Täters der Makel des sittlich Missbilligenswerten, Verwerflichen und sozial Unerträglichen anhafte. Eine entsprechende Abwägung führte in diesem Fall dazu, dass das OLG Koblenz eine Nötigung verneinte.[54]

73   Das OLG Koblenz kommt daher nur dann zur Verwerflichkeit der Nötigung, wenn erschwerende Umstände festgestellt werden; diese seien dann von besonderem Gewicht, wenn die Verhinderung der Fortbewegung anderer Verkehrsteilnehmer über eine längere Zeitdauer festzustellen sei und die Intensität, mit der der Täter auf die Entschlussfassung eines Dritten einwirke, eine Gefährdung des anderen Verkehrsteilnehmers bewirke.[55]

74   Nicht ausreichend sind demnach lediglich kurzfristige Behinderungen.[56] Während allerdings das OLG Koblenz eine Verhinderung des Überholens von 1,5 Minuten Dauer als nicht mehr kurzfristig ansieht, geht das OLG Düsseldorf noch bei einer 2,5 Minuten andauernden Behinderung von Kurzfristigkeit aus.[57]

IV. Versperren der Fahrbahn mit ausgebreiteten Armen

75   Der Tatbestand des § 240 StGB wird noch nicht allein durch das Versperren der Fahrbahn mit ausgebreiteten Armen erfüllt. Legt sich der Täter aber mit seinem Körper auf die Motorhaube eines Kraftfahrzeugs, liegt der Tatbestand der Nötigung vor.[58]

76   **Beispiel:**
Ein Mann will eine Autofahrerin an der Weiterfahrt mit ihrem Pkw hindern. Er stellt sich mit ausgebreiteten Armen so auf die Fahrbahn, dass sie anhalten muss und keine Möglichkeit mehr hat, an ihm vorbeizufahren, ohne ihn zu gefährden. Als die Autofahrerin wieder losfahren will, stellt der Mann sich erneut vor den Pkw und legt sich dann mit seinem ganzen Körper auf die Motorhaube, um nun auf diese Weise das Weiterfahren zu verhindern. Die Autofahrerin hält erneut an, weil sie wiederum nicht in Kauf nehmen will, den Mann durch die Weiterfahrt zu gefährden.
Der BGH hat die Verurteilung des Mannes wegen Nötigung nach § 240 StGB nicht beanstandet. Er führte aus, dass allein das Versperren der Fahrbahn durch ausgebreitete Arme den Nötigungstatbestand nicht erfülle. Nach der Rechtsprechung des BVerfG zur Auslegung des Merkmals „Gewalt" in § 240 Abs. 1 StGB liege eine solche nicht vor, wenn die Handlung lediglich in körperlicher Anwesenheit bestehe und die Zwangswirkung auf den Betroffenen nur psychischer Natur sei. Daran ändere nichts, dass die Entscheidung des BVerfG im Zusammenhang mit Sitzdemonstrationen ergangen sei. Die Auslegung des Gewaltbegriffs in § 240 Abs. 1 StGB könne nicht davon abhängen, welche Ziele der Täter verfolge.[59]

---

54   OLG Koblenz v. 11.6.2001 – 2 Ss 44/01.
55   OLG Koblenz v. 11.6.2001 – 2 Ss 44/01.
56   OLG Düsseldorf VA 2000, 21 ff; OLG Köln NZV 2000, 99 mwN.
57   OLG Koblenz v. 11.6.2001 – 2 Ss 44/01; OLG Düsseldorf VA 2000, 21 ff.
58   BGH v. 23.4.2002 – 1 StR 100/02.
59   BGH v. 23.4.2002 – 1 StR 100/02.

Dennoch hatte der Schuldspruch im Ergebnis Bestand, da der Mann sich anschließend, als die Zeugin weiterfahren wollte, mit seinem Körper auf die Motorhaube des Fahrzeugs legte. Damit habe er unter Einsatz seines Körpers und unter Entfaltung einer gewissen Körperkraft auch ein physisches Hindernis geschaffen, von dem auf die Autofahrerin nicht nur eine psychische Zwangswirkung durch bloße Anwesenheit ausging.[60]

Die vom BGH angeführte Rechtsprechung des BVerfG zum Gewaltbegriff[61] hat auch auf die Anwendung des § 240 StGB im Straßenverkehr Auswirkungen. Danach ist bei Zwang im Straßenverkehr zwischen Behinderungen mit körperlicher Zwangswirkung und solchen, die das Verhalten des Betroffenen nur psychisch beeinflussen, zu unterscheiden. Der Nötigungstatbestand wird nur von Ersteren erfüllt.

Angenommen wurde eine Nötigung zB für das Blockieren der Überholspur,[62] für beharrliches Linksfahren auf freier Autobahn[63] und für Blockieren durch Ausbremsen.[64] **Abgelehnt** wurde eine Nötigung bei nur kurzem dichtem Auffahren auf den Vordermann,[65] beim Hupen, um den anderen zum Weiterfahren zu veranlassen,[66] oder bei nur kurzfristiger Behinderung.[67] Nach dem vom BVerfG vertretenen Gewaltbegriff ist das Stehenbleiben einer Person in einer freien Parklücke, um den Einfahrenden nur passiv zu behindern, keine Nötigung nach § 240 StGB, sondern nur ein Verstoß gegen § 1 StVO.[68]

V. Zufahren auf einen Fußgänger

Beispiel:
Ein Polizist will das Weiterfahren eines Autofahrers unterbinden. Er stellt sich deshalb ca. 2,5 m frontal vor dessen Auto und fordert diesen wiederholt auf, durch Winken mit beiden Armen sowie verbal, sein Auto an den rechten Straßenrand zu fahren. Um den Polizisten zur Seite zu zwingen, tritt der Autofahrer zunächst mehrmals auf das Gaspedal und lässt den Motor laut aufheulen. Sodann fährt er „mit langsamer Anfahrgeschwindigkeit" auf den Polizisten zu, der daraufhin zur Seite tritt.[69]
Das nach § 240 StGB verurteilende Urteil der Strafkammer wurde vom OLG Düsseldorf aufgehoben. Es wandte auf diesen Sachverhalt die Rechtsprechungsgründe zum Zufahren auf einen in der Parklücke stehenden Fußgänger an. Danach liegt eine Nötigung vor, wenn der Fußgänger durch das Zufahren zur Freigabe des Parkplatzes gezwungen werden soll und dabei eine erhebliche Gefährdung für dessen körperliche Unversehrtheit verursacht oder dieser gar verletzt wird. Den objektiven Tatbestand einer Nötigung sah das OLG Düsseldorf demnach als erfüllt an. Das Gericht hat allerdings Bedenken wegen der Annahme der Verwerflichkeit nach § 240 Abs. 2 StGB geäußert. Da keine Körperverletzung des Polizeibeamten festgestellt worden sei, könne von „Verwerflichkeit" nur die Rede sein, wenn zumindest die körperliche Unversehrtheit des Polizeibeamten gefährdet war. Die von der Kammer dazu er-

---

60 BGH v. 23.4.2002 – 1 StR 100/02.
61 BVerfG NJW 1995, 1141.
62 OLG Köln NZV 1997, 318.
63 OLG Düsseldorf VA 2000, 21.
64 BGH NJW 1995, 3131; BayObLG VA 2001, 167.
65 OLG Karlsruhe NStZ-RR 1998, 58.
66 OLG Düsseldorf NJW 1996, 2245.
67 OLG Düsseldorf NZV 2000, 301.
68 So auch *Hentschel/König/Dauer*, Straßenverkehrsrecht, § 2 StVO Rn 62.
69 Fall nach OLG Düsseldorf v. 30.8.2000 – 2 a Ss 164/00-33/00.

80 Daraus ergib sich, dass das Zufahren auf andere nicht immer strafrechtliche Konsequenzen haben muss. Das Zufahren auf einen Fußgänger erfüllt demnach den objektiven Tatbestand des § 240 StGB.[71] Kommt es darüber hinaus zu einer konkreten Gefährdung, wird nicht nur der Tatbestand des § 240 StGB, sondern auch der Tatbestand des § 315 b Abs. 1 Nr. 3 StGB erfüllt sein.

81 Weiter ist zu überlegen, ob die Gewaltanwendung verwerflich im Sinne des § 240 StGB ist und damit rechtswidrig. Die **Verwerflichkeit** ergibt sich aus einer Mittel-Zweck-Relation. Nicht nur das angewendete Mittel oder der angestrebte Zweck dürfen als verwerflich angesehen werden. Entscheidend ist, dass das Mittel der Willensbeeinflussung im Hinblick auf den erstrebten Zweck als anstößig zu werten ist. Daher muss die Gewaltanwendung über das billigenswerte Maß hinausgehen, um die Tat als Nötigung bestrafen zu können. Nicht schon jedwede Behinderung, Belästigung oder Gefährdung eines Verkehrsteilnehmers, die in ihrem Unrechtsgehalt den Rahmen einer nach § 1 StVO zu ahndenden Ordnungswidrigkeit nicht übersteigt, kann als sittlich so missbilligenswert angesehen werden, dass sie verwerflich wäre.

82 Ob das Verhalten eines Kraftfahrers, der auf einen Fußgänger zufährt, als verwerflich gewertet werden kann, lässt sich nur anhand der besonderen Umstände des Einzelfalls beurteilen. In der Rechtsprechung haben sich dazu bestimmte Grundsätze herauskristallisiert. Bewirkt die Erzwingung der Fahrbahnfreigabe eine nicht unerhebliche Verletzung der körperlichen Unversehrtheit des Dritten, indem dieser durch das anfahrende Kraftfahrzeug erfasst wird und einen körperlichen Schaden davonträgt, liegt der Tatbestand des § 240 StGB vor.[72] Wenn im Verlauf des Geschehens keine Körperverletzung begangen wurde, dann muss für eine Verurteilung wegen Nötigung wenigstens eine erhebliche Gefährdung der körperlichen Unversehrtheit des Dritten eingetreten sein.

83 Uneinigkeit herrscht in Rechtsprechung und Literatur jedoch darüber, wann die **Erheblichkeitsschwelle** erreicht und überschritten ist. Aufgrund der jeweiligen konkreten Umstände des Einzelfalls erscheint es auch nicht möglich, eine generelle Antwort zu geben. Zu den zu berücksichtigenden Umständen gehört beispielsweise das Verhalten desjenigen, auf den zugefahren wird.[73] Bei einer Parklücke ist ferner von Bedeutung, wer diese zuerst erreicht hat.[74] Teilweise kommt es auch darauf an, ob vom Dritten erwartet werden konnte, dass er dem angewendeten Zwangsmittel in besonnener Selbstbehauptung standhält.[75]

84 Nicht wegen Nötigung bestraft wurde mangels Verwerflichkeit ein Kraftfahrer, der äußerst langsam fuhr und jederzeit anhalten konnte, den Umständen konnte im Übrigen nicht die Drohung entnommen werden, er werde weiterfahren, wenn der Fußgänger zu Fall oder unter die Räder des Pkw zu kommen drohte.[76] In ähnlichen Fällen kam es zudem darauf an, ob der langsam auf den Fußgänger zufahrende Pkw diesen nur mit der Stoßstange schob und der

---

70 OLG Düsseldorf v. 30.8.2000 – 2 a Ss 164/00-33/00.
71 BGH VRS 40, 104; OLG Düsseldorf VerkMitt. 1978, Nr. 68; OLG Hamm VerkMitt. 1969, Nr. 123.
72 OLG Düsseldorf VerkMitt. 1978, Nr. 68.
73 OLG Düsseldorf VerkMitt. 1978, Nr. 68.
74 OLG Hamm VerkMitt. 1969, Nr. 123; zur Geltung des § 12 Abs. 5 StVO siehe OLG Düsseldorf NZV 1992, 199.
75 BGH NStZ 1992, 278.
76 BGH VRS 44, 437, 439.

Pkw jederzeit angehalten werden konnte[77] oder ob der Fußgänger jederzeit hätte ausweichen können, so dass für ihn die Gefahr relativ gering war.[78]

Dagegen ist eine Nötigung bejaht worden, wenn eine hohe Verletzungsgefahr des Fußgängers durch die Art und Weise des Zufahrens bestand, nämlich dergestalt, dass der Fußgänger, sich auf die Vorderseite des Pkw abstützend, rückwärts ausweichen musste.[79] Ebenso wird es als verwerflich angesehen, wenn dem Fußgänger zusätzlich mit den Worten „Gehen Sie weg, oder ich überfahre Sie!" gedroht wird.[80]

Jedenfalls ist die Verurteilung einer Nötigung sorgfältig dahin gehend zu überprüfen, ob die „erhebliche Gefährdung" des Dritten eingetreten ist. Insofern muss das Urteil Angaben enthalten zur Geschwindigkeit des anfahrenden Fahrzeugs, zum Verhalten des anderen Verkehrsteilnehmers, zu dessen Abstand zum Fahrzeug während des Beiseitetretens, zur Art und Weise des Beiseitetretens des anderen und zur Frage, ob der andere ohne ein Beiseitetreten einem Angefahren- oder Überrolltwerden ausgesetzt war.

Schließlich sei noch erwähnt, dass der Verteidiger, der den Fußgänger vertritt, der dem parkwilligen Kraftfahrer den Weg versperrt, davon ausgehen kann, dass schon tatbestandlich in der Regel eine Nötigung ausscheidet. Im Hinblick auf den Gewaltbegriff aus der Rechtsprechung des BVerfG wendet der Fußgänger schon keine Gewalt an,[81] jedenfalls wird es regelmäßig an der Verwerflichkeit fehlen.[82]

▶ **Muster: Berufungsbegründungsschrift (fehlende Verwerflichkeit)**

An das Landgericht ...

– Strafabteilung –

vorab per Fax: ...

Az ... Js .../...

In der Strafsache

gegen Herrn ...

wegen Nötigung

soll es im Wesentlichen der Hauptverhandlung überlassen werden, aufzuzeigen, dass die Berufung begründet ist.

Dies ist letztlich dem Umstand geschuldet, dass es vorliegend im Wesentlichen auf die Beweiswürdigung ankommt.

Das Amtsgericht hat die Verurteilung des Angeklagten im Wesentlichen auf die Aussage des Zeugen ... gestützt. Dass die Bußgeldstelle gegen den Angeklagten ein Ordnungsgeld in Höhe von 35 EUR verhängt hat und dabei auch die Aussage des Zeugen ... zu beurteilen hatte, zeigt deutlich auf, dass bis auf den Amtsrichter wohl niemand auf die Idee gekommen wäre, dass vorliegend ein Straftatbestand erfüllt sein könnte. Vielmehr ist festzustellen, dass die Bußgeldstelle sogar vom Regelbußgeld nach unten abgewichen ist. Nach Bekunden des Angeklagten hatte dieser gemeint, dass der Zeuge ... eine Lücke lassen würde, damit der Angeklagte in diese Lücke hineinfahren konnte.

---

77 OLG Hamburg NJW 1968, 662.
78 OLG Stuttgart VRS 35, 438 und NJW 1966, 745.
79 OLG Hamm NJW 1970, 2074.
80 BayObLG VerkMitt. 1963, Nr. 40.
81 BVerfGE 92,1 = NJW 1995, 1141.
82 *Fischer*, § 240 Rn 48 mwN.

Hat der Zeuge ... dies nicht getan, so ist ein Missverständnis gegeben, was jedoch nicht dazu führen kann, dass der Angeklagte verwerflich gehandelt hätte. Da er meinte, dass der Zeuge ... ihn in die Fahrspur hineinlassen würde, kann es dem Angeklagten auch nicht darauf angekommen sein, zu erzwingen, dass er in die Fahrspur kommt. Er meinte ja gerade, dass ein solcher Zwang gerade nicht erforderlich war.

Dass das Amtsgericht dem Zeugen ... vorliegend wohl eine Falschaussage unterstellt, kann nur damit begründet werden, dass sich die Aussage des Zeugen ... mit dem Verurteilungseifer des Amtsgerichts nicht in Einklang bringen ließ.

Die Aussage des Zeugen ... stützt jedoch die Einlassung des Angeklagten und lässt deutlich werden, dass möglicherweise alles gegeben ist, jedoch kein strafbares Verhalten des Angeklagten.

Der Angeklagte wird daher freizusprechen sein.

Rechtsanwalt ◀

E. Gefährlicher Eingriff in den Straßenverkehr (§ 315 b StGB)

89 § 315 b StGB ist ein Verbrechen, das nach Abs. 3 der Vorschrift mit Freiheitsstrafe bis zu zehn Jahren geahndet werden kann. Der Verkehrsrechtsanwalt wird eher selten mit der Verteidigung dieses Vorwurfs konfrontiert, weil dieser voraussetzt, dass der Täter das von ihm geführte Fahrzeug bewusst zweckwidrig einsetzt. Er muss in der Absicht handeln, den Verkehrsvorgang zu einem Eingriff zu pervertieren.[83] Es handelt sich bei der Tat um einen verkehrsfremden Eingriff, der selbst nicht Teil von Verkehrsvorgängen ist, sondern „von außen" auf diese einwirkt.[84]

I. Öffentlicher Straßenverkehr

90 Es geht hierbei um die Sicherheit des öffentlichen Straßenverkehrs, weshalb Vorkommnisse auf Privatwegen und nicht allgemein zugänglichen Straßen ausscheiden. Flächen außerhalb des öffentlichen Verkehrsraums sind vom Schutzzweck der Norm nicht umfasst.

91 **Beispiel:**
Befindet sich das Opfer in dem Zeitpunkt, in dem sich der Täter zur Tatbegehung entschließt und sein Auto zweckwidrig als Waffe oder Schadenswerkzeug einsetzt, außerhalb des öffentlichen Verkehrsraums, hier: auf dem Grünstreifen, fehlt es an einer Beeinträchtigung der Sicherheit des Straßenverkehrs und damit an einer tatbestandlichen Voraussetzung für die Anwendbarkeit des § 315 b StGB.[85]

92 Ebenso hatte der BGH schon vorher entschieden, als er festlegte, dass auf einem Werksgelände kein „Straßenverkehr" stattfindet im Sinne des § 315 b StGB, wenn der Zutritt lediglich Werksangehörigen und Personen mit individuell erteilter Erlaubnis möglich ist.[86] Auf einem privaten Betriebsgelände findet demnach nur dann öffentlicher Straßenverkehr statt, wenn der Zugang zum Gelände freigegeben ist.[87]

---

83 BGHSt 41, 231.
84 *Fischer*, § 315 b Rn 2.
85 BGH v. 8.6.2004 – 4 StR 160/04, VA 2004, 193.
86 BGH v. 4.3.2004 – 4 StR 377/03, VA 2004, 174.
87 So auch *Fischer*, § 315 b Rn 4.

E. Gefährlicher Eingriff in den Straßenverkehr (§ 315 b StGB)

II. Zumindest bedingter Schädigungsvorsatz

Zerstören, Beschädigen, Beseitigung von Anlagen und Fahrzeugen, Hindernis bereiten und ähnliche ebenso gefährliche Eingriffe werden als Tathandlung benannt. Der BGH hat im Jahr 2003 seine Rechtsprechung zu § 315 b StGB geändert.[88] Danach reicht zur Erfüllung des Tatbestands des § 315 b StGB nicht mehr ein bloßer Gefährdungsvorsatz aus, sondern der Täter muss mit zumindest bedingtem Schädigungsvorsatz handeln. Dazu muss der Tatrichter im Urteil Feststellungen treffen. Fehlen diese, führt die Sachrüge zur Aufhebung des Urteils. In dem entschiedenen Fall fuhr der Angeklagte mit seinem Fahrzeug auf einen Polizeibeamten zu. Er wollte sich der Festnahme entziehen. Er hatte lediglich Gefährdungsvorsatz. Hier entschied der BGH, dass bei Vorgängen im fließenden Verkehr zu dem bewusst zweckwidrigen Einsatz eines Fahrzeugs in verkehrswidriger Absicht hinzukommen muss, dass es mit mindestens bedingtem Schädigungsvorsatz – etwa als Waffe oder Schadenswerkzeug – missbraucht wird.

93

III. Zweckwidrigkeit des Fahrzeuggebrauchs

Der Fahrzeugeinsatz muss zweckwidrig sein. Deshalb liegt ein gefährlicher Eingriff in den Straßenverkehr nach § 315 b Abs. 1 Nr. 3 StGB beim Zufahren auf eine Polizeisperre aus Beamten oder Fahrzeugen nur vor, wenn das Fahrzeug mit Nötigungsabsicht in verkehrsfeindlicher Einstellung bewusst zweckwidrig eingesetzt worden ist. Gebraucht der Täter das Fahrzeug nur als Fluchtmittel zur Umgehung einer Polizeikontrolle oder Festnahme, und will er von Anfang an nicht auf den Polizeibeamten zufahren, sondern an ihm vorbeifahren, liegt eine Zweckwidrigkeit nicht vor.[89]

94

Ebenso liegt ein gefährlicher Eingriff in den Straßenverkehr nur vor, wenn das Kraftfahrzeug **bewusst zweckentfremdet** wird. Der Entscheidung des OLG Hamm[90] lag ein Fall zugrunde, bei dem der Beifahrer bei hoher Geschwindigkeit überraschend die Handbremse zog (Tempo 140 km/h). Das Gericht kommt hier zu dem Ergebnis, dass ein gefährlicher Eingriff nach § 315 b Abs. 1 Nr. 1 StGB nur dann unterstellt werden kann, wenn der Täter in der Absicht handelt, den Verkehrsvorgang zu einem Eingriff zu pervertieren. Eine solche Zweckentfremdung des Kraftfahrzeugs liegt nicht vor, wenn durch Anziehen der Handbremse die Geschwindigkeit des Autos verringert und das Verhalten des Fahrers in Richtung einer den Verkehrsvorschriften angepassten Fahrweise beeinflusst werden soll.[91]

95

IV. Ähnlicher, ebenso gefährlicher Eingriff

Nach Ansicht des BGH ist zur Erfüllung des Tatbestandes des § 315 b StGB, die Gefährdung von Leib und Leben eines anderen Menschen oder die Gefährdung einer Sache von erheblichem Wert erforderlich. Die Beeinträchtigung der Sicherheit des Straßenverkehrs durch das Bereiten eines Hindernisses ist nicht ausreichend.[92]

96

Als „ähnlicher, ebenso gefährlicher Eingriff" wurde ein **Schuss aus einem Fahrzeug** angesehen. In diesem Fall hatte der Angeklagte aus seinem Auto mit einer Gaspistole, die lediglich mit Platzpatronen geladen war, auf den Fahrer eines neben ihm fahrenden Fahrzeugs geschos-

96a

---

88 BGHSt 48, 233 = NJW 2003, 1613 = NZV 2003, 488; bestätigt in BGH v. 16.3.2010 – 4 StR 82/10.
89 OLG Hamm v. 27.10.2000 – 2 Ss 1030/00, VA 2001, 12.
90 OLG Hamm VA 2000, 67.
91 OLG Hamm VA 2000, 67.
92 BGH v. 20.10.2009 – 4 StR 408/09.

sen. Für diesen war es unmöglich, innerhalb der nur wenigen Sekunden zu erkennen, dass es sich um eine mit Platzpatronen geladene Gaspistole handelte. Dieses Verhalten sei geeignet, das Opfer in Angst und Schrecken zu versetzen und zu einem möglicherweise folgenschweren Fahrfehler zu veranlassen, sei es durch ein reflexartiges Ausweichmanöver durch Verreißen des Lenkrades, eine abrupte Vollbremsung oder durch volle Beschleunigung. Die Tathandlung stellt in diesem Fall eine konkrete Gefahr für den Fahrzeugführer oder das Fahrzeug dar. Es liege daher ein „ähnlicher, ebenso gefährlicher Eingriff" im Sinne des § 315 b Abs. 1 Nr. 3 StGB vor, der an Bedeutung den in Nr. 1 und 2 des § 315 b StGB genannten Begehungsformen gleichkomme.[93]

96b In einem anderen Fall des BGH wurde der Bremsschlauch eines Kfz angeschnitten.[94] Dem Fahrzeugführenden gelang es rechtzeitig, trotz fehlender Bremswirkung bei Betätigung des Bremspedals, mittels Anziehen der Handbremse das Fahrzeug zum Stillstand zu bringen und dadurch jegliche Rechtsgutsverletzungen zu vermeiden. Der Schuldspruch des BGH wurde dahin gehend geändert, dass eine Anstiftung zum gefährlichen Eingriff in den Straßenverkehr verneint wurde und lediglich eine Anstiftung zum versuchten gefährlichen Eingriff in den Straßenverkehr bejaht wurde. Sein Ergebnis stützte der BGH auf die fehlende konkrete Gefährdung bzw das Fehlen des Vorliegens eines Beinahe-Unfalls. Dem Fahrzeugführer gelang es letztlich, mit der eigenen Bremsanlage das Fahrzeug zum Stehen zu bringen. Vorliegend reichte diese kritische Situation nicht aus, um darin eine Anstiftung zum vollendeten Eingriff in den Straßenverkehr zu sehen.

F. Gefährdung des Straßenverkehrs (§ 315 c StGB)

97 § 315 c StGB beschäftigt den Verkehrsanwalt häufig in der Kombination der Tatbestandsmerkmale Alkohol und Unfall. Soweit hier Alkohol und – inzwischen zunehmend – Drogen eine Rolle spielen, verweise ich auf die Ausführungen zu § 316 StGB (Rn 111 ff).

98 Die Vorschrift beschreibt die Strafbarkeit des Verkehrsteilnehmers, der entweder selbst in einem Zustand ist, der eine Teilnahme am Straßenverkehr gefährlich macht, oder erhebliche Fahrfehler begeht, die zu den „Todsünden" im Straßenverkehr zählen, und dadurch Leib oder Leben eines anderen Menschen oder fremde Sachen von bedeutendem Wert gefährdet.

99 Soweit körperliche Mängel als Grund für ein Verbot an der Teilnahme am Straßenverkehr zugrunde gelegt werden, ist auch auf das die „Begutachtungs-Leitlinien zur Kraftfahrereignung" bzw die „Richtlinie zur Beseitigung von Fahreignungsmängeln" zu verweisen, die beide genau beschreiben, unter welchen Aspekten Krankheiten und Gebrechen im Zusammenhang mit dem Straßenverkehr zu tolerieren sind.

I. Übermüdung, Sekundenschlaf

100 Häufiger wird als körperlicher Mangel Übermüdung festgestellt, ein Körperzustand, der dem Verkehrsteilnehmer in der Regel jegliche Verkehrsverhaltenskontrolle entzieht mit der Folge oft schwerwiegender Unfälle. Häufig haben Lkw-Fahrer dagegen zu kämpfen, die im Rahmen eines gnadenlosen Konkurrenzkampfes immer häufiger immer länger fahren müssen.

---

93 BGH v. 4.11.2008 – 4 StR 411/08; OLG Hamm v. 24.5.2000 – 3 Ss 115/00, VA 2001, 12.
94 BGH v. 26.7.2011 – 4 StR 340/11.

Dieses Thema bereitet auch dem Gesetzgeber Sorge, so dass – nicht verwunderlich – der Verkehrsgerichtstag 2004 über Auswege und gesetzliche Möglichkeiten debattierte.

Die Folgen eines solchen Falls gehen erheblich über die strafrechtlichen Konsequenzen hinaus: Zum einen droht der **Verlust des Versicherungsschutzes** aus der Fahrzeugversicherung (§ 61 VVG); zum anderen besteht die Möglichkeit des **Rückgriffs des Kaskoversicherers** gegen den Fahrer wegen grober Fahrlässigkeit (§ 67 VVG iVm § 15 Abs. 2 AKB). Dies hat der Verteidiger zu beachten und dem Mandanten zu verdeutlichen. 101

Der Verteidiger hat deshalb sehr sorgfältig den Sachverhalt durch Befragung aller Beteiligten von der Abfahrt des Fahrzeugs bis zum Unfall zu ermitteln und alle belastenden Aussagen kritisch zu würdigen. Er hat alle für den Beschuldigten sprechenden Gesichtspunkte darzulegen und unter Beweis zu stellen, wie die gute körperliche Verfassung des Mandanten, seinen guten Zustand bei Antritt der Fahrt, seine bisherige Fahrerkarriere anhand BZR und FAER, sein besonnenes Fahr- und Lebensverhalten, und letztlich natürlich, dass er keinerlei Ermüdungsanzeichen vor Fahrtantritt oder während der Fahrt feststellen konnte. 102

Der IV. Strafsenat des BGH hat dazu den Grundsatzbeschluss aus dem Jahr 1969[95] erlassen, dass nach dem Stand der ärztlichen Wissenschaft der Erfahrungssatz besteht, dass ein Kraftfahrer, bevor er am Steuer seines Fahrzeugs während der Fahrt einschläft, stets deutliche Zeichen der Ermüdung an sich wahrnimmt oder wenigstens wahrnehmen kann. Ausgenommen hiervon ist der Fall, dass der Kraftfahrer an Narkolepsie leidet. Seit diesem Grundsatzbeschluss ist in ärztlich-medizinischer Hinsicht keine Änderung eingetreten. Die Autoindustrie arbeitet an technischen Hilfen, den Fahrer auf nachlassende Konzentration zu sensibilisieren. 103

Als Ausnahmesituation wird das Krankheitsbild „**Schlafapnoe**" angesehen und diskutiert, eine Gesundheitsstörung, von der immerhin ungefähr eine Million Menschen in Deutschland betroffen sind. Diese Schlaf-Atem-Regulationsstörung kann eine Ursache des **Sekundenschlafs** hinter dem Steuer sein. 104

Hinweis: Bei der Fallbearbeitung sollten hier Informationen, auch zu Beweisanträgen, bei der „Deutsche Akademie für Gesundheit und Schlaf" angefordert werden (www.dags.de, Tel. 0941/9428271). 105

II. „Sieben Todsünden im Straßenverkehr" (§ 315 c Abs. 1 Nr. 2 StGB)

§ 315 c Abs. 1 Nr. 2 StGB beschreibt die sieben Todsünden im Straßenverkehr, die im Falle einer konkreten Gefährdung so sanktioniert werden wie die Fahruntüchtigkeit eines Fahrers. Auch diese Fälle sind akribisch zu verteidigen, da auch insoweit bei Verurteilung die oben (Rn 82) beschriebenen zivilrechtlichen Konsequenzen drohen. 106

Zur „grob verkehrswidrigen" Verhaltensweise muss kumulativ das Tatbestandsmerkmal „rücksichtslos" kommen, damit eine entsprechende Verurteilung erfolgen kann. Es handelt sich hierbei um eine subjektive Komponente, die ohne Weiteres durch die Zeugenaussage des Beifahrers ausgeräumt werden kann, falls dieser die Beweggründe des Fahrers beschreiben kann. Immerhin muss der Fahrer die Pflicht zur Rücksichtnahme bewusst schwer verletzt haben, Gedankenlosigkeit allein und unbefangenes Verhalten reicht nicht aus.[96] Unaufmerk- 107

---
95 BGH NJW 1970, 520.
96 OLG Düsseldorf zfs 2000, 413.

samkeit, Ablenkung, einfaches menschliches Versagen, äußere Umstände, die das Verhalten des Fahrers beeinflussen, lassen den Tatbestand entfallen. Der Verteidiger hat also in diesem Fall die Aufgabe, von dem seinem Mandanten gemachten und in der Formel „... sich bedenkenlos über die Interessen anderer Verkehrsteilnehmer hinwegsetzen ..." beschriebenen Vorwurf wegzukommen.

III. Gefährdung von Menschen oder wertvollen Sachen

108 § 315 c StGB setzt voraus, dass eine konkrete Gefährdung von Leib und Leben eines anderen oder einer fremden Sache von bedeutendem Wert eingetreten ist.[97] Anhand einer nachträglichen Prognose muss festgestellt werden, dass der tatsächliche Schadenseintritt nur noch vom Zufall abhängig war.[98] Lediglich das vom Täter selbst gefahrene Fahrzeug bleibt außer Betracht. Der bedeutende Wert im Sinne der §§ 315 ff StGB ist nicht mit der Wertgrenze des bedeutenden Schadens im Sinne des § 69 Abs. 2 StGB gleichzusetzen und derzeit bei ca. 750 EUR anzusetzen,[99] sollte jedoch wegen der permanenten Inflation immer hinterfragt werden. Der Wert ist ansonsten so festzustellen, wie das Schadensrecht des § 249 BGB dies vorgibt. Seit dem Inkrafttreten des Zweiten Schadensrechtsänderungsgesetzes[100] am 1.8.2002 ist die Mehrwertsteuer so lange heraus zurechnen, wie die Ausgabe derselben nicht nachgewiesen ist – sei es zum Bezahlen einer Reparaturrechnung, die Mehrwertsteuer ausweist, oder zur Anschaffung eines Neu- oder Ersatzfahrzeugs mit ausgewiesener Mehrwertsteuer.

109 ▶ **Muster: Antrag auf Verfahrenseinstellung wegen Schuldunfähigkeit (Insulinschock)**

An die

Staatsanwaltschaft

beim Landgericht ...

Az ... Js .../...

(Tagebuchnummer bei PD ..., Polizeirevier ...)

In dem Ermittlungsverfahren

gegen

Frau ...

wegen Gefährdung des Straßenverkehrs

zeige ich an, dass mich Frau ... mit der Wahrnehmung ihrer rechtlichen Interessen beauftragt hat und beantrage

die richterliche Entscheidung

und beantrage weiterhin,

die Beschlagnahme des Führerscheins vom ... aufzuheben und den Führerschein an Frau ... herauszugeben.

Begründung:

Die Beschuldigte fuhr am Unfalltag ihre Kinder zur Schule. Sie ist um ... Uhr losgefahren. Kurz nach Fahrtbeginn geriet die Beschuldigte unvermittelt und trotz zuvor durchgeführter Kontrolle in einen

---

97 BGH NZV 2000, 213.
98 BGH v. 10.12.2009 – 4 StR 503/09.
99 BGH v. 28.9.2010 – 4 StR 245/10; anderer Auffassung Fischer, § 315 Rn 16 a.
100 BGBl. I 2002 S. 2674.

Insulinschock. Gegen ... Uhr wachte die Beschuldigte auf, nachdem sie durch ihre Tochter mit entsprechenden regulierenden Nahrungsmitteln versorgt worden war.

Während des Zuckerschocks ereigneten sich zwei Verkehrsunfälle. Dabei wurde bei dem ersten Verkehrsunfall ein anderes Fahrzeug beschädigt. Die Beschlagnahme erfolgte, weil die Polizeibeamten davon ausgingen, dass vorliegend der Tatbestand des § 315 c StGB erfüllt sei.

Selbst für den Fall, dass dies vorliegend gegeben wäre, ist davon auszugehen, dass sich im weiteren Verfahren herausstellen wird, dass jedenfalls kein Anlass besteht, die Fahrerlaubnis zu entziehen.

In jedem Fall befand sich die Beschuldigte in einem Zustand des § 20 StGB. Der Zuckerschock führte bei der Beschuldigten zu einem schuldausschließenden Zustand.

Sowohl durch die Polizeibeamten als auch durch den Fahrer eines unfallunbeteiligten Fahrzeugs konnte bestätigt werden, dass die Beschuldigte nicht ansprechbar war.

Als weitere Zeugin hierfür steht die Tochter der Beschuldigten, ..., zur Verfügung. Die Tochter wird aussagen können, dass die Mutter nicht ansprechbar war und sie selbst sogar versucht hat, durch Ziehen der Feststellbremse die Fahrt zu unterbrechen.

Zusätzlich steht ein weiterer Zeuge zur Verfügung. Diesseits ist dabei nur bekannt, dass er ein Fahrzeug fuhr, welches das amtliche Kennzeichen ... trug und Teil der Fahrzeugflotte des Chauffeurservice ... war. Schließlich wird noch eine Bestätigung der behandelnden Ärztin vom ... überreicht, aus der sich ergibt, dass die Beschuldigte an Diabetes mellitus Typ 1 leidet.

Es ist somit davon auszugehen, dass das Verfahren nach § 170 Abs. 2 StPO eingestellt werden wird. Eine Sicherstellung des Führerscheins bzw die Beschlagnahme desselben ist aufzuheben.

Rechtsanwalt ◄

▶ **Muster: Antrag auf Verfahrenseinstellung (kein rücksichtsloses und grob verkehrswidriges Handeln)**

An die

Staatsanwaltschaft

beim Landgericht ...

Az ... Js .../...

In dem Ermittlungsverfahren

gegen

Herrn ...

wegen Gefährdung des Straßenverkehrs

bedanken wir uns für die erteilte Akteneinsicht und nehmen für den Beschuldigten wie folgt Stellung:

Der Beschuldigte fuhr am ... gegen ... Uhr auf der ... von ... kommend in Richtung Grenze. Bereits am Ortsausgang von ... bemerkte der Beschuldigte einen grünen Pkw ... vor sich, welcher ohne ersichtlichen Grund die zulässige Höchstgeschwindigkeit ständig um ca. 15 bis 20 km/h unterschritt.

Der Beschuldigte versuchte mehrmals diesen Pkw zu überholen, musste jedoch feststellen, dass jedes Mal, wenn er zum Überholen ansetzte, der Fahrer des Pkw die Geschwindigkeit deutlich erhöhte, so dass der Beschuldigte ihn nicht überholen konnte. Der Beschuldigte hatte den Eindruck, dass der Fahrer des Pkws ... bewusst versuchte, ein Überholen zu verhindern.

Dies erfüllt nach diesseitigem Dafürhalten verschiedene Tatbestände des StGB, welche als Offizialdelikte entsprechend zu verfolgen sind. Der Sachverhalt wurde diesseits nunmehr entsprechend mitgeteilt. Der Beschuldigte steht insoweit als Zeuge zur Verfügung.

Auf dem folgenden Streckenabschnitt vergrößerte sich die Kolonne aus dem Pkw ... und dem Fahrzeug des Beschuldigten um zwei weitere Fahrzeuge. Das erste Fahrzeug ist vom Typ her dem Beschuldigten nicht mehr in Erinnerung. Dahinter fuhr ein Pkw ....

In dieser Kolonne fuhr er über mehrere Kilometer nicht schneller als 60 km/h, obwohl auch Streckenabschnitte vorhanden waren, die eine zulässige Höchstgeschwindigkeit von 100 km/h erlaubten. Ein ersichtlicher Grund hierfür war dem Beschuldigten nicht ersichtlich.

Vor dieser Kolonne, bestehend aus vier Fahrzeugen, befand sich in deutlicher Entfernung das Ende einer weiteren Kolonne.

Dazwischen, also zwischen dem letzten Fahrzeug der vorausfahrenden Kolonne und dem ersten Fahrzeug der Kolonne, in welcher sich der Beschuldigte befand, lag ein großer Abstand. Vor dem Ortseingang ... erkannte der Beschuldigte, dass auf dem geraden Bergabstück von mehr als 200 m Länge Gegenverkehr nicht herrschte, so dass es der Beschuldigte als möglich erachtete, bis zum Ortseingang ... die drei vor ihm fahrenden Fahrzeuge zu überholen, welche die zulässige Höchstgeschwindigkeit deutlich unterschritten. Als der Beschuldigte an den drei Fahrzeugen vorbeifuhr, erkannte er, dass die davor fahrende Kolonne deutlich langsamer wurde, so dass das erste Fahrzeug der Kolonne des Beschuldigten immer weiter auf die davor fahrende Kolonne auffuhr. Da sich der Beschuldigte nunmehr parallel zum ersten Fahrzeug seiner Kolonne befand und er Gegenverkehr erkannte, war er gezwungen, auf die rechte Fahrspur zurückzufahren. Ein Rückfallenlassen hinter das dritte Fahrzeug der Kolonne war zu diesem Zeitpunkt nicht mehr möglich. Das erste Fahrzeug der Kolonne erkannte diese Situation und bremste sein Fahrzeug ab und gebot dem Beschuldigten, sich vor das Fahrzeug einzuordnen. Dies tat der Beschuldigte und bedankte sich bei dem Fahrer des ersten Fahrzeugs mit einem kurzen Einschalten der Warnblinkanlage, was allgemein als Zeichen des Dankes an einen dahinter fahrenden Fahrer verstanden wird.

Der Beschuldigte erkannte daraufhin, dass der Fahrer des nunmehr hinter dem Beschuldigten fahrenden Fahrzeugs kurz lächelte und mit einer Hand grüßte, was der Beschuldigte als Zeichen verstand, in welchem der Fahrer mitteilen wollte, dass er sich für den Dank des Beschuldigten wiederum bedankte. Hiernach war die Situation für den Beschuldigten zunächst beendet.

Am Grenzübergang fuhr der Fahrer des Pkws ... dann plötzlich scharf neben den Beschuldigten und sprang aus seinem Fahrzeug heraus und zeigte ohne ein Wort des Grußes seinen Polizeiausweis. Seine einzigen Worte waren: „Personalausweis, Führerschein, Fahrzeugschein, rechts ran! Sie wissen, was Sie falsch gemacht haben. Nichtbeachten des Sicherheitsabstands, verbotenes Überholen in einer 30er-Zone."

Der Fahrer des Pkws ... überschritt dabei deutlich seine Kompetenzen. Offensichtlich hatte er in oberlehrerhafter Manier vor, den Beschuldigten zu maßregeln. Dass er dies tat, ist insbesondere unter Beachtung dessen, dass er den Beschuldigten kurz zuvor mehrfach daran gehindert hat, ihn zu überholen, unverständlich.

Der Beschuldigte weist es von sich, grob verkehrswidrig oder rücksichtslos gehandelt zu haben. In seiner Auffassung fühlte er sich auch dadurch bestätigt, dass der Fahrer des Fahrzeugs unmittelbar hinter ihm nach dem Überholmanöver die Angelegenheit mit einem Lächeln abtat, was deutlich werden lässt, dass ein gefährdendes Überholen mit an Sicherheit grenzender Wahrscheinlichkeit nicht gegeben war.

Möglicherweise befürchtete der Fahrer des Pkws ..., nachdem er mehrfach durch Beschleunigen ein Überholen des Beschuldigten verhindert hatte, dass der Beschuldigte daraufhin eine Strafanzeige gegen den Fahrer des Opel Astra erstatten könnte, und wollte selbst der Erste sein, der Strafanzeige erstattet, da er sich durch sein aktives Handeln einen Vorteil versprach.
Das Verfahren gegen die Beschuldigte ist jedenfalls nach § 170 Abs. 2 StPO einzustellen.
Rechtsanwalt ◄

G. Trunkenheit im Verkehr (§ 316 StGB)

Zu den Alltagsgeschäften eines Verkehrsrechtlers gehört in jedem Fall die Verteidigung wegen Trunkenheitsfahrt nach § 316 StGB. Da einerseits in der heutigen Gesellschaft das Auto und die Fahrerlaubnis zu lebenswichtigen Hilfsmitteln des beruflichen Fortkommens geworden sind und von den Menschen ein immer höheres Maß an Mobilität erwartet wird, andererseits Alkohol die legale Droge schlechthin ist, die bei gesellschaftlichen Anlässen eine bedeutende Rolle spielt, wird der Verkehrsrechtler keinen Abbruch dieses Betätigungsfeldes erwarten können. Da es sich um ein Massendelikt handelt, das schon fast per Katalog abgeurteilt wird, ist sorgfältig zu prüfen:

I. Fahrzeug im Sinne des § 316 StGB

Zunächst ist zu untersuchen, ob der Beschuldigte ein Fahrzeug im Sinne des § 316 StGB verwendet hat, da Fahrzeuge in diesem Sinne nicht nur Kraftfahrzeuge sind, sondern auch alle anderen Fortbewegungsmittel, die der Beförderung von Personen oder Sachen dienen und am Verkehr auf der Straße teilnehmen. Somit fallen ebenfalls Mopeds, Bagger, Pferdefuhrwerke sowie Krankenfahrstühle und Fahrräder unter den Begriff des Fahrzeugs gem. § 316 StGB, soweit sie entweder maschinell, elektrisch oder mit Muskelkraft betätigt werden. Dagegen sind von Fußgängern geschobene Fahrräder oder Krankenfahrstühle keine Fahrzeuge im Sinne des § 316 StGB.[101] Die in § 24 StVO genannten besonderen Fortbewegungsmittel fallen ebenso wenig unter den Begriff des Fahrzeugs wie Fußgänger, Reiter, Roller, Inlineskater oder Skateboarder.[102]

II. Öffentlicher Straßenverkehr

Weiter stellt sich die Frage, ob der Mandant am öffentlichen Straßenverkehr teilgenommen hat (vgl auch Rn 165 ff). Die gängigste Definition von öffentlichem Straßenverkehr lautet wie folgt: „Öffentlicher Verkehr ist der jeder Art der Fortbewegung dienende Verkehr von Fahrzeugen, Radfahrern und Fußgängern auf allen Wegen, Plätzen, Durchgängen und Brücken, die jedermann oder wenigstens allgemein bestimmten Gruppen von Benutzern, wenn auch nur vorübergehend oder gegen Gebühr, zur Verfügung stehen".[103] Da es somit für die Bestimmung von öffentlichem Verkehr nicht auf die Eigentumsverhältnisse ankommt, gehören Privatwege, die für den öffentlichen Verkehr freigegeben sind, sowie Parkplätze von Einkaufszentren genauso zum öffentlichen Verkehr wie zum Beispiel die Gelände von Tankstellen zu den normalen Öffnungszeiten. Auszunehmen sind demnach nur die Grundstücke und Flächen, die nicht jedermann zugänglich sind.

---

101 Schönke/Schröder/*Cramer*, § 315 c Rn 5.
102 Zum Inlineskater siehe *Wendrich*, NZV 2002, 212.
103 *Fischer*, § 315 b Rn 3; BGHSt 34, 325.

114 Zu beachten ist hier, dass kein öffentlicher Verkehr mehr vorliegt, wenn die Bestimmung zum öffentlichen Straßenverkehr entzogen wurde. Dies kann im Allgemeinen durch ausdrücklichen Widerruf des Eigentümers geschehen. So ist die Öffentlichkeit des Verkehrs außerhalb der normalen Betriebszeiten von Gaststätten, Einkaufszentren und Parkhäusern nicht mehr gegeben. Dann ist auf diesen Flächen eine Trunkenheitsfahrt im Sinne des § 316 StGB nicht mehr möglich. Dies gilt auch für die Flächen, die generell nicht dem allgemeinen Zugang zu dienen bestimmt sind. So ist der Versuch eines alkoholbedingt fahruntüchtigen Fahrers, seinen im Straßengraben befindlichen Pkw wieder auf die Fahrbahn zu bringen, nicht nach § 316 StGB strafbar.

III. Fahrzeug führen

115 Der Beschuldigte muss das Fahrzeug geführt haben. Führen heißt hier, dass jemand das Fahrzeug willentlich in Bewegung setzt oder es unter Handhabung seiner technischen Vorrichtungen während der Fahrbewegung lenkt, das heißt, es muss die Motorkraft des Fahrzeugs zum Einsatz gekommen sein. Ist dies nicht der Fall, kann von einem Führen im Sinne des § 316 StGB nicht gesprochen werden. Praxisrelevant wird dieser Punkt in den Fällen des Anschiebens oder Abschleppens von Fahrzeugen.

116 Beim **Anschieben** gilt, dass, wenn das Kraftfahrzeug von einem Dritten angeschoben wird, um den Motor zum Anspringen zu bringen, ein Führen gem. § 316 StGB vorliegt. Die daraus resultierende Konsequenz ist, dass auch hier die Fahruntüchtigkeit des „Fahrzeuglenkers" beachtet werden muss. Im Gegensatz dazu ist das Schieben des Fahrzeugs zur nächstgelegenen Tankstelle kein Führen im Sinne des § 316 StGB. Beim **Abschleppen** ist dagegen grundsätzlich von einem Führen auszugehen, da der Kraftfahrer, der am Steuer eines abgeschleppten Fahrzeugs sitzt, einen nicht nur unerheblichen Einfluss auf die Fortbewegung hat.[104]

117 Das willentliche Inbewegungsetzen ist Voraussetzung für ein Führen nach § 316 StGB, so dass eine Strafbarkeit ausgeschlossen ist, wenn versehentlich die Handbremse gelöst wurde und damit das Fahrzeug ungewollt in Bewegung geriet. Weiterhin muss das Inbewegungsetzen von bloßen **straffreien Vorbereitungshandlungen** abgegrenzt werden. Solche sind zum Beispiel Maßnahmen zum Anlassen des Motors wie Einführen des Zündschlüssels oder Lösen der Handbremse[105] oder das Freikommen eines steckengebliebenen Fahrzeugs.[106] Ebenfalls ist das Schieben eines Wagens zu einer Gefällstrecke, um ihn dort in Gang zu setzen, kein Führen im Sinne des § 316 StGB.[107]

IV. Fahruntüchtigkeit

118 Die zentrale Frage der Strafbarkeit nach § 316 StGB ist die nach der Fahruntüchtigkeit des Mandanten. Diese liegt vor, wenn der Fahrzeugführer nicht mehr in der Lage ist, sein Fahrzeug im Straßenverkehr eine längere Strecke sicher zu führen. Dabei muss beachtet werden, dass die Fahruntüchtigkeit im Rahmen des § 316 StGB auf die Alkoholisierung des Fahrers oder vorangegangenen Drogenkonsum zurückzuführen sein muss. Zu unterscheiden sind hier die absolute und die relative Fahruntüchtigkeit.

---

104 BGH NJW 1990, 1245; OLG Celle NZV 1989, 317.
105 BGH NZV 1989, 32.
106 OLG Karlsruhe NZV 1992, 493.
107 OLG Karlsruhe DAR 1983, 365.

1. Absolute Fahruntüchtigkeit. Absolute Fahruntüchtigkeit liegt bei Kfz-Führern (ebenso Fahrern von Krafträdern, Motorrollern, Mopeds und Mofas) bei einer BAK von 1,1 ‰ vor. Bei Radfahrern ist eine absolute Fahruntüchtigkeit nach einhelliger Auffassung bei einem Grenzwert von 1,6 ‰ gegeben.[108] Bei absoluter Fahruntüchtigkeit ist im Gegensatz zur relativen Fahruntüchtigkeit ein Gegenbeweis, dass kein rauschbedingter Fehler vorgelegen hat, ausgeschlossen. Hier wird nach allgemeinen Erfahrungswerten davon ausgegangen, dass bei einer derart starken Alkoholisierung eine sichere Fahrweise ausgeschlossen ist.

119

2. Relative Fahruntüchtigkeit. Bei relativer Fahruntüchtigkeit ist hingegen ein Gegenbeweis möglich, da hier Fahrfehler hinzutreten müssen, um eine relative Fahruntüchtigkeit bejahen zu können. Unterster Wert für eine relative Fahruntüchtigkeit ist eine BAK von 0,3 ‰. Bei darunter liegenden Werten wird keine Fahruntüchtigkeit angenommen.[109] Im Bereich relativer Fahruntüchtigkeit handelt es sich um eine konkrete Rauschmittelwirkung zum Zeitpunkt der Tat.[110]

120

Genauer zu untersuchen ist hier, ob ein Fahrfehler auf die Alkoholisierung zurückzuführen ist. Konkret bedeutet dies, dass, wenn dem betroffenen Mandanten derartige Fahrfehler auch im nüchternen Zustand passieren, diese nicht rauschmittelbedingt sein müssen, ein Ursachenzusammenhang zwischen Fahrfehler und Alkohol- oder Drogeneinfluss somit ausgeschlossen sein kann. Entscheidend sind hier die subjektiven Umstände in der Person des Mandanten und seine objektive Fahrweise. Es kann aber für die Bejahung der Fahruntüchtigkeit auch schon genügen, wenn zum Beispiel besonders langsam gefahren[111] oder aber die vorgegebene Geschwindigkeit überschritten wurde. Geschwindigkeitsüberschreitungen kommen jedoch ebenso bei nüchternen Fahrern vor und müssen somit keine spezifischen Fahrfehler von berauschten Kraftfahrern sein. Grundsätzlich kann aber gesagt werden, dass je näher der Grenzwert an 1,1 ‰ liegt, die übrigen Umstände umso mehr für die Fahruntüchtigkeit an Bedeutung verlieren.

121

V. Nachweis der alkoholbedingten Fahruntüchtigkeit

Die BAK wird mithilfe üblicher Nachweisverfahren (ADH, Widmark und gaschromatographische Methode) ermittelt. Hier muss auf eine ordnungsgemäße Durchführung des Messverfahrens geachtet werden. Von der Rechtsprechung wird verlangt, dass zumindest zwei dieser Untersuchungsmethoden durchgeführt worden sind. Bei unterschiedlichen Ergebnissen wird die Tatzeit-BAK nach dem arithmetischen Mittelwert aller Einzelanalysen bestimmt, dabei bleibt die dritte Dezimalstelle hinter dem Komma bei der Berechnung außer Betracht.[112]

122

Bei der Berechnung der Tatzeit-BAK sind drei Phasen zu beachten:

123

- **Anflutphase:** In der Zeit unmittelbar nach Trinkende wirkt der Alkohol bereits, ohne dass er sich in einer bestimmten BAK niederschlägt. Ist die BAK der entnommenen Probe jetzt bereits über 1,1 ‰, so reicht dies als Nachweis der Fahruntüchtigkeit aus.[113] Ist die BAK unter 1,1 ‰, muss der erst nach der Fahrt resorbierte Alkohol vom Entnahmewert abgezogen werden.

---

108 BayObLG NJW 1992, 1906; OLG Karlsruhe NStZ-RR 1997, 356.
109 OLG Saarbrücken NStZ-RR 2000, 12; OLG Köln NZV 1989, 357.
110 *Fischer*, § 316 Rn 14.
111 OLG Hamm DAR 1975, 249.
112 OLG Dresden VA 2003, 28.
113 BGH NJW 1974, 246.

- **Resorptionsphase:** Zwei Stunden nach Trinkende entfaltet der konsumierte Alkohol seine volle Wirkung und lässt sich als BAK nachweisen. Eine Rückrechnung findet hier nicht statt.[114]
- **Abbauphase:** Bei der Rückrechnung ist ein Abbauwert von 0,1 ‰ pro Stunde zugrunde zu legen.

124 Des Weiteren sollte darauf geachtet werden, dass BAK-Nachweise durch **Atemalkoholmessgeräte** (zB „Draeger Alcotest 7110 Evidential") nicht geführt werden dürfen.[115] Die damit gewonnenen Messergebnisse können jedoch Anlass für die Anordnung einer Blutprobenentnahme sein.

125 Auch sollten die Umstände der Blutprobenentnahme erfragt werden, da hier **Beweisverwertungsverbote** gegeben sein können. Dies ist dann der Fall, wenn der Mandant vor der ärztlichen Untersuchung anlässlich der Blutentnahme nicht ordnungsgemäß belehrt wurde. Eine ordnungsgemäße Belehrung ist aber nur dann erfolgt, wenn dem Mandanten eröffnet wurde, dass es ihm freisteht, ob er Angaben zur Sache macht. Ein Beweisverwertungsverbot ergibt sich aber nicht daraus, dass zur Blutentnahme Zwang angewandt wurde. Auch wenn ein Beweisverwertungsverbot hinsichtlich der aus der Blutprobe ermittelten BAK gegeben ist, kann die Fahruntüchtigkeit noch durch Zeugenaussagen festgestellt werden. Dazu muss aber die gesamte Trinkmenge ermittelt worden sein. Daraus wird dann die Tatzeit-BAK errechnet, indem ein einmaliger Sicherheitszuschlag von 0,2 ‰ zugrunde gelegt und für den die ersten zwei Stunden übersteigenden Zeitraum ein maximal stündlicher Abbauwert von 0,2 ‰ angenommen wird.[116]

126 Zudem stellt sich die Frage, ob und wann es unter Missachtung des Richtervorbehalts bei einer Blutprobenentnahme zur Feststellung der Blutalkoholkonzentration zu einem Beweiserhebungs- oder -verwertungsverbot kommt. Der Richtervorbehalt gem. § 81 a Abs. 2 StPO darf nur umgangen werden, wenn durch Verzögerung der Untersuchungserfolg gefährdet ist.

127 Nach Ansicht des BVerfG muss der Polizeibeamte vor Anordnung einer Blutprobenentnahme grundsätzlich versuchen, eine richterliche Anordnung herbeizuführen. Sollte dies nicht möglich sein, sollte versucht werden, eine staatsanwaltschaftliche Weisung zu erhalten.[117] Ein Beweisverwertungsverbot ist nach Ansicht des BVerfG auch dann nicht gegeben, wenn eine fehlende Dokumentation der Versuche, einen Richter zu erreichen, vorliegt.[118] Das OLG München führt in seinem Beschluss vom 21.2.2011 (4 StRR 0018/11) aus, dass eine Blutprobenentnahme schon dann rechtswidrig ist, wenn die ermittelnden Polizeibeamten über einen Zeitraum von 60 Minuten keinerlei Maßnahmen ergriffen haben, um den Richter des Notdienstes zu erreichen. Der Betroffene wird folglich in seinem Recht auf vorbeugenden richterlichen Rechtsschutz nach Art. 19 Abs. 4 GG verletzt. Es kann davon ausgegangen werden, dass eine Blutprobenentnahme einen geringen Eingriff in das Grundrecht auf körperliche Unversehrtheit gem. Art. 2 Abs. 2 S. 1 GG darstellt. Das OLG Bamberg führte diesbezüglich aus, dass ein Beweisverwertungsverbot auch dann nicht vorliegt, wenn eine Blutprobenentnahme

---

114 BayObLG NZV 1995, 117.
115 BGH VA 2001, 85.
116 *Fischer*, § 316 Rn 21.
117 BVerfG v. 11.6.2010 – 2 BvR 1046/08.
118 BVerfG v. 24.2.2011 – 2 BvR 1596/10; 2 BvR 2346/10.

ohne richterliche Zustimmung in der Zeit von 21 Uhr bis 6 Uhr erfolgt.[119] In Bayern sei es ausgeschlossen, in dieser Zeit einen Ermittlungsrichter zu erreichen. In diesen Fällen fordert das OLG Frankfurt/M., anders als das OLG Zweibrücken,[120] die Einrichtung eines Eil-oder Notdienstes.[121]

VI. Nachtrunk

Häufig werden Beschuldigte nicht unmittelbar nach Beendigung einer Fahrt von der Polizei festgestellt, sondern erst später. Daraus resultiert die häufige Einlassung, dass erst nach Fahrtbeendigung Alkohol konsumiert wurde (Nachtrunk). 128

Der Verteidiger hat hier die Aufgabe festzustellen, ob Zeugen dafür vorhanden sind, die dann benannt werden müssen. Der zu verteidigende Mandant ist darüber aufzuklären, dass im Rahmen einer **Begleitstoffanalyse** festgestellt werden kann, welche Getränke nachgetrunken worden sein sollen. Weiter ist darauf zu achten, dass eine zweite Blutprobe erforderlich ist zum Nachweis dafür, ob sich der Beschuldigte zum Zeitpunkt der Blutentnahme in der „anflutenden Phase" oder der „abflutenden Phase" befand. 129

VII. Schuldform

Von der Schuldform hängen nicht nur die Höhe der Strafe und die Dauer der Sperrfrist ab, sondern auch die Frage, ob die eventuell vorhandene Rechtsschutzversicherung die Verteidigung deckt oder ablehnt (§ 4 ARB). 130

Hinweis: Deshalb ist zunächst zu überlegen, ob dem zu verteidigenden Mandanten die Möglichkeit gegeben werden soll, auszusagen oder zu schweigen. Aus der Erfahrung einer Vielzahl von Verteidigungen kann gesagt werden, dass die wenigsten Mandanten sehr glaubwürdig und überzeugend wirken, weshalb der schweigende Mandant etwas für sich hat. Allerdings beraubt man sich dann der Möglichkeit, eine Milderung gem. § 46 StGB zu erreichen. Gerichte pflegen Schlüsse zu ziehen aus den Umständen, die von den Angeklagten und den Zeugen geschildert werden.

Zur Beurteilung des Vorliegens von Vorsatz oder Fahrlässigkeit ist grundsätzlich auf das Moment der Fahrt abzustellen. Vorsatz umfasst demnach das Führen eines Kfz sowie die Tatsache der Fahruntüchtigkeit. Zur Feststellung, ob Vorsatz bejaht werden kann, sind mehrere Indizien von Bedeutung. Dazu ist von dem Tatrichter eine Gesamtschau aller objektiven und subjektiven Tatumstände vorzunehmen.[122] 131

Eine erhebliche Trinkmenge allein und eine hohe BAK lassen noch keine Vorsatzverurteilung zu.[123] Der Entscheidung des OLG Hamm vom 9.11.2003 vorangegangen war eine Entscheidung des gleichen Gerichts,[124] die klarstellte, dass es nach wie vor keinen Erfahrungssatz gibt, dass derjenige, der in erheblichen Mengen Alkohol getrunken hat, sich einer Fahrunsicherheit bewusst wird oder diese billigend in Kauf nimmt. Auch der Umstand, dass der Angeklagte eine Vorverurteilung wegen Trunkenheitsfahrt aufweist, reicht für sich genommen für 132

---

119 OLG Bamberg v. 20.11.2009 – 2 Ss OWi 1283/09; vgl OLG Köln v. 21.12.2010 – III-1 RVs 220/10.
120 OLG Zweibrücken v. 23.9.2010 – 1 SsBs 6/10.
121 OLG Frankfurt aM v. 14.10.2009 – 1 Ss 310/09.
122 BGH v. 9.4.2015 – 4 StR 401/14.
123 OLG Brandenburg v. 10.9.2009 – 2 Ss 17/09; OLG Hamm, VA 2004, 54.
124 OLG Hamm VA 2002, 186.

die Annahme von Vorsatz nicht aus. Vielmehr muss der Fahrzeugführer eine gravierende Beeinträchtigung seiner Leistungsfähigkeit zumindest für möglich halten und sich mit ihr abfinden oder billigend in Kauf nehmen, dass er den im Verkehr zu stellenden Anforderungen nicht mehr genügt.[125]

133 Eine geringe Alkoholisierung wird bei Promillewerten zwischen 0,3 und 1,1 angenommen. In den meisten Fällen wird auf 1,4 ‰ erhöht. Innerhalb dessen wird meist Fahrlässigkeit angenommen. Eine mittlere Alkoholisierung wird sodann ab 1,4 bis 2,0 ‰ angenommen. In diesem Bereich stellt sich der Fahrlässigkeits- bzw Vorsatzvorwurf für den Verteidiger als am schwierigsten dar. Von einer hohen Alkoholisierung wird bei Promillewerten von 2,0 und höher ausgegangen. Hierbei kann davon ausgegangen werden, dass, je höher der Promillewert, desto geringer die intellektuelle Leistungsfähigkeit. Die Fahruntüchtigkeit war demnach nur schwer zu erkennen.

134 Auch wenn die Annahme von Vorsatz bei einem weit über der Grenze zur absoluten Fahruntüchtigkeit liegenden Blutalkoholgehalt nahe liegt, kann der Betroffene sich dennoch für fahrtüchtig halten. Ohne das Hinzutreten weiterer Umstände kann nicht auf das Vorliegen von Vorsatz geschlossen werden.[126]

135 Zu dem hohen Blutalkoholwert müssen **weitere Umstände** hinzutreten. Zu berücksichtigen ist die Täterpersönlichkeit, insbesondere seine Intelligenz sowie die Fähigkeit zur Kritik, der Trinkverlauf und das Täterverhalten bei Fahrtantritt. Dass der Täter selbst zur Gaststätte fährt, reicht nicht aus, um Vorsatz zu unterstellen.[127] Ebenso wenig reicht es aus, dass der Täter sich zur Gaststätte bringen lässt, später aber selbst nach Hause fährt.[128]

135a Fraglich ist, ob die Dauer des **Drehnystagmus** ein Indiz für die Annahme von Vorsatz darstellt. Nach Ansicht des OLG Dresden[129] darf aufgrund der Dauer des Drehnystagmus kein nachteiliger Schluss für den Betroffenen gezogen werden. Der Drehnystagmus kann ebenso bei Nüchternen beobachtet werden und kann demnach nicht als Indiz für die Annahme von Vorsatz gelten.

136 Eine große Anzahl von Betroffenen versucht, durch eine **langsame und übervorsichtige Fahrweise** die fehlende Fahrtüchtigkeit auszugleichen. Hierin kann nach Ansicht des OLG Köln[130] ebenso kein Indiz für Vorsatz gesehen werden. Es kann nicht ausgeschlossen werden, dass der Betroffene in nüchternem Zustand ebenso langsam und übervorsichtig fährt.

136a Auch das Fahren von **Schlangenlinien** begründet nicht grundsätzlich die Annahme von Vorsatz. Vorsatz kann erst dann angenommen werden, wenn dem Betroffenen die Ausfallerscheinungen bewusst sind.

136b Ist der Angeklagte nach der Tat, bei der Blutentnahme, „bewusstseinsklar" gewesen, ist dies lediglich auf einen **„Nüchternschock"** zurückzuführen und begründet nicht das Vorliegen von Vorsatz.[131]

---

125 BGH v. 9.4.2015 – 4 StR 401/14.
126 OLG Stuttgart v. 12.11.2009 – 2 Ss 1502/09; v. 4.5.2010 – 5 Ss 198/10.
127 OLG Karlsruhe NZV 1993,117.
128 OLG Hamm VRS 40, 360.
129 OLG Dresden v. 20.3.1995 – 1 Ss 223/94.
130 VRS 72, 387.
131 OLG Stuttgart v. 17.4.2009 – 2 Ss 159/09.

G. Trunkenheit im Verkehr (§ 316 StGB)

137 Mehrfach einschlägige Vorstrafen können zu dem Ergebnis führen, dass der Täter vorsätzlich handelte, dabei müssen jedoch die vorangegangenen Verfahren beigezogen werden. Der Schluss ist nur dann zulässig, wenn die Werte, das Trinkverhalten und die Trinkmenge vergleichbar sind.[132] Wiederholungstätern wird demnach oft das Handeln mit Eventualvorsatz zugesprochen.

138 Hat der Mandant versucht, sich einer Polizeikontrolle zu entziehen, reicht dies für sich allein ebenfalls nicht aus, Vorsatz zu unterstellen.[133] Besonders vorsichtige Fahrweise,[134] das Benutzen von „Schleichwegen"[135] oder Besonderheiten in der Fahrweise[136] sind ebenfalls nicht geeignet, Vorsatz zu unterstellen.

139 Problematisch erscheint die Behandlung des sog. **Restalkohols**. Oftmals liegen mehrere Stunden zwischen dem vorausgegangenen Alkoholgenuss und dem Fahrtantritt. Die subjektive Wirkung des Alkohols hat bereits nachgelassen, der objektive Grad der Alkoholisierung hingegen nicht. Der Prüfung von Vorsatz und Fahrlässigkeit kommt somit besondere Bedeutung zu. Fahrlässigkeit wird demnach sogar angenommen, wenn der Fahrer lediglich in Kenntnis des vorangegangenen Alkohols ein Kfz geführt hat.

140 Der Prüfung von Fahrlässigkeit ist grundsätzlich die Frage zugrunde zu legen, ob der Angeklagte unter einer **kritischen Selbstbetrachtung** die fehlende Fahrtüchtigkeit hätte feststellen können. Wurde diese Prüfung durch den Betroffenen unterlassen, kann von fahrlässigem Handeln durch den Angeklagten ausgegangen werden. Selbst bei Zweifeln oder Bedenken hinsichtlich der Fahrsicherheit kann Fahrlässigkeit vorliegen.

141 **Hinweis:** Der Verteidiger hat dafür Sorge zu tragen, dass der Mandant eine Einlassung abgibt (wenn dieser sich dazu durchringen kann), die zu einer positiven Beweiserhebung führen kann, das heißt, dass er den Mandanten berichten lassen sollte, was er zum Fahrtantritt in der Lage war gut zu bewältigen, um darzustellen, dass alle Anzeichen – warum auch immer – dafür sprachen, dass er sich nicht fahruntüchtig fühlen musste.

142 Bei höheren Alkoholmengen könnte zudem eine eingeschränkte bzw ausgeschlossene Schuldfähigkeit des Angeklagten in Betracht kommen. Ein Verschulden ist ausgeschlossen, wenn es sich bei dem Angeklagten um einen Alkoholkranken handelt. Zu prüfen ist die Schuldunfähigkeit insbesondere bei Alkoholisierungsgraden ab 2,5 ‰. Kommt das Vorliegen einer Schuldunfähigkeit in Betracht ist an den Auffangtatbestand des § 323 a StGB zu denken.

143 ▶ **Muster: Hinweis auf Möglichkeit, eine Hochalkoholisierung zu verkennen**

An das Amtsgericht …

– Strafrichter –

Az …

In der Strafsache

gegen

Herrn …

---

[132] OLG Celle NZV 1998, 123; OLG Hamm v. 3.8.1999 – 5 Ss 501/99 und v. 14.7.2000 – 3 Ss 537/00.
[133] BayObLG DAR 1985, 242.
[134] OLG Köln DAR 1987, 157.
[135] *Hentschel*, DAR 1993, 452.
[136] OLG Hamm NZV 1998, 291.

wegen angeblicher Anstiftung zur Trunkenheitsfahrt

bitten wir um rasche Terminierung.

Dem Angeschuldigten wird vorgeworfen, seine Ehefrau zu einer Trunkenheitsfahrt angestiftet zu haben. Er war mit dieser gemeinsam zu einer Geburtstagsfeier gefahren. Beide hatten vorher vereinbart, dass der Angeklagte zu der Feier hinfährt und seine Ehefrau auf dem Nachhauseweg fährt. Diese sagte, als sie von der Polizei angehalten und gebeten wurde, den Atemalkohol feststellen zu lassen: „Es ist jedes Mal gleich, er auferlegt mir, den Nachhauseweg zu übernehmen."

Dies kann nicht zu einer Verurteilung wegen Anstiftung zu einer Trunkenheitsfahrt führen.

Der Angeschuldigte stellte fest, dass seine Ehefrau diese Angaben lediglich deshalb machte, weil sie davon ausgegangen war, etwas günstiger beurteilt zu werden.

Tatsächlich wusste der Angeschuldigte gar nicht, dass seine Ehefrau fahruntüchtig war, da beide bei einer größeren Festivität, selten beieinander standen. In ihrer Vernehmung sagte die Ehefrau, sie habe sich fahrtüchtig gefühlt, was zwar bei 2,21 ‰ erstaunt, aber auch nicht ungewöhnlich ist.

Forschungsergebnisse des Heidelberger Rechtsmediziners Prof. Pedal belegen dies. Prof. Pedal stellte fest, dass bei einer Untersuchung 25 % aller Hochalkoholisierten (zwischen 2,5 ‰ und 4 ‰) äußerlich unbeeinträchtigt erschienen.

Wir sind bereit, auf Ladungsfristen zu verzichten.

Rechtsanwalt ◄

144 ▶ **Muster: Antrag auf Verfahrenseinstellung (kein Fahrzeugführen)**

An die

Staatsanwaltschaft

beim Landgericht ...

Az ... Js .../...

In der Strafsache

gegen

Herrn ...

wegen Trunkenheitsfahrt u.a.

geben wir für den Beschuldigten folgende Einlassung ab:

Am ... besuchte der Beschuldigte ein Heimspiel des Vereins Dynamo Dresden. Er war dort hingefahren zusammen mit einem Kollegen, Herrn .... Beide fuhren häufiger zusammen zu Spielen des Fußballvereins Dynamo Dresden.

Der Beschuldigte sprach während und nach dem Spiel dem Alkohol insoweit zu, als er Bier trank. Er hat jedoch mit seiner Ehefrau, Frau ..., vereinbart, dass diese ihn nach dem Spiel abholt. Nachdem er seiner Ehefrau mitgeteilt hatte, wo das Fahrzeug des Herrn ... stand, vereinbarte man, dass man sich an dessen Fahrzeug trifft. Der Zeuge ... wartete dann zusammen mit dem Beschuldigten, bis dessen Ehefrau zum Abholen erschienen war. Der Zeuge ... stellte noch fest, dass der Beschuldigte zu seiner Ehefrau ins Fahrzeug stieg und beide sich fahrend entfernten. Da die Ehefrau feststellte, dass der Beschuldigte in nicht unerheblichem Maße dem Alkohol zugesprochen hatte, herrschte „dicke Luft". Deshalb hatte sich der Beschuldigte nicht auf den Beifahrersitz gesetzt, sondern auf den Sitz hinter seiner fahrenden Ehefrau.

An der Kreuzung ... kam es sodann bei starkem Regen zu dem Auffahrunfall, wonach der Beschuldigte aus dem Fahrzeug heraussprang und sich den Schaden, den er für minimal hielt, anschaute. Zurückgekommen zum Fahrzeug, ging die Zeugin ... davon aus, dass alles geregelt sei, und fuhr danach, wie üblich, in Richtung ... .

Während der Fahrt kam es zu einem Gespräch, aufgrund dessen sie misstrauisch bemerkte, dass wohl doch etwas zu regeln gewesen wäre, entgegen der Annahme des Beschuldigten, der meinte, „es sei kaum etwas passiert". Deshalb fuhr die Zeugin ..., die schon in ... angekommen war, über ... zurück zur Unfallstelle.

Daher ist davon auszugehen, dass sich der Beschuldigte hier nicht strafbar gemacht hat. Die Zeugin ... hat es lediglich versäumt, bei starkem Regen das Fahrzeug zu verlassen und sich über eventuelle Ansprüche selbst zu informieren sowie ihrer Vorstellungspflicht nachzukommen. Sie war aber davon ausgegangen, dass nach dem Gespräch Ihres Mannes mit den unfallbeteiligten Zeugen die Angelegenheit erledigt gewesen sei, weshalb sie auch weggefahren war. Erst die Schilderung des Beschuldigten offenbarte ihr, dass noch einige Informationen auszutauschen waren. Deshalb fuhr sie wieder zurück. Dies wurde auch bei der Unfallaufnahme so mitgeteilt, unabhängig davon, dass die Zeugen nur den Beschuldigten ... gesehen haben wollen.

Hierbei ist zu bedenken, dass tatsächlich nur der Beschuldigte ausgestiegen und letztlich auch wieder eingestiegen war, allerdings nicht vom Fahrersitz aus, sondern vom Sitz hinter dem Fahrersitz. Für die Wahrnehmung zu bedenken ist die Dunkelheit und der starke Regen. Der Zeuge ... wird jedoch bestätigen können, dass der Beschuldigte überhaupt kein Auto dabei hatte, sondern darauf angewiesen war, dass die Zeugin ... ihn nach dem Fußballspiel abholte, was letztlich auch geschah. Daraus ergibt sich, dass in jedem Fall zum Unfallzeitpunkt der Beschuldigte und die Zeugin ... im Fahrzeug gesessen haben.

Der Beschuldigte sowie die Zeugin ... wurden auch anwaltlich belehrt über Wahrheitspflichten und die Folgen von Falschaussagen. Sowohl der Beschuldigte als auch die Zeugin ... gehen davon aus, dass der Zeuge ... zumindest belegen kann, dass der Beschuldigte nicht mit seinem Fahrzeug zu dem Fußballspieler gefahren ist, sondern von der Zeugin ... abgeholt wurde.

Unter diesen Umständen regen wir an, das Verfahren hinsichtlich des Vorwurfs der Trunkenheitsfahrt nach § 170 Abs. 2 StPO einzustellen und den Beschluss nach § 111 a StPO aufzuheben und den Führerschein an den Beschuldigten herauszugeben.

Rechtsanwalt ◄

▶ **Muster: Antrag auf Zeugenvernehmung**

An die

Staatsanwaltschaft

beim Landgericht ...

Az ... Js .../...

In der Strafsache

gegen

Herrn ...

wegen Trunkenheitsfahrt u.a.

beantragen wir,

folgende Zeugen zu vernehmen:

1. Herrn ..., ... [Anschrift]
2. Frau ..., ... [Anschrift]

Die Zeugen werden Folgendes bestätigen können: Die Zeugen wohnen mit dem Beschuldigten und dessen Ehefrau zusammen in einem Haus. Als der Beschuldigte aus dem Dynamo-Stadion anrief, teilte er mit, wo der Zeuge ... sein Fahrzeug abgestellt hatte und dass man sich dort an dieser Stelle einfinden werde. Nach dem Spiel erklärte die Ehefrau des Beschuldigten ihren Schwiegereltern, dass sie nun losfahren und ihren Ehemann abholen werde.

Die Zeugen stellten fest, dass die Ehefrau des Beschuldigten losfuhr, um den Beschuldigten abzuholen. Aufgrund dessen ist davon auszugehen, dass die Ehefrau des Beschuldigten den Unfall verursacht hat und nicht der Beschuldigte. Die Vernehmung der Zeugen ... und ... werden die Richtigkeit der Aussage des Zeugen ... bestätigen.

Wir regen eine rasche Vernehmung der Zeugen ... und ... an, da der Beschuldigte inzwischen seit dem ... keine Fahrerlaubnis mehr besitzt, weil der Führerschein vorläufig beschlagnahmt wurde.

Rechtsanwalt ◄

146 ▶ **Muster: Hinweis auf Antrag der StA in Parallelverfahren, das Verfahren einzustellen**

An das Amtsgericht ...
– Strafrichter –
Az ...
In der Strafsache
gegen
Herrn ...
wegen fahrlässiger Trunkenheit im Verkehr
nehme ich wie folgt Stellung:

Die Staatsanwaltschaft hat in der Anklageschrift die Verbindung mit dem Strafverfahren ... beantragt.

Zu diesem Verfahren war am Montag, dem ..., Verhandlung am Landgericht .... Das Verfahren konnte rechtskräftig zum Abschluss gebracht werden. In dem Verfahren hat die Staatsanwaltschaft bereits den Antrag gestellt, hinsichtlich der vorliegenden Anklageschrift die Tat gemäß § 154 Abs. 2 StPO einzustellen.

Die vorsitzende Richterin des Landgerichts ... hat zugesichert, dass das entsprechende Protokoll dem Amtsgericht ... zur Verfügung gestellt wird und hiernach eine Einstellung nach § 154 Abs. 2 StPO erfolgen kann.

Von daher erscheint es nicht mehr notwendig, weitere Stellungnahmen abzugeben.

Rechtsanwalt ◄

147 ▶ **Muster: Anregung an das Gericht, durch Strafbefehl zu entscheiden**

An die
Staatsanwaltschaft
beim Landgericht ...
Az ... Js .../...

G. Trunkenheit im Verkehr (§ 316 StGB)

In der Strafsache

gegen

Herrn ...

wegen Trunkenheitsfahrt

geben wir für den Beschuldigten nach Akteneinsicht und Rücksprache mit diesem folgende Einlassung ab:

Der Beschuldigte räumt die ihm zur Last gelegte Tat vollumfänglich ein. Er wird zu bestrafen sein wegen fahrlässiger Trunkenheitsfahrt. Der Beschuldigte befindet sich in einer sehr schwierigen Phase seines Lebens. Im April ... ist seine Ehefrau verstorben. Seine Kinder wohnen nicht in unmittelbarer Nähe. Im Wesentlichen muss sich der Beschuldigte selbst versorgen. Dies fällt ihm natürlich sehr schwer. Den Verlust seiner Ehefrau hat er noch nicht überwunden. Daher tröstete er sich in der Vergangenheit wiederholt über die einsamen Abende mit Alkohol hinweg.

Der Beschuldigte weiß, dass dies der falsche Weg ist, vor allem deshalb, weil er eine Bauchspeicheldrüsenerkrankung hat und darüber hinaus seine Leber „angeschlagen" ist. Der Beschuldigte hat sich dazu durchgerungen, alkoholabstinent zu leben, nachdem er die Praxis des Herrn Dr. ... aufgesucht und darüber hinaus entsprechende Informationen im Krankenhaus ... erhalten hat. Zu bedenken ist, dass der zu berücksichtigende Blutalkoholwert so hoch ist, dass der Beschuldigte ohne medizinisch-psychologische Untersuchung keine neue Fahrerlaubnis erhalten wird, wenn er nicht dauerhaft abstinent lebt.

Wir regen an, die Angelegenheit im Strafbefehlsweg zu erledigen. Der Beschuldigte ist ansonsten ein sehr ordentlicher Mensch, der noch nie im Leben auffällig geworden ist.

Der Beschuldigte hat eine Rente in Höhe von 1.100 EUR pro Monat. Aufgrund einer früher vorgenommenen Haussanierung hat der Beschuldigte noch ein Darlehen abzutragen, das er mit seiner Ehefrau aufgenommen hatte und das momentan noch mit 16.000 EUR valutiert ist. Monatlich zahlt der Beschuldigte 200 EUR ab.

Wir gehen davon aus, dass ein Strafbefehl über 40 Tagessätze à 30 EUR angemessen ist. Wir gehen weiter davon aus, dass eine Entziehungsdauer von allenfalls einem Jahr verhängt werden sollte. Dabei ist zu berücksichtigen, dass der Beschuldigte ohne Fahrerlaubnis völlig unbeweglich ist und auch seine Kinder und Enkelkinder nicht ohne Weiteres besuchen kann. Gerade im Alter des Beschuldigten ist es wichtig, mobil zu sein, um die sozialen Kontakte nicht zu verlieren. Wir denken deshalb, dass die zuvor genannte Zeit ausreicht, dem Beschuldigten für die Zukunft vor Augen zu halten, dass Alkohol und Straßenverkehr sich nicht vertragen. Ein entsprechender Strafbefehl wird einspruchslos hingenommen werden.

Rechtsanwalt ◄

▶ **Muster: Antrag auf Verfahrenseinstellung wegen fehlender Fahruntüchtigkeit (Fahrradfahrer)**

An die

Staatsanwaltschaft

beim Landgericht ...

Az ... Js .../...

In der Strafsache

gegen

§ 9 Einzelne Straftatbestände in Verkehrsstrafsachen

Herrn ...

wegen angeblicher Trunkenheitsfahrt

geben wir für den Beschuldigten folgende Einlassung ab:

Der Beschuldigte fuhr am ... gegen ... Uhr in ... die ...straße stadtauswärts. Er fuhr mit seinem Fahrrad (Rennrad) und wusste, dass sein Licht nicht funktionierte. Da er um diese Zeit fast allein auf der Straße war, ließ er sich von rechts nach links und von links nach rechts in die Pedalen fallen, was dazu führte, dass er in leichten Schlangenlinien fuhr. Dies ist seine übliche Fahrweise, wenn die Straßenverhältnisse dies erlauben. Der Beschuldigte war von einer Geburtstagsfeier in der Neustadt gekommen. Obwohl diese noch weiterging, hatte er den Nachhauseweg angetreten. Als der Beschuldigte bemerkte, dass ein Fahrzeug hinter ihm war, fuhr er sofort auf den Bürgersteig. Als er danach vermutete, dass es sich um die Polizei handelte, fürchtete er, dass er ein Verwarngeld wegen mangelhaften Lichts bezahlen müsse, und bog nach rechts in einen Trampelpfad in Richtung ...straße ab.

Bis zu diesem Zeitpunkt war ihm nicht die Idee kommen, dass er sich wegen einer Trunkenheitsfahrt strafbar gemacht haben könnte.

Der Beschuldigte fährt von Kindheit an mit dem Fahrrad. Das Fahrrad ist sein ständiges Fortbewegungsmittel. Da der Beschuldigte Sportler ist (Turner bei TuS ...) hat er ein überdurchschnittlich gut ausgeprägtes Gleichgewichtsgefühl. Aus diesem Grunde war es ihm auch möglich, einen plötzlichen Rechtsschwenk durchzuführen und in eine andere Richtung weiterzufahren. Dies spricht dafür, dass er nicht alkoholbedingt beeinträchtigt war.

In der ...straße wurde der Beschuldigte plötzlich vom Rad gerissen, ohne dass er die Chance hatte, vorher anzuhalten. Der Beschuldigte hatte seine Hände oben auf dem Rennlenker. Um zu bremsen, musste er die Hände nach unten in Richtung Bremse bewegen, da oben keine Bremse ist. Die Möglichkeit, dies zu tun, und somit die Chance, selbst anzuhalten, wurde ihm verwehrt, da er vom Rad gerissen wurde. Er sah sich plötzlich von mehreren Polizeibeamten umringt. Es stellte sich später heraus, dass er nicht nur Prellungen und Schürfungen davongetragen hatte, sondern darüber hinaus auch eine Verletzung des Mittelfingers der rechten Hand (Sehnenabriss). Daher war der Beschuldigte nicht sonderlich gesprächig, was durchaus verständlich ist.

Ein Beamter riss ihm seinen Rucksack vom Rücken. Ein weiterer Beamter schrie: „Auf den Boden!" Noch ein weiterer Beamter legte sofort Handschellen an. Wir halten dieses Verhalten nicht für angemessen und erstatten Strafanzeige und stellen Strafantrag wegen einer Körperverletzung im Amt. In der Folge unternahm der Beschuldigte nichts, um Untersuchungen zu ermöglichen.

Ein Fall der absoluten Fahruntüchtigkeit liegt nicht vor. Ein Fall der relativen Fahruntüchtigkeit liegt hier jedoch auch nicht vor, da eindeutig kein Fahrfehler und kein Anhaltspunkt gegeben ist, absolute Fahruntüchtigkeit zu vermuten. Der Blutalkoholwert betrug 1,32 ‰. Der Drehnystagmus[137] ist hier kein Anhaltspunkt, da nicht bekannt ist, wie lange der Beschuldigte im nüchternen Zustand benötigt. Diesbezügliche weitere Versuche bleiben verwehrt.

Es ist deshalb davon auszugehen, dass eine Straftat nicht nachgewiesen werden kann.

Deshalb regen wir an, das Verfahren gegen den Beschuldigten nach § 170 Abs. 2 StPO einzustellen.

Rechtsanwalt ◄

---

137 Merkmal für Trunkenheit und eingeschränkte Reaktionsfähigkeit.

G. Trunkenheit im Verkehr (§ 316 StGB) 9

▶ **Muster: Schreiben an Mandanten zur Vorbereitung einer weiteren MPU**   149

Sehr geehrter Herr ...,

in Ihrer Strafsache wegen Trunkenheitsfahrt nehme ich Bezug auf das mit Ihnen geführte Gespräch. Ich hatte erläutert, dass die Staatsanwaltschaft nicht auf eine Entziehung der Fahrerlaubnis verzichten wollte. Aufgrund dessen habe ich mich mit der Staatsanwaltschaft geeinigt, dass eine Anklageschrift erstellt wird, zumal wir dadurch zum Jugendrichter kommen. Über den Ablauf der Hauptverhandlung sprechen wir unmittelbar vor der Hauptverhandlung.

Darüber hinaus haben wir erörtert, dass eine MPU vorzubereiten ist. Anliegend überlasse ich zwei negative Gutachten, die Sie vorab prüfen können, um feststellen zu können, weshalb die Gutachten letztlich negativ ausgefallen sind. Im vorliegenden Fall wird man Ihnen bei der MPU-Stelle vorhalten, dass die erste Trunkenheitsfahrt ein Warnschuss war, der bedauerlicherweise nicht gefruchtet hat. Der zweite Fall wird deshalb ausführlich zu erörtern sein. Man wird Ihnen deshalb auch vorhalten, dass Alkohol in Mengen, die zu einem Blutalkoholwert von mehr als 1 ‰ führen, in der Regel nicht konsumiert werden. Aus diesem Grund ist es wichtig, dass Sie die Abstinenzzeit durchhalten, damit sich der Körper wieder an normale Mengen gewöhnt und darauf reagiert. Ein halbes Jahr Alkoholabstinenz wird vorausgesetzt.

Darüber hinaus sollten Sie überlegen, was im Alltag ohne Alkohol besser funktioniert als mit Alkohol. Die medizinisch-psychologische Untersuchungsstelle wird auf entsprechende Feststellungen Wert legen.

Wenn ich eine Rückmeldung von Ihnen erhalte, dass die Gutachten begriffen wurden, werde ich Ihnen zwei weitere Gutachten überlassen.

Mit freundlichen Grüßen

Rechtsanwalt

Anlage: Zwei negative Gutachten ◀

▶ **Muster: Anregung der Verfahrenseinstellung nach § 154 Abs. 2 StPO**   150
(Streitpunkt: öffentlicher Verkehrsraum)

An das Amtsgericht ...

– Strafrichter –

Az ...

In der Strafsache

gegen

Herrn ...

wegen Trunkenheit im Verkehr u.a.

wird zur

Begründung der Berufung

ausgeführt, dass sich diese nur gegen den Vorwurf der vorsätzlichen Trunkenheit im Verkehr richtet. Unter Beachtung der Rechtsprechung des BGH hat der Verurteilte das Fahrzeug nicht im öffentlichen Verkehrsraum geführt. Insoweit ist er also freizusprechen.

Selbst wenn der Verurteilte das Fahrzeug im öffentlichen Verkehrsraum statt auf einer Rasenfläche geführt hätte, wäre eine Verurteilung wegen einer Vorsatztat nicht richtig. Offensichtlich ist zumindest der Verurteilte unwiderlegbar davon ausgegangen, dass er das Fahrzeug nicht im öffentlichen Verkehrsraum führt. Wäre die Verkehrsfläche öffentlicher Verkehrsraum, hätte der Verurteilte über diese Frage geirrt und eine Verurteilung wegen fahrlässiger Begehungsweise käme in Betracht. Insoweit wiederum wäre der Vorwurf der Fahrlässigkeit, wenn er überhaupt gegeben wäre, an der untersten Grenze der Schuld. Dies gilt insbesondere deshalb, weil sich offensichtlich Juristen von den Amtsgerichten bis zum BGH über die Frage des öffentlichen Verkehrsraums streiten und eine verlässliche Antwort auch nicht bei einem Juristen stets zu erreichen sein wird.

Insoweit wird angeregt, dass überprüft werden möge, ob eine Berufungshauptverhandlung unbedingt durchgeführt werden muss oder ob es vorliegend nicht sinnvoller erscheint, die Trunkenheitsfahrt gemäß § 154 Abs. 2 StPO im Hinblick auf die Verurteilung wegen der Körperverletzung einzustellen.

Rechtsanwalt ◄

H. Vollrausch (§ 323 a StGB)

151 Für die Beurteilung der Frage, ob ein alkoholbedingter **Rausch** vorliegt mit der Folge der Schuldunfähigkeit oder mit der Folge, dass die Schuldunfähigkeit jedenfalls nicht ausgeschlossen werden kann, kommt der Blutalkoholkonzentration ein nicht unerhebliches indizielles Gewicht zu. So wie ab einem Blutalkoholwert ab 2 ‰ zumindest die verminderte Schuldfähigkeit zu prüfen ist, ist ab einem Blutalkoholwert von 3 ‰ regelmäßig die Frage der Schuldunfähigkeit zu prüfen.[138] Es gibt aber keinen Rechts- oder Erfahrungssatz, wonach ab einer bestimmten Höhe der Blutalkoholkonzentration regelmäßig von Schuldunfähigkeit auszugehen wäre.[139] Bei der Feststellung des Tatbestands des Vollrauschs darf jedoch die sog. Maximalrechnungsmethode zur Ermittlung des Blutalkoholwerts keine Anwendung finden, da diese sich zum Nachteil des Täters auswirkt.[140]

152 Wesentlich ist auch hier eine Gesamtbetrachtung des Täterverhaltens vor und nach der Tat. Zu berücksichtigen sind hier auch das Trinkverhalten des Täters, seine Gewohnheiten und seine Alkoholverträglichkeit. Insoweit ist auf die Studie des Heidelberger Gerichtsmediziners Prof. *Pedal* zu verweisen, der eine Studie mit Hochalkoholisierten vorgenommen hat und dabei feststellte, dass 25 % der hochalkoholisierten Probanden äußerlich völlig unauffällig waren und sich auch so verhielten.

153 Räumt der Angeklagte den Sachverhalt ein und erinnert er sich an den Tathergang, wird auch bei hohem Blutalkoholwert die Annahme einer rauschbedingten Schuldunfähigkeit zweifelhaft. Ein solches Erinnerungsvermögen, das den Rückschluss zulässt, dass der Angeklagte das gesamte Tatgeschehen bewusst wahrgenommen hat, lässt sich nicht ohne Weiteres und ohne nähere Begründung mit dem Rauschzustand in Einklang bringen.

154 § 323 a StGB ist demnach in folgenden Fällen nicht gegeben:
- wenn Vorsatz und Fahrlässigkeit nicht gegeben sind, zB bei unvorhersehbarer abnormer Alkoholreaktion, mit der der Täter nicht rechnen konnte;
- bei sinnloser Trunkenheit im juristischen Sinne, sofern keine „Handlung" mehr gegeben ist;

---

138 BGH NStZ 1997, 592.
139 OLG Hamm VA 2005, 91.
140 OLG Braunschweig v. 4.7.2014 – 1 Ss 36/14.

- wenn der Zustand der Schuldunfähigkeit nicht allein (oder zunächst überwiegend) auf dem Rauschzustand beruht;
- wenn bei Vorsatztaten kein Vorsatz nachweisbar ist.

Voraussetzung für die Verurteilung nach § 323 a StGB ist demnach, dass der primäre Fahrentschluss im Rauschzustand erfolgte.

▶ **Muster: Antrag auf Verfahrenseinstellung nach § 170 Abs. 2 StPO wegen abnormer Alkoholreaktion**

An die
Staatsanwaltschaft
beim Landgericht ...

Az ... Js .../...

In der Strafsache

gegen

Herrn ...

beantragen wir,

das Verfahren gegen den Beschuldigten nach § 170 Abs. 2 StPO einzustellen.

Der Beschuldigte wurde am ... fahrend angetroffen. Eine Blutalkoholauswertung ergab einen Wert von 2,4 ‰.

Der noch lebensunerfahrene 18-jährige Beschuldigte war am ... nach ... gefahren. Er hatte sich im Hotel ... ein Zimmer angemietet und wollte dort den Abend verbringen. Er hatte einen Vorstellungstermin an der TU ..., der am Folgemorgen wahrzunehmen war.

Nach einem mäßigen Abendbrot ging er in die Hotelbar, um dort noch ein oder zwei Glas Bier zu trinken, wiewohl er als Sportler selten Alkohol konsumiert. Dabei geriet er in einen abnormen Rauschzustand. Wie er – obwohl er am vorgeplanten Ziel war und sich in ... nicht auskannte – erneut in sein Fahrzeug geriet und eine Fahrt antrat, ist ihm nicht erinnerlich.

Die abnorme Alkoholreaktion ist gekennzeichnet durch:
- Inkongruenz zwischen psychischer und körperlicher Ausfallerscheinung,
- inadäquate Affekte und Affektexpansionen,
- „wesensfremd" anmutende Handlungen,
- Erinnerungslosigkeit mit mehr oder weniger großen Erinnerungsinseln.

Wir beantragen die Einholung eines Sachverständigengutachtens, zu erstellen vom Institut ....
Dieses wird zu dem Ergebnis gelangen, dass eine abnorme Alkoholreaktion vorlag, die nicht zu erwarten war.

Aufgrund von § 20 StGB wird das Verfahren einzustellen sein.

Rechtsanwalt ◀

I. Fahren ohne Fahrerlaubnis (§ 21 StVG)

Auch das Fahren ohne Fahrerlaubnis gehört zu den Delikten, die die tägliche Arbeit des verkehrsrechtlich orientierten Verteidigers ausmachen. Hierbei sind jedoch eine Vielzahl von Varianten zu beachten und vor allem die Rechtsprechung aufmerksam zu verfolgen, die sich zunehmend mit ausländischen Fahrerlaubnissen auseinandersetzen muss. Von Bedeutung ist dieses Delikt aber auch über den strafrechtlichen Aspekt hinaus, da die „Führerscheinklausel" in Versicherungsverträgen bewirkt, dass dem Versicherer im Haftungsfall ein Regressanspruch gegen den Fahrer zusteht.

I. Strafbarkeit des Fahrers

157 § 21 StVG erfasst das Führen eines Kraftfahrzeugs, ohne im Besitz der dazu erforderlichen Fahrerlaubnis zu sein (§ 21 Abs. 1 Nr. 1 Alt. 1 StVG), das Führen eines Kraftfahrzeugs entgegen einem Fahrverbot nach § 44 Abs. 1 StGB oder § 25 StVG (§ 21 Abs. 1 Alt. 2 und 3 StVG) sowie nach § 21 Abs. 2 Nr. 2 StVG das Führen eines Kraftfahrzeugs trotz amtlicher Verwahrung des Führerscheins nach § 94 StPO.

158 **1. Das Kraftfahrzeug.** Zu beachten ist, dass sich § 21 StVG nur auf Kraftfahrzeuge bezieht, für deren Führen eine Fahrerlaubnis irgendeiner Klasse nach § 2 StVG, §§ 4 ff FeV erforderlich ist. Neben den Kraftfahrzeugen im engeren Sinne, wie beispielsweise Pkw und Lkw, zählen dazu auch Moped und Motorrad.

159 **2. Führen eines Kraftfahrzeugs.** Entscheidend kommt es darauf an, ob der Mandant das Kraftfahrzeug iSd § 21 StVG selbst geführt hat. Dies ist der Fall, wenn der Mandant es selbst unmittelbar unter bestimmungsgemäßer Anwendung seiner Antriebskraft in Bewegung gesetzt hat, um es während der Fahrbewegung durch einen öffentlichen Verkehrsraum zu leiten.[141] Früher wurde der Begriff des „Führens" von Rechtsprechung und Literatur weiter gefasst. Vorbereitungshandlungen, die nur dazu dienten, das Kraftfahrzeug alsbald in Bewegung zu setzen, wurden schon miterfasst. In Anbetracht des Wortlauts des § 316 StGB geht die heute hM davon aus, dass das „Führen eines Fahrzeugs" voraussetzt, dass das Fahrzeug wenigstens in Bewegung gesetzt wird (vgl Rn 115 ff).[142]

160 Ein Moped fährt zB, wer es durch Treten der Pedale fortbewegt,[143] nicht dagegen, wer sich auf dem Sattel sitzend mit den Füßen abstößt, ohne das Anspringen des Motors erreichen zu wollen. Das Bewegen eines Mopeds mit den Füßen ist auch dann kein Führen, wenn der Motor angelassen ist.[144] Nicht ausreichend ist auch das Schlafen im abgestellten Fahrzeug bei laufendem Motor oder das Schieben eines Autos zu einer Gefällstrecke, um es dort in Gang zu setzen.[145] Das Kraftfahrzeug muss zudem willentlich in Bewegung gesetzt worden sein. Kein Führen liegt vor, wenn ein Pkw durch versehentliches Lösen der Handbremse und damit ungewollt in Bewegung gerät.[146]

161 Nur noch als strafbarer Versuch des § 21 StVG werden bloße **Vorbereitungshandlungen** angesehen, die nur dazu dienen, das Fahrzeug alsbald in Bewegung zu setzen. Dazu gehört zB das Sichsetzen auf den Steuersitz eines fahrbereiten Kraftfahrzeugs,[147] das Freibekommen eines steckengebliebenen Fahrzeugs,[148] alle Maßnahmen zum Anlassen des Motors wie Zündschlüssel einführen, Handbremse lösen, Motor anlassen, Abblendlicht einschalten usw.

---

141 BGH NZV 1989, 32.
142 BGH NZV 1989, 32; BayObLG NZV 1992, 197; OLG Karlsruhe NZV 1992, 493; OLG Düsseldorf NZV 1992, 19.
143 OLG Düsseldorf VerkMitt. 1974, 13.
144 BayObLG DAR 1988, 244.
145 OLG Karlsruhe DAR 1983, 365; OLG Düsseldorf VRS 50, 426.
146 BayObLG DAR 1980, 266; OLG Frankfurt NZV 1990, 277; OLG Düsseldorf NZV 1992, 197.
147 BGH NZV 1989, 32.
148 Vgl OLG Karlsruhe NZV 1992, 493.

I. Fahren ohne Fahrerlaubnis (§ 21 StVG)

3. Insbesondere: Anschieben und Abschleppen. In diesem Zusammenhang sind auch die Probleme des Anschiebens und Abschleppens von Bedeutung. Im Hinblick auf § 4 Abs. 1 S. 1 FeV kommt es darauf an, dass der Mandant das Fahrzeug als Kraftfahrer geführt hat. Dies ist nicht der Fall, wenn die Motorkraft des Fahrzeugs beim Führen nicht eingesetzt wird und auch nicht eingesetzt werden soll.

162

Beim **Anschieben** des Kraftfahrzeugs durch einen Dritten, um den Motor zum Anspringen zu bringen, führt der Fahrer am Steuer es als Kraftfahrzeug, wozu er eine Fahrerlaubnis benötigt.[149] Dagegen führt der Fahrer kein Kraftfahrzeug, wenn ein Dritter das liegengebliebene Kraftfahrzeug zB bis zu einer Tankstelle schiebt, um es dort wieder fahrtüchtig machen zu lassen,[150] und zwar selbst dann nicht, wenn das Kraftfahrzeug durch das Anschieben einige Meter selbstständig weiterrollt.[151]

163

Keine Fahrerlaubnis benötigt, wer ein betriebsunfähiges **abgeschlepptes** Kraftfahrzeug lenkt, da er es nicht im Sinne von § 21 StVG als Kraftfahrzeug führt.[152] Wird ein Kraftfahrzeug durch ein anderes abgeschleppt, so benötigt nach § 33 Abs. 2 Nr. 1 StVZO der Lenker des Kraftfahrzeugs die Fahrerlaubnis, die zum Betrieb dieses Fahrzeugs als Kraftfahrzeug erforderlich ist. Lenkt er das abgeschleppte Fahrzeug ohne eine solche Fahrerlaubnis, so führt er es nicht als Kraftfahrzeug (siehe Wortlaut des § 33 StVZO), sondern handelt nur ordnungswidrig gem. §§ 33, 69 a Abs. 3 Nr. 3 StVZO, 24 StVG.[153] Jedoch soll nach dem OLG Frankfurt[154] etwas anderes gelten, wenn das Kraftfahrzeug abgeschleppt wird, um dadurch den Motor in Gang zu setzen.

164

4. Öffentlicher Straßenverkehr. Ferner kommt es darauf an, ob der Mandant am öffentlichen Straßenverkehr teilgenommen hat (vgl auch Rn 113 f). Denn gem. § 4 Abs. 1 S. 1 FeV benötigt eine Fahrerlaubnis nur, wer „auf öffentlichen Straßen ein Kraftfahrzeug führt". Der BGH hat diesen Begriff 2004 nochmals präzisiert.[155] Zum öffentlichen Verkehr zählt der Verkehr von Fahrzeugen, Radfahrern und Fußgängern auf allen Wegen, Plätzen, Durchgängen und Brücken, die entweder ausdrücklich oder mit stillschweigender Duldung des Verfügungsberechtigten für jedermann oder wenigstens allgemein bestimmten Gruppen von Benutzern, wenn auch nur vorübergehend oder gegen Gebühr, zur Verfügung stehen,[156] unabhängig von den Eigentumsverhältnissen. Umfasst werden danach nicht nur Verkehrsflächen, die nach dem Wegerecht des Bundes und der Länder dem allgemeinen Straßenverkehr gewidmet sind, sondern auch solche, deren Benutzung durch eine nach allgemeinen Merkmalen bestimmte größere Personengruppe, ohne Rücksicht auf die Eigentumsverhältnisse am Straßengrund oder auf eine verwaltungsrechtliche Widmung durch den Berechtigten, ausdrücklich oder faktisch zugelassen wird. Dabei nimmt es der Verkehrsfläche nicht den Charakter der Öffentlichkeit, wenn für die Zufahrt mit Fahrzeugen eine Parkerlaubnis oder für die Nutzung ein Entgelt verlangt wird.[157] Kein öffentlicher Verkehr findet auf den Flächen statt, die generell

165

---

149 OLG Oldenburg MDR 1975, 241.
150 OLG Koblenz VRS 49, 366.
151 OLG Celle DAR 1977, 219.
152 BGH NJW 1990, 1245; BayObLG NJW 1984, 878; OLG Hamm DAR 1999, 178.
153 BayObLG DAR 1983, 395.
154 VRS 58, 14 (zweifelnd: *Hentschel/König/Dauer*, Straßenverkehrsrecht, § 21 StVG Rn 11).
155 BGH NJW 2004, 1965.
156 *Fischer*, § 315 b Rn 3.
157 BGH NJW 2004, 1965 mwN.

nicht dem allgemeinen Zugang zu dienen bestimmt sind. Daher ist der Versuch, seinen Pkw aus dem Straßengraben wieder auf die Fahrbahn zu verbringen, nicht strafbar.[158]

166 Es ist jedoch ausreichend, wenn auf einem **Privatweg** gefahren wird, den ein Privatmann für den öffentlichen Verkehr freigegeben hat,[159] oder auf dem Parkplatz einer Gastwirtschaft, auch wenn er den Gästen vorbehalten ist,[160] oder auf dem Parkplatz eines Einkaufscenters[161] sowie auf dem Gelände einer Tankstelle oder einer Waschanlage während der Betriebszeiten.[162]

167 Anders verhält es sich nur, wenn das Gelände zwar von jedermann betreten werden könnte, es aber nicht für den öffentlichen Straßenverkehr bestimmt ist, so vor allem beim Einsetzen der Betriebsruhe in Rasthäusern, Gaststätten, Parkhäusern und Tankstellen.[163]

168 **5. Fehlende Fahrerlaubnis.** Genau zu prüfen ist, ob der Mandant ohne bzw ohne die erforderliche Fahrerlaubnis gefahren ist. § 2 StVG und den auf dieser Norm beruhenden §§ 4 ff FeV kann entnommen werden, ob und welche Fahrerlaubnis erforderlich ist. Generell kann man sich als Faustregel merken: Wer das Kraftfahrzeug einer Klasse führt, für die er keine Fahrerlaubnis hat bzw für die seine Fahrerlaubnis nicht gilt, führt es ohne Fahrerlaubnis.[164]

169 Die der Fahrerlaubnis entsprechenden **Fahrerlaubnisklassen** sind § 6 FeV zu entnehmen. Angemerkt sei, dass eine Fahrerlaubnis, die vor Geltung der FeV, dh vor dem 1.1.1999 erworben wurde, grundsätzlich uneingeschränkt weitergilt. Nur die alte Fahrerlaubnis der Klasse 2 ist auf das 50. Lebensjahr befristet, jedoch mit der Möglichkeit der Verlängerung, (§§ 6 Abs. 6, 76 Nr. 9 FeV). Allgemein ist eine Umstellung in die neuen Klassen nicht zwingend erforderlich.

170 Abzugrenzen ist zudem ein Verstoß gegen **Beschränkungen oder Auflagen** der Fahrerlaubnis. Ein Verstoß gegen Beschränkungen stellt ein Fahren ohne Fahrerlaubnis dar. Beschränkungen liegen zB vor, wenn die Fahrerlaubnis nur auf bestimmte Fahrzeugarten oder -klassen oder auf Fahrzeuge mit bestimmter technischer Ausstattung beschränkt erteilt wurde. Hingegen ist ein Verstoß gegen eine persönliche Auflage, wie das Tragen einer Brille, bloß eine Ordnungswidrigkeit (§ 75 Nr. 9 FeV).[165] Es ist demnach erforderlich, dass der Verteidiger die Eintragungen im Führerschein genau prüft.

171 Gemäß § 22 Abs. 4 S. 7 FeV gilt die Fahrerlaubnis erst mit deren Aushändigung als erteilt. Ist die Fahrprüfung schon bestanden, eine Aushändigung des Führerscheins aber noch nicht erfolgt (zB weil das Mindestalter noch nicht erreicht ist), so liegt noch keine gültige Fahrerlaubnis vor. Zu beachten gilt es, dass eine bei der Bundeswehr erworbene Fahrerlaubnis umgeschrieben werden muss (§ 27 FeV).

172 Mit der **Bestands- und Rechtskraft einer entziehenden Entscheidung** erlischt auch die Fahrerlaubnis. Maßgebend ist die formelle Wirksamkeit. Besondere Vorsicht ist bei Berufungsurteilen geboten. Wird vom Berufungsgericht die Fahrerlaubnis entzogen oder die Berufung des

---

158 OLG Hamm VRS 39, 270; anders noch BGHSt 6, 100.
159 So schon BGH NJW 1953, 754.
160 BGH NJW 1961, 1124.
161 OLG Saarbrücken NJW 1974, 1099.
162 OLG Düsseldorf VRS 59, 282; OLG Hamm VRS 30, 452; BayObLG NJW 1980, 715.
163 U.a. OLG Stuttgart NJW 1980, 68; KG VRS 60, 130.
164 OLG Saarbrücken NZV 1989, 474.
165 BayObLG NZV 1990, 322.

I. Fahren ohne Fahrerlaubnis (§ 21 StVG)

Mandanten gegen ein amtsgerichtliches Urteil, das die Entziehung der Fahrerlaubnis anordnet, verworfen, so wird das Berufungsurteil sofort rechtskräftig. Damit ist dem Mandanten auch sofort wirksam die Fahrerlaubnis entzogen. Als Verteidiger sollte man in diesen Fällen auf Rechtsmittel nicht verzichten.

Entzieht die Fahrerlaubnisbehörde die Fahrerlaubnis (dazu § 18), kommt es für die Strafbarkeit darauf an, ob ein ggf dagegen eingelegter Widerspruch aufschiebende Wirkung entfaltet oder ob sogar die sofortige Vollziehung nach § 80 Abs. 2 Nr. 4 VwGO angeordnet wurde. Widerspruch und Anfechtungsklage haben nach § 4 Abs. 7 S. 2 StVG kraft Gesetzes keine aufschiebende Wirkung. 173

Gemäß § 111 a StPO wird die vorläufige Entziehung mit der Bekanntgabe wirksam, welche regelmäßig durch förmliche Zustellung an den Beschuldigten erfolgt. Die Zustellung an den Verteidiger ist nicht ausreichend. Ordnet das Gericht eine **Fahrerlaubnissperre** an, so lebt die ursprüngliche Fahrerlaubnis nach Ablauf der Sperre nicht wieder auf. Auf Antrag kann nur eine neue Fahrerlaubnis erteilt werden (§ 21 FeV). 174

Ohne Fahrerlaubnis fährt auch, wer mit einer **ausländischen Fahrerlaubnis**, die nicht oder nicht mehr gültig ist (§ 29 Abs. 1 FeV), im Inland fährt.[166] Nicht ohne Fahrerlaubnis fährt dagegen derjenige, der nur den gültigen ausländischen Führerschein nicht bei sich führt oder die deutsche Übersetzung nicht besitzt, selbst dann, wenn er später den Bestand einer ausländischen Fahrerlaubnis nicht nachweisen kann.[167] Hierbei handelt es sich nur um eine Ordnungswidrigkeit. Nicht strafbar im Inland ist ebenso, wer im Ausland ohne Fahrerlaubnis fährt, wenn die Tat im Ausland lediglich eine Ordnungswidrigkeit darstellt. 175

6. Fahren trotz Fahrverbots oder amtlicher Verwahrung des Führerscheins. Ohne Fahrerlaubnis fährt derjenige, der gegen ein **Fahrverbot** verstößt, das rechtskräftig nach § 44 StGB als Nebenstrafe oder im Owi-Verfahren nach § 25 StVG verhängt wurde. Ist dabei dem Mandanten das Führen von Kraftfahrzeugen jeglicher Art untersagt, dann umfasst dieses Verbot auch das Führen von sonst nicht fahrerlaubnispflichtigen Kraftfahrzeugen (zB Mofas). 176

Gleiches gilt auch, wenn die Fahrerlaubnis in **amtliche Verwahrung** gegeben worden ist,[168] außer es liegt ein Fall der §§ 111 a Abs. 5 S. 2 StPO, 25 StVG vor. Den Fall der amtlichen Verwahrung, Sicherstellung und Beschlagnahme des Führerscheins gemäß § 94 StPO regelt § 21 Abs. 2 Nr. 2 StVG. Da die Beschlagnahme eine körperliche Wegnahme des Führerscheins voraussetzt, reicht die Anordnung oder Mitteilung der Beschlagnahme nicht aus.[169] Dagegen ist die fehlende Rückgabe des Führerscheins nach § 111 a Abs. 5 S. 2 StPO bzw § 25 Abs. 7 StVG ebenso genügend wie die Sicherstellung des Führerscheins mit Einverständnis des Betroffenen. Allerdings darf es sich bei der Sicherstellung nur um eine der (vorläufigen) Entziehung der Fahrerlaubnis dienende Sicherstellung handeln, nicht um eine polizeiliche Führerscheinwegnahme aus anderen Gründen wie der Vorbeugung einer Wiederholungsgefahr o.Ä. 177

7. Vorsatz und Fahrlässigkeit. Maßgeblich ist, ob der Mandant vorsätzlich oder fahrlässig gehandelt hat. Für vorsätzliches Handeln ist zumindest das bedingte Wissen unerlässlich, dass er als Kfz-Führer nicht über die erforderliche Fahrerlaubnis verfügt hat oder dass ihm 178

---

[166] BayObLG NZV 1996, 502; OLG Köln NZV 1996, 289; OLG Celle NZV 1996, 327; OLG Stuttgart NZV 1989, 40.
[167] BGH NJW 2001, 3347.
[168] OLG Köln VRS 71, 54.
[169] OLG Stuttgart VRS 79, 303.

das Fahren nach § 44 StGB oder 25 StVG verboten war, sowie der Wille, gleichwohl das Kraftfahrzeug zu führen.[170]

179 **Hinweis:** Bei einer Verurteilung wegen vorsätzlichen Fahrens nach § 21 Abs. 1 StVG ist der nach § 4 Abs. 3 b ARB drohende Verlust des Versicherungsschutzes aus der Rechtsschutzversicherung im Auge zu behalten.

180 Relevant sind auch immer wieder auftauchende Irrtumsfragen: Ein **Tatbestandsirrtum** nach § 16 StGB liegt vor, wenn sich der Mandant über das Bestehen eines Fahrverbots[171] oder über die Rechtskraft eines Fahrverbots irrt, soweit der Irrtum auf Tatsachen beruht, die für die Rechtskraft entscheidend sind.[172]

181 Befindet sich der Mandant in einem **Verbotsirrtum**, ist nach § 17 StGB bei Unvermeidbarkeit Straflosigkeit gegeben, ansonsten lediglich eine Strafmilderung. Vermeidbar ist der Irrtum zB in folgenden Fällen: Wenn der Mandant nach Entziehung der Fahrerlaubnis entgegen § 29 Abs. 3 Nr. 3 FeV mit einer ausländischen Fahrerlaubnis im Inland gefahren ist; wenn ein Ausländer, der jahrelang im Inland lebt, davon ausgeht, dass seine ausländische Fahrerlaubnis fortbesteht;[173] wenn der Mandant irrig davon ausgeht, dass ein Fahrverbot erst nach Aufforderung zur Ablieferung des Führerscheins wirksam wird.[174]

II. Strafbarkeit des Halters

182 Da sich nicht nur der Fahrer eines Kraftfahrzeugs wegen Fahrens ohne Fahrerlaubnis strafbar machen kann, sondern auch der Halter durch das Fahrenlassen in einem der Fälle des § 21 Abs. 1–3 StVG, werden im Folgenden die Besonderheiten bei der Verteidigung des Halters des Kraftfahrzeugs dargestellt. Die meisten der oben (Rn 157 ff) besprochenen Punkte sind auch beim Halter zu beachten. Um Wiederholungen zu vermeiden, werden hier nur noch die Abweichungen aufgeführt.

183 **Hinweis:** Vorab sollte man auch hier prüfen, ob dem Mandanten eine vorsätzliche Begehungsweise zur Last gelegt wird. In diesem Fall droht nach § 4 Abs. 3 b ARB der Verlust des Versicherungsschutzes aus der Rechtsschutzversicherung.

184 **1. Anordnen oder Zulassen des Führens.** Der Halter eines Kraftfahrzeugs kann sich nach § 21 StVG strafbar machen wegen Anordnens oder Zulassens des Führens eines Kraftfahrzeugs ohne die dazu erforderliche Fahrerlaubnis des Fahrzeugführers (§ 21 Abs. 1 Nr. 2 Alt. 1 StVG), wegen Zulassens des Führens eines Kraftfahrzeugs entgegen einem Fahrverbot nach § 44 StGB oder § 25 StVG (§ 21 Abs. 1 Nr. 2 Alt. 2 und 3 StVG) sowie wegen des Anordnens oder Zulassens des Führens eines Kraftfahrzeugs trotz amtlicher Verwahrung des Führerscheins des Fahrzeugführers nach § 94 StPO (§ 21 Abs. 2 Nr. 3 StVG). Dabei sind die Tathandlungen auch durch schlüssiges Verhalten möglich.[175]

185 **2. Haltereigenschaft.** Die Haltereigenschaft ist strafbegründend und richtet sich nach § 7 StVG iVm § 833 BGB. Halter eines Kraftfahrzeugs ist demnach, wer das Kraftfahrzeug für

---

170 Zur Abgrenzung von Vorsatz und bewusster Fahrlässigkeit unter Berücksichtigung von § 25 Abs. 2 a StVG siehe OLG Hamm DAR 2001, 176 = NZV 2001, 224.
171 BayObLG DAR 1981, 242.
172 BayObLG DAR 2000, 77.
173 OLG Düsseldorf VerkMitt. 1975, 81; siehe auch OLG Düsseldorf VRS 73, 367.
174 BayObLG VRS 62, 460.
175 *Hentschel/König/Dauer*, Straßenverkehrsrecht, § 21 StVG Rn 12.

eigene Rechnung gebraucht, die Kosten bestreitet und den Nutzen aus seiner Verwendung zieht.[176] Auf das Eigentum am Fahrzeug kommt es dabei nicht an.[177] Wird ein anderer vom Halter des Kraftfahrzeugs zur Leitung, mit entsprechender Personal- und Führungsverantwortung ausgestattet, bestimmt, so kann dieser anstelle des Halters strafrechtlich verantwortlich sein (§ 14 Abs. 2 StGB).[178]

3. Zeitpunkt der Strafbarkeit. Gemäß § 21 StVG ist die Tathandlung des Halters das Anordnen oder Zulassen. Das Unterlassen der Einsichtnahme der Fahrerlaubnis führt demnach noch nicht zu einer Strafbarkeit, anders nur, wenn konkret feststeht, dass die Fahrt sonst unterblieben wäre.[179] Allgemein wird die Strafbarkeit des Halters erst begründet, wenn seiner Anordnung Folge geleistet oder vom Zulassen Gebrauch gemacht wird und das Kraftfahrzeug im öffentlichen Verkehr geführt wird.[180] Lediglich eine Haftung wegen verletzter Verkehrssicherungspflichten kann auf den Halter zukommen, wenn er Eigentum oder Besitz am Kraftfahrzeug an eine Person überträgt, die einem Fahrverbot unterliegt oder nicht im Besitz der erforderlichen Fahrerlaubnis ist;[181] nicht begründet wird dadurch eine Strafbarkeit des Zulassens nach § 21 StVG.

4. Fehlen der erforderlichen Fahrerlaubnis. Für den Halter eines Kraftfahrzeugs gelten hinsichtlich der erforderlichen Fahrerlaubnis des Fahrzeugführers die gleichen Grundsätze wie für diesen selbst. Bedeutsam für den Halter ist zudem, dass er sich ggf auch strafbar macht, wenn der Fahrzeugführer zwar die erforderliche Fahrerlaubnis für das ihm überlassene Kraftfahrzeug besitzt, nicht aber für eine Fahrzeugkombination, die beispielsweise mit Anhänger entsteht (zB § 6 Abs. 1 FeV, Fahrerlaubnisklasse E).[182]

5. Pflichten des Halters. Es bleibt noch zu klären, welche konkreten Pflichten den Halter des Kraftfahrzeugs treffen. Auf jeden Fall muss sich der Halter beim Fahrzeugführer davon überzeugen, dass dieser auch im Besitz der erforderlichen Fahrerlaubnis ist.[183] Von der verhältnismäßig strengen Rechtsprechung wird grundsätzlich die **Einsichtnahme in den Führerschein** gefordert. Zur Erfüllung dieser Pflicht ist es deshalb erforderlich, dass der Halter nach der Fahrerlaubnis fragt und sich den Führerschein zeigen lässt.

Nur unter besonderen Umständen ist eine Unzumutbarkeit der Einsichtnahme anzunehmen. Hierbei muss der Halter bei objektiv ausreichender Sorgfalt einen Sachverhalt unterstellen dürfen, der das Vorhandensein der erforderlichen Fahrerlaubnis stützt. Handelt es sich zum Beispiel bei dem Fahrzeugführer um einen guten Bekannten, der die entsprechende Fahrzeugart schon länger führt, dann kann die konkrete Einsichtnahme in die Fahrerlaubnispapiere entbehrlich sein.[184] Eine einmal erfolgte Erkundigung nach der erforderlichen Fahrerlaubnis muss, wenn nicht besondere Umstände vorliegen, danach nicht immer wieder erfolgen.[185]

---

176 BGH NJW 1983, 1492.
177 OLG Karlsruhe DAR 1996, 417.
178 Dazu OLG Frankfurt NJW 1965, 2312.
179 OLG Köln NZV 1989, 319.
180 *Hentschel/König/Dauer*, Straßenverkehrsrecht, § 21 StVG Rn 13.
181 BGH NJW 1979, 2309.
182 OLG Celle VerkMitt. 1983, 76.
183 OLG Frankfurt NJW 1965 2312.
184 OLG Düsseldorf VerkMitt. 1976, 54.
185 BayObLG DAR 1978, 168; 1988, 387; OLG Koblenz VRS 60, 56.

190 Für **gewerbliche Vermieter** gelten besondere Anforderungen. Hier darf nicht auf eine unverständliche fremdsprachige Bescheinigung vertraut werden.[186] Grundsätzlich muss das Vorliegen der erforderlichen Fahrerlaubnis auch bei jeder Fahrzeugübergabe kontrolliert werden.[187]

191 **6. Vorsatz und Fahrlässigkeit.** Im Rahmen des § 21 Abs. 1 Nr. 2, Abs. 2 StVG kann dem Halter Vorsatz oder Fahrlässigkeit hinsichtlich der Tatbestände des Anordnens oder Zulassens zur Last gelegt werden. Für vorsätzliches Handeln ist zumindest das bedingte Wissen nötig, dass der Führer des Kraftfahrzeugs nicht über die erforderliche Fahrerlaubnis verfügt oder ihm das Fahren nach § 44 StGB oder 25 StVG verboten ist, und zusätzlich der Wille, den Fahrer ohne Fahrerlaubnis fahren zu lassen.

192 Für die fahrlässige Begehungsweise reicht zum einen die fahrlässige Unkenntnis von der Nichtberechtigung zum Fahren, zum anderen, dass das Fahren fahrlässig geduldet oder ermöglicht wird.[188] Hinsichtlich des Zulassens ist für den Vorwurf der Fahrlässigkeit nicht erforderlich, dass der Halter darüber hinaus mit bedingtem Vorsatz das Führen des Kraftfahrzeugs duldet.[189]

193 Allerdings gibt es auch nach der Rechtsprechung keine Pflicht für den Kfz-Halter, allgemein den Zugang von Personen ohne Fahrerlaubnis zu den Zündschlüsseln zu verhindern. Solch überspannte Anforderungen würden darauf hinauslaufen, dass jeder ohne die entsprechende Fahrerlaubnis potenzieller Täter eines Vergehens nach § 21 StVG wäre.[190] Liegen dagegen konkrete Umstände vor, sei es in der Person des Fahrers oder in der Situation, die erwarten lassen, dass dieser ohne Fahrerlaubnis oder sogar gegen den Willen des Halters dessen Kraftfahrzeug benutzen wird, so trifft den Halter die Verpflichtung, demjenigen den Zugang zum Zündschlüssel zu verwehren.[191] Nicht allein ausreichend dafür ist allerdings zB, dass ein Sohn im jugendlichen Alter über keine Fahrerlaubnis (mehr) verfügt. Denn man kann nicht generell sagen, dass jeder Jugendliche ohne Fahrerlaubnis früher oder später versuchen wird, mit dem Kraftfahrzeug der Eltern am öffentlichen Straßenverkehr teilzunehmen.

III. Insbesondere: Fahren mit ausländischer Fahrerlaubnis[192]

194 **1. Nicht-EU-Fahrerlaubnis.** Geringere Bedeutung hat das Fahren mit einer ausländischen Fahrerlaubnis, die nicht in einem EU-Staat erworben wurde. Das BVerfG hat insoweit klare Verhältnisse geschaffen. In einem Fall, in dem der Angeklagte seinen Wohnsitz im Inland hatte, benutzte er eine ausländische Fahrerlaubnis. Er befuhr sechs Monate nach Begründung des Wohnsitzes im Bundesgebiet öffentliche Straßen. Deswegen ist er von den Strafgerichten wegen Fahrens ohne Fahrerlaubnis nach § 21 StVG verurteilt worden. Seine Verfassungsbeschwerde hatte keinen Erfolg. Ein Verstoß gegen das Bestimmtheitsgebot aus Art. 103 Abs. 2 GG liege nicht vor. Das Urteil stellt fest, dass seit Begründung des Wohnsitzes im Inland die Frist des § 29 Abs. 1 S. 3 FeV von mehr als **sechs Monaten** verstrichen war. Deshalb bedurfte der Inhaber einer ausländischen – nicht in einem anderen Mitgliedstaat der EU oder einem anderen Vertragsstaat des Abkommens über den europäischen Wirtschaftsraum erteilten –

---

186 KG VRS 45, 60.
187 OLG Schleswig VerkMitt. 1971, 55.
188 BGH NJW 1972, 1677; 1993, 2456; BayObLG NZV 1996, 462.
189 AA *Hentschel/König/Dauer*, Straßenverkehrsrecht, § 21 StVG Rn 18.
190 BayObLG NZV 1996, 462 mwN.
191 OLG Hamm NJW 1983, 2456 f; strenger OLG Koblenz VRS 71, 144.
192 Zur ausländischen und EU-Fahrerlaubnis siehe auch ausführlich § 18 Rn 442 ff.

Fahrerlaubnis für die Fahrten im öffentlichen Straßenverkehr im Inland einer deutschen Fahrerlaubnis.

Eine Strafbarkeit aus § 21 StVG knüpft an das Führen eines Kraftfahrzeugs ohne die erforderliche Fahrerlaubnis an. Eine Fahrerlaubnis braucht in Anlehnung an § 2 Abs. 1 S. 1 StVG jeder, der auf öffentlichen Wegen oder Plätzen ein Kraftfahrzeug führen will. Gemäß den §§ 21, 22 FeV kann grundsätzlich nur eine zuständige deutsche Behörde die erforderliche Fahrerlaubnis für das Führen von Kraftfahrzeugen im Inland erteilen. 195

Der Inhaber einer ausländischen Fahrerlaubnis kann nach § 29 Abs. 1 S. 3 FeV, als Ausnahmeregelung im Sinne des § 2 Abs. 11 S. 1 StVG, im Inland ein Kraftfahrzeug führen, wenn seit der Begründung eines ordentlichen Wohnsitzes im Inland nicht mehr als sechs Monate vergangen sind. Fehlt diese Voraussetzung wird trotz des Vorhandenseins einer ausländischen Fahrerlaubnis für das Führen eines Kraftfahrzeugs im Inland eine deutsche Fahrerlaubnis benötigt. 196

2. Fahrerlaubnis eines anderen EU-Mitgliedstaats. Von Bedeutung sind allerdings zunehmend innerhalb der EU erworbene Führerscheine, da die Erwerbsvoraussetzungen dort leichter als in Deutschland nach Einführung der FeV vom 1.1.1999 zu erfüllen sind. Mehrere Konstellationen sind zu bedenken: 197

a) Erwerb der ausländischen FE bei andauernder Sperrfrist. Der Erwerb einer Fahrerlaubnis im ausländischen Mitgliedstaat während einer in der Bundesrepublik verhängten und noch andauernden Sperrfrist wird nach allgemeiner Meinung und herrschender Rechtsprechung nicht anerkannt. Ohne auf die verwaltungsrechtlichen Auseinandersetzungen weiter einzugehen,[193] ist deutlich, dass der Tatbestand des Fahrens ohne Fahrerlaubnis nach § 21 StVG vorliegt.[194] Zudem muss die Fahrerlaubnissperre im Fahreignungsregister eingetragen sein.[195] 198

b) Erwerb der ausländischen FE nach abgelaufener Sperrfrist. Der Erwerb der Fahrerlaubnis im ausländischen Mitgliedstaat nach Ablauf der in der Bundesrepublik verhängten Sperrfrist ohne Anordnung einer MPU führt nicht dazu, dass der Benutzer der Fahrerlaubnis den Tatbestand des § 21 StVG erfüllt.[196] 199

c) Erwerb der ausländischen FE nach abgelaufener Sperrfrist mit angeordneter MPU. Der Erwerb der Fahrerlaubnis und die Teilnahme am Straßenverkehr nach Ablauf der Sperrfrist mit Anordnung einer MPU nach deutschem Recht ist inzwischen wohl auch unstreitig nicht mehr als Fahren ohne Fahrerlaubnis anzusehen. Der EuGH hat Klarheit geschaffen. Das um diesen Problemkreis ergangene letzte Urteil datiert vom 16.8.2006 und kommt vom VG Stade.[197] Es geht um den Fall eines Betroffenen, dem in Deutschland die Fahrerlaubnis wegen Alkoholmissbrauchs entzogen wurde. Er erwarb daraufhin eine Fahrerlaubnis in Tschechien, ohne dass er dort einen Wohnsitz hatte oder der Behörde mitgeteilt hätte, dass er in Deutschland wegen Alkoholkonsums als ungeeignet zum Fahrzeugführen angesehen wurde. Das VG Stade kam zu dem Ergebnis, dass dem Betroffenen die Fahrerlaubnis entzogen werden kann, wenn er sich weigert, trotz mehrerer alkoholbedingter Zuwiderhandlungen eine MPU durchzuführ- 200

---

193 Vgl hierzu § 17 Rn 437 ff, 450.
194 So auch *Otte/Kühner*, DAR 2004, 321, 326.
195 OLG Oldenburg v. 8.12.2010 – 1 Ss 102/10.
196 EuGH VA 2004, 100; OLG Saarbrücken NStZ-RR 2005, 50.
197 VG Stade VA 2006, 197.

ren. Das Urteil des VG Stade nimmt die beiden EuGH-Entscheidungen „Kapper"[198] und „Halbritter"[199] auf und führt aus, dass missbräuchlicher **Führerscheintourismus** nicht akzeptiert werden könne. Auch der EuGH gestatte nicht die missbräuchliche Berufung auf Europarecht.[200]

201 **d) Dritte EG-Führerscheinrichtlinie vom 20.12.2006.** Durch die vom EuGH entschiedenen Fälle „Kapper" und „Halbritter" (siehe § 18 Rn 458 ff) kam das europäische Führerscheinrecht ins Gespräch: Die Feststellungen des EuGH, dass jeder Mitgliedstaat die von anderen Mitgliedstaaten ausgestellten Dokumente anzuerkennen habe, erregten vor allem in Deutschland Unmut. Die dritte Führerscheinrichtlinie vom 20.12.2006[201] soll eine Vereinheitlichung bewirken. Mit ihr soll auch dem Führerscheintourismus ein Ende gesetzt werden (vgl § 18 Rn 453 ff). Da zurzeit 110 Führerscheinmuster in der Europäischen Union im Umlauf sind, soll durch die Richtlinie erreicht werden, dass ein einheitliches Muster es erleichtert, Führerscheine zu lesen und zu verstehen.

202 Die Bedeutung der Dritten Führerscheinrichtlinie erscheint zunächst als richtiger Schritt in die richtige Richtung. Dass eine Übergangsfrist von sechs Jahren ab dem Inkrafttreten vorgesehen ist, ließ zunächst erkennen, dass sich kurzfristig nichts ändern kann. Wenn weiter festgestellt wird, dass 26 Jahre zur Vereinheitlichung der Führerscheinformulare eingeräumt werden, kann davon ausgegangen werden, dass erst dann durch ein EU-Führerscheinnetz eine brauchbare Kontrolle erreicht werden wird; bis dahin bleiben erhebliche Ungewissheiten. Zum 19.1.2013 ist diese Vereinheitlichung nun jedoch auch tatsächlich und vollständig umgesetzt worden.

203 Als Tatsache gilt es aber zu berücksichtigen, dass nach den beiden genannten EuGH-Entscheidungen der Vorwurf des Fahrens ohne Fahrerlaubnis nicht aufrechterhalten werden kann, wenn die Fahrerlaubnis in einem EU-Mitgliedstaat rechtmäßig erworben wurde und keine Sperrzeiten zu berücksichtigen sind. Unbenommen bleibt es der Fahrerlaubnisbehörde weiterhin, bei vorliegenden Mängeln iSd § 3 Abs. 1 StVG die Fahrerlaubnis zu entziehen bzw bei Vorliegen einer ausländischen Fahrerlaubnis die Berechtigung abzuerkennen, im Inland ein fahrerlaubnispflichtiges Fahrzeug zu führen. Der EuGH hat insoweit immer schon betont, dass der Aufenthaltsstaat Maßnahmen nach seinem nationalen Recht ergreifen darf, wenn sich nach Erteilung der Fahrerlaubnis Umstände ergeben, die nunmehr zur Fahrungeeignetheit oder zu Fahrzweifeln führen.[202] Die Zweifel müssen allerdings beachtlich sein. Beachtlichkeit liegt vor, wenn eine Auffälligkeit allein für sich genommen Fahreignungszweifel aufkommen lässt (Heroinkonsum und Straßenverkehrsteilnahme) oder mehrere Alkoholauffälligkeiten. Entsprechendes gilt nach Auffälligkeiten nach dem Mehrfachtäter-Punktesystem.

204 In jüngster Zeit wurde die Anerkennungspflicht relativiert, weshalb die im Jahre 2008 ergangenen Entscheidungen des EuGH beachtlich sind. Zu berücksichtigen sind die Urteile vom 26.6.2008 in Sachen Wiedemann, die Rechtssache Funk,[203] die Rechtssache Zersche, Schubert und Seuke sowie Möginger.[204]

---

198 VA 2004, 100.
199 VA 2006, 120.
200 VG Stade VA 2006, 197.
201 2006/126/EG, ABl. Nr. L 403 v. 30.12.2006, S. 18.
202 zfs 2006, 593; zfs 2006, 355; zfs 2007, 354.
203 zfs 2008, 473.
204 DAR 2008, 582.

Der EuGH hat in seinen aktuellen Entscheidungen vom 28.6.2008 festgelegt, dass Führerscheine nicht anerkannt werden müssen, wenn sie offensichtlich unter Verletzung des Wohnortprinzips erteilt worden sind.

In Art. 9 Abs. 1 der Richtlinie 91/439/EWG (zweite Führerscheinrichtlinie) und dem erst ab 19.1.2009 geltenden Art. 12 Abs. 1 der Richtlinie 2006/126/EG (dritte Führerscheinrichtlinie), ist festgelegt, dass ein Mitgliedstaat eine Fahrerlaubnis nur erteilen darf, wenn der Antragsteller seinen ordentlichen Wohnsitz mindestens 185 Tage im Ausstellerstaat hat.

Der EuGH stellt fest, dass in diesen Fällen, in denen sich aus dem Führerscheindokument ergibt, dass der Inhaber bei der Ausstellung des Dokuments keinen ordentlichen Wohnsitz im Ausstellerstaat hatte, der Fahrerlaubnis keine Gültigkeit in anderen Staaten der europäischen Union beizumessen ist. Die Erlaubnis mit einem solchen Dokument in der Bundesrepublik Deutschland zu fahren besteht nicht.

Daraus folgt auch, dass mit einem solchen Führerschein seit Ausstellung keine Fahrberechtigung in Deutschland verbrieft wird. Da kein Recht entstanden ist, kann auch ein solches nicht aberkannt werden, die Fahrerlaubnis ist in Deutschland ungültig. Nach meiner Information teilen Fahrerlaubnisbehörden dies den Inhabern solch hier ungültiger Fahrerlaubnisse mit, wobei auf § 21 StVG verwiesen wird.

Ein weiteres Vorgehen gegen den Führerscheintourismus ist mit dem am 19.1.2009 in Kraft getretenen Art. 11 Abs. 4 S. 2 der Richtlinie 2006/126/EG möglich geworden. Danach kann ein Mitgliedstaat die Gültigkeit eines Führerscheins ablehnen, der von einem anderen Mitgliedstaat einer Person erstellt wurde, deren Führerschein im Hoheitsgebiet des erstgenannten Mitgliedstaats eingeschränkt, ausgesetzt oder entzogen worden war.

Umstritten war die **Auslegung des Art. 11 Abs. 4 S. 2 der Richtlinie 2006/126/EG.** Nach Ansicht des BayVGH[205] wird Art. 11 Abs. 4 S. 2 der Richtlinie 2006/126/EG nicht entsprechend Art. 8 Abs. 2 und 4 der Richtlinie 91/439/EWG ausgelegt. Das zwingende Wohnsitzerfordernis des Art. 8 der Richtlinie 91/439/EWG wird demnach nicht zugrunde gelegt. Erforderlich ist vielmehr eine vorherige Einschränkung, Aussetzung oder Entziehung der Fahrerlaubnis. Begründet wird dies mit dem unterschiedlichen Wortlaut beider Artikel: Art. 11 Abs. 4 S. 2 der Richtlinie 2006/126/EG erfordert eine strikte Ablehnung der Gültigkeit eines Führerscheins, hingegen räumt Art. 8 Abs. 4 der Richtlinie 91/439/EWG lediglich die Möglichkeit einer Ablehnung ein. Demnach ist unter Art. 11 Abs. 4 S. 2 der Richtlinie 2006/126/EG kein richterlicher Ermessensspielraum vorhanden, andererseits würde der Wortlaut der Vorschrift überschritten werden.

Die grundsätzlich geforderte Ablehnung der Gültigkeit eines Führerscheins nach vorheriger Entziehung im Hoheitsstaat soll dem Führerscheintourismus entgegenwirken. Es ergibt sich demnach ein Anwendungsvorrang des Art. 11 Abs. 4 S. 2 der Richtlinie 2006/126/EG ab dem 19.1.2009 gegenüber den Bestimmungen der Richtlinie 91/439/EWG und somit auch gegenüber deren Art. 8 Abs. 4. Eine Anwendung von Art. 11 Abs. 4 S. 2 der dritten Führerscheinrichtlinie wird nicht durch Art. 13 Abs. 2 dieser Richtlinie ausgeschlossen.

---

205 BayVGH v. 10.11.2009 – 11 CS 09.2082.

212 Auch das OLG Stuttgart[206] und nun auch OLG Hamburg[207] spricht der dritten Führerscheinrichtlinie keine einschränkende Auslegung im Sinne der Rechtsprechung des EuGH zur zweiten Führerscheinrichtlinie zu. Die Rechtsprechung des EuGH zur zweiten Führerscheinrichtlinie ist auch nach Ansicht des OLG Stuttgart nicht auf Art. 11 Abs. 4 S. 2 der dritten Führerscheinrichtlinie übertragbar. Als Gründe werden hervorgebracht, dass Art. 11 der dritten Richtlinie nicht nur formell neu ist, sondern auch andere Ziele verfolgt, u.a. die Sicherheit des Straßenverkehrs sowie das Vorgehen gegen den Führerscheintourismus.

213 Auch nach Ansicht des OVG NRW[208] ist ein Verstoß gegen das Wohnsitzerfordernis nicht mehr zwingende Voraussetzung dafür, einem ausländischen Führerschein die Gültigkeit im Bundesgebiet zu versagen. Vielmehr ist eine vorherige Einschränkung, Aussetzung oder Entziehung des Führerscheins erforderlich. Dieser Ansicht schloss sich u.a. der VGH Baden-Württemberg[209] an.

214 So ging auch das OLG Oldenburg[210] davon aus, dass ein Betroffener nicht berechtigt sei, in Deutschland ein Kfz zu führen, wenn er unter bewusster Vortäuschung eines Studienaufenthalts im Ausland seinen Führerschein erworben hat um eine auferlegte Eignungsprüfung in Deutschland zu umgehen.

215 Eine Fahrerlaubnis, welche nach abgelaufener Sperrfrist in Deutschland in einem ausländischen Mitgliedstaat erworben wird und in der ein ausländischer Wohnort eingetragen ist, muss in Deutschland nach Ansicht des OLG Oldenburg nicht genehmigt werden.[211]

216 Zudem hat der Betroffene, welcher nach Entzug der Fahrerlaubnis in Deutschland Inhaber einer ausländischen Fahrerlaubnis wird, die Pflicht, sich nach der Gültigkeit der Fahrerlaubnis in Deutschland zu erkundigen. Eine ausländische Fahrerlaubnis entfaltet in den Fällen des § 28 Abs. 4 Nr. 2, 3 FeV keine Rechtswirkung in Deutschland. Es wird hierbei auf den Zeitpunkt der Erteilung abgestellt.[212]

217 Trotz vielfacher Rechtsprechung zu Art. 11 Abs. 4 S. 2 der dritten Führerscheinrichtlinie ist die Auslegung nach wie vor in Rechtsprechung und Literatur umstritten. Um Klarheit zu schaffen, wurde durch den BayVGH ein Vorabentscheidungsverfahren mit Beschluss vom 16.8.2010 dem EuGH zur Entscheidung vorgelegt.[213] Dem EuGH wurde die Frage gestellt, ob Art. 2 Abs. 1 und Art. 11 Abs. 4 S. 2 der Richtlinie 2006/126/EG dahin gehend auszulegen sind, dass ein Mitgliedstaat die Anerkennung einer Gültigkeit einer Fahrerlaubnis tatsächlich ablehnen muss, oder ob vielmehr eine Auslegung unter Heranziehung von Art. 8 Abs. 4 der Richtlinie 91/439/EWG vorzugswürdiger erscheint.

218 Durch ein weiteres Vorabentscheidungsersuchen des BayVGH[214] wurde dem EuGH die Frage vorgelegt, ob ein Aufnahmemitgliedstaat den von einem anderen Mitgliedstaat ausgestellten Führerschein nicht anerkennen muss, wenn ein Verstoß gegen Art. 7 Abs. 1 lit. b der Richtli-

---

206 OLG Stuttgart v. 26.5.2010 – 2 Ss 269/10.
207 OLG Hamburg v. 29.9.2011 – 3-44/11.
208 Vom 20.1.2010 – 16 B 814/09.
209 Vom 21.1.2010 – 10 S 2391/09.
210 OLG Oldenburg v. 16.3.2011 – 1 Ss 32/11.
211 OLG Oldenburg v. 6.4.2010 – 1 Ss 25/10.
212 OLG Koblenz v. 7.2.2011 – 2 Ss 222/10.
213 BayVGH v. 16.8.2010 – 11 B 10.1030 = zfs 2010, 536.
214 Vom 16.3.2010 – 11 BV 09.2752.

nie 91/439/EWG feststeht, ohne dass zuvor eine Maßnahme iSd Art. 8 Abs. 2 dieser Richtlinie auf den Inhaber des Führerscheins angewendet wurde.

Nach Ansicht des EuGH[215] wird in Art. 1 Abs. 2 der Richtlinie 91/439/EWG die gegenseitige Anerkennung der von den Mitgliedstaaten ausgestellten Führerscheine festgelegt. Aus Urteilen wie „Wiedemann", „Funk" und „Zerche" geht jedoch hervor, dass es einem Mitgliedstaat grundsätzlich nicht verwehrt werden kann, die Fahrberechtigung in seinem Hoheitsgebiet abzulehnen. 219

Die Entscheidung des EuGH („Akyüz") vom 1.3.2012 (Az: C-467/10) versucht, diese Problematik zu klären: Die Vorschriften des Art. 1 Abs. 2 iVm Art. 8 Abs. 2 und 4 der Richtlinie 91/439/EWG sowie des Art. 2 Abs. 1 iVm Art. 11 Abs. 4 der Richtlinie 2006/126/EG sind nach Ansicht des EuGH in seiner Entscheidung wie folgt auszulegen: 219a

Auch wenn die Ausstellung eines Führerscheins aus Gründen der fehlenden geistigen und körperlichen Anforderungen im Hoheitsgebiet verweigert wurde, darf das Hoheitsgebiet die Anerkennung des erlangten Führerscheins in einem Aufnahmemitgliedstaat nicht verweigern. 219b

Nur wenn aufgrund unbestreitbarer, vom Ausstellermitgliedstaat herrührender Informationen feststeht, dass der Inhaber des Führerscheins zum Zeitpunkt der Ausstellung des Führerscheins die vorgesehene Voraussetzung eines ordentlichen Wohnsitzes nicht erfüllt, kann ein anderer Mitgliedstaat die Anerkennung des Führerscheins in seinem Hoheitsgebiet verweigern. 219c

Fraglich ist nun, ob derartige Informationen als vom Ausstellermitgliedstaat herrührende Informationen eingestuft werden können. Die Beantwortung dieser Frage obliegt allein dem Gericht. 219d

Fraglich ist, ob eine Ausnahme zulässig ist, wenn gegenüber dem Betroffenen keinerlei Maßnahmen gem. Art. 8 Abs. 2 der Richtlinie 91/439/EWG durchgeführt wurden. Aus Gründen der Sicherheit im Straßenverkehr und Bekämpfung des Führerscheintourismus wurden Mindestvoraussetzungen für die Ausstellung eines Führerscheins festgelegt, wonach zwingend ein ordentlicher Wohnsitz im Ausstellermitgliedstaat vorhanden sein muss bzw die Eigenschaft als Student von mindestens sechs Monaten im Ausstellermitgliedstaat nachgewiesen werden muss. Demnach kann davon ausgegangen werden, dass es dem Mitgliedstaat nicht verwehrt werden kann, den ausgestellten Führerschein nicht anzuerkennen, wenn feststeht, dass die Voraussetzungen eines ordentlichen Wohnsitzes nicht gegeben sind. Eine im Voraus angewandte Maßnahme gem. Art. 8 Abs. 2 der Richtlinie 91/439/EWG ist nicht erforderlich. 220

Mit der Entscheidung des EuGH („Hofmann") vom 26.4.2012 (C-419/10) wurde die Problematik um den Führerscheintourismus endgültig entschieden. 220a

Die dem EuGH vorgelegte Sache fragt nach der Gültigkeit bzw der Fahrberechtigung einer nach dem 19.1.2009 erlangten ausländischen EU-Fahrerlaubnis im Inland, wenn die Fahrerlaubnis im Inland zuvor entzogen wurde. 220b

Als maßgebliches Beurteilungskriterium der Gültigkeit einer im Ausländermitgliedstaat erworbenen Fahrerlaubnis nach einer Entziehung der Fahrerlaubnis im Hoheitsgebiet dient nach wie vor die Frage nach dem ordentlichen Wohnsitz. Der EuGH hat die Rechtsprechung 220c

---

215 EuGH v. 19.5.2011 – C-184/10.

der deutschen Verwaltungsgerichte dahin gehend verworfen, dass bei Nachweis eines ordentlichen Wohnsitzes im Ausstellermitgliedstaat trotz vorheriger Entziehung im Hoheitsstaat die nach dem 19.1.2009 erlangte Fahrerlaubnis im Hoheitsgebiet grundsätzlich anzuerkennen ist (vgl auch § 18 Rn 472 f).

220d Bei der Beurteilung der Frage nach der Verwirklichung des § 21 StVG, hat das Gericht nun maßgeblich auf die Voraussetzungen eines ordentlichen Wohnsitzes im Ausstellermitgliedstaat abzustellen. Dieses Kriterium ist auch nicht wegzudenken bei einer Verteidigung.

221 ▶ **Muster: Antrag auf Aufhebung der Beschlagnahme und Herausgabe des EU-Führerscheins**

An das Amtsgericht ...
– Strafrichter –
Az ...
In der Strafsache
gegen
Herrn ...
wegen vorsätzlichen Fahrens ohne Fahrerlaubnis
legen wir gegen den Beschluss des Amtsgerichts ... vom ...

Beschwerde

ein.

Begründung:

Entgegen der Annahme des Amtsgerichts ... war der Beschuldigte im Besitz einer gültigen Fahrerlaubnis, da die Entziehung der Fahrerlaubnis durch den Bescheid der ... vom ... rechtswidrig war. Der Europäische Gerichtshof hat in seinem Urteil vom ... festgestellt, dass Art. 1 Abs. 2 iVm Art. 7 Abs. 1 Buchstabe b und Art. 9 der Richtlinie 91/439/EWG einschlägig ist.
Wir machen ausdrücklich den Schriftsatz vom ..., der bei Beschlussfassung wohl nicht berücksichtigt wurde, zum Gegenstand unseres Beschwerdevortrags.
Wir beantragen:
Die Beschlagnahme nach § 111 a StPO ist aufzuheben und der Führerschein herauszugeben.
Rechtsanwalt
Anlage:
Schreiben vom ... ◀

222 ▶ **Muster: Antrag auf Zurückweisung des Antrags der StA auf vorläufige Entziehung der tschechischen Fahrerlaubnis**

An das Amtsgericht ...
– Strafrichter –
Az ...
In der Strafsache
gegen
Herrn ...

I. Fahren ohne Fahrerlaubnis (§ 21 StVG)

wegen Fahrens ohne Fahrerlaubnis
habe ich mich bereits als Verteidiger gegenüber der Staatsanwaltschaft ... angezeigt und beantrage:
Der Antrag der Staatsanwaltschaft ... auf vorläufige Entziehung der Fahrerlaubnis wird zurückgewiesen.

Der Vorwurf des vorsätzlichen Fahrens ohne Fahrerlaubnis ist unbegründet. Dies ergibt sich bereits daraus, dass der Beschuldigte nach diesseitigem Dafürhalten berechtigt am Straßenverkehr teilgenommen hat. Wie aus dem Sachverhalt deutlich wird, hat der Beschuldigte am ... in Most (Tschechische Republik) einen Führerschein erworben, der ihn u.a. berechtigt, einen Pkw zu führen. Wie aus dem Sachverhalt weiter deutlich wird, wurde dem Betroffenen mit Bescheid vom 9.12.2004 die Fahrerlaubnis entzogen. Der Beschuldigte wusste hiervon nichts.

In dieser Konstellation ist die Entscheidung des EuGH (Urt. v. 29.4.2004 – C 476/04 = DAR 2004, 333 ff) einschlägig. Der EuGH führt darin wie folgt aus:

„[...] Nach alledem ist auf den zweiten Teil der Vorlagefrage zu antworten, dass Art. 1 Abs. 2 iVm Art. 8 Abs. 4 der Richtlinie 91/439 so auszulegen ist, dass ein Mitgliedstaat die Anerkennung der Gültigkeit eines von einem anderen Mitgliedstaat ausgestellten Führerscheins nicht deshalb ablehnen darf, weil im Hoheitsgebiet des erstgenannten Mitgliedstaats auf den Inhaber des Führerscheins eine Maßnahme des Entzugs oder der Aufhebung einer von diesem Staat erteilten Fahrerlaubnis angewendet wurde, wenn die zusammen mit dieser Maßnahme angeordnete Sperrfrist für die Neuerteilung der Fahrerlaubnis in diesem Mitgliedstaat abgelaufen war, bevor der Führerschein von dem anderen Mitgliedstaat ausgestellt worden ist [...]."

Der EuGH hält somit die Regelung des § 49 Abs. 5 FeV für europarechtswidrig, so dass diese vorliegend nicht angewendet werden kann. Aus dem Sachverhalt wird deutlich, dass die Fahrerlaubnis entzogen worden ist. Eine Sperrfrist wurde nicht angeordnet. Hiernach hat der Beschuldigte den tschechischen Führerschein erworben, dessen Gültigkeit durch die Bundesrepublik Deutschland nicht abgelehnt werden darf. Der Beschuldigte hat somit am Straßenverkehr im Besitz einer gültigen Fahrerlaubnis teilgenommen. Dies ist die Rechtsfrage nach der Entscheidung des EuGH. Die vom Gericht zitierte Entscheidung des BGH aus dem Jahr 1998 ist durch die Entscheidung des EuGH obsolet geworden. Der BGH geht in seiner Entscheidung noch davon aus, dass die Gültigkeit des ausländischen Führerscheins in Abrede gestellt werden kann, wenn eine Sperrfrist abgelaufen ist. Seit dem 29.4.2004 steht jedoch bindend für die Bundesrepublik Deutschland fest, dass sie einem Führerschein eines Mitgliedstaats die Gültigkeit nicht aberkennen darf, wenn in Deutschland keine Sperrfrist läuft. Da in Deutschland gegen den Beschuldigten keine Sperrfrist läuft, kann die Gültigkeit des Führerscheins nicht in Frage gestellt werden. Der Antrag der Staatsanwaltschaft zielt somit auf eine gegen Europarecht verstoßende Maßnahme.

Selbst wenn dem nicht so wäre, hätte sich der Betroffene vorliegend in einem unvermeidbaren Verbotsirrtum befunden, als er am Straßenverkehr teilgenommen hat. Dabei ist zu berücksichtigen, dass dem Betroffenen der Entzug der deutschen Fahrerlaubnis nicht bekannt war. Die Fahrerlaubnisbehörde war offensichtlich nicht in der Lage, dem Beschuldigten den Bescheid vom 9.12.2004 zuzustellen. Gründe hierfür sind nicht ersichtlich. Von der öffentlichen Zustellung konnte der Beschuldigte keine Kenntnis haben, so dass ihm auch der Entzug nicht bekannt sein konnte.

Entscheidend zu berücksichtigen ist jedoch, dass der Betroffene im Nachgang der Entscheidung des EuGH Rechtsrat bei Herrn Rechtsanwalt ... eingeholt hat. Dieser hat ihm die oben dargelegte und im Übrigen auch richtige Rechtsauskunft erteilt und dem Beschuldigten mitgeteilt, dass mit der Entscheidung des EuGH die Gültigkeit eines ausländischen Führerscheins nicht aberkannt werden kann, wenn sich der vorliegende Sachverhalt ergibt. Dem Beschuldigten wurde weiter mitgeteilt, dass eine Entziehung der deutschen Fahrerlaubnis keine Auswirkung auf die Gültigkeit der ausländischen Fahrerlaubnis hat und insoweit § 49 Abs. 5 FeV nicht mehr angewendet werden kann. Unabhängig von einer möglichen, aber falschen gegenteiligen Auffassung der Staatsanwaltschaft durfte sich der Beschuldigte zumindest für berechtigt halten, mit der ausländischen Fahrerlaubnis erlaubterweise ein Fahrzeug zu führen. Nach der Einholung entsprechenden Rechtsrates wäre, wollte man der falschen Auffassung der Staatsanwaltschaft folgen, ein unvermeidbarer Verbotsirrtum gegeben, so dass der subjektive Straftatbestand nicht mehr gegeben wäre.

Richtigerweise ist der vorgeworfene Tatbestand bereits objektiv nicht erfüllt. Somit bestehen auch keine dringenden Gründe iSd § 111 a StPO.

Rechtsanwalt ◄

IV. Insbesondere: Fahren mit Leichtkraftrad

223 Das OLG Karlsruhe hatte den Fall zu entscheiden, dass ein Angeklagter mit einem Leichtkraftrad fuhr, das eine Geschwindigkeit von 90 km/h erreichte, er aber lediglich im Besitz einer Fahrerlaubnis der (früheren) Klasse 4 war, die das Fahren von Leichtkrafträdern mit maximal 50 Kubikzentimeter und einer Höchstgeschwindigkeit von 50 km/h zuließ. Das OLG stellte fest, dass der Tatbestand des § 21 StVG erfüllt ist, wenn das Leichtkraftrad auch ohne Vornahme technischer Veränderungen regelmäßig eine höhere Geschwindigkeit erreichen kann als die bauartmäßige zulässige Höchstgeschwindigkeit.[216] Das OLG Karlsruhe hat sich damit dem OLG Hamm angeschlossen,[217] das diesen Fall für ein Mofa entschieden hatte, das für eine Geschwindigkeit von 25 km/h zugelassen war, aber unabhängig von technischen Veränderungen 40 km/h erreichen konnte.

224 Daraus folgt nicht, dass jedes unwesentliche Zuschnellfahren strafbar wäre. Als wesentlich angesehen wurde ein Mehr von 20 %. Das Urteil des OLG Karlsruhe kam jedoch zu dem Ergebnis, dass sich der Angeklagte in einem unvermeidbaren Verbotsirrtum befunden hatte, so dass eine Bestrafung nach § 17 StGB entfiel. Der Angeklagte unterlag dem Irrglauben, dass er durch seinen Führerschein der (früheren) Klasse 4 zur Benutzung des Leichtkraftrades berechtigt gewesen sei, unabhängig von der erreichbaren Höchstgeschwindigkeit. Und da er selbst bei Einholung einer Sachauskunft bei Fachbehörden keine verlässliche Beurteilung der Rechtslage erhalten hätte und somit die Unrechtmäßigkeit seines Tuns nicht hätte erkennen können, war dieser Irrtum auch unvermeidbar. Der Wortlaut des Führerscheins erweckte ebenfalls eher den Eindruck, dass eine geschwindigkeitsrelevante Veränderung, etwa durch Verschleiß, lediglich dazu führt, dass die Verwaltungsbehörde dem Halter oder Eigentümer nach § 17 Abs. 1 StVZO eine Frist zur Behebung des Mangels setzen kann, die Fahrerlaubnis aber hierdurch nicht betroffen ist.[218]

---

216 OLG Karlsruhe v. 25.11.2002 – 1 Ss 73/02.
217 OLG Hamm NJW 1978, 332.
218 Zu Vorsatzfragen in vergleichbaren Fällen vgl OLG Brandenburg VRS 101, 239 ff; NZV 2002, 146 ff.

Teil 6:
Ordnungswidrigkeitenrecht

§ 10 Das Mandat im Ordnungswidrigkeitenrecht

Literatur: *Göhler*, Gesetz über Ordnungswidrigkeiten, 16. Auflage 2012; *Harbauer*, Rechtsschutzversicherung, 8. Auflage 2010; *Hentschel/König/Dauer*, Straßenverkehrsrecht, 43. Auflage 2015; *Senge*, Karlsruher Kommentar zum Gesetz über Ordnungswidrigkeiten, 4. Auflage 2014; *Terbille*, Münchener Anwaltshandbuch Versicherungsrecht, 2. Auflage 2008; *Gerold/Schmidt*, Rechtsanwaltvergütungsgesetz, 21. Auflage 2013.

A. Einleitung	1
B. Typische Beratungssituation	5
C. Mandatsannahme	9
I. Fragebogen für die Mandatsannahme	10
II. Vollmacht	19
III. Fahreignungsregisteranfrage	26
1. Antrag an das Kraftfahrt-Bundesamt auf Auskunftserteilung aus dem Fahreignungsregister	29
2. Falsche Einträge im Fahreignungsregister oder falsche Auskünfte zum Inhalt des Fahreignungsregisters	48
IV. Korrespondenz mit der Rechtsschutzversicherung	57
1. Normalfall: Mandant ist Versicherungsnehmer der Rechtsschutzversicherung; das Verfahren richtet sich gegen ihn	58
2. Mandant ist nicht Versicherungsnehmer der Rechtsschutzversicherung	60
3. Mandant ist Versicherungsnehmer der Rechtsschutzversicherung und war Fahrer des nicht auf ihn zugelassenen festgestellten Fahrzeugs; der Anhörungsbogen oder ein Zeugenfragebogen richtet sich an den Halter	63
a) Fahrer ist der Ehegatte des Halters/Versicherungsnehmers; der Anhörungsbogen richtet sich an den Halter	64
b) Fahrer ist der Ehegatte des Halters/Versicherungsnehmers; der Zeugenfragebogen richtet sich an den Halter	66
c) Fahrer und Versicherungsnehmer ist der Angestellte des Halters; der Anhörungsbogen/Zeugenfragebogen richtet sich an den Halter	70
4. Deckungsanfrage im Rechtsbeschwerdeverfahren	72
5. Abrechnung der Gebühren nach Beendigung des Verfahrens	77
6. Exkurs: Rechtsschutz für Bagatellsachen	86
V. Erste Schritte gegenüber der Verwaltungsbehörde oder der Polizei	88
1. Akteneinsichtsgesuch an die Bußgeldstelle nach Erhalt der Anhörung und Bitte um Zustellung des Bußgeldbescheids über den Anwalt	90
2. Einspruch und Akteneinsichtsgesuch nach Erhalt eines Bußgeldbescheids	92
3. Anforderung besonderer Beweismittel, die im Anhörungsbogen oder Bußgeldbescheid genannt werden	94
4. Anhörungsbogen oder Bußgeldbescheid liegt noch nicht vor	100
5. Rücksendung der Akte an die Bußgeldstelle	102
6. Erweiterte nochmalige Akteneinsicht	104
7. Sonderfall: Verkehrsunfall	110

A. Einleitung

Die folgenden Kapitel orientieren sich am Ablauf des Bußgeldverfahrens. Dementsprechend betreffen die Hinweise zunächst die Annahme des Mandats, danach die anwaltliche Tätigkeit im Vorverfahren und schließlich die Vorgehensweise im Haupt- und Rechtsmittelverfahren. Außerhalb dieser Ordnung schließt sich am Ende ein Kapitel über Wiedereinsetzungsanträge an. Im Vordergrund steht hier, im jeweiligen Verfahrensstadium Tipps zur richtigen Reaktion auf Schritte der Verwaltungsbehörde oder des Bußgeldrichters zu geben. Nur am Rande werden technische Besonderheiten verschiedenster Messsysteme angesprochen. Zu solchen Fragen wird auf einschlägige Spezialliteratur verwiesen.

1a Im Jahr 2014 wurde das Punktsystem reformiert. Das Prinzip der Ablaufhemmung der Tilgungsfrist durch Neueintragungen ist abgeschafft worden. Während der Geltung der vorherigen Rechtslage bestanden oft Verteidigungsziele auch darin, den Ausgang des Verfahrens möglichst lange zu verzögern, um unliebsame Auswirkungen einer verfrühten Neueintragung zu vermeiden. Ob sich die mit dieser Reform verbundene Hoffnung auf geringere Eingangszahlen verwirklichen wird, ist aktuell noch nicht absehbar. Nach wie vor gibt es zahllose Fallkonstellationen, in denen eine spätere Entscheidung gewünscht ist (bspw um die Unverwertbarkeit einer Vortat als Voraussetzung für den Erlass eines Fahrverbotes zu erreichen).

2 Die Verteidigung in Bußgeldsachen ist schon lange kein Verfahren mehr, dass sich „en passant" erledigen lässt. Eine ausufernde Judikatur (die laufende OLG-Rechtsprechung füllt eine Vielzahl spezieller verkehrsrechtlicher Fachzeitschriften), die gesetzliche Vernetzung verschiedener Verfahrensbereiche (Bußgeldentscheidungen über Punkteeintragungen mit Verwaltungsentscheidungen), die notwendige Kenntnis über technische Fragen zu Messgeräten und vor allem auch das auf umfassende Erfahrung gestützte notwendige Gespür für die richtige Herangehensweise im Einzelfall erfordern den Spezialisten. Aber selbst derjenige, der viele Bußgeldsachen bearbeitet und hierfür auf sein im Kopf gespeichertes Spezialwissen zurückgreift, kann seine Arbeit rationalisieren, wenn er für Standardsituationen vorgefertigte Lösungen aus einer systematischen Ordnung heranziehen kann. Kommentare helfen hier gewöhnlich nicht weiter. Oft steht man bei der Bearbeitung eines Falls vor dem gleichen wiederkehrenden Problem und vor der Situation, dass sich der im letzten Jahr bearbeitete vergleichbare Fall im Kanzleiarchiv nicht auffinden lässt, weil einem der Name des Mandanten nicht in den Sinn kommt oder eine passende Entscheidung vor einigen Monaten in einer Fachzeitschrift veröffentlicht war, man aber nicht mehr weiß, in welcher und wann. Die hier vorgestellten Muster eignen sich für die Anlage eines eigenen elektronischen Archivs, das ständig um Abwandlungen oder neue Fallsituationen ergänzt werden kann. Aktuelle Rechtsprechung kann in die gespeicherten Muster eingearbeitet werden, so dass, wenn es darauf ankommt, der passende Schriftsatz parat liegt.

3 Derjenige, der bisher seltener in Bußgeldsachen tätig war, gewinnt vielleicht mit den Darstellungen zu bestimmten Einzelproblemen einen Eindruck von entgegen seiner Erwartung vorhandenen Verteidigungschancen, zumindest von Möglichkeiten, auf das Verfahren im Interesse seines Mandanten Einfluss zu nehmen. In den nachfolgenden Kapiteln wird mit einer Vielzahl von Mustern der Versuch unternommen, die Bandbreite von Verteidigungsmöglichkeiten darzustellen und ein Gefühl für die richtige Verteidigungsstrategie abhängig von der jeweiligen Verfahrenssituation zu vermitteln. Gleichzeitig handelt es sich auch um Tipps für eine rationelle Bearbeitung, die konsequenterweise im ersten Mandantengespräch beginnen muss. Einen gewissen nicht unwesentlichen Raum nehmen in den nachfolgenden Kapiteln – vor allem zu Beginn – Hinweise an den Mandanten ein. Sie vereinfachen erfahrungsgemäß den Informationsaustausch, sparen dadurch Zeit in der Bearbeitung des Einzelfalls, begründen die Notwendigkeit bestimmter Verfahrensschritte und schützen mitunter den Mandanten vor unrealistischen Vorstellungen über seine Verteidigungschancen.

4 Die Ausführungen hier sollen aber nicht darüber hinwegtäuschen, dass es sich nicht um einen Zivilprozess handelt, der weitgehend schriftlich vorbereitet wird, sondern um ein Verfahren, das **dem Strafverfahren angelehnt** ist, in welchem es also oft vor allem auf das Auftreten und Verhalten in der Hauptverhandlung ankommt. Selten enden Bußgeldsachen nämlich im Vor-

verfahren; üblicher ist eine Beendigung in der Hauptverhandlung oder gar erst im Rechtsbeschwerdeverfahren. Letzteres birgt immer besondere Probleme. Hier steht der „Zivilist", der die geschäftlichen Aktivitäten des Firmeninhabers, seines Dauermandanten, betreut und aus dieser Verbindung heraus auch die Geschwindigkeitsüberschreitung zu übernehmen hatte, sicher vor hohen Hürden. Das Revisionsrecht in Strafsachen ist bereits ein Kapitel für sich; in Bußgeldsachen ergeben sich darüber hinaus noch weitere Besonderheiten. Man muss aber die Rechtsbeschwerdechancen in jedem Verfahrensstand richtig beurteilen können. Nur derjenige, der sich auch in den Abgründen des Revisionsrechts in Bußgeldsachen auskennt, wird im Hauptverfahren vor oder in der Hauptverhandlung den richtigen Weg zwischen Nachgeben und konsequenter Vertretung eines bestimmten Standpunktes finden.

B. Typische Beratungssituation

Beispiel:
M. kommt am 20.4.2015 in die Kanzlei und legt einen an seinen Arbeitgeber adressierten Anhörungsbogen vor. Darin heißt es: „Ihnen wird vorgeworfen, am 10.2.2015 auf der BAB A9, km 39,4, FR Görlitz, mit dem Pkw [...], amtl. Kennzeichen [...], die zulässige Höchstgeschwindigkeit von 100 km/h um 41 km/h (abzgl Toleranz) überschritten zu haben. [...] Beweismittel: Zeugen, Video". M., der von einer Messung nichts bemerkt hatte, möchte einen Anwalt mit der Verteidigung beauftragen. Den Anhörungsbogen habe er vom Fuhrparkleiter des Arbeitgebers übersandt bekommen. Es sei in seiner Firma Praxis, dass die Mitarbeiter diese Schreiben selbst beantworten. Er erläutert, dass es sich bei dem benutzten Pkw um einen auf seinen Arbeitgeber zugelassenen Firmenwagen handele. Der Wagen sei ihm zur beruflichen und privaten Nutzung zur Verfügung gestellt. Er sei Angestellter im Außendienst, fahre ca. 40.000 km pro Jahr in seinem Vertretungsgebiet Sachsen, Brandenburg, Sachsen-Anhalt und Thüringen. Es gebe zu seinen Lasten schon Eintragungen in Flensburg. Der letzte Vorfall liege aber schon länger zurück. Er habe eine Verkehrsrechtsschutzversicherung bei der RS AG.

Ein alltäglicher Fall, der aber bereits verschiedene Fragen der richtigen und ökonomischen Herangehensweise aufwirft. Problematisch dabei ist, dass gegen den Mandanten noch kein Bußgeldverfahren eröffnet ist. Das ist erst dann der Fall, wenn er von der Behörde als möglicher Fahrer ermittelt ist und der Vorwurf gegen ihn erhoben wird, beispielsweise durch die Anordnung einer Anhörung. Eine Deckungsanfrage an die Rechtsschutzversicherung wäre zum jetzigen Zeitpunkt verfrüht. Man würde nur ein Standardschreiben zur Antwort erhalten, dass ein Versicherungsfall noch nicht eingetreten sei.

Für den Mandanten empfiehlt es sich nicht, den **Anhörungsbogen**, der von seinem Inhalt her ohnehin ein Zeugenfragebogen ist, selbst zu beantworten. Der Wunsch des Arbeitgebers dürfte zwar sein, aus der weiteren Korrespondenz herausgehalten zu werden; das hätte aber für den Mandanten zur Folge, dass er sich als Fahrer benennen und diese Erklärung noch dazu selbst unterschreiben müsste. Bei einem nur eingeschränkt für eine Identifizierung geeigneten Messfoto hätte damit die Verwaltungsbehörde ein weiteres Indiz dafür, dass der Mandant (der Betroffene des Verfahrens) auch der Fahrer war. Wer diesem Nachteil vorbeugen möchte, sollte den Mandanten auf das Problem hinweisen und ihn bitten, den Arbeitgeber davon zu überzeugen, dass der schließlich an ihn und nicht an den Mandanten gerichtete Brief von ihm beantwortet werden möge. Erstens ist der Arbeitgeber dazu von der Behörde aufgefordert worden, zweitens stellt dieser für sich damit sicher, tatsächlich auch eine Antwort gegeben zu haben. Damit verringert sich die Gefahr, eine Fahrtenbuchauflage erteilt zu bekommen, wenn mangels Ermittlung des Fahrers das Verfahren eingestellt wird (vgl dazu § 19). Wenn der Arbeitgeber wahrheitsgemäß antwortet, dass der Wagen Herrn M., Vorname, Anschrift, zur beruflichen und privaten Nutzung überlassen war, bleiben dem Mandanten alle Verteidigungsmöglichkeiten erhalten, auch diejenigen, die mit dem schlechten Messfoto zusammenhängen.

8 Eine Akte kann gleichwohl angelegt werden. Wenn der Arbeitgeber der Bitte seines Mitarbeiters nachkommt, wird die Wahrscheinlichkeit groß sein, dass der Mandant einige Wochen später selbst einen gegen ihn gerichteten Anhörungsbogen erhält und erneut in der Kanzlei erscheint. Damit könnten dann die Rechtsschutzversicherung um Deckungsschutz ersucht und übliche Schritte in der Korrespondenz mit der Bußgeldbehörde unternommen werden. Nach dem ersten Besuch des Mandanten kann aber bereits das Fahreignungsregister auf seinen Inhalt hin abgefragt werden, es sei denn, dieser hat angegeben, im Register ohne Eintrag zu sein. Zur Aufdeckung von Irrtümern empfiehlt sich aber eine sehr genaue Befragung (s.u. Rn 26).

C. Mandatsannahme

9 Was muss ich über den Mandanten wissen und welche Unterlagen von ihm bekommen? Alles sollte im **ersten Beratungsgespräch** geklärt werden, um unnötige zeitaufwendige weitere Korrespondenz und dadurch genervte Mandanten zu vermeiden. In Verkehrssachen können sich etwa Deckungsanfragen durchaus zu einem „Nebenkriegsschauplatz" entwickeln, wenn nicht schon von vornherein alle relevanten Aspekte mitgeteilt werden (zB die Nachfrage, ob der Arbeitgeber für seinen PKW eine eigene Rechtsschutzversicherung abgeschlossen hat).

I. Fragebogen für die Mandatsannahme

10 In § 1 Rn 55 gibt es bereits Hinweise darauf, wie ein **Mandantenfragebogen** zu gestalten ist. Dass man Name und Kontaktdaten des Mandanten zu erfassen hat, ist selbstverständlich (heute auch wichtig: E-Mail-Adresse(n)). Vor allem für die Korrespondenz mit der Rechtsschutzversicherung sind darüber hinaus von Fall zu Fall noch andere Daten von Interesse, die in der nachfolgenden Checkliste aufgenommen sind und abgefragt werden sollten. Erläuterungen zu einzelnen Punkten folgen im Anschluss an die Checkliste.

11 Prüfungsreihenfolge – Mandantenfragebogen (Auszug):

1. Rechtsschutzversicherung
2. Versicherungsscheinnummer
3. Besteht eine Selbstbeteiligung, wenn ja, in welcher Höhe?
4. Versicherungsnehmer der Rechtsschutzversicherung
5. Falls Versicherungsnehmer nicht gleich Mandant: Verhältnis des Versicherungsnehmers zum Mandanten (Ehefrau, Sohn, Arbeitgeber etc.)
6. Benutztes Kraftfahrzeug (Typ, amtliches Kennzeichen)
7. Halter des Kraftfahrzeugs (beispielsweise Mandant)
8. Falls Halter und Mandant nicht identisch sind, vollständige Anschrift des Halters
9. Besteht beim Halter eine gesonderte Rechtsschutzversicherung?

10. Falls ja, welche Gesellschaft, welche Versicherungsscheinnummer?
11. Bestehen zulasten des Mandanten Voreintragungen im Fahreignungsregister?
12. Gibt es bereits einen Bußgeldbescheid?
13. Falls ja, wann wurde dieser zugestellt?

Erläuterungen zur Checkliste:

Zu 3: Selbstbeteiligungen der Rechtsschutzversicherungen sind in den letzten Jahren zur Regel geworden. Dem Mandanten ist aber oft gar nicht klar, ob sein Vertrag mit Selbstbeteiligung abgeschlossen ist oder nicht. Die Höhe dieser Beträge kann stark schwanken. Üblich sind etwa 150 EUR, mitunter stößt man aber auch auf Verträge, in denen eine Selbstbeteiligung von 500 EUR oder mehr vereinbart ist. Kleine Gewerbebetriebe mit aus der Sicht der Versicherung hohem Schadensrisiko sind oft Opfer derartiger Vertragsgestaltungen. Hier wäre daher der Mandant früh zu Beginn des Mandats auf sein Kostenrisiko hinzuweisen. Schon die Mittelgebühren im Vorverfahren erreichen Größenordnungen von mehreren 100 EUR, so dass der Mandant bei einer Selbstbeteiligung von 500 EUR mit nahezu dem ganzen Betrag zur Kasse gebeten wird, ohne dass die Rechtsschutzversicherung auch nur einen Euro zahlen muss. Kommt man über das Vorverfahren hinaus, ist diese Grenze ohnehin überschritten.

Zu 4: Ist der Mandant, dem die Ordnungswidrigkeit vorgeworfen wird, **Versicherungsnehmer** der Rechtsschutzversicherung, gibt es in der Korrespondenz mit der Versicherung gewöhnlich keine Probleme. Anders aber, wenn Versicherungsnehmer ein anderer ist. Will man Nachfragen der Versicherung und unnötige weitere Schreiben vermeiden, sollte man schon bei Mandatsbeginn die anderen Personendaten erfassen und auch abfragen, in welchem Verhältnis der Mandant zu dieser Person steht. Bei Kindern von Versicherungsnehmern kann es auch darauf ankommen, ob sich diese noch in einem Ausbildungsverhältnis befinden und ihren Wohnsitz bei den Eltern haben. Wer vor zusätzlichem Rechercheaufwand nicht zurückschreckt, kann sich auch die Versicherungsbedingungen der Rechtsschutzversicherung des Mandanten aushändigen lassen und selbst nachlesen, welcher Personenkreis noch mitversichert ist beziehungsweise unter welchen Voraussetzungen Dritte in den Vertrag einbezogen sind.

Zu 6, 7, 8: Wenn ein Kraftfahrzeug an einer Ordnungswidrigkeit beteiligt ist, wird man dessen **Kennzeichen** an verschiedenen Stellen der Korrespondenz benötigen. Auch hier steht aber die Rechtsschutzversicherung im Vordergrund, weil dort unter Umständen nur ein bestimmtes Kraftfahrzeug versichert ist. Wenn der Mandant noch weiß, welches Fahrzeug bei Vertragsbeginn einbezogen worden ist, sollte er auch Angaben darüber machen, ob es sich bei dem benutzten aktuellen Fahrzeug um ein Ersatzfahrzeug handelt oder ein weiteres Fahrzeug. Die Rechtsschutzversicherung wird nämlich dann, wenn im Vertrag ein anderes Kennzeichen aufgeführt ist, sofort danach fragen.

Ist eine **andere Person Halter des benutzten Fahrzeugs**, sollten auch deren Daten notiert werden. Die Rechtsschutzversicherung sollte in der Deckungsanfrage darüber informiert werden, ob für diesen anderen Halter eine gesonderte Rechtsschutzversicherung abgeschlossen ist und, wenn ja, bei welcher Gesellschaft mit welcher Versicherungsscheinnummer. Die Versicherung des Mandanten wird sonst bestimmt danach fragen und in der Regel auch von der Beantwortung die Bezahlung der Gebühren abhängig machen. Oft wird der Mandant spontan diese Frage nicht beantworten können, insbesondere dann, wenn ein Firmenwagen benutzt worden ist. Schließlich dürfte der Mandant selten Kenntnisse über die Versicherungsangelegenheiten des Arbeitgebers besitzen. Er kann aber im ersten Gespräch darauf hingewiesen werden, dass von seiner Versicherung solche Fragen kommen werden, so dass er bereits vorbeugend mit dem Arbeitgeber oder einem anderen Dritten deswegen Kontakt aufnehmen kann.

16 **Zu 11:** Die Frage nach Eintragungen im Fahreignungsregister ist immer zu stellen. Ist sich der Mandant unsicher oder hat er positive Kenntnis von Eintragungen, muss im Rahmen der weiteren Bearbeitung ein aktueller **Fahreignungsregisterauszug** beschafft werden (vgl Rn 29 f). Sehr häufig sind nämlich Tilgungstermine oder das Ende der Überliegefrist wichtig für die Art der Verteidigung (vgl Rn 47 u. § 18 Rn 13 ff). Mitunter ist die Verzögerung der Rechtskraft ihr einziges erreichbares und gewünschtes Ziel.

17 **Zu 12, 13:** Die Frage nach dem **Bußgeldbescheid** und seinem **Zustelldatum** ist unverzichtbar. Selbst dann, wenn der Mandant den Bußgeldbescheid zur Besprechung vorlegt, können noch Zweifel über den Zeitpunkt der Zustellung auftreten, wenn nämlich der Zustellungsumschlag in Unkenntnis seiner Bedeutung zu Hause geblieben ist. In diesem Fall muss als Beginn für die Einspruchsfrist der Tag gewählt werden, der dem Datum des Bußgeldbescheids folgt. Kommt man unter dieser Maßgabe zu dem Ergebnis, dass die Einspruchsfrist bereits verstrichen ist, ist grundsätzlich vorsorglich der Einspruch noch am Tag der Beauftragung einzulegen. Schließlich besteht die Chance, dass die tatsächliche Zustellung doch später gewesen ist. Außerdem sollte man sich mit dem Gedanken an die Notwendigkeit eines Wiedereinsetzungsgesuchs beschäftigen und den Mandanten nach Gründen für die späte Beauftragung befragen (Näheres hierzu unter § 12 Rn 4 ff).

18 Liegt der Bußgeldbescheid nicht vor, ist der Mandant genau zu befragen. Viele wissen nämlich gar nicht, was unter einem Bußgeldbescheid zu verstehen ist. Manche halten schon den Anhörungsbogen oder gar einen Zeugenfragebogen für einen solchen Bescheid. Die Gefahr ist groß, hier wegen beim Mandanten bestehender Irrtümer eine falsche Auskunft zu erhalten. Aus diesem Grund ist es auch riskant, den kanzleiinternen Mandantenfragebogen dem Mandanten zur Selbstbeantwortung auszuhändigen und sich das Gespräch mit dem Mandanten erst für später vorzunehmen. Missverständnisse, die dann zur Versäumung der Einspruchsfrist führen, sind programmiert.

II. Vollmacht

19 Üblicherweise lässt man sich eine Vollmacht ausstellen. Notwendig ist das nicht, denn einen schriftlichen Nachweis für seine Beauftragung benötigt der Verteidiger nicht. Es genügt eine Mitteilung an die Behörde oder – wenn die Mandatierung zu einem späteren Zeitpunkt im Verlauf des Verfahrens erfolgt – die Anzeige gegenüber dem Gericht.[1]

20 Die **Verteidigervollmacht** (vgl § 1 Rn 54), also auch diejenige aufgrund mündlicher Bevollmächtigung, muss von der jeweiligen verfahrensführenden Stelle beachtet werden und berechtigt zur Stellung von Anträgen (natürlich auch zur Akteneinsicht), Einlegung von Rechtsmitteln (Einspruch, Beschwerde, Rechtsbeschwerde) und Verteidigung in der Hauptverhandlung. Sie berechtigt aber nicht zur Vertretung des Mandanten. Der Verteidiger, der für seinen Mandanten Erklärungen zur Sache abgibt (auch die Erklärung, nichts aussagen zu wollen),

---

1 *Seitz*, in: Göhler, § 60 OWiG Rn 13 mwN.

handelt als Vertreter. Das erfordert dann doch eine schriftliche Vollmacht oder einen gleichwertigen Ersatz. **Vertretungsvollmachten** werden im Bußgeldverfahren oft benötigt, sollten also Grundlage jeder Beauftragung sein. Im Hauptverfahren muss beispielsweise eine Vertretungsvollmacht vorliegen, wenn der Verteidiger einen Antrag auf Entbindung des Betroffenen von der Verpflichtung zum persönlichen Erscheinen in der Hauptverhandlung stellen will.[2] Einen ohne Vertretungsvollmacht gestellten Antrag muss das Gericht nicht berücksichtigen, also nicht einmal bescheiden. Es empfiehlt sich daher, grundsätzlich mit schriftlichen Vollmachten zu arbeiten und in den Vollmachttext mit aufzunehmen, dass der Verteidiger auch zur Vertretung des Betroffenen berechtigt ist. Es genügt bereits eine entsprechende sinngemäße Formulierung.[3]

Hinweis: Wem das Fehlen einer solchen Vollmacht erst spät auffällt, wird dennoch den Besuch des Mandanten oder seine Post nicht abwarten müssen. Die vom Verteidiger aufgrund mündlicher Beauftragung selbst unterzeichnete Vertretungsvollmacht erfüllt die Verfahrensvoraussetzungen genauso gut wie das vom Mandanten unterzeichnete Exemplar.[4]

Immer wieder auch ein Thema ist die **Zahl der Verteidiger**. Führt der Kanzleistempel mehr als drei Anwälte auf, kann der eine oder andere Amtsrichter sich veranlasst sehen, auf die Beschränkung des § 137 StPO hinzuweisen. Angesichts der eindeutigen Rechtsprechung zu dieser Frage[5] sollte man deshalb überlegen, ob es sinnvoll sein kann, wenn es beispielsweise um Verfahrensverzögerung geht, den Hinweis zu ignorieren und das weitere Handeln des Gerichts abzuwarten. Möglicherweise ergeben sich dann weitere Fehler des Gerichts, auf die man am Ende eine Rechtsbeschwerde stützen kann. Tatsächlich kommt es nicht auf den Kanzleistempel an, sondern nur darauf, welches Mitglied der Kanzlei den Mandatsauftrag annimmt[6] und sich zum Verteidiger bestellt. Beachte: Auch später zu beauftragende Unterbevollmächtigte zählen bei der Verteidigerzahl gem. § 137 StPO mit.[7]

Wird der Bußgeldbescheid nicht dem beauftragten Verteidiger zugestellt, sondern seiner Kanzlei, in der mehr als drei Anwälte tätig sind, ist die Zustellung unwirksam.[8] Die Folge könnte der Eintritt der Verfolgungsverjährung sein, denn der Erlass des Bußgeldbescheids unterbricht die Verjährung nur dann, wenn er binnen zwei Wochen zugestellt wird (§ 33 Abs. 1 Ziff. 9 OWiG).

Den geschilderten Problemen im Zusammenhang mit der Beauftragung geht man aus dem Weg, wenn man sich eine nur auf sich selbst ausgestellte Verteidiger- und Vertretungsvollmacht ausstellen lässt oder im Kanzleistempel auf der Formularvollmacht alle anderen Anwälte herausstreicht und im Sekretariat einen Stapel bereits unterschriebener Blankounter-

---

2 OLG Köln DAR 2002, 180; BayObLG NZV 2001, 221; KG Beschluss vom 29.7.2014 – 3 Ws (B) 406/14 -122 Ss 121/14, juris; OLG Bamberg ZfSch 2015, 50.
3 OLG Stuttgart NJW 1968, 1733; BGHSt 9, 356.
4 OLG Brandenburg v. 21.1.2010 – 2 Ss (OWi) 9 Z/10, n.v.; BayObLG NZV 2002,199; OLG Celle Beschluss vom 20.1.2014 – 322 SsRs 247/13, juris; siehe auch *Seitz*, in: Göhler, § 60 OWiG Rn 13; *König/Seitz*, Aktuelle OLG-Rechtsprechung, DAR 2007, 361, 371.
5 OLG Karlsruhe VRS 105, 348; LG Bielefeld zfs 2005, 314, *Kurz*, in: Karlsruher Kommentar zum OWiG, § 60 Rn 7.
6 AG Homburg zfs 2006, 175.
7 *Seitz*, in: Göhler, § 60 OWiG Rn 15.
8 OLG Koblenz v. 31.8.2004 – 1 Ss 237/04, n.v.; OLG Dresden VRR 2009, 275 f; OLG Celle NZV 2012, 45; AG Marburg DAR 2012, 404; wohl auch *Lampe*, in: Karlsruher Kommentar zum OWiG, § 51 Rn 90; einschränkend OLG Hamm NSTZ-RR 2013, 23, das auf den Inhalt der Vollmacht abstellt.

vollmachten lagert. Letztere können im Übrigen auch bei Ortsabwesenheit des Hauptbevollmächtigten in Notfällen in der Kanzlei verwendet werden.

24 Eine **spezielle Bußgeldvollmacht** kann folgenden Inhalt aufweisen:

25 ▶ **Muster: Verteidigervollmacht im Bußgeldverfahren inklusive Vertretungsberechtigung gem. § 234 StPO**

278

Herrn Rechtsanwalt/Frau Rechtsanwältin ...

aus der Kanzlei ...

wird hiermit

Vollmacht

erteilt.

Die Vollmacht berechtigt zur Verteidigung und Vertretung in der Bußgeldsache gegen ... im Vor- und Hauptverfahren auch über mehrere Instanzen hinweg wegen des Vorfalls vom ....

...

..., den ...

[Unterschrift Mandant] ◀

Hinweis: Dieses Vollmachtformular kann der Verteidiger mit „i.V." selbst unterzeichnen und es genauso wie ein vom Mandanten unterzeichnetes Exemplar einschränkungslos verwenden (vgl Rn 21).

III. Fahreignungsregisteranfrage

26 Sehr häufig hängt die Verteidigungsstrategie davon ab, ob zulasten des Mandanten Eintragungen im Fahreignungsregister vorhanden sind. Um Überraschungen vorzubeugen, sollte man daher spätestens vor der Hauptverhandlung den Registerstand kennen. Die eigenen Angaben des Mandanten müssen hierfür keine zuverlässige Quelle sein. Erfahrungsgemäß unterliegen Mandanten mitunter Irrtümern, weil sie die Zusammenhänge zwischen Tilgungs- und Überliegefristen nicht kennen (vgl § 18 Rn 13 ff) oder beispielsweise nach einer amtsgerichtlichen Verurteilung aus der Nichterwähnung von Punkten im Urteil den falschen Schluss ziehen, dass eine Eintragung im Fahreignungsregister nicht erfolgt. Der einfache Schritt, sich selbst vom Inhalt des Registers zu überzeugen, sollte daher im Regelfall nicht unterbleiben.

27 Gemäß § 30 Abs. 8 StVG hat der Betroffene einen Rechtsanspruch auf Auskunft über die ihn betreffenden Eintragungen im Fahreignungsregister. Die Auskunft ist kostenlos und wird relativ zügig erteilt. Man sollte aber mindestens eine Woche bis zum Erhalt des Briefes aus Flensburg einkalkulieren. Damit beim Kraftfahrt-Bundesamt (dort wird das Fahreignungsregister geführt) eine richtige Zuordnung erfolgen kann, müssen immer Name, Vorname, Anschrift, Geburtsname (auch bei Männern!), Geburtsdatum und Geburtsort des Mandanten angegeben werden. Die Anfrage kann auch von einem bevollmächtigten Rechtsanwalt unter Vorlage der Originalvollmacht mit normalem Brief gestellt werden. Seit November 2013 genügt gem. § 64 Abs. 2 FeV für die Auskunft an einen Rechtsanwalt auch die Vorlage einer Fotokopie der Vollmacht. Eine per Fax übermittelte Vollmacht ist somit wieder ausreichend. Weitere Hinweise gibt es im Internet auf der Seite des Kraftfahrtbundesamtes (www.kba.de).

Bei Erhalt der Auskunft empfiehlt es sich, die **Daten** noch einmal sorgfältig zu **kontrollieren**. Nicht selten kommt es im Kraftfahrt-Bundesamt zu Verwechslungen. Ursache hierfür kann schon ein Schreibfehler beim Namen oder Vornamen sein. Ein Übertragungsfehler beim Geburtsdatum, beispielsweise ein um ein Jahr zu frühes oder zu spätes Geburtsjahr, kann dazu führen, dass man eine Negativauskunft erhält, also im Glauben gewiegt wird, es gebe keine Eintragungen. Eine darauf aufbauende Verteidigungsstrategie kann wie ein Kartenhaus in sich zusammenfallen, wenn das Gericht mit den richtigen Daten die richtige Auskunft erhalten hat. Gar nicht selten ist es aber auch, dass unter den korrekten Daten des Mandanten Eintragungen vorhanden sind, die längst hätten getilgt hätten müssen. Dieser Fall ist, wenn man davon erst in der Hauptverhandlung hört, in der Regel unproblematisch. Bußgeldrichter müssen dann Gelegenheit geben, diesen Umstand aufzuklären, wenn davon ein Einfluss auf die Verurteilung zu erwarten ist.

1. Antrag an das Kraftfahrt-Bundesamt auf Auskunftserteilung aus dem Fahreignungsregister. Nachstehend ein Beispiel für eine Fahreignungsregisteranfrage, die der Einfachheit halber auf einer Seite formuliert ist und gleichzeitig die Vollmacht des Mandanten beinhaltet. Ein solches Formular lässt sich griffbereit halten, ist in Windeseile ausgefüllt und kann direkt nach der Mandantenbesprechung abgeschickt werden (vgl auch § 1 Rn 63).

▶ **Muster: Fahreignungsregisteranfrage mit integrierter Vollmacht**

Kraftfahrt-Bundesamt

Fördestr. 16

24944 Flensburg-Mürwik

Auskunft aus dem Fahreignungsregister

Sehr geehrte Damen und Herren,

für unseren nachstehend bezeichneten Mandanten erbitten wir zu unseren Händen eine Auskunft aus dem Fahreignungsregister:

Name: ...

Vorname: ...

Geburtsname: ... Geburtsdatum: ...

Geburtsort: ...

Straße: ...

PLZ, Ort: ..., ...

Mit freundlichen Grüßen

Rechtsanwalt

Hiermit bevollmächtige ich die Kanzlei ... zur Einholung eines Fahreignungsregisterauszugs.

..., den ...

...

[Mandant] ◀

31 Das Kraftfahrt-Bundesamt erteilt im Regelfall zeitnah eine Auskunft aus dem Fahreignungsregister nach folgendem Muster:

32 ▶ **Fahreignungsregisterauskunft**

Sehr geehrte Damen und Herren,

Ich erteile ihnen die beantragte Auskunft aus dem FAER. Unter den folgenden Angaben zur Person:

... [Geburtsdatum, Geburtsname, Familienname, Vorname, Geburtsort]

sind im FAER zum Zeitpunkt der Auskunftserteilung ... Entscheidungen erfasst. Unverbindliche Bewertung:

Insgesamt ... Punkte.

Der Gesamtpunktestand für Entscheidungen, die gegebenenfalls vor dem 1.5.2014 in das Verkehrszentralregister eingetragen worden sind, ist nach der Umrechnungstabelle in das Fahreignungs-Bewertungssystem eingeordnet worden.

Eintragungen im FAER und damit auch die Punkte werden nach Ablauf der Tilgungsfrist zuzüglich einer Überliegefrist von einem Jahr aus dem FAER gelöscht. Über Eintragungen, die sich in der Überliegefrist befinden, erhält nur der Betroffene selbst Auskunft. Außerdem dürfen diese Eintragungen noch für die Anordnung von Maßnahmen im Rahmen der Fahrerlaubnis auf Probe und zur Ergreifung von Maßnahmen nach dem Fahreignungs-Bewertungssystem an die jeweilige Fahrerlaubnisbehörde übermittelt werden. An auskunftsberechtigte Stellen werden die entsprechenden Eintragungen nicht weitergegeben.

Nähere Einzelheiten zu den Bestimmungen finden Sie unter <www.kba.de>.

Bitte wenden Sie sich bei Fragen zur Punktebewertung und zu den Möglichkeiten des Punkteabbaus an ihre zuständige Fahrerlaubnisbehörde.

Mit freundlichen Grüßen

Kraftfahrt-Bundesamt ◀

33 Die Auskunft wird unter einem bestimmten Aktenzeichen erteilt. Sie kann daher bei Problemen nachvollzogen werden (bei Falscheintragungen beachte unten Rn 48). Sind Eintragungen vorhanden, werden die Mitteilungen der jeweiligen Behörden, die Grundlage für die Eintragungen sind, in Kopie beigefügt. Nähere Erläuterungen zu den Einzelmitteilungen gibt es aber nicht. Auch wenn auf einzelnen Formularen **Tilgungsdaten** genannt werden, müssen diese für die Beurteilung zum Zeitpunkt der Auskunft nicht maßgeblich sein. Wenn beispielsweise die Anordnung, an einem Aufbauseminar (jetzt Fahreignungsseminar, § 4 a StVG) teilzunehmen, eingetragen wird, wird das Tilgungsdatum in den folgenden Formularen automatisch auf fünf Jahre nach Eintragung dieser Anordnung gesetzt. Mit dem Tilgungsdatum vorangegangener oder folgender Eintragungen hat dieses Datum dann aber nichts mehr zu tun. Die richtige Tilgungsfrist muss also vom Anwalt immer gesondert geprüft und ermittelt werden.

34 Befinden sich Eintragungen in der **Überliegefrist** (§ 29 Abs. 6 StVG, vgl § 18 Rn 16), erhalten Gerichte und Bußgeldstellen darüber keine Auskunft. Die Auskunft an den Betroffenen (bzw seinen Verteidiger) enthält den Hinweis, dass sich die Eintragungen in der Überliegefrist befinden. Fahrerlaubnisbehörden erhalten aber Auskünfte, um Maßnahmen im Rahmen einer Fahrerlaubnis auf Probe oder nach dem Fahreignungsbewertungssystem ergreifen zu können.

35 Die sogenannte Punktereform führte im Jahr 2014 zu gravierenden Veränderungen. Die Punkteskala wurde von 1 bis 7 auf 1 bis 3 zusammengestrichen. Ordnungswidrigkeiten werden seitdem mit einem oder zwei Punkten eingetragen, Straftaten mit 2 oder 3 Punkten. Während früher alle Entscheidungen mit Bezug zum Straßenverkehr gespeichert wurden (§ 28 Abs. 3 StVG aF), sind es jetzt nur noch die in der Anlage 13 zu § 40 FeV genannten Straftaten und sonstigen Zuwiderhandlungen. Für eine Übergangszeit gibt es Eintragungen, die nach altem Recht bewertet und getilgt werden und deren Punktesumme für das Herstellen einer Vergleichbarkeit mit neuen Eintragungen und die Einordnung in das Maßnahmensystem gem. § 4 StVG unter Zuhilfenahme einer Überführungstabelle in eine Punktesumme nach neuem Recht umbewertet wird. Dies geschieht immer dann, wenn die Fahrerlaubnisbehörde prüft, ob Maßnahmen gegen den Fahrerlaubnisinhaber zu ergreifen sind. Die sich aus den alten Eintragungen gebildete Punktesumme nach neuem System wird sich in der Übergangszeit aufgrund von Tilgungen laufend verringern. Tilgungen erfolgen dabei nach altem Recht, also beispielsweise nach zwei Jahren ab Rechtskraft einer eingetragenen Ordnungswidrigkeit, sofern keine Tilgungshemmung durch Eintragung einer Strafsache vorliegt. Für die Einstufung als „neue" oder „alte" Eintragung ist allein das Eintragungsdatum und nicht etwa die Rechtskraft maßgeblich. Das Eintragungsdatum, das bislang keine Rolle gespielt hat, wird in den neuen Auskünften aus dem Fahreignungsregister für jede einzelne Eintragung als Datum der Speicherung genannt.

36 Über eine sogenannte Negativauskunft (keine Eintragungen) ist hier sicher nichts auszuführen. Aus ihr ergeben sich schließlich keine nachteiligen Folgen für den Mandanten. Gibt es aber bereits Eintragungen, könnten sich daraus nicht nur Verböserungen im laufenden Verfahren ergeben (zB ein Fahrverbot wegen einer verwertbaren Vortat) sondern durch das Hinzukommen von Punkten weitere Nachteile. Der Zeitpunkt der Rechtskraft des laufenden Verfahrens kann daher zum Kern der Verteidigungsstrategie werden. Solche Folgen sind immer zu beachten und der Mandant ist darüber zu informieren.

37 Ohne hier allzu tief in das Fahrerlaubnisrecht einzusteigen (siehe hierzu § 18), soll kurz auf die Maßnahmen des Fahreignungs-Bewertungssystems (§ 4 Abs. 5 StVG) eingegangen werden. Bei Erreichen bestimmter Punktestände muss die Fahrerlaubnisbehörde Ermahnen, Verwarnen oder die Fahrerlaubnis entziehen (§ 4 Abs. 5 StVG). Der maßgebliche Zeitpunkt für die Punktebewertung wird nach dem Tatzeitprinzip bestimmt, das erst seit 1.5.2014 in § 4 Abs. 2 S. 3 StVG normiert ist, vorher aber bereits nach einer Klarstellung durch das Bundesverwaltungsgericht galt.[9]

---

9 BVerwGE 132, 48 ff.

§ 10 Das Mandat im Ordnungswidrigkeitenrecht

38 Das nachstehende Beispiel soll verdeutlichen, welche Fragestellungen sich bei einem bereits gut gefüllten Punktekonto ergeben können:

Delikt/ Maßnahme	Tattag	Entscheidungstag	Rechtskraft	Eintragungsdatum	Punkte
23 km/h zu schnell außerorts	15.8.2010	17.11.2010	6.4.2011	14.4.2011	1
59 km/h zu schnell innerorts	16.3.2010	29.3.2011	14.4.2011	16.8.2011	4
Telefoniert	21.9.2011	20.10.2011	9.11.2011	23.12.2011	1
Rotlichtverstoß	7.4.2011	24.11.2011	6.12.2011	26.1.2012	3
34 km/h zu schnell innerorts	7.4.2012	6.6.2012	3.12.2012	31.1.2013	3
Verwarnung (altes Recht)		11.10.2013			
Umrechnung		1.5.2014			12/5
Telefoniert	15.5.2014	3.6.2014	21.6.2014	5.8.2014	1
24 km/h zu schnell innerorts	21.10.2013	6.12.2013	30.8.2014	10.10.2014	1
Verwarnung (neues Recht)		8.10.2014			
22 km/h zu schnell innerorts	12.6.2014	2.9.2014	12.12.2014	6.1.2015	1

39 Diese FAER-Auskunft wurde am 13.2.2015 erteilt. Die Eintragungen stammen aus der Zeit des Verkehrszentralregisters (vor dem 1.5.2014) und aus der Zeit danach. Die Umbewertung nach der in § 65 Abs. 3 Nr. 4 StVG wiedergegebenen Tabelle führt zu 5 Punkten nach dem neuen System. Rechnet man alle Punkte zusammen, kommt man auf 8. Am Tag der Auskunft waren es jedoch nur noch 3 verwertbare Punkte, weil alle Eintragungen nach dem alten System am 3.12.2014 Tilgungsreife erlangt hatten. Die Tilgungsfristen der alten Punkte richten sich gem. § 65 Abs. 3 Nr. 2 StVG nach dem alten Recht. Maßgeblich ist daher die zweijährige Tilgungsfrist für Ordnungswidrigkeiten ab dem Datum der jüngsten Rechtskraft.

40 Tatsächlich muss der Betroffene bei dieser Auskunft mit der Entziehung der Fahrerlaubnis rechnen. Die letzte Zuwiderhandlung wurde am 12.6.2014 begangen. Nach dem Tatzeitprinzip lagen bereits zu diesem Zeitpunkt 8 Punkte vor. Die erste Verwarnung vom 11.10.2013 erging gem. § 4 Abs. 3 Nr. 1 StVG aF. Sie hatte keine Punktereduzierung gem. § 4 Abs. 5

StVG aF zur Folge. Diese Verwarnung ist mit der Maßnahme „Ermahnung" gem. § 4 Abs. 5 Nr. 1 StVG nF gleichzusetzen. Deshalb erfolgte mit der nächsten Verwarnung vom 8.10.2014 das Ergreifen der nächsten Stufe und die Fahrerlaubnis kann danach bei Erreichen von 8 Punkten entzogen werden.

Daran soll auch der Umstand nichts ändern, dass zum Zeitpunkt der Verwarnung vom 8.10.2014 sämtliche Zuwiderhandlungen aus der Liste bereits begangen waren. An sich hätte die Verwarnung daher nach der bis zum 4.12.2014 geltenden neuen Fassung von § 4 Abs. 6 StVG sämtliche bereits begangenen Zuwiderhandlungen erfassen müssen (insgesamt 8 Punkte) und es hätte eine Punktereduzierung auf 7 Punkte durchgeführt werden müssen. 41

Die weitere Gesetzesänderung vom 28.11.2014 (BGBl. I S. 1802) führte aber zu einer neuen Fassung von § 4 Abs. 6 S. 4 StVG, wonach es zusätzlich auf die Kenntnis der zuständigen Behörde von den Zuwiderhandlungen ankommt. Da die Tat vom 12.6.2014 im Beispiel erst am 6.1.2015 im Fahreignungsregister eingetragen wurde, konnte die Behörde davon bei Ausspruch der Verwarnung keine Kenntnis haben. Diese Eintragung erhöht daher nach dem Gesetzeswortlaut in § 4 Abs. 6 S. 4 StVG die Punktezahl zum Zeitpunkt des Kenntnisstandes bei Ausspruch der Verwarnung entgegen der Regel aus § 4 Abs. 2 S. 3 StVG (Tattagprinzip). Unter Bezugnahme auf die Gesetzesmaterialien sieht das OVG Münster[10] darin kein Problem. 42

Diese Kenntnisregel könnte Anlass sein, der Fahrerlaubnisbehörde schon im Rahmen der Verteidigung laufende Bußgeldverfahren mitzuteilen. Da der Gesetzgeber ausdrücklich von „Kenntnis von Zuwiderhandlungen" spricht und nicht von „Kenntnis von **rechtskräftigen** Zuwiderhandlungen" kann es von Vorteil für den Betroffenen sein, wenn die Fahrerlaubnisbehörde frühzeitig vor Ausspruch einer Maßnahme nach § 4 Abs. 5 StVG von begangenen Ordnungswidrigkeiten erfährt. Darauf würde sich dann eventuell eine notwendige Punktereduzierung gem. § 4 Abs. 6 S. 3 StVG erstrecken. 43

Gerade dann, wenn sich die Verteidigung gegen mehrere Ordnungswidrigkeiten eines Betroffenen richtet und am Ende die jeweilige Rechtskraft nicht zu verhindern ist, lässt sich eine gleichzeitige Eintragung der Zuwiderhandlungen im Fahreignungsregister regelmäßig nicht erreichen. Man hat keinen Einfluss, wann die jeweiligen Behörde oder das Gericht die Daten weitergibt. Deshalb kann auch bei gleichzeitig eingetretener Rechtskraft schon eine Eintragung für die Unterrichtung der Fahrerlaubnisbehörde durch das Kraftfahrbundesamt sorgen, die dann die Verwarnung ausspricht mit der Folge, dass die nächste Eintragung der bereits zum Zeitpunkt der Verwarnung rechtskräftigen zweiten Tat zur Fahrerlaubnisentziehung führt. 44

Hinweis: Wichtig: Vorbeugend sollte man in geeigneten Fällen daher selbst die Fahrerlaubnisbehörde von den Verfahren informieren. 45

Auch wenn das neue Punktsystem das Prinzip der Tilgungshemmung aufgegeben hat (früher in § 29 Abs. 6 StVG aF) und nun mit jeder Eintragung eine feste Tilgungsfrist verbunden ist, bleiben Fallgestaltungen erhalten, in denen die Verteidigung zum Ziel hat, eine möglichst späte Entscheidung oder Rechtskraft im Verfahren zu erreichen. Die FAER-Auskunft ist daher auch daraufhin zu untersuchen, ob Tilgungsfristabläufe dem Mandanten nutzen können. 46

---

10 NZV 2015, 461; aA VG Berlin, Beschl. v. 9.2.2015 – 11 L 590.14, juris.

47 Ganz allgemein belasten vorhandene Eintragungen den Mandanten im laufenden Verfahren. Sie können zu Verschärfungen unterschiedlichster Art führen (Bußgelderhöhungen, Fahrverbote wegen Wiederholungstaten, Verhinderung der Kompensation eines Fahrverbotes durch Erhöhung der Geldbuße, Maßnahmen nach dem Punktsystem).

48 **2. Falsche Einträge im Fahreignungsregister oder falsche Auskünfte zum Inhalt des Fahreignungsregisters.** Hat man von fehlerhaften Eintragungen Kenntnis erlangt, sollte man **Berichtigung** verlangen. Hierbei handelt es sich um eine neue Angelegenheit aus dem Verkehrsverwaltungsrecht, für die eine **gesonderte Deckungsanfrage** an die Rechtsschutzversicherung zu stellen ist. Innerhalb einer Verkehrsrechtsschutzversicherung gehört die Angelegenheit zum versicherten Bereich. Mit dem Nachweis der Falscheintragung und mit Übersendung des Schreibens an das Kraftfahrt-Bundesamt mit der Aufforderung zur Berichtigung ist die Deckungszusage daher zu erwarten. Für die Angelegenheit gilt als Gegenstandswert der Regelsatz im Verwaltungsverfahren (5.000 EUR). Nachstehend ein Formulierungsvorschlag für das Herantreten an das Kraftfahrt-Bundesamt und die damit verbundene Deckungsanfrage an die Rechtsschutzversicherung:

49
281
▶ **Muster: Berichtigungsaufforderung an das Kraftfahrt-Bundesamt bei vorhandenen Falscheintragungen im Fahreignungsregister**

Per Telefax, Nr.: 0461-3161650

Kraftfahrt-Bundesamt

Fördestr. 16

24944 Flensburg-Mürwik

Betr.: Eintragungen zulasten Herrn ..., geborener ..., geb. am ... in ..., ... [Anschrift]

Sehr geehrte Damen und Herren,

aus einem Ordnungswidrigkeitenverfahren, in welchem ich Herrn ... vertrete, ist bekannt geworden, dass im Fahreignungsregister eine Eintragung vorhanden ist wegen einer Ordnungswidrigkeit vom ..., ... Uhr in ... Hierzu hat es einen Bußgeldbescheid des Polizeipräsidenten ... gegeben vom ... (Az ...). Dieser Bußgeldbescheid scheint Grundlage für die Eintragung gewesen zu sein. Tatsächlich habe ich im Auftrag von Herrn ... gegen diesen Bußgeldbescheid Einspruch eingelegt, so dass es am ... zu einer Hauptverhandlung am Amtsgericht ... gekommen ist (Az ...). Im Termin ist das Verfahren eingestellt worden. Eine auf dem oben bezeichneten Bußgeldbescheid beruhende Eintragung wäre daher unrichtig. Bitte prüfen Sie die Angelegenheit. Eine auf mich ausgestellte Vollmacht füge ich in Kopie bei.

Mit freundlichen Grüßen

Rechtsanwalt ◀

50 Für eine Deckungsanfrage an die Rechtsschutzversicherung zu diesem Zeitpunkt könnte man – wenn vorhanden – die fehlerhafte Auskunft aus dem FAER zusammen mit dem Anschreiben an das Kraftfahrt-Bundesamt in Kopie übersenden. Einfacher erscheint es, das Antwortschreiben des Kraftfahrt-Bundesamtes abzuwarten und erst dann damit die Deckungsanfrage zu stellen und sie gleich mit der Abrechnung zu verbinden:

C. Mandatsannahme 10

▶ **Muster: Deckungsanfrage für das anwaltliche Tätigwerden gegenüber dem Kraftfahrt-Bundesamt bei vorhandenen Falscheintragungen im Fahreignungsregister** 51

An die

... [Rechtsschutzversicherung]

Per Telefax, Nr.: ...

Betr.: Verkehrsverwaltungsrecht

Betroffen: Ihr VN, Herr ..., Versicherungsscheinnummer: ...

Sehr geehrte Damen und Herren,

in vorbezeichneter Sache ging es um eine Fehleintragung im Fahreignungsregister. Zur Erläuterung überreiche ich mein Schreiben vom ... an das Kraftfahrt-Bundesamt, ein Antwortschreiben des Kraftfahrt-Bundesamtes vom ... sowie die endgültige Erklärung vom Kraftfahrt-Bundesamt vom .... Damit war die Sache abgeschlossen. Ich bitte zugunsten meines Mandanten um Deckungsschutz für das Verfahren und erlaube mir in der Annahme, dass der Deckungszusage keine Gründe entgegenstehen, nachstehend eine Kostennote niederzulegen, verbunden mit der Bitte um gelegentlichen Ausgleich.

Mit freundlichen Grüßen

Rechtsanwalt

Kostennote

Gegenstandswert:	5.000,00 EUR
1,3-Geschäftsgebühr gemäß Nr. 2300 VV RVG, §§ 13, 14 RVG	393,90 EUR
Entgelte für Post- und Telekommunikationsdienstleistungen gemäß Nr. 7002 VV RVG (pauschal)	20,00 EUR
Zwischensumme	413,90 EUR
19 % Umsatzsteuer gemäß Nr. 7008 VV RVG	78,64 EUR
Summe	492,54 EUR

...

Rechtsanwalt ◀

Ein **Schadensersatzanspruch gegen das Kraftfahrt-Bundesamt** in Höhe der entstandenen Rechtsanwaltsgebühren dürfte idR nicht gegeben sein. Ein schuldhaftes Handeln dort wird man vermutlich nicht nachweisen können. Die Fehleintragung wird regelmäßig auf fehlerhafte oder unvollständige Mitteilungen der beteiligten Behörden oder Gerichte zurückzuführen sein. Etwas anderes kann aber gelten, wenn eine fehlerhafte Auskunft durch das Kraftfahrt-Bundesamt selbst erteilt wird, wenn also die zugrunde liegenden Eintragungen richtig sind und sie nur falsch oder entgegen bestehender Auskunftsverbote übermittelt worden sind. 52

Beispiel: 53
Im Bußgeldverfahren gegen M. ist nach Mandatierung ein aktueller Auszug aus dem Fahreignungsregister eingeholt worden. Daraus ergab sich, dass sämtliche Eintragungen mit einer Gesamtzahl von 6 Punkten in der Überliegefrist lagen. In der Hauptverhandlung kam es zur Verlesung des Registerauszugs mit der Überraschung, dass das Gericht einen Auszug erhalten hatte, der inhaltlich dem vorher eingeholten Auszug entsprach, aber keinerlei Hinweise auf die Überliegefrist enthielt. Das Gericht ließ sich deshalb auch nur schwer davon überzeugen, dass die Eintragungen nicht verwertet werden durften. M. möchte eine Stellungnahme des

Kraftfahrt-Bundesamtes hierzu einholen und wegen eines weiteren laufenden Bußgeldverfahrens die Wiederholung dieses Vorgangs vermeiden. Er beauftragt damit seinen Verteidiger.

54 Eintragungen in der **Überliegefrist** erhält nur der Betroffene selbst auf Anfrage mitgeteilt. Gerichte und Bußgeldstellen dürfen wegen der ausdrücklichen Regelung in § 29 Abs. 6 S. 3 StVG über Eintragungen in der Überliegefrist keine Auskünfte bekommen. Liegt dem Gericht noch ein älterer Auszug vor, aus welchem Eintragungen bekannt sind, die sich inzwischen in der Überliegefrist befinden, dürfen diese Eintragungen zulasten des Betroffenen nicht verwertet werden.[11] Obwohl die Rechtslage klar zu sein scheint, muss man damit rechnen, im konkreten Verfahren auf einen Richter zu treffen, dem die obergerichtlichen Entscheidungen nicht bekannt sind oder der meint, die gesetzliche Konsequenz bei Rechtskraft seiner Entscheidung vor Ablauf der Überliegefrist (Wiederaufleben der alten Eintragungen durch neue Eintragung mit Tattag vor Ablauf der Tilgungsfrist der alten Eintragungen) gerade als Argument für die Verwertbarkeit der alten Entscheidungen benutzen zu können.[12] Wird damit eine erhöhte Geldbuße begründet, ohne die Grenze von 250 EUR zu überschreiten, und kein Fahrverbot festgesetzt, bewegt man sich außerhalb des Zulässigkeitsbereichs der Rechtsbeschwerde. Voraussichtlich wird man dann auch eine gesonderte Zulassung der Rechtsbeschwerde nicht erreichen können, weil die Rechtsfrage unter Hinweis auf die anderen schon veröffentlichten Entscheidungen der Oberlandesgerichte[13] geklärt ist. Der Zulassungsgrund des § 80 Abs. 1 Nr. 1 OWiG (Zulassung zur Fortbildung des Rechts oder zur Sicherung einer einheitlichen Rechtsprechung) liegt seit einer Entscheidung des OLG Karlsruhe[14] nicht mehr vor. Damit wird aber auch deutlich, welches starke Interesse auf Seiten eines Betroffenen bestehen kann, Falschauskünfte aus dem Fahreignungsregister verhindert zu bekommen. Im obigen Fall (Rn 53) empfiehlt sich folgende Vorgehensweise:

55 ▶ **Muster: Aufforderung an das Kraftfahrt-Bundesamt zur Unterlassung der Erteilung zukünftiger falscher Auskünfte**

Per Telefax, Nr.: 0461-3161650

Kraftfahrt-Bundesamt

Fördestr. 16

24944 Flensburg-Mürwik

Betr.: Auskunft aus dem Fahreignungsregister über Herrn ..., geborener ..., geb. am ... in ..., wohnhaft ...; Ihr Az ....

Sehr geehrte Damen und Herren,

in vorbezeichneter Sache geht es um eine Auskunft vom ..., die Sie gegenüber dem Amtsgericht ... im dortigen Verfahren gegen Herrn ... (Az ...) erteilt haben. Mit dieser Auskunft sind vier Eintragungen mitgeteilt worden. Zuvor hatte die Bußgeldstelle im selben Verfahren eine Auskunft beantragt und darauf am ... die Information erhalten, dass keine Eintragungen erfasst seien.

Die Auskunft vom ... gegenüber dem Amtsgericht ... enthält als letzte Eintragung eine Ordnungswidrigkeit mit Rechtskraft vom ... und zuvor keine Eintragungen wegen etwaiger Verkehrsstraftaten.

---

11 OLG Karlsruhe zfs 2005, 411; OLG Hamm NZV 2006, 487; OLG Schleswig zfs 2006, 348, 349; OLG Frankfurt NStZ-RR 2010, 87 (unter Aufgabe der vorherigen anderen Auffassung); OLG Bamberg zfs 2010, 291.
12 AG Wolfratshausen NZV 2006, 488.
13 OLG Karlsruhe zfs 2005, 411; OLG Hamm NZV 2006, 487; OLG Schleswig zfs 2006, 348, 349; OLG Frankfurt NStZ-RR 2010, 87 (unter Aufgabe der vorherigen anderen Auffassung); OLG Bamberg zfs 2010, 291.
14 OLG Karlsruhe zfs 2005, 411.

Damit steht fest, dass dem Amtsgericht ... die sich in der Überliegefrist befindenden Ordnungswidrigkeiten nicht hätten mitgeteilt werden dürfen und dass die der Bußgeldstelle erteilte Auskunft richtig gewesen ist.

Hierzu erbitte ich bis zum ... Ihre Stellungnahme. Außerdem habe ich Sie im Namen meines Mandanten aufzufordern, zukünftig die sich aus der Eintragung in der Überliegefrist ergebenden Auskunftsbeschränkungen zu beachten. Um derartigen weiteren Falschauskünften vorzubeugen, hat mich Herr ... beauftragt.

Mit freundlichen Grüßen

Rechtsanwalt ◄

Im Unterschied zur vorangegangenen Fallgestaltung (Rn 49) liegt hier auf Seiten des Kraftfahrt-Bundesamtes Verschulden vor. Dass die Eintragungen in der Überliegefrist nicht hätten mitgeteilt werden dürfen, ergibt sich aus § 29 Abs. 6 StVG. Ein Verstoß gegen diese Verpflichtung kann anwaltlich abgemahnt und die damit verbundenen Anwaltsgebühren als Schadensersatz gegen das Kraftfahrt-Bundesamt geltend gemacht werden. Wird eine Positivauskunft erteilt, obwohl Tilgungsreife eingetreten war, liegt eine Amtspflichtverletzung vor.[15]

IV. Korrespondenz mit der Rechtsschutzversicherung

Die Rechtsschutzversicherung sollte frühzeitig in das Verfahren einbezogen werden. Es empfiehlt sich eine Deckungsanfrage im Anschluss an das erste Gespräch mit dem Mandanten. In der Regel dürfte zu diesem Zeitpunkt eine Anhörung oder auch schon ein Bußgeldbescheid vorliegen. Bei sog. **Kennzeichenanzeigen** erfährt der Mandant erst aus solchen Schreiben, dass gegen ihn ein Verfahren eröffnet ist. Dass ein Mandant ohne schriftlichen Schuldvorwurf in der Kanzlei erscheint, ist demgegenüber seltener, kommt aber beispielsweise vor, wenn dem Mandanten im Zusammenhang mit einem Verkehrsunfall Ordnungswidrigkeiten vorgeworfen werden oder sonst sofortiger Kontakt mit der Polizei bestanden hatte (etwa nach Geschwindigkeitsmessungen mit Lasergeräten oder mit Videofahrzeugen). Es gibt einige Standardsituationen, die sich oft wiederholen:

- Der Mandant ist Versicherungsnehmer der Rechtsschutzversicherung; das benutzte Fahrzeug ist auf ihn zugelassen; ein schriftlicher Schuldvorwurf (Anhörungsbogen) gegen ihn liegt vor (Normalfall).
- Der Mandant ist nicht Versicherungsnehmer der Rechtsschutzversicherung, aber in die Versicherung einbezogen; das benutzte Fahrzeug ist auf ihn zugelassen; ein schriftlicher Schuldvorwurf (Anhörungsbogen) gegen ihn liegt vor.
- Der Mandant ist nicht Versicherungsnehmer der Rechtsschutzversicherung, aber in die Versicherung einbezogen; das benutzte Fahrzeug ist nicht auf ihn, aber auf den Versicherungsnehmer zugelassen; der Anhörungsbogen richtet sich an den Halter.
- Der Mandant ist Versicherungsnehmer der Rechtsschutzversicherung; das benutzte Fahrzeug ist nicht auf ihn zugelassen; der Anhörungsbogen richtet sich an den Halter.

1. Normalfall: Mandant ist Versicherungsnehmer der Rechtsschutzversicherung; das Verfahren richtet sich gegen ihn. Der Schreibaufwand für die Bitte um Gewährung von Deckungsschutz bleibt bei dieser Fallkonstellation gewöhnlich gering. An sich müsste es genügen, den

---

15 *Dauer* in: Hentschel/König/Dauer, Straßenverkehrsrecht, § 30 StVG Rn 5.

Anhörungsbogen oder Bußgeldbescheid zu übersenden, um eine positive Antwort der Rechtsschutzversicherung zu erhalten. Nachfragen kann es ausnahmsweise dann geben, wenn in die Versicherung bei der Benutzung eigener Fahrzeuge nur ein bestimmtes Fahrzeug einbezogen ist und es sich im aktuellen Fall um ein Nachfolgefahrzeug handelt. Der Fall kommt nicht so häufig vor, dass es gerechtfertigt wäre, schon bei Mandatsannahme entsprechende Fragen zu stellen. Die meisten Mandanten wüssten darauf vermutlich keine Antwort, so dass mehr Verwirrung entstünde als Nutzen für die weitere Bearbeitung.

59 ▶ **Muster: Deckungsanfrage an Rechtsschutzversicherung, Mandant ist Versicherungsnehmer, schriftlicher Schuldvorwurf liegt vor**

An die ... [Rechtsschutzversicherung]

Per Telefax, Nr.: ...

Betr.: Ordnungswidrigkeitenverfahren gegen Ihren VN, Herrn ..., ... [Anschrift]

Ordnungswidrigkeit vom ...

Versicherungsscheinnummer: ...

Sehr geehrte Damen und Herren,

mit Schreiben vom ... wirft die Ordnungsbehörde der Stadt ... Ihrem VN eine Geschwindigkeitsüberschreitung vor. Diese Anhörung füge ich in Kopie bei und bitte um Deckungsschutz für das Verfahren. Der darin aufgeführte Pkw ist auf Ihren VN zugelassen.

Mit freundlichen Grüßen

Rechtsanwalt ◀

Hinweis: Besteht nicht die Möglichkeit einer Online-Anfrage, sollte die Versendungsart solcher Schreiben im Regelfall „**nur per Telefax**" sein. Die Daten werden beim Empfänger unmittelbar in die EDV übernommen, also nicht einmal mehr ausgedruckt. Der Faxempfang erfolgt direkt in der Bearbeitungssoftware der Versicherung. Das Führen von Papierakten ist bei Versicherungen zur Ausnahme geworden. Wird die Korrespondenz auf dem Postweg verschickt, ist es sehr wahrscheinlich, dass die Unterlagen bei Eingang in der Versicherung gescannt und anschließend geschreddert werden. Die Versendung „vorab per Fax" ist deshalb überflüssig und kostet nur unnötiges Porto, Papier und Personalaufwand beim Empfänger.

60 **2. Mandant ist nicht Versicherungsnehmer der Rechtsschutzversicherung.** Wenn der Mandant nicht Versicherungsnehmer der Rechtsschutzversicherung ist, muss man im Zusammenhang mit der Deckungsanfrage das Versicherungsverhältnis zusätzlich erläutern. Andernfalls kommen erfahrungsgemäß Nachfragen oder es ist gar mit der Rücksendung des eigenen Schreibens zu rechnen und dem Vermerk, dass der Vorgang einem Vertrag nicht zugeordnet werden könne. In diesen Fällen sollte daher die Beziehung zwischen Mandant und Versichertem erläutert werden. Im privaten Bereich geht es in der Regel um eine Angabe zur Verwandtschaft oder Ehe, im beruflichen Bereich meist um die Angabe, dass der Mandant Angestellter des versicherten Arbeitgebers ist.

▶ **Muster: Deckungsanfrage an Rechtsschutzversicherung, wenn der Mandant nicht Versicherungsnehmer ist und ein schriftlicher Schuldvorwurf gegen ihn vorliegt** 61

An die ... [Rechtsschutzversicherung]

Per Telefax, Nr.: ...

Betr.: Ordnungswidrigkeitenverfahren gegen Herrn ..., ... [Anschrift]

Ordnungswidrigkeit vom ...

Ihre VN, Frau ..., ... [Anschrift]

Versicherungsscheinnummer: ...

Sehr geehrte Damen und Herren,

mit Schreiben vom ... wirft die Ordnungsbehörde der Stadt ... Herrn ... eine Geschwindigkeitsüberschreitung vor. Diese Anhörung füge ich in Kopie bei. Herr ... hat mich mit der Verteidigung beauftragt. Er ist der Ehemann Ihrer Versicherungsnehmerin. Der in der Anhörung vom ... aufgeführte Pkw ist auf Ihre VN zugelassen. Bitte erteilen Sie Deckungsschutz für die Sache.

Mit freundlichen Grüßen

Rechtsanwalt ◀

Aufwendiger wird eine Deckungsanfrage, wenn **kein schriftlicher Schuldvorwurf** vorliegt. 62 Versicherungen tun sich in solchen Fällen schwer, Deckung zuzusagen. Gewöhnlich folgt auf einen solchen Antrag ein Schreiben mit der Bitte, einen schriftlichen Schuldvorwurf vorzulegen. Einige Versicherungen scheinen für solche Fälle geradezu die Anweisung gegeben zu haben, Deckungszusagen nicht zu erteilen. Bevor man sich also die Finger wundschreibt, sollte man nach Erhalt einer solchen zusätzlichen Bitte die Weiterbearbeitung der Rechtsschutzanfrage bis zur Akteneinsicht zurückstellen. In Bußgeldsachen dürften solche Probleme eher selten entstehen. In Strafsachen (beispielsweise Verkehrsunfälle mit Personenschäden) kann so etwas häufiger vorkommen, weil die Polizei vor Ort gewöhnlich keine schriftliche Beschuldigung vornimmt und man erst mit Übersendung der Akte durch die Staatsanwaltschaft wieder von der Angelegenheit hört.

3. Mandant ist Versicherungsnehmer der Rechtsschutzversicherung und war Fahrer des nicht auf ihn zugelassenen festgestellten Fahrzeugs; der Anhörungsbogen oder ein Zeugenfragebogen richtet sich an den Halter. Noch komplizierter wird es, wenn der Mandant *noch* kein Betroffener ist. Dieser Fall ist häufig. Er liegt immer dann vor, wenn der Halter im Wege einer Anhörung oder einer Zeugenbefragung von der Bußgeldbehörde angeschrieben wird, Fahrer aber eine dritte Person war. Es gibt zwei Hauptgruppen, nämlich erstens die familiäre Verbbindung zwischen Fahrer und Halter und zweitens die berufliche (Angestellter/Arbeitgeber). 63

a) Fahrer ist der Ehegatte des Halters/Versicherungsnehmers; der Anhörungsbogen richtet sich an den Halter. Kommt der Fahrer und möchte den Auftrag für die Verteidigung erteilen, gibt es mit den meisten Rechtsschutzversicherungen ein unüberwindliches Problem. Weil gegen den Fahrer noch kein Verfahren eröffnet ist, fehlt es am Versicherungsfall. Eine Deckungszusage sollte man daher gar nicht erst erbitten. Dies hat aber auch zur Konsequenz, dass die Beratung des Fahrers, meist in Zusammenhang mit dem ersten Mandantengespräch, nicht versichert ist. Auch dem Mandanten, der in diesen Fällen grundsätzlich von versicherter Beratung ausgeht, ist dies häufig schwer zu vermitteln. Schließlich war er der Täter der Ord- 64 nungswidrigkeit und er erfährt, dass die Sache, wenn sie sich gegen ihn richten würde, an sich versichert wäre. Dieses Dilemma – aus anwaltlicher Sicht – kann man nur so lösen, dass man sich das Mandat vom Halter geben lässt und für diese Verteidigung um Deckungsschutz bittet. Dann entstehen gewöhnlich keine Probleme.

65 Diese Fälle sind deshalb nicht selten, weil manche Bußgeldbehörde Software verwendet, in welcher nicht zwischen einer Zeugenanfrage und einer Anhörung (mit üblichem Text zum Schuldvorwurf) unterschieden wird. Das vielerorts verwendete **automatische Verfahren** sieht folgendermaßen aus: Aus den Filmen stationärer oder mobiler Messanlagen werden die Kennzeichen erfasst und damit automatische Halteranfragen beim Kraftfahrt-Bundesamt durchgeführt. Die Ergebnisse werden online wieder in die Software eingespielt und danach – je nach Stand der Software – Anhörungs- oder Zeugenfragebögen ausgedruckt. Wenn bei der Auswertung der Filme eingegeben werden konnte, ob der Fahrer männlich oder weiblich war und nach Rücksendung der KBA-Daten in die Software eine logische Abfrage integriert ist, ob das mutmaßliche Geschlecht des Fahrers von dem des Halters abweicht, könnte im Falle der Abweichung oder wenn der Halter eine juristische Person ist, ein Zeugenfragebogen ausgedruckt werden. Diese Abfrage scheint nicht in jeder Software implementiert zu sein.

66 **b) Fahrer ist der Ehegatte des Halters/Versicherungsnehmers; der Zeugenfragebogen richtet sich an den Halter.** Dieser Fall liegt vor, wenn in der Software der Bußgeldbehörde die gerade (Rn 65) beschriebene logische Abfrage implementiert ist. Das erkennbar abweichende Geschlecht zwischen Fahrer und Halter hat dazu geführt, dass der Halter nur als **Zeuge** befragt werden soll. Welche Konsequenz ist damit im Rechtsschutzversicherungsverhältnis verbunden?

67 Zunächst einmal gibt es **keinen Versicherungsfall** zulasten einer versicherten Person, ein Bußgeldverfahren gegen eine bestimmte Person ist nämlich noch nicht eröffnet. Gegen den Halter wird nicht ermittelt, weil er nach den Erkenntnissen der Bußgeldbehörde als Fahrer nicht in Betracht kommt. Der Fahrer, also der Mandant, ist aber noch nicht bekannt und deshalb als Betroffener im Verfahren noch nicht einbezogen. Gegenüber der Rechtsschutzversicherung kann man sich also weder für den Fahrer noch für den Halter als Verteidiger bestellen und hierfür um Deckungsschutz bitten. Dennoch erwartet der Fahrer oder auch der Halter, dass man Rat erteilt, gerade um die Verfahrenseröffnung gegen den Fahrer zu vermeiden. Es gibt Rechtsschutzversicherungen, die in diesen Fällen ausnahmsweise Deckungsschutz gewähren, allerdings unter dem Vorbehalt, dass dadurch ein weiteres Ordnungswidrigkeitenverfahren unter Beteiligung der Rechtsschutzversicherung vermieden wird. Um aber zu dieser Deckungszusage zu kommen, muss man den Aufwand der üblichen Korrespondenz bereits überschreiten und kann auch nicht sicher sein, dass die angefragte Rechtsschutzversicherung mit diesem Verfahren einverstanden sein wird. Der Eintritt der Rechtsschutzversicherung wird deshalb die Ausnahme bleiben. Das Dilemma des Verteidigers besteht auch darin, dass man sich entscheiden kann, ob man den vor einem sitzenden Mandanten ausführlich über diese Logik der Rechtsschutzversicherung informiert (ohne Gebührenanspruch) oder ob man mit demselben Zeitaufwand zur Sache berät (Muss man auf den Zeugenfragebogen antworten und, wenn ja, mit welchem Inhalt? Wie entwickelt sich dann das weitere Verfahren der Behörde? Mit welchen Ermittlungsschritten gegen den Halter oder den unbekannten Fahrer ist zu rechnen?).

Wer an dieser Stelle seinen Mandanten (den Halter) gut berät, weiß damit auch, dass Gebührenerstattungsansprüche gegen die Rechtsschutzversicherung nicht entstehen werden. Trostreich kann nur sein, dass sich wahrscheinlich am Ende das Verfahren rechtzeitig, also innerhalb der Verjährungsfrist, doch noch gegen den möglichen Fahrer richtet und dass dieser sich dann wahrscheinlich ebenfalls mit der Bitte um Verteidigung an den ursprünglichen Ratgeber wenden wird. Immerhin erhält man dann ein Mandat mit einem Honoraranspruch, auch wenn der vorherige zusätzliche Beratungsaufwand, der die anschließende Beratung gewöhnlich nicht erspart, nicht abgegolten wird. Gleichwohl hier das Muster eines Schreibens an die Rechtsschutzversicherung:

▶ **Muster: Rechtsschutzanfrage für den Fall, dass Fahrer der Ehegatte des Halters/ Versicherungsnehmers ist und sich ein Zeugenfragebogen an den Halter richtet**

An die ... [Rechtsschutzversicherung]

Per Telefax, Nr.: ...

Ordnungswidrigkeit vom ...

Betroffen: Ihre VN, Frau ..., ... [Anschrift]

Versicherungsscheinnummer: ...

Sehr geehrte Damen und Herren,

mit Schreiben vom ... ermittelt die Ordnungsbehörde der Stadt ... wegen einer Geschwindigkeitsüberschreitung. Dieses Schreiben füge ich in Kopie bei. Der darin erwähnte Pkw ist auf Ihre VN zugelassen. Fahrer dieses Fahrzeugs zur Tatzeit war der Ehemann Ihrer VN, gegen den jedoch zurzeit noch nicht ermittelt wird. Im Familienkreis gibt es weitere mögliche Fahrer, gegen die sich die Ermittlungen ebenfalls erstrecken könnten. Ihre VN hat sich nun an mich gewandt, um beraten zu werden, ob sie Pflichtangaben machen muss, welchen Umfang diese Angaben haben müssen, wenn sie zu machen sind, und welche Konsequenzen für sie oder ihre Angehörigen eventuell damit verbunden sind. Bitte teilen Sie mit, ob Sie für eine solche Beratung Deckungsschutz gewähren. Es kann möglicherweise damit, nämlich wenn das Verfahren eingestellt wird, ein Bußgeldverfahren gegen eine im Vertrag Ihrer VN mitversicherte Person vermieden werden.

Mit freundlichen Grüßen

Rechtsanwalt ◀

c) Fahrer und Versicherungsnehmer ist der Angestellte des Halters; der Anhörungsbogen/ Zeugenfragebogen richtet sich an den Halter. Auch dieser Fall ist häufig (siehe Rn 5 den Ausgangsfall). Er hat mit der Praxis in vielen Firmen zu tun, dort eingehende Anhörungsbögen, die im Zusammenhang mit Ordnungswidrigkeiten bei der Benutzung von **Firmenfahrzeugen** stehen, unbearbeitet an die Mitarbeiter weiterzugeben. Von diesen wird dann erwartet, dass sie die Schreiben der Bußgeldstelle persönlich beantworten, also sich quasi selbst anzeigen. Mit dem Originalanhörungsbogen begibt sich der Fahrer zum Rechtsanwalt und erwartet Verteidigung unter Einbeziehung seiner Rechtsschutzversicherung. Man wird nicht umhin können, den potenziellen Mandanten zu beraten, muss aber darauf hinweisen, dass mangels eines gegen ihn eröffneten Ordnungswidrigkeitenverfahrens die Rechtsschutzversicherung für anwaltliche Beratung derzeit sicher nicht aufkommen wird. Mit Blick auf ein bestimmtes Verteidigungsziel – vor allem auch in zeitlicher Hinsicht – ist es unklug, den Mandanten den Bogen selbst ausfüllen zu lassen oder sich zum jetzigen Zeitpunkt bereits als sein Verteidiger anzuzeigen. Es erscheint sinnvoller, den Mandanten dahin gehend zu beraten, seinen Arbeitgeber davon zu überzeugen, den Anhörungsbogen nicht auszufüllen, aber dennoch zu beantworten. Wenn der Arbeitgeber formlos der Bußgeldbehörde mitteilt, dass der fragliche Pkw zur privaten und beruflichen Nutzung (wie es zum Beispiel im Außendienst regelmäßig der Fall ist) einem bestimmten, namentlich benannten Mitarbeiter überlassen ist, erfüllt er zunächst einmal seine Auskunftspflicht und wendet damit für den Fall, dass sonst ein bestimmter Fahrer nicht zu ermitteln ist, eine drohende Fahrtenbuchauflage ab (vgl § 19). Die Bußgeldbehörde wird nach Eingang dieser Antwort eine erneute Anhörung an den möglichen Fahrer übersenden, aber noch nicht sicher davon ausgehen können, dass dieser tatsächlich der Fahrer war. Bei schlechter Qualität des Messfotos bleibt die Frage der Identifizierung des Fahrers also offen. Auch im eventuellen Hauptverfahren kann die Verteidigung noch darauf abgestellt werden.

71 Die Rechtsschutzversicherung zu dieser Zeit um Deckungsschutz zu bitten, wird meistens aussichtslos sein. Wenn die Beratung des Mandanten erfolgreich war, wird das Verfahren in der Bußgeldstelle möglicherweise eingestellt. Davon wird der Mandant nichts erfahren, möglicherweise auch dessen Arbeitgeber nicht. Schließlich stellt sich die Frage, ob es empfehlenswert ist, den Mandanten nach einigen Monaten im Anschluss an das Beratungsgespräch noch mit einer Gebührennote zu behelligen.

72 **4. Deckungsanfrage im Rechtsbeschwerdeverfahren.** Im Ordnungswidrigkeitenverfahren ist der Versicherungsschutz weitreichend. Die Rechtsschutzversicherung tritt selbst dann ein, wenn die Ordnungswidrigkeit vorsätzlich begangen worden ist. In der Tatsacheninstanz unterbleibt auch eine Prüfung der Erfolgsaussichten (siehe auch Rn 86 f). Im Rechtsbeschwerdeverfahren kann die Deckungszusage aber von hinreichenden Erfolgsaussichten abhängig gemacht werden. Deshalb erstreckt sich die zu Beginn des Mandats eingeholte Deckungszusage zwar auf Vorverfahren und auf das gerichtliche Verfahren erster Instanz, nicht aber auf das Rechtsmittelverfahren. Für die Rechtsbeschwerde oder für den Antrag auf ihre Zulassung muss daher ein **gesonderter Antrag an die Rechtsschutzversicherung** gerichtet werden. Weil darin Ausführungen über die Erfolgsaussichten zu machen sind, empfiehlt es sich, mit der Deckungsanfrage zu warten, bis die Rechtsbeschwerdebegründung fertiggestellt ist. Man kann sie dann dem Antrag an die Versicherung zur Begründung der Erfolgsaussichten beifügen.

73 Wer sich beim Einlegen des Rechtsmittels nicht sicher ist, ob das Beschwerdeverfahren auch tatsächlich durchgeführt wird, weil es dafür beispielsweise auf den Inhalt der Urteilsbegründung ankommt, ist allerdings in einer gewissen Bedrängnis. Entscheidet er sich nach Vorliegen der Urteilsgründe gegen die Fortführung des Verfahrens, steht damit fest, dass es an hinreichenden Erfolgsaussichten für die Rechtsbeschwerde mangelt. Eine Deckungszusage scheidet daher aus. Nur in diesem Fall sollte man daher schon mit der Einlegung des Rechtsmittels Deckungsschutz für die Prüfung der Erfolgsaussichten einholen und ausführen, welche Anknüpfungstatsachen schon aus dem abgelaufenen Tatsachenverfahren vorliegen, die erwarten lassen, dass das Urteil angreifbar sein wird. Das Einlegen des Rechtsmittels ist in diesem Fall schon deshalb notwendig, weil Fristen einzuhalten sind und ansonsten ein abgekürztes Urteil ohne Entscheidungsgründe zu erwarten wäre. Erfahrungsgemäß ist – vor allem im Zulassungsverfahren nach § 80 OWiG – mit Widerstand der Versicherung zu rechnen.

▶ **Muster: Deckungsanfrage für Rechtsbeschwerde**   74

An die ... [Rechtsschutzversicherung]

Per Telefax, Nr.: ...

Betr.: Bußgeldverfahren gegen Ihren VN, Herrn ...; Schadensnummer ...

Sehr geehrte Damen und Herren,

in vorbezeichneter Angelegenheit ist Ihr VN in erster Instanz zu einer Geldbuße von 200 EUR und zu einem Fahrverbot von einem Monat verurteilt worden. Das Urteil des Amtsgerichts ... füge ich in Kopie zu Ihrer Information bei.

Das Urteil ist fehlerhaft. Ihr VN hat mich daher mit der Durchführung des Rechtsbeschwerdeverfahrens beauftragt. Ich habe mit Schriftsatz vom ... Rechtsbeschwerde erhoben und diese mit heutigem Schriftsatz begründet. Die Begründungsschrift füge ich ebenfalls in Kopie bei und bitte damit zugunsten Ihres VN um Deckungsschutz für das Rechtsmittelverfahren. Wie Sie dem Begründungsschriftsatz entnehmen können, bestehen für die Rechtsbeschwerde hinreichende Erfolgsaussichten.

Mit freundlichen Grüßen

Rechtsanwalt ◀

Ein Muster für den oben (Rn 73) beschriebenen Fall, Deckungsschutz zunächst nur für die Prüfung der Erfolgsaussichten beantragen zu müssen, kann folgendermaßen aussehen: 75

▶ **Muster: Deckungsanfrage für die Prüfung der Erfolgsaussichten eines Rechtsmittelverfahrens**   76

An die ... [Rechtsschutzversicherung]

Per Telefax, Nr.: ...

Betr.: Bußgeldverfahren gegen Ihren VN, Herrn ...; Schadensnummer ...

Sehr geehrte Damen und Herren,

in vorbezeichneter Angelegenheit ist Ihr VN heute in erster Instanz zu einer Geldbuße von 200 EUR und zu einem Fahrverbot von einem Monat verurteilt worden. Das Urteil liegt in vollständig begründeter Fassung noch nicht vor. Die Frist zur Einlegung der Rechtsbeschwerde läuft in einer Woche ab. Ihr VN wünscht die Einlegung der Rechtsbeschwerde und hat mich hierzu beauftragt. In der mündlichen Urteilsbegründung hat sich der Bußgeldrichter, der Ihren VN anhand des Messfotos als Fahrer zu identifizieren hatte, darauf beschränkt, auf die Ähnlichkeit der Kopf- und Kinnform und Nasengröße hinzuweisen. Diese Merkmale allein genügen für eine Identifizierung allerdings nicht. Wegen der schlechten Qualität des Messfotos sind im Urteil dazu Ausführungen zu machen. Das Gericht hat darüber hinaus anzugeben, warum gleichwohl eine Identifizierung möglich erscheint.

Es mag sein, dass dem Gericht eine rechtsmittelfeste Urteilsbegründung gelingt. Vor Erhalt des vollständigen Urteils lässt sich darüber allerdings keine Aussage treffen. Hinreichende Erfolgsaussichten für das Rechtsmittelverfahren können deshalb erst geprüft werden, wenn nach Einlegung des Rechtsmittels das Gericht ein vollständig begründetes Urteil vorlegen muss.

Hiermit beantrage ich daher zunächst Deckungsschutz für die Einlegung der Rechtsbeschwerde und für die sich anschließende Prüfung ihrer Erfolgsaussichten.

Mit freundlichen Grüßen

Rechtsanwalt ◀

77 **5. Abrechnung der Gebühren nach Beendigung des Verfahrens.** Die nach Beendigung des Bußgeldverfahrens in der 1. Instanz angefallenen Verteidigergebühren werden von der Rechtsschutzversicherung ersetzt, wenn diese zuvor eine Deckungszusage erteilt hatte. Die Kostenrechnung ist der Rechtsschutzversicherung zu übermitteln. In der Regel genügt zur Unterrichtung der Versicherung eine äußerst knappe Schilderung des Verfahrensablaufes. Nur selten wird es Nachfragen geben, so dass es sich nicht sofort empfiehlt, ausführliche Erläuterungen zur anwaltlichen Tätigkeit zu machen. Nachstehend ein Muster für die Abrechnung eines Verfahrens inklusive einer durchgeführten Hauptverhandlung mit Mittelgebühren.

78 ▶ **Muster: Kostenrechnung an die Rechtsschutzversicherung**

An die ... (Rechtsschutzversicherung)

Betr.: Bußgeldverfahren gegen Ihren VN, Herrn ...; Schadensnummer ...

Sehr geehrte Damen und Herren,

nach Einspruchseinlegung gegen den Bußgeldbescheid vom ... fand am ... die Hauptverhandlung statt. Im Anschluss an die Beweisaufnahme (... Zeugen, Sachverständiger) wurde das Verfahren gem. § 47 Abs. 2 OWiG eingestellt. Das Gericht hat die notwendigen Auslagen des Betroffenen nicht der Staatskasse auferlegt. Die Verhandlung dauerte ... Std. ... Min.

Die Verteidigergebühren rechne ich wie folgt ab:

Grundgebühr gem. Nr. 5100 VV	100,00 EUR
Verfahrensgebühr gem. Nr. 5103 VV	160,00 EUR
Verfahrensgebühr gem. Nr. 5109 VV	160,00 EUR
Terminsgebühr gem. Nr. 5110 VV	255,00 EUR
Entgelt für Post- und Telekommunikations-Dienstleistungen gem. Nr. 7002 VV (pauschal)	20,00 EUR
verauslagte Kosten für Ermittlungsaktenbeschaffung Gemäß Kostenbescheid vom ...	12,00 EUR
Zwischensumme	707,00 EUR
19 % Umsatzsteuer gem. Nr. 7008 VV	134,33 EUR
Endsumme	**841,33 EUR**

Mit freundlichen Grüßen

Rechtsanwalt ◀

79 In der Kostenrechnung sind Auslagen für die Übersendung der Ermittlungsakte durch die Bußgeldstelle an den Anwalt mit Berechnung von Mehrwertsteuer enthalten. Der Ansatz von Mehrwertsteuer widersprach jahrzehntelanger Praxis in Anwaltskanzleien. Seit 2006 – vorher war das auch für Finanzämter offenbar kein Thema – war über die Frage der Umsatzsteuerfreiheit derartiger Auslagen ein heftiger Streit ausgebrochen.[16] Insbesondere Rechtsschutzversicherungen versuchten mit großem Aufwand, die alte Praxis aufrechtzuerhalten (sie sind nämlich nicht vorsteuerabzugsberechtigt). Die Oberfinanzdirektion Chemnitz hatte die sächsischen Finanzämter bereits in einer Verfügung vom 21.8.2008 darauf hingewiesen, dass

---

[16] Vgl AG Chemnitz DAR 2008, 114; *Schäpe*, (Steuer-)rechtliche Probleme bei der Aktenversendungspauschale, DAR 2008, 114.

Mehrwertsteuer zu erheben ist.[17] Dieser Auffassung folgte auch der BGH und stellte klar, dass Schuldner der Aktenversendungspauschale derjenige ist, der mit seinem Antrag gegenüber der aktenversendenden Stelle die Versendung unmittelbar veranlasst, und dass die Inrechnungstellung der vom Rechtsanwalt verauslagten Pauschale nach § 10 Abs. 1 UStG der Umsatzsteuer unterliegt.[18]

In der hier vorgestellten Kostenrechnung wird außerdem kurz erwähnt, dass Zeugen gehört wurden, ein Sachverständiger anwesend war und wie lange die Hauptverhandlung gedauert hat. Damit sind gegenüber der Rechtsschutzversicherung bereits Argumente für den Ansatz von Mittelgebühren genannt worden. Inzwischen werden Auseinandersetzungen häufiger, in denen die Versicherer unter Hinweis auf die geringe Bußgeldhöhe in Verkehrsordnungswidrigkeitensachen versuchen, abgerechnete Mittelgebühren nach unten zu korrigieren.

Beispiel:
Als Antwort auf den Abschlussbericht und die Kostenrechnung trifft in der Kanzlei folgender Brief der Rechtsschutzversicherung ein:
Sehr geehrte Rechtsanwältin, sehr geehrter Rechtsanwalt,
in dieser Angelegenheit können wir Ihre Rechnung nicht in voller Höhe ausgleichen. Nachdem wir alle Kriterien des § 14 RVG berücksichtigt haben, sind die Verteidigergebühren in alltäglichen Bußgeldverfahren wegen Verkehrsordnungswidrigkeiten in den unteren Bereich des jeweiligen Gebührenrahmens einzuordnen. Beispielhaft dürfen wir auf LG Mühlhausen, RVGreport 2009, 187; LG Osnabrück JurBüro 08, 143; LG Koblenz JurBüro 2008, 144 und LG München I, JurBüro 2008, 249 verweisen. Deshalb halten wir Gebühren von 75 EUR, 120 EUR, 120 EUR und 160 EUR für angemessen, wobei wir Ihren anwaltlichen Ermessensspielraum berücksichtigt haben.
Auf dieser Grundlage erfolgt unsere Zahlung.
Ihre Rechtsschutzversicherung

Der Streit über den Ansatz von Mittelgebühren wird über die Geltung der BRAGO hinaus fortgesetzt. Die Hoffnung, mit dem RVG mit der darin enthaltenen Dreiteilung (Bußgelder unter 40 EUR, bis 5.000 EUR und Bußgelder über 5.000 EUR) eine Klärung herbeigeführt zu haben, hat sich leider nicht erfüllt[19]. Zur Frage, ob Mittelgebühren in Verkehrsordnungswidrigkeitensachen gerechtfertigt sind, gibt es zahlreiche Rechtsprechungsveröffentlichungen und es ist damit zu rechnen, dass die Judikatur insoweit noch zunimmt. Weil die Entscheidungen nicht einheitlich sind, gibt es genügend Argumente für den Ansatz von Mittelgebühren. Das Antwortschreiben an die Rechtsschutzversicherung im genannten Beispiel könnte als folgendermaßen lauten:

---

17 Veröffentlicht in KAMMERaktuell – Informationen der RAK Sachsen, Ausgabe 03/08, S. 13.
18 BGH AnwBl 2011, 583.
19 *Mayer*, in: Gerold/Schmidt, § 14 RVG Rn 30.

§ 10 Das Mandat im Ordnungswidrigkeitenrecht

83 ▶ **Muster: Schreiben an die Rechtsschutzversicherung zur Begründung für den Ansatz von Mittelgebühren**

An die ... (Rechtsschutzversicherung)

Betr.: Bußgeldverfahren gegen Ihren VN, Herrn ...; Schadensnummer ...

Sehr geehrte Damen und Herren,

in vorbezeichneter Angelegenheit haben Sie mit Schreiben vom ... die Zahlung meiner Vergütung in voller Höhe abgelehnt. Begründet wird dies damit, dass alltägliche Bußgeldverfahren wegen Verkehrsordnungswidrigkeiten nur Gebühren im unteren Bereich auslösen.

Diese Auffassung ist falsch. Die Mittelgebühr ist gerade dann festzusetzen, wenn es sich um eine durchschnittliche Angelegenheit handelt. Sie dient der Abgeltung der „Normalfälle", insbesondere dann, wenn die nach § 14 Abs. 1 S. 1 RVG zu berücksichtigenden Umstände durchschnittlicher Art sind – also einen durchschnittlichen Umfang und eine durchschnittliche Schwierigkeit aufweisen (vgl AG Frankenthal zfs 2006, 167; LG Saarbrücken RVGreport 2013, 53; LG Stralsund LSK 2007 237108; AG Ingolstadt RVGreport 2012, 24). Das Argument der innerhalb des Vergütungsrahmens liegenden niedrigen Bußgeldhöhe überzeugt nicht, weil es bereits vom Gesetzgeber mit der vorgenommenen Staffelung aufgegriffen worden ist und deshalb nicht noch einmal für eine zusätzliche Absenkung herhalten kann (*Mayer* in: Gerold/Schmidt, RVG, 21. Aufl., § 14 Rn 30; *Burhoff*, RVGreport 2006, 252). Gerade weil es sich bei der Masse der Verfahren um Verkehrsordnungswidrigkeiten handelt, deren Bußgelder im unteren Bereich des Rahmens liegen, kann man von durchschnittlichen Angelegenheiten ausgehen. Dies ließe sich sogar statistisch belegen. Die Durchschnittsbußgeldhöhe läge dann innerhalb der Stufe 40 EUR bis 5.000 EUR sicher bei geschätzten 120 EUR.

Wie Sie selbst bereits zutreffend feststellen, handelt es sich vorliegend um ein Bußgeldverfahren alltäglicher Art. Sie verkennen jedoch die vergütungsrechtlichen Folgen. Für Bußgeldverfahren dieser Art ist also im Ergebnis die Mittelgebühr anzusetzen.

Ich bitte Sie daher, die Differenz zwischen gezahltem Betrag und der Kostenrechnung vom ... bis zum ... zu überweisen.

Mit freundlichen Grüßen

Rechtsanwalt ◀

84 Erfahrungsgemäß wird man mit einer solchen Argumentation wenigstens ein gewisses Entgegenkommen bei der Versicherung erreichen. Im „Erledigungsinteresse" ist es nicht unwahrscheinlich, dass noch nachreguliert wird, wenn auch vielleicht nicht der vollständige Betrag.

84a Wer oberhalb von Mittelgebühren abrechnen will, wird nicht umhinkommen, Einzelumstände des Falles darzustellen. Das nachfolgende Muster enthält mehrere Varianten zur Betroffenheit beim Mandanten.

85 ▶ **Muster: Schreiben an die Rechtsschutzversicherung – besondere Umstände des Verfahrens**

An die ... (Rechtsschutzversicherung)

Betr.: Bußgeldverfahren gegen Ihren VN, Herrn ...; Schadensnummer ...

Sehr geehrte Damen und Herren,

in vorbezeichneter Angelegenheit überreiche ich meine Kostennote mit der Bitte, den Betrag auf mein angegebenes Geschäftskonto zu überweisen. Ich bin hier nicht von Mittelgebühren ausgegan-

Kucklick

gen, weil besondere Umstände vorgelegen haben, die den Fall über einen „durchschnittlichen" emporheben.

→ *Fahrverbot*

Infrage stand ein Fahrverbot. Mein Mandant ist Inhaber einer kleinen Elektroinstallationsfirma und täglich mit seinem Pkw unterwegs, um zu den einzelnen Baustellen zu gelangen. Er ist zudem überregional im Großraum Sachsen tätig. Ein Fahrverbot gefährdet seine wirtschaftliche Existenz erheblich.

→ *Eintragung im Fahreignungsregister*

Mein Mandant hatte bereits zahlreiche Voreintragungen im Fahreignungsregister. Im Raum stand hier eine weitere Eintragung von zwei Punkten, so dass mein Mandant einen Punktestand von 8 Punkten erreicht hätte. Dies hätte zur Folge, dass ihm die Fahrerlaubnis entzogen wird. Mein Mandant ist jedoch zwingend auf seine Fahrerlaubnis angewiesen. Er ist im Außendienst eines pharmazeutischen Unternehmens tätig und betreut das Gebiet Mitteldeutschland. Er benötigt seine Fahrerlaubnis, um Kundentermine wahrzunehmen. Die Kundenbetreuung vor Ort ist der Hauptaufgabenbereich meines Mandanten. Könnte er diese Termine nicht wahrnehmen, hätte er mit dem Verlust seines Arbeitsplatzes zu rechnen. Derartige Umstände führen zu einer erhöhten Gebühr (LG Gera JurBüro 2000, 581; LG Potsdam MDR 2000, 581).

→ *Verfahrenslagen*

Im Rahmen der Hauptverhandlung wurden die Polizeibeamten, welche die Messung durchgeführt haben sowie ein Sachverständiger zur Frage der Identität des Fahrers gehört. Schon im Vorverfahren war die Frage der Fahreridentifizierung von besonderer Bedeutung. Ihrem Versicherungsnehmer musste die hierzu allgemein ergangene Rechtsprechung erläutert und darauf bezogen mit ihm sein Aussageverhalten abgestimmt werden. Nachdem klar war, dass das Gericht nicht ohne ein Identitätsgutachten entscheiden würde, musste ich mich mit verschiedenen Methoden derartiger Begutachtungen befassen, um den Sachverständigen in der Hauptverhandlung zielgerichtet befragen zu können. Damit einhergehende Beweis- und Rechtsfragen sind vielschichtig, weil mit der Bilddeutung erhebliche Schwierigkeiten verbunden sind und es hierzu keine von der Rechtsprechung anerkannten Kriterien für die Auswertung von Lichtbildern gibt (vgl BGH NZV 2006, 160, 161; LG Wuppertal zfs 2005, 39).

Mit freundlichen Grüßen

Rechtsanwalt ◂

6. Exkurs: Rechtsschutz für Bagatellsachen. Auch Bagatellangelegenheiten sind nach den Bedingungen der Rechtsschutzversicherer versichert. Hierzu zählen sicherlich alle **Verwarnungsgeldverfahren**, mit Ausnahme derjenigen, denen ein Unfall zugrunde liegt, dessentwegen es zu zivilrechtlichen Auseinandersetzungen gekommen ist. In die Kategorie Bagatellsachen fallen auch **Verstöße im ruhenden Verkehr**, die allerdings bei den meisten Versicherungen aus dem Versicherungsumfang nach den allgemeinen Bedingungen herausgenommen sind (siehe auch § 11 Rn 136). In anderen Verfahren (beispielsweise Geschwindigkeitsüberschreitungen im nichteintragungsfähigen Bereich) könnte der Versicherungsschutz versagt werden, wenn eine Verteidigung auf Kosten der Rechtsschutzversicherung **mutwillig** erscheint. Die Rechtsprechung ist uneinheitlich. Einige Gerichte halten diese Grenze (der Mutwilligkeit) in Bagatellsachen selbst dann für überschritten, wenn die Verteidigung am Ende Erfolg hatte und das Verfahren eingestellt worden ist.[20] Es wird dabei allein oder überwiegend auf die wirtschaftliche Seite abgestellt (Gegenüberstellung von Verfahrensaufwand und angestrebtem Erfolg). Der Ausschlussgrund der Mutwilligkeit kann in Betracht kommen, wenn das Verhalten des Versicherungsnehmers mit dem einer vernünftigen unversicherten Partei, bei der finanzielle Überlegungen ebenfalls keine Rolle spielen, nicht mehr in Einklang zu bringen ist.[21]

87 Welche Konsequenzen ergeben sich daraus für die Beratung des Mandanten? Der Mandant sollte in Angelegenheiten, die nicht zur Eintragung in das Fahreignungsregister führen können, zunächst auf diesen Umstand hingewiesen werden. Die meisten Mandanten sehen danach von ihrem Wunsch, sich gegen den Vorwurf zu wehren, auch angesichts des für sie entstehenden eigenen Aufwands (Teilnahme an der Hauptverhandlung) ab. Wer außerdem erfährt, dass die Rechtsschutzversicherung nicht ausnahmslos eintrittspflichtig sein könnte, wird sich noch eher mit dem Verwarnungsgeld abfinden. Der Mandant sollte auch darauf hingewiesen werden, dass jeder Schadenfall bei seiner Versicherung registriert wird und eine Häufung auch zur Kündigung des Vertrages durch die Versicherung führen kann. Wenn jemand aber gleichwohl das Verfahren fortführen möchte, ist dringend zu empfehlen, in einem sehr frühen Verfahrensstand die Rechtsschutzversicherung zu beteiligen, um nicht viel später, nach vielleicht schon beträchtlichem Arbeitsaufwand, eine Deckungsabsage zu riskieren.

V. Erste Schritte gegenüber der Verwaltungsbehörde oder der Polizei

88 Nach dem ersten Gespräch mit dem Mandanten kann durchaus unklar sein, ob gegen ihn ein Bußgeldverfahren eröffnet ist oder nicht. Einfach ist es dann, wenn der Mandant einen Anhörungsbogen oder einen Bußgeldbescheid vorlegt, aus welchem sich das Verfahren und der Vorwurf ergibt. Hin und wieder fehlen aber solche schriftlichen Unterlagen und der Mandant schildert einen Sachverhalt, aus welchem sich nur die Schlussfolgerung aufdrängt, dass ein Bußgeldverfahren eröffnet ist. Nach Verkehrsunfällen finden Mandanten beispielsweise den Weg in die Kanzlei, bevor sie von der Bußgeldstelle angeschrieben worden sind. Mitunter geht es ihnen dann in erster Linie um eigene Schadensersatzansprüche, wenn beispielsweise die Haftung nicht eindeutig ist. Aus dem Gespräch mit dem Mandanten wird dann klar, dass gegen ihn auch noch ein Bußgeldverfahren folgen kann. Eher selten sind die Fälle, in denen der Mandant bemerkt hat, dass er geblitzt worden ist, und, ohne eine Anhörung abzuwarten, in die Kanzlei kommt. Die nachstehenden Beispiele betreffen den Normalfall, am Ende folgen einige Besonderheiten:

89 ▶ **Muster: Akteneinsichtsgesuch an die Bußgeldstelle nach Erhalt der Anhörung**

An ... [Bußgeldstelle]

Betr.: Ordnungswidrigkeitenverfahren gegen ...

Az ...

Sehr geehrte Damen und Herren,

in vorbezeichneter Sache zeige ich an, dass Herr ... mich mit seiner Verteidigung beauftragt hat. Zum Nachweis überreiche ich eine Vollmacht in Kopie. Bitte überlassen Sie mir die Verfahrensakte

---

20 Nachweise bei *Harbauer*, Rechtsschutzversicherung, vor § 18 ARB 2000 Rn 27.
21 *Bultmann*, in: Münchener Anwaltshandbuch Versicherungsrecht, § 27 (Rechtsschutzversicherung) Rn 366.

zur Einsicht in meiner Kanzlei. Kurzfristige Rücksendung sichere ich zu. Für die Akteneinsicht anfallende Verwaltungsgebühren werde ich überweisen.

Mit freundlichen Grüßen

Rechtsanwalt ◄

1. Akteneinsichtsgesuch an die Bußgeldstelle nach Erhalt der Anhörung und Bitte um Zustellung des Bußgeldbescheids über den Anwalt. Um Fristen zu überwachen, empfiehlt es sich, die Bußgeldstelle darum zu bitten, den Bußgeldbescheid über den Verteidiger zuzustellen. Im Anschreiben an die Bußgeldstelle sollte darauf ausdrücklich hingewiesen werden, damit für den Fall, dass der Bußgeldbescheid versehentlich dem Mandanten zugestellt wird und dieser es versäumt, rechtzeitig den Anwalt zu informieren oder selbst Einspruch einzulegen, ein Wiedereinsetzungsgesuch einfacher zu begründen ist.

▶ **Muster: Akteneinsichtsgesuch**

An ... [Bußgeldstelle]

Betr.: Ordnungswidrigkeitenverfahren gegen ..., Az ...

Sehr geehrte Damen und Herren,

in vorbezeichneter Sache zeige ich an, dass Herr ... mich mit seiner Verteidigung beauftragt hat. Zum Nachweis überreiche ich eine Vollmacht in Kopie. Bitte überlassen Sie mir die Verfahrensakte zur Einsicht in meiner Kanzlei. Kurzfristige Rücksendung sichere ich zu. Für die Akteneinsicht anfallende Verwaltungsgebühren werde ich überweisen.

Falls Sie beabsichtigen, gegen meinen Mandanten einen Bußgeldbescheid zu erlassen, bitte ich, diesen über mich zuzustellen.

Mit freundlichen Grüßen

Rechtsanwalt ◄

2. Einspruch und Akteneinsichtsgesuch nach Erhalt eines Bußgeldbescheids. Liegt dem Verteidiger bereits ein dem Mandanten zugestellter Bußgeldbescheid vor, ist hiergegen natürlich sofort Einspruch einzulegen. Mit dem Einspruchsschreiben lässt sich auch das Akteneinsichtsgesuch verbinden.

▶ **Muster: Einspruchsschreiben und Akteneinsichtsgesuch**

An ... [Bußgeldstelle]

Betr.: Ordnungswidrigkeitenverfahren gegen ..., Az ...

Sehr geehrte Damen und Herren,

in vorbezeichneter Sache zeige ich an, dass Herr ... mich mit seiner Verteidigung beauftragt hat. Zum Nachweis überreiche ich eine Vollmacht in Kopie.

Gegen den Bußgeldbescheid vom ..., zugestellt am ..., lege ich hiermit im Auftrag meines Mandanten fristgemäß

Einspruch

ein. Den Einspruch werde ich nach Erhalt der Verfahrensakte gegebenenfalls gesondert begründen. Bitte überlassen Sie mir hierzu die Verfahrensakte zur Einsicht in meiner Kanzlei. Kurzfristige Rücksendung sichere ich zu. Für die Akteneinsicht anfallende Verwaltungsgebühren werde ich überweisen.

Mit freundlichen Grüßen

Rechtsanwalt ◄

94 3. **Anforderung besonderer Beweismittel, die im Anhörungsbogen oder Bußgeldbescheid genannt werden.** Es gibt einige **Messverfahren,** in denen zum Beweis für die begangene Ordnungswidrigkeit **Videoaufzeichnungen** gefertigt werden. Davon sind einige Systeme aber wegen der im Anschluss an die Entscheidung des Bundesverfassungsgerichts vom 11.8.2009[22] aufgekommenen Diskussionen um verdachtsunabhängig gewonnene Beweismittel auf Fotoaufnahmetechnik umgerüstet worden. In erster Linie handelt es sich jetzt noch um Nachfahrmessungen mit dem System *ProViDa* oder um Abstandsmessungen von Autobahnbrücken (System *Vama* oder *VKS* alte Bauweise). Eine Videoaufzeichnung als Beweismittel wird vereinzelt auch bei Rotlichtüberwachungen angegeben.

95 Der Verteidiger sollte sich aus verschiedenen Gründen die Videoaufzeichnung beschaffen und ansehen. Häufig geht es in diesen Fällen auch um die Frage der Identifizierung. Nur anhand des Originalbandes oder einer sehr guten Kopie lässt sich beurteilen, ob der Fahrer des gemessenen Fahrzeugs überhaupt erkennbar ist. Diese Frage sollte vor Beginn der Hauptverhandlung geklärt sein, damit Überraschungen im Termin vermieden werden. Es kann davon ausgegangen werden, dass die Gerichte mit qualitativ ausreichend guten Videosystemen ausgestattet sind. In der Regel wird jedenfalls der Richter aufgrund der Betrachtung des Videobandes in der Lage sein zu entscheiden, ob es sich bei dem Betroffenen um den Fahrer handelt oder nicht. Eher selten wird für diese Frage ein Sachverständigengutachten in Auftrag gegeben. Aber nicht nur für die Identifizierung, sondern auch für die Überprüfung der Richtigkeit der Messung ist die Einsicht in die Videoaufzeichnung unumgänglich (auch wenn aus der sonstigen Akteneinsicht relativ gute Videoprints vorliegen).

96 Der Verteidiger hat Anspruch auf **Überlassung einer Videokopie,**[23] die er sich aber unter Umständen nicht von der Bußgeldstelle sondern von der jeweiligen Polizeidienststelle beschaffen muss, die das Videoband aufbewahrt[24] Meist wird das Video auf CD oder DVD überspielt. Wenn man nicht weiß, welches Verfahren bei der betreffenden Bußgeldstelle üblich ist, sollte man zunächst fragen, welcher Datenträger für die Anfertigung der Kopie zur Verfügung gestellt und wohin er geschickt werden muss. Vom Anwalt zu verlangen, einen solchen Datenträger für die Kopie zu überlassen, ist zumutbar.[25]

97 ▶ **Muster: Akteneinsichtsgesuch bei Vorhandensein besonderer Beweismittel**

An ... [Bußgeldstelle]

Betr.: Ordnungswidrigkeitenverfahren gegen ..., Az ...

Sehr geehrte Damen und Herren,

In vorbezeichneter Sache zeige ich an, dass Herr ... mich mit seiner Verteidigung beauftragt hat. Zum Nachweis überreiche ich eine Vollmacht in Kopie. Bitte überlassen Sie mir die Verfahrensakte

---

22 DAR 2009, 577.
23 AG Ludwigslust DAR 2004, 44; AG Straubing DAR 2004, 604.
24 AG Straubing, Beschl. v. 10.1.2006 – 2.1 AR 01/06, juris.
25 AG Straubing, Beschl. v. 10.1.2006 – 2.1 AR 01/06, juris.

zur Einsicht in meiner Kanzlei. Kurzfristige Rücksendung sichere ich zu. Für die Akteneinsicht anfallende Verwaltungsgebühren werde ich überweisen.

Im Anhörungsbogen vom ... wird als Beweismittel eine Videoaufzeichnung angegeben. Bitte teilen Sie mir mit, welchen Datenträger ich Ihnen zur Verfügung stellen muss, damit ich von Ihnen eine Videokopie erhalten kann. Falls das Überspielen in Ihrer Behörde nicht durchgeführt werden kann, bitte ich auch um Mitteilung, welche andere Behörde ich darum ersuchen kann.

Mit freundlichen Grüßen

Rechtsanwalt ◄

Wenn bereits ein Bußgeldbescheid vorgelegen hat, sieht das Schreiben an die Behörde folgendermaßen aus:

▶ **Muster: Einspruchsschreiben kombiniert mit Akteneinsichtsgesuch und Bitte um Überlassung besonderer Beweismittel**

An ... [Bußgeldstelle]

Betr.: Ordnungswidrigkeitverfahren gegen ..., Az ...

Sehr geehrte Damen und Herren,

in vorbezeichneter Sache zeige ich an, dass Herr ... mich mit seiner Verteidigung beauftragt hat. Zum Nachweis überreiche ich eine Vollmacht in Kopie.

Gegen den Bußgeldbescheid vom ..., zugestellt am ..., lege ich hiermit im Auftrag meines Mandanten fristgemäß

Einspruch

ein. Den Einspruch werde ich nach Erhalt der Verfahrensakte gegebenenfalls gesondert begründen. Bitte überlassen Sie mir hierzu die Verfahrensakte zur Einsicht in meiner Kanzlei. Kurzfristige Rücksendung sichere ich zu. Für die Akteneinsicht anfallende Verwaltungsgebühren werde ich überweisen.

Im Bußgeldbescheid vom ... wird als Beweismittel eine Videoaufzeichnung angegeben. Bitte teilen Sie mir mit, welchen Datenträger ich Ihnen zur Verfügung stellen muss, damit ich von Ihnen eine Videokopie erhalten kann. Falls das Überspielen in Ihrer Behörde nicht durchgeführt werden kann, bitte ich auch um Mitteilung, welche andere Behörde ich darum ersuchen kann.

Mit freundlichen Grüßen

Rechtsanwalt ◄

4. Anhörungsbogen oder Bußgeldbescheid liegt noch nicht vor. Dieser Fall ist oben (Rn 88) bereits angesprochen worden. An sich ist es nur nach einem Verkehrsunfall zu empfehlen, bereits jetzt Akteneinsicht zu beantragen. Wenn ein Unfall stattgefunden hat, hat der Mandant meist auch eine **Tagebuchnummer der Polizei** erhalten. Mit diesem Aktenzeichen könnte man Akteneinsicht bei der ausstellenden Dienststelle beantragen. Üblicherweise erfolgt die Überlassung der Verfahrensakte dann aber nicht durch die Polizei, sondern durch die Staatsanwaltschaft oder die Bußgeldstelle und auch erst dann, wenn die Ermittlungen der Polizei abgeschlossen sind. Man muss in diesen Fällen auch damit rechnen, dass die zuständige Behörde nach Erhalt der Akte von der Polizei erste Maßnahmen gegen den Beschuldigten oder Betroffenen durchführt, bevor die Akte an den Verteidiger herausgegeben wird. Das Akteneinsicht

101 ▶ **Muster: Akteneinsichtsgesuch an die Polizei nach Verkehrsunfällen**

An ... [Polizeidienststelle]

Betr.: Verkehrsunfall vom ..., ... Uhr, ...straße/Ecke ...straße

beteiligt: Herr ..., mit Pkw Marke ..., amtliches Kennzeichen ...

Sehr geehrte Damen und Herren,

in vorbezeichneter Sache zeige ich an, dass Herr ... mich mit seiner Verteidigung beauftragt hat. Zum Nachweis überreiche ich eine Vollmacht in Kopie. Auch wenn ich keine Tagebuchnummer nennen kann, gehe ich davon aus, dass der Vorgang aufgrund meiner Angaben zuzuordnen ist. Meinem Mandanten hat man an der Unfallstelle den Vorwurf unterbreitet, eine Ordnungswidrigkeit begangen zu haben. Ich bitte daher nach Abschluss der Ermittlungen die Bußgeldstelle um Akteneinsicht. Entscheidungen gegen meinen Mandanten bitte ich bis zur Akteneinsicht zuzüglich einer Stellungnahmefrist von zwei Wochen zurückzustellen.

Bitte bestätigen Sie mir den Erhalt dieses Schreibens unter Angabe Ihrer Tagebuchnummer.

Mit freundlichen Grüßen

Rechtsanwalt ◀

102 5. **Rücksendung der Akte an die Bußgeldstelle.** Akteneinsicht wird üblicherweise für drei Tage gewährt. Hin und wieder ist man großzügiger und erhält eine Frist von einer Woche. Die Kanzleiorganisation dürfte mit der Aktenbehandlung binnen weniger Tage nicht überfordert sein. Die Originalakte kann danach an die Bußgeldstelle zurückgeschickt werden. Folgender Text empfiehlt sich:

103 ▶ **Muster: Rücksendungsschreiben**

An ... [Bußgeldstelle]

Betr.: Ordnungswidrigkeitenverfahren gegen ..., Az ...

Sehr geehrte Damen und Herren,

haben Sie vielen Dank für die Überlassung der Akte. Ich füge sie im Original wieder bei. Die Überweisung der angeforderten Verwaltungsgebühren in Höhe von ... EUR habe ich heute in Auftrag gegeben.

Eine Stellungnahme geht Ihnen nach Rücksprache mit meinem Mandanten gegebenenfalls gesondert zu.

Mit freundlichen Grüßen

Rechtsanwalt ◀

104 6. **Erweiterte nochmalige Akteneinsicht.** Nach Durchsicht der Ermittlungsakte stellt man hin und wieder fest, dass diese nicht vollständig vorliegt.[26] Es kann sein, dass **Wartungspläne oder Eichscheine fehlen**; soll ein unabhängiger Sachverständiger beauftragt werden, wird eventuell der gesamte Messfilm benötigt. Hierzu zwei Varianten:

---

26 Vgl zur Aktenergänzung *Meyer*, Aktenergänzungsanspruch im gerichtlichen Bußgeldverfahren, DAR 2010, 109.

C. Mandatsannahme 10

▶ **Muster: Nochmaliges Akteneinsichtsgesuch bezogen auf einzelne Aktenbestandteile** 105

An ... [Bußgeldstelle]

Betr.: Ordnungswidrigkeitenverfahren gegen ..., Az ...

Sehr geehrte Damen und Herren,

bei Durchsicht der mir überlassenen Verfahrensakte ist mir aufgefallen, dass zum verwendeten Messsystem (siehe Messprotokoll Bl. ... der Akte) ein aktueller Eichschein nicht beilag. Der enthaltene Eichschein war überholt und entstammt der vorangegangenen Eichperiode. Bitte überlassen Sie mir eine Kopie des maßgeblichen Dokuments.

Mit freundlichen Grüßen

Rechtsanwalt ◀

Wenn **Zweifel an der Richtigkeit der Messung** bestehen und sich ein Sachverständiger mit der Angelegenheit beschäftigen soll, kann das Anschreiben folgenden Inhalt aufweisen: 106

▶ **Muster: Erweiterte Akteneinsicht und Sachverständigeneinbeziehung** 107

An ... [Bußgeldstelle]

Betr.: Ordnungswidrigkeitenverfahren gegen ..., Az ...

Sehr geehrte Damen und Herren,

für die Überlassung der Verfahrensakte danke ich nochmals. Aufgrund der darin enthaltenen Angaben sind Zweifel aufgekommen, ob das Messsystem ordnungsgemäß verwendet worden ist und ob deshalb die Messung verwertbar ist. Bitte stellen Sie mir den vollständigen Film im Original zur Verfügung. Ich möchte damit einen Sachverständigen beauftragen, die Richtigkeit der Messung zu überprüfen. Falls Sie den Film dem Sachverständigen direkt aushändigen möchten, bitte ich Sie um eine entsprechende Mitteilung, damit ich Ihnen die Bevollmächtigung des Sachverständigen zusenden kann.

Mit freundlichen Grüßen

Rechtsanwalt ◀

Noch ein Beispiel für eine Bitte (einen Antrag) um Übersendung weiterer Unterlagen, die in der Ermittlungsakte gefehlt haben (Nachweis der halbjährlichen Wartung bei stationären Geschwindigkeitsmessanlagen): 108

▶ **Muster: Erweiterte Akteneinsicht wegen Fehlens besonderer Unterlagen in der Ermittlungsakte** 109

An die

An ... [Bußgeldstelle]

Betr.: Ordnungswidrigkeitenverfahren gegen ..., Az ...

Sehr geehrte Damen und Herren,

bei Durchsicht der mir überlassenen Verfahrensakte ist mir aufgefallen, dass zum verwendeten Messsystem (siehe Messprotokoll Bl. ... der Akte) zwar ein aktueller Eichschein beilag, nicht aber ein Nachweis über die vorgeschriebene halbjährliche Wartung des Sensorbereichs in der Fahrbahn. Die letzte Inspektion vor der fraglichen Geschwindigkeitsmessung liegt länger als sechs Monate zurück. Vor dem Einsatz der Anlage am ... hätte daher einer Wartung durchgeführt werden müssen. Bitte stellen Sie mir eine Kopie des entsprechenden Wartungsdokuments zur Verfügung.

Mit freundlichen Grüßen

Rechtsanwalt ◄

110 **7. Sonderfall: Verkehrsunfall.** Erfahrungsgemäß sind Bußgeldstellen selten bereit, vom Bußgeldkatalog abzuweichen. Eher wird man im Hauptverfahren den Bußgeldrichter hiervon überzeugen können. Bei zwei Fallgruppen kann man aber einen Versuch unternehmen. Hierzu zählen zum einen Verkehrsunfälle, insbesondere diejenigen, die unter Nr. 32 ff Bußgeldkatalog fallen, und zum anderen die Fahrverbote (Rn 114).

111 **Beispiel:**
M. kommt in die Kanzlei und schildert einen Verkehrsunfall im Stadtgebiet. Er sei auf der Hauptstraße gefahren und habe an der großzügig ausgebauten Kreuzung Bahnhofstraße nach links in diese abbiegen wollen. Hierzu habe er sich in die Linksabbiegerspur einordnen müssen und sei abgebogen, als die Ampeln für den Geradeaus- und Linksabbiegerverkehr auf Grün umschalteten. Die Bahnhofstraße ist in der Mitte zur Trennung der beiden Fahrtrichtungen mit einem Grünstreifen versehen. Zum Linksabbiegen habe er deshalb einen recht weiten Weg in der Kreuzung zurücklegen müssen. Weil keine Fahrzeuge entgegengekommen seien, habe er in einem Zug nach links abbiegen können. Dabei sei es zum Unfall mit einem Radfahrer gekommen, der links von ihm auf dem Radweg der Hauptstraße die Bahnhofstraße überquert habe. M. legt einen Bußgeldbescheid vor, der folgenden Vorwurf beinhaltet:
„Ihnen wird vorgeworfen, am 1.4.2011 um 12:00 Uhr, Hauptstraße/Bahnhofstraße als Führer des Pkws [...] folgende Ordnungswidrigkeit begangen zu haben: Sie bogen ab, ohne einen in gleicher Richtung geradeaus weiterfahrenden Radfahrer durchfahren zu lassen. Es kam zum Unfall. § 9 Abs. 3, § 1 Abs. 2, § 49 StVO; § 24 StVG; Nr. 39.1 Bußgeldkatalog; § 3 Abs. 3 Bußgeldkatalogverordnung; § 19 OWiG. Wegen dieser Ordnungswidrigkeit wird gegen sie eine Geldbuße festgesetzt in Höhe von 85 EUR. Punkte nach Rechtskraft einer."
M. meint, dass auch der Radfahrer schuld am Unfall sei, weil er den Radweg in falscher Richtung befahren habe.
Die Überlegung des Mandanten liegt nicht neben der Sache. Sind Radwege vorhanden und als solche durch Zeichen Nr. 237, 240 oder 241 (§ 41 StVO) gekennzeichnet, müssen sie benutzt werden. Die linken Radwege dürfen nur befahren werden, wenn sie ausdrücklich für die Gegenrichtung freigegeben sind.[27] Die Einsicht in die Ermittlungsakte ergibt, dass der vom Radfahrer benutzte Überweg nur in eine, nämlich die andere Richtung freigegeben war. Zivilrechtlich führt dieser Umstand hinsichtlich der Schadensersatzansprüche zu einer Haftungsteilung. Im Ordnungswidrigkeitenrecht ist von einem **Mitverschulden** des Radfahrers auszugehen. Damit lässt sich auch gegenüber der Bußgeldstelle argumentieren. Für den Ausgangsfall empfiehlt sich folgendes Schreiben an die Ordnungsbehörde:

---

27 *König* in: Hentschel/König/Dauer, Straßenverkehrsrecht, § 2 StVO Rn 67 b.

C. Mandatsannahme

▶ **Muster: Gesuch an Bußgeldstelle mit dem Ziel einer Herabsetzung der Geldbuße bei einer Ordnungswidrigkeit in Zusammenhang mit einem Verkehrsunfall**

An ... [Bußgeldstelle]

Betr.: Bußgeldverfahren gegen ..., Az ...

Sehr geehrte Damen und Herren,

in vorbezeichneter Sache zeige ich an, dass mich Herr ... mit seiner Verteidigung beauftragt hat. Hierzu überreiche ich Ihnen eine von meinem Mandanten unterzeichnete Vollmacht in Kopie.

Gegen den Bußgeldbescheid vom ... lege ich hiermit namens und in Vollmacht meines Mandanten

Einspruch

ein. Diesen kann ich folgendermaßen begründen:

Der Bußgeldbescheid berücksichtigt das erhebliche Mitverschulden des am Unfall beteiligten Radfahrers nicht. Dieser hatte den Radweg in für ihn gesperrter Richtung befahren. Grundsätzlich gilt nämlich, dass Radfahrer rechts verlaufende Radwege benutzen müssen. Links, also in die Gegenrichtung, dürfen sie nur dann fahren, wenn der Radweg hierfür mit Zeichen 237 ausdrücklich zugelassen ist. Ansonsten sind links verlaufende Radwege gesperrt (*König* in: Hentschel/König/Dauer, Straßenverkehrsrecht, 43. Auflage, § 2 StVO Rn 67 b f). In zivilrechtlicher Hinsicht begründet das ordnungswidrige Verhalten des am Unfall beteiligten Radfahrers eine überwiegende Haftung. Im Ordnungswidrigkeitenverfahren gegen meinen Mandanten muss das Mitverschulden des Radfahrers bei der Bemessung der Geldbuße ebenfalls berücksichtigt werden. Ich rege daher an, die Geldbuße auf einen Betrag unter 60 EUR herabzusetzen. Damit wäre der beiderseitige Verursachungsanteil am Zustandekommen des Unfalls angemessenen bewertet.

Mit freundlichen Grüßen

Rechtsanwalt ◀

Erfahrungsgemäß wird sich der Sachbearbeiter der Bußgeldstelle diesen Argumenten nicht verschließen, den ursprünglichen Bußgeldbescheid aufheben und einen neuen Bescheid mit einer Geldbuße von voraussichtlich 55 EUR erlassen. Damit dürfte das Ziel im Bußgeldverfahren erreicht sein. Es wird nicht zu einer Eintragung im Fahreignungsregister kommen.

Die andere Fallgruppe, in der man auch einen Versuch der Bußgeldbescheidsverbesserung bei der Verwaltungsbehörde unternehmen kann, sind **Fahrverbote**. Voraussetzung ist aber, dass man nur noch über den Weg der Darstellung, dass das Fahrverbot für den Mandanten eine unzumutbare Härte bedeutet, Erfolgschancen sieht (siehe auch § 1 Rn 65). Steht beispielsweise auch noch die Frage der Identifizierung im Raum, muss man abwägen, ob man auf diese Verteidigungsstrategie verzichten will. Ohne Einräumung der Fahrereigenschaft wird man bei der Bußgeldstelle nichts erreichen können.

§ 11 Ordnungswidrigkeiten im gerichtlichen Verfahren

Literatur: *Beck/Löhle/Kärger*, Fehlerquellen bei polizeilichen Messverfahren, 10. Auflage 2013; *Gieg/ Olbermann*, Die anwaltliche Rechtsbeschwerde in Straßenverkehrssachen, DAR 2009, 617: *Göhler*, Gesetz über Ordnungswidrigkeiten, 16. Auflage 2012; *Gübner*, Die Änderung des Straßenverkehrsgesetzes durch das Justizmodernisierungsgesetz, NZV 2005, 57; *Knussmann*, Zur Wahrscheinlichkeitsaussage im morphologischen Identitätsgutachten, NStZ 1991, 175; *Niemitz*, Zur Methodik der anthropologisch-biometrischen Begutachtung einzelner Tatfotos und Videoaufzeichnungen, NZV 2006, 130; *Pinkerneil*, Die neue Tilgungshemmung nach § 29 Abs. 6 S. 2 StVG – eine für den Tatrichter unanwendbare Vorschrift, DAR 2005, 57; *Senge*, Karlsruher Kommentar zum Gesetz über Ordnungswidrigkeiten, 4. Auflage 2014.

A. Gerichtliches Verfahren der I. Instanz	1
I. Allgemeines	1
1. Information des Mandanten	2
2. Hinweise an den Mandanten über den Ablauf des Verfahrens in Bußgeldsachen beim Amtsgericht und über Rechtsmittel	5
II. Anträge vor der Hauptverhandlung	8
1. Allgemeines	8
a) Beschlussverfahren gem. § 72 Abs. 1 OWiG	9
b) Anhörung des Betroffenen gem. § 71 Abs. 2 S. 2 OWiG	12
c) Terminladung	14
2. Terminverlegungsanträge	15
a) Terminverlegungsanträge wegen Verhinderung des Verteidigers	16
b) Terminverlegungsanträge wegen Verhinderung des Betroffenen	27
c) Rechtsmittel gegen die Ablehnung von Terminverlegungsanträgen	34
3. Anträge auf Entbindung des Betroffenen von der Pflicht zum persönlichen Erscheinen in der Hauptverhandlung	37
a) Allgemeines	37
b) Antrag auf Entbindung von der Pflicht zum persönlichen Erscheinen mit Ankündigung der Aussageverweigerung	39
c) Entbindungsantrag gekoppelt mit ausführlicher Einlassung zur Sache	44
4. Einzelne Sachanträge	49
a) Allgemeines	49
b) Verjährung	50
5. Antrag auf Verbindung mehrerer Verfahren	62
III. Anträge in der Hauptverhandlung	68
1. Konflikt oder Harmonie im Gerichtssaal?	68
2. Beweisanträge zur Identifizierung des Betroffenen	74
a) Beweisantrag zur Tatsache, dass ein Dritter der Fahrer war	77
b) Beweisantrag zur Qualität des Messfotos	81
3. Technische Beweisanträge	88
a) Allgemeines	88
b) Radarmessung – Schrägfahrt	94
c) Lichtschranke, insbesondere Einseitensensor ES 1.0 und 3.0 – Fehlzuordnungen	97
d) Geschwindigkeitsmessungen durch Nachfahren mit geeichtem System (ProViDa)	105
e) Sonderproblem nicht ordnungsgemäß geeichter Messfahrzeuge trotz Vorliegens einer Eichurkunde	110
f) Geschwindigkeits- und Abstandsmessungen mit ViDistA	113
g) Lasermessung mit LTI 20.20	118
aa) Anhalteweg widerspricht gemessener Geschwindigkeit	119
bb) Visiertest	121
cc) Exkurs: Fehler bei der Datenübertragung	123
h) Rotlichtverstöße	125
B. Rechtsbehelfe	130
I. Antrag auf gerichtliche Entscheidung	130
1. Antrag auf gerichtliche Entscheidung gegen die Verwerfung des Wiedereinsetzungsantrags nach § 52 Abs. 2 S. 3 OWiG	133
2. Antrag auf gerichtliche Entscheidung gegen Kostenbescheid gem. § 25 a Abs. 3 StVG	136
3. Antrag auf gerichtliche Entscheidung bei Einspruchsverwerfung durch die Verwaltungsbehörde gem. § 69 Abs. 1 OWiG	141
II. Beschwerde	144
1. Beschwerden im Wiedereinsetzungsverfahren	145
2. Beschwerden nach Ablehnung eines Terminverlegungsantrags	151
III. Rechtsbeschwerde	156
1. Rechtsbeschwerden ohne Zulassungserfordernis gem. § 79 OWiG	156
a) Einlegung der Rechtsbeschwerde	159
aa) Einlegung der Rechtsbeschwerde nach Urteilsverkündung in Anwesenheit des Betroffenen oder seines mit Vertretungsvollmacht ausgestatteten Verteidigers	161

	bb)	Einlegung der Rechtsbeschwerde nach Urteilsverkündung in Abwesenheit des Betroffenen und seines Verteidigers................	165	b)	Begründung des Zulassungsantrags................................ 197
	b)	Begründung der Rechtsbeschwerde ohne Zulassungserfordernis............................	169	aa)	Zulassungsantrag aus Gründen der Fortbildung des Rechts, § 80 Abs. 1 Nr. 1. Alt. 1 OWiG iVm § 80 Abs. 2 Nr. 1 OWiG................. 197
		aa) Sachrüge...................	171	bb)	Zulassungsantrag gem. § 80 Abs. 1 Nr. 2 OWiG (Gehörsrüge)................ 201
		bb) Verfahrensrüge..............	181		
2.		Anträge auf Zulassung der Rechtsbeschwerde gem. § 80 OWiG...........	190	3.	Antrag auf Entscheidung des Rechtsbeschwerdegerichts gem. § 346 Abs. 2 StPO iVm § 79 Abs. 3 OWiG oder § 80 Abs. 4 S. 2 OWiG.. 205
	a)	Einlegung des Zulassungsantrags	194		
		aa) Urteil in Anwesenheit des Betroffenen oder seines vertretungsberechtigten Verteidigers......................	194	C.	Gegenvorstellung und Vollstreckung......... 207
				I.	Gegenvorstellung.......................... 207
		bb) Urteil in Abwesenheit des Betroffenen und eines Verteidigers mit Vertretungsvollmacht..................	195	II.	Vollstreckungsfragen..................... 210

A. Gerichtliches Verfahren der I. Instanz

I. Allgemeines

Das Hauptverfahren beginnt im Bußgeldverfahren mit Eingang der Akte beim zuständigen Amtsgericht. Gleichzeitig tritt damit eine Unterbrechung der Verjährungsfrist ein (§ 33 Abs. 1 Nr. 10 OWiG). Ob man sich noch im Vorverfahren befindet oder bereits im Hauptverfahren, kann durchaus unklar sein. Nicht alle Bußgeldstellen informieren darüber, dass sie die Akte aus ihrem Zuständigkeitsbereich abgegeben haben. Selbst dann, wenn man die Information erhält, dass die Akte an die Staatsanwaltschaft gegangen sei, lässt sich daraus der Beginn des Hauptverfahrens noch nicht sicher ableiten. Schließlich kann auch die Staatsanwaltschaft aufgrund eigener Entscheidungen noch einige Zeit mit der Akte oder Ermittlungen verbringen. Üblicherweise wird man daher erst mit dem Eingang einer Terminladung über das dann bereits begonnene Hauptverfahren informiert. Wer im Zweifel ist, ob zu diesem Zeitpunkt bereits Verfolgungsverjährung eingetreten war, müsste, um Klarheit zu gewinnen, erneut Akteneinsicht beantragen. 1

1. Information des Mandanten. Wenn man schon im Verlauf des Vorverfahrens zu dem Ergebnis gekommen ist, dass das Hauptverfahren, also die Hauptverhandlung abzuwarten ist, sollte der Mandant darüber informiert und auf das Eintreffen der Terminladung vorbereitet werden. Andernfalls muss man sich auf Fragen einstellen, deren Beantwortung unnötige Zeit kostet. Diese Situation wiederholt sich in nahezu jedem Bußgeldverfahren. Eine allgemein gehaltene **Mandanteninformation**, die man standardisiert zur richtigen Zeit versenden kann, erleichtert die Arbeit ungemein. Solch ein Text kann folgenden Inhalt haben: 2

▶ **Muster: Mandanteninformationen für die bevorstehende Hauptverhandlung** 3

Sehr geehrter Mandant,

es ist damit zu rechnen, dass in Kürze das zuständige Amtsgericht einen Termin für eine Hauptverhandlung bestimmt und Ihnen eine Terminladung zustellt. Der Gesetzgeber hat in § 73 Ordnungswidrigkeitengesetz geregelt, dass der Betroffene – so nennt man den Täter einer Ordnungswidrigkeit – verpflichtet ist, in der Hauptverhandlung zu erscheinen. Er kann auf Antrag von dieser Verpflichtung entbunden werden, wenn er sich zur Sache geäußert oder erklärt hat, dass er sich in der Hauptverhandlung nicht zur Sache äußern werde, und seine Anwesenheit zur Aufklärung wesentlicher Gesichtspunkte des Sachverhalts nicht erforderlich ist. Die Beauftragung eines Verteidigers bedeutet also nicht, dass es einem selbst freigestellt ist, am Gerichtstermin teilzunehmen oder fernzubleiben.

Wenn es, wie in vielen Bußgeldverfahren, darauf ankommt, ob man als Fahrer vom Richter identifiziert werden kann, wird man immer zur Hauptverhandlung anreisen müssen. Dann ist nämlich die Anwesenheit des Betroffenen zur Aufklärung wesentlicher Gesichtspunkte des Sachverhalts erforderlich. Für eine Identifizierung muss sich der Richter immer vom Betroffenen einen persönlichen Eindruck verschaffen.

Was ist aber im Falle einer Verhinderung zu tun? Im Regelfall gehen die Terminladungen zu einer Hauptverhandlung nur wenige Wochen vorher ein. Im Extremfall kann die Ladungsfrist nur eine Woche betragen.

Gerichtstermine können verlegt werden. Dies kommt aber grundsätzlich nur dann in Betracht, wenn hierfür ein wichtiger Grund vorliegt. Zunächst einmal gilt, dass der Betroffene seine persönlichen Angelegenheiten dem gerichtlichen Zeitplan unterzuordnen hat. Wenn dies nicht gelingt oder unverhältnismäßig erscheint, muss ein Terminverlegungsantrag beim Amtsgericht gestellt werden. Hierfür ist der Verhinderungsgrund möglichst genau anzugeben. Nur wenn es schnell gehen muss und die Zeit knapp ist, sollte die Verhinderung dem Gericht direkt mitgeteilt werden (Vorsicht bei dem Gespräch mit dem Richter: keine Angaben zur Sache!). In jedem Fall besser ist es, den Verlegungsantrag über den Verteidiger stellen zu lassen. Hier nun einige Hinweise zu üblichen Verhinderungsgründen:

Urlaub ist nur dann ein Hinderungsgrund, wenn man sich im Urlaub nicht zu Hause aufhält. Das Gericht unterstellt nicht von vornherein, dass jemand im Urlaub eine Fernreise unternimmt. Wer also wegen Urlaubs ortsabwesend ist, sollte dies konkret mitteilen, also den Urlaubsort nennen und möglichst die Reise auch glaubhaft belegen, beispielsweise durch Überlassung einer Kopie der Buchungsbestätigung. Probleme werden entstehen, wenn man in Kenntnis des Gerichtstermins die Buchung erst danach vorgenommen hat.

Krankheit ist nur dann ein Hinderungsgrund, wenn damit Reise- und/oder Verhandlungsunfähigkeit einhergeht. Beispielsweise behindert ein eingegipstes Bein nicht die Teilnahme an einer Hauptverhandlung. Bei einer Erkrankung muss daher dem Gericht das Vorhandensein von Reise- und/oder Verhandlungsunfähigkeit glaubhaft gemacht werden. Regelmäßig benötigt man hierfür ein Arzttattest. Eine übliche Arbeitsunfähigkeitsbescheinigung genügt nicht, weil sich aus ihr nicht die Diagnose ergibt. Die Krankheit muss konkret genug bezeichnet werden, damit für den Richter Rückschlüsse darauf möglich sind, ob tatsächlich Verhandlungsunfähigkeit vorliegt.

Wichtige **Geschäftstermine** können einen Hinderungsgrund darstellen. Auch insoweit gilt, dass sie dem Gericht im Detail darzulegen sind. Es genügt also nicht, nur anzugeben, einen anderen Termin zu haben. Das Gericht muss in die Lage versetzt werden abzuwägen, welche Bedeutung dieser Termin für den Betroffenen haben kann und ob er vielleicht zu verlegen ist. Wenn hiervon wichtige geschäftliche Erfolge abhängen, kann – allerdings nur in absoluten Ausnahmefällen – eine Terminverlegung in Betracht kommen. Es gilt immer der Grundsatz, dass der Betroffene seine geschäftlichen Dispositionen nach der Terminplanung des Gerichts auszurichten hat und nicht umgekehrt.

Abschließend bitte ich Sie, mich über mein Sekretariat nach Erhalt einer Terminladung umgehend zu informieren. Beim Vorliegen von Hinderungsgründen sollten Sie diese unter Berücksichtigung der obigen Ausführungen möglichst genau schildern und mitteilen, ob es Unterlagen gibt, die ihre Verhinderung glaubhaft machen. Solche Papiere sollten Sie dann auch möglichst schnell zur Verfügung stellen.

Ich hoffe, mit diesen Tipps einige immer wieder auftretende Fragen beantwortet zu haben, und wünsche Ihnen und mir eine erfolgreiche Verteidigung und einen akzeptablen Ausgang des Verfahrens.

Mit freundlichen Grüßen

Rechtsanwalt ◄

Wer mit solchen Schreiben arbeitet, wird feststellen, dass bearbeitungsintensive Nachfragen von Mandanten weitgehend unterbleiben.

2. Hinweise an den Mandanten über den Ablauf des Verfahrens in Bußgeldsachen beim Amtsgericht und über Rechtsmittel. Weil Anwälte gewöhnlich über wenig prophetische Gaben verfügen, fällt es schwer, den Verfahrensausgang vorherzusagen oder gar ein positives Ergebnis in Aussicht zu stellen. Häufig wird es sogar so sein, dass man auf Wunsch des Mandanten eine Verbesserung der Bußgeldentscheidung versucht, obwohl von vornherein die Erfolgsaussichten im speziellen Bußgeldverfahren gering sind. In diesen Fällen ist deshalb eher ein negatives Ergebnis programmiert.

Die meisten Mandanten wissen nicht, wie ein Bußgeldverfahren abläuft und dass sich in aller Regel nur ein Richter mit ihrem Fall beschäftigen wird. Sie haben vielleicht sogar die Vorstellung, dass es auch noch eine Art Berufung gibt, wenn man mit der Behandlung durch diesen einen Richter unzufrieden ist. Auch insoweit kann es im Umgang mit dem Mandanten hilfreich sein, schon vorher über mögliche Beendigungen des Verfahrens oder Rechtsmittel zu informieren (vgl auch § 1 Rn 64). Solche Hinweise können folgenden Inhalt haben:

▶ **Muster: Mandanteninformationen zum möglichen Verfahrensablauf**

Sehr geehrter Mandant,

die bevorstehende Hauptverhandlung am Amtsgericht veranlasst mich, einige allgemeine Anmerkungen zum Gang des weiteren Gerichtsverfahrens zu machen.

Das Verfahren ist beim Amtsgericht dem Bußgeldrichter zugewiesen. Dieser Richter ist allein für die Entscheidung in Ihrem Fall zuständig. Es gibt also keine Beisitzer. Er kennt den Fall aus seiner Akte, muss aber, um Zeugenaussagen verwerten zu können, diese Zeugen persönlich anhören. Wenn es um einen Verkehrsunfall geht, ist beispielsweise auch der Unfallgegner Zeuge im Bußgeldverfahren. Bei Geschwindigkeitsmessungen sind die Polizisten oder die Mitarbeiter von Bußgeldstellen nicht nur die Anzeigeerstatter, sondern auch Zeugen im gerichtlichen Verfahren. Theoretisch kann der Bußgeldrichter auch Nachermittlungen über die Bußgeldstelle in Auftrag geben.

Natürlich kann als Ergebnis der Hauptverhandlung auch ein Freispruch herauskommen, insbesondere dann, wenn sich in der Beweisaufnahme die Vorwürfe als völlig haltlos herausgestellt haben. Mitunter hat man aber nach einer durchgeführten Beweisaufnahme nur ein vorläufiges Ergebnis mit einer weiterhin unklaren Sachlage, deren genaue Aufklärung mit Schwierigkeiten und größerem Zeitaufwand verbunden ist. Im Bußgeldverfahren kann ein Gericht schon aus solchen Gründen, also aufgrund einer Abwägung des weiteren Aufwands mit dem erstrebten Ziel das Verfahren einstellen. Das Ordnungswidrigkeitsgesetz bietet mit § 47 eine solche Möglichkeit. Wenn es zu einer Einstellung kommt, werden die Kosten des Verfahrens der Staatskasse auferlegt, gewöhnlich aber nicht die notwendigen Auslagen des Betroffenen. Darunter sind die Kosten für den Verteidiger zu verstehen oder auch die Reisekosten des Betroffenen zum Amtsgericht. Ohne Rechtsschutzversicherung kann also auch eine Einstellung des Verfahrens für den Betroffenen eine teure Angelegenheit sein. Entschließt sich das Gericht zur Einstellung, muss es diese von der Zustimmung des Betroffenen nicht abhängig machen. Man hat also in diesem Fall nicht einmal Einfluss auf die Kostenentscheidung. Beides, also Einstellungsbeschluss und Kostenentscheidung, ist nicht anfechtbar. Für den Einstellungsbeschluss ergibt sich dies aus § 47 Abs. 2 S. 3 OWiG, für die Kostenentscheidung aus § 464 Abs. 3 S. 1 zweiter Hs StPO in Verbindung mit § 46 Abs. 1 OWiG.

Ist ein Freispruch oder eine Einstellung nicht zu erreichen und wird der Einspruch gegen den Bußgeldbescheid nicht zurückgenommen (diese Möglichkeit besteht auch noch in der Hauptverhandlung), endet das Verfahren in erster Instanz mit einem Urteil. Häufig wird damit der Bußgeldbescheid bestätigt. Das Gericht kann aber auch nach oben oder unten abweichen. Relativ oft kommt es vor, dass man selbst eine solche Abweichung nach unten gerade anstrebt. Ziel kann etwa sein, eine Verurteilung zu einer Geldbuße unter 60 EUR zu erreichen (das hätte zur Folge, dass keine Punkte im Fahreignungsregister eingetragen werden) oder eine Verurteilung ohne Festsetzung eines Fahrverbots.

Entspricht das Urteil nicht dem angestrebten Ergebnis, stellt sich die Frage, auf welchem Wege es noch zu korrigieren ist. Das Ordnungswidrigkeitengesetz stellt als Rechtsmittel hierfür die Rechtsbeschwerde zur Verfügung. Darüber entscheidet das Oberlandesgericht, es prüft aber nur noch, ob es zu Fehlern in der Rechtsanwendung durch das Amtsgericht gekommen ist. Die Beweiswürdigung des Amtsgerichts („Kann dem Polizisten der geschilderte korrekte Umgang mit dem Messgerät geglaubt werden?") wird nicht in Frage gestellt. Ein Berufungsverfahren, in welchem alle Tatsachen noch einmal vollständig neu beleuchtet werden, gibt es nicht. Selbst die Rechtsbeschwerde ist nicht für jeden Fall zulässig. Für sie ist Voraussetzung, dass die Geldbuße mehr als 250 EUR beträgt oder dass ein Fahrverbot angeordnet ist. Trifft weder das eine noch das andere zu, muss die Zulassung der Rechtsbeschwerde gesondert beantragt werden. Hierfür gelten wieder besondere Voraussetzungen, die in § 80 Ordnungswidrigkeitengesetz geregelt sind. Grundsätzlich sollte man davon ausgehen, dass bei einer Geldbuße bis zu 100 EUR das Oberlandesgericht die Rechtsbeschwerde nicht zulassen wird, es sei denn, das Urteil wäre wegen Versagung des rechtlichen Gehörs aufzuheben. Auch dieser Ausnahmefall dürfte aber nur in sehr seltenen Fällen vorliegen.

Das Gericht kann es sich mit dem Urteil einfach machen, wenn eine Rechtsbeschwerde nicht eingelegt wird oder ein Antrag auf Zulassung der Rechtsbeschwerde nicht gestellt wird. Dann kann von einer schriftlichen Begründung des Urteils abgesehen werden. Wer ein vollständig begründetes Urteil erhalten will, muss daher zunächst ein Rechtsmittel einlegen bzw einlegen lassen. Die Frist beträgt nur eine Woche ab Urteilsverkündung. Wer mit dem Urteil nicht einverstanden ist, muss ohnehin diesen Weg gehen, weil er sonst mangels Urteilsgründen nicht überprüfen kann, ob Rechts- oder Verfahrensfehler vorliegen, deren Berichtigung man in der zweiten Instanz erreichen könnte.

Wenn zu überlegen ist, ob das Rechtsbeschwerdeverfahren durchgeführt werden soll, muss bei Beteiligung einer Rechtsschutzversicherung hierfür gesondert Deckungsschutz erbeten werden. Im Unterschied zum Verfahren erster Instanz kann die Rechtsschutzversicherung die Deckungszusage von den Erfolgsaussichten des Rechtsbeschwerdeverfahrens abhängig machen. Mindestens müsste aber Deckungsschutz für die Prüfung dieser Erfolgsaussichten gegeben werden, also auch für die Einlegung des Rechtsmittels, da man ansonsten wegen des unvollständigen Urteils hierüber keine

Aussage treffen könnte. Jedenfalls muss an die Rechtsschutzversicherung neu herangetreten werden.

Mit freundlichen Grüßen

Rechtsanwalt ◂

II. Anträge vor der Hauptverhandlung

1. Allgemeines. Wenn die Verwaltungsbehörde im Zwischenverfahren nach Eingang des Einspruchs gegen den Bußgeldbescheid (§ 69 OWiG) den Bußgeldbescheid nicht zurücknimmt oder Maßnahmen nach § 69 Abs. 2 S. 2 und 3 OWiG ergreift, übergibt sie die Akte der Staatsanwaltschaft, die sie wiederum im Regelfall, wenn sie das Verfahren nicht einstellt oder eigene Ermittlungen durchführt, dem Richter beim Amtsgericht vorlegt (§ 69 Abs. 3 OWiG). In einigen Bundesländern informiert die Verwaltungsbehörde den Verteidiger über die Abgabe des Verfahrens an die Staatsanwaltschaft; andere Bundesländer verzichten auf diese Information. Die zeitliche Abfolge des weiteren Aktengangs bleibt aber zunächst im Dunkeln. Gewöhnlich kommt die nächste Post vom Amtsgericht. Dabei kommen drei Varianten in Betracht: 8

- Hinweis auf beabsichtigtes Beschlussverfahren gem. § 72 OWiG
- Anhörung des Betroffenen gem. § 71 Abs. 2 S. 2 OWiG
- Terminladung.

a) Beschlussverfahren gem. § 72 Abs. 1 OWiG. Zieht das Amtsgericht ein Beschlussverfahren in Erwägung, weist es mit einem vorgeschalteten Schreiben darauf hin. Der Betroffene (und die Staatsanwaltschaft) hat die Möglichkeit, der beabsichtigten Verfahrensweise zu widersprechen. Darüber ist er auch zu belehren. In diesen Fällen den Widerspruch nicht zu erheben, empfiehlt sich nur dann, wenn die mögliche Entscheidung bekannt ist, am besten, wenn sie mit dem Richter vorbesprochen ist. In anderen Fällen sollte man einem Verfahren ohne Hauptverhandlung widersprechen (Achtung, Frist: zwei Wochen ab Zustellung des Hinweises, § 72 Abs. 1 S. 2 OWiG!). Hierfür genügt ein kleiner Schriftsatz mit folgendem Inhalt: 9

▸ **Muster: Widerspruch gegen beabsichtigtes Beschlussverfahren gem. § 72 Abs. 1 OWiG** 10

An das Amtsgericht ...

In der Bußgeldsache

gegen ...

Az ...

widerspreche ich namens und in Vollmacht des Betroffenen einem Verfahren ohne Hauptverhandlung.

Rechtsanwalt ◂

Die nächste Mitteilung vom Gericht sollte dann die Terminladung zur Hauptverhandlung sein. Wird die Widerspruchsfrist versäumt, aber noch vor Erlass des Beschlusses Widerspruch erhoben, kann das Gericht ihn unbeachtet lassen. Dann ist der Betroffene aber auf die Möglichkeit, einen Wiedereinsetzungsantrag gem. § 72 Abs. 2 S. 2 OWiG zu stellen, gesondert hinzuweisen (dazu § 12 Rn 30 ff). 11

b) Anhörung des Betroffenen gem. § 71 Abs. 2 S. 2 OWiG. Das Gericht kann dem Betroffenen aufgeben, sich noch vor der Hauptverhandlung zu erklären, welche Tatsachen und/oder 12

Beweismittel er zu seiner Entlastung anführen will (§ 71 Abs. 2 S. 2 OWiG). Die Vorschrift muss in Zusammenhang mit § 77 Abs. 2 Nr. 2 OWiG betrachtet werden. Angestrebt ist seitens des Gesetzgebers die Erledigung des Verfahrens mit einer Hauptverhandlung. Abweichend vom Beweisrecht der StPO (§ 244 StPO) kann ein Beweisantrag im Ordnungswidrigkeitenverfahren auch wegen Verspätung abgelehnt werden (§ 77 Abs. 2 Nr. 2 OWiG). Die Anhörung des Betroffenen vor Beginn der Hauptverhandlung mit der Fristsetzung zur Abgabe der möglichen Erklärungen kann deshalb der Vorbereitung einer ablehnenden Entscheidung über eventuelle Beweisanträge des Betroffen dienen.[1] Wenn zu diesem Zeitpunkt bereits Aufklärungsbedarf nach Aktenlage erkannt worden ist oder beispielsweise Zeugen für Entschuldigungsgründe des Betroffenen zur Verfügung stehen, die dem Gericht noch nicht bekannt sind, sollten entsprechende Anträge formuliert werden. Besteht das Ziel des Einspruchs darin, die **Rechtskraft hinauszuzögern**, muss abgewogen werden, ob das Risiko einer Entscheidung nach § 77 Abs. 3 Nr. 2 OWiG in Kauf genommen werden kann. Dabei sollte berücksichtigt werden, dass für die Ablehnung eines Beweisantrags nach dieser Vorschrift enge Voraussetzungen erfüllt sein müssen, die nach einhelliger Auffassung in der Literatur dazu führen, dass der Vorschrift in der gerichtlichen Praxis keine besondere Bedeutung zu kommt.[2]

13 Die Fristsetzung zur Erklärung über Tatsachen und Beweismittel nach § 71 Abs. 2 S. 2 OWiG erfolgt in der Regel zusammen mit der Terminladung.

14 c) **Terminladung.** Die meisten Gerichte terminieren mit einem Vorlauf von etwa drei bis sechs Wochen. Nur in Ausnahmefällen wird diese Frist noch unterschritten. Sie muss aber mindestens eine Woche zwischen Zustellung der Ladung und Tag der Hauptverhandlung betragen (§ 217 Abs. 1 StPO). Meist sorgt die Terminladung für einige Aktivität. Noch bevor der Posteingang der Akte hinzugefügt ist und sich der Anwalt notwendige Bearbeitungsschritte überlegt hat, ruft der Mandant an, teilt den Erhalt der Gerichtspost mit, wünscht Strategien zu besprechen und vor allem über die Erfolgsaussichten aufgeklärt zu werden. Häufig ist ihm auch nicht klar, dass der Gesetzgeber seine Anwesenheit in der Hauptverhandlung grundsätzlich verlangt und dass diese nur in Ausnahmefällen und vor allem nur auf Antrag entbehrlich ist. Nicht selten teilt der Mandant aber auch die eigene Verhinderung mit, in der Regel mit unzureichenden Begründungen. Weil man dieses Telefonat sehr häufig nicht selbst führt, erfährt man über Mitteilungen aus dem Sekretariat per E-Mail oder auf kleinen Zetteln, was der Mandant hat ausrichten lassen. Damit beginnt dann weitere Schreibarbeit oder der Zwang zu eigenen Telefonaten. In diesem Stadium beugen vorformulierte Hinweise (siehe Rn 3) der Ermüdung vor, die eintritt, wenn man zum einhundertsten Mal einem Mandanten erläutern muss, was man benötigt, um aufgrund seiner Urlaubsabwesenheit eine Terminverlegung bewilligt zu bekommen. Damit gibt man im Übrigen auch der Sekretärin ein Hilfsmittel an die Hand, um auch selbst auf Anfragen des Mandanten eingehen zu können. Man denke nur an die Variante, einem derart anfragenden Mandanten sofort per E-Mail die auf seine Frage zugeschnittene Beantwortung übersenden zu können.

15 2. **Terminverlegungsanträge.** Es gilt der Grundsatz, dass die Prozessbeteiligten keinen Anspruch darauf haben, dass das Gericht sich nach ihren zeitlichen Dispositionen richtet. Mandanten ist dieses Prinzip schwer zu vermitteln. Auch deshalb beansprucht das allgemeine

---

1 *Seitz*, in: Göhler, § 71 OWiG Rn 23 d.
2 *Senge*, in: Karlsruher Kommentar zum OWiG, § 77 Rn 23; *Seitz*, in: Göhler, § 77 OWiG Rn 20.

Drumherum der Terminladung mitunter viel Zeit des Verteidigers. Anders als im großen Strafverfahren ist es auch nicht üblich, dass Termine zwischen Gericht und Verteidiger abgestimmt werden. Allerdings wird in der Praxis in diesen kleineren Verfahren mit geringerer Bedeutung in der Regel (mit Ausnahmen, siehe Rn 18 ff) Rücksicht auf Verhinderungen des Betroffenen (gebuchter Urlaub) oder seines Verteidigers (Kollisionen) genommen.

a) Terminverlegungsanträge wegen Verhinderung des Verteidigers. Nachstehend folgen einige Beispiele für Terminverlegungsanträge mit unterschiedlichem Hintergrund:

▶ **Muster: Terminverlegungsantrag wegen Terminkollision**

An das Amtsgericht ...
In der Bußgeldsache
gegen ...
Az ...
beantrage ich,
den Hauptverhandlungstermin vom ... auf einen anderen Termintag zu verlegen.

Begründung:

Die Terminladung zur Hauptverhandlung am ..., ... Uhr, ist mir am ... zugegangen. Zu diesem Zeitpunkt war für den ... um ... Uhr bereits ein anderer Hauptverhandlungstermin am Landgericht ... im Kalender eingetragen. Die Ladung zu diesem anderen Termin war bereits am ... zugegangen. Außerdem war der andere Hauptverhandlungstermin schon vor Erhalt der Terminladung telefonisch mit dem dortigen Vorsitzenden abgestimmt.
Ich bitte um antragsgemäße Entscheidung und – wenn es der gerichtliche Ablauf zulässt – um telefonische Absprache mit meinem Sekretariat. Weil für ... [Zeitraum] bereits viele andere Gerichtstermine im Kalender notiert sind, wäre eine neuerliche Terminkollision bei fehlender vorheriger Absprache sehr wahrscheinlich.
Rechtsanwalt ◀

Terminverlegungsanträge und ihre Behandlung durch das Gericht können sich zu einem erstaunlichen Ärgernis ausweiten. Kaum ein anderes Thema birgt derartig viel Streitstoff wie die Planung und Koordinierung gerichtlicher und anwaltlicher Termine. Obwohl in jedem einschlägigen Kommentar zahlreiche Bemerkungen und Entscheidungen darüber zu finden sind, unter welchen Voraussetzungen ein Termin zu verlegen ist, kann die Beharrungsfähigkeit eines Bußgeldrichters in diesem Punkt ungeahnte Ausmaße erreichen. Vor allem in Kanzleien mit mehreren Anwälten muss damit gerechnet werden, dass der Antrag mit der Begründung abgelehnt wird, den Termin könne auch ein anderer Anwalt übernehmen, die Sache sei von unterdurchschnittlicher Schwierigkeit, der Terminkalender des Gerichts sei dicht und ein neuer Termin könne erst in einigen Monaten stattfinden, was wiederum der Eilbedürftigkeit der Sache entgegenstehe usw.

Das alles wird einem zwar öfter in der Korrespondenz mit fremden Gerichten begegnen; es ist aber nicht ausgeschlossen, dass auch am Heimatgericht ein neuer Bußgeldrichter meint, ein neues rigoroses Terminmanagement durchsetzen zu müssen. Diese Fälle bieten dann dem Landgericht die Chance, sich auch einmal mit einem Bußgeldverfahren zu beschäftigen. Das Landgericht ist nämlich zur Entscheidung über Beschwerden zuständig, und diese Art von

Rechtsbehelf ist die richtige Methode, sich gegen unberechtigt unnachgiebige Richter durchzusetzen.

20   Einigermaßen regelmäßig kommt es vor, dass auch ein fleißiger und nach eigener Meinung an sich unabkömmlicher Anwalt in den **Urlaub** fährt. Die Regel dürfte sein, dass damit Verlegungsanträge verbunden sind. Erfahrungsgemäß wird das Heimatgericht keine Probleme beim Verlegen von Terminen aus diesem Grund aufwerfen. Dafür dürfte der Kontakt zwischen Anwalt und Gericht zu gut sein. Bei anderen Gerichten kann es aber dazu kommen, dass trotz einer solchen Begründung die Terminverlegung abgelehnt wird. Man begegnet dann wahrscheinlich der Argumentation, wie sie weiter oben (Rn 18) bereits skizziert worden ist. In wirklichen Ausnahmefällen kann es sogar sein, dass man aufgefordert wird, den Verhinderungsgrund glaubhaft zu machen. Wer etwaige Buchungsbestätigungen zur geplanten Reise nicht parat hat, wird in diesen Fällen wohl auf die eidesstattliche Versicherung seiner Sekretärin zurückgreifen müssen, um den Zeitpunkt der Urlaubsplanung glaubhaft darstellen zu können. Ein Verlegungsantrag wegen Urlaubs kann folgenden Inhalt haben:

21   ▶ **Muster: Terminverlegungsantrag aus Urlaubsgründen**

An das Amtsgericht ...

In der Bußgeldsache

gegen ...

Az ...

beantrage ich,

den Hauptverhandlungstermin vom ... auf einen anderen Terminstag zu verlegen.

Begründung:

An der Wahrnehmung des Termins am ... bin ich aufgrund meines Urlaubs verhindert. Der Urlaub dauert vom ... bis zum .... Er steht für diese Zeit fest seit dem .... Im Urlaub ist eine Reise ins Ausland geplant. Die Bestätigung über die Buchung füge ich in Kopie bei.

Das Gericht bitte ich zu berücksichtigen, dass der Urlaub des Verteidigers nach einhelliger obergerichtlicher Rechtsprechung grundsätzlich zu den für eine Terminverlegung anzuerkennenden Gründen gehört (OLG Hamm DAR 2001, 321, 322; NZV 1997, 90; OLG Celle StV 1984, 503; OLG Frankfurt StV 1997, 402, 403; OLG München NStZ 1994, 451).

Rechtsanwalt ◀

22   Die **anwaltliche Weiterbildung** kann ebenfalls Grund sein, einen Terminverlegungsantrag zu stellen. Es handelt sich auch hier um eine Art Terminkollision. In der Regel dürfte es aber keine Probleme geben, den Verhinderungsgrund darzustellen und zu belegen. Hierzu ein Beispiel:

23   ▶ **Muster: Terminverlegungsantrag wegen Fortbildungsmaßnahme**

An das Amtsgericht ...

In der Bußgeldsache

gegen ...

Az ...

beantrage ich,

den Hauptverhandlungstermin vom ... auf einen anderen Terminstag zu verlegen.

Begründung:

Wegen der Teilnahme an einem Seminar bin ich am ... gehindert, den Hauptverhandlungstermin wahrzunehmen. Ich besuche vom ... bis zum ... einen Lehrgang, um die Qualifikation zum Fachanwalt für Verkehrsrecht zu erwerben. Zu diesem Lehrgang habe ich mich am ... angemeldet und die Teilnahmebestätigung am ... erhalten. Diese füge ich zur Glaubhaftmachung bei. Daraus ergibt sich auch der Seminarplan. Ich bitte um antragsgemäße Entscheidung.

Rechtsanwalt ◀

Dieser Spezialfall einer Terminkollision war Gegenstand zweier landgerichtlicher Verfahren.[3] Das Landgericht Dresden musste sich allerdings nur noch nach Erledigung der Beschwerde mit der Sache beschäftigen und zitiert lediglich den Antrag der Staatsanwaltschaft festzustellen, dass die Ablehnung des Verlegungsantrags rechtswidrig gewesen sei:

„Die fragliche Fortbildungsveranstaltung auf dem bekannten Spezialgebiet des Verteidigers rechtfertige angesichts der (geringen) Bedeutung des vorliegenden Bußgeldverfahrens den Antrag. Der Betroffene müsse sich nicht darauf verweisen lassen, dass der Termin durch einen anderen, bisher mit der Sache nicht befassten Verteidiger der gleichen Kanzlei wahrgenommen werde."[4]

Das Landgericht Cottbus hingegen hat der Beschwerde stattgegeben und die Rechtswidrigkeit der Ablehnung des Terminverlegungsantrags festgestellt.[5]

b) Terminverlegungsanträge wegen Verhinderung des Betroffenen. Nicht selten sind Betroffene an der Terminwahrnehmung wegen einer länger andauernden oder auch kurzfristigen **Erkrankung** gehindert. Dass jemand entschuldigt ist und in einer Hauptverhandlung nicht erscheinen kann, wenn er im Krankenhaus in stationärer Behandlung ist, dürfte selbstverständlich sein. Gewöhnlich sollte es kein Problem sein, hierzu ein ärztliches Attest zu beschaffen. Die Bescheinigung über den Klinikaufenthalt wird genügen, um die Verlegung des Hauptverhandlungstermins zu erreichen. Sofern eine Bescheinigung nicht rechtzeitig vor dem Termin beschafft werden kann, muss allerdings damit gerechnet werden, dass ein sehr formell orientierter Richter den Termin nicht verlegt und dann, wenn der Betroffene zwangsläufig nicht erscheint, den Einspruch als unzulässig verwirft. In diesem Fall wird man gezwungen sein, einen Wiedereinsetzungsantrag zu stellen und mit diesem Antrag das Attest vorzulegen (siehe § 12 Rn 19 ff).

▶ **Muster: Terminverlegungsantrag wegen Erkrankung des Betroffenen mit stationärem Klinikaufenthalt**

An das Amtsgericht ...
In der Bußgeldsache
gegen ...
Az ...
beantrage ich,

---
3 LG Dresden v. 7.3.2006 – 5 Qs 8/06, n.v.; LG Cottbus v. 21.4.2006 – 24 Qs 115/06, n.v.
4 LG Dresden v. 7.3.2006 – 5 Qs 8/06, n.v.
5 LG Cottbus v. 21.4.2006 – 24 Qs 115/06, n.v.

den Hauptverhandlungstermin vom ... auf einen späteren Terminstag zu verlegen.

Begründung:

Die Ehefrau des Betroffenen hat heute Morgen in meinem Sekretariat angerufen und mir über meine Sekretärin ausrichten lassen, dass ihr Ehemann gestern Abend nach einem Verkehrsunfall, bei welchem er sich verletzt hatte, in ein Krankenhaus eingeliefert werden musste. Dort soll heute eine Operation stattfinden. Zu erwarten ist, dass der stationäre Krankenhausaufenthalt etwa zwei Wochen dauern und sich eine mehrwöchige Reha-Maßnahme anschließen wird.

Aus den genannten Gründen besteht am Terminstag Reise- und Verhandlungsunfähigkeit. Ein ärztliches Attest kann ich zusammen mit meinem heutigen Terminverlegungsantrag noch nicht vorlegen. Die Ehefrau hat zugesichert, ein solches Attest in den nächsten Tagen zu beschaffen, damit ich es nachreichen kann.

Rechtsanwalt ◀

29   Weniger eindeutig für die Beurteilung von Reise- und/oder Verhandlungsunfähigkeit sind Fälle, in denen eine **plötzlich aufgetretene Krankheit** für eine verhältnismäßig **kurze Zeit** für Verhandlungsunfähigkeit sorgt. Ohne Zweifel ist aber auch derjenige, der mit einem grippalen Infekt fiebrig im Bett liegt, nicht in der Lage, an einer Bußgeldverhandlung teilzunehmen. Richter sind in solchen Fällen weniger geneigt, nur aufgrund der Schilderung der Krankheit, also des Verhinderungsgrundes, einen Hauptverhandlungstermin zu verlegen. Hier besteht aber häufig das Problem, dass der Mandant gerade wegen seines Zustands nicht einmal in der Lage ist, einen Arzt aufzusuchen. Dennoch, ohne ärztliches Attest wird man in diesen Fällen voraussichtlich nicht auskommen. Andernfalls besteht das Risiko, dass dem Terminverlegungsantrag nicht stattgegeben wird, der Einspruch konsequenterweise wegen des Ausbleibens des Betroffenen als unzulässig verworfen wird und auch ein Wiedereinsetzungsantrag eher chancenlos bleibt (weil es an der **ärztlichen Bescheinigung** fehlt). Der Mandant muss also darauf hingewiesen werden, dass der Arztbesuch unerlässlich ist. Das anwaltliche Personal sollte entsprechend geschult sein, weil häufig nicht einmal der Anwalt selbst rechtzeitig Kontakt mit dem Mandanten hat.

30   Wenn Mandanten auf solche Fragen mit der Terminladung üblicherweise hingewiesen werden (vgl Muster Rn 3), erhält man in der Regel zusammen mit der Information über die Erkrankung ein **Attest** (zunehmend per Telefax, neuerdings aber auch per E-Mail als gescannte Version). Erfahrungsgemäß ist der überwiegende Teil dieser Atteste für den angestrebten Zweck nicht verwertbar. Häufig handelt es sich um Arbeitsunfähigkeitsbescheinigungen, aus denen sich eine Reise- und/oder Verhandlungsunfähigkeit nicht ergibt. Aus der Bescheinigung der Arbeitsunfähigkeit ist nämlich nicht ohne Weiteres zu schließen, dass ein Betroffener auch nicht an einer Hauptverhandlung teilnehmen kann. Dies zeigt schon das Beispiel „Gipsbein".

31   Ärzte sind außerdem sehr zurückhaltend darin, ihre **Diagnose** im Klartext auf ein Attest zu schreiben. Gerne verwenden sie einen **standardisierten Code**, der erst über einen Blick ins Internet verrät, womit der Betroffene gesundheitlich zu kämpfen hat. Hierbei handelt es sich um die internationale statistische Klassifikation der Krankheiten und verwandter Gesundheitsprobleme (ICD-10). Diese amtliche Klassifikation ist online einzusehen beim Deutschen Institut für Medizinische Dokumentation und Information (www.dimdi.de). Darauf kann

man im Terminverlegungsantrag hinweisen, darf aber nicht davon ausgehen, dass das Gericht diesem Hinweis auch nachgehen wird. Immerhin stellte beispielsweise das Landgericht Kassel[6] die Frage unbeantwortet in den Raum, ob dem Gericht überhaupt zuzumuten ist, mittels des Internets die korrekte Bezeichnung der Diagnose zu erfahren! Im Zeitalter von ejustice sollten sich solche Fragen aber erledigt haben. Hier der Antrag:

▶ **Muster: Terminverlegungsantrag wegen kurzfristiger Erkrankung des Betroffenen** 32

An das Amtsgericht ...

In der Bußgeldsache

gegen ...

Az ...

beantrage ich,

den Hauptverhandlungstermin vom ... auf einen späteren Terminstag zu verlegen.

Begründung:

Der Betroffene hat heute meiner Sekretärin fernmündlich mitgeteilt, dass er reiseunfähig erkrankt sei. Er leide unter einem akuten Nierenversagen. Der Betroffene war deswegen zur ärztlichen Untersuchung bei seinem Hausarzt. Dessen Arbeitsunfähigkeitsbescheinigung, die mir der Betroffene per Telefax zur Verfügung gestellt hat, füge ich bei mit dem Hinweis, dass die darin notierte Diagnose „N10G" beim Deutschen Institut für Medizinische Dokumentation und Information (www.dimdi.de) nachgesehen werden kann. Das Institut gehört zum Geschäftsbereich des Bundesministeriums für Gesundheit und soziale Sicherheit. Der vom Arzt verwendete Code ist Bestandteil einer amtlichen Klassifikation, nämlich der Internationalen Statistischen Klassifikation der Krankheiten und verwandter Gesundheitsprobleme (ICD-10).

Der Betroffene hat fernmündlich noch erläutert, dass sich die Erkrankung, also die akute Situation am ... so geäußert hat, dass ein Kältegefühl im Nierenbereich auftrat, verbunden mit heftigen Schmerzen beim Wasserlassen und einem ständigen Harndruck. Das Sitzen und Stehen sei beschwerlich und mit Schmerzen verbunden.

Rechtsanwalt ◀

Dieser Terminverlegungsantrag, den man mangels weiterer Information durch den Mandanten nicht anders stellen könnte, muss nicht erfolgreich sein. Zwar ist die Diagnose mit der Arbeitsunfähigkeitsbescheinigung belegt, also glaubhaft gemacht, nicht aber die Symptome, die zur Reiseunfähigkeit führen. Gerade darauf erstreckt sich die Diagnose „akutes Nierenversagen" nämlich nicht. Wird dem Antrag nicht stattgegeben und ergeht ein Verwerfungsurteil, sollte man vor Stellung des Wiedereinsetzungsantrags den Mandanten anhalten, sich zusätzlich die aufgetretenen Symptome vom Arzt bescheinigen zu lassen. Mindestens aber sollte man den Mandanten eine eigene eidesstattliche Versicherung mit dem Inhalt der Schilderung der Symptome abgeben lassen – auch wenn diese zur Glaubhaftmachung an sich unbeachtlich ist (siehe § 12 Rn 29). Die anwaltliche Versicherung, der Mandant habe diese Symptome dem Anwalt gegenüber geschildert, dürfte wirkungslos sein, weil es an der eigenen Wahrnehmung fehlt. Das Gericht könnte ihr und der Schilderung der Symptome des Mandanten mit 33

---

6 Beschl. v. 13.1.2005 – 3 Qs OWI 01/05, n.v.

der Begründung keine Bedeutung beimessen, es handele sich hier um eine schlichte Behauptung des Betroffenen.

34 **c) Rechtsmittel gegen die Ablehnung von Terminverlegungsanträgen.** Wie schon mehrfach angesprochen, kann es durchaus vorkommen, dass auch ein begründeter Terminverlegungsantrag zunächst erfolglos bleibt. Die Terminierung ist Sache des Vorsitzenden (§ 213 StPO). Seine Entscheidungen zu diesem Thema müssen nicht immer in Form eines Beschlusses ergehen. Mitunter erhält man auch Mitteilungen des Gerichts (in Gestalt eines einfachen Schreibens) mit ein- bis dreizeiligem Inhalt, wie etwa „[…] kommt eine Terminverlegung nicht in Betracht" oder „[…] bleibt es bei dem Termin vom […]". Wenn der Termin dann nicht allzu nahe liegt, bleibt vielleicht noch die Zeit, um dem Gericht mit einem Schriftsatz zu signalisieren, dass man gleichwohl die Verlegung des Hauptverhandlungstermins anstrebt. Nun dürfte es auch an der Zeit sein, einige Rechtsausführungen unter Hinweis auf den Inhalt einschlägiger Kommentare beizufügen. Dieser Schriftsatz kann der Vorbereitung der Beschwerde gegen die Ablehnung des Terminverlegungsantrags dienen, über welche im Fall der Nichtabhilfe das Landgericht zu entscheiden hat.

35 ▶ **Muster: Antrag auf rechtsmittelfähige Entscheidung bei Ablehnung der Terminverlegung**

An das Amtsgericht …

In der Bußgeldsache

gegen …

Az …

danke ich für das gerichtliche Schreiben vom …, mit welchem mir mitgeteilt wird, dass eine Terminverschiebung seitens des Gerichts nicht beabsichtigt ist. Gleichwohl halte ich meinen Terminverlegungsantrag aufrecht, wiederhole ihn hiermit und erbitte ausdrücklich eine

rechtsmittelfähige Entscheidung.

Meine Verhinderung habe ich bereits im Schriftsatz vom … dargelegt. Die Verhinderung ist glaubhaft gemacht durch Beifügung einer Kopie der Terminladung aus dem genannten anderen Bußgeldverfahren. Dass unter diesen Voraussetzungen der Termin im vorliegenden Verfahren zu verlegen ist, ergibt sich meines Erachtens aus der zeitlichen Reihenfolge des Eingangs der jeweiligen Terminladungen in der Kanzlei des Unterzeichneten. Beide Verfahren haben ähnliche Bedeutung. Der andere Termin war aber zudem vorher mit dem Abteilungsrichter fernmündlich abgestimmt. Sollte gleichwohl aus Sicht des Gerichts eine Verlegung nicht in Betracht kommen, verweise ich auf das OLG Düsseldorf (Beschl. v. 20.7.1994, NZV 1995, 39). Danach obliegt es den beteiligten Gerichten und nicht dem Verteidiger, die Terminüberschneidung abzustellen.

Rechtsanwalt ◀

36 Obwohl die Rechtslage in diesen Fällen klar ist,[7] ist damit zu rechnen, dass ein Beschluss ergeht, mit welchem der Terminverlegungsantrag förmlich zurückgewiesen wird. Das richtige Rechtsmittel hiergegen ist dann die **Beschwerde**, vor der man nicht zurückschrecken sollte. Beispiele und weitere Erläuterungen unter Rn 144, 146.

37 **3. Anträge auf Entbindung des Betroffenen von der Pflicht zum persönlichen Erscheinen in der Hauptverhandlung. a) Allgemeines.** Die Terminladung ist eingetroffen, alle Hinderungs-

---

7 ZB OLG Braunschweig, Beschl. v. 27.2.2009 – Ss (OWi) 37/09, juris.

gründe beim Mandanten und Anwalt sind abgearbeitet, der Durchführung der Hauptverhandlung steht nichts mehr im Wege. Nun überlegt sich der Mandant, dass die Anreise zu dem zuständigen Gericht mit Zeit und Aufwand verbunden ist. Er ruft in der Kanzlei an und lässt ausrichten, dass er nicht zum Gericht anreisen, sondern sich von seinem Verteidiger vertreten lassen möchte. In der Bearbeitung entsteht zusätzlicher Aufwand, der die Sache im Kern kein bisschen voranbringt. Was tun? Den Mandanten kurz zurückrufen und ihn über die Gesetzeslage informieren? Im Kanzleiablauf kann schon das zum Problem werden. Hat man selbst Zeit für den Anruf, meldet sich beim Mandanten die Mailbox. Folge ist, dass die Akte auf dem Schreibtisch liegen bleibt, bis die Gelegenheit für einen neuen Versuch kommt – wenn die Akte nicht sogar vorübergehend in Vergessenheit gerät. Dann ruft erneut der Mandant an. Natürlich ist man wieder nicht im Büro, sondern bei Gericht, oder zwar im Büro, aber in Besprechung. Unglücklicherweise wird außerdem die Sekretärin – weil schon im Feierabend – von einer Auszubildenden vertreten, die wiederum von dem bisherigen vergeblichen Bemühen des Mandanten um ein Gespräch mit seinem Anwalt nichts weiß. Die Frustration steigt. Empfehlenswert ist daher, auch in solchen Situationen Standardtexte zu verwenden, die den Mandanten per E-Mail quasi sofort, aber auch mit der Post gewöhnlich schon am Folgetag erreichen. Ein weitgehend vorformulierter (nur am Ende individualisierter) Text kann folgenden Inhalt haben:

▶ **Muster: Information des Mandanten über seine Pflichten im Hauptverfahren**

Sehr geehrter Herr ...,

der Gesetzgeber wünscht, dass der Betroffene eines Bußgeldverfahrens grundsätzlich persönlich an der Hauptverhandlung beim Amtsgericht teilnimmt. Deshalb findet sich im Ordnungswidrigkeitengesetz in § 73 eine entsprechende Regelung. Danach kommt eine Vertretung nur in Betracht, wenn das Gericht auf besonderen Antrag hin den Betroffenen von der Pflicht, selbst zu erscheinen, vorher entbunden hat. Das Gericht darf diesen Schritt aber nur dann vornehmen, wenn die Anwesenheit des Betroffenen nicht aus besonderen Gründen unumgänglich ist. Ein solcher Fall liegt beispielsweise so lange vor, wie unklar ist, ob der Betroffene tatsächlich der Fahrer des gemessenen Fahrzeugs war. In der Regel ist diese Frage bei sog. Kennzeichenanzeigen offen. In diesen Fällen gibt es ein Foto vom gemessenen Fahrzeug mit einem mehr oder weniger gut erkennbaren Fahrer und ein bekanntes amtliches Kennzeichen. Zum Kennzeichen gehört zwar ein bestimmter Halter; das Gericht darf aber nicht davon ausgehen, dass der Halter auch der Fahrer war. Selbst bei einer Lasermessung, wenn also im Anschluss an die Messung gleich eine Fahrzeugkontrolle stattgefunden hat, kann die Fahrereigenschaft noch offen sein. Immer wieder kommt es nämlich vor, dass sich aus der Anzeige nur die Personendaten eines Fahrers ergeben, ohne dass auch ersichtlich ist, ob den kontrollierenden Beamten ein Lichtbildausweis vorgelegen hat (der Fahrer könnte schließlich unter Ausnutzung der nicht auf ihn ausgestellten Fahrzeugdokumente einen falschen Namen genannt haben). Also gilt Folgendes: Das Gericht wird erst von der Pflicht zum Erscheinen entbinden, wenn ihm eine Erklärung des Betroffenen vorliegt, dass er der Fahrer war. Wenn das Messfoto schlecht ist, schneidet man sich allerdings mit dieser Erklärung die Verteidigungschance ab, dass dem Richter eine Identifizierung nicht möglich wird.

Weitere Voraussetzung für den Antrag ist daneben, dass dem Gericht das beabsichtigte Aussageverhalten oder die eventuelle Aussage mitgeteilt wird. Sehr häufig empfiehlt es sich, das gute Recht, sich zur Tat nicht erklären zu müssen, in Anspruch zu nehmen. Wer sich zur Fahrereigenschaft bekennt und dem Gericht mitteilt, dass er im Termin zur Sache nichts sagen werde, muss dann auf seinen Antrag hin von der Pflicht zum Erscheinen entbunden werden.

In Ihrem Fall halte ich es für möglich, dass aufgrund der schlechten Qualität des Messfotos (Sonnenblende verdeckt den oberen Kopfbereich; Bild insgesamt kontrastarm, keine Details der Gesichtszüge erkennbar, Kinn- und Mundpartie wegen der rechten Hand auf dem Lenkrad verborgen) eine Identifizierung nicht gelingt. Ich empfehle also, keine Erklärung zur Person des Fahrers abzugeben, den Entbindungsantrag nicht zu stellen und zum Termin anzureisen.

Mit freundlichen Grüßen

Rechtsanwalt ◄

39 **b) Antrag auf Entbindung von der Pflicht zum persönlichen Erscheinen mit Ankündigung der Aussageverweigerung.** Wenn aufgrund der Qualität des Messfotos die Identifizierung des Fahrers dem Gericht keine Probleme bereiten wird und die Verteidigungschancen wohl nur im technischen Bereich der Messung liegen, also persönliche Erklärungen des Betroffenen nicht geeignet erscheinen, den Ausgang des Verfahrens gegenüber dem Bußgeldbescheid zu verbessern, sollte ein **Entbindungsantrag** gestellt werden, schon um den Mandanten bei weiter entfernt liegenden Gerichten vom Reiseaufwand zu befreien. Selbst am Heimatgericht ist die Antragstellung zu überlegen, schließlich kann man damit dem Mandanten auch Ängste ersparen, die für viele mit der Wahrnehmung eines Gerichtstermins verbunden sind. Diese Frage sollte mit dem Mandanten besprochen werden. Mit Blick auf § 73 OWiG muss der Antrag einen bestimmten Mindestinhalt haben, den man noch um eine Erklärung zu den persönlichen Verhältnissen ergänzen kann. Folgende Formulierung ist rechtsmittelerprobt:

40 ▶ **Muster: Entbindungsantrag ohne Einlassung zur Sache (Ausnahme Fahrereigenschaft)**

An das Amtsgericht ...

In der Bußgeldsache

gegen ...

Az ...

beantrage ich,

den Betroffenen von der Pflicht zum persönlichen Erscheinen in der Hauptverhandlung am ... zu entbinden.

Begründung:

Unter Bezugnahme auf die vorgelegte Vollmacht vom ..., die zur Vertretung in dieser Frage berechtigt, erkläre ich hiermit für den Betroffenen, dass er der Fahrer des festgestellten Fahrzeugs zur Tatzeit gewesen ist. Darüber hinaus wird der Betroffene in der Hauptverhandlung am ... keine Angaben zur Sache machen, auch nicht zu seinen persönlichen Verhältnissen.

Damit liegen die Voraussetzungen vor, unter denen der Betroffene von der Pflicht zum persönlichen Erscheinen zu entbinden ist.

Rechtsanwalt ◄

41 Der **Mindestinhalt** dieses Antrags besteht aus der Angabe zur Fahrereigenschaft und der Erklärung, dass der Betroffene sich in der Hauptverhandlung zur Sache nicht einlassen wird. Der Hinweis auf die Vollmacht muss nicht enthalten sein. Liegt dem Gericht allerdings eine

Vertretungsvollmacht nicht vor, müsste der Antrag noch nicht einmal beschieden werden.[8] Die Erklärung, dass sich der Betroffene auch nicht zu seinen persönlichen Verhältnissen äußern wird, dürfte nur in den Fällen von Bedeutung sein, in denen die Geldbuße den Normalbereich von bis zu 200 EUR deutlich überschreiten könnte. Dann dürften die wirtschaftlichen Verhältnisse des Betroffenen vom Gericht aufzuklären sein mit der Folge, dass das Gericht hierfür die Anwesenheit des Betroffenen für notwendig erachtet und mit dieser Begründung den Antrag auf Entbindung von der Pflicht zum Erscheinen ablehnt. Dieses Argument gegen eine positive Bescheidung entfällt aber für das Gericht, wenn der Betroffene vorab erklärt hat, er werde sich auch zu seinen persönlichen Verhältnissen nicht äußern.

Beachte: Der Antrag sollte vor jeder Hauptverhandlung neu gestellt werden. Er wirkt nach überwiegender Auffassung in der Rechtsprechung immer nur für die konkret bevorstehende Hauptverhandlung und muss deshalb mit Aussetzung oder Verlegung nicht mehr berücksichtigt werden![9] Wirkt der Grund für die Stellung des Antrages über das konkrete Datum des anstehenden Termins hinaus, beispielsweise weil der Betroffene den Aufwand für einen weiten Weg zum Gericht nicht eingehen will, könnte ein erneuter Antrag für die verlegte Hauptverhandlung entbehrlich sein.[10] Verlassen sollte man sich wegen der unterschiedlichen Betrachtungsweise in der Rechtsprechung darauf aber nicht.

Hinweis: Gibt das Gericht dem Antrag nicht statt, stellt sich die Frage, ob der Termin vom Mandanten und seinem Verteidiger wahrgenommen werden muss. Bleibt man fern, hat man ein Verwerfungsurteil gemäß § 74 Abs. 2 OWiG zu erwarten. Man muss daher prüfen, ob es in der **Rechtsbeschwerde** Erfolgsaussichten gibt, dieses Urteil aufgehoben und in die erste Instanz zurückverwiesen zu bekommen. Hierfür ist zu unterscheiden, ob die Rechtsbeschwerde zulässig ist oder ob zunächst ein Antrag auf Zulassung der Rechtsbeschwerde zu stellen ist.

Ist der Entbindungsantrag so gestellt, wie er hier vorgeschlagen ist, bleibt dem Gericht kein Ermessensspielraum. Es ist verpflichtet, dem Entbindungsantrag zu entsprechen, weil die Voraussetzungen des § 73 Abs. 2 OWiG vorliegen.[11] Das gilt selbst dann, wenn der Antrag erst vier Stunden vor Hauptverhandlungsbeginn bei Gericht eingeht[12] oder sogar erst in der Hauptverhandlung gestellt wird, sofern zur Sache selbst noch nicht verhandelt ist.[13]

Zeit spielt in Bußgeldverfahren meist eine wichtige Rolle. Tilgungsfristen älterer Entscheidungen können sich auf das laufende Verfahren auswirken. Fahrverbote hängen unter Umständen davon ab, wie sich der Betroffene im Anschluss an die Begehung der zu beurteilenden Tat

---

8 OLG Köln NZV 2002, 241, 242; OLG Rostock DAR 2008, 400; vgl *Krumm*, Anmerkung zu OLG Celle, Beschl. v. 6.10.2010, DAR 2010, 709.
9 *König/Seitz*, Aktuelle OLG-Rechtsprechung, DAR 2010, 371; OLG Hamm DAR 2006, 522; OLG Bamberg DAR 2012, 393; aA OLG Frankfurt v. 21.10.2005 – 2 Ss OWI 407/05, n.v., für den Fall, dass der Grund für die Antragstellung über den einzelnen Termin fortwirkt; ähnlich auch OLG Brandenburg v. 25.9.2006 – 1 Ss (OWI) 172 B/06, n.v.
10 OLG Karlsruhe, Beschl. v. 9.4.2015 – 2 (7) SsRs 76/15, 2 (7) SsRs 76/15 - AK 40/15, juris.
11 OLG Dresden DAR 2005, 460; OLG Stuttgart zfs 2003, 210; OLG Brandenburg, v. 3.1.2006 – 1 Ss (OWI) 270 B/05, n.v.; v. 26.9.2005 – 2 Ss (OWI) 155 Z/05, n.v.; v. 25.9.2006 – 1 Ss (OWI) 172 B/06, n.v.; OLG Frankfurt v. 10.3.2006 – 2 Ss-OWI 91/06, n.v.; KG NZV 2007, 253 und 633; OLG Koblenz NZV 2007, 587; OLG Hamm NZV 2007, 632; OLG Rostock DAR 2008, 40; OLG Düsseldorf zfs 2008, 594; OLG Bamberg zfs 2008, 413; OLG Hamm NZV 2010, 214; KG Berlin, Beschl. v. 29.7.2014 – 3 Ws (B) 406/14, 3 Ws (B) 406/14 - 122 Ss 121/14, juris.
12 OLG Bamberg NZV 2008, 259.
13 KG Berlin, Beschl. v. 29.7.2014 – 3 Ws (B) 406/14, 3 Ws (B) 406/14 - 122 Ss 121/14, juris; *Senge*, in Karlsruher Kommentar zum OWiG, § 73 Rn 18.

im Straßenverkehr verhalten hat. Nach zwei Jahren ab Tatzeitpunkt kommt ein Fahrverbot in der Regel nach der obergerichtlichen Rechtsprechung nicht mehr in Betracht.[14]

Mit einer erfolgreichen Rechtsbeschwerde verlängert man die Zeit bis zu einer rechtskräftigen Entscheidung um mindestens sechs Monate. Meist dauert es aber noch einige Monate länger, mitunter sogar ein Jahr, bis erneut verhandelt wird. Diese **Chance zur Verfahrensverzögerung** sollte man sich also nicht entgehen lassen. Vielleicht bietet sie sich im weiteren Verlauf des Verfahrens sogar noch einmal.[15] Man sollte sich daher dafür entscheiden, den Termin nicht wahrzunehmen und die Reaktion des Gerichts abzuwarten. Auch dem Mandanten ist diese Strategie zu empfehlen. Zur Rechtsbeschwerde gegen ein solches Verwerfungsurteil siehe Rn 185.

44 c) **Entbindungsantrag gekoppelt mit ausführlicher Einlassung zur Sache.** Ein erfolgreicher Entbindungsantrag setzt nicht voraus, dass der Betroffene erklären lässt, er werde sich in der Hauptverhandlung zur Sache nicht äußern. Man kann mit einem solchen Antrag durchaus auch Erklärungen zur Sache verbinden, sollte dann aber tunlichst alle Aspekte des Falls berücksichtigen. Für unerwartete Wendungen, wie sie sich in der Hauptverhandlung durchaus ergeben können, ist man mit einer schriftlichen Vorabklärung zur Sache gewöhnlich nicht gerüstet. Weil es hier häufig um Fälle geht, die vor weitab liegenden Gerichten spielen, ist der Verteidiger meist auch nicht selbst zugegen, sondern nur durch einen – nur schriftlich informierten – Unterbevollmächtigten vertreten. An dieser Stelle gibt es deshalb Aufklärungsbedarf für den Mandanten. Er sollte auf diese Risiken hingewiesen werden. Erfahrungsgemäß stellen Mandanten dann Aufwand und Nutzen gegenüber und werden sich voraussichtlich für die Variante entscheiden, vorher Erklärungen abzugeben und dafür nicht zum Termin anreisen zu müssen.

45 **Beispiel:**
M., angestellter Kraftfahrer der Spedition S., hat vor einiger Zeit in der Kanzlei einen Bußgeldbescheid abgegeben. Darin war der Vorwurf enthalten, ein Kraftfahrzeug (Lkw, zulässiges Gesamtgewicht 32 t) geführt zu haben, obwohl das zulässige Gesamtgewicht um 18 % (gleich 5.600 kg) überschritten war. Routinemäßig ist hiergegen Einspruch eingelegt und Akteneinsicht beantragt worden. In Abstimmung mit M. hat man das Hauptverfahren vor dem 500 km entfernt liegenden Amtsgericht abgewartet. Inzwischen ist die Terminladung eingetroffen und M. wünscht, von der Pflicht, persönlich erscheinen zu müssen, entbunden zu werden. Vorher hat er in einem Besprechungstermin seinem Anwalt den Sachverhalt dargelegt.

46 In Fällen mit Geschwindigkeitsmessungen schaden Erklärungen des Betroffenen meist eher, als dass sie nützen. Dort lassen sich deshalb Entbindungsanträge mit der Ankündigung, keine Sachangaben zu machen, sinnvoll stellen. Hier hilft diese Vorgehensweise nicht weiter. Man muss ausführen, dass den Kraftfahrer kein oder nur geringes Verschulden am Zustandekommen der **Überladung** trifft. Nur dann wird man auch erreichen können, dass in der Hauptverhandlung die Geldbuße herabgesetzt wird. Für jemanden, der sein Geld als Kraftfahrer verdient, ist es vor allem wichtig, das Fahreignungsregister von Einträgen freizuhalten. Die Her-

---

14 BGH zfs 2004, 133; OLG Karlsruhe DAR 2005, 168; OLG Frankfurt zfs 2004, 283, 284; OLG Naumburg zfs 2003, 96.
15 Vgl OLG Brandenburg v. 25.9.2006 – 1 Ss (OWI) 172 B/06, n.v.

absetzung der Geldbuße ist ein realistisches Ziel; eine Einstellung gemäß § 47 Abs. 2 OWiG kann auch erreichbar sein, wohl kaum aber ein Freispruch.

Wie bereits oben (Rn 44) ausgeführt, sollte aber sehr viel Sorgfalt darauf verwendet werden, den Sachverhalt ausführlich und vollständig darzustellen. Im Termin werden die Polizisten, die den Lkw festgestellt haben, als Zeugen aussagen. Wenn dann zutage kommt, dass es besondere Auffälligkeiten gegeben hat (ohne dass diese Beobachtungen in die Ermittlungsakte aufgenommen worden sind), wird man das Gericht kaum noch davon überzeugen können, dass der Mandant solche Umstände nicht bemerkt haben will. In der vorherigen Besprechung sollte der Mandant daher angehalten werden, den Zustand des Fahrzeugs genauestens zu schildern. Auch das Drumherum beim Beladen und – wenn es bereits vergleichbare frühere Fahrten gegeben hat – beim Abladen sollte genauestens hinterfragt und in die Erklärung zur Sache mit aufgenommen werden. Dann kann der Entbindungsantrag folgenden Inhalt aufweisen:

▶ **Muster: Entbindungsantrag mit ausführlicher Erklärung zur Sache**

An das Amtsgericht ...
In der Bußgeldsache
gegen ...
Az ...
beantrage ich,
den Betroffenen von der Verpflichtung zum persönlichen Erscheinen in der Hauptverhandlung am ... zu entbinden.

Begründung:

Der Betroffene äußert sich wie folgt zur Sache:
„Ich war Fahrer des festgestellten Lkws zur Tatzeit. Ich bin Kraftfahrer und arbeite für die Firma S. in Bremen. Diese hatte eine Baustelle in Kassel.
Wir hatten dort den Auftrag, eine alte Villa abzureißen. Am Tattag waren für meine Firma dort drei Mitarbeiter tätig, nämlich einer, der den Bagger gefahren hat, und zwei Kraftfahrer, von denen einer ich war. Der andere Kraftfahrer ist Herr N., zu laden über Firma S.
Auf der Baustelle und auch auf der Deponie gab es keine Möglichkeit, das Fahrzeug zu wiegen. Herr N. und ich hatten deshalb den Kollegen, der den Bagger bedient hat, darauf hingewiesen, bei der Ladung aufzupassen und nicht zu viel in die Kippmulde zu füllen. Ich bin auch jedes Mal vor dem Losfahren um den Lkw herumgegangen und habe mir insbesondere den Federstand angesehen. Diesen kann man nur anhand des Abstands zwischen Radkästen und Reifen kontrollieren. Bei dem benutzten Lkw handelt es sich um ein modernes Fahrzeug. Dieses hat Luftfederung, die sich auf die Beladung automatisch einstellt. Auch beim Beladen läuft der Motor des Fahrzeugs, was zur Folge hat, dass sich über die Luftfederung ein bestimmtes Niveau einstellt. Die Befüllung der Kippmulde lässt sich von unten aber nur eingeschränkt kontrollieren. Erst dann, wenn das Ladegut deutlich aufgehäuft im Fahrzeug liegt, kann man äußerlich eine Überladung feststellen. Aus Arbeitsschutzgründen ist es jedoch verboten, von außen an der Kippmulde hochzuklettern, um von oben hineinsehen zu können. An dieser Stelle möchte ich anmerken, dass einer der kontrollierenden Polizisten das versucht hat – wovon ich ihm abgeraten habe – und bei diesem Versuch beinahe abgestürzt wäre.

Vor oder während der Fahrt, bei welcher ich schließlich von der Polizei angehalten worden bin, habe ich Besonderheiten am Fahrzeug nicht feststellen können. Insbesondere ragte die Ladung nicht über die Kippmulde hinaus. Meines Erachtens war der Wagen ganz normal gefüllt. Auch das Fahrverhalten war völlig normal. Beim Bremsen und Beschleunigen ist mir eine eventuelle Überladung überhaupt nicht aufgefallen. Dass sich das Fahrzeug stärker neigt als andere Lkws im beladenen Zustand, liegt an der Luftfederung. Dies sieht manchmal bedenklich aus, ist aber das normale Fahrverhalten. Ich nehme an, dass mein Wagen deshalb auch den entgegenkommenden Polizisten aufgefallen war. Aus deren Position (die Gegenfahrbahn war leicht erhöht), hatten sie möglicherweise auch einen Blick in die Mulde, als ich in der Kurvenfahrt war.

Bei der Kontrolle hat es durchaus längere Gespräche mit den Polizisten gegeben. Zu keinem Zeitpunkt bin ich aber darauf hingewiesen worden, dass die Zwillingsbereifung in irgendeiner Weise auffällig gewesen sei. Auch nach meiner Erinnerung gab es da keine Besonderheiten. Schließlich achte ich vor dem Losfahren gerade auf solche Anzeichen, weil man ansonsten eine Überladung nicht feststellen kann. Das, was den Polizisten vor Ort an der Bereifung aufgefallen war, dürfte der Normalzustand sein. Meines Erachtens bieten die Reifen kein anderes Bild, wenn das Fahrzeug bis zur zulässigen Grenze beladen ist. Vor der Feststellung durch die Polizei bin ich am selben Tag etwa fünfmal von der Baustelle zur Deponie gefahren. Besonderheiten hat es bei diesen Fahrten nicht gegeben. Mit dem Fahrzeug selbst war ich damals etwa ein dreiviertel Jahr vertraut, bin also in dieser Zeit nahezu täglich mit dem Fahrzeug gefahren. Es handelt sich um einen MAN Muldenkipper, vierachsig, Erstzulassung etwa 2004, Luftfederung, ausreichend starke Motorisierung.

Für mich war nicht zu erkennen, dass ich überladen hatte. Ich hatte aus meiner Sicht alles getan, um so etwas zu verhindern. Ich bin auch der Meinung, dass der Baggerfahrer vorsichtig geladen hat. Auch der Baggerfahrer kann aber von seinem Standort aus von oben nicht in die Kippmulde schauen. Er kann nur dafür sorgen, dass nichts über die Ladekante hinausragt.

Schwierig mag es am Tattag auch deshalb gewesen sein, weil die Ladung teilweise nass gewesen ist. Es hatte geregnet und Teile des Abbruchmaterials könnten Feuchtigkeit aufgenommen haben. Schon dadurch können deutliche Gewichtsunterschiede entstehen, die man nur anhand des Volumens nicht erkennen kann. Auch für den Baggerfahrer wird es schwierig gewesen sein, solche feuchten Stellen überhaupt zu erkennen. Auf der Baustelle war es staubig, weil trotz des Regens natürlich in dem Gebäude beim Abbruch viel trockenes Material zusammengefallen ist. Außerdem handelte es sich um gemischtes Material, das unterschiedliche Dichte aufgewiesen hat. Auch deshalb war die Ladung für den Baggerfahrer schwer einzuschätzen. Möglicherweise sind hier auch verschiedene ungünstige Umstände zusammengekommen, also Feuchtigkeit und dichtes schweres Material, was zu dieser unglücklichen Überladung geführt hat. Ich kann mir jedenfalls nicht vorstellen, dass auch die vorherigen anderen Fuhren überladen waren.

Zu meinen persönlichen Verhältnissen:

Ich bin am 20.1.1965 geboren, verheiratet, habe drei Kinder, wovon noch eines unterhaltsberechtigt ist. Mein Einkommen als Kraftfahrer liegt etwa in einer Größenordnung von 1.500 EUR netto."

So weit zu der Einlassung meines Mandanten. Zur Tatsache, dass am Fahrverhalten des Fahrzeugs, aus dem optisch kontrollierbaren Stand der Luftfederung und der Beschaffenheit der Zwillingsbereifung nicht zu erkennen ist, dass das Fahrzeug zulässig beladen ist oder um 20 % überladen, beantrage ich,

ein Sachverständigengutachten einzuholen.

Ich rege aber an, das Verfahren gegen den Betroffenen einzustellen oder aber die Geldbuße auf 35 EUR abzusenken.
Mit der Wahrnehmung des Hauptverhandlungstermins in ... werde ich einen Unterbevollmächtigten beauftragen.
Rechtsanwalt ◂

4. Einzelne Sachanträge. a) Allgemeines. Trotz der Regelungen in § 71 Abs. 2 S. 2 und § 77 Abs. 2 Nr. 2 OWiG wird auch im Ordnungswidrigkeitenrecht die Hauptverhandlung nicht wie die mündliche Verhandlung im Zivilrecht schriftlich vorbereitet. Im Hauptverfahren vor der Hauptverhandlung gestellte **Beweisanträge** müssen daher, wenn ihnen nicht vom Gericht vorher nachgegangen worden ist, in der Hauptverhandlung in der Beweisaufnahme wiederholt werden, sonst sind sie unbeachtlich. Eine Rechtsbeschwerde könnte in diesen Fällen nur darauf gestützt werden, dass sich eine entsprechende Beweiserhebung auch ohne ausdrücklichen Beweisantrag dem Gericht hätte aufdrängen müssen (siehe Rn 188 ff). Anträge, Hinweise (zur Rechtsauffassung des Verteidigers) oder Tatsachenmitteilungen sind letztlich lediglich Anregungen an das Gericht, beispielsweise noch vor der Hauptverhandlung Maßnahmen nach § 71 Abs. 2 OWiG einzuleiten, zur Hauptverhandlung bestimmte benannte Zeugen zu laden oder nach § 47 Abs. 2 OWiG das Verfahren einzustellen.

49

b) Verjährung. Gemäß § 47 Abs. 2 OWiG kann das Gericht das Verfahren in jeder Lage einstellen. Außerhalb der Hauptverhandlung ist hierfür die Zustimmung der Staatsanwaltschaft entbehrlich, wenn die Geldbuße 100 EUR nicht übersteigt und die Staatsanwaltschaft vorab erklärt hat, an der Hauptverhandlung nicht teilnehmen zu wollen (in der Hauptverhandlung ist die Zustimmung bei Abwesenheit der Staatsanwaltschaft gem. § 75 Abs. 2 OWiG generell nicht notwendig). Maßstab für das Zustimmungserfordernis ist also lediglich die Höhe der Geldbuße; auf eine mit dem Bußgeldbescheid verhängte Nebenfolge (zB Fahrverbot) kommt es nicht an. **Einstellungen im Hauptverfahren** außerhalb der Hauptverhandlung kommen vor allem bei zwischenzeitlich eingetretener Verfolgungsverjährung in Betracht, mitunter auch bei Ordnungswidrigkeiten in Zusammenhang mit Verkehrsunfällen (wenn hier das Gericht eine Ahndung nicht für geboten hält). Die Verjährung ist in jeder Lage des Verfahrens von Amts wegen zu beachten.[16] Ist sie eingetreten, entscheidet das Gericht durch Beschluss gem. § 72 Abs. 1 OWiG, § 206 a Abs. 1 StPO iVm § 46 Abs. 1 OWiG. Die Verjährungsfrist beginnt am ersten Tag des maßgeblichen Ereignisses (im folgenden Beispiel Rn 52 also am 1. April). Der letzte Tag ist der Tag, der im Kalender vor jenem liegt, der unter Berücksichtigung der Zahl der Monate dem Tag des Fristbeginns entspricht. Die Ausnahmeregelung für Sonn- und Feiertage aus § 43 Abs. 2 StPO gilt nicht.[17]

50

Hinweis: Nicht selten sind Fälle, in denen dem Gericht die eingetretene Verjährung nicht aufgefallen ist. Der Hinweis darauf könnte natürlich erst in der Hauptverhandlung angebracht werden; wenn diese aber fernab vom Wohnsitz des Betroffenen stattfindet, empfiehlt es sich, schon außerhalb der Hauptverhandlung das Problem anzusprechen.

51

Beispiel:
M. hat einen Bußgeldbescheid vom 1. September wegen zu schnellen Fahrens am 1. April erhalten. Aufgrund der Akteneinsicht stellt sich Folgendes heraus: Weil der benutzte Pkw nicht

52

---
16 *Gürtler*, in: Göhler, § 31 OWiG Rn 17.
17 *Gürtler*, in: Göhler, § 31 OWiG Rn 16.

auf M. zugelassen war, ist zunächst der Arbeitgeber als Halter angehört worden. Dieser hat der Bußgeldstelle den Namen des Nutzers mit einem Schreiben, eingegangen dort am 20. Mai, mitgeteilt. Auf diesem Schreiben befindet sich in der Ermittlungsakte der Eingangsstempel der Bußgeldstelle und daneben die handschriftliche Ziffernfolge „84" mit einem weiteren handschriftlichen Krakel. Wie der Akte weiter zu entnehmen ist, hat danach der Sachbearbeiter Recherchen beim Einwohnermeldeamt des M. durchgeführt und nach Eingang der Antwort (Eingangsdatum 9. Juni) am 10. Juni einen Anhörungsbogen an den Betroffenen verschickt. Dieser blieb unbeantwortet, so dass am 1. September der Bußgeldbescheid erlassen worden ist.

53 Hier ist **Verfolgungsverjährung** eingetreten. Allerdings fällt dies vielleicht einem Anwalt, der außerhalb Bayerns seinen Kanzleisitz hat, nicht sofort auf. Die Ziffernfolge „84" ist in der Zentralen Bußgeldstelle Bayerns in Viechtach der Code für die Anordnung der Anhörung.[18] Befindet sie sich auf einem Blatt der Akte in Zusammenhang mit dem Namen des Betroffenen, tritt die Unterbrechung der Verjährung schon zum Zeitpunkt ihrer Notiz ein. Dies gilt nach § 33 Abs. 2 OWiG bei schriftlichen Unterbrechungshandlungen für alle darauf bezogenen vorausgehenden Anordnungen. Vorliegend trat am 20. Mai durch die Anordnung der Anhörung (Ziffercode 84 plus Paraphe des Sachbearbeiters) die Unterbrechung der Verjährung gem. § 33 Abs. 1 Nr. 1 OWiG ein. Alle Maßnahmen in der Gruppe des § 33 Abs. 1 Nr. 1 OWiG stehen alternativ nebeneinander mit der Folge, dass eine Unterbrechung der Verjährung auf diesem Wege gegen ein und denselben Betroffenen nur einmal herbeigeführt werden kann („der Tatbestand ist danach verbraucht").[19] Die weitere Anhörung mit Schreiben vom 10. Juni konnte somit nicht erneut eine Verjährungsunterbrechung bewirken. Weil der Bußgeldbescheid vom 1. September mehr als drei Monate nach der ersten Unterbrechungshandlung erlassen worden war, war zu diesem Zeitpunkt bereits Verfolgungsverjährung eingetreten.

54 ▶ **Muster: Antrag auf Einstellung des Verfahrens wegen eingetretener Verfolgungsverjährung**

An das Amtsgericht ...
In der Bußgeldsache
gegen ...
Az ...
beantrage ich,
das Verfahren außerhalb der Hauptverhandlung gem. § 47 Abs. 2 OWiG einzustellen.

Begründung:

Im vorliegenden Fall ist am 20. August Verfolgungsverjährung eingetreten. Hierfür ist folgender zeitlicher Ablauf maßgeblich:

1. Die Tat war am 1. April. Damit lag das Ende der Verjährungsfrist zunächst auf dem 30. Juni.
2. Eine Unterbrechung erfuhr diese Frist durch die Anordnung der Anhörung des Betroffenen auf Bl. ... der Akte. Hier hat der Sachbearbeiter auf einem Schreiben des Arbeitgebers des Betroffenen am 20. Mai die Ziffernfolge „84" zusammen mit seinem Handzeichen notiert. Hinter diesem Code

---

18 BayObLG DAR 2004, 401.
19 Vgl OLG Celle NZV 2001, 88; siehe *Gürtler* in: Göhler, § 33 OWiG Rn 6 a mwN.

der Zentralen Bußgeldstelle verbirgt sich die Anordnung der Anhörung, die auf diese Weise auch wirksam vorgenommen werden kann (BayObLG DAR 2004, 401).
3. Die Anhörung mit Schreiben vom 10. Juni konnte demgegenüber nicht erneut die Unterbrechung der Verjährung herbeiführen. Wie die Maßnahme am 20. Mai ist sie der Gruppe des § 33 Abs. 1 Nr. 2 OWiG zuzuordnen. Dessen Tatbestände stehen aber alternativ und nicht kumulativ nebeneinander. Sie können die Verjährung gegen einen bestimmten Betroffenen nur einmal unterbrechen (*Gürtler*, in: Göhler, OWiG, 16. Aufl. 2012, § 33 Rn 6 a; OLG Celle NZV 2001, 88; OLG Braunschweig NZV 2008, 108 LS).
4. Zum Zeitpunkt des Erlasses des Bußgeldbescheids war daher seit dem 20. August Verfolgungsverjährung eingetreten.

Die Verjährung ist von Amts wegen zu berücksichtigen (*König*, in: Göhler, aaO, § 31 Rn 17). Sofern sie eingetreten ist, ist das Verfahren in jeder Lage einzustellen.

Rechtsanwalt ◄

Der dargestellte Fall stammt aus der Praxis, wird sich aber sicher nicht oft wiederholen. Häufiger kann eine andere Sachverhaltskonstellation auftreten:

Beispiel:
M. war am 1. April mit dem Motorrad unterwegs und vor einer Zivilstreife im Überholverbot innerorts am Überholen einer Fahrzeugkolonne. Gleich anschließend konnte er von der Polizei gestoppt werden. Sechs Wochen später trifft bei ihm ein Anhörungsbogen ein, den er ignoriert. Am 6. Juli wird gegen ihn ein Bußgeldbescheid erlassen, den er als Dauermandant ohne besondere Besprechung in der Kanzlei abgibt. Es wird Einspruch eingelegt und die Ermittlungsakte beschafft. Aus deren Inhalt ergeben sich keine Besonderheiten. Die Akte beginnt mit einer Formularanzeige, ohne dass daraus ersichtlich ist, dass M. am Vorfallstag persönlichen Kontakt mit der Polizei hatte. Es hat den Anschein einer Kennzeichenanzeige. Erst in der Besprechung etwa zwei Wochen vor der Hauptverhandlung erwähnt M., wie sich seine Feststellung abgespielt hat.

An sich kann jetzt mit dem gleichen Muster wie zuvor (Rn 54) auf den Eintritt der Verfolgungsverjährung hingewiesen werden. Die rechtliche Würdigung ist ähnlich. Schon bei der Kontrolle vor Ort ist M. gegenüber der Tatvorwurf erhoben worden. Damit hat mindestens die Bekanntgabe einer Verfahrenseinleitung vor Ort durch die Polizei stattgefunden. Das genügt, um die Unterbrechungswirkung nach § 33 Abs. 1 Nr. 1 OWiG herbeizuführen.[20] Die weitere schriftliche Anhörung vor Erlass des Bußgeldbescheids konnte daher keine Wirkung mehr entfalten. Der Bußgeldbescheid wurde erst erlassen, als die Tat bereits seit sechs Tagen verjährt war. Gleichwohl wird ein Schriftsatz mit einem entsprechenden Einstellungsantrag wohl nicht zu einer Einstellung außerhalb der Hauptverhandlung führen. Anzunehmen ist vielmehr, dass der Bußgeldrichter zuvor die Polizisten als Zeugen über den Inhalt der Gespräche mit dem Betroffenen vernehmen möchte. Diese Beweisaufnahme muss man nicht fürchten. Die Frage, ob dem M. erklärt worden ist, dass er im Überholverbot überholt habe, wird ein Polizist sicher nicht verneinen, selbst wenn eine vollständige Anhörung vor Ort mit Belehrung und Gelegenheit zur Aussage nicht durchgeführt worden ist. Schon eine Abschlussbe-

---

20 *Gürtler*, in: Göhler, § 33 OWiG Rn 7.

merkung der Polizei im Sinne von „Sie hören von uns!" genügt, um den Tatbestand des § 33 Abs. 1 Nr. 1 OWiG zu erfüllen.

58 Verjährungsfragen können vielschichtig sein. Deshalb sollte die Untersuchung der Ermittlungsakte gründlich vorgenommen werden.

59 **Beispiel:**
M. war am 1. April auf der Autobahn zu schnell gefahren und mit einer Brückenmessung mit dem System *VKS* festgestellt worden. Die Bußgeldbehörde musste Recherchen beim Halter des Fahrzeugs durchführen und hat zur Antwort erhalten, dass der Wagen dem M. zur beruflichen und privaten Nutzung überlassen ist. Am 25. Mai verschickt die Bußgeldbehörde einen an M. adressierten mit „**Anhörungsbogen**" überschriebenen Brief. Das Schreiben beginnt mit den Worten (statt Anrede): „An den Fahrer des Pkws, Ihnen wird vorgeworfen, am 1. April auf der BAB A [...]". Der Brief schließt mit den Worten: „Wenn Sie nicht der Fahrer waren, nennen Sie bitte den Fahrer auf der Rückseite dieses Anhörungsbogens". M. reagiert nicht und erhält Anfang Juli einen Bußgeldbescheid vom 3. Juli. Hiergegen legt er selbst ohne Begründung Einspruch ein und erscheint später in der Kanzlei nach Erhalt der Terminladung.

60 Auch hier ist Verjährung eingetreten. Der „Anhörungsbogen" vom 25. Mai konnte die Verjährung nicht unterbrechen, weil es sich tatsächlich noch nicht um eine Anhörung oder sonstige Maßnahme nach § 33 Abs. 1 Nr. 1 OWiG gehandelt hat. Näheres ist dem nachfolgenden Muster zu entnehmen.

61 ▶ **Muster: Antrag auf Einstellung des Verfahrens wegen eingetretener Verjährung**

An das Amtsgericht ...
In der Bußgeldsache
gegen ...
Az ...
zeige ich an, dass mich der Betroffene beauftragt hat. Eine von ihm unterzeichnete Vollmacht, aus der sich auch meine Vertretungsberechtigung ergibt, füge ich in Kopie bei. Ich beantrage,
das Verfahren gegen meinen Mandanten außerhalb der Hauptverhandlung gem. § 47 Abs. 2 OWiG wegen eingetretener Verfolgungsverjährung einzustellen.

Begründung:
Die Tat geschah am 1. April, also mehr als drei Monate vor Erlass des Bußgeldbescheids. Aus der Ermittlungsakte sind verjährungsunterbrechende Maßnahmen nicht ersichtlich. Der Anhörungsbogen vom 25. Mai konnte jedenfalls keine verjährungsunterbrechende Wirkung entfalten, weil er den Anforderungen an eine Anhörung gem. § 33 Abs. 1 Nr. 1 OWiG nicht genügt. Aus dem Schreiben ergibt sich nicht zweifelsfrei, dass der Adressat als Betroffener und nicht als Zeuge angehört werden sollte. Schon die Formulierung der Anrede deutet daraufhin, dass sich die Verwaltungsbehörde noch nicht dafür entschieden hatte, das Verfahren gegen M als Betroffenen zu führen. Der Anrede und dem weiteren Text ist nämlich zu entnehmen, dass nicht M., sondern dem Fahrer des Pkws die Tat vorgeworfen werden sollte. M. musste sich daher bei dieser Wortwahl noch nicht für den Betroffenen halten. Verstärkt wird die Auslegung des Schreibens der Bußgeldbehörde als „Zeugenfragebogen" auch durch die Formulierung am Ende „Wenn Sie nicht der Fahrer waren, [...]".
Voraussetzung einer wirksamen Anhörung ist, dass der Betroffene nach objektiven Maßstäben erkennen kann, dass er einer konkreten Ordnungswidrigkeit beschuldigt wird (*Gürtler*, in: Göhler,

OWiG, 16. Aufl. 20012, § 33 Rn 6 a). Erfüllt ein Anhörungsbogen diese Anforderungen nicht, kommt ihm keine verjährungsunterbrechende Wirkung zu (vgl OLG Hamm zfs 2000, 224).
So liegt der Fall hier. Mangels Verjährungsunterbrechung war bereits Verfolgungsverjährung (nach drei Monaten gem. § 26 Abs. 3 StVG) eingetreten, als der Bußgeldbescheid erlassen wurde.
Die Verjährung ist von Amts wegen zu berücksichtigen (*Gürtler*, in: Göhler, aaO, § 31 Rn 17). Sofern sie eingetreten ist, ist das Verfahren in jeder Lage einzustellen.
Rechtsanwalt ◄

5. Antrag auf Verbindung mehrerer Verfahren

Beispiel:
M. kommt in die Kanzlei und schildert Begebenheiten von seinem letzten Ausflug. Er sei auf der Autobahn kurz hintereinander zweimal geblitzt worden. Die dazu gehörenden Anhörungsbögen legt er vor. Es werden zwei Bußgeldakten angelegt, Akteneinsichten vorgenommen, Einsprüche gegen folgende Bußgeldbescheide eingelegt. Beide Verfahren scheinen aussichtslos zu sein. Diese Erkenntnis wächst und verdichtet sich zur Gewissheit, nachdem zwei verschiedene Ladungen zu Hauptverhandlungen an verschiedenen Amtsgerichten eingegangen sind (M. hatte eine Gerichtsgrenze zwischen den beiden Tatorten überfahren). Jede Geschwindigkeitsüberschreitung beläuft sich auf mehr als 25 km/h Überschreitung und wird mit je 1 Punkt geahndet. Sie sind im zeitlichen Abstand von sechs Minuten passiert, einmal in einer Baustelle, das andere Mal im Bereich allgemeiner Beschränkung auf 120 km/h.

Was lässt sich jetzt noch für den Mandanten tun? Die Frage wird sein, ob die beiden Verstöße gem. § 19 OWiG tateinheitlich oder getrennt zu behandeln sind. Gelangt man zum Ergebnis **Tateinheit**, kommt es nur zur Festsetzung einer Geldbuße, die allerdings mit Blick auf die weitere Ordnungswidrigkeit angemessen erhöht werden kann. Entscheidend ist aber, dass damit nur eine Eintragung im Fahreignungsregister verbunden wäre, dem Mandanten bliebe somit 1 Punkt erspart.

Ob Tateinheit vorliegt, sollte in einer Hauptverhandlung von einem Bußgeldrichter entschieden werden. Bei verschiedenen Ordnungswidrigkeiten mit einem persönlichen Zusammenhang (§ 38 S. 2 OWiG) und unterschiedlicher örtlicher gerichtlicher Zuständigkeit gem. § 68 Abs. 1 OWiG kommt eine Verbindung der Verfahren gem. § 13 Abs. 2 StPO iVm § 46 Abs. 1 OWiG in Betracht.[21]

Hinweis: Eine solche Antragstellung birgt nicht immer Vorteile für den Mandanten. Die Frage tateinheitlicher Begehungsweise wird bei mehreren Geschwindigkeitsüberschreitungen (siehe Rn 106) in engem zeitlichem Zusammenhang von den Gerichten durchaus kritisch gesehen. Man kann mit der Verbindung der Verfahren auch das Gegenteil erreichen und über die damit bekannt gewordene Häufung von Ordnungswidrigkeiten eine Vorsatzverurteilung riskieren (mit einhergehender Tatmehrheit und Erhöhung der Geldbuße). Gleichwohl hier ein Muster für die Anträge, die an beide Gerichte zu richten sind:

---

21 *Seitz*, in: Göhler, § 68 OWiG Rn 3 a.

§ 11 Ordnungswidrigkeiten im gerichtlichen Verfahren

66 ▶ **Muster: Verbindungsantrag 1 bei mehreren in Tateinheit zueinander stehenden Ordnungswidrigkeiten**

An das Amtsgericht ...

In der Bußgeldsache

gegen ...

Az ...

beantrage ich,

dieses Verfahren (führend) mit dem Verfahren am Amtsgericht ... (Az dort ...) zu verbinden.

Begründung:

Bei dem im Antrag zitierten anderen Verfahren geht es um eine Ordnungswidrigkeit ebenfalls gegen M vom 1.8.2014 um 17.06 Uhr, also sechs Minuten vor der Ordnungswidrigkeit, die zu diesem Verfahren am Amtsgericht ... geführt hat. Den dazugehörigen anderen Bußgeldbescheid der Bußgeldstelle vom 1.11.2014 füge ich zur Information bei.

Am 1.8.2014 war mein Mandant Fahrer des gemessenen Fahrzeugs sowohl um 17.06 Uhr als auch um 17.12 Uhr. Er befand sich auf der Rückfahrt von einem geschäftlichen Termin in ... mit großer Bedeutung. Mein Mandant kann sich daran erinnern, dass er während der Fahrt mit dem in seinem Geschäftstermin behandelten Thema gedanklich stark befasst war. Deshalb muss er fahrlässig entweder die Beschilderung nicht wahrgenommen oder nicht ausreichend auf seine Geschwindigkeit geachtet haben (soweit es den Baustellenbereich betrifft). Weitere Angaben zur Sache könne er nicht machen.

Eine beglaubigte Abschrift dieses Schriftsatzes habe ich auch an das Amtsgericht ... geschickt und auch dort die Verbindung der Verfahren beantragt.

Rechtsanwalt ◀

67 ▶ **Muster: Verbindungsantrag 2 bei mehreren in Tateinheit zueinander stehender Ordnungswidrigkeiten**

An das Amtsgericht ...

In der Bußgeldsache

gegen ...

Az ...

beantrage ich,

dieses Verfahren mit dem Verfahren am Amtsgericht ... (Az dort ...) zu verbinden.

Einen entsprechenden Antrag habe ich bereits beim Amtsgericht ... gestellt. Diesen füge ich in der Anlage bei.

Rechtsanwalt ◀

III. Anträge in der Hauptverhandlung

68 1. Konflikt oder Harmonie im Gerichtssaal? Spätestens wenn die Hauptverhandlung unmittelbar bevorsteht, sollte Klarheit darüber bestehen, welches Ergebnis angestrebt wird. Unrealistische Maximalziele gehören nicht in diese Überlegungen. Mitunter geht es ohnehin nur um Zwischenziele. Beispielsweise wenn sich aus der Ermittlungsakte ergeben hat, dass eine Geschwindigkeitsmessung mit Radar daran leiden könnte, dass das gemessene Fahrzeug schräg durch die Radarkeule gefahren ist (Folge wäre ein zu hoher oder zu niedriger angezeigter Geschwindigkeitswert).[22] Ziel der Verhandlung muss dann sein, das Gericht dazu zu bringen, zu dieser Frage ein Sachverständigengutachten einzuholen. Damit der Mandant, der ohne besondere Aufklärung wohl immer davon ausgeht, dass sein Verteidiger tief in die geheimnisvolle juristische Trickkiste greift und ein Freispruch sicher ist, von Überraschungen verschont bleibt, empfiehlt es sich, diesen ebenfalls über die gesetzten Ziele und die Chancen ihrer Erreichbarkeit zu informieren.

Bestandteil solcher Strategieüberlegungen sollte auch sein, mit welchem Stil man seinen Weg verfolgen will. Strebt man Harmonie im Gerichtssaal an oder versucht man, das Verfahren mit allen Mitteln und mit letzter Konsequenz im Interesse des Mandanten zu beeinflussen (Stichwort: **Konfliktverteidigung**, siehe auch § 8 Rn 27 ff)? Die Frage zu beantworten, dürfte demjenigen schwer fallen, der den Bußgeldrichter nicht kennt – im Übrigen immer ein Argument für die Beauftragung eines Unterbevollmächtigten bei entfernt liegenden Gerichten. Gegenargument ist die Tatsache, dass man gewöhnlich auch nicht denjenigen Kollegen kennt, der den Termin übernehmen wird. Wäre derjenige überhaupt in der Lage, mit derartiger Konsequenz vorzugehen? Das Problem kann immer auftreten. Denn selbst wenn man zu Beginn diese Art von Verteidigung nicht in Erwägung gezogen hat, kann der tatsächliche Verlauf der Verhandlung unvermittelt hierzu Anlass geben.

69

Wann endet die Harmonie und wann beginnt der Konflikt? Sicher nicht bereits vor dem Sitzungssaal, weil man weiß, dass der Richter hart in der Sache und gegenüber Betroffenen unnachgiebig und nicht bereit ist, für ihr Verhalten oder ihre Situation Verständnis aufzubringen, und dadurch immer wieder den Eindruck vermittelt, dass er das gerichtliche Verfahren bei Verkehrsordnungswidrigkeiten für überflüssig hält. Auf solche Richter muss man als Verteidiger eingehen können und in der Lage sein, den Verlauf der Hauptverhandlung nicht nur durch das Gericht bestimmen zu lassen. Aber zurück zur Frage: Harmonisch bleibt das Rechtsgespräch, wenn sich auch ohne ausdrückliche Antragstellung das Gericht bereitfindet, **Beweisanregungen** nachzugehen. Dies dürfte die Regel sein. Wer mögliche Fehler bei der Messung anhand des Inhalts der Ermittlungsakte darstellen kann, wird einen Richter gewöhnlich davon überzeugen können, von sich aus Ermittlungen in diese Richtung anzustellen und – meist das dann in Frage kommende Beweismittel – ein Sachverständigengutachten zur Messung in Auftrag zu geben. Man muss das nicht als besonderes Entgegenkommen des Gerichts werten, denn § 77 OWiG verpflichtet das Gerichts ohnehin, die „Wahrheit von Amts wegen zu erforschen", immer aber unter Berücksichtigung der Bedeutung der Sache.[23] Auch ohne Beweisantrag ist dann Beweis zu erheben, wenn es sich nach der Sachlage unter Berücksichtigung des Akteninhalts und des Ablaufs der Hauptverhandlung aufdrängt.[24]

70

Mancher Richter lotet allerdings sein Ermessen, den Umfang der Beweisaufnahme zu bestimmen, sehr weit dahin aus, konkreten Beweisanregungen nicht nachgehen zu müssen. Wenn im Gerichtssaal nicht mehr nach dem Grundsatz „in dubio pro reo" gearbeitet wird, sondern nach der in Bußgeldsachen auch häufig festzustellenden Regel „Zweifel gar nicht erst aufkommen lassen", muss man sich als Verteidiger vom Pfad der Harmonie wegbewegen, wenn

71

---

22 ADAC Praxistest, zitiert in *Beck/Löhle/Kärger*, Fehlerquellen, S. 44.
23 BGH NJW 2005, 1381: „bedeutungsabhängige Aufklärungsintensität".
24 OLG Düsseldorf VRS 85, 124.

man konsequent bei seiner Strategie bleiben will. Der einzige Weg, den Verfahrensverlauf zu beeinflussen, liegt darin, Anträge zu stellen und dafür zu sorgen, dass sie auch ins Protokoll aufgenommen werden.

71a **Hinweis:** In der Zeit der Diskussion über die Ermächtigungsgrundlage für die Anfertigung von Fotos und Videos[25] kam es für die Berufung auf ein Beweiserhebungs- und -verwertungsverbot darauf an, dass in der Hauptverhandlung der Verwertung der Beweismittel in unmittelbarem Zusammenhang mit der Einbeziehung des betreffenden Beweismittels in die Beweisaufnahme widersprochen wird (nach der sog. Widerspruchslösung des BGH). Im Rechtsbeschwerdeverfahren wird sehr genau geprüft, ob das Protokoll eine Notiz zu einem derart erhobenen Widerspruch enthält.[26] Jedenfalls genügt im Zweifel eine Rechtsdiskussion mit dem Bußgeldrichter über die Frage der Verwertbarkeit nicht, wie die folgende dienstliche Erklärung eines Bußgeldrichters aus einem Protokollberichtigungsverfahren zeigt:

„Mit Antrag vom 29.3.2010 beantragte RA ..., das Protokoll vom 12.2.2010 derart zu berichtigen, dass sein Hinweis auf die Unverwertbarkeit der Bilder und der Videoprints nicht im Protokoll aufgenommen worden sei, obwohl er in der Verhandlung hierauf hingewiesen habe.

Der Urkundsbeamte hat in einer Stellungnahme hierzu angegeben, dass der RA die Verwertbarkeit der Messung thematisiert und auf die entsprechende Entscheidung des BVerfG hingewiesen und auch seine Zweifel an der Verwertbarkeit in seinem Schlussvortrag ausführlich dargelegt habe. Ein förmlich zu Protokoll erklärter ausdrücklicher Widerspruch gegen die Verwertbarkeit der Bilder und Videoprints erfolgte jedoch nicht. [...]

Hierüber wurde gesprochen, einen ausdrücklichen Antrag, einen Widerspruch ins Protokoll aufzunehmen, hat er aber nicht gestellt. Nur ein solcher ausdrücklicher Antrag wäre als wesentliche Förmlichkeit zu protokollieren gewesen. Dies wurde so auch schon im Urteil dargelegt. Eine Berichtigung des Protokolls kann deshalb nicht erfolgen.“[27]

72 Folgt das Gericht einer Beweisanregung nicht, muss ein **Beweisantrag** gestellt werden. Nur damit erhält man sich die Chance, ein vielleicht zu erwartendes ungünstiges Urteil im Wege der Rechtsbeschwerde (vor allem in den Fällen, in denen ihre Zulassung nur über die Gehörsrüge gem. § 80 Abs. Nr. 2 OWiG zu erreichen ist) zu kippen. Meist ändert sich dadurch die Stimmung im Gerichtssaal. Der Verteidiger benötigt Zeit für seinen schriftlich begründeten Beweisantrag, der Bußgeldrichter hingegen steht unter Zeitdruck, weil die nächste Sache knapp im Anschluss terminiert ist. Beide Seiten geraten unter Stress; prozessuale Ausreißer können durchaus die Folge sein.[28] Wer als Verteidiger in einer solchen Situation nachgibt, wird auch im Rechtsmittelverfahren ohne Chance bleiben.

73 Wer das **Verfahren** seines Mandanten **verzögern** muss, weil es in erster Linie um den Stand im Fahreignungsregister geht, und weiß, dass eine darauf ausgerichtete Absprache mit dem Gericht (Neuterminierung in fünf Monaten mit dem Versprechen, den Einspruch dann zurück-

---

25 BVerfG DAR 2009, 577; 2010, 508; 2010, 574.
26 *Gieg/Olbermann*, Die anwaltliche Rechtsbeschwerde im Straßenverkehr, DAR 2009, 617, 623.
27 Im Verfahren 15 OWI 361 Js 16282/09 AG Hof.
28 ZB: In der Hauptverhandlung eines AG, die um 11.30 Uhr begonnen hatte und an die sich die nächste Sache um 12.00 Uhr anschloss, war es bereits 12.20 Uhr, als der mit 1 1/2-Stunden Zeitaufwand angereiste Verteidiger seinen Beweisantrag ankündigte. Der Vorsitzende erwiderte darauf, dass er jetzt unterbreche, um dem Verteidiger Gelegenheit zur Formulierung zu geben, und die Sitzung dann um 17.00 Uhr fortsetzen werde!

zunehmen) nicht zu erreichen ist, muss sich auf das Rechtsbeschwerdeverfahren vorbereiten. Hierfür gilt immer: Je mehr Material man in die Begründung des Rechtsmittels einarbeiten kann, desto länger dauert das sich anschließende Verfahren bei Staatsanwaltschaft und Oberlandesgericht. Die Rechtsbeschwerde wird sogar erfolgreich sein, wenn das Erstgericht sich dazu verleiten lässt, Fehler zu produzieren. Eine Konfliktsituation wie oben (Rn 72) beschrieben, kann dafür gut geeignet sein. Warum muss also eine Beschwerde immer mit guten Erfolgsaussichten behaftet sein? Warum nicht, wenn die Sache länger dauert als auf der Terminrolle geplant, mit dem Argument der eigenen anderen Termine am selben Tag einen Fortsetzungstermin beantragen? Hier ist kreative Verteidigung gefragt. Wichtig aber vor allem: Ohne ausdrücklich gestellte Anträge wird man nicht weit kommen.

2. Beweisanträge zur Identifizierung des Betroffenen. Messfotos weisen, selbst wenn sie gut sind, nicht die Qualität eines Studiofotos auf. Dennoch gibt es viele Fotos, auf denen eine bestimmte Person eindeutig zu erkennen ist. In diesen Fällen muss man sich über die Frage der Identifizierung des Betroffenen wenig Gedanken machen. Zu überlegen ist vielmehr, ob man dem Mandanten die Gerichtsverhandlung erspart und einen Antrag auf Entbindung von der Verpflichtung zum persönlichen Erscheinen stellt (siehe Rn 37 ff). 74

Die meisten Fotos sind von mittlerer bis schlechter Qualität. Teile des Fahrzeugs verdecken Teile des Fahrergesichts, Spiegelungen der Windschutzscheibe verlaufen mit Teilen des Gesichts; alles ist kontrast- und detailarm, meist auch unscharf. Sachbearbeiter in Bußgeldstellen und Bußgeldrichter haben dennoch wenig Probleme mit der Identifizierung unter Zuhilfenahme solcher Fotos. Man gewinnt den Eindruck, dass hier nur nach dem Ausschlussprinzip gearbeitet wird: Solange kein Merkmal auf dem Foto dem Aussehen des Betroffenen offensichtlich widerspricht, wird er es schon gewesen sein. Ein schönes Beispiel hierfür ist der Beschluss des OLG Hamm vom 13.5.2005.[29] Der Amtsrichter der ersten Instanz dieses Verfahrens hatte auch ohne Hinzuziehung eines Sachverständigen keine Probleme, den Betroffenen als Fahrer zu erkennen. Das OLG hingegen vertrat die Auffassung, dass anhand des schlechten Fotos eine Identifizierung nicht nur zweifelhaft sei, sondern nachgerade ausgeschlossen, und hat den Betroffenen freigesprochen.[30] 75

Wie verteidigt man in einer Situation, wenn der Bußgeldrichter sofort durchblicken lässt, dass keinerlei Zweifel an der Fahrereigenschaft des Betroffenen bestehen, das Messfoto aber eine völlig ungenügende Qualität aufweist? 76

a) Beweisantrag zur Tatsache, dass ein Dritter der Fahrer war. Der einfachste Antrag, wenn tatsächlich eine andere Person gefahren ist (statt des Mandanten beispielsweise sein Bruder), benennt die richtige Person als Zeugen. 77

Beispiel: 78
M. hatte schon in der ersten Besprechung angegeben, dass sein Bruder mit dem Wagen gefahren sei. Man war übereingekommen, dass das Hauptverfahren abgewartet werden soll, damit die Verfolgungsverjährungsfrist gegen den richtigen Fahrer abläuft. Der Verteidiger war der Meinung, dass das Foto nicht ähnlich ist und dass der Bußgeldrichter schon bei Betrachtung des Fotos zu dem Ergebnis kommen wird, dass M. nicht gefahren sein kann. Tatsächlich kommt es in der Hauptverhandlung anders, und der Richter lässt keinen Zweifel daran auf-

---

29 OLG Hamm NZV 2006, 162.
30 OLG Hamm, aaO.

kommen, dass er M. für den Fahrer hält. In dieser Situation sollte folgender Antrag gestellt werden:

79 ▶ **Muster: Beweisantrag mit Nennung des richtigen Fahrers**

An das Amtsgericht ...

In der Bußgeldsache

gegen ...

Az ...

beantrage ich

zu der Tatsache, dass Fahrer des festgestellten Fahrzeugs, amtl. Kennzeichen ..., zur Tatzeit der Bruder des Betroffenen war,

Herrn ..., ... [vollständige Anschrift]

als Zeugen zu vernehmen.

Das Gericht wird sich dann auch von der Tatsache überzeugen können, dass zwischen den Brüdern eine starke Familienähnlichkeit besteht, dass aber das Messfoto ohne Zweifel den Bruder und nicht den Betroffenen abbildet.

Rechtsanwalt ◀

80 Im Antrag wird ausdrücklich die **Ähnlichkeit** zwischen den Brüdern angesprochen, weil sonst die Gefahr bestünde, dass der Antrag als zur Wahrheitsfindung nicht erforderlich gem. § 77 Abs. 2 Nr. 1 OWiG abgelehnt wird.[31] Das Erfordernis, Ähnlichkeit zu behaupten, wird allerdings in der OLG-Rechtsprechung nicht einheitlich behandelt. Die OLG Oldenburg und Braunschweig sind der Auffassung, dass es auch genüge, wenn ein anderer Fahrer namentlich benannt werde. Eine Ähnlichkeit müsse nicht dargetan werden.[32] Wer die Auffassung seines OLG nicht kennt, wird dennoch aus Gründen anwaltlicher Vorsicht nicht umhin kommen, den Antrag in der hier vorgestellten Version zu formulieren. Noch sicherer dürfte sein, den benannten Zeugen zu sistieren.

b) Beweisantrag zur Qualität des Messfotos

81 Alternative zu Beispiel Rn 78:
M. hat auch seinem Anwalt gegenüber keine Angabe darüber gemacht, ob er selber der Fahrer war. Das Messfoto ist von eher schlechter Qualität. Man kann darauf vielleicht erkennen, dass der Fahrer männlich sein muss, mehr aber nicht. Gleichwohl meint der Richter in der Hauptverhandlung, er halte M. für den Fahrer.

82 In dieser Situation lässt sich ein Beweisantrag unter Benennung eines Dritten als tatsächlicher Fahrer natürlich nicht stellen. Sollte man jetzt ein Sachverständigengutachten zu der Tatsache beantragen, dass der Betroffene nicht der Fahrer war?

83 Grundsätzlich ist es Aufgabe des Tatrichters, sich persönlich davon zu überzeugen, dass der Betroffene der Fahrer des gemessenen Fahrzeugs war. Der Richter kann zwar in Zweifelsfällen einen Sachverständigen hinzuziehen, darf aber seine eigene Meinungsbildung nicht durch die des Sachverständigen ersetzen. Eine Bezugnahme im Urteil auf die Ausführungen des

---

31 Vgl OLG Düsseldorf VRS 85, 124; zfs 2001, 183; BayObLG NZV 1999, 264.
32 OLG Oldenburg NZV 1995, 84; OLG Braunschweig StraFo 1997, 50.

Sachverständigen genügt daher nicht.³³ Der Tatrichter muss auch dann, wenn er sich dem Gutachten des Sachverständigen anschließt, dessen Ausführungen in einer zusammenfassenden Darstellung unter Mitteilung der zugrunde liegenden Anknüpfungstatsachen und der daraus gezogenen Schlussfolgerungen wiedergeben.³⁴ Der BGH meint sogar, dass in der Regel allein der Tatrichter zu beurteilen habe, ob die Tataufnahmen als Anknüpfungstatsachen für die Begutachtung geeignet seien.³⁵

In der hier vorgestellten Fallalternative (Rn 81) bestehen für das Gericht offenbar keine Zweifel. Trotz der mäßigen Bildqualität ist der Richter von der Fahrereigenschaft überzeugt. Für die Begründung im Urteil hätte er zwei Möglichkeiten: **84**

- Der Richter nimmt ausdrücklich Bezug auf das Foto, müsste aber wegen der Bildqualität zusätzlich angeben, aufgrund welcher erkennbaren Merkmale er zu der Überzeugung gekommen ist, dass der Betroffene der Fahrer war.³⁶
- Unterbleibt eine Bezugnahme, muss das Urteil Ausführungen über die Bildqualität enthalten und die Person auf dem Foto so präzise beschreiben, dass es möglich ist, schon aufgrund der Beschreibung zu erkennen, dass das Foto grundsätzlich eine Identifizierung zulässt.³⁷

Empfiehlt es sich, in der dargestellten Verhandlungssituation ein Sachverständigengutachten zu beantragen? Es spricht nichts dagegen, diesen Beweisantrag zu stellen. Vielleicht erreicht man damit tatsächlich eine Begutachtung. Ob daraus am Ende Vorteile erwachsen, bleibt abzuwarten. Jedenfalls verzögert sich das Verfahren. Ist die Identifizierung durch den Sachverständigen aber erfolgreich, kann das Gericht zur Urteilsbegründung auf vorgefertigte Argumente zugreifen. Ihm wird also die Arbeit erleichtert. Dass die Identifizierung erfolgreich ausfällt, dürfte wahrscheinlicher sein als ein anderes Ergebnis. Sachverständige sind ehrgeizig und wollen mit der Begutachtung gewöhnlich auch die Vorzüge ihrer Methode beweisen, haben also die Tendenz, noch aus dem schlechtesten Foto ein positives Ergebnis zu zaubern. Viele Bußgeldrichter neigen dazu, mit Ergebnissen, die auf vermeintlich spezieller, außerhalb der richterlichen Befähigung liegender Methodik beruhen, ihre Entscheidung zu rechtfertigen. An sich steht diese Vorgehensweise aber im Widerspruch zu den Erkenntnissen in höchstrichterlicher Rechtsprechung und Literatur: Es gibt keine wissenschaftlich einheitlichen Kriterien für die Begutachtung.³⁸ Die **Identitätsbegutachtung** ist kein standardisiertes Verfahren.³⁹ Ihre Ergebnisse sind durchaus umstritten.⁴⁰ Von einem gesicherten Stand der Wissenschaft im Bereich der anthropologischen Identitätsgutachten kann nicht die Rede sein.⁴¹

Wie reagiert das Gericht auf den genannten Beweisantrag? Wahrscheinlicher als die Sachverständigenbeauftragung und im Gegensatz hierzu verfahrensrechtlich beanstandungsfrei wird wohl ein Beschluss nach § 77 OWiG sein, mit welchem die Beweisaufnahme abgelehnt wird. **85**

---

33 OLG Frankfurt NZV 2002, 135; OLG Celle NZV 2002, 472.
34 Thüringer OLG zfs 2006, 475; OLG Celle NZV 2002, 472.
35 BGH NZV 2006, 160, 161 mwN.
36 OLG Hamm zfs 2003, 154; OLG Dresden DAR 2000, 279; Schleswig-Holsteinisches OLG, Beschl. v. 7.7.2002 – 2 SsOWi 309/01, 2 Ss OWi 309/01, juris.
37 OLG Hamm NZV 2003, 102; zfs 2000, 557; OLG Bamberg NZV 2008, 166 und 469.
38 BGH NZV 160, 161.
39 OLG Bamberg DAR 2010, 390, 391.
40 BGHR StPO § 267 Abs. 1 S. 2 StPO Beweisergebnis 4; BGH NZV 2006, 160.
41 BGH NZV 2006, 160, 161.

Der Richter hat schließlich schon zu verstehen gegeben, dass seine Überzeugungsbildung abgeschlossen ist.

86 Aussichtsreicher erscheint es deshalb, einen Beweisantrag zu stellen, der die Geeignetheit des Fotos in Abrede stellt. Dieser sollte aber nicht als pauschale Tatsachenbehauptung formuliert werden, sondern mit einer konkreten Beschreibung des Fotos verbunden werden, denn damit führt man „das Foto" in die Hauptverhandlung ein mit dem Ergebnis, im Rechtsbeschwerdeverfahren den Beweisantrag wiedergeben und damit die mangelnde Qualität des Lichtbildes rügen zu können.

87 ▶ **Muster: Beweisantrag zur Qualität des Messfotos**

An das Amtsgericht ...

In der Bußgeldsache

gegen ...

Az ...

beantrage ich,

Beweis durch Sachverständigengutachten zu der Tatsache zu erheben, dass das Messfoto für eine Identifizierung ungeeignet ist.

Begründung:

Das im Dunkeln aufgenommene Lichtbild zeigt den Fahrer im Verhältnis zum Gesamtausschnitt sehr klein. Die Ausschnittsvergrößerung ist grobkörnig und aus diesem Grund unscharf. Im Stirnbereich ist der Kopf durch Schattenbildung oder Dachkante verdeckt, so dass der Haaransatz nicht zu erkennen ist. Zwei kleine dunkle Flecken lassen die Lage der Augen und Augenbrauen erahnen. Details sind aber nicht abgrenzbar, klare Formen nicht abgebildet. Gleiches gilt für das linke Ohr. Zwar kann man seinen Bereich eingrenzen; ohne aber die Form feststellen zu können. Kinn- und Nasenpartie sind ebenfalls aufgrund von ungünstigen Lichtverhältnissen so schlecht abgebildet, dass nicht einmal die Breite des Mundes im Verhältnis zur Größe des Kopfes ermittelbar wäre.

Die insoweit „erkennbaren" Merkmale können nicht zu einer zweifelsfreien Identifizierung führen. Eine Bewertung dieser wenigen Merkmale bedarf einer ausgefeilten Methoden- und Sachkenntnis (*Niemitz*, Zur Methodik der anthropologisch-biometrischen Begutachtung einzelner Tatfotos und Videoaufzeichnungen, NZV 2006, 130). Zwischen den Klassifizierungen von Einzelmerkmalen besteht ein gleitender Übergang, weswegen in der Regel keine genauen Angaben über die Häufigkeit der Merkmale in der Bevölkerung, der die zu identifizierende Person angehört, gemacht werden können (BGH NZV 2006, 160 mwN). Ein nur bedingt geeignetes Beweisfoto unmittelbar mit der Person des Betroffenen zu vergleichen, verstößt gegen die Standards, die erfahrene Fachleute als unabdingbar für die Kontrolle ihrer eigenen Begutachtung einschätzen (*Niemitz*, aaO; *Knussmann*, NStZ 1991, 175 ff).

Noch ein abschließender Hinweis: Die subjektive Einschätzung, die Identifizierung aufgrund des auch im Tatfoto vermeintlich erkennbaren prägenden Gesamteindrucks der Physiognomie vornehmen zu können, ist selbst bei Vergleich zweier Lichtbilder stark eingeschränkt, bei Vergleich eines Lichtbildes mit der Person des Betroffenen sogar ohne Beweiswert, weil man damit gegen die erwähnten Standards verstoßen würde (*Niemitz*, aaO).

Rechtsanwalt ◀

3. Technische Beweisanträge. a) Allgemeines. In den vergangenen Jahren hat es über den Einzelfall hinaus mit einigen Messgeräten Probleme gegeben. Mit technischen Problemen sind verschiedene Geräte aufgefallen. Der Einseitensensor ES 3.0 mit der Gerätesoftware 1.001 (siehe Eichschein) lieferte unreproduzierbar unplausible Messfotos mit Fahrzeugen außerhalb eines tolerierbaren Bereichs um die Fotolinie und mit unrichtigen Seitenabstandsangaben.[42] Nachdem sich das Problem herumgesprochen hatte, kam es abhängig vom individuellen Bußgeldrichter zu völlig unterschiedlichen gerichtlichen Reaktionen. An manchen Gerichten wurden alle Verfahren mit dem fehlerhaften Messsystem ohne Hauptverhandlung eingestellt, an anderen Gerichten grundsätzlich Gutachten eingeholt und nur bei nachgewiesenen Fehlern (Problem: der konkrete Fehler der Soft- oder Hardware war nicht bekannt) einzelne Fälle eingestellt und wieder an anderen Gerichten selbst Gutachten nur dann eingeholt, wenn anhand der Einzelmessung Unplausibilitäten nachgewiesen werden konnten. In aller Regel hing es vom Geschick des Verteidigers ab, die Probleme des Messverfahrens im Allgemeinen und im Speziellen zu begründen. Aktuell bemängeln Sachverständige, dass wegen der Verschlüsselung der Rohdaten seit der Softwareversion 1.007 der Hersteller des Systems eine Monopolstellung hinsichtlich der Auswertung erlangt habe und dass diese Auswertung durch unabhängige Sachverständige nicht überprüft werden könne.

Auch PoliscanSpeed ist ein System, dass in der Justiz oder unter Sachverständigen kritisch beäugt wird. Es gäbe „nicht zu überwindende Zweifel an der Geschwindigkeitsmessung", da Sachverständige keine unabhängige Begutachtung durchführen könnten[43] oder weil sich das System für Sachverständige als „Black Box" darstelle[44].

Auch das Gerät Leivtec XV3 ist von Kritik nicht verschont geblieben. Noch immer dürften Messungen an Amtsgerichten verhandelt werden, in denen ein System zum Einsatz gekommen ist, dessen Kabel zwischen Rechnereinheit und Bedien-/Funkempfänger länger als 3 m war und deshalb nicht mehr von der Gerätezulassung der PTB gedeckt war. In Analogie zu einem früheren Problem bei Abstandsmessungen mit Charaktergenerator CG-P50 ist in solchen Fällen nicht mehr von einem standardisierten Messverfahren auszugehen.[45]

Ohne spezielle Kenntnisse über Messverfahren und Erfahrungen mit Unfallanalysen und dem dazugehörigen technischen Verständnis wird man deshalb als Verteidiger in verkehrsrechtlichen Bußgeldverfahren nicht weit kommen. Die routinierte Beherrschung des Verfahrensrechts hilft nicht, wenn man den Messbeamten einer Lasermessung danach befragen muss, ob er die vorgeschriebenen Tests richtig durchgeführt hat und ob er auch verstanden hat, welchem Zweck sie dienen. Ein guter Verteidiger weiß deshalb selbst, wie das Gerät funktioniert und wie es zu bedienen ist. Nur dann kann er mit seinen Fragen dem Gericht vermitteln, dass es zu Fehlern beim Einsatz des Geräts gekommen ist.

Beispiel:
Die Ermittlungsakte liegt vor. In ihr befindet sich ein gestochen scharfes Radarfoto (*Traffipax* oder *Multanova*), welches den Wagen des Betroffenen gut erkennbar mit ihm als Fahrer allein

---

42 Siehe etwa AG Zerbst NZV 2010, 475; AG Gießen, Beschl. v. 19.2.2010 – 5214 OWI 104 Js 30766/09, n.v.; *Löhle*, DAR 2011, 48; *Bladt*, DAR 2011, 431, 432.
43 AG Aachen, Urt. v. 10.12.2012 – 444 OWi-606 Js 31/12-93/12.
44 AG Herford, Urt. v. 24.1.2013 – 11 OWI 502 Js 2650/12-982/12; AG Rostock DAR 2012, 717; siehe auch *Löhle*, Neue offene Fragen bei Vitronic Poliscan Speed, in: DAR 2013, 597.
45 OLG Bamberg DAR 2010, 98.

in seiner Fahrtrichtung auf einer innerstädtischen Straße abbildet. Der gemessene Geschwindigkeitswert beträgt nach Abzug der Toleranz 81 km/h. Die zulässige Geschwindigkeit war 50 km/h. Verjährungsfragen ergeben sich nicht. Eichurkunden liegen vor.

90 Worauf achtet man? Es geht um eine Radarmessung, die grundsätzlich bekannte Schwächen aufweisen kann:
- Gibt es auf dem Foto erkennbare Quellen für eine **Knickstrahlreflexion**?
- Befinden sich vor dem Messfahrzeug innerhalb einer nach der Bedienungsanleitung kritischen Nähe Hindernisse?
- Gibt es Anhaltspunkte für einen Aufstellfehler?
- Liegt eine Schrägfahrt vor?

91 Man kann nicht in jedem Verfahren mit einer Radarmessung auf Kosten der Rechtsschutzversicherung einen Sachverständigen pauschal beauftragen, das Verfahren auf Messfehler zu untersuchen. Vielmehr sollte man in der Lage sein, Anhaltspunkte für Messfehler selbst zu erkennen. Eine den Messwert beeinflussende **Schrägfahrt** durch den Radarkegel muss nicht unbedingt auf dem Foto sofort ins Auge fallen. Sie lässt sich aber meist mit kleinen Hilfsmitteln herausfinden: Man verlängert die auf der Straße in einer Ebene vorhandenen erkennbaren Parallelen, zB Fahrbahnmarkierungen, Kanten von Gehwegen etc., über den Bildrand hinaus, so dass sie sich in einem Schnittpunkt kreuzen. Achtung: Tun sie dies nicht bei mindestens drei vorhandenen Linien, fehlt es schon an der Parallelität der benutzten Objekte. Danach verbindet man die Aufstandspunkte der beiden sichtbaren Seitenräder auf der Straße und zieht auch diese Linie über den Bildrand hinaus. Durchkreuzt sie den Schnittpunkt der anderen Parallelen, liegt keine Schrägfahrt vor. Im anderen Fall ist das Messergebnis in Abhängigkeit vom Fehlwinkel zu hoch oder zu niedrig ausgefallen. Der Fehler liegt üblicherweise im Bereich von 1 bis 4 km/h.[46]

92 **Noch ein Beispiel:**
Das Lasergeschwindigkeitsmessgerät *LTI 20.20* verwendet für eine Messung eine Vielzahl von Laserimpulsen (ca. 40) in einer extrem kurzen Zeitspanne (etwa 0,3 sec). Alle Impulse müssen vom Gerät nach Reflexion am Ziel wieder erfasst werden. Die Zeit vom Ausgang bis zum Eingang im Gerät wird gemessen und für eine Entfernungsberechnung verwendet. Die Differenzen der auf diese Weise ermittelten Entfernungen (der zurückgelegte Weg) ergeben im Verhältnis zur Zeitdifferenz zwischen den Impulsen die Geschwindigkeit. Der Messvorgang kann aber abhängig vom Messverhalten des Beamten unterschiedlich ausfallen. Wird der Abzug des Geräts (vorstellbar wie ein Pistolenabzug) nur kurz betätigt („angetippt"), kommt es nur zu einer Messung, also nur zur Auslösung einer einzelnen Impulsserie. Ermittelt das Gerät dann keine korrekte Messung, muss der Vorgang durch erneutes Anvisieren und Betätigen des Abzugs wiederholt werden. Im Unterschied hierzu führt ein Durchziehen und Festhalten des Abzugs aufgrund einer Softwarevoreinstellung innerhalb einer fest eingestellten Maximalzeit zum Ausstoß mehrerer Impulsserien so lange, bis eine korrekte Messung vorliegt. Bei erster Betrachtung spricht einiges für die Vorgehensweise der geschilderten zweiten Variante, weil damit die Chance auf ein verwertbares Ergebnis für den Messbeamten deutlich steigt. Tatsächlich erhöht sich dadurch aber bei größeren Messentfernungen ab ca. 200 m eine be-

---

46 Vgl zum grundsätzlichen Problem *Löhle*, in: Beck/Löhle/Kärger, Fehlerquellen, S. 42.

stimmte Fehlerquelle. Es gibt bei Messungen mit Laserpistolen ohne fotografische Dokumentation ein Zuordnungsproblem zwischen dem gewonnenen Ergebnis und dem vermeintlich gemessenen Fahrzeug (Gehört der Messwert auch zu dem anvisierten Fahrzeug?). Dies hängt im Wesentlichen mit der Aufweitung des Laserstrahls[47] und der Empfindlichkeit des Empfangssystems („die stärkere Reflexion wird verwertet" oder „das Gerät sucht sich den stärksten Reflektor")[48] zusammen. Die Aufweitung des Messstrahls ist bekannt. Sie wird in der Einheit „mrad" angegeben. Hinzu kommt ein gewisser Zittereffekt, weil auch bei Benutzung eines Stativs eine geringe Unruhe nicht zu vermeiden ist.[49] Aus Aufweitung und Zittereffekt errechnet sich der Zielerfassungsbereich. Das ist der kreisförmige Bereich im Ziel, in welchem sich der Laserstrahl unter Berücksichtigung aller Fehlermöglichkeiten theoretisch befinden muss. Im Visier wird dieser Bereich aber nicht abgebildet. Der rote Leuchtpunkt (Zielpunkt, Visierhilfe) ist deutlich kleiner. Bei einer Einzelmessung beträgt der Radius des Zielerfassungsbereiches bei 200 m schon 140 cm (bei 300 m sind es 210 cm). Bei einer Messserie aufgrund Festhaltens des Abzugs vergrößert sich zwangsläufig der Zittereffekt, so dass der Ansatz von 7 mrad für die Berechnung des Zielerfassungsbereichs noch zu gering erscheint. *Löhle*[50] schlägt vermutlich nicht zuletzt deshalb einen Sicherheitsbereich berechnet mit 15 mrad vor, in welchem sich während der Messung kein weiteres Fahrzeug befinden sollte.

Der Erfolg von Beweisanträgen hängt wesentlich davon ab, welche Anknüpfungstatsachen man für ein eventuell verfälschtes Messergebnis darstellen kann. Solche Umstände ergeben sich oft erst in der Beweisaufnahme nach Befragung eines Zeugen (Messbeamten) oder des Sachverständigen. Dann muss man in der Lage sein, einen darauf gerichteten weitergehenden Beweisantrag plausibel zu formulieren. Wem hier die technischen Voraussetzungen fehlen, wird scheitern. Empfehlenswert ist daher das Studium entsprechender Literatur, das ständige Auswerten von juristischen Fachzeitschriften hinsichtlich neuerer Erkenntnisse über Messverfahren und die Fortbildung in Technikseminaren, die für Verkehrsjuristen ständig angeboten werden. Völlig ausgeschlossen ist es, für alle denkbaren Fallkonstellationen Muster technischer Beweisanträge zu formulieren. Nachstehend dennoch einige Beispiele:

b) Radarmessung – Schrägfahrt. Der theoretische Hintergrund ist bereits oben (Rn 91) beschrieben worden. Ein dazugehöriger Beweisantrag kann folgendermaßen formuliert werden:

▶ **Muster: Beweisantrag auf Einholung eines Sachverständigengutachtens bei Schrägfahrt durch eine Radarmessstelle**

An das Amtsgericht …

In der Bußgeldsache

gegen …

Az …

beantrage ich

zu der Tatsache, dass sich der Pkw des Betroffenen in einer Schrägfahrt durch den Radarkegel befindet und dadurch die Messung um 2 km/h zu hoch ausgefallen ist,

die Einholung eines Sachverständigengutachtens.

---

47 Hierzu *Löhle*, in: Beck/Löhle/Kärger, Fehlerquellen, S. 97.
48 *Löhle*, in: Beck/Löhle/Kärger, Fehlerquellen, S. 98 f.
49 *Löhle*, in: Beck/Löhle/Kärger, Fehlerquellen, S. 96.
50 In: Beck/Löhle/Kärger, Fehlerquellen, S. 97.

Begründung:

Auf dem Messfoto ist die Schrägfahrt ohne nähere Untersuchung nicht augenfällig. Zu diesem Ergebnis gelangt man aber über eine geometrische Auswertung. Hierzu sind auf dem Messfoto erkennbare Parallelen über den Bildrand hinaus zu verlängern. Bei dieser Vorgehensweise ergibt sich außerhalb des Bildes ein gemeinsamer Schnittpunkt. Bei einer Parallelfahrt zum Straßenverlauf muss auch die verlängerte Linie zwischen den Aufstandspunkten der erkennbaren Seitenräder durch diesen Schnittpunkt führen. Tut sie dies wie im vorliegenden Fall nicht, befindet sich der Pkw in einer Schrägfahrt. Vorliegend fährt der gemessene Pkw etwas auf das Radargerät zu. Die dadurch entstehende Veränderung des Messwinkels führt im Gerät zu einem zu hohen Messergebnis in Abhängigkeit von der Winkeldifferenz zwischen tatsächlichem Winkel und Sollwinkel (vgl *Löhle*, in: Beck/Löhle/Kärger, Fehlerquellen bei polizeilichen Messverfahren, 10. Aufl. 2013, S. 42). Der daraus resultierende Fehler wird von der gerätebezogenen Fehlertoleranz nicht kompensiert. Er ist deshalb gesondert zu ermitteln und gegebenenfalls vom Messergebnis abzuziehen.

Vorliegend beträgt der Fehler 2 km/h zulasten des Betroffenen. Ihm kann deshalb nur eine Überschreitung von 29 km/h innerhalb geschlossener Ortschaften vorgeworfen werden. Dies rechtfertigt eine Geldbuße, aber noch kein Regelfahrverbot.

Rechtsanwalt ◄

96 **Hinweis:** Es ist unbedingt zu vermeiden, den Beweisantrag als unzulässigen Beweisermittlungsantrag zu formulieren. Es ist zwar nicht ausgeschlossen, dass das Gericht einem solchen Antrag nachgehen wird – wenn beispielsweise aus der Begründung auch für das Gericht Umstände deutlich werden, deren Aufklärung sich aufdrängt (Pflicht, die Wahrheit von Amts wegen zu erforschen, § 77 Abs. 1 OWiG); aber bei einer Ablehnung wegen Unzulässigkeit, wird man eine Gehörsrüge im Rechtsbeschwerdeverfahren nicht mehr begründen können. Also *nicht* formulieren: „[…] ein Sachverständigengutachten zur Frage einzuholen, ob sich der Wagen des Betroffenen während der Messung in einer Schrägfahrt befunden hat."

97 **c) Lichtschranke, insbesondere Einseitensensor ES 1.0 und 3.0 – Fehlzuordnungen.** Lichtschranken sind, wenn die Aufbaubedingungen der Bedienungsanleitung beachtet werden, an sich sehr zuverlässige Messgeräte. Erfolgt eine vom Gerät als verwertbar erkannte Messung, kann der Messwert nicht von der tatsächlichen Geschwindigkeit des gemessenen Fahrzeugs nach oben abweichen. Ein Fehler zulasten des Betroffenen kann nur auftreten, wenn entgegen der Bedienungsanleitung die Straßenneigung (Steigung oder Gefälle in Fahrtrichtung) nicht mithilfe einer speziell dafür vorhandenen Neigungswasserwaage auf das Gerät übertragen wird.

98 Danach ist der Messbeamte in der Beweisaufnahme zu befragen. Dass man auf diesem Weg einen Fehler bei der Aufstellung aufdeckt, dürfte eher unwahrscheinlich sein.

99 Wie eine Entscheidung des AG Waiblingen[51] zeigt, kann sich aber die zu Beginn der Messung vorschriftsmäßige Aufstellung im Lauf des Messtages verändern. Wird die Anlage auf nicht befestigten Untergrund aufgebaut, ist ein Einsinken eines Standbeines nicht auszuschließen mit der Folge, dass ein weiterer Toleranzabzug von 1 km/h vorgenommen werden muss. Die Messprotokolle enthalten meist Formularstellen, in denen die Kontrolle der Neigung vor und nach der Messung einzutragen ist.

---

51 AG Waiblingen DAR 2007, 222.

Auch bei Einsatz der Einseitensensoren ist die Parallelität der Fahrbahn mit dem Sensor mittels Neigungswasserwaage herzustellen.⁵²   100

▶ **Muster: Beweisantrag auf Einholung eines Sachverständigengutachtens zur Frage der Aufstellung der Lichtschranke/des Einseitensensors**   101

An das Amtsgericht ...
In der Bußgeldsache
gegen ...
Az ...
beantrage ich
zu der Tatsache, dass das Messgerät auf nicht befestigten Boden aufgestellt war und dadurch während der Messzeit infolge Einsinkens mindestens eines Standbeines die vorschriftsmäßige Einrichtung des Messplatzes zum Zeitpunkt der Messung des Betroffenen zum Nachteil des Betroffenen verändert war,
die Einholung eines Sachverständigengutachtens.

Begründung:
Auf den Messfotos und der Messortskizze ist erkennbar, dass das Messgerät neben der Fahrbahn im unbefestigten Bereich gestanden hat. Dort ist ein Einsinken der Anlage im weichen Untergrund möglich. Geschieht dies nicht gleichmäßig, wovon nach der Lebenserfahrung nicht auszugehen ist, verändert sich die Lage des Sensors um ein Maß, das von der nach der Bedienungsanleitung anzusetzenden Fehlertoleranz nicht mehr abgedeckt wird. Für den ordnungsgemäßen Betrieb des Messgerätes ist es gerade erforderlich, die Fahrbahnneigung mithilfe einer Wasserwaage exakt auf den Sensor zu übertragen. Die Veränderung durch das Einsinken der Anlage im weichen Boden führt zu einem zusätzliche Fehler, der mit mindestens 1 km/h anzusetzen ist (AG Waiblingen DAR 2007, 222).
Rechtsanwalt ◀

Im Jahr 2009 fiel auf, dass das System *ES 3.0* hin und wieder Fotos lieferte, auf denen Fahrzeuge in Positionen abgebildet waren, die Sachverständige für nicht mehr plausibel hielten. Das Problem bestand bei der damals verwendeten Softwareversion 1.001. Die Weiterentwicklung des Messgerätes *ES 1.0* zeichnet sich insbesondere dadurch aus, dass der Abstand zwischen Sensor und gemessenem Fahrzeug angezeigt wird (so dass bei mehreren auf unterschiedlichen Fahrspuren abgebildeten Fahrzeugen eine Messwertzuordnung erfolgen kann) und dadurch kein aufmerksamer Messbetrieb mehr benötigt wird. Anders noch als beim Vorgänger errechnet das System für jede Messung die Fotoauslösezeit, um die Fahrzeuge an einer bestimmten Stelle hinter der Messlinie abbilden zu können. Diese Fotolinie liegt 3 m hinter der Messlinie. Sie ist bei der Einrichtung der Anlage exakt auszumessen und zu dokumentieren (es genügt hierfür entgegen einer früheren Auffassung am AG Lübben⁵³ ein Kegel am Rand der Fahrbahn).   102

Bei den auffälligen Fotos stimmte damals der Seitenabstand nicht (heute gibt der Hersteller hierfür eine Toleranz von +/- 1 m an) oder Fahrzeuge waren außerhalb eines Bereiches von   103

---

52 *Löhle*, in Beck/Löhle/Kärger, Fehlerquellen, S. 184 für ES 1.0; *Kärger*, in Beck/Löhle/Kärger, Fehlerquellen, S. 418 für ES 3.0.
53 AG Lübben ZfS 2010, 470.

+/- 30 cm um die Fotolinie abgebildet. Gewöhnlich lassen sich solche Fehler auch ohne Auswertung durch einen Sachverständigen erkennen, wenn sich die Fotolinie im Messfoto rekonstruieren lässt. Wenn zwei Kameras eingesetzt worden sind, eine vielleicht sogar, um ein Profilfoto des Fahrers zu bekommen, sollte der Vergleich der Fahrzeugposition mit der Fotolinie kein Problem darstellen. Schwierig kann es werden, wenn nur eine Kamera besonders tief über dem Boden aufgestellt war. Eine solche Perspektive, quasi von unten auf das gemessene Fahrzeug, kann diese Plausibilitätsbetrachtung sogar völlig verhindern.

104 Für die Auswertung von Fotos mit der Gerätesoftware 1.001 sind als Konsequenz aus den erkannten Fehlern vom Hersteller nachträglich in einem Merkblatt vom 25.11.2009 neue Richtlinien veröffentlicht worden. Darin heißt es:

„Wenn alle Fahrbahnteile, auf denen Messungen entstehen können, auf den Messfotos abgebildet sind und nur ein Fahrzeug auf dem Foto eindeutig mit der Vorderfront an der Fotolinie steht, darf dieses ausgewertet werden.

Wenn nicht alle Fahrbahnteile auf dem Messfoto abgebildet sind und auf andere Weise (z.Bsp. aufmerksamer Messbetrieb) sichergestellt ist, dass nur ein Fahrzeug in Frage kommt, darf dieses ausgewertet werden.

Wenn zwei Fahrzeuge auf dem Foto in gleicher Höhe und in gleicher Richtung an der Fotolinie abgebildet sind, darf die Messung nicht ausgewertet werden."

Die Probleme der Software 1.001 sollen mit der Nachfolgeversion 1.002 behoben worden sein. Aus Sachverständigenkreisen war aber zu hören, dass es selbst mit der noch späteren Version 1.004 (aktuell 1.007) noch Fotos mit unplausiblen Fahrzeugpositionen gegeben haben soll. Inzwischen gibt es einen für alle Softwareversionen gültigen ersten Nachtrag der PTB vom 20.12.2011, der sich mit dem Problem der nicht zuverlässigen Seitenabstandsermittlung beschäftigt und eine Messfotoauswertung vorschreibt, die im Prinzip dem Herstellerhinweis aus dem Schreiben vom 25.11.2009 entspricht. Amtsgerichtsentscheidungen mit über den Einzelfall hinausgehenden allgemeineren Begründungen sind aber nicht bekannt. Es empfiehlt sich, Messungen mit *ES 3.0* genauer zu betrachten und gegebenenfalls zur Unterstützung der Verteidigung schon außerhalb des Hauptverfahrens Sachverständige mit hinzuziehen, die eventuell sogar von der Verwaltungsbehörde umfassenderes Material für die Untersuchung der Messung zur Verfügung gestellt bekommen können.

d) Geschwindigkeitsmessungen durch Nachfahren mit geeichtem System (ProViDa)

105 **Beispiel:**
M. ist auf der Autobahn während einer Autobahnfahrt von einer Zivilstreife verfolgt und gefilmt worden. Anschließend hat man ihn auf einen Parkplatz hinausgebeten, ihm den Vorwurf einer Geschwindigkeitsüberschreitung gemacht und angeboten, sich das Video anzusehen, was M. abgelehnt hat. Inzwischen ist zu der Tat der Bußgeldbescheid eingetroffen, den M. in der Kanzlei vorlegt. Als Beweismittel sind darin die beiden Polizisten und ein Video (*ProViDa*) angegeben.

105a Zu veranlassen ist in dieser Situation die Einspruchseinlegung zusammen mit einem Akteneinsichtsgesuch. Letzteres sollte sich ausdrücklich auch auf die Videoaufnahme erstrecken, sonst erhält man lediglich die Ermittlungsakte (Papierakte) mit darin enthaltenen für die Bußgeldbehörde gefertigten einzelnen Videoprints. Zu den Akten gehören aber sämtliche verfahrensbezogenen Unterlagen, auch Bildaufzeichnungen.[54] Vollständig müssen die Akten geführt werden. Alle Bestandteile, die für den Betroffenen belastende oder entlastende Bedeutung haben können, müssen – auch wenn sie in anderen Akten in anderen Behörden aufbewahrt werden – für den Betroffenen oder seinen Verteidiger zugänglich sein. Das Akteneinsichtsrecht erstreckt sich auch darauf; andernfalls wäre der Grundsatz auf rechtliches Gehör verletzt.[55]

Bei einer *ProViDa*-Messung ist es unumgänglich, sich das **gesamte Tatvideo** zu beschaffen und es selbst auszuwerten. Die für den Verteidiger hergestellte Videokopie enthält gewöhnlich die Verfolgungsfahrt des Betroffenen in ihrem gesamten Umfang und nicht nur die Sequenz der Messung. Oft stellt man bei der Betrachtung fest, dass es während der Nachfahrt zu mehreren Messungen gekommen ist, von denen nur eine für den Bußgeldvorwurf verwendet wurde (**Achtung**: In diesen Fällen könnte der Bußgeldrichter in der Hauptverhandlung zur Annahme von Tatmehrheit kommen oder sich überlegen, das Bußgeld wegen mehrerer tateinheitlich begangener Verstöße zu erhöhen oder sogar ein Fahrverbot festzusetzen). Aufschlussreich kann das Video auch hinsichtlich weiterer für den Vorwurf beachtlicher Umstände sein. Beispielsweise können sich aus dem Video Erkenntnisse über die Beschilderung gewinnen lassen und darüber, ob die Schilder im Moment der Vorbeifahrt für den Betroffenen sichtbar gewesen sind („vom überholten Lkw verdeckt"). Dies muss nicht immer zum Vorteil des Mandanten sein. Wer mehrfach an beidseitig aufgestellten Schildern mit Geschwindigkeitsbeschränkungen vorbeifährt, riskiert – auch wenn es im Bußgeldbescheid noch nicht aufgeführt ist – eine Verurteilung wegen Vorsatzes.[56] Damit kann eine deutliche Erhöhung der Geldbuße und in Einzelfällen auch die zusätzliche Verhängung eines Fahrverbots verbunden sein.

106

Das System *ProViDa* (im Polizeifahrzeug eingebautes Messgerät) hat eine Verkehrsfehlergrenze von +/- 5 km/h bei Geschwindigkeiten bis 100 km/h und 5 % über 100 km/h. Diese Grenzen gelten für die Kombination Messgerät und Fahrzeug und erfassen beim Fahrzeug veränderliche Größen wie Reifendruck, Abrollumfang (siehe hierzu aber Rn 178) etc.[57] **Abstandsveränderungen** zwischen Polizeifahrzeug und gemessenem Fahrzeug während der Messung und sich daraus ergebende Beeinträchtigungen des Messergebnisses werden von der Verkehrsfehlergrenze nicht erfasst.[58] Die Messung muss deshalb daraufhin geprüft werden, ob es zu solchen Abstandsveränderungen gekommen ist. Hierfür betrachtet man nur den Abstand zwischen den Fahrzeugen zu Beginn der Messung (der Zeitpunkt, wenn auf dem Video erkennbar Zeit- und Meterzähler eingeschaltet werden) und am Ende der Messung (Zeitpunkt des Abschaltens der Zähler; kurz danach wird auch die vom System errechnete Durchschnittsgeschwindigkeit in die Aufzeichnung eingeblendet). Sind die Abstände zu diesen Zeitpunkten annähernd gleich, haben beide Fahrzeuge in gleicher Zeit gleiche Wegstrecken zurückgelegt. Auf Abstandsveränderungen zwischen den Zeitpunkten kommt es nicht an. Ist der Abstand am Ende der Messung geringer, hat das Polizeifahrzeug in gleicher Zeit eine größere Wegstrecke zurückgelegt. Die Messung ist in diesem Fall zu Ungunsten des Betroffenen zu hoch ausgefallen. Allerdings wirkt sich dieser Umstand desto geringer aus je länger die Ge-

107

---

54 AG Straubing DAR 2004, 604; AG Ludwigslust DAR 2004, 44; *Meyer*, Aktenergänzungsanspruch im gerichtlichen Bußgeldverfahren, DAR 2010, 109, 110.
55 *Seitz*, in: Göhler, § 60 OWiG Rn 49.
56 Vgl OLG Jena zfs 2006, 475, 477.
57 *Löhle*, in: Beck/Löhle/Kärger, Fehlerquellen, S. 237 f.
58 *Löhle*, in: Beck/Löhle/Kärger, Fehlerquellen, S. 237.

samtmessstrecke gewesen ist. 20 m Abstandsverkürzung verursachen bei 200 m Gesamtstrecke eine Verfälschung des Ergebnisses um 10 %, bei 500 m Gesamtstrecke nur noch um 4 %.

108 Die Abstandsveränderung kann ein Sachverständiger über eine Auswertung des Videobandes relativ genau bestimmen. Das Verfahren beinhaltet aber einen zusätzlich zu berücksichtigenden Fehler von +/- 3 %.[59] Hilfsmittel bzw Orientierungsgrößen für eine eigene ungefähre Bewertung der Abstände können erkennbare Objekte oder Markierungen auf oder an der Straße sein, beispielsweise die weißen Mittelstreifenmarkierungen (Vergleich des Abstands durch Auszählen der Markierungen zwischen den Fahrzeugen zu Beginn und am Ende der Messung; die weiße Markierung des Mittelstreifens ist 6 m lang, die Lücke zwischen den Markierungen 12 m). Man kann aber auch eine eigene Vermessung durchführen; auf die letzte Genauigkeit kommt es hierbei nicht an. Man muss lediglich Anknüpfungstatsachen für den Beweisantrag ermitteln. Die „Vermessung" wird folgendermaßen durchgeführt: Man stellt zu Beginn der Messung den Videorekorder auf Standbild und nimmt am Monitor das Maß zwischen zwei gut erkennbaren Punkten am Fahrzeug des Betroffenen (etwa zwischen Rückleuchten). Entsprechend verfährt man am Ende der Messung. Hat sich der Wert am Ende gegenüber dem Wert am Anfang vergrößert, muss das Polizeifahrzeug aufgeholt haben, also in gleicher Zeit eine größere Strecke als das verfolgte Fahrzeug zurückgelegt haben. Diese Vorgehensweise lässt sich auch im Gerichtssaal durchführen, wenn dort eine Videoanlage mit Standbildmöglichkeit aufgebaut ist.

109 ▶ **Muster: Beweisantrag Abstandsveränderung bei *ProViDa*-Messung**

An das Amtsgericht ...

In der Bußgeldsache

gegen ...

Az ...

beantrage ich

zum Beweis der Tatsache, dass sich während der Geschwindigkeitsmessung der Abstand zwischen Polizeifahrzeug und Fahrzeug des Betroffenen verkürzt hat,

die Einholung eines Sachverständigengutachtens.

Begründung:

Der vom *ProViDa*-System ermittelte Geschwindigkeitswert kann dem Betroffenen auch unter Berücksichtigung der Verkehrsfehlergrenze von +/- 5 km/h bzw 5 % nicht zugerechnet werden. Das Messsystem ermittelt ausschließlich die Werte für das Polizeifahrzeug, in welchem das System eingebaut ist. Bei dieser Art der Messung kann die ermittelte Durchschnittsgeschwindigkeit dem Fahrzeug des Betroffenen nur zugerechnet werden, wenn dieses innerhalb der eingeblendeten Messzeit die gleiche Wegstrecke wie das Polizeifahrzeug zurückgelegt hat. Verkürzt sich über die Gesamtmessstrecke der Abstand zwischen den beiden Fahrzeugen, errechnet sich die vom verfolgten Fahrzeug zurückgelegte Strecke aus dem in das Video eingeblendeten Wert abzüglich der Abstandsveränderung.

Dieser Fehler ist in der ohnehin zu berücksichtigenden Verkehrsfehlergrenze nicht enthalten (*Löhle*, in: Beck/Löhle/Kärger, Fehlerquellen bei polizeilichen Messverfahren, 10. Aufl. 2013, S. 237). Eine

---

59 *Löhle*, in: Beck/Löhle/Kärger, Fehlerquellen, S. 237 f.

Abstandsveränderung muss daher gesondert ermittelt und die vom System errechnete Durchschnittsgeschwindigkeit entsprechend korrigiert werden.

Aus der Videoaufzeichnung ergibt sich, dass zwischen den Fahrzeugen zu Beginn der Messung vier Mittelmarkierungen der Autobahn zu erkennen sind, am Ende jedoch nur noch drei. Daraus ist auf eine Abstandsverkürzung von mindestens 20 m zu schließen. Der errechnete Geschwindigkeitswert muss deshalb um mindestens 5 % nach unten korrigiert werden, was dazu führen würde, dass nicht mehr eine Überschreitung von 42 km/h vorgeworfen werden könnte, sondern nur noch eine um höchstens 40 km/h. Ein Fahrverbot wäre dann nicht mehr zu verhängen.

Rechtsanwalt ◄

e) Sonderproblem nicht ordnungsgemäß geeichter Messfahrzeuge trotz Vorliegens einer Eichurkunde. Im Sommer 2007 sind Fälle bekannt geworden, in denen mit *ProViDa* ausgerüstete Messfahrzeuge ohne Bauartzulassung für einzelne Bestandteile des Messsystems eingesetzt worden sind und scheinbar nach vorliegenden Eichurkunden auch eine gültige Eichung stattgefunden hatte.[60] Von diesem Problem waren nicht nur Einsatzfahrzeuge in Nordrhein-Westfalen betroffen, sondern auch Polizeiwagen in Brandenburg und Sachsen, möglicherweise auch in anderen Bundesländern. Unter den Stichworten CAN-Bus und Weg-Impuls-Geber wurde das Problem auch in der Literatur behandelt.[61] Nach der Bauartzulassung der Physikalisch-Technischen-Bundesanstalt darf bei *ProViDa* ein vom Fahrzeughersteller installierter Weg-Impuls-Geber verwendet werden, wenn er verschiedene vorgegebene Voraussetzungen erfüllt, insbesondere einen rückwirkungsfreien Ausgang aufweist, der das Signal unbearbeitet weitergibt. *Löhle*[62] scheint davon auszugehen, dass diese Fehlerquelle inzwischen erkannt und durch die notwendige Eichung des eingesetzten CAN-Busses behoben ist. Ohne Eichung des CAN-Busses müsse man vom Einsatz eines nicht geeichten Messfahrzeuges ausgehen, ein Problem mehr „juristischer Natur" bei der Ermittlung der vorwerfbaren Geschwindigkeit (erhöhte Fehlertoleranz).[63] Tatsächlich sieht die Praxis anders aus. Entgegen der Annahme von *Löhle*[64] wird in den Eichämtern nicht in jedem Fall die individuelle Einbausituation im Messfahrzeug überprüft. Geeicht wird schon dann, wenn eine Herstellererklärung vorliegt, wonach das Gerät die für die Bauartzulassung notwendigen Voraussetzungen erfüllt. Wer naheliegenderweise annimmt, in den Eichämtern werde das Fahrzeug quasi „zerlegt" und die elektrischen Wege kontrolliert und nachgemessen, irrt. So konnte beispielsweise in einem Fall in Sachsen[65] aufgedeckt werden, dass das Wegstreckensignal in einem SEAT Leon, der ohne CAN-Bus ausgerüstet ist, im Kombiinstrument bearbeitet wird, bevor es zum Messgerät gelangt. Der Eichbehörde war das nicht bekannt und sie hätte diese technische Besonderheit aufgrund von vornherein fehlender Kontrolle nicht feststellen können.

Ähnliches wiederholte sich bei *ProVida*-Geräten Anfang 2010. Im Rahmen von Nachrüst- oder Wartungsarbeiten hatte der Hersteller Bauteile verwendet, die zuvor keiner Prüfung bei der Physikalisch-Technischen Bundesanstalt unterzogen worden waren und denen demzufolge die Zulassung fehlte. In Sachsen wurden daraufhin mehrere Fahrzeuge aus dem regelmäßi-

---

60 AG Lüdinghausen NZV 2007, 432.
61 *Löhle*, in: Beck/Löhle/Kärger, Fehlerquellen, S. 238 ff.
62 In: Beck/Löhle/Kärger, Fehlerquellen, S. 238 ff.
63 *Löhle*, in: Beck/Löhle/Kärger, Fehlerquellen, S. 238 ff S. 241.
64 In: Beck/Löhle/Kärger, Fehlerquellen, S. 238 ff S. 240.
65 AG Hohenstein-Ernstthal – 5 OWI 560 Js 11535/07, Verfahren wurde eingestellt.

gen Messbetrieb herausgenommen.⁶⁶ Gerichte stellten Verfahren ein oder sprachen vereinzelt auch frei.⁶⁷ Manche Messungen wurden nur mit deutlich höheren Abschlägen verwertet (analog Messungen durch Nachfahren mit ungeeichtem Tacho).

111a Videosysteme sind auch in **Polizeimotorräder** eingebaut worden. Erst im schon laufenden Messbetrieb erkannte man, dass bei Nachfahrten mit extremen Schräglagen durch einen verringerten Reifenumfang des messenden Fahrzeuges Messwerte für die Wegstrecke und die Geschwindigkeit zu groß berechnet werden. Das OLG Hamm geht daher mit Verweis auf eine Mitteilung der Physikalisch-Technischen Bundesanstalt davon aus, dass beim Einsatz von *ProVida 2000* im Betrieb mit Motorrädern nur bei Geradeausfahrten mit aufrechter Position von einem standardisierten Messverfahren auszugehen ist.⁶⁸

112 ▶ **Muster: Antrag auf Einholung eines Sachverständigengutachtens zum Nachweis der fehlenden Bauartzulassung von Bestandteilen des *ProViDa*-Systems trotz vorliegender Eichung**

An das Amtsgericht ...

In der Bußgeldsache

gegen ...

Az ...

beantrage ich

zum Beweis der Tatsache, dass das Wegstreckensignal im verwendeten Messfahrzeug entgegen der Vorgabe der Physikalisch-Technischen-Bundesanstalt vor dem Eingang im Messsystem *ProViDa* einer unzulässigen Bearbeitung unterworfen ist,

die Einholung eines Sachverständigengutachtens.

Begründung:

Nach der Bauartzulassung der PTB für *ProViDa* muss das Wegstreckensignal unbearbeitet und rückwirkungsfrei am Messgerät anliegen. Sofern es über einen CAN-Bus zur Verfügung gestellt wird, unterliegt der CAN-Bus einer gesonderten Eichpflicht. Vorliegend ist im Fahrzeug der Polizei kein CAN-Bus eingebaut. Das Wegstreckensignal wird durch das Kombiinstrument (Tacho, Drehzahlmesser) durchgeleitet und dabei bearbeitet, also in anderer elektrischer Form ausgegeben. Das Eichamt, das für das eingesetzte System am ... eine Eichurkunde ausgestellt hat, hat den Signalweg nicht überprüft, sondern ist nach den gültigen Eichbestimmungen aufgrund einer vom Hersteller vorgelegten Erklärung davon ausgegangen, dass der Anschluss den Anforderungen der PTB genügt. Tatsächlich widerspricht die Signalbearbeitung im konkret eingesetzten Fahrzeug den Vorgaben der PTB, so dass eine Eichung nicht hätte stattfinden dürfen.

Rechtsanwalt ◀

113 **f) Geschwindigkeits- und Abstandsmessungen mit ViDistA**⁶⁹ Hierbei handelt es sich um eine Abwandlung des Einsatzes des *ProViDa*-Systems. Bei *ProViDa* wird die Messung durch den Beifahrer manuell ausgelöst. Sie läuft danach beispielsweise über eine voreingestellte Strecke

---

66 Laut Bericht der Sächsischen Zeitung vom 19.3.2010.
67 AG Kamenz v. 19.3.2010 – 3 OWi 290 Js 1568/10, n.v.
68 OLG Hamm NZV 2011, 267.
69 *Löhle*, in: Beck/Löhle/Kärger, Fehlerquellen, S. 241 ff.

(meist 500 m) oder bis zur manuellen Beendigung.[70] Danach beginnt im System sofort die Geschwindigkeitsberechnung, deren Ergebnis in die Aufzeichnung eingeblendet wird. Die Software *ViDistA* ermöglicht demgegenüber die Auswertung einer beliebigen Strecke innerhalb der gesamten *ProViDa*-Aufzeichnung unter Berücksichtigung etwaiger Abstandsveränderungen zwischen den beiden Fahrzeugen. Dies geht allerdings nur im Nachhinein an einem dafür vorgesehen Auswerteplatz. Während der Aufnahme im Fahrzeug wird kontinuierlich die Zeit eingeblendet, die eine extrem genaue Uhr liefert. Diese Daten werden jedem Halbbild beigemischt, so dass auch bei halbbildweiser Auswertung immer die genaue Zeit erkennbar ist.

Der Auswerter kann sich aus dem Film die Passage heraussuchen, die vom Betroffenen mit der höchsten Geschwindigkeit zurückgelegt wird. Aus der Betrachtung der Halbbilder am Anfang und am Ende ergibt sich aufgrund einer einfachen Weg/Zeit-Betrachtung die Geschwindigkeit, deren Wert allerdings bei diesem Verfahren um den Fehler einer eventuellen Abstandsveränderung korrigiert wird. Für die Feststellung des Abstands ist am Auswerteplatz eine Software installiert, mit deren Hilfe man auf den Einzelbildern eine Vermessung des vorausfahrenden Fahrzeugs durchführen kann. Hierzu werden zwei parallele Hilfslinien eingeblendet, die an die Kanten des verfolgten Fahrzeugs anzulegen sind – im Prinzip eine Vorgehensweise, wie bei den Erläuterungen zu *ProViDa* für die Bestimmung der Abstandsveränderung dargestellt (Rn 108). Allerdings ermöglicht das System *ViDistA* nicht nur eine relative Einschätzung, sondern aufgrund der Verwendung von bekannten Fahrzeugdaten (Breite, Höhe) eine konkrete Meterangabe. Verkehrsfehlergrenzen dieses Systems werden nicht genannt. Dies liegt daran, dass die Genauigkeit stark davon abhängt, wie exakt die beiden Hilfslinien mit den tatsächlichen Fahrzeugkanten übereinstimmen. Letztere lassen sich auf den Videobildern wegen ihrer geringen Auflösung oder auch wegen schlechter Witterungsbedingungen oft nicht mit hinreichender Genauigkeit bestimmen. Das System ist weder eich- noch zulassungspflichtig.

114

Die Verwendung der Höhe des Fahrzeugs (Hilfslinien werden waagerecht angelegt) kann ebenfalls zu Ungenauigkeiten führen, weil diese aus verschiedenen Gründen unterschiedlich ausfallen kann (Beladung, Einfedern aufgrund fahrdynamischer Vorgänge). Bei einer Messung auf der Stadtautobahn von Berlin kam es zu einem vorwerfbaren Wert von 26 km/h Überschreitung. Die Beamten hatten bei der Kontrolle die Höhe des Fahrzeugs der Zulassung entnommen, den Betroffenen dazu auch nicht weiter befragt. Im Hauptverfahren stellte sich dann heraus, dass das Fahrzeug mit einem Schlechtwegefahrwerk nachgerüstet und damit eine Höherlegung um 3 cm verbunden war. Eine Neuberechnung mit der Formel aus der Ermittlungsakte und der neuen Höhe ergab dann nur noch eine vorwerfbare Überschreitung um 25 km/h. Generell kommt es also bei diesem Verfahren zu unrichtigen Ergebnissen, wenn die eingegebenen Daten mit den tatsächlichen Daten nicht übereinstimmen (es ist gar nicht so selten, dass bei der Kontrolle versehentlich falsche Fahrzeugpapiere überreicht werden, ohne dass die Polizei es merkt). Eine Neuberechnung mit den richtigen Daten kann dann durchaus eine Abweichung von einigen km/h ergeben.

115

---

70 Zu den verschiedenen Messmöglichkeiten mit ProViDa vgl *Löhle*, in: Beck/Löhle/Kärger, Fehlerquellen, S. 234 f.

§ 11 Ordnungswidrigkeiten im gerichtlichen Verfahren

115a Beispiel:
M. war mit seinem Kombi auf der Autobahn bei einer Überschreitung um 21 km/h im Baustellenbereich gefilmt worden. Der Polizei übergab er seinen Kfz-Schein, die sich daraus die eingetragene Höhe notierte. Kurz vor der Hauptverhandlung sieht sich sein Verteidiger den Kfz-Schein an und stellt fest, dass es Zusatzeintragungen unter der Rubrik Nr. 33 „Bemerkungen" gibt, denen zu entnehmen ist, dass die Höhe des Fahrzeugs von der Ausstattung mit Reifen/Felgen-Kombinationen und/oder Dachreling abhängt. Bei der Vorbereitung der Verhandlung ist darüber hinaus aufgefallen, dass der Beginn der Messsequenz in einer Kurve lag. Der von der Polizei ermittelte Abstand zwischen den Fahrzeugen zu diesem Zeitpunkt berücksichtigt deshalb nicht den zusätzlichen Weg aufgrund der Straßenkrümmung (tatsächlich war der Polizeiwagen weiter als die bei der Entfernungsmessung berücksichtigte Luftlinie entfernt).

116 Die in der Ermittlungsakte vorhandene Berechnung der Abstandsveränderung zwischen den Fahrzeugen vom Beginn bis zum Ende der Messung ist somit nicht verwertbar. Der Betroffene könnte die Tatsachen (Fahrzeugausstattung) mitteilen, aufgrund deren die Höhe von den Standardangaben im Kfz-Schein abweicht. Theoretisch wäre damit eine Neuberechnung noch in der Verhandlung möglich. Unberücksichtigt bliebe dann aber die Ergebnisverfälschung wegen der Kurve. Ohne Einschaltung eines Sachverständigen wird sich daher die korrekte Geschwindigkeit nicht ermitteln lassen. Der Beweisantrag kann folgenden Inhalt aufweisen:

117 ▶ **Muster: Beweisantrag Sachverständigengutachten bei *ViDistA*-Messung**

An das Amtsgericht ...
In der Bußgeldsache
gegen ...
Az ...
beantrage ich
zum Beweis der Tatsache, dass die dem Betroffenen vorwerfbare Geschwindigkeitsüberschreitung einen Wert von 19 km/h nicht übersteigt,
die Einholung eines Sachverständigengutachtens.

Begründung:

Die in der Ermittlungsakte auf Bl. ... enthaltende *ViDistA*-Auswertung ist unrichtig. Sie verwendet Daten, die nicht mit den tatsächlichen Maßen des Fahrzeugs übereinstimmen. Die Polizei hat sich aus dem Kfz-Schein des festgestellten Pkws die Fahrzeughöhe notiert, die unter Ziff. 13 eingetragen war (1413 mm). Unberücksichtigt blieb dabei, dass diese Höhe ausweislich der weiteren Eintragungen unter Ziff. 33 abhängig ist von der Ausstattung des Fahrzeugs. Sie kann bis 1512 mm reichen. Der Wagen des Betroffenen war zum Vorfallszeitpunkt mit einer Rad/Reifen-Kombination und mit einer Dachreling ausgerüstet, die zur maximalen Fahrzeughöhe führt.

Außerdem ergibt sich bei der Videobetrachtung, dass der Auswerter die Hilfslinien zu Beginn der Messstrecke großzügiger angelegt hat als am Ende. Dadurch entsteht ein Fehler zulasten des Betroffenen.

Darüber hinaus erfolgte die Abstandsmessung zu Beginn im Bereich einer Rechtskurve. Das System lässt nur die Ermittlung des Luftlinienabstands zu. Die Verlängerung aufgrund der Krümmung des Straßenverlaufs kann mit den systemimmanenten Methoden nicht ermittelt werden.

Die in den beiden vorangegangenen Absätzen dargestellten Besonderheiten führen dazu, dass die Entfernung zwischen den Fahrzeugen am Anfang zu klein ermittelt wurde. Der Fehler zusammen mit den falschen Fahrzeugmaßen führt zu einer Erhöhung der dem Betroffenen vorwerfbaren Durchschnittsgeschwindigkeit um mindestens 2 km/h.

Rechtsanwalt ◄

g) Lasermessung mit LTI 20.20. Über den Einsatz von Lasergeräten lässt sich viel schreiben. Ihre Schwächen liegen nicht im Messverfahren, sondern in der Handhabung (falsche Zielauswahl, ungeeignetes Objekt für Anfangstests, keine Fotodokumentation etc.). Nicht selten wird ein Verfahren nur deshalb eingestellt, weil der Messbeamte vor Aufregung nicht in der Lage ist, im Gerichtssaal darzustellen, welche Maßnahmen zum Testen er völlig richtig und fehlerfrei an der Messstelle mit dem Gerät vor dem Einsatz durchgeführt hat. **118**

aa) Anhalteweg widerspricht gemessener Geschwindigkeit
Beispiel: **119**
M. ist gelasert worden. Anstelle der zugelassenen 50 km/h sollen es nach Abzug der Toleranz 91 km/h gewesen sein. Die Messentfernung mit *LTI 20.20* habe 71 m betragen, so die Ausweriteliste der Polizei. In der Hauptverhandlung werden der Messbeamte und der Anhalter als Zeugen vernommen. Aus ihren Angaben ergibt sich, dass alle erforderlichen Gerätetests vor dem Einsatz richtig durchgeführt worden sind. Man habe gut verborgen halb hinter einer Hausecke gestanden, so die Polizei. Sofort bei Ertönen des Signals für eine korrekte Messung habe der Beamte an der Laserpistole seinem Kollegen mitgeteilt, welches Fahrzeug im Visier war. Dieser sei dann die paar Meter über den Gehweg zur Straße gegangen, habe sich auf der Straße aufgebaut und den Betroffenen vor sich gestoppt, ohne dass dabei Besonderheiten aufgefallen waren.

Bei dieser Messung gibt es Ungereimtheiten. Der Bremsweg bei einer Gefahrbremsung aus 91 km/h dürfte zwischen 35 und 45 m betragen, abhängig vom Straßenbelag. Solange die Bremswirkung noch nicht einsetzt, legt der Wagen ca. 25 m pro Sekunde zurück. Zur Reaktion kann der Betroffene aber frühestens aufgefordert werden, wenn der Anhalter deutlich in Richtung Straße geht. Unter Berücksichtigung der Übertragungszeit der Information (Signal über korrekte Messung, Mitteilung des anvisierten Fahrzeugs) vergehen voraussichtlich mindestens 1,5 s, bevor der Fahrer des anzuhaltenden Fahrzeugs auf den in Richtung Straße eilenden Polizisten überhaupt aufmerksam werden kann. In dieser Zeit sind etwa 35 bis 40 m zurückgelegt. Es erscheint daher ausgeschlossen, dass der Wagen unproblematisch hat anhalten können. Wenn überhaupt, wäre das Fahrzeug mit quietschenden Reifen knapp vor dem Polizisten auf der Straße zum Stehen gekommen. Solchen Berechnungen gegenüber ist nicht jeder Richter aufgeschlossen. Nur die Erläuterungen im Termin werden deshalb möglicherweise nicht genügen, um eine Einstellung zu erreichen. Dann muss ein Beweisantrag gestellt werden (mindestens, um sich Chancen im Rechtsbeschwerdeverfahren zu erhalten), der folgendermaßen formuliert sein kann: **119a**

▶ **Muster: Beweisantrag bei problematischer Lasermessung (I)** **120**
An das Amtsgericht ...
In der Bußgeldsache
gegen ...
Az ...

beantrage ich

zum Beweis der Tatsache, dass unter Berücksichtigung der gemessenen Geschwindigkeit, der dabei ermittelten Entfernung zwischen Messgerät und Pkw von 71 m und der Zeit, die der Anhalter benötigt hat, um die Fahrbahn zu erreichen, entgegen der Angabe des Zeugen ein Anhalten auf der Höhe des Messgeräts nicht möglich gewesen wäre,

die Einholung eines Sachverständigengutachtens.

Begründung:

Bei 91 km/h legt ein Auto etwa 25 m/s zurück. Der Betroffene hätte aber ab dem Moment seiner angeblichen Messung auf die Kontrolle frühestens nach 1,5 s reagieren und bremsen können. Erst etwa eine halbe Sekunde nach der Messung hätte er möglicherweise – bei günstiger Betrachtung – den Anhalter auf dem Weg zur Fahrbahn erkennen können; eine weitere Sekunde hätte er für die Reaktion bis zum Einsetzen der Bremswirkung benötigt. In den 1,5 s vorher hätte sein Wagen, bei unterstellter richtiger Messung, ungefähr 35 bis 40 m zurückgelegt, also etwa die Hälfte des Weges bis zur späteren Anhaltestelle. Ab Einsetzen der Bremswirkung ist der reine Bremsweg zu berücksichtigen, der bei einem Fahrzeug, wie es der Betroffene fährt, auch bei optimalen Bedingungen (trockene Straße mit griffigem Belag, Reifen in gutem Zustand) mindestens 45 m beträgt. Alles in allem führen diese objektiven Gegebenheiten dazu, dass der Anhaltevorgang nicht ohne Auffälligkeiten hätte vonstattengehen können. Das beantragte Sachverständigengutachten wird ergeben, dass der Anhalter auf der Straße hätte beiseite springen müssen. Weil er eine solche Beobachtung in seiner Zeugenaussage aber nicht geschildert hat, kann die Messung nicht zum Fahrzeug des Betroffenen gehören.

Rechtsanwalt ◄

bb) Visiertest

121 Beispiel:

In der Hauptverhandlung schildert der Messbeamte seine Vorgehensweise beim Einrichten der konkreten Messstelle. Den Visiertest habe er an einem Objekt in 178,6 m Entfernung gemacht. Es sei ein Verkehrsschild gewesen.

121a Die Bedienungsanleitung des Geräts verlangte früher für den Visiertest eine Messentfernung von 150 bis 200 m. Sachverständige begründeten diese Bedingung mit der speziellen Strahlcharakteristik des Lasers. Seine Aufweitung verlaufe wellenförmig. Exakte Ergebnisse erziele man daher nur bei Testentfernungen in der angegebenen Größenordnung. Inzwischen enthält die Bedienungsanleitung ohne technische Änderung des Gerätes keinen Hinweis mehr auf diese Visiertestgrenzen.

121b Nicht jedes feste Objekt, selbst wenn es in der vorgesehenen Entfernung steht, ist darüber hinaus für den Visiertest geeignet. An runden Verkehrsschildern lässt sich beispielsweise eine bestimmte Verstellung der Visiereinrichtung mit dem vorzunehmenden Test nicht entdecken. Manche Laternenpfähle liefern keine brauchbaren Reflexionen. Objekte sind auch ungeeignet, wenn sich dicht (relativ) hinter ihnen andere feste Gegenstände befinden, an denen der Strahl eines verstellten Geräts reflektiert werden könnte, ohne dass der Messbeamte darauf aufmerksam wird, weil sein Visierpunkt in diesem Moment zufällig im anvisierten Objekt liegt. Die Aussage des Messbeamten im geschilderten Fall ist aber bestimmt genug, um eine Überprüfung, ob der Visiertest richtig durchgeführt worden ist, zu ermöglichen. Mancher

Richter könnte sich aber mit der Aussage des Zeugen zufriedengeben, dass er den Visiertest ohne Auffälligkeiten durchgeführt habe. Zeichnet sich dies ab, kann man folgenden Beweisantrag stellen:

▶ **Muster: Beweisantrag bei problematischer Lasermessung (II)**   122

An das Amtsgericht ...
In der Bußgeldsache
gegen ...
Az ...
beantrage ich
zum Beweis der Tatsache, dass sich an der Messstelle in 178,6 m Testentfernung kein Verkehrsschild oder ein anderes geeignetes Objekt für die Durchführung des Visiertests befand,
die Einholung eines Sachverständigengutachtens.

Begründung:
Für die konkrete Messung konnte der Zeuge ein bestimmtes Objekt, an welchem er den Visiertest durchgeführt haben will, benennen. Es soll ein Gefahrenschild in 178,6 m Entfernung gewesen sein. Eine Besichtigung der Messstelle durch den Unterzeichneten hat aber ergeben, dass dort in der genannten Entfernung oder unmittelbar benachbart überhaupt keine geeigneten Objekte vorhanden sind. Das Sachverständigengutachten wird die Richtigkeit dieses Umstandes beweisen. Daraus folgt entweder, dass vor dem fraglichen Einsatz mindestens ein erforderlicher Test nicht durchgeführt worden ist oder dass der Zeuge zwar ein Verkehrsschild anvisiert, tatsächlich aber ein anderes Objekt in 178,6 m Entfernung getroffen hat. Im letzteren Fall ist sicher davon auszugehen, dass das Visier erheblich verstellt war und dass deshalb auch das anvisierte Fahrzeug nicht getroffen worden sein kann. Das Messergebnis kann daher gegen den Betroffenen nicht verwendet werden.
Rechtsanwalt ◀

cc) **Exkurs: Fehler bei der Datenübertragung.** Vor allem bei Lasermessungen gibt es ein Problem, das mit der technischen Seite der Messung überhaupt nichts zu tun, gleichwohl schon Eingang in die Literatur gefunden hat. Es geht um Fehler bei der Datenübertragung („menschliches Versagen"). Weil es an einer schriftlichen Dokumentation der Messung mangelt, müssen die gewonnenen Ergebnisse von den Einsatzkräften zu Papier gebracht werden. Dazu müssen die Daten vom Display erfasst und handschriftlich in eine sog. Auswerteliste übertragen werden. Diese Arbeit kann der Messbeamte selbst erledigen oder ein weiterer zu diesem Zweck eingesetzter Polizist, der dann nicht einmal am Gerät selbst stehen muss, sondern bei Weitergabe per Funk auch entfernt im Polizeibus sitzen kann.   123

Fehler können bei dieser Übertragungskette an mehreren Stellen auftreten: Schon der Messbeamte kann einen falschen Wert vom Gerät ablesen.[71] Der Schreiber kann, wenn ihm die Daten akustisch übermittelt werden, einen falschen Wert verstehen, oder es passiert ihm beim Aufschreiben ein Zahlendreher. Wer hat nicht schon selbst erlebt, dass eine Telefonnummer falsch nach Diktat notiert wurde? Auch der Zahlendreher wird in der Literatur über Fehler-   124

---

[71] „Porsche-Fall", geschildert von *Löhle*, in: Beck/Löhle/Kärger, Fehlerquellen, S. 92 f; zum „Porsche-Fall" siehe auch OLG Hamm NZV 2007, 155.

quellen erwähnt.[72] Beweisanträge zu diesem Problemkreis sind nicht denkbar. Der Verdacht eines solchen Fehlers kann nur aufkommen, wenn der Betroffene selbst etwas über den Wert auf dem Display des Messgeräts aussagen kann. Dazu muss er sich das Ergebnis auch angesehen haben, wozu er nicht verpflichtet ist. Welche Beweiskraft soll dann aber die Aussage des Betroffenen gegenüber den Angaben der Polizisten, alles sei sorgfältig abgelaufen, überhaupt haben? Von einer relativ großen Dunkelziffer kann hier wohl ausgegangen werden. Jedenfalls wird es nicht nur den bei *Löhle*[73] beschriebenen Fall gegeben haben. Auch in der Praxis des Verfassers gab es zwei Verfahren mit einem solchen Fehler.

h) Rotlichtverstöße

125 **Beispiel:**
M. hat einen Bußgeldbescheid erhalten, mit welchem ihm ein qualifizierter Rotlichtverstoß (1,4 s Rotzeit) vorgeworfen wird. Hiergegen hat er selbst Einspruch eingelegt und kommt nun mit der Terminladung in die Kanzlei. Akteneinsicht ist wegen der knappen Zeit nur noch innerhalb einer halben Stunde vor Beginn der Verhandlung möglich. Daraus ist ersichtlich, dass zwei Fotos existieren. Foto 1 zeigt den Wagen mit M. als Fahrer kurz hinter der Haltelinie, Foto 2 den Wagen etwa zwei Fahrzeuglängen weiter. Auf Foto 2 ist eine Rotzeit von 2,4 Sekunden eingeblendet. M. gibt an, an der Ampel wegen eines von rechts kommenden Einsatzfahrzeugs zum Bremsen gezwungen worden zu sein (nach seiner Meinung fast bis zum Stillstand) und dann wieder Gas gegeben zu haben. Die Ampelschaltung habe er in dieser Situation nicht mehr beachtet.

126 Ein Rotlichtverstoß liegt vor, wenn nach Beginn der Rotphase die Haltelinie mit der Front des Fahrzeugs überfahren wird.[74] Rotlichtüberwachungsanlagen funktionieren mit in die Fahrbahn eingelassenen Induktionsschleifen. Bei den meisten Anlagen besteht zwischen Haltelinie und Schleife noch ein gewisser Abstand, der bis zu einem Meter oder mehr[75] betragen kann. Der auf dem Messfoto eingeblendete Wert für die Rotzeit gibt die Zeit an, die zwischen Beginn der Rotzeit und Überfahren der Schleife verstrichen ist. Weil vorwerfbar aber nur der Wert ist, der sich zum Zeitpunkt des Überfahrens der Haltelinie ergeben hat, muss in diesen Fällen erst die sog. **Haltelinienrotzeit** errechnet werden.[76] Manche Bußgeldstellen sind mit entsprechender Software ausgerüstet (beispielsweise Leipzig) und führen diesen Berechnungsschritt automatisch durch. Sonst ist eine Korrektur später vorzunehmen. Diese ist grundsätzlich nur möglich, wenn zwei Fotos existieren. Es gibt Anlagen, die mit einer zweiten Schleife ausgerüstet sind, bei deren Überfahren ein zweites Foto ausgelöst wird. Weil der Abstand zwischen diesen Schleifen bekannt und die Fahrzeit zwischen den Schleifen errechenbar ist, kann auch eine Ermittlung der Durchschnittsgeschwindigkeit des Fahrzeugs des Betroffenen vorgenommen werden. Bei Anlagen, die ein zweites Foto nicht mit einer zweiten Schleife auslösen, sondern nach einer bestimmten fest voreingestellten Zeit (beispielsweise nach einer Sekunde), muss der vom Fahrzeug zurückgelegte Weg anhand des Fotos bestimmt werden, was mit hinreichender Genauigkeit selten machbar ist (keine Markierungen auf der Fahrbahn). Dieses Verfahren ist deshalb meist mit größeren Fehlertoleranzen behaftet.

---

72 *Löhle*, in: Beck/Löhle/Kärger, Fehlerquellen, S. 100.
73 In: Beck/Löhle/Kärger, Fehlerquellen, S. 100.
74 BGH zfs 1999, 444; OLG Dresden NZV 1998, 335; OLG Hamm DAR 1997, 454.
75 So etwa ca. 6 Meter bei der „Blitzer-Falle in Hoyerswerda" lt. Sächsischer Zeitung vom 26.3.2009.
76 Vgl OLG Köln NZV 1998, 472.

Mit der so ermittelten Durchschnittsgeschwindigkeit wird der Zeitpunkt beim Überfahren der Haltelinie errechnet. Die Methode krankt schon daran, dass die tatsächliche Geschwindigkeit zwischen Haltelinie und erster Schleife nicht zu ermitteln ist. Die errechenbare Durchschnittsgeschwindigkeit zwischen Fahrzeugposition auf Foto 1 und Position auf Foto 2 kann theoretisch über diesem Wert liegen, wenn beispielsweise aus langsamer Geschwindigkeit beschleunigt worden ist. Daraus können sich im Einzelfall entscheidende Unterschiede ergeben. Ein weiterer Fehler ergibt sich aus der Anschwellzeit der Glühbirne (nicht bei Ampeln mit LEDs). Die Zeitmessung beginnt sofort mit Einschalten des Stromkreises, obwohl die Rotlichtbirne nicht sofort ihre maximale Lichtstärke entwickelt und deshalb für eine kurze Zeitspanne am Beginn der Schaltzeit für den Betroffenen noch nicht zu erkennen ist. Besonders gut lässt sich das Ansteigen der Leuchtkraft bei videoüberwachten Ampelanlagen nachvollziehen. Zunächst ist auf einem einzelnen Videohalbbild nur ein kleiner heller Punkt im Ampelglas zu erkennen, der sich erst danach über vier bis fünf weitere Halbbilder bis zur vollen Ausleuchtung entwickelt. Für den Kraftfahrer ist deshalb das Rotlicht erst etwa mindestens 0,1 s nach Einschalten des entsprechenden Stromkreises zu erkennen. Die Zeitmessung hat aber sofort begonnen.

Ein Beispiel für eine Berechnung:
Die Breite der Haltelinie beträgt 50 cm, der Abstand zwischen Haltelinie und Schleife 1 m und die Breite der Schleife noch einmal 50 cm. Eine Zugunstenbetrachtung ergibt somit einen Weg von 2 m. Die Durchschnittsgeschwindigkeit zwischen den Schleifen oder zwischen Fahrzeugposition 1 und 2 beträgt 45 km/h. Das sind 12,5 m/s. 2 m (Beginn Haltelinie bis Ende Schleife) werden bei dieser Geschwindigkeit in 0,16 s zurückgelegt (2 / 12,5 = 0,16). Die Rotlichtzeit war 1,21 s. Hiervon wären 0,16 s für den Weg zwischen Haltelinie und Schleife abzuziehen und weitere 0,1 s für die Anschwellzeit der Ampelglühbirnen. Damit kommt man nur noch auf vorwerfbare 0,95 s und damit nicht mehr auf einen qualifizierten Rotlichtverstoß.

Für die insgesamt vorzunehmenden Korrekturen des im Foto eingeblendeten Wertes kommt es schließlich auch auf eine eventuelle Einlassung des Betroffenen zu seinem Fahrverhalten an. Muss daraus auf eine längere Fahrzeit zwischen Haltelinie und erster Schleife geschlossen werden, als sie sich aus der Durchschnittsgeschwindigkeit zwischen den Fahrzeugpositionen auf Foto 1 und 2 ergibt, kann Letztere nur für eine Plausibilitätsprüfung der Angaben des Betroffenen verwendet werden, nicht aber für eine Rückrechnung auf die Haltelinienrotzeit. Um eine Beurteilung der Messung durch einen Sachverständigen zu erreichen, kann folgender Beweisantrag formuliert werden:

▶ **Muster: Beweisantrag bei Rotlichtverstoß**

An das Amtsgericht ...

In der Bußgeldsache

gegen ...

Az ...

beantrage ich

zum Beweis der Tatsache, dass zum Zeitpunkt des Überfahrens der Haltelinie die Rotzeit noch nicht eine Sekunde angedauert hat,

ein Sachverständigengutachten einzuholen.

Begründung:

Das Foto 1, Bl. ... in der Gerichtsakte, zeigt den Wagen des Betroffenen nach 1,21 s Rotzeit bereits deutlich hinter der Haltelinie. Die Rotzeit zu diesem Zeitpunkt darf dem Betroffenen aber nicht vorgeworfen werden. Maßgeblich ist die Rotzeit zum Zeitpunkt des Überfahrens der Haltelinie (BGH zfs 1999, 444).

Unter Berücksichtigung der Einlassung des Betroffenen, er habe wegen eines Einsatzfahrzeugs fast bis zum Stillstand bremsen müssen und danach im Ampelbereich wieder beschleunigt, ist unter Hinzuziehung des Fotos 2, Bl. ... in der Gerichtsakte, die vorwerfbare Rotzeit beim Überfahren der Haltelinie zu errechnen. Eine Korrektur ist auch deshalb vorzunehmen, weil die Anschwellzeit der Glühbirne in der Lichtzeichenanlage noch einmal ca. 0,1 s beträgt, bevor sie vom Kraftfahrer wahrgenommen werden kann, die Uhr der Zeitmessung aber sofort mit Einschalten des Stromkreises zu laufen beginnt.

Als Ergebnis wird der Sachverständige ermitteln, dass die vorwerfbare Rotzeit 1,0 s nicht überschritten hat. Das rechtfertigt zwar die Verhängung eines Bußgeldes, nicht aber die Festsetzung eines Fahrverbots.

Rechtsanwalt ◀

B. Rechtsbehelfe

I. Antrag auf gerichtliche Entscheidung

130   Der Antrag auf gerichtliche Entscheidung ist ein Rechtsbehelf gegen Maßnahmen der Verwaltungsbehörde. Seine Grundlage hat das Verfahren in § 62 OWiG unter Verweis auf die Vorschriften über die Beschwerde in der StPO. Unter Maßnahmen versteht man alle Entscheidungen der Verwaltungsbehörde mit Ausnahme von rein vorbereitenden Tätigkeiten ohne selbstständige Bedeutung (§ 62 Abs. 1 S. 2 OWiG) und des Erlasses des Bußgeldbescheids, gegen den nur der Einspruch möglich ist (§ 67 OWiG). Der Antrag ist nur in den Fällen befristet, in denen das Gesetz es ausdrücklich verlangt (siehe Rn 132). Er ist schriftlich oder zur Niederschrift der Verwaltungsbehörde zu stellen. Adressat ist immer die Ausgangsbehörde. Seine Begründung ist keine Zulässigkeitsvoraussetzung, aber empfehlenswert.

131   Wenn eine Befristung nach dem Gesetz vorgesehen ist, muss der Antrag innerhalb von zwei Wochen gestellt werden.[77] Besondere Bedeutung hat das Verfahren vor allem in Zusammenhang mit Wiedereinsetzungsanträgen oder Kostenentscheidungen der Verwaltungsbehörde. In diesen Fällen kann der Antrag nur innerhalb der genannten Frist gestellt werden.

132   Im Wiedereinsetzungsverfahren ist der Antrag auf gerichtliche Entscheidung vorgesehen, wenn die Verwaltungsbehörde den Wiedereinsetzungsantrag verwirft (§ 52 Abs. 2 S. 3 OWiG). Im Zwischenverfahren ist er gem. § 69 Abs. S. 2 OWiG der Rechtsbehelf gegen die Verwerfung des Einspruchs als unzulässig. Kostenrechtliche Entscheidungen der Verwaltungsbehörde unterliegen zB gem. § 108 Abs. S. 1 OWiG der gerichtlichen Kontrolle. Außerhalb des Ordnungswidrigkeitengesetzes findet sich in § 25 a Abs. 3 StVG (sog. Halterhaftung) eine Regelung über einen Antrag nach § 62 OWiG.

---

[77] Vollständige Auflistung der Tatbestände bei *Seitz*, in: Göhler, § 62 OWiG Rn 14 a.

1. Antrag auf gerichtliche Entscheidung gegen die Verwerfung des Wiedereinsetzungsantrags nach § 52 Abs. 2 S. 3 OWiG

Beispiel: 133

M. erscheint am 2. September in der Kanzlei und gibt einen am 1. September zugestellten Bußgeldbescheid ab, unterzeichnet eine Vollmacht und erteilt den Auftrag, wegen eines nahen Tilgungstermins einer Eintragung im Fahreignungsregister am letzten Tag der Frist gegen den Bußgeldbescheid Einspruch einzulegen. Beim Datieren der Vollmacht unterläuft M ein Fehler, der zunächst auch sonst niemandem auffällt: irrtümlich schreibt er statt September Oktober. Die Akte gerät in der Kanzlei in einen Stapel ablagereifer anderer Akten, noch bevor die Einspruchsfrist notiert ist. Erst bei Abarbeitung der Altakten Anfang Oktober kommt der Vorgang von M. wieder zum Vorschein. Der Verteidiger legt sofort Einspruch ein mit gleichzeitiger Stellung eines Wiedereinsetzungsantrags, den er ausschließlich mit Verteidigerverschulden (Fehler in der Kanzleiorganisation) und ohne weitere Glaubhaftmachung begründet. Die Bußgeldbehörde verwirft den Antrag unter Hinweis auf die Vollmacht mit der Begründung, den Betroffenen treffe eigenes Verschulden, weil die Anwaltsbeauftragung erst am 2. Oktober erfolgt sei, also nach Ablauf der Einspruchsfrist; im Übrigen seien die Gründe für die Fristversäumung nicht glaubhaft gemacht.

▶ **Muster: Antrag auf gerichtliche Entscheidung bei Verwerfung des Wiedereinsetzungsantrags** 134

An ... [Bußgeldstelle]

Betr.: Bußgeldverfahren gegen ..., Az ...

Sehr geehrte Damen und Herren,

gegen den Bescheid vom ..., mit welchem der Antrag auf Wiedereinsetzung vom ... in den vorigen Stand verworfen worden ist und der am ... zugestellt worden ist, stelle ich hiermit namens und in Vollmacht des Betroffenen gem. § 52 Abs. 2 S. 3 OWiG den

Antrag auf gerichtliche Entscheidung.

Damit halte ich den Wiedereinsetzungsantrag aufrecht, beantrage also,

den Beschluss aufzuheben und

dem Betroffenen Wiedereinsetzung in den vorigen Stand wegen der Versäumung der Einspruchsfrist zu gewähren.

Begründung:

Der Auftrag zur Einlegung des Einspruchs ist nicht erst am 2. Oktober erteilt worden, wie die Vollmacht es vermuten ließe, sondern bereits am 2. September. Bei der Ausstellung der Vollmacht befand sich der Betroffene im Irrtum über den Monat. Dieser Irrtum lässt sich nicht glaubhaft machen, da es sich hier lediglich um eine Tatsache handelt, die ausschließlich im Kenntnisbereich des Betroffenen selbst liegt. Seine diesbezügliche eigene eidesstattliche Versicherung wäre als einfache Erklärung zu werten, welche wiederum als Mittel zur Glaubhaftmachung ungeeignet ist (vgl *Seitz*, in Göhler, OWiG, 16. Aufl. 2012, § 52 Rn 20).

Im Wiedereinsetzungsantrag ist der zeitliche Ablauf des Geschehens ab Auftragseingang in meiner Kanzlei dargestellt und zur Glaubhaftmachung versichert, jedoch nicht an Eides statt. Die eidesstattliche Versicherung des Verteidigers wird nicht verlangt, weil er ohnehin zur Wahrheit verpflichtet ist (*Schmitt*, in Meyer-Goßner, StPO, 58. Aufl. 2015, § 26 Rn 13).

Vorsorglich stelle ich die geschilderten Tatsachen (zeitlicher Ablauf der Auftragserteilung) unter weiteren Beweis. Der Tag der Entgegennahme des Bußgeldbescheids vom Antragsteller/Betroffenen ergibt sich aus dem Eingangsstempel der Kanzlei, welcher auf dem Bußgeldbescheid am 2. September angebracht worden ist.

Glaubhaftmachung: 1. Kopie des Bußgeldbescheids mit darauf enthaltenem Eingangsstempel
2. eidesstattliche Versicherung der Sekretärin im Original

Die Vollmacht ist am 2. September von meiner Sekretärin entgegengenommen worden, nachdem der Betroffene sie in ihrer Gegenwart unterzeichnet hatte.

Glaubhaftmachung: eidesstattliche Erklärung der Sekretärin im Original

Damit dürfte nachgewiesen sein, dass den Betroffenen selbst kein Verschulden an der Fristversäumung trifft. Ihm ist deshalb Wiedereinsetzung in den vorigen Stand zu gewähren.

Mit freundlichen Grüßen

Rechtsanwalt ◀

135 Die Verwaltungsbehörde kann dem Rechtsbehelf selbst abhelfen,[78] andernfalls legt sie die Akte dem zuständigen Gericht vor. Im Verfahren des § 62 OWiG ist die Nachholung der Glaubhaftmachung bis zum rechtskräftigen Abschluss des Wiedereinsetzungsverfahrens zulässig.[79]

2. Antrag auf gerichtliche Entscheidung gegen Kostenbescheid gem. § 25 a Abs. 3 StVG

136 **Beispiel:**
M. legt in der Kanzlei am 1. September einen Kostenbescheid der Verwaltungsbehörde vor, mit welchem ihm gem. § 25 a StVG die Kosten eines Bußgeldverfahrens auferlegt worden sind, weil der Fahrer eines auf M. zugelassenen Kraftfahrzeugs, mit welchem am 1. August ein Park- oder Halteverstoß begangen worden war, nicht ermittelt werden konnte. M. teilt zusätzlich noch mit, dass er zuvor angehört worden sei, aber vergessen habe, den ausgefüllten Anhörungsbogen mit Angaben zum Fahrer (seinem Sohn) zurückzuschicken.

137 Der Antrag auf gerichtliche Entscheidung gem. § 25 a Abs. 3 StVG ist binnen zweier Wochen ab Zustellung des Kostenbescheids zu stellen. Im Verfahren kann die Nennung des Fahrers nachgeholt werden. Sofern die Verjährungsfrist gegen den Fahrer noch nicht abgelaufen ist und der restliche Zeitraum bis zu ihrem Ablauf noch weitere Ermittlungen gegen den nun benannten Fahrer zulässt, ist die Einstellungsverfügung gegen den Halter aufzuheben und das Verfahren gegen den benannten Fahrer zu eröffnen.[80] Wenn dieses zu keinem Ergebnis führt, kann erneut im Wege des § 25 a StVG gegen den Halter vorgegangen werden. Hilft die Behörde dem Rechtsbehelf nicht ab und gibt das Verfahren an das Amtsgericht, kommt dort auch noch nach Eintritt der Verfolgungsverjährung gegen den Fahrer eine Aufhebung des Kostenbescheids in Betracht, weil die Bußgeldbehörde dann zuvor weitergehende zumutbare Ermittlungen unterlassen hat. Der Antrag auf gerichtliche Entscheidung kann folgendermaßen formuliert werden:

---

78 *Seitz*, in: Göhler, § 62 OWiG Rn 19.
79 *Seitz*, in: Göhler, § 52 OWiG Rn 19.
80 *Gürtler*, in: Göhler, vor § 109 a OWiG Rn 12.

▶ **Muster: Antrag auf gerichtliche Entscheidung gegen Kostenbescheid der Verwaltungsbehörde gem. § 25 a StVG**

138

An ... [Bußgeldstelle]

Betr.: Bußgeldverfahren gegen ..., Kostenbescheid vom ...; Az ...

Sehr geehrte Damen und Herren,

in der vorbezeichneten Angelegenheit zeige ich an, dass mich Herr ... beauftragt hat. Eine von meinem Mandanten unterzeichnete und auf mich ausgestellte Vollmacht füge ich in Kopie bei. Gegen den Kostenbescheid vom ... beantrage ich hiermit

gerichtliche Entscheidung gem. § 25 a Abs. 3 StVG.

Begründung:

Halter des am 1. August festgestellten Pkws ist mein Mandant. Gleichwohl war er am Vorfalltag nicht der Fahrer seines Wagens. Er hatte das Auto am Tag zuvor seinem Sohn, Herrn ... [Name, Vorname, Anschrift], überlassen. Auf Nachfrage hat dieser inzwischen auch bestätigt, den Wagen zur fraglichen Zeit in der ...straße abgestellt zu haben.

Nachdem damit der Fahrer des Fahrzeugs bekannt geworden und Verfolgungsverjährung gegen den Fahrer noch nicht eingetreten ist und auch nicht demnächst eintreten wird, ist der Kostenbescheid gegen meinen Mandanten aufzuheben, weil weitere zumutbare Ermittlungen gegen den richtigen Fahrer noch möglich sind.

Mit freundlichen Grüßen

Rechtsanwalt ◀

Hat der Antrag Erfolg, sind die dem Antragsteller entstandenen notwendigen Auslagen der Verwaltungsbehörde aufzuerlegen.[81]

139

Hinweis: Die Verteidigung in Ordnungswidrigkeitenverfahren wegen **Verstößen im ruhenden Verkehr** ist **bei den meisten Rechtsschutzversicherungen nicht versichert**. In den ARB 75 ist noch die Regelung enthalten, dass in Bußgeldverfahren wegen eines Halt- oder Parkverstoßes Versicherungsschutz nur besteht, wenn das Verfahren nicht mit einer Entscheidung nach § 25 a StVG endet. Nur noch wenige Gesellschaften bieten auch heute noch Deckungsschutz nach der alten Regelung an. Die meisten Versicherungen haben inzwischen den ruhenden Verkehr vollständig aus dem Rechtsschutz herausgenommen (§ 3 Abs. 3 e ARB 94; 2000 und 2005). Auch nach der alten Regelung ist aber der Versicherungsschutz im Rechtsbehelfsverfahren nach § 25 a Abs. 3 StVG ausgeschlossen. Wird der Auftrag zur Verteidigung gegen einen Parkverstoß vom Mandanten angenommen, muss dieser auf diese Besonderheiten hingewiesen werden. Wünscht der Mandant die Vertretung nur unter der Voraussetzung der Eintrittspflicht der Rechtsschutzversicherung (wenn nach deren Bedingungen überhaupt Deckungsschutz möglich ist), muss er außerdem darauf hingewiesen werden, dass es unumgänglich sein wird, noch vor einer Entscheidung der Verwaltungsbehörde nach § 25 a StVG den Fahrer zu benennen.

140

---

81 *Seitz*, in: Göhler, § 62 OWiG Rn 32 a; *Gürtler*, in: Göhler, vor § 109 a OWiG Rn 29 a zur Kostenentscheidung im gerichtlichen Verfahren.

3. Antrag auf gerichtliche Entscheidung bei Einspruchsverwerfung durch die Verwaltungsbehörde gem. § 69 Abs. 1 OWiG

141 Beispiel:
M. wohnt in der Schweiz, begeht aber seine Verkehrsverstöße in Deutschland. Die Verwaltungsbehörde hört ihn am 29.10.2014 zu einer Geschwindigkeitsüberschreitung in Deutschland um 41 km/h an. Danach erlässt sie am 12.12.2014 einen Bußgeldbescheid. Dieser wird M. nicht per PZU (Schweiz!) sondern per Einschreiben mit Rückschein übersandt. Das Einschreiben wird in der Schweiz nicht abgeholt und mit dem postalischen Vermerk „nicht abgeholt" an die Verwaltungsbehörde zurückgeschickt. Danach verschickt die Bußgeldstelle den Bußgeldbescheid mit Anschreiben vom 9.1.2015 noch einmal formlos. Schließlich wird M. am 2.2.2015 noch einmal wegen des Fahrverbots angeschrieben. Dies nimmt er nun zum Anlass, einen deutschen Verteidiger zu beauftragen. Dieser erhält im Februar 2015 Akteneinsicht. Mit Schreiben vom 1.4.2015 teilt der Verteidiger der Bußgeldstelle mit, dass die Zustellung des Bußgeldbescheids nicht wirksam erfolgt sei. Inzwischen sei Verjährung eingetreten. Die Bußgeldstelle wertet das Schreiben als Einspruch und verwirft ihn mit Bescheid vom 7.4.2015, zugestellt am 10.4.2015, als unzulässig, weil die Einspruchsfrist versäumt sei.

142 Mit Zustellung des Bescheids vom 7.4.2015 beginnt die Zweiwochenfrist für den Antrag auf gerichtliche Entscheidung, der demzufolge bis zum 24.4.2015 gegenüber der Verwaltungsbehörde zu stellen ist. Er kann folgenden Inhalt aufweisen:

143 ▶ **Muster: Antrag auf gerichtliche Entscheidung nach § 69 Abs. 1 S. 2 OWiG**

An ... [Bußgeldstelle]
Betr.: Bußgeldverfahren gegen ...; Az ...
Sehr geehrte Damen und Herren,
in vorbezeichneter Sache stelle ich hiermit gegen den Bescheid vom 7.4.2015, zugestellt am 10.4.2015, den Antrag auf
gerichtliche Entscheidung
mit dem weiteren Antrag,
das Verfahren wegen Eintritts der Verfolgungsverjährung einzustellen.

Begründung:

Derzeit darf aus dem Bußgeldbescheid nicht vollstreckt werden, weil er noch nicht wirksam zugestellt worden ist. Inzwischen liegt außerdem ein dauerhaftes Verfahrenshindernis vor, da Verfolgungsverjährung eingetreten ist.
Ein Bußgeldbescheid wurde zwar am 12.12.2014 erlassen. Der Unterbrechung der Verfolgungsverjährung steht aber § 33 Abs. 1 S. 1 Nr. 9 OWiG entgegen, der als Wirksamkeitsvoraussetzung zusätzlich verlangt, dass der Bußgeldbescheid nach Erlass binnen zwei Wochen zugestellt wird (BGHSt 45, 261, 264). Erfolgt die Zustellung später, tritt eine Unterbrechung erst mit diesem Zeitpunkt ein. Hier wurde nicht nur die Zweiwochenfrist nicht eingehalten, sondern es fehlt eine wirksame Zustellung gänzlich:
Grundsätzlich kann ein Bußgeldbescheid auch per Einschreiben zugestellt werden (*Seitz*, in: Göhler, OWiG, 16. Aufl. 2012, § 51 Rn 22). Eine solche Zustellung kann auch in der Schweiz bewirkt werden (*Seitz*, aaO, Rn 28 mit Verweis auf deutsch-schweizerische Verträge und die sog. Schengen-Liste). Ganz gleichgültig, ob ein derartiger Zustellversuch in Deutschland oder der Schweiz durchgeführt

wird, ist er jedenfalls gescheitert, wenn das Einschreiben nicht entgegengenommen oder abgeholt wird. Immer kommt es auf den tatsächlichen Zugang an (*Lampe*, in: Karlsruher Kommentar zum OWiG, 4. Aufl. 2014, § 51 Rn 99).

Der Zustellungsmangel ist auch nicht durch Kenntnisnahme innerhalb der Verjährungsfrist geheilt (§ 9 LVwZG). Mein Mandant gibt an, vom Schreiben vom 9.1.2015 erst durch mich nach Akteneinsicht erfahren zu haben.

Ab Anhörung meines Mandanten am 29.10.2014 lief nach erstmaliger Unterbrechung die dreimonatige Verjährungsfrist. Der Erlass des Bußgeldbescheids vom 12.12.2014 konnte diese Verjährungsfrist mangels Zustellung binnen zwei Wochen nicht unterbrechen. Auf eine eventuelle Verlängerung der Verjährungsfrist auf sechs Monate durch Erlass des Bußgeldbescheids kommt es vorliegend nicht an, weil auch dies die Zustellung binnen zwei Wochen voraussetzen würde (BGHSt 45, 261).

Mit freundlichen Grüßen

Rechtsanwalt ◀

II. Beschwerde

Die Vorschriften der StPO über die Beschwerde gelten über § 46 Abs. 1 OWiG sinngemäß (beispielsweise bei abgelehnten Terminverlegungsanträgen) oder über eine ausdrückliche Verweisung für bestimmte Maßnahmen (beispielsweise gegen den Beschluss über die Verwerfung des Wiedereinsetzungsantrags durch das Gericht, § 52 Abs. 2 OWiG iVm § 46 Abs. 3, 1 StPO).

144

1. Beschwerden im Wiedereinsetzungsverfahren

Beispiel (Alternative zu Beispiel § 12 Rn 19):
Der Verteidiger erhält am 12. Oktober als Antwort auf seinen Wiedereinsetzungsantrag einen Beschluss des Amtsgerichts, mit welchem der Antrag verworfen wird. Zur Begründung wird ausgeführt, dass die unverschuldete Verhinderung des Betroffenen mit dem Attest nicht glaubhaft gemacht sei. Aus der Diagnose lasse sich nicht ausnahmslos auf einen Zustand schließen, der Verhandlungsunfähigkeit mit sich bringe.

145

Gegen den Beschluss ist als Rechtsmittel die **sofortige Beschwerde** statthaft. Dies folgt aus §§ 52 Abs. 2 S. 2, 46 Abs. 1 OWiG iVm § 46 Abs. 1 und 3 StPO. Ihre Voraussetzungen ergeben sich aus § 311 StPO. Die sofortige Beschwerde ist binnen einer Woche ab Bekanntgabe der anzugreifenden Entscheidung beim Gericht der Ausgangsentscheidung (§ 306 Abs. 1 StPO) einzulegen. Sie muss nicht mit einer Begründung versehen sein, obwohl sich eine solche empfiehlt, weil ansonsten kaum eine anderslautende Entscheidung des Beschwerdegerichts zu erwarten sein wird. Eine Begründung kann aber nachgeholt werden, auch noch nach Ablauf der Einlegungsfrist.[82]

146

Hinweis: Wer eine Begründung nicht einmal in dem Schriftsatz, mit welchem er die sofortige Beschwerde einlegt, ankündigt, riskiert eine schnelle Entscheidung des Beschwerdegerichts, die dann voraussichtlich ausfällt wie die des Erstgerichts. Eine Begründung ist nämlich nur zu berücksichtigen, wenn sie eingeht, bevor über die Beschwerde entschieden ist.[83] Für das Beschwerdegericht ist dies ein Anreiz für schnelle Entscheidungen: Der Beschluss macht weniger

147

---
82 *Meyer-Goßner*, in: Meyer-Goßner, § 311 StPO Rn 4.
83 *Meyer-Goßner*, in: Meyer-Goßner, § 306 StPO Rn 6.

Arbeit, solange eine Beschwerdebegründung nicht zu berücksichtigen ist! Deshalb sollte man im Einlegungsschriftsatz darauf hinweisen, dass noch eine Begründung beabsichtigt ist, die aus vielerlei Gründen nicht sofort möglich ist. Das Beschwerdegericht muss dann eine angemessene Zeit warten oder eine Frist für die Einreichung der Begründung setzen.[84] Wird eine Frist gesetzt, sollte sie sorgfältig notiert und behandelt werden, denn das Gericht muss sie nur ausnahmsweise auf Antrag verlängern;[85] ein Wiedereinsetzungsantrag wäre im Falle ihres Versäumens unzulässig.[86]

148 Das Amtsgericht darf der Beschwerde nur in einem Fall abhelfen: wenn zuvor das rechtliche Gehör des Betroffenen verletzt war. Wird mit der Beschwerde die Glaubhaftmachung der vorgetragenen Tatsachen nachgebessert, kommt eine Abhilfeentscheidung des Amtsgerichts daher nicht in Betracht. Zuständig ist dann das Landgericht, Kammer für Bußgeldsachen (§ 73 Abs. 1 GVG iVm § 46 Abs. 1 und 7 OWiG).

149 ▶ **Muster: Sofortige Beschwerde gegen Versagung der Wiedereinsetzung und Nachbesserung der Glaubhaftmachung der vorgetragenen Hinderungstatsachen**

An das Amtsgericht ...

In der Bußgeldsache

gegen ...

Az ...

lege ich gegen den Beschluss des Amtsgerichts vom ...

Sofortige Beschwerde

ein und beantrage,

unter Aufhebung des Beschlusses dem Betroffenen wegen der Versäumung der Teilnahme an der Hauptverhandlung vom ... Wiedereinsetzung in den vorigen Stand zu gewähren.

Begründung:

Der Betroffene hat den Termin zur Hauptverhandlung unverschuldet versäumt. Er war wegen einer Erkrankung an der Teilnahme gehindert. Dementsprechend hat er durch mich am ... unter Angabe der Gründe für die Verhinderung Terminverlegung beantragen lassen. Das Amtsgericht hat dem Antrag nicht stattgegeben, die Hauptverhandlung in Abwesenheit des Betroffenen durchgeführt und den Einspruch durch Urteil als unzulässig verworfen. Einen Wiedereinsetzungsantrag, dem zur Glaubhaftmachung ein Attest des Hausarztes Dr. ... vom ... beigefügt war, hat das Amtsgericht mit Beschluss vom ... mit der Begründung verworfen, Verhandlungsunfähigkeit sei mit dem Attest nicht glaubhaft gemacht.

Dieser Auffassung trete ich mit der sofortigen Beschwerde entgegen.

Im Terminverlegungsantrag ist bereits vorgetragen, dass der Betroffene an Grippe (Selbstdiagnose) erkrankt war und Fieber hatte. Zum damaligen Zeitpunkt konnte der Betroffene zu seiner Erkrankung keine weiteren Details schildern. Eine ärztliche Bescheinigung musste erst noch beschafft werden. Für einen einfachen Antrag auf Terminverlegung war eine Glaubhaftmachung der geschilderten Tatsachen im Übrigen auch noch nicht notwendig.

---

84 *Meyer-Goßner*, in: Meyer-Goßner, § 306 StPO Rn 5 f mwN.
85 *Meyer-Goßner*, in; Meyer-Goßner, § 306 StPO Rn 5 f.
86 OLG Karlsruhe MDR 1983, 250.

Die später in Zusammenhang mit dem Wiedereinsetzungsantrag vorgelegte Arbeitsunfähigkeitsbescheinigung enthält die Diagnose des Hausarztes Dr. ... in dem von Ärzten zu verwendenden Codiersystem ICD-10, nämlich als Code J06.9. Hinter diesem Code verbirgt sich die Krankheit „Akute Infektion der oberen Atemwege, nicht näher bezeichnet, Grippaler Infekt". Ein entsprechender Internetausdruck war dem Antrag beigefügt. Dieses Attest steht zur Selbstdiagnose des Betroffenen nicht im Widerspruch. Ein grippaler Infekt kann vom Patienten selbst mit einer Grippe verwechselt werden. Fieber kann in beiden Fällen auftreten.

Der Code ist auf der Internetseite des Deutschen Instituts für medizinische Dokumentation und Information im Geschäftsbereich des Bundesministeriums für Gesundheit und soziale Sicherheit veröffentlicht (www.dimdi.de). Ärzte sind verpflichtet, diesen Code zu benutzen.

Das Attest unterstreicht die Angaben des Betroffenen über die Gründe seiner Verhinderung. Damit erscheinen die Tatsachen der Verhinderung als wahrscheinlich im Sinne von § 52 OWiG. Diese Wertung steht zwar im subjektiven Ermessen des Tatrichters; dieser hätte aber nach Vorlage des Attests nicht daran zweifeln dürfen, dass die diagnostizierte Erkrankung tatsächlich vorlag. Ich gehe davon aus, dass schon damit glaubhaft gemacht war, dass dem Erscheinen des Betroffenen in der Hauptverhandlung ein objektiv vorhandener Hinderungsgrund entgegenstand. Meines Erachtens kann niemand von einem derartig Erkrankten erwarten, sich in die Öffentlichkeit zu begeben und dort noch andere mit seiner Krankheit zu infizieren. Selbst wenn aber das Gericht der Auffassung sein sollte, dass nur die Angabe der Krankheit nicht ausreicht, um objektiv vorhandene Verhandlungsunfähigkeit zu belegen, sondern dass darüber hinaus für die Herbeiführung von Verhandlungsunfähigkeit geeignete Symptome glaubhaft zu machen sind und dies hier nicht geschehen sei, müsste dem Wiedereinsetzungsantrag stattgegeben werden. Denn einem Betroffenen kann hinsichtlich der Versäumung eines gerichtlichen Termins keine Pflichtverletzung in subjektiver Hinsicht vorgeworfen werden, wenn er, ohne entgegenstehende Kenntnis zu besitzen, annehmen darf, dass sein Attest eine genügende Entschuldigung für die Abwesenheit darstellt (OLG Düsseldorf NJW 1985, 2207, 2208).

Vorsorglich ergänze ich die Glaubhaftmachung der Schilderung des Betroffenen um eine eidesstattliche Erklärung der Ehefrau, die damit aufgrund eigener Wahrnehmung den Zustand des Betroffenen am Terminstag beschreibt.

Glaubhaftmachung: eidesstattliche Versicherung der Ehefrau des Betroffenen, ..., im Original

Damit bitte ich um antragsgemäße Entscheidung.

Rechtsanwalt ◄

Bloße Zweifel an der Aussagekraft eines Attestes dürfen nicht zulasten des Betroffenen gehen. Der Tatrichter hat vielmehr von Amtswegen den Umständen nachzugehen, die Zweifel an der Entschuldigung begründen, und den Sachverhalt aufzuklären.[87] Bemerkenswert insoweit ein Fall aus Hessen: Der dortige Bußgeldrichter hatte Zweifel, ob der Betroffene aus Sachsen, der ein Attest vorgelegt hatte, tatsächlich reise- und verhandlungsunfähig erkrankt war. Er unterbrach die morgendliche Hauptverhandlung und setzte die Fortsetzung für denselben Tag drei Stunden später an. Ohne den Verteidiger über seine Absichten zu informieren, veranlasste er die Polizei im Wohnort des Betroffenen zu einem Hausbesuch und ließ sich in der Verhandlungspause bestätigen, dass es dem Betroffenen gesundheitlich doch schlecht geht!

---

[87] OLG Zweibrücken zfs 2006, 233; OLG Karlsruhe NStZ 1994, 14.

151 2. **Beschwerden nach Ablehnung eines Terminverlegungsantrags.** An sich sind zwar Entscheidungen über den terminlichen Ablauf nicht beschwerdefähig;[88] in Ausnahmefällen kann sich aber aus der ablehnenden Entscheidung des Gerichts ein eigener Beschwerdegrund ergeben. Dieser liegt allerdings nicht vor, wenn allein die Zweckmäßigkeit der Terminbestimmung angegriffen wird.[89] Man muss die Entscheidung des Vorsitzenden als rechtswidrig rügen können, beispielsweise über die fehlerhafte Ausübung des Ermessens (siehe Rn 155). Das heißt im Gegenzug jedoch nicht, dass immer dann, wenn eine begründete Verhinderung des Verteidigers vorliegt, die Ablehnung der Terminverlegung den Beschwerdeweg eröffnet. Ermessensfehlerhaft ist die Entscheidung des Vorsitzenden erst dann, wenn sich aus dem Beschluss beispielsweise ergibt, dass Ermessen überhaupt nicht ausgeübt oder dass Argumenten, die für die Aufrechterhaltung des Termins sprechen, ein unerklärlich hohes Gewicht eingeräumt worden ist.

152 Für die Entscheidung kann auch von Bedeutung sein, wann ein Terminverlegungsantrag gestellt wird. Ist die Verhinderung lange bekannt, der Verlegungsantrag aber erst in „letzter Minute" gestellt worden, wird das Gericht unter Beachtung des Beschleunigungsgebots in Bußgeldsachen[90] abzuwägen haben, wann ein neuer Termin nach der Terminlage des Gerichts überhaupt angesetzt werden könnte und wann ein Termin demgegenüber bei früherer „rechtzeitiger" Beantragung hätte stattfinden können. In solche Überlegungen werden dann auch im Verteidigerverhalten liegende subjektive Aspekte einfließen dürfen, die dazu führen können, dass auch bei objektiv vorhandener Terminkollision des Verteidigers eine Verlegung durch das Gericht nicht geboten ist.

153 Ist bereits der Verhinderungsgrund unerheblich, wird die Beschwerde aller Voraussicht nach ohnehin als unzulässig zurückgewiesen werden. Selbst in solchen Fällen kann es aber sinnvoll sein, die Beschwerde aus taktischen Gründen anzubringen. Das Amtsgericht muss nämlich damit die Akte sofort, spätestens vor Ablauf von drei Tagen, dem Beschwerdegericht zugänglich machen (§ 306 Abs. 2 Hs 2 StPO).

154 Solange sich die Akte dann beim Landgericht befindet, kann aber ein Termin am Amtsgericht nicht durchgeführt werden. Die Herstellung einer Zweitakte zum Zwecke der Terminsdurchführung wäre unzulässig. Nachstehend das Beispiel einer Beschwerde:

155 ▶ **Muster: Beschwerde gegen Ablehnung eines Terminverlegungsantrags**

An das Amtsgericht ...
In der Bußgeldsache
gegen ...
Az ...
lege ich hiermit

Beschwerde

ein gegen die Entscheidung des Gerichts, die Hauptverhandlung nicht zu verlegen. Ich beantrage festzustellen, dass die richterliche Verfügung des Amtsgerichts vom ... – abgelehnter Terminverlegungsantrag – rechtswidrig ist.

---

88 *Seitz*, in: Göhler, § 71 OWiG Rn 25 a; *Meyer-Goßner*, in: Meyer-Goßner, § 213 StPO Rn 8.
89 OLG Dresden NJW 2004, 3196, 3197; siehe auch *Meyer-Goßner*, in: Meyer-Goßner, § 213 StPO Rn 8.
90 LG Memmingen zfs 1995, 393 mit Anm. *Bode*.

Begründung:

Die Hauptverhandlung sollte zunächst am 1.4.2015 um 9.30 Uhr stattfinden. Mit Schriftsatz vom 20.3.2015 beantragte ich, diesen Hauptverhandlungstermin zu verlegen, weil ich am selben Tag bereits zwei Hauptverhandlungstermine an anderen Amtsgerichten wahrzunehmen hatte, die vorher nach fernmündlicher Abstimmung mit den jeweiligen Abteilungsrichtern terminiert worden waren. Das Amtsgericht hat diesen Terminverlegungsantrag berücksichtigt und entgegen meiner Bitte um fernmündliche Abstimmung eines neuen Termins, weil wegen der dichten Terminlage eine neuerliche Terminkollision sonst nicht zu vermeiden gewesen wäre, neu terminiert auf den 24.4.2015, 11.45 Uhr. Wie nicht anders zu erwarten, musste ich erneut Terminverlegung beantragen, was ich mit Schriftsatz vom 10.4.2015 getan habe. Zur Begründung habe ich ausgeführt, dass ich vom 23.4. bis zum 26.4.2015 an einem Seminar teilnehmen müsse. Die Seminartermine liegen nicht in meiner Disposition.

Zur **Glaubhaftmachung** überreiche ich,

den Seminarplan und die Teilnahmebestätigung jeweils in Kopie.

Mit gerichtlichem Schreiben vom 17.4.2015 ist mir mitgeteilt worden, dass dem Terminverlegungsantrag nicht stattgegeben werde. Ohne dass hierzu ein Beschluss ergangen ist, wird darüber informiert, dass der Termin bestehen bleibe. Er sei bereits wegen Verhinderung des Verteidigers einmal verlegt worden. Die Sache sei weder besonders umfangreich noch schwierig, insbesondere liege kein Fall der notwendigen Verteidigung vor. In Betracht komme eine Untervertretung.

Keiner der angegebenen Gründe überzeugt!

Nirgendwo in der StPO oder im OWiG ist geregelt, dass ein Termin wegen der Verhinderung des Verteidigers nur einmal verlegt werden darf. Mit dem Hinweis darauf, dass die Sache nach Auffassung des Gerichts weder besonders umfangreich noch schwierig sei und kein Fall der notwendigen Verteidigung vorliege, meint das Gericht offensichtlich, darauf hinweisen zu müssen, dass die Hinzuziehung eines Verteidigers ohnehin unnötig sei. In Verbindung mit der weiterhin geäußerten Auffassung des Gerichts, es komme auch eine Untervertretung in Betracht, könnte darin – bei böswilliger Betrachtung – auch der Versuch gesehen werden, den Wahlverteidiger des Betroffenen auszuschalten. Grundsätzlich jedenfalls obliegt die Frage, ob sich der Betroffene eines Untervertreters bedient, nicht der Disposition des Gerichts. Selbst der – hier nicht erteilte – Hinweis darauf, dass eine Untervertretung durch einen Anwalt aus der Sozietät des Unterzeichneten in Betracht komme, wäre kein zulässiges Argument für die Entscheidung, den Termin nicht zu verlegen. Es kommt hier nur auf den Verteidiger an, der das mit der Vollmacht verbundene Angebot zur Verteidigung angenommen hat (OLG München NStZ 1994, 451).

Mit der Entscheidung des Gerichts, diesen Termin nicht zu verlegen, ist eine rechtsfehlerhafte Ermessensausübung verbunden. Diese begründet eine selbstständige Beschwer und eröffnet damit den Beschwerdeweg (OLG Frankfurt/M. StV 1993, 6; 1995, 9; 2001, 157; OLG Hamburg StV 1995, 11; OLG Hamm MDR 1975, 245; OLG Karlsruhe StV 1991, 509; OLG München, aaO; OLG Stuttgart Justiz 1973, 357; LG Berlin StV 1995, 239; LG Hamburg StV 1988, 195; 1996, 659; LG Magdeburg StraFo 1997, 112; OLG Brandenburg OLG-NL 1996, 71). Im vorliegenden Fall wird das Recht des Betroffenen beeinträchtigt, sich des Beistands des Verteidigers seines Vertrauens zu bedienen. Dieses Recht ergibt sich aus § 137 Abs. 1 S. 1 StPO und Art. 6 Abs. 3 lit. c MRK (vgl. BVerfGE 9, 36, 38). Es ist bei Entscheidungen über Anträge auf Terminverlegungen zu beachten (BGH StV 1989, 89). Die Ablehnung der beantragten Terminverlegung ist schon deshalb fehlerhaft, weil aus der Entscheidung des Gerichts nicht zu erkennen ist, dass dieses Recht des Betroffenen bei der Ermessensausübung berücksichtigt worden ist. Im Übrigen stünden wichtige Verfahrensgründe der Terminverlegung nicht entgegen. Insbesondere droht keine Verjährung. Diese träte erst ein, wenn eine Entscheidung in erster Instanz nicht vor Ablauf von zwei Jahren, beginnend ab Tatzeitpunkt, ergehen würde.

Zu guter Letzt weise ich noch daraufhin, dass für den Fall, dass der Beschwerde nicht abgeholfen wird, die Beschwerde sofort, spätestens vor Ablauf von drei Tagen dem Beschwerdegericht vorzulegen ist (§ 306 Abs. 2 StPO). Die Akten sind dem Beschwerdegericht insgesamt zuzuleiten. Das untere Gericht ist nicht befugt, sie zurückzuhalten (*Meyer-Goßner*, StPO, 58. Aufl. 2015, § 306 Rn 11) oder gar für die Durchführung des Termins eine Zweitakte anzufertigen. Die Berechtigung hierzu lässt sich auch nicht aus der fehlenden Suspensivwirkung der Beschwerde (§ 307 Abs. 1 StPO) herleiten.

Rechtsanwalt ◀

III. Rechtsbeschwerde

156 1. **Rechtsbeschwerden ohne Zulassungserfordernis gem. § 79 OWiG.** Das Rechtsmittel gegen das Urteil und den Beschluss nach § 72 OWiG ist die Rechtsbeschwerde. Sie ist aber gem. § 79 Abs. 1 OWiG nur unter eingeschränkten Voraussetzungen zulässig, nämlich wenn:

1. gegen den Betroffenen eine Geldbuße von mehr als 250 EUR festgesetzt worden ist,
2. eine Nebenfolge angeordnet worden ist, es sei denn, dass es sich um eine Nebenfolge vermögensrechtlicher Art handelt, deren Wert im Urteil oder im Beschluss nach § 72 OWiG auf nicht mehr als 250 EUR festgesetzt worden ist,
3. der Betroffene wegen einer Ordnungswidrigkeit freigesprochen oder das Verfahren eingestellt oder von der Verhängung eines Fahrverbots abgesehen worden ist und wegen der Tat im Bußgeldbescheid oder Strafbefehl eine Geldbuße von mehr als 600 EUR festgesetzt, ein Fahrverbot verhängt oder eine solche Geldbuße oder ein Fahrverbot von der Staatsanwaltschaft beantragt worden war,
4. der Einspruch durch Urteil als unzulässig verworfen worden ist oder
5. durch Beschluss nach § 72 OWiG entschieden worden ist, obwohl der Beschwerdeführer diesem Verfahren rechtzeitig widersprochen hatte oder ihm in sonstiger Weise das rechtliche Gehör versagt wurde.

Gegen das Urteil ist die Rechtsbeschwerde ferner zulässig, wenn sie **zugelassen** wird (§ 80 OWiG).

157 Hat das Urteil oder der Beschluss nach § 72 OWiG **mehrere Taten** zum Gegenstand und sind die Voraussetzungen des § 79 Abs. 1 S. 1 Nr. 1 bis 3 oder S. 2 OWiG nur hinsichtlich einzelner Taten gegeben, so ist die Rechtsbeschwerde nur insoweit zulässig.

158 Die Zulässigkeit der Rechtsbeschwerde für den Betroffenen richtet sich abgesehen von der Ausnahme des § 79 Abs. 1 S. 2 OWiG (besondere Zulassung durch das Gericht der angegriffenen Entscheidung) nach § 79 Abs. 1 Nr. 1, 2, 4 und 5 OWiG. § 79 Abs. 1 Nr. 3 OWiG betrifft nur die Rechtsbeschwerde der Staatsanwaltschaft.[91] Hohe Bedeutung hat die Nr. 2, weil sie in der gerichtlichen Praxis am häufigsten vorkommt (Verhängung eines **Fahrverbots**). Die Zulässigkeit ausschließlich aufgrund einer Fallgestaltung nach Nr. 1 wird selten sein, weil

---

91 *Seitz*, in: Göhler, § 79 OWiG Rn 10.

auch nach der Anpassung der Bußgeldhöhen im Jahr 2009 im Verkehrsrecht Entscheidungen mit Geldbußen oberhalb von 250 EUR ohne gleichzeitige Festsetzung eines Fahrverbots eher die Ausnahme sind. Zu diesen Ausnahmen gehören oft Fälle, in denen vom Fahrverbot gegen Erhöhung der Geldbuße abgesehen wird, weil es für den Betroffenen wegen seiner speziellen persönlichen Verhältnisse eine unzumutbare Härte bedeuten würde. In aller Regel wird das das vom Betroffenen gewünschte Ergebnis sein, so dass von ihm eine Rechtsbeschwerde, die sich im Übrigen dann nur noch gegen die Höhe der Geldbuße richten könnte, regelmäßig nicht in Erwägung gezogen wird. Der Bußgeldkatalog sieht in dem Bereich oberhalb von 250 EUR Geldbuße nur wenige Regelfälle vor (wiederholte Zuwiderhandlung gegen § 24 a StVG mit mindestens 500 EUR Geldbuße und dreimonatigem Fahrverbot).

a) **Einlegung der Rechtsbeschwerde.** Eingelegt werden kann die Rechtsbeschwerde vom Betroffenen selbst oder von seinem Verteidiger. Sie kann schriftlich oder zur Niederschrift der Geschäftsstelle erhoben werden. Noch nicht abschließend entschieden scheint die Frage zu sein, ob auch eine fernmündliche Erklärung gegenüber einem Urkundsbeamten der Geschäftsstelle ausreicht.[92] Wird eine **telefonische Beschwerdeeinlegung** von der Geschäftsstelle kommentarlos entgegengenommen, kommt später nach Hinweis auf die Unzulässigkeit eine Wiedereinsetzung in den vorigen Stand in Betracht, weil der Betroffene erwarten durfte, auf dieses formelle Problem aufmerksam gemacht zu werden. Ihn trifft deshalb in diesem Fall kein Verschulden an der eventuellen Fristversäumung.[93]

159

Die Rechtsbeschwerde muss innerhalb einer Frist von einer Woche beim Amtsgericht eingelegt werden (§ 79 Abs. 3 S. 1 OWiG iVm § 341 Abs. 1 StPO). Die Frist beginnt bei einem Beschluss nach § 72 OWiG mit dessen Zustellung, bei einem Urteil, das in Anwesenheit des Betroffenen oder seines mit Vollmacht gem. § 73 Abs. 3 OWiG ausgestatteten Verteidigers ergeht, mit Verkündung und ansonsten mit Zustellung des Urteils.

160

aa) Einlegung der Rechtsbeschwerde nach Urteilsverkündung in Anwesenheit des Betroffenen oder seines mit Vertretungsvollmacht ausgestatteten Verteidigers

▶ **Muster: Rechtsbeschwerdeschriftsatz nach Urteilsverkündung in Anwesenheit des Betroffenen oder seines mit Vertretungsvollmacht ausgestatteten Verteidigers**

161

An das Amtsgericht ...

In der Bußgeldsache

gegen ...

Az ...

lege ich hiermit namens und in Vollmacht des Betroffenen gegen das Urteil vom ...

Rechtsbeschwerde

ein. Die Rechtsbeschwerde werde ich gesondert begründen. Mit Zustellung des Urteils bitte ich, mir die Gerichtsakte zur Einsichtnahme in meiner Kanzlei zur Verfügung zu stellen.

Rechtsanwalt ◀

---

92 *Seitz*, in: Göhler, § 79 OWiG Rn 28 tendiert zur Unzulässigkeit; OLG Rostock VRS 86, 356; OLG Hamm VRS 90, 444.
93 So auch *Seitz*, in: Göhler, § 78 OWiG Rn 28

162 Der Irrtum über die Zulässigkeit der Rechtsbeschwerde und ein deshalb gestellter Zulassungsantrag nach § 80 OWiG ist unschädlich. Ein solcher Antrag gilt gem. § 80 Abs. 3 S. 2 OWiG als vorsorglich eingelegte Rechtsbeschwerde.

163 In den Fällen, in denen das Urteil in Anwesenheit des Betroffenen oder seines Verteidigers verkündet worden ist, wird die Begründungsfrist des Rechtsmittels erst durch die Zustellung des Urteils in Gang gesetzt (§ 79 Abs. 3 S. 1 OWiG iVm § 345 Abs. 1 StPO). Mit Einlegung der Beschwerde muss also eine weitere Frist nicht notiert werden. Die Einlegung der Rechtsbeschwerde bewirkt im Übrigen, dass der Bußgeldrichter ein vollständiges Urteil mit Begründung schreiben muss, also von der Möglichkeit einer abgekürzten Entscheidung gem. § 77 b OWiG keinen Gebrauch machen darf. War ein abgekürztes Urteil schon vor Einlegung der Rechtsbeschwerde zugestellt, dürfen nur im Fall des § 77 b Abs. 1 S. 3 OWiG die Urteilsgründe ergänzt werden. Hierfür gilt dann über § 77 b Abs. 2 OWiG die Fünfwochenfrist des § 275 Abs. 1 S. 2 StPO. Nur in diesem Fall beginnt die Begründungsfrist für die Rechtsbeschwerde mit Zustellung des Ergänzungsbeschlusses.[94] Deshalb Achtung: Liegt dieser Fall nicht vor und ergeht gleichwohl ein abgekürztes Urteil, läuft die Rechtsbeschwerdebegründungsfrist ab Zustellung des abgekürzten Urteils! Eine dann noch vorgenommene Ergänzung des Urteils um Entscheidungsgründe ist in der Regel unbeachtlich.[95]

164 Die **Rechtsbeschwerdebegründung** kann sinnvollerweise erst mit Vorliegen des Urteils vorgenommen werden. Mit der Begründung sind dann auch die Rechtsbeschwerdeanträge zu stellen. Häufig kommt es für die Begründung nicht nur auf das Urteil, sondern auch auf weitere Bestandteile der Gerichtsakte an, etwa auf das Hauptverhandlungsprotokoll oder seine Anlagen (beispielsweise schriftliche Beweisanträge). Deshalb sollte grundsätzlich mit Einlegung der Rechtsbeschwerde auch ein **neuerlicher Akteneinsichtsantrag** gestellt werden. Wird dieser Antrag vom Gericht übersehen, was erfahrungsgemäß häufiger vorkommt, und kann dann die Begründung der Rechtsbeschwerde nicht fristgemäß vorgenommen werden, muss nach – verspätet – erfolgter Akteneinsicht Wiedereinsetzung in den vorigen Stand beantragt werden, weil eine Verlängerung der Begründungsfrist nicht zulässig wäre. Aber auch hier Achtung: Ist die Begründung auch nur teilweise ohne Akteneinsicht möglich, hätte sie vorgenommen werden müssen![96] Die vom Gericht verschuldete zu späte Überlassung der Akte rechtfertigt dann eine Wiedereinsetzung in den vorigen Stand nicht.

165 **bb) Einlegung der Rechtsbeschwerde nach Urteilsverkündung in Abwesenheit des Betroffenen und seines Verteidigers.** Findet die Hauptverhandlung, in welcher das Urteil verkündet wird, in Abwesenheit des Betroffenen statt und ist auch kein Verteidiger oder kein ausreichend bevollmächtigter Verteidiger zugegen, beginnt die Einlegungsfrist mit der Zustellung des Urteils (§ 79 Abs. 4 OWiG). Die Voraussetzungen für ein abgekürztes Urteil gem. § 77 b OWiG liegen dann nicht vor.

---

94 BayObLG DAR 1999, 34.
95 *Seitz*, in: Göhler, § 77 b OWiG Rn 8.
96 ZB im Falle des Fehlens von Urteilsgründen, OLG Oldenburg VRS 82, 350.

B. Rechtsbehelfe

▶ **Muster: Rechtsbeschwerdeschriftsatz gegen in Abwesenheit des Betroffenen und seines Verteidigers ergangenes Urteil** 166

An das Amtsgericht ...

In der Bußgeldsache

gegen ...

Az ...

lege ich hiermit namens und in Vollmacht des Betroffenen gegen das Urteil vom ..., zugestellt am ...,

Rechtsbeschwerde

ein. Die Rechtsbeschwerde werde ich gesondert begründen. Ich beantrage, mir die Gerichtsakte zur Einsichtnahme in meiner Kanzlei zur Verfügung zu stellen.

Rechtsanwalt ◀

Im Einlegungsschriftsatz kann das Datum der Zustellung des Urteils genannt werden. Damit macht man sofort darauf aufmerksam, dass die Einlegung fristgemäß erfolgt. Ein Akteneinsichtsgesuch ist wie oben ausgeführt (Rn 164) und auch aus den gleichen Gründen mit der Einlegung zu verbinden. Allerdings fehlt jetzt die Verknüpfung mit der Zustellung des Urteils, denn dieses liegt schon vor. 167

Hinweis: In der Kanzlei muss die Frist für die Begründung der Rechtsbeschwerde notiert werden. Früher gab es in der Rechtsprechung und in der gängigen Kommentarliteratur unterschiedliche Auffassungen zum Fristbeginn. *Seitz*[97] und *Senge*[98] legen mit der herrschenden Meinung den Fristbeginn auf den Tag nach Ablauf der Einlegungsfrist. Der zweite Senat des OLG Bamberg[99] hingegen ließ den Fristbeginn mit dem Ablauf der Einlegungsfrist zusammenfallen. Mit einer neueren Entscheidung rückt allerdings der dritte Senat des OLG Bamberg von dieser Auffassung ab und schließt sich der herrschenden Meinung an.[100] 168

b) Begründung der Rechtsbeschwerde ohne Zulassungserfordernis. Die Begründungsfrist der Rechtsbeschwerde beträgt einen Monat (§ 79 Abs. 3 OWiG iVm § 345 Abs. 1 StPO). Die Frist beginnt nach Ablauf der Einlegungsfrist (zum Meinungsstreit, ob Fristbeginn der erste Tag nach Ablauf der Einlegungsfrist oder der Tag des Ablaufs der Einlegungsfrist ist, siehe Rn 168) oder mit Zustellung des Urteils, wenn dieses bei Ablauf der Einlegungsfrist noch nicht zugestellt war. 169

Mit der Vorlage der Begründung sind die **Rechtsbeschwerdeanträge** zu stellen. Gewöhnlich handelt es sich nur um den Antrag, unter Aufhebung des Urteils die Sache zur anderweitigen Entscheidung an das Amtsgericht zurückzuverweisen. Ausnahmsweise, wenn eine weitere Sachaufklärung nicht notwendig ist, kann man eine abschließende Entscheidung des Rechtsbeschwerdegerichts selbst beantragen. Dann empfiehlt sich als Hilfsantrag aber zusätzlich der Zurückverweisungsantrag. Grundsätzlich ist anzugeben, inwieweit der Beschwerdeführer das Urteil anficht und dessen Aufhebung beantragt. Denkbar sind auch Fälle, in denen nur teil- 170

---

[97] In: *Göhler*, § 79 OWiG Rn 31 unter Hinweis auf OLG Köln NStZ 1987, 243.
[98] In: KK-OWiG, § 79 Rn 81.
[99] NZV 2006, 322 m.Anm. *Kucklick*; siehe auch *König/Seitz*, Aktuelle OLG-Rechtsprechung, DAR 2007, 361, 372.
[100] VRR 2007, 354 f; so auch *Gieg/Olbermann*, DAR 2009, 617, 621.

171 aa) **Sachrüge.** Neben dem Antrag muss die Rechtsbeschwerdebegründung auch beinhalten, worauf sie sich stützt. Dabei handelt es sich um eine notwendige Begründung. Ohne derartige Ausführungen wäre sie auch bei korrekter Antragstellung unzulässig.[102] Soll die Verletzung materiellen Rechts oder dem sachlichen Recht zuzurechnender Grundsätze gerügt werden,[103] genügt der Satz: „Ich rüge die Verletzung des sachlichen Rechts." Weitere Ausführungen sind nicht erforderlich, um die Zulassungshürde zu überwinden. Ein derartiger Begründungsschriftsatz hätte folgenden Inhalt:

172 ▶ **Muster: Rechtsbeschwerdebegründung mit Mindestinhalt bei Verletzung des sachlichen Rechts (Sachrüge)**

An das Amtsgericht ...

In der Bußgeldsache

gegen ...

Az ...

begründe ich die mit Schriftsatz vom ... eingelegte Rechtsbeschwerde und beantrage,

unter Aufhebung des Urteils vom ... die Sache zur anderweitigen Entscheidung an das Amtsgericht zurückzuverweisen.

Begründung:

Ich rüge die Verletzung des sachlichen Rechts.

Rechtsanwalt ◀

173 Mit dieser Begründung zwingt man das Oberlandesgericht zur Nachprüfung des gesamten sachlichen Rechts inklusive der Beweiswürdigung.[104] Allerdings wird die Beweiswürdigung, die grundsätzlich Sache des Tatrichters ist, nur auf ihre Plausibilität oder auf Verstöße gegen Denkgesetze oder Erfahrungssätze hin überprüft.[105] Eine Sachrüge sollte immer unter Beachtung der hier genannten Wortwahl erhoben werden. Wer hier eine Formulierung wählt, die nicht zum Ausdruck bringt, dass die Rüge das Urteil hinsichtlich der Verwendung des materiellen Rechts angreift, riskiert ihre Unzulässigkeit, wenn das Rechtsbeschwerdegericht auch aus der weiteren Begründung die Absicht der Sachrüge nicht herleiten kann.[106] Nicht nur deshalb empfiehlt es sich, die Sachrüge („Ich rüge die Verletzung des sachlichen Rechts") mit einer weiteren Begründung zu versehen. Darauf sollte nur dann verzichtet werden, wenn die Rechtsbeschwerde lediglich bezweckt, die Rechtskraft einer Entscheidung zu verzögern. Zu bedenken ist aber, dass zwar nicht generell, aber für die meisten Fälle gilt, dass die Entscheidung über eine weiter begründete Rechtsbeschwerde länger auf sich warten lässt als diejenige bei einer Beschwerde mit Minimalbegründung. Wenn also Angriffspunkte gegen das Urteil

---

101 BayObLG bei *Rüth*, DAR 1985, 247.
102 *Seitz*, in: Göhler, § 79 Rn 27 b OWiG mwN.
103 Zur Abgrenzung zur Verfahrensrüge siehe *Gieg/Olbermann*, DAR 2009, 617, 622.
104 *Seitz*, in: Göhler, § 79 OWiG Rn 27 c.
105 Vgl *Meyer-Goßner*, in: Meyer-Goßner, § 337 StPO Rn 26 ff.
106 OLG Hamm, zitiert von *Seitz*, in: Göhler, § 79 OWiG Rn 27 c für die Wortwahl: „Wir bitten um Überprüfung in rechtlicher Hinsicht."

vorhanden sind, sollte man diese exemplarisch in der Begründung auch ausführen. Wer etwa die Ausführungen im Urteil zur Identifizierung des Betroffenen angreifen will, sollte daher in der Begründung darauf hinweisen.

Beispiel (AG-Urteil[107] zur Begründung der Fahreridentität): 174
„Die Feststellung, dass der Betroffene zum Tatzeitpunkt der Fahrer des Pkw Audi war, beruht auf der Inaugenscheinnahme der Fotos Blatt 2 der Akte und dem Abgleich dieser Fotos im Hinblick auf das Aussehen mit dem in der Hauptverhandlung anwesenden Betroffenen. Dabei hat das Gericht festgestellt, dass der Betroffene genauso aussieht wie die Person, die auf Lichtbild Blatt 2 der Akte abgebildet ist. Hierbei konnte sich das Gericht insbesondere davon überzeugen, dass die gesamte Gesichtsform (ein relativ breites, fast rundes Gesicht) übereinstimmt. Ebenfalls ist klar zu erkennen, dass die anliegenden Ohren und der Haaransatz übereinstimmen. Zwar hat der Betroffene in der Hauptverhandlung längere Haare gehabt als auf dem Foto; der Haaransatz als solcher ist jedoch derselbe. Auch die Nasengröße, die vom Gericht als weder besonders groß noch besonders klein angesehen wird, stimmt überein. Schließlich sind sowohl der Betroffene als auch die auf Blatt 2 abgebildete Person Brillenträger, die eine fast identisch aussehende Brille tragen. Hier ist zwar dem Betroffenen, der dies in der Hauptverhandlung auch hervorgehoben hat, zuzugeben, dass vergleichbare Brillen von einer Vielzahl von Menschen getragen werden. Im vorliegenden Fall ist das Gericht jedoch im Hinblick auf die sehr starke Ähnlichkeit, die Tatsache, dass das Fahrzeug dem Betroffenen auch zur Verfügung gestellt war, die Tatsache, dass er den von ihm behaupteten tatsächlichen Fahrer nicht namentlich benennen konnte oder wollte, sowie die Tatsache, dass sowohl der abgebildete Fahrer als auch der Betroffene gleichartige Brillen tragen, überzeugt davon, dass der Betroffene zum Tatzeitpunkt der Fahrer war. Hierfür spricht auch noch ein weiteres Indiz. Während der Vernehmung des Zeugen hat der Betroffene plötzlich eingewandt, dass das Messfahrzeug nicht an der vom Zeugen behaupteten Stelle gestanden habe, sondern auf einer Verkehrsinsel ein ganzes Stück weiter vorn. Auf Nachfrage des Gerichts, woher er das so genau wissen will, wenn er zum Tatzeitpunkt nicht der Fahrer des Fahrzeugs gewesen sein will, hat er angegeben, dass er sich die Stelle im Nachhinein noch einmal angeschaut hat. Einen Grund hierfür konnte er jedoch nicht angeben. Darüber hinaus hat das Gericht den Betroffenen darauf hingewiesen, dass der mögliche Fahrer im Hinblick auf die Verjährungsvorschriften zum Zeitpunkt der Hauptverhandlung nicht mehr hätte verfolgt werden können. Aus diesem Grund hat das Gericht dem Betroffenen angeboten, diesen Fahrer gegebenenfalls als Zeugen zu laden. Der Betroffene wollte den Namen des Fahrers jedoch gleichwohl nicht angeben. Einen nachvollziehbaren Grund hat er hierfür nicht angegeben. Auch das Aussageverhalten des Betroffenen stellt daher ein Indiz für die Täterschaft des Betroffenen dar und hat somit zur Überzeugungsgewinnung des Gerichts im Hinblick auf die Täterschaft des Betroffenen beigetragen."

---

107 AG Dresden – Az 220 OWi 701 Js 1790/06, n.v.

§ 11 Ordnungswidrigkeiten im gerichtlichen Verfahren

175 Die Rechtsbeschwerde, die in diesem Fall als Sachrüge auszuführen ist, hatte mit folgendem Inhalt Erfolg:

176 ▶ **Muster: Sachrüge mit Begründung bei zweifelhafter Fahreridentität**

An das Amtsgericht ...

In der Bußgeldsache

gegen ...

Az ...

begründe ich die mit Schriftsatz vom ... eingelegte Rechtsbeschwerde und werde beantragen,

unter Aufhebung des Urteils des Amtsgerichts die Sache zur anderweitigen Entscheidung an das Amtsgericht zurückzuverweisen.

Begründung:

Ich erhebe die allgemeine Sachrüge.

Beispielhaft führe ich hierzu aus:

Der Betroffene hat sich in der Hauptverhandlung zur Sache eingelassen und angegeben, dass er nicht Fahrer des festgestellten Fahrzeugs zum Tatzeitpunkt gewesen sei. Das Amtsgericht war hiervon nicht überzeugt. Die Ausführungen in den Urteilsgründen genügen nicht den obergerichtlichen Anforderungen an die Begründung für die Verwertung von Beweisfotos zur Fahreridentifizierung.

Eine prozessordnungsgemäße Bezugnahme auf das Messfoto liegt nicht vor. Die Angabe der Aktenblattzahl stellt keine ausreichende Bezugnahme dar (BayObLG DAR 1997, 498). Es reicht auch nicht aus, unter Angabe der Fundstelle in den Akten im Urteil mitzuteilen, das Bild sei in Augenschein genommen und mit einer Person verglichen worden (OLG Köln NZV 2004, 596).

Fehlt es an einer ausdrücklichen Bezugnahme – wie im vorliegenden Fall – muss das Urteil Ausführungen zur Bildqualität enthalten und die abgebildete Person oder jedenfalls mehrere charakteristische Identifizierungsmerkmale so präzise beschreiben, dass dem Rechtsmittelgericht anhand der Beschreibung – gleichsam als wenn es das Foto betrachtete – die Prüfung ermöglicht wird, ob diese Beschreibung generell geeignet ist, eine Person zu identifizieren (BayObLG DAR 1998, 147; OLG Hamm zfs 2000, 557; NZV 2003, 102).

Vorliegend gibt es bereits keine Angaben über die Qualität des Lichtbildes. Tatsächlich ist dieses Bild für eine Identifizierung nicht uneingeschränkt geeignet. Wesentliche Teile des Gesichts der Person am Steuer des gemessenen Fahrzeugs sind durch das Lenkrad und die darauf liegende linke Hand des Fahrers verdeckt. Das Bild ist dunkel, weist nur wenige Details auf und ist überwiegend kontrastarm und körnig. Ob im oberen Teil des Fahrerkopfes ein Haaransatz zu erkennen ist oder der Rand der Sonnenblende, kann anhand dieses Bildes bereits nicht beurteilt werden.

Für eine Identifizierung genügt es nicht, wenn das Gericht nur angibt, der Betroffene sehe genauso aus wie die Person, die auf dem Messfoto abgebildet ist. Eine Beschreibung wie Übereinstimmung des Haaransatzes, der Mund- und Nasenpartie sowie des Ohrenansatzes reicht deshalb nicht aus, weil es sich um eine bloße Auflistung handelt (BayObLG DAR 1997, 498; KG NZV 1998, 123; OLG Dresden DAR 2000, 279; OLG Hamm NZV 2003, 101).

Die Urteilsgründe lassen Beschreibungen von charakteristischen Merkmalen völlig vermissen. Dass Ohren anliegen, kann man nicht gerade als charakteristisches, besonders individuelles Merkmal bezeichnen. Der Hinweis auf eine Nasengröße („weder besonders groß noch besonders klein") hat keinerlei Aussagewert. Auch das Merkmal „relativ breites, fast rundes Gesicht" dürfte für eine eindeutige Identifizierung nicht ausreichen. Gleiches gilt selbstverständlich für Hinweise auf Bekleidung oder andere Accessoires wie Brillen.

Aus dem Umstand, dass der Pkw dem Betroffenen irgendwann vor der Messung einmal zur Verfügung gestellt worden war, kann nicht auf die Fahrereigenschaft des Betroffenen zum Zeitpunkt der Messung geschlossen werden. Aus dem Aussageverhalten des Betroffenen, der die Fahrereigenschaft abstreitet, kann nicht auf das Gegenteil geschlossen werden. Wenn der Betroffene in der Hauptverhandlung angegeben hat, der Messwagen habe auf einer Verkehrsinsel gestanden und nicht an der vom Zeugen behaupteten Stelle, kann daraus allenfalls geschlossen werden, dass der Betroffene offensichtlich zum Zeitpunkt der Messung nicht an der Messstelle gewesen ist. Sonst hätte er gewusst, an welcher Stelle der Wagen gestanden hat.

Alles in allem genügt die Urteilsbegründung nicht den Anforderungen für eine eindeutige Identifizierung. Das Urteil ist deshalb aufzuheben, und die Sache ist zur erneuten Entscheidung zurückzuverweisen.

Rechtsanwalt ◄

Die Voraussetzungen für eine Identifizierung des Betroffenen aufgrund eines Radarfotos sind regelmäßig Gegenstand von obergerichtlichen Entscheidungen. Deutlich seltener sind Beschlüsse, die sich mit dem **Messverfahren** beschäftigen. 177

Beispiel (AG-Urteil zur Messung mit *ProViDa*): 178
Die als Zeugen gehörten Polizeibeamten haben angegeben, sich an die konkrete Messung erinnern zu können. Der Zeuge O. hat das in Augenschein genommene Videoband ausführlich erläutert. Aus der Aussage des Zeugen O. wie auch aus dem Datenerfassungsbeleg – der in die Hauptverhandlung eingeführt wurde – ergibt sich, dass die Geschwindigkeitsmessung mit dem Geschwindigkeitsmesssystem *ProViDa 2000* durchgeführt wurde. Es ist gerichtsbekannt, dass es sich hierbei um ein standardisiertes und anerkanntes Verfahren zur Geschwindigkeitsbestimmung handelt, das auf der Weg-Zeit-Messung einer Videoaufnahme beruht. Die grundsätzliche Eignung zur Vornahme von Geschwindigkeitsmessungen ergibt sich auch aus der Bauartzulassung der Physikalisch-Technischen Bundesanstalt, die durch den Eichschein dokumentiert ist. Der Eichschein wurde in die Hauptverhandlung eingeführt. Bei dem *ProViDa*-System ist eine Videokamera fest in das Messfahrzeug (Polizeifahrzeug) eingebaut. Aus dem Eichschein ergibt sich, dass sich die Eichung auf den Einbau in einem BMW 530 bezieht, der über Reifen der Größe 225/55 R 16 verfügt, die mit einem Reifendruck von 2,2 bar betrieben werden müssen. Der Zeuge O. hat weiter glaubhaft angegeben, dass das Polizeifahrzeug mehrfach täglich betankt und hierbei jeweils der Luftdruck überprüft wurde. Der ebenso als Zeuge vernommene Polizeibeamte Z. hat diese Aussage bestätigt und angegeben, dass der Fahrer des Fahrzeugs in jedem Fall beim Tanken den Luftdruck überprüft. Das Gericht hat daher keine Zweifel daran, dass das Messfahrzeug mit dem erforderlichen Reifendruck betrieben wurde.
Der Zeuge O. konnte aufgrund der Unterlagen der Akte weiterhin nachvollziehen, dass die Messstrecke 505 m, die Messzeit 10,59 s und die durch das *ProViDa*-System gemessene Geschwindigkeit 171 km/h betragen hat. Er hat insoweit auch in der Hauptverhandlung angegeben, dass die Bedienung entsprechend der gültigen Bedienungsanleitung des Herstellers erfolgt ist.

Der Zeuge Z. hat weiterhin angegeben, dass er – was nach der Kenntnis des Gerichts von dem Geschwindigkeitsmesssystem *ProViDa* für die Richtigkeit der Messung erforderlich ist – trotz der schlechten Sicht einen gleichbleibenden Abstand zu dem vor ihm fahrenden Fahrzeug des Betroffenen über die gesamte Messzeit eingehalten hat. Er hat in diesem Zusammenhang weiter glaubhaft ausgeführt, dass er nach 505 Metern die Messung abgebrochen habe, da der Fahrzeugführer gebremst habe und so nicht mehr sichergestellt werden konnte, dass der Abstand konstant blieb. Die Messstrecke habe daher nur ca. 500 m betragen. Diese Handhabung entspreche jedoch auch den Vorgaben der Bedienungsanleitung, da eine längere Messstrecke nicht erforderlich sei.

Aufgrund der Beweisaufnahme steht zur Überzeugung des Gerichts fest, dass eine Geschwindigkeit von 171 km/h (vorwerfbar: 162 km/h) aufgrund einer ordnungsgemäßen Messung festgestellt werden konnte.

Demgegenüber bestehen an der Richtigkeit der Messung keine durchgreifenden Zweifel. Nach Auffassung des Gerichts ist es unerheblich, ob das Polizeifahrzeug mit Sommer- oder mit Winterreifen betrieben worden ist, da sich die Eichung generell auf Reifen der in dem Eichschein genannten Größe bezieht, unabhängig davon, ob es sich um Sommer- oder Winterreifen handelt. Die Polizeibeamten haben in diesem Zusammenhang auch glaubhaft ausgesagt, dass dies nach ihrer Kenntnis des Systems nicht von Bedeutung ist.

Das Gericht hat auch angesichts der schlechten Wetterverhältnisse bei der Geschwindigkeitsmessung keinen Zweifel daran, dass das Polizeifahrzeug während der Messung einen konstanten Abstand zu dem Fahrzeug des Betroffenen gehalten hat. Beide haben angegeben, dass sie nach Augenmaß darauf geachtet haben, dass der Abstand zum vorausfahrenden Fahrzeug konstant blieb. Beide haben in diesem Zusammenhang zwar auch angegeben, dass sie sich an den Leitpfosten am Fahrbahnrand orientiert haben, was allerdings nach dem in Augenschein genommenen Videoband nur im beschränkten Umfang möglich erscheint, da die Sicht durch den starken Regen sehr eingeschränkt war. Ausweislich des Videobandes ergeben sich die Sichteinschränkungen nicht nur durch den Niederschlag des Regens, sondern insbesondere auch durch die Aufwirbelung des auf der Fahrbahn befindlichen Wassers durch die einzelnen Verkehrsteilnehmer. Der rechte Fahrbahnrand mit den Leitpfosten ist auf dem Video aufgrund des starken Regens sowie aufgrund des Verkehrs auf dem rechten Fahrstreifen nicht bzw fast nicht zu erkennen. Das Gericht hält es jedoch für ausreichend, dass nach den glaubhaften Aussagen der Zeugen der Abstand zu dem vorausfahrenden Fahrzeug gleichgeblieben ist. In diesem Zusammenhang ist zu berücksichtigen, dass es sich bei den beiden Polizeibeamten um sehr erfahrene Messbeamte handelt. Die Sicht auf das vorausfahrende Fahrzeug des Betroffenen war – wie die Videoaufnahme gezeigt hat – zwar teilweise durch den Regen erschwert, aber durchgängig möglich. Zudem haben die Zeugen die Messung abgebrochen, als der Betroffene sein Fahrzeug abgebremst hat. Diese Reaktion zeigt, dass es ihnen sehr darauf ankam, einen konstanten Abstand zu dem vorausfahrenden Fahrzeug zu halten. Als dieses nicht mehr möglich war, haben sie die Messung abgebrochen, was für die Zuverlässigkeit und Richtigkeit der dokumentierten Messung spricht. Die Inaugenscheinnahme des Videobandes hat zudem ergeben, dass der Abstand des Polizeifahrzeugs zu dem vorausfahrenden Fahrzeug augenscheinlich gleichgeblieben ist. Das Gericht hat daher keinen Zweifel an der Richtigkeit und Ordnungsgemäßheit der Messung.

B. Rechtsbehelfe

▶ **Muster: Rechtsbeschwerde (Sachrüge) bei mangelhaften Urteilsgründen zum Messverfahren**

An das Amtsgericht ...

In der Bußgeldsache

gegen ...

Az ...

begründe ich die eingelegte Rechtsbeschwerde mit dem Antrag,

unter Aufhebung des Urteils des Amtsgerichts die Sache zur anderweitigen Entscheidung an das Amtsgericht zurückzuverweisen.

Ich erhebe die allgemeine Sachrüge.

Hierzu führe ich beispielhaft aus:

1. Im Urteil heißt es, dass eine Geschwindigkeitsmessung mit dem Messsystem „ProViDa 2000" durchgeführt wurde. Das Gericht teilt im Urteil aber nicht mit, mit welchem der diesem System möglichen Messverfahren gemessen wurde. Der Angabe der Messstrecke von 505 m und der Messzeit von 10,59 s ist für sich genommen noch nicht zu entnehmen, welches Verfahren von den Polizeibeamten eingesetzt worden ist. Das System *ProViDa* ermöglicht mindestens vier verschiedene Verfahren zur Geschwindigkeitsmessung. Aus den Angaben, die im Urteil enthalten sind, lässt sich auf mindestens zwei verschiedene Verfahrensmöglichkeiten schließen. Ohne die Angabe des genauen Verfahrens ist es nicht möglich, nachzuvollziehen, ob ein standardisiertes Verfahren eingesetzt worden ist (vgl OLG Brandenburg, Beschl. v. 4.3.1999 – Az 2 Ss OWi 20 B/99, unveröffentlicht, mwN; OLG Brandenburg DAR 2000, 278; KG, Beschl. v. 12.4.2001 – Az 2 Ss 28/01-3 Ws B 92/01, unveröffentlicht). Die angegriffene Entscheidung weist deshalb einen durchgreifenden sachlich-rechtlichen Fehler auf. Die Feststellungen zur Fahrgeschwindigkeit des vom Betroffenen gesteuerten Personenkraftwagens entbehren einer nachvollziehbaren Grundlage. Die tatrichterlichen Feststellungen müssen so vollständig sein, dass sie dem Rechtsbeschwerdegericht eine Kontrolle der Beweiswürdigung ermöglichen. Dabei muss der Tatrichter bei unter Einsatz von Messgeräten festgestellten Geschwindigkeitsüberschreitungen grundsätzlich das angewandte Messverfahren, die gemessene Geschwindigkeit sowie die berücksichtigten Messtoleranzen in den Urteilsgründen mitteilen, um dem Rechtsmittelgericht eine Überprüfung der korrekten Ermittlung der gefahrenen Geschwindigkeit zu ermöglichen (BGHSt 39, 291, 303). Zwar genügt bei bestimmten standardisierten Messverfahren, zB Typ *ProViDa*, die im Urteil zu belegen sind, die Angabe der gemessenen (brutto) Geschwindigkeit ohne die konkreten Toleranzwerte, da in solchen Fällen das Rechtsbeschwerdegericht in der Lage ist zu prüfen, ob die nach Gebrauchsanweisung des Herstellers auftretende Fehlertoleranz in zutreffendem Umfang berücksichtigt worden ist. Es kann sogar lediglich die Bezeichnung des zur Messung verwendeten Gerätetyps und der berechneten Geschwindigkeit ausreichen, wenn das System eine eigenständige Weg-Zeit-Berechnung durchführt. Diesen Anforderungen genügen die vorliegenden Urteilsgründe nicht. Das Amtsgericht hat es versäumt, mitzuteilen, mit welchem Messverfahren die dem Betroffenen vorgeworfene Geschwindigkeit gemessen wurde. Dies ist jedoch erforderlich, um dem Rechtsbeschwerdegericht die Feststellung zu ermöglichen, ob die vom Amtsgericht festgestellten Geschwindigkeitsüberschreitungen rechtsfehlerfrei festgestellt worden sind (OLG Brandenburg DAR 2005, 97), zumal die Höhe der Geschwindigkeitsüberschreitungen auch für die Anordnung des Fahrverbots als Nebenfolge maßgeblich ist und der Betroffene die gefahrenen Geschwindigkeiten nicht eingeräumt hat.

2. Das Gericht führt im Urteil aus, dass es unerheblich sei, ob das Polizeifahrzeug mit Sommer- oder mit Winterreifen betrieben worden ist, da sich die Eichung generell auf Reifen der in dem Eichschein genannten Größe beziehe, unabhängig davon, ob es sich um Sommer- oder Winterreifen handele. Diese Auffassung ist falsch. Auch bei einem Reifenwechsel auf die gleiche Reifengröße ergeben sich Unterschiede im Abrollumfang, die mit zusätzlichen 1 % Toleranzabzug zu berücksichtigen sind (vgl OLG Celle NZV 1997, 188). Bei einem Wechsel von Winterreifen auf Sommerreifen gleicher Art sind 2 % zusätzlicher Toleranzabzug anzusetzen. Der Einsatz des Messgeräts nach einem Wechsel von Winter- auf Sommerreifen oder ein Umrüsten auf Reifen anderer Größe ohne Neueichung ist nicht zulässig (OLG Celle, aaO). Mit welchen Reifen das System geeicht worden ist, teilt das Urteil aber nicht mit.
3. Das Gericht geht im Urteil davon aus, dass es für die Messung darauf ankommt, dass ein gleicher Abstand eingehalten worden ist. Weil aber das Messverfahren des *ProViDa*-Systems nicht mitgeteilt worden ist, kann nicht überprüft werden, ob das Vorliegen eines konstanten Abstands tatsächlich Voraussetzung für eine exakte Messung war.
4. Unabhängig davon ergeben sich Zweifel, dass ein konstanter Abstand bestanden hat. Das Gericht bezieht sich hierfür ausschließlich auf die Angaben der beiden Zeugen, teilt aber mit, dass nach Betrachtung des Videobandes davon auszugehen sei, dass zur Tatzeit erhebliche Sichteinschränkungen durch Aufwirbelung des auf der Fahrbahn befindlichen Wassers bestanden haben. Der rechte Fahrbahnrand mit den Leitpfosten sei auf dem Video aufgrund des starken Regens sowie aufgrund des Verkehrs auf dem rechten Fahrstreifen nicht bzw fast nicht zu erkennen. Gleichwohl stützt das Gericht seine Annahme eines konstanten Abstands auf die Aussage der beiden Zeugen, sich an den Leitpfosten am Fahrbahnrand orientiert zu haben. Mangelhaft ist in diesem Zusammenhang auch, dass das Urteil nicht einmal mitteilt, welchen ungefähren Abstand die beiden Fahrzeuge (Fahrzeug des Betroffenen und Polizeifahrzeug) zueinander gehabt haben. Diese Angabe ist aber unerlässlich, um einschätzen zu können, wie genau die Beobachtungen der beiden Zeugen tatsächlich gewesen sein können. Bei einem großen Abstand zwischen den Fahrzeugen lassen sich Abstandsveränderungen von 20–30 Metern ohne weitere Anhaltspunkte nicht mehr erkennen. Schon eine Verkürzung des Abstands während der Messstrecke um 20 Meter führt hier aber bereits dazu, dass keine Geschwindigkeitsüberschreitung im Regelfahrverbotsbereich mehr vorliegt.

Um aus der Geschwindigkeit des Polizeifahrzeugs auf die des überwachten vorausfahrenden Pkws des Betroffenen schließen zu können, bedarf es grundsätzlich der Kenntnis möglicher Abstandsveränderungen zwischen den beiden Fahrzeugen während der Überwachung. Die sich bei der Ermittlung möglicher Abstandsveränderungen ergebenden zusätzlichen Fehler müssen gesondert berücksichtigt werden. Weil es eine allgemeingültige Aussage, welcher Fehler bei der Abstandsermittlung auftritt, nicht gibt, kann keine pauschale Korrektur des gemessenen Geschwindigkeitswertes vorgenommen werden. Es ist noch nicht einmal eine allgemeingültige Aussage dahin gehend möglich, wie stark sich ein bestimmter Auswertefehler bei der Abstandsermittlung auf das Gesamtergebnis hinsichtlich der Geschwindigkeit auswirkt; dies hängt unter anderem von der Länge der Überwachungsstrecke ab. Bei sehr langen Nachfahrten wirken sich Fehler bei der Abstandsermittlung kaum auf das Ergebnis der Geschwindigkeit des Fahrzeugs des Betroffenen aus und umgekehrt (vgl *Beck/Löhle/Kärger*, Fehlerquellen bei polizeilichen Messverfahren, 10. Aufl. 2012, S. 237 f). Die durch die

Ermittlung möglicher Abstandsveränderungen zusätzlich auftretenden Toleranzen müssen mithin für *jeden Einzelfall* bestimmt werden.

Rechtsanwalt ◄

Anmerkung: Der Wechsel von Winter- auf Sommerreifen muss nicht immer zu Messergebnissen zu Ungunsten des Betroffenen führen. Es kommt immer auf den Abrollumfang der beiden Reifenarten an. Deshalb wären mindestens hierzu Feststellungen im Urteil nötig, wenn das Gericht auch ohne vorher durchgeführte Neueichung nach dem Reifenwechsel von der Verwertbarkeit der Messung ausgeht.[108]

180

bb) Verfahrensrüge. Die Anforderungen an eine Rechtsbeschwerde zur Geltendmachung von **Verfahrensfehlern**, sind deutlich strenger als diejenigen an eine Sachrüge. Gemäß § 344 StPO, der über § 79 Abs. 3 S. 1 OWiG maßgeblich ist, müssen die den Mangel enthaltenden Tatsachen angegeben werden.[109] Das Rechtsbeschwerdegericht prüft nicht von sich aus die Ordnungsmäßigkeit des gesamten Verfahrens. Die angegebenen Tatsachen müssen so genau bezeichnet und so vollständig wiedergegeben werden, dass das OLG **nur aufgrund der Beschwerdebegründung ohne Rückgriff auf die Akte** prüfen kann, ob ein Verfahrensfehler vorliegt.[110] Bezugnahmen und Verweisungen auf den Akteninhalt sind unzulässig.[111]

181

Die Erhebung einer Verfahrensrüge ist daher gewöhnlich mit erheblichem Schreibaufwand verbunden. Der Gang des Verfahrens, beginnend beim Bußgeldbescheid, sollte vollständig dargestellt werden. Urteilspassagen, auf denen die Verfahrensrüge aufbaut, müssen wortgetreu wiedergegeben werden. Gleiches gilt für Beweisanträge oder das Verfahren begleitende Beschlüsse. Die Verwendung von Kopien ist zulässig. Wenn ein umfangreicheres Urteil zitiert werden muss, kann man deshalb die Entscheidungsgründe in die Rechtsbeschwerdebegründung hineinkopieren und Beschwerde und enthaltene Urteilskopien mit einer verbindenden Blattnummerierung versehen. Es muss allerdings ein inhaltlicher Zusammenhang mit der Beschwerdebegründung gegeben sein. Wenn das Gericht den Vortrag aus zusammenhanglosen Unterlagen ergänzen muss, genügt die Rechtsbeschwerde den Formerfordernissen des § 344 Abs. 2 StPO nicht.[112] Hineinkopierte Passagen zu verwenden, ist zumindest dann, wenn es um Textwiedergabe geht, bislang beanstandungsfrei.[113] In der Kombination mit einer allgemeinen Sachrüge, auch wenn sie nicht weiter begründet wird, lässt sich auf die Wiedergabe des Urteilstextes verzichten, weil schon dadurch dem Rechtsbeschwerdegericht der Zugang zu den Urteilsgründen eröffnet wird.[114]

182

Zweifelhaft ist es aber, ob auf diesem Weg auch **Bildmaterial** dem Beschwerdegericht zugänglich gemacht werden kann (beispielsweise Fotos von der Unfallstelle, Fotos vom Betroffenen in Identifizierungsfällen etc.). Dafür spricht, dass das Urteil des Amtsgerichts solche Elemente verwertbar enthalten darf.[115] In Identifizierungsfällen wird diese Vorgehensweise allerdings keine Vorteile bringen, weil es grundsätzlich Sache des Tatrichters ist, die Identität des Betrof-

183

---

108 Vgl OLG Koblenz v. 24.7.2001 – 1 Ss 203/01, veröffentlicht in der Onlinedatenbank LexisNexis.
109 *Gieg/Olbermann*, DAR 2009, 617, 623 formulieren: „§ 344 Abs. 2 Satz 2 StPO erweist sich auch im Rechtsbeschwerdeverfahren als das Grab unzähliger Verfahrensrügen, ...".
110 *Seitz*, in: Göhler, § 79 OWiG Rn 27 d.
111 *Meyer-Goßner*, in: Meyer-Goßner, StPO, § 344 Rn 21.
112 BGHSt 33, 44; OLG Düsseldorf VRS 85, 116.
113 OLG Hamm NZV 2002, 139, 140.
114 *Gieg/Olbermann*, DAR 2009, 617, 623.
115 BayObLG DAR 1996, 289.

fenen mit dem Fahrer auf dem Radarfoto festzustellen. Das Beschwerdegericht nimmt insoweit keine eigene Beweiswürdigung vor,[116] auch nicht, wenn man ihm in der Rechtsbeschwerde das Messfoto zusammen mit einem aktuellen Bild des Betroffenen präsentiert. Etwas anderes gilt aber hinsichtlich der **Qualität des Messfotos**, wenn dieses *in das Urteil hineinkopiert* ist. Dann kann das OLG prüfen, wozu es nach der Prozessordnung auch berechtigt ist, ob das Foto überhaupt für eine Identifizierung geeignet ist.

184 Das folgende Muster einer Rechtsbeschwerde enthält eine Verfahrensrüge, die sich gegen ein Verwerfungsurteil richtet, nachdem der Betroffene vorher trotz seines Antrags nicht von der Verpflichtung zum persönlichen Erscheinen entbunden worden ist.

185 ▶ **Muster: Rechtsbeschwerde (Verfahrensrüge) gegen Verwerfungsurteil**

An das Amtsgericht ...

In der Bußgeldsache

gegen ...

Az ...

begründe ich hiermit die mit Schriftsatz vom ... eingelegte Rechtsbeschwerde und beantrage,

unter Aufhebung des Urteils des Amtsgerichts vom ..., zugestellt am ..., die Sache zur erneuten Entscheidung an das Amtsgericht zurückzuverweisen.

Begründung:

Ich erhebe die allgemeine Sachrüge. Daneben erhebe ich die Verfahrensrüge wegen Verletzung des rechtlichen Gehörs und begründe diese wie folgt:

I. Sachverhalt

Gegen den Betroffenen ist mit Bußgeldbescheid der Zentralen Bußgeldstelle vom 14.10.2004 eine Geldbuße von 125 EUR sowie ein Fahrverbot von einem Monat festgesetzt worden. Ihm ist vorgeworfen worden,

„am 18.9.2004 um 15.17 Uhr, BAB, zwischen AS N. und AS F. Fahrtrichtung B. als Führer des Pkws, amtl. Kennz. [...], folgende Verkehrsordnungswidrigkeit begangen zu haben:

Sie hielten bei einer Geschwindigkeit von 131 km/h den erforderlichen Abstand von 65,50 m zum vorausfahrenden Fahrzeug nicht ein. Ihr Abstand betrug 11,91 m und damit weniger als 2/10 des halben Tachowertes. Toleranzen sind zu Ihren Gunsten berücksichtigt.

§ 4 Abs. 1, § 49 StVO; § 24, § 25 StVG; 12.6.4 BKatV; § 4 Abs. 1 BKatV, § 25 Abs. 2 a StVG."

Hiergegen hat der Betroffene mit anwaltlichem Schreiben vom 28.10.2004 ohne weitere Begründung Einspruch einlegen lassen. Das Amtsgericht hat zuletzt eine Hauptverhandlung auf Freitag, den 8.7.2005, 12.00 Uhr bestimmt und mit Schreiben vom 8.6.2005 zu diesem Hauptverhandlungstermin geladen. Mit Schriftsatz vom 6.6.2005 habe ich mich für den Betroffenen teilweise zur Sache geäußert und beantragt, den Betroffenen von der Pflicht zum persönlichen Erscheinen zu entbinden. Der Schriftsatz hat folgenden Wortlaut:

„[...] beantrage ich,

den Betroffenen von der Pflicht zum persönlichen Erscheinen zu entbinden.

---

116 BGH DAR 1996, 98, 99.

Begründung:

Der Betroffene räumt ein, zur Tatzeit der Fahrer des gemessenen Fahrzeugs gewesen zu sein. Darüber hinaus wird der Betroffene keine Angaben zur Sache oder zu seinen persönlichen Daten machen.

Rechtsanwalt"

Mit Beschluss vom 8.6.2005 hat das Amtsgericht den Antrag zurückgewiesen. Der Beschluss hat folgenden Wortlaut:

„In der Bußgeldsache gegen M wird der Antrag des Betroffenen vom 6.6.2005, ihn von der Verpflichtung zum persönlichen Erscheinen zu entbinden, zurückgewiesen.

Gründe:

Die Voraussetzungen für eine Entbindung von der Pflicht zum persönlichen Erscheinen liegen nicht vor. Die Anwesenheit des Betroffenen ist im Hinblick auf die Rechtsfolgen des Bußgeldbescheids unbedingt erforderlich (§ 73 Abs. 2 OWiG), weil es einer Erörterung seiner finanziellen Verhältnisse und gegebenenfalls auch der Folgen eines Fahrverbots für ihn persönlich bedarf."

Eine weitere Begründung enthält der Beschluss nicht.

Am 8.7.2005 ist die Hauptverhandlung durchgeführt worden. Der Betroffene war nicht erschienen. Im Termin ist nach einer Wartezeit dann das angegriffene Urteil verkündet worden. Das Urteil, welches am 13.7.2005 dem Unterzeichneten zugestellt worden ist, enthält folgenden Tenor und Gründe:

„Der Einspruch des Betroffenen M., geb. am [...] in [...] gegen den Bußgeldbescheid der Zentralen Bußgeldstelle vom 14.10.2004 wird verworfen.

Der Betroffene trägt auch die Kosten des gerichtlichen Verfahrens.

Gründe:

Der Betroffene hat gegen den in der Urteilsformel bezeichneten Bußgeldbescheid zwar rechtzeitig Einspruch erhoben, ist aber in dem heutigen Termin zur Hauptverhandlung ungeachtet der durch Urkunde vom 13.6.2005 (Blatt 35) nachgewiesenen Ladung ohne Entschuldigung ausgeblieben, obwohl der Betroffene von der Verpflichtung zum Erscheinen nicht entbunden war. Anhaltspunkte für das Vorliegen genügender Entschuldigungsgründe sind nicht ersichtlich. Der erhobene Einspruch war daher nach § 74 Abs. 2 OWiG zu verwerfen. Die Entscheidung über die Kosten des Verfahrens beruht auf § 109 Abs. 2 OWiG.

Richter am Amtsgericht"

Der Vollständigkeit halber führe ich noch aus, dass zusammen mit dem Einspruch vom 28.10.2004 eine vom Betroffenen unterzeichnete Vollmacht vorgelegt worden ist, aus der sich unter Ziff. 3 ergibt, dass ich zur Vertretung und Verteidigung in Bußgeldsachen einschließlich der Vorverfahren sowie (für den Fall der Abwesenheit) zur Vertretung nach § 411 Abs. 2 StPO und mit ausdrücklicher Ermächtigung auch nach §§ 233 Abs. 1, 234 StPO zur Stellung von Straf- und anderen nach der Strafprozessordnung zulässigen Anträgen und von Anträgen nach dem Gesetz über die Entschädigung für Strafverfolgungsmaßnahmen, insbesondere auch für das Betragsverfahren bevollmächtigt bin. Die Vollmacht gilt für alle Instanzen. Sie umfasst insbesondere die Befugnis, Zustellungen zu bewirken und entgegenzunehmen, die Vollmacht ganz oder teilweise auf andere zu übertragen (Untervollmacht), Rechtsmittel einzulegen, zurückzunehmen oder auf sie zu verzichten.

II. Rechtliche Würdigung

Das Urteil verletzt das Recht des Betroffenen auf rechtliches Gehör, weil das Amtsgericht dem Entbindungsantrag nach § 73 Abs. 2 OWiG hätte stattgeben müssen.

Der Bußgeldrichter hat zu Unrecht auf der Teilnahme des Betroffenen an der Hauptverhandlung bestanden, weil alle Voraussetzungen gemäß § 73 Abs. 2 OWiG für einen Anwesenheitsverzicht gegeben waren. Mit dem Antrag vom 6.6.2005 hat sich der Betroffene zur Sache geäußert und zugleich erklärt, dass er sich in der Hauptverhandlung darüber hinaus nicht einlassen wolle. Unter dieser Vorgabe hatte der Bußgeldrichter zu prüfen, ob die Anwesenheit des Betroffenen dennoch erforderlich war. Der Spielraum, der dafür zur Verfügung steht, richtet sich ausschließlich nach dem Gebot der Sachaufklärung; für zusätzliche Erwägungen zur Verhältnismäßigkeit und Zumutbarkeit lässt das Gesetz keinen Raum. Der Bußgeldrichter durfte deshalb auf der Erscheinungspflicht des zur Aussage in der Hauptverhandlung nicht bereiten Betroffenen nur bestehen, falls dessen Anwesenheit dennoch einen Aufklärungsbeitrag erwarten ließ.

Die Aufklärungsprognose konnte der Bußgeldrichter hier nicht positiv stellen. Es war nicht zu erwarten, dass der Betroffene von seinem Vorhaben, sich in der Hauptverhandlung zur Sache nicht zu äußern, abweichen würde. Auch die Anwesenheit des Betroffenen hätte der weiteren Sachaufklärung nicht geholfen, weil sich der Betroffene ohnehin bereits zur Tätereigenschaft geäußert hatte.

Aus welchen Gründen darüber hinaus das persönliche Erscheinen des Betroffenen zur Aufklärung des Sachverhalts erforderlich gewesen sein könnte, verschweigt das Gericht im Beschluss vom 8.6.2005. Nähere Einzelheiten für diese Behauptung enthalten die Entscheidungsgründe des Beschlusses nicht. Nach der Aktenlage ist eine solche Beweislage, in welcher der Betroffene zur Aufklärung der Sache durch seine Anwesenheit hätte beitragen können, auch nicht ersichtlich.

Da die Voraussetzungen für die Befreiung von der Anwesenheitspflicht in der Hauptverhandlung vorgelegen haben, war die Ablehnung des Antrags gemäß § 73 Abs. 2 OWiG und demgemäß die Verwerfung des Einspruchs des nicht erschienenen Betroffenen gegen den Bußgeldbescheid gemäß § 74 Abs. 2 OWiG rechtsfehlerhaft. Ich rüge mit der erhobenen Verfahrensrüge auch die Verletzung dieser Bestimmungen.

Verfahrensfehlerhaft ist im Übrigen auch, dass sich das angegriffene Urteil vom 8.7.2005 nicht mit den Gründen auseinandersetzt, die der Betroffene für seinen Antrag auf Entbindung vom persönlichen Erscheinen geltend gemacht hatte. Nicht einmal der Antrag ist in den Urteilsgründen erwähnt worden. Weil sich das Gericht im Urteil nicht mit der Frage auseinandergesetzt hat, warum es diesem Antrag des Betroffenen nicht entsprochen hat, liegt ein Rechtsfehler zum Nachteil des Betroffenen vor. Dass unter den geschilderten Voraussetzungen einem Antrag des Betroffenen auf Entbindung von der Pflicht zum persönlichen Erscheinen zu entsprechen ist, ist höchstrichterlich entschieden (OLG Dresden DAR 2005, 460 mwN). Soweit das OLG beabsichtigen sollte, von dieser Entscheidung abzuweichen, wäre die Sache gemäß § 79 Abs. 3 OWiG iVm § 121 Abs. 2, Abs. 1 Nr. 1 a GVG vorzulegen; bei einer Einzelrichterentscheidung gemäß § 80 a Abs. 3 OWiG dem Bußgeldsenat in der Besetzung mit drei Richtern.

Rechtsanwalt ◀

Eine weitere Verfahrensrüge:

▶ **Muster: Rechtsbeschwerde (Verfahrensrüge) wegen fehlender Urteilsunterzeichnung**

An das Amtsgericht ...
In der Bußgeldsache
gegen ...
Az ...
begründe ich die mit Schriftsatz vom ... eingelegte Rechtsbeschwerde und werde beantragen, unter Aufhebung des Urteils des Amtsgerichts vom ... die Sache zur anderweitigen Entscheidung an das Amtsgericht zurückzuverweisen.

Begründung:
Ich erhebe die allgemeine Sachrüge und rüge auch Verfahrensfehler.

I. Sachverhalt

Gegen den Betroffenen ist mit Bußgeldbescheid vom 20.6.2005 wegen der Überschreitung der zulässigen Höchstgeschwindigkeit innerhalb geschlossener Ortschaften um 36 km/h mit dem Pkw ..., amtl. Kennzeichen ..., am 20.5.2005 um 0.39 Uhr eine Geldbuße in Höhe von 150 EUR festgesetzt worden sowie ein Fahrverbot für die Dauer von einem Monat. Nach fristgemäßer Einspruchseinlegung fand am 5.4.2006 am Amtsgericht eine Hauptverhandlung statt, an welcher neben dem Betroffenen sein Verteidiger Rechtsanwalt K. teilnahm. Zugegen waren auch die Polizisten H., K., N. und W. als Zeugen sowie der Sachverständige Dr. B. Der Betroffene hat im Hauptverhandlungstermin keine Angaben zur Sache gemacht.

Der Betroffene ist in der Hauptverhandlung vom 5.4.2006 wegen fahrlässigen Überschreitens der zulässigen Höchstgeschwindigkeit von 60 km/h innerorts um 36 km/h zu einer Geldbuße von 150 EUR verurteilt worden. Ihm ist daneben verboten worden, für die Dauer von einem Monat im Straßenverkehr Kraftfahrzeuge jeglicher Art zu führen. Das Urteil enthält auf Seite 4 zu den Äußerungen des Zeugen K. folgenden Text:

„Der Zeuge POM K., der die Geschwindigkeitsmessung am Gerät *LTI 20/20* durchgeführt hat, hat erläutert, ...Der Urteilstenor ist am Ende des Protokolls der Hauptverhandlung schriftlich aufgenommen worden. Dort (Bl. 39 R) ist handschriftlich vermerkt:

„Urteil
Der Betroffene wird wegen fahrlässigen Überschreitens der zulässigen Höchstgeschwindigkeit von 60 km/h innerorts um 36 km/h zu einer Geldbuße von 150 EUR verurteilt.
Dem Betroffenen wird für die Dauer von einem Monat verboten, im Straßenverkehr Kraftfahrzeuge jeglicher Art zu führen. Das Fahrverbot wird erst wirksam, wenn der Führerschein in amtliche Verwahrung gelangt, jedoch spätestens nach Ablauf von vier Monaten seit Eintritt der Rechtskraft.
Der Betroffene hat die Kosten des Verfahrens zu tragen."
Das Protokoll wurde am 6.5.2006 fertiggestellt und von dem zuständigen Abteilungsrichter unterzeichnet. Das Protokoll enthält keine Urteilsgründe.
Das vollständig abgefasste Urteil ist ausweislich des Eingangsstempels der Geschäftsstelle am 7.6.2006 zur Akte gelangt (Bl. 49 d. A.). Es besteht aus elf Seiten, bildet also die Blattzahlen 49 bis 59 der Gerichtsakte. Bei dem Urteil handelt es sich um einen maschinschriftlichen Text mit handschriftlichen vereinzelten Korrekturen (etwa S. 6 [Bl. 54] oder S. 8 [Bl. 56]). Das Urteil ist am

Ende von dem Abteilungsrichter *nicht* unterschrieben worden. Ein weiteres unterzeichnetes oder nicht unterzeichnetes Urteilsexemplar befindet sich nicht in der Akte, auch nicht als Entwurfstext.

II. Verfahrensrügen

Ich erhebe die Rüge gemäß § 238 Nr. 7 StPO iVm § 275 Abs. 1, Abs. 2 StPO, § 46 OWiG. Gemäß § 275 StPO ist das Urteil dann, wenn es mit Gründen nicht bereits vollständig in das Protokoll aufgenommen worden war, binnen einer Frist von fünf Wochen unverzüglich zu den Akten zu bringen. Diesen Voraussetzungen unterliegt der vorliegende Fall. Eine Fristverlängerung gemäß § 275 Abs. 1 S. 2 Alt. 2 StPO scheidet aus, weil die Hauptverhandlung nicht länger als drei Tage gedauert hat. Gemäß § 275 Abs. 2 StPO ist das Urteil von den Richtern, die bei der Entscheidung mitgewirkt haben, zu unterschreiben. Ein unterschriebenes Urteilsexemplar befindet sich in der Gerichtsakte aber nicht. Verhinderungsgründe für die Unterschrift werden in der Gerichtsakte nicht aufgeführt.

Vollständig im Sinne von § 275 StPO ist das Urteil erst dann, wenn es die Unterschriften aller Berufsrichter trägt oder einzelne Unterschriften in zulässiger Weise durch einen Verhinderungsvermerk nach § 275 Abs. 2 S. 2 StPO ersetzt worden sind (BGHSt 26, 247, 248). Der Mangel der fehlenden Unterschrift eines Richters kann nicht dadurch geheilt werden, dass er nachträglich der Fassung der Urteilsgründe zustimmt und die fehlende Unterschrift nach Fristablauf nachholt (BGHSt 28, 194, 195).

Da auch zum Zeitpunkt der Abfassung dieses Schriftsatzes am 17.6.2006 in der vorliegenden Originalgerichtsakte eine Unterschrift unter dem Urteil auf Bl. 59 der Gerichtsakte nicht vorhanden ist und auch kein weiteres anderes Urteilsexemplar mit Unterschrift in der Akte liegt, ist das Urteil nicht binnen der Fünfwochenfrist, die am 10.5.2006 abgelaufen war, vollständig zur Akte gekommen.

Wie bereits oben ausgeführt, erhebe ich neben den dargestellten Verfahrensrügen auch die allgemeine Sachrüge.

Rechtsanwalt ◄

188 Die sog. **Aufklärungsrüge** ist ebenfalls eine Verfahrensrüge. Sie ist zulässig, wenn das Gericht seiner Sachaufklärungspflicht aus § 244 Abs. 2 StPO iVm § 46 Abs. 1 OWiG, § 77 Abs. 1 OWiG nicht nachgekommen ist und sich aufdrängende Ermittlungen nicht angestellt hat.[117] Davon zu unterscheiden ist der Fall, dass das Gericht einem Beweisantrag nicht stattgegeben hat. Hier wäre die Verletzung des § 244 Abs. 3 bis 6 StPO zu rügen.[118] In der als Aufklärungsrüge ausgeführten Rechtsbeschwerde ist die Tatsache zu bezeichnen, die das Gericht unterlassen hat, zu ermitteln und das Beweismittel zu nennen, dessen sich das Gericht hätte bedienen müssen.[119] Es sind auch die Umstände darzustellen, die das Gericht zu weiteren Ermittlungen hätten drängen müssen.[120] Schließlich – und dies ist vor allem wichtig – ist mitzuteilen, welches Ergebnis die unterbliebene Beweiserhebung gebracht hätte.[121]

---

117 *Gieg/Olbermann*, DAR 2009, 617, 624.
118 *Meyer-Goßner*, in Meyer-Goßner, StPO, § 244 Rn 80.
119 BGHSt 2, 168.
120 BGH NStZ 1999, 45.
121 OLG Hamm NZV 2002, 139; *Gieg/Olbermann*, aaO.

▶ **Muster: Aufklärungsrüge, Verletzung des § 244 Abs. 2 StPO**

An das Amtsgericht ...

In der Bußgeldsache

gegen ...

Az ...

begründe ich die eingelegte Rechtsbeschwerde und beantrage,

die Sache unter Aufhebung des Urteils des Amtsgerichts zur erneuten Entscheidung an das Amtsgericht zurückzuverweisen.

Begründung:

Ich rüge die Verletzung von Verfahrensrecht und erhebe daneben die allgemeine Sachrüge.

I. Verfahrensrüge

Mit Bußgeldbescheid der Landeshauptstadt H. vom 25.6.2006 wird dem Betroffenen vorgeworfen, am 19.3.2006, 19.20 Uhr in H., K-straße/G-straße, als Führer des Pkw BMW, amtl. Kennzeichen ..., folgende Ordnungswidrigkeit nach § 24 StVG begangen zu haben:

„Sie missachteten das Rotlicht der Lichtzeichenanlage. Es kam zum Unfall. § 37 Abs. 2, § 1 Abs. 2, § 49 StVO; § 24, § 25 StVG; 132.1 Bußgeldkatalog; § 4 Abs. 1 BKatV; § 19 OWiG."

Wegen dieser Ordnungswidrigkeit hat die Landeshauptstadt H. mit dem zitierten Bußgeldbescheid 125 EUR Geldbuße festgesetzt und ein Fahrverbot von einem Monat angeordnet. Mit Schreiben des Unterzeichneten vom 8.7.2006 hat der Betroffene gegen den Bußgeldbescheid Einspruch einlegen lassen.

Der Bußgeldbescheid sollte den folgenden Lebenssachverhalt erfassen:

Der Betroffene befuhr am 19.3.2006 gegen 19.20 Uhr in H. die K-straße in Richtung P-straße. Die Zeugin W. wollte aus der G-straße kommend, die aus der Sicht des Betroffenen rechts liegt, nach links auf die K-straße einbiegen. Hinter der G-straße in einer nicht näher bekannten Entfernung (ca. 10 m) gibt es einen ampelgeregelten Fußgängerüberweg. Beim Einbiegen der Zeugin W. in die K-straße kam es zum Unfall mit dem Pkw des Betroffenen. Der Bußgeldbescheid wirft ihm vor, das Rotlicht der hinter der Einmündung liegenden Lichtzeichenanlage des Fußgängerüberwegs nicht beachtet zu haben und dadurch den Unfall verursacht zu haben.

In der Begründung des Einspruchs heißt es aber bereits:

„Die Endstellung der Fahrzeuge beim Eintreffen der Polizei war verändert. Beide Fahrzeuge waren noch vor dem Fußgängerüberweg liegen geblieben. Um die Straße für den sonstigen Verkehr frei zu machen, hat der Betroffene seinen Pkw dann jedoch hinter dem Fußgängerüberweg abgestellt."

Nachdem zunächst die Ermittlungsakte der Verwaltungsbehörde nicht vollständig war (es fehlten von der Polizei vor Ort gefertigte Lichtbilder) und diese Lichtbildanlage nachträglich zur Einsicht zur Verfügung gestellt worden war, ist die Begründung des Einspruchs erweitert worden, nämlich mit Telefaxschreiben an die Staatsanwaltschaft H. vom 2.9.2006. Darin heißt es:

„Wie sich jetzt herausgestellt hat, befindet sich der Pkw von Frau W. (Renault, amtl. Kennzeichen [...]) ebenfalls nicht mehr in der Unfallendstellung. Zur Erläuterung überreiche ich aus der Ermittlungsakte eine Kopie von Blatt 10. Darauf habe ich die Fotostellung markiert.

Die Schädigungen an den Fahrzeugen sind nicht so gravierend, dass man daraus den Schluss ziehen könnte, dass der Renault durch den Anstoß bis in die Fotostellung verschoben worden war. Mein

Mandant gibt vielmehr an, dass der Renault nach der Kollision noch vor der durchgezogenen Haltelinie vor dem Fußgängerüberweg zum Stehen gekommen war. Von dort muss er von Passanten an die Seite geschoben worden sein."

Die in diesem Schreiben erwähnte Skizze füge ich bei und mache sie ausdrücklich auch zum Gegenstand der Rechtsbeschwerdebegründung (Anlage I).

In der Hauptverhandlung am 28.10.2004 sind die Zeugen W., B. und K. (Polizeikommissar) vernommen worden. Der Betroffene hat ausgesagt, und zwar laut Protokoll Folgendes:

„Die Ampel war grün und ich hatte freie Fahrt. Ich habe das Fahrzeug stehen sehen. Plötzlich fuhr es los und es kam zu dem Unfall. Mein Auto stand 10 m vor dem Fußweg nach dem Unfall. Auch das andere Auto befand sich noch vor der Ampel."

Nach der Aussage des Betroffenen sind laut Hauptverhandlungsprotokoll die Skizze Bl. 10 (Anlage I zur Rechtsbeschwerdebegründung) und die Lichtbilder Bl. 83 der Gerichtsakte in Augenschein genommen.

Polizeikommissar K. hat angegeben:

„Die Fahrzeuge standen nach dem Unfall hinter der Ampel (Fußgänger). Beide Fahrzeuge standen im Bereich dieser Fußgängerampel nach dem Anstoß. Vor mir war schon eine Streife vor Ort. [...] Vor mir waren andere Kollegen vor Ort."

Zur Aussage des Zeugen B. enthält das Hauptverhandlungsprotokoll nur den Satz:

„Der Zeuge sagte zur Sache aus."

Die Zeugin W. gab laut Hauptverhandlungsprotokoll Folgendes an:

„Die Zeugin sagte zur Sache aus. Die Ampel zeigte Rot. Erst dann fuhr ich los. Es standen bereits Autos, darum fuhr ich los. Die Zeugin wurde entlassen."

Die Zeugin ist offenbar gerichtlich zur Endstellung ihres Fahrzeugs nicht befragt worden.

Der Betroffene ist dann aufgrund der Hauptverhandlung zu einer Geldbuße von 125 EUR verurteilt worden. Gegen den Betroffenen ist ein Fahrverbot von einem Monat festgesetzt worden. Die Verurteilung erfolgte wegen eines fahrlässigen Rotlichtverstoßes mit Unfall nach §§ 37 Abs. 2, 2 Abs. 1, 49 StVO, 24 StVG.

In den Entscheidungsgründen heißt es:

„Der Betroffene befuhr am 19.3.2006 um 19:20 Uhr die K-straße in Richtung P-straße als Führer des Pkws BMW, amtl. Kennzeichen [...]. In Fahrtrichtung des Betroffenen mündet von rechts die G-straße auf die vorfahrtberechtigte vierspurige – zwei Spuren in jeder Fahrtrichtung – K-straße. Unmittelbar hinter dem Einmündungsbereich der G-straße befindet sich auf der K-straße ein ampelgesicherter Fußgängerüberweg. Bereits vor der Einmündung der G-straße weist die K-straße eine unterbrochene Haltelinie auf, neben der sich am rechten Fahrbahnrand das Schild mit der Aufschrift „Bei Rot hier halten!" befindet. Die Zeugin W. fuhr mit ihrem Pkw, amtl. Kennzeichen [...], die G-straße in Richtung K-straße, auf die sie nach links abbiegen wollte. Die Fußgängerampel zeigte Rotlicht, vor der Haltelinie der Fahrtrichtung von der P-straße in Richtung stadtauswärts standen Fahrzeuge auch vor der unterbrochenen Haltelinie. In Richtung P-straße hielt ein Pkw auf der linken Fahrspur. Der Betroffene fuhr auf der rechten Fahrspur auf die Lichtzeichenanlage zu. Infolge des stehenden Verkehrs fuhr die Zeugin W. in die K-straße ein, wo sie mit dem Betroffenen kollidierte. Der Betroffene war ungebremst in die vordere linke Fahrzeugseite des Pkws der Zeugin W. gefahren. Der Pkw der Zeugin W. kam hinter, der Pkw des Betroffenen auf dem Fußgängerüberweg zum Stehen. Der Zeuge B. fuhr hinter dem Fahrzeug des Betroffenen her, bog, nachdem der Zusammenstoß erfolgt war, in die G-straße ab und kam circa drei Minuten später zur Unfallstelle zurück. Dieser Sachverhalt steht fest aufgrund der Einlassung des Betroffenen, soweit ihr gefolgt werden konnte, der glaubhaften Aussagen der Zeugen K., B. und W., der in der Hauptverhandlung in Augenschein genommenen Lichtbilder der verunfallten Fahrzeuge (Blatt 84, 85 der Akte) sowie der polizeilichen Skizze (Blatt 19 der Akten)."

Im Urteil wird anschließend erwähnt, dass der Betroffene sich dahin gehend eingelassen habe, dass die vor ihm befindliche Fußgängerampel Grünlicht gezeigt habe und dass er nach der Kollision mit dem Pkw der Zeugin W. noch vor der Haltelinie der Lichtzeichenanlage zum Stehen gekommen sei. Danach wird die Aussage der Zeugin W. wiedergegeben, die zur Endstellung der Fahrzeuge nichts enthält. Dann folgt der Inhalt der Aussage des Zeugen B.:

„Der Zeuge B. hat glaubhaft bekundet, er sei circa 50 m hinter dem Betroffenen hergefahren, zwischen ihnen hätte sich kein weiteres Fahrzeug befunden. Als die Lichtzeichenanlage auf Rotlicht umgeschaltet habe, habe er sich gewundert, dass der vor ihm fahrende Pkw des Betroffenen nicht gebremst habe. Er selbst habe seine Geschwindigkeit reduziert, zumal er in die G-straße habe abbiegen wollen. Nachdem die Lichtzeichenanlage etwa zwei bis drei Sekunden Rotlicht gezeigt habe, sei ein Pkw aus der G-straße herausgefahren und mit dem Pkw des Betroffenen kollidiert. Beide Pkw hätten sich nach dem Unfall am Ende des Fußgängerüberweges bzw dahinter befunden. Nachdem er den Unfall beobachtet habe, sei er in die G-straße abgebogen, um einen dort wartenden Freund abzuholen. Mit ihm zusammen sei er etwa drei Minuten später wieder am Unfallort gewesen."

Danach folgt die Aussage des Polizeikommissars K.:

„Der Zeuge PK K. hat glaubhaft bekundet, dass sich beide Pkws nach dem Unfall hinter der Haltelinie der Lichtzeichenanlage befunden hätten. Er könne sich nicht sicher daran erinnern, ob die Fahrzeuge noch auf oder bereits hinter dem Fußgängerüberweg gestanden hätten."

Dann folgt die Würdigung:

„Zur Überzeugung des Gerichts steht fest, dass der Betroffene ungebremst auf die bereits mehr als eine Sekunde Rotlicht zeigende Lichtzeichenanlage zugefahren ist. Der Betroffene hat das Haltegebot der vor dem Einmündungsbereich der G-straße befindlichen unterbrochenen Haltelinie nicht eingehalten, das erkennbar dazu dient, dem aus der G-straße kommenden Verkehr die Möglichkeit zu geben, auf die K-straße einzubiegen. Die Geschädigte W. ist aufgrund der Tatsache, dass der Verkehr bereits auf drei der vier Fahrspuren der K-straße infolge des Rotlichtes zum Stehen gekommen war, in die K-straße eingefahren. Der Betroffene, der das Rotlicht nach seiner Einlassung nicht wahrgenommen hatte, ist ungebremst in den Pkw der Geschädigten gefahren und hat diesen mit seinem Pkw über die Haltelinie der Lichtzeichenanlage geschoben. Der Betroffene hat damit die Haltelinie der bereits mehr als eine Sekunde lang Rotlicht zeigenden Lichtzeichenanlage überfahren, wodurch der Pkw der Zeugin W. erheblich beschädigt wurde."

In der Entscheidungsbegründung des Gerichts wird eine unterbrochene Haltelinie erwähnt, die aus der Sicht des Betroffenen noch vor der Einmündung G-straße auf der K-straße quer zur Fahrtrichtung aufgebracht ist. Bei dieser unterbrochenen Haltelinie handelt es sich um eine vorgezogene unterbrochene Wartelinie (Zeichen 341). Das Gericht geht in den Entscheidungsgründen davon aus, dass von dieser unterbrochenen Haltelinie ein Haltegebot ausgehe. Selbst in Kombination mit dem Zusatzschild „Bei Rot bitte hier halten" ergibt sich aber kein Haltegebot. Das Schild ist kein Gebotszeichen (OLG Hamm VRS 49, 220). Die Nichtbeachtung des Schildes und der Haltelinie ist nicht

Kucklick 1135

bußgeldbewährt (LG Berlin zfs 2001, 8). Die Entscheidung des Amtsgerichts fußt aber in erster Linie darauf, dass der zuständige Richter davon ausgegangen war, dass es sich bei der Kombination des Schildes mit der unterbrochenen Haltelinie um ein Haltegebot handelt.

Ohnehin hätte aber das Gericht aufgrund des Vortrags des Betroffenen Beweis durch ein unfallanalytisches Sachverständigengutachten erheben müssen zur Frage, ob die beiden Fahrzeuge der Unfallbeteiligten noch vor der Haltelinie der Fußgängerampel zum Stehen gekommen sind. Der Sachverständige hätte im Rahmen der Begutachtung auch zu der Frage Stellung nehmen müssen, ob die Geschwindigkeit des Pkws des Betroffenen unmittelbar vor der Kollision ein Halten vor der roten Ampel (ununterbrochene Haltelinie) ausgeschlossen hätte.

Der Sachverständige hätte hierfür genügend Anknüpfungstatsachen gehabt. Die Geschwindigkeiten der Fahrzeuge lassen sich anhand ihrer Beschädigungen ermitteln. Die Kollisionsstelle ist aus dem Fahrweg der Zeugin W. zu rekonstruieren, die aus der Seitenstraße nur in einem bestimmten Bereich auf die Vorfahrtstraße auffahren konnte.

Der Betroffene hat im Verwaltungsverfahren bereits darauf hingewiesen, dass die beiden Fahrzeuge nach der Kollision noch deutlich vor der Haltelinie der Fußgängerampel zum Stehen gekommen waren. Seinen eigenen Pkw habe er nach der Kollision hinter der Fußgängerampel an die Seite gefahren. Aufgrund der später zur Verfügung gestellten Lichtbilder, die von der Polizei gefertigt worden waren, war dann auch für den Betroffenen klar, dass der Wagen der Zeugin W. nicht mehr in der Unfallendstellung fotografiert worden war.

Ebenfalls schon im Verwaltungsverfahren hat der Betroffene darauf hingewiesen, dass die Beschädigungen der Fahrzeuge, insbesondere die Beschädigung des Fahrzeugs der Zeugin W., nicht auf eine so erhebliche Aufprallenergie schließen lassen, dass damit ein Verschieben des Fahrzeugs über viele Meter bis hinter den Fußgängerüberweg hätte verbunden sein können.

Aus den Aussagen der vernommenen Zeugen ergibt sich aber die Endstellung der Fahrzeuge nach der Kollision gerade nicht. Der Zeuge PK K. konnte nur Angaben zu der Stellung der Fahrzeuge machen, die er erst nach seinem Eintreffen an der Unfallstelle festgestellt haben konnte. Er selbst hat in seiner Aussage angegeben, dass vor ihm noch eine andere Polizeistreife vor Ort gewesen sei. Seiner Aussage lassen sich daher Angaben zur Kollisionsstellung bzw zur damit verbundenen Endstellung nicht entnehmen. Es liegt vielmehr nahe, dass die Endstellung der Fahrzeuge zwischenzeitlich verändert worden war, um den Verkehr auf der K-straße nicht unnötig zu behindern.

Auch der Aussage des Zeugen B., die im Detail nicht protokolliert worden ist, lässt sich anderes nicht entnehmen. Der Zeuge war hinter dem Pkw des Betroffenen gewesen (ca. 50 m), aber unmittelbar nach der Kollision sofort bei Erreichen der Einmündung G-straße nach rechts in diese Straße abgebogen, um einen Bekannten abzuholen. Erst danach war der Zeuge wieder zur Unfallstelle zurückgekommen. Seine Wahrnehmungen vom Geschehen waren daher in erster Linie davon geprägt, was er nach Rückkehr an der Unfallstelle beobachten konnte. Waren die Fahrzeuge zu diesem Zeitpunkt schon aus der Endstellung entfernt, wird dies der Zeuge möglicherweise nicht einmal erkannt haben.

Vor diesem Hintergrund hätte es sich vor allem aufgrund der Angaben des Betroffenen und der Beschädigungen der Fahrzeuge, wie sie sich aus der Lichtbildanlage (Bl. 83 der Gerichtsakte) ergeben, aufgedrängt, ein unfallanalytisches Sachverständigengutachten einzuholen.

Dieses Gutachten hätte die Angaben des Betroffenen bestätigt. Der Sachverständige hätte errechnet, dass beide Fahrzeuge aufgrund der Kollision noch vor der Haltelinie der Fußgängerampel zum Stehen gekommen sind. Weiteres Ergebnis wäre gewesen, dass auch die Ausgangsgeschwindigkeit des Betroffenen vor der Kollision nicht so hoch war, dass daraus auf ein Überfahren der Haltelinie hätte geschlossen werden können.

II. Sachrüge

Die Sachrüge erhebe ich umfassend, unter anderem stütze ich mich auf die Ausführungen unter Ziffer I, wende also ein, dass der Wagen des Betroffenen nicht über die Haltelinie der Fußgängerampel gefahren war und dass es sich deshalb hier nicht um einen Rotlichtverstoß handeln kann.

Rechtsanwalt ◄

2. Anträge auf Zulassung der Rechtsbeschwerde gem. § 80 OWiG. Wenn gegen eine Entscheidung des Bußgeldrichters die Rechtsbeschwerde gem. § 79 OWiG nicht zugelassen ist, kommt auf Antrag unter bestimmten engen Voraussetzungen ihre besondere Zulassung durch das Rechtsbeschwerdegericht in Betracht. Erfasst werden damit alle Ordnungswidrigkeiten, derentwegen es durch Urteil nur zur Verhängung einer Geldbuße von nicht mehr als 250,00 EUR kommt. Der Zulassung grundsätzlich entzogen sind Beschlüsse gem. § 72 OWiG.

190

Die Zulassungshürden für den Betroffenen sind von der Bedeutung der Ordnungswidrigkeit abgestuft abhängig. In § 80 Abs. 1 OWiG wird zunächst festgelegt, bei Vorliegen welcher Gründe eine Zulassung überhaupt geboten ist. Diese Fallgruppe wird in § 80 Abs. 2 Nr. 1 OWiG für den Betroffenen weiter eingeschränkt. Bei Geldbußen bis zu einer Grenze von 100 EUR kommt die Zulassung bei Verletzung von Verfahrensnormen nicht und bei der Verletzung anderer Rechtsnormen nur zur Fortbildung des Rechts in Betracht. Damit ergibt sich folgende Systematik:

191

Zulassungsvoraussetzungen nach § 80 OWiG:

192

alle Geldbußen bis 250 EUR	– Zulassung bei Versagung des rechtlichen Gehörs, § 80 Abs. 1 Nr. 2 OWiG
Geldbußen bis 100 EUR	– Zulassung nur in materiellen Rechtsfragen zur Fortbildung des Rechts § 80 Abs. 2 Nr. 1 OWiG
Geldbußen über 100 bis 250 EUR	– Zulassung zur Fortbildung des Rechts und zur Sicherung einer einheitlichen Rechtsprechung, § 80 Abs. 1 Nr. 1 OWiG

Die formellen Voraussetzungen des Zulassungsantrags entsprechen denen der Rechtsbeschwerde ohne Zulassungserfordernis (§ 80 Abs. 3 S. 1 OWiG). Auch hier gilt die Frist des § 341 Abs. 1 StPO (iVm §§ 80 Abs. 3 S. 1, 79 Abs. 3 S. 1 OWiG) von einer Woche für die Antragstellung und die sich anschließende Monatsfrist für die Begründung des Antrags, die dann, wenn das Urteil bei Ablauf der Antragsfrist noch nicht zugestellt war, erst mit der Zustellung des Urteils beginnt (siehe Rn 168 f).

193

§ 11 Ordnungswidrigkeiten im gerichtlichen Verfahren

a) Einlegung des Zulassungsantrags
aa) Urteil in Anwesenheit des Betroffenen oder seines vertretungsberechtigten Verteidigers

194

▶ **Muster: Antrag auf Zulassung der Rechtsbeschwerde nach Urteilsverkündung in Anwesenheit des Betroffenen oder seines mit Vertretungsvollmacht ausgestatteten Verteidigers**

An das Amtsgericht ...

In der Bußgeldsache

gegen ...

Az ...

beantrage ich hiermit namens und in Vollmacht des Betroffenen gegen das Urteil vom ...

die Zulassung der Rechtsbeschwerde.

Den Antrag werde ich gesondert begründen. Mit Zustellung des Urteils bitte ich, mir die Gerichtsakte zur Einsichtnahme in meiner Kanzlei zur Verfügung zu stellen.

Rechtsanwalt ◀

Die Begründungsfrist kann in diesem Fall noch nicht notiert werden. Sie beginnt erst mit Zustellung des Urteils (siehe Rn 193).

195 bb) **Urteil in Abwesenheit des Betroffenen und eines Verteidigers mit Vertretungsvollmacht.** Hat an der Hauptverhandlung weder der Betroffene noch ein mit Vertretungsvollmacht ausgestatteter Verteidiger teilgenommen, beginnt auch die Einlegungsfrist erst mit Zustellung des Urteils. Die Begründungsfrist von einem Monat schließt sich an. Es sind hier die unterschiedlichen Auffassungen zum Beginn zu beachten (siehe Rn 168).

196

▶ **Muster: Antrag auf Zulassung der Rechtsbeschwerde bei Entscheidung in Abwesenheit des Betroffenen und eines Verteidigers mit Vertretungsvollmacht**

An das Amtsgericht ...

In der Bußgeldsache

gegen ...

Az ...

beantrage ich hiermit namens und in Vollmacht des Betroffenen gegen das Urteil vom ..., zugestellt am ...,

die Zulassung der Rechtsbeschwerde.

Den Antrag werde ich gesondert begründen. Ich beantrage,

mir die Gerichtsakte zur Einsichtnahme in meiner Kanzlei zur Verfügung zu stellen.

Rechtsanwalt ◀

b) Begründung des Zulassungsantrags
aa) Zulassungsantrag aus Gründen der Fortbildung des Rechts, § 80 Abs. 1 Nr. 1. Alt. 1 OWiG iVm § 80 Abs. 2 Nr. 1 OWiG

197 Beispiel:

Das Amtsgericht hat in der Hauptverhandlung im Mai 2005 wegen einer Geschwindigkeitsüberschreitung um 35 km/h außerhalb geschlossener Ortschaften eine erhöhte Geldbuße von 100 EUR ausgesprochen. Dem Gericht war aus einem älteren Verkehrszentralregister eine

Voreintragung bekannt, deren Entscheidung seit März 2003 rechtskräftig war. In der Urteilsbegründung heißt es: „Der Bußgeldkatalog geht hinsichtlich der Höhe der Geldbuße im Regelfall davon aus, dass keinerlei Vorahndungen, insbesondere einschlägiger Natur, bestehen. Da im vorliegenden Fall jedoch bereits im Jahr 2003 eine einschlägige Vorahndung erfolgte, war es angezeigt und dem Betroffenen auch konkret zumutbar, die Geldbuße auf 100,00 EUR zu erhöhen."

Das Gericht geht damit auf ein Problem ein, das sich nach der **Änderung des § 29 StVG** (Dauer der Überliegefrist, Änderung vom Rechtskraftprinzip zum Tatzeitprinzip) ergeben hat. Konkret, bezogen auf den dargestellten Fall, war die Tilgungsfrist von zwei Jahren (ab 1.5.2014 zweieinhalb Jahre) zum Zeitpunkt der Hauptverhandlung abgelaufen. Die Tatzeit der Ordnungswidrigkeit, über die das Gericht zu entscheiden hatte, lag aber vor dem Ende der Tilgungsfrist. Seine Entscheidung, sofern sie vor Ablauf der einjährigen Überliegefrist Rechtskraft erlangen würde, hätte nach damaligem Recht zur Folge gehabt, dass die Voreintragungen aus der Überliegefrist wieder in das normale Register übernommen werden (Folge der Regelung in § 29 Abs. 6 S. 2 StVG). Den rechtzeitigen Eintritt der Rechtskraft hat das Amtsgericht unterstellt und ist auf diesem Weg zur Verwertbarkeit der Entscheidungen gekommen. Ein begründeter Zulassungsantrag hätte im Jahr 2006 für diesen Fall folgenden Inhalt aufgewiesen:

▶ **Muster: Zulassungsantrag nach § 80 Abs. 1 Nr. 1 Alt. 1 OWiG**

An das Amtsgericht ...

In der Bußgeldsache

gegen ...

Az ...

begründe ich den Rechtsbeschwerdezulassungsantrag vom ... und stelle daneben die Rechtsbeschwerdeanträge.

Begründung:

Den Zulassungsantrag stütze ich auf § 80 Abs. 1 Nr. 1 Alt. 1 OWiG.

Der Betroffene ist wegen einer fahrlässigen Überschreitung der zulässigen Höchstgeschwindigkeit um 35 km/h vom Amtsgericht zu einer Geldbuße von 100 EUR verurteilt worden, obwohl die Regelgeldbuße lediglich 75 EUR beträgt. Im erstinstanzlichen Verfahren ist die Richtigkeit der Geschwindigkeitsmessung vom Betroffenen nicht angegriffen worden. Vielmehr ging es ausschließlich um die Frage, ob hier die Regelgeldbuße von 75 EUR oder eine erhöhte Geldbuße anzusetzen ist. Das Amtsgericht geht davon aus, dass in der Hauptverhandlung am 20.5.2005 eine zulasten des Betroffenen im Register enthaltene Voreintragung berücksichtigt werden kann. Die Voreintragung wird im Urteil unter Ziff. II zitiert. Es handelt sich um eine Entscheidung vom 10.3.2003, die am 20.3.2003 rechtskräftig geworden war (Überschreitung der zulässigen Höchstgeschwindigkeit außerhalb geschlossener Ortschaft um 25 km/h). Weil das Register daneben keine weiteren Eintragungen enthält, war am 20.3.2005, also knapp zwei Monate vor der Hauptverhandlung, die Tilgungsfrist abgelaufen. Ein aktueller Registerauszug zur Hauptverhandlung am 20.5.2005 hätte keine Eintragung mehr enthalten. Gleichwohl ist die bereits getilgte Eintragung vom Amtsgericht zulasten des Betroffenen berücksichtigt worden.

Auf die Nichtberücksichtigung der Voreintragung hatte ich im Zusammenhang mit einem Antrag, den Betroffenen von der Verpflichtung zum persönlichen Erscheinen in der Hauptverhandlung zu entbinden, hingewiesen. Der zuständige Richter hat in unserer Kanzlei am 19.5.2005 angerufen und auf die Neufassung des § 29 Abs. 6 StVG ab dem 1.2.2005 hingewiesen. Danach trete eine Ablaufhemmung der Tilgung ein, wenn innerhalb der Tilgungsfrist eine neue Tat begangen wird und diese noch bis zum Ablauf der Überliegefrist des Abs. 7 eingetragen werden wird. Deshalb könne die Vortat berücksichtigt werden. Darauf habe ich mit Schriftsatz vom 20.5.2005 geantwortet und bin auf die Sondersituation nach der Änderung des Straßenverkehrsgesetzes eingegangen. Nach Auffassung in der Literatur unterliegt die Eintragung während der Überliegefrist einem Verwertungsverbot (*Pinkerneil*, DAR 2005, 57, 58; *Gübner*, NZV 2005, 57, 59). Obergerichtliche Rechtsprechung existiert zu dieser Frage noch nicht.

Das Amtsgericht ist dann in den Entscheidungsgründen auf die Besonderheiten der neuen Regelung zum Verkehrszentralregister nicht mehr eingegangen. Ohne weitere Begründung wird nur ausgeführt, dass die Eintragung, die am 20.3.2005 getilgt war, dennoch berücksichtigt werden durfte. Die damit verbundene Auffassung zur Verwertbarkeit von bereits tilgungsreifen Voreintragungen in der Überliegefrist ist unrichtig und verstößt gegen geltendes materielles Recht.

Sofern die Rechtsbeschwerde zugelassen wird, beantrage ich,

unter Abänderung des Urteils des Amtsgerichts den Betroffenen wegen fahrlässiger Überschreitung der Höchstgeschwindigkeit außerhalb geschlossener Ortschaft um 35 km/h zu einer Geldbuße von 75 EUR zu verurteilen,

sowie hierzu hilfsweise,

das Urteil des Amtsgerichts vom 20.5.2005 aufzuheben und die Sache zur anderweitigen Entscheidung an das Amtsgericht zurückzuverweisen.

Zur **Begründung** der Rechtsbeschwerde erhebe ich die allgemeine Sachrüge und stütze mich auf die Gründe, die zur Begründung des Zulassungsantrags ausgeführt sind.

Rechtsanwalt ◄

200 Die Rechtsfrage war damals bald geklärt.[122] Schon im realen Fall, der diesem Muster zugrunde liegt, kam es unter Verweis auf die Entscheidung des OLG Karlsruhe,[123] deren Veröffentlichung erst nach Einreichung der Antragsbegründung erfolgte, nicht mehr zur Zulassung. Eine ähnliche Fallgestaltung könnte es heute nicht mehr geben, weil mit der Reform im Jahr 2014 die Ablaufhemmung der Tilgungsfrist durch neue Eintragungen im Fahreignungsregister beseitigt worden ist.

201 bb) **Zulassungsantrag gem. § 80 Abs. 1 Nr. 2 OWiG (Gehörsrüge).** Bei weniger bedeutsamen Ordnungswidrigkeiten soll entgegen den Grundregeln in § 80 Abs. 1 Nr. 1 und Abs. 2 Nr. 1 OWiG eine Zulassung dennoch erfolgen, wenn es geboten ist, das Urteil wegen **Versagung des rechtlichen Gehörs** aufzuheben. § 80 Abs. 1 Nr. 2 OWiG gewährleistet nach der Intention des Gesetzgebers, dass diese Entscheidung den Fachgerichten möglich bleibt und nicht erst den Verfassungsgerichten nach Erhebung einer Verfassungsbeschwerde.[124] Die Zulassung der Rechtsbeschwerde und die Aufhebung des Urteils soll nur dann erfolgen, wenn nicht zweifel-

---

[122] OLG Karlsruhe zfs 2005, 411; OLG Schleswig zfs 2006, 348; OLG Bamberg DAR 2010, 332; OLG Stuttgart DAR 2010, 403; OLG Düsseldorf DAR 2011, 471; aA AG Wolfratshausen DAR 2011, 480.
[123] OLG Karlsruhe zfs 2005, 411.
[124] *Seitz*, in: Göhler, § 80 OWiG Rn 16 b; *Senge*, in: Karlsruher Kommentar zum OWiG, § 80 Rn 40.

haft sein kann, dass auch das sonst angerufene Verfassungsgericht zu diesem Ergebnis gekommen wäre.[125] Zahlreiche Fallgestaltungen, in denen von der Verletzung des Anspruchs auf rechtliches Gehör auszugehen ist, werden von *Seitz*[126] oder *Senge*[127] zitiert.

Die Gehörsrüge kann – auch im Zulassungsverfahren nach § 80 OWiG – nur als Verfahrensrüge geltend gemacht werden.[128] Die den Mangel enthaltenden Tatsachen müssen so genau bezeichnet und so vollständig angegeben werden, dass das Beschwerdegericht die Überprüfung nur anhand der Rechtsmittelschrift vornehmen kann.[129] Wird die Rüge der Versagung des rechtlichen Gehörs im Rechtsbeschwerdeverfahren nicht erhoben, dann ist auch die Verfassungsbeschwerde mangels Ausschöpfung des Rechtswegs verwirkt.[130] Ob dies auch gilt, wenn der Rechtsbeschwerdezulassungsantrag nicht in der gehörigen Form als Verfahrensrüge ausgeführt ist, erscheint zweifelhaft.[131]

Grundsätzlich gelten für Fälle dieser Art die Ausführungen unter Rn 181 f. Es empfiehlt sich, den Verfahrensgang so genau wie möglich und an den entscheidenden Stellen wortgetreu wiederzugeben.

▶ **Muster: Begründung eines Zulassungsantrags gem. § 80 Abs. 1 Nr. 2 OWiG**

An das Amtsgericht …
In der Bußgeldsache
gegen …
Az …
begründe ich den Zulassungsantrag und stelle den Rechtsbeschwerdeantrag:
Im Falle der Zulassung beantrage ich,
unter Aufhebung des Urteils des Amtsgerichts die Sache zur anderweitigen Entscheidung an das Amtsgericht zurückzuverweisen.

Begründung:

Ich erhebe die allgemeine Sachrüge umfassend.
Den Zulassungsantrag stütze ich auf § 80 Abs. 1 Nr. 2 OWiG. Hierzu führe ich Folgendes aus:
Dem Betroffenen wird mit Bußgeldbescheid vom … vorgeworfen, das Rotlicht der Lichtzeichenanlage in … am … um … Uhr als Führer des Pkws …, amtl. Kennzeichen …, missachtet zu haben. Hierfür ist eine Geldbuße von 90 EUR festgesetzt worden.
Mit Schreiben vom 30.3.2015 hat der Betroffene hiergegen Einspruch einlegen lassen. Nach Eingang der Akten beim Amtsgericht ist eine Hauptverhandlung auf den 20.5.2015 anberaumt worden. Die Terminladung stammt vom 8.5.2015 und ging beim Unterzeichneten am 12.5.2015 ein.
Mit Schriftsatz vom 18.5.2015 hat der Unterzeichnete beantragt, den Betroffenen von der Pflicht zum persönlichen Erscheinen zu entbinden. Zur Begründung wird ausgeführt:
„Für den Betroffenen mache ich teilweise Angaben zur Sache. Der Betroffene war Fahrer des gemessenen Fahrzeugs zur Tatzeit. Darüber hinaus wird sich der Betroffene in der Hauptverhandlung aber

---

125 *Senge*, in: Karlsruher Kommentar zum OWiG, § 80 Rn 40 a.
126 In: Göhler, § 80 OWiG Rn 16 b.
127 In: Karlsruher Kommentar zum OWiG, § 80 Rn 41 d.
128 OLG Düsseldorf NJW 1999, 2130, 2131.
129 OLG Düsseldorf NJW 1999, 2130, 2131.
130 BayVerfGH NJW 1984, 167; OLG Jena VRS 107, 289, 291.
131 So aber *Seitz*, in: Göhler, § 80 OWiG Rn 16 d.

nicht zur Sache und auch nicht zu seinen persönlichen Verhältnissen äußern. Unter diesen Voraussetzungen ist der Betroffene von der Verpflichtung zum persönlichen Erscheinen zu entbinden.
Rechtsanwalt"

Den Betroffenen hat der Unterzeichnete in einem Telefonat vom 18.5.2015 darüber informiert, dass der Entbindungsantrag gestellt ist und dass er positiv beschieden werden müsse. Der Betroffene müsse zum Termin nicht anreisen.

An der Hauptverhandlung am 20.5.2015 hat weder der Betroffene noch ein Verteidiger teilgenommen. Der Betroffene war nicht angereist, weil er vom Verteidiger den Hinweis erhalten hatte, dass er dies aufgrund des Antrags auf Entbindung von der Pflicht zum persönlichen Erscheinen nicht tun müsse. Mit Urteil vom 20.5.2015 ist der Einspruch des Betroffenen verworfen worden. Das Urteil lautet im Ganzen:

„In der Bußgeldsache

gegen [...]

wegen einer Verkehrsordnungswidrigkeit

Das Amtsgericht hat in der Sitzung vom 20.5.2015, an der teilgenommen haben:

Richter am Amtsgericht B. als Strafrichter

Rechtsanwalt R. als Verteidiger

Justizobersekretärin L. als Urkundsbeamtin der Geschäftsstelle

für Recht erkannt:

Der Einspruch des Betroffenen gegen den Bußgeldbescheid der Zentralen Bußgeldstelle vom 20.3.2015 wird verworfen.

Der Betroffene trägt die Kosten des gerichtlichen Verfahrens.

Gründe:

Der Betroffene hat gegen den in der Urteilsformel bezeichneten Bußgeldbescheid zwar rechtzeitig Einspruch erhoben, ist aber in dem heutigen Termin zur Hauptverhandlung, ungeachtet der durch die Zustellungsurkunde vom 8.5.2015 (Blatt 50) nachgewiesenen Ladung, ohne genügende Entschuldigung ausgeblieben, obwohl der Betroffene von der Verpflichtung zum Erscheinen nicht entbunden war.

Der Betroffene war auch nicht von der Verpflichtung zum Erscheinen entbunden.

Eine Entbindung des Betroffenen von der Verpflichtung zum Erscheinen wäre allenfalls in Betracht bekommen, wenn er sich in der Hauptverhandlung durch seinen Rechtsanwalt hätte einlassen können.

Der erhobene Einspruch des Gerichts war daher nach § 74 Abs. 2 OWiG zu verwerfen.

Die Entscheidung über die Kosten des Verfahrens beruht auf § 109 OWiG.

Richter am Amtsgericht"

Der Vollständigkeit halber ist noch auszuführen, dass zusammen mit einem Akteneinsichtsgesuch vom 10.1.2015 eine Vollmacht des Unterzeichneten überreicht worden ist, aus der sich unter Ziff. 3 ergibt, dass er zur Vertretung und Verteidigung in Bußgeldsachen einschließlich der Vorverfahren sowie (für den Fall der Abwesenheit) zur Vertretung nach § 411 Abs. 2 StPO und mit ausdrücklicher Ermächtigung auch nach §§ 233 Abs. 1, 234 StPO zur Stellung von Straf- und anderen nach der Strafprozessordnung zulässigen Anträgen und von Anträgen nach dem Gesetz über die Entschädigung für Strafverfolgungsmaßnahmen, insbesondere auch für das Betragsverfahren bevollmächtigt ist. Die Vollmacht gilt für alle Instanzen. Sie umfasst insbesondere die Befugnis, Zustellungen zu bewirken und entgegenzunehmen, die Vollmacht ganz oder teilweise auf andere zu übertragen (Untervollmacht), Rechtsmittel einzulegen, zurückzunehmen oder auf sie zu verzichten.

Das Urteil verletzt das Recht des Betroffenen auf rechtliches Gehör, weil das Amtsgericht dem Entbindungsantrag nach § 73 Abs. 2 OWiG hätte stattgeben müssen. Der Bußgeldrichter hat zu Unrecht auf der Teilnahme des Betroffenen an der Hauptverhandlung bestanden, weil alle Voraussetzungen gemäß § 73 Abs. 2 OWiG für einen Anwesenheitsverzicht gegeben waren. Mit dem Antrag hat sich der Betroffene zur Sache geäußert und zugleich erklärt, dass er sich in der Hauptverhandlung darüber hinaus nicht einlassen wolle. Unter dieser Vorgabe hatte der Bußgeldrichter zu prüfen, ob die Anwesenheit des Betroffenen dennoch erforderlich gewesen wäre. Der Spielraum, der dafür zur Verfügung steht, richtet sich ausschließlich nach dem Gebot der Sachaufklärung; für zusätzliche Erwägungen zur Verhältnismäßigkeit und Zumutbarkeit lässt das Gesetz keinen Raum. Der Bußgeldrichter durfte deshalb auf der Erscheinungspflicht des zur Aussage in der Hauptverhandlung nicht bereiten Betroffenen nur bestehen, falls dessen Anwesenheit dennoch einen Aufklärungsbeitrag erwarten ließ.

Diese Aufklärungsprognose konnte der Bußgeldrichter hier nicht stellen. Es war nicht zu erwarten, dass der Betroffene von seinem Vorhaben, sich in der Hauptverhandlung nicht zur Sache zu äußern, abweichen würde. Auch die Anwesenheit des Betroffenen hätte der weiteren Sachaufklärung nicht geholfen, weil sich der Betroffene ohnehin bereits zur Tätereigenschaft geäußert hatte.

Da die Voraussetzungen für die Befreiung von der Anwesenheitspflicht in der Hauptverhandlung vorgelegen haben, war die Ablehnung des Antrags gemäß § 73 Abs. 2 OWiG und demgemäß die Verwerfung des Einspruchs des nicht erschienenen Betroffenen gegen den Bußgeldbescheid gemäß § 74 Abs. 2 OWiG rechtsfehlerhaft. Mit der erhobenen Verfahrensrüge ist die Verletzung dieser Bestimmungen zu rügen.

Verfahrensfehlerhaft ist im Übrigen auch, dass sich das angegriffene Urteil vom 20.5.2015 nicht mit den Gründen auseinandersetzt, die der Betroffene für seinen Antrag auf Entbindung vom persönlichen Erscheinen geltend gemacht hatte.

Rechtsanwalt ◄

3. Antrag auf Entscheidung des Rechtsbeschwerdegerichts gem. § 346 Abs. 2 StPO iVm § 79 Abs. 3 OWiG oder § 80 Abs. 4 S. 2 OWiG. Der Bußgeldrichter, dessen Entscheidung angefochten wird und der der Meinung ist, dass die Rechtsbeschwerde oder der Antrag auf ihre Zulassung verspätet eingelegt worden oder ihre vorgeschriebene Form nicht eingehalten worden ist, kann selbst das Rechtsmittel durch Beschluss als unzulässig verwerfen. § 346 Abs. 1 StPO gilt gem. § 79 Abs. 3 OWiG entsprechend.[132] Hiergegen ist nach § 346 Abs. 2 StPO, § 79 Abs. 3 OWiG der Antrag auf **Entscheidung des Rechtsbeschwerdegerichts** statthaft. Der Antrag ist ein Rechtsbehelf eigener Art.[133] Er muss schriftlich innerhalb einer Woche an das Gericht des Verwerfungsbeschlusses (beim Tatrichter) gerichtet werden.[134] Die Frist ist nicht gewahrt, wenn der Antrag beim hierfür unzuständigen Beschwerdegericht gestellt wird. Der Bußgeldrichter kann seinen Beschluss allerdings nicht mehr aufheben, selbst wenn er beispielsweise einen Irrtum in seiner Fristberechnung erkennt.[135] Versäumt der Betroffene die

205

---

132 *Seitz*, in: Göhler, § 79 OWiG Rn 34.
133 BGHSt 16, 111, 118.
134 *Seitz*, in: Göhler, § 79 OWiG Rn 34 b; *Meyer-Goßner*, in: Meyer-Goßner, § 346 StPO Rn 8.
135 *Seitz*, in: Göhler, § 79 OWiG Rn 34 a; *Meyer-Goßner*, in: Meyer-Goßner, § 346 StPO Rn 8.

Antragsfrist unverschuldet, kann auf Antrag Wiedereinsetzung in den vorigen Stand gewährt werden.[136]

206 ▶ **Muster: Antrag auf Entscheidung des Rechtsbeschwerdegerichts**

An das Amtsgericht ...

In der Bußgeldsache

gegen ...

Az ...

beantrage ich hiermit namens und im Auftrag des Betroffenen durch

Entscheidung des Rechtsbeschwerdegerichts

die Aufhebung des Beschlusses des Amtsgerichts vom ..., zugestellt am ..., mit welchem die Rechtsbeschwerde als unzulässig verworfen worden ist.

Begründung:

I. Mit Beschluss vom ... hat das Amtsgericht die Rechtsbeschwerde des Betroffenen vom ... gegen das Urteil des Amtsgerichts vom ... als unzulässig verworfen. Dem ging Folgendes voraus:

In der Hauptverhandlung vom ... waren weder der Betroffene noch ein Verteidiger erschienen. Zuvor war ein Antrag des Betroffenen, ihn von seiner Verpflichtung zum persönlichen Erscheinen zu entbinden, abgelehnt worden. Im Hauptverhandlungstermin wurde der Einspruch gemäß § 74 Abs. 2 OWiG verworfen. Das Urteil wurde dem Verteidiger am 15.5.2015 zugestellt.

Hiergegen legte der Verteidiger namens und in Vollmacht des Betroffenen am 19.5.2015 Rechtsbeschwerde ein und begründete diese mit Datum vom 23.6.2015. Das Amtsgericht verwarf die Rechtsbeschwerde mit der Begründung als unzulässig, das Rechtsmittel sei nicht innerhalb der Frist bis 22.6.2015, sondern verspätet erst am 23.6.2015 eingegangen.

II. Diese Rechtsauffassung ist unzutreffend.

Gemäß § 79 Abs. 3 S. 1 OWiG iVm § 345 Abs. 1 S. 1 StPO ist die Rechtsbeschwerdebegründung spätestens binnen eines Monats *nach Ablauf der Frist zur Einlegung der Rechtsbeschwerde* bei dem Gericht anzubringen, dessen Urteil angefochten wird.

Die Frist zur Einlegung der Rechtsbeschwerde beginnt gemäß § 79 Abs. 4 OWiG mit der Zustellung des Urteils, wenn es in Abwesenheit des Beschwerdeführers verkündet worden ist. Sie beträgt eine Woche gemäß § 79 Abs. 3 S. 1 OWiG iVm § 341 Abs. 1 StPO. Die Rechtsbeschwerde-Einlegungsfrist endete im vorliegenden Fall nach Zustellung des Urteils vom 15.5.2015 somit am 22.5.2015.

Entgegen der Auffassung des Amtsgerichts begann die Frist für die Stellung der Rechtsbeschwerdeanträge und deren Begründung mithin nicht am 15.5.2015, dem Tag der Zustellung des Urteils, sondern erst eine Woche später am 23.5.2015, dem ersten Tag nach Ablauf der Rechtsbeschwerde-Einlegungsfrist (*Seitz*, in: Göhler, OWiG, 16. Aufl. 2012, § 79 Rn 31). Die sich daran anschließende Monatsfrist zur Rechtsbeschwerdebegründung endete am Dienstag, den 23.6.2015. An genau diesem Tag ist die Rechtsbeschwerdebegründung nebst Anträgen beim Amtsgericht eingegangen und war somit fristgemäß.

---

136 *Seitz*, in: Göhler, § 79 OWiG Rn 34 b.

C. Gegenvorstellung und Vollstreckung

Die Verwerfung der Beschwerde als unzulässig ist rechtswidrig. Die Sache ist dem OLG zur Entscheidung vorzulegen.

Rechtsanwalt ◄

C. Gegenvorstellung und Vollstreckung

I. Gegenvorstellung

Bei einer Gegenvorstellung handelt es sich nicht um ein förmliches Rechtsmittel. Sie ist vielmehr eine Aufforderung an das Gericht, die eigene Entscheidung unter Berücksichtigung der mit der Gegenvorstellung verbundenen Argumente noch einmal zu überdenken und gegebenenfalls aufgrund dadurch gewonnener neuer Erkenntnisse die Entscheidung abzuändern. Eine Gegenvorstellung kommt nicht in Betracht, wenn die Entscheidung des Gerichts noch mit einem vorgesehenen Rechtsmittel angreifbar ist oder hätte angegriffen werden können. Sinnvoll kann sie auch nur dann sein, wenn das Gericht überhaupt befugt ist, die eigene Entscheidung abzuändern.[137] Im Rechtsbeschwerdeverfahren kann eine Gegenvorstellung gegen den Beschluss des OLG angebracht werden, wenn etwa das Gericht einen entscheidungserheblichen Gesichtspunkt erkennbar unberücksichtigt gelassen hat. Erfahrungsgemäß lassen sich der Gegenvorstellung nicht von vornherein jegliche Erfolgsaussichten absprechen. Beispielsweise war eine Gegenvorstellung Anlass für den Beschluss des OLG Bamberg zur Frage des Fristbeginns der Rechtsbeschwerdebegründung bei einer Entscheidung in Abwesenheit des Betroffenen und eines Verteidigers.[138] Auch wenn in diesem Fall das gewünschte Ergebnis nicht erreicht werden konnte, hat das Gericht immerhin wesentlich fundierter als noch im Ausgangsbeschluss seine Rechtsauffassung dargelegt, so dass man sich mit ihr in der Folgezeit sorgfältiger auseinandersetzen konnte. Nachstehend folgt als Muster eine Gegenvorstellung, die Erfolg hatte und zur Aufhebung eines zuvor abschließenden Beschlusses des OLG Brandenburg führte. Der Einzelrichter des OLG hat in diesem Fall seine Entscheidung aufgehoben, die Sache dem gesamten Senat zur Entscheidung vorgelegt. In einem Parallelfall des OLG Brandenburg erging danach ein Vorlagebeschluss an den BGH, über den dort mit Beschluss vom 22.5.2006 entschieden worden ist.[139]

Eine Gegenvorstellung kann formlos erhoben werden. Sie ist an keine Frist gebunden.

▶ **Muster: Gegenvorstellung gegen abschließende Entscheidung des OLG im Rechtsbeschwerdeverfahren**

An das Amtsgericht ...

In der Bußgeldsache

gegen ...

Az ...

erhebe ich hiermit namens und im Auftrag des Betroffenen

Gegenvorstellung

gegen den Beschluss des Oberlandesgerichts vom ..., zugestellt am ....

---

137 *Meyer-Goßner*, in: Meyer-Goßner, vor § 296 StPO Rn 24.
138 NZV 2006, 322.
139 BGH DAR 2006, 462.

Es wird beantragt,

die Sache gemäß § 80 a Abs. 3 OWiG zur Sicherung einer einheitlichen Rechtsprechung (Divergenzentscheidung) dem Senat in der Besetzung mit drei Richtern vorzulegen.

Die beanstandete Entscheidung weicht in Bezug auf das mit der Rechtsbeschwerde gerügte Problem der Verjährungsunterbrechung von den Entscheidungen der Oberlandesgerichte Dresden, Köln, Düsseldorf sowie Zweibrücken ab, so dass diese Sache gemäß § 79 Abs. 3 OWiG iVm § 121 Abs. 2, Abs. 1 Nr. 1 a GVG vorzulegen ist: bei einer Einzelrichterentscheidung gemäß § 80 a Abs. 3 OWiG dem Bußgeldsenat in der Besetzung mit drei Richtern, sonst dem BGH.

Die entsprechende oberlandesgerichtliche Rechtsprechung (OLG Dresden DAR 2004, 534; OLG Köln NZV 2001, 314; OLG Düsseldorf NZV 1996, 466; OLG Zweibrücken NZV 2001, 483 sowie OLG Dresden, Beschl. v. 11.5.2004 – Ss (OWiG) 172/04) ist in der Rechtsbeschwerdebegründung ausgeführt worden. Auch in der Gegenerklärung vom ... ist ausdrücklich hierauf verwiesen worden. Es handelt sich bei den zitierten OLG-Entscheidungen ebenfalls um höchstinstanzliche Rechtsbeschwerdeentscheidungen. Divergierend ist die Rechtsfrage der Verjährungsunterbrechung durch Anhörungsbögen und die hierfür erforderlichen gesetzlichen Voraussetzungen. Da sich sowohl die Rechtsbeschwerdebegründung als auch der Antrag der Generalstaatsanwaltschaft ausschließlich mit diesem Problem auseinandersetzen, wird davon ausgegangen, dass dessen Lösung für das Rechtsbeschwerdeverfahren entscheidungserheblich war. Die Rechtsbeschwerde ist zumindest nicht als unzulässig verworfen worden.

Die Vorschrift des § 121 Abs. 2 GVG beinhaltet den Rechtsgedanken, die Einheitlichkeit der Rechtsprechung der Revisionsgerichte zu sichern (vgl BGHSt 46, 17 = NJW 2000, 1880). Voneinander abweichende Entscheidungen der OLG untereinander sollen nach Möglichkeit vermieden werden, um die Rechtsanwendung vorausehbar zu machen und damit die Rechtssicherheit zu erhöhen.

Sofern der Einzelrichter von der übrigen OLG-Rechtsprechung abweichen will, hat er die Sache dem Senat vorzulegen (vgl BGHSt. 44, 144). Eine gegenteilige Entscheidung im Beschlusswege ist unstatthaft, da sie die Rechte des Betroffenen, insbesondere den Grundsatz des gesetzlichen Richters (Art. 101 Abs. 1 S. 2 GG) verletzt.

Rechtsanwalt ◀

II. Vollstreckungsfragen

210 Die Vollstreckung der gerichtlichen Bußgeldentscheidung ist in den §§ 91 ff OWiG geregelt. Verwiesen wird teilweise auf die StPO. Werden Einwendungen gegen die Vollstreckung erhoben, ist jedoch § 103 OWiG maßgeblich und nicht etwa § 458 StPO. Beide Vorschriften öffnen in diesen Fällen den Weg zur gerichtlichen Entscheidung.

211 **Beispiel:**
M. ist erstmalig zu einem Fahrverbot verurteilt worden. Seine Rechtsbeschwerde ist mit Beschluss des OLG vom 30. September als unbegründet zurückgewiesen worden. Der Verteidiger erhält den Beschluss mit einfacher Post am 21. Oktober und leitet ihn an M. am nächsten Tag weiter. M. erhält im November ein Schreiben der Staatsanwaltschaft, mit welchem er aufgefordert wird, spätestens am 1. Februar den Führerschein in amtliche Verwahrung zu geben. Er fragt an, ab wann er das Fahrverbot tatsächlich berücksichtigen müsse. Schließlich habe er erst aufgrund des Verteidigerschreibens vom 22. Oktober vom Beschluss des OLG erfahren. Er sei ab 1. März des Folgejahres beruflich für drei Monate in New York und könne

dort ohnehin nicht selbst Autofahren. Ob er den Führerschein auch am 28. Februar abgeben könne.

Hier stellt sich die Frage: Wann beginnt die **Viermonatsfrist des § 25 Abs. 2 a StVG**? Das Bußgeldverfahren ist mit der Entscheidung des OLG rechtskräftig abgeschlossen. Ihre Rechtskraft gilt gem. § 34 a StPO mit Ablauf des Tages der Beschlussfassung als eingetreten. Wäre dieser Tag auch der Beginn der Viermonatsfrist, müsste M. ab dem 1. Februar auf seinen Führerschein verzichten. Die Praxis der Oberlandesgerichte ist uneinheitlich: Einige Gerichte teilen ihre Beschlüsse nur formlos mit, andere stellen zu. Im dargestellten Fall gewinnt die Frage nach dem Fristbeginn für den Mandanten eine besondere Bedeutung. Ist der Tag des Beschlusses maßgeblich, fällt das Fahrverbot in den Monat vor der „günstigen Gelegenheit". Ist der Tag der Bekanntgabe an den Betroffenen maßgeblich, müsste der Mandant – dahingestellt sei die Frage, ab wann beweisbar der Beschluss bekannt war – ab 23. Februar auf den Führerschein verzichten. Kommt es auf eine formelle Zustellung an, hat die Viermonatsfrist noch nicht zu laufen begonnen.

§ 35 StPO regelt die Bekanntmachung von Entscheidungen und unter anderem auch, unter welchen Voraussetzungen eine Entscheidung formlos mitgeteilt werden kann. In § 35 Abs. 2 StPO heißt es, dass eine formlose Mitteilung genüge, wenn mit der Bekanntgabe der Entscheidung keine Frist in Lauf gesetzt werde. Fristen im Sinne dieser Regelung sind strafprozessuale Fristen,[140] also auch Fristen, die mit der Vollstreckung einer Entscheidung zusammenhängen, beispielsweise ihre Vollstreckbarkeit hinausschieben. Somit kann im Ausgangsfall die Viermonatsfrist mangels formeller Zustellung noch nicht begonnen haben.

Einwendungen gegen die Vollstreckbarkeit einer Entscheidung sind gegenüber der Vollstreckungsbehörde zu erheben.[141] Regelmäßig dürfte es sich daher um die Staatsanwaltschaft handeln, weil gerichtliche Entscheidungen von ihr vollstreckt werden. Ihr gegenüber kann man also folgende Formulierungen wählen:

▶ **Muster: Antrag auf gerichtliche Entscheidung wegen Einwendungen gegen die Zulässigkeit der Vollstreckung**

An die

Staatsanwaltschaft

bei dem Landgericht ...

In dem Bußgeldverfahren

gegen ...

Az ...

erhebe ich namens und in Vollmacht des Betroffenen

Einwendungen

gegen die Zulässigkeit der Vollstreckung gemäß § 103 OWiG mit folgender

---

140 *Meyer-Goßner*, in: Meyer-Goßner, § 35 StPO Rn 12.
141 *Seitz*, in: Göhler, § 103 OWiG Rn 9.

Begründung:

Dem Betroffenen ist mit Schreiben vom 8. Oktober, ihm zugegangen am 10. Oktober, mitgeteilt worden, dass der Führerschein für die Dauer des Fahrverbots bis spätestens 31. Januar der Staatsanwaltschaft zuzuleiten ist. Gleichzeitig wird ausgeführt, dass ihm ab dem 1. Februar untersagt sei, ein Kraftfahrzeug zu führen.

Grundlage für das Fahrverbot ist das Urteil des Amtsgerichts vom 1. April. Dieses ist rechtskräftig seit dem Beschluss des OLG vom 30. September. Der Beschluss ist weder dem Betroffenen noch seinem Verteidiger formell zugestellt worden. Hierzu gibt es lediglich eine formlose Mitteilung.

Bei Beschlüssen, die unmittelbar die Rechtskraft einer angefochtenen Entscheidung herbeiführen, gilt zwar die Rechtskraft als mit Ablauf des Tages der Beschlussfassung eingetreten (§ 34 a StPO); daneben regelt aber § 35 StPO, dass nur dann eine formlose Mitteilung über eine Entscheidung genügt, wenn durch die Bekanntmachung keine Frist in Lauf gesetzt wird. Vorliegend hängt aber an der Entscheidung des OLG die Viermonatsfrist aus § 25 Abs. 2 a StVG. Die Vorschrift ist in das Straßenverkehrsgesetz eingefügt worden, um Betroffenen, denen gegenüber zuvor noch kein Fahrverbot verhängt worden war, die Möglichkeit zu geben, innerhalb einer Frist von vier Monaten selbst disponieren zu können, wann das Eintreten des Fahrverbots günstig ist.

Der Verzicht auf eine formelle Zustellung im vorliegenden Fall schneidet dem Betroffenen die Möglichkeit des ihm zu gewährenden Viermonatszeitraums um mindestens drei Wochen ab. Formlos ist der Beschluss vom 30. September nämlich in der Kanzlei des Unterzeichneten erst am 21. Oktober eingegangen.

Aus den vorgenannten Gründen beantrage ich gem. § 103 OWiG zur Frage des Beginns der Viermonatsfrist nach § 21 Abs. 2 a StVG

eine gerichtliche Entscheidung.

Rechtsanwalt ◀

§ 12 Wiedereinsetzungsanträge im Ordnungswidrigkeitenverfahren

Literatur: *Göhler*, Gesetz über Ordnungswidrigkeiten, 16. Auflage 2012; *Senge*, Karlsruher Kommentar zum Gesetz über Ordnungswidrigkeiten, 4. Auflage 2014.

A. Wiedereinsetzungsanträge im Vorverfahren der Verwaltungsbehörde 4	II. Wiedereinsetzungsantrag wegen Abwesenheit des Betroffenen aufgrund einer Fehlinformation des Verteidigers 26
I. Fristversäumung aus Gründen, die nicht mit der Kanzleiorganisation des Verteidigers zusammenhängen 5	C. Wiedereinsetzungsantrag wegen Versäumens der Frist zur Erklärung eines Widerspruchs gegen das vom Gericht beabsichtigte Beschlussverfahren gem. § 72 Abs. 1 OWiG 30
II. Wiedereinsetzungsantrag bei Verschulden des Verteidigers oder seines Büropersonals 13	
B. Wiedereinsetzungsanträge nach Versäumung der Hauptverhandlung durch den Betroffenen 17	D. Wiedereinsetzungsantrag im Rechtsbeschwerdeverfahren im Zusammenhang mit einer Verfahrensrüge 36
I. Antrag auf Wiedereinsetzung wegen Abwesenheit in der Hauptverhandlung aufgrund einer Erkrankung 19	

Das Verfahren richtet sich über die Verweisungsnorm des § 52 OWiG überwiegend nach den Vorschriften der §§ 44, 45 StPO. Wiedereinsetzung in den vorigen Stand wird gewährt, wenn der Betroffene ohne Verschulden beispielsweise eine Rechtsmittelfrist versäumt (§ 44 S. 1 StPO). Grundsätzlich ist hierfür ein Antrag notwendig. Nur ausnahmsweise wird Wiedereinsetzung auch ohne Antrag gewährt (§ 45 Abs. 2 S. 3 StPO), wenn das fehlende Verschulden des Betroffenen an der Versäumung der Frist offensichtlich ist und eine Glaubhaftmachung der für die Fristversäumung wesentlichen Tatsachen wegen Offenkundigkeit oder Aktenkenntnis entbehrlich ist.[1] 1

Der Antrag ist binnen einer Woche zu stellen. Die Frist beginnt mit Wegfall des für die Fristversäumung ursächlichen Hindernisses (§ 45 Abs. 1 S. 1 StPO). Innerhalb dieser Frist ist auch die versäumte Handlung (zB Einlegung des Rechtsbehelfs) nachzuholen (§ 45 Abs. 2 S. 2 StPO), es sei denn, dies ist bereits – verspätet – geschehen und der Antrag nimmt darauf Bezug.[2] 2

Die Tatsachen, die zur Fristversäumung geführt haben inklusive des Zeitpunktes des Wegfalls des Hindernisses, sind im Antrag darzulegen.[3] Sie sind glaubhaft zu machen (§ 45 Abs. 2 S. 1 StPO). Allerdings kann die **Glaubhaftmachung** noch im Verfahren über den Antrag und sogar noch im Beschwerdeverfahren nachgeholt werden.[4] Ihre Ergänzung ist jederzeit zulässig. Eine Tatsache ist glaubhaft gemacht, wenn die Verwaltungsbehörde oder das Gericht sie für wahrscheinlich hält.[5] Als Mittel der Glaubhaftmachung kommen zunächst nur schriftliche Unterlagen in Betracht. Auf Zeugen kann nur verwiesen werden, wenn schriftliche Erklärungen der Zeugen nicht beigebracht werden können. Ansonsten können Zeugen die Richtigkeit ihrer Angaben im Gegensatz zu den eigenen Erklärungen des Betroffenen an Eides statt versichern.[6] Eine eventuelle eigene eidesstattliche Versicherung des Betroffenen wird wie eine ein- 3

---

1 *Seitz*, in: Göhler, § 52 OWiG Rn 24.
2 *Seitz*, in: Göhler, § 52 OWiG Rn 22.
3 BGH NStZ 2006, 54; zum Umfang siehe auch *Schmitt*, in: Meyer-Goßner, § 45 StPO Rn 5.
4 *Schmitt*, in: Meyer-Goßner, § 45 StPO Rn 6 f.
5 BGHSt 21, 334, 352.
6 *Schmitt*, in: Meyer-Goßner, § 26 StPO Rn 10.

fache Erklärung behandelt. Sie genügt zur Glaubhaftmachung gewöhnlich nicht.[7] Vom Verteidiger wird zu von ihm wiedergegebenen und in seinem Kenntnisstand liegenden Tatsachen keine eidesstattliche Versicherung verlangt, weil er ohnehin zur Wahrheit verpflichtet ist. Er versichert üblicherweise anwaltlich, was man allerdings als Förmelei bezeichnen kann. Seine Erklärungen bekommen durch den Zusatz „anwaltliche Versicherung" keinen höheren Beweiswert.

A. Wiedereinsetzungsanträge im Vorverfahren der Verwaltungsbehörde

4   Die entscheidende Frist im Vorverfahren ist die zweiwöchige Einspruchsfrist gegen den Bußgeldbescheid (§ 67 OWiG). Sie ist gewahrt, wenn der Einspruch rechtzeitig bei der zuständigen Verwaltungsbehörde erhoben worden ist. Dies kann schriftlich geschehen oder auch fernmündlich zur Niederschrift bei der Verwaltungsbehörde. Für die Schriftform genügt ein Schriftstück – auch wenn es erst in der Behörde erstellt wird –, welchem der Inhalt einer Einspruchserklärung und dessen Absender hinreichend zuverlässig zu entnehmen ist. Eine Unterschrift ist nicht erforderlich, so dass der Einspruch auf völlig unterschiedlichen Wegen zur Verwaltungsbehörde gelangen kann und dennoch Wirkung entfaltet. Geklärt sind telegrafische Einlegung, Einlegung per Fernschreiben, Telekopie, Telefax oder Computerfax. Sogar per E-Mail soll die Einspruchseinlegung zulässig sein, sofern die Behörde im Bußgeldbescheid eine E-Mail-Adresse angibt. Von einer gesicherten Rechtslage ist für diesen Fall allerdings noch nicht auszugehen.[8] Wird die Frist dennoch versäumt, wird Wiedereinsetzung in den vorigen Stand gewährt, wenn den Betroffenen daran kein Verschulden trifft (siehe Rn 1).

I. Fristversäumung aus Gründen, die nicht mit der Kanzleiorganisation des Verteidigers zusammenhängen

5   Beispiel:
M. kommt am 20. September in die Kanzlei und legt einen Bußgeldbescheid vom 30. August vor, der ausweislich des Umschlags am 1. September zugestellt worden ist. Die Einspruchsfrist ist demnach am 15. September abgelaufen. Auf Befragen, warum M. erst jetzt zum Anwalt kommt, antwortet dieser, er habe von der Zustellung erst am 17. September erfahren. Am Zustelltag habe seine Ehefrau auf dem Weg zum Einkaufen den Briefträger vor dem Haus getroffen und sich die Post persönlich aushändigen lassen. Dabei sei auch der Brief der Bußgeldstelle gewesen. Die Ehefrau sei aber nicht zurück zum Haus gegangen, sondern habe die Post bei sich behalten und im Auto in ein Seitenfach getan. Nach dem Einkaufen habe sie nicht mehr an die Briefe gedacht und deshalb die Post völlig vergessen. Erst am letzten Sonntag, als der Wagen von ihr gesäubert worden sei, seien ihr die Briefe wieder in die Hände gefallen. Er habe den Brief der Bußgeldstelle deshalb erst dann, also noch am Sonntag, erhalten. M. wünscht Einspruchseinlegung.

6   Weil bei dieser Fallgestaltung von vornherein feststeht, dass die Einspruchsfrist versäumt ist, muss ein Wiedereinsetzungsantrag gestellt und zusammen mit diesem Antrag Einspruch gegen den Bußgeldbescheid eingelegt werden. Für den Wiedereinsetzungsantrag läuft die Wochenfrist, die mit Kenntnisnahme des Mandanten vom ihm zugestellten Bußgeldbescheid begonnen hat. Die Fristberechnung erfolgt gemäß § 43 StPO. Fristbeginn war ein Sonntag. Die

---

7 *Seitz*, in: Göhler, § 52 OWiG Rn 20 mwN.
8 *Ellbogen*, in: Karlsruher Kommentar zum OWiG, § 67 Rn 65.

Frist endet wegen § 43 Abs. 2 StPO am nächsten Werktag. Der Antrag hat dann folgenden Inhalt:

▶ **Muster: Wiedereinsetzungsantrag an Verwaltungsbehörde wegen der Versäumung der Einspruchsfrist gegen den Bußgeldbescheid**

An ... [Bußgeldstelle]

Betr.: Bußgeldverfahren gegen M.; Az ...

Sehr geehrte Damen und Herren,

in der vorbezeichneten Angelegenheit zeige ich an, dass mich M. beauftragt hat. Auf die in Kopie beigefügte, von meinem Mandanten unterzeichnete Vollmacht nehme ich Bezug.

Der Bußgeldbescheid vom 30. August ist am 1. September zugestellt worden. Das Zustelldatum konnte ich dem Zustellungsumschlag entnehmen, auf welchem der Zusteller dieses Datum notiert hatte. Die Einspruchsfrist endete daher am 15. September. Zu diesem Zeitpunkt hatte mein Mandant vom Zugang des Bußgeldbescheids aber noch keine Kenntnis. Den Brief hat er erst am 17. September erhalten, so dass er vor Ablauf der Frist Einspruch gegen den Bußgeldbescheid nicht einlegen konnte. Folgendes hatte sich zuvor zugetragen:

Die Ehefrau meines Mandanten hatte die Post am 1. September vom Zusteller persönlich entgegengenommen. Sie war zu diesem Zeitpunkt auf dem Weg zum Einkaufen und hatte das Haus bereits verlassen. Weil sie nicht noch einmal zurückgehen wollte, hat sie die Post mit in ihr Auto genommen und dort in eine Seitentasche getan. Nach Rückkehr vom Einkauf war ihr dies in Vergessenheit geraten, so dass die entgegengenommenen Briefe im Auto blieben, ohne dass mein Mandant davon Kenntnis nehmen konnte. Erst am 17. September, als die Ehefrau das Auto säuberte, fiel ihr die Post wieder in die Hände. Den Brief mit dem Bußgeldbescheid übergab sie dann noch am selben Tag meinem Mandanten.

Zur Glaubhaftmachung werde ich innerhalb der nächsten Woche eine gesonderte eidesstattliche Versicherung der Zeugin beibringen. Auf der Zustellungsurkunde in Ihrer Akte wird aber auch vermerkt sein, dass der Zusteller den Brief an die Ehefrau persönlich übergeben hat. Darauf nehme ich Bezug.

Ich beantrage,

dem Betroffenen wegen Versäumens der Einspruchsfrist gegen den Bußgeldbescheid vom 30.8. Wiedereinsetzung in den vorigen Stand zu gewähren.

Gleichzeitig lege ich namens und in Vollmacht des Betroffenen gegen den Bußgeldbescheid

Einspruch

ein. Bitte überlassen Sie mir die Verfahrensakte zur Einsicht in meiner Kanzlei.

Mit freundlichen Grüßen

Rechtsanwalt ◀

Der Mandant muss zur Ergänzung des Antrags die vorgetragenen Tatsachen glaubhaft machen. Hierfür kommt nur eine eidesstattliche Versicherung der Ehefrau in Betracht, allenfalls noch eine entsprechende Erklärung des Zustellers, wenn dieser ausfindig zu machen ist und sich überhaupt noch an den Vorfall erinnern kann. Vermutlich wird aber die Versicherung der Ehefrau ausreichen. Fände sie sich nicht bereit, eine solche schriftliche Erklärung zu unterzeichnen, bliebe dem Betroffenen nur, sie als Zeugin zu benennen, und er müsste darlegen, was er unternommen hat, um die eidesstattliche Versicherung zu beschaffen, und wie die Reaktion seiner Ehefrau ausgefallen ist. Auch wenn durchaus zweifelhaft ist, ob das Gericht diese Erklärung als ausreichende Glaubhaftmachung akzeptiert, ist die Benennung von nicht schriftlich zur Aussage bereiten Personen als Zeugen an sich ein zulässiger Weg.[9] Die eidesstattliche Versicherung der Ehefrau kann dann folgenden Inhalt haben:

9 ▶ **Muster: Eidesstattliche Versicherung eines Zeugen**

Eidesstattliche Versicherung

In Kenntnis der Strafbarkeit einer auch nur fahrlässig falsch abgegebenen eidesstattlichen Versicherung versichere ich, ... [Name, Vorname, Geburtsname, Geburtsdatum, Anschrift], Nachstehendes an Eides statt:

Ich war am 1. September auf dem Weg zum Einkaufen und hatte das Haus bereits verlassen. Vor dem Haus und noch auf unserem Grundstück traf ich einen Postzusteller, der die für uns bestimmte Post bereits in den Händen hielt. Er übergab mir mehrere Briefe, darunter auch einen gelben Umschlag, der an meinen Ehemann adressiert war. Die gesamte Post (drei oder vier Briefe, darunter auch Werbesendungen) habe ich nicht zurück ins Haus gebracht, sondern sie mit in meinen Pkw genommen. Im Auto habe ich sie in die Seitentasche der Fahrertür getan und dort nach dem Einkauf vergessen. Auch bei der Benutzung des Wagens in den folgenden zwei Wochen sind mir die Briefe nicht mehr zu Gesicht gekommen. Erst als ich den Wagen am Sonntag, den 17. September, von innen säubern wollte, fiel mir die Post wieder in die Hände. Den Umschlag für meinen Mann habe ich ihm dann sofort übergeben.

[Datum, Unterschrift] ◀

10 **Alternative zu Beispiel Rn 5:**
M. kommt am 9. September in die Kanzlei und legt einen Bußgeldbescheid vom 1. August vor, der ausweislich des Umschlags am 3. August zugestellt worden ist. Die Einspruchsfrist ist demnach am 17. August abgelaufen. Der Mandant gibt an, selbst per einfachem, am 14. August abgeschicktem Brief Einspruch eingelegt zu haben. Die Bußgeldstelle habe ihm nun am 1. September geschrieben, dass sein Einspruch unzulässig sei, weil er erst am 18. August in der Bußgeldstelle eingegangen sei.

11 Auch hier ist zu prüfen, mit welchen Argumenten Wiedereinsetzung in den vorigen Stand beantragt werden kann. Kann dem Mandanten Verschulden oder auch nur Mitverschulden an der Versäumung der Frist angelastet werden, wird der Wiedereinsetzungsantrag erfolglos bleiben. Dass das Einspruchsschreiben nur mit einfachem Brief verschickt worden ist, kann für sich kein Verschulden begründen. Besondere Formvorschriften für die Einlegung des Einspruchs gelten nämlich nicht. Die Fragestellung wird sich daher darauf zu konzentrieren haben, ob die **Absendung** des Briefs **rechtzeitig** gewesen ist. Die Rechtsprechung ist sich hier darüber einig, dass der Antragsteller in seine Überlegungen keine längeren Postlaufzeiten als zwei Tage einplanen muss.[10] Allerdings beziehen sich die zitierten Entscheidungen allesamt auf Beförderungen durch die Deutsche Post AG. Ob diese Rechtsprechung angesichts der zunehmenden Zahl privater Dienstleister Bestand haben wird, bleibt abzuwarten. Der Absender muss nicht berücksichtigen, ob der Postbetrieb gerade besonders stark beansprucht ist (zB in

---

9 BGHSt 21, 334, 347.
10 BVerfG NJW 1975, 1405; BGH GA 1994, 75; *Ellbogen*, in: Karlsruher Kommentar zum OWiG, § 67 Rn 83.

der Vorweihnachtszeit),[11] darf aber auf normale Beförderung zu Zeiten eines Poststreiks nicht vertrauen. Die Absendung des Briefs am 14.8. war nach der bisherigen Rechtsprechung rechtzeitig. Ein Wiedereinsetzungsantrag sollte daher gestellt werden. Zu beachten ist die Frist von einer Woche ab Wegfall des Hindernisses, hier ab Kenntnis von der Verspätung der Postsendung. Wenn sich der Mandant an den Zugang des Hinweisschreibens der Bußgeldstelle nicht mehr erinnern kann, muss vorsichtshalber davon ausgegangen werden, dass die Absendung am Tag des Briefdatums erfolgt ist und die Ankunft am Tag danach, also am 2.9. Der Antrag ist daher noch am Tag der Besprechung mit dem Mandanten zu stellen. Er kann folgendermaßen formuliert werden:

▶ **Muster: Wiedereinsetzungsantrag bei verspätetem Einspruchseingang wegen ungewöhnlich langer Postlaufzeit**

An ... [Bußgeldstelle]

Betr.: Bußgeldverfahren gegen M.; Az ...

Sehr geehrte Damen und Herren,

in der vorbezeichneten Angelegenheit zeige ich an, dass mich M. beauftragt hat. Auf die in Kopie beigefügte, von meinem Mandanten unterzeichnete Vollmacht nehme ich Bezug. Ihr Schreiben vom 1. September liegt mir vor. Dieses ist meinem Mandanten nicht vor dem 2. September zugegangen.

Ich beantrage,

dem Betroffenen wegen Versäumens der Einspruchsfrist gegen den Bußgeldbescheid vom 1. August Wiedereinsetzung in den vorigen Stand zu gewähren.

M. hat die Frist unverschuldet versäumt. Er hat das Schreiben mit dem Einspruch rechtzeitig bei der Post aufgegeben. Hierzu hat er den ausreichend frankierten Briefumschlag mit dem Einspruch am 14. August in den in der H-straße (Hausnummer 22) in H. angebrachten Briefkasten der Deutschen Post AG eingeworfen. Dies war gegen 16.00 Uhr. Wie M. sich jetzt noch einmal vergewissert hat, ist auf dem Briefkasten vermerkt, dass die Leerung täglich um 18.00 Uhr vorgenommen wird. M. war daher sicher davon ausgegangen, dass der Brief noch am nächsten Tag bei Ihnen eintreffen würde.

Ich nehme an, dass Sie diese Angaben durch Überprüfung des Briefumschlags bestätigt finden werden. Darauf muss das Datum des Poststempels auf den 14. August lauten.

Mit Postlaufzeiten von mehr als zwei Tagen muss ein Betroffener bei der Versendung seines Einspruchs nicht rechnen (BVerfG NJW 1975, 1405). Eine verspätete Absendung seines Briefs kann M. daher nicht vorgeworfen werden. Zur Glaubhaftmachung der geschilderten Tatsachen genügt der Hinweis auf den Poststempel des Briefumschlags. Sollte sich der Umschlag nicht mehr in der Akte befinden, ist auf anderweitige Glaubhaftmachung zu verzichten, weil der Antragsteller, also mein Mandant, den Beweisverlust nicht verschuldet hat (vgl BVerfG NJW 1997, 1770; OLG Celle Nds.Rpfl 1986, 280; OLG Schleswig NJW 1994, 2841) und ihm eine andere Art der Glaubhaftmachung nicht möglich ist. Bei der Absendung des Briefs, also beim Einwurf in den Briefkasten, waren Zeugen nicht zugegen.

Gleichzeitig mit diesem Wiedereinsetzungsantrag lege ich namens und in Vollmacht des Betroffenen gegen den Bußgeldbescheid

---

11 BVerfG NJW 1992, 1952; *Schmitt*, in: Meyer-Goßner, § 44 Rn 16.

Einspruch

ein. Bitte überlassen Sie mir die Verfahrensakte zur Einsicht in meiner Kanzlei.
Mit freundlichen Grüßen
Rechtsanwalt ◀

II. Wiedereinsetzungsantrag bei Verschulden des Verteidigers oder seines Büropersonals

13 Nicht selten kommt es vor, dass ein Einspruch nur deshalb zu spät eingelegt wird, weil im Büro des Verteidigers Fehler passiert sind. Verschulden des Personals kann dem Betroffenen nicht als eigenes Verschulden angerechnet werden. Im Gegensatz zum Zivilrecht ist sogar eine Fristversäumung, die der Verteidiger selbst zu verantworten hat, zunächst unschädlich. Sie ist dem Betroffenen in der Regel nicht zuzurechnen.[12] Ein Verschulden des Betroffenen kann aber bestehen, wenn er einen Auftrag zur Einspruchseinlegung so spät erteilt, dass er nicht mehr davon ausgehen durfte, dass der Anwalt überhaupt noch reagieren kann (Auftrag per Fax am Tag des Fristablaufs nach Schluss üblicher Bürozeiten). Fraglich erscheint auch, ob ein innerhalb der Einspruchsfrist später Auftrag per E-Mail als Argument ausreichend sein kann, eigenes Betroffenenverschulden auszuschließen. Hier dürfte es wohl darauf ankommen, ob schon vorher zwischen Anwalt und Mandant diese Art der Kommunikation üblich und fehlerfrei war, ob der Betroffene eine Lesebestätigung erhalten hat, ob er direkt das Postfach des Anwalts (Eingänge gerieten eher nicht in die Postroutine des Büros) adressiert hat oder ein allgemeines E-Mail-Eingangspostfach der Kanzlei. Problematisch sind auch die Fälle, in denen der Betroffene Anlass gehabt hat, selbst zu überwachen, ob sein Verteidiger den Auftrag auch tatsächlich ausführt.[13]

14 **Beispiel:**
M. legt in der Kanzlei am 4. September einen am 1. September zugestellten Bußgeldbescheid der Zentralen Bußgeldstelle in K. vor und erteilt den Auftrag, hiergegen Einspruch einzulegen. Das Einspruchs- und Bestellungsschreiben soll von der Sekretärin, die auch gleichzeitig die Akte in der Anwaltssoftware angelegt hat, vorbereitet und zur Unterschrift vorgelegt werden. Die Bußgeldstelle in K. verwendet einen Briefbogen, in welchem der Kopf den Text aufweist „RegPräs. KA." Die Sekretärin übernimmt daraufhin in die Software als beteiligte Bußgeldstelle das Regierungspräsidium Ka., dessen Daten in der Kanzleisoftware hinterlegt sind. Das Einspruchsschreiben wird entsprechend automatisch adressiert, ausgedruckt und zur Unterschrift vorgelegt. Der Verteidiger achtet beim Unterschreiben nicht mehr auf die Adresse, und das Telefax wird am letzten Tag der Einspruchsfrist (15. September) genau so nach Ka. versendet. Einige Tage später kommt ein Anruf aus Ka., dass der Vorgang dort nicht zugeordnet werden könne.

15 Es liegt eine Kombination aus Verteidiger- und Büropersonalverschulden vor. Nach den obigen (Rn 13) Ausführungen zur Zurechenbarkeit beim Betroffenen ist davon auszugehen, dass die Versäumung der Frist für den Betroffenen unverschuldet war. Der Auftrag war rechtzeitig erteilt worden. Für den Betroffenen gab es keinen Anlass, daran zu zweifeln, dass der Einspruch vom Verteidiger fristgemäß eingelegt werden würde. Ab Mitteilung der Bußgeldstelle Ka. hat der Verteidiger Kenntnis von der Fehlzustellung. Er kann ab dann den notwendigen

---

12 BVerfG NJW 1991, 351; 1994, 1856; BGH NJW 1994, 3112.
13 BGHSt 25, 89,93; BGH NStZ 1997, 56: „dem Betroffenen bekannte Verteidigerunzuverlässigkeit".

Wiedereinsetzungsantrag stellen und ihn auch selbst begründen, weil der Fehler ausschließlich mit der Organisation in seiner Kanzlei zusammenhängt. Unterlässt er die Antragstellung, dürfte dies für den Betroffenen ebenfalls noch nicht schädlich sein, denn die Wiedereinsetzungsfrist beginnt erst ab Kenntnis des Betroffenen zu laufen. Hier nun ein Beispiel für einen Wiedereinsetzungsantrag in der vorgegebenen Fallkonstellation:

▶ **Muster: Wiedereinsetzungsantrag wegen Fristversäumnis aufgrund Verteidigerverschuldens**

An ... [Bußgeldstelle]

Sehr geehrte Damen und Herrn,

in der vorbezeichneten Sache zeige ich an, dass mich der betroffene Mandant beauftragt hat. Eine von meinem Mandanten ausgestellte Vollmacht füge ich in Kopie bei.

Gegen den Bußgeldbescheid vom 1. September lege ich namens und in Vollmacht des Betroffenen

Einspruch

ein. Bitte überlassen Sie mir die Verfahrensakte zur Einsicht in unserer Kanzlei.

Außerdem beantrage ich,

dem Betroffenen Wiedereinsetzung in den vorigen Stand zu gewähren.

Begründung:

Der Betroffene hat mich am 5. September in meiner Kanzlei aufgesucht, mir Kopien des Bußgeldbescheids vom 1. September sowie des Zustellumschlags übergeben und mich beauftragt, Einspruch gegen den Bußgeldbescheid per Telefax einzulegen.

Glaubhaftmachung: Vollmacht vom 5. September in Kopie

Ich habe dann mit einer handschriftlichen Verfügung meine Sekretärin noch am 5. September mit der Aktenanlage beauftragt und angewiesen, innerhalb der am 15. September ablaufenden Frist das Einspruchsschreiben vorzubereiten. Außerdem sollte ein Schreiben an die Rechtsschutzversicherung entworfen werden.

Glaubhaftmachung: Verfügung vom 5. September in Kopie

Am 7. September hat meine Sekretärin bei der Aktenanlage die Abkürzung auf dem Absender des Bußgeldbescheids „Reg.Präs. KA" als Regierungspräsidium Ka. interpretiert. Diese Behörde ist dann als beteiligte Bußgeldstelle in die Kanzleisoftware eingegeben worden. Tatsächlich hätte das Regierungspräsidium KA. mit der Zentralen Bußgeldstelle B. hier eingegeben werden müssen.

Glaubhaftmachung: ausgedruckter Handaktenbogen vom 7. September in Kopie

Am 15. September ist dann das Einspruchsschreiben von meiner Sekretärin verfasst und mir zur Unterschrift vorgelegt worden. Bei der Unterschrift habe ich übersehen, dass eine falsche Bußgeldstelle ausgewählt war. Nach meiner Unterschrift ist das fehlerhaft adressierte Schreiben an die Bußgeldstelle Ka. gefaxt worden.

Glaubhaftmachung: 1. Sendebericht in Kopie
2. eidesstattliche Versicherung der Sekretärin im Original

Am 22. September um 11.15 Uhr wurde schließlich telefonisch von der Bußgeldstelle Ka. mitgeteilt, dass zu dem dort eingegangenen Einspruch ein Bußgeldverfahren nicht anhängig sei und das Einspruchsschreiben vernichtet werde. Erst damit ist bemerkt worden, dass der Einspruch an die falsche Bußgeldstelle adressiert und abgeschickt worden war.

Die vorstehenden Tatsachenausführungen, sofern sie nicht mit schriftlichen Unterlagen nachgewiesen sind, versichere ich hiermit zur **Glaubhaftmachung**.

Den Betroffenen trifft kein Verschulden an der Fristversäumung. Er hat sich rechtzeitig um eine Anwaltsbeauftragung bemüht und mit der Unterzeichnung der Vollmacht und Übergabe der Unterlagen alles getan, damit rechtzeitig gegen den Bußgeldbescheid Einspruch eingelegt wird. Dass die Frist versäumt worden ist, ist ausschließlich auf die falsche Aktenanlage und das ungeprüfte Unterschreiben des Einspruchsschreibens zurückzuführen. Das Verschulden in unserer Kanzlei ist dem Betroffenen aber nicht zuzurechnen, weshalb Wiedereinsetzung in den vorigen Stand zu gewähren ist.

Dieses Schreiben verschicke ich vorab per Fax, damit die eidesstattliche Versicherung im Original der Akte beigefügt werden kann.

Mit freundlichen Grüßen

Rechtsanwalt ◀

B. Wiedereinsetzungsanträge nach Versäumung der Hauptverhandlung durch den Betroffenen

17 Es gelten keine Besonderheiten gegenüber den Fällen, in denen die Einspruchsfrist versäumt worden ist. Dies ergibt sich aus § 74 Abs. 4 OWiG wegen der darin enthaltenen Verweisung. Notwendig wird ein Wiedereinsetzungsantrag, wenn das Gericht aufgrund unentschuldigter Abwesenheit des Betroffenen in der Hauptverhandlung den Einspruch durch Urteil gem. § 74 Abs. 2 OWiG verwirft. Der Antrag ist binnen einer Woche ab Zustellung des Urteils an das Gericht zu richten und natürlich nicht mehr an die Verwaltungsbehörde.[14] Auch bei Versäumung dieser Frist kann unter den bereits geschilderten Voraussetzungen Wiedereinsetzung in den vorigen Stand beantragt werden. Die Wiedereinsetzung kommt beispielsweise in Betracht, wenn die Zustellung des Urteils an den Verteidiger entgegen § 145 a Abs. 3 StPO ohne gleichzeitige Benachrichtigung des Betroffenen erfolgt ist[15] oder eine Belehrung mit Hinweis auf die Möglichkeit der Wiedereinsetzung unterblieben ist.[16]

18 Die Versäumung des Termins kann verschiedene Gründe haben. Relativ oft wird es vorkommen, dass beim Betroffenen eine Erkrankung mit damit einhergehender Reise- oder Verhandlungsunfähigkeit vorlag, deren Vorhandensein dem Gericht bei Durchführung der Hauptverhandlung nicht bekannt war oder die in Zusammenhang mit einem entsprechenden Terminverlegungsantrag dem Gericht nicht glaubhaft gemacht war (siehe § 11 Rn 33 ff). Genauso kann das Fernbleiben des Betroffenen darauf beruhen, dass er den Termin nicht kannte, weil er beispielsweise unverschuldet die Ladung nicht erhalten hatte. Denkbar sind auch Fälle, in denen der Betroffene irrtümlich annehmen durfte, der Termin finde nicht statt oder seine Anwesenheit sei nicht erforderlich (Fehlinformation durch den Verteidiger oder dessen Büro).

I. Antrag auf Wiedereinsetzung wegen Abwesenheit in der Hauptverhandlung aufgrund einer Erkrankung

19 Beispiel:
Die Hauptverhandlung soll am 15. September stattfinden. Am 14. September ruft der Betroffene in der Kanzlei seines Verteidigers an, spricht mit der Sekretärin und lässt dem Verteidiger

---

14 *Seitz*, in: Göhler, § 74 OWiG Rn 46, 47.
15 *Schmitt*, in: Meyer-Goßner, § 145 a StPO Rn 14.
16 *Seitz*, in: Göhler, § 74 OWiG Rn 46, 47.

B. Wiedereinsetzungsanträge nach Versäumung der Hauptverhandlung

ausrichten, dass er am Termin wegen einer Erkrankung nicht teilnehmen könne. Er habe eine Grippe und liege mit 40° Fieber im Bett. Der Verteidiger erfährt davon am Nachmittag des 14. September. Er verfasst sofort einen Terminverlegungsantrag mit Verweis auf den Inhalt des Telefonats und kündigt an, dass er ebenfalls nicht zum Termin kommen werde. Der Antrag wird per Telefax am selben Tag abgeschickt. Den Betroffenen unterrichtet der Verteidiger, dass dieser sich um eine ärztliche Bescheinigung bemühen müsse, der man die Verhandlungsunfähigkeit am Terminstag entnehmen können müsse. Durch die Sekretärin lässt er der Geschäftsstelle des Gerichts am 15. September noch vor dem Termin ausrichten, dass am Tag zuvor der Verlegungsantrag per Telefax gestellt worden sei. Zum Hauptverhandlungstermin erscheint dann weder der Betroffene noch dessen Verteidiger. Drei Wochen später wird dem Verteidiger das Urteil vom 15. September zugestellt, mit welchem der Einspruch gem. § 74 Abs. 2 OWiG verworfen worden ist. Das Urteil enthält zur Begründung keine besonderen Ausführungen bis auf die, dass der Betroffene im Termin unentschuldigt nicht erschienen war und dass er von der Pflicht zum Erscheinen auch nicht entbunden war. Noch vor der Zustellung des Urteils hatte der Betroffene in der Kanzlei das benötigte Attest vorgelegt, eine Arbeitsunfähigkeitsbescheinigung, auf welcher als Diagnose vermerkt war „J06.9". Ferner war angegeben, dass die Arbeitsunfähigkeit am 16. September festgestellt worden war und seit 14. September bestanden hatte.

Es ist bei dieser Fallgestaltung bis zum 22. September beim Gericht ein Wiedereinsetzungsantrag zu stellen. Eidesstattliche Versicherungen zur Glaubhaftmachung der Tatsachen kommen voraussichtlich nicht in Betracht. Eine eidesstattliche Versicherung des Betroffenen selbst ist unbeachtlich,[17] die des Arztes unnötig, weil an ihrer Stelle das Attest ausreichend sein dürfte. Allenfalls ist daran zu denken, den Zustand des Betroffenen im Wege einer eidesstattlichen Versicherung von einer Pflegeperson schildern zu lassen, wenn eine solche vorhanden war (beispielsweise die Ehefrau). Falls wider Erwarten die anderen Beweismittel zur Glaubhaftmachung nicht ausreichen sollten, kann deren Versicherung auch noch im Beschwerdeverfahren nachgeholt werden.[18]

Problematisch kann werden, dass der Arzt nicht ausdrücklich Verhandlungsunfähigkeit bescheinigt hat, sondern einen Diagnosecode verwendet hat („J06.9", siehe § 11 Rn 31). Wenn die Zeit reicht, kann man den Arzt zur Nachbesserung auffordern, wird aber in der Regel nicht annehmen dürfen, dass die Antwort des Arztes rechtzeitig vor Fristablauf vorliegt. Unabhängig davon muss der Wiedereinsetzungsantrag aber fristgemäß gestellt werden. Er kann folgenden Inhalt aufweisen:

▶ **Muster: Wiedereinsetzungsantrag wegen Versäumens des Hauptverhandlungstermins aus Krankheitsgründen**

An das Amtsgericht ...

In der Bußgeldsache

gegen ...

Az ...

beantrage ich,

---
17 *Seitz*, in: Göhler, § 52 OWiG Rn 20.
18 *Schmitt*, in: Meyer-Goßner, § 45 StPO Rn 7.

dem Betroffenen wegen Versäumung des Hauptverhandlungstermins am 15. September Wiedereinsetzung in den vorigen Stand zu gewähren.

Den Antrag begründe ich wie folgt:

Der Betroffene hat unverschuldet den Termin am 15. September nicht wahrnehmen können. Er war reiseunfähig erkrankt. Dementsprechend hat er durch mich am 14. September Terminverlegung beantragen lassen. Ein ärztliches Attest konnte damit noch nicht vorgelegt werden, weil sich der Betroffene zu diesem Zeitpunkt noch nicht in der Lage gesehen hatte, einen Arzt aufzusuchen. Inzwischen war er beim Arzt und hat mir nach seiner Genesung eine ärztliche Bescheinigung über seine Erkrankung zum Zeitpunkt der Verhandlung übergeben.

Diese Arbeitsunfähigkeitsbescheinigung enthält die Diagnose des Hausarztes Dr. B. nach dem von Ärzten zu verwendenden Codiersystem ICD-10, nämlich den Code „J06.9". Hinter diesem Code verbirgt sich die Krankheit „Akute Infektion der oberen Atemwege, nicht näher bezeichnet, Grippaler Infekt". Einen entsprechenden Internetausdruck füge ich bei.

Der Code ist auf der Internetseite des Deutschen Instituts für medizinische Dokumentation und Information im Geschäftsbereich des Bundesministeriums für Gesundheit und soziale Sicherheit veröffentlicht (www.dimdi.de). Ärzte sind verpflichtet, diesen Code zu benutzen.

Die Angabe im Terminverlegungsantrag vom 14. September über die Art der Erkrankung wird damit **glaubhaft** gemacht. Insbesondere hat der Arzt das Vorliegen der Erkrankung ab 14. September festgestellt.

Rechtsanwalt ◀

23 **Hinweis:** Ab Zustellung des Verwerfungsurteils kann das weitere Verfahren zweigleisig verlaufen. Es beginnt damit nicht nur die Frist für die Stellung des Wiedereinsetzungsantrags, sondern auch die der Rechtsbeschwerde. Beide Verfahren können[19] und müssen im Zweifel auch nebeneinander geführt werden. Gleichzeitig mit der Stellung des Wiedereinsetzungsantrags sollte deshalb auch die **Rechtsbeschwerde** eingelegt oder deren Zulassung beantragt werden.

24 Die Vorlage des Attests sollte im geschilderten Fall genügen, um Wiedereinsetzung gewährt zu bekommen. Es ist anzunehmen, dass das Gericht bei verständiger Würdigung der Diagnose zu dem Ergebnis kommt, dass man bei dieser Krankheit besser zu Hause das Bett hüten sollte, schon um nicht seine Mitmenschen anzustecken. Damit ist dann auch als Voraussetzung für die Wiedereinsetzung die Annahme von Verhandlungsunfähigkeit am Terminstag verbunden.

25 Allein die Angabe einer Diagnose oder ein Attest mit dem einzigen Inhalt „Es besteht Verhandlungsunfähigkeit" führt unter Umständen aber noch nicht zu diesem Ergebnis. Aus der Bezeichnung der Erkrankung lässt sich der Schluss auf Reise- oder Verhandlungsunfähigkeit nicht immer ziehen. Beispielsweise genügte ein Attest mit der Diagnose „akutes Nierenversagen" auch über den Weg eines Beschwerdeverfahrens nicht für die beantragte Wiedereinsetzung (siehe § 11 Rn 31 ff).[20] Auch die Arztformulierung „Herr [...] ist akut erkrankt. Die Wahrnehmung des heutigen Gerichtstermins ist nicht möglich" und die auf Nachfrage des

---

19 BGH NJW 1992, 2494; OLG Düsseldorf NJW 1985, 2207; OLG Köln VRS 67, 454.
20 LG Kassel v. 13.5.2005 – 3 Qs OWi 01/05, n.v.

B. Wiedereinsetzungsanträge nach Versäumung der Hauptverhandlung

Gerichts vorgenommene telefonische Ergänzung des Arztes, er habe Bettruhe angeordnet, hielt ein Beschwerdegericht nicht für ausreichend, wohl aber das Revisionsgericht.[21]

II. Wiedereinsetzungsantrag wegen Abwesenheit des Betroffenen aufgrund einer Fehlinformation des Verteidigers

Beispiel:
Der Hauptverhandlungstermin soll am 15. September stattfinden. Ein Terminverlegungsantrag des Verteidigers mit dem Hinweis auf eine Terminkollision ist vom Gericht ohne Begründung abgelehnt worden. Einzige Mitteilung des Vorsitzenden hierzu vier Tage vor dem Termin war ein Telefax mit dem Satz „Der Termin bleibt bestehen". Hiergegen hat der Verteidiger Beschwerde eingelegt. Am 14. September ließ er seine Sekretärin in der Geschäftsstelle des Gerichts anrufen und nachfragen, ob seine Beschwerde dem Landgericht vorgelegt worden sei. Die Antwort lautete, dass dies noch nicht geschehen sei und dies vor dem Termin auch nicht geplant sei. Daraufhin stellte der Verteidiger einen Befangenheitsantrag und ließ dem Mandanten ausrichten, dass der Termin wegen seines Befangenheitsantrags, der zunächst zu entscheiden sei, aufgehoben werden müsse. Der Mandant müsse nicht anreisen. Den Termin nimmt auch der Verteidiger nicht wahr. Zwei Wochen später gehen in der Kanzlei ein Verwerfungsurteil und ein Beschluss, mit welchem der Befangenheitsantrag gem. § 26 a Abs. 1 Nr. 3 StPO als unzulässig verworfen wird, ein. Der Mandant wünscht, einen Wiedereinsetzungsantrag zu stellen.

Der Mandant ist bei dieser Sachverhaltskonstellation davon ausgegangen, dass die Angabe seines Verteidigers richtig ist. Er hatte keinen Anlass, sich nicht auf seinen Verteidiger verlassen zu dürfen. Deshalb kann auch genau mit dieser Begründung ein Wiedereinsetzungsantrag gestellt werden:

▶ **Muster: Wiedereinsetzungsantrag wegen Versäumens des Hauptverhandlungstermins durch den Betroffenen aufgrund einer Fehlinformation des Verteidigers**

An das Amtsgericht ...
In der Bußgeldsache
gegen ...
Az ...
beantrage ich,
dem Betroffenen wegen Versäumung des Hauptverhandlungstermins am 15. September Wiedereinsetzung in den vorigen Stand zu gewähren.
Den Antrag begründe ich wie folgt:
Der Betroffene hat unverschuldet den Termin am 15. September nicht wahrnehmen können. Er hatte zuvor von mir den Hinweis erhalten, dass der Termin nicht stattfinden wird. Dabei war ich davon ausgegangen, dass der Termin aufgrund des Befangenheitsantrags vom 14. September aufzuheben war.
Vor Stellung des Befangenheitsantrags hatte ich mit Schriftsatz vom 12. September Beschwerde gegen die Entscheidung des Gerichts eingelegt, eine beantragte Terminverlegung nicht zu gewähren. Am 14. September habe ich fernmündlich über die Geschäftsstelle des Gerichts erfahren, dass der

---
21 OLG Düsseldorf NJW 1985, 2207 (u.a. ein Beispiel für die Zweigleisigkeit des Verfahrens).

Vorsitzende nicht beabsichtigte, die Akte zusammen mit der Beschwerde noch vor dem Termin dem Landgericht zuzuleiten. Diese Verfahrensweise ist rechtswidrig. Sie verstößt gegen § 306 Abs. 2 Hs 2 StPO. Danach hätte der Vorsitzende die Beschwerde sofort, spätestens vor Ablauf von drei Tagen dem Beschwerdegericht vorlegen müssen. Dieses Verhalten begründete beim Betroffenen die Besorgnis der Befangenheit. Deshalb habe ich auf Geheiß des Betroffenen den Vorsitzenden mit Schriftsatz vom 14. September abgelehnt. Ich bin davon ausgegangen, dass damit das Verfahren gem. § 27 Abs. 3 StPO durchzuführen war und dass deshalb der Termin zur Hauptverhandlung nicht aufrechtzuerhalten war. Entsprechend habe ich den Betroffenen informiert, der keinen Anlass hatte, an der Richtigkeit meiner Erläuterungen zu zweifeln. Deshalb war der Betroffene der festen Überzeugung, dass der Termin am 15. September nicht stattfinden würde, und ist aus diesem Grund auch nicht zum Amtsgericht angereist.

Die Richtigkeit der vorstehenden Tatsachen versichere ich hiermit zum Zwecke ihrer **Glaubhaftmachung.**

Rechtsanwalt ◄

29 Zur Glaubhaftmachung stehen eidesstattliche Versicherungen nicht zur Verfügung, es sei denn, jemand vom Büropersonal war Zeuge der mündlichen Information des Betroffenen am 14. September. Die eidesstattliche Versicherung des Betroffenen selbst ist wie eine einfache Erklärung zu bewerten und deshalb als Mittel der Glaubhaftmachung ungeeignet.[22] Eine eidesstattliche Versicherung des Verteidigers wird nicht verlangt (siehe Rn 3). Das Unverschulden des Betroffenen in dieser Situation ist nicht unumstritten.[23]

C. Wiedereinsetzungsantrag wegen Versäumens der Frist zur Erklärung eines Widerspruchs gegen das vom Gericht beabsichtigte Beschlussverfahren gem. § 72 Abs. 1 OWiG

30 Das Beschlussverfahren gem. § 72 OWiG findet statt, wenn das Gericht der Auffassung ist, dass eine **Hauptverhandlung nicht erforderlich** ist. Bei dieser Prüfung hat das Gericht eine Ermessensentscheidung vorzunehmen.[24] Wenn der Betroffene (bzw sein Verteidiger) und die Staatsanwaltschaft innerhalb der Frist des § 72 Abs. 1 OWiG dem Verfahren nicht widersprechen, wird das Verfahren statt durch Urteil durch einen Beschluss beendet, der den Parteien zuzustellen ist. Ist noch vor Erlass des Beschlusses der Widerspruch verspätet eingegangen, also vom Gericht nicht berücksichtigt worden,[25] wird der Betroffene mit Zustellung des Beschlusses darüber belehrt, dass er die Möglichkeit hat, gegen den Beschluss Wiedereinsetzung in den vorigen Stand zu beantragen (§ 72 Abs. 2 S. 2 OWiG).

31 Beispiel:
M. hat in der Kanzlei einen Bußgeldbescheid abgegeben. Ihm wird darin vorgeworfen, die zulässige Höchstgeschwindigkeit innerhalb geschlossener Ortschaften um 28 km/h überschritten zu haben. Laut weiterer Angabe ist die Messung durch Nachfahren eines Polizeiwagens vorgenommen worden. M. hat erläutert, dass er angehalten worden war, eine Videoaufzeichnung aber nicht vorgeführt worden sei. Im ersten Beratungsgespräch ist M. deshalb schon auf die Möglichkeit hingewiesen worden, dass die Feststellung der Überschreitung nicht mithilfe

---

22 *Seitz*, in: Göhler, § 52 OWiG Rn 20.
23 Dafür: LG Cottbus v. 24.8.2001 – 26 Qs 8/01, n.v.; LG Meiningen zfs 2006, 115; dagegen: LG Berlin NZV 2006, 166.
24 *Seitz*, in: Göhler, § 72 OWiG Rn 7.
25 Obwohl dem Gericht auch diese Möglichkeit offensteht: *Seitz*, in: Göhler, § 72 OWiG Rn 44.

C. Wiedereinsetzungsantrag wegen Versäumens der Frist zur Erklärung eines Widerspruchs 12

eines bestimmten Messgeräts wie beispielsweise *ProViDa* erfolgt ist, sondern nur mit dem im Polizeiwagen eingebauten Tachometer aufgrund dessen Beobachtung durch die Streifenwagenbesatzung, die der Bußgeldbehörde als Zeugen zur Verfügung stehen. Mit M. ist dann abgestimmt worden, dass es darauf ankommen wird, welche Aussagen die Zeugen im Hauptverhandlungstermin machen werden. Einige Wochen nach Einspruchseinlegung geht in der Kanzlei ein Schreiben des Amtsgerichts ein, wonach beabsichtigt sei, das Verfahren im Beschlusswege zu beenden. Auf die Widerspruchsfrist werde hingewiesen. Die Frist wird im Kalender notiert, die Akte dem Verteidiger, der sich zum Zeitpunkt des Posteingangs im Urlaub befindet, aber erst nach dessen Urlaub am letzten Tag der Frist vorgelegt. Dieser diktiert den Widerspruch, der noch am selben Tag kurz vor Feierabend von der Sekretärin geschrieben und vom Verteidiger unterschrieben wird. Mit anderen unterzeichneten Schriftstücken legt die Sekretärin die Akte neben das Faxgerät und geht davon aus, dass die Auszubildende A., die noch mit der sonstigen Postbearbeitung beschäftigt ist, die Faxe versenden wird. Diese bemerkt den Stapel erst am nächsten Tag, welcher der erste Tag des Urlaubs der Sekretärin ist, faxt die Schriftsätze und heftet sie mit den Sendeberichten in die Akten und sortiert diese weg. Wieder einige Wochen später geht der Beschluss ein, mit welchem gegen den Betroffenen ein Bußgeld wie schon im Bußgeldbescheid festgesetzt wird.

Der Fall beschreibt eine Situation, für die § 72 Abs. 2 S. 2 OWiG geschaffen worden ist. Der Widerspruch wird zwar erhoben, geht aber bei Gericht nicht fristgemäß ein, im dargestellten Fall um einen Tag verspätet. Noch häufiger dürfte der Fall auftreten, dass die Widerspruchseinlegung nicht verspätet erfolgt, sondern gar nicht. Für das Wiedereinsetzungsverfahren ergeben sich daraus Unterschiede. Nur wenn der im Gesetz geregelte Fall auftritt (verspäteter Widerspruch), ist der Betroffene über die Wiedereinsetzungsmöglichkeit zu belehren. Eine vorsorgliche Belehrung für den Fall eines nicht eingelegten Widerspruchs ist nicht vorgesehen.[26] Fehlt die Belehrung, obwohl der Fall des § 72 Abs. 2 S. 2 OWiG vorliegt, kann auch darauf ein Wiedereinsetzungsantrag gestützt werden. 32

Der Antrag kann mit der **Rechtsbeschwerde** konkurrieren. Wenn auch aus anderen Gründen der Beschluss rechtsfehlerhaft erscheint, muss parallel – unter Einhaltung der dafür geltenden Fristen – Rechtsbeschwerde eingelegt werden, die, solange über die Wiedereinsetzung noch nicht entschieden ist, auch zu begründen ist.[27] 33

Aber Vorsicht: Hier kommt es durchaus auf die **richtige Reihenfolge** an: Wegen der Geltung des § 342 StPO über § 79 Abs. 3 S. 2 OWiG ist die Einlegung der Rechtsbeschwerde vor Beantragung der Wiedereinsetzung als Verzicht auf den Wiedereinsetzungsantrag zu verstehen. Der Antrag nach § 72 Abs. 2 S. 2 OWiG muss also spätestens gleichzeitig mit Einlegung der Rechtsbeschwerde gestellt werden (durch Verbindung in einem Schriftsatz). Bei umgedrehter zeitlicher Reihenfolge ist der Wiedereinsetzungsantrag unzulässig.[28] 33a

War der Widerspruch entgegen der Annahme des Amtsgerichts rechtzeitig, ergeht also dennoch eine Entscheidung durch Beschluss, liegt ohne Rücksicht auf die Bußgeldhöhe immer ein Fall zulässiger Rechtsbeschwerde vor (§ 79 Abs. 2 Nr. 5 OWiG). 34

---

26 *Seitz*, in: Göhler, § 72 OWiG Rn 44 f.
27 *Meyer-Goßner*, in: Meyer-Goßner, § 342 StPO Rn 1.
28 *Seitz*, in: Göhler, § 79 OWiG Rn 14 a.

35 ▶ **Muster: Antrag auf Wiedereinsetzung in den vorigen Stand gem. § 72 Abs. 2 S. 2 OWiG**

An das Amtsgericht ...

In der Bußgeldsache

gegen ...

Az ...

beantrage ich,

dem Betroffenen Wiedereinsetzung in den vorigen Stand wegen Versäumens der Widerspruchsfrist gegen das Beschlussverfahren zu gewähren.

Begründung:

Der Betroffene hat unverschuldet die Frist zur Erklärung eines Widerspruchs gegen das Beschlussverfahren versäumt. Das Verschulden daran liegt ausschließlich in unserer Kanzlei.

Das gerichtliche Schreiben vom ... ist hier am ... eingegangen. Zu dieser Zeit befand ich mich in meinem Jahresurlaub, der bis einschließlich ... andauerte. Am ..., also am Tag des Fristablaufs, war ich wieder in der Kanzlei. An diesem Tag ist mir die Akte mit einem Zettel der Sekretärin, welcher auf dem Aktendeckel mittels Büroklammer aufgeheftet war, vorgelegt worden. Auf diesem Zettel hatte meine Sekretärin als Fristablauf den ... notiert und darunter geschrieben, es handele sich um die Einspruchsbegründung.

Glaubhaftmachung: Zettel der Sekretärin in Kopie

Auf diesem Zettel habe ich dann vermerkt, dass die Einspruchsbegründungsfrist gestrichen werden soll. In die Akte selbst habe ich nicht hineingesehen, also das behördliche Schreiben oder das gerichtliche Schreiben, mit welchem zur Einspruchsbegründung hätte aufgefordert worden sein müssen, nicht gesehen.

Von mir werden sehr viele Bußgeldsachen bearbeitet. Der Zettel mit dem Hinweis „Einspruchsbegründung" ist üblich. Solche Fristabläufe habe ich nahezu täglich. Nur in ganz seltenen Fällen nehme ich dann noch eine Begründung eines Einspruchs schriftlich vor. In der Regel verfüge ich, dass die Frist gestrichen werden soll. In diesem Fall hatte ich noch eine Erinnerung vom Akteninhalt und wusste, dass es für das weitere Verfahren auf die Hauptverhandlung ankommen würde. Deshalb habe ich ohne Blick in die Akte die Einspruchsbegründungsfrist streichen lassen.

Mit dem Betroffenen war schon vorher besprochen worden, dass die Hauptverhandlung würde durchgeführt werden müssen, um die Zeugen zu hören.

Die vorstehenden Tatsachenangaben versichere zur **Glaubhaftmachung.** Soweit darin Angaben zum tatsächlichen Ablauf in der Kanzlei gemacht werden, an welchem auch meine Sekretärin beteiligt war, versichert diese die Angaben nachstehend an Eides statt mit ihrer zusätzlichen Unterschrift unter diesem Schriftsatz.

Mit Gewährung der Wiedereinsetzung lege ich hiermit

Widerspruch

gegen ein Verfahren im Beschlusswege ein.

Rechtsanwalt

Die Tatsachen zur Kanzleiorganisation bezogen auf diesen Fall und den geschilderten Umfang meiner Mitwirkung versichere ich hiermit in Kenntnis der Strafbarkeit einer auch nur fahrlässig falsch abgegebenen eidesstattlichen Versicherung an Eides statt.
Sekretärin ◄

D. Wiedereinsetzungsantrag im Rechtsbeschwerdeverfahren im Zusammenhang mit einer Verfahrensrüge

Zeichnet sich ab, dass die Rechtsbeschwerdebegründungsfrist aus Gründen, die außerhalb der Risikosphäre des Betroffenen oder seines Verteidigers liegen, nicht eingehalten werden kann, kommt eine Fristverlängerung auf Antrag gleichwohl nicht in Betracht. Sie wäre unzulässig.[29] Man wird die Frist in dieser Situation verstreichen lassen und später, wenn die Hinderungsgründe für die Begründung weggefallen sind, einen Wiedereinsetzungsantrag stellen müssen.

Beispiel:
Nach Verurteilung des Betroffenen legt der Verteidiger Rechtsbeschwerde ein und beantragt gleichzeitig, ihm mit der Zustellung des Urteils erneut Akteneinsicht zu gewähren. In der Hauptverhandlung hatte er einen schriftlichen Beweisantrag gestellt, der vom Gericht mit Beschluss abgelehnt worden war. Diesen muss er zusammen mit der Beschlussbegründung wortgetreu in der von ihm beabsichtigten Verfahrensrüge wiedergeben. Am 5. August wird ihm das Urteil zugestellt, die Gerichtsakte aber nicht mitgeschickt. Am 6. August erinnert er deshalb an seinen Akteneinsichtsantrag. Am 1. September ist die Gerichtsakte immer noch nicht eingetroffen und der Verteidiger lässt telefonisch anfragen, welche Probleme es mit der Aktenversendung gebe. Er erhält zur Antwort, dass die Gerichtsakte versehentlich zur Staatsanwaltschaft geschickt worden und von dort noch nicht wieder zurückgekommen sei. Am 5. September begründet der Verteidiger so gut es eben geht die Rechtsbeschwerde. Erst am 8. September trifft schließlich die Gerichtsakte bei ihm ein und er wird in die Lage versetzt, die Rechtsbeschwerdebegründung formgerecht zu vervollständigen.

Das im Fall angesprochene Problem stellt sich nur in Zusammenhang mit einer Verfahrensrüge. Die Sachrüge ist bereits wirksam erhoben, wenn nur aus ihr ersichtlich ist, dass die Verletzung des materiellen Rechts gerügt wird. Ausführungen zu einzelnen Gesetzesverletzungen können auch nach Ablauf der Begründungsfrist ergänzt werden. Bei einer Verfahrensrüge müssen aber die den Mangel enthaltenden Tatsachen innerhalb der Begründungsfrist vorgetragen werden; die Beschwerdebegründung lässt sich in diesem Fall nicht nachbessern.[30] Kann die Frist aus Gründen nicht eingehalten werden, die nicht in der Risikosphäre des Verteidigers liegen, ist Wiedereinsetzung zu gewähren.[31]

Achtung: Alle Tatsachen, die innerhalb der Frist vorgetragen werden können, müssen auch formgerecht ausgeführt werden. Man wird daher eine Begründungsschrift mit allen gebotenen Anträgen einreichen müssen, und es empfiehlt sich, an den Stellen, die zwangsweise lückenhaft bleiben müssen, darauf hinzuweisen, dass insoweit ein Wiedereinsetzungsantrag nach Wegfall des Hindernisses beabsichtigt sei. Dann kommt im vorgestellten Fall folgender Schriftsatz in Betracht:

---

29 *Seitz*, in: Göhler, § 79 OWiG Rn 31 mwN.
30 *Seitz*, in: Göhler, § 79 OWiG Rn 31.
31 OLG Dresden v. 20.10.2006 – S 5 (OWi) 476/06.

40 ▶ **Muster: Wiedereinsetzungsantrag nach teilweiser Versäumung der Rechtsbeschwerdebegründungsfrist im Falle einer Verfahrensrüge**

An das Amtsgericht ...
In der Bußgeldsache
gegen ...
Az ...
beantrage ich,
dem Betroffenen Wiedereinsetzung in den vorigen Stand wegen Versäumung der Begründungsfrist für die Rechtsbeschwerde zu gewähren.

Begründung:

Ich ergänze hiermit meine bereits vorliegende Begründung der Rechtsbeschwerde vom 5. September. Wie in diesem Schriftsatz ausgeführt, ist mir trotz Antrag und mehrfacher Erinnerung die Gerichtsakte zur erneuten Akteneinsicht nicht rechtzeitig vor Ablauf der Begründungsfrist zugesandt worden. Zugegangen ist die Gerichtsakte erst am 10. September, also nach Ablauf der Begründungsfrist.

Glaubhaftmachung: Schreiben des Amtsgerichts vom 6. September mit Eingangsstempel meiner Kanzlei vom 10. September in beglaubigter Abschrift.

In der Hauptverhandlung habe ich folgenden Beweisantrag gestellt:
„Im Bußgeldverfahren gegen M.
Az ...
stellt das Messfoto keine ausreichende Grundlage für eine Identifizierung dar. Das Lichtbild ist unscharf und kontrastarm. Es sind weder die Haartracht, Augenbrauen noch Gesichtszüge um die Augen herum erkennbar, weil dieser Bereich durch Sonnenblende und Sonnenbrille komplett verdeckt ist. Weitere Details der unteren Gesichtshälfte sind wegen der auch sonst schlechten Qualität des Fotos nur in geringem Umfang zu erkennen (nur der untere Bereich der Nase und Teile der Mundpartie). Der erkennbare Teil des rechten Ohrs unterscheidet sich vom rechten Ohr des Betroffenen. Das – veränderliche – Merkmal des Bartes unterscheidet sich ebenfalls. Zur Tatsache, dass damit eine Identifizierung schon aufgrund der schlechten Qualität des Lichtbildes ausscheidet, beantrage ich, Beweis durch Sachverständigengutachten einzuholen.
Rechtsanwalt"
Mit Beschluss hat das Gericht diesen Antrag zurückgewiesen. Der Beschluss hat folgenden Inhalt:
„Der Antrag zur Einholung eines Sachverständigengutachtens zur Frage der Geeignetheit des Messfotos für eine Identifizierung wird abgewiesen.
Gründe:
Ein Gutachten ist zur Erforschung der Wahrheit nicht erforderlich, da das Messfoto zur Überzeugung des Gerichts nach pflichtgemäßem Ermessen für eine Identifizierung geeignet ist. Zudem ist der Antrag ohne bestimmten Grund so spät vorgebracht, dass die Beweiserhebung zur Aussetzung der Hauptverhandlung führen würde und dem Verteidiger die Qualität des Messfotos spätestens nach Akteneinsicht ab dem 4. Mai bekannt war.
Richter"
Die abgelehnte Beweiserhebung hätte das Ergebnis gehabt, dass das Messfoto für eine Identifizierung ungeeignet ist. Der Beweisantrag war auch nicht verspätet, weil nicht damit zu rechnen war,

D. Wiedereinsetzungsantrag im Zusammenhang mit einer Verfahrensrüge 12

dass das Gericht das völlig ungeeignete Messfoto für eine Identifizierung heranziehen würde. Der Beweisantrag konnte daher vernünftigerweise erst dann gestellt werden, als klar war, dass das Gericht das Messfoto für eine Identifizierung verwerten wollte.

Im Übrigen beziehe ich mich auf den Inhalt des Schriftsatzes vom 5. September und auf die darin vorgetragenen Rechtsbeschwerdeanträge.

Rechtsanwalt ◄

Teil 7:
Autokauf, Autoleasing und Autoreparatur

§ 13 Autokauf

Literatur: *Abels/Lieb*, AGB und Vertragsgestaltung nach der Schuldrechtsreform, 2005; *Arnold*, Freizeichnungsklauseln für leichte Fahrlässigkeit in AGB, ZGS 2004, 16; *Bachmeier*, Rechtshandbuch Autokauf, 2008; *Ball*, Die Nacherfüllung beim Autokauf, NZV 2004, 217; *Czaplinski*, Strohmanngeschäfte im Gebrauchtwagenhandel als Umgehung nach § 475 Abs. 1 S. 2 BGB, ZGS 2007, 92; *Domke*, Das Widerrufsrecht des Verbrauchers bei Fernabsatzverträgen über Finanzdienstleistungen, BB 2007, 341; *Effer-Uhe*, Das Gebrauchtwagen-Agenturgeschäft – Teilrezeption einer umstrittenen Rechtsprechung ins europäische Sekundärrecht?, NJOZ 2009, 656; *Emmert*, Vereinbarte Beschaffenheit der Kaufsache und Haftungsausschluss des Verkäufers, NJW 2006, 1765; *Faust*, Rückabwicklung eines Neuwagenkaufs unter Inzahlungnahme eines Gebrauchtwagens, NJW 2009, 3696; *Halm/Fitz*, Versicherungsschutz bei entgeltlichen Probefahrten, DAR 2006, 433; *Häublein*, Der Beschaffenheitsbegriff und seine Bedeutung für das Verhältnis der Haftung aus culpa in contrahendo zum Kaufrecht, NJW 2003, 388; *Himmelreich/Andrae/Teigelack*, AutoKaufRecht, 3. Auflage 2006; *Hübsch/Hübsch*, Die Rechtsprechung des BGH zum Kaufrecht, WM 2006, Sonderbeilage 1, 1; *Kappus*, BGH „succurit ignoranti" – Transparenz des „Kardinalpflichten"-Begriffs im Unternehmerverkehr, NJW 2006, 15; *Kieselstein*, Die Rechtsprechung des BGH zu § 476 BGB, ZGS 2006, 170; *Litzenburger*, Das Ende des vollständigen Gewährleistungsausschlusses beim Kaufvertrag über gebrauchte Immobilien, NJW 2002, 1244; *Lorenz*, Leistungsstörungen beim Autokauf, DAR 2006, 611; *Lorenz*, Fünf Jahre „neues" Schuldrecht im Spiegel der Rechtsprechung, NJW 2007, 1; *Maultzsch*, Der Ausschluss der Beweislastumkehr gem § 476 BGB aE, NJW 2006, 3091; *Otting*, in: Ferner, Straßenverkehrsrecht, 2. Auflage 2006, § 32 – Kaufrecht; *Reinking/Eggert*, Der Autokauf, 12. Auflage 2014; *Roth*, Standzeit von Kraftfahrzeugen als Sachmangel, NJW 2004, 330; *Saueressig*, Die Anwendungsvoraussetzungen der Vorschrift des § 476 BGB, NJOZ 2008, 2072; *Schmidt*, Die Beschaffenheit der Kaufsache, BB 2005, 2763; *Spindler*, Autokauf im Internet – rechtliche Rahmenbedingungen, DAR 2007, 190; *Tiedtke/Burgmann*, Gewährleistungs- und Haftungsausschluss beim Verkauf gebrauchter Sachen an und zwischen Verbrauchern, NJW 2005, 1153; *v. Westphalen*, AGB-Recht im Jahr 2004, NJW 2005, 1987.

A. Allgemeines	1	4. Inzahlungnahme	19
I. Vertragsanbahnung	2	5. Zusatzarbeiten	20
1. Probefahrt	2	IV. Sondervorschriften bei Verbraucherbezug	21
2. Vertragsparteien	5	V. Besonderheiten beim Neuwagenkauf	22
II. Vertragsschluss	7	B. Das Verbrauchergeschäft	26
III. Vertragsinhalt	8	C. Das Unternehmergeschäft	32
1. Beschaffenheitsmerkmale	8	D. Der Kfz-Kauf von privat	35
2. Garantien	13		
3. Finanzierung	18		

A. Allgemeines

Das Schuldrechtsmodernisierungsgesetz,[1] das am 1.1.2002 in Kraft getreten ist, hat erhebliche Änderungen für das deutsche Kaufrecht bewirkt. Gegenstand der folgenden Darstellung ist nur das neue Recht, das für alle Kaufverträge gilt, die ab dem 1.1.2002 geschlossen wurden (Art. 229 § 5 S. 1 EGBGB). **1**

I. Vertragsanbahnung

1. Probefahrt. Bereits im Vorfeld eines Kaufvertrags kommt es zu Problemen, wenn der Verkäufer eine Probefahrt anbietet und der Käufer dabei verunfallt. Regelmäßig wird der Ver- **2**

---

1 Vom 26.11.2001, BGBl. I S. 3138.

käufer, wenn er Händler ist, das Fahrzeug gegen Schäden versichern. Bei einem nicht leichtfertig verschuldeten Unfall des Kaufinteressenten übernimmt der Händler den Selbstbehalt. Dies ist üblich und damit auch ohne ausdrückliche Abrede vereinbart. Der BGH nimmt insoweit einen stillschweigenden **Haftungsverzicht** für einfache Fahrlässigkeit des Probe fahrenden Kaufinteressenten an.[2] Unter den Begriff der einfachen Fahrlässigkeit fällt auch die aus dem Arbeitsrecht bekannte „normale" bzw. „mittlere" Fahrlässigkeit.[3] Da die Freistellung vereinbart ist, muss der Händler über den Versicherungsschutz nicht aufklären. Zahlt der Kaskoversicherer, ist ihm ein Rückgriff über § 67 VVG gegen den Kaufinteressenten verwehrt (§ 15 Abs. 2 AKB). Den eigenen Schaden muss der Händler tragen, wenn das Fahrzeug keine Fahrzeugversicherung, also keinen Vollkaskoschutz, aufweist. Verhält sich der Kunde bei der Probefahrt nicht so, wie man das von einem gewissenhaften Kaufinteressenten erwarten kann, muss er selbst für die Folgen aufkommen, im günstigsten Fall also den Selbstbehalt übernehmen. Freilich steht ein Mitverschulden des Händlers im Raum, wenn er nicht für Versicherungsschutz gesorgt hat. Bei privaten Direktgeschäften (Rn 35 f) wird der Kaufinteressent den Verkäufer hingegen ausnahmslos freistellen müssen.

3 Der Händler kann versuchen, mit dem Kaufinteressenten eine **Kostenbeteiligung** zu vereinbaren. In diesem Fall besteht die Gefahr, dass die Abrede als Mietvertrag ausgelegt und der Kaskoschutz bei einem Unfall deshalb wegen Gefahrerhöhung nach §§ 25, 23 VVG versagt wird.[4] Dies lässt sich aber wohl vermeiden, wenn der Kostenanteil abredegemäß mit dem Kaufpreis verrechnet wird.[5]

4 Macht sich der Interessent mit dem Fahrzeug davon, stellt dies einen Diebstahl iSd § 242 StGB dar, da der Verkäufer mit der Aushändigung des Fahrzeugs nur in eine Gewahrsamslockerung einwilligt. Hat der Verkäufer dabei nicht grob fahrlässig gehandelt, ist der Schaden aus der Teilkaskoversicherung zu regulieren, falls das Fahrzeug nicht aufgefunden werden kann.[6]

5 **2. Vertragsparteien.** Wird das Fahrzeug in einem Autohaus gekauft, kann unklar bleiben, wer Verkäufer ist. Das muss nicht der Händler sein. Er kann einen anderen vertreten (sog. Agenturgeschäft). In diesem Fall gilt der Händler nur dann als Verkäufer, wenn mit dem Geschäft die Vorschriften der §§ 474 ff BGB umgangen werden (vgl § 475 Abs. 1 S. 2 BGB und Rn 28). Besonders problematisch sind Fahrzeugverkäufe über Telefon oder Internet.[7] Der Verhandlungspartner kann Angestellter des Händlers sein, so dass seine Bemerkungen dem Händler nach § 166 BGB erst zugerechnet werden müssen, wenn sie nicht in die Kaufvertragsurkunde Eingang finden. Auch schaffen Garantien Verwirrung, wenn sie nicht vom Händler, sondern vom Hersteller oder einem Garantieversicherer stammen.

6 Über die §§ 929, 932 BGB ist ein **Gutglaubenserwerb** möglich. Lässt sich der Käufer den Kfz-Brief nicht vorlegen, ist er regelmäßig nicht gutgläubig, da der Kfz-Brief (Zulassungsbescheinigung Teil II) nach § 25 Abs. 4 S. 2 StVZO zur Sicherung des Eigentums oder anderer Rechte am Fahrzeug bei jeder Befassung der Zulassungsbehörde mit dem Fahrzeug, besonders bei

---

2 BGH v. 18.12.1979 – VI ZR 52/78, NJW 1980, 1681, 1682.
3 Hierzu BAG v. 27.9.1994 – GS 1/89 (A), NJW 1995, 210, 211. Siehe auch § 7 Rn 26.
4 So *Reinking/Eggert*, Rn 97; *Halm/Fitz*, DAR 2006, 433, 434.
5 *Otting*, in: Ferner, Straßenverkehrsrecht, Kap. 32 Rn 153.
6 OLG Köln v. 22.7.2008 – 9 U 188/07 (Tz 26), r+s 2008, 373, 375.
7 Eingehend hierzu *Spindler*, DAR 2007, 190.

Meldungen über den Eigentumswechsel (§ 27 Abs. 3 StVZO), vorzulegen ist und dadurch den Eigentümer oder den sonst dinglich am Kraftfahrzeug Berechtigten vor Verfügungen Nichtberechtigter schützen soll.[8] Steht im Kfz-Brief nicht der Verkäufer als Eigentümer, muss sich der Erwerber nach dem wirklichen Eigentümer erkundigen. Zwar kann eine Erkundigungspflicht des Käufers entfallen, wenn dieser das Fahrzeug von einem Kraftfahrzeughändler im Rahmen des Geschäftsbetriebs erwirbt. Etwas anderes gilt aber dann, wenn Umstände vorliegen, die Zweifel an der Ordnungsgemäßheit der Vorerwerbsvorgänge begründen. Dabei ist ein strenger Maßstab anzulegen.[9] Bei Kaufverträgen zwischen Unternehmen ist ein Gutglaubenserwerb eher möglich (vgl § 366 Abs. 1 HGB).

II. Vertragsschluss

In der Regel wird der Kauf dokumentiert. Dabei werden meistens Vordrucke verwendet. Bei Neuwagenkäufen füllt der Käufer eine „verbindliche Bestellung" aus, die der Verkäufer ggf nach Prüfung von dritter Seite (Hersteller, Bank) gegenzeichnet. Erfolgt der Kauf im Wege einer eBay-Versteigerung, kommt der Kauf nicht durch Zuschlag iSd § 156 BGB zustande, sondern dadurch, dass ein Teilnehmer die Bedingung des Verkaufsangebots (Höchstgebot innerhalb der Versteigerungszeit) erfüllt und es damit annimmt.[10] Da es sich bei dieser Verkaufsform um Fernabsatz handelt, kann der Käufer seine Annahmeerklärung gegenüber dem gewerblichen Verkäufer gem. §§ 312 d Abs. 1 S. 1, 355 Abs. 1 BGB innerhalb von zwei Wochen nach Belehrung über sein Widerrufsrecht **widerrufen**.[11] Ohne (ordnungsgemäße)[12] Belehrung darf er zeitlich unbegrenzt widerrufen (§§ 312 d Abs. 1 S. 1, 355 Abs. 3 BGB). Gebrauchtwagenbörsen sind keine für den Fernabsatz organisierten Vertriebssysteme, da der Verbraucher sie nur als Informationsquelle nutzt und den Verkäufer anschließend persönlich aufsucht. In diesen Fällen hat er selbst dann kein Widerrufsrecht, wenn der Verkäufer Unternehmer iSd § 14 Abs. 1 BGB ist. Anders verhält es sich beim Haustürgeschäft, beim verbundenen Geschäft und beim Teilzahlungsgeschäft. Wird der Verbraucher zu Hause oder am Arbeitsplatz durch einen gewerblichen Verkäufer (§ 14 Abs. 1 BGB) aufgesucht und ungefragt über eine Kaufmöglichkeit informiert, darf er den in der Folge geschlossenen Kaufvertrag gem. §§ 312 Abs. 1 S. 1, 355 Abs. 1 BGB innerhalb von zwei Wochen nach Belehrung über sein Widerrufsrecht widerrufen. Ohne Belehrung darf er auch hier zeitlich unbegrenzt widerrufen (§§ 312 Abs. 1 S. 1, 355 Abs. 3 BGB). Gleiches gilt beim verbundenen Geschäft, also dann, wenn die Finanzierung nicht durch den gewerblichen Verkäufer, aber über ihn, also in Verbindung mit dem Kaufvertrag, erfolgt (§§ 495 Abs. 1, 355 Abs. 1 BGB). Ebenso widerrufen darf der Verbraucher ein Teilzahlungsgeschäft (§§ 507 Abs. 1, 495 Abs. 1, 355 Abs. 1 BGB). Dies kann für den Händler gefährlich werden, wenn er dem Käufer das Fahrzeug zu Barzahlungskonditionen überlässt und anschließend gegen Erhöhung des Kaufpreises bzw unter Berechnung von Zinsen oder einer Bearbeitungspauschale Ratenzahlung einräumt. In diesem Fall liegt ein Teilzahlungsgeschäft vor und muss der Händler daran denken, den Käu-

---

8 BGH v. 13.5.1996 – II ZR 222/95, NJW 1996, 2226, 2227; BGH v. 9.2.2005 – VIII ZR 82/03, NJW 2005, 1365, 1366.
9 BGH v. 1.7.1987 – VIII ZR 331/86, NJW-RR 1987, 1456, 1457; BGH v. 9.2.2005 – VIII ZR 82/03, NJW 2005, 1365, 1366; OLG München v. 30.7.2008 – 7 U 4776/07 (Tz 33), BeckRS 2008, 17224.
10 BGH v. 3.11.2004 – VIII ZR 375/03, NJW 2005, 53, 54.
11 BGH v. 3.11.2004 – VIII ZR 375/03, NJW 2005, 53, 54. Zum Widerrufsrecht eingehend *Domke*, BB 2007, 341 ff.
12 Vgl BGH v. 1.12.2010 – VIII ZR 82/10, NJW 2011, 1061, 1062. Eine Widerrufsbelehrung im Internet genügt den Anforderungen an die Textform nicht: BGH v. 29.4.2010 – I ZR 66/08 (Tz 19), NJW 2010, 3566, 3567 f.

fer über sein Widerrufsrecht zu belehren. Falls das Ausgangsgeschäft schon eine Belehrung erforderte, muss er jetzt erneut belehren. Zudem ist der Händler gut beraten, die Vertragsänderung an die Bedingung zu knüpfen, dass das jetzt eingegangene Teilzahlungsgeschäft nicht widerrufen wird; erfolgt dann ein Widerruf, geht das Geschäft nicht ins Leere, sondern wird zu den ursprünglichen Bedingungen fortgeführt.[13] Die bloße Einräumung der Möglichkeit, den Kaufpreis in Raten zu zahlen, begründet aber noch kein Teilzahlungsgeschäft und hat diese Komplikationen daher noch nicht zur Folge. Gemäß § 357 Abs. 1 S. 1 BGB finden auf das Widerrufsrecht des Verbrauchers gem. § 355 BGB, soweit nichts anderes bestimmt ist, die Vorschriften über den gesetzlichen **Rücktritt** entsprechende Anwendung. Nach der für den gesetzlichen Rücktritt geltenden Vorschrift des § 346 Abs. 1 BGB sind die empfangenen Leistungen von den Vertragsparteien einander zurück zu gewähren. In § 346 Abs. 2 S. 1 Nr. 3 BGB wird bestimmt, dass der Schuldner statt der Rückgewähr Wertersatz zu leisten hat, soweit der empfangene Gegenstand sich verschlechtert hat oder untergegangen ist; jedoch bleibt die durch die bestimmungsgemäße Ingebrauchnahme entstandene Verschlechterung außer Betracht. Abweichend davon ist in § 357 Abs. 3 S. 1 BGB für das Widerrufsrecht des Verbrauchers geregelt, dass der Verbraucher Wertersatz für eine durch die bestimmungsgemäße Ingebrauchnahme der Sache entstandene Verschlechterung zu leisten hat, soweit die Verschlechterung auf einen Umgang mit der Sache zurückzuführen ist, der über die Prüfung der Eigenschaften und der Funktionsweise hinausgeht, und wenn er spätestens bei Vertragsschluss in Textform auf diese Rechtsfolge hingewiesen worden ist.[14]

III. Vertragsinhalt

8   **1. Beschaffenheitsmerkmale.** Wird ein Kaufvertrag geschlossen, wechselt der Vertragsgegenstand gegen Entgelt den Eigentümer (§ 433 Abs. 1, Abs. 2 BGB). Der Verkäufer hat dem Käufer das Eigentum an der Sache frei von Sach- und Rechtsmängeln zu verschaffen (§ 433 Abs. 1 S. 2 BGB). **Sachmangel** ist die Abweichung der Ist-Beschaffenheit von der Soll-Beschaffenheit; **Rechtsmangel** ist jedes Hindernis, das der Übereignung entgegensteht (§ 435 S. 1 BGB). Da die Mängelhaftung zur Rückabwicklung des Kaufvertrags führen kann, kommt der Frage der Sollbeschaffenheit bzw – allerdings weit seltener und hier daher zu vernachlässigen – entgegenstehender Rechte Dritter für die Durchführung des Kaufvertrags große Bedeutung zu.

9   Die **Sollbeschaffenheit** wird gem. § 434 Abs. 1 S. 1 BGB primär durch Vereinbarung der Vertragsparteien bestimmt, die sog. **Beschaffenheitsvereinbarung.** Anders als nach früherem Recht vor der Schuldrechtsreform 2002 geht es dabei nicht nur um den Zustand der Sache, also um physische Merkmale und Umweltbeziehungen, die ihr als Kaufgegenstand unmittelbar anhaften, sondern auch um Eigenschaften, deren Fehlen nach altem Recht zwar keinen Mangel begründete, die aber zusicherbar waren, also Eigenschaften mit lockerem Bezug zur Kaufsache, jedoch von gewisser Dauer und mit Einfluss auf die Wertbildung (zB Importfahrzeug).[15] Der Beschaffenheitsbegriff reicht weiter als im alten Recht vor der Schuldrechtsreform. Er erfasst alles das, was die Parteien als Beschaffenheit vereinbaren (zB das Überein-

---

13 Otting, in: Ferner, Straßenverkehrsrecht, Kap. 32 Rn 52.
14 Siehe dazu auch BGH v. 3.11.2010 – VIII ZR 337/09, BGHZ 187, 268 = NJW 2011, 56, 57 – Wasserbett.
15 AA OLG Hamm v. 13.5.2003 – 28 U 150/02, NJW-RR 2003, 1360; OLG Hamm v. 3.3.2005 – 28 U 125/04, BeckRS 2005, 05915; OLG Naumburg v. 7.12.2005 – 6 U 24/05, ZGS 2006, 238, 240.

stimmen von Herstellungsdatum mit dem Datum der Erstzulassung),[16] also jede Anforderung an die Kaufsache (zB das Bestehen einer uneingeschränkten Herstellergarantie).[17] Hierzu gehören, obwohl von den Parteien möglicherweise nicht besprochen, nach § 434 Abs. 1 S. 3 BGB auch Werbeaussagen des Verkäufers oder des Herstellers, soweit sie bekannt sein mussten und für den Kaufvertrag relevant sind. Zur Feststellung des Inhalts und zur Auslegung der Beschaffenheitsvereinbarung ist die (Internet-)Verkaufsanzeige heranzuziehen, auch wenn Teile davon, zB bestimmte Ausstattungsmerkmale, im Kaufvertrag selber nicht dokumentiert wurden.[18] Käufer sollten solche Anzeigen deshalb sogleich ausdrucken, da sie nach dem Kauf sofort aus der Internetseite entfernt werden und dann nicht mehr verfügbar sind.

Solche **Beschaffenheitsvereinbarungen** sind beim Autokauf häufig anzutreffen. Meistens geht es dabei um wenige Merkmale wie Fabrikneuheit, Fahrleistung oder Unfallfreiheit, die dann allerdings auch konfliktträchtig sind. Da die Mängelrechte dem Käufer zustehen, muss er sich darum bemühen, dass alle ihm wichtigen und nicht generell zu erwartenden Beschaffenheitsmerkmale im Kaufvertrag festgehalten werden. Wichtig ist in diesem Zusammenhang, dass auch Abbildungen im Internet (zB eine Standheizung) den Vertragsgegenstand bestimmen, auch wenn das Zubehör in der Fahrzeugbeschreibung nicht als Zusatzausstattung erwähnt wird.[19] Beim Gebrauchtwagenkauf kennen oft beide Parteien den Kaufgegenstand nicht. Beschaffenheitsvereinbarungen enthalten dann eine Risikoverteilung. Wird etwa die Tachoangabe als Laufleistung aufgenommen, trägt der Händler das Fälschungsrisiko. Da der Käufer von der angegebenen Fahrleistung ausgeht, lässt sich das Risiko nicht durch eine Klausel wie „abgelesener Stand" auf den Käufer abwälzen.[20] Wird das Fahrzeug mit einem leichten Unfallschaden verkauft, trägt der Verkäufer das Risiko, dass der Unfallschaden sich doch als beträchtlich herausstellt und dann Mängelrechte des Käufers begründet.[21] Die im Kaufvertrag enthaltene Eintragung „HU neu" oder „TÜV neu" beinhaltet die Vereinbarung, dass sich das verkaufte Fahrzeug im Zeitpunkt der Übergabe in einem für die Hauptuntersuchung nach § 29 StVZO geeigneten Zustand befindet und die Hauptuntersuchung durchgeführt ist.[22] Eine Beschaffenheitsvereinbarung, wonach der Schaden repariert sei, ist dahin zu verstehen, dass eine ordnungsgemäße Reparatur stattgefunden hat.[23]

Ergänzend ist in § 434 Abs. 1 S. 2 Nr. 1 BGB bestimmt, dass der Kaufgegenstand mangelfrei ist, wenn er sich für die nach dem Vertrag vorausgesetzte Verwendung eignet. Dieses Kriterium führt bei einem Pkw-Kauf ohne vereinbarte Vorgaben nur zur Forderung, dass das Fahrzeug fahrtüchtig sein muss, ist also wenig griffig.

Als weiteren Auffangtatbestand bestimmt § 434 Abs. 1 S. 2 Nr. 2 BGB, dass Mangelfreiheit gegeben ist, wenn die Kaufsache sich für die gewöhnliche Verwendung eignet und eine Beschaffenheit aufweist, die bei Sachen der gleichen Art üblich ist (und die der Käufer nach der

---

16 OLG Celle v. 13.7.2006 – 11 U 254/05, BeckRS 2006, 09146.
17 So etwa *Häublein*, NJW 2003, 388, 390, unter Hinweis auf die Vorgaben in Art. 2 Abs. 1 EG-Kaufrechtsrichtlinie 1999/44/EG, NJW 1999, 2421; iE *Schmidt*, BB 2005, 2763, 2767 und die dort in Fn 32 Genannten.
18 OLG Karlsruhe v. 14.1.2014 – 9 U 233/12, NJW-RR 2014, 745; OLG Brandenburg v. 27.6.2006 – 5 U 161/05; OLG Düsseldorf v. 26.4.2007 – I-12 U 113/06, DAR 2007, 457; LG Ellwangen v. 13.6.2008 – 5 O 60/08, SVR 2008, 344; OLG Köln v. 8.1.1990 – 8 U 28/89, NJW-RR 1990, 758, 759
19 BGH v. 12.1.2011 – VIII ZR 346/09 (Tz 12), NJW-RR 2011, 462, 463.
20 Vgl BGH v. 13.5.1998 – VIII ZR 292/97, NJW 1998, 2207.
21 Vgl OLG Bamberg v. 21.9.2007 – 6 U 18/07, BeckRS 2007, 19736.
22 BGH v. 15.4.2015 – VIII ZR 80/14, NJW 2015, 1669; BGH v. 24.2.1988 – VIII ZR 145/87, NJW 1988, 1378, OLG Karlsruhe v. 14.1.2014 – 9 U 233/12, NJW-RR 2014, 745.
23 OLG Düsseldorf – I-3 U 10/13, NJW-RR 2015, 504.

Art der Sache erwarten kann). Diese Vorschrift erfasst alle Kriterien, die standardmäßig bei einem Kauf der fraglichen Gattung (hier: Kfz) zu erwarten sind.[24] Nach dieser Vorschrift wird zB eine erhebliche Zeitspanne zwischen Produktion und Zeitpunkt der Erstzulassung als Mangel eines Fahrzeugs angesehen, weil ein durchschnittlicher Käufer davon ausgehen darf, dass das Fahrzeug so alt ist, wie dies im Fahrzeugbrief (Zulassungsbescheinigung Teil II) eingetragen ist und das im Kaufvertrag verzeichnete Datum der Erstzulassung vermuten lässt. Er muss damit keine längere Spanne als 12 Monate einkalkulieren. Beträgt die Spanne rund 31 Monate, ist sogar von einem erheblichen, zum Rücktritt berechtigenden Sachmangel auszugehen.[25] Zum üblichen Standard eines Pkws gehört ferner, dass Wasser auch bei starkem Regen nicht in den Fahrgastraum dringt, dass der Motor das Fahrzeug auch in mittleren Geschwindigkeitsbereichen beschleunigt und vieles andere mehr. Dabei ist ein Neufahrzeug nach strengeren Kriterien zu bewerten als ein Gebrauchtwagen. Entscheidend ist der Erwartungshorizont eines durchschnittlichen, verständigen Fahrzeugkäufers. Dieser wird nicht nur durch das von ihm ausgesuchte Fahrzeug, sondern auch durch damit im Wettbewerb stehende Produkte geprägt.[26] Zur Frage des Dieselpartikelfilters hat der BGH diesen Maßstab inzwischen ausgeformt. Die Leitsätze dieses Urteils[27] lauten wie folgt:

1. Für die Beurteilung, ob ein Kraftfahrzeug mit Dieselpartikelfilter deswegen iSd § 434 Abs. 1 S. 2 Nr. 2 BGB mangelhaft ist, weil der Partikelfilter von Zeit zu Zeit der Reinigung (Regenerierung) bedarf und dazu eine Abgastemperatur benötigt wird, die im reinen Kurzstreckenbetrieb regelmäßig nicht erreicht wird, kann nicht auf die Eignung zur gewöhnlichen Verwendung, die übliche Beschaffenheit oder die aus der Sicht des Käufers zu erwartende Beschaffenheit von Kraftfahrzeugen ohne Dieselpartikelfilter abgestellt werden.

2. Der Umstand, dass ein Kraftfahrzeug mit Dieselpartikelfilter für eine Verwendung im reinen Kurzstreckenbetrieb nur eingeschränkt geeignet ist, weil die zur Reinigung des Partikelfilters erforderliche Abgastemperatur im reinen Kurzstreckenbetrieb regelmäßig nicht erreicht wird, so dass zur Filterreinigung von Zeit zu Zeit Überlandfahrten unternommen werden müssen, stellt keinen Sachmangel iSd § 434 Abs. 1 S. 2 Nr. 2 BGB dar, wenn dies nach dem Stand der Technik nicht zu vermeiden ist und aus demselben Grund auch die Kurzstreckeneignung der Fahrzeuge anderer Hersteller, die mit einem Dieselpartikelfilter ausgerüstet sind, in gleicher Weise beeinträchtigt ist.

3. Eine Sache, die dem Stand der Technik vergleichbarer Sachen entspricht, ist nicht deswegen iSd § 434 Abs. 1 S. 2 Nr. 2 BGB mangelhaft, weil der Stand der Technik hinter der Käufererwartung zurückbleibt.

Bloßer (nicht übermäßiger) **Verschleiß** führt über § 434 Abs. 1 S. 2 BGB (also ohne Beschaffenheitsvereinbarung) niemals zu einem Sachmangel.[28] Geht es etwa um die Getriebekupplung eines Fahrzeugs, deren Zustand sich bei Ablieferung nahe der Verschleißgrenze befand,

---

[24] Fehlende Neuwagengarantie als Mangel bei einem Jungwagenkauf: AG Freising v. 20.2.2008 – 5 C 1727/07, NJW-RR 2008, 1202, 1203.
[25] OLG Düsseldorf v. 16.6.2008 – 1 U 231/07, BeckRS 2008, 24874.
[26] OLG Karlsruhe v. 28.6.2007 – 9 U 239/06, NJW-RR 2008, 137; OLG Düsseldorf v. 18.1.2008 – 17 U 2/07 (Tz 26), OLGR Düsseldorf 2008, 483, 484; OLG Hamm v. 15.5.2008 – 28 U 145/07, NJW-RR 2009, 485.
[27] BGH v. 4.3.2009 – VIII ZR 160/08, NJW 2009, 2056.
[28] BGH v. 14.9.2005 – VIII ZR 363/04, NJW 2005, 3490, 3493 – Kotflügel; BGH v. 23.11.2005 – VIII ZR 43/05, NJW 2006, 434, 435 – Turbolader; BGH v. 11.11.2008 – VIII ZR 265/07 (Tz 14), NJW 2009, 580, 581 – Getriebeverschleiß.

wird sich der Ausfall der Kupplung kaum als Mangel darstellen lassen.[29] Dies liegt aber nicht daran, in welchem Zustand die Kupplung übergeben wurde, sondern am Umstand, dass eine Kupplung je nach Beanspruchung vorzeitig, also vor Ablauf des gewöhnlichen Lebenszyklus des Fahrzeugs, verschleißen kann. Dabei ist nicht jedes Teil der Kupplung Verschleißteil. Stellt sich heraus, dass das Versagen der Kupplung auf ein schadhaftes Teil zurückzuführen ist, das selbst nicht vorzeitig verschleißt, gründet der Fehler nicht auf Verschleiß. Letztlich wird damit nicht nur die Schadensursache diskutiert, sondern auch die Frage der Lebenserwartung.[30] Dies gilt allgemein für alle Fahrzeugteile, zB für die Kraftstoffzuleitung, deren Undichtigkeit später einen Fahrzeugbrand auslöst.[31] Mit einer Beschaffenheitsvereinbarung lässt sich diesem Problem wohl nicht beggnen, wohl aber mit einer Haltbarkeitsgarantie. Keinen Sachmangel begründen auch Fehler, die auf eine nicht sachgerechte **Wartung** zurückzuführen sind. Dies gilt auch dann, wenn der Wartungsaufwand ungewöhnlich ist oder engmaschig zu erfolgen hat, um den Fehler zu vermeiden.[32]

2. Garantien. Der durch die Beschaffenheitsmerkmale vermittelte Gewährleistungsschutz lässt sich durch Garantien verstärken. Der Garantiegeber ist jeweils durch Auslegung zu ermitteln. In der Regel ist das nicht der Händler selbst. Ansprüche aus der Garantie bestehen ihm gegenüber dann auch nicht, wenn er ggü dem Garantiegeber verpflichtet ist, die Garantieleistungen selbst zu erbringen.[33] Aus der Verordnung (EG) Nr. 1400/2002 der Kommission vom 31.7.2002 (sog. Kfz-Gruppenfreistellungsverordnung) ergibt sich kein gesetzlicher Direktanspruch eines Fahrzeugkäufers gegenüber einem inländischen Vertragshändler auf Erbringung von Vertragsleistungen aus einer Herstellergarantie bezüglich eines aus dem EU-Ausland reimportierten Fahrzeugs.[34] Das Gesetz unterscheidet in § 443 BGB zwischen Haltbarkeits- und Beschaffenheitsgarantien.

Haltbarkeitsgarantien (früher: unselbstständige Garantien) werden vom Verkäufer oder Hersteller mit dem Inhalt gegeben, dass der Kaufgegenstand für eine gewisse Dauer eine bestimmte Beschaffenheit behält (§ 443 Abs. 1 S. 1 BGB). Im Fahrzeugbereich spielen derartige Garantien praktisch nur beim Neuwagenkauf, dort aber eine große Rolle. Im Ergebnis wird für die garantierte Beschaffenheit bis zum Ablauf der Geltungsdauer gehaftet (§ 443 Abs. 2 BGB); die Beschaffenheit muss damit über den Zeitpunkt des Gefahrübergangs hinaus vorhanden sein. Aus Verkäufersicht weisen solche Garantien einen erheblichen Marketingeffekt auf. Da sie eine regelmäßige Pflicht zur Wartung als Garantiebedingung vorsehen, schaffen sie eine enge, über den Kauf hinausreichende Kundenbindung.

Im Gegensatz dazu kommen **Beschaffenheitsgarantien** praktisch nur im Gebrauchtwagenhandel vor. Sie ersetzen nach neuem Recht die Zusicherung von Eigenschaften.[35] Mit dem modernisierten Recht haben sie ihre Bedeutung als Gewährleistungsmittel stark eingebüßt, da

---

29 OLG Frankfurt am Main v. 13.12.2006 – 19 U 100/06, BeckRS 2007, 01558; aA OLG Koblenz v. 19.4.2007 – 5 U 768/06, NJW 2007, 1828: Vermutung des § 476 BGB greift auch hier; s. ferner OLG Naumburg v. 24.6.2010 – 2 U 77/09, NJW-RR 2011, 64 (Zahnriemenriss als Sachmangel).
30 Vgl OLG Koblenz v. 19.4.2007 – 5 U 768/06, NJW 2007, 1828; OLG Celle v. 16.4.2008 – 7 U 224/07 (Tz 21), NJW-RR 2008, 1635, 1636.
31 OLG Celle v. 16.4.2008 – 7 U 224/07, NJW-RR 2008, 1635, 1636.
32 OLG Brandenburg v. 13.6.2007 – 13 U 162/06, DAR 2008, 473, 474.
33 OLG Stuttgart v. 26.3.2008 – 3 U 93/07, NJW-RR 2009, 243, 244.
34 OLG Stuttgart v. 26.3.2008 – 3 U 93/07, EuZW 2008, 772.
35 Vgl BGH v. 16.3.2005 – VIII ZR 130/04, DAR 2006, 143, wonach § 459 Abs. 2 BGB aF der Garantie gem. § 276 BGB entspricht.

sich Mängelrechte im weiten Bereich des Verbrauchsgüterkaufs (hierzu Rn 26 ff) nicht beschränken lassen und insoweit nicht mehr auf eine Garantie zurückgegriffen werden muss. Nach den Rechtsfolgen unterscheiden sich Rechte aus Garantien und Mängelrechte ohnehin nur marginal. Genannt sei etwa die Regelung des § 442 Abs. 1 S. 2 BGB, wonach der Käufer bei Bestehen einer Beschaffenheitsgarantie Mängelrechte selbst dann geltend machen kann, wenn ihm der Mangel bei Übergabe infolge grober Fahrlässigkeit unbekannt geblieben ist. Dies zeigt auch, dass die Beschaffenheit nur bis zum Zeitpunkt des Gefahrübergangs garantiert wird. Ihre Hauptbedeutung haben Beschaffenheitsgarantien in den Fällen, in denen die Gewährleistung zulässigerweise (formularmäßig oder durch Individualvereinbarung) ausgeschlossen ist (vgl § 444 Alt. 2 BGB). Inwieweit die Rechtsprechung auch unter neuem Recht Beschaffenheitsmerkmale (zB Fahrzeugalter, bisherige Fahrleistung, Wagenzustand, Unfallfreiheit, Anzahl der Vorbesitzer) trotz Fehlens einer ausdrücklichen Abrede als garantiert ansieht, kann derzeit nur schlecht beantwortet werden.[36] Zu berücksichtigen ist, dass das Gesetz klar zwischen Beschaffenheitsvereinbarung (§ 434 Abs. 1 S. 1 BGB) und Beschaffenheitsgarantie (§§ 442, 444, 445 BGB) trennt. Das Problem, dass ein Gewährleistungsausschluss auch bei einer Beschaffenheitsvereinbarung greift,[37] lässt sich anderweitig lösen. Denn der Verkäufer verhält sich treuwidrig, wen er die Sache konkret beschreibt und eine Erwartung schafft, für die er dann aber nicht einstehen will. Vorsorglich sollte der Käufer darauf hinwirken, dass Anforderungen, die garantiert werden sollen, im Kaufvertrag tatsächlich als garantiert bezeichnet werden, vor allem dann, wenn darüber hinaus die Gewährleistung ausgeschlossen wird.[38]

16 Der Inhalt der Garantie als schuldunabhängige Einstandspflicht ergibt sich aus dem Garantietext und kann auch im Kleingedruckten stehen. Erforderlich ist immer die Auslegung, ob der beanstandete Mangel von der Garantie erfasst wird. Das ist zB dann nicht der Fall, wenn die Eigenschaft „fahrbereit" garantiert ist und in einer Werkstatt nur festgestellt wird, dass die Funktionstüchtigkeit des Motors aufgrund vorhandener Mängel an Motorblock und Zylinderkopf nicht mehr auf Dauer gewährleistet ist.[39] Bei einem Verbrauchsgüterkauf muss die Garantie den formalen Anforderungen des § 477 BGB entsprechen. Aus diesen Bedingungen ergeben sich zudem mögliche Einwendungen. Dem Hersteller ist es erlaubt, auch ohne Verstoß gegen die Gruppenfreistellungsverordnung[40] den Garantiefall an die Einhaltung von Wartungsintervallen und an die Wartung durch Vertragswerkstätten zu binden.[41] Sofern hiernach allerdings Wartungsintervalle einzuhalten sind, ist die Bedingung unwirksam, wenn sie nicht auf eine etwa fehlende Ursächlichkeit zwischen der Obliegenheitsverletzung und dem Schadenseintritt Rücksicht nimmt.[42] Dem Garantiegeber steht es frei, den Beweis fehlender

---

36 Bejaht für die Unfallfreiheit (BGH v. 7.6.2006 – VIII ZR 209/05, BGHZ 168, 64 = NJW 2006, 2839, 2840 m. Anm. *Bruns*, EWiR § 439 BGB 1/06, 551 f); für die Fahrbereitschaft (BGH v. 22.11.2006 – VIII ZR 72/06, Tz 21, BGHZ 170, 67 = NJW 2007, 759, 760 m. Anm. *Bruns*); verneint für die Laufleistung (BGH v. 29.11.2006 – VIII ZR 92/06, Tz 25, BGHZ 170, 86 = NJW 2007, 1346, 1348); für die Angabe des Modelljahres (OLG Nürnberg v. 21.3.2005 – 8 U 2366/04, NJW 2005, 2019, 2020).
37 Dazu *Emmert*, NJW 2006, 1765, 1767 f.
38 Im Erg.: BGH v. 29.11.2006 – VIII ZR 92/06 (Tz 31), BGHZ 170, 86 = NJW 2007, 1346, 1349, wonach schon die Auslegung des Gewährleistungsausschlusses dazu führt, dass er Beschaffenheitsvereinbarungen nicht umfasst.
39 BGH v. 22.11.2006 – VIII ZR 72/06 (Tz 25), BGHZ 170, 67 = NJW 2007, 759, 760 m. Anm. *Bruns*.
40 GVO (EG) Nr. 1400/2002, ABl EG L 203 S. 30, aber zw.
41 BGH v. 12.12.2007 – VIII ZR 187/06 (Tz 17 f), NJW 2008, 843, 844 f; BGH v. 6.7.2011 – VIII ZR 293/10 (Tz 23 ff), NJW 2011, 3510, 3512 f – Saab.
42 BGH v. 24.4.1991 – VIII ZR 180/90, NJW-RR 1991, 1013, 1015; BGH v. 17.10.2007 – VIII ZR 251/06 (Tz 15), NJW 2008, 214, 215, m zust. Anm *Bruns*; BGH v. 6.7.2011 – VIII ZR 293/10 (Tz 26), NJW 2011, 3510, 3513 – Saab.

Ursächlichkeit dem Käufer aufzubürden. Dass er sich dann noch mit ernsthaft streitigen Kausalitätsfällen befassen muss, hat er hinzunehmen.[43] Mutigen Garantiegebern sei der Weg empfohlen, die Garantieklausel als negative Anspruchsvoraussetzung zu formulieren, wonach Garantieleistungen von vornherein nur unter der Voraussetzung durchgeführter Wartungsarbeiten geschuldet werden. Eine derartige Klausel wäre als eine der Inhaltskontrolle entzogene Leistungsbeschreibung zu qualifizieren.[44] Eine Klausel in einem formularmäßig abgeschlossenen Gebrauchtwagengarantievertrag, nach der die Fälligkeit der versprochenen Garantieleistung von der Vorlage einer Rechnung über die bereits durchgeführte Reparatur abhängt, ist wegen unangemessener Benachteiligung des Käufers/Garantienehmers unwirksam.[45]

Garantieansprüche verjähren gem. §§ 195, 199 BGB in drei Jahren. Die Verjährungsfrist beginnt mit dem Zeitpunkt der Kenntnis des Garantieschadens.[46]   17

3. Finanzierung. Wird ein Fahrzeug bei einem Händler gekauft, erfolgt dies oft im Wege einer Finanzierung. Hierzu wird ein Darlehensvertrag, meist mit einem Kreditinstitut, geschlossen. Die Verträge bilden wirtschaftlich eine Einheit und werden daher gem. § 355 BGB als verbundenes Geschäft gewertet. Dies hat zur Folge, dass ein Widerruf des Darlehensgeschäfts auch den Kaufvertrag zu Fall bringt (§ 358 Abs. 1 BGB).   18

4. Inzahlungnahme. Eine andere Finanzierungsform bildet die Inzahlunggabe des Altwagens. Hierbei wird für das Altfahrzeug ein – den Marktwert oft übersteigender – Preis gebildet und dieser Betrag auf den Preis für das Neufahrzeug angerechnet. Nach Auffassung des BGH liegt dann ein einheitlicher Kaufvertrag vor, bei dem der Käufer das Recht (**Ersetzungsbefugnis**) hat, den vertraglich festgelegten Teil des Kaufpreises durch Hingabe des Gebrauchtwagens zu tilgen; der Kaufpreis für das Neufahrzeug wird insoweit an Erfüllungs statt (§ 364 Abs. 1 BGB) geleistet.[47] Da diese Leistung nur als **verrechnungsfähiges Guthaben** fungiert, geht bei einer Rückabwicklung das Fahrzeug zurück; der Käufer erhält also nicht den angerechneten Betrag erstattet.[48] Anders ist die Rechtslage nur, wenn der Käufer (im Wege des Schadensersatzes) sein positives Interesse verlangen kann; hier bleibt der Händler auf dem Altwagen „sitzen" und muss zusammen mit dem restlichen Kaufpreis auch den Anrechnungsbetrag auszahlen.[49] Im Übrigen muss der Käufer nach dieser Konstruktion zwar für Mängel seines Altwagens einstehen. Allerdings wird bei solchen Inzahlunggaben an gewerbliche Händler die Mängelgewährleistung idR stillschweigend ausgeschlossen.[50] Hat der Verkäufer den Gebrauchtwagen inzwischen weiterveräußert und muss er für ihn nach § 346 Abs. 2 S. 1 Nr. 2 BGB Wertersatz leisten, richtet sich dieser nach dem Verkehrswert des Gebrauchtwagens im Zeitpunkt der Inzahlungnahme; § 346 Abs. 2 S. 2 Hs 1 BGB ist nicht anwendbar.[51]   19

5. Zusatzarbeiten. Werden im Rahmen der Vertragsverhandlungen Abreden über Zusatzleistungen (zB Verschaffung einer neuen TÜV-Plakette, Ölwechsel) getroffen, sind das vertragli-   20

---

43 BGH v. 17.10.2007 – VIII ZR 251/06 (Tz 15), NJW 2008, 214, 215, m. zust. Anm. *Bruns*.
44 BGH v. 17.10.2007 – VIII ZR 251/06 (Tz 13), NJW 2008, 214, 215, m. zust. Anm. *Bruns*.
45 BGH v. 14.10.2009 – VIII ZR 354/08, NJW 2009, 3714.
46 Vgl BGH v. 20.12.1978 – VIII ZR 246/77, NJW 1979, 645 (zu § 477 BGB aF).
47 BGH v. 18.1.1967 – VIII ZR 209/64, BGHZ 46, 338 = NJW 1967, 553, 554; BGH v. 20.2.2008 – VIII ZR 334/06 (Tz 12), BGHZ 175, 286 = NJW 2008, 2028, 2029.
48 BGH v. 30.11.1983 – VIII ZR 190/82, BGHZ 89, 126 = NJW 1984, 429, 430 f; OLG Hamm v. 18.12.2008 – 28 U 17/08, NJW-RR 2009, 1505, 1506 f.
49 BGH v. 28.11.1994 – VIII ZR 53/94, BGHZ 128, 111 = NJW 1995, 518, 519.
50 BGH v. 21.4.1982 – VIII ZR 26/81, BGHZ 83, 334 = NJW 1982, 1700, 1701.
51 OLG Hamm v. 18.12.2008 – 28 U 17/08, NJW-RR 2009, 1505, 1506 f; aA *Faust*, NJW 2009, 3696, 3697 f.

che Zusatzabreden. Sie lösen auch dann die Mängelhaftung aus, wenn der Käufer hierfür nicht ausdrücklich etwas zahlt.[52] Ein anderes (Werkvertrag) gilt nur dann, wenn bestimmte Mängel beseitigt oder aufwändige Konstruktionen (zB eine Ladebordwand in einen Lkw) montiert werden sollen.[53]

IV. Sondervorschriften bei Verbraucherbezug

21 Während man vor der Schuldrechtsreform beim Autokauf vor allem zwischen dem Neu- und dem Gebrauchtwagenkauf unterschied, verläuft die Grundteilung nunmehr zwischen dem Verbrauchsgüterkauf und sonstigen Kaufverträgen. Dies liegt daran, dass die früher im gewerblichen Gebrauchtwagenhandel möglichen Haftungsausschlüsse gegenüber Verbrauchern heute nicht mehr möglich sind (Rn 28), so dass die Mängelrechte sich in beiden Bereichen strukturell nicht mehr unterscheiden.

V. Besonderheiten beim Neuwagenkauf

22 Gleichwohl ist der Unterschied zwischen einem Neu- und einem Gebrauchtwagenkauf noch heute wichtig. Abgesehen von den unterschiedlichen Garantieformen (Rn 13 ff), lässt sich die Beschaffenheit eines Gebrauchtfahrzeugs ohne entsprechende Vereinbarung nur in krassen Fällen bemängeln. Insbesondere sind kleinere Schäden, die die Funktionstüchtigkeit des Fahrzeugs nicht gefährden, mit dem Vertragssoll durchaus vereinbar. Dies rechtfertigt es auch, eine Abkürzung der Verjährungsfrist auf ein Jahr zuzulassen (§ 475 Abs. 2 BGB). Demgegenüber kann der Käufer eines Neufahrzeugs ein makelloses Objekt erwarten. Bei einem fabrikneuen Fahrzeug ist allerdings dem Umstand Rechnung zu tragen, dass das Fahrzeug nach der Produktion nicht sofort ausgeliefert und ein Stück weit auf eigener Achse bewegt wird.[54]

23 Nach Auffassung des BGH hat ein unbenutztes Kraftfahrzeug noch dann Neuwageneigenschaft bzw ist **fabrikneu**, wenn und solange Fahrzeuge dieser Modellreihe unverändert weitergebaut werden, es keine durch längere Standzeit bedingten Mängel aufweist und zwischen Herstellung des Fahrzeugs und Abschluss des Kaufvertrags nicht mehr als zwölf Monate liegen.[55] Die Frage, wann von einem Modellwechsel auszugehen ist, ist nicht leicht zu beantworten. An einem Modellwechsel besteht jedenfalls dann kein Zweifel, wenn eine technische Veränderung (etwa die Ausstattung mit einem leistungsstärkeren Motor) mit einer Änderung der Modellbezeichnung einhergeht und das ursprüngliche Modell nicht mehr gebaut wird.[56] Entscheidend ist, dass die Produktion bei Kaufabschluss schon umgestellt ist. Schwierig zu beantworten ist auch die Frage, welche Fahrleistung ein Neufahrzeug aufweisen darf. Insofern dürfte die Festlegung einer absoluten Grenze zweckmäßig sein. Neuheitsschädlich dürfte eine Fahrleistung sein, die in den dreistelligen Kilometerbereich geht. Davon abzuziehen ist die Strecke der Überführungsfahrt, sofern die Überführung im Achsbetrieb erfolgte.[57] Zu be-

---

52 BGH v. 24.2.1988 – VIII ZR 145/87, BGHZ 103, 275 = NJW 1988, 1378, 1379.
53 BGH v. 6.10.1971 – VIII ZR 14/70, BGHZ 57, 112 = NJW 1972, 46; BGH v. 30.6.1983 – VII ZR 371/82, NJW 1983, 2440, 2441.
54 Hierzu BGH v. 18.6.1980 – VIII ZR 185/79, NJW 1980, 2127, 2128; OLG Dresden v. 4.10.2006 – 8 U 1461/06, NJW-RR 2007, 202.
55 BGH v. 15.10.2003 – VIII ZR 227/02, NJW 2004, 160; BGH v. 7.6.2006 – VIII ZR 180/05, NJW 2006, 2694, 2695.
56 BGH v. 22.3.2000 – VIII ZR 325/98, NJW 2000, 2018 f; BGH v. 16.7.2003 – VIII ZR 243/02, NJW 2003, 2824, 2825; zB OLG Köln v. 18.1.2005 – 22 U 180/04, NZV 2005, 310: Modellwechsel bei einem um 50 % vergrößerten Tank bejaht.
57 OLG Dresden v. 4.10.2006 – 8 U 1462/06, NJW-RR 2007, 202.

rücksichtigen ist ferner, dass ein Neuwagen Schäden aufweisen kann. Um nicht neuheitsschädlich zu sein, dürfen die Schäden jedoch nur ganz geringfügig sein.[58]

Eine kurzfristige Zulassung auf den Händler (sog. **Tageszulassung**) dient, anders als bei Vorführwagen, nicht der Nutzung des Fahrzeugs. Tageszulassungen erfolgen nach Auffassung des BGH im Interesse beider Vertragsteile. Der Händler kommt durch die Steigerung der Abnahmemenge in den Genuss höherer Prämien, die er an den Endkunden weitergeben kann. Nachteile, die etwa durch eine Verkürzung der Herstellergarantie entstehen, sind zu vernachlässigen, wenn der Verkauf nur kurze Zeit nach der Erstzulassung erfolgt. Daher steht auch eine Tageszulassung der Fabrikneuheit nicht im Wege, wenn der Verkauf an den Kunden nicht mehr als zwei Wochen nach der Tageszulassung erfolgt.[59] Diese Kriterien legen die nach § 434 Abs. 1 S. 2 Nr. 2 BGB übliche und vom Käufer zu erwartende Beschaffenheit eines Neufahrzeugs fest.[60] Im Übrigen ist auch ein als Jahreswagen verkauftes Fahrzeug mangelhaft, wenn es zum Zeitpunkt seiner Erstzulassung eine Standzeit von mehr als zwölf Monaten aufweist.[61] 24

Besonderheiten beim Neuwagenkauf sind im Rahmen der **AGB-Kontrolle** zu beachten. Häufig werden die Anforderungen des Gesetzes an einen formularmäßigen Gewährleistungsausschluss missachtet; eine unwirksame Klausel befreit indes nicht von der Obliegenheit, zur Nachbesserung aufzufordern, bevor auf sekundäre Mängelrechte übergegangen wird.[62] So verbietet § 309 Nr. 8 b BGB Klauseln, die die Mängelrechte beschränken. Diese Vorschrift hat (mit Ausnahme von § 309 Nr. 8 b ee BGB, ansonsten über die §§ 310 Abs. 1, 307 BGB) nur für Verträge zwischen Unternehmen (B2B = Business to Business) Bedeutung, da die Gewährleistung im Verbrauchsgüterkauf ohnehin nicht ausgeschlossen werden darf (§§ 475, 474 BGB; s.u. Rn 28). Gemäß § 309 Nr. 8 b aa BGB unzulässig ist jede Art von Ausschluss der Rechte aus § 437 BGB, auch hinsichtlich ausgewählter Arten oder Ursachen von Mängeln, auch ein bedingter Ausschluss, etwa für den Fall der Beschädigung durch einen Dritten. Unzulässig ist damit auch die Beschränkung der Sachmängelhaftung auf Rücktritt unter Ausschluss der Minderung. § 309 Nr. 8 b aa BGB lässt jedoch Klauseln zu, nach denen sich der Kunde zunächst außergerichtlich an einen anderen Beteiligten (zB Hersteller) halten muss, nicht aber Klauseln, die die Eigenhaftung des Verwenders durch Einräumung von Ansprüchen gegen Dritte ersetzen. Gemäß § 309 Nr. 8 b bb BGB darf das Wahlrecht des Käufers aus § 439 Abs. 1 BGB abbedungen werden, sofern ihm in der Klausel das Recht auf Rücktritt und Minderung ausdrücklich offengehalten wird. § 309 Nr. 8 b cc BGB verbietet eine Änderung des § 439 Abs. 2 BGB, wonach der Verkäufer die Kosten der Nacherfüllung zu tragen hat. § 309 Nr. 8 b dd BGB schützt den Anspruch aus § 437 Nr. 1 BGB, indem dem Verkäufer verboten wird, die Nacherfüllung von einer Zahlung abhängig zu machen. § 309 Nr. 8 b ee BGB betrifft die Gültigkeit formularmäßiger Ausschlussfristen für die Geltendmachung von Mängeln. Ausschlussfristen für offensichtliche Mängel sind nicht zu beanstanden und iÜ 25

---

58 Hierzu *Bachmeier*, Rechtshandbuch Autokauf, Rn 251 ff.
59 BGH v. 12.1.2005 – VIII ZR 109/04, NJW 2005, 1422, 1423.
60 *Roth*, NJW 2004, 330 f; *Hübsch/Hübsch*, WM Sonderbeil Nr. 1/2006, 25.
61 BGH v. 7.6.2006 – VIII ZR 180/05, NJW 2006, 2694, 2695. Hingegen vermag eine längere Standzeit allein keinen Mangel zu begründen, wenn ein Fahrzeug einfach nur als Gebrauchtwagen verkauft wird: BGH v. 10.3.2009 – VIII ZR 34/08 (Tz 14), NJW 2009, 1588: 19-monatige Standzeit. Auch ein sog. Vorführwagen wird regelmäßig unabhängig von seinem Alter verkauft: BGH v. 15.9.2010 – VIII ZR 61/09 (Tz 17), NJW 2010, 3710, 3712.
62 BGH v. 13.7.2011 – VIII ZR 215/10 (Tz 33), NJW 2011, 3435, 3437.

auch mit § 475 BGB vereinbar.[63] Für nicht offensichtliche Mängel, also solche, die auch dem nicht fachkundigen Durchschnittskunden nicht ohne besondere Aufmerksamkeit auffallen, lässt § 309 Nr. 8 b ee BGB nur eine Koppelung der Ausschlussfrist an die gesetzliche Verjährungsfrist des § 438 BGB zu, womit formularmäßigen Ausschlussfristen praktisch jede Relevanz genommen wird. Da diese Vorschrift im B2B-Verkehr nicht gilt und unter Privaten keine Neuwagen verkauft werden, läuft sie angesichts der Regelungen der §§ 475, 474 BGB ohnehin leer. § 309 Nr. 8 b ff BGB schließlich verbietet eine Verkürzung der gesetzlichen Verjährungsfrist für die Gewährleistungsansprüche (gem. § 438 Abs. 1 Nr. 3 BGB direkt bzw über § 218 BGB: zwei Jahre) auf weniger als ein Jahr. Dies erfasst auch mittelbare Einschränkungen wie die Vorverlegung des Verjährungsbeginns und die Nichtberücksichtigung von Hemmungs- oder Erneuerungstatbeständen.[64] Auch diese Vorschrift gilt wegen der §§ 475, 474 BGB nicht im B2C-Verkehr.

B. Das Verbrauchergeschäft

26 Diese Art des Kaufvertrags ist dadurch gekennzeichnet, dass als Verkäufer ein Unternehmer iSd § 14 Abs. 1 BGB auftritt, als Käufer ein Verbraucher iSd § 13 BGB (§ 474 Abs. 1 S. 1 BGB). Für die Unternehmereigenschaft ist notwendig, dass der Verkäufer im Rahmen des Unternehmenszwecks verkauft. Verkauft er nur bei Gelegenheit oder etwa als Freiberufler nur sein Betriebsfahrzeug, handelt er als Verbraucher.[65] Verbraucher ist auch, wer als Alleingesellschafter einer GmbH sein Fahrzeug aus dem Betriebsvermögen nimmt und dann verkauft.

27 Auf der anderen Seite reicht es für die Unternehmereigenschaft aus, wenn der Verkäufer im Rahmen eines Nebenerwerbs verkauft; bei Kaufleuten ergibt sich dies schon aus der (widerlegbaren) Vermutung des § 344 Abs. 1 HGB und gilt daher grundsätzlich auch für branchenfremde Nebengeschäfte.[66] Gewinnerzielungsabsicht ist nicht erforderlich.[67] Als Unternehmer handelt der Verkäufer auch dann, wenn er den Verkauf im Zuge (nicht nur im Vorfeld) einer Existenzgründung tätigt.[68] Nutzt eine natürliche Person ein Kraftfahrzeug sowohl privat als auch für ihr Unternehmen (*dual use*), ist für die Einordnung als Verbrauchsgüterkauf entscheidend, welche Nutzung überwiegt.[69] Die Schutzvorschriften über den Verbrauchsgüterkauf finden nur dann Anwendung, wenn auf Käuferseite ein Verbraucher auftritt. Kauft jemand ausdrücklich als Unternehmer, verdient er den Schutz nicht, auch wenn er in Wahrheit Verbraucher ist.[70] Genauso ist derjenige nicht als Verbraucher zu behandeln, der zwar Privatmann ist, aber als Strohmann für einen Unternehmer handelt.[71] In diesem Fall richten sich Mängelrechte des Käufers nach § 475 Abs. 1 S. 2 BGB wegen Umgehung der Bestimmungen über den Verbrauchsgüterkauf gegen den Unternehmer und nicht gegen den als Verkäufer

---

63 Palandt/*Grüneberg*, § 309 Rn 78, aber str.
64 Palandt/*Grüneberg*, § 309 Rn 82.
65 BGH v. 30.9.2009 – VIII ZR 7/09 (Tz 10), NJW 2009, 3780. 3781 – Rechtsanwältin.
66 BGH v. 13.7.2011 – VIII ZR 215/10 (Tz 19, 21), NJW 2011, 3435, 3436.
67 BGH v. 29.3.2006 – VIII ZR 173/05, BGHZ 167, 40 = NJW 2006, 2250, 2251 – Araberhengst: Hobbyzüchter als Unternehmer.
68 BGH v. 24.2.2005 – III ZB 36/04, BGHZ 162, 253 = NJW 2005, 1273, 1274; BGH v. 15.11.2007 – III ZR 295/06 (Tz 6), NJW 2008, 435.
69 OLG Celle v. 11.8.2004 – 7 U 17/04, NJW-RR 2004, 1645, 1646; Palandt/*Ellenberger*, § 13 Rn 4; Palandt/*Putzo*, § 474 Rn 4; aA *Lorenz*, NJW 2007, 1, 7: Verbrauchergeschäft nur dann, wenn der beruflich-gewerbliche Zweck eine nur ganz untergeordnete Rolle spielt.
70 BGH v. 22.12.2004 – VIII ZR 91/04, NJW 2005, 1045.
71 Vgl BGH v. 13.3.2002 – VIII ZR 292/00, NJW 2002, 2030, 2031.

vorgeschobenen Verbraucher.[72] Die Verbrauchereigenschaft ist oft schwer festzustellen. Entscheidend ist die tatsächliche Handhabung. Die steuerliche Zuordnung des Kaufs ist nicht entscheidend.[73] Aus der negativen Formulierung des zweiten Halbsatzes des § 13 BGB wird deutlich, dass rechtsgeschäftliches Handeln einer natürlichen Person grundsätzlich als Verbraucherhandeln anzusehen ist und etwa verbleibende Zweifel, welcher Sphäre das konkrete Handeln zuzuordnen ist, zugunsten der Verbrauchereigenschaft zu entscheiden sind. Eine Zurechnung entgegen dem mit dem rechtsgeschäftlichen Handeln objektiv verfolgten Zweck kommt daher nur dann in Betracht, wenn die dem Vertragspartner erkennbaren Umstände eindeutig und zweifelsfrei darauf hinweisen, dass die natürliche Person in Verfolgung ihrer gewerblichen oder selbstständigen beruflichen Tätigkeit handelt.[74] Zwar trägt der Verbraucher die Darlegungs- und Beweislast dafür, dass nach dem von ihm objektiv verfolgten Zweck ein seinem privaten Rechtskreis zuzuordnendes Rechtsgeschäft vorliegt.[75] Unsicherheiten und Zweifel aufgrund der äußeren, für den Vertragspartner erkennbaren Umstände des Geschäfts gehen indes nach der negativen Formulierung des Gesetzes nicht zulasten des Verbrauchers. Es kann daher nicht darauf ankommen, ob der Erklärende sich dem anderen Teil eindeutig als Verbraucher zu erkennen gibt. Vielmehr ist bei einem Vertragsschluss mit einer natürlichen Person grundsätzlich von Verbraucherhandeln auszugehen. Anders ist dies nur dann, wenn Umstände vorliegen, nach denen das Handeln aus der Sicht des anderen Teils eindeutig und zweifelsfrei einer gewerblichen oder selbstständigen beruflichen Tätigkeit zuzurechnen ist; allein die Unternehmereigenschaft des Liefer- oder Rechnungsadressaten ist hierfür nicht maßgeblich.[76]

Folgende **Sondervorschriften** sieht das Gesetz für den Verbrauchsgüterkauf vor: Gemäß § 475 Abs. 1 BGB sind die meisten Vorschriften des Kaufrechts zwingendes Recht. Dies gilt ausnahmslos für die Mängelansprüche (§ 434 BGB). § 475 Abs. 3 BGB schafft eine Rückausnahme für Schadensersatzansprüche. Werden in einem Kaufvertrag Klauseln verwendet, die für eine Vielzahl von Verträgen vorformuliert sind, unterfallen sie auch bei nur einmaliger Verwendung der AGB-Prüfung nach den §§ 307 ff BGB.[77] Sofern der Ausschluss oder die Einschränkung von Schadensersatzansprüchen formularmäßig erfolgt, sind jedoch zum einen § 309 Nr. 7 a BGB für Personenschäden, § 309 Nr. 7 b BGB für Fälle des groben Verschuldens und allgemein die auf § 307 Abs. 1 BGB gestützte Rechtsprechung zum Verbot der Einschränkung sog. Kardinalpflichten (hierzu Rn 34) zu beachten. Dies verbietet die Verwendung bislang weit verbreiteter Klauseln, mit denen die Gewährleistung ausgeschlossen werden soll (zB „verkauft wie besichtigt unter Ausschluss jeder Gewährleistung").[78] Ein gewerblicher Verkäufer handelt zudem unlauter iSd §§ 3, 4 Nr. 11 UWG, wenn er auf einer Internetplattform Verbrauchern Waren unter Ausschluss der Mängelgewährleistung anbietet.[79] Unzulässig sind damit auch eine pauschale Verkürzung von Verjährungsfristen sowie undifferen-

---

72 BGH v. 22.11.2006 – VIII ZR 72/06 (Tz 12 ff), BGHZ 170, 67 = NJW 2007, 759, 760 m. Anm. *Bruns*.
73 KG v. 11.9.2006 – 12 U 186/05, DAR 2007, 643.
74 BGH v. 30.9.2009 – VIII ZR 7/09 (Tz 10 f), NJW 2009, 3780, 3781.
75 BGH v. 11.7.2007 – VIII ZR 110/06 (Tz 13), NJW 2007, 2619, 2621; BGH v. 30.9.2009 – VIII ZR 7/09 (Tz 11), NJW 2009, 3780, 3781.
76 BGH v. 30.9.2009 – VIII ZR 7/09 (Tz 11 f), NJW 2009, 3780, 3781.
77 BGH v. 23.6.2005 – VII ZR 277/04, ZfBR 2005, 678, 679.
78 BGH v. 15.11.2006 – VIII ZR 3/06 (Tz 19), BGHZ 170, 31 = NJW 2007, 674 – Hengstfohlen; BGH v. 22.11.2006 – VIII ZR 72/05 (Tz 10), BGHZ 170, 67 = NJW 2007, 759; BGH v. 19.9.2007 – VIII ZR 141/06 (Tz 10), BGHZ 174, 1 = NJW 2007, 3774; BGH v. 17.2.2010 – VIII ZR 67/09 (Tz 9), BGHZ 184, 259 = NJW 2010, 1131.
79 BGH v. 31.3.2010 – I ZR 34/08 (Tz 29 ff), NJW 2010, 76, 78 f.

zierte Ausschlussfristen für die Mängelgewährleistung.[80] Flankierend dazu normiert § 475 Abs. 1 S. 2 BGB einen **Umgehungsschutz**. Das Verbot des Gewährleistungsausschlusses kann damit zB nicht in der Weise umgangen werden, dass ein noch fahrtüchtiges Fahrzeug, womöglich mit frischer TÜV-Zulassung, als Schrott- oder Bastlerauto verkauft wird. Auch die etwa für die Verjährung gem. § 475 Abs. 2 BGB oder den Versteigerungsfall gem. § 474 Abs. 1 S. 2 BGB bedeutsame Frage, ob das Fahrzeug neu oder gebraucht ist, lässt sich durch Parteivereinbarung damit nicht klären.[81] Dies gilt auch dann, wenn die Bestimmung schwierig ist und eine entsprechende Vereinbarung Rechtssicherheit bringen würde. Daher lassen sich solche Fälle auch nicht bereits nach dem Grundsatz „falsa demonstratio non nocet", also im Wege der Auslegung (ohne Rückgriff auf § 475 BGB), lösen.[82] Regelmäßig keine Umgehung bedeutet der Verkauf im Wege des **Agenturgeschäfts**, also in Vertretung für einen privaten Verkäufer. Diese Form des Verkaufs ist seit Jahren gängige Praxis und wird von der Rechtsprechung gebilligt.[83] Etwas anderes gilt nur dann, wenn das Agenturgeschäft missbräuchlich dazu eingesetzt wird, ein in Wahrheit vorliegendes Eigengeschäft des Unternehmers (§ 14 Abs. 1 BGB) zu verschleiern. Entscheidende Bedeutung kommt hierbei nach Auffassung des BGH der Frage zu, wie bei wirtschaftlicher Betrachtung die Chancen und Risiken des Gebrauchtwagenverkaufs zwischen dem bisherigen Eigentümer des Fahrzeugs und dem Fahrzeughändler verteilt sind. Trägt der Händler mindestens einen Teil der Chancen und Risiken des Kaufs, weil er etwa bei Inzahlungnahme eines Altfahrzeugs einen Mindestpreis garantiert und den Kaufpreis für das Neufahrzeug entsprechend gestundet hat, ist von einem Ankauf des Altfahrzeugs durch den Händler auszugehen mit der Folge, dass er beim Weiterverkauf als dessen Verkäufer anzusehen ist.[84]

29 § 476 BGB enthält eine wichtige **Beweislastumkehr** (genauer: **Rückwirkungsvermutung**). Hiernach wird bei Mängeln, die in den ersten sechs Monate nach Gefahrübergang (bzw nach Ersatzlieferung)[85] auftreten, vermutet, dass die Sache bereits bei Gefahrübergang mangelhaft war, es sei denn, diese Vermutung ist mit der Art der Sache oder des Mangels unvereinbar. Die Beweislastumkehr gilt für alle Ansprüche, bei denen es im Zusammenhang mit der Durchsetzung von Sachmängelgewährleistungsrechten des Verbrauchers darauf ankommt, ob die verkaufte Sache bei Gefahrübergang mangelhaft war oder nicht, also zB auch als Vorfrage im Rahmen eines Rückzahlungsanspruchs gem. § 812 Abs. 1 S. 1 BGB hinsichtlich Reparaturkosten, die der Käufer zu Unrecht bezahlt hat, weil sie der Verkäufer als Mängelbeseitigungskosten gem. §§ 437 Nr. 1, 439 Abs. 2 BGB selbst tragen muss.[86] Die Vermutung gilt auch für den Gebrauchtwagenkauf.[87] Sie hat nach Auffassung des BGH nur in zeitlicher Hinsicht Be-

---

80 Vgl BGH v. 15.11.2006 – VIII ZR 3/06 (Tz 19 ff, 38), BGHZ 170, 31 = NJW 2007, 674, 675, 677 f – Hengstfohlen; zulässig ist hingegen eine Schadenspauschalierungsklausel, wenn dort die Möglichkeit gegeben wird, einen geringeren Schaden nachzuweisen: BGH v. 14.4.2010 – VIII ZR 123/09 (Tz 18 ff), BGHZ 185, 178 = NJW 2010, 2122, 2123 f.
81 BGH v. 15.11.2006 – VIII ZR 3/06 (Tz 33), BGHZ 170, 31 = NJW 2007, 674, 677 – Hengstfohlen.
82 So aber *Lorenz*, DAR 2006, 611, 614.
83 BGH v. 26.1.2005 – VIII ZR 175/04, NJW 2005, 1039, 1040; zu Bestrebungen, das Gebrauchtwagen-Agenturgeschäft europarechtlich einzubinden, siehe *Effer-Uhe*, NJOZ 2009, 656 ff.
84 BGH v. 26.1.2005 – VIII ZR 175/04, NJW 2005, 1039, 1040; *Lorenz*, DAR 2006, 611, 612: Fiktion eines Vertrags; ebenso *Czaplinski*, ZGS 2007, 92, 97; OLG Celle v. 15.11.2006 – 7 U 176/05, BeckRS 2006, 14333; offengelassen in BGH v. 22.11.2006 – VIII ZR 72/06, BGHZ 170, 67 = NJW 2007, 759, 760 (Tz 16) m. Anm. *Bruns*.
85 So mit Recht *Ball*, NZV 2004, 217, 226.
86 BGH v. 11.11.2008 – VIII ZR 265/07 (Tz 15), NJW 2009, 580, 581 f – Getriebeverschleiß.
87 OLG Bamberg v. 10.4.2006 – 4 U 295/05, DAR 2006, 456, 457; im Erg.: BGH v. 2.6.2004 – VIII ZR 329/03, BGHZ 159, 215 = NJW 2004, 2299, 2300 – Zahnriemen; BGH v. 18.7.2007 – VIII ZR 259/06 (Tz 15) = NJW 2007, 2621, 2622 – Zylinderkopfdichtung. Allg. zu dieser Vermutung *Maultzsch*, NJW 2006, 3091 ff.

deutung;⁸⁸ der Mangel muss festgestellt sein. Der Mangelklärung dient auch die Frage, ob nur eine übliche **Verschleißerscheinung** vorliegt (das ist kein Mangel) oder eine Abweichung von der Sollbeschaffenheit.⁸⁹ Diese kann sich auch in einem Schaden manifestieren. Die Vermutung gilt dann, sofern innerhalb des Sechsmonatszeitraums ein **Grundmangel** aufgetreten ist.⁹⁰ Im Einzelfall ist die Abgrenzung nicht einfach. So kommen Auffälligkeiten bei einer Automatikschaltung bei hohen Motorlaufzeiten als bloße Verschleißerscheinung in Betracht. Wird im Sechsmonatszeitraum aber festgestellt, dass sie auf einen Defekt des EPC-Ventils beruhen, so greift die Vermutung auch dann, wenn der Sachverständige das EPC-Ventil als Verschleißteil bezeichnet.⁹¹ Gelingt dem Käufer der Beweis, dass ein binnen sechs Monaten seit Gefahrübergang sichtbar gewordener Mangel auf einem **latenten Mangel** beruht, so greift zugunsten des Käufers auch insoweit die Vermutung des § 476 BGB, dass dieser latente Mangel im Zeitpunkt des Gefahrübergangs bereits vorlag.⁹² Mangelursachen sind darüber hinaus ohne Bedeutung. Kommen zB für einen im Sechsmonatszeitraum festgestellten Mangel (zB defekte Zylinderkopfdichtung) mehrere Ursachen (zB Überhitzung des Motors infolge zu geringen Kühlmittelstands oder Überbeanspruchung) in Betracht, greift die Vermutung des § 476 BGB ein, auch wenn sich nicht klären lässt, ob die Ursache in einem Fahr- oder Bedienungsfehler des Käufers liegt oder schon vor Übergabe des Fahrzeugs an den Käufer eingetreten ist.⁹³ Die Vermutung entbindet den Käufer in diesem Fall somit auch von der Last, ein Eigenverschulden an dem Schaden ausschließen zu müssen.⁹⁴ Von der Mangelklärung (bei der Ursachen eine Rolle spielen können) ebenfalls zu unterscheiden sind Fragen nach der zeitlichen Einordnung des Auftretens des Mangels. Deshalb kann eine bei der Erstbesichtigung nicht bemerkte und kaum wahrnehmbare größere Delle am Unterboden eines Neufahrzeugs die ersten sechs Monate nach Übergabe des Fahrzeugs als Mangel gerügt werden, selbst wenn der Anstoß vielleicht erst nach Gefahrübergang erfolgt ist.⁹⁵

Die Vermutung greift nur dann nicht, wenn sie mit der Art der Sache oder des Mangels **unvereinbar** ist (§ 476 BGB). Dieser Fall wird eng gesehen. Der Ausschluss ist nicht für schadens- oder verschleißanfällige Bauteile gedacht. Deshalb wird die Vermutung des § 476 BGB auch nicht dadurch ausgeschlossen, dass es sich um einen Mangel handelt, der typischerweise jederzeit auftreten kann und für sich genommen keinen hinreichend wahrscheinlichen Rückschluss auf sein Vorliegen schon zum Zeitpunkt des Gefahrübergangs zulässt.⁹⁶ Bei solchen Defekten ist nach Auffassung des BGH die Vermutung nur dann mit der Art des Mangels un- 30

---

88 Die Auffassung des BGH ist wie überhaupt der Inhalt der Vermutung sehr problematisch; zum Streitstand ausführlich *Saueressig*, NJOZ 2008, 2072.
89 BGH v. 23.11.2005 – VIII ZR 43/05, NJW 2006, 434, 435 – Turbolader; s.a. OLG Köln v. 1.3.2006 – 11 U 199/04, SVR 2006, 419. AA OLG Koblenz v. 19.4.2007 – 5 U 768/06, NJW 2007, 1828: Vermutung des § 476 BGB greift auch für verschleißbedingte Mängel.
90 Vgl BGH v. 2.6.2004 – VIII ZR 329/03, BGHZ 159, 215 = NJW 2004, 2299, 2300 – Zahnriemen.
91 Zutreffend: OLG Düsseldorf v. 23.6.2008 – I-1 U 264/07 (Tz 20 ff), BeckRS 2008, 15373, unter Heranziehung weiterer Erwägungen zur Haltbarkeit eines Automatikgetriebes und der Folgerung, vorzeitiger Verschleiß sei ein Mangel, kein Verschleiß; ebenso BGH v. 11.11.2008 – VIII ZR 265/07 (Tz 14), NJW 2009, 580, 581 – Getriebeverschleiß. Hilfreich ist die ADAC-Liste von *Schattenkirchner/Heimgärtner* zur Abgrenzung Mangel-Verschleiß, DAR 2008, 488 f.
92 BGH v. 15.01.2014 – VIII ZR 70/13, NJW 2014, 1086.
93 BGH v. 18.7.2007 – VIII ZR 259/06 (Tz 16 f), NJW 2007, 2621, 2622 – Zylinderkopfdichtung; BGH v. 11.11.2008 – VIII ZR 265/07 (Tz 14), NJW 2009, 580, 581 – Getriebeverschleiß.
94 AA OLG Frankfurt am Main v. 18.7.2007 – 13 U 164/06 (Tz 24), BeckRS 2007, 14824.
95 BGH v. 14.9.2005 – VIII ZR 363/04, NJW 2005, 3490, 3492 – Kotflügel.
96 BGH v. 14.9.2005 – VIII ZR 363/04, NJW 2005, 3490, 3492 – Kotflügel; BGH v. 21.12.2005 – VIII ZR 49/05, NJW 2006, 1195, 1196 – Katalysator; BGH v. 18.7.2007 – VIII ZR 259/06 (Tz 17), NJW 2007, 2621, 2623 – Zylinderkopfdichtung.

vereinbar, wenn es sich um äußerliche Beschädigungen handelt, die auch dem fachlich nicht versierten Käufer auffallen müssen.[97] Dieses Ergebnis lässt sich freilich überzeugender aus § 442 Abs. 1 S. 2 BGB herleiten. Im Schrifttum wird die Ansicht vertreten, die Rechtsprechung des BGH zur Unvereinbarkeit müsse auch dann gelten, wenn selbst der fachlich gebildete Unternehmer den Mangel nicht festzustellen vermochte.[98] Darauf kommt es nach der BGH-Rechtsprechung jedoch nicht an.[99] Greift die Vermutung, muss der Verkäufer sie widerlegen, wenn er die Gewährleistung von sich weisen will. Erforderlich ist nach § 292 ZPO der Beweis des Gegenteils, die bloße Erschütterung der Vermutung reicht nicht.[100]

31 § 478 BGB gibt einen Rückgriffsanspruch des gewerblichen Händlers gegen den Lieferanten. Dieser wiederum kann sich an seinen Zulieferer halten. So setzt sich der Rückgriff in der Lieferkette fort bis zum Hersteller der einzelnen Bauteile,[101] um die Gewährleistungsfolgen an den letztlich Verantwortlichen durchzureichen (sog. **stufenweiser Regress**). Da mit diesem Rückgriffsverfahren eine zeitliche Streckung einhergeht, ist in § 479 Abs. 2 und 3 BGB eine Ablaufhemmung vorgesehen, durch die der Eintritt der Verjährung der Mängelansprüche des jeweiligen Käufers bis zu fünf Jahren hinausgeschoben werden kann.

C. Das Unternehmergeschäft

32 Für den Verkauf eines Fahrzeugs zwischen Unternehmen (B2B) bestehen nur wenige gesetzliche Einschränkungen. Regelmäßig lässt sich bis zur Grenze der Sittenwidrigkeit (§ 138 BGB) alles vereinbaren. Sofern die Parteien die Gewährleistung nicht ausgeschlossen haben, gilt auch für gebrauchte Fahrzeuge die kaufrechtliche Gewährleistung.

33 Besondere Bedeutung hat hier der Gewährleistungsausschluss. Der Vermerk im Kaufvertrag „gekauft wie besichtigt" schafft nach Ansicht des BGH einen vollkommenen Gewährleistungsausschluss, obwohl der Hinweis „wie besichtigt" für sich genommen nur solche Mängel erfasst, die bei einer den Umständen nach zumutbaren Prüfung und Untersuchung unschwer zu erkennen sind.[102] Sind in einem Kaufvertrag zugleich eine bestimmte Beschaffenheit der Kaufsache und ein pauschaler Gewährleistungsausschluss vereinbart, ist dies regelmäßig dahin auszulegen, dass der Gewährleistungsausschluss nicht für das Fehlen der vereinbarten Beschaffenheit gelten soll. Sie stehen gleichrangig nebeneinander.[103]

34 Hinsichtlich der **AGB-Kontrolle** gilt, dass die Haftung für Mängel klauselmäßig nicht völlig ausgeschlossen werden darf. Insoweit greift zum einen § 444 BGB,[104] zum anderen das Ausschlussverbot hinsichtlich grober Fahrlässigkeit (§ 309 Nr. 7 b BGB) bzw leichter Fahrlässigkeit für Körperschäden (§ 309 Nr. 7 a BGB). Dieser Ausschluss gilt nicht nur ggü Verbrau-

---

97 BGH v. 14.9.2005 – VIII ZR 363/04, NJW 2005, 3490, 3492 – Kotflügel; BGH v. 21.12.2005 – VIII ZR 49/05, NJW 2006, 1195, 1196 – Katalysator.
98 So *Kieselstein*, ZGS 2006, 170, 171.
99 Zutreffend: *Lorenz*, NJW 2007, 2623; missverständlich: BT-Drucks. 15/6060, S. 245. Vgl BGH v. 11.7.2007 – VIIII ZR 110/06 (Tz 11), NJW 2007, 2619, 2620.
100 OLG Celle v. 4.8.2004 – 7 U 30/04, NJW 2004, 3544.
101 *Ball*, ZGS 2002, 49, 52; aA *Bellinghausen*, in: Abels/Lieb, S. 71, 73, wonach die Regresskette dort abbricht, wo die Sache wesentlich umgestaltet oder verarbeitet wird.
102 BGH v. 6.7.2005 – VIII ZR 136/04, NJW 2005, 3205, 3207 f (zum alten Schuldrecht).
103 BGH v. 29.11.2006 – VIII ZR 92/06, NJW 2007, 148; OLG München v. 13.3.2013 – 7 U 3602/11.
104 Zur Darlegungs- und Beweislast bei § 444 BGB s. BGH v. 12.11.2010 – V ZR 181/09 (Tz 12 ff), NJW 2011, 1279, 1281 – Asbestfassade; zum Kausalitätserfordernis s. BGH v. 15.7.2011 – V ZR 171/10 (Tz 13), BGHZ 190, 272 = NJW 2011, 3640, 3641.

chern, sondern über § 307 Abs. 1 iVm Abs. 2 Nr. 2 BGB auch im B2B-Verkehr.[105] Deshalb hält ein formularmäßig vereinbarter umfassender Haftungsausschluss der Inhaltskontrolle nicht stand.[106] Darüber hinaus darf der Verkäufer als Klauselverwender die Haftung für einfache Fahrlässigkeit an sich ausschließen. Fraglich ist allerdings, wie es sich dabei mit den **Kardinalpflichten** verhält, also Pflichten, deren Erfüllung die ordnungsgemäße Durchführung des Vertrags überhaupt erst ermöglicht, auf deren Erfüllung der Klauselgegner daher vertraut und auch vertrauen darf. Für diese Pflichten ist eine klauselmäßige Freizeichnung niemals möglich.[107] Freilich wird aus der Rechtsprechung nicht recht deutlich, nach welchen Kriterien eine Kardinalpflicht anzunehmen ist. Wenig hilfreich erscheint die in diesem Zusammenhang stehende Erkenntnis des BGH, eine Klausel sei dann als unangemessen zu bewerten, wenn sie von derjenigen Vertragsvereinbarung abweicht, zu der die Parteien gelangt wären, wenn sie über den streitigen Punkt verhandelt hätten.[108] Im Wesentlichen dürfte es dabei neben den Hauptpflichten um Schutz- und Obhutspflichten gehen, Pflichten also, die dem Integritätsinteresse des Käufers dienen und insoweit meistens schon von § 309 Nr. 7 a BGB erfasst sind.[109] Für den Kaufvertrag hat der BGH entschieden, dass die Pflicht zur mangelfreien Übergabe des Kaufgegenstands als Kardinalpflicht einzuordnen ist.[110] Diese Entscheidung erging noch zum alten Kaufrecht, das in § 433 BGB aF nur die Übereignungspflicht kannte. Aufgrund der Einfügung des § 433 Abs. 1 S. 2 BGB müsste diese Auffassung erst recht für das neue Kaufrecht gelten.[111] Zwar sprechen gute Gründe dafür, die Kardinalpflichtlehre vor dem Hintergrund des modernisierten Schuldrechts neu zu bewerten.[112] Insb. sollte eine derartige Freizeichnung im Umkehrschluss zu § 309 Nr. 8 b bb BGB für mangelbedingte Schadensersatzansprüche möglich sein,[113] zumal diese schon dann entstehen können, wenn der Verkäufer die Nacherfüllung nicht ordnungsgemäß erbringt (§ 15 Rn 9). Letztlich gilt das in Rn 28 zu Haftungsausschlüssen im Verbrauchergeschäft Gesagte damit auch hier. Solange der BGH keine Entscheidung zur Rechtslage nach neuem Schuldrecht trifft, ist die Praxis somit gut beraten, davon auszugehen, dass eine umfassende Freizeichnung für mangelbedingte Schäden auch im B2B-Verkehr nicht möglich ist. Im Bereich der Nebenpflichten sind vor allem Verletzungen von Schutz- und Obhutspflichten kaum freizustellen, wobei eine klauselmäßige Regelung angesichts der Vorschrift des § 309 Nr. 7 a BGB ohnehin nur für Vermögensschäden in Betracht käme. Jedenfalls ist zu beachten, dass nicht einfach auf den Begriff der Kardinalpflicht Bezug genommen werden kann. Selbst ein kaufmännischer Klauselgegner kann sich diesen Begriff nicht erschließen, wenn er nicht zusätzlichen Rat einholt.[114] Eine

---

105 BGH v. 19.9.2007 – VIII ZR 141/06 (Tz 13), NJW 2007, 3774, 3775.
106 BGH v. 15.11.2006 – VIII ZR 3/06 (Tz 18 ff), BGHZ 170, 31 = NJW 2007, 674, 675 – Hengstfohlen; BGH v. 22.11.2006 – VIII ZR 72/06 (Tz 10), BGHZ 170, 67 = NJW 2007, 759, 760; siehe auch OLG Oldenburg v. 22.5.2011 – 6 U 14/11 (Juris Tz 16.
107 Grundlegend: BGH v. 19.1.1984 – VII ZR 220/82, BGHZ 89, 363 = NJW 1984, 1350, 1351; ferner BGH v. 11.11.1992 – VIII ZR 238/91, NJW 1993, 335; BGH v. 24.10.2001 – VIII ARZ 1/01, BGHZ 149, 89 = NJW 2002, 673, 674.
108 BGH v. 30.11.2004 – X ZR 133/03, NJW 2005, 422, 424; abl. wohl auch v. *Westphalen*, NJW 2005, 1987, 1989.
109 Näheres bei *Schmitt*, in: Abels/Lieb, S. 131, 135 ff.
110 BGH v. 27.9.2000 – VIII ZR 155/99, BGHZ 145, 203 = NJW 2001, 292, 302.
111 So etwa v. *Westphalen*, NJW 2002, 12, 23; *Arnold*, ZGS 2004, 16, 20.
112 Konzept bei *Tettinger*, in: Abels/Lieb, S. 145, 153 ff.
113 *Litzenburger*, NJW 2002, 1244, 1245; *Reinking/Eggert*, Rn 4002; differenzierend: *Tiedtke/Burgmann*, NJW 2005, 1153, 1156.
114 BGH v. 20.7.2005 – VIII ZR 121/04, BGHZ 164, 11 = NJW-RR 2005, 1496, 1505; krit. *Kappus*, NJW 2006, 15, 17.

derartige Klausel würde deshalb schon gegen das Transparenzgebot (§ 307 Abs. 1 S. 2 BGB) verstoßen.

D. Der Kfz-Kauf von privat

35 Für den Verkauf eines Fahrzeugs unter Verbrauchern (C2C = Consumer to Consumer) bestehen ebenfalls kaum gesetzliche Einschränkungen. Es gilt somit das oben in Rn 32 ff für den Kauf zwischen Unternehmen Gesagte.

36 Hinsichtlich der AGB-Kontrolle kommt bei Kaufverträgen im C2C-Verkehr der Frage erhebliche Bedeutung zu, ob der Verkäufer Formularabreden iSd § 305 Abs. 1 S. 1 BGB „gestellt" hat und somit **Verwender** ist. Für diese Frage kommt es nicht auf wirtschaftliche Überlegenheit, Verhandlungsmacht oder darauf an, welcher Vertragspartner durch die Formularabreden im Einzelfall begünstigt wird.[115] Auch ist unerheblich, wer die Geschäftsbedingungen entworfen hat. AGB liegen auch dann vor, wenn sie von einem Dritten für eine Vielzahl von Verträgen vorformuliert sind, selbst wenn die Vertragspartei, die die Klauseln stellt, sie nur in einem einzigen Vertrag verwenden will (§ 310 Abs. 3 Nr. 2 BGB). Sind die Bedingungen hier wie üblich von einem Dritten formuliert, ist für die Anwendbarkeit der §§ 305 ff BGB entscheidend, ob eine der Vertragsparteien sich die Bedingungen als von ihr gestellt zurechnen lassen muss. Dies bestimmt sich danach, auf wessen Initiative der verwendete Formularvertrag in die Verhandlungen der Parteien eingebracht worden ist und wer seine Verwendung zum Vertragsschluss verlangt hat. Bei Verträgen zwischen Verbrauchern besteht keine gesetzliche Vermutung dafür, dass die Geschäftsbedingungen von einer der Parteien gestellt worden sind und welche der Parteien sie gestellt hat. Dies beurteilt sich vielmehr nach den Umständen des Einzelfalls, wobei die Verwendereigenschaft grundsätzlich von demjenigen darzulegen und zu beweisen ist, der sich im Individualprozess auf den Schutz der §§ 305 ff BGB beruft.[116] Zuweilen wird es im C2C-Geschäft auf die Frage der Zurechnung gleichwohl nicht ankommen. Denn charakteristisch für AGB sind die Einseitigkeit ihrer Auferlegung sowie der Umstand, dass der andere Vertragsteil, der mit einer solchen Regelung konfrontiert wird, auf ihre Ausgestaltung gewöhnlich keinen Einfluss nehmen kann. An dem hierin durch einseitige Ausnutzung der Vertragsgestaltungsfreiheit einer Vertragspartei zum Ausdruck kommenden Stellen vorformulierter Vertragsbedingungen fehlt es jedoch, wenn ihre Einbeziehung sich als das Ergebnis einer freien Entscheidung desjenigen darstellt, der vom anderen Vertragsteil mit dem Verwendungsvorschlag konfrontiert wird. Dazu genügt es zwar nicht, dass der andere Vertragsteil lediglich die Wahl zwischen bestimmten, von der anderen Seite vorgegebenen Formularalternativen hat. Erforderlich ist vielmehr, dass er – wenn er schon auf die inhaltliche Gestaltung des vorgeschlagenen Formulartextes keinen Einfluss nehmen konnte – in der Auswahl der in Betracht kommenden Vertragstexte frei ist und insbesondere Gelegenheit erhält, alternativ eigene Textvorschläge mit der effektiven Möglichkeit ihrer Durchsetzung in die Verhandlungen einzubringen.[117] In solchen Fällen erfolgt schon von vornherein keine AGB-Prüfung.[118]

---

115 BGH v. 17.2.2010 – VIII ZR 67/09 (Tz 12, 14), BGHZ 184, 259 = NJW 2010, 1131 f.
116 BGH v. 17.2.2010 – VIII ZR 67/09 (Tz 10 f), BGHZ 184, 259 = NJW 2010, 1131.
117 BGH v. 17.2.2010 – VIII ZR 67/09 (Tz 18), BGHZ 184, 259 = NJW 2010, 1131, 1132 f.
118 BGH v. 17.2.2010 – VIII ZR 67/09 (Tz 21), BGHZ 184, 259 = NJW 2010, 1131, 1133.

Für den Verkauf eines Fahrzeugs von privat an privat (C2C) wie auch zwischen Unternehmen (B2B) und von privat an einen Unternehmer (C2B) lässt sich folgendes Kaufvertragsmuster verwenden:

▶ **Muster: Kaufvertrag**

Kaufvertrag

Zwischen

... [Name, Anschrift, Telefon]

– im Folgenden kurz: Verkäufer –

und

... [Name, Anschrift, Telefon]

– im Folgenden kurz: Käufer –

wird Folgendes vereinbart:

§ 1 Kaufgegenstand

Der Verkäufer verkauft dem Käufer hiermit das folgende ihm gehörende Kraftfahrzeug einschließlich des bei Übergabe vorhandenen Zubehörs:

Hersteller: ...

Typ: ...

Amtl. Kennzeichen: ...

Tag der Erstzulassung: ...

Fahrzeug-Identifikationsnummer: ...

Fahrzeugbrief-Nr. ...

Motor: ... [Originalmotor, Austauschmotor]

Fahrleistung insgesamt (soweit bekannt): ... km

Unfallschäden (lt. Vorbesitzer): ... .

§ 2 Gewährleistung

(1) Der Kauf erfolgt wie besichtigt und unter Ausschluss jeder Gewährleistung. Ausgenommen hiervon sind Schadensersatzansprüche wegen Mängeln, wegen schuldhafter Verletzung des Lebens, des Körpers oder der Gesundheit und im Übrigen bei grob fahrlässiger oder vorsätzlicher Pflichtverletzung. Bevor Schadensersatzansprüche wegen Mängeln geltend gemacht werden können, hat der Käufer dem Verkäufer Gelegenheit zur Nacherfüllung zu geben.

(2) Zugesichert werden ... . Alle anderen Beschaffenheitsmerkmale sind vereinbart, aber nicht Gegenstand einer Garantie.

§ 3 Kaufpreis, Übereignung

(1) Der Kaufpreis beträgt ... EUR und ist bei Unterzeichnung dieses Vertrags in bar oder mittels Verrechnungsscheck zu zahlen.

(2) Das Fahrzeug wird bei Unterzeichnung dieses Vertrags mit allen Fahrzeugpapieren übergeben. Die Vertragsparteien sind sich einig, dass das Eigentum am Fahrzeug mit vollständiger Bezahlung auf den Käufer übergeht.

(3) Der Verkäufer bestätigt hiermit, den Kaufpreis in bar erhalten zu haben. Der Käufer bestätigt, das Fahrzeug mit ▬ Schlüsseln fahrbereit übernommen und den Kfz-Brief, den Kfz-Schein sowie einen Beleg über die letzte ASU-Kontrolle erhalten zu haben.

§ 4 Halterwechsel

Der Käufer verpflichtet sich hiermit, das Fahrzeug unverzüglich, spätestens jedoch 3 Kalendertage nach dem Datum des Kaufvertrags, ab- bzw umzumelden. Der Käufer verpflichtet sich, dem Verkäufer einen Nachweis über die Ab- bzw Ummeldung unverzüglich auf eigene Kosten zu übermitteln. Bei Fristüberschreitung zahlt der Käufer an den Verkäufer 20 EUR pro Kalendertag, höchstens jedoch 400 EUR, als pauschalen Schadensersatz.

▬ [Ort, Datum]

▬ [Unterschriften von Verkäufer und Käufer] ◄

§ 14 Autoleasing

Literatur: *Beckmann*, Aktuelle Rechtsfragen bei Finanzierungsleasinggeschäften, DStR 2006, 1329; *Groß*, Kraftfahrzeugleasing, DAR 1996, 438; *Grundmann* Die Mietrechtsreform, NJW 2001, 2497; *Braun*, InsO, 6. Auflage 2014; *Nitsch*, Der Vorteilsausgleich bei vorzeitig beendeten KFZ-Leasing-Verträgen mit Kilometerabrechnung, NZV 2007, 62; *Nitsch*, Kraftfahrzeug-Leasing – eine unendliche Geschichte?, NZV 2011, 14; *Omlor*, Finanzierungsleasing unter der neuen Verbraucherkreditrichtlinie, NJW 2010, 2694; *Peters*, Leasinggeschäfte und Verbraucherdarlehensrecht, WM 2006, 1183; *Reinking*, Autoleasing – Rechtsprobleme in Krisenzeiten, DAR 2009, 502; *Reinking*, Die Änderungen des Kreditvertragsrechts und ihre Auswirkungen auf die Finanzierung und das Leasing von Kraftfahrzeugen, DAR 2010, 252; *Reinking*, Die Abwicklung beendeter Kfz-Leasingverträge – Strategien und Lösungsvorschläge, DAR 2010, 622; *Reinking*, Tücken des Kfz-Leasingvertrages, DAR 2011, 125; *Reinking/Kessler/Sprenger*, AutoLeasing und AutoFinanzierung, 5. Auflage 2013; *Schattenkirchner*, Die Entwicklung des Leasingrechts von Mitte 2009 bis Ende 2011, NJW 2012, 197; *Skusa*, Anwendbarkeit der Verbraucherschutzvorschriften auf Leasing- und Mietkaufverträge, NJW 2011, 2993; *Strauß*, Auswirkungen der Verbraucherkreditrichtlinie auf Kfz-Leasingverträge aus Anbietersicht, SVR 2011, 206; *Tiedke/Peterek*, Die Rechtsprechung des BGH zum Leasing seit 2004, DB 2008, 335; *v. Westphalen*, Leistungsstörungen beim Autoleasing, DAR 2006, 620.

A. Einführung

Leasing erfreut sich auch bei der Anschaffung von Fahrzeugen großer Beliebtheit, besonders bei Unternehmen, die etwa 90 % der Leasingnehmer ausmachen. Für Unternehmen ist das Leasing attraktiv, weil es ihre Liquidität schont und sie sämtlichen Leasingaufwand (Raten und Sonderzahlung) als Betriebsausgaben absetzen dürfen. Grundsätzlich ist hierbei das Operating-Leasing vom Finanzierungsleasing zu unterscheiden. Das Operating-Leasing dient dazu, große Anschaffungswerte für relativ kurze Zeit über mehrere Vertragslaufzeiten mit verschiedenen Leasingnehmern zu finanzieren. Im Fahrzeughandel kommt nur die Variante des **Finanzierungsleasings** vor. Dabei wird der gesamte Kaufpreis mit den Leasingraten und ggf einer Zuzahlung finanziert. Die Finanzierungsmittel werden idR von einem Dritten, meistens einer Bank, gestellt, die den Leasinggegenstand vom Hersteller erwirbt, falls nicht der Hersteller selbst der Leasinggeber ist (sog. direktes Leasing). Die meisten Fahrzeughersteller haben dafür eigene konzernangehörige Banken gegründet, die als Leasinggeber auftreten (sog. indirektes Leasing). Angesichts des scharfen Preisdrucks in der Kfz-Branche tragen diese Banken wesentlich zum Gewinn der Hersteller bei. Es kann aber auch der Händler selbst als Leasinggeber auftreten (sog. Händler-Leasing). Der Begriff des Finanzierungsleasingvertrags hat erstmals im Zuge der Schuldrechtsmodernisierung in den §§ 499 Abs. 2, 500 BGB aF Eingang in das Gesetzesrecht gefunden.[1] Damit wurden die für den Verbraucherdarlehensvertrag geltenden Verbraucherschutzvorschriften (zB Widerrufsrecht)[2] für den Finanzierungsleasingvertrag zur Anwendung gebracht. Mit Wirkung zum 11.6.2010 wurde das BGB in Umsetzung der Verbraucherkreditrichtlinie[3] geändert.[4] Die Verweisungsnorm findet sich nunmehr in § 506 Abs. 1 BGB (Finanzierungsleasing als entgeltliche Finanzierungshilfe). Nach der Klassifizierung in § 506 Abs. 2 S. 1 fällt der Teilamortisationsvertrag mit Andienungsrecht unter die Nr. 2, die anderen Teilamortisationsverträge fallen unter die Nr. 3.[5] Der Leasingver-

1

---
1 Zu den Bezügen des Leasingrechts zum Verbraucherdarlehensrecht s. *Peters*, WM 2006, 1183 ff.
2 Zur Problematik der ordnungsgemäßen Widerrufsbelehrung s. *Schattenkirchner*, NJW 2012, 197, 199.
3 RL 2008/48/EG v. 23.4.2008, ABl EU L 133 S. 66.
4 BGBl. I 2009, S. 2355; dazu *Omlor*, NJW 2010, 2694 ff; *Reinking*, DAR 2010, 252 ff.
5 *Reinking*, DAR 2010, 252, 253. Zu den einzelnen Arten der Teilamortisationsverträge s. unten Rn 2, dort auch zum Vertrag mit Kilometerabrechnung.

trag mit Kilometerabrechnung war schon bisher nicht geregelt und nur im Wege der Analogie den Teilamortisationsverträgen gleichgestellt worden. Die Problematik hat sich verschärft, nachdem die Verbraucherkreditrichtlinie diesen Vertragstyp ausweislich Art. 2 Abs. 2 d der Richtlinie nicht erfasst und er auch bei der Umsetzung der Richtlinie nicht berücksichtigt wurde. Allerdings ist davon auszugehen, dass die Gleichstellung auch weiterhin im Wege der Analogie erfolgen kann,[6] zumal der BGH die Gleichbehandlung des Vertrags mit Kilometerabrechnung bislang vor allem auf die allgemeine Erwägung eines „effektiven Verbraucherschutzes" gestützt hat.[7] Bis auf diese Regelungen zum Verbraucherschutz ist das Leasingrecht nicht gesetzlich geregelt und daher nach wie vor von Richterrecht geprägt.[8]

2 In dem typischerweise bestehenden **Dreiecksverhältnis** zwischen Hersteller/Lieferanten/Händler, Leasinggeber und dem Kunden/Leasingnehmer sind zwei Verträge zu unterscheiden, die in verschiedenen Varianten vorkommen, vor allem mit einem Vertrag zwischen dem Händler als Verkäufer und dem Leasinggeber als Käufer, der dann mit dem Kunden einen Leasingvertrag schließt. In dieser Konstellation tritt der Händler nur als Erfüllungsgehilfe des Leasinggebers auf, selbst wenn – was oft geschieht – der Händler mit dem Kunden zunächst den Kaufvertrag schließt und der Leasinggeber den Vertrag dann übernimmt.[9] Auch der Leasingnehmer kann Erfüllungsgehilfe des Leasinggebers sein, zB für die Bestätigung der Fahrzeugübernahme gegenüber dem Leasinggeber. Ist die Erklärung nicht zutreffend, verletzt der Leasingnehmer damit eine Nebenpflicht aus dem Leasingvertrag.[10] Leasingnehmer sollten jedenfalls nicht aus Gutmütigkeit oder als „bloße Formsache" die Übernahmebestätigung noch vor Übernahme des Fahrzeugs unterzeichnen, mit der sich der Lieferant den Kaufpreis durch den Leasinggeber dann auszahlen lässt. Die Bedingungen der Leasingverträge stehen vor den Anforderungen eines Urteils des BFH[11] und zweier sich daran anschließender Leasingerlasse des Bundesfinanzministeriums aus den 1970er Jahren,[12] die den Rahmen dafür abstecken, dass das Fahrzeug bis zur endgültigen Übertragung bzw bis zum Vertragsende als wirtschaftliches Eigentum des Leasinggebers gewertet und so abgeschrieben werden kann. Hiernach muss dem Leasinggeber bei ordnungsgemäßer Beendigung des Leasingvertrags ein Restwert von mindestens 10 % verbleiben. Andernfalls würde das geleaste Fahrzeug gem. § 39 Abs. 2 Nr. 1 AO als „wirtschaftliches Eigentum" steuerlich dem Leasingnehmer zugerechnet. Die Leasingraten und die Leasingsonderzahlung wären bei diesem nicht als Betriebsausgaben absetzbar. Die **Vollamortisation** verwirklicht der Leasinggeber auf verschiedene Weise: Beim erlasskonformen Vollamortisationsvertrag, der im Kfz-Handel nur selten vorkommt,[13] deckt sich die Dauer der Gebrauchsüberlassung mit der Tilgungszeit; die Vollamortisation wird also allein durch die Leasingraten erreicht. Bei den erlasskonformen Teilamortisationsverträgen, nämlich dem kündbaren Vertrag mit Abschlusszahlung,[14] dem Vertrag mit Andienungsrecht und

---

6 *Reinking*, DAR 2010, 252, 254; Palandt/*Weidenkaff*, § 506 Rn 5; aA *Omlor*, NJW 2010, 2694, 2697; *Nitsch*, NZV 2011, 14, 15; *Strauß*, SVR 2011, 206, 208 f; *Skusa*, NJW 2011, 2993, 2998; *Schattenkirchner*, NJW 2012, 197.
7 BGH v. 24.4.1996 – VIII ZR 150/95, NJW 1996, 2033, 2035 – BMW; BGH v. 11.3.1998 – VIII ZR 205/97, NJW 1998, 1637, 1639.
8 *Beckmann*, DStR 2006, 1329.
9 Näher dazu v. *Westphalen*, DAR 2006, 620, 621; *Beckmann*, DStR 2006, 1329.
10 BGH v. 20.10.2004 – VIII ZR 36/03, NJW 2005, 365, 366. Siehe aber auch BGH v. 30.3.2011 – VIII ZR 94/10 (Tz 17), NJW 2011, 2874, 2875: keine Erfüllungsgehilfenschaft hins. Zusatzverträgen mit Dritten, auch wenn diese der Finanzierung der Leasingraten dienen.
11 BFH v. 26.1.1970 – IV R 144/66, NJW 1970, 1148.
12 Vollamortisationserlass v. 19.4.1971, BB 1971, 506; Teilamortisationserlass v. 22.12.1975, BB 1976, 72.
13 *Groß*, DAR 1996, 438, 440.
14 Diese Vertragsform ist beim Kfz-Leasing nur selten anzutreffen, so *Reinking*, DAR 2010, 622, 623.

dem Vertrag mit Mehrerlösbeteiligung, der wie der Vertrag mit Andienungsrecht eine feste, unkündbare Grundmietzeit von 40 bis 90 % der betriebsgewöhnlichen Nutzungsdauer des Leasinggegenstands (AfA-Zeit, beim Pkw sechs Jahre)[15] vorsehen, führen die vom Leasingnehmer vorweg zu entrichtenden Raten sowie die üblicherweise zu leistende Sonderzahlung nur zu einer Teilamortisation. Vollamortisation ist aber auch hier das Ziel. Es wird dadurch erreicht, dass der Leasingnehmer für den fehlenden kalkulierten Restwert einzustehen hat bzw (beim kündbaren Vertrag) eine Abschlusszahlung erbringen muss. Daneben besteht vor allem[16] die Möglichkeit des nicht erlasskonformen Vertrags mit Kilometerabrechnung (Kilometerbegrenzung).[17] Dieses Vertragsmodell, das derzeit etwa 60 % des Bestands beim Herstellerleasing ausmacht,[18] ist dadurch gekennzeichnet, dass für die gesamte Vertragsdauer, ggf aufgeteilt nach einzelnen Zeitabschnitten (Monat, Jahr), eine bestimmte Kilometerleistung des überlassenen Fahrzeugs vereinbart wird, auf der die Kalkulation der Leasingraten beruht. Für eventuelle Mehr- oder Minderkilometer erfolgt ein Ausgleich. Bei dieser Vertragsgestaltung schuldet der Leasingnehmer regelmäßig keinen Restwertausgleich;[19] der Leasingnehmer trägt das Verschlechterungs- bzw Verwertungsrisiko selbst, weil der pflichtgemäßen Rückgabe des Leasingfahrzeugs eine Amortisationsfunktion zukommt. Deshalb ist der Leasingnehmer verpflichtet, das Fahrzeug nach der meist zwei- oder dreijährigen Vertragsdauer in einem ordentlichen Erhaltungszustand zurückzugeben. Dadurch kommt es letztlich auch hier zu einer Vollamortisation, sieht man einmal von dem beim Leasinggeber verbleibenden Risiko eines allgemeinen Markwertverlustes ab. Bei diesem Vertragsmodell sind vor allem hinsichtlich der Frage einer etwaigen Ausgleichspflicht Probleme vorprogrammiert, weil der Leasingnehmer das Fahrzeug oft nicht, wie es viele Verträge verlangen, „frei von Schäden" zurückgeben kann.[20] Letztlich verbleibt das Fahrzeug beim Leasingnehmer nur in der Variante Teilamortisationsvertrag mit Abschlusszahlung, nach Wahl des Leasinggebers auch bei einem Teilamortisationsvertrag mit Andienungsrecht.

Ziel des Leasingvertrags ist somit, dass der Leasingnehmer für die Amortisation der vom Leasinggeber für die Anschaffung der Leasingsache gemachten Aufwendungen und Kosten sowie den kalkulierten Gewinn einzustehen hat, und zwar auch bei vorzeitiger – vertragsgemäßer oder durch fristlose Kündigung des Leasinggebers herbeigeführter – Vertragsbeendigung. Darüber hinaus ist die Ausgestaltung der Verträge nur durch die allgemeinen gesetzlichen Beschränkungen (zB AGB-Recht, § 506 Abs. 1 BGB) gebunden. Entsprechend vielfältig sind die Vertragskonstellationen, wenngleich oft deckungsgleiche Vertragsmodelle Anwendung finden. Bei Fällen aus dem Leasingrecht ist dieser Rahmen immer anhand der konkreten Verträge zu hinterfragen. Zwingend müssen daher die Verträge vorgelegt sein, bevor in eine rechtliche Prüfung eingetreten wird.

Ist der Leasingnehmer **Verbraucher**, kann er seine zum Abschluss des Darlehensvertrags führende Willenserklärung gem. §§ 495 Abs. 1, 355 Abs. 1 BGB innerhalb von zwei Wochen nach Belehrung über sein Widerrufsrecht **widerrufen** und ist damit auch an den Leasingver-

---

15 Zu einem Sonderfall der Erstreckung auf acht Jahre siehe BFH v. 29.3.2005 – IX B 174/03, NJW 2006, 2064.
16 Andere Leasingvarianten sind möglich. Zum sog. Flens-Modell s. BGH v. 26.2.2003 – VIII ZR 270/01, NJW 2003, 2382 ff.
17 BGH v. 11.3.1998 – VIII ZR 205/97, NJW 1998, 1637, 1638, 1639.
18 *Reinking*, DAR 2009, 502, 503.
19 BGH v. 9.5.2001 – VIII ZR 208/00, NJW 2001, 2165, 2167.
20 Vgl etwa BGH v. 1.3.2000 – VIII ZR 177/99, NJW-RR 2000, 1303; näher dazu Rn 13.

trag nicht mehr gebunden (§ 506 Abs. 1 iVm § 358 BGB).[21] Über § 359 a Abs. 2 BGB gilt dieser Widerrufsdurchgriff auch für Zusatzleistungen wie die regelmäßig mit abgeschlossene Fahrzeugversicherung.[22] Ohne Belehrung kann der Darlehens- bzw Leasingnehmer zeitlich unbegrenzt widerrufen (§ 355 Abs. 3 BGB). Das gilt gem. § 512 BGB auch für Existenzgründer, wenn der Nettodarlehensbetrag (Art. 247 § 3 Abs. 2 S. 2 EGBGB) oder der Barzahlungspreis[23] den Betrag von 75.000 EUR nicht übersteigen.

5 Da der Leasingvertrag gesetzlich nicht geregelt ist, hat der BGH das Leasing primär dem **Mietrecht** zugeordnet.[24] In den Leasingverträgen wird die mietrechtliche Gewährleistung des Leasinggebers aber regelmäßig durch Abtretung seiner kaufrechtlichen **Gewährleistungsansprüche**, die ihm gegenüber dem Lieferanten zustehen, ersetzt. Parteien des Kaufvertrags bleiben die Unternehmer, so dass das Recht des Verbrauchsgüterkaufs (vor allem die Vermutung des § 476 BGB) in Leasingfällen keine Rolle spielt.[25] Die Sach- und Gegenleistungsgefahr (Untergang und Verschlechterungsgefahr) kann dann – auch durch AGB[26] – wirksam auf den Leasingnehmer abgewälzt werden. Dies geht zwar nur, wenn die Abtretung endgültig, vorbehaltlos und unbedingt erfolgt.[27] Viele Kunden sehen aber nicht, dass sie damit selbst dann die Leasingraten weiterzahlen müssen, wenn das Fahrzeug nicht mehr funktioniert; die Rechte aus den §§ 320 ff BGB und das außerordentliche Kündigungsrecht aus § 543 Abs. 1 BGB wegen Nichtgewährung des vertragsgemäßen Gebrauchs sind ihnen durch diese Risikoverlagerung aus der Hand geschlagen.[28] Zwar ist dem Leasingnehmer – im Gegenzug zur Abwälzung der Sach- und Preisgefahr – für den Fall des Verlustes oder einer nicht unerheblichen Beschädigung des Leasingfahrzeugs die Möglichkeit zur kurzfristigen Vertragsaufsage einzuräumen.[29] Auch in diesem Fall hat der Kunde aber für die Vollamortisation aufzukommen. Prozessual ist zu berücksichtigen, dass der Leasingnehmer hinsichtlich der Mängelrechte zwar selbst klagebefugt ist, aufgrund der Eigentümerstellung des Leasinggebers im Rückgriffsfall seinen Klageantrag aber Zug um Zug auf Übereignung und Rückzahlung an den Leasinggeber stellen muss.[30]

5a Für die **Ausübung des Zurückbehaltungsrechts**, also des Rechts zur vorläufigen Einstellung der Zahlung der Leasingraten, ist im Rücktrittsfall noch Folgendes zu berücksichtigen: Ob die Rücktrittserklärung des Leasingnehmers die Umgestaltung des Kaufvertrags über das Leasingobjekt in ein Rückgewährschuldverhältnis und damit zugleich den Wegfall der Geschäftsgrundlage des Leasingvertrags bewirkt, muss, wenn der Lieferant den Rücktritt nicht akzeptiert, gerichtlich geklärt werden und steht daher – ebenso wie der Vollzug der Wandelung

---

21 Zur Problematik des Verbundgeschäfts s. *Schattenkirchner*, NJW 2012, 197, 199.
22 *Reinking*, DAR 2010, 252, 253.
23 Nach OLG Brandenburg v. 31.8.2005 – 3 U 17/05, NJW 2006, 159, 160, soll hierfür im Zweifel § 502 Abs. 3 S. 4 BGB aF und damit der Marktpreis gelten. Der Barzahlungspreis ist nicht der Anschaffungspreis, arg § 506 Abs. 4 S. 2 BGB.
24 BGH v. 15.10.1986 – VIII ZR 319/85, NJW 1987, 377; BGH v. 11.1.1995 – VIII ZR 82/94, BGHZ 128, 255, NJW 1995, 1019, 1020.
25 Siehe nur OLG Köln v. 27.3.2008 – 15 U 175/07 (Tz 53), BeckRS 2008, 09080.
26 BGH v. 15.10.1986 – VIII ZR 319/85, NJW 1987, 377, 378; BGH v. 30.9.1987 – VIII ZR 226/86, NJW 1988, 198, 200.
27 BGH v. 21.12.2005 – VIII ZR 85/05 (Tz 17), NJW 2006, 1066, 1067.
28 *Groß*, DAR 1996, 438, 439.
29 BGH v. 15.10.1986 – VIII ZR 319/85, NJW 1987, 377, 378; BGH v. 8.10.2003 – VIII ZR 55/03, NJW 2004, 1041, 1042.
30 *Schattenkirchner*, NJW 2012, 197, 201. Nach OLG Frankfurt a.M. v. 14.1.2009 – 17 U 223/08, NJOZ 2009, 1826, 1829, hat der Leasingnehmer im Fall des mängelbedingten Rücktritts gem. § 347 Abs. 2 BGB Anspruch auch auf Ersatz der von ihm gezahlten Steuern und Versicherungsbeiträge.

nach altem Recht – erst mit dem Eintritt der Rechtskraft des Urteils im Gewährleistungsprozess gegen den Lieferanten fest. Diesen Prozess zu führen, ist nach der leasingtypischen Interessenlage, die dadurch gekennzeichnet ist, dass der Leasinggeber sich von der mietrechtlichen Sachmängelhaftung vollständig freizeichnet und dem Leasingnehmer die Gewährleistungsrechte aus dem Kaufvertrag mit dem Lieferanten abtritt, Sache des Leasingnehmers. Es ist daher auch unter der Geltung des modernisierten Schuldrechts interessengerecht, dem Leasingnehmer für den Fall, dass der Lieferant den Rücktritt vom Kaufvertrag nicht akzeptiert, ein Recht zur vorläufigen Einstellung der Zahlung der Leasingraten schon, aber auch erst dann zuzugestehen, wenn er aus dem erklärten Rücktritt klageweise gegen den Lieferanten vorgeht.[31]

Die Rechtslage hat sich mit der Schuldrechtsreform 2002 kaum geändert. Es ist zu beachten, dass für Leasingverträge, die vor dem 1.1.2002 geschlossen wurden, im Hinblick auf ihren Dauerschuldcharakter erst seit dem 1.1.2003 das neue Schuldrecht gilt (Art. 229 § 5 S. 2 EGBGB). Zuvor wurde mit Wirkung zum 1.9.2001 das Mietrecht grundlegend überarbeitet. Für den Leasingbereich haben sich dadurch zwar geänderte Paragrafenbezeichnungen, aber kaum sachliche Änderungen ergeben. Für Leasingverträge, die vor dem 1.9.2001 geschlossen wurden, gilt insoweit die Übergangsvorschrift des Art. 229 § 3 EGBGB.

Besonderes Augenmerk ist bei dem in aller Regel durch Formularverträge geprägten Leasinggeschäft auf **ungültige Klauseln** zu richten.[32] Maßstab für die Auslegung sind die Verständnismöglichkeiten eines rechtlich nicht vorgebildeten Vertragspartners.[33] Hierbei ist vor allem darauf zu achten, ob eine Klausel dem Transparenzgebot genügt. Darüber hinaus hat der BGH etwa eine Klausel für ungültig erklärt, wonach der Leasinggeber für die Abrechnung bei vorzeitiger Vertragsbeendigung – anders als bei ordnungsgemäßer Vertragsbeendigung – nur 90 % des erzielten Gebrauchtwagenerlöses berücksichtigt.[34] Unwirksam sein können ferner Klauseln im Vertrag zwischen dem Leasinggeber und dem Lieferanten. So hat der BGH die in diesem Verhältnis im Hinblick auf eine Rückkaufvereinbarung enthaltene Klausel „Die Übergabe des Objekts wir dadurch ersetzt, dass die Leasinggeberin ihre Herausgabeansprüche gegenüber dem Besitzer an den Lieferanten abtritt" für unwirksam erachtet.[35] Folge der Nichtigkeit einer Klausel im Leasingvertrag ist niemals die Unwirksamkeit des Vertrags, sondern die ergänzende Anwendung des gesetzlichen Mietrechts und – bei Abrechnungsfragen – des Vollamortisationsprinzips.

B. Rückabwicklung

Beim Leasingvertrag stellen sich im Hinblick auf seinen Dauerschuldcharakter und die Amortisationsfunktion besondere Rückabwicklungsprobleme. Dies gilt im Besonderen bei vorzeitiger Vertragsbeendigung. Hierzu kann es vor allem dann kommen, wenn der Leasingnehmer die Raten nicht ordnungsgemäß bedient und der Leasinggeber den Vertrag deshalb kündigt. Ist die Eröffnung eines Insolvenzverfahrens über das Vermögen des Leasingnehmers beantragt, ist allerdings die Kündigungssperre des § 112 InsO zu beachten; unter die dort genann-

---

31 BGH v. 16.6.2010 – VIII ZR 317/09 (Tz 26), NJW 2010, 2798, 2800.
32 Siehe etwa OLG Dresden v. 5.12.2007 – 8 U 1412/07, DAR 2008, 475.
33 BGH v. 21.9.2011 – VIII ZR 184/10 (Tz 16), NJW 2011, 3709, 3710.
34 BGH v. 26.2.2002 – VIII ZR 147/01, BGHZ 151, 188 = NJW 2002, 2713, 2714.
35 BGH v. 19.3.2003 – VIII ZR 135/02, NJW 2003, 2607, 2608 (Verstoß gegen § 9 Abs. 2 Nr. 1 AGBG = § 307 Abs. 2 Nr. 1 BGB).

ten Mietverträge fallen auch Leasingverträge.[36] Ist der Leasingnehmer Verbraucher iSd § 13 BGB, sind ferner die Schutzvorschriften der §§ 506 Abs. 1, 498 BGB zu beachten. Danach ist der Leasingvertrag nicht schon – wie im Mietrecht – dann kündbar, wenn sich der Leasingnehmer mit zwei Raten in Rückstand befindet. Vielmehr bestimmt § 498 S. 1 BGB hierfür – je nach Vertragsdauer – eine 10 %- bzw 5 %-Grenze. In diesem Zusammenhang ist zu berücksichtigen, dass die einmal eingetretenen Kündigungsvoraussetzungen des § 498 S. 1 BGB erst dann entfallen, wenn der Schuldner vor Ausspruch der Kündigung den Rückstand vollständig tilgt; ist die Kündigung mit dem korrekt angegebenen Rückstand angedroht, reicht es also nicht, wenn er ihn vor Ausspruch der Kündigung durch Teilzahlungen auf einen Betrag zurückführt, der unter der Rückstandsquote des § 498 S. 1 BGB liegt.[37] Eine Vertragsklausel, wonach der Leasinggeber den Vertrag kündigen darf, „wenn eine wesentliche Verschlechterung in den wirtschaftlichen Verhältnissen des Leasingnehmers eintritt, insbesondere wenn gegen ihn nachhaltige Pfändungen oder sonstige Zwangsvollstreckungsmaßnahmen erfolgen oder wenn gerichtliche oder außergerichtliche Insolvenzverfahren eröffnet werden", hat der BGH nicht beanstandet.[38] Für den Fall der vorzeitigen Vertragsbeendigung bestimmen viele Leasingverträge noch heute formularmäßig das Verfahren der Restwertabrechnung, beispielsweise unter Zugrundelegung der vorschüssigen Rentenbarwertformel, obwohl der BGH bislang jede dieser ihm vorgelegten Klauseln wegen Verstoßes gegen das Transparenzprinzip verworfen hat.[39] Das heißt aber nicht, dass der Leasinggeber damit nichts mehr fordern dürfte. Vielmehr gilt auch weiterhin das Vollamortisationsprinzip, das der Leasinggeber nun aber durch Vorlage einer konkreten Abrechnung umsetzen muss.[40] Das bedeutet, dass er einerseits Ersatz seiner gesamten Anschaffungs- und Finanzierungskosten sowie seines Gewinns verlangen kann, sich jedoch andererseits das anrechnen lassen muss, was er durch die vorzeitige Vertragsbeendigung erspart. Der Ausgleichsanspruch ist nicht umsatzsteuerpflichtig. Zwar dient er der Vertragserfüllung; allerdings steht ihm keine steuerbare Leistung iSd § 1 Abs. 1 Nr. 1 UStG mehr gegenüber.[41] Obergrenze für den Schadensersatzanspruch des Leasinggebers ist sein Erfüllungsinteresse bei ordnungsgemäßer Vertragsdurchführung.[42] Bei vorzeitigem Vertragsende sind die restlichen Leasingraten hierzu auf den Zeitpunkt des Vertragsendes abzuzinsen, bei Verbraucherverträgen nach den Vorgaben des § 501 BGB, ansonsten regelmäßig mindestens mit dem Refinanzierungssatz.[43] Wird der Leasingvertrag (einvernehmlich oder durch Kündigung) vorzeitig beendet, weil das Fahrzeug entwendet oder zerstört worden ist, steht dem Leasinggeber bei entsprechender Vertragsgestaltung die Kasko-Entschädigung auch dann zu, wenn sie höher ausfällt als das vom Leasinggeber zwischenzeitlich mitgeteilte Erfül-

---

36 Braun/Kroth, § 112 Rn 3.
37 BGH v. 26.1.2005 – VIII ZR 90/04, NJW-RR 2005, 1410, 1411 (zum gleichlautenden § 12 Abs. 1 S. 1 VerbrKrG aF); dort auch zu den Anforderungen an eine wirksame Kündigungsandrohung. Zur Berechnung der Rückstandsquote s. BGH v. 14.2.2001 – VIII ZR 277/99, BGHZ 147, 7 = NJW 2001, 1349, 1350 ff: Summe der Brutto-Leasingraten als Maßstab.
38 BGH v. 6.6.1984 – VIII ZR 65/83, WM 1984, 1217, 1218; BGH v. 27.9.2000 – VIII ZR 155/99, BGHZ 145, 203 = NJW 2001, 292, 298.
39 Groß, DAR 1996, 438, 441 f; besonders anschaulich BGH v. 22.11.1995 – VIII ZR 57/95, NJW 1996, 455, 456; zum Begriff der vorschüssigen Rentenbarwertformel siehe BGH v. 14.7.2004 – VIII ZR 367/03, NJW 2004, 2823, 2824; OLG Düsseldorf v. 14.2.2008 – 24 U 172/07, BeckRS 2008, 10564.
40 BGH v. 26.2.2002 – VIII ZR 147/01, BGHZ 151, 188 = NJW 2002, 2713, 2715; BGH v. 8.10.2003 – VIII ZR 55/03, NJW 2004, 1041, 1042. Zur Abrechnung eines Leasingvertrags mit km-Abrechnung siehe Nitsch, NZV 2007, 62 ff.
41 BGH v. 14.3.2007 – VIII ZR 68/06 (Tz 18), NJW-RR 2007, 1066, 1068.
42 BGH v. 26.2.2002 – VIII ZR 147/01, BGHZ 151, 188 = NJW 2002, 2713, 2714.
43 Groß, DAR 1996, 438, 442.

lungsinteresse („Ablösewert").⁴⁴ Ist der Leasingnehmer Verbraucher, muss beachtet werden, dass der Leasinggeber Schadensersatz statt der Leistung so lange nicht fordern darf, wie der Leasingnehmer noch zum Widerruf des Vertragsabschlusses berechtigt ist.⁴⁵

Der **Teilamortisationsvertrag mit Abschlusszahlung** ist dadurch gekennzeichnet, dass er keine feste Laufzeit aufweist. Der Leasingnehmer kann den Vertrag nach einer festen Grundmietzeit von 40 % der betriebsgewöhnlichen Nutzungsdauer kündigen, muss dann aber eine Abschlusszahlung leisten, mit der die Vollamortisation verwirklicht wird. Lässt er den Vertrag weiterlaufen, sinkt die Höhe der Abschlusszahlung. Bleibt der Vertrag 54 Monate, bei Kraftfahrzeugen 65 Monate (90 % der betriebsgewöhnlichen Nutzungsdauer) ungekündigt, ist keine Abschlusszahlung mehr zu leisten, sondern nur das Fahrzeug herauszugeben. Der Leasingnehmer kann am Vertrag darüber hinaus noch festhalten, muss aber bei entsprechender Vertragsklausel, die der BGH für wirksam hält,⁴⁶ die Leasingraten in voller Höhe weiterzahlen. Bei vorzeitigem Vertragsende muss der Leasinggeber seiner Abrechnung die nächstmögliche ordentliche Vertragskündigung durch den Leasingnehmer zugrunde legen.⁴⁷ 9

Beim **Teilamortisationsvertrag mit Mehrerlösbeteiligung** ist zu berücksichtigen, dass der Restwert des Leasingfahrzeugs bei dessen Rücknahme in voller Höhe anzurechnen ist.⁴⁸ Ferner hat der Leasinggeber bei der Weiterveräußerung auf die wirtschaftlichen Interessen des Leasingnehmers Rücksicht zu nehmen. Es gilt das Gebot der bestmöglichen Verwertung; Abweichungen bis zu 10 % vom Verkehrswert sind jedoch unschädlich.⁴⁹ Vom Leasinggeber nach Rücknahme des Fahrzeugs vorgenommene Reparaturen dürfen nur dann auf Kosten des Leasingnehmers gehen, wenn sie erforderlich waren, um das Fahrzeug verwerten zu können bzw – bei einer möglichen Veräußerung in unrepariertem Zustand – zu einem vergleichbar höheren Veräußerungserlös geführt haben oder der Leasinggeber dies bei der Reparatur zumindest erwarten durfte.⁵⁰ Ein Minderwertausgleich, den der Leasinggeber nach regulärem Vertragsablauf wegen einer über normale Verschleißerscheinungen hinausgehenden Verschlechterung der zurückzugebenden Leasingsache vom Leasingnehmer beanspruchen kann, ist ohne Umsatzsteuer zu berechnen, weil ihm eine steuerbare Leistung des Leasinggebers (§ 1 Abs. 1 Nr. 1 UStG) nicht gegenübersteht und der Leasinggeber deshalb darauf keine Umsatzsteuer zu entrichten hat.⁵¹ 10

Beim **Teilamortisationsvertrag mit Andienungsrecht** darf der Leasinggeber wählen, ob er das Fahrzeug nach Vertragsende zurücknimmt oder dem Leasingnehmer „andient". Im Falle der Andienung kommt der Kaufvertrag mit dem Leasingnehmer mit Zugang der Andienungserklärung zustande; im gleichen Zuge erlischt das Wahlrecht des Leasinggebers.⁵² Sofern der Leasingnehmer Verbraucher (§ 13 BGB) ist, gelten die Vorschriften des Verbrauchsgüterkaufs auch für den durch die Andienung herbeigeführten Kaufvertrag. Hat der Leasinggeber das 11

---

44 BGH v. 27.9.2006 – VIII ZR 217/05, NJW 2007, 290, 291; BGH v. 31.10.2007 – VIII ZR 278/05 (Tz 19), NJW 2008, 989, 991; differenzierend: *Tiedke/Peterek*, DB 2008, 335, 340.
45 BGH v. 12.6.1996 – VIII ZR 248/95, NJW 1996, 2367, 2368.
46 BGH v. 20.9.1989 – VIII ZR 239/88, NJW 1990, 247, 248 ff; BGH v. 8.11.1989 – VIII ZR 1/89, NJW-RR 1990, 182, 183.
47 BGH v. 10.10.1990 – VIII ZR 296/89, NJW 1991, 221, 223.
48 BGH v. 26.6.2002 – VIII ZR 147/01, BGHZ 151, 188 = NJW 2002, 2713, 2714.
49 BGH v. 10.10.1990 – VIII ZR 296/89, NJW 1991, 221, 224.
50 BGH v. 27.11.1991 – VIII ZR 39/91, NJW-RR 1992, 378 – Yacht.
51 BGH v. 18.5.2011 – VIII ZR 260/10 (Tz 20), NJW-RR 2011, 1625, 1627.
52 OLG Düsseldorf v. 8.11.2005 – 24 U 30/05, ZMR 2006, 281.

Leasingfahrzeug trotz Andienung zurückgenommen, muss er beachten, dass er es nicht anderweitig veräußert. Ansonsten verliert er die Möglichkeit, die Vollamortisation gegen den Leasingnehmer durchzusetzen.[53] Auf der anderen Seite hat der Leasingnehmer keinen Anspruch auf den Übererlös, wenn der Vertrag dies nicht ausdrücklich vorsieht. Damit kann der Leasinggeber Versicherungsleistungen, die nach einem Unfall erbracht werden (dazu zählt auch ein Ausgleich für den merkantilen Minderwert), für sich vereinnahmen, ohne auf sein Vollamortisationsinteresse beschränkt zu sein.[54]

12 Da der Vollamortisationsgrundsatz beim **Vertrag mit Kilometerabrechnung** nur unvollkommen greift, steht dem Leasinggeber, der das Risiko trägt, dass er bei Veräußerung des Fahrzeugs die volle Amortisation des zum Erwerb des Fahrzeugs eingesetzten Kapitals einschließlich des kalkulierten Gewinns erzielt, auch bei vorzeitiger Vertragsbeendigung nicht der intern kalkulierte Restwert des Leasingfahrzeugs zu.[55] Zu ersetzen sind zunächst die restlichen Leasingraten, die ohne die vorzeitige Vertragsbeendigung bis zum vereinbarten Ablauf des Leasingvertrags noch zu zahlen gewesen wären, abgezinst auf den Zeitpunkt der vorzeitigen Vertragsbeendigung; davon sind die vom Leasinggeber ersparten laufzeitabhängigen Kosten abzuziehen.[56] Etwaige Fahrzeugschäden finden bei Ermittlung des realen Fahrzeugwerts im Zeitpunkt der vorzeitigen Rückgabe wertmindernd Berücksichtigung.[57] Der entsprechende, in den Vertragsbedingungen geregelte Anspruch des Leasinggebers auf Minderwertausgleich bei Rückgabe des Leasingfahrzeugs in nicht vertragsgerechtem Zustand hat als Teil des Amortisationskonzeptes Erfüllungsfunktion und verjährt daher nicht (als Schadensersatzanspruch) innerhalb der kurzen sechsmonatigen Frist des § 548 Abs. 1 S. 1 BGB, sondern in den Regelfristen der §§ 195, 199 BGB.[58]

13 Auch nach Beendigung der Vertragslaufzeit ist das Fahrzeug beim Vertrag mit Kilometerabrechnung nicht einfach nur in gereinigtem Zustand zurückzugeben, da die Pflicht zur Instandhaltung und Instandsetzung des Fahrzeugs dem Leasingnehmer obliegt. Dies kann unter dem Gesichtspunkt der leasingtypischen Finanzierungsfunktion auch durch AGB bestimmt werden, verstößt also nicht gegen die Leitbildfunktion der §§ 538, 546 Abs. 1 BGB. Folge dieser Pflicht ist es, dass bei Rückgabe des Fahrzeugs ein Kampf um die Fahrzeugbewertung stattfindet, in dem der Leasingnehmer oft das Nachsehen hat, indem ihm ein **Minderwertausgleich** abverlangt wird. Grund hierfür ist der Umstand, dass das Fahrzeug nach den Leasingbedingungen beim Händler abzugeben ist, der sich gegenüber dem Leasinggeber oft verpflichtet hat, die Leasingrückläufer zum kalkulierten Restwert zurückzukaufen, und zusammen mit dem von ihm eingeschalteten Gutachter versuchen wird, die Angelegenheit für ihn nicht zu einem Minusgeschäft werden zu lassen, zumal die Marktsituation seit Jahren von einem Verfall der Gebrauchtwagenpreise gekennzeichnet ist.[59] Allerdings ist der Leasingnehmer vor einer zu schlechten Bewertung des Fahrzeugs im Leasingprotokoll praktisch nur dadurch geschützt, dass der Leasinggeber ihm das Fahrzeug vor der Verwertung zu den gleichen Bedin-

---

53 OLG Düsseldorf v. 8.11.2005 – 24 U 30/05, ZMR 2006, 281.
54 BGH v. 31.10.2007 – VIII ZR 278/05 (Tz 19 ff), NJW 2008, 989, 991; BGH v. 21.9.2011 – VIII ZR 184/10 (Tz 18 ff), NJW 2011, 3709, 3711; ablehnend und zu Gegenvorschlägen *Reinking*, DAR 2011, 125, 128.
55 BGH v. 14.7.2004 – VIII ZR 367/03, NJW 2004, 2823, 2824.
56 BGH v. 14.7.2004 – VIII ZR 367/03, NJW 2004, 2823, 2824.
57 Berechnungsbeispiel in OLG Düsseldorf v. 29.6.2009 – 24 U 208/08, NJOZ 2010, 143, 144.
58 BGH v. 1.3.2000 – VIII ZR 177/99, NJW-RR 2000, 1303, 1304 (zur insoweit gleichlautenden Regelung des § 558 BGB aF).
59 *Reinking*, DAR 2009, 502, 503; DAR 2010, 622, 624.

gungen zum Kauf anzubieten hat, die er dem Drittkäufer gewährt.[60] Der Anspruch auf Minderwertausgleich ist kein Schadensersatz- sondern ein Erfüllungsanspruch. Er ist auf Zahlung des Betrages gerichtet, um den der Wert des Leasingfahrzeugs bei Vertragsablauf wegen der vorhanden Schäden oder Mängel hinter dem Wert zurückbleibt, den das Fahrzeug in vertragsgemäßem Zustand hätte.[61] Für die Bemessung des Minderwertausgleichs ist weder der vorab intern kalkulierte Restwert noch der nach Vertragsablauf erzielte Verwertungserlös von Bedeutung.[62] Aufgrund der Übernahme der Sach- und Preisgefahr durch den Leasingnehmer führen Schäden, Mängel und übermäßiger Verschleiß unabhängig davon zu einer Wertminderung, ob der Leasingnehmer diese Verschlechterungen verschuldet hat oder nicht.[63] Der Leasingnehmer kann zwar versuchen, über das Vorliegen oder Nichtvorliegen von Mängeln zu diskutieren. Allerdings werden im Gegensatz zum Flottenleasing im Einzelgeschäft (bewusst) keine detaillierten baugruppenspezifischen Festlegungen des ordnungsgemäßen Fahrzeugzustands (zB zu Tiefe, Länge und Anzahl von Lackkratzern pro Karosserieteil) getroffen, so dass der Kunde sich gegen die beliebte Berechnungsmethode „Wertminderung = Summe der ungekürzten Einzelreparaturkosten + Aufbereitungskosten für den Weiterverkauf"[64] im Grunde nur dann wehren kann, wenn ein Gericht die Bewertungsklausel im Leasingvertrag als intransparent und damit unwirksam erachtet.[65] Ohne Erfolg wird auch die Forderung des Leasingnehmers bleiben, eine vom Leasinggeber vereinnahmte **Kaution** in analoger Anwendung der §§ 551 Abs. 3 S. 3, 698 BGB verzinst zu bekommen, wenn dies vorher nicht ausdrücklich vereinbart wurde.[66] Der Anspruch auf Minderwertausgleich unterliegt der regelmäßigen **Verjährung** nach §§ 195, 199 BGB, und nicht etwa der für Schadensersatzansprüche geltenden kurzen mietrechtlichen Verjährung des § 548 Abs. 1 BGB.[67]

Hat der Leasingnehmer nach Beendigung des Leasingvertrags das Leasingfahrzeug zurückzugeben und tut er das nicht, obwohl er es könnte, muss er dem Leasinggeber eine **Nutzungsausfallentschädigung** zahlen. Gleiches gilt für den Insolvenzverwalter, der als Vertreter des vermögenslosen Leasingnehmers das Leasingobjekt nicht zurückgibt, obwohl der Leasinggeber dies verlangt hat.[68] Die Entschädigung bestimmt sich nach Auffassung des BGH gem. § 546 a Abs. 1 BGB für die Dauer der Vorenthaltung nach der Höhe der bisherigen Leasingraten.[69] Diese Rechtsprechung ist jedenfalls für die Zeit nach dem geplanten Vertragsende abzulehnen, da es dann nur noch auf den tatsächlichen Nutzungsausfallschaden ankommen kann.[70] Immerhin ist nach Auffassung des BGH anders zu entscheiden, wenn der Zeitwert des Leasingguts alters- oder gebrauchsbedingt so weit abgesunken ist, dass eine Nutzungsentschädigung in Höhe der vereinbarten Leasingrate zu dem verbliebenen Verkehrs- oder Gebrauchswert des Leasingguts völlig außer Verhältnis steht.[71]

---

60 BGH v. 4.6.1997 – VIII ZR 312/96, NJW 1997, 3166, 3167.
61 BGH v. 14.11.2012 – VIII ZR 22/12, DB 2012, 2865; BGH v. 24.4.2013 – VIII 336/12, NJW 2013, 2421.
62 BGH v. 24.4.2013 – VIII ZR 265/12 NJW 2013, 1420.
63 *Reinking*, DAR 2010, 622, 624.
64 So *Reinking*, DAR 2010, 622, 625.
65 LG München v. 3.3.1999 – 31 S 3200/96, DAR 1999, 268.
66 BGH v. 18.11.2009 – VIII ZR 347/08 (Tz 11), NJW-RR 2010, 633, 634.
67 BGH v. 14.11.2012 – VIII ZR 22/12, NJW-RR 2013, 1067; BGH v. 24.2.2013 – VIII ZR 336/12, NJW 2013, 2421.
68 BGH v. 1.3.2007 – IX ZR 81/05 (Tz 16, 20), NJW 2007, 1594, 1595: Masseverbindlichkeit iSd § 55 Abs. 1 Nr. 1 InsO.
69 BGH v. 7.1.2004 – VIII ZR 103/03, NJW-RR 2004, 558, 559; BGH v. 13.4.2005 – VIII ZR 377/03, NJW-RR 2005, 1081, 1082 (jeweils zu § 557 Abs. 1 BGB aF); BGH v. 1.6.2005 – VIII ZR 234/04, NJW-RR 2005, 1421, 1423.
70 Ebenso Staudinger/*Stoffels*, BGB, 2004, Leasing, Rn 286 mwN; *Tiedke/Peterek*, DB 2008, 335, 340.
71 BGH v. 13.4.2005 – VIII ZR 377/03, NJW-RR 2005, 1081, 1082.

15 Oft wird auch bei Abschluss eines Leasingvertrags ein Altfahrzeug **in Zahlung genommen**. Der Inzahlungnahmepreis findet dann oft als Sonderzahlung Eingang in den Leasingvertrag. Kommt es anschließend zu einem mangelbedingten Rücktritt, muss der Leasingnehmer – wie bei einem Kaufvertrag – das Altfahrzeug wieder zurücknehmen.[72] Um dies zu vermeiden, sollte der Kaufvertrag über den in Zahlung genommenen Gebrauchtwagen gesondert und deutlich getrennt vom Leasingvertrag abgeschlossen werden.

---

[72] BGH v. 30.10.2002 – VIII ZR 119/02, NJW 2003, 505, 506.

§ 15 Gewährleistung beim Autokauf

Literatur: *Althammer/Löhnig*, Sachmängelbedingte Rückzahlungsklagen und ius variandi des Käufers, AcP 205 (2005), 520; *Auktor/Mönch*, Nacherfüllung – nur noch auf Kulanz?, NJW 2005, 1686; *Ball*, Neues Gewährleistungsrecht beim Kauf, ZGS 2002, 49; *Ball*, Die Nacherfüllung beim Autokauf, NZV 2004, 217; *Bitter/Meidt*, Nacherfüllungsrecht und Nacherfüllungspflicht des Verkäufers im neuen Schuldrecht, ZIP 2001, 2114; *Breidenstein*, Das „Montagsauto" – Sonderfall des Mängelgewährleistungsrechts?, DAR 2009, 542; *Brömmelmeyer*, Der Nacherfüllungsanspruch des Käufers als trojanisches Pferd des Kaufrechts?, JZ 2006, 493; *Büdenbender*, Der Nacherfüllungsanspruch des Käufers – Wahlschuld oder elektive Konkurrenz?, AcP 205 (2005), 386; *Canaris*, Die Reform des Rechts der Leistungsstörungen, JZ 2001, 499; *Cziupka/Kliebisch*, Die Beschädigung der Kaufsache bei der Nachbesserung, JuS 2008, 855; *Dauner-Lieb*, Viereinhalb Jahre Gesetz zur Modernisierung des Schuldrechts, AnwBl 2006, 430; *Ferslev*, Kfz und Insolvenzrecht, DAR 2008, 448; *Gsell*, Substanzverletzung und Herstellung, 2003; *Gsell*, Nutzungsentschädigung bei kaufrechtlicher Nacherfüllung?, NJW 2003, 1969; *Gsell*, Aufwendungsersatz nach § 284 BGB, NJW 2006, 125; *Häublein*, Der Beschaffenheitsbegriff und seine Bedeutung für das Verhältnis der Haftung aus culpa in contrahendo zum Kaufrecht, NJW 2003, 388; *Heyers/Heuser*, Qualitative Unmöglichkeit – eine verkannte Rechtsfigur, NJW 2010, 3057; *Höpfner*, Finanzierungsleasing mit Verbraucherbezug als Umgehungstatbestand im Sinne des § 475 Abs. 1 S. 2 BGB, ZBB 2006, 200; *Klas/Kleesiek*, Die Problematik der „Kettengewährleistung", NJOZ 2010, 2148; *Kleine/Scholl*, Das Konkurrenzverhältnis primärer und sekundärer Gläubigerrechte bei Pflichtverletzungen im allgemeinen Schuldrecht, NJW 2006, 3462; *Lorenz*, Rücktritt, Minderung und Schadensersatz wegen Sachmängeln im neuen Kaufrecht: Was hat der Käufer zu vertreten?, NJW 2002, 2497; *Lorenz*, Arglist und Sachmangel – Zum Begriff der Pflichtverletzung in § 323 Abs. 5 S. 2 BGB, NJW 2006, 1925; *Lorenz*, Leistungsstörungen beim Autokauf, DAR 2006, 611; *Lorenz*, Fünf Jahre „neues" Schuldrecht im Spiegel der Rechtsprechung, NJW 2007, 1; *Medicus*, Die unverhältnismäßig teure Nachbesserung beim Kauf, in: FS Schmidt, 2009, S. 1153; *Otting*, in: Ferner, Straßenverkehrsrecht, 2. Auflage 2006, § 32 – Kaufrecht; *Reim*, Der Ersatz vergeblicher Aufwendungen nach § 284 BGB, NJW 2003, 3662; *Reinking/Eggert*, Der Autokauf, 12. Auflage 2014; *Rinsche*, Prozeßtaktik, 3. Auflage 1993; *Schall*, Nochmals: Die Anwendbarkeit des Sachmangelrechts im Falle unbehebbarer Mängel der Kaufsache, NJW 2011, 343; *Schroeter*, Das Wahlrecht des Käufers im Rahmen der Nacherfüllung, NJW 2006, 1761; *Seyderhelm*, in: Tempel/Seyderhelm, Materielles Recht im Zivilprozess, 4. Auflage 2005, § 1; *Stöber*, Der Gerichtsstand des Erfüllungsortes nach Rücktritt des Käufers vom Kaufvertrag, NJW 2006, 2661; *Tettinger*, Wer frißt wen? Weiterfresser vs. Nacherfüllung, JZ 2006, 641; *Unberath*, Die richtlinienkonforme Auslegung und Rechtsfortbildung am Beispiel der Kaufrechtsrichtlinie, ZEuP 2005, 5; *v. Westphalen*, Kettengarantie und kein Ende?, ZGS 2002, 19; *Wertenbruch*, Die eingeschränkte Bindung des Käufers an Rücktritt und Minderung, JZ 2002, 862.

A. Gegenstand der Gewährleistung: der Mangel	1
B. Gewährleistungsrechte	4
I. Nacherfüllung (§ 439 BGB)	8
1. Vorrangiger gesetzlicher Rechtsbehelf	8
2. Mängelbeseitigung	12
3. Nachlieferung	19
4. Das Problem der Selbsthilfe	26
5. Verjährung	27
6. Nacherfüllungsklage	29
a) Vorbereitung des prozessualen Vorgehens	29
b) Reaktionsmöglichkeiten	31
II. Rücktritt	33
1. Rücktrittsvoraussetzungen	33
2. Rückabwicklung des Kaufvertrags	37
3. Verjährung	41
4. Gerichtliche Rückabwicklung	44
a) Vorbereitung des prozessualen Vorgehens	44
b) Reaktionsmöglichkeiten	52
III. Minderung (§ 441 BGB)	54
1. Voraussetzungen der Minderung	55
2. Rechtsfolgen der Minderung	56
3. Verjährung	58
4. Minderungsklage	60
IV. Schadensersatz gem. §§ 280, 281, 283, 311 a BGB	63
1. Schadensarten	66
2. Verschuldete Pflichtverletzung	69
3. Fristsetzung	71
4. Rechtsfolgen	75
5. Verjährung	77
6. Schadensersatzklage	79
a) Vorbereitung des prozessualen Vorgehens	79
b) Reaktionsmöglichkeiten	81
V. Ersatz vergeblicher Aufwendungen (§ 284 BGB)	83

VI. Zusammenfassende Übersicht zu den Möglichkeiten einer Abkürzung der Verjährung von Mängelansprüchen im Kaufrecht.............................. 89

VII. Mängel und Schäden bei Leasingfahrzeugen.. 90

A. Gegenstand der Gewährleistung: der Mangel

1 Dreh- und Angelpunkt aller Gewährleistungsrechte ist der Mangel. In erster Linie geht es damit um Sachmängel, obwohl Rechtsmängel in gleicher Weise Gewährleistungsrechte begründen (§ 437 BGB). Der Begriff des Mangels ist ein Rechtsbegriff und sprachlich unscharf. Anders als etwa nach § 29 Abs. 4 S. 1 StVZO erfasst er nicht nur technische Defekte, sondern jede Abweichung von der vertraglich geschuldeten (Soll-)Beschaffenheit (siehe ausführlich § 13 Rn 8 ff). Dies gilt für Neu- wie für Gebrauchtwagen, wobei die Solleigenschaft bei Gebrauchtwagen mitunter nicht einfach zu bestimmen ist. Erforderlich ist immer die Feststellung eines tatsächlichen Defekts. Allein eine lange Standzeit des Gebrauchtwagens vor dem Kauf würde zB nicht genügen.[1] Bei Gebrauchtfahrzeugen gehört es auch nicht ohne Weiteres zur üblichen Beschaffenheit iSd § 434 Abs. 1 S. 2 Nr. 2 BGB, dass sich alle Fahrzeugteile noch im Originalzustand befinden; auch muss das Fahrzeug nicht mehr mit der Originallackierung versehen sein.[2] Der Käufer muss zum Grund der Abweichung nichts vortragen. Die Darlegung von **Mängelsymptomen** reicht aus.[3] Stellt sich im Nachhinein heraus, dass der Käufer es nur unterlassen hatte, Benzin, Öl oder Kühlmittel nachzufüllen, ist der Verkäufer durch einen Schadensersatzanspruch für die angeblichen Mängelbeseitigungsarbeiten geschützt.[4] Bei den Abweichungen von der Sollbeschaffenheit geht es nicht nur um den Zustand des Fahrzeugs, sondern um alle Anforderungen, die vertraglich an die Sache gestellt werden (§ 13 Rn 9). Sofern der Verkäufer Angaben zum Fahrzeug tätigt, darf er sie nicht relativieren. So steht der Verkäufer für eine falsche Angabe der Gesamtfahrleistung auch dann ein, wenn sie „nach Angaben des Vorbesitzers" erfolgt.[5] Für den Fall, dass solche Abreden nicht getroffen sind, findet sich in § 434 Abs. 1 S. 2 BGB eine Auffanglösung (Eignung für die gewöhnliche Verwendung und Aufweisen einer Beschaffenheit, die bei Sachen der gleichen Art üblich ist[6] und die der Käufer nach der Art der Sache erwarten kann). Es gilt hierbei ein objektiver Maßstab, der sich in Ermangelung abweichender Anhaltspunkte nach der üblichen Beschaffenheit gleichartiger Sachen orientiert, so dass Fehl-Erwartungen des Käufers nicht maßgeblich sind.[7] Bei Gebrauchtwagen ist der Vergleich nicht auf denselben Typ zu begrenzen, sondern auf artgleiche Fahrzeuge zu erstrecken, die für den heimischen Markt gebaut werden.[8] Zur Sollbeschaffenheit gehören gemäß § 434 Abs. 1 S. 3 BGB auch die Eigenschaften, die sich aus Werbeaussagen ergeben (zB 3-Liter-Auto), Zum Sachmangel gehören auch gemäß § 434 Abs. 2

---

1 BGH v. 10.3.2009 – VIII ZR 34/08 (Tz 14), NJW 2009, 1588: 19-monatige Standzeit.
2 BGH v. 20.5.2009 – VIII ZR 191/07 (Tz 13), BGHZ 181, 170 = NJW 2009, 2807, 2808; OLG Düsseldorf v. 18.8.2008 – 1 U 168/07, BeckRS 2009, 04417. Möglicherweise besteht aber Aufklärungsbedarf, siehe dazu OLG Karlsruhe v. 25.10.2010 – 4 U 71/09, NJW-RR 2011, 1070, 1072.
3 BGH v. 9.3.2011 – VIII ZR 266/09 (Tz 16), NJW 2011, 1664, 1665; siehe auch BGH v. 15.6.2011 – VIII ZR 139/09 (Tz 7), NJW 2011, 3708, 3709: Rüge eines permanenten Sägezahnabriebs der Reifen reicht für Bemängelung der fehlerhaften Achseinstellung als Mangelursache aus.
4 BGH v. 23.1.2008 – VIII ZR 246/06 (Tz 12), NJW 2008, 1147, 1148.
5 Vgl BGH v. 19.9.2007 – VIII ZR 141/06 (Tz 8), NJW 2007, 3774, 3775.
6 Serienfehler werden dadurch nicht gedeckt, so OLG Düsseldorf v. 19.6.2006 – 1 U 38/06, NJW 2006, 2858, 2859; OLG Stuttgart v. 15.8.2006 – 10 U 84/06, NJW-RR 2006, 1720, 1721 f.
7 Nach BGH v. 4.3.2009 – VIII ZR 160/08 (Tz 11), NJW 2009, 2056, 2057 – Dieselpartikelfilter.
8 OLG Düsseldorf v. 19.6.2006 – 1 U 38/06, NJW 2006, 2858, 2860; ähnlich bereits OLG Düsseldorf v. 8.6.2005 – 3 U 12/04, NJW 2005, 2235, 2236. S. auch BGH v. 4.3.2009 – VIII ZR 160/08 (Tz 7), NJW 2009, 2056, 2057 – Dieselpartikelfilter; dazu § 13 Rn 12.

BGB die unsachgemäße Montage und gemäß § 434 Abs. 3 BGB die Lieferung anderer Sachen oder geringer Mengen als vereinbart. Maßgebend ist hierbei immer der Zeitpunkt des Gefahrübergangs, regelmäßig also der Übergabe (§§ 434 Abs. 1 S. 1, 446 S. 1 BGB). Tritt der Mangel in den ersten sechs Monaten nach Gefahrübergang auf, so gilt beim Kauf eines Verbrauchers beim Händler die **Beweislastumkehr** nach § 476 BGB (siehe hierzu § 13 Rn 29).

Auf die **Erheblichkeit** des Mangels kommt es nur in vier Fällen an: zum einen als Voraussetzung für den Rücktritt (§ 323 Abs. 5 S. 2 BGB), sodann, wenn großer Schadensersatz gefordert wird (§ 281 Abs. 1 S. 3 BGB), ferner dann, wenn Aufwendungsersatz gem. § 284 BGB geltend gemacht wird, und schließlich im Rahmen der Verhältnismäßigkeitsprüfung nach § 439 Abs. 3 S. 2 BGB. Verschleißerscheinungen sind keine Frage der Erheblichkeit, sondern begründen schon keinen Mangel (siehe bereits § 13 Rn 12).[9]

Ist unklar, ob eine Erscheinung von der Soll-Beschaffenheit abweicht, bietet es sich an, ein **selbstständiges Beweisverfahren** durchzuführen. In diesem Gerichtsverfahren kann durch Einholung eines Sachverständigengutachtens nicht nur festgestellt werden, ob eine Abweichung vom Soll-Zustand vorliegt und, wenn ja, worauf diese zurückzuführen ist, sondern auch der Aufwand für die Behebung des Mangels (§ 485 Abs. 2 ZPO). Diese Bewertungen erleichtern dem Käufer hernach die Wahl der Mängelrechte (Nacherfüllung, Minderung oder Abstandnahme vom Vertrag). Zudem lässt sich durch die Einleitung eines solchen Verfahrens die Verjährung hemmen (§ 204 Abs. 1 Nr. 7 BGB), nicht aber für Ansprüche aus dem ProdHaftG.[10] Ist der Käufer rechtsschutzversichert, ist dies der einzige Weg, aus der Rechtsschutzversicherung ein Sachverständigengutachten bezahlt zu bekommen; für Privatgutachten kommt der Rechtsschutzversicherer niemals auf. Antragsgegner ist der Verkäufer. Ist unklar, ob ein Fall der Umgehung des § 475 Abs. 1 S. 2 BGB vorliegt,[11] sollte demjenigen, der als Unternehmer anzusehen ist, der Streit verkündet werden (Fall der Alternativhaftung). Der Gegenstandswert dieses Verfahrens richtet sich nach dem Hauptsachewert, im Zweifel nach der Höhe der Mängelbeseitigungskosten, wenn das Beweisverfahren die Geltendmachung von Gewährleistungsansprüchen in einem späteren Hauptsacheverfahren vorbereiten soll.[12] Macht der Antragsteller deutlich, dass er vom Vertrag zurücktreten werde, falls der Verkäufer die gerichtlich festgestellten Mängel nicht beseitigt, soll schon für das selbstständige Beweisverfahren der Kaufpreis zugrunde zu legen sein.[13]

▶ **Muster: Antrag auf Durchführung eines Selbstständigen Beweisverfahrens**

An das Landgericht ▬▬▬

Antrag auf Beweiserhebung

der Frau ▬▬▬

– Antragstellerin –

---

9 BGH v. 14.9.2005 – VIII ZR 363/04, NJW 2005, 3490, 3493 – Kotflügel; BGH v. 23.11.2005 – VIII ZR 43/05, NJW 2006, 434, 435 – Turbolader. Zur Abgrenzung von Mangel und Verschleiß s. die nach Stichworten geordnete Urteilsübersicht in DAR 2008, 488 ff, zudem OLG Naumburg v. 24.6.2010 – 2 U 77/09, NJW-RR 2011, 64 (Zahnriemenriss als Sachmangel).
10 Der Beweisantrag leitet keinen Rechtsstreit iSd § 13 Abs. 1 S. 1 ProdHaftG ein: OLG Schleswig v. 19.10.2007 – 17 U 43/07, NJW-RR 2008, 691, 693; *Reinking/Eggert*, Rn 731.
11 Hierzu BGH v. 22.11.2006 – VIII ZR 72/06 (Tz 17), BGHZ 170, 67 = NJW 2007, 759, 760.
12 Ebenso für Baumängel OLG Düsseldorf v. 23.3.2010 – 21 W 5/10, NZBau 2010, 705; im Erg.: BGH v. 16.9.2004 – III ZB 33/04, NJW 2004, 3488, 3489.
13 OLG Celle v. 20.6.2006 – 16 U 287/05, NJW 2006, 2643, 2644.

Verfahrensbevollmächtigte: RAe ▬

gegen

die Autohaus ▬ KG, vertreten durch die Geschäftsführer ▬

– Antragsgegnerin –

Streitwert (vorläufig): 9.000 EUR.

Namens und in Vollmacht der Antragstellerin beantrage ich, im Wege des selbstständigen Beweisverfahrens nach § 485 Abs. 2 ZPO folgenden

Beweisbeschluss

zu erlassen:

1. Es ist ein schriftliches Sachverständigengutachten über die Behauptung der Antragstellerin einzuholen, dass bei dem Pkw Opel Corsa mit der Fahrgestell-Nr. ▬, amtl. Kennzeichen ▬, bei einer Geschwindigkeit von über 100 km/h ein lautes Summen zu vernehmen ist. Der Gutachter hat auch festzustellen, worauf dieses Summen zurückzuführen ist und welcher Aufwand für die Beseitigung dieses Umstands zu veranschlagen ist.
2. Es ist ein schriftliches Sachverständigengutachten über die Behauptung der Antragstellerin einzuholen, dass im Pkw Opel Corsa mit der Fahrgestell-Nr. ▬, amtl. Kennzeichen ▬, ein dauerhafter eindringlicher modriger Geruch wahrzunehmen ist. Der Gutachter hat auch festzustellen, worauf dieser Geruch zurückzuführen ist und welcher Aufwand für die Beseitigung dieses Umstands zu veranschlagen ist.

Es wird angeregt, mit der Erstellung des Gutachtens folgenden Kfz-Sachverständigen zu beauftragen:

Prof. Dr. Ing. ▬

Das Gericht wird gebeten, über dieses Beweissicherungsgesuch gem. § 490 Abs. 1 ZPO ohne mündliche Verhandlung zu entscheiden.

Begründung

Die Antragstellerin erwarb im Juni 2014 von der Antragsgegnerin den im Antrag genannten Pkw Opel Corsa zum Preis von 9.000 EUR.

Glaubhaftmachung: Kaufvertrag vom 3.6.2014
                             Anlage ASt 1

Sofort nach Übergabe des Fahrzeugs stellte die Antragstellerin fest, dass der Wagen bei einer Geschwindigkeit von über 100 km/h ein lautes Summen von sich gab. Ferner stellte sie einen eindringlichen modrigen Gestank im Wagen fest. Die Antragstellerin bekommt dadurch erhebliche Kopfschmerzen.

Glaubhaftmachung: Eidesstattliche Versicherung der Antragstellerin vom 18.8.2014
                             Anlage ASt 2

Sie forderte die Antragsgegnerin mehrmals auf, diese Mängel abzustellen, wurde von ihr aber nur hingehalten.

Mit Anwaltsschreiben vom 9.7.2014 ließ die Antragstellerin die Antragsgegnerin auffordern, diesen Zustand bis zum 31.7.2014 zu beheben.

Glaubhaftmachung: Schreiben des Unterzeichners vom 9.7.2014

Anlage ASt 3

Das Fahrzeug wurde daraufhin bei der Antragsgegnerin untersucht. Das laute Summen ist verblieben, ebenso der modrige Geruch.

Gegenstand des selbstständigen Beweisverfahrens ist die Feststellung von Fahrzeugmängeln. Insofern ist darauf hinzuweisen, dass es sich bei starkem Summen um einen Mangel handeln kann (vgl OLG Hamm NJW 1977, 809; OLG Köln NJW-RR 1991, 1340). Gleiches gilt für starken Geruch (vgl OLG Düsseldorf vom 16.12.1994 – 14 U 95/94, zit. bei *Reinking/Eggert*, Der Autokauf, 12. Auflage 2014, Rn 232).

Glaubhaftmachung: Eidesstattliche Versicherung vom 18.8.2014,
Als Anlage ASt 2 bereits vorliegend

Für die Antragstellerin besteht an der Durchführung dieses Verfahrens ein rechtliches Interesse. Bei Vorliegen eines gerichtlich bestellten Sachverständigengutachtens und der damit verbundenen neutralen sachkundigen Abklärung der zugrunde liegenden Streitfragen kann davon ausgegangen werden, dass die Probleme mit der Geräuschentwicklung und dem Geruch einer schnellen Einigung zugeführt werden und ein Rechtsstreit zwischen den Parteien vermieden wird.

Sollte nach Auffassung des Gerichts das rechtliche Interesse der Antragstellerin an diesem selbstständigen Beweisverfahren nach § 487 Nr. 4 ZPO nicht ausreichend glaubhaft gemacht worden sein, wird um einen rechtlichen Hinweis gebeten.

Nach vorläufiger Einschätzung sind die Mängel nicht behebbar, so dass als Streitwert der Kaufpreis anzusetzen ist.

Rechtsanwalt ◄

B. Gewährleistungsrechte

Während Mängelgewährleistungsrechte vor der Schuldrechtsreform 2002 aufgrund eigenständiger Regelungen im gesetzlichen Kaufrecht gewährt wurden, ist jetzt die Ablieferung der Kaufsache ausdrückliche Verkäuferpflicht (vgl § 433 Abs. 1 S. 1 BGB), so dass das Mängelgewährleistungsrecht nunmehr Teil des Leistungsstörungsrechts ist. Damit konnte das Mängelgewährleistungsrecht in die Regeln über Unmöglichkeit und Verzögerung der Leistung eingegliedert und so jedenfalls strukturell vereinfacht werden. Behebbare Mängel sind nunmehr ein Fall der teilweisen Verspätung, unbehebbare ein Fall der teilweisen Unmöglichkeit.[14] In der Praxis ist das neue Mängelgewährleistungsrecht freilich nicht einfach zu handhaben, da die Einbindung in das Leistungsstörungsrecht bei Aufrechterhaltung (wegen der neuen Möglichkeit zur Nacherfüllung genauer: Ausweitung) der einzelnen Mängelbehelfe eine ausdifferenzierte Verweisungstechnik nötig machte (vgl § 437 BGB), die sich nicht sofort erschließt. Erschwerend kommt hinzu, dass der Gesetzgeber in den §§ 474 ff BGB ein neues Haftungsregime für den Verbrauchsgüterkauf geschaffen hat, so dass insoweit immer zu differenzieren ist. Allgemein setzen Gewährleistungsrechte viererlei voraus:

4

- einen wirksamen Kaufvertrag,
- einen Sach- oder Rechtsmangel bei Gefahrübergang, und zwar unabhängig davon, ob er bei Gefahrübergang erkennbar war und ob der gekaufte Gegenstand ordnungsgemäß untersucht wurde,

---

14 Instruktiv: *Lorenz*, DAR 2006, 611 ff. Zur Anwendbarkeit des Sachmängelrechts bei unbehebbaren Mängeln der Kaufsache siehe *Heyers/Heuser*, NJW 1010, 2057 ff; *Schall*, NJW 2011, 343 ff.

- den Gefahrübergang, regelmäßig also die Übergabe des Fahrzeugs (vgl § 446 BGB),
- das Nichtvorliegen eines Gewährleistungsausschlusses, sei es gesetzlicher (zB aufgrund Erhebung der Verjährungseinrede oder gem. § 442 Abs. 1 BGB wegen Kenntnis bzw grob fahrlässiger Unkenntnis des Mangels bei Übergabe) oder vertraglicher Art.

Diese Voraussetzungen sind vom Käufer darzulegen und zu beweisen, wenn er Gewährleistungsrechte durchsetzen will. Dabei können ihm Beweiserleichterungen zukommen. Ist ein Mangel etwa ungewöhnlich und tritt er wenige Tage nach Fahrzeugübergabe auf, streitet für den Käufer ein Anschein dafür, dass der Mangel schon vor Gefahrübergang bestand.[15] Für den Verbrauchsgüterkauf besteht insofern ein Sonderregelung in § 476 BGB (dazu § 13 Rn 29).

5 Die kaufrechtliche Gewährleistung besteht auch dann, wenn der Verkäufer mit der Produktion des Fahrzeugs nichts zu tun hat und dem Mangel ein **Produktfehler** zugrunde liegt. Zwar haften Vertriebshändler und Lieferanten deliktsrechtlich grundsätzlich nicht für Produktfehler.[16] Die vertragliche Gewährleistungshaftung des Verkäufers bleibt hiervon jedoch unberührt. Für den Käufer spielt es keine Rolle, wer den Mangel letztlich zu vertreten hat.[17] Auf der anderen Seite ist die deliktische Herstellerhaftung nicht darauf gerichtet, dem Erwerber eine mangelfreie Sache zur Verfügung zu stellen, sondern beschränkt sich auf den Schutz absoluter Rechtsgüter wie Leben, Gesundheit und Eigentum.[18]

6 Das Gesetz schafft einen **numerus clausus** der Mängelrechte. Es bestimmt gem. § 437 BGB für den Kaufvertrag vier Gewährleistungsrechte, nämlich

- die Nacherfüllung (§ 439 BGB),
- die Minderung (§ 441 BGB),
- den Rücktritt (§§ 440, 323, 326 Abs. 5 BGB),
- den Anspruch auf großen Schadensersatz (§§ 440, 280, 281, 283, 311 a BGB) bzw – stattdessen – auf Ersatz vergeblicher Aufwendungen (§ 284 BGB).

7 Dabei ist die **Nacherfüllung** wegen des Erfordernisses der Fristsetzung für die anderen Rechtsbehelfe (§§ 440, 441 BGB) immer **vorrangig**. Der Käufer muss sich also immer zunächst um Abhilfe beim Verkäufer bemühen. Eine entsprechende Aufforderung ist auch im Fall eines unwirksamen formularmäßigen Gewährleistungsausschlusses nicht entbehrlich.[19] Hierzu muss der Käufer keine Frist setzen; es reicht aus, wenn er zur umgehenden Mängelbehebung auffordert.[20] Die Obliegenheit des Käufers, dem Verkäufer Gelegenheit zur Nacherfüllung zu geben, beschränkt sich nicht auf eine mündliche oder schriftliche Aufforderung zur Nacherfüllung, sondern umfasst auch seine Bereitschaft, dem Verkäufer die Kaufsache zur Überprüfung der erhobenen Mängelrügen zur Verfügung zu stellen.[21] Das Abhilfeverlangen kann bei entsprechender vertraglicher Regelung auch gegen einen anderen Vertragshändler gerichtet sein. Sofern die AGB des Verkäufers für diesen Fall eine sofortige Unterrichtungspflicht des Verkäufers vorsehen, sind diese nach der Unklarheitenregelung des § 305 c Abs. 2

---

15 Vgl OLG Köln v. 27.3.2008 – 15 U 175/07 (Tz 53), BeckRS 2008, 09080.
16 Zu Ausnahmen siehe Palandt/*Sprau*, § 823 Rn 180.
17 OLG Saarbrücken v. 22.6.2005 – 1 U 567/04 (zu B. I. 1), BeckRS 2005, 11629.
18 BGH v. 16.12.2008 – VI ZR 170/07, BGHZ 179, 157 (Tz 17), NJW 2009, 1080, 1082.
19 BGH v. 13.7.2011 – VIII ZR 215/10 (Tz 33), NJW 2011, 3435, 3437.
20 BGH v. 12.8.2009 – VIII ZR 254/08 (Tz 11), NJW 2009, 3153, 3154.
21 BGH v. 10.3.2010 – VIII ZR 310/08 (Tz 12), NJW 2010, 1448.

BGB dahin auszulegen, dass die Unterrichtung erst dann erfolgen muss, wenn die Mängelbeseitigung im Drittbetrieb fehlgeschlagen ist.[22] Der Käufer kann dieses Recht des Verkäufers zur zweiten Andienung nur umgehen, wenn die Setzung einer Abhilfefrist entbehrlich oder zwecklos ist. Dies kann bei einer ernsthaften Erfüllungsverweigerung der Fall sein, aber auch dann, wenn dem Käufer ein zweiter Nacherfüllungsversich nicht zuzumuten ist. Letzteres ist der Fall, wenn dem Verkäufer beim ersten Nachbesserungsversuch gravierende Ausführungsfehler unterlaufen sind oder der erste Nachbesserungsversuch von vornherein nicht auf eine nachhaltige, sondern nur eine provisorische Mängelbeseitigung angelegt war.[23] Allein der Umstand, dass das Fahrzeug im Zuge der Nachbesserung beschädigt wird, lässt die Nacherfüllung noch nicht fehlschlagen.[24] Im Einzelfall kann sogar eine erstmalige Nachbesserungsaufforderung entbehrlich sein, zB bei einem sog. Montagsauto.[25] Greift der Käufer wegen einer ernsthaften Nacherfüllungsverweigerung des Verkäufers zur Selbstvornahme, muss er darlegen und im Zweifel beweisen, dass die ernsthafte Verweigerung der Mangelbeseitigung vor Ausführung der (erforderlichen) Arbeiten erfolgte.[26] Schwebt über das Vermögen des Verkäufers ein **Insolvenzverfahren**, kommt hinzu, dass der Käufer den Insolvenzverwalter zunächst auffordern muss, sich zur Erfüllung des Kaufvertrags zu erklären.[27] Der Insolvenzverwalter kann dies auch ablehnen, weil es sich bei dem Kaufvertrag um einen von beiden Seiten noch nicht vollständig erfüllten Vertrag iSd § 103 InsO handelt. Der Insolvenzverwalter darf mit seiner Erklärung bis zum sog. Berichtstermin, also der ersten Gläubigerversammlung, zuwarten, da nur diese über die Fortführung des Betriebs entscheidet. Lehnt der Insolvenzverwalter die Erfüllung ab, verbleiben dem Käufer nur Schadensersatzansprüche im Rang einer einfachen Insolvenzforderung iSd §§ 38, 103 Abs. 2 S. 1 InsO. Von den Mängelrechten lassen sich der Rücktritt und der große Schadensersatz nur bei nicht unerheblichen Mängeln geltend machen. Auch wenn die Mangelfreiheit nach neuem Recht als Verkäuferpflicht ausgestaltet ist (§ 433 Abs. 1 S. 1 BGB), bedarf es eines Verschuldens allein für die Schadensersatzpflicht. Alles in allem ist aus anwaltlicher Perspektive dringend zu raten, dem Verkäufer eine zweite Nacherfüllungsmöglichkeit einzuräumen, da sekundäre Mängelrechte vor Gericht ansonsten auf einen Ausnahmetatbestand gestützt werden müssen, was mit einem hohen Prozessrisiko verbunden ist.

I. Nacherfüllung (§ 439 BGB)

1. Vorrangiger gesetzlicher Rechtsbehelf. Primärer Rechtsbehelf für die Gewährleistung ist die Nacherfüllung, und zwar nach Wahl des Käufers entweder als Ersatzlieferung (Nachlieferung) oder als Nachbesserung (Mängelbehebung). Nach überwiegender und inzwischen auch vom BGH vertretener Auffassung ist dieses Wahlrecht (§ 439 Abs. 1 BGB) keine Wahlschuld, sondern ein Fall **elektiver Konkurrenz**; damit kann die Wahl im Gegensatz zur Wahlschuld vom Käufer (nach Ablauf einer angemessenen Wartefrist) widerrufen werden, wenn der Ver-

---

22 BGH v. 15.11.2006 – VIII ZR 166/06 (Tz 23), NJW 2007, 504, 506.
23 OLG Hamm v. 10.3.2011 – 28 U 131/10, NJW-RR 2011, 1423 f – Wohnmobil; OLG Hamm v. 9.12.2010 – 28 U 103/10, BeckRS 2011, 02460 – Sportwagen.
24 OLG Saarbrücken v. 25.7.2007 – 1 U 467/06, NJW 2007, 3503, 3504.
25 Siehe etwa OLG Düsseldorf v. 23.3.2011 – 3 U 47/10, NJW-RR 2011, 1276; zur Mängelgewährleistung bei einem Montagsauto ausführlich *Breidenstein*, DAR 2009, 542; aus der Rspr siehe KG v. 27.7.2009 – 12 U 35/08, NJW-RR 2010, 706: 9 Werkstattaufenthalte in 20 Monaten; einschränkend: OLG Bamberg v. 10.4.2006 – 4 U 295/05, BeckRS 2006, 04936: nur bei Neuwagenkauf.
26 BGH v. 20.1.2009 – X ZR 45/07 (Tz 10), NJW-RR 2009, 667.
27 Ferslev, DAR 2008, 448, 452.

käufer mit der geforderten Art der Nacherfüllung noch nicht begonnen hat bzw noch nicht rechtskräftig zu einer bestimmten Art der Nacherfüllung verurteilt worden ist.[28] Eine Änderung der Wahl darf auch erfolgen, wenn der Verkäufer (vollkommen) erfolglos einen Nacherfüllungsversuch unternommen hat.[29] Gleichwohl darf nicht übersehen werden, dass die Nacherfüllung den Verkäufer im Vergleich zum alten Recht, das nur Rücktritt und Minderung kannte, wesentlich besser stellt. Dieser Rechtsbehelf gibt dem Kaufvertrag – sieht man von der Verjährung ab – eine zeitliche Komponente und nähert ihn so dem Werkvertrag an. Offensichtlich entspricht das auch einem Bedürfnis der Praxis, da in vielen Kaufverträgen (vor allem beim Kauf von Neuwaren) schon früher die Nacherfüllung vorgesehen und als vorrangiger Rechtsbehelf ausgestaltet war.

9   Rechtstechnisch wird aus dem Anspruch gem. § 433 Abs. 1 S. 2 BGB, der gem. §§ 195, 199 BGB nach drei Jahren mit Anlaufhemmung verjährt, ein Anspruch auf Nacherfüllung gem. §§ 437 Nr. 1, 439 BGB, der gem. § 438 Abs. 1 Nr. 3 BGB nach zwei Jahren ohne Anlaufhemmung verjährt. Diese Umwandlung hat Bedeutung über die Verjährung hinaus. Wenn nämlich den Verkäufer an der Nichterfüllung des Anspruchs aus § 433 Abs. 1 S. 2 BGB kein Verschulden trifft, kann er doch – und wesentlich leichter – die Nichterfüllung des Nacherfüllungsanspruchs verschulden und auf diesem Wege dem Käufer Schadensersatzansprüche eröffnen.[30] Mit dem Nacherfüllungsanspruch korreliert der Anspruch des Verkäufers auf „zweite Andienung", was nicht ganz richtig ist, da gem. § 440 S. 2 BGB die Nachbesserung erst nach dem zweiten erfolglosen Versuch als fehlgeschlagen gilt, so dass der Verkäufer – jedenfalls im Rahmen der Mängelbeseitigung – auch ein drittes Mal andienen darf. Unter Umständen sind sogar noch mehr als zwei Nachbesserungsversuche zuzubilligen, etwa bei Bagatellschäden,[31] besonderer (technischer) Komplexität der Sache, schwer zu behebenden Mängeln oder ungewöhnlich widrigen Umständen bei vorangegangenen Nachbesserungsversuchen.[32] Zu diesem Recht gehört, darüber zu bestimmen, wie die Nacherfüllung besorgt wird; der Käufer kann hier also nichts vorgeben.[33] Der Käufer, der die Kaufsache im Anschluss an eine Nachbesserung des Verkäufers wieder entgegengenommen hat, trägt die **Beweislast** für das Fehlschlagen der Nachbesserung. Bleibt nach zweimaliger Nachbesserung ungeklärt, ob das erneute Auftreten des Mangels auf der erfolglosen Nachbesserung des Verkäufers oder auf einer unsachgemäßen Behandlung der Kaufsache nach erneuter Übernahme durch den Käufer beruht, geht das zulasten des Käufers.[34] Ist die Mängelursache allein im Fahrzeug zu suchen und auszuschließen, dass sie auf einer unsachgemäßen Behandlung durch den Käufer oder einen Dritten beruht, greift die Mängelrüge indes, ohne dass es darauf ankommt, ob ein Sachmangel möglicherweise auf eine neue Mangelursache zurückgeführt werden kann. Diese Ungewissheit geht nicht zulasten des Käufers; dieser genügt seiner Beweislast für das Fehlschlagen der Nachbesserung durch den Nachweis, dass die Mangelsymptome weiterhin auftreten.[35]

---

28 BGH v. 20.1.2006 – V ZR 124/05, NJW 2006, 1198 f; *Ball*, NZV 2004, 217, 219; *Schroeter*, NJW 2006, 1761 f; aA *Büdenbender*, AcP 205 (2005), 386, 428; ausf. Zum Verhältnis zwischen diesen Gläubigerrechten *Kleine/Scholl*, NJW 2006, 3462 ff.
29 *Ball*, NZV 2004, 217, 219, 226.
30 Zutreffend: *Dauner-Lieb*, AnwBl 2006, 430, 432; *Huber*, in: FS Schlechtriem, 2003, S. 521, 528 ff.
31 OLG Bamberg v. 10.4.2006 – 4 U 295/05, DAR 2006, 456, 458.
32 BGH v. 15.11.2006 – VIII ZR 166/06 (Tz 15), NJW 2007, 504, 505.
33 *Ball*, NZV 2004, 217, 219.
34 BGH v. 11.2.2009 – VIII ZR 274/07 (Tz 15), NJW 2009, 1341, 1342 m krit Anm *Bruns*, EWiR 2009, 435 f.
35 BGH v. 9.3.2011 – VIII ZR 266/09 (Tz 13, 16), NJW 2011, 1664 f.

Macht der Käufer von seinem Wahlrecht keinen Gebrauch, stellt sich die Frage, ob er damit sein Zurückbehaltungsrecht hinsichtlich des noch zu zahlenden Kaufpreises verliert. Diese Frage lässt sich nur unter Rückgriff auf die Gebote von Treu und Glauben beantworten.[36] Ähnliche Probleme können hinsichtlich des Rechts zur Wahl sekundärer Mängelrechte (zB Rücktritt) bestehen, die gegeben sind, wenn eine Nacherfüllung unmöglich oder fehlgeschlagen ist. Wenn der Verkäufer die Mängelbeseitigungsmöglichkeit durch erfolglosen Ablauf der ihm vom Käufer gesetzten Mängelbeseitigungsfrist verloren hat, kann er den Käufer mit der Wahl zwischen den diesem zustehenden Mängelrechten in Verzug setzen und ihm zur Vornahme der Wahl eine angemessene Frist setzen, nach deren Ablauf das Wahlrecht gemäß § 264 Abs. 2 S. 2 BGB auf den Verkäufer übergeht.[37]

Für die Praxis geklärt hat der BGH inzwischen die Frage, wo der Nacherfüllungsanspruch zu erfüllen ist. Sowohl der Belegenheitsort als auch der Verkäuferwohnsitz kommen in Betracht. Nach Auffassung des BGH sind hierfür in erster Linie die von den Parteien getroffenen Vereinbarungen entscheidend. Fehlen vertragliche Abreden über den **Erfüllungsort**, ist auf die jeweiligen Umstände, insbesondere die Natur des Schuldverhältnisses, abzustellen. Lassen sich auch hieraus keine abschließenden Erkenntnisse gewinnen, ist der Erfüllungsort letztlich der Ort, an welchem der Verkäufer zum Zeitpunkt der Entstehung des Schuldverhältnisses seinen Wohnsitz oder seine gewerbliche Niederlassung (§ 269 Abs. 2 BGB) hatte.[38] Im Regelfall sollte der Käufer somit davon auszugehen, dass der Nacherfüllungsort sich nicht an seinem Wohnsitz, sondern an dem des Verkäufers befindet. Ohnehin hat der Verkäufer die dadurch entstehenden Kosten zu tragen (§ 439 Abs. 2 BGB); angesichts dieses Unentgeltlichkeitsgebots kommt hierfür auch ein **Vorschussanspruch** des Käufers in Betracht.[39] Bleibt der Käufer mit dem Fahrzeug also mangelbedingt unterwegs liegen, muss der Verkäufer die Transportkosten zu seinem Wohn- bzw Betriebssitz tragen. Mietwagenkosten sind hingegen keine direkten Mangelbehebungskosten und vom Verkäufer daher nur im Rahmen seines Verschuldens gem. § 280 Abs. 1 BGB zu übernehmen.[40]

2. Mängelbeseitigung. Sofern der Käufer Nachbesserung wählt, muss der Verkäufer den gerügten Mangel beheben. Diesen Inhalt kann auch eine Herstellergarantie haben. Die Inanspruchnahme aus der Garantie darf die Mängelbeseitigung jedoch nicht gefährden. Der Verkäufer muss nicht nacherfüllen, wenn **Garantiemaßnahmen** durch eine Fremdwerkstatt **missglückt** sind. Etwas anderes gilt nur dann, wenn der Verkäufer den Käufer selbst an die Drittfirma verwiesen hat.[41] Daher sollte primär immer Nacherfüllung verlangt, also nur der Verkäufer angegangen werden.

Für die Mängelbeseitigung sind folgende **Regeln** zu beachten: Der Anspruch umfasst neben der Herstellung der vereinbarten Beschaffenheit[42] die Übernahme der hierzu nötigen **Kosten**, nämlich der Transport-, Wege-, Arbeits- und Materialkosten (§ 439 Abs. 2 BGB). Dazu gehören die Kosten für ein Mängelfindungsgutachten,[43] ferner Umbaukosten,[44] nicht dagegen

---

36 Hierzu *Schroeter*, NJW 2006, 1761, 1764 f.
37 Vgl (zum ebenso gelagerten Werkvertragsrecht) OLG Celle v. 5.2.2009 – 6 U 96/07, BeckRS 2009, 28729.
38 BGH v. 13.4.2011 – VIII ZR 220/10 (Tz 29 ff), NJW 2011, 2278, 2281 ff.
39 BGH v. 13.4.2011 – VIII ZR 220/10 (Tz 37), NJW 2011, 2278, 2281.
40 *Lorenz*, DAR 2006, 611, 616.
41 LG Köln v. 20.10.2004 – 18 O 21/04; *Reinking/Eggert*, Rn 1435.
42 Zur Frage, ob der Verkäufer hierzu Neuteile verwenden muss, siehe *Ball*, NZV 2004, 217, 218.
43 Vgl BGH v. 23.1.1991 – VIII ZR 122/90, BGHZ 113, 251 = NJW 1991, 1604, 1606.
44 *Ball*, NZV 2004, 217, 218.

mittelbare beseitigungsbedingte Kosten wie etwa Mietwagenkosten für die Zeit der Mängelbeseitigung;[45] dieser Aufwand lässt sich nur unter den Voraussetzungen des § 437 Nr. 3 BGB bzw der §§ 280 ff BGB einfordern. Wird der Käufer durch die Mangelbeseitigung bessergestellt, hat er dies auszugleichen (Abzug neu für alt, Ersparnis von Sowieso-Kosten).[46] Bevor der Käufer Mängelrechte geltend macht, muss er im Rahmen seiner Möglichkeiten sorgfältig prüfen, ob die in Betracht kommenden Ursachen für die Symptome, hinter denen er einen Mangel vermutet, in seiner eigenen Sphäre liegen (zB bei Wartungsproblemen). Dies gebietet die innerhalb eines Schuldverhältnisses gebotene Rücksichtnahme auf die Interessen der gegnerischen Vertragspartei.[47] Andernfalls macht er sich schadensersatzpflichtig und muss gem. § 280 Abs. 1 BGB den zur angeblichen Mängelbeseitigung angefallenen Aufwand des Verkäufers (Fahrtkosten, Arbeitszeit etc.) ersetzen.[48]

14 Hinsichtlich der Nachbesserung kommen **drei Störungsquellen** in Betracht: Die Nachbesserung kann unmöglich bzw dem Verkäufer unzumutbar sein, sie kann vom Käufer wegen Unzumutbarkeit oder aus sonstigen Gründen verweigert werden, und sie kann fehlschlagen.

15 Die Nachbesserung ist gem. § 275 Abs. 1 BGB ausgeschlossen, wenn sie dem Verkäufer oder objektiv, also jedermann, unmöglich ist; dies trifft vor allem bei unbehebbaren Mängeln zu. Darüber hinaus hat der Verkäufer gem. § 439 Abs. 3 S. 1 BGB die Möglichkeit, die Nachbesserung, bei weitergehender Begründung auch die Ersatzlieferung, zu verweigern (§ 439 Abs. 3 S. 3 BGB), wenn sie

- unverhältnismäßig hohe Kosten verursacht (§ 439 Abs. 3 S. 1 BGB). Vergleichsmaßstab ist dabei nicht der Gewinn des Verkäufers, sondern der Nutzen der Nacherfüllungsmaßnahme für den Käufer.[49] In die Abwägung einzufließen haben gem. § 439 Abs. 3 S. 2 BGB vor allem (1.) der Wert der Sache in mangelfreiem Zustand (das ist nicht unbedingt der Verkaufspreis), (2.) die Bedeutung des Mangels, also seine Auswirkung auf die Gebrauchsfähigkeit des Fahrzeugs, und (3.) die Zumutbarkeit der alternativen Nacherfüllungsart (Ersatzlieferung) für den Käufer. Praktisch verwertbar ist im Wesentlichen nur das erste Kriterium, so dass in der Literatur Zuschläge auf den Verkehrswert als Grenzbelastung geschätzt werden.[50] Dies gilt auch für das dritte Kriterium, wobei für diesen Vergleich zur Ersatzlieferung Werte zwischen 5 %[51] und etwa 30 %,[52] im Extremfall (bei einem sog. Zitronenauto als Neuwagen mit einer Vielzahl von Fehlern) sogar bis zu 200 %[53] angesetzt werden. Unberücksichtigt bleiben die Kosten, die der Verkäufer für misslungene Nachbesserungsversuche aufgewandt hat;[54]
- gem. § 275 Abs. 2 S. 1 BGB dem Verkäufer einen unzumutbaren Aufwand abfordert. Auch hier geht es um Kosten. Vergleichsmaßstab ist auch hier nicht der Gewinn des Verkäufers,

---

45 *Ball*, NZV 2004, 217, 221.
46 LG Freiburg v. 25.10.2005 – 3 S 129/05, DAR 2006, 329, 330; *Gsell*, NJW 2003, 1969, 1971; differenzierend: *Ball*, NZV 2004, 217, 221; *Reinking/Eggert*, Rn 1434, 346.
47 BGH v. 23.1.2008 – VIII ZR 246/06 (Tz 12), NJW 2008, 1147, 1148.
48 BGH v. 23.1.2008 – VIII ZR 246/06 (Tz 12), NJW 2008, 1147, 1148.
49 OLG Celle v. 28.6.2006 – 7 U 235/05, ZGS 2006, 429, 430; *Lorenz*, NJW 2007, 1, 5.
50 ZB *Bitter/Meidt*, ZIP 2001, 2114 f: 130–150 %; *Huber*, NJW 2002, 1004, 1008: 100–130 %; *Reinking/Eggert*, Rn 373: 100 %.
51 Bamberger/Roth/*Faust*, § 439 Rn 47, der allerdings bei Verschulden höhere Werte ansetzt. Das von *Faust* entwickelte abgestufte System hält *Ball*, NZV 2004, 217, 224, für „gänzlich unpraktikabel".
52 *Reinking*/Eggert, Rn 374. Für diskutabel hält diese Obergrenze auch *Medicus*, in: FS Schmidt, 2009, S. 1153, 1156.
53 LG Münster v. 7.1.2004 – 2 O 603/02, zfs 2004, 215, 216, aber zw.
54 *Ball*, NZV 2004, 217, 226.

sondern der Nutzen der Nacherfüllungsmaßnahme für den Käufer.[55] Dabei ist ein Verschulden des Verkäufers an dem Leistungshindernis zu berücksichtigen (§ 275 Abs. 2 S. 2 BGB), so dass die in § 439 Abs. 3 S. 1 und S. 2 BGB genannte Opfergrenze bei einem Schuldvorwurf zu erweitern ist;[56]
- gem. § 275 Abs. 3 BGB dem Verkäufer persönlich nicht zugemutet werden kann. Diese Möglichkeit ist zwar in § 439 Abs. 3 S. 1 BGB genannt, hat im Kaufrecht aber mangels Pflicht zur persönlichen Leistungserbringung keine Bedeutung.

Auf der anderen Seite kann dem Verkäufer die Mängelbeseitigung auch ohne Verweigerungsrecht versperrt sein. Dies ist der Fall, wenn
- er die Mängelbeseitigung nicht fristgerecht erbringt (§§ 281 Abs. 2, 323 Abs. 2 BGB);
- die Mängelbeseitigung fehlgeschlagen ist (§ 440 S. 1 BGB); hiervon ist nach zwei fehlgeschlagenen Versuchen regelmäßig auszugehen (§ 440 S. 2 BGB; zu Ausnahmen siehe Rn 9);
- es dem Käufer nicht zuzumuten ist, dem Verkäufer die Mängelbeseitigung zu ermöglichen (§ 440 S. 1 BGB); dies kommt vor allem in Betracht, wenn der Verkäufer über die Fehlerfreiheit arglistig getäuscht hat[57] oder er die Mängelbeseitigung grundlos verweigert.

Die Verweigerung erfolgt im Wege der Einrede, die wegen der Beschränkung des Anspruchs auf die andere Art der Nacherfüllung (§ 439 Abs. 3 S. 3 BGB) bedingungsfeindlich und nach Zugang unwiderruflich ist.[58] Dem Käufer ist der Übergang auf sekundäre Mängelrechte selbst dann möglich, wenn die Verweigerung zu Unrecht erfolgt. In jedem Fall sollte der Käufer keine Selbstvornahme betreiben, solange er sich noch nicht sicher sein kann, dass die Verweigerung der Mangelbeseitigung tatsächlich erfolgt ist.[59] Fraglich ist, ob der Verkäufer die Einrede auch noch nach Ablauf der Nacherfüllungsfrist erheben kann. Dies wird man nach dem Verbot des *venire contra factum proprium* (§ 242 BGB) verneinen müssen, da der Verkäufer durch sein Abwarten zu verstehen gibt, den Übergang auf sekundäre Mängelrechte nicht verhindern zu wollen.[60]

Dabei ist für die Annahme einer Verweigerung ein strenger Maßstab anzulegen. Eine Erfüllungsverweigerung liegt nur vor, wenn der Schuldner unmissverständlich und eindeutig zum Ausdruck bringt, er werde seinen Vertragspflichten unter keinen Umständen nachkommen. Dafür reicht das bloße Bestreiten des Mangels nicht aus. Vielmehr müssen weitere Umstände hinzutreten, die die Annahme rechtfertigen, dass der Schuldner seinen Vertragspflichten unter keinen Umständen nachkommen will und es damit ausgeschlossen erscheint, dass er sich von einer Fristsetzung hätte umstimmen lassen.[61] Eine Verweigerung besteht deshalb nicht schon darin, dass der Verkäufer anbietet, sich aus Kulanz an den Kosten einer etwaigen Mängelbeseitigung beteiligen zu wollen,[62] auch nicht in der Einschränkung, er werde für die Zeit der

---

55 *Canaris*, JZ 2001, 499, 501 f; *Lorenz*, NJW 2007, 1, 5; vgl auch BAG v. 29.6.2004 – 1 ABR 32/99, NZA 2005, 119, 122.
56 So auch Bamberger/Roth/*Faust*, § 439 Rn 50: Erhöhung um bis zu 30 %.
57 IE (nicht auf § 440 BGB, sondern bereits auf die §§ 281 Abs. 2 Alt 2, 323 Abs. 2 Nr. 3 BGB gestützt) BGH v. 24.3.2006 – V ZR 173/05, BGHZ 167, 19, NJW 2006, 1960, 1961; BGH v. 8.12.2006 – V ZR 249/05 (Tz 14), NJW 2007, 835, 837; BGH v. 9.1.2008 – VIII ZR 210/06 (Tz 20), NJW 2008, 1371, 1373.
58 Palandt/*Weidenkaff*, § 439 Rn 16.
59 Vgl BGH v. 20.1.2009 – X ZR 45/07 (Tz 10), NJW-RR 2009, 667.
60 Im Erg.: OLG Celle v. 28.6.2006 – 7 U 235/05, ZGS 2006, 429, 430; *Lorenz*, NJW 2007, 1, 5 f.
61 BGH v. 21.12.2005 – VIII ZR 49/05 (Tz 25), NJW 2006, 1195, 1197 – Katalysator; BGH v. 13.7.2011 – VIII ZR 215/10 (Tz 24), NJW 2011, 3435, 3436.
62 BGH v. 13.7.2011 – VIII ZR 215/10 (Tz 26), NJW 2011, 3435, 3436.

Nacherfüllung kein Ersatzfahrzeug stellen.[63] Hat der Käufer zur Mängelbeseitigung noch nicht aufgefordert, stellt auch die Ablehnung der Rückabwicklung noch keine Erfüllungsverweigerung dar.[64] In diesen Fällen kann der Käufer sofort zu einem sekundären Mängelgewährleistungsrecht (Rücktritt, Minderung, großer Schadensersatz) übergehen.

19 **3. Nachlieferung.** Statt der Mängelbeseitigung kann der Käufer auch die Lieferung einer mangelfreien Sache verlangen (§ 439 Abs. 1 BGB). Hierbei muss der Verkäufer ihm zum Zwecke der Nacherfüllung ein anderes Fahrzeug mit den vereinbarten Eigenschaften beschaffen, der Käufer Zug um Zug hierzu das mangelhafte Fahrzeug samt Zubehör und Papieren zurückgeben (§ 439 Abs. 4 BGB). Die Rückgabepflicht ist für den Verkäufer eine **Holschuld**. Hat das Fahrzeug inzwischen an Wert verloren, schuldet der Käufer Wertersatz gem. den §§ 439 Abs. 4, 346 Abs. 2 BGB. Hierbei bleibt die durch den bestimmungsgemäßen Gebrauch des Fahrzeugs entstandene Verschlechterung außer Betracht (§ 346 Abs. 2 Nr. 3 BGB); die Pflicht zum Wertersatz entfällt in den in § 346 Abs. 3 BGB genannten Fällen. Nach den Vorgaben des EuGH muss der Käufer gem. § 346 Abs. 1 BGB die gezogenen Nutzungen nicht herausgeben bzw. gem. § 346 Abs. 2 Nr. 1 BGB hierfür (gem. § 100 BGB vor allem für die Gebrauchsvorteile) keinen Wertersatz (Nutzungsentschädigung) leisten.[65] Für den Verbrauchsgüterkauf hat der Gesetzgeber dies Ende 2008 in § 474 Abs. 2 S. 1 BGB ausdrücklich bestimmt.

20 Hinsichtlich der Ersatzlieferung kommen strukturell dieselben **Störungen** in Betracht wie bei der Mangelbeseitigung:

21 Die Ersatzlieferung ist gem. § 275 Abs. 1 BGB ausgeschlossen, wenn sie dem Verkäufer oder objektiv, also jedermann, unmöglich ist; dies trifft bei unbehebbaren Mängeln zu. Nach Erwägungsgrund 16 der Verbrauchsgüterkauf-RL 1999/44/EG[66] soll dies allgemein für Gebrauchtfahrzeuge gelten, da diese aufgrund ihrer Eigenart im Allgemeinen nicht ersetzt werden können. Der BGH geht da nicht so weit, sondern bejaht Unmöglichkeit nur in dem Fall, dann aber generell, dass der bei einer Besichtigung des Gebrauchtfahrzeugs gewonnene Gesamteindruck ausschlaggebend für den Kaufentschluss war.[67]

22 Darüber hinaus hat der Verkäufer gem. § 439 Abs. 3 S. 1 BGB die Möglichkeit, die Ersatzlieferung, bei weitergehender Begründung sogar die Nacherfüllung insgesamt zu verweigern (§ 439 Abs. 3 S. 3 BGB), wenn sie

- unverhältnismäßig hohe Kosten verursacht (§ 439 Abs. 3 S. 1 BGB); allein die durch die Abholung des Fahrzeugs veranlassten Kosten vermögen die Unverhältnismäßigkeit nicht zu begründen;
- gem. § 275 Abs. 2 S. 1 BGB dem Verkäufer einen unzumutbaren Aufwand abfordert; dies soll bei Gebrauchtwagen wegen des hohen Second hand-Risikos regelmäßig der Fall sein;[68]
- gem. § 275 Abs. 3 BGB dem Verkäufer persönlich nicht zugemutet werden kann.

---

63 OLG Bamberg v. 10.4.2006 – 4 U 295/05, DAR 2006, 456, 457.
64 BGH v. 13.7.2011 – VIII ZR 215/10 (Tz 26), NJW 2011, 3435, 3436.
65 EuGH v. 17.4.2008 – C-404/06, NJW 2008, 1433 – Quelle; ebenso BGH v. 26.11.2008 – VIII ZR 200/05 (Tz 26), BGHZ 179, 27 = NJW 2009, 427, 429, zum Verbrauchsgüterkauf im Nachgang zur EuGH-Entscheidung.
66 Vom 25.5.1999 – ABl. EG L 171 v. 7.7.1999.
67 BGH v. 7.6.2006 – VIII ZR 209/05, BGHZ 168, 64 = NJW 2006, 2839, 2841 m Anm *Bruns*, EWiR § 439 BGB 1/06, 551 f.
68 *Ball*, NZV 2004, 217, 218.

Die Verweigerung erfolgt auch hier im Wege der Einrede, die wegen der Beschränkung des Anspruchs auf die andere Art der Nacherfüllung (§ 439 Abs. 3 S. 3 BGB) bedingungsfeindlich und nach Zugang unwiderruflich ist. 23

Dem Käufer ist der Übergang auf sekundäre Mängelrechte auch dann möglich, wenn die Verweigerung zu Unrecht erfolgt. Auf der anderen Seite kann dem Verkäufer die Ersatzlieferung wie im Fall der Mängelbeseitigung versperrt sein. Dies ist zu bejahen, wenn 24

- der Verkäufer die Ersatzlieferung nicht fristgerecht erbringt (§§ 281 Abs. 2, 323 Abs. 2 BGB),
- dem Käufer die Ersatzlieferung durch den Verkäufer nicht zuzumuten ist (§ 440 S. 1 BGB),
- die Ersatzlieferung fehlgeschlagen ist (§ 440 S. 1 BGB); die Vermutung des § 440 S. 2 BGB gilt nur für die Mängelbeseitigung (Nachbesserung), so dass das Fehlschlagen einer Ersatzlieferung individuell zu bestimmen ist.

In diesen Fällen kann der Käufer sofort zum Rücktritt, zur Minderung oder zum großen Schadensersatz übergehen. 25

4. Das Problem der Selbsthilfe. Aus dem Vorrang der Nacherfüllung ergibt sich, dass der Käufer nicht ohne Weiteres zur Selbstvornahme schreiten kann, weil er dadurch das Nacherfüllungsrecht des Verkäufers vereitelt. Auch wenn der Käufer mit seinem Fahrzeug weit entfernt vom Verkäufersitz mangelbedingt liegenbleibt, muss er sich deshalb grundsätzlich zunächst an den Verkäufer wenden und begeht einen Obliegenheitsverstoß, wenn er den Mangel ohne Zustimmung des Verkäufers in einer Werkstatt vor Ort beheben lässt; dies gilt selbst dann, wenn der Käufer nicht weiß, worauf der Ausfall beruht.[69] Tut er dies dennoch, ist ihm der Übergang auf die sekundären Mängelrechte versperrt.[70] Zudem kann er nach Auffassung des BGH auch nicht gem. § 326 Abs. 2 S. 2, Abs. 4 BGB analog die Anrechnung der vom Verkäufer ersparten Aufwendungen für die Mangelbeseitigung auf den Kaufpreis verlangen oder den bereits bezahlten Kaufpreis in dieser Höhe zurückfordern.[71] Der BGH begründet dies damit, dass der Gesetzgeber auf ein Selbstvornahmerecht zulasten des Verkäufers bewusst verzichtet habe. Aufgrund dieser gesetzlichen Vorgaben versagt der BGH ohne Aufforderung zur Nacherfüllung auch Ansprüche auf Aufwendungsersatz aus Geschäftsführung ohne Auftrag gem. §§ 684 S. 1, 812 Abs. 1 BGB.[72] 26

5. Verjährung. Der Anspruch auf Nacherfüllung verjährt bei Sachmängeln in zwei Jahren nach „Ablieferung" des Fahrzeugs (§ 438 Abs. 1 Nr. 3, Abs. 2 BGB). Abgeliefert ist das Fahrzeug, wenn es so in den Machtbereich des Käufers gelangt ist, dass er es untersuchen kann. Das kann, muss aber nicht mit dem Gefahrübergang zusammenfallen. Besteht der Mangel in einem dinglichen Herausgaberecht eines Dritten, beträgt die Verjährungsfrist 30 Jahre (§ 438 Abs. 1 Nr. 1 a BGB). Für den Beginn der Frist soll auf den Abschluss des rechtlichen Übertragungsvorgangs abzustellen sein.[73] Für den Fall des arglistigen Verschweigens eines Sach- oder Rechtsmangels gilt nicht die kaufrechtliche, sondern die regelmäßige Verjährungsfrist des § 195 BGB (§ 438 Abs. 3 S. 1 BGB), die nicht nach § 438 Abs. 2 BGB, sondern nach § 199 27

---

69 BGH v. 21.12.2005 – VIII ZR 49/05, NJW 2006, 1195, 1197 – Katalysator.
70 Zu Recht differenzierend jedoch *Lorenz*, DAR 2006, 611, 616.
71 BGH v. 23.2.2005 – VIII ZR 100/04, BGHZ 162, 219 = NJW 2005, 1348, 1349 f – Neuwagen; BGH v. 7.12.2005 – VIII ZR 126/05, NJW 2006, 988, 989 f – Reitpferd.
72 BGH v. 22.6.2005 – VIII ZR 1/05, NJW 2005, 3211, 3212 – Terrier.
73 Palandt/*Weidenkaff*, § 438 Rn 16, aber zw.

Abs. 1 BGB beginnt. Wird nacherfüllt, kommen ein **Neubeginn** oder eine **Hemmung** der Verjährung in Betracht.[74] Die Lieferung einer Ersatzsache lässt die Verjährung nicht automatisch neu beginnen.[75] Im Fall der Mängelbeseitigung ist die Verjährungsfrage auf die geltend gemachten Mängel zu begrenzen.[76] Von einem Neubeginn ist auszugehen, wenn die Nacherfüllung stattfindet, ohne dass dabei zum Ausdruck gebracht wird, dass sie ausschließlich aus Kulanz und unter Ablehnung jeder Gewährleistungspflicht vorgenommen wird.[77] In der Praxis spielen Verhandlungen als Hemmungsgrund eine bedeutende Rolle. Gemäß § 203 BGB ist der Lauf einer Verjährungsfrist gehemmt, wenn zwischen den Parteien Verhandlungen über den Anspruch oder die den Anspruch begründenden Umstände schweben. Wenn etwa der Verkäufer auf eine Mängelrüge vor Ort erscheint und den Mangel prüft, stellt das bereits eine Verhandlung dar. Häufig schlafen solche Verhandlungen wieder ein. Dann stellt sich die Frage, wann die Verjährungsfrist weiterläuft. Die Rechtsprechung stellt hier darauf ab, wann der nächste Verhandlungsschritt nach Treu und Glauben zu erwarten war.[78] Dabei nehmen einige Gerichte an, dass regelmäßig spätestens einen Monat nach Erhalt der Mängelrüge eine Reaktion erwartet werden kann.[79] Erfolgt keine Reaktion, sind die Verhandlungen beendet. Andernfalls muss die Beendigung durch eindeutiges Verhalten zum Ausdruck kommen, wozu ein doppeltes Nein des Verkäufers sowohl zum Anspruch als auch zu weiteren Verhandlungen erforderlich ist.[80]

28 Eine **Beschränkung** der gesetzlichen Verjährungsfrist (insb. durch Verkürzung oder früheren Beginn der Verjährung) ist gem. § 202 BGB durch Individualvereinbarung bis auf den Fall des Vorsatzes ohne Weiteres möglich, sofern kein Verbrauchsgüterkauf vorliegt. Im Fall des Verbrauchsgüterkaufs kann eine Beschränkung der Verjährung nach Mitteilung des Mangels erfolgen; darüber hinaus darf die Verjährung bei gebrauchten Sachen (auch durch AGB)[81] auf ein Jahr verkürzt werden (§ 475 Abs. 2 BGB). Werden – wie regelmäßig – AGB verwendet, gilt für den Verkauf von Neufahrzeugen § 309 Nr. 8 b ff BGB. Hiernach darf die zweijährige kaufrechtliche Verjährungsfrist mittels AGB nur bis auf ein Jahr ab dem gesetzlichen Verjährungsbeginn (§ 199 Abs. 1 BGB) verkürzt werden (siehe auch § 13 Rn 25). Dies wegen § 475 Abs. 2 BGB nicht für den Verbrauchsgüterkauf, in der Praxis also nur für den Verkauf zwischen Unternehmen (B2B). Siehe dazu auch die Übersicht und Rn 89.

29 **6. Nacherfüllungsklage. a) Vorbereitung des prozessualen Vorgehens.** Wird der Rechtsanwalt vom Käufer beauftragt, wegen Mängeln eines Kraftfahrzeugs vorzugehen, ist die Vorgehensweise mit Bedacht zu wählen. Zu berücksichtigen ist vor allem, dass vorrangig Nacher-

---

74 BGH v. 5.10.2005 – VIII ZR 16/05, BGHZ 164, 196 = NJW 2006, 47, 48; s. auch OLG Bamberg v. 10.4.2006 – 4 U 295/05, DAR 2006, 456, 459; OLG Celle v. 20.6.2006 – 16 U 287/05, NJW 2006, 2643, 2644; OLG Karlsruhe v. 25.11.2008 – 8 U 34/08, NJW 2009, 1150, 1151; vgl (für Neubeginn) LG Koblenz v. 10.10.2006 – 6 S 132/06, NJW-RR 2007, 272, 273.
75 AA *Graf v. Westphalen*, ZGS 2002, 19, 21, wonach in der Ersatzlieferung eine erneute Ablieferung iSd § 438 Abs. 2 BGB zu sehen ist; aA auch *Lorenz*, NJW 2007, 1, 5; zur Problematik ausführlich *Auktor/Mönch*, NJW 2005, 1686 ff.
76 *Lorenz*, NJW 2007, 1, 5; vgl auch BGH v. 5.10.2005 – VIII ZR 16/05, BGHZ 164, 196 = NJW 2006, 47, 48.
77 BGH v. 5.10.2005 – VIII ZR 16/05 (Tz 16), BGHZ 164, 196 = NJW 2006, 47, 48; vgl OLG Naumburg v. 21.3.2011 – 10 U 31/10, NJW-RR 2011, 1101, 1102; zum alten Recht siehe BGH v. 2.6.1999 – VIII ZR 322/98, NJW 1999, 2961. Zu Gestaltungsmöglichkeiten durch AGB siehe *Klas/Kleesiek*, NJOZ 2010, 2148, 2151 f.
78 BGH v. 5.11.2002 – VI ZR 416/01 (Tz 20), BGHZ 152, 298 = NJW 2003, 895, 897; BGH v. 1.3.2005 – VI ZR 101/04, NJW-RR 2005, 1044, 1047; BGH v. 6.11.2008 – IX ZR 158/07 (Tz 10), NJW 2009, 1806, 1807.
79 KG v. 23.11.2007 – 7 U 114/07, OLGReport Berlin 2008, 368, 369; OLG Dresden v. 23.2.2010 – 9 U 2043/08, BeckRS 2010, 29433.
80 OLG Oldenburg v. 23.8.2007 – 5 U 31/06, VersR 2007, 1277, 1278.
81 *Reinking/Eggert*, Rn 1595.

füllung zu fordern ist.[82] Insofern sollte sich der Käufer sogleich auf eine bestimmte Art der Nacherfüllung festlegen und dem Verkäufer hierzu eine angemessene Frist (etwa: zwei Wochen) setzen. Er kann aber auch zunächst nur allgemein Nacherfüllung fordern und hierfür eine Frist bestimmen. Lässt der Verkäufer diese Frist ungenutzt verstreichen, kann der Käufer jedes Mängelrecht geltend machen. Dies gilt selbst dann, wenn er sein Wahlrecht nicht ausgeübt haben sollte. Er kann dann mindern, zurücktreten bzw im Wege des großen Schadensersatzes vom Kaufvertrag Abstand nehmen, oder aber die Nacherfüllung gerichtlich erstreiten, da der Nacherfüllungsanspruch nicht schon mit Fristablauf, sondern erst mit Ausspruch des Rücktritts oder der Minderung untergeht.[83] Auf Nacherfüllung beharren wird der Käufer aber nur dann, wenn er an dem Fahrzeug hängt und es auch mit dem Mangel noch gut nutzen kann. Hat der Käufer eine Art der Nacherfüllung gewählt und der Verkäufer (nur) diese abgelehnt, sollte der Käufer die andere Art der Nacherfüllung fordern, bevor er zu einem sekundären Gewährleistungsrecht greift.[84] Spätestens vor Gericht muss die Festlegung erfolgt sein. Ist unklar, ob ein Fall der Umgehung des § 475 Abs. 1 S. 2 BGB vorliegt,[85] sollte demjenigen, der als Unternehmer anzusehen ist, der Streit verkündet werden (Fall der Alternativhaftung).

▶ **Muster: Nacherfüllungsklage**

An das Amtsgericht ...

Klage

des Herrn ...

– Kläger –

Prozessbevollmächtigte: RAe ...

gegen

die Autohaus ... GmbH & Co. KG, vertreten durch die Autohaus ... Verwaltungs-GmbH, diese vertreten durch den Geschäftsführer ...

– Beklagte –

wegen Nacherfüllung

Streitwert: 3.500 EUR.

Namens und in Vollmacht des Klägers erhebe ich Klage mit dem Antrag zu erkennen:

Die Beklagte wird verurteilt, folgenden Mangel am Pkw VW Golf, amtliches Kennzeichen ..., Fahrgestell-Nr. ..., zu beheben: Im Drehzahlbereich über 3.000 Umdrehungen pro Minute rüttelt der Motor.

Ich rege die Durchführung eines schriftlichen Vorverfahrens nach § 276 ZPO an und beantrage für den Fall der Säumnis

den Erlass eines Versäumnisurteils gem. § 331 Abs. 3 S. 2 ZPO.

Bereits jetzt beantrage ich auch,

---

82 Dies kann notfalls noch im Gerichtsprozess, sogar noch im Berufungsrechtszug, erfolgen: BGH v. 20.5.2009 – VIII ZR 247/06 (Tz 16), NJW 2009, 2532, 2533.
83 *Ball*, ZGS 2002, 49, 51.
84 So wohl auch *Ball*, ZGS 2002, 49, 50; *ders*, NZV 2004, 217, 220.
85 Vgl BGH v. 22.11.2006 – VIII ZR 72/06 (Tz 17), BGHZ 170, 67 = NJW 2007, 759, 760. Näher dazu § 13 Rn 28.

dem Kläger eine Kurzausfertigung des Urteils mit Vollstreckungsklausel zu erteilen und den Zeitpunkt der Zustellung des Urteils zu bescheinigen.

Begründung

I. Sachverhalt

Der Kläger hat am 10.3.2014 bei der Beklagten, einem gewerblichen Fahrzeughändler, den im Klageantrag bezeichneten, drei Jahre alten Pkw zum Preis von 7.500 EUR erworben.

Beweis: Kaufvertrag vom 10.3.2011
        Anlage K 1

Nach Übergabe des Fahrzeugs hat der Kläger feststellen müssen, dass der Motor bei Drehzahlen über 3.000 Umdrehungen pro Minute stark rüttelt. Hierdurch ist der Fahrkomfort stark beeinträchtigt. Außerdem dürfte dies die Lebensdauer des Motors stark verkürzen.

Beweis: Einholung eines Sachverständigengutachtens

Insgesamt stellt das Rütteln des Motors eine Eigenschaft des Fahrzeugs dar, die von der Solleigenschaft eines drei Jahre alten Fahrzeugs abweicht.

Beweis: Einholung eines Sachverständigengutachtens

Mit Schreiben vom 1.7.2014 hat der Kläger die Beklagte unter Fristsetzung auf den 15.7.2014 zur Nacherfüllung aufgefordert.

Beweis: Schreiben des Klägers vom 1.7.2014
        Anlage K 2

Eine Antwort erhielt der Kläger bislang nicht. Daher ist Klage geboten.

II. Rechtliche Ausführungen

Bei dem Kaufvertrag handelt es sich um einen Verbrauchsgüterkauf. Die Beklagte ist als gewerblicher Fahrzeughändler Unternehmer im Sinne des § 14 Abs. 1 BGB. Der Kläger ist zwar Zahnarzt, hat das Fahrzeug aber für seinen Privatgebrauch gekauft und ist daher Verbraucher im Sinne des § 13 BGB (vgl BGH NJW 2009, 3780, 3781 – Rechtsanwältin).

Das Rütteln des Motors stellt eine Eigenschaft des Fahrzeugs dar, die von der Solleigenschaft eines drei Jahre alten Fahrzeugs abweicht. Aufgrund der Vermutung des § 476 BGB ist davon auszugehen, dass der Mangel schon zum Zeitpunkt der Übergabe vorhanden war. Der Kläger ist den Wagen nicht Probe gefahren und hat den Mangel erst nach Übergabe des Fahrzeugs bemerkt.

Aufgrund dessen ist die Beklagte zur Nacherfüllung verpflichtet. Der Kläger fordert die Nacherfüllung im Wege der Mängelbeseitigung.

Nach alledem ist der Klageantrag begründet.

Für den Streitwert ist davon auszugehen, dass die Mängelbehebung etwa 3.500 EUR kosten wird.

Beweis: Sachverständige Stellungnahme des ▬▬▬ vom ▬▬▬
        Anlage K 3

Der Prozesskostenvorschuss ist nach diesem Betrag eingezahlt.

Rechtsanwalt ◀

31 **b) Reaktionsmöglichkeiten.** Wird der Verkäufer mit einer Nacherfüllungsklage konfrontiert, ist zu überlegen, ob sich eine Verteidigung lohnt. Dazu sind die Möglichkeiten einer Verwei-

gerung der Nacherfüllung zu prüfen, wenn es sich nicht sogar um einen Fall der Unmöglichkeit handelt; davon ist bei nicht behebbaren Mängeln immer auszugehen.

▶ **Muster: Klageerwiderung auf Nacherfüllungsklage**

An das Amtsgericht ...

Klageerwiderung

In dem Rechtsstreit

... ./. Autohaus ... GmbH & Co. KG

Az ...

zeige ich an, dass ich die Beklagte vertrete, die sich gegen die Klage verteidigen wird. Insofern werde ich beantragen zu erkennen:

Die Klage wird abgewiesen.

Begründung

Richtig ist, dass die Parteien am 10.3.2014 einen Kaufvertrag über einen drei Jahre alten Pkw VW Golf geschlossen haben. Allerdings wird bestritten, dass das Fahrzeug mangelhaft ist. Der Motor weist auch bei Drehzahlen über 3.000 Umdrehungen pro Minute keine Unwucht auf. Sofern der Motor rüttelt, bewegt sich dies im Rahmen dessen, was von einem drei Jahre alten Pkw erwartet werden kann.

Unabhängig davon ist zu bestreiten, dass der Mangel schon bei Übergabe des Fahrzeugs bestand. Die Vermutung des § 476 BGB findet schon deshalb keine Anwendung, weil der Kläger, wie schon aus dem Kaufvertrag (Anlage K 1) ersichtlich, Zahnarzt und damit Unternehmer im Sinne des § 14 Abs. 1 BGB ist.

Außerdem kommt in Betracht, dass der Kläger den Motor nicht ordnungsgemäß gewartet hat.

Darüber hinaus hat der Kläger in seinem Schreiben vom 1.7.2011 zur Ersatzlieferung aufgefordert. Damit ist sein Wahlrecht verbraucht. Er kann nicht jetzt kommen und Mängelbeseitigung verlangen (siehe nur Jauernig/*Berger*, BGB, 16. Auflage 2015, § 439 Rn 17; *Büdenbender*, AcP 205 (2005), 386, 418; *Schellhammer*, MDR 2002, 301).

Schließlich ist gegen das Nacherfüllungsverlangen einzuwenden, dass der Kläger, der den unrunden Motorlauf erst nach Übergabe bemerkt haben will, erstmals mit Schreiben vom 1.7.2014, mithin mehr als drei Monate nach dem Kauf, Nacherfüllung verlangt hat. Zu diesem Zeitpunkt war das Nacherfüllungsverlangen bereits verwirkt.

Rechtsanwalt ◀

II. Rücktritt

1. Rücktrittsvoraussetzungen. Ist eine Nacherfüllung nicht möglich, gem. § 440 BGB verweigert, fehlgeschlagen oder unzumutbar bzw eine Fristsetzung gem. § 323 Abs. 2 Nr. 1–3 BGB entbehrlich,[86] kann der Käufer gem. § 323 Abs. 1 BGB oder – bei Unmöglichkeit bzw unbehebbaren Mängeln – gem. §§ 326 Abs. 5, 323 Abs. 1 BGB vom Kaufvertrag zurücktreten (§ 437 Nr. 2 BGB). Im Bereich des Verbrauchsgüterkaufs soll dies auch für den Fall gelten,

---

86 Zur Richtlinienwidrigkeit der Fristsetzung im Bereich des Verbrauchsgüterkaufs siehe *Unberath*, ZEuP 2005, 28 ff; *Lorenz*, NJW 2007, 1, 5. Regelmäßig wird die Frist aber schon zur Nacherfüllung gesetzt.

dass die Nacherfüllung zwar Erfolg brachte, aber „nicht ohne erhebliche Unannehmlichkeiten für den Verbraucher" iSd Art. 3 Abs. 5 Verbrauchsgüterkauf-Richtlinie erfolgte.[87] Wird der Mangel der Kaufsache innerhalb einer hierzu von dem Käufer gesetzten Frist zur Nacherfüllung behoben, erlischt das Recht des Käufers zum Rücktritt vom Vertrag auch dann, wenn es wegen eines arglistigen Verhaltens des Verkäufers im Hinblick auf den Mangel einer Fristsetzung zur Nacherfüllung als Voraussetzung für einen Rücktritt vom Vertrag nicht bedurft hätte.[88]

34 Voraussetzung für den Rücktritt ist ferner, dass die Pflichtverletzung **nicht unerheblich** ist (§§ 437 Nr. 2, 323 Abs. 5 S. 2 BGB). Der Bezug auf die Pflichtverletzung umschreibt in erster Linie den Tatbestand der nicht vertragsgemäßen Lieferung bzw Nacherfüllung. Damit dürfen die gerügten Mängel jeder für sich oder in ihrer Gesamtheit nicht unerheblich sein.[89] Zugaben haben nach Wegfall des Rabattgesetzes auch im Autohandel verstärkte Bedeutung erhalten. Fehlt eine versprochene Zugabe oder ist diese mangelhaft, bedeutet dies aber immer nur eine unerhebliche Pflichtverletzung. Die Frage der Erheblichkeit ist aufgrund einer konkreten **Abwägung der Interessen** des Gläubigers an einer Rückabwicklung des Vertrags und der des Schuldners am Bestand des Vertrags zu beantworten.[90] Dabei ist vor allem zu berücksichtigen, ob und ggf mit welchem Kostenaufwand sich der Mangel beseitigen lässt. Auf das Ausmaß der Funktionsbeeinträchtigung ist nicht abzustellen.[91] Auch augenscheinlich kleinere Mängel können erheblich sein, wenn sie sich trotz aufwendiger Reparaturversuche nicht beheben lassen, da dieser Umstand auf weitergehende Probleme schließen lässt.[92] Unerheblich ist ein Mangel hiernach dann nicht mehr, wenn der Reparaturaufwand etwa 5 % des Kaufpreises überschreitet.[93] Bei Neu- oder Luxuswagen wird die Erheblichkeitsgrenze tendenziell weiter zu ziehen sein als bei einem Gebrauchtwagen.[94] Umgekehrt werden bei älteren Gebrauchtfahrzeugen hinsichtlich kleinerer Dellen etc. Einschränkungen gemacht werden müssen; das Fahrzeug ist insoweit auch kein Unfallwagen.[95] Daneben sollen absolute Kriterien in die Abwägung eingestellt werden können, zB eine absolute Höchstgrenze für den Mängelbeseitigungsaufwand.[96] Sind Mängelbeseitigungskosten als Maßstab ungeeignet, müssen andere Kriterien gefunden werden, etwa der Grad der Minderung des Wertes oder der Tauglichkeit

---

87 *Lorenz*, DAR 2006, 611, 617.
88 BGH v. 12.3.2010 – V ZR 147/09 (Tz 10), NJW 2010, 1805.
89 OLG Nürnberg v. 21.3.2005 – 8 U 2366/04, NJW 2005, 2019, 2020; OLG Düsseldorf v. 8.6.2005 – 3 U 12/04, NJW 2005, 2235, 2236; OLG Bamberg v. 10.4.2006 – 4 U 295/05, DAR 2006, 456, 458; OLG Schleswig v. 18.8.2008 – 1 U 238/07, BeckRS 2008, 24875: Windgeräusche und geringfügiger Kraftstoffmehrverbrauch.
90 BGH v. 24.3.2006 – V ZR 173/05 (Tz 13), BGHZ 167, 19 = NJW 2006, 1960, 1961; BGH v. 17.2.2010 – VIII ZR 70/07 (Tz 23), NJW-RR 2010, 1289, 1291.
91 BGH v. 29.6.2011 – VIII ZR 202/10 (Tz 14), NJW 2011, 2872, 2874.
92 BGH v. 5.11.2008 – VIII ZR 166/07 (Tz 18 ff), NJW 2009, 508, 509: Feuchtigkeit im Fahrzeug; OLG Naumburg v. 6.11.2008 – 1 U 30/08, BeckRS 2008, 25864: kratzendes Geräusch in der Kaltstartphase.
93 So OLG Brandenburg v. 23.9.2005 – 4 U 45/05, BeckRS 2005, 14677: Grenze bei 5 %; ebenso OLG Köln v. 12.12.2006 – 3 U 70/06, NJW 2007, 1694, 1696; ähnlich LG Kiel v. 3.11.2004 – 12 O 90/04, DAR 2005, 38: Reparaturaufwand 4,5 % des Kaufpreises ist erheblich; enger: OLG Bamberg v. 10.4.2006 – 4 U 295/05, DAR 2006, 456, 458: bis zu 10 %; weitergehend OLG Düsseldorf v. 27.2.2004 – 3 W 21/04, NJW-RR 2004, 1060, 1061: Grenze bei einem Reparaturaufwand von 2 bis 3 % des Kaufpreises.
94 OLG Düsseldorf v. 21.1.2008 – 1 U 152/07 (Tz 29), NJW-RR 2008, 1199, 1200; OLG Köln v. 27.3.2008 – 15 U 175/07 (Tz 59), BeckRS 2008, 09080: 5 %; OLG Düsseldorf v. 29.11.2011 – 1 U 141/07 (Tz 72): 1 %; siehe aber BGH v. 29.6.2011 – VIII ZR 202/10 (Tz 20), NJW 2011, 2872, 2874: keine Sondergrenze bei Fahrzeugen der Luxusklasse.
95 Vgl BGH v. 10.10.2007 – VIII ZR 330/06 (Tz 21), NJW 2008, 53, 54; BGH v. 12.3.2008 – VIII ZR 253/05 (Tz 19), NJW 2008, 1517, 1518; OLG Karlsruhe v. 29.8.2007 – 7 U 111/07, BeckRS 2008, 01791.
96 OLG Köln v. 12.12.2006 – 3 U 70/06, NJW 2007, 1694, 1696; ebenso wohl OLG Köln v. 27.3.2008 – 15 U 175/07 (Tz 58 f), BeckRS 2008, 09080.

der Kaufsache.[97] In der Regel indiziert ein Verstoß gegen eine Beschaffenheitsvereinbarung – zB durch Vereinbarung einer bestimmten Wagenfarbe – die Erheblichkeit der Pflichtverletzung.[98] Sofern es um den angegebenen Kraftstoffverbrauch geht, ist die Pflichtverletzung hiernach nicht unerheblich, wenn der Verbrauch um mindestens 10 % im Mittel der einzelnen Fahrzyklen (Stadt, Land) von den Herstellerangaben abweicht.[99] Ist die Gesamtfahrleistung falsch angegeben, soll eine Abweichung von etwa 8 % des Tachostands ausreichen, um den abweichenden Motorverschleiß als nicht unerheblich zu werten.[100] Ferner soll eine Abweichung der Motorlaufleistung (Tachoangabe) von über 3 % nicht unerheblich sein.[101] Nicht unerheblich ist auch der Mangel der fehlenden Aushändigung eines Nachweises nach § 19 Abs. 3, 4 StVZO für Umbauten, die eintragungsfähig sind.[102] Die Berücksichtigung der Pflichtverletzung in § 323 Abs. 5 S. 2 BGB lässt Raum für die Berücksichtigung eines vorvertraglichen Verschuldens. Der BGH bejaht eine nicht unerhebliche Pflichtverletzung daher auch dann, wenn der Verkäufer über das Vorhandensein eines Mangels, dem nicht nur Bagatellcharakter zukommt, arglistig täuscht.[103] Ansonsten spielt das Verschulden für den Rücktritt keine Rolle. **Maßgeblicher Zeitpunkt** für die Beurteilung der Erheblichkeit ist nach Auffassung des BGH der Tag der Rücktrittserklärung.[104] Damit hat der BGH der bei Untergerichten verbreiteten Auffassung eine Absage erteilt, ein Mangel sei nicht erheblich, wenn der Gerichtsgutachter einen preisgünstigen Mängelbehebungsweg ermittelt oder den Mangel gar selbst beseitigt hat. Ist zum Zeitpunkt der Rücktrittserklärung unklar, ob und mit welchem Aufwand der Mangel beseitigt werden kann, kommt es damit auch nicht darauf an, ob der Reparaturkostenaufwand einen bestimmten Anteil des Fahrzeugpreises (zB 5 %) übersteigt oder nicht.[105]

Der Rücktritt entspricht der Wandlung früheren Rechts, ist aber nicht als Anspruch auf Einverständnis, sondern als **Gestaltungserklärung** konzipiert (§ 349 BGB), die dem Verkäufer nur zugehen muss. Bei Personenmehrheiten muss die Erklärung von allen an alle erfolgen (§ 351 S. 1 BGB). Diese Willenserklärung formt den Kaufvertrag in ein Rückgewährschuldverhältnis um. Nach Erklärung des Rücktritts kann der Käufer im Gegensatz zum früheren Recht Schadensersatz fordern (§ 325 BGB, siehe Rn 39). Der Käufer hat dann die Wahl, ob er 35

---

97 Vgl BGH v. 8.5.2007 – VIII ZR 19/05 (Tz 4), NJW 2007, 2111, 2112; OLG Düsseldorf v. 21.1.2008 – 1 U 152/07 (Tz 29), NJW-RR 2008, 1199, 1200. Einen Fall der Motorminderleistung behandelt LG Wuppertal v. 16.11.2010 – 16 O 134/08, NJW-RR 2011, 1076 ff. Zum Rücktrittsrecht bei abweichender Motorisierung siehe OLG Düsseldorf v. 28.4.2008 – 1 U 273/07, NJW-RR 2009, 400, 401 – Wohnmobil. Zum Rücktrittsrecht bei einem Komfortmangel (Bremsgeräusche) an einem Fahrzeug der gehobenen Kategorie siehe OLG Schleswig v. 25.7.2008 – 14 U 125/07, NJW-RR 2009, 1065.
98 BGH v. 6.2.2013 - VIII ZR 374/11, NJW 2013, 1365; BGH v. 17.2.2010 – VIII ZR 70/07 (Tz 23), NJW-RR 2010, 1289, 1291.
99 BGH v. 8.5.2007 – VIII ZR 19/05 (Tz 2), NJW 2007, 2111, 2112. Einen Mangel dürfte dieser Umstand schon bei einer Abweichung von etwa 3 % begründen, so LG Ravensburg v. 6.3.2007 – 2 O 297/06, NJW 2007, 2127, 2128; OLG Karlsruhe v. 1.2.2008 – 1 U 97/07, NJW-RR 2008, 1735 zu einem Sonderfall (Kraftstoffmehrverbrauch ggü. Technischem Datenblatt).
100 OLG Rostock v. 11.7.2007 – 6 U 2/07, NJW 2007, 3290 f.
101 OLG Rostock v. 11.7.2007 – 6 U 2/07, NJW 2007, 3290, 3291. S. ferner OLG Hamm v. 10.9.2008 – 11 U 151/07, NJOZ 2009, 4299, 4300 ff: Abweichung von 0,35 % zu dem im Fahrzeugbrief eingetragenen Leegewicht ist bei einem Wohnmobil kein erheblicher Sachmangel.
102 OLG Bamberg v. 2.3.2005 – 3 U 129/04, BeckRS 2005, 30352212.
103 BGH v. 24.3.2006 – V ZR 173/05, BGHZ 167, 19 = NJW 2006, 1960, 1961; abl. *Lorenz*, NJW 2006, 1925, 1926.
104 BGH v. 5.11.2008 – VIII ZR 166/07 (Tz 20), NJW 2009, 508, 509: Feuchtigkeit im Fahrzeug; BGH v. 9.3.2011 – VIII ZR 266/09 (Tz 18), NJW 2011, 1664, 1665; BGH v. 15.6.2011 – VIII ZR 139/09 (Tz 9), NJW 2011, 3708, 3709.
105 BGH v. 15.6.2011 – VIII ZR 139/09 (Tz 9), NJW 2011, 3708, 3709.

großen oder kleinen Schadensersatz geltend macht.[106] Fordert er nur kleinen Schadensersatz, soll das Rückabwicklungsverhältnis dadurch wieder erlöschen;[107] ein nochmaliger Rücktritt wird dadurch aber nicht versperrt. Über den Wortlaut des § 325 BGB hinaus wird man den Rücktritt selbst dann noch für möglich halten müssen, wenn der Käufer großen Schadensersatz geltend gemacht hat; der Käufer kann damit Schadensersatz statt der Leistung und Rücktritt immer miteinander kombinieren (§ 325 BGB).[108] Eine Minderung kann nach erfolgtem Rücktritt nicht mehr verlangt werden (vgl § 441 Abs. 1 S. 1 BGB: „statt"); bestreitet der Verkäufer die Rücktrittsvoraussetzungen, soll eine Minderung nach Treu und Glauben aber doch wieder möglich sein.[109]

36 Da § 437 Nr. 2 BGB eine Rechtsgrundverweisung beinhaltet, ist der Rücktritt ausgeschlossen, wenn der Käufer für den Mangel allein oder weit überwiegend (zu mindestens 80 %) verantwortlich ist (§ 323 Abs. 6 BGB); dies ist zB dann der Fall, wenn der Käufer schuldhaft nichts dagegen tut, dass sich ein zunächst unerheblicher Mangel ausweitet (zB ein Leck in der Ölwanne zu einem Motorschaden, obwohl die Kontrolllampe ständig aufleuchtet). Entgegen einer Auffassung in der Literatur[110] ist dies nicht der Fall, wenn der Käufer einen Unfall verschuldet hat und eine Nachbesserung aus diesem Grund nicht mehr möglich ist; denn der Käufer ist dem Verkäufer nicht dafür verantwortlich, sein Fahrzeug in einem ordnungsgemäßen Zustand zu halten.[111]

37 **2. Rückabwicklung des Kaufvertrags.** Folge des Rücktritts ist, dass der Kaufvertrag rückabgewickelt wird. Die gegenseitigen Leistungen sind zurückzugewähren; geht das nicht, ist Wertersatz zu leisten (§ 346 Abs. 1 und 2 BGB). Zu ersetzen ist nicht der Verkehrswert der Kaufsache, sondern der durch die Gegenleistung bestimmte Wert. Eine teleologische Reduktion des § 346 Abs. 2 S. 2 BGB für den Fall, dass der objektive Verkehrswert der Sache den vereinbarten Kaufpreis übersteigt, wird von der Rechtsprechung abgelehnt.[112] Nutzungen (auch hinsichtlich des Kaufpreises!) und Bereicherungen sind herauszugeben (§ 346 Abs. 1, Abs. 3 S. 2 BGB) bzw auch hierfür Wertersatz zu leisten. Der Kaufpreis ist hiernach zu verzinsen, entweder über § 346 Abs. 1 BGB, oder – bei nicht gezogenen Zinsen – über § 347 Abs. 1 BGB. Maßgeblich für die Zinsberechnung ist der gezahlte Netto-Kaufpreis.[113] Die Rückgabepflichten sind zudem gem. § 346 Abs. 4 BGB mit Schadensersatzansprüchen bewehrt. Im Einzelnen gilt:

38 Der **Verkäufer** hat den Kaufpreis zurückzuzahlen (§ 346 Abs. 1 BGB) und im Rahmen des § 347 Abs. 1 S. 1 BGB zu verzinsen. Dies gilt auch dann, wenn der Käufer das Fahrzeug nicht zurückgeben kann, da die Rückgewährpflichten nicht synallagmatisch verknüpft sind (arg. § 348 BGB).[114] Bei Inzahlunggabe eines Altwagens richtet sich der Rückerstattungsanspruch neben der Kaufpreiszahlung primär auf die Rückgabe des Wagens.[115] Ferner hat der Verkäu-

---

106 Zum Unterschied zwischen beiden Schadensersatzformen siehe Palandt/*Grüneberg*, § 281 Rn 45, 46.
107 Palandt/*Grüneberg*, § 325 Rn 2.
108 Palandt/*Grüneberg*, § 281 Rn 41.
109 *Wertenbruch*, JZ 2002, 862, 865.
110 *Lorenz*, NJW 2002, 2497, 2499.
111 So auch *Reinking/Eggert*, Rn 429; Palandt/*Grüneberg*, § 323 Rn 29.
112 BGH v. 19.11.2008 – VIII ZR 311/07 (Tz 13 ff), BGHZ 178, 355 = NJW 2009, 1068, 1069 f, wonach sich nach Treu und Glauben möglicherweise etwas anderes ergibt, wenn der Käufer die Sache noch vor dem Rücktritt weiterveräußert, um deren höheren Verkehrswert für sich zu realisieren, ebda Tz 18.
113 OLG Hamm v. 5.8.2010 – 28 U 22/10, NJOZ 2011, 447, 449.
114 Vgl BGH v. 7.11.2001 – VIII ZR 213/00, NJW 2002, 506, 507.
115 BGH v. 30.11.1983 – VIII ZR 190/82, BGHZ 89, 126 = NJW 1984, 429, 430 f.

fer das verkaufte Fahrzeug zurückzunehmen. Tut er das trotz Aufforderung nicht, gerät er in Annahmeverzug (Folge gem. § 300 BGB: Reduzierung des Haftungsmaßstabs; s. ferner § 756 ZPO). Der Verkäufer hat gem. § 347 Abs. 2 BGB die notwendigen Verwendungen (§ 994 BGB, zB Reparaturen, Winterreifen)[116] zu ersetzen, andere Aufwendungen (zB für Sportfelgen, Heckspoiler, Gepäckraumnetz)[117] nur dann, wenn er hierdurch bereichert wird (§ 347 Abs. 2 S. 2 BGB). Richtiger Ansicht nach hat der Verkäufer trotz der Regelung des § 994 Abs. 1 S. 2 BGB auch die gewöhnlichen Erhaltungskosten (zB Inspektionskosten) zu ersetzen, da er sich insoweit entlastet hat,[118] nicht jedoch die Vertragskosten, die sich nur über § 284 BGB, mithin allein über § 437 Nr. 3 BGB einfordern lassen.

Nach § 325 BGB werden Schadensersatzansprüche durch den Rücktritt nicht ausgeschlossen. Ein Anspruch auf Schadensersatz statt der Leistung ist gem. §§ 437 Nr. 3, 280 Abs. 1 und Abs. 3, 281 Abs. 1, 249 Abs. 1 und Abs. 2 S. 1 BGB auch insoweit möglich, als es um den Ersatz eines **Nutzungsausfallschadens** geht, der dadurch entstanden ist, dass dem Käufer infolge des Mangels der Kaufsache deren Nutzung entgeht; dies gilt auch für einen wegen der Rückgabe der mangelhaften Sache entstandenen Nutzungsausfall.[119] Voraussetzung hierfür sind zum einen die schuldhaft mangelhafte Lieferung bzw Nacherfüllung, zum anderen wie nach allgemeinem Schadensrecht eine fühlbare Beeinträchtigung,[120] die Nutzungsmöglichkeit und der Nutzungswille. Der Anspruch ergibt sich aus den §§ 437 Nr. 3, 280 Abs. 1 BGB, so dass kein Verzug erforderlich ist.[121] Der Käufer kann allerdings im Hinblick auf die ihn aus § 254 Abs. 2 BGB treffende Schadensminderungspflicht gehalten sein, die Schadensbehebung in angemessener Frist durchzuführen oder einen längeren Nutzungsausfall durch Anschaffung eines Interimsfahrzeugs zu überbrücken.[122]

39

Der **Käufer** hat das gekaufte Fahrzeug nebst Zubehör und Papieren zurückzugeben (§ 346 S. 1 BGB). Nach Auffassung des BGH muss der Verkäufer das Fahrzeug auf seine Kosten beim Käufer abholen.[123] Kann der Käufer das Fahrzeug nicht herausgeben, schuldet er Wertersatz (§ 346 Abs. 2 BGB; Ausnahme: § 346 Abs. 3 BGB). Dies gilt nach neuem Schuldrecht auch dann, wenn er an der Unmöglichkeit der Herausgabe kein Verschulden trägt; allerdings bleiben Verschlechterungen aufgrund bestimmungsgemäßer Nutzung des Fahrzeugs (hierzu gehören Schadensereignisse aus Anlass der Teilnahme am Straßenverkehr nicht)[124] beim Verkäufer (§ 346 Abs. 2 S. 1 Nr. 3 Hs 2 BGB). Zudem hat der Käufer für die Gebrauchsvorteile **Nutzungsersatz** zu leisten (§§ 346 Abs. 1 S. 1, 100 BGB). Sofern Verbraucher nach der Verbrauchsgüterkauf-RL 1999/44/EG von der Zahlung einer Nutzungsentschädigung freigestellt werden, gilt dies nur für den Fall der Nacherfüllung, nicht auch für den Fall der Rückabwicklung des Kaufvertrags.[125] Zur Berechnung wird im Wege einer linearen Betrachtung auf die –

40

---

116 OLG Naumburg v. 6.11.2008 – 1 U 30/08, BeckRS 2008, 25864, im Hinblick auf die Neuregelung des § 2 Abs. 3 a StVO.
117 OLG Naumburg v. 6.11.2008 – 1 U 30/08, BeckRS 2008, 25864.
118 OLG Hamm v. 10.2.2005 – 28 U 147/04, NJW-RR 2005, 1220, 1222; *Reinking/Eggert*, Rn 446.
119 BGH v. 28.11.2007 – VIII ZR 16/07 (Tz 6), BGHZ 174, 290 = NJW 2008, 911; OLG Celle v. 16.4.2008 – 7 U 224/07 (Tz 31), NJW-RR 2008, 1635, 1637.
120 Vgl OLG Köln v. 27.3.2008 – 15 U 175/07 (Tz 64), BeckRS 2008, 09080: keine fühlbare Beeinträchtigung, wenn der Geschädigte über ein Fahrzeug verfügt, dessen ersatzweiser Einsatz ihm zuzumuten ist.
121 BGH v. 19.6.2009 – V ZR 93/08 (Tz 12), NJW 2009, 2674, 2675.
122 BGH v. 14.4.2010 – VIII ZR 145/09 (Tz 32), NJW 2010, 2426, 2429.
123 BGH v. 9.3.1983 – VIII ZR 11/82, BGHZ 87, 104, NJW 1983, 1479, 1480.
124 *Reinking/Eggert*, Rn 440 mN auch zur Gegenansicht.
125 EuGH v. 17.4.2008 – C-404/06 (Tz 39), NJW 2008, 1433, 1435 – Quelle; BGH v. 19.6.2009 – VIII ZR 243/08 (Tz 15), BGHZ 182, 241 = NJW 2010, 148, 149.

ggf wegen Mängeln zu mindernden – Anschaffungskosten nebst zwischenzeitlich angefallenen Reparaturkosten und anderen Verwendungen und deren anteiligem Verbrauch durch die Fahrleistung nach Übergabe des Fahrzeugs abgestellt.[126] Hieraus ergibt sich zur Berechnung der Ausfallentschädigung die für alle Kraftfahrzeuge geltende

Formel: $$\frac{\text{Kaufpreis} \times \text{bisherige Fahrleistung des Käufers}}{\text{erwartbare (Rest-)Laufleistung zum Erwerbszeitpunkt}}$$

Dabei wird die Gesamtlaufleistung eines Fahrzeugs des betreffenden Typs, bei Gebrauchtfahrzeugen die Restlaufleistung auf Grundlage des bei Übergabe bestehenden Kilometerstands, eingeschätzt und zu den hernach gefahrenen Kilometern ins Verhältnis gesetzt.[127] Folge der linearen Berechnung ist, dass der nach der Formel ermittelte km-Satz auch bei hohen Laufleistungen anzusetzen ist.[128] Höchstgrenze soll die Differenz zwischen Anschaffungswert und Verkehrswert des Fahrzeugs im Zeitpunkt der Rückgabe sein.[129] Entsprechend der Entwicklung der Fahrzeuge zu deutlich größerer Dauerhaltbarkeit wird heute bei kleineren Fahrzeugen eine Gesamtlaufleistung von 200.000 km zu erwarten sein, woraus sich bei einem Neufahrzeug eine Nutzungsentschädigung von 0,5 % des Kaufpreises pro 1.000 km errechnet. Bei Personenkraftwagen der Mittel- und Oberklasse werden höhere Laufleistungen angenommen, was zu einer entsprechenden Absenkung der Entschädigung auf bis zu etwa 0,35 % (bei Lastkraftwagen sogar 0,1 %) des Kaufpreises pro 1.000 km führt.[130] Soweit bisher verbreitet ein Pauschalsatz von 0,67 % herangezogen wurde, ist dies heute also nicht mehr zu halten.

41 3. Verjährung. Der Anspruch auf Rücktritt kann als Gestaltungsrecht nicht verjähren; § 194 BGB betrifft nur Ansprüche. Um dennoch eine einheitliche Abwicklung der Rechte aus § 437 BGB zu ermöglichen, ist in § 437 Abs. 4 S. 1 BGB die Anwendbarkeit des § 218 BGB bestimmt. Der Rücktritt ist hiernach unwirksam, wenn der Anspruch aus § 433 Abs. 1 S. 2 BGB bzw § 437 Nr. 1 BGB verjährt ist (hierzu Rn 27) und der Verkäufer die Verjährungseinrede erhebt (§ 218 Abs. 1 S. 1 BGB). Bei unbehebbaren Mängeln und rechtmäßig verweigerter Nacherfüllung kommt es darauf an, wann der Nacherfüllungsanspruch verjährt wäre, wenn er bestünde (§ 218 Abs. 1 S. 2 BGB). Ergänzend ist in § 438 Abs. 4 S. 2 BGB bestimmt, dass der Käufer trotz Unwirksamkeit des Rücktritts iSd § 218 Abs. 1 BGB die Kaufpreiszahlung insoweit (auch ohne Mängelanzeige) verweigern darf, als er wegen des Rücktritts dazu berechtigt sein würde (in diesem Fall darf der Verkäufer vom Kaufvertrag zurücktreten, § 438 Abs. 4 S. 3 BGB); eine Rückforderungsmöglichkeit hat er hingegen nicht (§ 214 Abs. 2 S. 1 BGB). Entscheidend ist, dass die Rücktrittserklärung dem Verkäufer vor Fristablauf zugeht. Maßgeblich ist also der Zeitpunkt der Ausübung des Gestaltungsrechts, nicht der Zeitpunkt

---

126 OLG Nürnberg v. 21.3.2005 – 8 U 2366/04, NJW 2005, 2019, 2021; OLG Koblenz v. 19.6.2008 – 6 U 1424/07, NJW 2009, 151, 153; vgl BGH v. 26.6.1991 – VIII ZR 198/90, BGHZ 115, 47 = NJW 1991, 2484, 2485 f – Etagenbetten; BGH v. 25.10.1995 – VIII ZR 42/94, NJW 1996, 250, 252.
127 OLG Hamm v. 10.3.2011 – 28 U 131/10, NJW-RR 2011, 1423, 1424 f – Wohnmobil.
128 OLG Koblenz v. 19.6.2008 – 6 U 1424/07, NJW 2009, 151, 153.
129 *Reinking*, NJW 2009, 155.
130 *Otting*, in: Ferner (Hrsg.), Straßenverkehrsrecht, Kap. 32 Rn 129; *Reinking/Eggert*, Rn 466; aus der Rechtsprechung OLG Karlsruhe v. 7.3.2003 – 14 U 154/01, NJW 2003, 1950, 1951; ähnlich: OLG Celle v. 15.11.2006 – 7 U 176/05, BeckRS 2006, 14333.

der gerichtlichen Geltendmachung von Ansprüchen gem. §§ 346 ff BGB aus dem durch den Rücktritt entstehenden Rückgewährschuldverhältnis.[131]

Die Beschränkung der gesetzlichen Verjährungsfrist (insb. durch Verkürzung oder früheren Beginn der Verjährung) für den Rücktritt ist gem. § 202 BGB durch Individualvereinbarung bis auf den Fall des Vorsatzes ohne Weiteres möglich, sofern nicht ein Verbrauchsgüterkauf vorliegt. Im Fall des Verbrauchsgüterkaufs kann eine Beschränkung der Verjährung erst nach Mitteilung des Mangels erfolgen; darüber hinaus darf die Verjährung bei gebrauchten Sachen (auch durch AGB) auf ein Jahr verkürzt werden (§ 475 Abs. 2 BGB). Werden – wie regelmäßig – AGB verwendet, gilt für den Verkauf von Neufahrzeugen § 309 Nr. 8 b ff BGB. Hiernach darf die zweijährige kaufrechtliche Verjährungsfrist mittels AGB nur bis auf ein Jahr ab dem gesetzlichen Verjährungsbeginn (§ 199 Abs. 1 BGB) verkürzt werden (s.a. § 13 Rn 25). Dies gilt wegen § 475 Abs. 2 BGB nicht für den Verbrauchsgüterkauf, in der Praxis also nur für den Verkauf zwischen Unternehmen (B2B). Siehe dazu auch die Übersicht Rn 89. **42**

Ist der Rücktritt erklärt, verjähren die Ansprüche hieraus nicht gem. § 438 BGB, sondern in der Regelfrist der §§ 195, 199 Abs. 1 BGB.[132] Die §§ 195, 199 BGB finden auch dann Anwendung, wenn die Verjährungsfrist für die Nacherfüllung wirksam auf ein Jahr verkürzt wurde und der Rücktritt innerhalb dieser Frist erklärt wurde.[133] Wurde zunächst der Rücktritt erklärt und dann eine Klage auf Zahlung eines Minderungsbetrages erhoben, ist dadurch gemäß § 213 BGB auch die Verjährung der sich aus dem Rücktritt vom Kaufvertrag ergebenden Rückgewähransprüche gehemmt.[134] **43**

4. Gerichtliche Rückabwicklung. a) Vorbereitung des prozessualen Vorgehens. Steht fest, dass ein gültiger Kaufvertrag besteht, ein nicht unbedeutender Sach- oder Rechtsmangel vorliegt und die (außergerichtlichen) Möglichkeiten einer Nacherfüllung ausgeschöpft sind, steht es dem Käufer frei, am Kaufvertrag festzuhalten und einen Minderungsbetrag, ggf (auch auf gerichtlichem Wege) nochmals Nacherfüllung zu fordern. Will er hingegen vom Vertrag Abstand nehmen, ist vornehmlich an den Rücktritt zu denken, da ein Vorgehen im Wege des großen Schadensersatzes (dazu Rn 75) voraussetzt, dass der Verkäufer den Mangel verschuldet hat. Sind die Mängelbehelfe gleichwertig, sollte der Käufer vorsorglich nur die Nacherfüllung im Blick behalten und entsprechend klagen. Insoweit bleiben alle Rechte aus § 437 Nr. 2 und 3 BGB während des Verfahrens erhalten (§§ 204 Abs. 1 Nr. 1, 213, 218 BGB).[135] **44**

Voraussetzung des Rücktritts ist wie bei allen sekundären Mängelrechten, dass der Verkäufer Gelegenheit zur Nacherfüllung erhalten hat. Eine Nacherfüllung ist nur in den gesetzlich genannten Fällen unmöglich bzw entbehrlich (Rn 15 ff). Besondere Vorsicht ist bei der Prüfung einer Verweigerung iS des § 323 Abs. 2 Nr. 1 BGB geboten. Allein im Bestreiten des Mangels oder der Mitteilung, es seien nunmehr alle Mängel behoben, liegt noch keine Verweigerung der Nacherfüllung (Rn 16); vielmehr muss der Verkäufer eindeutig und abschließend zum Ausdruck bringen, er werde seinen Vertragspflichten nicht nachkommen, so dass es ausge- **45**

---

[131] BGH v. 7.6.2006 – VIII ZR 209/05, BGHZ 168, 64 = NJW 2006, 2839, 2842; BGH v. 15.11.2006 – VIII ZR 3/06 (Tz 34), BGHZ 170, 31 = NJW 2007, 674, 677 – Hengstfohlen.
[132] BGH v. 15.11.2006 – VIII ZR 3/06 (Tz 37), BGHZ 170, 31 = NJW 2007, 674, 677 – Hengstfohlen.
[133] OLG Koblenz v. 9.2.2006 – 5 U 1452/05, BB 2006, 629.
[134] BGH v. 29.4.2015 – VIII ZR 180/14, NJW 2015, 2106.
[135] Zu dieser Problematik *Althammer/Löhnig*, AcP 205 (2005), 520 ff.

schlossen erscheint, dass er sich von einer Fristsetzung umstimmen lassen würde.[136] Der sicherste Weg geht daher immer über eine Fristsetzung (§ 323 Abs. 1 BGB).

46 Bevor der Rücktritt erklärt wird, ist zu prüfen, ob sich diese Vorgehensweise rechnet, da der Käufer für die bis zur Rückgabe angefallene Fahrleistung eine ggf nicht unbeträchtliche Entschädigung zahlen muss. Das Ergebnis ist vor allem mit dem Betrag zu vergleichen, den der Käufer bei einer Minderung erhalten würde. Lässt sich ein Verschulden des Verkäufers bejahen, ist auch ein Vergleich mit dem großen Schadensersatz anzustellen. Benötigt der Käufer ein Fahrzeug für größere Strecken, bietet es sich an, mit dem Verkäufer den/die Mängel abzuklären, das Fahrzeug einvernehmlich zu verkaufen und nur noch über den finanziellen Ausgleich zu streiten. Eine Nutzungsentschädigung ist nicht anzurechnen, wenn der Käufer den Vertrag wegen arglistiger Täuschung anfechten kann. Erklärt der Käufer deshalb die Anfechtung, kann das Gericht diese Erklärung im Rahmen eines Rückabwicklungsprozesses noch in eine Rücktrittserklärung umdeuten, wenn sich die Arglist nicht beweisen lässt und die Rücktrittsvoraussetzungen vorliegen.[137] Regelmäßig hat der Käufer aber keine Beseitigungsfrist gesetzt, wenn er den Kaufvertrag angefochten hat.

47 Stellt sich der Rücktritt als die beste Variante heraus, wird der Käufer den Rücktritt erklären und das verkaufte Fahrzeug in Höhe des Kaufpreises Zug um Zug gegen Zahlung des Kaufpreises und anderer Kosten (zB für notwendige Reparaturen) anbieten. Für die Zahlung wird er eine angemessene Frist (etwa: zwei Wochen) setzen und nach erfolglosem Ablauf der Zahlungsfrist Rückabwicklungsklage erheben. Hierbei ist aus Kostengründen ein Zug-um-Zug-Antrag zu empfehlen. Ist zweifelhaft, ob ein Fall der Umgehung des § 475 Abs. 1 S. 2 BGB vorliegt,[138] sollte demjenigen, der als Unternehmer anzusehen ist, der Streit verkündet werden (Fall der Alternativhaftung). Ist fraglich, ob es sich bei dem Mangel um einen erheblichen Mangel iSd § 323 Abs. 5 S. 2 BGB handelt, sollte der Käufer hilfsweise auf Minderung klagen. Dies kann auch noch in der mündlichen Verhandlung geschehen, wenn das Gericht dazu neigt, die Unerheblichkeit des Mangels anzunehmen. Hat der Käufer ein Fahrzeug in Zahlung gegeben, muss der Verkäufer dieses wieder herausgeben, dh letztlich rückübereignen. Obwohl die Rückgabe des Fahrzeugs neben der Übergabe auch die Abgabe einer Willenserklärung des Verkäufers, nämlich eine Übereignungserklärung, erfordert, empfiehlt es sich, insoweit nur auf Rückgabe des Fahrzeugs zu klagen, da das Urteil ansonsten insgesamt nicht vorläufig vollstreckbar wäre (§ 894 Abs. 1 S. 1 ZPO). Inhaltlich geht es um die Rückführung des Besitzes. Regelmäßig dürfte es hinsichtlich der Rückübertragung des Eigentums keine Probleme geben, wenn das Fahrzeug sich erst einmal wieder beim Käufer befindet.

48 Nicht vergessen werden darf ein Abzug für die erfolgte Nutzung des Fahrzeugs. Der Betrag errechnet sich nach der allgemein anerkannten Formel der linearen Wertschwundberechnung:

Gebrauchsvorteil = Bruttokaufpreis x gefahrene Kilometer : mutmaßliche Gesamtlaufleistung des Fahrzeugs[139]

Der Kläger steht hier vor dem Problem, dass er das Fahrzeug noch hat und es gewöhnlich nicht einfach irgendwo unterstellen kann oder nicht schon vor Beendigung der Rückabwick-

---

[136] BGH v. 29.6.2011 – VIII ZR 202/10 (Tz 14), NJW 2011, 2872, 2873.
[137] BGH v. 13.7.2011 – VIII ZR 215/10 (Tz 12), NJW 2011, 3435.
[138] Hierzu BGH v. 22.11.2006 – VIII ZR 72/06 (Tz 17), BGHZ 170, 67 = NJW 2007, 759, 760.
[139] OLG Karlsruhe v. 7.3.2003 – 14 U 154/01, NJW 2003, 1950, 1951; OLG Düsseldorf v. 21.1.2008 – 1 U 152/07 (Tz 41), NJW-RR 2008, 1199, 1201.

lung das Risiko eines Deckungskaufs auf sich nehmen will. In diesem Fall wird er das Fahrzeug möglichst weiternutzen. Dies stellt nicht schon per se ein zur **Verwirkung** der Gewährleistungsrechte führendes illoyales, widersprüchliches Verhalten dar.[140] Die Weiterbenutzung wirft die Frage der Fassung des Klageantrags auf. Im nachfolgenden Muster wird hierzu auf die sog. **Karlsruher Formel** zurückgegriffen, nach der lediglich ein Betrag pro Kilometer angegeben wird.[141] Einige Gerichte akzeptieren diese Berechnungsweise allerdings nicht, weil ihnen der Tenor so nicht genügend bestimmt ist und der Tachostand manipuliert sein kann.[142] In diesem Fall muss der Abzugsbetrag anhand der aktuellen Kilometerleistung am Tag der letzten mündlichen Verhandlung speziell ausgerechnet werden.

Hinweis Dringend zu empfehlen ist ein zusätzlicher Antrag des Käufers auf Feststellung, dass der Verkäufer sich mit der Rücknahme des Fahrzeugs in Annahmeverzug befindet. Ein solcher Antrag ist – anders als ein Antrag auf Feststellung des Schuldnerverzugs – zulässig.[143] Dies hat in der Zwangsvollstreckung der Zug-um-Zug-Verurteilung (siehe Muster bei Rn 51, dort Klageantrag Ziff. 1) zur Folge, dass der Gerichtsvollzieher den Zahlungsanspruch zugunsten des Käufers effektiv vollstrecken kann, (vgl. § 756 ZPO). Andernfalls müsste der Gerichtsvollzieher bei der Vollstreckung die gleichzeitige tatsächliche Übergabe des Fahrzeugs anbieten. Oder der Käufer müsste den Annahmeverzug gem. § 756 Abs. 1 ZPO mittels öffentlicher oder öffentlich beglaubigter Urkunden belegen, was kaum einmal möglich ist; der Käufer müsste den Verkäufer wiederum verklagen, diesmal auf Feststellung des Annahmeverzugs.[144]

49

Streitig ist allerdings, an welchem **Gericht** der Käufer klagen darf. Nach hM[145] kann er, falls er in den Besitz des Fahrzeugs gekommen ist, an seinem Wohnsitzgericht klagen, da dieser Ort gem. § 269 Abs. 1 BGB aufgrund der Natur des Schuldverhältnisses als einheitlicher Leistungsort und damit als einheitlicher Erfüllungsort iSd § 29 Abs. 1 ZPO zu sehen ist.[146] Dem ist *Stöber* mit beachtlichen Argumenten entgegengetreten.[147] Der BGH hat hierzu noch nicht entschieden. Den schnellsten und sichersten Weg wählt der Käufer, wenn er diese Unsicherheit nicht in Kauf nimmt, sondern gleich am Verkäuferwohnsitz als Schuldnergerichtsstand iSd §§ 12, 13, 17 ZPO klagt. Aufgrund der manchmal doch weiten Anreisen zum Gericht am Sitz des Verkäufers, kann es sinnvoll sein, sich vorher nach der Rechtsprechung des örtlichen Gerichts zu erkundigen.

50

---

140 OLG Düsseldorf v. 10.2.2006 – 22 U 149/05 (zu B I 3 d), BeckRS 2006, 06016; OLG Frankfurt am Main v. 18.7.2007 – 13 U 164/06 (Tz 28), BeckRS 2007, 14824.
141 OLG Oldenburg v. 8.11.1990 – 1 U 113/90, NJW 91, 1187; OLG Karlsruhe v. 29.5.2002 – 9 U 165/01, OLG-Report Karlsruhe/Stuttgart 2002, 248; OLG Karlsruhe v. 7.3.2003 – 14 U 154/01, NJW 2003, 1950, 1951.
142 KG v. 18.12.2006 – 2 U 13/06, BeckRS 2007, 01195; OLG Düsseldorf v. 21.1.2008 – 1 U 152/07 (Tz 39), NJW-RR 2008, 1199, 1201.
143 BGH v. 19.4.2000 – XII ZR 332/97, NJW 2000, 2280, 2281; BGH v. 31.5.2000 – XII ZR 41/98, NJW 2000, 2663, 2664.
144 *Rinsche*, Prozeßtaktik, Rn 68.
145 Siehe nur OLG Saarbrücken v. 6.1.2005 – 5 W 306/04, NJW 2005, 906, 907; Palandt/*Grüneberg*, § 269 Rn 16 mwN.
146 ZB Zöller/Vollkommer, § 29 ZPO Rn 25 „Kaufvertrag"; *Reinking/Eggert*, Rn 1217 ff.
147 *M. Stöber*, NJW 2006, 2661 ff.

§ 15 Gewährleistung beim Autokauf

51 ▶ **Muster: Rückabwicklungsklage**

An das Landgericht ...

Klage

des Herrn ...

– Kläger –

Prozessbevollmächtigte: RAe ...

gegen

die Autohaus ... GmbH & Co. KG, vertreten durch die Autohaus ... Verwaltungs-GmbH, diese vertreten durch den Geschäftsführer ...

– Beklagte –

wegen Rückabwicklung eines Kaufvertrags

Streitwert: 19.234 EUR.

Namens und in Vollmacht des Klägers erhebe ich Klage mit den Anträgen zu erkennen:

1. Die Beklagte wird verurteilt, an den Kläger Zug um Zug gegen Rückgabe des Pkws Alfa Romeo, Fahrgestell-Nr. ..., den Pkw VW Golf, Fahrgestell-Nr. ..., herauszugeben sowie 14.234 EUR nebst Zinsen in Höhe von 5 % im Jahr aus 14.000 EUR für die Zeit vom 11.3.2015 bis zum Tag der Rechtshängigkeit und aus 14.234 EUR in Höhe von 5 Prozentpunkten über dem Basiszinssatz seit Rechtshängigkeit abzüglich eines Betrags zu zahlen, der sich wie folgt berechnet: 7,6 Cent x km gemäß Tachostand im Zeitpunkt der Rückgabe des vorbezeichneten Pkws Alfa Romeo an die Beklagte.

2. Es wird festgestellt, dass sich die Beklagte mit der Rücknahme des im Klageantrag zu 1. bezeichneten Pkws VW Golf in Annahmeverzug befindet.

Ich rege die Durchführung eines schriftlichen Vorverfahrens nach § 276 ZPO an und beantrage für den Fall der Säumnis den Erlass eines Versäumnisurteils gem. § 331 Abs. 3 S. 2 ZPO.

Bereits jetzt beantrage ich auch,

dem Kläger eine Kurzausfertigung des Urteils mit Vollstreckungsklausel zu erteilen und den Zeitpunkt der Zustellung des Urteils zu bescheinigen.

Begründung

I. Sachverhalt

Der Kläger hat am 25.2.2015 bei der Beklagten den im Klageantrag zu 1. bezeichneten Neuwagen der Marke Alfa Romeo zum Preis von 19.000 EUR erworben.

Beweis: Kaufvertrag vom 25.2.2015
Anlage K 1

Der Kläger hat hierfür seinen Altwagen, den im Klageantrag zu 1. genannten VW Golf, für 5.000 EUR in Zahlung gegeben und den Rest am 10.3.2015 bargeldlos bezahlt.

Beweis: Überweisungsbeleg über 14.000 EUR
Anlage K 2

Nach Übergabe des Fahrzeugs musste der Kläger feststellen, dass das Fahrzeug nicht, wie im Kaufvertrag angegeben, die Farbe „carbonschwarz-metallic", aufwies, sondern einen blauen Farbton.

Beweis: Einholung eines Sachverständigengutachtens

Bei den Verkaufsverhandlungen war dem Kläger zudem eine Bildmappe vorgelegt worden, in der das als „carbonschwarz-metallic" beschriebene Fahrzeug ausschließlich schwarz abgebildet ist.

Beweis: 1. Inaugenscheinnahme des Katalogs
2. Einholung eines Sachverständigengutachtens

Es wird angeregt, dass das Gericht der Beklagten gem. § 425 ZPO aufgibt, diesen Katalog vorzulegen.

Mit Schreiben vom 1.4.2015 hat der Kläger die Beklagte unter Fristsetzung auf den 2.5.2015 zur Ersatzlieferung aufgefordert.

Beweis: Schreiben des Klägers vom 1.4.2015
Anlage K 3

Die Beklagte antwortete darauf, dass die Farbgebung der Herstellerbezeichnung „carbonschwarz-metallic" entspreche und dies auch aus dem Farbprospekt des Herstellers ersichtlich sei, der dem Kläger bei den Kaufverhandlungen vorlag.

Beweis: Schreiben der Beklagten vom 11.5.2015
Anlage K 4

Der Kläger widersprach und teilte mit, im Katalog habe er einen Blauton nicht feststellen können. Das Fahrzeug sei mindestens umzulackieren. Hierfür setzte er eine letzte Frist bis zum 15.6.2015.

Beweis: Schreiben des Klägers vom 12.5.2015
Anlage K 5

Eine Antwort erhielt der Kläger nicht. Daher ist Klage geboten.

Der Kläger hat mit dem Neufahrzeug bislang etwa 20.000 km zurückgelegt und es deshalb zur Inspektion gegeben. Hierfür hat er einen Betrag von 234 EUR aufgewandt.

Beweis: Wartungsrechnung der Beklagten vom 19.5.2015
Anlage K 6

II. Rechtliche Ausführungen

Die Klage ist begründet.

Dem Kläger steht gegen die Beklagte ein Anspruch auf Rückzahlung des Kaufpreises gem. §§ 346 Abs. 1, 348, 437 Nr. 2 Alt. 1, 323 Abs. 1, Abs. 5 S. 2, 434 Abs. 1 S. 1, 433 Abs. 1 S. 2 BGB zu.

Der Blauton des Fahrzeugs entspricht nicht der Farbgebung, die der Kläger haben wollte und die deshalb als Schwarzton vereinbart wurde. Die Herstellerangabe legt insoweit ein anderes Verständnis nahe, als es der tatsächlichen Farbgebung entspricht. Auch das in der dem Kläger vorgelegten Bildmappe als „carbonschwarz-metallic" abgebildete Fahrzeug ist ausschließlich schwarz. Aus diesen Gründen konnte der Kläger nach Maßgabe der Verkehrsauffassung ein Fahrzeug erwarten, welches durchweg schwarz war. Damit entspricht das Fahrzeug in der Farbgebung nicht der im Kaufvertrag bestimmten Solleigenschaft (vgl OLG Köln NJW 2006, 781, 782; OLG Karlsruhe NJW-RR 2009, 777, 778).

Der Mangel ist erheblich im Sinne des § 323 Abs. 5 S. 2 BGB. Die Farbe des Fahrzeugs ist üblicherweise eine wichtige Motivation für den Kauf. Dies gilt auch hier, zumal es sich um ein Neufahrzeug handelt und eine ausdrückliche Farbwahl getroffen wurde. In der Regel indiziert ein Verstoß gegen eine Beschaffenheitsvereinbarung auch schon die Erheblichkeit der Pflichtverletzung (BGH NJW-RR

2010, 1289, 1291 – Farbwahl). Die Beklagte hat die vom Kläger zur Nacherfüllung gesetzte Frist ungenutzt verstreichen lassen. Damit stand dem Kläger der Rücktritt offen.

Zudem hat die Beklagte die Nacherfüllung verweigert, da sie nicht nur den Mangel bestritten, sondern auch die Nacherfüllung kategorisch abgelehnt hat. Aufgrund dieser Verweigerung stand dem Kläger der Rücktritt offen. Diesen hat er mit dem Klageantrag erklärt, da er damit die Rückabwicklung des Kaufvertrags betreibt.

Die Rückabwicklung hat dergestalt zu erfolgen, dass die Beklagte das in Zahlung gegebene Fahrzeug zurückgibt und den Kaufpreis nebst Zinsen erstattet. Die Zinszahlungspflicht ergibt sich für die Zeit seit Zahlung des Geldbetrags (10.3.2015) aus § 247 BGB. Insofern ist davon auszugehen, dass die Beklagte den Geldbetrag nicht nur anlegen, sondern zur Begleichung von Lieferanten- oder Bankkrediten verwenden konnte. Damit hat sie Kreditzinsen in Höhe von mindestens 5 % pro Jahr erspart.

Ferner sind die gewöhnlichen Erhaltungskosten zu erstatten (OLG Hamm, NJW-RR 2005, 1220, 1222; *Reinking/Eggert*, Der Autokauf, 12. Aufl. 2014, Rn 1129, 1134), zu denen die geltend gemachten Inspektionskosten gehören.

Hinsichtlich des Gesamtbetrags von 14.234 EUR ergibt sich die Zinszahlungspflicht ab Rechtshängigkeit aus den §§ 291, 288 Abs. 1 BGB.

Der Kläger stellt das gekaufte Fahrzeug für die Rückabwicklung zur Verfügung. Durch dieses wörtliche Angebot befindet sich die Beklagte gem. § 295 S. 1 BGB mit der Rücknahme des Fahrzeugs in Annahmeverzug. Dieses Angebot reicht für die Begründung des Annahmeverzugs aus, da es sich bei der Pflicht des Käufers, die Kaufsache gem. § 346 Abs. 1 BGB zurückzugewähren, um eine Holschuld handelt. Denn der diesbezügliche Erfüllungsort befindet sich dort, wo sich die Kaufsache in Erfüllung des Kaufvertrags befindet, also am Wohnsitz des Käufers (vgl OLG Köln v. 27.3.2008 – 15 U 175/07, Tz 62 = BeckRS 2008, 09080). Aus diesem Grund ist auch der Klageantrag zu 2. begründet.

Die vom Kläger zu zahlende Nutzungsausfallentschädigung kann derzeit nicht bestimmt werden, da das Fahrzeug bis zur Rückgabe noch genutzt wird. Daher ist die Entschädigung nach der im Klageantrag zu 1. genannten Formel zu errechnen. Hierbei ist anzunehmen, dass das gekaufte Neufahrzeug als Mittelklassewagen eine erwartbare Fahrleistung von 250.000 km aufweist,

Beweis: Einholung eines Sachverständigengutachtens

so dass sich ein Nutzungswert von 7,6 Cent pro km ergibt.

Für den Streitwert ist davon auszugehen, dass der Zug-um-Zug-Antrag den Streitwert nicht erhöht (Zöller/*Herget*, ZPO, 30. Aufl. 2014, § 3 Rn 16), so dass es allein auf die geltend gemachte Hauptforderung (14.234 EUR) zzgl. des Betrags der Inzahlungnahme ankommt.

Der Prozesskostenvorschuss ist nach diesem Betrag (19.234 EUR) eingezahlt.

Rechtsanwalt ◄

52 **b) Reaktionsmöglichkeiten.** Will sich der Verkäufer gegen eine Rückabwicklungsklage wehren, ist vor allem der Bereich der Nacherfüllung zu problematisieren. Ist der Käufer noch im Besitz des gekauften Fahrzeugs und hat er keinen Zug-um-Zug-Antrag gestellt, muss der Verkäufer keinen eingeschränkten Klageabweisungsantrag stellen. Er muss mit seinem Vortrag aber das ihm insoweit zustehende Leistungsverweigerungsrecht gem. §§ 273, 274 BGB bzw

§ 348 iVm §§ 320 ff BGB geltend machen. Hierzu genügt, dass er sich damit verteidigt, ein etwaiger Klageerfolg müsse die Rücknahme des Fahrzeugs zur Folge haben.[148]

▶ **Muster: Klageerwiderung auf Rückabwicklungsklage**   53

An das Landgericht ___

Klageerwiderung

In dem Rechtsstreit

___ ./. Autohaus ___ GmbH & Co. KG

Az ___

zeigen wir an, dass wir die Beklagte vertreten, die sich gegen die Klage verteidigen wird. Insofern werden wir beantragen zu erkennen:

Die Klage wird abgewiesen.

Begründung

Richtig ist, dass der Kläger bei der Beklagten den im Klageantrag zu 1. genannten Pkw Alfa Romeo zum Preis von 19.000 EUR erworben und hierfür einen VW Golf in Zahlung gegeben hat.

Es soll nicht bestritten werden, dass es sich bei der Herstellerangabe „carbonschwarz-metallic" um eine Farbe handelt, die einen Blaustich aufweist, so dass insofern eine Abweichung von der Sollbeschaffenheit vorliegt. Allerdings handelt es sich dabei nicht um einen erheblichen Mangel im Sinne des § 323 Abs. 5 S. 2 BGB, so dass der Kläger allenfalls eine geringfügige Minderung geltend machen, nicht jedoch vom Kaufvertrag Abstand nehmen kann. In der Entscheidung BGH NJW-RR 2010, 1289, ging es um eine wesentlich gravierende Abweichung (schwarz statt der vereinbarten Farbe Blue Metallic).

Jedenfalls kann der Kläger im Wege der Rückabwicklung des Kaufvertrags keine gewöhnlichen Erhaltungskosten geltend machen. Diese Kosten gehören weder zu den notwendigen Verwendungen im Sinne des § 347 Abs. 2 BGB noch zu den Aufwendungen, um die die Beklagte bereichert sein könnte.

Nach alledem ist die Klage abzuweisen.

Rechtsanwalt ◀

III. Minderung (§ 441 BGB)

Gegenstand der Minderung ist die verhältnismäßige Herabsetzung des Kaufpreises (§§ 437   54
Nr. 2, 441 Abs. 3 BGB). Die Minderung führt damit zu einer teilweisen, in Extremfällen (bei einer Minderung auf „Null") sogar völligen Abstandnahme vom Vertrag, da die Gegenleistung insoweit nicht zu erbringen ist. Aufgrund des Mangels, der kein erheblicher sein muss (§ 441 Abs. 1 S. 2 BGB), wird die Gegenleistung nicht von selbst gemindert. Vielmehr bedarf es dazu (wie beim Rücktritt, anders als zB bei der Miete, vgl § 536 BGB) einer **Gestaltungserklärung** des Käufers, die dem Verkäufer zugehen muss. Bei Personenmehrheiten muss die Erklärung von allen an alle erfolgen (§ 441 Abs. 2 BGB). Im Gegensatz zum Nacherfüllungsbegehren ist der Käufer an diese Erklärung gebunden, kann später also nicht mehr zum Rück-

---

[148] BGH v. 7.10.1998 – VIII ZR 10/97, NJW 1999, 53; BGH v. 7.6.2006 – VIII ZR 209/05, BGHZ 168, 64 = NJW 2006, 2839, 2842.

tritt wechseln (vgl § 441 Abs. 1 S. 1 BGB: „statt"). Neben der Minderung kann Schadensersatz geltend gemacht werden, aber nicht der große Schadensersatz, und auch nicht der Mangelschaden, der durch die Minderung ausgeglichen wird.[149]

55 **1. Voraussetzungen der Minderung.** Die Minderung setzt voraus, dass ein wirksamer Kaufvertrag besteht, ein Sach- oder Rechtsmangel vorliegt und die (außergerichtlichen) Möglichkeiten einer Nacherfüllung ausgeschöpft sind. Für Letzteres gelten die gleichen Voraussetzungen wie beim Rücktritt (§ 441 Abs. 1 BGB; dazu Rn 33 ff). Außerdem darf der Käufer für den Mangel nicht verantwortlich sein (§§ 437 Nr. 2, 326 Abs. 5, 323 Abs. 6 BGB).[150] Bei Mitverantwortung gelten die Grundsätze zu § 254 BGB entsprechend.[151]

56 **2. Rechtsfolgen der Minderung.** Zur Berechnung der Minderung wird – nicht anders als nach früherem Recht – der Wert des Fahrzeugs ohne den Mangel zum Wert des mangelhaften Fahrzeugs ins Verhältnis gesetzt und der Kaufpreis (auch dann, wenn es sich um ein für den Käufer günstiges Geschäft handelte) entsprechend reduziert (§ 441 Abs. 3 S. 1 BGB). Maßgebender Zeitpunkt ist der Tag, an dem der Kaufvertrag abgeschlossen wurde (§ 441 Abs. 3 S. 2 BGB); spätere Wertveränderungen bleiben außer Betracht. Hiernach bestimmt sich der herabgesetzte Preis, der vom Kaufpreis abzuziehen ist, nach der Formel:

Vereinbarter Preis x wirklicher Wert des Fahrzeugs : Wert des Fahrzeugs ohne Mangel

Die Differenz kann der Käufer zurückhalten bzw hat der Verkäufer gem. §§ 441 Abs. 4 S. 2, 347 Abs. 1 S. 1 BGB nebst Zinsen zu erstatten, und zwar auch dann, wenn das Fahrzeug inzwischen weiterveräußert worden ist. Haftet der Verkäufer nicht für alle Mängel (etwa wegen Kenntnis einzelner Mängel bei Übergabe, vgl § 442 Abs. 1 BGB), mindern die ausgenommenen Mängel den Faktor „Wert des Fahrzeugs ohne Mangel". Schlägt der Anspruch des Käufers auf Herabsetzung des Kaufpreises fehl, weil der Betrag der Minderung in Anwendung der in § 441 Abs. 3 S. 1 BGB bestimmten Berechnungsmethode nicht ermittelt werden kann, kann der Käufer – auch wenn er gegenüber dem Verkäufer die Minderung erklärt hat – den ihm durch den Mangel entstandenen Vermögensschaden als Schadensersatz nach § 437 Nr. 3 iVm § 281 Abs. 1 BGB geltend machen.[152]

57 In der Praxis bereitet die Bestimmung des Fahrzeugwerts ohne Mangel regelmäßig Schwierigkeiten. Bei einem Privatkauf (C2C) sind Abschläge von den Tabellenwerten vorzunehmen. Um entsprechende Gutachterkosten zu vermeiden, akzeptieren Gerichte im Rahmen ihrer Schätzungsbefugnis (§ 441 Abs. 3 S. 2 BGB) mitunter eine alternative Berechnungsform. Der Minderungsbetrag errechnet sich danach aus den veranschlagten Mängelbeseitigungskosten abzüglich eines Abschlags „neu für alt" (sog. vereinfachtes Abzugsverfahren).[153] Mängelfindungs- und Vertragskosten lassen sich im Wege der Minderung nicht einfordern. Natürlich behält der Käufer bei dieser Lösung das Fahrzeug.

58 **3. Verjährung.** Das Minderungsrecht kann als Gestaltungsrecht nicht verjähren; § 194 BGB betrifft nur Ansprüche. Um dennoch eine einheitliche Abwicklung der Rechte aus § 437 BGB zu ermöglichen, ist in § 437 Abs. 5 BGB die Anwendbarkeit des § 218 BGB bestimmt. Eine

---

149 Palandt/*Weidenkaff*, § 441 Rn 19.
150 Palandt/*Weidenkaff*, § 441 Rn 7.
151 Palandt/*Weidenkaff*, § 441 Rn 17.
152 BGH v. 5.11.2010 – V ZR 228/09 (Tz 35), NJW 2011, 1217, 1219 f.
153 OLG Köln v. 5.3.2001 – 16 U 93/00, DAR 2001, 461; *Tempel/Seyderhelm*, S. 46.

Minderung ist hiernach unwirksam, wenn der Anspruch aus § 433 Abs. 1 S. 2 BGB bzw aus § 437 Nr. 1 BGB verjährt ist (hierzu Rn 27) und der Verkäufer die Verjährungseinrede erhebt (§ 218 Abs. 1 S. 1 BGB). Bei unbehebbaren Mängeln und rechtmäßig verweigerter Nacherfüllung kommt es darauf an, wann der Nacherfüllungsanspruch verjährt wäre, wenn er bestünde (§ 218 Abs. 1 S. 2 BGB). Ergänzend ist in § 438 Abs. 5, Abs. 4 S. 2 BGB bestimmt, dass der Käufer trotz Unwirksamkeit der Minderung iSd § 218 Abs. 1 BGB die Kaufpreiszahlung insoweit (auch ohne Mängelanzeige) verweigern darf, als er wegen der Minderung dazu berechtigt sein würde (in diesem Fall darf der Verkäufer vom Kaufvertrag zurücktreten, § 438 Abs. 5, Abs. 4 S. 3 BGB); eine Rückforderungsmöglichkeit hat er hingegen nicht (§ 214 Abs. 2 S. 1 BGB). Insofern gilt nichts anderes als beim Rücktritt (vgl Rn 41).

Die Beschränkung der gesetzlichen Verjährungsfrist für die Minderung (insb. durch Verkürzung oder früheren Beginn der Verjährung) ist gem. § 202 BGB aufgrund Individualvereinbarung bis auf den Fall des Vorsatzes ohne Weiteres möglich, sofern nicht ein Verbrauchsgüterkauf vorliegt. Im Fall des Verbrauchsgüterkaufs kann eine Beschränkung der Verjährung erst nach Mitteilung des Mangels erfolgen; darüber hinaus darf die Verjährung bei gebrauchten Sachen (auch durch AGB) auf ein Jahr verkürzt werden (§ 475 Abs. 2 BGB). Sind – wie regelmäßig – AGB verwendet, gilt für den Verkauf von Neufahrzeugen § 309 Nr. 8 b ff BGB. Hiernach darf die zweijährige kaufrechtliche Verjährungsfrist mittels AGB nur bis auf ein Jahr ab dem gesetzlichen Verjährungsbeginn (§ 199 Abs. 1 BGB) verkürzt werden (siehe auch § 13 Rn 25). Dies gilt wegen § 475 Abs. 2 BGB nicht für den Verbrauchsgüterkauf, in der Praxis also nur für den Verkauf zwischen Unternehmen (B2B). Siehe dazu auch die Übersicht und Rn 89. Ist die Minderung erklärt, verjähren Ansprüche aus der Minderung nicht gem. § 438 BGB, sondern nach der Regelverjährung der §§ 195, 199 Abs. 1 BGB; dies gilt auch für den Anspruch aus § 441 Abs. 4 BGB. **59**

4. Minderungsklage. Steht fest, dass ein gültiger Kaufvertrag besteht, ein Sach- oder Rechtsmangel vorliegt und die (außergerichtlichen) Möglichkeiten einer Nacherfüllung ausgeschöpft sind, steht es dem Käufer frei, am Kaufvertrag festzuhalten und einen Minderungsbetrag zu fordern. Lehnt der Verkäufer die Zahlung ab oder lässt er eine entsprechende Frist verstreichen, ist Klage geboten. Wenn unklar ist, ob ein Fall der Umgehung des § 475 Abs. 1 S. 2 BGB vorliegt,[154] sollte demjenigen, der als Unternehmer anzusehen ist, der Streit verkündet werden (Fall der Alternativhaftung). **60**

Örtlich zuständig ist das Gericht am Sitz des Verkäufers/Beklagten, also dessen allgemeiner Gerichtsstand nach §§ 12, 13, 17 ZPO. Der besondere Gerichtsstand des Erfüllungsortes am Sitz des Käufers nach § 29 ZPO besteht hier nicht. Das zum Rückgewährschuldverhältnis nach Rücktritt Gesagte (Rn 50) gilt bei der Minderungsklage also nicht. **60a**

Voraussetzung der Minderung ist wie bei allen sekundären Mängelrechten, dass der Verkäufer Gelegenheit zur Nacherfüllung erhalten hat. Diese ist nur in den gesetzlich genannten Fällen unmöglich bzw entbehrlich (Rn 15 ff). Besondere Vorsicht ist geboten, wenn es darum geht, einen Verweigerungsfall anzunehmen (hierzu Rn 16). Neben den allgemeinen Anforderungen ist zur Berechnung der Minderung vorzutragen. Anzugeben ist gem. § 441 Abs. 3 BGB der Verkehrswert des Fahrzeugs zum Zeitpunkt des Kaufs, und zwar zum einen im **61**

---

154 Hierzu BGH v. 22.11.2006 – VIII ZR 72/06 (Tz 17), BGHZ 170, 67 = NJW 2007, 759, 760.

mangelhaften, zum anderen im mangelfreien Zustand. Beides ist zweckmäßigerweise vorab durch ein Privatgutachten zu klären.

62 ▶ **Muster: Minderungsklage**

An das Amtsgericht ···

Klage

des Herrn ···

– Kläger –

Prozessbevollmächtigte: RAe ···

gegen

die Autohaus ··· GmbH & Co. KG, vertreten durch die Geschäftsführer ···

– Beklagte –

wegen Kaufvertrags

Streitwert: 1.800 EUR.

Namens und in Vollmacht des Klägers erhebe ich Klage mit dem Antrag zu erkennen:

Die Beklagte wird verurteilt, an den Kläger 2.045,38 EUR nebst Zinsen in Höhe von 5 Prozentpunkten über dem Basiszinssatz seit Rechtshängigkeit zu zahlen.

Ich rege die Durchführung eines schriftlichen Vorverfahrens nach § 276 ZPO an und beantrage für den Fall der Säumnis den Erlass eines Versäumnisurteils gem. § 331 Abs. 3 S. 2 ZPO.

Bereits jetzt beantrage ich auch,

dem Kläger eine Kurzausfertigung des Urteils mit Vollstreckungsklausel zu erteilen und den Zeitpunkt der Zustellung des Urteils zu bescheinigen.

Begründung

I. Sachverhalt

Der Kläger hat am 10.4.2015 bei der Beklagten, einem gewerblichen Fahrzeughändler, einen drei Jahre alten Pkw Opel Astra zum Preis von 9.000 EUR erworben.

Beweis: Kaufvertrag vom 10.4.2015

Anlage K 1

Der Kläger hat hierfür seinen Altwagen, einen Pkw Fiat Uno, für 5.000 EUR in Zahlung gegeben und den Rest bei Übergabe in bar beglichen.

Nach Übergabe hat der Kläger feststellen müssen, dass der Tachometer nicht funktioniert.

Beweis: Einholung eines Sachverständigengutachtens

Mit Anwaltsschreiben vom 21.4.2015 hat der Kläger die Beklagte unter Fristsetzung auf den 4.5.2015 zur Mangelbehebung auffordern lassen.

Beweis: Schreiben des Unterzeichners vom 21.4.2015

Anlage K 2

Diese Frist verstrich ungenutzt.

Mit Schreiben vom 7.5.2015 machte der Unterzeichner für den Kläger Minderung geltend und forderte die Beklagte auf, innerhalb eines Monats als Minderungsbetrag 20 % des Kaufpreises, mithin 1.800 EUR zu zahlen.

Beweis: Schreiben des Unterzeichners vom 7.5.2015
   Anlage K 3

Der geltend gemachte Minderungsbetrag ist angemessen.

Beweis: Einholung eines Sachverständigengutachtens

Eine Antwort erhielt der Kläger bislang nicht. Daher ist Klage geboten.

Mit der Klage wird auch die für das Anwaltsschreiben vom 7.5.2015 (Anlage K 3) angefallene Geschäftsgebühr nach Nr. 2300 VV RVG in Höhe etwa einer Mittelgebühr (1,4) bei einem Gegenstandswert von 1.800 EUR (186,20 EUR zzgl Auslagen und USt = 245,38 EUR) eingefordert. Der Kläger hat diese Kosten aufgrund entsprechender Berechnung des Unterzeichners verauslagt.

Insgesamt wird in der Hauptsache somit ein Betrag von 2.045,38 EUR geltend gemacht.

II. Rechtliche Ausführungen

Bei dem Kaufvertrag handelt es sich um einen Verbrauchsgüterkauf (§ 474 BGB). Die Beklagte ist als gewerblicher Fahrzeughändler Unternehmer iSd § 14 Abs. 1 BGB. Der Kläger ist Verbraucher iSd § 13 BGB.

Das Nichtfunktionieren des Tachometers stellt eine Eigenschaft des Fahrzeugs dar, die von der Solleigenschaft eines drei Jahre alten Fahrzeugs abweicht. Aufgrund der Vermutung des § 476 BGB ist davon auszugehen, dass der Mangel schon zum Zeitpunkt der Übergabe vorhanden war. Der Kläger ist den Wagen nicht Probe gefahren und hat den Mangel erst nach Übergabe bemerkt.

Da die Beklagte den Mangel trotz Aufforderung nicht durch Erneuerung des ABS-Steuergeräts oder auf andere Weise behoben hat, steht dem Kläger ein Minderungsbetrag zu. Diesen hat er mit dem als Anlage K 3 vorgelegten Schreiben geltend gemacht.

Gemäß den §§ 437 Nr. 3, 280 Abs. 1 BGB als mangelbedingter Schaden zu ersetzen ist die für das Anwaltsschreiben vom 5.5.2012 (Anlage K 3) und nach Vorbem 3 Abs. 4 zu Teil 3 der Anlage 1 zu § 2 Abs. 2 RVG auf die Verfahrensgebühr nur zum Teil anrechenbare Geschäftsgebühr. Diese Forderung lässt sich im Kostenfestsetzungsverfahren nicht beitreiben (BGH NJW 2006, 2560 f), ist also einzuklagen (vgl *Schneider*, NJW 2007, 2001, 2007) und als Verzugsschaden auch zuzusprechen. Nach Auffassung des BGH (NJW 2007, 2049, 2050) wird durch die Anrechnung nicht die Geschäftsgebühr reduziert, sondern die im anschließenden Gerichtsverfahren anfallende Verfahrensgebühr (BGH NJW 2008, 3641, 3642). Die Geschäftsgebühr lässt sich daher voll einklagen. Der Kläger muss dies auch. Ansonsten würde die Verfahrensgebühr im Kostenfestsetzungsverfahren vom Rechtspfleger reduziert werden (BGH NJW 2008, 1323, 1324). Der Anspruch geht nicht auf Freistellung, sondern auf Geld, da der Unterzeichner die Geschäftsgebühr beim Kläger abgerechnet hat und dieser Betrag vom Kläger verauslagt worden ist.

Der Zinsanspruch beruht auf Verzug (§§ 291, 288 Abs. 1 S. 1, S. 2 BGB).

Im Ergebnis ist der Klage damit vollumfänglich stattzugeben.

Der Prozesskostenvorschuss ist nach dem in der Hauptsache geforderten Betrag eingezahlt.

Rechtsanwalt ◄

IV. Schadensersatz gem. §§ 280, 281, 283, 311 a BGB

Besteht ein wirksamer Kaufvertrag und ist ein Sach- oder Rechtsmangel vorhanden, den der Käufer bei Gefahrübergang nicht erkannte oder erkennen konnte (§ 442 BGB), steht ihm uU ein Schadensersatzanspruch gem. § 437 Nr. 3 BGB iVm den §§ 440, 280, 281, 283 oder (bei schon zum Zeitpunkt des Vertragsschlusses unbehebbaren Mängeln) § 311 a BGB zu. Dies setzt voraus, dass Schadensersatzansprüche im Kaufvertrag nicht abbedungen sind. Das ist gem. § 475 Abs. 3 BGB auch bei einem Verbrauchsgüterkauf möglich, in AGB nach Maßgabe des § 309 Nr. 7 und 8 BGB sowie der Kardinalpflichtlehre (hierzu § 13 Rn 34), durch Individualvereinbarung bis zur Grenze der Sittenwidrigkeit. Zu beachten ist auch die Regelung des § 444 BGB. Hiernach greift der Haftungsausschluss nicht, sofern der Verkäufer eine Beschaffenheitsgarantie übernommen oder den Mangel arglistig verschwiegen hat; auch wenn ein arglistig verschwiegener Sachmangel für den Willensentschluss des Käufers nicht ursächlich war, ist dem Verkäufer die Berufung auf den vereinbarten Haftungsausschluss gem. § 444 BGB verwehrt.[155] Dabei erfasst das Tatbestandsmerkmal der Arglist in § 444 BGB nicht nur ein Handeln des Verkäufers, das von betrügerischer Absicht getragen ist, sondern auch Verhaltensweisen, die auf bedingten Vorsatz iS eines „Fürmöglichhaltens und Inkaufnehmens" reduziert sind und mit denen kein moralisches Unwerturteil verbunden sein muss. Voraussetzung für ein vorsätzliches Verschweigen eines Mangels ist jedoch stets, dass der Verkäufer den konkreten Mangel kennt oder zumindest für möglich hält. Unterlässt der Verkäufer etwa nur den Hinweis, dass er sich über die Ursache sichtbarer Symptome eines Feuchtigkeitsmangels nicht sicher sei, verschweigt er den Mangel damit noch nicht.[156]

64 Um die Regelung des § 437 Nr. 3 BGB zu verstehen, muss man sich vor Augen führen, dass die Verschaffung des Eigentums am mangelfreien Gegenstand nach neuem Recht in § 433 Abs. 1 S. 2 BGB als Verkäuferpflicht ausgestaltet ist. Da § 437 Nr. 3 BGB auf den gesamten § 280 BGB, also auch auf dessen Abs. 2 Bezug nimmt, spielt hierbei nicht nur die Pflicht aus § 433 Abs. 1 S. 2 BGB eine Rolle, sondern auch die Pflicht zur Nacherfüllung gem. § 437 Nr. 1 BGB, da allein die Verzögerung der Erfüllung der Pflicht aus § 433 Abs. 1 S. 2 BGB noch nicht auf einem Mangel beruht. § 437 Nr. 3 BGB verweist im Grunde nur auf das allgemeine Schuldrecht, stellt aber klar, dass im Gegensatz zum früheren Recht schon die fahrlässige Verletzung der beiden Pflichten Schadensersatzansprüche nach sich zieht. Zudem versperrt die Regelung des § 437 Nr. 3 BGB die Möglichkeit, wegen eines Mangels weitere Schadensersatzansprüche, etwa aus einer Schutzpflichtverletzung (§ 241 Abs. 2 BGB), geltend zu machen.[157] Unabhängig davon ist eine Unterscheidung nach vorvertraglichen und vertraglichen Pflichten auch nicht möglich, da mangelbedingte Pflichtverletzungen außerhalb von Verzugsfällen in aller Regel vorvertraglicher Art sind (Rn 69).

65 Trotz der Verweisung auf das allgemeine Schuldrecht bestehen kaufrechtliche Besonderheiten (vgl insbesondere § 440 BGB), so dass systematisch zwischen mängelbedingten und anderen Schadensersatzansprüchen (dazu § 16) zu trennen ist.

66 **1. Schadensarten.** Mangelbedingte Schäden können folgender Art sein:

- **direkte Mangelschäden**, zB Minderwert, Reparaturaufwand. Solche Schäden fallen als Schäden „statt der Leistung" entweder unter die §§ 280 Abs. 1, Abs. 3, 283, 440 BGB; das ist der Fall, wenn der Mangel nach Kaufvertragsschluss unbehebbar wird (sog. qualitative Teilunmöglichkeit). Oder sie fallen unter die §§ 280 Abs. 1, 281 Abs. 1, 440 BGB; das ist

---

155 BGH v. 15.7.2011 – V ZR 171/10 (Tz 13), BGHZ = NJW 2011, 3640, 3641.
156 BGH v. 16.3.2012 – V ZR 18/11 (Tz 24, 26), BeckRS 2012, 09057.
157 Palandt/*Weidenkaff*, § 437 Rn 32.

der Fall, wenn der Mangel behebbar ist, eine Nacherfüllung aber scheitert (sog. qualitative Verspätung);
- **Mangelfolgeschäden**; das sind Schäden, die infolge eines Mangels des Fahrzeugs (auch während der Nacherfüllungsfrist) an anderen Rechtsgütern auftreten; solche Schäden fallen unter § 280 Abs. 1 BGB;
- **Schäden**, die auf einer **Verzögerung der Nacherfüllung** beruhen; solche Schäden fallen unter die §§ 280 Abs. 2, Abs. 1, 286, 440 BGB.

Wegen der Verweisung auf § 311 a BGB ebenfalls über § 437 Nr. 3 BGB zu liquidieren sind die bei Gebrauchtwagenkäufen häufig auftretenden Fälle, in denen ein Fahrzeug mit einem **unbehebbaren Mangel** verkauft wird. Entscheidend für diese Haftung ist, dass der Mangel schon bei Abschluss des Kaufvertrags unbehebbar war.[158] Ein solcher Mangel kann auch darin bestehen, dass der Verkäufer dem Käufer wegen § 935 Abs. 1 BGB kein Eigentum an dem Fahrzeug zu verschaffen vermag und der Verkäufer nicht darlegen kann, dass er die Freigabe durch den Eigentümer erreichen könnte.[159] Auch dies ist ein Fall der qualitativen Teilunmöglichkeit (Rn 66). Hierbei handelt es sich um eine vorvertragliche Pflichtverletzung, die gem. § 311 a Abs. 2 iVm § 275 BGB (ohne Fristsetzung) zur Haftung führt. Entgegen dem früheren Recht steht der Verkäufer für die Hauptleistung nicht mehr ein, sondern haftet gem. § 311 a BGB nur bei entsprechendem Verschulden. 67

Nicht auf einen Mangel zurückzuführen, aber wegen der Verweisung auf § 280 BGB ebenfalls über § 437 Nr. 3 BGB zu liquidieren sind Verletzungen vorvertraglicher Pflichten, die leistungsbezogen sind und mit dem Mangel zu tun haben (zB Aufklärungspflichten).[160] Daraus entstehende Schäden fallen wie Mangelfolgeschäden unter § 280 BGB, führen also zu Schadensersatz „neben der Leistung". Gleiches gilt für Schäden, die aus Anlass der Mängelbeseitigung entstanden sind (zB Karosserieschaden aus Anlass der Reparatur des defekten Motors). Eine Rücktrittsmöglichkeit über § 324 BGB bzw die §§ 280 Abs. 1, Abs. 3, 282 BGB besteht hier nicht, da sich das Kriterium der Unzumutbarkeit nur auf die eigentliche, also ursprüngliche Mängelbeseitigung bezieht.[161] 68

2. Verschuldete Pflichtverletzung. Gemäß § 280 Abs. 1 S. 2 BGB kann der Käufer Schadensersatz wegen eines Mangels des Fahrzeugs nicht verlangen, wenn der Verkäufer die Verletzung der Pflicht gem. § 433 Abs. 1 S. 2 BGB oder gem. § 437 Nr. 1 BGB nicht zu vertreten hat. Das vorwerfbare Verhalten ist im Vorfeld dieser Pflichten verortet und kann in der Verursachung des Mangels liegen, aber auch in einem pflichtwidrigen Unterlassen, das den Mangel herbeigeführt hat, zB in einer fehlenden Wartung, vor allem aber in der Verletzung einer **Untersuchungspflicht**. Ob die Rechtsprechung zu den Untersuchungspflichten nach altem Recht aufrecht erhalten bleibt, lässt sich derzeit nicht absehen. Es spricht Einiges dafür, dass auch nach neuem Recht gewerbliche Fahrzeughändler insoweit eher in die Pflicht genommen werden als private Verkäufer. Nach § 280 Abs. 1 S. 2 BGB hat der Verkäufer zwar darzulegen und zu beweisen, dass er die Pflichtverletzung nicht zu vertreten hat. Allerdings entbindet dies den Käufer nicht davon, die Pflicht darzutun, die der Verkäufer verletzt haben soll. Kann 69

---

158 BGH v. 22.6.2005 – VIII ZR 281/04, BGHZ 163, 234 = NJW 2005, 2852, 2854 – Dackel.
159 OLG Karlsruhe v. 14.9.2004 – 8 U 97/04, NJW 2005, 989, 990.
160 *Reinking/Eggert*, Rn 1492.
161 AA *Cziupka/Kliebisch*, JuS 2008, 855, 856 f; wie hier OLG Saarbrücken v. 25.7.2007 – 1 U 467/06, NJW 2007, 3503, 3505.

auf die Nichterfüllung der Nacherfüllungspflicht abgestellt werden, lässt sich ein Verschulden kaum einmal widerlegen (dazu Rn 9).

70 Ein Verschulden ist nicht erforderlich, wenn der Verkäufer eine Garantie für die Beschaffenheit des Fahrzeugs abgegeben hat und wegen Fehlens dieser Beschaffenheit Schadensersatz gefordert wird (§ 443 Abs. 1 BGB). Nichts anderes gilt, wenn der Verkäufer das Beschaffungsrisiko übernommen hat. Rechtsgrundlage hierfür ist dann die Garantie, nicht das Gewährleistungsrecht.

71 **3. Fristsetzung.** Sofern es um direkte Mangelschäden und um Verzögerungsschäden geht, ist grundsätzlich eine Frist zur Nacherfüllung zu setzen, sei es durch Ersatzlieferung oder Mängelbeseitigung bzw zunächst ohne Ausübung des Wahlrechts. Die Ausnahmen ergeben sich vornehmlich aus § 440 BGB. Danach ist eine Fristsetzung in folgenden Fällen entbehrlich:

72 Zum einen hat der Verkäufer gem. § 439 Abs. 3 S. 1 BGB das Recht, die vom Käufer gewählte Form der Nacherfüllung, bei weitergehender Begründung sogar die Nacherfüllung an sich zu verweigern (§ 439 Abs. 3 S. 3 BGB), wenn sie

- unverhältnismäßig hohe Kosten verursacht (§ 439 Abs. 3 S. 1 BGB);
- gem. § 275 Abs. 2 S. 1 BGB dem Verkäufer einen unzumutbaren Aufwand abfordert;
- gem. § 275 Abs. 3 BGB dem Verkäufer persönlich nicht zugemutet werden kann.

73 Die Verweigerung setzt ein Nacherfüllungsverlangen des Käufers voraus und erfolgt im Wege der Einrede. Zum anderen kann dem Verkäufer die Mängelbeseitigung auch ohne Verweigerung versperrt sein. Dies ist der Fall, wenn

- der Verkäufer die Mängelbeseitigung nicht fristgerecht erbringt (§ 281 Abs. 2 BGB);
- dem Käufer eine Nacherfüllung durch den Verkäufer nicht zuzumuten ist (§ 440 S. 1 BGB), oder
- die Nacherfüllung fehlgeschlagen ist (§ 440 S. 1 BGB).

74 Neben § 440 BGB bestimmt auch das Allgemeine Schuldrecht Ausnahmen vom Erfordernis der Fristsetzung (§ 440 S. 1 BGB). Dies ist gem. § 283 BGB bei Mängeln der Fall, die nach Vertragsschluss unbehebbar werden (für die Zeit davor gilt § 311 a Abs. 2 BGB, der aber ebenfalls keine Fristsetzung fordert).

75 **4. Rechtsfolgen.** Sofern die gerügten Mängel jeder für sich oder in ihrer Gesamtheit[162] **nicht unerheblich** sind, besteht Anspruch auf **großen Schadensersatz** (§ 281 Abs. 1 S. 3 BGB). Der Käufer ist damit so zu stellen, als habe er ein mangelfreies Fahrzeug erhalten. Er kann sich auch damit begnügen, kleinen Schadensersatz geltend zu machen.[163] Im Fall des großen Schadensersatzes wird der Kauf rückabgewickelt (§§ 437 Nr. 3, 280 Abs. 3, 281 BGB). Mit dem Schadensersatzverlangen geht der Erfüllungsanspruch unter (§ 281 Abs. 4 BGB). Die Berechnung erfolgt im Wesentlichen wie beim Rücktritt. Im Unterschied zu diesem ist allerdings nicht das in Zahlung genommene Fahrzeug zurückgegeben, sondern der angerechnete Betrag zu zahlen (s. § 13 Rn 19), und zwar unabhängig davon, ob der angesetzte Preis für die Inzahlungnahme sich nach dem Marktpreis gerichtet hat oder nicht. Der Käufer hat sich im Wege der Vorteilsanrechnung die gezogenen Nutzungen anrechnen zu lassen. Die hierfür maßgeb-

---

162 Zu einem Fall mit zahlreichen Mängeln siehe etwa OLG Bamberg v. 10.4.2006 – 4 U 295/05, DAR 2006, 456, 458.
163 Vgl BGH v. 22.11.1985 – V ZR 220/84, BGHZ 96, 283 = NJW 1986, 920, 921; BGH v. 23.6.1989 – V ZR 40/88, BGHZ 108, 156 = NJW 1989, 2534, 2535; beides Entscheidungen zum Immobilienrecht.

liche zeitanteilige lineare Wertminderung ist im Vergleich zwischen tatsächlichem Gebrauch und voraussichtlicher Gesamtnutzungsdauer, ausgehend vom Bruttokaufpreis, im Wege der Schätzung (§ 287 Abs. 1 ZPO) zu ermitteln.[164] Bei Kraftfahrzeugen wird die Nutzungsdauer regelmäßig nach Kilometern bemessen. Bei gebrauchten Kraftfahrzeugen ist der konkrete Altwagenpreis mit der voraussichtlichen Restfahrleistung ins Verhältnis zu setzen und mit der tatsächlichen Fahrleistung des Käufers zu multiplizieren.[165]

Bei einem unerheblichen Mangel kann der Käufer nur **kleinen Schadensersatz** fordern, also das Fahrzeug behalten und den mangelbedingten Minderwert bzw die Reparaturkosten sowie den dann noch verbleibenden Minderwert geltend machen, daneben eine Nutzungsentschädigung nach der Tabelle *Sanden/Danner* für die Zeit der Reparatur und etwaige Mängelbegutachtungskosten. Diese Abrechnung gleicht im Wesentlichen der Abrechnung nach einem Verkehrsunfall. Hinzu kommt ggf entgangener Gewinn, den der Käufer nicht realisieren kann, weil er das Fahrzeug mangelbedingt von einem Abkäufer zurücknehmen muss.[166]

5. Verjährung. Der Anspruch auf Ersatz mangelbedingter Schäden (auch Mangelfolgeschäden) verjährt bei Sachmängeln zwei Jahre nach „Ablieferung" des Fahrzeugs (§ 438 Abs. 1 Nr. 3, Abs. 2 BGB; hierzu Rn 27). Besteht der Mangel in einem dinglichen Herausgaberecht eines Dritten, beträgt die Verjährungsfrist 30 Jahre (§ 438 Abs. 1 Nr. 1 a BGB). Für den Beginn der Frist soll auf den Abschluss des rechtlichen Übertragungsvorgangs abzustellen sein.[167] Für den Fall des arglistigen Verschweigens eines Sachmangels gilt nicht die kaufrechtliche, sondern die regelmäßige Verjährungsfrist des § 195 BGB (§ 438 Abs. 3 S. 1 BGB), die auch nicht nach § 438 Abs. 2 BGB, sondern nach § 199 Abs. 1 BGB beginnt.

Beschränkungen der gesetzlichen Verjährungsfrist (insb. durch Verkürzung oder früheren Beginn der Verjährung) sind gem. § 202 Abs. 1 BGB nur für den Fall des Vorsatzes unterbunden. Für den Verbrauchsgüterkauf gilt im Grunde nichts anderes (§ 475 Abs. 3 BGB). Werden – wie regelmäßig – AGB verwendet, findet für den Verkauf von Neufahrzeugen allerdings § 309 Nr. 8 b ff BGB Anwendung. Hiernach darf die zweijährige kaufrechtliche Verjährungsfrist mittels AGB nur bis auf ein Jahr ab dem gesetzlichen Verjährungsbeginn (§ 199 Abs. 1 BGB) verkürzt werden (s.a. § 13 Rn 25). Dies gilt wegen § 475 Abs. 2 BGB nicht für den Verbrauchsgüterkauf, in der Praxis also nur für den Verkauf zwischen Unternehmen (B2B). Im Übrigen ist zu beachten, dass § 307 Abs. 2 Nr. 2 BGB eine Abbedingung der Verschuldenshaftung für die Verletzung sog. Kardinalpflichten nicht zulässt (§ 13 Rn 34). Beim Gebrauchtwagenkauf ist gemäß § 475 Abs. 2 BGB die Verkürzung der Verjährung auf ein Jahr auch gegenüber einem Verbraucher zulässig. Eine Klausel, in AGB, mit der die gesetzliche Verjährungsfrist für die Ansprüche des Käufers wegen eines Mangels abgekürzt wird, ist gemäß § 309 Nr. 7 BGB unwirksam, wenn die in diesen Klauselverboten bezeichneten Schadensersatzansprüche nicht von der Abkürzung der Verjährungsfrist ausgenommen werden.[168] Ist in AGB allerdings für einen durchschnittlichen Vertragspartner des Verwenders der AGB nicht klar erkennbar, welche Schadensersatzansprüche von der Verkürzung umfasst sind und welche

---

164 BGH v. 26.6.1991 – VIII ZR 198/90, BGHZ 115, 47 = NJW 1991, 2484, 2485; BGH v. 17.5.1995 – VIII ZR 70/94, NJW 1995, 2159, 2161.
165 BGH v. 17.5.1995 – VIII ZR 70/94, NJW 1995, 2159, 2161.
166 BGH v. 4.11.1981 – VIII ZR 215/80, NJW 1982, 435, 436.
167 Palandt/*Weidenkaff*, § 438 Rn 16; aber zw.
168 BGH v. 29.5.2013 – VIII ZR 174/12, NJW 2013, 2584.

nicht, ist die Klausel unwirksam und es gilt die gesetzliche Verjährung von zwei Jahren.[169] Siehe dazu auch die Übersicht Rn 89.

79 **6. Schadensersatzklage. a) Vorbereitung des prozessualen Vorgehens.** Schadensersatz gem. § 280 Abs. 1 BGB kann immer und zusätzlich zu anderen Mängelbehelfen geltend gemacht werden. Für den (verschuldensabhängigen) großen Schadensersatz (§ 281 BGB) gilt dies nicht, da er nicht neben dem Anspruch aus § 284 BGB (dazu Rn 83 ff) steht. Gleiches gilt für den Anspruch aus § 311 a Abs. 2 BGB. Bevor diese Ansprüche verfolgt werden, ist daher genau zu überlegen, welcher Anspruch mehr bringt. Insbesondere macht wegen der freien Kombinierbarkeit mit dem Rücktritt die Geltendmachung des großen Schadensersatzes nur Sinn, sofern das positive Interesse mehr als nur die Rückabwicklung der Leistungen einschließlich Nutzungs- und Aufwendungsersatz ausmacht. Dies gilt auch für den Anspruch aus § 311 a Abs. 2 BGB, der ebenfalls zum großen Schadensersatz bzw Ersatz des positiven Interesses führt.[170] Ist unklar, ob ein Fall der Umgehung des § 475 Abs. 1 S. 2 BGB vorliegt,[171] sollte demjenigen, der als Unternehmer anzusehen ist, der Streit verkündet werden (Fall der Alternativhaftung).

80 ▶ **Muster: Schadensersatzklage nach § 311 a Abs. 2 BGB**

An das Amtsgericht ...

Klage

der Frau ...

– Klägerin –

Prozessbevollmächtigte: RAe ...

gegen

Herrn ...

– Beklagter –

wegen Kaufvertrags

Streitwert: 479,83 EUR.

Namens und in Vollmacht der Klägerin erhebe ich Klage mit dem Antrag zu erkennen:

Der Beklagte wird verurteilt, an die Klägerin 1.313,31 EUR nebst Zinsen in Höhe von 5 Prozentpunkten über dem Basiszinssatz seit Rechtshängigkeit zu zahlen.

Ich rege die Durchführung eines schriftlichen Vorverfahrens nach § 276 ZPO an und beantrage für den Fall der Säumnis den Erlass eines Versäumnisurteils gem. § 331 Abs. 3 S. 2 ZPO.

Bereits jetzt beantrage ich auch,

der Klägerin eine Kurzausfertigung des Urteils mit Vollstreckungsklausel zu erteilen und den Zeitpunkt der Zustellung des Urteils zu bescheinigen.

---

169 BGH v. 29.4.2015 – VIII ZR 104/14, NJW 2015, 2244.
170 Palandt/*Grüneberg*, Rn 7 zu § 311 a.
171 Hierzu BGH v. 22.11.2006 – VIII ZR 72/06 (Tz 17), BGHZ 170, 67 = NJW 2007, 759, 760.

Begründung

I. Sachverhalt

Die Klägerin hat am 21.4.2015 vom Beklagten auf eine Anzeige im Internet und nach Besichtigung einen drei Jahre alten Pkw Ford Mondeo zum Preis von 9.000 EUR erworben.

Beweis: Kaufvertrag vom 21.4.2015
Anlage K 1

Den Kaufpreis überwies die Klägerin am 22.4.2015 auf ein bei der Kreissparkasse M. geführtes Girokonto des Beklagten. Der Betrag wurde dort am 24.4.2015 gutgeschrieben.

Beweis: Zeugnis N.N., Mitarbeiter der Kreissparkasse M.

Nach Übergabe des Fahrzeugs und Erhalt des Kfz-Briefs ließ die Klägerin den Wagen am 23.4.2015 bei der Zulassungsstelle in S. ummelden. Dort wurde festgestellt, dass unter der angegebenen Identifikationsnummer bereits ein anderes Fahrzeug registriert war. Nachforschungen ergaben, dass der Ford Mondeo in der Nacht vom 13.1. auf den 14.1.2014 in M. gestohlen worden war. Ferner wurden an der im Fahrzeug eingeschlagenen Identifikationsnummer deutliche Manipulationsspuren bei der letzten Zahl 4 festgestellt. Das Fahrzeug wurde daher sichergestellt und an den Eigentümer bzw. dessen Kaskoversicherer herausgegeben.

Beweis: 1. Zeugnis N.N., Mitarbeiters der Kriminalpolizei in S.
2. Inaugenscheinnahme des Ford Mondeo

Mit Anwaltsschreiben vom 21.5.2015 teilte die Klägerin dem Beklagten diesen Sachverhalt mit und forderte ihn unter Fristsetzung auf den 4.6.2015 auf, ihm das Eigentum am gekauften Fahrzeug zu verschaffen.

Beweis: Schreiben des Unterzeichners vom 21.5.2015
Anlage K 2

Diese Frist ließ der Beklagte ungenutzt verstreichen. Daraufhin erklärte die Klägerin den Rücktritt vom Kaufvertrag und forderte unter Fristsetzung auf den 10.7.2015 zum einen den Kaufpreis nebst Zinsen zurück, zum anderen Schadensersatz für die beiden Fahrten nach München.

Beweis: Schreiben des Unterzeichners vom 10.6.2015
Anlage K 3

Am 24.7.2015 erhielt die Klägerin den Kaufpreis von 9.000 EUR zurück. Weitere Zahlungen leistete der Beklagte nicht. Daher ist Klage geboten.

Mit der Klage wird zum einen Fahrtkostenersatz geltend gemacht. Die Klägerin hat den Ford Mondeo am 21.4.2015 in München besichtigt und ist dazu mit ihrem Fahrzeug zum Beklagten von ihrem Heimatort in das 256 km entfernte München und zurückgefahren.

In München hat sie 3 EUR für Parkkosten aufgewandt.

Beweis: Parkticket vom 21.4.2015
Anlage K 4

Um das Fahrzeug abzuholen, ist sie mit der Bahn am 22.4.2015 nach München gefahren, wofür sie 56 EUR gezahlt hat.

Beweis: Bahnticket vom 22.4.2015
Anlage K 5

Innerhalb von München hat sie einen Einzelfahrschein für die Tram (Zone 2) gelöst und hierfür 4,40 EUR aufgewandt.

Beweis: Fahrkarte vom 22.4.2015
Anlage K 6

Geltend gemacht wird auch Ersatz der Fahrtkosten für die vergebliche Fahrt mit dem gekauften Fahrzeug von München in den Heimatort der Klägerin.

Für die Bemessung des Schadensersatzes für die Pkw-Fahrten (3 x 256 km = 768 km) ist ein km-Satz von 0,30 EUR als angemessen zugrunde zu legen (vgl OLG Hamm VersR 1996, 1515; § 5 Abs. 2 S. 1 BundesreisekostenG v. 17.6.2005, BGBl. I S. 1418). Daraus errechnet sich ein zu ersetzender Betrag von 230,40 EUR. Hinzu kommen die sonstigen Fahrtkosten, so dass an Fahrtkosten ein Betrag von insgesamt (230,40 EUR + 56,00 EUR + 4,40 EUR + 3,00 EUR =) 293,80 EUR geltend gemacht wird.

Eingefordert werden sodann die Kosten für die Zulassung des Ford Mondeo iHv 39,10 EUR.

Beweis: Quittung der Stadt S. vom 23.4.2015
Anlage K 7

Versicherungskosten werden nicht geltend gemacht, da der Haftpflichtversicherer hierauf aus Kulanz verzichtet hat. Derzeit ist auch nicht davon auszugehen, dass es zu einer Zahlung von Kfz-Steuer kommen wird.

Geltend gemacht werden ferner Zinsen für die Nutzung des Kaufpreises durch den Beklagten. Insofern ist vorzutragen, dass die Klägerin mit dem Kaufpreis ein Bankdarlehen zurückgeführt hätte, das mit etwa 9.000 EUR offenstand und mit 6,53 % im Jahr (= 587,70 EUR) zu verzinsen ist.

Beweis: Zeugnis N.N., Mitarbeiter der Volksbank S.

Für das Vierteljahr, in dem der Beklagte das Geld zur Verfügung hatte, ist der Klägerin somit ein Zinsschaden von (587,70 EUR : 4 =) 146,93 EUR entstanden.

Mit der Klage wird schließlich die für das Anwaltsschreiben vom 21.5.2015 angefallene Geschäftsgebühr nach Nr. 2300 VV RVG in Höhe etwa einer Mittelgebühr (1,4) bei einem Gegenstandswert von 9.293,80 EUR (680,40 EUR zzgl Auslagen und USt = 833,48 EUR) geltend gemacht. Die Klägerin hat diese Kosten aufgrund entsprechender Berechnung des Unterzeichners inzwischen verauslagt.

Insgesamt wird in der Hauptsache somit ein Betrag von (293,80 EUR + 39,10 EUR + 146,93 EUR + 833,48 EUR =) 1.313,31 EUR geltend gemacht.

Der Beklagte hat das Leistungshindernis verschuldet, da er vom Abhandenkommen des Fahrzeugs wusste oder sich jedenfalls nicht vergewissert hat, dass das Fahrzeug nicht gestohlen war. Der bloße Vergleich der im Kfz-Brief vermerkten Identifikationsnummer mit der im Fahrzeug eingeschlagenen Nummer hätte angesichts der vorhandenen deutlichen Veränderung Misstrauen erwecken müssen. Nach eigener Aussage ist der Beklagte ständig mit dem An- und Verkauf von Fahrzeugen befasst. Dies teilte er der Klägerin bei den Verkaufsverhandlungen am 21.4.2015 mit.

Beweis: Zeugnis des Herrn K.

Herr K. hat die Klägerin am 21.4.2015 nach München begleitet und war bei den Vertragsverhandlungen zugegen.

B. Gewährleistungsrechte 15

II. Rechtliche Ausführungen

Das angerufene Gericht ist zuständig. Ein Schlichtungsverfahren war nicht einzuleiten, da die Parteien nicht im gleichen oder einem benachbarten Landgerichts-Bezirk ihren Wohnsitz haben.

Der Klägerin stehen die geltend gemachten Forderungen gem. § 437 Nr. 3 iVm § 311 a Abs. 2 BGB bzw § 280 Abs. 1 BGB zu. Die Parteien haben einen Kaufvertrag geschlossen. Dieser ist wirksam, obwohl der Beklagte der Klägerin mit der Eigentumsverschaffung am Ford Mondeo eine ihm unmögliche Leistung versprochen hat (§ 311 a Abs. 1 BGB). Da der Beklagte die ihm zur Eigentumsverschaffung gesetzte Frist nicht genutzt hat, für eine Freistellung des Eigentums zu sorgen, ist diese Unmöglichkeit auch nicht nur vorübergehender Natur.

Da der Beklagte des Öfteren mit Kraftfahrzeugen handelt, musste er sicherstellen, dass er hinsichtlich des Eigentums am Fahrzeug verfügungsberechtigt war. Dafür war mindestens erforderlich, dass er die Identitätsnummer im Fahrzeug auf Manipulationsspuren prüfte und mit der Fahrgestellnummer im Kfz-Schein abglich. Dies ist nicht geschehen, da der Beklagte ansonsten die Abweichung entdeckt hätte. Insofern trifft ihn ein Verschulden am Leistungshindernis, so dass die Klägerin den Schaden geltend machen kann, der aus dem Leistungshindernis resultiert. Diesen Schadensersatz kann die Klägerin ungekürzt verlangen. Insbesondere trifft sie kein Mitverschulden, weil sie nicht selbst diese Kontrolle vorgenommen hat. Denn ein Kaufinteressent darf, wenn – wie hier – keine Verdachtsmomente für ein Abhandenkommen des Fahrzeugs bestehen, davon ausgehen, dass derjenige, der ein Fahrzeug zum Erwerb anbietet, auch in der Lage ist, das Eigentum am Fahrzeug zu verschaffen.

Zu ersetzen sind gem. § 311 a Abs. 2 S. 1 BGB nach Wahl der Klägerin entweder das positive Interesse oder aber ihre vergeblichen Aufwendungen (§ 284 BGB). Mit den Fahrtkosten, den Zulassungskosten und dem Zinsschaden macht die Klägerin ihre vergeblichen Aufwendungen geltend. Diese sind von der Beklagten gem. § 284 BGB zu ersetzen. Der Anspruch auf Ersatz der Anwaltskosten ergibt sich aus § 280 Abs. 1 BGB.

Der als Nebenforderung iSd § 4 Abs. 1 ZPO geltend gemachte Zinsanspruch beruht auf Verzug (§§ 291, 288 Abs. 1 S. 2 BGB). Zu verzinsen ist auch der eingeklagte Zinsbetrag. Insofern gilt nicht § 289 S. 1 BGB, sondern dessen S. 2, wonach das Zinseszinsverbot Schadensersatzansprüche wegen verzögerter Zinszahlung (§§ 288 Abs. 4, 286 BGB) nicht ausschließt (siehe auch BGH NJW 1993, 1260 f).

Gemäß §§ 437 Nr. 3, 311 a Abs. 2 BGB als mangelbedingter Schaden zu ersetzen ist ferner die für das Anwaltsschreiben vom 5.5.2012 (Anlage K 3) und nach Vorbem 3 Abs. 4 zu Teil 3 der Anlage 1 zu § 2 Abs. 2 RVG auf die Verfahrensgebühr nur zum Teil anrechenbare Geschäftsgebühr. Diese Forderung lässt sich im Kostenfestsetzungsverfahren nicht beitreiben (BGH, NJW 2006, 2560 f), ist also einzuklagen (vgl *Schneider*, NJW 2007, 2001, 2007). Nach Auffassung des BGH (NJW 2007, 2049, 2050) wird durch die Anrechnung nicht die Geschäftsgebühr reduziert, sondern die die im anschließenden Gerichtsverfahren anfallende Verfahrensgebühr (BGH v. 25.9.2008, NJW 2008, 3641, 3642). Die Geschäftsgebühr lässt sich daher voll einklagen. Die Klägerin muss dies auch. Ansonsten würde die Verfahrensgebühr im Kostenfestsetzungsverfahren vom Rechtspfleger reduziert werden (BGH NJW 2008, 1323, 1324). Der Anspruch geht nicht auf Freistellung, sondern auf Geld, da der Unterzeichner die Geschäftsgebühr bei der Klägerin abgerechnet und diese den Betrag verauslagt hat.

Im Ergebnis ist der Klage damit vollumfänglich stattzugeben.

81 b) **Reaktionsmöglichkeiten.** Wird der Verkäufer mit einer Schadensersatzklage konfrontiert, bestehen günstige Verteidigungsperspektiven, wenn ein Schadensersatzanspruch gem. § 311 a Abs. 2 BGB abzuwehren ist. Das in § 311 a Abs. 2 BGB erforderliche Verschulden wird zwar gesetzlich vermutet (§ 311 a Abs. 2 S. 2 BGB: „wenn ... nicht"), ist jedoch oft unschwer zu widerlegen, weil der Verkäufer im Fahrzeug nicht „drinsteckt". Eine gründliche Untersuchung des Fahrzeugs wird man ihm nur selten abverlangen können. Insofern sollte sich die Verteidigung auf die Widerlegung des Verschuldens konzentrieren. Dieser Anspruch wird freilich nur für die eigentlichen Schäden relevant, während der gezahlte Kaufpreis zwar ebenfalls Schadensbestandteil sein kann,[172] regelmäßig aber schon nach den §§ 346 Abs. 1, 326 Abs. 4, 275 Abs. 1 und 3 BGB, also verschuldensunabhängig zurückzugewähren ist.

82 ▶ **Muster: Klageerwiderung auf Schadensersatzklage nach § 311 a Abs. 2 BGB**

An das Amtsgericht ...

Klageerwiderung

In dem Rechtsstreit

... [Klägerin] ./. ... [Beklagten]

Az ...

zeige ich an, dass ich den Beklagten vertrete, der sich gegen die Klage verteidigen will. Insofern werde ich beantragen zu erkennen:

Die Klage wird abgewiesen.

Begründung

Richtig ist, dass die Klägerin vom Beklagten einen Pkw Ford Mondeo zum Preis von 9.000 EUR erworben hat. Richtig ist wohl auch, dass das Fahrzeug gestohlen war und daher am 21.4.2015 wegen § 935 Abs. 1 BGB nicht übereignet werden konnte. Es wird jedoch bestritten, dass der Eigentümer nicht bereit ist, das Fahrzeug zur Verfügung zu stellen. Schon deshalb steht der Klägerin kein Schadensersatzanspruch gem. § 311 a Abs. 2 BGB zu. Der Eigentümer hat gegenüber dem Beklagten signalisiert, sein Eigentum übertragen zu wollen, „falls der Preis stimme".

Beweis: Zeugnis des ...

In jedem Fall steht der Klägerin der geltend gemachte Schadensersatzanspruch deshalb nicht zu, weil den Beklagten am Leistungshindernis kein Verschulden trifft. Der Beklagte ist kein Kfz-Händler und verkauft nur sporadisch Fahrzeuge. In den letzten fünf Jahren hat er gerade einmal drei Fahrzeuge verkauft.

Beweis: Zeugnis N.N., Mitarbeiter der Kfz-Zulassungsstelle der Stadt M.

Daher traf ihn keine Pflicht, die im Kfz-Brief vermerkte Identifikationsnummer mit der im Fahrzeug eingeschlagenen Nummer zu vergleichen.

Die klägerseits geltend gemachten Schadenspositionen werden mit Nichtwissen bestritten. Zudem ist der angesetzte km-Satz weit überhöht. Angemessen ist allenfalls der in § 9 Abs. 1 S. 3 Nr. 4 S. 2

---

[172] So OLG Karlsruhe v. 14.9.2004 – 8 U 97/04, NJW 2005, 989, 991: als „Mindestschaden".

EStG angegebene Satz von 0,30 EUR pro Entfernungskilometer, mithin 0,15 EUR für jeden gefahrenen Kilometer.

Nach alledem ist die Klage abzuweisen.

Rechtsanwalt ◄

V. Ersatz vergeblicher Aufwendungen (§ 284 BGB)

§ 437 Nr. 3 BGB gibt dem Käufer einer mangelhaften Sache Anspruch gem. § 284 BGB auf Ersatz seiner frustrierten Aufwendungen. Aufwendungen in diesem Sinne sind alle freiwilligen Vermögensopfer, ohne dass sie in fremdem Interesse erbracht sein müssen.[173] Mit diesem Anspruch sollen schwirige Berechnungsfragen umgangen und soll der Ersatz eines ersten „handgreiflichen" Schadens ermöglicht werden. Der Anspruch besteht gem. § 284 BGB „statt" des großen Schadensersatzes. Das heißt zum einen, dass für den Anspruch aus § 284 BGB die gleichen Voraussetzungen gelten wie für den großen Schadensersatz, mithin die Anforderungen des § 281 BGB und die Erheblichkeit des Mangels. Zum anderen folgt aus der Einschränkung („statt"), dass § 437 Nr. 3 BGB andere Schadensersatzansprüche und die Rücktrittsabwicklung nicht versperrt.[174] Vor allem die Rücktrittsabwicklung wird mit dem Anspruch aus § 284 BGB aufgebessert. Richtigerweise ist die Sperre des großen Schadensersatzes nicht absolut; vielmehr kann über § 284 BGB ein Teil des Erfüllungsschadens, über den großen Schadensersatz der Erfüllungsschaden im Übrigen ersetzt verlangt werden. Entscheidend ist nur, dass die Kumulation mit dem Aufwendungsersatz nicht zur doppelten Kompensation des Nachteils führt.[175]

83

Zu ersetzen sind nach § 284 BGB die **vergeblichen Aufwendungen** (auch für kommerzielle Zwecke),[176] die der Käufer des Fahrzeugs im Vertrauen auf den Erhalt der Leistung gemacht hat (zB für den Einbau eines Navigationssystems) und billigerweise machen durfte, es sei denn, der mit den Aufwendungen verfolgte Zweck wäre auch ohne die Pflichtverletzung des Verkäufers nicht erreicht worden. Letzteres hat der Verkäufer darzulegen und zu beweisen. Zu den Aufwendungen gehören die Vertragskosten (zB Kosten der Überführung und Zulassung),[177] nicht dagegen der Wert eigener Arbeitsleistungen des Käufers[178] und auch nicht die Kosten eines günstigeren Alternativgeschäfts, zumal Aufwendungen hierfür auch nicht angefallen sind.[179] Nicht dazugehören sollen auch Kosten für die Fehlersuche.[180] Hat der Käufer das Fahrzeug zwischenzeitlich genutzt, sind Amortisationsbetrachtungen anzustellen, da die Aufwendungen insoweit nicht „vergeblich" waren. Hat er etwa eine Ausstattung mit einer voraussichtlichen Lebensdauer von fünf Jahren ein Jahr lang genutzt, ist der Aufwendungsanspruch um 20 % zu kürzen. Gleiches gilt für die Vertragskosten.[181]

84

---

173 *Reim*, NJW 2003, 3662, 3663.
174 BGH v. 20.7.2005 – VIII ZR 275/04, BGHZ 163, 381 = NJW 2005, 2848, 2850; BGH v. 15.11.2006 – VIII ZR 3/06 (Tz 40), BGHZ 170, 31 = NJW 2007, 674, 677 f – Hengstfohlen.
175 *Reim*, NJW 2003, 3662, 3667; *Gsell*, NJW 2006, 125, 126.
176 BGH v. 20.7.2005 – VIII ZR 275/04, BGHZ 163, 381 = NJW 2005, 2848, 2850.
177 BGH v. 20.7.2005 – VIII ZR 275/04, BGHZ 163, 381 = NJW 2005, 2848, 2850 f.
178 AA *Reim*, NJW 2003, 3662, 3664 f. Etwas anderes gilt nur dann, wenn die Arbeitskraft wie zB bei einem Unternehmer einen Marktwert hat und bei wertender Betrachtung vom Schadensersatz nicht auszugrenzen ist, so BGH v. 7.3.2001 – X ZR 160/99, NJW-RR 2001, 887, 888; BGH v. 8.1.2010 – V ZR 208/07, ZOV 2010, 85, 86.
179 *Palandt/Weidenkaff*, § 437 Rn 42; *Reim*, NJW 2003, 3662, 3664.
180 OLG Düsseldorf v. 23.6.2008 – 1 U 264/07 (Tz 38), BeckRS 2008, 15373, aber zw.
181 BGH v. 20.7.2005 – VIII ZR 275/04, BGHZ 163, 381 = NJW 2005, 2848, 2851.

85 Fraglich ist, was die Beschränkung des Ersatzes auf Aufwendungen bedeutet, die der Käufer „**billigerweise machen durfte**". Nach einer Ansicht soll der Verkäufer damit vor Aufwendungen geschützt werden, die mit dem Wert des Kaufgegenstands in keiner angemessenen Relation stehen (zB Bau einer Garage aus Anlass des Erwerbs eines Kleinwagens).[182] Dem ist zu widersprechen. Der Käufer ist nicht gehindert, kostspielige Aufwendungen im Hinblick auf eine mögliche Rückgängigmachung des Kaufs zu unterlassen bzw zurückzustellen. Er kann daher auch luxuriöse Aufwendungen ersetzt verlangen.[183] Die Billigkeit hat nur zeitliche Bedeutung und greift ab dem Zeitpunkt, in dem der Käufer den Bestand des Kaufvertrags in Frage stellen muss. Dies ist der Fall, sobald der Käufer den Mangel bemerkt.

86 Kann der Käufer die Aufwendungen anderweitig nutzen, entlastet das den Verkäufer nach dem Rechtsgedanken des § 254 Abs. 2 BGB.[184]

87 Der Anspruch aus § 284 BGB unterliegt gem. § 256 S. 1 BGB einer gesonderten **Verzinsung**. Wer zum Ersatz von Aufwendungen verpflichtet ist, hat den aufgewendeten Betrag zu verzinsen. Unter Aufwendungen iSd § 256 S. 1 BGB fallen auch vergebliche Aufwendungen, die nach § 284 BGB zu ersetzen sind.[185] Zinsbeginn ist der Tag der Aufwendung, also beispielsweise der Anschaffungstag.[186] Gemäß § 256 S. 2 BGB sind für die Zeit keine Zinsen zu entrichten, für welche dem Ersatzberechtigten die Nutzung des Gegenstands, auf den die Aufwendung getätigt wurde, ohne Vergütung verbleibt. Nach § 246 BGB beträgt der Zinssatz lediglich 4 % im Jahr; erst im Verzugsfall ergibt sich nach § 288 Abs. 1 bzw Abs. 2 BGB eine höhere Verzinsung.

88 Hinsichtlich der **Verjährung** gilt das in Rn 77 f Gesagte. Der Aufwendungsersatzanspruch gem. § 284 BGB ist Schadensersatzanspruch iSd § 475 Abs. 3 BGB. Ist der Anspruch verjährt, wurde der Rücktritt aber noch fristgerecht erklärt, lässt sich ggf ein Teil der von § 284 BGB erfassten Schadenspositionen (zB Reparatur- und Inspektionskosten) über den Anspruch auf Ersatz der notwendigen Verwendungen (§ 347 Abs. 2 S. 1 BGB) retten.[187]

---

182 Palandt/*Grüneberg*, § 284 Rn 6.
183 *Reim*, NJW 2003, 3662, 3665.
184 *Reim*, NJW 2003, 3662, 3666 f; *Gsell*, NJW 2006, 125, 126 mit dem zutreffenden Hinweis, dass der Käufer sich dazu äußern muss.
185 OLG Düsseldorf v. 21.1.2008 – 1 U 152/07 (Tz 53), NJW-RR 2008, 1199, 1201.
186 OLG Düsseldorf v. 21.1.2008 – 1 U 152/07 (Tz 53), NJW-RR 2008, 1199, 1201.
187 Vgl BGH v. 15.11.2006 – VIII ZR 3/06 (Tz 40, 41), BGHZ 170, 31 = NJW 2007, 674, 678 – Hengstfohlen.

VI. Zusammenfassende Übersicht zu den Möglichkeiten einer Abkürzung der Verjährung von Mängelansprüchen im Kaufrecht

Grundsatz: Verjährung zwei Jahre nach Ablieferung (§ 438 Abs. 1 und 2 BGB). 89

Abkürzung möglich?*

	VerbrGüterKauf (§ 474 Abs. 1) (B2C)	Sonstige (C2C, B2B, C2B)	Garantie/Arglist
neu	§ 475 Abs. 1 (-)	§ 202 Abs. 1 (+) bis auf Vorsatz – bei AGB: § 309 Nr. 8 b aa: auf 1 Jahr	§ 444 (-)
gebraucht	§ 475 Abs. 2: auf 1 Jahr – bei AGB Sonderprüfung*	§ 202 Abs. 1 (+) bis auf Vorsatz – bei AGB Sonderprüfung*	§ 444 (-)

* Eine umfassende Haftungseinschränkung (dies gilt erst recht für Haftungsausschlüsse oder die Einführung von Ausschlussfristen) ist nicht möglich.[188] Zu berücksichtigen ist das Einschränkungsverbot für grobe Fahrlässigkeit in § 309 Nr. 7 b BGB, für leichte Fahrlässigkeit bei Körperschäden in § 309 Nr. 7 a BGB und (nach der Kardinalpflichtenlehre) für mangelbedingte Schäden. Enthält eine Klausel nicht die nötigen Differenzierungen, kann sie nach dem sog. Verbot der geltungserhaltenden Reduktion auch nicht entsprechend ergänzt werden.[189] Ein rechtssicherer Haftungsausschluss muss daher in etwa wie folgt lauten: *„Der Kauf erfolgt wie besichtigt und unter Ausschluss jeder Gewährleistung. Ausgenommen hiervon sind Schadensersatzansprüche wegen Mängeln, schuldhafter Verletzung des Lebens, des Körpers oder der Gesundheit und im Übrigen bei grob fahrlässiger oder vorsätzlicher Pflichtverletzung. Bevor Schadensersatzansprüche wegen Mängeln geltend gemacht werden können, hat der Käufer dem Verkäufer Gelegenheit zur Nacherfüllung zu geben."* Diese Einschränkungen gelten nicht für den Gewährleistungsausschluss des § 309 Nr. 8 lit. b aa BGB (s. § 13 Rn 25). Außerhalb des Verbrauchsgüterkaufs kann die Verjährung von Mängelgewährleistungsansprüchen bei Neufahrzeugen daher durch AGB pauschal auf ein Jahr verkürzt werden.

Ist für einen durchschnittlichen Vertragspartner des Verwenders von AGB bei einem Gebrauchtwagenkauf nicht klar erkennbar, welche Schadensersatzansprüche von der Verkürzung der Verjährung auf ein Jahr umfasst sind und welche nicht, so ist die AGB-Klausel wegen Verstoßes gegen § 307 Abs. 1 S. 2 BGB unwirksam.[190] 89a

VII. Mängel und Schäden bei Leasingfahrzeugen

Die meisten Leasingverträge sehen vor, dass der Leasinggeber seine Gewährleistungsansprüche gegen den Händler (Lieferanten) an den Leasingnehmer **abtritt**. Zum Ausgleich darf der 90

---

188 BGH v. 15.11.2006 – VIII ZR 3/06 (Tz 18 ff), BGHZ 170, 31 = NJW 2007, 674, 675 – Hengstfohlen; BGH v. 22.11.2006 – VIII ZR 72/06 (Tz 10), BGHZ 170, 67 = NJW 2007, 759, 760.
189 BGH v. 15.11.2006 – VIII ZR 3/06 (Tz 21), BGHZ 170, 31 = NJW 2007, 674, 675 – Hengstfohlen.
190 BGH v. 29.4.2015 – VIII ZR 104/14, NJW 2015, 2244.

Leasinggeber seine mietrechtliche Gewährleistung ausschließen.[191] Diese Abtretung muss endgültig, unbedingt und umfassend sein. Ansonsten bleibt der Leasinggeber – dann in weiterem Umfang, weil die Gewährleistung im Mietrecht mit Gefahrübergang nicht endet – gewährleistungspflichtig.[192] Ob dies immer der Fall ist, wenn der Leasinggeber einem Leasingnehmer mit Verbrauchereigenschaft nicht sämtliche Gewährleistungsansprüche verschafft, die ihm bei einem Verbrauchsgüterkauf zustehen würden, hat der BGH vorerst offengelassen.[193]

91 Bei wirksamer Abtretung ist es regelmäßig Sache des Leasingnehmers, Gewährleistungsansprüche gegen den Händler durchzusetzen. Der Leasinggeber hat ihn dabei nach Kräften zu unterstützen. Durch die Abtretung tritt der Leasingnehmer auch dann in die Stellung des Leasinggebers als Unternehmer iSd § 14 Abs. 1 BGB, wenn er Verbraucher ist. Die Regeln des Verbrauchsgüterkaufs finden keine Anwendung. Der Leasingvertrag ist auch kein Umgehungsgeschäft iSd § 475 Abs. 1 S. 2 BGB.[194] Den Leasinggeber trifft unabhängig von der Abtretung die handelsrechtliche Rügeobliegenheit des § 377 HGB.[195] Ihm bleibt ferner das Insolvenzrisiko hinsichtlich des Händlers, so dass er bei Verwirklichung dieses Risikos für die Gewährleistung gegenüber dem Leasingnehmer einzustehen hat.[196]

92 Wird das Leasingfahrzeug durch einen Dritten beschädigt oder zerstört, können sowohl Leasinggeber als auch Leasingnehmer Schadensersatzansprüche geltend machen. Der Leasinggeber hat aus Eigentumsverletzung (§ 823 Abs. 1 BGB) Anspruch auf Ersatz des Substanzschadens, also der Reparaturkosten und Wertminderung bzw – bei einem Totalschaden – auf Ersatz des Wiederbeschaffungswerts. Geht er gegen den Schädiger vor, muss er sich ein Mitverschulden des Leasingnehmers nicht anrechnen lassen.[197] Der Leasingnehmer kann wegen Besitzverletzung gegen den Schädiger (§ 823 Abs. 1 BGB) vorgehen. Sein Schadensersatzanspruch umfasst bei einem von einem Dritten verschuldeten Totalschaden den Ersatz für die Wiederbeschaffung eines gleichwertigen Fahrzeugs, zusätzliche Kreditkosten, den Ersatz steuerlicher Nachteile (auch der Umsatzsteuer, sofern der Leasingnehmer nicht vorsteuerabzugsberechtigt ist),[198] den Verlust von Zinsvorteilen, ggf eine Nutzungsausfallentschädigung nach der Tabelle *Sanden/Danner* bzw Mietwagenkosten und etwaige Rechtsverfolgungskosten, nicht dagegen die Zahlung nutzloser Leasingraten, des Restwerts der Amortisation oder eines ersatzweise abgeschlossenen Leasingvertrags.[199] Hat sich der Leasinggeber die Ansprüche aus einer vom Leasingnehmer abzuschließenden Vollkaskoversicherung abtreten lassen, muss er hieraus gezahlte Schadensbeträge für die Reparatur bzw den Ersatz des Leasingfahrzeugs zur Verfügung stellen, darf insoweit also auch nicht mit rückständigen Leasingraten aufrechnen.[200]

---

191 BGH v. 16.9.1981 – VIII ZR 265/80, BGHZ 81, 298 = NJW 1982, 105, 106 für den kaufmännischen Verkehr; BGH v. 20.6.1984 – VIII ZR 131/83, NJW 1985, 129, 130 für den nicht kaufmännischen Verkehr; s. ferner BGH v. 9.2.1986 – VIII ZR 91/85, BGHZ 97, 135 = NJW 1986, 1744.
192 BGH v. 25.10.1989 – VIII ZR 105/88, BGHZ 109, 139 = NJW 1990, 314, 317; BGH v. 21.12.2005 – VIII ZR 85/05, NJW 2006, 1066, 1068.
193 BGH v. 21.12.2005 – VIII ZR 85/05, NJW 2006, 1066, 1068.
194 BGH v. 21.12.2005 – VIII ZR 85/05, NJW 2006, 1066, 1067; aA *Höpfner*, ZBB 2006, 200 ff.
195 BGHZ v. 24.1.1990 – VIII ZR 22/89, BGHZ 110, 130 = NJW 1990, 1290, 1291 ff.
196 BGH v. 13.3.1991 – VIII ZR 34/90, BGHZ 114, 57 = NJW 1991, 1746, 1749.
197 BGH v. 10.7.2007 – VI ZR 199/06 (Tz 15), BGHZ 173, 182 = NJW 2007, 3120, 3122.
198 OLG Hamm v. 9.12.2002 – 6 U 98/02, NJW-RR 2003, 774 f; siehe aber auch OLG Köln v. 9.11.2004 – 9 U 1/04, zfs 2005, 248, wonach bei der Teilkaskoschadensabrechnung auf die Verhältnisse des Leasinggebers abzustellen ist.
199 BGH v. 5.11.1991 – VI ZR 145/91, BGHZ 116, 22 = NJW 1992, 553 f; *Tempel/Seyderhelm*, S. 185 f.
200 BGH v. 11.12.1991 – VIII ZR 31/91, BGHZ 116, 278 = NJW 1992, 683, 685.

§ 16 Außervertragliche Ansprüche bei Autokauf und Autoleasing

Literatur: *Bruns*, Zur Dritthaftung aus culpa in contrahendo – Anmerkungen zu BGH, Urt. v. 13.6.2002 – VII ZR 30/01, ZfBR 2002, 644; *Gsell*, Substanzverletzung und Herstellung, 2003; *Häublein*, Der Beschaffenheitsbegriff und seine Bedeutung für das Verhältnis der Haftung aus culpa in contrahendo zum Kaufrecht, NJW 2003, 388; *Lorenz*, Fünf Jahre „neues" Schuldrecht im Spiegel der Rechtsprechung, NJW 2007, 1; *Reinking/Eggert*, Der Autokauf, 12. Auflage 2014; *Schollmeyer*, Zur Reichweite der kaufrechtlichen Nacherfüllung bei Weiterfresserschäden, NJOZ 2009, 2729; *Tempel/Seyderhelm*, Materielles Recht im Zivilprozess, 4. Auflage 2005, § 1 B; *Tettinger*, Wer frißt wen? Weiterfresser vs. Nacherfüllung, JZ 2006, 641.

A. Überblick 1	e) Verschulden 17
B. Anspruchsgrundlagen 3	f) Schaden 18
I. Ansprüche wegen vorvertraglicher Pflichtverletzungen 3	g) Haftungsausfüllende Kausalität.. 20
1. Verletzung von Informationspflichten 4	h) Schutzzweckzusammenhang..... 21
	i) Mitverschulden 22
2. Verletzung von Beratungspflichten ... 5	j) Verjährung 24
3. Verletzung von Obhuts- und Fürsorgepflichten 6	k) Prozessuales 25
4. Händlerhaftung als Dritthaftung 7	l) Schadensersatzklage bei Dritthaftung aus c.i.c. 26
a) Haftung aufgrund enttäuschten Vertrauens 10	aa) Vorbereitung des prozessualen Vorgehens 26
b) Haftung aus wirtschaftlicher Gleichstellung 12	bb) Reaktionsmöglichkeiten 29
	II. § 812 BGB 30
c) Haftungsbegründende Kausalität 15	III. § 823 Abs. 1 BGB 35
d) Rechtswidrigkeit 16	IV. § 823 Abs. 2 BGB iVm § 263 Abs. 1 StGB 36

A. Überblick

Obwohl das Kaufrecht im Wesentlichen auf das Allgemeine Schuldrecht Bezug nimmt, trifft es Sonderregelungen für den Mängelbereich (zB Vorrang der Nacherfüllung, Sonderverjährung in § 438 BGB), so dass Ansprüche, die sich auf einen Sach- oder Rechtsmangel beziehen, durch das kaufrechtliche Gewährleistungsprogramm verdrängt werden. Dies gilt insbesondere für Ansprüche wegen vorvertraglicher Pflichtverletzungen (vor allem wegen Verletzung von Aufklärungspflichten), sofern sich diese auf eine Beschaffenheit der Kaufsache beziehen.[1] Die Verletzung anderer vorvertraglicher Pflichten lässt sich dagegen unabhängig vom Kaufrecht verfolgen. Ferner lassen sich Ansprüche gegen den Verkäufer geltend machen, sofern sie auf einer Anfechtung des Kaufvertrags oder einer nicht anfechtungsgestützten Form der Vertragsnichtigkeit (zB aufgrund Widerrufs oder Sittenwidrigkeit) beruhen, da das Kaufrecht erst nach Gefahrübergang Anwendung findet (vgl § 434 Abs. 1 BGB).[2] Wie nach früherem, vor der Schuldrechtsmodernisierung geltenden Recht ist bei vorsätzlichem Verhalten des Verkäufers der Rückgriff auf die vorvertragliche Haftung ebenfalls nicht versperrt.[3]

1

Alle in Betracht kommenden Ansprüche verjähren innerhalb der Regelfristen der §§ 195, 199 BGB.

2

---

1 BGH v. 27.3.2009 – V ZR 30/08 (Tz 19 ff), NJW 2009, 2120, 2122; BGH v. 16.12.2009 – VIII ZR 38/09 (Tz 20), NJW 2010, 858, 859.
2 *Reinking/Eggert*, Rn 84, 1714; *Tempel/Seyderhelm*, S. 34.
3 BGH v. 27.3.2009 – V ZR 30/08 (Tz 24), NJW 2009, 2120, 2122; BGH v. 16.12.2009 – VIII ZR 38/09 (Tz 20), NJW 2010, 858, 859.

B. Anspruchsgrundlagen

I. Ansprüche wegen vorvertraglicher Pflichtverletzungen

3 Aufgrund §§ 280 Abs. 1, 311 Abs. 2, 241 Abs. 2 BGB (*culpa in contrahendo*, im Folgenden kurz: c.i.c.) führen vorvertragliche Pflichtverletzungen des Verkäufers zum Schadensersatz, wenn sie keine Eigenschaft der Kaufsache (einschließlich Werbeaussagen iSd § 434 Abs. 1 S. 3 BGB) betreffen (Rn 1). Nach aktuellem Recht, das Rechtsmängel Sachmängeln gleichstellt, gilt diese Einschränkung auch für Rechtsmängel.[4]

4 **1. Verletzung von Informationspflichten.** Zu einer Haftung aus c.i.c. führt zum einen die Verletzung von Informationspflichten, die sich nicht auf eine Beschaffenheit des Kaufgegenstands beziehen. Diese Haftungsmöglichkeit kommt nicht oft zum Tragen, da Auskünfte, die beim Kauf gegeben werden, in aller Regel mit dem Kaufgegenstand zu tun haben. Eine Ausnahme wird jedoch für Fälle gelten müssen, die § 442 BGB (Mängelkenntnis bei Vertragsabschluss) unterfallen und bei denen der Verkäufer vor Vertragsabschluss versichert, dass die Mängelsymptome auf Verschleiß beruhen oder sich ohne größeren Aufwand beheben lassen (zB eine defekte Klimaanlage durch Nachfüllen von Kühlflüssigkeit). Stellt sich diese Auskunft als unrichtig heraus, wäre der Käufer ansonsten rechtlos gestellt. Anwendungsspielraum besteht vor allem für Umstände, die den Vertragszweck vereiteln bzw ernsthaft gefährden. Darüber muss der Verkäufer aufklären. Tut er das nicht, ist die Rechtsprechung schnell mit dem Vorwurf eines bewussten Verschweigens und damit der vorsätzlichen Verletzung einer Aufklärungspflicht bei der Hand.[5]

5 **2. Verletzung von Beratungspflichten.** Beratungsbedarf fällt meistens im Zusammenhang mit den Eigenschaften des zum Kauf stehenden Fahrzeugs an. Werden entsprechende Beratungspflichten verletzt, greift allein das Sachmängelrecht. Etwas anderes gilt nur dann, wenn ein selbstständiger Beratungsvertrag geschlossen wurde. Dies ist auch durch schlüssiges Verhalten möglich. Im Kfz-Handel kommen derartige Verträge kaum vor, da es regelmäßig an der hierfür erforderlichen Intensität der Beratung und dem überragenden Wissensvorsprung des Verkäufers fehlt.[6] Insbesondere reicht dafür ein besonderes Vertrauensverhältnis iSd § 311 Abs. 3 S. 2 BGB nicht aus (hierzu Rn 10).

6 **3. Verletzung von Obhuts- und Fürsorgepflichten.** Der Verkäufer muss sicherstellen, dass der Kaufvorgang ohne Schädigung des Käufers vonstattengeht. So muss er etwa dafür Sorge tragen, dass im Verkaufslokal die Unfallverhütungsvorschriften eingehalten werden. Andernfalls haftet er für Unfallschäden des Käufers, die auf einer solchen Pflichtverletzung beruhen.

7 **4. Händlerhaftung als Dritthaftung.** Große Bedeutung hat die Haftung aus c.i.c. für die Dritthaftung, praktisch also in den nicht ganz seltenen Fällen der Verkäuferinsolvenz.

8 Grundsätzlich haften aus vorvertraglicher Haftung allein die Partner des angebahnten Vertrags. Vertreter und Verhandlungsgehilfen, für deren Verschulden der Geschäftsherr nach § 278 BGB einzustehen hat, haften in der Regel nur aus Delikt bzw gem. § 179 BGB. Nach

---

[4] OLG Jena v. 9.8.2006 – 2 O 1153/05, OLG-NL 2006, 217, 218; aA OLG Hamm v. 13.5.2003 – 28 O 150/02, NJW-RR 2003, 1360, 1361 – Importfahrzeug.
[5] So entschieden für den Fall, dass der (gewerbliche) Verkäufer eines Gebrauchtwagens nicht darüber aufklärt, dass er das Fahrzeug kurze Zeit vor dem Weiterkauf von einem nicht im Kfz-Brief eingetragenen sog. fliegenden Zwischenhändler erworben hat: BGH v. 16.12.2009 – VIII ZR 38/09 (Tz 16, 20), NJW 2010, 858, 859.
[6] Zu den Anforderungen an einen Beratungsvertrag siehe BGH v. 16.6.2004 – VIII ZR 258/03, MDR 2004, 1174; BGH v. 16.6.2004 – VIII ZR 303/03, NJW 2004, 2301, 2302.

einem von der Rechtsprechung entwickelten und vom Schuldrechtsmodernisierungsgesetz in § 311 Abs. 3 BGB übernommenen Grundsatz kann die Haftung aber auch Dritte treffen, die nicht selbst Vertragspartei werden. Ein solches Schuldverhältnis entsteht insbesondere, wenn der Dritte in besonderem Maße Vertrauen für sich in Anspruch nimmt und dadurch die Vertragsverhandlungen oder den Vertragsschluss erheblich beeinflusst. Die Anspruchsgrundlage ergibt sich aus § 280 Abs. 1 BGB iVm §§ 311 Abs. 3, 241 Abs. 2 BGB. In der Regel haften der Dritte und der Geschäftsherr (Vertragspartner) dann als Gesamtschuldner.

Für diese Dritthaftung sind zwei Ansätze zu trennen. Der eine gründet auf enttäuschtem Vertrauen; der andere hat seinen Rechtsgrund in der wirtschaftlichen Gleichstellung des Dritten mit dem Vertragsteil, für den er auftritt. Beide Haftungsansätze haben unterschiedliche Voraussetzungen. Für beide gilt, dass der Vertreter („Sachwalter") nicht weiter einsteht als derjenige, für den er auftritt.[7] Damit haftet auch der Dritte nicht, wenn ein Gewährleistungsausschluss greift,[8] und auch für seine Haftung gilt das Gewährleistungsrecht als Maßstab, falls eine eigenständige Betrachtung der vorvertraglichen Pflichten wegen des Vorrangs des Sachmängelrechts nicht möglich ist.

a) **Haftung aufgrund enttäuschten Vertrauens.** Eine vorvertragliche Haftung kann auf enttäuschtem Vertrauen beruhen. Hierzu muss der Dritte ein besonderes, gerade zwischen ihm und dem anderen Vertragsteil (Käufer) bestehendes Vertrauensverhältnis verletzt haben (§ 311 Abs. 3 S. 2 BGB). Ein derartiges Schuldverhältnis muss sich als Grundlage für ein „in besonderem Maße" erwecktes Vertrauen eignen. Hierfür reicht der bloße Geschäftskontakt nicht. Legt man das von den Gerichten bisher entschiedene Fallmaterial zugrunde, kommt ein derartiges Vertrauen bei einer Expertenstellung des Dritten oder einer engen persönlichen Beziehung des Dritten zum anderen Vertragsteil in Betracht.[9] Die Expertenrolle ist durch überlegenes Wissen gekennzeichnet. Auf der anderen Seite reicht es nicht aus, wenn sich jemand nur als sachkundig bezeichnet oder seine Leistung besonders herausstellt. Im gewerblichen Autohandel wird dem Verkäufer immer eine solche Expertenrolle zukommen.[10] Außerdem wird ein derartiges Vertrauen auch dadurch begründet, dass der Händler die gesamten Vertragsverhandlungen bis zum Abschluss des Kaufvertrags im Rahmen seiner Tätigkeit als Kfz-Händler führt, während der der eigentliche Verkäufer selbst nicht in Erscheinung tritt.[11] Ein besonderes Vertrauensverhältnis setzt ferner voraus, dass der Dritte Vertrauen in Anspruch nimmt (§ 311 Abs. 3 S. 2 BGB). Damit sollen Fälle ausgeschieden werden, in denen der Dritte seine besondere Stellung (zB als Sachverständiger) in die Vertragsverhandlungen nicht einmal einbringt. Anderenfalls würde jeder Träger eines Berufs, der typischerweise Sachkunde vermittelt, ohne Weiteres den strengen Regeln der Vertragshaftung unterworfen sein, obwohl er nicht Vertragspartner ist. Kfz-Händler nehmen ein solches Vertrauen selbst dann in Anspruch, wenn sie Fahrzeuge ohne eigene Werkstatt verkaufen.[12] Erforderlich ist drittens, dass das in Anspruch genommene Vertrauen schutzwürdig ist. Zu fragen ist daher, ob der Ver-

---

[7] BGH v. 29.1.1975 – VIII ZR 101/73, BGHZ 63, 382 = NJW 1975, 642, 645; BGH v. 28.1.1981 – VIII ZR 88/80, BGHZ 79, 281 = NJW 1981, 922 f; BGH v. 12.1.2011 – VIII ZR 346/09 (Tz 14), NJW-RR 2011, 462, 463.
[8] BGH v. 14.3.1979 – VIII ZR 129/78, NJW 1979, 1707.
[9] BGH v. 13.12.2005 – KZR 12/04, NJW-RR 2006, 993 f.
[10] Grundlegend: BGH v. 29.1.1975 – VIII ZR 101/73, BGHZ 63, 382 = NJW 1975, 642, 645.
[11] BGH v. 16.12.2009 – VIII ZR 38/09 (Tz 24), NJW 2010, 858, 859.
[12] BGH v. 16.12.2009 – VIII ZR 38/09 (Tz 24), NJW 2010, 858, 859.

handlungspartner dem Dritten Vertrauen nicht nur entgegengebracht hat, sondern, ob er dies auch durfte.

11 Für eine Dritthaftung aus c.i.c. kommen vor allem Verstöße gegen Offenbarungspflichten in Betracht, die zu einem unerwünschten Vertrag führen.

12 **b) Haftung aus wirtschaftlicher Gleichstellung.** Ein Dritter kann aus c.i.c. ferner haften, wenn er „wirtschaftlicher Herr" des Geschäfts ist. Nichts anderes ist gemeint, wenn von einer Haftung aufgrund wirtschaftlichen Eigeninteresses die Rede ist.

13 Ausgangspunkt für diesen Haftungsansatz war folgender Fall:[13] Kaufmann P, der in Schwerin einen kleinen Bauernhof („Büdnerei") besaß, verkaufte die Landstelle zusammen mit dem Grundbesitz gleich mehrmals, so auch an B. Dieser zahlte den Kaufpreis, erhielt aber – wie die anderen Käufer auch – das Eigentum nicht übertragen. Daher verkaufte B, ausgestattet mit einer Vollmacht des P, die Büdnerei an Z. Dieser wiederum zahlte den Kaufpreis an B als Vertreter des P. Als Z merkte, dass auch er kein Eigentum erlangen konnte, verklagte er zunächst P auf Rückzahlung des Kaufpreises, konnte den Anspruch gegen den vermögenslosen P jedoch nicht durchsetzen. Daraufhin hielt sich Z an B. Das Reichsgericht gab dem Z Recht. P sei bei dem Verkauf an Z nur formal der Verkäufer gewesen, weil das Grundstück noch auf seinen Namen eingetragen war. Der „sachlich allein oder jedenfalls im wesentlichen Beteiligte" sei nicht P, sondern B gewesen, der die Büdnerei gekauft hatte und sie in eigenem Interesse weiter verkaufen wollte, um sich dadurch schadlos zu halten. Der BGH übernahm diesen Haftungsansatz und erstreckte ihn auf Kfz-Händler, die zur Meidung der Pflicht zur Zahlung von Umsatzsteuer ein gebrauchtes Fahrzeug als Vertreter des Eigentümers verkauften.[14] In diesen Fällen beruht die Haftung nicht auf enttäuschtem Vertrauen. Der Vertragsgegner muss vom Interesse des Dritten nicht einmal wissen.[15] Damit stützt sich diese Haftung auf eine formale Betrachtung: Wenn der Vertragspartner aus c.i.c. haftet, soll auch derjenige haften, der wirtschaftlich dem Vertragspartner gleichgestellt ist und damit ein unmittelbares wirtschaftliches Eigeninteresse am Geschäft aufweist. Dieser Haftungsansatz ist bedenklich, weil er mit dem eigentlichen Haftungsgrund der c.i.c., dem enttäuschten Vertrauen, nichts zu tun hat, und sich das Unmittelbarkeitskriterium nur schlecht eingrenzen lässt. Zudem droht er den Grundsatz aufzulösen, dass für Handlungen des Vertreters (nur) der Vertretene haftet. Gleichwohl hält die Rechtsprechung an diesem Haftungsansatz fest.[16] Nicht ausreichend ist jedenfalls die Stellung des Dritten als General-Handlungsbevollmächtigter,[17] die reine Vertreterfunktion oder eine bloße Verprovisionierung.[18]

14 Sofern dem Unmittelbarkeitserfordernis genügt ist und damit eine Sonderbeziehung zwischen dem Dritten und dem anderen Vertragsteil besteht, richten sich die Anforderungen an eine (Aufklärungs-)Pflichtverletzung nach denselben Kriterien, wie sie zwischen den Vertragspartnern gelten. Demnach bestimmt sich die Schutzwürdigkeit des Vertragspartners nach seinem Informationsbedürfnis.[19]

---

13 RG v. 1.3.1928 – VI 258/27, RGZ 120, 249.
14 BGH v. 29.6.1977 – VIII ZR 43/76, NJW 1977, 1914, 1915.
15 BGH v. 2.3.1988 – VIII ZR 380/86, NJW 1988, 2234, 2235.
16 BGH v. 13.6.2002 – VII ZR 30/01, NJW-RR 2002, 1309, m abl. Anm *Bruns*, ZfBR 2002, 644 ff.
17 BGH v. 16.10.1987 – V ZR 153/86, NJW-RR 1988, 328 f.
18 BGH v. 5.4.1971 – VII ZR 163/69, BGHZ 56, 81 = NJW 1971, 1309, 1310; BGH v. 11.10.1988 – X ZR 57/87 = NJW-RR 1989, 110, 111; BGH v. 3.10.1989 – XI ZR 157/88, NJW 1990, 389 f.
19 BGH v. 2.3.1988 – VIII ZR 380/86, NJW 1988, 2234, 2235.

c) **Haftungsbegründende Kausalität.** Bei der haftungsbegründenden Kausalität geht es um 15
den Ursachenzusammenhang zwischen dem Verhalten des Schädigers und der eingetretenen
Rechtsgutverletzung. Der Gläubiger hat für die haftungsbegründende Kausalität grundsätzlich den Vollbeweis zu führen (§ 286 ZPO).[20] Besteht ein (besonderes) Vertrauensverhältnis, streitet jedoch ein Anscheinsbeweis dafür, dass der Geschädigte sich bei ordnungsgemäßer Aufklärung aufklärungsgemäß verhalten hätte. Im Übrigen erleichtert auch das Gesetz die Beweisführung: Aus der Formulierung, der Dritte müsse aufgrund der Inanspruchnahme des Vertrauens die Vertragsverhandlungen über den Vertragsschluss nur „maßgeblich beeinflusst" haben (§ 311 Abs. 3 S. 2 BGB), kann gefolgert werden, dass hier ein Vollbeweis der haftungsbegründenden Kausalität nicht zu führen ist. Der Dritte kann den Anschein entkräften, indem er etwa darlegt, dass der Vertrag ohne sein Fehlverhalten inhaltsgleich zustande gekommen wäre. In der Praxis ist an einem solchen Anschein freilich kaum zu rütteln.

d) **Rechtswidrigkeit.** Nur eine rechtswidrige Pflichtverletzung führt zur Haftung. Die Rechts- 16
widrigkeit wird durch die Pflichtverletzung indiziert. Diese Vermutung wird durch Rechtfertigungsgründe (zB Einwilligung, Notstand) widerlegt. In der Regel bestehen solche Gründe
nicht.

e) **Verschulden.** Die Dritthaftung aus c.i.c. setzt ein Verschulden des Dritten voraus (§ 276 17
Abs. 1 S. 1 BGB). Für die Bestimmung der Fahrlässigkeit gilt ein objektiver, auf den Berufskreis des Schädigers bezogener Sorgfaltsmaßstab. Hinsichtlich der Darlegungs- und Beweislast besteht nach neuem Schuldrecht in § 280 Abs. 1 S. 2 BGB („nicht, wenn") eine Beweislastumkehr für das Verschulden, die auch für die Haftung aus § 311 Abs. 3 BGB gilt.

f) **Schaden.** Die c.i.c.-Haftung dient dem Ausgleich von Verletzungen fremden Vermögens. 18
Wie jede Ausgleichsvorschrift setzt auch die c.i.c. einen Schaden iSd § 249 Abs. 1 BGB voraus. Hiernach hat der Verpflichtete den Zustand herzustellen, der ohne den Schaden bringenden Umstand bestehen würde; zu ersetzen ist also das negative Interesse. Anders als aufgrund einer Irrtumsanfechtung (vgl § 122 Abs. 1 BGB) ist der Schadensausgleich nicht auf das positive Interesse beschränkt. Führt eine Schutzpflichtverletzung zum Schaden an einem absoluten Rechtsgut bzw zu einer Verletzung des Integritätsinteresses, besteht der Schaden im Wiederherstellungsbedarf. Wird der Geschädigte mit einem nicht erwartungsgerechten Vertrag belastet, kann der Ersatz des Vertrauensschadens zur Auflösung des Vertrags führen.[21] In diesem Fall sind die nutzlos gewordenen Aufwendungen zu ersetzen. Zu ersetzen sind ferner die Mehrkosten eines Deckungsgeschäfts bzw des hierfür erforderlichen Aufwands. Der Käufer kann uU aber auch fordern, so gestellt zu werden, als sei der Vertrag erwartungsgerecht zustande gekommen.[22] Ist eine Aufklärungspflicht verletzt, steht dem Geschädigten ein Wahlrecht zu. Er kann einerseits die Rückabwicklung des Vertrags verlangen. Andererseits kann er verlangen, dass das Aufklärungsdefizit vermögensmäßig bewertet wird;[23] der Sache nach führt das zu einer Minderung der Gegenleistung bzw zum kleinen Schadensersatz. Dieses

---

20 BGH v. 21.7.1998 – VI ZR 15/98, NJW 1998, 3417, 3418.
21 BGH v. 26.9.1997 – V ZR 29/96, NJW 1998, 302, 303.
22 BGH v. 6.4.2001 – V ZR 394/99, NJW 2001, 2875, 2876 f; BGH v. 19.5.2006 – V ZR 264/05 (Tz 21, 22), BGHZ 168, 35 = NJW 2006, 3139, 3141.
23 BGH v. 4.4.2001 – VIII ZR 32/00, NJW 2001, 2163, 2165.

Wahlrecht steht dem Geschädigten selbst dann zu, wenn der andere Teil zum veränderten Preis nicht abgeschlossen hätte.[24]

19 Für die Bestimmung der Schadenshöhe hat der Geschädigte greifbare Anhaltspunkte darzulegen und zu beweisen, die dem Gericht eine Schätzung nach § 287 ZPO ermöglichen.[25]

20 **g) Haftungsausfüllende Kausalität.** Eine Haftung aus c.i.c. setzt ferner voraus, dass der Schaden auf der Pflichtverletzung beruht (haftungsausfüllende Kausalität). Die Schwierigkeiten der Kausalitätsfeststellung resultieren daraus, dass sich das Geschehen auch ohne Pflichtverletzung verändert hätte und damit eine hypothetische Kausalität ermittelt werden muss. Dies ist nur über ein Wahrscheinlichkeitsurteil zu leisten. Hierfür reicht eine den Anforderungen des § 287 ZPO genügende Beweisführung aus. Der Richter kann den Schaden schätzen, bedarf aber auch hierfür „greifbarer Anhaltspunkte". Diese hat grundsätzlich der Geschädigte vorzutragen. Nach dem Schutzzweck der Haftung müssen Unsicherheiten in der Beurteilung des hypothetischen Kausalverlaufs zulasten dessen gehen, der die Rechtsgutsverletzung verursacht hat. Ist eine vorvertragliche Aufklärungspflicht verletzt, deren Inhalt geeignet ist, den später Geschädigten nachdenklich zu machen oder ihn zu Sicherheitsvorkehrungen zu bewegen, gebietet der Schutzzweck der Norm nach Auffassung des BGH sogar eine Beweislastumkehr.[26] Der Schädiger muss dann darlegen und beweisen, dass der Schaden auch bei pflichtgemäßer Aufklärung eingetreten wäre, der Geschädigte also den Hinweis unbeachtet gelassen und den Vertrag wie geschehen abgeschlossen hätte. Auch das wird kaum einmal möglich sein.

21 **h) Schutzzweckzusammenhang.** Die Ersatzpflicht nach §§ 280 Abs. 1, 311 Abs. 3, 241 Abs. 2 BGB ist durch den Schutzbereich der Norm begrenzt. Es muss daher ein innerer Zusammenhang zwischen dem Schaden und der durch den Schädiger geschaffenen Gefahrenlage bestehen, nicht lediglich eine bloß zufällige äußere Verbindung.[27] Eine solche besteht etwa dann, wenn über die Wirtschaftlichkeit des Fahrzeugs pflichtwidrig falsch beraten wird, das Fahrzeug dann aber aufgrund eines Feuerschadens vernichtet wird.

22 **i) Mitverschulden.** Geht es um Schutzpflichten, wird der Schaden durch ein „Verschulden gegen sich selbst" des Geschädigten gemindert, wenn dieser nicht umsichtig genug war, sich vor dem Schaden zu bewahren (§ 254 Abs. 1 BGB). Der Geschädigte muss also Maßnahmen unterlassen haben, die ein vernünftiger, wirtschaftlich denkender Mensch nach Lage der Sache ergriffen hätte, um Schaden von sich abzuwenden.[28] Der Geschädigte ist auch gehalten, bei Eintritt des Schadens nach Kräften zu dessen Minderung beizutragen (§ 254 Abs. 2 S. 1 BGB). Bei einer Informationspflichtverletzung kommt ein Mitverschulden nur in Betracht, sofern die verletzte Pflicht den Geschädigten nicht gerade vor einem derartigen Verschulden schützen soll.

23 Alle Umstände, die eine Mitverantwortung des Ersatzberechtigten begründen, sind vom Schädiger darzulegen und zu beweisen. Damit gilt § 286 ZPO für die Tatsachen, aus denen sich der Verstoß gegen eine sich aus § 254 BGB ergebende Obliegenheit ergibt, aber auch hinsicht-

---

24 BGH v. 25.5.1977 – VIII ZR 186/75, BGHZ 69, 53 = NJW 1977, 1536, 1538; BGH v. 19.5.2006 – V ZR 264/05 (Tz 22), BGHZ 168, 35 = NJW 2006, 3139, 3141.
25 BGH v. 3.12.1999 – IX ZR 332/98, NJW 2000, 509.
26 BGH v. 4.4.2001 – VIII ZR 32/00, NJW 2001, 2163, 2165.
27 BGH v. 6.5.1999 – III ZR 89/97, NJW 1999, 3203, 3204.
28 BGH v. 5.10.1988 – VIII ZR 325/87, NJW 1989, 292, 293.

lich ihrer Mitursächlichkeit für die Verletzung einer Schutz- oder Offenbarungspflicht. Allerdings muss der Geschädigte an der Sachverhaltsfeststellung mitwirken, soweit es sich um Umstände aus seiner Sphäre handelt.[29] Für die Frage, ob die subjektiven Anforderungen eines Mitverschuldens vorliegen, gilt die Beweislastumkehr des § 280 Abs. 1 S. 2 BGB. Steht die Mitverantwortlichkeit des Geschädigten fest, ist über die Folgen nach § 287 ZPO zu entscheiden. Hierzu sind die Verschuldensanteile beider Seiten abzuwägen; der Schadensersatz ist entsprechend zu kürzen.

j) Verjährung. Nach aktuellem Recht, das für Haftungsfälle gilt, die nach dem 1.1.2002 entstanden sind (Art. 229 § 6 Abs. 1 S. 1 EGBGB), sieht § 195 BGB auch für die Haftung aus c.i.c. eine nur noch dreijährige Verjährungsfrist vor. Diese Frist ist mit einer Anlaufhemmung verbunden, die an ein subjektives Element auf Gläubigerseite anknüpft. Hiernach beginnt die Verjährung, wenn der Gläubiger von den anspruchsbegründenden Umständen und der Person des Schuldners ohne grobe Fahrlässigkeit Kenntnis erlangen müsste (§§ 195, 199 Abs. 1 Nr. 2 BGB). Leicht fahrlässige Unkenntnis lässt die Verjährung also noch nicht beginnen. Hinsichtlich des erforderlichen Kenntnisstands wird man auf die alte Rechtsprechung zu § 852 Abs. 1 BGB zurückgreifen können, die darauf abstellte, ob der Geschädigte aufgrund der ihm bekannten Tatsachen in der Lage ist, gegen eine bestimmte Person – und sei es auch nur in der Form einer Feststellungsklage – eine Erfolg versprechende, wenn auch nicht risikolose Schadensersatzklage zu erheben.[30] Weder ist es notwendig, dass der Geschädigte alle Einzelumstände kennt, die für die Beurteilung möglicherweise Bedeutung haben, noch muss er bereits hinreichend sichere Beweismittel an der Hand haben, um einen Rechtsstreit im Wesentlichen risikolos führen zu können.[31] Nach neuem Recht ist der Zeitpunkt maßgeblich, in dem der Geschädigte die Kenntnis zwar noch nicht hat, von den relevanten Umständen aber hätte wissen müssen. Anders ist das neue Recht auch insofern, als die Verjährung nicht schon mit dem Anknüpfungszeitpunkt, sondern erst mit Ablauf des Kalenderjahres beginnt, in dem die Kenntnis vorliegt oder vorliegen müsste.

k) Prozessuales. Hinsichtlich der örtlichen Gerichtszuständigkeit darf der Geschädigte sowohl am Gerichtsstand der unerlaubten Handlung oder der Niederlassung des Schädigers klagen. Diese Alternativen werden sich oft decken. Ist der Kaufvertrag ein Haustürgeschäft iSd § 312 b BGB, bestimmt sich die örtliche Zuständigkeit auch dann, wenn es um eine Dritthaftung aus c.i.c. geht, nach dem Gerichtsstand des Verbrauchers (§ 29 c ZPO).[32]

l) Schadensersatzklage bei Dritthaftung aus c.i.c. aa) Vorbereitung des prozessualen Vorgehens. Wird ein Dritter aus c.i.c. in die Haftung genommen, tritt er in die Rolle des Vertragsschuldners. Liegt gegen diesen schon ein Urteil vor, muss allerdings noch einmal geklagt werden, da es insoweit an der Bindungswirkung fehlt (§ 325 Abs. 1 ZPO). Das Urteil lässt sich daher nicht einfach (gem. § 727 ZPO) auf den Dritten umschreiben. Es erlaubt aber eine Voreinschätzung zur Schadenshöhe und ist damit ausreichende Erkenntnisgrundlage iSd § 287 Abs. 1 ZPO. Gleiches gilt für die Feststellung der Forderung im Insolvenzverfahren (§ 178

---

29 BGH v. 29.9.1998 – VI ZR 296/97, NJW 1998, 3706, 3707.
30 BGH v. 28.10.2014 – XI ZR 348/13 (Tz 53), BGHZ 203, 115 = NJW 2014, 3713, 3717.
31 BGH v. 14.10.2003 – VI ZR 379/02, NJW 2004, 510; BGH v. 9.11.2007 – V ZR 25/07 (Tz 15, 17), NJW 2008, 506, 507; BGH v. 27.5.2008 – XI ZR 132/07 (Tz 32), WM 2008, 1260, 1263 f.
32 OLG Celle v. 15.4.2004 – 4 AR 23/04, NJW 2004, 2602.

Abs. 1 InsO) und die Aufnahme der Forderung in eine zum Zwecke der Anmeldung zur Insolvenztabelle vom Anspruchsgegner gefertigte Forderungsliste.[33]

27 Eine Dritthaftung aus c.i.c. kommt vor allem in Betracht, wenn sich der Dritte in irgendeiner Form für die Vertragserfüllung „stark macht". Hierbei ist jedoch Vorsicht geboten: Nach Ansicht des BGH sind derartige Aussagen nicht nur im Rahmen einer etwaigen Haftung aus c.i.c. wegen Inanspruchnahme besonderen persönlichen Vertrauens bedeutsam, sondern auch unter dem Blickwinkel einer (verschuldensunabhängigen) Garantiehaftung des Beklagten zu würdigen und damit unter Umständen als Garantieversprechen zu werten.[34] Das (selbstständige) Garantieversprechen ist als Vertrag eigener Art iSd § 311 Abs. 1 BGB dadurch gekennzeichnet, dass sich der Garant verpflichtet, für den Eintritt eines bestimmten Erfolgs einzustehen und die Gefahr eines künftigen Schadens zu übernehmen. Da das selbstständige Garantieversprechen die Übernahme der Verpflichtung zur Schadloshaltung für den Fall des Nichteintritts des garantierten Erfolgs umfasst, bestimmt sich dessen Umfang nach den Grundsätzen des Schadensersatzrechts (§§ 249 ff BGB); der Garantieschuldner hat somit im Falle der Gewährleistung den Gläubiger so zu stellen, als ob der garantierte Erfolg eingetreten oder der Schaden nicht entstanden wäre. Hiernach hat der Dritte das positive Interesse, also den gesamten Forderungsausfall des Klägers, zu ersetzen.[35] Bei solchen Zusagen besteht allerdings die Gefahr, dass die Gerichte das Vorliegen einer Bürgschaft (§ 765 BGB) annehmen und einen Durchgriff mangels Schriftform verneinen.[36] § 350 HGB hilft oft nicht, da etwa der Geschäftsführer, der sich für seine GmbH einsetzt, kein Kaufmann ist,[37] und die Bürgschaftsvereinbarung demzufolge nicht als Handelsgeschäft gewertet werden kann. Da in diesen Fällen nicht anzunehmen ist, dass der Garant die Leistung unabhängig vom Bestand der Schuld zusichert, und aufgrund dieser Abhängigkeit im Zweifel tatsächlich eine Bürgschaft anzunehmen ist,[38] sollte sich die Anspruchsbegründung auf die Darlegung der Voraussetzungen eines Anspruchs aus c.i.c. beschränken und aufzeigen, warum eine Bürgschaft im konkreten Fall nicht vorliegt.

28 ▶ **Muster: Schadensersatzklage bei Dritthaftung aus c.i.c.**

An das Landgericht ▄▄▄

Klage

des ▄▄▄

– Kläger –

Prozessbevollmächtigte: RAe ▄▄▄

gegen

▄▄▄

– Beklagter –

wegen Schadensersatzes

Streitwert: 19.234 EUR.

---
33 Vgl BGH v. 9.10.1990 – VI ZR 230/89, NJW-RR 1991, 141, 143.
34 BGH v. 18.6.2001 – II ZR 248/99, NJW-RR 2001, 1611, 1612.
35 BGH v. 18.6.2001 – II ZR 248/99, NJW-RR 2001, 1611, 1612.
36 Siehe etwa LG Oldenburg v. 9.5.1995 – 5 O 180/94, MDR 1996, 104, 105.
37 BGH v. 22.11.2006 – VIII ZR 72/06 (Tz 13), BGHZ 170, 67 = NJW 2007, 759, 760.
38 Siehe auch BGH v. 13.6.1996 – IX ZR 172/95, NJW 1996, 2569, 2570.

Namens und in Vollmacht des Klägers erhebe ich Klage mit den Anträgen zu erkennen:

1. Der Beklagte wird verurteilt, an den Kläger Zug um Zug gegen Übergabe des Pkw Alfa Romeo, Fahrgestell-Nr. ..., den Pkw VW Golf, Fahrgestell-Nr. ..., herauszugeben sowie 14.234 EUR nebst Zinsen in Höhe von 5 % im Jahr aus 14.000 EUR für die Zeit vom 11.3.2015 bis zum 2.8.2015 und aus 14.234 EUR in Höhe von 5 Prozentpunkten über dem Basiszinssatz seit Rechtshängigkeit abzüglich eines Betrags zu zahlen, der sich wie folgt berechnet: 7,6 Cent x km gemäß Tachostand im Zeitpunkt der Rückgabe des vorbezeichneten Pkw Alfa Romeo an den Beklagten.

2. Es wird festgestellt, dass sich der Beklagte mit der Rücknahme des im Klageantrag zu 1 bezeichneten Pkw VW Golf in Annahmeverzug befindet.

Ich rege die Durchführung eines schriftlichen Vorverfahrens nach § 276 ZPO an und beantrage für den Fall der Säumnis

den Erlass eines Versäumnisurteils gem. § 331 Abs. 3 S. 2 ZPO.

Bereits jetzt beantrage ich auch,

dem Kläger eine Kurzausfertigung des Urteils mit Vollstreckungsklausel zu erteilen und den Zeitpunkt der Zustellung des Urteils zu bescheinigen.

Begründung

I. Sachverhalt

Der Kläger hat am 25.2.2015 von der Autohaus A. GmbH & Co. KG den im Klageantrag zu 1 bezeichneten Neuwagen der Marke Alfa Romeo zum Preis von 19.000 EUR erworben.

Beweis: Kaufvertrag vom 25.2.2015
Anlage K 1

Der Kläger hat hierfür seinen Altwagen, den im Klageantrag zu 1 genannten VW Golf, für 5.000 EUR in Zahlung gegeben und den Rest am 10.3.2015 bargeldlos beglichen.

Beweis: Überweisungsbeleg über 14.000 EUR
Anlage K 2

Bei den Vertragsverhandlungen war der Kläger in Begleitung von Frau B. Auf Seiten des Autohauses führte der Beklagte als Geschäftsführer und Alleingesellschafter der Komplementärin die Verhandlungen. Der Kläger hatte gehört, dass sich das Autohaus in finanziellen Schwierigkeiten befindet. Er fragte deshalb den Beklagten, ob dem so sei. Der Beklagte verneinte dies und gab Erklärungen für das Gerücht. Da der Kläger dennoch Sicherheit haben wollte, antwortete der Beklagte auf die Frage nach der ordnungsgemäßen Vertragserfüllung wörtlich:

„Sie können sich darauf verlassen. Wenn meinem Betrieb etwas passiert, schieße ich Kapital nach. Kein Kunde muss sich da Sorgen machen."

Beweis: Zeugnis der Frau B., ...

Daraufhin wurde der Kaufvertrag geschlossen.

Beweis: wie vor

Nach Übergabe des Fahrzeugs musste der Kläger feststellen, dass das Fahrzeug nicht, wie im Kaufvertrag angegeben, die Farbe „carbonschwarz-metallic", aufwies, sondern einen blauen Farbton.

Beweis: Einholung eines Sachverständigengutachtens

Bei den Verkaufsverhandlungen legte der Beklagte dem Kläger zudem eine Bildmappe vor, in der das als „carbonschwarz-metallic" beschriebene Fahrzeug ausschließlich schwarz abgebildet ist.

Beweis: 1. Inaugenscheinnahme des Katalogs
2. Einholung eines Sachverständigengutachtens

Es wird angeregt, dass das Gericht dem Beklagten gem. § 425 ZPO aufgibt, diesen Katalog vorzulegen.

Mit Schreiben vom 1.4.2015 hat der Kläger die Autohaus A. GmbH & Co. KG unter Fristsetzung auf den 2.5.2015 zur Ersatzlieferung aufgefordert.

Beweis: Schreiben des Klägers vom 1.4.2015
Anlage K 3

Der Kläger erhielt zur Antwort, dass die Farbgebung der Herstellerbezeichnung „carbonschwarz-metallic" entspreche und dies auch aus dem Farbprospekt des Herstellers ersichtlich sei, der dem Kläger bei den Kaufverhandlungen vorlag.

Beweis: Schreiben der Autohaus A. GmbH & Co. KG vom 10.5.2015
Anlage K 4

Der Kläger widersprach und teilte mit, im Katalog habe er einen Blauton nicht feststellen können. Das Fahrzeug sei mindestens umzulackieren. Hierfür setzte er eine letzte Frist bis zum 15.6.2015.

Beweis: Schreiben des Klägers vom 12.5.2015
Anlage K 5

Die Frist blieb ungenutzt. Mit Schreiben vom 20.6.2015 erklärte der Kläger den Rücktritt vom Kaufvertrag und forderte die Autohaus A. GmbH & Co. KG unter Fristsetzung auf den 20.7.2015 auf, den Kaufpreis zurückzuzahlen.

Beweis: Schreiben des Klägers vom 20.6.2015
Anlage K 6

Auch diese Frist verstrich ohne Reaktion. Bevor der Kläger Klage einreichen konnte, erfuhr er am 2.8.2015 aus der Zeitung, dass die Autohaus A. GmbH & Co. KG und deren Komplementärin insolvent geworden waren. Mit Beschlüssen des Amtsgerichts ... vom 23.9.2015 (Az ... und ...) wurden beide Insolvenzverfahren mangels einer die Verfahrenskosten deckenden Masse eingestellt.

Mit Schreiben vom 4.10.2015 forderte der Kläger den Beklagten unter Fristsetzung auf den 30.10.2015 auf, den Kaufvertrag rückgängig zu machen.

Beweis: Schreiben des Klägers vom 4.10.2015
Anlage K 7

Auf dieses Schreiben erhielt der Kläger keine Antwort. Daher ist Klage geboten.

Der Kläger hat mit dem Neufahrzeug bislang etwa 20.000 km zurückgelegt und es deshalb zur Inspektion gegeben. Hierfür hat er einen Betrag von 234 EUR aufgewandt.

Beweis: Rechnung der Autohaus A. GmbH & Co. KG vom 19.5.2015
Anlage K 8

II. Rechtliche Ausführungen

Die Klage ist zulässig und begründet.

Dem Kläger steht gegen den Beklagten ein Anspruch auf Rückzahlung des Kaufpreises gem. §§ 346 Abs. 1, 348, 437 Nr. 2 Alt. 1, 323 Abs. 1, Abs. 5 S. 2, 434 Abs. 1 S. 1, 433 Abs. 1 S. 2, 280 Abs. 1 iVm §§ 311 Abs. 3 S. 2, 241 Abs. 2 BGB zu.

Der Blauton des Fahrzeugs entspricht nicht der Farbgebung, die der Kläger haben wollte. Die Herstellerangabe legt insoweit ein anderes Verständnis nahe, als es der tatsächlichen Farbgebung entspricht. Auch das in der dem Kläger vorgelegten Bildmappe als „carbonschwarz-metallic" abgebildete Fahrzeug ist ausschließlich schwarz. Aus diesen Gründen konnte der Kläger nach Maßgabe der Verkehrsauffassung ein Fahrzeug erwarten, welches durchweg schwarz war. Damit entspricht das Fahrzeug in der Farbgebung nicht der im Kaufvertrag bestimmten Solleigenschaft.

Der Mangel ist erheblich im Sinne des § 323 Abs. 5 S. 2 BGB. Die Farbe des Fahrzeugs ist üblicherweise eine wichtige Motivation für den Kauf. Dies gilt auch hier, zumal es sich um ein Neufahrzeug handelt und eine ausdrückliche Farbwahl getroffen wurde. In der Regel indiziert ein Verstoß gegen eine Beschaffenheitsvereinbarung schon die Erheblichkeit der Pflichtverletzung (BGH NJW-RR 2010, 1289, 1291 – Farbwahl).

Die Autohaus A. GmbH & Co. KG hat die vom Kläger zur Nacherfüllung gesetzte Frist ungenutzt verstreichen lassen. Damit stand dem Kläger der Rücktritt offen.

Die Rückabwicklung hätte normalerweise dergestalt zu erfolgen, dass die Autohaus A. GmbH & Co. KG das in Zahlung gegebene Fahrzeug zurückgibt und den Kaufpreis nebst Zinsen erstattet. Die Zinszahlungspflicht beruht für die Zeit seit Zahlung des Geldbetrags (10.3.2015) auf § 247 BGB. Insofern ist davon auszugehen, dass die Autohaus A. GmbH & Co. KG den Geldbetrag nicht nur anlegen, sondern ihn zur Begleichung von Lieferanten- oder Bankkrediten verwenden konnte. Damit hat sie jedenfalls bis zu ihrer Insolvenz (2.8.2015) Kreditzinsen in Höhe von mindestens 5 % pro Jahr erspart.

Zu erstatten sind auch die gewöhnlichen Erhaltungskosten (OLG Hamm NJW-RR 2005, 1220, 1222; Reinking/Eggert, Der Autokauf, 12. Auflage 2014, Rn 1134), zu denen die geltend gemachten Inspektionskosten gehören.

Aufgrund der masselosen Insolvenz der Vertragspartnerin ist der Zahlungsanspruch nicht mehr durchsetzbar.

Gemäß § 311 Abs. 3 S. 2 iVm § 241 Abs. 2 BGB haftet der Beklagte für die Klageforderung, da er sich für die Vertragserfüllung stark gemacht und damit ein besonderes Vertrauen für seine Person in Anspruch genommen hat (vgl BGH NJW 1995, 1213, 1215; 1997, 1233 f). Der Beklagte tritt aufgrund seiner Zusage in die rechtliche Stellung der Vertragspartnerin, so dass er sich die Verzugsfolgen ebenso entgegenhalten lassen muss wie den Umstand, dass sich die Vertragspartnerin durch ihre Weigerungshaltung ihres Nacherfüllungsrechts begeben hat. Da der Beklagte als Alleingesellschafter Zugriff auf das Vermögen der Gemeinschuldner hat, ist er auch in der Lage, das in Zahlung genommene Fahrzeug des Klägers herauszugeben.

Hinsichtlich des Gesamtbetrags von 14.234 EUR ergibt sich die Zinszahlungspflicht ab Rechtshängigkeit aus den §§ 291, 288 Abs. 1 S. 2 BGB.

Der Kläger stellt das gekaufte Fahrzeug für die Rückabwicklung zur Verfügung. Aus diesem Grund ist auch der Klageantrag zu 2 begründet.

Die vom Kläger zu zahlende Nutzungsausfallentschädigung kann derzeit nicht bestimmt werden, da das Fahrzeug bis zur Rückgabe noch genutzt wird. Daher ist die Entschädigung nach der im Klageantrag zu 1 genannten Formel zu errechnen. Hierbei ist anzunehmen, dass das gekaufte Neufahrzeug als Mittelklassewagen eine erwartbare Fahrleistung von 250.000 km aufweist,

Beweis: Einholung eines Sachverständigengutachtens

so dass sich ein Nutzungswert von 7,6 Cent pro km ergibt.

Für den Streitwert ist davon auszugehen, dass der Zug-um-Zug-Antrag den Streitwert nicht erhöht (Zöller/Herget, ZPO, 30. Aufl. 2014, § 3 Rn 16), so dass es allein auf die geltend gemachte Hauptforderung (14.234 EUR nebst Betrag der Inzahlungnahme) ankommt.

Der Prozesskostenvorschuss ist nach diesem Betrag eingezahlt.

Rechtsanwalt ◄

29 bb) **Reaktionsmöglichkeiten.** Will sich der Dritte gegen die Schadensersatzklage wehren, sind zunächst die Durchgriffsargumente zu problematisieren. Nach dem Vorgesagten sollte er auch das Bürgschaftsargument aufgreifen. Daneben stehen ihm alle Argumente offen, die auch der Verkäufer vorbringen könnte. Insofern kann auf die Ausführungen in § 15 Rn 52 Bezug genommen werden.

II. § 812 BGB

30 Eine Rückabwicklung nach Bereicherungsrecht kommt in Betracht, wenn der Kaufvertrag nichtig ist. Dies kommt in der Praxis vor allem dann vor, wenn der Kaufvertrag angefochten wurde. Nach altem Recht war eine Anfechtung gem. § 119 Abs. 2 BGB wegen Irrtums über solche Eigenschaften der Sache, die Gewährleistungsansprüche begründen können, aufgrund des Vorrangs des Gewährleistungsrechts ausgeschlossen, sobald die Sache an den Käufer übergeben war.[39] Diese Rechtslage soll auch nach neuem Kaufrecht gelten.[40] Hingegen wird die Anfechtung wegen Arglist (§ 123 BGB) durch die Sachmängelhaftung nicht verdrängt.[41] Freilich wird dem Kaufvertrag dadurch der Boden entzogen; vertragliche Ansprüche, auch Schadensersatzansprüche, bestehen nach wirksamer Täuschungsanfechtung nicht mehr.[42] Meistens lässt sich der Rücktritt erklären, so dass Gewährleistungsansprüche erhalten bleiben (§ 325 BGB). Die Täuschungsanfechtung wird nach aktuellem Recht daher kaum noch erklärt (siehe aber sogleich zur Umdeutbarkeit).

31 Unter Geltung des neuen Schuldrechts hat der BGH seine strenge Rechtsprechung zur arglistigen Täuschung im Fahrzeughandel nicht aufgegeben. Dies lässt sich gut am Beispiel des Unfallschadens verdeutlichen: Hiernach trifft auch den gewerblichen Gebrauchtwagenverkäufer ohne besondere Anhaltspunkte für einen Unfallschaden zwar nicht die Obliegenheit, das zum Verkauf stehende Fahrzeug auf Unfallschäden zu untersuchen. Der Händler ist grds. nur zu einer fachmännischen äußeren Besichtigung („Sichtprüfung") verpflichtet.[43] Wenn sich daraus keine Anhaltspunkte für einen Vorschaden ergeben, dann besteht keine Pflicht zu weiteren Nachforschungen und damit auch nicht zu einer Abfrage bei der zentralen Datenbank des Herstellers betreffend eine dort etwa vorhandene Reparaturhistorie des Fahrzeugs über bei anderen Vertragshändlern/-werkstätten in den vergangenen Jahren durchgeführte Reparaturen. Nur wenn die Erst-Untersuchung des Händlers zu anderen Erkenntnissen führt, kann dieser zu weiteren Nachforschungen verpflichtet sein, etwa zu gezielten Rückfragen oder auch zur Einsichtnahme in ihm zugängliche Dateien bzw Online-Datenbanken des Herstel-

---

39 Siehe nur BGH v. 9.10.1980 – VII ZR 332/79, BGHZ 78, 216 = NJW 1981, 224, 225.
40 *Reinking/Eggert*, Rn 4471.
41 *Reinking/Eggert*, Rn 4488; *Lorenz*, NJW 2007, 1, 4.
42 *Reinking/Eggert*, Rn 3840, 4489.
43 BGH v. 19.6.2013 – VIII ZR 183/12 (Tz 24), NJW 2014, 211, 212.

lers.⁴⁴ Jedoch muss der Gebrauchtwagenhändler die Begrenztheit seines Kenntnisstandes deutlich machen, wenn er von einer Untersuchung absieht und die Unfallfreiheit in einer Weise behauptet, die dem Käufer den Eindruck vermitteln kann, dies erfolge auf der Grundlage verlässlicher Kenntnis. Eine solche Einschränkung kann auch formularmäßig geschehen (zB durch die Klausel: „Zahl, Art und Umfang von Unfallschäden lt. Vorbesitzer: keine"). Allerdings muss der Verkäufer dies in den Kaufsverhandlungen so auch kommunizieren. Tut er das nicht, spiegelt er dem Käufer die Unfallfreiheit vor und täuscht ihn arglistig.⁴⁵ Für die Kausalität zwischen Täuschungshandlung und Kaufentschluss spricht hier eine tatsächliche Vermutung.⁴⁶ Der Käufer kann dann seine zum Kaufvertrag führende Willenserklärung innerhalb der Jahresfrist des § 124 BGB anfechten und gem. § 812 Abs. 1 S. 1 Alt. 1 BGB die Rückabwicklung des Kaufvertrags betreiben (§ 142 Abs. 1 BGB). Unabhängig davon hat der Käufer in solchen Fällen oft einen Zahlungsanspruch nach den §§ 346 Abs. 1, 434, 437 Nr. 2, 326 Abs. 5 BGB. Die Anfechtungserklärung lässt sich in eine Rücktrittserklärung umdeuten.⁴⁷ Die fehlende Unfallfreiheit ist in aller Regel ein nicht unerheblicher Sachmangel. Eine Fristsetzung des Käufers zur Nacherfüllung ist nach § 326 Abs. 5 BGB entbehrlich, sofern die Nacherfüllung unmöglich ist (§ 275 Abs. 1 BGB). Durch Nachbesserung lässt sich der Charakter des Fahrzeugs als Unfallwagen nicht verändern. Die Lieferung eines anderen funktionell und vertragsmäßig gleichwertigen Gebrauchtwagens scheidet zwar nach dem neuen Kaufrecht nicht schon deshalb aus, weil ein Stückkauf vorliegt. Jedoch muss das Fahrzeug nach dem durch Auslegung zu ermittelnden Willen der Beteiligten austauschbar sein. Davon ist nicht auszugehen, wenn die Kaufwahl nicht nur aufgrund objektiver Anforderungen, sondern auch wegen des persönlichen Eindrucks des Käufers getroffen worden ist.⁴⁸

Für die Rückabwicklung nach erfolgter Anfechtung werden die beiderseitigen Leistungen nicht saldiert. Vielmehr gilt nach Auffassung des BGH die sog. Zweikonditionentheorie. Damit sind die einzelnen Leistungen insb. hinsichtlich des Wegfalls der Bereicherung (§ 818 Abs. 3 BGB) getrennt zu beurteilen.⁴⁹

Der Verkäufer hat neben dem Kaufpreis Zinsen für die Zeit seit Empfang des Kaufpreises zahlen (§§ 819 Abs. 1, 818 Abs. 4, 291 BGB). Ein in Zahlung genommener Altwagen ist zurückzugeben.⁵⁰ Bei Bösgläubigkeit des Verkäufers kann sich dieser nicht auf einen Wegfall der Bereicherung berufen (§ 142 Abs. 2 BGB iVm §§ 819 Abs. 1, 818 Abs. 4 BGB). Der Käufer erhält seine notwendigen Verwendungen ersetzt, die er bis zur Kenntnis des Anfechtungsgrundes gezogen hat (§§ 819 Abs. 1, 818 Abs. 4, 292, 994 BGB), unter den Voraussetzungen des § 996 BGB (weitergehend als beim Rücktritt, vgl § 327 Abs. 2 S. 1 BGB) auch die nützlichen Verwendungen. Anders als nach § 994 Abs. 1 S. 2 BGB sollen zudem die gewöhnlichen Erhaltungskosten zu ersetzen sein.⁵¹

---

44 BGH v. 19.6.2013 – VIII ZR 183/12 (Tz 25), NJW 2014, 211, 212.
45 BGH v. 7.6.2006 – VIII ZR 209/05, BGHZ 168, 64 = NJW 2006, 2839, 2840 m. Anm Bruns, EWiR § 439 BGB 1/06, 551 f; einen Fall der Arglisthaftung behandelt auch KG v. 1.9.2011 – 8 U 42/10, BeckRS 2011, 23088.
46 BGH v. 12.5.1995 – V ZR 34/94, NJW 1995, 2361, 2362; anders, wenn das Fahrzeug weiterverkauft wird und der Zweitkäufer Schadensersatz fordert, so OLG Nürnberg v. 18.4.2005 – 8 U 3720/04, OLGR 2005, 453 f.
47 BGH v. 26.4.1965 – VIII ZR 83/63, BeckRS 1965, 31178425.
48 BGH v. 7.6.2006 – VIII ZR 209/05, BGHZ 168, 64 = NJW 2006, 2839, 2841 m. Anm Bruns, EWiR § 439 BGB 106, 551 f.
49 St Rspr seit BGH v. 8.1.1970 – VII ZR 130/68, BGHZ 53, 144 = NJW 1970, 656, 657.
50 *Reinking/Eggert*, Rn 4525; aA *Tempel/Seyderhelm*, S. 56.
51 OLG Oldenburg v. 27.10.1992 – 5 U 80/92, DAR 1993, 467, 468.

34 Der Käufer muss das gekaufte Fahrzeug nebst Zubehör und Fahrzeugpapieren zurückgeben. Kann er das nicht, ist für die Frage des Wertersatzes zu unterscheiden: Wurde das Fahrzeug ohne Verschulden des Käufers beschädigt oder zerstört, muss er nur den Restwert herausgeben bzw gem. § 818 Abs. 1 BGB Ansprüche gegen haftpflichtige Dritte abtreten.[52] Bei einem Mitverschulden des Käufers ist der Kaufpreis analog § 254 BGB anteilig zurückzuzahlen,[53] wobei die Privilegierung des § 346 Abs. 3 Nr. 3 BGB für eigenübliche Sorgfalt zu berücksichtigen ist.[54] Der Anwendung des § 254 BGB steht nicht entgegen, dass dem Verkäufer vorsätzliches Verhalten anzulasten ist.[55] Hat der Käufer das Fahrzeug (ohne Kenntnis des Anfechtungsgrundes, sonst gilt § 144 Abs. 1 BGB) weiterveräußert, muss er den Veräußerungserlös herausgeben. Hierbei ist § 285 Abs. 1 BGB anzuwenden, der dem bereicherungsrechtlichen Abschöpfungsprinzip besser entspricht als die Wertersatzpflicht des § 818 Abs. 2 BGB, die nur bei Fehlen eines Surrogats eingreift. Gleiches gilt, wenn der Käufer das Fahrzeug nach Anfechtung weiterveräußert hat, wobei er hier gem. §§ 819 Abs. 1, 848 Abs. 4 BGB jedoch verschärft haftet. Nach Anfechtung haftet der Käufer daher auch für eine verschuldete Wertminderung (§§ 292, 989 BGB). Bei alledem muss der Käufer die innerhalb der Besitzzeit gezogenen Gebrauchsvorteile ersetzen. Diese werden üblicherweise – wie beim Rücktritt – auf Grundlage einer linearen Abschreibung ermittelt.[56]

III. § 823 Abs. 1 BGB

35 In besonders gelagerten Fällen kommt auch im Zusammenhang mit einem Kaufvertrag eine Haftung nach § 823 Abs. 1 BGB in Betracht. Der BGH hat dies etwa für den Fall bejaht, dass der Verkäufer das gekaufte Fahrzeug mit erkennbar unvorschriftsmäßigen Reifen versehen und dies einen Unfallschaden zur Folge hatte. Auch sog. **Weiterfresserschäden**, also Verschlechterungen, die ein anfänglicher Mangel des Fahrzeugs am Fahrzeug verursacht, werden herkömmlicherweise über § 823 Abs. 1 BGB gelöst,[57] so dass entgegen manchen Stimmen in der Literatur keine Veranlassung besteht, dies vor dem Hintergrund der Schuldrechtsmodernisierung zu ändern.[58] Solche Schäden betreffen nicht den Gewährleistungsbereich, da das Fahrzeug bei Eigentumswechsel im Wert schon gemindert ist; eine Nachfrist ist hier deshalb nicht zu setzen.[59] Der Anspruch aus § 823 Abs. 1 BGB steht in Anspruchskonkurrenz zu den vertraglichen Schadensersatzansprüchen.[60] Er richtet sich auf Ersatz des beschädigten Fahrzeugs und des Personenschadens (§ 249 BGB). Hat das Fahrzeug aufgrund eines Leasingvertrags seinen Besitzer gewechselt, sind die Leasingraten weder für den Leasinggeber noch für den Leasingnehmer vom Schadensersatzanspruch nach § 823 BGB umfasst.[61] Der Schadensersatzanspruch verjährt gem. §§ 195, 199 BGB. § 438 BGB ist auch dann nicht analog anwendbar, wenn der Anspruch mit mangelbedingten Schadensersatzansprüchen konkurriert.[62]

---

52 BGH v. 8.1.1970 – VII ZR 130/68, BGHZ 53, 144 = NJW 1970, 656, 657.
53 BGH v. 14.10.1971 – VII ZR 313/69, BGHZ 57, 137 = NJW 1972, 36, 40.
54 Vgl *Tempel/Seyderhelm*, S. 58.
55 BGH v. 14.10.1971 – VII ZR 313/69, BGHZ 57, 137 = NJW 1972, 36, 38.
56 OLG Karlsruhe v. 20.3.1992 – 15 U 260/91, NJW-RR 1992, 1144, 1145.
57 Grundlegend: BGH v. 24.11.1976 – VIII ZR 137/75, BGHZ 67, 359 = NJW 1977, 379, 380.
58 NK-BGB/*Büdenbender*, 2. Aufl. 2012, § 437 Rn 130; *Schollmeyer*, NJOZ 2009, 2729, 2739; aA *Faust*, in: BeckOK BGB (Stand: 1.3.2015), § 439 Rn 15; Kritik auch bei *Tettinger*, JZ 2006, 641 ff.
59 Zutreffend: *Gsell*, Substanzverletzung und Herstellung, S. 339 ff; aA *Tettinger*, JZ 2006, 641, 645.
60 BGH v. 5.7.1978 – VIII ZR 172/77, NJW 1978, 2241, 2242; BGH v. 11.2.2004 – VIII ZR 386/02, NJW 2004, 1032, 1033.
61 BGH v. 23.10.1990 – VI ZR 310/89, NJW-RR 1991, 280, 281.
62 *Lorenz*, DAR 2006, 611, 619.

IV. § 823 Abs. 2 BGB iVm § 263 Abs. 1 StGB

Sofern der Kaufvertrag durch betrügerisches Handeln des Verkäufers herbeigeführt wurde, steht dem Käufer ein Anspruch aus § 823 Abs. 2 BGB iVm § 263 Abs. 1 StGB zu. § 263 StGB ist Schutzgesetz iSd § 823 Abs. 2 BGB.[63] Aufgrund der nach neuem Schuldrecht gegebenen Möglichkeit, mangelbedingten Schadensersatz schon bei Fahrlässigkeit des Verkäufers zu erhalten, hat diese Anspruchsgrundlage erheblich an Bedeutung verloren. Dies gilt umso mehr, als der Käufer auf dieser Grundlage nur das negative Interesse fordern kann (siehe Rn 37), so dass der Käufer ein in Zahlung gegebenes Fahrzeug bei der Schadensabwicklung wieder zurücknehmen muss, falls er sich nicht für den kleinen Schadensersatz entscheidet.

36

Der gegen einen Dritten gerichtete Schadensersatzanspruch des arglistig getäuschten Käufers gem. § 823 Abs. 2 BGB iVm § 263 StGB ist darauf gerichtet, so gestellt zu werden, wie er stünde, wenn die Täuschung nicht erfolgt wäre (sog. negatives Interesse).[64] Der Käufer kann das negative Interesse selbst dann noch geltend machen, wenn das Fahrzeug mit oder ohne Eigenverschulden nicht mehr herausgegeben werden kann.[65] Trifft den Käufer insofern ein Verschulden, ist der Schadensersatz gem. § 254 Abs. 1 BGB entsprechend zu kürzen. Der Anwendung des § 254 BGB steht nicht entgegen, dass dem Verkäufer vorsätzliches Verhalten anzulasten ist.[66] Vom Schadensersatz umfasst sind nur Schäden, die im Zusammenhang mit der Kaufsache stehen, nicht hingegen Personenschäden, wenn es infolge des Betrugs (etwa beim Verschweigen eines nicht behobenen Vorschadens) zu einem Unfall kommt.[67]

37

---

63 Siehe nur BGH v. 5.3.2002 – VI ZR 398/00, NJW 2002, 1643, 1644.
64 BGH v. 14.10.1971 – VII ZR 313/69, BGHZ 57, 137 = NJW 1972, 36; BGH v. 25.11.1997 – VI ZR 402/96, NJW 1998, 983, 984; BGH v. 18.1.2011 – VI ZR 325/09 (Tz 11), NJW 2011, 1962, 1963.
65 BGH v. 14.10.1971 – VII ZR 313/69, BGHZ 57, 137 = NJW 1972, 36, 37.
66 BGH v. 14.10.1971 – VII ZR 313/69, BGHZ 57, 137 = NJW 1972, 36, 38.
67 BGH v. 14.10.1971 – VII ZR 313/69, BGHZ 57, 137 = NJW 1972, 36, 37.

§ 17 Autoreparatur

Literatur: *Engelbrecht/Nover*, Das selbstständige Beweissicherungsverfahren bei Werkstattmängeln, DAR 2008, 444; *Otting*, in: Buschbell (Hrsg.), Münchener Anwaltshandbuch Straßenverkehrsrecht, 4. Auflage 2015, § 41 – Die Pkw-Reparatur; *Prox*, Rechtsdienstleistungsgesetz und Unfallschadensregulierung, zfs 2008, 363, *Reinking/Schmidt/Woyte*, Die Autoreparatur, 2. Auflage 2006; *Rimmelspacher/Arnold*, Fehlerhaft unterbliebenes Streitschlichtungsverfahren – unbeachtlich in der Berufungsinstanz?, NJW 2006, 17; *Wietoska*, in: Ferner (Hrsg.), Straßenverkehrsrecht, 2. Auflage 2006, § 33 – Der Reparaturvertrag.

A. Vertragliche Grundlagen

1 Wird ein Fahrzeug zur Reparatur gegeben, schließen die Parteien regelmäßig einen **Werkvertrag** (§ 631 Abs. 1 BGB). Dies gilt nicht nur für die Behebung von Funktionsstörungen, sondern auch dann, wenn eine Wartung vorgenommen werden soll,[1] wenn die Reparatur im Zusammenhang mit dem Verkauf des Fahrzeugs steht,[2] und wenn der Einbau eines wertvollen Bauteils (zB Austauschmotor) im Vordergrund steht.[3] Wird der Vertrag mit einem **Verbraucher** (§ 13 BGB) im Rahmen eines Hol- und Bringservice abgeschlossen oder der Kunde schon im Abschleppwagen auf die Reparaturwerkstätte angesprochen, liegt ein Vertragsschluss oder eine Vertragsanbahnung „außerhalb von Geschäftsräumen" vor. In diesen Fällen darf der Verbraucher seine Willenserklärung **widerrufen** (§ 312 g Abs. 1 iVm § 356 BGB),[4] bei fehlender oder fehlerhafter Belehrung über sein Widerrufsrecht für die Dauer von einem Jahr und 14 Tagen (§ 356 Abs. 3 S. 2 BGB), ansonsten zwei Wochen, gerechnet ab dem Tag des Vertragsschlusses (§ 355 Abs. 2 BGB). Ohne Kenntnis vom Widerrufsrecht erlischt dieses auch dann nicht, wenn der Unternehmer die Reparatur vollständig durchgeführt hat (§ 356 Abs. 4 BGB). Dann ist der Verbraucher im Falle eines Widerrufs auch nicht zum Wertersatz verpflichtet (§ 357 Abs. 8 BGB). Wird der Vertrag im Internet über eine Fahrzeugbörse geschlossen, liegt ein **Fernabsatzvertrag** iSd § 312 c BGB vor,[5] der ein ebensolches **Widerrufsrecht** begründet, wenn der Kunde Verbraucher ist. Vorsicht ist auch bei **Schwarzgeldabreden** („ohne Rechnung" oder dgl) geboten. Diese sind wegen § 134 BGB jedenfalls dann unwirksam, wenn (1) der Unternehmer – wovon regelmäßig auszugehen ist – vorsätzlich gegen das Verbot aus § 1 Abs. 2 Nr. 2 SchwarzArbG verstößt, einen Werkvertrag zu schließen, der Regelungen enthält, die dazu dienen, dass eine Vertragspartei als Steuerpflichtige ihre sich aufgrund der nach dem Vertrag geschuldeten Werkleistungen ergebenden steuerlichen Pflichten nicht erfüllt, (2) der Besteller den Verstoß des Unternehmers kennt und (3) er den Verstoß bewusst zum eigenen Vorteil ausnutzt.[6] In diesem Fall steht dem Unternehmer für erbrachte Leistungen wegen § 817 S. 2 Hs. 1 BGB nicht einmal ein bereicherungsrechtlicher Anspruch auf Wertersatz gegen den Besteller zu.[7] Im Gegenzug hat der Besteller, soweit er bereits Werklohn gezahlt hat, gegen den Unternehmer keinen Rückzahlungsanspruch unter dem Ge-

---

1 BGH v. 5.6.1984 – X ZR 75/83, NJW 1984, 2160.
2 BGH v. 6.10.1971 – VIII ZR 14/70, BGHZ 57, 112, NJW 1972, 46; BGH v. 30.6.1983 – VII ZR 371/82, NJW 1983, 2440, 2441.
3 OLG Karlsruhe v. 8.5.1992 – 10 U 341/91, NJW-RR 1992, 1014; OLG Koblenz v. 3.7.2014 – 2 U 1458/13 (Tz 8), NJW-RR 2015, 52, 53; anders für den Reifenaustausch *Wietoska*, § 33 Rn 8 (Kauf mit Montageverpflichtung).
4 *Otting*, § 41 Rn. 5, 6.
5 *Otting*, § 41 Rn. 10.
6 BGH v. 1.8.2013 – VII ZR 6/13 (Tz 25), BGHZ 198, 141, NJW 2013, 3167, 3169. Nach OLG Schleswig v. 16.8.2013 – 1 U 24/13, BeckRS 2013, 15290, strahlt eine Schwarzgeldabrede, die nur für einen Teil der Werkleistung gilt, auf den gesamten Vertrag aus.
7 BGH v. 10.4.2014 – VII ZR 241/13 (Tz 17), NJW 2014, 1805.

sichtspunkt einer ungerechtfertigten Bereicherung.[8] Aus einem nichtigen Werkvertrag ergeben sich auch keine Mängelrechte.[9]

Ist die Mängel- bzw. Schadensursache und damit der Instandsetzungsaufwand unklar, wird die Werkstatt (= Unternehmer) zunächst nur zur Prüfung der Ursache und Ermittlung der Beseitigungskosten beauftragt. Diese Untersuchung ist im Zweifel kostenfrei (arg. § 632 Abs. 3 BGB).[10] Überschreitet der Unternehmer den so ermittelten Betrag wesentlich, also um etwa 15 %,[11] hängt seine Haftung davon ab, ob die Angabe verbindlich war oder nicht. Im Fall eines verbindlichen **Kostenanschlags** wird dieser Vertragsbestandteil, so dass die Werkstatt höchstens die Anschlagssumme verlangen kann;[12] andernfalls gilt § 650 BGB mit seiner Kündigungsfolgenregelung. Steht der Reparaturaufwand fest, wird der Vertrag in diesem Umfang geschlossen. Gegenstand des Vertrags ist immer ein bestimmter Erfolg; die Wahrung der anerkannten Regeln der Technik ist weder erforderlich noch genügend.[13] Üblicherweise wird nach Zeit und Materialaufwand berechnet.[14] Maßstab ist dabei immer das Werk. Der Besteller muss also nicht auch Leistung bezahlen, die nicht zum Erfolg geführt hat. Wird die Werkstatt jedoch trotz unklarer Fehlerursache ohne Wenn und Aber mit der Instandsetzung beauftragt, hat sie zwar mit der wahrscheinlichsten Ursache zu beginnen. Der Kunde muss dann aber auch die Maßnahmen bezahlen, die nicht zum Ziel geführt haben.[15] Behebt die Werkstatt noch weitere, möglicherweise zunächst nicht erkannte Mängel, und wird dies vom Kunden (= Besteller) nicht genehmigt, steht der Werkstatt ein Zahlungsanspruch nur nach den Regeln der Geschäftsführung ohne Auftrag (§§ 677 ff BGB) zu.

Sofern die Werkstatt dem Vertrag ihre **Allgemeinen Geschäftsbedingungen** zugrunde legen will, tut sie dies am besten im Auftragsformular. Ein Aushang zB im Bereich der Reparaturannahme ist gem. § 305 Abs. 2 Nr. 1 BGB nicht ausreichend, da dem Kunden auch auf andere Weise ermöglicht werden kann, vom Inhalt der AGB Kenntnis zu nehmen. Das ist nur bei ausgesprochenen Massengeschäften wie etwa Beförderungsverträgen oder Kaufverträgen in Selbstbedienungsläden anders. Großzügiger liegen die Dinge bei gewerblichen Kunden.[16]

Der Werkunternehmer als Vertragspartner muss die Reparatur nicht selbst durchführen, sondern wird das idR durch Mitarbeiter erledigen lassen (Erfüllungsgehilfen iSd § 278 BGB). Zulieferer sind insoweit keine Erfüllungsgehilfen, da sie nicht in den werkvertraglichen Pflichtenkreis des Unternehmers einbezogen sind.[17] Die Reparatur hat zügig zu erfolgen. Eine zeitliche Bindung wird die Werkstatt aber regelmäßig nicht eingehen. Werden die vom Zentralverband Deutsches Kraftfahrzeuggewerbe (ZDK) empfohlenen Kfz-Reparaturbedingungen verwendet, was bei den meisten Betrieben der Fall ist,[18] und hat die Werkstatt einen schriftlich als verbindlich bezeichneten Fertigstellungstermin genannt, macht sie sich nach

---

8 BGH v. 11.6.2015 – VII ZR 216/14 (Tz 14),, BGHZ, NJW 2015, 2406.
9 BGH v. 1.8.2013 – VII ZR 6/13 (Tz 27), BGHZ 198, 141, NJW 2013, 3167, 3169.
10 AA *Wietoska*, § 33 Rn 99.
11 *Otting*, § 41 Rn. 36.
12 Palandt/*Sprau*, § 650 Rn 1.
13 Vgl BGH v. 21.9.2004 – X ZR 244/01, NZBau 2004, 672, 673.
14 *Wietoska*, § 33 Rn 26.
15 *Reinking/Schmidt/Woyte*, Rn. 34; *Otting*, § 41 Rn 18.
16 *Otting*, § 41 Rn 26.
17 BGH v. 3.2.1978 – I ZR 116/76, NJW 1978, 1157; BGH v. 12.12.2001 – X ZR 192/00, NJW 2002, 1565.
18 *Otting*, § 41 Rn 24.

Ziff. III Nr. 2 der Bedingungen **schadensersatzpflichtig**, wenn sie den Termin um **mehr als einen Tag überschreitet**.[19]

5   Die Reparatur ist von **Nebenpflichten** der Werkstatt begleitet. So muss der Werkunternehmer den Besteller sofort in Kenntnis setzen, wenn er weitere Mängel feststellt.[20] Gleiches gilt, wenn die Vorgaben aus dem (verbindlichen oder unverbindlichen) Kostenanschlag nicht eingehalten werden können (§ 650 Abs. 2 BGB). Der Unternehmer muss dem Besteller Bescheid geben, wenn er einen Unfallschaden repariert und sehen kann, dass die Reparaturkosten den Zeitwert des Unfallwagens übersteigen.[21] Er muss aber nicht die ersetzten Fahrzeugteile für den Besteller aufheben und hat auch keine Nachteile iSd Grundsätze zur Beweisvereitelung zu befürchten, wenn er in einem späteren Werklohnprozess gegen den Besteller diese Teile nicht vorlegen kann.[22] Gleiches gilt für die Protokolle von Auslesungen des Fehlerspeichers.[23] Etwas anderes gilt aber dann, wenn der Kunde die Werkstatt bei Vertragsschluss, jedenfalls aber vor Entsorgung anweist, die **Teile aufzuheben**.[24] Hierfür darf die Werkstatt ein gesondertes Entgelt berechnen. Aus Anwaltssicht ist dies **sofort zu veranlassen**, wenn absehbar wird, dass die Teile zur Beweissicherung benötigt werden.

6   Nach erfolgter Reparatur hat der Besteller den Werklohn zu zahlen.[25] Erfüllungsort der Zahlungsverpflichtung ist der Wohnort des Zahlungsschuldners,[26] so dass der Unternehmer an diesem Gerichtsstand klagen muss.

7   Der Werklohn ist **fällig**, sobald die Reparatur erfolgt und das Werk abgenommen ist. Auf eine Rechnungserteilung kommt es nicht an.[27] Allerdings sehen die Reparaturbedingungen des ZDK in Ziff. VI Nr. 1 die Rechnungsstellung als Fälligkeitsvoraussetzung vor.[28] Die **Abnahme** ist neben der Zahlungspflicht Hauptpflicht des Bestellers.[29] Sie besteht aus zwei Elementen, nämlich der körperlichen Entgegennahme des Werks und dessen Billigung als im Wesentlichen vertragsgerecht; daher darf die Abnahme nur wegen nicht unwesentlicher Mängel verweigert werden (§ 640 Abs. 1 S. 2 BGB). Die Billigung des Werks setzt voraus, dass der Besteller das Fahrzeug wieder in Betrieb nimmt. Das soll regelmäßig nach wenigen Tagen und einer Fahrleistung von ca. 50 km der Fall sein.[30] Richtigerweise wird die Angemessenheit der Frist aber nach den Umständen des Einzelfalls zu bemessen sein. Das kann bei schwierigen und komplexen Reparaturarbeiten zu einem erheblich längeren Zeitraum führen.[31] Im Zweifel erklärt der Kunde durch Zahlung bei Abholung noch keine Abnahme. Der Abnahme steht es gleich, wenn der Besteller das Werk trotz einer vom Unternehmer gesetzten Frist nicht abnimmt (§ 640 Abs. 1 S. 3 BGB), so dass einer auf Abnahme gerichteten Klage das Rechts-

---

19 Abdruck der Kfz-Reparaturbedingungen des ZDK bei *Reinking/Schmidt/Woyte*, S. 155 ff.
20 OLG Schleswig v. 17.12.2010 – 4 U 171/09, NJW-RR 2011, 692, 693.
21 *Wietoska*, § 33 Rn 44.
22 OLG Naumburg v. 11.10.2012 – 1 U 2/12, BeckRS 2013, 05532; LG Bielefeld v. 5.9.2012 – 18 O 89/12, BeckRS 2013, 20058; *Otting*, § 41 Rn. 53.
23 OLG Naumburg v. 11.10.2012 – 1 U 2/12, BeckRS 2013, 05532; *Otting*, § 41 Rn 53.
24 Vgl BGH v. 23.11.2005 – VIII ZR 43/05 (Tz 24), NJW 2006, 434, 436 – Turbolader.
25 Zu Finanzierungsfragen *Otting*, § 41 Rn 27 ff. Indes wird der Kunde oft eher einen Neuwagen erwerben als sich eine Reparatur finanzieren lassen.
26 Vgl BGH v. 11.11.2003 – X ARZ 91/03, BGHZ 157, 20, NJW 2004, 54, 55 – Anwaltsvertrag.
27 BGH v. 18.12.1980 – VII ZR 41/80, BGHZ 79, 176, NJW 1981, 814.
28 Abdruck der Kfz-Reparaturbedingungen des ZDK bei *Reinking/Schmidt/Woyte*, S. 155 ff.
29 BGH v. 23.2.1989 – VII ZR 89/87, BGHZ 107, 75, NJW 1989, 1602, 1603.
30 OLG Düsseldorf v. 6.1.1994 – 5 U 83/92, NZV 1994, 433, 434; OLG Saarbrücken v. 17.2.2004 – 4 U 411/03 (zu II 2 a), BeckRS 2005, 00383.
31 *Reinking/Schmidt/Woyte*, Rn 140.

schutzbedürfnis fehlt. Mit der Abnahme beginnt auch die Pflicht zur Verzinsung des Werklohns (§ 641 Abs. 4 BGB). Nimmt der Kunde sein Fahrzeug trotz Aufforderung nicht zurück, reduziert sich die Haftung der Werkstatt auf Vorsatz und grobe Fahrlässigkeit (§ 300 Abs. 1 BGB). Außerdem ist der Kunde nunmehr zur Zahlung von Aufbewahrungskosten verpflichtet (§ 304 BGB).

Der Unternehmer kann die Herausgabe des reparierten Fahrzeugs von der Zahlung des Werklohns abhängig machen (§§ 273, 1000 BGB). Das Zurückbehaltungsrecht aus § 1000 BGB gilt auch gegenüber einem Leasinggeber, der den Auftrag nicht erteilt hat, sofern notwendige Verwendungen getätigt wurden; reine Inspektionen sind nur nützlich, nicht notwendig.[32] In der Regel wird ein solches Zurückbehaltungsrecht aber daran scheitern, dass zum Zeitpunkt der Verwendungen keine Vindikationslage besteht, die Werkstatt also ein Recht zum Besitz hat.[33] Ist der Besteller Eigentümer des Fahrzeugs, steht dem Unternehmer gem. § 647 BGB zudem ein gesetzliches Pfandrecht am Fahrzeug zu, das dem Unternehmer die Verwertung des Fahrzeugs ermöglicht.[34] Dieses **Werkunternehmerpfandrecht** kann nicht gutgläubig erworben werden, auch dann nicht, wenn – wie zB in Leasingfällen – der Eigentümer der Reparatur zustimmt.[35] Sind die Kfz-Reparaturbedingungen des ZDK vereinbart, wird auch ein vertragliches Werkunternehmerpfandrecht nach § 1205 BGB begründet, das seinerseits gutgläubig erworben werden kann (§§ 1207, 932 BGB). Dieses Pfandrecht bezieht sich nach den ZDK-Bedingungen sogar auf frühere Reparaturaufträge.[36] Wird das Fahrzeug an den Kunden herausgegeben, erlischt das Pfandrecht; es lebt auch nicht wieder auf, wenn das Fahrzeug wegen eines weiteren (!) Reparaturauftrags wieder in die Werkstatt gebracht wird.[37] Die Werkstatt kann sich bei einem Unfallschaden auch Ansprüche aus der Haftpflichtversicherung des Unfallgegners abtreten lassen. Aufgrund der rechtlichen Bezüge ist dies zur Meidung eines Verstoßes gegen das RDG aber nur eingeschränkt möglich.[38] Verbreitet wird insofern mit der als zulässig angesehenen Reparaturkostenübernahmebestätigung gearbeitet, wonach der Besteller den eintrittspflichtigen Versicherer unwiderruflich anweist, den Werklohn direkt an die Werkstatt zu zahlen.[39]

B. Werkmängel

Die Schuldrechtsmodernisierung hat für das werkvertragliche Mängelrecht Änderungen gebracht. Das kauf- und das werkvertragliche Mängelgewährleistungsrecht stimmen nunmehr weitgehend überein. Auch im Werkvertragsrecht ist ein Mangel gegeben, wenn die Soll- von der Ist-Eigenschaft abweicht. Ist dies fraglich, kann sich ein selbstständiges Beweisverfahren nach den §§ 485 ff ZPO empfehlen.[40] Ist der Besteller rechtsschutzversichert, ist dies der einzige Weg, aus der Rechtsschutzversicherung ein Sachverständigengutachten bezahlt zu bekommen; für Privatgutachten kommt der Rechtsschutzversicherer grds. nicht auf. Gemäß

---

32 OLG Oldenburg v. 27.10.1992 – 5 U 80/92, BeckRS 1992, 05279, DAR 1993, 467, aber zw.
33 Siehe etwa OLG Karlsruhe v. 16.2.2012 – 9 U 168/11, NJW-RR 2012, 1442, 1443.
34 Zum Verwertungsverfahren *Otting*, § 41 Rn 64.
35 BGH v. 21.12.1960 – VIII ZR 89/59, BGHZ 34, 122 = NJW 1961, 499, 500; BGH v. 18.5.1983 – VIII ZR 86/82, BGHZ 87, 274 = NJW 1983, 2140, 2141.
36 Nach BGH v. 14.7.1987 – X ZR 38/86, BGHZ 101, 307 = NJW 1987, 2818, 2819 f, ist diese Klausel wirksam.
37 BGH v. 18.5.1983 – VIII ZR 86/82, BGHZ 87, 274 = NJW 1983, 2140, 2141; Palandt/*Sprau*, § 647 Rn 5.
38 Dazu *Prox*, zfs 2008, 363, 365 ff.
39 *Wietoska*, § 33 Rn 34.
40 Dazu *Engelbrecht/Nover*, DAR 2008, 444 ff. Siehe ferner § 15 Rn 2 f.

§ 633 Abs. 1 BGB hat der Unternehmer dem Besteller das Werk nicht nur frei von Sachmängeln, sondern auch frei von Rechtsmängeln zu verschaffen. Die Definition des Sachmangels in § 633 Abs. 2 BGB entspricht der im Kaufrecht in § 434 Abs. 1 S. 1 und 2, Abs. 3 BGB. Auffallend ist, dass die Haftung des Verkäufers für Werbeaussagen (§ 434 Abs. 1 S. 3 BGB) nicht in § 633 BGB übernommen wurde. § 634 BGB (Rechte des Bestellers bei Mängeln) entspricht § 437 BGB. Der primäre Anspruch auf Nacherfüllung in § 635 BGB unterscheidet sich von § 439 BGB dadurch, dass das Wahlrecht dem Unternehmer zusteht; damit wird die komplizierte Regelung des § 439 Abs. 1 BGB entbehrlich. Nacherfüllung ist auch im Werkvertragsrecht durch Mängelbeseitigung oder Neuausführung möglich (§ 635 Abs. 1 BGB). Die Kosten der Nacherfüllung hat der Unternehmer zu tragen (§ 635 Abs. 2 BGB). Gemäß § 635 Abs. 3 BGB kann der Unternehmer die Nacherfüllung außer bei Unmöglichkeit verweigern, wenn sie nur mit unverhältnismäßig hohen Kosten möglich ist. Maßstab für die Frage der Verhältnismäßigkeit ist einerseits der objektive Wertverlust des Werks durch den Mangel, andererseits der objektive Gesamtwert des Werks.[41] Zu fragen ist also, wie erfolgreich die Reparatur trotz des Mangels war und ob angesichts dessen eine Nachbesserung wirtschaftlich vertretbar ist. Möglicherweise lässt sich hier wie bei § 439 Abs. 3 S. 1 BGB argumentieren (§ 15 Rn 15); Rechtsprechung liegt dazu noch nicht vor.[42] § 634 Nr. 2 BGB gibt dem Besteller das Recht, nach § 637 BGB den Mangel selbst zu beseitigen und Ersatz der erforderlichen Aufwendungen zu verlangen. Erforderlich ist, dass der Besteller zuvor dem Unternehmer eine zur Nacherfüllung bestimmte angemessene Frist (nicht unbedingt mit Ablehnungsandrohung) gesetzt hat; damit unterscheidet sich diese Regelung nicht vom Kaufrecht. Aus anwaltlicher Sicht ist darauf zu achten, dass die Ablehnung der Mängelgewährleistung nicht verfrüht angenommen wird und mit der Ersatzvornahme erst dann begonnen wird, wenn der Werkstatt ausreichend Gelegenheit zur Nacherfüllung gegeben wurde.[43] Die Fristsetzung ist in den Fällen des § 637 Abs. 2 BGB entbehrlich. Für die Selbstvornahmekosten ist der Unternehmer ersatz- und vorschusspflichtig (§ 637 Abs. 3 BGB).

10 Der Besteller kann wie beim Kauf zunächst Nacherfüllung und hilfsweise nach seiner Wahl Rückabwicklung, Minderung (§ 638 BGB) oder großen Schadensersatz verlangen (§ 634 BGB). Diese Rechte sind nach neuem Schuldrecht im allgemeinen Schuldrecht eingebettet, so dass der Gesetzgeber auch für das Werkvertragsrecht auf ein eigenständiges Gewährleistungsrecht weithin verzichtet hat. Die Ausführungen zu den kaufrechtlichen Mängelbehelfen gelten hier gleichermaßen (§ 15 Rn 4 ff). Die **Unterschiede** bestehen allein darin, dass das Werkvertragsrecht keine besonderen Verbraucherschutzrechte kennt. Beim Werkvertrag hat der Kunde anders als im Kaufrecht ein Recht zur Selbstvornahme (§ 637 Abs. 1 BGB) und einen entsprechenden Vorschussanspruch (§ 637 Abs. 3 BGB). Außerdem darf der Käufer zwischen Nachbesserung und Ersatzlieferung wählen, beim Werkvertrag bestimmt dies der Unternehmer (siehe Rn. 9). Maßgeblicher Zeitpunkt für die Entstehung der Mängelrechte ist die Abnahme.[44] Ab diesem Zeitpunkt berechnet sich auch – wie im Kaufrecht (§ 15 Rn 27) – die zweijährige, bei arglistigem Verschweigen die regelmäßige **Verjährungsfrist** (§ 195 BGB) für

---

41 Palandt/*Sprau*, § 635 Rn 12.
42 Siehe immerhin BGH v. 16.4.2009 – VII ZR 177/07 (Tz 4) = NJW 2009, 2123: Grad des Verschuldens des Unternehmers an der Entstehung des Schadens ist in die Gesamtabwägung einzubeziehen.
43 Lehrreich OLG Düsseldorf v. 11.10.2013 – 22 U 81/13, NJW 2014, 1115, 1116 ff.; s. ferner BGH v. 18.9.2014 – VII ZR 58/13 (Tz 21), NJW-RR 2014, 1512, 1513.
44 Palandt/*Sprau*, vor § 633 Rn 6; vgl auch § 640 Abs. 2 BGB.

die Mängelansprüche (§ 634 a Abs. 1 Nr. 1, Abs. 1 Nr. 3, Abs. 2 bis 5 BGB).[45] Im Gegensatz zum Verbrauchsgüterkauf steht dem Besteller keine dem § 476 BGB entsprechende Beweiserleichterung für Mängel zu.

Der Besteller verliert seine Mängelrechte, wenn er die Mängel bei Abnahme erkennt und dennoch vorbehaltlos abnimmt (§ 640 Abs. 2 BGB). Anders als im Kaufrecht (vgl § 442 Abs. 1 S. 2 BGB) schadet grob fahrlässige Unkenntnis hier nicht. **11**

Im Gegensatz zum Verbrauchsgüterkauf (§ 475 Abs. 1 BGB) ist der **Ausschluss der Mängelgewährleistung** auch im BtoC-Verkehr grundsätzlich nicht verboten. Gemäß § 639 BGB kann sich der Unternehmer hierauf nicht berufen, wenn er den Mangel arglistig verschwiegen oder eine Garantie für die Beschaffenheit des Werks übernommen hat. Hinsichtlich formularmäßiger Gewährleistungsausschlüsse sind vor allem die Verbote des § 309 Nr. 8 b BGB zu beachten. Diese decken sich mit den Verboten im Rahmen eines Neuwagenkaufs (§ 13 Rn 25) und führen dazu, dass ein Gewährleistungsausschluss durch AGB weitgehend unzulässig ist. **12**

C. Schadensersatzklage

Streitigkeiten um die eigentliche Reparatur kommen nur selten vor Gericht. Häufiger geht es um Schadensfälle, die auf einer Schlechterfüllung des Werkvertrags beruhen. Der Anspruch auf Ersatz der durch den Mangel verursachten Schäden richtet sich nach den §§ 634 Nr. 4, 636, 280 Abs. 1 BGB, ohne dass es auf die nach früherem Recht erhebliche Unterscheidung zwischen Mangelschäden und Mangelfolgeschäden ankommt.[46] Da solche Schäden durch eine Nacherfüllungshandlung des Unternehmers nicht beseitigt werden können, ist eine Fristsetzung entbehrlich.[47] Zu ersetzen sind alle mangelbedingten Kosten wie etwa Nutzungsausfall, Gutachterkosten und Verzögerungsschäden.[48] Zuständig für Ansprüche gegen die Werkstatt ist das Gericht, in dessen Bezirk die Werkstatt ihren Sitz hat (§ 12 ZPO). **13**

Sofern die einzelnen Schadenskosten einen Betrag von 750 EUR nicht überschreiten, ist zu berücksichtigen, dass in vielen Bundesländern **Schlichtungsgesetze** bestehen, die die Anrufung der Gerichte bis zu einer bestimmten Streitwerthöhe von der vorherigen Durchführung eines Schlichtungsverfahrens abhängig machen. Dieses Verfahren hat mit der gerichtlichen Güteverhandlung gem. § 278 Abs. 2 S. 1 ZPO nichts zu tun und lässt sich durch dieses Verfahren auch nicht ersetzen. Der Versuch einer gütlichen Einigung vor der Gütestelle ist Prozessvoraussetzung und daher von den Gerichten in jeder Lage des Verfahrens von Amts wegen zu prüfen.[49] Die Durchführung eines Schlichtungsverfahrens ist damit auch Voraussetzung für die Gewährung von Prozesskostenhilfe.[50] Dem Gericht weist der Kläger das Scheitern des Einigungsversuchs mit einer Erfolglosigkeitsbescheinigung nach, die vom Schlichter auszustellen ist. Fehlt diese Prozessvoraussetzung, ist die Klage ohne Rücksicht auf ihre sachliche Begründetheit abzuweisen. Den Parteien ist es auch verwehrt, gem. § 251 ZPO das Ruhen des **14**

---

[45] Im Gegensatz zur regelmäßigen Verjährung kennt die Verjährungsfrist nach § 634 a BGB keine Anlaufhemmung; diese Vorschrift ist lex specialis gegenüber § 199 BGB: OLG Koblenz v. 20.12.2007 – 5 U 906/07, NJW-RR 2008, 501, 502.
[46] Siehe etwa OLG Koblenz v. 29.10.2009 – 5 U 772/09, NJOZ 2010, 499.
[47] Palandt/*Sprau*, § 634 Rn 8; ebenso BGH v. 13.5.2003 – X ZR 200/01, NJW-RR 2003, 1285, betr einen unter Verletzung von Urheberrechten Dritter hergestellten Werbefilm.
[48] Instruktiv OLG Koblenz v. 3.7.2014 – 2 U 1458/13 (Tz 11 ff), NJW-RR 2015, 52, 53; OLG Koblenz v. 17.3.2015 – 3 U 655/14, NJW-RR 2015, 971 ff.
[49] Zöller/*Gummer*, ZPO, Rn 23, 24 zu § 15 a EGZPO.
[50] LG Itzehoe v. 20.12.2002 – 1 T 238/02, NJW-RR 2003, 352, 353.

Verfahrens herbeiführen, um den Güteversuch nachzuholen; andernfalls bestünde die Gefahr, dass das Schlichtungsverfahren nur als Formalität betrieben und der Zweck der Prozessvoraussetzung damit vereitelt werden würde.[51] Das Gericht wird das Verfahren daher auch nicht aussetzen, sondern die Klage als unzulässig abweisen, wenn sie nicht zurückgenommen wird. Es ist auch von Verfassungs wegen nicht geboten, von diesem Grundsatz wenigstens dann abzuweichen, wenn die Durchführung eines Schlichtungsverfahrens erkennbar aussichtslos und damit entbehrlich ist.[52] Da diese Zulässigkeitsvoraussetzung nicht verzichtbar ist, muss sie auch in der Berufungs- und Revisionsinstanz berücksichtigt werden. Ist sie in erster Instanz übersehen oder verkannt worden, muss das erstinstanzliche Urteil vom Berufungsgericht aufgehoben und die Klage als unzulässig abgewiesen werden.[53] Ein Schlichtungsverfahren ist allerdings nicht durchzuführen, wenn die Angelegenheit zulässigerweise ein Gericht erreicht hat. Dies folgt schon daraus, dass § 15 a Abs. 1 EGZPO die Länder in den in Nr. 1 bis 3 genannten Fällen nur ermächtigt, den Zugang zu den Gerichten („die Erhebung der Klage") von der vorherigen Durchführung eines Schlichtungsverfahrens abhängig zu machen.[54] So ist das Gerichtsverfahren weiterzubetreiben, wenn der Anspruch im **Mahnverfahren** anhängig gemacht wurde. Dies führt in der Praxis dazu, dass bezifferte Ansprüche bei niedrigen Streitwerten regelmäßig im Wege des Mahnverfahrens gerichtlich verfolgt werden.

15 ▶ **Muster: Schadensersatzklage nach § 280 Abs. 1 BGB wegen mangelhafter Reparatur**

367

An das Amtsgericht ■■■

In dem Rechtsstreit

■■■ ./. ■■■

Az ■■■

begründe ich die im Mahnbescheid vom ■■■ geltend gemachte Forderung mit dem Antrag zu erkennen:

Die Beklagte wird verurteilt, an den Kläger 611,94 EUR nebst Zinsen in Höhe von 5 Prozentpunkten über dem Basiszinssatz seit Rechtshängigkeit zu zahlen.

Ich rege die Durchführung eines schriftlichen Vorverfahrens nach § 276 ZPO an und beantrage für den Fall der Säumnis

den Erlass eines Versäumnisurteils gem. § 331 Abs. 3 S. 2 ZPO.

Bereits jetzt beantrage ich auch,

dem Kläger eine Kurzausfertigung des Urteils mit Vollstreckungsklausel zu erteilen und den Zeitpunkt der Zustellung des Urteils zu bescheinigen.

Begründung

Die Beklagte betreibt die R-Tankstelle mit angeschlossener Autowerkstatt in A. Der Kläger begehrt Schadensersatz wegen mangelhafter Ausführung einer Autoreparatur.

---

51 BGH v. 23.11.2004 – VI ZR 336/03, BGHZ 161, 145 = NJW 2005, 437, 438 f; BGH v. 7.7.2009 – VI ZR 278/08 (Tz 7), NJW-RR 2009, 1239; BGH v. 13.7.2010 – VI ZR 111/09 (Tz 9), NJW-RR 2010, 1725.
52 BVerfG v. 14.2.2007 – 1 BvR 1351/01 = NJW-RR 2007, 1073, 1075.
53 OLG Saarbrücken v. 14.12.2006 – 8 U 724/05 = NJW 2007, 1292, 1293 f; *Rimmelspacher/Arnold*, NJW 2006, 17, 18; aA LG Marburg v. 13.4.2005 – 5 S 81/04, NJW 2005, 2866, 2867.
54 BGH v. 22.10.2004 – V ZR 47/04, NJW-RR 2005, 501, 503.

I. Sachverhalt

Am 30.10.2015 suchte der Kläger mit seinem Pkw Renault Mégane die Werkstatt der Beklagten auf, da ihm während der Fahrt starker Benzingeruch aufgefallen war.

Ein Mitarbeiter der Beklagten untersuchte das Fahrzeug und stellte einen Marderverbiss an der Benzinleitung als Ursache für den Benzinverlust fest; weitere Schäden fanden sich an den Zündkabeln. Er bot dem Kläger an, die Leitung zu reparieren, entsprechende Renault-Originalersatzteile würden am folgenden Tag beschafft und eingebaut werden. Der Kläger erteilte daraufhin den Reparaturauftrag.

Die Beklagte nahm am 31.10.2015 die Reparatur vor und stellte sie dem Kläger mit 60 EUR einschließlich Ersatzteil in Rechnung. Der Kläger beglich die Rechnung noch am selben Tag, als er sein Fahrzeug abholte.

Beweis: Zahlungsbeleg der R-Tankstelle vom 31.10.2015
        Anlage K 1

Der Kläger nutzte sein Fahrzeug aufgrund einer Bahnreise vom 1.11. bis einschließlich 4.11.2015 nicht,

Beweis: Fahrkarten/Platzreservierungen der Deutsche Bahn AG
        Anlage K 2

sondern erst wieder am 5.11.2015 für die Fahrt von seinem Wohnort zu seiner Arbeitsstelle.

Auf der Heimfahrt von der Arbeitsstelle blieb das Fahrzeug auf der K-straße infolge eines plötzlichen Benzinverlustes stehen. Eine erhebliche Menge Kraftstoff war bereits die Straße hinunter und zum Teil in die Kanalisation geflossen.

Wegen Umwelt- und Verkehrsgefährdung musste der ausgelaufene Kraftstoff durch die Freiwillige Feuerwehr A. mittels Ölbinder isoliert und entsorgt werden. Hierdurch entstanden Kosten von 255 EUR.

Beweis: Rechnung der Freiwilligen Feuerwehr A. nebst Begründung vom 6.11.2015
        Anlage K 3

Das Fahrzeug des Klägers war nun nicht mehr fahrbereit und musste in eine ca. 3 km entfernte Werkstatt (Auto-L.) geschleppt werden.

Beweis: 1. Rechnung des Abschleppdienstes G. vom 6.11.2015
          Anlage K 4
      2. Schreiben der Fa. Auto-L. vom 7.11.2015
          Anlage K 5
      3. Zeugnis des L., zu laden über die Firma Auto-L., ...

In dieser Werkstatt wurde festgestellt, dass die Kraftstoffleitung durch die Beklagte nicht ordnungsgemäß befestigt worden war.

Beweis: Zeugnis des Herrn L., bereits benannt

Die Beklagte hatte die durch den Marderverbiss beschädigte Benzinleitung nicht als Ganzes ersetzt. Sie hatte vielmehr ein Teilstück der Benzinleitung durch sog. Meterware, einen handelsüblichen Benzinschlauch, ersetzt. Dieses Vorgehen mag sachgemäß sein, erfordert aufgrund des hohen Drucks im Kraftstoffsystem des Fahrzeugs dann aber, dass das ausgetauschte Teilstück mittels Schlauchschellen an der Benzinleitung befestigt wird.

Beweis: 1. Zeugnis des Herrn L., bereits benannt
2. Einholung eines Sachverständigengutachtens

Die Beklagte hat das ausgetauschte Teilstück der Benzinleitung nicht mit Schlauchschellen gesichert. Dies hatte zur Folge, dass sich das Teilstück schon nach wenigen Kilometern löste.

Beweis: 1. Schreiben der Firma Auto-L. vom 7.11.2015,
als Anlage K 5 bereits vorliegend
2. Zeugnis des Herrn L., bereits benannt
3. Einholung eines Sachverständigengutachtens

Der Kläger hatte bei Abholung seines Fahrzeugs für 54 EUR getankt.

Beweis: Tankbeleg vom 30.10.2015
Anlage K 6

Durch das vollständige Auslaufen des Benzins hat der Kläger diese Ausgabe umsonst getätigt.

Beweis: Zeugnis N.N., Mitarbeiter der Freiwilligen Feuerwehr A.

Das Fahrzeug wurde im Einvernehmen mit der Beklagten bei der Firma Auto-L. instand gesetzt und anderntags vom Kläger abgeholt. Hierdurch entstanden ihm Taxikosten von 10,70 EUR.

Beweis: 1. Rechnung der Fa. Auto-L. vom 7.11.2015
Anlage K 7
2. Rechnung der Firma Taxi K. vom 8.11.2015
Anlage K 8

Der Kläger macht mit der Klage Schadensersatzansprüche wegen der mangelhaft ausgeführten Reparatur wie folgt geltend:

1. Leistungen der Freiwilligen Feuerwehr A.	255,00 EUR	(Anlage K 3)
2. Abschleppdienst	110,00 EUR	(Anlage K 4)
3. Reparatur der Kraftstoffleitung	96,28 EUR	(Anlage K 7)
4. Tankkosten	50,00 EUR	(Anlage K 6)
5. Taxikosten für die Fahrzeugabholung	10,70 EUR	(Anlage K 8)
Summe	521,98 EUR	

Die berechneten Kosten waren erforderlich und sind nicht übersteuert.

Beweis: Einholung eines Sachverständigengutachtens

Alle vorgenannten Kosten sind auf die Schlechterfüllung des Reparaturvertrags zurückzuführen.

Obwohl die Rechnung der Freiwilligen Feuerwehr A. auf Frau Z. lautet, ist der Schaden beim Kläger entstanden, weil er das Fahrzeug finanziert und diese Rechnung auch bezahlt hat.

Beweis: Kontoauszug 4/2015 des Klägers
Anlage K 9

Die Rechnung wurde lediglich deshalb an Frau Z. gestellt, weil Sie im Fahrzeugschein eingetragen ist. Sofern der Erstattungsanspruch Frau Z. zusteht, hat sie ihn zudem an den Kläger abgetreten.

Beweis: Zeugnis der Frau Z.

Mit Anwaltsschreiben vom 26.11.2015 wandte sich der Kläger durch den Unterzeichner an die Beklagte und verlangte zunächst nur die Abgabe eines Anerkenntnisses hinsichtlich der Schadensersatzpflicht, da die Rechnung der Freiwilligen Feuerwehr A. noch nicht vorlag.

Beweis: Schreiben des Unterzeichners vom 26.11.2015
Anlage K 10

Die Beklagte ließ durch ihren Rechtsbeistand mitteilen, dass sie die Schadensersatzpflicht nicht anerkenne.

Beweis: Schreiben des Rechtsanwalts ... vom 11.12.2015
Anlage K 11

Daher ist Klage geboten.

Neben den vorgenannten Kosten wird mit der Klage die für das Anwaltsschreiben vom 26.11.2015 angefallene Geschäftsgebühr nach Nr. 2300 VV RVG in Höhe etwa einer Mittelgebühr (1,4) bei einem Gegenstandswert von 521,98 EUR (63 EUR zzgl Auslagenpauschale und USt = 89,96 EUR) eingefordert. Der Kläger hat diese Kosten aufgrund entsprechender Berechnung des Unterzeichners inzwischen verauslagt.

Insgesamt wird somit ein Betrag von (521,98 + 89,96 =) 611,94 EUR geltend gemacht.

II. Rechtliche Ausführungen

Dem Kläger steht der geltend gemachte Anspruch aus den §§ 634 Nr. 4, 636, 280 Abs. 1 BGB zu. Die direkten mangelbedingten Kosten sind Schäden iSd § 280 Abs. 1 BGB und dementsprechend zu ersetzen. Das Verschulden der Beklagten wird insoweit vermutet (§ 280 Abs. 1 S. 2 BGB). Ebenfalls gem. § 280 Abs. 1 BGB zu ersetzen, weil schadensbedingt, ist die für das Anwaltsschreiben vom 26.11.2015 angefallene und nach Vorbem 3 Abs. 4 zu Teil 3 der Anlage 1 zu § 2 Abs. 2 RVG auf die Verfahrensgebühr nur zum Teil anrechenbare Geschäftsgebühr. Diese Forderung lässt sich im Kostenfestsetzungsverfahren nicht beitreiben (BGH NJW 2006, 2560 f), ist also einzuklagen (vgl *Schneider*, NJW 2007, 2001, 2007). Nach Auffassung des BGH (NJW 2007, 2049, 2050) wird durch die Anrechnung nicht die Geschäftsgebühr reduziert, sondern die im anschließenden Gerichtsverfahren anfallende Verfahrensgebühr (BGH NJW 2008, 3641, 3642). Die Geschäftsgebühr lässt sich daher voll einklagen. Der Kläger muss dies auch. Ansonsten würde die Verfahrensgebühr im Kostenfestsetzungsverfahren reduziert werden (BGH NJW 2008, 1323, 1324). Der Anspruch geht nicht auf Freistellung, sondern auf Geld, da der Unterzeichner die Geschäftsgebühr beim Kläger abgerechnet hat und dieser Betrag vom Kläger verauslagt worden ist. Der angesetzte Gegenstandswert erscheint nicht überhöht, zumal die fragliche Gebührenstufe bis 300 EUR hinunterreicht.

Der Zinsanspruch beruht auf Verzug (§§ 291, 288 Abs. 1 S. 1, S. 2 BGB).

Im Ergebnis ist der Klage damit stattzugeben.

Der Prozesskostenvorschuss ist nach dem in der Hauptsache geforderten Betrag von 521,98 EUR eingezahlt.

Rechtsanwalt ◄

Teil 8:
Verwaltungsrecht

§ 18 Fahrerlaubnisrecht

Literatur: *BASt (Gräcmann/Albrecht)*, Begutachtungs-Leitlinien zur Kraftfahreignung, Stand: 1. Mai 2014;[1] *Bouska/Laeverenz*, Fahrerlaubnisrecht, 3. Auflage 2004; *Bundeszentrale für gesundheitliche Aufklärung*, Der Cannabiskonsum Jugendlicher und junger Erwachsenen in Deutschland 2012, Juni 2014*Daldrup/Käferstein/Köhler/Maier/Mußhoff*, Entscheidung zwischen einmaligem/gelegentlichem und regelmäßigem Cannabiskonsum, Blutalkohol 2000 (Vol. 37), S. 39; *Geiger*, Aktuelle Rechtsprechung zum Fahrerlaubnisrecht, DAR 2014, 121; *ders*, Die MPU: Untersuchungsanlässe, inhaltliche Anforderungen, Reformansätze, SVR 2010, 81; *ders.*, Die Umsetzung der 3. Führerscheinrichtlinie in Deutschland, DAR 2010, 557; *Haus/Krumm/Quarch*, Gesamtes Verkehrsrecht, Kommentar, 2014; *Hettenbach/Kalus/Möller/Uhle*, Drogen und Straßenverkehr, 2. Auflage 2009; *Huppertz*, Führerscheintourismus, VD 2011, 18; *Kannheiser*, Mögliche verkehrsrelevante Auswirkungen von gewohnheitsmäßigem Cannabiskonsum, NZV 2000, 57; *Kannheiser/Maukisch*, Die verkehrsbezogene Gefährlichkeit von Cannabis und Konsequenzen für die Fahreignungsdiagnostik, NZV 1995, 417; *Kopp/Schenke*, VwGO, 21. Auflage 2015; *Kopp/Ramsauer*, VwVfG, 16. Auflage 2015; *Schütz/Weiler*, Untersuchungen zum Drogennachweis, Kriminalistik 1999, 755.

A. Entzug der Fahrerlaubnis (§ 3 Abs. 1 S. 1 StVG)	1
I. Verwaltungsverfahren	5
1. Erkenntnisquellen der Behörde	6
a) Mitteilungen der Polizei sowie der Staatsanwaltschaft	8
b) Fahreignungsregister und Bundeszentralregister	10
aa) Funktion der Register	10
bb) Tilgung und Verwertungsverbot	13
c) Straf- und Bußgeldverfahren	21
aa) Akteninhalt	21
bb) Keine Verwertung von Sachverhalten eines laufenden Strafverfahrens (§ 3 Abs. 3 StVG)	33
cc) Bindung der Fahrerlaubnisbehörde an Strafurteile (§ 3 Abs. 4 StVG)	38
2. Vorbereitendes Verfahren	43
a) Anhörungspflicht	43
b) Bevollmächtigung	48
c) Akteneinsicht	52
3. Aufklärungsanordnung	57
a) Systematik der §§ 11, 13, 14 FeV	57
b) Konsequenzen bei Nichtbefolgung der Aufklärungsanordnung	64
aa) Nichtbeibringung des Gutachtens	64
bb) Inhalt der Aufklärungsanordnung	75
c) Rechtsbehelfe	82
aa) Feststellungs- oder vorbeugende Unterlassungsklage?	83
bb) Antrag auf Erlass einer einstweiligen Anordnung (§ 123 Abs. 1 VwGO)	85
4. Entziehungsverfügung	93
a) Charakter und Inhalt	93
b) Maßgeblicher Zeitpunkt für die Beurteilung der Rechtmäßigkeit	97
c) Anordnung der sofortigen Vollziehung	103
d) Bekanntgabe	109
e) Gebührenbescheid	113
II. Entzug der Fahrerlaubnis wegen Ungeeignetheit	116
1. Begriff der Eignung	116
2. Krankheiten	126
3. Psychische Auffälligkeiten	130
4. Alter	135
5. Betäubungsmittel (§ 14 FeV)	144
a) Cannabis	150
aa) Wirkungen	150
bb) Besitz/Eigenkonsum von Cannabis	155
cc) Regelmäßiger Konsum	176
dd) Gelegentlicher Konsum	187
b) Sonstige Betäubungsmittel	207
6. Alkohol	211
a) Abhängigkeit (§ 13 Nr. 1 FeV)	213
b) Missbrauch (§ 13 Nr. 2 lit. a FeV)	216
c) Wiederholungsfall (§ 13 Nr. 2 lit. b FeV)	221
d) Trunkenheitsfahrt (§ 13 Nr. 2 lit. c FeV)	222
7. Charakterliche Eignung	225
a) Allgemeines	225
b) Straftaten/Ordnungswidrigkeiten mit Verkehrsbezug	231

---

[1] Kostenfreier Download unter <www.bast.de> (Publikationen/Berichte der BASt, Unterreihe „Mensch und Sicherheit").

- c) Straftaten/Ordnungswidrigkeiten ohne Verkehrsbezug 234
- d) Vielzahl geringfügiger Verstöße .. 235
- e) Mangelnder Versicherungsschutz 236
- f) Halterdelikte 237
- g) Eingestellte Strafverfahren 238
- III. Die medizinisch-psychologische Untersuchung (MPU) 241
  1. Untersuchungsgrundsätze und -inhalte 241
  2. Vorbereitung auf die Begutachtung .. 248
  3. Anforderungen an das Gutachten 254
- IV. Widerspruchsverfahren 263
  1. Die Einlegung des Widerspruchs 263
  2. Besonderheiten bei Anordnung der sofortigen Vollziehung 270
  3. Kosten und Gebühren 273
- V. Klageverfahren 279
  1. Klageerhebung 279
  2. Amtsermittlungsgrundsatz/Beweisantrag 281
  3. Gebühren und Streitwert 289
     - a) Gerichtsgebühren 289
     - b) Anwaltsvergütung 292
     - c) Streitwert 296
  4. Prozesskostenhilfe 299
  5. Muster einer Anfechtungsklage 305
  6. Rechtsmittel 307
     - a) Berufung 307
       - aa) Das Zulassungsverfahren ... 307
       - bb) Das Berufungsverfahren 316
     - b) Revision 323
     - c) Gebühren und Anwaltsvergütung 326
- VI. Vorläufiger Rechtsschutz (§ 80 Abs. 5 VwGO) 328
  1. Verfahrensablauf und Verfahrensgrundsätze 329
  2. Rechtsmittel 341
  3. Gebühren und Anwaltsvergütung 345
- B. Neuerteilung der Fahrerlaubnis (§ 20 FeV) .. 348
  - I. Rechtsnatur 348
  - II. Befähigung 351
  - III. Eignung 353
    1. Allgemeines 353
  2. Drogenproblematik 356
  3. Alkoholproblematik 367
  4. Nachschulung 373
- IV. Reichweite der neuen Fahrerlaubnis 374
- V. Rechtsbehelfe 378
- C. Fahreignungs-Bewertungssystem (§ 4 StVG) 386
  - I. Allgemeines 386
  - II. Maßnahmenkatalog (§ 4 Abs. 5 StVG) ... 389
  - III. Zuwiderhandlungen 413
  - IV. Neuerteilung nach Entzug 415
- D. Fahrerlaubnis auf Probe (§ 2 a StVG) 416
  - I. Dauer der Probezeit 417
  - II. Maßnahmen der Fahrerlaubnisbehörde bei Nichtbewährung 420
    1. Zuwiderhandlungen in der Probezeit 420
    2. Stufenverhältnis der behördlichen Maßnahmen 424
       - a) Aufbauseminar 425
       - b) Schriftliche Verwarnung und Empfehlung der Teilnahme an einer verkehrspsychologischen Beratung innerhalb von zwei Monaten 428
       - c) Entziehung der Fahrerlaubnis 435
- E. Ausländische und EU-Fahrerlaubnis 442
  - I. Allgemeines 442
  - II. Ordentlicher Wohnsitz 445
  - III. „Führerscheintourismus" 453
    1. Problemstellung 453
    2. EuGH-Rechtsprechung 457
       - a) Wohnsitz 457
       - b) Eignung 464
       - c) Sonderproblem: Behandlung von umgetauschten Führerscheinen ... 474
    3. Vorläufiger Rechtsschutz 476
  - IV. Erteilung einer deutschen Fahrerlaubnis (Umschreibung) 479
    1. Fahrerlaubnis aus EU- oder EWR-Staaten (§ 30 FeV) 479
    2. Fahrerlaubnis aus anderen Staaten (§ 31 FeV) 481
  - V. „Entziehung" einer ausländischen Fahrerlaubnis 489

A. Entzug der Fahrerlaubnis (§ 3 Abs. 1 S. 1 StVG)

1 Die Entziehung der Fahrerlaubnis durch die Fahrerlaubnisbehörde nach § 3 Abs. 1 S. 1 StVG erfolgt, wenn sich der Inhaber der Fahrerlaubnis als ungeeignet oder nicht befähigt zum Führen eines Kraftfahrzeugs erwiesen hat. Anlass für die Einleitung eines Entziehungsverfahrens durch die Behörde ist in aller Regel, dass der Betroffene im Straßenverkehr – oder auch durch ein verkehrsunabhängiges Verhalten – auffällig geworden ist. Dabei liegt zwischen der Auffälligkeit und der Maßnahme der Fahrerlaubnisbehörde unter Umständen ein Zeitraum von mehreren Monaten, weil die Behörde häufig erst nach Abschluss eines Straf- oder Ordnungswidrigkeitenverfahrens Kenntnis von einem Vorfall erhält, der Eignungszweifel begründet.

2 **Beispiel 1:**
Bei einer Verkehrskontrolle stellen Polizeibeamte beim Mandanten M. Hinweise auf einen Drogenkonsum fest und ordnen eine Blutentnahme an. Die Blutuntersuchung ergibt, dass M.

unter akutem Einfluss von Cannabis gefahren ist. Das sich anschließende Ordnungswidrigkeitenverfahren wird eingestellt und die Bußgeldakte anschließend an die Fahrerlaubnisbehörde weitergeleitet. Diese fordert nun eine medizinisch-psychologische Untersuchung (MPU) oder ordnet sofort die Entziehung der Fahrerlaubnis an.

Beispiel 2: 3
M. hat – außerhalb des Straßenverkehrs – mehrere Körperverletzungsdelikte begangen, die auf ein erhöhtes Aggressionspotential hindeuten. Die Fahrerlaubnisbehörde ordnet daraufhin eine MPU an.

Ist M. nicht bereits im Straf- oder Ordnungswidrigkeitenverfahren anwaltlich vertreten gewesen, wird er in der Regel dann einen Rechtsanwalt aufsuchen, wenn er die Mitteilung erhält, dass ein Entziehungsverfahren eingeleitet bzw eine Überprüfungsmaßnahme angeordnet worden ist. Besteht bereits im Straf- oder Ordnungswidrigkeitenverfahren ein Mandat, hat der Anwalt schon zu diesem Zeitpunkt das später drohende **Entziehungsverfahren** in den Blick zu nehmen. Liegt etwa ein Konsum „harter" Drogen (zB Kokain) vor oder hat M. unter dem Einfluss von Cannabis ein Kfz geführt, dann könnte im Entziehungsverfahren damit argumentiert werden, dass M. mittlerweile kein Kokain mehr konsumiert oder den Konsum von Cannabis und die Teilnahme am Straßenverkehr trennen kann. Meist wird dies aber nur behauptet oder es werden allenfalls ein bis zwei (negative) Drogenscreenings vorliegen, was als Nachweis für eine Drogenabstinenz bzw ein Trennungsvermögen nicht ausreicht. Der Anwalt muss M. daher bereits zu einem frühen Zeitpunkt auf das Entziehungsverfahren vorbereiten und ihm die notwendigen Schritte zur Wiedererlangung der Kraftfahrereignung aufzeigen. 4

I. Verwaltungsverfahren[2]

Die rechtlichen Rahmenbedingungen für den Ablauf des Entziehungsverfahrens ergeben sich zum einen aus den (landesrechtlichen) Bestimmungen des Verwaltungsverfahrensgesetzes und zum anderen aus den Regelungen der Verordnung über die Zulassung von Personen zum Straßenverkehr – **Fahrerlaubnis-Verordnung (FeV)** – vom 18.8.1998.[3] Durch die am 1.1.1999 in Kraft getretene FeV ist das Fahrerlaubnisrecht völlig neu gestaltet – man könnte auch sagen überreglementiert – worden. Anlass hierfür war vor allem die Umsetzung der Richtlinie des Rates der Europäischen Gemeinschaften über den Führerschein vom 29.7.1991.[4] Dies verdeutlicht, welchen Einfluss das europäische Recht – mit zunehmender Tendenz – auf das deutsche Fahrerlaubnisrecht hat. 5

1. Erkenntnisquellen der Behörde. Werden Tatsachen bekannt, die Bedenken gegen die Eignung oder Befähigung des Fahrerlaubnisinhabers begründen, so kann die Fahrerlaubnisbehörde anordnen, dass sich der Betroffene bestimmten Überprüfungsmaßnahmen unterzieht (vgl §§ 2 Abs. 8, 3 Abs. 1 S. 3 StVG). Solche Maßnahmen sind aber nicht in jedem Fall anzuordnen. Ergeben sich aus den Tatsachen nicht nur Bedenken, sondern steht die fehlende Eignung – ohne dass es einer weiteren Aufklärung bedarf – bereits fest, ist die Fahrerlaubnis nach § 3 Abs. 1 S. 1 StVG unmittelbar zu entziehen (vgl § 11 Abs. 7 FeV). 6

---

2 Hier soll zunächst der Ablauf des Verwaltungsverfahrens bis zum Erlass der Entziehungsverfügung dargestellt werden. Die materiellen Voraussetzungen für eine Entziehung im Einzelnen werden in Rn 116 ff erläutert.
3 BGBl. I S. 2214, zuletzt geändert durch Verordnung vom 16.12.2014 (BGBl. I S. 2213).
4 Zweite Führerscheinrichtlinie (91/439/EWG, ABl. EG L 237 vom 24.8.1991, S. 1). Hinweis: Europäische Rechtsakte und die Entscheidungen des EuGH können über das EU-Portal Eur-Lex kostenfrei abgerufen werden (http://eur-lex.europa.eu/de/index.htm).

7 Maßnahmen der Fahrerlaubnisbehörde sind dann gerechtfertigt, wenn bei vernünftiger lebensnaher Einschätzung die ernsthafte Besorgnis begründet ist, dass der Betroffene sich als Führer eines Kfz nicht verkehrsgerecht und umsichtig verhalten wird. Umstände, die nur auf die entfernt liegende Möglichkeit eines Eignungsmangels hinweisen, genügen nicht. Erforderlich sind **konkrete tatsächliche Anhaltspunkte**, die – unter Berücksichtigung des Grundsatzes der Verhältnismäßigkeit – einen Eignungsmangel als naheliegend erscheinen lassen. Eine Überprüfung darf also nicht auf einen bloßen Verdacht hin – „ins Blaue hinein" – erfolgen.

8 a) **Mitteilungen der Polizei sowie der Staatsanwaltschaft.** Die Polizei hat Erkenntnisse, die auf nicht nur vorübergehende Mängel der Eignung oder Befähigung schließen lassen, der Fahrerlaubnisbehörde zu übermitteln (§ 2 Abs. 12 S. 1 StVG). Dabei muss es sich um Tatsachen – nicht nur bloße Vermutungen – handeln, welche die Polizei aber nicht unbedingt in einem (direkten) Zusammenhang mit Vorfällen im Straßenverkehr erlangt haben muss. So können im Einzelfall Anhaltspunkte für eine Ungeeignetheit etwa auch dann vorliegen, wenn ein Berufskraftfahrer in seiner Freizeit erhebliche Mengen Alkohol konsumiert und dabei polizeilich auffällt oder wenn sich aus einem nicht verkehrsbezogenen Verhalten Anhaltspunkte für ein erhöhtes Aggressionspotential ergeben. Eine **Mitteilungspflicht** besteht zB dann, wenn die Polizei feststellt, dass der Betroffene in seiner Wohnung eine Cannabisplantage betreibt. Umgekehrt kann die Fahrerlaubnisbehörde die Polizei über eine behördliche oder gerichtliche Entziehung der Fahrerlaubnis informieren, soweit dies im Einzelfall für die polizeiliche Überwachung des Straßenverkehrs erforderlich ist (§ 3 Abs. 5 StVG), etwa wenn der Betroffene den Führerschein nicht freiwillig abgibt und die Einziehung im Wege der Amtshilfe vollstreckt werden soll.

9 **Tatsachen** iSv § 2 Abs. 12 S. 1 StVG liegen grundsätzlich nur dann vor, wenn die Erkenntnisse der Polizei auf eigener Wahrnehmung beruhen.[5] Nimmt die Polizei lediglich Angaben von Privatpersonen zu Protokoll, dann handelt es sich im Regelfall nicht um Tatsachen, auf deren Grundlage die Fahrerlaubnisbehörde eine Überprüfungsmaßnahme anordnen kann.[6] Das bedeutet aber auch, dass bereits keine Verpflichtung der Polizei zur Weitergabe privater – polizeilich nicht überprüfter – Anzeigen an die Fahrerlaubnisbehörde besteht.

9a Die Staatsanwaltschaft ist nach § 474 Abs. 2 S. 1 Nr. 2 StPO ebenfalls im Grundsatz zur Übermittlung von Strafakten und der darin enthaltenen fachärztlichen Gutachten an die Fahrerlaubnisbehörde berechtigt.[7]

10 b) **Fahreignungsregister und Bundeszentralregister. aa) Funktion der Register.** Das **Fahreignungsregister** (§§ 28 ff StVG) – bis zum 30.4.2014: „Verkehrszentralregister" – wird beim Kraftfahrt-Bundesamt (KBA) u.a. zur Speicherung von Daten geführt, die für die Beurteilung der Eignung und Befähigung von Kfz-Führern erforderlich sind. Eingetragen werden vor allem folgende Sachverhalte:[8]

- rechtskräftige Entscheidungen der Strafgerichte wegen einer im Zusammenhang mit dem Straßenverkehr begangenen rechtswidrigen Tat,

---

5 *Bouska/Laeverenz*, Erl. 41 zu § 2 StVG.
6 VG Saarland, Beschl. v. 28.6.1999 – 3 F 7/99, zfs 1999, 541: Nachbarn hatten bei der Polizei Angaben über ein (angeblich) unsicheres Fahrverhalten eines älteren Fahrers gemacht. Die Polizei hatte dies protokolliert und das Protokoll ohne eigene Ermittlungen an die Fahrerlaubnisbehörde weitergeleitet.
7 OVG Niedersachsen, Beschl. v. 6.4.2011 – 12 ME 37/11, zfs 2011, 477.
8 Zur vollständigen Aufzählung vgl § 28 Abs. 3 StVG.

A. Entzug der Fahrerlaubnis (§ 3 Abs. 1 S. 1 StVG)

- rechtskräftige Entscheidungen der Strafgerichte, die die Entziehung der Fahrerlaubnis, eine isolierte Sperre oder ein Fahrverbot anordnen (vgl §§ 44, 69, 69 a StGB),
- rechtskräftige Entscheidungen wegen einer Ordnungswidrigkeit nach §§ 24, 24 a oder 24 c StVG, wenn gegen den Betroffenen ein Fahrverbot nach § 25 StVG angeordnet oder eine Geldbuße von mindestens 60 EUR festgesetzt ist,[9]
- unanfechtbare Versagungen einer Fahrerlaubnis,
- unanfechtbare oder – etwa nach § 80 Abs. 2 S. 1 Nr. 4 VwGO, § 4 Abs. 7 S. 2 StVG – sofort vollziehbare Entziehungen der Fahrerlaubnis.

Die Fahrerlaubnisbehörde kann im Rahmen eines Entziehungsverfahrens eine Auskunft aus dem Fahreignungsregister einholen (§ 30 Abs. 1 Nr. 3 StVG, § 60 Abs. 2 FeV); bei der Neuerteilung einer Fahrerlaubnis ist sie dazu verpflichtet (§ 22 Abs. 2 S. 2 FeV). Werden bestimmte Punktestände erreicht bzw bei bestimmten Taten (insbesondere Rauschfahrten), wird die Fahrerlaubnisbehörde vom KBA automatisch über die vorhandenen Eintragungen unterrichtet (§ 4 Abs. 8 StVG).

Straftaten im Zusammenhang mit dem Straßenverkehr werden nicht nur im Fahreignungsregister, sondern zusätzlich im **Bundeszentralregister** (BZR) eingetragen (§ 4 BZRG); insoweit ergeben sich für die Fahrerlaubnisbehörde regelmäßig keine zusätzlichen Erkenntnisse. Allerdings können auch Straftaten ohne Zusammenhang mit dem Straßenverkehr Eignungszweifel begründen,[10] so dass es für die Fahrerlaubnisbehörde im Einzelfall sinnvoll sein kann, nach § 31 BZRG auch ein Führungszeugnis einzuholen.

bb) Tilgung und Verwertungsverbot. Die **Tilgung** von Eintragungen im Fahreignungsregister ist in § 29 StVG geregelt und knüpft an die Art der Straftat an. Die Tilgungsfristen sind im Rahmen der sog. Punktereform zum 1.5.2014 verlängert worden. Die Verlängerung soll im gewissen Umfang den gleichzeitig erfolgten Wegfall der sog. Tilgungshemmung ausgleichen (vgl Rn 15). Die Tilgungsfrist beträgt nunmehr etwa (vgl im Einzelnen § 29 Abs. 1 StVG) bei

- Ordnungswidrigkeiten zwei Jahre und sechs Monate,
- bei Straftaten und bei besonders verkehrssicherheitsbeeinträchtigenden oder gleichgestellten Ordnungswidrigkeiten fünf Jahre,
- bei Entscheidungen über eine Straftat, in denen die Fahrerlaubnis entzogen oder eine isolierte Sperre angeordnet worden ist zehn Jahre.

Für bis zum 30.4.2014 eingetragene Entscheidungen (sog. Alteintragungen) gelten allerdings die alten Tilgungsfristen (vgl § 65 Abs. 3 Nr. 2 S. 1 StVG).

Die **Tilgungsfrist** beginnt nunmehr einheitlich mit dem Tag der Rechtskraft oder der Unanfechtbarkeit der beschwerenden Entscheidung (§ 29 Abs. 4 StVG). Bei einer Versagung oder Entziehung der Fahrerlaubnis wird der Beginn der Tilgungsfrist nach § 29 Abs. 5 StVG bis zur (Neu-)Erteilung der Fahrerlaubnis maximal fünf Jahre hinausgeschoben, da sich der Betroffene in der Zwischenzeit nicht bewähren kann (sog. Anlaufhemmung).

Die nach § 29 Abs. 6 StVG aF (bis zum 30.4.2014) zu beachtende **Tilgungshemmung** ist mit der Punktereform entfallen, was die Berechnung der Tilgungsfristen – für Betroffenen und Be-

---

9 Bis zum 30.4.2015 lag die Eintragungsgrenze bei 40 EUR (vgl auch die Übergangsregelung in § 65 Abs. 3 Nr. 3 StVG).
10 Vgl insb. § 11 Abs. 3 S. 1 Nr. 6 und 7 FeV: „Straftaten, […] insbesondere wenn Anhaltspunkte für ein hohes Aggressionspotential bestehen".

hörden – im Prinzip deutlich vereinfacht. Zu beachten ist allerdings, dass eine solche Tilgungshemmung für Alteintragungen bis zum 30.4.2019 fortwirkt; ab dem 1.5.2014 erfolgte Eintragungen im Fahreignungsregister können jedoch keine Hemmung für Alteintragungen mehr auslösen (vgl § 65 Abs. 3 Nr. 2 StVG).

16 Diese (vorübergehende) Fortgeltung sowohl der Tilgungshemmung als auch der alten Fristen hat zur Folge, dass bei der Berechnung von Tilgungsfristen grundsätzlich zwischen Alteintragungen – für diese gilt § 29 StVG in der bis zum 30.4.2014 geltenden Fassung – und Eintragungen ab dem 1.5.2015 – für diese gilt das aktuelle Recht – zu differenzieren ist.

17 Nach Ablauf der Tilgungsfrist gilt ein **Verwertungsverbot**, Tat und Entscheidung dürfen für Zwecke der Eignungsbeurteilung nicht mehr verwertet werden (§ 29 Abs. 7 StVG). Das Verwertungsverbot gilt schon dann, wenn die Eintragung zwar noch nicht getilgt, aber tilgungsreif ist.[11] Bei der Berechnung der Tilgungsfrist ist die Fahrerlaubnisbehörde nicht an die Mitteilung des KBA gebunden. Sie muss vielmehr eigenständig prüfen, ob die Eintragung im Fahreignungsregister noch verwertet werden darf, und daher im Einzelfall die Tilgungsfrist selbst berechnen.

18 Das Verwertungsverbot gilt nicht nur für die eigentliche Eignungsbeurteilung, sondern schon für die Frage, ob Eignungszweifel überhaupt gerechtfertigt sind. Nach Eintritt der Tilgungsreife darf der der Eintragung zugrunde liegende Verstoß also auch nicht zur Begründung einer Überprüfungsmaßnahme, etwa der Anordnung einer MPU, herangezogen werden.[12]

19 Das umfassendere Verwertungsverbot des § 51 Abs. 1 BZRG bleibt unberührt. Es gilt grundsätzlich auch dann, wenn die Entscheidung im Fahreignungsregister noch nicht zu tilgen ist. Im Ergebnis wirkt sich das aber nicht zugunsten des Betroffenen aus. Abweichend von § 51 Abs. 1 BZRG darf die Tat nämlich nach § 52 Abs. 2 BZRG in einem Entziehungsverfahren so lange verwertet werden, wie dies nach § 29 StVG zulässig ist.

20 Tatsächlich wird eine Entscheidung nicht mit Tilgungsreife, sondern erst nach Ablauf einer **Überliegefrist** von einem Jahr aus dem Fahreignungsregister gelöscht (vgl § 29 Abs. 6 S. 2 StVG). Das führt aber nicht zu einer längeren Verwertbarkeit der Eintragung. Kommt es also etwa im Rahmen der Punkteberechnung nach § 4 StVG maßgeblichen auf einen Zeitpunkt an, der innerhalb der Überliegefrist liegt, führt dies nicht zu einer Verwertbarkeit der (schon tilgungsreifen) Eintragungen. Die Bedeutung der Überliegefrist liegt vielmehr darin, dass sie einen Blick „in die Vergangenheit" zulässt und damit die Anwendung des im Rahmen von § 4 StVG maßgeblichen Tattagprinzips in vielen Fällen erst sinnvoll macht. Hat die Behörde etwa während der Überliegefrist über eine Maßnahme nach § 4 Abs. 5 StVG zu entscheiden und kommt es dabei auf einen Zeitpunkt (iSv § 4 Abs. 5 S. 5 StVG) an, der vor Tilgungsreife (und damit vor Beginn der Überliegefrist) liegt, darf die Eintragung ohne Weiteres berücksichtigt werden. Ist allerdings im Zeitpunkt der behördlichen Entscheidung die Überliegefrist abgelaufen, ist die Verwertung der Eintragung – ungeachtet des sog. Tattagprinzips – wegen deren Löschung endgültig ausgeschlossen.

21 c) **Straf- und Bußgeldverfahren. aa) Akteninhalt.** Aus den Straf-/Bußgeldakten ergeben sich für die Fahrerlaubnisbehörde häufig Hinweise auf Eignungsmängel. Dies gilt insbesondere

---

11 VG Berlin, Beschl. v. 19.4.2000 – 11 A 136/00 = NZV 2000, 479.
12 OVG Rheinland-Pfalz, Urt. v. 11.4.2000 – 7 A 11670/99, DAR 2000, 377.

dann – aber nicht nur (vgl Beispiel 2 Rn 3) –, wenn es sich um Delikte im Zusammenhang mit dem Straßenverkehr handelt, etwa bei den Tatbeständen der § 316 StGB und § 24 a StVG. In diesen Fällen können die Akten gleich in mehrfacher Hinsicht „belastende", dh Eignungszweifel begründende Tatsachen beinhalten.

Dies sind zum einen die **Feststellungen der Polizei** anlässlich einer Verkehrskontrolle. Solche Kontrollen werden häufig und gezielt – etwa in der Nähe von Diskotheken oder am späten Samstag/frühen Sonntag – durchgeführt, um betrunkene oder unter Drogeneinfluss stehende Verkehrsteilnehmer aufzugreifen und um andere Verkehrsteilnehmer von solchen Rauschfahrten abzuschrecken. Die Polizeibeamten werden intensiv geschult, um Auffälligkeiten zu erkennen, die auf einen Konsum von Drogen bzw auf eine Fahruntüchtigkeit hindeuten. Einige Bundesländer haben sogar Checklisten entwickelt, die die Polizisten vor Ort systematisch abarbeiten können. 22

Werden bei einer Verkehrskontrolle Auffälligkeiten festgestellt, dann wird dies in der Strafanzeige festgehalten. Diese Feststellungen sind nicht nur für das Straf-/Bußgeldverfahren von Bedeutung, sondern können auch von der Fahrerlaubnisbehörde zur Eignungsbeurteilung herangezogen werden. Ob solche polizeilichen Feststellungen schon für sich genommen hinreichenden Anhaltspunkte für Eignungsmängel begründen und eine Aufklärungsmaßnahme rechtfertigen, hängt vom Einzelfall ab. 23

Hinweise auf drogenbedingte Fahruntüchtigkeit sind insbesondere: 24

- Zittern,
- gerötete Bindehäute,
- verwaschene Aussprache,
- Gleichgewichtsstörungen,
- verzögerte Pupillenreaktion,
- stumpf/schläfrig.

Zeigen sich solche Auffälligkeiten, dann kann die Polizei zunächst selbst – allerdings mangels gesetzlicher Eingriffsgrundlage nur mit Einverständnis des Betroffenen – einen sog. **Schnelltest** durchführen, bei dem Schweiß und Speichel auf Drogenkonsum (Opiate, Cannabis, Kokain, Ecstasy) untersucht werden. Die Aussagekraft dieser Verfahren, die sich teilweise erst in der Erprobung befinden, ist aber noch nicht abschließend geklärt. Ein positiver Schnelltest genügt daher in aller Regel zum Nachweis des Drogenkonsums allein nicht aus, kann aber Anlass für weitere Maßnahmen der Polizei sein, insbesondere die Entnahme einer Blutprobe. 25

Eine **Blutprobenentnahme** kann von der Polizei auf der Grundlage von § 81 a StPO angeordnet werden. Sie dient dem Nachweis akuten Drogen- und/oder Alkoholkonsums und ist zunächst für den Nachweis einer **Ordnungswidrigkeit nach § 24 a StVG** von Bedeutung. Für die Frage, ob der Betroffene unter der Wirkung eines berauschenden Mittels im Straßenverkehr ein Fahrzeug führt (§ 24 a Abs. 2 StVG), hat die vom Bundesverkehrsministerium einberufene Grenzwertkommission (Stand 2007) Grenzwerte empfohlen: 26

Wirkstoff	ng/ml[13]
Δ⁹-Tetrahydrocannabinol (THC)	1
Morphin	10
Bezoylecgonin (BZE)	75
Ecstasy (XTC)	25
Methylendioxymethamphetamin (MDMA)	25
Amphetamin	25

27 Die Blutprobe ist nach den von der Gesellschaft für Toxikologische und Forensische Chemie (GTFCh) festgelegten Richtlinien zu untersuchen.[14] Ergibt die Untersuchung, dass die Grenzwerte überschritten werden, dann liegt in aller Regel eine Ordnungswidrigkeit iSv § 24 a Abs. 2 StVG vor. Die Begehung dieser Ordnungswidrigkeit führt zur Verhängung einer Geldbuße (vgl § 24 a Abs. 4 StVG) und hat zusätzlich meist ein **Fahrverbot** von bis zu drei Monaten (vgl § 25 StVG) zur Folge.

28 Anders als im Strafverfahren (vgl § 69 StGB) – insbesondere wegen Straftaten nach §§ 315 c, 316 StGB – kann im Ordnungswidrigkeitenverfahren nach § 24 a StVG nicht die **Fahrerlaubnis entzogen** werden. Der Betroffene ist daher häufig der Ansicht, mit der Bezahlung der Geldbuße und dem „Absitzen" des Fahrverbots die Sache ausgestanden zu haben. Dabei kommt das „dicke Ende" unter Umständen erst noch. Die Polizei leitet das Ergebnis der Blutprobenuntersuchung nämlich nicht nur an die für die Verfolgung der Ordnungswidrigkeit zuständige Verwaltungsbehörde, sondern auch an die Fahrerlaubnisbehörde weiter (vgl § 2 Abs. 12 StVG). Diese kann Aufklärungsmaßnahmen nach §§ 13, 14 FeV anordnen oder unmittelbar die Fahrerlaubnis entziehen, wenn bereits aufgrund der durch die Blutprobenuntersuchung ermittelten Werte die Nichteignung des Betroffenen erwiesen ist.

29 Straf-/Bußgeldakten enthalten häufig **schriftlich dokumentierte Angaben der Betroffenen**. Einen hohen Beweiswert haben dabei vor allem polizeiliche Vernehmungsprotokolle, die vom Betroffenen abgezeichnet worden sind. Ist in einem solchen Protokoll etwa ein regelmäßiger Konsum von Drogen eingeräumt worden, kann dieser als erwiesen angesehen werden und die Fahrerlaubnisbehörde ohne weitere Ermittlungen die Fahrerlaubnis entziehen. Dabei hilft es nichts, wenn im Entziehungsverfahren solche Aussagen pauschal widerrufen werden. Der Betroffene ist daher häufig in einer Zwickmühle. Dies gilt insbesondere dann, wenn er von der Polizei mit einer nicht nur geringen Menge Drogen angetroffen wird. Im Strafverfahren wird er dann regelmäßig aussagen, dass diese zum Eigenverbrauch bestimmt gewesen seien, um einer Verurteilung wegen Drogenhandels zu entgehen. Im Entziehungsverfahren muss sich der Betroffene allerdings an der jetzt für ihn ungünstigen Aussage festhalten lassen. Er kann sich zwar theoretisch darauf berufen, dass die Angaben aus dem Strafverfahren unzutreffend und die Drogen tatsächlich zur Weitergabe bestimmt gewesen seien. Angesichts der früheren Angaben werden in der Praxis die Anforderungen an die Darlegungs- und Beweislast jedoch so hoch sein, dass ein solcher Nachweis kaum gelingen wird.

---

13 Ng = Nanogramm (1 kg entspricht 10^{12} Nanogramm); mg = Milliliter (1 Liter entspricht 1.000 Milliliter).
14 Vgl <www.GTFCh.org>.

A. Entzug der Fahrerlaubnis (§ 3 Abs. 1 S. 1 StVG) 18

Eigenangaben können sich schließlich aus polizeilichen Anzeigen und Berichten und einem **Blutentnahmeprotokoll** ergeben. Letzteres wird vom Arzt aufgenommen, der die Blutprobe entnommen hat. Im Protokoll werden zum einen Verhaltensauffälligkeiten des Betroffenen und zum anderen seine – auf entsprechende Nachfrage hin erfolgten – Angaben zum Drogen-/Alkoholkonsum festgehalten. Da der Betroffene im Moment der Blutentnahme aufgrund des vorangegangenen Konsums möglicherweise redselig ist und ihm die Konsequenzen seines Verhaltens nicht vollständig bewusst sind, wird häufig relativ offen über die Konsumgewohnheiten gesprochen. Allerdings wird dieses Blutentnahmeprotokoll in der Regel vom Betroffenen nicht abgezeichnet. Wird die inhaltliche Richtigkeit des Protokolls bestritten, kann es durch Vernehmung des Arztes unter Beweis gestellt werden. Prozesstaktisch sinnvoll ist ein solches Vorgehen nur dann, wenn die Richtigkeit der Angaben aus dem Blutentnahmeprotokoll entscheidungserheblich ist. Dies kann zB der Fall sein, wenn die Blutuntersuchung nur einen geringen Cannabiswert ergibt, der keine Rückschlüsse auf einen gelegentlichen Konsum zulässt, der Betroffene gegenüber dem Arzt aber zusätzlich den Konsum von Ecstasy eingeräumt hat. 30

▶ **Muster: Bestreiten der inhaltlichen Richtigkeit des Blutentnahmeprotokolls** 31

An das Landratsamt ...[15]

– Führerscheinstelle –

Ihr Anhörungsschreiben vom ...

Ihr Az ... [inkl. Name des Mandanten]

Sehr geehrte/r Frau/Herr ... [Name des Sachbearbeiters lt. Anhörungsschreiben],

die beabsichtigte Entziehung der Fahrerlaubnis kann nicht auf den angeblichen Konsum von Ecstasy gestützt werden. Zwar soll mein Mandant lt. Blutentnahmeprotokoll einen solchen Konsum gegenüber dem die Blutentnahme durchführenden Arzt eingeräumt haben. Das Protokoll ist insoweit jedoch unzutreffend. Mein Mandant hat zu keinem Zeitpunkt Ecstasy konsumiert und auch nicht gegenüber dem Arzt einen solchen Konsum behauptet. Dem Protokoll kommt im Übrigen kein Beweiswert zu, da es von meinem Mandanten nicht abgezeichnet worden ist.

Sollten von Ihrer Seite noch Zweifel an der Drogenfreiheit meines Mandanten bestehen, erklärt sich dieser ausdrücklich zu einem Drogenscreening bereit.

Mit freundlichen Grüßen

Rechtsanwalt ◀

Strafprozessuale Verwertungsverbote, etwa bei einer durch die Polizei entgegen dem grundsätzlichen Richtervorbehalt nach § 81 a Abs. 2 StPO angeordneten Blutentnahme oder bei einem Verstoß gegen die Belehrungspflicht des § 136 Abs. 1 S. 2 StPO, stehen einer Verwertung der bei einer Verkehrskontrolle und danach gewonnenen Erkenntnisse nicht entgegen. Beim Entziehungsverfahren handelt es sich nicht um eine repressive Maßnahme im Zusammenhang mit einem Strafverfahren, sondern um eine präventive Maßnahme zur Abwehr von Gefahren für andere Verkehrsteilnehmer.[16] 32

---

15 Die korrekte Anrede hängt von landesrechtlichen Besonderheiten ab. Man sollte diese daher aus dem Anhörungsschreiben übernehmen.
16 Vgl etwa Sächs. OVG, Beschl. v. 6.1.2015 – 3 B 320/14, Blutalkohol 2015 (Vol. 52), 158; BayVGH, Beschl. v. 31.1.2013 – 11 CS 12.2623, Blutalkohol 2013 (Vol. 50), 205; OVG NRW, Beschl. v. 3.9.2010 – 16 B 382/10, juris

33 **bb) Keine Verwertung von Sachverhalten eines laufenden Strafverfahrens (§ 3 Abs. 3 StVG).** Nach § 3 Abs. 3 S. 1 StVG darf die Fahrerlaubnisbehörde den Sachverhalt, der Gegenstand eines Strafverfahrens – also nicht nur eines Ordnungswidrigkeitenverfahrens[17] – ist, in dem die Entziehung der Fahrerlaubnis nach § 69 StGB in Betracht kommt, so lange nicht in einem Entziehungsverfahren berücksichtigen, wie das Strafverfahren anhängig ist. Das Strafverfahren wird nicht erst mit Erhebung der Anklage, sondern schon dann anhängig, wenn die Polizei eine Strafanzeige fertigt und den Vorgang an die Staatsanwaltschaft abgibt, also ein strafrechtliches Ermittlungsverfahren eingeleitet wird. Die Anhängigkeit endet mit der Einstellung des Verfahrens durch die Staatsanwaltschaft oder mit der Rechtskraft einer gerichtlichen Entscheidung.[18]

34 Das **verfahrensrechtliche Verwertungsverbot** des § 3 Abs. 3 StVG steht nicht erst der Entziehung als solcher entgegen, sondern hindert bereits die Einleitung eines Entziehungsverfahrens, dh die Fahrerlaubnisbehörde darf schon keine Aufklärungsmaßnahmen anordnen. Die Behörde muss sich quasi blind stellen, weil sie trotz Eignungsbedenken nicht tätig werden kann. Für den Betroffenen hat die Regelung Vor- und Nachteile. Einerseits bleibt er unter Umständen über Monate im Unklaren darüber, ob er seine Fahrerlaubnis behalten kann oder nicht. Nach Einstellung des strafrechtlichen Ermittlungsverfahrens wird der Vorgang nämlich von der Staatsanwaltschaft an die Bußgeldbehörde abgegeben. Erhält die Fahrerlaubnisbehörde erst mit bestandskräftigem Abschluss des Bußgeldverfahrens eine Abschlussmitteilung und Kenntnis von einer Rauschfahrt, sind häufig bereits viele Monate verstrichen. Dieser Zeitfaktor hat für den Betroffenen andererseits auch Vorteile. So kann er – was allerdings eine entsprechende Einsichtsfähigkeit voraussetzt – frühzeitig an der Beseitigung der Eignungsbedenken arbeiten.

35 Verboten ist nur die Verwertung des Sachverhalts, der Gegenstand des Strafverfahrens ist. Die Bindungswirkung tritt dagegen nicht ein, wenn die Fahrerlaubnisbehörde einen umfassenderen Sachverhalt zu beurteilen hat als das Strafgericht.[19] Ist also etwa Gegenstand des Strafverfahrens eine Alkoholfahrt, so kann ein Entziehungsverfahren eingeleitet werden, wenn sich zusätzlich Hinweise auf einen Alkoholmissbrauch (vgl § 13 Nr. 2 a FeV) ergeben. Entsprechendes gilt, wenn der Betroffene („nur") wegen Drogenhandels angeklagt ist, er im Ermittlungsverfahren aber auch den Eigenkonsum von Drogen eingeräumt hat. In diesem Fall kann die Fahrerlaubnisbehörde den Eigenkonsum als gegeben ansehen und Aufklärungsmaßnahmen ergreifen bzw sofort die Fahrerlaubnis entziehen.

36 **Hinweis:** Wird die Fahrerlaubnisbehörde trotz anhängigen Strafverfahrens – etwa durch ein Anhörungsschreiben – tätig, sollte sich der Betroffene zunächst auf einen Hinweis auf das Strafverfahren beschränken und eine vorläufige Einstellung des Entziehungsverfahrens beantragen. Gleichzeitig sollte dies aber Anlass sein, bereits zu diesem Zeitpunkt die Erfolgsaussichten in einem (späteren) Entziehungsverfahren abzuschätzen. Lässt der Sachverhalt erwarten, dass derzeit von der fehlenden Kraftfahreignung auszugehen ist und Rechtsbehelfe gegen die Entziehung daher keinen Erfolg haben werden, sollte man frühzeitig das Gespräch

---

Rn. 2; VGH Bad.-Württ., Beschl. v. 21.6.2010 – 10 S 4/10, DAR 2010, 537 = VRS 119 Nr. 45; OVG Rheinland-Pfalz, Beschl. v. 29.1.2010 – 10 B 11226/09, Blutalkohol 2010 (Vol. 47), 264; OVG Niedersachsen, Beschl. v. 16.12.2009 – 12 ME 234/09, DAR 2010, 221 = NZV 2010, 371.
17 VGH Bad.-Württ., Beschl. v. 24.7.2007 – 10 S 306/07, DAR 2007, 664 = VRS 113 Nr. 142.
18 *Bouska/Laeverenz*, Erl. 24 zu § 3 StVG.
19 VGH Bad.-Württ., Beschl. v. 3.5.2010 – 10 S 256/10, DAR 2010, 412 = VRS 119 Nr. 46.

mit der Fahrerlaubnisbehörde suchen, um abzuklären, welche Voraussetzungen von dort an die Wiedererlangung der Eignung gestellt werden.

▶ **Muster: Schreiben an Fahrerlaubnisbehörde bei (noch) anhängigem Strafverfahren** 37

An das Landratsamt ...

– Führerscheinstelle –

Ihr Anhörungsschreiben vom ...

Ihr Az ... [inkl. Name des Mandanten]

Sehr geehrte/r Frau/Herr ... [Name des Sachbearbeiters lt. Anhörungsschreiben],

ich weise darauf hin, dass der Sachverhalt, den Sie zum Anlass genommen haben, gegen meinen Mandanten ein Verfahren zur Entziehung der Fahrerlaubnis einzuleiten, Gegenstand eines Strafverfahrens bei der Staatsanwaltschaft .../dem Amtsgericht ... ist. Da auch in dem Strafverfahren wegen eines Vergehens nach § 316 StGB/§ 24 a StVG die Entziehung der Fahrerlaubnis in Betracht kommt, sind sie nach § 3 Abs. 3 StVG derzeit gehindert, ein (weiteres) Entziehungsverfahren gegen meinen Mandanten einzuleiten. Ich fordere Sie daher auf, von Maßnahmen, insbesondere dem Erlass einer Aufklärungsanordnung oder einer Entziehungsverfügung, abzusehen.

Im Übrigen weise ich darauf hin, dass mein Mandant seit dem Vorfall keine Drogen/keinen Alkohol mehr konsumiert. Bitte teilen Sie mir kurzfristig mit, welche Nachweise von Ihnen hierfür verlangt werden.

Mit freundlichen Grüßen

Rechtsanwalt ◀

cc) Bindung der Fahrerlaubnisbehörde an Strafurteile (§ 3 Abs. 4 StVG). Nach § 3 Abs. 4 S. 1 38 StVG kann die Fahrerlaubnisbehörde, die in einem Entziehungsverfahren einen Sachverhalt berücksichtigen will, der Gegenstand der Urteilsfindung in einem Strafverfahren gegen den Inhaber der Fahrerlaubnis gewesen ist, zu dessen Nachteil vom Inhalt des Urteils u.a. insoweit nicht abweichen, als es sich auf die Beurteilung der Eignung zum Führen von Kfz bezieht. Mit dieser Vorschrift soll die sowohl dem Strafrichter (durch § 69 StGB) als auch der Fahrerlaubnisbehörde (durch § 3 Abs. 1 StVG) eingeräumte Befugnis, bei fehlender Kraftfahreignung die Fahrerlaubnis zu entziehen, so aufeinander abgestimmt werden, dass erstens überflüssige und aufwendige Doppelprüfungen unterbleiben und zweitens die Gefahr widersprechender Entscheidungen ausgeschaltet wird. Der **Vorrang der strafrichterlichen Entscheidung** vor der behördlichen Entscheidung findet seine innere Rechtfertigung darin, dass auch die Entziehung der Fahrerlaubnis durch den Strafrichter als Maßregel der Besserung und Sicherung keine Nebenstrafe, sondern eine in die Zukunft gerichtete, aufgrund der Sachlage zum Zeitpunkt der Hauptverhandlung zu treffende Entscheidung über die Gefährlichkeit des Kraftfahrers für den Straßenverkehr ist. Insofern deckt sich die dem Strafrichter übertragene Befugnis mit der Ordnungsaufgabe der Fahrerlaubnisbehörde. Während die Behörde allerdings die Kraftfahreignung aufgrund einer umfassenden Würdigung der Gesamtpersönlichkeit des Kraftfahrers zu beurteilen hat, darf der Strafrichter nur eine Würdigung der Persönlichkeit vornehmen, soweit sie in der jeweiligen Straftat zum Ausdruck gekommen ist. Deshalb ist die Fahrerlaubnisbehörde an die strafrichterliche Eignungsbeurteilung auch nur dann gebunden, wenn diese auf ausdrücklich in den schriftlichen Urteilsgründen getroffenen Feststellungen beruht und wenn die Behörde von demselben und nicht von einem anderen, umfassenderen Sachverhalt als der Strafrichter auszugehen hat.

39 Um den Eintritt einer Bindung überprüfen zu können, verpflichtet die Vorschrift des § 267 Abs. 6 StPO den Strafrichter zu einer besonderen Begründung, wenn er entweder entgegen einem in der Verhandlung gestellten Antrag oder aber in solchen Fällen von einer Entziehung der Fahrerlaubnis absieht, in denen diese Maßregel nach der Art der Straftat in Betracht gekommen wäre.[20] Die **Begründungspflicht** hat zur Folge, dass nicht jedes Strafurteil die Fahrerlaubnisbehörde bindet. Die Bindungswirkung tritt nur dann ein, wenn sich der Strafrichter in der Urteilsbegründung mit der Frage der Kraftfahrereignung ausdrücklich auseinandergesetzt und die Ungeeignetheit im Ergebnis verneint – also die Eignung positiv festgestellt – hat. Umgekehrt entfällt die Bindungswirkung dann, wenn das Strafurteil überhaupt keine Ausführungen zur Kraftfahreignung enthält oder wenn jedenfalls unklar bleibt, ob das Strafgericht die Fahreignung eigenständig beurteilt hat.[21]

40 Kommt der Strafrichter der Begründungspflicht nach, so tritt die Bindungswirkung unabhängig davon ein, ob die Fahrerlaubnisbehörde die Einschätzung des Strafrichters zur Fahreignung für richtig hält. So ist in der Rechtsprechung[22] die Bindungswirkung sogar in einem Fall bejaht worden, in dem die Nichteignung des Betroffenen relativ offensichtlich war – er wurde von der Polizei in seinem Pkw mit einer BAK von 2,7 ‰ angehalten –, der Strafrichter diese verneint und im Urteil nur deshalb Ausführungen zur Eignung gemacht hat, „um den Angeklagten davor zu schützen, dass die Straßenverkehrsbehörde ungeachtet des § 3 Abs. 4 S. 1 StVG meint, unabhängig von diesem Urteil über die Eignung des Angeklagten zum Führen von Kraftfahrzeugen erneut und natürlich zu seinen Lasten befinden zu können."

41 Dagegen kann bei einem nach § 267 Abs. 4 StPO **abgekürzten Strafurteil keine Bindungswirkung** eintreten. In ländlichen Regionen passiert es hin und wieder, dass der Strafrichter bei Trunkenheitsfahrten von Landwirten diesen die Fahrerlaubnis entzieht, aber mit Ausnahme der Klasse T (für Zugmaschinen), welche im Hinblick auf die betrieblichen Erfordernisse belassen wird (vgl § 8 Rn 76 f); begründet wird diese Ausnahme regelmäßig nicht. Abgesehen davon, dass § 69 StGB eine solche Teil-Entziehung nicht vorsieht (nur bei der Sperre kann differenziert werden, vgl § 69 a Abs. 2 StGB), kann die Fahrerlaubnisbehörde in einem solchen Fall hinsichtlich der dem Betroffenen belassenen Klasse ein Entziehungsverfahren einleiten.[23]

42 Bei Verhängung eines **Fahrverbots** nach § 44 StGB tritt **keine Bindungswirkung** ein. Hierbei wird nicht über die Eignung des Betroffenen befunden, es handelt sich lediglich um eine erzieherische Nebenfolge der Straftat.[24]

43 **2. Vorbereitendes Verfahren. a) Anhörungspflicht.** Die Pflicht der Behörde zur vorherigen Anhörung ergibt sich aus § 28 Abs. 1 VwVfG.[25] Danach ist einem Beteiligten (vgl § 13 Abs. 1 VwVfG) Gelegenheit zu geben, sich zu den für die Entscheidung erheblichen Tatsachen zu äußern, bevor ein Verwaltungsakt erlassen wird, der in dessen Rechte eingreift. Die Anhörungs-

---

20 Zum Vorstehenden vgl BVerwG, Urt. v. 15.7.1988 – 7 C 46.87, BVerwGE 80, 43 = NZV 1988, 238.
21 OVG NRW, Beschl. v. 19.3.2015 – 16 B 55/15, juris.
22 VG Arnsberg, Beschl. v. 26.2.2004 – 6 L 90/04 (n.v.).
23 VG München, Urt. v. 1.12.1999 – M 6 K 99.2562, NZV 2000, 271.
24 OVG NRW, Beschl. v. 21.7.2004 – 19 B 862/04, NZV 2005, 435.
25 Da es um ein Tätigwerden von Landesbehörden bzw Gemeinden geht, sind die Verwaltungsverfahrensgesetze der einzelnen Bundesländer einschlägig. Aus Vereinfachungsgründen werden hier die identischen Vorschriften des Verwaltungsverfahrensgesetzes des Bundes zitiert.

pflicht besteht also nur dann, wenn der Erlass eines Verwaltungsakts iSv § 35 VwVfG beabsichtigt ist. Bei einer Entziehungsverfügung ist dies der Fall.

Anders ist dies bei der **Aufklärungsanordnung**, wenn also etwa die Fahrerlaubnisbehörde den Betroffenen vor Erlass einer Entziehungsverfügung (zB nach § 11 Abs. 3 FeV) zur Vorlage einer MPU auffordert. Die Nichtbefolgung dieser Anordnung hat erhebliche Konsequenzen, weil die Behörde dann von der Nichteignung des Betroffenen ausgehen kann (vgl § 11 Abs. 8 FeV). Gleichwohl geht die Rechtsprechung[26] davon aus, dass die Anordnung keine Regelung iSv § 35 VwVfG beinhaltet und daher kein Verwaltungsakt ist, sondern eine **lediglich vorbereitende Verfahrenshandlung** (vgl § 44 a VwGO) darstellt. Begründet wird dies damit, dass die Anordnung zur Beibringung eines Gutachtens nach dem ausdrücklichen Wortlaut in § 11 Abs. 2 und 3, § 13 und § 14 FeV „zur Vorbereitung" von Entscheidungen über die Erteilung oder Verlängerung der Fahrerlaubnis oder über die Anordnung von Beschränkungen oder Auflagen bzw – iVm § 46 Abs. 3 FeV – über die Entziehung der Fahrerlaubnis dient.[27] Nach den genannten Vorschriften sowie § 2 Abs. 7 und 8, § 3 Abs. 1 S. 3 StVG ist sie darauf gerichtet, aufgrund bekannt gewordener Tatsachen begründete Bedenken gegen die Eignung des Fahrerlaubnisbewerbers oder -inhabers zum Führen von Kraftfahrzeugen zu klären. Die an einen Betroffenen gerichtete Anordnung ist nach ihrem so bestimmten Zweck lediglich eine vorbereitende Maßnahme, die der Sachverhaltsaufklärung im Hinblick auf die später zu treffende Sachentscheidung über die Entziehung der Fahrerlaubnis dient.

44

Ist die Aufklärungsanordnung somit kein Verwaltungsakt, besteht auch keine Anhörungspflicht der Fahrerlaubnisbehörde nach § 28 VwVfG. Gleichwohl ist es dieser natürlich freigestellt, bereits vor Erlass dieser Anordnung eine Anhörung durchzuführen. In der Praxis wird die Aufklärungsanordnung häufig mit einer Anhörung zur beabsichtigten Entziehung (im Falle einer Weigerung, der Anordnung nachzukommen, oder eines negativen Gutachtens) verbunden.

45

Führt die Behörde vor Erlass einer Entziehungsverfügung keine Anhörung durch, dann leidet diese zwar zunächst an einem Verfahrensmangel. Auf diesen kann sich der Betroffene in einem Widerspruchsverfahren oder in einem gerichtlichen Verfahren im Ergebnis aber nicht berufen. Die unterbliebene Anhörung kann nämlich nach § 45 Abs. 1 Nr. 3, Abs. 2 VwVfG bis zum Abschluss der letzten Tatsacheninstanz eines verwaltungsgerichtlichen Verfahrens nachgeholt werden. Eine solche Nachholung ist grundsätzlich darin zu sehen, dass der Betroffene im Rahmen eines Widerspruchsverfahrens Gelegenheit erhält, seine Argumente vorzubringen.[28] Ist die Durchführung eines Widerspruchsverfahrens – wie etwa in Bayern, Niedersachsen oder Nordrhein-Westfalen – entbehrlich, kann eine Nachholung auch während des laufenden gerichtlichen Verfahrens erfolgen.

46

Auch bei unterbliebener Nachholung der Anhörung kann ein Rechtsbehelf letztlich nicht auf diesen Verfahrensmangel gestützt werden. Nach § 46 VwVfG kann die Aufhebung eines Verwaltungsakts nicht allein deshalb beansprucht werden, weil er unter Verletzung von Verfah-

47

---

26 St. Rspr seit BVerwG, Urt. v. 28.11.1969 – VII C 18.69, NJW 1970, 1989 (noch zu § 15 b Abs. 2 StVZO aF).
27 OVG NRW, Beschl. v. 22.10.2001 – 19 B 1757/00, NZV 2001, 396.
28 Nach *Kopp/Ramsauer*, VwVfG, § 45 Rn 27, tritt eine Heilung aber erst mit der Entscheidung über den Widerspruch ein, wenn im Widerspruchsbescheid die vom Betroffenen vorgebrachten Gesichtspunkte darin berücksichtigt worden sind.

rensvorschriften – hierunter fällt auch § 28 VwVfG[29] – zustande gekommen ist, wenn offensichtlich ist, dass die Verletzung die Entscheidung in der Sache nicht beeinflusst hat. Eine solche Kausalität fehlt immer dann, wenn es sich um einen gebundenen Verwaltungsakt handelt, die Behörde also kein Ermessen hat. Bei den Ermächtigungsgrundlagen für die Entziehung der Fahrerlaubnis handelt es sich aber durchweg um Normen, die der Fahrerlaubnisbehörde kein Ermessen einräumen (vgl § 2 a Abs. 2 S. 1 Nr. 3, § 3 Abs. 1 S. 1, § 4 Abs. 3 S. 1 Nr. 3 StVG: „so hat ihm die Fahrerlaubnisbehörde die Fahrerlaubnis zu entziehen").

48 **b) Bevollmächtigung.** Im Entziehungsverfahren kann sich der Betroffene durch einen Bevollmächtigten vertreten lassen (vgl § 14 Abs. 1 S. 1 VwVfG). Dies kann ein Rechtsanwalt, aber auch jede sonstige natürliche Person (sofern sie handlungsfähig ist) sein. Eine Vollmacht muss zwar grundsätzlich erst auf Verlangen vorgelegt werden (vgl § 14 Abs. 1 S. 3 VwVfG). Da die Behörde eine solche aber regelmäßig – spätestens bei der Gewährung von Akteneinsicht – fordern wird, sollte eine schriftliche Vollmacht zur Vermeidung entsprechender Nachfragen stets von vornherein vorgelegt werden.

49 Der Bevollmächtigte kann alle Verfahrenshandlungen vornehmen (vgl § 14 Abs. 1 S. 2 VwVfG), also zB einen Antrag auf Wiedererteilung der Fahrerlaubnis stellen oder einen Widerspruch zurücknehmen. Dementsprechend soll sich die Behörde an ihn und nicht unmittelbar an den Betroffenen wenden (vgl 14 Abs. 3 VwVfG); tut sie dies ohne besonderen Grund nicht, berührt dies die Wirksamkeit der Verfahrenshandlung allerdings nicht.[30]

50 Die Vorlage der Vollmacht wirkt sich vor allem auf die **Bekanntgabe der Entziehungsverfügung** aus. Nach § 41 Abs. 1 S. 2 VwVfG kann diese dem Bevollmächtigten gegenüber vorgenommen werden. Auch wenn die Vorschrift der Behörde Ermessen einräumt („kann"), so wird sich unter Berücksichtigung von § 14 Abs. 3 VwVfG die Bekanntgabe an den Betroffenen selbst auf Ausnahmefälle beschränken.

51 Wählt die Behörde die förmliche **Zustellung**, dann hat diese nach § 7 Abs. 1 S. 2 VwZG[31] an den Bevollmächtigten zu erfolgen, wenn er eine schriftliche Vollmacht (im Original oder als beglaubigte Kopie) vorgelegt hat. Bei einem Verstoß gegen diese zwingende Zustellungsvorschrift gilt die Verfügung als in dem Zeitpunkt zugestellt, in dem sie der Empfangsberechtigte nachweislich erhalten hat (vgl § 8 VwZG). Im Falle des § 7 Abs. 1 S. 2 VwZG ist aber allein der Bevollmächtigte und nicht der Mandant empfangsberechtigt. Wird daher die Entziehungsverfügung Letzterem zugestellt, dann gilt der Zustellungsmangel erst in dem Zeitpunkt als geheilt, in dem der Bevollmächtigte nachweislich Kenntnis von der Verfügung erhält. Dies kann dadurch geschehen, dass der Mandant seinem Rechtsanwalt die Verfügung übergibt oder die Behörde dem Rechtsanwalt die Verfügung zur Kenntnis übersendet.

52 **c) Akteneinsicht.** Bevor im Rahmen der Anhörung Stellung genommen wird, sollte sich ein Bevollmächtigter durch Einsichtnahme in die Verwaltungsvorgänge einen vollständigen Überblick über die der Behörde bekannten Tatsachen verschaffen, weil der vom Mandanten geschilderte Sachverhalt häufig subjektiv gefärbt und unvollständig sein wird. Ein Recht auf Akteneinsicht ergibt sich aus § 29 Abs. 1 S. 1 VwVfG. Dieses umfasst die Einsichtnahme in

---

29 Vgl *Kopp/Ramsauer*, VwVfG, § 46 Rn 17.
30 Vgl *Kopp/Ramsauer*, VwVfG, § 14 Rn 27.
31 Einschlägig sind die Vorschriften des Landesrechts, wobei die meisten Landesgesetze entweder Vorschriften enthalten, die dem Bundesrecht (im Wesentlichen) entsprechen oder direkt auf Bundesrecht verweisen.

die **Führerscheinakte** sowie in die von der Behörde beigezogenen Akten (zB auch beigezogene Gerichtsakten aus einem Strafverfahren).

Um im späteren Verfahrensverlauf die entscheidungserheblichen Tatsachen präsent zu haben, sollte man sich aus diesen Akten stets **Kopien** von polizeilichen Mitteilungen, ärztlichen Gutachten (Blutprobenuntersuchung, MPU), Vernehmungsprotokollen uÄ fertigen. Dies ist zwar nicht ausdrücklich in § 29 VwVfG geregelt, jedoch kann die Behörde nur bei Vorliegen besonderer Gründe – die im Verfahren wegen der Entziehung einer Fahrerlaubnis kaum denkbar sind – die Fertigung von Kopien (auf Kosten des Betroffenen) verweigern.[32]

Die Akteneinsicht erfolgt grundsätzlich bei der (aktenführenden) Behörde (vgl § 29 Abs. 3 S. 1 VwVfG). Andere Formen der Akteneinsicht können von ihr ausnahmsweise zugelassen werden (vgl § 29 Abs. 3 S. 2 VwVfG). Insbesondere steht es im Ermessen der Behörde, ob sie einem Rechtsanwalt die Akte zur Einsicht in seine Kanzlei übersendet. Auch wenn kein Anspruch auf eine solche Form der Akteneinsicht besteht, kann diese von der Behörde nicht grundsätzlich verweigert werden. Es ist zu berücksichtigen, dass die Akteneinsicht bei der Behörde für den bevollmächtigten Rechtsanwalt oft mit einem erheblichen Zeitaufwand verbunden und daher kaum praktikabel ist. Nur wenn konkrete Gründe für einen Verbleib der Akte bei der Behörde sprechen – zB Akte wird laufend benötigt (Verfahrensverzögerung), konkrete Gefahr des Verlustes –, wird eine Ablehnung der Versendung ermessensfehlerfrei sein.[33]

▶ **Muster: Bestellung zum Bevollmächtigten verbunden mit Antrag auf Akteneinsicht**

An das Landratsamt ...
– Führerscheinstelle –
Ihr Anhörungsschreiben vom ...
Ihr Az ... [inkl. Name des Mandanten]
Sehr geehrte/r Frau/Herr ... [Name des Sachbearbeiters lt. Anhörungsschreiben],

hiermit bestelle ich mich unter Vorlage einer schriftlichen Vollmacht zum Bevollmächtigten für meinen Mandanten, Herrn/Frau ... . Es wird gebeten, Schriftverkehr zukünftig nur mit dem Unterzeichner zu führen und Zustellungen nach hier vorzunehmen.

Eine Stellungnahme zu Ihrem Anhörungsschreiben soll nach Einsichtnahme in die Verwaltungsvorgänge erfolgen. Zu diesem Zweck wird um Übersendung der Führerscheinakte (und evtl beigezogener Akten) gebeten. Die unverzügliche Rücksendung nach Einsichtnahme wird zugesichert.

Mit freundlichen Grüßen
Rechtsanwalt
Anlage: Vollmacht [Original oder beglaubigte Kopie] ◀

▶ **Muster: Stellungnahme im Rahmen der Anhörung**

An das Landratsamt ...
– Führerscheinstelle –
Ihr Anhörungsschreiben vom ...
Ihr Az ... [inkl. Name des Mandanten]

---
32 Vgl *Kopp/Ramsauer*, VwVfG, § 29 Rn 42.
33 Vgl *Kopp/Ramsauer*, VwVfG, § 29 Rn 41.

Sehr geehrte/r Frau/Herr ... [Name des Sachbearbeiters lt. Anhörungsschreiben],

nach Einsichtnahme in die Verwaltungsvorgänge nehme ich zu dem angeordneten ärztlichen Gutachten wie folgt Stellung:

...

Die Voraussetzungen des § 11 [oder § 13 bzw § 14] FeV sind nicht erfüllt. ... [Begründung im Einzelnen]

Da die materiellen Voraussetzungen für den Erlass einer Aufklärungsanordnung somit nicht vorliegen, ist mein Mandant nicht verpflichtet, das geforderte Gutachten beizubringen. Ich fordere Sie daher auf, von weiteren Maßnahmen, insbesondere einer Entziehung der Fahrerlaubnis abzusehen.

Mit freundlichen Grüßen

Rechtsanwalt ◀

57 **3. Aufklärungsanordnung. a) Systematik der §§ 11, 13, 14 FeV**[34] Mit der FeV hat der Verordnungsgeber in den §§ 11, 13 und 14 FeV im Vergleich zu der bis zum 31.12.1998 geltenden Rechtslage[35] wesentlich detailliertere Regelungen geschaffen. Diese Vorschriften gelten nach ihrem Wortlaut an sich nur für die Erteilung oder Verlängerung einer Fahrerlaubnis und für die Anordnung von Beschränkungen oder Auflagen. Für den in der anwaltlichen Praxis eigentlich relevanten Fall einer Entziehung der Fahrerlaubnis erklärt § 46 Abs. 3 FeV diese Vorschriften aber für entsprechend anwendbar.

58 Soweit in den §§ 11, 13, 14 und 46 Abs. 3 FeV von „**Tatsachen**" (die Bedenken gegen die Faheignung begründen) die Rede ist, gilt vom Grundsatz her nichts anderes als bei § 15 b Abs. 2 S. 1 StVZO aF. Es müssen **konkrete Anhaltspunkte** einen Eignungsmangel als naheliegend erscheinen lassen. Der entscheidende Unterschied zur alten Rechtslage besteht darin, dass der Verordnungsgeber nunmehr in Teilbereichen (insbesondere bei Alkohol, § 13 FeV, Betäubungsmitteln, § 14 FeV, und charakterlichen Mängel, § 11 Abs. 3 FeV) selbst festgelegt hat, wann solche Eignungszweifel vorliegen und welche Maßnahmen von der Behörde zu ergreifen sind. Hierdurch sind einige, aber längst nicht alle Zweifelsfragen geklärt worden.

59 Im Verhältnis der Vorschriften zueinander ist § 11 FeV die **Generalklausel**; die §§ 13 und 14 FeV sind spezielle Regelungen für die Bereiche Betäubungsmittel und Alkohol.[36] Will die Fahrerlaubnisbehörde Eignungsbedenken nachgehen, die sich aus dem Konsum von Betäubungsmitteln und/oder Alkohol ergeben, dann kann sie sich beim Erlass einer Aufklärungsanordnung grundsätzlich nicht auf die Generalklausel berufen, sondern sie muss sich ausschließlich auf die speziellen Regelungen stützen.

60 Ein Ausnahmefall liegt nach der Rechtsprechung des Bayerischen Verwaltungsgerichtshofs[37] dann vor, wenn der Betroffene eine Alkoholfahrt mit einer BAK zwischen 1,1 ‰ und 1,6 ‰ begeht und vom Strafgericht – welches ihm regelmäßig auch die Fahrerlaubnis entziehen wird

---

34 Auf die tatbestandlichen Voraussetzungen im Einzelnen wird bei den verschiedenen Eignungsmängeln eingegangen.
35 § 15 b Abs. 2 S. 1 StVZO aF: „Besteht Anlass zur Annahme, dass der Inhaber einer Fahrerlaubnis zum Führen eines Kraftfahrzeugs ungeeignet oder noch nicht bedingt geeignet ist, so kann die Verwaltungsbehörde zur Vorbereitung der Entscheidung über die Entziehung oder die Einschränkung der Fahrerlaubnis oder über die Anordnung von Auflagen je nach den Umständen die Beibringung 1. eines amts- oder fachärztlichen Gutachtens oder 2. eines Gutachtens einer amtlich anerkannten medizinisch-psychologischen Untersuchungsstelle oder 3. eines Gutachtens eines amtlich anerkannten Sachverständigen oder Prüfers für den Kraftfahrzeugverkehr anordnen."
36 Vgl die Begründung der Bundesregierung zu §§ 13, 14 FeV (BR-Drucks. 443/98, S. 260, 262).
37 Urt. v. 7.5.2001 – 11 B 99.2527, NZV 2001, 494.

– wegen einer Straftat nach § 316 StGB verurteilt wird. Nach § 13 Nr. 2 c FeV kann die Behörde in diesem Fall vor der Wiedererteilung keine MPU fordern, weil die BAK von 1,6 ‰ nicht erreicht ist. Gleichzeitig sind die Voraussetzungen des § 11 Abs. 3 S. 1 Nr. 5 FeV („Straftaten, die im Zusammenhang mit dem Straßenverkehr stehen") erfüllt. Der Bayerische Verwaltungsgerichtshof meint nunmehr, dass diese Vorschrift hier ausnahmsweise nicht subsidiär sei, weil es sich um eine Ermessensnorm handele, bei § 13 Nr. 2 c FeV jedoch um eine gebundene Entscheidung. Dem ist entgegenzuhalten, dass § 13 FeV alle Eignungszweifel umfassend regeln will, die auf einer Alkoholproblematik beruhen, und deshalb spezielle Aussagen nicht nur für diejenigen Fälle trifft, in denen die Voraussetzungen dieser Vorschrift erfüllt sind, sondern umgekehrt gerade auch dann, wenn die Eingriffsschwelle noch nicht erreicht wird.[38]

Diese Konstellation zeigt, dass der Handlungsspielraum der Behörde bei den speziellen Regelungen der §§ 13, 14 FeV gering ist. Liegen etwa die Voraussetzung einer Fallgruppe des § 13 FeV vor, so ist die Behörde verpflichtet, die entsprechende Maßnahme zu ergreifen; diese Norm eröffnet insgesamt kein Ermessen. 61

Bei den in § 14 FeV geregelten Fallgruppen handelt es sich im Wesentlichen ebenfalls um gebundene Entscheidungen. Ermessen hat die Behörde lediglich dann, 62

- wenn es um den widerrechtlichen Besitz von Betäubungsmitteln geht (§ 14 Abs. 1 S. 2 FeV) und
- wenn die gelegentliche Einnahme von Cannabis feststeht und weitere Tatsachen Eignungszweifel begründen (§ 14 Abs. 1 S. 4 FeV).

Liegen die tatbestandlichen Voraussetzungen vor, dürfte die Entscheidung der Behörde, eine Aufklärungsanordnung zu erlassen, in der Regel allerdings nicht zu beanstanden sein, weil sie immer das gewichtige Argument der Verkehrssicherheit ins Feld führen kann. Die rechtliche Auseinandersetzung wird daher regelmäßig nicht um die Ermessensausübung, sondern um die Frage geführt, ob die tatbestandlichen Voraussetzungen für den Erlass einer Aufklärungsanordnung vorliegen.

Hinsichtlich der Maßnahmen, die der Fahrerlaubnisbehörde zur Verfügung stehen, sind die §§ 11, 13 und 14 FeV abschließend, es können also nur die dort aufgeführten Maßnahmen angeordnet werden. So ist es etwa unzulässig, wenn die Behörde den Betroffenen auffordert, den behandelnden Arzt von der Schweigepflicht zu entbinden. Ein solches Vorgehen hat der Verordnungsgeber nicht vorgesehen, zumal der behandelnde Arzt nicht für eine Begutachtung herangezogen werden kann (vgl § 11 Abs. 2 S. 5 FeV). 63

b) Konsequenzen bei Nichtbefolgung der Aufklärungsanordnung. aa) Nichtbeibringung des Gutachtens. Nach § 11 Abs. 8 FeV darf die Behörde auf die Nichteignung des Betroffenen schließen, wenn der Betroffene 64

- sich weigert, sich untersuchen zu lassen, oder
- er das geforderte Gutachten nicht fristgerecht beibringt.

Im ersten Fall kommt es also bereits nicht zur Begutachtung, im zweiten Fall hat sich der Betroffene zwar der Begutachtung unterzogen, das Gutachten aber der Behörde entweder nicht fristgerecht oder überhaupt nicht vorgelegt.

---

38 So VG Potsdam, Urt. v. 1.7.2004 – 10 K 3925/02.

65 Aus der Formulierung „darf" ergibt sich, dass nicht in jedem Fall – auch wenn dies die Regel ist – auf die Nichteignung geschlossen werden kann. Dieser Schluss ist insbesondere dann nicht zulässig, wenn der Betroffene einen **wichtigen Grund** nennen kann (zB schwere Krankheit), der ihn an der Wahrnehmung eines Termins bei dem Gutachter gehindert hat. Ein solcher Grund ist aber konkret darzulegen, ein pauschaler Hinweis auf berufliche oder familiäre Gründe wird nicht genügen. Beim Vorliegen eines gewichtigen Grundes wird die Behörde die Frist zur Vorlage des Gutachtens verlängern.

66 ▶ **Muster: Antrag auf Fristverlängerung bei einer Begutachtung**

An das Landratsamt ...

– Führerscheinstelle –

Ihre Aufklärungsanordnung vom ...

Ihr Az ... [inkl. Name des Mandanten]

Sehr geehrte/r Frau/Herr ... [Name des Sachbearbeiters lt. Anhörungsschreiben],

mit Anordnung vom ... haben Sie meinen Mandanten aufgefordert, bis zum ... ein ärztliches Gutachten vorzulegen.

Es besteht grundsätzlich die Bereitschaft, sich dieser Begutachtung zu unterziehen. Die gesetzte Frist kann jedoch nicht eingehalten werden, weil mein Mandant bis dahin aus wichtigem Grund einen Untersuchungstermin nicht wahrnehmen kann. Für die Zeit vom ... bis zum ... ist ein bereits seit Längerem geplanter Auslandsaufenthalt vorgesehen, der nicht verschoben werden kann. Als Nachweis hierfür lege ich Ihnen eine Kopie des Flugtickets [o.Ä.] vor.

Es wird daher gebeten, die Frist zur Vorlage des Gutachtens angemessen, mindestens um ... Wochen, zu verlängern.

Mit freundlichen Grüßen

Rechtsanwalt ◀

67 Aus der Nichtbeibringung des geforderten Gutachtens kann auch dann nicht auf die fehlende Eignung geschlossen werden, wenn der Betroffene nunmehr die ursprünglich bestehenden Eignungszweifel ausräumt oder darlegt, dass die Aufklärungsanordnung zu Unrecht ergangen ist. Zudem setzt die Sanktion des § 11 Abs. 8 FeV voraus, dass die Gutachtensanordnung hinsichtlich **sämtlicher** Fragestellungen zu Recht ergangen ist. Enthält also etwa bei Bedenken hinsichtlich der charakterlichen Eignung die Aufklärungsanordnung nicht nur insoweit eine Fragestellung, sondern auch hinsichtlich körperlicher Mängel – obwohl insoweit keine begründeten Zweifel bestehen –, ist die Anordnung nicht nur partiell, sondern insgesamt fehlerhaft.[39]

68 **Fehlende finanzielle Leistungsfähigkeit** entschuldigt die Nichtvorlage des angeordneten Gutachtens nicht. Wie sonst bei Ausbildungskosten hat der Inhaber der Fahrerlaubnis die Kosten der Eignungsprüfung zu tragen. Dies ergibt sich aus der in § 2 Abs. 8 StVG festgeschriebenen Beibringungslast. So muss sich etwa ein Empfänger von „Hartz IV"-Leistungen um eine ratenweise Zahlung der Kosten bemühen.[40] Etwas anderes kann nach einer Entscheidung des

---

[39] VGH Bad.-Württ., Beschl. v. 30.6.2011 – 10 S 2785/10, NJW 2011, 3257 = zfs 2011, 592.
[40] OVG Berlin-Brandenburg, Beschl. v. 28.2.2011 – 1 S 19.11, Blutalkohol 2011 (Vol. 48), 184; OVG Niedersachsen, Urt. v. 8.3.1995 – 12 O 1539/95, NZV 1995, 294; VGH Bad.-Württ., Beschl. v. 6.7.1998 – 10 S 639/98, NZV 1998, 429.

A. Entzug der Fahrerlaubnis (§ 3 Abs. 1 S. 1 StVG) 18

Bundesverwaltungsgerichts[41] nur dann gelten, wenn ganz besondere Umstände vorliegen, die es einem mittellosen Betroffenen unzumutbar erscheinen lassen, die Kosten der Begutachtung zu tragen. Im konkreten Fall hatte das Gericht dies jedoch verneint, und aus der Entscheidung ergibt sich auch sonst nicht, wann solche besonderen Umstände vorliegen können. In der Praxis bleibt es dabei, dass der Betroffene die Kosten zu tragen hat. Es ist nicht Aufgabe der Fahrerlaubnisbehörde, bei fehlender Leistungsfähigkeit mit finanziellen Mitteln einzuspringen. Dies ist vielmehr mit dem Sozialamt bzw der Arbeitsagentur zu klären. Hat ein Arbeitsuchender etwa eine Arbeitsstelle konkret in Aussicht und wird für diese eine Fahrerlaubnis benötigt, kommt ein Antrag auf Übernahme der Begutachtungskosten durch die Arbeitsagentur in Betracht.

Fällt das Gutachten für den Betroffenen negativ aus, ist er nicht verpflichtet, dieses der Behörde vorzulegen. Die Erstellung des Gutachtens erfolgt auf der Grundlage eines privatrechtlichen Vertrages.[42] Als Auftraggeber kann der Inhaber der Fahrerlaubnis bestimmen, ob das Gutachten nur ihm ausgehändigt oder auch an die Behörde übersandt wird. Da ein negatives Gutachten häufig weitere, der Behörde bislang nicht bekannte und für den Betroffenen negative Tatsachen enthält, empfiehlt es sich in aller Regel auch nicht, ein solches negatives Gutachten vorzulegen. Diese kann dann allerdings nach § 11 Abs. 8 FeV unmittelbar auf die Nichteignung schließen und muss mit dem Erlass der Entziehungsverfügung nicht abwarten, bis der Betroffene ein eventuell von ihm in Auftrag gegebenes Gegengutachten vorlegen kann.[43] 69

Hinweis: Hat die Behörde nach der Nichtbeibringung des Gutachtens die Fahrerlaubnis entzogen, muss man sich im Rahmen des Widerspruchsverfahrens nicht darauf beschränken, die Rechtswidrigkeit der Aufklärungsanordnung geltend zu machen. Der Betroffene kann vielmehr bis zum Erlass des Widerspruchsbescheids seine Eignung durch Vorlage eines positiven Gutachtens nachweisen. Liegt bereits ein negatives Gutachten vor, empfiehlt es sich, in Absprache mit der Behörde einen **Obergutachter** auszusuchen, der Kenntnis vom maßgeblichen Inhalt der Führerscheinakte erhält und sich mit dem ersten, negativen Gutachten auseinandersetzt. 70

▶ **Muster: Einverständnis mit nachträglicher Begutachtung** 71

An das Landratsamt ...

– Führerscheinstelle –

Widerspruch gegen die Entziehungsverfügung vom ...

Ihr Az ... [inkl. Name des Mandanten]

Sehr geehrte/r Frau/Herr ... [Name des Sachbearbeiters],

da mein Mandant aus beruflichen Gründen darauf angewiesen ist, möglichst umgehend wieder von seiner Fahrerlaubnis Gebrauch machen zu können, besteht nunmehr doch die Bereitschaft, sich der geforderten Begutachtung zu unterziehen. Die entsprechende Einverständniserklärung mit Angabe der Begutachtungsstelle liegt bei.

---

41 Urt. v. 13.11.1997 – 3 C 1.97, NZV 1998, 300 (zur früheren Rechtslage).
42 *Bouska/Laeverenz*, Erl. 31 zu § 11 Fe.V.
43 VG Karlsruhe, Beschl. v. 25.3.2002 – 12 K 436/02, Blutalkohol 2003 (Vol. 40), 82.

Es wird gebeten, die Führerscheinakte umgehend der Begutachtungsstelle zuzuleiten, damit kurzfristig ein Untersuchungstermin vereinbart werden kann. Ich gehe davon aus, dass das Widerspruchsverfahren bis zur Vorlage des Gutachtens ruht.

Mit freundlichen Grüßen

Rechtsanwalt ◄

72 Hat sich der Betroffene einer angeordneten Begutachtung gestellt und liegt das Gutachten der Behörde vor, so ist dies eine neue Tatsache, die selbstständige Bedeutung hat. Dieses Gutachten kann selbst dann verwertet werden, wenn die Aufklärungsanordnung zu Unrecht ergangen ist.[44] Eine Verwertung des Gutachtens ist allerdings nicht zulässig, wenn dieses ohne Zustimmung des Betroffenen zu den Verwaltungsakten gelangt.[45]

73 Fällt das Gutachten positiv aus, dann ist zu prüfen, ob die Aufklärungsanordnung zu Unrecht ergangen ist. In diesem Fall hat der Betroffene unter dem Gesichtspunkt der **Folgenbeseitigung** einen Anspruch auf Erstattung der Kosten des Gutachtens.[46] Dieser Anspruch ist vor den Verwaltungsgerichten geltend zu machen.

74 ▶ **Muster: Klageschrift (Erstattung von Gutachterkosten)**

An das Verwaltungsgericht ...

Leistungsklage

des Herrn ...

– Kläger –

Prozessbevollmächtigte: RAe ...

gegen das Land ..., vertreten durch den Landrat des Kreises ... – Führerscheinstelle –, ...,

– Beklagter –

Hiermit erhebe ich namens und in Vollmacht des Klägers Klage und beantrage,

das beklagte Land zu verurteilen, an den Kläger ... EUR nebst Zinsen in Höhe von 5 Prozentpunkten über dem Basiszinssatz hieraus seit Klagerhebung zu zahlen.

Begründung:

Die zulässige Klage ist begründet.

Der Kläger hat unter dem Gesichtspunkt der Folgenbeseitigung einen Anspruch auf Erstattung der Kosten des von ihm auf Veranlassung der Führerscheinstelle in Auftrag gegebenen medizinisch-psychologischen Gutachtens.

Die Aufklärungsanordnung der Führerscheinstelle vom ... ist rechtswidrig. Die Voraussetzungen des § 11 Abs. 3 S. 1 Nr. 4 FeV für die Anforderung eines medizinisch-psychologischen Gutachtens lagen nicht vor.

Die einmalige Überschreitung der Höchstgeschwindigkeit stellt keinen erheblichen Verstoß gegen verkehrsrechtliche Vorschriften iSv § 11 Abs. 3 S. 1 Nr. 4 FeV dar. Insbesondere ist es zu keinem Zeitpunkt zu einer Gefährdung anderer Personen gekommen. Gegen eine besondere Schwere des

---

44 BVerwG, Beschl. v. 19.3.1996 – 11 B 14.96, NZV 1996, 332; BayVGH, Urt. v. 14.7.1998 – 11 B 96.2862 = NZV 1999, 100.
45 BVerwG, Beschl. v. 11.6.2008 – 3 B 99.07, NZV 2008, 644 = DAR 2008, 712.
46 BVerwG, Urt. v. 15.12.1989 – 7 C 52.88, NZV 1990, 165.

Verstoßes spricht zudem, ... [evtl Darlegung besonderer Umstände, die zu dem Fehlverhalten geführt haben].

Im Übrigen hat der Beklagte das ihm obliegende Ermessen fehlerhaft ausgeübt. Es ist in keiner Weise berücksichtigt worden, dass nicht jeder Verstoß iSv § 11 Abs. 3 S. 1 Nr. 4 FeV zwangsläufig zur Anordnung einer Begutachtung führt. Dies ergibt sich aus der Parallele zum Maßnahmesystem des § 4 StVG, welches bei schwerwiegenden Verstößen ebenfalls nicht unbedingt so einschneidende Konsequenzen hat.

So hat der einmalige, mit 2 Punkten geahndete Vorfall für den Kläger nach dem Punktsystem keinerlei Folgen, da es sich um den ersten Verkehrsverstoß überhaupt handelt. Nach der gesetzlichen Wertung des § 4 StVG besteht keine Veranlassung für ein Tätigwerden. Diese Wertung hätte der Beklagte bei seiner Ermessensentscheidung berücksichtigen und begründen müssen, warum hier dennoch die Notwendigkeit einer Begutachtung bestehen soll. Dies ist nicht geschehen.

Die Aufklärungsanordnung hätte daher nicht ergehen dürfen. Dies wird letztlich auch durch das vorliegende Gutachten bestätigt, welches die charakterliche Kraftfahreignung des Klägers voll und ganz bejaht.

Rechtsanwalt ◄

bb) Inhalt der Aufklärungsanordnung. Die Aufklärungsanordnung muss **inhaltlich bestimmt** sein. Dies erfordert zum einen die konkrete Angabe der durch die Untersuchung zu klärenden Fragestellung und zum anderen die Angabe der Art des beizubringenden Gutachtens. Der Gutachtensanordnung muss sich zweifelsfrei entnehmen lassen, welche Eignungszweifel auf welche Weise geklärt werden sollen.[47]

Zu den an eine Untersuchungsanordnung zu stellenden Mindestanforderungen zählt es auch, dass die Aufforderung im Wesentlichen aus sich heraus verständlich sein und der Betroffene ihr entnehmen können muss, was konkret ihr Anlass ist, ob die in der Anordnung aufgeführten Tatsachen die behördlichen Zweifel an der Fahreignung zu rechtfertigen vermögen und welches Verhalten konkret von ihm gefordert wird.[48] Hier gelten strenge Anforderungen, da gegen die Gutachtenanforderung kein unmittelbarer Rechtsschutz möglich ist, sondern eine Überprüfung der Rechtmäßigkeit des behördlichen Verhaltens nur im Rahmen von Rechtsbehelfen stattfindet, die sich gegen nachfolgende Verwaltungsentscheidungen, dh hier die Entziehung, richten

Bei einem fachärztlichen Gutachten (§ 11 Abs. 2 S. 3 Nr. 1 FeV) ist die genaue Angabe der Fachrichtung des (Fach-)Arztes erforderlich.[49] Es darf allerdings nicht vorgegeben werden, dass das Gutachten von einem bestimmten Arzt oder einer bestimmten Stelle (zB Institut für Rechtsmedizin der Universität XY) zu erstellen ist; der Betroffene hat insoweit ein Wahlrecht.[50]

Die Fragestellung, die der mit der Begutachtung beauftragten Person oder Stelle gemäß § 11 Abs. 6 S. 4 FeV mitgeteilt wird, muss mit derjenigen identisch sein, die nach § 11 Abs. 6 S. 1 FeV in der an den Betroffenen gerichteten Anordnung, ein Fahreignungsgutachten beizubrin-

---

47 VGH Bad.-Württ, Beschl. v. 20.4.2010 – 10 S 319/10, NZV 2011, 53.
48 BVerwG, Beschl. v. 5.2.2015 – 3 B 16.14, DAR 2015, 216; OVG Nds., Beschl. v. 7.5.2014 – 12 ME 54/14, VerkMitt 2014, Nr 62.
49 BVerwG, Beschl. v. 5.2.2015 – 3 B 16.14, DAR 2015, 216; OVG NRW, Beschl. v. 4.9.2000 – 19 B 1134/00 = NZV 2001, 95.
50 OVG Hamburg, Beschl. v. 30.3.2000 – 3 Bs 62/00, NZV 2000, 348.

gen, festgelegt wird. Ist dies nicht der Fall, ist eine spätere Entziehung nach § 11 Abs. 8 FeV rechtswidrig.[51]

77 Die Behörde kann sich auf **Feststellungen eines zuvor durchgeführten Straf- oder Bußgeldverfahrens** stützen. Derartige Feststellungen muss der Betroffene gegen sich gelten lassen, soweit nicht gewichtige Anhaltspunkte gegen deren Richtigkeit sprechen.[52] Insbesondere gilt hier nicht die „Rosinentheorie", so dass der Betroffene sich nicht im Strafverfahren auf Eigenkonsum – zur Vermeidung einer Verurteilung wegen Handeltreibens mit Betäubungsmitteln – und dann gegenüber der Fahrerlaubnisbehörde darauf berufen kann, dass die Drogen zur Weitergabe an Dritte bestimmt gewesen seien (vgl Rn 29). Eine solche Einlassung wird in einem verwaltungsgerichtlichen Verfahren regelmäßig als (unglaubhafte) Schutzbehauptung gewertet.

78 Begründet die Behörde die Zweifel an der Fahreignung in der Anordnung unter anderem mit nicht verwertbaren Tatsachen (zB mit einem noch nicht abgeschlossenen Strafverfahren, vgl § 3 Abs. 3 StVG), wird die Anordnung nicht insgesamt rechtswidrig, wenn die sonstigen Tatsachen für sich genommen die Maßnahme tragen.

78a Eine rechtswidrige – da nicht auf hinreichende Eignungszweifel gestützte – Aufklärungsanordnung kann aber nicht dadurch gleichsam geheilt werden, dass die Behörde nachträglich (erstmals) Umstände darlegt, die nunmehr Anlass zu Zweifeln an der Fahreignung geben könnten. Ebenso wenig ist ein Austausch der Begründung einer Gutachtensanforderung zulässig, die erst durch das Verwaltungsgericht vorgenommen wird.[53]

79 Mit der Anordnung ist weiter eine **hinreichend bestimmte Frist für die Beibringung des Gutachtens** zu setzen, um die Mitwirkungspflicht auszulösen. Die Aufforderung, das Gutachten „innerhalb angemessener Frist" vorzulegen, genügt nicht.[54]

80 Mit der Aufklärungsanordnung wird der Betroffene aufgefordert, sein Einverständnis mit der Begutachtung zu erklären und die Begutachtungsstelle zu benennen (damit die Behörde die Führerscheinakte dorthin übersenden kann). Wird hinsichtlich der Rücksendung der Einverständniserklärung eine Frist gesetzt, so ist deren Versäumung unschädlich, weil die Rücksendung nicht mit der Beibringung des Gutachtens gleichgesetzt werden kann, es handelt sich lediglich um eine Vorstufe zur Begutachtung.[55]

81 Die vom Betroffenen geforderte Mitwirkungshandlung besteht nicht bloß darin, sich irgendwann einer Untersuchung zu unterziehen, vielmehr ist er zu einer **fristgerechten Mitwirkung** verpflichtet. Die Frist dient nicht nur der Verfahrensbeschleunigung, sondern hat unter Umständen auch entscheidende untersuchungstechnische Bedeutung, weil zB der Konsum bestimmter Betäubungsmittel im Urin nur wenige Tage nachgewiesen werden kann.[56] Wenn allerdings die Einhaltung der Frist für das Untersuchungsergebnis ohne Folgen ist, kann die Behörde nicht allein aufgrund der verspäteten Vorlage des Gutachtens auf die Nichteignung schließen.

---

51 BayVGH, Beschl. v. 15.5.2008 – 11 CS 08.616, BayVBl. 2004, 724.
52 OVG Rheinland-Pfalz, Beschl. v. 23.5.2002 – 7 B 10765/02, NJW 2002, 2581.
53 VGH Bad.-Württ., Urt. v. 23.2.2010 – 10 S 221/09, zfs 2010, 356 = VRS 119 Nr. 51.
54 OVG Hamburg, Beschl. v. 24.2.1998 – Bs VI 114/97, DAR 1998, 323.
55 OVG Hamburg, Beschl. v. 30.3.2000 – 3 Bs 62/00, NZV 2000, 348.
56 OVG NRW, Beschl. v. 15.3.2002 – 19 B 405/02, DAR 2003, 283, zum Drogenscreening (Blut, Urin) bei Cannabis; OVG Rheinland-Pfalz, Beschl. v. 10.8.1999 – 7 B 11398/99, DAR 1999, 518.

c) Rechtsbehelfe. Die Aufklärungsanordnung ist nach ständiger verwaltungsgerichtlicher Rechtsprechung[57] kein Verwaltungsakt iSv § 35 VwVfG (vgl Rn 44). Daher ist gegen diese Maßnahme kein Widerspruch (vgl § 68 VwGO) und erst recht keine verwaltungsgerichtliche Anfechtungsklage (vgl § 42 Abs. 1 VwGO) statthaft; diese Rechtsbehelfe sind erst gegen eine anschließende Entziehung der Fahrerlaubnis gegeben. Dies bedeutet, dass der Betroffene keine Möglichkeit hat, einen Suspensiveffekt (vgl § 80 Abs. 1 VwGO) herbeizuführen.[58] Entsprechend ist es nicht erforderlich, dass die Behörde die sofortige Vollziehung anordnet.

aa) Feststellungs- oder vorbeugende Unterlassungsklage? In der Literatur[59] gibt es zwar Stimmen, die auf die Möglichkeit einer Feststellungsklage (§ 43 VwGO) und einer vorbeugenden Unterlassungsklage (als Unterfall der allgemeinen Leistungsklage) verweisen. Diese Klagearten sind aber nicht praktikabel und spielen in der gerichtlichen Praxis keine Rolle. Da Entziehungsverfügungen nahezu ausnahmslos mit einer Anordnung der sofortigen Vollziehung ergehen, würden solche Klagen (gegen die Aufklärungsanordnung) in aller Regel durch ein Antragsverfahren (wegen der Entziehungsverfügung) nach § 80 Abs. 5 VwGO „überholt" werden.

Im Übrigen wäre eine Feststellungs- bzw Unterlassungsklage nach dem eindeutigen Wortlaut des § 44 a S. 1 VwGO unzulässig. Nach dieser Vorschrift können Rechtsbehelfe gegen behördliche Verfahrenshandlungen nur gleichzeitig mit dem gegen die Sachentscheidung zulässigen Rechtsbehelf geltend gemacht werden. Mit der Aufklärungsanordnung wird aber noch nicht in der Sache entschieden (daher keine Regelung iSv § 35 VwVfG), sondern die Entscheidung der Behörde im Entziehungsverfahren lediglich vorbereitet (vgl Rn 44). Die Anordnung kann auch nicht vollstreckt werden (vgl § 44 a S. 2 VwGO); es handelt sich lediglich um eine freiwillige Mitwirkungshandlung. Mit Erlass der Entziehungsverfügung würde das Rechtsschutzinteresse für eine Feststellungs- oder Unterlassungsklage entfallen, weil Rechtsbehelfe gegen die Entziehungsverfügung ein weitergehendes Ziel haben und damit effektiver sind.

bb) Antrag auf Erlass einer einstweiligen Anordnung (§ 123 Abs. 1 VwGO). Ein Antrag auf Erlass einer einstweiligen Anordnung (§ 123 Abs. 1 VwGO)[60] wäre allerdings ein effektives Mittel, da mit einer gerichtlichen Entscheidung noch vor Erlass der Entziehungsverfügung zu rechnen wäre. Ein solcher Antrag müsste das Ziel haben, den Erlass der Entziehungsverfügung bei Nichtbeibringung des geforderten Gutachtens vorläufig zu verhindern. Da es sich in der Hauptsache um eine allgemeine Leistungsklage handelt, wäre ein solcher Antrag statthaft (vgl § 123 Abs. 5 VwGO).

Regelmäßig wird es aber am **Rechtsschutzinteresse** fehlen. Zwar ist im Hinblick auf den durch Art. 19 Abs. 4 GG garantierten effektiven Rechtsschutz gegen einen drohenden Verwaltungsakt die Gewährung vorbeugenden – auch einstweiligen – Rechtsschutzes (gerichtet auf die Verpflichtung der Behörde, den drohenden Erlass eines Verwaltungsakts – vorläufig – zu unterlassen) ausnahmsweise dann zulässig, wenn es dem Rechtsuchenden aufgrund besonderer Umstände nicht zuzumuten ist, sich auf den von der Verwaltungsgerichtsordnung (insbesondere Klage gem. § 42 VwGO, Widerspruch gem. § 68 VwGO und Wiederherstel-

---

57 Vgl BVerwG, Urt. v. 28.11.1969 – VII C 18.69, NJW 1970, 1989, und zuletzt Urt. v. 27.9.1995 – 11 C 34.94, NZV 1996, 84 (noch zu § 15 b Abs. 2 StVZO aF).
58 OVG NRW, Beschl. v. 22.1.2001 – 19 B 1757/00, NZV 2001, 396.
59 Vgl insb. *Bode/Winkler*, § 10 Rn 16 f.
60 Vgl hierzu *Bode/Winkler*, § 10 Rn 18 ff.

lung der aufschiebenden Wirkung gem. § 80 Abs. 5 VwGO) als grundsätzlich angemessen und ausreichend angesehenen nachträglichen Rechtsschutz verweisen zu lassen. Bei einer Entziehung der Fahrerlaubnis wird es dem Betroffenen im Regelfall aber zuzumuten sein, den Erlass der Entziehungsverfügung abzuwarten.[61]

87 Etwas anderes ist nur dann denkbar, wenn selbst vorläufiger Rechtsschutz nach § 80 Abs. 5 VwGO gegen die Entziehungsverfügung den Eintritt **schwerwiegender Nachteile** nicht verhindern kann, wenn zB der Verlust des Arbeitsplatzes droht, weil der Betroffene als Berufskraftfahrer auf seine Fahrerlaubnis angewiesen ist und er nach der Entziehung (mit Anordnung der sofortigen Vollziehung) zunächst nicht mehr von der Fahrerlaubnis Gebrauch machen darf. Auch in diesem Fall dürften die Erfolgsaussichten eines Antrags nach § 123 Abs. 1 VwGO aber nicht hoch sein. Das Gericht kann nämlich im Verfahren nach § 80 Abs. 5 VwGO eine Zwischenregelung treffen, etwa die Vollziehung der angefochtenen Verfügung bis zur gerichtlichen Entscheidung in diesem Antragsverfahren aussetzen, und wird daher den Antrag auf Gewährung vorläufigen Rechtsschutzes gegen die Aufklärungsanordnung im Zweifel wegen fehlenden Rechtsschutzbedürfnisses als unzulässig ablehnen.

88 Letztlich sprechen allenfalls **prozesstaktische Überlegungen** für einen solchen vorbeugenden einstweiligen Rechtsbehelf. Auch wenn das Gericht nämlich den Antrag als unzulässig ablehnt, wird es eventuell, da es ohnehin mit der Sache befasst ist und zur Vermeidung eines weiteren Verfahrens, ergänzend Ausführungen zur Rechtmäßigkeit der Aufklärungsanordnung machen. Für den Betroffenen hat dies den Vorteil, dass er sich dann vor einer Entziehung der Fahrerlaubnis immer noch der Begutachtung stellen kann. Auch wenn man diesen Umstand berücksichtigt, ist ein Antrag nach § 123 Abs. 1 VwGO aber nur dann überlegenswert, wenn ein besonderer Grund im vorgenannten Sinne (Rn 87) tatsächlich geltend gemacht werden kann. Die gerichtliche Neigung, bei einem offensichtlich unzulässigen Antrag ergänzende Ausführungen zur Begründetheit zu machen, ist – zu Recht – eher gering!

89 In der Praxis werden Anträge auf Gewährung vorläufigen Rechtsschutzes häufig ungenau formuliert. Dies führt aber nicht zu deren Unzulässigkeit, denn das Gericht ist zur Auslegung und Präzisierung des Antrags verpflichtet (vgl § 88 VwGO).

90 **Beispiel: Aufklärungsanordnung nach Cannabis-Konsum**
M. ist **Berufskraftfahrer**. Die Fahrerlaubnisbehörde erhält Kenntnis davon, dass ein Strafverfahren wegen des Besitzes von 5 g Cannabis gegen Zahlung einer Geldbuße eingestellt worden ist. Sie ordnet daraufhin eine MPU an zur Frage, ob M. zwischen dem Konsum von Cannabis und der Teilnahme am Straßenverkehr trennen kann. M. hält dies nicht für gerechtfertigt und möchte sich der Begutachtung nicht stellen.

91 ▶ **Muster: Antrag nach § 123 Abs. 1 VwGO wegen einer Aufklärungsanordnung**

An das Verwaltungsgericht …

Antrag nach § 123 Abs. 1 VwGO

In der Sache
des Herrn …

– Antragsteller –

---

[61] OVG Hamburg, Beschl. v. 22.5.2002 – 3 Bs 71/02, zfs 2003, 262.

A. Entzug der Fahrerlaubnis (§ 3 Abs. 1 S. 1 StVG)

Prozessbevollmächtigte: RAe ...

gegen

das Land ..., vertreten durch den Landrat des Kreises ... – Führerscheinstelle –, ...,

– Antragsgegner –

beantrage ich hiermit namens und in Vollmacht meines Mandanten, des Antragstellers,

dem Antragsgegner im Wege des Erlasses einer einstweiligen Anordnung vorläufig zu untersagen, wegen der Nichtbeibringung des mit Anordnung vom ... geforderten Gutachtens die Fahrerlaubnis zu entziehen.

Streitwert: 2.500 EUR

I. Sachverhalt

...

II. Begründung

Der Antrag auf Erlass einer einstweiligen Anordnung ist zulässig.

Das Rechtsschutzinteresse entfällt nicht deshalb, weil der Antragsteller die Möglichkeit hat, im Falle einer Entziehung der Fahrerlaubnis mit Sofortvollzug einen Antrag nach § 80 Abs. 5 VwGO zu stellen. Bis zu einer Entscheidung über diesen Antrag dürfte der Antragsteller von seiner Fahrerlaubnis nämlich keinen Gebrauch machen. Dies ist aber nicht zumutbar, weil der Antragsteller in diesem Zeitraum nicht seinem Beruf als Kraftfahrer nachgehen kann; ein Einsatz im Innendienst scheidet aus. Der Arbeitgeber, die Fa. ..., hat bereits angekündigt, den Antragsteller zu entlassen, wenn er über mehrere Wochen mangels Fahrerlaubnis nicht als Kraftfahrer eingesetzt werden kann. Angesichts der aktuellen Arbeitsmarktlage käme dies einer wirtschaftlichen Existenzvernichtung gleich. Dieser gravierende Nachteil kann nur durch die Gewährung vorläufigen Rechtsschutzes verhindert werden.

Der Antrag ist auch begründet.

Ein Anordnungsgrund – also die Eilbedürftigkeit der Sache – ergibt sich daraus, dass der Antragsgegner bereits angekündigt hat, die Fahrerlaubnis mit Sofortvollzug zu entziehen, wenn der Antragsteller sich nicht der Begutachtung stellt.

Ein Anordnungsanspruch ist ebenfalls gegeben. Die streitgegenständliche Anordnung vom ... ist rechtswidrig, so dass auch eine Entziehung der Fahrerlaubnis wegen Nichtbeibringung des Gutachtens (§ 11 Abs. 8 FeV) rechtswidrig wäre.

Die Anordnung einer MPU kommt nach § 14 Abs. 1 S. 4 FeV nur dann in Betracht, wenn eine gelegentliche Einnahme von Cannabis vorliegt und weitere Tatsachen Zweifel an der Eignung begründen. Es ist bislang nicht erwiesen, dass der Antragsteller gelegentlich Cannabis konsumiert. Vor allem aber hat der Antragsteller niemals unter dem Einfluss von Cannabis am Straßenverkehr teilgenommen. Selbst von Seiten des Antragsgegners wird nicht behauptet, dass es bislang zu entsprechenden Verfahren gekommen sei. Daher fehlt es gänzlich an Tatsachen, die auf ein fehlendes Trennungsvermögen hindeuten. Die Behörde will durch die streitgegenständliche Anordnung vielmehr ins Blaue hinein ermitteln. Dies ist aber unzulässig.

Vor diesem Hintergrund ist dem Antrag vollumfänglich stattzugeben.

Rechtsanwalt ◄

92 Für den Betroffenen hat die im Regelfall fehlende Möglichkeit, bereits gegen die Aufklärungsanordnung vorzugehen und damit deren Rechtmäßigkeit gerichtlich überprüfen zu lassen, erhebliche Nachteile. In dieser Situation hat er zwei Möglichkeiten:

- Befolgt er die Aufklärungsanordnung nicht, etwa weil er von deren Rechtswidrigkeit ausgeht, wird dies zur Entziehung der Fahrerlaubnis führen (vgl § 11 Abs. 8 S. 1 FeV). Seine Einwendungen kann er dann erst im Widerspruchsverfahren gegen die Entziehungsverfügung bzw – bei Anordnung der sofortigen Vollziehung durch die Behörde – in einem vorläufigen Rechtsschutzverfahren nach § 80 Abs. 5 VwGO geltend machen. Bis zu einer Entscheidung in diesen Verfahren ist die Entziehungsverfügung aber wirksam und der Betroffene für einen nicht unerheblichen Zeitraum nicht im Besitz einer Fahrerlaubnis.
- Auch wenn der Betroffene von der Rechtswidrigkeit der Anordnung ausgeht, wird zu überlegen sein, ob man sich nicht doch der Begutachtung stellt. Da ein negatives Gutachten – abgesehen von Hinweisen für eine Verhaltensänderung – in verfahrensrechtlicher Hinsicht keinen Vorteil bringt, sollte man sich – auch aus Kostengründen – der Begutachtung nur dann stellen, wenn Erfolgsaussichten bestehen. Fordert die Behörde eine MPU, sollte zur Einschätzung der Erfolgsaussichten auf jeden Fall ein Beratungsgespräch mit der Begutachtungsstelle geführt werden. Bei Drogenscreenings hängen die Erfolgsaussichten in erster Linie von der Selbsteinschätzung/-erkenntnis des Betroffenen ab. Kommt das Gutachten zu einem positiven Ergebnis, können dessen Kosten nicht automatisch bei der Behörde unter dem Gesichtspunkt der Folgenbeseitigung geltend gemacht werden; ein solcher Anspruch setzt vielmehr voraus, dass die Aufklärungsanordnung zu Unrecht ergangen ist (vgl dazu Rn 73).

93 **4. Entziehungsverfügung. a) Charakter und Inhalt.** Mit Erlass der Entziehungsverfügung wird das behördliche Ausgangsverfahren zunächst abgeschlossen. Hinsichtlich der verfahrensrechtlichen Einordnung wirft die Verfügung im Vergleich zur Aufklärungsanordnung keine Probleme auf. Es handelt sich hierbei zweifelsfrei um einen **Verwaltungsakt**. Da die Verfügung regelmäßig verschiedene Regelungen enthält, liegen sogar mehrere Verwaltungsakte vor, was sich aber im Verfahren praktisch nicht bemerkbar macht.

94 Im Regelfall hat die Verfügung folgenden Inhalt:

- **Entziehung der Fahrerlaubnis** (etwa nach § 3 Abs. 1 S. 1 StVG wegen fehlender Eignung) mit – oder in Ausnahmefällen auch ohne – Anordnung der sofortigen Vollziehung.

95 - Aufforderung an den Betroffenen, binnen einer Frist von (meist) einer Woche den **Führerschein abzuliefern**. Diese Verpflichtung ergibt sich unmittelbar aus § 3 Abs. 3 S. 2 StVG, so dass es insoweit der Anordnung der sofortigen Vollziehung nicht Bedarf. Die Ablieferungspflicht wird wirksam mit Entziehung der Fahrerlaubnis, also wenn die (Entziehungs-)Verfügung dem Betroffenen bekannt gegeben worden ist. Falls die Behörde ausnahmsweise nicht die sofortige Vollziehung der Entziehung angeordnet hat, entfaltet der Widerspruch aufschiebende Wirkung, aus der Entziehung dürfen also keine Folgerungen gezogen werden, so dass auch die Ablieferungspflicht vorläufig entfällt.

96 - **Androhung eines Zwangsmittels** für den Fall, dass der Betroffene seiner Ablieferungspflicht nicht nachkommt. Die Vollstreckung der Ablieferungspflicht erfolgt nach den landesrechtlichen Bestimmungen der Verwaltungsvollstreckungsgesetze. Die Androhung eines

Zwangsmittels ist die erste Stufe des Vollstreckungsverfahrens. Nach den landesrechtlichen Ausführungsgesetzen zur VwGO (vgl etwa § 80 Abs. 2 S. 2 VwGO iVm § 112 JustG NRW) entfaltet ein Rechtbehelf insoweit keine aufschiebende Wirkung, so dass es keiner Anordnung der sofortigen Vollziehung bedarf. Als anzudrohende Zwangsmittel kommen – da es um eine sog. unvertretbare Handlung geht – das Zwangsgeld und der unmittelbare Zwang in Betracht. Als milderes Mittel wird die Behörde regelmäßig zunächst ein Zwangsgeld androhen müssen. Bei Nichtbefolgung der Ablieferungspflicht kann dieses festgesetzt und gleichzeitig erneut ein Zwangsmittel angedroht werden.

Ein – der Willensbeugung dienendes – Zwangsmittel kann aber nur dann festgesetzt werden, wenn dem Betroffenen bekannt ist, bis zu welchem Zeitpunkt er der Ordnungsverfügung nachkommen muss, um die Anwendung des Zwangsmittels zu vermeiden.[62] Die Bekanntgabe der Zwangsmittelandrohung durch Zustellung an einen Dritten (insbesondere einen Rechtsanwalt) oder auch durch öffentliche Zustellung, ist zwar gegenüber dem Betroffenen wirksam. Die wirksame Zustellung macht jedoch die tatsächliche Kenntnis des Betroffenen nicht entbehrlich. Hat der Betroffene also von der Ordnungsverfügung mit der darin enthaltenen Zwangsmittelandrohung tatsächlich keine Kenntnis erlangt, zB weil er untergetaucht ist und kein Kontakt zu seinem Rechtsanwalt (dem die Ordnungsverfügung zugestellt worden ist) besteht, ist eine gleichwohl erfolgte Zwangsmittelfestsetzung rechtswidrig.

b) Maßgeblicher Zeitpunkt für die Beurteilung der Rechtmäßigkeit. Im Verwaltungsprozessrecht gilt der Grundsatz, dass bei der Anfechtungsklage auf die Sach- und Rechtslage im Zeitpunkt der letzten Behördenentscheidung abzustellen ist, während bei Verpflichtungsklagen die (letzte) mündliche Verhandlung maßgeblich ist. Dies bedeutet, dass bei einer Anfechtungsklage gegen eine Entziehungsverfügung für die Frage der Rechtmäßigkeit der Entziehung der Zeitpunkt des Erlasses des Widerspruchsbescheids[63] und bei einer Verpflichtungsklage auf Erteilung der Fahrerlaubnis für die Frage des Vorliegens der Anspruchsvoraussetzungen der Zeitpunkt der mündlichen Verhandlung entscheidend ist.

Etwas anderes ergibt sich nicht aus dem weiteren Grundsatz, dass bei Verwaltungsakten mit Dauerwirkung spätere Änderungen der Sach- und Rechtslage im gerichtlichen Verfahren zu beachten sind. Zwar hat die Entziehungsverfügung für den Betroffenen eine Dauerwirkung. Da er jedoch jederzeit die Neuerteilung der Fahrerlaubnis beantragen kann, ist er mit neuen (günstigen) Tatsachen, die erst nach Abschluss des behördlichen Entziehungsverfahrens eintreten, auf das Neuerteilungsverfahren zu verweisen.

Im Klageverfahren kann sich für den Betroffenen die Frage stellen, wie er auf den Eintritt einer neuen Tatsache verfahrensrechtliche reagieren soll:

Beispiel:
M. ist die Fahrerlaubnis entzogen worden, nachdem er sich geweigert hatte, das geforderte Gutachten (MPU, Drogenscreening) beizubringen. Während des Klageverfahrens erklärt sich M. nunmehr doch zur Begutachtung bereit oder legt sogar ein neues positives Gutachten vor.

---

62 OVG NRW, Beschl. v. 22.7.2008 – 16 B 750/08.
63 In mehreren Bundesländern (zB Bayern, Niedersachsen, NRW) ist das Widerspruchsverfahren weitgehend, auch für das Fahrerlaubnisrecht, entfallen. Dort ist daher auf den Zeitpunkt des Erlasses der Entziehungsverfügung abzustellen.

100 Das Klagebegehren hat sich hierdurch nicht erledigt, weil das neue Gutachten erst im Neuerteilungsverfahren zu berücksichtigen ist und die Entziehungsverfügung für den M. nach wie vor belastende Wirkungen entfaltet (etwa als Grundlage für die Erhebung einer Verwaltungsgebühr, die zusätzlich bei der Neuerteilung anfällt; zudem muss im Neuerteilungsverfahren unter Umständen eine neue Fahrprüfung abgelegt werden, vgl § 20 Abs. 2 FeV).

101 Im Regelfall wird der Betroffene aber das Klagebegehren gegen die Entziehungsverfügung – wegen der häufig ungewissen Erfolgsaussichten – fallen lassen. Das Gericht könnte in solchen Fällen in etwa folgenden **Vergleich** vorschlagen:

Beispiel: Vergleich zwischen Betroffenem und FE-Behörde

1. Der Beklagte erteilt dem Kläger eine Fahrerlaubnis der Klassen (wie frühere Fahrerlaubnis).[64]

oder

Der Beklagte erteilt dem Kläger eine Fahrerlaubnis der Klassen […], wenn dieser bis zum […] ein die Kraftfahreignung bejahendes Gutachten einer amtlich anerkannten Begutachtungsstelle vorlegt (und zwischenzeitlich keine neuen Eignungsmängel auftreten).[65]

2. Der Kläger trägt die Kosten des Verfahrens.[66]

102 Durch den Vergleich erledigt sich das Klagebegehren, die Entziehungsverfügung wird bestandskräftig. Alternativ könnte das Verfahren durch übereinstimmende Erledigungserklärungen beendet werden. Da der Vergleich aber einen eigenen Anspruch begründet, ist er vorzuziehen.

103 **c) Anordnung der sofortigen Vollziehung.** Die Anordnung der sofortigen Vollziehung der Entziehungsverfügung erfolgt nach § 80 Abs. 2 S. 1 Nr. 4 VwGO, und zwar durch die Ausgangs- oder die Widerspruchsbehörde, wenn dies im öffentlichen Interesse liegt. Einer vorherigen Anhörung nach § 28 VwVfG bedarf es nicht, weil es sich nicht um einen Verwaltungsakt handelt. Die Anordnung hat zur Folge, dass die aufschiebende Wirkung des Widerspruchs bzw der Klage (sog. Suspensiveffekt, § 80 Abs. 1 S. 1 VwGO) entfällt.

104 Nach § 80 Abs. 3 S. 1 VwGO ist das besondere Interesse an der sofortigen Vollziehung schriftlich zu begründen. Aus der **Begründung** muss hinreichend nachvollziehbar hervorgehen, dass und aus welchen Gründen die Behörde im konkreten Fall dem besonderen öffentlichen Interesse an der sofortigen Vollziehung des Verwaltungsakts Vorrang vor dem Aufschubinteresse des Betroffenen einräumt und aus welchen im dringenden öffentlichen Interesse liegenden Gründen sie es für gerechtfertigt oder geboten hält, den durch die aufschiebende Wirkung eines Widerspruchs bzw einer Klage sonst eintretenden vorläufigen Rechtsschutz des Betroffenen einstweilen zurückzustellen. Pauschale und nichtssagende formelhafte Wendungen genügen dem Begründungserfordernis nicht. Allerdings kann sich die Behörde auf die den Verwaltungsakt selbst tragenden Erwägungen stützen, wenn die den Erlass des Verwaltungsakts rechtfertigenden Gründe zugleich die Dringlichkeit der Vollziehung belegen. Dies wird bei einer Entziehung der Fahrerlaubnis unter dem Aspekt der Gefahrenabwehr ange-

---

64 In diesem Fall kann die Ausstellung des Führerscheins nicht mehr von weiteren Voraussetzungen abhängig gemacht werden; Gebühren können allerdings erhoben werden.
65 Hierdurch soll verhindert werden, dass eine Fahrerlaubnis aufgrund des Vergleichs erteilt werden muss, obwohl neue Eignungsmängel aufgetreten sind, die der Gutachter mangels Kenntnis nicht berücksichtigt hat.
66 Die Kostenregelung wird entscheidend von den Erfolgsaussichten des Klageverfahrens abhängen. Mit seinem Vergleichsvorschlag gibt das Gericht also zu erkennen, wie es diese einschätzt.

sichts der hohen Bedeutung der Sicherheit des Straßenverkehrs meist der Fall sein. Die speziell in Bezug auf die Anordnung der sofortigen Vollziehung des Bescheids gegebene Begründung kann dann kurz gehalten werden.⁶⁷

Dementsprechend genügt bei einer Entziehung der Fahrerlaubnis wegen Alkohol- oder BtM-Konsums der knappe Hinweis auf die in solchen Fällen bestehende hohe Rückfallwahrscheinlichkeit und die Gefährdung anderer Verkehrsteilnehmer durch die Teilnahme eines ungeeigneten Fahrerlaubnisinhabers am Straßenverkehr.⁶⁸ 105

Verstößt die Behörde gegen die Begründungspflicht, fehlt insbesondere eine Begründung zur Anordnung der sofortigen Vollziehung vollständig, kann ein Antrag auf Gewährung vorläufigen Rechtsschutzes allein hierauf gestützt werden. Das Gericht wird dann ohne weitere Sachprüfung, also ohne Prüfung der Erfolgsaussichten des Widerspruchs bzw der Klage, die Anordnung der sofortigen Vollziehung aufheben.⁶⁹ Dem Betroffenen ist damit aber meist wenig geholfen, weil die Behörde die sofortige Vollziehung bei einem bloßen Begründungsmangel erneut anordnen kann, dann mit ausreichender Begründung. Im Übrigen ist ein solcher Fehler der Behörde äußerst selten, da die Entziehungsverfügungen regelmäßig überwiegend aus Textbausteinen bestehen und daher die Wahrscheinlichkeit, dass die Begründung zur Anordnung vergessen wird, minimal ist. 106

▶ **Muster: Antrag nach § 80 Abs. 5 VwGO bei unzureichender behördlicher Begründung der Anordnung der sofortigen Vollziehung** 107

An das Verwaltungsgericht ...

Antrag nach § 80 Abs. 5 VwGO

In der Sache

des Herrn ...

– Antragsteller –

Prozessbevollmächtigte: RAe ...

gegen

das Land ..., vertreten durch den Landrat des Kreises ... – Führerscheinstelle –, ...,

– Antragsgegner –

beantrage ich hiermit namens und in Vollmacht meines Mandanten, Herrn ...,

die Anordnung der sofortigen Vollziehung der Ordnungsverfügung des Landrats des Kreises ... – Führerscheinstelle – vom ... aufzuheben.

Streitwert: 2.500 EUR

Die nach § 80 Abs. 2 S. 1 Nr. 4 VwGO erfolgte Anordnung der sofortigen Vollziehung hinsichtlich der Entziehung der Fahrerlaubnis des Antragstellers ist aufzuheben, weil eine Begründung iSv § 80 Abs. 3 VwGO vollständig fehlt. In der Ordnungsverfügung führt der Antragsgegner lediglich aus, dass und warum seiner Auffassung nach die Voraussetzungen für eine Entziehung der Fahrerlaubnis vorliegen; das besondere Vollzugsinteresse wird jedoch mit keinem Wort erwähnt.

---

67 Zum Vorstehenden vgl VGH Bad.-Württ., Beschl. v. 24.6.2002 – 10 S 985/02, NZV 2002, 580.
68 OVG NRW, Beschl. v. 22.1.2001 – 19 B 1757/00, NZV 2001, 396 (Alkohol); Beschl. v. 25.3.2003 – 19 B 186/03 (Amphetamin).
69 Nach aA stellt das Gericht die aufschiebende Wirkung des Widerspruchs wieder her (zum Streitstand vgl etwa *Bosch/Schmidt*, § 49 II 2); rechtliche Auswirkungen hat die unterschiedliche Tenorierung nicht.

Die Vollziehungsanordnung ist daher aufzuheben. Ausführungen zur Rechtmäßigkeit der Entziehungsverfügung sind zum jetzigen Zeitpunkt entbehrlich, bleiben aber ausdrücklich vorbehalten.

Rechtsanwalt ◄

108 Gibt das Gericht einem Antrag nach § 80 Abs. 5 S. 1 VwGO nicht nur wegen eines Begründungsmangels, sondern vor allem wegen Rechtswidrigkeit der Verfügung statt, kann die Behörde die sofortige Vollziehung nicht erneut anordnen.

109 **d) Bekanntgabe.** Eine Bekanntgabe der stets in Schriftform ergehenden Entziehungsverfügung kann durch Übersendung durch die Post erfolgen. Die Verfügung gilt dann am dritten Tag nach Aufgabe zur Post als bekannt gegeben (vgl § 41 Abs. 2 VwVfG). Bei der Berechnung der Widerspruchsfrist von einem Monat (vgl § 70 Abs. 1 S. 1 VwGO) ist darauf zu achten, dass der dritte Tag auch dann für den Beginn der Frist maßgeblich ist, wenn dieser auf einen Samstag, einen Sonntag oder einen Feiertag fällt.[70]

110 Diese **Zugangsfiktion** ist allerdings widerlegbar; im Zweifel hat die Behörde den Zugang der Entziehungsverfügung (als solchen) und dessen Zeitpunkt nachzuweisen (vgl § 41 Abs. 2 S. 2 VwVfG). Es genügt aber nicht, wenn der Betroffene lediglich pauschal behauptet, dass ihm die Verfügung erst zu einem späteren Zeitpunkt zugegangen sei; erforderlich ist der substanziierte Vortrag eines atypischen Geschehensablaufs, so dass eine gegenüber dem gesetzlich vermuteten Zeitpunkt verspätete Bekanntgabe ernsthaft möglich erscheint.[71] So kann eine **überlange Postlaufzeit** durch Vorlage vorhandener Briefumschläge (Poststempel) oder durch Hinweis auf einen Streik von Postbediensteten nachvollziehbar dargelegt werden. Hilfreich ist die Führung eines Posteingangsbuchs, bei dem bei sorgfältiger Führung in aller Regel von der Richtigkeit eines Eingangsvermerks auszugehen ist. Schließlich kann der Empfänger zum Nachweis eines späteren Eingangs Zeugen benennen oder sich selbst zur Vernehmung anbieten.

111 Wird der Zugang der Verfügung als solcher bestritten, sind an die Widerlegung der Zugangsfiktion keine allzu hohen Anforderungen zu stellen, weil es um eine negative Tatsache geht, die vom Betroffenen praktisch kaum nachgewiesen werden kann.[72]

112 Wegen dieser Unwägbarkeiten bei der (formlosen) Bekanntgabe wird die Fahrerlaubnisbehörde regelmäßig den Weg der **förmlichen Zustellung** nach den (landesrechtlichen) Vorschriften des Verwaltungszustellungsgesetzes wählen. Das Einschreiben spielt in der Praxis keine Rolle, weil auch bei dieser Art der Zustellung die Zugangsfiktion widerlegt werden kann (vgl § 4 Abs. 1 VwZG). Den vollen Nachweis des Zugangs erhält die Behörde nur bei der Zustellungsurkunde (vgl § 3 Abs. 3 VwZG iVm §§ 182, 413 ZPO) und beim Empfangsbekenntnis (vgl § 5 Abs. 4 VwZG).

113 **e) Gebührenbescheid.** Zusätzlich zu der Entziehungsverfügung ergeht ein gesonderter Gebührenbescheid. Rechtsgrundlage für die Festsetzung ist die **Gebührenordnung für Maßnahmen im Straßenverkehr (GebOSt).** In Ziff. 206 des Gebührentarifs wird für die Entziehung der Fahrerlaubnis ein Rahmensatz von 33,20 EUR bis 256 EUR festgesetzt. Innerhalb dieses Rahmens hat sich die Behörde bei der Festlegung der konkreten Gebühr insbesondere an dem

---

70 Vgl *Kopp/Ramsauer*, VwVfG, § 41 Rn 42.
71 OVG NRW, Urt. v. 28.3.1995 – 15 A 3217/94, NVwZ-RR 1995, 550.
72 OVG NRW, Urt. v. 1.4.2003 – 15 A 2468/01, NVwZ 2004, 120.

angefallenen Verwaltungsaufwand zu orientieren (vgl § 9 Abs. 1 VwKostG). Zusätzlich hat der Betroffene die Kosten der Zustellung zu tragen (§ 2 Abs. 1 Nr. 1 GebOSt).

Widerspruch und Klage gegen den Gebührenbescheid haben nach § 80 Abs. 2 S. 1 Nr. 1 VwGO keine aufschiebende Wirkung. Sofern also die Behörde nicht die Vollstreckung aussetzt (vgl § 80 Abs. 4 S. 2 und 3 VwGO), ist der festgesetzte Betrag zunächst trotz der fehlenden Bestandskraft der Entziehungsverfügung und des Gebührenbescheids zu entrichten. Wird hinsichtlich der Entziehungsverfügung ein Antrag nach § 80 Abs. 5 VwGO gestellt, könnte man daran denken, diesen auf den Gebührenbescheid zu erstrecken. In aller Regel ist dies aber nicht erforderlich, weil die Behörde während des vorläufigen Rechtsschutzverfahrens von der Vollstreckung des Gebührenbescheids absehen wird; im Falle eines Obsiegens hinsichtlich der Entziehungsverfügung im Verfahren nach § 80 Abs. 5 VwGO wird die Behörde einem Aussetzungsantrag hinsichtlich des Gebührenbescheids wohl stattgeben. 114

Wird die Entziehungsverfügung später aufgehoben, so entfällt damit die gebührenpflichtige Amtshandlung, der Gebührenbescheid wird im Nachhinein rechtswidrig.[73] 115

II. Entzug der Fahrerlaubnis wegen Ungeeignetheit

1. Begriff der Eignung. Nach § 2 Abs. 4 StVG, § 11 Abs. 1 S. 1 und 3 FeV ist geeignet zum Führen von Kfz, wer die notwendigen körperlichen und geistigen Anforderungen erfüllt. Nach § 11 Abs. 1 S. 2 FeV fehlt es daran insbesondere dann, wenn eine Erkrankung oder ein Mangel nach Anlage 4 oder 5 FeV vorliegt. 116

In Anlage 4 zu §§ 11, 13 und 14 FeV („Eignung und bedingte Eignung zum Führen von Kfz") hat der Verordnungsgeber – wozu er gem. § 6 Abs. 1 Nr. 1 c StVG befugt ist[74] – eine Liste häufig vorkommender Erkrankungen und Mängel aufgestellt, welche die Eignung zum Führen von Kfz längere Zeit beeinträchtigen oder aufheben können. Sonderregelungen enthalten die Anlage 5 („Eignungsuntersuchungen für Bewerber und Inhaber der Klassen C, C1, D, D1 und der zugehörigen Anhängerklasse E sowie der Fahrerlaubnis zur Fahrgastbeförderung") und die Anlage 6 („Anforderungen an das Sehvermögen"). 117

Der Verordnungsgeber hat bei diesen Bewertungen die auf wissenschaftlicher Grundlage gewonnenen Erkenntnisse des Gutachtens „Krankheit und Kraftverkehr" des gemeinsamen Beirats für Verkehrsmedizin beim Bundesverkehrsministerium zugrunde gelegt. Das Gutachten ist mittlerweile durch die „**Begutachtungs-Leitlinien zur Kraftfahrereignung**" abgelöst und dabei um die psychologischen Aspekte der Kraftfahrereignung erweitert worden. 118

Die Fahrerlaubnisbehörden und die Verwaltungsgerichte sind an die in Anlage 4 vorgenommenen Bewertungen weitgehend gebunden. Dies setzt aber voraus, dass die Krankheit bzw. der Mangel durch ein ärztliches Gutachten, eine MPU oder ein Gutachten eines amtlich anerkannten Sachverständigen oder Prüfers für den Straßenverkehr festgestellt worden ist (vgl Ziff. 2 der Vorbemerkung zur Anlage 4 FeV). An den Inhalt eines Gutachtens sind insbesondere dann höhere Anforderungen zu stellen, wenn es nicht nur um die Feststellung eines bestimmten Krankheitsbildes geht, sondern im Einzelfall etwa um die Frage, ob die Kraftfahrereignung bei einer bestimmten Erkrankung „abhängig von der Symptomatik" oder „abhängig 119

---

73 Dieser Grundsatz gilt dann nicht, wenn eine Gebühr bereits mit Antragstellung anfällt.
74 Zur Verfassungsmäßigkeit dieser Ermächtigungsgrundlage: OVG NRW, Beschl. v. 2.8.2002 – 19 B 1316/02 (www.nrwe.de).

von der Art und Schwere" fehlt. Daher kann Gutachter nur ein Arzt sein, der eine der in § 11 Abs. 2 S. 3 FeV genannten Qualifikationen aufweist.

120 Die Bewertungen der Anlage 4 FeV gelten für den Regelfall. Unter **Ziff. 3 der Vorbemerkung zur Anlage 4 FeV** ist hierzu ausgeführt:

„Die nachstehend vorgenommenen Bewertungen gelten für den Regelfall. Kompensationen durch besondere menschliche Veranlagung, durch Gewöhnung, durch besondere Einstellung oder durch besondere Verhaltenssteuerungen und -umstellungen sind möglich. Ergeben sich im Einzelfall in dieser Hinsicht Zweifel, kann eine medizinisch-psychologische Begutachtung angezeigt sein."

121 Durch diesen Vorbehalt hat der Verordnungsgeber dem Umstand Rechnung getragen, dass Krankheiten nicht zwangsläufig bei jedem Fahrerlaubnisinhaber zur Ungeeignetheit führen. Den Behörden wird damit ein – gerichtlich voll überprüfbarer – **Beurteilungsspielraum** eingeräumt. Das heißt aber auch, dass die Behörde eine Kompensation zu berücksichtigen hat und ihr insoweit kein Ermessen zusteht.

122 In der Praxis geben die Behörden dem Betroffenen vor einer Entziehung manchmal Gelegenheit, die Eignung durch eine MPU nachzuweisen, obwohl die Voraussetzungen für eine Entziehung eigentlich schon vorliegen (zB bei einer Fahrt unter Cannabiseinfluss und feststehendem gelegentlichem Konsum). Auch wenn hierbei meist nicht ausdrücklich auf Ziff. 3 der Vorbemerkung zur Anlage 4 FeV verwiesen wird, handelt es sich der Sache nach häufig um ein Gebrauch machen von dieser Regelung. Wenn die Behörde von dieser Möglichkeit keinen Gebrauch macht, kann der Betroffene – unter Darlegung der Voraussetzungen für eine Kompensation – darauf hinweisen, um so im Entziehungsverfahren doch noch die Möglichkeit zu erhalten, die Eignung durch eine MPU nachzuweisen.

123 ▶ **Muster: Angebot zur „freiwilligen" Begutachtung**

An das Landratsamt ...

– Führerscheinstelle –

Anhörungsschreiben vom ...

Ihr Az ... [inkl. Name des Mandanten]

Sehr geehrte/r Frau/Herr ... [Name des Sachbearbeiters],

mit Anhörungsschreiben vom ... haben Sie angekündigt, meinem Mandanten wegen des Vorfalls vom ... [Rauschfahrt] die Fahrerlaubnis zu entziehen. Dieser Vorfall wird vollumfänglich eingeräumt. Es handelte sich aber um einen Einzelfall. Zuvor hat mein Mandant stets zwischen dem ab und zu erfolgten Konsum von Cannabis und der Teilnahme am Straßenverkehr trennen können. Daher handelt es sich auch um die erste Verkehrsauffälligkeit im Zusammenhang mit Drogen. Zudem hat sich die Einstellung meines Mandanten zum Drogenkonsum nach dem Vorfall vom ... gewandelt. Seitdem hat er den Konsum von Cannabis vollständig aufgegeben.

Im Hinblick auf Ziff. 3 der Vorbemerkungen zur Anlage 4 FeV wird daher gebeten, meinem Mandanten die Möglichkeit zu geben, Ihre Eignungsbedenken durch Vorlage einer MPU auszuräumen.

Mit freundlichen Grüßen

Rechtsanwalt ◀

124 Die **charakterliche Eignung** wird weder im Straßenverkehrsgesetz noch in der Fahrerlaubnis-Verordnung ausdrücklich als solche erwähnt, sie ergibt sich jedoch aus der Formulierung in

§ 2 Abs. 4 S. 1 StVG wonach nur derjenige geeignet ist, der „nicht erheblich oder nicht wiederholt gegen verkehrsrechtliche Vorschriften oder Strafgesetze verstoßen" hat. Es fehlt allerdings eine der Anlage 4 FeV vergleichbare Bewertung des Verordnungsgebers, wann dies der Fall ist, so dass die Festlegung der konkreten Voraussetzungen der charakterlichen Eignung im Einzelfall der Rechtsprechung vorbehalten ist.

Die charakterliche Eignung kann wie folgt definiert werden (wobei dies im Einzelfall kaum weiterhilft): „Voraussetzung für die charakterliche Eignung zum Führen von Kfz, die aufgrund einer umfassenden Würdigung der Gesamtpersönlichkeit des Fahrerlaubnisinhabers nach dem Maßstab seiner Gefährlichkeit für den öffentlichen Straßenverkehr festzustellen ist, ist die charakterlich gefestigte Bereitschaft des Kraftfahrzeugführers zur Einhaltung derjenigen Regeln und Normen des menschlichen Zusammenlebens, die dem Schutz der Interessen und insbesondere der Sicherheit jedes Einzelnen dienen."[75]

2. Krankheiten. In Anlage 4 FeV sind die Krankheiten, welche die Eignung oder die bedingte Eignung zum Führen von Kraftfahrzeugen ausschließen, aufgelistet. Es handelt sich dabei im Wesentlichen um folgende Arten von Krankheiten:

- mangelndes Sehvermögen (vgl auch Anlage 6 FeV),
- Schwerhörigkeit und Gehörlosigkeit,
- Bewegungsbehinderungen,
- Herz- und Gefäßkrankheiten,
- Zuckerkrankheiten,
- Krankheiten des Nervensystems,
- Nierenerkrankungen.

Diese Aufzählung erfasst nur die häufig vorkommenden Erkrankungen und Mängel und ist nicht abschließend. Auch sonstige, in Anlage 4 FeV nicht erfasste Krankheiten, können zu einer Entziehung der Fahrerlaubnis führen. So kann etwa Magersucht eine Aufklärungsanordnung der Behörde rechtfertigen.[76] Auch können – neben der Epilepsie (Nr. 6.6 der Anlage 4) – anfallsartige Störungen mit akuter Beeinträchtigung des Bewusstseins, der Motorik etc die Eignung ausschließen.[77] In solchen, von Anlage 4 FeV nicht erfassten Fällen gilt zwar nicht die Regelvermutung des § 11 Abs. 1 S. 2, Abs. 2 S. 2 FeV. Eine Begutachtung kann aber unmittelbar auf § 11 Abs. 2 S. 1 FeV gestützt werden. Für die Frage, ob sich aus Tatsachen Eignungsbedenken im Sinne dieser Vorschrift ergeben, ist allerdings eine besonders sorgfältige Sachverhaltsaufklärung geboten. Dabei sind privatärztliche Stellungnahmen und insbesondere im Falle komplizierter psychischer Erkrankungen auch Stellungnahmen von langfristig behandelnden Kliniken zu berücksichtigen.[78]

In den **Begutachtungs-Leitlinien zur Kraftfahrereignung** werden die Krankheiten und deren Auswirkungen im Einzelnen näher erläutert. Diese Leitlinien bieten für die Behörde und die Gutachter eine wichtige Orientierungshilfe, es handelt sich aber nicht um zwingende Vorga-

---

75 OVG Mecklenburg-Vorpommern, Beschl. v. 7.11.2003 – 1 M 205/03.
76 VG Stade, Urt. v. 23.7.2003 – 1 A 1865/02, NVwZ-RR 2004, 104.
77 Sächs. OVG, Beschl. v. 1.4.2015 - 3 B 267/14 - zur „familiären hemiplegischen Migräne".
78 VG Stade, Urt. v. 23.7.2003 – 1 A 1865/02, NVwZ-RR 2004, 104.

ben, so dass es im Einzelfall und bei begründetem Anlass möglich ist, von ihnen abzuweichen.[79]

129 Liegen der Behörde – etwa aufgrund der Mitteilung eines behandelnden Arztes – Hinweise auf eine (eignungsrelevante) Erkrankung vor, so kann sie vom Betroffenen die Vorlage eines ärztlichen Gutachtens nach § 11 Abs. 2 FeV verlangen. Sie kann allerdings nicht unmittelbar – also ohne weitere Aufklärung – die Fahrerlaubnis entziehen, sofern der die Krankheit feststellende Arzt nicht die von § 11 Abs. 2 S. 3 FeV geforderte Qualifikation aufweist, weil er dann die Auswirkungen auf die Kraftfahrereignung nicht hinreichend beurteilen kann.

130 **3. Psychische Auffälligkeiten.** Auch psychische Störungen können die Eignung ausschließen. Die Ziff. 4 Anlage 4 FeV und insbesondere die Begutachtungs-Leitlinien zur Kraftfahrereignung (Ziff. 3.10) enthalten Aussagen zu folgenden Krankheitsbildern:

- organisch-psychische Störungen,
- Demenz und organische Persönlichkeitsveränderungen,
- Altersdemenz und Persönlichkeitsveränderungen durch pathologische Alterungsprozesse,
- affektive Psychosen,
- schizophrene Psychosen.

131 Bei psychisch bedingten Auffälligkeiten stellt sich häufig zunächst die Frage, wann überhaupt **hinreichende Eignungsbedenken** vorliegen und eine Aufklärungsanordnung berechtigt ist. Werden solche Auffälligkeiten von medizinisch ungeschultem Personen (zB Polizeibeamten, Privatpersonen) bemerkt, berechtigt dies nicht ohne Weiteres zu der Annahme, es sei von einer Minderung oder gar dem Verlust der Kraftfahrereignung auszugehen. Solche Wahrnehmungen beruhen auf dem subjektiven Empfinden des jeweiligen Beobachters und beinhalten häufig eher Vermutungen als beweisbare Tatsachen. Zudem kann nicht ausgeschlossen werden, dass sie im Rahmen privater Auseinandersetzungen zu Zwecken persönlicher Rache und damit der Denunziation verwendet werden. Notwendig sind gerade in diesen Fällen hinreichend konkrete tatsächliche Anhaltspunkte für eine psychische Störung, die einer gutachterlichen Abklärung bedürfen.[80]

132 Stellen etwa Polizeibeamte anlässlich einer Verkehrskontrolle bei dem Führer eines Kfz einmalig eine depressive Verstimmung fest – zB nach Verlust des Arbeitsplatzes, Diagnose einer schweren Krankheit, Auseinandersetzungen im familiären Umfeld –, so berechtigt dies regelmäßig noch nicht zum Erlass einer Aufklärungsanordnung.

133 Allerdings können auch solche psychischen **Auffälligkeiten, die außerhalb des Straßenverkehrs** wahrgenommen werden, eine weitere Aufklärung durch die Behörde rechtfertigen. Relevant ist hier insbesondere, wenn der Inhaber einer Fahrerlaubnis im Zustand starker Verwirrung angetroffen wird oder wenn er eine erhebliche Zerstörungswut bzw ein aggressives Verhalten zeigt. Solche Verhaltensweisen können regelmäßig auf das Verhalten im Straßenverkehr durchschlagen.[81]

134 Auch in Fällen, die relativ offensichtlich auf eine psychische Störung hinzudeuten scheinen (zB gibt der Betroffene im Zusammenhang mit einem Verkehrsunfall an, er höre „Stimmen"

---

[79] BayVGH, Urt. v. 14.7.1998 – 11 B 96.2862, NZV 1999, 100.
[80] VGH Bad.-Württ., Beschl. v. 3.9.1992 – 10 S 1884/92, NZV 1992, 502.
[81] Vgl etwa VGH Bad.-Württ., Beschl. v. 11.1.1994 – 10 S 2863/93, NZV 1994, 248.

und sehe sich „Geistern und Teufelserscheinungen" ausgesetzt),[82] kann die Behörde die Fahrerlaubnis aufgrund der Schwierigkeiten bei der Feststellung der Auswirkungen solcher Verhaltensweisen auf das Verhalten im Straßenverkehr erst nach einer vorherigen (negativen) Begutachtung durch einen Facharzt nach § 11 Abs. 2 FeV entziehen.

4. Alter. Ein höheres Alter ist gerade auch im Straßenverkehr mit Einbußen der Leistungsfähigkeit verbunden. Dies ist ein Grund dafür, dass mit der 3. Führerschein-Richtlinie 2006/126/EG (vgl dort Art. 7 Abs. 2 a und Abs. 3 S. 2) den Mitgliedstaaten die Möglichkeit eröffnet worden ist, die Erneuerung von Führerscheinen nach Ablauf der Geltungsdauer von einer Prüfung der Mindestanforderungen an die körperliche und geistige Eignung nach Anhang III der Richtlinie abhängig zu machen. Die Bundesregierung hat im Ministerrat jedoch durchgesetzt, dass die Mitgliedstaaten selbst entscheiden können, ob sie eine solche Gesundheitsprüfung, die für viele ältere Personen das Aus im Straßenverkehr bedeuten würde, vorschreiben. Daher spricht einiges dafür, dass es in Deutschland eine solche altersabhängige – durchaus sinnvolle und etwa in den Niederlanden bereits vorgeschriebene – Gesundheitsprüfung auf absehbare Zeit nicht geben wird. 135

Nach gefestigter verwaltungsgerichtlicher Rechtsprechung begründet hohes Alter allein keine Eignungszweifel (vgl Muster-Widerspruch Rn 277 f). Vielmehr ist im Einzelfall anhand konkreter Tatsachen zu prüfen, ob das Leistungsvermögen zum gefahrlosen Führen eines Kfz im Straßenverkehr altersbedingt so weit abgesunken ist, dass die Leistungsmängel nicht mehr durch die langjährige Erfahrung als Kraftfahrer, durch gewohnheitsmäßig geprägte Bedienungshandlungen und durch besondere Vorsicht oder großes Verantwortungsbewusstsein ausgeglichen werden können.[83] 136

Die Behörde kann die Eignung des älteren Verkehrsteilnehmers nur dann in Frage stellen, wenn es im Einzelfall zu nicht mehr ausreichend kompensierbaren, für die Kraftfahreignung relevanten **Ausfallerscheinungen von einigem Gewicht** (nicht notwendig in Form von Unfällen) gekommen ist.[84] In Betracht kommen hier typischerweise folgende Verhaltensweisen:[85] 137

- unangemessen langsames Fahren,
- Nichtbeachtung von Verkehrszeichen,
- unzureichende Verkehrsbeobachtung,
- Überfahren von Fahrstreifenbegrenzungen bzw Missachtung des Rechtsfahrgebots.

Aufklärungsbedarf kann sich auch dann ergeben, wenn Hinweise auf eine altersbedingte Erkrankung vorliegen, welche die Kraftfahrereignung beeinträchtigen kann. In diesem Fall kann die Behörde – wie bei jeder eignungsrelevanten Krankheit (insbesondere solchen, die in Anlage 4 FeV aufgeführt sind) – eine Aufklärungsanordnung nach § 11 Abs. 2 FeV erlassen. 138

Häufig erfolgen **Mitteilungen** über (angebliche) altersbedingte Fahrauffälligkeiten durch Personen **aus dem familiären Umkreis** oder aus der Nachbarschaft des älteren Fahrerlaubnisinhabers. Eine behördliche Aufklärungsanordnung darf aber regelmäßig nicht allein mit solchen Hinweisen begründet werden, weil deren Wahrheitsgehalt kaum überprüfbar ist und die Motive für eine solche Anzeige vielfältig sein können. Die Behörde ist vielmehr verpflichtet, 139

---

82 VG Karlsruhe, Beschl. v. 6.12.2000 – 10 K 3128/99 (n.v.).
83 VGH Bad.-Württ., Beschl. v. 27.7.1990 – 10 S 1428/90, NJW 1991, 315.
84 OVG Berlin-Bbg, Beschl. v. 2.5.2012 – 1 S 25.12, zfs 2012, 657.
85 Vgl etwa OVG Saarland, Beschl. v. 8.6.1994 – 3 W 15/94, zfs 1994, 350.

solchen Hinweisen durch eigene Ermittlungen nachzugehen, um sich eine hinreichend verlässliche Tatsachengrundlage für ihr weiteres Vorgehen zu verschaffen.[86]

140 Bei **Mitteilungen der Polizei** über Fahrauffälligkeiten kann die Behörde in aller Regel von der Richtigkeit der getroffenen Feststellungen ausgehen. Die Frage, ob sich aus den Auffälligkeiten Bedenken hinsichtlich der Fahreignung ergeben, ist aber allein von der Fahrerlaubnisbehörde zu beurteilen. Werden die polizeilichen Feststellungen vom Betroffenen bestritten und weigert dieser sich, einer Aufklärungsanordnung nachzukommen, bietet es sich an, im Klageverfahren wegen Entziehung der Fahrerlaubnis die Polizeibeamten als Zeugen zu benennen.

141 Liegen tatsächlich beachtliche Fahrauffälligkeiten des älteren Verkehrsteilnehmers vor, stehen der Behörde zur Sachverhaltsaufklärung grundsätzlich zwei Mittel zur Verfügung:

- das ärztliche Gutachten und
- die Fahrprobe.

Ein **ärztliches Gutachten** (§ 11 Abs. 2 FeV) ist das richtige Mittel, wenn aufgrund der gezeigten Auffälligkeiten Zweifel hinsichtlich der körperlichen Konstitution des Betroffenen bestehen. Das Gutachten eines amtlichen anerkannten Sachverständigen oder Prüfers für den Straßenverkehr (= **Fahrprobe**) nach § 46 Abs. 4 FeV ist dagegen das geeignete Mittel, wenn Zweifel bestehen, ob der Betroffene altersbedingt noch zum sicheren Führen eines Kfz in der Lage, also „befähigt" ist (vgl § 2 Abs. 5 Nr. 3 StVG).

142 In der Praxis ist gerade bei altersbedingten Fahrauffälligkeiten die Abgrenzung zwischen Eignungs- und Befähigungsbedenken nicht einfach. Einerseits haben die Leistungseinbußen letztlich fast immer körperliche bzw geistige Ursachen, andererseits ist die körperliche Leistungsfähigkeit nur eines der mehreren für die Fahrtauglichkeit konstitutiven Elemente. In der Regel ist die Fahrprobe für den älteren Verkehrsteilnehmer das mildere – vor allem kostengünstigere – Mittel. Denn sie bietet ihm in besonderem Maße die Gelegenheit, als positiven Fahreignungsfaktor die in langjähriger Verkehrsteilnahme erworbene praktische Erfahrung und Routine zur Geltung zu bringen, die bei funktionspsychologischen Tests oder einem ärztlichen Gutachten weitgehend unberücksichtigt bleiben würden.[87]

143 Fordert die Behörde vom Betroffenen die Beibringung eines ärztlichen Gutachtens, wird – wenn nicht eine konkrete Krankheit abzuklären ist – zu überlegen sein, die Ablegung einer **Fahrprobe als „Austauschmittel"** anzubieten. Für den Betroffen hat dies noch den Vorteil, dass er sich auf die Fahrprobe – anders als auf die ärztliche Untersuchung – durch Absolvierung von Fahrstunden bei einer Fahrschule vorbereiten kann und in jedem Fall auch schon im Hinblick auf die ungewohnte Prüfungssituation vorbereiten sollte.

144 **5. Betäubungsmittel (§ 14 FeV).** In der praktischen Arbeit der Fahrerlaubnisbehörden und der Verwaltungsgerichte – und damit auch in der anwaltlichen Praxis – stehen die Fälle im Vordergrund, in denen die Fahrerlaubnis wegen des Konsums von Betäubungsmitteln (insbesondere Cannabis) entzogen worden ist. Ursache hierfür ist die Tatsache, dass die Erfahrung mit illegalen Drogen – und dabei insbesondere mit Cannabis – in den letzten Jahrzehnten zugenommen hat. Mittlerweile hat jeder dreizehnte Jugendliche im Alter von 12 bis 17 Jahren

---

[86] VG Saarland, Beschl. v. 13.1.1999 – 3 F 82/98, zfs 1999, 222, und Beschl. v. 28.6.1999 – 3 F 7/99, zfs 1999, 541.
[87] VGH Bad.-Württ., Beschl. v. 27.7.1990 – 10 S 1428/90, NJW 1991, 315.

und jeder dritte junge Erwachsene im Alter von 18 bis 25 Jahren die illegale psychoaktive Substanz Cannabis zumindest schon einmal probiert.[88]

Hinsichtlich des Begriffs der Betäubungsmittel (BtM) verweist die FeV (etwa in § 14 Abs. 1 S. 1 Nr. 1 FeV) auf das Betäubungsmittelgesetz (BtMG), also auf § 1 Abs. 1 BtMG iVm den Anlagen I bis III. Ist ein Rauschmittel dort nicht aufgeführt, führt dessen Konsum nicht automatisch zur Ungeeignetheit nach Ziffer 9.1 der Anlage 4 FeV.[89]

Für die Aufklärung von Eignungszweifeln beim Konsum von BtM enthält § 14 FeV – als Spezialvorschrift zu § 11 FeV – eine detaillierte Regelung. Differenziert wird dabei zwischen den Fragestellungen, bei denen ein ärztliches Gutachten erforderlich ist (§ 14 Abs. 1 S. 1 und 2 FeV) und den Fällen, die eine MPU erfordern (§ 14 Abs. 1 S. 4 und Abs. 2 FeV).

Die Beibringung eines ärztlichen Gutachten ist nach § 14 Abs. 1 S. 1 FeV anzuordnen, wenn konkrete Tatsachen die Annahme begründen, dass eine

- Abhängigkeit von BtM oder anderen psychoaktiv wirkenden Stoffen (Ziff. 9.3 Anlage 4 FeV),
- Einnahme von BtM (Ziff. 9.1 Anlage 4 FeV) oder
- missbräuchliche Einnahme von psychoaktiv wirkenden Stoffen (Ziff. 9.4 Anlage 4 FeV: Ungeeignetheit bei regelmäßig übermäßigem Gebrauch; psychoaktiv wirkende Stoffe sind zB Opiate, Schlafmittel, Tranquilizer, Psychostimulantien etc.)

vorliegt.

Hinweis: Die Einnahme von BtM im Zusammenhang mit dem Führen eines Kfz ist in diesen Fällen grundsätzlich nicht Voraussetzung für den Erlass einer Aufklärungsanordnung!

Ein ärztliches Gutachten *kann* nach § 14 Abs. 1 S. 2 FeV bei widerrechtlichem Besitz von BtM angeordnet werden (Ermessensentscheidung). Eine MPU *kann* nach § 14 Abs. 1 S. 4 FeV angeordnet werden, wenn gelegentlich Cannabis eingenommen wird (der Konsum steht fest!) und weitere Tatsachen Zweifel an der Eignung begründen. Eine MPU *ist* nach § 14 Abs. 2 FeV anzuordnen, wenn (1.) die Fahrerlaubnis aus einem der in Abs. 1 genannten Gründen entzogen war, (2.) zu klären ist, ob Abhängigkeit noch besteht oder die in Abs. 1 genannten Stoffe oder Mittel noch eingenommen werden, oder (3.) wiederholte Zuwiderhandlungen im Straßenverkehr nach § 24 a StVG begangen wurden.

Der Behörde steht ein **Ermessen** hinsichtlich des Erlasses einer Aufklärungsanordnung also nur bei folgenden Sachverhalten zu:

- „bloßer" widerrechtlicher Besitz von BtM, also wenn die Einnahme nicht nachgewiesen werden kann (ärztliches Gutachten, ob BtM – auch Cannabis – eingenommen werden),
- feststehende gelegentliche Einnahme von Cannabis, wenn weitere Tatsachen Zweifel an der Eignung begründen (MPU: Trennung von Konsum und Fahren).

Die Konsequenzen eines BtM-Konsums werden in den – mangels Rechtscharakters allerdings nicht bindenden – **Begutachtungs-Leitlinien zur Kraftfahrereignung** unter **Ziff. 3.14.1** „Sucht (Abhängigkeit) und Intoxikationszustände" beschrieben:

---

[88] Vgl hierzu: Bundeszentrale für gesundheitliche Aufklärung, Der Cannabiskonsum Jugendlicher und junger Erwachsener in Deutschland 2012, Juni 2014.
[89] BayVGH, Beschl. v. 18.10.2010 – 11 CS 10.1810, zum Konsum von „Spice" im Zeitraum vor dem 22.1.2009.

§ 18 Fahrerlaubnisrecht

Leitsätze

Wer Betäubungsmittel im Sinne des Betäubungsmittelgesetzes (BtMG) nimmt oder von ihnen abhängig ist, ist nicht in der Lage, den gestellten Anforderungen zum Führen von Kraftfahrzeugen beider Gruppen gerecht zu werden. Dies gilt nicht, wenn die Substanz aus der bestimmungsgemäßen Einnahme eines für einen konkreten Krankheitsfall verschriebenen Arzneimittels herrührt.

Wer regelmäßig (täglich oder gewohnheitsmäßig) Cannabis konsumiert, ist in der Regel nicht in der Lage, den gestellten Anforderungen zum Führen von Kraftfahrzeugen beider Gruppen gerecht zu werden. Ausnahmen sind nur in seltenen Fällen möglich, wenn eine hohe Wahrscheinlichkeit gegeben ist, dass Konsum und Fahren getrennt werden und wenn keine Leistungsmängel vorliegen.

Wer gelegentlich Cannabis konsumiert, ist in der Lage, den gestellten Anforderungen zum Führen von Kraftfahrzeugen beider Gruppen gerecht zu werden, wenn er Konsum und Fahren trennen kann, wenn kein zusätzlicher Gebrauch von Alkohol oder anderen psychoaktiv wirkenden Stoffen und wenn keine Störung der Persönlichkeit und kein Kontrollverlust vorliegen.

Wer von anderen psychoaktiv wirkenden Stoffen, zB Tranquilizer, bestimmte Psychostimulanzien, verwandte Verbindungen bzw deren Kombinationen (Polytoxikomanie), abhängig ist, wird den gestellten Anforderungen beim Führen von Kraftfahrzeugen nicht gerecht (zur Abhängigkeit wird auf die Definition in Kapitel 3.11.2 hingewiesen).

Wer, ohne abhängig zu sein, missbräuchlich oder regelmäßig Stoffe der oben genannten Art zu sich nimmt, die die körperlich-geistige (psychische) Leistungsfähigkeit eines Kraftfahrers ständig unter das erforderliche Maß herabsetzen oder die durch den besonderen Wirkungsablauf jederzeit unvorhersehbar und plötzlich seine Leistungsfähigkeit oder seine Fähigkeit zu verantwortlichen Entscheidungen (wie den Verzicht auf die motorisierte Verkehrsteilnahme) vorübergehend beeinträchtigen können, ist nicht in der Lage, den gestellten Anforderungen zum Führen von Kraftfahrzeugen beider Gruppen gerecht zu werden.

Sind die Voraussetzungen zum Führen von Kraftfahrzeugen ausgeschlossen, so können sie nur dann wieder als gegeben angesehen werden, wenn der Nachweis geführt wird, dass kein Konsum mehr besteht. Bei Abhängigkeit ist in der Regel eine erfolgreiche Entwöhnungsbehandlung zu fordern, die stationär oder im Rahmen anderer Einrichtungen für Suchtkranke erfolgen kann.

Nach der Entgiftungs- und Entwöhnungszeit ist in der Regel eine einjährige Abstinenz durch ärztliche Untersuchungen nachzuweisen (auf der Basis von mindestens vier unvorhersehbar anberaumten Laboruntersuchungen innerhalb dieser Jahresfrist in unregelmäßigen Abständen). Zur Überprüfung der Angaben über angebliche „Suchtstofffreiheit" können insbesondere bei einer Reihe von Pharmaka und Betäubungsmitteln auch Haare in die Analytik einbezogen werden (unter Umständen abschnittsweise).

Bei i.v.-Drogenabhängigen kann unter bestimmten Umständen eine Substitutionsbehandlung mit Methadon indiziert sein. Wer als Heroinabhängiger mit Methadon substituiert wird, ist im Hinblick auf eine hinreichend beständige Anpassungs- und Leistungsfähigkeit in der Regel nicht geeignet, ein Kraftfahrzeug zu führen. Nur in seltenen Ausnahmefällen ist eine positive Beurteilung möglich, wenn besondere Umstände dies im Einzelfall rechtfertigen. Hierzu gehören u.a. eine mehr als einjährige Methadonsubstitution, eine psychosoziale stabile Integration, die Freiheit von Beigebrauch anderer psychoaktiver Substanzen, incl. Alkohol, seit mindestens einem Jahr, nachgewiesen durch geeignete, regelmäßige, zufällige Kontrollen (zB Urin, Haar) während der Therapie, der Nachweis für Eigenverantwortung und Therapie-Compliance sowie das Fehlen einer Störung der Gesamtpersönlichkeit. Persönlichkeitsveränderungen können nicht nur als reversible oder irreversible Folgen von Missbrauch und Abhängigkeit zu werten sein, sondern ggf auch als vorbestehende oder parallel bestehende Störung, insbesondere auch im affektiven Bereich. In die Begutachtung des Einzelfalles ist das Urteil der behandelnden Ärzte einzubeziehen. Insoweit kommt in diesen Fällen neben den körperlichen Befunden den Persönlichkeits-, Leistungs-, verhaltenspsychologischen und den sozialpsychologischen Befunden erhebliche Bedeutung für die Begründung von positiven Regelausnahmen zu.

Begründung

Menschen, die von einem oder mehreren der oben genannten Stoffe abhängig sind, können für die Zeit der Wirkung eines Giftstoffes oder sogar dauernd schwere körperlich-geistige (psychische) und die Kraftfahrleistung beeinträchtigende Schäden erleiden. So können als Folge des Missbrauchs oder der Abhängigkeit krankhafte Persönlichkeitsveränderungen auftreten, insbesondere Selbstüberschätzung, Gleichgültigkeit, Nachlässigkeit, Erregbarkeit und Reizbarkeit. Es kommt schließlich zur Entdifferenzierung und Depravation der gesamten Persönlichkeit.

Bei einigen Drogen kann es sehr schnell zu schweren Entzugssymptomen kommen, die innerhalb weniger Stunden nach der Einnahme auftreten und die die Fahrtauglichkeit erheblich beeinträchtigen. Dies gilt insbesondere für Heroin wegen der bekannten kurzen Halbwertzeit.

Außerdem kann die langdauernde Zufuhr größerer Mengen dieser toxischen Stoffe zu Schädigungen des zentralen Nervensystems führen.

Die besondere Rückfallgefahr bei der Abhängigkeit rechtfertigt die Forderung nach Erfüllung bestimmter Voraussetzungen. Im Allgemeinen wird man hierfür den Nachweis einer erfolgreichen Entwöhnungsbehandlung verlangen müssen. Der Erfolg ist nicht schon bei Abschluss der Entwöhnungsbehandlung zu erkennen, sondern erst nach Ablauf des folgenden besonders rezidivgefährdeten Jahres.

Es ist im Übrigen für die angemessene Begründung einer positiven Verkehrsprognose wesentlich, dass zur positiven Veränderung der körperlichen Befunde einschließlich der Laborbefunde ein tiefgreifender und stabiler Einstellungswandel hinzutreten muss, der es wahrscheinlich macht, dass der Betroffene auch in Zukunft die notwendige Abstinenz einhält.

a) Cannabis. aa) Wirkungen. Soweit in der FeV der Begriff „Cannabis" verwendet wird, ist dies ungenau, weil es sich hierbei zunächst einmal lediglich um den lateinischen Namen der Hanfpflanze handelt. Der Verordnungsgeber hat mit dieser sprachlichen Regelung dem Umstand Rechnung getragen, dass unter Cannabis im allgemeinen Sprachgebrauch die aus der Hanfpflanze hergestellten Rauschmittel verstanden werden.

Die berauschende Wirkung der Hanfpflanze resultiert im Wesentlichen aus dem in ihr enthaltenen Wirkstoff **Delta-9-Tetrahydrocannabinol (THC)**. Der Wirkstoffgehalt variiert bei den verschiedenen, aus der Hanfpflanze hergestellten Rauschmitteln erheblich:[90]

- **Marihuana** („Gras"): Hierbei handelt es sich um ein tabakartiges Gemisch aus den getrockneten Blättern und Blüten der weiblichen Hanfpflanze, das vor allem als „Joint" geraucht wird; der THC-Gehalt beträgt zwischen 1 % und 5 %.
- Als **Haschisch** („Shit") bezeichnet man das gepresste Harz der Hanfpflanze, welches geraucht oder in gelöster Form zur Zubereitung THC-haltiger Speisen verwendet wird; der THC-Gehalt beträgt bis zu 15 %.
- **Haschisch-Öl**: Es handelt sich um das aus der Hanfpflanze extrahierte Öl, das mit Tabak vermischt, auf Papier geträufelt und gelutscht, geraucht oder zur Zubereitung THC-haltiger Getränke und Speisen verwendet wird; der THC-Gehalt kann bis zu 60 % betragen. Wegen der schwierigen Dosierung spielt diese Form des Cannabis auf dem (illegalen) Markt eine eher untergeordnete Rolle.

Eine „**Rauschdosis**" erfordert min. 15 mg[91] THC. 1 g Haschisch reicht daher bei einem im unteren Bereich liegenden THC-Gehalt von 5 % für drei bis vier Konsumeinheiten und bei

---

[90] Zum Wirkstoffgehalt vgl BGH, Urt. v. 18.7.1984 – 3 StR 183/84, NJW 1985, 1404.
[91] mg = Milligramm (1 g = 1.000 Milligramm).

einem im oberen Bereich liegenden THC-Gehalt von 8 % für fünf bis sechs Konsumeinheiten. Fehlen Feststellungen zur konkreten Wirkstoffkonzentration, kann ein THC-Gehalt zwischen 5 % und 8 % zugrunde gelegt werden.[92]

153 Zu den **verkehrsbezogenen Wirkungen** von Cannabis kann zunächst auf die Publikationen von *Kannheiser*[93] sowie auf die im Auftrag des Bundesverfassungsgerichts[94] erstellten Gutachten von *Berghaus*[95] und *Krüger*[96] verwiesen werden.

154 Dass im akuten **Cannabisrausch** und während einer mehrstündigen Abklingphase die aktuelle Fahrtüchtigkeit beeinträchtigt bzw ausschlossen ist, ist wissenschaftlich nachgewiesen.[97] Es gibt jedoch **keinen Schwellenwert** für die relative/absolute Fahruntüchtigkeit – wie beim Alkohol –, weil sich die konkreten Auswirkungen eines Konsums schwer vorhersagen lassen und die Rauschwirkungen u.a. entscheidend von der Art und Beschaffenheit des konsumierten Produkts abhängen. Auch gibt es keine gesicherten Kenntnisse darüber, wann die Fahreignung vollständig wiederhergestellt ist. Die gängige Faustformel, dass dies in der Regel spätestens 24 Stunden nach dem Cannabis-Konsum der Fall ist, gilt allenfalls bei einer einmaligen Aufnahme und versagt vor allem bei ständigem Konsum, da bei solchen Konsummustern Fahrfehler und erhebliche THC-Konzentrationen auch 24 Stunden nach der Aufnahme festgestellt werden können.[98]

bb) Besitz/Eigenkonsum von Cannabis

155 **Beispiel:**
Ein Tramper wird auf einer Autobahnraststätte von der Polizei einer routinemäßigen Kontrolle unterzogen. Bei ihm werden 0,2 g Marihuana gefunden. Im Rahmen einer informatorischen Befragung gibt er gegenüber Polizeibeamten an, am Vorabend bei einem Musikfestival einmal Cannabisprodukte konsumiert zu haben.[99]

156 In § 14 Abs. 1 FeV wird unterschieden zwischen dem Konsum (S. 1 Nr. 2) – Folge: Verpflichtung der Behörde zur Anordnung eines ärztlichen Gutachtens (Drogenscreening) – und dem feststehenden „bloßen" Besitz von Cannabis (S. 2) – Folge: Ermessen. Die Regelung in S. 2 hat allerdings kaum praktische Relevanz, weil ein Besitz geringer Mengen von Cannabis in aller Regel hinreichende tatsächliche Anhaltspunkte für einen Eigenverbrauch begründet und daher unmittelbar auf die Regelung in S. 1 Nr. 2 zurückgegriffen werden kann.[100]

157 Danach könnte im vorgenannten Beispiel (Rn 155) von der Behörde eigentlich nach § 14 Abs. 1 S. 1 Nr. 2 FeV ein Drogenscreening gefordert werden, weil aufgrund des Besitzes von Marihuana und der eigenen Angaben von einem Konsum von Betäubungsmitteln auszugehen ist. Unerheblich ist es nach dem Wortlaut der Vorschrift, dass keine Anhaltspunkte dafür vor-

---

92 OVG NRW, Beschl. v. 22.11.2001 – 19 B 814/01, NZV 2002, 427; vgl aber auch Nds. OVG, Beschl. v. 3.6.2010 – 12 PA 41/10, SVR 2010, 434.
93 *Kannheiser*, NZV 2000, 57: *Kannheiser/Maukisch*, NZV 1995, 417.
94 In den Verfahren 1 BvR 2062 u. 1143/98.
95 Blutalkohol 2002 (Vol. 39), 321.
96 Blutalkohol 2002 (Vol. 39), 336.
97 So etwa das BVerfG in seinen grundlegenden Entscheidungen zum Cannabis: Beschl. v. 20.6.2002 – 1 BvR 2062/96, NZV 2002, 422, und Beschl. v. 8.7.2002 – 1 BvR 2428/95, NZV 2002, 529.
98 VG Sigmaringen, Urt. v. 28.9.2004 – 4 K 1327/04.
99 Nach VGH Bad.-Württ., Beschl. v. 5.11.2001 – 10 S 1337/01, NZV 2002, 249; VG Freiburg, Beschl. v. 9.3.2000 – 4 K 419/00, NZV 2000, 388.
100 BVerwG, Beschl. v. 30.12.1999 – 3 B 150/99, NZV 2000, 345; OVG Rheinland-Pfalz, Beschl. v. 10.8.1999 – 7 B 11398/99, DAR 1999, 518; VGH Bad.-Württ., Beschl. v. 28.9.1995 – 10 S 2474/95, NZV 1996, 46.

liegen, dass der Tramper unter dem Einfluss von Cannabis aktiv am Straßenverkehr teilgenommen hat.

Das **BVerfG** ist allerdings mit seinem Beschluss vom 20.6.2002[101] (bei dem Betroffenen wurden bei einer polizeilichen Personenkontrolle etwa 5 g Haschisch gefunden) der bisherigen Rechtsprechung zum Besitz geringer Mengen Cannabis nicht gefolgt. Nach Ansicht des BVerfG rechtfertigt der **bloße Besitz einer geringen Menge** – der allerdings in aller Regel auf Eigenkonsum schließen lasse – allein nicht die Anordnung von Aufklärungsmaßnahmen, also eines Drogenscreenings. Es müssten vielmehr hinreichend konkrete Verdachtsmomente dafür vorliegen, dass der Betroffene nicht zwischen drogenkonsumbedingter Fahruntüchtigkeit und dem Führen eines Kfz trennen könne.

In seinem nahezu zeitgleich ergangenen Beschluss vom 8.7.2002[102] hat das BVerfG das Vorliegen von Verdachtsmomenten für fehlendes Trennungsvermögen bejaht, weil im Fahrzeug (Aschenbecher) des Betroffenen die Reste eines Joints gefunden worden waren und daher die Annahme nahe lag, „dass im Fahrzeug selbst und mit hoher Wahrscheinlichkeit auch in engem zeitlichem Zusammenhang mit einer Teilnahme am Straßenverkehr Haschisch konsumiert worden war."

Ergänzende Anhaltspunkte für Eignungsmängel, die neben dem festgestellten Besitz von Cannabisprodukten Aufklärungsmaßnahmen der Behörde nach § 14 FeV rechtfertigen, sind nach dem Beschluss des BVerfG vom 20.6.2002[103] insbesondere:

- Führen eines Kfz unter Drogeneinfluss (vgl Rn 161);
- erheblicher Konsum über einen längeren Zeitraum (vgl Rn 163 ff);
- Zugehörigkeit zu einer besonders gefährdeten Personengruppe (Jugendliche in der Entwicklungsphase; Person mit latent vorhandenen Psychosen; vgl Rn 166).

Bei der ersten Fallgruppe – **Führen eines Kfz im Cannabisrausch** – besteht für die Fahrerlaubnisbehörde in der Regel keine Veranlassung, ein Drogenscreening zu fordern. Solche Rauschfahrten werden nur dann bekannt, wenn der Betroffene im Rahmen einer polizeilichen Verkehrskontrolle aufgefallen ist. Die Polizei wird in diesem Fall nach § 81 a StPO die Entnahme einer Blutprobe anordnen. Das Ergebnis der Untersuchung der Blutprobe, welches auch der Fahrerlaubnisbehörde vorliegt, lässt aber meist hinreichende Rückschlüsse auf das Konsumverhalten zu,[104] so dass dieses nur in Ausnahmefällen noch einmal abgeklärt werden muss.

Indizien für einen **erheblichen Konsum über einen längeren Zeitraum** können etwa folgende Umstände sein:

- strafrechtliche Auffälligkeiten im Zusammenhang mit Drogen (Beschaffungskriminalität, Zuwiderhandlungen unter Drogeneinfluss),
- Vernachlässigung sozialer Pflichten (Schule, Beruf, äußere Erscheinung),
- regelmäßiger Kontakt zur Szene,

---

[101] Az 1 BvR 2062/96. Entscheidungen des BVerfG können auf dessen Homepage (www.bverfg.de) kostenfrei abgerufen werden.
[102] Az 1 BvR 2428/95.
[103] Az 1 BvR 2062/96 (Tz 44, 56).
[104] Vgl die Ausführungen zum gelegentlichen und regelmäßigen Konsum (Rn 176 ff, 187 ff).

- fortgesetzter Konsum trotz körperlicher und psychischer Folgeschäden,
- Besitz einer größeren Menge Cannabis.

163 Praktisch relevant sind die Fälle, in denen der Inhaber der Fahrerlaubnis (bei einer Polizeikontrolle) mit einer **größeren Menge Cannabis** angetroffen wird, ohne dass ihm ein Konsum im Zusammenhang mit dem Straßenverkehr nachgewiesen werden kann. Von Eigenkonsum ist in diesen Fällen regelmäßig auszugehen, sofern die Menge nicht eine Größenordnung erreicht, die zwangsläufig auf einen Fremdverbrauch, also einen Fall des Handeltreibens schließen lässt. Zweck eines Drogenscreenings ist es dann, das konkrete Konsumverhalten des Betroffenen abzuklären, insbesondere also zu ermitteln, ob sogar regelmäßiger Cannabis-Konsum vorliegt.

164 Ob die Behörde ein Drogenscreening verlangen kann, hängt unter anderem davon ab, ab welcher Größenordnung von einer „größeren Menge" auszugehen ist. In einem Erlass des Ministeriums für Verkehr, Energie und Landesplanung des Landes Nordrhein-Westfalen vom 18.12.2002 wird diese mit ¤ 10 g Haschisch angesetzt. Dies erscheint auf den ersten Blick relativ hoch, wenn man bedenkt, dass hieraus – abhängig vom Wirkstoffgehalt – bis zu 50 Konsumeinheiten hergestellt werden können. Es ist aber zu berücksichtigen, dass es in dem vom BVerfG entschiedenen Fall[105] um den Besitz von 5 g Haschisch ging. Das Gericht ist bei dieser Menge aber noch nicht von einem erheblichen Missbrauch ausgegangen und hat das Drogenscreening dementsprechend nicht für gerechtfertigt erachtet.[106]

165 Wichtiger als die konkrete Menge erscheinen im Übrigen die Angaben, die der Betroffene im Rahmen einer – sich an die Verkehrskontrolle anschließenden – polizeilichen Vernehmung macht. Soweit dabei detaillierte Angaben zum Konsumverhalten erfolgen, kann dies ein wesentlich deutlicheres Bild ergeben, als wenn man anhand der vorgefundenen Menge fiktiv den Verbrauch errechnet.

166 Problematisch ist die Fallgruppe der „**besonders gefährdeten Personengruppe**", weil der Konsum von Haschisch bei Jugendlichen und sonstigen gefährdeten Personen – anders als bei Erwachsenen – chronische Beeinträchtigungen der Leistungsfähigkeit zur Folge haben kann.[107] Nimmt man die Rechtsprechung des BVerfG ernst, kann sich insbesondere bei Bewerbern, die bereits als jugendliche Cannabis-Konsumenten in Erscheinung getreten sind, die Frage stellen, ob vor Ersterteilung der Fahrerlaubnis ein ärztliches Gutachten oder eine MPU erforderlich ist. Allerdings geht das Nds. OVG[108] davon aus, dass die in einem Erlass des Niedersächsischen Ministeriums für Wirtschaft, Arbeit und Verkehr vom 4.10.2008 allgemein vorgesehene Praxis, Jugendliche zwischen dem vollendeten 14. und 18. Lebensjahr zum Tatzeitpunkt bei gelegentlichem Cannabiskonsum ohne Bezug zum Straßenverkehr zur Beibringung eines ärztlichen Gutachtens zur Überprüfung der Kraftfahreignung aufzufordern, in dieser Pauschalität nicht von § 14 Abs. 1 S. 1 Nr. 2 FeV gedeckt sei.

---

105 Beschl. v. 20.6.2002 – 1 BvR 2062/96, NZV 2002, 422 = DAR 2002, 405 = Blutalkohol 2002 (Vol. 39), 362.
106 Vgl auch Nds. OVG, Beschl. v. 3.6.2010 – 12 PA 41/10, SVR 2010, 434, wonach der bei einer Fahrzeugkontrolle festgestellte Besitz von 15,13 g Marihuana keinen hinreichenden Verdacht eines regelmäßigen Konsums begründet, wenn der Wirkstoffgehalt der Droge nicht feststeht und daher unklar ist, wie viele Konsumeinheiten hergestellt werden können (anders aber VGH Bad.-Württ., Beschl. v. 20.4.2010 – 10 S 319/10, NZV 2011, 53 = DAR 2010, 410, zum Besitz von 15,7 g Haschisch und 0,2 g Marihuana).
107 BVerfG, Beschl. v. 20.6.2002 – 1 BvR 2062/96 (Tz 44), NZV 2002, 422 = DAR 2002, 405 = Blutalkohol 2002 (Vol. 39), 362.
108 OVG Nds., Beschl. v. 6.12.2013 – 12 LA 287/12, zfs 2014, 116.

Aus der **Rechtsprechung des BVerfG** sind im Ergebnis folgende **Konsequenzen** zu ziehen: 167

- Der Beschluss bezieht sich zwar auf behördliche bzw. verwaltungsgerichtliche Entscheidungen, die zum „alten" Recht (§ 15 b StVZO) ergangen sind. Die Ausführungen zur Eignung sind jedoch in vollem Umfang auf das „neue" Recht – also § 14 FeV – zu übertragen.
- Der bloße Besitz einer kleinen Menge Cannabis rechtfertigt die Anordnung eines Drogenscreenings nur bei Vorliegen weiterer Verdachtsmomente für fehlende Trennungsbereitschaft. § 14 Abs. 1 S. 1 Nr. 2 und S. 2 FeV sind entsprechend verfassungskonform auszulegen.
- Einmaliger oder gelegentlicher Cannabis-Konsum ohne Bezug zum Straßenverkehr rechtfertigen für sich genommen keine Aufklärungsmaßnahmen, da nach den vom BVerfG eingeholten Gutachten das Fehlen einer Trennungsbereitschaft/-fähigkeit bei den Konsumenten nicht überwiegend wahrscheinlich ist. Bestehen aber hinreichend konkrete Verdachtsmomente für das Vorliegen eines der Zusatzelemente im Sinne von Nr. 9.2.2 Anlage 4 FeV (zB fehlendes Trennungsvermögen zwischen Fahren und Konsum) oder stehen solche sogar fest und ist das Ausmaß des Cannabis-Konsums eines Fahrerlaubnisinhabers, bei dem zumindest ein einmaliger Konsum festgestellt worden ist, unklar, ist die Behörde aufgrund von § 14 Abs. 1 S. 1 Nr. 2 FeV berechtigt, ein Drogenscreening anzuordnen.[109]
Im Beispiel Rn 155 bedeutet dies im Ergebnis, dass die Behörde vom Betroffenen kein Drogenscreening verlangen kann, weil keiner der vorgenannten Verdachtsmomente vorliegt.

Festzuhalten ist allerdings, dass die Rechtsprechung des BVerfG eine behördliche Aufklärungsmaßnahme nicht ausschließt, wenn unter dem Einfluss von Cannabis ein Kfz geführt wird oder wenn der Betroffene gelegentlich Cannabis konsumiert und er diesen Konsum nicht zu kontrollieren vermag.[110] 168

Liegen die Voraussetzungen für den Erlass einer Aufklärungsanordnung vor, kann die Behörde vom Betroffenen die Vorlage eines ärztlichen Gutachtens fordern. Dieses Gutachten, dessen Aufgabe es ist, festzustellen, ob und in welchem Umfang der Betroffene Cannabis konsumiert, wird im Allgemeinen als **Drogenscreening** bezeichnet. Die Behörde kann bei diesem vorgeben, welche Art von Körperausscheidungen/-flüssigkeiten einer toxikologischen Untersuchung unterzogen werden:[111] 169

- **Blut:** 170
Die Blutprobenentnahme wird – wie bereits in Rn 161 ausgeführt – von der Polizei im Rahmen der Strafverfolgung zum Nachweis eines akuten Drogenkonsums angeordnet. Dieser ist allerdings nur kurze Zeit möglich, weil der aktive Wirkstoff THC bereits nach wenigen Stunden im Blut nicht mehr nachweisbar ist. Neben THC kann über die Blutprobe aber auch das inaktive Stoffwechselprodukt Tetrahydrocannabinol (THC-COOH – Carbonsäure) nachgewiesen werden. Diese Carbonsäure hat eine Halbwertzeit von einigen Tagen, so dass die THC-COOH-Werte im Blut bei gelegentlichem oder regelmäßigem Cannabis-Konsum steigen.
Das Ministerium für Verkehr, Energie und Landesplanung des Landes Nordrhein-Westfalen hat in seinem Erlass vom 18.12.2002 beschrieben, welche Maßnahmen bei bestimmten

---

109 VGH Bad.-Württ., Beschl. v. 29.9.2003 – 10 S 1294/03, NZV 2004, 215.
110 Zum sog. Kontrollverlust: OVG NRW, Beschl. v. 7.1.2003 – 19 B 1249/02, DAR 2003, 187.
111 Zu den Untersuchungsverfahren im Einzelnen: *Möller*, in: Hettenbach/Kalus/Möller/Uhle, § 3.

Werten zu ergreifen sind („**Daldrup-Tabelle**"). Dieser Erlass beruht im Wesentlichen auf einer Untersuchung verschiedener rechtsmedizinischer Institute in NRW.[112] Danach ist bei THC-COOH-Konzentrationen im Blutserum ab 5 ng/ml in der Regel von gelegentlichem, bei Konzentrationen ab 75 ng/ml von regelmäßigem Konsum auszugehen. Die Werte der sog. Daldrup-Tabelle können jedoch nicht – was von den Behörden nach Einführung des Erlasses zunächst häufig übersehen worden war – „eins zu eins" auf eine polizeilich angeordnete, „**spontane**" **Blutprobenentnahme** übertragen werden. Denn anders als bei der spontanen Blutprobenentnahme hat der Betroffene bei der durch die Fahrerlaubnisbehörde angeordneten Blutprobenentnahme die Möglichkeit, innerhalb der Wochenfrist auf den Konsum von Cannabis zu verzichten, so dass sich der THC-COOH-Wert in diesem Zeitraum entsprechend abbauen wird. Im Hinblick darauf – insbesondere unter Berücksichtigung der Halbwertszeiten – sind die Werte in dem Erlass relativ niedrig angesetzt worden. Bei der „spontanen" Blutprobenentnahme kann der Betroffene dagegen keine Abstinenz einhalten, so dass dort von deutlich höheren Werten auszugehen ist.

Zusammenfassend kann man sagen, dass sich die Blutprobenuntersuchung als Mittel zum Nachweis des gelegentlichen/regelmäßigen Cannabis-Konsums im Wesentlichen bewährt hat. Liegt der Fahrerlaubnisbehörde das Ergebnis einer polizeilich angeordneten Blutprobenuntersuchung vor, kann damit das Konsumverhalten des Betroffenen häufig hinreichend belegt werden; verbleiben – aus den noch darzulegenden Gründen (Rn 183 f, 191 ff) – Zweifel, kann sie selbst ein weiteres Drogenscreening (Blut) anordnen.

171 ■ Urin:
Ein aktueller Konsum von Cannabis kann im Urin bis zu vier Tage nachgewiesen werden; bei höherem Konsum (zwei- bis dreimal wöchentlich) kumuliert sich der THC-Gehalt im Körper, so dass ein Nachweis bis zu zwei Wochen möglich ist.

Anders als bei der Blutentnahme ist bei der Urinabgabe eine erhebliche Gefahr von Manipulationen durch den Betroffenen gegeben; diese reichen von der Aufnahme erheblicher Mengen Wasser (Verdünnungseffekt) bis zur Beigabe störender Substanzen (WC-Reiniger, Seife). Auch ist es bereits vorgekommen, dass der Betroffene bei der Abgabe Urin einer anderen Person untergeschoben hat.

In der Praxis bietet sich eine Urinuntersuchung dann an, wenn es um den Nachweis von Drogenfreiheit geht, wenn der Betroffene also zur Wiedererlangung der Kraftfahreignung nachweisen muss, dass er über einen bestimmten Zeitraum – meist ein Jahr – keine Drogen konsumiert hat. In diesen Fällen wird der Betroffene von der Behörde oder der Gutachtenstelle kurzfristig (meist binnen 48 Stunden) zur Urinabgabe einbestellt.

172 ■ Haare:
Das diagnostische Fenster der Haaranalyse ist relativ groß. Geht man von einem durchschnittlichen Wachstum des Haupthaares von 1 cm monatlich aus, kann bei einer Länge von mindestens 6 cm ein Zeitraum von ca. sechs Monaten abgeklärt werden. Dieses Verfahren bietet sich zum Nachweis eines länger zurückliegenden, regelmäßigen Cannabis-Konsums an. Ein nur einmaliger bzw ein erst kurze Zeit zurückliegender Konsum kann dagegen nicht nachgewiesen werden.[113] Ebenso wenig kann durch eine Haaranalyse ein ein-

---

112 *Daldrup/Käferstein/Köhler/Maier/Mußhoff*, Blutalkohol 2000 (Vol. 37), 39.
113 BayVGH, Beschl. v. 26.1.2006 – 11 CS 05.1453, zfs 2006, 294, zum gelegentlichen Konsum.

maliger oder seltener Drogenkonsum ausgeschlossen werden. Mit ihr kann also in aller Regel das positive Ergebnis einer Blutanalyse nicht entkräftet werden. Zudem ist bei der Haarentnahme – zur Vermeidung von Manipulationen – eine amtliche Identitätskontrolle vorzunehmen.[114]

Kürzt der Betroffene nach Erlass der Aufklärungsanordnung sein Haar, um dadurch die Begutachtung zu verhindern, so kann die Behörde nach § 11 Abs. 8 FeV auf die Nichteignung schließen.[115] Dies gilt natürlich nur dann, wenn die Behörde nachweisen kann, dass der Betroffene ursprünglich eine zur Begutachtung ausreichende Haarlänge hatte.

Die Behörde hat bei der Frage, welche Art von Drogenscreening sie anordnet, **Auswahlermessen**. Bei dessen Ausübung hat sie sich am Grundsatz der Verhältnismäßigkeit zu orientieren. Das bedeutet vor allem, dass das geeignetste Mittel auszuwählen ist. Geht es um den Nachweis gelegentlichen oder regelmäßigen Konsums, bietet sich im Regelfall eine Blut- oder Urinuntersuchung an. 173

Ordnet die Behörde ein bestimmtes Untersuchungsverfahren (zB Blutanalyse) an, darf der Betroffene nicht einfach auf ein anderes Verfahren (zB Urinanalyse) ausweichen; er kann dies lediglich der Behörde als Austauschmittel anbieten. 174

Ist das angeordnete Verfahren im konkreten Fall ausnahmsweise nicht geeignet, das im Raum stehende Konsumverhalten nachzuweisen, dann ist die Aufklärungsanordnung fehlerhaft, so dass die Behörde im Weigerungsfall nicht auf die Nichteignung des Betroffenen schließen kann. 175

cc) Regelmäßiger Konsum. Nach Ziff. 9.2.1 Anlage 4 FeV ist bei einem „regelmäßigen" Konsum von Cannabis die **Eignung zum Führen von Kfz nicht gegeben**. Anders als bei einem bloß gelegentlichen Konsum kommt es nicht darauf an, ob der Betroffene schon einmal unter dem Einfluss von Cannabis am Straßenverkehr teilgenommen hat. Eine Entziehung der Fahrerlaubnis kann daher auch erfolgen, wenn der Betroffene im Straßenverkehr bislang überhaupt nicht aufgefallen ist und die Behörde – etwa durch ein strafrechtliches Ermittlungsverfahren – Kenntnis von einem regelmäßigen Konsum erhält. 176

Beim regelmäßigen (bzw gewohnheitsmäßigen) Konsum ist in aller Regel von einer dauerhaften fahreignungsrelevanten Herabsetzung der körperlichen und geistigen Leistungsfähigkeit auszugehen.[116] Zudem kann vom Betroffenen, der einen so erheblichen Drogenmissbrauch betreibt, nicht erwartet werden, dass er noch in der Lage ist, bewusst zwischen Drogenkonsum und der Teilnahme am Straßenverkehr zu trennen, und dass er die bei ihm zu erwartenden Beeinträchtigungen noch richtig wahrnehmen kann. Daher ist beim regelmäßigen Konsum ein so hohes Gefährdungspotential gegeben, dass eine weitere Teilnahme des Betroffenen am Straßenverkehr unabhängig von etwaigen Verkehrsauffälligkeiten nicht zu verantworten ist. 177

Die **Maßnahmen der Fahrerlaubnisbehörde** hängen davon ab, ob gegenwärtig (dh im Zeitpunkt der Behördenentscheidung) die regelmäßige Einnahme feststeht oder nicht. Lassen die der Behörde vorliegenden (unstreitigen) Erkenntnisse – etwa hinreichend detaillierte Eigenan- 178

---

[114] VGH Bad.-Württ., Beschl. v. 25.11.2010 – 10 S 2162/10, NJW 2011, 1303 = Blutalkohol 2011 (Vol. 48), 47.
[115] OVG Hamburg, Beschl. v. 27.8.2003 – 3 Bs 185/03, NZV 2004, 483.
[116] So auch BVerfG, Beschl. v. 20.6.2002 – 1 BvR 2062.96 (Tz 44, 56), NZV 2002, 422 = DAR 2002, 405 = Blutalkohol 2002 (Vol. 39), 362.

gaben des Betroffenen – den Rückschluss auf einen regelmäßigen Konsum zu, dann steht die Nichteignung fest, so dass die Fahrerlaubnis unmittelbar zu entziehen ist; weitere Aufklärungsmaßnahmen sind grundsätzlich nicht mehr erforderlich. Insbesondere ist in diesen Fällen die Anordnung eines (weiteren) Drogenscreenings überflüssig, weil mit diesem nur das bereits feststehende Konsumverhalten abgeklärt werden kann. Wird dennoch eine Aufklärungsanordnung erlassen und entzieht die Behörde nach Nichtbeibringung des Drogenscreenings die Fahrerlaubnis unter Hinweis auf § 11 Abs. 8 FeV, dann ist diese Begründung zwar möglicherweise unzutreffend. Zur Rechtswidrigkeit der Entziehungsverfügung führt dies jedoch nicht, weil die Fahrerlaubnis bereits unmittelbar – als ohne weitere Aufklärung – hätte entzogen werden müssen und ein solcher Begründungsmangel bei einer gebundenen Entscheidung unbeachtlich ist.

179 Da die Bewertungen der Anlage 4 FeV nur für den Regelfall gelten, kann die Behörde im Einzelfall dem Betroffenen die Möglichkeit geben, seine Eignung durch eine **MPU** nachzuweisen (vgl Ziff. 3 der Vorbemerkungen zu Anlage 4 FeV, vgl Rn 120 ff). Falls die Behörde nicht von sich aus von dieser Möglichkeit Gebrauch macht, ist es Sache des Betroffenen, konkret darzulegen, warum in seinem Fall trotz des regelmäßigen Konsums keine erhebliche Herabsetzung der Leistungsfähigkeit gegeben ist bzw warum er nach wie vor zwischen Konsum und Teilnahme am Straßenverkehr trennen kann. Vor allem kann er sich selbst bis zum Abschluss des Entziehungsverfahrens freiwillig einer Begutachtung unterziehen. Dabei hat er einen Anspruch auf Überlassung der Führerscheinakte an den Gutachter, weil dieser nur so in die Lage versetzt wird, das Gutachten zu erstellen.[117] Kommt die MPU zu dem Ergebnis, dass die Eignung trotz des Drogenkonsums gegeben ist, führt dies zur Rechtswidrigkeit der Verfügung.

180 Bestehen lediglich Anhaltspunkte für einen regelmäßigen Konsum oder ist das vorliegende (polizeilich angeordnete) Drogenscreening nicht hinreichend aussagekräftig, dann muss die Behörde das Konsumverhalten des Betroffenen weiter aufklären und nach § 14 Abs. 1 S. 1 Nr. 2 FeV ein (weiteres) Drogenscreening anordnen. Ein einmaliger Konsum von Cannabis allein rechtfertigt aber nicht eine entsprechende Aufklärungsmaßnahme. Es müssen vielmehr (wie in Rn 162–165 ausgeführt) tatsächliche Indizien für einen erheblichen, über einen vereinzelten Konsum hinausgehenden Konsum vorliegen.

181 Klarstellend ist allerdings darauf hinzuweisen, dass es für die Anordnung eines Drogenscreenings nicht erforderlich ist, dass der regelmäßige Konsum über einen längeren Zeitraum detailliert belegt ist, denn in diesem Fall stünde die Nichteignung bereits fest. Ausreichend sind Anhaltspunkte, aus denen sich bei vernünftiger, lebensnaher Einschätzung die Besorgnis ergibt, dass der Betreffende täglich oder nahezu täglich Cannabis konsumiert. Solche konkreten Anhaltspunkte können sich zB aus Zeugenaussagen in einem Strafverfahren oder sogar aus Tagebuchaufzeichnungen eines Dritten ergeben.[118]

182 Für die **Einordnung des Konsumverhaltens als regelmäßig** gibt es – nachdem der Gesetzgeber selbst diesen Begriff nicht näher definiert hat – **zwei Ansätze:**

183 ▪ Zum einen besteht die Möglichkeit, den **THC-COOH-Wert als Indikator für einen regelmäßigen Konsum** heranzuziehen. Nach dem Erlass des Ministeriums für Verkehr, Energie und Landesplanung des Landes Nordrhein-Westfalen vom 18.12.2002 ist von einem regel-

---

117 OVG Rheinland-Pfalz, Beschl. v. 11.12.1996 – 7 B 13243/96, NJW 1997, 2342.
118 VGH Bad.-Württ., Beschl. v. 16.6.2003 – 10 S 430/03, NJW 2003, 3004.

mäßigen Cannabis-Konsum auszugehen, wenn sich bei einem Drogenscreening (Blut) ein Wert von mindestens 75 ng/ml THC-COOH ergibt.

Dieser Wert gilt allerdings nur für solche Blutproben, die nach Aufforderung durch die Fahrerlaubnisbehörde entnommen worden sind, nicht jedoch für die „spontane" Blutprobenentnahme. Bei *Daldrup* u.a.[119] wird hierzu ausgeführt: 184
„Bei der Festlegung des Grenzwertes von 75 ng/ml wurden die Halbwertszeiten dieses Metaboliten[120] berücksichtigt und die Tatsache, dass die Betroffenen bis zu 8 Tagen nach Aufforderung durch die Straßenverkehrsbehörde Zeit haben, sich einer Blutentnahme zu unterziehen. Während dieser Zeit hätten sie die Möglichkeit, ganz auf den Konsum von Cannabis zu verzichten. Legt man die Halbwertszeit von rund 6 Tagen für THC-COOH zugrunde, so reichen bereits weniger als 3 Tage aus, bis die Konzentration von beispielsweise 100 ng/ml auf 75 ng/ml abfällt. Ausgehend von 150 ng/ml wird die Grenzkonzentration bei Abstinenz knapp nach einer Woche erreicht. Unterstellt man dagegen eine Halbwertszeit von nur 1,5 Tagen, [...], so sinkt innerhalb von 6 Tagen eine Konzentration von 150 ng/ml auf etwa 9 ng/ml ab."

Daldrup u.a. kommen zu dem Ergebnis, dass bei Blutproben, die nur wenige Stunden nach dem letzten Konsum entnommen werden, ein regelmäßiger Konsum erst ab einer THC-COOH-Konzentration von 150 ng/ml als abgesichert angesehen werden kann. Dementsprechend geht auch die Rechtsprechung davon aus, dass bei der spontanen Blutprobenentnahme ein regelmäßiger Konsum erst ab diesem Wert – und nicht bereits bei 75 ng/ml – erwiesen ist.[121]

Bei einem sich aus einer spontanen Blutprobenentnahme ergebenden Wert zwischen 75 und 150 ng/ml THC-COOH kann die Fahrerlaubnis daher nicht wegen des regelmäßigen Konsums entzogen werden. Zu beachten ist allerdings, dass in diesen Fällen regelmäßig eine Entziehung wegen gelegentlichen Konsums in Verbindung mit fehlendem Trennungsvermögen (Rauschfahrt, dazu unten Rn 187 ff) in Betracht kommt.

- Alternativ kann auf eine **quantitative Definition** zurückgegriffen werden. 185
Dabei wird meist die Definition von *Kannheiser*[122] herangezogen, wonach regelmäßiger Konsum der tägliche oder nahezu tägliche Konsum ist.[123] Das OVG NRW geht von einer vergleichbaren Größenordnung aus, indem es unter Verweis auf sachverständige rechtsmedizinische Auswertungen ab einer Konsumfrequenz von ≈ 200 im Jahr – ein Durchschnittswert, den man ggf auf einen kürzeren Zeitraum herunterrechnen muss – regelmäßigen Konsum annimmt.[124]

Ein eingeräumter Konsum „hauptsächlich am Wochenende" ist danach noch kein regelmäßiger Konsum; in diesem Fall liegen allenfalls Hinweise auf ein solches Konsumverhalten vor, denen die Behörde durch ein Drogenscreening nachgehen kann.

---

119 *Daldrup/Käferstein/Köhler/Maier/Mußhoff*, Blutalkohol 2000 (Vol. 37), 39, 44.
120 Gemeint ist THC-COOH.
121 OVG Brandenburg, Beschl. v. 13.12.2004 – 4 B 206/04, Blutalkohol 2006 (Vol. 43), 161; Nds. OVG, Beschl. v. 11.7.2003 – 12 ME 287/03, Blutalkohol 2004 (Vol. 41), 183; OVG NRW, Beschl. v. 27.5.2003 – 19 B 430/03.
122 *Kannheiser*, NZV 2000, 57 ff.
123 Vgl etwa VGH Bad.-Württ., Beschl. v. 26.11.2003 – 10 S 2048/03, Blutalkohol 2004 (Vol. 41), 363.
124 OVG NRW, Beschl. v. 27.5.2003 – 19 B 430/03; vgl auch Beschl. v. 1.6.2010 – 16 B 428/10, DAR 2011, 169, Blutalkohol 2010 (Vol. 47), 371: „nicht deutlich seltener als täglich".

Stellt ein Strafgericht fest, der Täter habe Cannabis „regelmäßig konsumiert", so wird damit im Regelfall nicht ein Konsumverhalten beschrieben, welches nach fahrerlaubnisrechtlichen Maßstäben zum Verlust der Eignung führen kann. Der Begriff „regelmäßig" bezeichnet nach dem allgemeinen Sprachgebrauch nämlich allein die Regelhaftigkeit oder Gesetzmäßigkeit eines Verhaltens, ohne damit zugleich eine spezifische Häufigkeit zu verbinden.[125]

186 Liegt für die Vergangenheit ein regelmäßiger Konsum vor – etwa weil der Betroffene dies in einem Strafverfahren eingeräumt hat –, wird im Entziehungsverfahren meist geltend gemacht, dass man den Cannabis-Konsum eingestellt habe. Hier ist zu beachten, dass im Hinblick darauf, dass der Betroffene jedenfalls früher unstreitig ungeeignet war, eine **Beweislastumkehr** eintritt. Die Eignung kann in diesem Fall nur dann wieder angenommen werden, wenn eine hinreichende Abstinenz nachgewiesen wird. Der Nachweis der Abstinenz kann etwa durch vier Drogenscreenings in unregelmäßigen Zeitabständen erfolgen, wobei diese Screenings nur dann einen tauglichen Nachweis erbringen, wenn der Betroffene für ihn nicht vorhersehbar zur Urinabgabe oder Blutentnahme einbestellt worden ist.[126]

dd) Gelegentlicher Konsum

187 **Beispiel:**
M. fällt bei einer Verkehrskontrolle als Führer eines Kfz auf, seine Stimme ist verwaschen, sein Gang unsicher. Die daraufhin von der Polizei angeordnete Blutprobenentnahme ergibt Werte von 1,5 ng/ml THC und 33 ng/ml THC-COOH.

188 Nach Ziff. 9.2.2 Anlage 4 FeV ist bei einem gelegentlichen Cannabis-Konsum die Eignung zum Führen von Kfz gegeben, wenn folgenden Zusatztatsachen vorliegen:

- Trennung von Konsum und Fahren und kein zusätzlicher Gebrauch von Alkohol oder anderen psychoaktiv wirkenden Stoffen,
- keine Störung der Persönlichkeit,
- kein Kontrollverlust.

Steht der gelegentliche Konsum fest und wird eine dieser zusätzlichen Vorgaben verwirklicht, fehlt es an der Eignung des Betroffenen und die Fahrerlaubnis kann ohne weitere Ermittlungen entzogen werden. Entscheidend ist aber immer, dass tatsächlich beide Elemente erfüllt sind, also der gelegentliche Konsum von Cannabis und eine der in Ziffer 9.2.2 Anlage 4 FeV genannten Zusatztatsachen. Fehlt es an einem der beiden Elemente, scheidet eine unmittelbare Entziehung der Fahrerlaubnis aus.

189 Bei „nur" gelegentlicher Einnahme von Cannabis ist die Fahreignung in der Regel gegeben. Das BVerfG hat in seinem Beschluss vom 20.6.2002[127] insoweit ausgeführt, bei gelegentlichem Cannabis-Konsum sei es nach aktuellem Erkenntnisstand nicht überwiegend wahrscheinlich, dass der Betroffene außerstande ist, eine zeitweilige Fahruntüchtigkeit zu erkennen und von der aktiven Teilnahme am Straßenverkehr abzusehen. An dieser Einschätzung hat sich bis heute nichts geändert.

---

125 OVG NRW, Beschl. v. 26.3.2012 – 16 B 304/12.
126 Vgl BayVGH, Beschl. v. 25.1.2006 – 11 CS 05.1453, zfs 2006, 294.
127 Az: 1 BvR 2062/96.

A. Entzug der Fahrerlaubnis (§ 3 Abs. 1 S. 1 StVG)   18

Zur Klärung der Frage, ob gelegentlicher Konsum vorliegt, kann von dem Betroffenen keine MPU verlangt werden, sondern nach § 14 Abs. 1 S. 1 Nr. 2 bzw S. 2 FeV nur ein **Drogenscreening**. § 14 Abs. 2 Nr. 2 FeV greift hier nicht ein. Diese Vorschrift ist auf die Wiedererteilung zugeschnitten, da ein Einstellungswandel überprüft werden soll, der bei „nur" gelegentlichem Konsum ohne sonstige Auffälligkeiten gerade nicht erforderlich ist; jedenfalls kommt eine Anwendung dieser Vorschrift nur dann in Betracht, wenn feststeht, dass der Betroffene aufgrund Abhängigkeit oder regelmäßigen Cannabis-Konsums früher einmal ungeeignet war.[128]   190

Den Begriff „**gelegentlicher Konsum**" hat der Verordnungsgeber nicht näher erläutert, so dass sich die Frage stellt, welches Konsumverhalten hier erfasst werden soll.   191

Nach dem Erlass des Ministeriums für Verkehr, Energie und Landesplanung des Landes Nordrhein-Westfalen vom 18.12.2002 ist von einem gelegentlichen Cannabis-Konsum auszugehen, wenn sich bei einem Drogenscreening (Blut) ein Wert von mehr als 5 ng/ml THC-COOH ergibt und zusätzlich THC nachgewiesen wird.   192

Dieser Wert gilt aber nicht für die von der Polizei im Rahmen einer Verkehrskontrolle angeordnete „spontane" Blutprobenentnahme (vgl Rn 183 f). Für diese sind konkrete Grenzwerte wissenschaftlich nicht abgesichert, was in der behördlichen und gerichtlichen Praxis häufig nicht beachtet wird.   193

Möller verweist auf Erkenntnisse, wonach innerhalb weniger Stunden nach dem Konsum Werte bis zu 60–80 ng/ml THC-COOH erreicht werden könnten; erst bei deutlich darüber liegenden Werten könne daher von einem wiederholten Konsum ausgegangen werden.[129]   194

Dies bedeutet, dass bei einem Wert von bis zu 50 ng/ml THC-COOH – bei einer spontanen Blutentnahme – ein gelegentlicher Konsum in aller Regel jedenfalls nicht als belegt angesehen werden kann. Ob es insoweit überhaupt einen wissenschaftlich belegbaren „Grenzwert" gibt, bedarf noch weiterer Klärung. Jedenfalls ist in der Rechtsprechung die Tendenz zu höheren Werten festzustellen. So geht das OVG NRW mittlerweile davon aus, dass unterhalb eines Wertes von 100 ng/ml THC-COOH kein sicherer Rückschluss auf gelegentlichen Konsum zulässig ist; oberhalb dieses Wertes sei allerdings sicher von einem gelegentlichen Cannabis-Konsum auszugehen.[130]   195

Im Hinblick auf diese Unsicherheiten bei der Interpretation der THC-COOH-Werte rückt die quantitative Komponente bei der Einstufung eines Konsums als gelegentlich wieder in den Vordergrund. So ist davon auszugehen, dass ein **zumindest zweimaliger Konsum** – der vor allem aufgrund eigener Angaben des Betroffenen feststehen kann – bereits als gelegentlicher Konsum anzusehen ist.[131]   196

Dabei kann nicht jeder beliebig weit in der Vergangenheit liegende Cannabiskonsum als Grundlage für die Annahme eines gelegentlichen Konsums herangezogen werden. So kann ein Zeitablauf von mehreren Jahren zwischen zwei Cannabis-Einnahmen eine Zäsur bilden, die bei der fahrerlaubnisrechtlichen Einordnung des Konsums einen Rückgriff auf den früheren Vorgang verbietet. Ob eine solche relevante Zäsur zwischen den einzelnen Konsumakten   197

---

128 OVG Bremen, Beschl. v. 8.3.2000 – 1 B 61/00 = NJW 2000, 2438; VG Augsburg, Beschl. v. 13.3.2001 – 3 K 00.1677.
129 Möller, in: Hettenbach/Kalus/Möller/Uhle, § 3 Rn 76.
130 OVG NRW, Beschl. v. 29.10.2014 – 16 B 955/14.
131 BVerwG, Urt. v. 23.10.2014 – 3 C 3.13, zfs 2015, 173173 = DAR 2014, 711 = Blutalkohol 2015 (Vol. 52), 151.

198 Neben dem Konsumverhalten des Betroffenen ist weiter zu prüfen, ob ein **Zusatzelement iSv Ziff. 9.2.2 Anlage 4 FeV** vorliegt (vgl Rn 188). Steht dies fest, dann ist die Fahrerlaubnis unmittelbar zu entziehen; liegen dagegen insoweit lediglich Indizien vor, kann die Behörde nach § 14 Abs. 1 S. 4 FeV eine MPU anordnen.

anzunehmen ist, ist nach den konkreten Umständen des jeweiligen Einzelfalls zu beurteilen. Die schematische Festlegung von Zeiträumen verbietet sich.[132]

199 Letzteres verliert jedoch immer mehr an Bedeutung, weil das Entziehungsverfahren meist durch eine sog. **Rauschfahrt** in Gang gesetzt wird und damit das Zusatzelement des fehlenden Trennungsvermögens bereits feststeht. Ein Zusatzelement ist nämlich insbesondere dann gegeben, wenn der Betroffene nicht in der Lage ist, zwischen dem Konsum von Cannabis und der (aktiven) Teilnahme am Straßenverkehr zu trennen. Diese **fehlende Trennungsbereitschaft** ist hinreichend belegt, wenn der Betroffene einmal als Führer eines Fahrzeugs im Straßenverkehr unter dem Einfluss von Cannabis angetroffen wird (Rauschfahrt).

200 Der bloße Besitz von Cannabis während der Fahrt reicht allerdings nicht aus. Fehlendes Trennungsvermögen kann auch dann angenommen werden, wenn die Rauschfahrt auf passives Mitrauchen zurückzuführen ist.[133]

201 Eine **Rauschfahrt** liegt vor, wenn der Betroffene unter der berauschenden Wirkung des aktiven THC steht. Dabei war zunächst unter den Obergerichten umstritten, welcher Grenzwert hier anzusetzen ist. Nach dem Urteil des BVerwG vom 23.10.2014 – 3 C 3.13 –[134] ist nunmehr jedoch geklärt, dass eine zur Annahme mangelnder Fahreignung führende Gefahr für die Sicherheit des Straßenverkehrs bereits ab einem im Blutserum festgestellten THC-Wert von 1,0 ng/ml anzunehmen ist.

202 Das Zusatzelement „kein Kontrollverlust" (Ziff. 9.2.2 Anlage 4 FeV; vgl Rn 188) ist dann erfüllt, wenn der Betroffene trotz angeordneter Untersuchung in engem zeitlichem Zusammenhang mit dieser Cannabis konsumiert und er damit zeigt, dass er seinen Konsum nicht kontrollieren kann; die Fahrerlaubnis kann dann ohne vorherige MPU entzogen werden.[135]

203 **Beispiel:**
M. wird als Fußgänger bei einer Polizeikontrolle mit 19 g Haschisch angetroffen; er gibt an, dieses sei für den Eigenkonsum bestimmt. Daraufhin gibt er nach Aufforderung durch die Fahrerlaubnisbehörde eine Blutprobe ab, bei der Werte von 13,9 ng/ml THC und von 114,4 ng/ml THC-COOH (= gelegentlicher Konsum) festgestellt werden. In diesem Fall fehlt es zwar an einer Rauschfahrt; der Kontrollverlust als Zusatzelement ist aber dadurch belegt, dass M. Cannabis konsumiert hat, obwohl er damit rechnen musste, dass dies durch die Blutprobenuntersuchung festgestellt wird.

204 Ein „zusätzlicher Gebrauch von Alkohol oder anderen psychoaktiv wirkenden Stoffen" im Sinne von Ziff. 9.2.2 der Anlage 4 FeV setzt voraus, dass Cannabis und Alkohol in einer Weise eingenommen werden, dass es zu einer kombinierten Rauschwirkung kommen kann.[136]

---

132 BVerwG, Urt. v. 23.10.2014 – 3 C 3.13, zfs 2015, 173173 = DAR 2014, 711 = Blutalkohol 2015 (Vol. 52), 151.
133 VGH Bad.-Württ., Beschl. v. 10.5.2004 – 10 S 427/04, NZV 2005, 214 = DAR 2004, 604: Der Betroffene hatte geltend gemacht, er habe nicht selbst Cannabis geraucht, sondern sich einige Zeit in einem sog. Chill-out-Room aufgehalten.
134 zfs 2015, 173 = DAR 2014, 711 = Blutalkohol 2015 (Vol. 52), 151 (mwN zur obergerichtlichen Rechtsprechung).
135 OVG NRW, Beschl. v. 7.1.2003 – 19 B 1249/02, DAR 2003, 187, Blutalkohol 2003 (Vol. 40), 332.
136 BVerwG, Urt. v. 14.11.2013 – 3 C 32.12, zfs 2014, 175, Blutalkohol 2014 (Vol. 51), 30.

Aus den vorstehenden Ausführungen ergibt sich für das einführende Beispiel Rn 187, dass der festgestellte Wert von 33 ng/ml THC-COOH einen gelegentlichen Konsum nicht hinreichend belegt. Wenn nicht feststeht – etwa aufgrund von Eigenangaben –, dass M. in letzter Zeit ein weiteres Mal Cannabis konsumiert hat, kann die Fahrerlaubnis nicht entzogen werden. Die Behörde ist in diesem Fall, in dem ein Zusatzelement iSv Ziff. 9.2.2 Anlage 4 FeV (fehlendes Trennungsvermögen = Fahrt unter Cannabiseinfluss) feststeht, aber berechtigt, nach § 14 Abs. 1 S. 1 Nr. 2 FeV ein ärztliches Gutachten (Drogenscreening) anzuordnen.[137]

Es gibt allerdings auch Stimmen in der Rechtsprechung, wonach auf einen gelegentlichen Cannabiskonsum zu schließen ist, wenn der auffällig gewordene Fahrerlaubnisinhaber einen nur einmaligen Konsum zwar geltend macht, dessen Umstände aber nicht konkret und glaubhaft darlegt.[138] Geht man mit dieser Argumentation im Beispiel Rn 187 von einem gelegentlichen Konsum aus, könnte die Behörde – ohne vorherige MPU – die Fahrerlaubnis entziehen. Durch die einmalige Rauschfahrt wäre die fehlende Trennungsbereitschaft und damit ein Zusatzelement hinreichend belegt.

b) Sonstige Betäubungsmittel. Bei sonstigen Betäubungsmitteln (außer Cannabis) – insbesondere **Heroin, Kokain, Ecstasy** – schließt nach Ziff. 9.1 Anlage 4 FeV schon die **einmalige Einnahme** die Fahreignung aus. Der Vergleich mit Ziff. 9.2.2 Anlage 4 FeV (Trennung von Fahren und Konsum bei nur gelegentlicher Einnahme von Cannabis) zeigt, dass es hier nicht erforderlich ist, dass der Betroffene unter der Wirkung des Betäubungsmittels ein Fahrzeug führt. Zur Frage, ob ein Konsum vorliegt, ist bei Vorliegen hinreichender Verdachtsmomente ein ärztliches Gutachten – insbesondere also ein **Drogenscreening** – anzuordnen (§ 14 Abs. 1 S. 1 Nr. 2 FeV). Zu beachten ist, dass die Bewertung der Ziff. 9.1 Anlage 4 FeV (nur) für den Regelfall gilt, im Einzelfall ist eine MPU anzuordnen (vgl Ziff. 3 S. 2 der Vorbemerkungen zu Anlage 4 FeV, vgl Rn 120).

Liegt der letzte erwiesene Drogenkonsum längere Zeit zurück, so kann nach § 14 Abs. 2 Nr. 2 FeV zur Frage, ob ein **stabiler Einstellungswandel** stattgefunden hat, eine MPU gefordert werden. Die Anordnung ist nicht an die Einhaltung einer bestimmten Frist (nach dem letzten Konsum) gebunden; entscheidend ist vielmehr, ob unter Berücksichtigung aller Umstände, insbesondere Art, Umfang und Dauer des Drogenkonsums, noch hinreichende Anhaltspunkte zur Begründung eines Gefahrenverdachts vorliegen.[139]

Beispiele:

- OVG Rheinland-Pfalz:[140] Für den Schluss auf die fehlende Eignung genügt der Nachweis des einmaligen **Amphetamin**-Konsums.
- VGH Bad.-Württ.[141] zur Designerdroge **MDMA** (142 ng/ml): Die Behauptung, die Droge durch das Trinken aus Gläsern anderer Gäste zu sich genommen zu haben, wird als Schutzbehauptung zurückgewiesen.

---

137 VGH Bad.-Württ., Beschl. v. 29.9.2003 – 10 S 1294/03, NZV 2004, 215.
138 OVG NRW, Beschl. v. 21.5.2014 - 16 B 436/14, juris Rn. 12.
139 BVerwG, Urt. v. 9.6.2005 – 3 C 25.04, NZV 2005, 603.
140 Beschl. v. 25.7.2008 – 10 B 10646/08, Blutalkohol 2008 (Vol. 45), 418; ebenso OVG M.-V., Beschl. v. 24.6.2009 – 1 M 87/09, Blutalkohol 2009 (Vol. 46), 360.
141 Beschl. v. 22.11.2004 – 10 S 2182/04, Blutalkohol 2006 (Vol. 43), 247.

- OVG Niedersachsen:[142] Der einmalige Konsum von **Amphetaminen** schließt im Regelfall bereits die Eignung aus. Des Nachweises einer Drogenabhängigkeit, eines regelmäßigen Konsums oder eines Unvermögens zur Trennung zwischen Drogenkonsum und Fahren bedarf es nicht. Die Anordnung des Sofortvollzugs ist auch dann zulässig, wenn der festgestellte Drogenkonsum längere Zeit (hier: elf Monate) zurückliegt.
- OVG Bremen:[143] Bei **Kokain**-Konsum ist es Sache des Betroffenen, die Regelvermutung der Ungeeignetheit zu entkräften, dh einen besonders gelagerten Einzelfall geltend zu machen und zu belegen.
- VGH Bad.-Württ.:[144] Die Ungeeignetheit ist gegeben, wenn ein einmaliger Konsum (hier: **Kokain** und **Amphetamine**) festgestellt worden ist. Zur Prüfung der Frage, ob besondere Umstände vorliegen (vgl Ziff. 3 der Vorbemerkungen zu Anlage 4 FeV, vgl Rn 117), aus denen sich ergibt, dass der BtM-Konsum ausnahmsweise nicht zur Ungeeignetheit führt (hier: Berücksichtigung von Kontakten zu Personen aus dem Drogenmilieu).
- VGH Bad.-Württ.:[145] Bei **Ecstasy** ist von der Ungeeignetheit bereits bei einmalig festgestelltem Konsum auszugehen. Von einer Wiedererlangung der Fahreignung kann erst nach einjähriger Abstinenz ausgegangen werden; eine kürzere Dauer kommt nur unter ganz besonderen Umständen in Betracht, die vom Betroffenen darzulegen sind. Die bloße Versicherung, künftig auf den Konsum zu verzichten, genügt ebenso wenig wie die Vorlage negativer Drogenscreenings.

210 Auch **Methadon** fällt unter das BtMG. Lediglich im Einzelfall und unter besonderen Umständen kann die Fahreignung gegeben sein. Nach S. 2 der Vorbemerkung 3 zur Anlage 4 FeV (vgl Rn 120) ist zu prüfen, ob ausnahmsweise die Fahreignung bejaht werden kann. Dabei sind folgende Kriterien zu beachten:

- Nachweis, dass mindestens ein Jahr erfolgreich substituiert worden ist;
- Nachweis durch regelmäßige zufällige Kontrollen, dass in diesem Zeitraum kein Beigebrauch anderer psychoaktiver Substanzen vorliegt;
- MPU unter Beiziehung der Unterlagen der behandelnden Ärzte.

Bei langjähriger und hochdosierter Methadonsubstitution ist eine Begutachtung des Fahrerlaubnisinhabers auch dann erforderlich, wenn dessen behandelnder Arzt einen entsprechenden Therapieerfolg bestätigt und negative Auswirkungen der Substitution auf die Fahreignung verneint.[146]

211 **6. Alkohol.** Kommt es zu einer Rauschfahrt ab 1,1 ‰ und damit zu einer Straftat nach § 316 StGB wird in aller Regel das Strafgericht – und zwar ohne eine Begutachtung – die Fahrerlaubnis entziehen (vgl § 69 StGB). Die Fahrerlaubnisbehörde kann bei Eignungszweifeln aufgrund einer Alkoholproblematik dagegen in aller Regel nicht sofort die Fahrerlaubnis entziehen, sondern hat diese aufzuklären. Hierfür hat der Verordnungsgeber in § 13 FeV relativ genaue Vorgaben gemacht. Dies hat u.a. zur Folge, dass das Vorliegen dieser Voraussetzungen

---

142 Beschl. v. 19.11.2004 – 12 ME 404/0.
143 Beschl. v. 30.6.2003 – 1 B 206/03, DAR 2004, 284; zum einmaligen Kokain-Konsum vgl auch OVG Berlin-Brandenburg, Beschl. v. 10.6.2009 – 1 S 97/09, Blutalkohol 2009 (Vol. 46), 357; zu den Nachweiszeiten von Kokain im Blut bzw Urin: BayVGH, Beschl. v. 7.12.2009 – 11 CS 09.1996.
144 Beschl. v. 28.5.2002 – 10 S 2213/01, NZV 2002, 477.
145 Beschl. v. 24.5.2002 – 10 S 835/02, NZV 2002, 475.
146 VG Osnabrück, Beschl. v. 17.6.2010 – 6 B 42/10, Blutalkohol 2010 (Vol. 47), 375.

häufig unstreitig ist und die verwaltungsgerichtlichen Verfahren bei Alkoholfällen stark abgenommen haben.

Die Anordnung der Beibringung eines ärztlichen Gutachtens bzw einer MPU steht bei Vorliegen der Voraussetzungen des § 13 Nr. 1 und 2 FeV nicht im Ermessen der Behörde.[147] Der Betroffene kann sich also allein gegen das Vorliegen der Voraussetzungen der einzelnen Tatbestände wenden.

a) Abhängigkeit (§ 13 Nr. 1 FeV). Bei **Alkoholabhängigkeit** ist nach Ziff. 8.3 Anlage 4 FeV die Fahreignung nicht mehr gegeben. Die Frage, ob Alkoholabhängigkeit vorliegt, lässt sich nicht allein aufgrund von Laborwerten – etwa pathologischen Leberwerten – bestimmen. In Ziff. 3.11 der Begutachtungs-Leitlinien zur Kraftfahreignung werden unter Hinweis auf ICD-10 (Diagnoseschlüssel der Weltgesundheitsorganisation – WHO –) Kriterien für das Vorliegen von Abhängigkeit genannt.

Nach § 13 Nr. 1 FeV ist zunächst zwingend ein **ärztliches Gutachten** anzufordern, wenn Tatsachen die Annahme von Alkoholabhängigkeit begründen.[148] Daran kann sich ggf eine MPU zum Alkoholmissbrauch anschließen (§ 13 Nr. 2 a FeV). Die Einholung dieser sachverständigen Stellungnahme ist bei einer Entziehung wegen Alkoholabhängigkeit zwingende Voraussetzung, weil das Vorliegen von Abhängigkeit keine rechtliche, sondern eine medizinische Fragestellung ist und daher nicht von der Behörde allein beurteilt werden kann.[149]

Für die Anforderung eines ärztlichen Gutachtens durch die Behörde genügt der hinreichende Verdacht auf Alkoholabhängigkeit ohne Bezug zum Straßenverkehr und auch unabhängig von evtl festgestellten Promillewerten. Besondere Umstände, die den Verdacht auf Alkoholabhängigkeit nahelegen, können zB fehlende Ausfallerscheinungen bei hoher BAK bzw das Erreichen einer sehr hohen BAK, eine Alkoholisierung früh am Tag usw sein.

b) Missbrauch (§ 13 Nr. 2 lit. a FeV). Bei einem **Alkoholmissbrauch** besteht gem. Ziff. 8.1 Anlage 4 FeV in der Regel keine Eignung. Eine Definition des Missbrauchs gibt diese Regelung selbst: „Das Führen von Kfz und ein die Fahrsicherheit beeinträchtigender Alkoholkonsum können nicht hinreichend sicher getrennt werden."

Die Behörde kann die Frage des Missbrauchs nicht selbst beurteilen, sondern hat nach § 13 Nr. 2 lit. a FeV eine **MPU** anzuordnen, wenn

- nach dem ärztlichen Gutachten keine Abhängigkeit besteht, jedoch Anzeichen für einen Alkoholmissbrauch vorliegen (also im Anschluss an das ärztliche Gutachten nach § 13 Nr. 1 FeV) oder
- sonst Tatsachen die Annahme von Alkoholmissbrauch begründen.

Dabei geht es um die Aufklärung, ob Alkoholmissbrauch im straßenverkehrsrechtlichen Sinne, dh das Unvermögen zur hinreichend sicheren Trennung eines die Verkehrssicherheit beeinträchtigenden Alkoholkonsums vom Führen von Kraftfahrzeugen, vorliegt. Nicht schon der Verdacht auf Alkoholmissbrauch, sondern erst dessen Feststellung rechtfertigt jedoch die Entziehung. Die Anordnung eines medizinisch-psychologischen Gutachtens hat jedenfalls dann zu erfolgen, wenn die Fahrerlaubnis wegen Alkoholmissbrauchs entzogen war (vgl § 13

---

147 VGH Bad.-Württ., Beschl. v. 24.9.2001 – 10 S 182/01, NZV 2002, 149 = DAR 2002, 141.
148 VGH Bad.-Württ., Beschl. v. 8.9.2015 - 10 S 1667/15.
149 VG Stuttgart, Urt. v. 27.2.2002 – 3 K 4533/00.

S. 1 Nr. 2 lit. d FeV). Lag in der Vergangenheit Alkoholmissbrauch vor, ist die Fahreignung gemäß Nr. 8.2 Anlage 4 zur FeV erst dann wieder gegeben, wenn der Missbrauch beendet und die Änderung des Trinkverhaltens gefestigt ist. Dies ist durch ein medizinisch-psychologisches Gutachten nach § 13 S. 1 Nr. 2 lit. d FeV zu klären.[150]

217b Der VGH Bad.-Württ. geht dabei davon aus, dass eine strafgerichtliche Entziehung der Fahrerlaubnis wegen einer Trunkenheitsfahrt iSv § 316 StGB (also ab 1,1 ‰) für ein Wiedererteilungsverfahren quasi automatisch die Notwendigkeit der Anordnung einer MPU auslöst.[151] Das ist allerdings problematisch, weil der Verordnungsgeber einen solchen Automatismus nach § 13 Nr. 2 lit. c FeV erst bei einer Trunkenheitsfahrt ab 1,6 ‰ vorsieht. Dementsprechend geht das OVG NRW[152] davon aus, dass die spezielleren Regelung in § 13 Nr. 2 lit. b und c FeV zwar ein Vorgehen nach Nr. 2 lit. a nicht grundsätzlich ausschließen. Allerdings müssten über die Trunkenheitsfahrt (unter 1,6 ‰) hinaus zusätzliche Gesichtspunkte die ernsthafte Besorgnis eines straßenverkehrsrechtlich relevanten Kontrollverlustes beim Alkoholkonsum begründen (zB weitere Straftaten bzw. sonstige Auffälligkeiten unter Alkoholeinfluss).

218 „Tatsachen" im Sinne der 2. Fallgruppe von § 13 Nr. 2 lit. a FeV liegen jedenfalls dann vor, wenn (einmalig) eine schwere Alkoholisierung (über 1,6 ‰) festgestellt wird und wenn weitere tatsächliche Umstände vorliegen, die geeignet sind, den Verdacht zu erhärten, dass der Betroffene den Konsum von Alkohol und die Teilnahme am Straßenverkehr nicht zuverlässig zu trennen vermag. Teilweise wird verlangt, dass die Alkoholauffälligkeit in einem konkreten Zusammenhang mit der Teilnahme am Straßenverkehr steht.[153] Dem ist aber nicht zu folgen. Auch wenn der Betroffene bislang nicht in alkoholisiertem Zustand im Straßenverkehr als Fahrzeugführer aufgefallen ist, kann – unter Berücksichtigung der hohen Dunkelziffer in diesem Bereich – bei einer Person, die erhebliche Mengen Alkohol zu sich nimmt, immer die Gefahr bestehen, dass er im Einzelfall zwischen Konsum und Fahren nicht zu trennen vermag. Eine erhöhte Gefahr ist insbesondere dann gegeben, wenn der Betroffene als **Berufskraftfahrer im Bereitschaftsdienst** ständig dem Dauerkonflikt ausgesetzt ist zwischen der Neigung, häufig und in großen Mengen Alkohol zu konsumieren, und der Verpflichtung, den Beruf in fahrtüchtigem Zustand auszuüben. In diesen Fällen muss die Behörde aus Gründen der Verkehrssicherheit berechtigt sein, das tatsächliche Gefährdungspotential durch eine MPU abzuklären.[154]

219 Anhaltspunkte für einen Alkoholmissbrauch können auch dann vorliegen, wenn sich der Betroffene im Strafverfahren (wegen § 316 StGB) auf **Nachtrunk** beruft. Diese Konstellation kommt vor allem dann in Betracht, wenn der Täter nach einem Verkehrsunfall weiterfährt und von der Polizei zB erst zu Hause aufgegriffen wird. In einem solchen Fall kann dem Be-

---

150 VGH Bad.-Württ., Urt. v. 18.6.2012, VerkMitt 2012, Nr. 68.
151 VGH Bad.-Württ., Beschl. v. 15.1.2014 – 10 BS 1748/13, zfs 2014, 235 = DAR 2014, 416 = Blutalkohol 2014 (Vol. 51), 131 (der Entscheidung lag eine Trunkenheitsfahrt mit 1,2 ‰ zugrunde); **Urt. v. 7.7.2015 - 10 S 116/15**.
152 Beschluss v. 21.1.2015 – 16 B 1374/14 (der Entscheidung lag eine strafgerichtliche Entziehung der Fahrerlaubnis nach einer Trunkenheitsfahrt mit 1,35 ‰ zugrunde).
153 Hess. VGH, Beschl. v. 9.11.2000 – 2 TG 3571/00; OVG Saarland, Beschl. v. 18.9.2000 – 9 W 5/00 = zfs 2001, 92.
154 Vgl OVG NRW, Beschl. v. 29.7.2015 – 16 B 584/15 (Der Betroffene wurde in zwei Fällen – jeweils ohne Alkoholbezug – erheblich alkoholisiert angetroffen. Die Voraussetzungen des § 13 Nr. 2 lit. a FeV wurden hier verneint!); Beschl. v. 8.9.2008 – 16 B 749/08 (zu einem Taxifahrer, bei dem anlässlich einer Personenkontrolle – also außerhalb des Straßenverkehrs – eine BAK von 1,98 ‰ festgestellt wurde, der aber keine Ausfallerscheinungen aufwies); VG Minden, Urt. v. 27.2.2002 – 3 K 1764/02 (Verdacht auf Missbrauch besteht bei einem Beifahrer mit 2,13 ‰, der seiner Ehefrau mit 1,8 ‰ das Fahrzeug überlässt).

troffenen – ggf im Rahmen eines Wiedererteilungsverfahrens – von Seiten der Fahrerlaubnisbehörde entgegengehalten werden, dass von einer Missbrauchsproblematik auszugehen sei, weil er den Unfall zum Anlass genommen habe, weitere (erhebliche) Mengen Alkohol zu konsumieren.[155]

Im Falle einer Beendigung des Alkoholmissbrauchs gilt zwar nicht die nach Abhängigkeit (vgl Nr. 8.4 Anlage 4 FeV) einzuhaltende einjährige Abstinenz. Die Änderung des Trinkverhaltens muss aber gefestigt sein. Dies macht in aller Regel einen vollständigen Alkoholverzicht über einen mehrmonatigen Zeitraum erforderlich.[156] 220

c) **Wiederholungsfall (§ 13 Nr. 2 lit. b FeV).** Eine MPU ist auch dann erforderlich, wenn der Betroffene wiederholt, dh mindestens zwei Zuwiderhandlungen im Straßenverkehr unter Alkoholeinfluss begangen hat. Ordnungswidrigkeiten nach § 24 a StVG reichen hier aus, es müssen also nicht unbedingt Straftaten vorliegen.[157] Bei Tilgungsreife im Fahreignungsregister kann die Tat nicht mehr berücksichtigt werden. 221

Eine Trunkenheitsfahrt, die im strafrechtlichen Sinn mehrere Straftaten verwirklicht und in Tatmehrheit nach § 53 StGB abgeurteilt wird, stellt bereits eine wiederholte Zuwiderhandlung im Straßenverkehr unter Alkoholeinfluss im Sinne des § 13 Nr. 2 lit. b FeV dar. 221a

Beispiel: 221b
M. begeht gegen 19.10 Uhr eine Trunkenheitsfahrt (BAK: 1,16 ‰), verursacht dabei einen Verkehrsunfall und entfernt sich unerlaubt vom Unfallort. Er wird wegen vorsätzlicher Trunkenheit im Verkehr zu einer Geldstrafe von 40 Tagessätzen und wegen des unerlaubten Entfernens vom Unfallort in Tateinheit mit vorsätzlicher Trunkenheit im Verkehr zu einer Geldstrafe von 60 Tagessätzen – Gesamtgeldstrafe von 70 Tagessätzen zu je 40 EUR – verurteilt. Das Amtsgericht entzieht ihm die Fahrerlaubnis.
Im Rahmen der Neuerteilung kann die Fahrerlaubnisbehörde in diesem Fall gemäß § 13 Nr. 2 lit. d/b FeV von M eine MPU verlangen. Maßgeblich für die Frage, ob mehrere „Zuwiderhandlungen" vorliegen, ist insoweit die strafrechtliche Beurteilung des Sachverhalts.

d) **Trunkenheitsfahrt (§ 13 Nr. 2 lit. c FeV).** Nach der FeV ist nunmehr bereits ab einer BAK von 1,6 ‰ – ohne Hinzutreten weiterer Umstände und auch bei erstmaliger Trunkenheitsfahrt – eine MPU anzuordnen. Die früher bei „besonderen Anlässen" (zB Silvester, Fasching, Vatertag) evtl gesehenen Ausnahmen gelten nicht mehr. 222

Auch länger – uU mehrere Jahre – zurückliegende Trunkenheitsfahrten können Anlass für die Anordnung einer MPU sein. Entscheidend ist, dass die Tat noch im Fahreignungsregister eingetragen ist und keinem Verwertungsverbot unterliegt.[158] 222a

Bei **Radfahrern** mit hoher BAK sind Zweifel an der Kraftfahrereignung ebenfalls begründet. „Führen eines Fahrzeugs im Straßenverkehr" isd § 13 FeV erfasst Fahrräder, ansonsten hätte der Verordnungsgeber auch hier den Begriff „*Kraft*fahrzeug" verwendet.[159] Dies gilt sogar für einen Ersttäter, der als Radfahrer mit 1,6 ‰ (oder mehr) auffällig geworden ist. 223

---

155 Vgl VGH Bad.-Württ., Beschl. v. 17.1.2000 – 10 S 1979/99, NZV 2000, 269.
156 OVG NRW Beschl. v. 29.7.2003 – 19 A 3983/01.
157 VG Freiburg, Beschl. v. 11.2.2003 – 1 K 61/03.
158 OVG Niedersachsen, Beschl. v. 25.4.2007 – 12 ME 142/07, Blutalkohol 2008 (Vol. 45), 146.
159 BVerwG, Beschl. v. 20.6.2013 – 3 B 102.12, zfs 2013, 474 = DAR 2013, 594 = Blutalkohol 2013 (Vol. 50), 254.

224 Die Messung mit einem **Atemalkoholmessgerät** ist für den präventiven Bereich hinreichend zuverlässig, insbesondere weil es im Rahmen des § 13 FeV nur um Anhaltspunkte als Voraussetzung für weitere Aufklärungsmaßnahmen geht.[160]

224a Da sich auch aus einer **im Ausland begangenen Trunkenheitsfahrt** Eignungszweifel ergeben können, sind diese im Rahmen von § 13 FeV zu berücksichtigen, wenn die dort festgestellten Tatsachen die in § 13 Nr. 2 lit. c FeV genannten Tatbestandsmerkmale erfüllen. Der mit einem Atemalkoholmessgerät gewonnene Wert kann bei der Bestimmung der Atemalkoholkonzentration allerdings nur dann herangezogen werden, wenn ein Alkoholmessgerät verwendet worden ist, das die Bauartzulassung für die amtliche Überwachung des Straßenverkehrs erhalten hat, ohne Sicherheitsabschläge verwertbar ist, wenn das Gerät unter Einhaltung der Eichfrist geeicht und die Bedingungen für ein gültiges Messverfahren gewahrt sind.[161]

225 **7. Charakterliche Eignung. a) Allgemeines.** Sowohl die strafrechtliche Entziehung (§ 69 StGB: Maßregel der Besserung und Sicherung – das sind mehr als 90 % aller Entziehungen) als auch die Entziehung nach § 3 Abs. 1 S. 1 StVG dienen dem Schutz der Allgemeinheit im Straßenverkehr vor Gefahren durch ungeeignete Fahrer. Weder die strafrechtliche Maßregel noch die behördliche Entziehung stellen eine Strafe dar, bei der es auf Verschulden ankommt. In beiden Fällen ist eine **Persönlichkeitswürdigung** erforderlich. Allerdings muss sich die Ungeeignetheit für eine strafrechtliche Entziehung aus den Umständen der Straftat ergeben. Zwar können auch sonstige Umstände berücksichtigt werden, die Eignungsmängel müssen sich aber aus der Tat selbst ergeben. Die behördliche Entscheidung über die Fahreignung ist nicht auf diesen Blickwinkel beschränkt. Es erfolgt vielmehr eine umfassende Würdigung der Gesamtpersönlichkeit.

226 Die **charakterliche Eignung** setzt voraus, dass jemand nicht erheblich oder nicht wiederholt gegen verkehrsrechtliche Vorschriften oder gegen Strafgesetze verstoßen hat (§ 2 Abs. 4 S. 1 StVG). Im Umkehrschluss bedeutet das aber nicht, dass derjenige, der wiederholt oder erheblich gegen verkehrsrechtliche Vorschriften oder gegen Strafgesetze verstoßen hat, automatisch ungeeignet ist. § 46 Abs. 1 S. 2, § 11 Abs. 1 S. 3 FeV verlangen weiter, dass dadurch die Eignung ausgeschlossen wird. Die Verstöße müssen also die Befürchtung rechtfertigen, der Fahrerlaubnisinhaber werde sich zukünftig im Straßenverkehr nicht ordnungsgemäß verhalten und dadurch für die Allgemeinheit zur Gefahr werden.[162]

227 Bei der Prüfung der charakterlichen Eignung sind insbesondere die Anzahl der verkehrsrechtlichen Verstöße, ihre rechtliche Einordnung, ihre eignungserhebliche Bedeutung nach den Tatumständen, ihre zeitliche Reihenfolge, ihre Veranlassung und Bedeutung für die Gefährdung anderer Verkehrsteilnehmer, die bisherige Bewährung, der Zeitraum seit der letzten Tat und vor allem die im eigenen Vorbringen sich äußernde Einstellung des Betroffenen zu berücksichtigen. Erforderlich ist auf Seiten der Fahrerlaubnisbehörde die Beiziehung und Würdigung der Straf-/OWi-Akten, mindestens der jeweiligen Entscheidungen; die bloße Bezugnahme auf Eintragungen im Fahreignungsregister genügt nicht, um damit Mängel der charakterlichen Eignung zu begründen.

---

160 VGH Bad.-Württ., Beschl. v. 24.6.2002 – 10 S 985/02, NZV 2002, 580.
161 VG Augsburg, Urt. v. 18.12.2006 – Au 3 K 06.00503 (unter Hinweis auf die Rspr. des BGH).
162 OVG Rheinland-Pfalz, Urt. v. 11.4.2000 – 7 A 11670/99, NJW 2000, 2442.

A. Entzug der Fahrerlaubnis (§ 3 Abs. 1 S. 1 StVG)

Nicht jeder „wiederholte" Verstoß rechtfertigt die Entziehung der Fahrerlaubnis. Dies ergibt sich aus dem Fahreignungs-Bewertungssystem des § 4 StVG, wonach die Fahrerlaubnis erst mit 8 Punkten ohne Weiteres entzogen werden kann. Nach § 4 Abs. 1 S. 3 StVG kann die Behörde zwar auch außerhalb des Punktsystems tätig werden, insbesondere wenn sich Eignungsmängel iSv § 3 Abs. 1 StVG ergeben; sie ist in diesem Fall aber gehalten, die Umstände des Einzelfalls besonders sorgfältig zu würdigen. In diesen Fällen muss sich unmittelbar aus der Begutachtungsanordnung ergeben, warum die Behörde vom Punktesystem abweicht. Geschieht dies nicht, ist die Aufklärungsanordnung – und damit auch eine nach § 11 Abs. 8 FeV wegen Nichtbeibringung des Gutachtens erfolgte Entziehung – rechtswidrig.[163]

228

Bei der Erlaubnis zur **Fahrgastbeförderung** sind hinsichtlich der charakterlichen Eignung höhere Anforderungen an den Inhaber zu stellen als bei der Fahrerlaubnis an sich. Verkehrsverstöße können hier unter Umständen die Annahme rechtfertigen, dass der Inhaber nicht die Gewähr dafür bietet, dass er der besonderen Verantwortung bei der Beförderung von Fahrgästen gerecht wird (vgl § 48 Abs. 4 Nr. 2 FeV). Ergeben sich insoweit Zweifel, muss die Behörde den Sachverhalt eigenständig bewerten. Nach § 48 Abs. 9 FeV sowie § 11 Abs. 3 S. 1 Nr. 8 FeV kann eine MPU gefordert werden, wenn Bedenken hinsichtlich der besonderen Verantwortung bestehen.

229

Die **Zuverlässigkeit** iSv § 48 Abs. 4 Nr. 2 FeV fehlt nicht nur dann, wenn die Zuwiderhandlungen in Ausübung der Tätigkeit (zB als Taxifahrer) begangen worden sind. Es genügt, wenn die Art und Weise der Tatausführung Charaktereigenschaften erkennen lässt, die sich im Falle der Personenbeförderung mit dem Kfz zum Schaden der Allgemeinheit oder der Fahrgäste auswirken können. In diesem Sinne unzuverlässig ist, wer durch wiederholte Straffälligkeit einen Hang zur Missachtung der Rechtsordnung dokumentiert, wie zB bei beharrlichen Geschwindigkeitsüberschreitungen von mehr als 20 km/h.[164] Aber auch ein einmaliges Fehlverhalten kann die Unzuverlässigkeit begründen, wenn es schwer wiegt und ein sicheres Symptom für eine Gesinnung oder Lebenseinstellung ist, die – wie etwa die Neigung zu Brutalitäten, zu ungezügeltem Alkoholgenuss oder zu rücksichtslosem Gewinnstreben – eine ordnungsgemäße Betätigung als Taxi- und Mietwagenfahrer nicht erwarten lässt.[165]

230

b) Straftaten/Ordnungswidrigkeiten mit Verkehrsbezug. Durch die – Ende Oktober 2008 in Kraft getretene – 4. VO zur Änderung der FeV vom 18.7.2008 (BGBl. I S. 1338) sind u.a. die Nr. 5–7 in § 11 Abs. 3 S. 1 FeV eingefügt worden. Der Verordnungsgeber wollte durch diese Neuregelung die Verkehrsübertretungen und Straftaten, deren Begehung Anlass für Zweifel an der charakterlichen Eignung begründen können, vollständig erfassen. In der Praxis führt dies im Einzelfall zu Abgrenzungsproblemen, da sich die Nr. 4–7 teilweise erheblich überschneiden. Sollte sich die Behörde im Rahmen einer Aufklärungsanordnung einmal auf die „falsche" Nummer stützen, wird dies alleine allerdings regelmäßig nicht zu deren Rechtswidrigkeit führen (vorausgesetzt eine andere Alternativ ist erfüllt).[166]

231

Nach § 11 Abs. 3 S. 1 Nr. 4–7 FeV kann jedenfalls bei erheblichen oder wiederholten Verstößen gegen verkehrsrechtliche Vorschriften oder bei Straftaten, die im Zusammenhang mit

232

---

163 OVG NRW, Beschl. v. 10.12.2010 – 16 B 1392/10, NZV 2011, 215; OVG Rheinland-Pfalz, Beschl. v. 27.5.2009 – 10 B 10387/09, DAR 2009, 478.
164 OVG NRW, Beschl. v. 23.8.1999 – 19 B 1010/99.
165 VG Aachen, Beschl. v. 25.11.2004 – 2 L 914/04.
166 Vgl. hierzu aber Nds. OVG, Urt. v. 8.7.2014 - 12 LC 224/13, VerkMitt 2014 Nr. 75 = NJW 2014, 3176.

dem Straßenverkehr oder der Kraftfahrereignung stehen, eine MPU gefordert werden. Damit hat der Verordnungsgeber den Behörden praktisch in allen Fällen, in denen sich Zweifel hinsichtlich der charakterlichen Eignung ergeben, die Möglichkeit eröffnet, zur Bewertung der Verstöße auf gutachterliche Hilfe zurückzugreifen. Bei dieser Vorschrift handelt es sich allerdings um eine Ermessensentscheidung; steht die charakterliche Ungeeignetheit nach Überzeugung der Behörde aufgrund der Schwere des Verstoßes bereits fest, kann sie auf die Begutachtung verzichten.

Beispiele:

- Dichtes Auffahren mit Lichthupe, um zu schnellerem Fahren zu veranlassen; anschließend überholt der Täter und zwingt den anderen Verkehrsteilnehmer zum Anhalten; er versucht, die Tür des Pkws zu öffnen, dabei kommt es zu Beleidigungen;[167]
- Widerstand gegen Vollstreckungsbeamte bei Entnahme einer Blutprobe nach einem Verkehrsunfall und Bestechungsversuch;
- Unfallflucht;
- §§ 315 b, 315 c StGB;
- Fahren ohne Fahrerlaubnis (zB als Minderjähriger).

233 Da der Straftatbestand des § 316 StGB schon ab 1,1 ‰ erfüllt ist, kann die Behörde nach § 11 Abs. 3 S. 1 Nr. 5 FeV grundsätzlich schon ab dieser BAK tätig werden. Dies steht auf den ersten Blick im Widerspruch zu § 13 Nr. 2 lit. c FeV, der eine Rauschfahrt mit mindestens 1,6 ‰ voraussetzt. Obwohl es sich bei § 13 FeV für den Bereich der Alkoholproblematik um eine Sonderregelung handelt, wird § 11 Abs. 3 S. 1 Nr. 5 FeV nicht grundsätzlich verdrängt, weil es sich – im Gegensatz zu der bindenden Vorschrift des § 13 FeV – um eine Ermessensvorschrift handele, bei der die Behörde allerdings zusätzliche Gesichtspunkte (zB weitere Verkehrsverstöße) in ihre Entscheidung einfließen lassen kann und muss.[168]

234 c) **Straftaten/Ordnungswidrigkeiten ohne Verkehrsbezug.** Charakterliche Mängel, die in **Taten nichtverkehrsrechtlicher Art** zum Ausdruck kommen, erweisen die Ungeeignetheit in der Regel erst dann, wenn deren Art und Weise charakterliche Eigenschaften erkennen lässt, die, wenn sie sich im Straßenverkehr auswirken, zu einer Gefährdung der Allgemeinheit führen. Daher ist grds. eine umfassende Würdigung der Gesamtpersönlichkeit des Betreffenden am Maßstab seiner Gefährlichkeit für den öffentlichen Straßenverkehr auch unter Berücksichtigung der näheren Tatumstände vorzunehmen.[169]

234a Hierzu gehören insbesondere solche Taten, bei denen sich ein hohes **Aggressionspotential** des Täters zeigt (vgl § 11 Abs. 3 S. 1 Nr. 6 und 7 FeV). Die Voraussetzungen dieser Vorschrift sind zB erfüllt bei der Verurteilung eines im Tatzeitpunkt 17 Jahre alten Erstbewerbers wegen versuchter Erpressung und gefährlicher Körperverletzung (der Täter hatte das – keinen Anlass gebende – Opfer mit dem beschuhten Fuß ins Gesicht getreten).[170]

---

167 VG Stuttgart, Beschl. v. 19.12.2002 – 10 K 4766/02 (Nötigung in Tateinheit mit Beleidigung, Verurteilung zu 30 Tagessätzen).
168 BayVGH, Urt. v. 7.5.2001 – 11 B 99.2527, NZV 2001, 494.
169 Nds. OVG, Urt. v. 8.7.2014, VerkMitt 2014, Nr. 75 = NJW 2014, 3176.
170 VGH Bad.-Württ., Urt. v. 14.9.2004 – 10 S 1283/04, NJW 2005, 234.

Wird ein **Pkw als Mittel zur Straftat** genutzt, ergeben sich Eignungszweifel nur dann, wenn der Täter im Zusammenhang mit der Tat naheliegend mit einer Situation rechnen musste, in der es zu einer Beeinträchtigung oder Gefährdung des Verkehrs kommen kann.[171]

In einer MPU-Anordnung ist konkret darzulegen, warum die Straftat für die Kraftfahreignung relevant ist (vgl § 11 Abs. 6 FeV). Auch hier gilt, dass der Betroffene aufgrund der Begründung der Anordnung beurteilen können muss, ob diese anlassbezogen und verhältnismäßig und damit rechtmäßig ist.[172] Genügt die Anordnung diesen (strengen) Anforderungen nicht, ist eine Entziehung der Fahrerlaubnis wegen Nichtbeibringung des Gutachtens rechtswidrig.

d) **Vielzahl geringfügiger Verstöße.** Zuwiderhandlungen gegen Verkehrsvorschriften, die im Verwarnungsverfahren geahndet werden können, bleiben bei der Beurteilung der Eignung in aller Regel außer Betracht. Der Gesetzgeber sieht sie als für Zwecke des Fahreignungsregisters – auch der Entziehung – unbedeutsame Vorgänge an. Ausnahmen sind in eng begrenzten Fällen denkbar, wenn etwa der Betroffene die Rechtsordnung über den ruhenden Verkehr insgesamt ablehnt und sie aus dieser Einstellung heraus immer wieder verletzt, sich dadurch also eine verfestigte gleichgültige Einstellung gegenüber Verkehrsvorschriften offenbart.[173]

e) **Mangelnder Versicherungsschutz.** Häufige Verstöße gegen die Pflichten als Kfz-Halter sind nicht grundsätzlich ein Indiz für eine mangelnde Eignung. Jedoch kann sich dies im Einzelfall ergeben, wenn die Art und Weise der Verstöße charakterliche Anlagen erkennen lassen, die den Schluss nahelegen, dass der Fahrerlaubnisinhaber Gefahren für die Verkehrssicherheit herbeiführen wird. Eine solche Prognose kann nur unter Berücksichtigung aller Umstände des Einzelfalls erfolgen.[174]

f) **Halterdelikte.** Der Halter eines Fahrzeugs, der durch zahlreiche ihm zugehende Bußgeldbescheide erfährt, dass Personen, die sein Kfz benutzen, laufend gegen Verkehrsvorschriften verstoßen, und der dagegen nichts unternimmt, weil er kein Rechtsmittel einlegt und die Benutzung seines Kfz durch die Täter der Ordnungswidrigkeiten auch nicht verhindert, zeigt selbst charakterliche Mängel, die ihn in Ausnahmefällen als ungeeignet erscheinen lassen.[175] Bei Gewerbetreibenden ist dies unter Umständen anders zu sehen, wenn diese zwangsläufig Dritte auf ihren Fahrzeugen einsetzen müssen und trotz Belehrung und Überwachung eine gewisse Anzahl von leichteren Ordnungswidrigkeiten hinnehmen müssen.[176]

g) **Eingestellte Strafverfahren.** Ist das Strafverfahren nach den §§ 153 a ff StPO eingestellt worden, steht die Verwirklichung eines Straftatbestands zwar nicht rechtskräftig fest. Die Fahrerlaubnisbehörde ist an die Einstellung des Strafverfahrens allerdings nicht gebunden. Eine Entziehung wegen der der Tat zugrunde liegenden Umstände kommt daher auch nach der Einstellung noch in Betracht.

---

171 Nds. OVG, Urt. v. 8.7.2014, VerkMitt 2014, Nr. 75 = NJW 2014, 3176.
172 BVerwG, Beschl. v. 5.2.2015 – 3 B 16.14, DAR 2015, 216.
173 VGH Bad.-Württ., Beschl. v. 20.11.2014 – 10 S 1883/14, zfs 2015, 114 = DAR 2015, 105.
174 OVG Niedersachsen, Beschl. v. 23.8.1982 – 12 A 323/81, DAR 1983, 31 (Vergehen nach §§ 29, 29 a StVZO und § 6 PflVG).
175 BVerwG, Urt. v. 17.12.1976 – 7 C 57.75, DÖV 1977, 602.
176 OVG Hamburg, Beschl. v. 29.1.1997 – Bs VI 259/96, VRS 1997 (93), 388 (48 Park- und Halteverbotsverstöße in acht Monaten).

239 Insbesondere ist für eine Aufklärungsmaßnahme nach § 11 Abs. 3 S. 1 Nr. 5–7 FeV keine rechtskräftige Verurteilung erforderlich.[177] Fehlt es hieran, muss die Fahrerlaubnisbehörde eigenständig prüfen, ob der Straf- oder Ordnungswidrigkeitentatbestand samt Vorsatz bzw Fahrlässigkeit erfüllt ist. Zur Feststellung des Sachverhalts sind die Straf-/Bußgeld-Akten beizuziehen.

240 **Getilgte Eintragungen** dürfen nach § 29 Abs. 7 StVG für die Beurteilung der Eignung auch im Rahmen des § 11 Abs. 3 S. 1 Nr. 4–7 FeV nicht mehr herangezogen werden;[178] entscheidend ist dabei die Tilgungsreife.[179]

III. Die medizinisch-psychologische Untersuchung (MPU)

241 **1. Untersuchungsgrundsätze und -inhalte.** Die Begutachtung erfolgt durch eine – amtlich anerkannte (vgl § 66 FeV) – **Begutachtungsstelle für Fahreignung (BfF)**. Fällt dieses Gutachten für den Betroffenen negativ aus, hat er die Möglichkeit, ein weiteres Gutachten – ebenfalls auf seine Kosten – bei einem **Obergutachter** in Auftrag zu geben. Die Behörde ist in diesem Fall verpflichtet, die Führerscheinakte (mit dem Erstgutachten) an den Obergutachter zu übersenden; sie muss mit einer Entscheidung aber grundsätzlich nicht warten, bis das Obergutachten vorliegt. Die FeV enthält keine Regelungen zur Frage, wer Obergutachter sein kann. Es sollte sich um besonders spezialisierte und qualifizierte Sachverständige handeln, die von den Fahrerlaubnisbehörden als Obergutachter ausdrücklich benannt werden (vgl Ziff. 2.2 d der Begutachtungs-Leitlinien zur Kraftfahrereignung). Die Homepage der Gesellschaft der Obergutachter/innen für medizinische und psychologische Fahreignungsbegutachtung (OGA e.V.) enthält eine Liste aktiver Obergutachter, bei denen davon auszugehen ist, dass sie von der Behörde als solche akzeptiert werden.[180]

242 Die Grundsätze für die Durchführung der Untersuchungen sind in Ziff. 1 Anlage 4 a FeV festgelegt. Die Untersuchung hat insbesondere anlassbezogen, unter Verwendung der zugesandten Unterlagen und nach anerkannten wissenschaftlichen Grundsätzen zu erfolgen. Die Behörde legt die Fragestellung fest, an die sich der Gutachter zu halten hat (vgl § 11 Abs. 6 FeV). Diese Fragestellung muss sich mit der in der Aufklärungsanordnung enthaltenen decken.

243 Die MPU besteht zum einen aus einer **medizinischen Untersuchung**. Diese umfasst folgende Punkte:

- Erhebung der Gesundheitsvorgeschichte (Anamnese),
- internistische Untersuchung,
- neurologische Untersuchung,
- ggf eine Überprüfung des Sehvermögens,
- Bestimmung der Leberwerte[181] (wenn eine Alkoholproblematik Anlass für die MPU ist),
- Drogenscreening (bei Drogenproblematik).

---

177 Hess. VGH, Beschl. v. 13.2.2013 – 2 B 189/13, zfs 2013, 478 = NZV 2013, 615.
178 OVG Rheinland-Pfalz, Urt. v. 11.4.2000 – 7 A 11670/99, NJW 2000, 2442.
179 VG Berlin, Beschl. v. 19.4.2000 – 11 A 136/00, NZV 2000, 479.
180 <www.obergutachter-fahreignung.de>.
181 Erhöhte Leberwerte lassen in aller Regel den Schluss auf einen gesteigerten Alkoholkonsum zu, umgekehrt ist bei normalen Leberwerten nicht unbedingt von einer längeren Alkoholabstinenz auszugehen.

Bei drogen- oder alkoholbedingten Leistungsminderungen werden computergestützte **Leistungstest** durchgeführt. Überprüft werden hierbei vor allem Leistungs- bzw Konzentrationsfähigkeit und Reaktionsvermögen. Diesen Tests kommt heute im Vergleich zu den anderen Untersuchungen eine eher untergeordnete Bedeutung zu.

Die **psychologische Untersuchung** ist für den Betroffenen meist der kritische Punkt. Es handelt sich um eine ungewohnte Situation, in der man von einem Psychologen „ausgefragt" wird, und der Ausgang dieses Gesprächs wird letztlich darüber entscheiden, ob die Fahrerlaubnis entzogen wird oder nicht.

Im psychologischen Gespräch wird es zunächst um die Person des Betroffenen (berufliche und familiäre Situation, Krankheiten) gehen. Dann werden relativ zügig die begangenen Verkehrsverstöße und die Alkohol-/Drogenproblematik Mittelpunkt des Gesprächs sein. Hierbei wird es meist um folgende Themen gehen:

- Konsumgewohnheiten und -menge,
- Umstände der Drogen-/Alkoholfahrt,
- Änderung des Konsumverhaltens (Motivation, Rahmenbedingungen).

Der Betroffene sollte den Psychologen keinesfalls als „Feind" betrachten, der ihm nur den Führerschein wegnehmen will. In einer solchen Gesprächsatmosphäre ist kaum mit einer positiven Begutachtung zu rechnen. Ein konstruktives Gespräch setzt vielmehr Offenheit und Wahrhaftigkeit voraus. Es gibt zwei Fehler, die man keinesfalls machen sollte:

- Lügen lohnt sich nicht! Kaum jemand ist in der Lage, eine unwahre Geschichte durchzuhalten, zumal wenn der Gegenüber ein erfahrener Psychologe ist.
- Probleme sollten niemals verharmlost werden. So wird die vielfach von Betroffenen gemachte Aussage, das Trinkverhalten sei doch gar nicht so schlimm gewesen und es habe sich um einen einmaligen Ausrutscher gehandelt, regelmäßig dazu führen, dass der Gutachter – zu Recht – ein nicht verarbeitetes Alkoholproblem annimmt.

2. Vorbereitung auf die Begutachtung. Der Betroffene sollte sich niemals unvorbereitet einer MPU aussetzen. Aufgabe eines Verfahrensbevollmächtigten ist es zunächst, seinen Mandanten vorab über Inhalt und Ablauf der Untersuchung zu informieren. Da ein Rechtsanwalt aber kein Verkehrsmediziner/-psychologe ist, sollte man sich mit Ratschlägen zum Verhalten bei der Untersuchung eher zurückhalten. Es ist vielmehr aufzeigen, welche Angebote von professionellen Anbietern es zur (individuellen) MPU-Vorbereitung gibt. Die – meist reißerisch aufgemachten – Angebote von angeblichen Experten, die schnellen Erfolg versprechen (und damit „schnelles Geld" machen), sind zu meiden!

Sinnvoll sind eher die **Angebote der Träger von Begutachtungsstellen**.[182] Da diese Stellen – natürlich andere Abteilungen/Mitarbeiter – später die Untersuchung durchführen, wissen sie am besten, worauf es im Rahmen der Vorbereitung ankommt.

Sämtliche Anbieter bieten zunächst die Möglichkeit, an einer kostenlosen Informationsveranstaltung teilzunehmen. Der nächste Schritt ist ein individuelles Beratungsgespräch (Kosten bis zu 100 EUR), in dem mit dem Betroffenen besprochen wird, ob die Voraussetzungen für eine

---

182 Auf der Homepage der Bundesanstalt für Straßenwesen (www.bast.de) befindet sich eine Liste der akkreditierten Träger von Begutachtungsstellen für Fahreignung. Diese Träger informieren auf ihren Homepages über Angebote zur MPU-Vorbereitung.

erfolgreiche MPU bereits gegeben oder welche weiteren Schritte (Kurse, Abstinenznachweise) zunächst noch zu unternehmen sind.

251 Zur eigentlichen Vorbereitung bieten die Träger der Begutachtungsstellen verschiedene Kurse an, die speziell auf eine Drogen- oder Alkoholproblematik bzw eine Entziehung nach dem Fahreignungs-Bewertungssystem zugeschnitten sind.[183] Da es insoweit eine Standardisierung nicht gibt, ist – anders als bei den Kursen zur Wiederherstellung der Kraftfahrereignung (die nach § 70 FeV einer Anerkennung bedürfen) – ein qualitativer Vergleich schwierig. Man sollte sich daher vorab eingehend über den Inhalt der Kurse informieren.

252 Die **Kosten einer MPU** einschließlich Vorbereitung sind erheblich. So kostet zB die MPU wegen einer Alkoholauffälligkeit ab 500 EUR, bei einer Drogenauffälligkeit ab 600 EUR. Hinzu kommen die Kosten der Vorbereitung, die ebenfalls mehrere Hundert EUR betragen können. Dennoch sollte man nicht bei der Vorbereitung sparen, weil eine negative MPU den Betroffenen wesentlich teurer kommen würde.

253 ▶ **Muster: Schreiben an Mandanten mit Hinweisen zur MPU**[184]

Sehr geehrte/r Frau/Herr ...

mit Anordnung vom ... hat das Straßenverkehrsamt ... Sie aufgefordert, ein medizinisch-psychologisches Gutachten vorzulegen. Da diese Aufklärungsanordnung wohl zu Recht ergangen ist, sollten Sie sich grundsätzlich der Begutachtung unterziehen, weil es sonst auf jeden Fall zu einer Entziehung der Fahrerlaubnis kommen wird.

Eine Begutachtung zum jetzigen Zeitpunkt ist aber nur dann sinnvoll, wenn die Aussicht besteht, dass das Gutachten zu einem positiven Ergebnis kommt. Deshalb sollten Sie sich zum Beispiel bei ... [Träger einer Begutachtungsstelle für Fahreignung] über die Möglichkeiten zur Vorbereitung auf die MPU informieren. Ich schlage vor, dass Sie zunächst die kostenlose Informationsveranstaltung bei ... am ... besuchen und sodann dort noch ein Beratungsgespräch (Kosten bis zu 100 EUR) zur Abklärung ihrer individuellen Problematik vereinbaren.

Nach dem Beratungsgespräch sollten wir das weitere Vorgehen persönlich besprechen.

Mit freundlichen Grüßen

Rechtsanwalt ◀

254 **3. Anforderungen an das Gutachten.** Unter Ziff. 2 Anlage 4 a FeV ist im Einzelnen aufgeführt, welche Grundsätze bei der Erstellung des Gutachtens zu beachten sind. Es sind dies im Wesentlichen folgende Punkte:

255 Das Gutachten muss **nachvollziehbar** sein; das setzt zunächst eine verständliche Sprache voraus. Die rechtliche Beurteilung der Eignung ist Aufgabe der Fahrerlaubnisbehörde; das Gutachten liefert lediglich die fachliche Grundlage in Gestalt der Aussage, ob medizinische oder Verhaltens- bzw Persönlichkeitsmängel eine ungünstige Prognose für das Verkehrsverhalten begründen. Es muss daher der Behörde eine eigene Überzeugungsbildung ermöglichen.

256 Im Gutachten müssen die für die Prognose maßgebenden Befunde (dh die erhobenen Daten) **allgemein verständlich** beschrieben sein. Eine bloße Aufzählung der zahlenmäßig erfassten Er-

---

[183] ZB die zur MPU-Vorbereitung vom TÜV Süd entwickelten Kurse *Mobil PLUS* oder das Programm *avanti* des TÜV Nord.
[184] Vgl dazu auch das Muster „Mandanteninformation zur MPU-Vorbereitung" in § 8 Rn 139.

gebnisse einer Testreihe genügt nicht. Erforderlich sind vielmehr Ausführungen zur Bedeutung der Ergebnisse für die Faheignung (Befunde und Diagnose, dh welches ist die Problematik, welches der Soll- bzw Ist-Zustand).

Erforderlich ist weiter eine deutliche Unterscheidung zwischen Vorgeschichte (Anamnese) und aktuellem Befund. Wichtig ist die Exploration des Anlasses der Begutachtung, soweit dieser die Anforderungen an den Betroffenen bestimmt. Zum Beispiel ist bei einer Alkoholproblematik entscheidend, ob in Zukunft Abstinenz oder nur kontrolliertes Trinken zu verlangen ist (Bestimmung des Soll-Zustands). 257

Es müssen Ausführungen zur **Glaubhaftigkeit** einer Aussage gemacht werden, die eine Überprüfung ermöglichen. Sind die Angaben des Betroffenen etwa völlig unrealistisch, ist ein positives Gutachten nicht möglich; es fehlt das Problembewusstsein, ohne das eine Verhaltensänderung nicht zu erwarten ist. Die Vollständigkeit des Gutachtens erfordert in einem solchen Fall, dass dem Betroffenen ein entsprechender Vorhalt gemacht wurde und dies im Gutachten vermerkt ist. 258

Die **Nachprüfbarkeit** erfordert, dass das Untersuchungsgespräch (Exploration) in seinen wesentlichen Inhalten – nicht notwendig wörtlich – wiedergegeben wird. Die Untersuchungsverfahren und Quellen der Forschungsergebnisse müssen angegeben sein. Es dürfen nur wissenschaftlich anerkannte Erkenntnismethoden angewandt werden. 259

Schließlich muss das Gutachten **einzelfallbezogen** sein. Die persönlichen Verhältnisse des Betroffenen müssen erfragt und ausgewertet werden, da sie wesentliche Hinweise auf die charakterliche Entwicklung geben können. Zur Rückfallwahrscheinlichkeit genügen keine allgemeinen Ausführungen oder lediglich statistische Angaben. Ein Gutachten kann kaum als einzelfallbezogen bezeichnet werden, wenn es zu mehr als 50 % aus Textbausteinen besteht. 260

Die Gutachten haben mittlerweile durchgängig einen hohen Standard und weisen nur selten **inhaltliche Mängel** auf. Gleichwohl sollte ein Gutachten stets auf 261

- Unklarheiten,
- unlösbare Widersprüche,
- Unvollständigkeit,
- Zweifel an der Sachkunde oder Unparteilichkeit des Gutachters und
- die Richtigkeit der Untersuchungsmethoden

hin überprüft werden. Es ist auch festzustellen, ob das Gutachten Verwertungsverbote missachtet, also – zB bei der Ermittlung einer Rückfallgefahr – getilgte bzw tilgungsreife Taten berücksichtigt hat.[185]

Erscheint ein Gutachten nicht vollständig bzw nachvollziehbar, darf weder die Behörde noch das Gericht eine eigene Wertung vornehmen. Hierfür fehlt es in der Regel an der erforderlichen Sachkunde. Es ist vielmehr eine ergänzende Stellungnahme der Begutachtungsstelle oder ein Obergutachten einzuholen. 262

---

185 Vgl OVG Thüringen, Beschl. v. 16.8.2000 – 2 ZEO 392/99.

IV. Widerspruchsverfahren

263 **1. Die Einlegung des Widerspruchs.** Nach § 68 Abs. 1 S. 1 VwGO ist vor Erhebung einer Anfechtungsklage zunächst ein Vorverfahren durchzuführen, sofern dieses nicht auf Länderebene – wie etwa in Bayern, Niedersachsen und Nordrhein-Westfalen – abgeschafft worden ist. Statthaft ist der Widerspruch nur dann, wenn er sich gegen einen Verwaltungsakt richtet. Das ist bei einer Ordnungsverfügung, mit der die Fahrerlaubnis entzogen wird, zweifelsfrei der Fall. Die Aufklärungsanordnung ist dagegen lediglich eine vorbereitende Verfahrenshandlung und kann nicht mit dem Widerspruch angefochten werden (vgl Rn 44, 82).

264 Es ist darauf zu achten, dass auch ein **Widerspruch gegen den Gebührenbescheid** eingelegt wird (vgl Rn 278). Wird insoweit von der Behörde ein gesondertes Widerspruchsverfahren durchgeführt, sollte man versuchen, dieses bis zur Entscheidung über den Widerspruch bzw die Klage gegen die Entziehungsverfügung zum Ruhen zu bringen, um weitere Kosten für den Betroffenen zu vermeiden.

265 Der Widerspruch ist nach § 70 Abs. 1 VwGO innerhalb eines Monats nach der Bekanntgabe (oder Zustellung; zum Zeitpunkt der Bekanntgabe bzw Zugangsfiktion vgl Rn 109 ff) der Entziehungsverfügung schriftlich oder zur Niederschrift bei der erlassenden Fahrerlaubnisbehörde (oder bei der Widerspruchsbehörde) einzulegen. Für die **Fristberechnung** gelten nach § 57 Abs. 2 VwGO insbesondere § 222 Abs. 1 und 2 ZPO und damit die §§ 187 Abs. 1, 188 Abs. 2 und 3 BGB. Die Monatsfrist endet mit Ablauf desjenigen Tages, dessen Zahl dem Tage der Bekanntgabe bzw Zustellung der Verfügung entspricht.

266 **Beispiele:**
Die Entziehungsverfügung wird dem Betroffenen am 2. Januar zugestellt. Die Widerspruchsfrist endet am 2. Februar (24.00 Uhr); handelt es sich bei diesem Tag um einen Samstag, Sonntag oder einen allgemeinen Feiertag, endet die Frist mit Ablauf des nächsten Werktages.[186]
Erfolgt die Bekanntgabe an einem 31. und ist der folgende Monat kürzer, dann ist zu beachten, dass die Frist am Monatsletzten endet, also zB bei einer Bekanntgabe am 31. Januar am 28. (oder 29.) Februar.

267 Die Monatsfrist gilt nur dann, wenn die Entziehungsverfügung eine ordnungsgemäße Rechtsbehelfsbelehrung enthält (vgl § 70 Abs. 2 iVm § 58 VwGO). Ist dies nicht der Fall, gilt die Jahresfrist.

268 Bei einer unverschuldeten Versäumung der Widerspruchsfrist kann ein Antrag auf **Wiedereinsetzung in den vorigen Stand** gestellt werden (vgl § 70 Abs. 2 iVm § 60 VwGO). Der Wiedereinsetzungsantrag ist binnen zwei Wochen nach Wegfall des der rechtzeitigen Widerspruchseinlegung entgegenstehenden Hindernisses zu stellen; gleichzeitig sind die Gründe glaubhaft zu machen und ist die versäumte Verfahrenshandlung vorzunehmen.

---

[186] Dieses Hinausschieben des Fristendes gilt nicht für die Berechnung des Fristbeginns, also insb. nicht bei der Zugangsfiktion nach § 41 Abs. 2 VwVfG!

▶ **Muster: Wiedereinsetzungsantrag bei versäumter Widerspruchsfrist** 269

An das Landratsamt ...

– Führerscheinstelle –

Ihre Ordnungsverfügung vom ...

Ihr Az ... [inkl. Name des Mandanten]

Widerspruch

in der Sache

des Herrn ...

– Widerspruchsführer –

Verfahrensbevollmächtigte: RAe ...

gegen

das Land ..., vertreten durch den Landrat des Kreises ... – Führerscheinstelle –, ...,

– Widerspruchsgegner –

Sehr geehrte/r Frau/Herr ... [Name des Sachbearbeiters lt. Anhörungsschreiben],

hiermit lege ich namens und in Vollmacht des Widerspruchsführers gegen die Ordnungsverfügung vom ... und gegen den gleichzeitig ergangenen Gebührenbescheid Widerspruch ein und beantrage Wiedereinsetzung in den vorigen Stand wegen Versäumung der Widerspruchsfrist.

Meinem Mandanten ist Wiedereinsetzung zu gewähren, weil er ohne Verschulden gehindert war, innerhalb der Monatsfrist Widerspruch einzulegen. Die Entziehungsverfügung ist am 10.7.2015 durch Niederlegung zugestellt worden. Vom 8.7.2015 bis zum 15.8.2015 befand sich mein Mandant aber auf einer Urlaubsreise in Australien; Kopien der Flugtickets sind beigefügt. Erst unmittelbar nach der Rückkehr, nämlich am 16.8.2015, hat er Kenntnis von der Entziehungsverfügung erhalten. Da nicht konkret mit einer Zustellung während des Urlaubs zu rechnen war, trifft meinen Mandanten kein Verschulden an der Versäumung der Widerspruchsfrist.

Der Widerspruch ist auch begründet: ...

Rechtsanwalt ◀

2. Besonderheiten bei Anordnung der sofortigen Vollziehung. Bei einer Entziehung der Fahrerlaubnis wird im Regelfall die sofortige Vollziehung angeordnet, so dass der Widerspruch nach § 80 Abs. 2 S. 1 Nr. 4 VwGO keine aufschiebende Wirkung entfaltet. In diesem Fall ist Widerspruch bei der Fahrerlaubnisbehörde einzulegen und gleichzeitig ein Antrag auf Gewährung vorläufigen Rechtsschutzes nach § 80 Abs. 5 VwGO beim zuständigen Verwaltungsgericht zu stellen (vgl Muster Rn 333 f). Das Widerspruchsverfahren wird bis zum Abschluss des gerichtlichen Verfahrens ruhen, so dass man sich zunächst auf dieses Verfahren konzentrieren kann. 270

Es besteht zwar die Möglichkeit, zusätzlich zu einem gerichtlichen Antrag (oder statt eines solchen) bei der Ausgangs- oder der Widerspruchsbehörde die Aussetzung der Vollziehung nach § 80 Abs. 4 S. 1 VwGO zu beantragen. Ein solcher Antrag ist aber regelmäßig überflüssig, es sei denn, es können neue wesentliche Tatsachen vorgetragen werden. Die Behörde wird in diesem Verfahrensstadium an ihrer Entscheidung festhalten und ein solcher Aussetzungsantrag ist auch nicht Zulässigkeitsvoraussetzung für einen Antrag nach § 80 Abs. 5 VwGO. 271

§ 18 Fahrerlaubnisrecht

272 ▶ **Muster: Antrag bei der Ausgangsbehörde auf Aussetzung der Vollziehung nach § 80 Abs. 4 S. 1 VwGO aufgrund neuer Tatsachen**

380

An das Landratsamt ...
– Führerscheinstelle –
Ihre Ordnungsverfügung vom ...
Ihr Az ... [inkl. Name des Mandanten]
Widerspruch vom ...

Antrag auf Aussetzung der Vollziehung

in der Sache
des Herrn ...

– Widerspruchsführer –

Verfahrensbevollmächtigte: RAe ...

gegen

das Land ..., vertreten durch den Landrat des Kreises ... – Führerscheinstelle –, ...,

– Widerspruchsgegner –

Sehr geehrte/r Frau/Herr ... [Name des Sachbearbeiters lt. Anhörungsschreiben],
namens und in Vollmacht des Widerspruchsführers beantrage ich
die Aussetzung der sofortigen Vollziehung der Ordnungsverfügung vom ....
Nach § 80 Abs. 4 S. 1 VwGO kann die Behörde in den Fällen des Abs. 2 S. 1 Nr. 4 – wie hier – die Vollziehung insbesondere dann aussetzen, wenn sich neue Tatsachen ergeben, die nunmehr erhebliche Zweifel an der Rechtmäßigkeit der streitgegenständlichen Verfügung begründen. Dies ist hier der Fall.

Die Entziehung der Fahrerlaubnis ist in der Ordnungsverfügung vom ... im Wesentlichen damit begründet worden, dass mein Mandant regelmäßig Cannabis konsumiere. Unabhängig davon, dass ein solches Konsumverhalten zu keiner Zeit vorlag, spricht jedenfalls mittlerweile Überwiegendes dafür, dass mein Mandant den Konsum von Cannabis vollständig aufgegeben hat. Er hat bei der Begutachtungsstelle ... in einem Abstand von ... Wochen – jeweils nach kurzfristiger Einbestellung binnen 24 Stunden – zwei Drogenscreenings durchführen lassen. Diese hatten ein negatives Ergebnis, es konnten also keine Spuren von Cannabis oder anderen Drogen im Blut/im Urin meines Mandanten nachgewiesen werden.

Dem Unterzeichner ist zwar bewusst, dass zum endgültigen Nachweis der Drogenfreiheit weitere (negative) Drogenscreenings erforderlich sind. Im Hinblick auf die bisherigen Ergebnisse spricht jedoch alles dafür, dass auch die in Kürze vorzunehmenden nächsten Untersuchungen ebenfalls negativ ausfallen werden. Es erscheint daher geboten, bereits zum jetzigen Zeitpunkt die sofortige Vollziehung der Entziehungsverfügung aussetzen, zumal der Verzicht auf die Fahrerlaubnis für meinen Mandanten, der für die tägliche Fahrt zum Arbeitsplatz grundsätzlich auf seinen Pkw angewiesen ist, mit einem erheblichen Aufwand und mit Mehrkosten verbunden ist.

Rechtsanwalt ◀

273 **3. Kosten und Gebühren.** Die Tarifstelle 400 des Gebührentarifs zu § 1 GebOSt sieht vor, dass im Falle einer Zurückweisung des Widerspruchs – oder auch bei einer Rücknahme des Widerspruchs nach Beginn der sachlichen Bearbeitung – eine Gebühr in Höhe der Gebühr für

die angefochtene Amtshandlung, mindestens jedoch 25,60 EUR, festzusetzen ist. Hinzu kommen die Kosten einer Zustellung.

Die **Vergütung des Rechtsanwalts** im Verwaltungsverfahren richtet sich nach Nr. 2300 VV RVG. Wird der Rechtsanwalt allein im Widerspruchsverfahren tätig, also erst nach Erlass der Entziehungsverfügung beauftragt, fällt allein die Geschäftsgebühr nach Nr. 2300 VV RVG an. Im Regelfall kann die Tätigkeit in einem solchen Verfahren nicht als umfangreich oder schwierig bezeichnet werden, so dass der Gebührensatz maximal 1,3 betragen darf. Ein höherer Satz ist dann gerechtfertigt, wenn es im Widerspruchsverfahren zu einer (umfangreichen) Begutachtung kommt oder wenn es um schwierige rechtliche Fragen geht. Dies kann dann der Fall sein, wenn es um eine obergerichtlich noch klärungsbedürftige Rechtsfrage – etwa aus dem Bereich des „Führerscheintourismus" (vgl hierzu Rn 453 ff) – geht. **274**

Ist der Rechtsanwalt bereits im Entziehungsverfahren tätig gewesen, erfolgte also zB eine Beauftragung bzw ein Tätigwerden nach Erlass einer Aufklärungsanordnung, ist damit die Geschäftsgebühr angefallen. Für das Widerspruchsverfahren kann dann eine weitere Gebühr nach Nr. 2300 VV RVG angesetzt werden. Allerdings wird die Geschäftsgebühr die für die Tätigkeit im Verwaltungsverfahren entstanden ist, zur Hälfte, bei Wertgebühren jedoch höchstens mit einem Gebührensatz von 0,75, auf die Geschäftsgebühr für eine Tätigkeit im Widerspruchsverfahren angerechnet (vgl Vorbemerkung Nr. 4 zu Ziff. 2.3 VV RVG). **275**

Anwaltsgebühren sind – etwa im Falle eines erfolgreichen Widerspruchs oder eines Obsiegens im Klageverfahren – nur dann erstattungsfähig, wenn die Widerspruchsbehörde oder das Verwaltungsgericht die Hinzuziehung eines Bevollmächtigten für das Vorverfahren **für notwendig erklärt** (vgl § 80 Abs. 2 VwVfG, § 162 Abs. 2 S. 2 VwGO). Ein entsprechender Antrag sollte ausdrücklich gestellt werden. Die Zuziehung ist im Regelfall auch notwendig, weil es dem meist rechtsunkundigen Bürger nicht zuzumuten ist, das Verfahren selbst zu führen. **276**

Beispiel: Fahrerlaubnisentziehung bei altersbedingten Auffälligkeiten **277**
Dem 75-jährigen M. wird die Fahrerlaubnis entzogen, nachdem er sich der geforderten ärztlichen Begutachtung nicht unterzogen hat. Anlass für die Aufklärungsanordnung war, dass mehrere Hinweise von Verwandten und Nachbarn auf altersbedingte Fahrmängel bei der Fahrerlaubnisbehörde eingegangen waren (vgl Rn 139). Gleichzeitig ergeht ein Gebührenbescheid.

▶ **Muster: Widerspruch gegen Entziehung der Fahrerlaubnis** **278**

An das Landratsamt ...
– Führerscheinstelle –

Ihre Ordnungsverfügung vom ...
Ihr Az ... [inkl. Name des Mandanten]

Widerspruch

in der Sache
des Herrn ...

– Widerspruchsführer –

Verfahrensbevollmächtigte: RAe ...

gegen

das Land ..., vertreten durch den Landrat des Kreises ... – Führerscheinstelle –, ...,

– Widerspruchsgegner –

Sehr geehrte/r Frau/Herr ... [Name des Sachbearbeiters lt. Anhörungsschreiben],

hiermit lege ich namens und in Vollmacht des Widerspruchsführers gegen die Ordnungsverfügung vom ... und gegen den gleichzeitig ergangenen Gebührenbescheid Widerspruch ein und beantrage, die Ordnungsverfügung vom ... und den Gebührenbescheid aufzuheben.

Nach Einsichtnahme in die Verwaltungsvorgänge begründe ich den Widerspruch wie folgt:

Die auf der Grundlage von § 3 Abs. 1 S. 1 StVG, § 46 Abs. 1 S. 1 FeV erfolgte Entziehung der Fahrerlaubnis ist rechtswidrig. Im Falle meines Mandanten ist nicht davon auszugehen, dass er zum Führen von Kraftfahrzeugen ungeeignet ist.

Geeignet zum Führen von Kraftfahrzeugen ist, wer die hierfür notwendigen körperlichen und geistigen Anforderungen erfüllt und nicht erheblich oder nicht wiederholt gegen verkehrsrechtliche Vorschriften oder gegen Strafgesetze verstoßen hat. Werden Tatsachen bekannt, die Bedenken gegen die körperliche oder geistige Eignung des Fahrerlaubnisinhabers begründen, kann die Fahrerlaubnisbehörde die Beibringung eines amtsärztlichen Gutachtens anordnen (vgl § 11 Abs. 2 FeV). Verweigert der Betroffene die Begutachtung oder bringt er der Fahrerlaubnisbehörde das von ihr geforderte Gutachten nicht bei, so darf sie bei ihrer Entscheidung auf die Nichteignung des Betroffenen schließen (vgl § 11 Abs. 8 S. 1 FeV). Dies setzt allerdings voraus, dass die Anordnung zur Beibringung eines Gutachtens zu Recht ergangen ist. Dies ist dann der Fall, wenn berechtigte, durch Tatsachen belegte Zweifel an der Kraftfahrereignung des Betroffenen bestehen und die angeordnete Begutachtung ein geeignetes und verhältnismäßiges Mittel zur Klärung der konkreten Eignungszweifel darstellt.

Gemessen daran ist die Anordnung zur Beibringung eines ärztlichen Gutachtens vom ... zu Unrecht ergangen, weil keine konkreten Zweifel hinsichtlich der Kraftfahrereignung meines Mandanten bestehen.

Das hohe Alter eines Fahrerlaubnisinhabers begründet für sich genommen noch keine hinreichenden Eignungszweifel. Mögliche altersbedingte Defizite können durch die größere Erfahrung im Straßenverkehr kompensiert werden. Auch bei älteren Verkehrsteilnehmern ist daher eine Anordnung nach § 11 Abs. 2, 6 FeV nur dann zulässig, wenn greifbare Ausfallerscheinungen von nicht unerheblichem Gewicht (zB unsichere Fahrweise) aufgetreten sind.

Von solchen konkreten Ausfallerscheinungen kann nicht ausgegangen werden.

Zunächst einmal darf sich die Fahrerlaubnisbehörde nicht allein auf die Hinweise von Verwandten und Nachbarn über angebliche Fahrauffälligkeiten stützen. Die Behörde ist vielmehr verpflichtet, solchen Hinweisen durch eigene Ermittlungen nachzugehen, um sich eine hinreichend verlässliche Tatsachengrundlage für ihr weiteres Vorgehen zu verschaffen.

Vor allem aber ist es zu den von Dritten angezeigten Auffälligkeiten tatsächlich überhaupt nicht gekommen. Mein Mandant hat nicht – wie von den Nachbarn behauptet – unangemessen langsam die Umgehungsstraße befahren. Er hat vielmehr, soweit dies die Verkehrssituation zugelassen hat, die dort zulässige Höchstgeschwindigkeit vom 100 km/h weitgehend ausgenutzt. Ferner trifft es nicht zu, dass mein Mandant nicht in der Lage ist, seinen Pkw in die Garage zu fahren. Es ist zwar vor einigen Wochen beim Einfahren in die Garage zu einer Beschädigung des Außenspiegels gekommen. Hierbei handelt es sich allerdings um einen Einzelfall, der zudem damit zu erklären ist, dass die Garage eine sehr enge Einfahrt hat. ...

Mein Mandant hat die von Ihnen geforderte Begutachtung daher zu Recht verweigert, so dass es nicht zulässig ist, nach § 11 Abs. 8 S. 1 FeV ohne Weiteres auf die Nichteignung zu schließen und die Fahrerlaubnis zu entziehen.

Mangels rechtmäßiger Entziehung der Fahrerlaubnis ist der Gebührentatbestand nicht verwirklicht. Die Festsetzung der Verwaltungsgebühr ist daher ebenfalls rechtswidrig.

Dem Widerspruch ist somit abzuhelfen, die Entziehungsverfügung und der Gebührenbescheid sind aufzuheben.

Abschließend beantrage ich,

die Zuziehung des Unterzeichners als Bevollmächtigten für das Vorverfahren für notwendig zu erklären.

Rechtsanwalt[187] ◄

V. Klageverfahren

1. Klageerhebung. Gegen den Ausgangsbescheid in der Fassung des Widerspruchsbescheids kann **Anfechtungsklage** erhoben werden (vgl § 42 Abs. 1 VwGO). Hinsichtlich Frist und Form der Klageerhebung kann im Wesentlichen auf die Ausführungen zum Widerspruch verwiesen werden (Rn 265 ff). Die Anfechtungsklage ist innerhalb eines Monats nach Zustellung des Widerspruchsbescheids zu erheben (vgl § 74 Abs. 1 VwGO). Hat die Widerspruchsbehörde binnen drei Monaten nach Einlegung des Widerspruchs keinen Widerspruchsbescheid erlassen und liegt kein zureichender Grund für diese Verzögerung vor,[188] kann nach § 75 VwGO unmittelbar **Untätigkeitsklage** erhoben werden.

Örtlich zuständig ist das Verwaltungsgericht, in dessen Bezirk die angefochtene Entziehungsverfügung erlassen worden ist (vgl § 52 Ziff. 3 VwGO). Wird die Klage versehentlich bei einem örtlich unzuständigen Gericht erhoben, führt dies nicht zur Abweisung der Klage als unzulässig; diese wird – nach Anhörung der Beteiligten – von Amts wegen an das zuständige Gericht verwiesen.

2. Amtsermittlungsgrundsatz/Beweisantrag. Im Vordergrund steht die in § 86 Abs. 1 VwGO verankerte Amtsermittlungsmaxime (Untersuchungsgrundsatz). Anders als im Zivilprozess ist das Verwaltungsgericht bei der Erforschung des Sachverhalts nicht an die Anträge der Beteiligten gebunden, es kann von sich aus Aufklärungsmaßnahmen veranlassen. So ist das Gericht beispielsweise verpflichtet, ein ärztliches Gutachten (welches die Ungeeignetheit des Betroffenen feststellt) auf Fehler hin zu überprüfen und ggf ein Obergutachten in Auftrag zu geben. Bloße unsubstanziierte Behauptungen des Klägers begründen allerdings keine Verpflichtung zur Aufklärung „ins Blaue hinein".

Es bleibt bei den allgemeinen Regeln zur **Beweislastverteilung**. Ein Beteiligter ist für das Vorliegen einer ihn begünstigenden Tatsache beweispflichtig. Im Falle einer Anfechtungsklage gegen einen belastenden Verwaltungsakt bedeutet dies, dass die beklagte Behörde die tatbestandlichen Voraussetzungen für den Erlass des Verwaltungsakts beweisen muss. Bei einer

---

187 Die Schriftform setzt aus Gründen der Rechtssicherheit ein vom Widerspruchsführer oder seinem Bevollmächtigten eigenhändig unterschriebenes Schreiben voraus. Fehlt die eigenhändige Unterschrift und wird sie auch nicht innerhalb der Widerspruchsfrist nachgeholt, so wird damit der Widerspruch nicht unzulässig, sofern – was die Regel ist – hinreichend sicher feststeht, dass das Schreiben vom Widerspruchsführer stammt und mit seinem Willen in den Verkehr gelangt ist.
188 Eine Überlastung der Widerspruchsbehörde ist kein zureichender Grund.

Entziehung der Fahrerlaubnis obliegt ihr insbesondere der Nachweis der Ungeeignetheit des betroffenen Klägers. Gelingt ihr dies nicht oder besteht nach Ausschöpfung aller Aufklärungsmöglichkeiten ein „non liquet", führt dies zum Erfolg der Klage.

283 Ausnahmsweise kann es zu einer **Umkehr der Beweislast** kommen. Steht die Ungeeignetheit des Betroffenen jedenfalls für einen früheren Zeitraum fest – etwa weil er den Konsum von Heroin eingeräumt hat –, dann hat er die Voraussetzungen für die Wiedererlangung der Fahreignung, insbesondere die Einhaltung des erforderlichen Abstinenzzeitraums, nachzuweisen.[189]

284 Den Beteiligten obliegt die Verpflichtung, an einer Aufklärung des Sachverhalts mitzuwirken. Kommen sie dieser Obliegenheit schuldhaft nicht nach (wird etwa ein dem Kläger vorliegendes Gutachten nicht bei Gericht eingereicht), so geht eine sich daraus ergebende Unklarheit zulasten dieses Beteiligten (Beweisvereitelung).

285 Unabhängig vom Amtsermittlungsgrundsatz kann der Betroffene einen **Beweisantrag** stellen. Ein solcher ergibt nur dann Sinn, wenn die unter Beweis gestellte Tatsache entscheidungserheblich ist. Hierbei kommt dem für die Sach- und Rechtslage maßgeblichen Zeitpunkt besondere Bedeutung zu. Da dies bei der Anfechtungsklage gegen eine Entziehungsverfügung der Zeitpunkt der letzten Behördenentscheidung – also der Erlass des Widerspruchsbescheids (in Ländern ohne Vorverfahren kommt es auf den Erlass des Ausgangsbescheids an) – ist (vgl Rn 97 ff), sind nach diesem Zeitpunkt eingetretene (neue) Tatsachen unerheblich. Es kann daher im Falle einer Entziehungsverfügung nicht der Antrag gestellt werden, durch Sachverständigengutachten aufzuklären, ob der Kläger jetzt (also im Klageverfahren) geeignet ist. Anders ist dies bei der Verpflichtungsklage auf (Wieder-)Erteilung der Fahrerlaubnis, da es hier auf den Zeitpunkt der (letzten) mündlichen Verhandlung ankommt.

286 Bei einer Entziehung wegen (angeblichen) Drogenkonsums steht der Betroffene vor dem Problem, dass es aufgrund der relativ **kurzen Nachweiszeiten** meist kaum möglich ist, im Nachhinein (während eines Klageverfahrens) den Nicht-Konsum nachzuweisen. So kann der Konsum von Drogen im Urin bzw Blutserum nur wenige Tage bzw Wochen nachgewiesen werden.[190] Die Haaranalyse kann zwar weiter zurückliegende Zeiträume erfassen, zB kann bei einer 6 cm langen Haarprobe, die direkt an der Kopfhaut entnommen wurde, ein Zeitraum von etwa sechs Monaten überprüft werden. Durch eine Haaranalyse kann aber ein einmaliger oder sehr seltener Drogenkonsum nicht ausgeschlossen werden. Mit ihr kann also in aller Regel das positive Ergebnis einer Blutanalyse nicht entkräftet werden.[191] Allerdings kann es durchaus sinnvoll sein, eine Haaranalyse als Beweismittel anzubieten, zumal es kaum andere Möglichkeiten gibt, eine Drogenfreiheit für einen in der Vergangenheit liegenden Zeitraum nachzuweisen.

287 Beweisanträge spielen daher bei Entziehungsverfügungen in der gerichtlichen Praxis nur eine geringe Rolle. Sie sind allenfalls im Wiedererteilungsverfahren sinnvoll. In diesen Fällen ist der Beweisantrag so zu formulieren, dass eine konkrete Tatsache – und nicht etwa eine Rechtsfrage (zB die Eignung) – unter Beweis gestellt wird:

---

189 VGH Bad.-Württ., Urt. v. 30.9.2003 – 10 S 1917/02, zfs 2004, 93.
190 Zu den Nachweiszeiten vgl etwa <www.drogen.blackholm.com>.
191 VGH Bad.-Württ., Beschl. v. 25.11.2010 – 10 S 2162/10, Blutalkohol 2011 (Vol. 48), 47.

A. Entzug der Fahrerlaubnis (§ 3 Abs. 1 S. 1 StVG) 18

▶ **Muster: Beweisantrag** 288

An das Verwaltungsgericht ...
Az ...
In dem Klageverfahren
des Herrn ...
– Kläger –
Prozessbevollmächtigte: RAe ...
gegen
das Land ..., vertreten durch den Landrat des Kreises ... – Führerscheinstelle –, ...,
– Beklagter –
wird beantragt,
zu der Frage, ob der Kläger Drogen konsumiert bzw früher konsumiert hat, Beweis zu erheben durch Einholung eines ärztlichen Gutachtens (Drogenscreening in Form der Haaranalyse).

Das beklagte Land geht aufgrund des Drogenscreenings (Urin) vom ... davon aus, dass der Kläger zum damaligen Zeitpunkt gelegentlich Cannabis konsumiert hat. Dies trifft nicht zu. Der Kläger hat niemals Drogen konsumiert. Das positive Ergebnis des Drogenscreenings lässt sich nur so erklären, dass es zu einer Verwechslung oder einer Vermischung der Urinprobe/n gekommen sein muss.

Da das Haupthaar hinreichend lang ist, kann durch die Haaranalyse nachgewiesen werden, dass der Kläger in den letzten sechs Monaten keine Drogen konsumiert hat. Es handelt sich daher um ein geeignetes Beweismittel, um die Annahme des beklagten Landes, der Kläger sei gelegentlicher Cannabis-Konsument, zu widerlegen.

Es wird gebeten, kurzfristig über den Beweisantrag zu entscheiden, da sonst wegen Zeitablaufs das Ergebnis des Drogenscreenings (Urin) vom ... nicht mehr in Frage gestellt werden kann.

Rechtsanwalt ◀

3. Gebühren und Streitwert. a) Gerichtsgebühren. Nach Nr. 5110 des Kostenverzeichnisses (Anlage 1 zu § 3 Abs. 2 GKG) fallen für das verwaltungsgerichtliche Klageverfahren 3,0 Gebühren an; die konkrete Höhe der Gebühr bemisst sich nach dem durch das Gericht festzusetzenden Streitwert (§ 34 GKG iVm der Gebührentabelle). Diese Verfahrensgebühr wird nach § 6 Abs. 1 Nr. 4 GKG mit Klageerhebung fällig, dh der Kläger muss in Vorleistung treten. Wenn der Kläger einen Antrag auf Bewilligung von Prozesskostenhilfe stellt, wird eine Kostenrechnung regelmäßig erst dann versendet, wenn über diesen Antrag entschieden worden ist. 289

Zu beachten sind die **Ermäßigungstatbestände** in Nr. 5111 des Kostenverzeichnisses (Anlage 1 zu § 3 Abs. 2 GKG). Hiernach ermäßigt sich die Verfahrensgebühr im Falle einer Zurücknahme der Klage vor dem Schluss der mündlichen Verhandlung, eines gerichtlichen Vergleichs oder einer Erledigungserklärung nach § 161 Abs. 2 VwGO auf 1,0 Gebühr, bei einem Streitwert von 5.000 EUR also immerhin von 363 EUR auf 121 EUR. Bei der Erledigung greift der Ermäßigungstatbestand nur dann ein, wenn die gerichtliche Kostenentscheidung einer zuvor mitgeteilten Einigung der Beteiligten über die Kostentragung oder die Kostenübernahmeerklärung eines Beteiligten erfolgt. 290

Hinweis: Erledigt sich das Klageverfahren – zB weil der Kläger mittlerweile ein positives Gutachten vorlegen kann –, geht es letztlich nur noch darum, zu einer für den Mandanten 291 möglichst günstigen Kostenentscheidung zu kommen. Der Erfolg dieser Bemühungen wird maßgeblich von den rechtlichen Hinweisen des Gerichts in der mündlichen Verhandlung zu den Erfolgsaussichten der Klage bis zum Eintritt des erledigenden Ereignisses abhängen. Gelangt man mit dem Beklagten zu einer Einigung über die Kostentragung, ist darauf zu achten, dass diese Einigung im Protokoll ausdrücklich vermerkt wird und dass das Gericht in dem Erledigungsbeschluss zum Ausdruck bringt, dass es dieser Einigung folgt.

292 b) **Anwaltsvergütung.** Teil 3 des Vergütungsverzeichnisses gilt auch für die Verfahren vor den Verwaltungsgerichten. Es fällt daher zunächst eine **Verfahrensgebühr** (Nr. 3100 VV RVG) an, wenn der Rechtsanwalt eine Prozessvollmacht vorweisen kann und mit der Erhebung der Klage beauftragt ist. Kommt es nicht zur Klageerhebung, ermäßigt sich die Gebühr nach Nr. 3101 VV RVG.

293 Des Weiteren fällt eine **Terminsgebühr** (Nr. 3104 VV RVG) an, wenn es zu einer mündlichen Verhandlung, einem Erörterungstermin oder – im Entziehungsverfahren eher selten – einem Termin zur Beweisaufnahme kommt. Diese Gebühr fällt auch dann an, wenn das Gericht mit Einverständnis der Beteiligten im schriftlichen Verfahren (vgl § 102 Abs. 2 VwGO) oder durch Gerichtsbescheid (vgl § 84 VwGO) entscheidet.

294 Gerichtliche Verfahren wegen einer Entziehung der Fahrerlaubnis werden relativ häufig durch Vergleich beendet. In diesen Fällen fällt – ggf zusätzlich zur Terminsgebühr – eine **Einigungs- oder Erledigungsgebühr** nach Nr. 1000, 1002 VV RVG an.

295 Für die Entstehung der Gebühren ist es nach § 17 Nr. 1 a RVG unerheblich, ob der Rechtsanwalt bereits im Entziehungs- und/oder Widerspruchsverfahren tätig geworden ist.

296 c) **Streitwert.** Der vom Gericht festzusetzende Streitwert ist sowohl für die Gerichtsgebühren (vgl § 3 GKG) als auch für die Anwaltsvergütung (vgl § 32 Abs. 1 RVG) maßgeblich; einer zusätzlichen Festsetzung des Gegenstandswerts bedarf es nicht. Der Streitwert bestimmt sich gem. § 52 Abs. 1 GKG nach der sich aus dem Antrag des Klägers für ihn ergebenden Bedeutung der Sache; bietet der Sach- und Streitstand hierfür keine genügenden Anhaltspunkte, ist ein Streitwert von 5.000 EUR anzunehmen (sog. Regelstreitwert, § 52 Abs. 2 GKG).

297 Nach dem **Streitwertkatalog** für die Verwaltungsgerichtsbarkeit aus dem Jahr 2013, der für die Gerichte zwar nicht bindend ist, an dem sich die Praxis aber im Regelfall orientiert, hängt die Höhe des Streitwerts von der in Streit stehenden Fahrerlaubnisklasse ab.[192]

Streitwertkatalog (Auszug):

46.	Verkehrsrecht	
46.1	Fahrerlaubnis Klasse A	Regelstreitwert
46.2	Fahrerlaubnis Klasse AM, A1, A2	1/2 Regelstreitwert
46.3	Fahrerlaubnis Klasse B, BE	Regelstreitwert
46.4	Fahrerlaubnis Klasse C	1 1/2-facher Regelstreitwert
46.5	Fahrerlaubnis Klasse C1, C1E, C, CE	Regelstreitwert
46.6	Fahrerlaubnis Klasse D, DE	1 1/2 Regelstreitwert

---

192 Bei mehreren Klassen wird nicht addiert, vielmehr ist die „teuerste" Klasse maßgeblich.

46.	Verkehrsrecht	
46.7	Fahrerlaubnis Klasse D1, D1E	Regelstreitwert
46.8	Fahrerlaubnis Klasse L	1/2 Regelstreitwert
46.9	Fahrerlaubnis Klasse T	1/2 Regelstreitwert
46.10	Fahrerlaubnis zur Fahrgastbeförderung	2-facher Regelstreitwert
46.13[193]	Verlängerung der Probezeit	1/2 Regelstreitwert

Bei der Entziehung einer Fahrerlaubnis der Klasse B ist somit im erstinstanzlichen Klageverfahren von einem Streitwert von 5.000 EUR auszugehen. Im Falle einer Entscheidung durch Urteil nach mündlicher Verhandlung fallen Gerichtsgebühren von insgesamt 363 EUR (zzgl evtl Zustellungskosten) und eine Anwaltsvergütung (bei einer erstmaligen Beauftragung im Klageverfahren) von mindestens 800 EUR an.   298

4. Prozesskostenhilfe. Ist der Kläger bedürftig, ist ein Antrag auf Bewilligung von Prozesskostenhilfe (§ 166 VwGO iVm §§ 114 ff ZPO) zu stellen. Dies ist häufig die effektivste Möglichkeit, eine Einschätzung des Gerichts zu den Erfolgsaussichten der Klage zu erhalten. Ein Prozesskostenhilfeantrag, dem die Erklärung über die persönlichen und wirtschaftlichen Verhältnisse (nebst Belegen; vgl § 117 ZPO) beizufügen ist, ist wie folgt zu formulieren: 299

▶ **Muster: Prozesskostenhilfeantrag**   300

An das Verwaltungsgericht ...

Az ...

In dem Klageverfahren

des Herrn ...

– Kläger –

Prozessbevollmächtigte: RAe ...

gegen

das Land ..., vertreten durch den Landrat des Kreises ... – Führerscheinstelle –, ...,

– Beklagter –

wird beantragt,

dem Kläger für das Verfahren 1. Instanz Prozesskostenhilfe ohne Ratenzahlung zu bewilligen und Rechtsanwalt ..., ... [Anschrift],[194] als Bevollmächtigten beizuordnen.

Der Kläger ist bedürftig, wie sich aus der anliegenden Erklärung über seine persönlichen und wirtschaftlichen Verhältnisse ergibt.

Hinreichende Erfolgsaussichten sind ebenfalls gegeben. Insoweit verweise ich zur Vermeidung von Wiederholungen auf die Klagebegründung vom ....

Zur Klageerwiderung der Gegenseite wird ergänzend vorgetragen: ...

Es wird gebeten, kurzfristig über den Antrag zu entscheiden.

Rechtsanwalt ◀

---

193 Die Ziff. 46.11 (Fahrtenbuchauflage = 400 EUR je Monat) und 46.12 (Teilnahme an Aufbauseminar = 1/2 Regelstreitwert) sind hier nicht relevant.
194 Häufig wird die Formulierung „den Unterzeichner beizuordnen" verwendet. Dies ist zwar nicht falsch. Bei großen Kanzleien und einer unleserlichen Unterschrift stellt sich in diesen Fällen aber schon mal die Frage, wer gemeint ist.

301 Für den Kläger ist es wichtig, dass über den Antrag rechtzeitig vor einer gerichtlichen Entscheidung in der Hauptsache entschieden wird. Daher sollte erforderlichenfalls in angemessenen Zeitabständen – mit angemessener Wortwahl! – immer wieder einmal an die Entscheidung über den Antrag erinnert werden.

302 ▶ **Muster: Erinnerung an Entscheidung über den Prozesskostenhilfeantrag**

An das Verwaltungsgericht ...

Az ...

In dem Klageverfahren

des Herrn ...

– Kläger –

Prozessbevollmächtigte: RAe ...

gegen

das Land ..., vertreten durch den Landrat des Kreises ... – Führerscheinstelle –, ...,

– Beklagter –

wird gebeten, nunmehr über den Antrag auf Bewilligung von Prozesskostenhilfe zu entscheiden.

Dem Kläger ist daran gelegen, kurzfristig Gewissheit darüber zu erlangen, ob es ihm in finanzieller Hinsicht möglich ist, das vorliegende Verfahren fortzuführen. Er ist auf der Suche nach einem Arbeitsplatz, wobei meist der Besitz einer Fahrerlaubnis Voraussetzung ist. Auch von daher ist es für ihn wichtig, durch eine Entscheidung im PKH-Verfahren einen Hinweis zu den weiteren Erfolgsaussichten der Klage zu erhalten, damit er sich in beruflicher Hinsicht darauf einstellen kann.

Zu den Erfolgsaussichten der Klage wird abschließend vorgetragen: ...

Rechtsanwalt ◀

303 Gibt das Gericht dem Antrag statt, bedeutet dies eine finanzielle Sicherheit sowohl für den Kläger als auch den Rechtsanwalt, und es ist davon auszugehen, dass das Gericht gewisse Erfolgsaussichten bejaht. Lehnt das Verwaltungsgericht den Antrag wegen fehlender Erfolgsaussichten ab, besteht die Möglichkeit, über eine **Beschwerde** nach § 146 Abs. 1 VwGO relativ schnell und kostengünstig[195] die Meinung des Oberverwaltungsgerichts bzw des Verwaltungsgerichtshofs einzuholen. Weist dieses/r die Beschwerde zurück, sollte dies Anlass sein, gemeinsam mit dem Mandanten zu überlegen, die Klage zur Vermeidung weiterer Verfahrenskosten zurückzunehmen.

304 ▶ **Muster: Beschwerde gegen Ablehnung des Prozesskostenhilfeantrags**

An das Verwaltungsgericht

...

Az ...

In der Sache

des Herrn ...

– Beschwerdeführer –

Prozessbevollmächtigte: RAe ...

---

[195] Nach Nr. 5502 KV fällt lediglich eine pauschale Gerichtsgebühr von 50 EUR an.

gegen

das Land ..., vertreten durch den Landrat des Kreises ... – Führerscheinstelle –, ...,

– Beschwerdegegner –

lege ich hiermit ich namens und in Vollmacht des Beschwerdeführers

Beschwerde

gegen den Beschluss der ... Kammer des Verwaltungsgerichts vom ..., Az ..., ein
und beantrage
den Beschluss des Verwaltungsgerichts abzuändern und
dem Kläger für das Verfahren 1. Instanz Prozesskostenhilfe ohne Ratenzahlung zu bewilligen und Rechtsanwalt ..., ... [Anschrift], als Bevollmächtigten beizuordnen.

Begründung:
Der Beschluss des Verwaltungsgerichts ist fehlerhaft und daher abzuändern.
... [Auseinandersetzung mit den Gründen des Beschlusses].
Rechtsanwalt ◄

5. Muster einer Anfechtungsklage

Beispiel: Entziehung bei charakterlichem Mangel 305

M. überschreitet einmalig die innerorts zulässige Höchstgeschwindigkeit von 50 km/h um 52 km/h. Der Vorfall ereignet sich um 4.30 Uhr morgens. Die Behörde ordnet eine MPU an und entzieht nach Nichtbeibringung des Gutachtens die Fahrerlaubnis; das Widerspruchsverfahren ist erfolglos durchgeführt worden.

▶ Muster: Klageschrift (Klage gegen Entziehung der Fahrerlaubnis wegen Nichtbefolgung einer Aufklärungsanordnung) 306

An das Verwaltungsgericht ...

Anfechtungsklage

des Herrn ...

– Kläger –

Prozessbevollmächtigte: RAe ...

gegen

das Land ..., vertreten durch den Landrat des Kreises ... – Führerscheinstelle –, ...,

– Beklagter –

Hiermit erhebe ich namens und in Vollmacht des Klägers Klage und beantrage,
1. die Ordnungsverfügung des Beklagten vom ... und den Widerspruchsbescheid der Bezirksregierung ... vom ... aufzuheben;
2. die Zuziehung eines Bevollmächtigten für das Vorverfahren für notwendig zu erklären.

Streitwert: 5.000 EUR

Begründung:
Die zulässige Klage ist begründet.

Die auf der Grundlage von § 3 Abs. 1 S. 1 StVG, § 46 Abs. 1 S. 1 FeV erfolgte Entziehung der Fahrerlaubnis ist rechtswidrig und verletzt den Kläger in seinen Rechten.

Die Voraussetzungen des § 11 Abs. 3 S. 1 Nr. 4 FeV für die Anforderung eines medizinisch-psychologischen Gutachtens liegen nicht vor. Der Kläger hat die vom Beklagten geforderte Begutachtung daher zu Recht verweigert, so dass es nicht zulässig war, nach § 11 Abs. 8 S. 1 FeV ohne Weiteres auf die fehlende Eignung zum Führen von Kraftfahrzeugen zu schließen und die Fahrerlaubnis zu entziehen.

Die einmalige Überschreitung der Höchstgeschwindigkeit stellt bereits keinen erheblichen Verstoß gegen verkehrsrechtliche Vorschriften iSv § 11 Abs. 3 S. 1 Nr. 4 FeV dar. Insbesondere ist es zu keinem Zeitpunkt zu einer Gefährdung anderer Personen gekommen. Gegen eine besondere Schwere des Verstoßes spricht zudem, ... [evtl Darlegung besonderer Umstände, die zu dem Fehlverhalten geführt haben].

Im Übrigen hat der Beklagte das ihm obliegende Ermessen fehlerhaft ausgeübt. Es ist in keiner Weise berücksichtigt worden, dass nicht jeder Verstoß iSv § 11 Abs. 3 S. 1 Nr. 4 FeV zwangsläufig zur Anordnung einer Begutachtung führt. Dies ergibt sich aus der Parallele zum Punktsystem des § 4 StVG, welches bei schwerwiegenden Verstößen ebenfalls nicht unbedingt so einschneidende Konsequenzen hat. Gründe dafür, warum die Behörde im vorliegenden Fall vom Punktsystem abgewichen ist, werden weder in der Aufklärungsanordnung noch in der Entziehungsverfügung dargelegt.

So hat der einmalige, mit 2 Punkten geahndete Vorfall für den Kläger nach dem Punktsystem keinerlei Folgen, da es sich um den ersten Verkehrsverstoß überhaupt handelt. Nach der gesetzlichen Wertung des § 4 StVG besteht keine Veranlassung für ein Tätigwerden. Diese Wertung hätte der Beklagte bei seiner Ermessensentscheidung berücksichtigen und begründen müssen, warum hier dennoch die Notwendigkeit einer Begutachtung bestehen soll. Dies ist nicht geschehen.

Die Ordnungsverfügung ist im Ergebnis sowohl wegen Fehlens der tatbestandlichen Voraussetzungen als auch wegen der fehlerhaften Ermessensausübung rechtswidrig und daher aufzuheben.

Rechtsanwalt ◄

307 **6. Rechtsmittel. a) Berufung. aa) Das Zulassungsverfahren.** Nach § 124 Abs. 1 VwGO steht den Beteiligten die **Berufung** gegen ein erstinstanzliches Urteil nur dann zu, wenn sie zugelassen wird. Lässt das Verwaltungsgericht die Berufung zu, ist das Oberverwaltungsgericht bzw. der Verwaltungsgerichtshof als Berufungsgericht daran gebunden (vgl § 124 a Abs. 1 VwGO); in diesem Fall können die Beteiligten unmittelbar Berufung einlegen.

308 Im Regelfall wird die Berufung nicht vom Verwaltungsgericht zugelassen. Der unterlegene Beteiligte muss dann binnen eines Monats nach Zustellung des vollständigen Urteils beim Verwaltungsgericht einen Antrag auf Zulassung der Berufung stellen (vgl § 124 a Abs. 4 VwGO). Die Einreichung des Antrags beim Berufungsgericht wahrt die Frist nicht. Das Berufungsgericht wird zwar in diesem Fall im Rahmen des normalen Geschäftsgangs – also nicht unbedingt per Fax – die Zulassungsschrift an das zuständige Verwaltungsgericht weiterleiten, geht diese dort aber erst nach Fristablauf ein, so ist der Antrag unzulässig und es liegen regelmäßig auch nicht die Voraussetzungen für eine Wiedereinsetzung vor.

A. Entzug der Fahrerlaubnis (§ 3 Abs. 1 S. 1 StVG)

Wird von einem anwaltlich vertretenen Kläger ausdrücklich Berufung eingelegt, dann scheidet – nach Ablauf der Rechtsmittelfrist – eine Umdeutung in einen zulässigen Antrag auf Zulassung der Berufung aus.[196]

Ein ordnungsgemäßer Zulassungsantrag setzt weiter voraus, dass ein bestimmter Zulassungsgrund iSv § 124 Abs. 2 VwGO konkret bezeichnet wird. Die Darlegung der Voraussetzungen des Zulassungsgrundes – also die Begründung des Zulassungsantrags – muss, falls dies nicht bereits mit dem Zulassungsantrag geschehen ist, innerhalb von zwei Monaten nach der Urteilszustellung erfolgen. Die Begründung des Zulassungsantrags ist beim Rechtsmittelgericht einzureichen.

Die verschiedenen Zulassungsgründe werden in § 124 Abs. 2 VwGO aufgezählt. Praktisch bedeutsam ist vor allem der unter Nr. 1 genannte Zulassungsgrund des Bestehens ernstlicher **Zweifel an der Richtigkeit des angefochtenen Urteils**. Insoweit genügt es nicht, die Klagebegründung aus dem erstinstanzlichen Verfahren lediglich zu wiederholen. Erforderlich ist eine Auseinandersetzung mit den entscheidungserheblichen Gründen des Urteils. Es ist im Einzelnen darzulegen, dass und warum das Urteil an einem materiellen Fehler leidet und das Rechtsmittel daher voraussichtlich Erfolg haben wird.

Der Zulassungsgrund des **Verfahrensmangels** (Nr. 5) wird häufig mit der Begründung geltend gemacht, dass eine Verletzung des Grundsatzes des rechtlichen Gehörs bzw ein Aufklärungsmangel vorliege, weil das Gericht eine angeblich erforderliche Beweiserhebung unterlassen habe. Hierbei ist zu beachten, dass eine solche Rüge nur dann mit Erfolg erhoben werden kann, wenn der anwaltlich vertretene Betroffene im erstinstanzlichen Verfahren ausdrücklich einen entsprechenden **unbedingten Beweisantrag** gestellt hat, da er sonst seiner prozessualen Mitwirkungspflicht nicht nachgekommen ist.

Das Berufungsgericht entscheidet über den Zulassungsantrag durch Beschluss. Dieser ist nach § 152 Abs. 1 VwGO unanfechtbar, so dass das erstinstanzliche Urteil mit der Ablehnung des Zulassungsantrags rechtskräftig wird (vgl § 124 a Abs. 5 S. 3 VwGO).

Beispiel: Entziehung der Fahrerlaubnis bei Amphetaminkonsum
M. ist aufgrund von Zeugenaussagen wegen des Besitzes von Amphetaminen durch Strafbefehl zu einer Geldstrafe verurteilt worden. Die Fahrerlaubnisbehörde entzieht ihm daraufhin die Fahrerlaubnis. Die Klage wird – trotz unbedingten Beweisantrags – ohne Beweiserhebung abgewiesen.

▶ **Muster: Antrag auf Zulassung der Berufung**

An das Verwaltungsgericht ...

In der Sache

... [Kläger] ./. ... [Beklagter]

beantrage ich hiermit namens und in Vollmacht meines Mandanten, des Klägers Herrn ..., ... [Anschrift],

die **Berufung** gegen das Urteil der ... Kammer des Verwaltungsgerichts vom ..., Az ... .

---

[196] BVerwG, Beschl. v. 25.3.1998 – 4 B 30.98, NVwZ 1998, 1297.

Begründung:

Die Berufung ist zuzulassen, weil ein Verfahrensmangel vorliegt, auf dem das Urteil beruhen kann (§ 124 Abs. 2 Nr. 5 VwGO).

Nach den Entscheidungsgründen des angefochtenen Urteils ist das Verwaltungsgericht aufgrund der Aussagen von Zeugen im strafrechtlichen Ermittlungsverfahren davon ausgegangen, dass der Kläger Amphetamine konsumiert hatte. Die Kammer hätte sich hierbei aber nicht allein auf die polizeilichen Protokolle stützen dürfen, sondern die Zeugen selbst vernehmen müssen. Insbesondere hätte der in der mündlichen Verhandlung unbedingt gestellte Beweisantrag nicht mit der Begründung abgelehnt werden dürfen, dass der Drogenkonsum des Klägers bereits feststehe. Hierbei handelt es sich um eine unzulässige vorweggenommene Beweiswürdigung.

Weiter bestehen ernstliche Zweifel an der Richtigkeit des Urteils (§ 124 Abs. 2 Nr. 1 VwGO).

Das Urteil leidet an einem materiellen Rechtsverstoß, weil es von einem unrichtigen Sachverhalt ausgegangen ist. Der Kläger hat zu keinem Zeitpunkt Amphetamine konsumiert. Die Angaben der Zeugen im polizeilichen Ermittlungsverfahren sind nicht glaubhaft, weil diese den Kläger lediglich deshalb belasten, um von eigenem Fehlverhalten abzulenken. Tatsache ist, dass der Kläger zu keinem Zeitpunkt während der Teilnahme am Straßenverkehr oder außerhalb des Straßenverkehrs durch den Konsum von Drogen aufgefallen ist. ...

Rechtsanwalt ◄

316 bb) **Das Berufungsverfahren.** Im Falle der Zulassung der Berufung durch das Verwaltungsgericht ist diese innerhalb eines Monats nach Urteilszustellung beim Verwaltungsgericht einzulegen und binnen zwei Monaten zu begründen; die **Begründung** – mit einem bestimmten Antrag – ist (anders als der Zulassungsantrag!) beim Berufungsgericht einzureichen (vgl § 124 a Abs. 2 und 3 VwGO). Die Begründungsfrist kann – anders als die Frist zur Einlegung des Rechtsmittels – vom Vorsitzenden des zuständigen Senats des Berufungsgerichts verlängert werden, dieser Antrag ist vor Fristablauf zu stellen. Eine verspätete Begründung führt zur Unzulässigkeit der Berufung.

317 ▶ **Muster: Antrag auf Verlängerung der Berufungsbegründungsfrist**

An das Oberverwaltungsgericht ...

Az ...

In dem Berufungsverfahren

des Herrn ...

– Kläger und Berufungskläger –

Prozessbevollmächtigte: RAe ...

gegen

das Land ..., vertreten durch den Landrat des Kreises ... – Führerscheinstelle –, ...,

– Beklagter und Berufungsbeklagter –

wird beantragt,

die Frist zur Begründung der Berufung angemessen, mindestens um vier Wochen, zu verlängern.

Aufgrund einer Überlastung mit einer Vielzahl von Verfahren sieht sich der Unterzeichner nicht in der Lage, die Berufungsbegründung rechtzeitig einzureichen.

Zudem werden von hier aus derzeit Ermittlungen zur Aussagekraft der Ergebnisse des Drogenscreenings vom ... durchgeführt. Dies nimmt noch einige Zeit in Anspruch.

Rechtsanwalt ◄

Wird die Berufung durch das Berufungsgericht zugelassen, so wird das Verfahren **als Berufungsverfahren fortgesetzt**, einer Berufungseinlegung bedarf es dann nicht mehr (vgl § 124 a Abs. 5 S. 4 VwGO). Die Berufung ist in diesem Fall innerhalb eines Monats nach Zustellung des Zulassungsbeschlusses zu begründen (vgl § 124 a Abs. 5 VwGO). In der Regel genügt eine Bezugnahme auf die Begründung des Zulassungsantrags.

Beispiel: Entziehung der Fahrerlaubnis nach Cannabiskonsum
M. wird nach einer Verkehrskontrolle eine Blutprobe entnommen. Das Drogenscreening ergibt einen Wert von 3 ng/ml THC und 21 ng/ml THC-COOH. Die Behörde geht von erwiesenem gelegentlichem Konsum aus und entzieht die Fahrerlaubnis; die erstinstanzliche Klage wird mit der gleichen Begründung abgewiesen.

▶ **Muster: Berufungsschrift (nach Zulassung durch OVG/VGH)**

An das Verwaltungsgericht ...

Az ...

In der Sache

... [Kläger und Berufungskläger] ./. ... [Beklagter und Berufungsbeklagter]

wird zur Begründung der mit Beschluss vom ... zugelassenen Berufung gegen das Urteil des Verwaltungsgerichts ... vom ..., Az ..., zunächst vollinhaltlich auf die Begründung des Zulassungsantrags verwiesen.

Ergänzend wird vorgetragen, ...

Rechtsanwalt ◄

▶ **Muster: Berufungsschrift**

An das Verwaltungsgericht ...

In der Sache

... [Kläger] ./. ... [Beklagter]

wird namens und in Vollmacht meines Mandanten, des Klägers Herrn ..., ... [Anschrift], gegen das Urteil des Verwaltungsgerichts ... vom ..., Az ..., zugestellt am ...,

Berufung

eingelegt und beantragt,

das Urteil des Verwaltungsgerichts ... vom ..., Az ..., zu ändern

und die Ordnungsverfügung des Landrats des Kreises ... – Führerscheinstelle – vom ... und den Widerspruchsbescheid der Bezirksregierung ... vom ... aufzuheben.

Begründung:

Die zulässige Berufung ist begründet.

Das Verwaltungsgericht ist ebenso wie die Fahrerlaubnisbehörde zu Unrecht davon ausgegangen, dass der Kläger gelegentlich Cannabis konsumiert und deshalb nach Ziff. 9.2.2 der Anlage 4 FeV ungeeignet ist.

Der Kläger hat bereits im behördlichen Verfahren vorgetragen, dass er unmittelbar vor der Verkehrskontrolle vom ... auf Drängen von Freunden erstmals Cannabis probiert hat, wobei er sich der Auswirkungen auf seine Fahrtüchtigkeit nicht bewusst war. Nach der Verkehrskontrolle, durch die dem Kläger die negativen Auswirkungen des Cannabiskonsums bewusst geworden sind, hat er von einem weiteren Konsum Abstand genommen. Es liegt damit lediglich ein einmaliger Konsum vor. Dies stellt aber noch keinen „gelegentlichen" Konsum im Sinne des Fahrerlaubnisrechts dar.

Etwas anderes ergibt sich nicht aus dem festgestellten THC-COOH-Gehalt von 21 ng/ml. Ein solcher Wert beweist, wenn er – wie hier – bei einer im Rahmen einer Verkehrskontrolle entnommenen Blutprobe festgestellt worden ist, nicht den gelegentlichen Konsum. Bei einer solchen spontanen Blutprobenentnahme können nämlich, wenn – wie im Falle des Klägers – unmittelbar zuvor (einmalig) Cannabis konsumiert worden ist, noch weitaus höhere Werte erreicht werden (vgl OVG NRW, Beschl. v. 29.10.2014 – 16 B 955/14).

Der Kläger hat sich auch immer bereit erklärt, zum Nachweis des fehlenden Drogenkonsums Ergebnisse entsprechender Drogenscreenings vorzulegen. Hierauf ist die Behörde nicht eingegangen.

Nach alledem ist das angefochtene Urteil fehlerhaft und daher abzuändern; die angefochtenen Verfügungen sind aufzuheben.

Rechtsanwalt ◄

322 Der **Ablauf des Berufungsverfahrens** entspricht im Wesentlichen dem Klageverfahren, insbesondere erfolgt eine vollumfängliche Überprüfung des erstinstanzlichen Urteils. Im Bereich des Fahrerlaubnisrechts kommt es eher selten zu einer mündlichen Verhandlung, die Berufungsgerichte entscheiden häufig durch Beschluss nach § 130 a VwGO.

323 b) Revision. Gegen die Entscheidung der Berufungsgerichte steht den Beteiligten das Rechtsmittel der **Revision** zu (vgl §§ 130 a S. 2, 125 Abs. 2 S. 3 VwGO), wenn diese vom Berufungsgericht zugelassen worden ist; die Nichtzulassung der Revision kann mittels Beschwerde angefochten werden (vgl §§ 132 Abs. 1, 133 Abs. 1 VwGO).

324 ▶ **Muster: Beschwerde gegen Nichtzulassung der Revision**

An das Oberverwaltungsgericht ...

Az ...

In der Sache

... [Kläger] ./. ... [Beklagter]

wird namens und in Vollmacht meines Mandanten, des Klägers Herrn ..., ... [Anschrift], gegen die Nichtzulassung der Revision durch das Urteil des Oberverwaltungsgerichts ... vom ..., Az ..., zugestellt am ...,

Beschwerde

eingelegt.

Begründung:

Die Voraussetzungen für die Zulassung der Revision liegen vor.

Die Rechtssache hat grundsätzliche Bedeutung im Sinne von § 132 Abs. 2 Nr. 1 VwGO. Es ist klärungsbedürftig, wie der Begriff der gelegentlichen Einnahme von Cannabis im Sinne von § 14 Abs. 1 S. 4 FeV auszulegen ist.

Das Oberverwaltungsgericht ist ebenso wie das Verwaltungsgericht und die Fahrerlaubnisbehörde zu Unrecht davon ausgegangen, dass bereits bei einem festgestellten Wert von 21 ng/ml THC-COOH stets von einem gelegentlichen Cannabiskonsum auszugehen ist.

Dabei wird verkannt, dass bei einer – wie hier – im Rahmen einer Verkehrskontrolle entnommenen Blutprobe noch weitaus höhere Werte erreicht werden können, wenn – wie im Falle des Klägers – unmittelbar zuvor (einmalig) Cannabis konsumiert worden ist (vgl OVG NRW, Beschl. v. 29.10.2014 – 16 B 955/14).

Es ist daher grundsätzlich klärungsbedürftig, ob die Annahme eines gelegentlichen Cannabiskonsums allein mit dem Erreichen einer bestimmten THC-COOH-Konzentration im Blut begründet werden kann, obwohl der Gesetz- bzw Verordnungsgeber einen solchen Grenzwert nicht kennt.

Rechtsanwalt ◄

▶ **Muster: Revision**

An das Oberverwaltungsgericht ...

In der Sache

... [Kläger] ./. ... [Beklagter]

wird namens und in Vollmacht meines Mandanten, des Klägers Herrn ..., ... [Anschrift], gegen das Urteil des Oberverwaltungsgerichts ... vom ..., Az ..., zugestellt am ...,

Revision

eingelegt und beantragt,

das Urteil des Oberverwaltungsgerichts ... vom ..., Az ..., zu ändern

und die Ordnungsverfügung des Landrats des Kreises ... – Führerscheinstelle – vom ... und den Widerspruchsbescheid der Bezirksregierung ... vom ... aufzuheben.

Begründung:

Die zulässige Revision ist begründet.

Das Urteil des Oberverwaltungsgerichts verletzt Bundesrecht (§ 14 Abs. 1 S. 4 FeV), weil es ebenso wie das Verwaltungsgericht und die Fahrerlaubnisbehörde davon ausgegangen ist, dass der Kläger gelegentlich Cannabis konsumiert und deshalb nach Ziff. 9.2.2 der Anlage 4 FeV ungeeignet ist. ...

Rechtsanwalt ◄

c) **Gebühren und Anwaltsvergütung.** Die Höhe der **Gerichtsgebühren** hängt davon ab, ob der Antrag auf Zulassung der Berufung abgelehnt wird oder ob die Berufung zugelassen wird und es zum Berufungsverfahren kommt. Im ersten Fall fällt lediglich eine 1,0-Gebühr an (Nr. 5120 KV). Kommt es dagegen zum Berufungsverfahren, fallen 4,0 Gebühren an (Nr. 5122 KV). Ebenso wie im erstinstanzlichen Verfahren gibt es auch für das Rechtsmittelverfahren vor dem Berufungsgericht Ermäßigungstatbestände (Nr. 5121, 5123, 5124 KV); der Umfang der Ermäßigung hängt davon ab, in welchem Verfahrensstadium der Zulassungsantrag bzw die Berufung zurückgenommen wird. Im Revisionsverfahren fallen 5,0 Gebühren an (Nr. 5130 KV); Ermäßigungstatbestände sind in Nr. 5131 und Nr. 5132 geregelt.

Hinsichtlich der **Anwaltsvergütung** gilt der Abschnitt 2 – Unterabschnitt 1 – des Teils 3 des RVG-Vergütungsverzeichnisses sowohl für die Berufung als auch für das Zulassungsverfahren (vgl Nr. 1 der Vorbemerkung 3.2 VV RVG). Es entsteht eine Verfahrensgebühr mit einem Satz von 1,6 (Nr. 3200 VV RVG) und ggf eine Terminsgebühr mit einem Satz von 1,2 (Nr. 3202 VV RVG). Letztere entsteht auch dann, wenn das Berufungsgericht durch Beschluss nach § 130 a VwGO entscheidet. Das Zulassungsverfahren und das sich anschließende Berufungsverfahren sind gem. § 16 Nr. 11 RVG dieselbe Angelegenheit, so dass die Gebühren nicht doppelt entstehen. Die Anwaltsvergütung für das Revisionsverfahren ist in Unterabschnitt 2 von Abschnitt 2 des Teils 3 des RVG-Vergütungsverzeichnisses geregelt.

VI. Vorläufiger Rechtsschutz (§ 80 Abs. 5 VwGO)

328 In der gerichtlichen Praxis spielen die Klageverfahren bei einer Entziehung der Fahrerlaubnis eine eher untergeordnete Rolle. Da bei den Entziehungsverfügungen nahezu ausnahmslos gem. § 80 Abs. 2 S. 1 Nr. 4 VwGO die sofortige Vollziehung angeordnet wird, ist die Fahrerlaubnis mit Bekanntgabe an den Betroffenen zunächst – trotz Widerspruchs bzw Klage – entzogen und der Führerschein bei der Behörde abzugeben (vgl hierzu im Einzelnen Rn 103 ff). Das bedeutet, dass der Betroffene während des Widerspruchs- bzw Klageverfahrens nicht im Besitz einer Fahrerlaubnis ist und er nicht am Straßenverkehr teilnehmen darf. Dieser Zustand kann sich über Monate oder sogar Jahre hinziehen und ist mit erheblichen Einschränkungen der Lebensqualität (Mobilität) und unter Umständen sogar mit dem Verlust des Arbeitsplatzes verbunden. Daher ist es fast immer sinnvoll, einen Antrag auf Gewährung vorläufigen Rechtsschutzes beim zuständigen Verwaltungsgericht zu stellen, zumal sich dann meist ein Klageverfahren erübrigen wird und der Betroffene ggf frühzeitig auf ein Wiedererteilungsverfahren umschwenken kann.

329 **1. Verfahrensablauf und Verfahrensgrundsätze.** Um die aufschiebende Wirkung eines Widerspruchs bzw einer Klage gegen die Entziehung der Fahrerlaubnis wiederherzustellen, kann der Betroffene bei dem für die Hauptsache – also das Klageverfahren – zuständigen Verwaltungsgericht (vgl Rn 280) einen Antrag nach § 80 Abs. 5 VwGO stellen. Dieser Antrag ist nicht fristgebunden und daher bis zur Bestandskraft der Verfügung bzw der Rechtskraft eines Urteils zulässig. Praktisch ist ein solcher Antrag nur dann sinnvoll, wenn er frühzeitig, also etwa gleichzeitig mit der Einlegung des Widerspruchs bzw der Klageerhebung gestellt wird.

330 Umstritten ist, ob der Antrag nach § 80 Abs. 5 VwGO zulässig ist, wenn noch kein Rechtsbehelf (Widerspruch oder Klage) eingelegt worden ist, die Frist hierfür aber noch läuft.[197] Praktisch spielt das kaum eine Rolle, weil es ohnehin eine gewisse Zeit dauert, bis dem Gericht die Verwaltungsvorgänge vorliegen und das Verfahren ausgeschrieben ist, so dass jedenfalls im Zeitpunkt der gerichtlichen Entscheidung die Widerspruchs- bzw Klagefrist in aller Regel abgelaufen sein wird. In diesem Fall wären die Rechtsbehelfe aber offensichtlich unzulässig, so dass auch der Antrag nach § 80 Abs. 5 VwGO keinen Erfolg haben könnte.

331 **Hinweis:** Die Einlegung des Widerspruchs bei der Behörde und die Antragstellung beim Verwaltungsgericht sollten grundsätzlich parallel erfolgen. Die Begründung beider Rechtsbehelfe kann identisch sein oder es kann nur ein Rechtsbehelf begründet und bei dem anderen Rechtsbehelf hierauf verwiesen werden. Der Widerspruch sollte jedoch einen Hinweis auf den gerichtlichen Antrag enthalten, damit der Widerspruch nebst Führerscheinakte nicht an die Widerspruchsbehörde übersendet wird und daher erst mit Verzögerung dem Verwaltungsgericht vorliegt.

---

197 Vgl *Kopp/Schenke*, VwGO, § 80 Rn 139.

A. Entzug der Fahrerlaubnis (§ 3 Abs. 1 S. 1 StVG)

Beispiel: Entziehung der Fahrerlaubnis bei gelegentlichem Cannabis-Konsum 332
M. wird bei einer Verkehrskontrolle als Führer eines Pkws angehalten. Die Untersuchung einer aufgrund polizeilicher Anordnung entnommenen Blutprobe ergibt einen Wert von 2,5 ng/ml THC und 29 ng/ml THC-COOH. Die Behörde entzieht daraufhin unter Anordnung der sofortigen Vollziehung die Fahrerlaubnis und droht ein Zwangsgeld für den Fall der Nichtablieferung des Führerscheins an.

▶ **Muster: Widerspruch mit dem Hinweis auf Antrag nach § 80 Abs. 5 VwGO** 333

An das Landratsamt …
– Führerscheinstelle –
Ihre Ordnungsverfügung vom …
Ihr Az … [inkl. Name des Mandanten]
In der Sache
des Herrn …

– Widerspruchsführer –

Verfahrensbevollmächtigte: RAe …

gegen

das Land …, vertreten durch den Landrat des Kreises … – Führerscheinstelle –, …,

– Widerspruchsgegner –

Sehr geehrte/r Frau/Herr … [Name des Sachbearbeiters lt. Anhörungsschreiben],
hiermit lege ich namens und in Vollmacht des Widerspruchsführers gegen die Ordnungsverfügung vom … und gegen den gleichzeitig ergangenen Gebührenbescheid

Widerspruch

ein. Ich beantrage,
die Ordnungsverfügung vom … und den Gebührenbescheid aufzuheben und
die Hinzuziehung des Unterzeichners als Bevollmächtigten für das Vorverfahren für notwendig zu erklären.
Zur Begründung des Widerspruchs wird vollinhaltlich auf den mit gleicher Post bei dem Verwaltungsgericht … gestellten Antrag nach § 80 Abs. 5 VwGO auf Wiederherstellung der aufschiebenden Wirkung des Widerspruchs gegen die Entziehung der Fahrerlaubnis Bezug genommen.
Es wird gebeten, das Widerspruchsverfahren bis zur Entscheidung im gerichtlichen Verfahren ruhen zu lassen.
Rechtsanwalt ◀

▶ **Muster: Antrag nach § 80 Abs. 5 VwGO** 334

An das Verwaltungsgericht …

Antrag nach § 80 Abs. 5 VwGO

In der Sache
des Herrn …

– Antragsteller –

Prozessbevollmächtigte: RAe ...

gegen

das Land ..., vertreten durch den Landrat des Kreises ... – Führerscheinstelle –, ...,

– Antragsgegner –

beantrage ich hiermit namens und in Vollmacht meines Mandanten, des Antragstellers,

die aufschiebende Wirkung des Widerspruchs (bzw der Klage) gegen die Ordnungsverfügung des Landrats des Kreises ... – Führerscheinstelle – vom ... hinsichtlich der angeordneten Entziehung der Fahrerlaubnis wiederherzustellen und hinsichtlich der Androhung der Festsetzung eines Zwangsgeldes anzuordnen.[198]

Streitwert: 2.500 EUR

Die aufschiebende Wirkung des Widerspruchs ist wiederherzustellen bzw anzuordnen, weil dieser aller Voraussicht nach Erfolg haben wird. Die Ordnungsverfügung ist rechtswidrig und verletzt den Antragsteller in seinen Rechten.

Die darin angeordnete Entziehung der Fahrerlaubnis ist an der maßgeblichen Rechtsgrundlage in § 3 Abs. 1 StVG iVm § 46 Abs. 1 FeV und Ziffer 9.2.2 Anlage 4 FeV zu messen. Nach diesen Vorschriften kann derjenige, der gelegentlich Cannabis konsumiert, beim Hinzutreten weiterer Umstände als ungeeignet zum Führen von Kraftfahrzeugen angesehen werden. Der Antragsteller ist jedoch kein gelegentlicher Konsument, er hat vielmehr an dem fraglichen Abend erstmals, von Freunden hierzu gedrängt, Cannabis probiert. In der Folgezeit ist es zu keinem weiteren Konsum gekommen.

Die Voraussetzung eines gelegentlichen Cannabis-Konsums durch den Antragsteller ist – anders als der Antragsgegner meint – nicht nachgewiesen. Insbesondere ist der aufgrund der polizeilich angeordneten Blutentnahme festgestellte Wert von 29 ng/ml THC-COOH nicht in der Lage, einen gelegentlichen Cannabis-Konsum zu belegen bzw einen nur einmaligen Konsum auszuschließen.

Wegen der kurzen Halbwertszeit von 1,5 Tagen sinkt bei einem einmaligen Cannabis-Konsum ein Wert von – wie hier – 29 ng/ml THC-COOH rechnerisch schon nach 4,5 Tagen Abstinenz auf 3,625 ng/ml und unterschreitet damit den nach dem Erlass des Ministeriums für Verkehr, Energie und Landesplanung des Landes Nordrhein-Westfalen vom 18.12.2002 – auf den sich der Antragsgegner beruft – für die Annahme eines gelegentlichen Konsums bestimmten Grenzwert von mindestens 5,0 ng/ml THC-COOH.

Dieser Grenzwert ist deshalb besonders niedrig angesetzt, weil er von einer im behördlichen Entziehungsverfahren angeordneten Blutentnahme ausgeht. Bei dieser hat der Betroffene aber bis zu acht Tagen Zeit, die Blutentnahme durchführen zu lassen. Während dieser Zeitspanne kann er auf den Konsum von Cannabis verzichten, so dass es zu einem Abbau des Metaboliten THC-COOH kommt.

Die Grenzwerte des Erlasses können daher nicht, wie es der Antragsgegner aber getan hat, uneingeschränkt auf den Fall der polizeilich angeordneten Blutentnahme übertragen werden.

Im Übrigen geht auch die Rechtsprechung mittlerweile davon aus, dass ein Wert von unter 100 ng/ml THC-COOH – wie hier – keinen sicheren Rückschluss auf einen gelegentlichen Cannabis-Konsum zulässt (vgl OVG NRW, Beschl. v. 29.10.2014 – 16 B 955/14).

Insgesamt ist daher die Behauptung des Antragsgegners, der Antragsteller konsumiere gelegentlich Cannabis, durch nichts belegt. Der Antragsteller erklärt sich ausdrücklich bereit, zum Nachweis da-

---

198 Die unterschiedliche Formulierung „wiederherzustellen" bzw „anzuordnen" ergibt sich aus § 80 Abs. 5 S. 1 VwGO.

für, dass es sich lediglich um einen einmaligen Probierkonsum gehandelt hat, ein Drogenscreening durchführen zu lassen.

Im Übrigen bedeutet die Entziehung der Fahrerlaubnis mit sofortiger Vollziehung für den Antragsteller eine gravierende Härte. Aus beruflichen Gründen ist er auf die Fahrerlaubnis angewiesen. Es droht der Verlust des Arbeitsplatzes, wenn der Antragsteller nicht in Kürze wieder von der Fahrerlaubnis Gebrauch machen kann.

Rechtsanwalt ◀

Der gerichtliche Antrag setzt nicht voraus, dass zuvor bei der Behörde ein Aussetzungsantrag nach § 80 Abs. 4 S. 1 VwGO gestellt worden ist. Im Übrigen sind bei Antragstellung die auch bei der Klage geltenden Formalien zu beachten, dh der Antrag ist schriftlich oder zur Niederschrift bei dem Verwaltungsgericht zu stellen und zu unterschreiben. **335**

Das Verwaltungsgericht nimmt bei seiner Entscheidung eine **Interessenabwägung** vor. Kommt es zu dem Ergebnis, dass der Widerspruch bzw die Klage voraussichtlich keinen Erfolg haben wird, überwiegt das öffentliche Interesse an der sofortigen Vollziehung, im umgekehrten Fall überwiegt das private Interesse des Antragstellers, vorläufig von Vollzugsmaßnahmen verschont zu bleiben. Diese Prüfung der Erfolgsaussichten des Rechtsbehelfs in der Hauptsache ist das Kernstück der gerichtlichen Entscheidung. Sie erfolgt zwar – so ist in Beschlüssen häufig zu lesen – nur „summarisch", jedoch ist abgesehen von Fällen, in denen es um sehr schwierige bzw umstrittene Rechtsfragen geht, ein Unterschied zum Umfang der Prüfung im Klageverfahren kaum gegeben. **336**

Aufgrund der Eilbedürftigkeit und des vorläufigen Charakters der Entscheidung im Verfahren nach § 80 Abs. 5 VwGO scheidet eine förmliche Beweiserhebung aus. Zu berücksichtigen sind nur präsente Beweismittel (insbesondere Urkunden, Gutachten) und glaubhaft gemachte Tatsachen. **Eidesstattliche Versicherungen** des Antragstellers – oder Angehöriger –, in denen lediglich auf den Inhalt der Antragsschrift Bezug genommen wird oder die dort aufgestellten Tatsachenbehauptungen wiederholt werden, werden von den Gerichten häufig mit erheblicher Skepsis betrachtet. Zur Vermeidung eines negativen Eindrucks sollte man sich im Einzelfall gut überlegen, ob eine solche Versicherung (ausnahmsweise) sinnvoll ist. **337**

Neben den Erfolgsaussichten in der Hauptsache können im Rahmen der Interessenabwägung weitere Gesichtspunkte eine Rolle spielen. So kann das Verwaltungsgericht dem Antrag auf Gewährung vorläufigen Rechtsschutzes grundsätzlich trotz Rechtmäßigkeit der Verfügung stattgeben, wenn der Sofortvollzug für den Antragsteller eine **erhebliche Härte** bedeutet. Hieran kann man vor allem dann denken, wenn die Entziehung der Fahrerlaubnis mit sofortiger Wirkung zu einem Verlust des Arbeitsplatzes – etwa bei einem Berufskraftfahrer – führt. Eine Unverhältnismäßigkeit des Sofortvollzugs wird aber selbst in einem solchen Fall meist verneint, weil auf der anderen Seite die Gefahren zu berücksichtigen sind, die von der Teilnahme eines ungeeigneten Kraftfahrers am Straßenverkehr für andere Verkehrsteilnehmer ausgehen. Der Betroffene hat daher berufliche Nachteile hinzunehmen, zumal er seine Situation meist selbst verschuldet hat.[199] **338**

Das Gericht entscheidet über den Antrag durch **Beschluss**, der zu begründen ist (vgl § 122 Abs. 2 S. 2 VwGO). Eine mündliche Verhandlung findet nicht statt, allenfalls ein Erörte- **339**

---

199 Vgl BVerfG, Beschl. v. 15.10.1998 – 2 BvQ 32/98, DAR 1998, 466 (zur Entziehung nach § 111 a StPO).

rungstermin (analog § 87 Abs. 1 S. 1 VwGO). Gibt es dem Antrag statt, haben Widerspruch bzw Klage wieder aufschiebende Wirkung. Die Entziehung ist dem Antragsteller gegenüber vorerst nicht wirksam und er kann von seiner Fahrerlaubnis zunächst weiter Gebrauch machen.

340 Über einen Antrag auf Bewilligung von **Prozesskostenhilfe** wird das Gericht nicht vorab, sondern regelmäßig erst gemeinsam mit dem Antrag nach § 80 Abs. 5 VwGO entscheiden. Zwar wird das Verwaltungsgericht nur dann Prozesskostenhilfe gewähren, wenn es dem Antrag auf Gewährung vorläufigen Rechtsschutzes stattgibt und der Antragsgegner ohnehin die Kosten des Verfahrens zu tragen hat. Sinnvoll ist der PKH-Antrag dennoch, weil die Bewilligung von Prozesskostenhilfe für den Antragsgegner nicht anfechtbar ist (vgl § 127 Abs. 2 und 3 VwGO) und daher auch im Falle einer Abänderung der Entscheidung zum Sofortvollzug durch das Beschwerdegericht bestehen bleibt.

341 **2. Rechtsmittel.** Lehnt das Verwaltungsgericht den Antrag nach § 80 Abs. 5 VwGO ab, steht dem Unterlegene hiergegen das Rechtsmittel der **Beschwerde** offen. Diese ist binnen zwei Wochen nach Bekanntgabe des Beschlusses bei dem Verwaltungsgericht einzulegen (§ 147 Abs. 1 S. 1 VwGO). Für das Verfahren vor dem Oberverwaltungsgericht bzw Verwaltungsgerichtshof gilt Anwaltszwang – und zwar schon für die (fristgerechte) Einlegung der Beschwerde.

342 Von den Betroffenen wird der sich aus § 146 Abs. 4 VwGO ergebende **Begründungszwang** häufig nicht oder nur unzureichend beachtet. Die Beschwerde ist innerhalb eines Monats nach Bekanntgabe des erstinstanzlichen Beschlusses zu begründen, wobei die Begründung – wenn sie nicht schon in der Beschwerdeschrift enthalten ist – bei dem Beschwerdegericht einzureichen ist. Die Begründung muss einen Antrag enthalten und die Gründe darlegen, aus denen die Entscheidung des Verwaltungsgerichts abzuändern ist. Fehlt es hieran, ist die Beschwerde unzulässig. Dabei genügt es in aller Regel nicht, wenn lediglich die Begründung des ursprünglichen erstinstanzlichen Antrags wiederholt wird. Die Beschwerdebegründung muss sich vielmehr mit der Begründung des erstinstanzlichen Beschlusses auseinandersetzen und darlegen, dass und warum der Beschluss fehlerhaft ist. Das Beschwerdegericht prüft ausschließlich die dargelegten Gründe!

343 Über die Beschwerde wird durch Beschluss entschieden, dieser ist unanfechtbar (§§ 150, 152 Abs. 1 VwGO). Es kommt lediglich eine Fortführung des Verfahrens nach § 152 a VwGO in Betracht, wenn das Beschwerdegericht den Anspruch eines Beteiligten auf rechtliches Gehör verletzt, also zB eine entscheidungserhebliche Tatsache vollkommen außer Acht gelassen hat (sog. Anhörungsrüge).[200]

344 ▶ **Muster: Beschwerde gegen Ablehnung des Antrags nach § 80 Abs. 5 VwGO**

An das Verwaltungsgericht ...

In der Sache

des Herrn ...

– Beschwerdeführer –

Prozessbevollmächtigte: RAe ...

---

200 Vgl hierzu im Einzelnen *Kopp/Schenke*, VwGO, § 152 a Rn 6.

gegen

das Land ..., vertreten durch den Landrat des Kreises ... – Führerscheinstelle –, ...,

– Beschwerdegegner –

lege ich hiermit namens und in Vollmacht meines Mandanten, des Beschwerdeführers,

Beschwerde

gegen den Beschluss der ... Kammer des Verwaltungsgerichts vom ..., Az ..., ein und beantrage den Beschluss des Verwaltungsgerichts abzuändern und die aufschiebende Wirkung des Widerspruchs des Antragstellers vom ... gegen die Ordnungsverfügung des Antragsgegners vom ... wiederherzustellen bzw anzuordnen.

Begründung:
Der Beschluss des Verwaltungsgerichts ist fehlerhaft und daher abzuändern.
... [Auseinandersetzung mit den Gründen des Beschlusses].
Rechtsanwalt ◄

3. Gebühren und Anwaltsvergütung. Der für die Höhe der Gerichtsgebühren und der Anwaltsvergütung maßgebliche **Streitwert** beträgt in einem Verfahren nach § 80 Abs. 5 VwGO aufgrund des vorläufigen Charakters einer Entscheidung nur die Hälfte des für ein entsprechendes Klageverfahren anzusetzenden Betrags. So beträgt der Streitwert in einem Verfahren wegen Entziehung einer Fahrerlaubnis der Klasse B 2.500 EUR.[201]   345

Beim Verwaltungsgericht fallen 1,5 **Gerichtsgebühren** an (Nr. 5210 KV); es kommt eine Ermäßigung auf den Faktor 0,5 in Betracht, wenn es zu einer Rücknahme des Antrags, einem gerichtlichen Vergleich oder zu einer Erledigung der Hauptsache kommt (vgl Nr. 5211 KV). Für das Beschwerdeverfahren beträgt der Satz 2,0 und im Falle einer Zurücknahme der Beschwerde 1,0 (vgl Nr. 5240, 5241 KV).   346

Die **Anwaltsvergütung** im vorläufigen Rechtsschutz entspricht der Vergütung im Klageverfahren. Es entsteht also grundsätzlich eine Verfahrensgebühr für das Verfahren vor dem Verwaltungsgericht mit einem Satz von 1,3 und im Beschwerdeverfahren mit einem Satz von 1,6 (Nr. 3100, 3200 VV RVG). Zusätzlich können eine Terminsgebühr – wenn ein Erörterungstermin stattfindet (vgl Abs. 3 der Vorbemerkung des Teils 3 VV RVG) – und ggf eine Einigungs- bzw Erledigungsgebühr anfallen.   347

B. Neuerteilung der Fahrerlaubnis (§ 20 FeV)
I. Rechtsnatur

Die Fahrerlaubnis erlischt mit der rechtskräftigen strafgerichtlichen oder bestandskräftigen behördlichen Entziehung (§ 3 Abs. 2 S. 1 StVG).[202] Für die Neuerteilung gelten nach § 20 Abs. 1 FeV zwar grundsätzlich die Vorschriften für die Ersterteilung, gleichwohl gibt es für den Nachweis der Befähigung bzw Eignung wichtige Unterschiede.   348

Während des Laufs einer strafgerichtlichen Sperrfrist nach § 69 a StGB darf die Fahrerlaubnisbehörde auch dann keine neue Fahrerlaubnis erteilen, wenn sie die Beurteilung des Straf-   349

---
201 Vgl Ziff. 1.5 des Streitwertkatalogs für die Verwaltungsgerichtsbarkeit 2013.
202 Anders ist dies beim Fahrverbot, welches den rechtlichen Bestand der Fahrerlaubnis nicht berührt.

gerichts zur Eignung für unzutreffend hält.[203] Die strafgerichtliche Sperrfrist für die (Neu-)Erteilung einer Fahrerlaubnis begründet die unwiderlegbare Feststellung, dass der Verurteilte während der Sperrfrist zum Führen von Kfz nicht geeignet ist.[204] Eine in einer *behördlichen* Entziehungsverfügung genannte „Sperrfrist" ist dagegen für die Neuerteilung unbeachtlich. Nur durch Rechtsverordnung können Fristen oder Bedingungen festgelegt werden (§ 3 Abs. 6 StVG); solche Fristen enthält bislang aber nur das StVG selbst (für die Neuerteilung nach Entziehung einer Fahrerlaubnis auf Probe bzw nach dem Punktsystem, § 2 a Abs. 5 S. 3, § 4 Abs. 10 StVG) und nicht die FeV.

350 Nach Ablauf der gerichtlichen Sperrfrist lebt die Fahrerlaubnis nicht automatisch wieder auf. Die Fahrerlaubnisbehörde hat dann vielmehr in eigener Verantwortung zu prüfen, ob die Voraussetzung für eine Erteilung vorliegen, insbesondere also, ob Eignungsmängel nunmehr beseitigt sind oder ob die Eignung zuvor durch Aufklärungsmaßnahmen nach §§ 11, 13 oder 14 FeV zu überprüfen ist.

II. Befähigung

351 Nach der Streichung des S. 2 des § 20 Abs. 2 FeV durch Art. 1 (Nr. 12 a) der 4. VO zur Änderung der FeV vom 18.7.2008 (BGBl. I S. 1338) kann die Behörde auch dann auf eine **erneute (theoretische und praktische) Fahrerlaubnisprüfung** zum Nachweis der Befähigung verzichten, wenn seit der Entziehung, der vorläufigen Entziehung, der Beschlagnahme des Führerscheins oder einer sonstigen Maßnahme nach § 94 StPO oder einem Verzicht mehr als zwei Jahre verstrichen sind (vgl § 20 Abs. 2 FeV).

352 Der Verzicht auf den Befähigungsnachweis ist für die Behörde aber nicht zwingend. Es handelt sich um eine Ermessensentscheidung, die sich aber zu einem Rechtsanspruch verdichtet, wenn keinerlei Befähigungsmängel erkennbar sind. Es ist zwar nicht zulässig, pauschal unter Verweis auf den Ablauf bestimmter Fristen – etwa fünf oder zehn Jahre seit Entziehung der Fahrerlaubnis – einen erneuten Befähigungsnachweis zu fordern. Bei der von der Behörde vorzunehmenden Gesamtschau kommt allerdings sowohl dem Zeitfaktor (Zeiten vorhandener oder fehlender Fahrpraxis)[205] als auch dem Umstand, ob der Vorfall, der zur Entziehung geführt hat, Zweifel an der Befähigung des Betroffenen offenbart hat, besondere Bedeutung zu. Der Umstand, dass jemand während der fahrerlaubnisfreien Zeit als Beifahrer oder mit dem Mofa am Straßenverkehr teilgenommen hat, ist dagegen nicht zu berücksichtigen.[206]

III. Eignung

353 **1. Allgemeines.** Die Frage, ob der Betroffene nach Entziehung der Fahrerlaubnis wieder geeignet zum Führen von Kraftfahrzeugen ist, ist in aller Regel das Kernproblem des Neuerteilungsverfahrens. Da es sich hierbei um eine Verpflichtungssituation handelt, ist die Sach- und Rechtslage im Zeitpunkt der gerichtlichen Entscheidung maßgeblich.

354 Verweigert der Betroffene die Beibringung eines von der Behörde zu Recht angeordneten Gutachtens im Verwaltungsverfahren und wird daraufhin die Neuerteilung abgelehnt, so hat das Gericht, wenn im Klageverfahren nunmehr die Bereitschaft zur Begutachtung erklärt

---

203 *Bouska/Laeverenz*, Anm. 3 zu § 69 a StGB.
204 OVG NRW, Beschl. v. 23.4.2012 – 16 E 22/12.
205 BVerwG, Urt. v. 27.10.2011 – 3 C 31.10, zfs 2012, 57.
206 OVG NRW, Beschl. v. 22.3.2012 – 16 A 55/12.

B. Neuerteilung der Fahrerlaubnis (§ 20 FeV) 18

wird, von Amts wegen Beweis zu erheben. Der Rechtsanwalt hat in dieser Situation auch die Möglichkeit, einen entsprechenden Beweisantrag zu stellen (vgl Rn 287 f). Sollte das – verspätet beigebrachte – Gutachten positiv ausfallen, wird die gerichtliche Kostenentscheidung in der Regel dennoch zulasten des Klägers ausgehen (vgl § 155 Abs. 5 VwGO: „Kosten, die durch Verschulden eines Beteiligten entstanden sind, können diesem auferlegt werden.").

Hinweis: Es ist wenig sinnvoll, zu früh, etwa unmittelbar nach Ablauf einer Sperrfrist, die neue Fahrerlaubnis zu beantragen, wenn zuvor nicht die zur Entziehung führenden Eignungsmängel beseitigt worden sind. Hier ist es Aufgabe des Rechtsanwalts, den Betroffenen auf das Angebot professioneller Beratungsstellen und insbesondere auf die Möglichkeiten zur Vorbereitung auf eine MPU hinzuweisen (vgl Rn 248 ff zur Vorbereitung auf die MPU). Es sollte schon frühzeitig ein Gespräch mit der Behörde geführt werden, um festzustellen, welche Anforderungen von dort aus an den Nachweis der Wiedererlangung der Eignung gestellt werden. 355

2. Drogenproblematik. Ist die Fahrerlaubnis wegen Abhängigkeit von Betäubungsmitteln oder anderen psychoaktiv wirkenden Stoffen, wegen Einnahme von Betäubungsmitteln – einschließlich regelmäßiger Einnahme von Cannabis –, Arzneimittelmissbrauchs oder „missbräuchlicher" gelegentlicher Einnahme von Cannabis entzogen worden, ist nach § 14 Abs. 2 FeV vor Neuerteilung einer Fahrerlaubnis eine **medizinisch-psychologische Begutachtung** durchzuführen. Das bedeutet, dass in solchen Fällen nur derjenige eine neue Fahrerlaubnis erhält, der ein positives Gutachten vorlegen kann. 356

Im Rahmen eines Neuerteilungsverfahrens ist die Anordnung einer MPU nach § 14 Abs. 2 Nr. 2 FeV auch dann gerechtfertigt, wenn die Entziehung der Fahrerlaubnis viele Jahre zurückliegt und keine Hinweise auf einen erneuten Drogenkonsum vorliegen. Etwas anderes gilt nur dann, wenn die Tat wegen Zeitablaufs einem **Verwertungsverbot** unterliegt. 357

Mit Tilgungsreife darf die Tat – zB eine Straftat nach § 316 StGB wegen Fahrens unter Drogeneinfluss – dem Betroffenen nach § 29 Abs. 7 S. 1 StVG für die Beurteilung der Eignung zum Führen von Kraftfahrzeugen nicht mehr vorgehalten werden.[207] 358

Die MPU hat nur dann Erfolgsaussichten, wenn zuvor die Drogenproblematik gelöst, insbesondere also der Konsum eingestellt worden ist. Es kann aber nicht unmittelbar nach Einstellung des Konsums sofort wieder davon ausgegangen werden, dass der Betroffene geeignet ist, weil diese Abstinenz eine gewisse Stabilität erreichen, das Rückfallrisiko also möglichst weitgehend reduziert werden muss. 359

Nach Ziff. 9.5 Anlage 4 FeV ist in Fällen der Drogenabhängigkeit eine **einjährige Abstinenz** (nach Entgiftung und Entwöhnung) zu fordern. Der unterhalb der Schwelle zur (physischen oder psychischen) Abhängigkeit liegende Drogenkonsum ist dagegen nicht geregelt. Die Begutachtungs-Leitlinien zur Kraftfahrereignung (Ziff. 3.14.1; vgl Rn 149) fordern die einjährige Abstinenz ausdrücklich wohl nur bei Abhängigkeit. Bei „harten" Drogen wird wegen ihrer Wirkungen (schnelle Abhängigkeit in psychischer und physischer Hinsicht, insbesondere bei Heroin, Kokain, Ecstasy, LSD) aber auch für („nur") regelmäßige Einnahme eine einjährige Abstinenz zu fordern sein.[208] 360

---

207 BVerwG, Urt. v. 9.6.2005 – 3 C 21.04 , NJW 2005, 3440.
208 VGH Bad.-Württ., Beschl. v. 24.5.2002 – 10 S 835/02, NZV 2002, 475, und Beschl. v. 28.5.2002 – 10 S 2213/01, NZV 2002, 477.

361 Ein einmal festgestellter Eignungsmangel besteht so lange fort, bis zumindest die einjährige Abstinenz nachgewiesen ist. Vor Ablauf dieser Frist ist die Behörde im Regelfall nicht verpflichtet, eine MPU anzuordnen; sie kann einen Antrag auf Neuerteilung sofort ohne weitere Ermittlungen ablehnen (vgl § 11 Abs. 7 FeV).

362 Eine **kürzere Dauer der Abstinenz** wird für die Wiedererlangung der Kraftfahrereignung nur dann als ausreichend anzusehen sein, wenn besondere Umstände in der Person des Betroffenen gegeben sind, die es nahelegen, dass er vom Drogenkonsum bereits hinreichend entgiftet und entwöhnt ist.[209] Auch hier ist es Sache des Betroffenen, die Atypik seines Falls substanziiert darzulegen. Die bloße Ankündigung, künftig auf den Konsum von Betäubungsmitteln zu verzichten, genügt nicht. Ebenso wenig wird das Bestehen atypischer Umstände im vorgenannten Sinn allein durch die Vorlage ärztlicher Drogenscreenings mit negativem Befund darzulegen sein. Denn hierdurch kann allenfalls ein Nachweis für die Dauer der bislang bereits geübten Betäubungsmittelabstinenz erbracht werden.

363 Aufgrund dieser strengen Anforderungen der Rechtsprechung wird es im Regelfall kaum möglich sein, vor Ablauf der Jahresfrist eine neue Fahrerlaubnis zu erhalten, zumal die Begutachtungsstellen häufig vorher keine MPU durchführen.

364 Man kann auch nur davon abraten, sich zu früh der MPU zu unterziehen. Abstinenz allein reicht für eine erfolgreiche MPU nicht aus, hinzukommen muss ein **gefestigter Einstellungswandel**. Das Jahr sollte daher dazu genutzt werden, hieran zu arbeiten und einen speziell auf die Drogenproblematik zugeschnittenen Kurs zu absolvieren, damit die MPU erfolgreich absolviert und die neue Fahrerlaubnis ohne weitere Verzögerungen erteilt werden kann.

365 Bei der Entziehung wegen eines gelegentlichen Konsums von **Cannabis** und fehlendem Trennungsvermögen (Rauschfahrt, vgl Ziff. 9.2.2 Anlage 4 FeV) ist die Situation eine andere als bei sonstigen, „harten" Drogen. Der Betroffene muss seinen Cannabis-Konsum nicht vollkommen einstellen, da sich ein kontrollierter Konsum und die Teilnahme am Straßenverkehr nicht grundsätzlich ausschließen (vgl Rn 187 ff). Der Bayerische VGH[210] geht gleichwohl davon aus, dass auch in Fällen eines Übergangs von einem gelegentlichen Cannabis-Konsum zu einem mit den Anforderungen der Nr. 9.2.2 Anlage 4 FeV vereinbaren Konsum die Einjahresfrist gilt. Dem ist wohl zuzustimmen, weil dieser Übergang einen Einstellungswandel – Trennungsbereitschaft! – erfordert, dessen Festigung nicht innerhalb weniger Wochen als gesichert angesehen werden kann.

366 Nach Ziff. 9.5 Anlage 4 FeV sind bei der Neuerteilung ggf **Auflagen** in Form von regelmäßigen Kontrollen zu verlangen. Wird die Fahrerlaubnis unter einer solchen Auflage wiedererteilt und dann erneut durch ein Drogenscreening ein aktueller Konsum (ausgenommen Cannabis) nachgewiesen, steht die Nichteignung fest, ohne dass es weiterer Aufklärungsmaßnahmen bedarf.[211] Dem Mandanten ist daher in jedem Fall die Bedeutung der Abstinenz deutlich vor Augen zu führen.

367 **3. Alkoholproblematik.** Bei einer Alkoholproblematik sind die in § 13 FeV genannten Maßnahmen zu ergreifen. Diese Regelung sieht ausdrücklich vor, dass vor der Neuerteilung eine

---

[209] VGH Bad.-Württ., Beschl. v. 24.5.2002 – 10 S 835/02, NZV 2002, 475, und Beschl. v. 28.5.2002 – 10 S 2213/01, NZV 2002, 477.
[210] BayVGH, Beschl. v. 9.5.2005 – 11 CS 04.2526, VRS 2005 (109), 64.
[211] VGH Bad.-Württ., Beschl. v. 14.11.2001 – 10 S 1016/01, NZV 2002, 296.

MPU beizubringen ist, wenn die Fahrerlaubnis wegen Alkoholmissbrauchs, wiederholter Zuwiderhandlungen im Straßenverkehr unter Alkoholeinfluss (auch OWi) oder wegen erstmaliger Trunkenheitsfahrt ab 1,6 ‰ BAK oder 0,8 mg/l AAK entzogen worden oder sonst zu klären ist, ob Alkoholmissbrauch oder Alkoholabhängigkeit nicht mehr besteht (§ 13 Nr. 2 d/e FeV).

Die Anordnung zur Beibringung einer MPU steht nicht im Ermessen der Behörde und ist daher zwingend. Auch kommt ein Absehen von der MPU im Wege der Erteilung einer Ausnahme nach § 74 Abs. 1 Nr. 1 FeV nur theoretisch in Betracht. **368**

Nach Ziff. 8.4 Anlage 4 FeV ist bei **Alkoholabhängigkeit** nach der erfolgreichen Entwöhnungsbehandlung in der Regel ein Jahr Abstinenz nachzuweisen. Die Abstinenz kann zB durch regelmäßige (zweimonatige) Laborbefunde der Leberwerte nachgewiesen werden; unregelmäßige Befunde des Hausarztes genügen dagegen nicht. Ist eine solche Abstinenz ausreichend belegt, können vor einer Wiedererteilung regelmäßig nicht weitere Anforderungen („zufriedene", „tragfähige", „stabile" Abstinenz) gestellt werden.[212] **369**

Zum Nachweis der **Alkoholabstinenz** steht den Gutachtern mit dem **Ethylglucuronid-Wert** (EtG-Wert) mittlerweile ein hochspezifischer Marker zur Verfügung, der es erlaubt, eine behauptete Alkoholabstinenz unmittelbar nachzuweisen oder zu widerlegen.[213] **370**

Findet sich in mehreren unangekündigt gewonnenen Urinproben, die einen längeren Zeitraum abdecken, kein Ethylglucuronid, so kann der Bewerber damit die behauptete Abstinenz glaubhaft machen. Ethylglucuronid wird im Körper als Abbauprodukt von Alkohol gebildet und ist im Urin, im Serum (Körpersekret) und in den Haaren abhängig von der aufgenommenen Alkoholmenge bis zu drei Tage nach einem Alkoholkonsum nachweisbar. **371**

Bei **Alkoholmissbrauch** ist die Jahresfrist nach dem Wortlaut der Ziff. 8.2 Anlage 4 FeV zwar nicht zwingend einzuhalten. Allerdings ist eine stabile und gefestigte Änderung im Umgang mit Alkohol erforderlich. Davon kann erst nach längerer Erprobung und Erfahrungsbildung (in der Regel nach einem Jahr, mindestens jedoch sechs Monaten) ausgegangen werden kann (vgl im Einzelnen Ziff. 3.13.1 der Begutachtungs-Leitlinien zur Kraftfahrereignung). **372**

4. Nachschulung. Ist der Kraftfahrer nach Auffassung des Gutachters einer MPU noch nicht wieder geeignet, können diese Eignungsmängel nach seiner Einschätzung aber durch einen bestimmten, nach § 70 FeV anerkannten Nachschulungskurs behoben werden, genügt zum Nachweis für die Wiederherstellung der Eignung die Bescheinigung über die Kursteilnahme (§ 11 Abs. 10 FeV); eine erneute MPU ist dann entbehrlich. Voraussetzung ist allerdings, dass die Behörde dieser Verfahrensweise vor Kursbeginn zugestimmt hat. **373**

IV. Reichweite der neuen Fahrerlaubnis

Ist eine nach altem Recht, also vor dem 1.1.1999 erteilte Fahrerlaubnis entzogen worden, die nach § 6 Abs. 6 FeV iVm Anlage 3 FeV mehrere „neue" Fahrerlaubnisklassen umfasste (zB Klasse 3 alt [nach dem 31.3.1980 erteilt] = Klassen B, BE, C1, C1E, M und L neu), so wird die neue Fahrerlaubnis unter den Voraussetzungen des § 20 Abs. 2 FeV im früheren Umfang neu erteilt (Klasse B, BE, C1, C1E, M und L neu; vgl § 76 Nr. 11 a FeV). Damit dies von der **374**

---

212 BVerwG, Beschl. v. 18.10.2001 – 3 B 90.01.
213 VGH Bad.-Württ., Beschl. v. 14.8.2014 – 10 S 936/14; BayVGH, Urt. v. 31.7.2008 – 11 CS 08.1103.

Behörde nicht übersehen wird, sollte man bei Beantragung der neuen Fahrerlaubnis ausdrücklich hierauf hinweisen.

375 ▶ **Muster: Hinweis auf Reichweite der neuen Fahrerlaubnis**

396 An das Landratsamt ...

– Führerscheinstelle –

Betr.: Antrag auf Neuerteilung der Fahrerlaubnis

Ihr Az ... [inkl. Name des Mandanten]

Sehr geehrte/r Frau/Herr ... [Name des Sachbearbeiters lt. Anhörungsschreiben],

nachdem Sie die Fahrerlaubnis der Klasse B nach § 20 Abs. 2 FeV ohne erneute Prüfung erteilt haben, weise ich darauf hin, dass dies auch für die Klassen A1, BE, C1 und C1E gilt, da meinem Mandanten die ursprüngliche Fahrerlaubnis der Klasse 3 bereits vor dem 1.1.1980, nämlich am ..., erteilt worden war.

Ich beantrage daher

die Ausstellung eines Führerscheins, welcher zusätzlich zu der Klasse B auch die Klassen A1, BE, C1 und C1E beinhaltet.

Rechtsanwalt ◀

376 Für die prüfungsfreie Neuerteilung kann der Nachweis verlangt werden, dass die Fahrerlaubnis tatsächlich im bisherigen Umfang genutzt worden ist. War zB der Bewerber berechtigt, mit seiner früheren Fahrerlaubnis der Klasse 3 auch Leichtkrafträder zu führen (vgl § 5 Abs. 3 S. 1 Nr. 4 StVZO aF), hat er aber davon seit Jahren keinen Gebrauch mehr gemacht, so wird er bzgl dieser Klasse (A1 neu) ggf erneut seine Befähigung nachweisen müssen (vgl S. 4 des § 76 Nr. 11 a FeV).

377 In der Praxis wird die Behörde einen solchen Nachweis zwar regelmäßig nicht verlangen. Jedoch sollte man als Bewerber daher ggf in der Lage sein nachzuweisen, von welchen Klassen der alten Fahrerlaubnis man tatsächlich Gebrauch gemacht hat.

V. Rechtsbehelfe

378 Vom Grundsatz her gelten hier die Ausführungen in Rn 263 ff, 279 ff entsprechend. Es handelt sich bei der Neuerteilung der Fahrerlaubnis allerdings – anders als bei einer Entziehung – um eine Verpflichtungssituation. Hieraus ergeben sich in verfahrensrechtlicher Hinsicht folgende Unterschiede:

379 Bei einer **Verpflichtungsklage** ist für die Entscheidung des Gerichts die Sach- und Rechtslage im Zeitpunkt der (letzten) mündlichen Verhandlung maßgeblich. Das bedeutet, dass eine nach Abschluss des Verwaltungsverfahrens eingetretene positive – aber auch negative – Entwicklung der Eignung des Betroffenen zu berücksichtigen ist und dass das Gericht zur Eignung des Betroffenen ggf Beweis erheben muss (vgl Rn 353 f).

380 **Vorläufiger Rechtsschutz** kann im (Neu-)Erteilungsverfahren nur durch Erlass einer einstweiligen Anordnung nach § 123 Abs. 1 VwGO – als sog. Regelungsanordnung nach S. 2 – gewährt werden.[214] In diesem Verfahren gilt jedoch das Verbot der Vorwegnahme der Hauptsache, dh dem Antragsteller darf nicht schon das zugesprochen werden, was er erst mit der Klage in der Hauptsache erreichen will bzw kann. Zwar wird hiervon eine Ausnahme gemacht, wenn dies zur Gewährung effektiven Rechtsschutzes (Art. 19 Abs. 4 GG) zwingend geboten ist und die für den Antragsteller durch ein weiteres Abwarten zu erwartenden Nachteile schlechterdings unzumutbar sind.[215] Im Falle einer Erteilung der Fahrerlaubnis sind die Voraussetzungen hierfür aber in aller Regel nicht gegeben, selbst wenn das Fehlen einer Fahrerlaubnis für den Betroffenen erhebliche (wirtschaftliche) Nachteile – etwa bei der Arbeitsplatzsuche – haben kann.

Im Übrigen ist Voraussetzung für den Erlass einer einstweiligen Anordnung das Vorliegen eines Anordnungsgrunds, damit ist die Eilbedürftigkeit gemeint, die im Falle der Erteilung einer Fahrerlaubnis regelmäßig anzunehmen ist, und eines Anordnungsanspruchs. Letzterer hängt von den Erfolgsaussichten in der Hauptsache ab, setzt also voraus, dass der Anspruch auf Erteilung einer Fahrerlaubnis nach summarischer Prüfung der Sach- und Rechtslage voraussichtlich besteht. Ist eine weitere Aufklärung – etwa zur Frage der Eignung – erforderlich, die nur im Klageverfahren erfolgen kann, kann vom Vorliegen eines Anordnungsanspruchs im Verfahren auf Gewährung vorläufigen Rechtsschutzes nicht ausgegangen werden. 381

Hinweis: In der verwaltungsgerichtlichen Praxis gibt es kaum Fälle, in denen es zu einer vorläufigen Erteilung einer Fahrerlaubnis kommt. Im Hinblick auf die Problematik der Vorwegnahme der Hauptsache empfiehlt sich ein Antrag nach § 123 Abs. 1 VwGO daher nur in den wenigen Ausnahmefällen, in denen für den Antragsteller **erhebliche Nachteile konkret drohen** – zB weil ein ihm angebotener Arbeitsplatz an eine Fahrerlaubnis geknüpft ist – und die Voraussetzungen für die Erteilung der Fahrerlaubnis relativ offensichtlich gegeben sind. Aus prozesstaktischer Sicht kann für einen solchen Antrag auch sprechen, dass der Antragsteller frühzeitig zumindest eine vorläufige Ansicht des in der Regel auch für die Hauptsache zuständigen Spruchkörpers erhält, auf die man dann ggf sein Verhalten im Klageverfahren einstellen kann (wenn das Gericht den Antrag nicht allein schon unter dem Gesichtspunkt der Vorwegnahme der Hauptsache ablehnt, um sich nicht „in die Karten" schauen zu lassen). 382

▶ **Muster: Antrag auf Erlass einer einstweiligen Anordnung nach § 123 Abs. 1 VwGO** 383

An das Verwaltungsgericht ... 397

Antrag nach § 123 Abs. 1 VwGO

In der Sache

des Herrn ...

– Antragsteller –

Prozessbevollmächtigte: RAe ...

gegen

das Land ..., vertreten durch den Landrat des Kreises ... – Führerscheinstelle –, ...,

– Antragsgegner –

---

214 Das Verfahren nach § 80 Abs. 5 VwGO ist nur dann spezieller, wenn es sich in der Hauptsache – wie bei der Entziehung der Fahrerlaubnis – um eine Anfechtungsklage handelt (vgl § 123 Abs. 5 VwGO).

215 *Kopp/Schenke*, VwGO, § 123 Rn 13 ff.

beantrage hiermit ich namens und in Vollmacht des Antragstellers,

den Antragsgegner im Wege des Erlasses einer einstweiligen Anordnung zu verpflichten, dem Antragsteller vorläufig die beantragte Fahrerlaubnis zu erteilen.

Streitwert: 2.500 EUR

Begründung:

Der Antrag ist zulässig und begründet.

Der Anordnungsgrund, also die Eilbedürftigkeit der Sache, ergibt sich daraus, dass dem Antragsteller, der seit nunmehr ... Monaten/Jahren arbeitslos ist, von der Fa. ... das Angebot gemacht worden ist, als Kraftfahrer eingestellt zu werden. Dieses Angebot bleibt nur dann aufrechterhalten, wenn der Antragsteller kurzfristig in den Besitz einer Fahrerlaubnis gelangt. Angesichts der aktuellen Arbeitsmarktlage ist dies für den Antragsteller eine einmalige Chance zur Rückkehr in das Berufsleben. Wird diese Chance zunichte gemacht, bedeutet dies einen erheblichen (wirtschaftlichen) Nachteil. Von daher erscheint eine Vorwegnahme der Hauptsache ausnahmsweise gerechtfertigt.

Der Antragsteller hat einen Anspruch auf Erteilung einer Fahrerlaubnis im beantragten Umfang, so dass auch ein Anordnungsanspruch gegeben ist. ... [einzelfallbezogene Begründung].

Rechtsanwalt ◄

384 **Beispiel: Neuerteilung nach Entziehung der Fahrerlaubnis wegen Rauschfahrt**

M. wird vom Strafgericht nach einer Rauschfahrt mit 1,2 ‰ BAK (Straftat nach § 316 StGB) die Fahrerlaubnis entzogen. Nach Ablauf der Sperrfrist beantragt er die Neuerteilung einer Fahrerlaubnis. Die Behörde verlangt von ihm unter Hinweis auf § 11 Abs. 3 S. 1 Nr. 9 lit. b, 5–7 FeV – ohne weitere Begründung – eine MPU. Nachdem M. die Beibringung des Gutachtens verweigert hat, wird sein Antrag auf Neuerteilung abgelehnt.

385 ▶ **Muster: Klageschrift (Verpflichtungsklage auf Neuerteilung der Fahrerlaubnis)**

An das Verwaltungsgericht ...

Verpflichtungsklage

In der Sache

des Herrn ...

– Kläger –

Prozessbevollmächtigte: RAe ...

gegen

das Land ..., vertreten durch den Landrat des Kreises ... – Führerscheinstelle –, ...,

– Beklagter –

erhebe ich hiermit namens und in Vollmacht des Klägers Klage und beantrage,

den Ablehnungsbescheid des Beklagten vom ... und den Widerspruchsbescheid des Regierungspräsidiums ... vom ... aufzuheben und

den Beklagten zu verpflichten, dem Kläger die beantragte Fahrerlaubnis [oder: eine Fahrerlaubnis der Klassen ...] zu erteilen.

Weiter beantrage ich,

die Zuziehung eines Bevollmächtigten für das Vorverfahren für notwendig zu erklären.

Begründung:

Die zulässige Klage ist begründet. Der Kläger hat einen Anspruch auf Erteilung der bei dem Beklagten beantragten Fahrerlaubnis.

Nach Ablauf der vom Amtsgericht ... in seinem Urteil vom ... festgesetzten Sperrfrist von sechs Monaten für die Neuerteilung einer Fahrerlaubnis hat der Beklagte davon auszugehen, dass der Kläger zum Führen von Kraftfahrzeugen wieder geeignet ist. Der Beklagte ist insbesondere nicht berechtigt, vom Kläger vor Erteilung einer neuen Fahrerlaubnis die Vorlage eines medizinisch-psychologischen Gutachtens zu verlangen.

Zwar mögen die tatbestandlichen Voraussetzungen des § 11 Abs. 3 S. 1 Nr. 5–7 FeV vorliegen, da der Kläger wegen einer Straftat im Zusammenhang mit dem Straßenverkehr (§ 316 StGB) verurteilt worden ist. Diese Vorschrift wird jedoch durch die speziellere Regelung in § 13 Nr. 2 lit. c, d FeV verdrängt, wonach im Falle einer Neuerteilung der Fahrerlaubnis erst dann ein Gutachten verlangt werden kann, wenn die Entziehung wegen einer Rauschfahrt mit mindestens 1,6 ‰ BAK erfolgt ist. Bei einer – wie im Falle des Klägers – unter diesem Wert liegenden BAK ist der Verordnungsgeber dagegen nicht davon ausgegangen, dass im Falle der Wiedererteilung der Fahrerlaubnis Aufklärungsbedarf besteht.

Im Übrigen hat der Beklagte das ihm obliegende Ermessen nicht ausgeübt. Bei Vorliegen der Voraussetzungen des § 11 Abs. 3 S. 1 Nr. 5–7 FeV muss es nicht zwangsläufig zur Anordnung einer Begutachtung kommen. Die Entscheidung hierüber liegt im pflichtgemäßen Ermessen der Behörde. Den angefochtenen Bescheiden ist aber in keiner Weise zu entnehmen, dass hiervon Gebrauch gemacht worden wäre. Der Beklagte und auch die Widerspruchsbehörde haben sich allein auf die vom Kläger begangene Rauschfahrt nach § 316 StGB gestützt.

Es sind auch keine weiteren Gesichtspunkte gegeben, die für die Anordnung eines Gutachtens sprechen würden. Abgesehen von einer geringfügigen, schon länger zurückliegenden Geschwindigkeitsübertretung handelt es sich bei der Rauschfahrt um die erste schwerwiegende Verfehlung des Klägers im Straßenverkehr. Diese bewegt sich mit 1,2 ‰ BAK im unteren Bereich des § 316 StGB und ist von der Grenze des § 13 Nr. 2 lit. c FeV noch weit entfernt.

Da die Anordnung zur Vorlage eines Gutachtens somit in rechtswidriger Weise ergangen ist und auch sonst keine Bedenken hinsichtlich der Eignung und Befähigung des Klägers bestehen, ist ihm die Fahrerlaubnis wieder zu erteilen.

Rechtsanwalt ◄

C. Fahreignungs-Bewertungssystem (§ 4 StVG)

I. Allgemeines

Das sog. Punktsystem ist zum 1.5.2014 grundlegend reformiert worden und nennt sich seitdem Fahreignungs-Bewertungssystem.[216] Durch diese Reform sollte das Punktsystem transparenter, einfacher und gerechter werden, was aber nur bedingt der Fall ist. Insbesondere hat sich für den betroffenen Bürger weder die Transparenz des System verbessert, noch ist – weder für die Behörden noch (erst recht) für den Bürger – die Berechnung des Punktestands ein-

---

[216] 5. StVG-Änderungs-Gesetz vom 28.8.2013, BGBl. I S. 3313.

facher geworden. Dass die Reform gesetzestechnisch wenig geglückt ist, zeigt auch der Umstand, dass der Gesetzgeber bereits Ende 2014 nachsteuern musste.[217]

387 Das Fahreignungs-Bewertungssystem stellt letztlich eine spezielle Ausgestaltung zur charakterlichen Eignung (vgl § 11 Abs. 3 S. 1 Nr. 4 FeV) dar. Denn wer – ganz verkürzt – eine bestimmte Anzahl von Verkehrsverstößen innerhalb einer bestimmten Zeit begeht und dadurch 8 Punkte ansammelt, gilt unwiderlegbar als ungeeignet und es ist ihm zwingend die Fahrerlaubnis zu entziehen. Anders als bei § 11 Abs. 3 S. 1 Nr. 4 FeV muss – und kann – zwar keine Maßnahme der Eignungsüberprüfung angeordnet werden (außer im Rahmen der Neuerteilung, vgl § 4 Abs. 10 StVG); dafür sind aber nach § 4 Abs. 5 StVG bestimmte Maßnahmen stufenweise zu ergreifen, bevor es zu einem Entzug kommen kann.

388 Das Fahreignungs-Bewertungssystem schließt eine Entziehung der Fahrerlaubnis nach § 3 Abs. 1 StVG wegen fehlender körperlicher, geistiger oder charakterlicher Eignung nicht aus. § 4 Abs. 1 S. 3 StVG erklärt eine solche Entziehung außerhalb des Fahreignungs-Bewertungssystems – insbesondere also vor Erreichen der 8-Punkte-Grenze – ausdrücklich für zulässig. Maßnahmen der Fahrerlaubnisbehörde wegen einzelner Taten im Straßenverkehr, die an sich noch nicht zum Entzug der Fahrerlaubnis nach § 4 StVG führen würden, kommen insbesondere dann in Betracht, wenn die Voraussetzungen des § 11 Abs. 3 S. 1 Nr. 4–7 FeV erfüllt sind. Bei der im Rahmen dieser Vorschrift zu treffenden Ermessensentscheidung ist aber die Wertung des § 4 StVG zu beachten (vgl hierzu Rn 228, 231 ff sowie das Muster in Rn 305 f). Auch muss sich in diesem Fall aus der Begründung zu Anordnung einer MPU im Einzelnen ergeben, warum die Behörde vom Fahreignungs-Bewertungssystem abweicht.[218]

II. Maßnahmenkatalog (§ 4 Abs. 5 StVG)

389 In § 4 Abs. 5 S. 2 Nr. 1 bis 3 StVG ist geregelt, bei welchem Punktestand welche Maßnahmen gegenüber einem Inhaber einer Fahrerlaubnis zu ergreifen sind.[219] Die entsprechenden Punktegrenzen sind mit der Reform des Systems zum 1.5.2014 deutlich nach unten gegangen. So erfolgt die Entziehung der Fahrerlaubnis nunmehr mit 8 Punkten statt mit 18 Punkten. Dies ist aber eine Folge der geänderten Punktebewertung von Verstößen. So werden Verstöße nach § 4 Abs. 2 StVG (iVm Anlage 13 zu § 40 FeV) nunmehr nur noch mit 1 bis 3 Punkten – statt bisher mit bis zu 7 Punkten – bewertet. Praktisch relevant für das Fahreignungs-Bewertungssystem sind dabei allein die mit 1 oder 2 Punkten bewerteten Taten, da 3 Punkte nur dann anfallen, wenn es ohnehin zum einem strafgerichtlichen Entzug der Fahrerlaubnis oder einer sog. isolierten Sperre kommt (vgl § 4 Abs. 2 S. 2 Nr. 1 StVG).

390 ■ **4 Punkte:** Erreicht der Betroffene diesen Punktestand, ist er schriftlich zu ermahnen und es erfolgt der Hinweis, dass zur Verbesserung des Verkehrsverhaltens ein Fahreignungsseminar (§ 4 a StVG) besucht werden kann.

391 ■ **6 Punkte:** Bei diesem Punktestand wird der Betroffene schriftlich verwarnt. Zudem erfolgt auch mit der Verwarnung der Hinweis auf das Fahreignungsseminar.

---

217 StVG-Änderungs-Gesetz vom 28.11.2014, BGBl. I S. 1802, am 5.12.2014 in Kraft getreten.
218 OVG NRW, Beschl. v. 10.12.2010 – 16 B 1392/10, NZV 2011, 215.
219 Für Personen, die nicht im Besitz einer Fahrerlaubnis sind, können zwar Punkte im Fahreignungsregister eingetragen werden (zB wegen Fahren ohne Fahrerlaubnis). Ihnen gegenüber können allerdings keine Maßnahmen nach § 4 Abs. 5 StVG ergehen.

392 Das Fahreignungsseminar, welches aus einer verkehrspädagogischen und einer verkehrspsychologischen Teilmaßnahme besteht (vgl § 4 a Abs. 1 StVG), hat das Aufbauseminar im Rahmen von § 4 StVG zum 1.5.2014 abgelöst. Anders als das Aufbauseminar kann das Fahreignungsseminar aber nicht von der Behörde angeordnet werden. Der Besuch des Fahreignungsseminars erfolgt ausschließlich auf freiwilliger Basis.

393 Es bleibt aber dabei, dass auch das Fahreignungsseminar unter den Voraussetzungen des § 4 Abs. 7 StVG zu einem Punktabzug von 1 Punkt – einmal innerhalb von fünf Jahren – führt. Hierbei ist insbesondere darauf zu achten, dass dieser Abzug nur bei einem Stand von 1 bis 5 Punkten erfolgt. Dabei ist auf den Zeitpunkt der Ausstellung der Teilnahmebescheinigung abzustellen. Zudem gilt auch hier das sog. Tattagprinzip.

394 **Beispiel: Punktabzug wegen Teilnahme an einem Fahreignungsseminar**
Für M. sind im Fahreignungsregister insgesamt drei Taten eingetragen, aus denen sich 5 Punkte ergeben. Nach Ermahnung nimmt M. freiwillig an einem Fahreignungsseminar teil. Die Teilnahmebescheinigung wird am 1.10.2015 ausgestellt und innerhalb der Zweiwochenfrist der Behörde vorgelegt. Bereits am 25.9.2015 hatte M. einen weiteren, mit 1 Punkt zu bewertenden Verkehrsverstoß begangen. Der Bußgeldbescheid zu dieser Tat wird erst im Dezember 2015 bestandskräftig und im Register eingetragen.
In diesem Fall sind zwar bei Vorlage der Teilnahmebescheinigung im Oktober 2015 nur 5 Punkte für M. eingetragen, so dass die Behörde zunächst einen Punktabzug an das KBA melden wird. Nach dem Tattagprinzip sind aber auch die Taten zu berücksichtigen, die zum maßgeblichen Zeitpunkt (Ausstellung der Teilnahmebescheinigung am 1.10.2015) bereits begangen worden sind, aber erst später rechtskräftig geahndet und eingetragen werden. Das hat hier zur Folge, dass die Behörde nach Kenntnis von der letzten Tat (vom 25.9.2015) eine Korrekturmitteilung an das KBA mit dem Inhalt schicken wird, dass der Punktabzug zu stornieren ist.

395 ■ **8 Punkte:** Bei diesem Punktestand wird die fehlende Eignung unwiderlegbar vermutet und es wird die Fahrerlaubnis entzogen.

396 **Hinweis:**
Hat der Betroffene einmal 8 Punkte erreicht, ist die Fahrerlaubnis auch dann zu entziehen, wenn später Punkte getilgt werden. Dies gilt nach der Rechtsprechung des BVerwG unabhängig davon, ob die Tilgung vor oder nach dem Erlass der Entziehungsverfügung eintritt.[220]
Die Entziehung der Fahrerlaubnis ist also auch dann zulässig, wenn im Zeitpunkt des Erlasses der Entziehungsverfügung der Punktestand – wegen Tilgung – bereits unter 8 Punkte gefallen ist. Eine Neuerteilung ist frühestens nach sechs Monaten möglich; in der Regel ist ein medizinisch-psychologisches Gutachten vorzulegen (§ 4 Abs. 10 StVG).

397 Durch die Reform des Punktsystems zum 1.5.2014 ist nunmehr endgültig geklärt, dass im Rahmen des § 4 StVG auf den Zeitpunkt der Tatbegehung – **Tattagprinzip** – abzustellen ist. So wird in § 4 Abs. 2 S. 3 StVG klargestellt, dass sich Punkte *mit der Begehung* der Straftat oder Ordnungswidrigkeit ergeben, sofern sie rechtskräftig geahndet wird. Zudem ist in § 4 Abs. 5 S. 5 StVG geregelt, dass die Behörde für das Ergreifen von Maßnahmen nach § 4

---

220 BVerwG, Urt. v. 25.9.2008 – 3 C 21.07, DAR 2009, 102.

Abs. 3 S. 1 StVG auf den Punktestand abzustellen hat, der sich zum *Zeitpunkt der Begehung* der letzten zur Ergreifung der Maßnahme führenden Straftat oder Ordnungswidrigkeit ergeben hat. Daher ist bei Anwendung des Fahreignungs-Bewertungssystems im Einzelnen Folgendes zu beachten:

398 ■ **Maßnahmen nach § 4 Abs. 3 StVG:** Die Maßnahmen, die die Fahrerlaubnisbehörden nach § 4 Abs. 3 S. 1 StVG beim Erreichen des dort jeweils genannten Punktestands zu treffen haben, setzen rechtskräftig geahndete Verkehrsverstöße voraus. Allerdings gilt für die Frage, wann 4, 6 oder 8 Punkte erreicht werden, das Tattagprinzip; abzustellen ist also auf das Datum der Begehung des letzten punktebewehrten Verkehrsverstoßes (vgl. § 4 Abs. 5 S. 5 StVG). Für die Berechnung des Punktestands dürfen alle Eintragungen im Fahreignungsregister berücksichtigt werden, sofern diese zum letzten Tattag als maßgeblichem Zeitpunkt noch nicht *tilgungsreif* sind.

399 ■ Werden zwischen (letztem) Tattag – also der Tat, mit der die jeweilige Punkteschwelle erreicht wird – und der Anordnung einer Maßnahme nach § 4 Abs. 3 StVG frühere Eintragungen tilgungsreif, kommt das dem Betroffene grundsätzlich nicht zugute.[221] Etwas anderes gilt nur dann, wenn im Zeitpunkt der behördlichen Anordnung auch schon die sog. **Überliegefrist** abgelaufen ist. Nach § 29 Abs. 6 S. 2 StVG wird eine Eintragung im Fahreignungsregister nicht unmittelbar mit Tilgungsreife, sondern erst nach Ablauf einer einjährigen Überliegefrist tatsächlich aus dem Fahreignungsregister gelöscht. Der Ablauf der Überliegefrist führt aber dazu, dass die Eintragung von der Behörde auch dann nicht mehr berücksichtigt werden darf, wenn diese im nach § 4 Abs. 5 S. 5 StVG maßgeblichen Zeitpunkt noch nicht tilgungsreif war. Dies folgt aus dem **Verwertungsverbot** des § 29 Abs. 7 StVG.

400 **Hinweis:** Unter verfahrenstaktischen Gesichtspunkten kann es sich lohnen, den Eintritt der Rechtskraft eines Bußgeldbescheids bzw eines Strafurteils durch Einlegung von Rechtsmitteln hinauszuzögern, wenn eine Eintragung, die bei der Berechnung des Punktestands nach dem Tattagprinzip zu berücksichtigen wäre, mittlerweile tilgungsreif ist, die entsprechende Überliegefrist in absehbarer Zeit ausläuft und die 8-Punkte-Schwelle ohne diese Eintragung nicht überschritten wird.

401 **Beispiel:** Entziehung der Fahrerlaubnis nach Erreichen von 8 Punkten (Tattagprinzip – Überliegefrist)
Für M. sind 7 Punkte im Fahreignungsregister eingetragen. Davon beruhen 2 Punkte auf einer Eintragung, deren Tilgungsfrist am 10.10.2015 abläuft. Ermahnung und Verwarnung sind bei 4 bzw 6 Punkten ordnungsgemäß erfolgt.
Am 1.10.2015 begeht M. eine weitere, mit 1 Punkt bewertete Geschwindigkeitsüberschreitung. Nach Einspruch wird der Bußgeldbescheid vom 15.12.2015 erst Ende September 2016 bestandskräftig. Nach Eintragung der Tat ins Fahreignungsregister erfolgt unter dem 10.10.2016 die Entziehung der Fahrerlaubnis.

---

221 VGH Bad.-Württ., Beschl. v. 10.5.2011 – 10 S 137/11 = NZV 2011, 465 = DAR 2011, 424.

C. Fahreignungs-Bewertungssystem (§ 4 StVG)   18

▶ **Muster: Klageschrift (Anfechtungsklage gegen Entziehung der Fahrerlaubnis aufgrund von 8 Punkten/zur Anwendung des Tattagprinzips im Rahmen des § 4 Abs. 5 StVG)**   402

An das Verwaltungsgericht ...

Anfechtungsklage

In der Sache

des Herrn ...

– Kläger –

Prozessbevollmächtigte: RAe ...

gegen

das Land ..., vertreten durch den Landrat des Kreises ... – Führerscheinstelle –, ...,

– Beklagter –

erhebe ich hiermit namens und in Vollmacht des Klägers Klage und beantrage,

die Ordnungsverfügung des Beklagten vom ... und den Widerspruchsbescheid des Regierungspräsidiums ... vom ... aufzuheben und

die Zuziehung eines Bevollmächtigten für das Vorverfahren für notwendig zu erklären.

Streitwert: 5.000 EUR

Begründung:

Die zulässige Klage ist begründet. Die angefochtenen Bescheide sind rechtswidrig und verletzten den Kläger in seinen Rechten (§ 113 Abs. 1 S. 1 VwGO).

Die Voraussetzungen für eine Entziehung der Fahrerlaubnis nach § 4 Abs. 3 S. 1 Nr. 3 StVG liegen nicht vor. Im Falle des Klägers haben sich keine 8 Punkte ergeben.

Für die Berechnung des Punktestands hat die Fahrerlaubnisbehörde auf den Zeitpunkt der Begehung der letzten, zur Ergreifung der Maßnahme – hier der Entziehung der Fahrerlaubnis – führenden Straftat oder Ordnungswidrigkeit abzustellen. Maßgeblicher Zeitpunkt ist demnach vorliegend der 1.10.2015. An diesem Tag hat der Kläger die letzte Geschwindigkeitsüberschreitung begangen.

Die Beklagte geht aber zu Unrecht davon aus, dass sich für diesen Zeitpunkt insgesamt 8 Punkte ergeben. Bei ihrer Berechnung hat die Beklagte nämlich zu Unrecht die mit 2 Punkten bewertete Eintragung vom ... berücksichtigt. Diese Eintragung war zwar am 1.10.2015 – als maßgeblichem Zeitpunkt – noch nicht tilgungsreif. Allerdings ist mittlerweile Tilgungsreife eingetreten und war bei Erlass der Entziehungsverfügung am ... sogar schon die sog. Überliegefrist (§ 29 Abs. 6 S. 2 StVG) abgelaufen. Damit galt aber im Zeitpunkt des Erlasses der Entziehungsverfügung für die mit 2 Punkten bewertete Tat bereits das absolute Verwertungsverbot nach § 29 Abs. 7 StVG. Zulasten des Klägers ergeben sich daher nur noch 6 Punkte, so dass eine Entziehung der Fahrerlaubnis ausscheidet.

Rechtsanwalt ◀

- **Punktabzug nach § 4 Abs. 7 StVG:** Auch für die Frage, ob der Betroffene im Zeitpunkt der Ausstellung der Teilnahmebescheinigung für ein Fahreignungsseminar mindestens 1 bis maximal 5 Punkte hat, kommt es auf das *Tattagprinzip* an (vgl Rn 383 f).   403

- **Punktereduzierung nach § 4 Abs. 6 StVG:** Ursprünglich hatte der Gesetzgeber mit der Punktereform zum 1.5.2014 die auch vorher geltende Regelung zur sog. Punktedeckelung   404 übernommen, wonach der Betroffene die 2. und 3. Maßnahmenstufe (§ 4 Abs. 5 S. 1 Nr. 2 oder 3 StVG) nicht erreichen konnte, wenn die Behörde nicht die jeweils davor liegende(n) Maßnahme(n) ergriffen hat.

405 **Beispiel:**
Für M. sind 3 Punkte im Fahreignungsregister eingetragen. Am *1.5.2014* begeht er einen mit 1 Punkt bewerteten Verkehrsverstoß. Dieser wird – nach Bestandskraft des Bußgeldbescheids – am *1.9.2014* ins Register eingetragen. Am *10.9.2014* begeht M. einen weiteren mit 2 Punkten bewerteten Verkehrsverstoß; dieser wird erst am *10.10.2014* eingetragen und der Behörde mitgeteilt. Bereits zuvor, am *22.9.2014*, hatte die Behörde eine Ermahnung erlassen, nachdem sie durch Mitteilung des KBA am *15.9.2014* Kenntnis von dem ersten Verstoß (vom *1.5.2014*) erhalten hatte,
Fraglich ist, ob die Behörde nunmehr aufgrund des zweiten Verstoßes wegen Erreichens der 6-Punkte-Schwelle direkt eine Verwarnung hinterherschieben kann.

406 **Lösung (Rechtslage bis 4.12.2014):**
Einerseits ergeben sich Punkte nach dem Tattagprinzip mit Tatbegehung. Da die Punkte aber andererseits erst nach Rechtskraft des Bußgeldbescheids bzw Strafurteils eingetragen werden, liegt zwischen Verwirklichung eines Verstoßes und dessen Eintragung (mit den entsprechenden Punkten) und damit einer möglichen Maßnahme der Behörde immer ein gewisser – uU mehrere Monate dauernder – Zeitraum. Dies führt vorliegend dazu, dass M. an sich schon 6 Punkte angesammelt hat, obwohl die Behörde eine Ermahnung nach § 4 Abs. 5 S. 1 Nr. 1 StVG mangels Kenntnis der Verstöße überhaupt noch nicht ergreifen konnte. Wäre es nun möglich, dass die Behörde zunächst die Ermahnung und dann – quasi zeitgleich – wegen Erreichens der Punkteschwelle nach § 4 Abs. 5 S. 1 Nr. 2 StVG auch eine Verwarnung erlässt, würde die (bislang) den einzelnen Maßnahmen beigemessene Warnfunktion ins Leere laufen. Daher wurde der Punktestand nach § 4 Abs. 6 StVG (Fassung bis 4.12.2014!) dergestalt gedeckelt, dass sich der Punktestand auf den maximalen Punktewert der zu ergreifenden Maßnahme reduziert. Da vorliegend zunächst eine Ermahnung zu ergreifen ist, würde M. so gestellt werden, als hätte er nur 5 Punkte (statt 6 Punkten). Das OVG NRW hat mit Beschluss vom 2.3.2015 – 16 B 104/15 – klargestellt, dass das Tattagprinzip bei der bis zum 4.12.2014 geltenden Fassung der Bonusregelung vollumfänglich anzuwenden war.

407 Die Anwendung des Tattagprinzips im Rahmen der Bonusregelung des § 4 Abs. 6 StVG hat der Gesetzgeber als unbillig empfunden, weil dadurch im Einzelfall Verkehrsverstöße nicht berücksichtigt werden können, die vor dem behördlichen Ergreifen einer Maßnahme begangen werden. Daher wurde die Bonusregelung zum 5.12.2014 grundlegend geändert.[222] Die wesentliche Neuerung besteht darin, dass Punkte für Zuwiderhandlungen, die vor dem Ergreifen (dh Ausstellen) einer Maßnahme begangen worden sind, auch dann zu einer Erhöhung des Punktestands führen, wenn sie der zuständigen Behörde erst später (durch Mitteilung des KBA) bekannt werden (vgl § 4 Abs. 6 S. 4 StVG nF).

---

[222] Vgl Art. 1 Nr. 3 des StVG-Änderungs-Gesetz vom 28.11.2014, BGBl. I S. 1802; zur Begründung: BT-Drucks. 18/2775.

Beispiel:[223] 408

Für M. sind 3 Punkte im Fahreignungsregister eingetragen. Am 1.5.2015 begeht er einen mit 1 Punkt bewerteten Verkehrsverstoß. Dieser wird – nach Bestandskraft des Bußgeldbescheids – am 1.9.2015 ins Register eingetragen. Am 10.9.2015 begeht M einen weiteren mit 2 Punkten bewerteten Verkehrsverstoß; dieser wird erst am 10.10.2015 eingetragen und der Behörde mitgeteilt. Bereits zuvor, am 22.9.2015, hatte die Behörde eine Ermahnung erlassen, nachdem sie durch Mitteilung des KBA am 15.9.2015 Kenntnis von dem ersten Verstoß (vom 1.5.2015) erhalten hatte,

Fraglich ist, ob die Behörde nunmehr aufgrund des zweiten Verstoßes wegen Erreichens der 6-Punkte-Schwelle direkt eine Verwarnung hinterherschieben kann.

Lösung (Rechtslage ab 5.12.2014): 409

Nach der neuen Rechtslage kommt M. im Beispielfall nicht mehr in den Genuss der Bonusregelung, da insoweit das Tattagprinzip „ausgehebelt" worden ist. Der zweite Verstoß vom 10.9.2015 führt zu einer Erhöhung des Punktestandes, da er der Behörde erst nach Ausstellung der Ermahnung bekannt geworden ist. Dies hat zur Folge, dass eine Verwarnung nachgeschoben werden kann, obwohl M. zwischen den beiden Maßnahmen keinen neuen Verkehrsverstoß begangen hat!

In der Begründung zur Reform des Bonussystems ist hierzu erstmals von einem **Systemwechsel** die Rede:[224] 410

„Es kommt nach dem Fahreignungs-Bewertungssystem demnach nicht darauf an, dass eine Maßnahme den Betroffenen vor der Begehung weiterer Verstöße erreicht und ihm die Möglichkeit zur Verhaltensänderung einräumt, bevor es zu weiteren Maßnahmen kommen darf. Denn das neue System kennt keine verpflichtende Seminarteilnahme und versteht den Erziehungsgedanken damit auch nicht so, dass jede einzelne Maßnahme den Fahrerlaubnis-Inhaber individuell ansprechen können muss in dem Sinne, dass nur sie die Verhaltensbeeinflussung bewirken kann. Die Erziehungswirkung liegt vielmehr dem Gesamtsystem als solchem zu Grunde, während die Stufen in erster Linie der Information des Betroffenen dienen. Die Maßnahmen stellen somit lediglich eine Information über den Stand im System dar."

Das was der Gesetzgeber hier vollzogen hat, ist die eigentlichen „Revolution" der Punktereform, da der Erziehungs- und die Warnfunktion der einzelnen Maßnahmen bislang (unstreitig) eine der wesentlichen Säulen des Punktsystems war!

Im Rahmen des § 4 Abs. 5 S. 1 Nr. 1 bis 3 StVG steht der Behörde **kein Ermessen** zu. Sie ist also verpflichtet, die verschiedenen Maßnahmen bei Erreichen des jeweiligen Punktestandes zu ergreifen. Dies gilt auch dann, wenn die letzte Maßnahme nach Nr. 1 oder 2 erst kurze Zeit zurückliegt und das zweite Überschreiten der jeweiligen Punktegrenze nur wegen einer Punktetilgung möglich war. 411

Die Behörde kann auch nicht ausnahmsweise nach § 6 Abs. 1 Nr. 1 w StVG iVm § 74 FeV von einer Maßnahme des Punktsystems absehen, etwa wenn eine Tat in einer notstandsähnli- 412

---

223 Der einzige Unterschied zum Beispiel Rn ### besteht darin, dass der vorliegende Fall ein Jahr später spielt und damit vollständig unter die Neuregelung fällt.
224 BT-Drucks. 18/2775, S. 9 f.

chen Situation begangen worden ist, da § 74 FeV nach seinem Wortlaut nur die Zulassung von Ausnahmen von Bestimmungen der FeV, nicht aber des StVG vorsieht.[225]

412a Seit der Punktereform hat nur noch die Entziehung nach § 4 Abs. 5 S. 1 Nr. 3 StVG die Qualität eines **Verwaltungsakts**, der mit Widerspruch und Anfechtungsklage angegriffen werden kann. Diese Rechtsbehelfe haben nach § 4 Abs. 9StVG keine aufschiebende Wirkung, so dass die Anordnung des Sofortvollzugs durch die Behörde nicht erforderlich ist. Die Ermahnung und die Verwarnung können zwar nicht unmittelbar angefochten werden,[226] erwachsen dafür aber auch nicht in Bestandskraft. Im Rahmen einer Klage gegen eine Erziehungsverfügung kann und muss also ggf geltend gemacht werden, dass die Voraussetzungen für die Ermahnung bzw Verwarnung nicht vorgelegen hätten.

412b Soweit nach der Neuregelung des Bonussystems (§ 4 Abs. 6 StVG) noch ein Punkteabzug zu berücksichtigen ist, führt dieser – wie bisher – zu einer dauerhaften Reduzierung des Punktestands. Dementsprechend sind spätere Tilgungen von dem reduzierten Punktestand abzuziehen (§ 4 Abs. 6 S. 5 StVG).

412c Nach einer Entziehung der Fahrerlaubnis werden die Punkte für die bis dahin begangenen Zuwiderhandlungen gelöscht. Die Löschung erfolgt aber – anders als vor dem 1. Mai 2014 – erst mit Neuerteilung einer Fahrerlaubnis und gilt auch bei einem Verzicht auf die Fahrerlaubnis (§ 4 Abs. 3 FeV). Ausnahmen hierzu sind in Satz 4 des § 4 Abs. 3 StVG geregelt.

III. Zuwiderhandlungen

413 Für das Fahreignungs-Bewertungssystem sind nach § 4 Abs. 2 S. 1 StVG die in der Anlage 13 FeV aufgezählten Straftaten und Ordnungswidrigkeiten zu berücksichtigen. Die Behörde ist an rechtskräftige Entscheidungen der Strafgerichte und Bußgeldbehörden gebunden (vgl. § 4 Abs. 3 S. 3 StVG). Sie muss nicht prüfen, ob der Betroffene die Tat tatsächlich begangen hat oder ob bereits Verfolgungsverjährung eingetreten war.[227] Gegenüber rechtskräftigen Bußgeldbescheiden kann daher insbesondere nicht geltend gemacht werden, dass eine Geschwindigkeitsübertretung oder ein ähnlicher Verkehrsverstoß tatsächlich von einer anderen Person begangen worden ist.

414 Bei **mehreren Zuwiderhandlungen** in Tateinheit gilt nach § 4 Abs. 3 S. 4 StVG nur die Zuwiderhandlung mit der höchsten Punktzahl.

IV. Neuerteilung nach Entzug

415 Die Neuerteilung der Fahrerlaubnis nach einem aufgrund von § 4 Abs. 5 S. 1 Nr. 3 StVG erfolgten Entzug regelt § 4 Abs. 10 StVG. Es gilt eine „Sperrfrist" von sechs Monaten. Darüber hinaus ist „in der Regel" ein Gutachten einer amtlich anerkannten Begutachtungsstelle zur Kraftfahreignung beizubringen. Entsprechendes gilt, wenn der Betroffene auf die Fahrerlaubnis verzichtet hat und für ihn (im Zeitpunkt des Verzichts) mindestens zwei Entscheidungen nach § 28 Abs. 3 Nr. 1 oder 3 lit. a oder c StVG gespeichert waren. Dadurch soll verhindert

---

225 Vgl hierzu *Bouska/Laeverenz*, Anm. 19 d zu § 4 StVG.
226 Ein zu diesen Maßnahmen erlassener Gebührenbescheid ist unabhängig davon aber anfechtbar. Im Rahmen eines Rechtsbehelfs gegen den Gebührenbescheid ist dann auch zu überprüfen, ob die jeweilige Maßnahme nach § 4 Abs. 5 S. 1 Nr. 1 oder 2 StVG rechtmäßig ergangen ist.
227 OVG NRW, Beschl. v. 31.10.2002 – 19 B 850/02.

werden, dass allein zur Umgehung der Anforderungen an die Neuerteilung bei einem Entzug der Fahrerlaubnis wegen Erreichens der 8-Punkte-Grenze auf diese verzichtet wird.

D. Fahrerlaubnis auf Probe (§ 2 a StVG)

Vorab ist darauf hinzuweisen, dass ein **begleitetes Fahren mit 17** (vgl § 6 e StVG) keine Auswirkungen auf die Vorgaben hat, die für den Inhaber einer Fahrerlaubnis auf Probe gelten. Fährt ein 17-Jähriger ohne Begleitperson, ist die Fahrerlaubnis auch dann nach § 6 e Abs. 2 StVG zu widerrufen, wenn der Betroffene zwischenzeitlich volljährig geworden ist und eine „normale" Fahrerlaubnis erhalten hat.[228] Die Fahrerlaubnis wird erst nach der Teilnahme an einem Aufbauseminar wieder erteilt (vgl §§ 6 e Abs. 2 S. 2, 2 a Abs. 5 StVG).

I. Dauer der Probezeit

Die Probezeit dauert grundsätzlich zwei Jahre, wobei die Möglichkeit der Verlängerung auf vier Jahre besteht (vgl § 2 a Abs. 2 a StVG). Sie beginnt mit der Erteilung, dh der Aushändigung des Führerscheins (vgl § 22 Abs. 4 S. 7 FeV), bei Fahrerlaubnissen aus EU- und EWR-Staaten mit der Verlegung des Wohnsitzes nach Deutschland unter Anrechnung der Zeit seit Erwerb der Fahrerlaubnis.

Bei vorläufigen Maßnahmen nach § 94 StPO (Beschlagnahme u.a.), § 111 a StPO (vorläufige Entziehung) und bei sofort vollziehbarer Entziehung durch die Fahrerlaubnisbehörde wird die **Probezeit gehemmt** (vgl § 2 a Abs. 1 S. 5 StVG). Führen solche Maßnahmen zum endgültigen Entzug, gilt § 2 a Abs. 1 S. 6 StVG, dh die Probezeit endet vorzeitig. Werden solche Maßnahmen dagegen im Rechtsbehelfsverfahren aufgehoben, bleibt die Zeitdauer der vorläufigen Maßnahmen bei der Berechnung der noch laufenden Frist unberücksichtigt.

Die Probezeit endet vorzeitig durch Entziehung der Fahrerlaubnis oder durch Verzicht auf diese; bei Neuerteilung der Fahrerlaubnis läuft eine neue Probezeit im Umfang der Restdauer der vorherigen Probezeit (§ 2 a Abs. 1 S. 6 und 7 StVG). Bei einer Entziehung durch das Strafgericht kommt es auf die Rechtskraft des Urteils und bei einer Entziehung durch die Behörde mit Sofortvollzug auf den Zeitpunkt der Bekanntgabe der Verfügung an. Wird ein Sofortvollzug oder sogar die Entziehung insgesamt im Rechtsbehelfsverfahren aufgehoben, gilt die Probezeit als nicht unterbrochen, obwohl der Betroffene tatsächlich zeitweise nicht am Straßenverkehr teilnehmen durfte.

II. Maßnahmen der Fahrerlaubnisbehörde bei Nichtbewährung

1. Zuwiderhandlungen in der Probezeit. Nach § 2 a Abs. 2 S. 1 StVG ist unter folgenden Voraussetzungen von einer Nichtbewährung innerhalb der Probezeit auszugehen:

- Innerhalb der Probezeit begangene **Straftat(en) oder Ordnungswidrigkeit(en)**: Es genügt die Teilnahme an der Tat als Anstifter oder Gehilfe. Bei einer Ordnungswidrigkeit ergibt sich dies schon aus dem einheitlichen Täterbegriff (§ 14 OWiG) und auch bei Straftaten ist eine Besserstellung gegenüber dem Haupttäter nicht gerechtfertigt.[229] Die beiden Verkehrsverstöße müssen nicht durch (zeitlich) getrennte Taten begangen werden. Auch zwei in

---

[228] Maßgeblich ist also wie bei den Maßnahmen zur Fahrerlaubnis auf Probe der Tatzeitpunkt!
[229] VG Stuttgart, Beschl. v. 31.7.1989 – 10 K 1876/89, NZV 1990, 48.

Tateinheit begangene Verstöße stellen zwei Zuwiderhandlungen dar.[230] Für die Verwertbarkeit ist der Tatzeitpunkt maßgeblich und nicht der Zeitpunkt der Entscheidung des Strafgerichts oder der Bußgeldbehörde. Eine Maßnahme nach § 2 a Abs. 2 StVG ist auch dann anzuordnen, wenn die Tat erst nach Ablauf der Probezeit bekannt bzw geahndet wird.[231] Nur wenn im Fahreignungsregister bereits Tilgungsreife eingetreten ist, ist eine Verwertung nicht mehr zulässig.[232]

422 ▪ **Rechtskraft der Entscheidung** (Bußgeldbescheid, Strafbefehl, Urteil etc.): Die Fahrerlaubnisbehörde ist an die Entscheidung im Straf- bzw Bußgeldverfahren gebunden, dh Einwendungen hiergegen sind (wie beim Punktsystem) nicht möglich (§ 2 a Abs. 2 S. 2 StVG).

423 ▪ **Nach § 28 Abs. 3 Nr. 1 oder 3 lit. a oder c StVG in das Fahreignungsregister einzutragen:** Die Fahrerlaubnisbehörde darf sich im Zweifelsfall nicht einfach auf die Mitteilung des KBA verlassen, sondern muss selbst prüfen, ob die Entscheidung einzutragen und noch verwertbar ist. Hierbei hat sie auch das in § 28 a StVG enthaltene **Zitiergebot** zu berücksichtigen. Ist dieses von der Bußgeldbehörde nicht beachtet worden, führt dies dazu, dass die Entscheidung nicht ins Fahreignungsregister einzutragen ist.[233]

424 **2. Stufenverhältnis der behördlichen Maßnahmen.** Bei den einzelnen Maßnahmen nach § 2 a Abs. 2 S. 1 Nr. 1 bis 3 StVG handelt es sich um Verwaltungsakte, gegen die mit Widerspruch und Anfechtungsklage vorgegangen werden kann. Diese Rechtsbehelfe haben schon von Gesetzes wegen (§ 2 a Abs. 6 StVG) keine aufschiebende Wirkung, so dass – mit Ausnahme der Verwarnung nach § 2 a Abs. 2 S. 1 Nr. 2 StVG – ein Antrag auf Anordnung der aufschiebenden Wirkung nach § 80 Abs. 5 VwGO in Betracht kommt. Die unter Rn 329 ff dargestellten Verfahrensgrundsätze gelten im Wesentlichen entsprechend, wobei es hier meist nicht um Tatfragen – etwa die Eignung – sondern allein um Rechtsfragen – etwa die Eintragungsfähigkeit einer Entscheidung – geht. Die Maßnahmen stehen in einem Stufenverhältnis. Der Behörde steht kein Ermessen zu und sie kann auch keine Ausnahme zulassen (vgl Rn 411 f).

425 **a) Aufbauseminar.** Voraussetzung für die Anordnung der Teilnahme an einem Aufbauseminar mit Fristsetzung sind entweder eine schwerwiegende oder zwei weniger schwerwiegende Zuwiderhandlungen. Die Bewertung einer Straftat oder Ordnungswidrigkeit als (weniger) schwerwiegend ergibt sich aus der Anlage 12 zur FeV (vgl § 34 FeV).[234] Der Behörde steht kein Beurteilungsspielraum zu.

426 Mit der bestandskräftigen Anordnung verlängert sich automatisch die Probezeit um **weitere zwei Jahre** (§ 2 a Abs. 2 a StVG). Bei einer Nichtteilnahme am Aufbauseminar innerhalb der gesetzten Frist trotz vollziehbarer (vgl § 2 a Abs. 6 StVG)[235] Anordnung wird die Fahrerlaubnis entzogen; nach § 2 a Abs. 3 StVG ist dies eine zwingende Rechtsfolge. Die Rechtmäßigkeit der – auch der noch nicht bestandskräftigen – Anordnung wird im Entziehungsverfahren nach § 2 a Abs. 3 StVG nicht inzident geprüft. Dies kann ausschließlich in einem Eilverfahren nach § 80 Abs. 5 VwGO bzw in einem Klageverfahren gegen die Anordnung selbst gerügt

---

230 VG Minden, Beschl. v. 24.3.2015 – 9 L 138/15.
231 BVerwG, Urt. v. 25.1.1995 – 11 C 27.93, NZV 1995, 291.
232 VG Darmstadt, Beschl. v. 15.2.1990 – VI/2 H 208/90, NZV 1990, 327.
233 VG Göttingen, Beschl. v. 23.3.1999 – 1 B 1036/99, NVwZ-RR 1999, 502.
234 Zur Rechtmäßigkeit der generellen Einstufung von Geschwindigkeitsüberschreitungen als schwerwiegend vgl VG München, Beschl. v. 15.11.1999 – M 5 S 99.4949, NZV 2000, 222.
235 Vgl OVG Sachsen-Anhalt, Beschl. v. 8.7.1998 – B 1 S 477/98, NZV 1999, 269.

werden. Wird in einem solchen Eilverfahren die aufschiebende Wirkung angeordnet, entfällt nachträglich die Grundlage für die Entziehung.

Auch bei unverschuldeter Fristversäumnis ist die Fahrerlaubnis zu entziehen. Zur Vermeidung von Härten (zB Krankheit) kann die Behörde die von ihr gesetzte Frist nach § 31 Abs. 7 VwVfG verlängern – auch noch während des bereits eingeleiteten Entziehungsverfahrens.[236]

b) Schriftliche Verwarnung und Empfehlung der Teilnahme an einer verkehrspsychologischen Beratung innerhalb von zwei Monaten. Voraussetzung hierfür sind entweder eine weitere schwerwiegende oder zwei weitere weniger schwerwiegende Zuwiderhandlungen innerhalb der Probezeit *nach* Teilnahme am Aufbauseminar.

Diese Maßnahme kann von der Behörde also nicht schon sofort bei mehreren schwerwiegenden Zuwiderhandlungen, sondern erst dann ergriffen werden, wenn eine Anordnung nach § 2 a Abs. 2 S. 1 Nr. 1 StVG erfolgt ist und der Betroffene am Aufbauseminar teilgenommen hat.

Die Teilnahme an einer verkehrspsychologischen Beratung ist freiwillig; es gibt also keine Sanktionen im Falle der Nichtteilnahme.

Die Inanspruchnahme dieser Beratung kann – anders als noch nach § 4 Abs. 4 S. 2 StVG aF – nicht mehr zu einer Punktereduzierung im Rahmen des Fahreignungs-Bewertungssystems führen. Da die Teilnahme auch nicht zu einer Verkürzung der (verlängerten) Probezeit führt, kann alleiniger Zweck eine Verbesserung des Verkehrsverhaltens sein.

Die Verwarnung nach § 2 a Abs. 2 S. 1 Nr. 2 StVG ist im Hinblick darauf, dass die Maßnahme nach § 2 a Abs. 2 S. 1 Nr. 3 StVG auf dieser aufbaut, ebenfalls ein Verwaltungsakt, gegen den mit Widerspruch und Klage vorgegangen werden kann. Da die Verwarnung selbst keine unmittelbaren Sanktionen zur Folge hat, hat der Gesetzgeber davon abgesehen, in § 2 a Abs. 6 StVG insoweit ebenfalls die sofortige Vollziehung anzuordnen; ein Antrag nach § 80 Abs. 5 VwGO ist daher nicht zulässig.

▶ **Muster: Widerspruch gegen die Verwarnung nach § 2 a Abs. 2 S. 1 Nr. 2 StVG**

An das Landratsamt ...
– Führerscheinstelle –
Ihre Ordnungsverfügung vom ...
Ihr Az ... [inkl. Name des Mandanten]
In der Sache
des Herrn ...

– Widerspruchsführer –

Verfahrensbevollmächtigte: RAe ...

gegen

das Land ..., vertreten durch den Landrat des Kreises ... – Führerscheinstelle –, ...,

– Widerspruchsgegner –

Sehr geehrte/r Frau/Herr ... [Name des Sachbearbeiters lt. Anhörungsschreiben],
hiermit lege ich namens und in Vollmacht des Widerspruchsführers gegen die Verwarnung vom ...

---

236 *Bouska/Laeverenz*, Anm. 29 zu § 2 a StVG.

Widerspruch

ein und beantrage,

die Ordnungsverfügung vom ... aufzuheben.

Nach Einsichtnahme in die Verwaltungsvorgänge begründe ich den Widerspruch wie folgt:

Die nach § 2 a Abs. 2 S. 1 Nr. 2 StVG erfolgte Verwarnung meines Mandanten ist zu Unrecht erfolgt. Eine solche Maßnahme ist nur dann zulässig, wenn die zugrunde liegende Bußgeldentscheidung wegen der Ordnungswidrigkeit, auf die sie sich stützt, bestandskräftig ist. Daran fehlt es vorliegend.

Mein Mandant hat zwar zunächst nicht fristgerecht gegen den Bußgeldbescheid vom ... Einspruch eingelegt. Diese Versäumung der Einspruchsfrist erfolgte jedoch nicht schuldhaft, da meinem Mandanten der Bußgeldbescheid während einer längeren Urlaubsabwesenheit zugestellt worden war. Unmittelbar nach Urlaubsrückkehr hat sich mein Mandant mit mir in Verbindung gesetzt. Von hier aus ist dann umgehend, nämlich mit Schriftsatz vom ..., bei der Bußgeldstelle Antrag auf Wiedereinsetzung in die Einspruchsfrist gestellt worden. Solange hierüber nicht entscheiden ist, können im Rahmen des § 2 a Abs. 1 S. 1 StVG keine (negativen) Folgen an die angebliche Zuwiderhandlung vom ... geknüpft werden.

Dem Widerspruch ist somit abzuhelfen, die Verwarnung ist aufzuheben.

Rechtsanwalt ◄

434 ▶ **Muster: Klage gegen Verwarnung nach § 2 a Abs. 2 S. 1 Nr. 2 StVG**

401 An das Verwaltungsgericht ...

Anfechtungsklage

In der Sache

des Herrn ...

– Kläger –

Prozessbevollmächtigte: RAe ...

gegen

das Land ..., vertreten durch den Landrat des Kreises ... – Führerscheinstelle –, ...,

– Beklagter –

erhebe ich hiermit namens und in Vollmacht des Klägers Klage und beantrage,

die Ordnungsverfügung des Beklagten vom ... und den Widerspruchsbescheid des Regierungspräsidiums ... vom ... aufzuheben und

die Zuziehung eines Bevollmächtigten für das Vorverfahren für notwendig zu erklären.

Streitwert: 5.000 EUR

Begründung:

Die zulässige Klage ist begründet. Die angefochtenen Bescheide sind rechtswidrig und verletzten den Kläger in seinen Rechten (§ 113 Abs. 1 S. 1 VwGO).

Die Voraussetzungen für eine Verwarnung des Klägers nach § 2 a Abs. 2 S. 1 Nr. 2 StVG liegen nicht vor.

Die Verwarnung ist daher rechtswidrig, so dass antragsgemäß zu entscheiden ist.
Rechtsanwalt ◀

c) Entziehung der Fahrerlaubnis. Voraussetzung für die Entziehung sind entweder eine weitere schwerwiegende oder zwei weitere weniger schwerwiegende Zuwiderhandlungen innerhalb der Probezeit nach Ablauf der Zweimonatsfrist, dh die zweite Stufe muss vorgeschaltet gewesen sein. Unerheblich ist, ob der Betroffene die verkehrspsychologische Beratung in Anspruch genommen hat oder nicht.

Läuft nach einer Entziehung der Fahrerlaubnis für die neu erteilte Fahrerlaubnis eine **Restprobezeit**, gelten die Stufen des § 2 a Abs. 2 StVG nicht. Nach § 2 a Abs. 5 S. 4 und 5 StVG ist in der Regel sofort eine MPU anzuordnen, sobald der Betroffene innerhalb der neuen Probezeit erneut eine schwerwiegende oder zwei weniger schwerwiegende Zuwiderhandlungen begangen hat. Hiervon kann nur in Ausnahmefällen abgesehen werden. Ein solcher Ausnahmefall kann sich aber regelmäßig nicht aus den Umständen ergeben, unter denen die Verkehrsordnungswidrigkeit begangen worden ist. Aus Anlage 12 FeV ergibt sich eine gesetzlich klar vorgegebene Zuordnung und Bewertung der einzelnen Zuwiderhandlungen, die einer gesonderten Bewertung durch die Fahrerlaubnisbehörde nicht zugänglich sind. Dieses gesetzgeberische Wertungsmodell würde unterlaufen, wenn von der Fahrerlaubnisbehörde als Anknüpfungspunkt für die Ausnahme von der Regelanordnung Art, Bedeutung oder Tatumstände der Zuwiderhandlung gewählt werden könnten.[237]

Das Verhältnis zur **Entziehung nach allgemeinen Vorschriften** regelt § 2 a Abs. 4 StVG. Erweist sich der Betroffene bereits nach § 3 Abs. 1 StVG als ungeeignet, kann die Fahrerlaubnis unabhängig von den Maßnahmen des § 2 a Abs. 2 StVG entzogen werden. Auch kann die Behörde nach den allgemeinen Regeln zur Eignungsprüfung (§§ 11, 13, 14 FeV) eine MPU anordnen. Kann das Gutachten die Nichteignung nicht nachweisen, hat die Behörde nach § 2 a Abs. 4 S. 2 StVG die Teilnahme an einem Aufbauseminar anzuordnen. Rechtsfolge der Nichtteilnahme am Aufbauseminar ist – wie bei § 2 a Abs. 2 S. 1 Nr. 1 iVm Abs. 3 – die Entziehung der Fahrerlaubnis.

Das **Fahreignungs-Bewertungssystem** und die Regelungen zur Fahrerlaubnis auf Probe finden nebeneinander Anwendung (§ 4 Abs. 1 S. 4 StVG). Die Frage nach dem Verhältnis von Teilnahme an einem Aufbauseminar für Fahranfänger § 2 a StVG einerseits und einem Aufbauseminar nach § 4 Abs. 8 StVG aF andererseits stellt sich aber nicht mehr, nachdem es die Anordnung eines Aufbauseminars im Rahmen des seit 1.5.2014 geltenden Fahreignungs-Bewertungssystems nicht mehr gibt.

---

237 VG Aachen, Beschl. v. 24.8.2006 – 3 L 471/06.

§ 18 Fahrerlaubnisrecht

439 ▶ **Muster: Antrag nach § 80 Abs. 5 VwGO bei einer Entziehung der Fahrerlaubnis nach § 2 a Abs. 2 S. 1 Nr. 3 StVG**

An das Verwaltungsgericht ...

Antrag nach § 80 Abs. 5 VwGO

In der Sache

des Herrn ...,

– Antragsteller –

Prozessbevollmächtigte: RAe ...

gegen

das Land ..., vertreten durch den Landrat des Kreises ... – Führerscheinstelle –, ...,

– Antragsgegner –

beantrage ich hiermit namens und in Vollmacht meines Mandanten, des Antragstellers,

die aufschiebende Wirkung des Widerspruchs gegen die Ordnungsverfügung des Landrats des Kreises ... – Führerscheinstelle – vom ... hinsichtlich der angeordneten Entziehung der Fahrerlaubnis wiederherzustellen und hinsichtlich der Androhung der Festsetzung eines Zwangsgeldes anzuordnen.

Streitwert: 2.500 EUR

Die aufschiebende Wirkung des Widerspruchs ist wiederherzustellen bzw anzuordnen, weil dieser aller Voraussicht nach Erfolg haben wird. Die Ordnungsverfügung ist rechtswidrig und verletzt den Antragsteller in seinen Rechten.

Die Voraussetzungen für eine Entziehung der Fahrerlaubnis nach § 2 a Abs. 2 S. 1 Nr. 3 StVG liegen nicht vor. Nach dieser Vorschrift setzt eine Entziehung voraus, dass die Zuwiderhandlung nach Ablauf der in § 2 a Abs. 2 S. 1 Nr. 2 StVG genannten Frist begangen worden ist. Die Fahrerlaubnisbehörde hat im vorliegenden Fall jedoch verkannt, dass die Verwarnung vom ... dem Antragsteller erst am ... zugestellt worden ist und die Zweimonatsfrist daher erst am ... ablief. Der Verkehrsverstoß vom ... wurde daher *vor* Ablauf der Frist begangen und kann demnach nicht zur Entziehung der Fahrerlaubnis führen.

Im Übrigen bedeutet die Entziehung der Fahrerlaubnis für den Antragsteller eine gravierende Härte. Aus beruflichen Gründen ist er auf die Fahrerlaubnis angewiesen. Es droht der Verlust des Arbeitsplatzes, wenn er nicht in Kürze wieder von dieser Gebrauch machen kann.

Rechtsanwalt ◀

440 ▶ **Muster: Widerspruch gegen Entziehung der Fahrerlaubnis nach § 2 a Abs. 2 S. 1 Nr. 3 StVG**

An das Landratsamt ...

– Führerscheinstelle –

Betr.: Ihre Ordnungsverfügung vom ...

Ihr Az ... [inkl. Name des Mandanten]

In der Sache

des Herrn ...,

– Widerspruchsführer –

Verfahrensbevollmächtigte: RAe ...

gegen

das Land ..., vertreten durch den Landrat des Kreises ... – Führerscheinstelle –, ...,

– Widerspruchsgegner –

Sehr geehrte/r Frau/Herr ... [Name des Sachbearbeiters lt. Anhörungsschreiben],

hiermit lege ich namens und in Vollmacht des Widerspruchsführers gegen die Ordnungsverfügung vom ...

Widerspruch

ein und beantrage,

die Ordnungsverfügung vom ... aufzuheben.

Nach Einsichtnahme in die Verwaltungsvorgänge begründe ich den Widerspruch wie folgt:

Die nach § 2 a Abs. 2 S. 1 Nr. 3 StVG erfolgte Entziehung der Fahrerlaubnis meines Mandanten ist zu Unrecht erfolgt.

...

Dem Widerspruch ist somit abzuhelfen, die Ordnungsverfügung ist aufzuheben.

Rechtsanwalt ◄

▶ **Muster: Klage gegen Entziehung der Fahrerlaubnis nach § 2 a Abs. 2 S. 1 Nr. 3 StVG**

An das Verwaltungsgericht ...

Anfechtungsklage

In der Sache

des Herrn ...

– Kläger –

Prozessbevollmächtigte: RAe ...

gegen

das Land ..., vertreten durch den Landrat des Kreises ... – Führerscheinstelle –, ...,

– Beklagter –

erhebe ich hiermit namens und in Vollmacht des Klägers Klage und beantrage,

die Ordnungsverfügung des Beklagten vom ... und den Widerspruchsbescheid des Regierungspräsidiums ... vom ... aufzuheben und

die Zuziehung eines Bevollmächtigten für das Vorverfahren für notwendig zu erklären.

Streitwert: 5.000 EUR

Begründung:

Die zulässige Klage ist begründet. Die angefochtenen Bescheide sind rechtswidrig und verletzten den Kläger in seinen Rechten (§ 113 Abs. 1 S. 1 VwGO).

Die Voraussetzungen für eine Entziehung der Fahrerlaubnis nach § 2 a Abs. 2 S. 1 Nr. 3 StVG liegen nicht vor.

...

Die Ordnungsverfügung ist daher rechtswidrig, so dass antragsgemäß zu entscheiden ist.

Rechtsanwalt ◄

E. Ausländische und EU-Fahrerlaubnis

I. Allgemeines

442 Inhaber von Fahrerlaubnissen bzw Führerscheinen aus EU- oder EWR-Staaten[238] mit Wohnsitz im Bundesgebiet sind nach § 28 Abs. 1 FeV zum Führen von Kraftfahrzeugen in Deutschland berechtigt (Ausnahmen ergeben sich aus § 28 Abs. 2 bis 4 FeV); es kommt nicht darauf an, ob der Inhaber der Fahrerlaubnis auch die Staatsangehörigkeit eines EU- oder EWR-Staates besitzt. Eine Verpflichtung zur Umschreibung des Führerscheins besteht selbst dann nicht, wenn der Ausländer seinen Wohnsitz dauerhaft nach Deutschland verlegt. Die Vorschriften der FeV finden auf die Fahrerlaubnis Anwendung, die Behörden haben also kein ausländisches Recht anzuwenden (§ 28 Abs. 1 S. 3 FeV).

443 Hat der Ausländer im Bundesgebiet keinen Wohnsitz, ergibt sich die Berechtigung, von der Fahrerlaubnis in Deutschland Gebrauch zu machen, aus § 29 Abs. 1 S. 1 FeV.[239] Begründet der Inhaber einer Fahrerlaubnis, die nicht aus einem EU- oder EWR-Staat stammt, seinen Wohnsitz im Bundesgebiet, gilt diese Berechtigung für sechs Monate ab Wohnsitzbegründung (vgl § 29 Abs. 1 S. 3 und 4 FeV).

444 Für EU-/EWR-Bürger besteht keine Umtauschpflicht, es gilt aber das **Prinzip der Einmaligkeit**. Nach Art. 7 Abs. 5 der zweiten Führerscheinrichtlinie vom 29.7.1991[240] – umgesetzt in § 2 Abs. 2 S. 1 Nr. 7 StVG, §§ 8, 21 Abs. 2 FeV – darf jeder EU-Bürger nur eine Fahrerlaubnis und einen Führerschein besitzen. Dies ist die Kehrseite der unbeschränkten Anerkennung in anderen Mitgliedstaaten der EU bzw des EWR. Bereits bei Erteilung der Fahrerlaubnis ist daher von den deutschen Behörden zu kontrollieren, ob zuvor eine Fahrerlaubnis von einem anderen EU-/EWR-Mitgliedstaat erteilt worden ist. Zu diesem Zweck kann die Behörde über das KBA eine Auskunft aus einem ausländischen Fahrerlaubnis-Register einholen, wenn Anhaltspunkte für den Besitz einer ausländischen Fahrerlaubnis vorliegen (vgl § 22 Abs. 2 FeV).

II. Ordentlicher Wohnsitz

445 Der „ordentliche Wohnsitz" ist einerseits maßgeblich für die Frage, ob deutsche oder ausländische Behörden für die Erteilung einer Fahrerlaubnis zuständig sind, andererseits gibt er vor, welches nationale Recht für die Erteilung bzw Entziehung einer Fahrerlaubnis oder eine ähnliche Maßnahme anzuwenden ist. Schließlich richtet sich die örtliche Zuständigkeit der Fahrerlaubnisbehörden im Bundesgebiet nach dem Ort der Hauptwohnung (vgl § 73 Abs. 2 FeV iVm § 12 Abs. 2 des Melderechtsrahmengesetzes).

446 Der Grund für diese Regelung ist, dass der Fahrerlaubnisbewerber dort ausgebildet und geprüft und somit auf die Teilnahme am Straßenverkehr vorbereitet werden soll, wo er als Fahranfänger hauptsächlich fährt. Es ist damit grundsätzlich ausgeschlossen, die Ausbildung und/oder Prüfung außerhalb des Wohnsitzstaates zu absolvieren. Außerdem soll dieses Erfor-

---

238 EWR-Staaten: Island, Liechtenstein, Norwegen.
239 § 29 FeV ist durch die 4. VO zur Änderung der FeV v. 18.7.2008 (BGBl. I S. 1338; geändert durch VO v. 17.12.2010, BGBl. I S. 2279 zum 1.1. bzw 1.7.2011) in die FeV eingefügt worden und ersetzt § 4 der Verordnung über Internationalen Kraftfahrzeugverkehr vom 12.11.1934 (IntKfzV). Die IntKfzV ist durch Art. 2 der 4. VO zur Änderung der FeV gleichzeitig insgesamt aufgehoben worden.
240 91/439/EWG, ABl. EG L 237, S. 1; abrufbar über das Portal zum Recht der Europäischen Union (EUR-Lex).

dernis verhindern, dass eine Person in mehreren Mitgliedstaaten eine Fahrerlaubnis erwirbt und im Falle der Entziehung einer Fahrerlaubnis auf eine andere zurückgreift.[241]

Der in § 2 Abs. 2 StVG, § 7 FeV verwendete Begriff des ordentlichen Wohnsitzes ergibt sich aus Art. 12 der Führerscheinrichtlinie 2006/126/EG (ABl. L 403 v. 30.12.2006, S. 18).

Im Sinne dieser Richtlinie gilt als ordentlicher Wohnsitz der Ort, an dem ein Führerscheininhaber wegen persönlicher und beruflicher Bindungen oder – im Falle eines Führerscheininhabers ohne berufliche Bindungen – wegen persönlicher Bindungen, die enge Beziehungen zwischen dem Führerscheininhaber und dem Wohnort erkennen lassen, gewöhnlich, dh während mindestens 185 Tagen im Kalenderjahr, wohnt.

Als ordentlicher Wohnsitz eines Führerscheininhabers, dessen berufliche Bindungen an einem anderen Ort als dem seiner persönlichen Bindungen liegen und der sich daher abwechselnd an verschiedenen Orten in zwei oder mehr Mitgliedstaaten aufhalten muss, gilt jedoch der Ort seiner persönlichen Bindungen, sofern er regelmäßig dorthin zurückkehrt. Diese letztgenannte Voraussetzung entfällt, wenn sich der Führerscheininhaber in einem Mitgliedstaat zur Ausführung eines Auftrags von bestimmter Dauer aufhält. Der Besuch einer Universität oder einer Schule hat keine Verlegung des ordentlichen Wohnsitzes zur Folge.

Ein „ordentlicher Wohnsitz" im Bundesgebiet ist danach gegeben, wenn

- der Betroffene gewöhnlich, dh für **mindestens 185 Tage im (Kalender-)Jahr** im Inland (Deutschland) wohnt: Nach der Begründung zu § 7 FeV[242] soll eine Fahrerlaubnis grundsätzlich erst dann erteilt werden, wenn der Bewerber 185 Tage im Inland gewohnt hat. Diese Frist ist in der Praxis meist unproblematisch, weil das Verfahren zur Erteilung einer Fahrerlaubnis mit Ausbildung, Prüfung und ggf Eignungsprüfung einen gewissen Zeitraum in Anspruch nimmt und der Antrag auf Erteilung der Fahrerlaubnis daher in der Regel erst nach oder kurz vor Ablauf des 185-Tage-Zeitraums gestellt werden kann. Vor Ablauf dieser Frist kann eine Fahrerlaubnis unter Bewilligung einer Ausnahme nach § 74 Abs. 1 Nr. 1 FeV erteilt werden, wenn glaubhaft gemacht wird, dass die Wohnsitznahme auf Dauer (dh auf mindestens 185 Tage im Jahr) angelegt ist. Bei einer vorzeitigen Aufhebung des Wohnsitzes kommt im Falle der Erteilung einer Ausnahme unter Umständen eine Rücknahme der Fahrerlaubnis nach § 48 VwVfG wegen unrichtiger Angaben oder Täuschung in Betracht. Die Regelung in § 7 FeV verlangt nicht, dass ein zusammenhängender Zeitraum vorliegt. Kurzfristige Unterbrechungen, etwa durch Geschäfts- oder Urlaubsreisen sind unschädlich. Eine „Wohnung" ist auch dann gegeben, wenn der Bewerber zB bei Verwandten oder Bekannten oder im Hotel wohnt. Wichtiges Indiz für einen ordentlichen Wohnsitz ist die **Anmeldung bei der Meldebehörde**.

- **persönliche bzw berufliche Bindungen** bestehen. § 7 FeV unterscheidet dabei zwischen folgenden Konstellationen:
  – persönliche *und* berufliche Bindungen im Inland (Abs. 1 S. 2 Alt. 1);
  – persönliche Bindungen (und fehlende berufliche Bindungen im In- und Ausland, zB bei Rentnern, Hausfrauen, Arbeitslosen), die enge Beziehungen zwischen dem Bewerber und dem Wohnort erkennen lassen (Abs. 1 S. 2 Alt. 2). In der Regel bestehen diese bei familiären Bindungen, zB wenn der Partner im Bundesgebiet einen Arbeitsplatz (berufliche Bindungen) hat;

---

241 So die Begründung zu § 7 FeV, vgl BR-Drucks. 443/98, S. 249 f.

bei diesen ersten beiden Konstellationen muss zusätzlich zu den Bindungen der 185-Tages-Zeitraum eingehalten sein;
- persönliche Bindungen im Inland, aber berufliche Bindungen im EU-/EWR-Ausland (Abs. 1 S. 3). Hier ist ein Aufenthalt von 185 Tagen im Jahr nicht erforderlich; es genügt, wenn der Bewerber regelmäßig, wohl mindestens einmal monatlich, an seinen inländischen Wohnsitz zurückkehrt.[243] Nach § 7 Abs. 1 S. 4 FeV kann bei einem Auftrag von bestimmter Dauer sogar die regelmäßige Rückkehr entfallen. Im umgekehrten Fall, wenn der Wohnsitz im Ausland liegt, aber berufliche Bindungen im Inland bestehen (insbesondere also bei Grenzpendlern), besteht kein inländischer ordentlicher Wohnsitz iSv § 7 FeV.

451 Bei einem **Schulbesuch oder Studium im EU-/EWR-Ausland** wird nach § 7 Abs. 2 FeV ein ordentlicher Wohnsitz im Bundesgebiet fingiert. Umgekehrt begründet nach § 7 Abs. 3 FeV ein Schulbesuch oder Studium in Deutschland keinen ordentlichen Wohnsitz im Bundesgebiet; nach sechs Monaten kann hier aber gleichwohl eine Fahrerlaubnis erworben werden. Der Schüler oder Student im Auslandssemester kann sich daher nach diesem Zeitraum überlegen, in welchem Staat er seine Fahrerlaubnis beantragen möchte.

452 Aus der Verwendung der Formulierung „ausschließlich" in § 7 Abs. 2 und 3 FeV ergibt sich, dass diese Regelungen nicht eingreifen, wenn neben dem Schulbesuch oder Studium eine berufliche Tätigkeit ausgeübt wird. So gelten zB für Au-pair-Hilfen, die nebenher noch eine Schule besuchen, die allgemeinen Regeln; anders ist dies bei typischen Studenten- oder Schülerjobs, die in der Freizeit ausgeübt werden und den Schulbesuch bzw das Studium nicht beeinträchtigen.

III. „Führerscheintourismus"

453 **1. Problemstellung.** Beim sog. Führerscheintourismus sind zwei Fallkonstellationen zu unterscheiden:

454 ■ Ein **Erstantragsteller** (mit Wohnsitz in Deutschland), bei dem **keine Eignungsbedenken** bestehen, absolviert im Ausland die Fahrerlaubnisausbildung, legt dort seine Prüfungen ab und lässt sich dort eine Fahrerlaubnis erteilen, etwa weil dies dort preiswerter ist als in Deutschland.

455 ■ Einem **Fahrerlaubnisinhaber** wird im Bundesgebiet wegen **fehlender Eignung** (Alkohol, Drogen) die Fahrerlaubnis entzogen. Weil der Betroffene nicht in der Lage ist, seine Probleme zu bewältigen, und möglicherweise bereits eine negative MPU vorliegt, sieht er keine Chance auf Wiedererlangung der Fahrerlaubnis im Bundesgebiet. Er legt daher im EU-Ausland – häufig in Tschechien oder Polen –, wo man keine Kenntnis von seiner Alkohol- oder Drogenproblematik hat und wo es keine MPU oder sonstige, den Anforderungen der FeV entsprechende Eignungsprüfung gibt, die Prüfungen ab und erhält dort eine neue Fahrerlaubnis.

456 In beiden Fallkonstellationen stellt sich die Frage, ob die EU-Fahrerlaubnis im Bundesgebiet anzuerkennen ist – ob der Betroffene also mit dieser Fahrerlaubnis im Bundesgebiet am mo-

---

242 BR-Drucks. 443/98, S. 250.
243 Vgl *Bouska/Laeverenz*, Anm. 2 c zu § 7 Fe.V.

torisierten Straßenverkehr teilnehmen darf – oder ob die (deutsche) Fahrerlaubnisbehörde diese „entziehen" kann.

2. EuGH-Rechtsprechung. a) Wohnsitz. In den beiden Fallkonstellationen des „Führerscheintourismus" (Rn 454 f) mangelt es in aller Regel an der Voraussetzung des „ordentlichen Wohnsitzes" iSv § 7 FeV, weil die Fahrerlaubnisbewerber nicht für 185 Tage ihren Hauptwohnsitz ins Ausland verlegen werden. Es kommt meist lediglich zu Scheinanmeldungen, die von den ausländischen Behörden nicht hinreichend überprüft werden (können). Hat der Betroffene aber zum Zeitpunkt der Erteilung der Fahrerlaubnis seinen ordentlichen Wohnsitz nicht im ausstellenden EU-Mitgliedstaat, sondern tatsächlich im Bundesgebiet, dann gilt die (ausländische) Fahrerlaubnis nach dem Wortlaut von § 28 Abs. 4 Nr. 2 FeV – ohne dass es weiterer Maßnahmen der Fahrerlaubnisbehörde bedürfte – nicht im Bundesgebiet. Der Betroffene würde sich daher eigentlich auch wegen Fahrens ohne Fahrerlaubnis strafbar machen (vgl dazu § 9 Rn 156 ff, 194 ff). 457

Hinsichtlich dieser Problematik hatte der **EuGH (Urteil vom 29.4.2004, C-476/01 – „Kapper")**[244] – zunächst zugunsten der Betroffenen entschieden. Danach sind die Bestimmungen der Führerscheinrichtlinie so auszulegen, dass ein Mitgliedstaat einem von einem anderen Mitgliedstaat ausgestellten Führerschein die Anerkennung nicht deshalb versagen darf, weil nach den ihm vorliegenden Informationen der Führerscheininhaber zum Zeitpunkt der Ausstellung des Führerscheins seinen ordentlichen Wohnsitz nicht im Hoheitsgebiet des ausstellenden Mitgliedstaates gehabt hat. Nach der Führerscheinrichtlinie ist die Prüfung, ob die Voraussetzungen für die Erteilung des Führerscheins hinsichtlich der in der Richtlinie vorgesehenen Wohnsitzvoraussetzung erfüllt sind, ausschließlich Sache des ausstellenden Mitgliedstaats. 458

Deutsche Fahrerlaubnisbehörden durften daher im Hinblick auf diese Rechtsprechung des EuGH das Vorliegen eines ordentlichen Wohnsitzes im ausstellenden Mitgliedstaat nicht in Frage stellen. 459

Mit seinen **Urteilen vom 26.6.2008 (C-329/06, C-334/06 u.a. – „Wiedemann", „Zerche")** hat der EuGH die „Kapper"-Rechtsprechung relativiert. Danach kann Deutschland die Anerkennung der von einem anderen Mitgliedstaat ausgestellten Fahrerlaubnis verweigern, *wenn sich aus dem Führerschein selbst oder aus Informationen des anderen Mitgliedstaates ergibt, dass der Betroffene zum Zeitpunkt der Ausstellung des Führerscheins seinen Wohnsitz nicht in dem Mitgliedstaat hatte.* Solche Informationen liegen etwa vor, wenn sie von den Einwohnermeldebehörden des Ausstellermitgliedstaats erlangt worden sind.[245] Festzuhalten ist aber, dass sich die deutschen Behörden bei der Prüfung der Beachtung des Wohnsitzerfordernisses nur auf Informationen stützen können, die unmittelbar von dem anderen Mitgliedstaat stammen (zB Eintragungen im Führerschein, Auskünfte von Behörden des Mitgliedstaates). Mit eigenen Angaben des Betroffenen aus einem Straf- oder Verwaltungsverfahren bzw mit sonstigen aus deutschen Quellen stammenden Erkenntnissen (zB deutsches Einwohnermeldeamt, Angaben von Vermietern, Arbeitgebern) kann der Verstoß gegen das Wohnsitzprinzip dagegen nicht begründet werden.[246] 460

---

244 NJW 2004, 1725 = DAR 2004, 333 = NZV 2004, 373.
245 EuGH, Urt. v. 1.3.2012 – C-467/10 (Akyüz).
246 EuGH, Beschl. v. 9.7.2009 – C-445/08 (Wierer); Urt. v. 1.3.2012 – C-467/10 (Akyüz).

461 In den Fällen des Führerscheintourismus kommt es hin und wieder vor, dass der **deutsche Wohnsitz im (ausländischen) Führerschein eingetragen** ist. Diese Eintragung lässt aber den Schluss zu, dass der Betroffene zum Zeitpunkt der Ausstellung des Führerscheins seinen Wohnsitz tatsächlich im Bundesgebiet – und nicht in dem anderen Mitgliedstaat – hatte und die Fahrerlaubnis unter Verstoß gegen das Wohnsitzerfordernis erteilt worden ist. Da es sich bei den Angaben auf dem Führerschein auch um Informationen handelt, die unmittelbar von dem ausstellenden Mitgliedstaat stammen, kann die deutsche Behörde in einem solchen Fall nach § 28 Abs. 4 Nr. 2 FeV der Fahrerlaubnis die Anerkennung verweigern.[247]

462 Bei beiden Fallkonstellation (Rn 454 f) können deutsche Behörden also tätig werden, wenn zB ein deutscher Wohnsitz im Führerschein eingetragen ist. Auf der Grundlage von § 28 Abs. 4 Nr. 2 FeV kann eine Ordnungsverfügung ergehen, mit der festgestellt wird, dass die Fahrerlaubnis im Bundesgebiet nicht gültig ist.

463 Der EuGH hat mit **Urteil vom 19.5.2011 (C-184/10, „Grasser")** klargestellt, dass eine Nichtanerkennung auch allein auf die Missachtung der Wohnsitzvoraussetzungen gestützt werden kann. Wird also etwa eine EU-Fahrerlaubnis mit eingetragenem deutschem Wohnsitz erteilt, war der Betroffene aber nie im Besitz einer deutschen Fahrerlaubnis, kann ein aberkennender Feststellungsbescheid ergehen, ohne dass zusätzliche Eignungsbedenken bestehen.[248] Im Fall „Grasser" hatte der EuGH zwar die 2. Führerscheinrichtlinie anzuwenden – die tschechische Fahrerlaubnis wurde 2006 ausgestellt –, die Entscheidung ist aber auf die dritte Führerscheinrichtlinie zu übertragen.

464 **b) Eignung.** Unabhängig vom Wohnsitzerfordernis stellt sich die Frage, ob die EU-Fahrerlaubnis nach § 28 Abs. 4 Nr. 3 FeV im Bundesgebiet deshalb nicht gilt, weil dem Betroffenen hier durch ein Strafgericht oder eine Behörde die **Fahrerlaubnis entzogen** worden ist, und welche Maßnahmen die (deutsche) Fahrerlaubnisbehörde ggf ergreifen kann (Fallbeispiel Rn 455). Dies ist der klassische und eigentlich problematische Fall des „Führerscheintourismus".

465 Dabei ist darauf hinzuweisen, dass sich die folgenden Ausführungen nur auf die Fälle beziehen, in denen die Eignungsbedenken aus Vorfällen resultieren, die *vor* der Erteilung der EU-Fahrerlaubnis lagen. Ergeben sich *nach* der Erteilung Eignungsbedenken – etwa aufgrund einer erneuten Alkohol- oder Drogentat –, gilt deutsches Recht (vgl § 28 Abs. 1 S. 2 FeV) und die Behörde kann Aufklärungsmaßnahmen nach §§ 11, 13 und 14 FeV ergreifen und ggf die Fahrerlaubnis „entziehen". Ein Unterschied zur Entziehung einer deutschen Fahrerlaubnis besteht allerdings darin, dass die EU-Fahrerlaubnis nicht insgesamt erlischt, sondern es erlischt lediglich das Recht, von dieser im Bundesgebiet Gebrauch zu machen (vgl § 46 Abs. 5 S. 2 FeV). Der Führerschein wird daher nicht eingezogen, sondern lediglich mit einem entsprechenden Vermerk versehen.

465a Mit **Urteil vom 23.4.2015 (C-260/13 - „Aykul")** hat der EuGH klargestellt, dass die deutschen Behörden die Anerkennung einer EU-Fahrerlaubnis bei in Deutschland begangenen Zuwiderhandlungen auch dann ablehnen dürfen, wenn der Betroffene keinen Wohnsitz im Bun-

---

[247] BVerwG, Urt. v. 11.12.2008 – 3 C 26.07, NZV 2009, 307 = DAR 2009, 212; VGH Bad.-Württ., Beschl. v. 17.7.2008 – 10 S 1688/08, DAR 2008, 599; BayVGH, Beschl. v. 11.8.2008 – 11 CS 08.832; OVG NRW, Beschl. v. 25.8.2008 – 16 A 1200/07, Blutalkohol 2008 (Vol. 45), 414.
[248] Ebenso: VGH Bad.-Württ., Beschl. v. 30.5.2011 – 10 S 2640/10, DAR 2011, 482 = Blutalkohol 2011 (Vol. 48), 250.

desgebiet hat und die Tat nach deutschem Recht die fehlende Eignung begründet. Das bedeutet, dass die deutschen Behörden bei eignungsrelevanten Vorfällen, Zuwiderhandlungen etc. (nach Erteilung der Fahrerlaubnis!) unabhängig vom Wohnsitz tätig werden dürfen.

Beispiel: 465b
A. ist italienische Staatsangehörige und wohnt (schon immer) in Mailand. Sie ist im Besitz einer italienischen Fahrerlaubnis der Klasse B. Auf einer Urlaubsreise in Deutschland wird bei einer Polizeikontrolle festgestellt, dass A unter dem Einfluss von Cannabis (2,3 ng/ml THC, 120 ng/ml THC-COOH) gefahren ist. Das Strafverfahren wird eingestellt; es wird lediglich ein Bußgeldbescheid erlassen.
Da aus den festgestellten Wert unmittelbar auf eine fehlende Kraftfahreignung geschlossen werden kann (vgl Rn 187 ff), kann die deutsche Fahrerlaubnisbehörde einen Bescheid erlassen, mit dem festgestellt wird, dass die italienische Fahrerlaubnis der A. nicht im Bundesgebiet gilt. Entsprechendes würde gelten, wenn A. ihren Wohnsitz nicht in Italien, sondern in Deutschland hätte! – Nach § 28 Abs. 5 FeV kann A. zwar beantragen, von der italienischen Fahrerlaubnis im Bundesgebiet wieder Gebrauch machen zu dürfen. Da diese Vorschrift aber über § 20 FeV auf die §§ 11, 13 und 14 FeV verweist, käme eine Erteilung der Berechtigung im geschilderten Fall erst nach Vorlage einer positiven MPU in Betracht.

Im Folgenden also nun zu der Fallgestaltung, dass die Eignungsbedenken aus Vorfällen, Zuwiderhandlungen, etc. resultieren, die aus der Zeit vor Erteilung der EU-Fahrerlaubnis stammen: 465c

Der EuGH hat in seinem grundlegenden Urteil vom 29.4.2004 (C-476/01 – „Kapper") zur 466
2. Führerscheinrichtlinie vom 29.7.1991[249] ausgeführt, dass die Bestimmungen der Führerscheinrichtlinie 91/439/EWG so auszulegen sind, dass ein Mitgliedstaat die Anerkennung der Gültigkeit eines von einem anderen Mitgliedstaat ausgestellten Führerscheins nicht deshalb ablehnen darf, weil im Hoheitsgebiet des erstgenannten Mitgliedstaats auf den Inhaber des Führerscheins eine Maßnahme des Entzugs oder der Aufhebung einer von diesem Staat erteilten Fahrerlaubnis angewendet worden ist, wenn die zusammen mit dieser Maßnahme angeordnete **Sperrfrist für die Neuerteilung der Fahrerlaubnis** in diesem Mitgliedstaat abgelaufen war, bevor der Führerschein vom anderen Mitgliedstaat ausgestellt worden ist. Dabei muss man wissen, dass in dem der Entscheidung zugrunde liegenden Fall dem Betroffenen die (deutsche) Fahrerlaubnis von einem (deutschen) Strafgericht entzogen und eine Sperrfrist von neun Monaten festgesetzt worden war. Nach Ablauf der Sperrfrist wurde ihm eine niederländische Fahrerlaubnis erteilt, von der er im Bundesgebiet Gebrauch gemacht hat. Im Rahmen eines Strafverfahrens wegen Fahrens ohne Fahrerlaubnis hat dann das Strafgericht dem EuGH die Frage der Gültigkeit der niederländischen Fahrerlaubnis vorgelegt.

Nach dem „Kapper"-Urteil hatten Fahrerlaubnisbehörden und Verwaltungsgerichte zunächst 467 versucht, diese Entscheidung des EuGH einschränkend auszulegen, weil man befürchtete, dass – was nicht von der Hand zu weisen ist – ein ungeeigneter Fahrerlaubnisbewerber in einem anderen EU-Mitgliedstaat **ohne Eignungsprüfung** seine Fahrerlaubnis erhält und dann im Bundesgebiet durch seine Teilnahme am Straßenverkehr eine Gefahr für andere Verkehrsteilnehmer darstellt.

---
249 1991/439/EWG, ABl. EG L 237, S. 1.

468 Zu einer weiteren Klärung hat dann das **Urteil des EuGH vom 6.4.2006 (C-227/05 – „Halbritter")**[250] beigetragen. Dem Betroffenen war durch Urteil eines deutschen Strafgerichts die Fahrerlaubnis entzogen worden. Nach Ablauf der Sperrfrist wurde ihm in Österreich, wo er sich einer medizinischen und psychologischen Begutachtung unterzogen hat, eine Fahrerlaubnis erteilt. Anschließend beantragte er in München die Umschreibung in eine deutsche Fahrerlaubnis, was als Antrag auf Anerkennung nach § 28 Abs. 5 FeV ausgelegt wurde. Diesen Antrag lehnte die Behörde ab, weil der Betroffene die geforderte MPU verweigert hatte. In seiner „Halbritter"-Entscheidung verweist der EuGH nochmals auf das Anerkennungsprinzip, welches den Mitgliedstaaten eine klare und unbedingte Verpflichtung auferlege, die keinen Ermessensspielraum einräume (Tz 25 des Urteils). Weiter wird ausgeführt, dass die Mitgliedstaaten vom Inhaber eines in einem anderen Mitgliedstaat ausgestellten Führerscheins nicht verlangen könnten, dass er die Bedingungen erfülle, die ihr nationales Recht für die Neuerteilung einer Fahrerlaubnis nach ihrem Entzug aufstelle (Tz 29). Die Behörden eines Mitgliedstaats seien bei Ausstellung des Führerscheins durch einen anderen Mitgliedstaat nicht befugt, die Beachtung der Ausstellungsbedingungen erneut zu prüfen (Tz 34).

469 Diese Rechtsprechung hat der EuGH in seinem **Beschluss vom 2.12.2010 – C-334/09 („Scheffler")** nochmals bestätigt. In diesem Fall ging es um die Anerkennung einer 2004 ausgestellten polnischen Fahrerlaubnis; auf seine deutsche Fahrerlaubnis hatte der Betroffene angesichts eines drohenden Entzugs im Jahr 2000 verzichtet. Die Anerkennung wurde verweigert, weil Herr Scheffler ein Gutachten (aus dem Jahr 2006) vorgelegt hatte, welches aufgrund der Trunkenheitsfahrten aus der Zeit vor 2000 zu einer negativen Prognose kam. Der EuGH hat hierzu festgestellt, dass die sich aus der polnischen Fahrerlaubnis ergebende Fahrberechtigung anzuerkennen sei, weil das in Rede stehende Gutachten zwar nach dem Zeitpunkt der Ausstellung des polnischen Führerscheins und auf der Grundlage einer nach diesem Zeitpunkt durchgeführten Untersuchung des Betroffenen erstellt worden sei, aber keinen – sei es auch nur partiellen – Bezug zu einem nach der Ausstellung des polnischen Führerscheins festgestellten Verhalten des Betroffenen aufgewiesen und sich ausschließlich auf vor diesem Zeitpunkt liegende Umstände bezogen habe. Der Besitz dieses polnischen Führerscheins sei nämlich der – auch von der Bundesrepublik Deutschland anzuerkennende – Nachweis dafür, dass der Inhaber am Tag der Ausstellung der Fahrerlaubnis die Ausstellungsvoraussetzung – also insbesondere Wohnsitz und Fahreignung – erfülle!

470 In der Rechtssache **„Akyüz"** (Urteil vom 1.3.2012 – C-467/10) hat der EuGH seine bisherige Rechtsprechung zur 2. Führerscheinrichtlinie auch für den Fall der Weigerung, einen ersten Führerschein auszustellen, bestätigt. Selbst dann, wenn (in Deutschland) die erstmalige Ausstellung mit der Begründung verweigert worden sei, dass der Betroffene nach der in diesem Mitgliedstaat geltenden Regelungen[251] die körperlichen und geistigen Anforderungen an das sichere Führen eines Kraftfahrzeuges nicht erfülle, berechtige dies (deutsche Behörden) nicht zur Nichtanerkennung eines in der Folgezeit in einem anderen Mitgliedstaat ausgestellten Führerscheins.

---

[250] NJW 2006, 2173 = DAR 2006, 375 = NZV 2006, 498.
[251] Nationale Regelungen können strengere Anforderungen an ärztliche Untersuchungen zur Fahreignung stellen als europarechtlich gefordert (vgl. Anhang III Nr. 5 der insoweit gleichlautenden 2. und 3. Führerscheinrichtlinie).

Die 3. Führerscheinrichtlinie 2006/126/EG vom 20.12.2006[252] enthält in Art. 2 Abs. 1 ebenfalls den Grundsatz der gegenseitigen Anerkennung der von den Mitgliedstaaten ausgestellten Führerscheine. Allerdings unterscheidet sich der Wortlaut des Art. 11 Abs. 4 der Richtlinie 2006/126/EG[253] von der Vorgängerregelung des Art. 8 Abs. 4 der Richtlinie 1991/439/EWG.[254] Insbesondere wurde die bisherige bloße Befugnis zur Nichtanerkennung der in einem anderen Mitgliedstaat erworbenen Fahrerlaubnis in eine entsprechende Verpflichtung umgewandelt. Daraus haben die (deutschen) Verwaltungsgerichte überwiegend geschlossen, dass eine ab dem 19.1.2009 ausgestellte EU-Fahrerlaubnis im Bundesgebiet unmittelbar aufgrund der Regelung des § 28 Abs. 4 S. 1 Nr. 3 FeV keine Wirkungen entfaltet, ohne dass es hierzu eines entsprechenden Aberkennungsbescheids bedarf.[255] Von den Fahrerlaubnisbehörden wurden allerdings zahlreiche Bescheide erlassen, mit denen festgestellt wurde, dass die EU-Fahrerlaubnisse im Bundesgebiet nicht gelten.[256] Dies hatte für den u.a. Betroffenen zur Folge, dass er sich im Falle einer Verkehrsteilnahme nicht mehr auf einen Rechtsirrtum bzgl der Geltung der Fahrerlaubnis im Bundesgebiet berufen konnte.

471

Mit seinem **Urteil vom 26.4.2012 (C-419/10, „Hofmann")** hat der EuGH dieser – auf die Bekämpfung des Führerscheintourismus gerichteten – Rechtsprechung (deutscher) Verwaltungsgerichte eine klare Absage erteilt. Danach sind Art. 2 Abs. 1 und 11 Abs. 4 Unterabs. 2 der 3. Führerscheinrichtlinie – ebenso wie die entsprechenden Regelungen der 2. Führerscheinrichtlinie – dahin auszulegen sind, dass sie es einem Mitgliedstaat verwehren, die Anerkennung der Gültigkeit des einer Person, die Inhaber einer ihr in seinem Hoheitsgebiet entzogenen früheren Fahrerlaubnis war, außerhalb einer ihr auferlegten Sperrfrist für die Neuerteilung dieser Fahrerlaubnis von einem anderen Mitgliedstaat ausgestellten Führerscheins auch dann abzulehnen, wenn die Voraussetzung eines ordentlichen Wohnsitzes im Hoheitsgebiet des letztgenannten Mitgliedstaats eingehalten wurde.

472

Dies bedeutet, dass auch eine ab dem 19.1.2009 in einem anderen Mitgliedstaat ausgestellte Fahrerlaubnis nur dann nicht im Bundesgebiet anzuerkennen ist, wenn sie

472a

- während einer im Bundesgebiet laufenden Sperrfrist (vgl Rn 466 sowie § 9 Rn 198) oder
- unter Verstoß gegen das Wohnsitzprinzip ausgestellt worden ist (vgl Rn 457 ff).

Ist dies nicht der Fall, ist ein Aberkennungsbescheid bzw ein Bescheid zur Nichtgeltung der EU-Fahrerlaubnis im Bundesgebiet regelmäßig rechtswidrig und dürften daher eine Anfechtungsklage bzw ein Antrag auf Gewährung vorläufigen Rechtsschutzes (vgl das Muster unter

---

252 ABl. EG Nr. L 403, S. 18, umgesetzt durch die 3. VO zur Änderung der FeV vom 7.1.2009 (BGBl. I S. 29), in Kraft getreten am 19.1.2009.
253 „Ein Mitgliedstaat lehnt es ab, einem Bewerber, dessen Führerschein in einem anderen Mitgliedstaat eingeschränkt, ausgesetzt oder entzogen wurde, einen Führerschein auszustellen. Ein Mitgliedstaat lehnt die Anerkennung der Gültigkeit eines Führerscheins ab, der von einem anderen Mitgliedstaat einer Person ausgestellt wurde, deren Führerschein im Hoheitsgebiet des erstgenannten Mitgliedstaats eingeschränkt, ausgesetzt oder entzogen worden ist. Ein Mitgliedstaat kann es ferner ablehnen, einem Bewerber, dessen Führerschein in einem anderen Mitgliedstaat aufgehoben wurde, einen Führerschein auszustellen."
254 „Ein Mitgliedstaat kann es ablehnen, die Gültigkeit eines Führerscheins anzuerkennen, der von einem anderen Mitgliedstaat einer Person ausgestellt wurde, auf die in seinem Hoheitsgebiet eine der in Absatz 2 genannten Maßnahmen angewendet wurde. Ein Mitgliedstaat kann es außerdem ablehnen, einem Bewerber, auf den eine solche Maßnahme in einem anderen Mitgliedstaat angewendet wurde, einen Führerschein auszustellen."
255 Vgl hierzu etwa BayVGH, Beschl. v. 22.3.2011 – 11 CE 11.109; Nds. OVG, Beschl. v. 18.8.2010 – 12 ME 57/10; OVG NRW, Beschl. v. 20.1.2010 – 16 B 814/09, zfs 2010, 236 und v. 16.6.2011 – 16 B 72/11, Blutalkohol 2011 (Vol. 48), 253; VGH Bad.-Württ., Beschl. v. 21.1.2010 – 10 S 2391/09, DAR 2010, 153 = Blutalkohol 2010 (Vol. 47), 149.
256 Soweit Aberkennungsbescheide erlassen worden sind, wurden diese durchweg in Feststellungsbescheide umgedeutet.

Rn 478) Erfolg haben. Dabei ist aber zu beachten, dass der EuGH in seinem Urteil vom 26.4.2012 – C-419/10, Rn 90, ausdrücklich darauf hingewiesen hat, dass die Gerichte (und Behörden) des Ausstellungsstaates gerade in den typischen Fallkonstellationen des Führerscheintourismus zu prüfen haben, ob der Betroffene im Zeitpunkt des Erwerbs des Führerscheins seinen ordentlichen Wohnsitz im Ausstellermitgliedstaat hatte. Dies kann auch dadurch geschehen, dass das Gericht (ggf über die deutsche Auslandsvertretung) eine Auskunft der Meldebehörden des Ausstellerstaates einholt.[257]

473 ▶ **Muster: Schreiben an Mandanten mit Hinweis zur Gültigkeit einer EU-Fahrerlaubnis**

Sehr geehrte/r Frau/Herr ...

nachdem Ihnen wegen der Trunkenheitsfahrt vom ... (1,81 ‰) mit Urteil des Strafgerichts ... vom ... die Fahrerlaubnis entzogen und eine Sperre von neun Monaten angeordnet worden ist, ist nach § 13 Nr. 2 lit. c FeV vor Neuerteilung der Fahrerlaubnis im Bundesgebiet ein (positives) medizinisch-psychologisches Gutachten beizubringen.

Sie haben nun mit Schreiben vom ... angefragt, ob eine solche Begutachtung nicht durch die Beantragung eines Führerscheins in einem anderen EU-Mitgliedstaat – insbesondere der Tschechischen Republik – umgangen werden kann.

Zwar wird auf verschiedenen Seiten im Internet damit geworben, dass die ausländische Fahrerlaubnis nach der Rechtsprechung des Gerichtshofs der Europäischen Union (EuGH) uneingeschränkt anerkannt werden müsse. Allerdings trifft dies nur eingeschränkt zu. So ist eine in einem anderen EU-Mitgliedstaat erworbene Fahrerlaubnis nur dann von den deutschen Behörden anzuerkennen, wenn der Inhaber der Fahrerlaubnis zur Zeit des Erwerbs des Führerscheins seinen ordentlichen Wohnsitz dort hatte. Dies darf von den deutschen Behörden – etwa durch eine Anfrage bei den dortigen Meldebehörden – auch vor Ort überprüft werden.

Eine in einem anderen EU-Mitgliedstaat erworbene Fahrerlaubnis gilt auch dann nicht in Deutschland, wenn sie während einer hier noch laufenden Sperrfrist erworben wird.

Wenn Sie zB mit einer tschechischen Fahrerlaubnis im Bundesgebiet am Straßenverkehr teilnehmen würden, obwohl diese Fahrerlaubnis unter Verstoß gegen das sog. Wohnsitzprinzip erteilt worden ist und daher in Deutschland nicht anzuerkennen wäre, könnte dies sogar als Straftat nach § 21 StVG – Fahren ohne Fahrerlaubnis – gewertet werden.[258]

Vor diesem Hintergrund ist von der Beantragung eines neuen Führerscheins in einem anderen EU-Mitgliedstaat abzuraten. Es erscheint wesentlich sinnvoller, sich nunmehr intensiv – ggf durch den Besuch von entsprechenden Seminaren – auf die Begutachtung vorzubereiten. Falls Sie hierzu Fragen haben, können Sie sich gerne jederzeit an mich wenden.

Rechtsanwalt ◀

474 c) **Sonderproblem: Behandlung von umgetauschten Führerscheinen.** Wird ein Führerschein in einem (anderen) Mitgliedstaat der Europäischen Union ohne erneute Eignungsprüfung umgeschrieben oder umgetauscht, vermittelt er dem Inhaber keine weitere Berechtigung zum Führen von Kraftfahrzeugen im Bundesgebiet als die Fahrerlaubnis, die in dem umgetauschten früheren Führerschein dokumentiert wurde.[259] Wurde der EU-Führerschein also etwa durch

---

257 OVG NRW, Urt. v. 22.2.2012 – 16 A 1456/08, juris.
258 So etwa OLG Stuttgart, Urt. v. 15.1.2007 –, DAR 2007, 159.
259 VGH Bad.-Württ., Beschl. v. 4.2.2010 – 10 S 2773/09, Blutalkohol 2010 (Vol. 47), 255.

Umtausch eines deutschen Führerscheins erlangt und war die deutschen Fahrerlaubnis im Zeitpunkt des Umtauschs – etwa wegen einer vorangegangenen Entziehung – nicht mehr wirksam, muss der von dem anderen Mitgliedstaat – im Wege des Umtauschs – ausgestellte Führerschein im Bundesgebiet nicht anerkannt werden.[260] Gleiches gilt, wenn eine EU-Fahrerlaubnis (zB in Tschechien) unter Verstoß gegen das Wohnsitzprinzip erteilt worden ist und diese dann später in einem anderen EU-Mitgliedstaat (zB Österreich) in eine weitere EU-Fahrerlaubnis umgetauscht wird. In diesem Fall „klebt" der Wohnsitzverstoß auch an der weiteren (österreichischen) EU-Fahrerlaubnis, so dass diese selbst dann nicht in Deutschland gilt, wenn der Betroffene im Zeitpunkt des Umtauschs seinen Wohnsitz tatsächlich in Österreich hatte.

Eine Pflicht zur Anerkennung besteht unter Umständen auch nicht bei einer EU-Fahrerlaubnis, die deren Inhaber durch den **Umtausch eines in einem Drittstaat erworbenen Führerscheins** erlangt hat. Dies regelt die zum 30.6.2012 in § 28 Abs. 4 FeV neue eingefügte Nr. 7.[261] Danach gilt eine EU-/EWR-Fahrerlaubnis nicht im Bundegebiet, wenn diese „aufgrund einer Fahrerlaubnis eines Drittstaates, der nicht in der Anlage 11 FeV aufgeführt ist, prüfungsfrei umgetauscht worden ist,"[262] oder wenn diese „aufgrund eines gefälschten Führerscheins eines Drittstaates erteilt wurde."

475

3. Vorläufiger Rechtsschutz

Beispiel: EU-Fahrerlaubnis

476

M. wird im Bundesgebiet wegen einer Alkoholproblematik die Fahrerlaubnis entzogen. Da er eine MPU scheut, meldet er sich (zum Schein) in Tschechien an und macht dort im Februar 2015 den Führerschein.[263] Im Bundesgebiet fällt er bei einer Polizeikontrolle auf. Die zuständige Fahrerlaubnisbehörde teilt ihm mit, dass die Fahrerlaubnis nach § 28 Abs. 4 S. 1 Nr. 3 FeV im Bundesgebiet nicht gültig sei und fordert ihn unter Zwangsgeldandrohung auf, den Führerschein zwecks Anbringung eines entsprechenden Vermerks bei ihr abzuliefern.[264]

Hinweis: Erlässt die Behörde einen Bescheid, mit dem das Recht, von der EU-Fahrerlaubnis im Inland Gebrauch zu machen, aberkannt wird, geht dieser ins Leere, da sich diese Rechtsfolge unmittelbar aus § 28 Abs. 4 Nr. 3 FeV ergibt. Ein solcher Aberkennungsbescheid kann aber regelmäßig in einem feststellenden Verwaltungsakt – Feststellung, dass der EU-Führerschein im Bundesgebiet nicht gilt – umgedeutet werden. Da auch bei Feststellungsbescheiden die sofortige Vollziehung angeordnet werden kann, ist ein Antrag nach § 80 Abs. 5 VwGO statthaft.

477

---

260 BayVGH, Urt. v. 22.11.2010 – 11 BV 10.711; Nds. OVG., Beschl. v. 8.5.2009 – 12 ME 47/09.
261 7. VO zur Änderung der FeV v. 26.6.2012, BGBl. I S. 1394.
262 OVG NRW, Beschl. v. 2.1.2014 – 16 B 1394/13 (zum Umtausch einer im US-Bundesstaat New York ausgestellten und später in Belgien umgetauschten Fahrerlaubnis).
263 Wird in den tschechischen Führerschein ein deutscher Wohnsitz eingetragen, kann der Fahrerlaubnis in Deutschland – unabhängig von den Eignungsfragen – auf jeden Fall die Anerkennung verweigert werden (vgl Rn 457 ff).
264 Die Rechtsgrundlage für die Anforderung des Führerscheins ergibt sich aus § 3 Abs. 2 S. 3 StVG, § 47 Abs. 1 und 2 FeV.

478 ▶ **Muster: Antrag nach § 80 Abs. 5 VwGO (Feststellung der Nichtgeltung einer EU-Fahrerlaubnis)**

An das Verwaltungsgericht ...

Antrag nach § 80 Abs. 5 VwGO

In der Sache
des Herrn ...

– Antragsteller –

Prozessbevollmächtigte: RAe ...

gegen

das Land ..., vertreten durch den Landrat des Kreises ... – Führerscheinstelle –, ...,

– Antragsgegner –

beantrage hiermit ich namens und in Vollmacht des Antragstellers,

die aufschiebende Wirkung des Widerspruchs vom ... gegen die Ordnungsverfügung des Landrats des Kreises ... – Führerscheinstelle – vom ... hinsichtlich der angeordneten Ablieferung der Fahrerlaubnis wiederherzustellen und hinsichtlich der Androhung der Festsetzung eines Zwangsgeldes anzuordnen.

Streitwert: 2.500 EUR

Begründung:

Die aufschiebende Wirkung des Widerspruchs ist wiederherzustellen bzw. anzuordnen, weil dieser aller Voraussicht nach Erfolg haben wird. Die Ordnungsverfügung ist rechtswidrig und verletzt den Antragsteller in seinen Rechten.

Die darin angeordnete Ablieferung des Führerscheins ist rechtswidrig, weil die tschechische Fahrerlaubnis des Antragstellers im Bundesgebiet gültig ist, ohne dass sich aus § 28 Abs. 4 S. 1 Nr. 3 FeV etwas anderes ergeben würde.

Aus den Entscheidungen des EuGH in den Verfahren „Kapper" (Urteil vom 29.4.2004 – C-476/01), „Halbritter" (Urteil vom 6.4.2006 – C-227/05) und „Hofmann" (Urteil vom 26.4.2012 – C-419/10) ergibt sich, dass die Nichtanerkennung der dem Antragsteller durch die Behörde eines anderen EU-Mitgliedstaats ausgestellten Fahrerlaubnis gegen den Leitgedanken der Führerscheinrichtlinien (91/439/EWG und 2006/126/EG), nämlich den Grundsatz der gegenseitigen Anerkennung von Fahrerlaubnissen, verstößt.

Der EuGH verweist in sämtlichen Entscheidung darauf, dass das Anerkennungsprinzip den Mitgliedstaaten eine klare und unbedingte Verpflichtung auferlegt, die keinen Ermessensspielraum einräumt. Weiter wird ausgeführt, dass die Mitgliedstaaten vom Inhaber eines in einem anderen Mitgliedstaat ausgestellten Führerscheins nicht verlangen können, dass er die Bedingungen erfüllt, die ihr nationales Recht für die Neuerteilung einer Fahrerlaubnis nach ihrem Entzug aufstellt. Die Behörden eines Mitgliedstaats sind nicht befugt, die Beachtung der Ausstellungsbedingungen erneut zu prüfen.

Hinzu kommt, dass der EuGH in seinen Urteilen vom 26.6.2008 – C-329/06, C-334/06 – („Wiedemann"/„Zerche") den deutschen Behörde zwar die Möglichkeit eröffnet hat, die Anerkennung einer von einem anderen Mitgliedstaat ausgestellten Fahrerlaubnis zu verweigern, wenn sich aus dem Führerschein selbst oder aus Informationen des anderen Mitgliedstaates ergibt, dass der Betroffene zum Zeitpunkt der Ausstellung des Führerscheins seinen Wohnsitz nicht in dem Mitgliedstaat hatte. Auf die Möglichkeit, die Anerkennung einer Fahrerlaubnis wegen Rechtsmissbrauchs zu verweigern, ist der EuGH in dieser Entscheidung jedoch nicht eingegangen.

Etwas anderes ergibt sich nicht aus Art. 11 Abs. 4 der dritten Führerscheinrichtlinie 2006/126/EWG. In seinem Urteil vom 26.4.2012 (C-419/10, „Hofmann") hat der EuGH entschieden, dass die Art. 2 Abs. 1 und 11 Abs. 4 Unterabs. 2 dieser Richtlinie dahin auszulegen sind, dass sie es einem Mitgliedstaat verwehren, die Anerkennung der Gültigkeit des einer Person, die Inhaber einer ihr in seinem Hoheitsgebiet entzogenen früheren Fahrerlaubnis war, außerhalb einer ihr auferlegten Sperrfrist für die Neuerteilung dieser Fahrerlaubnis von einem anderen Mitgliedstaat ausgestellten Führerscheins auch dann abzulehnen, wenn die Voraussetzung eines ordentlichen Wohnsitzes im Hoheitsgebiet des letztgenannten Mitgliedstaats eingehalten wurde. Damit hat der EuGH der anderslautenden Rechtsprechung deutscher Verwaltungsgerichte eine klare Absage erteilt.

Auf der Grundlage der hier allein maßgeblichen Rechtsprechung des EuGH zur (zwingenden) Anerkennung der in einem anderen Mitgliedstaat der Europäischen Union erworbenen Fahrerlaubnis ist die Ordnungsverfügung des Antragsgegners offensichtlich rechtswidrig. Die Regelung des § 28 Abs. 4 S. 1 Nr. 3 FeV hätte wegen des Anwendungsvorrangs europarechtlicher Bestimmungen nicht berücksichtigt werden dürfen.

Die tschechischen Behörden haben bei Ausstellung des Führerscheins die Eignung des Antragstellers zum Führen von Kraftfahrzeugen auch geprüft und positiv festgestellt. Hieran sind deutsche Behörden gebunden. Eine nochmalige Überprüfung, wie sie vom Antragsgegner durch Verweis auf das Verfahren nach § 28 Abs. 5 FeV letztlich verlangt wird, würde gegen das europarechtliche Anerkennungsprinzip verstoßen.

Hinzu kommt, dass in der tschechischen Fahrerlaubnis des Antragstellers eine tschechische Anschrift eingetragen ist unter der er seinerzeit auch tatsächlich wohnhaft war. Die Fahrerlaubnis ist daher unter Beachtung des Wohnsitzerfordernisses erteilt worden.

Nach alledem ist dem Antrag insgesamt stattzugeben, da es auch an einer Grundlage für die Androhung eines Zwangsgeldes fehlt.

Rechtsanwalt ◄

IV. Erteilung einer deutschen Fahrerlaubnis (Umschreibung)

1. Fahrerlaubnis aus EU- oder EWR-Staaten (§ 30 FeV). Für die Erteilung einer deutschen Fahrerlaubnis an Personen, die im Besitz einer Fahrerlaubnis aus EU-/EWR-Staaten sind, gilt § 30 FeV, dh die Erteilung erfolgt unter erleichterten Voraussetzungen, insbesondere entfällt der Befähigungsnachweis. Für die Umschreibung gelten grundsätzlich keine Fristen. 479

Voraussetzungen sind: 480

- ordentlicher Wohnsitz iSv § 7 FeV,
- gültige Fahrerlaubnis aus einem EU- oder EWR-Staat, die nach § 28 Abs. 1 FeV zum Führen von Kraftfahrzeugen in Deutschland berechtigt; es darf also keine Ausnahme nach § 28 Abs. 4 FeV eingreifen.

2. Fahrerlaubnis aus anderen Staaten (§ 31 FeV). Bei Staaten und Fahrerlaubnissen iSv Anlage 11 FeV (§ 31 Abs. 1 FeV) gelten erleichterte Voraussetzungen, insbesondere ist grundsätzlich kein Befähigungsnachweis erforderlich. Handelt es sich nicht um einen Staat und eine 481

Fahrerlaubnis iSv Anlage 11 FeV, gilt § 31 Abs. 2 FeV; in diesen Fällen kann auf die Ausbildung verzichtet werden.

482 Sowohl bei § 31 Abs. 1 FeV als auch bei § 31 Abs. 2 FeV sind folgende Voraussetzungen einer Umschreibung zu beachten:

- ordentlicher Wohnsitz iSv § 7 FeV,
- Vorliegen einer gültigen Fahrerlaubnis, die zum Führen von Kraftfahrzeugen im Bundesgebiet berechtigt oder dazu berechtigt hat.

483 Der Nachweis einer gültigen ausländischen Fahrerlaubnis erfolgt gem. § 31 Abs. 3 FeV durch Vorlage des nationalen Führerscheins und eine Erklärung über dessen Gültigkeit. Die Gültigkeit der Fahrerlaubnis kann durch die Behörde überprüft werden; die Beweislast hierfür trägt der Bewerber.[265] Erfolgt die Umschreibung nach Vorlage eines gefälschten ausländischen Führerscheins, kann die deutsche Fahrerlaubnis nach § 48 VwVfG zurückgenommen werden; das Rücknahmeermessen ist in diesen Fällen auf Null reduziert.[266]

484 Berechtigt zum Führen von Kraftfahrzeugen im Bundesgebiet sind nach § 29 Abs. 1 S. 1 FeV zunächst alle Inhaber einer gültigen ausländischen Fahrerlaubnis *ohne* Wohnsitz in Deutschland; es gelten die Ausnahmen des § 29 Abs. 3 FeV. Bei **Begründung eines Wohnsitzes im Inland** besteht die Berechtigung noch weitere sechs Monate; eine Verlängerung auf zwölf Monate ist möglich, wenn glaubhaft gemacht wird, dass der Wohnsitz im Inland max. zwölf Monate besteht. Die Sechsmonatsfrist beginnt mit dem Tag des letzten Grenzübertritts vor Begründung des Wohnsitzes in Deutschland. Die Frist wird durch kurze Auslandsreisen nicht unterbrochen. Eine Unterbrechung findet nur statt, wenn die Ausreise zu dem Zweck erfolgt, den Wohnsitz vorläufig, für immer oder auf bestimmte Dauer aufzugeben.

485 Unter § 29 FeV fallen nicht solche Personen, die seit jeher ihren Wohnsitz im Bundesgebiet haben. Es fehlt dann an dem von dieser Vorschrift vorausgesetzten „internationalen Kraftfahrzeugverkehr". Dem im Inland Ansässigen kann zugemutet werden, die Fahrerlaubnis nach deutschem Recht zu erwerben.[267]

486 Erfolgt eine Umschreibung, obwohl im Zeitpunkt der Erteilung der ausländischen Fahrerlaubnis ein Wohnsitz im Bundesgebiet bestand (vgl § 29 Abs. 3 Nr. 2 FeV), ist die nach § 31 FeV erteilte deutsche Fahrerlaubnis auf der Grundlage von § 48 VwVfG zurückzunehmen.

487 Ist die deutsche Fahrerlaubnis im Sinne des § 29 Abs. 3 Nr. 3 FeV entzogen worden, so ist der Inhaber einer ausländischen Fahrerlaubnis auch dann nicht zum Führen von Kraftfahrzeugen in Deutschland berechtigt, wenn diese erst nach Entziehung der deutschen Fahrerlaubnis erteilt worden ist.[268] Die sich aus dem europarechtlichen Anerkennungsgrundsatz ergebenden Einschränkungen gelten hier naturgemäß nicht.

488 Die Ausgabe des deutschen Führerscheins erfolgt nur gegen Abgabe des ausländischen Führerscheins. Dieser wird an die Ausstellungsbehörde gesendet oder in Verwahrung genommen (§ 31 Abs. 4 FeV).

---

265 BVerwG, Urt. v. 20.4.1994 – 11 C 60.92, NZV 1994, 453.
266 VGH Bad.-Württ., Urt. v. 12.4.2004 – 10 S 1215/93, NZV 1994, 454.
267 VGH Bad.-Württ., Beschl. v. 15.5.2002 – 10 S 610/02, zfs 2002, 601 (Fall eines in Deutschland wohnhaften Grenzgängers, der in der Schweiz gearbeitet und dort auch seine Fahrerlaubnis erhalten hat; zur Vorgängerregelung § 4 IntKfzV).
268 VGH Bad.-Württ., Beschl. v. 11.2.2003 – 10 S 209/02, NZV 2003, 591.

V. „Entziehung" einer ausländischen Fahrerlaubnis

Für eine Fahrerlaubnis *aus EU-/EWR-Staaten* erklärt § 28 Abs. 1 S. 3 FeV die allgemeinen Vorschriften für anwendbar, dh die Fahrerlaubnis ist nach deutschem Recht zu entziehen, wenn sich ein Eignungsmangel (nach Erteilung der Fahrerlaubnis!) ergibt. Gemäß § 3 Abs. 1 S. 2 StVG hat dies aber nur die Wirkung einer Aberkennung des Rechts, von der Fahrerlaubnis im Inland Gebrauch zu machen.

Bei Fahrerlaubnissen *aus sonstigen Staaten* ist nach § 29 a FeV das Recht, von dieser im Inland Gebrauch zu machen, abzuerkennen. Für die Überprüfung von Eignungsbedenken gelten die allgemeinen Vorschriften. Auf den Fall einer ausländischen Fahrerlaubnis, die nicht zum Führen von Kraftfahrzeugen im Inland berechtigt, insbesondere weil im Zeitpunkt ihrer Erteilung ein ordentlicher Wohnsitz im Inland bestand, ist § 29 FeV entsprechend anzuwenden, da der Rechtsschein einer im Bundesgebiet gültigen Fahrerlaubnis zu beseitigen ist.[269]

---

[269] VG Bayreuth, Beschl. v. 8.4.1997 – B 1 S 96.1120 (zur Vorgängerregelung § 11 IntKfzV).

§ 19 Fahrtenbuchauflage[1]

Literatur: *Burhoff*, RVGreport 2012, 435; *Fromm*, Risiken einer bewusst falschen Benennung des angeblichen Fahrzeugführers, DV 2015, 17; *Gehrmann*, Die verkehrsbehördliche Anordnung zur Führung eines Fahrtenbuchs, zfs 2002, 213; *Göhler*, Gesetz über Ordnungswidrigkeiten, 16. Auflage 2012; *Haus* in: Haus/Krumm/Quarch, Gesamtes Verkehrsrecht, 2014, § 31 a StVZO Rn 1 ff; *ders.* in: Haus/Zwerger, Das verkehrsrechtliche Mandat, Band 3: Verkehrsverwaltungsrecht einschließlich Verwaltungsprozessrecht, 2. Auflage 2012, § 29 Fahrtenbuch, Rn 1 ff; *Koehl*, Neuere Rechtsprechung zum Verkehrsverwaltungsrecht, ZfSch 2014, 4; *ders.*, Neuere Rechtsprechung zum Straßenverkehrsrecht, Teil III, VD 2013, 242; *ders.*, Neuere Rechtsprechung des BayVGH zum Straßenverkehrsrecht, BayVBl. 2013, 329; *ders.*, Neue Rechtsprechung zum Straßenverkehrsrecht, ZfSch 2013, 304; *ders.*, Effektiver Rechtsschutz gegen Auferlegung eines Fahrtenbuchs, NZV 2008, 169; *Ludovisy*, Rechtsprechungsübersicht zum Straßenverkehrsrecht, ZAP Fach 9R, 245; *ders.*, Zu den Voraussetzungen, unter welchen eine sog. Fahrtenbuchauflage erteilt werden kann, DAR 1991, 475; *Manssen*, Halterhaftung in Deutschland, ZVS 2010, 28; *Moritz*, Private Nutzung betrieblicher Kraftfahrzeuge – Anforderungen an ein Fahrtenbuch, AktStR 2006, 215; *Neubauer/Lörincz*, LKV 2012, 240; *Rebler*, Zur Fahrtenbuchauflage und falsche Angaben zur Person des Fahrers, SVR 2008, 360; *Schneider*, Streitwert in Verfahren über die Anordnung einer Fahrtenbuchauflage, DAR 2009, 551; *Schwab*, Die Fahrtenbuchauflage als Maßnahme der Gefahrenabwehr, VD 1991, 277; *Schwab*, Aussetzung der Vollziehung durch die Straßenverkehrsbehörde, VD 1992, 273; *Stollenwerk*, Fahrtenbuchauflage – Sofortvollzug bei Wiederholungsgefahr, VD 2001, 53; *Stollenwerk*, Anordnung einer Fahrtenbuchauflage, VD 1998, 103; *Vahle*, Das Fahrtenbuch, DVP 2006, 65; *Vahle*, Auskunft über Fahrer von Firmen- und Dienstfahrzeugen, DSB 1999, Nr. 3, 9–10; *Weber*, Der praktische Fall – Eine ungeliebte Buchführung, VR 2007, 98; *Westerholt*, Elektronisches Fahrtenbuch, VD 1996, 66; *Winter*, Voraussetzungen einer Fahrtenbuchauflage, DAR 2013, 290; *Wysk*, Die Fahrtenbuchauflage als Instrument der Gefahrenabwehr, ZAP Fach 9, 417 (1996); *Ziegert*, Fahrtenbuchauflage, zfs 1995, 242; *Zilkens*, (Original-) Referendarexamensklausur – Öffentliches Recht: Fahrtenbuchauflage, JuS 2009, 350.

A. Vorbemerkung	1
B. Materielles Fahrtenbuchrecht	2
I. Gesetzliche Regelung	2
II. Richtiger Adressat der Fahrtenbuchanordnung	4
III. Anordnungsvoraussetzungen	11
1. Zuwiderhandlung gegen Verkehrsvorschriften	13
2. Unmöglichkeit der Feststellung eines Fahrzeugführers	26
a) Zweiwochenfrist	27
aa) Beachtlichkeit der Zweiwochenfrist	35
bb) Unbeachtlichkeit der Zweiwochenfrist	39
b) Ausreichende Ermittlungen	44
aa) Fehlende Bereitschaft des Halters zur Mitwirkung an der Aufklärung	46
bb) Insbesondere: Firmenfahrzeug	60
cc) Zeugnis-, Auskunfts- und Aussageverweigerungsrechte	65
dd) Fahrtenbuchauflage nach verjährter Ordnungswidrigkeit	77
ee) „Falsche" Anhörung als Betroffener (nicht als Zeuge)	85
IV. Rechtsfolge: Ermessen	91
V. Ersatzfahrzeug	101
C. Verwaltungsverfahren und Prozessuales	122
I. Verwaltungsverfahren	122
II. Prozessuale Behandlung von Fahrtenbuchsachen	131
1. Erhebung eines Widerspruchs	132
2. Antrag auf vorläufigen Rechtsschutz gem. § 80 Abs. 5 S. 1 VwGO	134
a) Formelle Rechtmäßigkeit der Anordnung des Sofortvollzugs	137
b) Begründetheit im Übrigen	143
3. Klageverfahren	146
4. Erledigung	150
5. Streitwert	160
III. Besonderheit: Gebühren für eine Fahrtenbuchanordnung	162
D. Sonstige Bestimmungen in § 31 a StVZO	175

---

1 Anmerkung: Da der Begriff „Fahrtenbuchauflage" üblicherweise verwendet wird, soll hier in der Überschrift von dieser Terminologie nicht abgewichen werden, obwohl dieser Begriff methodisch nicht korrekt ist. Denn er suggeriert, dass die Anordnung eines Fahrtenbuchs eine Nebenbestimmung iSv § 36 VwVfG (der Einheitlichkeit halber wird bei der Zitierung von Vorschriften des Verwaltungsverfahrensrechts das Verwaltungsverfahrensgesetz des Bundes verwendet) sein könnte. Die methodisch korrekte Bezeichnung des auf § 31 a Abs. 1 S. 1 StVZO fußenden (selbständigen) Verwaltungsakts ist dagegen die Anordnung der Verpflichtung zur Führung eines Fahrtenbuchs.

A. Vorbemerkung

Die hier erfolgende kompakte Darstellung des Rechts der nach Landesrecht zuständigen Behörde,[2] gem. § 31 a Abs. 1 S. 1 StVZO[3] gegenüber dem Fahrzeughalter die Führung eines Fahrtenbuchs anzuordnen, erläutert die praktisch wichtigsten materiellrechtlichen Fragen in diesem Zusammenhang und zeigt, wie Schriftsätze (insb. Rechtsbehelfe) in Fahrtenbuchsachen rechtlich zutreffend und zweckmäßig abgefasst werden können. Mit Blick auf die Erfordernisse des Praktikers wird dabei vorrangig die einschlägige Rechtsprechung herangezogen, Literaturmeinungen werden nur insoweit diskutiert, als dies in diesem Rahmen möglich und erforderlich ist.[4] Auch Randfragen, wie solche des Steuerrechts,[5] können nur angeschnitten werden.

B. Materielles Fahrtenbuchrecht

I. Gesetzliche Regelung

Rechtsgrundlage für die Anordnung der Verpflichtung zur Führung eines Fahrtenbuchs ist § 31 a Abs. 1 S. 1 StVZO:[6]

Die nach Landesrecht zuständige Behörde kann gegenüber einem Fahrzeughalter für ein oder mehrere auf ihn zugelassene oder künftig zuzulassende Fahrzeuge die Führung eines Fahrtenbuchs anordnen, wenn die Feststellung eines Fahrzeugführers nach einer Zuwiderhandlung gegen Verkehrsvorschriften nicht möglich war.

An der Verfassungsmäßigkeit dieser Regelung bestehen keine grundsätzlichen Zweifel; dies hat das BVerfG im Jahre 1981 entschieden.[7] Nach dieser Entscheidung schränkt § 31 a StVZO die durch Art. 2 Abs. 1 GG gewährleistete allgemeine Handlungsfreiheit des betroffenen Fahrzeughalters formell und materiell wirksam ein, ohne ihren Wesensgehalt iSd Art. 19 Abs. 2 GG anzutasten. Daher ist es unnötig, in einer Klage- oder Antragsschrift grundsätzliche verfassungsrechtliche Bedenken gegen die Anordnung einer Fahrtenbuchauflage anzuführen.

---

2 Früher sprach das Gesetz hier von Verwaltungsbehörde. Die Vorschrift des *§ 31 a Abs. 1 S. 1 StVZO* ist mittlerweile – seit der letzten Auflage dieses Beitrags – geändert worden. Diese Änderung betrifft jedoch nicht die tatbestandlichen Voraussetzungen einer Fahrtenbuchanordnung oder deren Rechtsfolgenseite. In der aktuellen, seit 5.5.2012 geltenden Fassung der Norm vom 26.4.2012 (BGBl. I S. 679) wurde lediglich die Formulierung „Die Verwaltungsbehörde ..." durch die Worte „Die nach Landesrecht zuständige Behörde ..." ersetzt. Diese Behörde kann – wie nach der bisherigen Gesetzesfassung – gegenüber einem Fahrzeughalter für ein oder mehrere auf ihn zugelassene oder künftig zuzulassende Fahrzeuge die Führung eines Fahrtenbuchs anordnen, wenn die Feststellung eines Fahrzeugführers nach einer Zuwiderhandlung gegen Verkehrsvorschriften nicht möglich war.
3 IVm § 6 Abs. 1 Nr. 3 StVG, der die Rechtsgrundlage für den Erlass des § 31 a StVZO enthält.
4 Vgl etwa *Vahle*, DSB 1999, 235; *Stollenwerk*, VD 1998, 103; *Wysk*, ZAP Fach 9, 417 (1996); *Ziegert*, zfs 1995, 242; *Schwab*, VD 1991, 277; außerdem die regelmäßigen Rubriken „Die Entwicklung des Straßenverkehrsrechts" in der NJW sowie „Überblick über neue Entscheidungen in Verkehrsstraf- und -bußgeldsachen" in der NStZ.
5 Zu den Anforderungen an die ordnungsgemäße Führung eines Fahrtenbuchs in steuerrechtlicher Hinsicht vgl etwa BFH, Urt. v. 1.3.2012 – VI R 33/10, BFHE 236, 497, Urt. v. 16.3.2006 – VI R 87/04, NJW 2006, 2142 sowie Urt. v. 16.11.2005 – VI R 64/04, NJW 2006, 2063 (zur Zulässigkeit der Fahrtenbucherstellung mit MS-Excel); *Moritz*, Akt-StR 2006, 215.
6 Zu den übrigen Regelungen des § 31 a StVZO s.u. Rn 169 ff; sie besitzen in der praktischen Rechtsanwendung keine besondere, jedenfalls keine eigenständige Bedeutung.
7 Beschl. v. 7.12.1981 – 2 BvR 1172/81, NJW 1982, 568 = VRS 62, 81; vgl auch Nichtannahmebeschl. v. 19.12.1995 – 1 BvR 1886/95; ebenso BVerwG, Beschl. v. 22.6.1995 – 11 B 7/95, DAR 1995, 459 = Buchholz 442.16 § 31 a StVZO Nr. 22.

II. Richtiger Adressat der Fahrtenbuchanordnung

4 **Beispiel:**
Gegen G. als Bescheidsadressatin wird von der Straßenverkehrsbehörde ein Fahrtenbuch angeordnet. G. wendet hiergegen ein, dass das Fahrzeug, mit dem die (unstreitige) Verkehrszuwiderhandlung begangen wurde, nicht auf sie selbst, sondern auf die Firma, bei der sie angestellt ist, zugelassen sei.

5 Adressat einer Fahrtenbuchanordnung ist nach dem Wortlaut des § 31 a Abs. 1 S. 1 StVZO der **Fahrzeughalter**. Die Anforderungen, die an den Begriff des Fahrzeughalters iSv § 31 a Abs. 1 S. 1 StVZO zu stellen sind, decken sich mit den Anforderungen, die allgemein für den Halterbegriff iSd § 7 StVG gelten;[8] beide Halterbegriffe sind identisch.[9] Halter in diesem Sinne ist derjenige, der ein Fahrzeug für eigene Rechnung in Gebrauch hat und die Verfügungsgewalt darüber besitzt, die ein solcher Gebrauch voraussetzt.[10] Ein Fahrzeug für eigene Rechnung in Gebrauch hat derjenige, der die Nutzung aus der Verwendung zieht und die Kosten dafür bestreitet.[11] Wer Eigentümer des Fahrzeugs ist und auf welchen Namen es zugelassen und haftpflichtversichert ist, kann bei der Frage, wer Halter eines Fahrzeugs ist, Anhaltspunkte liefern.[12] Dabei kann es Konstellationen geben, in denen nicht nur eine Person Halter ist, sondern zwei oder (zumindest denkbar) mehrere; in diesem Fall müssen nicht sämtliche für die Haltereigenschaft wesentlichen Beurteilungselemente in einer von ihnen zusammenfallen.[13]

6 Diese Halterfrage kann insbesondere bei **Firmenfahrzeugen**[14] akut werden. Hier kommt es darauf an, ob nach den Umständen des Einzelfalls die Firma oder die Person, der das Fahrzeug überlassen wurde, die Verfügungsgewalt über das Fahrzeug innehat; auf wen das Fahrzeug dagegen zugelassen ist, ist nicht entscheidend.

7 Wenn in dem Beispiel Rn 4 das Firmenfahrzeug der G. fest zugeordnet ist („Dienstwagen") und ihr ggf auch zur privaten Nutzung zur Verfügung steht, also andere von der durch die Firma veranlassten Benutzung im Wesentlichen ausgeschlossen sind (etwas anderes ist es, wenn G. selbst kraft ihrer Verfügungsgewalt anderen die Benutzung ermöglicht), dann erfüllt G. in ihrer Person die Anforderungen an den Begriff des Fahrzeughalters. Handelt es sich dagegen um ein „echtes" Firmenfahrzeug und ist G. nur eine unter mehreren Benutzern, ist die Firma Fahrzeughalterin und der Bescheid ist ihr gegenüber zu erlassen. Um die Verhältnisse im Einzelfall festzustellen, wird die Straßenverkehrsbehörde zweckmäßigerweise bei dem Ar-

---

8 Vgl zu diesen Anforderungen *Hentschel/König/Dauer*, Straßenverkehrsrecht, § 7 StVG Rn 14; zum Halterbegriff auch OVG Lüneburg, Beschl. v. 30.1.2014 – 12 ME 243/13, NJW 2014, 1690.
9 VGH BW, Beschl. v. 30.10.1991 – 10 S 2544/91, NZV 1992, 167 = VBlBW 1992, 151; *Hentschel/König/Dauer*, Straßenverkehrsrecht, § 31 a StVZO Rn 9 mwN; aA (der Halterbegriff des Zulassungsrechts der StVZO umfasse nicht nur den gleichsam tatsächlichen Halter des § 7 StVG, sondern darüber hinaus bzw zusätzlich auch den formalen „Zulassungshalter", wodurch der potentielle Adressatenkreis einer Fahrtenbuchanordnung deutlich ausgeweitet wird – auch bei einer dauerhaften „Weitergabe" eines Fahrzeugs kann sich eine Fahrtenbuchanordnung weiterhin auch gegen den verbleibenden „formalen" Halter richten) argumentativ überzeugend: VG Ansbach, Urt. v. 23.9.2011 – AN 10 K 11.00870, juris.
10 OVG NRW, Beschl. v. 5.5.2011 – 8 B 453/11, juris; zum Halter eines Leasingfahrzeugs OVG NRW, Beschl. v. 12.6.2014 – 8 B 110/14, NJW 2014, 2811 = ZfSch 2014, 537.
11 VG Berlin, Urt. v. 17.8.2011 – 11 K 230/11, juris; ebenso äußert sich diese Entscheidung zur Frage des ausreichenden Nachweises eines zwischenzeitlich eingetretenen Halterwechsels.
12 VG Berlin, ebda.
13 BayVGH, Beschl. v. 30.10.2012 – 11 ZB 12.1608, KommunalPraxisBay 2013, 19.
14 Hierzu neuerdings BayVGH, Beschl. v. 23.6.2015 – 11 CS 15.950, juris.

beitgeber der G. um Auskunft nachsuchen, wie die Benutzung des Fahrzeugs im Einzelfall geregelt ist.

Falls die Straßenverkehrsbehörde im Rahmen der Anhörung nach § 28 VwVfG die Anordnung eines Fahrtenbuchs gegen den falschen Adressaten ankündigt, empfiehlt sich eine entsprechende Reaktion in der Stellungnahme im Rahmen der Anhörung:

▶ **Muster: Antwort auf Anhörungsschreiben der Behörde im Falle der drohenden Anordnung eines Fahrtenbuchs gegen den falschen Adressaten**

An ... [Straßenverkehrsbehörde]

Ihr Zeichen: ...

Anhörungsschreiben vom ...

Sehr geehrte Damen und Herren,

hiermit zeige ich unter Hinweis auf die beigefügte Vollmacht an, dass mich Herr ... [Name, Vorname, Anschrift des Mandanten] mit der Wahrnehmung seiner Interessen beauftragt hat. Ihr Schreiben vom ..., mit welchem Sie meinen Mandanten zu der beabsichtigten Anordnung der Verpflichtung zum Führen eines Fahrtenbuchs anhören, liegt mir vor. Dazu nehme ich wie folgt Stellung:

Mein Mandant ist nicht richtiger Adressat der von Ihnen beabsichtigten Maßnahme. Die beabsichtigte Anordnung gegen meinen Mandanten wäre daher rechtswidrig. Adressat einer Fahrtenbuchanordnung ist nach dem Wortlaut des § 31 a Abs. 1 S. 1 StVZO der Fahrzeughalter. Die Anforderungen, die an den Begriff des Fahrzeughalters iSv § 31 a Abs. 1 S. 1 StVZO zu stellen sind, decken sich mit den Anforderungen, die allgemein an den Halterbegriff zu stellen sind (*Hentschel/König/Dauer*, Straßenverkehrsrecht, 43. Auflage 2014, § 7 StVG Rn 14). Denn der Begriff des Fahrzeughalters ist insofern identisch mit dem Halterbegriff des § 7 StVG (VGH BW, Beschl. v. 30.10.1991 – 10 S. 2544/91 = NZV 1992, 167 = VBlBW 1992, 151; *Hentschel/König/Dauer*, Straßenverkehrsrecht, § 31 a StVZO Rn 9 mwN). Halter in diesem Sinne ist derjenige, der ein Fahrzeug für eigene Rechnung in Gebrauch hat und die Verfügungsgewalt darüber besitzt, die ein solcher Gebrauch voraussetzt. Mein Mandant ist nicht Halter des Fahrzeugs mit dem amtlichen Kennzeichen ... . Dieses Fahrzeug wird meinem Mandanten im Rahmen des mit der Firma ... bestehenden Arbeitsvertrags gelegentlich zur Erledigung von Arbeitsaufträgen überlassen. Auf das erwähnte Fahrzeug hat mein Mandant jedoch nicht allein und ausschließlich Zugriff, vielmehr wird es auch von anderen Mitarbeitern der Firma ... benutzt. Vor diesem Hintergrund wäre die Anordnung der Verpflichtung zum Führen eines Fahrtenbuchs gegen meinen Mandanten nicht rechtmäßig. Ich bitte um eine kurze Mitteilung zu meinen Händen, dass das Verwaltungsverfahren gegen meinen Mandanten ohne Kostenfolge eingestellt wird.

Für den Fall, dass in dieser Sache wider Erwarten weitere Korrespondenz anfallen sollte, bitte ich, diese ausschließlich über meine Kanzlei zu führen. Für etwaige Rückfragen stehe ich natürlich jederzeit gern zur Verfügung.

Rechtsanwalt ◀

10 An der Haltereigenschaft ändert sich auch nichts durch beispielsweise Vermietung oder sonstige Überlassung des Fahrzeugs, so dass auch in solchen Fällen eine Fahrtenbuchanordnung gegen den Halter verhängt werden kann.[15]

III. Anordnungsvoraussetzungen

11 Nach § 31 a Abs. 1 S. 1 StVZO kann die nach Landesrecht zuständige Behörde[16] gegenüber einem Fahrzeughalter für ein oder mehrere auf ihn zugelassene Fahrzeuge die Führung eines Fahrtenbuchs anordnen, wenn die Feststellung eines Fahrzeugführers nach einer Zuwiderhandlung gegen Verkehrsvorschriften nicht möglich war.

12 Die Anordnung, ein Fahrtenbuch zu führen, ist eine Maßnahme zur **Abwehr von Gefahren** für die Sicherheit und Ordnung des Straßenverkehrs. Mit ihr soll in Ergänzung der Zulassungs- und Kennzeichnungspflicht der §§ 18, 23 StVZO dafür Sorge getragen werden, dass anders als in dem Fall, der Anlass zur Auferlegung eines Fahrtenbuchs gegeben hat, künftig die Feststellung eines Fahrzeugführers nach einer Zuwiderhandlung gegen Verkehrsvorschriften ohne Schwierigkeiten möglich ist.[17] Von Sinn und Zweck der Vorschrift nicht gedeckt sind dagegen Erwägungen spezialpräventiver Natur. Die Anordnung der Verpflichtung zur Führung eines Fahrtenbuchs ist also nicht dazu da, den Fahrzeughalter im Sinne einer Ersatzstrafe zu einer vorsichtigeren bzw den Straßenverkehrsregeln gerechter werdenden Fahrweise anzuhalten. Finden sich in einem Fahrtenbuchbescheid derartige Erwägungen, liegt ein Ermessensfehler nahe.

13 **1. Zuwiderhandlung gegen Verkehrsvorschriften.** Erste Voraussetzung für eine Fahrtenbuchanordnung ist die Zuwiderhandlung[18] gegen Verkehrsvorschriften. In Betracht kommt hierfür jede in nennenswertem Umfang erfolgte Verletzung einer Vorschrift, die den Straßenverkehr regelt.[19] Insbesondere ist hier zu denken an sämtliche Verkehrsordnungswidrigkeiten sowie Verkehrsstraftaten.

14 Hinsichtlich des allgemein anerkannten Erfordernisses, dass die Verletzung der jeweiligen Verkehrsvorschrift „in nennenswertem Umfang" erfolgen muss, ist als Maßstab das (sog. Mehrfachtäter-)**Punktsystem** nach Anlage 13 zu § 40 FeV heranzuziehen. Dieses stellt nach der Rechtsprechung eine sachverständige Bewertung des jeweiligen Verkehrsverstoßes durch den Verordnungsgeber dar, die belegt, wann ein erheblicher Verkehrsverstoß vorliegt. Zu prü-

---

15 Nds. OVG, Beschl. v. 12.12.2007 – 12 LA 267/07, zfs 2008, 356; dem Halter wird regelmäßig selbst ein flüchtiges Überlassen, zB im Rahmen einer Probefahrt, zugerechnet; auch in derartigen Fällen trifft ihn nämlich die Pflicht zu wissen, wem er sein Fahrzeug überlässt (durch entsprechende Notizen, Einsichtnahme in oder vorübergehendes Einbehalten von Ausweispapieren), hierzu VG Augsburg, Beschl. v. 5.12.2007 – Au 3 S 07.1458, juris.
16 Das ist beispielsweise in Bayern die jeweils örtlich zuständige (vgl. hierzu Art. 3 Abs. 1 Nr. 3 BayVwVfG, entspricht § 3 Abs. 1 Nr. 3 des VwVfG des Bundes) Kreisverwaltungsbehörde als untere Verwaltungsbehörde, § 14 Abs. 1 S. 1 Hs 1 der Verordnung über Zuständigkeiten im Verkehrswesen (ZustVVerk) v. 22.12.1998 (GVBl 1998, 1025, in der aktuellen Fassung gültig seit 1.7.2015).
17 Vgl BVerwG, Urt. v. 28.2.1964 – 7 C 91/61, BVerwGE 18, 107 = NJW 1964, 1384 und Beschl. v. 12.2.1980 – 7 B 82/79, Buchholz 442.16 § 31 a StVZO Nr. 7; BayVGH, Beschl. v. 27.1.2004 – 11 CS 03.2940, BayVBl 2004, 633.
18 Dabei genügt natürlich der *tatbestandliche* Verstoß gegen eine Verkehrsvorschrift, da mangels Feststellbarkeit des Fahrzeugführers keine Feststellungen zu Rechtswidrigkeit und Schuld der Tatbegehung getroffen werden können, vgl VG des Saarlandes, Urt. v. 12.5.2011 – 10 K 45/11, juris.
19 Die Kompetenz zur Feststellung, wann eine Zuwiderhandlung gegen Verkehrsvorschriften vorliegt, kommt grundsätzlich jedem Rechtsanwender zu, BayVGH, Beschl. v. 20.9.2007 – 11 CS 07.1198, juris. Bestimmte Behörden mit ausschließlicher Feststellungskompetenz gibt es nicht, insbesondere nicht die Behörden, die zur Ahndung von Ordnungswidrigkeiten bzw zur Verfolgung von Straftaten zuständig sind, denn in Fällen von Fahrtenbuchanordnungen stellen diese Behörden ja notwendigerweise gerade nichts fest, sonst wäre die Fahrerfeststellung nicht unmöglich, daher ist zwingend, dass die Straßenverkehrsbehörden kompetent sind zur Feststellung, wann ein Verkehrsverstoß vorliegt.

fen ist also, ob der dem Betroffenen vorgeworfene Verstoß gegen Verkehrsvorschriften in der Anlage 13 zu § 40 FeV aufgeführt ist und, wenn ja, mit wie vielen Punkten.

Beispiele: 15
Mit dem Fahrzeug des A. wird auf der Bundesautobahn folgende Ordnungswidrigkeit begangen: Überschreitung der zulässigen, durch Verkehrszeichen (§ 41 Abs. 2 StVO, Zeichen 274) angeordneten Höchstgeschwindigkeit von 120 km/h außerhalb geschlossener Ortschaft auf einer Autobahn um 31 km/h. – Der Verkehrsverstoß in Gestalt der Geschwindigkeitsüberschreitung wird nach dem Bußgeldkatalog mit einer Geldbuße von 120 EUR (§ 1 Abs. 1 S. 1 BKatV iVm Bußgeldkatalog Nr. 11.3.6 Tabelle 1 des Anhangs zu Nr. 11 der Anlage zur BKatV) und nach dem sog. Mehrfachtäter-Punktsystem mit einem Punkt geahndet (vgl Nr. 3.2.2 der Anlage 13 zu § 40 FeV).
Mit dem Fahrzeug des B. wird eine Straftat des unerlaubten Entfernens vom Unfallort („Fahrerflucht") gem. § 142 Abs. 1 StGB begangen. – Der Verkehrsverstoß in Gestalt der Straftat des unerlaubten Entfernens vom Unfallort ist nach dem Punktsystem gem. § 40 FeV mit drei Punkten bewertet (vgl Nr. 1.6 der Anlage 13 zu § 40 FeV).

Grundsätzlich reicht ein lediglich mit einem Punkt bewerteter Verkehrsverstoß für die Anordnung einer Fahrtenbuchauflage aus, ohne dass es auf die Feststellung der näheren Umstände der Verkehrsordnungswidrigkeit ankommt. Erschwerend wird von den meisten Gerichten idR gewürdigt, wenn ein Verstoß vorliegt, der mehr als einen Punkt auslöst, oder es sich gar um eine Straftat, nicht nur um eine Ordnungswidrigkeit handelt. Dies ändert aber grundsätzlich nichts daran, dass bereits ab Erreichen der Grenze von einem Punkt ein für die Anordnung eines Fahrtenbuchs ausreichender Verkehrsverstoß vorliegt; allenfalls in besonders gelagerten Fällen kann sich der Umstand, dass mehr als ein Punkt fällig wird, auswirken (und immer natürlich bei der Dauer, für die die Fahrtenbuchanordnung erfolgt, vgl dazu ausführlich unten Rn 91 ff beim Ermessen). 16

Sehr wichtig für die forensische Tätigkeit ist, dass bereits ein **lediglich mit einem Punkt** bewerteter Verkehrsverstoß für eine rechtmäßige Fahrtenbuchanordnung ausreicht, ohne dass es auf die näheren Umstände der Verkehrsordnungswidrigkeit oder Straftat ankommt. Es kommt also nur auf die Tatsache an, *dass* eine Verkehrsvorschrift verletzt wurde; nähere Einzelheiten, die sich auf die Ahndung zB der Ordnungswidrigkeit (häufigste Konstellation) selbst im Verfahren vor den ordentlichen Gerichten auswirken können – Grad der Fahrlässigkeit bzw Schwere der Schuld, sonstige Umstände (vgl hierzu im Einzelnen Teil 5) – sind im Verwaltungsverfahren und anschließend im verwaltungsgerichtlichen Verfahren grundsätzlich ohne Belang. 17

Allerdings ist selbstverständlich sowohl im Verwaltungsverfahren als auch im verwaltungsgerichtlichen Verfahren Voraussetzung, dass die Tatsache des Verkehrsverstoßes feststeht, dh im Prozess im Bestreitensfalle von der Beklagtenseite (das ist entweder die Straßenverkehrsbehörde selbst in den Bundesländern, wo dies möglich ist, vgl § 78 Abs. 1 Nr. 2 VwGO, oder der Rechtsträger der Behörde, § 78 Abs. 1 Nr. 1 Hs 1 VwGO) bewiesen wird, denn der Beklagte trägt hinsichtlich dieser Tatsache, da sie zu den Voraussetzungen der Eingriffsgrundlage gehört, die sog. materielle Beweis- oder Feststellungslast.[20] 18

---

20 In der Praxis des Verfassers wurde jedoch kein einziges Mal der Versuch unternommen, die tatsächlichen Feststellungen hinsichtlich des vorgeworfenen Verkehrsverstoßes in Zweifel zu ziehen.

§ 19 Fahrtenbuchauflage

19 In Fällen, in denen der **Verkehrsverstoß** mit objektiven Beweismitteln, insbesondere also mit
- Frontfoto,
- Geschwindigkeitsmessung,[21]
- Videoaufzeichnung.

belegt werden kann, wird es regelmäßig wenig aussichtsreich bis aussichtslos sein, gegen die Tatsache des Verkehrsverstoßes vorzugehen.[22] Wohlgemerkt kommt es hierbei nur darauf an, dass der Verstoß mit dem fraglichen Kraftfahrzeug belegt werden kann, naturgemäß nicht auch, wer der Fahrzeugführer war, da ansonsten die Fahrtenbuchanordnung bereits an der Voraussetzung der Nichtfeststellung des Fahrzeugführers scheiterte.

20 **Hinweis:** Es kann erfolgversprechend sein, die Tatsache des vorgeworfenen Verkehrsverstoßes mit Nichtwissen zu bestreiten, wenn der Betroffene den Verstoß nicht (selbst) begangen hat oder er sich hieran nicht mehr sollte erinnern können und das Fahrzeug nicht zweifelsfrei identifiziert wurde. In einem solchen Fall dürfte es sich nicht immer sicher nachweisen lassen, dass der der Fahrtenbuchanordnung zugrunde liegende Verkehrsverstoß auch wirklich mit dem Fahrzeug des durch den Bescheid verpflichteten Fahrzeughalters begangen wurde.[23]

21 **Beispiel:**
A. wird vorgeworfen, mit dem von ihm gehaltenen Kraftfahrzeug sei ein Verstoß gegen § 26 Abs. 3 StVO (Verbot des Überholens an Fußgängerüberwegen) begangen worden. Als Beleg hierfür verweist die Straßenverkehrsbehörde auf die Aussage eines Polizeioberrats, der auf dem morgendlichen Weg zu seiner Dienststelle das Geschehen beobachtet und trotz der vermutlich relativ hohen Geschwindigkeit des Fahrzeugs (im Überholvorgang) das Kennzeichen des Fahrzeugs erkannt habe.

22 In einem derartigen Fall würde es sich anbieten, den Verkehrsverstoß nicht unstreitig zu stellen, sondern diesen mit Nichtwissen zu bestreiten (für den Fall, dass der Mandant nicht selbst gefahren ist, dürfte dies auch keinen Verstoß gegen die prozessuale Wahrheitspflicht darstellen). Im Prozess wäre sodann grundsätzlich durch Vernehmung des Polizeioberrats als Zeugen (mit anschließender Würdigung der Zeugenaussage) der Verkehrsverstoß aufzuklären.

23 ▶ **Muster: Antrag auf Vernehmung eines Zeugen**

Es wird beantragt,

zu der Frage, ob mit dem Pkw mit dem amtlichen Kennzeichen ... am ... gegen ... Uhr in ... [Ort, falls innerorts] in der ...straße auf Höhe ... [nähere Beschreibung, besonders wenn sich das Geschehen außerorts abgespielt hat, etwa Kilometerangabe; sonst zB auf Höhe eines Fußgängerübergangs,

---

21 Das Messprotokoll ist eine öffentliche Urkunde mit dem Beweiswert des § 415 Abs. 1 ZPO, VG Gelsenkirchen, Urt. v. 21.3.2011 – 14 K 1116/10, juris; das Messergebnis amtlich zugelassener Geräte in standardisierten Verfahren kann, unter Berücksichtigung üblicher Messtoleranzen, von Behörden oder Gerichten regelmäßig ohne weiteres zu Grunde gelegt werden, VG Gelsenkirchen, ebenda. Zu Geschwindigkeitsmessgeräten vgl auch VGH Baden-Württemberg, Beschl. v. 21.7.2014 – 10 S 1256/13, VRR 2014, 437; Beschl. v. 4.12.2013 – 10 S 1162/13, DAR 2014, 103.
22 Jedenfalls genügt in derartigen Fällen kein pauschales Bestreiten, vielmehr muss der vorgeworfene Verkehrsverstoß nach Einstellung des Ordnungswidrigkeitenverfahrens im Verwaltungs- und verwaltungsgerichtlichen Verfahren mit substantiierten Angaben, die das Vorbringen plausibel erscheinen lassen, bestritten werden, vgl VG Aachen, Urt. v. 22.4.2008 – 2 K 691/06, juris.
23 Zu einer derartigen Konstellation VG Augsburg, Urt. v. 17.7.2007 – Au 3 K 06.1303, juris; vgl andererseits aber VG München, Urt. v. 5.9.2007 – M 23 K 07.1263, juris und schließlich BayVGH, Beschl. v. 9.1.2012 – 11 CS 11.2727, mit ausführlicher Würdigung von Zeugenaussagen.

einer Lichtzeichenanlage, an der Ecke zu einer anderen Straße usw] ein Verkehrsverstoß der/des ... [genaue Bezeichnung des jeweils vorgeworfenen Verkehrsverstoßes] begangen wurde,

Beweis zu erheben

durch Vernehmung des ... [Name, Vorname, sonstige Personalien, soweit erforderlich, zB Adresse bei einer Privatperson oder Adresse der Dienststelle, wenn es sich um einen Zeugen handelt, der beispielsweise über seine Dienststelle zu laden ist] als Zeugen. ◄

Hinweis: Dieser Beweisantrag ist selbstverständlich zunächst in der ursprünglichen Klageschrift oder einem weiteren Klageschriftsatz anzukündigen. Dabei handelt es sich aber lediglich um eine Ankündigung, die für den Fall, dass der Beweisantrag auch tatsächlich zur Entscheidung des Gerichts gestellt werden soll (was sich erübrigen kann, weil das Gericht den Zeugen von Amts wegen vernimmt oder die Tatsache des Verkehrsverstoßes wegen neuerer Erkenntnisse während des Klageverfahrens unstreitig gestellt werden muss), in der mündlichen Verhandlung wiederholt und zu Protokoll erklärt werden muss, weshalb dringend zu empfehlen ist, den Beweisantrag in der mündlichen Verhandlung entsprechend dem obigen Beispiel (Rn 23) wörtlich ausformuliert parat zu haben. Nur dann ist das Gericht verpflichtet, durch Beschluss über den Beweisantrag zu entscheiden.

Bei der Führung des (gerichtlichen) Nachweises gibt es deutliche Unterschiede zu der tatsächlichen Aufklärung im Ordnungswidrigkeitenverfahren vor den ordentlichen Gerichten, sowohl in rechtlicher Hinsicht (zwar herrscht in beiden Verfahren der Grundsatz der Amtsermittlung, im Ordnungswidrigkeitenverfahren aber zusätzlich die Offizialmaxime, im verwaltungsgerichtlichen Verfahren dagegen die Dispositionsmaxime) als auch in tatsächlicher Hinsicht. Regelmäßig wird der Verstoß zu dem Zeitpunkt, in dem er im verwaltungsgerichtlichen Verfahren aufgeklärt werden soll, schon relativ lange Zeit her sein, was die Aufklärung nicht eben befördern wird.

2. Unmöglichkeit der Feststellung eines Fahrzeugführers. § 31 a StVZO verlangt dem Wortlaut nach schlicht, dass die Feststellung eines Fahrzeugführers unmöglich ist, sagt aber nichts dazu, worauf diese Nichtfeststellbarkeit beruhen muss. „Unmöglichkeit" ist hierbei nicht im logischen Sinne zu verstehen,[24] vielmehr ist zur Feststellung des Vorliegens der Unmöglichkeit iSv § 31 a Abs. 1 S. 1 StVZO eine an den im Folgenden dargestellten Kriterien ausgerichtete **wertende Betrachtung** vorzunehmen. Unmöglich ist die Feststellung des Fahrzeugführers nach der insbesondere in der Rechtsprechung des BVerwG geprägten Formulierung dann, wenn die Ermittlungsbehörde nach den Umständen des Einzelfalls nicht in der Lage war,[25] den Täter zu ermitteln, obwohl sie alle angemessenen und zumutbaren Maßnahmen ergriffen hat.[26] Als **Ermittlungsbehörde** kommt idR die Polizei in Betracht,[27] daneben in Fällen, in denen eine Kommune selbst für die Verfolgung von Ordnungswidrigkeiten zuständig ist und in Wahrnehmung dieser Zuständigkeit handelt,[28] auch deren Bedienstete. Bedient sich die Kommune

---

24 *Burmann/Heß/Jahnke/Janker*, Straßenverkehrsrecht, 23. Auflage, § 23 StVO Rn 46 a.
25 Dafür kann es auch ausreichen, wenn die Ermittlungen auf Täter hindeuten, die Behörde aber keine ausreichende Überzeugung von dessen nachgewiesener Täterschaft gewinnt, OVG NRW, Beschl. v. 25.3.2008 – 8 A 586/08, juris.
26 Vgl nur BVerwG, Beschl. v. 21.10.1987 – 7 B 162/87, NJW 1988, 1104 = DAR 1988, 68 = Buchholz 442.16, § 31 a StVZO Nr. 18; VGH BW, Urt. v. 18.6.1991 – 10 S 938/91, NJW 1992, 132 = DAR 1991, 433.
27 Grundsätzlich ist die nach Landesrecht zu bestimmende Verwaltungsbehörde zuständig (§§ 35, 36 OWiG, soweit es sich um eine Ordnungswidrigkeit handelt, ausnahmsweise auch die Staatsanwaltschaft, §§ 40 ff OWiG), bei einer Straftat die Staatsanwaltschaft.
28 Zu einem derartigen Fall vgl VG München, Beschl. v. 17.5.2005 – M 23 S 05.1407.

zur Erfüllung dieser Aufgabe Personen, die außerhalb der Verwaltung stehen, muss sie sich deren Handlungen zurechnen lassen.

27 **a) Zweiwochenfrist.** Zu einem angemessenen Ermittlungsaufwand gehört zunächst grundsätzlich die unverzügliche, dh innerhalb von zwei Wochen erfolgte **Benachrichtigung des Fahrzeughalters** von der mit seinem Fahrzeug begangenen Zuwiderhandlung.[29] Dieses Erfordernis beruht auf der Überlegung, dass Menschen nicht in der Lage sind, sich an die Einzelheiten flüchtiger Vorgänge des täglichen Lebens über eine längere Zeit hinweg zu erinnern.

28 Auf welche Art und Weise der Fahrzeughalter von dem Verkehrsverstoß benachrichtigt wird, hängt dagegen von der jeweiligen Konstellation im Einzelfall ab. Die Benachrichtigung durch Zusendung des sog. **Anhörungsbogens im Ordnungswidrigkeitenverfahren** (vgl § 55 OWiG) – diese reicht nach allgemeiner Meinung aus, um den mit der Zweiwochenfrist bezweckten Anstoß des Erinnerungsvermögens des betroffenen Fahrzeughalters zu bewirken[30] – ist der in der Praxis häufigste Fall.

29 In Fällen dagegen, in denen der unaufgeklärte Verkehrsverstoß, der Auslöser der Fahrtenbuchanordnung ist, keine Verkehrsordnungswidrigkeit, sondern beispielsweise eine Straftat ist und demzufolge mangels Anwendbarkeit der Regeln über das Ordnungswidrigkeitenverfahren die Versendung eines Anhörungsbogens nicht in Betracht kommt, kommt auch jede andere Art der Kenntniserlangung von dem Verkehrsverstoß in Betracht.

30 **Hinweis:** Die Einhaltung der Zweiwochenfrist bereitet den zur Verfolgung von Ordnungswidrigkeiten berufenen Behörden – idR sind das die Bußgeldstellen der jeweils zuständigen Polizeibehörden (in Bayern beispielsweise das Polizeiverwaltungsamt) – in der Praxis oft nicht unerhebliche Probleme. So ist nach der Erfahrung des Verfassers und derjenigen von Kollegen davon auszugehen, dass annähernd in der Hälfte der Fälle die Zweiwochenfrist nicht (oder jedenfalls nicht nachweisbar) eingehalten wird, weil der Anhörungsbogen nicht innerhalb von zwei Wochen nach dem Tag, an dem der Verkehrsverstoß stattgefunden hat, bei dem Fahrzeughalter eintrifft (oder dies zumindest nicht nachweisbar ist). Die Verzögerung rührt wohl zum Teil daher, dass in vielen Fällen die Anhörungsbögen von zentralen Bußgeldstellen verschickt werden und die Informationen zunächst von der aufnehmenden Behörde zur Zentralstelle gelangen müssen. Häufig kann aber auch der rechtzeitige Zugang nicht belegt werden, denn Anhörungsbögen werden, soweit ersichtlich, nicht förmlich zugestellt, wozu die Ermittlungsbehörden auch nicht verpflichtet sind.[31] Dies wäre jedoch zum Nachweis des Zugangs[32] überhaupt sowie des Zugangsdatums im Prozess wenn nicht die einzige, so doch die sicherste Möglichkeit. Ausreichend für den Nachweis des Zugangsdatums im Prozess wäre zwar auch noch, dass im Falle formloser Zustellung wenigstens in den entsprechenden Behördenakten ein Absendevermerk enthalten ist. Doch auch hieran fehlt es vielfach. Oft ist lediglich in einem standardisierten Computerausdruck ein „Tag (oder Datum) der Anhörung" vermerkt, ohne dass aber aus den Behördenakten ersichtlich wäre, ob dies der Tag der Versendung des Anhörungsbogens (für diesen Fall wäre dann zusätzlich we-

---

29 Erstmals BVerwG, Urt. v. 13.10.1978 – 7 C 77/74, NJW 1979, 1054 = DAR 1979, 310 = Buchholz 442.16 § 31 a StVZO Nr. 5; BVerwG, Beschl. v. 25.6.1987 – 7 B 139/87, DAR 1987, 393 = Buchholz 442.16 § 31 a StVZO Nr. 17.
30 Vgl nur VGH BW, Beschl. v. 1.10.1992 – 10 S 2173/92, NZV 1993, 47 = VBlBW 1993, 65.
31 Vgl HessVGH, Urt. v. 22.3.2005 – 2 UE 582/04, NJW 2005, 2411 = DAR 2006, 290 (eine auch im Übrigen lesenswerte Entscheidung).
32 Den die Behörde bzw deren Rechtsträger zu beweisen hat, vgl VG Frankfurt, Gerichtsbescheid v. 18.4.1991 – III/1 E 2126/89, DAR 1991, 315.

nigstens ein Handzeichen des Versenders notwendig, das jedenfalls der Verfasser in seiner Praxis noch nie feststellen konnte) oder der Tag des (mutmaßlichen) Zugangs sein soll.

Dass der Betroffene sich nicht an den Tag des Zugangs des Anhörungsbogens erinnern kann, wird ihm im gerichtlichen Verfahren idR nicht zu widerlegen sein. Da die Einhaltung der Zweiwochenfrist im Prozess nach den Regeln der sog. materiellen Beweis- oder Feststellungslast letztlich von der Beklagtenseite nachzuweisen ist,[33] besteht hier oftmals eine erfolgversprechende Möglichkeit des Vortrags des zu späten Zugangs des Anhörungsbogens.

▶ **Muster: Klage gegen die Anordnung eines Fahrtenbuchs im Falle der nicht bzw nicht nachweisbar eingehaltenen Zweiwochenfrist**

An das Verwaltungsgericht ...

Klage

des Herrn ...

– Kläger –

Prozessbevollmächtigte: RAe ...

gegen

... [Rechtsträger der Straßenverkehrsbehörde bzw nach Maßgabe des § 78 Abs. 1 Nr. 2 VwGO die Straßenverkehrsbehörde selbst], vertreten durch ... [Behördenvorstand], ... [Adresse]

– Beklagte/r –

wegen: Fahrtenbuch.

Namens und in Vollmacht des Klägers erhebe ich Klage und bitte um die Anberaumung eines Termins zur mündlichen Verhandlung, in dem ich beantragen werde, wie folgt zu erkennen:

1. Der Bescheid des/der Beklagten vom ..., Az ..., in der Gestalt des Widerspruchsbescheids der ... [Widerspruchsbehörde] vom ..., Az ..., wird aufgehoben.
2. Die Zuziehung eines Bevollmächtigten im Vorverfahren war notwendig.
3. Die/der Beklagte trägt die Kosten des Verfahrens.
4. Das Urteil ist vorläufig vollstreckbar.

Begründung:

Der Kläger wendet sich gegen die Anordnung der Verpflichtung zur Führung eines Fahrtenbuchs seitens der/des Beklagten.

I.

Mit dem auf den Kläger zugelassenen Pkw der Marke ... mit dem amtlichen Kennzeichen ... wurde am ... gegen ... Uhr auf der ...straße in ... folgender Verkehrsverstoß begangen: ... [zB Ordnungswidrigkeit der Überschreitung der zulässigen Höchstgeschwindigkeit von 50 km/h innerhalb geschlossener Ortschaft um ... km/h (§§ 3 Abs. 3 Nr. 1, 49 Abs. 1 Nr. 3 StVO)]. Nach Anhörung verpflichtete die/der Beklagte den Kläger, für das Fahrzeug mit dem amtlichen Kennzeichen ... für den Zeitraum bis zum ... [Enddatum der Fahrtenbuchanordnung] ein Fahrtenbuch zu führen (Ziffer 1 des streitgegenständlichen Bescheids).

... [weitere Darstellung des Sachverhalts]

---

33 Dazu auch BayVGH, Beschl. v. 30.9.2008 – 11 CS 08.1953, juris.

II.

Der Bescheid ist rechtswidrig und verletzt den Kläger in seinen Rechten.

Die Voraussetzungen für die Anordnung einer Verpflichtung zum Führen eines Fahrtenbuchs gem. § 31 a Abs. 1 StVZO liegen nicht vor. Die in § 31 a Abs. 1 S. 1 StVZO geforderte Unmöglichkeit der Feststellung des Fahrzeugführers liegt dann vor, wenn die Ermittlungsbehörde nach den Umständen des Einzelfalls nicht in der Lage war, den Täter zu ermitteln, obwohl sie alle angemessenen und zumutbaren Maßnahmen ergriffen hat (vgl nur BVerwG, Beschl. v. 21.10.1987 – 7 B 162/87 = NJW 1988, 1104 = DAR 1988, 68 = Buchholz 442.16, § 31 a StVZO Nr. 18; VGH BW, Urt. v. 18.6.1991 – 10 S 938/91 = NJW 1992, 132 = DAR 1991, 433). Zu einem angemessenen Ermittlungsaufwand gehört zunächst grundsätzlich die unverzügliche, dh innerhalb von zwei Wochen erfolgte Benachrichtigung des Fahrzeughalters von der mit seinem Fahrzeug begangenen Zuwiderhandlung (BVerwG, Urt. v. 13.10.1978 – 7 C 77/74 = NJW 1979, 1054 = DAR 1979, 310 = Buchholz 442.16 § 31 a StVZO Nr. 5; BVerwG, Beschl. v. 25.6.1987 – 7 B 139/87 = DAR 1987, 393 = Buchholz 442.16 § 31 a StVZO Nr. 17).

Daran fehlt es vorliegend. Von dem Verkehrsverstoß wurde der Kläger erstmals mit Zusendung des Anhörungsbogens am ... [Datum des Verkehrsverstoßes plus mehr als 14 Tage] benachrichtigt. Damit steht fest, dass der Kläger erstmals später als zwei Wochen nach dem Verkehrsverstoß und somit zu spät benachrichtigt wurde. Ein Fall der ausnahmsweisen Nichtanwendbarkeit der sog. Zweiwochenfrist liegt nicht vor. ... [ggf weitere Ausführungen].

III.

Die Zuziehung des Bevollmächtigten im Vorverfahren war notwendig iSv § 162 Abs. 2 S. 2 VwGO, da sie von dem Kläger als nicht rechtskundiger Partei für erforderlich gehalten werden durfte und es ihm nach seinen persönlichen Lebensverhältnissen nicht zumutbar war, das Verfahren selbst zu führen.[34]

Kosten: § 154 Abs. 1 VwGO. Vorläufige Vollstreckbarkeit: § 167 Abs. 2, Abs. 1 S. 1 VwGO iVm §§ 708 ff ZPO.

Rechtsanwalt ◄

33 Letztlich erfolgreich ist dieses Vorbringen allerdings nur dann, wenn sich der Betroffene auf die verspätete Aufforderung in Gestalt des Anhörungsbogens dahin gehend eingelassen hat, dass er sich nicht mehr an das inkriminierte Vorkommnis erinnern könne. Ansonsten, insbesondere dann, wenn überhaupt keine Angaben gemacht wurden, ist die **Kausalität** der verzögerten Übersendung des Anhörungsbogens für die Nichtfeststellung des verantwortlichen Fahrers bereits deswegen zu verneinen, weil der Betroffene im Ordnungswidrigkeitenverfahren nicht geltend gemacht hat, wegen der verzögerten Anhörung keine Erinnerung an den Fahrzeugführer mehr zu haben.[35]

---

34 Hinweis: Für eine gerichtliche Entscheidung nach § 162 Abs. 2 S. 2 VwGO ist selbstverständlich weiter erforderlich, dass dem Hauptsache-, dh dem Klageverfahren ein Vorverfahren nach §§ 68 ff VwGO vorausgegangen ist (was bei einer Anfechtungsklage gegen eine Fahrtenbuchanordnung notwendigerweise der Fall ist, soweit die ordnungsgemäße Einlegung des Widerspruchs, die bereits das Vorverfahren einleitet, Sachurteilsvoraussetzung ist; das hängt davon ab, ob von dem jeweiligen Landesrecht ein Widerspruchsverfahren vorgesehen ist), in dem ein förmlicher Bevollmächtigter nach außen hin aufgetreten ist. – Auch der „sich selbst vertretende Rechtsanwalt" hat für sein Tätigwerden im Vorverfahren einen Anspruch auf (fiktive) Gebührenerstattung in derselben Höhe wie bei Vertretung Dritter, vgl BVerwG, Urt. v. 16.10.1980 – 8 C 10/80, BVerwGE 61, 102 = BayVBl 1981, 93; Eyermann/J. Schmidt, VwGO, § 162 Rn 8, 13.
35 Vgl hierzu etwa Nds. OVG, Beschl. v. 8.11.2004 – 12 LA 72/04, DAR 2005, 231 = VkBl 2005, 341 mwN.

Die nicht eingehaltene bzw nicht nachgewiesenermaßen eingehaltene **Zweiwochenfrist** schadet jedoch in einer Reihe von Fallgestaltungen nicht, denn diese gilt zunächst nur im Regelfall. Sie ist kein formales Tatbestandskriterium der gesetzlichen Regelung und **keine starre Grenze**. Sie beruht vielmehr auf einem Erfahrungssatz, wonach Personen sich an Vorgänge nur eine begrenzte Zeit lang erinnern oder sie rekonstruieren können. Die Nichteinhaltung der Zweiwochenfrist ist unschädlich in den Fällen, in denen wegen vom Regelfall abweichender Fallgestaltung auch eine spätere Anhörung zur effektiven Rechtsverteidigung genügt oder der zu späte Zeitpunkt der Anhörung zum Verstoß nicht ursächlich war für die Unmöglichkeit der Feststellung des Fahrzeugführers. 34

aa) Beachtlichkeit der Zweiwochenfrist. Beachtlich ist demzufolge die Nichteinhaltung der Zweiwochenfrist dann, wenn sich der Betroffene auf eine verspätet erfolgte Nachfrage dahin gehend eingelassen hat, sich nicht erinnern zu können. Dies wird allerdings nicht den Regelfall darstellen. Denn erfahrungsgemäß wenden sich die meisten Betroffenen nicht schon beim Erhalt eines Anhörungsbogens oder sonstiger Kontakte mit den Ermittlungsbehörden an einen Rechtsanwalt, sondern erst dann, wenn unmittelbar Maßnahmen der Straßenverkehrsbehörde bevorstehen bzw angekündigt werden (Anhörungsschreiben vor Bescheiderlass), oder gar erst dann, wenn der Bescheid bereits erlassen wurde. 35

Sehr wenige Betroffene machen, selbst dann, wenn das Geschehene schon mehrere Wochen zurückliegt, nicht die an sich naheliegende und oft plausible Angabe, sich nicht an den Verkehrsverstoß (und etwaige damit in Zusammenhang stehende Umstände, wie zB, ob an dem Tag des festgestellten Verkehrsverstoßes das Fahrzeug ausgeliehen wurde) erinnern zu können. Meist werden entweder gar keine Angaben gemacht oder es wird gar auf ein Aussage-, Auskunfts- oder Zeugnisverweigerungsrecht verwiesen (dazu Rn 65 ff). 36

Der Rechtsanwalt sollte jedenfalls, wenn er nach der Mandatsübernahme und nach Einsichtnahme in die Behördenakten feststellt, dass eine Überschreitung der Zweiwochenfrist vorliegt,[36] den Mandanten befragen, ob er sich noch an Einzelheiten des vorgeworfenen Verkehrsverstoßes erinnern kann. Wenn der Mandant dies verneint, sollte – auch wenn bereits Angaben des Mandanten im Ermittlungsverfahren hinsichtlich der Ordnungswidrigkeit bzw Straftat vorliegen[37] – das fehlende Erinnerungsvermögen auch noch **nachträglich** geltend gemacht werden. Keinen Sinn mehr macht dies nach Ablauf der Verjährungsfrist (dazu ausführlich unten Rn 77 ff), da danach auftretende Umstände, die zur Ermittlung des Fahrzeugführers beitragen könnten, unbeachtlich sind. 37

---

36 Nur dann, wenn die Zweiwochenfrist überschritten ist, macht die Geltendmachung fehlenden Erinnerungsvermögens (im Nachhinein betrachtet) Sinn; hüten sollte man sich aber davor, eine Äußerung davon abhängig zu machen, dass die Behörde mitteilen möge, wann die erstmalige Benachrichtigung von dem Verkehrsverstoß war, vgl hierzu (zu weitgehend) VG München, Beschl. v. 7.2.2008 – M 23 K 07.4100, juris; vielmehr sollte, um auf der „sicheren Seite" zu sein, die Angabe des fehlenden Erinnerungsvermögens, so sie denn zutrifft, *immer* unbedingt abgegeben werden. In Fällen, in denen noch nicht klar ist, ob der Anhörungsbogen rechtzeitig innerhalb der Zweiwochenfrist oder verfristet zugegangen ist, besteht ohnehin keine andere Möglichkeit; auch dann sollte man aber nicht spekulieren, sondern wie im obigen Muster vorgeschlagen, schlicht das fehlende Erinnerung und sonst nichts vortragen.

37 Hat der Mandant gegenüber den Ermittlungsbehörden allerdings bereits ausgesagt, er sei gefahren, wird die spätere Korrektur dieser Aussage dahin gehend, sich nun nicht mehr erinnern zu können, nicht mehr sehr überzeugend sein, vgl hierzu OVG Berlin-Brandenburg, Beschl. v. 28.7.2011 – OVG 1 N 58/11, juris.

38 ▶ **Muster: Geltendmachung des fehlenden Erinnerungsvermögens**[38]

An ... [Bußgeldstelle]

Ihr Zeichen: ...

Anhörungsschreiben vom ...

Sehr geehrte Damen und Herren,

hiermit zeige ich unter Hinweis auf die beigefügte Vollmacht an, dass mich Herr ... [Name, Vorname, Anschrift des Mandanten] mit der Wahrnehmung seiner Interessen beauftragt hat. Ihr Schreiben vom ..., mit welchem Sie meinen Mandanten als Betroffenen des Vorwurfs einer ... [jeweils vorgeworfene Verkehrsordnungswidrigkeit] anhören, liegt mir vor. Dazu nehme ich in der Sache [Angaben zur Person sind ohnehin verpflichtend, § 111 OWiG] wie folgt Stellung:

Die Angabe des betroffenen Fahrers ist meinem Mandanten leider nicht möglich, da er sich nicht mehr daran erinnern kann, wer am ... mit dem Pkw mit dem amtlichen Kennzeichen ..., dessen Halter mein Mandant ist, gefahren ist.

Für den Fall, dass in dieser Sache wider Erwarten weitere Korrespondenz anfallen sollte, bitte ich, diese ausschließlich über meine Kanzlei zu führen. Für etwaige Rückfragen stehe ich natürlich jederzeit gern zur Verfügung.

Rechtsanwalt ◀

39 **bb) Unbeachtlichkeit der Zweiwochenfrist.** Die Nichteinhaltung der Zweiwochenfrist ist wegen fehlender Ursächlichkeit für die Rechtsverteidigung des Halters in all den Fällen unschädlich, in denen sich die Befürchtung, dass die Erinnerung an Einzelheiten des Vorfalls verblasst, ersichtlich nicht realisiert hat. Außerdem fehlt es an der Ursächlichkeit der verspäteten Unterrichtung des Kraftfahrzeughalters für die unterbliebene Täterermittlung dann, wenn nach den gegebenen Umständen erkennbar ist, dass auch eine frühere Unterrichtung des Halters nicht zu einem Ermittlungserfolg geführt hätte, weil dieser ohnehin nicht bereit war, an der erforderlichen Aufklärung mitzuwirken.[39]

40 Jedenfalls ist eine Überschreitung der Zweiwochenfrist in den Fällen nicht ursächlich für die unterbliebene Fahrerfeststellung, in denen von dem Verkehrsverstoß ausreichend aussagekräftige[40] Lichtbilder vorliegen und dem Halter ein zur Identifizierung ausreichendes **Geschwindigkeitsmessfoto** vorgelegt worden ist. Denn eine Identifizierung des Fahrers anhand des Geschwindigkeitsmessfotos stellt keine Anforderungen an das Erinnerungs-, sondern an

---

38 IdR gegenüber der Ermittlungsbehörde; kann natürlich ebenso durch Ausfüllen und Absenden des übersandten Anhörungsbogens erfolgen, was hinsichtlich der Angaben zur Person genau genommen auch Pflicht ist; ebenso ist, wie oben ausgeführt, bis zum Eintritt der Verjährung auch noch eine nachträgliche Geltendmachung gegenüber der Straßenverkehrsbehörde zu empfehlen, wenn das Ermittlungsverfahren bereits eingestellt ist und die Geltendmachung Erfolg verspricht.

39 BVerwG, Urt. v. 13.10.1978 – 7 C 77/74, NJW 1979, 1054 = DAR 1979, 310 = Buchholz 442.16 § 31 a StVZO Nr. 5; BVerwG, Beschl. v. 25.6.1987 – 7 B 139/87, DAR 1987, 393 = Buchholz 442.16 § 31 a StVZO Nr. 17; OVG NRW, Urt. v. 29.4.1999 – 8 A 4164/96, juris; vgl auch OVG NRW, Urt. v. 7.4.1977 – XIII A 603/76, DAR 1977, 333; VG Trier, Beschl. v. 12.3.2001 – 1 L 276/01, DAR 2001, 428; VG München, Urt. v. 12.7.1991 – M 6 K 91.1784, DAR 1991, 473 mit Anm. *Ludovisy*, DAR 1991, 475.

40 Vgl hierzu BayVGH, Beschl. v. 23.2.2015 – 11 CS 15.6, juris Rn. 15: Ob das Foto hinreichend aussagekräftig ist, bestimmt sich nach einem objektivierten Maßstab und ist vom Gericht selbstverständlich voll überprüfbar; es kommt also nicht darauf an, dass der Adressat der Anordnung behauptet, dass ein Foto zB eine zu geringe Auflösung habe, wenn das Gericht das Foto in Augenschein nimmt und anderer Auffassung ist. Nach BayVGH, Beschl. v. 8.3.2013 – 11 CS 13.187, juris Rn. 19 soll selbst bei einem qualitativ schlechten Foto nicht ausreichend, wenn sich der Halter darauf beruft, den Fahrer nicht zu erkennen; auch nach Ablauf der Zweiwochenfrist soll ihn eine Obliegenheit treffen, den Kreis möglicher Fahrzeugführer zu benennen, was zeigt, dass in der Praxis der Rechtsprechung von der theoretischen grundsätzlichen Geltung der sog. Zweiwochenfrist tatsächlich so gut wie nichts übrig bleibt.

das Erkenntnisvermögen des Kfz-Halters.[41] Dabei kommt es bei der Beurteilung, ob ein Lichtbild ausreichend zur Identifizierung des Fahrzeugführers geeignet ist, auf die Möglichkeit zur Identifikation durch den Fahrzeughalter an, weil davon auszugehen ist, dass dieser weiß oder jedenfalls wissen muss, welche Personen aus welchem Personenkreis als Fahrer seines Fahrzeugs in Betracht kommen.[42] Denkbar sind daneben noch Fälle, in denen die Nichteinhaltung der Zweiwochenfrist deswegen unschädlich ist, weil es wegen objektiver Umstände, beispielsweise wegen deutlich sichtbarer Schäden am Fahrzeug des betroffenen Fahrzeughalters, einer Anstoßwirkung durch eine rechtzeitige Benachrichtigung nicht mehr bedurfte.

Bei der Geltung der Zweiwochenfrist sind für den Fall, dass von der Fahrtenbuchanordnung ein oder mehrere **Firmenfahrzeuge** betroffen sind, Besonderheiten zu beachten. 41

Beispiel: 42
Gegenüber der T. Film- und Fernsehproduktionen GmbH wird die Führung eines Fahrtenbuchs angeordnet. Bei dem Verkehrsverstoß handelte es sich um eine Geschwindigkeitsüberschreitung. Im Anhörungsbogen, der die GmbH erst 21 Tage nach dem Verkehrsverstoß erreichte, hat die Geschäftsleitung angegeben: „Fahrer kann nicht ermittelt werden; da zehn Personen in Frage kommen, bitten wir um Vorlage eines Bildnachweises." Daraufhin legte die Polizei der Geschäftsleitung das Messfoto vor, woraufhin der Geschäftsführer aussagte, dass am Tattag mehrere Produktionen liefen, bei denen der Pkw zur Verfügung stand. Die auf dem Messfoto abgebildete Person werde nicht erkannt.

Eine verzögerte Anhörung für die unterbliebene Feststellung des Fahrers ist dann nicht ursächlich, wenn es sich bei dem Fahrzeug, mit dem der Verkehrsverstoß begangen wurde, um ein Firmenfahrzeug handelt, wenn also keine Privatperson, sondern eine Firma Fahrzeughalter ist. Nach der überwiegenden Meinung in der Rechtsprechung[43] gilt die oben (Rn 27) genannte Zweiwochenfrist, die nach der höchstrichterlichen Rechtsprechung ohnehin nur regelmäßig, nicht aber in den Fällen Geltung beansprucht, in denen wegen vom Regelfall abweichender Fallgestaltung auch eine spätere Anhörung zur effektiven Rechtsverteidigung genügt, insbesondere dann nicht, wenn ein **Kaufmann** im Sinne des Handelsrechts Halter desjenigen Fahrzeugs ist, mit dem die Verkehrszuwiderhandlung im geschäftlichen Zusammenhang begangen worden ist. Denn bei den genannten natürlichen oder juristischen Personen besteht nach der genannten Meinung eine Obliegenheit zur längerfristigen **Dokumentation** von geschäftlichen Fahrten, die es rechtfertigt, ihnen – jedenfalls dann, wenn eine stichhaltige Erläuterung im Einzelfall wie im Beispiel Rn 42 fehlt – den Einwand, es sei nicht möglich, den Fahrzeugführer ausfindig zu machen, zu verwehren. Da es sich bei der T. im Beispiel Rn 42 um eine GmbH handelt, die kraft Gesetzes Kaufmann im Sinne des Handelsrechts ist (vgl § 6 43

---

41 VGH BW, Beschl. v. 20.11.1998 – 10 S 2673/98, NZV 1999, 224 = VBlBW 1999, 149; Urt. v. 16.4.1999 – 10 S 114/99, NZV 1999, 396 = VBlBW 1999, 463.
42 VG München, Beschl. v. 22.6.2005 – M 23 S 05.1515, n.v.; Entscheidungen des VG München können gegen Kostenerstattung angefordert werden, Näheres unter der Internet-Adresse <www.vgh.bayern.de/VGMuenchen/service.htm> oder per E-Mail an die Adresse <entscheidungsanforderung@vg-m.bayern.de>.
43 Vgl nur OVG NRW, Urt. v. 31.3.1995 – 25 A 2798/93, NJW 1995, 3335 = VRS 90, 231 mwN; Urt. v. 29.4.1999 – 8 A 699/97, NJW 1999, 3279 = DAR 1999, 375; BayVGH, Beschl. v. 17.1.2013 – 11 ZB 12.2769, juris Rn. 3; Beschl. v. 29.4.2008 – 11 CS 07.3429, juris; OVG MV, Beschl. v. 26.5.2008 – 1 L 103/08, juris; VG München, Urt. v. 2.8.2000 – M 31 K 00.738, DAR 2001, 380; ebenso bejaht für ein Taxiunternehmen von VG Ansbach, Beschl. v. 10.6.2011 – AN 10 S 11.00689, juris; für eine gewerbliche Autovermietung VG Braunschweig, Urt, v, 31.5.2011 – 6 A 162/10, juris.

Abs. 1 und 2 HGB, § 13 Abs. 3 GmbHG), kann sie die Verletzung der Zweiwochenfrist seitens der Straßenverkehrsbehörde nicht mit Erfolg geltend machen.

44 **b) Ausreichende Ermittlungen.** Abgesehen von der Einhaltung der Zweiwochenfrist ist auch im Übrigen zu prüfen, ob der Ermittlungsbehörde **weitere Ermittlungshandlungen zuzumuten** waren und diese ggf ausreichend durchgeführt wurden. Das bedeutet, dass, wenn bereits eine beachtliche Überschreitung der Zweiwochenfrist vorliegt, es jedenfalls an der Voraussetzung der Unmöglichkeit der Fahrerfeststellung fehlt. Ist dagegen den Anforderungen der grundsätzlich notwendigen Benachrichtigung des Fahrzeughalters von dem Verstoß innerhalb von zwei Wochen seit dem Vorkommnis genügt oder greift eine Ausnahme von diesem Erfordernis ein, ist weiter zu prüfen, ob auch die daneben bestehenden Anforderungen an eine genügende Anstrengung der Ermittlungsbehörden hinsichtlich der Fahrerfeststellung erfüllt sind.

45 Welche Anstrengungen die Ermittlungsbehörden hierbei im Einzelfall unternehmen müssen, lässt sich abstrakt nicht sagen, da die Anforderungen von den jeweiligen Umständen des Einzelfalls abhängen. Es lassen sich jedoch aus der Rechtsprechung einige Grundsätze ableiten, die im Folgenden dargestellt und sodann mit mithilfe von Beispielsfällen illustriert werden sollen.

aa) Fehlende Bereitschaft des Halters zur Mitwirkung an der Aufklärung

46 Beispiel:
Mit dem Kraftfahrzeug des T. wird eine Nötigung (§ 240 Abs. 1 StGB) im Straßenverkehr begangen. Ein Zeuge, der die Tat beobachtet hat, konnte zwar das amtliche Kennzeichen des Fahrzeugs erkennen, er konnte jedoch keine Angaben zum Fahrzeugführer machen. Der T. macht im Ermittlungsverfahren keine Angaben, dieses wird schließlich gem. § 170 Abs. 2 S. 1 StPO eingestellt.

47 Weitere Ermittlungen werden in einer solchen Situation nur ausnahmsweise dann in Betracht kommen, wenn Verdachtsmomente vorliegen, die in eine bestimmte Richtung deuten und eine Aufklärung auch ohne Mitwirkung des Halters aussichtsreich erscheinen lassen. Vorliegend hat T. die Mitwirkung an den Ermittlungen vollständig abgelehnt. Auch sonstige Ermittlungsansätze liegen nicht vor. Die Durchführung weiterer Ermittlungen war den Ermittlungsbehörden daher nach genanntem Regel-Ausnahme-Verhältnis und den sogleich unter Rn 52 ff dargestellten Grundsätzen nicht zumutbar. Davon abgesehen ist auch nicht ersichtlich, was die Ermittlungsbehörden überhaupt noch hätten tun können. Angesichts der Umstände des vorliegenden Falls kommen nämlich auch die bei sonstigen Fallgestaltungen typischerweise denkbaren Ermittlungshandlungen, wie zB Zeugenbefragungen, nicht in Betracht, insbesondere weil vom vorliegenden Verkehrsverstoß keine Lichtbilder existieren. Dieser Umstand schadet grundsätzlich nicht bei der Anordnung eines Fahrtenbuchs, da es keine Voraussetzung für die Anordnung der Führung eines Fahrtenbuchs ist, dass es sich um einen Verstoß handelt, der mithilfe von Lichtbildern oder sonstigen Beweismitteln, die eine nachträgliche Ermittlung des Täters erleichtern oder überhaupt ermöglichen, nachgewiesen wird. Denn es gibt eine Vielzahl von Verkehrsverstößen, die typischerweise nicht mit Lichtbildern nachgewiesen werden, etwa Unfallflucht, Nötigung im Straßenverkehr oder Verstöße im ruhenden Verkehr, die aber gleichwohl nach allgemeiner Meinung Anlass für die Anordnung einer

Fahrtenbuchauflage sein können.⁴⁴ Sonst übliche Ermittlungsmaßnahmen, etwa Lichtbildvorlagen in der Nachbarschaft, der Verwandtschaft oder im beruflichen Umfeld des Betroffenen können hier verständlicherweise nicht angestellt werden.

Für die Entscheidung der Frage, ob eine Ermittlung des verantwortlichen Fahrzeugführers möglich war, kommt es nicht primär darauf an, ob der Fahrzeughalter gut oder schlecht (oder gar nicht) mitgewirkt hat. Vielmehr kommt es entscheidend darauf an, ob die Ermittlungsbehörde angemessen ermittelt hat. Erst für die Frage, welche Ermittlungshandlungen seitens der Ermittlungsbehörde angemessen sind, was dieser also zumutbar ist, ist das Maß der **Mitwirkung des Fahrzeughalters** entscheidend. Dessen Mitwirkungsbereitschaft und -möglichkeit ist daher kein unmittelbares, sondern nur ein mittelbares Kriterium zur Ausfüllung des Tatbestandsmerkmals der Unmöglichkeit der Fahrerermittlung. 48

Vor diesem Hintergrund ist es konsequent, wenn das BVerwG ausführt: „Gefährdet [der Fahrzeughalter] die Sicherheit und Ordnung des Straßenverkehrs dadurch, dass er unter Vernachlässigung seiner Aufsichtsmöglichkeit nicht dartun kann oder will, wer im Zusammenhang mit einer Verkehrszuwiderhandlung zu einem bestimmten Zeitpunkt ein Fahrzeug gefahren hat, darf er durch das Führen eines Fahrtenbuchs zu einer nachprüfbaren Überwachung der Fahrzeugbenutzung angehalten werden."⁴⁵ 49

Diese Rechtsprechung zeigt, dass **mangelnde Mitwirkungsbereitschaft** nicht Tatbestandsvoraussetzung des § 31 a Abs. 1 S. 1 StVZO ist. Grundsätzlich enthält der Tatbestand des § 31 a StVZO also nicht das Erfordernis, dass die Unmöglichkeit der Feststellung des Fahrers auf mangelnde Mitwirkungsbereitschaft des Halters zurückzuführen ist.⁴⁶ Ausgehend von Sinn und Zweck des § 31 a Abs. 1 StVZO, nämlich der Gewährleistung, dass in Zukunft der Täter einer Verkehrsordnungswidrigkeit rechtzeitig ermittelt werden kann, um künftige Gefahren für die Sicherheit und Ordnung des Straßenverkehrs zu vermeiden, ist eine Fahrtenbuchanordnung nicht deswegen ausgeschlossen, weil der Fahrzeughalter möglicherweise bereit zur Aufklärung wäre, trotzdem aber tatsächlich nicht zur Aufklärung beitragen kann. 50

Erst recht steht es der Verhängung eines Fahrtenbuchs nicht entgegen, dass dem Betroffenen kein **Verschulden** hinsichtlich der Nichtermittelbarkeit des zum Tatzeitpunkt verantwortlichen Fahrzeugführers vorzuwerfen ist. Dies schon deswegen, da § 31 a Abs. 1 S. 1 StVZO keine Strafvorschrift darstellt, sondern eine Maßnahme zur Gefahrenabwehr im Bereich der öffentlichen Sicherheit und Ordnung des Straßenverkehrs.⁴⁷ Andersherum wäre es für die Verhängung eines Fahrtenbuchs schädlich (wenn dies auch in der Praxis nicht so häufig vorkommen wird wie der gegenteilige Fall), wenn die Ermittlung eines Fahrzeugführers auf bloßem **Zufall** beruhte, ohne dass der Fahrzeughalter irgendwie mitwirkt – in einem solchen Fall wäre die Verhängung eines Fahrtenbuchs rechtswidrig. Trotzdem ist es – vorbehaltlich besonderer Umstände im Einzelfall – ratsam, als Fahrzeughalter so weit als möglich Angaben zu machen, da auf diese Weise die Anforderungen an das Maß, das an die Ermittlungstiefe der Behörde anzulegen ist, gesteigert werden können. 51

---

44 Vgl etwa für Parkverstöße OVG Rheinland-Pfalz, Urt. v. 17.10.1977 – 6 A 26/77, VRS 54, 380; für Unfallflucht: BVerwG, Beschl. v. 12.2.1980 – 7 B 179/79, Buchholz 442.16 § 31 a StVZO Nr. 6; für Nötigung: OVG Bremen, Urt. 26.10.1994 – 2 BA 20/94, juris.
45 BVerwG, Beschl. v. 23.6.1989 – 7 B 90/89, NJW 1989, 2704 = Buchholz 442.16 § 31 a StVZO Nr. 20.
46 Vgl nur *Hentschel/König/Dauer*, Straßenverkehrsrecht, § 31 a StVZO, Rn 4 mwN.
47 Vgl BVerwG, Beschl. v. 25.3.1997 – 3 B 22/97, juris; Beschl. v. 3.2.1989 – 7 B 18/89, NJW 1989, 1624 = NVZ 1989, 206; *Hentschel/König/Dauer*, Straßenverkehrsrecht, § 31 a StVZO Rn 2.

52 Für die Beurteilung der Angemessenheit der Aufklärungsmaßnahmen kommt es wesentlich darauf an, ob die Polizei in sachgerechtem und rationellem Einsatz der ihr zur Verfügung stehenden Mittel[48] nach pflichtgemäßem Ermessen die Maßnahmen getroffen hat, welche der Bedeutung des aufzuklärenden Verkehrsverstoßes gerecht werden und erfahrungsgemäß Erfolg haben können.[49] Dabei können sich Art und Umfang der Aufgabe der Behörde, den Fahrzeugführer zu ermitteln, an der Erklärung des betreffenden Fahrzeughalters ausrichten.[50]

53 **Beispiel:**
Mit dem auf die W. zugelassenen Fahrzeug wurde eine Straftat des unerlaubten Entfernens vom Unfallort begangen. Im Laufe des Ermittlungsverfahrens wird W. als Beschuldigte vernommen. Dabei lässt sie sich folgendermaßen ein: „Ich möchte mich derzeit auf Anraten meines Rechtsanwalts gar nicht zur Sache äußern." Nachdem auch keine sonstigen Ansätze für weitere Ermittlungen bestanden haben – der Geschädigte, der als Zeuge vernommen worden ist, sowie ein weiterer unbeteiligter Zeuge haben zwar das Kennzeichen des Verursacher-Fahrzeugs angeben, jedoch keine Angaben zum Fahrzeugführer machen können – wird mit Verfügung der Staatsanwaltschaft das Ermittlungsverfahren gem. § 170 Abs. 2 StPO eingestellt. In der Folge wird gegenüber W. die Führung eines Fahrtenbuchs angeordnet.

54 Lehnt der Fahrzeughalter, wie hier erkennbar, **die Mitwirkung an Ermittlungen ab**,[51] sind nach Maßgabe der Umstände des Einzelfalls regelmäßig den Ermittlungsbehörden weitere wahllos zeitraubende, kaum Aussicht auf Erfolg bietende Ermittlungen nicht zumutbar.[52] Es soll grundsätzlich Sache des Halters sein, Angaben zu der Person zu machen, die im fraglichen Zeitpunkt sein Fahrzeug geführt hat.[53] Weitere Ermittlungen kommen in einer solchen Situation nur ausnahmsweise dann in Betracht, wenn Verdachtsmomente vorliegen, die in eine bestimmte Richtung deuten und eine Aufklärung auch ohne Mitwirkung des Halters aussichtsreich erscheinen lassen. Nachdem W. im Beispiel Rn 53 keine Angaben zur Sache gemacht hat und auch im Übrigen Ansätze für weitere Ermittlungen nicht bestanden, sind die Ermittlungsbehörden ihrer Pflicht zur Durchführung sämtlicher zumutbarer Ermittlungen jedenfalls ausreichend nachgekommen. Die Feststellung eines Fahrzeugführers war unmöglich.

55 **Beispiel:**
Mit dem Kraftfahrzeug des H. wurde ein Rotlichtverstoß begangen. Von der Bußgeldstelle des Kreises E. wurde ihm ein Anhörungsbogen übersandt, dessen Erhalt H. zwar bestätigte, auf den er aber weiter nicht reagierte. Auch im weiteren Verfahren äußerte er sich bis zur Anordnung eines Fahrtenbuchs durch die zuständige Straßenverkehrsbehörde nicht.

---

48 Dh die Polizei ist zB nicht gezwungen, bei allgemeinen Polizeikontrollen den Betroffenen sofort anzuhalten, vielmehr genügt grundsätzlich auch die nachträgliche Ermittlung bzw der Versuch dazu, vgl BayVGH, Beschl. v. 8.11.2007 – 11 CS 07.1287, juris.
49 Statt aller BVerwG, Urt. v. 17.12.1982 – 7 C 3/80, Buchholz 442.16 § 31 a StVZO Nr. 12 = BayVBl 1983, 310 mwN.
50 Vgl etwa OVG des Saarlandes, Beschl. v. 14.4.2000 – 9 V 5/00, juris; VGH BW, Beschl. v. 30.11.1999 – 10 S 2436/99, DAR 2000, 378 = NZV 2001, 448 = VBlBW 2000, 201.
51 Der Ablehnung gleichzustellen sind unrichtige Angaben, zB Benennung einer nicht existierenden Person als Fahrer oder Angaben einer unzutreffenden Adresse des Fahrers, vgl OVG NRW, Beschl. v. 11.10.2007 – 8 B 1042, juris.
52 Vgl BVerwG, Urt. v. 17.12.1982 – 7 C 3/80, Buchholz 442.16 § 31 a StVZO Nr. 12 = BayVBl 1983, 310; Beschl. v. 21.10.1987 – 7 B 162/87, NJW 1988, 1104 = DAR 1988, 68 = Buchholz 442.16, § 31 a StVZO Nr. 18; Beschl. v. 1.3.1994 – 11 B 130/93, VRS 88, 158; VGH BW, Beschl. v. 1.10.1992 – 10 S 2173/92, NZV 1993, 47 = VBlBW 1993, 65; OVG des Saarlandes, Beschl. v. 5.4.2004 – 1 Q 54/03, juris.
53 VG Köln, Beschl. v. 10.3.2008 – 11 L 172/08; vgl auch VG Hannover, Urt. v. 21.9.2007 – 9 A 1986/07, juris; großzügiger dagegen Saarl. VG, Beschl. v. 9.10.2007 – 10 L 1099/07, juris: Der Hinweis der ermittelnden Polizeibehörde, dass sich die Halterin stets unkooperativ zeige, indiziert die Unzumutbarkeit weiterer Ermittlungen noch nicht.

Eine Ablehnung der Mitwirkung an den Ermittlungen, für die es nicht darauf ankommt, ob ausdrücklich erklärt wird, dass eine Mitwirkung nicht erfolgen wird, etwa unter Berufung auf ein Aussageverweigerungsrecht, oder ob schlicht eine tatsächliche Mitwirkung nicht stattfindet, liegt regelmäßig bereits dann vor, wenn der Fahrzeughalter den **Anhörungsbogen der Ordnungswidrigkeitenbehörde nicht zurücksendet** und auch sonst keine Angaben zum Personenkreis der Fahrzeugbenutzer macht.[54]

Im Beispiel Rn 55 hat H. nicht an den Ermittlungen mitgewirkt. Weder wurde der Anhörungsbogen zurückgesandt, obwohl dessen Erhalt ausdrücklich bestätigt wurde, was als konkludente Erklärung dahin gehend zu werten ist, keine Angaben zur Sache machen zu wollen,[55] noch wurden im weiteren Verfahren irgendwelche Angaben gemacht. Daher war es vorliegend den Ermittlungsbehörden nicht zumutbar, weitere Ermittlungsmaßnahmen zu ergreifen. Soweit darüber hinaus eine Aufklärung des Verkehrsverstoßes ohne Mitwirkung des H. nicht möglich war bzw nicht geschehen ist (etwa durch Zufallserkenntnisse der Ermittlungsbehörde oder durch überobligatorische Anstrengungen), ist die angeordnete Fahrtenbuchauflage rechtmäßig.

Allerdings muss der Halter regelmäßig von den Ermittlungsbehörden in die Lage versetzt werden, an den Ermittlungen mitzuwirken, soweit dies den Behörden nach den Umständen des Einzelfalles möglich ist; so sind etwa vorhandene Lichtbilder[56] einem Anhörungsschreiben beizufügen.[57]

▶ **Muster: Klage gegen die Anordnung eines Fahrtenbuchs im Falle nicht ausreichender Ermittlungen**

An das Verwaltungsgericht ...

Klage

des Herrn ...

– Kläger –

Prozessbevollmächtigte: RAe ...

gegen

... [Rechtsträger der Straßenverkehrsbehörde bzw nach Maßgabe des § 78 Abs. 1 Nr. 2 VwGO die Straßenverkehrsbehörde selbst], vertreten durch ... [Behördenvorstand], ... [Adresse]

– Beklagte/r –

wegen: Fahrtenbuch.

Namens und in Vollmacht des Klägers erhebe ich Klage und bitte um die Anberaumung eines Termins zur mündlichen Verhandlung, in dem ich beantragen werde, wie folgt zu erkennen:

---

54 Vgl etwa Nds. OVG, Beschl. v. 4.12.2003 – 12 LA 442/03, NJW 2004, 1125 = DAR 2004, 607 = zfs 2004, 433; Beschl. v. 11.7.2003 – 12 ME 274/03, zfs 2003, 526, jeweils mwN.
55 VGH BW, Beschl. v. 30.11.1999 – 10 S 2436/99, DAR 2000, 378 = NZV 2001, 448 = VBlBW 2000, 201.
56 Dabei soll es nicht zu beanstanden (vielmehr aus Gründen des Schutzes des informationellen Selbstbestimmungsrechts sogar geboten) sein, mit dem Anhörungsbogen nur ein Foto des Fahrers zu übersenden, obwohl weitere Personen auf dem Foto zu sehen sind, oder das Gesicht eines Beifahrers durch einen Balken etc. unkenntlich zu machen, obwohl derartige Informationen unter Umständen zur Fahrerermittlung beitragen könnten, vgl VG Braunschweig, Urt. v. 13.11.2007 – 6 A 173/06, juris.
57 VG Aachen, Urt. v. 23.1.2007 – 2 K 3862/04, juris.

1. Der Bescheid des/der Beklagten vom ..., Az ..., in der Gestalt des Widerspruchsbescheids der ... [Widerspruchsbehörde] vom ..., Az ..., wird aufgehoben.
2. Die Zuziehung eines Bevollmächtigten im Vorverfahren war notwendig.
3. Die/der Beklagte trägt die Kosten des Verfahrens.
4. Das Urteil ist vorläufig vollstreckbar.

Begründung:

Der Kläger wendet sich gegen die Anordnung der Verpflichtung zur Führung eines Fahrtenbuchs seitens der/des Beklagten.

I.

Mit dem auf den Kläger zugelassenen Pkw der Marke ... mit dem amtlichen Kennzeichen ... wurde am ... gegen ... Uhr auf der ...straße in ... folgender Verkehrsverstoß begangen: ... [zB Ordnungswidrigkeit der Überschreitung der zulässigen Höchstgeschwindigkeit von 50 km/h innerhalb geschlossener Ortschaft um ... km/h (§§ 3 Abs. 3 Nr. 1, 49 Abs. 1 Nr. 3 StVO)]. Nach Anhörung verpflichtete die/der Beklagte den Kläger, für das Fahrzeug mit dem amtlichen Kennzeichen ... für den Zeitraum bis zum ... [Enddatum der Fahrtenbuchanordnung] ein Fahrtenbuch zu führen (Ziffer 1 des streitgegenständlichen Bescheids).

... [weitere Darstellung des Sachverhalts]

II.

Der Bescheid ist rechtswidrig und verletzt den Kläger in seinen Rechten.

Die Voraussetzungen für die Anordnung einer Verpflichtung zum Führen eines Fahrtenbuchs gem. § 31 a Abs. 1 StVZO liegen nicht vor. Die in § 31 a Abs. 1 S. 1 StVZO geforderte Unmöglichkeit der Feststellung des Fahrzeugführers liegt dann vor, wenn die Ermittlungsbehörde nach den Umständen des Einzelfalls nicht in der Lage war, den Täter zu ermitteln, obwohl sie alle angemessenen und zumutbaren Maßnahmen ergriffen hat (vgl nur BVerwG, Beschl. v. 21.10.1987 – 7 B 162/87 = NJW 1988, 1104 = DAR 1988, 68 = Buchholz 442.16, § 31 a StVZO Nr. 18; VGH BW, Urt. v. 18.6.1991 – 10 S 938/91 = NJW 1992, 132 = DAR 1991, 433). Für die Beurteilung der Angemessenheit der Aufklärungsmaßnahmen kommt es wesentlich darauf an, ob die Polizei in sachgerechtem und rationellem Einsatz der ihr zur Verfügung stehenden Mittel nach pflichtgemäßem Ermessen die Maßnahmen getroffen hat, welche der Bedeutung des aufzuklärenden Verkehrsverstoßes gerecht werden und erfahrungsgemäß Erfolg haben können (statt aller BVerwG, Urt. v. 17.12.1982 – 7 C 3/80 = Buchholz 442.16 § 31 a StVZO Nr. 12 = BayVBl 1983, 310 mwN). Dabei können sich Art und Umfang der Aufgabe der Behörde, den Fahrzeugführer zu ermitteln, an der Erklärung des betreffenden Fahrzeughalters ausrichten (vgl OVG des Saarlandes, Beschl. v. 14.4.2000 – 9 V 5/00 – juris; VGH BW, Beschl. v. 30.11.1999 – 10 S 2436/99 = DAR 2000, 378 = NZV 2001, 448 = VBlBW 2000, 201).

[Alt. 1: Hat der Mandant erfolglos an der Aufklärung mitgewirkt bzw mitzuwirken versucht:] Obwohl der Kläger an der Aufklärung des Verkehrsverstoßes mitgewirkt hat, indem er ..., konnte der Verkehrsverstoß nicht aufgeklärt werden, weil die Ermittlungsbehörden trotz der Mitwirkungshandlung des Klägers den bestehenden Hinweisen nicht nachgegangen sind. ... [ggf weitere Ausführungen].

[Alt. 2: Hat der Mandant nicht an der Aufklärung mitgewirkt, sind aber andere Ermittlungsansätze vorhanden:] Zwar hat der Kläger keine Angaben zu den näheren Umständen des Verkehrsverstoßes gemacht. In einem solchen Fall, wenn der Fahrzeughalter erkennbar die Mitwirkung an den Ermittlungen ablehnt, gilt grundsätzlich, dass nach Maßgabe der Umstände des jeweils zu beurteilenden Einzelfalls regelmäßig den Ermittlungsbehörden weitere wahllos zeitraubende, kaum Aussicht auf

Erfolg bietende Ermittlungen nicht zumutbar sind (vgl BVerwG, Urt. v. 17.12.1982, aaO; Beschl. v. 21.10.1987, aaO; Beschl. v. 1.3.1994 – 11 B 130/93 = VRS 88, 158; VGH BW, Beschl. v. 1.10.1992 – 10 S 2173/92 = NZV 1993, 47 = VBlBW 1993, 65; OVG des Saarlandes, Beschl. v. 5.4.2004 – 1 Q 54/03, juris).

Weitere Ermittlungen kommen in einer solchen Situation aber dann in Betracht, wenn Verdachtsmomente vorliegen, die in eine bestimmte Richtung deuten und eine Aufklärung auch ohne Mitwirkung des Halters aussichtsreich erscheinen lassen. Danach stellt sich die Sachlage vorliegend so dar, dass trotz der fehlenden Angaben des Klägers Ermittlungsansätze vorhanden gewesen wären, nämlich ... [nähere Ausführungen].

Ob diese Ermittlungen zu einem Ergebnis geführt hätten, ist zwar nicht sicher. Darauf kommt es aber nicht an. Weder der Wortlaut des § 31 a Abs. 1 S. 1 StVZO verlangt dies – er spricht von Unmöglichkeit, nicht von Unsicherheit; an der Unmöglichkeit fehlt es, wenn die nahe liegende Möglichkeit besteht, mittels zumutbarer, erfolgversprechender Maßnahmen den verantwortlichen Fahrzeugführer zu ermitteln –, noch wäre dieser hypothetische Kausalitätsnachweis überhaupt zu führen. Vielmehr kommt es auf eine Betrachtung an, die danach fragt, ob eine bestimmte Ermittlungshandlung zumutbar war, weil sie erfahrungsgemäß und mit einer gewissen Wahrscheinlichkeit zum Erfolg hätte führen können. Ist eine solche Maßnahme unterlassen worden – wobei bei der Beurteilung, ob dies letztlich der Fall ist, eine wertende Betrachtung nötig ist –, war die Fahrerfeststellung nicht unmöglich. Dies ist im vorliegenden Fall gegeben, weil ... [nähere Begründung].

III.
Die Zuziehung des Bevollmächtigten im Vorverfahren war notwendig iSv § 162 Abs. 2 S. 2 VwGO, da sie von dem Kläger als nicht rechtskundiger Partei für erforderlich gehalten werden durfte und es ihm nach seinen persönlichen Lebensverhältnissen nicht zumutbar war, das Verfahren selbst zu führen.

Kosten: § 154 Abs. 1 VwGO. Vorläufige Vollstreckbarkeit: § 167 Abs. 2, Abs. 1 S. 1 VwGO iVm §§ 708 ff ZPO.

Rechtsanwalt ◄

bb) Insbesondere: Firmenfahrzeug. Auch an dieser Stelle sind, wenn sich die Fahrtenbuchanordnung an den Halter eines **Firmenfahrzeugs** richtet, Besonderheiten zu beachten. 60

Beispiel: 61
B. ist Einzelkaufmann und hat ein Ladengeschäft mit einigen Angestellten, die jeweils halbtags beschäftigt sind. Daneben helfen auch mehrere Familienangehörige in unregelmäßigen Abständen bei Bedarf aus. Mit einem auf B. zugelassenen Fahrzeug wird ein Geschwindigkeitsverstoß begangen. Auf den Zeugenfragebogen, der B. erst 16 Tage nach dem Tattag erreicht, kreuzt er an, dass nicht bekannt sei, wer Fahrzeugführer zur Tatzeit war, und fügt handschriftlich hinzu: „Da ich nicht sagen kann, wer an diesem Tag das Firmenfahrzeug gefahren hat! Dazu wäre mindestens ein klares Foto erforderlich." Als dem B. das Foto vom Geschwindigkeitsverstoß gezeigt wird, gibt er an, die Person nicht zu erkennen. Weitere Schritte unternimmt die Ermittlungsbehörde nicht. Die zuständige Straßenverkehrsbehörde erlässt gegen B. eine Fahrtenbuchanordnung.

§ 19 Fahrtenbuchauflage

Im anschließenden Klageverfahren kann die Klageschrift wie folgt aussehen:

62 ▶ **Muster: Klage gegen die Anordnung eines Fahrtenbuchs für ein oder mehrere Firmenfahrzeug(e)[58]**

An das Verwaltungsgericht ...

Klage

des Herrn ...

– Kläger –

Prozessbevollmächtigte: RAe ...

gegen

... [Rechtsträger der Straßenverkehrsbehörde bzw nach Maßgabe des § 78 Abs. 1 Nr. 2 VwGO die Straßenverkehrsbehörde selbst], vertreten durch ... [Behördenvorstand], ... [Adresse]

– Beklagte/r –

wegen: Fahrtenbuch.

Namens und in Vollmacht des Klägers erhebe ich Klage und bitte um die Anberaumung eines Termins zur mündlichen Verhandlung, in dem ich beantragen werde, wie folgt zu erkennen:

1. Der Bescheid des/der Beklagten vom ..., Az ..., in der Gestalt des Widerspruchsbescheids der ... [Widerspruchsbehörde] vom ..., Az ..., wird aufgehoben.
2. Die Zuziehung eines Bevollmächtigten im Vorverfahren war notwendig.
3. Die/der Beklagte trägt die Kosten des Verfahrens.
4. Das Urteil ist vorläufig vollstreckbar.

Begründung:

Der Kläger wendet sich gegen die Anordnung der Verpflichtung zur Führung eines Fahrtenbuchs seitens der/des Beklagten.

I.

Mit dem auf den Kläger zugelassenen Pkw der Marke ... mit dem amtlichen Kennzeichen ... wurde am ... gegen ... Uhr auf der ...straße in ... folgender Verkehrsverstoß begangen: Überschreitung der zulässigen Höchstgeschwindigkeit von 50 km/h innerhalb geschlossener Ortschaft um ... km/h (§§ 3 Abs. 3 Nr. 1, 49 Abs. 1 Nr. 3 StVO). Nach Anhörung verpflichtete die/der Beklagte den Kläger, für das Fahrzeug mit dem amtlichen Kennzeichen ... für den Zeitraum bis zum ... [Enddatum der Fahrtenbuchanordnung] ein Fahrtenbuch zu führen (Ziffer 1 des streitgegenständlichen Bescheids).

... [ggf weitere Darstellung des Sachverhalts]

II.

Der Bescheid ist rechtswidrig und verletzt den Kläger in seinen Rechten.

Die Voraussetzungen für die Anordnung einer Verpflichtung zum Führen eines Fahrtenbuchs gem. § 31a Abs. 1 StVZO liegen nicht vor. Die in § 31a Abs. 1 S. 1 StVZO geforderte Unmöglichkeit der

---

[58] Die Erstreckung einer Fahrtenbuchanordnung auf andere Fahrzeuge (sogenannte Ergänzungsfahrzeuge) ein- und desselben Halters ist im Falle von Firmenfahrzeugen recht häufig, vgl im Einzelnen ausführlich hierzu VG Braunschweig, Urt. v. 4.6.2008 – 6 A 281/07, juris; zT werden Fahrtenbuchanordnungen bei Firmenfahrzeugen auf den gesamten Fuhrpark (oder abgrenzbare Teile davon, zB alle Pkw oder alle Lkw) einer Firma erstreckt, hierzu etwa Saarl. VG, Beschl. v. 12.3.2007 – 10 L 339/07, juris; kritisch zumindest hinsichtlich einer pauschalen Erstreckung: VG Würzburg, Beschl. v. 19.5.2011 – W 6 S 11.367, juris.

Feststellung des Fahrzeugführers liegt dann vor, wenn die Ermittlungsbehörde nach den Umständen des Einzelfalls nicht in der Lage war, den Täter zu ermitteln, obwohl sie alle angemessenen und zumutbaren Maßnahmen ergriffen hat (vgl nur BVerwG, Beschl. v. 21.10.1987 – 7 B 162/87 = NJW 1988, 1104 = DAR 1988, 68 = Buchholz 442.16, § 31 a StVZO Nr. 18; VGH BW, Urt. v. 18.6.1991 – 10 S 938/91 = NJW 1992, 132 = DAR 1991, 433). Für die Beurteilung der Angemessenheit der Aufklärungsmaßnahmen kommt es wesentlich darauf an, ob die Polizei in sachgerechtem und rationellem Einsatz der ihr zur Verfügung stehenden Mittel nach pflichtgemäßem Ermessen die Maßnahmen getroffen hat, welche der Bedeutung des aufzuklärenden Verkehrsverstoßes gerecht werden und erfahrungsgemäß Erfolg haben können (statt aller BVerwG, Urt. v. 17.12.1982 – 7 C 3/80 = Buchholz 442.16 § 31 a StVZO Nr. 12 = BayVBl 1983, 310 mwN). Dabei können sich Art und Umfang der Aufgabe der Behörde, den Fahrzeugführer zu ermitteln, an der Erklärung des betreffenden Fahrzeughalters ausrichten (vgl OVG des Saarlandes, Beschl. v. 14.4.2000 – 9 V 5/00, juris; VGH BW, Beschl. v. 30.11.1999 – 10 S 2436/99 = DAR 2000, 378 = NZV 2001, 448 = VBlBW 2000, 201).

Abgesehen davon, dass der/die Beklagte den Kläger erst nach 16 Tagen von dem Verkehrsverstoß benachrichtigt hat und damit nach Ablauf von zwei Wochen, waren die von der Behörde durchgeführten Ermittlungen auch nicht ausreichend. Denn auch dem Träger eines kaufmännisch geführten Unternehmens obliegt es insoweit nicht, Vorkehrungen zu treffen, die sicherstellen, dass auch nach längerer Zeit sicher nachvollzogen werden kann, welcher Mitarbeiter welches Fahrzeug an einem bestimmten Tag zu einer bestimmten Uhrzeit gefahren hat. Eine derartige Obliegenheit lässt sich auch nicht aus den handelsrechtlichen Buchführungspflichten herleiten. Da die genannten Buchführungspflichten sowie sonstige Grundsätze des sachgerechten kaufmännischen Verhaltens eine derart präzise – auf Tag und Uhrzeit genaue – Dokumentation nicht erfordern, lässt sich auch keine tatsächliche Vermutung dahin gehend herleiten, dass der Träger eines kaufmännischen Unternehmens anhand seiner Unterlagen regelmäßig in der Lage ist, nach einiger Zeit den Fahrer eines Firmenwagens an einem bestimmten Tag zu einer bestimmten Uhrzeit zu ermitteln.

... [ggf weitere Ausführungen]

III.

Die Zuziehung des Bevollmächtigten im Vorverfahren war notwendig iSv § 162 Abs. 2 S. 2 VwGO, da sie von dem Kläger als nicht rechtskundiger Partei für erforderlich gehalten werden durfte und es ihm nach seinen persönlichen Lebensverhältnissen nicht zumutbar war, das Verfahren selbst zu führen.

Kosten: § 154 Abs. 1 VwGO. Vorläufige Vollstreckbarkeit: § 167 Abs. 2, Abs. 1 S. 1 VwGO iVm §§ 708 ff ZPO.

Rechtsanwalt ◄

Darauf ist folgende Klageerwiderung denkbar:

▶ **Muster: Klageerwiderung** 63

An das Verwaltungsgericht ...

Az ...

Klageerwiderung

In der Verwaltungsstreitsache
des Herrn ...

– Kläger –

Prozessbevollmächtigte: RAe ...

gegen

... [Rechtsträger der Straßenverkehrsbehörde bzw nach Maßgabe des § 78 Abs. 1 Nr. 2 VwGO die Straßenverkehrsbehörde selbst], vertreten durch ... [Behördenvorstand], ... [Adresse]

– Beklagte/r –

Prozessbevollmächtigte: RAe ...

wegen: Fahrtenbuch.

Namens und in Vollmacht der/des Beklagten erwidere ich auf die Klage und beantrage, wie folgt zu erkennen:

1. Die Klage wird abgewiesen.
2. Die Kosten des Verfahrens trägt der Kläger.
3. Das Urteil ist vorläufig vollstreckbar.

Begründung:

Die/der Beklagte tritt der Klage, mit der sich der Kläger gegen die Anordnung der Verpflichtung zur Führung eines Fahrtenbuchs seitens der/des Beklagten wendet, entgegen.

I.

Mit dem auf den Kläger zugelassenen Pkw der Marke ... mit dem amtlichen Kennzeichen ... wurde am ... gegen ... Uhr auf der ...straße in ... folgender Verkehrsverstoß begangen: ... Überschreitung der zulässigen Höchstgeschwindigkeit von 50 km/h innerhalb geschlossener Ortschaft um ... km/h (§§ 3 Abs. 3 Nr. 1, 49 Abs. 1 Nr. 3 StVO). Im Rahmen der Anhörung äußerte der Kläger, dass er nicht sagen könne, wer den Pkw gefahren habe. Dabei blieb der Kläger auch nach Vorlage eines Fotos vom Geschwindigkeitsverstoß. Nach der Anhörung verpflichtete die/der Beklagte den Kläger, für das Fahrzeug mit dem amtlichen Kennzeichen ... für den Zeitraum bis zum ... [Enddatum der Fahrtenbuchanordnung] ein Fahrtenbuch zu führen (Ziffer 1 des streitgegenständlichen Bescheids).

... [ggf weitere Darstellung des Sachverhalts]

II.

Der Bescheid ist rechtmäßig und verletzt den Kläger daher nicht in seinen Rechten.

Die Voraussetzungen für die Anordnung einer Verpflichtung zum Führen eines Fahrtenbuchs gem. § 31 a Abs. 1 StVZO liegen vor. Dem/der Beklagten war die Feststellung des Fahrzeugführers unmöglich.

Zunächst steht die Nichteinhaltung der Zweiwochenfrist der Rechtmäßigkeit der Fahrtenbuchanordnung nicht entgegen. Der Kläger ist Kaufmann und der Verkehrsverstoß wurde mit einem Firmenfahrzeug begangen. In diesem Fall gilt nach der überwiegenden Meinung in der Rechtsprechung (vgl nur OVG NRW, Urt. v. 31.3.1995 – 25 A 2798/93 = NJW 1995, 3335 = VRS 90, 231 mwN; Urt. v. 29.4.1999 – 8 A 699/97 = NJW 1999, 3279 = DAR 1999, 375; VG München, Urt. v. 2.8.2000 – M 31 K 00.738 = DAR 2001, 380) die Zweiwochenfrist, die nach der höchstrichterlichen Rechtsprechung ohnehin nur regelmäßig, nicht aber in den Fällen Geltung beansprucht, in denen wegen vom Regelfall abweichender Fallgestaltung auch eine spätere Anhörung zur effektiven Rechtsverteidigung genügt, insbesondere dann nicht, wenn ein Kaufmann im Sinne des Handelsrechts Halter desjenigen Fahrzeugs ist, mit dem die Verkehrszuwiderhandlung im geschäftlichen Zusammenhang begangen worden ist. Denn bei Kaufleuten besteht eine Obliegenheit zur längerfristigen Dokumentation von geschäftlichen Fahrten, die es rechtfertigt, ihnen – jedenfalls dann, wenn wie hier eine stichhaltige Erklärung fehlt – den Einwand, es sei nicht möglich, den Fahrzeugführer ausfindig zu machen, zu verwehren (vgl VG Braunschweig, Urt. v. 10.8.2000, juris; Urt. v. 8.2.2000, juris, sowie Urt. v. 10.10.2000, juris).

Auch waren der/dem Beklagten keine weiteren Ermittlungshandlungen zuzumuten.

Bei einem Geschäftsbetrieb wie dem des Klägers, bei dem ein Geschäftsfahrzeug mehreren Betriebsangehörigen oder sonstigen Personen zur Verfügung steht, ist es Sache der Betriebsleitung, die notwendigen organisatorischen Vorkehrungen dafür zu treffen, dass festgestellt werden kann, welche Person zu einem bestimmten Zeitpunkt ein bestimmtes Geschäftsfahrzeug benutzt hat (VGH BW, Beschl. v. 20.11.1998 – 10 S 2673/98 = NZV 1999, 224 = VBlBW 1999, 149). Nur wenn aufgrund derartiger Vorkehrungen, die hier nicht getroffen worden sind, ein für das Fahrzeug zum Zeitpunkt des Verkehrsverstoßes verantwortlicher Firmenangehöriger oder wenigstens der Personenkreis, der hierfür in Betracht kommt, hätte benannt werden können (bzw auch wirklich benannt worden wäre), wären der/dem Beklagtem weitere Ermittlungen zumutbar gewesen in Richtung auf den benannten Firmenangehörigen (etwa auch dahin gehend, ob nicht dieser Firmenangehörige selbst, sondern ein Dritter, dem das Fahrzeug überlassen wurde, dieses zum maßgeblichen Zeitpunkt benutzt hat) bzw den benannten Personenkreis.

Insbesondere war die/der Beklagte nicht verpflichtet, nachdem der verantwortliche Firmeninhaber sich nicht in der Lage gesehen hatte, anhand des Messfotos den Fahrer zu identifizieren, allen Mitarbeitern des Klägers das Geschwindigkeitsmessfoto zur Identifikation des Fahrzeugführers vorzulegen. Denn wenn mit einem Firmenfahrzeug eine Verkehrsordnungswidrigkeit begangen worden ist, kann es nicht Aufgabe der im Ordnungswidrigkeitenverfahren ermittelnden Behörden sein, innerbetrieblichen Vorgängen nachzuspüren, denen die Geschäftsleitung weitaus näher steht. Es fällt vielmehr in die Sphäre der Geschäftsleitung bzw des Firmeninhabers, entweder von vornherein organisatorische Vorkehrungen dafür zu treffen, dass festgestellt werden kann, welche Person zu welchem Zeitpunkt ein bestimmtes Geschäftsfahrzeug benutzt hat, oder jedenfalls der Ermittlungsbehörde im Nachhinein den Firmenangehörigen oder ggf die Firmenangehörigen namentlich zu bezeichnen, die betriebsintern Zugriff auf das Fahrzeug haben.

Da hier keine dieser Möglichkeiten ergriffen wurde, waren dem/der Beklagten weitere Ermittlungen innerhalb der Belegschaft nicht zumutbar. Ohne jeglichen Anhaltspunkt, aus welchem konkreten Personenkreis der Fahrzeugführer zum Tatzeitpunkt stammen könnte, würde sich ein solches Vorgehen angesichts der vom Kläger nicht näher bestimmten Anzahl der in Frage kommenden Personen als wahllos zeitraubende, kaum Aussicht auf Erfolg bietende Ermittlung darstellen, die der Polizei regelmäßig und mangels Vorliegens besonderer Umstände auch hier nicht zumutbar sind (vgl BVerwG, Urt. v. 17.12.1982 – 7 C 3.80 = Buchholz 442.16 § 31 a StVZO Nr. 12 = BayVBl 1983, 310; Beschl. v. 21.10.1987 – 7 B 162/87 = DAR 1988, 68 = Buchholz 442.16 § 31 a StVZO Nr. 18; OVG Lüneburg, Beschl. v. 11.7.2003 – 12 ME 274/03 – juris; *Hentschel/König/Dauer*, Straßenverkehrsrecht, 43. Auflage, StVZO, § 31 a Rn 5 mwN).

Dass sich der Kläger nicht erinnern kann, wer das Fahrzeug geführt hat, kann ihn daher nicht aus seiner Verantwortung entlassen (vgl VG Braunschweig, Urt. v. 30.6.2004 – 6 A 493/03 = NZV 2005, 164). Zwar ist dem Kläger zuzugeben, dass jedenfalls von einem offensichtlich eher kleineren Geschäftsbetrieb wie seinem nicht verlangt werden kann, jede einzelne Fahrt längerfristig datums- und zeitgenau festzuhalten. Das verlangt aber auch niemand von ihm. Vielmehr hätte es zur Eröffnung weiterer Ermittlungsansätze ohne Weiteres ausgereicht, wenn der Kläger der/dem Beklagten gegenüber ausgesagt hätte, welche Personen oder welcher Personenkreis generell Zugriff auf das als Firmenfahrzeug angegebene Fahrzeug hat bzw welche Personen zum Tatzeitpunkt als Fahrer überhaupt in Betracht kommen, weil sie zu diesem Zeitpunkt Zugriff auf das Fahrzeug hatten. Diese Auskünfte hätten dem Kläger einerseits vor dem Hintergrund der bestehenden Obliegenheit jedenfalls zu einer Dokumentation von Mindestinformationen hinsichtlich der Benutzung der Fahrzeuge seiner Firma möglich sein müssen. Andererseits hätte der Kläger diese Informationen schon unabhängig von etwaigen Dokumentationspflichten allein aus seinem organisatorischen Wissen um seine Firma präsent haben müssen. Dass die Preisgabe des Personenkreises, der generell Zugriff auf das Fahrzeug hat, dem Kläger nicht zumutbar war, ist weder geltend gemacht noch sonst ersichtlich. Die Preisgabe dieser Informationen wäre dem Kläger auch ohne Rückgriff auf sein Erinnerungsvermögen an die konkrete Fahrt und die Frage, wer insoweit Fahrer war (und ohne auf ein Foto angewiesen zu sein), möglich gewesen. Da der Kläger diese Angaben gegenüber der/dem Beklagten nicht machte, durfte diese/r es bei den Ermittlungen in dem durchgeführten Ausmaß belassen. Soweit nicht ersichtlich ist, welche weiteren vor dem Hintergrund der Erklärungen des Antragstellers zumutbaren Ermittlungsmaßnahmen die Ermittlungsbehörde hätte noch ergreifen sollen, ist die Rechtmäßigkeit der Fahrtenbuchanordnung nicht zu beanstanden.

III.
Kosten: § 154 Abs. 1 VwGO. Vorläufige Vollstreckbarkeit: § 167 Abs. 2, Abs. 1 S. 1 VwGO iVm §§ 708 ff ZPO.

Rechtsanwalt ◄

64 **Hinweis:** Der Mandant ist in einem derartigen Fall darauf hinzuweisen, dass die Wahrscheinlichkeit der Vermeidung einer Pflicht zum Führen eines Fahrtenbuchs dann erheblich steigt, wenn wenigstens der Personenkreis, aus dem der Fahrzeugführer vermutlich stammt, preisgegeben wird.

65 cc) **Zeugnis-, Auskunfts- und Aussageverweigerungsrechte**[59] Der Grundsatz, dass nach Maßgabe der Umstände des Einzelfalls regelmäßig den Ermittlungsbehörden weitere wahllos zeitraubende, kaum Aussicht auf Erfolg bietende Ermittlungen nicht zumutbar sind, wenn der Fahrzeughalter erkennbar die Mitwirkung an diesen Ermittlungen ablehnt, gilt auch und insbesondere in Fällen, in denen der Fahrzeughalter unter Berufung auf ein **Zeugnis-, Auskunfts- oder Aussageverweigerungsrecht** jegliche (sachdienliche) Äußerung verweigert.[60]

66 **Beispiel:**
Im Beispiel Rn 53 bringt der Rechtsanwalt der W. im Klageverfahren vor, dass nicht verkannt werde, dass die Berufung auf das Aussageverweigerungsrecht der Fahrtenbuchmaßnahme nicht entgegenstehe. Die Aussageverweigerung der W. im Ermittlungsverfahren sei jedoch nur

---

59 Zu dem Sonderfall, dass zwischen Halter des Tatfahrzeugs und Verteidiger des (mutmaßlich) verantwortlichen Fahrers Personenidentität besteht sowie zur Fahrtenbuchanordnung gegenüber einem Rechtsanwalt BayVGH, Beschl. v. 22.4.2008 – 11 ZB 07.3419, juris.
60 Vgl BVerwG, Urt. v. 17.12.1982 – 7 C 3/80, Buchholz 442.16 § 31 a StVZO Nr. 12 = BayVBl 1983, 310; Beschl. v. 21.10.1987 – 7 B 162/87, NJW 1988, 1104 = DAR 1988, 68 = Buchholz 442.16, § 31 a StVZO Nr. 18; Beschl. v. 1.3.1994 – 11 B 130/93, VRS 88, 158; VGH BW, Beschl. v. 1.10.1992 – 10 S 2173/92, NZV 1993, 47 = VBlBW 1993, 65; OVG des Saarlandes, Beschl. v. 5.4.2004 – 1 Q 54/03, juris. – Grundsätzlich ebenso wenig hindert die Auferlegung der Pflicht, ein Fahrtenbuch zu führen, der Verweis auf die Schweigepflicht gegenüber Mandanten bzw der Verweis auf eine Verletzung der Berufsfreiheit (Art. 12 Abs. 1 GG) bei einer an einen Rechtsanwalt gerichteten Anordnung, der geltend macht, das Fahrzeug werde im Rahmen der anwaltlichen Tätigkeit Mandanten zur Verfügung gestellt, Nds. OVG, Beschl. v. 10.1.2011 – 12 LA 167/09, NJW 2011, 1620 = DAR 2011, 162; vgl zur Situation eines Verteidigers Sächsisches OVG, Beschl. v. 1.11.2011 – 3 A 162/11, juris. Und eine Fahrtenbuchanordnung verstößt per se nicht gegen das Grundrecht auf informationelle Selbstbestimmung, OVG NRW, Beschl. v. 7.4.2011 – 8 B 306/11, DAR 2011, 426 = VD 2011, 175.

vorläufig gewesen. Nach erfolgter Akteneinsicht durch ihn hätte eine Stellungnahme zur Sache erfolgen sollen. Dazu sei es nicht mehr gekommen, da die Staatsanwaltschaft das Verfahren sofort eingestellt habe. Die Ermittlungsbehörden hätten demzufolge nicht alles Zumutbare getan, um die begangene Straftat aufzuklären, weshalb es hinsichtlich des verhängten Fahrtenbuchs an dem Tatbestandsmerkmal der Unmöglichkeit der Feststellung des Fahrzeugführers fehle und die Fahrtenbuchanordnung aufzuheben sei.

Zunächst ist es nicht relevant, dass von dem Bevollmächtigten der W. vorgetragen wird, dass nach erfolgter Akteneinsicht[61] eine Stellungnahme zur Sache hätte erfolgen sollen. Ob dieses Vorbringen tatsächlich zutrifft, ist nicht entscheidend. Denn hieraus hätte von vornherein allenfalls dann eine Pflicht der Ermittlungsbehörde erwachsen können, sich noch weitere Ermittlungen für den Fall vorzubehalten, dass aus der eventuell zu erwartenden Stellungnahme neue Ermittlungsansätze folgen, wenn der Umstand der möglicherweise zu erwartenden Stellungnahme den Ermittlungsbehörden auch bekannt gewesen wäre. Das ist aber gerade nicht der Fall. Weder ist in dem Beispiel Rn 66 von W. vorgetragen, dass eine eventuelle Stellungnahme nach erfolgter Akteneinsicht den Ermittlungsbehörden angekündigt worden wäre, noch lässt sich dies dem Sachverhalt sonst entnehmen. Daher bestand aus keinem denkbaren Gesichtspunkt eine Pflicht der Ermittlungsbehörden abzuwarten, ob sich neue Ermittlungsansätze ergeben. Denn es wäre den Ermittlungsbehörden nicht zuzumuten, gleichsam „ins Blaue hinein" abzuwarten, ob sich neue Ermittlungsansätze ergeben werden, ohne zu dieser Erwartung konkrete Anhaltspunkte zu haben. Ein solches Abwarten bzw Ermittlungen ohne konkrete Anstaltspunkte würden sich nicht mehr im Rahmen angemessener Aufklärungsarbeit halten, sondern würden die der Ermittlungsbehörde gerade nicht zumutbaren wahllos zeitraubenden, kaum Aussicht auf Erfolg bietenden Ermittlungen darstellen. 67

Auch der in diesem Zusammenhang von W. erhobene Vorwurf, die Staatsanwaltschaft habe das Ermittlungsverfahren quasi „zu früh" eingestellt, ohne weitere Ermittlungen anzustellen bzw neue Ansätze abzuwarten, geht in zweifacher Hinsicht fehl. Denn erstens war es in jeder Hinsicht ordnungsgemäß, das Ermittlungsverfahren einzustellen, nachdem keine Aufklärung über den mutmaßlichen Fahrzeugführer zu erzielen war und mangels Vorliegens irgendwie konkretisierbarer weiterer Ermittlungsansätze eine weitere Ermittlungstätigkeit keinen Erfolg versprach. Zweitens konnte im vorliegenden Fall die Einstellung des Ermittlungsverfahrens ohnehin nicht ursächlich gewesen sein für die nicht erfolgte Fahrerermittlung. Denn die **Einstellung eines Ermittlungsverfahrens** nach § 170 Abs. 2 S. 1 StPO hat keinen sog. Strafklageverbrauch zur Folge, vielmehr steht es der Staatsanwaltschaft frei, das Ermittlungsverfahren jederzeit wieder aufzunehmen, wenn Anlass dazu besteht.[62] Da bei der vorliegenden Straftat des unerlaubten Entfernens vom Unfallort die Verjährungsfrist drei Jahre (§§ 78 Abs. 3 Nr. 5, 142 Abs. 1 StGB) ab Beendigung der Tat (§ 78 a StGB) beträgt, droht auch aus diesem Gesichtspunkt keine Nichtverfolgbarkeit. Daher konnte die Einstellung des Ermittlungsverfah- 68

---

61 Gleichwohl ist die Akteneinsicht im Ermittlungsverfahren grundsätzlich anzuraten, wenn auch die Nichtgewährung nicht zwingend zur Rechtswidrigkeit der späteren Fahrtenbuchanordnung führt, hierzu (sehr weitgehend) VG Saarbrücken, Urt. v. 2.4.2008 – 10 K 40/07, juris; andererseits kann die Einstellung des Ermittlungsverfahrens vor Aktenübersendung vorschnell sein und zur Rechtswidrigkeit einer Fahrtenbuchanordnung führen, wenn eine Äußerung nach Akteneinsicht zu erwarten gewesen wäre, VG Aachen, Urt. v. 23.1.2008 – 2 K 3862/04, juris; nach VG Aachen, Beschl. v. 31.8.2007 – 2 L 280/07, juris, soll das Verweigern einer beantragten Akteneinsicht grundsätzlich dann unbeachtlich sein, wenn dem Fahrzeughalter mit der Anhörung ein geeignetes Lichtbild übersandt wurde, da er dann in die Lage versetzt sei, abzuwägen, ob er den Fahrer beim Verkehrsverstoß offenbart oder nicht.
62 *Meyer-Goßner*, StPO, § 170 Rn 9 mwN.

rens nicht dazu führen, dass die Ermittlungen nicht wieder aufgenommen werden konnten, dh sie können wieder aufgenommen werden, wenn sich neue Ermittlungsansätze ergeben, etwa dadurch, dass, wie der Bevollmächtigte der W. vorgebracht hat, die W. noch Angaben machen möchte.

69 Wie auf Seiten der W. richtig erkannt, hilft ihr bei der Anfechtung des Bescheids die Inanspruchnahme des Aussageverweigerungsrechts nicht. Vielmehr ist in der höchstrichterlichen Rechtsprechung geklärt, dass die Ausübung eines **Zeugnis-, Aussage- oder Auskunftsverweigerungsrechts** im Ordnungswidrigkeitenverfahren der Anordnung eines Fahrtenbuchs nach § 31 a StVZO nicht entgegensteht.[63] Begründet wird dies damit, dass es für den Fahrzeughalter kein „doppeltes Recht" gebe, nach einem Verkehrsverstoß aus eigennützigen Gründen zu leugnen (wenn auch, woran zu erinnern ist, rechtmäßig) und zugleich eine Fahrtenbuchauflage abzuwehren. Nach der Rechtsprechung des BVerwG[64] steht einer Fahrtenbuchanordnung auch nicht entgegen, dass mit der Fahrtenbuchauflage der Boden bereitet wird für einen zukünftigen Zwang zur Mitwirkung an der Überführung eines Täters einer Ordnungswidrigkeit. Diese Entscheidung ist nicht unbedenklich. Denn zwar kann der Fahrzeugführer nach Abschluss einer Fahrt, auf der er eine Tat begangen hat, die Unterschrift rechtmäßigerweise unterlassen. Mit Rücksicht auf das Recht, sich selbst nicht belasten zu müssen, dürfte dies nicht als Ordnungswidrigkeit (§ 69 Abs. 5 Nr. 4, 4 a StVZO) geahndet werden. Angesichts der sonstigen Angaben im Fahrtenbuch wird es jedoch nicht allzu schwer sein, den verantwortlichen Fahrzeugführer zu ermitteln. Gleichwohl betont das BVerwG,[65] dass es rechtmäßig ist, aus Aufzeichnungen wie einem zulässig angeordneten Fahrtenbuch Erkenntnisse über den Täter einer Verkehrsordnungswidrigkeit abzuleiten, auch wenn es sich dabei um den Aufzeichnenden selbst oder jemanden handelt, hinsichtlich dessen dem Aufzeichnenden ein Zeugnisverweigerungsrecht[66] zusteht.

70 Allerdings bedeutet die Inanspruchnahme eines Aussage-, Auskunfts- oder Zeugnisverweigerungsrechts nicht in jedem Fall automatisch, dass deswegen die Verhängung eines Fahrtenbuchs immer rechtmäßig sein muss.[67] Wie auch sonst bei der Beurteilung der Frage, ob die Feststellung des Fahrzeugführers unmöglich war, kommt es auch hier auf die Umstände des Einzelfalls an.

71 **Beispiel:**
Mit dem Kraftfahrzeug des R. wird eine Geschwindigkeitsübertretung begangen. Im Bußgeldverfahren lässt R. durch seinen Rechtsanwalt zunächst schriftlich vortragen, dass er keine Angaben machen wolle. Gegenüber der Polizei gibt R. dann später jedoch an, dass es sich bei

---

63 BVerfG, Beschl. v. 7.12.1981 – 2 BvR 1172/81, NJW 1982, 568 = BayVBl 1982, 81; BVerwG, Beschl. v. 22.6.1995 – 11 B 7/95, DAR 1995, 459 = BayVBl 1996, 156 = Buchholz 442.16 § 31 a StVZO Nr. 22; vgl auch Beschl. v. 11.8.1999 – 3 B 96/99, NZV 2000, 385 = BayVBl 2000, 380.
64 Beschl. v. 11.8.1999, – 3 B 96/99, NZV 2000, 385 = BayVBl 2000, 380.
65 BVerwG v. 11.8.1999, – 3 B 96/99, NZV 2000, 385 = BayVBl 2000, 380.
66 Das BVerwG spricht hier vom Aussageverweigerungsrecht, gemeint sein kann hier aber nur das Zeugnisverweigerungsrecht, da es um einen Dritten geht.
67 Neben dem gleich folgenden Beispiel ist folgende Konstellation denkbar, die idR dazu führt, dass die Verhängung eines Fahrtenbuches nicht möglich bzw. erfolgt sie doch, rechtswidrig ist: Halter H verleiht sein Fahrzeug an A, dieser verleiht es wiederum weiter. Nach einem unaufgeklärten Verkehrsverstoß gibt H ohne weiteres gegenüber der Polizei A an, dieser wiederum sagt, er könne auf Grund eines Auskunfts-, Aussage- oder Zeugnisverweigerungsrechts den Fahrer nicht nennen; für eine ähnliche Konstellation vgl VGH BW, Urt. v. 17.7.1990 – 10 S 962/90, NZV 1992, 46. In einer derartigen Konstellation wäre die Verhängung eines Fahrtenbuches gegen H allerdings nicht wegen der Geltendmachung eines Auskunfts-, Aussage- oder Zeugnisverweigerungsrechts, sondern wegen Unverhältnismäßigkeit rechtswidrig.

der Fahrerin um seine Verlobte handele und er vom Zeugnisverweigerungsrecht Gebrauch mache. Ohne weitere Ermittlungen wird das Bußgeldverfahren eingestellt. Nach entsprechender Meldung an die zuständige Straßenverkehrsbehörde erlässt diese eine Fahrtenbuchanordnung. Der Rechtsanwalt des R. meint, diese Anordnung sei rechtswidrig. Sein Mandant habe die Fahrzeugführerin ja benannt, indem er angegeben habe, dass seine Verlobte das Fahrzeug zum Tatzeitpunkt geführt habe.

In diesem Fall wäre die Fahrtenbuchanordnung rechtswidrig, da die Fahrerfeststellung nicht unmöglich war. Zwar scheiden nach der Rechtsprechung, wenn der Halter eines Fahrzeugs – im Wege der Aussageverweigerung als Beschuldigter oder wie hier unter Berufung auf ein Zeugnisverweigerungsrecht als Zeuge – die Aufklärung darüber ablehnt, wer das Fahrzeug zum maßgeblichen Zeitpunkt geführt hat, weitere Ermittlungen zumeist aus;[68] dies gilt aber nur unter der Einschränkung, dass keine besonderen Anhaltspunkte gegeben sind.[69] **72**

Vorliegend hat sich der Antragsteller zwar auf ein Zeugnisverweigerungsrecht (hier § 46 Abs. 1 OWiG iVm § 52 Abs. 1 Nr. 1 StPO) berufen, aber immerhin angegeben, dass es sich bei der Fahrerin, in Ansehung deren er ein Zeugnisverweigerungsrecht ausübe, um seine **Verlobte** handele. Deswegen waren weitere Ermittlungen veranlasst, die von der Polizei aber nicht durchgeführt wurden. Die mit den Ermittlungen beauftragte Polizeiinspektion hätte beispielsweise an dem ihr entweder schon bekannten oder jedenfalls mittels Einholung einer Auskunft beim Melderegister leicht ermittelbaren Wohnsitz des R. versuchen können festzustellen, ob dort mit R. eine weibliche Person, die als seine Verlobte in Betracht kommen kann, gemeldet ist oder – mittels entsprechender Nachschau vor Ort – dort mit ihm zusammenlebt, auch ohne dort gemeldet zu sein. Auch wenn dies nicht der Fall gewesen sein sollte, hätte beispielsweise bei den Nachbarn des R. nachgefragt werden können, ob eine derartige Person dort bekannt ist. Zwar ist es nicht notwendig so, dass Verlobte zusammen wohnen. Jedenfalls unter Zugrundelegung üblicher Lebensumstände wäre aber zu erwarten gewesen, dass beispielsweise den Nachbarn des R. wenigstens der Nachname der Verlobten bekannt war. **73**

Ob diese Ermittlungen zu einem Ergebnis geführt hätten, ist zwar nicht sicher. Darauf kommt es aber nicht an. Weder der Wortlaut des § 31 a Abs. 1 S. 1 StVZO verlangt dies – er spricht von Unmöglichkeit, nicht von Unsicherheit; an der Unmöglichkeit fehlt es, wenn die nahe liegende Möglichkeit besteht, mittels zumutbarer, erfolgversprechender Maßnahmen den verantwortlichen Fahrzeugführer zu ermitteln –, noch wäre dieser hypothetische Kausalitätsnachweis überhaupt zu führen. Vielmehr kommt es auf eine Betrachtung an, die danach fragt, ob eine bestimmte Ermittlungshandlung zumutbar war, weil sie erfahrungsgemäß und mit einer gewissen Wahrscheinlichkeit zum Erfolg hätte führen können. Ist eine solche Maßnahme unterlassen worden – wobei bei der Beurteilung, ob dies letztlich der Fall ist, immer eine wertende Betrachtung nötig sein wird, die, wenn nicht ein derart eindeutiger Fall wie in dem Beispiel Rn 71 vorliegt, in beide Richtungen entschieden werden kann –, war die Fahrerfeststellung unmöglich. **74**

---

68 Vgl BVerwG, Urt. v. 17.12.1982 – 7 C 3/80, Buchholz 442.16 § 31 a StVZO Nr. 12 = BayVBl 1983, 310; Beschl. v. 21.10.1987 – 7 B 162/87, NJW 1988, 1104 = DAR 1988, 68 = Buchholz 442.16, § 31 a StVZO Nr. 18; Beschl. v. 1.3.1994 – 11 B 130/93, VRS 88, 158; VGH BW, Beschl. v. 1.10.1992 – 10 S 2173/92, NZV 1993, 47 = VBlBW 1993, 65; OVG des Saarlandes, Beschl. v. 5.4.2004 – 1 Q 54/03, juris.
69 BVerwG, Urt. v. 17.12.1982 – 7 C 3/80, Buchholz 442.16 § 31 a StVZO Nr. 12 = BayVBl 1983, 310 mwN; VGH BW, Beschl. v. 1.10.1992 – 10 S 2173/92, NZV 1993, 47 = VerkMitt. 1992, Nr. 118 mwN.

75 Weitere Ermittlungen hätte die Polizei nur dann als nicht ausreichend erfolgversprechend unterlassen dürfen, wenn sie die oben (Rn 73) genannten, sich förmlich aufdrängenden Maßnahmen ergriffen hätte. Zwar mag es nicht auszuschließen sein, dass dann, wenn auch dies nicht zum Erfolg geführt hätte, als weiterer Ermittlungsansatz die Befragung sämtlicher Verwandter des Antragstellers zum Erfolg geführt hätte. Das wäre dann aber nicht mehr **zumutbar** gewesen (insofern zeigt dieses Beispiel die Grenze zwischen zumutbaren und nicht mehr zumutbaren Ermittlungshandlungen). Denn abgesehen davon, dass grundsätzlich nicht damit gerechnet zu werden braucht, dass in einer Konstellation wie der vorliegenden Ermittlungen bezüglich der engeren Familie des Halters zur namentlichen Feststellung des Fahrers führen werden,[70] ist die Polizei eben nicht zur Durchführung sämtlicher theoretisch denkbarer Ermittlungshandlungen oder zur Verfolgung aller möglicherweise bestehenden Ermittlungsansätze verpflichtet.

76 Dagegen geht die Ansicht des Bevollmächtigten des R. fehl, die Fahrerin sei als Verlobte des R. hinreichend individualisiert. Denn erstens besteht beim Rechtsinstitut des **Verlöbnisses** gem. §§ 1297 ff BGB weder ein öffentliches Register noch eine andere personenstandsrechtliche Auswirkung, vielmehr wird ein Verlöbnis allein durch die private Vereinbarung zweier Personen eingegangen und kann auch jederzeit wieder wirksam aufgelöst werden (arg. e § 1298 Abs. 1 S. 1 BGB); eine rechtssichere Nachprüfbarkeit ist deswegen nicht möglich. Zweitens besteht beim Verlöbnis wegen der nicht gegebenen Nachprüfungsmöglichkeit immer auch die Möglichkeit, dass ein Verlöbnis lediglich behauptet wird, in Wirklichkeit aber nicht besteht. Auch wenn der Gesetzgeber trotz der mit einem Verlöbnis solcherart bestehenden Unsicherheiten daraus ein Zeugnisverweigerungsrecht gewährt, hätte dies im hier allein maßgeblichen Verfahren, in dem Streitgegenstand die präventive Anordnung des Fahrtenbuchs ist, nicht aber die repressive ordnungswidrigkeitenrechtliche Beurteilung des Verhaltens des Antragstellers, keine Relevanz. Bei anderen Zeugnisverweigerungsrechten, etwa dem zugunsten des Ehegatten (§ 52 Abs. 1 Nr. 1 StPO), wäre dies dagegen anders zu beurteilen, da in diesem Fall unter Zugrundelegung normaler Verhältnisse zB die Ehefrau allein durch die Bezeichnung als solche ohne unzumutbaren Aufwand zu ermitteln wäre.

76a Ganz allgemein ist es einer der erfolgversprechendsten Ansatzpunkte, gegen eine verhängte Fahrtenbuchanordnung vorzugehen, wenn sich aus einer Äußerung des Adressaten ein Ermittlungsansatz ergibt, dessen Verfolgung den Ermittlungsbehörden zumutbar ist, dem aber nicht nachgegangen wurde; zB in Fällen, die dem vergleichbar sind, welchen das Verwaltungsgericht München kürzlich zu entscheiden hatte:[71] Der Kläger äußerte sich über seinen Bevollmächtigten bei der Polizei dahin gehend, dass er sein Fahrzeug einem seiner Brüder überlassen habe, weitere Angaben wolle er unter Berufung auf ein Aussageverweigerungsrecht (Angehöriger) nicht machen. In dieser Situation hielt es die zuständige Polizeibehörde nicht für erforderlich, weitere Ermittlungen anzustellen, was vom Verwaltungsgericht zu Recht gerügt wurde und was konsequent zur Aufhebung der Fahrtenbuchanordnung führte. Denn es wäre ohne Weiteres möglich gewesen und hätte zudem nahegelegen, zur Aufklärung

---

70 BVerwG, Beschl. v. 17.7.1986 – 7 B 234/85, NJW 1987, 143 = BayVBl 1986, 665; VGH BW, Beschl. v. 6.11.1998 – 10 S 2625/98, DAR 1999, 90 = NZV 1999, 272.
71 Urt. v. 30.8.2010 – M 23 K 10.2130, juris.

der begangenen Ordnungswidrigkeit die Namen und Anschriften der Brüder des Klägers zu ermitteln und diese mit dem Tatvorwurf zu konfrontieren[72].

Welche Ermittlungsansätze zumutbar sind und vor allem in welcher Tiefe diese verfolgt werden müssen, lässt sich allerdings nicht abstrakt sagen, sondern entscheidet sich jeweils an den konkreten Gegebenheiten des Einzelfalls.[73]

dd) Fahrtenbuchauflage nach verjährter Ordnungswidrigkeit
Beispiel:
Mit dem Kraftfahrzeug des O. wird am 15.9.2008 ein Geschwindigkeitsverstoß begangen. Auf dem am 23.9.2008 zugegangenen Anhörungsbogen bestreitet O. als Betroffener, zum Zeitpunkt des Verstoßes der Fahrer gewesen zu sein, und gibt an, H. sei gefahren. Der H. bestätigt dies zunächst, daher wird das zunächst gegen O. geführte Bußgeldverfahren eingestellt und gegen H. ein Bußgeldbescheid erlassen und H. am 16.11.2008 zugestellt. Hiergegen legt H. am 29.11.2008 Einspruch ein. Zur Begründung gibt er an, er sei nicht der Fahrer gewesen. Die Zentrale Bußgeldstelle legt der Verkehrsordnungswidrigkeitenstelle den Einspruch am 4.12.2008 zur Prüfung vor. Von dort wird die zuständige Polizeiinspektion mit der Durchführung von Nachermittlungen beauftragt. Da O. im Dezember im Ski-Urlaub ist, kann er erst im Januar erneut befragt werden. Zwischenzeitlich angeforderte Vergleichsfotos ergeben aber, dass H. als Fahrer ausscheidet, weshalb der Bußgeldbescheid zurückgenommen und das Bußgeldverfahren eingestellt wird. Vielmehr ergeben die Vergleichsfotos, dass O. der verantwortliche Fahrzeugführer war. Da mittlerweile hinsichtlich des O. die Verjährungsfrist (§ 26 Abs. 3 StVG) abgelaufen ist – laut Widerspruchsbescheid lief die Verjährungsfrist am 14.12.2008 ab –, übersendet die Verkehrsordnungswidrigkeitenstelle den Vorgang an die zuständige Straßenverkehrsbehörde. Diese ordnet gegenüber O. die Führung eines Fahrtenbuchs an.

Besonders dann, wenn es sich bei der in Rede stehenden Verletzung von Verkehrsvorschriften um eine Verkehrsordnungswidrigkeit handelt, tritt wegen der kurzen Verjährungsfrist des § 26 Abs. 3 StVG nicht selten bereits vor dem Erlass eines Bußgeldbescheids Verjährung ein. Allerdings schadet es nicht, wenn ein Betroffener, wie im Beispiel Rn 77 der O., erst nach Ablauf der Verjährungsfrist als verantwortlicher Fahrzeugführer feststeht. Der Tatbestand der Vorschrift des § 31 a Abs. 1 S. 1 StVO verlangt nämlich, dass die Ermittlung des Fahrzeugführers „nicht möglich *war*". Dies bedeutet nach dem Zweck der Norm, die gewährleisten will, dass Verkehrsvorschriften zuwiderhandelnde Kfz-Führer in künftigen Fällen zur Verantwortung gezogen werden können, dass die Fahrerfeststellung – wie hier – **vor Eintritt der Verfolgungsverjährung** (§ 26 Abs. 3 StVG) unmöglich gewesen sein muss.[74] Das Bekanntwerden des Täters erst dann, wenn er wegen der Zuwiderhandlung nicht mehr belangt werden kann, verwehrt der Behörde für sich genommen nicht, eine Fahrtenbuchanordnung treffen zu kön-

---

72 Ein weiteres Beispiel; VG Trier, Beschl. v. 23.2.2015 – 1 L 349/15.TR.
73 Vgl zB BayVGH, Beschl. v. 8.11.2010 – 11 ZB 10.950, juris, zu einem Fall, in dem im Gegensatz zu dem in Fn 61 nachgewiesenen Fall alle sich aufdrängenden Ermittlungsansätze abgearbeitet wurden.
74 Vgl etwa BayVGH, Urt. v. 6.10.1997 – 11 B 96/4036, BayVBl 1998, 152 = NZV 1998, 88 = DAR 1998, 246; OVG NRW, Urt. v. 29.4.1999 – 8 A 4164/96, juris, mwN; *Hentschel/König/Dauer*, Straßenverkehrsrecht, § 31 a StVZO Rn 4; vgl auch BVerwG, Urt. v. 13.10.1978 – 7 C 77/74, NJW 1979, 1054 = DAR 1979, 310.

nen.[75] Im Beispiel Rn 77 kommt es also darauf an, ob die Feststellung des O. als verantwortlicher Fahrzeugführer bis zum Ablauf der Verjährungsfrist unmöglich war.

79 Der Grundsatz, dass sich Art und Umfang der Tätigkeit der Behörde, den Fahrzeugführer zu ermitteln, an der Erklärung des betreffenden Fahrzeugführers ausrichten können,[76] gilt nicht nur in Fällen, in denen der Halter die sachdienliche Mitwirkung an der Aufklärung des Verstoßes ablehnt. Auch und gerade in Fällen wie dem vorliegenden, in denen der Halter sachdienliche Angaben macht, können – und werden sich in der Regel auch – Art und Umfang der Ermittlungstätigkeit der Behörde am Inhalt der Erklärung des betreffenden Fahrzeugführers ausrichten.[77]

80 Vor dem Hintergrund der Angaben, die O. auf den Anhörungsbogen hin machte, nämlich, dass H. der Fahrer gewesen sei, und dies auch von H. bestätigt wurde, durfte die Behörde zunächst auf die Durchführung weiterer Ermittlungen verzichten. Anderes würde nur gelten im Falle einer offensichtlichen Unrichtigkeit, der hier nicht vorliegt. Die Behörde musste mangels entsprechender Anhaltspunkte weder davon ausgehen, dass die gemachten Angaben nicht der Wahrheit entsprachen, noch dass die Angaben irrtumsbehaftet waren. Dass die Nichteinholung von Vergleichsfotos zu diesem Zeitpunkt ein Versäumnis der Ermittlungsbehörde darstellt, wird man nicht sagen können.

81 Zwar mag – allerdings erst aus einer ex-post-Betrachtung heraus – die Einholung von Vergleichsfotos bereits zu diesem Zeitpunkt zweckmäßig gewesen sein. Jedoch bestand gerade keine Verpflichtung der Ermittlungsbehörde hierzu. Denn die Polizei ist jedenfalls nicht zur Durchführung sämtlicher zweckmäßiger oder auch nur denkbarer Ermittlungshandlungen verpflichtet. Vielmehr genügen die Ermittlungsbehörden ihrer Pflicht zu angemessenen Ermittlungen, wenn sie in sachgerechtem und rationellem Einsatz der ihnen zur Verfügung stehenden Mittel nach pflichtgemäßem Ermessen die Maßnahmen getroffen haben, die der Bedeutung des aufzuklärenden Verkehrsverstoßes gerecht werden und erfahrungsgemäß Erfolg haben können.[78] Dies ist dann der Fall, wenn wie im Beispiel Rn 77 von Fahrzeughalter und Fahrzeugführer übereinstimmende Erklärungen vorliegen, wer den Verkehrsverstoß begangen hat. Hiermit durfte es die Polizei zunächst bewenden lassen. Darüber hinausgehende Ermittlungen zu verlangen, hieße, die Ermittlungspflichten, die sich insbesondere an dem Erfordernis der **Effektivität der polizeilichen Arbeit** auszurichten haben, überzustrapazieren. Ein solches Verständnis würde den Ermittlungsbehörden sinnlos erscheinende „Fleißarbeiten" aufbürden. Denn wenn aufgrund der persönlichen Erklärungen bereits feststeht, wer der verantwortliche Fahrzeugführer war, haben weitere Ermittlungen nur noch die Absicherung des be-

---

75 BayVGH, Beschl. v. 31.10.2007 – 11 CS 07.1811, juris; VGH BW, Beschl. v. 30.11.2010 – 10 S 1860/10, NJW 2011, 628 = VerkMitt. 2011 Nr. 49 (auch sonst lesenswerte Entscheidung mit instruktiven Ausführungen zur Tiefe der anzustellenden Ermittlungen sowie zur Darlegung der Ermessenserwägungen).
76 Vgl etwa OVG des Saarlandes, Beschl. v. 14.4.2000 – 9 V 5/00, juris.
77 Ob eine Fahrtenbuchanordnung nicht ergehen darf, wenn der Fahrzeughalter alles ihm Zumutbare und Mögliche getan hat, damit der Täter der begangenen Zuwiderhandlung ermittelt werden kann, ist nicht abschließend geklärt, vgl hierzu BayVGH, Beschl. v. 4.4.2011 – 11 CS 11.375, juris, mwN; in der Praxis ist diese Frage jedoch nicht sehr bedeutsam, denn Fälle, in denen der Halter alles Mögliche und Zumutbare unternommen hat, die Zuwiderhandlung gleichwohl nicht aufgeklärt wurde, werden selten sein; sollte dies trotzdem einmal vorkommen, sind die Chancen gut, erfolgreich gegen eine Anordnung vorzugehen. – Eine sinnvolle Mitwirkungshandlung sollte eine bestimmte Mindestqualität hinsichtlich der Konkretisierung des Kreises der Fahrzeugnutzer aufweisen. So soll zB das bloße Angebot, den Ermittlungsbehörden Unterlagen zur Einsichtnahme zur Verfügung zu stellen, nach VG Braunschweig, Urt. v. 31.5.2011 – 6 A 162/10, juris, nicht genügen.
78 BVerwG, Urt. v. 17.12.1982 – 7 C 3/80, Buchholz 442.16 § 31 a StVZO Nr. 12 = BayVBl 1983, 310.

reits feststehenden Ergebnisses zum Ziel. Dies ist aber mit den Anforderungen an den sachgerechten und rationellen Einsatz der polizeilichen Ermittlungsmaßnahmen und -mittel, insbesondere der personellen Ressourcen, nicht mehr zu vereinbaren.

Insofern war es auch nicht zu beanstanden, dass zu diesem Zeitpunkt das Bußgeldverfahren gegen O. eingestellt wurde. Zwar änderte sich die Sachlage zu dem Zeitpunkt, als H. Einspruch einlegte mit der Begründung, er sei entgegen seiner früheren Aussage doch nicht der verantwortliche Fahrzeugführer gewesen. Mit diesem Ereignis entstand die Pflicht zur Durchführung von angemessen Ermittlungsmaßnahmen zu diesem Zeitpunkt neu. Dieser erneuten Pflicht haben die Ermittlungsbehörden jedoch ebenfalls genügt. Das nunmehr notwendig gewordene Vergleichsfoto wurde angefordert. Dass gleichwohl ein Bußgeldbescheid bis zum Ablauf der Verjährungsfrist gem. § 26 Abs. 3 StVG nicht mehr ergehen konnte, schadet bei der Verhängung des Fahrtenbuchs ebenso wenig wie die Tatsache, dass der in Wirklichkeit verantwortliche Fahrzeugführer, also O., nunmehr aufgrund des Vergleichsfotos feststeht (dazu oben Rn 78). **82**

Denn zum einen war der Ermittlungsbehörde die Ermittlung des verantwortlichen Fahrzeugführers bis zum Ablauf der Verjährungsfrist nicht mehr möglich. Der hierfür verbleibende Zeitraum war bei realistischer Betrachtung viel zu kurz, um sämtliche notwendige Ermittlungsschritte durchzuführen. Vorliegend lief die Verfolgungsverjährung für die am 15.9.2008 begangene Verkehrsordnungswidrigkeit gem. § 31 Abs. 2 OWiG iVm § 26 Abs. 3 StVG nach Ansicht der Widerspruchsbehörde mit Ablauf[79] des 14.12.2008 ab. Dies trifft nur dann zu, wenn eine **Unterbrechung der Verjährung** nicht vorliegt. Eine solche kommt hier zwar nach § 33 Abs. 1 Nr. 1 OWiG in Betracht durch die in der Versendung des Anhörungsbogens am 23.9.2008 liegende Bekanntgabe der Einleitung eines Ermittlungsverfahrens.[80] Dies kann jedoch letztlich offenbleiben. Denn auch wenn eine Unterbrechung mit der Wirkung des § 33 Abs. 3 S. 1 OWiG bejaht wird und das Ende der Verjährungsfrist somit mit Ablauf des 22.12.2008 eintritt, ergibt sich nichts anderes. Denn in jedem Fall war der Zeitraum von der Kenntnis der Ermittlungsbehörde davon, dass H. doch nicht der Fahrzeugführer gewesen ist, bis zum Eintritt der Verjährung zu kurz, als dass die Ermittlungsbehörde währenddessen den wirklichen Fahrzeugführer hätte ermitteln können. Vielmehr hat die Ermittlungsbehörde auch nach Bekanntwerden, dass H. nunmehr seine Verantwortlichkeit bestreitet, die angezeigten Ermittlungsmaßnahmen durchgeführt. Es wurde erfolglos versucht, den O. zu dem Vorgang zu befragen. Es kommt auch nicht darauf an, dass O., da zu diesem Zeitpunkt ein Ermittlungsverfahren gegen ihn bereits eingestellt war, nicht verpflichtet war, polizeilichen Vorladungen Folge zu leisten. Denn einerseits besteht eine derartige Pflicht, abgesehen davon, dass die Einstellungswirkung nicht endgültig ist, gegenüber der Polizei nie, also auch nicht während laufender Ermittlungsverfahren. Andererseits kommt es nicht darauf an, ob der Kläger im ordnungswidrigkeitenrechtlichen Verfahren Vorladungen Folge leisten muss oder nicht, da es vorliegend nicht um die repressive Ahndung einer Ordnungswidrigkeit geht, sondern um die präventive Verhängung eines Fahrtenbuchs, im Zuge deren der Kläger nicht mit **83**

---

79 Zur Fristberechnung siehe *Göhler*, OWiG, § 31 Rn 16.
80 *Göhler*, OWiG, § 33 Rn 16 und vor § 59 Rn 27; vgl etwa auch BayObLG, Beschl. v. 18.4.1988 – 1 Ob OWi 40/88, VRS 75, 218 = DAR 1988, 427, wonach in der Zusendung des Anhörungsbogens als Betroffener idR eine von § 33 Abs. 1 Nr. 1 OWiG verlangte Bekanntgabe der Einleitung eines Ermittlungsverfahrens zu sehen ist; aA etwa OLG Dresden, Beschl. v. 26.5.2004 – Ss (OWi) 77/04 = DAR 2004, 535.

den Ermittlungsbehörden zusammenarbeiten muss, es ihm aber offen steht, dies zu tun, um im eigenen Interesse die Rechtsfolge des § 31 a Abs. 1 S. 1 StVZO zu vermeiden.

84 Zum anderen hat die Ermittlungsbehörde Vergleichsfotos angefordert. Dass diese erst nach Ablauf der Verjährungsfrist für eine Identifizierung des vermutlichen Fahrzeugführers sorgen konnten, schadet hinsichtlich der Voraussetzung der „Unmöglichkeit der Fahrerfeststellung" nicht, da weder vorgetragen noch sonst ersichtlich ist, dass bei oder nach Anforderung[81] der Vergleichslichtbilder auf Seiten der Ermittlungsbehörden vorwerfbare Verzögerungen aufgetreten wären. Vielmehr entspricht es dem normalen behördlichen Arbeitsablauf auch in zeitlicher Hinsicht, dass die Vergleichslichtbilder, die erst nach Bekanntwerden der von H. bestrittenen Fahrereigenschaft angefordert werden mussten, nicht mehr innerhalb der Verjährungsfrist eintrafen.

ee) „Falsche" Anhörung als Betroffener (nicht als Zeuge)

85 **Beispiel:**
Mit dem Kraftfahrzeug des S. wurde ein Abstandsverstoß auf einer Bundesautobahn begangen (§ 4 Abs. 1 StVO). Dem S. wird ein Anhörungsbogen zugesandt, auf dem „Anhörung als Betroffener" vermerkt ist. Der S. schickt den Anhörungsbogen, auf dem er angekreuzt hat, dass der Verstoß nicht zugegeben werde, und handschriftlich hinzugefügt hat, er sei zu dieser Zeit in Urlaub gewesen, zurück. Daraufhin werden dem S. Lichtbilder von dem Verstoß vorgelegt. Nachdem auch dies keine Aufklärung bringt und daraufhin gegen den S. eine Fahrtenbuchanordnung verhängt wird, trägt der Rechtsanwalt des S. im anschließenden Klageverfahren vor, die Fahrtenbuchanordnung sei rechtswidrig, da S. im Rahmen der Anhörung nur als „Betroffener", nicht als Zeuge befragt worden sei. Als „Betroffener" sei der S. dahin gehend belehrt worden, dass es ihm freistehe, Angaben zu machen. Bei einer Vernehmung als Zeuge und entsprechender Belehrung wären von S. möglicherweise Angaben zu dem zum Tatzeitpunkt verantwortlichen Fahrzeugführer gemacht worden.

86 Der Bevollmächtigte des S. ist der Ansicht, dass aus dem Umstand, dass er als Betroffener im Ordnungswidrigkeitenverfahren keine sachdienlichen Angaben gemacht hat, nicht gefolgert werden dürfe, dass er auch bei einer Vernehmung als Zeuge keine sachdienlichen Angaben gemacht hätte. Entgegen dieser Ansicht steht es einem Fahrtenbuchbescheid nicht grundsätzlich entgegen, dass der Fahrzeughalter im Rahmen der Anhörung nur als „Betroffener" und **nicht als Zeuge befragt** worden ist.

87 Die Straßenverkehrsbehörde ist vor der Anordnung einer Verpflichtung zur Führung eines Fahrtenbuchs nicht von vornherein verpflichtet, den Fahrzeughalter bzw den betroffenen Fahrzeugführer als Zeugen förmlich zu befragen; vielmehr hängt es von den Umständen des Einzelfalls ab, ob dies eine der Behörde noch zuzumutende Maßnahme ist.[82] Zunächst ist festzustellen, dass S. als Betroffener und nicht (zusätzlich) als Zeuge, als der er in seiner Eigenschaft als Halter des Pkw grundsätzlich in Betracht kommt, befragt wurde. Weder im An-

---

81 Dagegen sind die Ermittlungsbehörden nicht verpflichtet, ohne einen Hinweis des Fahrzeughalters auf eine konkrete Internetseite oder dem Vorliegen anderer Anhaltspunkte, dass eine Suche im Internet erfolgversprechend sein könnte, im Internet nach Lichtbildern der in Betracht kommenden Fahrzeugführer zu recherchieren, selbst wenn es sich bei dem Fahrzeughalter um eine Firma handelt, BayVGH, Beschl. v. 16.4.2015 – 11 ZB 15.171, VRS 128, 216–219 (2015).

82 BVerwG, Beschl. v. 21.10.1987 – 7 B 162/87, NJW 1988, 1104 = DAR 1988, 68 = Buchholz 442.16 § 31 a StVZO Nr. 18 mwN; jedenfalls im Falle einer Mitwirkungsverweigerung ist nach VG Braunschweig, Urt. v. 4.6.2010 – 6 A 190/09, juris, immer unerheblich, ob der Fahrzeughalter als Zeuge oder als Betroffener angehört wurde.

hörungsbogen noch bei der Lichtbildeinsicht ist S. gegenüber ausdrücklich zu erkennen gegeben worden, dass er als Zeuge befragt bzw vernommen werden soll. Bei der Anhörung handelte es sich ausdrücklich um eine Betroffenen-Anhörung. Die Prämisse des Bevollmächtigten des S., dass nur der Betroffene ein umfassendes Aussageverweigerungsrecht aus §§ 55, 46 Abs. 1 OWiG iVm § 136 Abs. 1 S. 2 StPO bzw aus dem verfassungsrechtlichen Grundsatz *nemo tenetur se ipsum accusare* genießt, ist zutreffend. Der Zeuge hat ein umfassendes Recht zur Zeugnisverweigerung nur dann, wenn er von einem bestehenden Zeugnisverweigerungsrecht (§ 46 Abs. 1 OWiG iVm § 52 StPO), das aber vorliegend aus dem mitgeteilten Sachverhalt nicht ersichtlich ist, Gebrauch macht. Sonst hat der Zeuge nur ein partielles Auskunftsverweigerungsrecht (§ 46 Abs. 1 OWiG iVm § 55 Abs. 1 StPO). Allerdings gilt diese Wirkungsweise direkt nur für das Ordnungswidrigkeitenverfahren.

Im Beispiel Rn 85 geht es jedoch nicht um die repressive Ahndung einer Ordnungswidrigkeit, sondern um die präventive Verhängung eines Fahrtenbuchs, im Zuge deren der Kläger nicht mit den Ermittlungsbehörden zusammenarbeiten muss, es ihm aber offen steht, dies zu tun, um im eigenen Interesse die Rechtsfolge des § 31 a Abs. 1 S. 1 StVZO zu vermeiden. Die Regeln des Ordnungswidrigkeitenverfahrens gelten hier nur gleichsam indirekt über das Tatbestandsmerkmal der Unmöglichkeit der Feststellung des Fahrzeugführers in § 31 a Abs. 1 S. 1 StVZO. Dabei können Vorgaben des Ordnungswidrigkeitenrechts von Grundsätzen des Sicherheitsrechts modifiziert und überlagert werden. Von diesen Überlegungen und der oben (Rn 87) dargestellten höchstrichterlichen Rechtsprechung ausgehend war die Behörde im vorliegenden Fall nicht verpflichtet, den S. förmlich als Zeugen zu befragen. 88

Die Behauptung, wenn S. als Zeuge vernommen worden wäre, hätte er „möglicherweise" Angaben zum Fahrer gemacht, erscheint bereits deswegen zweifelhaft, da sich S. im Ordnungswidrigkeitenverfahren nicht eingelassen hat, dass er umfassend die Aussage verweigere, sondern dass er zur Tatzeit im Urlaub gewesen sei und den Fahrer nicht identifizieren könne. Mit diesem Aussageinhalt machte S. gerade Umstände geltend, die ihn als zur Tatzeit verantwortlichen Fahrer ausschlossen, was sowohl eine Berufung auf ein Recht auf Aussageverweigerung – die tatsächlich auch nicht erfolgt ist – als auch die weitere Ermittlung in Richtung auf S. als Fahrer vor dem Hintergrund dieses Aussageinhalts als nicht sinnvoll erscheinen lässt. Ob S. selbst bewusst sein musste, dass er sich in seiner Eigenschaft als Fahrzeughalter als Zeuge äußerte, worauf der Inhalt seiner Aussage hindeutet, kann offen bleiben. Denn jedenfalls ist die Schlussfolgerung, S. hätte, wäre er als Zeuge vernommen worden, deswegen ausgesagt, weil er nur als Betroffener, nicht dagegen als Zeuge ein umfassendes Aussageverweigerungsrecht habe, weder zwingend noch nach den Äußerungen des S. im Ordnungswidrigkeitenverfahren auch nur wahrscheinlich. Im Gegenteil fehlt es an nachvollziehbaren tatsächlichen Anhaltspunkten dafür, dass S. bei einer förmlichen Befragung als Zeuge inhaltlich ergiebigere Aussagen gemacht hätte, weswegen die Ermittlungsbehörden, die sich bei ihren Ermittlungen am Grundsatz der Effektivität der Gefahrenabwehr zu orientieren haben, was für das Maß der angestellten Ermittlungen bedeutet, dass nicht jede, sondern nur jede erfolgversprechende Maßnahme zu treffen ist, darauf verzichten durften. Im Übrigen kommt es bei der Frage, ob die Fahrerfeststellung unmöglich war, nicht primär auf eine Prognose hinsicht- 89 lich des Erfolgs einer möglichen Aufklärungsmaßnahme an, sondern darauf, ob die Aufklärungsmaßnahme angemessen und für die Behörde zumutbar ist.[83]

90 In der Rechtsprechung ist die Frage, wann der Fahrzeughalter als Zeuge zu vernehmen ist, vom Bayerischen Verwaltungsgerichtshof[84] vor kurzem etwas abweichend beantwortet worden. Während bislang in der Rechtsprechung weitgehend anerkannt war, dass diese Frage vor dem Hintergrund zu beantworten ist, dass es darauf ankommt, ob diese Maßnahme angemessen und für die Behörde zumutbar erscheint, so dass beispielsweise dann, wenn der Fahrzeughalter bei seiner Befragung als Betroffener entweder gar keine Angaben macht oder doch wenigstens keine Hinweise auf die Person des verantwortlichen Fahrzeugführers gibt, eine spätere Vernehmung des Fahrzeughalters als Zeuge nicht in Betracht kommt,[85] soll es nach Ansicht des **Bayerischen Verwaltungsgerichtshofs**[86] nun drauf ankommen, ob der Fahrzeughalter nach strafprozessualen Grundsätzen (die bei der Prüfung einer Ordnungswidrigkeit weitgehend entsprechend gelten) als Zeuge hätte vernommen werden dürfen. Ob der Umstand, dass dies rechtlich möglich ist, dann auch die unbedingte Verpflichtung der Ermittlungsbehörde zur Vernehmung eines Fahrzeughalters als Zeugen – unter Ausblendung der Frage, ob dies auch angemessen und der Ermittlungsbehörde zumutbar wäre – nach sich zieht, ist noch nicht abschließend geklärt, nach Ansicht des Verfassers aber aus den Gründen, die oben (Rn 88 f) zur Lösung des Beispiels Rn 85 dargestellt wurden, zu verneinen[87].

90a In jedem Fall bleibt es aber dabei, dass es bei dem Prüfungspunkt „Unmöglichkeit der Feststellung des Fahrzeugführers" darauf ankommt, ob die jeweils zuständige Behörde vorhandene Ermittlungsansätze, soweit sie solche verfolgen musste, verfolgt hat, also gleichsam auf den Verlauf des Ermittlungshandelns, jedoch nicht (nur) auf dessen Ergebnis. Dh die Feststellung des Fahrers ist auch dann unmöglich, wenn die Ermittlungen zwar auf einen bestimmten Täter hindeuten, die Behörde jedoch keine ausreichende Überzeugung von der Täterschaft des Verdächtigen gewinnen konnte.[88] Denn die Rechtmäßigkeit einer Fahrtenbuchanordnung hindern kann nur ein nicht verfolgter Ermittlungsansatz, der zum Erfolg hätte führen können, nicht dagegen ein verfolgter Ermittlungsansatz, der mangels ausreichender Überzeugungsgewissheit nicht zum Erfolg führen konnte.

IV. Rechtsfolge: Ermessen

91 Die Rechtsfolge der Vorschrift des § 31 a Abs. 1 S. 1 StVZO ist ein Ermessen der zuständigen Straßenverkehrsbehörde hinsichtlich der Anordnung der Führung eines Fahrtenbuchs[89]. Für die Entscheidung, ob eine Fahrtenbuchanordnung zu treffen ist (sog. Entschließungsermessen), gilt grundsätzlich (wie oben Rn 16 bei der Voraussetzung des Verkehrsverstoßes), dass

---

83 BVerwG, Urt. v. 17.12.1982 – 7 C 3/80, Buchholz 442.16 § 31 a StVZO Nr. 12.
84 Beschl. v. 2.5.2006 – 11 CS 05.1825.
85 So VGH BW, Beschl. v. 30.11.1999 – 10 S 2436/99, DAR 2000, 378 = NZV 2001, 448.
86 Beschl. v. 2.5.2006 – 11 CS 05.1825. In dem Beschl. v. 13.2.2007 – 11 CS 06.3395, juris, schwenkt der BayVGH (allerdings angesichts des mitgeteilten Sachverhalts recht fragwürdig bei der Verneinung des Vorliegens weiterer Ermittlungsansätze) wieder mehr in die von der obergerichtlichen Rechtsprechung überwiegend vertretene Meinung ein und stellt klar, dass ein straf- bzw ordnungswidrigkeitenrechtliches „Dürfen" bei der Zeugeneinvernahme kein fahrtenbuchrechtliches „Müssen" bedeutet. Vgl schließlich BayVGH, Beschl. v. 30.8.2011 – 11 CS 11.1548.
87 So – keine ausnahmslose Verpflichtung, den Halter des Tatfahrzeugs als Zeugen einzuvernehmen – mittlerweile auch BayVGH, Beschl. v. 11.7.2012 – 11 ZB 12.727, juris Rn 12 ff.
88 BayVGH, Beschl. v. 23.6.2015 – 11 CS 15.950, juris; Beschl. v. 23.2.2015 – 11 CS 15.6, juris Rn 16; SächsOVG, Beschl. v. 4.8.2014 – 3 B 90/14, DÖV 2014, 987.
89 Zur Ausübung dieses Ermessens vgl zusammenfassend BVerwG, Urt. v. 28.5.2015 – 3 C 13/14, juris Rn 16 ff; dort unter Rn 17 auch zur Ergänzung von Ermessenserwägungen im Verwaltungsstreitverfahren.

bei einem Verkehrsverstoß, der mit mindestens einem Punkt bewertet ist, die Anordnung eines Fahrtenbuchs ermessensgerecht ist. Die Rechtsprechung formuliert hier, dass es in einem solchen Fall, wenn die Feststellung des Täters nicht möglich war, stets der Ausübung pflichtgemäßen behördlichen Ermessens entspricht, dem Halter des Kraftfahrzeugs die Führung eines Fahrtenbuchs aufzuerlegen.[90]

Hier können die nach der sog. Ermessensfehlerlehre denkbaren **Ermessensfehler** – Ermessensausfall, Ermessensüber- und -unterschreitung, Ermessensfehlgebrauch und Ermessensdisproportionalität – auftreten. Spezifische fahrtenbuchrechtliche Problemstellungen gibt es hier wenige.[91] Darauf hinzuweisen ist aber, dass es – entgegen einer im gerichtlichen (Fahrtenbuch-)Alltag immer wieder anzutreffenden Auffassung – für die Verhängung eines Fahrtenbuchs nicht Voraussetzung ist, dass der Fahrzeughalter bereits in der Vergangenheit mit Verkehrsordnungswidrigkeiten oder Straftaten hervorgetreten ist. 92

Ebenso wenig ist, wenn keine Besonderheiten vorliegen, die Befürchtung der Straßenverkehrsbehörde zu beanstanden, dass es künftig zu gleichartigen Verstößen kommen könnte. Gefährdet der Fahrzeughalter, der die Verfügungsbefugnis und die Möglichkeit der Kontrolle über sein Fahrzeug besitzt, die Sicherheit des Straßenverkehrs dadurch, dass er unter Vernachlässigung seiner Aufsichtsmöglichkeiten nicht dartun kann oder will, wer im Zusammenhang mit einer Verkehrszuwiderhandlung zu einem bestimmten Zeitpunkt sein Fahrzeug gefahren hat, darf er durch die Auferlegung der Pflicht, ein Fahrtenbuch zu führen, zu einer nachprüfbaren Überwachung der Fahrzeugbenutzung angehalten werden.[92] 93

Ob vom Fahrzeughalter selbst als Führer seines Kraftfahrzeugs Verstöße gegen Normen, die im Straßenverkehr Geltung beanspruchen, zu besorgen sind, ist rechtlich nicht ausschlaggebend. Vielmehr genügt regelmäßig die bei jeder Kraftfahrzeugnutzung nicht auszuschließende Möglichkeit, dass der jeweilige Fahrer Verkehrsvorschriften zuwiderhandelt.[93] In diesem Sinne ist es, wenn keine besonderen Umstände vorliegen, regelmäßig nicht ersichtlich, dass ein Wiederholungsfall in jeder Hinsicht ausgeschlossen ist. 94

Die **Dauer, für die ein Fahrtenbuch angeordnet wird** – wenn man so will, das Auswahlermessen –, differiert nach der Schwere des Verkehrsverstoßes. Beurteilungsmaßstab ist, mit wie vielen Punkten der Verkehrsverstoß nach der Anlage 13 zu § 40 FeV bewertet ist. Dabei lassen sich zwar keine allgemein verbindlichen Regeln aufstellen, jedoch lassen sich einige Hinweise geben. 95

---

90 Nach dem HessVGH soll es sich hierbei sogar um ein intendiertes Ermessen handeln, vgl. Urt. v. 25.6.1991 – 2 UE 2271/90, VRS 83 (1992), 236, bestätigt durch Entsch. v. 22.3.2005 – 2 UE 582/04, NJW 2005, 2411; ähnlich neuerdings auch BayVGH, Beschl. v. 14.5.2013 – 11 CS 13.606, juris Rn 14, wonach ein intendiertes Ermessen jedenfalls hinsichtlich der Dauer von mindestens sechs Monaten anzunehmen gegeben sein soll, da die Führung eines Fahrtenbuches den ihr zugedachten Zweck nur dann erfüllen könne, wenn sie für eine gewisse Dauer angeordnet werde, wobei sechs Monate im „unteren Bereich einer effektiven Kontrolle" lägen. Nach BayVGH, Beschl. v. 6.5.2013 – 11 CS 13.426, juris Rn 12 soll es sich wiederum bei § 31 a Abs. 1 StVZO nicht um einen Fall sog. intendierten Ermessens handeln, wobei dort aus dem Zusammenhang ersichtlich vermutet werden kann, dass sich diese Aussage auf die Anordnung der Erstreckung auf ein Ersatzfahrzeug beziehen soll.
91 Vgl. aus der Rspr. etwa VG Berlin, Beschl. v. 18.3.1987 – 4 A 68.97, juris, zu einem Ermessensfehler aufgrund nicht ausreichender Sachverhaltsermittlung.
92 BVerwG, Beschl. v. 23.6.1989 – 7 B 90/89, NJW 1989, 2704 = DÖV 1989, 1040 = Buchholz 442.16 § 31 a StVZO Nr. 20.
93 BVerwG, Beschl. v. 23.6.1989 – 7 B 90/89, NJW 1989, 2704 = DÖV 1989, 1040 = Buchholz 442.16 § 31 a StVZO Nr. 20.

§ 19 Fahrtenbuchauflage

95a Allerdings hat die Anlage 13 zu § 40 der Fahrerlaubnis-Verordnung (FeV), deren Gegenstand die Bezeichnung und Bewertung der im Rahmen des Fahreignungs-Bewertungssystems zu berücksichtigenden Straftaten und Ordnungswidrigkeiten sind („Punktekatalog"), mit Wirkung ab dem 1.5.2014 eine erhebliche Umgestaltung erfahren. Zum Beispiel wird das Überschreiten der zulässigen Höchstgeschwindigkeit außerhalb geschlossener Ortschaften um 26 bis 30 km/h seitdem nicht mehr mit drei (so noch Nr. 5.4 der Anlage 13 zur Fahrerlaubnis-Verordnung in der Fassung vom 13.12.2010, BGBl. I S. 2100), sondern nur noch mit einem Punkt bewertet (Nr. 3.2.2 der Anlage 13 in der Fassung vom 16.4.2014, BGBl. I S. 363). Zugleich wird die Fahrerlaubnis seit der Umstellung des Punktesystems nun nicht mehr erst mit 18 Punkten entzogen (§ 4 Abs. 3 S. 1 Nr. 3 StVG aF), sondern bereits dann, wenn sich acht oder mehr Punkte im Fahreignungsregister ergeben (§ 4 Abs. 5 S. 1 Nr. 3 StVG in der Fassung vom 28.8.2013, BGBl. I S. 3313).

95b Nach der neuesten Rechtsprechung des BVerwG[94] ändert sich jedoch grundsätzlich nichts daran, dass es nicht nur nicht zu beanstanden, sondern sogar naheliegend ist, wenn sich die zuständige Behörde für die konkrete Bemessung der Dauer der Fahrtenbuchauflage am Punktsystem der Anlage 13 zu § 40 FeV ausrichtet; denn dort hat der Verordnungsgeber selbst eine Gewichtung der Zuwiderhandlungen im Straßenverkehr vorgenommen.

95c Das gilt nach dem BVerwG[95] explizit auch unter Geltung des neuen Punktsystems, wobei das Gericht andeutet, dass die Bewertung des jeweiligen Verstoßes an die Maßstäbe des neuen Punktekatalogsystems anzupassen ist; das Gericht führt hierzu aus (zu Grunde lag die Überschreitung der angeordneten zulässigen Höchstgeschwindigkeit außerorts von 70 km/h um 27 km/h (nach Toleranzabzug), für welche die zuständige Verwaltungsbehörde wegen der Nichtaufklärbarkeit, wer gefahren war, die Führung eines Fahrtenbuchs für eine Dauer von zwölf Monaten angeordnet):

„An dieser rechtlichen Wertung ändert sich durch die zum 1. Mai 2014 in Kraft getretene Neuordnung des Punktesystems nichts; sie ist ebenfalls in den Blick zu nehmen, da es sich bei der Fahrtenbuchanordnung – wie dargelegt – um einen Dauerverwaltungsakt handelt. Eine Geschwindigkeitsüberschreitung um 26 bis 30 km/h außerhalb geschlossener Ortschaften führt nach dem neuen Punktekatalog zur Eintragung jedenfalls eines Punktes im Fahreignungsregister (vgl Nr. 3.2.2 der derzeit geltenden Anlage 13 zu § 40 FeV). Das zeigt, nachdem die Fahrerlaubnis nach dem neuen Punktsystem nun schon bei acht statt wie bisher bei 18 Punkten entzogen wird, dass der Verordnungsgeber einem solchen Verkehrsverstoß nach wie vor ein erhebliches Gewicht beimisst. An der abstrakten Gefährlichkeit einer so deutlichen Überschreitung der zulässigen Höchstgeschwindigkeit für die Sicherheit des Straßenverkehrs hat sich ohnehin nichts geändert."

95d Aus dieser Entscheidung lässt sich zunächst ableiten, dass wegen des Charakters der Fahrtenbuchanordnung als Dauerverwaltungsakt für Fälle, die in den Zeitraum des Übergangs vom „alten" auf das „neue" Punktsystem fallen, beide Systeme zu berücksichtigen sind. Sodann zeigt das Ergebnis – das BVerwG hält die Bewertung eines Verstoßes, der nach dem alten System mit drei, nach dem neuen System „nur" mit einem Punkt belegt ist, als ausreichend für die Anordnung einer Verpflichtung zum Führen eines Fahrtenbuches für zwölf Monate, für

---

94 Urt. v. 28.5.2015 – 3 C 13.14, juris Rn 21.
95 Urt. v. 28.5.2015 – 3 C 13.14, juris Rn 23.

rechtmäßig – dass die bisherige regelmäßige Bewertung eines Verstoßes, der nach dem alten System mit einem Punkt belegt ist, mit einer Fahrtenbuchanordnung für sechs Monate, unter Berücksichtigung des neuen Systems so nicht mehr aufrechterhalten werden kann. Vielmehr ist zu beachten, dass ein Punkt im neuen System, das bereits bei acht Punkten zum Entzug der Fahrerlaubnis führt, ein – deutliches – „Mehr" im Vergleich zu einem Punkt im alten System darstellt.

Da es zum neuen Punktekatalogsystem – das wie oben dargestellt seit 1.5.2014 gilt –, bislang nur sehr wenige Entscheidungen gibt[96] und außerdem die Bewertung nach dem alten System, da diese wegen der größeren Ausdifferenzierung des alten Systems eine genauere Bewertung ermöglicht, zumindest für eine Übergangszeit noch als Hilfsüberlegung fungieren wird, wird im Folgenden zusätzlich zur neuen Systematik auch noch die bisherige dargestellt. **95e**

Bei einem Verstoß, für den nach der bis 30.4.2014 geltenden Anlage 13 zu § 40 FeV ein Punkt fällig war, erfolgte bislang selten mehr als die Verhängung eines Fahrtenbuchs für sechs Monate.[97] Bei einem Verstoß bis drei Punkten,[98] zum Teil auch bis vier Punkten, war die Verhängung eines Fahrtenbuchs für zwölf Monate der Regelfall.[99] Insbesondere dann, wenn es sich bei dem Verkehrsverstoß um eine Straftat handelt, kann ein Fahrtenbuch auch für mehrere Jahre angeordnet werden. In Extremfällen kann es auch zu einer zeitlich nicht begrenzten Anordnung kommen, da es nicht zwingend vorgeschrieben ist, dass eine Fahrtenbuchanordnung zeitlich begrenzt ist. **95f**

Im Einzelnen: Wenn der Verhängung des Fahrtenbuchs ein nach der bis 30.4.2014 geltenden Anlage 13 zu § 40 FeV mit mindestens einem Punkt bewerteter Verkehrsverstoß vorausgeht, verstößt die Auferlegung eines Fahrtenbuchs weder dem Grunde nach noch deswegen gegen den Grundsatz der Verhältnismäßigkeit, weil sich ihre Geltungsdauer auf *sechs Monate* erstreckt. Die Dauer der Fahrtenbuchanordnung von sechs Monaten rechtfertigt sich ohne Weiteres angesichts der bei einem mit mindestens einem Punkt nach der bis 30.4.2014 geltenden Anlage 13 zu § 40 FeV bewerteten Verstoß wesentlichen Verletzung von Verkehrsvorschriften und ist insoweit regelmäßig auch nicht unverhältnismäßig. Nach allgemeiner Meinung in der obergerichtlichen Rechtsprechung rechtfertigt bereits die *erstmalige* Begehung eines nach dem sog. Punktsystem gem. § 40 FeV in der bis 30.4.2014 geltenden Fassung wenigstens mit einem Punkt bewerteten Verkehrsverstoßes die Verpflichtung zur Führung eines Fahrtenbuchs **96**

---

[96] Einige der ganz wenigen sind zB VG Augsburg, Beschl. v. 30.7.2015 – Au 3 S 15.880; VG Würzburg, Beschl. v. 29.6.2015 – W 6 S 15.447; VG Sigmaringen, Beschl. v. 16.6.2015 – 5 K 1730/15; insbesondere die letztgenannte Entscheidung setzt sich soweit ersichtlich als einzige mit der Problematik des neuen Punktsystems auseinander (unter juris Rn 17) und formuliert den Leitsatz: Ein Verkehrsverstoß von einigem Gewicht liegt vor, wenn die Verkehrsordnungswidrigkeit nach dem neuen Punktesystem mit einem Punkt geahndet werden kann.

[97] Vgl hierzu Nds. OVG, Urt. v. 10.2.2011 – 12 LB 318/08, DAR 2011, 339: Rechtswidrigkeit einer Fahrtenbuchanordnung bei einem mit einem Punkt bewerteten Verkehrsverstoß für eine Dauer von neun Monaten, wobei allerdings nicht die Verknüpfung 1 Punkt = neun Monate als solche, sondern das Fehlen einer ausreichend substantiierten Begründung zu einem Ermessensfehler führt.

[98] ZB 12 Monate bei einem mit drei Punkten bewerteten Geschwindigkeitsverstoß BayVGH, Beschl. v. 18.3.2008 – 11 CS 07.2210, juris.

[99] Auch hier ist aber erneut darauf hinzuweisen, dass diese Werte nur grobe Anhaltspunkte ohne Garantie sein können, entscheidend ist immer der jeweils zu beurteilende Einzelfall, so dass auch bei einem mit drei Punkten bewerteten Verkehrsverstoß die Anordnung der Führung eines Fahrtenbuches für 18 Monate rechtmäßig sein kann, VG Augsburg, Urt. v. 8.5.2007 – Au 3 K 06.1268, juris.

für die Dauer von sechs Monaten, ohne dass es darauf ankommt, ob im Einzelfall Umstände vorliegen, die die Gefährlichkeit des Verkehrsverstoßes erhöhen.[100]

97 Dies gilt jedenfalls immer dann, wenn keine spezifischen Besonderheiten vorliegen, die eine abweichende Würdigung nahelegen. Umstände, die hier Besonderheiten begründen könnten, müssen dazu Bezüge zu dem präventiven Zweck des § 31 a Abs. 1 S. 1 StVZO aufweisen, der darin besteht, zukünftigen Gefährdungen der Sicherheit des Straßenverkehrs vorzubeugen, die sich daraus ergeben, dass der Fahrzeughalter unter Vernachlässigung seiner Aufsichtsmöglichkeiten nicht dartun kann oder will, wer im Zusammenhang mit einer Verkehrszuwiderhandlung zu einem bestimmten Zeitpunkt sein Fahrzeug gefahren hat. Dass ein Betroffener beispielsweise seit langer Zeit im Besitz einer Fahrerlaubnis ist, dürfte für sich allein für die Annahme eines Sonderfalls ebenso wenig genügen wie der Umstand, dass bisherige Verkehrsverstöße des Betroffenen von ihm stets eingeräumt wurden und er seine Fahrereigenschaft in früheren Fällen nicht bestritten hat. Ebenso rechtfertigt nicht nur ein Verkehrsverstoß, der den Schluss auf die Unzuverlässigkeit des Kraftfahrers zulässt, eine Fahrtenbuchauflage.[101]

98 Die Verhängung eines Fahrtenbuchs verstößt, wenn ihr ein nach der bis 30.4.2014 geltenden Anlage 13 zu § 40 FeV mit mehr als einem Punkt bewerteter Verkehrsverstoß zugrunde liegt, regelmäßig nicht deshalb gegen den Grundsatz der Verhältnismäßigkeit, weil sich ihre Geltungsdauer auf *zwölf Monate* erstreckt. Erscheint der Verkehrsbehörde zur Erreichung des mit § 31 a StVZO erstrebten Zwecks bei einem Verkehrsverstoß, der auch unter Berücksichtigung seiner Erstmaligkeit von einem beachtlichen Mangel an Verkehrsdisziplin zeugt, ein Zeitraum von einem Jahr ausreichend, aber auch notwendig, so halten sich die Belastungen, die sich hieraus für den Betroffenen ergeben, in aller Regel noch im Rahmen des Zumutbaren.[102] Dies gilt auch unter Berücksichtigung des Umstands, dass der Betroffene bislang noch nicht straf- oder verkehrsrechtlich in Erscheinung getreten ist, und ist insoweit auch nicht unverhältnismäßig.

98a Bei der Ermessensausübung darf auch (in Richtung der Erhöhung der Dauer einer Fahrtenbuchanordnung im Vergleich zum Regelfall) das typisierte Nutzungsverhalten einer bestimmten Gruppe von Verkehrsteilnehmern berücksichtigt werden; zB ist die Praxis einer Verwaltungsbehörde, das Ermessen bei Motorradfahrern idR so auszuüben, dass ein spürbarer Effekt eintritt, nicht zu beanstanden,[103] auch wenn das bei Motorradfahrern bei gleichartigen Verstößen zu einer regelmäßig längeren Dauer der Anordnung führt. Denn Motorräder werden erfahrungsgemäß überwiegend nur saisonal genutzt, weshalb bei diesen bei der Anordnung einer sechsmonatigen Fahrtenbuchanordnung in vielen Fällen nicht die gewisse Mindestdauer erreicht würde, die nach der Rechtsprechung erforderlich ist, um das damit ver-

---

[100] BVerwG, Urt. v. 17.5.1995 – 11 C 12/94, BVerwGE 98, 227 = NJW 1995, 2866 = DAR 1995, 458; OVG NRW, Urt. v. 29.4.1999 – 8 A 4164/96, juris; speziell zum Rotlichtverstoß etwa BVerwG, Beschl. v. 17.7.1986 – 7 B 234/85, NJW 1987, 143 = BayVBl 1986, 665 = Buchholz 442.16 § 31 a StVZO Nr. 15; VGH BW, Urt. v. 9.4.1991 – 10 S 407/91, NZV 1991, 408 = VRS 81, 311; OVG Lüneburg, Beschl. v. 15.10.2003 – 12 LA 416/03, NJW 2004, 1124 = NZV 2004, 431.
[101] BayVGH, Beschl. v. 12.3.2014 – 11 CS 14.176, juris Leitsatz 2, wobei dieser Leitsatz im Entscheidungstext dadurch relativiert wird, dass in der Entscheidung selbst (juris Rn 11) festgestellt wird, dass gerade ein Verkehrsverstoß vorliegt, der den Schluss auf eine charakterliche Unzuverlässigkeit des Betroffenen zulässt.
[102] Vgl BVerwG, Beschl. v. 23.6.1989 – 7 B 90/89, NJW 1989, 2704 = Buchholz 442.16 § 31 a StVZO Nr. 20; VGH BW, Urt. v. 18.6.1991 – 10 S 938/91, NJW 1992, 132 = DAR 1991, 433.
[103] BVerwG, Urt. v. 28.5.2015 – 3 C 13/14, juris Rn 24 ff.

folgte Ziel zu erreichen, den Fahrzeughalter zu einer nachprüfbaren Überwachung der Fahrzeugbenutzung und zur Mitwirkung bei der Feststellung des Fahrzeugführers im Falle eines erneuten Verstoßes anzuhalten[104]. Gleiches dürfte auch im Einzelfall bei Pkws gelten, die nur mit sog. Saisonkennzeichen zugelassen sind.[105]

Liegt ein Verkehrsverstoß vor, der im Falle einer Ordnungswidrigkeit ein Fahrverbot auslösen würde, wenn die Feststellung des Fahrzeugführers nicht unmöglich wäre – im Falle einer Straftat kommt als Maßstab entweder die Anordnung der Entziehung der Fahrerlaubnis, § 69 Abs. 1, Abs. 2 StGB, oder zumindest die Verhängung eines Fahrverbots nach § 44 StGB in Betracht –, sind hinsichtlich der Dauer der Verpflichtung zur Führung eines Fahrtenbuchs auch unter Berücksichtigung der Erstmaligkeit des Verstoßes noch wesentlich längere Zeiträume rechtlich zulässig.[106] 99

Bei Verkehrsverstößen, die weder im Verkehrszentralregister einzutragen noch nach dem Bußgeldkatalog mit einem Fahrverbot zu ahnden oder nach Anlage 13 zur Fahrerlaubnisverordnung mit wenigstens einem Punkt bewertet sind, kommt dagegen grundsätzlich, auf jeden Fall aber bei erstmaligen Verstößen, keine Fahrtenbuchanordnung in Betracht. Allenfalls denkbar wäre hier die gebührenpflichtige Androhung einer Fahrtenbuchanordnung.[107] 100

Die Unverhältnismäßigkeit einer Fahrtenbuchanordnung kann jedoch dann angenommen werden, wenn die Dauer zwischen der Begehung des Verkehrsverstoßes und der Verhängung der Fahrtenbuchanordnung sehr lange ist, wobei es eine Frage der Umstände des Einzelfalles ist, ob eine zur Unverhältnismäßigkeit führende Zeitdauer anzunehmen ist oder nicht[108]. 100a

V. Ersatzfahrzeug

§ 31 a Abs. 1 S. 2 StVZO sieht vor, dass die Verwaltungsbehörde[109] ein oder mehrere Ersatzfahrzeuge bestimmen kann. Rechtsgrundlage hierfür ist nicht der ursprüngliche (Erst-)Bescheid, sondern die gesetzliche Regelung. Eine trotzdem in den Ausgangs- oder Widerspruchsbescheid (gleich, ob in den Tenor des Bescheids oder in dessen Gründe) aufgenommene entsprechende Verfügung ist nur deklaratorisch. Davon zu unterscheiden ist die Bestimmung, welches konkrete (Ersatz-)Fahrzeug an die Stelle des ursprünglichen Fahrzeugs treten soll. 101

Der Adressat der Bestimmung eines Ersatzfahrzeugs muss nicht, anders als hinsichtlich des „Tatfahrzeugs", für das § 31 a Abs. 1 S. 1 StVZO ausdrücklich die Haltereigenschaft des Adressaten voraussetzt, zwingend Halter des als Ersatzfahrzeug in Betracht kommenden Fahrzeugs sein,[110] wenngleich dies jedenfalls im Regelfall meist so sein wird. 102

---
104 BVerwG, Urt. v. 28.5.2015 – 3 C 13/14, juris Rn 24 ff.
105 In diese Richtung BVerwG, Urt. v. 28.5.2015 – 3 C 13/14, juris Rn 30.
106 Vgl hierzu etwa OVG NRW, Beschl. v. 5.9.2005 – 8 A 1893/05, DAR 2005, 708 = NZV 2006, 53: Bei einem Verstoß gegen § 142 StGB ist die Anordnung eines Fahrtenbuchs für die Dauer von drei Jahren verhältnismäßig (im Vergleich zu der konkreten Strafhöhe jedenfalls für einen Ersttäter eines Vergehens des unerlaubten Entfernens vom Unfallort im Ergebnis jedoch fragwürdig).
107 Hierzu etwa OVG NRW, Beschl. v. 28.7.2008 – 9 A 1530/07, juris.
108 Vgl hierzu OVG Lüneburg, Urt. v. 8.7.2014 – 12 LB 76/14 sowie Urt. v. 23.1.2014 – 12 LB 19/13; in beiden Entscheidungen wird der oben dargestellte Grundsatz bejaht, in beiden Entscheidungen aber unter den konkreten Umstände ein zu langer Abstand der Fahrtenbuchanordnung zur Tat aber verneint (12 1/2 sowie 18 (!) Monate).
109 Der Wortlaut von § 31 a Abs. 1 S. 2 StVZO hat sich im Gegensatz zum S. 1 der Vorschrift nicht geändert.
110 BayVGH, Beschl. v. 13.8.2008 – 11 ZB 08.1390, juris.

103 Auch wenn sich die Anordnung zur Führung eines Fahrtenbuchs regelmäßig und primär auf das Fahrzeug beziehen wird, mit dem die unaufklärbare Verkehrszuwiderhandlung begangen wurde, kann sie sich – wie im durch die Änderungsverordnung vom 23.6.1993 neu eingeführten § 31 a Abs. 1 S. 2 StVZO ausdrücklich klargestellt ist – auch auf Nachfolge- oder Ersatzfahrzeuge erstrecken.

104 In diesem Zusammenhang hat das BVerwG bereits früher entschieden, dass es der Sicherungszweck des § 31 a StVZO regelmäßig sogar erfordern wird, die Maßnahmen auf das oder die Fahrzeuge zu erstrecken, die vor Ablauf der Zeit, für die das Fahrtenbuch geführt werden muss, an die Stelle des in der Verfügung bezeichneten Kraftfahrzeugs treten; zur Begründung hat es ausgeführt, dass ohne Weiteres einzusehen sei, dass die Gefährdung der Sicherheit und Ordnung des Straßenverkehrs, der die Fahrtenbuchauflage begegnen will, mit dem Fortfall eines bestimmten Fahrzeugs nicht ebenfalls fortfalle.[111]

105 **Beispiel:**
Gegen P., der Halter zweier Kraftfahrzeuge ist, wurde eine Fahrtenbuchanordnung hinsichtlich des Fahrzeugs mit dem amtlichen Kennzeichen X-XX 1 erlassen, die inzwischen bestandskräftig ist. In dem Bescheid ist u.a. auch verfügt, dass die Anordnung im Falle des Verkaufs, der Verschrottung oder Stilllegung des Fahrzeugs auf ein Fahrzeug übergeht, das von der Straßenverkehrsbehörde bestimmt wird. Kurz nach Bescheiderlass wird das Fahrzeug auf die Ehefrau von P. umgeschrieben. Daraufhin verfügt die Straßenverkehrsbehörde, dass an die Stelle des im Erstbescheid verfügten Fahrzeugs das Fahrzeug mit dem amtlichen Kennzeichen X-XX 2 trete. Hiergegen erhebt P. nach erfolglosem Verlauf des Widerspruchsverfahrens Klage. Zur Begründung trägt er u.a. vor, im Ausgangsbescheid sei die Bestimmung eines Ersatzfahrzeugs ausdrücklich auf bestimmte Konstellationen beschränkt worden, nämlich für die Fälle des Verkaufs, der Verschrottung oder der Stilllegung des entsprechenden Fahrzeugs. Der Begriff des „Ersatzfahrzeugs" sei weder im Bescheid selbst noch in seinen Gründen verwendet worden. Dies könne aber nicht rechtmäßig sein, weil die Behörde auf diese Weise auch Fahrzeuge bestimmen dürfte, mit denen keine Zuwiderhandlungen gegen Verkehrsvorschriften zu befürchten seien.

106 Vorliegend ist die ursprüngliche Anordnung der Führung eines Fahrtenbuchs, die nach der Gesetzessystematik Voraustatbestand für die Festsetzung eines Ersatzfahrzeugs ist, mit bestandskräftigem Bescheid erfolgt. Auch die weiteren Voraussetzungen für die Festsetzung eines Ersatzfahrzeugs liegen vor. Dabei ist zunächst darauf hinzuweisen, dass der Gesetzeswortlaut neben der aus der systematischen Verknüpfung der Sätze 1 und 2 der Vorschrift des § 31 a Abs. 1 StVZO ersichtlichen Notwendigkeit der vorherigen Anordnung der Führung eines Fahrtenbuchs für ein anderes Fahrzeug keine weiteren spezifischen Voraussetzungen für die Festsetzung eines Ersatzfahrzeugs vorsieht. **§ 31 a Abs. 1 S. 2 StVZO** bestimmt lediglich:
Die Verwaltungsbehörde kann ein oder mehrere Ersatzfahrzeuge bestimmen.

107 Jedoch steht die Bestimmung eines Ersatzfahrzeugs deswegen nicht im freien Ermessen[112] der Behörde. Denn nach § 31 a Abs. 1 S. 2 StVZO können nur „**Ersatzfahrzeuge**" in die Fahrten-

---

111 Vgl BVerwG, Beschl. v. 3.2.1989 – 7 B 18/89, NJW 1989, 1624 = Buchholz 442.16 § 31 a StVZO Nr. 19 = NZV 1989, 206.
112 Nicht übersehen darf in diesem Zusammenhang, dass die Verwaltungsbehörde in jedem Fall Ermessen ausüben muss, BayVGH, Beschl. v. 6.5.2013 – 11 CS 13.426, juris Rn 9 ff, was im Vorfeld auch grundlegende, für die Ermessensausübung unabdingbare Tatsachenfeststellungen verlangt.

buchauflage einbezogen werden. Bereits begrifflich bedingt dies nach der Rechtsprechung,[113] eine Beschränkung auf solche Fahrzeuge, die in der Art und Weise ihrer typischen Benutzung an die Stelle des „Tatfahrzeugs" getreten sind.

Da es sich bei der Anschaffung oder Verwendung eines anderen Fahrzeugs für ein veräußertes oder stillgelegtes Fahrzeug um einen alltäglichen Lebensvorgang handelt, bei dem es in aller Regel keine Schwierigkeiten bereitet, festzustellen, welches Fahrzeug in dieser Weise an die Stelle des früher verwendeten Fahrzeugs getreten ist, ist die Einbeziehung von „Ersatzfahrzeugen" auch unter dem Gesichtspunkt der Bestimmtheit der Anordnung grundsätzlich frei von rechtlichen Bedenken.[114]

108

Dabei ist bereits der Ausgangspunkt auf Seiten des P. im Beispiel Rn 105 hinsichtlich der Bestimmtheit eines Ersatzfahrzeugs nicht frei von Irrtümern. Denn P. geht mit seiner Argumentation davon aus, dass die Regelung im Erstbescheid, wo bestimmt wird, dass die Fahrtenbuchanordnung im Falle des Verkaufs, der Verschrottung oder der Stilllegung des bezeichneten Fahrzeugs auf ein von der Straßenverkehrsbehörde zu bestimmendes Fahrzeug übergeht, bereits die Rechtsgrundlage der Bestimmung eines Ersatzfahrzeugs darstellt. Dies ist jedoch unzutreffend. Denn Rechtsgrundlage für die Bestimmung eines Ersatzfahrzeugs ist die gesetzliche Regelung des § 31 a Abs. 1 S. 2 StVZO selbst. Unabhängig davon kann die Bestimmung eines Ersatzfahrzeugs grundsätzlich bereits bei Anordnung der Verpflichtung zur Führung eines Fahrtenbuchs zusammen mit dieser in einem gemeinsamen Bescheid verfügt werden.[115] Wäre dies hier der Fall, hätte übrigens der Rechtsbehelf gegen die grundsätzliche Bestimmung eines Ersatzfahrzeugs ohnehin keine Aussichten auf Erfolg mehr, da der ursprüngliche Bescheid längst bestandskräftig ist. Ein Rechtsbehelf wäre dann nur noch gegen die Bezeichnung, dh gegen die Auswahl des konkreten Ersatzfahrzeugs möglich, nicht mehr aber gegen die Bestimmung eines Ersatzfahrzeugs.

109

Diese grundsätzlich mögliche Konstellation ist im vorliegenden Fall jedoch nicht gewählt worden. Denn im Beispiel Rn 105 hat sich die Straßenverkehrsbehörde im Ausgangsbescheid lediglich die (spätere) **Bestimmung eines Ersatzfahrzeugs vorbehalten**. Das folgt bereits aus der entsprechenden Formulierung im Ausgangsbescheid, wo davon die Rede ist, dass das Fahrzeug, auf das die Anordnung übergeht, von der Straßenverkehrsbehörde „bestimmt wird", womit nach dem Verständnis eines objektiven Empfängerhorizonts die Ankündigung eines zukünftigen Verhaltens verbunden ist, nicht dagegen eine bereits erfolgte Bestimmung. Auch die Neubestimmung in der Form eines neuen Bescheids spricht dafür, dass die Bestimmung des Ersatzfahrzeugs erst in diesem Bescheid stattfindet. Diese Vorgehensweise, bei welcher der Vorbehalt in dem ursprünglichen Bescheid rechtlich nicht zwingend ist, da die spätere, auf § 31 a Abs. 1 S. 2 StVZO gestützte Bestimmung eines Ersatzfahrzeugs auch möglich ist, wenn sie nicht vorbehalten wurde, die aber aus Gründen der Rechtsklarheit durchaus sinnvoll erscheint, drängt sich im vorliegenden Fall deswegen auf, weil im Zeitpunkt des Erlasses des ursprünglichen Bescheids mangels entsprechender Anhaltspunkte noch nicht fest-

110

---

113 Vgl OVG Berlin, Beschl. v. 13.3.2003 – 8 S 330.02, NJW 2003, 2402; BayVGH, Beschl. v. 27.1.2004 – 11 CS 03.2940, BayVBl 2004, 633; VG München, Beschl. v. 28.12.2004 – M 23 E 04.3945. In der Tendenz etwas weiter gehend Nds. OVG, Beschl. v. 17.9.2007 – 12 ME 225/07, NJW 2008, 167 = NZV 2008, 52.
114 Vgl BVerwG, Beschl. v. 3.2.1989 – 7 B 18/89, NJW 1989, 1624 = Buchholz 442.16 § 31 a StVZO Nr. 19 = NZV 1989, 206.
115 Vgl etwa OVG des Saarlandes, Urt. v. 18.7.1997 – 9 R 13/95, zfs 1998, 38; OVG NRW, Beschl. v. 8.1.1992 – 13 A 1060/91, NJW 1993, 1152 = DVBl 1992, 1315.

stand, ob die Bestimmung eines konkreten Ersatzfahrzeugs erforderlich sein würde. Vor dem geschilderten Hintergrund ist das Vorbringen, für den Änderungsbescheid fehle es an einer Rechtsgrundlage, unzutreffend.

111 Einer Konkretisierung auf den Begriff des Ersatz- oder Nachfolgefahrzeugs bereits im ursprünglichen Bescheid, ganz abgesehen davon, dass dieser Bescheid bereits bestandskräftig ist und deshalb in dem vorliegenden Verfahren nicht mehr erfolgreich angegriffen werden könnte, bedurfte es nicht. Denn wie oben (Rn 110) bereits ausgeführt, ist der Vorbehalt im ursprünglichen Bescheid aus Rechtsgründen nicht erforderlich. Doch selbst wenn dem so wäre, ist die Befürchtung des P. unbegründet, dass die Behörde ohne Konkretisierung auf den Begriff des Ersatz- oder Nachfolgefahrzeugs auch Fahrzeuge bestimmen dürfte, mit denen keine Zuwiderhandlungen zu befürchten seien. Denn einer solchen Verfahrensweise stünde bereits die Voraussetzung des „Ersatzfahrzeugs" in § 31 a Abs. 1 S. 2 StVZO entgegen.

112 Auch das weitere Vorbringen, die Straßenverkehrsbehörde habe durch die Wendung „im Falle des Verkaufs, der Verschrottung oder Stilllegung des bezeichneten Fahrzeugs" im Ausgangsbescheid quasi ihr „Ermessen" auf die genannten Fälle bereits im Vorhinein konkretisiert, ist nicht zutreffend. Zwar ist P. zuzugeben, dass die Beschränkung auf die drei genannten Fälle nicht eben zur an sich beabsichtigten Rechtsklarheit beiträgt. Aus Rechtsgründen ist diese Beschränkung auf die drei genannten Fälle allerdings unschädlich. Dies folgt schon daraus, dass der Vorbehalt im Ausgangsbescheid hinsichtlich der Bestimmung eines Ersatzfahrzeugs noch nicht selbst die Bestimmung eines Ersatzfahrzeugs, sondern nur eine – noch unverbindliche – Ankündigung darstellt, der vor dem Hintergrund des Verständnisses eines objektivierten Adressaten noch keine irgendwie geartete Bindungswirkung beigelegt werden kann. Darüber hinaus ist auch vor dem Hintergrund des Zwecks der Vorschrift des § 31 a Abs. 1 S. 2 StVZO eine derartige Einengung durch eine von Seiten der Behörde offensichtlich nur beispielhaft gewählte Aufzählung nicht statthaft. Denn der Sinn und Zweck der Vorschrift besteht primär darin, einer zukünftigen Gefahr für die Sicherheit des Straßenverkehrs zu begegnen, die nicht dadurch automatisch wegfällt, dass ein bestimmtes Fahrzeug dem ursprünglichen Halter nicht mehr zugeordnet ist.

113 Im Gegenteil erfordert es der Sinn und Zweck der Vorschrift für den Fall, dass neuerliche Zuwiderhandlungen gegen Verkehrsvorschriften zu erwarten sind, regelmäßig, die Anordnung auf ein Ersatzfahrzeug zu erstrecken, wenn eben ein solches vorhanden ist, ohne dass es vorrangig darauf ankommt, auf welchem Weg sich der ursprüngliche Halter von dem Fahrzeug, mit dem die Zuwiderhandlung begangen wurde, trennt. Ausgehend von diesen grundsätzlichen Erwägungen ist die von P. beanstandete Bestimmung im Ausgangsbescheid ohne Weiteres dahin gehend zu verstehen, dass mit der dort nur beispielhaft gegebenen Aufzählung gemeint ist, dass in jedem Falle einer Auswechslung des klägerischen Fahrzeugs jedes Fahrzeug, das in der Art und Weise seiner typischen Benutzung an die Stelle des früher verwendeten Fahrzeugs tritt und dessen Verwendung der Kontrolle des Klägers unterliegt, die Bestimmung eines Ersatzfahrzeugs vorbehalten bleibt. Mit diesem Regelungsgehalt begegnet die Rechtmäßigkeit der getroffenen Anordnung neben dem Gesichtspunkt der Bestimmtheit auch unter dem Gesichtspunkt der Verhältnismäßigkeit keinen Bedenken. Insbesondere kann von der Straßenverkehrsbehörde nicht verlangt werden, alle denkbaren Fälle der Aufgabe eines bestimmten Fahrzeugs, auf welchem Weg und unter welcher rechtlichen Konstruktion auch immer, bereits bei Erlass des ursprünglichen Bescheids zu antizipieren und bereits im Vorhinein

zu formulieren. Dies ist weder vom Zweck des § 31 a Abs. 1 S. 2 StVZO geboten, noch erscheint es angesichts der vielfältigen Gestaltungsmöglichkeiten bei der Beschaffung, Verwendung und Abgabe eines Fahrzeugs überhaupt praktikabel, die Anordnung insoweit auf alle möglichen bzw denkbaren Fälle zu präzisieren.

Auch die Tatsache, dass P. bereits vor dem Übergang des Fahrzeugs mit dem amtlichen Kennzeichen X-XX 1 an seine Ehefrau schon Halter des im Bescheid festgelegten Ersatzfahrzeugs mit dem amtlichen Kennzeichen X-XX 2 war, ändert nichts an der Rechtmäßigkeit der Bestimmung des Ersatzfahrzeugs. In der Rechtsprechung ist geklärt, dass als Ersatzfahrzeug auch Fahrzeuge in Betracht kommen, die bereits im Zeitpunkt der Anordnung des Fahrtenbuchs bzw im Zeitpunkt der Aufgabe des Tatfahrzeugs bei dem Betroffenen vorhanden waren.[116] Für die Richtigkeit dieser Überlegung spricht, dass auch ein schon länger in der Verfügungsgewalt des Betroffenen befindliches Fahrzeug begrifflich ohne Weiteres zum Ersatzfahrzeug eines anderen Fahrzeugs werden kann. Außerdem gibt es für die Behörde zu dem Zeitpunkt, zu dem das Tatfahrzeug noch beim Täter vorhanden ist, keinen zwingenden Anlass, ein anderes Fahrzeug in die Überlegungen mit einzubeziehen. Dass es regelmäßig bei einem Privatmann sinnvoll sein wird, bei einer Zuwiderhandlung iSv § 31 a Abs. 1 S. 1 StVZO bereits bei Bescheiderlass eine Fahrtenbuchanordnung auf sämtliche von dem jeweiligen Betroffenen gehaltenen (Ersatz-)Fahrzeuge zu erstrecken,[117] soweit auch bei diesen Fahrzeugen einschlägige Zuwiderhandlungen zu befürchten sind, was idR, da hierfür grundsätzlich eine abstrakte Gefahr ausreicht, der Fall sein wird, kann dagegen vorliegend gerade nicht zur Rechtswidrigkeit des Bescheids führen, da P. dadurch, dass der Rechtsträger der Straßenverkehrsbehörde dies im ursprünglichen Bescheid unterlassen hat, nicht in seinen Rechten verletzt werden konnte.

Das Fahrzeug mit dem amtlichen Kennzeichen X-XX 1 ist auch Ersatzfahrzeug iSd § 31 a Abs. 1 S. 2 StVZO für das ursprünglich festgesetzte Fahrzeug mit dem amtlichen Kennzeichen X-XX 2. Nach dem Wortlaut des § 31 a Abs. 1 S. 2 StVZO können nur „Ersatzfahrzeuge" in die Fahrtenbuchauflage einbezogen werden. Bereits begrifflich bedingt dies nach Auffassung des Bayerischen Verwaltungsgerichtshofs,[118] wie auch des VG München,[119] eine Einschränkung auf solche Fahrzeuge, die in der Art und Weise ihrer typischen Benutzung an die Stelle des „Tatfahrzeugs" getreten sind.

In der genannten Entscheidung führt der Bayerische Verwaltungsgerichtshof aus, dass die Anordnung eines Ersatzfahrzeugs dann rechtmäßig ist, wenn sie dahin gehend zu verstehen ist – was bei der Erstreckung der Anordnung eines Fahrtenbuchs in der Regel der Fall sein wird –, dass mit einem Ersatzfahrzeug jedes Fahrzeug gemeint ist, das in der Art und Weise seiner typischen Benutzung an die Stelle des früher verwendeten Fahrzeugs tritt und dessen Verwendung der Kontrolle des Betroffenen unterliegt. Mit diesem Regelungsgehalt begegne die Rechtmäßigkeit der Anordnung eines Fahrtenbuchs insbesondere unter dem Gesichtspunkt der Bestimmtheit keinen Bedenken.

---

116 Vgl OVG Berlin, Beschl. v. 13.3.2003 – 8 S 330/02, NJW 2003, 2402; VG Frankfurt, Entsch. v. 10.10.1988 – III/2-E 1446/86, VRS 78, 64.
117 Vgl BVerwG, Beschl. v. 27.7.1970 – VII B 19/70, Buchholz 442.15 § 7 StVO Nr. 6 = VerkMitt. 1971, Nr. 64; OVG NRW, Urt. v. 7.4.1977 – XIII A 603/76, DAR 1977, 333; VG Braunschweig, Beschl. v. 15.10.2001 – 6 B 193/01, NZV 2002, 103.
118 Beschl. v. 27.1.2004 – 11 CS 03.2940, BayVBl 2004, 633.
119 Beschl. v. 27.12.2005 – M 23 K 05.3081.

117 Für die Beantwortung der Frage, ob für ein anderes als das ursprüngliche Fahrzeug ein Fahrtenbuch geführt werden muss, ob es also ein „Ersatzfahrzeug" ist, kommt es nach alldem entscheidend darauf an, ob es in der **Art und Weise seiner typischen Benutzung** an die Stelle des früher verwendeten Fahrzeugs tritt. Die Art und Weise der typischen Nutzung richtet sich dabei danach, wofür das Fahrzeug tatsächlich verwendet wird. Bei der Bestimmung der typischen Benutzung eines Fahrzeugs ist dabei angesichts der vielfältigen Gestaltungsmöglichkeiten bei der Beschaffung und Verwendung eines Fahrzeugs als Ersatzfahrzeug ein weiter Maßstab anzulegen.[120] Denn nur durch die Einbeziehung aller für eine bestimmte Nutzung vorgehaltenen und seiner Verfügungsbefugnis unterliegenden Ersatzfahrzeuge in die Verpflichtung zur Führung eines Fahrtenbuchs kann wirksam verhindert werden, dass sich der davon Betroffene durch Umgehungsmaßnahmen von dieser ihm zusätzlich auferlegten Pflicht befreien kann und damit die Anordnung einer Fahrtenbuchauflage als Maßnahme der vorbeugenden Gefahrenabwehr im Falle mehrerer oder wechselnder Fahrzeuge eines Halters leerläuft.

118 Bei einem Privatmann wird die Annahme eines Ersatzfahrzeugs idR unproblematischer sein als bei einem gewerblichen Fahrzeughalter. Denn während bei Letzterem verschiedene Nutzungsarten – abhängig von der ausgeübten Tätigkeit – häufig vorkommen werden, lassen sich bei einem Privatmann regelmäßig keine eindeutig verschiedenen Nutzungsarten trennen.

119 Im Falle des P. geht aus dem Sachverhalt (Rn 105) hervor, dass nach Weggabe des Fahrzeugs mit dem amtlichen Kennzeichen X-XX 1 das Fahrzeug mit dem amtlichen Kennzeichen X-XX 2, welches von der Straßenverkehrsbehörde im Bescheid als Ersatzfahrzeug bestimmt wurde, das einzig ihm verbliebene Fahrzeug ist. Daher ist es denknotwendig so, dass dieses Fahrzeug alle typischen Nutzungen des vorangegangenen Fahrzeugs mit dem amtlichen Kennzeichen X-XX 1 (mit-)übernimmt. Anders wäre es möglicherweise, wenn der P. Halter mehrerer Fahrzeuge wäre und für diese unterscheidbare Nutzungsarten belegen könnte. Während der entsprechende Nachweis bei einer Privatperson relativ schwierig zu führen sein dürfte, lassen sich im Falle eines **gewerblichen Fahrzeughalters** hier einige Möglichkeiten denken. Beispielsweise wäre ein Vortrag dahin gehend, dass ein Fahrzeug für Geschäftspartner vorgehalten wurde, nach einer entsprechenden unaufklärbaren Zuwiderhandlung aber diese Praxis geändert, dieses Fahrzeug ersatzlos aufgegeben worden sei und Geschäftspartnern nun immer Leihwägen zur Verfügung gestellt würden, wohl nicht zu beanstanden.[121]

120 Die Befürchtung der Straßenverkehrsbehörde, dass auch mit dem als Ersatzfahrzeug bestimmten Kraftfahrzeug mit dem amtlichen Kennzeichen X-XX 2 Zuwiderhandlungen gegen Verkehrsvorschriften vorkommen werden, ist nicht zu beanstanden. Dies ergibt sich aus Sinn und Zweck der Vorschrift des § 31 a Abs. 1 S. 1 iVm S. 2 StVZO. Die Anordnung, ein Fahrtenbuch zu führen, ist eine umfassende Maßnahme zur Gefahrenabwehr im Straßenverkehr. Die Anordnung richtet sich deswegen an den Fahrzeughalter, weil dieser die Verfügungsbefugnis und die Möglichkeit der Kontrolle über sein Fahrzeug besitzt. Gefährdet er die Sicherheit des Straßenverkehrs dadurch, dass er unter Vernachlässigung seiner Aufsichtsmöglichkeiten nicht dartun kann oder will, wer im Zusammenhang mit einer Verkehrszuwiderhandlung zu einem bestimmten Zeitpunkt sein Fahrzeug gefahren hat, darf er durch die Auferlegung der Pflicht, ein Fahrtenbuch zu führen, zu einer nachprüfbaren Überwachung der Fahrzeug-

---

120 So auch OVG Berlin, Beschl. v. 13.3.2003 – 8 S 330/02 = NJW 2003, 2402.
121 Vgl aber auch zur Erstreckung einer Fahrtenbuchauflage auf alle Fahrzeuge eines Halters VGH Baden-Württemberg, Beschl. v. 14.1.2014 – 10 S 2438/13.

benutzung angehalten werden. Für das Maß der Gefahr einer Wiederholung eines solchermaßen gefährlichen Vorgangs genügt regelmäßig die bei jeder Kraftfahrzeugnutzung nicht auszuschließende Möglichkeit, dass der jeweilige Fahrer Verkehrsvorschriften zuwiderhandelt.[122] In diesem Sinne ist im Beispiel Rn 105 hinsichtlich des P. nicht ersichtlich, dass ein Wiederholungsfall ausgeschlossen ist. Nur durch die Einbeziehung aller von ihm genutzten und seiner Verfügungsbefugnis unterliegenden Ersatzfahrzeuge in die Verpflichtung zur Führung eines Fahrtenbuchs kann in wirksamer Weise verhindert werden, dass sich der davon Betroffene durch Umgehungsmaßnahmen von dieser ihm zusätzlich auferlegten Pflicht befreien kann und damit die Anordnung einer Fahrtenbuchauflage als Maßnahme der vorbeugenden Gefahrenabwehr im Falle mehrerer oder wechselnder Fahrzeuge eines Halters leerläuft.

▶ **Muster: Klage gegen die Festsetzung eines Ersatzfahrzeugs** 121

An das Verwaltungsgericht ...

Klage

des Herrn ...

– Kläger –

Prozessbevollmächtigte: RAe ...

gegen

... [Rechtsträger der Straßenverkehrsbehörde bzw nach Maßgabe des § 78 Abs. 1 Nr. 2 VwGO die Straßenverkehrsbehörde selbst], vertreten durch ... [Behördenvorstand], ... [Adresse]

– Beklagte/r –

wegen: Fahrtenbuch.

Namens und in Vollmacht des Klägers erhebe ich Klage und bitte um die Anberaumung eines Termins zur mündlichen Verhandlung, in dem ich beantragen werde, wie folgt zu erkennen:

1. Der Bescheid des/der Beklagten vom ..., Az ..., in der Gestalt des Widerspruchsbescheids der ... [Widerspruchsbehörde] vom ..., Az ..., wird [alt.: in der Nummer ..., dh in der Nummer, in der das Ersatzfahrzeug festgesetzt ist, sofern der Bescheidtenor mehrere Verfügungen enthält] aufgehoben.
2. Die Zuziehung eines Bevollmächtigten im Vorverfahren war notwendig.
3. Die/der Beklagte trägt die Kosten des Verfahrens.
4. Das Urteil ist vorläufig vollstreckbar.

Begründung:

Der Kläger wendet sich gegen die Bestimmung des Fahrzeugs mit dem amtlichen Kennzeichen ... als Ersatz für das Fahrzeug ..., für das von der Beklagten/dem Beklagtem mit Bescheid vom ... dem Kläger die Führung eines Fahrtenbuchs auferlegt wurde.

I.

Für den auf den Kläger zugelassenen Pkw der Marke ... mit dem amtlichen Kennzeichen ... hat die/der Beklagte dem Kläger mit Bescheid vom ... die Führung eines Fahrtenbuchs auferlegt. Mit Bescheid vom ... bestimmte die/der Beklagte das ebenfalls auf den Kläger zugelassene Fahrzeug ...

---

122 BVerwG, Beschl. v. 23.6.1989 – 7 B 90/89, NJW 1989, 2704 = DÖV 1989, 1040 = Buchholz 442.16 § 31 a StVZO Nr. 20.

mit dem amtlichen Kennzeichen ... als Ersatzfahrzeug ... [nähere Umstände, was mit dem ursprünglichen Fahrzeug geschehen ist].

... [weitere Darstellung des Sachverhalts]

II.

Die Bestimmung des Fahrzeugs mit dem amtlichen Kennzeichen ... als Ersatzfahrzeug ist rechtswidrig und verletzt den Kläger in seinen Rechten.

Die Voraussetzungen für die Bestimmung des Fahrzeugs mit dem amtlichen Kennzeichen ... liegen nicht vor. Nach § 31 a Abs. 1 S. 2 StVZO können nur „Ersatzfahrzeuge" in die Fahrtenbuchauflage einbezogen werden. Bereits begrifflich bedingt dies eine Beschränkung auf solche Fahrzeuge, die in der Art und Weise ihrer typischen Benutzung an die Stelle des „Tatfahrzeugs" getreten sind.

... [nähere Ausführungen dazu, dass und warum das als Ersatzfahrzeug bestimmte Fahrzeug kein Ersatz für das ursprünglich festgesetzte Fahrzeug ist]

III.

Die Zuziehung des Bevollmächtigten im Vorverfahren war notwendig iSv § 162 Abs. 2 S. 2 VwGO, da sie von dem Kläger als nicht rechtskundiger Partei für erforderlich gehalten werden durfte und es ihm nach seinen persönlichen Lebensverhältnissen nicht zumutbar war, das Verfahren selbst zu führen.

Kosten: § 154 Abs. 1 VwGO. Vorläufige Vollstreckbarkeit: § 167 Abs. 2, Abs. 1 S. 1 VwGO iVm §§ 708 ff ZPO.

Rechtsanwalt ◄

C. Verwaltungsverfahren und Prozessuales

I. Verwaltungsverfahren

122 Zu überprüfen ist hier zunächst, wie in anderen Rechtsgebieten auch, ob die formellen Anforderungen an das behördliche Verfahren eingehalten wurden, insbesondere

- die örtliche und sachliche Zuständigkeit der handelnden Straßenverkehrsbehörde[123] und
- das ordnungsgemäße Verwaltungsverfahren, insbesondere Anhörung gem. § 28 VwVfG vor Erlass des Fahrtenbuchbescheids.

123 Ebenso ist, ebenfalls wie üblich, der Bescheid, mit dem die Anordnung der Verpflichtung zum Führen eines Fahrtenbuchs ausgesprochen wird, zu überprüfen. Neben den insofern allgemeinen Prüfungen, die hier durchzuführen sind, insbesondere hinsichtlich der

- Rechtsbehelfsfrist,
- ordnungsgemäßen Zustellung und der
- Rechtsmittelbelehrung,

gibt es vor allem hinsichtlich der Tenorierung des Fahrtenbuchbescheids Besonderheiten, die für das Vorgehen gegen den Bescheid entscheidend sind.

124 **Hinweis:** Vor der Abgabe der Stellungnahme im Rahmen der nach § 28 VwVfG vorgesehenen Anhörung, spätestens aber nach Erlass des Bescheids vor der Einlegung bzw Begründung

---

123 Die sachliche Zuständigkeit richtet sich nach dem jeweiligen Landesrecht, vgl § 68 Abs. 1 StVZO; zur örtlichen Zuständigkeit vgl § 68 Abs. 2 StVZO; zu Letzterer vgl auch BayVGH, Beschl. v. 18.3.2008 – 11 CS 08.268, juris.

eines Widerspruchs, ist **in die Verwaltungsakten der Behörde Einsicht zu nehmen**. War der Rechtsanwalt bereits mit einem etwaigen dem Verwaltungsverfahren vorausgehenden Bußgeldverfahren mit den Vorgängen befasst, wird sich der Erkenntnisneugewinn zwar in Grenzen halten, jedoch sollte jedenfalls überprüft werden, ob die Feststellungen des (notwendigerweise ohne Ergebnis gebliebenen, sonst kommt es nicht zu der Unmöglichkeit der Fahrerfeststellung) Bußgeldverfahrens korrekt in das Verwaltungsverfahren übernommen wurden. Wenn eine Befassung im Rahmen eines Bußgeldverfahrens noch nicht stattgefunden hat, ist eine Einsichtnahme in die Verwaltungsvorgänge schon deshalb zwingend, weil andernfalls die maßgeblichen Grundlagen für die Unmöglichkeit der Fahrerfeststellung im Dunkeln blieben.

▶ **Muster: Antrag an die Straßenverkehrsbehörde auf Einsichtnahme in die Verwaltungsvorgänge**

125

An ... [Straßenverkehrsbehörde]

Ihr Zeichen: ...

Anhörungsschreiben vom ...

Sehr geehrte Damen und Herren,

hiermit zeige ich unter Hinweis auf die beigefügte Vollmacht an, dass mich Herr ... [Name, Vorname, Anschrift des Mandanten] mit der Wahrnehmung seiner Interessen beauftragt hat. Ihr Schreiben vom ..., mit welchem Sie meinen Mandanten zu der beabsichtigten Anordnung der Verpflichtung zum Führen eines Fahrtenbuchs anhören, liegt mir vor. Bevor ich hierzu Stellung nehme, beantrage ich hiermit die Einsicht in die Verwaltungsakten gem. § 29 Abs. 1 S. 1 VwVfG durch Überlassung der Akten in meine Kanzlei analog § 100 Abs. 2 S. 2 VwGO. Sollte die Überlassung in meine Kanzlei nicht möglich sein, bitte ich um eine kurze Mitteilung.

Ich bitte, die weitere Korrespondenz in dieser Sache ausschließlich über meine Kanzlei zu führen. Für etwaige Rückfragen stehe ich natürlich jederzeit gern zur Verfügung.

Rechtsanwalt ◀

Die Behörde hat **mehrere Möglichkeiten, die Fahrtenbuchanordnung rechtlich zu konstruieren**. Diese Möglichkeiten tauchen in der Praxis auch alle auf. Neben einigen eher unbedeutenden Abweichungen (manche Behörden begnügen sich mit der auf § 31 a Abs. 1 S. 1 StVZO gestützten eigentlichen Fahrtenbuchanordnung, andere wiederholen im Bescheid die bereits aus dem Gesetz folgenden Pflichten gem. § 31 a Abs. 2 und 3 StVZO), besteht der für den Rechtsschutz entscheidende Unterschied in der **Tenorierung** der Ausspruchs, mit dem die Fahrtenbuchanordnung selbst angeordnet wird.

126

Die erste und hinsichtlich der prozessualen Behandlung einfachste Variante ist die Anordnung der Fahrtenbuchführung für eine **bestimmte Dauer** (zB zwölf Monate) und der Beginn dieser Verpflichtung ab der Unanfechtbarkeit des Bescheids. Dann genügt die fristgerechte Widerspruchseinlegung und nach Ergehen des Widerspruchsbescheids die fristgerechte Klageerhebung, um die Vollziehbarkeit des Bescheids hinauszuschieben (vgl § 80 Abs. 1 S. 1 VwGO).

127

Hinweis: Vereinzelt kommt es vor, dass eine Straßenverkehrsbehörde den „Kunstfehler" begeht, die Fahrtenbuchverpflichtung nicht ab Unanfechtbarkeit des Bescheids, sondern *ab Zustellung* (ohne gleichzeitige Anordnung der sofortigen Vollziehung, § 80 Abs. 2 S. 1 Nr. 4 VwGO) anzuordnen, was den Vorteil für den Adressaten hat, dass ab Beginn der aufschiebenden Wirkung die Fahrtenbuchanordnung bis zum Ende der aufschiebenden Wirkung (vgl

128

hierzu § 80 b VwGO) gleichsam ins Leere geht. In einem solchen Fall ist – anders als typischerweise sonst in Fahrtenbuchfällen – das Interesse des Mandanten an einer zügigen Entscheidung über den Widerspruch und ggf im Anschluss die Klage idR eher gering.

129 Die andere Variante ist die Anordnung des Fahrtenbuchs nicht für einen bestimmten Zeitraum, sondern bis zu einem bestimmten, im Bescheid datumsmäßig **fixierten Termin** (zB bis zum 31.12.2008). Diese Variante bedingt, wegen der Möglichkeit für den Bescheidadressaten, durch Einlegung eines Rechtsbehelfs die aufschiebende Wirkung herzustellen, die gleichzeitige Anordnung der aufschiebenden Wirkung (§ 80 Abs. 2 S. 1 Nr. 4 VwGO). In diesen Fällen ist neben der Einlegung (zunächst) des Widerspruchs auch der gerichtliche Antrag auf Wiederherstellung der aufschiebenden Wirkung (§ 80 Abs. 5 S. 1 VwGO) des Widerspruchs zu stellen (dieser wird nach Erlass des Widerspruchsbescheids durch die Klage ersetzt). Gleichzeitig mit der Widerspruchseinlegung sollte der Vollständigkeit halber bei der Behörde die Aussetzung der Vollziehung[124] (§ 80 Abs. 4 S. 1 VwGO) beantragt werden, auch wenn dies nur in den seltensten Fällen Erfolg haben dürfte.

130 **Hinweis:** Während der Zeit, in der das Verfahren des vorläufigen Rechtsschutzes bei Gericht anhängig ist, sollte der Rechtsanwalt dem Mandanten raten, das Fahrtenbuch gleichsam vorsorglich zu führen, da sonst im Falle des Unterliegens das teilweise nicht geführte Fahrtenbuch bzw die aus der Tatsache, dass das Fahrtenbuch nicht geführt wurde, zwingend folgende Verletzung der Vorlage- bzw Aufbewahrungspflicht aus § 31 a Abs. 3 StVZO eine Ordnungswidrigkeit darstellt (§ 69 a Abs. 5 Nr. 4, 4 a StVZO).[125] Außerdem drohen viele Straßenverkehrsbehörden für den Fall der Nichtvorlage ein Zwangsgeld an, das ebenfalls wegen der Nichtvorlage fällig würde.

II. Prozessuale Behandlung von Fahrtenbuchsachen

131 Im Fahrtenbuchrecht können verschiedene prozessuale Konstellationen auftreten. Neben der vorprozessualen Situation des Widerspruchs (§§ 68 ff VwGO) ist hier insbesondere einzugehen auf die Klage gegen eine Fahrtenbuchanordnung sowie auf den Antrag gem. § 80 Abs. 5 S. 1 VwGO auf Wiederherstellung der aufschiebenden Wirkung eines Rechtsbehelfs im Falle der behördlichen Anordnung des Sofortvollzugs (§ 80 Abs. 2 S. 1 Nr. 4 VwGO) einer Fahrtenbuchanordnung.

132 **1. Erhebung eines Widerspruchs.** Gegen die Anordnung der Führung eines Fahrtenbuchs ist vor Erhebung der Klage das Vorverfahren nach §§ 68 ff VwGO durchzuführen.[126] Da nach § 69 VwGO das Vorverfahren mit der Einlegung des Widerspruchs beginnt, ist statthafter Rechtsbehelf gegen einen Fahrtenbuchbescheid also zuerst der Widerspruch.

---

124 Zu dieser speziell in Fahrtenbuchfällen vgl *Schwab*, VD 1992, 273.
125 Dagegen rechtfertigt die Nichtvorlage des Fahrtenbuchs nicht eine erneute Fahrtenbuchanordnung, VG Hannover, Beschl. v. 18.1.2011 – 5 B 4932/10, juris.
126 Jedenfalls in den Bundesländern, soweit ersichtlich (immer noch) die Mehrzahl, in denen für diesen Verfahrensgegenstand kein Ausschluss des Widerspruchsverfahrens durch entsprechendes Landesgesetz erfolgt ist.

▶ **Muster: Widerspruch gegen die Anordnung der Verpflichtung zum Führen eines Fahrtenbuchs**

133

An ...[127]

Vorab per Telefax: ...

Ihr Zeichen: ...

Betr.: Fahrtenbuchanordnung; Bescheid vom ...

Sehr geehrte Damen und Herren,

hiermit zeige ich unter Hinweis auf die beigefügte Vollmacht an, dass mich Herr ... [Name, Vorname, Anschrift des Mandanten] mit der Wahrnehmung seiner Interessen beauftragt hat.

Namens meines Mandanten lege ich hiermit gegen Ihren Bescheid vom ..., bekannt gegeben [*ggf*: zugestellt] am ...,

Widerspruch

ein und beantrage:

1. Der oben genannte Bescheid wird aufgehoben.
2. Bis zur Entscheidung über diesen Widerspruch wird die Vollziehung ausgesetzt.
3. Die Kosten des Verfahrens trägt ... [Rechtsträger der Straßenverkehrsbehörde].

Begründung:

I.

Mit dem auf meinen Mandanten [*oder*: den Widerspruchsführer] zugelassenen Pkw der Marke ... mit dem amtlichen Kennzeichen ... wurde am ... gegen ... Uhr auf der ...straße in ... folgender Verkehrsverstoß begangen: ... [zB Ordnungswidrigkeit der Überschreitung der zulässigen Höchstgeschwindigkeit von 50 km/h innerhalb geschlossener Ortschaft um ... km/h (§§ 3 Abs. 3 Nr. 1, 49 Abs. 1 Nr. 3 StVO]. Nach ergebnislosem Ausgang des Bußgeldverfahrens [ggf nähere Ausführungen] verpflichtete die/der ... [Straßenverkehrsbehörde] nach Anhörung meinen Mandanten, für das Fahrzeug mit dem amtlichen Kennzeichen ... für den Zeitraum bis zum ... [Enddatum der Fahrtenbuchanordnung] ein Fahrtenbuch zu führen (Nummer 1 des Bescheids).

... [Darstellung des Sachverhalts]

II.

Der Bescheid ist rechtswidrig und verletzt meinen Mandanten in seinen Rechten.

... [Begründung]

III.

Die von der ... [Ausgangsbehörde] angeordnete sofortige Vollziehung ist gem. § 80 Abs. 4 S. 1 VwGO auszusetzen. Angesichts des Umstands, dass, wie oben gezeigt, der Bescheid rechtswidrig ist, muss das Vollziehungsinteresse hinter dem Aussetzungsinteresse meines Mandanten zurückstehen.

---

127 Grundsätzlich an die Ausgangsbehörde, dh die Straßenverkehrsbehörde, vgl § 70 Abs. 1 S. 1 VwGO; jedoch kann der Widerspruch ebenso an die Widerspruchsbehörde gerichtet werden, vgl § 70 Abs. 1 S. 2 VwGO. – Hinweis: Im Regelfall sollte der Grundsatz des § 70 Abs. 1 S. 1 VwGO beachtet und der Widerspruch bei der Ausgangsbehörde eingelegt werden, schon um unnötige Verzögerungen bis zum Erlass des Widerspruchsbescheids zu vermeiden. Legt man direkt bei der Widerspruchsbehörde ein, wird diese den Vorgang zunächst ohnehin wieder an die Ausgangsbehörde abgeben, um dieser die Möglichkeit der Abhilfeentscheidung zu geben, vgl § 72 VwGO.

IV.

Die Kosten des erfolgreichen Widerspruchsverfahrens sind dem/der ... [Rechtsträger der Ausgangsbehörde bzw die Behörde selbst, wo dies möglich ist] aufzuerlegen, § 80 VwVfG.[128]

Rechtsanwalt ◄

134 **2. Antrag auf vorläufigen Rechtsschutz gem. § 80 Abs. 5 S. 1 VwGO.** Bei der Zulässigkeit dieses Rechtsbehelfs gibt es keine spezifischen Besonderheiten von Fahrtenbuchsachen im Vergleich mit anderen Rechtsgebieten. In der Begründetheit des Antrags nach § 80 Abs. 5 S. 1 VwGO wird das besondere öffentliche Interesse an der Aufrechterhaltung der sofortigen Vollziehung der angeordneten Verpflichtung, ein Fahrtenbuch zu führen, mit dem privaten Interesse des Antragstellers an der Wiederherstellung (hier kommt bei Fahrtenbuchsachen nur die Wiederherstellung in Betracht, nicht die Anordnung, da die sofortige Vollziehung hier nur kraft behördlicher Anordnung iSv § 80 Abs. 2 S. 1 Nr. 4 VwGO erfolgen kann) der aufschiebenden Wirkung seines Rechtsbehelfs abgewogen (je nach Verfahrensstadium ist das entweder der Widerspruch oder die Klage).

135 ▶ **Muster: Antrag auf Wiederherstellung der aufschiebenden Wirkung – Begründetheit (Auszug)**

Der zulässige Antrag auf Wiederherstellung der aufschiebenden Wirkung des Widerspruchs/der Klage des Antragstellers vom ... ist begründet. Das private Interesse des Antragstellers an der Wiederherstellung der aufschiebenden Wirkung seines Widerspruchs/seiner Klage überwiegt das öffentliche Interesse an der Aufrechterhaltung der sofortigen Vollziehung der angeordneten Verpflichtung, ein Fahrtenbuch zu führen (Nr. ... des Bescheids vom ..., Nr. ... hinsichtlich der Anordnung des Sofortvollzugs). ◄

136 Da es sich in Fahrtenbuchsachen hinsichtlich einer etwaigen sofortigen Vollziehung nur um einen Fall des § 80 Abs. 2 S. 1 Nr. 4 VwGO handeln kann (§ 80 Abs. 2 S. 1 Nr. 2 VwGO ist nicht, auch nicht entsprechend, anwendbar),[129] hat das Gericht zunächst die Anordnung der sofortigen Vollziehung auf ihre formelle Rechtmäßigkeit hin zu überprüfen.

137 **a) Formelle Rechtmäßigkeit der Anordnung des Sofortvollzugs.** Insbesondere die Vorschrift des § 80 Abs. 3 S. 1 VwGO stellt besondere formelle Anforderungen für die behördliche Anordnung des Sofortvollzugs auf. In Fahrtenbuchsachen stellt die überwiegende Rechtsprechung an die behördliche Anordnung des Sofortvollzugs nur recht geringe Anforderungen, weshalb sich das obige Formulierungsbeispiel (Muster Rn 135) auch allein auf die Interessenabwägung konzentriert, da im Regelfall insofern unter Berücksichtigung der folgenden Darstellung entsprechende Ausführungen verzichtbar sein werden; andererseits gibt es nicht wenige hiervon abweichende Meinungen, auf die im Folgenden nach der Darstellung der insoweit herrschenden Meinung in der gebotenen Kürze hingewiesen werden soll.

138 § 31 a StVZO gehört nach der Rechtsprechung insbesondere der Obergerichte zu den Vorschriften, bei denen zur Abwehr von Gefahren für wichtige Gemeinschaftsgüter, nämlich die Ordnung und Sicherheit im Straßenverkehr, das besondere öffentliche Vollzugsinteresse nach § 80 Abs. 2 S. 1 Nr. 4 VwGO im Regelfall mit dem Interesse am Erlass des Verwaltungsakts

---

128 Hinweis: Die Vorschrift des § 73 Abs. 3 S. 3 VwGO regelt lediglich die Notwendigkeit einer Kostenentscheidung, gibt aber keine inhaltlichen Regeln für die Verteilung der Kostenlast im Widerspruchsverfahren vor.

129 Vgl BVerwG, Urt. v. 17.10.1978 – VII C 77/74, DAR 1979, 310 = Buchholz 442.16 § 31 a StVZO Nr. 5.

zusammenfällt und sich die **Abwägung** der beteiligten Interessen im Wesentlichen auf die Prüfung beschränken soll, ob nicht ausnahmsweise in Ansehung der besonderen Umstände des Falls die sofortige Vollziehung weniger dringlich als im Normalfall ist.[130]

Soweit kein Ausnahmefall im Sinne dieser Rechtsprechung vorliegt – wobei ein solcher kaum denkbar ist –, gibt es danach keine Bedenken gegen das Bestehen eines besonderen Vollzugsinteresses. Entsprechend dieser Auffassung, dass bei Fahrtenbuchanordnungen regelmäßig der Sofortvollzug anzuordnen sein wird, sind auch die Anforderungen des § 80 Abs. 3 S. 1 VwGO an die **Begründungspflichten** der Behörde nicht besonders hoch. Im Regelfall genügt es nach der genannten Rechtsprechung, wenn der Antragsgegner aus der Begründung des Sofortvollzugs zu erkennen gibt, die beiderseitigen Interessen im Einzelfall gegeneinander abgewogen und auf dieser Grundlage den sofortigen Vollzug angeordnet zu haben. Eine Darlegung, warum die Behörde die sofortige Vollziehung anordnet und dies anders als in anderen Fällen einer Fahrtenbuchanordnung notwendig ist und – noch weitergehend – überhaupt ein Eingehen auf den konkreten Einzelfall, ist dagegen nicht erforderlich.[131]

Im Gegensatz hierzu verlangt die gesetzliche Regelung des § 80 Abs. 3 S. 1 VwGO nach dem Wortlaut der Vorschrift und nach den Grundsätzen, die hierzu entwickelt wurden,[132] die Darlegung besonderer Gründe, welche über die Gesichtspunkte hinausgehen, die den Verwaltungsakt selbst rechtfertigen. Durch die oben (Rn 138) nachgewiesene Rechtsprechung wird daher die gesetzliche Wirkungsweise bei der Begründung des Sofortvollzugs – die Anordnung des Sofortvollzugs soll die besonders begründungsbedürftige Ausnahme sein – in ihr Gegenteil verkehrt: Die Anordnung des Sofortvollzugs wird für Fahrtenbuchanordnungen zum Regelfall, die Nichtanordnung zur Ausnahme.

Vor allem in der erstinstanzlichen Rechtsprechung gibt es hierzu **abweichende Ansätze**. Unter Betonung der gesetzlichen Regelung wird dort verlangt, dass die Behörde auf den konkreten Fall bezogene Gründe für einen Sofortvollzug vortragen muss.[133] Ebenso wurde vom VG München die aufschiebende Wirkung von Fahrtenbuchanordnungen deswegen wiederhergestellt, weil bei der Begründung des Sofortvollzugs eine konkrete Wiederholungsgefahr nötig sei, an der es bei den entschiedenen Fällen fehlte bzw diese jedenfalls in der Begründung des Sofortvollzugs nicht dargestellt wurde.[134]

Hinweis: In den Bundesländern, in denen es zu dieser Fragestellung eine gefestigte obergerichtliche Rechtsprechung gibt, wird es voraussichtlich nicht von Erfolg gekrönt sein, in „durchschnittlichen" Fahrtenbuchfällen eine formell rechtswidrige Begründung des Sofort-

---

130 Vgl nur BayVGH, Beschl. v. 26.3.2015 – 11 CS 15.247, juris Rn. 9; Beschl. v. 17.7.2002 – 11 CS 02.1320, juris; Beschl. v. 15.4.1999 – 11 ZS 98.3283, juris; ebenso VGH BW, Beschl. v. 17.11.1997 – 10 S 2113/97 = NZV 1998, 126 mit zweifelhafter (Zusatz-)Argumentation, dass Sinn und Zweck einer Fahrtenbuchauflage nicht nur die Verhinderung künftiger unaufklärbarer Verkehrsverstöße sei, sondern daneben auch spezialpräventiv die Hebung der Verkehrsdisziplin der Führer eines Fahrzeuges, für das ein Fahrtenbuch angeordnet ist; OVG des Saarlandes, Beschl.v. 7.5.2008 – 1 B 187/08, juris.
131 Vgl BayVGH, Beschl. v. 17.7.2002 – 11 CS 02.1320, juris; Beschl. v. 15.4.1999 – 11 ZS 98.3283, juris; ebenso VGH BW, Beschl. v. 17.11.1997 – 10 S 2113/97, NZV 1998, 126; VG Aachen, Beschl. v. 4.5.2006 – 2 L 184/06, juris; Beschl. v. 5.5.2006 – 2 L 797/05, juris.
132 Vgl etwa *Kopp/Schenke*, VwGO, § 80 Rn 84 ff.
133 VG Chemnitz, Beschl. v. 16.8.2000 – 2 K 1331/00, m. Bespr. *Stollenwerk*, VD 2001, 53.
134 Beschl. v. 18.2.1999 – M 6 S 98.5902, juris, allerdings aufgehoben vom BayVGH mit Beschl. v. 18.5.1999 – 11 CS 99.730, juris; ebenso Beschl. v. 26.10.1998 – M 6 S 98.3292, juris, ebenfalls n.r., da im Beschwerdeverfahren vor dem BayVGH mit Beschl. v. 15.4.1999 – 11 ZS 98.3283, juris, für unwirksam erklärt aufgrund Einstellung des Verfahrens nach übereinstimmender Erledigterklärung, wobei die Kosten des Verfahrens dem Antragsteller auferlegt wurden.

vollzugs geltend zu machen. Dagegen dürfte es in den Bundesländern, deren Obergerichte sich zu dieser Frage – soweit ersichtlich – noch nicht geäußert haben, mit Verweis auf die bedenkenswerte Argumentation der Aushebelung des Regel-Ausnahme-Verhältnisses den Versuch wert sein, gegen bloß formelhafte Anordnungen des Sofortvollzugs, die sich mit dem konkreten Fall nicht auseinandersetzen, vorzugehen. Eine Vereinheitlichung der Rechtsprechung kann es hier nicht geben, da dieses Problem nur im vorläufigen Rechtsschutz auftreten kann, wo der Verwaltungsgerichtshof/das Oberverwaltungsgericht unanfechtbar entscheidet (vgl § 152 Abs. 1 VwGO).

143 b) **Begründetheit im Übrigen.** Im Rahmen eines Verfahrens nach § 80 Abs. 5 S. 1 VwGO trifft das Gericht sodann aufgrund der sich im Zeitpunkt seiner Entscheidung darstellenden Sach- und Rechtslage[135] eine eigene – originäre – Ermessensentscheidung[136] darüber, welche Interessen höher zu bewerten sind: diejenigen, die für einen sofortigen Vollzug des angefochtenen Verwaltungsakts streiten, oder diejenigen, die für die Anordnung oder Wiederherstellung der aufschiebenden Wirkung sprechen. Im Rahmen dieser Interessenabwägung sind auch die Erfolgsaussichten des Rechtsbehelfs in der Hauptsache als wesentliches, aber nicht als alleiniges Indiz für und gegen den gestellten Antrag zu berücksichtigen.[137] Sind die Erfolgsaussichten bei summarischer Prüfung als offen zu beurteilen, findet eine reine Abwägung der für und gegen den Sofortvollzug sprechenden Interessen statt.[138]

144 In den meisten Fällen wird es demzufolge um die Prüfung der Erfolgsaussichten des dem jeweiligen Verfahrensstand entsprechenden Rechtsbehelfs (Widerspruch oder Klage) gehen. Die Interessenabwägung im Übrigen spielt nur dann eine Rolle, wenn sich (etwa wegen eines ungeklärten Sachverhalts, der erst im Hauptsacheverfahren mittels Beweiserhebung zu klären ist) keine Aussagen zum mutmaßlichen Ausgang dieses Rechtsbehelfsverfahrens treffen lassen.

145 ▶ **Muster: Antrag auf Wiederherstellung der aufschiebenden Wirkung des Widerspruchs**

An das Verwaltungsgericht …

Antrag gem. § 80 Abs. 5 S. 1 VwGO

des Herrn …

– Antragsteller –

Prozessbevollmächtigte: RAe …

gegen

… [Rechtsträger der Straßenverkehrsbehörde bzw nach Maßgabe des § 78 Abs. 1 Nr. 2 VwGO die Straßenverkehrsbehörde selbst], vertreten durch … [Behördenvorstand], … [Adresse]

– Antragsgegner/in –

wegen: Fahrtenbuch.

Namens und in Vollmacht des Antragstellers beantrage ich die Gewährung vorläufigen Rechtsschutzes im Verfahren nach § 80 Abs. 5 S. 1 VwGO und beantrage, wie folgt zu erkennen:

---

135 Vgl Eyermann/*J. Schmidt*, VwGO, § 80 Rn 83.
136 Statt aller *Kopp/Schenke*, VwGO, § 80 Rn 146.
137 ZB BVerwG, Beschl. v. 25.3.1993 – 1 ER 301/92, NJW 1993, 3213; BayVGH, Beschl. v. 29.8.1987 – 20 CS 87.02324, BayVBl 1988, 406; VGH BW, Beschl. v. 22.2.1991 – 14 S 2966/90, NVwZ-RR 1991, 409 = VBlBW 1991, 300; Eyermann/*J. Schmidt*, VwGO, § 80 Rn 72 ff.
138 Eyermann/*J. Schmidt*, VwGO, § 80 Rn 78, 80.

1. Die aufschiebende Wirkung des am ... gegen die Nummer 1 des Bescheids des Antragsgegners/der Antragsgegnerin vom ..., Az ... [ggf: in der Gestalt des Widerspruchsbescheids der ... [Widerspruchsbehörde] vom ..., Az ...] eingelegten Widerspruchs/der am ... erhobenen Klage [je nachdem, welcher Rechtsbehelf im jeweiligen Verfahrensstadium anhängig ist] wird wiederhergestellt.[139]
2. Die aufschiebende Wirkung des am ... gegen die Nummer ... [die Nummer des Bescheids, in der die Zwangsgeldandrohung enthalten ist, sofern eine solche verfügt wurde] des Bescheids des Antragsgegners/der Antragsgegnerin vom ..., Az ... [ggf: in der Gestalt des Widerspruchsbescheids der ... [Widerspruchsbehörde] vom ..., Az ...] eingelegten Widerspruchs/der am ... erhobenen Klage [je nachdem, welcher Rechtsbehelf im jeweiligen Verfahrensstadium anhängig ist] wird angeordnet.[140]
3. Die/der Antragsgegner/in trägt die Kosten des Verfahrens.

Begründung:

Der Antragsteller wendet sich gegen den Sofortvollzug der von der Antragsgegnerin/dem Antragsgegner verfügten Verpflichtung zur Führung eines Fahrtenbuchs.

I.

Mit dem auf den Antragsteller zugelassenen Pkw der Marke ... mit dem amtlichen Kennzeichen ... wurde am ... gegen ... Uhr auf der ...straße in ... folgender Verkehrsverstoß begangen: ... [zB Ordnungswidrigkeit der Überschreitung der zulässigen Höchstgeschwindigkeit von 50 km/h innerhalb geschlossener Ortschaft um ... km/h (§§ 3 Abs. 3 Nr. 1, 49 Abs. 1 Nr. 3 StVO)]. Nach Anhörung verpflichtete die Antragsgegnerin/der Antragsgegner den Antragsteller, für das Fahrzeug mit dem amtlichen Kennzeichen ... für den Zeitraum bis zum ... [Enddatum der Fahrtenbuchanordnung] ein Fahrtenbuch zu führen (Nummer 1 des Bescheids vom ...), ordnete den Sofortvollzug dieser Bestimmung an (Nr. ... des Bescheids) und drohte dem Antragsteller die Verhängung eines Zwangsgeldes an (Nr. ... des Bescheids), für den Fall, dass der Antragsteller der Pflicht zur Führung des Fahrtenbuchs [ggf ergänzen: sowie der Pflicht zur Aufbewahrung und Vorlage des ordnungsgemäß geführten Fahrtenbuchs] nicht nachkommt.

... [weitere Darstellung des Sachverhalts]

II.

Die aufschiebende Wirkung des Widerspruchs/der Klage vom ... gegen den Bescheid der Antragsgegnerin/des Antragsgegners vom ... ist hinsichtlich der Nummer 1 des Bescheids wiederherzustellen. Das private Interesse des Antragstellers an der Wiederherstellung der aufschiebenden Wirkung seines Widerspruchs/seiner Klage überwiegt das besondere öffentliche Interesse an der Aufrechterhal-

---

139 Hinweis: In diesem Muster wird angenommen, dass die Fahrtenbuchverpflichtung selbst in der Nummer 1 des Bescheids angeordnet wird. Regelmäßig wird ein Bescheid, der eine Fahrtenbuchanordnung ausspricht, neben der eigentlichen Fahrtenbuchanordnung noch andere Verfügungen enthalten (zT eigenständige, zT solche, die einen Annex zu anderen darstellen), bspw die Anordnung des Sofortvollzugs, die (deklaratorische) Regelung der Aufbewahrungs- und Vorlagepflicht, ggf den Vorbehalt der Bestimmung eines Ersatzfahrzeugs und sehr häufig die Androhung eines Zwangsgeldes. Anders als im Falle der (Anfechtungs-)Klage, bei der im Regelfall kurzerhand die Aufhebung des gesamten Bescheids beantragt werden kann, ist im Falle des Antrags auf Gewährung vorläufigen Rechtsschutzes nach § 80 Abs. 5 S. 1 VwGO zu differenzieren, da der Antrag nur hinsichtlich der Verfügungen statthaft ist, die entweder kraft Gesetzes oder kraft behördlicher Anordnung sofort vollziehbar sind.

140 Hinweis: Anders als im Antrag zu 1 ist hier nicht die Wiederherstellung, sondern die Anordnung der aufschiebenden Wirkung zu verlangen, da die sofortige Vollzugsfähigkeit der Zwangsgeldandrohung nicht kraft behördlicher Anordnung iSv § 80 Abs. 2 S. 1 Nr. 4 VwGO gilt, sondern kraft Gesetzes nach § 80 Abs. 2 S. 1 Nr. 3 VwGO iVm den jeweiligen Regelungen in den Vollstreckungsgesetzen der Länder, zB in Bayern Art. 21 a S. 1 BayVwZVG; in den anderen Bundesländern gibt es – soweit ersichtlich – weitgehend entsprechende Regelungen.

tung der sofortigen Vollziehung der angeordneten Verpflichtung, ein Fahrtenbuch zu führen (Nr. 1 des Bescheids vom ..., Nr. ... hinsichtlich der Anordnung des Sofortvollzugs). Insbesondere wird der Widerspruch/die Klage gegen die angeordnete Verpflichtung aller Voraussicht nach erfolgreich sein. Da es sich hier um einen Fall des § 80 Abs. 2 S. 1 Nr. 4 VwGO handelt, hat das Gericht zunächst die Anordnung der sofortigen Vollziehung auf ihre formelle Rechtmäßigkeit hin zu überprüfen. ... [hier ggf Ausführungen zur formellen Rechtmäßigkeit der Anordnung des Sofortvollzugs, § 80 Abs. 3 S. 1 VwGO]. Im Rahmen eines Verfahrens nach § 80 Abs. 5 S. 1 VwGO trifft das Gericht sodann aufgrund der sich im Zeitpunkt seiner Entscheidung darstellenden Sach- und Rechtslage (vgl Eyermann/*Schmidt*, VwGO, 12. Aufl. 2006, § 80 Rn 83) eine eigene – originäre – Ermessensentscheidung (statt aller: *Kopp/Schenke*, VwGO, 14. Aufl. 2005, § 80 Rn 146) darüber, welche Interessen höher zu bewerten sind: diejenigen, die für einen sofortigen Vollzug des angefochtenen Verwaltungsakts streiten, oder diejenigen, die für die Anordnung oder Wiederherstellung der aufschiebenden Wirkung sprechen. Im Rahmen dieser Interessenabwägung sind auch die Erfolgsaussichten des Rechtsbehelfs in der Hauptsache als wesentliches, aber nicht als alleiniges Indiz für und gegen den gestellten Antrag zu berücksichtigen (zB BVerwG, Beschl. v. 25.3.1993 – 1 ER 301/92 = NJW 1993, 3213; BayVGH, Beschl. v. 29.8.1987 – 20 CS 87.02324 = BayVBl 1988, 406; VGH BW, Beschl. v. 22.2.1991 – 14 S 2966/90 = NVwZ-RR 1991, 409 = VBlBW 1991, 300; Eyermann/*Schmidt*, aaO, § 80 Rn 72 ff). Sind die Erfolgsaussichten bei summarischer Prüfung als offen zu beurteilen, findet eine reine Abwägung der für und gegen den Sofortvollzug sprechenden Interessen statt (Eyermann/*Schmidt*, aaO, § 80 Rn 78, 80). Nach der im vorläufigen Rechtsschutzverfahren nur möglichen, aber auch ausreichenden summarischen Prüfung (vgl BVerfG, Beschl. v. 25.9.1986 – 2 BvR 744/86 = NVwZ 1987, 403; Beschl. v. 12.9.1995 – 2 BvR 117/95 = NVwZ 1996, 58 = BayVBl. 1996, 47) wird der Widerspruch/die Klage des Antragstellers nach derzeitigem Stand voraussichtlich erfolgreich sein. Die von der Antragsgegnerin/dem Antragsgegner angeordnete und für sofort vollziehbar erklärte Verpflichtung zur Führung des streitgegenständlichen Fahrtenbuchs ist nach derzeitiger Beurteilung rechtswidrig und verletzt den Antragsteller in seinen Rechten (§ 113 Abs. 1 S. 1 VwGO bzw in analoger Anwendung hinsichtlich des Widerspruchsverfahrens).

III.
Die Zuziehung des Bevollmächtigten im Vorverfahren war notwendig iSv § 162 Abs. 2 S. 2 VwGO, da sie von dem Antragsteller als nicht rechtskundiger Partei für erforderlich gehalten werden durfte und es ihm nach seinen persönlichen Lebensverhältnissen nicht zumutbar war, das Verfahren selbst zu führen.

Kosten: § 154 Abs. 1 VwGO. Vorläufige Vollstreckbarkeit: § 167 Abs. 2, Abs. 1 S. 1 VwGO iVm §§ 708 ff ZPO.

Rechtsanwalt ◄

146 **3. Klageverfahren.** Abhängig von der Konstruktion, welche die Behörde bei Bescheiderlass gewählt hat, kann auch das Klageverfahren allein ausreichend sein, um eine Fahrtenbuchanordnung wirksam anzugreifen, nämlich dann, wenn die zuständige Straßenverkehrsbehörde auf die Anordnung des Sofortvollzugs nach § 80 Abs. 2 S. 1 Nr. 4 VwGO verzichtet hat.[141]

---

141 Die Straßenverkehrsbehörde handelt trotz der hM, dass die Anordnung der sofortigen Vollziehung im Regelfall gerechtfertigt ist, nicht rechtswidrig, wenn sie die Anordnung des Sofortvollzugs gleichwohl unterlässt, BVerwG, Urt. v. 13.10.1978 – VII C 77/74, NJW 1979, 1054 = DAR 1979, 310.

Wie zu Beginn des Verwaltungsverfahrens empfiehlt sich auch zu Beginn des gerichtlichen 147
Verfahrens die Einsichtnahme in die Gerichts- und beigezogenen Behördenakten.

▶ **Muster: Klage inkl. Akteneinsichtsgesuch**[142] 148

An das Verwaltungsgericht ...

Klage

des Herrn ...

– Kläger –

Prozessbevollmächtigte: RAe ...

gegen

... [Rechtsträger der Straßenverkehrsbehörde bzw nach Maßgabe des § 78 Abs. 1 Nr. 2 VwGO die Straßenverkehrsbehörde selbst], vertreten durch den Behördenvorstand,

– Beklagte/r –

wegen: Fahrtenbuch.

Namens und in Vollmacht des Klägers erhebe ich Klage und bitte um die Anberaumung eines Termins zur mündlichen Verhandlung, in dem ich beantragen werde, wie folgt zu erkennen:

1. Der Bescheid des/der Beklagten vom ..., Az ..., in der Gestalt des Widerspruchsbescheids der ... [Widerspruchsbehörde] vom ..., Az ..., wird aufgehoben.
2. Die Zuziehung eines Bevollmächtigten im Vorverfahren war notwendig.
3. Die/der Beklagte trägt die Kosten des Verfahrens.
4. Das Urteil ist vorläufig vollstreckbar.

Begründung:

Der Kläger wendet sich gegen die Anordnung der Verpflichtung zur Führung eines Fahrtenbuchs seitens der/des Beklagten.

Die Klagebegründung wird nachgereicht. Ich bitte darum, bei der/dem Beklagten und dem Träger der Widerspruchsbehörde [bzw der Widerspruchsbehörde] die Verwaltungsvorgänge anzufordern und mir diese zur Einsichtnahme in meine Praxis zu überlassen. Die Übernahme der dafür anfallenden Kosten wird zugesichert.

Rechtsanwalt ◀

Hinweis: Manche Verwaltungsgerichte fordern standardmäßig die Behördenakten erst bei 149
Vorliegen einer Klagebegründung an, obwohl Letztere an sich nicht zwingend vorgeschrieben ist (§ 81 Abs. 1 S. 3 VwGO). Daher empfiehlt es sich, gegenüber Gerichten, die auf diese Weise verfahren, wenigstens eine vorläufige Klagebegründung gleich bei Klageerhebung abzugeben, die unter dem Vorbehalt der Ergänzung nach erfolgter Akteneinsicht steht.

4. Erledigung. Ein Problem, das in der praktischen Bearbeitung von Fahrtenbuchfällen im 150
gerichtlichen Verfahren immer wieder auftaucht, ist die Frage, ob bzw wann sich eine Fahrtenbuchanordnung durch **Zeitablauf** erledigt. In den Fällen, in denen die Straßenverkehrsbehörde die Anordnung eines Fahrtenbuchs auf einen bestimmten Zeitpunkt hin verfügt (zB

---

142 Hinweis: Zweckmäßigerweise wird man das Gesuch um Akteneinsicht nach § 100 Abs. 1 S. 1 VwGO, beim Antrag eines Bevollmächtigten im Regelfall iVm § 100 Abs. 2 S. 2 VwGO, zusammen mit der Klageerhebung äußern.

Verpflichtung zur Führung eines Fahrtenbuchs bis zum 31.12.2008), stellt sich die Frage, wie sich der Ablauf dieses Datums auf ein zu diesem Zeitpunkt noch anhängiges gerichtliches Verfahren auswirkt. Insbesondere bei Fahrtenbuchfällen, in denen die Fahrtenbuchführung für einen Zeitraum von sechs Monaten angeordnet wird, ist der Ablauf dieser Frist vor der Entscheidung über einen hiergegen eingelegten Rechtsbehelf[143] – jedenfalls vor der Entscheidung in der zweiten Instanz, wenn einer der Beteiligten gegen die Entscheidung des Verwaltungsgerichts Beschwerde einlegt – nicht selten.

151 Denkbar ist zum einen, dass sich die Fahrtenbuchanordnung durch Zeitablauf erledigt (vgl § 43 Abs. 2 Var. 4 VwVfG) und danach für den Fall, dass keine prozessbeendende Erklärung abgegeben wird, allenfalls die Umstellung auf eine Fortsetzungsfeststellungsklage möglich wäre, zum anderen, dass trotz des Ablaufs des Zeitraums, für den das Fahrtenbuch angeordnet war, weiterhin im Wege der Anfechtungsklage die Aufhebung der Fahrtenbuchanordnung weiterverfolgt werden kann.

152 In der Praxis wird hier häufig vom Gericht angeregt, nach Ablauf der Zeitdauer des Fahrtenbuchs das Verfahren **übereinstimmend für erledigt zu erklären**. Erklärt die Klägerseite daraufhin den Rechtsstreit in der Hauptsache für erledigt (die Beklagtenseite wird sich dem regelmäßig anschließen oder sich gar nicht äußern, woraufhin unter den Voraussetzungen des § 161 Abs. 2 S. 2 VwGO der Rechtsstreit ebenfalls als erledigt gilt), stellt das Gericht das Verfahren in entsprechender Anwendung des § 92 Abs. 3 S. 1 VwGO ein und entscheidet (unanfechtbar, § 92 Abs. 3 S. 2 VwGO analog) über die Kosten des Verfahrens nach Maßgabe des § 161 Abs. 2 S. 1 Hs 1 VwGO.

153 Dies kann, muss aber keine sachgerechte Lösung für die Klagepartei sein, weshalb der bevollmächtigte Rechtsanwalt hier die Rechtslage vor Abgabe einer Erledigterklärung genau prüfen sollte. Die Verfahrensweise bietet sich dann an, wenn das Fahrtenbuch tatsächlich geführt wurde[144] (was für den Fall der Anordnung des Sofortvollzugs durch die Straßenverkehrsbehörde jedenfalls zu empfehlen ist, s.o. Rn 130) und die Erfolgsaussichten im Prozess als nicht sehr aussichtsreich eingeschätzt werden.

154 **Hinweis:** Die Erledigterklärung (oder wahlweise die Rücknahme, die den Vorteil der Kostenersparnis im Falle des Unterliegens hat, allerdings auch den Nachteil, dass nicht, wie im Falle der Erledigterklärung, auch eine günstige Kostenentscheidung möglich ist, da im Falle der Rücknahme der Kläger immer die Kosten trägt, § 155 Abs. 2 VwGO) muss nicht erst nach Ablauf des angeordneten Zeitraums erfolgen, sondern kann schon vorher geschehen.

155 Soll dagegen die **Klage weiterverfolgt** werden, weil die Erfolgsaussichten als günstig beurteilt werden oder der Mandant darauf besteht, sind folgende weitere Überlegungen anzustellen:

Grundsätzlich ging die bislang wohl überwiegende Meinung mehr oder weniger stillschweigend davon aus, dass nach Zeitablauf der Fahrtenbuchanordnung Erledigung eintritt. Soweit ersichtlich, gibt es zu dieser Problematik jedoch kaum Entscheidungen,[145] was entweder daran liegt, dass die Verwaltungsgerichte in diesen Fällen immer sehr zeitnah entscheiden und

---

143 Hier wird es sich typischerweise um eine Entscheidung im vorläufigen Rechtsschutz handeln.
144 In diesem Falle wird, unabhängig von den unten dargestellten unterschiedlichen Meinungen zum Vorliegen einer Erledigung in Fahrtenbuchfällen, in jedem Fall Erledigung eingetreten sein, vgl BayVGH, Beschl. v. 12.9.2007 – 11 CS 06.2978, juris.
145 Vgl aber BayVGH, Urt. v. 1.10.1984 – 11 B 84 A.262, BayVBl 1985, 23.

Erledigungen durch Zeitablauf deswegen von vornherein nicht in Betracht kommen, oder doch eher daran, dass die Beteiligten nach entsprechender Aufforderung seitens des Gerichts meist die erbetene Erledigterklärung abgeben. Für diese Meinung wurde ins Feld geführt,[146] dass die Erledigung in Folge der im Bescheid enthaltenen Befristung eintritt. Nach Fristablauf gelte die belastende Auflage nicht mehr (vgl § 36 Abs. 2 Nr. 1 VwVfG), die Rechtswirkungen des Verwaltungsakts seien beendet, er sei gegenstandslos geworden.[147] Das gelte gleichermaßen bei behördlichen wie gerichtlichen Befristungen. Solche zum wesentlichen Inhalt des Hoheitsakts gehörenden Befristungen seien zu unterscheiden von den einem Verwaltungsakt bei seinem Erlass oder später beigefügten Vollzugsfristen iSv Art. 36 Abs. 1 S. 2 BayVwZVG.[148]

Nimmt man demnach eine Erledigung durch Zeitablauf an, so stellt sich die Frage, ob die **Umstellung auf eine Fortsetzungsfeststellungsklage** in entsprechender Anwendung des § 113 Abs. 1 S. 4 VwGO[149] mit dem Ziel der Feststellung der Rechtswidrigkeit des Fahrtenbuchbescheids sinnvoll ist. Dies dürfte unter der Berücksichtigung der besonderen Zulässigkeitsvoraussetzung des sog. besonderen Feststellungsinteresses iSv § 113 Abs. 1 S. 4 VwGO zu verneinen sein. Denn von den hierzu entwickelten Fallgruppen, in welchen dieses Feststellungsinteresse vorliegt – Wiederholungsgefahr, Rehabilitationsinteresse einschließlich der sog. tiefgreifenden Grundrechtsverletzung[150] –, dürfte typischerweise keine vorliegen: Dass die rechtswidrige Verhängung eines Fahrtenbuchs ein Rehabilitationsinteresse auslösen sollte, ist nicht ersichtlich.[151] Ebenso wenig ist eine Fortsetzungsfeststellungsklage aufgrund einer Wiederholungsgefahr gerechtfertigt.[152] Denn abgesehen davon, dass der Betroffene, der dies geltend macht, dann vortragen müsste, dass mit seinem Fahrzeug in Zukunft erneut ein nicht aufklärbarer Verkehrsverstoß begangen werde, müsste er sich darauf verweisen lassen, dass, sollte dies der Fall sein, er dann eben nach erneuter Verhängung einer Verpflichtung zur Führung eines Fahrtenbuchs gegen diese vorgehen müsse.

156

---

146 Vgl BayVGH, Urt. v. 1.10.1984 – 11 B 84 A.262, BayVBl 1985, 23, nichtamtlicher Leitsatz: „Ein Bescheid, durch den einem Verkehrsteilnehmer die Führung eines Fahrtenbuchs ´auf die Dauer von (hier) sechs Monaten ab Zustellung´ aufgegeben wird, erledigt sich auch dann mit dem Ablauf dieser Frist, wenn die aufschiebende Wirkung eines Rechtsmittels gegen diesen Bescheid angeordnet worden ist."
147 Unter Verweis auf die Entsch. des BVerwG v. 1.3.1983, BayVBl 1983, 506 = NVwZ 1983, 476.
148 Entspricht § 13 Abs. 1 S. 2 VwVG.
149 Oder ggf nach dem obiter dictum in BVerwG, Urt. v. 14.7.1999 – 6 C 7/98, BVerwGE 109, 203 = DVBl 1999, 1660 = BayVBl 2000, 439 als normale Feststellungsklage iSv § 43 VwGO; dieses obiter dictum ist in der Literatur auf vielfältige Kritik gestoßen, die Auseinandersetzung soll aber hier nicht dargestellt werden, vgl dazu etwa *Rozek*, Neues zur Fortsetzungsfeststellungsklage – Fortsetzung folgt? – BVerwGE109, 203, JuS 2000, 1162 und *Schenke*, Neue Wege im Rechtsschutz gegen vorprozessual erledigte Verwaltungsakte, NVwZ 2000, 1255.
150 Nur diese kommen hier überhaupt in Betracht; die Vorbereitung eines Amtshaftungsprozesses kann nur bei der hier nicht einschlägigen Anwendung des § 113 Abs. 1 S. 4 VwGO ein Feststellungsinteresse eröffnen, vgl zum Ganzen *Kopp/Schenke*, VwGO, § 113 Rn 136 mwN.
151 So auch BayVGH, Beschl. v. 19.1.2012 – 11 ZB 11.2453, juris Rn. 3.
152 So neuerdings auch BayVGH, Beschl. v. 28.1.2015 – 11 ZB 14.1129, juris Rn 13 ff; in dieser Entscheidung führt der zuständige Senat ebenfalls unter juris Rn 15 aus, dass ein weiterer Fall einer bereits verhängten Fahrtenbuchanordnung für die Annahme einer generellen Wiederholungsgefahr nicht ausreicht; ebenso BayVGH, Beschl. v. 19.1.2012 – 11 ZB 11.2453, juris Rn 4. Anders könnte dies nur dann beurteilt werden, wenn man bezüglich der Widerholungsgefahr nicht abstellt auf einen zukünftigen Anlassfall, sondern auf den in der Vergangenheit liegenden Verkehrsverstoß, wenn und soweit drohen würde, dass auf diesen eine erneute nochmalige Fahrtenbuchanordnung gestützt wird, hierzu VG Augsburg, Urt. v. 17.7.2007 – Au 3 K 07.155, juris. Fraglich ist allerdings, ob ein solches Vorgehen noch verhältnismäßig wäre oder sich die erneute Verhängung nicht wegen des nach der ersten (ergebnislosen) Verfügung verstrichenen, regelmäßig längeren Zeitraums als nicht mehr aktuell und nicht mehr erforderlich beurteilen ließe.

157 Einen anderen Weg zeichnet aber eine Entscheidung des **Bayerischen Verwaltungsgerichtshofs**[153] vor, ohne dass allerdings eine Auseinandersetzung mit der früher hierzu vertretenen eigenen Meinung oder gar eine ausdrückliche Aufgabe dieser Rechtsprechung erfolgt. Danach soll trotz Zeitablaufs der Fahrtenbuchanordnung keine Erledigung eintreten, vielmehr habe der Betroffene auch nach Ablauf aller Fristen (neben der eigentlichen Frist, für deren Dauer das Fahrtenbuch zu führen ist, auch die Aufbewahrungs- und Vorlagefrist, § 31 a Abs. 3 StVZO, wobei der Verwaltungsgerichtshof diese Fristen früher noch als bloße Vollzugsfristen bezeichnete) noch ein Rechtsschutzbedürfnis an der Erlangung einer gerichtlichen Sachentscheidung. Argument hierfür ist, dass an die Pflicht zur Führung des Fahrtenbuchs weitere Pflichten anknüpfen, etwa die Vorlage- und Aufbewahrungspflicht gem. § 31 a Abs. 3 StVZO sowie oftmals die Androhung eines Zwangsgeldes für den Fall der Nichtvorlage. Da diese weiteren Pflichten auch nach Ablauf des Zeitraums, für den der Betroffene zur Führung des Fahrtenbuchs verpflichtet wurde, andauern, bestehe ein rechtlich geschütztes Interesse daran, die Aufhebung der Fahrtenbuchanordnung auch nach deren zeitlichem Ablauf zu verlangen. Typologisch handelt es sich hierbei um Fälle, in denen eine durch Zeitablauf an sich erledigte „Primärmaßnahme" als Grundlage für eine ausstehende, aber noch mögliche oder bereits vollzogene Vollstreckungsmaßnahme („Sekundärmaßnahme") dient. Wenn in diesen Fällen die Vollstreckungsmaßnahme noch gerichtlich angegriffen werden kann, soll dies auch (und zwar im Wege der Anfechtungs-, nicht der Fortsetzungsfeststellungsklage oder nicht nur inzident bei der Überprüfung der Vollstreckungsmaßnahme) für die Primärmaßnahme gelten, auch wenn Zeitablauf eingetreten ist, sofern sie noch nicht bestandskräftig ist. Grund hierfür ist, dass auch über den Zeitablauf hinaus die Wirkung der Primärmaßnahme als Rechtsgrundlage für die Vollstreckung fortbesteht.[154] Häufigstes Beispiel für eine derartige Konstellation wird folgende Situation sein: Die Anordnung zur Führung eines Fahrtenbuches besteht wegen Überschreitung des angeordneten Zeitraums an sich nicht mehr, vor Zeitablauf hat jedoch die Behörde einen Verstoß gegen die Verpflichtung gerügt und ein Zwangsgeld fällig gestellt. Der Betroffene hat hiergegen wiederum Klage erhoben. Nach der oben dargestellten Ansicht gilt dann auch die Führungsverpflichtung selbst noch nicht als erledigt und kann weiterhin mit der Anfechtungsklage angegriffen werden.

158 ▶ **Muster: Umstellung einer bereits erhobenen Anfechtungsklage auf eine Fortsetzungsfeststellungsklage**[155]

420

An das Verwaltungsgericht ...

Az ...

In der Verwaltungsstreitsache

des Herrn ...

– Kläger –

Prozessbevollmächtigte: RAe ...

---

[153] Beschl. v. 2.5.2006 – 11 CS 05.1825 – n.v.; Entscheidungen des BayVGH können gegen Kostenerstattung angefordert werden, Näheres unter der Internet-Adresse <www.vgh.bayern.de/BayVGH/service.htm> oder per E-Mail an die Adresse <entscheidungsanforderung@vgh.bayern.de>.

[154] Vgl hierzu ausführlicher *Geier*, BayVBl 2004, 389 mwN.

[155] Der Übergang von einer Anfechtungs- zu einer Fortfeststellungsklage ist eine unabhängig von den Voraussetzungen des § 91 VwGO gem. § 173 VwGO iVm § 264 Nr. 2 ZPO immer zulässige Klageänderung, vgl *Kopp/Schenke*, VwGO, § 113 Rn 121.

gegen

... [Rechtsträger der Straßenverkehrsbehörde bzw nach Maßgabe des § 78 Abs. 1 Nr. 2 VwGO die Straßenverkehrsbehörde selbst], vertreten durch ... [Behördenvorstand], ... [Adresse]

– Beklagte/r –

wegen: Fahrtenbuch.

Namens des Klägers stelle ich die am ... erhobene Klage um und bitte um Anberaumung eines Termins zur mündlichen Verhandlung, in dem ich beantragen werde, wie folgt zu erkennen:

1. Es wird festgestellt, dass der Bescheid des/der Beklagten vom ..., Az ..., in der Gestalt des Widerspruchsbescheids der ... [Widerspruchsbehörde] vom ..., Az ..., rechtswidrig gewesen ist.
2. Die/der Beklagte trägt die Kosten des Verfahrens.
3. Das Urteil ist vorläufig vollstreckbar.

Begründung:

Der Kläger begehrt nunmehr die Feststellung der Rechtswidrigkeit der Fahrtenbuchanordnung der/des Beklagten vom ....

I. Mit Ablauf des ... [Enddatum der Fahrtenbuchanordnung] hat sich die Fahrtenbuchanordnung erledigt. ... [nähere Darstellung].
II. Die Fortsetzungsfeststellungsklage ist zulässig. Die Fahrtenbuchanordnung hat sich zwar durch Zeitablauf erledigt ... [nähere Darstellung]. Das erforderliche besondere Feststellungsinteresse liegt aber vor. ... [nähere Darstellung].
III. Der Bescheid ist rechtswidrig gewesen und hat den Kläger in seinen Rechten verletzt. ... [nähere Darstellung].
IV. Kosten: § 154 Abs. 1 VwGO. Vorläufige Vollstreckbarkeit: § 167 Abs. 2, Abs. 1 S. 1 VwGO iVm §§ 708 ff ZPO.

Rechtsanwalt ◄

▶ **Muster: Anfechtungsklage trotz Zeitablaufs der Primärmaßnahme Fahrtenbuchanordnung wegen deren Grundlage für eine Vollstreckungsmaßnahme**[156]

An das Verwaltungsgericht ...

Az ...

In der Verwaltungsstreitsache

des Herrn ...

– Kläger –

Prozessbevollmächtigte: RAe ...

gegen

... [Rechtsträger der Straßenverkehrsbehörde bzw nach Maßgabe des § 78 Abs. 1 Nr. 2 VwGO die Straßenverkehrsbehörde selbst], vertreten durch ... [Behördenvorstand], ... [Adresse]

– Beklagte/r –

wegen: Fahrtenbuch.

---

156 Nicht als Klageerhebung, sondern als Schriftsatz in einem bereits laufenden Gerichtsverfahren, da typischerweise in diesen Konstellationen, um die Bestandskraft der Fahrtenbuchanordnung zu hemmen, bereits Klage erhoben sein muss.

Namens des Klägers teile ich mit, dass die am ... erhobene Klage trotz des Ablaufs des Zeitraumes, für den die Fahrtenbuchanordnung verfügt wurde, als Anfechtungsklage weitergeführt wird. Die in der Klageerhebung/im Schriftsatz vom ... angekündigten Anträge bleiben bestehen.

Begründung:

Der Kläger begehrt weiterhin die Feststellung der Rechtswidrigkeit der Fahrtenbuchanordnung der/des Beklagten vom ....

Mit Ablauf des ... [Enddatum der Fahrtenbuchanordnung] hat sich die Fahrtenbuchanordnung nicht erledigt. ... [nähere Darstellung].

Rechtsanwalt ◄

160   5. **Streitwert.** Die regelmäßig per Beschluss[157] erfolgende Festsetzung des Streitwerts in Fahrtenbuchsachen richtet sich im Klageverfahren nach § 52 Abs. 1 GKG unter Berücksichtigung der unverbindlichen Empfehlungen im Streitwertkatalog 2013 (Stand 15.11.2013) für die Verwaltungsgerichtsbarkeit.[158] Dort ist in der Nr. 46.11 bestimmt, dass der Streitwert in Fahrtenbuchsachen folgendermaßen zu bemessen ist: Für jeden Monat, für den die Verpflichtung zur Führung eines Fahrtenbuchs angeordnet wird, sind 400 EUR anzusetzen[159]. Der Streitwert bei einer Fahrtenbuchanordnung für zwölf Monate beträgt daher 4.800 EUR. Im Verfahren des vorläufigen Rechtsschutzes nach § 80 Abs. 5 S. 1 VwGO richtet sich die Bemessung des Streitwerts nach §§ 53 Abs. 3 Nr. 2, 52 Abs. 1 GKG. Danach ergibt sich wiederum unter Berücksichtigung der unverbindlichen Empfehlungen im Streitwertkatalog 2013 für die Verwaltungsgerichtsbarkeit (Nr. 46.11 iVm Nr. 1.5) eine Halbierung des jeweiligen Hauptsachestreitwerts, im gerade genannten Beispiel einer Fahrtenbuchanordnung für zwölf Monate also 2.400 EUR.

161   Besonderheiten gelten bei der Beteiligung von mehr als einem Fahrzeug, dh wenn ein Fahrzeughalter nicht ein, sondern mehrere Fahrzeuge hält und gegen mehrere oder sämtliche dieser Fahrzeuge eine Fahrtenbuchanordnung ergeht.[160]

III. Besonderheit: Gebühren für eine Fahrtenbuchanordnung

162   Anders als möglicherweise in anderen Rechtsgebieten verdient die Gebührenfestsetzung durch die Straßenverkehrsbehörde in Fahrtenbuchsachen eine vertiefte Darstellung. Insbeson-

---

157   *Kopp/Schenke*, VwGO, Anhang zu § 164 Rn 5.
158   NVwZ 2013, Beilage 2 oder unter http://www.bverwg.de/medien/pdf/streitwertkatalog.pdf
159   Der Hessische Verwaltungsgerichtshof (Beschl. v. 20.1.2012 – 2 E 1890/11, VerkMitt. 2012, 33 = NJW-Spezial 2012, 348) will bei Fahrtenbuchanordnungen für eine längere Dauer als ein Jahr die genannten 400 EUR pro Monat nur für die ersten zwölf Monate festsetzen und für jedes weitere Jahr nur noch jeweils weitere 1.000 EUR. Diese Entscheidung, der andere Gerichte bislang soweit ersichtlich nicht gefolgt sind, ist abzulehnen. Der Streitwertkatalog soll gerade durch eine einheitliche Anwendung der Streitwertfestsetzung solche kaum nachvollziehbaren Wertungen überflüssig machen. Dazu kommt noch, dass das Hauptargument des HessVGH, dass andernfalls der Streitwert für eine Fahrtenbuchanordnung höher sein könne als der Streitwert für eine Fahrerlaubnissache, sogar nach der eigenen Entscheidung nicht greift (abgesehen davon, dass diese Wertung überhaupt nicht nachvollziehbar ist): Denn der HessVGH kommt im entschiedenen Fall gerade zu einem höheren Streitwert als der Auffangwert, der für eine „normale" Fahrerlaubnissache gilt (vgl HessVGH, Beschl. v. 20.1.2012 – 2 E 1890/11, juris Rn 8 im Vergleich zu Rn 7), was zeigt, wie inkonsequent die Entscheidung ist.
160   Vgl BayVGH, Beschl. v. 26.10.2001 – 11 ZS 01.2008; Beschl. v. 22.2.2007 – 11 C 07.228, juris („Mengenrabatt" erst ab dem elften Fahrzeug; grundsätzlich gegen einen Mengenrabatt VG Cottbus, Urt. v. 11.9.2007 – 2 K 1526/04, juris (lesenswerte lehrbuchmäßige Entscheidung) mwN; ebenso OVG Magdeburg, Beschl. v. 29.1.2013 – 3 M 727/12, NVwZ-RR 2013, 663; gegen eine einzelne Betrachtung mehrerer Fahrzeuge VG Würzburg, Beschl. v. 19.5.2011 – W 6 S 11.367, juris.

dere in Erledigungsfällen ist der **Angriff auf die Gebührenfestsetzung** ein probates Mittel, um eine ursprünglich gegen den gesamten Bescheid erhobene Klage wenigstens insoweit, als (auch) die Gebührenfestsetzung angegriffen ist,[161] aufrecht zu erhalten.

Beispiel:
Gegen die G. wird ein Fahrtenbuchbescheid erlassen, nachdem G., die im Verwaltungsverfahren angegeben hat, nicht selbst gefahren zu sein, von einem Zeugnisverweigerungsrecht zugunsten einer ehemaligen Lebenspartnerin Gebrauch gemacht hat. In der Nr. 8 des Bescheids wird als Gebühr für den Bescheid 85 EUR festgesetzt. G. erhebt eine auf die Gebührenfestsetzung beschränkte Klage. Sie ist der Auffassung, dass zwar die Fahrtenbuchanordnung rechtmäßig sei, weshalb sie diese akzeptiert habe. Nicht rechtmäßig sei es dagegen, eine Gebühr zu verlangen. Im Falle der Geltendmachung eines Zeugnisverweigerungsrechts sei auf eine Kostenheranziehung zu verzichten. In einem solchen Fall sei abzuwägen zwischen dem staatlichen Gebühreninteresse und dem Schutz des Zeugnisverweigerungsrechts. Außerdem hätten die Hoheitsträger die Gebühren im Interesse der öffentlichen Sicherheit und Ordnung selbst zu tragen. Es sei zudem rechtsfehlerhaft, wenn die Straßenverkehrsbehörde im Bescheid ausführe, G. habe die Verhängung des Fahrtenbuchs deswegen veranlasst, weil sie sich geweigert habe, den oder die Fahrzeugführer/-in zu benennen. Im Übrigen hätten auch andere Personen gewusst, wer zum Tatzeitpunkt das Fahrzeug geführt habe, insofern hätten die Behörden schlecht ermittelt.

163

Rechtsgrundlage für den Bescheid hinsichtlich der allein angefochtenen Gebührenfestsetzung ist § 6 a Abs. 1 StVG iVm §§ 1 Abs. 1 S. 1, 2 der Gebührenordnung für Maßnahmen im Straßenverkehr (GebOSt) und § 1 Abs. 1 S. 2 GebOSt iVm Nr. 252 des Gebührentarifs für Maßnahmen im Straßenverkehr (GebTSt). Danach werden für straßenverkehrsrechtliche Amtshandlungen Gebühren nach der GebOSt erhoben. Bei der Maßnahme eines Fahrtenbuchs nach § 31 a Abs. 1 S. 1 StVZO beträgt der Gebührenrahmen 21,50 EUR bis 93,10 EUR. Zur Zahlung der Kosten ist gemäß dem hier einschlägigen § 4 Abs. 1 Nr. 1 Var.1 GebOSt verpflichtet, wer die Amtshandlung, Prüfung und Untersuchung veranlasst hat.

164

Unter Anwendung dieser Vorschriften ist die Gebührenpflicht der G. gegeben. Bei der Maßnahme, für welche die Gebührenpflicht besteht, die Auferlegung eines Fahrtenbuchs, steht bereits wegen der Regelung in § 1 Abs. 1 S. 2 GebOSt iVm Nr. 252 GebTSt fest, dass die Auferlegung eines Fahrtenbuchs eine gebührenpflichtige Amtshandlung bzw ein gebührenpflichtiger Tatbestand ist. Die Straßenverkehrsbehörde ist Kostengläubigerin gem. § 3 GebOSt. G. ist Gebührenschuldnerin gem. § 4 GebOSt (dazu sogleich Rn 166 ff). Ein Fall der persönlichen Gebührenfreiheit (§ 5 GebOSt) liegt nicht vor. Die Höhe[162] der verlangten Gebühren hält sich in dem dafür vorgesehenen Rahmen. Im Falle einer Rahmengebühr gilt, dass ein Gebührenbescheid nur dann zur Fehlerhaftigkeit der festgesetzten Gebühr sowie in der Folge zur Aufhebung des Gebührenbescheids führt, wenn das der Gebührenbemessung zugrunde liegende Äquivalenzprinzip, also der Grundsatz der Ausgewogenheit der Gebühren im Einzel-

165

---

161 Was regelmäßig der Fall ist: § 22 VwKostG (das Verwaltungskostengesetz des Bundes ist gemäß § 6 a Abs. 3 StVG – auch nach seinem Außerkrafttreten in der bis zum 14.8.2013 geltenden Fassung anwendbar, nach § 20 Abs. 1 S. 2 des Gesetzes über Gebühren und Auslagen des Bundes – Bundesgebührengesetz ergäbe sich im Übrigen auch kein anderes Ergebnis; ebenso wird regelmäßig eine Auslegung der Klageschrift dazu führen, dass auch der Kostenpunkt angefochten werden soll; vgl auch OVG NRW, Beschl. v. 21.12.2010 – 8 B 1626/10, NZV 2011, 268 = NWVBl 2011, 278.
162 Zur Rechtmäßigkeit der Ausschöpfung des Gebührenrahmens OVG NRW, Beschl. v. 15.3.2007 – 8 B 2746/06, juris.

fall,[163] gröblich verletzt ist.[164] Erst eine willkürliche Handhabung der Gebührenbemessungsvorschriften, durch welche die Abgabengerechtigkeit verletzt wird, ist von den Gerichten zu beanstanden. Solches steht hier nicht in Rede. Eine Ausnahme nach § 6 GebOSt iVm § 14 Abs. 2 S. 1 VwKostG ist nicht ersichtlich; abgesehen davon, dass der Bescheid, außer im Kostenpunkt, bereits bestandskräftig ist, ist eine unrichtige Sachbehandlung[165] weder geltend gemacht noch sonst ersichtlich.

166 Die G. ist Kostenschuldnerin iSv § 4 Abs. 1 Nr. 1 Var. 1 GebOSt. Kostenschuldner, hier speziell Gebührenschuldner, ist danach derjenige, der die in Frage stehende Amtshandlung veranlasst hat. **Veranlasser einer Amtshandlung** und damit Kostenschuldner, ist, wer für die Amtshandlung tatsächlich in verantwortlicher Weise die Ursache setzt. In Fällen wie im Beispiel Rn 163, in denen es nicht um das Tätigwerden einer Behörde auf Antrag geht, ist Veranlasser, wer durch sein Tun oder Unterlassen oder durch einen von ihm selbst oder seiner Sache zu vertretenden Zustand die Amtshandlung als adäquater Verursacher auslöst.[166]

167 Danach ist Gebührenschuldner im Falle der Verhängung eines Fahrtenbuchs ohne Zweifel immer der Halter des fraglichen Fahrzeugs. Dies ergibt sich ohne Weiteres aus der Regelung des § 31 a Abs. 1 S. 1 StVZO. Dort ist nämlich bestimmt, dass die Anordnung des Fahrtenbuchs gegenüber dem *Fahrzeughalter* erfolgen kann. Veranlasser der Amtshandlung „Anordnung der Führung eines Fahrtenbuchs" kann demnach nur der Adressat dieses Verwaltungsakts sein. Anders als bei anderen Bescheiden kommt die Veranlassung durch einen Dritten nicht in Betracht. Denn Anknüpfungspunkt für die Pflicht, ein Fahrtenbuch zu führen, ist die zukünftige Befürchtung, dass mit dem gegenständlichen Fahrzeug oder einem an dessen Stelle getretenen Ersatzfahrzeug (vgl hierzu § 31 a Abs. 1 S. 2 StVZO) nicht wieder Verkehrsordnungswidrigkeiten begangen werden, deren Täter nicht ermittelt werden kann. Das Fahrtenbuch soll helfen zu gewährleisten, dass in Zukunft der Täter einer Verkehrsordnungswidrigkeit im Hinblick auf die kurze Verjährungsfrist rechtzeitig ermittelt werden kann.[167]

168 Abstrakter[168] Anlass für die Befürchtung, dass Derartiges passieren kann, ist entsprechend dem Tatbestand des § 31 a Abs. 1 S. 1 StVZO, dass mindestens eine Zuwiderhandlung gegen Verkehrsvorschriften vorgekommen ist, bei der die Feststellung des verantwortlichen Fahrzeugführers nicht möglich war. Vor diesem Hintergrund ist eindeutig, dass Veranlasser bei der Verhängung eines Fahrtenbuchs immer nur der Fahrzeughalter sein kann. Denn der Grund für die Anordnung ist, wie gesagt, nicht die begangene Verkehrsordnungswidrigkeit, sondern die Befürchtung der Begehung weiterer zukünftiger nicht aufklärbarer Verkehrsordnungswidrigkeiten. Hierfür kann aber nur beim Fahrzeughalter anzusetzen sein, welcher die tatsächliche Verfügungsgewalt über das Fahrzeug und damit die Möglichkeit hat, Vorkehrungen zu treffen, um die Aufklärbarkeit zukünftig zu befürchtender Verkehrsordnungswidrig-

---

163 Näher hierzu *Rott/Birkner*, Verwaltungskostenrecht in Bayern, Stand: 1.5.2005, Art. 6 Anm. 3, S. I/107 zur insoweit vergleichbaren Rechtslage nach bayerischem Landesrecht.
164 BVerwG, Urt. v. 14.4.1967 – IV C 179/65 = BVerwGE 26, 305 = DVBl 1967, 577.
165 Zum Prüfungsumfang vgl neuerdings BayVGH, Beschl. v. 28.1.2015 – 11 ZB 14.1129, juris Rn 19.
166 *Rott/Birkner*, Verwaltungskostenrecht in Bayern, Art. 2 Anm. 3 c), S. I/67 zur insoweit vom Wortlaut identischen Regelung im bayerischen Landesrecht.
167 BVerwG, Beschl. v. 23.6.1989 – 7 B 90/89, NJW 1989, 2704 = Buchholz 442.16 § 31 a StVZO Nr. 20 = DÖV 1989, 1040; VGH BW, Beschl. v. 18.6.1991 – 10 S 938/91, NJW 1992, 132 = DAR 1991, 433 = VBlBW 1992, 64; KG Berlin, Beschl. v. 11.10.1985 – 3 Ws (B) 372/85, VRS 70, 59.
168 BVerwG in st. Rspr, etwa Beschl. v. 9.9.1999 – 3 B 94/99, NZV 2000, 386 = BayVBl 2000, 380; VGH BW, Beschl. v. 18.6.1991 – 10 S 938/91, NJW 1992, 132 = DAR 1991, 433 = VBlBW 1992, 64; *Hentschel/König/Dauer*, Straßenverkehrsrecht, § 31 a StVZO Rn 2 mwN.

keiten sicherzustellen. Diese Überlegung ist in der gesetzlichen Regelung des § 31 a Abs. 1 S. 1 StVZO nachvollzogen.

Zwar wird von der Straßenverkehrsbehörde die G. deshalb zur Veranlasserin erklärt, weil sie die Amtshandlung dadurch veranlasst habe, dass sie diejenige Person, der sie das Fahrzeug überlassen hatte, nicht bekannt gegeben habe. Dies ist nach dem oben (Rn 167 f) Gesagten unzutreffend, da es bei der Fahrtenbuchanordnung nicht mehr darum geht, die Ordnungswidrigkeit aufzuklären, sondern der Befürchtung zukünftiger unaufklärbarer Ordnungswidrigkeiten zu begegnen, weswegen G. als Fahrzeughalterin verantwortliche Veranlasserin ist. Diese unzutreffende Begründung schadet aber nicht, da G. jedenfalls im Ergebnis richtig als Veranlasserin zur Verantwortung gezogen wurde. Es schadet deswegen auch nicht, wenn G. bestreitet, selbst die Geschwindigkeitsübertretung begangen zu haben. Darauf kommt es nicht an. Denn die Besorgnis künftiger Verstöße durch den Halter selbst ist nicht Voraussetzung.[169]

169

Ebenso wenig ist relevant, ob nur G. oder auch andere Personen den verantwortlichen Fahrzeugführer kannten oder hätten kennen können. Erstens ist dies für die Frage, wer Veranlasser ist, irrelevant, weil es nicht darauf ankommt, wer wusste, wer der Fahrzeugführer war. Zweitens ist dies ein Vortrag, der allenfalls – vor Bestandskraft der Fahrtenbuchanordnung (idR Nummer 1 des Bescheids) selbst – hätte gegen das Vorliegen der tatbestandlichen Voraussetzungen des § 31 a Abs. 1 S. 1 StVZO ins Feld geführt werden können, denn hätten diese Personen den zum Tatzeitpunkt verantwortlichen Fahrzeugführer gekannt, so wären möglicherweise weitere Ermittlungsansätze vorhanden gewesen. Nach Bestandskraft des Ausgangsbescheids ist dieser Vortrag aber nicht mehr geeignet, das Fahrtenbuch oder auch nur die Kostenentscheidung im Bescheid zu Fall zu bringen.

170

Auch das **Zeugnisverweigerungsrecht**, das von G. im Ordnungswidrigkeitenverfahren in Anspruch genommen wurde, steht ihrer Heranziehung als Gebührenschuldnerin nicht entgegen. Für die Verhängung eines Fahrtenbuchs selbst ist anerkannt, dass die Ausübung eines Aussage-, Zeugnis- oder Auskunftsverweigerungsrechts im Ordnungswidrigkeitenverfahren der Anordnung eines Fahrtenbuchs nach § 31 a StVZO nicht entgegensteht.[170] Für die Gebührenfestsetzung gilt nichts anderes. Es ist kein sachlicher Grund ersichtlich, der es rechtfertigte, die Gebühren für ein rechtmäßig angeordnetes Fahrtenbuch anders zu bewerten als die Fahrtenbuchanordnung selbst. Die Gründe, warum das hier einschlägige Zeugnisverweigerungsrecht der Fahrtenbuchanordnung nicht entgegensteht, gelten genauso für die Gebührenheranziehung. Das Zeugnisverweigerungsrecht gilt anerkanntermaßen nur für die repressive Ahndung einer Ordnungswidrigkeit, nicht dagegen für die präventive Verhängung eines Fahrtenbuchs. Die Fahrtenbuchanordnung bewirkt gerade keinen Aussagezwang.[171]

171

Die Argumentation der G. überzeugt insofern nicht. Zwar treffen die Ausführungen zum Zeugnisverweigerungsrecht als solchem und dessen Sinn und Zweck zu, ändern aber nichts daran, dass das Zeugnisverweigerungsrecht die Verpflichtung zur Führung eines Fahrten-

172

---

[169] BVerwG, Beschl. v. 23.6.1989 – 7 B 90/89, NJW 1989, 2704 = Buchholz 442.16 § 31 a StVZO Nr. 20 = DÖV 1989, 1040; OVG Berlin, Beschl. v. 13.3.2003 – 8 S 330/02, NJW 2003, 2402.
[170] BVerfG, Beschl. v. 7.12.1981 – 2 BvR 1172/81, NJW 1982, 568 = BayVBl 1982, 81; BVerwG, Beschl. v. 22.6.1995 – 11 B 7/95, DAR 1995, 459 = BayVBl 1996, 156 = Buchholz 442.16 § 31 a StVZO Nr. 22; vgl auch Beschl. v. 11.8.1999 – 3 B 96/99, NZV 2000, 385 = BayVBl 2000, 580.
[171] *Hentschel/König/Dauer*, Straßenverkehrsrecht, § 31 a StVZO Rn 2 u. 7 mwN.

buchs nicht hindert. Der Beschuldigte oder der Zeuge wird durch die Fahrtenbuchanordnung nicht zur Überführung seiner selbst oder eines nahen Angehörigen oder sonstiger nahe stehender Personen, wie etwa in § 46 Abs. 1 OWiG iVm § 52 Abs. 1 Nr. 2 a StPO der (ehemalige) Lebenspartner, benutzt, da zum Zeitpunkt der Verhängung des Fahrtenbuchs das Ordnungswidrigkeitenverfahren, für welches das Zeugnisverweigerungsrecht gilt, notwendigerweise kein Ergebnis gebracht hat, sondern schon eingestellt und in aller Regel die Ordnungswidrigkeit bereits verjährt und damit nicht mehr ahndbar ist.

173 Dass die Ausübung eines Zeugnisverweigerungsrechts auch in jeder faktischen Hinsicht folgenlos bleibt, trifft dagegen, anders als G. meint, nicht zu. Jedenfalls faktische Folgen sind hinzunehmen, wie gerade das Beispiel des Fahrtenbuchs zeigt.[172] Deshalb stellt das Fahrtenbuch auch kein gesetzliches Verbot für die Gebührenheranziehung dar. Dass die Veranlassung einer Amtshandlung nach der berechtigten Geltendmachung eines Zeugnisverweigerungsrechts im Ordnungswidrigkeitenverfahren vom Gesetzgeber in Kauf genommen werde und deshalb hierfür eine Gebührenfreiheit bestehe, ist eine nicht belegbare Behauptung. Aus der Gesetzesanwendung ergibt sich, wie oben (Rn 171) gezeigt, das Gegenteil. Denn auch das Fahrtenbuch selbst ist eine faktisch nachteilige Folge für den davon Betroffenen, die im Regelfall wesentlich lästiger sein wird als die Bezahlung einer Verwaltungsgebühr, was aber die höchstrichterliche Rechtsprechung zu Recht nicht daran hindert, ein Fahrtenbuch trotz Inanspruchnahme eines Zeugnisverweigerungsrechts für rechtmäßig zu halten. Dass gerade durch die Gebührenheranziehung das Zeugnisverweigerungsrecht ausgehöhlt werden soll, wenn dies nicht einmal durch die Anordnung des Fahrtenbuchs selbst geschieht, ist nicht verständlich.[173] Deshalb geht auch eine Abwägung zwischen dem Gebühreninteresse des Hoheitsträgers einerseits und dem Zeugnisverweigerungsrecht andererseits zugunsten des Gebühreninteresses der Straßenverkehrsbehörde aus, da das Zeugnisverweigerungsrecht durch die Fahrtenbuchanordnung und die Gebühr hierfür gerade nicht beeinträchtigt wird.

174 Schließlich führt auch der Gedanke, dass in solchen Fällen von dem betroffenen Hoheitsträger die Kosten der Fahrtenbuchanordnung selbst zu tragen seien, weil dieser für die Sicherheit und Ordnung im Straßenverkehr zu sorgen habe, zu keinem anderen Ergebnis. Denn die Sicherheit und Ordnung im Straßenverkehr wird hier gerade durch die Auferlegung eines Fahrtenbuchs gegenüber dem Fahrzeughalter als Veranlasser der Fahrtenbuchanordnung gewährleistet, weswegen es nicht unbillig ist, dass G. hierfür zu einer Gebühr herangezogen wird. Denn der Rechtsträger der Straßenverkehrsbehörde hat die Sicherheit und Ordnung im Straßenverkehr nur dort gebührenfrei zu gewährleisten, wo keine verantwortliche Person diese Sicherheit und Ordnung beeinträchtigt. Dagegen ist es im Fall der G. so, dass sie durch die abstrakte Gefahr, dass mit dem ihr zugewiesenen Fahrzeug erneut unaufklärbare Verkehrsverstöße begangen werden, die Sicherheit und Ordnung des Straßenverkehrs beeinträchtigt.

D. Sonstige Bestimmungen in § 31 a StVZO

175 Die Regelungen in § 31 a Abs. 2 und Abs. 3 StVZO haben in der gerichtlichen Praxis keine große Bedeutung. § 31 a Abs. 2 StVZO regelt die Eintragungen, die im Falle einer Fahrten-

---

172 Vgl BVerwG, Urt. v. 13.10.1978 – VII C 77/74, NJW 1979, 1054 = DAR 1979, 310.
173 Vgl hierzu auch VG Gelsenkirchen, Entsch. v. 24.11.1988 – 14 K 2166/88, juris.

buchanordnung in das Fahrtenbuch einzutragen sind.¹⁷⁴ § 31 a Abs. 3 StVZO regelt die Vorlage- und Aufbewahrungspflicht. Verstöße gegen die in diesen Bestimmungen geregelten Pflichten, also wenn das Fahrtenbuch nicht ordnungsgemäß geführt, nicht ausgehändigt oder nicht für die vorgeschriebene Dauer aufbewahrt wurde, sind bußgeldbewehrt (vgl § 69 a Abs. 5 Nr. 4, 4 a StVZO).

Die Modalitäten der Fahrtenbuchführung sowie die Vorlage- und Aufbewahrungspflicht ergeben sich direkt aus dem Gesetz. Wenn gleichwohl diese gesetzlichen Regelungen in der Praxis der Verwaltungsbehörden überwiegend in Fahrtenbuchbescheiden wiederholt werden, handelt es sich insoweit nur um deklaratorische Regelungen. Demzufolge schadet es nicht, wenn eine Behörde insoweit auf eine Wiederholung der gesetzlichen Regelungen verzichtet. **176**

In den Fahrzeugschein kann die Anordnung, ein Fahrtenbuch zu führen, mangels entsprechender Rechtsgrundlage nicht eingetragen werden.¹⁷⁵ **177**

---

174 Dazu, dass die bloße computermäßige Speicherung ohne Ausdruck nicht genügt: KG Berlin, Urt. v. 18.7.1994 – 2 Ss 114/94 – 3 Ws (B) 197/94 297 OWi 2172/93, NJW 1995, 343 mit abl. Anm. *Westerholt*, VD 1996, 66.
175 OVG NRW, Beschl. v. 28.2.2005 – 8 B 2736/04, NZV 2005, 336 = DAR 2005, 411.

§ 20 Abschleppfälle

Literatur: *Berner/Köhler/Käß*, Polizeiaufgabengesetz, 20. Auflage 2010; *Bodanowitz*, Der praktische Fall – öffentliches Recht: Anscheinend falsch geparkt, JuS 1996, 911; *Drews/Wacke/Vogel/Martens*, Gefahrenabwehr, 1. Band, 9. Auflage 1986; Eyermann, VwGO, 14. Auflage 2014; *Fischer*, Das polizeiliche Abschleppen von Kraftfahrzeugen, JuS 2002, 446; *Gusy*, Polizeirecht, 9. Auflage 2014; *Hansen/Meyer*, Bekanntgabe von Verkehrsschildern, Endlich Klarheit durch das BVerwG?, NJW 1998, 284; *Hebeler*, Verhältnismäßigkeit einer kostenpflichtigen Abschleppmaßnahme, JA 2015/4, 317; *Helle-Meyer/Ernst*, Abschleppen von KFZ nach Park- und Halteverbotsverstößen, DAR 2005, 495; *Hentschel/König/Dauer*, Straßenverkehrsrecht, 43. Auflage 2015; *Honnacker/Beinhofer*, Polizeiaufgabengesetz, 19. Auflage 2009; *Janssen*, Abschleppen im öffentlichen Recht, JA 1996, 165; *Klesczewski*, Ordnungswidrigkeitenrecht, 1. Auflage 2010; *Knemeyer*, Polizei- und Ordnungsrecht, 11. Auflage 2007; *Koehl*, Die Subsidiarität polizeilichen Handelns bei Dauerverwaltungsakten (am Beispiel der Sicherstellung und Verwahrung), BayVBl. 2008, 365; *Koehl*, Abschleppen von Kraftfahrzeugen, SVR 2014, 98; *Koch*, Abschleppen vom Privatparkplatz: geklärte und ungeklärte Fragen, NZV 2010, 336; *Kopp/Ramsauer*, Verwaltungsverfahrensrecht, 15. Auflage 2014; *Lampert*, Schäden am Kraftfahrzeug als Folge behördlich veranlasster Abschleppmaßnahmen, NJW 2001, 2526; *Lisken/Denninger*, Handbuch des Polizeirechts, 5. Auflage 2012; *Maunz/Dürig*, Kommentar zum Grundgesetz, Loseblattsammlung; *Ossenbühl*, Staatshaftungsrecht, 6. Auflage 2013; *Ostermeier*, Die telefonische Halterbenachrichtigung vor der Abschleppanordnung, NJW 2006, 3173; *Perrey*, Abschleppen von Kraftfahrzeugen, BayVBl. 2000, 609; *Pieroth/Schlink/Kniesel*, Polizei- und Ordnungsrecht, 8. Auflage 2014; *Reichelt*, Abschleppen verbotswidrig abgestellter Fahrzeuge – ein Überblick, VR 2002, 111; *Renck*, Ernstliche Zweifel an der Rechtmäßigkeit des angefochtenen Verwaltungsakts?, NVwZ 1992, 338; *Schenke*, Polizei- und Ordnungsrecht, 8. Auflage 2013; *Schmidbauer/Steiner*, Bayerisches Polizeiaufgabengesetz, 4. Auflage 2014; *Steinhilber*, Sicherstellung verbotswidrig abgestellter Fahrzeuge, NJW 1983, 2429; *Straßberger*, Die Entfernung von Kraftfahrzeugen von öffentlichem Straßengrund, BayVBl. 1972, 36; *Toussaint*, Anm. zu BGH v. 5.6.2009 – V ZR 144/08, „Erstattung von Abschlepp- und Inkassokosten bei unberechtigtem Parken auf Privatgrundstücken" – jurisPR-BGHZivilR 16/2009 Anm. 1; *Vahle*, Ordnungsrechtliche Abschlepp- und Sicherheitsmaßnahmen bei Fahrzeugen, DVP 2001, 58; *Weber*, Übungsblätter Referendare, Klausur Öffentliches Recht, „Leipziger Ersatzvornahme", JA 2007, 627; *Weber*, Fälle zum Verwaltungsvollstreckungsrecht, VR 2004, 181; *Würtemberger/Görs*, Öffentliches Recht: Der abgeschleppte Pkw, JuS 1981, 596

A. Einleitung	1	
B. Rechtliche Einordnung und Rechtsgrundlagen	2	
I. Bußgeldbescheid	4	
II. Polizeiliche Maßnahme	6	
1. Sicherstellung eines Fahrzeugs als gefährdetes Objekt	7	
2. Sicherstellung eines Fahrzeugs als gefährliches Objekt	13	
3. Sicherstellung eines Fahrzeugs in der Hand einer gefährlichen Person	14	
4. Abschleppen eines verbotswidrig abgestellten Fahrzeugs	15	
a) Zuständigkeit/Aufgabeneröffnung	16	
b) Befugnisnorm	19	
aa) Abschleppen auf Verwahrplatz oder Versetzen	20	
bb) Sicherstellung, Zwangsmaßnahme oder unmittelbare Ausführung bei Abwesenheit des Fahrzeugführers bzw -halters	22	
(1) Abschleppen bzw Versetzen nach persönlichem Wegfahrgebot	23	
(2) Abschleppen bzw Versetzen ohne vorausgehendes Wegfahrgebot	27	
(3) Abschleppen bzw Versetzen bei Verkehrszeichen	30	
c) Störerauswahl	34	
d) Verhältnismäßigkeit	35	
e) Zusammenfassung	37	
III. Leistungsbescheid	38	
1. Rechtsgrundlage des Leistungsbescheids	39	
2. Inhalt des Leistungsbescheids (Gebühren und Auslagen)	41	
3. Adressat des Leistungsbescheids	43	
a) Inanspruchnahme des Handlungsstörers vor dem Zustandsstörer	43	
b) Inanspruchnahme bei fehlender Verursachung	45	
C. Vorgehen gegen die Abschlepp- bzw Versetzungsmaßnahme	48	
I. Widerspruch und Anfechtungsklage	48	
II. Fortsetzungsfeststellungsklage	49	

III. Allgemeine Leistungsklage und Folgenbeseitigungsanspruch	51
1. Allgemeine Leistungsklage auf Herausgabe des verwahrten Fahrzeugs	51
2. Klage auf Folgenbeseitigung	52
D. Vorgehen gegen den Leistungsbescheid	53
I. Allgemeines	53
II. Angreifen des Leistungsbescheids dem Grunde und der Höhe nach	55
1. Rechtmäßigkeit des Leistungsbescheids dem Grunde nach	55
2. Rechtmäßigkeit des Leistungsbescheids der Höhe nach	57
III. Erhebung des Widerspruchs nach §§ 68 ff VwGO	61
IV. Sofortige Vollziehbarkeit des Leistungsbescheids	64
V. Anfechtungsklage	68
E. Rechtsprechung zu den Abschleppfällen	71
I. Absolutes Haltverbot	71
II. Anwohnerparkplatz	72
III. Ausfahrt aus einem Grundstück	73
IV. Ausfahrt aus einem Parkplatz	74
V. Behindertenparkplatz	75
VI. Bordsteinabsenkung	76
VII. Bushaltestelle	77
VIII. Eingeschränktes Haltverbot	78
IX. Einparken	79
X. Enge und unübersichtliche Straßenstellen	80
XI. Erreichbarkeit des Halters, Mobiltelefone	81
XII. Fahrradweg	82
XIII. Feuerwehrzufahrt	83
XIV. Fußgängerüberweg	84
XV. Fußgängerzone	85
XVI. Gehweg	86
XVII. Kreuzungsbereich	87
XVIII. Ladetätigkeit	88
XIX. Leerfahrt/Teilleerfahrt/Anschlussauftrag	89
XX. Mobiles Haltverbotszeichen	90
XXI. Ordnungswidrigkeitenverfahren	91
XXII. Parken in zweiter Reihe	92
XXIII. Parkuhr/Parkscheinautomat	93
XXIV. Polizeiparkplatz	94
XXV. Taxenstand	95
XXVI. Unverschlossenes Kraftfahrzeug	96
XXVII. Verkehrszeichen	97
XXVIII. Versetzung	99
XXIX. Zusatzschilder	100
XXX. Zustandsstörer/Halterhaftung	101
F. Schadensersatz bei Schäden am Fahrzeug nach einer Abschleppmaßnahme	102
I. Anspruchsgegner	103
1. Schadenseintritt während Abschleppvorgang	105
2. Schadenseintritt auf dem Verwahrplatz	106
II. Ansprüche gegen den Staat	107
1. Voraussetzungen eines Amtshaftungsanspruch aus § 839 BGB, Art. 34 GG	108
2. Geltendmachung eines Amtshaftungsanspruchs	110
III. Ansprüche gegen Abschleppunternehmer bzw Versicherung	113
1. Ansprüche gegen den Abschleppunternehmer	113
2. Ansprüche gegen die Versicherung ..	115
G. Abschleppen bei unberechtigtem Parken auf einem Privatgrundstück	116

A. Einleitung

Unter Einbeziehung der Rechtsprechung und des neuesten Stands der Fachliteratur werden im folgenden Kapitel die sog. Abschleppfälle besprochen. Dabei wird auf die einzelnen Maßnahmen und deren Rechtsgrundlagen eingegangen (Rn 2 ff). Ferner wird dargestellt, wie gegen die Abschleppmaßnahme selbst (Rn 48 ff) als auch gegen einen entsprechenden Leistungsbescheid (Rn 53 ff) vorzugehen ist. Im Hinblick auf die unterschiedlichen Gründe für das Abschleppen eines Fahrzeugs wird die dazu ergangene Rechtsprechung skizziert (Rn 71 ff). Schließlich wird auf diejenigen Ansprüche hingewiesen, die bei Schäden am Fahrzeug aufgrund einer Abschleppmaßnahme bestehen können (Rn 102 ff). Im letzten Kapitel G (Rn 116) wird auf die Rechtslage beim Abschleppen von unberechtigt auf Privatparkplätzen abgestellten Fahrzeugen eingegangen.

B. Rechtliche Einordnung und Rechtsgrundlagen

Wird ein Fahrzeug abgeschleppt, so kommt es im Zuge dessen zu mehreren rechtlich voneinander zu unterscheidenden Maßnahmen. Zum einen wird regelmäßig eine **Verwarnung samt Verwarnungsgeld** wegen des Verstoßes gegen die Straßenverkehrsordnung (StVO) erteilt (Rn 4 f). Zum anderen wird auf der Grundlage der Polizeiaufgabengesetze der Länder das

Abschleppen oder als mildere Maßnahme die **Versetzung** des Fahrzeugs angeordnet (Rn 6 ff). Im Anschluss hieran ergeht ein **Leistungsbescheid** (Rn 38 ff).

3 **Beispiel:**
Der Polizeibeamte P stellt im Rahmen einer Verkehrskontrolle fest, dass der Pkw des B im absoluten Haltverbot steht. Daraufhin erteilt P eine Verwarnung samt Verwarnungsgeld. Als P nach zehn Minuten nochmals an dem Pkw des B, der unverändert am selben Ort steht, vorbeikommt, fordert er einen Abschleppwagen an. Nach weiteren zehn Minuten kommt der Abschleppdienst und bringt das Fahrzeug zum Verwahrplatz. B möchte sich gegen die einzelnen polizeilichen Maßnahmen zur Wehr setzen.

I. Bußgeldbescheid

4 Gemäß § 53 Abs. 1 und 2 OWiG sind Beamte der Polizei verpflichtet, Ordnungswidrigkeiten nach pflichtgemäßem Ermessen zu erforschen. Sie treffen dabei alle unaufschiebbaren Anordnungen, um eine Verdunkelung der Sache zu verhüten. Die Befugnis zur Ahndung und Verfolgung von Ordnungswidrigkeiten (§ 35 Abs. 1 und 2 OWiG) obliegt grundsätzlich den nach §§ 36 und 37 OWiG zuständigen Verwaltungsbehörden als Verfolgungsbehörden. Im Bereich des Straßenverkehrsrechts ist die Polizei nach § 26 Abs. 1 StVG iVm § 36 Abs. 1 Nr. 1 OWiG selbst Verwaltungsbehörde und nicht bloßes Ermittlungsorgan. Die Bestimmung der jeweils zuständigen Behörde oder Dienststelle der Polizei wird durch die von den Landesregierungen erlassenen Rechtsvorschriften näher bestimmt (vgl zB Bayerische Verordnung über die Zuständigkeit im Ordnungswidrigkeitenrecht). Die Polizeibeamten haben nach § 46 Abs. 2 OWiG, soweit nichts anderes bestimmt ist, dieselben Rechte und Pflichten wie die Staatsanwaltschaft bei der Verfolgung von Straftaten.

5 Gemäß §§ 56 Abs. 1 und 2, 57, 58 OWiG iVm § 26 a StVG erteilen die Polizeibeamten bei Ordnungswidrigkeiten nach § 24 StVG eine **Verwarnung samt Verwarnungsgeld**, soweit es sich um eine geringfügige Ordnungswidrigkeit handelt. Eine geringfügige Ordnungswidrigkeit liegt vor, wenn nach der Bedeutung und dem Grad der Vorwerfbarkeit im konkreten Fall eine hypothetisch zu verhängende Geldbuße nicht mehr als 55 EUR betragen würde.[1] Im Bereich des Straßenverkehrsrechts ist durch § 26 a Abs. 1 Nr. 1 StVG iVm der Bußgeldkatalogverordnung geregelt, in welchen Fällen und unter welchen Voraussetzungen eine Verwarnung erteilt und ein Verwarnungsgeld erhoben werden soll (vgl auch § 1 Abs. 1 S. 2 BKatV). Zur Wirksamkeit der Verwarnung sind eine ordnungsgemäße Belehrung, das Einverständnis des Betroffenen sowie die sofortige oder fristgerechte Zahlung des Verwarnungsgelds erforderlich, vgl § 56 Abs. 2 S. 1 OWiG. Liegen diese Voraussetzungen vor, greift § 56 Abs. 4 OWiG ein. Danach kann im Falle einer wirksamen Verwarnung die Ordnungswidrigkeit nicht mehr verfolgt werden. Weigert sich der Betroffene, das Verwarnungsgeld innerhalb der hierfür gesetzten Frist zu bezahlen, ist die Verwarnung unwirksam. Damit kann die zuständige Behörde nach §§ 47, 65 ff OWiG einen Bußgeldbescheid erlassen. Gegen diesen kann nach § 67 OWiG Einspruch eingelegt werden. An den frist- und formgerechten Einspruch schließt sich nach § 69 OWiG das Zwischenverfahren an, welches in ein Hauptverfahren mündet (vgl § 71 OWiG). Wird unmittelbar ein Bußgeldbescheid und keine Verwarnung samt Verwarnungsgeld erlassen, so kann gegen diesen nach § 67 OWiG sofort Einspruch eingelegt werden.

---

1 *Klesczewski*, Ordnungswidrigkeitenrecht, Rn 935.

II. Polizeiliche Maßnahme

Neben der Erteilung einer Verwarnung oder dem Erlass eines Bußgeldbescheids werden die Beamten der Polizei das gefahrverursachende Kraftfahrzeug auf einen Verwahrplatz **abschleppen oder versetzen** lassen. Die Rechtsgrundlagen für das Abschleppen oder das Versetzen ergeben sich aus den Polizeiaufgabengesetzen der Länder.[2] Das Versetzen oder das Abschleppen von Kraftfahrzeugen auf einen Verwahrplatz stellt regelmäßig eine präventive polizeiliche Maßnahme dar. Sie dient dazu, eine fortdauernde Gefahr für die Zukunft zu beseitigen. Ein Justizverwaltungsakt iSv § 23 Abs. 1 GVGEG liegt nicht vor. Beim Versetzen oder Abschleppen von Kraftfahrzeugen sind verschiedene Sachverhaltsvarianten denkbar. Jeweils abhängig vom Grund, können Abschlepp-/Versetzungsmaßnahmen auf unterschiedliche Rechtsgrundlagen gestützt werden (vgl Rn 7 bis 37). 6

1. Sicherstellung eines Fahrzeugs als gefährdetes Objekt. Eine präventive Sicherstellung eines Kraftfahrzeugs als gefährdetes Objekt kommt in Betracht, wenn das Fahrzeug selbst oder Gegenstände im Kraftfahrzeug gefährdet sind. 7

Beispiel: 8
Im Rahmen einer Verkehrskontrolle stellt ein Beamter der Polizei fest, dass bei einem geparkten Pkw das vordere Seitenfenster offen steht. Im Innenraum des Fahrzeugs befindet sich ein tragbares Mobiltelefon, welches nicht in einer Halteeinrichtung befestigt ist und jederzeit entnommen werden könnte. Ein manuelles Verschließen des Fensters durch den Polizeibeamten ist nicht möglich, da das Fahrzeug mit elektrischen Fensterhebern ausgestattet ist. Daraufhin ordnet er die Sicherstellung des Fahrzeugs an.

In einem solchen Fall erfolgt die Sicherstellung zur Eigensicherung des Kraftfahrzeugs. Die **Aufgabeneröffnung der Polizei** ergibt sich aus dem Schutz privater Rechte (vgl Art. 2 Abs. 2 Bayerisches Polizeiaufgabengesetz – BayPAG). Der Schutz privater Rechte obliegt der Polizei nur, wenn gerichtlicher Schutz nicht rechtzeitig zu erlangen ist und wenn ohne polizeiliche Hilfe die Verwirklichung des Rechts vereitelt oder wesentlich erschwert werden würde. Die **Befugnis** zum Abschleppen folgt aus den in den Ländergesetzen geregelten Rechtsgrundlagen für die Sicherstellung. Danach kann eine Sicherstellung auch zum Schutz des Eigentümers und des rechtmäßigen Inhabers der tatsächlichen Gewalt vor Verlust oder Beschädigung der Sache erfolgen (vgl zB Art. 25 Nr. 2 BayPAG). 9

Die Sicherstellung zum Zwecke der Eigentumssicherung erfolgt ausschließlich zugunsten des Eigentümers und zudem in dessen Interesse. Ihrem Wesen nach ist sie mit einer Geschäftsführung ohne Auftrag iSd §§ 677 ff BGB vergleichbar. Für die **Rechtmäßigkeit der Maßnahme** ist entscheidend, ob sie dem mutmaßlichen Willen des Berechtigten entspricht. Das ist der Fall, wenn sie in dessen objektivem Interesse liegt.[3] Ob der Berechtigte die Abschleppmaßnahme später tatsächlich billigt, spielt keine Rolle.[4] War die Sicherungsmaßnahme objektiv nützlich (hätte sie der Eigentümer bei besonnener Betrachtung als sachgerecht beurteilt) und drängt sich auch kein schonenderes Mittel auf, so verdient die Maßnahme (und die damit 10

---
[2] Die Rechtsgrundlagen werden im Folgenden anhand des Bayerischen Polizeiaufgabengesetzes (BayPAG) und der dazu ergangenen Rechtsprechung erläutert, wobei vereinzelt auf maßgebliche Unterschiede zu Rechtsprechung und Rechtsgrundlagen in anderen Bundesländern hingewiesen wird.
[3] BVerwG v. 3.5.1999 – 3 B 48.99, BayVBl 2000, 380 ff; VG München v. 18.6.2003 – M 7 K 02.3668; VG Köln v. 15.5.2008 – 20 K 2953/07; VG Köln v. 17.7.2014 – 20 K 2033/13.
[4] BayVGH v. 22.2.2001 – 24 B 99.3318; BayVGH v. 11.12.2013 – 10 B 12.2569.

verbundene Kostenbelastung) rechtliche Billigung. In die behördlichen Erwägungen darf dabei maßgeblich einfließen, dass die etwaigen Kosten einer tatsächlichen Beschädigung oder eines Verlusts der Sache für den Eigentümer regelmäßig höher ausfallen als diejenigen einer durchgeführten Sicherungsmaßnahme.[5]

11 Im Hinblick auf die tatbestandlichen Voraussetzungen für die Sicherstellung zur Eigensicherung bedarf es im Übrigen nach der bayerischen Rechtsprechung keiner zusätzlichen konkreten Gefahr.[6] Für die Prüfung der Rechtmäßigkeit der Sicherstellung zur Eigensicherung genügt es, dass bei Nichteingreifen der Polizei der Verlust oder die Beschädigung wahrscheinlich sind. Nur wenn diese Folgen auszuschließen sind, ist die Sicherstellung unzulässig.[7] Mit Blick auf den Grundsatz der Verhältnismäßigkeit ist in den Fällen der Eigentumssicherung unter Berücksichtigung des Zwecks der Maßnahme und des im Rahmen der Aufgabeneröffnung zum Ausdruck kommenden Subsidiaritätsgrundsatzes idR die vorhergehende Benachrichtigung des Halters oder jedenfalls der Versuch erforderlich, um ihm die Möglichkeit zu eröffnen, seine privaten Rechte selbst zu wahren.[8]

12 Die Sicherstellung zur Eigensicherung kommt neben dem oben genannten Beispiel (Rn 8) des Weiteren in Betracht, wenn ein schwer beschädigtes Unfallfahrzeug am Straßenrand abgestellt ist und sich **im Fahrzeug Wertgegenstände** befinden. Ebenso kann ein Fahrzeug sichergestellt werden, wenn es durch eine vorhersehbare Naturkatastrophe gefährdet wird. Dies ist beispielsweise der Fall, wenn sich das Fahrzeug auf einem Parkplatz am Ufer eines Flusses befindet und in Kürze mit der Überschwemmung des Parkplatzes zu rechnen ist.[9]

13 **2. Sicherstellung eines Fahrzeugs als gefährliches Objekt.** Ein Fahrzeug kann ferner sichergestellt werden, wenn von dem Fahrzeug selbst die Gefahr ausgeht. Dies kann der Fall sein, wenn das Fahrzeug nach einem Unfall liegengeblieben ist, es ein Verkehrshindernis darstellt und der Fahrzeugführer zur Beseitigung nicht in der Lage ist. Die Sicherstellung erfolgt hier zur Abwehr einer gegenwärtigen Gefahr. Daneben kann ein Fahrzeug sichergestellt werden, wenn es verkehrsuntauglich ist. Eine Verkehrsuntauglichkeit kann sich dabei aus erheblichen technischen Mängeln ergeben.[10] Des Weiteren kommt eine Sicherstellung in Betracht, wenn ein Fahrzeug entgegen § 1 Abs. 1 StVG, §§ 16, 17 Abs. 1, 69 a Abs. 1 Nr. 1 StVZO, §§ 3 ff, 48 FZV ohne die erforderliche Zulassung in Betrieb gesetzt wird.[11] Im Übrigen kann die Sicherstellung eines Fahrzeugs als gefährliches Objekt gerechtfertigt sein, wenn die Alarmanlage des Fahrzeugs aufgrund eines technischen Defekts ausgelöst wurde und eine Beendigung der durch die Alarmanlage verursachten andauernden Ruhestörung vor Ort nicht möglich ist. In der Regel wird die Polizei in einem solchen Fall allerdings zunächst versuchen, das Fahrzeug zu öffnen und die Batterie des Pkw abzuklemmen.[12]

---

5 BVerwG v. 3.5.1999 – 3 B 48.99 – BayVBl 2000, 380 ff.
6 BayVGH v. 11.11.1996 – 24 B 95.3946; BayVGH v. 16.12.1998 – 24 B 98.1968; BayVGH v. 22.2.2001 – 24 B 99.3318; BayVGH v. 11.12.2013- 10 B 12.2569.
7 BayVGH v. 16.12.1998 – 24 B 98.1968.
8 BayVGH v. 11.12.2013 – 10 B 12.2569.
9 Vgl *Schmidbauer/Steiner*, Art. 25 Rn 61.
10 *Schmidbauer/Steiner*, Art. 25 Rn 63; VG Köln v. 21.10.2010 – 20 K 2817/10; vgl zur Beseitigung eines Autowracks ohne amtliches Kennzeichen von öffentlichem Straßengrund: BayVGH v. 8.7.2013 – 8 ZB 12.562; VG Düsseldorf v. 1.7.2014 – 14 K 54/14; VG Düsseldorf v. 5.3.2014 – 14 K 6956/13.
11 VG München v. 7.11.2003 – M 7 S 03.4327.
12 VG München v. 31.8.2005 – M 7 K 05.1432.

3. Sicherstellung eines Fahrzeugs in der Hand einer gefährlichen Person. Zur Beseitigung 14
einer gegenwärtigen Gefahr kann ein Fahrzeug auch dann sichergestellt werden, wenn es in
der tatsächlichen Gewalt einer als gefährlich einzustufenden Person steht. Das ist der Fall bei
erheblichen Verkehrsverstößen und dem Bestehen einer Wiederholungsgefahr, bei Unzuverlässigkeit eines Fahrzeugführers oder wenn das Fahrzeug als Werkzeug zur Begehung von Straftaten dient.[13] So kann zB die Sicherstellung eines Motorrads in Betracht kommen, wenn der
Fahrer massiv gegen die zulässige Höchstgeschwindigkeit verstößt und mit hoher Wahrscheinlichkeit mit einem erneuten Verstoß gegen die Höchstgeschwindigkeit zu rechnen ist.[14]

4. Abschleppen eines verbotswidrig abgestellten Fahrzeugs. Der Regelfall der „Sicherstellung" eines Fahrzeugs liegt vor, wenn ein entgegen der StVO abgestelltes Fahrzeug abgeschleppt oder versetzt wird. Eine Abschlepp- oder Versetzungsanordnung ist rechtmäßig, 15
wenn der Aufgabenbereich der Polizei eröffnet (Rn 16 ff), die Anordnung von einer Befugnisnorm gedeckt ist (Rn 19 ff), die Störerauswahl (Rn 34) und die Ermessensausübung nicht zu
beanstanden sind und der Grundsatz der Verhältnismäßigkeit beachtet wurde (Rn 35 f).

a) Zuständigkeit/Aufgabeneröffnung. Der Aufgabenbereich der Polizei ist bei Vorliegen eines 16
typischen Abschleppfalls regelmäßig eröffnet.[15] Die sachliche **Zuständigkeit der Polizei** folgt
dabei **nicht aus § 44 Abs. 2 S. 1 und 2 StVO**. Nach § 44 Abs. 2 S. 1 und 2 StVO kann die
Polizei bei Gefahr im Verzug zur Aufrechterhaltung der Sicherheit und Ordnung des Straßenverkehrs anstelle der an sich zuständigen Behörde tätig werden und vorläufige Maßnahmen
treffen. Mit der herrschenden Meinung in Literatur und Rechtsprechung ist § 44 Abs. 2 S. 2
StVO nicht für die Aufgabeneröffnung zum Erlass einer Abschleppanordnung heranzuziehen.[16] Das Abschleppen von Fahrzeugen stellt zum einen bereits keine vorläufige Maßnahme
dar.[17] Zum anderen wird die Polizei bei § 44 Abs. 2 S. 2 StVO anstatt der zuständigen Straßenverkehrsbehörde tätig. Die Befugnis der Polizei kann demnach nicht weiter gehen als die
der Straßenverkehrsbehörde, an deren Stelle sie handelt. Eine Befugnis zur Anordnung des
Abschleppens ist der Straßenverkehrsbehörde in §§ 44, 45 StVO jedoch nicht eingeräumt.[18]
Damit kann auch die Polizei Abschleppmaßnahmen nicht auf § 44 Abs. 2 S. 2 StVO stützen.

Die **Aufgabeneröffnung** richtet sich vielmehr nach den entsprechenden Regelungen der **Polizeiaufgabengesetze der Länder** (zB Art. 2 BayPAG).[19] Erforderlich ist eine abstrakte oder allgemeine Gefahr für die öffentliche Sicherheit und Ordnung. Zur **öffentlichen Sicherheit** zählen dabei die Unversehrtheit von Leben, Gesundheit, Freiheit, Ehre, Eigentum und Vermögen 17
sowie der Bestand und das Funktionieren des Staates, seiner Rechtsordnung und seiner

---

13 *Schmidbauer/Steiner*, Art. 25 Rn 64 ff; OVG RhPf v. 6.8.2004 – 7 A 11180/04, DAR 2005, 668; BayVGH v. 16.9.2009 – 10 ZB 09.651 (Versetzungsanordnung bei Verdacht gegen den Fahrzeugführer auf Drogenkonsum); ebenso VG Würzburg v. 10.5.2012 – W 5 K 11.237.
14 *Schmidbauer/Steiner*, Art. 25 Rn 65 ff; *Berner/Köhler/Käß*, Art. 25 Rn 4; ablehnend bei Überschreitung der Höchstgeschwindigkeit innerhalb von 2 Stunden einmal um 11 km/h und anschließend um 42 km/h: BayVGH v. 26.1.2009 – 10 BV 08.1422, DAR 2009, 218-220.
15 BayVGH v. 4.10.1989 – 21 B 89.01969, BayVBl. 1990, 433; vgl zur rechtlichen Einordnung einer Abschleppanordnung durch die städtische Verkehrsüberwachung in Bremen: VG Bremen v. 29.7.2010 – 5 K 1232/09.
16 Vgl auch *Würtemberger/Görs*, JuS 1981, 596, 599; *Bodanowitz*, JuS 1996, 911, 913; *Perrey*, BayVBl. 2000, 609, 610; OVG MV v. 23.2.2005 – 3 L 114/03 – VRS 109, 151-160; *Schenke*, Rn 718; *Reichelt*, VR 2002, 111 ff; aA OVG NRW DVBl. 1975, 588; VG Frankfurt/Main DVBl. 1965, 779.
17 OVG MV v. 23.2.2005 – 3 L 114/03, VRS 109, 151-160.
18 Vgl auch *Hentschel/König/Dauer*, Straßenverkehrsrecht, § 44 StVO Rn 6.
19 Die Gesetzgebungskompetenz im Bereich der präventiven Gefahrenabwehr liegt bei den Bundesländern, vgl Art. 30, 70 GG; OVG MV v. 23.2.2005 – 3 L 114/03, VRS 109, 151-160 mit eingehender Begründung zur Zuständigkeit; *Reichelt*, VR 2002, 111 (113) zu den unterschiedlichen landesrechtlichen Regelungen.

grundlegenden Einrichtungen. Unter **öffentlicher Ordnung** ist die Gesamtheit jener ungeschriebenen Regeln für das Verhalten des Einzelnen zu verstehen, deren Beachtung nach den jeweils herrschenden Anschauungen als unerlässliche Voraussetzung für ein geordnetes staatsbürgerliches Gemeinschaftsleben angesehen wird.[20] Eine **allgemeine oder abstrakte Gefahr** liegt vor, wenn bestimmte Arten von Verhaltensweisen oder Zuständen bei generell abstrakter Betrachtung zu dem Ergebnis führen, dass mit hinreichender Wahrscheinlichkeit ein Schaden im Einzelfall eintritt und daher Anlass besteht, diese Gefahr zu bekämpfen. Durch das verbotswidrige Parken wird entgegen der Straßenverkehrsordnung ein Zustand begründet, der aufgrund eines konkreten, nach Ort und Zeit bestimmten Sachverhalts eine Gefahr im polizeirechtlichen Sinn für die öffentliche Sicherheit darstellt.[21] Damit ist die Polizei grundsätzlich zuständig. Im Bereich von Verstößen gegen die Straßenverkehrsordnung wird die Aufgabeneröffnung bzw Zuständigkeit auch nicht durch die **Subsidiarität polizeilichen Handelns** ausgehebelt. Aus Sicht der Polizei wird ein Abwarten bis zum Eingreifen der zuständigen Behörde den Erfolg der Maßnahme, die zur Verhinderung eines fortgesetzten verbotswidrigen Parkens und der hierdurch entstehenden Gefahren notwendig ist, regelmäßig erschweren oder gar vereiteln. Polizeiliche Anordnungen zur Gefahrenabwehr aufgrund von verbotswidrig geparkten Fahrzeugen sind demnach als unaufschiebbar einzuordnen.[22]

18 Problematisch ist die Zuständigkeit bei der sogenannten „**kommunalen Verkehrsüberwachung**". Bei der kommunalen Verkehrsüberwachung stellen Bedienstete der jeweiligen Gemeinde die fraglichen Verkehrsverstöße vor Ort fest. Anschließend leiten sie die Abwicklung der Abschleppmaßnahme ein. Sie sind keine Beamten der Polizei und handeln auch nicht im eingeschränkt institutionellen Sinn (vgl Art. 1 BayPAG). Damit scheiden grundsätzlich Maßnahmen aus, die aufgrund der Polizeiaufgabengesetze der Länder getroffen werden. Allerdings wird die Entscheidung, eine Abschleppmaßnahme durchzuführen, nach telefonischer Rücksprache von einem Beamten der Polizei getroffen. Damit wird der in Art. 33 Abs. 4 GG geforderten Ausübung hoheitlicher Befugnisse durch in einem öffentlich-rechtlichen Dienst- und Treueverhältnis stehenden Angehörigen des öffentlichen Dienstes Rechnung getragen.[23] Der Polizeibeamte, der die Abschleppmaßnahme anordnet, handelt auch nicht deshalb ermessensfehlerhaft, weil er nicht vor Ort ist. Dies folgt daraus, dass den anordnenden Polizeibeamten Straßenkarten und Kataloge mit Fotos von den Straßenbereichen und deren Beschilderungen zur Verfügung stehen und sie dementsprechend vom entscheidungserheblichen Sachverhalt Kenntnis besitzen.

19 **b) Befugnisnorm.** Fraglich ist, auf welche **Rechtsgrundlage** die Polizei das Abschleppen bzw Versetzen verbotswidrig abgestellter Fahrzeuge stützen kann. Hierfür ist zum einen maßgeblich, welche Befugnisnormen das Polizeigesetz des einzelnen Bundeslandes enthält. So lassen sich in Bayern, Berlin, Hamburg, Hessen, Mecklenburg-Vorpommern, Sachsen-Anhalt,

---

20 BayVerfGH 4, 194.
21 BayVGH v. 25.10.1988 – 21 B 88.01804; v. 4.10.1989 – 21 B 89.01969, BayVBl. 1990, 433.
22 Vgl *Drews/Wacke/Vogel/Martens*, S. 167 f; aA VGH BW v. 27.9.2004 – 1 S 2206/03; v. 17.6.2003 – 1 S 2025/01, wonach die für die Anordnung des Anbringens von Verkehrszeichen zuständige untere Straßenbehörde auch für die Vollstreckung eines Verkehrszeichens zuständig ist. Eine originäre Zuständigkeit der Polizei aufgrund des Polizeiaufgabengesetzes käme wegen der Subsidiarität polizeilichen Handelns nur bei einer besonderen Eilbedürftigkeit in Betracht; die Subsidiarität polizeilichen Handelns grundsätzlich ebenfalls bejahend: VG Köln v. 5.7.2010 – 20 K 1853/09; OVG Lüneburg 23.2.2010 – 11 LC 322/09. Ausführlich zur Zuständigkeit während des Zeitraums der Verwahrung: *Koehl*, BayVBl. 2008, 365.
23 BayVGH v. 17.9.1991 – 21 B 91.00289.

Rheinland-Pfalz und Thüringen die unmittelbare Ausführung als auch der Sofortvollzug finden. In Baden-Württemberg und Sachsen ist nur die unmittelbare Ausführung normiert, in Brandenburg, Bremen, Niedersachsen, Nordrhein-Westfalen, Saarland und Schleswig-Holstein nur der Sofortvollzug.[24] Zum anderen kommt es für die Heranziehung einer Befugnisnorm auf die Umstände des Einzelfalls an. Entscheidend kann sein, ob das Fahrzeug auf einen amtlichen Verwahrplatz verbracht oder nur versetzt wird (Rn 20 f). Daneben kann für die Heranziehung einer Rechtsgrundlage maßgeblich sein, wie die Durchführung einer Abschleppmaßnahme bei Abwesenheit des Fahrzeugführers oder -halters zu qualifizieren ist (Rn 22 ff).[25]

aa) Abschleppen auf Verwahrplatz oder Versetzen. Verbotswidrig abgestellte Fahrzeuge werden entweder auf einen Verwahrplatz gebracht oder versetzt. Wird das Fahrzeug in amtliches Gewahrsam genommen und auf einem Verwahrplatz verwahrt, ist nach der bayerischen Rechtsprechung von einer Sicherstellung auszugehen.[26] Die Abschleppmaßnahme stützt sich in einem solchen Fall auf die in den Ländergesetzen geregelten Rechtsnormen zur Sicherstellung (vgl Art. 25 BayPAG). Wird das Fahrzeug hingegen auf einen sich in unmittelbarer Nähe befindenden Parkplatz, der den Anforderungen der StVO entspricht, umgestellt (= Versetzung), so liegt nach der bayerischen Rechtsprechung keine Sicherstellung, sondern eine *atypische Maßnahme* vor. Im Falle der Versetzung fehlt es an dem für eine Sicherstellung erforderlichen Gewahrsam bzw an der Übernahme der Sachherrschaft durch die Polizei.[27] Die Anordnung der Versetzung stützt sich auf die in den Polizeigesetzen geregelte Generalklausel (vgl Art. 11 BayPAG).

Der Ansicht der bayerischen Rechtsprechung treten Literatur und Rechtsprechung anderer Bundesländer entgegen. So handelt es sich nach der einen Ansicht immer um eine *Sicherstellung*, da auch bei einer Versetzung zumindest für einen kurzen Zeitraum amtliches Gewahrsam begründet werde.[28] Nach anderer Ansicht stellt eine Abschleppmaßnahme immer eine *atypische Maßnahme* dar.[29] Zur Begründung hierfür wird angeführt, dass der polizeiliche Zweck nur darin bestehe, das Fahrzeug zu entfernen. Der Polizei gehe es bei Maßnahmen zur Beseitigung eines verbotswidrig abgestellten Fahrzeugs nicht darum, das Fahrzeug in Verwahrung zu nehmen oder den Eigentümer oder Halter von der Einwirkungsmöglichkeit auszuschließen. Die Ingewahrsamnahme sei jedoch Voraussetzung bzw. Zweck der Sicherstellung und nicht eine bloße Folgeerscheinung, so dass keine Sicherstellung vorliege.

bb) Sicherstellung, Zwangsmaßnahme oder unmittelbare Ausführung bei Abwesenheit des Fahrzeugführers bzw -halters. Wie oben (Rn 20 f) dargelegt kann ein Fahrzeug entweder versetzt oder auf einen Verwahrplatz verbracht werden. Ist der Fahrzeugführer oder -halter nicht vor Ort, ist zu prüfen, wie die Realisierung der polizeilichen Maßnahme (Abschleppen oder Versetzung) hinsichtlich ihrer Durchführung zu qualifizieren ist. In Betracht kommt, dass die

---

24 *Knemeyer*, Rn 343.
25 Vgl zu den verschiedenen Möglichkeiten der Ermächtigungsgrundlagen auch *Hebeler*, JA 2015/4, 318.
26 BayVGH v. 23.5.1984, BayVBl. 1984, 559; v. 4.10.1989 – 21 B 89.01969, BayVBl. 1990, 433; ebenso *Gusy*, Rn 290; *Honnacker/Beinhofer*, Art. 25 Rn 4.
27 BayVGH v. 4.10.1989 – 21 B 89.1969, NVwZ, 1990, 180; v. 30.12.2005 – 24 ZB 05.2752; v. 16.2.2006 – 24 C 06.297.
28 *Berner/Köhler/Käß*, Art. 25 Rn 9; OVG NRW v. 16.2.1982, NJW 1982, 2277, 2278; v. 26.5.1983, DVBl. 1983, 1074.
29 *Knemeyer*, Rn 252; vgl auch HessVGH v. 24.11.1986, NVwZ 1987, 109; v. 7.7.1980 – VIII OE 32/80; v. 7.7.1980 – VIII OE 118/79; OVG Hamburg v. 19.8.1993 – Bf VII 3/93, DAR 1994, 290; *Perrey*, BayVbl. 2000, 609; *Württemberger/Görs*, JuS 1981, 598.

Polizei sich zur Beseitigung der Gefahr auf die Sicherstellung selbst, auf die unmittelbare Ausführung oder auf eine Zwangsmaßnahme stützt. Die Einordnung ist dabei jeweils von den Umständen des Einzelfalls abhängig, wobei insbesondere drei Fallvarianten denkbar sind: Abschleppen aufgrund eines persönlichen Wegfahrgebots (Rn 23 ff), aufgrund einer sich ohne Verkehrszeichen ergebenden Gefahr (Rn 27 ff) oder aufgrund einer in einem Verkehrszeichen enthaltenen Regelung (Rn 30 ff).

(1) Abschleppen bzw Versetzen nach persönlichem Wegfahrgebot

23 Beispiel:
A stellt sein Fahrzeug im Bereich der Fußgängerzone ab. Polizist P, der den Parkvorgang beobachtet hat, fordert A auf, sein Fahrzeug sofort wegzufahren. Dieser sagt daraufhin zu P, dass er bereits seit einer halben Stunde einen Parkplatz gesucht habe und nicht einsehe, sich nochmals auf die Suche zu begeben. Ohne ein weiteres Wort dreht sich A um und geht. Daraufhin ordnet P das Abschleppen des Fahrzeugs an. Das Fahrzeug wird von einem privaten Abschleppunternehmen auf einen Verwahrplatz gebracht. Als A nach zwei Stunden wieder zurückkehrt, stellt er fest, dass es nicht mehr da ist.

24 In diesem Beispiel hat der Polizeibeamte den anwesenden A aufgefordert, das Fahrzeug sofort wegzufahren. Zur Vermeidung eines weiteren Verstoßes gegen das Verbot der Benutzung der Fußgängerzone, die den Fußgängern vorbehalten ist (vgl Zeichen 242.1 der Anlage 2 zu § 41 Abs. 1 StVO), konnte der Polizeibeamte anordnen, dass A sein Fahrzeug entfernt. Die Anordnung ist auf die Generalklausel zu stützen, nach der eine polizeiliche Maßnahme getroffen werden kann, um eine Ordnungswidrigkeit zu unterbinden (vgl Art. 11 Abs. 2 S. 1 Nr. 1 BayPAG iVm §§ 41 Abs. 1, 49 Abs. 3 Nr. 4 StVO).

25 Die Durchsetzung der Anordnung, das Fahrzeug zu entfernen, erfolgt im oben genannten Beispiel (Rn 23) im Wege einer Zwangsmaßnahme. Eine **unmittelbare Ausführung** des Wegfahrgebots scheidet von vornherein aus. Voraussetzung hierfür wäre, dass die Maßnahme durch Inanspruchnahme des Zustands- oder Verhaltensstörers nicht oder nicht rechtzeitig erreicht werden kann und ein entgegenstehender Wille des Störers unbekannt ist. Allerdings ist mit dem persönlichen Wegfahrgebot gegenüber dem Störer bereits eine vollstreckbare Grundverfügung ergangen. Zudem ist der entgegenstehende Wille des Störers bekannt. Ein Rückgriff auf die unmittelbare Ausführung kommt somit nicht in Betracht. Dementsprechend sind zur Durchsetzung des Wegfahrgebots die Befugnisnormen der Ersatzvornahme oder des unmittelbaren Zwangs heranzuziehen. Voraussetzung für die **Ersatzvornahme** ist, dass es sich bei der Durchsetzung des Wegfahrgebots um eine vertretbare Handlung handelt. Die hM in Rechtsprechung und Literatur[30] bejaht dies mit dem Argument, dass es allein auf die Entfernung des Pkws und die Beseitigung des durch den Pkw verursachten Zustands ankommt. Die Art und Weise der Entfernung des Fahrzeugs ist nicht entscheidend. Nach anderer Ansicht ist die Handlung der Polizei oder des von ihr beauftragten Abschleppunternehmers nicht mit derjenigen Handlung identisch, die dem Pflichtigen obliegt. Das Kriterium der vertretbaren Hand-

---

30 *Schmidbauer/Steiner*, Art. 25 Rn 77 ff; BayVGH v. 16.12.1993 – 21 Cs 93.3344, BayVBl. 1994, S. 372; HessVGH v. 15.6.1987 – 11 UE 318/94; HessVGH NVwZ-RR 1999, 23 (Parkscheinautomat); OVG Hamburg v. 19.8.1993 – Bf VII 3/93; VGH BW, BWVPr 1995, 233 (Anwohnerparkplatz); OVG LSA v. 13.2.1997 – A 2 S 493/96; HessVGH v. 11.11.1997 – 11 UE 3450/95; *Straßberger*, BayVBl. 1972, 36; *Steinhilber*, NJW 1983, 2429; *Janssen*, JA 1996, 165; *Hansen/Meyer*, NJW 1998 284, 285; *Gusy*, Rn 442; *Berner/Köhler/Käß*, Vorb. zu Art. 9 Rn 6.

lung sei eng auszulegen, so dass die Ausführung der Abschleppmaßnahme **unmittelbaren Zwang** darstelle.[31]

In dem oben genannten Beispiel (Rn 23) kann somit die Anordnung, den Pkw wegzufahren, im Wege der Ersatzvornahme oder des unmittelbaren Zwangs durchgesetzt werden. Ein Rückgriff auf den **Sofortvollzug** ist nicht erforderlich, da ein nach § 80 Abs. 2 S. 1 Nr. 2 VwGO sofort vollziehbarer (Grund-)Verwaltungsakt der Polizei vorliegt.

(2) Abschleppen bzw Versetzen ohne vorausgehendes Wegfahrgebot

Beispiel:
A stellt sein Kraftfahrzeug unmittelbar an einer Kreuzung ab und hält dabei den erforderlichen Abstand von fünf Metern nicht ein. Eine vorbeikommende Polizeistreife stellt den Verstoß gegen § 12 Abs. 3 Nr. 1 StVO fest und lässt das Fahrzeug des A durch einen privaten Abschleppunternehmer abschleppen.

Bei diesem Beispiel wird gegen ein gesetzlich geregeltes Park-/Haltverbot verstoßen; ein persönliches Wegfahrgebot aufgrund einer polizeilichen Anordnung oder aufgrund eines Verkehrszeichens oder einer Verkehrseinrichtung liegt nicht vor. Da allerdings weder der Fahrzeugführer noch der Fahrzeughalter anwesend sind, ist fraglich, auf welche Rechtsgrundlage die Abschleppanordnung gestützt werden kann. In Betracht kommen die Regelungen der *Sicherstellung*, der *unmittelbaren Ausführung* oder der *Zwangsmaßnahmen*.

Nach einer Ansicht werden die Abschleppanordnung und deren Durchsetzung auf die Befugnisnorm der Sicherstellung gestützt. Die Regelung zur Sicherstellung enthalte neben der Befugnis, die Sicherstellung anzuordnen, zugleich die Befugnis, die Sicherstellung durchzusetzen.[32] Nach dieser Ansicht bedarf es in dem Fall, in dem der Pflichtige nicht anwesend ist, keines Rückgriffs auf die unmittelbare Ausführung oder die Zwangsmaßnahmen. Die herrschende Meinung lehnt dies allerdings ab und greift für die Durchsetzung der Sicherstellung auf die unmittelbare Ausführung oder die Zwangsmaßnahmen zurück.[33] Nach der bayerischen Rechtsprechung[34] handelt es sich um eine unmittelbare Ausführung. Zur Begründung wird angeführt, dass es um eine vertretbare Handlung geht und ein entgegenstehender Wille des Betroffenen nicht bekannt sei. Alternativ kommt eine Ersatzvornahme im Wege des Sofortvollzugs als Zwangsmaßnahme in Betracht.[35] Soweit das Landesrecht eine Regelung zum Sofortvollzug nicht enthält, scheidet mangels Grundverwaltungsakt, welcher der Zwangsmaßnahme vorangehen muss, eine Ersatzvornahme aus.[36]

(3) Abschleppen bzw Versetzen bei Verkehrszeichen.
Als letzte Sachverhaltsvariante kommt noch der Fall in Betracht, dass das Fahrzeug entgegen einem Verkehrszeichen oder einer Verkehrseinrichtung abgestellt wurde. Hierbei handelt es sich um den häufigsten und zugleich rechtlich umstrittensten Fall.

---

31 Vgl *Schmidbauer/Steiner*, Art. 25 Rn 79; *Koehl*, SVR 2014 98,102.
32 *Perrey*, BayVbl. 2000, 609/612; *Drews/Wacke/Vogel/Martens*, S. 167 f, 216 f.
33 *Schmidbauer/Steiner*, Art. 25 Rn 31, 81; *Knemeyer*, Rn 251; *Schenke*, Rn 717.
34 St. Rspr, vgl zB BayVGH v. 25.10.1988 – 21 B 88.01804; v. 3.4.2000 – 24 B 00.15; v. 2.6.2003 – 24 ZB 03.647; v. 30.12.2005 – M 7 K 04.4409; ebenso VG Hamburg v. 4.12.2011 – 21 K 1902/09; OVG Hamburg 28.3.2000 – 3 Bf 215/98, NJW 2001, 168.
35 Vgl *Berner/Köhler/Käß*, Art. 25 Rn 10, Vorb. zu Art. 9 Rn 6; *Lisken/Denninger*, E Rn 734; VG Aachen v. 12.7.2010 – 6 K 805/08; VG Bremen v. 29.7.2010 – 5 K 1232/09; vgl VG Schleswig-Holstein v. 17.2.2015 – 3 A 78/14 (Abschleppen in einer öffentlichen Grünanlage).
36 *Weber*, JA 2007, 627.

31 Beispiel:
A stellt seinen Pkw im Bereich eines absoluten Haltverbotszeichens ab. Im Rahmen einer Verkehrskontrolle bemerkt der Polizist P das verbotswidrig abgestellte Fahrzeug und ordnet die Sicherstellung an. Ein privater Abschleppunternehmer verbringt das Fahrzeug auf den Verwahrplatz.

32 Die **Verkehrszeichen** und Verkehrseinrichtungen stellen Verwaltungsakte in Form der **Allgemeinverfügung** dar (vgl § 35 S. 2 VwVfG).[37] Sie werden gem. § 43 Abs. 1 VwVfG gegenüber demjenigen, für den sie bestimmt sind oder der von ihnen betroffen ist, in dem Zeitpunkt wirksam, in dem sie ihm bekannt gegeben werden. Die Bekanntgabe erfolgt nach den bundesrechtlichen Vorschriften der Straßenverkehrsordnung durch Aufstellen des Verkehrszeichens (vgl insbesondere §§ 39 Abs. 1 u. 1 a, 45 Abs. 4 StVO).[38] Dies ist eine besondere Form der Bekanntgabe. Ob sie als öffentliche Bekanntgabe eines nicht schriftlichen (§ 41 Abs. 4 S. 1 VwVfG) Verwaltungsakts gem. § 41 Abs. 3 VwVfG einzuordnen ist oder ob die Spezialregelungen der Straßenverkehrsordnung den § 41 VwVfG insgesamt verdrängen, ist unerheblich.[39] Sind Verkehrszeichen so aufgestellt oder angebracht, dass sie ein durchschnittlicher Kraftfahrer bei Einhaltung der nach § 1 StVO erforderlichen Sorgfalt schon mit einem „raschen und beiläufigen Blick" erfassen kann, so äußern sie ihre Rechtswirkung gegenüber jedem von der Regelung betroffenen Verkehrsteilnehmer. Als Verkehrsteilnehmer gilt dabei auch derjenige, der sein Fahrzeug zum Parken abgestellt hat.[40] Gleichgültig ist, ob der Verkehrsteilnehmer das Verkehrszeichen tatsächlich wahrnimmt oder nicht.[41] Damit wird ein Verkehrszeichen auch gegenüber demjenigen verbindlich, der sein Fahrzeug bereits vor Aufstellen des Verkehrszeichens geparkt hat.[42] Vorschriftzeichen nach der Straßenverkehrsordnung, von denen ein Haltverbot ausgeht, enthalten zugleich das nach § 80 Abs. 2 S. 1 Nr. 2 VwGO sofort vollziehbare Gebot, bei verbotswidrigem Halten alsbald wegzufahren.[43] Auf die Rechtmäßigkeit des Verkehrszeichens kommt es im Übrigen nicht an. Entscheidend ist ausschließlich, dass das Verkehrszeichen wirksam ist.[44]

33 Umstritten ist bei Vorliegen eines Verkehrszeichens und dem damit einhergehenden Gebot, das verbotswidrig abgestellte Fahrzeug alsbald wegzufahren, ob das Verkehrszeichen durch die Abschleppmaßnahme nur vollstreckt wird oder ob die Polizei eine eigene **Grundverfügung** trifft. Die hM in Literatur und Rechtsprechung sieht in dem Wegfahrgebot den nach § 80 Abs. 2 S. 1 Nr. 2 VwGO sofort vollziehbaren Grundverwaltungsakt, der nach den Vollstreckungsvorschriften der Polizeiaufgabengesetze durchgesetzt wird.[45] Demnach sind die Regelungen für die Zwangsmaßnahmen heranzuziehen. Nach diesen kommt eine *Ersatzvornah-*

---

37 BVerwG 59, 221; 92, 32; 102, 316; Kopp/*Ramsauer*, VwVfG, § 35 Rn 170; *Schenke*, Rn 714.
38 *Schmidbauer/Steiner*, Art. 25 Rn 83; vgl zur Bekanntgabe von Verkehrszeichen und deren Anfechtungsfrist: BVerfG v. 10.9.2009 – 1 BvR 814/09.
39 BVerwG v. 11.12.1996 – 11 C 15/95 – NJW 1997, 1021.
40 *Hansen/Meyer*, NJW 1998, 284.
41 BVerwG v. 11.12.1996 – 11 C 15/95, NJW 1997, 1021; OVG Hamburg v. 29.1.2008 – 3 Bf 253/04; VG Münster v. 21.8.2007 – 1 K 341/05; VGH BW v. 20.1.2010 – 1 S 484/09; OVG Hamburg v. 30.6.2009, 3 Bf 408/08; OVG NRW v. 20.6.2014 – 5 A 1435/13; vgl auch Rechtsprechung zu Verkehrszeichen, Rn 96 f.
42 Zur Rechtsprechung bei mobilen Haltverbotszeichen siehe Rn 90.
43 BVerwG v. 7.11.1977 – VII B 135.77, NJW 1978, 656; v. 23.6.1993 – 11 C 32/92; v. 24.4.1991 – 3 b 20/91; *Schenke*, Rn 714.
44 OVG Hamburg v. 11.2.2002 – 3 Bs 237/00; VG München v. 3.12.2003 – M 7 K 03.194; v. 7.1.2005 – 1 S 04.5746.
45 VG Weimar v. 28.9.2000 – 2 K 1537/98; OVG MV v. 23.2.2005 – 3 L 114/03; HessVGH v. 11.11.1997 – 11 UE 3450/95; VGH BW v. 15.1.1990 – 1 S 3664/88, VBlBW 1990, 257; OVG Hamburg v. 4.11.2003 – 3 Bf 23/03, VRS 107, 155-160; OVG Hamburg v. 29.1.2008 – 3 Bf 253/04; *Schmidbauer/Steiner*, Art. 25 Rn 84, 85; *Schenke*, Rn 714 ff.

me[46] oder *unmittelbarer Zwang* in Betracht. Bedenken gegen die Heranziehung der Regelungen zu den Zwangsmaßnahmen bestehen aber beispielsweise dann, wenn die Polizei nach dem jeweils einschlägigen landesrechtlichen Polizeiaufgabengesetz nur einen „Verwaltungsakt der Polizei" mit Zwangsmitteln durchsetzen kann (vgl zB in Bayern). Da das Verkehrszeichen als Verwaltungsakt nicht von der Polizei, sondern von der zuständigen Straßenverkehrsbehörde erlassen wird, kann die Polizei in diesem Fall das Zeichen dementsprechend auch nicht vollstrecken. Zudem ist problematisch, dass das Verkehrszeichen als zu vollstreckender Grundverwaltungsakt dem Kraftfahrzeugeigentümer oder dem Fahrzeughalter, soweit er sich vom Fahrzeugführer unterscheidet, nicht bekannt gegeben wird. Daneben fehlt es an der Bekanntgabe der zu vollstreckenden Grundverfügung, wenn das Verkehrszeichen erst aufgestellt wird, nachdem das Fahrzeug abgestellt worden war. Damit erscheint es durchaus vertretbar, von einer eigenen Anordnung des Polizeibeamten, das Fahrzeug zu entfernen, auszugehen.[47] Die Anordnung stützt sich auf die *unmittelbare Ausführung*.[48] Ob die im Wege der unmittelbaren Ausführung realisierte Abschleppanordnung rechtmäßig ist, ist davon abhängig, ob ein Sachverhalt vorliegt, der grundsätzlich den Erlass einer polizeilichen Anordnung auf der Rechtsgrundlage der allgemeinen und speziellen Befugnisnormen erlaubt.[49] Dabei ist wiederum entscheidend, ob das Fahrzeug auf einen amtlichen Verwahrplatz verbracht (dann Sicherstellung) oder bloß versetzt worden ist (dann atypische Maßnahme).

c) **Störerauswahl.** Unabhängig von der Befugnisnorm darf eine Abschlepp- bzw. Versetzungsanordnung nur gegenüber dem jeweiligen Störer ergehen. Befindet sich dieser nicht vor Ort, muss die Anordnung denjenigen treffen, der für den gefahrverursachenden Zustand verantwortlich ist. Dies wird regelmäßig unproblematisch sein. Mit dem Abschleppen des störenden Fahrzeugs wird immer der Störer getroffen, unabhängig davon, wer im Einzelfall als solcher anzusehen ist.[50] Besteht die Möglichkeit, zwischen mehreren Störern auszuwählen, ist aus Gründen der Verhältnismäßigkeit **primär der Handlungsstörer** vor dem Zustandsstörer in Anspruch zu nehmen. Bei mehreren Störern wird es den Polizeibeamten allerdings regelmäßig nicht möglich sein, herauszufinden, welcher der Störer vorrangig heranzuziehen ist. Soweit die Maßnahme jedoch gegen das Fahrzeug gerichtet wird, das im Zeitpunkt des Einschreitens nach der verständigen Würdigung der erkennbaren Umstände durch einen objektiven Polizeibeamten die Gefahr gesetzt hat (= Ex-ante-Beurteilung bezogen auf den Zeitpunkt des polizeilichen Einschreitens), ist die Auswahlentscheidung nicht zu beanstanden.[51] Stellt sich zu einem späteren Zeitpunkt heraus, dass ein anderes Fahrzeug vorrangig abgeschleppt hätte werden müssen, so macht dies die Auswahlentscheidung nicht rechtswidrig, da Inhalt und

---

46 So wohl die hM: HessVGH v. 5.3.2014 – 8 O 2361/13 und v. 15.6.1987 – 11 UE 318/94; HessVGH NVwZ-RR 1999, 23 (Parkscheinautomat); OVG Hamburg v. 19.8.1993 – Bf VII 3/93 und v. 29.1.2008 – 3 Bf 253/04; VGH BW, BWVPr 1995, 233 (Anwohnerparkplatz); VGH BW v. 20.1.2010 – 1 S 484/09; OVG LSA v. 13.2.1997 – A 2 S 493/96; HessVGH v. 11.11.1997 – 11 UE 3450/95; VG Bremen. 9.12.2010 – 5 K 982/10; VG Aachen v. 10.5.2006 – 6 K 3362/04; VG Aachen v. 23.2.2011 – 6 K 1/10; VG Sachsen v. 30.4.2010 – 3 A 99/09; VG Saarlouis v. 13.5.2009 – 6 K 732/08; *Straßberger*, BayVBl. 1972, 36; *Steinhilber*, NJW 1983, 2429; *Janssen*, JA 1996, 165; *Hansen/Meyer*, NJW 1998, 284, 285; *Perrey*, BayVBl. 2000, 609; *Lisken/Denninger*, E Rn 734; *Berner/Köhler/Käß*, Art. 25 Rn 10, Vor Art. 9 Rn 6 (Einordnung der Abschleppanordnung als Ersatzvornahme im Wege des Sofortvollzugs); *Weber*, VR 2004, 181, 189.
47 Vgl *Schmidbauer/Steiner*, Art. 25 Rn 85 ff.
48 St. Rspr in Bayern, vgl zB BayVGH v. 25.10.1988 – 21 B 88.01804; v. 3.4.2000 – 24 B 00.15; v. 2.6.2003 – 24 ZB 03.647; v. 30.12.2005 – M 7 K 04.4409; ebenso für unmittelbare Ausführung: *Knemeyer*, Rn 252; *Schmidbauer/Steiner*, Art. 25 Rn 88; vgl auch OVG Sachsen v. 1.9.2010 – 3 A 616/09.
49 Vgl *Schmidbauer/Steiner*, Art. 25 Rn 96 iVm Art. 9 Rn 14.
50 *Janssen*, JA 1996, 165.
51 *Schenke*, Rn 718 a, der die Inanspruchnahme als Nichtstörer vorschlägt, falls die Polizeibeamten vor Ort nicht abschließend beurteilen können, wer die Ursache der Gefahr gesetzt hat.

Grenzen des Auswahlermessens zunächst unter dem Gesichtspunkt der wirksamen und schnellen Gefahrenbeseitigung bestimmt werden.[52] Anderes kann jedoch hinsichtlich der Kostentragung gelten. Kostentragungspflichtig ist nur derjenige Störer, der der Gefahrenursache am nächsten stand.[53]

35 d) **Verhältnismäßigkeit.** Die Abschlepp- bzw Versetzungsanordnung muss dem Grundsatz der Verhältnismäßigkeit entsprechen (siehe auch unten: Rechtsprechung zu den Abschleppfällen, Rn 71 ff). Das bedeutet, dass die Anordnung einen legitimen Zweck verfolgen muss und zur Verfolgung dieses Zwecks geeignet, erforderlich und angemessen ist. Legitimer Zweck einer Abschleppanordnung ist die Beseitigung einer Gefahr für die öffentliche Sicherheit und Ordnung sowie die Förderung der Sicherheit und Leichtigkeit des Verkehrs.[54] Zum Erreichen des Zwecks sind Abschlepp- und Versetzungsanordnungen regelmäßig **geeignet**. **Erforderlich** sind sie, wenn kein milderes Mittel das angestrebte Ziel ebenso wirksam fördert. Das Abschleppen des gefahrverursachenden Fahrzeugs ist grundsätzlich als erforderlich anzusehen. Dies gilt nicht, wenn anstelle des Abschleppens auf einen Verwahrplatz eine *Versetzung* möglich gewesen wäre. Begnügt sich eine Behörde nicht mit der Möglichkeit, ein verbotswidrig abgestelltes Fahrzeug auf eine benachbarte Fläche umzusetzen, sondern lässt es dieses stattdessen zu einem Sammelplatz abschleppen, so verletzt die Abschleppmaßnahme den Grundsatz der Verhältnismäßigkeit.[55] Im Hinblick hierauf sind allerdings an die Verhältnismäßigkeit nur geringe Anforderungen zu stellen. Ausreichend ist es, wenn sich der Polizeibeamte vergewissert, dass das Fahrzeug nicht in unmittelbarer Nähe (Sichtweite) auf einem der StVO entsprechenden Parkplatz abgestellt werden kann.[56] Ob eine in diesem Verständnis bedenkenfreie Umsetzungsmöglichkeit besteht, ist einer Einzelfallwürdigung vorbehalten. Zu berücksichtigen ist hierbei auch, inwieweit infolge einer Umsetzung gewährleistet ist, dass das umgesetzte Fahrzeug nicht anderen – auf einem Sammel-Abstellplatz nicht zu befürchtenden – Gefährdungen ausgesetzt und/oder durch den Führer/Halter ohne Weiteres ebenso aufzufinden ist, wie es auf einem Sammelplatz aufzufinden sein würde.[57] Für den Vorrang der Versetzung nur bei Vorhandensein eines freien Parkplatzes in unmittelbarer Nähe spricht auch, dass die polizeiliche Maßnahme der Gefahrenabwehr dient. Die verursachte Gefahr ist so schnell wie möglich zu beseitigen. Damit kann es nicht Aufgabe der Polizeibeamten sein, nicht nur in der unmittelbaren Nähe, sondern auch weiter entfernt nach entsprechenden Versetzungsmöglichkeiten zu suchen und damit die verursachte Gefahr zeitlich über das erforderliche Maß hinaus bestehen zu lassen.[58] Im Übrigen kann eine Abschleppanordnung unverhältnismäßig sein, wenn aufgrund der konkreten Umstände des Einzelfalls sicher ist, dass der Fahrer des verkehrsordnungswidrig abgestellten Fahrzeugs in Kürze die Störung/Behinderung selbst beseitigen wird, da durch das Abschleppen des Fahrzeugs die Störung/Behinderung erkennbar allenfalls um einige Minuten verkürzt werden könnte.[59]

---

[52] *Bodanowitz*, JuS 1996, 911.
[53] *Württemberger/Görs*, JuS 1981, 596; vgl unten Rn 43 ff.
[54] *Janssen*, JA 1996, 165; *Perrey*, BayVBl. 2000, 609/613.
[55] BVerwG v. 27.5.2002 – 3 B 67/02, VRS 103, 309-311; *Vahle*, DVP 2001, 58, 59; *Pieroth/Schlink/Kniesel*, § 10 Rn 26.
[56] Vgl *Schmidbauer/Steiner*, Art. 25 Rn 75; VG Hamburg v. 7.8.2008 – 10 K 3432/07; aA *Honnacker/Beinhofer*, Art. 25 Rn 5 (wonach nähere Umgebung ausreichend ist).
[57] BVerwG v. 27.5.2002 – 3 B 67/02, VRS 103, 309-311.
[58] Vgl *Fischer*, JuS 2002, 446.
[59] OVG Hamburg v. 8.6.2011 – 5 Bf 124/08.

Daneben kann die Abschlepp- bzw. Versetzungsmaßnahme unverhältnismäßig sein, wenn ausnahmsweise eine **Halterbenachrichtigung** in Betracht gekommen wäre. Kann der ohne polizeilichen Aufwand erreichbare Fahrzeughalter bzw -führer die Gefahr selbst gleich schnell und effektiv beseitigen, so ist eine Abschlepp- bzw Versetzungsanordnung nicht erforderlich und damit unverhältnismäßig.[60] Zur Prüfung, ob die Abschlepp- bzw Versetzungsanordnung **angemessen** war, bedarf es einer Interessenabwägung unter Berücksichtigung der wesentlichen Umstände des Einzelfalls. Dabei steht dem Interesse des von der Maßnahme Betroffenen ein erhebliches Interesse der Allgemeinheit an der Beseitigung der Gefahr gegenüber. In die Interessenabwägung fließen der Grad der Behinderung sowie der verursachten Gefahr als auch die Verhinderung von Ordnungswidrigkeiten oder Straftaten mit ein. Berücksichtigungsfähig sind auch generalpräventive Interessen, wobei allerdings eine negative Vorbildwirkung allein die Abschleppmaßnahme grundsätzlich nicht rechtfertigen kann (vgl Rn 56).

e) **Zusammenfassung.** Die Realisierung der Abschleppanordnung ist von den Umständen des Einzelfalls abhängig und kann entsprechend den sich in den Polizeigesetzen befindenden Befugnisnormen auf unterschiedliche Rechtsgrundlagen gestützt werden. Regelmäßig wird sie sich bei einem verbotswidrig abgestellten Fahrzeug und Abwesenheit des Fahrzeugführers entweder als unmittelbare Ausführung oder Ersatzvornahme darstellen. Ob eine Ersatzvornahme im Wege des Sofortvollzugs angeordnet wird, ist davon abhängig, ob ein vollstreckbarer Grundverwaltungsakt (zB ein Verkehrszeichen) vorliegt. Unabhängig von der rechtlichen Einordnung der Abschleppanordnung sind die Anforderungen an die Rechtmäßigkeit einer Abschleppmaßnahme im Ergebnis jedoch gleich. Neben der Befugnis, die polizeiliche Maßnahme anzuordnen, muss eine ordnungsgemäße Störerauswahl und Ermessensausübung gegeben sein. Im Übrigen muss der Grundsatz der Verhältnismäßigkeit beachtet worden sein.

III. Leistungsbescheid

Für Abschleppmaßnahmen wird die Polizei grundsätzlich Kostenersatz mittels Leistungsbescheid verlangen. Wurde das Fahrzeug auf einen Verwahrplatz gebracht, erfolgt die Geltendmachung der Kosten bei der Abholung des Fahrzeugs. Die dem Betroffenen dabei ausgehändigte „Quittung" stellt nicht nur einen Beleg über die Bezahlung der Kosten, sondern zugleich einen Leistungsbescheid über den genannten Betrag dar.[61] Liegt eine Versetzung vor, so werden die Kosten mittels eines an den Fahrzeughalter zugestellten Leistungsbescheids geltend gemacht.

1. Rechtsgrundlage des Leistungsbescheids. Die Rechtsgrundlage für die Geltendmachung der Kosten ist abhängig von der Einordnung der Maßnahme. Liegt dem Abschleppen eine unmittelbare Ausführung zugrunde, so werden die Kosten auf die in der Rechtsnorm zur unmittelbaren Ausführung geregelte Rechtsgrundlage gestützt (vgl Art. 9 Abs. 2 S. 1 BayPAG). Ebenso wie die unmittelbare Ausführung enthalten auch die Rechtsnormen zur Sicherstellung (vgl Art. 28 Abs. 3 S. 1 BayPAG), zur Ersatzvornahme (vgl Art. 55 Abs. 1 S. 2 BayPAG) oder zum unmittelbaren Zwang (vgl Art. 58 Abs. 3 S. 1 BayPAG) Kostenregelungen, die als Rechtsgrundlagen für die Geltendmachung der Kosten herangezogen werden können. Nach dem Bayerischen Polizeiaufgabengesetz ist auf die Geltendmachung der Kosten im Übrigen das Bayerische Kostengesetz anzuwenden (vgl Art. 9 Abs. 2 S. 2, 28 Abs. 3 S. 4, 55 Abs. 1

---

60 BVerwG v. 27.5.2002 – 3B 67/02 – VRS 103, 309-311; Einzelheiten unter Rn 71 ff.
61 BayVGH v. 4.10.1989 – 21 B 89.01969 – BayVBl. 1990, 433; VGH BW v. 13.2.2007 – 1 S 822/05, NJW 2007, 2058.

S. 3, 58 Abs. 3 S. 2 BayPAG). Die im Bayerischen Kostengesetz vorgesehene sachliche Kostenfreiheit für Amtshandlungen der Polizei (vgl Art. 3 Abs. 1 S. 1 Nr. 10 BayKG) findet keine Anwendung, da das Bayerische Polizeiaufgabengesetz insoweit etwas anderes bestimmt (vgl Art. 76 S. 1 BayPAG).

40 Wurde das Fahrzeug auf einen Verwahrplatz verbracht, steht der Polizei bis zur Zahlung der Gebühren und Auslagen ein **Zurückbehaltungsrecht** zu (vgl Art. 28 Abs. 3 S. 3 BayPAG).[62] Bedient sich die Polizei zur Verwahrung eines privaten Unternehmers, so kann dieser als Erklärungs- und Empfangsbote der Polizei die geltend gemachten Gebühren und Auslagen mit Wirkung für die Polizei entgegennehmen.[63] Gleichzeitig kann er als Erklärungsbote der Polizei das öffentlich-rechtliche Zurückbehaltungsrecht ausüben.[64] Der Abschleppunternehmer, der durch Vertrag mit der Polizei von dieser mit dem Abschleppen des Fahrzeugs beauftragt wird, handelt bei der Durchführung der polizeilich angeordneten Abschleppmaßnahme in Ausübung eines ihm anvertrauten öffentlichen Amtes. Seine Stellung ist derjenigen eines Verwaltungshelfers angenähert. Er wird ohne eigene Entscheidungsmacht als verlängerter Arm der Verwaltungsbehörde tätig.[65]

41 **2. Inhalt des Leistungsbescheids (Gebühren und Auslagen).** Mit dem Leistungsbescheid werden die Kosten der Abschleppmaßnahme vom Fahrzeugführer oder -halter verlangt. Die Kosten teilen sich in Gebühren und Auslagen auf. **Gebühren** sind das Entgelt für das polizeiliche Tätigwerden.[66] Die Höhe der Gebühren richtet sich nach dem Verwaltungsaufwand und der Bedeutung der Amtshandlung (vgl Art. 76 Satz 2 BayPAG). Im Einzelnen bemisst sich die Höhe nach den Polizeikostenverordnungen der Länder. Dabei dürfen bei der Gebührenbemessung grundsätzlich für typische Fallgruppen – wie Abschleppanordnungen – Regelgebührentarife gebildet werden.[67] In Bayern legt die Polizeikostenverordnung (PolKV) Rahmengebühren für gebührenpflichtige Amtshandlungen fest (vgl Art. 76 S. 3 BayPAG iVm § 1 PolKV). In der Regel wird für eine Abschlepp- bzw Versetzungsanordnung eine Gebühr in Höhe von EUR 48,00 veranschlagt.

42 Neben den Gebühren fallen **Auslagen** an. Unter Auslagen sind die finanziell messbaren Aufwendungen zu verstehen, die der Polizei im Rahmen der Abschleppmaßnahme entstehen. Das sind namentlich die Kosten, die ein beauftragter Abschleppunternehmer für das Abschleppen oder Versetzen des Fahrzeugs von der Polizei erhält. Die dem Abschleppunternehmer zustehenden Beträge für seine Tätigkeit werden nicht bereits durch die Erhebung einer Gebühr abgegolten (vgl Art. 76 S. 3 BayPAG, § 2 PolKV, Art. 10 Abs. 1 Nr. 5 BayKG). Die Höhe der Auslagen hängt von dem mit dem privaten Abschleppunternehmer geschlossenen Vertrag ab.

---

62 AA *Schenke*, Rn 726: *Schenke* lehnt ein Zurückbehaltungsrecht der Polizei ab, soweit in dem Abschleppen des Fahrzeugs und seiner anschließenden Verwahrung keine Sicherstellung gesehen wird. Ein Zurückbehaltungsrecht analog § 273 BGB wird mit dem Prinzip des Gesetzesvorbehalts (Art. 20 Abs. 3 GG) als unvereinbar angesehen. Da die Polizei die Möglichkeit besitze, die Kostenforderung zwangsweise durchzusetzen, bestehe auch keine Befugnis für eine analoge Anwendung des § 273 BGB.
63 Vgl im Ergebnis VGH BW v. 13.2.2007 – 1 S 822/05, NJW 2007, 2058.
64 BayObLG BayVBl. 1992, 443; *Berner/Köhler/Käß*, Art. 28 Rn 13.
65 BGH v. 26.1.2006 – I ZR 83/03; BGHZ 48, 98, 103; 121, 161, 165; zum Verhältnis zwischen Abschleppunternehmer und Polizei vgl auch Rn 103 f.
66 Ausführlich zum in Hamburg erhobenen Gemeinkostenzuschlag, vgl OVG Hamburg v. 7.10.2008 – 3 Bf 81/08; ausführlich zur Gebührenerhebung im Land Berlin: OVG Berlin-Brandenburg v. 27.2.2014 – OVG 1 B 24.13.
67 Ausführlich hierzu VG Aachen v. 15.4.2011 – 7 K 2213/09; siehe auch Rn 58.

3. Adressat des Leistungsbescheids. a) Inanspruchnahme des Handlungsstörers vor dem Zu- 43
standsstörer. Adressat des Leistungsbescheids ist grundsätzlich derjenige, der die polizeiliche
Maßnahme veranlasst hat. Das ist bei den Abschleppfällen regelmäßig derjenige, der das
Fahrzeug verbotswidrig abgestellt und damit die Störung der öffentlichen Sicherheit und
Ordnung verursacht hat (**Handlungsstörer**). Allerdings können derjenige, der das Fahrzeug
verbotswidrig abgestellt hat, und derjenige, der zur Zahlung der Kosten herangezogen wird,
auch auseinander fallen. Denkbar ist beispielsweise, dass ein Fahrzeug versetzt wird und die
Kosten der Versetzung statt vom tatsächlichen Fahrzeugführer vom Fahrzeughalter verlangt
werden. Der Polizei steht grundsätzlich ein Ermessen bei der Störerauswahl zu.[68] Die polizei-
rechtliche Verantwortlichkeit geht sehr weit und findet ihre Berechtigung im Zweck der Gefahrenabwehr. Soweit es allerdings um die Kostentragungspflicht für eine polizeiliche oder
ordnungsbehördliche Maßnahme geht, ist bezüglich der Frage der Verantwortlichkeit in der
Regel nicht die Sicht im Zeitpunkt des Eingriffs maßgeblich, sondern die wirkliche Sachlage,
wie sie sich bei einer späteren rückwirkenden Betrachtung objektiv darstellt.[69]

Aus dem verfassungsmäßigen Grundsatz der Verhältnismäßigkeit folgt, dass der Handlungs- 44
störer auch im Hinblick auf die Kostentragungspflicht grundsätzlich vor dem Zustandsstörer
in Anspruch zu nehmen ist.[70] Dementsprechend wird die Polizei, sobald ihr bekannt wird,
dass der Fahrzeughalter nicht der Fahrzeugführer war, den Halter auffordern, den Namen
des Fahrzeugführers mitzuteilen. Teilt der Fahrzeughalter den Namen des Fahrzeugführers
mit, hebt die Polizei den Leistungsbescheid auf und erlässt gegenüber dem Fahrzeugführer
einen neuen Leistungsbescheid. Weigert sich der Fahrzeughalter den Namen des Fahrzeugführers mitzuteilen, wird die Polizei den Leistungsbescheid gegenüber dem Fahrzeughalter aufrechterhalten. Der Fahrzeughalter haftet insoweit als **Zustandsstörer**.[71] Der Grund für die
Haftung als Zustandsstörer wird darin gesehen, dass er über die Teilnahme des Fahrzeugs am
Straßenverkehr entscheidet und somit eine Gefahrenlage eröffnet, für die er einzustehen
hat.[72] Gleiches gilt, wenn die Polizei zwar richtigerweise zuerst den Fahrzeugführer in Anspruch nimmt, dieser jedoch zahlungsunwillig oder -unfähig ist.[73] Hier kann die Polizei ersatzweise den Halter als Zustandsverantwortlichen in Anspruch nehmen.

b) Inanspruchnahme bei fehlender Verursachung. Strittig sind die Auswirkungen auf die Kos- 45
tenerhebung, wenn sich im Laufe der späteren Ermittlungen herausstellt, dass der Adressat
der Abschlepp- bzw Versetzungsanordnung zwar der Fahrzeugführer war, er jedoch nicht die
Gefahr für die öffentliche Sicherheit und Ordnung verursacht hat.

Beispiel: Leistungsbescheid gegen Anscheinsstörer 46
Das Fahrzeug des A ist zwischen dem Fahrzeug des B und dem Fahrzeug des C eingeparkt.
Der Abstand zwischen dem Fahrzeug des A und dem des B beträgt 2 cm. Der Abstand zwischen dem Fahrzeug des A und dem des C beträgt 10 cm. Da A nicht ausparken kann, wird
das Fahrzeug des B von der Polizei auf einen nahe gelegenen Parkplatz versetzt. B werden die

---

68 BayVGH BayVBl. 1993, 147; VG Aachen v. 23.2.2011 – 6 K 1/10.
69 OVG NRW v. 16.3.1993 – 5 A 496/92, NJW 1993, 2698; OVG NRW v. 14.6.2000 – 5 A 95/00, NVwZ 2001, 1314;
   VG Karlsruhe v. 24.1.2008 – 6 K 2399/07.
70 Vgl VG Aachen v. 23.2.2011 – 6 K 1/10 mwN.
71 BayVGH v. 17.5.2004 – 24 ZB 04.695; BayVGH BayVBl. 1984, 16.
72 *Janssen*, JA 1996, 165.
73 Vgl VG Aachen v. 23.2.2011 – 6 K 1/10, das die Haftung des Fahrzeughalters bejaht, wenn der Fahrzeugführer zwar
   bekannt, aber im Ausland wohnhaft ist und ein Anerkennungs- oder Vollstreckungsübereinkommen mit dem entsprechenden Land nicht besteht.

Kosten für die Versetzung mittels Leistungsbescheid in Rechnung gestellt. Im Widerspruchsverfahren trägt B vor, dass zu dem Zeitpunkt, als er sein Fahrzeug abgestellt hat, der Abstand zwischen seinem und dem dahinter stehenden Fahrzeug 20 cm betragen habe und Letzteres ohne Weiteres hätte ausgeparkt werden können.

47 In einem solchen Fall bleibt die Abschleppmaßnahme selbst rechtmäßig. Zum Zeitpunkt der Abschleppmaßnahme lag eine objektive Gefahr vor. Die Polizei konnte die Versetzung des Fahrzeugs anordnen, da nach der verständigen Würdigung eines objektiven Polizeibeamten nach allen erkennbaren Umständen von dem Fahrzeug des B eine Gefahr ausging. Der Fahrzeugführer selbst ist Anscheinsstörer. Problematisch ist es allerdings, dem Fahrzeugführer die Kosten aufzuerlegen, wenn er darlegt, dass zu dem Zeitpunkt als er seinen Pkw parkte, eine Gefahr nicht vorgelegen habe und er mit einer solchen auch nicht rechnen musste. Nach einem Teil der Rechtsprechung[74] besteht in diesem Fall die persönliche Kostenpflicht des Fahrzeugführers nur, wenn dieser die Anscheinsgefahr schuldhaft verursacht hat. Dies wird von einem Teil der Literatur abgelehnt, da dem Recht der Gefahrenabwehr ein Verschulden fremd ist. Im Kostenrecht habe der Gesetzgeber konsequent an die objektive Veranlassung angeknüpft. Die persönliche Kostenpflicht bestehe auch in einem solchen Fall.[75] Allerdings könne die Polizei aus Billigkeitsgründen von der Kostentragungspflicht absehen (Art. 76 S. 4 BayPAG; vgl hierzu Rn 79).

C. Vorgehen gegen die Abschlepp- bzw Versetzungsmaßnahme

I. Widerspruch und Anfechtungsklage

48 Der von einer Abschleppmaßnahme betroffenen Person stehen als Rechtsmittel gegen die grundsätzlich als Verwaltungsakt (§ 35 S. 1 VwVfG) einzuordnende Abschlepp-/Versetzungsanordnung der **Widerspruch** (§§ 68 ff VwGO) und die **Anfechtungsklage** (§ 42 Abs. 1 Alt. 1 VwGO) zur Verfügung.[76] Ein Vorgehen gegen die Abschleppmaßnahme scheidet jedoch in der Regel aus, da sich die polizeiliche Maßnahme bereits erledigt haben wird. Von einer **Erledigung** ist auszugehen, wenn die beschwerende Regelung wegfällt, wobei sich der Wegfall objektiv nach dem Regelungsgehalt des Verwaltungsakts und nicht nach dem Klägerinteresse richtet.[77] Wurde das Fahrzeug auf einen Verwahrplatz verbracht, erledigen sich die damit im Zusammenhang stehenden Maßnahmen mit der Abholung des Fahrzeugs.[78] Wurde das Fahrzeug versetzt, erledigt sich die Maßnahme spätestens dann, wenn der Fahrzeugführer oder -halter wieder auf sein Fahrzeug zugreift. Hat sich die polizeiliche Maßnahme erledigt, kommt die Einlegung eines Widerspruchs nicht mehr in Betracht. Das Vorverfahren nach §§ 68 ff VwGO ist nicht mehr statthaft.[79] Ebenso scheidet die Erhebung einer Anfechtungsklage nach § 42 Abs. 1 Alt. 1 VwGO aus. Die Anfechtungsklage ist nicht mehr statthaft, wenn sich der Verwaltungsakt erledigt hat und demzufolge nicht mehr wirksam ist.[80]

---

74 BayVGH BayVBl. 1974, 342; OVG NRW v. 14.6.2000 – 5 A 95/00, DVP 2002, 299; *Bodanowitz*, JuS 1996, 911.
75 Vgl auch VG München v. 6.9.1999 – M 17 K 97.4393; v. 10.6.2000 – M 17 K 00.5821.
76 AA *Schmidbauer/Steiner*, soweit die Abschleppmaßnahme als unmittelbare Ausführung eingeordnet wird. In diesem Fall liege ein Realakt vor, gegen den mittels allgemeiner Leistungsklage vorzugehen sei, Art. 9 Rn 28 f.
77 Eyermann/*Schmidt*, § 113 VwGO Rn 76.
78 *Bodanowitz*, JuS 1996, 911.
79 Vgl BVerwGE 26, 161, 165; 56, 24/26; Eyermann/*Rennert*, § 68 VwGO Rn 4.
80 Eyermann/*Happ*, § 42 VwGO Rn 14.

II. Fortsetzungsfeststellungsklage

In den Fällen der Erledigung der Abschleppmaßnahme kommt allerdings die Erhebung einer Fortsetzungsfeststellungsklage analog § 113 Abs. 1 S. 4 VwGO in Betracht. Eine solche wird jedoch regelmäßig bereits an der Zulässigkeit scheitern. Voraussetzung für die Zulässigkeit der Fortsetzungsfeststellungsklage ist das Bestehen eines **besonderen Feststellungsinteresses**. Für die Bejahung des Feststellungsinteresses genügt jedes nach Lage des Falles anzuerkennende schutzwürdige Interesse rechtlicher, wirtschaftlicher oder ideeller Art.[81] In der verwaltungsgerichtlichen Praxis haben sich im Wesentlichen drei Hauptgruppen herausgebildet. Das Fortsetzungsfeststellungsinteresse kann sich aus einer *Wiederholungsgefahr*, der *Vorbereitung eines Amtshaftungsprozesses* vor den ordentlichen Gerichten sowie einem *Rehabilitationsinteresse* ergeben.

49

Die an das Vorliegen eines Fortsetzungsfeststellungsinteresses zu stellenden Anforderungen werden durch eine erledigte Abschleppmaßnahme regelmäßig nicht erfüllt sein. Für die Annahme einer *Wiederholungsgefahr* muss die Gefahr bestehen, dass erneut ein Verwaltungsakt mit dem Inhalt des erledigten Verwaltungsakts oder zumindest ein gleichartiger Verwaltungsakt erlassen wird. Dies setzt voraus, dass auch in Zukunft die gleichen tatsächlichen und rechtlichen Verhältnisse wie in dem für die Beurteilung des erledigten Verwaltungsakts maßgeblichen Zeitpunkt vorliegen.[82] Damit müsste der Betroffene geltend machen, dass er beabsichtigt, sein Fahrzeug unter Verstoß gegen die StVO an demselben Ort erneut abzustellen. Da von einem derartigen Vortrag nicht ausgegangen werden kann, scheidet ein Fortsetzungsfeststellungsinteresse aufgrund von Wiederholungsgefahr grundsätzlich aus.[83] Auch die *Vorbereitung eines Amtshaftungsprozesses* kann bei einer Abschleppmaßnahme das Fortsetzungsfeststellungsinteresse nicht begründen. Hat sich der Verwaltungsakt nämlich bereits vor Klageerhebung erledigt, was regelmäßig der Fall ist, so begründet die Absicht, einen Amtshaftungsprozess zu führen, kein schutzwürdiges Interesse für eine Fortsetzungsfeststellungsklage.[84] Im Übrigen entfällt auch die Berufung auf ein *Rehabilitationsinteresse*. Ein solches kann nur angenommen werden, wenn der Verwaltungsakt neben seiner belastenden Wirkung zusätzlich einen diskriminierenden, ehrenrührigen Inhalt hat, der dem Ansehen des Betroffenen abträglich ist.[85] Dafür ist bei einer Abschleppmaßnahme nichts ersichtlich. Mangels eines Fortsetzungsfeststellungsinteresses scheidet damit die Erhebung einer Fortsetzungsfeststellungsklage analog § 113 Abs. 1 S. 4 VwGO in der Regel aus.[86]

50

III. Allgemeine Leistungsklage und Folgenbeseitigungsanspruch

1. Allgemeine Leistungsklage auf Herausgabe des verwahrten Fahrzeugs. Die allgemeine Leistungsklage ist statthaft, wenn sich das Fahrzeug noch auf dem Verwahrplatz befindet. Dies kann der Fall sein, wenn der betroffene Fahrzeugführer oder -halter nicht bereit ist, die Kosten zu bezahlen und die Polizei ihr Zurückbehaltungsrecht geltend macht. Hier kann der Fahrzeugführer oder -halter einen Herausgabeanspruch geltend machen. Ein Herausgabean-

51

---

[81] BVerwGE 26, 161, 168.
[82] Eyermann/*Schmidt*, § 113 VwGO Rn 86 a.
[83] *Bodanowitz*, JuS 1996, 911, der eine Wiederholungsgefahr für den Fall bejaht, dass das abgeschleppte Fahrzeug ein anderes eingeparkt hat und der Betroffene auf besagtem Parkplatz regelmäßig parkt, so dass eine Wiederholung hinreichend konkret ist.
[84] St. Rspr, vgl BVerwGE 81, 226.
[85] Eyermann/*Schmidt*, § 113 VwGO Rn 92.
[86] Vgl VG Würzburg v. 17.11.2005 – W 5 K 05.963.

spruch ist gegeben, wenn die Voraussetzungen für die Sicherstellung weggefallen sind (vgl Art. 28 Abs. 1 S. 1 BayPAG). Die Leistungsklage wird allerdings nur dann Erfolg haben, wenn der Polizei das Zurückbehaltungsrecht (vgl Art. 28 Abs. 3 S. 3 BayPAG) nicht zusteht. Das ist der Fall, wenn sie keinen Anspruch auf Kostenerstattung hat; die der Kostenerhebung zugrundeliegende Abschleppmaßnahme also rechtswidrig war. Andernfalls besteht ein Herausgabeanspruch nur Zug um Zug gegen Bezahlung der Kosten.

52 **2. Klage auf Folgenbeseitigung.** Von der allgemeinen Leistungsklage auf Herausgabe des abgeschleppten Fahrzeugs ist die Geltendmachung eines Folgenbeseitigungsanspruchs zu unterscheiden. Wird in der Sache die Rechtmäßigkeit der Sicherstellung selbst angegriffen, stützt sich der Herausgabeanspruch auf den Folgenbeseitigungsanspruch.[87] Die Voraussetzungen des allgemeinen Folgenbeseitigungsanspruchs liegen vor, wenn durch einen hoheitlichen Eingriff in ein subjektives Recht ein rechtswidriger Zustand geschaffen worden ist und noch andauert.[88] Auf Antrag kann das Gericht nach § 113 Abs. 1 S. 2 VwGO die Verpflichtung zur Herausgabe des abgeschleppten Pkws aussprechen.

D. Vorgehen gegen den Leistungsbescheid

I. Allgemeines

53 In der Regel wird sich der von einer Abschleppmaßnahme betroffene Fahrzeugführer oder -halter gegen den ihm gegenüber ergangenen Leistungsbescheid wenden. Dabei kann der Leistungsbescheid dem Grunde als auch der Höhe nach angegriffen werden (Rn 55 ff). Die in Betracht kommenden Rechtsmittel sind, da es sich bei dem Leistungsbescheid um einen Verwaltungsakt handelt (§ 35 VwVfG), der Widerspruch (Rn 61 ff), ein Antrag nach § 80 Abs. 5 VwGO (Rn 64 ff) und die Anfechtungsklage (Rn 68 ff). Entscheidend für die Erfolgsaussichten eines Rechtsmittels ist, dass der Leistungsbescheid formell oder materiell rechtswidrig ist. Im Rahmen der materiellen Rechtmäßigkeit des Leistungsbescheids ist maßgeblich, ob die dem Leistungsbescheid zugrunde liegende Amtshandlung, also das Abschleppen des Fahrzeugs, der rechtlichen Prüfung standhält. Denn nur für rechtmäßige Amtshandlungen dürfen Kosten erhoben werden.[89] Diese Einschränkung der Kostenerhebung folgt aus dem allgemeinen Rechtsstaatsprinzip.[90]

54 Im Rahmen von Abschleppmaßnahmen finden sich häufig erste Unstimmigkeiten auf der Sachverhaltsebene. Dementsprechend ist es von besonderer Wichtigkeit, den tatsächlichen Sachverhalt aufzuklären. Aufgrund des im öffentlichen Recht geltenden **Amtsermittlungsgrundsatzes** ist der rechtlich relevante und entscheidungserhebliche Sachverhalt von Amts wegen zu ermitteln. Als Beweismittel für die tatsächlichen Gegebenheiten der Abschleppmaßnahme dienen die Aussage des anordnenden Beamten, die Aussage des Abschleppunternehmers sowie Lichtbilder, die regelmäßig angefertigt werden, wie auch sonstige Dokumentationen. Liegen derartige Beweismittel vor, gilt ein Anscheinsbeweis für das Vorhandensein und die Wahrnehmbarkeit zB des Verkehrszeichens.[91] Diesen Beweis des ersten Anscheins gilt es

---

[87] *Schmidbauer/Steiner*, Art. 28 Rn 10.
[88] Vgl BVerwGE 69, 366; 80, 178.
[89] *Schmidbauer/Steiner*, Art. 76 Rn 28; *Lisken/Denninger*, N Rn 87; BVerwG v. 18.2.2002 – 3 B 149/01 – NZV 2002, 285 (286); BayVGH v. 17.4.2008 – 10 B 08.449; *Weber*, VR 2004, 181 (190).
[90] BayVGH v. 17.4.2008 – 10 B 08.449; VG Augsburg v. 16.12.2014 – Au 1 K 14.1324.
[91] VG Köln v. 20.12.2010 – 20 K 4677/10; zum Beweiswert eines Protokolls über die Einrichtung eines mobilen Halteverbots SächsOVG v. 28.4.2014 – 3 A 427/12.

durch Einvernahme von Zeugen, eidesstattliche Versicherungen und eigene Lichtbilder zu erschüttern. Hat dies Erfolg, ist die Behörde, die die Rechtmäßigkeit eines Abschleppvorgangs behauptet und hieraus das Recht ableitet, vom Halter Kostenerstattung zu verlangen, allgemeinen Regeln entsprechend **darlegungs- und beweispflichtig** ist.[92] Lassen sich somit Ungewissheiten auf Tatbestandsebene nicht abschließend klären, so geht dies zulasten der Behörde.[93]

II. Angreifen des Leistungsbescheids dem Grunde und der Höhe nach

1. Rechtmäßigkeit des Leistungsbescheids dem Grunde nach. Im Rahmen der Überprüfung des Leistungsbescheids wird inzident die Rechtmäßigkeit der Abschleppanordnung geprüft. **Maßgeblicher Zeitpunkt** für die Bewertung der Rechtmäßigkeit der Abschleppmaßnahme ist derjenige des polizeilichen Einschreitens. Es ist somit auf eine ex-ante-Beurteilung bezogen auf den Zeitpunkt des polizeilichen Einschreitens abzustellen.[94] Einzubeziehen sind dabei nur die Tatsachen und Indizien, die der Polizeibeamte zum Zeitpunkt seiner Entscheidung erkannt hat oder die für ihn erkennbar waren. Hieraus folgt, dass die Amtshandlung selbst dann nicht rechtswidrig ist, wenn sich im Laufe der späteren Ermittlungen herausstellt, dass der von der Amtshandlung Betroffene, die Störung nicht in zurechenbarer Weise verursacht hat. Dies kann allerdings im Rahmen der Kostenerhebung von Bedeutung sein (vgl. auch Rn 34 und 79).

Rechtliche Aspekte, die zum Erfolg des Rechtsmittels führen können, sind insbesondere die **Verhältnismäßigkeit der Abschleppmaßnahme**. Das Abschleppen verbotswidrig abgestellter Fahrzeuge ist geboten, wenn es zur Behinderung anderer Verkehrsteilnehmer führt. Dies kann etwa der Fall sein, wenn das Fahrzeug den gesamten Bürgersteig verstellt, in die Fahrbahn hineinragt oder die Funktion einer Fußgängerzone beeinträchtigt.[95] Allerdings ist eine Abschleppmaßnahme auch ohne Vorliegen einer konkreten Behinderung nicht ausgeschlossen, wobei in diesem Fall den Interessen des von der Maßnahme Betroffenen ein größeres Gewicht zukommt.[96] Nicht ausreichend ist die Berufung auf eine bloße negative Vorbildwirkung des fehlerhaften Verhaltens und auf den Gesichtspunkt der Generalprävention.[97] Letzteres wurde mit Beschluss des BVerwG vom 18.2.2002[98] allerdings dahin gehend eingeschränkt, dass eine rechtmäßige Abschlepppraxis in zulässiger Weise auch spezial- und generalpräventive Zwecke verfolgen darf. Soweit zuständige Behörden die Erfahrung gemacht haben oder zukünftig machen, dass Verkehrsteilnehmer zunehmend dazu übergehen, mithilfe von entsprechenden Angaben unter Inkaufnahme eines Bußgeldes, aber in Erwartung eines hieraus folgenden „Abschlepp-Schutzes" Verkehrsverstöße zu begehen, die andere Verkehrsteilnehmer behindern, steht einer Abschlepppraxis, die solche Missstände zurückzudrängen sucht, der Grundsatz der Verhältnismäßigkeit nicht entgegen. Ob die Abschleppmaßnahme verhältnismäßig ist, ist allerdings letztendlich eine Frage des Einzelfalls. Zur Rechtmäßigkeit von

---

92 BVerwG v. 2.2.2000 – 8 C 29.98; v. 20.5.2003 – 3 B 37/03; VG Köln v. 20.12.2010 – 20 K 4677/10.
93 OVG NRW v. 25.5.2010 – 5 E 302/10 (Beweislast hinsichtlich mobilem Haltverbotszeichen); BayVGH v. 22.10.2008 – 10 B 08.1984, wonach der Bürger für den Einwand der „Unbilligkeit der Kostentragung" beweispflichtig ist (rechtzeitiges Aufstellen mobiler Haltverbotszeichen).
94 BVerwGE 45, 51, 60; VGH Mannheim v. 17.3.2011 – 1 S 2513/10 (betr. Ingewahrsamsnahme).
95 BVerwG v. 14.5.1992 – 3 C 3/90.
96 BVerwG v. 1.12.2000 – 3 B 51.00; VG Aachen v. 23.2.2011 – 6 K 1/10.
97 BVerwG v. 14.5.1992 – 3 C 3.90, BVerwGE 90, 189/193.
98 BVerwG v. 18.2.2002 – 3 B 149/01.

Abschleppmaßnahmen gibt es bereits dezidierte Rechtsprechung, die unten (Rn 71 ff) stichpunktartig aufgeführt ist.

57 **2. Rechtmäßigkeit des Leistungsbescheids der Höhe nach.** Neben dem Angriff des Leistungsbescheids dem Grunde nach, kann dieser auch der Höhe nach angegriffen werden. Die Rechtmäßigkeit der Kostenhöhe ist am Grundsatz der Verhältnismäßigkeit und am Kostendeckungs- und Äquivalenzprinzip zu messen.

58 Nach dem **Kostendeckungs- und Äquivalenzprinzip** dürfen die Kosten, die dem Bürger auferlegt werden, nicht in einem Missverhältnis zur konkreten Leistung der Verwaltung stehen. Dabei finden auch die Kosten des Abschleppunternehmers Berücksichtigung.[99] In der Praxis bestimmt sich der Umfang der Kosten, und zwar der Gebühren als auch der Auslagen, regelmäßig nicht nach dem für den konkreten Fall geleisteten Aufwand, sondern nach pauschalisierten Sätzen.[100] Die darin liegende Abweichung vom Grundsatz individueller Kostenäquivalenz ist aus Gründen der Verwaltungsvereinfachung gerechtfertigt.[101] Hierbei darf sich insbesondere die Verwahrgebühr nach Tagessätzen richten; eine Abrechnung nach Stunden ist mit Blick auf das Kostendeckungsprinzip nicht erforderlich, auch wenn die Verwahrdauer eines abgeschleppten Fahrzeugs nur wenige Stunden beträgt.[102] Die Höhe der Auslagen richtet sich in der Praxis regelmäßig nach Rahmentarifverträgen. Die Auswahl der Abschleppunternehmer hat dabei nach allgemeinen vergaberechtlichen Kriterien zu erfolgen.[103]

59 Die Kostenhöhe muss neben dem Kostendeckungs- und Äquivalenzprinzip auch dem **Grundsatz der Verhältnismäßigkeit** gerecht werden.[104] Unter diesem Gesichtspunkt ist entscheidend, ob die Höhe der tatsächlich für die Sicherstellung entstandenen Kosten geeignet, erforderlich und zumutbar ist. Kosten sind nicht erforderlich, wenn sie im Vergleich zu den üblichen Kosten für eine vergleichbare Handlung bzw Maßnahme als überhöht anzusehen sind. Entscheidend ist, dass für marktgängige Leistungen die im Verkehr üblichen, preisrechtlich zulässigen Preise nicht überschritten werden.[105]

60 Unerheblich für die Verhältnismäßigkeit der Abschleppkosten ist, dass diese ein Mehrfaches der Parkgebühr oder des Verwarnungsgelds betragen können.[106] Müssten nämlich die Abschleppkosten mit den regelmäßig relativ geringen Parkgebühren ins Verhältnis gesetzt werden, käme ein Abschleppen nie in Betracht. Das würde jedoch dazu führen, dass der Zweck, knappen Parkraum im Interesse der Allgemeinheit zu verwalten, nicht mehr erreicht werden könnte. Auch ein Vergleich mit der Höhe des Verwarnungsgelds scheidet aus, weil das Verwarnungsgeld einen anderen Zweck verfolgt. Mit dem Verwarnungsgeld soll ein ordnungswidriges Verhalten geahndet werden. Die Abschleppkosten betreffen hingegen die Kosten, die zur Herstellung eines ordnungsgemäßen Zustands notwendig sind. Diese Wiederherstellung

---

99 OVG Hamburg v. 6.5.2008 – 3 Bf 105/05.
100 Zur Rechtmäßigkeit der Pauschalierung der Auslagen vgl OVG NRW v. 28.11.2000 – 5 A 2625, NJW 2001, 2035, 2037; OVG Hamburg v. 27.11.2009 – 3 Bf 36/06; zur Zulässigkeit der Abrechnung eines vollen Stundensatzes bei einer schon nach wenigen Minuten nach Anforderung abgebrochenen Leerfahrt: BVerwG v. 9.4.2014 – 3 C 5/13.
101 *Helle-Meyer/Ernst*, DAR 2005, 495; 498.
102 OVG Hamburg v. 27.11.2009 – 3 Bf 36/06.
103 *Helle-Meyer/Ernst*, DAR 2005, 495; 498; vgl die Vergaberechtsentscheidungen: BayObLG v. 12.12.2001 – Verg 19/01; OLG Naumburg v. 21.12.2000 – 1 Verg 10/00.
104 HessVGH v. 29.8.2000 – 11 UE 537/98.
105 HessVGH v. 29.8.2000 – 11 UE 537/98.
106 BayVGH v. 7.12.1998 – 24 ZS 98.2972; *Berner/Köhler/Käß*, Art. 25 Rn 14.

des ordnungsgemäßen Zustands ist stets Sache des Fahrers oder des Halters. Erledigt er dies nicht selbst, so muss er alle anfallenden Kosten tragen.

III. Erhebung des Widerspruchs nach §§ 68 ff VwGO

Gegen den Leistungsbescheid kann gem. § 68 Abs. 1 S. 1 VwGO Widerspruch eingelegt werden, soweit das Vorverfahren nicht nach dem Gesetz zur Ausführung der VwGO des jeweiligen Landes entfällt. Der Widerspruch ist innerhalb eines Monats nach Bekanntgabe des Leistungsbescheids bei der Behörde, die den Leistungsbescheid erlassen hat, oder bei der Behörde, die über den Widerspruch zu entscheiden hat, einzureichen (vgl § 70 VwGO). Die Bekanntgabe des Leistungsbescheids erfolgt nach dem Verwaltungsverfahrensgesetz des jeweiligen Bundeslandes.

Hinweis: Im Rahmen der Widerspruchsbegründung sind die wesentlichen tatsächlichen und rechtlichen Umstände darzulegen, die zur Rechtswidrigkeit des Leistungsbescheids führen. In der Regel treten bereits im tatsächlichen Bereich Unklarheiten auf, die es zu klären gilt. So kann sich der Fahrzeugführer beispielsweise darauf berufen, dass ein (mobiles) straßenverkehrsrechtliches Verbotsschild zu dem Zeitpunkt, als er sein Fahrzeug abstellte, nicht vorhanden war. Außerdem kann vorgebracht werden, dass das Fahrzeug nicht im Geltungsbereich des Verbotsschildes stand. Befand sich im Fahrzeug ein Beifahrer, so ist dieser unter Angabe seiner (ladungsfähigen) Anschrift als Zeuge zu benennen.

▶ **Muster: Widerspruch gegen den Leistungsbescheid (Abschleppkosten)**

An das Polizeipräsidium ...

Widerspruch

In der Sache

der Frau ...

– Widerspruchsführerin –

Verfahrensbevollmächtigte: RAe ...

gegen

den Freistaat Bayern, vertreten durch das Polizeipräsidium ...,

– Widerspruchsgegner –

lege ich unter Vollmachtsvorlage hiermit Widerspruch ein und beantrage,

1. den Leistungsbescheid vom 25.9.2015 aufzuheben und
2. dem Widerspruchsgegner die Kosten des Widerspruchsverfahrens aufzuerlegen.

Begründung:

1. Sachverhalt

Die Widerspruchsführerin stellte ihren Pkw, amtliches Kennzeichen ..., am 23.9.2015 gegen 8.00 Uhr in der S-Straße in ... vor dem Gebäude mit der Hausnummer 3 ab. Zu diesem Zeitpunkt war das Halten am Fahrbahnrand erlaubt. Ein Verbotsschild war nicht vorhanden. Dies kann durch den Beifahrer der Widerspruchsführerin bezeugt werden.

Beweis: Zeugnis Herr ...

Die Widerspruchsführerin kehrte am 25.9.2015 gegen 18.00 Uhr zu ihrem Fahrzeug zurück. Dieses befand sich jedoch nicht mehr an dem Ort, an dem sie es abgestellt hatte. Als sie mit ihrem Mobiltelefon die Polizei darüber informieren wollte, dass ihr Fahrzeug gestohlen worden sei, wurde ihr mitgeteilt, dass das Fahrzeug am 25.9.2015 um 9.30 Uhr auf den Verwahrplatz verbracht wurde. Grund für die Abschleppmaßnahme sei ein für den 25.9.2015 geltendes mobiles Haltverbotszeichen gewesen. Das Fahrzeug der Widerspruchsführerin habe Umzugswagen behindert. Nach dieser telefonischen Auskunft ließ sich die Widerspruchsführerin von einem Bekannten zur Verwahrstelle bringen. Dort bekam sie gegen Zahlung eines Betrags in Höhe von 180 EUR ihren Pkw ausgehändigt.

Beweis: Leistungsbescheid vom 25.9.2015

2. Rechtliche Würdigung

Der Leistungsbescheid vom 25.9.2015 ist rechtswidrig, da die der Kostenrechnung zugrunde liegende polizeiliche Maßnahme der rechtlichen Prüfung nicht standhält und die Erhebung von Kosten nicht der Billigkeit entspricht.

a) Rechtswidrigkeit der Abschleppmaßnahme

Gemäß Art. 9 Abs. 1 BayPAG kann die Polizei eine Maßnahme selbst oder durch einen Beauftragten ausführen, wenn der nach Art. 7 oder Art. 8 BayPAG Verantwortliche nicht oder nicht rechtzeitig erreicht werden kann. Voraussetzung einer unmittelbaren Ausführung nach Art. 9 BayPAG ist, dass ein Sachverhalt vorliegt, der grundsätzlich den Erlass einer polizeilichen Anordnung aufgrund einer Befugnisnorm erlaubt. Nach Art. 25 Nr. 1 BayPAG kann eine Sache sichergestellt werden, um eine gegenwärtige Gefahr für die öffentliche Sicherheit und Ordnung abzuwehren. Vorliegend ist nichts dafür ersichtlich, dass das Fahrzeug der Widerspruchsführerin eine gegenwärtige Gefahr für die öffentlich Sicherheit und Ordnung hätte darstellen können. Zum Zeitpunkt, zu welchem die Widerspruchsführerin ihr Fahrzeug abgestellt hat, war kein Haltverbotszeichen vorhanden. Aber selbst wenn im Zeitpunkt der Abschleppanordnung ein solches Verbotsschild vorhanden gewesen, gegenüber der Widerspruchführerin wirksam geworden wäre und eine Gefahr bestanden hätte, ist die Erhebung von Kosten zumindest unbillig.

b) Unbilligkeit der Kostenerhebung

Die Kostenerhebung ist unbillig, wenn sie natürlichem Gerechtigkeitsempfinden widerspricht und sich als unverhältnismäßige Härte darstellt. Zwar müssen die Verkehrsteilnehmer mit einer kurzfristigen Änderung der bestehenden Verkehrslage rechnen, jedoch können ihnen die Kosten für die Abschleppmaßnahme nur bei Einhaltung einer entsprechenden Vorlaufzeit auferlegt werden (BVerwG, Urt. v. 11.12.1996 – 11 C 15/95, BVerwGE 102, 316-320; BVerwG NJW 1997, 1021 f). Nach der Rechtsprechung ist zur Auferlegung der Kosten eine Vorlaufzeit von vier Tagen einzuhalten, wobei der Tag der Aufstellung mit einberechnet wird (BVerwG, Urt. v. 11.12.1996 – 11 C 15/95, BVerwGE 102, 316-320; BVerwG NJW 1997, 1021 f; BayVGH, Urt. v. 3.5.2001 – 24 B 00.242; BayVGH v. 17.4.2008 – 10 B 08.449). Um der Widerspruchsführerin die Kosten der polizeilichen Maßnahme auferlegen zu können, müsste das Haltverbotsschild entsprechend der Rechtsprechung am 21.9.2015 aufgestellt worden sein. Dies ist jedoch nicht der Fall. Zumindest war das Haltverbotsschild nicht vorhanden, als die Widerspruchführerin am 23.9.2015 ihren Pkw abstellte. Die von der Rechtsprechung geforderte Vorlaufzeit wurde demnach nicht eingehalten. Die Kostenauferlegung ist somit unbillig und damit rechtswidrig.

Der Kostenbescheid ist dementsprechend aufzuheben. Die von der Widerspruchsführerin bereits verauslagten Kosten sind an diese zurückzuzahlen.

Mit freundlichen Grüßen

Rechtsanwalt ◄

IV. Sofortige Vollziehbarkeit des Leistungsbescheids

Strittig ist, ob es sich bei dem aufgrund der Abschlepp- bzw Versetzungsmaßnahme erlassenen Leistungsbescheid um einen **sofort vollziehbaren Verwaltungsakt** iSv § 80 Abs. 2 S. 1 Nr. 1 VwGO handelt, gegen den Widerspruch und Klage keine aufschiebende Wirkung haben.[107] Handelt es sich nach der jeweils herrschenden landesgerichtlichen Rechtsprechung um einen sofort vollziehbaren Verwaltungsakt, kommt neben der Erhebung von Widerspruch und Klage die Stellung eines Antrags nach § 80 Abs. 4 VwGO bei der Behörde auf Aussetzung der Vollziehung des Leistungsbescheids in Betracht. Wurde ein solcher Antrag gestellt und ganz oder zum Teil abgelehnt, ist ein Antrag nach § 80 Abs. 5 S. 1 Alt. 1 VwGO auf Anordnung der aufschiebenden Wirkung zulässig (vgl § 80 Abs. 6 S. 1 VwGO). Der Antrag nach § 80 Abs. 5 S. 1 VwGO ist ferner dann zulässig, wenn die Behörde ohne zureichenden Grund den Antrag nach § 80 Abs. 4 VwGO nicht bescheidet (vgl § 80 Abs. 6 S. 2 Nr. 1 VwGO) oder die Vollstreckung droht (vgl § 80 Abs. 6 S. 2 Nr. 2 VwGO).

64

Ein Antrag nach § 80 Abs. 5 S. 1, Abs. 6, Abs. 2 S. 1 Nr. 1 VwGO hat in der Sache Erfolg, wenn eine summarische Prüfung der Hauptsache ergibt, dass ein überwiegendes Aussetzungsinteresse besteht. Ist der Verfahrensausgang offen, hat der Antrag nach § 80 Abs. 5 VwGO nur dann Erfolg, wenn ernstliche Zweifel an der Rechtmäßigkeit des angegriffenen Verwaltungsakts bestehen oder wenn die Vollziehung für den Pflichtigen eine unbillige, nicht durch überwiegendes öffentliches Interesse gebotene Härte zur Folge hat (vgl § 80 Abs. 4 S. 3 VwGO).[108] Dies folgt aus der in § 80 Abs. 2 S. 1 Nr. 1, Abs. 4 S. 3 VwGO zum Ausdruck kommenden Wertung des Gesetzgebers, dass der Bürger bei offenem Verfahrensausgang das vorläufige Vollstreckungsrisiko trägt,[109] soweit eine Interessenabwägung nicht ausnahmsweise etwas anderes ergibt. **Ernstliche Zweifel** bestehen, wenn der Erfolg der Klage wahrscheinlicher ist als ihr Misserfolg. Eine **unbillige Härte** ist anzunehmen, wenn für den Betroffenen durch die sofortige Vollziehung Nachteile entstehen, die über die eigentliche Zahlung hinausgehen und die nicht oder nur schwer wieder gutzumachen sind.

65

Hinweis: Vorbringen bei einem Antrag nach § 80 Abs. 5 VwGO

66

Im Rahmen der Sachverhaltsdarstellung ist neben den im Widerspruchsverfahren genannten Umständen darzulegen, dass bereits ein Antrag nach § 80 Abs. 4 VwGO bei der Behörde ge-

---

107 Für § 80 Abs. 2 Nr. 1 VwGO: BayVGH v. 16.12.1993 – 21 CS 93.3344; v. 24.10.1989 – 21 CS 89.2911, BayVBl. 1990, 435; BayVGH BayVBl. 1994, 372; OVG Hamburg v. 3.11.2005 – 3 Bs 566/04; VGH BW NVwZ 1985, 202 beim unmittelbaren Zwang; OVG NRW NJW 1984, 2844 bei der Ersatzvornahme; *Schmidbauer/Steiner*, Art. 76 Rn 49; *Berner/Köhler/Käß*, Art. 22 Rn 24; aA Eyermann/*Schmidt*, § 80 VwGO Rn 23 f mwN; VGH BW v. 9.6.1986 – 1 S 376/86 bei der unmittelbaren Ausführung; OVG Berlin v. 13.4.1995 – 2 S 3.95; *Vahle*, DVP 2001, 58, 64; gegen sofortige Vollziehbarkeit des Leistungsbescheids: *Reichelt*, VR 2002, 111; ebenso BayVGH v. 25.2.2009 – 2 CS 07.1702, BayVBl. 2010, 51 hinsichtlich der Kosten für eine Ersatzvornahme; *Koehl*, SVR 2014 891, 105.
108 BayVGH – 21 CS 93.3344.
109 Vgl VG München v. 21.11.2005 – M 7 S 05.5469; VG Würzburg v. 15.3.2000 – W 5 S 99.657; OVG NRW v. 25.8.1988, NVwZ-RR 90, 54; *Renck*, NVwZ 1992, 338; kritisch hierzu: Eyermann/*Schmidt*, VwGO, § 80 Rn 78, wonach auf die gesetzliche Wertung nur dann zurückgegriffen werden kann, wenn andere Belange nicht feststellbar sind.

stellt worden ist und diese den Antrag ganz oder zum Teil abgelehnt (vgl § 80 Abs. 6 S. 1 VwGO) bzw bislang ohne zureichenden Grund nicht beschieden hat (vgl § 80 Abs. 6 S. 2 Nr. 1 VwGO). Wurde ein Antrag nach § 80 Abs. 4 VwGO bei der Behörde nicht gestellt, so ist darzulegen, dass die Vollstreckung droht (vgl § 80 Abs. 6 S. 2 Nr. 2 VwGO). Zudem muss vorgetragen werden, dass in der Hauptsache bereits Widerspruch oder Klage erhoben worden ist.

67 ▶ **Muster: Antrag nach § 80 Abs. 5 VwGO**

 An das Verwaltungsgericht ...

Antrag nach § 80 Abs. 5 VwGO

In der Sache

des Herrn ...

– Antragsteller –

Prozessbevollmächtigte: RAe ...

gegen

den Freistaat Bayern, vertreten durch das Polizeipräsidium ...,

– Antragsgegner –

stelle ich unter Vollmachtsvorlage hiermit einen Antrag nach § 80 Abs. 5 VwGO und beantrage,

1. die aufschiebende Wirkung des Widerspruchs gegen den Kostenbescheid vom 28.9.2015 anzuordnen und
2. dem Antragsgegner die Kosten des Verfahrens aufzuerlegen.

Streitwert: 51,00 EUR

Begründung:

1. Sachverhalt

Der Antragsteller stellte am 21.9.2015 um ca. 8.00 Uhr morgens seinen Pkw mit dem amtlichen Kennzeichen ... in der M-Straße in ... vor dem Gebäude mit der Hausnummer 2 ab. Dabei parkte er parallel zur Fahrtrichtung zwischen zwei Fahrzeugen ein. Zwischen seinem und dem vor seinem und hinter seinem Pkw geparkten Fahrzeugen ließ er einen gewöhnlichen Abstand. Umstände, die zur Annahme hätten führen können, dass das hinter dem Antragsteller abgestellte Fahrzeug aufgrund der Parksituation nicht mehr hätte ausparken können, waren nicht ersichtlich. Im Übrigen handelte es sich bei dem hinter dem des Antragstellers geparkten Pkw um einen blauen Mercedes A-Klasse. Hieran kann sich der Antragsteller deshalb erinnern, weil Fahrzeugtyp und Fahrzeugfarbe des hinter dem Antragsteller abgestellten Fahrzeugs dem Fahrzeugtyp und der Fahrzeugfarbe des Pkws des Antragstellers entsprachen.

– eidesstattliche Versicherung des Antragstellers (Anlage As 1) –

Als der Antragsteller am selben Tag gegen 18.00 Uhr zu seinem Fahrzeug zurückkehrte, war dieses nicht mehr dort, wo der Antragsteller es abgestellt hatte. Auf Nachfrage teilte die Polizei dem Antragsteller mit, dass das Fahrzeug auf einen zum Zeitpunkt der Abschleppmaßnahme freigewordenen Parkplatz in der R-Straße/Ecke M-Straße versetzt worden sei. Grund hierfür sei gewesen, dass das hinter dem Pkw des Antragstellers geparkte Fahrzeug, ein schwarzer Golf, wegen des geringen Abstands nicht mehr hätte ausparken können.

Mit Leistungsbescheid vom 28.9.2015, zugestellt am 30.9.2015, wurden dem Antragsteller die Kosten der Versetzungsmaßnahme in Höhe von 102 EUR in Rechnung gestellt.
– Leistungsbescheid (Anlage As 2) –

Mit Schreiben vom 2.10.2015 erhob der Antragsteller gegen den Leistungsbescheid Widerspruch und beantragte gleichzeitig, die Vollziehung des Leistungsbescheids auszusetzen.
– Widerspruchsbegründung und Antrag nach § 80 Abs. 4 VwGO (Anlage As 3) –

Das Polizeipräsidium teilte dem Antragsteller mit Schreiben vom 15.10.2015 mit, dass eine Überprüfung des Leistungsbescheids ergeben habe, dass dieser rechtmäßig sei. Die Aussetzung der Vollziehung käme aus diesem Grunde nicht in Betracht. Zudem wurde der Antragsteller gebeten, mitzuteilen, ob der Widerspruch aufrechterhalten werde.
– Schreiben des Polizeipräsidiums (Anlage As 4) –

Mit Schreiben vom 19.10.2015 wurde dem Polizeipräsidium ... durch den Unterzeichner mitgeteilt, dass an dem Widerspruch festgehalten werde.
– Schreiben an das Polizeipräsidiums (Anlage As 5) –

Die Staatsoberkasse droht nunmehr mit Schreiben vom 26.10.2015 die Vollstreckung des Leistungsbescheids an.
– Schreiben der Staatsoberkasse (Anlage As 6) –

Über den Widerspruch wurde im Übrigen bislang nicht entschieden.

2. Rechtliche Würdigung

Die aufschiebende Wirkung des Widerspruchs gegen den Leistungsbescheid vom 28.9.2015 ist anzuordnen, da der Leistungsbescheid der rechtlichen Prüfung nicht standhält und der Widerspruch Aussicht auf Erfolg hat (§ 113 Abs. 1 S. 1 VwGO analog).

a) Der Antrag nach § 80 Abs. 5 VwGO ist zulässig.

Der Antragsteller hat bereits mit Schreiben vom 2.10.2015 gem. § 80 Abs. 6 S. 1, Abs. 4 VwGO beim Polizeipräsidium ... einen Antrag auf Aussetzung der Vollziehung gestellt. Der Antrag wurde mit Schreiben vom 15.10.215 abgelehnt. Damit ist der Antrag nach § 80 Abs. 5 S. 1 Alt. 1 VwGO gem. § 80 Abs. 6 S. 1 VwGO zulässig. Die übrigen Zulässigkeitsvoraussetzungen sind ebenfalls gegeben. Insbesondere wurde fristgerecht Widerspruch erhoben. Darüber hinaus droht aufgrund des Schreibens der Staatsoberkasse vom 26.10.2015 die Vollstreckung, vgl § 80 Abs. 6 S. 2 Nr. 2 VwGO.

b) Der Antrag nach § 80 Abs. 5 VwGO ist begründet, so dass die aufschiebende Wirkung des Widerspruchs anzuordnen ist.

aa) Die Versetzungsmaßnahme ist rechtswidrig.

Gemäß Art. 9 Abs. 1 BayPAG kann die Polizei eine Maßnahme selbst oder durch einen Beauftragten ausführen, wenn nach dem Zweck der Maßnahme der nach Art. 7 oder Art. 8 BayPAG Verantwortliche nicht oder nicht rechtzeitig erreicht werden kann. Voraussetzung einer unmittelbaren Ausführung nach Art. 9 BayPAG ist, dass ein Sachverhalt vorliegt, der grundsätzlich den Erlass einer polizeilichen Anordnung aufgrund einer Befugnisnorm erlaubt. Nach Art. 11 Abs. 2 S. 1 Nr. 1, 2, Abs. 1 BayPAG kann ein Pkw versetzt werden, um eine konkrete Gefahr für die öffentliche Sicherheit und Ordnung abzuwehren oder wenn die Versetzung zur Unterbindung einer Ordnungswidrigkeit notwendig ist. Vorliegend ist nichts dafür ersichtlich, dass das Fahrzeug des Antragstellers eine gegenwärtige Gefahr für die öffentliche Sicherheit und Ordnung hätte darstellen können oder er eine Ordnungswidrigkeit begangen haben könnte.

Der Antragsteller hat bereits keine Ordnungswidrigkeit (vgl Art. 11 Abs. 2 Nr. 1, 2 BayPAG) begangen. Gemäß § 1 Abs. 2 StVO hat sich jeder Verkehrsteilnehmer so zu verhalten, dass kein anderer mehr als nach den Umständen unvermeidbar behindert wird. Ein Verstoß hiergegen stellt nach § 49 Abs. 1 Nr. 1 StVO, § 24 StVG eine Ordnungswidrigkeit dar. Der Antragsteller hat sich vorliegend allerdings nicht so verhalten, dass ein anderer Verkehrsteilnehmer behindert wurde. Bei seinem Einparkvorgang stand hinter ihm nicht der zum Zeitpunkt der Versetzungsanordnung eingeparkte schwarze Golf, sondern ein blauer Mercedes. Zudem hat der Antragsteller den für das Ausparken erforderlichen Sicherheitsabstand eingehalten. Damit hat der Antragsteller bereits nicht durch eine ihm zurechenbare Handlung eine Behinderung des hinter ihm abgestellten Fahrzeugs hervorgerufen. Aber selbst wenn im Zeitpunkt der Versetzungsanordnung durch das Fahrzeug des Antragstellers das eingeparkte Fahrzeug objektiv behindert wurde und damit eine konkrete Gefahr für die öffentliche Sicherheit und Ordnung vorgelegen haben sollte, so hat die Polizei zumindest bei der Störerauswahl ermessensfehlerhaft gehandelt.

Adressat der denkbaren polizeilichen Anordnung (Art. 11 Abs. 1, Abs. 2 BayPAG) müsste eine nach Art. 7 oder Art. 8 BayPAG verantwortliche Person gewesen sein. Im Rahmen der Störerauswahl steht der Polizei ein Ermessen zu. Handlungsstörer ist dabei nur derjenige, der unmittelbar durch sein Verhalten eine Gefahr hervorgerufen hat. Nicht ausreichend ist, dass der Betroffene irgendeine Ursache für die Gefahr gesetzt hat. Das Verhalten muss vielmehr nach der Lebenserfahrung geeignet sein, die Gefahr oder die Störung herbeizuführen, die eingetreten ist. Es kommt darauf an, wer die letzte Ursache für eine Gefahr gesetzt hat, welches Verhalten also die Gefahrengrenze überschritten hat. Dies ist zu unterscheiden von der Frage, welche Handlung die letzte Ursache dafür war, dass sich die bereits bestehende Gefahr dann auch tatsächlich verwirklicht hat. Entscheidend ist somit, ob derjenige, dessen Fahrzeug abgeschleppt worden ist, die Gefahrengrenze überschritten hat, indem er sein Fahrzeug nahe am eingeparkten Fahrzeug abgestellt hat (VG München, Urt. v. 10.6.2002 – M 17 K 00.5821; VG Bremen v. 17.7.2014 – 5 K 950/13). Der Antragsteller war nicht Handlungsstörer. Er hat sein Fahrzeug ordnungsgemäß geparkt und den erforderlichen Abstand eingehalten. Somit hat er weder die Gefahrengrenze überschritten noch die Gefahr unmittelbar verursacht.

Aber selbst wenn der Antragsteller als Zustandsstörer (vgl Art. 8 Abs. 1 BayPAG) grundsätzlich Adressat der polizeilichen Anordnung sein konnte, handelte die Polizei zumindest im Rahmen ihres Auswahlermessens ermessensfehlerhaft. Entsprechend dem Grundsatz der Verhältnismäßigkeit ist primär der Handlungsstörer vor dem Zustandsstörer heranzuziehen (vgl BayVGH, BayVBl. 1993, 147; *Schmidbauer/Steiner*, BayPAG, Art. 8 Rn 17). Da zum Zeitpunkt, als der Antragsteller sein Fahrzeug einparkte, hinter ihm ein anderes Fahrzeug stand und er auch den erforderlichen Abstand eingehalten hat, spricht vieles dafür, dass die Parksituation im Zeitpunkt der Versetzungsanordnung erst durch später eingetretene Umstände hervorgerufen worden ist; zum Beispiel durch den hinter dem eingeparkten Fahrzeug abgestellten Pkw. Obwohl die Polizei für die Rechtmäßigkeit der Versetzungsmaßnahme darlegungs- und beweispflichtig ist (BVerwG, Urt. v. 2.2.2000 – 8 C 29.98; Beschl. v. 20.5.2003 – 3 B 37/0), hat sie sich bislang weder dazu geäußert, welche Umstände dagegen sprechen könnten, dass die Gefahr von dem hinter dem ein-

geparkten Pkw stehenden Fahrzeug unmittelbar gesetzt worden sein könnte, noch dazu, wieso nicht dieses versetzt worden ist.
bb) Die Erhebung von Kosten ist zumindest unbillig.
Eine Erhebung von Kosten ist unbillig, wenn sie natürlichem Gerechtigkeitsempfinden widerspricht und sich als unverhältnismäßige Härte darstellt. Der Antragsteller hat durch das Abstellen seines Fahrzeugs weder unmittelbar eine Gefahr verursacht noch die Gefahrengrenze überschritten. Es war für ihn nicht ersichtlich oder vorhersehbar, dass durch sein ordnungsgemäß eingeparktes Fahrzeug ein anderer Pkw am Ausparken gehindert werden könnte. Es widerspricht jeglichem Gerechtigkeitsempfinden, dass er trotz Wahrnehmung seiner (verkehrs-)rechtlichen Pflichten nunmehr mit Kosten belastet wird, die die Polizei vorrangig von einem Dritten hätte verlangen müssen. Damit ist der Kostenbescheid zumindest aus diesem Grunde aufzuheben.

Da aus oben genannten Gründen der Widerspruch gegen den Leistungsbescheid aller Voraussicht nach Erfolg haben wird, besteht ein überwiegendes Interesse des Antragstellers an der Aussetzung der Vollziehung des Leistungsbescheids.

Mit freundlichen Grüßen

Rechtsanwalt ◄

V. Anfechtungsklage

Wurde aufgrund des Widerspruchs der Leistungsbescheid nicht aufgehoben, so ist gegen den Leistungsbescheid in der Gestalt, die er durch den Widerspruchsbescheid gefunden hat, gem. §§ 42 Abs. 1 Alt. 1, 79 Abs. 1 Nr. 1 VwGO Anfechtungsklage zu erheben. Die Klage muss nach § 74 Abs. 1 S. 1 VwGO innerhalb eines Monats nach Zustellung des Widerspruchsbescheids bei Gericht eingehen. Der Streitwert der Klage entspricht gem. § 52 Abs. 3 GKG der Höhe der im Leistungsbescheid geltend gemachten Kosten. Zur vorläufigen Streitwertfestsetzung ist der Leistungsbescheid bereits bei Klageerhebung der Klageschrift beizufügen. Im Fall der Aufhebung des Leistungsbescheids ist die Behörde verpflichtet, dem Kläger die bereits bezahlten Abschleppkosten zurückzuzahlen. Eine Tenorierung der Rückzahlungspflicht erfolgt dabei im Rahmen der Anfechtungsklage nicht. Es steht dem Kläger jedoch frei, die Anfechtungsklage mit einer **allgemeinen Leistungsklage** auf Rückzahlung der Abschleppkosten zu verbinden.[110] Rechtsgrundlage für den Rückzahlungsanspruch ist dabei der öffentlich-rechtliche Erstattungsanspruch.[111] Die Erhebung einer allgemeinen Leistungsklage ist allerdings entbehrlich, da die Behörde bei Aufhebung des Leistungsbescheids bereits von Amts wegen verpflichtet ist, die Abschleppkosten mangels Rechtsgrund zurückzuzahlen.

Hinweis: Die **Klagebegründung** hat die tatsächlichen und rechtlichen Gesichtspunkte zu enthalten, aus denen sich ergibt, dass der Leistungsbescheid rechtswidrig und der Kläger dadurch in seinen Rechten verletzt ist (vgl § 113 Abs. 1 S. 1 VwGO). Ebenso wie in der Widerspruchsbegründung ist in der Klagebegründung der Sachverhalt, wie er sich für den Bevollmächtigten bzw Kläger darstellt, unter Benennung von Beweismitteln darzulegen. Anschließend ist auf die rechtlichen Aspekte einzugehen.

---

110 *Bodanowitz*, JuS 1996, 911; VG Aachen v. 23.2.2011 – 6 K 1/10; VG Hamburg v. 2.2.2010 – 13 K 1186/07.
111 *Janssen*, JA 1996, 165, der als Anspruchsgrundlage den Folgenbeseitigungsanspruch als auch § 839 BGB, Art. 34 GG ablehnt; *Bodanowitz*, JuS 1996, 911.

70 ▶ Muster: Anfechtungsklage gegen den Leistungsbescheid (Abschleppkosten)

An das Verwaltungsgericht ...

Anfechtungsklage

In der Sache
des Herrn ...,

– Kläger –

Prozessbevollmächtigte: RAe ...

gegen

den Freistaat Bayern, vertreten durch das Polizeipräsidium ...,

– Beklagter –

erhebe ich unter Vollmachtsvorlage Klage und beantrage,

1. den Leistungsbescheid vom 10.6.2015 und den Widerspruchsbescheid vom 17.8.2015 aufzuheben und
2. dem Beklagten die Kosten des Verfahrens aufzuerlegen.

Streitwert: 160,75 EUR

Begründung:

1. Sachverhalt

Der Kläger ist Geschäftsführer der H. GmbH, deren Geschäftsräume sich in der S-Straße 10 befinden. Halter des abgeschleppten Fahrzeugs ist die H. GmbH. Auf dem abgeschleppten Fahrzeug befinden sich an den Seiten als auch am Heck große Firmenaufkleber, die auf die H. GmbH, deren Geschäftsräume in der S-Straße 10 sowie die Rufnummer hinweisen. Am Hauseingang der S-Straße 10 ist ein deutlich sichtbares Hinweisschild auf den Firmensitz der H. GmbH angebracht.

Beweis: beiliegende Lichtbilder (Anlage K1)

Der Kläger stellte das Firmenfahrzeug am 10.6.2015 gegen 12.00 Uhr mittags in der S-Straße vor dem Gebäude mit der Hausnummer 10 auf einem allgemeinen Sonderparkplatz für Schwerbehinderte ab. Um 12.10 Uhr ordnete die Polizei das Abschleppen des Fahrzeugs an. Das Fahrzeug wurde um 12.20 Uhr abgeschleppt und auf den Verwahrplatz verbracht. Der Kläger holte das Fahrzeug am 10.6.2015 um 13.30 Uhr gegen Zahlung eines Betrags in Höhe von 160,75 EUR ab.

Beweis: Leistungsbescheid vom 10.6.2015 (Anlage K2)

Am 17.6.2015 legte der Kläger gegen den Leistungsbescheid vom 10.6.2015 Widerspruch ein. Mit Widerspruchsbescheid vom 17.8.2015 wurde der Widerspruch zurückgewiesen.

Beweis: Widerspruchsbescheid vom 17.8.2015 (Anlage K3)

2. Rechtliche Würdigung

Die Klage ist zulässig und begründet. Der Leistungsbescheid vom 10.6.2015 und der Widerspruchsbescheid vom 17.8.2015 sind rechtswidrig und verletzen den Kläger in seinen Rechten (vgl § 113 Abs. 1 S. 1 VwGO), da die zugrunde liegende Abschleppmaßnahme der rechtlichen Prüfung nicht standhält.

Gemäß Art. 9 Abs. 1 S. 1 BayPAG kann die Polizei eine Maßnahme selbst oder durch einen Beauftragten ausführen, wenn der Zweck der Maßnahme durch Inanspruchnahme des Verantwortlichen nicht oder nicht rechtzeitig erreicht werden kann. Voraussetzung der unmittelbaren Ausführung ist, dass ein Sachverhalt vorliegt, der grundsätzlich den Erlass einer polizeilichen Anordnung auf der Rechtsgrundlage einer Befugnisnorm (Art. 11 ff BayPAG) erlaubt. Nach Art. 25 Nr. 1 BayPAG kann die Polizei zur Abwehr einer gegenwärtigen Gefahr eine Sache sicherstellen.

Vorliegend stand das Fahrzeug der H. GmbH auf einem Sonderparkplatz für Schwerbehinderte (Zeichen 314 der Anlage 3 zu § 42 Abs. 2 StVO mit Zusatzzeichen „Rollstuhlfahrersinnbild" und Text „Nur mit Parkausweis sichtbar im Fahrzeug"). Der Kläger hat durch Abstellen des Fahrzeugs damit den Tatbestand einer Ordnungswidrigkeit nach §§ 49 Abs. 3 Nr. 5, 42 Abs. 2 StVO, § 24 StVG erfüllt.

Die unmittelbare Ausführung der Sicherstellung verstieß jedoch gegen den Grundsatz der Verhältnismäßigkeit (Art. 4 BayPAG). Zwar ist eine Abschleppanordnung in Bezug auf ein unberechtigt auf einem Behindertenparkplatz abgestelltes Fahrzeug auch dann rechtmäßig, wenn dadurch ein Berechtigter nicht konkret am Parken gehindert wird (vgl BayVGH v. 29.1.1996 – 24 B 94.1712, BayVBl. 1996, 376; OVG NRW NJW 1986, 447; HessVGH NVwZ 1987, 910). Im vorliegenden Fall hätte der anordnende Polizeibeamte jedoch vor Erlass seiner Anordnung zunächst versuchen müssen, unter der Geschäftsadresse der H. GmbH, S-Straße 10, den dort anwesenden Kläger zu erreichen. Auch wenn generell im Rahmen der Verhältnismäßigkeit keine hohen Anforderungen an die Ermittlung des Betroffenen zu stellen sind, kommt eine Benachrichtigung des Halters zumindest dann in Betracht, wenn dieser geradezu in greifbarer Nähe erscheint (vgl BayVGH v. 16.12.1998 – 24 B 98.1968; v. 28.11.2001 – 24 B 00.3140). Aus den Lichtbildern ergibt sich, dass sich der Behindertenparkplatz, auf dem das Fahrzeug geparkt war, unmittelbar vor dem Eingang zur Geschäftsfiliale der Fahrzeughalterin befindet. Die am Eingangsbereich der Hausnummer 10 befindlichen Hinweisschilder und die auf dem Pkw aufgeklebte Werbung, die den Firmennamen der Fahrzeughalterin als auch die Geschäftsadresse wiedergab, lösten eine weitere Nachforschungspflicht der Polizei aus. Der anordnende Polizeibeamte hätte zumindest beim Ausfüllen des Abschleppformulars erkennen können und müssen, dass die Geschäftsadresse des Firmenwagens mit der Abschleppadresse übereinstimmte. Es bestanden somit Anhaltspunkte, dass sich ein Verantwortlicher in unmittelbarer Nähe zu dem verbotswidrig geparkten Fahrzeug aufhielt. Ein Klingeln unter der Geschäftsadresse S-Straße 10 hätte dazu geführt, dass der dort anwesende Kläger den abgestellten Pkw hätte entfernen können. Da die Beseitigung des Fahrzeugs durch den Kläger, der sich in greifbarer Nähe befand, ohne Weiteres möglich gewesen wäre, ist die Anordnung der Abschleppmaßnahme unverhältnismäßig.

Aufgrund der Unverhältnismäßigkeit der Abschleppanordnung sind der Leistungsbescheid und der Widerspruchsbescheid aufzuheben und die bezahlten Abschleppkosten an den Kläger zurückzuzahlen.

Rechtsanwalt ◄

E. Rechtsprechung zu den Abschleppfällen

I. Absolutes Haltverbot

Der Verstoß gegen ein absolutes Haltverbot begründet eine gegenwärtige Gefahr der öffentlichen Sicherheit, die eine unverzügliche Sicherstellung des betreffenden Fahrzeugs rechtfertigt.[112] Ein im Geltungsbereich eines absoluten Haltverbots (Zeichen 283 der Anlage 2 zu

---

112 BayVGH v. 6.8.2002 – 24 ZB 01.2666.

§ 41 Abs. 1 StVO) abgestelltes Fahrzeug kann jederzeit abgeschleppt werden und zwar auch dann, wenn eine konkrete Behinderung nicht gegeben ist.[113]

II. Anwohnerparkplatz

72 Die Verkehrszeichen 314 und 314.1 der Anlage 3 zu § 42 Abs. 2 StVO können in Verbindung mit einem Zusatzzeichen das Parken von Kraftfahrzeugen auf Anwohner mit einem entsprechenden besonderen Parkausweis beschränken. Für Fahrer von Fahrzeugen, die nicht im Besitz eines gültigen Parkausweises sind, ist das Parken auf den Anwohnerparkplätzen verboten (vgl Spalte 3 zu Zeichen 314 der Anlage 3 zu § 42 Abs. 2 StVO). Die Verkehrszeichen 314 und 314.1 mit dem entsprechenden Zusatzzeichen begründen als Verkehrsregelung für den Nichtberechtigten nicht nur ein Parkverbot, sondern zugleich das sofort vollziehbare Gebot, das unerlaubt parkende Fahrzeug zu entfernen. Ein unberechtigt abgestelltes Fahrzeugs darf ohne weitere Beeinträchtigung, insbesondere ohne konkrete Behinderung eines Anwohners mit Parkberechtigung, abgeschleppt werden.[114]

III. Ausfahrt aus einem Grundstück

73 Ein Fahrzeug, das vor einer Grundstücksein- bzw -ausfahrt unter Verstoß gegen § 12 Abs. 3 Nr. 3 StVO abgestellt worden ist, kann abgeschleppt werden, wenn es zum fraglichen Zeitpunkt einem Nutzungsberechtigten die Zufahrt oder Ausfahrt versperrt.[115] Voraussetzung ist, dass die Grundstücksein-/ausfahrt erkennbar ist, damit dem betroffenen Verkehrsteilnehmer überhaupt ein normgemäßes Verhalten möglich ist.[116]

IV. Ausfahrt aus einem Parkplatz

74 Ein Fahrzeug, das rechtswidrig die Ausfahrt eines Parkplatzes blockiert, kann stets abgeschleppt werden.[117]

V. Behindertenparkplatz

75 Das verbotswidrige Parken auf einem Behindertenparkplatz rechtfertigt auch unter Berücksichtigung des Verhältnismäßigkeitsgrundsatzes regelmäßig eine Abschleppmaßnahme.[118] Unerheblich ist dabei, ob zum Zeitpunkt der Abschleppmaßnahme weitere Behindertenparkplätze frei waren.[119] Ob ein Berechtigter konkret am Parken behindert wurde, spielt keine Rolle.[120] Im Übrigen kann angesichts der gesetzlich vorgesehenen Parkerleichterungen auch

---

113 VGH BW v. 15.1.1990 – 1 S 3673/88.
114 VGH BW v. 13.6.1995 – 1 S 631/95, NVwZ-RR 1996, 149; VGH BW v. 30.1.1995 – 1 S 3083/94, NJW 1995, 3004; VGH BW v. 20.1.2010 – 1 S 484/09; OVG NRW v. 27.8.2009 – 5 A 1430/09 (für den Fall, dass Anwohnerausweis zwar vorhanden, nicht aber im Fahrzeug ausgelegt wurde); VGH Köln v. 5.6.2014 – 20 K 3268/13.
115 VG Ansbach v. 17.5.2001 – AN 5 K 00.01417; v. 17.4.2000 – AN 5 K 99.01225.
116 VG Köln v. 5.7.2010 – 20 K 1853/09.
117 Schmidbauer/Steiner, Art. 25 Rn 114; OVG RhPf NJW 1986, 1369; OVG RhPf v. 11.5.1999 – 7 A 12290/98, NJW 1999, 3573.
118 BVerwG v. 14.5.1992 – 3 C 3.90, BVerwGE 90, 189, 193; v. 27.5.2002 – 3 B 67/02; HessVGH v. 5.3.2014 – 8 D 2361/13; VG Düsseldorf v. 16.6.2014 – 14 K 8019/13; vgl BayVGH v. 22.6.2009 – 10 ZB 09.1052 zur Frage der Inanspruchnahme eines Parkplatzes für Schwerbehinderte durch eine hochschwangere Frau (abgelehnt).
119 BVerwG v. 11.8.2003 – 3 B 73.03.
120 BayVGH v. 29.1.1996 – 24 B 94.1712, BayVBl. 1996, 376; OVG NRW NJW 1986, 447; HessVGH NVwZ 1987, 910; OVG RhPf v. 25.1.2006 – 7 A 11726/04, NVwZ-RR 2005, 577; OVG Hamburg v. 25.3.2003 – 3 Bf 113/02; OVG SH v. 19.3.2002 – 4 L 118/01; OVG NW v. 21.3.2000 – 5 A 2339/99; VG Bremen v. 14.7.2008 – 5 K 976/08;

von schwerbehinderten Verkehrsteilnehmern erwartet werden, dass sie sich an die übrigen, für alle Verkehrsteilnehmer geltenden Halt- und Parkverbote der StVO halten.[121]

VI. Bordsteinabsenkung

Das Parken vor einer Bordsteinabsenkung ist gem. § 12 Abs. 3 Nr. 5 StVO verbotswidrig und begründet regelmäßig eine gegenwärtige Gefahr für die öffentliche Sicherheit und Ordnung. Zweck der Bordsteinabsenkung ist es, Rollstuhlfahrern als auch Personen mit Kinderwagen das Auf- und Abfahren zu erleichtern.[122] Durch das Zuparken der Bordsteinabsenkungen wird die Nutzung erschwert oder gar unmöglich gemacht. Besonders Rollstuhlfahrern ist es auch nicht zumutbar, eine weiter entfernte Bordsteinabsenkung zu benutzen. Das Abschleppen eines vor einer Bordsteinabsenkung abgestellten Pkws ist deshalb geeignet, die Gefahrenlage zu beseitigen, und in der Regel verhältnismäßig.[123]

76

VII. Bushaltestelle

Von Bushaltestellen dürfen geparkte Fahrzeuge entfernt werden, wenn mit einer Behinderung der Anfahrt von Linienomnibussen zu rechnen ist.[124] Eine Abschleppanordnung kann allerdings dann unverhältnismäßig sein, wenn ein Reisebus ersichtlich nur kurz an der Bushaltestelle steht und aller Voraussicht nach vor Eintreffen des Abschleppfahrzeugs nicht mehr vor Ort sein wird.[125]

77

VIII. Eingeschränktes Haltverbot

Das eingeschränkte Haltverbotszeichen (Zeichen 286 der Anlage 2 zu § 41 Abs. 1 StVO) verbietet, länger als drei Minuten zu halten. Ferner beinhaltet es für den Fall der Zuwiderhandlung das sofort vollziehbare Gebot, das Fahrzeug zu entfernen. Schutzzweck eines eingeschränkten Haltverbots ist unter anderem die Sicherheit und Leichtigkeit des Verkehrs.[126] Eine Abschleppanordnung darf ergehen, wenn durch das Parken der Schutzzweck unterlaufen wird und sich daraus eine gegenwärtige konkrete Gefährdungslage ergibt. Ausreichend ist dabei die Möglichkeit einer konkreten Behinderung.[127]

78

IX. Einparken

Im Falle des Einparkens eines Fahrzeugs ergeben sich regelmäßig Schwierigkeiten im Rahmen der Kostentragungspflicht. Kann ein Fahrzeug nicht ausparken, weil das davor und das dahinter stehende Fahrzeug zu nahe abgestellt worden sind, kann grundsätzlich eines der beiden

79

---

zu einem personenbezogenen Sonderstellplatz vgl mwN VG Hamburg v. 27.9.2010 – 10 K 410/10; VG Köln v. 17.7.2014 – 20 K 3837/13.
121 BVerwG v. 14.5.1992 – 3 B 39.90; BayVGH v. 21.7.2005 – 24 ZB 05.1342; OVG NRW v. 17.2.2009 – 5 A 3413/07; OVG NRW v. 2.3.2009 – 5 A 787/08 (betrifft Verpflichtung das Original eines Sonderparkausweises und nicht eine bloße Kopie im Fahrzeug auszulegen); ebenso VG Düsseldorf v. 15.3.2011 – 14 K 504/11.
122 Vgl *Hentschel/König/Dauer*, Straßenverkehrsrecht, § 12 StVO Rn 13/ 14, 49.
123 BayVGH v. 22.12.2005 – 24 C 05.2200; VG Aachen v. 23.2.2007 – 6 K 78/07.
124 VG München v. 6.10.1988 – M 17 K 88.1181; OVG NRW NWVBl. 1999, 311.
125 BayVGH v. 6.4.2009 – 10 B 09.334.
126 BVerwG v. 14.5.1992, NJW 1993, 870 f.
127 BayVGH v. 12.11.2001 – 24 B 00.2655; OVG SH v. 28.2.2000 – 4 L 135/99; OVG Münster v. 24.3.1998 – 5 A 183/96, NVwZ 1998, 990 (wonach Abschleppen eines Fahrzeugs, das eine in verkehrsreicher Innenstadt gelegene Haltebucht mit Zeichen 286 (eingeschränktes Haltverbot) und dem Hinweisschild „Ladezone" jedenfalls länger als eine halbe Stunden blockiert, nicht unverhältnismäßig ist).

Fahrzeuge abgeschleppt oder versetzt werden (vgl § 1 Abs. 2 StVO). Im Rahmen der Störerauswahl besteht ein Ermessen.[128] Handlungsstörer ist dabei nur derjenige, der unmittelbar durch sein Verhalten eine Gefahr hervorgerufen hat. Nicht ausreichend ist, dass der Betroffene irgendeine Ursache für die Gefahr gesetzt hat, vielmehr muss das Verhalten nach der Lebenserfahrung geeignet sein, die Gefahr oder die Störung herbeizuführen, die eingetreten ist. Es kommt darauf an, wer die letzte Ursache für die Gefahr gesetzt hat, welches Verhalten also die Gefahrengrenze überschritten hat.[129] Dies ist zu unterscheiden von der Frage, welche Handlung die letzte Ursache dafür war, dass sich die bereits bestehende Gefahr auch tatsächlich verwirklicht hat. Entscheidend ist somit, ob derjenige, dessen Fahrzeug abgeschleppt worden ist, die Gefahrengrenze überschritten hat, indem er sein Fahrzeug nahe am eingeparkten Fahrzeug abgestellt hat (vgl Muster Rn 67).[130] Hat er die Gefahrengrenze überschritten und die Gefahr damit unmittelbar verursacht, so können ihm auch die Kosten der Maßnahme auferlegt werden. Aus Gründen der Verhältnismäßigkeit kommt eine anteilige Heranziehung anderer Störer in Betracht.[131]

X. Enge und unübersichtliche Straßenstellen

80 Das Halten an engen und an unübersichtlichen Straßenstellen ist unzulässig (§ 12 Abs. 1 Nr. 1 StVO). Eng ist eine Straßenstelle in der Regel dann, wenn der zur Durchfahrt verbleibende Raum für Fahrzeuge höchstzulässiger Breite zuzüglich 50 cm Seitenabstand bei vorsichtiger Fahrweise nicht ausreichen würde.[132] Dementsprechend kommt eine Abschleppanordnung in Betracht, wenn der zur Durchfahrt verbleibende Raum weniger als drei Meter beträgt.[133]

XI. Erreichbarkeit des Halters, Mobiltelefone

81 Eine Verletzung des Grundsatzes der Verhältnismäßigkeit ist dann in Betracht zu ziehen, wenn bei einer – bezogen auf den Zeitpunkt der Entdeckung des Verstoßes – zeitnahen Abschleppmaßnahme der Führer des Fahrzeugs ohne Schwierigkeiten und ohne Verzögerung festgestellt und zur Beseitigung des verbotswidrigen Parkens veranlasst werden kann.[134] Die Benachrichtigung des Halters kommt nur in Betracht, wenn dieser in greifbarer Nähe erscheint; wenn er sich in Ruf- und Sichtweite des Fahrzeugs aufhält.[135] Dabei stehen ungewisse Erfolgsaussichten und nicht abzusehende weitere Verzögerungen regelmäßig einer Verpflichtung zu Halteranfragen oder sonstigen Nachforschungsversuchen entgegen.[136] Dies gilt

---

128 Vgl VG Hamburg v. 27.9.2010 – 10 K 410/10.
129 Vgl VG Karlsruhe v. 24.1.2008 – 6 K 2399/07; OVG NRW v. 14.6.2000 – 5 A 95/00; VG Bremen v. 17.7.2014 – 5 K 950/13.
130 VG München v. 10.6.2002 – M 17 K 00.5821; *Schmidbauer/Steiner*, Art. 7 Rn 9; vgl OVG NRW v. 14.6.2000 – 5 A 95/00, wonach der Fahrer und Eigentümer des zuerst ordnungsgemäß abgestellten Pkw ordnungsrechtlich nicht verantwortlich ist; VGH BW v. 17.3.2011 – 1 S 2513/10, wonach für eine Heranziehung zur Kostentragung ausreichend ist, wenn bei der gebotenen Ex-post-Betrachtung zwar nicht festgestellt werden kann, dass der Anscheinsstörer tatsächlich Störer war, er jedoch zumindest die Anscheinsgefahr oder den Anschein der Störereigenschaft in zurechenbarer Art und Weise verursacht hat.
131 Vgl VG Hamburg v. 23.9.2010 – 10 K 410/10.
132 *Hentschel/König/Dauer*, § 12 StVO Rn 22.
133 *Schmidbauer/Steiner*, Art. 25 Rn 117; VG Bremen v. 29.7.2010 – 5 K 1232/09.
134 BVerwG v. 27.5.2002 – 3B 67/02, VRS 103, 309-311; OVG Hamburg v. 27.11.2009 – 3 Bf 36/06.
135 St. Rspr des BayVGH: BayVGH v. 16.2.1998 – 24 B 98.1968; v. 28.11.2001 – 24 B 00.3140; vgl auch VG Aachen v. 23.2.2011 – 6 K 1/10.
136 BVerwG v. 6.7.1983 – 7 B 182.82; v. 27.5.2002 – 3 B 67/02; OVG NRW v. 24.3.1998 – 5 A 183/96; v. 16.2.1982 – 4 A 78/81; OVG Hamburg v. 14.8.2001 – 3 Bf 429/00; HessVGH v. 22.5.1990 – 11 UE 2056/89; BayVGH

auch trotz der Verbreitung von Mobiltelefonen.¹³⁷ Das Hinterlassen einer Telefonnummer eines Mobilfunkanschlusses im Pkw bietet keine hinreichenden Anhaltspunkte, dass der Fahrer sich in greifbarer Nähe seines Fahrzeugs befindet.¹³⁸ Allerdings kann die Abschleppmaßnahme dann unverhältnismäßig sein, wenn sich auf dem verbotswidrig abgestellten Fahrzeug beispielsweise eine Geschäftsadresse befindet und das Fahrzeug unmittelbar vor dieser Geschäftsadresse geparkt ist (vgl Muster Rn 70). In diesem Fall ist es der Ordnungsbehörde zuzumuten, bei der Geschäftsadresse zu klingeln und so ein etwaiges Entfernen des Fahrzeugs durch den Berechtigten zu veranlassen.¹³⁹

XII. Fahrradweg

Ein auf einem Fahrradweg abgestelltes Fahrzeug darf abgeschleppt werden. Ein Verstoß gegen das Übermaßverbot liegt nicht vor. Dabei kommt es nicht darauf an, ob Radfahrer gerade wegen des verkehrswidrig abgestellten Pkws tatsächlich gezwungen waren, den Radweg zu verlassen. Ausreichend ist, dass Radfahrer durch den Pkw behindert werden können. Radfahrer müssen grundsätzlich nicht damit rechnen, dass der Radweg auch nur teilweise blockiert ist. Dies gilt umso mehr, wenn zum Schutz von Radfahrern bei einer besonderen örtlichen Gefahrenlage im Interesse der Sicherheit und Leichtigkeit des Verkehrs eine Radwegebenutzungspflicht¹⁴⁰ angeordnet ist. Zwar ist ein Abschleppen nicht schon gerechtfertigt bei jedem minimalen Hineinragen des Fahrzeugs in einen Radweg. Das Abschleppen eines Fahrzeugs ist aber zumindest dann nicht zu beanstanden, wenn es den Radweg mehr als nur unwesentlich einengt.¹⁴¹ Hindernisse können gerade bei schlechten Sichtverhältnissen (zB nachts), insbesondere bei Überholvorgängen, zu Behinderungen und Gefährdungen führen.¹⁴² 82

XIII. Feuerwehrzufahrt

Feuerwehrzufahrten sind grundsätzlich in ihrer gesamten Breite freizuhalten, da für die Feuerwehrfahrzeuge genügend Rangiermöglichkeiten bestehen müssen. Es kann nicht ausreichen, dass die Feuerwehrzufahrt nur durch kompliziertes Rangieren erreichbar ist, da es in Brand- und Katastrophenfällen auf Minuten und Sekunden ankommen kann.¹⁴³ Die Polizei handelt auch ermessensfehlerfrei und verhältnismäßig, wenn sie ein vor einer Feuerwehrzufahrt abgestelltes Fahrzeug ohne Einhaltung einer Vorlaufzeit abschleppen lässt, da Feuerwehranfahrtswege jederzeit freizuhalten sind.¹⁴⁴ 83

XIV. Fußgängerüberweg

Auf Fußgängerüberwegen und bis zu fünf Metern davor darf nicht geparkt werden, weil haltende Fahrzeuge die Sicht auf Fußgänger verdecken können. Das Abstellen eines Fahrzeugs 84

---

v. 28.11.2001 – 24 B 00.3140; VGH BW v. 7.2.2003 – 1 S 1248/02, DAR 2003, 329; VG Köln v. 24.2.2011 – 20 K 251/10; OVG Sachsen v. 5.2.2010 – 3 A 141/08.
137 BVerwG v. 18.2.2002 – 3 B 149/01, NJW 2002, 2122-2123; VG Gießen v. 20.9.2002 – 10 E 1547/02, NVwZ-RR 2003, 212; BayVGH v. 1.12.2009 – 10 ZB 09.2367.
138 BayVGH v. 1.12.2003 – 10 ZB 09.2367; HessVGH v. 5.3.2014 – 8 D 2361/13; VG Düsseldorf v. 17.2.2010 – 14 K 2614/09.
139 VG München v. 21.5.2003 – M 7 K 02.2450; aA VG Gießen v. 20.9.2000 – 10 E1547/02, NVwZ-RR 2003, 212 ff.
140 Vgl hierzu BVerwG v. 17.11.2010 – 3 C 42.09.
141 OVG NRW v. 15.4.2011 – 5 A 954/10.
142 VG München v. 13.10.1988 – M 17 K 88.2451; OVG Hamburg v. 28.1.1998 – 6 Bf 99/98; OVG Hamburg v. 28.3.2000 – 3 Bf 215/98, NZV 2001, 52 ff; VG Berlin v. 18.5.1999 – 9 A 40.99, DAR 2000, 182; OVG Münster v. 15.4.2011 – 5 A 954/10.
143 VG München v. 8.11.2005 – 8.11.2005.
144 BVerwG v. 14.5.1992 – 3 C 3/90, BVerwGE 90, 189; VG Hamburg v. 12.4.2011 – 21 K 1902/09.

ohne Einhalten des Fünf-Meter-Abstands beeinträchtigt die Funktion des Fußgängerüberwegs. Die Sicht auf Fußgänger, insbesondere auf kleine Kinder, Rollstuhlfahrer, Personen mit Kinderwägen und andere Passanten wird verdeckt. Hieraus resultiert eine Gefahr, die das Abschleppen des Fahrzeugs rechtfertigt.[145] Einer konkret nachweisbaren Gefährdung bedarf es nicht.[146] Die Abschleppmaßnahme ist dabei auch nicht dann unverhältnismäßig, wenn ein weiteres Zuwarten nicht erfolgt, da Fußgängerüberwege stets freizuhalten sind.[147]

XV. Fußgängerzone

85 Das Abschleppen eines in einer Fußgängerzone verbotswidrig abgestellten Fahrzeugs ist geboten, wenn durch das Fahrzeug andere Verkehrsteilnehmer behindert werden. Das gilt auch bei Funktionsbeeinträchtigungen einer Fußgängerzone.[148] Auf eine konkrete Behinderung oder auf die Dauer des verbotswidrigen Parkens kommt es nicht an.[149] Im Bereich von Fußgängerzonen rechnet das Publikum außerhalb der Zeiten, in denen in beschränktem Umfang Verkehr zum Zwecke der An- und Ablieferung zugelassen ist, grundsätzlich nicht mit dem Auftauchen von Fahrzeugen. Verkehren außerhalb der zugelassenen Zeiten Fahrzeuge in Fußgängerzonen, so besteht die Gefahr, dass Personen verletzt werden. Dies ist namentlich dann der Fall, wenn sie zum widerrechtlichen Parken in die Fußgängerzone hinein- oder aus ihr wieder herausfahren.[150] Schon deshalb ist es erforderlich, dort widerrechtlich geparkte Fahrzeuge grundsätzlich als Gefahr anzusehen. Das gilt ohne Rücksicht darauf, ob sich die Fahrzeuge zu einer relativ ruhigen Zeit in der Fußgängerzone oder am Rand einer Fußgängerzone befinden. Die auch dann immer mit hoher Wahrscheinlichkeit bestehende Gefahr für nur wenige Benutzer der Fußgängerzone genügt den gesetzlichen Voraussetzungen einer Sicherstellung.[151] Eine Abschleppmaßnahme kann jedoch unverhältnismäßig sein, wenn die Fußgängerzone von Fußgängern überhaupt nicht benutzt wird und dementsprechend eine Beeinträchtigung der allein Fußgängern vorbehaltenen Funktion als Verkehrsfläche ausgeschlossen ist.[152] Dies kommt beispielsweise beim Abschleppen eines in einer Fußgängerzone abgestellten Fahrzeugs während der Nachtzeit in Betracht.[153]

XVI. Gehweg

86 Ein bloßer Verstoß gegen das Verbot des Gehweg-Parkens allein rechtfertigt nicht ohne Weiteres eine Abschleppmaßnahme. Die Abschleppmaßnahme ist jedoch gerechtfertigt, wenn durch das Fahrzeug der gesamte Gehweg verstellt wird und hierdurch die Fußgänger behindert werden.[154] Dies ist dann anzunehmen, wenn ein problemloser Begegnungsverkehr zwi-

---

145 BayVGH v. 18.2.2014 – 10 ZB 11.2172.
146 OVG SH v. 28.2.2000 – 4 L 135/99, DAR 2001, 475.
147 VG München v. 3.8.2005 – M 7 K 04.5064.
148 BVerwG v. 14.5.1992 – 3 C 3/90, BVerwGE 90, 189; BVerwG v. 18.2.2002 – 3 B 149/01, NJW 2002, 2122; OVG MV v. 23.2.2005 – 3 L 114/03; VG Lüneburg v. 3.9.2002 – 6 A 196/01; OVG NRW v. 26.9.1996 – 5 A 1746/94.
149 VG München v. 26.7.2001 – M 17 K 00.4143; VG Aachen v. 10.5.2006 – 6 K 4382/04 mwN.
150 BayVGH v. 4.10.1989 – 21 B 89.1969, BayVBl. 1990, 433.
151 BayVGH v. 23.5.1984, BayVBl. 1984, 559, 561; VG München v. 12.11.1999 – M 17 K 98.183; v. 11.12.1997 – M 17 K 96.233; v. 26.7.2001 – M 17 K 00.4143.
152 VG Aachen v. 10.5.2006 – 6 K 4382/04.
153 Vgl NdSOVG v. 8.12.1988 – 12 A 191/88.
154 BVerwG v. 14.5.1992 – 3 C 3/90, BVerwGE 90, 189-193; *Vahle*, DVP 2001, 58, 61; VG Köln v. 28.6.2007 – 20 K 7162/05 zum Abstellen eines Motorrads auf dem Gehweg; VG Köln v. 9.12.2014 – 20 K 4011/13; VG Düsseldorf v. 25.6.2014 – 14 K 7732/13.

schen Fußgängern, Rollstuhlfahrern und Personen mit Rollator oder Kinderwagen nicht möglich ist.[155]

XVII. Kreuzungsbereich

Das Parken im Fünf-Meter-Bereich einer Einmündung oder Kreuzung stellt einen Verstoß gegen § 12 Abs. 3 Nr. 1 StVO dar. Dieses verbotswidrige Abstellen eines Pkws ruft regelmäßig eine konkrete Gefahr hervor, weil der Abbiegeverkehr beeinträchtigt wird. Neben der Behinderung des Abbiegeverkehrs liegt auch eine Beeinträchtigung der Sichtverhältnisse vor, was zu einer konkreten Unfallgefahr führt.[156] Bei abgerundeten Einmündungen sind im Übrigen die Schnittpunkte der gedachten Verlängerungen des Verlaufs der Fahrbahnkanten vor Beginn der Abrundung maßgebend.[157] Bei Vorhandensein eines mehr als 5 m vor oder hinter dem Schnittpunkt der beiderseitigen Fahrbahnkanten beginnenden oder endenden Einmündungsbogens ist das Parken dort verboten, wo das parkende Fahrzeug von dem verlängerten Fahrbahnrand der einen oder der anderen Straße in senkrechter Richtung gemessen weniger als 5 m entfernt ist.[158]

87

XVIII. Ladetätigkeit

Im eingeschränkten Haltverbot ist es verboten, länger als drei Minuten zu halten. Hiervon ist das Halten zum Be- und Entladen ausgenommen. Nach der Rechtsprechung zum Ordnungswidrigkeitenrecht werden zur Ladetätigkeit dabei auch solche Vorbereitungs- oder Nebentätigkeiten für die eigentliche Ladetätigkeit gezählt, die mit im Wesentlichen gleichen oder ähnlichen Arbeitsvorgängen wie das Verladen selbst sowie in einem gewissen zeitlichen Zusammenhang zu diesem erfolgen.[159] Voraussetzung ist jedoch, dass ein unmittelbarer Zusammenhang mit der Ladetätigkeit besteht.

88

XIX. Leerfahrt/Teilleerfahrt/Anschlussauftrag

Dem von einer Abschleppmaßnahme Betroffenen können die Kosten der Maßnahme auch dann auferlegt werden, wenn er vor Ankunft des Abschleppunternehmens zu seinem Fahrzeug zurückkehrt, die Kosten für den Abschleppauftrag angefallen sind und der angeforderte Abschleppdienst nicht mehr abbestellt werden kann.[160] Kosten fallen dabei bereits an, sobald das angeforderte Abschleppfahrzeug ausrückt und sich auf dem Weg zum Bestimmungsort befindet.[161] Eine sog. Teilleerfahrt ist gegeben, wenn der Abschleppvorgang abgebrochen wird, jedoch mit den Arbeiten zum Befestigen des Fahrzeugs am Abschleppwagen begonnen worden ist. Kommt es nach Abbruch eines Abschleppvorgangs unmittelbar zu einem Anschlussauftrag, so ist dies bei der Höhe der Kosten beachtlich.[162] Soweit das Abschleppfahr-

89

---

155 OVG NRW v. 20.12.2012 – 5 A 2802/11.
156 BayVGH v. 2.6.2003 – 24 ZB 03.647; VG München v. 5.5.2004 – M 7 K 03.7082; OVG NRW v. 9.6.2000 – 5 A 135/99, NZV 2001, 55 f; VG Aachen v. 5.7.2010 – 6 K 512/08.
157 BayObLG v. 3.9.1980 – 1 Ob OWi 417/80; OLG Hamm VRS 7, 227, 228.
158 BayObLG v. 3.9.1980 – 1 Ob OWi 417/80.
159 OLG Köln v. 29.4.1969 – Ss 79/69; LSG Baden-Württemberg v. 17.3.1976 – L 2 Ua 465/74; OLG Düsseldorf v. 17.6.1991 – 5 Ss 218/91.
160 VGH BW v. 27.6.2002 – 1 S 1531/01, DÖV 2002, 1002; VG München v. 7.1.2005 – M 7 S 04.5746; weitergehend HessVGH v. 28.7.1987 – 11 UE 2736/86, wonach es ausreichend und alleinige Voraussetzung ist, dass die Ersatzvornahme durch Anforderung des Abschleppfahrzeugs rechtmäßig eingeleitet worden ist.
161 BayVGH v. 28.11.2001 – 24 B 00.3140; VG Köln v. 21.10.2010 – 20 K 2817/10.
162 OVG Hamburg NJW 2001, 168, 171; OVG Hamburg v. 6.5.2008 – 3 Bf 105/05.

zeug ohne Einbußen für eine effektive Aufgabenerfüllung auf Kosten eines anderen Pflichtigen unmittelbar anderweitig eingesetzt werden kann, so dürfen gegebenenfalls Kosten für die Leerfahrt ausnahmsweise nicht erhoben werden.[163] Aus Gründen der Verhältnismäßigkeit darf die Abschleppmaßnahme nicht mehr fortgesetzt werden, wenn der Betroffene vor Abschluss des Abschleppvorgangs vor Ort erscheint.[164] Im Übrigen kann auch im Fall eines abgebrochenen Abschleppvorgangs die Verwaltungsgebühr verlangt werden. Dies gilt selbst dann, wenn die Bediensteten der Verkehrsüberwachung in Abschleppwägen, die vorsorglich im Einsatz sind, mitfahren.[165]

XX. Mobiles Haltverbotszeichen

90 Ein zunächst erlaubtermaßen geparktes Fahrzeug kann auch nach Aufstellen eines Haltverbotszeichens auf Kosten des Halters abgeschleppt werden (vgl Muster Rn 63).[166] Die Wirksamkeit eines ordnungsgemäß aufgestellten oder angebrachten Verkehrszeichens hängt dabei nicht von der subjektiven Kenntnisnahme des davon Betroffenen ab.[167] Vielmehr müssen Verkehrsteilnehmer grundsätzlich mit kurzfristigen Änderungen der bestehenden Verkehrslage rechnen. Nach Aufstellen eines mobilen Verkehrszeichens und Einhalten einer entsprechenden Vorlaufzeit können ihnen die Kosten für eine Abschleppmaßnahme auferlegt werden.[168] Wie lange die Vorlaufzeit zu dauern hat, ist von der Rechtsprechung im jeweiligen Bundesland abhängig.[169] Nach der Rechtsprechung des Bundesverwaltungsgerichts ist die Kostenbelastung für eine Abschleppmaßnahme zumindest ab dem vierten Tag nach Aufstellung nicht unverhältnismäßig.[170] Bei der Berechnung der Vorlaufzeit sind der Tag der Aufstellung sowie Sonn- und Feiertage mit einzubeziehen.[171] Ausnahmsweise kann die Verkehrsbehörde eine kürzere Ankündigungsfrist mit der Begründung bestimmen, dass die baldige Änderung der Verkehrsregelung zB aufgrund einer Wanderbaustelle für jedermann erkennbar gewesen ist und dass daher von einem Dauerparker eine über das übliche Maß hinausgehende Sorgfalt bei der Beobachtung des Verkehrsgeschehens erwartet werden kann.[172] Unerheblich ist im Übrigen, ob das Haltverbotszeichen von Trägern öffentlicher Gewalt oder einem Privaten mit Sondernutzungserlaubnis aufgestellt worden ist.[173]

---

163 OVG NRW v. 10.7.2013 – 5 A 1687/12.
164 *Vahle*, DVP 2001, 58, 63.
165 VG Aachen v. 15.4.2011 – 7 K 2213/09.
166 BVerwG v. 11.12.1996 – 11 C 15/95, BVerwGE 102, 316-320; BVerwG NJW 1997, 1021 f.
167 BVerwG v. 11.12.1996 – 11 C 15/95, BVerwGE 102, 316-320; BVerwG 1997, 1021 f.
168 BVerwG v. 11.12.1996 – 11 C 15/95, BVerwGE 102, 316-320; BVerwG NJW 1997, 1021 f; BayVGH v. 3.5.2001 – 24 B 00.242.
169 Drei volle Tage: BayVGH v. 17.4.2008 – 10 B 08.449; VGH BW v. 13.2.2007 – 1 S 822/05, NJW 2007, 2058; OVG Sachsen v. 23.3.2009 – 3 B 891/06; drei Werktage: HessVGH v. 20.8.1996 – 11 UE 284/96, NJW 1997, 1023; VG Darmstadt v. 11.11.2004 – 7 E 1021/02; 48 Stunden: VG Aachen v. 25.4.2007 – 6 K 1149/06; OVG NRW v. 23.5.1995 – 5 A 2092/93, NVwZ-RR 1996, 59.
170 BVerwG v. 11.12.1996 – 11 C 15/95 – BVerwGE 102, 316- 320; VG Bremen v. 9.12.2010 – 5 K 622/10; OVG Hamburg v. 7.10.2008 – 3 Bf 116/08; VG Neustadt v. 27.1.2015 – 5 K 444/14.NW; VG Berlin v. 19.1.2015 – 11 K 419.14 (Kostentragungspflicht bei zwei aufeinanderfolgenden Umsetzungen).
171 BayVGH v. 3.5.2001 – 24 B 00.242; OVG Hamburg v. 7.10.2008 – 3 Bf 116/008; OVG Berlin-Brandenburg v. 23.2.2009 – OVG 1 N 111.08.
172 VGH BW v. 13.2.2007, NJW 2007, 2058; BayVGH v. 17.4.2008 – 10 B 08.449.
173 OVG Hamburg v. 4.11.2003 – 3 Bf 23/03, DAR 2004, 543 (Einrichtung einer Haltverbotszone für private Dreharbeiten).

XXI. Ordnungswidrigkeitenverfahren

Die Einstellung des Ordnungswidrigkeitenverfahrens hat auf die Erhebung von Kosten aufgrund einer Abschleppmaßnahme regelmäßig keine Auswirkungen.[174] Das Ordnungswidrigkeitenverfahren betrifft die von einem subjektiven Verschulden abhängige Ahndung eines verkehrsordnungswidrigen Verhaltens. Dementsprechend kann die Frage einer rechtfertigenden Notstandssituation auch nur für das Ordnungswidrigkeitenverfahren Bedeutung erlangen, nicht aber für die ordnungsrechtliche Verantwortlichkeit.[175] Bei den Abschlepp- und Versetzungskosten handelt es sich um Aufwendungen für die Beseitigung einer vom Kläger als Störer verursachten verschuldensunabhängigen Beeinträchtigung der öffentlichen Sicherheit und Ordnung.[176] Etwas anderes gilt allenfalls dann, wenn das Einschreiten unter dem Gesichtspunkt des Übermaßverbots objektiv zu beanstanden wäre.[177]

91

XXII. Parken in zweiter Reihe

Das Abschleppen eines in zweiter Reihe geparkten Fahrzeugs ist gerechtfertigt, wenn dadurch andere Fahrzeuge zugeparkt oder andere Verkehrsteilnehmer behindert werden. Letzteres kann sich beispielsweise aus einer unzulässigen Sichtbehinderung ergeben. Daneben kommt eine Abschleppmaßnahme in Betracht, wenn durch das abgestellte Fahrzeug Fahrzeuge des fließenden Verkehrs gezwungen werden, eine durchgezogene weiße Linie zu überfahren[178] oder ein Fahrstreifen völlig blockiert wird.[179]

92

XXIII. Parkuhr/Parkscheinautomat

Das durch eine Parkuhr gekennzeichnete modifizierte Haltverbot enthält zugleich das – sofort vollziehbare – Gebot, ein abgestelltes Fahrzeug alsbald wegzufahren, wenn die Voraussetzungen für ein erlaubtes Handeln nicht (mehr) gegeben sind. Dieses Gebot kann Grundlage für das Abschleppen des Fahrzeugs sein.[180] Entscheidend dabei ist, dass die Missachtung der Parkuhr wesentlich deren verkehrsregelnde Funktion beeinträchtigt, nämlich die Anordnung des zeitlich begrenzten Parkens, um den knappen Parkraum möglichst vielen Kraftfahrern zur Verfügung zu stellen.[181] Das Abschleppen eines Fahrzeugs von einem Parkplatz mit zeitlicher Beschränkung ist zumindest dann verhältnismäßig, wenn das Fahrzeug dort für

93

---

174 VG Bremen v. 9.12.2010 – 5 K 982/10.
175 VG Münster v. 21.1.2014 – 1 K 1483/12 (Gehwegparken wegen eines ärztlichen Einsatzes bei Hexenschuss bzw. Bandscheibenvorfall).
176 BayVGH v. 7.12.1998 – 24 ZS 98.2972; OVG Hamburg v. 27.8.2002 – 3 Bf 3112/02; OVG Saarl v. 16.6.1999 – 9 Q 166,8/98; BayVGH v. 30.12.2005 – 24 ZB 05.2752.
177 BVerwGE, 45, 52; 47, 31; 49, 36.
178 VG München v. 27.7.2005 – M 7 K 04.6469.
179 VGH BW v. 5.5.1971 – I 177/70 – DAR 1972, 137.
180 BVerwG v. 26.1.1988 – 7 B 189/87, NVwZ 1988, 623; HessVGH Die Polizei, 1998, 63.
181 BVerwG v. 6.7.1983 – 7 B 113/82; Beeinträchtigung der verkehrsregelnden Funktion eines bewirtschafteten Parkraums durch fehlende Betätigung der vorgesehenen Einrichtung oder nach Ablauf der zulässigen Höchstparkdauer abgelehnt, da im Einzelfall ausreichender Parkraum in der Umgebung vorhanden war: VG Hamburg v. 22.2.2006 – 15 K 3450/05 und dem folgend OVG Hamburg 28.7.2009 – 3 Bf 126/06.Z, NVwZ-RR 2009, 995.

mehrere (drei) Stunden unzulässig gestanden hat.[182] Im Übrigen ist der Nachweis einer konkreten Behinderung nicht erforderlich.[183]

XXIV. Polizeiparkplatz

94 Im Bereich eines Haltverbotszeichens mit dem Zusatzzeichen „Einsatzfahrzeuge frei" dürfen verbotswidrig abgestellte Fahrzeuge stets abgeschleppt werden, da sie die jederzeitige Einsatzbereitschaft der Polizeifahrzeuge gefährden. Auf eine konkrete Behinderung kommt es nicht an.[184]

XXV. Taxenstand

95 Das Parken im Bereich eines Taxenstands stellt gem. Zeichen 229 der Anlage 2 zu §§ 41 Abs. 1, 49 Abs. 3 Nr. 4 StVO, § 24 Abs. 1 StVG eine Ordnungswidrigkeit dar. Das Abschleppen eines im Bereich eines Taxenstands abgestellten Fahrzeugs ist nicht deshalb unverhältnismäßig, weil keine Wartezeit für die Anordnung eingehalten wurde bzw eine konkrete Behinderung im Zeitpunkt der Abschleppanordnung nicht vorlag.[185]

XXVI. Unverschlossenes Kraftfahrzeug

96 War eine polizeiliche Sicherungsmaßnahme objektiv nützlich und drängt sich kein schonenderes Mittel auf, so verdient sie und die damit verbundene Kostenbelastung rechtliche Billigung.[186]

XXVII. Verkehrszeichen

97 Grundsätzlich müssen Verkehrseinrichtungen so beschaffen sein, dass ihre Anordnung bei zumutbarer Aufmerksamkeit durch beiläufigen und raschen Blick erfasst, verstanden und befolgt werden kann.[187] Dieser Grundsatz gilt nur eingeschränkt für den ruhenden Verkehr. Anders als bei der Teilnahme am fließenden Verkehr ist der Verkehrsteilnehmer hier nicht darauf angewiesen, Beschilderungen innerhalb von Sekunden oder Sekundenbruchteilen aufzunehmen. Vielmehr ist es dem Verkehrsteilnehmer im ruhenden Verkehr möglich, die Verkehrszeichen eingehend zu prüfen, um festzustellen, ob er sein Fahrzeug an der von ihm gewählten Stelle abstellen darf.[188]

---

182 BVerwG v. 6.7.1983 – 7 B 113/82; BayVGH v. 7.12.1998, NJW 1999, 1130; VG Aachen v. 2.4.2008 – 6 K 80/08; OVG Hamburg v. 27.11.2009 – 3 Bf 36/06; OVG Sachsen v. 1.9.2010 – 3 A 616/09; nach HessVGH v. 11.11.1997, NVwZ-RR 1999, 23 ist das Abschleppen bereits bei einer Überschreitung der Höchstparkdauer von nur einer Stunde verhältnismäßig.
183 HessVGH v. 11.11.1997, NVwZ-RR 1999, 23; BayVGH v. 7.12.1998, NJW 1999, 1130; VG Aachen v. 10.5.2006 – 6 K 3362/04.
184 VG München v. 3.11.2006 – M 7 K 96.1434; *Schmidbauer/Steiner*, Art. 25 Rn 122; zum Parken eines Kraftrades auf dem Gehweg und im Sicherheitsbereich: VG München v. 28.2.2014 – M 7 K 13.5618.
185 BVerwG v. 9.4.2014 – 3 C 5/13; BayVGH v. 10.4.2014 – 10 ZB 14.79; BayVGH v. 15.12.2006 – 24ZB 06.2743; BayVGH v. 31.8.2007 – 24 ZB 07.1687; OVG Hamburg v. 7.3.2006 – 3 Bf 392/05, wonach es beim Taxistand vergleichbar mit den Behindertenparkplätzen einer konkreten Behinderung nicht bedarf, sondern der Taxenstand mangels Vorhersehbarkeit des Bedarfs stets freizuhalten ist; VG Düsseldorf v. 27.4.2004 – 14 K 8762/03; VG München v. 17.7.1989 – M 17 K 89.910, wonach eine Behinderung zwar noch nicht eingetreten, allerdings nach den Umständen vorhersehbar sein muss.
186 BVerwG v. 3.5.1999 – 3 B 48/99, NZV 2000, 514; siehe Rn 7 ff.
187 *Hentschel/König/Dauer*, Straßenverkehrsrecht, § 39 StVO Rn 32, 33.
188 OVG NRW v. 11.6.1997, NJW 1998, 331; VGH BW v. 20.1.2010, 1 S 484/09; OVG Hamburg v. 30.6.2009 – 3 Bf 408/08, NZV 2009, 524 (mit ausf. Begr.); VG München v. 24.4.2006 – M 7 K 05.6108.

Für den verwaltungsvollstreckungsrechtlichen Anspruch auf Erstattung von Kosten des Abschleppens kommt es allein auf die **Wirksamkeit** der Verkehrszeichenregelung an; deren Rechtmäßigkeit ist unerheblich.[189] Rechtliche Konsequenzen für die Wirksamkeit eines Verkehrsschildes können sich nur dann ergeben, wenn das Verkehrszeichen vollkommen verdeckt ist.[190] Dabei verliert ein mobiles Haltverbotsschild regelmäßig nicht seine Wirksamkeit, wenn es lediglich umgedreht ist, solange es weiterhin eindeutig einem bestimmten Straßenabschnitt zugeordnet werden kann.[191] Eine vorübergehende Unkenntlichkeit beseitigt die Wirksamkeit des Verkehrszeichens nicht.[192] Schwerwiegende Verstöße gegen das Bestimmtheitsgebot führen hingegen zur Nichtigkeit der Verkehrsregelung. Dies ist der Fall, wenn die Verkehrsregelung objektiv unklar ist und ihr Sinn nicht eindeutig ermittelt werden kann.[193]

XXVIII. Versetzung

Die Versetzung stellt gegenüber dem Abschleppen auf einen Verwahrplatz grundsätzlich das mildere Mittel dar (siehe Rn 35 f). Beruft sich der von einer Abschleppmaßnahme Betroffene darauf, dass sein Fahrzeug auch hätte versetzt werden können, so obliegt es ihm, substantiiert darzulegen, dass in der Nähe ein der StVO entsprechender Parkplatz frei gewesen wäre. Im Übrigen ist vor Erlass eines Leistungsbescheides für eine Versetzung grundsätzlich anzuhören. Die im Ordnungswidrigkeitenverfahren hinsichtlich der Erhebung eines Bußgeldes durchgeführte Anhörung ersetzt die vor Erlass eines Kostenbescheides erforderliche Anhörung nicht.[194]

XXIX. Zusatzschilder

Zusatzschilder im Sinne des § 39 Abs. 2 S. 3 bis 5 StVO, welche sich unter mehreren übereinander angebrachten Verkehrszeichen befinden, gelten nur für das unmittelbar über dem Zusatzschild angebrachte Verkehrszeichen.[195] An der Erkennbarkeit und damit Wirksamkeit eines Zusatzzeichens ändert sich allerdings nichts, wenn es entgegen § 39 Abs. 2 S. 4 StVO nicht unter, sondern oberhalb des Bezugsverkehrszeichens angebracht ist.[196] Im Übrigen haben Zusatzschilder wie „Sicherheitszone" gegenüber einem Haltverbotszeichen keinerlei Regelungsgehalt und auch keine Klarstellungsfunktion.[197] Weder die Straßenverkehrsordnung noch eine sonstige Rechtsnorm gebieten, dass ein eindeutiges Vorschriftzeichen durch ein Zusatzschild, das über die Motive der Anordnung Auskunft gibt, ergänzt werden müsste.

XXX. Zustandsstörer/Halterhaftung

Eine gesetzliche Regelung, die es erlaubt, den Eigentümer mit den durch die Beseitigung des Wagens entstehenden Abschleppkosten zu belasten, ist von Art. 14 Abs. 1 S. 2 GG gedeckt. Der Halter als Zustandsverantwortlicher kann sofort und direkt in Anspruch genommen

---

189 OVG Hamburg v. 11.2.2002 – 3 Bs 237/00; OVG Hamburg v. 7.10.2008 – 3 Bf 116/08; VG München v. 3.12.2003 – M 7 K 03.194; v. 7.1.2005 – 1 S 04.5746.
190 OVG NRW v. 25.11.2004 – 5 A 850/03; VG München v. 26.10.2005 – M 7 K 05.2678.
191 OVG NRW v. 11.6.1997 – 5 A 4278/95, NJW 1998, 331; vgl zu stationären und mobilen Haltverbotsschildern: VG Köln v. 16.1.2014 – 20 K 4199/13.
192 OLG Oldenburg v. 16.8.1979, DAR 1980, 127; VG München v. 27.8.2004 – M 7 K 03.3358.
193 BayObLG v. 29.11.1999, NStZ-RR 2000, 119.
194 VG Düsseldorf v. 16.6.2014 – 14 K 8019/13.
195 BVerwG v. 13.3.2003 – 3 C 51/02.
196 BayVGH v. 5.7.2007 – 24 ZB 07.587; VG Augsburg v. 14.2.2007 – Au 5 K 06.1082.
197 BVerwG v. 23.6.1993 – 11 C 32/92.

werden, wenn nicht mit angemessenem und zumutbarem Verwaltungsaufwand ermittelbar ist, wer Verantwortlicher ist.[198] Gegen die Kostenerstattungspflicht bestehen insbesondere auch dann keine verfassungsrechtlichen Bedenken, wenn der Eigentümer seinen Wagen an eine andere Person verleiht und dies dazu führt, dass der Wagen an einem Ort abgestellt wird, an dem er den Straßenverkehr behindert, und deshalb entfernt werden muss.[199]

F. Schadensersatz bei Schäden am Fahrzeug nach einer Abschleppmaßnahme

102 Bei von der Polizei angeordneten Abschleppmaßnahmen kann es zu einer Beschädigung des abgeschleppten Fahrzeugs kommen. In einem solchen Fall wird der Fahrzeughalter regelmäßig einen Anspruch auf Ersatz für den ihm entstandenen Schaden geltend machen. Problematisch ist dabei, gegen wen ein solcher Anspruch zu richten (Rn 103 ff) und auf welche Rechtsgrundlage er zu stützen (Rn 107 ff und 113 ff) ist.

I. Anspruchsgegner

103 Die Polizei schließt mit dem Abschleppunternehmer einen **Vertrag**,[200] nach dem dieser zur Entfernung und Verbringung des Fahrzeugs auf einen der StVO entsprechenden Parkplatz oder auf einen Verwahrplatz verpflichtet ist. Im Gegenzug erhält der Abschleppunternehmer ein Entgelt. Vertragliche Ansprüche des Abschleppunternehmers gegen den Störer bestehen nicht. Der Störer seinerseits hat wiederum nur Ansprüche gegen die Polizei, da nur zu dieser aufgrund des Polizeirechts eine Rechtsbeziehung besteht.

104 Die soeben dargestellten Grundsätze in der Dreiecksbeziehung gelten grundsätzlich auch, wenn an dem abgeschleppten Fahrzeug ein Schaden entsteht. Eine Haftung der anordnenden Körperschaft nach **§ 839 BGB, Art. 34 GG** kommt allerdings nur in Betracht, wenn Mitarbeiter des Abschleppunternehmens in Ausübung eines ihnen anvertrauten hoheitlichen Amtes gehandelt haben.[201] Zu der Frage, ob bei einem pflichtwidrigen Handeln des Verwaltungshelfers dieser selbst oder an seiner Stelle der Staat haftet, vertritt der Bundesgerichtshof in ständiger Rechtsprechung die „**Werkzeugtheorie**". Danach haftet die auftraggebende Körperschaft für pflichtwidriges Handeln des Verwaltungshelfers, wenn sie in so weitgehendem Maße auf die Durchführung des Auftrags Einfluss genommen hat, dass sie das Handeln der Privatperson wie eigenes gegen sich gelten lassen und es so angesehen werden muss, als wäre die Privatperson lediglich als Werkzeug (Erfüllungsgehilfe) der auftraggebenden Behörde bei der Durchführung ihrer hoheitlichen Aufgabe tätig geworden.[202]

105 **1. Schadenseintritt während Abschleppvorgang**[203] Für den Fall, dass der Schaden am Fahrzeug während des Abschleppvorganges selbst aufgetreten ist, ist anerkannt, dass die Stellung

---

198 VG Augsburg v. 16.12.2014 – Au 1 K 14.1324 mwN.
199 BVerwG v. 19.11.1991 – 8 B 137/91, NJW 1992, 1908; VG Aachen v. 23.2.2011 – 6 K 1/10; VG Düsseldorf v. 16.6.2014 – 14 K 6252/13 für den Fall der freiwilligen Überlassung aufgrund einer Täuschung.
200 Für privatrechtlichen Vertrag: *Berner/Köhler/Käß*, Art. 9 Rn 5, Art. 25 Rn 6; *Honnacker/Beinhofer*, Art. 9 Rn 12; *Lisken/Denninger*, M Rn 78 ff.; vgl auch BGH v. 26.2.2006 – I ZR 83/03; für öffentlich-rechtlichen Vertrag: *Schmidbauer/Steiner*, Art. 76 Rn 57.
201 BGH v. 21.1.1993 – III ZR 189/91, NJW 1993, 1258.
202 BGH v. 18.2.2014 – VI ZR 383/12; v. 21.1.1993 – III ZR 189/91 – NJW 1993, 1258-1260; VG Bremen v. 1.10.2008 – 5 K 3144/07; *Maunz/Dürig*, Kommentar zum Grundgesetz, Loseblattsammlung, Art. 34 Rn 111 ff; *Ossenbühl*, S. 20 ff, 24.
203 Zum Anspruch des Abschleppunternehmers gegen den Halter des abgeschleppten Fahrzeugs im Falle der Beschädigung des Abschleppwagens: OLG Karlsruhe v. 28.8.2014 – 13 K 15/14.

des Abschleppunternehmens derjenigen eines Verwaltungshelfers angenähert ist. Dementsprechend erfolgt für die eingetretenen Schäden eine **Haftungsverlagerung auf die anordnende Körperschaft**.[204] Unerheblich ist dabei, ob die Beauftragung des Abschleppunternehmers auf privatrechtlicher Grundlage erfolgt ist. Für die staatshaftungsrechtliche Würdigung des Vorgangs kommt es allein auf das nach außen manifestierte Handeln als „Erfüllungsgehilfe" des Trägers öffentlicher Gewalt an. Eine Haftung des Abschleppunternehmers aus § 831 oder § 823 BGB bzw § 18 StVG (Haftung des Kraftfahrzeugführers) kommt gem. Art. 34 S. 1 GG daneben nicht in Betracht.[205]

2. Schadenseintritt auf dem Verwahrplatz. Erfolgte die Beschädigung hingegen erst auf dem Verwahrplatz, zu welchem das verbotswidrig abgestellte Fahrzeug verbracht wurde, ist umstritten, ob der Abschleppunternehmer selbst haftet oder der Staat in Anspruch genommen werden kann. Nach einer Ansicht scheidet in einem solchen Fall ein Amtshaftungsanspruch aus, da der Abschleppunternehmer während des Zeitraums der Verwahrung nicht mehr als „Werkzeug" angesehen werden kann.[206] Damit sind Schadensersatzansprüche unmittelbar gegen diesen zu richten. Nach anderer Ansicht ist die Stellung des Abschleppunternehmers nicht nur beim Abschleppvorgang selbst, sondern auch bei der sich anschließenden Verwahrung und Herausgabe derjenigen eines Verwaltungshelfers angenähert.[207] Für Letzteres spricht, dass die „künstliche Aufspaltung" des Abschleppvorgangs in mehrere Phasen, zu verschiedenen Anspruchsgegnern als auch zu Beweisschwierigkeiten führt.[208]

II. Ansprüche gegen den Staat

Für einen Schadensersatzanspruch wegen der Beschädigung des Fahrzeugs aufgrund der Abschleppmaßnahme kommt der **allgemeine Amtshaftungsanspruch** nach § 839 BGB, Art. 34 GG in Betracht.[209] Daneben kann ein Entschädigungsanspruch aus **enteignungsgleichem Eingriff** bestehen.[210] Außerdem kann ein Schadensersatzanspruch aus der entsprechenden Anwendung von **§§ 280 ff BGB iVm dem öffentlich-rechtlichen Verwahrungsverhältnis** resultieren.[211] Der Verwaltungsträger hat insoweit für schuldhafte Pflichtverletzungen – auch seines Erfüllungsgehilfen – einzustehen und Schadensersatz zu leisten, wobei ihm im Gegensatz zur Amtshaftung die Beweislast für fehlendes Verschulden obliegt.[212]

1. Voraussetzungen eines Amtshaftungsanspruch aus § 839 BGB, Art. 34 GG. Voraussetzung des Amtshaftungsanspruchs nach § 839 BGB, Art. 34 GG ist, dass ein Beamter vorsätzlich

---

204 BGH v. 18.2.2014 – VI ZR 383/12; v. 21.1.1993 – III ZR 189/91, NJW 1993, 1258; LG Frankfurt/Main v. 24.11.1999 – 2/16 S 148/99 – DAR 2000, 268; *Lisken/Denninger*, M Rn 78 ff.
205 *Vahle*, DVP 2001, 58, 65.
206 Vgl OLG Hamm NJW 2001, 375, 376; OLG Thüringen v. 6.4.2005 – 4 U 965/04; kritisch zu dieser Ansicht: *Lampert*, NJW 2001, 2526 f; *Perrey*, BayVbl. 2000, 609/617, der eine Amtshaftung für den Abschleppunternehmer in jedem Fall ablehnt.
207 OLG Düsseldorf v. 25.2.2003 – 20 U 1/03; folgend: BGH v. 26.1.2006 – I ZR 83/03, NJW 2006, 1804, wonach der Abschleppunternehmer auch noch bei der sich an den Abschleppvorgang anschließenden Verwahrung und Herausgabe als verlängerter Arm der Verwaltungsbehörde einzuordnen ist; VG Bremen v. 1.10.2008 – 5 K 3144/07; *Schmidbauer/Steiner*, Art. 76 Rn 58; *Schenke*, Rn 727, der sich zudem für einen Schadensersatzanspruch wegen Verletzung einer quasivertraglichen Pflicht (analog § 280 BGB) aus dem Verwahrverhältnis ausspricht; *Lisken/Denninger*, M Rn 78 ff.
208 OLG Düsseldorf v. 25.2.2003 – 20 U 1/03; *Lampert*, NJW 2001, 2526 f; *Lisken/Denninger*, M Rn 78 ff.
209 BGH v. 26.1.2006 – I ZR 83/03, NJW 2006, 1804; BGH NJW 1993, 1258; *Vahle*, DVP 2001, 58, 65.
210 *Schmidbauer/Steiner*, Art. 76 Rn 58.
211 BGH v. 5.10.1989 – III ZR 126/88; LG Osnabrück v. 28.1.1982 – 9 O 451/81, VersR 1983, 692; aA OLG Hamm NJW 2001, 375, 376, wonach ein solcher Anspruch an der Fürsorge- und Obhutspflicht scheitert; hiergegen spricht zumindest in Bayern die in Art. 26 Abs. 3 S. 1 BayPAG geregelte Pflicht, Wertminderungen vorzubeugen.
212 BGH v. 18.2.2014 – VI ZR 383/12.

oder fahrlässig die ihm einem Dritten gegenüber obliegende Amtspflicht verletzt. **Im Einzelnen:**

- hoheitliche Tätigkeit,
- Handeln in Ausübung eines Amts und nicht nur bei Gelegenheit,
- Verletzung einer Amtspflicht,
- Drittbezogenheit der Amtspflicht,
- Verschulden,
- ursächlicher Schaden aufgrund der Amtspflichtverletzung,
- keine andere Ersatzmöglichkeit bei Fahrlässigkeit (§ 839 Abs. 1 S. 2 BGB),
- Pflicht zur Schadensabwendung durch Rechtsmittel nachgekommen (§ 839 Abs. 3 BGB),
- Mitverschulden (§ 254 BGB).

109 Problematisch wird regelmäßig das Vorliegen einer hoheitlichen Tätigkeit sein. Dies ist zumindest dann zu bejahen, wenn sich die die Abschleppmaßnahme anordnende Behörde beim Abschleppen eines privaten Abschleppunternehmers bedient und die Beschädigung noch während des Abschleppvorgangs erfolgte.

110 **2. Geltendmachung eines Amtshaftungsanspruchs.** Amtshaftungsansprüche sind aufgrund der abdrängenden Sonderzuweisung in § 40 Abs. 2 S. 1 VwGO vor den Zivilgerichten geltend zu machen.[213] Gemäß § 71 Abs. 2 Nr. 2 GVG ist das **Landgericht** sachlich zuständig. Der Geschädigte hat zu beweisen, dass die Beschädigung durch das Abschleppunternehmen während des Abschleppvorgangs entstanden ist. Kann er dies nicht, geht dies zu seinen Lasten.[214] Bei einer fahrlässigen Amtspflichtverletzung ist darüber hinaus darzulegen, dass nicht auf andere Weise Ersatz verlangt werden kann.

111 **Hinweis:** In einem ersten **Anspruchsschreiben** wie auch in einem Klageschriftsatz sind grundsätzlich alle diejenigen tatsächlichen und rechtlichen Umstände darzulegen, aus denen sich der Schadensersatzanspruch ergibt. Dabei ist darauf zu achten, dass entsprechend den zivilrechtlichen Grundsätzen nur für diejenigen Gesichtspunkte Beweismittel benannt werden, für welche auch eine Beweispflicht besteht. Im Übrigen können Beweismittel unter Verwahrung gegen die Beweislast benannt werden. Das folgende Muster enthält ein Beispiel für ein erstes Anspruchsschreiben. Dabei sind insbesondere die rechtlichen Gesichtspunkte aus Gründen der Anschaulichkeit ausführlich dargestellt. In der Praxis wird eine derartig detaillierte Darstellung der rechtlichen Umstände bei einem ersten Anspruchsschreiben nicht erforderlich und aus prozesstaktischen Gründen regelmäßig auch nicht zu empfehlen sein, da dem Anspruchsgegner Einwendungen an die Hand gegeben werden könnten.

112 ▶ **Muster: Anspruchsschreiben zur Geltendmachung eines Schadensersatzanspruchs nach § 839 BGB, Art. 34 GG**

An das Polizeipräsidium ...

Betreff: Schadensersatzanspruch wegen Fahrzeugbeschädigung gegen den Freistaat Bayern
Frau M., ...
Abschleppmaßnahme vom 21.10.2015 (Ihr Az ...)

---

213 Vgl auch BayVGH v. 3.7.2008 – 10 C 07.3061.
214 OLG Thüringen v. 6.4.2005 – 4 U 965/04.

F. Schadensersatz bei Schäden am Fahrzeug nach einer Abschleppmaßnahme 20

Sehr geehrte Damen und Herren,

hiermit zeigen wir Ihnen an, dass uns Frau M. mit der Wahrnehmung ihrer rechtlichen Interessen beauftragt hat. Ordnungsgemäße Bevollmächtigung wird anwaltlich versichert. Sofern Sie die Übersendung einer Originalvollmachtsurkunde wünschen sollten, bitten wir Sie um kurzen Hinweis.

Unserer Beauftragung liegt folgender Umstand zugrunde:

Unsere Mandantin parkte ihr Fahrzeug am 20.10.2015 in der M-Straße in München vor dem Gebäude mit der Hausnummer 9. Das Fahrzeug mit dem amtlichen Kennzeichen ... stand längs zur Fahrbahn. Bei dem Fahrzeug handelt es sich um einen BMW 1er, Baujahr 2012. Am 21.10.2015 wurde das Fahrzeug aufgrund polizeilicher Anordnung abgeschleppt. Grund hierfür war, dass das hinter dem Pkw unserer Mandantin abgestellte Fahrzeug eingeparkt gewesen sein soll. Mit der Durchführung der Abschleppmaßnahme wurde der Abschleppunternehmer H. beauftragt.

Als unsere Mandantin ihr Fahrzeug vom Verwahrplatz abholte, beanstandete sie umgehend verschiedene Beschädigungen an ihrem Fahrzeug. Hierbei handelt es sich insbesondere um Lackschäden. Unsere Mandantin brachte ihr Fahrzeug am 26.10.2015 in ihre Kfz-Werkstatt, um Winterreifen aufziehen zu lassen. Im Rahmen dessen beauftragte sie die Werkstatt, zu der Frage Stellung zu nehmen, ob die Lackschäden durch eine Abschleppmaßnahme verursacht worden sein können. Zugleich beauftragte sie die Kfz-Werkstatt, einen Kostenvoranschlag für die Ausbesserung der Lackschäden zu erstellen. Mit beiliegendem Schreiben der Werkstatt vom 28.10.2015 teilte ihr diese mit, dass es sich bei den Lackschäden um solche handele, die typischerweise durch eine unsachgemäße Abschleppmaßnahme verursacht würden. Gleichzeitig wurde mitgeteilt, dass sich die Kosten der Reparatur auf 346 EUR belaufen würden.

Unsere Mandantin hat gegen den Freistaat Bayern, vertreten durch das Polizeipräsidium ... (§ 3 Abs. 4 Vertretungsverordnung), gemäß § 839 BGB iVm Art. 34 GG einen Anspruch auf Schadensersatz.

Verletzt jemand in Ausübung eines ihm anvertrauten öffentlichen Amts die ihm einem Dritten obliegende Amtspflicht, so trifft gemäß § 839 BGB iVm Art. 34 S. 1 GG die Verantwortlichkeit hierfür grundsätzlich den Staat oder die Körperschaft, in deren Diensten er steht. Nach der Rechtsprechung des Bundesgerichtshofs (BGH, Urt. v. 18.2.2014 – VI ZR 383/12; Urt. v. 26.1.2006 – I ZR 83/03, NJW 2006, 1804; Urt. v. 21.1.1993 – III ZR 189/91; vgl ebenso OLG Thüringen, Urt. v. 6.4.2005 – 4 U 965/04; LG Frankfurt/Main, Urt. v. 24.11.1999 – 2/16 S 148/99) handelt der Abschleppunternehmer, der von der Polizeibehörde zur Durchführung einer Abschleppmaßnahme beauftragt worden ist, in Ausübung eines ihm anvertrauten öffentlichen Amts. Dies folgt aus dem Umstand, dass die Anordnung, das Fahrzeug abzuschleppen, sowie die Durchführung der Abschleppmaßnahme sich materiell als polizeiliche Vollstreckungsmaßnahme in Gestalt der Ersatzvornahme (BGH aaO) bzw der unmittelbaren Ausführung darstellen. Die Stellung des Abschleppunternehmers ist insoweit derjenigen eines Verwaltungshelfers angenähert.

Vorliegend haben die Polizeibeamten gemäß Art. 9 Abs. 1 S. 1 Bayerisches Polizeiaufgabengesetz (PAG) im Wege der unmittelbaren Ausführung angeordnet, das Fahrzeug der Anspruchstellerin abzuschleppen. Hierzu haben sie sich nach Art. 9 Abs. 1 S. 1 PAG eines Dritten, und zwar des Abschleppunternehmers H. bedient. Die Stellung des Abschleppunternehmers ist entsprechend der oben genannten Rechtsprechung derjenigen eines Verwaltungshelfers angenähert. Er hat somit in Ausübung eines ihm anvertrauten öffentlichen Amts, also hoheitlich gehandelt. Damit findet gemäß § 839 BGB iVm Art. 34 GG eine Haftungsverlagerung auf die zuständige Körperschaft statt. Diese ist nach Art. 1 Abs. 2 Bayerisches Polizeiorganisationsgesetz (POG) der Freistaat Bayern.

Auch die sonstigen anspruchsbegründenden Voraussetzungen liegen vor. Das Fahrzeug unserer Mandantin und damit ihr Eigentum wurden beim Abschleppvorgang beschädigt. Die Eigentumsbeschädigung geht aus einer unfachmännischen Durchführung der Abschleppmaßnahme hervor und beeinträchtigt das Eigentum unserer Mandantin mehr als es im Rahmen der gebotenen Gefahrenabwehr unvermeidbar war (vgl OLG Düsseldorf, Urt. v. 30.11.1995 – 18 U 58/95, VersR 1997, 239). Der Abschleppunternehmer handelte zumindest fahrlässig. Ersatz für die Eigentumsbeschädigung auf andere Weise (vgl § 839 Abs. 1 S. 2 BGB) vermag unsere Mandantin nicht zu erlangen. Eine Inanspruchnahme des Abschleppunternehmers gemäß §§ 831, 823 BGB entfällt, da die Haftung aufgrund des hoheitlichen Gepräges gemäß § 839 BGB iVm Art. 34 GG auf die öffentliche Hand übergewälzt wird (BGH v. 21.1.1993 – III ZR 189/91).

Damit ist unsere Mandantin gemäß §§ 249 ff BGB so zu stellen, wie sie stehen würde, wenn das schädigende Ereignis nicht eingetreten wäre. Dies umfasst vorliegend neben den Reparaturkosten (346 EUR inklusive Mehrwertsteuer) auch die Verpflichtung zum Ersatz der durch unsere Inanspruchnahme entstandenen Kosten. Letztere belaufen sich für den Fall, dass keine weiteren Maßnahmen unsererseits erforderlich werden, inklusive der Pauschale für Entgelte für Post- und Telekommunikationsdienste auf brutto 83,54 EUR. Eine anteilige Schadensreduzierung aufgrund des Umstands, dass unsere Mandantin die Abschleppmaßnahme veranlasst haben könnte (vgl § 254 BGB), findet nicht statt. Wer verbotswidrig parkt und so das Einschreiten der Polizei veranlasst hat, muss mit dem Vorwurf einer Verkehrsordnungswidrigkeit sowie gegebenenfalls dem Abschleppen seines Fahrzeugs, aber nicht mit einem unfachmännischen Vorgehen des Abschleppunternehmers rechnen (vgl OLG Düsseldorf, Urt. v. 30.11.1995 – 18 U 58/95, VersR 1997, 239).

Sofern Sie gegen den geltend gemachten Anspruch Einwendungen gleich welcher Art erheben wollen, bitten wir Sie zur Vermeidung weiterer unnötiger Verzögerungen der Angelegenheit um entsprechende Mitteilung bis spätestens zum

7.12.2015

Sollte dies nicht der Fall sein, bitten wir um Anweisung eines Betrags in Höhe von

429,54 EUR

innerhalb gleicher Frist auf unser oben angegebenes Treuhandkonto.

Für den Fall des fruchtlosen Fristablaufs werden wir unserer Mandantin die gerichtliche Durchsetzung ihres Schadensersatzanspruchs empfehlen.

Mit freundlichen Grüßen

Rechtsanwalt

Anlage: Schreiben der Kfz-Werkstatt vom 28.10.2015 ◄

III. Ansprüche gegen Abschleppunternehmer bzw Versicherung

1. Ansprüche gegen den Abschleppunternehmer. Grundsätzlich schließt ein Amtshaftungsanspruch alle Ansprüche gegen Dritte aus Verschuldenshaftung, insbesondere aus §§ 823 ff BGB, aus. Daneben wird auch eine **Halterhaftung** nach § 7 StVG abgelehnt, da der Abschleppwagen und das auf diesem transportierte abgeschleppte Fahrzeug eine Betriebseinheit bilden. Die Haftung des Halters aus § 7 StVG erstreckt sich nicht auf Schäden an dem gehaltenen oder dem mit diesem eine Betriebseinheit bildenden Fahrzeug.[215] Im Übrigen ist eine

---

[215] BGH v. 18.2.2014 – VI ZR 383/12; aA noch BGH v. 21.1.1993 – III ZR 189/91, NJW 1993, 1258–1260.

Halterhaftung ausgeschlossen, wenn die Beschädigung nicht „beim Betrieb" des Abschleppfahrzeugs, sondern infolge einer unsachgemäßen Durchführung des Abschleppvorgangs erfolgt (zB bei der Befestigung der Stahlkrallen eines von dem Unternehmer eingesetzten „Pickaway"-Fahrzeugs).[216]

Ein Anspruch aus § 280 Abs. 1 BGB iVm dem Abschlepp- bzw Verwahrungsvertrag iVm den Grundsätzen des Vertrags mit Schutzwirkung zugunsten Dritter gegen den Abschleppunternehmer ist ebenfalls regelmäßig zu verneinen, wenn dem Geschädigten eigene vertragliche Ansprüche zustehen, die denselben oder zumindest gleichwertigen Inhalt haben wie diejenigen Ansprüche, die er auf dem Weg über die Einbeziehung in den Schutzbereich eines zwischen anderen geschlossenen Vertrags durchsetzen will. Dies ist dann der Fall, wenn dem Geschädigten neben seinem Amtshaftungsanspruch Ansprüche aus einem durch den Abschleppvorgang begründeten öffentlich-rechtlichen Verwahrungsverhältnis zustehen, durch das sein Ersatzinteresse vollumfänglich abgedeckt wird.[217]

113a

Sind Ansprüche gegen den Abschleppunternehmer wegen Vorrangs der Amtshaftung *nicht* ausgeschlossen, so haftet dieser für Schäden am Fahrzeug aus unerlaubter Handlung (§§ 823 ff, 831 BGB).

114

2. Ansprüche gegen die Versicherung. Ein unmittelbarer Anspruch gegen die Versicherung aus § 3 Nr. 1 PflVG scheidet aus, da die gesetzlich geregelte **Haftpflichtversicherung** den am abgeschleppten Fahrzeug entstandenen Schaden nicht erfasst. Dies ergibt sich bereits daraus, dass die Haftpflichtversicherung nach den Allgemeinen Bedingungen für die Kraftfahrtversicherung (§ 11 AKB) regelmäßig einen Haftungsausschluss für Schäden am versicherten Fahrzeug sowie am abgeschleppten Fahrzeug im Fall des gewerbsmäßigen Abschleppens vorsieht. Ferner bilden das abgeschleppte Fahrzeug und das Abschleppfahrzeug eine Betriebseinheit, so dass sich der Haftungsschluss grundsätzlich auch auf das abgeschleppte Fahrzeug bezieht.[218] Allerdings wird sich der gewerbsmäßige Abschleppunternehmer regelmäßig durch eine sog. **Hakenlast-Haftpflichtversicherung** gegen Ansprüche Dritter versichert haben. Eine unmittelbare Inanspruchnahme der Versicherung ist jedoch wohl nicht möglich.[219]

115

G. Abschleppen bei unberechtigtem Parken auf einem Privatgrundstück

Immer häufiger beauftragen Eigentümer von privaten Kundenparkplätzen spezielle Dienstleistungsunternehmen mit der Entfernung unberechtigt parkender Fahrzeuge gegen eine vorab vereinbarte Pauschale, die bei der Abholung des Fahrzeugs vom Falschparker erhoben wird.[220] Hierzu hat der BGH entschieden, dass ein privater Grundstückseigentümer ein unberechtigt auf seinem Grundstück parkendes Fahrzeug abschleppen lassen und vom Störer die Erstattung der Abschleppkosten verlangen kann.[221] Das unbefugte Abstellen eines Fahrzeugs auf einem fremden Privatgrundstück stellt verbotene Eigenmacht iSd § 858 Abs. 1 BGB dar und kann als Schutzgesetzverletzung einen Schadensersatzanspruch nach § 823 Abs. 2 BGB

116

---

216 LG Frankfurt v. 24.11.1999 – 2/16 S 148/99 – DAR 2000, 268–269.
217 BGH v. 18.2.2014 – VI ZR 383/12 unter ausdrücklicher Aufgabe der bisherigen Rspr (Anspruch gegen den Abschleppunternehmer aufgrund Anwendung der Grundsätze des Vertrags mit Schutzwirkung zugunsten Dritter).
218 Vgl BGH v. 11.7.1978 – VI ZR 138/76 – NJW 1978, 2502–2504.
219 Vgl BGH v. 11.7.1978 – VI ZR 138/76 – NJW 1978, 2502–2504.
220 *Toussaint*, Anm. zu BGH v. 5.6.2009 – V ZR 144/08, jurisPR-BGHZivilR 16/2009 Anm. 1.
221 BGH v. 5.6.2009 – V ZR 144/08.

begründen.[222] Bedenken gegen die Selbsthilfe zur Beseitigung der Besitzbeeinträchtigung durch das Abschleppen des Fahrzeugs bestehen auch nicht unter dem Gesichtspunkt der Verhältnismäßigkeit. Die insoweit maßgebliche Zweck-Mittel-Relation ist grundsätzlich gewahrt, da das Abschleppen zur Abwehr der verbotenen Eigenmacht geeignet und mangels eines gleichermaßen geeigneten anderen, schonenderen Mittels auch erforderlich ist.[223] Eine konkrete Beeinträchtigung ist nicht erforderlich. Zudem wird die Rechtmäßigkeit des Abschleppens auch nicht dadurch in Frage gestellt, dass der Grundstückseigentümer die Entscheidung, wann die Voraussetzungen für ein rechtmäßiges Abschleppen vorliegen, und die Ausführung der Maßnahme auf einen externen Dienstleister delegiert. Neben der vom BGH in der genannten Entscheidung behandelten Anspruchsgrundlage des § 823 Abs. 2 iVm § 858 BGB kommen als Anspruchsgrundlagen für den Erstattungsanspruch gegen Störer noch § 823 Abs. 1 BGB und die Geschäftsführung ohne Auftrag (§§ 677, 683 S. 1, 670 BGB) in Betracht.[224]

116a Der Umfang des ersetzenden Schadens (Abschleppkosten) bemisst sich nach § 249 Abs. 1 BGB; ersatzfähig sind solche Schäden, die in adäquatem Zusammenhang mit der von dem „Falschparker" verübten verbotenen Eigenmacht stehen und vom Schutzbereich der verletzten Norm erfasst werden.[225] Hierzu gehören nicht nur die reinen Abschleppkosten, sondern auch die Kosten, die im Zusammenhang mit der Vorbereitung des Abschleppvorgang entstanden sind, etwa die Überprüfung des unberechtigt abgestellten Fahrzeugs, um den Halter ausfindig zu machen, die Zuordnung des Fahrzeugs in eine bestimmte Fahrzeugkategorie etc.[226] Nicht ersatzfähig sind dagegen die Kosten für die Bearbeitung und außergerichtliche Abwicklung des Schadensersatzanspruchs (zB Inkassogebühren), sowie die Kosten für die Überwachung des Grundstücks im Hinblick auf unberechtigtes Parken.[227] Begrenzt wird die Höhe des zu leistenden Schadenersatzes durch das Gebot der Wirtschaftlichkeit. Danach hat der Geschädigte unter mehreren zum Schadensausgleich führenden Möglichkeiten, den im Rahmen des ihm Zumutbaren und unter Berücksichtigung seiner individuellen Lage grundsätzlich wirtschaftlichsten Weg zu wählen. Dies bedeutet, dass der Grundstückseigentümer/-besitzer bei der Auswahl des Abschleppunternehmers und bei der Vereinbarung eines Pauschalbetrags an das Wirtschaftlichkeitsgebot gebunden ist.[228] Darlegungs- und beweispflichtig für die Einhaltung des Wirtschaftlichkeitspostulats ist derjenige, der den Schadensersatzanspruch geltend macht – sei es der Grundstückseigentümer/-besitzer oder gegebenenfalls der Abschleppunternehmer, an den der Schadensersatzanspruch vom Grundstückseigentümer/-besitzer abgetreten wurde. Unmittelbar vergleichbar sind die Kosten, die andere Unternehmer für das Abschleppen fremder Fahrzeuge von privaten Grundstücken verlangen. Nicht unmittelbar vergleichbar sind die Gebühren, welche von der Polizei oder der Verwaltungsbehörde nach einem Parkverstoß im öffentlichen Straßenbereich für die Umsetzung des verkehrswidrig abgestellten Fahrzeugs in Rechnung gestellt werden.[229]

---

222 BGH v. 4.7.2014 – V ZR 229/13 mwN.
223 *Toussaint*, Anm. zu BGH v. 5.6.2009 – V ZR 144/08, jurisPR-BGHZivilR 16/2009 Anm. 1.
224 Vgl *Koch*, NZV 2010, 336 ff.
225 BGH v. 2.12.2011, V ZR 30/11.
226 Vgl. die Auflistung in BGH v. 4.7.2014 – V ZR 229/13.
227 BGH v. 5.6.2009 – V ZR 144/08; v. 2.12.2011 – V ZR 30/11; v. 4.7.2014 – V ZR 229/13.
228 BGH v. 4.7.2014 – V ZR 229/13.
229 BGH v. 4.7.2014 – V ZR 229/13.

Teil 9:
Die Rolle des Sachverständigen im Verkehrsrecht – Sachverständigenrecht

§ 21 Grundsätze der technischen Aufklärung von Verkehrsunfällen

A. Anforderungen an das Gutachten und den Sachverständigen	1	I. Rückwärtsrechnung	13
B. Wichtige Anknüpfungstatsachen	6	II. Vorwärtsrechnung	15
I. Unfallskizze	6	III. Variantenbetrachtungen	18
II. Fotodokumentation	8	IV. Laboranalysen von Aggregaten und Teiluntersuchungen	19
III. Sicherstellung von Fahrzeugteilen oder Fahrzeugen	10	V. Radkontaktspurenberechnung	22a
IV. Elektronische Aufzeichnungen	11	D. Vermeidbarkeitsbetrachtungen	23
C. Methoden der Unfallrekonstruktion	13	I. Räumliche Vermeidbarkeit	23
		II. Zeitliche Vermeidbarkeit	24

A. Anforderungen an das Gutachten und den Sachverständigen

Unfallrekonstruktionsgutachten haben generell die Aufgabe, räumlich und zeitlich eine maßstäbliche **Wiederveranschaulichung des Unfallgeschehens** vorzunehmen. Juristen wird damit das Handwerkszeug oder die Grundlage dafür gelegt, Handeln oder auch Unterlassen der beteiligten Personen nachvollziehbar zu machen. Auch technische Mängel oder Besonderheiten, die im Zusammenhang mit dem Handeln stehen, können so nachvollzogen werden. 1

Typische Fragekomplexe in der Unfallrekonstruktion sind die Bestimmungen des Kollisions- oder Zusammenstoßpunktes, die relative und absolute Kollisionsstellung der Beteiligten, Eingrenzung der Geschwindigkeiten und Bewegungsabläufe der Fahrzeuge bzw Beteiligten und Bestimmung von möglichen Reaktionspunkten. Im Zusammenhang mit der Bestimmung von Reaktionspunkten kann in aller Regel auch die Frage einer zeitgerechten Reaktion auf der Grundlage der Möglichkeiten der Wahrnehmbarkeit der anderen Verkehrsteilnehmer eingegrenzt werden. Für den Techniker ist es notwendig, dass eine Reihe von Anknüpfungstatsachen zur Verfügung stehen, die er dann mit technisch-physikalischen Modellen so verknüpfen kann, dass die Wiederveranschaulichung möglich wird. Während bei schwersten Unfällen häufig technische Sachverständige direkt an die Unfallstelle gerufen werden und damit die Verantwortung für die Datensicherung tragen, ist es insbesondere bei zunächst als mit leichten Folgen anzusehenden Unfällen häufig so, dass zu wenige Anknüpfungstatsachen vorliegen. Teilweise werden sogenannte Bagatellunfälle, die sich jedoch später als kritischer herausstellen können als zunächst angenommen, nicht mehr von Polizeibeamten aufgenommen, so dass in aller Regel keine ausreichende Dokumentation vorliegt. Es ergeben sich dann im Nachhinein lediglich Fotos von Schadensgutachten, aber keine Dokumentation von Kollisionsstellen, Spuren im Einlauf, Endstellungen der Fahrzeuge etc. Dies führt dazu, dass die Unfallrekonstruktion zwar nicht gänzlich unmöglich wird, aber in aller Regel größere Toleranzen vorherrschen. Der verantwortungsbewusste technische Sachverständige wird auf diese Toleranzen in seinem Gutachten und die entsprechenden Auswirkungen eingehen. 2

Ziel der Beratung mit den Mandanten muss es also sein, hier bei nicht ausreichenden **Anknüpfungstatsachen** durch Eigeninitiative für die spätere Unfallaufklärung behilflich zu sein. Fotos von den Beschädigungen der Fahrzeuge, Fotos von den Endstellungen der Fahrzeuge oder zumindest Spurenfotos, die unter Umständen auch am nächsten Tag noch sinnvoll sind, helfen hier bei der sachgerechten Zurverfügungstellung von Anknüpfungstatsachen. 3

Tischendorf 1505

4 Der technische Sachverständige verknüpft dann mittels physikalisch technischer Methoden die Anknüpfungstatsachen so, dass eine Reihe von Aussagen hinsichtlich der Unfallrekonstruktion möglich sind. Die ersten dieser Gutachten sind bereits in den 30er Jahren des letzten Jahrhunderts entstanden. Diese beruhen vor allen Dingen auf kinematischen Weg-Zeit-Betrachtungen der Bewegungen der Fahrzeuge. In den 60er und 70er Jahren des letzten Jahrhunderts sind die sogenannten Kollisionsanalyseverfahren, vor allen Dingen auf der Grundlage des Impulserhaltungssatzes soweit verfeinert worden, dass sie durch grafische Lösungen in die Unfallrekonstruktion Einzug fanden (zB Antriebsbalancediagramm). In den 80er Jahren des letzten Jahrhunderts wurde durch Kombination mit dem Energieerhaltungssatz eine neue Qualität in der Aussage von Kollisionsrechnungen erreicht. Andererseits war es allerdings auch nötig, die sogenannten Deformationsenergien abzuschätzen. Dazu sind eine Vielzahl von Crashversuchen durchgeführt worden, die auch heute noch eine wesentliche Grundlage für die Abschätzung der Deformationsenergie liefern. Ab Beginn der 90er Jahre wurde es zusammen mit den Fortschritten in der Rechentechnik es möglich, die Beschreibung der Bewegung des Fahrzeuges auf der Grundlage der Lösung von Differenzialgleichungen vorzunehmen. Diese sogenannten **Vorwärtsrechenverfahren** sind in den letzten Jahren dominierend geworden. Hier gibt, vereinfacht gesagt, der technische Sachverständige in einzelnen Sequenzen Bedienhandlungen der Fahrzeugführer ein, dies sind Beschleunigungswerte, Verzögerungswerte, Lenkwinkel etc. Die Fahrzeuge bewegen sich aufgrund von Modellrechnungen dreidimensional. Auch die Kollisionsanalyseverfahren sind in diese Vorwärtsrechnung integriert. Die Eingabe erfordert hier vom technischen Sachverständigen das Abschätzen von Kontrollgrößen und von fahrdynamischen Möglichkeiten der Fahrzeuge. Dazu ist es erforderlich, ein umfangreiches Versuchswissen über fahrdynamische Grenzwerte zu haben.

5 In den letzten Jahren ist zunehmend eine Verfeinerung der Kollisionsanalysen vorgenommen worden. **Simulationsrechnungen**, besonders bei Fußgänger-, Radfahrer- und Motorradunfällen begründen sich heute vielfach auf die Darstellungen dieser Verkehrsteilnehmer mit sogenannten Mehrkörpersystemen. Dort laufen automatische Stoßrechnungen ab, die die annähernd reale Darstellung der Bewegungsverläufe, die auch bei Fußgänger-, Fahrrad- und Motorradunfällen ablaufen, erlauben. Das Problem dieser relativ modernen Systeme besteht darin, dass eine Reihe von Kontrollgrößen erforderlich sind, die teilweise noch nicht ausreichend validiert sind. Hier ist ein hoher Erfahrungsschatz und ein verantwortungsbewusster Umgang der Sachverständigen mit diesen Modellen gefragt. Außerdem muss man über ein umfangreiches Versuchswissen mit solchen speziellen Unfalltypen verfügen. Zurzeit ist es so, dass eine Kombination von Beispielversuchen und die Anwendung dieser Modelle am ehesten zu sinnreichen Ergebnissen führt.

5a In den letzten beiden Jahren sind die Mehrkörpersysteme grundlegend weiterentwickelt worden. Das betrifft insbesondere die Gelenke, mit denen die Rotationselypsoiden verbunden sind. Damit sind die Dummies realer bewegbar, Zweiräder sind lenkbar, federn und lassen sich definiert bremsen. Dies führt zur exakteren Rekonstruktion von Fußgänger- und Zweiradunfällen.

B. Wichtige Anknüpfungstatsachen

I. Unfallskizze

Spuren auf der Fahrbahn im Ergebnis von Verkehrsunfällen sind neben Reifenspuren häufig auch Splitterfelder, Blutflecken von der Endlage der Beteiligten, Flüssigkeiten, die durch Bruch von Aggregaten frei geworden sind (Kühlflüssigkeit, Ölflecken etc.). Alle diese Daten helfen bei der Unfallrekonstruktion entscheidend.

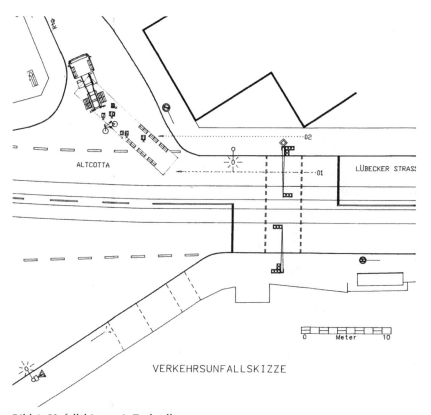

Bild 1: Unfallskizze mit Endstellungen

Intensive Kollisionen zwischen vierrädrigen Fahrzeugen führen häufig dazu, dass bei der Kollision selbst die Fahrzeuge extrem nach unten gedrückt werden und dann Achsteile oder die Motorträger Schürfspuren in der Fahrbahn zeichnen. Das Auffinden dieser Spuren führt dazu, dass man anschließend die Kollisionsstelle nahezu zentimetergenau eingrenzen kann. Bei Bagatellunfällen wird sehr häufig, selbst wenn Polizeibeamte vor Ort sind, keine Unfallskizze gefertigt. Es ist auch kaum zumutbar, dass Unfallbeteiligte, die weder über das notwendige Fachwissen noch über die Messmittel verfügen, selbst eine Unfallskizze fertigen. In diesem Falle helfen **Lichtbilder** von der Spurenlage an der Unfallstelle. Obwohl Handyfotos sicherlich nicht mit der Qualität von Fotos von Spiegelreflexkameras zu vergleichen sind, sind sie allemal besser, als wenn man überhaupt keine Dokumentation der Spurenlage hat. Auch einen Tag nach dem Unfall kann man häufig noch eine Reihe von Spuren erkennen, so dass es nach dem Erstkontakt mit dem Mandanten durchaus sinnvoll ist, hier unverzüglich tätig zu werden und im Nachhinein noch Fotos zu fertigen. Im Zusammenhang mit den immer besser werdenden Satelliten- und Luftbildern von internetgestützten Geodatensystemen ist es dem technischen Sachverständigen ggf möglich, aus diesen Bildern, zumindest eine annähernde Unfallskizze zu fertigen, die bei der Rekonstruktion des Verkehrsunfallgeschehens weiterhilft.

7a In den letzten fünf Jahren sind Drohnen als Quattrocopter mit Kameras einsetzbar geworden. Sofern man entsprechende Aufstiegsgenehmigungen hat, sind skalierte und entzerrte Luftbilder als Skizzen verwendbar.

Bild 2: Entzerrtes Luftbild

Bild 3: 3-D Ansicht

II. Fotodokumentation

Bei der Fotodokumentation ist es zweckmäßig, die Fahrzeuge einzeln und wenn möglich, an der Unfallstelle im Endstand zu fotografieren.

Bild 4: Erstberührungsstellung

Dabei sollte diagonal von allen vier Ecken des Fahrzeuges je ein Lichtbild gefertigt werden und außerdem die Hauptbeschädigungsbereiche nochmals gesondert dokumentiert werden. Speziell für die Unfallrekonstruktion ist es auch sinnvoll, die durch die Kollision unbeschädigten Bereiche zu fotografieren. Auch die Lage von Fahrzeugteilen, Lacksplittern etc. ist wesentlich. Bei der Fixierung von Reifenspuren ist es häufig zweckmäßig, je nach Lichteinfallswinkel, die Spur von beiden Richtungen, also in Fahrtrichtung und entgegen der Fahrtrichtung aufzunehmen, da insbesondere moderne Fahrzeuge mit Antiblockier- und ESP-Systemen dazu neigen, nur noch wenige Fragmente einer Spur zu zeichnen, die dann durch solch von unterschiedlichen Seiten her aufgenommenen Fotos, zumindest teilweise noch erkennbar sein kann. Wenn sich der Mandant bei der Erstberatung kurz nach dem Unfall nicht in der Lage sieht, diese Fotodokumentation selbst zu fertigen, so stehen sicherlich in der näheren Umgebung Analytiker zur Verfügung, um diesen Teil der Arbeit zu übernehmen.

9   Die Schäden werden in aller Regel ausreichend von Schadensgutachtern dokumentiert. Das Schadensgutachten hat also nicht nur für die Abschätzung des Reparaturaufwandes eine Bedeutung, sondern im Nachhinein auch für die Unfallrekonstruktion, insbesondere die fotografische Dokumentation. Zweckmäßig ist es also, die Mandanten darauf hinzuweisen, auch im Zivilverfahren für die Formulierung der Klageschrift nicht nur die schriftlichen Schadensdokumentationen zum Zwecke der Forderungsdarstellung zu verwenden, sondern die Lichtbilder ebenfalls mit beizuziehen. Dies vermeidet umfangreiche Schriftwechsel und zusätzlichen Aufwand bei der Beweissicherung für ein Rekonstruktionsgutachten.

III. Sicherstellung von Fahrzeugteilen oder Fahrzeugen

10 Bei schweren Unfällen werden in aller Regel ohnehin die Fahrzeuge von Abschleppunternehmen oder Werkstätten sichergestellt. Teilweise, bei sehr schweren Unfällen, geschieht dies auch im Auftrage der Staatsanwaltschaft. Vor der Freigabe zur Reparatur oder zur Verschrottung der Fahrzeuge sollte sich der Mandant darüber im Klaren sein, dass es unter Umständen zweckmäßig ist, durch einen **Unfallanalytiker** das Fahrzeug noch einmal anzuschauen zu lassen und zB solche relevanten Teile, wie Glühlampen, Sicherheitsgurte oder Teile mit angeschmierten Farbpartikeln oder Farbresten des anderen Fahrzeuges sicherzustellen. Dies kann bei einer später durchzuführenden Unfallrekonstruktion von Bedeutung sein.

IV. Elektronische Aufzeichnungen

11 In den letzten Jahren sind eine Reihe von Bestrebungen sichtbar geworden, bestimmte für die Unfallrekonstruktion notwendige Daten im Fahrzeug selbst oder durch zusätzliche Aufzeichnungsgeräte zu speichern. Bereits Anfang der 90er Jahre gab es erste sogenannte Unfalldatenschreiber, die eine Reihe von wesentlichen Daten kurz vor bzw kurz nach der Hauptkollision aufzeichnen. Dies geschieht in aller Regel durch sogenannte Ringspeicher, die bei Triggerereignissen über eine gewisse Zeit vor und auch nach der Kollision Daten, wie Beschleunigungen, Verzögerungen und indirekt auch Geschwindigkeiten aufzeichnen. Auch Statusaufzeichnungen, wie eingeschaltetes Licht, Blinklicht etc. werden hier festgehalten. Wenn also Fahrzeuge solche **Datenaufzeichnungssysteme** benutzen, so sind die entsprechenden elektronischen Daten zu sichern. Sie helfen auf jeden Fall für eine wesentliche Erhöhung der Präzision der Unfallrekonstruktion. Bei Lkws und anderen Nutzfahrzeugen existierten bereits seit einer beträchtlichen Zahl von Jahren sogenannte Fahrtschreiber. In den letzten Jahren sind diese auch als Kontrollgeräte bezeichneten Aufzeichnungsgeräte zunehmend elektronisiert worden. Neue Fahrzeuge verfügen jetzt über elektronische Aufzeichnungsgeräte. Auch die Daten dieser Geräte lassen sich auslesen und sind unter Umständen sehr hilfreich für die Unfallrekonstruktion.

12 Neben den beiden genannten Standardaufzeichnungsvarianten sind speziell bei sehr modernen Fahrzeugen in **Steuergeräten** zusätzlich Daten gespeichert. Dies betrifft normalerweise das Kombinationssteuergerät für das Antiblockiersystem, das elektronische Stabilitätspro-

gramm und die Antischlupfregelung, aber auch Airbagsteuergeräte uÄ. Das Auslesen dieser Daten ist jedoch erschwert. Häufig können nur entsprechende Stellen beim Hersteller (Entwicklungsabteilungen) wirklich tiefgehende Aufzeichnungen auslesen. Fachwerkstätten können meist nicht mit der notwendigen Aufzeichnungstiefe auslesen, da es sich hier nicht um normale Serviceinformationen handelt. Aus diesem Grunde ist es bei schwersten Unfällen sicherlich sinnvoll, elektronische Steuergeräte zusätzlich sicherzustellen. Anschließend bedarf es allerdings in aller Regel eines größeren Aufwandes um hier zusätzlich zu Daten zu kommen. Einheitliche Standards für diese Daten gibt es (noch) nicht, so dass hier von Hersteller zu Hersteller noch unterschiedliche Tiefen der Datensicherung vorliegen.

In den USA sind bei seit 2014 neu zugelassenen Fahrzeugen Datenaufzeichnungen von Unfalldaten vorgesehen. **12a**

C. Methoden der Unfallrekonstruktion

I. Rückwärtsrechnung

Die klassische Rückwärtsrechnung beruht darauf, dass sowohl die Endstellungen der Fahrzeuge bekannt sind als auch die Kollisionsstelle. In diesem Falle wird zunächst die Verzögerung des Fahrzeuges von Endstellung bis Kollision berechnet. Wenn sich das Fahrzeug dabei gedreht hat, so ist neben der Bremsverzögerung die Abbremsung durch den Schwimmwinkel des Fahrzeuges zu berücksichtigen. Im Ergebnis dieser Analyse kommt man dann zur sogenannten Auslaufgeschwindigkeit. In einem weiteren Schritt wird im Rahmen der Kollisionsanalyse der kollisionsbedingte Geschwindigkeitsverlust berechnet. Diese Berechnung beruht in den allermeisten Fällen auf einer Kombination vom Impuls- und Energieerhaltungssatz. Für eine exakte Rückwärtsrechnung ist es also erforderlich, dass man genau die Auslaufrichtung der meist zwei kollisionsbeteiligten Fahrzeuge kennt und außerdem die Deformationsenergie, die bei dieser Kollision wirksam geworden ist, abschätzen kann. Dies wird auf der Grundlage von **Vergleichsversuchen** getan. Man braucht also, um die sogenannte Energievergleichsgeschwindigkeit abzuschätzen, eine Reihe von Crashversuchen mit möglichst ähnlichen Fahrzeugen. Zusätzlich muss der Unfallanalytiker hier Kontrollgrößen berücksichtigen, die zu einer Optimierung des Ergebnisses im Sinne einer höchstmöglichen Qualität führen. So sind Anstöße zum Teil vollverhakt, also ohne Abgleitbewegung. Es gibt aber auch Anstöße, wie zB Gegenverkehrsunfallgeschehen oder Unfälle beim Überholen, wo eine deutliche Abgleitbewegung zwischen den Fahrzeugen während der Kollision stattfindet. Hier sind jeweils unterschiedliche Kontrollgrößen relevant. Man muss also sehr genau die Physik des konkreten Stoßes analysieren. **13**

Nach der Analyse der Kollisionsgeschwindigkeiten wird in der letzten Stufe eine **Einlaufanalyse** durchgeführt. Diese Einlaufanalyse beruht in aller Regel auf Reifenspuren, die im Einlauf gesichert sind. Die Länge der Spur und die Art der Bremsung oder auch die Art und Weise der Schleuder- oder Driftbewegung des Fahrzeuges bestimmen den Geschwindigkeitsverlust über diese Spur. Im Ergebnis erhält man die Ausgangsgeschwindigkeit der Fahrzeuge und kann dann in einer weiteren Phase über die sogenannte Vorbremszeit, die sich aus menschlicher Reaktionszeit und technisch begründeter Anstiegszeit der Bremsverzögerung zusammensetzt, den Reaktions- oder Signalpunkt des Beteiligten bestimmen. **14**

II. Vorwärtsrechnung

15 Im Unterschied zur Rückwärtsrechnung beginnt man mit der Vorwärtsrechnung an einem vom Analytiker zu bestimmenden Startpunkt. Dieser kann entweder – und so wird es meistens gehandhabt – der Kollisionspunkt sein oder auch der Beginn von Reifenspurenzeichnungen.

Bild 5: Rekonstruktion der Kollisionsstellung

16 Im Unterschied zum vorangegangenen Verfahren lässt sich die Vorwärtsrechnung sinnvoll nur rechnergestützt durchführen. Dabei stehen dem Analytiker mehrere unterschiedliche **Programme** zur Verfügung. Die am weitesten verbreiteten sind PC-Crash, Carat und Analyzer-Pro. Grundsätzlich sind alle drei Programmpakete in den meisten Fällen der Vorwärtsrechnung ausreichend validiert, so dass man, wenn man diese Programme sachgerecht anwendet, mit geringen Toleranzen die gleichen Ergebnisse erhalten sollte. Bei der Vorwärtsrechnung, wenn man sie am Kollisionspunkt beginnt, wird zunächst die Kollisionsgeschwindigkeit vorgegeben. Der erfahrene Unfallanalytiker muss also zunächst die Kollisionsgeschwindigkeit abschätzen. Danach wird, ähnlich wie bei der Rückwärtsrechnung, eine Kollisionsanalyse durchgeführt, bei der insbesondere Kontrollgrößen zu bewerten sind. Es hängt wiederum von der Qualifikation des Unfallanalytikers ab, wie er diese bewertet; anschließend werden vorgegebene Bedienhandlungen in der Auslaufphase realisiert.

Bild 6: Bewegungsablauf mit Mehrkörpersystem

Das Ergebnis der Vorwärtsrechnung ist die Ermittlung der **Endstellungen** der beteiligten Fahrzeuge. Diese lassen sich dann mit den mehr oder weniger gut dokumentierten realen Endstellungen der Fahrzeuge vergleichen. Größere Abweichungen führen dazu, dass eine erneute Variantenrechnung mit erneuter Optimierung der Kontrollparameter notwendig ist. Sicherlich ist es nicht in jedem Fall möglich, die genauen Endstellungen 100%-ig zu erreichen. Insbesondere dann, wenn es beispielsweise geringfügige Sekundärkollisionen gegeben hat, wie Überfahren von Bordsteinkanten, Streifkollisionen an Bäume, Zäune etc. Diese Sekundärkollisionen sind häufig schwierig darzustellen, und es führt dazu, dass die Endstellung nicht genau erreicht wird. Geringe Abweichungen sind hier selbstverständlich möglich und physikalisch zu begründen. Eine Scheingenauigkeit, bei der man zu 100 % die Endstellung erreicht, aber dafür Kontrollgrößen „vergewaltigt", führen nicht zu einer höheren Qualität der Ergebnisse. Der Vorteil der Vorwärtsrechnung ist, dass man insbesondere bei mehreren Kollisionen, zB abstreifenden Kollisionen oder mehrfachem Kontakt wesentlich schneller zu Ergebnissen kommt und in aller Regel diese Ergebnisse mit modernen Rechnern auch gut darstellen kann. So erlauben die modernen Programme in aller Regel das Generieren von sogenannten **Animationsdarstellungen**, die zum Teil auch in Echtzeit aus Fahrersicht der Beteiligten dargestellt werden können. Wenn also die Berechnungen hinreichend genau sind, so lassen sich unter Umständen mit diesen Fahrersichtmöglichkeiten auch eventuelle Sichtverdeckungen durch andere Fahrzeuge, Häuser etc. sehr realitätsnah darstellen. Diese Animationsdarstellungen beruhen auf Simulationsrechnungen und sind nicht zu verwechseln mit animierten Darstellungen in den Medien.

§ 21 Grundsätze der technischen Aufklärung von Verkehrsunfällen

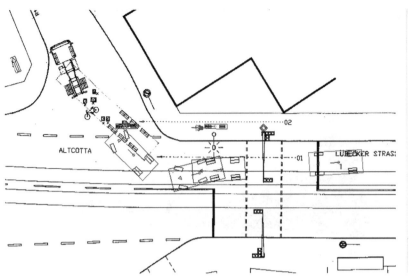

Bild 7: Rekonstruktion Einlauf

III. Variantenbetrachtungen

18 Häufig fehlen insbesondere bei relativ leichten Unfällen, die in Form von Zivilstreitigkeiten rekonstruiert werden müssen, wesentliche Anknüpfungstatsachen. Dafür werden von den jeweiligen Parteien zum Teil konträre Darstellungsvarianten der Unfallabläufe gebracht. Der Vorteil von Vorwärtsrechenprogrammen ist, dass man hier Annahmen treffen und diese Varianten einer Berechnung unterziehen kann. Anhand der Bewertung von Kontrollgrößen ist es dann möglich, diese Varianten hinsichtlich der Auftretenswahrscheinlichkeit abzuschätzen. Verantwortungsbewusstsein ist hier in solcher Hinsicht vom Unfallanalytiker gefragt, als dass er die Annahmen im Rahmen von physikalischen Grenzwerten, die er aus Versuchen kennt, wählt und auch die Lücken, die sich dabei auftun, aufzeigt.

IV. Laboranalysen von Aggregaten und Teileuntersuchungen

19 Häufig werden als Haupt- oder auch als Nebenfragen gestellt, ob Insassen die Sicherheitsgurte sachgerecht benutzt haben oder zB ob am Fahrzeug kurz vor Kollision das Abblendlicht, Fernlicht oder auch Blinker in Betrieb war. Klassische Fragestellungen von Lackuntersuchungen sind, ob die am tatverdächtigen Fahrzeug gefundenen Lackantragungen vom geschädigten Fahrzeug stammen können.

20 Die Reifenuntersuchungen beinhalten oft die Fragestellungen, ob die Reifenentlüftung vor oder in Folge der Kollision vonstattengegangen ist. Wenn die Reifenentlüftung vor Kollision vonstattengegangen ist, führt das zur weitergehenden Fragestellung, ob der entlüftete oder teilentlüftete Reifen unfallbegünstigend oder auch unfallursächlich gewesen sein kann. Diese sogenannten **Laboranalysen** oder auch **Sondergutachten** stellen spezifische Formen der Analyse einzelner Bauteile dar. Dazu werden spezielle technische Mittel benötigt. Ein Beispiel hier ist die Analyse des Brennzustandes einer herkömmlichen Glühlampe.

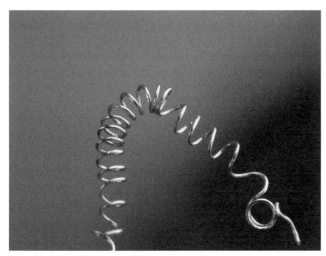

Bild 8: Verworfene Wendel

Bei einer solchen besteht die Glühwendel aus ein- oder mehrfach gewendelten dünnen Wolframdrähten. Wolfram verhält sich beim Glühen (ca. 3.000 °C) so, dass im Falle einer kollisionsbedingte Beschleunigung in Wendelnähe diese aufgrund des Glühens eine plastelinähnliche Konsistenz hat und durch die Beschleunigungen bei Kollision verworfen wird. Dies führt dann dazu, dass zB die Windungen der Wendel anschlagen, was wiederum zu Materialübertragungen führen kann. Diese Materialübertragungen lassen sich mit bloßem Auge nicht erkennen. Selbst das Lichtmikroskop hilft hier kaum. Nur im Rasterelektronenmikroskop ist deshalb eine sachgerechte Untersuchung von Glühwendeln möglich.

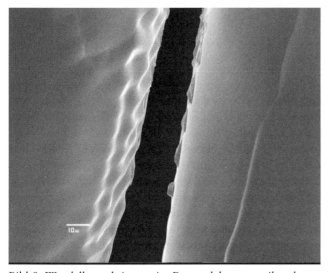

Bild 9: Wendelkontaktierung im Rasterelektronenmikroskop

22 Allerdings ist hier nicht nur ein hochwertiges technisches **Aggregat** notwendig, sondern auch die spezifische Erfahrung mit dem Umgang und die Deutung der entsprechenden Spuren. Aus diesen Gründen werden Laboranalysen in der Regel von wenigen spezialisierten Einrichtungen durchgeführt. Beispielsweise hat DEKRA deutschlandweit drei Niederlassungen, die sich darauf spezialisiert haben.

V. Radkontaktspurenberechnung

22a Bei Streifkollisionen zeichnet häufig die Reifenseitenwand eines Rades an der Karosserie des Unfallgegners konzentrische Gummispuren. Mit Hilfe spezieller Programme basierend auf Klodoidenberechnungen können aus solchen Spuren Relativgeschwindigkeiten der Fahrzeuge ermittelt werden. Fotos von der Ausprägung und Krümmungsrichtung stellen dafür wesentliche Anknüpfungstatsachen dar.

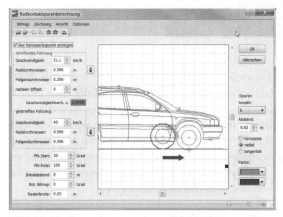

Bild 10: Radkontaktspurenberechnung

D. Vermeidbarkeitsbetrachtungen

I. Räumliche Vermeidbarkeit

23 Im Unterschied zur Unfallrekonstruktion, bei der es darum geht, die möglichst genaue Wiederveranschaulichung des Unfallgeschehens zu erreichen, fußt die Vermeidbarkeitsbetrachtung auf Gedankenspielen dahin gehend, dass bestimmte Voraussetzungen des realen Unfallgeschehens abhängig von den Normen zu entsprechenden Situationen verändert werden und mit diesen veränderten Parametern die Verkehrssituation neu durchgerechnet wird. Die einfachste Form der Vermeidbarkeitsbetrachtung ist die räumliche Vermeidbarkeit des Unfalls. Bei dieser räumlichen Vermeidbarkeitsbetrachtung ist es erforderlich, die Kollisionsstelle und den Reaktionspunkt, an dem der Fahrzeugführer auf die auftretende Gefahr eingegangen ist, zu kennen. Bereits bei der Festlegung des Reaktionspunktes sind eine Reihe von Abläufen zu berücksichtigen. Nach Empfehlungen des 20. Verkehrsgerichtstages zum zeitlichen Ablauf eines Notbremsvorganges beginnt eine Reaktion mit der peripheren Wahrnehmung. Danach erfolgt in aller Regel eine Blickzuwendung, danach beginnt die Objektfixierung gekoppelt mit der Reaktionsgrunddauer und erst dann kommt es zum Einsatz der muskulären Reaktion. Diese ist gegebenenfalls gekoppelt mit einer Umsetzdauer (vom Gaspedal zum Bremspedal), den Beginn der Bremspedalberührung mit einer technisch bedingten Ansprechdauer und letzten Endes dem Einsatz der Bremswirkung am Rad. Auch dann steht die volle Bremswirkung noch nicht zur Verfügung, sondern es kommt noch zu einer Schwelldauer, in deren Hälfte oder ersten Drittel die Blockier- oder Regelspurzeichnung beginnt. Danach erfolgt über die Vollbremsdauer letzten Endes der Stillstand. Es ist also bei der spezifischen Situation zunächst einmal zu bewerten, ob der Fahrzeugführer ohnehin das Objekt im zentralen Blickfeld hatte. Wenn dies der Fall ist, so entfällt die Blickzuwendungsdauer. Als nächstes ist zu bewerten, ob gegebenenfalls der Fahrzeugführer ohnehin den Fuß auf dem Bremspedal hatte. In diesem Falle entfällt die Umsetzdauer. Des Weiteren ist zu berücksichtigen, ob es sich um ein modernes Fahrzeug mit Bremsassistent handelt oder um ein älteres Fahrzeug. Beim Bremsassistenten wird die Ansprechdauer drastisch verringert und auch die Schwelldauer verkürzt sich durch den Bremsassistenten. Am Ende kann es hier zu Toleranzen in der Größenordnung von 0,3 bis 0,4 s. schon allein durch unterschiedliche Gegebenheiten der Situation kommen. Es ist in aller Regel nicht alleinig die Aufgabe des Sachverständigen, hier den Reaktionsablauf festzulegen, sondern hier spielt der Vortrag der Partei über den Anwalt bzw der Vortrag des Beschuldigten unter Umständen eine erhebliche Rolle. Wenn erst einmal der Reaktionspunkt festliegt, so beinhaltet die räumliche Vermeidbarkeit die Frage, ob der Unfall bei gleichartigem Reaktionsverhalten an dem gleichen Punkt vermeidbar gewesen wäre, wenn der Fahrzeugführer anstelle der rekonstruierten Geschwindigkeit (oder auch der vorgetragenen Geschwindigkeit) mit der zulässigen Geschwindigkeit gefahren wäre. Dies beschreibt mit einer relativ einfachen Berechnung, ob das Fahrzeug bis knapp vor dem späteren Kollisionspunkt zum Stillstand gekommen wäre. Ist dies der Fall, so wäre der Unfall räumlich vermeidbar gewesen. Toleranzen ergeben sich hier insofern, als dass zumindest in einigen Fällen auch die Kollisionsstelle toleranzbehaftet ist, wie zB bei Fußgängerunfällen. Dort wirkt sich die früheste Kollisionsstelle im Rahmen der technischen Möglichkeiten eher in Richtung einer Unvermeidbarkeit des Unfalls aus. An der spätestmöglichen Kollisionsstelle wird der Unfall aus niedriger Geschwindigkeit eher vermeidbar. Entsprechend wirkt sich eine kürzere Gesamtvorbremszeit eher in Richtung einer Unvermeidbarkeit aus, während eine längere Vorbremszeit in aller Regel sich eher in Richtung einer Vermeidbarkeit führt.

II. Zeitliche Vermeidbarkeit

Die zeitliche Vermeidbarkeitsbetrachtung ist wiederum ein Gedankenspiel, wobei sich hier die Frage stellt, ob der Unfallgegner den Gefahrenraum bis zum Ankommen des zu betrachtenden Fahrzeuges unter Umständen verlassen hätte. Ein Unfall, der räumlich (knapp) nicht vermeidbar ist, kann sehr wohl zeitlich vermeidbar sein. Bei dieser Betrachtung ist die Wahl der Geschwindigkeit des Kollisionsgegners von großer Bedeutung. In aller Regel kann man diese Kollisionsgeschwindigkeit des Unfallgegners aus der Kollisionsanalyse ermitteln. Schwieriger wird dies beispielsweise bei Fußgänger- oder Radfahrerunfällen. Dort ist häufig die Kollisionsgeschwindigkeit des Radfahrers oder des Fußgängers von erheblichen Toleranzen begleitet. Im Wesentlichen obliegt es der juristischen Würdigung, ob man überhaupt damit rechnen konnte, dass der Fußgänger mit der eingegrenzten Kollisionsgeschwindigkeit im Zuge einer Vollbremsung des kollidierenden Fahrzeuges weiterläuft oder rennt. So ist es zum Beispiel bei älteren Fußgängern oder auch bei Kindern häufig so, dass diese aufgrund des Quietschgeräusches bei der Bremsung innehalten oder auch wieder zurücklaufen. In diesem Fall ist zwar rein theoretisch eine zeitliche Vermeidbarkeitsbetrachtung möglich; in der juristischen Würdigung dieser Betrachtung ist allerdings die Frage zu stellen, ob es unter diesen konkreten Umständen überhaupt sinnvoll sei, eine zeitliche Vermeidbarkeitsbetrachtung anzustellen. Bereits bei der Formulierung des Gutachtenauftrages bzw des Beweisbeschlusses im zivilrechtlichen Sinne ist diesen Überlegungen Rechnung zu tragen.

§ 22 Sachverständigengutachten im Strafrecht

A.	Unerlaubtes Entfernen vom Unfallort	6	4. Kritische Prüfung des Schadensumfangs	31
I.	Schadenskorrespondenz	8	5. Bewegungsablauf und Schadensumfang	32
II.	Wahrnehmbarkeit	15	V. Beweisanträge	33
III.	Typische Beispiele	25	B. Fahrlässige Körperverletzung und Tötung	35
	1. Lkw-Anstoß an das Register eines Ampelmasten	25	I. Pkw-Kollision	36
	2. Anstoß beim Rückwärts-Einparken	27	II. Fußgänger-Unfälle	43
IV.	Typische Probleme bei Gutachten zum unerlaubten Entfernen vom Unfallort	28	III. Zweirad-Unfälle	54
	1. Statische und dynamische Höhenverhältnisse	28	IV. Lkw-Unfälle, Straßenbahn-Unfälle bzw Bus-Unfälle	60
	2. Besonderheiten an den Fahrzeugen	29	C. Lampen- und Reifengutachten	71
	3. Übertragung von Versuchsergebnissen	30	I. Lampengutachten	71
			II. Reifengutachten	78

Im Strafrecht existiert ein Anfangsverdacht, der sich dann durch Ermittlung der Polizei und der Staatsanwaltschaft möglicherweise erhärtet, wobei dann letzten Endes die Staatsanwaltschaft Anklage erhebt. Damit gibt es im strafrechtlichen Prozess einen Beschuldigten.[1]   1

Wird der technische Sachverständige in Verkehrsunfallsachen bereits von der **Staatsanwaltschaft** zur Aufklärung des Sachverhalts hinzugezogen und dann im Strafprozess gehört, ergibt sich für ihn die Notwendigkeit, alle entweder selbst gewonnenen Anknüpfungstatsachen (Unfallstelleneinsatz) oder auch die durch die Polizei oder andere Ermittlungsorgane zur Verfügung gestellten Anknüpfungstatsachen kritisch zu prüfen und die möglichen Toleranzen zugunsten des Beschuldigten auszulegen bzw Varianten darzustellen.   2

Im Strafrecht verfügt der Sachverständige also meist über objektive Anknüpfungstatsachen, die verwertet werden.   3

Selbstverständlich sollte er auch **Zeugenaussagen** und Aussagen der Beschuldigten zur Kenntnis nehmen. Sicherlich ist bei abweichenden Schilderungen von Sachverhalten eine kritische Prüfung der Unfallrekonstruktion angeraten. Allerdings ist es so, dass diese Differenzen auch andere Ursachen haben können. Diese bestehen zB darin, dass Zeugen bei polizeilichen Befragungen hinsichtlich der Schilderung von technisch-physikalischen Zusammenhängen (zB Erstkollision und Aufladevorgang eines Fußgängers auf ein bremsendes Fahrzeug) häufig überfordert werden, indem sie alle Einzelheiten dieses Prozesses, der in der Summe nur eine Zehntelsekunde dauert, schildern sollen. Die Aussagen sind dann zur Rekonstruktion des Sachverhaltes aufgrund objektiver Anknüpfungstatsachen toleranzbehaftet.   4

Der Anwalt des Beschuldigten ist sicherlich zunächst gehalten, genau zu prüfen, ob der Sachverständige alle toleranzbehafteten Anknüpfungstatsachen auch wirklich zugunsten des Beschuldigten angewandt und entsprechende Varianten dargestellt hat. Gegebenenfalls kann man nachfragen oder auch durch einen weiteren Gutachter prüfen lassen, ob es nicht doch noch Alternativen gibt. Dies empfiehlt sich immer dann, wenn der eigentliche Sachverhalt der technisch-physikalischen Berechnungen für den Anwalt aus unterschiedlichen Gründen nicht vollständig verständlich und nachvollziehbar ist. Insbesondere beim Einsatz von Rechenprogrammen kann dies relativ schnell passieren, da die physikalischen Modellvorstellungen zum   5

---

[1] Vgl hierzu auch Buck/Krumbholz, Sachverständigenbeweis im Verkehrsrecht, 2008.

Teil recht komplex sind und nicht in allen Einzelheiten in entsprechenden Gutachten beschrieben werden.

A. Unerlaubtes Entfernen vom Unfallort

6 Der Straftatbestand des § 142 StGB wurde aus juristischer Sicht bereits in § 9 besprochen. Aus technischer Sicht bestehen grundsätzlich zwei Problemkreise, bei denen der technische Sachverständige zur Aufklärung des Sachverhalts beitragen kann. Zum einen ist das die Untersuchung der **Schadenskorrespondenz**, dh, ob die bei einem tatverdächtigen Fahrzeug vorgefundenen Beschädigungen mit den Beschädigungen am Fahrzeug des Geschädigten übereinstimmen bzw vom Fahrzeug des Tatverdächtigen verursacht worden sein können.

7 Zum Zweiten stellt sich die Frage der **Wahrnehmbarkeit**. Da § 142 StGB ein Vorsatzdelikt darstellt, ist zu prüfen, ob der Beschuldigte die Kollision bzw ihre unmittelbaren Folgen überhaupt wahrnehmen konnte. Erst in einem solchen Fall kann § 142 StGB greifen, da ansonsten der Vorsatzgedanke beim Verlassen der Unfallstelle nicht nachweisbar ist.

I. Schadenskorrespondenz

8 Die technische Fragestellung lautet hier: War das tatverdächtige Fahrzeug an der Kollision mit dem geschädigten Fahrzeug beteiligt. Die Untersuchung dieses Sachverhaltes hat morphologische und spurentechnische Aspekte, aber auch fahrdynamische Aspekte des Bewegungsverhaltens von zwei Kraftfahrzeugen. Die **morphologischen Aspekte** beinhalten vor allen Dingen die Höhenverhältnisse bestimmter Spurenmerkmale an beiden Fahrzeugen und die Ausprägung der Spuren an diesen Fahrzeugen. Dabei sind die möglichen in Frage kommenden Kontaktpartien hinsichtlich der Formstabilität, der Steifigkeit und der Materialzusammensetzung zu bewerten.

9 Bei sogenannten **Kleinkollisionen**, dh also, Kollisionen, die bei typischen Rangierunfällen auf Parkplätzen beim Wenden etc. vorherrschen, sind häufig kaum oder keine Spuren auf der Fahrbahn vorhanden, da die Intensität der Beschädigungen der beiden Fahrzeuge nicht ausreicht, um entsprechende Teile bei der Kollision abzulösen, die eventuell als Spurenträger in Frage kommen. Bei intensiven Kollisionen bzw Kollisionen mit Fahrrädern, Fußgängern etc. im höheren Geschwindigkeitsbereich kommt es häufig zum Abgang von Lacksplittern oder es werden beispielsweise Scheinwerferstreuscheiben zerstört. In diesem Falle kommen **spurentechnische Aspekte** zum Tragen, dh man muss die einzelnen Splitter oder Fahrzeugteile einem bestimmten Fahrzeugtyp zuordnen und dann eventuell über Fahndungsmethoden der Polizei die tatverdächtigen Fahrzeuge im Umkreis in Augenschein nehmen.

10 Die häufigste Form von Untersuchungsaufträgen sind allerdings Kleinkollisionen, also Kollisionen, die beim Rangieren der Fahrzeuge aufgetreten sind. Als Methoden für die Untersuchung der Höhenverhältnisse und der Ausprägung der Spuren kommt idealerweise die Gegenüberstellung der noch unveränderten Fahrzeuge in Betracht. Wenn zwischen dem Ereignis bzw vermeintlichen Ereignis und dem Gutachtenauftrag aber eine geraume Zeit liegt, sind die Fahrzeuge häufig, entweder durch weitere Kollisionen oder auch durch Instandsetzungsarbeiten verändert oder die Fahrzeuge sind überhaupt nicht mehr zugänglich. In einem solchen Falle werden vom technischen Sachverständigen entweder in zwei- oder auch in dreidimensionaler Form die Konturen der Fahrzeuge rechnergestützt mit sogenannten DXF-Dateien

(vektororientierte maßstäbliche Fahrzeugzeichnungen) gegenübergestellt. Diese **virtuelle Gegenüberstellung** hat den Nachteil, dass dabei individuelle Merkmale der Fahrzeuge, wie zB Anbauteile keine Berücksichtigung finden können. Es besteht auch seit einigen Jahren die Möglichkeit, digital Fotos zu bearbeiten und durch halbdurchlässige Gestaltung von Fotos die Konturen von zwei Fahrzeugen virtuell übereinander zu legen, um so Übereinstimmungen oder auch Abweichungen in der Spurenausprägung zu ermitteln. Wenn dies durch Bearbeitung der Polizeifotos oder Fotos von Zeugen geschieht, so ist hierbei zu berücksichtigen, dass ein gleicher Aufnahmewinkel zweier Fotos häufig nicht vorliegt und durch Drehung der Fotoebenen und Projizierungen Ungenauigkeiten entstehen können.

Bei der Untersuchung der Morphologie der Spurenentstehung sind auch **dynamische Aspekte** zu berücksichtigen. Das betrifft das Eintauchen bzw Ausfedern von Fahrzeugteilen während eines Fahrvorganges. Beispielsweise ist es so, dass beim Bremsen, je nach Intensität der Bremsung und je nach Art des Fahrzeuges, diese zwischen 3 und durchaus 12 cm eintauchen können. Die Ausfederungswege des Hecks bei gleicher fahrdynamischer Situation liegen etwa zwischen 2 und 10 cm. Hier gibt es starke fahrzeugtypbedingte Unterschiede, die zu berücksichtigen sind. Gleichzeitig muss man feststellen, dass bei engen Bogenfahrten ein Eintauchen entsprechend der Wirkung der Zentrifugalkraft an der Kurvenaußenseite auftritt und das Fahrzeug in eine Wankbewegung gerät. Alle diese Effekte können zu deutlichen Veränderungen der Höhenverhältnisse führen. **11**

Auch die **Fahrvorgänge** selbst sind zu analysieren. Lässt also die konkrete Parklückensituation, die meist aus Schilderungen hervorgeht bzw nachbesichtigt werden kann, überhaupt eine Kontaktierung mit den aus Fotos bekannten Schadensausprägungen zu oder konnte man zB aufgrund der Ackermann-Bedingung (Hinterachse folgt engerem Radius als Vorderachse) erwarten, dass mit zunehmender Kontaktierungsstrecke, beispielsweise bei einer Rechtslenkbewegung, beim Ausfahren aus einer Parklücke nicht die Intensität von vorn nach hinten zunimmt. Wenn diese aber abnimmt oder wenn deutliche Unstetigkeiten auftreten, so ist zu hinterfragen, ob hier nicht mehrere Ereignisse vorgelegen haben könnten, die dann insgesamt die Schadenskorrespondenz in Frage stellen. **12**

Die Untersuchung von **Farb- und Materialübertragungen** ist eine weitere Möglichkeit zur Bewertung der Schadenskorrespondenz. Häufig werden allerdings überhöhte Anforderungen an die technischen Sachverständigen bezüglich der Farbübertragungen gestellt. Es ist in aller Regel so, dass sich bei Kleinkollisionen in geringem Geschwindigkeitsbereich nur Teile von der mehrschichtigen Lackierung eines Fahrzeuges auf das andere Fahrzeug in Form von sogenannten Anschmierungen übertragen. Wenn man lediglich hauchdünne Lackschichten auf dem anderen Fahrzeug findet, so werden sich daraus nur in den seltensten Fällen Individualmerkmale ergeben. Wenn es also Farbtonunterschiede gibt oder Unterschiede im Aufbau der Lackierung (Metallic-, Mineraleffekt oder Unilacke) vorliegen, ist leicht feststellbar, dass das tatverdächtige Fahrzeug nicht in Frage kommt. Bei einer Übereinstimmung der Merkmale ist allerdings noch lange nicht auf das entsprechende Fahrzeug als Individualmerkmal zu schließen. Dies bedeutet, es können dann vom genannten Fahrzeugtyp eine ganze Reihe von gleichlackierten Fahrzeugen, die es ja in aller Regel gibt, als tatverdächtige Fahrzeuge in Frage kommen. Insofern muss man also beachten, dass das Ausschlussprinzip hier sicher ist. Eine Übereinstimmung in bestimmten Lackmerkmalen lässt aber noch nicht individuell auf ein Tatfahrzeug schließen. Nur wenn sich Lacksplitter mit einer Reihe von Schichten überein- **13** stimmen, ergeben sich Individualmerkmale. Wenn beispielsweise eine Partie des tatverdächtigen Fahrzeuges reparaturlackiert ist und einen fünfschichtigen Aufbau anstelle des üblichen drei- oder vierschichtigen Serienaufbaus aufweist und genau diese fünf Schichten sich spiegelsymmetrisch an das andere Fahrzeug übertragen haben, so kann mit hoher Wahrscheinlichkeit auf das individuelle Fahrzeug geschlossen werden. Das Gleiche betrifft individuelle Unterrostungen im Lackbereich oder auch das Auftreten von Lackfehlern an beiden Partikeln, die zur Untersuchung zur Verfügung stehen.

14 Bei der **Lackvergleichsuntersuchung** muss außerdem geprüft werden, ob die Lackpartikel wirklich von der relevanten Kontaktierungsstelle oder nahe dieser Stelle entnommen worden sind. Beispielsweise ist es nicht unüblich, dass Nutzfahrzeuge an unterschiedlichen Stellen mehrfach nach- oder reparaturlackiert sind. Wenn man also von einer Ladepritsche im vorderen Bereich Lack entnimmt, die Kontaktierung aber möglicherweise im hinteren Bereich stattgefunden hat, so muss man sich unter Umständen nicht wundern, dass hier keine Übereinstimmung vorliegt oder umgekehrt, eine Scheingenauigkeit erreicht wird. Das Gleiche ist bei Pkws der Fall, wo teilweise Partikel von Innenraumlackierungen, die unter Umständen anders aufgebaut sind, oder Lackierungen im Kofferraum oder Motorraumbereich übersandt werden, die dann keine Korrespondenz ergeben können. Die Entnahmestelle des Lacks muss also möglichst nahe an der in Frage kommenden Kontaktierungskontur liegen.

II. Wahrnehmbarkeit

15 Die Wahrnehmbarkeit einer Kleinkollision ist ein individuelles Merkmal. Sie beruht auf komplexen Prozessen seitens des Fahrzeugführers. Der Techniker kann hier nur bedingt bestimmte Voraussetzungen prüfen und dies mit Vergleichsversuchen abgleichen.

A. Unerlaubtes Entfernen vom Unfallort

Bemerkbarkeitsversuche   HN 01.16

Beschreibung	Streifender Anstoß mit der rechten Seite (①) an den Heckstoßfänger (②)			QUELLE: DEKRA
V_Kollision	Straßenbelag	Witterung	Anstoßwinkel	
ca. 4 km/h	Beton, trocken	sonnig, 23°C	90°	
Bemerkbarkeit	Fahrer	Beifahrer	Beobachter	
kinästhetisch	☺*	☺*	- / -	
akustisch	☺*	◉*	◉*	
Entfernung	- / -	- / -	10 m	
Legende:	☺ = deutlich ◉ = kaum ○ = nicht *= Zusatzinfo (letzte Seite)			① VW Sharan. ② Mercedes E-Kl.

Pkw1:	VW Sharan, Baujahr 1998, Leergewicht 1713 kg, Zuladung: 2 Personen, Radio ausgeschaltet, Meßmikrofon Innenraum, Videokamera 1 mit Fahrerperspektive, Videokamera 2 Fahrerbeobachtung, UDS
Pkw2:	Mercedes 210, E-Klasse, Baujahr 1997, Leergewicht 1475 kg, Zuladung: keine, UDS
Beobachter:	Meßmikrofon in Ohrhöhe, Videokamera mit Beobachterperspektive
Allgemeines:	Geschwindigkeitsmessung und Anstoßzeitpunkt (t=0) jeweils bestimmt durch Lichtschranken

Stoßendes Fahrzeug (①)   Beschleunigungen

Stoßendes Fahrzeug (①)   Geräuschniveau

Angestoßenes Fahrzeug (②)   Beschleunigungen

Beobachter   Geräuschniveau

t=0 (Anstoß)

DEKRA-Arbeitsmittel VER 1.7 (01)   DEKRA Automobil GmbH 07/2001

Beschädigungen angestoßenes Fahrzeug (②)

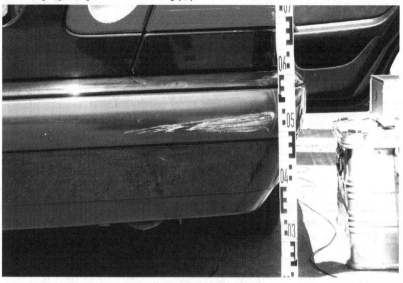

Anstoßbereich am rechten Rundungsbereich des Heckstoßfängers

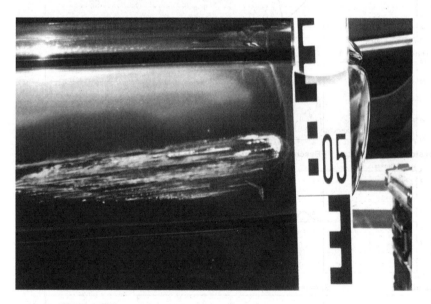

Vergrößerung der Kratzer und Lackantragungen auf dem Heckstoßfänger

Beschädigungen Stoßendes Fahrzeug (①)

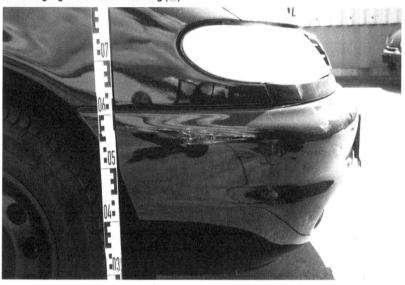

Anstoßbereich, Schrammspuren und Verkratzungen im seitlichen Bereich des vorderen Stoßfängers

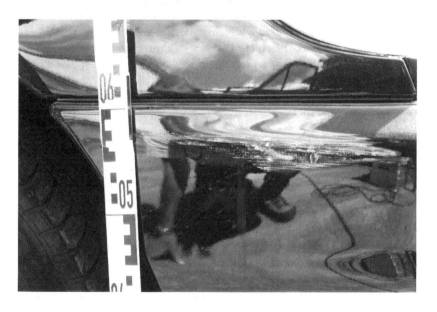

Vergrößerung der Kratzspuren auf dem seitlichen rechten vorderen Stoßfänger

Bilder S. 1524 und 1525: Bemerkbarkeitsversuch zu einer Kleinkollision

16   Bei Vergleichsversuchen werden häufig jüngere Probanden (Studenten etc.) eingesetzt. Es ist also in jedem Falle zu prüfen, ob es sich tatsächlich um einen normal konditionierten bzw normal erfahrenen Fahrzeugführer mit keinen Einschränkungen in den entsprechenden Wahrnehmungsgebieten handelt. Nur für diese Fälle ist die Wahrnehmbarkeitsuntersuchung, die primär der technische Sachverständige durchführt, gültig. Ansonsten sind hier Mediziner oder Wahrnehmungspsychologen hinzuzuziehen.

17   Die Wahrnehmbarkeit einer Kleinkollision wird in aller Regel **optisch** durch die Augen, **akustisch** durch das Hörvermögen, **taktil** durch den Tastsinn und **kinästetisch** durch Sensoren im Mittelohr ermöglicht. Der Tastsinn ist beim Menschen vor allen Dingen im Bereich der Hände und der Füße durch empfindliche Drucksensoren ausgeprägt. Zusätzlich nehmen Drucksensoren im Bereich des Rückens und des Gesäßes Beschleunigungen wahr. Das Wahrnehmen von Beschleunigungen ist aber immer im Komplex zwischen dem Tast- oder taktilen Sinn und den Gleichgewichtsrezeptoren, die sich im Mittelohr bzw im Kleinhirn befinden, zu sehen, so dass hier sehr komplexe Vorgänge bewertet werden müssen.

18   Die **optische Wahrnehmbarkeit** einer Kleinkollision ist häufig eingeschränkt. Durch die Abschattung der kontaktierten Teile kann man häufig vom Platz des Fahrers aus nicht direkt die Kontaktierung erkennen. Auch bei Kleinkollisionen bei Dunkelheit ist dies selbstverständlich trotz Nutzung von entsprechenden Außenspiegeln häufig erschwert. Allerdings ist zu beachten, dass ein normal erfahrener Fahrzeugführer anhand der Abschätzung der äußeren Konturen zumindest eine kritische Annäherung von zwei Fahrzeugen detektieren kann. Bei ihm ergibt sich eine gewisse Erwartungshaltung bezüglich einer möglichen Kontaktierung. Untersuchungen haben beispielsweise ergeben, dass die absolute Wahrnehmungsschwelle von Beschleunigungen sehr stark von dieser Erwartungshaltung abhängt. Wenn man eine Erwartungshaltung hat, die beispielsweise durch das Wahrnehmen der gefährlichen Annäherung detektiert wird, so lassen sich Beschleunigungen bereits im Bereich von 0,1 m/s² wahrnehmen. Wenn diese Erwartungshaltung nicht vorhanden ist, so liegt die Wahrnehmungsschwelle erst in der Größenordnung von 1 m/s².

19   Die **akustische Wahrnehmbarkeit** von Kollisionen hängt sehr stark davon ab, wie sich das Kollisionsgeräusch ausbreitet und wie nahe es an den Ohren des Fahrzeugführers auftritt. Hier ist insbesondere die Konstruktion der Fahrzeuge ausschlaggebend für die Ausbreitung des Geräusches. Während eine Ganzmetallkarosserie die Schwingungen, die sich durch die Anstöße ergeben, in aller Regel sehr gut weiterleitet, wird beispielsweise bei Lkw-Karosserien eine akustische Entkopplung des Führerhauses vom übrigen Rahmenaufbau vorgenommen. Damit breiten sich die Geräusche nicht mehr durch den einheitlichen Metallkörper der Karosserie des Gesamtfahrzeuges aus, sondern es kommt nicht zur Körperschall-, sondern nur noch zur Luftschallausbreitung. Hier ist allerdings bekannt, dass der Luftschall beispielsweise durch eine gute Dämmung, wie dies bei modernen Fahrzeugen üblich ist, um etwa 20 bis 30 dB (A) gedämpft werden kann, so dass das Kollisionsgeräusch nur in stark gedämpfter Form beim Fahrzeugführer ankommt und Störgeräusche hier zu Überdeckungen führen können.

20   Moderne Pkw-Karosserien sind häufig aus Verbundmaterialien hergestellt, bei denen Stoßfängerverkleidungen aus weichen Plastmaterialien bestehen. Wenn diese übereinander gleiten, so ist unter Umständen auch eine abstreifende wenig intensive Kollision kaum noch hörbar,

während bei einem Kollisionswinkel nahe 90° meist auch geringfügigste Berührungen eindeutig akustisch wahrnehmbar sind.

Die **taktil kinästetische Wahrnehmbarkeit** beruht letztlich darauf, dass jeder Fahrzeugführer aufgrund seiner Fahrerfahrung eine Erwartungshaltung von bestimmten Fahrzeugbewegungen im Zusammenhang mit den durchgeführten Bedienhandlungen hat. Wenn diese Erwartungshaltung durch eine Störgröße, wie es die Kollision darstellt, nicht erfüllt wird, so sind ab bestimmten Abweichungen hier Schlussfolgerungen auf ein bestimmtes Ereignis abzuleiten.

Die **Geschwindigkeit** selbst nimmt der Mensch in aller Regel nicht wahr, allerdings die Veränderung der Geschwindigkeit, was also physikalisch gesehen zu einer Beschleunigung führt. Wenn sich die Beschleunigung pro Zeiteinheit wiederum ändert, so spricht man physikalisch von einem sogenannten Ruck. Diese Veränderung der Beschleunigung wird sehr deutlich wahrgenommen. Hier unterscheidet sich auch die Kollision von einer üblichen Bremsung. Bei der Bremsung kann in aller Regel nicht innerhalb von ganz kurzer Zeit die Verzögerung deutlich geändert werden, durch die Kollision kommt es aber zu einer deutlichen Veränderung der Beschleunigung. Einher geht ein solcher Bewegungsablauf in aller Regel auch mit Wankbewegungen von Fahrzeugen. Auch das (gegnerische) zB abgeparkte Fahrzeug wankt in aller Regel.

Zusammengefasst kann man also feststellen, dass der Mensch komplex eine Fahrsituation einschätzt. Wenn **Abweichungen von der Erwartungshaltung** auftreten, so muss das ein Hinweis auf eine mögliche Kollision sein, insbesondere wenn äußerlich Merkmale darauf hindeuten, wie zB die optisch wahrnehmbare gefährliche Annäherung. Problematisch wird die Einschätzung der Wahrnehmbarkeit immer dann, wenn es sich nicht um klassische Kleinkollisionen, die im Bereich von 1 bis 3 km/h vonstattengehen, sondern um Unfälle im fließenden Verkehr handelt. Dort kommt es häufig ohnehin zu Wankbewegungen der Fahrzeuge. Auch die Konzentration ist häufig weit vor das eigentliche Fahrzeug ausgerichtet, so dass geringfügige Kollisionen neben dem Fahrzeug, zB beim Spurwechsel nur erschwert oder überhaupt nicht wahrgenommen werden können.

Auch bei **Nutzfahrzeug-Unfällen** gibt es in aller Regel Schwierigkeiten bei der Wahrnehmbarkeit von Kleinkollisionen. Wenn beispielsweise ein großer Sattelzug links abbiegt und die rechte hintere Ecke bei diesem Abbiegevorgang ausschert, was durch die Kinematik der Bewegung vorbestimmt ist, und es dabei zu streifenden Berührungen mit rechts abgeparkten Fahrzeugen kommt, so ist diese Berührung in aller Regel nicht wahrnehmbar. Möglicherweise kann man indirekt als erfahrener Fahrzeugführer anhand des vorher innegehabten Seitenabstandes auf eine mögliche Kollision schließen. Ob dies allerdings bereits ausreicht für eine sichere Wahrnehmbarkeit obliegt am Ende der juristischen Würdigung.

III. Typische Beispiele

1. Lkw-Anstoß an das Register eines Ampelmasten. Ein Lkw fährt im Rahmen des Verteilerverkehrs nahe an ein Grundstück heran, um Gepäckstücke möglichst über kurze Wegstrecken einzuladen. Dabei nähert er sich einem Mast einer Fußgängerlichtzeichenanlage stark an. Im Zuge des zu fahrenden Linksbogens (er hält dann mit den rechten Rädern auf dem Gehsteig und mit den linken Rädern auf der Fahrbahn) kommt es zu einer streifenden Berührung des

Kastenaufbaus in etwa 2,50 m Höhe mit den Blendschutzkappen der rechtwinklig an einem Ausläufer angeordneten Fußgängerlichtzeichenanlage. Diese Blendschutzkappen bestehen aus Plast. Der Ausleger hat vom Mast einen Abstand von ca. 50 bis 60 cm. Die am tatverdächtigen Lkw später festgestellte etwa 30 cm lange geringfügige Streifspur passt sowohl von den Höhenverhältnissen als auch von ihrer Art und Ausprägung zu dieser Kappe. Aufgrund des relativ langen Hebels dreht also der Lkw beim langsamen Vorbeifahren die Fußgängerlichtzeichenanlage um ca. 90°. Damit haben Anwohner des angrenzenden Hauses unmittelbar die Fahrzeuglichtzeichenanlage vor ihrem Fenster. Der Lkw bleibt anschließend einige Minuten stehen, und der Fahrer belädt den Lkw mit Fässern, die er mit einer Sackkarre bewegt.

26 Aus technischer Sicht ist die eigentliche Kollision nicht wahrnehmbar. Dies hängt zum einen damit zusammen, dass es sich bei dem geringfügigen streifenden Anstoß an den Lkw-Kastenaufbau um ein akustisch entkoppeltes System handelt, was zu nur geringfügigen Geräuschen im Lkw-Führerhaus führt, die durch Motorgeräusche etc. deutlich überdeckt werden. Optisch ist die Situation im rechten Außenspiegel ebenfalls nicht wahrnehmbar, weil die Kontaktierung nur wenig hinter dem Außenspiegel und deutlich über seiner Anbringung stattfindet, so dass hier keine Wahrnehmbarkeit vorliegt. Taktil kinästetisch ist diese Kontaktierung ebenfalls nicht wahrnehmbar, da der Anstoß am Lkw so gering ist, dass die kollisionsbedingte Geschwindigkeitsänderung unter 0,1 km/h liegt, was mit Sicherheit nicht wahrgenommen wird. Die Frage besteht hier eher darin, ob der Fahrer, der anschließend den Lkw belädt, nicht während seiner Beladetätigkeit hätte unter Umständen erkennen können, dass er die Lichtzeichenanlage für Fußgänger bzw Pkws um 90° gedreht hat. Dies hängt dann davon ab, ob er sich auf seine Beladetätigkeit konzentriert oder vielleicht nach oben schauen muss. Dies ist eine Frage der juristischen Würdigung und der allgemeinen Erfahrung. Dies ist nicht Aufgabe des Sachverständigen.

27 **2. Anstoß beim Rückwärts-Einparken.** Die klassische Kleinkollision im ruhenden Verkehr besteht darin, dass ein Pkw längs eingeparkt in einer üblichen Parkreihe rückwärts einlenkend fährt und dabei mit seinem hinteren Stoßfänger den vorderen Stoßfänger des dahinter abgeparkten Fahrzeuges berührt. Die Intensität der Berührung hängt hier von der Schadensausprägung ab. Im konkreten Fall war es allerdings so, dass sowohl an der Mercedes E-Klasse, die rückwärts gestoßen ist, als auch am Opel Vectra, der sich dahinter abgeparkt befand, eine Reihe von Vorschäden im relevanten Bereich vorlagen. In einem solchen Falle ist die Kontaktierung auch nach gründlicher Prüfung der entsprechenden Vorschäden und versuchter Trennung zum eigentlichen Schaden nicht vollständig sicher aus technischer Sicht darzustellen. Man müsste, um hier die Vorschäden von den Schäden des gegenständlichen Unfalls zu trennen, die Fahrzeuge sehr zeitnah, möglichst wenige Stunden nach dem Unfall in Augenschein nehmen können. Dies ist in aller Regel nicht möglich. Bereits nach einem Waschanlagendurchgang oder nach einem intensiven Regen im Freien können sich Wischspuren bereits so verändert haben, dass eine eindeutige Trennung nicht möglich ist. Wenn man also nicht eindeutig die Vorschäden von den Schäden des gegenständlichen Unfalls trennen kann, so ist auch die Intensität der Kontaktierung im vorliegenden Fall nur sehr schwer abzuschätzen. Damit ist es auch äußerst kritisch, die Wahrnehmbarkeit zu beurteilen. Hier sind die Juristen dann hauptsächlich auf mögliche Zeugenaussagen angewiesen, da der Techniker hier keine sicheren Aussagen treffen kann.

IV. Typische Probleme bei Gutachten zum unerlaubten Entfernen vom Unfallort

1. Statische und dynamische Höhenverhältnisse. Es kommt vor, dass bei solchen Gutachten nur die statischen Höhenverhältnisse analysiert werden und somit falsche Schlussfolgerungen gezogen werden. Beispielsweise wird bei nur 3 cm Abweichung des Höhenniveaus auf eine fehlende Schadenskorrespondenz abgestellt. Selbst wenn an der konkreten Unfallstelle mit dem Originalfahrzeug oder mit typgleichen Fahrzeugen der Unfall nachgestellt wird, müssen die dynamischen Aspekte berücksichtigt werden, oder man muss, wie dies auch schon vereinzelt getan wurde, erneut einen Kollisionsversuch an der Originalstelle durchführen. Dabei wird bei entsprechender Videodokumentation das Höhenniveau erkennbar werden. Tut man dies aber nur statisch, so riskiert man eine Reihe von Fehlern. Häufig ist es auch so, dass die Veränderungen der Höhenverhältnisse während der Kontaktierung nicht beachtet werden. Typische Stoßfängerformen von Pkws führen also nicht selten dazu, dass es beim rückwärts Auffahren auf einen abgestellten Pkw während der Kollision im elastischen Anteil zum Aufgleiten des Heckstoßfängers des stoßenden Fahrzeuges auf das gestoßene Fahrzeug kommt. Dies beinhaltet dann ganz spezifische Spurenmerkmale. Wird aber nur die Hauptintensität verwendet, so entstehen häufig Differenzen von 5 bis 6 cm, die dann möglicherweise als Ausschlusskriterium genutzt werden. Dies ist aus technischer Sicht nicht relevant. 28

2. Besonderheiten an den Fahrzeugen. Es kommt vor, dass die Besonderheiten der konkreten Fahrzeuge nicht beachtet werden. Das betrifft zB Tieferlegung von Fahrzeugen (2 bis 3 cm Höhenniveauveränderung). Das betrifft die Montage von anderen Reifen (Breitreifen mit anderen Höhen- und Querschnittsverhältnissen). Das betrifft manchmal das mögliche Auftreten von Störgeräuschen durch Beladung in Fahrzeugen, die nicht richtig gesichert ist. Zum Teil stehen die konkreten Fahrzeuge nicht mehr zur Verfügung. Die Polizeibeamten fotografieren häufig Schäden am tatverdächtigen Fahrzeug mittels Höhenmaßstab im Rahmen einer sogenannten Nacheile. Dabei kommt es vor, dass nicht beachtet wird, wie das konkrete Fahrzeug abgestellt ist (zB durch stärkere Bremsung in eine Parklücke eingefahren). Dann kommt es zu einem Anheben des Hecks unter Umständen um mehrere Zentimeter, was dann verspannt auch mehrere Stunden noch so bleibt. Auch die Beladungsverhältnisse werden in einem solchen Falle nicht analysiert. Es kann zu falschen Schlussfolgerungen kommen, wenn solche Höhenmaße kritiklos übernommen werden. 29

3. Übertragung von Versuchsergebnissen. Größere Sachverständigenbüros oder Sachverständigenorganisationen, wie zB DEKRA oder auch Crashtest-Service.COM stellen durchgeführte Versuche im Kleinkollisionsbereich zur Verfügung. Ein Fehler besteht häufig darin, dass diese Versuche, ohne die Randbedingungen vollständig zu beachten, auf den konkreten Unfall übertragen werden. So werden also beispielsweise Versuche zur Wahrnehmbarkeit im Pkw-Bereich auf Unfälle mit Kleintransportern und gar Lkw übertragen. Dies ist nicht zulässig. 30

4. Kritische Prüfung des Schadensumfangs. Zu einer gesamtheitlichen Betrachtung einer Kleinkollision im Rahmen einer Gutachtenbeauftragung zum § 142 StGB gehört auch die Überprüfung der Schadensumfänge, die häufig durch Schadensgutachten dokumentiert sind. Zu beachten ist dabei, dass letzten Endes die Schadenshöhe am geschädigten Fahrzeug zumindest indirekt das Strafmaß bestimmt. Die Schadensgutachten beinhalten eine Prognose der Schadenshöhe. Der Schadensgutachter kennt in aller Regel nicht die Schäden am anderen Fahrzeug und stellt meist auf einen Mittelwert in einer Fachwerkstatt ab. Anhand des juristi- 31 schen Grundprinzips „im Zweifelsfalle zugunsten des Angeklagten" ist aus technischer Sicht kritisch zu prüfen, ob hier zum einen nicht möglicherweise Vorschäden mit in die Kalkulation aufgenommen worden sind und man so zu einer überhöhten Schadenssumme kommt, oder ob hier wirklich in Zugunstenbetrachtung ein unterer Grenzwert des Schadensausmaßes prognostiziert worden ist. Die prognostizierte Schadenssumme wird häufig kritiklos übernommen und führt unter Umständen zu falschen Schlussfolgerungen der Juristen.

32 **5. Bewegungsablauf und Schadensumfang.** Es gibt Gutachten, bei denen mit DXF-Dateien oder auch über halbdurchlässige Fotos die Schadenshöhen und die morphologischen Gesichtspunkte geprüft werden, aber nicht geprüft wird, ob der Bewegungsablauf, der gegebenenfalls durch Zeugen vorgetragen wird, überhaupt zum Schadensumfang passgenau ist, ob also mit einer solchen Bewegung überhaupt der Gesamtschaden, der geltend gemacht wird, technisch erklärt werden kann. Häufig kommt es hier zu einer Vermischung des eigentlichen Unfallschadens mit Vorschäden am geschädigten Fahrzeug. Auch hier kommt es dann zum Ansatz von überhöhten Schäden, die durch das Gesamtunfallgeschehen in der vorgetragenen Form nicht gerechtfertigt sind.

V. Beweisanträge

33 ▶ **Muster: Beweisantrag der Überprüfung der Schadenskorrespondenz**

An die Staatsanwaltschaft beim Landgericht ...

Aktenzeichen ...

In der Strafsache gegen Herrn ... wegen angeblichen unerlaubten Entfernens vom Unfallort

stellen wir aus Sicht des Beschuldigten folgenden Beweisantrag:

Zum Beweis der Tatsache, dass keine sichere Korrespondenz zwischen allen geltend gemachten Schäden am vermeintlich geschädigten Fahrzeug mit dem vermeintlich tatverdächtigen Fahrzeug besteht, beantragen wir hiermit ein technisches Sachverständigengutachten. Am tatverdächtigen Fahrzeug sind an der gesamten linken Seitenwand mindestens drei Schadensbereiche vorhanden, die unmöglich entsprechend den Einlassungen der Zeugen durch einen einheitlichen Fahrvorgang beim Ausparken des Fahrzeuges unseres Mandanten entstanden sein können.

Der Sachverständige möge also die Schadensfotos der Polizei am Unfallort als Anknüpfungstatsachen verwenden. Außerdem steht das Fahrzeug unseres Mandanten noch unverändert, dh also in nicht reparierter Form für eine Fahrzeuggegenüberstellung zur Verfügung. Dabei ist zu prüfen, welcher der Teilschäden überhaupt mit den Schäden am Fahrzeug unseres Mandanten korrespondiert. Sollte dies einer der drei nach unserer Meinung nach nicht übereinstimmenden Schäden sein, so wird zusätzlich der Antrag gestellt, die Wahrnehmbarkeit dieses geringfügigen Streifschadens zu beurteilen. ◀

34 ▶ **Muster: Nichtwahrnehmbarkeit eines Unfallgeschehens aufgrund von Störgeräuschen**

Staatsanwaltschaft beim Landgericht ...

Aktenzeichen ...

Herr ... wird wegen angeblichen unerlaubten Entfernens vom Unfallort beschuldigt.

Wir gehen davon aus, dass die Streifschäden an der linken Seitenwand des geschädigten Fahrzeuges (Zeugenaussage ...) durch den Kontakt mit dem rechten hinteren Stoßfängerteil unseres Mandanten entstanden ist. Wie von den Zeugen in der Ermittlungsakte angegeben, kam es hier zu einem streifenden Unfallgeschehen mit geringer Kraftübertragung. Wie wir durch unseren Mandanten und Befragungen in der Nachbarschaft des Tatortes feststellen konnten, waren zum Unfallzeitpunkt im Nachbargrundstück Bauarbeiten im Gange. Dabei kam mindestens ein Bagger zum Einsatz. Es wird also zum Beweis der Tatsache, dass hier keine akustische Wahrnehmbarkeit gegeben ist, ein Sachverständigengutachten beantragt. Er soll das im Inneren des Fahrzeuges entstehende Kollisionsgeräusch nach Möglichkeit auch messtechnisch bewerten und dies mit dem Störgeräusch, das typischerweise durch Bagger entsteht, in Beziehung setzen und auf die akustische Wahrnehmbarkeit schließen. ◄

B. Fahrlässige Körperverletzung und Tötung

Unfälle mit verletzten und getöteten Personen sind nach wie vor das Haupttätigkeitsfeld des Unfallanalytikers im Strafprozess. Ausgehend von den Rekonstruktionsverfahren und der Art der Verkehrsbeteiligung kann man die Unfälle wie folgt unterscheiden.

- Pkw-Kollision,
- Fußgänger-Unfälle,
- Zweirad-Unfälle,
- Lkw, Straßenbahn- und Busunfälle.

I. Pkw-Kollision

Die Pkw-Kollisionen sind die häufigsten Zusammenstöße im Straßenverkehr. In den letzten Jahren hat die Verletzungsschwere und die Wahrscheinlichkeit, bei einem solchen Unfall getötet zu werden, abgenommen. Dies ist dank der Verbesserung der passiven Sicherheit der Fahrzeuge geschehen. Auch die Verkehrsanlagen sind dahin gehend verbessert worden (zunehmend Leitplanken an gefährlichen Stellen). Kritisch sind nach wie vor Alleinunfälle beim Abkommen von der Fahrbahn oder Kollisionen mit formaggressiven Teilen (wie Bäumen, Masten etc.). Insbesondere wenn der Hauptstoß in die Seite führt, wo konstruktionsbedingt kein oder nur ein geringer Deformationsraum zur Verfügung steht, kommt es in aller Regel zu schweren Intrusionen der formaggressiven Teile mit den entsprechenden Verletzungsfolgen.

Als Anknüpfungstatsachen für den Unfallanalytiker stehen in aller Regel die **Endstellungen** der Fahrzeuge und **Einlaufspuren** zur Verfügung. Die Kollisionsstelle lässt sich häufig anhand von Splitterfeldern, Schmutzablagerungen oder auch sogenannten Schlagmalen auf der Fahrbahn oder im angrenzenden Bereich ermitteln. Als Rekonstruktionsaufgaben steht hier die Kollisionsgeschwindigkeit zur ermitteln, die Ausgangsgeschwindigkeit einzugrenzen und gegebenenfalls Reaktionspunkte. Vermeidbarkeiten sind in aller Regel aus Sicht der beteiligten Fahrzeugführer einzugrenzen. Bei sogenannten Alleinunfällen geht es meist auch darum, die fahrdynamische Grenzgeschwindigkeit von Kurven zu ermitteln bzw die Sicherheitsgeschwindigkeit für den Normalfahrer.

Zusatzfragestellungen werden hinsichtlich möglicher **technischer Mängel** am Fahrzeug erhoben. Auch Fragen, ob zB das Blinklicht eingeschaltet war oder ob der Fahrer oder andere Insassen angeschnallt waren bzw die Gurte sachgerecht benutzt hatten, bestehen häufig.

Als Rekonstruktionsmethoden hat sich hier die Rückwärtsrechnung über viele Jahre bewährt. In zunehmendem Maße wird aber auch eine Vorwärtsrechnung gegebenenfalls gekoppelt mit einer Rückwärtsrechnung vor Kollision angewandt. Diese beiden Verfahren werden häufig mit Kollisionsanalysen gekoppelt, so dass eine ganzheitliche Lösung heutzutage meist am Rechner entsteht.

Pkw-Kollision mit PC-Crash rekonstruiert

40 ▶ **Muster: Beweisantrag aus Sicht der Verteidigung**

An das Amtsgericht ...

Strafrichter

Aktenzeichen ...

In der Strafsache gegen Herrn ... wegen fahrlässiger Körperverletzung

geben wir für den Angeschuldigten folgende Einlassungen ab.

Der Angeschuldigte ist mit seinem Pkw auf der abschüssigen Fahrbahn und der sich anschließenden Rechtskurve in einen Drift-Schleuder-Vorgang geraten und mit dem Gegenverkehr kollidiert. Die Kollisionsstelle lag ausgehend von den polizeilichen Ermittlungen und der Spurenlage wohl eindeutig auf der Gegenfahrbahn.

Unser Mandant schildert, dass die von der Polizei und von den Zeugen abgeschätzte Geschwindigkeit eingangs der Kurve tatsächlich in der Größenordnung von 70 km/h gelegen hat. Der Mandant hat allerdings im Vorfeld der Kurve auf der längeren abschüssigen Strecke versucht, das Fahrzeug auf eine deutlich niedrigere Geschwindigkeit abzubremsen. Dies ist durch mehrfache Betätigung des Bremspedals erfolgt. Im Ergebnis ließ jedoch die Bremswirkung zunehmend nach. Dadurch konnte die Geschwindigkeit nicht in der vorgesehenen Art und Weise verringert werden. Dementsprechend muss der Mandant davon ausgehen, dass hier ein technischer Mangel am Pkw vorgelegen hat. Ein Sachverständiger wird sicherlich feststellen können, in welchem Ausmaß dieser Mangel zum Unfallgeschehen beigetragen hat.

Wir beantragen deshalb eine technische Fahrzeuguntersuchung mit Schwerpunkt der Feststellung der Bremswirkung, insbesondere einer nachlassenden Bremswirkung bei mehrmaliger Betätigung der Bremsanlage. ◀

41 **Probleme in Gutachten:** Bei der Berechnung mit modernen Rechenprogrammen lassen sich in aller Regel sogenannte **Protokollausdrucke** erstellen. Dort sind alle wesentlichen Anknüpfungstatsachen fixiert. Die Protokollausdrucke stellen damit eine Voraussetzung für die Nachvollziehbarkeit des Gutachtens dar. Wenn das Gutachten als Anlage lediglich Skizzen und Animationsdarstellungen, aber keine Protokollausdrucke enthält, so kann das ein Hin-

weis darauf sein, dass entweder keine oder nur eine unvollkommene Kollisionsanalyse durchgeführt wurde.

Bei den Berechnungen sind sowohl bei anzusetzenden Verzögerungen als auch bei abzuschätzenden Deformationsenergien und bei der Festlegung von sogenannten Stoßpunkten jeweils Toleranzen möglich. Die Berechnung stellt eine Optimierung verschiedener Kontrollgrößen und Anknüpfungstatsachen dar. Es lohnt sich teilweise, diese Art der **Optimierungsstrategie** von einem zweiten Gutachter überprüfen zu lassen im Hinblick darauf, ob hier wirklich in konsequenter Zugunstenbetrachtung für den Beschuldigten vorgegangen worden ist. Die Durchführung von sogenannten Empfindlichkeitsanalysen, dh also, wie empfindlich ist das Gesamtergebnis auf die Veränderung eines Parameters ist, kann man unter Umständen ermitteln, ob hier wirklich konsequent zugunsten des Beschuldigten gearbeitet worden ist.

II. Fußgänger-Unfälle

Fußgänger-Unfälle stellen die häufigste Unfallart mit Personenschaden innerorts dar. Der Fußgänger ist technisch gesehen ungeschützt. Die meisten Fahrzeuge haben eine relativ aggressive Frontstruktur. Obwohl hier in den letzten Jahren Bemühungen hinsichtlich weicherer Übergänge der Motorhaube zur Frontscheibe erkennbar sind, kommt es nach wie vor beim Aufladen von Personen auf Fahrzeuge zu schweren und schwersten Verletzungen. Die Kollisions- bzw Unfallmechanik besteht darin, dass der Fußgänger bei einem frontalen Stoß zunächst an den unteren Extremitäten durch die Stoßfängerkonstruktionen der Fahrzeuge getroffen und erfasst wird. Aufgrund des hohen Schwerpunktes des Fußgängers (in Hüfthöhe) kommt es zur Drehung des Fußgängers und er wird aufgeschleudert. Je nach Geschwindigkeit und Frontstruktur kann dies bis in die Frontscheibe oder auch an die Dachkante oder bei sehr hohen Geschwindigkeiten auch über das Dach erfolgen. Beim Anstoß an die Frontscheibe oder die Dachkante (typische spinnennetzförmige Zerstörung der Scheibe) wird der Fußgänger momentan auf die aktuelle Fahrzeuggeschwindigkeit beschleunigt. Das Fahrzeug befindet sich in dieser Phase meist schon in einer Bremsung. Da der Fußgänger nicht mit dem Fahrzeug verhakt wird und das Fahrzeug langsamer wird, wird der Fußgänger mit der Kollisionsgeschwindigkeit zunächst durch die Luft geschleudert und kommt nach einer Flugphase zum Aufschlag auf die Fahrbahn. Dort wird die Restgeschwindigkeit rollend oder rutschend bis in die meist bekannte Endlage abgebaut. Dies ist die Unfallmechanik eines sogenannten gebremsten Vollstoßes. Selbstverständlich gibt es auch frontale Teilstöße oder auch seitliche Streifstöße, die dann eine andere Unfallmechanik haben. Kritisch aus Sicht einer exakten Rekonstruktion des Unfallgeschehens sind ungebremste Anstöße, wie sie allerdings selten vorkommen. In diesem Fall korreliert die Aufwurfhöhe nur wenig oder überhaupt nicht mit der Kollisionsgeschwindigkeit.

DEKRA-Katalog Fußgängerunfall

SH 00.32

Versuchsdokumentation

Vollstoß / Ponton

| v_K = 27 km/h | Δv = 0,4 km/h | AF = 100 % |
| a_K = 3,9 m/s² | s_{Wx} = 8,4 m | ΔL_K = --- |

Kollisionsstellung

Fahrzeugtyp: Toyota RAV 4

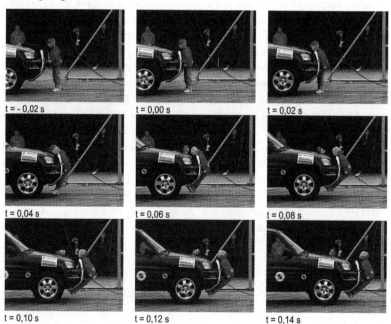

Baujahr	:	1997
Gesamtlänge	:	3,83 m
Gesamtbreite	:	1,69 m
Gesamthöhe	:	1,66 m
Radstand	:	2,19 m
Spurweite	:	1,46 m
Überhang vorne	:	0,86 m
Abstand zw. Schwerpkt. u. VA	:	0,89 m
Gesamtmasse	:	1370 kg
Achslast vorne	:	800 kg
Achslast hinten	:	570 kg
Dummytyp	:	Kinderdummy
Größe / Stehhöhe	:	1,17 / 1,16 m
Gewicht	:	22 kg

Bewegungsablauf

DEKRA-Arbeitsmittel VER 3.3/3 (94)　　　　DEKRA Automobil GmbH 11/04

B. Fahrlässige Körperverletzung und Tötung 22

DEKRA-Versuchsdokumentation

SH 00.32

Unfallskizze

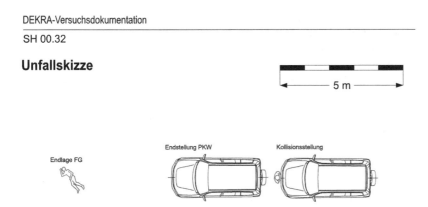

Bewegungsablauf 0,1 s

Geschwindigkeitsdiagramm

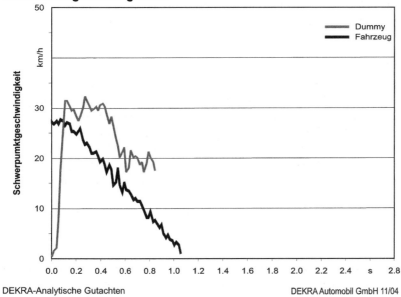

DEKRA-Analytische Gutachten   DEKRA Automobil GmbH 11/04

Bilder S. 1534 und 1535: Ablauf eines gebremsten Vollstoßes im Versuch

44 Als Anknüpfungstatsachen bei Fußgänger-Unfällen steht häufig die **Endlage** von Fußgängern zur Verfügung. Dies ist meist durch einen Blutfleck oder eine Blutlache in der polizeilichen Skizze dokumentiert. Häufig ist auch die **Endstellungen** des Fahrzeuges bekannt. Wenn dann zusätzlich noch **Reifenspuren** vom Pkw auf der Fahrbahn vorhanden sind, so lässt sich der Unfall relativ gut rekonstruieren. Bei modernen Fahrzeugen, die mit Antiblockiersystem ausgerüstet sind, ist häufig die Spurzeichnung kaum noch oder nur in Fragmenten vorhanden, was dann mit erheblichen Schwierigkeiten belegt ist. In seltenen Fällen liegt auch eine sogenannte Schuhrutschspur vom angestoßenen Fußgänger (Standbein) vor. Diese, wenn sie denn vorliegt, lässt die Kollisionsstelle sehr genau eingrenzen.

45 Als Rekonstruktionsaufgaben besteht häufig die Frage nach der genauen **Kollisionsstelle**, da diese dann sehr empfindlich für die Anwendung einer Vermeidbarkeitsrechnung ist. Wenn keine Schuhabriebspur vorliegt, so kann das sogenannte Schrankenverfahren angewandt werden. Zum Teil werden auch Simulationsrechnungen mit Mehrkörpersystemen durchgeführt. Neben der Kollisionsstelle ist es erforderlich, die **Kollisionsgeschwindigkeit** und die **Ausgangsgeschwindigkeit** zu kennen. Der jeweilige Reaktionspunkt bedarf allerdings der juristischen Bewertung, da die Intensität des auftretenden Signals im Zusammenhang mit der Stellung des Fußgängers zu bewerten ist.

46 Problematisch ist häufig die Eingrenzung der **Fußgängergeschwindigkeit**. Während dies im Hinblick auf die Kollision noch relativ gut gelingt, kann vorkollisionär meist nur auf Zeugenaussagen zurückgegriffen werden, da sich ja die Fußgängergeschwindigkeit im Zuge der Überquerung der Fahrbahn deutlich ändern kann.

47 Zu bewerten ist meist auch die Vermeidbarkeit des Unfallgeschehens aus geringerer Geschwindigkeit räumlich bzw zeitlich. Einzuschätzen ist weiterhin ein Reaktionsverzug.

48 Bei **Dunkelheitsunfällen** ist die Einschätzung des Reaktionsverzugs eine sehr komplexe Aufgabe, da hier nicht der erste oder zweite Schritt auf der Fahrbahn als Reaktionsaufforderung gewertet werden kann. Unter Umständen ist der Fußgänger erst deutlich später für den Fahrzeugführer erkennbar. Die Erkennbarkeit hängt von der Kontrastwahrnehmung ab. Eine Berechnung kann hier anhand von Daten der Akte kaum vorgenommen werden. Häufig ist es notwendig, lichttechnische Messungen bei vergleichbaren Bedingungen wie beim Realunfall durchzuführen. Dabei wird die Leuchtdichte auf der in Frage kommenden Person und im unmittelbar angrenzenden Hintergrund gemessen und aus den Leuchtdichtemessungen mittels spezieller Berechnungen der Kontrast ermittelt. Dieser Kontrast wird mit Schwellkontrasten verglichen, die bei unterschiedlicher Umgebungshelligkeit für normal erfahrene und konditionierte Fahrzeugführer ermittelt worden sind. Es entstehen sogenannte Auffälligkeitsumrisse, aus denen die Grenzentfernung nachvollziehbar ermittelt werden kann. Leuchtdichtemessungen bedürfen in aller Regel der Nachstellung der Situation im realen Straßenverkehr, auch unter Berücksichtigung von eventuell vorhandenen blendenden Fahrzeugen im Gegenverkehr. Leuchtdichtemesser sind hochempfindliche spezielle Geräte, die nur wenigen Sachverständigen bzw großen Sachverständigenorganisationen zur Verfügung stehen.

49 Die Rekonstruktion von Fußgänger-Unfällen ist also ein sehr komplexes Gebiet. Mit klassischen Kollisionsanalyseverfahren lassen sich hier keine adäquaten Erkenntnisse ableiten. Es bedarf der Auswertung einer Vielzahl von Beispielversuchen bzw der Kombination der Auswertung von Beispielversuchen mit Simulationsrechnungen mit Mehrkörpersystemen. Eine

ausschließliche Eingrenzung der Kollisionsgeschwindigkeit aufgrund der Aufwurfhöhe oder der Abwicklungsdifferenz ist insbesondere im üblichen Stadtgeschwindigkeitsbereich von 50 km/h zunehmend erschwert, da hier eine Vielzahl von Versuchen mit zT erheblichen Streuungen vorliegen.

▶ **Muster: Einlassung, dass der Fußgänger zu spät wahrgenommen wurde** 50

An die Staatsanwaltschaft beim Landgericht …

Aktenzeichen …

In der Strafsache gegen Herrn … wegen fahrlässiger Tötung

geben wir für den Beschuldigten folgende Einlassung ab.

Am … gegen … Uhr fuhr der Beschuldigte die … Straße in auswärtiger Richtung in Höhe des Grundstücks Nr. …. Im Gegenverkehr näherte sich eine Fahrzeugkolonne mit mehr oder weniger großen Lücken. In dieser Fahrzeugkolonne waren Fahrzeuge unterschiedlichsten Alters mit unterschiedlichen Frontscheinwerfern vorhanden. Plötzlich und völlig unerwartet trat ein Fußgänger vor das Fahrzeug unseres Mandanten. Er hatte zu diesem Zeitpunkt eine normale Innerortsgeschwindigkeit von ca. 50 km/h inne. Da der Fußgänger nur wenige Zehntelsekunden vor Kollision sichtbar war, hat die Bremsung unseres Mandanten erst bei Kollision oder kurz nach Kollision eingesetzt. Vorher war der überwiegend dunkel gekleidete Fußgänger für unseren Mandanten nicht erkennbar. Der Fußgänger muss sich entweder längere Zeit auf der gedachten Fahrbahnmitte befunden haben oder auch eine Lücke zwischen der Kolonne im Gegenverkehr genutzt haben und kontinuierlich bis zur Kollisionsstelle gelaufen sein. Dies kann unser Mandant aufgrund der fehlenden Wahrnehmung nicht feststellen.

Zum Beweis der Tatsache, dass der dunkel gekleidete Fußgänger erst wenige Zehntelsekunden vor Kollision für unseren Mandanten sichtbar wurde, beantragen wir die Durchführung von lichttechnischen Messungen an der Unfallstelle. Der Sachverständige wird aufgrund von Kontrastmessungen feststellen können, dass die Erkennbarkeitsentfernung durch die Blendung des Gegenverkehrs im konkreten Fall deutlich unter 25 m lag und dass damit unser Mandant keine Möglichkeit hatte, den Unfall räumlich zu vermeiden. ◀

Problem bei der Gutachtenerstellung bei Fußgänger-Unfällen: Wenn sich die Kollisionsstelle 51 nicht aus objektiven Anknüpfungstatsachen, wie Spurverdickung des Pkws oder Schuhrutschspur des Standbeines vom Fußgänger ermitteln lässt, wird zum Teil die Kollisionsstelle anhand von **Zeugenaussagen** „festgelegt". Zeugen können jedoch häufig die genaue Kollisionsstelle nicht exakt wiedergeben. Die Lage der Kollisionsstelle hat aber wesentliche Auswirkungen auf die Vermeidbarkeit. Aus diesem Grunde sollte im Gutachten eine ausführliche Betrachtung zur Lage der Kollisionsstelle und eventuell vorhandener technischer Toleranzen vorhanden sein.

Es ist auch schon vorgekommen, dass, da wenig Vergleichsversuche vorliegen, auf solche mit 52 älteren Fahrzeugtypen, die häufig eine sogenannte Pontonform haben, zurückgegriffen wird, obwohl beim Realunfall ein Fahrzeug mit einer eher stromlinienförmigen Frontkontur betroffen war. Die aus der Aufwurfhöhe bzw Abwicklungsdifferenz zu ermittelnde Geschwindigkeit wird hier eine deutlich andere sein.

In Ermangelung lichttechnischer Messgeräte wurde früher die **Erkennbarkeitsentfernung** 53 durch sogenannte Sichtversuche ermittelt. Sicherlich kann dies zur etwaigen Eingrenzung der

Tischendorf

Situation durchaus hilfreich sein. Zu berücksichtigen ist allerdings, dass bei einem Sichtversuch die handelnden Personen eine Erwartungshaltung haben und deshalb die Erkennbarkeitsentfernung in aller Regel größer sein wird, als dies durch objektive lichttechnische Messungen und den daraus folgenden Kontrastberechnungen ermittelt werden kann. Aus diesem Grunde sind lichttechnische Messungen Sache von speziell dafür ausgebildeten Sachverständigen mit entsprechender Sachkenntnis und entsprechender gerätetechnischer Ausstattung.

III. Zweirad-Unfälle

54 Motorrad- und Fahrrad-Unfälle, entweder als Alleinunfälle oder bei der Kollision mit Pkws haben bei insgesamt abnehmender Unfallzahl mit getöteten bzw verletzten Personen anteilmäßig zugenommen. Dies liegt u.a. in den eingeschränkten Möglichkeiten, hier passive Sicherheitseinrichtungen wirksam werden zu lassen. Häufig ist es aber auch so, und hier sind ebenfalls gutachterliche Stellungnahmen möglich, dass beispielsweise von Fahrradfahrern keine Helme getragen werden, was deutlich zu schweren Schädelverletzungen beiträgt.

55 Motorrad-Unfälle treten verstärkt in den Frühjahrsmonaten April, Mai, Juni auf. In diesen Monaten sind die Motorrad-Fahrer noch nicht wieder zum gewohnten Straßenbild geworden und werden relativ häufig von anderen Verkehrsteilnehmern „übersehen". Die Besonderheit der Unfallmechanik eines Zweirad-Unfalls besteht darin, dass, wenn das Zweirad gegen einen Pkw oder Lkw stößt, sich in aller Regel Fahrer und Zweirad voneinander lösen. Physikalisch gesehen kommt es damit zu einer **Massentrennung**. Dies erschwert die klassische Rückwärtsrechnung deutlich. Für eine exakte Rekonstruktion eines Motorrad- oder Fahrrad-Unfalles sind in aller Regel **Beispielversuche** notwendig, wo man die Endlagen des Fahrrades bzw Motorrades und der Aufsassen vergleicht, aber auch die Art und Weise der Deformationen an den Zweirad-Fahrzeugen und den kollisionsbeteiligten Fahrzeugen.

B. Fahrlässige Körperverletzung und Tötung 22

Versuchsdokumentation Pkw-Zweirad-Kollision ▷ DEKRA

QUELLE: DEKRA / WV
90°
Kreuzungskollision
SH 04.31

Suzuki RF 600 R					$v_K = 60...62$ km/h	
Fahrzeugdaten	vor Crash	nach Crash	vor Crash	nach Crash	bleibende Radstandsverkürzung:	
Länge			3,58 m		$\Delta l_{0,Z}$	= 0,28 m
Breite			1,72 m		bleibende Eindringtiefe:	
Radstand li/re*	1,45 m	1,06/1,28 m	2,42/2,42 m		$s_{Defbleib,P}$	= 0,22 m
Spurweite vo/hi*					Idealisierte Wurfdistanzen:	
Schwerp.Abst.VA*	0,81 m		1,08 m		Dummy:	
Schwerp.Abst.VA**	0,84 m		1,08 m		$IWD_{x,D}$	= 10,1 m
Überh. vorne			0,54 m		$IWD_{y,D}$	= 4,6 m
Überh. hinten			0,62 m		$IWD_{xy,D}$	= 11,1 m
Leergewicht*	226 kg		1092 kg		Zweirad:	
Zul.Gesamtgewicht	420 kg		1480 kg		$IWD_{x,Z}$	= 8,2 m
Versuchsgewicht*	300 kg		1168 kg		$IWD_{y,Z}$	= 1,8 m
Baujahr	1993		1998		$IWD_{xy,Z}$	= 8,4 m
* am Fahrzeug ermittelt ** mit Dummy						
Mercedes A- Klasse					$v_K = 31...33$ km/h	

Kollisionsstellung
Endlagen

5 m

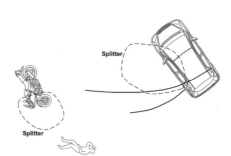

DEKRA-Arbeitsmittel VER 3.5 (01)   SH 04.31

DEKRA-Katalog Zweiradunfall

Crashablauf

Crashablauf

DEKRA-Arbeitsmittel VER 3.5 (01) DEKRA Automobil GmbH 05/08

Bilder S. 1539 und 1540: Pkw-Zweiradkollision im Versuch

In den letzten Jahren ist auch die Anwendung von Mehrkörpersystemen erfolgversprechend, wobei hier die Validierung noch nicht abgeschlossen ist. Aufgaben für die Rekonstruktion bestehen, wie auch bei anderen Gutachten, darin, die Kollisionsstelle, die Kollisionsgeschwindigkeiten und die Ausgangsgeschwindigkeiten sowie die Reaktionspunkte zu ermitteln. Neben dem Erschwernis der Kollisionsanalyse durch die Massentrennung besteht bei einer Berechnung der Geschwindigkeit anhand einer Spur das Problem darin, dass die Ermittlung der mittleren Verzögerungen über die Spur nicht allein ein technisches Problem ist, sondern, wie Versuche ergeben haben, der Erfahrungsschatz des Fahrers beim Einsatz der beiden in aller Regel unabhängig voneinander wirkenden Bremsanlagen (vordere und hintere Bremse) nicht wie bei einem Pkw gekoppelt ist, sondern von den Erfahrungen des Fahrers abhängt. Wenn also beispielsweise ein unerfahrener Motorradfahrer nur mit der hinteren Bremse bremst, so erreicht er ca. nur 30 bis 40 % der möglichen Maximalverzögerung, die man beim optimalen Einsatz beider Bremsen erreichen kann. Auch der Anstieg der Bremsverzögerungen hängt von den Fahrerfahrungen ab, so dass hier zusätzlich zu den ohnehin schon bestehenden technischen Problemen weitere Probleme hinzukommen, die in aller Regel zu größeren Differenzen in der Berechnung der Ausgangsgeschwindigkeit führen.

▶ **Muster: Einlassung aus Sicht eines Pkw-Fahrers beim Einbiegen in eine Vorfahrtsstraße**

An die Staatsanwaltschaft beim Landgericht ...

Aktenzeichen ...

In der Strafsache gegen Herrn ... wegen fahrlässiger Körperverletzung

geben wir für den Beschuldigten folgende Einlassungen ab.

Am ... gegen ... Uhr fuhr der Beschuldigte in der Ortslage ... auf der untergeordneten Straße an die Einmündung der Hauptstraße heran und hielt dort an. Nach Orientierung nach links und rechts fuhr er in die Vorfahrtsstraße hinein. Dort kam es mit dem von links kommenden Kradfahrer zu einem Zusammenstoß im Bereich des linken Vorderrades des Pkws. Aufgrund der ca. 25 m vor der Einmündung endenden Rechtskurve hat unser Mandant den Kradfahrer nicht rechtzeitig gesehen. Dies ist jedoch nicht nur durch die Verkehrsanlage bedingt, sondern aufgrund der deutlich zu hohen Geschwindigkeit des Kradfahrers. Ein technischer Sachverständiger wird aus der Querverschiebestrecke des Pkw unseres Mandanten, des kollisionsbedingten Geschwindigkeitsverlustes und der 20 m langen Einlaufspur des Krades berechnen können, dass der Kradfahrer mit mindestens 80 km/h Ausgangsgeschwindigkeit sich in der Ortslage von links genähert hat. Bei annähernder Einhaltung der zulässigen Höchstgeschwindigkeit von 50 km/h wäre der Kradfahrer für meinen Mandanten bei der Beobachtung, die ca. 1,0 s vor Abfahren, linksseitig letztmalig stattfand, erkennbar gewesen und unser Mandant hätte dann den Linksabbiegevorgang zurückgestellt, bis der Kradfahrer passiert hätte. Wir beantragen hiermit ein technisches Sachverständigengutachten zu den Weg-Zeit-Verhältnissen und zur Vermeidbarkeit des Unfalls aus Sicht des Kradfahrers und aus Sicht unseres Mandanten. ◀

Probleme bei der Gutachtenerstellung: Insbesondere bei längeren Einlaufspuren von Motorrädern wird die Bremsverzögerung über die Spur rein „technisch" festgelegt. Dies kann zu falschen Geschwindigkeiten führen, insbesondere dann, wenn der Kradfahrer nicht optimal gebremst hat und eine deutlich geringere Verzögerung wirksam geworden ist, als dies technisch möglich wäre.

59 Die Ermittlung der Kollisionsgeschwindigkeit ist an Beispielversuche und die Anwendung von aufwendigen Berechnungsverfahren wie zB mit Mehrkörpersystemen gebunden. Bei der Durchführung der Analysen sind zurzeit größere Toleranzen als bei üblichen Kollisionsrechnungen bei Pkw-Pkw-Kollisionen vorzunehmen. Es ist zu hinterfragen, ob diese Toleranzbetrachtung im konkreten vorliegenden Fall wirklich zugunsten des Beschuldigten durchgeführt worden ist.

59a Neuere Mehrkörpersysteme haben speziell konfigurierbare Gelenke. Damit können Motorräder gelenkt und gebremst werden, und die Federung wird realisiert. Beispielsweise lassen sich damit längere Ausläufe nach Streifkollisionen darstellen.

59b Ein häufiger Fall ist der Linksabbieger, der von einem Motorrad überholt wird. Während bei älteren PC-Crash-Versionen das Motorrad immer voll gebremst war und die Lenkung immer geradeaus gerichtet war, kann man das jetzt realitätsnah vorgeben.

59c In den folgenden Bildern ist ein solcher Linksabbiegeunfall dargestellt. In der älteren Version auf der zweiten Abbildung kippt das Motorrad aufgrund der Nichtlenkbarkeit infolge einer Verhakung auf die linke Seite, während es in der Realität auf der rechten Seite lag. Erst die neuere Version (dritte und vierte Abbildung) zeigt den realen Ablauf.

B. Fahrlässige Körperverletzung und Tötung 22

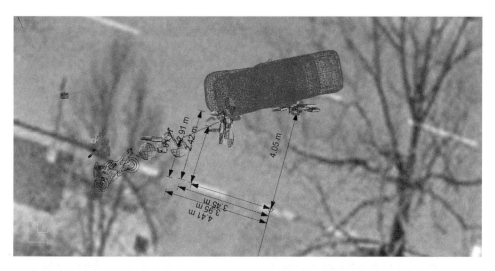

Es ist sinnvoll, zu hinterfragen, welche Version im konkreten Fall der Sachverständige verwendet hat.

IV. Lkw-Unfälle, Straßenbahn-Unfälle bzw Bus-Unfälle

60 Bei Kollisionen von Pkws mit den genannten Fahrzeugarten steht eine erhebliche **Massendifferenz** zwischen Pkw und dem Anstoßpartner als Problem. Diese kann im einzelnen Falle 1 : 20 oder 1 : 30 betragen. Selbst wenn man die Deformationsenergien mit den üblichen Toleranzen von etwa 5 km/h bei den stoßbeteiligten Fahrzeugen genau abschätzen kann, führt das im Rahmen der Anwendung der Impuls- und Energiesätze zu erheblichen Toleranzen durch die Massendifferenzen der Fahrzeuge. Häufig ergibt dies keine sinnvollen Ergebnisse.

61 Trotzdem sind auch solche Unfälle technisch rekonstruierbar. Dies liegt daran, dass in den meisten Fällen **technische Aufzeichnungen** der Geschwindigkeiten in Lkw, Straßenbahn und Busse vorliegen. Diese Aufzeichnungen sind jeweils typspezifisch auszuwerten. Damit steht für die Anwendung der Kollisionsanalyse gewissermaßen das Ergebnis mit geringen Toleranzen bereits für ein Fahrzeug zur Verfügung, was dann dazu führt, dass auch die Kollisionsgeschwindigkeit für das stoßbeteiligte Fahrzeug gut eingegrenzt werden kann.

Lkw-Pkw-Kollision rekonstruiert im PC-Crash

Obwohl Pkw-Lkw-Kollisionen oder auch Pkw-Straßenbahn-Kollisionen relativ selten im modernen Straßenverkehr sind, sind sie mit erheblicher Unfallschwere belastet. Dies liegt daran, dass es beim Unterfahren von Teilen des Pkws unter den Lkw zum Abscheren eines Teils der Fahrgastzelle mit extrem schweren Folgen für die Insassen kommt. Aus diesem Grunde sind insbesondere Gegenverkehrsunfälle zwischen Pkws und Lkws in aller Regel mit extrem schweren Folgen verbunden.

Bei der Straßenbahn besteht eine andere Besonderheit. Straßenbahnen sind **schienengebundene Verkehrsmittel**, die durch die Reibung Stahlrad mit der Stahlschiene deutlich geringere Verzögerungen im Notbremsfall erzielen als gummibereifte Fahrzeuge. Nur durch den Einsatz von sogenannten Magnetschienenbremsen lassen sich hier ausreichende Verzögerungen erzielen. Die Magnetschienenbremse ist allerdings in ihrer Wirkung geschwindigkeitsabhängig. Dh, bei hohen Geschwindigkeiten erreichen Straßenbahnen geringe Verzögerungen, bei geringen Geschwindigkeiten jedoch erhebliche Verzögerungen. Dies führt teilweise dazu, dass bei Notbremsvorgängen von Straßenbahnen insbesondere stehende Personen im Inneren der Straßenbahn durch Hinfallen oder durch Kollisionen mit Kinderwagen Personenschäden davontragen.

Eine weitere Besonderheit von Bussen und Lkws besteht darin, dass je nach technischer Ausführung die Sicht nach vorn rechts teilweise durch sogenannte **tote Winkel** erheblich eingeschränkt ist. Dies führt dazu, dass gerade im stop-and-go-Verkehr Personen, die keinen Blickkontakt mit dem Fahrzeugführer des Busses bzw Lkws haben, kurz vor dem Lkw „verschwinden" und dadurch beim Anfahren nicht erkannt werden können und es so teilweise zum Unterziehen bzw Überrollen von Fußgängern kommt.

Als Anknüpfungstatsachen stehen neben den Endstellungen der Fahrzeuge häufig die technischen Aufzeichnungen von EG-Kontrollgeräten oder sogenannten MEMO-Card-Aufzeichnungen bei Straßenbahnen zur Verfügung. Im Zusammenhang mit der sogenannten Massenaggressivität von Lkws und Straßenbahnen sind hier sehr häufig bei schweren Kollisionen Schlagmale auf der Fahrbahn, die die Kollisionsstelle eindeutig rekonstruieren lassen, vorhanden. Als Rekonstruktionsaufgaben stehen neben den üblichen Aufgaben, wie der Eingrenzung der Kollisionsgeschwindigkeiten, der Ausgangsgeschwindigkeiten und der Reaktionspunkte, häufig die Fragen nach technischen Mängeln an den Fahrzeugen sowie die Eingrenzung der toten Winkel bei Lkw- oder Bus-Fußgänger-Unfällen. Als Rekonstruktionsmethoden sind neben den üblichen Methoden der Kollisionsrechnung die Auswertung der technischen Aufzeichnungen notwendig. Hierzu werden **Spezialkenntnisse** verlangt, die beispielsweise in Zusammenarbeit mit dem Betreiber der jeweiligen Straßenbahnen recherchiert werden müssen. Auch die möglichen technischen Toleranzen sind hier zu berücksichtigen. EG-Kontrollgeräte werden, wenn es sich noch um sogenannte Fahrtschreiberblätter handelt, beim Hersteller oder bei spezialisierten Sachverständigen ausgelesen bzw. hinsichtlich der Geschwindigkeitsverhältnisse ausgewertet. Elektronische Fahrtschreiber oder EG-Kontrollgeräte bedürfen spezieller Software zum Auslesen der Daten. Außerdem sind hier bereits an der Unfallstelle Teilschritte des Auslesens auf spezielle Speicher erforderlich.

66 Neben diesen Aufgaben werden häufig Sichtversuche zur exakten Ermittlung der toten Winkel durchgeführt. Dies ist zweckmäßig unmittelbar nach dem Unfall durchzuführen, da sich beispielsweise bei Lkws zum Teil erheblich sichtverdeckende Einbauten im vorderen rechten Fahrzeugbereich befinden. Diese müssen bei der Ermittlung des toten Winkels berücksichtigt werden.

67 ▶ **Muster: Beweisantrag bei einem Lkw-Rechtsabbiegeunfall**

An die Staatsanwaltschaft beim Landgericht ...

Aktenzeichen ...

In der Strafsache gegen Herrn ... wegen fahrlässiger Körperverletzung

stellen wir folgenden Antrag.

Unser Mandant ist, wie sich aus der Auswertung der Fahrtschreiberscheibe ergab, mit geringer Geschwindigkeit auf der Vorfahrtsstraße gefahren, um nach rechts in die schmale Nebenstraße abzubiegen. Dazu musste er etwas nach links zur Mitte hin ausholen, um mit seinem Sattelzug nicht mit der rechten Hinterachse auf die rechte Bordsteinkante zu kommen. Während des Linksausweich- und Rechtsabbiegevorganges hat sich die später geschädigte Fahrradfahrerin von hinten überholend und auf dem Fußweg fahrend dem Sattelzug angenähert und ist trotz Abbiegevorgang weiter über die ... Straße gefahren. Dort kam es dann zur Kollision und zum teilweisen Unterziehen der Radfahrerin, insbesondere in den Bereich zwischen Zugmaschine und Sattelauflieger. Zum Beweis der Tatsache, dass die Radfahrerin für unseren Mandanten während der letzten 10 bis 15 s vor dem Abbiegen nicht erkennbar war, beantragen wir ein Unfallrekonstruktionsgutachten. Es soll sich neben den Weg-Zeit-Verhältnissen der Annäherung der beiden Verkehrsteilnehmer auch mit dem konkreten Sichtwinkel im rechten Außenspiegel für den Lkw-Fahrer mit den entsprechenden Sichtverdeckungen beschäftigen und ermitteln, ob hier überhaupt eine Sicht auf die Radfahrerin möglich war. ◀

68 **Problem bei der Rekonstruktion von Unfällen mit Lkws, Straßenbahnen und Bussen:** Besonders bei schweren Lkws ist zu berücksichtigen, ob die genaue **Ladungsmasse** bekannt war und in die Berechnungen mit eingegangen ist. Bei Nutzlasten von 20 t und mehr kann dies zu erheblichen Veränderungen der Kollisionsrechnung führen, wenn die Massen hier nicht exakt in den Berechnungen verwendet worden sind.

Auch die Notbremsverzögerungen von Lkws sind teilweise vom Beladungszustand abhängig. 69

Bei der Vermeidbarkeitsbetrachtung von Straßenbahnunfällen wird manchmal mit einer konstanten Verzögerung über die Bremsstrecke gerechnet. Dies ist beim Einsatz einer sogenannten Magnetschienenbremse technisch nicht exakt und führt zu Vermeidbarkeitsentscheidungen, die dem realen Bremsverhalten der Straßenbahn nicht entsprechen. 70

C. Lampen- und Reifengutachten

I. Lampengutachten

Die Untersuchung des Brennzustandes verschiedener Fahrzeuglampen oder die Untersuchung von Reifenschäden sind spezielle Fragestellungen, die häufig als Nebenfragestellungen oder auch als Hauptfragestellungen in Gutachten auftreten. Für die Untersuchung von solchen Bauteilen benötigt man in aller Regel spezielle technische Mittel, wie Rasterelektronenmikroskope, Röntgenanlagen, Lichtmikroskope etc. Außerdem ist Spezialwissen für die forensische Untersuchung solcher Bauteile erforderlich. Aus diesem Grund hat sich eine Spezialisierung hier bewährt. 71

Die Untersuchung von Fahrzeuglampen auf ihren Brennzustand ist bei den am meisten eingesetzten Glühlampen mit Wolframwendel an Wendelverformungen und Wendelkontaktierungen gebunden. Bei einer intensiven Kollision wird in aller Regel bei nahe dem Stoßzentrum montierten Lampen, die in Betrieb sind, eine kurzzeitig sehr starke Verzögerung auf die Lampenwendel wirksam. Glühende Lampenwendel haben ein Verformungsverhalten, das ähnlich von Knetmasse ist. Dies führt dazu, dass Lampenwendel, die in Betrieb waren, mechanisch verworfen werden und dies auch nach Ende der Kollision und Ende des Stromdurchflusses beibehalten. Sollte es zur Zerstörung des Glaskörpers kommen, so splittern feine Glasbestandteile bei Kollision ab und treffen auf die glühende Wendel. Dort kommt es zu Glasanschmelzungen, die im Nachhinein insbesondere im Rasterelektronenmikroskop erkennbar sind. 72

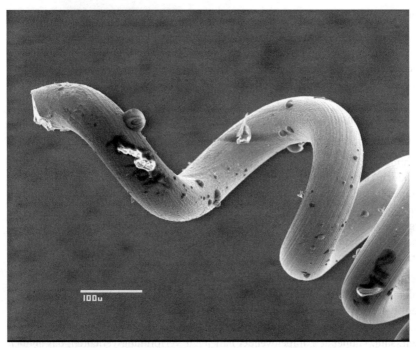

Glasanschmelzung an einer Wendel

73 Schwieriger ist das Problem bei grenzwertig intensiven Anstößen und bei Lampen mit geringerem Stromfluss, wie zB an Fahrrädern und Mopeds. Hier sind deutliche Verwerfungen meist nicht vorhanden. Geringe Verwerfungen könnten auch produktionsbedingt im Rahmen der Toleranzen entstanden oder im normalen Fahrbetrieb durch Schwingungen aufgetreten sein und lassen keine eindeutige Aussage zu. Hier besteht die Möglichkeit, dass es zu Windungskontaktierungen des gewendelten Wolframdrahtes kommt. Diese Windungskontaktierungen gehen bei glühender Wendel in aller Regel mit Materialübertragungen einher. Diese Materialübertragungen lassen sich allerdings nur im Rasterelektronenmikroskop deutlich erkennen.

74 In den letzten Jahren sind in modernen Fahrzeugen verstärkt Xenonlampen, dh also: Gasentladungslampen, eingebaut worden. Hier existiert als Lichtquelle ein Lichtbogen. Eine Wendel gibt es nicht mehr, so dass sich eine klassische Wendeluntersuchung hier erübrigt. Unter Umständen lassen sich durch die Anlagerungen von Quecksilber an den beiden Elektroden gewisse Schlussfolgerungen über den Brennzustand ableiten. Dazu laufen zurzeit noch Forschungsvorhaben. Unter Umständen sind Daten zum Schaltzustand von Xenonlampen in Steuergeräten gespeichert.

Quecksilbertropfen an einer Elektrode

Die Fragestellung bei Lampengutachten ist also, ob die Lampe im Moment der Kollision in Betrieb oder nicht in Betrieb war. Als Anknüpfungstatsachen sind neben der Lampe oder den Resten der Lampe auch Daten zur Intensität der Kollision erforderlich und zum Einbauzustand der Lampe bezüglich des Hauptstoßpunktes. Erst im Kontext mit diesen Daten lassen sich hier entsprechende Schlussfolgerungen ableiten.

Unter Umständen lassen sich auch Schlussfolgerungen ableiten, wie lange die Lampe in Betrieb war bzw, ob bei Mehrfadenglühlampen zB kurz vor Kollision ein Umschaltvorgang von Abblend- auf Fernlicht (oder Lichthupe) vorgenommen worden ist.

Probleme bei Lampengutachten: Vorsicht mit den Schlussfolgerungen ist immer dann geboten, wenn die Lampenuntersuchung nicht von spezialisierten sogenannten Sondergutachtenlabors durchgeführt worden ist. Dies erkennt man beispielsweise daran, dass bei der Lampenuntersuchung keine Lichtmikroskopfotos oder keine REM-Fotos beigefügt sind.

II. Reifengutachten

Die klassische Fragestellung der Reifenuntersuchung lautet, ob der zerstörte Reifen bereits vor der Kollision drucklos war oder in Folge der Kollision drucklos geworden ist. Wenn der Reifen bereits vor Kollision drucklos war, so stellt sich in Kombination mit den übrigen Rekonstruktionsaufgaben die Frage, ob die Entlüftung des Reifens gegebenenfalls mitursächlich oder überhaupt ursächlich für das Unfallgeschehen sein kann. Neben dieser klassischen Fragestellung stehen auch Fragestellungen der Ursache der Entlüftung des Reifens. Handelt es sich also hier um einen Betriebsschaden (zB Nageleinstich) oder kommt als Ursache ein Wartungsmangel in Frage (Betrieb mit Minderdruck bzw Überlastung) oder ist zB das Reifenalter ursächlich für die Ablösung der Lauffläche und das daraus folgende Platzen des Reifens.

Reifen mit Laufflächenablösung

Aufgeplatzte Karkasse

Auch Defekte im Ventilbereich sind für eine Reifenentlüftung interessant.

Die Methoden der Reifenuntersuchung sind hauptsächlich an die Anwendung spezieller Geräte und Verfahren gebunden. So lässt sich ohne Röntgenuntersuchung oder andere bildgebende Verfahren in aller Regel ein Reifen nicht sachgerecht untersuchen. Die Röntgenuntersuchung dient dazu, den Aufbau der bei modernen Pkw und Lkw-Reifen verwendeten Stahlcordinnenlagen zu überprüfen. Etwaige Fehler oder Defekte im Stahlcord können so lokalisiert, die entsprechenden Bereiche dann aus dem Reifen herausgeschnitten und in aller Regel im Lichtmikroskop oder Rasterelektronenmikroskop nach Sektion des Abschnittes weiter untersucht werden. Häufig ist es auch erforderlich, eine Zuordnung von Reifenbeschädigungen und Felgenbeschädigungen vorzunehmen. So kann man schrittweise das Eindringen von Fremdkörpern oder das Abdrücken oder kurzzeitige Abdrücken der Wulst von ihrem Festsitz am Felgenhorn beurteilen.

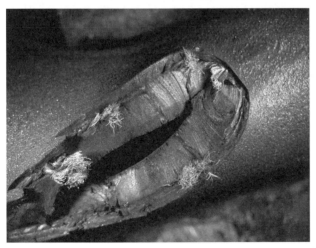

Schnittriefen als Gewaltspuren für das Eindringen von Fremdkörpern

81 Auch die Ausprägung von Spuren in den Wulstkehlen, die beim Überfedern der Seitenwand über das Felgenhorn entstehen, lassen Schlussfolgerungen zum Betrieb des Reifens mit Minderdruck oder Überlast zu.

Minderdruckspuren in der Wulstkehle

82 Als Anknüpfungstatsachen für die Reifenuntersuchung muss also der Reifen bzw seine Restteile nach der Zerstörung zur Verfügung gestellt werden und in aller Regel auch die Felge. Wenn dies nicht oder nicht mehr möglich ist, so ergeben sich Einschränkungen im Untersuchungsergebnis.

83 Im Ergebnis der Reifenuntersuchung kann dann häufig die Hauptfragestellung beantwortet werden, ob der Reifen bereits vor dem Unfall entlüftet war oder dies erst im Ergebnis des Kollisionsgeschehens wurde. Häufig helfen auch hier zusätzlich Lichtbilder von der Unfallstelle, gegebenenfalls über kollisionseinlaufende Reifenspuren bei der komplexen Beantwortung der Fragestellung.

84 **Probleme bei der Reifenuntersuchung:** Probleme bei der Reifenuntersuchung bestehen häufig darin, dass in Sondergutachtenlabors Reifen angeliefert werden, die bereits schon vorher einmal zB durch einen Reifendienst demontiert worden sind, um „zu schauen, was da los ist". Dadurch kommt es teilweise zur Spurenveränderung an Reifen und Felge, die dann zu irreführenden Aussagen führen können.

§ 23 Sachverständigengutachten im Zivilrecht

A. Plausibilitätsprüfung von Ablaufschilderungen 6	I. HWS-Verletzungen 29
I. Ausgangssituation 6	1. Anknüpfungstatsachen 32
II. Rekonstruktionsmethoden 15	2. Rekonstruktionsmethoden 33
III. Beweisbeschluss 22	3. Probleme in Gutachten 35
B. Eingrenzung von Geschwindigkeiten 25	II. Gurtbenutzung und Sitzpositionen 36
C. Vermeidbarkeitsbetrachtungen 26	E. Zur Schadenshöhe 39
D. Verletzungsursachen und Verletzungsmechanismen 28	F. Beweissicherung zu technischen Sachverhalten bei Aggregatmängeln bzw technischen Mängeln am Gesamtfahrzeug 42

Im Unterschied zum Strafverfahren streiten sich im Zivilverfahren meist zwei oder auch mehrere Parteien, die letztendlich Herr des Verfahrens sind. Die Verantwortung der Parteienvertreter besteht also darin, sachgerechte Anknüpfungstatsachen über ihre Mandanten in Erfahrung zu bringen und zur Verfügung zu stellen. Wenn dies nicht möglich ist oder nur begrenzt möglich ist, so helfen Ortstermine, bei denen Fahrzeuge, die noch unrepariert oder nur teilrepariert sind, in Augenschein genommen werden. Diese **Nachbesichtigungen** von Fahrzeugen, Unfallstellen etc. sind vom Sachverständigen so zu organisieren, dass die Parteienvertreter die Möglichkeit haben, daran teilzunehmen. Auch die Mandanten selbst können daran teilnehmen. Problematisch ist allerdings, wenn sich Mandanten während solcher Ortstermine ergänzend zum Parteienvortrag äußern. Hier ist der technische Sachverständige häufig überfordert, wie er diese Einlassungen verwerten soll. Besser ist es, solche Einlassungen zusätzlich in Form von Schriftsätzen in den Prozess einzubringen. 1

Zusätzliche Ermittlungen des Sachverständigen sind in aller Regel nur durch Zustimmung der Parteien oder durch Verfügung des Gerichts möglich. 2

Besondere Beachtung im Zivilverfahren kommt der Formulierung des Beweisbeschlusses zu. Ein allgemein gehaltener Beschluss 3

„Erstellung eines unfallanalytischen Gutachtens"

birgt die Gefahr in sich, dass der Sachverständige, der ja von der Ausbildung her kein Jurist ist, dass Kernproblem des Prozesses aus juristischer Sicht nicht vollständig erfasst und gewissermaßen nach seiner Vorstellung den Unfall sicherlich rekonstruiert, aber beispielsweise Fragen der Beweislast oder Fragen von Anscheinsbeweisen bei der Schilderung nicht berücksichtigt.

Aus diesem Grunde ist es in den allermeisten Fällen zweckmäßig, Beweisbeschlüsse möglichst konkret zu formulieren und schon bei der Formulierung des Beweisbeschlusses Fragen der Beweislast mit einzubeziehen, also beispielsweise 4

„Kann der technische Sachverständige aufgrund der Anknüpfungstatsachen ausschließen, dass das dritte Fahrzeug eines Massenunfalls zunächst so stark auf das davor gefahrene Fahrzeug aufgefahren ist, dass für das nachfolgende Fahrzeug des Klägers keine Möglichkeit mehr bestand, rechtzeitig zum Stillstand zu kommen."

Zum Teil ist es auch hilfreich, insbesondere bei unterschiedlichen Anknüpfungstatsachen, zB bei nicht sauber zu trennenden Vorschäden, bereits im Beweisbeschluss darauf hinzuweisen, von welchen Anknüpfungstatsachen der Sachverständige ausgehen soll. 5

A. Plausibilitätsprüfung von Ablaufschilderungen

I. Ausgangssituation

6   Bei einem Verkehrsunfallgeschehen im Rahmen eines Zivilrechtsstreites wird häufig von beiden Parteien jeweils eine Ablaufschilderung des Unfallereignisses aus ihrer Sicht vorgenommen. Zum Teil sind diese Ablaufschilderungen, zumindest aus technischer Sicht, als **konträr** zu bezeichnen.

7   Ein einfaches Beispiel besteht darin, dass die klägerische Partei schildert, sie wäre auf der linken Fahrspur einer zweispurigen geraden Fahrbahn gefahren und plötzlich sei das danebenfahrende Fahrzeug nach links herübergefahren und es wäre zur streifenden Kollision mit der rechten Seitenwand des klägerischen Fahrzeuges gekommen.

8   Die Beklagtenseite schildert beim gleichen Unfallgeschehen, dass beide Fahrzeuge sehr wohl nebeneinander in zwei Fahrspuren gefahren wären, allerdings sei das klägerische Fahrzeuge nach rechts herübergekommen und wäre offensichtlich bei dem beabsichtigten Wiedereinordnen in die rechte Fahrspur streifend mit der vorderen linken Ecke des Beklagtenfahrzeuges kollidiert.

9   Meist stehen bei solchen Ablaufschilderungen von Kollisionen, die sich im fließenden Verkehr ereigneten und keine extrem hohen Schäden zur Folge haben, sehr wenige Anknüpfungstatsachen bezüglich der Anstoßstelle und der konkreten Endstellungen der Fahrzeuge zur Verfügung. Meist liegen hier nur die Schadensbilder der beiden Fahrzeuge vor. Man kann also aus technischer Sicht versuchen, diese beiden Parteienschilderungen einer kinetischen Vorwärtsrechnung zu unterziehen und **Simulationsrechnungen** der entsprechenden Abläufe vorzunehmen. Die Art und Weise der sich bei diesen Simulationsrechnungen ergebenden Beschädigungsmerkmale und Spurenbilder können mit den Spurenbildern, die als Anknüpfungstatsachen zur Verfügung stehen, abgeglichen und es kann dann manchmal eine der beiden Abläufe ausgeschlossen werden oder, wie es häufiger der Fall ist, zumindest eine Wahrscheinlichkeitsangabe getätigt werden, welche der beiden Ablaufschilderungen dem tatsächlichen Hergang entspricht. Zum Teil kommt es auch so, dass gewissermaßen eine dritte Variante entsteht, die meist zwischen den beiden Varianten der Parteienvorträge liegt. In solchen Fällen sind dann entsprechende Hinweise des Gerichts bzw der Parteien hinsichtlich der Beweislast wesentlich.

10 Als Anknüpfungstatsachen stehen hier im Unterschied zum strafrechtlichen Verfahren häufig die zwei manchmal konträren Vorträge der Parteien bzw der beiden Fahrzeugführer zur Verfügung. Des Weiteren liegen häufig Schadensgutachten vor. Manchmal werden allerdings nur die Berechnungsausdrucke mit den kalkulierten prognostizierten Reparaturkosten beigefügt und die Lichtbilder entweder vergessen oder in einer sehr schlechten (schwarz-weiß-kopierten) Qualität beigefügt. Die Parteien bzw deren Vertreter sollten sich allerdings darüber im Klaren sein, dass ausgehend insbesondere von den Lichtbildern der Schadensgutachten, weite Teile der Anknüpfungstatsachen hieraus bezogen werden. Problematisch ist es auch, wenn nicht alle im Schadensgutachten aufgeführten Schäden zu diesem Unfallereignis passen, dh, wenn keine saubere Trennung zwischen **Vor- oder Nachschäden** und den eigentlichen unfallbedingten Schäden erfolgt. In einem solchen Falle kann es durch das Sachverständigengutachten zum Ausschluss einer der beiden Varianten kommen. Hätte man allerdings Teilschäden

beim Parteienvortrag als Vorschäden erklärt, so hätte der technische Sachverständige unter Umstände andere Lösungen erzielt.

Hilfreich sind auch eigene Fotos; in Ausnahmefällen helfen auch Reparaturkostenrechnungen von Werkstätten. Allerdings lässt sich hier insbesondere die Intensität und die Ausprägung von Feinspuren anhand der Reparaturrechnung für den Sachverständigen nicht oder sehr grob nachvollziehen. **11**

In den seltensten Fällen sind **Unfallskizzen** bei leichten Unfällen vorhanden. Sollte die Polizei vor Ort gewesen sein und haben die Polizeibeamten Skizzen gefertigt, so ist es hier erforderlich, die polizeiliche Aufnahme, die sich meist in der korrespondierenden Bußgeldakte befindet, hinzuzuziehen. Wenn auch in diesen polizeilichen Unterlagen keine Skizze zur Verfügung steht, so helfen zumindest anhand der Unfallstellenschilderung und für die prinzipielle Geometrie der Unfallstelle häufig Luftbilder von den entsprechenden Verkehrsanlagen, die teilweise bei den Landesvermessungsämtern liegen und die hinzugezogen werden müssen. Dies macht jedoch in aller Regel Aufwand. Auch diverse Geodatenbanken, die sich im Internet befinden (zB von Google Earth Professional) helfen zumindest in Großstadtbereichen, die Unfallgegebenheiten darzustellen. **12**

Manchmal ist es so, dass die Fahrzeuge bei geringen Schäden (Bagatellschäden) noch nicht oder nur teilrepariert sind. In einem solchen Fall hilft die **Nachbesichtigung der Fahrzeuge**. Hier sollten die Parteien überlegen, ob wirklich alle Schadensbereiche, die der Sachverständige bei einem solchen Ortstermin im Nachhinein erkennen kann, von diesem gegenständlichen Unfallereignis stammen. Auch scheinbare Bagatellschäden und geringfügige Lackabtragungen, die Vorschäden oder Nachschäden vom konkreten Unfallereignis sind, führen häufig bei Gutachten zu falschen Schlussfolgerungen. Von den Parteien sind also diese Schäden ausdrücklich von den unfallbedingten Schäden des zu rekonstruierenden Unfallereignisses zu trennen. **13**

Auch Nachbesichtigungen von Unfallstellen sind zum Teil zweckmäßig, insbesondere wenn es um Sichtfragen geht. Manchmal ist auch die **Nachbesichtigung der Unfallstelle** eine Hilfe dafür, dass Endstellungen der Fahrzeuge in die Erinnerung zurückgerufen werden und dann vom Sachverständigen zusätzlich eingezeichnet werden können. Allerdings besteht die Grenze eines solchen Ortstermins aus technischer Sicht immer dann, wenn sehr komplexe Fragestellungen an die Parteien gerichtet werden. Hier ist es besser, das Gerichts aufzufordern, einen Ortstermin durchzuführen, bei dem der Sachverständige neben der Parteienbefragung auch Zeugen befragen kann und gegebenenfalls direkt vor Ort geschilderte Fahrzeugpositionen (Kollisionsstellen, Endstellungen) einmessen und diese entsprechend der Vorgaben bei der Rekonstruktion berücksichtigen kann. **14**

II. Rekonstruktionsmethoden

Als Rekonstruktionsmethoden für die Plausibilitätsprüfung von Ablaufschilderungen kommt vorrangig die **Vorwärtsrechnung** in Betracht. Hilfreich ist hier, dass der Sachverständige in das Programm für die einzelnen Fahrbewegungen gewissermaßen Bedienhandlungen der jeweiligen Fahrzeugführer eingibt. Diese Bedienhandlungen müssen allerdings mit technischen Grenzkriterien abgeglichen werden. Beispielsweise gibt es aus Versuchsdaten Grenzbeschleunigungen für entsprechend motorisierte Fahrzeuge. Höhere Beschleunigungen als diese **15**

Grenzbeschleunigungen lassen sich also mit dem konkreten Fahrzeug nicht erzielen. Auch bei Bremsverzögerungen gibt es objektive Grenzen, die hauptsächlich von den Reibungsverhältnissen zwischen Reifen und Fahrbahn abhängen. Der Sachverständige kann also mithilfe der Vorwärtsrechnung überprüfen, ob mit den entsprechenden Bedienhandlungen der Unfallablauf, wie von der Partei vorgetragen, überhaupt technisch realisierbar ist, und wenn er realisierbar ist, mit welchen Schadensbildern an welchen Punkten dies in Übereinstimmung gebracht werden kann. Eine kritische Bewertung der beiden Vorträge kann dann zum Ausschluss eines der beiden Vorträge führen. Es kann aber auch dazu kommen, dass lediglich eine Wahrscheinlichkeitsaussage möglich ist.

16 Zum Teil ist es zweckmäßig, bestimmte Sachverhalte nicht theoretisch durch **Simulationsrechnungen** oder Berechnungen zu klären, sondern Versuche mit ähnlichen Fahrzeugen durchzuführen, um dann zumindest in Größenordnungen einzelne Vorträge nachvollziehbar erscheinen lassen.

17 **Beispiel: Schieben eines Transporters**
Die eine Partei trägt im vorliegenden Fall vor, dass es nach einer längeren Autobahnfahrt zu „Motoraussetzern" gekommen sei und da sich gerade eine Autobahnabfahrt in diesem Bereich befunden hat, sei man nach rechts von der Hauptfahrbahn abgefahren. Der Motor sei dann im Bereich der Ausfahrtsspur vollends ausgegangen und man sei mitten in der Ausfahrtsspur stehengeblieben. Anschließend habe man sich um Hilfeleistung bemüht und nach einigen Telefonaten habe man einen Abschleppdienst angefordert und diesen an der querenden Bundesstraße erwartet. Zwischen der Bundesstraße und der Autobahnabfahrt lagen etwa 250 m mit einem leichten Anstieg. Man habe dann anschließend noch auf der Ausfahrt stehend zu zweit den Transporter händisch bzw mit Körperkraft geschoben und sei an der Bundesstraße angekommen, wo dann die entsprechende Abschleppfirma das Fahrzeug geborgen habe. Im Ergebnis der Diagnose habe sich gezeigt, dass nach Verlust des Kühlwassers ein erheblicher Überhitzungsschaden am Motor vorliegt, der zu einer Grundinstandsetzung des Motors führen würde.
Die Gegenseite trägt vor, dass der Schaden im Moment des Anhaltens auf der Ausfahrtsspur noch nicht in vollem Umfang eingetreten sei und der Fahrer das Fahrzeug nochmals gestartet habe und die ca. 250 m bergan gefahren und der Schaden erst durch das erneute Fahren in der vollen Ausprägung aufgetreten sei.

18 Die Frage an den Sachverständigen bestand hierin, ob es möglich ist, mit zwei Personen einen Kleintransporter in diesem konkreten Bereich in einer Zeit von ca. einer halben Stunde zu schieben.

19 Eine zunächst theoretisch vorgenommene Rechnung ergab, dass es möglicherweise tatsächlich über eine gewisse Wegstrecke erreichbar ist, den Transporter mit den bekannten Beladungs- und Massenverhältnissen an einer Steigung zwischen 2 und 3 % zu schieben. Aber ob dies über 250 m in einer halben Stunde möglich ist, lässt sich theoretisch aus technischer Sicht sehr schwierig einschätzen. Aus diesem Grunde wurde ein Versuch durchgeführt, und es zeigte sich, dass ein vergleichbarer Transporter von zwei normal konditionierten Personen durchaus, allerdings mit mehreren Pausen, mit der Schulter in der A-Säule, geschoben werden kann. Die Grenzsteigung beträgt etwa 3 bis 3,5 %. Ob man es schafft, hängt letzten Endes von der Kondition der Beteiligten ab.

In der Verhandlung ergab sich dann, dass einer der Beteiligten bis kurze Zeit vorher Leistungssportler war (Gewichtheben und Kraftsport), so dass in der Summe durch diesen Versuch zumindest technisch plausibel nachgewiesen werden kann, dass die konkrete Strecke mit solch einem Kleintransporter durch Schieben zurückgelegt werden kann und der Ausschluss nicht erbracht werden kann. Letzten Endes hängt es jetzt von der Beweislast ab, wie die Sache entschieden wird.

Beispiel:
Auf der Autobahn passieren häufig, insbesondere bei schlechter Sicht und wenig griffiger Fahrbahn (Regen), sogenannte Kettenauffahrunfälle, bei denen mehrere meist fünf und mehr Fahrzeuge beteiligt sind. Häufig stellt sich dann die Frage, ob es technisch denkbar ist, dass der letzte die gesamte Kette aufeinander geschoben hat oder ob bereits vorher die einzelnen Fahrzeuge auf den entsprechenden Vordermann aufgefahren sind. In den seltensten Fällen stehen bei solchen Unfällen die genauen Kollisionsstellen (durch Glas- oder Lacksplitter dokumentiert), meist allerdings die Schadensbilder an den Fahrzeugen zur Verfügung. Häufig sind auch die Endstellungen der Fahrzeuge zumindest fotografiert. Man kann dann mithilfe von kinetischen Vorwärtsrechnungen auf der Grundlage von Simulationsprogrammen die beiden Varianten unter Annahme von entsprechenden Kollisionsstellen nachrechnen. Die sogenannten Energievergleichsgeschwindigkeiten oder auch EES-Werte, die bei diesen Nachrechnungen auftreten, können dann mit den Schadensbildern an den Fahrzeugen aufgrund von Vergleichsunfällen abgeglichen werden. Wenn also der Letzte in der Kette alle Fahrzeuge aufschiebt, so muss normalerweise die realisierte Deformationsenergie von hinten nach vorn abnehmen. Wenn sie also mitten in der Kette wieder stärker wird, so ist dies häufig ein Nachweis dafür, dass hier bereits vorher aufgefahren worden ist. Komplizierter wird allerdings die ganze Sache, wenn einzelne Fahrzeuge in der Kette bei der jeweiligen Kollision noch nicht gestanden haben. Schwieriger wird das Ganze auch, wenn stark unterschiedliche Massen der Fahrzeuge in der Kette vorliegen bzw Fahrzeuge verschiedener Generationen, die also sehr unterschiedliche Struktursteifigkeiten im Front- und Heckbereich aufweisen können. Hier gehört dann viel Erfahrung dazu, eine entsprechende Schlussfolgerung zu ziehen.

III. Beweisbeschluss

Bei einem leichten Kreuzungsauffahrunfall (klassische Front-Heck-Kollision) trägt die Klägerseite (das dahinter befindliche Fahrzeug) vor, dass das davor befindliche Fahrzeug bei „rot" in der eigenen Fahrspur, aber beginnenden „grün" in der rechts daneben liegenden Fahrspur kurz abgefahren und etwa 5 m nach vorn gefahren sei. Dort habe der Fahrer wahrscheinlich seinen Irrtum, dass er auf das Signal in der falschen Spur losgefahren sei, bemerkt und habe deshalb wieder zurückgesetzt. Bei diesem Zurücksetzen sei es dann zur Kollision mit dem dahinter stehenden Fahrzeug gekommen. Die Beklagtenseite trägt vor, dass sie die gesamte Zeit bei Rotsignal gestanden habe und plötzlich von hinten das klägerische Fahrzeug aufgefahren sei. Im vorliegenden Fall standen als Anknüpfungstatsachen leider nicht die kollisionsbedingten Endstände oder auch nicht die Kollisionsstelle zur Verfügung. Der Beweisbeschluss in einem solchen Fall lautet:

▶ **Muster: Beweisbeschluss (Auffahrunfall)**
Ist es wahrscheinlicher, dass das klägerische Fahrzeug während der Kollision bzw auch kurz davor gestanden hat und das Beklagtenfahrzeug in Form einer Rückwärtsfahrt aufgefahren ist oder es so,

wie von den Beklagten vorgetragen, dass das Beklagtenfahrzeug die ganze Zeit gestanden hat und das klägerische Fahrzeug durch zu spätes Erkennen des Beklagtenfahrzeuges aufgefahren ist. ◄

24 Im vorliegenden Fall war es so, dass die Energievergleichsgeschwindigkeiten in der Größenordnung von 5 bis 8 km/h angesiedelt waren, dass also die Intensität knapp oberhalb einer Kleinkollision angesiedelt war. Ein solches Unfallgeschehen ist aus technischer Sicht mit den zur Verfügung stehenden Anknüpfungstatsachen sehr schwierig einzugrenzen. Insbesondere dann, wenn es sich um eine voll überdeckte Kollision handelt, die mit nahezu 180° Anstoßwinkel vonstattengeht. Man konnte im vorliegenden Fall aufgrund der polizeilichen Aufnahme und der relativ detailliert gefertigten Fotos folgende Feststellungen treffen. Das Markenemblem am Kühlergrill des dahinter befindlichen Fahrzeuges hatte sich im lackierten oberen Bereich des Stoßfängers nahezu punktuell eingeprägt oder eingestempelt. Diese detailliert fotografierte Stempelmarke hatte keinerlei Abgleitspuren. Man konnte also aufgrund der Analyse der Höhenverhältnisse dieser Fahrzeugteile feststellen, dass eine statische Höhendifferenz nur minimal vorliegt. Dies bedeutet, die Kollision hat weder gebremst noch beschleunigt durch die entsprechenden Fahrzeuge stattgefunden. Wenn man über ca. 5 m rückwärtsfährt, hebt sich das Heck des Fahrzeuges aufgrund der Drehmomentabstützung leicht an. Nach einer gewissen Wegstrecke und Nachlassen der Beschleunigung ist das Heck nahezu wieder auf dem statischen Niveau angelangt. Mit den Schadensbildern und der Ausprägung des Markenkennzeichens ist also dieser Sachverhalt in Übereinstimmung zu bringen. Der Sachverhalt ist allerdings auch in Übereinstimmung zu bringen mit der Darstellung, dass das klägerische Fahrzeug ungebremst auf das davor stehende Fahrzeug aufgefahren ist. In den meisten Fällen bei Auffahrunfällen ist es allerdings so, dass der Auffahrende zumindest kurz vor oder bei Kollision in einer intensiven Bremsung ist, um den drohenden Auffahrunfall noch zu vermeiden. In einem solchen Falle würde allerdings die Front des auffahrenden Fahrzeuges ziemlich stark eintauchen (ca. 8 cm beim konkreten Fahrzeugtyp). Mit einem 8 cm Eintauchen ist allerdings das Schadensbild und der Anstoß nicht in Übereinstimmung zu bringen. Somit bleibt im vorliegenden Fall eine Wahrscheinlichkeitsaussage, die dann mit den entsprechenden Beweislastregeln einer juristischen Überprüfung bedarf.

B. Eingrenzung von Geschwindigkeiten

25 Bei diesen eher klassischen Rekonstruktionsmethoden wurde bereits im vorangegangenen Kapitel erläutert, welche Anknüpfungstatsachen hier üblicherweise zur Verfügung stehen. Die Besonderheiten im Zivilprozess bestehen darin, dass auf jeden Fall der **Toleranzspielraum**, der sich aus den technischen Berechnungen und der Unschärfe der Anknüpfungstatsachen ergibt, in beiden Richtungen anzugeben ist und eine Variantendarstellung vorgenommen werden muss. Bei klassischen Kreuzungskollisionen wird häufig von einer Partei, meist von der Partei, die aus der untergeordneten Straße auf die Hauptstraße auffährt, angegeben, dass der Benutzer der Hauptstraße deutlich zu schnell gefahren sei und es deshalb zum Unfall gekommen sei. Es wird dann häufig eine Geschwindigkeit vorgetragen, die möglicherweise aus dem Mandantengespräch stammt und die der Techniker in manchen Fällen nicht nachvollziehen kann, sondern er kommt dann aufgrund der Berechnungen zu deutlich niedrigeren Kollisionsgeschwindigkeiten als beispielsweise in der Klageschrift angegeben worden ist. Das Problem besteht darin, dass es natürlich sein kann, dass die Ausgangsgeschwindigkeit des Benutzers der Vorfahrtsstraße im konkreten Fall deutlich größer war als die Kollisionsgeschwindig-

keit. Hier macht sich meist eine komplexe Erörterung des Geschehens ausgehend von den entsprechenden Reaktions- oder Signalpunkten für den Benutzer der Vorfahrtsstraße erforderlich. Bereits im Beweisbeschluss sollte also der Unterschied zwischen Ausgangsgeschwindigkeit und Kollisionsgeschwindigkeit dargestellt und die Aufgabe an den Sachverständigen deutlich formuliert werden, dass er von einer vorkollisionären Bremsung auszugehen hat, um hier die Ausgangsgeschwindigkeit oder die mögliche Ausgangsgeschwindigkeit unter Umständen auch toleranzbehaftet nachweisen zu können. Eine allgemeine Geschwindigkeitsangabe in der Annäherung nützt hier wenig, da der technische Sachverständige dann nicht sicher einschätzen kann, ob es hier um die Kollisionsgeschwindigkeit oder die Ausgangsgeschwindigkeit geht und wie die Bremsintensität ist. Hier helfen auch häufig die detaillierte Darstellung der technischen Daten der entsprechenden Fahrzeuge, insbesondere, ob die Fahrzeuge mit Antiblockiersystem oder ESP-System ausgerüstet sind. Gegebenenfalls wird bei einer solchen Fragestellung auch ein Sichtversuch notwendig werden, der den Signalpunkt für den Benutzer der Vorfahrtsstraße festlegt und somit abzüglich der entsprechenden Vorbremszeit die theoretisch mögliche Bremsstrecke eingrenzen lässt. Diese dann relativ aufwendigen Gutachten führen häufig zu einer extrem großen Differenz zwischen Untergrenze der Geschwindigkeit (zugunsten des Beklagten) und Obergrenze der Geschwindigkeit (zugunsten des Klägers). Hier obliegt es dann der juristischen Würdigung, welche der beiden Geschwindigkeiten für die Entscheidungsfindung herangezogen wird.

C. Vermeidbarkeitsbetrachtungen

Während beim Gutachten im Strafrecht aus Sicht des Beschuldigten eine Zugunstenbetrachtung hinsichtlich des Gedankenspiels „Vermeidbarkeit" zur Anwendung kommt, ist es für die Vermeidbarkeitsbetrachtung im Rahmen von zivilrechtlichen Unfallanalysen von Bedeutung, in welche Richtung hier die toleranzbehafteten Anknüpfungstatsachen auszulegen sind. Immer wieder werden bei Unfällen an gleichrangigen Kreuzungen Beweisbeschlüsse formuliert. Wenn also der von rechts kommende in den sich von links annähernden Pkw eingefahren ist, lassen sich die Kollisionsgeschwindigkeiten beider Fahrzeuge, wenn man die entsprechenden Anknüpfungstatsachen hat, in aller Regel gut eingrenzen. Problematisch wird die ganze Sache, wenn vorgetragen wird, der von rechts kommende sei viel zu schnell gefahren, ohne näher zu konkretisieren, was hier unter „zu schnell" zu verstehen ist. In vielen Fällen wird dann auf die sogenannte „**halbe Vorfahrt**" abgestellt. Dies unterstellt für den für von rechts kommenden, er sei so schnell gefahren, dass keine Möglichkeit mehr bestanden hätte, mit dieser Geschwindigkeit die Vorfahrt eines für diesen wiederum von rechts kommenden (theoretisch gedachten) Pkws beachten zu können. Hier ist es wesentlich, dass es sich bei diesen Berechnungen um ein sehr komplexes „Gedankenspiel" handelt. Der Techniker müsste also wissen, wie schnell nun dieser in der Realität ja gar nicht vorhandene von rechts kommende Fahrzeugführer seinerseits wiederum hätte fahren dürfen und wie weit sich dieser Pkw auf seiner entsprechenden Fahrbahnseite bzw der Entfernung von gegebenenfalls sichtverdeckenden Zäunen, Grundstücksmauern etc. entfernt gewesen ist. Dies führt zu sehr komplexen Berechnungen, wobei hier der technische Sachverständige häufig dahin gehend überfordert ist, dass er Annahmen, für den gar nicht vorhandenen von rechts Kommenden treffen muss, ohne zu wissen, wie er diese Annahmen treffen soll. Hier ist es also zweckmäßig beim juristischen Ansatz der „halben Vorfahrt" bereits bei der Formulierung des Beweisbeschlusses so weit wie möglich zu konkretisieren. Ansonsten ist hier der Techniker überfordert und es ergeben sich

Tischendorf

unendlich viele Möglichkeiten der Weg-Zeit-Relationen der Annäherung der entsprechenden Fahrzeugführer.

27 **Probleme bei Gutachten zu Vermeidbarkeitsbetrachtungen:** Bei Vermeidbarkeitsbetrachtungen müssen in aller Regel vom technischen Sachverständigen Annahmen getroffen werden. Wenn diese Annahmen nicht bereits im Beweisbeschluss vorgegeben sind, hat er hier einen relativ großen Ermessensspielraum. Diese Annahmen betreffen meist die Länge der **Vorbremszeit** und konkrete **Reaktions-** oder **Signalpunkte**. Häufig werden hier Annahmen getroffen, die nicht als solche gekennzeichnet sind und insbesondere deren Auswirkungen nicht mittels mehrerer Varianten dargestellt werden. Dies führt unter Umständen zu einseitigen Schlussfolgerungen, die den Prozessverlauf beeinflussen können. Es ist also zweckmäßig, sich nicht vom Sachverständigen selbst die getroffenen Annahmen bezüglich ihrer Plausibilität und deren Auswirkungen auf das konkrete Unfallgeschehen bzw die Vermeidbarkeitsbetrachtung erläutern zu lassen.

D. Verletzungsursachen und Verletzungsmechanismen

28 Man könnte davon ausgehen, dass für Verletzungsursachen und Verletzungsmechanismen der technische Sachverständige nicht kompetent ist und deshalb hier hauptsächlich medizinische Sachverständige gefragt sind. Das Problem besteht allerdings darin, dass der Techniker in aller Regel nicht oder wenig kompetent für die Frage der **mechanischen Krafteinwirkungen** auf den menschlichen Körper und der damit im Zusammenhang entstehenden Verletzungen ist. Dafür ist sicherlich der Mediziner oder noch besser der Biomechaniker zuständig. Allerdings benötigt dieser für die Beurteilung der geltend gemachten Verletzungen die mechanische Belastung der Person im Fahrzeug bzw durch den Anstoß des Fahrzeuges. An dieser Stelle ist wieder der technische Sachverständige gefragt. Es muss also in aller Regel zu einer komplexen Begutachtung aus technischer und medizinischer bzw biomechanischer Sicht kommen. In aller Regel sind hier also interdisziplinäre Gutachten erforderlich.[1] Die technische Fragestellung ist also, wie intensiv die Kräfte auf den menschlichen Körper ausgehend von der bekannten oder auch nicht bekannten Sitzposition waren. Der Mediziner oder Biomechaniker wird dann ausgehend von den Darstellungen der Kräfte bzw Beschleunigungen das Verletzungsbild bewerten. In der Folge sollen einige typische zivilrechtliche Fragestellungen aus technischer Sicht erläutert werden.

I. HWS-Verletzungen

29 In der Praxis ist es häufig so, dass auch bei relativ leichten Heckkollisionen Insassen über Verletzungen der Halswirbelsäule klagen. In aller Regel kommt dies vor bei leichten Auffahrunfällen, wo die Insassen des gestoßenen Fahrzeuges anschließend über Schmerzen im Nackenbereich und eventuell auch über Ausfälle im Bereich der optischen und akustischen Wahrnehmungen klagen. In selteneren Fällen wird auch bei Frontalkollisionen oder Seitenkollisionen von den Insassen des Fahrzeuges über ähnliche Symptome geklagt. In den letzten Jahren haben sich relativ einfache Kriterien der kollisionsbedingten Geschwindigkeitsänderungen als technische Anforderungen für das Auftreten bestimmter Symptome herausgebil-

---

[1] Siehe hierzu Buck/Krumbholz, Sachverständigenbeweis im Verkehrsrecht, 2008.

det.[2] Beim klassischen Heckaufprall werden also bei kollisionsbedingten Geschwindigkeitsänderungen im gestoßenen Fahrzeug von etwa 6 bis 10 km/h HWS-Verletzungen als eher nicht wahrscheinlich, bei 8 bis 13 km/h zunehmend wahrscheinlich und über 13 km/h als sehr wahrscheinlich eingeschätzt. Die sogenannte Harmlosigkeitsgrenze für das Auftreten von HWS-Verletzungen wird häufig bei 10 km/h zum Ansatz gebracht. Für diese Grenze waren u.a. umfangreichen Messungen bei sogenannten Auto-Scooter-Kollisionen eine Grundlage. Es hat sich gezeigt, dass bei Anstößen im Auto-Scooter die kollisionsbedingte Geschwindigkeitsänderung für die Gestoßenen im Bereich von 10 km/h besteht, und es sind zumindest keine entsprechenden Gerichtsverfahren bekannt, bei denen Benutzer von Auto-Scootern gegen den Betreiber oder gegen den Lenker des auffahrenden Auto-Scooters geklagt hätten. Andererseits wird von insbesondere therapeutischen tätigen Medizinern immer wieder angeführt, dass auch Verletzungen bei kollisionsbedingten Geschwindigkeitsänderungen im gestoßenen Fahrzeug deutlich unter 10 km/h durchaus vorkommen können. Sicherlich ist es bei der Bewertung solcher Verletzungsmechanismen erforderlich, die konkrete Konstitution der Fahrzeuginsassen einschließlich möglicher Vorschäden zu kennen. Trotz aller Toleranzdiskussionen und Bewertungsdiskussionen ist zumindest für die Ableitung der Wahrscheinlichkeit der Entstehung einer bestimmten Verletzung nach wie vor die mechanische Belastung und deren Ausprägung interessant. In den letzten Jahren wurden zunehmend Versuche von Heckauffahrkollisionen durchgeführt. Beispielsweise liegt dem technischen Sachverständigen eine umfangreiche Versuchsdokumentation von der ETH Zürich vor. Dort leistet die Gruppe Unfallmechanik von Prof. Dr. *Walz* seit Jahren eine umfangreiche Forschungsarbeit mit entsprechenden Versuchsdokumentationen. In den letzten Jahren hat sich gezeigt, dass es bei Auffahrunfällen, bei dem das stoßende Fahrzeug Kollisionsgeschwindigkeiten im Bereich von 20 km/h aufweist, wobei also im gestoßenen Fahrzeug Geschwindigkeiten in der Größenordnung von 10 km/h realisiert werden, relativ schwierig ist, die sogenannten EES-Werte, also die **Deformationsenergien** an den Fahrzeugen konkret mit wenigen Toleranzen abzuschätzen. Dies hängt damit zusammen, dass die Strukturstreifigkeit moderner Fahrzeuge im Front- und Heckbereich in diesem Kollisionsbereich durch bestimmte Anforderungen der Versicherungswirtschaft bei der Einstufung in die entsprechenden Kaskoklassen von Neufahrzeugen höher geworden ist. Hier wird gefordert, dass bei Kollisionsgeschwindigkeiten von ca. 15 km/h mit 40 % Überdeckung auf ein festes Hindernis die Schäden am Fahrzeug dergestalt sind, dass in aller Regel der Einsatz von Richtgeräten, wie der Richtbank, zur Schadensbehebung nicht erforderlich ist. Dazu ist es jedoch erforderlich, dass die Strukturstreifigkeit von äußeren Anbauteilen, insbesondere Stoßfänger und deren Träger, bei schweren Fahrzeugen deutlich erhöht wird. Dies ist in den letzten Jahren geschehen, und damit ist es für den forensisch tätigen Sachverständigen schwieriger geworden, Deformationsenergien gerade in diesem Geschwindigkeitsbereich exakt abzuschätzen. Wenn man also an einem strukturstreifen Stoßfänger außen nur wenige Lackkratzer und Lackabschabungen hauptsächlich in vertikaler Richtung erkennt, so kann dies ein Hinweis auf einen EES-Wert von 1 bis 2 km/h oder auch einen Hinweis auf einen EES-Wert zwischen 8 und 10 km/h sein. Um hier Genaueres abzuleiten, müsste man den Stoßfänger bzw dessen Außenhaut demontieren und die häufig vorhandenen Prallelemente, dh also Aufpralldämpfer, analysieren. Dies ist allerdings anhand von Fotos von Schadensgutachten oder bei Polizeifotos nicht möglich. Wenn die Fahrzeuge inzwischen

---

2 Siehe *Krumbholz*, in: Buck/Krumbholz, Sachverständigenbeweis im Verkehrsrecht, 2008, § 4.

repariert sind, ist auch eine nachträgliche Besichtigung hier nicht zielführend. Das erschwert dann in aller Regel die Berechnungen der kollisionsbedingten Differenzgeschwindigkeit am gestoßenen Fahrzeug.

30 Allerdings haben sich in den letzten Jahren, wenn man die kollisionsbedingte Geschwindigkeitsänderung aufgrund von Vergleichsversuchen abschätzen kann, auch neue Möglichkeiten ergeben, wie die Insassenbelastung bewertet werden kann. Dies ist nicht nur durch die Anwendung der Stoßmodelle von *Kudlich/Slibar*, also des sogenannten Punktstoßmodells möglich, sondern in den letzten Jahren wurden in die entsprechenden Programmpakete der Rekonstruktionsprogramme auch alternative Stoßmodelle, wie die sogenannten Kraftstoßmodelle oder Netzmodelle eingeführt, die insbesondere eine zeitliche Auflösung des Stoßvorgangs ermöglichen. Mit einer solchen realitätsnäheren zeitlichen Auflösung lässt es sich dann mittels in das Fahrzeug gebrachter (virtueller) Dummys erreichen, dass auch Differenzgeschwindigkeiten oder Beschleunigungen zwischen Oberkörper und Kopf dargestellt werden, die zumindest aus technischer Sicht besser geeignet sind, die Belastungen im Bereich der Halswirbelsäule wiederzugeben, als die kollisionsbedingte Geschwindigkeitsänderung des Fahrzeuges. Bei solchen Berechnungen können auch Sitzhöhen, Kopfstützenhöhen, Steifigkeiten von Sitzlehnen etc. einbezogen werden, die logischerweise bei der ausschließlichen Berechnung der Differenzgeschwindigkeit des gestoßenen Fahrzeuges überhaupt keine Rolle spielen. In den letzten Jahren sind solche Stoßmodelle insbesondere in das Programmpaket PC-Crash integriert worden; auch in Kombination mit dem Madymo-Simulationsprogramm lassen sich hier Schlussfolgerungen ableiten.

31 Die Bewertung der Belastungen sollte nicht nur auf die Differenzgeschwindigkeit des Fahrzeugs abgestellt werden sondern ganzheitlich erfolgen.

Madymo-Simulation der Insassenbewegung

32 **1. Anknüpfungstatsachen.** Bei Heckauffahrunfällen, die meist im Nachhinein zu Schmerzensgeldforderungen bezüglich einer HWS-Verletzung führen, stehen häufig nicht die Endstellun-

gen der Fahrzeuge zur Verfügung, und auch die Kollisionsstelle kann meist nicht mehr eingegrenzt werden. Dagegen existieren zumindest in aller Regel Fotos von den Deformationen an den Fahrzeugen. Je mehr konkrete für den Techniker fassbare Anknüpfungstatsachen, auch bezüglich der konkreten Kollisionsstelle und Auslaufes des Fahrzeuges, vorhanden sind, desto präziser lässt sich die kollisionsbedingte Geschwindigkeitsänderung und in der Folge auch die Insassenbelastung darstellen. Aus diesem Grunde sind hier hohe Anforderungen an die Spurensicherung gestellt. Eine Nachbesichtigung des teilzerlegten Fahrzeuges ist insbesondere bei modernen Fahrzeugen zweckmäßig. Dies kann unter Umständen vom Mandanten beeinflusst werden, so dass dann Lichtbilder von den Beschädigungen bei demontierter Stoßfängeraußenhaut vorliegen. Diese helfen detaillierter das Unfallgeschehen hinsichtlich der geforderten Größen einzugrenzen.

2. Rekonstruktionsmethoden. Die ausschließliche Berechnung der Differenzgeschwindigkeit ist nach neuesten Erkenntnissen nur als ein Ansatz für die Belastung zu bewerten. Besser ist es, man fordert hier, auch von Seiten der Partei, die Berechnung der Belastung durch eine Simulationsrechnung mit Dummy im Rahmen des Programmpakets PC-Crash bzw des Madymo-Zusatzprogramms. Bei diesen Berechnungen können auch Besonderheiten der Sitzeinstellungen und der Einstellung der Kopfstütze berücksichtigt werden. Diese Besonderheiten sollten dann auch, in aller Regel von der Klägerseite, vorgetragen werden.

▶ **Muster: Beweisbeschluss**

Zum Beweis der Tatsache, dass das durch medizinische Gutachten nachweisbare Verletzungsbild auf die Heckauffahrkollision vom ... an ... in ... zurückzuführen ist, soll ein komplexes technisches und biomechanisches Gutachten erstellt werden. Dabei ist zunächst im technischen Teil die kollisionsbedingte Geschwindigkeitsänderung des gestoßenen Fahrzeuges einzugrenzen und im Rahmen einer Insassensimulation die Differenzbeschleunigung zwischen Oberkörper und Kopf darzustellen. Dabei ist zu berücksichtigen, dass der Kläger (Beifahrer) des gestoßenen Fahrzeuges seinen Sitz sehr weit nach hinten geneigt hatte, da er gerade im Begriff war, sich auszuruhen. Außerdem hat er kurz vor der Kollision aus dem Bereich des Fußraumes eine Decke entfaltet, um sich zuzudecken. Es kann deshalb nicht ausgeschlossen werden, dass eine Strecke zwischen etwa 40 und 50 cm zwischen Kopf und Kopfstütze im Moment der Kollision vorgelegen hat. Die Auswirkung dieser Besonderheit ist durch den technischen Sachverständigen darzustellen. ◀

3. Probleme in Gutachten. Die Eingrenzung der Deformationsenergien und deren Darstellung durch die sogenannten Energievergleichsgeschwindigkeiten ist bei modernen Fahrzeugen schwierig. Wenn also bei modernen Fahrzeugen EES-Werte im Bereich von etwa 5 bis 15 km/h mit Toleranzen von nur etwa 2 km/h eingegrenzt werden und keine detaillierten Angaben zu den Beschädigungen vorliegen, so ist es in aller Regel mit solchen geringen Toleranzen nicht möglich, eine sachgerechte Beurteilung vorzunehmen. Aus diesem Grunde kommt es vereinzelt vor, dass Crash-Versuche von älteren Fahrzeugen (mehr als 10 Jahre alt) herangezogen werden und deren Ergebnisse auf Kollisionen mit neueren Fahrzeugen kritiklos übertragen werden und dann Deformationsenergien in Form von EES-Werten mit nur wenigen km/h Toleranz abgeschätzt werden. Dies führt unter Umständen zu falschen Ergebnissen bei allen weiteren Berechnungen.

II. Gurtbenutzung und Sitzpositionen

36 Bei einer Reihe von Zivilverfahren hat es sich gezeigt, dass bei Nichtbenutzung des Sicherheitsgurtes erhebliche Abzüge bei den Schmerzensgeldforderungen und anderen Forderungen gerechtfertigt sind. Aus diesem Grunde gehen beim technischen Gutachter immer wieder Aufträge ein, bei denen die Gurtbenutzung eingegrenzt werden soll. Dies ist relativ einfach möglich, wenn die Sicherheitsgurte aus dem Fahrzeug ausgebaut vorliegen und einer Untersuchung zugeführt werden können. Der Inhalt dieser Untersuchung besteht darin, die diversen mechanischen Belastungsspuren an Gurtbestandteilen, die bei einer Stoßbelastung des Fahrzeuges und korrekt angelegter Sicherheitsgurte auftreten, nachzuweisen. Bei genügend intensiven Kollisionen kommt es dazu, dass der angegurtete Insasse aufgrund der Massenträgheit mit seiner Körpermasse in den Drei-Punkt-Sicherheitsgurt gewissermaßen hineinfällt. Dabei kommt es zur leichten Dehnung des Gurtbandes, wodurch der Insasse allmählich abgebremst wird. Damit die sogenannte Gurtlose nicht zu groß wird, wirken bei modernen Fahrzeugen zusätzlich Gurtstraffer, die ab bestimmten kollisionsbedingten Geschwindigkeitsveränderungen und anderen Kriterien ausgelöst werden. Damit hilft das Gurtsystem effektiv, die Verzögerungen des Fahrzeuges allmählich an den Insassen weiterzugeben, jedoch in zeitlich gestreckter Form, so dass sich die Insassenbelastung verringert. Einige Fahrzeuge haben auch sogenannte Gurtkraftbegrenzer eingebaut, die bei noch höheren Belastungen auslösen und wieder etwas nachgeben, so dass die zeitliche Streckung der Belastung größer wird, was wiederum zu geringeren mittleren Belastungen des Fahrers führt. Alle diese Merkmale treten bei Stößen innerhalb von weniger als einer Zehntelsekunde auf. Die Dehnung des Gurtbandes bei der Belastung führt dazu, dass das Gurtband mit hoher Kraft insbesondere im Bereich der sogenannten Stecklasche durch diese um einige Zentimeter hindurchgezogen wird. Dies hinterlässt in aller Regel An- oder Abschmierungen von der plastummantelten Stecklasche auf dem Gurtbandmaterial bzw im Extremfall auch Schmelzungen von einzelnen Gurtbandfasern. Die Spuren an der Stecklasche durch minimale Abschmelzungen von Kunststoff lassen sich im Lichtmikroskop in aller Regel ausreichend sicher identifizieren, so dass Gurtgutachten beim Vorliegen des ausgebauten Sicherheitsgurtsystems, zumindest bei Frontalstößen nennenswerter Intensität, mit ausreichender Sicherheit nachweisen können, ob das Gurtsystem benutzt worden ist.

Plastummantelte Stecklasche

Belastungsspuren an einer Stecklasche

Schwieriger wird das Ganze, wenn das Gurtsystem nicht mehr vorliegt. Wenn bei modernen Fahrzeugen zB die Frontairbags ausgelöst haben, kommt es meist trotzdem zum Anschlag des Insassen an Innenraumteile des Fahrzeuges. Die Simulation dieser Bewegungen in komplexer Wirkung mit der Auslösung des Airbags ist eine schwierige Aufgabe. Zwar stellt insbesondere das Madymo-Programmsystem hier die Möglichkeit dar, auch die Simulation von Airbagauslösungen durchzuführen, allerdings ist die Validierung dieser Berechnungen gegenwärtig nur eingeschränkt möglich, so dass Aussagen zum angelegten Gurtsystem bei nicht mehr vorhandenen Gurtsystemen relativ schwierig und ggf nur tendenziell möglich sind.

Für den Anwalt bedeutet das, dass wenn er relativ zeitnah nach dem Unfall hinzugezogen wird, er darauf achtet, dass durch die Werkstatt oder einen Sachverständigen die entsprechenden Gurtsysteme vor der Verschrottung der Fahrzeuge oder deren anderweitiger Verwendung ausgebaut werden. Diese Systeme sollten sichergestellt werden, damit bei späterer Notwendigkeit diese Systeme von entsprechenden Sondergutachtenstellen und speziell geschulten Sachverständigen untersucht werden können. Auch Steuergeräte können hier hilfreich sein.

E. Zur Schadenshöhe

Das Schadensgutachten stellt in der Regel eine Prognose der zu erwartenden Reparaturkosten bzw der Wirtschaftlichkeit einer Reparatur dar. Während früher mit aufwendigen Methoden Ersatzteilkataloge durchgesehen werden und Musterreparaturtechnologien zum Teil erfragt oder nachkalkuliert werden mussten, stehen heute rechnergestützte Systeme zur Bewertung von Reparaturdurchführungen zur Verfügung. Diese sind relativ detailliert auch auf die entsprechenden Fahrzeugtypen aufgeschlüsselt. Beispielsweise liefern die Firmen Audatex und DAT solche Programmsysteme. Diese werden inzwischen nicht nur von speziell geschulten Schadensgutachtern angewandt, sondern teilweise auch von Werkstätten, die damit Kostenvoranschläge erstellen. Trotz dieser guten Handwerkszeuge für den Schadensgutachter ergeben sich immer wieder Differenzen zwischen der Prognose und der eigentlichen Reparaturdurchführung. Diese Differenzen sind zum einen darin geschuldet, dass der Schadensgutachter in aller Regel nicht die Möglichkeit hat, vor der Reparatur das Fahrzeug in großen Teilen zu zerlegen und eventuell versteckte Schäden vorab zu erkennen. Zum anderen zeigt es sich häufig erst bei der Reparatur, dass auch Teile der Fahrzeugelektronik in Mitleidenschaft gezogen worden sind, wodurch Schäden entstehen, die im Rahmen einer Vorab-Kalkulation nur schwierig einzuschätzen sind. Bei wenig intensiven Schäden kommt es ab und zu vor, dass Schadensgutachter in ihre Gutachten Beschädigungen miteinbeziehen, die nicht dem gegenständlichen Unfallereignis zuzuordnen sind. Dies kann vorkommen, wenn sich diese Schadensteile im Hauptbeschädigungsbereich oder nahe an diesem Bereich befinden und der Schadensgutachter in der Regel nicht die Möglichkeit hat, das andere Fahrzeug zu besichtigen.

40　Neben den Daten zur Prognose des Reparaturaufwandes werden häufig noch zusätzliche Daten ermittelt, wie den Wiederbeschaffungswert des Fahrzeuges oder es wird durch entsprechende Umfragen bzw Einstellen in einschlägige Internetbörsen auch der Restwert ermittelt. Dies spielt insbesondere beim wirtschaftlichen Totalschaden für die Schadensregulierung eine große Rolle. Auch die Einschätzung der Reparaturdauer und einer Wertminderung oder Wertverbesserung ist eine vom Schadensgutachten zu erwartende Prognoseleistung. In letzter Zeit besteht häufig Streit über die anzusetzenden Stundenverrechnungssätze in bestimmten Lohngruppen. Insbesondere kommt dies dann vor, wenn eine fiktive Abrechnung vorgenommen wird. Der Techniker kann hier nur recherchieren und die Lohngruppen der entsprechenden Markenwerkstätten in der Umgebung des Geschädigten angeben. Ob diese Lohngruppen zum Ansatz kommen, obliegt am Ende der juristischen Würdigung. Möglich ist auch der Ansatz von mittleren ortsüblichen Stundensätzen, die beispielsweise durch DEKRA jährlich ermittelt werden.

41　Zum Teil wird auch auf Stundensätze von freien Werkstätten abgestellt. Hier sind entsprechende Vorgaben der Juristen notwendig. In der Formulierung von Beweisbeschlüssen wird häufig die Frage des Instandsetzungsaufwandes als Nebenfragestellung angeführt. Hier sollten Anwälte darauf achten, dass die Randbedingungen für die Beantwortung dieser Fragestellungen im Beweisbeschluss mit aufgenommen werden. Dh also: Von welchen Stundensätzen ist auszugehen? Von welchen Grundsätzen bei der fiktiven Abrechnung ist auszugehen? und Ähnliches.

F. Beweissicherung zu technischen Sachverhalten bei Aggregatmängeln bzw technischen Mängeln am Gesamtfahrzeug

42　Fragestellungen zu technischen Mängeln treten häufig nach dem Kauf von **Gebrauchtwagen** auf. Neben der Identifizierung der Mängel, was sich als zunehmend schwierig darstellt, liegt aus technischer Sicht vor allen Dingen das Problem darin, dass zwischen Erstauftreten des Mangels und Möglichkeit der Begutachtung durch den technischen Sachverständigen häufig sehr lange Zeiträume liegen. Entweder ist der Mangel dann bereits durch zunehmenden Verschleiß sehr weit fortgeschritten oder er wurde zwischenzeitlich teilweise behoben oder das Fahrzeug verändert. Hier steht der Techniker dann häufig vor der Fragestellung, wie er diesen geschilderten Mangel überhaupt identifizieren kann. Um hier Zeit zu gewinnen, ist es zu empfehlen, unter Umständen ein selbstständiges **Beweissicherungsverfahren** anzustreben, was zumindest zunächst die Mängelidentifizierung zeitnah zulässt. Während man verkehrssicherheitsrelevante Mängel in aller Regel durch entsprechende technische Untersuchungen, Bremsverzögerungsmessungen, Verschleißmessungen an Bremsbelägen etc. gut eingrenzen kann, ist es bei sogenannten Komfortmängeln für den Techniker wesentlich schwieriger. Gesetzliche Anforderungen oder Normen, welche Art von Fahrgeräuschen ein Fahrzeug erzeugen darf, liegen in aller Regel, abgesehen von den oberen Grenzwerten, nicht vor. Wenn solche Fragestellungen nach zu lauten Motorgeräuschen, Windgeräuschen etc. getätigt werden, ist immer die Bezugsgröße zu benennen. Man muss sich dann in aller Regel am Serienstand des entsprechenden Fahrzeugtyps orientieren. Dies macht unter Umständen umfangreiche Vergleichsmessungen an anderen Fahrzeugen erforderlich. Diese Gutachten können zum Teil mit erheblichem Aufwand verbunden sein, da entsprechende Vergleichsfahrzeuge beschafft werden müssen und entsprechende Messtechnik installiert werden muss.

Auch solche Fragestellungen, die eher im fahrdynamischen Komfortbereich liegen, wie „Fahrzeug zieht leicht nach rechts" oder „Fahrverhalten wird ab einer bestimmten Geschwindigkeit als schwammig beurteilt", sind sehr schwierig nachzuvollziehen. Hier muss man in aller Regel unter idealisierten Bedingungen von Teststrecken oder Versuchsstrecken mehrere Fahrzeuge analysieren, um zunächst den Serienstand zu beurteilen und dann eventuell auftretende Abweichungen des konkreten Fahrzeuges darzustellen. Eine genaue Beschreibung des Mangels ist deshalb bereits bei der Formulierung der Klageschrift bzw des Beweisbeschlusses unbedingt notwendig. Unter Umständen sollte bereits bei der Formulierung ein Techniker von den Gerichten hinzugezogen werden, damit dieser beurteilen kann, ob der Mangel überhaupt messtechnisch erfasst werden kann oder der Mangel auch anderweitig beschrieben werden muss. 43

Auch Mängel oder Unregelmäßigkeiten im Bereich der Fahrzeugelektronik treten häufig sporadisch auf und sind nicht immer in Fehlerspeichern auslesbar hinterlegt. 44

Stichwortverzeichnis

Fette Zahlen bezeichnen die Paragraphen, magere die Randnummern.

Abbauphase (BAK) 9 123
Abbremsender
– Begründung der Haftung 2 258
Abmeldekosten 3 142
Abschleppen 1 195, 20 1 ff
– allgemeine Leistungsklage 20 51, 68
– Amtshaftung 20 107 ff
– Anfechtungsklage 20 48 ff, 68 ff
– Anscheinsstörer 20 46
– Anschlussauftrag des Abschleppunternehmers 20 89
– Anwohnerparkplatz 20 72
– Äquivalenzprinzip 20 58
– Auslagen 20 42
– Behindertenparkplatz 20 75
– Bordsteinabsenkung 20 76
– Bushaltestelle 20 77
– Bußgeldbescheid 20 4
– Einparken 20 79
– enge und unübersichtliche Straßenstellen 20 80
– Erledigung 20 48
– Erreichbarkeit des Halters 20 81
– Fahrradweg 20 82
– Feuerwehrzufahrt 20 83
– Folgenbeseitigung 20 52
– Fortsetzungsfeststellungsklage 20 49 f
– Fußgängerüberweg 20 84
– Fußgängerzone 20 85
– gefährdetes Kfz 20 7 ff
– gefährliche Person 20 14
– gefährliches Kfz 20 13
– Gehweg 20 86
– Grundstücksausfahrt 20 73
– Hakenlast-Haftpflichtversicherung 20 115
– Halterbenachrichtigung 20 36
– Halterhaftung 20 101
– Haltverbot, absolutes 20 71
– Haltverbot, eingeschränktes 20 78
– Handlungsstörer 20 43
– kommunale Verkehrsüberwachung 20 18
– Kostendeckungsprinzip 20 58
– Kostenersatz 20 38 ff
– Kreuzungsbereich 20 87
– Ladetätigkeit 20 88
– Leerfahrt des Abschleppunternehmers 20 89
– Leistungsbescheid 20 38 ff, 53 ff
– mobiles Halteverbotszeichen 20 90
– Mobiltelefon 20 81
– öffentliche Ordnung 20 16
– öffentliche Sicherheit 20 16
– Ordnungswidrigkeitenverfahren 20 91
– Parken in zweiter Reihe 20 92
– Parkplatzausfahrt 20 74
– Parkscheinautomat 20 93
– Parkuhr 20 93
– Polizeiparkplatz 20 94
– Privatgrundstück, Grundstückseigentümer 20 116
– Schadensersatz, Anspruchsschreiben 20 112
– Schadensersatz wegen Abschleppschäden am Kfz 20 102 ff
– Schadensersatzansprüche gegen Abschleppunternehmer 20 113 f
– Sicherstellung 20 7 ff, 22 ff
– Störerauswahl 20 34
– Taxistand 20 95
– Teilleerfahrt des Abschleppunternehmers 20 89
– unverschlossenes Kfz 20 96
– Verbotswidrig abgestelltes Kfz 20 15 ff
– Verhältnismäßigkeit 20 35, 56, 59
– Verkehrszeichen 20 30 ff, 97
– Versetzen des Kfz 20 2, 6, 20 f, 27 ff, 30 ff, 99
– Verwahrplatz 20 20, 106
– Verwarnung samt Verwarnungsgeld 20 2, 4
– Wegfahrgebot 20 23 ff
– Wertgegenstände im Kfz 20 12
– Widerspruch 20 48 ff, 61 ff
– Zurückbehaltungsrecht 20 40
– Zusatzschilder 20 100
– Zuständigkeit der Polizei 20 17

Stichwortverzeichnis

– Zustandsstörer 20 44, 101
Abschleppkosten 3 86, 138
– Klage gegen den Leistungsbescheid 20 70
– Widerspruch gegen Leistungsbescheid 20 63
Abschleppschäden
– Amtshaftung 20 107 ff
Abtretungsverbot
– Fahrzeugversicherung 5 232
Abzug neu für alt 2 65
ADH 9 122
AETR 7 64
Agenturgeschäft 13 23
AKB 5 50, 52 f, 63 ff, 167, 172
– Änderung 5 59
– Freiheit der Bedingungsgestaltung 5 54 f
– Musterbedingungen des GDV e.V. 5 58
Akkordlohn, Verbot 7 91
Aktenauszug
– Anwaltvergütung 1 129
Akteneinsicht
– Antrag verbunden Bestellung zum Bevollmächtigten 18 55
Akteneinsichtsgesuch (Owi-Recht) 10 89 ff
– erweitertes, nochmaliges 10 104 ff
Alcomat 18 224
Alkohol als Unfallursache 7 11
Alkoholabhängigkeit 18 213 ff
– Fahrerlaubnis-Neuerteilung 18 369
Alkoholisierung
– geringe 9 133
– hohe; Hinweis auf Möglichkeit der Verkennung 9 132
Alkoholmissbrauch 7 93 f, 18 216 ff
– Fahrerlaubnis-Neuerteilung 18 372
Ampelglühbirne, Anschwellzeit 11 127
Amphetamine 18 209
Amtliche Verwahrung des Führerscheins 9 177

Amtspflichtverletzung
– abgelaufene Nachhaftungsfrist, Klage 4 47
– abgelaufene Nachhaftungsfrist, Klageerwiderung 4 48, 49
– Anspruchsschreiben 4 21
Anfechtungs- und Feststellungsklage, kombinierte (SGG) 6 253
Anfechtungs- und Leistungsklage, kombinierte (SGG) 6 246
Anfechtungs- und Verpflichtungsklage, kombinierte (SGG) 6 242
Anfechtungsklage (SGG)
– Antrag bei Umstellung auf Feststellungsklage 6 255
– isolierte 6 231
Anflutphase (BAK) 9 123
Angestellte
– Einstufung 6 162
Anhänger 2 191
Anhörungsbogen (Owi-Recht) 10 5, 7 f, 18, 38, 57 f, 63 ff, 70, 79, 100, 11 52, 57, 59 ff, 136
Anmeldekosten 3 142
Anschlussauftrag des Abschleppunternehmers 20 89
Anschlussunfall 2 10
Anschwellzeit, Ampelglühbirne 11 127
Ansprüche gegenüber dem Schädiger, Bezifferung 2 47
Anwaltsgebühren
– Abrechnung 1 66 ff
Anwaltsgebühren in Verkehrsangelegenheiten 3 1 ff
– Verkehrsrechtsschutzversicherung 1 156 ff
Anwaltsvergütung 1 66 ff
– Aktenauszug 1 129
– außergerichtliches Verfahren 1 77 ff
– Bußgeldsachen 1 132 ff, 155a ff
– Einigungsgebühr 1 86
– gerichtliches Verfahren 1 98 ff
– Geschäftsgebühr 1 77 ff
– Strafanzeige 1 128
– Terminsgebühr 1 89

- Verkehrsstrafsachen 1 132 ff, 147 ff
- Vertretung mehrerer Geschädigter 1 93, 119 ff
- Verwaltungsverfahren 1 155g ff

Anwaltsvertrag 1 172
Anwohnerparkplatz 20 72
Anzeigeobliegenheit 5 246
Anzeigepflichtverletzung
- Arglist des Versicherungsnehmers 5 186
- Beweislast 5 188
- Kenntniserlangung 5 189
- Monatsfrist für Rechtegeltendmachung 5 189

ARB 2008 1 171
Arbeiter
- Einstufung 6 161

Arbeitgeber 7 5
Arbeitnehmer 7 5, 20
Arbeitnehmerhaftung 7 19, 48
- beschränkte 7 30, 51
Arbeitnehmerüberlassung 7 20
Arbeitsbereitschaft 7 53
Arbeitsfähigkeit 2 149
Arbeitslohn 3 180
Arbeitslosengeld 3 180
Arbeitstherapie
- Krankenversicherung (GKV) 6 32
Arbeitsunfähigkeit 6 35 ff
- Rentenversicherung, gesetzliche 6 131
- Unfallversicherung, gesetzliche 6 106
Arbeitsunfall 6 82 ff, 7 1, 9, 11, 17, 42
Arbeitsverhältnis, fehlerhaftes 7 20
Arbeitszeit 7 59
Arbeitszeitnachweise, Klage des Arbeitnehmers 7 87
Arbeitszeitvorschriften, Verstoß durch Arbeitnehmer 7 95 ff
Arglist
- Definition 5 251
- Obliegenheitsverletzung 5 252
Arglist des Versicherungsnehmers 5 225
- Anzeigepflichtverletzung 5 186
- Belehrung über Rechtsfolgen 5 186

Arzneimittel 6 7
Ärztliches Gutachten 18 53, 64 ff, 75 ff, 119, 129, 141 ff, 145 ff, 156, 166, 169, 205, 207, 212, 214 f, 217, 277, 281
Atemalkoholmessgeräte 9 124
Auffahrunfall 2 77, 186, 187, 256, 270 ff
- verunfalltes bei Nacht auf der Fahrbahn stehendes Fahrzeug 2 186
Aufklärungsanordnung 18 44, 57 ff, 75 ff
- (keine) nachträgliche Heilung 18 78
- Antrag nach § 123 Abs. 1 VwGO 18 91
- Fragestellung 18 75
Aufklärungsobliegenheit 5 246
- nach Eintritt des Versicherungsfalls 5 269
Aufklärungsrüge
- Ordnungswidrigkeitenrecht 11 188 f
- Strafprozess 8 125
- Verletzung des § 244 Abs. 2 StPO 11 189
Aufnahmebogen 1 55
Aufrechnung 7 32
Aufzeichnungspflicht 7 66, 84 ff
- Abrechnung 7 88
- Aufbewahrungspflicht 7 85
- Aufzeichnungspflicht 7 90
- Auskunftsanspruch 7 89
- Auskunftsrecht 7 89
- Negativbescheinigung 7 86
- Stundenaufstellung 7 86
Augenblicksversagen
- grob fahrlässig herbeigeführter Versicherungsfall 5 330
Ausbremsen 9 64 ff
Auslagen 1 211, 214
Ausländische Fahrerlaubnis
- Entziehung 18 489
- ordentlicher Wohnsitz 18 457 ff
- Umschreibung in deutsche Fahrerlaubnis 18 479 ff
Auslandsberührung 7 2
Auslandsunfall 2 107
Ausnahmegenehmigung für Arbeitsmaschine, Antrag 8 81

Aussageverweigerung (Owi-Recht) 11 39 ff
Ausschlussfrist 7 31
Auszubildende 7 20
Autokauf 13 1 ff
- Ablösewert 14 8
- AGB-Kontrolle 13 20
- Agenturgeschäft 13 28
- Anfechtung 16 30 ff
- Aufwendungen, mangelbedingte vergebliche 15 83 ff
- Autoleasing 3 124 ff, 14 1 ff
- Beratungspflichten 16 5
- Bereicherungsrechtliche Rückabwicklung 16 30 ff
- Beschaffenheitsgarantie 13 15
- Beschaffenheitsvereinbarung 13 10
- betrügerischer Verkäufer 16 36
- Beweislastumkehr bei Mängeln 13 29
- Dreiecksverhältnis 14 2
- Ersatzlieferung 15 8, 19 ff
- Finanzierung 13 18
- Finanzierungsleasing 14 1
- Fürsorgepflichten 16 6
- Garantien 13 13 ff
- Gewährleistung 15 1 ff, 90 ff
- Gewährleistungsrechte 15 4 ff
- Haltbarkeitsgarantie 13 14
- Händlerhaftung als Dritthaftung 16 7 ff
- Informationspflichten 16 4
- Inzahlungnahme 13 19
- Kardinalpflichten 13 34
- Kauf von privat 13 35 ff
- Kilometerabrechnung 14 12
- Kilometerbegrenzung 14 2
- Mangel 15 1 f
- mangelbedingte Schäden 15 66 ff
- Mängelbeseitigung 15 12 ff
- Minderung 15 6, 54 ff
- Minderungsklage 15 60 ff
- Nachbesserung 15 12 ff
- Nacherfüllung 15 6 f, 8 ff
- Nacherfüllungsklage 15 29
- Nachlieferung 15 8, 19 ff
- Neuwagenkauf 13 22 f
- Nutzungsausfallentschädigung 14 13
- Nutzungsentschädigung 15 19

- Obhutspflichten 16 6
- Probefahrt 13 2 f
- Rechtsmangel 13 8
- Restwertabrechnung 14 8
- Restwertausgleich 14 2
- Rückabwicklung 14 8
- Rückabwicklung des Kaufvertrags 15 37 ff
- Rückabwicklungsklage 15 44 ff, 51
- Rücktritt 15 6, 33 ff
- Sachmangel 13 8
- Schaden am Leasingfahrzeug 15 90 ff
- Schadensersatz wegen Sach- oder Rechtsmangel 15 63 ff
- Schadensersatzklage wegen Mängeln der Kaufsache 15 79 ff
- selbständiges Beweisverfahren 15 2
- Selbstbeseitigung 15 26
- Sollbeschaffenheit 13 9
- Tageszulassung 13 24
- Teilamortisationsvertrag mit Abschlusszahlung 14 9
- Teilamortisationsvertrag mit Andienungsrecht 14 11
- Teilamortisationsvertrag mit Mehrerlösbeteiligung 14 10
- Unternehmergeschäft 13 32 ff
- Verbrauchergeschäft 13 26 ff
- Verjährungsverkürzung bei Mängelansprüchen 15 89
- Vertragsinhalt 13 8 ff
- Vertragsparteien 13 5
- Vertragsschluss 13 7
- Vollamortisation 14 2
- vorvertragliche Pflichtverletzung 16 3 ff
- Weiterfresserschaden 16 35
- Zusatzarbeiten 13 20
Autoreparatur 17 1 ff
- Ausschluss der Gewährleistung 17 12
- Gewährleistung 17 9 ff
- Schadensersatzklage 17 13 ff
- Schlichtung 17 14
- Werkmängel 17 9 ff

Bagatellsachen (Owi-Recht) 10 86 ff
Bagatellschaden 9 8 f
Basistarif
- Fahrzeugversicherung 5 64

Bedürfnisse, vermehrte (Klagevortrag) 3 177
Begleitstoffanalyse 9 129
Begutachtung
– Antrag auf Fristverlängerung 18 66
– freiwillige, Angebot 18 123
– nachträgliche, Einverständnis 18 71
Begutachtungs-Leitlinien zur Kraftfahrereignung 8 136, 9 97, 18 118, 128, 130, 149, 213, 241, 362, 372
Begutachtungsstelle für Fahreignung 18 241
Behandlungspflege 6 21
Behindertenparkplatz 20 75
Behinderung 6 179 ff
– Grad (GdB) 6 181 ff
Beilackierungskosten 3 53a
Belastungserprobung
– Krankenversicherung (GKV) 6 32
Belehrung des Versicherungsnehmers
– Formelle Voraussetzungen 5 40
Belehrungserfordernis
– Obliegenheitsverletzung 5 309 ff
Beratungspflicht des Versicherungsnehmers 5 191
Bereitschaftsdienst 7 53, 74 ff
Bergmannsprämie 3 180
Berufsgenossenschaft 7 7, 14, 38
Berufskraftfahrer 8 76, 18 218
Berufskrankheit 6 99
Berufsunfähigkeit 6 156 ff
Berufung 8 107
– Antrag auf Zulassung (Verfahren bei Entziehung der Fahrerlaubnis) 18 315
– SGG 6 287
Berufungsbegründungsfrist
– Antrag auf Verlängerung (Verfahren bei Entziehung der Fahrerlaubnis) 18 317
Berufungsbegründungsschrift
– fehlende Verwerflichkeit 9 88
– StPO 8 119

Berufungsschrift
– nach Zulassung durch OVG/VGH im Verfahren bei Entziehung der Fahrerlaubnis 18 320
– StPO 8 111
– Verfahren bei Entziehung der Fahrerlaubnis 18 321
Berührungsloser Unfall, Klageschrift 2 203
Beschädigung durch betriebsfremde Personen 5 77
– Fahrzeugversicherung 5 119 ff
Beschaffenheitsgarantie 13 15
Beschaffenheitsvereinbarung 13 10
Beschlagnahme des Führerscheins 8 73
Beschleunigungsgebot 8 113 ff
Beschluss nach § 111 a StPO
– Antrag auf Aufhebung 9 28
– Beschwerde 9 29
Beschwerde (SGG) 6 314
Besuchskosten 2 67 ff
Betagter Kraftfahrer 2 28
Betäubungsmittel 18 144 ff
Betrieb eines Kfz (§ 7 Abs. 1 StVG) 2 197 ff
Betriebliche Sphäre 7 47
Betriebsgefahr 2 59, 70, 103, 108 ff, 112, 119, 124, 128, 170, 173 f, 178
Betriebsrats-Mitbestimmung, Ausgleich für Nachtarbeit 7 77
Betriebsrisiko 7 28
Betriebsschäden
– Fahrzeugversicherung 5 112, 117
Betriebsstätte, gemeinsame 7 39
Bewährungswiderruf 8 126 f
– Antrag auf Zurückweisung 8 129
Beweisverwertungsverbot 9 125
Blaulicht 2 188
Blitzschlag
– Fahrzeugversicherung 5 69, 91
Blut-Drogenscreening 18 170

Blutentnahmeprotokoll 18 30
- Bestreiten der inhaltlichen Richtigkeit
  18 31
Blutprobenentnahme 9 126, 18 26
- spontane 18 170
Blutprobenuntersuchung 18 27
Bordsteinabsenkung 20 76
Bordzulage 3 180
Brand
- Fahrzeugversicherung 5 69, 72, 132
- vorherige Entwendung 5 74
- vorheriger Unfallschaden 5 73
Brandschäden
- Fahrzeugversicherung 5 42
Brille 6 18
Bruch-, Betriebsschäden 5 110
Bruchschäden
- Fahrzeugversicherung 5 115
Bruttolohnersatz 3 193 f
BundesjagdG 5 69
Bundeszentralregister 18 12
Bushaltestelle 20 77
Bußgeldstelle 1 25
Busunfall
- Gutachten 22 60 ff

Cannabis 18 150 ff
- gelegentlicher Konsum 18 187 ff
- geringe Menge 18 158
- kombinierte Rauschwirkung 18 204
- regelmäßiger Konsum 18 176 ff, 365
- zweimaliger Konsum 18 196 f
Chirogymnastik 6 10
Code of Conduct des Reha-Managements
  2 99
Corporate Identity 1 32 ff
- Corporate Behaviour 1 36
- Corporate Communication 1 37
- Corporate Design 1 35
Culpa in contrahendo 16 3 ff

Dachlawinen 2 228 ff
Deckungsablehnung 1 264 f.

Deckungsanfrage (Owi-Recht) 10 6, 9, 15, 48, 50, 51, 57, 59 ff
- Fahrer ist Ehegatte des Halters/Versicherungsnehmers Zeugenfragebogen richtet sich an Halter 10 69
- für Prüfung der Erfolgsaussichten eines Rechtsmittelverfahrens 10 76
- für Rechtsbeschwerde 10 74
- Mandant nicht Versicherungsnehmer, schriftlicher Schuldvorwurf liegt vor
  10 61
- Mandant Versicherungsnehmer, schriftlicher Schuldvorwurf liegt vor
  10 59
- Rechtsbeschwerdeverfahren 10 72 ff
- Rechtsmittelverfahren 10 76
Deckungsklage 1 266
Deckungsmangel
- Kündigungsrecht des Versicherungsnehmers 5 187
Deckungsschutz
- vorläufiger 5 504 ff
Deckungsschutz, vorläufiger 5 504 ff
- Beendigung 5 514
- elektronische Versicherungsbestätigung
  5 504 ff
- Rückwirkender Wegfall des Versicherungsschutzes 5 512 f
- Textform 5 516
- Versicherungsbedingungen 5 509 ff
- Versicherungsprämie 5 516 ff
Deckungszusage 1 164, 2 33, 41 f, 51 f
- Einholung 2 42
- Gebührenanspruch 1 167
- Schadensversicherung 1 170
Delta-9-Tetrahydrocannabinol 18 151
Diebstahl
- Fahrzeugversicherung 5 69, 76, 83, 132
Dienstfahrt 7 1, 49
Dienstfahrzeug 7 100 ff
- Herausgabe durch den Arbeitnehmer im Wege einstweiligen Rechtsschutzes
  7 101
- Schadensersatz bei Entzug 7 105
- Schadensersatz wegen Entzugs 7 105
Dienstunfall 7 5

Differenzgebühr 1 210
Dokumentationspflicht des Versicherers
   5 191
– Beratungs- und Dokumentationsverzicht
   5 199
Drehnystagmus 9 135
Dritte EG-Führerscheinrichtlinie v.
   20.12.2006 9 201 ff, 18 471 f
– Auslegung der Richtlinie 9 210 ff
Dritthaftung aus c.i.c., Schadensersatzklage
   16 28
Drogengrenzwerte 18 26
Drogenschnelltest 18 25
Drogenscreening 18 4, 92, 99, 156 ff,
   161, 163 f, 166 f, 169 ff, 178, 180 f,
   183, 185 f, 190 f, 205, 207, 209, 243,
   319, 362, 366
– Blut 18 170
– Haare 18 172
– Urin 18 171

Ecstasy 18 207, 209
EG-Fahrpersonal-VO 7 62, 65
Eigenkonsum 18 155 ff
Einigungsgebühr
– außergerichtliches Verfahren 1 86
– gerichtliches Verfahren 1 106
Einparken, Antrag auf
   Verfahrenseinstellung mangels Unfalls
   9 31
Einstellung des Strafverfahrens
– nach § 153 StPO 8 48 ff, 9 55 f
– nach § 153a StPO 8 60 ff, 9 59
– nach § 154 StPO 8 66 ff, 9 146, 150
– nach § 170 Abs. 2 StPO 8 33 ff, 9 58,
   110, 147, 155
Eisenbahn 4 152
Eisenbahnbetriebsunternehmer, Haftung
   4 150 ff
– Eisenbahn 4 152
– Schienenbahn 4 151
– Schwebebahn 4 151
– Straßenbahnunfall 4 162 ff
Eisenbahninfrastrukturunternehmen
   4 152

Eisenbahnverkehrsunternehmen 4 152
Elektronische Versicherungsbestätigung
– Deckungsschutz, vorläufiger
   (Fahrzeugversicherung) 5 504
Elektrotherapie 6 10
Elementarereignis 5 42
– Fahrzeugversicherung 5 91 f
Entgeltfortzahlung 3 195 f
Entgeltfortzahlungsschaden 7 40
Entleiher 7 20
Entwendung 5 77
– Brand 5 74
– Fahrzeugversicherung 5 76
– missglückter Entwendungsversuch 5 78
Ergotherapie 6 10
Erinnerungsvermögen, fehlendes 19 38
Ermittlungsakte 8 35 ff
– Anforderung bei Staatsanwaltschaft
   1 24, 8 35
– Beiziehung 2 40
Ernährungspumpe 6 13
Ersatzfahrzeug 1 192, 2 166
– Klage gegen die Festsetzung 19 121
Ersatzlieferung 15 8, 19 ff
Ersatzversicherungsschein 5 170
Erschwerniszulage 3 180
Erstattungsantrag an VOH als
   Entschädigungsstelle 4 125
– kein Regulierungsbeauftragter bestellt
   4 127
– unfallverursachendes Fahrzeug nicht zu
   ermitteln 4 130
– zuständiger Versicherer nicht ermittelbar
   4 132
Erstgespräch 1 21
Erstprämie
– Belehrung des Versicherungsnehmers
   5 36
– Belehrung in Textform 5 40
– Fälligkeit, Verzug 5 390 ff
– Leistungsfreiheit des Versicherers
   5 393 ff
– Zahlungsfrist 5 40
Erwerbsschaden 3 148 ff, 179 ff

ES 1.0 und ES 3.0 11 97 ff
ES 3.0 11 102 ff
EU-Fahrerlaubnis
– Aberkennung 18 478
– Schreiben an Mandanten mit Hinweis zur Gültigkeit 18 473
EU-Führerschein
– Antrag auf Aufhebung der Beschlagnahme und Herausgabe 9 221
Explosion
– Fahrzeugversicherung 5 69, 75
Fahreignung 18 116 ff, 353 ff
Fahreignungs-Bewertungssystem 18 386 ff
– Bestandskraft 18 412a
– Bonusregelung 18 404
– Entziehung der Fahrerlaubnis 18 395
– Ermahnung 18 390
– Fahreignungsseminar 18 392, 403
– Neuerteilung der Fahrerlaubnis 18 415
– Punktedeckelung 18 404
– Tattagprinzip 18 397 ff
– Überliegefrist 18 399
– Verwaltungsakt 18 412a
– Verwarnung 18 391
– Verwertungsverbot 18 399
Fahreignungsregister 1 175, 18 10 ff
– Anlaufhemmung 18 14
– Falscheintragung, Berichtigungsantrag 10 49
– Falscheintragung, Deckungsanfrage 10 51
– Tilgungsfristen 18 13 ff
– Tilgungshemmung 18 15 f
– Übergangsregelung 18 15 f
Fahreignungsregister auszug, Anforderung 1 63
Fahreignungsregisteranfrage 10 26 ff, 30
– mit integrierter Vollmacht 10 30
Fahreignungsregisterauskunft 10 32 ff
Fahren ohne Fahrerlaubnis 9 156 ff, 162 ff
– Abschleppen 9 162 ff
– amtliche Verwahrung des Führerscheins 9 177

– Anordnen 9 184
– Anschieben 9 162 ff
– Auflagen 9 170
– ausländische Fahrerlaubnis 9 175
– Beschränkung 9 170
– Fahren trotz amtlicher Verwahrung 9 177
– Fahren trotz Fahrverbots 9 176
– Fahrerlaubnis, fehlende 9 168 ff
– Fahrerlaubnisklassen 9 169
– Fahrerlaubnissperre 9 174
– Fahrlässigkeit 9 178 ff, 192
– Fahrverbot 9 176
– Fehlen der erforderlichen Sorgfalt 9 187
– Führen eines Kfz 9 159 ff
– gewerbliche Vermieter 9 190
– Haltereigenschaft 9 185
– Halter-Strafbarkeit 9 182 ff
– Kraftfahrzeug 9 158
– Leichtkraftrad 9 223 f
– öffentlicher Straßenverkehr 9 165 ff
– Pflichten des Halters 9 188
– Tatbestandsirrtum 9 180
– Verbotsirrtum 9 181, 182
– Vorbereitungshandlungen 9 161
– Vorsatz 9 178 ff, 191
– Zeitpunkt der Strafbarkeit 9 186
– Zulassung 9 184
Fahrerfeststellung 19 26 ff, 46 ff
Fahrerflucht s. Unerlaubtes Entfernen vom Unfallort
Fahrerhaftung (Verkehrsunfallregulierung) 2 1 ff
– Abzug neu für alt 2 65
– Anschlussunfall 2 10
– Arbeitsfähigkeit 2 149
– Auffahrunfall 2 79, 186 f, 256, 270 ff
– Auslandsunfall 2 107
– Besuchskosten 2 67 ff
– betagter Kraftfahrer 2 28
– Betriebsgefahr 2 59, 70, 103, 108 ff, 119, 124, 128, 170, 173 f, 178
– Blaulicht 2 188
– Code of Conduct des Reha-Managements 2 99
– Deckungszusage 2 33, 41 f, 51 f

- deliktische Haftung (§ 823 BGB) 2 4 ff
- Doppelvertretung 2 56
- Ersatzfahrzeug 2 166
- Fahrradfahrer 2 6, 125, 201, 233 f,
  241 ff, 259 f, 260
- Fahrzeugschlüssel 2 20
- Fußgängerunfall 2 26, 121 ff
- Gurtanlegepflicht 2 130 ff
- Haftungseintritt 2 60
- Haushaltsführungsschaden 2 63, 69, 88
- Herausforderung zu selbstgefährdendem
  Verhalten 2 5
- innere Sorgfalt 2 16 f
- Insassenhaftung 2 71
- jugendlicher Kraftfahrer 2 27
- Kettenauffahrunfall 2 187
- Kinderunfall 2 23 ff, 126 ff, 262 ff
- Kleidungsschaden 2 66
- Kleintier 2 176
- Kolonnenlücke 2 183
- Kreuzungskollision 2 188
- Linksabbieger 2 182, 184
- Mandatsbestätigung 2 44
- Martinshorn 2 188
- Mitfahrer 2 140 f
- Mitursächlichkeit 2 6
- Mitverschulden 2 101 ff
- Motorradfahrer 2 105 f, 176
- Neuwertentschädigung 2 87
- Notarztfahrzeug 2 188
- objektivierter Sorgfaltsmaßstab 2 14 f
- Ordnungswidrigkeit 2 36
- Personenschaden, hoher 2 88 ff, 145 ff
- Personenschaden, leichter 2 54 ff,
  145 ff
- Personenschadensmanagement 2 88 ff
- Rechtsfahrgebot 2 185
- Rechtsirrtum 2 17
- Rehabilitationsdienst 2 93 ff
- Sachschaden, hoher 2 78 ff, 155 ff
- Sachschaden, leichter 2 32 ff, 155 ff
- Sachverständiger 2 37, 83, 278
- Schadensaufstellung 2 47
- Schadensminderungspflicht 2 143 ff
- Schadenspositionen 2 64 ff
- Schweigepflichtentbindung 2 58
- Sichtfahrgebot 2 22 f, 111, 125, 247
- Tiere 2 175 ff

- Trunkenheitsfahrt 2 141
- unabwendbares Ereignis (§ 17 StVG)
  2 170 ff
- Unfall mit Auslandsbezug 2 31
- Unfallersatztarif 2 166 ff
- Unvermeidbarkeit des Unfalls 2 29
- Verkehrskreise 2 18
- Verkehrssicherungspflicht 2 18 ff
- vermutetes Verschulden (§ 18 StVG)
  2 30
- Verrichtungsgehilfe 2 112
- Verschulden gegen sich selbst 2 102
- Vertrauensgrundsatz 2 21, 129
- Vieh, ausgebrochenes 2 177 ff
- Warnpflicht 2 169

Fahrerlaubnis
- Antrag auf Ausnahme bestimmter
  Fahrzeuge von der Entziehung 8 143
- begleitetes Fahren mit 17 18 416
- Entziehung wegen Nichtbefolgung einer
  Aufklärungsanordnung, Klageschrift
  18 306
- Erlangung 1 195
- neue, Hinweis auf Reichweite 18 375
- Neuerteilung, Verpflichtungsklage
  18 385
- Rechtsschutzversicherung 1 195
- tschechische, Antrag auf Zurückweisung
  des Antrags der StA auf vorläufige
  Entziehung 9 222
- Widerspruch gegen Entziehung 18 278,
  440

Fahrerlaubnis auf Probe 18 416 ff
- Aufbauseminar 18 425 ff
- Entziehung 18 435 ff
- Fahrerlaubnis ausländische (insb. EU)
  18 442 ff
- schriftliche Verwarnung 18 428 ff
- Tateinheit 18 421
- Zuwiderhandlung 18 421

Fahrerlaubnis eines anderen EU-
  Mitgliedstaats 9 197 ff
- Aufhebung der Beschlagnahme 9 221
- dritte EG-Führerscheinrichtlinie
  18 471 f
- Entziehung 18 489

- Führerscheintourismus 9 197 ff, 200, 18 453 ff
- ordentlicher Wohnsitz 18 457 ff
- Umschreibung in deutsche Fahrerlaubnis 18 479 ff

Fahrerlaubnis eines Nicht-EU-Mitgliedstaates 9 194 ff

Fahrerlaubnisbehörde 18 6 ff
- Anschreiben an bei (noch) anhängigem Strafverfahren 18 37

Fahrerlaubnisentzug 18 1 ff
- Akteneinsicht 18 52 ff
- Alcomat 18 224
- Alkohol 18 211 ff
- Alkoholabhängigkeit 18 213 ff
- Alkoholmissbrauch 18 216 ff
- Alter 18 135 ff
- Amphetamine 18 209
- Anfechtungsklage 18 305
- Antrag auf Ausnahme bestimmter Fahrzeuge 8 143
- ärztliches Gutachten 18 53, 64 ff, 75 ff, 119, 129, 141 ff, 145 ff, 156, 166, 169, 205, 207, 212, 214 f, 217, 277, 281
- Aufklärungsanordnung 18 44, 57 ff, 75 ff
- Begutachtungs-Leitlinien zur Kraftfahrereignung 18 118, 128, 149
- Begutachtungsstelle für Fahreignung 18 241
- Berufskraftfahrer 18 218
- Berufung 18 307 ff
- Betäubungsmittel 18 144 ff
- Bevollmächtigung 18 48 ff
- Blutentnahmeprotokoll 18 30
- Blutprobenentnahme 18 26
- Blutprobenentnahme, spontane 18 170
- Blutprobenuntersuchung 18 27
- Bundeszentralregister 18 12
- Cannabisrausch 18 154 ff
- charakterliche Eignung 18 124 f, 225 ff
- Delta-9-Tetrahydrocannabinol 18 151
- Drogengrenzwerte 18 26
- Drogenschnelltest 18 25
- Ecstasy 18 207, 209
- Eigenkonsum 18 155 ff
- Eignung 18 116 ff
- Entziehungsverfügung 18 93 ff
- Fahreignungsregister 18 10 ff
- Fahrerlaubnis auf Probe 18 435 ff
- Fahrgastbeförderung 18 229
- Fahrprobe 18 141
- Fahrverbot 18 27
- Feststellungen der Polizei 18 22 ff
- Gebührenbescheid 18 113 ff
- Haschisch 18 151
- Haschisch-Öl 18 151
- Heroin 18 207
- Klageverfahren 18 279 ff
- Kokain 18 207, 209
- Krankheiten 18 126 ff
- Marihuana 18 151
- MDMA 18 209
- Methadon 18 210
- Mitteilungen der Polizei an die FE-Behörde 18 8 f
- MPU 18 18, 44, 53, 60, 90, 119, 122, 145, 147, 166, 179, 190, 198, 207, 208, 209, 210, 214, 217, 221, 222, 229, 231, 241 ff, 355, 356 ff, 373, 437 f, 455
- nach § 2 a Abs. 2 S. 1 Nr. 3 StVG, Antrag nach § 80 Abs. 5 VwGO 18 439
- nach § 2 a Abs. 2 S. 1 Nr. 3 StVG, Klage 18 441
- Nachtrunk 18 219
- Obergutachter 18 70, 241
- Prozesskostenhilfe 18 299 ff
- psychische Auffälligkeiten 18 130 ff
- Rauschdosis 18 152
- Rechtsschutzversicherung 1 195
- Revision 18 323 ff
- Straf- und Bußgeldakten 18 21 ff
- Tetrahydrocannabinol 18 170, 183 ff, 187 ff
- Trunkenheitsfahrt 18 222 ff
- Überliegefrist 18 20
- Vernehmungsprotokoll 18 29
- Verwertungsverbot 18 17 ff
- vorläufiger Rechtsschutz 18 328 ff
- Vorrang der strafrechtlichen Entscheidung 18 38 f
- Widerspruchsverfahren 18 263 ff
- wiederholte Trunkenheitsfahrt unter 1,6 ‰ 18 221

Stichwortverzeichnis

Fahrerlaubnis-Neuerteilung 18 348 ff
- Alkoholabhängigkeit 18 369
- Alkoholmissbrauch 18 372
- Alkoholproblematik 18 367 ff
- Cannabis 18 365
- Drogenproblematik 18 356 ff
- Eignung 18 353 ff
- erneute Fahrerlaubnisprüfung 18 351 ff
- Nachschulung 18 373
- Rechtsbehelfe 18 378 ff
- Reichweite der neuen Fahrerlaubnis 18 374
- Verwertungsverbot 18 357

Fahrerlaubnissperre
- Ausnahme nach § 69a Abs. 2 StGB 8 81, 143

Fahrerlaubnis-Verordnung (FeV) 18 5

Fahrgast 1 185

Fahrgastbeförderung 18 229

Fahrgemeinschaft 7 12

Fahrlässige Tötung
- Dunkelheitsfahrten 9 40 ff
- Gefahrenzeiten 9 49
- lichttechnische Untersuchung 9 45
- Pflichtwidrigkeitszusammenhang 9 35 ff
- Reaktionszeiten 9 49
- Sorgfaltspflichtverletzung 9 33 ff
- Trunkenheitsfahrten 9 46 f
- Voraussehbarkeit des Erfolgs 9 39

Fahrpersonal
- Arbeitsbereitschaft 7 53
- Arbeitszeit 7 52 ff, 59
- Bereitschaftsdienst 7 53
- Bezahlung 7 71 f
- Fahrpersonal 7 59
- Gesundheitsschutz 7 52
- Höchstarbeitszeit 7 55
- Linienverkehr 7 59
- Nachtarbeit 7 55
- Nachtarbeitnehmer 7 55
- Nachtzeit 7 55
- Personenbeförderung 7 59
- Regelarbeitszeit 7 56
- Rufbereitschaft 7 53, 54
- Ruhepause 7 57

- Ruhezeiten 7 59, 61
- Wegezeit 7 53

Fahrpersonal, Bezahlung 7 69 ff
- Gleichbehandlungsgrundsatz 7 71
- Lohnbucher 7 72
- Teilzeitkräfte 7 71

Fahrprobe 18 141

Fahrradfahrer 2 6, 125, 201, 233 f, 241 ff, 259 f, 260
- Ordnungswidrigkeitenrecht 10 110 f

Fahrradsturz
- Duplik 2 239
- Klageerwiderung 2 235
- Klageschrift 2 233
- Replik 2 237

Fahrtenbuch 19 1 ff
- Adressat 19 4 ff
- Akteneinsicht 19 124, 148
- Anhörung „fehlerhaft" 19 85 ff
- Anhörungsbogen 19 28, 56
- Anordnungsdauer 19 95 ff
- Antwort auf Anhörungsschreiben der Behörde im Falle der drohenden Anordnung gegen falschen Adressaten 19 9
- Aufbewahrungspflicht 19 175 f
- Auskunftsverweigerungsrecht 19 65 ff
- Aussageverweigerungsrecht 19 65 ff
- Beweisantrag 19 23 f
- Dokumentation der Fahrzeugnutzung 19 41
- Erledigung der Klage 19 150 ff
- Ermessen 19 91 ff
- Ermessensfehler 19 92 ff
- Ersatzfahrzeug 19 101 ff
- Fahrzeughalter 19 5
- Fahrzeugschein 19 177
- Firmenfahrzeug 19 6 f, 41 ff, 60 ff, 119
- Fortsetzungsfeststellungsklage 19 156 ff
- Frontfoto 19 19
- Gebühren 19 162 ff
- Geschwindigkeitsmessfoto 19 40
- Geschwindigkeitsmessung 19 19
- Klage gegen Anordnung bei nicht ausreichenden Ermittlungen 19 59
- Klage gegen die Anordnung für ein oder mehrere Firmenfahrzeuge 19 62

Stichwortverzeichnis

- Klage gegen die Anordnung für ein oder mehrere Firmenfahrzeuge, Klageerwiderung 19 63
- Klage gegen die Anordnung im Falle der nicht bzw nicht nachweisbar eingehaltenen Zweiwochenfrist 19 32
- Klageverfahren 19 146 ff
- Mitwirkung des Halters an der Fahrerfeststellung 19 46 ff
- Ordnungswidrigkeit, verjährte 19 77 ff
- Punktsystem 19 14
- Streitwert 19 160 f
- Unmöglichkeit der Fahrerfeststellung 19 26 ff
- Verfolgungsverjährung 19 78
- Verjährungsunterbrechung 19 83
- Verwaltungsverfahren 19 122 ff
- Videoaufzeichnung 19 19
- Vorlagepflicht 19 175 f
- vorläufiger Rechtsschutz 19 132 ff
- Widerspruch 19 132 f
- Widerspruch gegen die Anordnung der Verpflichtung zum Führen 19 133
- Zeugnisverweigerungsrecht 19 65 ff, 171 ff
- Zumutbarkeit weiterer Ermittlungen 19 44 ff
- Zweiwochenfrist 19 27 ff

Fahrtenbuchanordnung 19 4 ff, 126 ff
- Anfechtungsklage trotz Zeitablaufs der Primärmaßnahme wegen deren Grundlage für eine Vollstreckungsmaßnahme 19 159
- bis fixem Termin 19 129
- für bestimmte Dauer 19 127

Fahrtenbuchauflage 1 195, 19 1 ff
Fahrtkosten 6 38
Fahrtunterbrechung 7 63
Fahruntüchtigkeit 7 10, 9 118 ff
- absolute 9 119
- relative 9 120 f

Fahrverbot
- Merkblatt 1 65
- Ordnungswidrigkeitenrecht 10 114

Fahrzeugdiebstahl
- Anzeige 5 455

- Beweisanforderungen 5 450 ff
- Beweislast, Beweiserleichterung 5 233
- erhebliche Wahrscheinlichkeit einer vorgetäuschten Entwendung 5 457 ff
- Redlichkeitsvermutung des Versicherungsnehmers 5 459

Fahrzeugkollision
- unklare 2 55

Fahrzeugrechtsschutz 1 185
Fahrzeugschlüssel 2 19
- Verlust 5 433

Fahrzeugteilversicherung
- Quotenvorrecht 5 107

Fahrzeuguntersuchung, technische 22 40
Fahrzeugversicherung 5 25
- Abtretungsverbot 5 232
- AKB 5 24, 50, 52 f, 53, 63 ff
- AKB, Änderung 5 59
- Alles-oder-nichts-Prinzip 5 15 f
- Allgemeine Bedingungen für die Kraftfahrtversicherung (AKB) 5 167, 172
- Allgemeine Geschäftsbedingungen 5 24, 52
- Allgemeine Versicherungsbedingungen 5 59
- Altverträge 5 59
- Anspruchsgeltendmachung 5 224
- Anspruchsübergang 5 534 ff
- Antragsaufnahme 5 19
- Antragsmodell 5 173
- Anwaltsgebühren für Schadensmeldung 5 220
- Anzeigeobliegenheit 5 182
- Aufklärungsobliegenheit 5 265 ff
- Auslegung (AKB, Besondere Bedingungen, Tarifbedingungen) 5 52 f
- Ausschlussfrist 5 144
- Basistarif 5 64
- Bedingungsänderung 5 60
- Bedingungsanpassung, Wirksamkeit 5 59
- Belehrung in Textform 5 40
- Beratungs- und Dokumentationspflicht des Versicherers 5 191
- Beratungs- und Dokumentationsverzicht 5 199

Stichwortverzeichnis

- Beratungs- und Informationspflicht 5 17, 345
- Beratungserfordernis 5 191 ff
- Beratungsgespräch, Beratungsfehler 5 18
- Beratungspflicht 5 197 ff
- Beratungspflicht des Versicherers 5 174 ff
- Bereicherungsverbot 5 51
- Beschädigung 5 42
- Besondere Bedingungen 5 50, 52 f
- Betriebsschäden 5 112, 117
- Beweislast, Anspruch auf Versicherungsleistung 5 232 f
- Beweislast, Beweisführung des Versicherungsfalls des Fahrzeugdiebstahls 5 84
- Beweislast für Risikoausschlusstatbestand 5 84
- Blitzschlag 5 69, 91
- Brand 5 69 ff, 132
- Brandschäden 5 42
- Bruch-, Betriebsschäden 5 110
- Bruchschäden 5 115
- Darlegungslast 5 133
- Deckungsablehnung des Versicherers 5 271, 273
- Deckungsklage gegen den Einwand der Leistungskürzung des Versicherers wegen Gefahrerhöhung 5 447
- Deckungsklage gegen den Einwand der Leistungskürzung des Versicherers wegen Gefahrerhöhung nach neuem VVG, Klageerwiderung 5 448
- Deckungsklage gegen den Einwand der Leistungskürzung des Versicherers wegen Gefahrerhöhung, Replik 5 449
- Deckungsschutz, vorläufiger 5 504 ff
- Deregulierung des Versicherungsmarkts 5 1 ff, 54
- Diebstahl 5 69, 76 f, 83 ff, 132
- Diebstahlsanzeige 5 455
- Dokumentationspflicht des Beratungsgesprächs 5 18
- EGVVG 5 13, 59
- Einwand der Leistungsfreiheit des Versicherers wegen Nichtzahlung bzw nicht rechtzeitiger Zahlung der Erstprämie, Klage 5 402
- Einwand der Leistungsfreiheit des Versicherers wegen Nichtzahlung bzw nicht rechtzeitiger Zahlung der Erstprämie, Klageerwiderung 5 403
- Einwand der Leistungsfreiheit des Versicherers wegen Nichtzahlung bzw nicht rechtzeitiger Zahlung der Erstprämie, Replik 5 404
- Einzugsermächtigung 5 399
- elementare Risiken 5 71
- Entwendung 5 69, 76 f
- Ersatzversicherungsschein 5 170
- Erstprämie 5 40, 377 ff
- Erstprämie, Fälligkeit 5 38
- Erstprämie, Nichtzahlung 5 36 ff
- Explosion 5 69, 75
- Fahrzeug- und Zubehörteile 5 42
- Fahrzeugdiebstahl, Beweisanforderungen 5 450 ff
- Fahrzeugdiebstahl, Beweislast, Beweiserleichterung 5 233
- Fahrzeugdiebstahl, dritte Beweisstufe 5 460 ff
- Fahrzeugdiebstahl, erhebliche Wahrscheinlichkeit einer vorgetäuschten Entwendung 5 457
- Fahrzeugdiebstahl, zweite Beweisstufe 5 457 ff
- Fahrzeugteilversicherung 5 64
- Fahrzeugversicherer, Aufforderungsschreiben 5 528
- Fahrzeugvollversicherung 5 109 ff
- Fahrzeugwechsel 5 3
- Feststellungsklage 5 238
- Folgeprämie, Nichtzahlung 5 36 ff
- Gebrauch des Fahrzeugs 5 125
- Gebrauchtwagenpreisentschädigung 5 51
- gefahrerhebliche Umstände 5 179
- Gefahrerhöhung, Abgrenzung zur Gefahrsteigerung 5 420 ff
- Gefahrerhöhung, Beweislast 5 431 f
- Gefahrerhöhung, Leistungsfreiheit des Versicherers 5 419 ff
- Gefahrerhöhung, Leistungskürzungsrecht des Versicherers 5 439

Stichwortverzeichnis

- Geltungsbereich des Versicherungsschutzes 5 126
- Gerichtsstand 5 234 ff
- Geschäftsgebühr des Versicherers 5 389
- Glasbruch 5 69, 103 ff
- Glasbruch, Quotenvorrecht 5 107
- Glasbruch, Totalschaden 5 106
- Glasbruchschäden 5 103 ff, 238
- grob fahrlässige Herbeiführung des Versicherungsfalls, Klageantrag 5 348 ff
- grobe Fahrlässigkeit 5 238 f, 365, 368 ff, 473 ff
- grobe Fahrlässigkeit, Schwere des Verschuldens des Versicherungsnehmers 5 320 ff
- Haarwild, Wildtiere gem. BJagdG 5 102
- Haarwildzusammenstoß 5 69, 99 ff
- Hagel 5 69, 88
- Handel/Handwerk 5 50
- Haus- und Nutztiere, Zusammenstöße 5 70
- Hemmung 5 163
- Hinweispflicht des Versicherers 5 66
- Höhe der Leistung 5 208 ff, 228 ff
- Informationspflichten des Versicherers 5 19 ff, 201 ff
- Jahresverträge 5 2
- Kasko-Extra-Versicherung 5 110
- Kaskoversicherung 5 33 ff, 38, 42
- Klageantrag 5 348 ff
- Klageerhebung gegen den Versicherer, Arten der Klageerhebung 5 226 ff
- Klageerhebung gegen den Versicherer, Feststellungsklage 5 226 ff
- Klageerhebung gegen den Versicherer, Leistungsklage 5 226 ff
- Komfort-Tarif 5 64
- Kraftfahrtversicherung 5 33
- Kündigung 5 35
- Kurzschlussschäden an der Verkabelung 5 69, 72, 108
- Lawinen 5 71
- Leasingfahrzeuge 5 51, 210
- Leistungsfreiheit des Versicherers wegen Nichtzahlung der Erstprämie 5 377 ff
- Leistungsklage 5 354 ff
- Leistungsklage, unbezifferte 5 360 ff
- Leistungskürzungsrecht das Versicherers, Rechtsschutzversicherung 5 353 ff
- Leistungskürzungsrecht des Versicherers 5 322, 365, 370 f, 371
- Mandatsanbahnung 5 136 ff
- Mandatskonstellationen 5 134 ff
- Marderbissschäden 5 70
- Mehrwertsteuer 5 209 f
- mitversicherte Fahrzeugteile 5 67
- mobile Navigationsgeräte 5 68
- Mobiltelefone 5 68
- Motorschäden 5 70
- Muren 5 71
- Musterbedingungen des GDV e.V. 5 58, 67
- Mut- und böswillige Beschädigung durch betriebsfremde Personen 5 77, 119 ff
- Nachtrag zum Versicherungsschein 5 169
- Naturgewalten 5 87
- Neupreisentschädigung 5 51
- Nichtzahlung der Erstprämie 5 36 ff
- Nichtzahlung der Folgeprämie 5 36 ff
- Obliegenheiten nach Eintritt des Versicherungsfalls 5 261
- Obliegenheiten vor Eintritt des Versicherungsfalls 5 259 f
- Obliegenheitsadressat 5 255 ff
- Obliegenheitsverletzung, Prüfungsschema 5 315
- Obliegenheitsverletzung, Rechtsfolgen 5 276 ff
- Obliegenheitsverletzungen des Versicherungsnehmers 5 241 ff
- örtlich zuständiges Gericht 5 234 ff
- persönliche Gegenstände der Insassen 5 68
- Prämienrechnung 5 36
- Prozesskostenhilfe 5 352
- Quotenvereinbarung 5 347
- Quotenvorrecht des Versicherungsnehmers 5 534 ff
- Rabattretter 5 48 f
- Rabattschutz 5 48 f
- Rangierschäden 5 116
- Raub 5 69, 76
- räuberische Erpressung 5 76

- räumlicher Geltungsbereich 5 63 ff
- Reform des Privatversicherungsrechts 5 14
- Regionalklasse 5 47
- Reifenschäden 5 118
- Reisegepäck 5 68
- Repräsentant 5 238, 302 ff
- Repräsentantenstellung 5 239, 474
- Rettungskostenersatz 5 114, 480 ff
- Rettungskostenersatz nach VVG, Klageerhebung 5 501
- Rettungskostenersatz nach VVG, Klageerwiderung 5 502
- Rettungskostenersatz nach VVG, Replik 5 503
- Rettungskostenersatz, Vorerstreckungstheorie 5 480 ff
- Risikoausschluss 5 63, 80 ff
- Risikoausschluss Probefahrt 5 81
- Risikoausschlüsse 5 123 ff
- Risikobegrenzungen 5 123 ff
- Risikoverwaltung 5 304 ff
- Rückforderung einer Vorbehaltszahlung des Versicherers, Klageerwiderung 5 557
- Rückforderung einer Vorbehaltszahlung des Versicherers, Klageschrift 5 556
- Rückforderung einer Vorbehaltszahlung des Versicherers, Replik 5 558
- Rückforderungsprozess des Versicherers 5 544 ff
- Rückforderungsprozess des Versicherers, Vorbehaltsvereinbarung 5 555 ff
- Rückstufung 5 48
- Rückstufung im Schadenfall 5 47 ff
- Rückstufungsschaden 5 539
- Sacherhaltungsinteresse des Fahrzeugeigentümers 5 43
- Sachverständigenbeauftragung 5 532
- Sachverständigenverfahren 5 518 ff
- Sachverständigenverfahren, Einwendungen gegen dessen Ergebnis 5 533
- Schadenmeldefrist 5 223
- Schadensersatzanspruch des Versicherungsnehmers gegen den Versicherer 5 18
- Schadensersatzanspruch des Versicherungsnehmers gegen den Versicherungsvermittler 5 18
- Schadensersatzpflicht des Versicherers 5 197 ff
- Schadensfreiheitseinstufung 5 47
- Schadensfreiheitsklasse 5 48
- Schadensfreiheitsrabatt 5 47
- Schadensmeldung 5 219 ff
- Schadensversicherung 5 23, 51
- Selbstbeteiligung 5 208, 371 ff
- Sonderbedingungen 5 24
- Sturm 5 69, 85 f
- Sturmschaden 5 85 f
- Summenversicherung 5 51
- Tarif mit Werkstattbindung 5 64, 212 f
- Tarifbedingungen 5 24, 52, 53, 167
- Tarifbestimmungen 5 47, 50, 167
- Tarifbestimmungen/-bedingungen 5 172
- Teilkaskoversicherung, Anspruch wegen Fahrzeugdiebstahls (Klageerwiderung) 5 464
- Teilkaskoversicherung, Anspruch wegen Fahrzeugdiebstahls (Klageschrift) 5 461 f
- Teilkaskoversicherung, Anspruch wegen Fahrzeugdiebstahls (Replik) 5 466
- Teilkaskoversicherung, Anspruch wegen Fahrzeugteilediebstahls (Klageerwiderung) 5 468
- Teilkaskoversicherung, Anspruch wegen Fahrzeugteilediebstahls (Klageschrift) 5 467
- Teilkaskoversicherung, Anspruch wegen Fahrzeugteilediebstahls (Replik) 5 469
- Teilkaskoversicherung, Feststellungsklage (altes VVG) 5 238 f
- Teilkaskoversicherung, Feststellungsklage, Replik 5 240
- Teilklage 5 357 ff
- Textform 5 59
- Totalschaden 5 42
- Türkei, europäischer Teil 5 65 f
- Typklasse 5 47
- Überschwemmung 5 69, 95
- unbefugter Gebrauch durch betriebsfremde Personen 5 69

Stichwortverzeichnis

- Unfälle 5 44
- Unfallschaden 5 111 f, 117
- Unterlagenanforderung 5 171
- Unterschlagung 5 69, 80 ff
- Vandalismusschäden 5 44
- Verbraucherinformation 5 173
- Verhältnis Fahrzeugteil- zur Fahrzeugvollversicherung 5 129 f
- Verjährung 5 21, 24, 153 ff, 163
- Verlust 5 42
- Versicherung für fremde Rechnung 5 239 f
- Versicherungsantrag 5 168
- Versicherungsbedingungen 5 4, 6 f, 167
- Versicherungsfall, grob fahrlässige Herbeiführung 5 316 ff
- Versicherungsfall, vorsätzliche Herbeiführung 5 316 ff
- Versicherungsleistung unter Vorbehalt 5 544
- Versicherungsmakler 5 192
- Versicherungsschein 5 24, 36, 40, 50
- Versicherungsunterlagen 5 141
- Versicherungsunterlagen, Anforderung 5 172
- Versicherungsvermittler 5 17, 192
- Versicherungsvertrag, Zustandekommen 5 174 ff
- Versicherungsvertragsgesetz (VVG) 5 13
- Versicherungsvertreter 5 192
- Versicherungswechsel 5 1 ff
- Versicherungswert 5 51
- Vertragserklärung 5 19
- Vertragsverwaltung 5 304 ff
- Verwindungsschäden 5 116
- Verzicht auf Einwand grober Fahrlässigkeit 5 64
- Vollkaskoversicherung, Anspruch, Klageerwiderung 5 369
- Vollkaskoversicherung, Anspruch, Klageschrift 5 368
- Vollkaskoversicherung, Anspruch nach VVG (neu), Replik 5 474
- Vollkaskoversicherung, Anspruch nach VVG, Klageerwiderung 5 473, 476
- Vollkaskoversicherung, Anspruch nach VVG, Klageschrift 5 472, 475
- Vollkaskoversicherung, Anspruch, Replik 5 370
- Vorbehaltsvereinbarung 5 553 ff
- vorläufige Deckung 5 22, 200, 396
- vorläufiger Deckungsschutz 5 504 ff
- vorläufiger Deckungsschutz, rückwirkender Wegfall des Versicherungsschutzes 5 512 f
- vorläufiger Versicherungsschutz, vorläufige Deckung 5 63
- Vorschussrecht des Versicherungsnehmers 5 544
- vorvertragliche Anzeigepflicht, Verletzung 5 179 ff
- Widerrufsrecht 5 204
- Widerspruchsrecht 5 168
- Wiederbeschaffungswert 5 23
- Wildschaden 5 99 f
- Wildunfall 5 131
- Wissenserklärungsvertreter 5 221, 276
- Zerstörung 5 42
- Zueignungsdelikte 5 42

Fahrzeugvollversicherung 7 28
- mut- oder böswillige Handlungen betriebsfremder Personen 5 109 ff

Fälligkeit der Erstprämie
- vorläufige Deckung 5 38

Falschauskünfte (Kraftfahrt-Bundesamt) 10 55

Familienheimfahrt 6 97

Familienprivileg
- mit dem Versicherungsnehmer in häuslicher Gemeinschaft lebende Personen 5 541

Fehler, Hauptstichwort fehlt
- Versicherungsvertragsschluss 5 173 ff

Fernabsatzvertrag 5 178

Feuerwehrzufahrt 20 83

Fiktive Abrechnung 3 36 ff

Finanzierungsleasing 14 1

Finanzierungsschaden 3 119

Firmenfahrzeug, Fahrtenbuch 19 6 f, 41 ff, 119

Folgeprämie 5 405 ff
- Belehrung des Versicherungsnehmers 5 36
- Kündigungsrecht des Versicherers 5 413 ff
- Leistungsfreiheit des Versicherers 5 412 ff
- qualifizierte Mahnung 5 408 ff
- Verzug 5 408 ff
Forderungsschreiben an Versicherung 2 86
Forderungsübergang 1 263
Forderungsübergang in der Sozialversicherung 6 344 ff
Fotodokumentation 21 8
FPersG 7 66
FPersV 7 66
Fragebogen für Anspruchsteller 1 57
Fraunhofer, Werte nach 3 99
Freie Mitarbeiter 7 20
Freistellung 7 47
Freistellungsanspruch 7 34, 41
Führerschein
- Antrag auf Belassung wegen dringender persönlicher Umstände 9 59
- Herausgabe und deklaratorisches Fahrverbot 8 80
- Herausgabe wegen unwahrscheinlicher Entziehung, Antrag 8 72
- Sperre, Antrag, bestimmte Fahrzeuge auszunehmen 8 77
Führerscheinklausel 1 232
Führerscheintourismus 9 197 ff, 18 453 ff
- dritte EG-Führerscheinrichtlinie 18 471 f
- Eignungsbedenken 18 464 ff
- Umtausch eines Führerscheins 18 474 f
- Verstoß gegen das Wohnsitzprinzip 18 457 ff
Fürsorgepflicht 7 47
Fußgänger 1 185
- Einlassung, der zu späten Wahrnehmung 22 50
Fußgängerüberweg 20 84

Fußgängerunfall 2 26, 121 ff
- Gutachten 22 43 ff
Fußgängerzone 20 85
Fußpflege 6 11
GAP-Versicherung
- Leasingfahrzeuge 5 211
Garantiefonds 4 100 f, 129, 131, 133
Garantien beim Autokauf 13 13 ff
Gebrauchtwagenpreisentschädigung 5 51
Gebühren 1 214
Gebührenklage 3 2 ff
Gebührenklage gegen Unfallgegner
- Berufungserwiderung 3 14
- Berufungsschrift 3 12
- Berufungsverfahren, Duplik 3 18
- Berufungsverfahren, Replik 3 16
- Duplik 3 8
- Entscheidung des Berufungsgerichts 3 20
- Entscheidung des Gerichts 3 10
- Klageerwiderung 3 4
- Klageschrift 3 2
- Replik 3 6
Gebührenkürzung 1 210
Gefährdung des Straßenverkehrs 8 69, 106, 9 97 ff
- Gefährdung von Menschen oder wertvollen Sachen 9 108
- Insulinschock 9 109
- Schlafapnoe 9 104
- Sekundenschlaf 9 100 ff
- sieben Todsünden des Straßenverkehrs 9 106 f
- Übermüdung 9 100 ff
Gefährdungshaftung 7 51
Gefahrerhebliche Umstände
- Textform 5 179
- vorvertragliche Anzeigepflicht 5 180 ff
Gefahrerhöhung
- Anzeige 5 440 f
- Beweislast 5 431 f
- Definition 5 420 ff
- erforderliche Dauer 5 423
- Fahrzeugversicherung 5 419 ff

Stichwortverzeichnis

- grob fahrlässige Herbeiführung des Versicherungsfalls 5 438
- Kündigungsfrist 5 445
- Kündigungsrecht des Versicherers 5 443
- Leistungsfreiheit des Versicherers 5 431 f
- Prämienerhöhung 5 445
- Sonderkündigungsrecht des Versicherungsnehmers bei Prämienerhöhung 5 445
- Verlust von Fahrzeugschlüsseln 5 433
- Verschulden des Versicherungsnehmers 5 439 ff

Gefahrerhöhungsanzeige 5 246
Gefahrerhöhungsverbot 5 246
Gefahrgeneigtheit 7 27
Gefährlicher Eingriff in den Straßenverkehr 9 89 ff
- ähnlicher, ebenso gefährlicher Eingriff 9 96
- bedingter Schädigungsvorsatz 9 93
- öffentlicher Straßenverkehr 9 90 ff
- Zweckwidrigkeit des Fahrzeuggebrauchs 9 94 f

Gegenstandswert
- Katalog 1 68
- Unfallregulierung 1 67 ff

Gehweg 20 86
Geldbuße 1 214
- Erstattung 7 47
- Gesuch an Bußgeldstelle mit dem Ziel einer Herabsetzung bei Ordnungswidrigkeit in Zusammenhang mit Verkehrsunfall 10 112

Gerichtskosten 1 211
- Auslagen 1 211
- Sachverständigenentschädigung 1 211
- Zeugenentschädigung 1 211

Geringfügig Beschäftigte 7 20
Gesamt-GdB 6 182
Gesamtschadensaufstellung 1 25, 60
Gesamtschuldverhältnis 7 51 ff

Gesamtverband der Deutschen Versicherer (GDV e.V.)
- Musterbedingungen 5 57

Gesamtverband der Deutschen Versicherungswirtschaft e.V. (GDV)
- Musterbedingungen 5 24, 27

Geschäftsgebühr
- außergerichtliches Verfahren 1 77 ff
- Beispielfälle 1 84
- gerichtliches Verfahren 1 99

Geschwindigkeiten, Eingrenzung 23 25
Geschwindigkeitsmessverfahren 1 216
Gestörte Gesamtschuld 7 51
Gesundheitsschutz 7 52
Gewährleistung 15 1 ff
GKV-WSG 6 2
Glasbruch
- Fahrzeugversicherung 5 69, 103 ff
- Totalschaden 5 106
- Verkehrsunfall 5 107

Gleichbehandlungsgrundsatz 7 71
Gnadengesuch 8 130
Gnadenrecht 8 128
- Antrag 8 130

Grad der Behinderung (GdB) 6 181 ff
Gratifikation 3 180
Grobe Fahrlässigkeit 7 24
- Beweislast 5 295
- gesetzliche Vermutung 5 279 ff
- Obliegenheitsverletzung 5 282

Grundmangel 13 29
Grundpflege
- in der Krankenversicherung (GKV) 6 21
- in der sozialen Pflegeversicherung 6 47

Grundstücksausfahrt 20 73
Grüne Karte, Geltungsbereich 4 149
Gurtanlegepflicht 2 130 ff
- Verletzung, Klageerwiderung 2 137
- Verletzung, Klageschrift 2 135
- Verletzung, Replik 2 139

Gurtgutachten 23 36 ff

Gutachten
- Antrag auf Übernahme der Kosten (SGG) 6 341
- Beschwerde gegen die Kostenentscheidung (SGG) 6 342

Gutachterkosten 3 86, 8 20
- Erstattung, Klageschrift 18 74

Gutachterverfahren 1 173

Haare-Drogenscreening 18 172, 286

Haarwildzusammenstoß
- Fahrzeugversicherung 5 69, 99 ff

Haftpflichtanspruch
- Passivverfahren 1 122 ff

Haftpflichtgesetz 4 150 ff
- Ausgleichspflicht unter mehreren Haftpflichtigen 4 154 f
- höhere Gewalt 4 147
- Mitverschulden 4 156 f

Haftpflichtschäden
- Unfallregulierung 1 124 ff

Haftpflichtversicherer, nachhaftender 4 20

Haftpflichtversicherung
- Amtspflichtverletzung 4 21
- Anschreiben 2 35
- Anspruch nach Amtshaftungsgrundsätzen 4 13 ff
- Anzeige gem. § 25 FZV 4 8 ff
- Ausgleichspflicht unter mehreren Haftpflichtigen 4 154 f
- Direktanspruch 4 4
- Eisenbahnbetriebsunternehmer, Haftung 4 150 ff
- Haftungsauschluss bei Vorsatz (§ 152 VVG) 4 50 ff
- Haftungsausschluss (§ 152 VVG) 4 56 ff
- höhere Gewalt 4 147
- Klageanträge 4 26
- Mitverschulden 4 156 f
- mündliche Verhandlung 4 27 ff
- nachhaftender Haftpflichtversicherer 4 20
- Nachhaftung 4 3 ff, 8 ff
- Nachhaftungsfrist 4 11
- Obliegenheitsverletzung 4 7

- Prozesssituation 4 22 ff
- prozessuale Grundlagen 4 22 ff
- Reform des Versicherungsvertragsrechts 4 1
- subsidiäre Haftung 4 5 f
- Verkehrsopferhilfe 4 78 ff

Haftungsauschluss bei Vorsatz (§ 152 VVG) 4 56 ff, 65 ff
- Klageanträge 4 63 ff
- Prozesssituation 4 59 ff

Haftungseinheit 2 115

Haftungseintritt
- Aufforderung 2 60

Haftungsersetzungsprinzip 7 14

Haftungsfreistellung 7 6 ff

Haftungshöchstbeträge 2 194

Hagel
- Fahrzeugversicherung 5 69, 88

Hakenlast-Haftpflichtversicherung 20 115

Haltbarkeitsgarantie 13 14

Haltelinienrotzeit 11 126

Halter eines Kfz 2 207 ff

Halterbenachrichtigung 20 36

Halterhaftung 2 189 ff
- andauernde Gefahrenlage 2 204
- Anhänger 2 191
- berührungsloser Unfall 2 202 ff
- Betrieb eines Kfz 2 197 ff
- Haftungshöchstbeträge 2 194
- Halter eines Kfz 2 207 ff
- höhere Gewalt 2 212 f
- Mitfahrer 2 192

Haltverbot
- absolutes 20 71
- eingeschränktes 20 78

Haschisch 18 151

Haschisch-Öl 18 151

Hauptverhandlung 8 97 ff
- Antrag auf Aussetzung 8 103
- Merkblatt zum Gang 1 64

Stichwortverzeichnis

Haushaltsführungsschaden 2 63, 69, 88, 3 145 ff, 211
– Ersatzfähigkeit des bei haushaltsspezifischer MdF, Klagevortrag 3 173
– Fragebogen zur Berechnung 1 62
Haushaltshilfe 6 24 f
Hausratversicherung
– Außenversicherung 5 68
Heilmittel 6 9 ff
Heilungskosten 3 148
Heroin 18 207
Hilfsmittel 6 13 ff
Höchstarbeitszeit 7 55
– Überschreitung 7 77 f
Höhere Gewalt 2 212 f
Honorarvereinbarung 1 208
– Abrechnung auf Stundenbasis 8 16
– Auslagenpauschale 8 15
– Fahrtkosten 8 15
– Fotokopien 8 15
– Mittelgebühren 8 18
– pauschal nach Verfahrensabschnitten 8 17
Hundehalter
– Klage gegen 2 260
HWS-Gutachten 23 29 ff
HWS-Verletzung 2 270 ff
– Beweisbeschluss 23 34
– Beweislast 2 300 ff
– Gesundheitsverletzung 2 286
– Gutachten, medizinisches 2 278
– Harmlosigkeitsgrenze 2 273 ff
– Klageerwiderung 2 308
– Klageschrift 2 306
– psychische Fehlverarbeitung 2 278 f
– Replik 2 310
– Schmerzensgeld 2 303 f
– Sitzposition 2 296
– Untersuchung, medizinische 2 283
– Vorschädigung 2 292

Identitätsbegutachtung (Owi-Recht) 11 84
Informationspflichten des Versicherers
– Textform 5 19

Inhalationstherapie 6 10
Innenausgleich, fiktiver 7 51
Innere Sorgfalt 2 16 f
Insassenhaftung 2 71
Insulinschock 9 109
Internationale Versicherungskarte („Grüne Karte") 5 65
Inzahlungnahme 13 19

Jugendlicher Kraftfahrer 2 27

Kältetherapie 6 10
Kaskobedingungen
– Ein- und Ausschlüsse 5 215
– Handel/Handwerk 5 215
Kaskoschäden
– Unfallregulierung 1 124 ff
Kaskoversicherung 5 33 ff
– Betrug 5 559 ff
– freiwillige Versicherung 5 34
Kaufvertrag 1 192, 13 36
Kausalität 2 105
Kausalitätsgegenbeweis
– Obliegenheitsverletzung 5 32
Kaution 1 222 ff
Kettenauffahrunfall 2 187
Kfz-Haftpflichtversicherung
– Kündigung 5 35
KH-Versicherer
– Anschreiben bei Vertretung des Geschädigten (Vorsatz) 4 56
– Anschreiben bei Vertretung des Versicherungsnehmers (Vorsatz) 4 58
– Deckungsklage gegen, Klage des Versicherungsnehmers 4 66
– Freistellungsklage gegen, Klageantrag 4 68
– Klage 4 36
– Klage des Geschädigten 4 71
– Klageerwiderung 4 37
– Klageerwiderung bei Klage des Geschädigten 4 72
– Klageerwiderung bei Nachhaftung ohne wirksamen Versicherungsvertrag 4 40
– Replik 4 38
– Replik bei Klage des Geschädigten 4 73

- Zahlungsklage gegen, Klageantrag 4 70
Kind als Schädiger 2 269
Kindersitz 6 15
Kinderunfall 2 23 ff, 125 ff, 262 ff
Klagevorbereitung 1 26
Kleidungsschaden 2 66
Kleinkollision, Wahrnehmbarkeit 22 15 ff
Kleintier 2 176
Knickstrahlreflexion 11 90
Kohlesäurebad 6 10
Kokain 18 207, 209
Kollision
- Pkw mit Kuh, Klagebegründung 2 252
- Wahrnehmbarkeit 22 15 ff
Kolonnenlücke 2 183
- Vortrag bei Klage des Wartepflichtigen 2 183
Komfort-Tarif
- Fahrzeugversicherung 5 64
Kommunale Verkehrsüberwachung 20 18
Kommunikation 1 43 ff
- intern 1 43 ff
- mit dem Markt 1 49 ff
- mit den Mandanten 1 46 ff
Konfliktverteidigung
- Ordnungswidrigkeitenrecht 11 68 ff
- Strafprozess 8 27 ff
Kontaktlinsen 6 18
Kontrollgerät-VO 7 90
Kopien 8 20
Körperschaden 7 1
Körperverletzung 7 49, 67, 8 52, 106, 9 52 ff
- fahrlässige 8 53, 96
Kosten, gegnerische 1 218 ff
Kosten, vom RS-Versicherer nicht getragene 1 250 ff
- Erledigung, einverständliche 1 252
- Forderungsübergang 1 263
- Privat- oder Nebenklage 1 258
- Quotenvorrecht 1 259
- Reisekosten 1 250
- Selbstbeteiligung 1 253
- Strafvollstreckungsverfahren 1 255

- Subsidiaritätsklausel 1 256
- Versicherungssumme 1 257
- Zwangsvollstreckungskosten 1 254
Kostendeckungsprinzip 20 58
Kostenerstattung
- Krankenversicherung (GKV) 6 39
Kostenpauschale 3 123
Kostenvermeidungsobliegenheit 1 217
Kraftfahrtversicherung 5 33
Kraftfahrzeughaftpflichtversicherer *siehe* KH-Versicherer
Kraftstoffkosten 3 145
Krankengeld 6 34 ff
Krankengymnastik 6 10
Krankenhausbehandlung
- Krankenversicherung (GKV) 6 27
Krankenversicherung (GKV) 6 2 ff
- Arbeitstherapie 6 32
- Arzneimittel 6 7
- ärztliche Behandlung 6 6
- Behandlungspflege 6 21
- Belastungserprobung 6 32
- Berechnung Krankengeldanspruch 6 35 ff
- Brille 6 18
- Chirogymnastik 6 10
- Elektrotherapie 6 10
- Ergotherapie 6 10
- Ernährungspumpe 6 13
- Fahrtkosten 6 38
- freiwillige Versicherung 6 3
- Fußpflege 6 11
- GKV-WSG 6 2
- Grundpflege 6 21
- Haushaltshilfe 6 24 f
- Heilmittel 6 9 ff
- Hilfsmittel 6 13 ff
- Inhalationstherapie 6 10
- Kältetherapie 6 10
- Kindersitz 6 15
- Kohlesäurebad 6 10
- Kontaktlinsen 6 18
- Kostenerstattung 6 39
- Krankengeld 6 34 ff
- Krankengymnastik 6 10
- Krankenhausbehandlung 6 27

1589

Stichwortverzeichnis

- Leistungen 6 4 ff
- Lymphdrainage 6 10
- manuelle Therapie 6 10
- Massagen 6 10
- Pflegebett 6 13
- Privatbehandlung 6 40
- Reflexzonentherapie 6 10
- Rehabilitation 6 24, 28 ff
- Reittherapie 6 11
- Rollstuhl 6 13
- soziale Eingliederung 6 33
- Sprachtherapie 6 10
- Stimmtherapie 6 10
- Strechtherapie 6 10
- Teilhabe am Arbeitsleben 6 33
- Traktionsbehandlung 6 10
- Verbandmittel 6 7
- versicherter Personenkreis 6 2
- Versicherungspflicht 6 2
- Wärmetherapie 6 10
- zahnärztliche Behandlung 6 6
- Zahnersatz 6 6
- Zuzahlung 6 8

Kreuzungsauffahrunfall, Beweisbeschluss 23 23

Kreuzungsbereich 20 87

Kreuzungskollision 2 188

Kundenfreundlichkeit 1 52

Kündigungsrecht des Versicherungsnehmers
- Deckungsmangel 5 187
- Prämienerhöhung des Versicherers 5 187

Kündigungsschutzklage 7 98 ff, 99

Kurzschlussschäden an der Verkabelung 5 72
- Folgeschäden 5 108

Kurzzeitpflege 6 69

Laboranalysen 21 19 ff

Ladetätigkeit 20 88

Lampengutachten 22 71 ff

Lasergeschwindigkeitsmessung 11 92, 118 ff

Lasermessung (problematische), Beweisantrag 11 120 f

Leasingfahrzeuge
- Fahrzeugversicherung 5 51
- GAP-Versicherung 5 211
- Höhe der Versicherungsleistung 5 210
- Mehrwertsteuer 5 210

Leasingvertrag 1 192

Lebenspartner 1 186

Leerfahrt des Abschleppunternehmers 20 89

Lehrlingsvergütung 3 180

Leichtkraftrad 9 223 f

Leiharbeitnehmer 7 20

Leihvertrag 1 192

Leistungsfreiheit des Versicherers
- vorsätzliche Obliegenheitsverletzu 5 32

Leistungskürzung
- vorsätzliche und arglistige Obliegenheitsverletzung 5 32

Leistungspflicht (Rechtsschutzversicherer), Einwendungen 1 224 ff
- Anzeige, unverzügliche 1 239
- Erfolgsaussicht 1 227
- Führerscheinklausel 1 232
- Kostenerhöhung, unnötige 1 243
- Leistungsfreiheit 1 247
- Mutwilligkeit 1 227
- Obliegenheiten, gesetzliche 1 230
- Obliegenheiten, vertragliche 1 231
- Obliegenheitsverletzung 1 229
- Prämienverzug 1 249
- Schwarzfahrtklausel 1 232
- Teilklage 1 244
- Unterrichtungsobliegenheit 1 240
- Verletzungsfolgen 1 247
- Warteobliegenheit 1 246
- Wartezeit 1 224
- Zustimmung 1 242

Leitende Angestellte 7 20

Leitplanken 9 11

Lenkzeiten 7 63 ff

Lichtschranke 11 97 ff

Linienverkehr 7 59

Linksabbieger 2 182 f

Linksfahren auf der Autobahn 9 66 ff

Lkw-Unfall, Gutachten 22 60 ff
Lohnfortzahlung 7 83
Lohnfortzahlungsschaden 7 50
Lohnwucher 7 70 ff
LTI 20.20 11 92, 118 ff
Lymphdrainage 6 10
Mandanten-Fragebogen für Anspruchsteller 1 57
Mandanteninformation zum Verkehrsunfall 1 58
Mandat im Verkehrsrecht 1 1 ff
Mandatsanbahnung 5 136 ff, 147 ff
– Vertretung widerstreitender Interessen 5 137 ff
– Vollmachtserteilung 5 146
Mandatsbedingungen 1 56
Mandatsbestätigung 2 44
Mängelbeseitigung 15 12 ff
Mankohaftung 7 30, 47
Manuelle Therapie 6 10
Marderbissschäden
– Fahrzeugversicherung 5 70
Marihuana 18 151
Marketing des Verkehrsanwalts 1 30 ff
Martinshorn 2 188
Massagen 6 10
MDMA 18 209
Mediation 1 213
Medizinischer Dienst der Krankenversicherung (MDK) 6 43 f
Mehrwertsteuer als Schaden 3 128 ff
Merkantiler Minderwert 3 139 ff
Messfoto (Owi-Recht) 11 38, 74 ff, 126, 176, 183
– Beweisantrag zur Qualität 11 87
Methadon 18 210
Mietvertrag 1 192
Mietwagen 3 88, 96 ff
Minderreparatur 3 77 ff
Minderung 15 6, 54 ff
Minderungsklage 15 62
Ministerialzulage 3 181

Mitarbeit, Mandantenanschreiben 8 37
Mitarbeiterpotential-Nutzung 1 40 ff
Mitfahrer 2 140 f, 192
Mittlere Fahrlässigkeit 7 26
Mitverschulden 2 101 ff, 7 18, 45, 47
Mobile Navigationsgeräte
– Hausratversicherung 5 68
Mobiles Halteverbotszeichen 20 90
Mobiltelefon 20 81
– Hausratversicherung 5 68
Motorradfahrer 2 105 f, 176
Motorradhandschuhe 3 121
Motorradhelm 3 121
Motorradkleidung 3 121
MPU 1 215, 8 138 ff, 18 18, 44, 53, 60, 90, 119, 122, 145, 147, 166, 179, 190, 198, 207 ff, 214, 217, 221 f, 229, 231, 241 ff, 355 ff, 367 f, 373, 436 f, 455
– Anforderungen an das Gutachten 18 254 ff
– Begutachtungsstellen 18 249
– Führerscheintourismus 9 200
– Helferadressen 8 140
– Hinweise, Schreiben an Mandanten 18 253
– Kosten 18 252
– Mandanteninformation 8 139
– medizinische Untersuchung 18 243 f
– psychologische Untersuchung 18 245 ff
– Vorbereitung 9 149
– Vorbereitung, Mandanteninformation 8 139
– weitere MPU, Schreiben an Mandanten zur Vorbereitung 9 149
Multanova 11 89
Musterbedingungen des GDV e.V.
– Fahrzeugversicherung 5 58, 67
Nachbesserung 15 12 ff
Nacherfüllung 15 6 f, 8 ff
Nacherfüllungsklage 15 30
– Klageerwiderung 15 32
Nachhaftung 1 181
– Klage trotz Abmeldung und entstempelter Kennzeichen 4 42

Stichwortverzeichnis

Nachlieferung 15 8, 19 ff
Nachmeldefrist 1 181
Nachtarbeit 7 55, 77
Nachtarbeitnehmer 7 55
Nachtrunk 9 128 f, 18 219
Nachtzeit 7 55
Nebenklage 1 258, 8 104 ff
Nebenklageanschluss 8 106
Nettokosten bei Reparatur in lokaler Markenwerkstatt
– Entscheidung des Gerichts 3 44
– Klageerwiderung 3 40
– Klageschrift 3 38
– Replik 3 42
Nettolohnersatz 3 193 f
Neupreisentschädigung 5 51
Neuwagenkauf 13 22 f
Neuwertentschädigung 2 87
Nichtwahrnehmbarkeit eines Unfallgeschehens aufgrund von Störgeräuschen 22 34
Nichtzulassungsbeschwerde (SGG) 6 286, 305
Notarztfahrzeug 2 188
Nötigung 8 50, 9 60 ff
– Ausbremsen 9 64 ff
– Berufungsbegründung 9 88
– Erheblichkeitsschwelle 9 83
– Linksfahren auf der Autobahn 9 66 ff
– Überholen, Verhinderung durch Radfahrer 9 71 ff
– Versperren der Fahrbahn durch Fußgänger 9 75 ff
– Zufahren auf Fußgänger 9 79 ff
Nüchternschock 9 136
Nutzungsausfall 3 107 ff, 7 47
– Nutzungsausfallschaden, Mandanten-Formschreiben 3 108
Obergutachter 18 70, 241
Obliegenheiten 1 230, 7 28
– Definition 5 242
– gesetzliche 1 230, 5 246
– nach Eintritt des Versicherungsfalls 5 247, 277

– Nachfragepflicht des Versicherers 5 271
– Repräsentant 5 256
– Schadensfragebögen des Versicherers 5 271
– vertragliche 1 231
– vor Eintritt des Versicherungsfalls 5 247, 259 f, 260 ff, 277
– Wissensvertreter/Wissenserklärungsvertreter 5 256
Obliegenheitsadressat
– Repräsentant 5 256
– Versicherungsnehmer 5 255
Obliegenheitsverletzung 5 243 ff
– arglistige 5 285, 290, 548
– Aufklärungspflichtverletzung 5 546
– grob fahrlässige 5 32, 282, 296 ff
– Kausalitätsgegenbeweis 5 32, 549
– Kündigungsrecht des Versicherer 5 281
– Leistungskürzung „auf null" 5 289
– Leistungskürzungsrecht des Versicherers 5 243, 287 ff
– mehrfache 5 300 f
– nach Eintritt des Versicherungsfalls 5 293
– Prüfungsschema 5 315
– Rechtsfolgen 5 276 ff, 293 f
– Repräsentant 5 302 ff
– Spontanobliegenheit 5 309
– Verschulden des Versicherungsnehmers 5 547
– vor Eintritt des Versicherungsfalls 5 279 ff, 293
– vorsätzliche 5 32, 290, 298 ff, 548
– vorsätzliche und arglistige 5 32
Ordnungswidrigkeitenrecht 10 1 ff, 11 1 ff
– Abrechnung der Gebühren 10 77, 78
– Akteneinsicht 10 104 ff
– Akteneinsichtsgesuch 10 90 ff, 101
– Anhörungsbogen 10 5, 7 f, 18, 57 f, 63 ff, 70, 79, 100, 11 52, 57, 59 ff, 136
– Anschwellzeit der Ampelglühbirne 11 127
– Antrag auf Entscheidung des Rechtsbeschwerdegerichts 11 205 ff
– Antrag auf gerichtliche Entscheidung 11 130 ff

Stichwortverzeichnis

- Anträge in der Hauptverhandlung 11 68 ff
- Aufklärungsrüge 11 188 f
- Aussageverweigerung 11 39 ff
- Bagatellsachen 10 86 ff
- Beschlussverfahren 11 9
- Beschwerde 11 144 ff
- Beweisanregung 11 70 ff
- Beweisantrag 11 72, 74 ff
- Beweisanträge in der Hauptverhandlung 11 49
- Beweisanträge zur Identifizierung des Betroffenen 11 74 ff
- Deckungsanfrage 10 6, 9, 15, 48, 50, 51, 57, 59 ff, 72 ff
- Einlassung zur Sache 11 44 ff
- Einstellungsantrag wegen Verjährung 11 61
- Entbindung des Betroffenen von der Pflicht, in der Hauptverhandlung zu erscheinen 11 37 ff, 185
- ES 1.0 und ES 3.0 11 97 ff
- ES 3.0 11 102 ff
- Fahreignungsregisteranfrage 10 26 ff
- Fahreignungsregisterauskunft 10 32 ff
- Fahrradfahrer 10 110 f
- Fahrverbot 10 114
- Gegenvorstellung 11 207 ff
- gerichtliche Entscheidung nach § 69 Abs. 1 S. 2 OWiG, Antrag 11 143
- gerichtliches Verfahren I. Instanz 11 1 ff
- Haltelinienrotzeit 11 126
- Hauptverfahren, Information des Mandanten über seine Pflichten 11 38
- Hauptverhandlung 11 8 ff
- Identitätsbegutachtung 11 84
- Knickstrahlreflexion 11 90
- Konfliktverteidigung 11 68 ff
- Kostenbescheid der Verwaltungsbehörde, Antrag auf gerichtliche Entscheidung gem. § 25a StVG 895 11 138
- Lasergeschwindigkeitsmessung 11 92, 118 ff
- Lichtschranke 11 97 ff
- LTI 20.20 11 92, 121 ff
- Mandanteninformation über Hauptverhandlung und weiteres Verfahren 11 2 ff
- Mandatsannahme 10 9 ff
- Messfoto 11 38, 74 ff, 126, 176, 183
- Messverfahren, Rechtsbeschwerde (Sachrüge) bei mangelhaften Urteilsgründen 11 179
- Mittelgebühren 10 83 ff
- Multanova 11 89
- ProViDa 10 94, 11 107 f, 178 f
- Rechtsbehelfe 11 130 ff
- Rechtsbeschwerde 11 156 ff
- Rechtsbeschwerde, Antrag auf Zulassung bei Entscheidung in Abwesenheit des Betroffenen und seines Verteidigers mit Vertretungsvollmacht 11 196
- Rechtsbeschwerde, Antrag auf Zulassung gem. § 80 OWiG 11 190 ff, 194 ff, 197 ff
- Rechtsbeschwerde, Antrag auf Zulassung nach Urteilsverkündung in Anwesenheit des Betroffenen oder seines mit Vertretungsvollmacht ausgestatteten Verteidigers 11 194
- Rechtsbeschwerde, Anträge 11 170
- Rechtsbeschwerde, Begründung 11 164
- Rechtsbeschwerde, Sachrüge 11 171 ff
- Rechtsbeschwerde, Sachrüge mit Begründung bei zweifelhafter Fahreridentität 11 176
- Rechtsbeschwerde, Schriftsatz 11 161
- Rechtsbeschwerde, Verfahrensrüge 11 181 ff
- Rechtsbeschwerdeanträge 11 170
- Rechtsbeschwerdebegründung 11 164, 172
- Rechtsbeschwerdebegründung mit Mindestinhalt bei Verletzung des sachlichen Rechts (Sachrüge) 11 172
- Rechtsbeschwerdegericht, Antrag auf Entscheidung 11 206
- Rechtsbeschwerdeschriftsatz, in Abwesenheit des Betroffenen und seines Verteidigers ergangenes Urteil 11 166
- Rechtsschutzversicherung 1 205 ff, 10 57 ff
- Rotlichtüberwachung 10 94 f

1593

Stichwortverzeichnis

- Rotlichtverstoß 11 125 ff
- Sachanträge in der Hauptverhandlung 11 49 ff
- Schrägfahrt 11 92, 94 f
- Selbstbeteiligung in der Rechtsschutzversicherung 10 12
- Tagebuchnummer der Polizei 10 100
- technische Beweisanträge 11 88 ff
- Terminladung 11 14
- Terminverlegungsanträge 11 15 ff, 151 ff
- Traffipax 11 89
- Verbindung mehrerer Verfahren 11 62 ff
- Verbindungsanträge 11 62 ff
- Verfahrensrüge gegen Verwerfungsurteil 11 185
- Verfolgungsverjährung 11 53 ff
- Verjährung 11 50 ff
- Verteidigervollmacht im Bußgeldverfahren 10 19 ff, 25
- Videoaufzeichnung einer Geschwindigkeitsmessung 10 94
- Videokopie einer Geschwindigkeitsmessung 10 96
- ViDistA 11 113 ff
- Visiertest 11 122 ff
- VKS 11 59
- Vollstreckung 11 210 ff
- Vollstreckung, Zulässigkeit, Antrag auf gerichtliche Entscheidung wegen Einwendungen 11 215
- Wiedereinsetzung in den vorigen Stand 11 133 f, 145 ff, 12 1 ff
- Zeugenfragebogen 10 66 f, 70
- Zulassungsantrag gem. § 80 Abs. 1 Nr. 1 Alt. 1 OwiG 11 199
- Zulassungsantrag gem. § 80 Abs. 1 Nr. 2 OWiG, Begründung 11 204

Ordnungswidrigkeitenrechtsschutz 1 205 ff, 10 57 ff

Parken in zweiter Reihe 20 92
Parkplatzausfahrt 20 74
Parkscheinautomat 20 93
Parkuhr 20 93

Passivverfahren
- Haftpflichtanspruch 1 122 ff

Personenbeförderung 7 59
Personenschaden 3 146 ff, 7 1, 50
- Arbeitslohn 3 180
- Arbeitslosengeld 3 180
- Bergmannsprämie 3 180
- Bordzulage 3 181
- Bruttolohnersatz 3 193 f
- Entgeltfortzahlung 3 195 f
- Erschwerniszulage 3 180
- Erwerbsschaden 3 148 ff, 179 ff
- Gratifikation 3 180
- Haushaltsführungsschaden 3 146 ff, 211
- Heilungskosten 3 148
- hoher 2 88 ff, 145 ff, 3 211 f
- Lehrlingsvergütung 3 180
- leichter 2 54 ff, 145 ff
- Ministerialzulage 3 181
- nach schwerem Verkehrsunfall, Klageschrift 3 211
- Nettolohnersatz 3 193 f
- Prostituiertenlohn 3 181
- Rehabilitationsträger 3 191
- Schadensminderungspflicht 3 187 ff, 206
- Schichtarbeiterzulage 3 180
- Selbstständige 3 197 ff
- Spesen 3 181
- Trennungsentschädigung 3 181
- Treueprämie 3 180
- Trinkgeld 3 180
- Überstundenvergütung 3 180
- Urlaubsentgelt 3 180
- Verdienstausfall 3 178 ff
- vermehrte Bedürfnisse 3 159, 174 ff
- Vorteilsausgleich 3 192, 207

Personenschadensmanagement 2 88 ff
Persönliche Gegenstände der Insassen
- Hausratversicherung 5 68

Pfandrecht 17 8
Pferdehalter, Klage gegen 2 247
Pflegebedürftigkeit 6 43 ff
Pflegebett 6 13
Pflegegeld 6 63 ff

Pflegeperson 6 72
Pflegesachleistungen 6 61 f
Pflegestufen 6 53 ff
Pflegeversicherung, soziale 6 41 ff, 60
– allgemeine Erschwernisfaktoren 6 57
– erleichternde Faktoren 6 58
– Ernährung 6 47
– Grundpflege 6 47
– hauswirtschaftliche Versorgung 6 50
– Hilfsmittel 6 67
– Kindereinstufung 6 59 f
– Kombinationsleistungen 6 66
– Körperpflege 6 47
– Kurzzeitpflege 6 69
– Mobilität 6 47
– Pflegebedürftigkeit 6 43 ff
– Pflegegeld 6 63 ff
– Pflegeperson 6 72
– Pflegesachleistungen 6 61 f
– Pflegestufe 1 6 53
– Pflegestufe 2 6 54
– Pflegestufe 3 6 55
– stationäre Pflege 6 68 ff
– teilstationäre Pflege 6 68
– Verfahren zur Feststellung der Pflegebedürftigkeit 6 43 f
– versicherter Personenkreis 6 41
– Vorversicherungszeit 6 42
Plausibilitätsgutachten 23 6 ff
Polizeiliche Anzeige
– Obliegenheit 5 270
Polizeiparkplatz 20 94
Prämienerhöhung des Versicherers
– Kündigungsrecht des Versicherungsnehmers 5 187
Prämienrechnung, Fahrzeugversicherung
– Erstprämie 5 36
– Folgeprämie 5 36
Prämienverzug 1 249
Prämienzahlung
– Versicherungsprämie 5 398 ff
Privatbehandlung 6 40
Privatklage 1 258
Probefahrt 13 2 f
– Risikoausschluss 5 81

Prostituiertenlohn 3 181
ProViDa 10 94, 11 109 f, 178 f
– Messung, Beweisantrag Abstandsveränderung 11 109
– Wiedereinsetzung in den vorigen Stand, Owi-Verfahren 12 31
Prozesskostenhilfeantrag (Fahrerlaubnisrecht) 18 300
– Ablehnung, Beschwerde 18 304
– Erinnerung an Entscheidung 18 302
Quotenvereinbarung
– Fahrzeugversicherung 5 347
Quotenvorrecht 1 259 ff
– Fahrzeugteilversicherung 5 107
– Fahrzeugversicherung 3 83 ff, 5 534 ff
– Klageschrift 3 92
– kongruenter Schaden 5 535
– Kostenerstattungsanspruch 1 260
– Rechtsanwaltskosten 5 537
– Schadensfreiheitsrabatt 5 542
– Sozialversicherung 6 362 f, 365 f
Rabattretter 5 48
Rabattschutz 5 48
Radfahrer 1 185
Rangierschäden
– Fahrzeugversicherung 5 116
Raub
– Fahrzeugversicherung 5 69, 76
Räuberische Erpressung 5 76
Räumliche Vermeidbarkeit, Unfall 21 23
Rausch 9 151
Rauschdosis 18 152
Rauschmittel 7 10
Rechtsabbiegeunfall (Lkw), Beweisantrag 22 67
Rechtsanwaltsgebühren 1 208 ff
– Differenzgebühr 1 210
– Gebührenkürzung 1 210
– Höhe 1 208
– Honorarvereinbarung 1 208
Rechtsberatungsgesetz 1 160
Rechtsbeschwerde (Owi-Recht) 11 156 ff
– Gegenvorstellung gegen abschließende Entscheidung des OLG 11 209

Stichwortverzeichnis

Rechtsdienstleistungsgesetz 1 160
Rechtsfahrgebot 2 183
Rechtsmangel 13 8
Rechtsschutz, Antrag auf Feststellung der Gewährung 1 267
Rechtsschutzfall 1 174
– Beifahrer 1 184
– Fahrgast 1 185
– Fahrzeugrechtsschutz 1 185
– Fußgänger 1 185
– Insasse 1 184
– Kinder, minderjährige 1 186
– Kinder, volljährige unverheiratete 1 186
– Lebenspartner 1 186
– Nachhaftung 1 181
– Nachmeldefrist 1 181
– Personenkreis, Versicherter 1 182
– Radfahrer 1 185
– Schadensersatzrechtsschutz 1 174
– Straf- oder Ordnungswidrigkeitenverfahren 1 178
– Verkehrsteilnehmerrechtsschutz 1 187
– Verkehrszentralregister 1 175
– Wartezeiten 1 180
Rechtsschutzversicherer
– Leistungsfreiheit 1 247
Rechtsschutzversicherung 1 156 ff, 8 19, 67 f
– Kostenrechnung, Ordnungswidrigkeitenrecht 10 78
– Rechtsberatungsgesetz 1 160
– Rechtsdienstleistungsgesetz 1 160
Reflexzonentherapie 6 10
Regelarbeitszeit 7 56
Regresshaftung 7 45
Rehabilitation
– Krankenversicherung (GKV) 6 28 ff
– Rentenversicherung, gesetzliche 6 131, 134 f
– Unfallversicherung, gesetzliche 6 100 ff
Rehabilitationsdienst 2 93 ff
– Schreiben an Versicherung wegen Einschaltung 2 96
– Schweigepflichtsentbindung 2 97

Rehabilitationsmanagement – Code of Conduct 2 99
Rehabilitationsträger 3 191
Reifengutachten 22 78 ff
Reifenschäden
– Fahrzeugversicherung 5 118
Reisegepäck
– Hausratversicherung 5 68
Reisekosten 1 250 ff, 8 20
– Erledigung, einverständliche 1 252
– Erscheinen, persönliches 1 250
– Gerichtstermin 1 250
– Selbstbeteiligung 1 253
Reisezeiten 7 82
Reittherapie 6 11
Rentenartfaktor 6 151
Rentenformel 6 148
Rentenversicherung, gesetzliche 6 126 ff
– Änderung der Rentenleistung 6 178
– Anrechnungszeiten 6 142
– Beginn der Rentenleistung 6 175, 178
– Beitragszeiten 6 144
– Berücksichtigungszeiten 6 141
– Berufsunfähigkeit 6 156 ff
– Ende der Rentenleistung 6 176 f
– Entgeltpunkte, persönliche 6 149
– Ersatzzeiten 6 147
– Erwerbsminderung, teilweise 6 137 ff
– Erwerbsminderung, vollständige 6 152 ff
– Erwerbsminderungsrente plus Erwerbseinkommen 6 170 ff
– freiwillige Versicherung 6 132 f
– Leistungen 6 134 ff
– medizinische Rehabilitation und Teilhabe am Arbeitsleben 6 135
– mehrere Rentenansprüche 6 174
– Pflichtbeitragszeiten 6 142
– Renten 6 136 ff
– Rentenartfaktor 6 151
– Rentenformel 6 148
– Rentenleistungen plus Leistungen aus der Unfallversicherung 6 175
– Rentenwert, aktueller 6 151
– verschlossener Arbeitsmarkt 6 167
– versicherter Personenkreis 6 126 ff

Stichwortverzeichnis

– Zugangsfaktor 6 150
– zumutbare Ersatztätigkeit 6 159 ff
Rentenwert, aktueller 6 151
Reparatur 3 60 ff
– mangelhafte R., Schadensersatzklage 17 15
Repräsentant
– Definition 5 258
– Fahrzeugversicherung 5 238 f
Resorptionsphase (BAK) 9 123
Rest- und Altteile 5 126
Restalkohol 9 139
Restwert 3 55 ff
Rettungskostenersatz
– Fahrzeugversicherung 5 114, 480 ff
– Wildausweichschaden 5 484 ff
Rettungspflicht 5 246
Revision 8 120 ff
– Beschwerde gegen Nichtzulassung (Verfahren bei Entziehung der Fahrerlaubnis) 18 324 f
– SGG 6 306
Revisionseinlegungsschrift, StPO 8 122
Risikoausschluss
– Erdbeben, Kriegsereignisse, innere Unruhen, Maßnahmen der Staatsgewalt 5 124
– Fahrzeugversicherung 5 123 ff
– grobe Fahrlässigkeit 5 124
– Reifenschäden 5 124
– Schäden durch Kernenergie 5 124
– Teilnahme an genehmigten Rennen 5 124
– Vorsatz 5 124
Risikobegrenzung
– Fahrzeugversicherung 5 123 ff
Rollstuhl 6 13
Rotlichtüberwachung 10 94 f
Rotlichtverstoß 1 216, 11 125 ff
– Beweisantrag 11 129
Rückabwicklungsklage 15 51
– Klageerwiderung 15 53
Rückforderungsanspruch
– Darlegungs- und Beweislast 5 545 ff

Rücksendungsschreiben (Owi-Recht) 10 103
Rückstufung 5 129
Rückstufung im Schadenfall 5 47 ff
Rückstufungsschaden 3 89
– Fahrzeugversicherung 5 539
– Vollkaskoversicherung 5 539
Rücktritt vom Kaufvertrag 15 6, 33 ff
Rufbereitschaft 7 53, 54
Ruhepause 7 57
Ruhezeiten 7 59, 61

Sachliche Kongruenz 6 349
Sachmangel 13 8
Sachschaden 3 36 ff, 7 18, 41, 46
– Abmeldekosten 3 142
– Abschleppkosten 3 86, 138
– Anmeldekosten 3 142
– Antrag bei Leistungsklage 4 27
– Autoleasing 3 124 ff
– Beilackierungskosten 3 53a
– fiktive Abrechnung 3 36 ff
– Finanzierungsschaden 3 120
– Gutachterkosten 3 86
– hoher Sachschaden 2 78 ff, 155 ff
– Kostenpauschale 3 123
– Kraftstoffkosten 3 145
– leichter Sachschaden 2 32 ff, 155 ff
– Mehrwertsteuer als Schaden 3 128 ff
– merkantiler Minderwert 3 139 ff
– Mietwagen 3 88, 96 ff
– Minderreparatur 3 77 ff
– Motorradhandschuhe 3 121
– Motorradhelm 3 121
– Motorradkleidung 3 121
– Nutzungsausfall 3 107 ff
– Quotenvorrecht 3 83 ff
– Reparatur 3 60 ff
– Restwert 3 55 ff
– Rückstufungsschaden 3 89
– Selbstbeteiligung 3 86
– Standgeld 3 122
– Teilreparatur 3 80
– Totalschaden 3 60 ff
– Umbaukosten 3 143 f
– UPE-Aufschläge 3 53

1597

Stichwortverzeichnis

- Verbringungskosten 3 52
- Wertminderung 3 86
- Wiederbeschaffungsaufwand 3 62 ff
- Wiederbeschaffungswert 3 54, 62 ff
- Zinsschaden 3 119

Sachverständige 1 214

Sachverständigenentschädigung 1 211

Sachverständigengutachten
- Bus-Unfälle 22 60 ff
- Fahrlässige Köperverletzung 22 35 ff
- Fotodokumentation 21 8
- Fußgänger-Unfälle 22 43 ff
- Geschwindigkeitseingrenzungen 23 25
- Gurtbenutzung 23 36 ff
- HWS-Verletzungen 23 29 ff
- Lampengutachten 22 71 ff
- Lkw-Unfälle 22 60 ff
- Owi-Recht, Antrag auf Einholung zum Nachweis der fehlenden Bauartzulassung von Bestandteilen des ProViDa-Systems trotz vorliegender Eichung 11 112
- Owi-Recht, Beweisantrag auf Einholung bei Schrägfahrt durch eine Radarmessstelle 11 95
- Owi-Recht, Beweisantrag auf Einholung zur Frage der Aufstellung der Lichtschranke/des Einseitensensors 11 101
- Owi-Recht, Beweisantrag bei ViDistA-Messung 11 117
- Plausibilitätsprüfung 23 6 ff
- Reifengutachten 22 78 ff
- Schadensermittlung 23 39 ff
- Schadenskorrespondenz 22 8 ff
- Straßenbahn-Unfälle 22 60 ff
- technische Mängel 23 42 ff
- Tötung 22 35 ff
- unerlaubtes Entfernen vom Unfallort 22 6 ff, 28 ff
- Unfallrekonstruktion 21 1 ff
- Unfallskizze 21 6
- Verletzungen 23 28 ff
- Vermeidbarkeitsbetrachtungen 21 23 ff, 23 26 ff
- Zweirad-Unfälle 22 54 ff

Sachverständigenhonorar-Gutachten
- Entscheidung des Gerichts 3 35
- Erwiderung auf Stellungnahme des Beklagten 3 33
- gerichtlich angefordertes 3 27
- Stellungnahme Beklagter 3 31
- Stellungnahme Kläger 3 29

Sachverständigenkosten 3 21 ff

Sachverständigenkosten, Ersatz
- Klageerwiderung 3 25
- Klageschrift 3 23

Sachverständigenverfahren 5 518 ff
- Benennung eines Sachverständigen 5 530 ff
- Einwendungen gegen dessen Ergebnis 5 533
- Sachverständigenausschuss 5 519
- Versicherungsleistung, Höhe 5 229 ff

Sachverständiger 2 37, 83, 278, 8 38
- Sozialverfahren 6 329 ff

Sachverständiger, privater 1 216 ff
- Geschwindigkeitsmessverfahren 1 216
- Kostenvermeidungsobliegenheit 1 217
- öffentlich bestellt und vereidigt 1 216
- Rotlichtverstoß 1 216
- Sachverständigenorganisationen 1 216

Schaden 9 8 ff

Schadenabwendungs- und -minderungspflicht 5 264 ff

Schadenmeldeformular Entschädigungsfonds der VOH
- Unfälle im Inland 4 118

Schadenmeldeformular Entschädigungsstelle der VOH
- Unfälle im Ausland 4 135

Schadenmeldefragebogen
- Belehrung über Rechtsfolgen 5 184 ff

Schadenmeldefrist
- Fahrzeugversicherung 5 223

Schadenmeldung 5 271
- Fahrzeugversicherung 5 219 ff
- Repräsentant des Versicherungsnehmers 5 222
- Wissenserklärungsvertreter 5 221

Schadenmeldung an VOH
- bei Vorsatztat 4 113
- Insolvenz des KH-Versicherers 4 116

– nicht ermitteltes Schädigerfahrzeug
 4 106
– pflichtwidrig nicht versichertes
 Kraftfahrzeug 4 108
– selbstfahrende Arbeitsmaschinen und
 landwirtschaftliche Anhänger 4 111
Schadenminderungspflicht 2 143 ff,
 3 187 ff, 206, 5 246
Schadenregulierungsbeauftragter 4 99,
 101, 122 ff
Schadensabwendungspflicht
– grobe Fahrlässigkeit 5 497
Schadensabwicklungsunternehmen 1 173
Schadensanzeigepflicht 5 267 ff
Schadensaufstellung 2 46
Schadensersatz und Schmerzensgeld,
 Klageschrift 2 63
Schadensersatzklage nach § 311 a Abs. 2
 BGB 15 80
– Klageerwiderung 15 82
Schadensersatzklage wg. Verkehrsunfall
– Klageschrift 2 50
– Replik auf Klageerwiderung 2 53
Schadensersatzrechtsschutz 1 188 ff
– Abschleppen 1 195
– Ersatzfahrzeug 1 192
– Fahrerlaubnis, Entziehung 1 195
– Fahrerlaubnis, Erlangung 1 195
– Fahrtenbuchauflage 1 195
– Kaufvertrag 1 192
– Leasingvertrag 1 192
– Leihvertrag 1 192
– Mietvertrag 1 192
– Strafrechtsschutz 1 196 ff
– Verkehrsunterricht 1 195
– Verwahrungsvertrag 1 192
– Verwaltungsrechtsschutz 1 194
Schadensformular 5 225, 271
Schadensfreiheitseinstufung
– Fahrzeugversicherung 5 47
Schadensfreiheitsrabatt 5 47
– Feststellungsklage 5 542
– Leistungsklage 5 542
– Rückstufung 5 541
– Rückstufung im Schadensfall 5 47

– Vollkaskoversicherung 5 129
Schadensfreiheitsrabattsystem
– Fahrzeugversicherung 5 47
– Vollkaskoversicherung 5 45
Schadensgutachten 23 39 ff
Schadenshöhe-Erklärung 1 22
Schadenskorrespondenz 22 8 ff
– Beweisantrag zur Überprüfung 22 33
Schadensversicherung
– vorläufige Deckung 5 22
– Wiederbeschaffungswert 5 23
Schichtarbeiterzulage 3 180
Schieds- oder Schlichtungsverfahren
 1 212 ff
– Anwaltsgebühren 1 212
– Gebührenhöhe 1 212
– Mediation 1 213
Schiedsgutachten 1 272
Schiedsgutachterverfahren 1 276 ff
Schiedsstelle (VOH), Antrag 4 120
Schienenbahn 4 151
Schlafapnoe 9 104
Schlaglochschäden 2 223 ff
Schmerzensgeld 2 3, 54, 61, 63, 70 ff, 88,
 103, 108, 193 f, 233, 303 ff, 7 15, 45
– Antrag bei Leistungsklage 4 28
Schrägfahrt 11 92, 94 f
Schuld
– fehlende, Antrag auf
 Verfahrenseinstellung 9 58
– geringe, Antrag auf Verfahrenseinstellung
 9 56 f
Schwarzfahrtklausel 1 232
Schwebebahn 4 151
Schweigepflichtentbindung 1 61, 2 58
Schwerbehindertenrecht 6 179 ff
– Behinderung 6 179
– Gesamt-GdB 6 182
– Gleichstellung von Behinderung mit
 Schwerbehinderung 6 199 ff
– Grad der Behinderung (GdB) 6 181 ff
– Merkzeichen 6 187 ff
– Merkzeichen aG 6 191
– Merkzeichen B 6 196

Stichwortverzeichnis

- Merkzeichen Bl 6 197
- Merkzeichen G 6 188 ff
- Merkzeichen Gl 6 195
- Merkzeichen H 6 193 f
- Merkzeichen RF 6 192

Schwerbehinderung 6 180
Sekundenschlaf 9 100 ff
Selbständiges Beweisverfahren 15 2
- Antrag auf Durchführung 15 3

Selbstbeseitigung 15 26
Selbstbeteiligung 1 253, 3 86
- Fahrzeugversicherung 5 208, 371

Selbstfahrende Arbeitsmaschinen und landwirtschaftliche Anhänger 4 109 ff, 111

Selbstgefährdendes Verhalten
- Herausforderung 2 5

Selbstladung des Sachverständigen 8 40
- Zustellungsauftrag an den Gerichtsvollzieher 8 41

Selbstständiger 3 197 ff
Seng- und Schmorschäden 5 72
Sichtfahrgebot 2 21 f, 111, 125, 247
Sondergutachten 21 19 ff
Sozialrehabilitation 6 103
Sozialverfahren 6 203 ff
- Anfechtungsklage, isolierte 6 228 ff
- Antrag nach § 44 SGB X 6 311 ff
- Berufung 6 274 ff
- Berufungseinlegung 6 279
- Beweisanträge 6 327 ff
- Divergenzrüge 6 293
- einstweiliger Rechtsschutz 6 307 ff
- Erledigungserklärung 6 271
- Feststellungsklage 6 247 ff
- Fortsetzungsfeststellungsklage 6 254 f
- Gerichtskosten 6 374
- Klagerücknahme 6 270
- Klageverfahren 6 226 ff
- kombinierte Anfechtungs- und Feststellungsklage 6 252 f
- kombinierte Anfechtungs- und Leistungsklage 6 243 ff
- kombinierte Anfechtungs- und Verpflichtungsklage 6 241 f

- Kostenerstattung 6 399 f
- Kostenrecht 6 374 ff
- Leistungsklage, isolierte 6 232 ff
- Mandatsannahme 6 203 ff
- neuer VA im Klageverfahren 6 266
- Nichtzulassungsbeschwerde (Berufung) 6 275 ff, 286
- Nichtzulassungsbeschwerde (Revision) 6 295 ff
- Rechtsanwaltsgebühren 6 375 ff
- Revision 6 288 ff
- Revision, grundsätzliche Bedeutung 6 290 ff
- Revisionsbegründung 6 299 ff
- Sachverständigengutachten 6 332 ff
- Sachverständiger 6 329 ff
- Sprungrevision 6 297
- Untätigkeitsklage 6 257 ff
- Urteil/Gerichtsbescheid 6 273
- Verfahrensbeendigung 6 270 ff
- Vergleich 6 272
- Verpflichtungsklage 6 236 ff
- Widerspruchsverfahren 6 213 ff
- Wiedereinsetzung in den vorigen Stand 6 320 ff

Sozialversicherung 6 1 ff
- Forderungsübergang 6 344 ff
- Mitwirkungspflichten des Versicherten 6 209 ff

Sozialversicherungsträger 7 44
- Klage bei Nachhaftung ohne wirksamen Versicherungsvertrag 4 39

Sperrfristabkürzung (FE) 8 141 f
Spesen 3 181
Sprachtherapie 6 10
Sprechtherapie 6 10
Standgeld 3 122
Stationäre Pflege 6 68 ff
Stellungnahme im Rahmen der Anhörung 18 56
Stichentscheid 1 272 ff
Stimmtherapie 6 10
Strafanzeige
- Anwaltvergütung 1 128

Strafbefehl 8 83 ff
- Antrag auf Erlass 8 91
- Entscheidung, Anregung an das Gericht 9 147
- Erlass 9 147

Strafmandat 8 1 ff
- Erstgespräch 8 7 ff
- Gutachterkosten 8 20
- Honorarvereinbarung 8 14 ff
- Konfliktverteidigung 8 27 ff
- Kopien 8 20
- Mandanteninformationsschreiben 8 32
- Rechtsschutzversicherung 8 19
- Reisekosten 8 20 f
- Vorschuss 8 22 f
- Web-Akte 8 24

Strafrechtsschutz 1 196 ff
- Fahrlässigkeit 1 204

Strafverfahren 8 1 ff
- Abkürzung der Sperrfrist 8 142
- Anforderung der Ermittlungsakte 8 35
- Antrag auf Gnadenrecht 8 130
- Antrag auf Zurückweisung des Bewährungswiderruf 8 129
- Aufklärungsrüge 8 125
- Ausnahme nach § 69a Abs. 2 StGB 8 143
- Aussetzung der Hauptverhandlung 8 103
- Begutachtungs-Leitlinien zur Kraftfahrereignung 8 136
- Berufskraftfahrer 8 76
- Berufung 8 107 ff
- Berufungsbegründung 8 117 ff, 119
- Berufungsschrift 8 111
- Beschlagnahme des Führerscheins (§ 94 StPO) 8 73
- Beschleunigungsgebot 8 113 ff
- Bewährungswiderruf 8 126 f
- Einstellung nach § 153 StPO 8 48 ff
- Einstellung nach § 153a StPO 8 60 ff
- Einstellung nach § 154 StPO 8 66 ff
- Einstellung nach § 170 Abs. 2 StPO 8 33 ff
- Ermittlungsakte 8 35 ff
- Fahrerlaubnissperre, Ausnahme nach § 69a Abs. 2 StGB 8 81, 143
- Führerscheinmaßnahmen nach Rechtskraft des Urteils 8 135 ff
- Gnadenrecht 8 128
- Hauptverhandlung 8 97 ff
- Herausgabe des Führerscheins 8 72
- Mandantenanschreiben Mitarbeit 8 37
- MPU 8 138 ff
- MPU-Helferadressen 8 140
- MPU-Mandanteninformation 8 139
- Nebenklage 8 104 ff
- Nebenklageanschluss 8 106
- öffentliches Interesse an der Strafverfolgung 8 54 f, 61 f
- Rechtsschutzversicherung 8 67 f
- Revision 8 120 ff
- Revisionseinlegung 8 122
- Sachverständigen-Selbstladung nach § 220 StPO 8 40 f
- Sachverständiger 8 38
- Sperrfristabkürzung (FE) 8 141 f
- Strafbefehl 8 83 ff, 91
- Straffolgelisten der Staatsanwaltschaften 8 87
- Verfahrenseinstellung nach § 153 StPO 8 50 ff
- Verfahrenseinstellung nach § 153a StPO 8 65
- Verfahrenseinstellung nach § 170 Abs. 2 StPO 8 45 ff
- Wiederaufnahme des Verfahrens 8 133
- Zwischenverfahren 8 96
- § 94 StPO 8 77

Strafverteidigung 1 27
Strafverteidigungskosten 7 47
Strafvollstreckungsverfahren 1 255
Straßenbahn, Kollision mit Pkw 4 165 ff
Straßenbahnunfall
- Anspruchsschreiben 4 162
- Gutachten 22 60 ff

Strategie 1 38 f
Streupflicht 2 215 f
Sturm
- Fahrzeugversicherung 5 69, 85 f

Stützrente 6 108
Subsidiaritätsklausel 1 256

Tageszulassung 13 24
Tarifbedingungen
– Beitragsberechnung 5 47
Tätigkeit, betriebliche 7 8
Tatzeit-BAK 9 123
Taxistand 20 95
Technische Mängel 23 42 ff
Teilhabe am Arbeitsleben (gesetzliche Unfallversicherung) 6 102
Teilkaskoversicherung 5 46
– Entwendung 5 77
– Rückstufung im Schadensfall 5 47
Teilklage 1 244
Teilleerfahrt des Abschleppunternehmers 20 89
Teilreparatur 3 80
Teilstationäre Pflege 6 68
Teilzeitkräfte 7 71
Terminsgebühr
– außergerichtliches Verfahren 1 89
– gerichtliches Verfahren 1 103
Terminverlegungsanträge (Owi-Recht) 11 151 ff
Tetrahydrocannabinol 18 170, 183 ff, 187 ff
Textform 5 40 f
– Definition 5 41
Tierunfälle 2 243 ff
– Hund 2 255, 259
– Katze 2 261
– Kleintier 2 256 ff
– Kuh 2 249
– Pferd 2 243 ff
– Reiter 2 244 f
– Schaf 2 253 f
– Viehtrieb 2 250
– Ziege 2 253 f
Totalrestitution 7 19
Totalschaden 3 60 ff
Traffipax 11 89
Traktionsbehandlung 6 10
Trennungsentschädigung 3 181
Treueprämie 3 180

Trinkgeld 3 180
Trunkenheitsfahrt 8 72, 77, 9 111 ff, 116
– Abbauphase (BAK) 9 123
– Abschleppen 9 116
– ADH 9 122
– Alkoholisierung, geringe 9 133
– Alkoholisierung, hohe 9 132
– Anflutphase (BAK) 9 123
– Anschieben 9 116
– Atemalkoholmessgeräte 9 124
– Begleitstoffanalyse 9 129
– Beweisverwertungsverbot 9 125
– Blutprobenentnahme 9 126 f
– Drehnystagmus 9 135
– Fahrerlaubnisentzug 18 222 ff
– Fahruntüchtigkeit 9 118 ff
– Fahrzeug 9 112
– Fahrzeug führen 9 115 ff
– Gefahrsteigerung 5 424
– Hinweis auf Möglichkeit, eine Hochalkoholisierung zu verkennen, Antrag 9 143
– kritische Selbstbetrachtung 9 140
– Leistungskürzung auf „null" 5 425
– Nachtrunk 9 128 f
– Nüchternschock 9 136
– öffentlicher Straßenverkehr 9 113 f
– Resorptionsphase (BAK) 9 123
– Restalkohol 9 139
– Schuldform 9 130 ff
– Tatzeit-BAK 9 123
– Verletzung des Mitfahrers 2 141
– Widmark 9 122
Typklasse
– Fahrzeugversicherung 5 47
Überholer als Kläger
– Vortrag bei Unfall Linksabbieger/Überholer 2 184
Überliegefrist 18 20
Übermüdung 9 100 ff
Überschwemmung
– Fahrzeugversicherung 5 69
– Wasserschlag des Motors 5 95
Übersetzungskosten 1 222 ff
Überstunden 7 79

Stichwortverzeichnis

Überstundenentgelt 7 79 ff
- Höchstarbeitszeit 7 79
- Klage 7 81
- Regelarbeitszeit 7 79

Überstundenvergütung 3 180

Umbaukosten 3 143 f

Umgefallenes Verkehrszeichen 2 232

Unabwendbares Ereignis 2 170 ff

Unerlaubtes Entfernen vom Unfallort
4 86, 103 f, 8 65, 69, 78 ff, 9 1 ff, 24 ff,
22 6 ff, 28 ff
— Antrag auf Verfahrenseinstellung wegen Verlassens des Unfallstelle als Panikreaktion 9 30
— Antrag, trotz Personenschaden von Entziehung der Fahrerlaubnis abzusehen 8 78
— Antrag, wegen geringen Schadens von Entziehung der Fahrerlaubnis abzusehen 8 79
— Bagatellschaden 9 8 f
— Einlassung, dass Schaden nicht erkennbar war 9 25
— Einlassung, dass Unfall nicht bemerkt wurde 9 24
— Einlassung der fehlenden Unfallbeteiligung 9 26
— Einlassung zu Unfall ohne Fahrzeugberührung 9 14
— Leistungsfreiheit des Versicherers 5 265
— Leitplanken 9 11
— Schaden 9 8 ff
— sich entfernen 9 15 ff
— Unfall 9 6 f
— Unfallbeteiligter 9 13 f
— Unfallort 9 23
— Wartefrist 9 15 ff

Unfall 9 6 f
— Einlassung des Nichtvorliegens bei Fehlen von Unfallspuren 9 32
— räumliche Vermeidbarkeit 21 23
— selbstverschuldeter 5 44
— Unvermeidbarkeit 2 29
— Vermeidbarkeit 23 26 ff
— zeitliche Vermeidbarkeit 21 24

Unfallbeteiligter (§ 142 StGB) 9 13 f

Unfallersatztarif 2 166 ff
— Zahlung der Differenz 3 105

Unfallgegner, Anschreiben 2 38

Unfallkausalität 7 9

Unfallort (§ 142 StGB) 9 23

Unfallregulierung
— anwaltliche Vergütung 1 66 ff
— Gegenstandswert 1 67 ff
— Kaskoschäden 1 124 ff
— Kontakt zum Anwalt 1 20

Unfallrekonstruktionsgutachten 21 1 ff

Unfallschaden
— Fahrzeugversicherung 5 117

Unfallskizze 21 6

Unfallversicherung 7 14, 38, 43

Unfallversicherung, gesetzliche 6 73 ff
— Abfindungen 6 108 ff
— Arbeitsgerät 6 98
— Arbeitskollegen 6 120
— Arbeitsunfähigkeit 6 106
— Arbeitsunfall 6 82 ff, 7 1
— Beihilfen 6 108 ff
— Berufskrankheit 6 99
— Familienheimfahrt 6 97
— freiwillige Versicherung 6 80
— Gefahrgemeinschaft 6 121
— Haftungsausschluss 6 117 ff
— Heilbehandlung 6 100 f
— Hinterbliebene 6 115 f
— Katalogtätigkeiten 6 89 ff
— Leistungen 6 100 ff
— Obhut von Kindern 6 96
— Pflegebedürftigkeit 6 104
— Primat des Sozialrechts 6 122 ff
— Rehabilitation 6 100 ff
— Renten 6 108 ff
— Schutzausrüstung 6 98
— Schwerverletzte 6 111
— Sozialrehabilitation 6 103
— Stützrente 6 108
— Teilhabe am Arbeitsleben 6 102
— Unternehmer 6 79
— Verletztengeld 6 105 ff
— Verletztenrente 6 108
— versicherter Personenkreis 6 74 ff
— Versicherungsfall 6 81 ff

– Wegeunfall 6 90 ff
Untätigkeitsklage
– SGG 6 265
Unternehmer 7 14
Unterrichtungsobliegenheit 1 240
Unterschlagung
– Fahrzeugversicherung 5 69, 80 ff
Unvermeidbarkeit des Unfalls 2 29
UPE-Aufschläge 3 53
Urin-Drogenscreening 18 171
Urlaubsentgelt 3 180, 7 83

Vandalismus
– Fahrzeugversicherung 5 44
Verbandmittel 6 7
Verbraucherinformationen
– Versicherungsvertrag 5 176
Verbringungskosten 3 52
Verdienstausfall 3 178 ff
– Selbständiger, Klagevortrag 3 209
Verfahren in Verkehrsstrafsachen 8 1 ff
Verfahrenseinstellung 9 144 ff
– Antrag (kein Fahrzeugführen) 9 144
– Antrag (kein rücksichtsloses und grob verkehrswidriges Handeln) 9 110
– Antrag wegen fehlender Fahruntüchtigkeit (Fahrradfahrer) 9 148
– Hinweis auf Antrag der StA in Parallelverfahren 9 146
Verfahrenseinstellung nach § 153 a StPO
– Antrag 8 65
Verfahrenseinstellung nach § 153 StPO
– Antrag 8 50
– eigene schwere Unfallfolgen für den Angeschuldigten, Antrag 8 53
– eigene Verletzung des Angeschuldigten, Antrag 8 52
Verfahrenseinstellung nach § 154 Abs. 2 StPO (Streitpunkt: öffentlicher Verkehrsraum)
– Anregung 9 154
Verfahrenseinstellung nach § 170 Abs. 2 StPO
– aus rechtlichen Gründen, Antrag 8 46

– aus tatsächlichen Gründen, Antrag 8 45
– mangels öffentlichen Interesses, Antrag 8 47
– wegen abnormer Alkoholreaktion, Antrag 9 155
Verfolgungsfahrten 4 112 ff
Verfolgungsverjährung (OwiRecht) 11 53 ff
Verjährung 7 4, 31
Verkehrsberuhigung 2 219
Verkehrskreise 2 18
Verkehrsopferhilfe 4 54, 78 ff
– Entschädigungsfonds (§ 12 PflVG) 4 81 ff, 95 ff, 102 ff, 136 f, 142 f
– Entschädigungsstelle 4 90 ff, 98 ff, 121 ff, 125 ff, 138 ff, 148
– insolventer KH-Versicherer 4 114 ff
– Klagen gegen den Entschädigungsfonds 4 142 ff
– Kontaktdaten 4 81
– Regulierungskommission 4 87
– Regulierungsverfahren 4 86 f
– Schiedsverfahren 4 88, 120
– Schmerzensgeld 4 105
– selbstfahrende Arbeitsmaschinen und landwirtschaftliche Anhänger 4 109 ff
– Umfang der Leistungspflicht 4 83 ff
– Verfolgungsfahrten 4 112 ff
– Verjährung 4 89, 93
– vorprozessuale Situation 4 80
Verkehrssicherungspflicht 2 18 ff, 214 ff, 7 46
– Baumäste 2 217 f
– Dachlawinen 2 228 ff
– Fahrradunfall 2 233 ff, 259 f
– Niveauunterschied auf Fahrbahn oder Bürgersteig 2 222
– Schlagloch 2 233 ff, 240
– Schlaglochschäden 2 223 ff
– Streupflicht 2 215 f
– Verkehrsberuhigung 2 219
– Verkehrszeichen, umgefallenes 2 231
Verkehrsstrafrecht
– Mandanteninformationsschreiben 8 32
Verkehrsteilnehmerrechtsschutz 1 187

Verkehrsunfall 1 1 ff
- Statistik 1 1 ff
Verkehrsunfallregulierung 1 18 ff, 2 1 ff
- anwaltliche Vergütung 1 66 ff
- Gegenstandswert 1 67 ff
- Haftpflichtschäden 1 124 ff
Verkehrsunfallsachbearbeitung 1 10 ff
Verkehrsunterricht 1 195
Verkehrszentralregister
  s. Fahreignungsregister
Verletztengeld 6 105 ff
Verletztenrente 6 108
Verletzungen des Geschädigten 1 23
Vermehrte Bedürfnisse 3 159, 174 ff
Verordnung über Informationspflichten bei Versicherungsverträgen (VVG-InfoV) 5 19
Verrichtungsgehilfe 2 112
Verschleiß 13 12, 29
Verschlossener Arbeitsmarkt (gesetzliche Rentenversicherung) 6 167
Verschulden bei Vertragshandlungen 16 3 ff
Verschulden gegen sich selbst 2 102
Verschuldensfähigkeit 2 104
Verschuldensgrade 7 22
Versetzen des Kfz 20 2, 6, 20 f, 27 ff, 30 ff, 99
Versicherbarkeit 7 28
Versicherer
- Belehrung über Rechtsfolgen 5 184 ff
- Beratungs- und Informationspflichten 5 17
- Beratungspflicht 5 174 ff
- Deckungsablehnung 5 273
- Dokumentationspflicht 5 195 ff, 200
- Informationspflicht 5 174 ff
- Kündigungsrecht bei Anzeigepflichtverletzung des Versicherungsnehmers 5 183
- Kündigungsrecht bei Obliegenheitsverletzung 5 281
- Leistungsfreiheit 5 225, 241 ff, 290
- Leistungsfreiheit bei Obliegenheitsverletzung 5 243
- Leistungsfreiheit bei Verzug der Erstprämie 5 393 ff
- Leistungsfreiheit bei vorsätzlicher Obliegenheitsverletzung 5 32
- Leistungskürzungsrecht 5 225
- Leistungskürzungsrecht bei grober Fahrlässigkeit 5 326
- Regress gegen „mitversicherten" Fahrer 4 43
- Regress, Mitwirkungspflicht des Versicherungsnehmers 5 543
- Rücktrittsrecht bei Anzeigepflichtverletzung des Versicherungsnehmers 5 183
- Schadensersatzpflicht 5 192
Versichererwechsel 5 48
Versicherungsantrag
- Vertreterwissen bei der Antragstellung 5 188
Versicherungsbedingungen 5 6, 25
- AKB 5 24, 28 f
- Altvertrag 5 31
- Änderung 5 59
- Annahmeerklärung 5 177
- Auslegung 5 24
- Bedingungsänderung 5 60
- Bedingungsanpassung 5 62
- Ein- und Ausschlüsse 5 24 f, 26
- Freiheit der Bedingungsgestaltung 5 54 f
- Mindestinhalt von Versicherungsbedingungen 5 54
- Musterbedingungen 5 24
- Obliegenheitsverletzung 5 32
- Sonderbedingungen 5 24
- Tarifbedingungen 5 24
Versicherungsfall
- grob fahrlässig herbeigeführter 5 323 ff
- grob fahrlässige Herbeiführung 5 316 ff, 348
- Rechtsschutzversicherung 6 402 ff
- vorsätzliche Herbeiführung 5 316 ff
Versicherungsfall (§ 7 Abs. 1 SGB VII) 7 1, 17, 36

Versicherungsleistung
- Entschädigungsgrenzen 5 209
- Fälligkeit 5 157 ff
- Geltendmachung des Anspruchs gegenüber dem Fahrzeugversicherer des Mandanten 5 224
- Höhe 5 208, 228 ff
- Höhe bei Tarif mit Werkstattbindung 5 212
- Kürzungsrecht auf „null" 5 342
- Sachverständigenverfahren 5 229 ff
- Vorschusszahlung 5 157 ff

Versicherungsmakler 5 192

Versicherungsnehmer
- Arglist 5 225
- Beratungspflicht 5 192 ff
- Obliegenheitsverletzung 5 243
- Obliegenheitsverletzungen 5 225, 241 ff
- Rücktrittsrecht bei Verletzung der Anzeigeobliegenheit 5 182 ff
- Vertreterwissen bei der Antragstellung 5 188

Versicherungsprämie
- Erstprämie, Fälligkeit 5 382
- Erstprämie, Nichtzahlung 5 377 ff
- Folgeprämie 5 405 ff
- Prämienzahlung 5 398 ff
- Verrechnungspflicht des Versicherers 5 37

Versicherungsschein 5 24
- Nachtrag 5 169

Versicherungssumme 1 257

Versicherungsunterlagen
- Anforderung 5 172
- Checkliste 5 141, 150 ff

Versicherungsvermittler 5 192
- Beratungs- und Informationspflichten 5 17
- Schadensersatzpflicht 5 192 ff

Versicherungsvertrag
- Altvertrag 5 30 f
- Auslegung 5 24
- Obliegenheiten 5 242 ff
- vorläufige Deckung 5 173 ff
- Widerrufsfrist 5 387

- Widerrufsrecht 5 177 f, 387
- Zustandekommen 5 173

Versicherungsvertragsgesetz (VVG)
- Reform des Privatversicherungsrechts 5 5 ff

Versicherungsvertreter 5 192

Verteidigervollmacht im Bußgeldverfahren inklusive Vertretungsberechtigung gem. § 234 StPO 10 25

Vertragserklärung 5 179, 246
- gefahrerhebliche Umstände 5 180 ff
- Informationspflichten des Versicherers 5 19

Vertragsschluss
- Antragsmodell 5 174 ff
- gefahrerhebliche Umstände 5 180 ff

Vertrauensgrundsatz 2 21, 129

Vertretung widerstreitender Interessen
- Mandatsanbahnung 5 137 ff

Verwahrplatz 20 20, 106

Verwahrungsvertrag 1 192

Verwaltungsakt
- Rücknahme eines rechtswidrigen nicht begünstigenden, Antrag 6 326

Verwaltungsrecht 1 28 f

Verwaltungsrechtsschutz 1 194

Verwaltungsverfahren 1 214 f.
- Auslagen 1 214
- Gebühren 1 214
- Geldbuße 1 214
- MPU 1 215
- Sachverständige 1 214
- Zeugen 1 214

Verwaltungsvorgänge, Einsichtnahme, Antrag an die Straßenverkehrsbehörde 19 125

Verwarnung
- Klage 18 434
- Widerspruch 18 433

Verwertungsverbote 18 32 ff
- Richtervorbehalt 18 32

Verwindungsschäden
- Fahrzeugversicherung 5 116

Verwirkung 7 80

ViDistA **11** 113 ff
Vieh, ausgebrochenes **2** 177 ff
Viehtrieb **2** 250
Visiertest **11** 122 ff
VKS **11** 59
Vollkaskoversicherung
– Rückstufung Schadensfreiheitsrabatt **5** 129
– Rückstufungsschaden **5** 539
– Schadensfreiheitsrabattsystem **5** 45
Vollmacht
– Strafrecht **1** 54
– Zivilrecht **1** 53
Vollmachtserteilung
– Mandatsanbahnung **5** 146
Vollrausch **9** 151 ff
Volltrunkenheit **7** 10
Vorfahrtsberechtigter
– Vortrag bei eigenem Verstoß gegen Rechtsfahrgebot **2** 185
– Vortrag bei Vorfahrtsverstoß des Linksabbiegers bei eigener Geschwindigkeitsüberschreitung **2** 182
Vorfahrtsstraße, Einbiegen, Einlassung aus Sicht eines Pkw-Fahrers **22** 57
Vorläufige Deckung
– Fälligkeit der Erstprämie **5** 38
Vorläufiger Fahrerlaubnisentzug **8** 71 ff
– Wiederaufnahme des Verfahrens **8** 131 ff
– Zwischenverfahren **8** 92 ff
Vorschuss **8** 22 f
Vorteilsausgleich **3** 192, 207
Vorvertragliche Anzeigepflicht
– Textform **5** 182

Wärmetherapie **6** 10
Warnpflicht **2** 169
Wartefrist (§ 142 StGB) **9** 15 ff
Warteobliegenheit **1** 246
Web-Akte **8** 24
Wegeunfall **6** 90 ff, **7** 12, 17, 36, 42, 44
Wegezeit **7** 53
Wegfahrgebot **20** 23 ff

Wegfahrsperre
– Fahrzeugdiebstahl **5** 126
Weisungsrecht **7** 68
Weiterfresserschaden **16** 35
Wertminderung **3** 86
Widerrufsbelehrung
– Versicherungsvertrag **5** 177
Widerrufsrecht **5** 146
– Versicherungsvertrag **5** 178
Widerspruch
– Antrag auf Wiederherstellung der aufschiebenden Wirkung (Fahrtenbuch) **19** 145
– Einlegung mit Begründung bei zuständiger Behörde (Sozialversicherung) **6** 223
– fristwahrende Einreichung bei anderer Behörde mit Bitte um Akteneinsicht (Sozialversicherung) **6** 224
– Wiederherstellung der aufschiebenden Wirkung (SGG) **6** 311
Widmark **9** 122
Wiederaufnahme des Strafverfahrens **8** 131 ff
Wiederaufnahme des Verfahrens bei einem Strafbefehl, Antrag **8** 134
Wiederaufnahme des Verfahrens bei Urteil, Antrag **8** 133
Wiederbeschaffungsaufwand **3** 62 ff
Wiederbeschaffungswert **3** 54, 62 ff
Wiedereingliederung
– Krankenversicherung (GKV) **6** 33
Wiedereinsetzung in den vorigen Stand
– Antrag (SGG) **6** 323
– Sozialverfahren **6** 320 ff
Wiedereinsetzung in den vorigen Stand, Owi-Verfahren **11** 133 f, 145 ff, **12** 1 ff
– Abwesenheit in der Hauptverhandlung aufgrund einer Erkrankung **12** 19 ff
– Abwesenheit in der Hauptverhandlung aufgrund einer Fehlinformation des Verteidigers **12** 26 ff
– Antrag auf gerichtliche Entscheidung bei Verwerfung **11** 134

- Antrag bei Verschulden des Verteidigers **12** 13 ff
- Antrag nach Versäumung der Hauptverhandlung **12** 17 ff
- Anträge im Vorverfahren der Verwaltungsbehörde **12** 4 ff
- eidesstattliche Versicherung eines Zeugen **12** 9
- eidesstattliche Versicherung, Zeuge **12** 9
- Fristversäumnis **12** 16
- gem. § 72 Abs. 2 S. 2 OWiG, Antrag **12** 35
- Glaubhaftmachung **12** 3
- im Rechtsbeschwerdeverfahren **12** 36 ff
- Sofortige Beschwerde, Versagung der Wiedereinsetzung und Nachbesserung der Glaubhaftmachung der vorgetragenen Hinderungstatsachen **11** 149
- Versäumung der Einspruchsfrist **12** 7
- verspätete Einspruchseingang **12** 12
- wegen Versäumnis der Frist zur Erklärung eines Widerspruchs gegen ein Beschlussverfahren **12** 30 ff
- Wiedereinsetzungsantrag an Verwaltungsbehörde wegen der Versäumung der Einspruchsfrist gegen den Bußgeldbescheid **12** 7
- Wiedereinsetzungsantrag, Fristversäumnis aufgrund Verteidigerverschuldens **12** 16
- Wiedereinsetzungsantrag, teilweise Versäumung der Rechtsbeschwerdebegründungsfrist bei Verfahrensrüge **12** 40
- Wiedereinsetzungsantrag, Versäumen des Hauptverhandlungstermins aus Krankheitsgründen **12** 22
- Wiedereinsetzungsantrag, Versäumen des Hauptverhandlungstermins durch den Betroffenen aufgrund Fehlinformation des Verteidigers **12** 28
- Wiedereinsetzungsantrag, verspätetes Einspruchseingang wegen ungewöhnlich langer Postlaufzeit **12** 12

Wildausweichschaden
- Rettungskostenersatz **5** 484 ff

Wildschaden
- Fahrzeugversicherung **5** 99 f
- Haarwild, Wildtiere gem. BJagdG **5** 102

Wildunfall
- Fahrzeugversicherung **5** 131

Wissensvertreter/ Wissenserklärungsvertreter
- Definition **5** 257
- Obliegenheiten **5** 256
- Schadenmeldung **5** 221

Zahnärztliche Behandlung **6** 6
Zahnersatz **6** 6
Zeitliche Vermeidbarkeit (Unfall) **21** 24
Zentralruf der Autoversicherer **4** 107
Zentralrufanfrage **1** 59
Zeugen **1** 214
Zeugenentschädigung **1** 211
Zeugenfragebogen (Owi-Recht) **10** 66 f, 70
Zeugenvernehmung **9** 145, **19** 23
Zinsschaden **3** 119
Zueignungsdelikte
- Fahrzeugversicherung **5** 42

Zulassungsstelle
- Klage gem Art. 34 GG iVm § 839 BGB **4** 44
- Klage gem Art. 34 GG iVm § 839 BGB, Klageerwiderung **4** 45
- Klage gem Art. 34 GG iVm § 839 BGB, Replik **4** 46

Zusatzschilder **20** 100
Zwangsvollstreckungsgebühren **1** 254
Zweiradunfall
- Gutachten **22** 54 ff

Zwischenverfahren **8** 92 ff
- Antrag **8** 96